EUROPÄISCHE Bahnen '15/'16

Das Verzeichnis der Eisenbahnverkehrs- und -infrastrukturunternehmen

Zusammenstellung: Karl Arne Richter

Der Marktführer für Fach- und Wirtschaftsinformationen rund Eisenbahn, ÖPNV, Technik

www.eurailpress.de

Impressum

Herausgeber und Verlag:	DVV Media Group GmbH | Eurailpress Postfach 101609 · D-20010 Hamburg Nordkanalstraße 36 · D-20097 Hamburg Telefon: +49 (0)40 – 237 14 03 Telefax: +49 (0)40 – 237 14 259 E-Mail: info@eurailpress.de Internet www.eurailpress.de
Geschäftsführer:	Martin Weber
Verlagsleitung:	Detlev K. Suchanek
Leitung Data und Verzeichnisse:	Riccardo di Stefano riccardo.distefano@dvvmedia.com
Objektleitung „Europäische Bahnen":	Karl Arne Richter (verantwortlich) karlarne.richter@dvvmedia.com
Redaktion:	Karl Arne Richter (verantwortlich), Werner Glaeseker, Matthias Hansen, Wolfgang Kieslich, Roland Korving, Stefano Paolini, Georg Ringler, Hans-Jürgen Schulz, Peter Wilhelm
Anzeigen:	Tilman Kummer (Gesamtleitung), Silke Härtel (verantwortlich; Anzeigenleitung Eurailpress; silke.härtel@dvvmedia.com), Cornelia Bär (Anzeigentechnik)
Vertrieb:	Markus Kukuk
Vorstufe & Druck:	TZ-Verlag & Print, Roßdorf
Redaktionsschluss:	27.03.2015
Copyright:	© 2015 DVV Media Group GmbH | Eurailpress, Hamburg Das Verzeichnis einschließlich aller seiner Teile ist urheberrechtlich geschützt. Jede Verwertung außerhalb der engen Grenzen des Urheberrechtsgesetzes ist ohne Zustimmung des Verlages unzulässig und strafbar. Das gilt insbesondere für Vervielfältigungen, Mikroverfilmungen sowie die Einspeicherung und Verarbeitung in elektronischen Systemen.
ISSN:	2193-1976
ISBN:	978-3-87154-519-1

Printed in Germany

Alle Angaben ohne Gewähr

HOCHLEISTUNG | PRÄZISION | ZUVERLÄSSIGKEIT

Plasser & Theurer

Einen Schritt voraus

Der Name Plasser & Theurer steht als Synonym für hochentwickelte und innovative Maschinen für Bau und Instandhaltung des Fahrweges der Eisenbahnen in aller Welt. Neben technologischen Spitzenleistungen zählt für Plasser & Theurer vor allem die Fähigkeit, gemeinsam mit dem Kunden dessen Probleme zu lösen und ihm ein zuverlässiger, langfristiger Partner zu sein. Jahrzehntelange Erfahrung, modernes Know-How und die daraus resultierende ausgezeichnete Qualität zeichnen mehr als 15.300 Gleisbaumaschinen von Plasser & Theurer in 109 Ländern der Welt aus.

www.plassertheurer.com
"Plasser & Theurer", "Plasser" und "P&T" sind international eingetragene Marken

Inhalt

Vorwort 7
Hinweise 8
Marktübersicht Europa 10

Unternehmensverzeichnis

Albanien 18
Belgien 22
Bosnien und Herzegovina 36
Bulgarien 42
Dänemark 52
Deutschland 68
Estland 534
Finnland 550
Frankreich 556
Griechenland 590
Irland 598
Italien 604
Kroatien 660
Lettland 666
Litauen 678
Luxemburg 698
Mazedonien 706
Montenegro 712
Niederlande 718
Norwegen 750
Österreich 760
Polen 810
Portugal 912
Rumänien 920
Schweden 946
Schweiz 984

Inhalt

Serbien	1038
Slowakei	1044
Slowenien	1066
Spanien	1072
Tschechien	1096
Türkei	1144
Ungarn	1150
Vereinigtes Königreich	1180

Anhang

Firmenindex	1227
Personenindex	1248
Abkürzungen	1292
Profi-Partner Rail	1295
Inserentenverzeichnis	1304

Vorwort

Liebe Leser,

die neunte Auflage von „Europäische Bahnen" bringt ein Novum mit sich: Erstmals sind alle Daten mit einer webapp abrufbar - jederzeit und auf Ihrem Mobilgerät. Somit steht Ihnen die umfassende Informationsquelle auch mobil zur Verfügung, die in dieser Form und mit dieser Detailtiefe kein zweites Mal existiert.

Selbstverständlich finden Sie den Inhalt des gedruckten Werkes sowie die Fahrzeuglisten der Bahngesellschaften, bei den Wettbewerbsbahnen in Form von ausführlichen Bestandsübersichten mit Fahrzeugdetails, auch auf beiliegender CD ROM.

Mit dem vorliegenden Nachschlagewerk sind Sie bestens informiert - ein Team von rund 20 Fachmännern hat sein gesammeltes Wissen eingebracht. Nur in dieser Konstellation können wir dank eines großen, über einen langen Zeitraum gewachsenen Netzwerkes die vielen Details recherchieren und in Bezug zueinander setzen. Gedankt sei an dieser Stelle Informanten und Ansprechpartnern bei den Bahnen in Europa, die seit Jahren durch ihre Mitwirkung den großen Erfolg dieses Nachschlagewerkes erst ermöglichen.

Alle Daten wurden auch dieses Jahr mit großer Sorgfalt verarbeitet und, soweit möglich, mit den Unternehmen abgestimmt, jedoch sind alle Angaben ohne Gewähr. Ergänzungen und Korrekturen senden Sie bitte an: karlarne.richter@dvvmedia.com

Besonderer Dank gilt dem diesjährigen Redaktionsteam, insbesondere Matthias Hansen, der eine unglaubliche Leistung bei der Überarbeitung der Daten erbracht hat, sowie Georg Ringler, der das Werk von Anbeginn an zusammen mit mir konzipiert und weiterentwickelt.

Dank gilt auch der Independent Regulators' Group - Rail (IRG-Rail) inklusive Dr.-Ing. Axel Müller von der Bundesnetzagentur sowie Roland Beier, Laurent Charlier, Helge Deutgen, Sandro Hartmeier, David Haydock, Roland Hertwig, Petr Kaděrávek, Klaus Linek, Javier López Ortega, István Neumann, Johannes Schenkel und Henning Wall für die wichtigen Hinweise und Ergänzungen.

Karl Arne Richter
Hamburg, im März 2015

Hinweise

Was ist neu in dieser Ausgabe von „Europäische Bahnen"?

„Gibt es das Verzeichnis auch online?" war eine oft gestellte Frage aus der Leserschaft. Dem tragen wir mit dieser Ausgabe erstmals Rechnung. Die kompletten Dateninhalte des Printwerkes sowie die Triebfahrzeugbestände sind nun online per Smartphone abrufund durchsuchbar unter

www.eu-bahnen.info

Das speziell entwickelte Portal bietet Zugang zu allen 1.376 im Verzeichnis gelisteten Unternehmen mit allen Daten zu Adressen, dem Management, der Unternehmensgeschichte und Verkehren sowie detaillierte Triebfahrzeuglisten und Waggonbestände, wie sie auch im Buch enthalten sind.

Ihre Zugangsdaten finden Sie auf der dazugehörigen Rechnung. Bei Fragen wenden Sie sich bitte per Email an die Redaktionsleitung.

Wie ist diese Marktübersicht entstanden?

Ziel dieses Werks ist es, Ihnen einen umfassenden Überblick über die Bahnen in ausgewählten europäischen Staaten zu geben. Die Zusammenstellung der Daten erfolgt hierbei durch ein objektives Redaktionsteam, das sich seit Jahren intensiv mit der Entwicklung der Bahnen in Europa befasst. Ergänzt wird dieses Team durch weitere Spezialisten, die Ihr Wissen in die Datenbank, aus der diese Marktübersicht generiert wird, einspeisen.

Als Grundlage wurden neben gezielter Recherche bei den behandelten Unternehmen sowohl öffentlich zugängliche Quellen wie z. B. die Handelsregister und Internetpräsenzen der Unternehmen als auch private Archive und Sekundärliteratur genutzt.

Was ist in dieser europäischen Marktübersicht zu finden?

In den vergangenen Monaten wurden die Firmeneinträge überprüft, aktualisiert und erweitert. Die jeweils verwendeten Länderkürzel entsprechen der ISO 3166.

Auf Basis der Länderstreckenkarten sind zudem rund 100 Übersichtskarten „wer fährt wo" entstanden, die befahrene Strecken bei ausgewählter Gesellschaften zeigen.

Das Verzeichnis „Europäische Bahnen" enthält lizenzierte öffentliche Eisenbahn-Verkehrs- und Infrastrukturunternehmen mit Stand 01.03.2015. In einigen Ausnahmefällen haben wir zusätzlich Bahn-Holdinggesellschaften sowie weitere in der Branche relevante Unternehmen aufgenommen. Nicht berücksichtigt haben wir hingegen Standseilbahnen, die in der Schweiz rechtlich als Eisenbahnen angesehen werden.

Die Bahnen in dieser Ausgabe sind mit kleinen Signets bei den Firmennamen versehen, die eine einfache und schnelle Übersicht über die Geschäftstätigkeiten bieten:

- **P** = ist im Schienenpersonenverkehr tätig
- **G** = ist im Schienengüterverkehr tätig
- **I** = verfügt über (Strecken-)Gleisinfrastruktur

Ausschlaggebend für die Kennzeichnung ist dabei im Bereich der Verkehre die wirklich erbrachte Leistung. Dies bedeutet im Umkehrschluss, dass eine Bahngesellschaft mit Güterverkehrslizenz, aber ohne dementsprechende Geschäftstätigkeit folglich kein **G** erhält. Im Bereich der Infrastrukturen kennzeichnen wir nur Betreiber mit nennenswerten Gleisanlagen. Reine Betreiber von Servicestrukturen wie zum Beispiel Betriebswerke werden dabei nicht berücksichtigt. Reine Rangierdienstleister, in einigen europäischen Staaten wie zum Beispiel Rumänien ist dies eine eigene Lizenz, führen wir in diesem Verzeichnis aus Platzgründen leider nicht auf.

Einige Hinweise zu den Aufstellungen:

- ★ Management
  In der Printausgabe haben wir uns auf das Top-Management wie die Geschäftsführung bzw. Vorstandsmitglieder beschränkt.
  Aus Platzgründen können wir leider keine Prokuristen oder Eisenbahnbetriebsleiter aufführen.

Hinweise

* Verkehre
  Unter der Begrifflichkeit „AZ-Verkehr" subsumieren wir alle Verkehre, die im Umfeld von Bahnbaustellen anfallen. Dazu gehören unter anderem Verkehre im Baustellenbereich, die Zu- und Abführung von Baumaterialien sowie die Überführung von Baumaschinen.
  Nur in besonderen Fällen haben wir Leistungen aus den Bereichen Personal- und Lokvermietung sowie Sonder- (z. B. Überführungen, Inbetriebnahmefahrten) und Spotverkehre aufgenommen. Diese werden von so gut wie allen Unternehmen angeboten und sind aus diesem Grund nicht weiter von Interesse.

* Wagenbestand
  Soweit anwendbar wurden die internationalen Gattungsbezeichnungen verwendet.

* Triebfahrzeugbestand
  (nur auf CD-ROM/in webapp)
  Aus Platzgründen haben wir uns bei „Geschichte" zumeist auf einen der prägnantesten Vorbesitzer beschränkt.

Unter „Bemerkungen" sind einige Triebfahrzeuge durch „gem. von …" gekennzeichnet. „gem." steht dabei als „gemietet" für ein angemietetes Fahrzeug. Im vermietenden Unternehmen ist die Vermietung durch „->" gekennzeichnet, dem das Kürzel des Mieters folgt.
Werden unter „Bemerkungen" Angaben in Anführungszeichen genannt, sind Fahrzeuge mit einem Taufnamen bzw. Wappen versehen oder tragen eine weitere, von der Angabe unter „Nr." abweichende Bezeichnung.

Einfache Anführungszeichen hinter der Loknummer kennzeichnen Zweit-, Dritt-, …-Besetzungen der jeweiligen Fahrzeugnummer oder besondere, zusätzliche Bezeichnung beim jeweiligen Unternehmen.

Ihr persönliches Verzeichnis nicht nur ein Mal im Jahr!

Generell erscheint die Marktübersicht ein Mal im Jahr. Gerne liefern wir Ihnen auch unterjährig auf Basis eines individuellen Angebotes einzelne Unternehmen, Teile des Gesamtwerkes wie zum Beispiel bestimmte Länder sowie auch gerne eine Gesamtausgabe als „print on demand".

Dies ist möglich, da das Redaktionsteam die Daten auch unterjährig pflegt. Grundlage dafür ist der regelmäßige Kontakt zu den Unternehmen im Rahmen der aktuellen Berichterstattung in „Rail Business", dem wöchentlichen Branchenreport von Eurailpress und DVZ.
Mehr dazu erfahren Sie auf der Internetseite www.railbusiness.de.

Die Redaktion ist einfach für Sie zu erreichen

Für Rückfragen, Hinweise, Wünsche oder Kritik zur Marktübersicht steht Ihnen gerne Karl Arne Richter, der Redaktionsleiter dieses Werkes zur Verfügung. Sie erreichen ihn:
* per Email: karlarne.richter@dvvmedia.com
* per Telefon: +49 176 12371470

Keyword Translation

Deutsch	Englisch
Management	management
Gesellschafter	partners
Beteiligungen	participations
Konzessionen	concessions
Infrastruktur	infrastructure
Unternehmensgeschichte	company history
Verkehre	operations
Wagenbestand	rolling stock (wagons)
Triebfahrzeugbestand	rolling stock (traction vehicles)

Marktübersicht Europa

Dritte Marktuntersuchung der IRG 2015 veröffentlicht

IRG-Rail (Independent Regulators Group - Rail), eine im Juni 2011 gegründete Plattform nationaler europäischer Bahn-Regulierungsstellen, veröffentlichte Anfang 2015 ihren dritten Monitoring-Report über die Entwicklung des europäischen Schienenverkehrsmarkts.

Dieser stellt in Grafiken durch die IRG-Mitglieder gesammelte Daten in den Bereichen Marktstruktur, Infrastruktur, Personenverkehr, Güterverkehr und Dienstleistungen dar und betrachtet vorwiegend das Kalenderjahr 2013.

Die nachfolgend genannten Daten und Grafiken entstammen dem Report, der Abdruck erfolgt mit freundlicher Genehmigung der IRG.

www.irg-rail.eu

Märkte entwickeln sich nur langsam

Die Länge der Schienennetze in Europa blieb nahezu konstant. Nur in Griechenland und Polen wurden Strecken stillgelegt (Abbildung 1).

Allgemein variiert die Marktstruktur zwischen den untersuchten Ländern Belgien, Bulgarien, Dänemark, Deutschland, Estland, Finnland, Frankreich, Griechenland, Großbritannien und Nordirland, Kosovo, Kroatien, Lettland, Luxemburg, Mazedonien, Niederlande, Norwegen, Österreich, Polen, Schweden, Slowakei, Slowenien, Spanien und Ungarn stark, obwohl sich in allen Ländern die Mehrheit der am Markt tätigen Eisenbahnunternehmen im Eigentum der öffentlichen Hand befindet. Vorreiter bei der Liberalisierung des Schienenverkehres waren Deutschland und Großbritannien im Jahr 1994.

In fünf der betrachteten Länder gab es 2013 noch keine neuen Marktteilnehmer im Personenverkehr und in vier (Kroatien, Griechenland, Kosovo und Matzedonien) noch keine aktiven Drittunternehmen im Güterverkehr (Abbildungen 2 und 3). Die größte Zahl aktiver Eisenbahnverkehrsunternehmen (EVU) weist weiterhin und mit großem Abstand Deutschland auf. Deren gesamter Marktanteil im Verhältnis zu den „Incumbents" ist in Deutschland jedoch dennoch kleiner als in anderen Ländern, da viele aktive EVU nur vergleichsweise geringe Leistungen erbringen bzw. die Anzahl der nennenswert am Markt tätigen Unternehmen gering ist.

Insgesamt kann in ganz Europa eine Zunahme an aktiven EVU beobachtet werden, doch waren 2013 in Griechenland, dem Kosovo, Kroatien und Finnland nur ein Betreiber am Markt tätig.

Bezogen auf die Zugkilometer werden die Eisenbahnnetze zu 80 % von Personenzügen genutzt. Im Vergleich zum Vorjahr sank dabei 2013 in zahlreichen Ländern der Güterverkehrsanteil. Nur in Osteuropa konnte eine Steigerung des Frachtanteils beobachtet werden (Abbildung 4).

Durchschnittliche Trassenerlöse mit „Ausreißern"

Die höchsten durchschnittlichen Erlöse aus Trassenentgelten im Personenverkehr wurden 2013 in Belgien bzw. Frankreich und die niedrigsten in Norwegen verzeichnet, während im Güterverkehr in Lettland die höchsten und Spanien die niedrigsten durchschnittlichen Erlöse aufwiesen (Abbildung 5).

Die meisten Fahrgastkilometer werden weiterhin in Deutschland, Frankreich und UK erbracht, Schlußlichter sind Kroatien, Griechenland, Litauen und Slowenien (Abbildung 6). V.a. in osteuropäischen Ländern war zudem eine Einstellung von Personenverkehren zu beobachten. Bis auf UK und Polen ist der Personenverkehrsmarkt dabei nach wie vor in Hand der Incumbents, die in zahlreichen Ländern noch alleiniger Anbieter sind. In allen Ländern blieb deren Marktanteil jedoch gleich bzw. sank (siehe Abbildung 7).

Schienengüterverkehr stärker liberalisiert

Einen anderen Trend offenbart der Blick zum Schienengüterverkehr. Bezüglich der Nettotonnenkilometer ist hier Deutschland einsamer Spitzenreiter, gefolgt von Polen und Frankreich. Weit abgeschlagen finden sich Bulgarien, Kroatien, das Transitland Dänemark sowie der Kosovo und Griechenland. (Abbildung 8).

Im Segment des Schienengüterverkehres hat zudem ein stärkerer Liberalisierungseffekt gegrif-

Marktübersicht Europa

fen als im Personenverkehrssegment. Rund 32 % des Marktes können die Wettbewerbsbahnen im europäischen Durchschnitt für sich verbuchen. Nahezu ausgeglichen zwischen den beiden Gruppen ist der Markt dabei in Bulgarien, UK, den Niederlanden und Norwegen. In Kroatien, Finnland, Griechenland und dem Kosovo waren nur Staatsbahnen tätig, wobei dieser Zustand 2014 in den meisten Ländern gebrochen wurde. Bis auf Dänemark, wo der Incumbent Marktanteile zulegen konnte, verzeichneten die Wettbewerbsbahnen in 2013 Zuwächse (Abbildung 9).

Die Einnahmensituation der Güterbahnen ist weiterhin schwierig, die Preise konnten nach der Wirtschaftskrise nicht wieder angehoben werden, sondern sanken größtenteils weiter. (Abbildung 10).

Die Zuggwichte steigen jedoch in einigen der betrachteten Länder wie z.B. Bulgarien, Dänemark und Polen (Abbildung 11). Dies dürfte zu einer Verbesserung der wirtschaftlichen Lage der betroffenen Güterbahnen führen.

Bei den Personenbahnen mussten nur jene in Frankreich, Bulgarien und Ungarn ein Absinken der Einnahmen pro Personenkilometer hinnehmen. (Abbildung 12).

Die Fahrgäste zahlten pro Fahrgastkilometer im Durchschnitt 10,0 Cent; mit 15,6 Cent in UK am meisten und in Bulgarien sowie dem Kosovo mit 1,6 Cent am wenigsten (Abbildung 13).

Abbildung 1: Streckenlängen in den untersuchten Ländern in km

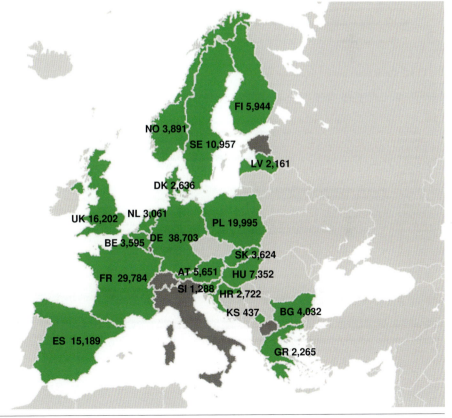

Marktübersicht Europa

Abbildung 2: Liberalisierung des Schienengüterverkehres

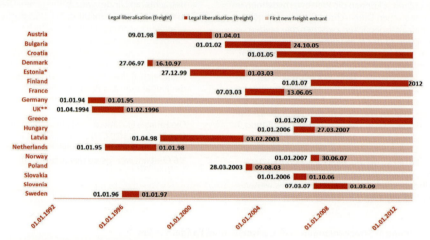

Abbildung 3: Liberalisierung des Schienenpersonenverkehres

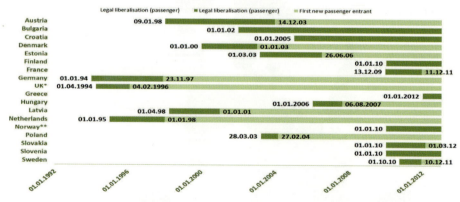

Marktübersicht Europa

Abbildung 4: Nutzung des Schienennetzes in Prozent der Zugkilometer (2013)

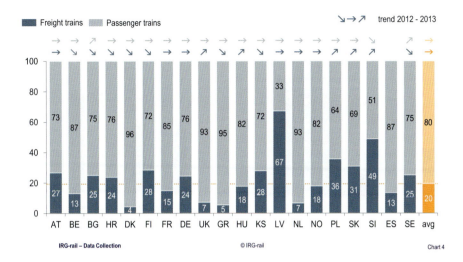

Abbildung 5: Durchschnittliche Erlöse aus Trassenentgelten in EUR/Zugkm (2013)

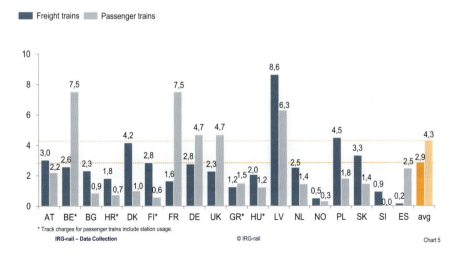

Marktübersicht Europa

Abbildung 6: Personenverkehr in Mrd. Passagierkilometern (2013)

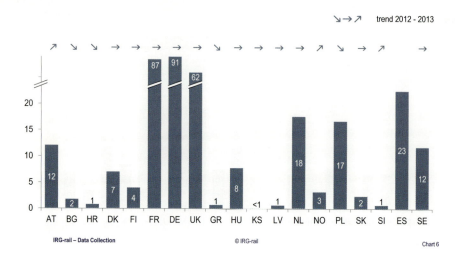

Abbildung 7: Marktanteile im Personenverkehr auf Basis Passagierkilometer (2013)

Marktübersicht Europa

Abbildung 8: Güterverkehr in Mrd. Nettotonnenkilometer (2013)

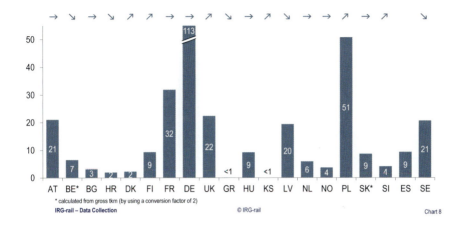

Abbildung 9: Marktanteile im Güterverkehr auf Basis Mrd. Nettotonnenkilometer (2013)

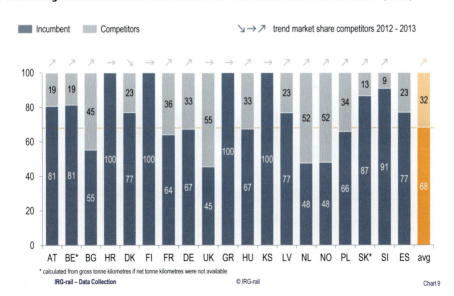

Marktübersicht Europa

Abbildung 10: Einnahmen von Güterbahnen in EUR-cent pro Nettotonnenkilometer (2013)

Abbildung 11: Durchschnittliches Zuggewicht (ohne Fahrzeuge) in Tonnen (2013)

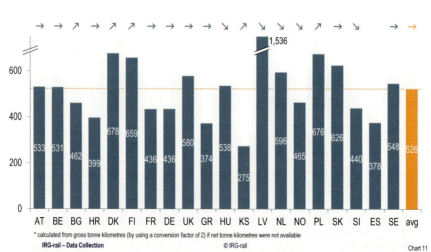

Marktübersicht Europa

Abbildung 12: Einnahmen von Personenbahnen in EUR pro Zugkm (2013)

Abbildung 13: Durchschnittler Fahrpreis in Cent pro Fahrgastkilometer (2013)

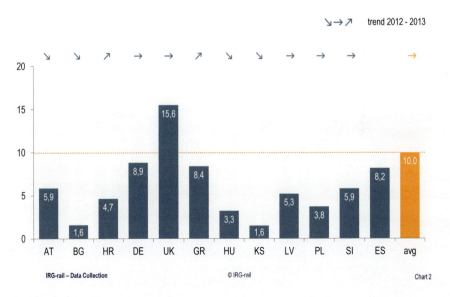

Albanien

Kurze Eisenbahngeschichte

Das albanische Bahnwesen fußt auf einem fast landesweiten Schmalspurnetz (600, 750 bzw. 760 mm), das ab 1917 beginnend bis in die 1930er Jahre erbaut wurde und eine Netzlänge von rund 300 km erreichte. Bei der Machtübernahme durch die Kommunisten Ende 1944 war lediglich eine 12 km lange Minenbahn zwischen dem Bitumen-Werk von Selenica und der Hafenstadt Vlora betriebsfähig. Mit der Unterstützung von Freiwilligen wurden nach dem Zweiten Weltkrieg alle heute bestehenden albanischen Eisenbahnlinien erbaut. Diese dienten v. a. dem Anschluss der im Landesinneren gelegenen Bergwerke an die Metall verarbeitenden Fabriken und Häfen. Die erste Normalspurstrecke des Landes wurde zwischen Durrës und Peqin am 07.11.1947 eröffnet; der weitere Ausbau des Netzes vollzog sich in langsamen Schritten bis Ende der 1980er Jahre. Auch internationalen Anschluss erhielt das Netz der HSH erst 1986 mit einer Verbindung zwischen Shkodra im Norden des Landes und dem heute montenegrinischen Podgorica (damals Titograd und jugoslawisch). 1987 hatte das Bahnnetz seine bisher maximale Länge von 677 km erreicht. Der Zusammenbruch der Schwerindustrie sowie die seit 1991 bestehende Erlaub des Besitzes von Privat-Pkw setzten der Bahn stark zu. Zweimal, nämlich 1991/92 und 1997/98, kam der Bahnbetrieb im Gefolge politischer Unruhen gänzlich zum Erliegen. Auf einigen Nebenstrecken wurde der Betrieb eingestellt und die Anbindung an Montenegro konnte erst im März 2003 wieder in Betrieb genommen werden. Sie dient aber weiterhin nur dem Güterverkehr.

Das heute in Betrieb befindliche Netz besteht aus der mehr oder weniger küstennahen Nord-Süd-Achse (Podgorica (Montenegro) –) Han i Hotit – Shkodra (bis hierhin nur Güterverkehr) – Milot – Budull – Vora – Shkozet – Durrës – Rrogozhina – Fier – Vlora mit den ins Landesinnere reichenden Seitenästen Vora – Tirana, Rrogozhina – Paper – Elbasan – Librazhd (ab hier nur Güterverkehr) – Lin – Gur i kuq (vor Pogradec) sowie den fünf Güterstrecken Milot – Rubik, Budull – Frushë-Krujë, Paper – Cërrik, Shkozet – Durrës Port und Fier – Ballsh. Alle Strecken sind eingleisig und nicht elektrifiziert. Mutwillige Zerstörung, Schienendiebstahl, die Folgen der genannten bürgerkriegsähnlichen Zustände in den neunziger Jahren und mangelnde Finanzen für den Unterhalt haben die albanische Eisenbahn in einen desolaten Zustand gleiten lassen. So sind noch immer sämtliche Signalanlagen außer Betrieb; die Betriebsleitung erfolgt per Funk zentral von Durrës aus. Zumindest die Hauptbahnen sind ursprünglich für 100 km/h ausgelegt, doch ist die Höchstgeschwindigkeit der Reisezüge generell auf 55 km/h und der Güterzüge auf 45 km/h begrenzt. Ausbau und Modernisierung des Netzes sind bislang nicht über Studien hinausgekommen. Zwar hatte man be-

Foto: Heiko Focken

Albanien

reits 2003 mit dem US-Konzern General Electric (GE) eine Vorstudie zur Modernisierung der wichtigsten Strecke Tirana – Durrës vereinbart, doch wurde dieses Projekt von der 2005 neugewählten Regierung aus finanziellen Gründen storniert und nach einem Rechtsstreit mussten an GE 20 Mio. $ Schadensersatz gezahlt werden. Ein zweiter Anlauf hat im September 2012 mit einem von der Europäischen Bank für Wiederaufbau und Entwicklung finanzierten Interessenbekundungsverfahren begonnen. Ziel ist eine erneute Studie sowohl zur Rekonstruktion der Strecke Tirana – Durrës als auch zur technisch/verkehrlich/finanziellen Bewertung aller anderen Strecken im Hinblick auf eine Priorisierung weiterer Ausbaumaßnahmen.

Wichtigstes Projekt in Sachen zusätzlicher Verbindungen ins Ausland ist eine Neubaustrecke am nördlichen Ufer des Ohridsees nach Kičevo in Mazedonien, die Teil eines geplanten Eisenbahnkorridors zwischen Durrës (als Freihafen für Mazedonien) und dem bulgarischen Schwarzmeerhafen Varna ist. Die NBS soll bei Lin von nach Guri i kuq führenden Strecke abzweigen. Zumindest die mazedonische Seite hat Ende 2012 die Erstellung der Entwurfsplanung für den 63 km langen Abschnitt bis zur albanischen Grenze ausgeschrieben. Im Sommer 2013 haben in Tirana die Bauarbeiten zur Anlage eines neuen Verkehrsterminals begonnen, in dem auch der ehemalige Hauptbahnhof aufgeht. Dieses ist weiter stadtauswärts gelegen und soll in Richtung Zentrum eine Anbindung mittels einer Stadtbahn erhalten, die teils die aufgegebene Bahntrasse nutzt. Da der Bahnhof seit dem 02.09.2013 nicht mehr angefahren werden kann, wurde der gesamte Verkehr auf der Zweigstrecke Vorë – Tirana einstweilen auf die Straße verlagert.

Verkehrsministerium
Ministria e Transportit dhe Infrastrukturës
Drejtoria e politikave të transportit
Sektori i Politikave të Transportit Hekurudhor
Sheshi Skënderbej Nr. 5
AL-Tiranë
Telefon: +355 4 2237 940
informimimti@transporti.gov.al
www.transporti.gov.al

Nationale Eisenbahnbehörde
Drejtoria e Inspektimit Hekurudhor
L3, Rruga „Egnatia"
AL-Durrës
Telefon: +355 52 223 505
info@dih.gov.al
www.dih.gov.al

HSH

Hekurudha Shqiptarë SH.A. (HSH) 🅿🅶🄸

L3, Rruga „Skenderbej"
AL-Durrës
Telefon: +355 52 222037
Telefax: +355 52 222037
info@hsh.com.al
www.hsh.com.al

Management
★ Genci Alizoti (Generaldirektor)

Gesellschafter
★ Republik Albanien (100 %)

Infrastruktur
★ Eisenbahninfrastruktur in Albanien (346 km betriebene Strecken)

Unternehmensgeschichte
Hekurudha Shqiptarë SH.A. (HSH; Albanische Eisenbahn) früher auch Hekurudha e Shqipërisë (Eisenbahn Albaniens), ist die 1917 gegründete normalspurige Staatsbahn Albaniens; seit 2000 in Rechtsform einer Aktiengesellschaft. Sie gliedert sich in die vier Geschäftseinheiten Personenverkehr, Güterverkehr, Infrastruktur und Rollmaterial.
Als Folge mangelnder Finanzen für den Unterhalt, der politischen Unruhen in den Neunziger Jahren und auch mutwilliger Zerstörung befindet sich das albanische Eisenbahnwesen in sehr schlechtem Zustand. Alle Züge werden mit schweren, 1995 angeschafften Dieselloks tschechoslowakischer Produktion aus den siebziger Jahren bespannt; alle anderen Loktypen wurden abgestellt. Aus Deutschland, Österreich und Italien konnten gebrauchte Personenwagen erworben werden, doch sind jene aus Österreich nicht mehr im Einsatz. 2012 verkehrten täglich 16 Reisezüge, von denen allein zwölf die Verbindung zwischen der 600.000-Einwohner-Metropole Tirana und der 200.000-Einwohner-Hafenstadt Durrës komplett und zwei weitere teilweise befuhren. Im genannten Jahr wurde zugleich die Bedienung des Abschnittes von Librazhd zum wenige Kilometer vor der am Ohridsee gelegenen ostalbanischen Stadt Pogradec gelegenen Bergwerk Gur' i kuq eingestellt. Von dort bis Pogradec hatte es stets nur eine Busverbindung gegeben. Im Zusammenhang mit der 2013 begonnenen Bahnhofsverlegung in Tirana, das frühestens ab Ende 2015 auf der Schiene erreicht werden kann, wurde die Zahl der täglichen Reisezüge weiter reduziert und lag 2014 bei nur noch acht.
Seit Beginn der 1990er Jahre haben sich Verkehrsleistung und Aufkommen im Personenverkehr drastisch verringert. Wurden noch 1994 4,022 Mio. Fahrgäste (1980: 12 Mio.) bei 215 Mio. Pkm befördert, so sanken die Werte schon bis 1997 auf 1,82 Mio. bzw. 95 Mio. Pkm. Zwar folgte bis 2001 eine leichte Erholung auf 2,676 Mio. Reisende und 138 Mio. Pkm, doch setzte dann eine bis heute anhaltende Talfahrt ein, so dass 2012 nur noch 448.000 Reisende sowie 16 Mio. Pkm und 2013 329.000 Reisende sowie 12 Mio. Pkm zu verzeichnen waren. Haupteinnahmequelle der HSH ist der Güterverkehr, der sich seit 1993 verglichen mit dem Personenverkehr eher ambivalent entwickelte. Beim Aufkommen war der höchste Wert 1995 mit 574.000 t (1980: 8 Mio. t) zu verzeichnen, dem schon 2001 das bisherige Minimum von 284.000 t folgte. 2001 war auch die geringste Verkehrsleistung von nur 19 Mio. tkm zu verzeichnen, nachdem sie 1995 noch bei 53 Mio. tkm gelegen hatte. Dieser Wert wurde aber auch 2007 wieder erreicht und 2010 war gar der bisherige Rekord von 66 Mio. tkm zu registrieren. Seither brachen die Zahlen erneut stark ein: 2012 lagen sie bei 142.000 t auf 25 Mio. tkm und 2013 bei 151.000 t auf 23 Mio. tkm. Gegenwärtig dient etwa jeder zweite Zug der HSH dem internationalen Güterverkehr. Der Personalbestand der HSH verringerte sich zwischen 2010 und 2014 von 1.720 auf 1.130 Mitarbeiter.

Jetzt aktuell!

Der Verkehr in Tabellen, Zahlen und Übersichten

■ Das Standardwerk zur Entwicklung von Verkehr und Verkehrswirtschaft

■ Zuverlässige Übersicht zu allen Daten und Fakten der Mobilität

■ Inkl. CD mit umfangreichen Daten zur direkten Weiterverarbeitung

■ Herausgegeben vom Bundesministerium für Verkehr, Bau und Stadtentwicklung

Technische Daten: ISBN 978-3-87154-516-0, 364 Seiten, Format 140 x 180 mm, Broschur
Preis: EUR 62,50 mit CD-ROM inkl. MwSt., zzgl. Porto
Kontakt: DVV Media Group GmbH
Telefon: +49/40/2 37 14 - 440
Fax: +49/40/2 37 14 - 450
E-Mail: buch@dvvmedia.com

Bestellen Sie Ihr Exemplar unter **www.eurailpress.de/viz2**

DVV Media Group

Belgien

Kurze Eisenbahngeschichte

In Belgien steht die Wiege der Eisenbahn in Kontinentaleuropa. Bereits 1834, vier Jahre nach der Unabhängigkeit von den Niederlanden, wurde ein nationales Eisenbahngesetz ratifiziert, gemäß dem ein 380 km langes Streckennetz angelegt werden sollte. 1835 wurde die erste Strecke von Brüssel nach Mechelen eröffnet, von wo aus im Folgejahr Antwerpen erreicht wurde. 1843 waren je eine das ganze Land durchquerende Ost-West- und Nord-Süd-Achse sowie die für Antwerpen wichtige Hinterlandverbindung mit Köln fertiggestellt. Die Verbindung über die deutschbelgische Grenze hinweg (damals noch „Eiserner Rhein genannt") war somit die erste internationale Eisenbahnstrecke auf dem Kontinent. 1850 erreichte die Netzausdehnung 1.000 km, 1880 4.000 km und zur Jahrhundertwende hatte das Königreich das mit Abstand dichteste Netz Europas. Zwischen Brüssel und Antwerpen erfolgte 1935 die erste Elektrifizierung im Lande. Nach dem Zweiten Weltkrieg setzte auch in Belgien eine Stilllegungswelle ein, begleitet von der Auflassung vieler abgelegener und schlecht frequentierter Haltepunkte. Allerdings gab es auch weitere Streckenneubauten wie die unterirdische Brüsseler Nord-Süd-Verbindung (1952) oder jene zum Brüsseler Flughafen (1955) und später einzelne Streckenreaktivierungen wie Antwerpen – Neerpelt und Welkenraedt – Eupen. Auch die Elektrifizierung stockte ab den 1950er Jahren zunächst, da man der Verdieselung den Vorzug gab und so bereits 1966 die Dampftraktion vollständig ablösen konnte. Heute beträgt die Netzdichte noch immer 111,6 m/km² und liegt damit weit über dem EU-Durchschnitt von 51,2 m/km². Größere Streckenneubauten gab es ab den 1990er Jahren mit vier Hochgeschwindigkeitsstrassen („Hogesnelheidslijn", HSL) entlang der Altstrecken Richtung Frankreich, Niederlande und Deutschland: HSL 1 Brüssel – Lille (88 km, seit 1997), HSL 2 Leuven – Ans (Strecke Brüssel – Liège, 62 km, seit 2002), HSL 3 Chênée – Walhorn (Strecke Liège – Aachen, 42 km, seit 2009) und HSL 4 Antwerpen – Rotterdam (40 km, seit 2009). Am 10.06.2012 ging die „Diabolo" genannte unterirdische Bahnverbindung zwischen Brussels Airport und der neuen, auf dem Mittelstreifen der Autobahn E 19 angelegten zweigleisigen Strecke Schaarbeek – Mechelen in Betrieb, womit sich die Erreichbarkeit des Brüsseler Flughafens aus Richtung Norden per Schiene deutlich verbessert hat. Eine frühe „Hochgeschwindigkeitsstrecke" mit möglichst geradliniger Trassierung, kreuzungsfreien Ein- und Ausfädelungen und ohne Bahnübergänge war allerdings schon 1923 zwischen Brüssel und Gent (so genannte Linie 50A) eröffnet worden. Auf den Neubaustrecken und einigen Altstrecken im Süden des Landes kommen 25 kV 50 Hz zur Anwendung.

Marktübersicht

★ Personenverkehr: Einziger Anbieter ist die Staatsbahn Société Nationale des Chemins de fer Belges / Nationale Maatschappij der Belgische Spoorwegen (SNCB / NMBS).

★ Güterverkehr: Marktführer ist die Staatsbahn-Gütersparte SNCB Logistics NV/SA. Daneben treten die mittelbar zur französischen Staatsbahn SNCF gehörende Captrain Belgium B.V. sowie die DB Schenker-Tochter Euro Cargo Rail SAS (ECR) und die privaten Anbieter Crossrail Benelux NV, Belgium Rail Feeding BVBA (BRF), Railtraxx BVBA und Trainsport AG am Markt auf.

Verkehrsministerium

Service Public Fédéral Mobilité et Transports / Federale Overheidsdienst Mobiliteit en Vervoer
City Atrium, Rue du Progrès 56
BE-1210 Bruxelles
Telefon: +32 2 277 3111
info@mobilit.fgov.be
www.mobilit.belgium.be

Nationale Eisenbahnbehörde

Service de Regulation du Transport Ferroviaire et de l'Exploitation de l'Aéroport de Bruxelles / Dienst Regulering van het Spoorwegvervoer en van de Exploitatie van de Luchthaven Brussel-Nationaal
Boulevard du Jardin Botanique 50 boîte 72
BE-1000 Bruxelles
Telefon: +32 2 277 4525
info@regul.be
www.regul.be

Service Public Fédéral Mobilité et Transports / Federale Overheidsdienst Mobiliteit en Vervoer
Service de Sécurité et d'Interopérabilité des Chemin de Fer / Dienst Veiligheid en Interoperabiliteit van de Spoorwegen
City Atrium, Rue du Progrès 56
BE-1210 Bruxelles
Telefon: +32 2 277 3911
nsa@mobilit.fgov.be
www.mobilit.belgium.be

Eisenbahnunfalluntersuchungsstelle

Organisme d'enquête pour les accidents et incidents ferroviaires / Onderzoeksorgaan voor ongevallen en incidenten op het spoor
City Atrium, Rue du Progrès 56
BE-1210 Bruxelles
Telefon: +32 2 277 3166
RAUI@mobilit.fgov.be
www.mobilit.belgium.be/nl/spoorwegverkeer/oois

Belgien

BRF / Captrain Belgium

Belgium Rail Feeding BVBA (BRF) G

Karveelstraat 5B
BE-2030 Antwerpen
Telefon: +32 3 5430672
Telefax: +32 3 5430679
info@railfeeding.com
www.railfeeding.com

Management
★ Arnoud de Rade (Geschäftsführer)

Gesellschafter
★ Rotterdam Rail Feeding B.V. (RRF) (99 %)
★ GWI Holding B.V. (1 %)

Unternehmensgeschichte
Die 2010 gegründete Belgium Rail Feeding BVBA (BRF) ist ein mehrheitliches Tochterunternehmen der niederländischen Gesellschaft Rotterdam Rail Feeding B.V. (RRF). Für das Angebot in Belgien hat RRF drei Lokomotiven des Vossloh-Types G 2000-3 BB sowie zwei EMD JT42CWR angemietet. BRF ist in ganz Belgien sowie in Kooperation grenzüberschreitend nach Deutschland sowie in die Niederlande tätig.
Im Oktober 2012 hatte BRF fünf Mitarbeiter.

Verkehre
★ KV-Transporte Terneuzen (Bertschi) [NL] – Antwerpen (Combinant); 5 x pro Woche seit 01.10.2012 im Auftrag von Hupac
★ Kesselwagentransporte Rotterdam [NL] – Antwerpen; Spotverkehre in Kooperation mit der Rotterdam Rail Feeding B.V. (RRF) im Auftrag der Transpetrol GmbH Internationale Eisenbahnspedition
★ Pkw-Transporte (Ford) Tychy [PL] – Zeebrugge; 2 x pro Woche seit 01.01.2015 Traktion ab Roosendaal (Übernahme von Rotterdam Rail Feeding B.V. (RRF)) im Auftrag der VTG

Captrain Belgium B.V. G

Hof ter Lo 7 bus 5
BE-2140 Antwerpen
Telefon: +32 3 2025098
Telefax: +32 3 2025090
info@captrain.be
www.captrain.be

Management
★ Ulrich Bouly (Geschäftsführer)

Gesellschafter
Stammkapital 3.662.162,00 EUR
★ Transport et Logistique Partenaires S.A. (TLP) (100 %)

Lizenzen
★ BE: EVU-Zulassung (GV); gültig seit 19.12.2008
★ BE: Sicherheitszertifikat, Teil A (GV); gültig vom 14.08.2009 bis 13.08.2015
★ BE: Sicherheitszertifikat, Teil B (GV); gültig vom 04.12.2009 bis 12.08.2015
★ NL: Sicherheitszertifikat, Teil B (GV); gültig vom 03.11.2010 bis 12.08.2015

Unternehmensgeschichte
Als in Belgien und den Niederlanden tätiges Unternehmen wurde die belgische SNCF Fret Benelux B.V. (SFB) als Tochter der Fret SNCF im Jahr 2000 mit Sitz in Brüssel gegründet. Zunächst war man nur als Bahnspedition tätig, die Eigentraktion von Zügen wurde wie folgt aufgenommen:
★ Belgien und Luxemburg: Dezember 2005
★ in Antwerpen: ab Februar 2007
★ in den Niederlanden: Juni 2007
Im März 2007 wurde der Sitz des Unternehmens nach Antwerpen verlegt.
Viele Züge werden mit Doppeltraktionen der Baureihen BB 67400 oder Einfachtraktionen der Baureihe BB 36000 der Fret SNCF mit Belgienzulassung gefahren. Die Dieselloks werden vor allem im Verkehr in die Niederlande und rund um den Antwerpener Hafen eingesetzt. Im nicht mit Captrain in Verbindung stehenden Kooperationsverkehr zwischen SNCB Logistics und Fret SNCF fahren NMBS-Loks der Baureihe 12 nach Lille und Aulnoye sowie SNCF BB 36000 nach Charleroi, Gent und Antwerpen.
Zum 01.09.2009 wurden alle Bereiche der damaligen ITL Benelux B.V. bis auf die Betriebsleitung von Rotterdam in das gemeinsame Büro mit der SFB in Antwerpen verlegt.
Im Oktober 2009 fuhr das Unternehmen ca. 89 Züge

Captrain Belgium / CMI Traction

pro Woche.
Seit 06.11.2009 ist die SFB Alleingesellschafterin des vorherigen Schwesterunternehmens ITL Benelux B. V. Ende 2009 erfolgte die Umfirmierung der SFB in Captrain Belgium B.V.
Mitte 2013 verfügte das Unternehmen über zehn Triebfahrzeugführer für den Einsatz in Belgien und den Niederlanden sowie einige Triebfahrzeugführer und Wagenmeister für den rein belgischen Einsatz. Captrain nutzte bis zu vier von der SNCF angemietete BB 67400 im Raum Antwerpen mit stets wechselnden Nummern. Diese Loks laufen aber aus und werden seit Dezember 2014 nicht mehr in Belgien eingesetzt. Zur Probe wurde im Frühjahr 2014 eine von der SNCB angemietete Reihe 77 eingesetzt.

Verkehre
* Alubarrentransporte Dunkerque [FR] – Nievenheim (Aluminium Norf GmbH) [DE]; 1 x pro Woche seit 02.01.2013 Traktion in Belgien bis Aachen West [DE]
* Chemietransporte Bazancourt [FR] – Rotterdam Botlek [NL]; 2 x pro Monat seit August 2010 betriebliche Abwicklung in Belgien und den Niederlanden im Auftrag der Fret SNCF
* Chemietransporte Geleen (Chemelot) [NL] – Antwerpen – Woippy [FR]; 3 x pro Woche seit 01.06.2014 in Kooperation mit Captrain Netherlands B.V. in dem Niederlanden und Fret SNCF in Frankreich
* Flüssiggastransporte Antwerpen-Alaska (ATPC-Terminal) – Geleen (Chemelot) [NL]; 3-5 x pro Woche seit 01.01.2015 im Auftrag von Ermechem S.A. in Kooperation mit Captrain Netherlands B.V. in dem Niederlanden
* Getreide- und Maistransporte diverse Herkunftsbahnhöfe in Frankreich – Lille [FR] – Antwerpen; 3 x pro Woche seit 01.07.2009 Traktion in Belgien
* Gütertransporte (Wagenladungsverkehr) Woippy [FR] – Antwerpen Hafen; 4-5 x pro Woche Traktion ab Schijnpoort
* KV-Transporte Antwerpen (Noordzee Terminal) – Lyon [FR]; 5 x pro Woche seit Dezember 2009 Traktion in Belgien im Auftrag der Naviland Cargo SA
* KV-Transporte Antwerpen – Lille [FR] – Hendaye [FR]; 3 x pro Woche Traktion in Belgien
* KV-Transporte Antwerpen – Lille [FR] – Perpignan [FR]; 5 x pro Woche Traktion in Belgien; aktuell 6 x pro Woche und 3 x pro Woche verlängert bis Barcelona [ES]
* Kohletransporte Born (Enerco B.V.) [NL] – Frankreich (u.a. Anglefort, Grenoble); 1 x pro Woche seit 06.08.2010 Traktion in Belgien; 5 x pro Woche seit Februar 2012 (u.a. Anglefort, Notre Dame de Briançon, Grenoble); in Kooperation mit der Captrain Netherlands B.V. in den Niederlanden und CFL cargo SA zwischen Bressoux und Hagondange [FR]
* Papiertransporte Skandinavien – Dortmund Obereving [DE] – Antwerpen WHZ; 3 x pro Woche seit 12.12.2010 Traktion in Belgien im Auftrag der ScandFibre Logistics AB in Kooperation mit der Captrain Netherlands B.V. in den Niederlanden; 2 x pro Woche ; 2 x pro Woche seit 14.06.2014
* Rundholztransporte Aulnoye [FR] – Marloie (Fruytier Scierie S.A.); 1 x pro Woche seit September 2009 Traktion in Belgien
* Röhrentransporte Pont a Mousson [FR] – Antwerpen; 8 x pro Woche seit Dezember 2008 Traktion in Belgien
* Schottertransporte Quenast – Aulnoye [FR] – diverse Bestimmungsbahnhöfe in Frankreich; 3-5 x pro Woche Traktion in Belgien als saisonale Verkehre von April bis Ende September
* Wassertransporte (Danone) Frankreich – Antwerpen; 2 x pro Woche Traktion ab Schijnpoort; aktuell 3 x pro Woche
* Zellstofftransporte Antwerpen – Osnabrück (Felix Schoeller) [DE]; 3 x pro Woche seit 01.01.2015 betriebliche Abwicklung in Belgien im Auftrag der TWE Bahnbetriebs GmbH für NOSTA Rail GmbH

Cockerill Maintenance & Ingénierie Traction S.A. (CMI Traction)

Rue de la Déportation, 218
BE-1480 Tubize
Telefon: +32 2 355-0761
Telefax: +32 2 355-4788
traction@cmigroupe.com
www.cmigroupe.com

Management
* André Martinez (Geschäftsführer)

Gesellschafter
Stammkapital 745.000,00 EUR
* Cockerill Maintenance & Ingénierie SA (CMI) (100 %)

Lizenzen
* BE: EVU-Zulassung (GV) seit 16.05.2014

Unternehmensgeschichte
Die am 16.01.1998 gegründete Cockerill Maintenance & Ingénierie Traction S.A. (CMI Traction) ist Teil der belgischen CMI (Cockerill Maintenance & Ingénierie)-Unternehmensgruppe, die als Lieferant von Industrieausrüstungen (z. B. kompletten Walzstraßen), Waffensystemen, Panzerfahrzeugen sowie Dampfkesseln und Abhitzedampferzeugern für Kraftwerke am Markt agiert. Die heutige CMI wurde 1982 als

CMI Traction / COBRA

Tochterunternehmen auf dem Sektor Maschinen- und Anlagenbau (damals: Cockerill Mechanical Industries) aus dem Konzern Cockerill-Sambre ausgegliedert, der wiederum auf ein bereits 1817 von dem englischen Industriellen John Cockerill (1790-1840) im Schloss von Seraing bei Lüttich gegründetes Unternehmen zurückgeht, das zunächst Webstühle, bald aber auch Dampfmaschinen und Dampflokomotiven baute. Durch den Ausbau von Cockerills Stahlwerken und Maschinenbauanstalten wurde Seraing bald zu einem der zentralen Industriestandorte Belgiens. Hinzu kamen Bergwerke, Eisenhütten, Spinnereien und Tuchfabriken. Cockerill-Sambre wurde 1998 in den französischen Stahlkonzern Union Sidérurgique du Nord de la France (USINOR) integriert, der zusammen mit der spanischen Aceralia S.S. und der luxemburgischen Arbed S.A. ab 2002 den europäischen Stahlkonzern Arcelor S.A. bildete. USINOR wiederum verkaufte CMI 2002 an unabhängige private Investoren, die noch heute die Eigentümer der Gruppe sind. Der heutige Name Cockerill Maintenance & Ingénierie besteht seit 2004. Die CMI-Gruppe beschäftigt zurzeit rund 3.600 fest und befristet angestellte Mitarbeiter, die zum größten Teil in Belgien Brasilien, China, Deutschland, Frankreich, Indien, Luxemburg, Russland und den Vereinigten Staaten tätig sind. 2008 waren für CMI Auftragseingänge im Wert von 933 Mio. EUR zu verzeichnen, denen ein Umsatz von 828 Mio. und ein Betriebsergebnis von 30 Mio. EUR gegenüberstanden. „Le Belge" („Der Belgier") war die erste Dampflokomotive Kontinentaleuropas, die nicht aus England importiert, sondern auf dem europäischen Festland (allerdings als Lizenznachbau der Lokomotiven von Stephenson) gefertigt wurde. Sie verließ am 30.12.1835 Cockerills Werkshallen, um den Dienst auf der bereits am 05.05 des Jahres mit drei englischen Loks eröffneten Strecke Brüssel – Mecheln anzutreten. Für deren Errichtung hatte Cockerill auch schon die Schienen geliefert. Diese lange Eisenbahntradition setzt sich heute in Konstruktion und Fertigung von zwei- bis vierachsigen Diesel-Rangierlokomotiven der Leistungsklasse von 350 bis 750 PS fort. Für Fahrzeughalter wird ferner eine breite Palette von Dienstleistungen mit Rekonstruktion, Umbau, Wartung, Ersatzteilversorgung und Lokomotivvermietung angeboten.

Management
★ Otto Georg Niederhofer (Vorstandsvorsitzender)
★ Seraf De Smedt (Vorstand)
★ Yvonne Hagenberg (Vorstand)
★ Wilfried Moons (Vorstand)
★ Geert Pauwels (Vorstand)
★ Christian Rösler (Vorstand)

Gesellschafter
Stammkapital 650.000,00 EUR
★ DB Schenker Rail AG (51 %)
★ SNCB Logistics NV/SA (49 %)

Unternehmensgeschichte
DB Schenker Rail und die damalige Gütersparte der belgischen SNCB haben am 10.12.2009 in Brüssel die Verträge zur Gründung einer gemeinsamen Produktionsgesellschaft unterzeichnet. Ziel der Gesellschaft ist es, den deutsch-belgischen Schienengüterverkehr zu verbessern. Nach Freigabe durch die zuständige Wettbewerbsbehörde werden seit 01.04.2010 Güterzüge der DB Schenker Rail Deutschland, der DB Schenker Rail Nederland und der SNCB durchgängig grenzüberschreitend gefahren.
Die neue Gesellschaft hat ihren Sitz in Brüssel und trägt den Namen COBRA. Das Kürzel steht dabei für Corridor Operations Belgium RAil, obwohl im Handelsregister Corridor Operations NMBS/SNCB DB Schenker Rail eingetragen wurde. Zwischenzeitlich wurden die Lokumläufe des Unternehmens ausgeweitet: Die Traxx kommen nun bis Gelsenkirchen-Bismarck (Automobilverkehr), Gremberg (Einzelwagennetz), Moers (Kalkverkehr Yves-Gomezée – Millingen) und Bad Bentheim (Züge für Volvo aus Gent). Seit 03.02.2014 wird zudem 12 x pro Woche von Antwerpen über Aachen West hinaus bis Ludwigshafen gefahren.
COBRA erzielte 2012 mit 32 Loks und 210 Mitarbeitern einen Umsatz von 31 Mio. EUR.

Corridor Operations NMBS/SNCB DB Schenker Rail N.V. (COBRA)
G

Boulevard du Roi Albert II 37
BE-1030 Schaerbeek

Crossrail Benelux / Infrabel

Crossrail Benelux NV 🇧🇪

Verwaltungssitz
Luchthavenlei 7a
BE-2100 Deurne
Telefon: +32 3 8449702
Telefax: +32 3 8449703
info@crossrail.ch
www.crossrail.ch

Niederlassung Deutschland
Niddastrasse 74
DE-60329 Frankfurt am Main

Management
* Jeroen Le Jeune (CEO)

Gesellschafter
Stammkapital 177.000,00 EUR
* Crossrail AG (100 %)

Lizenzen
* BE: EVU-Zulassung (GV) seit 22.09.2010 (europaweit gültig)
* BE: Sicherheitszertifikat Teil A (GV); gültig vom 20.10.2008 bis 19.10.2017
* BE: Sicherheitszertifikat Teil B (GV); gültig vom 10.01.2009 bis 09.01.2018
* NL: Sicherheitszertifikat Teil B (GV); gültig vom 07.01.2003 bis 19.10.2017

Unternehmensgeschichte
Bei der heutigen Crossrail Benelux NV handelt es sich um die vormalige Dillen & Le Jeune Cargo NV (DLC), die per 28.04.2008 mit der in der Schweiz ansässigen Crossrail AG fusionierte. Im Rahmen dieses Vorganges wurden die Gesellschafteranteile der DLC an die Crossrail AG veräußert und die Gesellschaft am 24.06.2008 in Crossrail Benelux NV umfirmiert.
Die DLC befand sich seit der Firmengründung am 13.04.2000 mehrheitlich im Eigentum der Firmengründer Ronny Dillen und Jeroen Le Jeune über eine gemeinsam gegründete Holdinggesellschaft. Im Rahmen einer Kapitalerhöhung im Oktober 2001 beteiligte sich außerdem der schweizer Kombioperateur HUPAC SA. Die Zulassung als EVU erhielt DLC bereits im September 2000 durch das belgische Verkehrsministerium.
Bei der Traktion der Zugleistungen setzt das Unternehmen überwiegend auf EMD-Dieselloks, die grenzüberschreitend eingesetzt werden. Dies liegt an einer fehlenden Elektrifizierung der bedienten Hafengleise sowie einem fehlenden Markt an Rangierdieselloks in Belgien. Die Dieselloks wurden anfänglich mangels Angebot in Belgien nur in Deutschland gewartet. Seit 2012 übernimmt auch SNCB Technics in Antwerpen-Noord die Instandhaltung.
Fallweise kamen zu DLC-Zeiten auch E-Loks des Gesellschafters HUPAC in Deutschland und der Schweiz zum Einsatz. Von Oktober 2006 bis Dezember 2007 hatte DLC außerdem bei SBB Cargo drei Loks des Typs Re 482 angemietet, die in Deutschland eingesetzt wurden. Seit Ende 2007 wurden vermehrt in Deutschland und der Schweiz DLC-Leistungen mit modernen E-Loks traktioniert. Seit der Crossrail-Fusion hat die E-Traktion außerhalb von Belgien stetig zugenommen. Seit Februar 2013 verfügte Crossrail Benelux über eine erste Bombardier Traxx-E-Lok, die in Belgien und Deutschland zum Einsatz kam.
2012 hatte Crossrail Benelux 118 Mitarbeiter. Triebfahrzeugführer der Crossrail werden dabei auch auf Zügen der DB-Tochter Euro Cargo Rail SAS (ECR) nach Zeebrugge eingesetzt werden.

Verkehre
* Gütertransporte in Belgien, Frankreich und Deutschland im Auftrag der Muttergesellschaft Crossrail AG

Infrabel S.A. 🇧🇪

Place Marcel Broodthaers 2
BE-1060 Bruxelles
Telefon: +32 2 525-2111
Telefax: +32 2 525-2269
internet@infrabel.be
www.infrabel.be

Management
* Luc Lallemand (Geschäftsführendes Verwaltungsratsmitglied)
* Dirk Demuynck (Generaldirektor Netzwerk)
* Luc Vansteenkiste (Generaldirektor Infrastruktur)
* Ann Billiau (Generaldirektorin Netzzugang)

Gesellschafter
* Königreich Belgien (99,3 %)
* Streubesitz (0,7 %)

Infrabel / Railtraxx

Beteiligungen
* TUC RAIL S.A. (75 %)
* CCB SA (51 %)
* HR Rail NV/SA (49 %)

Infrastruktur
* Eisenbahninfrastruktur in Belgien (3.595 km)

Unternehmensgeschichte
Die Infrabel S.A. ist das belgische staatliche EIU und als solches für Verwaltung, Unterhalt und Ausbau der Eisenbahninfrastruktur, den Netzzugang sowie Festsetzung und Erhebung der Trassennutzungsgebühren zuständig. Die Finanzierung erfolgt über einen nationalen Eisenbahninfrastrukturfonds. Das Unternehmen entstand zum 01.01.2005, als die seinerzeitige Staatsbahn SNCB/NMBS in eine aus der SNCB/NMBS Holding, der SNCB/NMBS als reines EVU und Infrabel bestehende Firmengruppe aus drei öffentlich-rechtlichen Aktiengesellschaften aufgespalten wurde. Die Holding war fast vollständig in Staatsbesitz und hielt ihrerseits alle Anteile am Bahnunternehmen SNCB/NMBS. An Infrabel hielt der belgische Staat zwar nur 6,37 % der Anteile, besaß aber 80 % der Stimmrechte. Mit der am 01.01.2014 in Kraft getretenen Restrukturierung der SNCB/NMBS-Gruppe wurde die alte SNCB/NMBS unter Namensübergang auf die Holding als nunmehriges EVU verschmolzen und Infrabel ging fast vollständig in den direkten Staatsbesitz über.
Die Tochtergesellschaft TUC RAIL ist das Ingenieurbüro der Infrabel, die Tochter CCB Chantier de Créosotage de Bruxelles – Werkstatt für Teerölträngkung Brüssel) produziert Eisenbahnmaterial und Holz für Eisenbahnanwendungen, recycelt alte Bahnschwellen und ist für die Holzträngkung zuständig. Die dritte Tochter HR Rail entstand erst mit der genannten Staatsbahn-Umstrukturierung. Sie ist seither der Arbeitgeber aller für SNCB/NMBS und Infrabel tätigen Mitarbeiter.
Infrabel hat seit seiner Gründung keine Finanzverbindlichkeiten angehäuft. Das Geschäftsjahr 2013 (Vorjahreswerte in Klammern) wurde mit einem Umsatz von 1,406 (1,418) Mrd. EUR, positiven Bruttoergebnis (EBITDA) von 29,4 (40,0) Mio. EUR und einem Ergebnis vor Steuern (EBT) von 7,2 (13,0) Mio. EUR. abgeschlossen. Auf dem Netz wurden in innerbelgischen Personenverkehr 79,05 (80,6) Mio. Zugkm, von internationalen Reisezügen 5,04 (4,7) Mio. Zugkm und im Güterverkehr 12,57 (13,4) Mio. Zugkm erbracht. Mit Stand vom 31.12. beschäftigte Infrabel 12.564 (12.168) Mitarbeiter. Für 2014 meldete das Unternehmen vorab eine von 232,5 auf 234,9 Mio. gestiegenen Fahrgastzahl, davon 224,8 (223,0) Mio. in nationalen Verkehr.

Railtraxx BVBA G

Van Geertstraat 81
2140 Borgerhout
Telefon: +32 474 096150
info@railtraxx.com
www.railtraxx.com

Management
* Ronny Jean Gerard Dillen (Geschäftsführer)
* Pieter Vanovermeire (Geschäftsführer)

Gesellschafter
* DD Management BVBA (80 %)
* Pieter Vanovermeire (20 %)

Lizenzen
* BE: EVU-Zulassung (GV); gültig seit 18.01.2010
* BE: Sicherheitszertifikat, Teil A (GV); gültig vom 26.04.2013 bis 25.04.2016
* DE: Sicherheitszertifikat, Teil B (GV); gültig vom 23.09.2013 bis 25.04.2016
* NL: Sicherheitszertifikat, Teil B (GV); gültig vom 02.02.2015 bis 25.04.2016

Unternehmensgeschichte
Railtraxx BVBA ist eine belgische Privatbahn im mehrheitlichen Eigentum von Ronny Dillen. Dillen war bereits Mitgründer der Dillen & Le Jeune Cargo NV (DLC), die zwischenzeitlich in der Crossrail AG aufgegangen ist. Bis 30.11.2010 war auch der Intermodaloperateur Quadrum BVBA zu 40 % an der Railtraxx beteiligt. Nachdem Dillen kurzzeitig Alleingesellschafter war, stieg Pieter Vanovermeire 2011 als Mitgesellschafter ein.
Die Zulassung als Eisenbahnverkehrsunternehmen erhielt Railtraxx im Januar 2010, die Traktion von Intermodalzügen wurde im Oktober 2011 aufgenommen. In Deutschland arbeitete man zunächst mangels eigener Lizenz mit der EMN-EVU GmbH zusammen. Im Dezember 2012 wechselte man zu deren Schwester Uwe Adam EVU GmbH. Im November 2012 hatte Railtraxx rund 20 Mitarbeiter.

Railtraxx / RégioRail

Verkehre
* KV-Transporte Antwerpen (Antwerp Combinant) – Duisburg-Rheinhausen [DE]; 3 x pro Woche seit 14.10.2013 im Auftrag der Inter Ferry Boats N.V. (IFB); bis Februar 2014 ab Antwerpen Main Hub
* KV-Transporte Antwerpen (Main Hub) – Novara [IT]; 6 x pro Woche Traktion bis Basel (Übergabe an SBB Cargo International AG) im Auftrag der Inter Ferry Boats N.V. (IFB)
* KV-Transporte Zeebrügge – Duisburg-Rheinhausen [DE]; 4 x pro Woche seit 14.10.2013 im Auftrag der Inter Ferry Boats N.V. (IFB)
* KV-Transporte Genk – Curtici [RO]; 4 x pro Woche Traktion bis Frankfurt am Main (Übergabe an Rurtalbahn Cargo GmbH (RTB Cargo)) [DE] seit April 2012 im Auftrag der Inter Ferry Boats N.V. (IFB); 6 x pro Woche seit Januar 2015
* Kalktransporte Hermalle-sous-Huy – Duisburg [DE]; 2 x pro Woche Traktion bis Kinkempois seit 01.09.2014 im Auftrag der DB Schenker Rail
* Kalktransporte Hermalle-sous-Huy – Veendam [NL]; 3 x pro Woche seit 01.01.2012 betriebliche Abwicklung in Belgien im Auftrag der HTRS Nederland B.V. bzw. ab 01.02.2014 der Rotterdam Rail Feeding B.V. (RRF)
* Malztransporte Vitry-le-François [FR] – Antwerpen Angola; 2-3 x pro Woche seit 2012 betriebliche Durchführung in Belgien im Auftrag der Europorte France SAS (EPF)
* Zuckertransporte Statte (Tiense Suikerraffinaderij n.v.) – Antwerpen-Lillo (Manuport Antwerpen NV Division Manufert); seit 11.12.2014 im Auftrag der SNCB Logistics NV/SA

RégioRail NV

Ninovesteenweg 190
BE-9320 Aalst
Telefon: +32 53 606530
www.regiorail.net

Gesellschafter
* Eurorail International NV/SA (66,67 %)
* Railroad Development Corporation (RDC) (33,33 %)

Beteiligungen
* RégioRail Lorraine SAS (RRLO) (97,5 %)
* RégioRail Languedoc Roussillon SAS (RRLR) (70,02 %)
* Compagnie ferroviaire régionale SAS (CFR) (60 %)
* RégioRail Champagne-Ardenne SAS (RRCA) (51 %)

Grafik: Rail Business

Unternehmensstruktur RégioRail

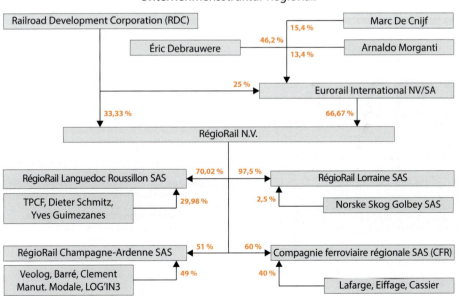

RégioRail / SNCB Logistics

Unternehmensgeschichte

RégioRail NV ist ein joint venture der US-amerikanischen RDC – Railroad Development Corporation sowie des belgischen Logistikers Eurorail International. Die Gründung erfolgte im Dezember 2012 als Management- und Investmentgesellschaft für Schienengüterverkehre in Westeuropa. RDC-Chef Henry Posner III interessierte sich bereits länger für den einstellungsbedrohten französischen Einzelwagenverkehr als er auf Vermittlung des Verbandes der Regionalbahnen [Opérateur Ferroviaire de Proximité] „Objectif OFP" an Eric Debrauwere geriet, der mit seiner Eurorail International ein alternatives Wagenladungsnetz in Frankreich aufbaute.

Folglich startete RégioRail zunächst in Frankreich, wo man heute an vier Regionalbahnen beteiligt ist: Die heutige Régiorail Languedoc Roussillon SAS übernahm im Frühjahr 2012 die Güterverkehrsaktivitäten „TPCF fret" der 1992 gegründeten Museumseisenbahn Train du Pays Cathare et du Fenouillèdes (TPCF).

Die RégioRail Lorraine SASU wurde am 06.01.2014 in das Handelsregister eingetragen.

Als dritter französischer RégioRail-Ableger ging die RégioRail Champagne-Ardenne Ende 2013 an den Start. Die Gründung geht auf eine Initiative der Region Châlons-en-Champagne vom 17.05.2013 zurück, die die Gründung einer Regionalbahn zum Ziel hatte. Bislang ist die RégioRail Champagne-Ardenne betrieblich noch nicht tätig.

Bei der bereits 2010 gegründeten Compagnie ferroviaire régionale SAS (CFR) ist RégioRail seit Dezember 2012 neuer Mehrheitsgesellschafter. Seit Dezember 2014 ist RDC auch mit 25 % an Eurorail beteiligt.

SNCB Logistics NV/SA G

Boulevard du Roi Albert II 37
BE-1030 Bruxelles
Telefon: +32 2 432-9000
contact@sncblogistics.be
www.sncblogistics.be

Management
* Geert Pauwels (CEO)
* Yvan de Beauffort (CFO)
* Nicolas Leeuw (CSO)
* Rik Vos (COO)

* Didier Vael (Director Product & Network Management)
* Luc Duveiller (Head of SQED)

Gesellschafter
* Société Nationale des Chemins de fer Belges / Nationale Maatschappij der Belgische Spoorwegen (SNCB / NMBS) (100 %)

Beteiligungen
* Inter Ferry Boats NV (IFB) (99,99 %)
* Xpedys SA (99,99 %)
* On Site Rail France SARL (OSR France) (99,95 %)
* Corridor Operations NMBS/SNCB DB Schenker Rail N.V. (COBRA) (49 %)
* Société de l'Itinéraire Benelux-Lorraine-Italie S.A. (SIBELIT) (42,5 %)
* XRail S.A.

Lizenzen
* BE: EVU-Zulassung (GV); gültig seit 20.04.2010
* BE: Sicherheitszertifikat, Teil A (GV); gültig vom 31.08.2013 bis 30.08.2016
* DE: Sicherheitszertifikat, Teil B (GV); gültig vom 15.11.2013 bis 30.08.2016
* LU: Sicherheitszertifikat, Teil B (GV); gültig vom 18.10.2013 bis 31.01.2015
* NL: Sicherheitszertifikat, Teil B (GV); gültig vom 30.08.2013 bis 30.08.2016

Unternehmensgeschichte

SNCB Logistics ist die Transport- und Logistiksparte der belgischen Staatsbahn Société Nationale des chemins de fer Belges (SNCB). Die Betriebsaufnahme erfolgte per 01.02.2011 im Rahmen der Aufspaltung der B-Cargo Operations auf SNCB Logistics (zentrale Services und Bahnoperator) sowie SNCB Freight Services (Verschub und Güterbahnhöfe). SNCB Logistics nutzt weiterhin Ressourcen der SNCB für den Verschub und Instandhaltung sowie übergangsweise auch für die Traktionsgestellung durch SNCB Technics. Bereits am 01.01.2005 war die SNCB in einem ersten Restrukturierungsschritt in drei öffentlich-rechtliche Aktiengesellschaften aufgeteilt worden, um den Forderungen der europäischen Gesetzgebung im Kontext der Liberalisierung des Schienenverkehrs Genüge zu tun. B-Cargo war innerhalb der SNCB-Gruppe für die Vermarktung des Schienengüterverkehrs zuständig. 2008 wurden alle Frachtaktivitäten der SNCB/NMBS in einer Gruppe zusammengezogen, die seit 2009 als SNCB Logistics firmiert. Tochterunternehmen zur Bedienung der innerstaatlichen Marktsegmente sind:

* IFB: KV-Transporte, Betrieb von Umschlagterminals
* Xpedys: Bulk-, Stahl- und Foodprodukte sowie Transporte in den Segmenten Chemie, Automotive, Holz, Papier, Handelsgüter

Die Inter Ferry Boats NV (IFB) entstand 1998 bei einer Verschmelzung von Ferry-Boats NV, Interferry NV

SNCB Logistics / SNCB / NMBS

und der Bahnsparte von Edmond Depaire NV. Nachdem Ende 2007 die Kooperation „Sideros" mit der SNCF für den Transport von Stahl und Massengütern gescheitert war, gründete B-Cargo für diesen Markt nachfolgend das Tochterunternehmen Xpedys.
Die internationalen Verkehre konzentrieren sich auf drei Hauptachsen, von denen zwei durch weitere Tochterunternehmen bedient werden:
* Sibelit (Société pour l'itinéraire Benelux, Lorraine, Italie): Antwerpen – Athus/Meuse – Italien – Schweiz
* COBRA (Corridor-Operations B-Cargo Railion; seit 2009: Corridor Operations NMBS/SNCB Logistics DB Schenker Rail): Antwerpen – Montzen – Deutschland
* Antwerpen – Frankreich

Die letzten Geschäftsjahre zeigen die deutliche Tendenz, dass bei einer Umsatzsteigerung die beförderten Tonnen zurück gegangen sind. Ab 2008 brachen Volumen und Umsatz dramatisch ein:
* Tonnage (in Mio. t): 58,4 (2005), 59,4 (2006), 57,7 (2007), 55,5 (2008), 36,5 (2009), 39,0 (2010), 41,1 (2011)
* Tonnenkilometer (in Mio.): 7.975,2 (2005), 8.442,2 (2006), 8.148,5 (2007), 7.882,0 (2008), 5.439,0 (2009), 5.729,4 (2010)
* Umsatz (in Mio. EUR): 333,6 (2005), 385,4 (2006), 398,1 (2007), 349,5 (2008), 266,6 (2009), 296,1 (2010), 403,9 (2011; andere Parameter, da neue Firma)
* Ergebnis (in Mio. EUR): -51,1 (2005), -55,8 (2006), -29,2 (2007), -85,5 (2008), -145,9 (2009), -195,4 (2010), -185,0 (2011; andere Parameter, da neue Firma)

Bereits seit längerer Zeit verkehren Loks der SNCB schon auf niederländischen Gleisen, über eine eigene Lizenz verfügt man aber erst seit 2007. Diese wird aktuell nur aktiv für die Verkehre Antwerpen Lillo – Budel [NL] sowie die Kreideschlammzüge Lage Zwaluwe [NL] – Virton ab Moerdijk [NL] genutzt, alle anderen Fahrzeugeinsätze laufen weiterhin auf Trassen der DB Schenker Rail Nederland B.V. Über die Tochtergesellschaft On Site Rail France (OSR France) ist man seit 2010 im Nachbarland Frankreich tätig.
Das Frachtaufkommen sank von 2011 zu 2012 von 41 auf 34 Mio. t. 2013 erzielte SNCB Logistics mit 7 Mio. EUR erstmals einen operativen Gewinn, nachdem im Vorjahr noch 11 Mio. EUR Verlust hatten verzeichnet werden müssen. Das Nettoresultat lag mit -30 Mio. EUR weiterhin in den roten Zahlen, jedoch konnten die Verluste im Vergleich mit 2012 um 54 Mio. EUR verringert werden.
Ende März 2015 wurde bekannt gegeben, dass die Fondsgesellschaft Argos Soditic im Rahmen einer Kapitalerhöhung 66,6 % der SNCB Logistics erwerben soll.

Société Nationale des Chemins de fer Belges / Nationale Maatschappij der Belgische Spoorwegen (SNCB / NMBS) P

Rue de France, 56
BE-1060 Bruxelles
Telefon: +32 2 525-2111
Telefax: +32 2 525-4045
infocorporate@sncb.be
www.belgianrail.be

Management
* Jo Cornu (Vorstandsvorsitzender)
* Olivier Henin (Generaldirektor Finanzen)
* Etienne De Ganck (Generaldirektor Transport)
* Richard Gayetot (Generaldirektor Technik)
* Vincent Bourlard (Generaldirektor Personal)
* Sven Audenaert (Generaldirektor Stationen)
* Bart De Groote (Generaldirektor Marketing & Sales)

Gesellschafter
* Königreich Belgien (99,69 %)
* Streubesitz (0,31 %)

Beteiligungen
* SNCB Europe (100 %)
* SNCB Logistics NV/SA (100 %)
* SNCB Mobility (100 %)
* SNCB Technics (100 %)
* Railtour NV (95,44 %)
* BeNe Rail International NV (50 %)
* HR Rail NV/SA (49 %)
* THI Factory NV/SA (THIF) (40 %)
* Thalys International S.C.R.L. (28 %)
* InterCapital and Regional Rail Ltd. (ICRR) (14,99 %)
* RailLink B.V. (10 %)
* Railteam B.V. (10 %)
* Eurostar International Ltd. (5 %)

Lizenzen
* BE: EVU-Zulassung (PV+GV); gültig seit 04.11.2004
* BE: Sicherheitszertifikat, Teil A (PV+GV); gültig vom 30.06.2008 bis 29.06.2017
* NL: EVU-Zulassung seit 2004

SNCB / NMBS / THIF

Unternehmensgeschichte
In Belgien steht die Wiege der Eisenbahn in Kontinentaleuropa. Früher als anderswo begann man mit der Anlage eines schnell enger geflochtenen Streckennetzes, das zu Beginn des 20. Jahrhunderts das mit Abstand dichteste Europas war. Die belgische Eisenbahngeschichte ist durch einen mehrfachen Wechsel von staatlichem und privatem Engagement gekennzeichnet. Hatte der belgische Staat bis 1843 alle Strecken selbst errichtet, so wurden ab dann auch Konzessionen an Privatgesellschaften vergeben, so dass 1870 2.231 km privat betriebener Strecken nur 863 km in Staatshand gegenüberstanden. Dann begann die Verstaatlichung privater Linien, die 1926 mit der Gründung der Staatsbahn SNCB/NMBS ihren Abschluss fand. Nach deren bereits 1927 erfolgter Privatisierung begann ab 1945 die erneute Verstaatlichung, die 1958 ihr Ende fand. 1984 gab es eine komplette Neustrukturierung und Vertaktung des Personenverkehrs, bei dem u. a. das noch heute bestehende InterCity- und InterRegionetz geschaffen wurden. Am 01.01.2005 wurde SNCB/NMBS in drei öffentlich-rechtliche Aktiengesellschaften aufgeteilt, um den Forderungen der europäischen Gesetzgebung im Kontext der Liberalisierung des Schienenverkehrs Genüge zu tun. Die damit geschaffene Firmengruppe bestand aus der SNCB/NMBS-Holding, der SNCB/NMBS als reines EVU und der Infrastrukturgesellschaft Infrabel. Die Holding war vollständig in Staatsbesitz und hielt ihrerseits alle Anteile am Bahnunternehmen SNCB/NMBS. Im Januar 2013 beschloss die belgische Regierung eine erneute Umstrukturierung der Firmengruppe in Form eines „Dual-Modells" mit einem jeweils direkt in Staatsbesitz befindlichen EVU und EIU. Diese Änderung, der nachfolgend am 30.08.2013 Gesetzeskraft verliehen worden war, trat zum 01.01.2014 in Kraft, indem das vormalige EVU unter Übergang von dessen Namen auf die Holding verschmolzen wurde, die jetzt die EVU-Aufgaben wahrnimmt. Alle Mitarbeiter sowohl von SNCB/NMBS als auch Infrabel wurden der neuen HR Rail Aktiengesellschaft öffentlich Rechts zugeordnet, die zusammen mit der EIU-Schwester Infrabel zu je 49 % gehalten wird. Die restlichen 2 % gehören direkt dem belgischen Staat, der aber 60 % der Stimmrechte innehat. Die restlichen 40 % verteilen sich wiederum paritätisch auf SNCB / NMBS und Infrabel.
SNCB / NMBS ist noch heute einziger Anbieter im nationalen Personenverkehr und betreibt zudem die Regionallinien auf den Strecken Spa-Géronstère – Verviers – Aachen (euregioAIXpress) und Lüttich – Maastricht. 2013 wurden im Mittel unter der Woche 3.708 und am Wochenende 2.049 Reisezüge täglich gefahren. Im internationalen Hochgeschwindigkeitsverkehr ist man mittelbar über die Eurostar- und Thalys-Beteiligungen aktiv. Zum Fahrplanwechsel 2012 kam in Kooperation mit der niederländischen NS der „Fyra"-Verkehr zwischen Brüssel und Antwerpen hinzu, der jedoch Mitte Januar 2013 wegen technischer Probleme mit den V250-Triebzügen des Herstellers AnsaldoBreda auf Umsteigeverbindungen umgestellt wurde, bei denen ersatzweise konventionelle Wagenzüge von Brüssel nach Amsterdam fahren, die durchgehend mit TRAXX-Loks der SNCB Logistics bespannt sind. Hierfür hat die SNCB zehn Loks gemietet. Der Vertrag mit AnsaldoBreda über die Lieferung dreier eigener V250-Garnituren wurde am 03.06.2013 gekündigt. Zum Ersatz älterer Rollmaterials der Reihen AM 62 und 73 hat die SNCB/NMBS im Mai 2008 bei Siemens 305 Desiro ML-Triebzüge bestellt, die als AM 08 eingereiht und seit 2011 bis 2016 (Stand 31.12.2013: 153 Stück) geliefert werden. Im Zusammenhang mit dem angekündigten Rückzug der DB aus dem Betrieb des Thalys haben die Verwaltungsräte von SNCF und SNCB/NMBS im Sommer 2013 zur Restrukturierung der Thalys-Betreiberschaft in Frankreich und Belgien die Gründung des neuen gemeinsamen Eisenbahnunternehmens THI Factory NVSA beschlossen, an dem die französische Seite 60 und die belgische Seite 40 % halten. Dieses hat zum 01.04.2015 den Betrieb aufgenommen und soll auch in Konkurrenz zur DB treten, die u. a. mit ICE-Verkehren durch den Kanaltunnel nach London expandieren will.
Seit 2009 verfügt die SNCB/NMBS über folgende Geschäftseinheiten:
* SNCB Mobility: nationaler Personenverkehr
* SNCB Europe: internationaler Personenverkehr
* SNCB Logistics: Güterverkehr
* SNCB Technics: Fahrzeuginstandhaltung
2013 (Vorjahreswerte in Klammern) wurden im Binnen- und internationalen Verkehr 232,5 (231,1) Mio. Reisende befördert. Die mit Stand vom 31.12. 18.122 (18.688) Mitarbeiter erzielten einen Umsatz von 2,12 (2,05) Mrd. EUR, verbunden mit einem Nettoverlust von 330 (152) Mio. EUR.

THI Factory NV/SA (THIF) P

Place Stéphanie 20
BE-1050 Bruxelles
Telefon: +32 2 548 06 00
impressum@thalys.com
www.thalys.com

Management
* Agnès Ogier (Geschäftsführerin)
* Tanguy Cotte-Martinon (Projektleiter THI Factory)

THIF / Trainsport

- Griet Lissens (Direktorin Qualitätssicherung und Kundenservice)
- Scheherazade Zekri-Chevallet (Direktorin Vertrieb)
- Ingrid Nuelant (Direktorin Finanzen)
- Hélène Valenzuela (Direktorin Operatives Geschäft)
- Bertrand Camus (Servicedirektor)
- David Reveillon (Direktor IT)
- Eric Martos (Direktor Sicherheit)

Gesellschafter
- Société Nationale des Chemins de fer Français (SNCF) (60 %)
- Société Nationale des Chemins de fer Belges / Nationale Maatschappij der Belgische Spoorwegen (SNCB / NMBS) (40 %)

Lizenzen
- BE: EVU-Zulassung (PV); gültig ab 21.02.2014
- BE: Sicherheitszertifikat, Teil A (PV); gültig vom 13.11.2014 bis 12.11.2017
- BE: Sicherheitszertifikat, Teil B (PV); gültig vom 21.01.2015 bis 20.01.2018

Unternehmensgeschichte
Die THI Factory NV/SA hat zum 31.03.2015 auf dem Territorium Frankreichs und Belgiens den operativen Betrieb der Thalys-Hochgeschwindigkeitszüge, die Frankreich, Belgien, die Niederlande und Deutschland verbinden, von den Staatsbahnen SNCF und SNCB/NMBS übernommen. Der Thalys-Betrieb startete am 02.06.1996 zunächst auf der Achse Paris – Brüssel – Amsterdam. Zum 14.12.1997 wurde das Thalys-Netz durch Einbindung von Aachen und Köln auch auf Deutschland ausgeweitet, ehe weitere, teils nur saisonal mit Einzelleistungen bediente Destinationen wie Lille [FR], Marseille [FR], Bourg Saint Maurice [FR], Oostende [BE] sowie Düsseldorf, Duisburg und Essen [DE] folgten.
Für die Vermarktung und das wirtschaftliche Management des Produkts Thalys war 1995 die von der französischen Staatsbahn SNCF und der belgischen Staatsbahn SNCB/NMBS gehaltene Westrail International als Gesellschaft nach belgischem Recht gegründet worden. Als Partner in den Niederlanden und Deutschland fungierten die eigens ins Leben gerufene Staatsbahntochter Thalys Nederland N.V. und die DB.
Die Westrail International wurde im Mai 1999 zur Thalys International S.C.R.L. (Société Coopérative à Responsabilité Limitée de droit belge = Genossenschaft mit beschränkter Haftung belgischen Rechts), an der die SNCF zunächst 70 % und die SNCB/NMBS 30 % der Anteile hielten. Zum 16.06.2007 beteiligte sich auch die DB mit 10 %, so dass der SNCF-Anteil auf 62 % und jener der SNCB/NMBS auf 28 % sank. Nachdem die DB einen (bislang nicht vollzogenen) Rückzug aus der Miteignerschaft an Thalys International angekündigt hatte, beschlossen die Verwaltungsräte von SNCF und SNCB/NMBS im Sommer 2013 eine Restrukturierung der Thalys-Betreiberschaft in Form eines neuen gemeinsamen Eisenbahnunternehmens, das nachfolgend am 05.11.2013 gegründet wurde und am 21.02.2014 seine EVU-Lizenz erhielt. Am 19.09.14 gab auch die Generaldirektion Wettbewerb der EU-Kommission ihre Zustimmung zur Tätigkeitsaufnahme von THI Factory. In Deutschland bzw. den Niederlanden liegt der operative Betrieb jedoch weiterhin in der Verantwortung der Staatsbahnen NS bzw. DB und auch die Rolle von Thalys International bleibt hinsichtlich Vermarktung und wirtschaftlichem Management unverändert. Allerdings hat THI Factory mit der Betriebsaufnahme auch das Management für den gesamten Fuhrpark von Thalys International übernommen, während es bei der Fahrzeugeigentümerschaft (s. u.) keine Änderungen gab.
Die Thalys-Züge sind weitgehend mit den TGV der 3. Generation (TGV Réseau) identisch. Für die Betriebsaufnahme 1996 wurden zunächst zehn dreisystemfähige Garnituren einer in Fertigung befindlichen Serie entnommen, die das Kürzel PBA (Paris-Brüssel-Amsterdam) und die Fahrzeugnummern 4531ff. tragen. Von diesen wurde Zug 4531 nach Einstellung der Verbindung von Brüssel zum Pariser Flughafen Charles de Gaulle aber wieder aus der Thalys-Flotte abgezogen. Weitere 17 Züge in Viersystemausführung (also auch nach Deutschland einsetzbar) mit dem Kürzel PBKA (Paris-Brüssel-Amsterdam-Köln) tragen die Nummerierung 4301ff. und gingen 1996/97 in Betrieb. Zwischen 2008 und 2010 wurde die gesamte Thalys-Flotte im SNCF-Ausbesserungswerk Lille einer Modernisierung unterzogen und erhielt eine ETCS-Ausrüstung, was Voraussetzung für die Nutzung der Schnellfahrstrecken Aachen – Lüttich und Antwerpen – Amsterdam ab Dezember 2009 war.

Verkehre
- Personenfernverkehr Amsterdam – / Essen – Köln – Brüssel – Paris / – Lille

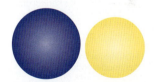

TrainsporT AG

Trainsport AG G

Autobahn E40 - Betriebsz. 40
BE-4531 Eynatten

Trainsport

Verwaltung
Transcontinentaalweg 4
BE-2030 Antwerpen
Telefon: +32 3 8080297
Telefax: +32 3 5417213
info@trainsport.com
www.trainsport.com

Management
★ Ralph Schmitz (Geschäftsführer)

Gesellschafter
Stammkapital 1.230.000,00 EUR
★ Rurtalbahn GmbH (RTB) (97 %)
★ Arthur Spoden (3 %)

Lizenzen
★ BE: EVU-Zulassung seit 12.12.2003 (europaweit gültig)
★ BE: Sicherheitszertifikat Teil A, gültig vom 30.09.2014 bis 29.09.2017
★ BE: Sicherheitszertifikat Teil B, gültig vom 16.01.2009 bis 15.01.2018

Unternehmensgeschichte
Trainsport wurde am 16.04.2003 von Heinz Kirschfink und Arthur Spoden mit dem Ziel gegründet, Eisenbahntransporte auf dem liberalisierten belgischen und europäischen Markt anzubieten. Nach der Erteilung der europäischen EVU-Lizenz zum 12.12.2003 folgte ein langwieriger Prozess der Sicherheitszertifizierung, welcher durch landesspezifisch unterschiedliche Vorgaben und eine protektionistische belgische Gesetzgebung erschwert wurde. Am 08.12.2006 wurde Trainsport durch das Ministerium für Mobilität und Transport schließlich das Sicherheitszertifikat erteilt, wonach am 14.12.2006 mit dem belgischen Netzbetreiber Infrabel ein Infrastrukturnutzungsvertrag unterzeichnet werden konnte.
Seit Februar 2006 arbeitet Trainsport eng mit der der deutschen Rurtalbahn GmbH (RTB) zusammen, die sich auch am Unternehmen beteiligte.
Am 09.06.2010 wurde durch eine außergewöhnliche Generalversammlung entschieden, das Kapital um 600.000,00 EUR durch Einzahlung zu erhöhen, dies mit Schaffung 24.000 neue Aktien. Gleichzeitig erhöhte die RTB ihren Anteil an der Trainsport auf über 90 %.
Mangels eigener betriebsfähiger Triebfahrzeuge setzt Trainsport Loks der Kooperationspartner grenzüberschreitend ein. Im Oktober 2009 bzw. November 2012 verfügte das Unternehmen über 14 eigene Triebfahrzeugführer.

Verkehre
★ AZ-Verkehr in Belgien; seit Mitte Mai 2009
★ Bleierzkonzentrattransporte auf dem Abschnitt Antwerpen – Aachen West [DE]; seit 30.04.2007 im Auftrag der Rurtalbahn Cargo GmbH (RTB Cargo)
★ Getreidetransporte Ungarn / Tschechien / Slowakei – Gent; Spotverkehre seit März 2012; Traktion in Belgien im Auftrag der Rurtalbahn Cargo GmbH (RTB Cargo)
★ Kupferanodentransporte Pirdop [BG] – Olen; seit Oktober 2012 betriebliche Abwicklung in Belgien im Auftrag der Rurtalbahn Cargo GmbH (RTB Cargo)
★ Pkw-Transporte (Dacia) Piteşti [RO] – Tongeren; 3 x pro Woche seit 01.01.2014 Traktion ab Aachen West (Übernahme von Rurtalbahn Cargo GmbH) [DE] im Auftrag der Wiener Lokalbahnen Cargo GmbH (WLC) für Hödlmayr Logistics GmbH
★ Pkw-Transporte (Nissan) Tongeren [BE] – Schwertberg (Hödlmayr Logistics GmbH); 1-2 x pro Woche seit 01.01.2014 Traktion ab Aachen West (Übernahme von Rurtalbahn Cargo GmbH) [DE] im Auftrag der Wiener Lokalbahnen Cargo GmbH (WLC) für Hödlmayr Logistics GmbH
★ Pkw-Transporte (Suzuki) Esztergom [HU] – Zeebrugge; 1 x pro Woche seit November 2013 ab Traktion in Belgien im Auftrag der Rurtalbahn Cargo GmbH (RTB Cargo)
★ Pkw-Transporte München [DE] / Regensburg [DE] – Genk Walon; Spotverkehr seit 01.01.2013 im Auftrag der ARS Altmann AG; Traktion in Deutschland durch Rurtalbahn Cargo GmbH (RTB Cargo)
★ Pkw-Transporte Wustermark – Zeebrugge [BE]; Spotverkehre seit Februar 2015 im Auftrag der Mosolf Automotive Railway Gesellschaft mbH (MAR); Traktion in Deutschland durch Rurtalbahn Cargo GmbH (RTB Cargo)
★ Zuckertransporte Ochsenfurt (Südzucker AG) [DE] – Antwerpen-Lillo (Manuport Antwerpen NV Division Manufert); 1 x pro Woche seit 01.09.2014 Traktion ab Aachen West [DE] im Auftrag der Rurtalbahn Cargo GmbH (RTB Cargo)
★ Zuckertransporte Schladen (Nordzucker AG) [DE] – Antwerpen-Lillo (Manuport Antwerpen NV Division Manufert); 1 x pro Woche seit 15.09.2014 Traktion ab Aachen West [DE] im Auftrag der Rurtalbahn Cargo GmbH (RTB Cargo)

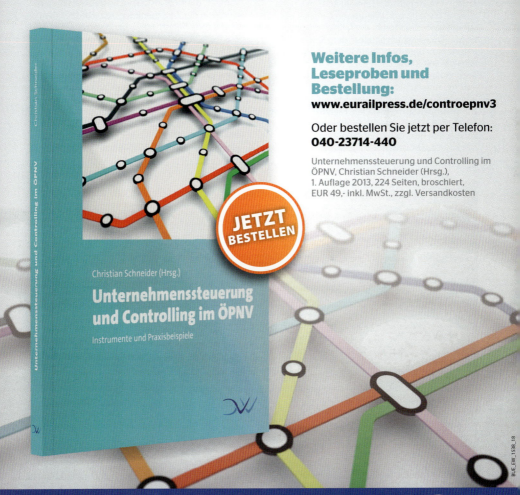

Bosnien und Herzegovina

Kurze Eisenbahngeschichte

Die erste Eisenbahnlinie in Bosnien-Herzegowina, das seinerzeit noch zum osmanischen Reich gehörte, wurde am 24.12.1872 in Betrieb genommen. Es handelte sich dabei um eine normalspurige, 87 km lange Verbindung von Banja Luka bis Novi Grad, deren Verkehr aber bereits nach drei Jahren wieder eingestellt wurde. Die eigentliche Eisenbahngeschichte begann unmittelbar nach dem Anschluss an Österreich 1878, als sich eine Militärbauleitung im Auftrag des Reichskriegsministeriums der Strecke annahm und nachfolgend am 01.12.1878 den 56 km langen Abschnitt Banja Luka – Prijedor wieder in Betrieb setzte. Am 24.03.1879 folgte der Rest der bis Dobrljin an der heutigen Grenze zu Kroatien verlängerten, nunmehr 104 km langen Strecke. Diese „K. u. k. Militärbahn Banjaluka-Doberlin" unterstand weiterhin der Militärverwaltung und wurde durch eine unmittelbar dem Reichskriegsministerium untergeordnete Direktion in Banja Luka geleitet. Diese Bahn blieb aber insofern eine Ausnahme, als zeitgleich mit der Anlage einer Reihe von 760-mm- Schmalspurbahnen („Bosnaspur") begonnen wurde, um die Versorgung der Besatzungstruppen sicherzustellen. Hierzu wurde am 10.09.1878 in Derventa als „Direktion der fürstlich-königlichen bosnischen Eisenbahnen" die erste Direktion der bosnischherzegowinischen Eisenbahn gegründet. Der erste, am 12.02.1879 in Betrieb genommene Abschnitt von Bosanski Brod über Derventa nach Doboj ist heute nicht mehr existent. Die Weiterführung von Doboj bis Žepce wurde am 22.04.1879 und von Žepce bis Zenica am 05.06.1879 eröffnet. Mit Erreichen von Sarajevo am 05.10.1882 hatte die Strecke eine Länge von 270 km erreicht. Ein weiterer Meilenstein war die Fertigstellung der Nord-Süd-Verbindung über Sarajevo, Mostar und Metković bis Dubrovnik an der Adria am 01.08.1891 mit Zahnstangenabschnitten.

Der Bau der Schmalspurstrecken setzte sich bis in die 1930er Jahre fort; u. a. mit der 1906 eröffneten, für ihre landschaftlichen Schönheiten gerühmten „Bosnischen Ostbahn" Sarajevo – Međeđa – Vardište, die 1925 ins serbische Užice verlängert wurde. In der Zwischenkriegszeit wurde zudem die eingangs erwähnte Militärbahn von Novi Grad bis Bosanska Krupa (04.10.1920) und weiter bis Bihać (17.01.1924) eröffnet.

In den drei Jahrzehnten nach dem Zweiten Weltkrieg kam es zur Umspurung und Neutrassierung wichtiger Schmalspurstrecken, so z. B. der gesamten Nord-Süd-Achse. Der Abschnitt Šamac – Sarajevo wurde am 15.11.1947 übergeben, der südliche (teils zuvor noch mit Zahnstangenbetrieb) hingegen erst am 01.10.1968. Der größere Teil des Schmalspurnetzes wurde ab 1966 jedoch stillgelegt, so

Foto: Karl Arne Richter

Bosnien und Herzegovina

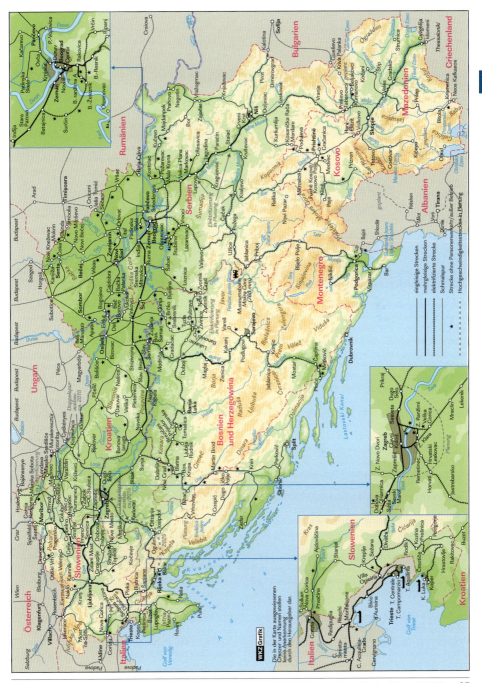

Bosnien und Herzegovina

Foto: Karl Arne Richter

1972 der Ast Metković – Dubrovnik (das seither keinen Bahnanschluss mehr hat) und als letztes am 28.02.1974 (Užice – Višegrad) bzw. am 28.05.1978 (Višegrad – Sarajevo) die Bosnische Ostbahn, auf der es Schnellzüge von Belgrad nach Sarajevo und weiter bis Dubrovnik gegeben hatte. Ein kleiner Teil erlebte allerdings eine Wiederauferstehung als Touristenbahn, denn von 1999 bis 2003 wurde der im Serbischen gelegene, 15 km lange Abschnitt Šargan Vitasi – Mokra Gora wieder aufgebaut. Seine Bezeichnung „Šarganska osmica" (Šarganer Acht) resultiert aus der verschlungenen Linienführung. Seit 2010 steht auch die 28 km messende Weiterführung über die Grenze bis Višegrad wieder zur Verfügung. Ungeachtet dessen hatte das Eisenbahnwesen Bosnien und Herzegowinas im Bürgerkrieg 1992-1995 Schäden im geschätzten Umfang von einer Milliarde US-Dollar erlitten, die auch heute noch nicht vollständig beseitigt sind. Schwer getroffen wurde z. B. die längs der Grenze führende Verbindung von Bihać ins kroatische Knin (Una-Bahn), deren Elektrifizierung beim Wiederaufbau außen vor blieb und die bislang auch nur mehr im Güterverkehr genutzt wird. Der südliche, meist in Kroatien verlaufende Teil ab dem Grenzbahnhof Martin Brod liegt sogar völlig brach.

Der heutige Eisenbahnverkehr Bosnien und Herzegowinas wird von der Željeznice Federacije Bosne i Hercegovine (ŽFBH) und der Željeznice Republike Srpske (ŽRS) betrieben und findet im Wesentlichen auf drei Bahnkorridoren statt: Neben der eben erwähnten Achse Martin Brod – Bihać mit Weiterführung nach Novi Grad gehört dazu die größtenteils im Betrieb der ŽRS stehende Ost-West-Verbindung von (Zagreb –) Dobrljin über Novi Grad, Banja Luka, Srpska Kostajnica, Doboj und Bosanska Poljana nach Tuzla bzw. nach Zvornik und weiter ins serbische Donja Borina, letzterer Ast aber ohne Personenverkehr. Die Nord-Süd-Magistrale untersteht zum größeren Teil der ŽFBH. Sie bindet den Adriahafen Ploče über Mostar, Sarajevo, Doboj und die Grenzstation Šamac in Strizivojna-Vrpolje an die wichtige Korridorstrecke Ljubljana – Zagreb – Belgrad – Niš – Skopje (– Griechenland) an.

Verkehrsministerium
Ministarstvo komunikacija i prometa
Bosne i Hercegovine
TRG BiH 1
BA-71000 Sarajevor
Telefon: +387 33 28 47 50
info@mkt.gov.ba
www.mkt.gov.ba

Nationale Eisenbahnbehörde
Regulatorni odbor željeznica BiH
Ul. Svetog Save bb
BA-74000 Doboj
Telefon: +387 36 53 207 350
reg.odbor.zbih@mkt.gov.ba
www.rozbih.org

ŽFBH / ŽRS

JP Željeznice Federacije Bosne i Hercegovine d.o.o. (ŽFBH) 🄿🄶🄸

Musala br. 2
BA-71000 Sarajevo
Telefon: +387 33 251-120
Telefax: +387 33 652-396
kabinet@zfbh.ba
www.zfbh.ba

Management
* Nijaz Puzić (Generaldirektor)
* Enis Džafić (Direktor Ökonomie)
* Asim Aljić (Direktor Recht und Personal)
* Mirsad Hasković (Direktor Betrieb)
* Vlado Budimir (Direktor Infrastruktur)
* Rešad Mandžo

Gesellschafter
* Föderation Bosnien-Herzegowina (100 %)

Infrastruktur
* Streckennetz der Föderation Bosnien-Herzegowina (608 km, Normalspur)
  davon zweigleisig: 68 km
  davon elektrifiziert (25 kV 50 Hz): 441 km

Unternehmensgeschichte
Die Föderative Republik Bosnien und Herzegowina besteht aus den beiden Entitäten Föderation Bosnien und Herzegowina und Republika Srpska. Entsprechend wird auch der Bahnbetrieb von zwei Eisenbahngesellschaften abgewickelt, die ihren Ursprung mittelbar in der Zajednica Jugoslovenskih Železnica (JŽ; Gemeinschaft der Jugoslawischen Eisenbahnen) der früheren Sozialistischen Föderativen Republik Jugoslawien haben: Željeznice Federacije Bosne i Hercegovine (ŽFBH) und Željeznice Republike Srpske (ŽRS). Die integrierte Staatsbahn ŽFBH ist Resultat der 2001 erfolgten Fusion der bosniakisch kontrollierten Željeznice Bosne i Hercegovine (ŽBH) und der kroatisch kontrollierten Željeznice Herceg-Bosne (ŽHB). Bedingt durch die Grenzziehung der Entitäten gibt es drei durch ŽRS-Streckenabschnitte unterbrochene Inselbetriebe; einen westlichen mit dem Stützpunkt Bihać, einen östlichen mit dem Stützpunkt Tuzla und als weitaus größten den zentralen Sektor mit den Stützpunkten Zenica, Sarajevo und Mostar entlang bosnischen Bahn-Nord-Südachse.
Im Güterverkehr als Hauptgeschäftsfeld wurden 2014 (Vorjahreswerte in Klammern) 8,492 (8,301) Mio. t befördert, die Verkehrsleistung betrug 884,1 (789,4) Mio. Netto-tkm. Im Personenverkehr, der traditionell nur eine untergeordnete Rolle spielt, wurden 357.404 (407.405) Reisende auf 22,6 (25,0) Mio. Pkm befördert. Dieser ungewöhnlich starke Einbruch ist vor allem den Hochwasserkatastrophen von Mai und August geschuldet. Vorab meldete das Unternehmen für das genannte Jahr Einnahmen von 117,5 Mio. BAM und Ausgaben von 144,0 Mio. BAM. Per 31.12.2014 hatte die ŽFBH 3.724 Mitarbeiter.

Željeznice Republike Srpske A.D. (ŽRS) 🄿🄶🄸

Ul. Svetog Save 71
BA-74000 Doboj
Telefon: +387 53 241 368
Telefax: +387 53 222 247
kabinet@zrs-rs.com
www.zrs-rs.com

Management
* Dragan Savanović (Generaldirektor)
* Dragan Subašić (Direktor Infrastruktur)
* Draženko Todorović (Direktor Betrieb)
* Branislav Đurica (Direktor Wirtschaft)
* Milenko Bilić (Direktor Rechtsangelegenheiten)

Gesellschafter
Stammkapital 245.305.786,00 BAM
* Akcioni fond (65 %)
* Streubesitz (20 %)
* Penzioni fond (10 %)
* Fond za Restituciju (5 %)

Lizenzen
* BA: EVU-Zulassung, gültig seit 18.07.2013

Infrastruktur
* Bahnnetz der Republika Srpska (425 km, davon 407 km Normalspur)
  davon in Betrieb: 364 km (davon 339 km eingleisig)
  davon elektrifiziert (25 kV 50 Hz): 307 km

ŽRS

Unternehmensgeschichte
Die Föderative Republik Bosnien und Herzegowina besteht aus den beiden Entitäten Föderation Bosnien und Herzegowina und Republika Srpska. Entsprechend wird auch der Bahnbetrieb in der Föderativen Republik Bosnien und Herzegowina wird von zwei Eisenbahngesellschaften abgewickelt, die ihren Ursprung mittelbar in der Zajednica Jugoslovenskih Železnica (JŽ; Gemeinschaft der Jugoslawischen Eisenbahnen) der früheren Sozialistischen Föderativen Republik Jugoslawien haben: Željeznice Federacije Bosne i Hercegovine (ŽFBH) und Željeznice Republike Srpske (ŽRS). Die integrierte Staatsbahn ŽRS ist dabei für den Bahnbetrieb in der Republika Srpska und im Sonderverwaltungsgebiet Brčko verantwortlich. Sie entstand mit Gründung am 12.05.1992 beim Zerfall Jugoslawiens zusammen mit der Ausrufung der Republika Srpska. Bedingt durch die Grenzziehung der Entitäten sind drei kleine, im Landesosten gelegene Teile des Netzes als Inselbetriebe durch ŽFBH-Streckenabschnitte abgetrennt.
Verkehrsaufkommen und -leistung der ŽRS betrugen 2011 309.000 Reisende bzw. 21 Mio. Pkm und 5,1 Mio. t Güter bzw. 421 Mio. Brutto-tkm. Für 2013 war Unternehmensangaben zufolge ein Verlust von umgerechnet ca. 10,7 Mio. EUR zu verzeichnen; die Mitarbeiterzahl lag Anfang 2014 bei rund 3.400.

Bulgarien

Kurze Eisenbahngeschichte

Später als in Mitteleuropa begann der Eisenbahnbau in Bulgarien; zu einer Zeit, als das Land noch Teil des osmanischen Reiches war. Dieses übertrug 1863 den Auftrag zur Errichtung der 223 km langen Strecke Ruse – Warna an die englische Gesellschaft „The Danube and Black Sea Railway and Küstendje Harbour Company Ltd.". Diese war, wie schon aus dem Namen hervorgeht (die rumänische Hafenstadt Constanța heißt auf türkisch Küstendje), mit dem Bau der Trasse Bukarest – Giurgiu auch im Gebiet des späteren Rumänien aktiv. Bulgariens erste Eisenbahn konnte nach zwei Jahren Bauzeit am 07.11.1866 in Betrieb gehen.

Im europäischen Teil des Osmanenreiches engagierte sich ferner ab 1870 die unter Leitung des deutsch-belgischen Barons Maurice de Hirsch stehende Société imperial des chemins de fer de la Turquie d'Europe mit dem Bau einer Strecke von Istanbul Richtung Bulgarien / Griechenland, um so den Anschluss nach Mitteleuropa zu schaffen. 1873 übernahm die Compagnie générale pour l'exploitation des chemins de fer de la Turquie d'Europe als Betriebsgesellschaft die Ruse-Varnaer Bahn und eröffnete die Verbindung Istanbul – Plovdiv – Belowo, die 1874 bis Jambol verlängert wurde. Über die Ruse-Warnaer-Bahn wurden ab 1883 die Reisenden des Orientexpress befördert, der allerdings im Ruse gegenüberliegenden Giurgiu am rumänischen Donauufer endete.

Einen ersten Schritt hin zur Staatsbahn bedeutete das am 31.01.1885 verabschiedete Eisenbahngesetz, gemäß dem alle bulgarischen Bahnstrecken Eigentum des Staates sind und von ihm betrieben werden. Bis zur Umsetzung dauerte es aber noch drei Jahre, da sich die Kaufverhandlungen mit Hirsch so lange hinzogen. Am 10.08.1888, zehn Jahre nach der Unabhängigkeitserklärung des Landes, übernahm der bulgarische Staat die dem Betreiber abgekaufte Ruse-Warnaer Bahn. Hinzu kam die von einer anderen Gesellschaft neu erbaute Strecke Zaribrod – Sofia – Wakarel – Belowo, so dass seither der Orientexpress statt via Bukarest über Belgrad, Niš und Sofia Istanbul direkt erreichen konnte.

Allein von 1888 bis 1899 verdreifachte sich die Netzlänge von 384 auf 1.044 km. Die Umsetzung aller Eisenbahnpläne vollzog sich gleichwohl nur schrittweise und dauerte bis in die Zeit nach dem Zweiten Weltkrieg. Wichtige Meilensteine in den Nachkriegsjahren waren die letzten Lückenschlüsse auf der mittleren Ost-West-Achse Sofia – Karlovo – Tulovo – Dabovo – Sliven – Zimnica (– Burgas) und die 1954 erfolgte Übergabe der Eisenbahnbrücke über die Donau zwischen Giurgiu und Ruse. Allerdings wurden über lange Zeit alle Strecken nur eingleisig errichtet und erst 1964 ging der erste zweigleisige Abschnitt Sindel – Warna in Betrieb. Bereits im Vorjahr war mit Sofia – Plovdiv die erste elektrifizierte Strecke übergeben worden. Seit dem 14.06.2013 gibt es eine zweite Donaubrücke zwischen Widin ganz im Nordwesten des Landes und dem rumänischen Calafat.

Vom bulgarischen Bahnnetz mit seiner Gesamtlänge von 6.517 km sind gegenwärtig 2.907 km ein- und 1.978 km zweigleisig. Weitere 1.507 km sind Bahnhofsgleise und 125 km (1,8 %) entfallen auf die Rhodopenbahn Septemwri – Dobrinischte, die in bosnischer Spur von 760 mm ausgeführt und die letzte betriebene Schmalspurbahn Bulgariens ist. 4.882 km sind mit 25 kV 50 Hz elektrifiziert.

Foto: Karl Arne Richter

Bulgarien

Marktübersicht
Einziger Anbieter im Personenverkehr ist die entsprechende Sparte der Staatsbahn BDŽ - Pătnitscheski prewosi EOOD. Den Großteil des Gütertransports besorgt die Staatsbahnsparte BDŽ - Tovarni Prevozi EOOD. Weitere Marktteilnehmer sind die Bulgarian railway company AD (BRC) und die Bulmarket DM OOD. Die DB ist über die Landesgesellschaft DB Schenker Rail Bulgaria EOOD aktiv, während die 2013 gegründete Rail Cargo Carrier Bulgaria E.O.O.D., ein Tochterunternehmen der ungarischen Rail Cargo Carrier Kft., Traktionsleistungen für die Rail Cargo Group erbringt.

Verkehrsministerium
Министерство на транспорта, информационните технологии и съобщенията
Ministry of Transport, Information Technologies and Communications
ul. „Djakon Ignatji" 9
BG-1000 Sofia
Telefon: +359 2 940 9771
mail@mtitc.government.bg
www.mtitc.government.bg

Nationale Eisenbahnbehörde
Изпълнителна агенция „Железопътна администрация"
„Railway Administration" Executive Agency
ul. „Gen. Iosif Gurko" 5
BG-1000 Sofia
Telefon: +359 2 940 9428
kabinet-iaja@mtitc.government.bg
www.iaja.government.bg

Eisenbahnunfalluntersuchungsstelle
Специализирано звено за разследване на произшествия и инциденти в железопътния транспорт
Railway Accident Investigation Unit
c/o Министерство на транспорта, информационните технологии и съобщенията
Ministry of Transport, Information Technologies and Communications
ul. „Djakon Ignatji" 9
BG-1000 Sofia
Telefon: +359 2 940 9317
bskrobanski@mtitc.government.bg
www.mtitc.government.bg

BDŽ / BDŽ - Pătnitscheski prewosi

BDŽ EAD

zhk Ivan Vazov 3
BG-1080 Sofia
Telefon: +359 2 981-1110
Telefax: +359 2 9807646
bdz@bdz.bg
www.bdz.bg

Management
★ Velik Santschev (Präsident des Verwaltungsrates)
★ Wladimir Wladimirow (CEO)
★ Filip Alexijew (stellvertretender CEO)

Gesellschafter
★ Republik Bulgarien (100 %)

Beteiligungen
★ BDŽ - Pătnitscheski prewosi EOOD (100 %)
★ BDŽ - Tjagov podwiżen săstav (Lokomotivi) EOOD (100 %)
★ BDŽ - Tovarni Prevozi EOOD (100 %)
★ BDŽ - Koncar EAD

Unternehmensgeschichte
Die BDŽ EAD ist die bulgarische Staatsbahnholding. Sie steuert die Tätigkeit der Tochtergesellschaften und führt die Anlagepolitik sowie die gesamte Palette der internationalen Aktivitäten des Konzerns. Sie ist weiterhin verantwortlich für den grenzüberschreitenden Personen- und Güterverkehr und bleibt Eigentümer des gesamten Rollmaterials, das an die Tochtergesellschaften vermietet wird. Alle BDŽ-Unternehmen zusammen beschäftigten 2010 13.752 Mitarbeiter. Eine ab 01.04.2004 ausgestellte EVU-Zulassung sowohl für Güter- als auch Personenverkehr wurde wegen Gesetzesverstößen am 05.08.2011 entzogen.
Die bulgarische Eisenbahn steht gegenwärtig vor großen Problemen bezüglich rückläufigen Aufkommens, Modernisierungsstau und hoher Verschuldung. So wurde 2009 ein Anti-Krisen-Plan beschlossen, der u. a. bis 2010 die Entlassung von weiteren 1.444 Mitarbeitern bezogen auf die gesamte BDŽ-Gruppe vorsah; bis 2014 lief ein neuerlicher Plan zur Umstrukturierung und finanziellen Stabilisierung des Unternehmens. 2012 und 2013 scheiterten zwei Versuche des Verkaufs der BDŽ-Frachtsparte. Das Unternehmen hatte in den letzten Jahren eine starke Fluktuation der Führungskräfte zu verzeichnen; der bei Redaktionsschluss amtierende CEO und die Präsidentin des Verwaltungsrates sind erst seit Ende 2014 im Amt.
Medienberichten zufolge hat die BDŽ 2014 einen Verlust in Höhe von 51 Mio. BGN (25,6 Mio. EUR) verzeichnen müssen. Der Gesamtschuldenstand wird mit rund 565 Mio. BGN (288,6 Mio. EUR) beziffert.
Zur Verbesserung der Angebotsqualität im Personenverkehr wurden 2005 25 Desiro-Dieseltriebwagen (BR 10) beschafft, denen 2008 weitere (diesmal in Elektroausführung) folgten. Es handelt sich dabei um 15 Dreiteiler der BR 30 und zehn Vierteiler der BR 31. Da ungeachtet aller Finanzprobleme weiteres Rollmaterial ausgemustert werden muss, kündigte Holdingdirektor Wladimirow Anfang 2015 den Kauf einer Tranche 160 km/h schneller Elektrotriebzüge für den Fernverkehrseinsatz zwischen Sofia und Burgas im Wert von rund 210 Mio. BGN an.

BDŽ - Pătnitscheski prewosi EOOD ℗

ul. Ivan Vazov 3
BG-1080 Sofia
Telefon: +359 2 987-8869
Telefax: +359 2 987-8869
bdz_passengers@bdz.bg
www.bdz.bg

Management
★ Dimitar Kostadinov (Präsident)

Gesellschafter
Stammkapital 9.900.440,00 BGL
★ BDŽ EAD (100 %)

Lizenzen
★ BG: EVU-Zulassung (PV+GV); gültig seit 01.04.2008
★ BG: Sicherheitszertifikat, Teil A+B (PV); gültig vom 29.12.2008 bis 30.12.2017

Unternehmensgeschichte
Die БДЖ – Пътнически превози ЕООД / BDŽ – Pătnitscheski prewosi EOOD [BDŽ – Passagierservice GmbH] ist eine hundertprozentige Tochter der bulgarischen Staatsbahnholding BDŽ, die in der zweiten Stufe von deren Strukturreform zusammen mit dem Güterverkehrs-Schwesterunternehmen Ende 2007 entstanden ist. Am 05.02.2008 erhielt sie vom Verkehrsministerium ihre erste Betriebslizenz. Unternehmensgegenstand ist die Erbringung von Schienenpersonenverkehrsleistungen. Das hierzu erforderliche Rollmaterial wird von der Muttergesellschaft angemietet. 2009 beförderte das Unternehmen 31,36 Mio. Reisende mit einer Verkehrsleistung von 2,144 Mrd. Pkm. 2011 waren es 29,31 Mio. Reisende mit einer Verkehrsleistung von

BDŽ - Pătnitscheski prewosi / BDŽ - Freight

2,068 Mrd. Pkm. Wegen des weiter sinkenden Aufkommens hatte das Unternehmen ist das Unternehmen wie auch die Schwestergesellschaft BDŽ – Tovarni Prevozi bzw. die BDŽ-Holding in einer schwierigen wirtschaftlichen Lage; Medienberichten zufolge wurde 2014 ein betrieblicher Verlust von 15 Mio. BGN eingefahren. Für Aufsehen und sorgte die Streichung von 38 Personenzügen Anfang 2015, von denen nach landesweiten Protesten aber kurzfristig 33 mit teils verkürztem Laufweg wieder eingelegt wurden. Grund für die Angebotskürzung war die beabsichtigte Senkung der staatlichen Ausgleichszahlungen von 180 auf 140 Mio. BGN.

BDŽ - Tovarni Prevozi EOOD G

zhk Ivan Vazov 3
BG-1080 Sofia
Telefon: +359 2 9324505
Telefax: +359 2 9877983
bdzcargo@bdz.bg
www.bdz.bg

Management
* Liubomir Iliev (CEO)
* Angel Stojanow (Direktor Betrieb)
* Boiko Stoilov (stellvertretender Direktor Betrieb)
* Meglena Raltschewa (Direktorin Marketing und Vertrieb)

Gesellschafter
Stammkapital 23.250.870,00 BGL
* BDŽ EAD (100 %)

Lizenzen
* BG: EVU-Zulassung (GV); gültig seit 01.02.2008
* BG: Sicherheitszertifikat, Teil A+B (GV); gültig vom 29.12.2008 bis 30.12.2017

Unternehmensgeschichte
Die BDŽ - Tovarni Prevozi EOOD ist die Güterverkehrstochter der bulgarischen Staatsbahn BDŽ EAD (Български държавни железници / Bălgarski Dăržavni Železnici; БДЖ / BDŽ). Im Gefolge der Umstrukturierung der Staatsbahn vor 2007 erfolgten EU-Beitritt Bulgariens wurde zunächst ein Infrastrukturbetreiber abgespalten und vom verbleibenden reinen Verkehrsunternehmen neben der Cargosparte noch zwei weitere 100-%-Töchter für den Personentransport und das Rollmaterial gebildet. Alle Fahrzeuge befinden sich aber weiterhin im Besitz der Muttergesellschaft. In Bulgarien gibt es sieben Rangierbahnhöfe: Burgas, Gorna Orjachowiza, Plowdiw, Russe, Sindel, Sofia

und Warna. In Sofia und Russe stehen zudem Containerterminals zur Verfügung. Das Schienengüterverkehrsaufkommen ist allerdings seit 1990 um etwa zwei Drittel zurückgegangen und auch weiterhin im Sinken begriffen. Hatte das Aufkommen 2007 noch bei 20,17 Mio. t bzw. 4,71 Mrd. tkm gelegen, so sank es 2008 auf 17,59 Mio. t bzw. 4,03 Mrd. tkm und 2009 noch stärker auf nur noch 11,00 Mio. t und 2,26 Mrd. tkm. Für 2011 waren zwar wieder 11,61 Mio. t bzw. 2,50 Mrd. tkm zu verzeichnen, doch sank das Aufkommen in den folgenden zwei Jahren erneut auf 9,7 Mio. bzw. 8,8 Mio. t ab.
Der 2012 gestartete Versuch einer vollständigen Veräußerung der BDŽ-Frachtsparte wurde mangels ausreichender Gebote am 18.07.2012 aufgehoben und im November neu gestartet. Für die neue Etappe hatte die bulgarische Privatisierungsagentur APSK vier Bewerber zugelassen. Die bulgarische Regierung erwartete zuletzt einen Erlös von rund 102 Mio. EUR aus dem Verkauf der Güterbahn sowie vom neuen Besitzer weitere 50 Mio. EUR Investitionen zur Erneuerung des Rollmaterials. Allerdings ist auch die zweite Privatisierungsrunde fehlgeschlagen, zumal die Regierung keine Veräußerung um jeden Preis anstrebt. Nachdem das Ende der Angebotsfrist zweimal verschoben worden war (offiziell auf Wunsch der Bieter), teilte die APSK Mitte Juni 2013 den Abbruch des Verfahrens mit. Angaben von Verkehrsminister Papazoff zufolge habe der erzielbare Verkaufspreis nur etwas mehr als die Hälfte der Unternehmensschulden betragen. Maßgeblich dürfte aber auch gewesen sein, dass das Stadtgericht Sofia am 12.03.2013 100 % der Gesellschafteranteile gepfändet hatte. Das Gericht entschied auf Antrag der deutsch-irischen Depfa Bank, die Forderungen gegen die Muttergesellschaft BDŽ in Höhe von umgerechnet 4,71 Mio. EUR besitzt. Medienberichten von Anfang 2015 stünde ein dritter Anlauf zwar auf der Agenda für das neue Jahr, doch fehle es schon allein an potenziellen Käufern. Im Übrigen erscheine die Privatisierung auch nur innerhalb einer grundlegenden Neuordnung des bulgarischen Eisenbahnwesens realistisch. 2014 habe das Unternehmen nur noch 8,658 Mio. t Fracht befördert – mithin ein knappes Zehntel des Allzeitrekordwertes von 1986, so Verkehrsminister Moskowski in einem Presseinterview. Die Einnahmen seien um 6,2 Mio. BGN gesunken, was einen Nettoverlust von 20,9 Mio. BGN bedeute. Damit einhergehend seien die Schulden der BDŽ - Tovarni Prevozi um 2,28 Mio. BGN auf nunmehr gut 114 Mio. BGN gestiegen.

BRC / Bulmarket

Bulgarian railway company AD (BRC) G

ulitsa Chamkoria 9
BG-1527 Sofia
Telefon: +359 2 9202206
Telefax: +359 2 9202206
office@brc-bg.com
www.brc-bg.com

Gesellschafter
Stammkapital 4.911.660,00 BGL
* S.C. Grup Feroviar Român S.A. (GFR) (75 %)
* Agropolychim AD (25 %)

Lizenzen
* BG: EVU-Zulassung (GV) seit 15.04.2005
* BG: Sicherheitszertifikat, Teil A+B (GV), gültig vom 31.12.2013 bis 30.12.2018

Unternehmensgeschichte
Die 2004 gegründete Bulgarian railway company AD (BRC) [Българска железопътна компания АД] bzw. Bulgarska zheleoputna kompaniya AD (BZK) ist Bulgariens erste open-access Güterbahn und gehörte bei Gründung zu je 50 % der rumänischen Privatbahn Grup Feroviar Român S.A. (GFR) und dem Chemieunternehmen Agropolychim AD. Im August 2010 erhöhte GFR ihren Anteil auf 75 %.
BRC bespannte am 08.12.2005 ihren ersten Zug (Pirdop – Varna) und konnte 2006 445.000 t befördern. 2007 waren es bereits 1,36 Mio. t. 2012 konnte das Unternehmen einen großen Auftrag über Kupferanodentransporte Richtung Westeuropa als Traktionspartner für den bulgarischen Abschnitt akquirieren.
Nachdem BRC 2006 zwei englische class 87 importierte, folgten noch 15 weitere Loks in den Folgejahren. Der aktuelle Lokbestand beinhaltet zudem 060EA und DA aus dem Bestand des Unternehmens Rolling Stock Company (RSCO), an dem der BRC-Gesellschafter GFR mehrheitlich beteiligt ist.

Verkehre
* AZ-Verkehr
* Gütertransporte Ruse – Shumen – Karnobat
* Gütertransporte Sofia – Karlovo – Burgas
* Kupferanodentransporte Pirdop (Aurubis Bulgaria AD) – Burgas (Hafen)
* Getreidetransporte nach Varna
* Getreidetransporte Razdelna (?)
* Kupferanodentransporte Pirdop (Aurubis Bulgaria AD) – Hamburg [DE] / – Lünen [DE] / – Olen [BE]; seit Oktober 2012 betriebliche Abwicklung in Bulgarien im Auftrag der VTG Rail Logistics Deutschland GmbH / Transpetrol GmbH Internationale Eisenbahnspedition
* Schrotttransporte Razdelna (?)
* Schwefelsäuretransporte Pirdop (Aurubis Bulgaria AD) – Razdelna

Bulmarket DM OOD G

Blvd Tutrakan 100
BG-7000 Ruse
Telefon: +359 82 844861
Telefax: +359 82 844862
office@bulmarket.bg
www.bulmarket.bg

Management
* Stanko Stankov (Geschäftsführer)

Lizenzen
* BG: EVU-Zulassung (GV) seit 24.10.2005
* BG: Sicherheitszertifikat, Teil A+B (GV), gültig vom 31.03.2014 bis 31.03.2018

Unternehmensgeschichte
Bulmarket DM OOD ist eine 1996 gegründete private Gesellschaft, die seit 1997 mit Flüssiggas (LPG) handelt. Die Gesellschaft ließ sich zudem als Bahnunternehmen zulassen und befördert v. a. Güterzüge in der Umgebung von Ruse. Das Frachtvolumen betrug 2006 253.000 t, ein Jahr später 368.000 t. 2007 besaß das Unternehmen 34 Mitarbeiter.
Ab 2007/2008 beschaffte die Gesellschaft EA-Loks aus Dänemark. 2013 beförderte Bulmarket rund 70.000 t Fracht pro Monat.
Bulmarket verfügt in Ruse an der Donau über einen eigenen Hafenterminal mit Lagerhallen. Auf dem nicht elektrifizierten Anschlussgleis zwischen dem Bulmarket-Gelände und dem Verschiebebahnhof Ruse Nord werden Züge mit den Rangierloks der Baureihen 53 bzw. 55 befördert.

Verkehre
* Biodieseltransporte Rotterdam [NL] – Ruse; Spotverkehr; seit 02.04.2012 Traktion in Bulgarien im Auftrag der LTE Logistik- und Transport-GmbH; 2 x pro Woche seit August 2012

Bulmarket / CTV Bulgaria / DB Schenker Rail Bulgaria

* KV-Transporte (Holzhackschnitzel) Vințu de Jos [RO] – Stambolijski (Mondi Stambolijski EAD); ab 01.01.2009; Traktion in Rumänien durch SERVTRANS INVEST S.A.
* LPG-Transporte Ruse – Belozem (Insaoil); Spotleistungen
* LPG-Transporte Ruse – Sofia; Spotleistungen
* Mineralöltransporte Rumänien – Belozem (Insaoil); Spotverkehr; Traktion in Rumänien durch SERVTRANS INVEST S.A.

Cargo Trans Vagon Bulgaria AD (CTV Bulgaria)

Hrizantema Str. 19
BG-1612 Sofia
Telefon: +359 2 917297
Telefax: +359 2 9172970
luben.tenev@ttl-bg.net

Lizenzen
* BG: EVU-Lizenz (GV); gültig seit 11.05.2011
* BG: Sicherheitszertifikat, Teil A+B (GV); gültig vom 17.04.2012 bis 16.04.2017

Unternehmensgeschichte
Das Unternehmen Cargo Trans Vagon Bulgaria AD ist ein Schwesterunternehmen der rumänischen Privatbahn Cargo Trans Vagon S.A. (CTV). Beide Unternehmen sind Töchter der Spedition Transfer S.A.

DB Schenker Rail Bulgaria EOOD
G

Industrial Zone
BG-2070 Pirdop
Telefon: +359 728 62247
Telefax: +359 888 819451
office.bg@dbschenker.eu
www.dbschenker.com

Büro Sofia
41 Nedelcho Bonchev str.
BG-1528 Sofia
Telefon: +359 2 978 2984

Management
* Ing. Liubomir Garchev (Geschäftsführer, CEO)

* Hristo Petkanov (Geschäftsführer, CFO)

Gesellschafter
Stammkapital 6.000,00 BGL
* DB Mobility Logistics AG (100 %)

Lizenzen
* BG: EVU-Zulassung (GV); gültig seit 12.05.2010
* BG: Sicherheitszertifikat Teil A+B (GV); gültig vom 27.05.2010 bis 26.05.2015

Unternehmensgeschichte
Anfang 2010 gründete DB Schenker Rail eine eigene Landesgesellschaft für Bulgarien mit dem Namen DB Schenker Rail Bulgaria EOOD. Das Unternehmen, das bereits 2002 als Niederlassung des rumänischen Schwesterunternehmens Logistic Services Danubius S.R.L. (LSD) den Betrieb aufgenommen hatte eröffnete 2013 neben dem Stammsitz in Pirdop ein Büro in Sofia.
Das Unternehmen entwickelte sich in den vergangenen Jahren wie folgt:
* 2012: 28 Lokomotiven; 180 Waggons; 230 Mitarbeiter; 316 Mio. tkm; Umsatz 9,3 Mio. EUR; Marktanteil 12 %
* 2013: 31 Lokomotiven; 322 Waggons; 230 Mitarbeiter; 445 Mio. tkm; Umsatz 12,6 Mio. EUR; Marktanteil 14 %
* 2014: 31 Lokomotiven; 349 Waggons; 246 Mitarbeiter; 555 Mio. tkm; Umsatz 12,6 Mio. EUR; Marktanteil 16 %

Seit Mai 2010 verfügt man über eine eigene EVU-Lizenz, mit der man zunehmend auch nationale und grenzüberschreitende Eisenbahntransporte anbietet. Als erstes EVU neben der Staatsbahn verfügt DB Schenker Rail Bulgaria über Grenzabkommen mit der türkischen Staatsbahn Türkiye Cumhuriyeti Devlet Demiryolları (TCDD) sowie der serbischen Staatsbahn Železnice Srbije (ŽS).

Verkehre
* Gütertransporte national sowie grenzüberschreitend in die Nachbarstaaten
* Gütertransporte Maritza – Rumänien; im Auftrag der Knauf Bulgarien EOOD
* KV-Transporte (Ford-Teile) Köln-Niehl [DE] – Kosekoy [TK]; Traktion des bulgarischen Streckenabschnittes seit Januar 2013
* KV-Transporte Bettembourg [LU] – Tükei; 1 x pro Woche Traktion des Abschnittes Ruse (Übernahme von DB Schenker Rail Romania S.R.L.) – Kapıkule (Übergabe an Türkiye Cumhuriyeti Devlet Demiryolları (TCDD)) [TK] im Auftrag der VTG Rail Logistics für Mars Logistics

DB Schenker Rail Bulgaria / Express Service / Gastrade / NKŽI

* KV-Transporte Köln-Niehl (CTS) [DE] – Çerkezköy [TK]; 1 x pro Woche Traktion des Abschnittes Ruse (Übernahme von DB Schenker Rail Romania S.R. L.) – Kapıkule (Übergabe an Türkiye Cumhuriyeti Devlet Demiryolları (TCDD)) [TK] im Auftrag der DB Schenker Rail für Ulusoy Logistics; 2 x pro Woche seit September 2014
* Kupferkonzentrattransporte Burgas (Hafen) – Pirdop (Aurubis Bulgaria AD); im Aufrag der Aurubis Bulgaria AD
* Kupferkonzentrattransporte Chelopech (Dundee Precious Metals (DPM)) – Burgas (Hafen); im Auftrag der M&M Militzer & Münch BG OOD
* Rangierdienst in Pernik; im Auftrag der Stomana Industry SA
* Rangierdienst in Pirdop; seit 2002 im Aufrag der Aurubis Bulgaria AD
* Rangierdienst in Vetovo; im Auftrag der Kaolin AD

Express Service OOD

DZS Industrial zone
BG-7011 Ruse
Telefon: +359 82 82182
Telefax: +359 82 822750
info@exservice.biz
www.exservice.biz

Lizenzen
* BG: EVU-Zulassung (GV); gültig seit 12.06.2010
* BG: Sicherheitszertifikat, Teil A+B (GV); gültig vom 16.12.2011 bis 15.12.2016

Unternehmensgeschichte
Die heutige Express Service OOD geht zurück auf eine kleine Werkstatt, die 1866 an der ersten bulgarischen Eisenbahnlinie Ruse – Varna erreichtet wurde. Zwischenzeitlich entwickelte sich aus diesem Standort eine große Instandhaltungswerkstatt, die zunächst nur die Staatsbahn BDŽ nutzte. Aktuell widmet man sich am Standort Ruse nach der Liberalisierung des Bahnmarktes der Instandhaltung von Rangierdieselloks und Güterwagen unterschiedlicher Betreiber.
2006 wagte die Express Service den Schritt in ein neues Geschäftsfeld: Das Outsourcing von Werksbahnbetrieben.
2008 konnten neue Werkstatthallen im Randbereich der Stadt bezogen werden. 2014 wurde ein weiterer Neubau auf einem Gelände in der Nähe des Bahnhofs Gara Obrastsovchiflik im Südosten der Stadt errichtet.
Die eigene EVU-Lizenz wird nur für Überführungen und Testfahrten genutzt.

Gastrade AD

bul. Tzarigradsko Shosse No. 180
BG-Sofia
Telefon: 003592 974 40 04
Telefax: 003592 974 40 04
office@gastradebg.com
www.gastradebg.com

Lizenzen
* BG: EVU-Zulassung (GV); gültig seit 01.10.2008
* BG: Sicherheitszertifikat, Teil A+B (GV); gültig vom 02.07.2014 bis 01.07.2019

Unternehmensgeschichte
Gastrade AD ist der größte Importeur von Flüssiggas (LPG) in Bulgarien mit einem jährlichen Volumen von mehr als 100.000 Mio. t, was einem Marktanteil von 30 % entspricht. Das Unternehmen besitzt Tankläger in Sofia, Plovdiv, Varna, Ruse und Pleven sowie einige wenige Tankstellen.
Seit 2001 ist Gastrade der einzige Anbieter von Heizöl für die zentrale Beheizung von Sofia (mehr als 30.000 t pro Saison).
Die Zulassung als EVU erfolgte 2008.

Nazionalna kompanija „Železopătna infrastruktura" (NKŽI)

bul. Maria Luiza 110
BG-1233 Sofia
Telefon: +359 2 932 3969
Telefax: +359 2 932 6444
office@rail-infra.bg
www.rail-infra.bg

Management
* Miltscho Lambrev (Generaldirektor)
* Christo Alexijev (stellvertretender Generaldirektor)
* Zlatin Krumov (stellvertretender Generaldirektor)

Gesellschafter
* Republik Bulgarien (100 %)

Infrastruktur
* Eisenbahninfrastruktur in Bulgarien (6.514 km)

Unternehmensgeschichte
Im Gefolge der Umstrukturierung der bulgarischen Staatsbahn BDŽ vor dem 2007 erfolgten EU-Beitritt des Landes wurde als erster Schritt am 01.01.2002 das Nationale Schieneninfrastrukturunternehmen НКЖИ (Национална компания „Железопътна инфраструктура")/NKŽI (Nazionalna kompanija

NKŽI / Port Rail / Rail Cargo Carrier Bulgaria / DP TSV

"Želesopătna infrastruktura") abgespalten. Die NKŽI ist eine juristische Person im Status eines staatlichen Unternehmens gem. § 62 Abs. 3 des bulgarischen Handelsgesetzes. Hauptgeschäftsfelder sind der Betrieb, die Unterhaltung und der Ausbau der Schieneninfrastruktur, das Trassenmanagement und die Fahrplanerstellung, der Einzug der Trassengebühren und die Führung des Bahnflächenkatasters.
2013 (Vorjahreswerte in Klammern) wurden auf dem Netz der NKŽI 28,2 (27,8) Mio. Zugkm bzw. im Güterverkehr 12,8 (11,8) Mrd. Brutto-tkm erbracht, was einen Zuwachs um 1,4 bzw. 1,9 % bedeutet. Die Einnahmen aus Infrastrukturnutzungsgebühren sanken im Vergleichszeitraum um 21,5 % von 87,4 auf 68,6 Mio. BGN. Bei Gesamteinnahmen von 323,6 (348,6) Mio. BGN wurden ein operatives Ergebnis von -21,3 (-8,4) Mio. BGN und ein Gesamtergebnis von -34,1 (439,8) Mio. BGN erzielt. Per 31.12. beschäftigte die NKŽI 12.156 (12.803) Mitarbeiter.

Management
★ András Nyíri (Geschäftsführer)
★ Pencho Popov (Geschäftsführer)

Gesellschafter
★ Rail Cargo Carrier Kft. (RCC) (100 %)

Unternehmensgeschichte
Das 2013 gegründete Tochterunternehmen der Rail Cargo Carrier Kft. erbringt in Bulgarien Traktionsleistungen für die Rail Cargo Group. Bisher wird das Sicherheitszertifikat der Rail Cargo Austria AG (RCA) bzw. der Rail Cargo Carrier Kft. (RCC) verwendet. Derzeit sind elf Lokomotiven der ÖBB-Reihe 1116 auch für den Verkehr in Bulgarien zugelassen.
Das Unternehmen konzentriert sich auf Ganzzugverkehre über Rumänien nach Ungarn und Österreich sowie auf Transitverkehre in die bzw. von der Türkei. 2013 lag der Marktanteil in Bulgarien unter 1 %.

Port Rail OOD

1 Knyaz Alexander Battenberg Blvd.
BG-8000 Burgas
Telefon: +359 879 099 430
Telefax: +359 56 898 615
office@portrail.bg
www.portrail.bg

Lizenzen
★ BG: EVU-Lizenz (GV); gültig seit 12.04.2012
★ BG: Sicherheitszertifikat, Teil A+B (GV); gültig vom 29.05.2012 bis 28.05.2017

Unternehmensgeschichte
Port Rail OOD mit Sitz in Burgas ist in der bulgarischen Hafenstadt aktiv.

Rail Cargo Carrier Bulgaria E.O. O.D. G

Anton P. Chehov Str. 11
BG-1113 Sofia
Telefon: +35 989 548 7507
office@railcargocarrier.com
www.railcargocarrier.com

Staatsbetrieb „Transport Construction and Rehabilitation" (DP TSV) G

Kiril Blagoev Str. 14A
BG-1271 Sofia
Telefon: +359 2 9382682
Telefax: +359 2 8381025
tsv@tsv-bg.com
www.tsv-bg.com

Lizenzen
★ BG: Sicherheitszertifikat (GV); gültig vom 04.10.2011 bis 03.10.2016

Unternehmensgeschichte
Der Staatsbetrieb "Transport Construction & Rehabilitation" [Държавно предприятие "Транспортно строителство и възстановяване"] ist Nachfolger der ehemaligen militärischen Bahnbaubrigade und entstand am 31.12.2001. Der militärische Vorgänger war am 14.01.1888 per Erlass gegründet worden und bewährte sich bei den Balkankriegen 1912-1913 beim Bau von Straßen und Gleisanlagen. Nach dem Zweiten Weltkrieg übernahm die Einheit eine wichtige Aufbaurolle bei der Wiederherstellung der Schienenwege in Bulgarien. Auch in neuerer Zeit war die Truppe wichtiger Auftragnehmer bei großen Bahnbauprojekten wie zum Beispiel dem zweigleisigen Ausbau und der Elektrifizierung von 950 km Gleisanlagen.

DP TSV / Unitranscom

Verkehre
* AZ-Verkehr

Unitranscom AD G

11, ul. Nikola Karadzhov
BG-1505 Sofia
Telefon: +359 2 9733010
Telefax: +359 2 9733010
unitranscom@abv.bg

Management
* Oleg Petkov (Geschäftsführer)

Gesellschafter
* S.C. Unifertrans S.A. (UT) (50 %)
* TransWagon AD (50 %)

Lizenzen
* BG: EVU-Zulassung (GV); gültig seit 01.10.2008

Unternehmensgeschichte
Unitranscom AD ist ein Joint-Venture des Waggonherstellers TransWagon und der rumänischen Privatbahn Unifertrans. Die Betriebsaufnahme erfolgte 2008 mit zunächst zehn geplanten Züge pro Woche. Güterkunden sind die Firmen Neochim (Düngemittelhersteller) und Cherno More Mine EAD (Kohleförderung, Transporte zum Kraftwerk Sliven).

Vorsprung durch Wissen

Die neuen Eurailpress-Handbücher

Jetzt bestellen!

TELEFON: **040-237 14-440**
FAX: **040-237 14-450**
E-MAIL: **buch@dvvmedia.com**
WEB: **www.eurailpress.de/hbr**

Dänemark

Kurze Eisenbahngeschichte

Schon früh wurden in der seinerzeitigen dänischen Monarchie (Königreich Dänemark mit den Herzogtümern Schleswig und Holstein) Planungen zum Eisenbahnbau aufgenommen, denn König Friedrich VI. setzte bereits 1835 eine Eisenbahnkommission ein. Im Ergebnis von deren Tätigkeit wurde 1844 die heute in Schleswig-Holstein verlaufende Strecke Altona – Kiel (Christian VIII.'s Østersø Jernbane) eröffnet, welche ein Jahr später zwei Stichbahnen von Neumünster nach Rendsburg sowie von Elmshorn nach Glückstadt erhielt.

Die erste auf dem heutigen dänischen Territorium verlaufende, 1847 eröffnete Strecke København – Roskilde geht auf das Engagement der beiden Beamten Søren Hjorth und Gustav Schram zurück, infolgedessen der Industriforeningen i København (Industrieverein zu Kopenhagen) 1844 die Konzession zum Streckenbau erhielt und wenig später die Bau- und Betriebsgesellschaft „Det sjællandske Jernbaneselskab" (Seeländische Eisenbahngesellschaft) gründete, als deren erster Direktor Gustav Schram benannt wurde. Die genannte Strecke ist heute Teil der Ost-West-Hauptachse nach Fredericia. 1856 folgte deren Verlängerung bis Korsør und 1862 als nächste Streckeneröffnung Århus – Randers als erster Abschnitt der heutigen Nord-Süd-Hauptachse Padborg – Fredericia – Aalborg.

Wegen der Insellage weiter Landesteile konnte aber kein zusammenhängendes Netz entstehen, so dass man zunächst Eisenbahnfährverbindungen einrichtete: 1872 Jütland – Fünen (Kleiner Belt), 1883 Fünen – Seeland (Großer Belt), 1892 Seeland – Schweden (Öresund) und 1903 Seeland – Falster (Storstrøm) als Teil der Verbindung Kopenhagen – Berlin via Gedser – Warnemünde. Als letzte ihrer Art kam 1963 jene der Vogelfluglinie hinzu.

Seit 1935 gibt es eine Brücke über den Kleinen Belt zwischen Jütland und Fünen (Lillebæltsbro), seit 1937 zwischen Seeland und Falster (Storstrømsbro) und seit 1997 über den großen Belt zwischen Fünen und Seeland (Storebæltsbro), wobei die Bahnstrecke hier teilweise im Tunnel verläuft. 2000 wurde die Öresundbrücke (Øresundbro) nach Schweden eröffnet, während eine feste Querung zwischen Fehmarn und Lolland im Zuge der Vogelfluglinie noch in der Planung ist und nach jetzigem Stand 2021 eröffnet wird.

Eine weitere Besonderheit in der Geschichte der dänischen Eisenbahn ist der noch bis Mitte der 1980er Jahre herrschende ausschließliche Dieselbetrieb, wovon nur das Netz der Kopenhagener Vorortbahnen ausgenommen war, das seit dem ersten Betriebstag am 03.04.1934 elektrisch mit 1,5 kV Gleichspannung betrieben wird. Als erste Strecke außerhalb des S-Bahnnetzes wurde von 1982 bis 1986 die „Kystbane" (Küstenbahn) København – Helsingør elektrifiziert, nun aber mit 25 kV 50 Hz Wechselspannung. Seit 1997 ist – zeitgleich mit der Eröffnung der Große-Belt-Querung – auch die wichtige Transitstrecke København – Roskilde – Ringstedt – Odense – Fredericia – Lunderskov – Padborg (– Flensburg) durchgehend elektrisch befahrbar. Elektrifiziert werden sollen in den nächsten Jahren auch Lunderskov – Esbjerg, Roskilde – Kalundborg, Køge Nord – Køge – Næstved und Fredericia – Aarhus – Aalborg als Nord-Süd-Magistrale auf der Halbinsel Jütland. Außerdem soll Dänemark auf Seeland bis 2018 seine erste, für 250 km/h ausgelegte HGV-Strecke erhalten, die von Kopenhagen ausgehend südlich der Altstrecke Richtung Großer Belt verläuft und in Ringstedt wieder in diese einmündet. Ein 2013 eingerichteter „Togfonden DK", der sich aus Gewinnen speist, die mit der Erdölförderung in der Nordsee erzielt werden, soll weitere Streckenaus- und -neubauten finanzieren, mit denen die Reisezeiten zwischen København und Odense, Odense und Aarhus, Odense und Esbjerg sowie Aarhus und Aalborg auf jeweils eine Stunde verkürzt werden können. Ferner soll das gesamte staatliche Bahnnetz bis 2021 die Ausrüstung mit ETCS erhalten. Die Strecken Nykøbing F – Gedser, Tønder – Tinglev und Bramming – Grindsted sind hingegen ohne Verkehr und wurden 2014 stillgelegt, wobei für letztere auch der Abbau angekündigt ist.

Marktübersicht

★ Personenverkehr: Marktführer ist die Staatsbahn DSB, doch hat sich auch die DB-Tochter und dänische Arriva-Sparte Arriva Tog A/S einige Verkehre in Dänemark sichern können. Hinzu kommen mit den Unternehmen Lokalbanen A/S, Midtjyske Jernbaner A/S, Nordjyske Jernbaner A/S und Regionstog A/S vier weitere inländische Privatbahnen, welche SPNV überwiegend auf eigener Infrastruktur abwickeln.

★ Güterverkehr: Die Staatsbahn DSB ist nach dem Verkauf ihrer Frachtsparte DSB Gods seit 2001 nicht mehr selbst im Güterverkehr aktiv. DSB Gods agiert unter den jetzigen Eigentümern als DB Schenker Rail Scandinavia A/S und hat den Markthauptanteil inne. Weitere Marktteilnehmer sind die TX Logistik A/S und die ebenfalls in ausländischem Besitz stehende CFL cargo Danmark ApS, während die schwedische Hector Rail AB ca. ein Viertel des Transitverkehres durch Dänemark abwickelt. Dabei handelt es sich v. a. um Kombinierten Verkehr sowie Zellstoffzüge.

Verkehrsministerium

Transportministeriet
Frederiksholms Kanal 27 F
DK-1220 København K
Telefon: +45 41 71 27 00
trm@trm.dk
www.trm.dk

Nationale Eisenbahnbehörde

Jernbanenævnet
Edvard Thomsens Vej 14
DK-2300 København S

Dänemark

Telefon: +45 60 93 48 00
info@jernbanenaevnet.dk
www.jernbanenaevnet.dk

Trafikstyrelsen
Edvard Thomsens Vej 14
DK-2300 København S
Telefon: +45 7221 8800
info@trafikstyrelsen.dk
www.trafikstyrelsen.dk

Eisenbahnunfalluntersuchungsstelle
Havarikommissionen for Civil Luftfart og Jernbane
Langebjergvænget 21
DK-4000 Roskilde
Telefon: +45 38 71 10 66
aib@havarikommissionen.dk
www.havarikommissionen.dk

Arriva Tog

Arriva Tog A/S P

Skøjtevej 26
DK-2770 Kastrup
Telefon: +45 72302790
Telefax: +45 72302839
info@arriva.dk
www.mitarriva.dk

Verwaltung
Postbox 820
DK-8600 Silkeborg
Drewsensvej 1
DK-8600 Silkeborg
Telefon: +45 7027 7482
Telefax: +45 7230 2501

Management
* Thomas Eybye Øster (Direktor)

Gesellschafter
Stammkapital 502.000,00 DKK
* Arriva Danmark A/S (100 %)

Lizenzen
* DK: EVU-Zulassung (PV) seit 01.10.1999
* DK: Sicherheitszertifikat, Teil A+B (PV), gültig vom 25.01.2013 bis 24.01.2018

Unternehmensgeschichte
Arriva ist heute Teil der Deutschen Bahn AG. Ursprünglich war die britische Arriva plc ein selbstständiges Unternehmen und betrieb seit vielen Jahren Bus- und Bahnlinien in ihrem Ursprungsland Großbritannien. 1997 begann mit der Übernahme von Unibus in Dänemark das Engagement auf dem europäischen Festland. Seitdem hatte das Unternehmen zahlreiche Bus- und Bahnunternehmen in Dänemark, Italien, den Niederlanden, Deutschland und anderen europäischen Ländern übernommen. Zwischen 1999 und 2004 wurden weitere dänische Busunternehmen aufgekauft, so dass Arriva inzwischen einen Anteil von 30 % am gesamten dänischen Busverkehr hat.
Am 02.07.2001 gründete Arriva in Dänemark das Tochterunternehmen Arriva Tog A/S mit Sitz in Silkeborg, um an der Ausschreibung von

Arriva Tog / Banedanmark

Regionalzugleistungen auf fünf Strecken in Jütland teilzunehmen. Im Dezember 2001 erhielt Arriva den Zuschlag für beide ausgeschriebenen Netze mit Betriebsaufnahme am 05.01.2003. Zuvor übernahm Arriva am 01.06.2002 die Betriebsführung und den Personenverkehr auf der Strecke Varde – Nørre Nebel der Vestbanen A/S (VNJ) und sicherte sich mit der VNJ-Werkstatt in Varde gleichzeitig einen Standort für die Wartung der zukünftigen eigenen Fahrzeuge. Die Infrastruktur, das Personal und die Fahrzeuge der Vestbane blieben weiterhin in der Hand der VNJ.
Nach erheblichen Anfangsschwierigkeiten entwickelte sich Arriva zu einem zuverlässigen Anbieter mit hohen Werten bei Pünktlichkeit und Kundenzufriedenheit. Inzwischen wurde der erste, Ende 2010 auslaufende Verkehrsvertrag in einer weiteren Ausschreibung erneut gewonnen. Der aktuelle Vertrag hat eine Laufzeit bis Ende 2018 mit einer Option auf eine zweijährige Verlängerung. Im Jahr 2003 wurde der Personenverkehr mangels eigener Fahrzeuge zunächst mit von der Dänischen Staatsbahn (DSB) gemieteten Triebwagen der Baureihe MR durchgeführt. Ab 2004 wurden neben diesen auch fabrikneue LINT 41 eingesetzt, die Arriva in zwei Losen beschafft hat, so dass die letzten gemieteten MR-Triebwagen im Dezember 2010 an die DSB zurückgegeben werden konnten. Bereits 2007 wurden zwölf MR / MRD von der DSB an Arriva verkauft, von denen ein Großteil aufgearbeitet und heute in Polen eingesetzt wird. Deutscher EVU-Partner für die Verlängerung des Personenverkehrs Esbjerg – Tønder über die deutsch-dänische Grenze bis nach Niebüll ist die neg Niebüll GmbH.
Nach eigenen Angaben befördert Arriva Tog 5 % aller Fahrgäste in Dänemark und bedient 15 % des Streckennetzes. 2007 waren etwa 3.700 Mitarbeiter für Arriva in Dänemark tätig, rund 400 waren 2011 dabei im Bahnbereich angesiedelt.

Verkehre
* Personenverkehr „Vestbanen" Varde – Nørre Nebel; seit 01.06.2002
* Personenverkehr Tønder – Bramming – Esbjerg, Esbjerg – Skjern, Skjern – Struer, Struer – Thisted, Struer – Aarhus, Skjern – Aarhus; 5,4 Mio. Zugkm seit 05.01.2003; Anfang 2009 nach Ausschreibung vergeben für Zeitraum 12.12.2010 bis Dezember 2018 mit Option auf zwei weitere Jahre
* Personenverkehr Niebüll – Tønder; 0,09 Mio. Zugkm pro Jahr vom 12.12.2010 bis Dezember 2018

Banedanmark 🇩🇰

Amerika Plads 15
DK-2100 København Ø
Telefon: +45 8234 0000
Telefax: +45 8234 4572
banedanmark@bane.dk
www.bane.dk

Management
* Jesper Hansen (CEO)
* Søren Stahlfest Møller (CFO)

Gesellschafter
* Transportministeriet [Dänisches Ministerium für Verkehr] (100 %)

Infrastruktur
* Staatliches Bahnnetz (1.956 km Streckenlänge, 3.102 km Gleislänge)
* Kombiterminal Høje Taastrup
* Kombiterminal Taulov
* Kombiterminal Padborg

Unternehmensgeschichte
Banedanmark ist der für Unterhaltung und Ausbau sowie Fahrbetrieb, Trassenmanagement und Trassengebühren zuständige dänische Infrastrukturbetreiber. Das Unternehmen entstand per Gesetz vom 27.12.1996 von 01.01.1997 als selbstständig staatliche Behörde „Banestyrelsen" unter dem Dach des Verkehrsministeriums als Abspaltung von der Staatsbahn DSB. 2004 wurde aus der Behörde das Staatsunternehmen „Banedanmark", geführt von einem Vorstand und einem Aufsichtsrat. Damit waren die aus langfristiger finanzieller und administrativer Vernachlässigung des dänischen Bahnnetzes herrührenden Probleme aber nicht gelöst, die nachfolgend zu der Entscheidung führten, Banedanmark an 01.06.2010 mit neuem Management wieder als faktische Abteilung des Verkehrsministeriums zu führen, um so eine bessere Kontrolle und Aufsicht zu gewährleisten. Zu diesem wurde auch die Verantwortung für die Planung neuer Eisenbahnprojekte, die bis dato Aufgabe der Eisenbahnbehörde Trafikstyrelsen gewesen war, an Banedanmark übertragen, so dass seither Planung und Ausführung in einer Hand gebündelt sind. Rückwirkend zum 01.01.2011 hat Banedanmark die

Banedanmark / BLDX / Captrain Denmark

drei Kombiterminals Høje Taastrup, Taulov und Padborg von der DSB übernommen.
2014 (Vorjahresangaben in Klammern) erwirtschaftete Banedanmark ein Ergebnis von -74,7 (29,3) Mio. DKK aus der gewöhnlichen Geschäftstätigkeit. Investiert wurden 1,3 (1,2) Mrd. DKK für die Instandhaltung, 0,9 (1,3) Mrd. DKK für die Erneuerung des Bestandsnetzes sowie 3,9 (2,8) Mrd. DKK für Neubauprojekte.
Per 31.12. hatte Banedanmark 2.363 (2.277) Mitarbeiter.

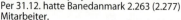

BLDX A/S

Værftsvej 31
DK-4600 Køge
Telefon: +45 2229 5501
info@bldx.dk
www.bldx.dk

Management
★ Carsten Stjernholm Lundsten (Direktor)

Gesellschafter
Stammkapital 500.000,00 DKK
★ Contec Rail ApS
★ C. Lundsten ApS

Beteiligungen
★ BLDX Maintenance ApS (100 %)

Unternehmensgeschichte
Die BLDX A/S wurde am 20.11.2007 gegründet und vermietet hauptsächlich Lokomotiven für Bauzugdienste und Güterverkehr.

Captrain Denmark ApS Ⓖ

H P Christensens Vej 1
DK-3000 Helsingør
Telefon: +45 2789 7680
info@captrain.dk
www.captrain.dk

Management
★ Jan Maria Simons (Geschäftsführer)

Gesellschafter
★ Captrain Deutschland GmbH (CT-D) (100 %)

Unternehmensgeschichte
Mit Wirkung zum 15.08.2013 hat die Captrain Deutschland GmbH (CT-D) das schwedische Unternehmen Railcare Tåg AB sowie die regionalen Schienengüterverkehrsaktivitäten der Railcare Danmark A/S von der in Schweden ansässigen Railcare Group AB erworben. Für die regionalen Schienengüterverkehrsaktivitäten in Dänemark wurde die neue Gesellschaft Captrain Denmark ApS gegründet., die sich eines Sicherheitszertifikates der schwedischen Schwester bedient.
Ende 2013 hatte die Captrain Denmark elf Mitarbeiter und verfügte über drei Loks.

Verkehre
★ AZ-Verkehre
★ Dachziegeltransporte Šumperk (Cembrit a.s.) [CZ] – Taulov (Cembrit A/S); 3 x pro Monat seit März 2013 Traktion in Dänemark im Auftrag der Raillogix B.V.
★ Pkw-Transporte Falkenberg/Elster [DE] – Vamdrup (Dansk Auto Logik A/S); Spotverkehre seit 06.10.2014 im Auftrag der BLG AutoRail GmbH; Traktion ab Padborg (Übernahme von ITL - Eisenbahn GmbH)
★ Rangierdienstleistungen zwischen dem Bahnhof Padborg und dem Containerterminal Padborg; im Auftrag der TX Logistik bzw. CFL cargo seit Ende 2010

CFL cargo Danmark / Contec Rail

CFL cargo Danmark ApS 🄶

Industrivej 4D Postboks 363
DK-6330 Padborg
Telefon: +45 7467 2406
Telefax: +45 7467 2408
info@cflcargo.dk
www.cflcargo.dk

Management
★ Armand René Bellomi (Geschäftsführer)

Gesellschafter
Stammkapital 129.000,00 DKK
★ CFL cargo S.A. (100 %)

Lizenzen
★ DK: EVU-Zulassung (PV+GV) seit 24.01.2005

Unternehmensgeschichte
CFL cargo Danmark ApS wurde am 12.07.2004 unter dem Namen Dansk Jernbane ApS (DJ) als Tochter der neg norddeutsche eisenbahngesellschaft mbH gegründet. Die neg wiederum gehörte zu diesem Zeitpunkt zur CFL-Tochter EuroLuxCargo. Nach drastischer Reduzierung der Bedienbahnhöfe im Einzelwagenverkehr durch die damalige Railion DK im April 2006 hatte sich CFL Cargo Danmark zum Ziel gesetzt, einige dieser eingestellten Verkehre wieder zurück auf die Schiene zu verlagern. Letztendlich hat CFL cargo Danmark auch kein Alternativnetz aufgebaut, jedenfalls nicht im Einzelwagenverkehr.
Zum 20.12.2006 erfolgte die Umbenennung in CFL cargo Danmark ApS, die Sitzverlegung von Rødekro nach Padborg und die Übernahme der Gesellschafteranteile durch die CFL cargo S.A. Im Rahmen der neuen Strukturen innerhalb der CFL cargo wurde die zentrale Verwaltung und Betriebsleitung nach Padborg verlegt, von wo aus seit Anfang 2007 einige Zeit auch die Steuerung der CFL Cargo Deutschland erfolgte.
Viele Transporte führt CFL cargo Danmark in Kooperation mit ihrer deutschen Schwestergesellschaft durch. Die Wagenübergabe zwischen den beiden Bahnen geschieht in Padborg. Als Werkstatt nutzte man von 2004 bis 2009 eine Halle in Padborg westlich des Personenbahnhofes, die aber inzwischen der Contec Rail ApS gehört, mit der man einen Wartungsvertrag abgeschlossen hat.

Verkehre
★ Gütertransporte nach Nyborg (Koppers Denmark A/S), 2 x pro Woche seit 06.04.2006 im Auftrag von Koppers Denmark A/S; Wagentausch mit DB Schenker Rail Scandinavia A/S in Fredericia
★ Spanplattentransporte Brilon (Egger Holzwerkstoffe Brilon GmbH & Co. KG) [DE] – Herning; 1 x pro Woche seit 14.01.2006 in Kooperation mit der Westfälische Landes-Eisenbahn GmbH (WLE) bis Lippstadt sowie der CFL Cargo Deutschland GmbH bis Padborg
★ Stahltransporte Frederiksværk (DanSteel A/S) – Ringsted, 2 x pro Woche seit Januar 2008 im Auftrag der DanSteel A/S
★ Zementtransporte Deuna (Deuna Zement GmbH) [DE] – Taulov; 1 x pro Woche seit Dezember 2013 im Auftrag der TX Logistik AG; bzw. seit 2014 im Auftrag der CFL cargo Deutschland GmbH

Contec Rail ApS 🄶

Holmetoften 12
DK-2970 Hørsholm
Telefon: +45 4576 5822
Telefax: +45 4576 5421
info@contecrail.dk
www.contecrail.dk

Werkstatt
Værftsvej 31
DK-4600 Køge
Telefon: +45 7070 7044
Telefax: +45 5666 3366

Management
★ Kenneth Dam (Geschäftsführer)

Gesellschafter
Stammkapital 125.000,00 DKK
★ Contec Rail Holding ApS (100 %)

Beteiligungen
★ BLDX A/S

Unternehmensgeschichte
Die Contec Rail ApS wurde am 04.09.2007 gegründet. Sie ist eine Tochtergesellschaft der Contec Rail Holding ApS, die sich mehrheitlich im Eigentum von Kenneth Dam befindet.
Contec Rail vermietet v. a. Lokomotiven für Bauzugdienste, verfügt aber über keine eigene Zulassung als EVU. In den letzten Jahren wurden einige Loks u.a. der Reihen MX und MY von Privatbahnen aufgekauft.
2011 hatte das Unternehmen 29 Mitarbeiter.

Contec Rail / DB Schenker Rail Scandinavia / DSB

Verkehre
★ AZ-Verkehr

Mio. EUR.

DB Schenker Rail Scandinavia A/S G

Spotorno Allé 12
DK-2630 Taastrup
Telefon: +45 88 300-900
freight@dbschenker.eu
www.rail.dbschenker.dk

Management
★ Stig Kyster-Hansen (CEO)
★ Oliver Gesche (CFO)

Gesellschafter
Stammkapital 42.050.000,00 DKK
★ DB Danmark Holding ApS (51 %)
★ Green Cargo AB (GC) (49 %)

Lizenzen
★ DK: EVU-Zulassung (GV) seit 27.09.2001
★ DK: Sicherheitszertifikat, Teil A+B (GV), gültig vom 08.07.2013 bis 07.07.2018

Unternehmensgeschichte
2001 erfolgte der erste Expansionsschritt der seinerzeitigen Railion Richtung Skandinavien. Von der staatlichen dänischen Eisenbahngesellschaft Danske Statsbaner (DSB) wurde Mitte 2001 deren Frachtsparte DSB Gods übernommen und in die neue Gesellschaft Railion Danmark A/S überführt. Railion Danmark wurde nachfolgend mit Vertragsunterzeichnung am 19.12.2007 in das Produktions-Joint-Venture Railion Scandinavia umgewandelt und gehört seit dem Closing am 19.03.2008 zu 51 % der heutigen DB Schenker Rail AG und zu 49 % der schwedischen Güterverkehrsbahn Green Cargo AB. Die am 19.05.2008 in Railion Scandinavia A/S umfirmierte Gesellschaft wurde durch die Muttergesellschaften für Verkehre zwischen Deutschland und Schweden sowie innerhalb Dänemarks eingesetzt. Neben der Produktionsgesellschaft wurde die Vertriebsgesellschaft Railion Danmark Services A/S als 100 %-Tochter der DB Schenker Rail gegründet. Zum 16.02.2009 firmierten beide Gesellschaften in DB Schenker Rail Scandinavia A/S bzw. DB Schenker Rail Danmark Services A/S um.
Mit 38 Lokomotiven und 237 Mitarbeitern erbrachte das Unternehmen 2012 eine Transportleistung von 2.573 Mio. tkm und generierte einen Umsatz 75,8

Den Selvstændig Offentlig Virksomhed DSB P

Telegade 2
DK-2630 Taastrup
Telefon: +45 70 131415
kundehenv@dsb.dk
www.dsb.dk

Management
★ Flemming Jensen (CEO)
★ Stig Pastwa (CFO)
★ Susanne Mørch Koch (kaufmännische Direktorin, Direktorin Personal)
★ Anders Egehus (Direktor Betrieb)
★ Steen Schougaard Christensen (Direktor Instandhaltung)
★ Lars Kaspersen (Direktor Kommunikation und Markenführung)
★ Thomas Thellersen Børner (Direktor Recht und Vertragsangelegenheiten)

Gesellschafter
★ Transportministeriet [Dänisches Ministerium für Verkehr] (100 %)

Beteiligungen
★ BSD ApS (100 %)
★ DSB Deutschland GmbH (100 %)
★ DSB Ejendomsudvikling A/S (100 %)
★ DSB Rejsekort A/S (100 %)
★ DSB Sverige AB (100 %)
★ DSB Vedlighold A/S (100 %)
★ Kort & Godt A/S (100 %)
★ Selskabet af 23.12.14 A/S (100 %)
★ DSB Øresund A/S (75 %)
★ DSB Øresund Holding ApS (70 %)

Lizenzen
★ DK: EVU-Zulassung (PV+GV) seit 13.03.2000

★ DK: Sicherheitszertifikat Teil A+B (PV); gültig vom 01.06.2009 bis 08.06.2015

DSB

Unternehmensgeschichte

Die staatliche dänische Eisenbahngesellschaft DSB, die zunächst ein 301 km langes Netz betrieb, wurde 1867 geschaffen und kaufte schrittweise alle zuvor errichteten bzw. bis dato in privater Hand befindlichen Strecken auf. Bis 1870 wuchs das DSB-Netz auf 494, bis 1880 auf 1.230 und bis 1914 auf 2.000 km. Im letztgenannten Jahr betrieb die DSB auch 120 km Eisenbahnfährlinien, wie sie ab 1872 zur besseren Verbindung zwischen den Inseln des Königreiches eingerichtet worden waren. Nach Neufestlegung der Grenze zwischen Dänemark und Deutschland 1920 kamen zusätzliche Strecken in Südjütland hinzu. Bereits 1974 führte die DSB einen vertakteten IC-Verkehr ein. Im Zuge der dänischen Bahnreform entstand zum 01.01.1997 der heutige Infrastrukturbetreiber Banedanmark, zuständig für Unterhaltung und Ausbau des Schienennetzes sowie Fahrbetrieb, Trassenmanagement und Trassengebühren. Er wurde zum genannten Zeitpunkt als selbstständige staatliche Behörde unter dem bis 2004 verwendeten Namen Banestyrelsen von der DSB abgespalten, die seither nur noch als EVU fungiert. 2001 wurde die Güterverkehrssparte DSB Gods an die damalige Railion Deutschland AG verkauft, in die neue Gesellschaft Railion Danmark A/S überführt und firmiert nach dem 2008 vollzogenen Einstieg der schwedischen Güterverkehrsbahn Green Cargo AB heute als DB Schenker Rail Scandinavia A/S.
Die DSB, jetzt nur noch reiner Personenverkehrsbetreiber, verlor im Mutterland zwar einige Leistungen an Dritte, betrieb aber im Ausland bis Mitte 2011 einen starken Expansionskurs und gewann v. a. im benachbarten Schweden einige Ausschreibungen. Die Tochtergesellschaft DSB Sverige AB unterhielt dort weitere sechs Töchter (DSB Tågvärdsbolag AB, Roslagståg AB, T-banebolaget Stockholm, DSB Train Maintenance AB, DSB Östergötland AB und DSB Småland AB; teilweise Joint-Ventures), zog sich inzwischen aber bis auf die Upptåget genannten Leistungen zwischen Uppsala und Sala wegen fehlender Rentabilität aus den Engagements in Schweden wieder zurück.
Im März 2010 übernahm die DSB Deutschland GmbH den fünfzigprozentigen Anteil der Stadtwerke Verkehrsgesellschaft Frankfurt am Main mbH (VGF) an der Eisenbahngesellschaft VIAS GmbH. Die Tochtergesellschaft DSB S-Tog, welche die Kopenhagener S-Bahn betrieb, wurde rückwirkend zum 01.01.2013 auf DSB verschmolzen. Im Fern- und Regionalverkehr Dänemarks beförderte die DSB selbst – d. h., ohne die durch ihre Tochtergesellschaften DSB Øresund und (ehemals) DSB S-tog erbrachten Leistungen – 2014 (Vorjahreswerte in Klammern) 51.795 (51.196) Mio. Reisende auf 4.450 (4.471) Mrd. Pkm und 38.024

Unternehmensstruktur DSB

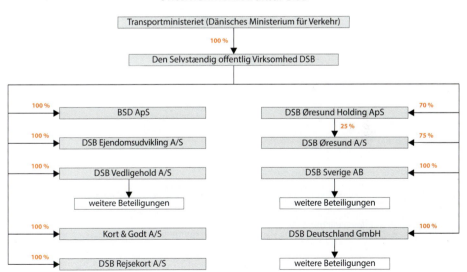

Grafik: Rail Business

DSB / DSB Øresund / LB

(37,982) Mio. Zugkm.
Im Fern- und Regionalverkehr Dänemarks beförderte die DSB selbst – d. h., ohne die durch ihre Tochtergesellschaften DSB Øresund und (ehemals) DSB S-tog erbrachten Leistungen – 2014 (Vorjahreswerte in Klammern) 51.795 (51.196) Mio. Reisende auf 4.450 (4.471) Mrd. Pkm und 38.024 (37.982) Mio. Zugkm.

DSB Øresund A/S

Postbox 363
DK-2630 Taastrup
Telefon: +45 70 131311
dsboresund@dsb.dk
www.dsboresund.dk

Management
* Dan Stig Jensen (CEO)

Gesellschafter
Stammkapital 668.091,00 DKK
* Den Selvstændig Offentlig Virksomhed DSB (75 %)
* DSB Øresund Holding ApS (25 %)

Lizenzen
* DK: EVU-Zulassung (PV) seit 09.09.2009
* DK: Sicherheitszertifikat, Teil A+B (PV), gültig vom 09.12.2013 bis 08.06.2015

Unternehmensgeschichte
Bei der DSB Øresund A/S handelt es sich um die vormalige DSBFirst Danmark A/S, eine Verkehrsgesellschaft, an der die Danske Statsbaner (DSB) sowohl direkt als auch indirekt über die im Frühjahr 2007 gegründete Beteiligungsgesellschaft DSB Øresund Holding A/S (bis 2011 DSBFirst ApS) beteiligt sind. An der DSB Øresund Holding ApS hält die DSB 70 % und die schottische FirstGroup plc. 30 % der Anteile. Zusammen mit dem Schwesterunternehmen DSBFirst Sverige AB betrieb DSBFirst Danmark seit dem 11.01.2009 die Leistungen des so genannten Øresundståg (Öresundzug), der seine Existenz der im Jahre 2000 eröffneten festen Øresundquerung zwischen dem Großraum Kopenhagen und Malmö in der südschwedischen Provinz Skåne (Schonen) verdankt. Die Öresundzüge befahren ein insgesamt 854 km langes Netz mit den Strecken Helsingør – København – Malmö – Lund – Göteborg, Lund – Hässleholm – Alvesta – Kalmar und Hässleholm – Karlskrona.
Aufgrund der schlechten wirtschaftlichen Situation von DSBFirst hatten die Vertragspartner Mitte 2011 vereinbart, die laufenden Verträge vorzeitig zu beenden. DSB Øresund ist bis Ende 2015 verantwortlich für den Betrieb auf der dänischen Seite des Öresunds und bis Malmö, während in Schweden Veolia Transport / Transdev zunächst im Rahmen einer Direktvergabe und seit Dezember 2013 als Gewinnerin einer Ausschreibung den Betrieb übernommen hat. Zu dem Zeitpunkt wurde auch DSBFirst Danmark in DSB Øresund umbenannt. Der dänische Teil der Öresundzugleistungen wird nach dem Ende der ursprünglichen Vertragslaufzeit ab Ende 2015 wieder von der Muttergesellschaft DSB erbracht. Eine neuerliche Ausschreibung ist erst etwa ab dem Jahr 2020 vorgesehen, wenn nach der Elektrifizierung einiger Bahnstrecken in Dänemark der Regionalverkehr neu organisiert werden soll.
2014 (Vorjahreswerte in Klammern) beförderten die Züge von DSB Øresund 26.695 (25.837) Mio. Reisende bei 534 (517) Mio. Pkm und 4.658 (4.772) Mio. Zugkm. 319 (368) Mitarbeiter erzielten damit bei einem Umsatz von 785 (846) Mio. DKK ein Betriebsergebnis von -68 (-50) Mio. DKK.

Lokalbanen A/S (LB)

Nordre Jernbanevej 31
DK-3400 Hillerød
Telefon: +45 48 298800
Telefax: +45 48 298830
post@lokalbanen.dk
www.lokalbanen.dk

Management
* Røsli Jette Gisselmann (Direktorin)

Gesellschafter
Stammkapital 20.064.594,00 DKK
* Trafikselskabet Movia (100 %)

Beteiligungen
* LB Leasing 4 ApS (100 %)
* LB Leasing ApS (100 %)
* Hovedstadens Lokalbaner A/S (HL) (60 %)

Lizenzen
* DK: EVU-Zulassung (PV) seit 10.01.2003

LB

* DK: Sicherheitszertifikat, Teil A+B (PV), gültig vom 13.05.2014 bis 12.05.2019

Infrastruktur
* Nærum – Jægersborg (7,8 km); Eigentum HL
* Gilleleje – Helsingør (24,9 km); Eigentum HL
* Tisvildeleje – Hillerød (25 km); Eigentum HL
* Gilleleje – Hillerød (26 km); Eigentum HL
* Hundested – Hillerød (36 km); Eigentum HL
* Hillerød – Snekkersten (20,8 km); Eigentum HL

Unternehmensgeschichte
Der Hovedstadens Udviklingsråd (HUR) ist eine Organisation öffentlichen Rechts, die für die Entwicklung der dänischen Hauptstadt und ihres Umlands zuständig ist, unter anderem auch für den Regionalverkehr. Der HUR gründete 2001 die Lokalbanen, die zahlreiche Eisenbahnstrecken im Umfeld von Kopenhagen übernahm. Dabei handelte es sich um die Gesellschaften Frederiksværkbanen (HFHJ), Gribskovbanen (GDS), Hornbækbanen (HHGB), Nærumbanen (LNJ) und Østbanen (ØSJS). Zum 01.01.2007 fusionierte die HUR durch den Zusammenschluss mit den Verkehrsgesellschaften Storstrøms Trafikselskab (STS) und Vestsjællands Trafikselskab (VT) zur Trafikselskabet Movia. Die Infrastruktur der durch LB betriebenen Strecken ging auf die Tochtergesellschaft Hovedstadens Lokalbaner A/S (HL) über, an der die LB 60 % der Anteile hält. Somit wurde die Trennung von Infrastruktur und Betrieb umgesetzt.
2007 übernahmen die LB auch den Personenverkehr auf der Strecke zwischen Hillerød und Helsingør (Lille Nord), der bis dato von der DSB betrieben wurde.
Seit August 2007 wird der Personenverkehr ausschließlich mit Triebwagen der Typen LINT 41 sowie auf der Nærumbane Regiosprinter durchgeführt.
Zum 01.01.2009 wurden der Personenverkehr und die Infrastruktur der Østbane (Strecken Køge–Hårlev–Faxe Ladeplads und Hårlev – Rødvig) aus Lokalbanen ausgegliedert und an die neu gegründete Gesellschaft Regionstog A/S (RT) übertragen.
Im Güterverkehr ist die LB nicht mehr aktiv. Bis Ende 2006 betrieb die LB an zwei Tagen in der Woche einen Ganzzug mit Stahlprodukten von Frederiksværk über Hillerød nach Høje Taastrup, der inzwischen von CFL Cargo Danmark zwischen Frederiksværk und Ringsted (dort Übergabe an DB Schenker Rail Scandinavia) gefahren wird.

Verkehre
* SPNV „Frederiksværkbanen" Hundested – Frederiksværk – Hillerød; seit Mai 2002
* SPNV „Gribskovbanen" Tisvildeleje – Hillerød und Gilleleje – Hillerød; seit Mai 2002

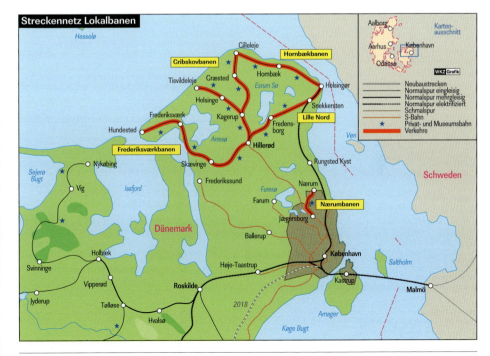

LB / MJBA

* SPNV „Hornbækbanen" Gilleleje – Helsingør; seit Mai 2002
* SPNV „Lille Nord" Hillerød – Helsingør; seit 10.01.2007
* SPNV „Nærumbanen" Nærum – Jægersborg; seit Mai 2002

Midtjyske Jernbaner

Midtjyske Jernbaner A/S (MJBA)

Banegårdsvej 2
DK-7620 Lemvig
Telefon: +45 97823222
Telefax: +45 97810810
mjba@mjba.dk
www.mjba.dk

Werkstatt Lemvig
Fabriksvej 9
DK-7620 Lemvig
Telefon: +45 96635246
Telefax: +45 96640919
bkc@mjba.dk

Werkstatt Odder
Lundevej 5
DK-8300 Odder
Telefon: +45 87816671
ti@mjba.dk

Management
* Martha Vrist Kjælder (Direktorin)

Gesellschafter
Stammkapital 44.934.100,00 DKK
* Midttrafik (87,66 %)
* Lemvig Kommune (11,6 %)
* Private Aktionäre (0,63 %)
* Holstebro Kommune (0,11 %)

Beteiligungen
* Midtjyske Jernbaner Drift A/S (MJBAD) (100 %)

Infrastruktur
* Århus H – Odder (26,5 km)
* Vemb – Thyborøn (59,5 km)

* Lemvig – Lemvig Havn; Dänemarks einzige Adhäsions-Bergbahn

Unternehmensgeschichte
Am 28.05.2008 fusionierten die Vemb-Lemvig-Thyborøn Jernbane A/S (VLTJ) und die A/S Hads-Ning Herreders Jernbane (HHJ) zum Unternehmen Midtjyske Jernbaner A/S (MJBA). Dies wurde durch die Verschmelzung der VLTJ auf die HHJ sowie die Umbenennung in Mjba umgesetzt. Sitz der neuen Gesellschaft ist Odder. Midtjyske Jernbaner A/S ist Eigentümer der Infrastruktur beider Bahnen, für die Betriebsdurchführung wurde am 28.05.2008 die Gesellschaft Midtjyske Jernbaner Drift A/S (siehe dort) gegründet.
Die früheren Namen Lemvigbane und Odderbane sollen als Markennamen erhalten bleiben.
Die als Lemvigbahn bekannte VLTJ liegt im Nordwesten Dänemarks, Firmensitz des Unternehmens war der Ort Lemvig. Die Lemvigbahn war mit einer Streckenlänge von 59,5 km lange Zeit die längste dänische Privatbahn, durch die Fusionen einiger anderer Bahnen hat sie diesen Titel inzwischen verloren. Bereits am 20.07.1879 wurde der Abschnitt Vemb – Lemvig eröffnet, es folgten Lemvig – Harboøre am 22.07.1899 bzw. Harboøre – Thyborøn am 01.11.1899. Die beiden Linien waren zunächst unabhängig und fusionierten erst 1921 zur VLTJ.
Die Strecke Vemb – Thyborøn sollte als erster Pilot für einen Zugbetrieb mit Wasserstoff-Antrieb dienen, es blieb aber bisher bei der Ankündigung ohne Umsetzung.
Die Hads-Ning Herreders Jernbane (HHJ) verkehrt zwischen Aarhus und Odder, daher stammt auch der Name Odderbanen. Der Firmensitz des 1884 gegründeten HHJ befindet sich in Odder, wo auch die Werkstatt untergebracht ist. Im Jahr 2005 beschäftigte die Odderbahn 35 Mitarbeiter und beförderte etwa eine Million Fahrgäste.
Zum 01.01.2007 übernahm die Verkehrsgesellschaft Midttrafik die Aktienmehrheit der HHJ.
Auf der Odderbane übernahm am 09.12.2012 die DSB mit Desiro-Triebwagen den Betrieb, die die Odder- und die Grenaabane mit durchgehenden Zügen befahren. Ab 2017 wird die Strecke Aarhus – Odder Bestandteil der „Aarhus Letbane" werden, einer Stadbahn, die in der Innenstadt von Aarhus im Straßenplanum verlaufen wird.

MJBAD

Midtjyske Jernbaner

Midtjyske Jernbaner Drift A/S (MJBAD) 🅿🅖

Banegårdsvej 2
DK-7620 Lemvig
Telefon: +45 97823222
Telefax: +45 97810810
mjba@mjba.dk
www.mjba.dk

Management
* Martha Vrist Kjælder (Direktorin)

Gesellschafter
* Midtjyske Jernbaner A/S (MJBA) (100 %)

Lizenzen
* DK: EVU-Zulassung (PV) seit 06.09.1999
* DK: Sicherheitszertifikat, Teil A und B (PV+GV); gültig vom 10.10.2013 bis 09.10.2018

Unternehmensgeschichte
Im Rahmen der Fusion der Unternehmen Vemb-Lemvig-Thyborøn Jernbane A/S (VLTJ) und A/S Hads-Ning Herreders Jernbane (HHJ) zum Unternehmen Midtjyske Jernbaner A/S (MJBA) entstand parallel die neue Betriebsgesellschaft Midtjyske Jernbaner Drift A/S (MJBAD). Für die Verkehre nutzt man Fahrzeuge der Muttergesellschaft (siehe dort).
Die MJBAD führt nach Abgabe der Verkehre auf der Odderbanen (rund 1 Mio. Passagiere pro Jahr in 2012) an die Staatsbahn DSB noch Personenverkehre mit rund 180.000 Passagieren pro Jahr (Stand: 2012) auf der Lemvigbanen sowie in geringem Maße auch Gütertransporte durch. Seit 2002 ist die Cheminova praktisch einziger Kunde, die beförderte Tonnage sank jedoch deutlich von über 50.000 t im Jahr 2008 auf knapp 10.000 t im Jahr 2012 ab.
Die MJBAD beschäftigt am Standort Lemvig 28 Mitarbeiter (Stand: 2012).

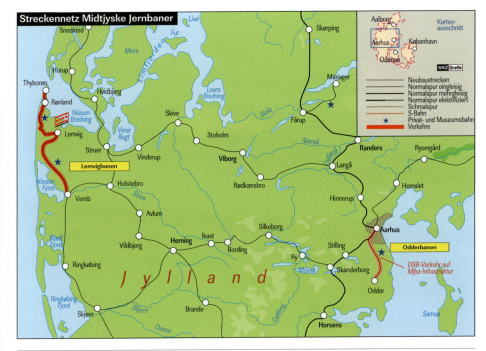

MJBAD / NJ

Verkehre
* SPNV „Lemvigbanen" Vemb – Lemvig – Thyborøn
* SPNV Lemvig – Lemvig Havn; nur in den dänischen Sommerferien in Kooperation mit dem Struer Jernbaneklub
* Chemietransporte Rønland (Cheminova A/S) – Herning; 2 x pro Woche

Nordjyske Jernbaner A/S (NJ)
P I

Skydebanevej 1
DK-9800 Hjørring
Telefon: +45 96242220
Telefax: +45 96242221
info@njba.dk
www.njba.dk

Management
* Preben Vestergaard (Direktor)

Gesellschafter
Stammkapital 10.000.000,00 DKK
* Nordjyllands Trafikselskab (89 %)

Lizenzen
* DK: EVU-Zulassung (PV) seit 02.11.2001
* DK: Sicherheitszertifikat, Teil A+B (PV), gültig vom 10.04.2013 bis 09.04.2018

Infrastruktur
* Hjørring – Hirtshals (16,5 km)
* Skagen – Fredrikshavn (39,7 km)

Unternehmensgeschichte
Die Strecken der Nordjyske Jernbaner (NJ) mit Sitz in Hjørring liegen im nördlichsten Zipfel von Dänemark. Die Gesellschaft ist erst zum 01.01.2001 aus der Fusion der Skagensbanen und Hjørring Privatbaner entstanden.
Seit Januar 2005 ersetzen Desiro-Triebwagen die bis dato eingesetzten Triebwagen der Baureihe Ym/Ys. Im Güterverkehr gab die NJ das eigene Engagement zu Gunsten einer Kooperation mit der Dansk Jernbane ApS (DJ, inzwischen umfirmiert in CFL cargo Danmark ApS) Anfang 2006 auf. Alle Güterzuglokomotiven (1 MY, 3 MX und eine Köf) sowie das benötigte Personal wurden im Rahmen des Kontraktes zunächst längerfristig vermietet und

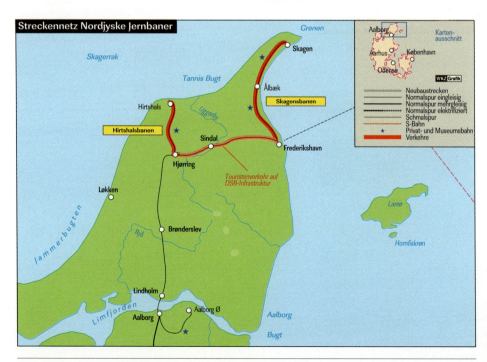

NJ / RT

die Streckendiesel später verkauft.
Ab Dezember 2016 soll Nordjyske Jernbaner den Lokalverkehr nördlich von Aalborg sowie den Lokalverkehr zwischen Aalborg und Skørping von DSB übernehmen und zwischen Hjørring und Skørping einen Halbstundentakt anbieten. Entsprechende Vereinbarungen sind mit dem dänischen Verkehrsministerium getroffen worden. Eine Ausschreibung zur Beschaffung von Dieseltriebwagen ist gestartet worden.
Die NJ beschäftigte im April 2007 53 Mitarbeiter. In Hjørring befindet sich die Werkstatt des Unternehmens.

Verkehre
* SPNV Hjørring – Hirtshals
* SPNV Skagen – Frederikshavn
* Personenzugpaar Hirtshals – Skagen via Hjørring und Frederikshavn; täglich seit 20.06.2008; seit 31.08.2008 wurde diese Verbindung nur Sa+So bedient, seit 2009 nur noch in den dänischen Sommerferien
* Rangierdienst für die DB Schenker Rail Scandinavia A/S vom Bahnhof Skagen zum Hafen; seit 12.08.2008

Regionstog A/S (RT)

Banegårdspladsen 5
DK-4930 Maribo
Telefon: +45 54 791700
post@regionstog.dk
www.regionstog.dk

Verwaltung
Jernbaneplads 6
DK-4300 Holbæk
Telefon: +45 59 485000

Werkstatt
Valdemar Sejersvej 9
DK-4300 Holbæk
Telefon: +45 59485001
Telefax: +45 59431255

RT / VNJ

Werkstatt Lollandsbane
Nørrevold 29
DK-4900 Nakskov
Telefon: +45 549 22323
Telefax: +45 549 50445

Werkstatt Østbane
Industrivej
DK-4652 Hårlev

Management
★ Jens Arne Jensen (Direktor)

Gesellschafter
Stammkapital 2.647.012,00 DKK
★ Trafikselskabet Movia (41 %)
★ Hovedstadens Lokalbaner A/S (HL) (32,8 %)
★ Lolland Kommune (19,6 %)
★ Guldborgsund Kommune (6,6 %)

Beteiligungen
★ Driftsmiddelselskabet VL A/S (100 %)
★ Infrastrukturselskabet LJ A/S (100 %)
★ Infrastrukturselskabet VL A/S (100 %)
★ LB Leasing 2 ApS (100 %)
★ Lollandsbanen Materieludlejning A/S (100 %)

Lizenzen
★ DK: EVU-Zulassung (PV+GV) seit 18.06.1999 (übernommen von A/S Lollandsbanen)
★ DK: Sicherheitszertifikat, Teil A+B (PV+GV); gültig vom 23.05.2014 bis 18.12.2018

Infrastruktur
★ Holbæk – Nykøbing Sj (49,6 km, eröffnet 1899, ex VL)
★ Tølløse – Slagelse (50,8 km, eröffnet 1901, ex VL)
★ Nykøbing – Nakskov (50,2 km, ex LJ)
★ Køge – Hårlev – Fakse Ladeplads und Hårlev – Rødvig (zusammen 49,6 km)

Unternehmensgeschichte
Zum 01.01.2009 fusionierten die A/S Lollandsbanen (LJ) und die Vestsjællands Lokalbaner (VL) zur neuen Gesellschaft Regionstog (RT).
Seit dem 22.08.1872 betreibt die Lollandsbahn zahlreiche Eisenbahnstrecken im Raum Maribo und Nykøbing und ist somit die älteste Privatbahn Dänemarks. Teile dieser Strecken wurden später von der Staatsbahn übernommen oder stillgelegt. Die A/S Lollandsbanen entstand 1952 aus den Resten der Lolland-Falsterske Jernbane Selskab (LFJS). In den 1980er und 1990er Jahren wurde die Lollandsbahn umfassend modernisiert. 1999 wurden ca. 970.000 Fahrgäste befördert und 73 Personen beschäftigt. 1995 wurden noch 815.000 Fahrgäste gezählt und 1991 135 Personen beschäftigt. Zu diesem Erfolg trugen die 1997 gelieferten IC2-Dieseltriebzüge bei. Ende 2006 erwarb die LJ weitere Triebzüge der Reihe IC2 von der Privatbahn Lokalbanen. Am 13.10.2007 verabschiedete man sich im Rahmen eines Festaktes von den Ym-Triebwagen, die zum 01.01.2008 nach 40 Jahren nunmehr komplett von den MF-Triebwagen abgelöst wurden.
Im Güterverkehr war die LJ vor der Fusion nicht mehr aktiv. Zuletzt wurden in den Wintermonaten 2005/2006 Sonderzugleistungen von der Zuckerfabrik in Sakskøbing nach Ringsted erbracht. Das Verwaltungsgebäude und die Werkstatt der Lollandsbanen befinden sich in Nakskov. Die Steuerung der gesamten Strecke erfolgt vom Stellwerk in Maribo.
Die Vestsjællands Lokalbaner A/S (VL) entstand im Mai 2003 durch die Fusion der Odsherreds Jernbane (OHJ) mit der Høng-Tølløse Jernbane A/S (HTJ), die bereits vorher eng kooperiert hatten. Sie betrieb den Personenverkehr auf den Strecken Holbæk – Nykøbing Sj und Tølløse – Høng – Slagelse. Seit 06.01.2008 wird der Personenverkehr ausschließlich mit Triebwagen der Reihe LINT 41 und Triebzügen vom Typ IC2 abgewickelt. Die Triebwagen der Bauart Ym wurden abgestellt.
Im Güterverkehr war die VL zum Zeitpunkt der Fusion nicht mehr aktiv. Werkstatt und Verwaltung der Bahn befinden sich in Holbæk.
Zum 01.01.2009 wurde die „Østbane" aus dem Unternehmen „Lokalbanen" aus- und in „Regionstog" eingegliedert. Somit wechselten die Strecken Køge – Fakse Ladeplads, Køge – Rødvig (zusammen 49,6 km) von „Hovedstadens Lokalbaner" sowie die Verkehrsleistungen inklusive Triebwagen von „Lokalbanen" zur RT.

Verkehre
★ SPNV „Lollandsbanen" Nykøbing F – Nakskov
★ SPNV „Odsherredsbanen" Holbæk – Nykøbing S
★ SPNV „Østbanen" Køge – Hårlev – Fakse Ladeplads und Køge – Hårlev – Rødvig; seit Januar 2009
★ SPNV „Tølløsebanen" Tølløse – Slagelse

Vestbanen A/S (VNJ)

Bytoften 2
DK-6800 Varde
Telefon: +45 76952100

Werkstatt
Gellerupvej 13 B
DK-6800 Varde

Management
★ Ivan Rust Laursen (Direktor)

Gesellschafter
Stammkapital 2.346.433,00 DKK
★ Sydtrafik (62 %)
★ Varde Forsyning A/S (38 %)

Lizenzen
★ DK: EVU-Zulassung (PV+GV) seit 01.10.1999

Infrastruktur
★ Varde – Nørre Nebel (38 km)

Unternehmensgeschichte
Die Vestbanen A/S (VNJ) betreibt den Personenverkehr auf der eingleisigen Bahnstrecke von Varde nach Nørre Nebel. Sitz der am 16.03.1903 gegründeten VNJ ist der Ort Varde, wo sich die Verwaltung und die Werkstatt befinden. Letztere wurde ausgebaut, da dort seit 2003 die zentrale Wartung aller dänischen Arriva-Schienenfahrzeuge stattfindet.
Zum 01.06.2002 übernahm Arriva Tog A/S die Betriebsführung und den Personenverkehr auf der Strecke der VNJ. Die Infrastruktur, das Personal und die Fahrzeuge blieben weiterhin in der Hand der VNJ. Im Frühjahr 2011 wurde die Fortsetzung des Bahnbetriebs unter Arriva-Regie beschlossen, im Juli 2012 wurden die drei zuvor auf der Vestbane eingesetzten „Lynetter"-Triebwagen durch zwei neue LINT 41-Triebwagen ersetzt. Die Züge werden seitdem bis Esbjerg durchgebunden, um durch umsteigefreie Verbindungen die Nutzung attraktiver zu machen.
Im Güterverkehr ist die VNJ seit der Übernahme durch Arriva nicht mehr aktiv. In Øksbol befindet sich allerdings ein Übungsplatz der dänischen Streitkräfte, so dass bei Bedarf Militärzüge durch die DB Schenker Rail Scandinavia A/S auf der Strecke befördert werden.

Deutschland

Kurze Eisenbahngeschichte

Deutschlands erste lokomotivbetriebene, öffentliche Eisenbahn mit Personenbeförderung wurde am 07.12.1835 von der privaten Ludwigs-Eisenbahn-Gesellschaft eröffnet und verband die Städte Nürnberg und Fürth. Equipment und Personal stammten aus England, ebenso die noch heute gebräuchliche Spurweite von 1.435 mm. Die „Ludwigsbahn" wurde anfangs abwechselnd als Pferde- und Lokomotivbahn betrieben. Als erstes Staatsunternehmen nahm die Herzoglich Braunschweigische Staatseisenbahn am 01.12.1838 den Betrieb zwischen Braunschweig und Wolfenbüttel auf. Im selben Jahr wurden mit Berlin – Potsdam und Düsseldorf – Erkrath zwei weitere Strecken eröffnet. Erste Fernbahnen folgten:

* 1839 Leipzig – Dresden,
* 1840 Magdeburg – Halle – Leipzig,
* 1841 Berlin – Wittenberg – Dessau – Köthen,
* 1843 Köln – Aachen – belgische Grenze und weiter bis Antwerpen („Eiserner Rhein"; erste internationale Verbindung)
* 1845 Mannheim – Freiburg im Breisgau,
* 1846 Frankfurt – Heidelberg, Berlin – Hamburg und
* 1847 (Hannover –) Lehrte – Harburg, Dresden – Görlitz, Köln – Minden (– Hannover).

Staatliches Engagement wie im Falle Braunschweig – Wolfenbüttel war aber jahrzehntelang nicht die Regel. Zum Zeitpunkt der Reichsgründung bestanden zwar schon zwölf Staatsbahnen, doch begann erst danach das so genannte Länderbahnzeitalter, in dem das Nebeneinander von Staats- und Privatbahnen sich sukzessiv seinem Ende neigte, weil sich die deutschen Staaten zunehmend selbst beim Bau und Betrieb der Bahn engagierten oder – wie schon seit der Eisenbahnfrühzeit gelegentlich praktiziert – vorhandene Privatgesellschaften verstaatlichten.

Der Gründerkrach von 1873 gab einen weiteren Anstoß für diese Entwicklung. 1880 war das heutige Hauptnetz bis auf wenige Ausnahmen vollendet und es begann die Erschließung der Fläche, wozu man teils auch auf Schmalspurbahnen zurückgriff. Gerade dort, wo sich mangels wirtschaftlicher Aussichten keine Privatgesellschaft fand, war das staatliche Engagement gefordert.

Noch zur Länderbahnzeit begann die Einführung der Elektrotraktion. Nachdem der Industrielle Werner von Siemens bereits 1879 die erste gebrauchstaugliche Elektrokleinlokomotive präsentiert hatte, ging 1895 die württembergische Lokalbahnstrecke Meckenbeuren – Tettnang als erste elektrisch betriebene Vollbahn in Betrieb. Es folgte 1904 die bayerische Lokalbahn Murnau – Oberammergau, 1907 die Hamburg-Altonaer Stadt- und Vorortbahn Blankenese – Altona – Hbf – Hasselbrook – Ohlsdorf und 1911 mit Dessau – Bitterfeld der erste mit dem noch heute verwendeten Einphasenwechselstromsystem (15 kV, 16 2/3 Hz) elektrifizierte Fernbahnabschnitt. Zeitgleich begann auch die so genannte „Elektrisierung der schlesischen Gebirgsbahnen", so dass bereits 1914 der elektrische Betrieb auf der Strecke Nieder Salzbrunn (Wałbrzych Szczawienko [PL]) – Fellhammer (Boguszów Gorce Wschód [PL]) – Halbstadt (Meziměstí [CZ]) aufgenommen werden konnte. 1920 wurden die vorhandenen Ländereisenbahnen auf das Reich übertragen und 1924 die Deutsche Reichsbahn-Gesellschaft (DR) gegründet. Die DR sorgte in der Zwischenkriegszeit u. a. für weitere Fernbahnelektrifizierungen in Süddeutschland und baute ab 1934 ein Fernschnellverkehrsnetz auf, dessen Fahrzeiten teilweise erst Jahrzehnte nach Kriegsende wieder erreicht wurden.

Mit der deutschen Teilung wurden nicht nur 47 Bahnverbindungen über die neu gezogene Grenze aufgegeben, sondern es entstanden auch zwei deutsche Staatsbahnen. In der BRD war dies die „Deutsche Bundesbahn" (DB), während die in der DDR verbliebenen Teile den Namen „Deutsche Reichsbahn" weiterführten. Die unterschiedliche politische Entwicklung in den beiden deutschen Staaten spiegelt sich auch in jener der beiden Staatsbahnen wieder.

Die DB war bereits ab der „Wirtschaftswunder-ära" dem zunehmenden Konkurrenzdruck der individuellen Motorisierung ausgesetzt und verlor bereits in den 1960er Jahren die Rolle sowohl als wichtigster Verkehrsträger als auch größter Arbeitgeber. Dem versuchte man durch ein ehrgeiziges Elektrifizierungs- und Rationalisierungsprogramm sowie den Ausbau der Hauptstrecken auf möglichst hohe Fahrgeschwindigkeiten bzw. die Anlage von Hochgeschwindigkeitsstrassen entgegenzuwirken.

Einen Meilenstein bedeutete das Jahr 1977 mit der Inbetriebnahme des 10.000sten elektrifizierten Streckenkilometers und dem Ende der Dampftraktion. Ausdruck des Bestrebens, zumindest im Fernverkehr dem Auto Paroli bieten zu können, war das 1971 eingeführte und 1979 erweiterte „Jede Stunde, jede Klasse") IC-Angebot. Dem Nahverkehr außerhalb der Ballungsräume räumte man jedoch kaum Entwicklungschancen ein, weswegen man meist nur wenig Wert auf attraktive Fahrpläne legte und kaum in den Ausbau und die Rationalisierung der Infrastruktur investierte, so dass seit dem o. g. Zeitpunkt viele Zweigstrecken stillgelegt wurden.

Deutschland

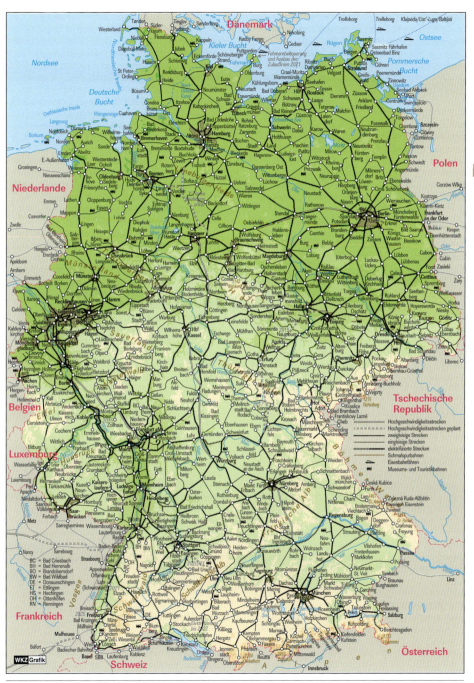

Deutschland

Ganz anders dagegen in der DDR, wo die Schiene bis zuletzt ihre Rolle als führender Verkehrsträger verteidigen konnte. Wie auch im Westen galt es nach dem Krieg große Schäden zu beseitigen, doch waren hier Reparationsleistungen in viel größerem Ausmaß zu leisten, was den Rückbau des zweiten Gleises auf vielen Strecken und die Demontage aller Anlagen für die elektrische Zugförderung bedeutete.

Hauptaufgabe der DR war die Absicherung des Güterverkehrs – in manchen Jahren wurden mehr Güter als auf dem mehr als doppelt so großen DB-Netz transportiert. Da man sich nicht zuletzt einem viel geringeren Wettbewerbsdruck durch den MIV zu stellen hatte, blieb es im Personenverkehr dafür letztlich immer bei rein nachfrageorientierten Fahrplänen, langen Fahrzeiten und wenig attraktivem Rollmaterial. Die herrschende Mangelwirtschaft bedeutete überdies, dass nie genügend Mittel für Ausbau, Instandhaltung und Rationalisierung der Infrastruktur zur Verfügung standen.

Größere Streckenaus- und -neubauten erfolgten mit dem Berliner Außenring (also letztlich aus politischen Gründen), mit dem Anschluss des neuen Rostocker Überseehafens und im Zusammenhang mit dem sich ausdehnenden Braunkohlebergbau. Auch der Traktionswandel verlief nicht so geradlinig wie bei der DB, denn nach zehn Jahren erster Wieder- und Neuelektrifizierungen setzte man ab 1966 zunächst auf die Verdieselung, bevor nach 1976 angesichts steigender Ölpreise die Elektrifizierung (auf Basis der heimischen Braunkohle) forciert vorangetrieben wurde. Die Entwicklung der DR nach 1990 ist durch massiven Personalabbau sowie eine rasche Modernisierung von Infrastruktur und Rollmaterial gekennzeichnet und glich sich insofern jener der DB an.

So unterschiedlich die Situation bei DR und DB auch war – beide Unternehmen fuhren Milliardenverluste ein, so dass nach der deutschen Vereinigung 1990 auch die Reichsbahn in die schon länger andauernden Überlegungen zu einer Bahnreform einbezogen wurde. Diese mündeten in die zum 01.01.1994 mit der Vereinigung beider Bahnen zur Deutschen Bahn AG (DB AG) vollzogene erste Stufe der deutschen Bahnreform.

Marktübersicht

★ Personenverkehr: Auf dem SPNV-Markt hat sich nach der Regionalisierung im Zuge der Bahnreform ein recht breites Spektrum an Anbietern etabliert, doch den mit Abstand größten Anteil mit (2012) etwa drei Viertel der Betriebsleistung haben die EVU des Geschäftsfeldes DB Bahn Regio des Deutsche Bahn-Konzerns inne. Die bedeutendsten Wettbewerber, die bislang über verschiedene Tochterunternehmen an Ausschreibungen teilgenommen haben, sind in der Reihenfolge ihres Marktanteils Veolia Transdev, NETINERA Deutschland (mehrheitlich FS Trenitalia), BeNEX und KEOLIS Deutschland (mehrheitlich SNCF). 2012 hat zudem die britische National Express Group (NX) ihr Engagement in Deutschland verstärkt und an Ausschreibungen teilgenommen. Eine Bietergemeinschaft aus der deutschen Tochter National Express Rail GmbH und der bisher nur als Güterverkehrsunternehmen aufgetretenen IntEgro Verkehr GmbH wird im Dezember 2015 den Betrieb auf zwei SPNV-Linien in Nordrhein-Westfalen aufnehmen. NX soll zum Dezember 2018 auch neuer Betreiber der S-Bahn Nürnberg werden. Vom Marktanteil her auf Platz 4 noch vor Keolis wäre die Albtal-Verkehrs-Gesellschaft mbH (AVG) einzuordnen, die sich bislang jedoch noch nicht am SPNV-Wettbewerb beteiligt hat, sondern unter den Bedingungen des „Karlsruher Modells" mit seiner Verknüpfung von Stadt- und Regionalbahn Verkehre meist auf eigener bzw. gepachteter Infrastruktur erbringt. Weitere Marktteilnehmer sind nach absteigenden Anteilen geordnet die Hessische Landesbahn GmbH – HLB, HzL Hohenzollerische Landesbahn AG / Südwestdeutsche Verkehrs-AG (SWEG), die Abellio Rail GmbH (mittelbarer Eigentümer ist die NedRailways B.V., die Expansionstochter der niederländischen NS), die Erfurter Bahn GmbH (EB), die AKN Eisenbahn AG und die Eisenbahnen und Verkehrsbetriebe Elbe-Weser GmbH (EVB). Hinzu kommen etwa 20 Anbieter mit noch kleineren Marktanteilen. Als einzige rein private Mittelständler sind die Städtebahn GmbH und die Unternehmen der ENON-Gruppe am deutschen Markt tätig. während alle anderen Unternehmen mehrheitlich oder komplett im Eigentum von Konzernen oder kommunalen Gesellschaftern stehen. Im eigenwirtschaftlichen Personenfernverkehr sind jeher kaum Unternehmen neben der DB Fernverkehr AG aktiv. Neben dem Berlin-Night-Express (GVG) und dem InterConnex (Veolia Verkehr) hat die Hamburg-Köln-Express GmbH (HKX) im Juli 2012 den Betrieb auf der namensgebenden Magistrale aufgenommen. Die Vogtlandbahn GmbH hat sich hingegen im Herbst 2012 mit ihrem vormaligen „Vogtlandexpress" von der Schiene zurückgezogen und beauftragt lediglich noch eine Fernbuslinie als Nachfolgeprodukt. Auch der Betrieb des InterConnex endete zum

Deutschland

Fahrplanwechsel 2014; als Grund gab der Betreiber zu hohe Infrastrukturkosten und die massive Fernbuskonkurrenz an.

★ **Güterverkehr:** Marktführend mit drei Vierteln der Verkehrsleistung ist bislang die DB Schenker Rail Deutschland AG samt Tochterunternehmen als Schienengütersparte des DB-Konzerns und größtes europäisches Schienengüterverkehrsunternehmen. Mit Abstand folgen in der Reihe ihrer Marktanteile SNCF Geodis als Gütersparte der französischen Staatsbahn (Captrain Deutschland GmbH und ITL Eisenbahngesellschaft mbH sowie Tochtergesellschaften), SBB Cargo International AG / SBB Cargo Deutschland GmbH, FS Trenitalia (TX Logistik AG und OHE Cargo GmbH) und RheinCargo GmbH & Co. KG. Darüber hinaus gibt es eine Vielzahl weiterer, kleinerer Anbieter.

Verkehrsministerium
Bundesministerium für Verkehr und digitale Infrastruktur (BMVI)
Abteilung LA (Landverkehr)
Unterabteilung LA 1 (Eisenbahnen)
Invalidenstraße 44
DE-10115 Berlin
Telefon: +49 30 18300-0
buergerinfo@bmvi.bund.de
www.bmvi.de

Nationale Eisenbahnbehörde
Eisenbahn-Bundesamt (EBA)
Heinemannstraße 6
DE-53175 Bonn
Telefon: +49 228 9826-0
poststelle@eba.bund.de
www.eba.bund.de

Bundesnetzagentur (BNetzA)
Abteilung 7 – Eisenbahnregulierung
Tulpenfeld 4
DE-53113 Bonn
Telefon: +49 228 14-0
info@bnetza.de
www.bundesnetzagentur.de

Eisenbahnunfalluntersuchungsstelle
Eisenbahn-Unfalluntersuchungsstelle des Bundes (EUB)
Heinemannstraße 6
DE-53175 Bonn
Telefon: +49 228 9826-0
unfalluntersuchung@eba.bund.de
www.eisenbahn-unfalluntersuchung.de

Foto: Karl Arne Richter

A.D.E. / ATB Infrastruktur

A.D.E.
Eisenbahnverkehrsunternehmen GmbH G

Zum Steinberg 36
DE-01920 Elstra OT Kindisch
Telefon: +49 35793 8010
Hotline: +49 35793 8033
info@prostein.de
www.prostein.de

Management
★ Volkmar Schlenkrich (Geschäftsführer)

Gesellschafter
Stammkapital 25.000,00 EUR
★ ProStein GmbH & Co. KG (100 %)

Lizenzen
★ DE: EVU-Zulassung (PV+GV); gültig vom 17.12.2010 bis 30.11.2025
★ DE: Sicherheitsbescheinigung seit 14.12.2011

Unternehmensgeschichte
Mit Gesellschaftsvertrag vom 06.04.2010 wurde die A.D.E. Eisenbahnverkehrsunternehmen GmbH gegündet. Geschäftsführer des Unternehmens mit damaligem Sitz in Bad Bibra nahe Naumburg (Saale) waren Bernd Andreas Heinrichsmeyer und Dirk Nahrstedt. Heinrichsmeyer ist u.a. geschäftsführender Gesellschafter der HWB Verkehrsgesellschaft, Nahrstedt war langjähriger Geschäftsführer der mittlerweile in die DB Regio AG intergrierten Burgenlandbahn GmbH. Die Gesellschafteranteile der A.D.E. wurden paritätisch von Nahrstedt und Heinrichsmeyers Ehefrau Andrea gehalten. Die Abkürzung A.D. steht dabei für die Vornamen der beiden Gründungsgesellschafter. Mit Wirkung vom 27.01.2011 verkaufte Andrea Heinrichsmeyer ihre Anteile an das ostdeutsche Baustoffhandelsunternehmen ProStein, die PD-Beratungs- und Beteiligung u.a. 10 %-Gesellschafter an der Eisenbahngesellschaft Potsdam (EGP), 100 % an TRIANGULA Logistik GmbH) von Dr. Klaus-Peter Dietz erwarb zum gleichen Zeitpunkt 25 % der A.D.E., 25 % verblieben beim geschäftsführenden Gesellschafter Nahrstedt. Zum 21.09.2011 übernahm ProStein sämtliche Gesellschafteranteile am Unternehmen.
Am 26.02.2011 wurde der Transport von Edelsplitten für den Straßenbau aufgenommen. Seit 2012 werden von einer Vielzahl von Steinbrüchen in ganz Deutschland Verkehre durchgeführt. Im Jahr 2014 erwarb das Mutterunternehmen ProStein GmbH & Co. KG den Steinbruch Oberottendorf als Mehrheitsgesellschafter. Von dort werden Gesteinsbaustoffe in ganz Deutschland und Polen transportiert.

Verkehre
★ Baustofftransporte (Edelsplitte, Schotter, Wasserbausteine) Ebersbach/Sachsen – Polen / Norddeutschland (u.a. Lübeck Schlutup) / Berlin; Spotverkehr, ca. 3 x pro Woche im Auftrag von ProStein

Aartalbahn Infrastruktur Gesellschaft gmbH (ATB Infrastruktur) I

Moritz-Hilf-Platz 2
DE-65199 Wiesbaden
Telefon: +49 611 1843330
Telefax: +49 611 1843339
infrastruktur@nassauische-touristik-bahn.de
www.nassauische-touristik-bahn.de

Management
★ Klaus Wagner (Geschäftsführer)

Gesellschafter
Stammkapital 25.000,00 EUR
★ Nassauische Touristik-Bahn e.V. (NTB) (100 %)

Infrastruktur
★ Wiesbaden-Dotzheim – Aarbergen-Rückershausen; seit 01.11.2014 gepachtet von DB Netz AG

Unternehmensgeschichte
Die im Juni 2014 ins Leben gerufene Aartalbahn Infrastruktur Gesellschaft mbH (ATB Infrastruktur) ist eine eigenständige GmbH, welche sich zu 100% im Besitz der Nassauischen Touristik-Bahn e.V (NTB) befindet. Satzungsmäßiger Zweck ist der Erhalt und Betrieb der Infrastruktur der Aartalbahn, die auf dem südlichen Abschnitt seit 01.11.2014 gepachtet ist. Der Betrieb ist seit 2009 Jahren unterbrochen, seit ein LKW die Brücke über die Wiesbadener Flachstasse so beschädigt hat, dass sie gesperrt wurde. Die LH Wiesbaden wird statt der ESWE Verkehr künftig direkt die NTB-Tochter finanziell so ausstatten, dass die notwendige Sicherheit der gesamten Strecke gewährleistet und dringende Reparaturen erfolgen
können. Das bedeutet einen jährlichen Zuschuss von 162.000 EUR und einmalige Investitionszuschüsse von 1,0 Mio EUR.
Die Aartalbahn Infrastruktur Gesellschaft mbH wurde nicht neu gegründet sondern entstand per 25.08.2014 aus der GHCS Giebeler und Harding Computersysteme GmbH, Wiesbaden.

ABRM

Abellio Rail Mitteldeutschland GmbH (ABRM)

Magdeburger Straße 51
DE-06112 Halle (Saale)
Telefon: +49 345 132576-0
Telefax: +49 345 132576-94
info@abellio.de
www.abellio.de

Werkstatt
Lengefelder Straße 17
DE-06526 Sangerhausen

Management
★ Dirk Ballerstein (Geschäftsführer)

Gesellschafter
Stammkapital 100.000,00 EUR
★ ABELLIO Rail NRW GmbH (ABRN) (100 %)

Lizenzen
★ DE: EVU-Zulassung (PV); gültig vom 19.06.2013 bis 30.06.2028

Unternehmensgeschichte
Abellio hat 2012 den Zuschlag für die Erbringung des Schienenpersonennahverkehrs (SPNV) im Netz Saale-Thüringen-Südharz ab dem Fahrplanwechsel im Dezember 2015 erhalten. Damit ging Abellio erfolgreich aus dem vorangegangenen europaweiten Vergabeverfahren „Elektronetz Saale-Thüringen-Südharz (STS)" hervor. Auf neun sich teilweise überlappenden Linien werden jährlich rund neun Mio. Zugkm erbracht und zirka achteinhalb Mio. Fahrgäste befördert.
Die Personalplanung für die am 06.12.2012 gegründete Abellio Rail Mitteldeutschland GmbH (ABRM) sieht aktuell bis zu 350 Mitarbeiter vor. Geordert wurden Ende 2012 20 drei- und 15 fünfteilige Bombardier Talent II, die in einer neu zu errichtenden Werkstatt in Sangerhausen instand gehalten werden sollen.
2013 folgte der Zuschlag für das „Mitteldeutsche S-Bahn-Netz II", das Verkehrsleistungen im Umfang von insgesamt 5,6 Mio. Zugkm/a im Zeitraum Mitte Dezember 2015 bis Mitte Dezember 2030 beinhaltet. Wegen erneutem Zeitverzug aufgrund einer teilweisen Neubewertung der Angebote war Abellio jedoch nicht mehr bereit, das Angebot

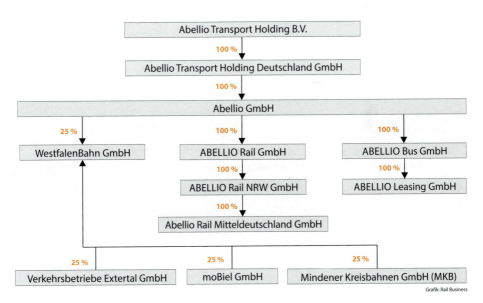

Grafik: Rail Business

ABRM

aufrechtzuerhalten. Der Zuschlag wurde nachfolgend der DB Regio AG erteilt.
Der Unternehmenssitz der ABRM wurde am 25.11.2013 von Essen nach Halle (Saale) verlegt, wo im Bürokomplex der enviaM der Verwaltungsstandort mit etwa 40 Mitarbeitern entsteht.
Die Gesellschaft hat am 13.12.2013 mit der Abellio GmbH als herrschender Gesellschaft einen Ergebnisabführungsvertrag geschlossen.
Die mit ähnlicher Firmierung existierende gesellschaft Abellio Rail Mitteldeutschland Projekt GmbH ist eine 100 % Tochter der Abellio GmbH. Den heutigen Namen trägt das Unternehmen seit 27.05.2014, zuvor hieß es Abellio Rail Projekt GmbH (ab 09.01.2014) bzw. Robert Haas Bus GmbH.

Verkehre
★ SPNV „Elektronetz Saale-Thüringen-Südharz" (STS); 9,2 Mio. Zugkm/a ab Dezember 2015 für 15 Jahre im Auftrag des Landes Sachsen-Anhalt, des Freistaates Thüringen, des Zweckverbandes für den Nahverkehrsraum Leipzig (ZVNL), des Nordhessischen Verkehrsverbundes (NVV) und der Landesnahverkehrsgesellschaft Niedersachsen mbH (LNVG).
• Express-Linie Halle (Saale) – Sangerhausen – Nordhausen – Leinefelde – Kassel
• Express-Linie Halle (Saale) – Sangerhausen – Nordhausen – Leinefelde/ – Sömmerda – Erfurt (Flügelung in Sangerhausen)
• Regional-Linie Halle (Saale) – Lutherstadt Eisleben (– Sangerhausen– Nordhausen)
• Regional-Linie Nordhausen – Leinefelde – Heilbad Heiligenstadt
• Express-Linie Leipzig – Naumburg – Weimar – Erfurt
• Express-Linie Leipzig – Naumburg – Jena-Göschwitz – Saalfeld
• Express-Linie Halle (Saale) – Naumburg – Weimar – Erfurt
• Regional-Linie Halle (Saale) – Naumburg – Weimar – Erfurt – Eisenach
• Regional-Linie Großheringen – Jena-Göschwitz – Saalfeld (Saale)

ABRM / ABRN

ABELLIO Rail NRW GmbH (ABRN)
P

Bredeneyer Straße 2
DE-45133 Essen

Verwaltung
Körnerstraße 40
DE-58095 Hagen
Telefon: +49 2331 93323-0
Hotline: 0800 2235546 (kostenlos)
info@abellio-rail-nrw.de
www.abellio-rail-nrw.de

Werkstatt
Eckeseyer Straße 110
DE-58089 Hagen

Management
* Ronald Rainer Fritz Lünser (Vorsitzender der Geschäftsführung)
* Dr. Roman Müller (Geschäftsführer Unternehmensentwicklung (ab 01.03.2015))
* Dorothee Röckinghausen (Geschäftsführerin Finanzen)

Gesellschafter
Stammkapital 25.000,00 EUR
* ABELLIO Rail GmbH (ABR) (100 %)

Beteiligungen
* Abellio Rail Mitteldeutschland GmbH (ABRM) (100 %)
* Abellio Rail Südwest GmbH (100 %)

Lizenzen
* DE: EVU-Zulassung (PV) seit 11.12.2005, gültig bis 31.03.2020 (übernommen von Abellio GmbH)
* DE: Sicherheitszertifikat, Teil A (PV); gültig vom 30.05.2012 bis 19.05.2017
* DE: Sicherheitszertifikat, Teil A+B (PV); gültig vom 30.05.2012 bis 19.05.2017

Infrastruktur
* Werkstattanlage Hagen (offiziell: unterer Abstellbahnhof Hagen, Gleislänge ca. 2,0 km); gekauft am 30.05.2007

Unternehmensgeschichte
Die Abellio Group als heutige Tochter der niederländischen Staatsbahn NS betreibt öffentlichen Personennahverkehr (ÖPNV) in Europa. Der heute europaweit verwendete Name hat seine Herkunft in Deutschland, wo Abellio 2004 gemeinsam von der Essener Verkehrs-AG (EVAG) und dem britischen Investmentfonds Star Capital gegründet wurde. Zum 30.12.2008 hat die Expansionstochter der Niederländischen Staatsbahnen NS, NedRailways B.V., sämtliche Gesellschafteranteile an der Abellio GmbH übernommen. Diese waren zuvor von der Investmentgesellschaft Star Capital Partners Ltd. (75,2 %), der Stadt Essen und dem Abellio-Management gehalten worden.
Als Unterholding für die Schienenverkehrsaktivitäten der ABELLIO wurde die ABELLIO Rail GmbH per Gesellschafterbeschluss zum 16.12.2005 aus der bereits bestehenden Deukalion Zweiundsechzigste Vermögensverwaltungs-GmbH formiert und nahm zum 01.01.2006 die Geschäftstätigkeit auf. Per 03.06.2014 wurde die Zwischenholding jedoch wieder auf die Abellio GmbH verschmolzen.
Am 05.07.2005 entstand die ABELLIO Rail NRW GmbH als lokale Tochtergesellschaft der ABELLIO Rail für den Betrieb von SPNV in Nordrhein-Westfalen. Mit rund 35 Mitarbeitern betrieb die ABELLIO Rail NRW seit Dezember 2005 zuerst zwei Regionalbahnlinien (RB 40 und 46) im „Emscher-Ruhrtal-Netz". Für die RB 40 endete die Vertragslaufzeit aus verfahrensrechtlichen Gründen bereits zum Fahrplanwechsel 2007. So wurden auf dieser Strecke keine Neufahrzeuge eingesetzt, denn aufgrund der kurzen Vorlaufzeit von nur zwölf Monaten und der beschränkten Vertragslaufzeit war eine hohe Investition in neue Elektrofahrzeuge nicht darstellbar. Nachdem ABELLIO Rail NRW im Juni 2005 die Vergabe der Betreiberleistung für das „Ruhr-Sieg-Netz" (in dem auch die RB 40 enthalten ist) für sich entscheiden konnte, wurden FLIRT-Triebwagen bestellt, von denen die ersten ab August 2007 unter anderem auch auf der RB 40 zum Einsatz kamen.
Die Fahrzeuginstandhaltung erfolgte übergangsweise bei der WHE in Wanne-Westhafen. Der geplante Werkstattneubau am Übergabebahnhof Wanne-Eickel entfiel zu Gunsten des Ankaufes des unteren Abstellbahnhofes in Hagen (ehemalige Schwerlastgruppe). Die dort vorhandene Halle ist 220 m lang, insgesamt befinden sich ca. 2.000 m Gleise und acht Weichen auf dem Gelände, außerdem ein Verwaltungs- und mehrere Lagergebäude. Die Anlage ging mit dem Eintreffen der ersten FLIRT am 13.07.2007 provisorisch in Betrieb und wurde zwischenzeitlich erweitert und modernisiert.
Die eingesetzten LINT 41/H sind Eigentum des Unternehmens, die acht zweiteiligen und neun dreiteiligen FLIRT-Triebwagen über Ascendos Rail Leasing (ex CB Rail Leasing) geleast.

ABRN

Nach einer längeren Zeit konnte Abellio im November 2011 die Ausschreibung der Regionalbahnlinie 47 für sich entscheiden, die als S7 den Betrieb aufnahm. Am Hbf Remscheid entstand für 1,1 Mil. EUR ein Kundencenter, das aus Sozial-, Büro- und Schulungsräumen sowie Betankungs- und Serviceeinrichtungen für die Züge besteht. Der zunächst angedachte Bau einer solchen Anlage auf dem Gelände des ehemaligen Güterbahnhofes Remscheid-Lennep wurde verworfen. 35 Mitarbeiter wurden für den Standort Remscheid eingestellt, die beschafften Fahrzeuge (VT 12001 ff) befinden sich in VRR-Eigentum und sind nur an ABELLIO vermietet.
Der Verkehrsverbund Rhein-Ruhr (VRR) hat Abellio 2013 mit dem Betrieb des „Niederrhein-Netzes" RB 33 (Mönchengladbach – Wesel) und RB 35 (Düsseldorf – Arnhem) beauftragt. Für den dortigen Betrieb wird Abellio einen weiteren Werkstattstandort schaffen. Die endgültige Standortentscheidung steht jedoch noch aus. Stadler wird für das Netz 13 fünfteilige Einsystem- und sieben fünfteilige Mehrsystem-Triebzüge vom Typ FLIRT3 an ABELLIO liefern. Der VRR wird anschließend Eigentümer der Fahrzeuge, übernimmt die Finanzierung und verpachtet diese für die Laufzeit des Verkehrsvertrages an den Betreiber.
Für die Erbringung des Schienenpersonennahverkehrs (SPNV) im Netz Saale-Thüringen-Südharz ab dem Fahrplanwechsel im Dezember 2015 wurde am 06.12.2012 die Abellio Rail Mitteldeutschland GmbH (siehe dort) gegründet.

Verkehre

* SPNV „Glückauf-Bahn" RB 46 Bochum – Wanne-Eickel – Gelsenkirchen; 0,37 Mio. Zugkm pro Jahr im Auftrag des ZV VRR vom 11.12.2005 bis 09.12.2017
* SPNV „Ruhr-Sieg-Netz" RE 16 Essen – Bochum – Hagen – Letmathe – Iserlohn / Siegen, RB 40 Essen – Hagen und RB 91 Hagen – Letmathe – Iserlohn / Siegen; 3,7 Mio. Zugkm pro Jahr im Auftrag des ZV VRR, ZRL und ZWS vom 09.12.2007 bis 07.12.2019
* SPNV S 7 Solingen Hbf – Wuppertal Hbf; 1,6 Mio. Zugkm pro Jahr im Auftrag des ZV VRR vom 15.12.2013 bis 09.12.2028
* SPNV RB 33 Mönchengladbach – Wesel und RB 35 Düsseldorf – Arnhem; 2,4 Mio. Zugkm pro Jahr im Auftrag des ZV VRR vom Dezember 2016 für zwölf Jahre

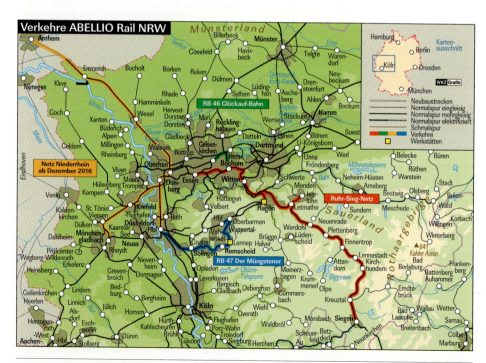

ATB

Abellio Rail Südwest GmbH

Bredeneyer Straße 2
DE-45133 Essen
Telefon: +49 201 1858-0
Telefax: +49 201 1858-5041
www.abellio.de

Management
* Stephan Krenz (Geschäftsführer)
* Ronald Rainer Fritz Lünser (Geschäftsführer)

Gesellschafter
* ABELLIO Rail NRW GmbH (ABRN) (100 %)

Unternehmensgeschichte
Bei der heutigen Abellio Rail Südwest GmbH handelt es sich um die per 18.08.2014 umfirmierte NedBahnen Deutschland GmbH. Über die aktuellen Geschäftstätigkeiten des Unternehmens liegen keine Informationen vor.

Ablachtal-Bahn GmbH (ATB)

Bleicherstraße 14
DE-78476 Konstanz
Telefon: +49 7531 9914940
Telefax: +49 7531 9914799
ablachtal-bahn@gmx.de
www.ablachtal-bahn.de

Management
* Ulrich Bohnacker (Geschäftsführer)
* Hans-Gerd Gnad (Geschäftsführer)

Gesellschafter
Stammkapital 1.600.000,00 EUR
* Ulrich Bohnacker (100 %)

Lizenzen
* DE: EIU der eigenen Infrastruktur

Infrastruktur
* Mengen – Stockach (39,4 km); am 26.10.2004 von DB Netz AG gekauft

Unternehmensgeschichte
Die am 17.06.2004 gegründete Ablachtal-Bahn GmbH konnte am 26.10.2004 den im südlichen Baden-Württemberg gelegenen Streckenabschnitt Mengen – Stockach käuflich übernehmen. Dieser ist Teil der Verbindung von Mengen an der Donautalbahn Ulm – Sigmaringen zum heutigen Betriebsbahnhof Stahringen an der Bodenseegürtelbahn Lindau – Radolfzell. Die auch als „Hegau-Ablachtal-Bahn" bezeichnete Verbindung hatte bis 1972 im von der ATB übernommenen Teil und 1982 auch im Südabschnitt ab Stockach ihren SPNV verloren. Zwischen Stockach und Radolfzell wurde dieser jedoch 1996 unter der Marke „Seehäsle" wieder aufgenommen und heute ist hier die HzL Hohenzollerische Landesbahn AG tätig.
Der nördlichste Abschnitt Krauchenwies – Mengen hingegen war bereits nach der Einstellung des Gesamtverkehrs 1960 abgebaut worden. Auf Initiative der hinter der ATB stehenden Krauchenwieser Firma Tegometall GmbH & Co. KG erfolgte in den 1980er Jahren jedoch der Neuaufbau und zum 29.09.1986 die Wiederinbetriebnahme als Rangiergleis des Bahnhofs Mengen, um die Bedienung von Tegometall im Schienengüterverkehr aus Richtung Mengen zu ermöglichen. Diesen betreibt seit 2002 die HzL in Kooperation mit der DB Schenker Rail Deutschland AG. Die restliche ATB-Strecke Krauchenwies – Stockach war seit 2005 technisch gesperrt.
2009 steuerte das Land Baden-Württemberg aus Mitteln des Konjunkturpakets II 5 Mio. EUR zur Sanierung der Strecke der Ablachtal-Bahn GmbH bei. Am 08.05.2010 fand die technische Abnahmefahrt der Strecke Mengen – Stockach statt. Nachfolgend kritisierten potenzielle Nutzer die im Vergleich zu anderen Schienenstrecken sehr hohen (Trassen-)Kosten. Die zugrundeliegenden Schienennetz-Nutzungsbedingungen (SNB) wurden im Herbst 2011 der Bundesnetzagentur (BNetzA) zur Prüfung vorgelegt, von dieser aber wenig später an die ATB zur Überarbeitung zurückgegeben. Am 13.04.2012 traten dann überarbeitete SNB mit niedrigeren Trassenpreisen in Kraft.

Aggerbahn / agilis Eisenbahn

Aggerbahn Eisenbahnverkehrsgesellschaft mbH

Auf der Heilen 23
DE-51674 Wiehl
Telefon: +49 2261 9793752
Telefax: +49 2261 9793753
andreas.voll@aggerbahn.de
www.aggerbahn.de

Management
★ Andreas Voll (Geschäftsführer)

Gesellschafter
Stammkapital 25.000,00 EUR
★ Andreas Voll (100 %)

Unternehmensgeschichte
Der selbständige Triebfahrzeugführer Andreas Voll bietet seit 2010 unter dem Markennamen „Aggerbahn" Triebfahrzeugführerdienstleistungen und Lokvermietung an. Geschah dies bisher als Lokvermietung Aggerbahn Andreas Voll eK. Wurde mit Datum 01.09.2014 die Aggerbahn Eisenbahnverkehrsgesellschaft mbH, Wiehl, aus der Taufe gehoben. Der Name des Unternehmens ist an einen Fluß nahe des Unternehmenssitzes angelehnt. Als Wartungsstützpunkt werden die Anlagen des Eisenbahnmuseums Dieringhausen genutzt.

agilis Eisenbahngesellschaft mbH & Co. KG P

Galgenbergstraße 2a
DE-93053 Regensburg
Telefon: +49 941 206089-100
Telefax: +49 941 206089-111
servus@agilis.de
www.agilis.de

Werkstatt
Aufeldstraße 24
DE-93055 Regensburg

Management
★ Dietmar Knerr (Geschäftsführer)
★ Markus Schiefer (kaufmännischer Geschäftsführer)

Gesellschafter
Stammkapital 25.000,00 EUR
★ Hamburger Hochbahn AG (HOCHBAHN) (51 %)
★ BeNEX GmbH (49 %)
★ agilis Verwaltungsgesellschaft mbH

Lizenzen
★ DE: EVU-Zulassung (PV+GV); gültig vom 18.09.2014 bis 15.07.2029

Unternehmensgeschichte
agilis vereint die süddeutschen Verkehrsangebote der BeNEX GmbH und der Hamburger Hochbahn AG. Die Hamburger Hochbahn war Ende 2007 als Sieger aus der SPNV-Ausschreibung des Netzes „Regensburger Stern und Donautalbahn" hervorgegangen. Als Betreiber wurde am 11.05.2009 die agilis Eisenbahngesellschaft mbH & Co. KG als Tochtergesellschaft von HOCHBAHN bzw. deren Expansionstochter BeNEX gegründet. Als Komplementär fungiert die am 23.02.2009 gegründete BeNEX-Tochter agilis Verwaltungsgesellschaft.
Im Oktober 2008 hat BeNEX zudem den Zuschlag für das „Dieselnetz Oberfranken" erhalten, wo die 100 %ige BeNEX-Tochter agilis Verkehrsgesellschaft mbH & Co. KG den Betrieb seit Juni 2011 durchführt.
Für den Betrieb des „Regensburger Sterns" hat man zwischenzeitlich 18 dreiteilige und acht vierteilige

agilis Eisenbahn / agilis Verkehr

Coradia Continental-Triebzüge bei ALSTOM beschafft, die in einer 2010 neu errichteten Werkstatt in Regensburg unterhalten werden.

Verkehre
* SPNV „Regensburger Stern und Donautalbahn" Neumarkt – Regensburg – Plattling, Landshut – Regensburg – Ingolstadt (beide seit 12.12.2010), Ingolstadt – Ulm mit Wochenend-Fahrradzug Passau – Plattling – Regensburg – Ingolstadt – Ulm (seit 11.12.2011); 5,5 Mio. Zugkm pro Jahr bis Dezember 2023 im Auftrag der Bayerische Eisenbahngesellschaft mbH (BEG)

agilis Verkehrsgesellschaft mbH & Co. KG

Galgenbergstraße 2a
DE-93053 Regensburg
Telefon: +49 941 206089-100
Telefax: +49 941 206089-111
servus@agilis.de
www.agilis.de

Werkstatt
Barbarastraße 20
DE-95615 Marktredwitz

Management
* Dietmar Knerr (Geschäftsführer)

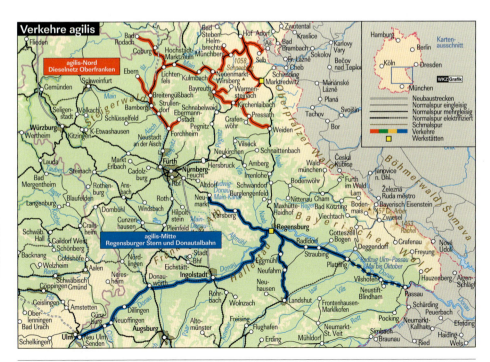

agilis Verkehr / AHG

* Markus Schiefer (kaufmännischer Geschäftsführer)

Gesellschafter
Stammkapital 25.000,00 EUR
* BeNEX GmbH (100 %)
* agilis Verwaltungsgesellschaft mbH

Lizenzen
* DE: EVU-Zulassung (PV+GV), gültig vom 10.06.2009 bis 10.06.2024

Unternehmensgeschichte
agilis vereint die süddeutschen Verkehrsangebote der BeNEX GmbH und der Hamburger Hochbahn AG. Die Hamburger Hochbahn war Ende 2007 als Sieger aus der SPNV-Ausschreibung des Netzes „Regensburger Stern" hervorgegangen. Als Betreiber wurde die agilis Eisenbahngesellschaft mbH & Co. KG als Tochtergesellschaft von HOCHBAHN bzw. deren Expansionstochter BeNEX gegründet. Im Oktober 2008 hat BeNEX zudem den Zuschlag für das „Dieselnetz Oberfranken" erhalten, wo die am 19.05.2009 gegründete 100 %ige BeNEX-Tochter agilis Verkehrsgesellschaft mbH & Co. KG den Betrieb seit Juni 2011 durchführt. Als Komplementär fungiert die am 23.02.2009 gegründete BeNEX-Tochter agilis Verwaltungsgesellschaft. Eingesetzt werden 38 Dieseltriebwagen RS 1 des Herstellers Stadler, die in einer neuen Werkstatt in Marktredwitz unterhalten werden.
Vor der eigenen Betriebsaufnahme wurden zahlreiche RS 1-Triebzüge ab Frühjahr 2011 an die Vogtlandbahn GmbH (VBG) sowie die NordWestBahn GmbH (NWB) vermietet, wo zu dieser Zeit Triebfahrzeugmangel bestand.

Verkehre
* SPNV „Dieselnetz Oberfranken" Forchheim – Ebermannstadt, Bayreuth – Marktredwitz, Bamberg – Ebern, Hof – Bad Steben, Bad Rodach – Coburg – Lichtenfels, Hof – Selb-Stadt, Lichtenfels – Kulmbach – Bayreuth, Hof – Münchberg – Kulmbach, Bayreuth – Weiden, Münchberg – Helmbrechts, Bayreuth – Weidenberg, Hof – Marktredwitz (ab Dezember 2012); 4,5 Mio. Zugkm pro Jahr vom 12.06.2011 bis Dezember 2023 im Auftrag der Bayerische Eisenbahngesellschaft mbH (BEG)

AHG Industry GmbH & Co. KG

Marktstraße 14
DE-03046 Cottbus
Telefon: +49 355 289442-118
Telefax: +49 355 289-14203
evu@ahg-gruppe.de
www.ahg-industry.com

Management
* Lutz Stache (Geschäftsführer)

Gesellschafter
Stammkapital 688.542,36 EUR
* Lutz Stache (100 %)
* Komplementär: AHG Industry Verwaltung GmbH

Lizenzen
* DE: EVU-Zulassung (PV+GV); gültig vom 21.08.2009 bis 31.12.2023

Infrastruktur
* Industrieanschlussbahn Cottbus-Sandow
* Betriebsführung Anschlussbahn HKW Cottbus
* Betriebsführung Anschlussbahn HKW Chemnitz; seit 01.06.2005

Unternehmensgeschichte
Mit Eintragung in das Handelsregister am 19.10.1998 hatte das Cottbuser Unternehmen zunächst als AHG Baustoffgroßhandelslager & Anschlußbahn GmbH & Co. KG den Betrieb aufgenommen. Mit Gesellschafterbeschluss vom 02.02.2000 wurde die Firma in AHG Handel & Logistik GmbH & Co. KG umfirmiert. Die AHG gehört zur europaweit agierenden AHG-Gruppe, die Beteiligungen an verschiedenen Unternehmen der Baustoffproduktion und des Baustoffhandels in Deutschland, Polen und Rumänien hält. Am Anfang vorrangig als Dienstleister für Transport und Umschlagprozesse im Auftrag großer Unternehmen tätig (jährlicher Umschlag ca. 1 Mio. t Güter), hat sich die AHG zunehmend in Richtung Eisenbahnunternehmen entwickelt. Als erster Schritt wurden 1999 zwei Anschlussbahnen in Cottbus und Umgebung übernommen.
Seit dem 01.06.2005 ist die AHG neuer Betreiber der Anschlussbahn zum Heizkraftwerk Chemnitz-Küchwald der Stadtwerke Chemnitz AG, von wo man auch drei Werkloks übernehmen konnte.
Zum 01.01.2009 wurden die Unternehmen AHG Handel & Logistik GmbH & Co. KG, MAC MIX Verwaltungs GmbH & Co. KG und AHG Braunkohlenflugaschevertriebs GmbH & Co. KG zur AHG Industry GmbH & Co. KG fusioniert.

AHG / Aicher Cargo / AKN

Verkehre
* Bedienung der einstigen Industrieanschlussbahn in Merzdorf und Sandow (zuvor COSTAR Cottbuser Stadtreinigung und Umweltdienst GmbH, heutige ALBA Cottbus GmbH). Die Anschlussbahn dient u.a. der gesamten Ver- und Entsorgung des Heizkraftwerkes Cottbus.
* Gütertransporte Cottbus – Forst und Rangierdienst Forst; seit Juli 2001
* Gütertransporte Forst – Simmersdorf; seit Juli 2001 bei Bedarf
* Gütertransporte auf der Anschlussbahn zum Heizkraftwerk Chemnitz-Küchwald; seit 01.06.2005

Aicher Cargo GmbH

Industriestraße 1
DE-86405 Meitingen-Herbertshofen
Telefon: +49 8271 82-480
dieter.nickl@lechsped.de

Management
* Dieter Nickl (Geschäftsführer)

Gesellschafter
Stammkapital 25.000,00 EUR
* Lechsped GmbH Internationale Spedition (100 %)

Lizenzen
* DE: EVU-Zulassung (PV+GV) seit 05.11.2007, gültig bis 31.10.2022

Unternehmensgeschichte
Die Max Aicher Unternehmensgruppe vereint die vier Geschäftsfelder Bau, Immobilien, Stahl und Umwelt und beschäftigt 2.600 Mitarbeiter in den Ländern Deutschland, Ungarn, Tschechische Republik, Slowakische Republik und Rumänien. Die zur Unternehmensgruppe gehörenden Lech Stahlwerke sind das jüngste, auf grüner Wiese errichtete Stahlwerk Deutschlands. Seit 1972 wird bei der Lech-Stahlwerke GmbH (gegründet als Bayerische Elektro-Stahlwerke GmbH (BEST)) in Meitingen-Herbertshofen Beton- und Qualitätsstahl aus Schrott erzeugt.
Am 27.06.2006 wurde die Aicher Cargo GmbH als Tochter der Speditionstochter Lechsped gegründet, um die Betreuung und den Betrieb der nicht öffentlichen Eisenbahninfrastruktur der Lech-Stahlwerke sowie die Erbringung logistischer Dienstleistungen wahrzunehmen. 2007 beschäftigte die Aicher Cargo 20 Mitarbeiter.
Die Gesellschafterversammlung vom 22.09.2009 hat einen neuen Unternehmensgegenstand beschlossen: Betrieb einer öffentlichen Eisenbahn; Betrieb der Werksbahn der Lech-Stahlwerke GmbH; Erbringung logistischer Dienstleistungen.

Bei Redaktionsschluss wurde die vorhandene EVU-Zulassung nicht aktiv genutzt.

AKN Eisenbahn AG

Rudolf-Diesel-Straße 2
DE-24568 Kaltenkirchen
Telefon: +49 4191 933-0
Telefax: +49 4191 933-118
Hotline: +49 4191 933-933
info@akn.de
www.akn.de

Management
* Dipl.-Kfm. / Dipl-Geogr. Wolfgang Seyb (Vorstand)

Gesellschafter
Stammkapital 4.903.600,00 EUR
* Freie und Hansestadt Hamburg (50 %)
* Land Schleswig-Holstein (49,89 %)
* Streubesitz (0,073 %)
* Stadt Quickborn (0,021 %)
* Gemeinde Sülfeld (0,016 %)

Beteiligungen
* 1. nordbahn Fahrzeuggesellschaft mbH (50 %)
* NBE nordbahn Eisenbahngesellschaft mbH & Co. KG (50 %)

Lizenzen
* DE: EIU für eigene und gepachtete Infrastruktur
* DE: EVU-Zulassung (PV+GV) seit 15.12.1997, gültig bis 31.12.2024

Infrastruktur
* Hamburg-Eidelstedt – Henstedt-Ulzburg – Kaltenkirchen – Neumünster Süd (62,6 km)
* Henstedt-Ulzburg – Barmstedt – Elmshorn (24,4 km)
* Tiefstack – Hamburg-Billstedt (5,5 km)
* Hamburg-Bergedorf – Geesthacht (13,8 km)
* Betriebsführung der Infrastruktur der Verkehrsgesellschaft Norderstedt mbH (VGN): Norderstedt Mitte – Ulzburg Süd (7,6 km)
* Neumünster Süd – Neumünster (3,2 km, gepachtet seit 01.12.2002 von DB Netz AG für 15 Jahre)

AKN

* Tiefstack – Hamburg-Moorfleet (1,8 km)
* Gleisanlage Haltepunkt Fehmarn-Burg (0,6 km); zum 31.07.2010 eröffnet
* „Schwentinebahn" Kiel-Gaarden – Kiel-Oppendorf (6,3 km); seit 01.01.2014 von Seehafen Kiel GmbH & Co. KG gepachtet

Unternehmensgeschichte

Die heute als AKN bekannte Gesellschaft ist eine der ältesten noch bestehenden Privatbahnen Schleswig-Holsteins und wurde am 09.07.1883 als Altona-Kaltenkirchener Eisenbahn-Gesellschaft (AKE) in das Handelsregister eingetragen. Die AKE eröffnete ihren Personenverkehr vom Bahnhof Gählerplatz in Altona bis nach Kaltenkirchen am 08.09.1884, am 24.11.1884 folgte auch der Güterverkehr. Die Verlängerung bis Bad Bramstedt erfolgte am 20.08.1898, bis Neumünster Süd am 01.08.1916. In den folgenden Jahren wechselte die Gesellschaft mehrfach ihren Namen: Am 21.05.1913 erfolgte die Umfirmierung in Eisenbahn-Gesellschaft Altona-Kaltenkirchen-Neumünster, am 15.11.1979 in Eisenbahn-Aktiengesellschaft Altona-Kaltenkirchen-Neumünster (AKN). Die heutige AKN Eisenbahn Aktiengesellschaft (AKN) entstand am 16.05.1994. Die Verkehrsbetriebe Hamburg-Holstein AG haben zum 01.01.1956 ihren Eisenbahnbetrieb, der den Restbetrieb der Verkehrsbetriebe des Kreises Stormarn (VKSt), die Bergedorf - Geesthachter Eisenbahn AG und die Billwerder Industriebahn umfasste, der AKN übertragen. In die AKN wurden zudem zum 01.01.1981 die Elmshorn-Barmstedt-Oldesloer Eisenbahn AG sowie die Alsternordbahn GmbH integriert.

Im Personenverkehr wickelt die AKN heute umfangreiche Verkehrsleistungen in den Relationen Hamburg – Ulzburg Süd – Kaltenkirchen – Neumünster (Linie A 1), Ulzburg Süd – Norderstedt Mitte (Linie A 2) und Ulzburg Süd – Barmstedt – Elmshorn (Linie A 3) ab. Dies erfolgt entweder als Eigenverkehr mit Defizitausgleich durch die Gesellschafter bzw. auf der A 2 als Auftragsverkehr. Ein kleiner Teil der Leistungen wird auch durch das Land Schleswig-Holstein beauftragt. Eine Ausschreibung dieser Verkehre hat noch nicht stattgefunden und ist gegenwärtig auch nicht absehbar. Über die Beteiligungen an der NBE nordbahn Eisenbahngesellschaft mbH & Co. KG und der Schleswig-Holstein-Bahn GmbH (SHB; zum 28.07.2011 mit AKN fusioniert) erbrachte bzw. erbringt die AKN ferner weitere SPNV-Leistungen außerhalb der eigenen Infrastruktur.

Der von der AKN mit eigenen Lokomotiven durchgeführte Güterverkehr beschränkte sich bis zum Jahresende 2010 auf Strecken im Südosten Hamburgs, während die Güterverkehrsstellen an der Strecke Hamburg-Eidelstedt – Kaltenkirchen – Neumünster seit 02.01.2004 durch die DB Schenker

AKN / AVG

Rail Deutschland AG bedient werden. Zum 31.12.2010 hat die AKN den Subunternehmervertrag mit der DB Schenker Rail Deutschland AG mangels Wirtschaftlichkeit der Zustelltätigkeit im Güterbahnhof Industriegebiet Hamburg Ost gekündigt. Beheimatet waren alle Diesellokomotiven am Standort Hamburg-Billbrook, der zum 01.02.2011 an die NTS northrail technical service Hamburg GmbH & Co. KG verkauft wurde. Die sieben Kilometer lange Strecke vom Bahnhof Billstedt nach Glinde wurde an die BMHD Braaker Mühle Handel- und Dienstleistungsgesellschaft mbH verkauft und von dieser zum 07.12.2010 übernommen.
Der Abschnitt Eidelstedt – Kaltenkirchen, der bis Quickborn in der HVZ im Zehnminutentakt befahren wird, erhielt bis Frühjahr 2013 schrittweise ein zweites Gleis. Auf Basis einer eigenen Machbarkeitsstudie aus dem Jahr 2010 ließ die AKN eine Vorplanung zur Umwandlung in eine S-Bahn-Strecke erstellen, deren durchweg positive Ergebnisse im Sommer 2011 vorgestellt wurden. Wichtigste Ausbaumaßnahmen wären die Elektrifizierung und die Anpassung der Bahnsteige. Eine standardisierte Bewertung wurde durch die LVS Schleswig-Holstein in Auftrag gegeben; eine Veröffentlichung der Ergebnisse durch die Länder Schleswig-Holstein und Hamburg stand bis Redaktionsschluss noch aus.
Zum Ersatz der VT2E-Flotte hat die AKN im Frühjahr 2013 für rund 60 Mio. EUR 14 LINT 54 bei Alstom bestellt. Die ab Ende 2015 auszuliefernden Garnituren sollen auf der Linie A 1 eingesetzt werden.

Verkehre
* SPNV A 1 Hamburg-Eidelstedt – Ulzburg Süd – Kaltenkirchen – Neumünster (1,717 Mio. Zugkm/a)
* SPNV A 2 Norderstedt Mitte – Ulzburg Süd (– Kaltenkirchen) (0,348 Mio. Zugkm/a) im Auftrag der Verkehrsgesellschaft Norderstedt mbH (VGN)
* SPNV A 3 Ulzburg Süd – Barmstedt – Elmshorn (0,425 Mio. Zugkm/a)

Albtal-Verkehrs-Gesellschaft mbH (AVG) 🅿🅖🅘

Tullastraße 71
DE-76131 Karlsruhe
Telefon: +49 721 6107-0
Telefax: +49 721 6107-5009
info@avg.karlsruhe.de
www.avg.info

Management
* Dr. Alexander Pischon (Vorsitzender der Geschäftsführung, kaufmännischer Geschäftsführer)
* Ascan Egerer (technischer Geschäftsführer)

Gesellschafter
Stammkapital 7.000.000,00 EUR
* Stadt Karlsruhe (100 %)

Beteiligungen
* Transport Technologie-Consult Karlsruhe GmbH (TTK) (44 %)
* UEF Eisenbahn-Verkehrsgesellschaft mbH (UEF-V) (14 %)
* FBBW – Fahrzeugbereitstellung Baden-Württemberg GmbH (FBBW) (10 %)
* SWS Speditions GmbH (SWS) (8,8 %)
* Verkehrsverbund Pforzheim-Enzkreis GmbH (VPE) (5 %)
* Badischer Gemeinde-Versicherungs-Verband (BGVV)
* Einkaufs- und Wirtschaftsgesellschaft für Verkehrsbetriebe mbH (BEKA)
* TRABAG Beteiligungs-AG (TRABAG)

Lizenzen
* DE: EIU Grötzingen W 13 - Söllingen AVG; gültig vom 26.08.2013 bis 31.08.2063
* DE: EIU Hinterweidenthal-Hinterweidenthal-Ost - Bundenthal-Rumbach; gültig vom 21.01.2013 bis 31.10.2017
* DE: EIU für eigene und gepachtete Infrastruktur
* DE: EVU-Zulassung (PV+GV) seit 10.05.1995, gültig bis 30.04.2024

Infrastruktur
* Karlsruhe Albtalbf. – Ettlingen Stadt – Waldbronn – Busenbach – Bad Herrenalb (25,8 km)

AVG

- Waldbronn-Busenbach – Ittersbach (14,3 km)
- Ettlingen West – Ettlingen Stadt (2,2 km, reine Infrastruktur von der Abzweigweiche zwischen Ettlingen Erbprinz und Ettlingen Wasen bis Ettlingen West 0,7 km)
- Hochstetten/Forschungszentrum – Karlsruhe Nordweststadt (16,0 km)
- Bruchsal – Ubstadt – Menzingen (19,2 km, ex SWEG)
- Ubstadt – Odenheim (10,7 km, ex SWEG)
- Wörth (Rhein) – Wörth Badepark (2,9 km)
- Rastatt Industriestammgleis – Wintersdorf (Baden) (3,6 km)
- Maulbronn West – Maulbronn Stadt (2,3 km)
- Karlsruhe Grötzingen – Bretten – Eppingen (vom 01.01.1996 bis 31.12.2025 von DB Netz AG gepachtet; 40,8 km)
- Eppingen – Heilbronn (vom 15.12.1997 bis 31.12.2025 von DB Netz AG gepachtet; 23,1 km)
- Pforzheim – Wildbad (seit 24.03.2000 von DB Netz AG gepachtet; 22,7 km)
- Rastatt – Forbach-Gausbach – Freudenstadt (56,7 km von insgesamt 58,2 seit 20.06.2000 von DB Netz AG gepachtet)
- Karlsruhe-Neureut – Karlsruhe-Knielingen (3,1 km, Güterstrecke von Neureut Richtung Karlsruhe-Mühlburg, am 01.01.2001 von DB Netz gekauft)
- Hinterweidenthal – Bundenthal-Rumbach (15,1 km, seit 01.10.2007 von DB Netz AG gepachtet)

Unternehmensgeschichte

Die Albtal-Verkehrs-Gesellschaft mbH (AVG), Betreiber des Stadtbahn-Systems im Großraum Karlsruhe, entstand 1957 als Tochtergesellschaft der Stadt Karlsruhe, um zum 01.04.1957 die Albtalbahn zwischen Karlsruhe und Bad Herrenalb mit Zweig nach Ittersbach von der am Weiterbetrieb nicht mehr interessierten Deutschen Eisenbahn-Betriebsgesellschaft AG (DEBG) zu übernehmen. Die bis dato in Meterspur ausgeführte Strecke wurde bis 1966 schrittweise auf Normalspur umgebaut und mit dem ebenfalls normalspurigen Straßenbahnnetz der Stadt Karlsruhe verknüpft, wodurch die Möglichkeit direkter Fahrten aus dem Albtal in die Karlsruher Innenstadt geschaffen wurde. Mit der ebenfalls städtischen Verkehrsbetriebe Karlsruhe GmbH (VBK) als Betreiber der Straßenbahn besteht seither eine enge Zusammenarbeit, etwa in Form einer gemeinsamen Verwaltung und gemeinsamer Werkstätten.

Die Hardtbahn, eine nur mehr im Güterverkehr genutzte DB-Strecke im Nordwesten Karlsruhes und heute die Stadtbahnstrecke Karlsruhe – Hochstetten, wurde am 05.08.1979 mit dem Karlsruher Straßenbahnnetz verknüpft, schrittweise als Stadtbahn für den SPNV reaktiviert und verlängert. Die mit Albtal- und Hardtbahn gewonnenen Erfahrungen bildeten eine Grundlage für die Entscheidung, weitere DB-Strecken mit dem Karlsruher Straßenbahnnetz zu verbinden und direkte Stadtbahn-Verbindungen zwischen dem Umland und der Karlsruher Innenstadt anzubieten. Die Expansion des Stadtbahnbetriebes der AVG in das mit 15 kV 16,7 Hz elektrifizierte Netz der DB AG hinein wäre vermutlich nicht geglückt, wenn nicht nach längerer Entwicklungsphase ab 1986 mit Unterstützung des damaligen Bundesministeriums für Forschung und Technologie, der Deutschen Bundesbahn und der Universität Karlsruhe ein Mehrsystemfahrzeug für 15 kV 16,7 Hz und Gleichspannung 750 V entwickelt worden wäre, wobei die Zusatzeinrichtungen (Transformator, Gleichrichter) im Mittelteil eines achtachsigen Stadtbahnwagens untergebracht werden konnten. Nachfolgend wurde am 25.09.1992 die Relation Karlsruhe – Bretten-Gölshausen als Stadtbahn eröffnet. Zum 29.05.1994 folgten die Verbindung von Karlsruhe über Rastatt nach Baden-Baden im Vorlaufbetrieb (noch ohne Einbindung in das Straßenbahnnetz) sowie die Relationen Karlsruhe – Bruchsal und Bretten – Bruchsal. Mit Abschluss der Elektrifizierung der am 29.05.1994 von der Südwestdeutsche Verkehrs-AG (SWEG) übernommenen Strecke Bruchsal – Menzingen konnte dort am 29.09.1996 der Stadtbahnbetrieb aufgenommen werden. Seit 15.12.1996 werden die Leistungen aus Baden-Baden in die Karlsruher Innenstadt geführt. Im folgenden Jahr, am 31.05.1997, nahm die AVG den Stadtbahnbetrieb zwischen Karlsruhe und Pforzheim (hier bereits seit 1991 Vorlaufbetrieb), zwischen Bretten und Eppingen sowie zwischen Karlsruhe und Wörth auf. Die ebenfalls 1994 von der SWEG übernommene Strecke (Bruchsal –) Ubstadt – Odenheim wurde ab 13.09.1998 in das Stadtbahnsystem einbezogen, die Verbindungen Bretten – Mühlacker, Pforzheim – Bietigheim-Bissingen sowie Eppingen – Heilbronn Hbf folgten wenig später. In Heilbronn befährt die AVG seit 21.07.2001 eine neu als Straßenbahn erbaute Streckenführung über den Hauptbahnhof hinaus bis ins Stadtzentrum, das vom 12.12.2005 östlich des Stadtkerns mit der seither ebenfalls als Stadtbahn befahrenen DB-Strecke nach Öhringen verbunden wurde.

Am 14.12.2013 wurde der erste Abschnitt der „Stadtbahn Heilbronn Nord" eröffnet. Eine 5,6 km lange Neubaustrecke verbindet die Stadtbahnhaltestelle Harmonie in der Heilbronner Innenstadt mit dem Bahnhof Neckarsulm zunächst als reine BOStrab-Verbindung. Nach der vorliegenden EBO-Zulassung der neu beschafften AVG-Triebwagen des Bombardier-Typs „Flexity Swift" wurden die nördlichen 2,2 Streckenkilometer in Neckarsulm jedoch nach EBO gewidmet und mit der DB-Infrastruktur verbunden, um durchgehende Verbindungen aus Heilbronn über Neckarelz nach Mosbach und Sinsheim zu ermöglichen. Der erste Zug ab Mosbach verkehrte am 13.12.2014.

Am 15.06.2002 nahm die AVG den Stadtbahnbetrieb auf der Murgtalbahn zwischen Rastatt und Raumünzach bei Forbach (Schwarzwald) sowie am 14.12.2002 zwischen Pforzheim und Bad Wildbad

AVG

auf, im Folgejahr am 13.12.2003 zwischen Raumünzach und Freudenstadt (Freudenstadt Stadt bis Hbf erst ab 20.05.2004) sowie bereits ab 04.10.2003 auf einer neu erbauten innerstädtischen Verbindung in Bad Wildbad. Seit 12.12.2004 wird über Baden-Baden hinaus bis Achern gefahren, seit 14.12.2006 über Freudenstadt hinaus bis Eutingen im Gäu sowie von Blankenloch bis Spöck und seit 12.12.2010 über Wörth hinaus bis Germersheim. Insgesamt befährt die AVG mittlerweile rund 500 Streckenkilometer. Auf einigen Streckenabschnitten, insbesondere bisher nicht elektrifizierten Verbindungen, übernahm die AVG auch die Infrastruktur von den bisherigen Betreibern DB Netz und Südwestdeutsche Verkehrs-AG (SWEG). Neben den umfangreichen SPNV-Aktivitäten führt die AVG auch regionale Güterverkehrsleistungen aus. Diese umfassen die Bedienung von Kunden im Einzelwagen- und Wagengruppenverkehr in Kooperation mit der DB Schenker Rail Deutschland AG, Ganzzugverkehre zum Hausmülltransport und Nahbereichsleistungen für EVU wie die SBB Cargo Deutschland GmbH.

2010 betrug das Verkehrsaufkommen 69,8 Mio. Reisende in Bus und Bahn sowie 488.000 t Güter auf der Schiene. Per 31.12.2010 hatte die AVG 638 Mitarbeiter, im SPNV wurden 18,1 Mio. Zugkm/a erbracht.

Zum Jahresende 2012 beschäftigt die AVG 664 Mitarbeiter, mit denen im Geschäfts- und Kalenderjahr 2011 70,3 Mio. Fahrgäste bei nahezu unveränderten rund 18,1 Mio. Zugkm/Jahr sowie 518.084 t Güter befördert wurden.

Verkehre

* S 1/11 Hochstetten – Karlsruhe – Bad Herrenalb/Ittersbach
* S 2 Rheinstetten – Karlsruhe – Blankenloch – Spöck (Betriebsabwicklung durch die VBK)
* S 31/32 (Freudenstadt Hbf / Achern –) Rastatt – Malsch – Karlsruhe – Bruchsal – Odenheim / Menzingen
* S 4 Öhringen – Heilbronn – Eppingen – Bretten – Karlsruhe – Durmersheim – Rastatt – Baden-Baden – Achern
* S 41 Karlsruhe – Durmersheim – Rastatt – Freudenstadt – Eutingen im Gäu
* S 41 Heilbronn – Bad Friedrichshall – Mosbach
* S 42 Heilbronn – Bad Friedrichshall – Steinsfurt – Sinsheim
* S 5 Wörth Dorschberg – Karlsruhe – Pforzheim – Mühlacker – Vaihingen (Enz) – Bietigheim-Bissingen
* S 51/52 Germersheim – Wörth (– Karlsruhe)
* S 6 Pforzheim – Bad Wildbad
* S 9 Bruchsal – Bretten – Mühlacker
* Gütertransporte auf der Albtalbahn (Einzelwagen- / Wagengruppen); seit 01.04.1957

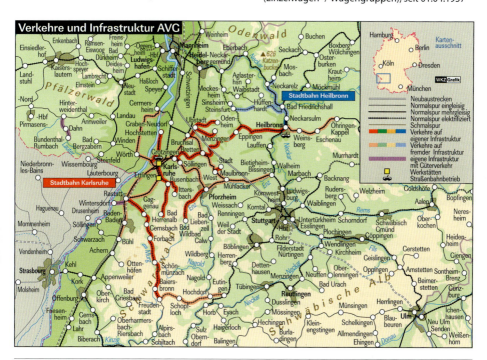

AVG / ALS

* Gütertransporte Bruchsal – Menzingen (Einzelwagen-/Wagengruppen); seit 29.05.1994
* Gütertransporte Bruchsal – Bretten – Eppingen (Einzelwagen-/Wagengruppen); seit 01.01.2002
* Gütertransporte von Karlsruhe zu Güterverkehrsstellen im Murgtal (Einzelwagen-/Wagengruppen); seit 01.01.2002
* Hausmülltransporte Ubstadt/Bruchsal – Mannheim-Käfertal; 6 x pro Woche seit Mai 2005
* Papiertransporte Karlsruhe Gbf – Busenbach, 4 x pro Woche seit Juni 2006 im Auftrag der SBB Cargo AG
* Hausmülltransporte Karlsruhe Gbf – Mannheim-Käfertal; 5 x pro Woche seit 19.06.2007
* Stahltransporte Salzgitter – Karlsruhe (Salzgitter Mannesmann Stahlservice GmbH (SMS)); 3 x pro Woche seit Februar 2013 letzte Meile in Karlsruhe im Auftrag der Verkehrsbetriebe Peine-Salzgitter GmbH (VPS)
* Magnesittransporte Lubeník [SK] – Gochsheim (Refratechnik); Spotverkehre seit Dezember 2013; Traktion ab Bruchsal (Übernahme von Dritten) im Auftrag der Ecco Rail GmbH

ALSTOM Lokomotiven Service GmbH (ALS)

Tangermünder Straße 23a
DE-39576 Stendal
Telefon: +49 3931 25400
Telefax: +49 3931 25601
norbert.kempe@transport.alstom.com
www.alstom.de

Niederlassung
Bernaustraße 29
74915 Waibstadt
Telefon: +49 7263 60537-0
Telefax: +49 7263 60537-30

Management
* Ralf Materzok (Geschäftsführer)

Gesellschafter
Stammkapital 500.000,00 EUR
* ALSTOM Transport Deutschland GmbH (100 %)

Lizenzen
* EVU-Lizenz (GV); gültig vom 14.01.2014 bis 31.12.2028

Unternehmensgeschichte
Der in der Altmark liegende Standort Stendal hat eine lange Tradition in der Unterhaltung von Schienenfahrzeugen. Bereits am 18.10.1873 als „Central-Werkstatt der Magdeburg-Halberstädter-Eisenbahn" gegründet, erfolgte 1881 die Umbenennung in „Königliche Eisenbahn-Hauptwerkstatt Stendal". Nach Gründung der Deutschen Reichsbahngesellschaft firmierte der Standort Stendal unter der Bezeichnung „Reichsbahnausbesserungswerk" (RAW). Mit Gründung der Deutschen Bahn AG begann eine Berg- und Talfahrt des Standortes. Der zunächst erfolgten Zuteilung zum Geschäftsbereich „Traktion und Werke" folgte 1998 mit Auflösung des Geschäftsbereiches und Zuteilung zu den einzelnen operativen Gesellschaften die Umfirmierung in „DB Regio AG, Werk Stendal".
Bereits früh hatte man in Stendal den Bedarf der neuen Privatbahnen an Lokomotiven des Leistungsbereiches um 1.000 kW erkannt. Als die Deutsche Bahn AG 1999 erstmals den freihändigen Verkauf ausgemusterter Loks der Typen 201/202 sowie 211/212 gestattete, konnten schnell erste Kunden für das mittlerweile als „Schienenfahrzeugzentrum Stendal" (SFZ) der DB Regio AG agierende Werk gewonnen werden.
Der mangelnde eigene Bedarf der Deutschen Bahn AG am Werk Stendal führte Anfang diesen Jahrhunderts zu intensivierten Verhandlungen zwischen der DB AG und dem ALSTOM-Konzern. Mit der Gründung der ALSTOM Lokomotiven Service GmbH (ALS) und der Aufnahme der Geschäftstätigkeit der neuen Gesellschaft am 01.11.2002 wurde der Standort Stendal mit einem Personalstamm von rund 165 Mitarbeiter langfristig gesichert.
ALSTOM und die DB Mobility Network Logistics AG haben im Mai 2012 einen Vertrag zur Übernahme der von der DB Mobility Network Logistics gehaltenen 49 Prozent der Anteile an dem gemeinsamen Joint Venture ALSTOM Lokomotiven Service in Stendal gezeichnet. Die ALSTOM Transport Deutschland GmbH wurde damit nach knapp elf Jahren zum Alleingesellschafter. Zuvor hielt die Gesellschaft 51 Prozent der Anteile.
Heute übernimmt die ALS nach Auslaufen der Modernisierungsprogramme BR 214 sowie BR 203 v. a. Hauptuntersuchungen, Unfallreparaturen sowie Drehgestellinstandhaltungen. Seit 2014 wird zudem die neue Alstom H3-Lok in Stendal endgefertigt. Seit 2012 besteht ein Service-Stützpunkt für den süddeutschen Raum in Waibstadt. Die ehemalige SWEG-Werkstatt im Bahnhof Neckarbischofsheim Nord wurde zuvor von der Gmeinder Lokomotivfabrik genutzt.

Verkehre
* Probe- und Abnahmefahrten

Altmark-Rail / AmE / ATL

Altmark-Rail GmbH

Hauptstraße 5
DE-39646 Oebisfelde-Weferlingen, OT Buchhorst
Telefon: +49 39002 44886
Hotline: +49 171 4544839
altmark-rail@web.de
www.altmark-rail.de

Management
* Michael Frick (Geschäftsführer)

Gesellschafter
Stammkapital 25.000,00 EUR
* Michael Frick (100 %)

Unternehmensgeschichte
„Nohab-Fan" Michael Frick erwarb im Herbst 2010 bzw. Juni 2011 Loks aus dem Bestand der Eichholz Eivel GmbH. Als Betreibergesellschaft existiert die seit 14.12.2010 bestehende Altmark-Rail UG (haftungsbeschränkt), die per 11.08.2014 in eine GmbH umgewandelt wurde.

AmE Raillogistik GmbH

Bernard-Remy-Straße 6
DE-19322 Wittenberge
Telefon: +49 3877 565834
Telefax: +49 3877 565375
post@ame-raillogistik.de
www.ame-raillogistik.de

Management
* Marco Bruß (Geschäftsführer)
* Joachim Kossmann (Geschäftsführer)

* Reinhard Kuschinski (Geschäftsführer)
* Horst Vogt (Geschäftsführer)

Gesellschafter
Stammkapital 50.000,00 EUR
* Marco Bruß (25 %)
* Horst Vogt (25 %)
* Joachim Kossmann (25 %)
* Reinhard Kuschinski (25 %)

Lizenzen
* DE: EVU-Zulassung (PV+GV) seit 04.03.2002, gültig bis 31.12.2016; seit dem 11.03.2005 EU-weit gültig

Unternehmensgeschichte
Hinter dem Namen AmE Raillogistik GmbH stehen drei ehemalige DB Cargo-Lokführer aus dem Raum Wittenberge. Diese haben sich mit der Gründung der AmE Raillogistik am 20.11.2000 zur Aufgabe gemacht, als Dienstleister bei der Gestellung von Lokführern im bundesweiten Schienenverkehr den Vertragspartnern die Möglichkeit zu geben, kurzfristig und flexibel auf erhöhtes Leistungsaufkommen, Ereignisse und Notfälle reagieren zu können. Zum Angebotsspektrum gehören neben der Personalgestellung auch weitere technische und betriebliche Dienstleistungen.
Die drei Gründungsmitglieder Marco Bruß, Horst Vogt und Joachim Kossmann konnten am 28.02.2002 die Geschäftstätigkeit aufnehmen, zwischenzeitlich ist auch Reinhard Kuschinski als weiterer Gesellschafter aufgenommen worden. In den Geschäftsfeldern Güterzugverkehre, Rangierdienst, Arbeitszüge und Lotsendienste bedient man inzwischen einen großen Kundenstamm. Es existieren Einsatzstellen in Bremerhaven, Bremen, Fulda, Hamburg, Kassel sowie im Raum Oberhausen.
Im Juli 2008 verfügte die AmE über rund 100 Mitarbeiter, Ende 2010 sollten es ca. 120 sein. Im September 2011 waren es ca. 150, davon 93 Lokführer, neun Wagenmeister und 22 Rangierbegleiter.

ATL Ammendorfer Transport und Logistik GmbH G

Camillo-Irmscher-Straße 2
DE-06132 Halle (Saale)
Telefon: +49 345 7723779
Telefax: +49 345 77704869
veit.saur@atl-direkt.de

Management
* Veit-Hagen Saur (Geschäftsführer)

ATL / AEG / ABEG

Gesellschafter
Stammkapital 25.000,00 EUR
★ AMR Beteiligungsgesellschaft mbH (100 %)

Lizenzen
★ DE: EVU-Zulassung (GV); gültig vom 29.03.2010 bis 28.02.2025 nur auf Nebengleisen im Bf Halle-Ammendorf

Unternehmensgeschichte
Die ATL Ammendorfer Transport und Logistik GmbH wurde am 02.04.2007 gegründet und hatte 2011 elf Mitarbeiter. Als Unternehmensgegenstände wurden im Handelsregister die Organisation und Durchführung von Straßen- und Schienentransporten, Erbringung von Logistikdienstleistungen sowie Instandhaltung und Wartung von Schienenanlagen und Schiebebühnen eingetragen.
Das Unternehmen rangiert im Bahnhof Bahnhof Halle-Ammendorf und bedient dort abzweigende Gleisanschlüsse mit einer Kleinlok des Typs V 18 B.

Verkehre
★ Rangierdienst in Halle-Ammendorf

Angelner Eisenbahngesellschaft gUG (haftungsbeschränkt) (AEG)

Schwennaustraße 1
DE-24960 Glücksburg
Telefon: +49 4631 2095
iver-schiller@gmx.de
www.angelner-dampfeisenbahn.de

Management
★ Dipl.-Kfm. Iver Andreas Schiller (Geschäftsführer)

Gesellschafter
Stammkapital 5.000,00 EUR
★ Iver Andreas Schiller (100 %)

Lizenzen
★ DE: EIU Kappeln – Süderbrarup; gültig vom 07.04.2009 bis 31.12.2059

Infrastruktur
★ Strecke Süderbrarup – Kappeln (Schlei) (14,6 km); seit 07.04.2009 vom Service-Betrieb des Kreises Schleswig-Flensburg gepachtet

Unternehmensgeschichte
Die Freunde des Schienenverkehrs Flensburg e.V. (FSF) betreiben auf der Strecke Kappeln – Süderbrarup die „Angelner Dampfeisenbahn". Die Infrastruktur befindet sich im Eigentum des Service-Betriebes des Kreises Schleswig-Flensburg, war seit 2005 an die Kleinbahn Betriebsgesellschaft mbH verpachtet. Als Pächter und EIU fungiert seit 07.04.2009 die am 05.03.2009 gegründete Angelner Eisenbahn Gesellschaft UG haftungsbeschränkt (AEG). Diese firmiert seit 16.01.2013 als Angelner Eisenbahngesellschaft gUG (haftungsbeschränkt).

Anhaltinisch-Brandenburgische Eisenbahngesellschaft mbH (ABEG)

Zellmannstraße 10
DE-21129 Hamburg
Telefon: +49 40 18135427-10
Telefax: +49 40 18135427-24
l.woerner@abeg-bahn.de
www.abeg-bahn.de

Management
★ Lutz W. Wörner (Geschäftsführer)

Gesellschafter
Stammkapital 25.000,00 EUR
★ ENON Gesellschaft mbH & Co. KG (100 %)

Lizenzen
★ DE: EVU-Zulassung (GV); gültig vom 04.02.2014 bis 18.07.2027

Unternehmensgeschichte
Mit Gesellschaftsvertrag vom 22.11.2011 wurde die Anhaltinisch-Brandenburgische Eisenbahngesellschaft mbH (ABEG) mit Sitz im Halle (Saale) gegründet. Gesellschafter des Unternehmens sind die mcm logistics gmbh (50 % Martin Theis, 50 % Matthias Junge), Dorsten, und die ENON Gesellschaft mbH & Co. KG (75 % Thomas Becken, 25 % Mathias Tenisson), Putlitz. Letztere ist u.a. auch mehrheitlicher Gesellschafter der Eisenbahngesellschaft Potsdam GmbH (EGP). Beide Unternehmen bündeln somit ihre Kompetenzen im Bereich EVU (Triebfahrzeugfinanzierung, Güterverkehr, Instandhaltung) sowie Operating (betriebliche Abwicklung, Vertrieb).
Die ABEG bot in einem ersten Schritt nur Rangierdienste an, seit 01.07.2012 ist man auch im

ABEG / ABE

Streckendienst tätig.
Die ENON ist seit 10.06.2013 neuer Mehrheitsgesellschafter der ABEG. Die mcm Logistics hat ihren Anteil von 50 % auf 20 % abgesenkt. Bereits im März hatte die ABEG ihren Sitz vom LTH-Stammsitz Halle (Saale) nach Hamburg verlegt, um unabhängiger agieren zu können. Seit 01.11.2013 beschränkt sich die ABEG auf den Standort Hamburg, die Niederlassungen in Süddeutschland wurde an die LTH-Tochter BS-W Bahnservice und Werkstattdienste GmbH abgegeben, in Bremerhaven hat DB Schenker Rail Deutschland AG den Rangierdienst übernommen. Zum 01.01.2015 übernahm die neu gegründete Schwestergesellschaft HBC Hanseatisches Bahn Contor GmbH die Rangierverkehre der ABEG, die EGP die Langstreckentraktionen.

Ankum Bersenbrücker Eisenbahn GmbH (ABE)

Bersenbrücker Straße 6
DE-49577 Ankum
Telefon: +49 5462 253
Telefax: +49 5462 8985
abe-gmbh@t-online.de

Management
★ Ewald Beelmann (Geschäftsführer)

Gesellschafter
Stammkapital 150.000,00 EUR
★ Gemeinde Ankum (35 %)
★ Samtgemeinde Bersenbrück (35 %)
★ Stadt Bersenbrück (10 %)
★ Stadt Fürstenau (10 %)
★ Stadt Quakenbrück (10 %)

Lizenzen
★ DE: EIU Ankum – Bersenbrück; gültig vom 26.10.1995 bis 26.10.2010
★ DE: EVU-Zulassung (PV+GV); gültig vom 25.10.2010 bis 25.10.2025

Infrastruktur
★ Ankum – Bersenbrück (5,3 km)

Unternehmensgeschichte
Die Ankum-Bersenbrücker Eisenbahn (ABE) ist eines der kleinsten deutschen Eisenbahnunternehmen. Sie wurde am 21.05.1913 als Kleinbahn Ankum-Bersenbrück GmbH vom Preußischen Staat, der Provinz Hannover sowie dem damaligen Landkreis Bersenbrück und der Gemeinde Ankum gegründet. Der Güterverkehr wurde am 02.08.1915, der reguläre Personenverkehr aber wegen des Ersten Weltkrieges erst 1919 aufgenommen. Die Firmierung als Ankum-

Bersenbrücker Eisenbahn-Gesellschaft mbH existierte seit 1940, seit 21.08.2013 heißt das Unternehmen Ankum Bersenbrücker Eisenbahn GmbH.
Auf Beschluss des Kreistages hat der Landkreis Osnabrück im Oktober 2005 seine über die Beteiligungs- und Vermögensverwaltungsgesellschaft mbH Landkreis Osnabrück (BEVOS) und die Verkehrsgesellschaft Landkreis Osnabrück GmbH (VLO) gehaltenen Gesellschafteranteile (25 %) an der ABE veräußert. Es verblieben die heutigen Gesellschafter sowie die Stadt Bramsche, die später Ihre Anteile ebenfalls veräußerte.
Die Betriebsführung wechselte in Laufe der Jahre mehrfach. Lag sie zunächst bei der Oldenburgischen Staatseisenbahn, so wechselte sie 1920 zur Deutschen Reichsbahn und 1933 zum Landeskleinbahnamt der Provinz Hannover. Als 1959 dessen Nachfolger, das Niedersächsische Landeseisenbahnamt aufgelöst wurde, übernahm die Bentheimer Eisenbahn AG (BE) für die nächsten 30 Jahre die Betreuung der ABE bis zum Jahresende 1989. Seit 01.01.1990 schließlich hat die VLO die Betriebsführerschaft inne.
An Betriebsmitteln verfügte die ABE zunächst über zwei B-gekuppelte Dampflokomotiven der Baujahre 1899 und 1914, später auch über zwei Dieselloks. Weiterhin war je ein Triebwagen der Bauart Gotha und Wismar im Einsatz. Der Personenverkehr wurde 1962 auf die Straße verlagert, indem ihn die ABE einem privaten Busunternehmer übertrug, der im Auftrag der Bahngesellschaft noch weitere Linien eröffnete. Ihre Buskonzessionen brachte die ABE 1992 in die Verkehrsgemeinschaft Osnabrück Nord ein. Der stets bescheidene Güterverkehr war schon 1984 der Deutschen Bundesbahn übertragen worden, wurde aber zum 30.06.2005 seitens der Railion Deutschland AG aufgekündigt. Somit verfügt die ABE über keine planmäßige Anbindung im Schienengüterverkehr mehr.
Im Jahr 2007 beschäftigte die ABE insgesamt 21 Mitarbeiter in der Bussparte.

ASP / AMEH TRANS

★ Rangierdienst in Rostock-Seehafen inklusive täglicher Fährbedienung; seit 01.04.2007
★ Rangierdienst in Sassnitz-Mukran; seit 2011
★ Rangierdienst in Stralsund; seit 2011
★ Rangierdienst in Wismar (Hafen); seit Mitte 2010
★ Bedienungsfahrten von Anschlussbahnen im Umland von Wismar, Rostock, Stralsund, Bergen auf Rügen, Greifswald, Pasewalk und Angermünde; seit Mitte 2010
★ Bedienungsfahrten von Anschlussbahnen im Umland von Lubmin und Grimmen; seit 2013

Anschlussbahn-Servicegesellschaft Pressnitztalbahn mbH (ASP) G

Sigmund-Bergmann-Straße 15
DE-03222 Lübbenau / Spreewald
Telefon: +49 3542 89361-1
Telefax: +49 3542 89361-9
info@pressnitztalbahn.com
www.pressnitztalbahn.com

Management
★ Kay Kreisel (Geschäftsführer)

Gesellschafter
Stammkapital 25.000,00 EUR
★ Claudio Fischer (50 %)
★ Kay Kreisel (50 %)

Lizenzen
★ DE: EVU-Zulassung (PV+GV) seit 22.03.2007, gültig bis 31.12.2021

Unternehmensgeschichte
Die Anschlussbahn-Servicegesellschaft Pressnitztalbahn mbH (ASP) wurde am 07.07.2005 gegründet und widmet sich folgenden Geschäftsinhalten:
★ Anschlussbahndienstleistungen
★ Letzte Meile / Bedienung von Seehäfen an der Ostseeküste
★ Verkehrslogistikdienstleistungen
★ Handel mit Eisenbahnmaterial
★ Instandhaltung von Schienenfahrzeugen
★ Eisenbahnverkehrsunternehmen
Für die Transporte wird auf temporär angemietete Lokomotiven der Eisenbahn-Bau- und Betriebsgesellschaft Pressnitztalbahn mbH (PRESS) zurückgegriffen.

Verkehre
★ Güterverkehr auf der Anschlussbahn Espenhain
★ Güterverkehr auf der Anschlussbahn Lübbenau Süd
★ Bedienungsfahrten von Anschlussbahnen im Leipziger Umland

ArcelorMittal Eisenhüttenstadt Transport GmbH (AMEH TRANS) G

Straße 50 Nr. 1
DE-15890 Eisenhüttenstadt
Telefon: +49 3364 37-5060
Telefax: +49 3364 37-2230
trans.eko@arcelormittal.com
www.arcelormittal-ehst-transport.com

Management
★ Dipl.-Ing. (FH) Gerhard Timpel (Geschäftsführer)

Gesellschafter
Stammkapital 210.000,00 EUR
★ ArcelorMittal Eisenhüttenstadt GmbH (100 %)

Lizenzen
★ DE: EIU Rangierbahnhof Ziltendorf seit 14.08.1997
★ DE: EVU-Zulassung (PV+GV) seit 21.10.2003, gültig bis 31.12.2017

Infrastruktur
★ Rangierbahnhof Ziltendorf (40 km Gleisanlagen)

Unternehmensgeschichte
Die ArcelorMittal Eisenhüttenstadt Transport GmbH (AMEH TRANS) ist eine 100-%ige Tochtergesellschaft der ArcelorMittal Eisenhüttenstadt GmbH (AMEH), wobei AMEH TRANS und der Bahnbetrieb der AMEH ein gemeinsames Management besitzen.
Die AMEH TRANS wurde am 13.03.1997 als EKO Transportgesellschaft mbH gegründet und trägt seit 09.03.2011 den heutigen Namen.

AMEH TRANS / A.V.G.

Die AMEH TRANS ist ein öffentliches Eisenbahnverkehrs- und Infrastrukturunternehmen und betreibt den Rangierbahnhof Ziltendorf als öffentliche Infrastruktur. Das Unternehmen ist bzw. war außerdem Betreiber einer Anzahl kleinerer Anschlussbahnen. Hierzu zählen unter anderen:
* seit Januar 2003: Anschlussbahn des Industriegebiets Guben Süd mit täglicher Bedienung
* seit Februar 2004: Anschlussbahn des Hafens Eisenhüttenstadt; zwischenzeitlich beendet
* seit Februar 2004: Anschlussbahn des integrierten Recyclingzentrums (IRZ) Eisenhüttenstadt; zwischenzeitlich beendet
* seit Februar 2004: Gleisanlagen der Rüdersdorfer Zement GmbH Eisenhüttenstadt; zwischenzeitlich beendet

Die AMEH TRANS bedient jedoch nicht die Anschlussbahn der AMEH, sondern ist für Verkehrsleistungen auf der Infrastruktur der DB Netz AG zuständig. Die Lokomotiven der BR 293 werden bei Bedarf bei der AMEH angemietet.

Verkehre
* Braunkohlenstaubtransporte Spreewitz – Ziltendorf EKO; 3 x pro Woche
* Chemietransporte Polen – Lohhof; Spotverkehr; Traktion in Deutschland
* Chemietransporte Stendell (PCK Raffinerie GmbH) – Böhlen (b Leipzig); 1 x pro Woche
* Chemietransporte Stendell (PCK Raffinerie GmbH) – Ziltendorf EKO; 2 x pro Woche
* Chemietransporte Ziltendorf EKO – Guben Süd (Industriepark) – Ruhland (BASF Schwarzheide GmbH); 1 x pro Woche; in Ziltendorf u. a. Wagentausch mit der Crossrail AG, in Ruhland u. a. Anschluss an das Einzelwagennetz der BASF
* Düngemitteltransporte Polen – Deutschland (u.a. nach Kölleda); seit Anfang 2010, u.a. mit Lotos Kolej Sp. z o.o. in Polen
* Gipstransporte Peitz Ost (Kraftwerk Jänschwalde) – Stralsund Hafen; 2-3 x pro Woche
* Kalktransporte Stralsund Hafen (Getreide AG) – Peitz Ost (Kraftwerk Jänschwalde); 2-3 x pro Woche
* Koks- und Kalktransporte Guben (Übernahme von PKP Cargo) – Ziltendorf EKO; mehrmals täglich im Auftrag der DB Schenker Rail Deutschland AG
* Kokstransporte Bottrop (ArcelorMttal Kokerei Prosper) – Ziltendorf EKO; Spotverkehr; 5 x pro Woche im März 2015
* Schrotttransporte Guben (Übernahme von PKP Cargo) – Ziltendorf EKO; 3 x pro Woche
* Steinkohlenstaubtransporte Lünen Süd – Ziltendorf; 2-3 x pro Woche seit 10.09.2004; seit 01.01.2007 übernimmt die Laeger & Wöstenhöfer GmbH & Co. KG (L&W) im Auftrag der Microca Kohlenstäube GmbH den Shuttleverkehr zwischen dem Werksgelände und dem Übergabebahnhof Lünen Süd; seit Mai 2009 übernimmt die Wanne-Herner Eisenbahn und Hafen GmbH (WHE) die Zubringerdienste
* Terephtalsäuretransporte Polen – Gablingen (MVV Enamic IGS Gersthofen GmbH); 1 x pro Woche seit 06.02.2014 Traktion ab Ziltendorf bzw. Oderbrücke (Übernahme von Transchem Sp. z o. o.)

A.V.G. Aschersleberner Verkehrsgesellschaft mbH

Herrenbreite 24
DE-06449 Aschersleben
Telefon: +49 3473 8408790
Telefax: +49 3473 8408791
dispo@die-avg.de
www.die-avg.de

Management
* Mirko Mokry (Geschäftsführer)

Gesellschafter
Stammkapital 100.000,00 EUR
* Mirko Mokry (100 %)

Lizenzen
* DE: EIU für Staßfurt – Egeln; gültig vom 28.09.2005 bis 31.08.2020
* DE: EVU-Zulassung (GV) seit 28.09.2005, gültig bis 31.08.2020
* DE: EVU-Zulassung (PV) seit 24.04.2008, gültig bis 31.08.2020

A.V.G. / AL

Infrastruktur
* Die A.V.G. hat zum 01.12.2006 den Betriebsstandort der Anschlussbahn Westeregeln von der Regionalbahn Zeitz GmbH & Co. KG (RBZ) übernommen und richtete dort eine Werkstatt zur Instandhaltung von Wagen und Lokomotiven ein. Der Standort Aschersleben wird hingegen nach einer Änderung der Mietkonditionen durch den Eigentümer, den Eisenbahnclub Aschersleben e. V., nicht mehr von der A.V.G. genutzt.
* Staßfurt – Egeln – Blumenberg; seit 01.05.2007 gepachtet von DB Netz AG

Unternehmensgeschichte
Die A.V.G. hat ihre Geschäftstätigkeit am 01.08.2001 aufgenommen und war zunächst ausschließlich in der Personalgestellung tätig. 2006 erfolgten der Ausbau des Lok- und Wagenparks sowie der Einstieg in den regelmäßigen Güterverkehr. Die am 12.06.2006 aufgenommenen Ganzzugverkehre mit Drahtcoils von Hamburg Waltershof nach Rothenburg bei Könnern wurden jedoch nach einem knappen Jahr wieder von Railion (heute: DB Schenker Rail) übernommen.
Aus der A.V.G. Mirko Mokry e.K. ist mit Wirkung vom 01.08.2007 und Gesellschaftervertrag vom 08.10.2007 die A.V.G. Aschersleber Verkehrsgesellschaft mbH als Eisenbahnverkehrs- und Transportunternehmen geworden.

Verkehre
* AZ-Verkehr
* Kokstransporte Ukraine – Staßfurt (Sodawerk Staßfurt GmbH & Co. KG); Spotverkehr, Traktion ab Magdeburg Rothensee oder Schönebeck seit 2010 im Auftrag der CTL Logistics GmbH
* Braunkohletransporte Dąbrowa Górnicza [PL] – Bernburg (SCHWENK Zement KG); Spotverkehr seit 15.07.2012; Traktion ab Köthen im Auftrag der DeltaRail GmbH

Augsburger Localbahn GmbH (AL) GI

Friedberger Straße 43
DE-86161 Augsburg
Telefon: +49 821-56097-0
Telefax: +49 821-56097-45
info@augsburger-localbahn.de
www.augsburger-localbahn.de

Management
* Udo Schambeck (Geschäftsführer)

Gesellschafter
Stammkapital 1.560.000,00 EUR
* Adolf Präg GmbH & Co. KG (62,2 %)
* Stadtwerke Augsburg Holding GmbH (25,1 %)
* UPM-Kymmene Papier GmbH & Co. KG (10,7 %)
* Augsburger Verkehrsverbund GmbH AVV (1 %)
* Stadt Augsburg (1 %)

Beteiligungen
* KSA GmbH (51 %)
* KSI GmbH & Co. KG (51 %)
* TIA GmbH Terminal-Investitionsgesellschaft GVZ-Augsburg (25,5 %)

Lizenzen
* DE: EIU für eigene Infrastruktur seit 1889
* DE: EVU-Zulassung (PV+GV) seit 04.08.1995, gültig bis 31.12.2025

Infrastruktur
* Linie I „Ringbahn" Bf Augsburg Ring – nördlicher Ring bis zur Wertachbrücke einschließlich Flügelstrecke nach Lechhausen (Gleislänge 49,3 km)
* Linie II Augsburg West – Göggingen / Pfersee (Gleislänge 16,32 km)
* Linie III Augsburg West – Haunstetten (Gleislänge 14,36 km)
* Linie IV Bf Augsburg West – DB-Übergabebahnhof Morellstraße (1,71 km)

Unternehmensgeschichte
Am 22.03.1889 gründeten elf Firmen, ein Bankhaus und sieben der Industrie nahe stehende Privatpersonen die Aktiengesellschaft Augsburger Localbahn mit einem Stammkapital von 1,7 Mio. Mark. Ab 1890 entstanden unter Regie der

AL

Localbahn eine Ringstrecke um den Stadtkern von Augsburg sowie mehrere Stichstrecken. Zunächst führten die Königlich Bayerischen Staats-Eisenbahnen (K.Bay.Sts.B) den Betrieb durch. Zum 01.08.1913 übernahm die AL auf einem Teil der Infrastruktur Betriebsführung und Stückgutverkehr mit drei neu beschafften Lokomotiven der bayerischen Gattung D VIII. Zwischen 1933 und 1935 folgten auch die übrigen Teile der AL.
Die AL diente vom 01.05.1901 bis zum 31.12.1927 nicht nur der Güterbeförderung, da die damals noch eigenständige Stadt Haunstetten von der Staatsbahn auch im Reiseverkehr bedient wurde. Nach dem Bau einer Straßenbahnlinie nach Haunstetten wurde die Personenbeförderung allerdings eingestellt.
1961 wurde das bislang als Aktiengesellschaft geführte Unternehmen in eine GmbH umgewandelt. Am 01.06.1976 erfolgte die Einstellung des Stückgutverkehres; der 1959 als Augsburger Gleisbau GmbH ausgegründete Gleisbaubetrieb wurde 1979 verkauft. Von den Stammstrecken wurden im März 1979 die Zweigstrecke nach Göggingen und am 01.10.1981 der Abschnitt Haunstetten Ellensindstraße – Haunstetten Bf stillgelegt. Parallel zu einem deutlichen Personalabbau infolge von massiven Verkehrsverlusten wurde 1977 mit der Deutschen Bundesbahn (DB) bezüglich einer Betriebsübernahme verhandelt, welche die DB aber ablehnte.
Vom 19.08.1988 bis 2001 verfügte die AL wieder über eine Speditionstochter, die v. a. die von der Schiene auf den Lkw verlagerten Verkehre von Osram zwischen dem Werk an der Berliner Allee und dem Auslieferungslager in Lechhausen abwickelte. Den Vorläufer dieser AL-S Augsburger Localbahn Spedition GmbH, die 1936 gegründete Localbahn Speditions-Gesellschaft mbH, hatte die AL 1945 verkauft.
Im Jahr 1980 wurde die Gründung einer Holding mit der Bezeichnung Augsburger Localbahn Holding GmbH beschlossen. Gemäß des Beschlusses der Gesellschafterversammlungen vom 22.08.2001 wurden Holding und Spedition allerdings wieder auf die Augsburger Localbahn GmbH verschmolzen. Auf Initiative der Haindl Papier GmbH & Co. KG (heute: UPM Kymmene Papier GmbH & Co. KG), welche auch an der AL beteiligt ist, übernahm die Bahngesellschaft im Sommer 1998 in Kooperation mit DB Cargo (heute DB Schenker Rail Deutschland AG) die Bedienung der Güterverkehrsstellen im Raum Schongau sowie die Verbindung der Haindl-Werke Augsburg und Schongau. Für die Verkehre wurden zunächst drei modernisierte V 100 beschafft, eine vierte baugleiche Maschine folgte im Jahr 2000. Über die Stammstrecken werden bis heute zahlreiche Industriebetriebe angebunden, wofür wochentags zwei bis drei der KM-Loks eingesetzt werden. Am Bahnhof Augsburg Ring besitzt die AL eine eigene Werkstatt, in der neben den eigenen Fahrzeugen durch die neu gegründete FKA Fahrzeugkompetenzzentrum Augsburg GmbH (ehemals Franz Kaminski Augsburg GmbH) auch Güterwagen gewartet werden.
Über die KSI GmbH & Co. KG ist die AL ferner Mitbetreiber der neu errichteten, im Mai 2012 in Betrieb genommenen Werkstattanlagen auf dem Gelände des „Bahnparks Augsburg" an der Firnhaberstraße, die vor allem der Wartung von Dieseltriebwagen der Bayerischen Regiobahn GmbH (BRB) dienen.
Das gesamte Güteraufkommen der AL, das 2006 990.000 t betrug, stieg auf 1,2 Mio. t im Jahr 2008 und 1,1 Mio. t im Jahr 2009. Die Mitarbeiterzahl betrug im September 2009 44.
2010 hat die AL so viele Güter wie nie zuvor transportiert: insgesamt 1,25 Mio. Tonnen. Investiert hat die AL in zwei rund 1.000 kW starke Dieselloks des Typs V 100.4, die im Januar und Dezember 2010 von der InfraLeuna übernommen wurden. In den nachfolgenden Jahren blieb das Aufkommen nahezu konstant: 2012 beförderte der AL mit 50 Mitarbeitern rund 1,2 Mio. t, im Folgejahr waren es 56 Mitarbeiter sowie rund 1,1 Mio. t, 2014 bei gleicher Tonnage 50 Mitarbeiter.

Verkehre
* Einzelwagenverkehr in Kooperation mit der DB Schenker Rail Deutschland AG auf dem eigenen Streckennetz. Die Weststrecke (westlicher Teil der Linie I sowie Linie II/III) ist dabei derzeit hinter dem Anschluss der Fa. MAN ohne Verkehr, nachdem die Premium AEROTEC GmbH (ex EADS Deutschland GmbH) als letzter Kunde aktuell nicht mehr per Schiene versendet. Der Abschnitt MAN – Westbahnhof wird allerdings als Bypass betriebsbereit aufrechterhalten, um in Falle einer Störung des direkten Weges Augsburg-Ring – Augsburg Hbf eine Ausweichstrecke zur Verfügung zu haben.
* Bedienung der Güterverkehrsstellen Asch-Leeder, Denklingen (Schwab), Kinsau, Schongau und Peiting Ost (bis Mai 2005); seit August 1998 im Auftrag der DB Schenker Rail Deutschland AG. Seit April 2005 wird nach Stilllegung des Rangierbahnhofs in Augsburg der Wagentausch mit der DB für die Bahnhöfe südlich von Kaufering nicht mehr in Augsburg, sondern in Kaufering durchgeführt. Die Relation Augsburg – Kaufering dient somit nahezu ausschließlich dem UPM-Zwischenwerksverkehr.
* Zwischenwerksverkehr der UPM-Werke Augsburg und Schongau; seit August 1998 als Hauptfrachtführer
* Rundholztransporte Augsburg Rbf – Unterbernbach (Pfeifer Holz GmbH); Spotverkehre als Nachlauf zu Langstreckenleistungen diverser Eisenbahnverkehrsunternehmen

Bahnbetriebe Blumberg

Bahnbetriebe Blumberg GmbH & Co. KG   P I

Bahnhofstraße 1
DE-78176 Blumberg
Telefon: +49 7702 51-300
info@sauschwaenzlebahn.de
www.sauschwaenzlebahn.de

Management
★ Christian Brinkmann (Geschäftsführer)

Lizenzen
★ DE: EIU Lauchringen – Hintschingen; gültig vom 01.02.2014 bis 31.01.2064
★ DE: EVU-Lizenz (PV+GV); gültig vom 15.01.2014 bis 31.12.2028

Infrastruktur
★ Lauchringen – Hintschingen (61,5 km); Übernahme zum 21.11.1996
★ Lauchringen – Weizen (20,4 km); Übernahme zum 01.04.2001

Unternehmensgeschichte
Die Wutachtalbahn von Lauchringen an der Hochrheinstrecke Basel – Singen nach Hintschingen an der Schwarzwaldbahn Offenburg – Konstanz entstand ab 1875 aus strategischen Erwägungen heraus. Nach dem Krieg 1870/71, in dem die Eisenbahn als Transportmittel eine bedeutende Rolle gespielt hatte, suchte man als Aufmarschroute gegen Frankreich eine Alternative zur teilweise über Schweizer Territorium führenden Hochrheinstrecke, denn eine Nutzung durch Militärzüge war per Staatsvertrag nicht gestattet. Die Strecke durfte nur mäßige Steigungen aufweisen, was zu einer extrem kurvenreichen Linienführung führte. So konnte erst 1890 der Betrieb in voller Länge aufgenommen werden. Wegen der aufwändigen Streckenführung und des geringen Aufkommens stellte die DB bereits 1955 den durchgehenden Verkehr zwischen Lausheim-Blumegg und Zollhaus-Blumberg ein; es folgten 1967 Zollhaus-Blumberg – Hintschingen und 1971 Lauchringen – Lausheim-Blumegg. Auf dem zum 01.01.1976 stillgelegten Mittelteil Weizen – Zollhaus-Blumberg wurde am 21.05.1977 ein Museumseisenbahnbetrieb eingerichtet, zunächst von der EUROVAPOR betrieben, von 1997 bis 2012 vom Wutachtalbahn e. V. als regionaler Tochtergesellschaft. Dieses Projekt erwies sich von Anfang an als außerordentlich erfolgreich und sogar kostendeckend, so dass damit eine der interessantesten Eisenbahnstrecken Deutschlands vor dem endgültigen Verfall bewahrt werden konnte, die 1988 den Rang eines technischen Denkmals von nationaler Bedeutung erhielt. Am 12.12.2004 wurde der nördliche Abschnitt bis Zollhaus-Blumberg im Rahmen des Ringzugkonzeptes für den SPNV reaktiviert. Im Südabschnitt verkehrten bis Mitte 2001 noch Kurzgüterzüge, um den Rohstoffbedarf der Firma Sto AG in Weizen zu decken. Eine SPNV-Reaktivierung unterblieb bis heute, es findet lediglich ein Zubringerverkehr zu den Museumsbahnzügen statt. Neben dem Wutachtalbahn e. V. war mit dem Interessengemeinschaft Wutachtalbahn e. V. noch ein zweiter Verein vor Ort aktiv, der sich um den Erhalt der Infrastruktur bemüht.
Auf der Wutachtalbahn (Sauschwänzlebahn) dürfen von Anfang November bis Ende März keine Züge mehr fahren. Einen Bescheid dieses Inhalts hat am 05.12.2013 die Untere Naturschutzbehörde des Landratsamtes im Schwarzwald-Baar-Kreis erlassen. In einem der Tunnel der Strecke, dem Weiler Kehrtunnel, überwintert die artgeschützte Mopsfledermaus, in diesem Fall rund 250 Tiere. Der Abschnitt Blumberg-Zollhaus – Weizen der Strecke 4403 (Lauchringen – Hintschingen) verläuft durch das FFH-Gebiet Blumberger Pforte und Mittlere Wutach (FFH = Flora-Fauna-Habitat), das vom Land Baden-Württemberg auch wegen der „bedeutenden Vorkommen der Mopsfledermaus" 2001 zur Erhaltung angemeldet wurde.
Die Stadt Blumberg hat im Wege der Ausgliederung nach Maßgabe des Ausgliederungs- und Übernahmevertrages vom 08.08.2013 das Unternehmen „Verkehrsbetrieb Museumsbahn" auf die Bahnbetriebe Blumberg GmbH & Co. KG ausgegliedert.
Seit April 2014 übernehmen die Bahnbetriebe Blumberg die Museumsfahrten in Eigenregie. Vorausgegangen war eine Auseinandersetzung mit dem Wutachtalbahn e. V. über eine Verlängerung der Fahrsaison, die in einer Kündigung der Verträge im November 2013 gipfelte. Für den eigenen Betrieb haben die Bahnbetriebe Blumberg eine Dampflok, eine historische Diesellok und neun Personenwagen beschafft.
Die „Sauschwänzlebahn" wird 2014 mit einem Verlust von über 480.000 EUR abschließen. Dies steht in der Vorlage zur Gemeinderatssitzung, die am 24.02.2015 stattfand. Eigentlich war für das Jahr ein Minus von rund 100.000 EUR geplant gewesen. Auch wegen der leicht gesunkenen Fahrgastzahl lagen die Einnahmen nur bei 1,4 Mio. EUR statt der geplanten 1,6 Mio. EUR, zudem mussten 200.000 EUR zusätzlich ausgegeben werden. Die Fahrgastzahlen lagen 2014 bei knapp 90.000, 2013 waren es knapp 95.000.

Bahnbetriebe Blumberg / BBH / BBG Stauden

Verkehre
★ Ausflugspersonenverkehre „Sauschwänzlebahn" Weizen – Zollhaus-Blumberg; seit 12.04.2014

Bahnbetriebsgesellschaft Bad Harzburg mbH (BBH) ◨

Am Güterbahnhof 5
DE-38667 Bad Harzburg
Telefon: +49 5322 553040
Telefax: +49 5322 553042
Bahnverladung-BBH@kemna.de

Management
★ Heimo Milnickel (Geschäftsführer)

Gesellschafter
Stammkapital 500.000,00 EUR
★ KEMNA BAU Andreae GmbH & Co. KG (100 %)

Lizenzen
★ DE: EIU für eigene Infrastruktur seit 18.06.2002

Infrastruktur
★ Güterbahnhof Bad Harzburg (1.855 m öffentlich nutzbare Gleise); betrieben nach EBO

Unternehmensgeschichte
Der Güterbahnhof von Bad Harzburg wird schon seit langen Jahren für die Verladung von Schotter für den Gleisbau und Splitt für Mischwerke genutzt. Im Rahmen der Initiative MORA C stellte die DB Cargo AG (heutige DB Schenker Rail Deutschland AG) die Bedienung von Bad Harzburg zum 31.12.2001 ein. Ab 01.04.2002 wurden die Transporte durch die Eisenbahnen und Verkehrsbetriebe Elbe-Weser GmbH (EVB) übernommen. Im Oktober 2002 wurden die Anlagen des Güterbahnhofes durch die Harzer Pflastersteinbrüche Telge & Eppers Niederlassung der KEMNA BAU Andreae GmbH & Co. KG erworben und in eigener Verantwortung zu einer modernen Schüttgutverladung umgebaut. Der Betrieb der im November 2003 eingeweihten neuen Anlage wird durch die am 10.01.2002 gegründete Bahnbetriebsgesellschaft Bad Harzburg mbH (BBH) als Infrastrukturgesellschaft wahrgenommen. Heute erfolgt dort der Umschlag von jährlich etwa 230.000 t Schotter und Splitt, die Verkehre werden durch die DB Schenker Rail Deutschland AG und andere EVU abgewickelt.

Bahnbetriebsgesellschaft Stauden mbH (BBG Stauden) ◨

An der Sägemühle 5
DE-86850 Fischach

Verwaltung
Firnhaberstraße 22d
DE-86159 Augsburg
Telefon: +49 821 588644-0
Telefax: +49 821 588644-28
info@staudenbahn.de
www.staudenbahn.de

Management
★ Dipl.-Betriebswirt (FH) Hubert Teichmann (Geschäftsführer)

Gesellschafter
Stammkapital 64.250,00 EUR
★ Hubert Teichmann (9,73 %)
★ Gründler Holzhandel GmbH (7,78 %)
★ Manfred Helmschrott (7,78 %)
★ Alexander Bauer (7 %)
★ Christina Teichmann (5,45 %)
★ Zia Herberg (5,45 %)
★ Alexander Besdetko (4,67 %)
★ Christoph Tillemann (4,67 %)
★ Arnulf Baier (4,67 %)
★ Hans-Günther Lautenbacher (3,89 %)
★ Herwig Lautenbacher (3,89 %)
★ Ludwiga Tillemann-Festl (3,89 %)
★ Peter Wöhl (3,11 %)
★ Hermann Unger (3,11 %)
★ Michael Reck (2,33 %)
★ Heidi Kaufmann (2,33 %)
★ Staudenbahnfreunde e. V. (1,95 %)
★ Manuela Augustin (1,56 %)
★ Karl Wöhl (1,56 %)
★ Gerhard Zott (1,56 %)
★ Josef Fischer (1,56 %)
★ Ulrich Delles (1,56 %)
★ Bernd Strohmeier (1,56 %)
★ Bernhard Fischer (1,56 %)
★ Helmut Hartmann (1,56 %)
★ Gerhard Karmann (1,17 %)
★ Reiner Würges (0,78 %)
★ Horst Gruber (0,78 %)

BBG Stauden / BSM

* Bayerisch-Schwäbische Museumsbahn e.V (0,78 %)
* Reiner Augustin (0,78 %)
* Ökostation Stauden e. V. (0,78 %)
* Karl-Franz Niederwieser (0,78 %)

Beteiligungen
* Stauden-Verkehrs-GmbH (SVG) (90 %)
* LZBahntechnik GmbH (50 %)

Lizenzen
* DE: EIU Gessertshausen – Markt Wald; gültig vom 03.09.2002 bis 01.09.2017
* DE: EIU Türkheim Bf – Ettringen; gültig vom 03.09.2002 bis 01.09.2017
* DE: EVU-Zulassung (PV+GV) seit 03.09.2002, gültig bis 01.09.2017

Infrastruktur
* Gessertshausen – Fischach – Markt Wald (27 km; Eigentum Staudenbahn-Schienenweg-Trägerverein e. V.)
* Türkheim Bf – Ettringen (8,3 km)

Unternehmensgeschichte
Südwestlich von Augsburg wurde durch die Königlich Bayerischen Staats-Eisenbahnen (K.Bay. Sts.B) in den Jahren 1911 und 1912 abschnittsweise eine Nebenbahn von Gessertshausen an der Hauptbahn Augsburg – Ulm nach Türkheim an der Strecke Buchloe – Memmingen eröffnet. Mit zurückgehendem Verkehrsaufkommen sank ab den 1970er-Jahren die Bedeutung der nach der durchfahrenen Region „Staudenbahn" genannten Strecke für die damalige Deutsche Bundesbahn. Schrittweise wurde deshalb zwischen 1982 und 1991 der Personenverkehr sowie zwischen 1983 und 1996 auch der Güterverkehr eingestellt.
Mit dem Ziel des Erhalts der Staudenbahn und der teilweisen Reaktivierung der aufgegebenen Abschnitte wurde jedoch 1985 der Verein Staudenbahnfreunde e. V. gegründet, der ab Anfang der 1990er-Jahre Reisesonderzüge von Augsburg in die Stauden anbot. Mit dem Staudenbahn-Schienenweg-Trägerverein e. V. wurde ein weiterer Verein unter Beteiligung der Anliegergemeinden gegründet, der zum 09.11.2000 die Infrastruktur der Staudenbahn im Nordabschnitt Gessertshausen – Markt Wald übernehmen konnte. Am 28.07.2001 ging die Strecke wieder in Betrieb, zunächst nur bis Langenneufnach und am 01.05.2003 bis Markt Wald.
Zur Betriebsabwicklung gründeten Vereinsmitglieder der Staudenbahnfreunde e. V. zum 26.07.2000 die Bahnbetriebsgesellschaft Stauden mbH (BBG Stauden), die als EIU der Staudenbahn-Infrastruktur fungiert. Zugleich wurden auch Verkehrsleistungen aufgenommen, die bis zur EVU-Zulassung der BBG Stauden zum 03.09.2002 unter betrieblicher Verantwortung von Kooperationspartnern abgewickelt wurden. Neben den in Zusammenarbeit mit dem Verein Staudenbahnfreunde e. V. durchgeführten Ausflugsfahrten in die Stauden sowie zu Zielen in Süddeutschland und Österreich werden seit 01.01.2002 auch Güterverkehre erbracht. So befördert die BBG Stauden die bis dato durch DB Schenker Rail gefahrenen Güterzüge zwischen Augsburg, Gessertshausen und Fischach. Ab 05.05.2003 war die BBG Stauden zudem als Subunternehmer für DB Regio im SPNV der benachbarten Strecke Günzburg – Mindelheim tätig. Seit 02.03.2004 ist die BBG Stauden auch EIU für den Staudenbahn-Südabschnitt Türkheim Bahnhof – Ettringen, der schon seit dem 20.05.2001 wieder im Güterverkehr durch die heutige DB Schenker Rail Deutschland AG genutzt wird.
Zur Trennung der Geschäftsbereiche Infrastruktur und Betrieb wurde per Gesellschaftsvertrag vom 16.10.2003 (Nachtrag zum 31.12.2003) die Stauden-Verkehrs-GmbH (SVG) gegründet, die am 19.02.2004 als EVU zugelassen wurde und die Verkehrsleistungen sowie Fahrzeuge der BBG Stauden übernahm.
Firmensitz und SVG-Werkstatt befinden sich auf dem Gelände des ehemaligen Bw Augsburg. Mittelfristig soll aber der Umzug auf eine Industriebrache in Gessertshausen erfolgen, die sich seit 2012 in Besitz der neugegründeten Lokomotiven Werke Gessertshausen GmbH & Co. KG (LWG), einer Tochter des BBG-Partners Angewandte Eisenbahn Technik GmbH (AEbt) befindet. Einen Infrastruktur- und Nutzungsvertrag hatte die BBG schon mit dem Geländealteigentümer abgeschlossen. Einerseits plant die BBG hier die Einrichtung einer neuen Werkstatt als Ersatz für jene in Augsburg, andererseits möchte die gleichfalls am Augsburger Standort angesiedelte LZBahntechnik GmbH als Tochterunternehmen von BBG und AEbt die Strecke der Staudenbahn für Zulassungsfahrten nutzen.

Bahnen der Stadt Monheim GmbH (BSM)

Postfach 10 01 37
DE-40765 Monheim
Daimlerstraße 10a
DE-40789 Monheim
Telefon: +49 2173 9574-0
Telefax: +49 2173 9574-20
info@bahnen-monheim.de
www.bahnen-monheim.de

Management
* Detlef Hövermann (Geschäftsführer)

BSM / BBG Stadtoldendorf

Gesellschafter
Stammkapital 2.380.000,00 EUR
* Monheimer Versorgungs- und Verkehrsgesellschaft mbH (100 %)

Lizenzen
* DE: EIU für eigene Infrastruktur
* DE: EVU-Zulassung (GV) seit 11.10.1995, gültig bis 31.12.2023
* DE: EVU-Zulassung (PV) seit 19.10.1995, gültig bis 31.12.2023

Infrastruktur
* Langenfeld DB-Grenze – Streckenabzweig Wasserwerk (1,5 km)
* Streckenabzweig Wasserwerk – Monheim Blee (4,6 km)
* Streckenabzweig Wasserwerk – Monheim Nord (3,1 km)

Unternehmensgeschichte
Die Bahnen der Stadt Monheim GmbH (BSM) entstand 1963 aus der elektrischen Kleinbahn Langenfeld – Monheim – Hitdorf, nachdem deren Personenverkehr eingestellt worden war. Alleiniger Gesellschafter ist die Monheimer Versorgungs- und Verkehrsgesellschaft mbH. 1979 verabschiedete man sich zudem vom elektrischen Betrieb. Bis Ende 2014 betrieben die BSM mit den beiden MC 700C auf eigener Infrastruktur nur noch den eher spärlichen Güterverkehr der 9,5 km langen Reststrecke Langenfeld – Monheim Blee. Zwischen Abzweig Wasserwerk und Monheim Nord wurden hierbei Streckenabschnitte befahren, die 1983 als Ersatz für die Monheimer Ortsdurchfahrt entstanden waren. Seit 1996 waren die BSM zudem auf DB-Strecken unterwegs. In den vergangenen Jahren konnte das Geschäft außerhalb der BSM-Strecken sukzessive ausgeweitet werden. Es verkehrte u.a. werktäglich ein Güterzug von Langenfeld nach Düsseldorf-Reisholz und zurück, der die Einzelwagen der Anschließer im Bereich des BSM-Streckennetzes sowie Wagen des DB-Anschlusses Stiefvater in Langenfeld beförderte. Gleichzeitig befindet sich hier die viergleisige Abstellanlage der BSM. Eine weitere Anlage mit vier Gleisen liegt im Monheimer Süden in Blee. Diese werden vorrangig für die Abstellung von Güterwagen genutzt, seit Sommer 2006 werden aber auch vermehrt Reisesonderzüge dort hinterstellt.
Seit dem Aus der Shell-Raffinerie 1987 machte der Monheimer Bahnbetrieb Verluste.
Seit Januar 2012 übernahm die BSM umfangreiche Kesselwagentransporte für die Duisburger Bahnspedition LaS - Logistik auf Schienen GmbH. Pro Jahr waren ca. 120.000 t geplant. Zum Vergleich: 2004 transportierte die BSM 10.000 t pro Jahr. Für 2011 rechnete die BSM mit einer Verringerung des bisherigen Defizites in Höhe von 300.000 EUR um einen sechsstelligen Betrag. Mittelfristig sollten schwarze Zahlen geschrieben werden.

Im Januar 2014 wurde jedoch bekanntgegeben, den Güterverkehr zum Jahresende einzustellen. Als Begründung wurde eine zu geringe Rentabilität auf dem eigenen Netz sowie ein zu hohes Risiko bei Auftragsfahrten auf DB Netz angegeben. Im Oktober 2013 war ein unter BSM-Lizenz verkehrender Güterzug in Düsseldorf mit einem anderen Zug kollidiert und ein Triebfahrzeugführer zu Tode gekommen. Größtenteils wurde der BSM-Güterverkehr ab 01.01.2015 durch die Railflex GmbH übernommen, mit der man zuvor schon längere Zeit kooperiert hatte.

Bahnhofsbetriebsgesellschaft BBG Stadtoldendorf mbH

Holeburgweg 24
DE-37627 Stadtoldendorf
Telefon: +49 5532 505-0
Telefax: +49 5532 505-55

Management
* Thomas Bremer (Geschäftsführer)

Gesellschafter
Stammkapital 25.000,00 EUR
* VG-ORTH GmbH & Co. KG (36 %)
* Gebr. Knauf Westdeutsche Gipswerke (25 %)
* SAINT-GOBAIN RIGIPS GmbH (22 %)
* Südharzer Gipswerk GmbH (11 %)
* Hilliges Gipswerk GmbH & Co. KG (6 %)

Infrastruktur
* Entladeanlage Stadtoldendorf (1,8 km); nach EBO betrieben

Unternehmensgeschichte
Fünf Gipsfabrikanten aus dem Südharz beschlossen 2002, mit einer neu zu errichtenden Entladeanlage, die Umschlagsmenge an REA-Gips auszuweiten. Mit Datum vom 27.02.2002 wurde die Bahnhofsbetriebsgesellschaft BBG Stadtoldendorf mbH als Betreiber dieser Anlage gegründet. Die BBG Stadtoldendorf verfügt über drei Mitarbeiter (Stand 2007).
Nach rund zweijähriger Bauzeit wurde die Anlage am 15.11.2004 offiziell in Betrieb genommen. Die Gleisanlagen umfassen 1.350 m von DB Netz gepachtetes und in den Bf Stadtoldendorf einmündendes Streckengleis und 400 m in der Entladeanlage im Eigentum der Gesellschaft. Im Bf Stadtoldendorf selbst ist keine Infrastruktur gemietet.
Seit November 2004 befördert die heutige DB Schenker Rail Deutschland AG wöchentlich drei Ganzzüge nach Kreiensen, die dort von einer DB-232 als Zuglok sowie einer V 100 der Ilmebahn als

BBG Stadtoldendorf / BahnLog / BTE

Schiebelok übernommen und in das 30 km westlich gelegene Stadtoldendorf gebracht werden. In Stadtoldendorf übernimmt die Ilmebahn die Bereitstellung der mit bis zu 1.300 t REA-Gips beladenen Ganzzüge auf dem neu entstandenen Entladegleis. Die neue Anlage ermöglicht den Einsatz von Selbstentladewagen der Gattung Talns anstelle der bisher üblichen Ea. Die Entladegleislänge in der Stadtoldendorfer Anlage ermöglicht das gleichzeitige Löschen der Fracht von bis zu elf Wagen.

BahnLog Bahnlogistik und Service GmbH

Am Güterbahnhof 11
DE-66386 Sankt Ingbert
Telefon: +49 6894 9634900
Telefax: +49 6894 9634905
dispo@bahnlog.com
www.bahnlog.com

Technik, EVU
Am Gleisbauhof 3
DE-66459 Kirkel
Telefon: +49 6841 1897860
Telefax: +49 6841 1897882

Management
★ Jörg-Michael Fries (Geschäftsführer)

Gesellschafter
Stammkapital 300.000,00 EUR
★ J.M.F. Holding GmbH (100 %)

Lizenzen
★ DE: EVU-Zulassung (PV+GV) seit 14.11.2003, gültig bis 14.11.2018

Unternehmensgeschichte
Die am 06.03.2003 gegründete BahnLog Bahnlogistik und Service GmbH erbringt Logistik- und sonstige Dienstleistungen in der Versorgung und Entsorgung von Industrieunternehmen und Großbaustellen. Hierzu gehören insbesondere die planende und ausführende Logistik bei Gleisbaustellen und Gütertransporte mit der Eisenbahn.
Anfang 2008 beschäftigte das Unternehmen rund 30 Mitarbeiter mit unterschiedlichen Qualifikationen. Neben einer am Standort Homburg (Saar) eingesetzten Kleinlok wurden von Oktober 2007 bzw. April 2008 bis September 2009 je eine G 1206 an die BahnLog geliefert. Beide Maschinen wurden im September 2009 wieder ab- und zugleich die eigene Zugtraktion aufgegeben.
Die Gesellschafterversammlung vom 28.01.2009 hat u. a. eine Sitzverlegung von Eppelborn nach Sankt Ingbert beschlossen. Gesellschafter des Unternehmens ist die J.M.F. Holding GmbH von Jörg-Michael Fries.
2007 erwirtschaftete die Gesellschaft mit 25 Mitarbeitern einen Umsatz von 8 Mio. EUR bei einem Jahresüberschuss von 490.024 EUR, der 2008 auf 648.642 EUR gesteigert werden konnte. 2009 wurde ein Überschuss von 229.461 EUR, 2010 von 453.953 EUR erzielt.
Mit Gesellschaftsvertrag vom 21.12.2011 wurde als Schwesterunternehmen Bahnlog Umwelt GmbH gegründet. Gegenstand ist die Aufbereitung von Schotter und sonstigen Materialien, die zum Betrieb eines Gleisbauhofes erforderlich sind, die Aufbereitung und die Wiederverwertung von mineralischen Baureststoffen und mineralischen industriellen Rückständen im Sinne des Kreislaufwirtschafts- und Abfallgesetzes, die Entsorgung von mineralischen Reststoffen und Abfällen, die bei gewerblichen, industriellen oder sonstigen wirtschaftlichen Unternehmen oder im Zusammenhang mit Bau-, Abbruch- oder Sanierungsmaßnahmen anfallen, der Handel mit Baustoffen, die Ausführung von Altlasten- und Deponiesanierungen und der Rückbau von Industrieanlagen.

Verkehre
★ AZ-Verkehr

BTE BahnTouristikExpress GmbH

Vordere Cramergasse 11-13
DE-90478 Nürnberg
Telefon: +49 911 240 388-0
Telefax: +49 911 240 388-70
info@bahntouristikexpress.de
www.bahntouristikexpress.de

Management
★ Tobias Schiedermeier (Geschäftsführer)
★ Matthias Wolf (Geschäftsführer)

Gesellschafter
Stammkapital 25.000,00 EUR
★ Tobias Schiedermeier (50 %)
★ Matthias Wolf (50 %)

BTE / BPRM

Lizenzen
* DE: EVU-Zulassung (PV+GV); gültig vom 26.02.2014 bis 29.01.2029
* DE: Sicherheitsbescheinigung, Teil B (PV); seit 12.12.2014

Unternehmensgeschichte
Die BahnTouristikExpress GmbH (BTE) wurde am 04.04.2001 in Bamberg gegründet. Das Unternehmen hat sich auf Sonderzugfahrten in Europa spezialisiert, die zumeist mit E-Loks der DB AG bespannt werden. Die Gesellschafterversammlung vom 09.02.2006 hat u.a. die Sitzverlegung nach Nürnberg beschlossen. Die BTE entstand bei der Fusion der BahnTouristikBamberg GbR und der Bahntouristik Schiedermeier, Regensburg. Bereits im Gründungsjahr wurden acht Wagen der Bauart Bom 281 aus dem DB-Bestand gekauft. Inzwischen umfasst der unternehmenseigene Wagenpark 29 Sitz-, Liege-, Speise-, Tanz- und Gesellschaftswagen. Alle Fahrzeuge sind europaweit einsetzbar und RIC-fähig.
Das Unternehmen verfügt seit März 2011 über eine dieselhydraulische Rangierlokomotive der Baureihe 363, die BTE-Rangierleistungen innerhalb des Waggonstandortes in Nürnberg Hbf übernimmt. Die Anschaffung war nötig gewesen, da in absehbarer Zeit die DB-eigenen Rangierloks vor Ort nicht mehr verfügbar sein werden. Im Herbst 2012 übernahm man zudem eine Streckendiesellok der BR 217 sowie im Dezember 2014 eine elektrische Lokomotive der Baureihe 110 von der DB AG.
Mit 21 Mitarbeitern erwirtschaftete das Unternehmen im Geschäftsjahr 2012 einen Umsatz von 4,5 Mio. EUR (2010: 21 Mitarbeiter; 3,2 Mio. EUR).

Verkehre
* europaweiter Charterzugverkehr sowie Wagen- und Lokvermietungen und Personaldienstleistungen an EVU in Deutschland und im Europäischen Ausland

Baltic Port Rail Mukran GmbH (BPRM) G

Im Fährhafen 20
DE-18546 Sassnitz/Neu Mukran
Telefon: +49 38392 55261
Telefax: +49 38392 55263
info@baltic-rail-mukran.com
www.baltic-rail-mukran.com

Management
* Tino Gerschler (Geschäftsführer)
* Harm Sievers (Geschäftsführer)

Gesellschafter
Stammkapital 25.000,00 EUR
* Fährhafen Sassnitz GmbH (FHS) (80 %)
* Deutsche Eisenbahn Service AG (DESAG) (20 %)

Unternehmensgeschichte
Die Hafenbahn „Baltic Port Rail Mukran" (BPRM), ein am 15.02.2011 gegründetes mehrheitliches Tochterunternehmen der Fährhafen Sassnitz GmbH, hat am 01.04.2011 offiziell den Betrieb aufgenommen. Die Aufnahme des Rangierbetriebs soll den Hafen- und Schienenumschlag besser verzahnen und die Flexibilität aller Eisenbahn-Breitspuraktivitäten erhöhen. Dafür hat der Fährhafen Sassnitz-Mukran in den letzten Monaten Gleise von der DB AG übernommen und seine Gleisinfrastruktur dadurch auf insgesamt 22 Kilometer erweitert. Hintergrund der Übernahme war die wirtschaftliche Gestaltung des Eisenbahn- und Hafenstandortes Mukran.
Nachdem die DB Schenker Rail Deutschland AG sich aus dem Rangiergeschäft in der Breitspuranlage zurückziehen wollte und die DB Netz AG einen neuen Betreiber für die Breitspuranlage suchte wurde die komplette Breitspuranlage an die FHS übergeben. Die FHS ist Eisenbahninfrastrukturbetreiber. Für die Umladung fungieren als Anschließer:
* BUSS Rail Terminal Sassnitz GmbH
* Rail Marketing Gas- und Chemie Umschlag GmbH
Weitere Anschließer sind:
* DB Schenker Rail Deutschland AG (Kombiwerk)
* DB Netz AG
Zunächst hat die Hafenbahn 13 Arbeitsplätze in den Bereichen Eisenbahnfahrzeugführung, Dispatcher, Wagen- und Rangiermeister, Eisenbahnbetriebsleiter, Rangierbetriebsleitung und Abfertigungsdienst geschaffen. Als Traktionsmittel wurden drei V 60 D in Breitspurausführung von DB Schenker Rail Deutschland AG an die Fährhafen Sassnitz GmbH (FHS) verkauft. Die FHS wiederum vermietet diese an die BPRM.
Die Gesellschafteranteile wurden mehrfach seit Gründung verändert: Hielten die Fährhafen Sassnitz GmbH sowie die TME-Torsten Meincke Eisenbahn GmbH diese paritätisch, übernahm der Fährhafen zum 03.11.2011 zusätzliche 30 % von der TME ehe diese Ende 2014 ihre verbleibenden Anteile an die DESAG veräußerte. Die DESAG hatte bereits im Juni 2014 die Baltic Port Services GmbH zusammen mit der Fahrhafen Sassnitz GmbH gegründet und die Werkstattleistungen im Hafen Sassnitz-Mukran übernommen.
Inzwischen werden auch Rangierleistungen im Normalspurbereich des Bahnhofs Sassnitz-Mukran angeboten. Hierfür wurden zwei Lokomotiven angemietet.

BPRM / BASF Schwarzheide / BASF

Verkehre
* Rangierdienst im Breitspurbereich des Fährhafen Sassnitz; seit 01.04.2011
* Rangierdienst im Normalspurbereich des Bahnhofes Sassnitz-Mukran; seit Juni 2013

Standorten Ludwigshafen, Schwarzheide und Antwerpen schrittweise ältere Fahrzeuge ablösen. Bei den neuen Maschinen handelt es sich um 16 Lokomotiven vom Typ G 6, vier vom Typ DE 12 und zwei vom Typ DE 18.

Verkehre
* Gütertransporte Wagenübergabestelle „WÜST BASF" – Bf Ruhland

BASF Schwarzheide GmbH

Schipkauer Straße 1
DE-01987 Schwarzheide
Telefon: +49 35752 6-0
Telefax: +49 35752 6-2300
info-schwarzheide@basf.com
www.basf-schwarzheide.de

Management
* Dr. Karl Heinz Tebel (Vorsitzender der Geschäftsführung)
* Dr. Colin von Ettingshausen (kaufmännischer Geschäftsführer)

Lizenzen
* DE: EVU-Zulassung (GV); gültig vom 15.12.2014 bis 31.12.2019

Infrastruktur
* Werksnetz (21,3 km)

Unternehmensgeschichte
Das BRABAG-Werk Schwarzheide wurde 1935 als eines von vier Standorten der Braunkohle-Benzin-AG (BRABAG) zur Gewinnung von Benzin und Dieselöl aus Braunkohle errichtet. 1954 erfolgte die Verstaatlichung als VEB Synthesewerk Schwarzheide. Am 25.10.1990 übernahm die BASF AG das Werk mit etwa 5.000 Mitarbeitern von der Treuhand. Seit 30.11.1990 heißt das Werk BASF Schwarzheide GmbH. Seit 1990 sind 1,4 Mrd. EUR für Modernisierungen, Investitionen und Erweiterungen investiert worden. Die Forschung und Entwicklung der BASF in Schwarzheide arbeitet als europäisches Entwicklungszentrum auf den Gebieten der Polyurethan-Grundprodukte und optimiert die Produktionsanlagen am Standort.
Noch immer ist am Standort eine Werksbahn tätig, die über eigene Lokomotiven verfügt, die u. a. zwischen dem Werksgelände und dem elektrifizierten Übergabebahnhof Ruhland pendeln. Die BASF hat 22 neue Diesellokomotiven bestellt, die seit 2013 ausgeliefert werden und an den

BASF SE

Abteilung ESL/R
Carl-Bosch-Straße 38, Gebäude B 818
DE-67056 Ludwigshafen
Telefon: +49 621 60-0
Telefax: +49 621 60-20601
www.basf.com

Lizenzen
* DE: EVU-Zulassung (PV+GV) seit 02.07.1996, gültig bis 31.05.2023

Infrastruktur
* Werkseisenbahn (230 km Gleislänge)
* Containerterminal Ludwigshafen

Unternehmensgeschichte
Die BASF SE (ehemals: Badische Anilin- & Soda-Fabrik) ist der nach Umsatz und Marktkapitalisierung weltweit größte Chemiekonzern. Weltweit sind etwa 111.000 Mitarbeiter in mehr als 80 Ländern bei der BASF beschäftigt. Die BASF betreibt über 390 Produktionsstandorte weltweit, ihr Hauptsitz befindet sich in Ludwigshafen am Rhein.
Auf einem internen Schienennetz von rund 230 km werden täglich etwa 900 Eisenbahnwagen transportiert. 22 neue Lokomotiven (vom Typ G 6, vier Typ DE12 und zwei vom Typ DE18) gingen ab dem 2. Halbjahr 2013 in Betrieb.
Neben dem internen Werksverkehr ist die BASF SE auch als EVU tätig. Hier fährt sie eigene Ganzzüge aus bzw. nach Germersheim, Kaiserslautern, Mannheim Industriehafen, Karlsruhe und Steeden. Das Containerterminal der BASF SE wird von der KTL Kombi-Terminal Ludwigshafen GmbH betrieben und bietet auch für Externe alle Leistungen in vollem Umfang an.

BASF / BCB

Verkehre
* Werksrangierverkehre
* Gütertransporte Werksteil Friesenheimer Insel BASF – Karlsruhe Gbf; 2 x Monat seit 2014
* Gütertransporte Werksteil Friesenheimer Insel BASF – Mannheim Industriehafen
* KV-Transporte Ludwigshafen BASF – Germersheim (DPW); 5 x pro Woche seit 1997
* Kalktransporte Dehrn (Schaefer Kalk GmbH & Co. KG) – Ludwigshafen BASF; 4 x pro Woche seit 24.06.2010
* Schadwagenzug Ludwigshafen BASF – Kaiserslautern (EuroMaint); 1 x pro Woche seit 2010

Bayerische CargoBahn GmbH (BCB) G

Edisonallee 5
DE-89231 Neu-Ulm
Telefon: +49 731 927092-0
Telefax: +49 731 927092-99
info.bcb@captrain.de
www.captrain.de

Management
* Dipl.-Betriebswirt (FH) Michael Kappler (Geschäftsführer)

Gesellschafter
Stammkapital 25.000,00 EUR
* Captrain Deutschland GmbH (CT-D) (100 %)

Lizenzen
* CH: Netzzugangsbewilligung für Güterverkehr
* DE: EVU-Zulassung (GV); gültig vom 16.11.2001 bis 01.12.2016
* DE: SiBe gemäß §7 AEG; gültig bis 21.11.2018

Unternehmensgeschichte
Am 10.05.2001 wurde die Bayerische CargoBahn GmbH (BCB) mit Sitz in Holzkirchen als bayerische Güterbahn der Connex Cargo Logistics GmbH (CCL, heutige Captrain Deutschland GmbH) gegründet. Seit 28.02.2002 erbringt die BCB Leistungen im Schienengüterverkehr.
Zum 01.01.2005 übernahm die BCB dabei auch einen Großteil der bis dahin durch die Württembergische Eisenbahn-Gesellschaft mbH (WEG) – damals einem Schwesterunternehmen der BCB – erbrachten überregionalen Güterverkehrsleistungen.
Schwerpunkte der Geschäftstätigkeit sind der Kombinierte Verkehr sowie Transporte für die Papier- und Maschinenbauindustrie.
Im August 2005 erfolgte die Umsiedlung in das verkehrsgünstiger gelegene Neu-Ulm. Für die Konzernschwester Transalpin Eisenbahn AG (TEA) mit Sitz in Basel wird die Betriebsführung und -überwachung vom Standort Neu-Ulm aus erbracht. Für die erste Jahreshälfte 2015 ist geplant, die Gesellschaften TWE Bahnbetriebs GmbH und Bayerische CargoBahn GmbH (BCB) zu einem Rechtsmantel zu verschmelzen. Die entsprechenden Standorte bleiben erhalten.

Verkehre
* EVU auf deutscher Seite für die von der Europorte France SAS (EPF, ex Veolia Cargo France SA (VC-F)) gefahrenen Transporte (siehe dort); seit 13.06.2005
* Gütertransporte Wiesloch (Heidelberger Druckmaschinen AG) – Amstetten (Heidelberger Druckmaschinen AG); 4 x pro Woche seit 01.01.2005; zuvor von WEG erbracht
* KV-Transporte Duisburg (DIT) – Frankfurt-Höchst – Ludwigshafen (KTL); 3 x pro Woche seit 07.01.2015 im Auftrag der Distri Rail B.V.
* KV-Transporte Le Havre [FR] – Ludwigshafen (KTL); 3 x pro Woche seit 01.01.2013 betriebliche Abwicklung ab Kehl [FR] im Auftrag der VFLI SA unter durchgehender Traktion (G 1206)
* KV-Transporte Neuss-Hessentor – Wels [AT] – Wien Nordwest CCT [AT]; seit 05.01.2014 Traktion Neuss Rbf – Wels [AT] im Auftrag der Kombiverkehr Deutsche Gesellschaft für kombinierten Güterverkehr GmbH & Co. KG; in Wels [AT] Lokwechsel auf und EVU-Verantwortung in Österreich durch Rail Cargo Austria AG (RCA)
* KV-Transporte Rotterdam (RSC) [NL] – Mannheim – Wörth; 5 x pro Woche ab 01.07.2014 im Auftrag der Distri Rail B.V.; in Kooperation mit der Captrain Netherlands B.V.; ab Mannheim Traktion durch Rhenus Rail St. Ingbert GmbH (RRI)
* Kalktransporte Dugny-sur-Meuse (Carrières et Fours à Chaux de Dugny) [FR] / Sorcy-Saint-Martin [FR] / Rohdenhaus (Rheinkalk GmbH) – Völklingen (Saarstahl GmbH) / Dillingen/Saar (AG der Dillinger Hüttenwerke); 1 x pro Woche seit Januar 2011; Transporte in Frankreich in Kooperation mit der Europorte France SAS (EPF)
* Papiertransporte Dortmund Obereving – Koblenz-Mosel (Wagentausch mit Brohltal-Schmalspureisenbahn Betriebsgesellschaft mbH) – Woippy [FR]; 5 x pro Woche seit 12.12.2010 im Auftrag der ScandFibre Logistics AB in Kooperation mit Fret SNCF in Frankreich

BCB / BOB

* Papiertransporte Dortmund Obereving – Offenburg – Basel [CH] – Milano [IT] – Modena [IT]; 6 x pro Woche seit 12.12.2010 im Auftrag der ScandFibre Logistics AB in Kooperation mit der Transalpin Eisenbahn AG ((TEA) Schweiz) und der Captrain Italia S.r.l. ((CTI) Italien)

Bayerische Oberlandbahn GmbH (BOB) ℗

Bahnhofplatz 9
DE-83607 Holzkirchen
Telefon: +49 8024 9971-0
Telefax: +49 8024 9971-10
Hotline: +49 8024 9971-71
auskunft@bayerischeoberlandbahn.de
www.bayerischeoberlandbahn.de

Verkehrsbetrieb Meridian
www.der-meridian.de

Werkstatt BOB
Demmeljochstraße 4
DE-83661 Lenggries
Telefon: +49 8042 9788111
Telefax: +49 8042 9788120

Werkstatt Meridian
Am Ostbahnhof
DE-93055 Regensburg

Management
* Dr. Bernd Rosenbusch (Vorsitzender der Geschäftsführung)
* Fabian Amini (Geschäftsführer Produktion)

Gesellschafter
Stammkapital 256.000,00 EUR
* Transdev Regio GmbH (100 %)

Beteiligungen
* MoveOn Telematik Service GmbH (50 %)

Lizenzen
* AT: Sicherheitsbescheinigung Teil B (PV); gültig vom 10.10.2013 bis 20.11.2017
* DE: EVU-Zulassung (PV) seit 10.03.1998, gültig bis 01.03.2028
* DE: Sicherheitszertifikat, Teil A+B (PV+GV); gültig vom 21.11.2012 bis 20.11.2017

Infrastruktur
* Bahnbetriebswerk Lenggries

Unternehmensgeschichte
Die zum Veolia Transdev-Konzern zählende Bayerische Oberlandbahn GmbH (BOB) erbringt im Auftrag des Aufgabenträgers Bayerische Eisenbahngesellschaft mbH (BEG) seit 1998 SPNV-Leistungen von München in das Oberland sowie ab Dezember 2013 unter dem Markennamen „Meridian" auch von München nach Salzburg und Kufstein.
Die erste Ausschreibung von SPNV-Leistungen im Freistaat Bayern umfasste 1997 die Verbindungen München – Holzkirchen – Schaftlach – Lenggries, Schaftlach – Tegernsee und Holzkirchen – Bayrischzell im Zeitraum Mai 1998 bis Dezember 2013. Vergeben wurden die Leistungen an eine Bietergemeinschaft der Deutschen Eisenbahn-Gesellschaft mbH (DEG) und der Bayerischen Zugspitzbahn Bergbahn AG (BZB). Eine zweite Bietergemeinschaft der bisherigen Betreiber, der DB Regio AG und der Tegernsee-Bahn AG (TAG), ging leer aus. Entscheidungsgrundlage der BEG war vor allem das von DEG und BZB angebotene Betriebskonzept der Flügelzugbildung, in dem Dieseltriebwagen von und zu den drei Endpunkten Bayrischzell, Tegernsee und Lenggries zwischen München und Holzkirchen bzw. Schaftlach jeweils zu einem Zug kombiniert werden und somit zusätzliche Direktverbindungen ermöglichen.
Als Betreibergesellschaft gründeten die DEG und die BZB mit einem Anteilsverhältnis von 3:1 zum 31.03.1998 die BOB. Zum ursprünglich vorgesehenen Termin zur Betriebsaufnahme, dem 30.05.1998, standen jedoch die 17 über die gleichfalls neu gegründete DEG-Tochter OLB Oberlandbahn Fahrzeugbereitstellungs GmbH bei der Jenbach AG georderten Triebwagen des Typs „Integral" nicht zur Verfügung, so dass übergangsweise weiterhin lokbespannte Züge der DB Regio zum Einsatz kamen. Am 29.11.1998 übernahm die BOB den Betrieb selbst, verzeichnete aber aufgrund technischer Schwierigkeiten an Notbremsen, Türen, Toiletten, Motoren und Kupplungen der neuen Fahrzeuge zahlreiche Verspätungen und Zugausfällen. Daher wurden ab 28.11.1999 lokbespannte DB Regio-Züge von der BOB angemietet und eingesetzt. Die „Integral"-Triebwagen wurden im Herstellerwerk Jenbach umfassend überarbeitet und kehrten im Jahr 2001 schrittweise wieder in den Plandienst zurück. Zum 10.06.2001 übernahm die BOB die Leistungen nach Lenggries und Tegernsee wieder mit eigenen Fahrzeugen und seit 01.01.2002 wird nach dem ursprünglichen Betriebskonzept gefahren. Seit Anfang Juli 2004 sind bei der BOB zusätzlich einige Talent-Triebzüge als Verstärker in den

BOB

Hauptverkehrszeiten im Einsatz.
Mit den Einsätzen von DB Regio-Zügen ab 1999 begannen auch Verhandlungen über eine 50 %-Beteiligung der DB Regio an der BOB, welche nach zweijähriger Verhandlungsphase ab 01.03.2002 wirksam wurde. Bereits zum 04.12.2003 übernahm die DEG-Nachfolgerin Connex Regiobahn GmbH, die heutige Transdev Regio GmbH, allerdings wieder alle Anteile. Die BZB ist seither nicht mehr an der BOB beteiligt.

Im 1998 neu errichteten Bahnbetriebswerk Lenggries wurden zunächst nur die Instandhaltungsstufen F0 bis F3 an den „Integral"-Triebzügen durchgeführt, während die umfangreichere Instandhaltung ab Stufe F4 in den Hallen des 2001 aus dem Schienenfahrzeugbau ausgestiegenen Herstellers Integral Verkehrstechnik/Jenbach AG in Jenbach/Tirol stattfand. Nach Eröffnung eines Erweiterungsbaus in Lenggries wurden am 16.06.2004 wurden alle Wartungsaufgaben dort konzentriert. Betreiber der Anlagen war zunächst die Bayerische Instandhaltungsgesellschaft für Schienenfahrzeuge mbH, die zum 26.08.2004 auf die BOB verschmolzen wurde. Als gemeinsame Tochter mit der ebenfalls durch Transdev gehaltenen Bayerischen Regiobahn GmbH (BRB) wurde am 27.10.2006 die MoveOn Telematik Service GmbH gegründet, die Systemleistungen und Telematikdienste auf dem Gebiet des Rechnergestützten Betriebsleitsystems (RBL) anbietet.

2012 schrieb die BEG die SPNV-Leistungen im bayerischen Oberland für den Zeitraum von Dezember 2013 bis Dezember 2024 erneut aus, wobei die Nutzung der durch den Freistaat geförderten „Integral"-Triebwagen und der Werkstatt in Lenggries vorgeschrieben wurden. Die DB Regio AG zog ihr Angebot im Mai 2012 mit Verweis auf wirtschaftlichen Risiken dieser Vorgaben zurück, woraufhin die BOB als einziger Bieter verblieb und zum 25.09.2012 den Zuschlag erhielt. Am 15.04.2010 schrieb die BEG die SPNV-Leistungen des so genannten „E-Netz Rosenheim", das die Verbindungen München – Grafing – Rosenheim – Traunstein – Salzburg, Rosenheim – Kufstein und München – Holzkirchen – Rosenheim umfasst, für den Zeitraum von Dezember 2013 bis Dezember 2025 aus. Der Zuschlag wurde am 09.12.2010 der Veolia Verkehr Regio GmbH erteilt, die über ihre Tochter BOB unter der Bezeichnung „Meridian" den bisherigen Betreiber DB Regio ablöste. Sie beschaffte dazu 28 sechsteilige und sieben dreiteilige elektrische Triebzüge des Typs „Flirt" bei Stadler Rail, die zunächst im weitab des Netzes gelegenen Regensburg und auf einem beschränkt nutzbaren Hallengleis in Freilassing gewartet werden. Der gemeinsam mit den Stadtwerken München (SWM) projektierte Werkstattneubau

BOB / BRB / BRE

wurde überraschend im Februar 2014 gestoppt.

Verkehre
* SPNV „Bayerisches Oberland" mit 2,1 bis 2,3 Mio. Zugkm/a vom 15.12.2013 bis 14.12.2024 im Auftrag der Bayerischen Eisenbahngesellschaft mbH:
München – Holzkirchen – Schaftlach – Lenggries
München – Schaftlach – Tegernsee,
München – Holzkirchen – Bayrischzell
* SPNV „E-Netz Rosenheim" mit 4,8 Mio. Zugkm/a und Option auf weitere 1,0 Mio. Zugkm/a vom 15.12.2013 bis 13.12.2025 im Auftrag der Bayerischen Eisenbahngesellschaft mbH:
München – Grafing – Rosenheim – Traunstein – Salzburg
München – Grafing – Rosenheim – Kufstein
München – Holzkirchen – Rosenheim

Bayerische Regiobahn GmbH (BRB) P

Bahnhofsplatz 9
DE-83607 Holzkirchen
Telefon: +49 8024 997171
Telefax: +49 8024 997111
auskunft@bayerischeregiobahn.de
www.bayerische-regiobahn.de

Büro Augsburg
Viktoriastraße 3
DE-86150 Augsburg
Telefon: +49 821 478778-0
Hotline: +49 821 478778-77

Management
* Dr. Bernd Rosenbusch (Vorsitzender der Geschäftsführung)
* Fabian Amini (Geschäftsführer Produktion)

Gesellschafter
Stammkapital 25.000,00 EUR
* Transdev Regio GmbH (100 %)

Beteiligungen
* MoveOn Telematik Service GmbH (50 %)

Lizenzen
* DE: EVU-Zulassung (PV+GV) seit 05.05.2003, gültig bis 01.05.2018

Unternehmensgeschichte
Die Bayerische Regiobahn GmbH (BRB) entstand per Gesellschafterbeschluss vom 13.06.2002 aus der ORLA Fünfundzwanzigste Vermögensverwaltung GmbH und ist ein Tochterunternehmen der Transdev Regio GmbH.
Die BRB ging 2006 als Gewinner aus der Ausschreibung des Augsburger Dieselnetzes II hervor und hat 2008 den Betrieb (rd. 2,6 Mio. Zugkm pro Jahr) aufgenommen. Für den SPNV-Betrieb wurden LINT 41 von ALSTOM LHB über den Leasinggeber Société Générale (SG) beschafft. Die Fahrzeugwartung der BRB erfolgte zunächst übergangsweise in den denkmalgeschützten Hallen des als "Bahnpark Augsburg" vermarkteten früheren DB-Bw Augsburg, ehe im Mai 2012 eine neu auf dem Bahnpark benachbartem Bahngelände an der Firnhaberstraße in Augsburg errichtete Werkstatt in Betrieb genommen wurde. Betreibergesellschaft ist die KSI GmbH & Co. KG, an der neben der mit 49 % beteiligten Veolia-Gruppe die Augsburger Localbahn GmbH (AL) 51 % der Anteile hält.
Als gemeinsame Tochter mit der Schwester BOB wurde am 27.10.2006 die MoveOn Telematik Service GmbH gegründet, die Systemleistungen und Telematikdienste auf dem Gebiet des Rechnergestützten Betriebsleitsystems (RBL) erbringt.

Verkehre
* SPNV „Dieselnetz Augsburg II" mit 3,1 Mio. Zugkm/a vom 14.12.2008 (* 13.12.2009) bis Dezember 2019 im Auftrag des Freistaates Bayern
„Ammerseebahn" Augsburg – Mering – Geltendorf – Dießen – Weilheim
„Pfaffenwinkelbahn" Weilheim – Peißenberg – Schongau
„Paartalbahn" Augsburg – Aichach – Schrobenhausen – Ingolstadt *
„Altmühltalbahn" Ingolstadt – Eichstätt Bahnhof – Eichstätt Stadt *

Bayerische Regionaleisenbahn GmbH (BRE) I

Auguststraße 22
DE-95028 Hof
Telefon: +49 30 63497076
Telefax: +49 30 63497099
info@regionaleisenbahn.de

Management
* Gerhard Johannes Curth (Geschäftsführer)

BRE

* Georg Radke (Geschäftsführer)

Gesellschafter
Stammkapital 100.000,00 EUR
* Deutsche Regionaleisenbahn GmbH (DRE) (100 %)

Lizenzen
* DE: EIU-Zulassung Zeitz – Tröglitz; gültig vom 11.02.2013 bis 31.01.2063
* DE: EIU-Zulassung bzgl. jeder einzelnen Strecke für jeweils 20 (Pachtstrecken) bzw. 50 Jahre (Eigentumsstrecken)

Infrastruktur
* Passau Hbf Voglau – Erlau – Hauzenberg (25,1 km); seit 28.11.2007 von DB Netz AG gepachtet; am 29.12.2014 gekauft
* Erlau – Obernzell (4,9 km); seit 28.11.2007 von DB Netz AG gepachtet; am 29.12.2014 gekauft
* Gochsheim (Unterfr.) – Kitzingen-Flugplatz (39 km); seit 2004 von DB Netz AG gepachtet
* Strullendorf – Schlüsselfeld (31,7 km) seit 2005 von DB Netz AG gepachtet
* Köthen – Aken (12,5 km); seit 31.03.2012 von DB Netz AG gepachtet, Betriebsübergang zum 19.07.2012
* Zeitz – Tröglitz – Meuselwitz (13 km); gepachtet seit 12.04.2013; ab Tröglitz ab Bahnhofsnebengleis, Zeitz – Tröglitz wegen Hochwasserschäden gesperrt

Unternehmensgeschichte
Die Bayerische Regionaleisenbahn GmbH (BRE) ist wie die Muttergesellschaft DRE ein EIU, welches zunächst regional auf den Freistaat Bayern beschränkt war und bis auf die „Fichtelgebirgsbahn" Bayreuth – Warmensteinach alle bayerischen Eisenbahnstrecken der DRE-Gruppe gepachtet hat. Die BRE wurde mit Gesellschaftsvertrag vom 22.10.2003 gegründet, der Unternehmensgegenstand ist grundsätzlich der gleiche wie jener der DRE: Beteiligung am Betrieb bzw. Übernahme des Betriebes von Schieneninfrastruktur mit dem Ziel der Erhaltung und qualitativen Verbesserung als EIU, Erbringen von verkehrsbezogenen Dienstleistungen, Erstellen von Untersuchungen und Konzeptionen aus dem Bereich des Verkehrs, Eigenverlag und Vertrieb von Publikationen (mehr dazu im Porträt der DRE). Die BRE wurde ins Leben gerufen, als es wegen seinerzeit absehbarer zahlreicher Streckenübernahmen in Bayern ratsam erschien, hierfür ein eigenes Landesunternehmen zu schaffen. Nachdem man sich in der Folge von einigen Strecken zurückzog, wurde zwischenzeitlich die

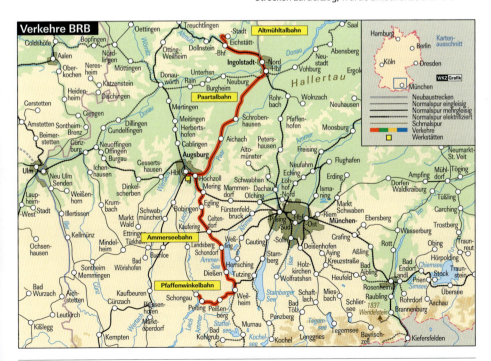

BRE / BZB / BYB

Auflösung des Unternehmens und die Wiederübernahme aller Aktivitäten durch die DRE selbst erwogen, was aber nicht umgesetzt wurde. Die BRE soll stattdessen auch bundesweit Stichstrecken bzw. solche ohne Bedeutung für das zusammenhängende Netz übernehmen, was mit der sachsen-anhaltinischen Strecke Köthen – Aken erstmals praktiziert wurde.
Die Gesellschafterversammlung vom 10.05.2007 hat eine Verlegung des Sitzes von Bamberg nach Weidenberg beschlossen. Zum 16.03.2012 wechselte der Unternehmenssitz von Weidenberg nach Hof.

Bayerische Zugspitzbahn Bergbahn AG (BZB) P I

Olympiastraße 27
DE-82467 Garmisch-Partenkirchen
Telefon: +49 8821 797-0
Telefax: +49 8821 797-900
zugspitzbahn@zugspitze.de
www.zugspitze.de

Management
* Peter Huber (Vorstand)
* Matthias Stauch (Vorstand)

Gesellschafter
Stammkapital 14.140.000,00 EUR
* Gemeindewerke Garmisch-Partenkirchen (100 %)

Lizenzen
* DE: EIU für eigene Infrastruktur
* DE: EVU-Zulassung (PV+GV) seit 04.08.1995, gültig bis 31.12.2025

Infrastruktur
* Garmisch-Partenkirchen – Zugspitzplatt (19,0 km, Spurweite 1.000 mm, Elektrifizierung 1.500 V =)

Unternehmensgeschichte
Die Bayerische Zugspitzbahn ist eine meterspurige gemischte Adhäsions- und Zahnradbahn von Garmisch-Partenkirchen hinauf auf die Zugspitze. Die Eröffnung der Strecke erfolgte in zwei Abschnitten:
* Garmisch – Eibsee am 19.12.1929
* Eibsee – Schneefernerhaus am 08.07.1930
Die Strecke beginnt in Garmisch-Partenkirchen auf 705 m ü. NN und führt auf 7,5 km Länge als Adhäsionsbahn zunächst bis nach Grainau. Der Verkehr auf diesem so genannten Talabschnitt wird auf Bestellung durch die Bayerische Eisenbahngesellschaft mbH (BEG) gefahren, weiter bis zur Endstation hingegen eigenwirtschaftlich. Ab Grainau ist die Bahn mit einer Zahnstange System Riggenbach ausgestattet und führt bis zur Station Riffelriss. Oberhalb der Bedarfshaltestelle Riffelriss beginnt der 4.466 m lange Zugspitztunnel, der in einer großen lang gestreckten Doppelkehre in Richtung Zugspitzgipfel ansteigt. Es gibt zwei Bergstationen, die jeweils im Tunnel liegen. Die ältere Station Schneefernerhaus auf 2650 m wird seit 1992 nicht mehr planmäßig bedient, der Gastronomiebetrieb wurde eingestellt und das Schneefernerhaus zu einer Umweltforschungsstation umgebaut. Zur Schaffung besserer Zugangsmöglichkeiten für die Skifahrer und Touristen zum Zugspitzplatt wurde 1987 unterhalb des Schneefernerhauses eine Tunnelverzweigung mit einer neuen Endstation Zugspitzplatt auf 2588 m und ein neues Restaurant erbaut.
Betreibergesellschaft ist die Bayerische Zugspitzbahn Bergbahn AG (BZB), die im Jahresdurchschnitt 2012 281 Mitarbeiter besaß. Mit Handelsregistereintrag vom 18.07.2000 ist die Kreuzeckbahn Beteiligungs-GmbH auf Grund des Verschmelzungsvertrags vom 27.04.2000 mit der BZB verschmolzen. Gleiches erfolgte mit der Wank-Bahn Aktiengesellschaft zum 24.08.1999 und Verschmelzungsvertrag vom 18.06.1999.
Bei Stadler wurde eine neue vierachsige Zahnradlok bestellt. Diese soll im September 2016 ausgeliefert werden und kostet ca. 4 Mio. EUR.

Verkehre
* SPNV Garmisch-Partenkirchen – Zugspitzplatt; 60.225 Zugkm/a im Auftrag des Freistaates Bayern, 67.160 Zugkm/a eigenwirtschaftlich

Bayern Bahn Betriebsgesellschaft mbH (BYB) P G I

Postfach 1120
DE-86720 Nördlingen
Am hohen Weg 6
DE-86720 Nördlingen
Telefon: +49 9081 2728261
Telefax: +49 9081 2728263
info@bayernbahn.de
www.bayernbahn.de

Management
* Andreas Braun (Geschäftsführer)

Gesellschafter
Stammkapital 30.677,51 EUR
* Bayerisches Eisenbahnmuseum e. V. (BEM) (83,33 %)
* Andreas Braun (16,67 %)

BYB / Bayernhafen

Lizenzen
* DE: EIU Landshut (Bay) Hbf – Neuhausen seit 2005
* DE: EIU Nördlingen – Gunzenhausen
* DE: EIU Nördlingen – Wilburgstetten – Dombühl
* DE: EVU-Zulassung (PV+GV) seit 04.04.1995, gültig bis 31.12.2025

Infrastruktur
* Nördlingen – Gunzenhausen (39,5 km); gepachtet von DB Netz AG
* Wilburgstetten – Dombühl (21,1 km); gepachtet von DB Netz AG
* Betriebsführung Nördlingen – Wilburgstetten (23 km); Eigentümer Zweckverband Romantische Schiene
* Betriebsführung Landshut (Bay) Hbf – Neuhausen (14,2 km); Eigentum: DB Netz AG; Pächter: Dampfzugfreunde Landshut-Rottenburg e.V.

Unternehmensgeschichte
Um die betriebliche und organisatorische Abwicklung von Museumsverkehren zu erleichtern, gründeten der Verein Bayerisches Eisenbahnmuseum e. V. (BEM) und eine Privatperson am 22.12.1987 die Museumsbahnen im Donau-Ries Betriebsgesellschaft mbH mit Sitz in Nördlingen. Seit Dezember 1999 firmiert das seit 04.04.2005 als EVU zugelassene Unternehmen als Bayern Bahn Betriebsgesellschaft mbH (BYB).
Für das Bayerische Eisenbahnmuseum übernimmt die BayBa die formelle Betriebsabwicklung der Museumsverkehre. Darüber hinaus ist die BayBa als Infrastrukturbetreiber sowie im Güterverkehr tätig. Die Wartung der Fahrzeuge der BYB erfolgt im Betriebswerk Nördlingen.
Für den 24 km langen nördlichen Abschnitt Dinkelsbühl – Dombühl der durch die Bayern Bahn betriebenen Strecke Nördlingen – Dombühl prognostizierte eine durch die Region und den Freistaat beauftragte Studie 2012 für den Fall der Reaktivierung des SPNV mehr als 1.000 Fahrgäste pro Tag. Anfang April 2013 gab die Bayerische Eisenbahngesellschaft mbH (BEG) als zuständiger Aufgabenträger daraufhin eine Zusage zur Bestellung von SPNV-Leistungen bei einem noch zu ermittelnden Betreiber ab Dezember 2020. Voraussetzungen sind allerdings die frühestens ab Ende 2014 vorgesehene Verlängerung der Nürnberger S-Bahn bis Dombühl sowie rund 4,65 Mio. EUR teure Ausbaumaßnahmen an der Bayern Bahn-Infrastruktur.
Auch der Abschnitt Gunzenhausen und Wassertrüdingen der „Hesselbergbahn" soll bis Mai 2019 im SPNV reaktiviert werden. In Wassertrüdingen findet ab Mai 2019 die Kleine Landesgartenschau statt.

Verkehre
* Betriebliche Abwicklung von Museumsverkehren des Bayerischen Eisenbahnmuseums e. V. (BEM)
* Gütertransporte Wassertrüdingen (Schwarzkopf & Henkel Production Europe GmbH & Co. KG) – Monheim (Wilhelm Hammesfahr GmbH & Co. KG); 6 x pro Woche seit 07.01.2010 im Auftrag der Schwarzkopf & Henkel Production Europe GmbH & Co. KG; Traktion ab Langenfeld untervergeben an Bahnen der Stadt Monheim GmbH (BSM) bzw. ab 01.01.2015 der Railflex GmbH
* Holzhackschnitzeltransporte Wilburgstetten – Nördlingen (Übergabe an DB); 1-2 x pro Woche im Auftrag der DB Schenker Rail Deutschland AG; Ganzzüge mit Hackschnitzeln nach Hallein [AT] oder Gratwein-Gratkorn [AT]
* Schnapstransporte nach Wassertrüdingen (Schwarzkopf & Henkel Production Europe GmbH & Co. KG); Spotverkehr mit Traktion ab Gunzenhausen im Auftrag der DB Schenker Rail Deutschland AG
* Schrotttransporte Essingen (Scholz Recycling AG & Co. KG) – Cava Tigozzi [IT]; 1 x pro Woche Traktion bis Nördlingen im Auftrag der TX Logıstık AG
* Schrotttransporte Fichtenberg (Scholz Recycling AG & Co. KG) – Cava Tigozzi [IT]; sporadisch Traktion bis Donauwörth im Auftrag der TX Logistik AG
* Stahlcoiltransporte Antwerpen [BE] – Wilburgstetten Ladegleis, 1-2 x pro Halbjahr Traktion ab Gunzenhausen im Auftrag der DB Schenker Rail Deutschland AG
* AZ-Verkehr

Bayernhafen GmbH & Co. KG
G I

Hauptverwaltung
Linzer Straße 6
DE-93055 Regensburg
Telefon: +49 941 79504-0
Telefax: +49 941 79504-20
holding@bayernhafen.de
www.bayernhafen.de

bayernhafen Aschaffenburg
Hafenbahnhofstraße 27
DE-63741 Aschaffenburg
Telefon: +49 6021 8467-0
Telefax: +49 6021 8467-10
aschaffenburg@mainhafen.de
www.mainhafen.de

bayernhafen Bamberg
Hafenstraße 1
DE-96052 Bamberg
Telefon: +49 9 51 965 05 - 0
Telefax: +49 9 51 965 05 - 30
bamberg@bayernhafen.de
www.main-donau-hafen.de

Bayernhafen

bayernhafen Nürnberg, Hafen Nürnberg-Roth GmbH
Rotterdamer Straße 2
DE-90451 Nürnberg
Telefon: +49 911 64294-0
Telefax: +49 911 64294-10
info@gvz-hafen.com
www.gvz-hafen.de

bayernhafen Passau
Linzer Straße 6
DE-93055 Regensburg
Telefon: +49 941 795 97-0
Telefax: +49 941 795 97-40
passau@bayernhafen.de
www.bayernhafen-passau.de

bayernhafen Regensburg
Linzer Straße 6
DE-93055 Regensburg
Telefon: +49 941 79597-0
Telefax: +49 941 79597-40
regensburg@bayernhafen.de
www.donauhafen.de

Management
★ Joachim Zimmermann (Geschäftsführer)

Gesellschafter
Stammkapital 25.000,00 EUR
★ Komplementär: Bayernhafen Verwaltungs GmbH
★ Freistaat Bayern

Beteiligungen
★ Hafen Nürnberg-Roth GmbH (HNR) (80 %)
★ baymodal Bamberg GmbH (74,9 %)
★ TCA Trimodales Containerterminal Aschaffenburg GmbH (49 %)

Lizenzen
★ DE: EIU der eigenen Infrastrukturen
★ DE: EVU-Zulassung (GV) seit 04.08.1995, gültig bis 31.01.2021

Infrastruktur
★ Hafenbahn Aschaffenburg (Gleislänge 24 km)
★ Hafenbahn Bamberg (Gleislänge 11 km)
★ Hafenbahn Nürnberg (Gleislänge 51 km)
★ Hafenbahn Passau (Gleislänge 2,7 km)
★ Hafenbahn Regensburg (Gleislänge 35 km)
★ Aschaffenburg Nilkheim – Aschaffenburg Hafenbahnhof (2,2 km); seit 10.06.2012 als Serviceeinrichtung betrieben

Unternehmensgeschichte
Zur Verwaltung der bayerischen Häfen an Donau und Main sowie der Häfen in der bayerischen Kurpfalz entstand zum 27.08.1925 die „Bayerische Landeshafenverwaltung" mit den Hafenämtern Aschaffenburg, Ludwigshafen, Passau und Regensburg. Das Hafenamt Passau wurde 1931 in das Regensburger integriert und jenes in Ludwigshafen fiel mit Gründung des Bundeslandes Rheinland-Pfalz nicht mehr in die Zuständigkeit Bayerns. Erweitert wurde die Zuständigkeit der Landeshafenverwaltung jedoch zum 13.05.1958 um den als Ersatz für städtische Anlagen neu entstandenen Mainhafen Bamberg und zum 01.09.1967 um den bis 1972 neu erbauten, am Main-Donau-Kanal gelegenen Hafen Nürnberg-Roth. Letzterer wird seit 01.01.1995 durch die Hafen Nürnberg-Roth GmbH (siehe extra Portrait) betrieben, an der die Bayerische Landeshafenverwaltung 80 % der Anteile hält.
Mit Wirkung zum 01.06.2005 wurde die Bayerische Landeshafenverwaltung in die privatrechtlich organisierte Bayernhafen GmbH & Co. KG umgewandelt. Als deren Komplementär fungiert die neu gegründete Bayernhafen Verwaltungs GmbH, deren einziger Gesellschafter der Freistaat Bayern ist, welcher zugleich als einziger Kommanditist der GmbH & Co. KG fungiert.
Die Bayernhafen GmbH & Co. KG unterhält als öffentliches Eisenbahninfrastrukturunternehmen (EIU) in Aschaffenburg, Bamberg, Nürnberg, Regensburg und Passau insgesamt 120 km Gleisanlagen. Die Gleisanlagen werden durch die bayernhafen-Gruppe selbst sowie weitere EVU genutzt.
Bahnumschlag der bayernhafen Gruppe für die vergangen Jahre:
★ 2014: 6,28 Mio. t
★ 2013: 6,11 Mio. t
★ 2011: 7,10 Mio. t
★ 2010: 7,13 Mio. t
★ 2005: 2,59 Mio. t
Im bayernhafen Aschaffenburg ist das Rangieren, Zusammenstellen und Beladen von Ganzzügen möglich. Die Hafenbahn verfügt über ein Gleisnetz von rund 20 km sowie zwei eigene Rangierlokomotiven. Seit Juni 2008 betreibt der bayernhafen Aschaffenburg einen eigenen Zustellbetrieb in den Hafenbahnhof ab Aschaffenburg Rbf. Für den kombinierten Verkehr steht ein trimodales Terminal zur Verfügung.
Das Gleisnetz im bayernhafen Bamberg umfasst ca. 15 km. Dort wird seit 2009 ein bimodales KV-Terminal (Schiene - Straße) betrieben.
Im Hafen Nürnberg stehen rund 51 km Gleisanlagen zur Verfügung. Der Hafenbahnhof hat elf Gleise, wovon die beiden Einfahrgleise und das Ausfahrgleis mit einer Oberleitung überspannt sind. Die elektrifizierten Gleise können von 700 m-Zügen genutzt werden. Für die Verwiegung von Bahnwagen kann im Hafenbahnhof eine Gleiswaage genutzt werden. Im zentralen Hafengebiet befindet sich eine trimodale Umschlagsanlage mit Containerbrücken für den kombinierten Verkehr, die zehn beidseitig angebundene Umschlagsgleise hat. Vom DB-Bahnhof Eibach kommend ist über den teilelektrifizierten Hafenbahnhof die Zufahrt zum KV-Terminal ohne Traktionswechsel möglich.

Bayernhafen / BBL Consulting / BBL Logistik

Am Standort Regensburg stehen ca. 35 km Gleisanlagen zur Verfügung.
Der Hafenbahnhof bietet insgesamt dreizehn Gleise für das Rangieren und die Zugbildung. Der Hafenbahnhof ist über den DB-Rangierbahnhof Regensburg Ost mit E-Traktion erreichbar. Insgesamt fünf Gleise können im Hafenbahnhof elektrisch angefahren werden. Neben einem in Eigenregie betriebenen RoLa-Terminal für die Be- und Entladung von LKW auf Bahnwagen befindet sich auch eine privat betriebene bimodale Umschlagsanlage für den kombinierten Verkehr im Hafengebiet. Straßenzugängige Ladegleise ermöglichen zudem den Umschlag von Bahn auf LKW und umgekehrt.
Der Standort Passau-Schalding bietet ca. 1,9 km Gleisanlagen. Es besteht die Möglichkeit über die beiden straßenzugängigen Ladegleise Güter von der Bahn auf LKW und umgekehrt umzuschlagen. Außerdem gibt es eine Laderampe mit der es möglich ist Straßenfahrzeuge auf Bahnwagen zu verladen bzw. Bahnwagen zu entladen.

Verkehre
* Rangierleistungen im bayernhafen Aschaffenburg
* Gütertransporte Aschaffenburg Hafen – Aschaffenburg Rbf für verschiedene Auftraggeber

Lizenzen
* DE: EVU-Zulassung (PV+GV); gültig vom 29.05.2012 bis 28.05.2017

Unternehmensgeschichte
Am 16.03.2010 wurde die BBL Consulting GmbH als Tochter der BBL Logistik GmbH gegründet. Das Unternehmen ist eine Beratungsgesellschaft im Eisenbahnwesen. Um kleinere Unternehmen zu betreuen verfügt die BBL Consulting über einen Eisenbahnbetriebsleiter sowie örtliche Betriebsleiter. Des weiteren werden Ingenieurleistungen erbracht wie zum Beispiel Projektsteuerung und Eisenbahnbetriebsleitung.
Die EVU-Zulassung erfolgte aus organisatorischen Gründen. Derzeit ist nicht geplant, als EVU mit Lokomotiven und Wagen tätig zu werden.

BBL Logistik GmbH G

Entenfangweg 7-9
DE-30419 Hannover
Telefon: +49 511 76374500
Telefax: +49 511 76374594
info@bbl-gmbh.de
www.bbl-logistik.de

Werkstatt
Geschwister-Scholl-Straße 7
DE-39102 Oebisfelde
Telefon: +49 39002 984230
Telefax: +49 39002 984229

Management
* Jens Ziese (Geschäftsführer)

Gesellschafter
Stammkapital 250.000,00 EUR
* Jens Ziese (100 %)

Beteiligungen
* BBL Consulting GmbH (100 %)
* BBL Technik GmbH (70 %)
* JumboRail GmbH (33,33 %)

BBL Consulting GmbH

Entenfangweg 7-9
DE-30419 Hannover
Telefon: +49 511 76374500
Telefax: +49 511 76374594
info@bbl-consulting.de
www.bbl-consulting.de

Management
* Ralf Mackensen (Geschäftsführer)
* Jens Ziese (Geschäftsführer)

Gesellschafter
Stammkapital 25.000,00 EUR
* BBL Logistik GmbH (100 %)

BBL Logistik / BDG / BDK

Lizenzen
- CH: Sicherheitsbescheinigung (GV, für die deutschen Eisenbahnstrecken auf Schweizer Gebiet); gültig seit 10.02.2010
- DE: EVU-Zulassung (GV) seit 17.02.2006, gültig bis 10.02.2021

Infrastruktur
- Serviceeinrichtung in Hannover Leinhausen; 3.500 m Gleis als Abstell- und Umschlageanlage für Fahrzeuge und Gleisbaustoffe
- Serviceeinrichtung in Hannover Misburg; 750 m als Serviceeinrichtung zum Abstellen von Bahnfahrzeugen
- Betriebswerk Oebisfelde; per 01.07.2013 von DB Netz AG erworben; Ringlokschuppen mit 25 Ständen sowie Gleise mit ca. 1.500 m Länge

Unternehmensgeschichte
Das Unternehmen BBL Logistik GmbH ist am 04.01.2005 gegründet worden und nahezu ausschließlich im Bauzuggeschäft sowie im Baustofftransport tätig. Das Unternehmen konnte in den vergangenen Jahren stark expandieren:
- 2005: 0,33 Mio. EUR Umsatz, 3 Mitarbeiter
- 2006: 1,91 Mio. EUR Umsatz, 11 Mitarbeiter
- 2007: 5,33 Mio. EUR Umsatz, 16 Mitarbeiter
- 2008: 7,01 Mio. EUR Umsatz, 22 Mitarbeiter
- 2009: 8,52 Mio. EUR Umsatz, 26 Mitarbeiter
- 2010: 10,98 Mio. EUR Umsatz, 40 Mitarbeiter
- 2011: 12,68 Mio. EUR Umsatz, 40 Mitarbeiter
- 2012: 18,53 Mio. EUR Umsatz, 63 Mitarbeiter
- 2013: 18,5 Mio. EUR Umsatz, 85 Mitarbeiter

Am 24.04.2008 hat die BBL Bahnbau Lüneburg GmbH Ihre Gesellschafteranteile (50 %) an Jens Ziese verkauft, der nun alleiniger geschäftsführender Gesellschafter ist. Der Firmensitz wurde am 04.06.2013 von Lüneburg nach Hannover verlegt. 2010 wurde das Tochterunternehmen BBL Consulting GmbH gegründet (siehe dort), 2013 das Tochterunternehmen BBL Technik GmbH. Zum 23.07.2010 stieg die BBL Logistik im Rahmen einer Kapitalerhöhung als Gesellschafter bei der JumboRail GmbH neben der JumboTec GmbH und der Zürcher Bau GmbH ein. Die JumboRail mit Sitz in Spremberg vermietet Gleisbaumaschinen.
Im Jahr 2013 hat BBL Logistik das ehemalige Bw Oebisfelde als Werkstatt für Wagen und Triebfahrzeuge erworben, das zuvor u.a. von der LAPPWALDBAHN GmbH (LWB) genutzt worden war.

Verkehre
- AZ-Verkehr
- Baustofftransporte

BDG Bahnservice und Dienstleistungsgesellschaft mbH & Co. KG

Pfännerstraße 23
DE-39218 Schönebeck (Elbe)
Telefon: +49 3928 425565
Telefax: +49 3928 425686
bdg-verwaltung@web.de

Management
- Dirk Kunze (Geschäftsführer)

Gesellschafter
- Kunze Beteiligungs- und Verwaltungsgesellschaft mbH (Komplementär)
- Dirk Kunze (Kommanditist)

Lizenzen
- DE: EVU-Zulassung (GV); gültig vom 30.11.2007 bis 30.11.2022

Unternehmensgeschichte
Zunächst als BDG Bahnservice- und Dienstleistungsgesellschaft bR gegründet wurde das Unternehmen mit Handelsregistereintrag per 25.03.2008 in eine GmbH & Co. KG umgewandelt. BDG ist im Bereich Gleisbau und Baustellenlogistik tätig und beschäftigte 2009 19 Mitarbeiter.

BDK Bahndienste Korkmaz

Frintroper Straße 1
DE-45355 Essen
Telefon: +49 201 74957866
Telefax: +49 201 74957869
info-bdk.korkmaz@t-online.de

Management
- Fahrettin Korkmaz (Geschäftsführer)

Gesellschafter
- Fahrettin Korkmaz (100 %)

Lizenzen
- DE: EVU-Zulassung (GV); gültig vom 03.02.2014 bis 28.02.2029

Unternehmensgeschichte
Die am 13.09.2007 gegründete BDK Bahndienste Korkmaz mit Sitz in Essen ist Dienstleister im Gleisbausektor mit 20 Mitarbeitern (Stand: Oktober 2012) sowie Betreiber einiger Nebenfahrzeuge. Seit 2012 verfügt das Unternehmen über eine Zulassung

Egal wo Sie sind:
Gut informiert mit dem Medienangebot der DVZ.

Die DVZ ist Ihr wegweisender Begleiter in der Logistik- und Transportwirtschaft. Täglich berichtet das qualifizierte Redaktionsteam unabhängig, umfassend und kompetent über branchenrelvante Themen. Sie erhalten eine Zeitung, die Märkte und Entwicklungen genau beobachtet, die komplexe Sachverhalte auflöst und Klarheit schafft. Die DVZ liefert Ihnen alle Informationen, die Sie für Ihr Business benötigen.

Ein Abo – viele Informationswege

Jetzt 4 Wochen gratis und ohne Risiko testen!
www.dvz.de/probe1

BDK / BeNEX

als EVU.

BeNEX GmbH

Burchardstraße 21
DE-20095 Hamburg
Telefon: +49 40 399 958-100
info@benex.de
www.benex.de

Management
★ Dr. Michael Vulpius (Sprecher der Geschäftsführung)
★ Michael von Mallinckrodt (Geschäftsführer Finanzen)

Gesellschafter
Stammkapital 1.961.000,00 EUR
★ Hamburger Hochbahn AG (HOCHBAHN) (51 %)
★ International Public Partnership (49 %)

Beteiligungen
★ 1. BeNEX Fahrzeuggesellschaft mbH (100 %)
★ agilis Verkehrsgesellschaft mbH & Co. KG (100 %)
★ agilis Verwaltungsgesellschaft mbH (100 %)
★ 1. nordbahn Fahrzeuggesellschaft mbH (50 %)
★ Hamburger Nahverkehrs Beteiligungs-GmbH & Co. KG (HNB) (50 %)
★ NBE nordbahn Eisenbahngesellschaft mbH & Co. KG (50 %)
★ ODEG Ostdeutsche Eisenbahn GmbH (50 %)
★ cantus Verkehrsgesellschaft mbH (50 %)
★ agilis Eisenbahngesellschaft mbH & Co. KG (49 %)
★ metronom Eisenbahngesellschaft mbH (25,1 %)

Lizenzen
★ DE: EVU-Zulassung (PV+GV) seit 09.11.2007, gültig bis 30.11.2022

Unternehmensgeschichte
2006 wurde beschlossen, alle Beteiligungen der Hamburger Hochbahn AG (HHA) außerhalb Hamburgs in einer rechtlich selbständigen Expansionsholding zu bündeln. Geplant war zudem, einen strategischen Investor zu gewinnen, der sich an dieser Holding beteiligt.
Per Gesellschaftervertrag vom 10.05.2007 wurde die BeNEX GmbH mit Sitz in Hamburg gegründet. BeNEX wurde aus den Wörtern „Better Nexus" (Englisch und Latein) abgeleitet, was frei übersetzt „Besseres Netz" bedeutet.
Die Ausgliederung der BeNEX aus der HHA ist mit der Eintragung auf dem Registerblatt des übertragenden Rechtsträgers am 25.05.2007 wirksam geworden. U.a. hält BeNEX über die Hamburger Nahverkehrs Beteiligungs-GmbH & Co. KG (HNB) 49,9 % an der SL Stadtverkehr Lübeck GmbH.
Am 15.08.2007 wurde entschieden, 49 % der Gesellschafteranteile der BeNEX an die australische Investmentgesellschaft Babcock & Brown zu veräußern. Die vertraglichen Grundlagen sehen eine Partnerschaft bis zum Jahr 2022 vor. Babcock & Brown wird in den kommenden Jahren rund 100 Mio. EUR in BeNEX einbringen, damit die Gesellschaft auch ein weiteres Wachstum absolvieren kann. 2009 kam es zu einer Abkopplung der Amber GmbH von Bacock & Brown, die auch das deutsche PPP/Infrastrukturgeschäft umfasst. Die neue Gesellschaft ist eine 100%-Tochter der Amber Infrastructure Group Ltd. mit Sitz in München. Aus dem Fonds Babcock & Brown Public Partnership wurde im Zuge der Abkopplung der Fonds „International Public Partnership".
Die 2009 gegründete Sparte agilis vereint die süddeutschen Verkehrsangebote der BeNEX und der Hamburger Hochbahn AG (HOCHBAHN). Dabei ist die agilis Eisenbahngesellschaft für den „Regensburger Stern und Donautalbahn" sowie die agilis Verkehrsgesellschaft für das „Dieselnetz Oberfranken" zuständig. Der Grund der Unterteilung: Das Angebot für den „Regensburger Stern" wurde vor der BeNEX-Gründung noch von der HOCHBAHN abgegeben.
BeNEX verfügte 2010 / 2011 über 30 Mitarbeiter und einen Umsatz von rund 215 Mio. EUR. Im Jahresdurchschnitt 2008 betrug die von den Beteiligungsunternehmen der BeNEX erbrachte Verkehrsleistung knapp 20 Mio. Zugkm auf der Schiene und gut 20 Mio. Wagenkilometer auf der Straße. Die Bilanzsumme stieg 2008 gegenüber dem Vorjahr von 51,2 auf 95,2 Mio. EUR und der Umsatz um 4,4 % auf 7,1 Mio. EUR. Der Jahresüberschuss 2008 betrug 2,03 Mio. EUR.
BeNEX hat das Jahr 2010 mit einem Umsatz- und Gewinnrückgang abgeschlossen. Während die Umsätze gegenüber 2009 um knapp 3 % auf 9 Mio. EUR sanken, ging der Jahresüberschuss um knapp ein Drittel auf 2,1 Mio. EUR zurück. Der operative Gewinn ging um 28 % auf 2,7 Mio. EUR zurück. Die sonstigen betrieblichen Erträge waren um knapp 1,1 Mio. EUR niedriger ausgefallen. Die Gesamtleistung der BeNEX-Gruppe belief sich Ende 2010 auf knapp 25 Millionen Zugkilometer im Eisenbahnbereich und rund 16 Millionen Wagenkilometer im Busbereich. Weitere knapp 15 Millionen Zugkilometer akquirierter Leistungen befinden sich in den Vorbereitungen zur Betriebsaufnahme.
Die BeNEX erwirtschaftete im Geschäftsjahr 2013 einen Jahresüberschuss von 1.397 TEUR (Vorjahr: 552 TEUR). Zum 31.12.2013 betrug die Bilanzsumme der BeNEX 162,1 Mio. EUR (Vorjahr: 194,0 Mio. EUR).

BeNEX

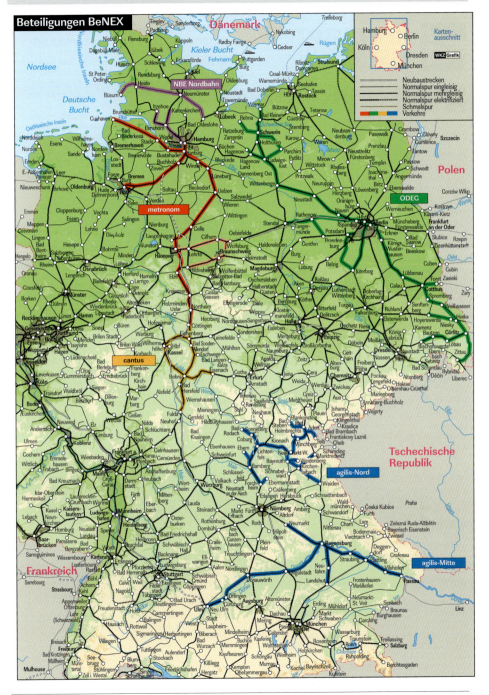

Bentheimer Eisenbahn AG (BE)
G I

Otto-Hahn-Straße 1
DE-48529 Nordhorn
Telefon: +49 5921 8033-0
Telefax: +49 5921 8033-11
info@bentheimer-eisenbahn.de
www.bentheimer-eisenbahn.de

Management
★ Betriebswirt Joachim Berends (Vorstand)

Gesellschafter
Stammkapital 17.030.621 EUR
★ Landkreis Grafschaft Bentheim (NOH) (93,99 %)
★ Stadt Nordhorn (6 %)
★ Stadt Neuenhaus (0,01 %)

Beteiligungen
★ Kraftverkehr Emsland GmbH (100 %)
★ Nutzfahrzeuge GmbH, Nordhorn (100 %)
★ Reisebüro Berndt GmbH (100 %)
★ Einkaufs- und Wirtschaftsgesellschaft für Verkehrsbetriebe mbH (BEKA)
★ EuroStar-Touristik GmbH
★ GPM Grafschafter Parkraum Management GmbH
★ Reisebüro Stehning GmbH

Lizenzen
★ DE: EIU für eigene Infrastruktur
★ DE: EVU-Zulassung (PV+GV); gültig vom 26.10.1995 bis 25.10.2025
★ DE: Sicherheitszertifikat, Teil A+B (GV); gültig vom 11.10.2013 bis 10.10.2018
★ NL: Sicherheitszertifikat, Teil B (GV); gültig vom 20.02.2014 bis 10.10.2018

Infrastruktur
★ Bad Bentheim – Nordhorn – Neuenhaus – Esche – Coevorden [NL] (58,4 km)
★ Esche – Osterwald (3,6 km)
★ Bad Bentheim – Achterberg – Ochtrup-Brechte (15,1 km)

Unternehmensgeschichte
Als derzeit einzige Privatbahn betreibt die Bentheimer Eisenbahn AG (BE) grenzüberschreitende Infrastruktur zwischen Deutschland und den Niederlanden. Als Vorläufer des heutigen Unternehmens wurde am 01.04.1895 die Bentheimer Kreisbahn AG gegründet, die am 07.12.1895 die Bahnstrecke zwischen Bentheim und Nordhorn eröffnen konnte. In den folgenden Jahren erbaute die ab 16.04.1896 als Eigenbetrieb des Kreises Grafschaft Bentheim auftretende Gesellschaft weitere Schienenwege. Von Bentheim ausgehend Richtung Süden konnte am 21.06.1908 die Verbindung nach Gronau (Westf.) eröffnet werden, während ab Nordhorn schrittweise von 1896 bis 1910 bis in das niederländische Coevorden weitergebaut wurde. Ab 01.01.1924 galt „Bentheimer Eisenbahn" als Bezeichnung des Eigenbetriebs des Kreises, bevor die Gesellschaft am 01.01.1935 wieder in eine Aktiengesellschaft umfirmiert und damit als „Bentheimer Eisenbahn AG (BE)" benannt wurde.
Nachdem der SPNV auf dem grenzüberschreitenden Abschnitt Laarwald – Coevorden bereits zum 01.09.1939 eingestellt worden war, wurden zwischen 1965 und 1974 auch auf den übrigen Streckenabschnitten schrittweise die Personenzüge durch Busse ersetzt. Auf der Strecke von Bentheim nach Gronau wurde zum 26.09.1981 jeglicher Verkehr eingestellt, nachdem die DB nur noch in Rheine aber nicht mehr in Gronau Güterwagen an die BE übergab. Während der Abschnitt Bentheim – Achterberg am 17.09.1986 mit der Inbetriebnahme einer Gleisverbindung von Achterberg zu einer Bundeswehrliegenschaft nördlich von Ochtrup („Ochtrup-Brechte") wieder in Betrieb genommen wurde, ist die weitere Teilstrecke bis Gronau inzwischen abgebaut worden.
Weitaus mehr Güterverkehr weist die BE-Infrastruktur von Bentheim Richtung Norden auf. Über die Jahre veränderte sich jedoch die Gewichtung der verschiedenen beförderten Güter. Spielten noch bis in die 1990er-Jahre in der Region gefördertes Rohöl sowie landwirtschaftliche Produkte die Hauptrolle, stellen heute Baustoffe (Zement, Kies) und der KLV zum Umschlagterminal in Coevorden einen höheren Anteil am Frachtaufkommen.
Ausgehend vom eigenen Netz begann die BE in den 1990er-Jahren damit, auch Güterverkehre auf der DB-Infrastruktur anzubieten. Als erste regelmäßige Leistungen wurden für Bahnhöfe an der BE-Infrastruktur bestimmte Zementwagen in Münster von der Westfälischen Landeseisenbahn GmbH (WLE) übernommen und über DB-Strecken Richtung Bad Bentheim gebracht. Auch fand die Wagenübergabe zwischen BE und DB Cargo / Railion zeitweise in Rheine anstelle von Bad Bentheim statt. Ergänzend zum Bahnverkehr bietet die BE Omnibusverkehre, Logistikdienstleistungen sowie Stückguttransporte an und betreibt ein Reisebüro sowie das Grafschafter Logistik Zentrum in Nordhorn.
Das Güterverkehrsaufkommen der BE ist hoch, allerdings merklichen konjunkturellen Schwankungen unterworfen:
★ 2008: 1.030.930 t auf 42,4 Mio. tkm
★ 2009: 985.620 t auf 42,1 Mio.tkm
★ 2010: 937.427 t auf 41,6 Mio. tkm
★ 2011: 1.154.473 t auf 45,6 Mio. tkm

BE / BLB

* 2012: 1.048.216 t auf 38,3 Mio. tkm
* 2013: 1.156.998 t auf 39,9 Mio. tkm
* 2014: 1.113.997 t auf 41,9 Mio. tkm

Im Bahn- und Busbereich wurden summiert folgende Ergebnisse erreicht:

* 2008: 5,93 Mio. EUR Umsatz; 0,55 Mio. EUR Gewinn
* 2009: 5,86 Mio. EUR Umsatz; 0,82 Mio. EUR Gewinn
* 2010: 6,49 Mio. EUR Umsatz; 1,20 Mio. EUR Gewinn
* 2011: 6,05 Mio. EUR Umsatz; 0,91 Mio. EUR Gewinn
* 2012: 6,69 Mio. EUR Umsatz; 0,61 Mio. EUR Gewinn
* 2013: 7,00 Mio. EUR Umsatz; 0,62 Mio. EUR Gewinn

Das gesamte Unternehmen verbuchte 2013 einen Umsatz von 11,713 Mio. EUR (2012: 11,282 Mio. EUR; 2011: 10.980 Mio. EUR; 2010: 12,888 Mio. EUR). Kurzzeitig war die BE auch wieder im SPNV tätig. Gemeinsam mit der Syntus B.V. betrieb sie den „Grensland Espress" Hengelo [NL] – Bad Bentheim von Dezember 2010 bis 14.12.2013.
Die Strecke Bad Bentheim – Neuenhaus ist im Rahmen einer Untersuchung des Verkehrsministeriums Niedersachen in der engeren Wahl bzgl. einer potenziellen Reaktivierung im SPNV. Ein endgültiger Beschluss soll bis Ende März 2015 erfolgen.
Der zentrale Betriebshof der BE befindet sich in Nordhorn Süd; das Direktionsgebäude und der Triebwagenschuppen in Bad Bentheim wurden an Investoren verkauft.

Verkehre
* Einzelwagentransporte auf dem eigenen Streckenetz in Kooperation mit DB Schenker
* KV-Transporte (Weizen Hefe-Konzentrat) Pinnow – Coevorden (Euroterminal I) [NL]; 2 x pro Woche seit Juli 2010 Traktion ab Bad Bentheim im Auftrag der LOCON LOGISIK & CONSULTING AG; aktuell 3 x pro Woche
* KV-Transporte Coevorden (Europark) – Bad Bentheim (EuroTerminal Bentheim-Twente) – Malmö [SE]; 3 x pro Woche seit 28.01.2015 Traktion bis Bad Bentheim (Übergabe an DB Schenker Rail Deutschland AG) im Auftrag der Kombiverkehr Deutsche Gesellschaft für kombinierten Güterverkehr GmbH & Co. KG
* KV-Transporte Coevorden (Europark) – Rotterdam (RSC Waalhaven, RSC Maasvlakte und P&O Ferries Europoort) [NL]; 4-5 x pro Woche seit 01.10.2012 im Auftrag der EuroTerminal Coevorden B.V. (ETC) in Kooperation mit der LOCON BENELUX B.V.; seit 01.09.2014 nur noch 3 x pro Woche
* KV-Transporte Coevorden (Euroterminal Coevorden II) – Bad Bentheim (EuroTerminal Bentheim-Twente) – Rotterdam (CTT, ECT Delta) [NL]; 3 x pro Woche seit 01.09.2014 in Kooperation mit der LOCON BENELUX B.V.
* Kiestransporte Bad Bentheim (Übernahme von Dritten) – Coevorden-Heege (BBE Bewehrungs- u. Betoncenter Europark GmbH); im Auftrag der DB Schenker Rail Deutschland AG und anderer EVU
* Kiestransporte Bad Bentheim (Übernahme von hvle bzw. DB) – Nordhorn GIP (SBR-GmbH); als Nachlauf für Züge aus Röderau und Mühlberg
* Maistransporte Bad Bentheim (Übernahme u.a. von LTE und RTB Cargo) – Coevorden-Heege (Graaco B.V.) [NL]; seit 23.04.2012 als Nachlauf für Züge aus Ungarn; Spotverkehre im Auftrag der LTE Logistik- und Transport-GmbH
* Mineralöltransporte Barnstorf (Wintershall Holding AG) – Lingen-Holthausen (Erdöl-Raffinerie Emsland GmbH & Co. KG), 2 x pro Woche seit 14.06.2004
* Mineralöltransporte Hafen Emlichheim (Wintershall Holding AG) – Osterwald

Berchtesgadener Land Bahn GmbH (BLB) ℗

Postfach 1193
DE-83381 Freilassing
Hermann-Löns-Straße 4
DE-83395 Freilassing
Telefon: +49 8654 77012-60
office@blb.info
www.blb.info

Management
* Dipl.-Ing. Peter Gerhard Brandl (Geschäftsführer)
* Gerhard Heinrich Knöbel (Geschäftsführer)

Gesellschafter
Stammkapital 25.000,00 EUR
* Regental Bahnbetriebs-GmbH (RBG) (50 %)
* Salzburg AG für Energie, Verkehr und Telekommunikation - Salzburger Lokalbahn (SLB) (50 %)

Unternehmensgeschichte
Die am 04.05.2009 gegründete Berchtesgadener Land Bahn GmbH (BLB) geht auf die im Sommer 2006 getätigte SPNV-Ausschreibung der Relation Freilassing – Bad Reichenhall – Berchtesgaden zurück, die eine Bietergemeinschaft aus Salzburg AG (Salzburger Lokalbahn, SLB) und Regentalbahn AG am 08.11.2006 für sich entscheiden konnte. Die fünf dreiteiligen FLIRT-Triebwagen werden bei der SLB in Salzburg-Itzling unterhalten. Ab Juni 2009 erfolgte die Ausbildung von 16 Triebfahrzeugführern.
Da allen Triebwagen bei Betriebsaufnahme noch die Zulassung durch das Eisenbahn-Bundesamt (EBA) fehlte bediente man sich übergangsweise Triebfahrzeuge anderer Unternehmen bzw. richtete abschnittsweise Schienenersatzverkehr mit Bussen von DB Bahn Oberbayernbus (RVO) ein. Am

BLB / BEHALA / BVG

24.02.2010, nach mehr als zwei Monaten Wartezeit, wurde die Bauartzulassung des FLIRTs durch das Eisenbahn-Bundesamt an die BLB gegeben. Mangels einer eigenen Zulassung als EVU bedient man sich der Lizenzen der Gesellschafter bei der Betriebsabwicklung.

Verkehre
* SPNV Freilassing – Berchtesgaden; 0,5 Mio. Zugkm pro Jahr vom 13.12.2009 bis Dezember 2021

BEHALA Berliner Hafen- und Lagerhausgesellschaft mbH

Westhafenstraße 1
DE-13353 Berlin
Telefon: +49 30 39095-0
Telefax: +49 30 39095-177
hafenbahn@behala.de
www.behala.de

Management
* Peter Gerhard Stäblein (Geschäftsführer)

Gesellschafter
Stammkapital 21.000.000,00 EUR
* Land Berlin Senatsverwaltung für Finanzen (100 %)

Beteiligungen
* B Plus Planungs-AG (100 %)
* BEHALA Port Services GmbH (100 %)
* IGB Industriebahn-Gesellschaft Berlin mbH (49,79 %)

Lizenzen
* DE: EVU-Zulassung (PV+GV) seit 06.07.2007, gültig bis 31.07.2022

Infrastruktur
* 12 km Gleisnetz im West- und Südhafen, betrieben nach BOA

Unternehmensgeschichte
Die BEHALA Berliner Hafen- und Lagerhausgesellschaft mbH ist mit einem Umschlag- und Transportvolumen von 4 Mio. t/Jahr einer der größten Binnenhafenbetriebe in Deutschland. Die heutige Gesellschaft vereint die vier Berliner Hafenstandorte Südhafen Spandau (erbaut 1906-1911), Osthafen (erbaut 1907-1913), Hafen Neukölln (erbaut 1912-1922) und Westhafen (erbaut 1914-1923). 1923 erfolgte die Gründung der BEHALA als Berliner Hafen- und Lagerhaus Aktiengesellschaft, Generaldirektion der Berliner Häfen, die 1937 in einen städtischen Eigenbetrieb überführt wurde. 1992 wurden BEHALA und Osthafen zusammengeführt und die AG zum 09.07.1993 in eine Anstalt des öffentlichen Rechts umgewandelt. Am 05.08.2003 erfolgte die Gründung der Berliner Hafen- und Lagerhausgesellschaft mbH.
Die BEHALA hat die Betriebsführung im Spandauer Südhafen und auf dem Rest der Industriebahn zur Nonnendammallee vor Jahren an die IGB Industriebahn-Gesellschaft Berlin mbH abgegeben. Ab dem Bahnhof Ruhleben wird nur noch das Kraftwerk Reuter bedient, der Bahnhof Nonnendammallee ist stillgelegt.
Die BEHALA betreibt ein Container-Terminal im Westhafen. Der Südhafen Spandau soll ausgebaut werden und erhält ebenfalls ein Umschlagterminal für den Kombinierten Verkehr.
2007 beschäftigte der Bereich Hafenbahn neun Mitarbeiter (BEHALA gesamt: 127) und bewältigte eine Transportmenge von 553.000 t. 2010 erwirtschaftete der Bahnbereich der BEHALA einen Umsatz von 1,60 Mio. EUR (2009: 1,16 Mio. EUR).

Verkehre
* Abholung der Güterwagen an den Güterbahnhöfen Moabit und Ruhleben
* Gütertransporte auf eigener Infrastruktur im West- und Südhafen

Berliner Verkehrsbetriebe (BVG) Anstalt des öffentlichen Rechts

Postfach 30 31 31
DE-10729 Berlin
Holzmarktstraße 15-17
DE-10179 Berlin
Telefon: +49 30 256-1
Telefax: +49 30 256-49256
info@bvg.de
www.bvg.de

BVG / Mainschleifenbahn

Management
* Dr. Sigrid Nikutta (Vorsitzende des Vorstands und Vorstand Betrieb)
* Henrik Falk (Vorstand Finanzen und Marketing)
* Dirk Schulte (Vorstand Personal/Soziales)

Beteiligungen
* BT Berlin Transport GmbH (100 %)
* IOB GmbH (100 %)
* URBANIS GmbH (100 %)

Lizenzen
* DE: EVU-Zulassung (PV+GV) seit 14.03.2002, gültig bis 13.03.2017

Unternehmensgeschichte
1881 fuhr in Groß-Lichterfelde bei Berlin die erste elektrische Straßenbahn der Welt. In der Folge begann sich in der Reichshauptstadt ein wachsendes Straßenbahnnetz zu entwickeln, das zu Beginn des 20. Jahrhunderts durch Kraftomnibuslinien ergänzt wurde, nachdem der Verbrennungsmotor seine Tauglichkeit bewiesen hatte. Gegen Ende der 1920er Jahre erschienen die ersten Doppelstock-Busse nach englischem Vorbild. Hinzu kam ein ab 1902 – zunächst weitgehend als Hochbahn – entstandenes U-Bahn-Netz.
Die Berliner Verkehrsgesellschaft (BVG), 1928 von Ernst Reuter ins Leben gerufen, nahm am 01.01.1929 ihren Betrieb auf. Erstmalig fuhren somit alle rein innerstädtischen Verkehrsträger Berlins unter gemeinsamer Regie. Nach dem Zweiten Weltkrieg wurden die Verkehrsmittel in beiden Teilen Berlins schrittweise getrennt; auch die Verkehrspolitik im West- und Ostteil verfolgte unterschiedliche Ziele. So wurden im Westen bis 1967 alle Straßenbahnlinien eingestellt und auch im Osten vor allem in den Bezirken Mitte (südlicher Teil) und Treptow zahlreiche Strecken stillgelegt. Ab den 1970er-Jahren begann hier jedoch der Ausbau des Netzes vor allem zur Erschließung der am Stadtrand entstehenden großen Plattenbau-Wohngebiete. Die Hauptlast des Verkehrs trugen im Westen U-Bahn und Bus. Nach dem Mauerfall wurden 1992 BVG (West) und BVB (Ost) wieder zur BVG vereinigt. Die getrennten Netze der U-Bahn wurden wieder verbunden und – wo erforderlich – ergänzt. Seit 1995 fährt die Straßenbahn seit der in zwei Etappen vorgenommenen Streckenverlängerung über die Bornholmer Straße auch wieder in den Westteil Berlins. Das Rudolf-Virchow-Klinikum sowie die U-Bahnhöfe Seestraße und Osloer Straße, alle in Wedding gelegen, sind seitdem wieder an das Straßenbahnnetz angeschlossen. Erst 2006 folgte die Eröffnung einer zweiten Strecke (Trasse Bernauer Straße) im Westteil der Stadt; eine flächendeckende Rückkehr der Straßenbahn ins ehemalige Westberlin ist jedoch vor allem wegen der angespannten Finanzlage der Stadt nicht absehbar.
Im Jahr 2014 betreibt die BVG zehn U-Bahn-Linien, 22 Straßenbahnlinien und 149 Buslinien sowie 5 Fähren. Mit Stand 31.12.2013 verfügt die U-Bahn über 1.242 Wagen, die Straßenbahn über 361 und der Busverkehr über 1.301 Fahrzeuge. Beschäftigt waren zum 31.12.2013 12.978 Mitarbeiter (31.12.2011: 12.667; 31.12.2006: rund 11.500). 2013 beförderte die BVG 947,3 Mio. Fahrgäste (2011: 937 Mio. auf 4.133 Mio. Pkm; 2009: 925 Mio. auf 4.326 Mio. Pkm).
Im Westen Berlins betrieb die BVG vom 09.01.1984 bis zum 31.12.1993 auch die S-Bahn und damit Bahnverkehr nach EBO. Derzeit erbringt die BVG keine Leistungen auf dem Eisenbahnnetz, verfügt jedoch seit 14.03.2002 über die Zulassung als EVU für Personen- und Güterverkehre. Bei Beantragung der Lizenz war damals - wie auch in anderen kommunalen Verkehrsunternehmen - das Ziel, im anstehenden ÖPNV-Wettbewerb Ausgleich im SPNV zu sichern. Die BVB hatte sich u.a. für die Heidekrautbahn interessiert. Von einem weiteren Engagement wurde aber später ein Engagement im SPNV ausgeschlossen, um die erneute ÖPNV-Direktvergabe nicht zu gefährden.

Betriebsgesellschaft Mainschleifenbahn mbH P I

Postfach 1110
DE-97326 Volkach
Industriestraße 3
DE-97332 Volkach
Telefon: +49 931 8086-0
Telefax: +49 931 8086-86
info@mainschleifenbahn.de
www.mainschleifenbahn.de

Management
* Thomas Benz (Geschäftsführer)
* Karl Klaus Hart (Geschäftsführer)
* Dr. Georg Wolfgang Schramm (Geschäftsführer)

Gesellschafter
Stammkapital 27.500,00 EUR
* Förderverein Mainschleifenbahn e. V. (27,27 %)
* Würzburger Versorgungs- und Verkehrs-GmbH (WVV) (18,18 %)
* Stadt Volkach (9,09 %)
* Landkreis Kitzingen (KT) (9,09 %)
* Armin Angele (9,09 %)
* Michael Ostermaier (9,09 %)
* Deutsche Gesellschaft für Eisenbahngeschichte e. V. (DGEG) (9,09 %)
* Markt Eisenheim (1,82 %)
* Gemeinde Sommerach (1,82 %)
* Gemeinde Nordheim (1,82 %)
* Verschönerungs- und Fremdenverkehrsverein Volkach e. V. (1,82 %)

Mainschleifenbahn / BGE / BKb

* Deutscher Gewerbeverband Ortsverband Volkach und Umgebung e. V. (1,82 %)

Lizenzen
* DE: EIU Seligenstadt b. Würzburg – Volkach

Infrastruktur
* Seligenstadt b. Würzburg – Astheim (Main) (9,7 km); zum 01.10.2011 durch Förderverein Mainschleifenbahn e.V. von DB Netz AG erworben

Unternehmensgeschichte
Am 14.02.1909 wurde in Unterfranken die Bahnstrecke von Seligenstadt nach Volkach eröffnet. Den Namen „Mainschleifenbahn" trägt die Strecke, da der Endbahnhof Volkach in einer Mainschleife liegt. 1968 wurde der Personenverkehr, 1991 auch der Güterverkehr auf der Strecke eingestellt. Nach der am 28.05.1994 vollzogenen Stilllegung wurde die „Interessengemeinschaft Mainschleifenbahn" gegründet, die den Erhalt der Strecke zum Ziel hat. 1995 konnte der Abbau der Strecke verhindert werden, nicht jedoch 1998 der Ausbau der Weiche am Bahnhof Seligenstadt, wodurch die Strecke nun vom restlichen Bahnnetz abgeschnitten ist.
Seit dem 13.09.2003 verkehren regelmäßig Schienenbusse im Sonderverkehr auf der Strecke. Zur Durchführung des Betriebs wurde am 26.07.2001 die Betriebsgesellschaft Mainschleifenbahn mbH gegründet.
Zum 01.10.2011 erwarb der Förderverein Mainschleifenbahn e.V. die seit Januar 2002 von der Betriebsgesellschaft Mainschleifenbahn mbH gepachtete Strecke von der DB Netz AG.

Verkehre
* Museumsbahn und touristischer Verkehr

BGE Eisenbahn Güterverkehr Gesellschaft mbH 🛈

An der Gohrsmühle
DE-51465 Bergisch Gladbach
Telefon: +49 2202 153400
Hotline: +49 2202 152874

Management
* Hardy Winter (Geschäftsführer)

Gesellschafter
Stammkapital 511.000,00 EUR
* M-real Zanders GmbH (40 %)
* Wincanton GmbH (32 %)
* Stadt Bergisch Gladbach (10 %)

Lizenzen
* DE: EIU Bergisch Gladbach – Gewerbegebiet Bergisch Gladbach seit 03.11.1997

Infrastruktur
* Bf Bergisch Gladbach – Gewerbegebiet Bergisch Gladbach

Unternehmensgeschichte
Die BGE Eisenbahn Güterverkehr GmbH wurde am 18.07.1997 mit Sitz in Bergisch Gladbach als Betriebergesellschaft für Logistikzentren und die zugehörigen Leistungen als EVU und EIU gegründet. Die BGE betreibt seit Oktober 1999 ein modernes Logistikzentrum in Bergisch Gladbach für den Papierhersteller M-real Zanders GmbH und seit März 2002 ein weiteres Logistikzentrum in Düren für die dort ansässige Papierindustrie. Von den beiden KV-Terminals gelangten die fertigen Papierprodukte bis Ende 2011 bzw. 2012 in Containern per Shuttlezug zum Hafen Köln-Niehl.
Die BGE betreibt zudem die eingleisige Infrastruktur zwischen dem Bahnhof Bergisch Gladbach und dem Gewerbegebiet, in dem sich das Terminal der BGE befindet. Mangels Verkehren liegt dieses aktuell jedoch brach.

Bleckeder Kleinbahn Verwaltungsges. UG (haftungsbeschränkt) (BKb) 🛈

Lüner Damm 26
21337 Lüneburg
Telefon: +49 4131 851801
Telefax: +49 4131 851803
u.nittel@heide-express.de
www.heide-express.de

Management
* Uwe Nittel (Geschäftsführer)

Gesellschafter
Stammkapital 100,00 EUR
* AVL Arbeitsgemeinschaft Verkehrsfreunde Lüneburg e. V. (100 %)

Infrastruktur
* Lüneburg Meisterweg – Bleckede (23,8 km); seit 01.01.2012 gepachtet von der Osthannoverschen Eisenbahnen AG (OHE)

Unternehmensgeschichte
Bleckeder Kleinbahn Verwaltungsges. UG (haftungsbeschränkt) mit Sitz in Lüneburg wurde am 22.06.2010 gegründet. Das Unternehmen ist Gesellschafter der Kleinbahn Bleckede UG

BKb / BLG RailTec / BLP

(haftungsbeschränkt) & Co. KG, die per 01.01.2012 die am 15.02.1919 eröffnete Strecke Lüneburg Meisterweg – Bleckede für 50 Jahre von der Osthannoverschen Eisenbahnen AG (OHE) pachtete. Anfang des zwanzigsten Jahrhunderts existierte bereits eine Bleckeder Kleinbahn GmbH als Betreiber der oben genannten Infrastruktur, die später in der OHE aufging.

BLG RailTec GmbH 🅖🅘

Mainzer Straße 1
DE-04938 Uebigau–Wahrenbrück
Telefon: +49 35365 4438-11
Telefax: +49 35365 4438-69
info@blg-railtec.de
www.blg-railtec.de

Management
★ Thomas Bamberg (Geschäftsführer)
★ Michael Breuer (Geschäftsführer)

Gesellschafter
Stammkapital 50.000,00 EUR
★ BLG AutoRail GmbH (100 %)

Lizenzen
★ DE: EVU-Zulassung (GV); gültig vom 08.10.2012 bis 31.12.2026

Infrastruktur
★ Rangierbahnhof Falkenberg/Elster (21 km Gleislänge)

Unternehmensgeschichte
Die BLG RailTec GmbH hat in Falkenberg/Elster in ein eigenes Waggonservice- & Logistikzentrum investiert, um die Muttergesellschaft, BLG AutoRail, bei den schienengebundenen Autotransportverkehren als Rangier- und Instandhaltungsknoten zu unterstützen.
Die Übergabe des Rangierbahnhofes Falkenberg/Elster erfolgte am 31.10.2011. Als Betreiber wurde per 08.06.2011 die BLG RailTec GmbH gegründet, die im Dezember 2011 und Dezember 2013 Dieselloks für den Verschub erwarb. Mangels eigener Zulassung waren die Fahrzeuge bis Dezember 2013 bei der TRIANGULA Logistik GmbH (TRG) eingestellt.
Die Rangieranlage soll in 2015 den Charakter einer „öffentlichen Eisenbahninfrastruktur" erhalten und

es sollen auch Leistungen für Dritte erbracht werden. Neben dem Rangierbetrieb erbringt die BLG RailTec heute bereits mobile Instandhaltungsleistungen an Güterwagen. Darüber hinaus wurde in 2014 eine moderne Güterwagenwerkstatt mit 25.000 Quadratmetern Fläche errichtet, die auch für Dritte zur Verfügung steht.

Verkehre
★ Konsolidierung von Waggongruppen / Logistikzügen und Bildung von Ganzzügen in Falkenberg/Elster
★ Pkw-Transporte Devínska Nová Ves (VW) [SK] Mladá Boleslav / Solnice (Škoda) [CZ] – Falkenberg/Elster; 24 x pro Woche; Abschnitt Děčín [CZ] – Falkenberg/Elster Traktion durch ČD Cargo, a. s.
★ Regionale Automobiltransporte

wiebe
logistik

BLP Wiebe Logistik GmbH 🅖

Im Finigen 6
DE-28832 Achim
Telefon: +49 4202 987-501
Telefax: +49 4202 987-505
info-blp-achim@wiebe.de
www.wiebe.de

Management
★ Thorsten Bode (Geschäftsführer)
★ Kai Legenhausen (Geschäftsführer)

Gesellschafter
Stammkapital 105.000,00 EUR
★ Wiebe Holding GmbH & Co. KG (50 %)
★ Sandra Wiebe-Legenhausen (50 %)

Lizenzen
★ DE: EVU-Zulassung (GV) seit 02.06.2005, gültig bis 01.06.2020

Unternehmensgeschichte
Die heutige BLP Wiebe Logistik GmbH wurde am 18.12.1998 als BLP Überwachungs- und Logistik GmbH gegründet und im Februar 2002 umbenannt. Innerhalb der WIEBE-Gruppe übernimmt das

BLP / BM Bahndienste / BEG

Unternehmen die Logistik im Schienenwegebau. Die 1848 gegründete Firma Wiebe aus Achim nahe Bremen ist bereits seit vielen Jahren im Gleisbaugeschäft tätig. Sie zählte zu den ersten Gleisbauunternehmen, die eigene Lokomotiven einsetzten. Die vorhandenen Fahrzeuge wurden bis auf die Kleinloks zwischenzeitlich der BLP Wiebe Logistik GmbH zugeteilt, die auch den Geschäftsbereich Logistik übernimmt.
Das Unternehmen bietet umfangreiche Dienstleistungen in den Bereichen Gleisbau, Hoch- und Ingenieurbau, schlüsselfertige Bauten, Projektentwicklung und Bausanierung an. Insbesondere für die Bereiche Gleisbau und Logistik stehen die eigenen unten genannten Lokomotiven zur Verfügung.
Ende 2014 hatte die H.F. Wiebe GmbH & Co. KG 443 Mitarbeiter (2013: 338; 2012: 338; 2011: 354; 2010: 364; 2009: 339).

Verkehre
★ AZ-Verkehr
★ Pkw-Transporte; Spotverkehre ab Bremen Rbf; seit 2012 im Auftrag der PCT Private Car Train GmbH

BM Bahndienste GmbH G

Maybachstraße 10
DE-76227 Karlsruhe
Telefon: +49 721 791960-0
Telefax: +49 721 791960-15
Hotline: +49 721 791960-11
info@bm-bahndienste.de
www.bm-bahndienste.de

Management
★ Jochen Benz (Geschäftsführer)

Gesellschafter
Stammkapital 25.000,00 EUR
★ Jochen Benz (45 %)
★ Manfred Merkel (24 %)
★ Manfred Pfeil (20 %)
★ Karsten Müller (6 %)
★ Carsten Möckl (5 %)

Lizenzen
★ DE: EVU-Lizenz (GV); gültig vom 10.02.2013 bis 31.01.2028

Unternehmensgeschichte
Mit Gründung am 16.12.2008 ist die heutige BM Bahndienste GmbH als Pfeil Logistik GmbH aus der Logistiksparte der Pfeil Sicherung GmbH entstanden. Mit diesem Schritt wurden die Sicherungs- von den Logistikleistungen getrennt. Seit 2010 stellt die BM Bahndienste Triebfahrzeugführer, Lotsen, Wagenmeister, Rangierer und Rangierhelfer zur Verfügung. Die aktuelle Firmierung trägt die Gesellschaft seit 12.10.2011, wobei die Initialien die Nachnamen des Managements widerspiegeln.
Mit Stand Januar 2015 hatte das Unternehmen 50 Mitarbeiter, die in den vergangenen Jahren folgenden Umsatz generieren:
★ 2013: 1,85 Mio. EUR
★ 2012: 3,89 Mio. EUR
★ 2011: 3,6 Mio. EUR
★ 2010: 2,1 Mio. EUR
Gesellschafter des Unternehmens waren seit 07.02.2013 Geschäftsführer Jochen Benz (71 %), Prokurist Manfred Merkel (24 %) sowie Eisenbahnbetriebsleiter Carsten Möckl (5 %). Bei Gründung verteilten sich die Anteile auf Manfred Pfeil (30 %), Uwe Harter (30 %), Jochen Benz (20 %), Karsten Fooken (10 %) und Karsten Müller (10 %).
Seit 19.07.2012 ist Benz größter Gesellschafter der BM: Jochen Benz (45 %), Manfred Merkel (24 %), Manfred Pfeil (20 %), Karsten Müller (6 %) und Carsten Möckl (5 %).
Seit 10.02.2013 sind die BM Bahndienste als EVU zulassen, per 24.07.2014 erfolgte die Sitzverlegung von Offenburg nach Karlsruhe.

Verkehre
★ AZ-Verkehr

Bocholter Eisenbahngesellschaft mbH (BEG) G

Steigerstraße 13
DE-46537 Dinslaken
Telefon: +49 2064 4703880
Telefax: +49 2064 476497
info@bocholter-eisenbahn.de
www.bocholter-eisenbahn.de

Management
★ Andreas Domke (Geschäftsführer)
★ Guido Lohscheller (Geschäftsführer)

BEG / BOB

Gesellschafter
Stammkapital 150.000,00 EUR
* Guido Lohscheller (50 %)
* Andreas Domke (50 %)

Lizenzen
* DE: EVU-Zulassung (GV) seit 16.02.2005, gültig bis 28.02.2020
* DE: EVU-Zulassung (PV) seit 24.10.2005, gültig bis 28.02.2020
* DE: Sicherheitsbescheinigung gem. § 7a AEG seit 07.11.2014

Unternehmensgeschichte
Vier Mitglieder des in Bocholt ansässigen Vereins zur Erhaltung und Förderung des Schienenverkehrs e.V. (VEFS) gründeten am 24.09.2002 die Bocholter Eisenbahngesellschaft mbH (BEG). Bekannt wurde die Gesellschaft als lokaler Dienstleister im Logistikkonzept „Smirnoff Ice on Rail". Nach dem Ende des Projektes suchte sich die BEG, die seit 2005 auch als Eisenbahnverkehrsunternehmen zugelassen ist neue Betätigungsfelder. Die BEG ist vor allem rund um den Knotenpunkt Emmerich tätig und bespannte zudem seit Januar 2006 mehrmals wöchentlich einen Ganzzug mit Kupfer zwischen Lünen und Hettstedt bzw. Emmerich. Weitere regelmäßige Leistungen werden mit Chemieprodukten zwischen Dormagen und Emmerich, in Kooperation mit der DB Schenker Rail zwischen Oberhausen, Hamminkeln und Emmerich, sowie in Papier- und Stahlverkehren erbracht. Zusätzlich werden bundesweite Überführungsfahrten vor allem mit Gleisbaufahrzeugen und Arbeitszugleistungen angeboten.
Der Personalbestand der BEG umfasste neben den Geschäftsführern im September 2009 und Juni 2012 6,5 sowie im Mai 2014 5,5 Mitarbeiter, die im Eisenbahnbetriebsdienst tätig sind. Ab 01.02.2015 sind 9,5 Mitarbeiter bei der BEG beschäftigt.
Die Gesellschafterversammlung vom 03.09.2008 hat die Erhöhung des Stammkapitals auf 150.000 EUR beschlossen. Am 17.11.2011 wurde die Sitzverlegung von Bocholt nach Dinslaken beschlossen, wo die BEG schon länger ein Büro unterhielt.

Verkehre
* Betonbindertransporte Hamminkeln (Max Bögl Fertigteilwerke GmbH & Co. KG) – Neumarkt (Oberpfalz); Spotverkehre seit 12.11.2013 im Auftrag der DB Schenker Rail Deutschland AG; Traktion bis Wesel (Übergabe an DB)
* Chemietransporte Dormagen – Emmerich; 2 x pro Woche seit 21.01.2008 im Auftrag der Chemion Logistik GmbH; aktuell 3 x pro Woche
* Gütertransporte Oberhausen-Osterfeld-Süd – Emmerich; 3 x pro Woche seit 10.12.2007 im Auftrag der DB Schenker Rail Deutschland AG
* Gütertransporte im Emmericher Hafen; täglich seit 01.05.2007 im Auftrag der dortigen Anschließer
* Kupferkathodentransporte Lünen-Süd (Arubis AG) – Emmerich (Deutsche Giessdraht Gesellschaft mbH); 1-2 x pro Woche seit 02.03.2010 im Auftrag der Deutsche Giessdraht Gesellschaft mbH
* Kupferkathodentransporte Lünen-Süd (Arubis AG) – Hettstedt (MKM Mansfelder Kupfer und Messing GmbH); 1 x pro Woche im Auftrag der Arubis AG

Bodensee-Oberschwaben-Bahn GmbH & Co. KG (BOB) ℗

Postfach 2380
DE-88013 Friedrichshafen
Kornblumenstraße 7/1
DE-88046 Friedrichshafen
Telefon: +49 7541 505-0
Telefax: +49 7541 505-221
info@bob-fn.de
www.bob-fn.de

Management
* Dipl.-Verw.-Betriebswirt Manfred Foss (Geschäftsführer)

Gesellschafter
* Technische Werke Friedrichshafen GmbH (27,5 %)
* Stadt Ravensburg (25 %)
* Landkreis Bodenseekreis (FN) (20 %)
* Landkreis Ravensburg (RV) (17,5 %)
* Gemeinde Meckenbeuren (10 %)

Lizenzen
* DE: EVU-Zulassung (PV) seit 16.05.1995, gültig bis 31.12.2028

Infrastruktur
* Betriebshof in Friedrichshafen, ehemalige Lok-Werkstatt, von der DB angemietet und 1993 bzw. 1997 zum Betriebshof umgebaut

BOB / B&M

Unternehmensgeschichte
Die am 15.10.1991 gegründete Bodensee-Oberschwaben-Bahn (BOB) war eine der ersten NE-Bahnen, die ihre Verkehrsleistungen ausschließlich auf DB-Gleisen abwickelte. Am 25.06.1993 startete die „Geißbockbahn" öffentlichkeitswirksam, indem in Friedrichshafen und Ravensburg die Oberbürgermeister der beiden Städte gleichzeitig ein Band zerschnitten und in Meckenbeuren anschließend die beiden BOB-Triebwagen gleichzeitig eintrafen. Zum 01.07.1993 nahm die BOB mit zwei eigenen Triebwagen des Typs NE 81 ihren planmäßigen Betrieb zwischen Friedrichshafen Stadt und Ravensburg auf. Ursprünglich rechneten die Betreiber mit 1.070 Fahrgästen pro Werktag, doch wurde diese Marke schon bald überschritten, so dass bereits ein Jahr später der dritte Triebwagen bestellt werden musste. Mit der Ausweitung der Verkehre am 01.06.1997 nach Aulendorf und Friedrichshafen Hafen wurden vier RS 1 benötigt, im November 2005 kamen drei weitere Fahrzeuge hinzu. Seit diesem Zeitpunkt wurden die NE 81 nur noch als Reservefahrzeuge verwendet und wenn möglich vermietet. Da zum 01.12.2006 die Fahrzeuge an die HzL verkauft wurden, ist der Bestand der BOB seitdem artenrein.
Im März 2002 wurde die bisher als GmbH firmierende Gesellschaft aus steuerrechtlichen Gründen in eine GmbH & Co. KG mit gleichen Gesellschafteranteilen überführt. Die kaufmännische Betriebsführung obliegt der Technische Werke Friedrichshafen GmbH (TWF), die technische Betriebsführung obliegt der HzL, während die DBZugBus Regionalverkehr (RAB) das Fahrpersonal stellt. Die Wartung der BOB-Triebwagen erfolgt im ehemaligen DB-Betriebswerk (heute BOB-Betriebshof) Friedrichshafen. Größere Arbeiten werden in der HzL-Werkstätte Gammertingen ausgeführt.
Die BOB hat im Juni 2011 zwei neue Triebwagen RS 1 bei Stadler bestellt, die 2013 ausgeliefert wurden. Angesichts der steigender Passagierzahlen reichen die derzeit sieben Triebwagen in den Spitzenzeiten kaum noch aus, so das Unternehmen. Derzeit fahren knapp 5.000 Fahrgäste täglich mit den BOB-Zügen. Der Verkehr soll erst im Zuge eines verkehrlich sinnvollen Gesamtkonzepts nach der Elektrifizierung der Südbahn ausgeschrieben werden.

Verkehre
★ SPNV Aulendorf – Ravensburg – Friedrichshafen Stadt – Friedrichshafen-Hafen mit 0,53 Mio. Zugkm/a

Dr. Christoph Bolay u. Thomas Moser GbR Eisenbahnverkehrsunternehmen (B&M)

Karl-Huber-Straße 44
DE-74613 Öhringen
Telefon: +49 7941 2641
Telefax: +49 7941 2642
Christoph.Bolay@bm-bahn.de
www.bm-bahn.de

Management
★ Dr.-Ing. Christoph Bolay
★ Dipl.-Ing. Thomas Moser

Gesellschafter
★ Dr.-Ing. Christoph Bolay (50 %)
★ Dipl.-Ing. Thomas Moser (50 %)

Beteiligungen
★ Transfer Kornwestheim GmbH (70 %)

Lizenzen
★ DE: EVU-Zulassung (PV+GV); gültig vom 18.05.2009 bis 31.05.2024

Unternehmensgeschichte
Dr. Christoph Bolay und Thomas Moser gehörten zu den Gründungsgesellschaftern der am 10.11.1996 als Eisenbahnbetriebe Mittlerer Neckar GmbH (EMN) entstandenen Unternehmung. 2011 wurde die EMN-EVU Lizenz verkauft, aus dem restlichen Unternehmen wurde die Transfer Kornwestheim GmbH.
Per 01.01.2008 entstand die Bolay & Moser GbR (B&M), die als Regionalbahn konzessioniert wurde und mit der Gleisanschlüsse und Personal bahnrechtlich betreut wurde.
B&M EVU hat inzwischen eine Sicherheitsbescheinigung beantragt, ist als Management-Firma organisiert und führte kurzzeitig im Frühjahr 2014 mit einer Voith Maxima Baustoffverkehre in Süddeutschland durch. Im April 2014 hatte das Unternehmen vier Mitarbeiter.

BTG / BK

Bombardier Transportation GmbH (BTG)

Schöneberger Ufer 1
DE-10785 Berlin
Telefon: +49 3302 894-674
Telefax: +49 3302 894-126
pruefstelle.he@de.transport.bombardier.com
www.bombardier.com

Management
* Dieter John (President, Division Central / Eastern Europe & CIS)
* Matthias Keller (Vice President Controlling Global Supply Chain, Group Technology, Group Project Management)
* Dr. Susanne Kortendick (Vice President HR & Global Supply Chain, Arbeitsdirektorin)
* Dr. Daniel Perlzweig (Vice President Contracts, Legal Affairs & Bids Approval Region Central / Eastern Europe & CIS)

Lizenzen
* DE: EVU-Zulassung (PV+GV); gültig vom 15.01.2014 bis 31.01.2029

Unternehmensgeschichte
Das Unternehmen Bombardier geht auf den kanadischen Mechaniker Joseph-Armand Bombardier zurück, der 1942 im kanadischen Montréal die Firma „L'Auto Neige Bombardier Limitée" schuf, die zunächst ausschließlich Schneemobile herstellte. Nach dem Tod seines Gründers 1964 begann für das Unternehmen eine Phase verstärkten Wachstums mit Diversifizierung der Produktpalette, in welcher der Börsengang 1969 einen Meilenstein bildete. Nach wie vor in der Verkehrsbranche zuhause, ist Bombardier heute weltweit das einzige Unternehmen, das sowohl Flugzeuge (Sparte Aerospace) als auch Schienenfahrzeuge (Sparte Transportation) herstellt. Der Einstieg in das Schienenfahrzeuggeschäft war 1971 erfolgt, als Bombardier als erstes Unternehmen außerhalb Kanadas die Lohnerwerke in Wien, einen Motorroller- und Straßenbahnhersteller, sowie dessen Tochtergesellschaft, den Motorenbauer ROTAX erwarb. 1974 erhielt Bombardier seinen ersten Nahverkehrsauftrag für die Fertigung von 423 Wagen für das U-Bahnsystem von Montréal, wo noch heute die Firmenzentrale ansässig ist. Mit einem Vertrag zur Lieferung von 825 U-Bahn-Zügen an die New Yorker Verkehrsgesellschaft im Wert von 1 Mrd. USD schaffte Bombardier den endgültigen Durchbruch und wurde Marktführer in der nordamerikanischen Schienenverkehrsbranche. Die Expansion nach Europa begann 1986 mit einer 45-prozentigen Beteiligung am belgischen Hersteller BN Constructions Ferroviaires et Métalliques S.A., 1989 gefolgt vom Erwerb von ANF-Industrie, seinerzeit Frankreichs zweitgrößter Hersteller von Schienenfahrzeugen. 1990 stieg Bombardier in den britischen Markt ein und erwarb Procor Engineering Ltd, einen Hersteller von Wagenkästen für Lokomotiven und Personenwagen. Der Schritt nach Deutschland gelang 1995 mit der Übernahme der Aachener Waggonfabrik Talbot GmbH & Co., die allerdings 2013 wieder abgestoßen wurde. Weitere Übernahmen in Deutschland gab es 1998 mit der Deutschen Waggonbau AG (DWA, hervorgegangen aus Teilen des früheren VEB Kombinat Schienenfahrzeugbau der DDR) und 2001 von großen Teilen der Firma DaimlerChrysler Rail Systems, bekannt unter dem Markennamen ADtranz (lediglich deren Berliner Standort Pankow ging an Stadler Rail).
Der Erwerb von ADtranz machte Bombardier zum Weltmarktführer in der Schienenverkehrstechnik und den damit verbundenen Dienstleistungen. Ein Jahr später verlegte Bombardier Transportation seinen Hauptsitz nach Berlin, um die Tätigkeit in Europa, dem weltweit größten Schienenverkehrsmarkt zu erleichtern. Daneben befinden sich in Deutschland u. a. noch Produktionsstätten für Schienenfahrzeuge in Hennigsdorf, Kassel, Görlitz und Bautzen.
Mit der EVU-Lizenz möchte Bombardier vor allem seine Kompetenz auch im Erbringen von Verkehrsleistungen herausstellen, um für entsprechende mögliche Zukunftsoptionen im SPNV-Markt gerüstet zu sein.

Borkumer Kleinbahn- und Dampfschiffahrt GmbH (BK) P I

Am Außenhafen
DE-26723 Emden

Postfach 12 66
DE-26757 Borkum
Am Georg-Schütte-Platz 8
DE-26738 Borkum
Telefon: +49 4922 309-0
Telefax: +49 4922 309-34
info@borkumer-kleinbahn.de
www.borkumer-kleinbahn.de

Management
* Dr. Bernhard Brons (Geschäftsführer)
* Anton Theodor Robbers (Geschäftsführer)

Gesellschafter
Stammkapital 3.500.000,00 EUR
* Aktien-Gesellschaft "Ems" (100 %)

Lizenzen
* DE: EIU-Zulassung für eigene Infrastruktur

BK / boxXpress.de

* DE: EVU-Zulassung (PV+GV); gültig vom 24.01.1996 bis 30.05.2026

Infrastruktur
* Borkum Reede – Borkum Bahnhof (7,5 km, Spurweite 900 mm)

Unternehmensgeschichte
Auf Borkum findet sich ein Stück Nostalgie – die älteste noch betriebene Inselbahn Deutschlands: Seit Inbetriebnahme am 15.06.1888 durch die Firma Habich&Goth mit den beiden Baulokomotiven „Moritz" und „Melitta" besteht der „Borkumer Dünenexpress". Am 23.09.1903 erfolgte die Gründung der „Borkumer Kleinbahn und Dampfschiffahrt Aktiengesellschaft" mit Sitz in Emden, die zum 29.06.1963 in die Borkumer Kleinbahn- und Dampfschiffahrt GmbH umgewandelt wurde. Hauptgesellschafter war und ist die AG Ems aus Emden, eine bereits 1843 gegründete Reederei, die den Schiffsliniendienst zwischen Emden, dem niederländischen Eemshaven und der Insel Borkum abwickelt.
Die Inselbahn auf Borkum bezeichnet sich selbst als Kleinbahn und ist mit ihrer Spurweite von 900 mm und der zweigleisigen Strecke unter den ostfriesischen Inselbahnen eine Sonderling. Die Inselbahnstrecke verbindet den Inselort mit dem Fähranleger.
Während der Güterverkehr bereits 1968 endete, gilt die Zukunft der Personenbeförderung auf der Inselbahn heute als gesichert. So wurde nach umfangreichen Modernisierungen im Bereich der Infrastruktur und der Fahrzeuge z. B. ab 26.07.2007 der Wendezugbetrieb (d .h. je eine Lok an jedem Zugende) eingeführt. In den vergangenen Jahren hat die BK auch in einen betriebsfähigen Museumspark investiert, der aus einer Dampflok sowie einem Wismarer Schienenbus besteht. Damit wird von März bis Dezember ein umfangreiches Programm an Nostalgiefahrten absolviert – im Sommer fast täglich, in der Vor- und Nachsaison an ausgewählten Verkehrstagen.
2010 beförderte die BK mit 52 Mitarbeitern (2009: 50; 2007: 52) 1,05 Mio. Fahrgäste bei einem Umsatz von 3,82 Mio. EUR (2009: 3,22 Mio. EUR).

Verkehre
* Personenverkehr auf der Inselbahn im Umfang von ca. 28.000 Zugkm/a

boxXpress.de GmbH

Harburger Schloßstraße 26
DE-21079 Hamburg
Telefon: +49 40 570133-110
Telefax: +49 40 570133-199
boxxinfo@boxxpress.de
www.boxxpress.de

Management
* Stefan Marx (Geschäftsführer)

Gesellschafter
Stammkapital 250.000,00 EUR
* ERS Railways B.V. (47 %)
* EUROGATE Intermodal GmbH (38 %)
* TX Logistik AG (15 %)

Lizenzen
* DE: EVU-Zulassung (GV); gültig vom 07.05.2003 bis 31.05.2018
* DE: Sicherheitszertifikat, Teil A+B (GV); gültig vom 14.06.2011 bis 13.06.2016
* HU: Sicherheitszertifikat, Teil B (GV); gültig vom 24.05.2014 bis 13.06.2016

Unternehmensgeschichte
Zum 28.06.1999 nahm die damalige Eurokombi KGaA, eine Tochtergesellschaft der Eurokai KGaA, unter der Bezeichnung „Munich-Shuttle" eine regelmäßige Verbindung des KLV von den Häfen Hamburg und Bremerhaven nach München auf, deren Traktion die EVB Eisenbahnen und Verkehrsbetriebe Elbe-Weser GmbH übernahm. Zum 26.06.2000 wurden diese Leistungen durch ein erweitertes Zugnetzwerk des KLV ersetzt. Das von Eurogate Intermodal GmbH (ehemals Eurokombi KGaA), European Rail Shuttle B.V. (ERS) und KEP Logistik gemeinsam betriebene, als „boxXpress. de" vermarktete System verband in seiner ersten Stufe mit einer Wochenkapazität von 1.800 TEU die Häfen Bremerhaven und Hamburg als Hub Gemünden mit Stuttgart-Hafen, Nürnberg und München. Zum 01.10.2001 wurde die Kapazität auf 2.720 TEU/Woche gesteigert, das Terminal Stuttgart-Hafen durch Kornwestheim abgelöst und Augsburg als zusätzliches Ziel aufgenommen.
KEP Logistik – ab 30.06.2000 als NetLog Netzwerk-Logistik GmbH firmierend und zum 01.01.2003 in die TX Logistik AG aufgegangen – übernahm dabei innerhalb der Kooperation die betriebliche Abwicklung der Transporte, während die Vermarktung und Logistik in den Händen von Eurogate und ERS lag. Die drei Partner gründeten mit der Unterzeichnung des Gesellschaftsvertrages

boxXpress.de

zum 16.11.2001 und Handelsregistereintrag zum 29.05.2002 die zunächst ebenfalls in Bad Honnef ansässige boxXpress.de GmbH als gemeinsames Tochterunternehmen, welches die boxXpress-Verkehre schrittweise in eigener Regie übernahm. Das Unternehmen tätigt die komplette betriebliche Abwicklung, während die Vermarktung der Züge in der Hand der Gesellschafter liegt. Die Zugtraktion auf den Langstrecken wird durch die boxXpress.de selbst wahrgenommen; für Rangierdienste und Nahbereichsleistungen werden Dienstleister beauftragt. Mit Handelsregistereintrag vom 06.09.2004 wurde der Sitz der boxXpress.de GmbH nach Hamburg verlegt.

Die Kapazität der bisherigen Verbindungen wurde bis Februar 2004 schrittweise auf 4.560 TEU pro Woche ausgebaut. Zudem wurden unter Nutzung von Wochenend-Stilllagern wöchentliche Verbindungen zwischen Bremerhaven und Schkopau sowie Bremerhaven und Aken (Elbe) eingerichtet. Zum 01.02.2005 erweiterte die boxXpress.de GmbH ihr Zugsystem um werktägliche Verbindungen der beiden angefahrenen Seehäfen mit Mainz und Ludwigshafen. In Zusammenarbeit mit der österreichischen TX Logistik GmbH und der ungarischen Floyd Kft. konnte das boxXpress-System am 15.05.2006 um eine internationale Verbindung in Form der Relation Hamburg – Budapest ergänzt werden, die zunächst zweimal wöchentlich, seit 01.01.2007 viermal wöchentlich befahren wird. Zum 10.12.2006 wurde ferner die Bedienung von Mainz aufgegeben, während Ulm (Beimerstetten) und Regensburg als neue Ziele hinzukamen und die wöchentliche Kapazität auf 6.992 TEU gesteigert werden konnte.

Zum 01.07.2008 wurde die Bedienung von Regensburg aufgegeben und die Leistungen ab Nürnberg nach München-Riem weitergeführt. Im Rhein-Neckar-Raum wurde die Bedienung von Ludwigshafen (Triport) zum 01.08.2008 zu Gunsten von Mannheim (ex Wincanton, heute Contargo) aufgegeben.

Ende 2013 hatte die boxXpress.de GmbH rund 240 Mitarbeiter, von denen ca. 65 in der Unternehmenszentrale in Hamburg arbeiteten.

Verkehre

★ KV-Transporte Bremerhaven – Augsburg-Oberhausen (DUSS) – München-Riem (DUSS); 5 x pro Woche; Rangierdienst CT2/3 bis Bremerhaven-Kaiserhafen durch Eisenbahnen und Verkehrsbetriebe Elbe-Weser GmbH (EVB); Rangierdienst in Augsburg durch Anhaltinisch-Brandenburgische Eisenbahngesellschaft mbH (ABEG)

boxXpress.de / Braaker Mühle / Bräunert

- KV-Transporte Bremerhaven – Beimerstetten (DUSS); 3 x pro Woche; Rangierdienst CT2/3 bis Bremerhaven-Kaiserhafen durch Eisenbahnen und Verkehrsbetriebe Elbe-Weser GmbH (EVB)
- KV-Transporte Bremerhaven – Dortmund-Westerholz (CTD) – Stuttgart (SCT/DUSS); 1 x pro Woche im Auftrag von Maersk; Rangierdienst CT2/3 bis Bremerhaven-Kaiserhafen durch Eisenbahnen und Verkehrsbetriebe Elbe-Weser GmbH (EVB), in Dortmund durch Dortmunder Eisenbahn GmbH (DE) und in Stuttgart durch Mittelweserbahn GmbH (MWB)
- KV-Transporte Bremerhaven – Mannheim (Contargo) – Kornwestheim (DUSS); 5 x pro Woche; Rangierdienst CT2/3 bis Bremerhaven-Kaiserhafen durch Eisenbahnen und Verkehrsbetriebe Elbe-Weser GmbH (EVB)
- KV-Transporte Bremerhaven – Nürnberg Hafen (TriCon); 5 x pro Woche; Rangierdienst CT2/3 bis Bremerhaven-Kaiserhafen durch Eisenbahnen und Verkehrsbetriebe Elbe-Weser GmbH (EVB)
- KV-Transporte Hamburg (Burchardkai, Eurokombi, CTA) – Frankfurt am Main Osthafen (Contargo) – Mannheim (Contargo); 5 x pro Woche seit Oktober 2010, aktuell 3 x pro Woche; Rangierdienst ab Frankfurt Ost Gbf durch HFM Managementgesellschaft für Hafen und Markt mbH
- KV-Transporte Hamburg (CTA/Burchardkai/ Eurokombi) – Beimerstetten (DUSS); 6 x pro Woche; Rangierdienst in Hamburg durch DB Schenker Rail Deutschland AG
- KV-Transporte Hamburg (CTA/Burchardkai/ Eurokombi) – Budapest (BILK) [HU]; 6 x pro Woche; Zug verkehrt in Österreich und Ungarn auf Trassen der FLOYD Szolgáltató Zrt.; Rangierdienst in Hamburg durch DB Schenker Rail Deutschland AG
- KV-Transporte Hamburg (CTA/Burchardkai/ Eurokombi) – Hof; Spotverkehre
- KV-Transporte Hamburg (CTA/Burchardkai/ Eurokombi) – Kornwestheim (DUSS); 5 x pro Woche; Rangierdienst in Hamburg durch DB Schenker Rail Deutschland AG
- KV-Transporte Hamburg (CTA/Burchardkai/ Eurokombi) – München-Riem (DUSS); 5 x pro Woche; Rangierdienst in Hamburg durch DB Schenker Rail Deutschland AG
- KV-Transporte Ludwigshafen (KTL) – Wilhelmshaven (JadeWeserPort (JWP)); 1 x pro Woche seit 15.01.2015; Traktion ab Bremen Rbf vergeben an Mittelweserbahn GmbH (MWB)
- KV-Transporte Rostock Seehafen – Brno [CZ]; 2 x pro Woche seit 31.07.2011 Traktion in Deutschland im Auftrag der ERS Railways B.V.; aktuell 4 x pro Woche
- KV-Transporte Rostock Seehafen – Wien-Freudenau (WienCont) [AT]; 2 x pro Woche seit 12.05.2013 Traktion in Deutschland bis Bad Schandau im Auftrag der ERS Railways B.V.

BMHD Braaker Mühle Handel- und Dienstleistungsgesellschaft mbH

Braaker Mühle 1
DE-22145 Braak
Telefon: +49 40 71005080
Telefax: +49 40 71005089

Management
- Jens Lessau (Geschäftsführer)

Gesellschafter
Stammkapital 25.600,00 EUR
- Jens Lessau (100 %)

Lizenzen
- DE: EIU Hamburg-Billstedt – Glinde

Infrastruktur
- Hamburg-Billstedt – Glinde (7,5 km); am 07.12.2010 von AKN Eisenbahn AG erworben

Unternehmensgeschichte
Die unter anderem als Vermögensverwaltungs- und Immobilienhandelsunternehmen tätige BMHD Braaker Mühle Handels- und Dienstleistungsgesellschaft mbH übernahm zum 07.12.2010 die 7,5 Kilometer lange Strecke von Hamburg-Billstedt nach Glinde von der AKN Eisenbahn AG. Personenverkehr findet auf diesem Reststück der 1907 eröffneten Südstormarnschen Kreisbahn seit 1952 nicht mehr statt. Nach der zum 31.12.2005 vollzogenen Schließung des Bundeswehrdepots Glinde wird die Strecke nahezu ausschließlich für Transporte der im Baustoffhandel- und -recycling tätigen, in Glinde ansässigen Koops-Gruppe genutzt. Mit der Betriebsführung der BMHD-Infrastruktur ist die AKN Eisenbahn AG beauftragt.

Bräunert Eisenbahnverkehr GmbH & Co. KG

Obere Bahnhofstraße 30
DE-67308 Albisheim

Bürostandort / Transpetrol GmbH
Nagelsweg 34
DE-20097 Hamburg
Telefon: +49 40 236004-54
johannes.marg@transpetrol.de
www.transpetrol.de

Bräunert / BSBS

Management
* Johannes Marg (Geschäftsführer)
* Richard Seebacher (Geschäftsführer)

Gesellschafter
* Transpetrol GmbH Internationale Eisenbahnspedition (100 %)
* Komplementär: Bräunert Verwaltungs GmbH

Lizenzen
* DE: EVU-Zulassung (PV+GV) seit 05.12.2006, gültig bis 30.11.2021

Unternehmensgeschichte
Die Bräunert Eisenbahnverkehr GmbH & Co. KG ist seit 21.01.2010 ein Tochterunternehmen der Transpetrol GmbH Internationale Eisenbahnspedition.
Ursprünglich hatte Dipl.-Ing. (FH) Rudolf Bräunert als Sachverständiger gemäß §33 EBO und Eisenbahnbetriebsleiter für die eigenen Bahntätigkeiten am 21.09.2006 die Bräunert Verwaltungs GmbH und am 01.03.2007 die Bräunert Eisenbahnverkehr GmbH & Co. KG gegründet.
Die EVU-Lizenz wurde bis zum Verkauf an Transpetrol nur für die Einstellung der eigenen Rangierdiesellloks des Unternehmens und Überführungsfahrten genutzt, eigene Güterverkehre werden keine durchgeführt. Von Ende 2008 bis Ende 2009 erfolgte die Trassengestellung der grenzüberschreitenden Güterverkehre von damaligen RailTransport s.r.o. durch die Bräunert Eisenbahnverkehr.
Aktuell wird die EVU-Lizenz für täglich verkehrende Verkehre mit Aluminiumprodukten von Norf zu verschiedenen Werken in Deutschland, ferner für regelmäßige Transporte zwischen Köln und Passau im Rahmen eines Korridorzuges der Transpetrol für Wagengruppen und Einzelwagen zwischen Benelux und Südosteuropa („Retrack") sowie für Spotleistungen genutzt.
Die Loks sind durch die Transpetrol angemietet und werden dem eigenen EVU für die Verkehre überlassen.

Verkehre
* Traktion für das Retrack-Wagengruppensystem Rotterdam [NL] – Györ [HU] auf dem Abschnitt Köln-Eifeltor – Passau inkl. Antennenverkehre von/nach Stade, Hamburg, Karlsruhe, Duisburg u.a.; 3-6 pro Woche. Hierzu gehören u.a. folgende Gruppenverkehre:
  - Aluminiumoxidverkehre Stade – Villach [AT]
  - Ethanolverkehre Ungarn nach Duisburg, Karlsruhe, Ingolstadt und Rotterdam [NL]
  - Chemiegruppenverkehre Rotterdam [NL] – Krefeld
  - Chemiegruppenverkehre Rotterdam [NL] / Geleen [NL] – Ungarn
  - Chemie-Einzelwagenverkehre Marl / Herne / Moers nach Ungarn, Bulgarien, Slowakei
  - LPG-Verkehre Pančevo [RS] – Wesseling, Krefeld, Ingolstadt, Münchsmünster
  - Gruppenverkehre Gent [BE] – Augsburg
  - Gruppenverkehre (Industriegüter) Thessaloniki [GR] – Stollhofen
  - Biodieseltransporte u.a. Frankfurt – Ungarn / Slowakei
* Aluminiumtransporte Nievenheim (Übernahme von Häfen und Güterverkehr Köln AG (HGK) / RheinCargo GmbH & Co. KG (RHC)) – Göttingen – Magdeburg (Übergabe an Mittelweserbahn GmbH (MWB)); 7 x pro Woche seit 01.07.2012 im Auftrag der Transpetrol GmbH Internationale Eisenbahnspedition
* Mineralöltransporte; bundesweite Spotverkehre
* Gütertransporte zwischen Köln-Eifeltor und Krefeld, Marl (Chemiepark), Castrop-Rauxel (Rüttgers), Neuss Gbf (Wagentausch mit RheinCargo GmbH & Co. KG (RHC)), Dormagen (Wagentausch mit Chemion Logistik GmbH) und Brühl-Vochem (Wagentausch mit RheinCargo GmbH & Co. KG (RHC)) im Auftrag der Transpetrol GmbH Internationale Eisenbahnspedition

BSBS Braunschweiger Bahn Service GmbH

Steinriedendamm 14A
DE-38108 Braunschweig
Telefon: +49 531 236235110
Telefax: +49 531 236235125
gf@bsbs-bahn.de
www.bsbs-bahn.de

Management
* Katja May (Geschäftsführerin)
* Jörg Schlesinger (Geschäftsführer)

Gesellschafter
Stammkapital 30.000,00 EUR
* Henning Blum (16,67 %)
* Torsten Kluge (16,67 %)

BSBS / BSB / HBH

* Florian Kroker (16,67 %)
* Katja May (16,67 %)
* Marcell Pillot (16,67 %)
* Jörg Schlesinger (16,67 %)

Beteiligungen
* Traction For Railways - Transport GmbH (TFR) (33,33 %)

Unternehmensgeschichte
Der Gesellschaftsvertrag BSBS Braunschweiger Bahn Service GmbH datiert auf den 24.04.2009. Gegenstand des Unternehmens ist die Erbringung von Planungs-, Vermittlungs-, Service- und genehmigungsfreien Verkehrsdienstleistungen und alle damit zusammenhängenden Geschäfte, insbesondere im Zusammenhang mit schienengebundenen Transporten. Schwerpunkt des Unternehmens ist die Eisenbahnbetriebsleitung für Anschlussbahnen.
Im November 2010 erwarb die BSBS eine Nohab-Diesellok der Eichholz Eivel GmbH, die im AZ-Verkehr eingesetzt oder vermietet wird.
Seit 01.04.2011 ist die BSBS an der TFR beteiligt, die als EVU der BSBS-Verkehre dient.
Seit einer Kapitalerhöhung am 27.11.2011 sind alle Gesellschafter zu gleichen Teilen an der BSBS beteiligt.
2014 hatte BSBS neben den Geschäftsführern zwei weitere Mitarbeiter.

Breisgau-S-Bahn GmbH (BSB) P

Üsenberger Straße 9
DE-79346 Endingen am Kaiserstuhl
Telefon: +49 7642 912428
Telefax: +49 7642 912430
info@breisgau-s-bahn.de
www.breisgau-s-bahn.de

Management
* Dipl.-Betriebswirt (FH) Jürgen Bernhard Behringer (Geschäftsführer)
* Matthias Josef Laber (Geschäftsführer)

Gesellschafter
Stammkapital 26.000,00 EUR
* SWEG Südwestdeutsche Verkehrs-AG (100 %)

Beteiligungen
* Regio-Verkehrsverbund Freiburg GmbH (RVF)

Lizenzen
* DE: EVU-Zulassung (PV+GV); gültig vom 24.01.1996 bis 28.02.2026

Unternehmensgeschichte
Am 11.09.1995 gründeten die SWEG und die Freiburger Verkehrs AG (VAG) das Gemeinschaftsunternehmen Breisgau-S-Bahn GmbH (BSB), das im Juni 1997 den Betrieb aufnehmen konnte und bis auf wenige Überführungsfahrten nur auf Infrastrukturen der DB Netz AG tätig ist. Die Wartung der BSB-Triebwagen erfolgt im SWEG-Depot Endingen. Einzelne BSB-Züge verkehren daher über Breisach hinaus über SWEG-Gleise bis Endingen.
2013 beförderte die BSB 7,76 Mio. Fahrgäste (2012: 7,67 Mio; 2011: 7,45 Mio.; 2010: 7,41 Mio; 2009: 7,28 Mio.) und erzielte bei einem Umsatz von 13,40 Mio. EUR (2012: 12,39 Mio.; 2011: 12,21 Mio.; 2010: 12,20 Mio.) ein Ergebnis von -1,28 Mio. EUR (2012: -2,24 Mio.; 2010: 0,27 Mio.; 2009: 0,13 Mio. EUR).
Bis 2018 / 2020 ist in zwei Stufen nach Ausbau und Elektrifizierung die Einbeziehung weiterer Strecken in das regionale S-Bahn-Netz und eine SPNV-Ausschreibung der zugehörigen Verkehre vorgesehen.
Zum 31.12.2012 übertrug die VAG die bisher von ihr gehaltenen Anteile an der BSB an die SWEG. Damit wurde die BSB direkt in den Unternehmensverbund der SWEG integriert. Zudem verständigten sich SWEG und VAG darauf, Maßnahmen zu ergreifen, um die unerwarteten notwendigen Fahrzeugsanierungen und Kostensteigerungen abzusichern. Der Gesellschaftervertrag der BSB wurde daraufhin am 31.01.2013 neu formuliert und der Sitz von Freiburg im Breisgau nach Endingen am Kaiserstuhl verlegt.
Im Dezember 2012 hatte die BSB 38 Mitarbeiter, Ende 2013 waren es 32.

Verkehre
* Verkehre (960.000 Zugkm/a) im Auftrag des Landes Baden-Württemberg
SPNV Freiburg (Breisgau) – Breisach; seit 01.06.1997
SPNV Freiburg (Breisgau) – Elzach; seit 15.12.2002

Bremische Hafeneisenbahn (HBH) I

Der Senator für Wirtschaft, Arbeit und Häfen
Zweite Schlachtpforte 3
DE-28195 Bremen
Telefon: +49 421 361-8808
Telefax: +49 421 361-8717
office@wuh.bremen.de
www.bremische-hafeneisenbahn.de

Gesellschafter
* Stadtgemeinde Bremen (100 %)

HBH / BEG EIU / BEG EVU

Infrastruktur
* Hafeneisenbahn (Gleislänge 230 km)

Unternehmensgeschichte
Die Stadtgemeinde Bremen ist Eigentümerin der Eisenbahninfrastruktur in den stadtbremischen Häfen. Die Bremische Hafeneisenbahn umfasst die Anlagenbereiche Bremerhaven, Bremen Inlandshafen, Bremen Grolland (mit Industriestammgleis GVZ) und das Industriestammgleis Hemelingen. Mit dem Infrastrukturmanagement ist die bremenports GmbH & Co. KG und mit der Betriebsführung die DB Netz AG beauftragt.

Brohltal-Eisenbahn-Gesellschaft mbH (BEG EIU)

Postfach
DE-56649 Niederzissen
Kapellenstraße 12
DE-56651 Niederzissen
Telefon: +49 2636 9740-117
Telefax: +49 2636 80146
alexander.bell@brohltal.de

Management
* Alexander Bell (Geschäftsführer)

Gesellschafter
Stammkapital 766.937,84 EUR
* Verbandsgemeinde Brohltal (96,44 %)
* AIR LIQUIDE Deutschland GmbH (1,49 %)
* Landkreis Ahrweiler (AW) (1 %)
* Wolfgang Reckert (0,59 %)
* Hermann Hartmann (Erben) (0,18 %)
* H. L. Seul (Erben) (0,18 %)
* Jean Schoor (Erben) (0,12 %)

Lizenzen
* DE: EIU Brohl BE – Brohl Hafen
* DE: EIU Brohl BE – Engeln

Infrastruktur
* Brohl BE – Engeln (17,6 km, Spurweite 1.000 mm)
* Brohl BE – Brohl Hafen (2,0 km, Spurweite 1.000 mm; Brohl Ubf – Brohl Hafen zusätzlich 1.435 mm)

Unternehmensgeschichte
Die am 22.01.1896 gegründete und am 26.03.1953 von Brohltalbahn AG in Brohltal-Eisenbahn-Gesellschaft mbH (BEG) umgewandelte Gesellschaft ist Eigentümerin der Gleisinfrastruktur, der Bahnhöfe und der Werkstattanlage in Brohl der Meterspurbahn Brohl – Engeln sowie der mit einem Dreischienengleis ausgerüsteten Verbindung Brohl Ubf – Brohl Hafen. Die Anlagen sind über einen Trassennutzungs- bzw. Pachtvertrag an die 1992 gegründete Brohltal-Schmalspureisenbahn-Betriebs GmbH (BEG EVU) vermietet. Zur Abgrenzung der beiden BEG-Gesellschaften wird die Brohltal-Eisenbahn-Gesellschaft mbH seitdem als BEG EIU bezeichnet.
Auch der Eisenbahnbetrieb wurde zwischenzeitlich an das BEG EVU abgegeben, einige Loks und Wagen befinden sich weiterhin im Eigentum des BEG EIU, wurden aber auch an das BEG EVU vermietet.

Brohltal-Schmalspureisenbahn Betriebs-GmbH (BEG EVU)

Postfach 86
DE-56654 Brohl-Lützing
Brohltalstraße
DE-56656 Brohl-Lützing
Telefon: +49 2633 2104
Telefax: +49 2633 440981
buero@vulkan-express.de
www.vulkan-express.de

Management
* Stefan Raab (Geschäftsführer)
* Michael Haubner (stellvertretender Geschäftsführer)

Gesellschafter
Stammkapital 26.000,00 EUR
* Interessengemeinschaft Brohltal-Schmalspureisenbahn e. V. (IBS) (100 %)

Lizenzen
* DE: EVU-Zulassung (PV+GV) seit 31.08.1996, gültig bis 31.12.2025

Unternehmensgeschichte
Die am 30.03.1992 gegründete Brohltal-Schmalspureisenbahn Betriebs-GmbH (BEG EVU), eine Tochter der Interessengemeinschaft Brohltal-Schmalspureisenbahn e.V. (IBS), betreibt den Verkehr auf den Strecken der Brohltal-Eisenbahn-GmbH (BEG EIU). Eigentümer der Strecken und Gebäude sowie einiger Lokomotiven und Güterwagen ist weiterhin die BEG EIU.
Neben dem als „Vulkan-Express" bezeichneten Ausflugspersonenverkehr von Brohl am Rhein nach

BEG EVU

Engeln in die Eifel befördert die Brohltalbahn Phonolith – ein zur Glasherstellung verwendetes Vulkangestein – von
Brenk nach Brohl-Umladebahnhof. Der Phonolithverkehr wurde schon von der Brohltal-Eisenbahn-Gesellschaft mbH (BEG) durchgeführt, damals aber noch in offenen Schüttgutwagen. Er wurde 1995 wegen starker Staubentwicklung beim Umschlag eingestellt und konnte von der Brohltalbahn durch Umstellung auf Transport in geschlossenen Containern zurückgewonnen werden, die mit einem eigenen Reach-Stacker in Brohl Ubf umgeladen werden. Die Container-Güterzüge bestehen aus fünf Waggons und verkehren ganz nach Wunsch des verladenden Kunden ohne feste Verkehrstage und Fahrzeiten. Fallweise wird auch der „Vulkan-Express" als PmG gefahren.
Seit einigen Jahren ist die Brohltalbahn auch auf der normalspurigen Infrastruktur der DB im Arbeitszug- und Güterverkehr tätig. Für diesen Bereich wurde am 19.11.2002 zusammen mit der Eifelbahn Verkehrsgesellschaft mbH (EVG) die gemeinsame Tochter Rheinische Eisenbahn GmbH (RE) gegründet. Zum 17.05.2005 verkaufte die Brohltalbahn jedoch ihre Anteile an der RE an die EVG. Seither erbringt die Brohltalbahn Leistungen auf dem DB-Netz in Eigenregie.
Anfang Januar 2005 erfolgte die Einstieg in den regelspurigen Schienengüterverkehr: Nach einem im Herbst 2004 durchgeführten Probetransport werden seither Aluminiumtransporte zwischen Spellen und Koblenz durchgeführt. Während die Brohltalbahn in Spellen das Gelände des Lieferanten befährt, erfolgt im Koblenzer Hafenbahnhof die Übergabe an die Hafenbahn der Stadtwerke Koblenz GmbH (SWK), die die Zustellung auf der „letzten Meile" übernimmt.
Seit dem 24.05.2006 obliegt der Brohltalbahn die Bedienung eines Güterverkehrskunden in Bonn-Beuel, der Überseecontainer aus Nord- und Südamerika empfängt. Seit Juli 2003 hatte zunächst die RSE Rhein-Sieg-Eisenbahn GmbH diese Transporte durchgeführt, wobei der Abschnitt vom Hafen Bremerhaven nach Troisdorf im Einzelwagenzugnetz der damaligen DB Cargo AG absolviert wurde. Auf der Suche nach einer kostengünstigeren Alternative konnte unter maßgeblicher Hilfe der RSE der o. g. „Aluzug" Spellen – Koblenz der Brohltalbahn lokalisiert werden. Seitdem werden die Container per Binnenschiff nach Koblenz Hafen transportiert und gehen dort ein bis zwei Mal monatlich auf die Eisenbahn über.
Am 22.07.2006 konnten SBB Cargo und die Brohltalbahn als lokaler Partner den Transport von Lavasplit vom Hafen Andernach nach Rotkreuz in der Schweiz aufnehmen. Die Transporte wurden 2011 in Eigenregie übernommen und fahren nun ab Brohl Hafen sowie ab Andernach mit DB Schenker Rail Deutschland AG.
2007 verfügte die Brohltalbahn über 14 Mitarbeiter in Verwaltung und Zugfahrdienst.
Mit dem Aufschwung legte der Güterverkehr der Brohltalbahn im Bereich des DB-Netzes 2010 gegenüber dem Vorjahr wieder deutlich zu. So konnten beispielsweise die Aluminiumtransporte von Spellen am Niederrhein nach Koblenz 2010 gegenüber dem Vorjahr um über 10 % auf 37.000 t und 2014 auf fast 50.000 t gesteigert werden. Auch der Güterverkehr auf der Schmalspurbahn im Brohltal entwickelt sich erfreulich und liegt derzeit stabil bei etwa 15.000 t pro Jahr.
In den Jahren 2010 und 2011 konnte die Brohltalbahn weitere Leistungen im Raum Koblenz / Neuwied sowie nach Limburg (Lahn) hinzugewinnen. Als Standort für die Normalspuraktivitäten wurde eine Halle und Sozialräume im Bahnhof Neuwied übernommen.

Verkehre
★ Personenausflugsverkehr „Vulkan-Express" Brohl BE – Engeln
★ Phonolithtransporte Brenk – Brohl-Umladebahnhof; nach Bedarf
★ Aluminiumbarrentransporte Spellen (VOERDAL Voerde Aluminium GmbH / Aleris) – Koblenz-Lützel (Aleris Aluminum Koblenz GmbH); 2-3 x pro Woche seit Januar 2005, 4 x pro Woche seit April 2014; Beförderung auf der Hafenbahn durch die Stadtwerke Koblenz GmbH (SWK); aktuell 3 x pro Woche
★ KV-Transporte Koblenz Hafen – Bonn-Beuel (Gutsche GmbH VW-Entfallteiledienst); 1-2 x pro Monat; Beförderung im „Aluzug"
★ Lavasplittransporte Brohl Hafen – Rotkreuz [CH]; 1 x pro Monat seit 28.07.2011; Traktion ab Andernach durch DB Schenker Rail Deutschland AG
★ Papiertransporte Koblenz-Mosel (Wagentausch mit BCB) – Limburg (Lahn) (Zimmermann - Spedition GmbH); 2 x pro Woche seit Januar 2011 im Auftrag der Bayerischen CargoBahn GmbH (BCB); 3-4 x pro Woche seit Dezember 2013; 5 x pro Woche seit Januar 2015
★ Zementklinkertransporte Bernburg (Schwenk Zement KG) – Rheinhafen Andernach; saisonal 2 x pro Woche seit 01.01.2014 letzte Meile im Auftrag der mcm logistics GmbH
★ Rangierdienst in Bendorf (Zustellung Bahnhof – Tanklager); Spotverkehre u.a. im Auftrag der CTL Logistics GmbH seit 2009
★ Rangierdienst in Neuwied (Zustellung Bahnhof – Zementwerk); 3-4 x pro Woche im Auftrag der Neuss-Düsseldorfer Häfen GmbH & Co. KG, Neusser Eisenbahn (NE) seit 2010

BSB Saugbagger und Zweiwegetechnik Stefan Mattes GmbH & Co. KG

Vulkanstraße 13
DE-10367 Berlin
Telefon: +49 30 8092585-20
Telefax: +49 30 8092585-95
mail@saugbagger-betriebe.de
www.saugbagger-betriebe.de

Management
★ Dipl.-Ing. Stefan Mattes (Geschäftsführer)

Gesellschafter
★ BSB-Saugbagger und Zweiwegetechnik Stefan Mattes Verwaltungs GmbH

Lizenzen
★ DE: EVU-Zulassung (GV) seit 06.10.2006, gültig bis 31.10.2021

Unternehmensgeschichte
Die „Berliner Saugbaggerbetriebe Stefan Mattes" wurden 1994 als reiner Saugbaggerbetreiber im Bereich Tief- und Straßenbau gegründet. Ausgehend von den praktischen Erfahrungen im tagtäglichen Betrieb wurden in den Folgejahren neue Einsatzbereiche im Landschafts- und Umweltbau, in der industriellen Reinigung, z.B. von Kesseln und Kammern, sowie bei weiteren Aufgaben der pneumatischen Erdstoffförderung erschlossen.
Darüber hinaus bietet das Unternehmen seine Leistungen in der „saugenden" Fahrwegunterhaltung als Einheit von Instandhaltung, Gleisbettwartung und technischer Kontrolle für alle Betreiber von Schienennetzen an. Dazu hat BSB Saugbagger mit selbstentwickelten Umbauten zur Schotterreinigung ausgerüstet.

B-S-L GmbH Betrieb-Service-Logistik G

Am Kanal 59
DE-15749 Mittenwalde
Telefon: +49 33764 24166
Telefax: +49 33764 25847
info@betrieb-service-logistik.de
www.betrieb-service-logistik.de

Niederlassung
Berliner Straße 191
DE-06116 Halle
Telefon: +49 345 44478666
Telefax: +49 345 44478667
halle@betrieb-service-logistik.de

Management
★ Matthias Brust (Geschäftsführer)

Gesellschafter
Stammkapital 25.000,00 EUR
★ Martin Rose GmbH & Co. KG (100 %)

Lizenzen
★ DE: EVU-Zulassung (PV+GV) seit 02.07.2003, gültig bis 31.12.2017

Unternehmensgeschichte
Die in Mittenwalde ansässige B-S-L GmbH Betrieb-Service-Logistik wurde am 11.10.2001 gegründet. Uwe Werner Schmidt und Wolfgang Schwarze, die paritätisch die Gesellschafteranteile gehalten hatten, verkauften diese Anfang 2008 an das Gleisbauunternehmen Martin Rose GmbH & Co. KG. Zu den Schwerpunkten des Unternehmens gehören die Geschäftsbereiche:
★ Baustellen- und Verkehrslogistik
★ Verlade- und Rangiertätigkeiten
★ Transportleistungen
★ Triebfahrzeug- und Wagenmeistergestellung
★ Rangierbegleiter- (Arbeitszugführer) und Logistikergestellung
★ Betriebsleitung von anderen EVU, Anschlussbahnen und Bahnbauunternehmen
★ Sicherheitsmanagement für Eisenbahnunternehmen
★ Winterdienst für Bahnen
★ Aus- und Weiterbildung von Bahnbetriebspersonal

In Halle befindet sich eine Außenstelle mit der Disposition.
Mit Stand Oktober 2010 verfügte B-S-L über eine eigene Lokomotive; zusätzliche Fahrzeuge werden je nach Bedarf angemietet. Im November 2008 hatte B-S-L ca. 30 Mitarbeiter, im September 2010 waren es 33.

BSM GmbH G

Harrlachgärtenweg 9
DE-68163 Mannheim
Telefon: +49 621 43179670
Telefax: +49 621 43179671
info@bsm-bahn.de
www.bsm-bahn.de

BSM / BSS / BS-W

Verwaltung & Disposition
Carl-Reuther-Straße 3
DE-68305 Mannheim
Telefon: +49 621 4628397
Telefax: +49 621 9784381

Management
* Juanita Wette (Geschäftsführerin)

Gesellschafter
Stammkapital 25.000,00 EUR
* Wolfgang Wette (96 %)
* Juanita Wette (4 %)

Unternehmensgeschichte
Die am 21.12.2004 gegründete BSM GmbH vermietet Diesellokomotiven, Turmtriebwagen und Trommelwagen für Oberleitungs- und Vegetationsarbeiten sowie Brückenuntersuchungen. Die Fahrzeuge können inklusive Bedienpersonal und Triebfahrzeugführer angemietet werden. Das Kürzel BSM im Firmennamen steht für „Bahnservice Mannheim".
Übergangsweise wurden die Fahrzeuge bei der HWB Verkehrsgesellschaft mbH eingestellt. Mangels eigener EVU-Zulassung der BSM wurde die Betriebsleitung vom 01.01.2007 bis 31.07.2014 durch die Deutsche Museums-Eisenbahn GmbH (DME) wahrgenommen.

Verkehre
* AZ-Verkehr

BSS Bahnservice Saarland GmbH
Ⓖ

Saarbrücker Strasse 42-44
DE-66625 Nohfelden-Türkismühle
Telefon: +49 6852 90276-0
Telefax: +49 6852 90276-19
Hotline: +49 6852 90276-15
dispo@bs-saarland.de
www.bahnservice-saarland.de

Management
* Christian Fries (Geschäftsführer)

Gesellschafter
Stammkapital 25.000,00 EUR
* Christian Fries (100 %)

Unternehmensgeschichte
„Wir wachsen step-by-step", umreißt Christian Fries die Pläne für sein junges Unternehmen BSS Bahnservice Saarland. Anders als der Name zunächst vermuten lässt, ist die im April 2012 gegründete BSS bundesweit tätig – aktuell mit zwei Triebfahrzeugführern und vier Wagenmeistern. Inhaber Christian Fries ist selbst Triebfahrzeugführer, die Dispositionsleitung übernimmt Manuela Hemmes. Mittelfristig strebt die BSS auch die Zulassung als Eisenbahnverkehrsunternehmen (EVU) an, aktuell werden die Lizenzen von Kooperationspartnern genutzt.
Zum 22.08.2014 erfolgte die Umwandlung des Unternehmens in eine GmbH.

Verkehre
* Rangierdienst in Bous; seit 01.08.2013 im Auftrag der TWE Bahnbetriebs-GmbH
* Rangierdienst im Stahlwerk Bous; seit 01.01.2014 im Auftrag der Stahlwerk Bous GmbH

BS-W Bahnservice- und Werkstattdienste GmbH

Am Saalehafen 1
DE-06118 Halle (Saale)
Telefon: +49 345 68458-27
info@lth-gruppe.de
www.lth-gruppe.de

Management
* Matthias Junge (Geschäftsführer)

Gesellschafter
Stammkapital 25.500,00 EUR
* Matthias Junge (50 %)
* Martin Theis (50 %)

Lizenzen
* DE: EVU-Zulassung (GV); gültig vom 01.10.2014 bis 30.09.2029

Unternehmensgeschichte
Die BS-W Bahnservice und Werkstattdienste GmbH ist ein Unternehmen der LTH-Gruppe und übernimmt die Wagenmeistergestellung sowie seit Oktober 2014 die Funktion als EVU innerhab der Gruppe u.a. für die mcm logistics GmbH (siehe dort). Die BS-W hat per 04.12.2013 ihren Sitz von Dorsten an die Saale verlegt.
Bei Gründung des Unternehmens am 17.11.2011 befand sich dieses im paritätischen Eigentum von Matthias Junge, Martin Theis sowie Oliver vom Wege. Vom Wege war zuvor Gesellschafter des zum 31.12.2011 aufgelösten Personaldienstleisters Knapp vom Wege GbR, der ebenfalls Wagenmeister gestellt

hatte. Junge und Theis sind Gesellschafter der LTH-Gruppe. Per 18.02.2013 übernahm der damalige Geschäftsführer Thomas Messner die Anteile von vom Wege, seit 15.04.2014 gilt die aktuelle Verteilung.

BT Berlin Transport GmbH

Torstraße 49
DE-10119 Berlin
Telefon: +49 30 21495-0
Telefax: +49 30 21495-209
webmaster@berlintransport.de
www.berlintransport.de

Management
* Dipl.-Ing. Michael Martin Schröder (Geschäftsführer)

Gesellschafter
* Berliner Verkehrsbetriebe (BVG) Anstalt des öffentlichen Rechts (100 %)

Lizenzen
* DE: EVU-Zulassung (PV+GV) seit 25.05.2005, gültig bis 24.05.2020

Unternehmensgeschichte
Die BT Berlin Transport GmbH ist ein Tochterunternehmen der BVG AöR, das Fahrdienstleistungen unter Nutzung des Fahrzeugparks der Muttergesellschaft erbringt. Sie sollte das Zukunftsmodell für eine serviceorientierte, wirtschaftliche und moderne Fahrdienstleistung in Berlin und in Deutschland werden. Ihre Gründung geht auf das „BVG-Sanierungs- und Umsetzungskonzept 2000 (BSU2000)" zurück, mit dem die Zukunft des Berliner Nahverkehrs vor allem unter dem Blickwinkel der Defizitbegrenzung und möglicher auf den Markt drängender Wettbewerber gesichert werden sollte. Das „Rekrutierungskonzept" sah den Wechsel von BVG-Mitarbeitern zur BT mit ihrem eigenen Tarifwerk und niedrigeren Gehältern unter Zahlung einer Abfindung vor. Die BT startete ihre Tätigkeit am 01.12.1999 mit zunächst vier Busfahrern und beschäftigte Mitte 2007 nach eigenen Angaben 766 Omnibus-, 135 U-Bahn- und 91 Straßenbahnfahrer sowie 44 Verwaltungsangestellte. Weiterhin übernahm die BT von der BVG Leistungen im Bereich Stadtrundfahrten und Ausflugsverkehre sowie Pkw-Fahrten für Bundesbehörden. Neu hinzugekommen sind in den vergangenen Monaten Schulverkehre in Spandau sowie ein Shuttle-Verkehr zum Flughafen Schönefeld. Die angedachte Akquise von SPNV-Verkehren durch die BT scheiterte allerdings und die entsprechende Abteilung wurde

aufgelöst.
2011 beschäftigte die BT insgesamt 1.981 Mitarbeiter, davon 1.512 Busfahrer (2010: 1.996 Mitarbeiter, davon 1.533 Busfahrer). Diese erbrachten überwiegend im BVG-Auftrag 2,89 Mio. Leistungsstunden und erzielten einen Umsatz von 72,22 Mio. EUR (2010: 71,76 Mio. EUR).

BTE Bremen-Thedinghauser Eisenbahn GmbH

Leester Straße 88
DE-28844 Weyhe-Leeste
Telefon: +49 421 80950974
Telefax: +49 421 80950975
bte-eisenbahn@t-online.de
www.weserbahn.de/3419.php

Management
* Michael Hünig (Geschäftsführer)

Gesellschafter
Stammkapital 25.000,00 EUR
* Gemeinde Stuhr (30 %)
* Gemeinde Thedinghausen (30 %)
* Gemeinde Weyhe (30 %)
* Weserbahn GmbH (WB) (10 %)

Lizenzen
* DE: EIU Bremen-Huchting – Thedinghausen
* DE: EVU-Zulassung (GV) seit 03.03.2000, gültig bis 03.03.2015

Infrastruktur
* Bremen-Huchting – Thedinghausen (26,2 km)

Unternehmensgeschichte
Die Bezeichnung der BTE geht auf die Bahnstrecke (Bremen-) Huchting – Thedinghausen zurück, die am 01.10.1908 bis Brinkum, am 01.02.1910 bis Leeste und am 01.10.1910 bis Thedinghausen eröffnet wurde. Die Kleinbahn Bremen–Thedinghausen (BTh) stand im Eigentum der Bremisch-Hannoverschen Kleinbahn AG (seit 1958 BHE Bremisch-Hannoversche Eisenbahn AG) und unter Betriebsführerschaft der Deutschen Eisenbahn-Gesellschaft (DEG).
Die Strecke selbst hatte ursprünglich sowohl für die Landwirtschaft und kleinere Industriegebiete als auch im Personenverkehr für den Einzugsbereich Bremen ihre Bedeutung. Letzterer endete aber bereits am 01.10.1955, denn die schon 1927 eingerichtete Buslinie Thedinghausen – Bremen vermied den nicht großen Umweg der Bahnfahrt. Die Hauptanteile an der BTh hielt ab 1996 die WCM Beteiligungs- und Grundbesitz-Aktiengesellschaft, die sich aber weniger für den Bahnbetrieb als für

BTE / Bückebergbahn / BUG Vermietungsgesellschaft

den attraktiven, nicht betriebsnotwendigen Bestand an Grundstücken und Wohnungen interessierte. Zudem war seit 1990 ein stetiger Rückgang des Güterverkehrsaufkommens zu verzeichnen. Als sich im Jahr 2000 abzeichnete, dass die WCM den Bahnbetrieb aufgrund des erwirtschafteten Defizits einstellen wollte, gründeten die Gemeinden Stuhr, Thedinghausen und Weyhe sowie die Bremer Vorortbahnen GmbH (BVG) am 10.12.1999 gemeinsam die heutige BTE, welche zum 01.03.2001 die betriebsnotwendigen Grundstücke und Gebäude, die bahntechnischen Anlagen sowie die zwischenzeitlich veräußerte Diesellok übernahmen. Letztere wurde im Zuge der Übertragung der Betriebsführerschaft an die Weserbahn GmbH (WB) als BTE-Mitgesellschafter abgegeben. Da dieser auch die Betriebsführung der Verkehrsbetriebe Grafschaft Hoya GmbH (VGH) obliegt, arbeiten BTE und VGH auf betrieblicher Ebene eng zusammen. Mittelfristig ist vorgesehen, Teile der BTE-Strecke im SPNV durch die Stadtbahnlinien 5 und 8 der Bremer Straßenbahn AG (BSAG) zu befahren. Auf der BTE-Stammstrecke führt der Kleinbahn Leeste e.V. (KBL) regelmäßigen Museumsbahnbetrieb mit historischen Fahrzeugen unter der Bezeichnung „Pingelheini" als dem volkstümlichen Namen der Bahn durch. Seit 2003 wird der Güterverkehr der BTE durch Dritte ausgeführt. Die BTE ist somit nur noch Infrastrukturbetreiber und EVU für den KBL.

Bückebergbahn Rinteln-Stadthagen GmbH ▯

Bahnhofstraße 7
DE-31683 Obernkirchen
Telefon: +49 170 6150032
Telefax: +49 3222 9349217
thomas.stuebke@teleos-web.de
c.reinhardt@aol.com
www.bueckebergbahn.de

Management
* Carsten Reinhardt (Geschäftsführer)
* Thomas Stübke (Geschäftsführer)

Gesellschafter
Stammkapital 25.000,00 EUR
* Friedrich Eickmann (38 %)
* Wolfgang Rogl (24 %)
* Ernst Lenk (8 %)
* Thomas Stübke (4 %)
* Gerhard Wollenschläger (4 %)
* Peter Grote (4 %)
* Förderverein Eisenbahn Rinteln-Stadthagen e.V. (4 %)
* Schienenflieger KG (4 %)
* Ulrich Tack (2 %)
* Carsten Reinhardt (2 %)

* Matthias Huck (2 %)
* Bernd Vollmer (2 %)
* Burkhard Rohrsen (2 %)

Infrastruktur
* Rinteln Nord – Stadthagen West (20,4 km); seit 11.06.2011 gepachtet von Landkreis Schaumburg sowie den Städten Rinteln, Stadthagen und Obernkirchen

Unternehmensgeschichte
Die Bückebergbahn Rinteln-Stadthagen GmbH mit Sitz in Seelze wurde mit Gesellschaftsvertrag vom 15.12.2010 als Betreibergesellschaft gegründet und am 03.03.2011 beim Amtsgericht Hannover in das Handelsregister eingetragen. Die Gesellschaft hat den Sitz im Herbst 2011 nach Obernkirchen verlegt. Anlässlich des 3. „Bahntages Obernkirchen" am 11.06.2011 übernahm die neu gegründete „Bückebergbahn Rinteln-Stadthagen" GmbH die Pacht der Infrastruktur von der Rinteln-Stadthagener Verkehrs-GmbH. Die Strecke verbleibt dabei im Besitz des Landkreises Schaumburg sowie der Städte Rinteln, Stadthagen und Obernkirchen. Den Betrieb der Infrastruktur übernahm per 01.08.2011 die RSE Rhein-Sieg-Eisenbahn GmbH von der bisher im Auftrag der Kommunen agierenden Osthannoverschen Eisenbahnen AG (OHE).
Bis heute wird die Strecke nach Fahrplan und für Sonderfahrten von Museumsbahnen befahren. Einige Gleise sind für die zeitweise Abstellung von Kesselwagen vermietet.
Seit den 2. Quartal 2014 wird das neuerrichtete Asphaltmischwerk und Schotteraufbereitungswerk Ahrens am Georgschacht in Stadthagen auf der Schiene bedient.
Die Strecke Rinteln – Stadthagen ist im Rahmen einer Untersuchung des Verkehrsministeriums Niedersachen in der engeren Wahl bzgl. einer potenziellen Reaktivierung im SPNV. Ein endgültiger Beschluss soll bis Ende März 2015 erfolgen.

BUG Vermietungsgesellschaft mbH ▯

Handwerkerstraße 21
DE-15366 Hoppegarten
Telefon: +49 3342 3796-0
Telefax: +49 3342 3796-60
info@bug-ag.de
www.bug-ag.de

Management
* Martin Thomas (Geschäftsführer)

BUG Vermietungsgesellschaft / cantus

Gesellschafter
Stammkapital 25.000,00 EUR
* Martin Thomas (100 %)

Beteiligungen
* Rail & Logistik Center Wustermark GmbH & Co. KG (RLCW) (30 %)
* Rail & Logistik Center Wustermark Verwaltungsgesellschaft mbH (30 %)
* BahnLogistik Terminal Wustermark GmbH (14,9 %)
* Havelländische Eisenbahn Aktiengesellschaft (HVLE) (11,2 %)

Lizenzen
* DE: EVU-Zulassung (GV); gültig vom 23.04.2010 bis 31.12.2024
* DE: Sicherheitsbescheinigung gemäß § 7 a AEG seit 20.11.2012

Unternehmensgeschichte
Die BUG Vermietungsgesellschaft mbH wurde am 21.06.2000 für die Vermietung von Maschinen und Gebäuden gegründet. Dabei ist man v.a. für die Schwestergesellschaft BUG Verkehrsbau AG tätig. Das Unternehmen ist zudem an der hvle und RLCW beteiligt.
2012 erwirtschaften 14 Mitarbeiter einen Umsatz von 2,24 Mio. EUR, 2013 waren es mit der zahlenmäßig gleichen Belegschaft 2,29 Mio. EUR.

Verkehre
* AZ-Verkehr

cantus Verkehrsgesellschaft mbH ℗

Wilhelmshöher Allee 252
DE-34119 Kassel
Telefon: +49 561 93074-50
Telefax: +49 561 93074-59
info@cantus-bahn.de
www.cantus-bahn.de

Werkstatt
Druseltalstraße 1a
DE-34131 Kassel

Management
* Andreas Ortz (Geschäftsführer)
* Dipl.-Ing. Veit Salzmann (Geschäftsführer)

Gesellschafter
Stammkapital 2.500.000,00 EUR
* Hessische Landesbahn GmbH - HLB (50 %)
* BeNEX GmbH (50 %)

Lizenzen
* DE: EVU-Zulassung (PV) seit 13.07.2006, gültig bis 31.01.2021

Unternehmensgeschichte
Ende April 2005 erhielt eine Bietergemeinschaft aus Hessischer Landesbahn GmbH - HLB und Hamburger Hochbahn AG (HOCHBAHN) den Zuschlag für das insgesamt aus vier Regionalbahnstrecken bestehende Nordost-Hessen-Netz in Hessen, Thüringen und Niedersachsen. Zur Betriebsdurchführung wurde am 02.12.2005 die cantus Verkehrsgesellschaft mbH gegründet. Das Wort „cantus" soll nach inoffiziellen Informationen für „eiserner Radreifen" stehen.
Für den Betrieb wurden 20 drei- und vierteilige Elektrotriebwagen vom Typ Stadler FLIRT beschafft. 2012 erfolgte die Lieferung eines zusätzlichen Triebwagens für die Anbindung von Eschwege. Die Wartung erfolgt in einer Ende 2008 fertiggestellten, sieben Mio. EUR teuren Werkstatt in Kassel-Wilhelmshöhe. Übergangsweise erfolgte die Unterhaltung bei der HLB Basis AG (ex Kassel-Naumburger Eisenbahn AG) in Großenritte, deren Werkstätte hierzu mit einem Zeltvorbau verlängert wurde.
Vor Betriebsstart wurden 85 Mitarbeiter eingestellt, davon 59 Triebfahrzeugführer, 13 Zugbegleiter, sechs Mitarbeiter in der Werkstatt sowie neun in Betriebsleitung und Verwaltung. Mit Stand 31.12.2010 beschäftigte das Unternehmen 95 Mitarbeiter, im März 2014 waren es 114. Der Jahresumsatz betrug 2013 41 Mio. EUR.
Die Betriebsaufnahme erfolgte ohne größere Probleme.
Am 25.05.2007 wurden die Gesellschafteranteile und -einlagen der HOCHBAHN auf deren Beteiligungstochter BeNEX GmbH übertragen.
Das Nordost-Hessen-Netz wurde am 05.06.2013 für 15 Jahre ab Dezember 2016 erneut ausgeschrieben. Cantus erhielt im März 2014 erneut den Zuschlag für die SPNV-Leistungen.

cantus / CT-D

Verkehre
* SPNV „Nordost-Hessen-Netz" mit rund 3,9 Mio. Zugkm/a vom 10.12.2006 bis Dezember 2031 im Auftrag von NVV (Nordhessischer VerkehrsVerbund), RMV (Rhein-Main Verkehrsverbund), der Landesnahverkehrsgesellschaft Niedersachsen mbH (LNVG) und des Freistaates Thüringen
  R 1 Göttingen – Kassel
  R 5 Kassel – Fulda
  R 6 Bebra – Eisenach
  R 7 Göttingen – Bebra bzw. Fulda

Captrain Deutschland GmbH (CT-D)

Königswall 21
DE-44137 Dortmund

Georgenstraße 22
DE-10117 Berlin
Telefon: +49 30 396011-0
Telefax: +49 30 396011-70
info@captrain.de
www.captrain.de

Management
* Thomas Kratzer (Geschäftsführer)
* Dipl.-Ing. Henrik Würdemann (Geschäftsführer)

Gesellschafter
Stammkapital 687.600,00 EUR
* Transport Ferroviaire Holding - T.F. Holding SAS (100 %)

Beteiligungen
* Bayerische CargoBahn GmbH (BCB) (100 %)
* Captrain Denmark ApS (100 %)
* Captrain Sweden AB (100 %)
* Farge-Vegesacker Eisenbahn-Gesellschaft mbH (FVE) (100 %)
* Hörseltalbahn GmbH (HTB) (100 %)
* Rail4Captrain GmbH (R4C) (100 %)
* Regiobahn Bitterfeld Berlin GmbH (RBB) (100 %)
* Teutoburger Wald Eisenbahn GmbH (TWE) (100 %)
* Transalpin Eisenbahn AG (TAE) (100 %)
* Dortmunder Eisenbahn GmbH (DE) (65 %)

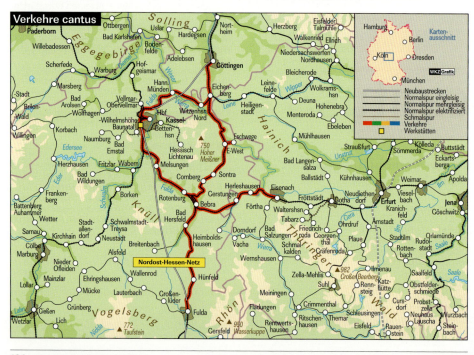

Captrain

Unternehmensstruktur Captrain Deutschland

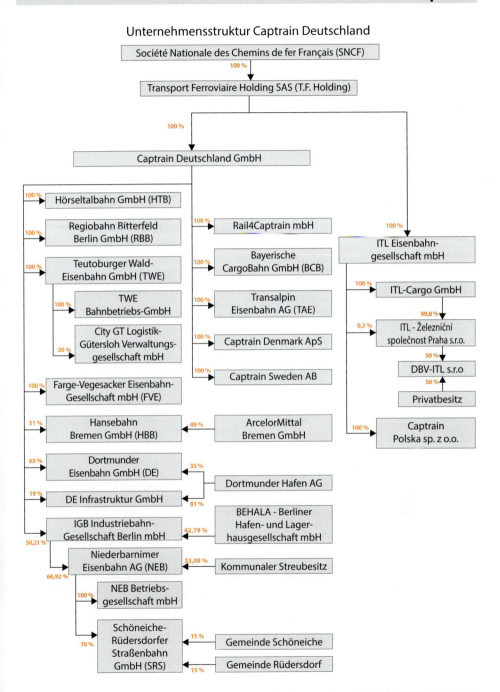

CT-D / CLR

* Hansebahn Bremen GmbH (HBB) (51 %)
* IGB Industriebahn-Gesellschaft Berlin mbH (50,21 %)
* DE Infrastruktur GmbH (DI) (19 %)

Unternehmensgeschichte
Im Jahr 2000 wurde beschlossen, die Tochtergesellschaften der Connex im Bereich des Schienengüterverkehres unter einer gemeinsamen Holding anzusiedeln. Die Connex Cargo Logistics GmbH (CCL) entstand am 07.12.2000 bei der Umfirmierung der Kraftverkehr Hohenhameln GmbH.
Die Gesellschafterversammlung der CCL vom 15.02.2006 hat die Sitzverlegung von Frankfurt am Main nach Dortmund sowie die Umfirmierung in Veolia Cargo Deutschland GmbH beschlossen. Der Verwaltungssitz der Gesellschaft befindet sich weiterhin in Berlin.
Die Kennzahlen der Gesellschaft aus den vergangenen Jahren (jeweils inkl. Tochtergesellschaften):

* 2007: 77 Mio. EUR Umsatz; 23 Mio. t beförderte Güter, 439 Mitarbeiter
* 2008: 131Mio. EUR Umsatz; 26,5 Mio. t beförderte Güter, 2,9 Mrd. tkm; 571 Mitarbeiter (Hinweis: Die Kennzahlen für 2008 enthalten rail4chem für den Zeitraum 01.05.-31.12.2008)
* 2009: 137 Mio. EUR Umsatz; 23,4 Mio. t beförderte Güter, 564 Mitarbeiter
* 2010: knapp 140 Mio. EUR Umsatz; 35,4 Mio. t beförderte Güter, 846 Mitarbeiter
* 2011: rund 256 Mio. EUR Umsatz; 45,5 Mio. t beförderte Güter, 1.150 Mitarbeiter (Hinweis: inkl. ITL)
* 2012: rund 241 Mio. EUR Umsatz; 43,5 Mio. t beförderte Güter, 5,4 Mrd. tkm, 1.160 Mitarbeiter (Hinweis: inkl. ITL)
* 2013: rund 243 Mio. EUR Umsatz; 45,4 Mio. t beförderte Güter, 5,9 Mrd. tkm, 1.040 Mitarbeiter

Mitte 2009 erfolgte der Verkauf der Veolia Cargo-Aktivitäten in Deutschland, Italien, den Niederlanden und der Schweiz an die SNCF-Gruppe, der zum 01.12.2009 vollzogen wurde.
Die Gesellschafterversammlung der Veolia Cargo Deutschland GmbH vom 30.12.2009 hat eine Änderung des Unternehmensnamens in Captrain Deutschland GmbH beschlossen. Die Handelsregistereintragung erfolgte per 11.01.2010. Über die 66,92 %-Beteiligung der wiederum zu 50,21 % durch die CT-D gehaltenen IGB Industriebahn-Gesellschaft Berlin mbH an der Niederbarnimer Eisenbahn AG (NEB) ist die Unternehmensgruppe auch nach der organisatorischen Trennung von den Veolia-Personenverkehren weiter in geringem Umfang ÖPNV-Anbieter. Eine Tochterfirma der NEB, die NEB Betriebsgesellschaft mbH, erbringt SPNV-Leistungen in Berlin-Brandenburg, während die zu 70 % durch die NEB gehaltene Schöneicher-Rüdersdorfer Straßenbahn GmbH eine Straßenbahnverbindung zwischen den namensstiftenden Orten betreibt.
Mit Wirkung zum 15.08.2013 hat Captrain Deutschland das schwedische Unternehmen Railcare Tåg AB sowie die regionalen Schienengüterverkehrsaktivitäten der Railcare Danmark A/S von der in Schweden ansässigen Railcare Group AB erworben. Die Railcare Tåg AB firmiert neu unter dem Namen Captrain Sweden AB. Für die regionalen Schienengüterverkehrsaktivitäten in Dänemark wurde die neue Gesellschaft Captrain Denmark ApS gegründet.
Die Unternehmen Captrain Netherlands B.V. und die im Januar 2015 auf die Muttergesellschaft verschmolzene Captrain Port Services B.V. berichten seit Mai 2014 an die Captrain Deutschland GmbH.

Cargo Logistik Rail-Service GmbH (CLR)

Mühlenweg 31b
DE-39179 Barleben OT Ebendorf

Betriebshof
Rudolf Breitscheid Weg
DE-39291 Möser
Telefon: +49 39222 9537-51
Telefax: +49 39222 9537-54
logistik@clr-service.de
www.clr-service.de

Management
* Stephan Carraß (Geschäftsführer)

Gesellschafter
Stammkapital 25.000,00 EUR
* Stephan Carraß (100 %)

Infrastruktur
* Anschlussbahn Möser (0,3 km Gleislänge); zweites Gleis in Planung

Unternehmensgeschichte
Die Cargo Logistik Rail-Service GmbH (CLR) wurde mit Gesellschaftsvertrag vom 25.01.2008 von Marc Lewandowski gegründet. Gegenstand des Unternehmens sind der Handel mit Maschinenteilen sowie ein Consulting von Bahndienstleistern und Handel und Reparatur mit Eisenbahnersatzteilen.
Die Gesellschafterversammlung vom 18.05.2009 hat die Sitzverlegung von Braunschweig nach Barleben nahe Magdeburg beschlossen, gleichzeitig gingen auch Geschäftsführung und Gesellschafteranteile von Lewandowski auf Stephan Carraß über und der Unternehmensgegenstand wurde um „Erbringen von Eisenbahnverkehrsleistungen" ergänzt. Im Februar 2010 erbrachte die CLR im Auftrag der Verkehrsbetriebe Peine-Salzgitter GmbH (VPS) Spot-

CLR / CTS / CFL Cargo Deutschland

Containerzüge zwischen den Häfen von Hamburg und Haldensleben. Die eingesetzten Lokomotiven stammten von der Hafen Halle GmbH sowie der WFL Wedler & Franz GbR.
Im Februar 2010 hatte das Unternehmen fünf Mitarbeiter, drei Jahre später waren es 14 Vollzeit- und fünf nebenberufliche Mitarbeiter. Aktuell ist die CLR hauptsächlich im regionalen Umfeld (Magdeburg, Halle (Saale), Leipzig) im Güterverkehr tätig und vermietet Fahrzeuge an Dritte.
Unternehmens- und Lokstandort war zunächst in Magdeburg bei der Hafenbahn. Im Mai 2013 wurde begonnen, eine ehemalige Lagerhalle in Möser zu einem Betriebshof auszubauen. Im Magdeburger Hafen ist weiterhin eine Lokeinsatzstelle vorhanden.

Verkehre
* AZ-Verkehr

Cargo-Terminal Soltau GmbH (CTS) ◫

Heideweg 1
DE-29614 Soltau
Telefon: +49 5191 699614
Telefax: +49 5191 699649
info@cargo-terminal-soltau.de
www.cargo-terminal-soltau.de

Management
* Martin Buck (Geschäftsführer)
* Carsten Tietje (Geschäftsführer)

Gesellschafter
Stammkapital 100.000,00
* SLC Soltau Logistik Center GmbH & Co. KG (100 %)

Lizenzen
* DE: EIU für eigene Infrastruktur seit 2002, gültig bis 2052

Infrastruktur
* Cargo-Terminal Soltau (1,25 km Gleislänge)

Unternehmensgeschichte
Die Cargo-Terminal Soltau GmbH (CTS) ist Betreiberin eines Multi-Purpose-Terminals für Einzelwagen, Waggongruppen, bimodale Roadrailer und Kombinierten Ladungsverkehr in Soltau-Harber. Die Bayerische Trailerzug Gesellschaft für bimodalen Güterverkehr mbH (BTZ) betrieb seit 1998 eine Trailerzugverbindung zwischen München Süd und Soltau-Harber. Zwischen Celle und Soltau wurde das dreimal wöchentlich verkehrende Zugpaar dabei von der Osthannoverschen Eisenbahnen AG (OHE) gefahren. Mitte Juni 2002 gab das Unternehmen die Einstellung dieser Verbindung zum 30.06.2002 bekannt. Eine Wiederaufnahme der Verkehre erfolgte zum 27.09.2003, wobei der Hauptlauf nun durch die TX Logistik AG durchgeführt wurde. Nach dem Insolvenzantrag der BTZ am 10.10.2003 erfolgte umgehend die endgültige Einstellung der Verkehre.
Seit April 2004 wird das Terminal für die Verladung von Stammholz genutzt, 2007 erfolgte dort erstmals der Umschlag von Importkartoffeln sowie seit Anfang 2007 die Entladung von eingehenden Ganzzügen mit Kalkammonsalpeter. Die zunächst angedachte Etablierung eines Multi-Purpose-Terminals konnte bisher nicht durchgesetzt werden. Zum 01.01.2008 hat die 2007 gegründete SLC Soltau Logistic Center GmbH & Co. KG die zuvor von der OHE gehaltenen Gesellschafteranteile übernommen. Im Dezember 2008 hat das Soltau Logistic Center die Anteile der AMLog Consult GmbH übernommen und seitdem alleinige Gesellschafterin des Unternehmens.
Im März 2008 begann das Planfeststellungsverfahren zum Ausbau als KV-Terminal mit vier, jeweils 700 m langen Umschlaggleisen. In den folgenden Jahren fanden jedoch bis auf Weiteres keine Baumaßnahmen statt. Die Betreibergesellschaft CTS schloss die Geschäftsjahre 2009 und 2010 jeweils mit einem Verlust von rund 47.500 EUR ab. 2011 wurde der Verlust auf 31.700 EUR und 2012 auf 29.900 EUR beziffert.

CFL Cargo Deutschland GmbH
◫

Handelsregisterlicher Sitz
Bahnhofstraße 6
DE-25899 Niebüll

Geschäftsanschrift
Lise-Meitner-Straße 15
DE-24941 Flensburg
Telefon: +49 461 70717474
Telefax: +49 461 70717475
info@cflcargo.de
www.cflcargo.de

CFL Cargo Deutschland

Niederlassung Uetersen
Bahnstraße 23
DE-25436 Uetersen
Telefon: +49 4122 41961
Telefax: +49 4122 908919
uetersen@cflcargo.de

Management
★ Andreas Friedl (Geschäftsführer)

Gesellschafter
Stammkapital 2.251.200,00 EUR
★ CFL cargo S.A. (100 %)

Lizenzen
★ DE: EVU-Zulassung (PV+GV) seit 26.02.1998, gültig bis 31.12.2021

Unternehmensgeschichte
Der Güterverkehrsanbieter CFL Cargo Deutschland GmbH als Tochtergesellschaft der luxemburgischen CFL cargo S.A. geht auf die am 02.09.1873 zunächst als Pferdebahn eröffnete und zum 20.05.1908 auf Lokomotiv-Traktion umgestellte Uetersener Eisenbahn zurück, welche die Stadt Uetersen mit Tornesch an der Hauptstrecke Hamburg – Kiel verbindet. Die Betreibergesellschaft Uetersener Eisenbahn AG (UeE), seit 30.05.1965 nurmehr Güterverkehrsbetreiber, wurde zum 01.01.1998 durch die Vossloh Verkehrsservice GmbH übernommen und der Güterverkehr in die mit Gesellschaftsvertrag vom 29.07.1997 gegründete neg norddeutsche eisenbahngesellschaft mbH integriert. Rund zwei Jahre bot die neg anschließend auch außerhalb der eigenen Infrastruktur Güterverkehre an, beendete diese jedoch im Jahr 2000, um nicht in Konkurrenz zu Kunden anderer Unternehmens- Sparten der Vossloh-Gruppe zu agieren. Der neg-Güterverkehr wurde in Folge zum 01.09.2001 an die luxemburgische EuroLuxCargo S. A. (ELC), dem Vorläufer der heutigen CFL cargo S.A., verkauft. Diese nahm im März 2002 unter Nutzung der neg-EVU-Zulassung grenzüberschreitende Güterverkehre zwischen Luxembourg und Trier / Ehrang auf. In Trier verfügt man auch über eine Niederlassung, die zuvor dort ebenfalls angesiedelte Disposition wurde zum 01.01.2008 jedoch aufgelöst und die Steuerung der Züge erfolgt nun direkt von der Unternehmenszentrale in Luxembourg aus.
Mit der CFL-Tochtergesellschaft neg Niebüll GmbH, die zum 01.01.2004 Bahnverkehr und Infrastruktur der insolventen Nordfriesische Verkehrsbetriebe AG (NVAG) übernommen hatte, besteht seit Betriebsaufnahme eine enge Zusammenarbeit. Es lag daher nahe, die Güterverkehrsaktivitäten beider Bahnen zu bündeln. Hierzu wurde nach Beschluss der Gesellschafterversammlung vom 25.10.2006 (Handelsregistereintrag zum 19.12.2006) die neg in CFL Cargo Deutschland GmbH umbenannt und der Unternehmenssitz nach Niebüll verlegt. Anschließend übernahm das Unternehmen am 01.11.2006 die Güterverkehre der neg Niebüll GmbH einschließlich der in diesem Bereich beschäftigten Mitarbeiter und Lokomotiven.
In Zusammenarbeit mit der dänischen Schwestergesellschaft CFL cargo Danmark ApS baut CFL Deutschland seit Januar 2007 verstärkt Ganzzugverbindungen nach Dänemark auf. Seit dem 01.05.2010 hatte CFL cargo Deutschland eine Niederlassung in Ostrava [CZ] und seit dem 01.10.2010 ein Verkaufsbüro in Decin [CZ]. Beide Standorte wurden 2013 jedoch wieder aufgelöst. In Uetersen Stadt befindet sich ein angemieteter Lokschuppen, der zur Lokabstellung und für Kleinreparaturen genutzt wird.

Verkehre
★ Bitumentransporte ab Brunsbüttel bzw. Hemmingstedt; Spotverkehre bis Itzehoe (Übergabe an RheinCargo GmbH & Co. KG (RHC))
★ Brammentransporte Polen – Luxemburg; Spotverkehr seit 2012 in Kooperation mit der CFL cargo S.A.; Übernahme in Guben von PKP Cargo S. A.
★ Chemietransporte Gladbeck – Polen; seit 01.02.2013 für INEOS Phenol GmbH
★ Getreidetransporte Rumänien – Höltighausen / Löningen; Spotverkehr seit September 2014; Traktion ab Bad Schandau (Übernahme von Advanced World Transport a.s.) bis Delmenhorst (Übergabe an Eisenbahnen und Verkehrsbetriebe Elbe-Weser GmbH (EVB)) / Meppen (Übergabe an Emsländische Eisenbahn GmbH (EEB))
★ Gütertransporte (Luxemburg –) Wasserbillig – Trier / Ehrang; seit März 2002; in Kooperation mit der Muttergesellschaft
★ Gütertransporte Hemmingstedt – Niebüll; 2 x pro Woche
★ Gütertransporte Niebüll – Westerland (Sylt); 5 x pro Woche; aktuell 3 x pro Woche
★ Gütertransporte Tornesch – Uetersen; 5 x pro Woche
★ Holztransporte Padborg [DK] – Lehrte / Bebra / Mecklar; Spotverkehr im Auftrag der Holzlogistik und Güterbahn GmbH (HLG)
★ Hüttensandtransporte Salzgitter (Salzgitter AG) – Deuna; 1 x pro Woche seit 01.01.2011 im Auftrag von Dyckerhoff; Vorlauf bis Beddingen durch Verkehrsbetriebe Peine - Salzgitter GmbH (VPS)
★ KV-Transporte (Gießereikoks) „BBX" Wałbrzych [PL] – Duisburg (Rhein-Ruhr-Terminal); 1 x pro Woche Traktion ab Guben (Übernahme von PKP Cargo S.A.) seit 19.01.2012 im Auftrag der neska Schiffahrts- und Speditionskontor GmbH
★ KV-Transporte (Gießereikoks) „BBX" Wałbrzych [PL] – Haldensleben (UHH Umschlags- und Handelsgesellschaft Haldensleben mbH); alle drei Wochen Traktion ab Guben (Übernahme von PKP Cargo S.A.) seit Juni 2013 im Auftrag der neska Schiffahrts- und Speditionskontor GmbH; letzte Meile ab Magdeburg vergeben an LAPPWALDBAHN GmbH (LWB)

CFL Cargo Deutschland / Chemion

* KV-Transporte (Gießereikoks) „BBX" Wałbrzych [PL] – Nieder-Ofleiden; 3 x pro Monat seit 17.12.2012 Traktion ab Guben (Übernahme von PKP Cargo S.A.); Traktion ab Kirchhain vergeben an DB Schenker Rail Deutschland AG
* KV-Transporte (Gießereikoks) „BBX" Wałbrzych [PL] – Padborg [DK]; 1 x pro Woche seit 01.01.2012 Traktion ab Guben (Übernahme von PKP Cargo S. A.) im Auftrag der neska Schiffahrts- und Speditionskontor GmbH; Terminalzustellung in Padborg [DK] vergeben an TX Logistik A/S, ausgeführt durch Captrain Denmark ApS
* KV-Transporte (Gießereikoks) „BBX" Wałbrzych [PL] – Padborg; 1 x pro Monat Traktion ab Guben (Übernahme von PKP Cargo S.A.) seit 19.01.2012 im Auftrag der neska Schiffahrts- und Speditionskontor GmbH; Terminalzustellung in Padborg durch Railcare Danmark A/S
* KV-Transporte (Gießereikoks) „BBX" Wałbrzych [PL] – Saarbrücken; 1 x pro Monat seit 26.02.2015 Traktion ab Guben (Übernahme von PKP Cargo S. A.) im Auftrag der neska Schiffahrts- und Speditionskontor GmbH
* KV-Transporte (Gießereikoks) „BBX" Wałbrzych [PL] – Singen (Htw); seit März 2015 Traktion ab Guben (Übernahme von PKP Cargo S.A.) im Auftrag der neska Schiffahrts- und Speditionskontor GmbH
* KV-Transporte Bettembourg [LU] – Duisburg (Logport III; Multimodal Rail Terminal Duisburg (MRTD)); 3 x pro Woche seit 01.09.2014 betriebliche Abwicklung im Auftrag der CFL cargo SA in Deutschland; Hafenumfuhr durch durch duisport Rail GmbH (dpr)
* KV-Transporte Bettembourg [LU] – Türkei; 1 x pro Woche seit Februar 2015 Traktion in Deutschland bis Passau (Übergabe an ecco-rail GmbH) im Auftrag der VTG Rail Logistics Austria GmbH
* KV-Transporte Triest (Europa Multipurpose Terminals (EMT) S.r.l.) [IT] – Bettembourg [LU]; 3 x pro Woche seit September 2012; 6 x pro Woche seit 2015; Verantwortung: Bettembourg – Saarbrücken CFL cargo S.A.; Saarbrücken – München CFL cargo Deutschland GmbH; Österreich / Italien TX Logistik AG
* Kohletransporte Tschechien – Florange (Illange) [FR] / Champigneulles [FR] / Varangéville [FR]; Spotverkehr seit Mai 2010; Übernahme in Bad Schandau von ČD Cargo, a.s.
* Kokstransporte Wałbrzych [PL] / Zdzieszowice [PL] / Dąbrowa Górnicza [PL] – Champigneulles [FR] / Illange [FR] / Varangéville [FR] / Pont-à-Mousson [FR] / Foug [FR]; Testtransporte in 2009/ 2010, Regelverkehr seit Januar 2011 in Kooperation mit der CFL cargo S.A. bzw. SNCF für Pont-à-Mousson und Foug; Übernahme in Horka von PKP Cargo S.A.; aktuell nur sporadische Spotverkehre
* Leerwagenzuführung Hamburg Hohe Schaar – Hemmingstedt; ca. 1 x pro Woche
* Mineralöl-, Erdöldestillat- und Ethanoltransporte u.a. Pančevo [SE] / Sisak [HR] / Kralupy [CZ] / Most [CZ] / Litvinov [CZ] – Duisburg-Ruhrort Hafen / Berlin Ruhleben / Cunnersdorf / Böhlen b. Leipzig / Leuna / Hemmingstedt; Spotverkehre seit Januar 2010; Traktion in Tschechien vergeben an IDS CARGO a.s. und UNIPETROL DOPRAVA, s.r.o.
* Mineralöltransporte Tschechien – Beddingen (seit 2014) / Neuss (seit 2015); Spotverkehre ab Bad Schandau im Auftrag der UNIPETROL DOPRAVA, s.r.o.
* Schienenzüge ab Königsborn; Spotverkehre seit 2014
* Sonnenblumenkerntransporte Ungarn – Riesa; Spotverkehre; Traktion ab Decin seit 23.06.2014 im Auftrag der IDS CARGO a.s.
* Spanplattentransporte Brilon (Egger Holzwerkstoffe Brilon GmbH & Co. KG) – Herning [DK]; 1 x pro Woche seit 17.02.2007 in Kooperation mit der CFL cargo Danmark (Dänemark) und der Westfälischen Landes-Eisenbahn GmbH (WLE, Traktion bis Lippstadt)
* Stahltransporte Oberhausen [DE] – Hagondange (ArcelorMittal Gandrange) [FR]; 6 x pro Woche seit April 2009 im Auftrag der ArcelorMittal in Kooperation mit der CFL cargo France SA ab Apach [FR]
* Zementtransporte Deuna (Deuna Zement GmbH) – Taulov [DK]; 1-2 x pro Woche seit 2014 im Auftrag von Dyckerhoff

Chemion Logistik GmbH

CHEMPARK Leverkusen, Gebäude G 7
DE-51368 Leverkusen
Telefon: +49 214 3033900
Telefax: +49 214 3033901
chemion@chemion.de
www.chemion.de

Management
* Dipl.-Betriebswirt Uwe Menzen (Geschäftsführer)

Gesellschafter
Stammkapital 500.000,00 EUR
* Currenta GmbH & Co. OHG (100 %)

Lizenzen
* DE: EVU-Zulassung (GV) seit 22.02.2002, gültig bis 30.09.2025
* DE: Sicherheitsbescheinigung (GV); gültig seit 03.08.2012

Chemion

Unternehmensgeschichte
Die Chemion Logistik GmbH mit ihrer Zentrale in Leverkusen ist zum 01.07.2001 aus den Bayer Verkehrsbetrieben als selbständiges Tochterunternehmen der Bayer AG hervorgegangen. Mit insgesamt 1.000 Mitarbeitern ist man an den CHEMPARK-Standorten Leverkusen, Dormagen und Krefeld-Uerdingen als auch bei der LyondellBasell im Werk Wesseling vertreten. Ein Standbein der damaligen Verkehrsbetriebe bildeten die Bahnbetriebe. Die EVU-Konzession der damaligen Bayer-Tochter Eisenbahn Köln-Mülheim-Leverkusen (EKML) wurde 2001 auf Chemion übertragen und zwischenzeitlich verlängert.
Im Rahmen eines Lokproviding wurden die Lokomotiven der Bayer AG, Standorte Dormagen, Krefeld-Uerdingen, Leverkusen, zum 01.06.2001 an die Locomotion Services GmbH verkauft und auf Full-Service-Basis zurückgemietet.
Zum 01.07.2001 trat an Stelle der Bayer AG die Chemion Logistik GmbH in den Vertrag ein. Ab 2002 erfolgte die Beschaffung von Streckendiesellokomotiven, da Chemion in zunehmendem Maße auch zwischen den Chemiestandorten auf Infrastruktur der DB Netz AG aktiv wurde. Diese Verkehre laufen unter der Bezeichnung „CHEMPARK-Shuttle".
2003 ging der Vertrag mit der Locomotion Services GmbH auf die Vossloh Schienenfahrzeugtechnik GmbH, Moers, über.
Zum 01.06.2011 wechselte das Lokproviding auf die ALSTOM Lokomotiven Service GmbH (ALS), die seitdem sechs vollmodernisierte V 100 (BR 203.1 / 214) einbringt sowie für die drei Chemion-eigenen Loks den Service übernimmt. Zusätzlich sind sechs weitere Loks bei anderen Providern angemietet.
Die CHEMPARK-Shuttle (CPS) der Chemion wurden im Dezember 2008 mit der Übernahme des zuvor durch die DB Schenker Rail Deutschland AG erbrachten Einzelwagenverkehrs zwischen Leverkusen, Köln-Kalk Nord, Gremberg, Dormagen, Krefeld-Uerdingen und Kempen sowie Krefeld Hbf stark ausgeweitet. An Wochentagen wird aktuell 2 x täglich zwischen Leverkusen und Dormagen sowie 2 x täglich zwischen Krefeld-Uerdingen und Dormagen gependelt. Samstags erfolgt nur eine Zustellung.

Verkehre
* Werksrangierdienst im CHEMPARK Dormagen; seit 01.07.2001
* Werksrangierdienst im CHEMPARK Krefeld-Uerdingen; seit 01.07.2001
* Werksrangierdienst im CHEMPARK Leverkusen; seit 01.07.2001
* Werksrangierdienst bei der LyondellBasell, Werk Wesseling; seit Juni 2006
* Gütertransporte „CHEMPARK-Shuttle" (CPS) Dormagen – Krefeld-Uerdingen; 5 x pro Woche seit 02.01.2004; 2 x pro Tag an W (Sa) und 1 x pro Tag an Sa seit Dezember 2008
* Gütertransporte „CHEMPARK-Shuttle" (CPS) Leverkusen – Dormagen; 5 x pro Woche seit 02.01.2004; 2 x pro Tag an W (Sa) und 1 x pro Tag an Sa seit Dezember 2008
* Braunkohlenstaubtransporte Schwerte – Menden-Horlecke (Rheinkalk GmbH); 2 x pro Woche seit Januar 2008 im Auftrag der Havelländische Eisenbahn AG (hvle); seit Januar 2013 Traktion vergeben an Wanne-Herner Eisenbahn und Hafen GmbH (WHE)
* Chemietransporte Dormagen (CHEMPARK) – Emmerich; seit April 2007; die Zustellung in den Hafen Emmerich übernimmt die Bocholter Eisenbahngesellschaft mbH (BEG); seit 21.01.2008 übernimmt die BEG die Wagen bereits in Dormagen
* Chemietransporte Dormagen – Wesseling (LyondellBasell, Werk Wesseling); 3 x pro Woche seit Januar 2015
* Chemietransporte Krefeld-Uerdingen (CHEMPARK) – Duisburg-Hamborn (Grillo-Werke AG); seit 2006
* Chemietransporte Krefeld-Uerdingen (CHEMPARK) – Kempen (Wall Chemie GmbH); seit November 2007 bei Bedarf
* Betreiben einer Rangierplattform in Krefeld-Uerdingen für die ChemOil Logistics AG; Übergabefahrten zwischen den CHEMPARK-Standorten Leverkusen, Dormagen und Krefeld-Uerdingen; Darin sind folgende Verkehrsrelationen enthalten:
* Chemietransporte Krefeld-Uerdingen (CHEMPARK) – Duisburg (Rütgers GmbH); seit Januar 2015 bei Bedarf Traktion bis Oberhausen-West (Übergabe an ThyssenKrupp Steel Europe AG (TKSE))
* Chemietransporte Krefeld-Uerdingen – Gladbeck (INEOS Phenol GmbH) – Marl (diverse Chemiepark-Kunden); 3 x pro Woche seit Dezember 2010
* Chemietransporte Krefeld-Uerdingen – Millingen (Solvay Chemicals GmbH); 2 x pro Woche seit Januar 2013
* Chemietransporte Krefeld-Uerdingen – Moers (Sasol Solvents Germany GmbH); 2 x pro Woche seit Januar 2013
* Chemietransporte Krefeld-Uerdingen – Oberhausen-Sterkrade (OXEA GmbH, Werk Ruhrchemie); 3 x pro Woche seit Januar 2013; 5 x pro Woche seit Januar 2015
* Übergabe an die SBB Cargo International AG zur Weiterbeförderung nach Karlsruhe; 5 x pro Woche seit Januar 2015

CLBG / Chiemseebahn

Chiemgauer Lokalbahn Betriebsgesellschaft mbH & Co. KG (CLBG) 🅿️ℹ️

Am Entbach 13
DE-83131 Nußdorf am Inn

Management
★ Dr. Frank Matthias Ludwig (Geschäftsführer)

Gesellschafter
Stammkapital 85.500,00 EUR
★ Komplementär: Chiemgauer Lokalbahn Verwaltungsgesellschaft mbH (CLBV)

Infrastruktur
★ Bad Endorf – Obing (18,5 km); gepachtet von Chiemgauer Lokalbahn e. V.; EIU RSE Rhein-Sieg-Eisenbahn GmbH

Unternehmensgeschichte
Nachdem die 18,5 km langen, seit 1968 nicht mehr im planmäßigen SPNV befahrenen Nebenbahn von Bad Endorf nach Obing mit der Aufgabe des Güterverkehrs im Jahre 1996 der Abbau drohte, bildete sich der Verein Chiemgauer Lokalbahn e. V. (CLB; Sitz Obing) mit dem Ziel der Streckensicherung und -reaktivierung. Um die Finanzierung für die Instandsetzung der Strecke aufbringen zu können sowie geschäftliche Aspekte des Bahnbetriebs rechtlich von den gemeinnützigen Aufgaben des Vereins zu trennen, kam es am 13.05.2005 zur Gründung der Chiemgauer Lokalbahn Betriebsgesellschaft mbH & Co. KG (CLBG). Diese konnte am 06.10.2005 einen Unterpachtvertrag über die Streckeninfrastruktur mit deren Hauptpächter, dem Verein Chiemgauer Lokalbahn e. V., abschließen. Als EIU sowie EVU für die Verkehre konnte die RSE Rhein-Sieg-Eisenbahn GmbH gewonnen werden.
Seit der Wiedereröffnung der Strecke zum 01.07.2006 erbringen CLB und CLBG touristische Personenverkehre zwischen Bad Endorf und Obing. Züge verkehren über den Sommer an Sonn- und Feiertagen und an einzelnen zusätzlichen Verkehrstagen.
Im September 2014 erwarb der Chiemgauer Lokalbahn e. V. die Bahnstrecke von der DB Netz AG. Die Chiemgauer Lokalbahn Betriebsgesellschaft mbH & Co. KG ist seither Pächter.

Verkehre
★ Saisonaler Personenverkehr Bad Endorf – Obing in Zusammenarbeit mit dem Verein Chiemgauer Lokalbahn e. V.

Chiemsee-Schifffahrt Ludwig Feßler KG (Chiemseebahn) 🅿️ℹ️

Postfach 11 62
DE-83201 Prien
Seestraße 108
DE-83209 Prien
Telefon: +49 8051 6090
Telefax: +49 8051 62943
info@chiemsee-schifffahrt.de
www.chiemsee-schifffahrt.de

Management
★ Ludwig Feßler (Geschäftsführer)

Gesellschafter
★ Irmgard Feßler (38,42 %)
★ Birgit Feßler (27,59 %)
★ Michael Feßler (27,59 %)
★ Ingrid Feßler (6,4 %)
★ Komplementär: Ludwig Feßler

Lizenzen
★ DE: EIU-Zulassung für eigene Infrastruktur
★ DE: EVU-Zulassung seit 04.08.1995, gültig bis 31.12.2025

Infrastruktur
★ Prien Bf. (DB) – Prien-Stock (1,7 km, Spurweite 1.000 mm)

Unternehmensgeschichte
Die Chiemseebahn ist eine der wenigen vollständig privaten Bahnen in Deutschland. Sie ist im Besitz der Familie Feßler, welche mit insgesamt 84 Mitarbeitern (Stand April 2014) zugleich Ausflugs- und Linienverkehr mit Dampfschiffen auf dem Chiemsee betreibt. Die Bahn fährt noch mit den Originalfahrzeugen von 1887 auf ihrer 1,7 km langen Strecke von Prien Bf. an der DB-Strecke München – Salzburg zum Chiemseehafen in Prien-Stock. Von Mai bis September verkehren täglich elf Personenzugpaare, bespannt von der Kastendampflok aus dem Eröffnungsjahr auf der Schmalspurstrecke. Die zusätzlich vorhandene Diesellok kommt nur in Ausnahmefällen zum Einsatz. 2011 wurde in Stock eine neue Fahrzeugwerkstatt in Betrieb genommen.

Verkehre
★ Personenverkehr Prien Bf. (DB) – Prien-Stock

City-Bahn Chemnitz GmbH (CBC)
P I

Postfach 114
DE-09001 Chemnitz
Bahnhofstraße 1
DE-09111 Chemnitz
Telefon: +49 371 495795-101
Telefax: +49 371 495795-241
kontakt@city-bahn.de
www.city-bahn.de

Management
★ Uwe Leonhardt (Geschäftsführer)

Gesellschafter
Stammkapital 25.750,00 EUR
★ Chemnitzer Verkehrs-Aktiengesellschaft (CVAG) (60 %)
★ Regionalverkehr Erzgebirge GmbH (RVE) (27 %)
★ Autobus GmbH Sachsen - Regionalverkehr Chemnitz (13 %)

Beteiligungen
★ PEC Parkeisenbahn Chemnitz gGmbH (5 %)

Lizenzen
★ DE: EIU seit 11.01.2001, gültig 50 Jahre
★ DE: EVU-Zulassung (PV); gültig vom 04.12.1997 bis 31.12.2027

Infrastruktur
★ Stollberg (Sachsen) – Abzweig Altchemnitz (16,8 km); Betriebsführung durch die Regio-Infra-Service-Sachsen GmbH (RIS)

Unternehmensgeschichte
Die City-Bahn Chemnitz GmbH (CBC) wurde am 10.03.1997 mit der Aufgabe gegründet, die Voraussetzungen für das „Chemnitzer Modell" (umsteigefreier Schienenverkehr unter Verknüpfung der Stadtbahn Chemnitz mit Eisenbahnstrecken der Region) zu schaffen. Erste Aktivitäten im Hauptgeschäftsfeld Schienenpersonenverkehr gab es ab dem 24.05.1998, als auf der nachmaligen Pilotstrecke des Chemnitzer Modells (Chemnitz – Stollberg, KBS 522) der SPNV von DB Regio mit der damaligen Karsdorfer Eisenbahngesellschaft mbH als Subunternehmer übernommen wurde.
Seit dem 10.06.2001 fährt die CBC den SPNV auf den Relationen Chemnitz – Hainichen und Stollberg – Glauchau (wegen Sanierungsarbeiten zunächst als SEV) und seit dem 01.07.2002 zwischen Chemnitz und Burgstädt.
Nachdem im Juni 2001 der Pachtvertrag zur Übernahme der Eisenbahn-Infrastruktur zwischen Altchemnitz und Stollberg in Kraft getreten war, wurde die Strecke saniert und mit 750 V Gleichspannung elektrifiziert. Mit der Aufnahme des Variobahn-Verkehrs am 15.12.2002 zwischen Chemnitz Hbf und Stollberg begann das eigentliche Zeitalter des Chemnitzer Modells.
Mit den RS 1 folgten am 15.02.2003 die Wiederaufnahme des SPNV Stollberg – Glauchau und am 12.12.2004 zwischen Chemnitz und Hainichen.
Die Regio-Variobahnen werden im Betriebshof Adelsberg der Muttergesellschaft CVAG instandgehalten. In Stollberg erfolgt die Abstellung und betriebsnahe Unterhaltung der RS 1 in einer 2006 errichteten Fahrzeughalle.
Für die Erweiterung des Chemnitzer Modells wird eine zweite Verknüpfungsstelle im Chemnitzer Hbf in Richtung Nordosten geschaffen. Für die weiteren Umlandverkehre via Chemnitz Hbf werden Zweisystemfahrzeuge (kombinierter Diesel-Elektro-Antrieb) zum Einsatz kommen, die allerdings nicht durch die CBC, sondern durch den Verkehrsverbund Mittelsachsen (VMS) bestellt wurden und frühestens Ende 2014 ausgeliefert werden. Der Zuschlag über zunächst acht Garnituren aus der „CityLink"-Familie wurde am 14.08.2012 dem für die Fahrzeugausschreibung gebildeten Konsortium der Firmen Vossloh Kiepe GmbH und Vossloh España S. A. erteilt. Der Bestellwert beläuft sich auf 42,3 Mio. EUR.
Die CBC hat am 13.12.2007 mit der Chemnitzer Verkehrs-Aktiengesellschaft einen Gewinnabführungsvertrag geschlossen. Zum 09.06.2011 übernahm die Regionalverkehr Erzgebirge GmbH (RVE) 27 % der CBC-Gesellschafteranteile von der Autobus GmbH Sachsen.
Mit Stand von 2010 hatte das Unternehmen 55 Mitarbeiter und beförderte knapp 2,3 Mio. Fahrgäste. 2011 beförderten 66 Mitarbeiter 2,304 Mio. Fahrgäste, 2013 blieb das Fahrgastaufkommen konstant.

Verkehre
★ SPNV mit 1,25 Mio. Zugkm/a bis Dezember 2020 im Auftrag des Zweckverbandes Verkehrsverbund Mittelsachsen
Chemnitz – Stollberg; seit 24.05.1998
Chemnitz – Burgstädt; seit 01.07.2002
Glauchau – Stollberg; seit 15.02.2003
Chemnitz – Hainichen; seit 12.12.2004

CTL Logistics

CTL LOGISTICS
Connecting Europe

CTL Logistics GmbH   G

Kurfürstenstraße 112-113
DE-10787 Berlin
Telefon: +49 30 200950-0
Hotline: +49 30 200950-228
info@ctl-logistics.de
www.ctl.pl

Management
* Mariola Hola-Chwastek (Geschäftsführerin)
* Jakub Styczen (Geschäftsführer)

Gesellschafter
Stammkapital 1.000.000,00 EUR
* CTL Logistics Sp. z o.o. (100 %)

Beteiligungen
* CTL Rail Romania S.R.L. (100 %)

Lizenzen
* DE: EVU-Zulassung (PV+GV) seit 05.02.2007, gültig bis 28.02.2022

Unternehmensgeschichte
Die CTL Logistics GmbH ist eine Tochter der polnischen CTL-Gruppe und wurde ursprünglich als Bahnspedition am 29.03.1996 mit Sitz in Duisburg gegründet. Die Gesellschafterversammlung vom 27.06.2005 hat die Sitzverlegung nach Düsseldorf beschlossen. Neuer Unternehmensgegenstand nach der Zulassung als EVU ist die Planung und die Vermittlung von Transport- und Speditionsleistungen für Güter aller Art, insbesondere für chemische Produkte, sowie die Erbringung von Eisenbahnverkehrsleistungen zur Beförderung von Gütern.
Als EVU der CTL in Deutschland diente bereits seit 2004 die CTL Rail GmbH, die aber nach Maßgabe des Verschmelzungsvertrages vom 25.06.2008 mit der CTL Logistics GmbH verschmolzen wurde. Durch Umfirmierung der Vorratsgesellschaft Dr. L. & T. Neunundneunzigste Verwaltungs GmbH und dem gleichzeitigen Verkauf der Gesellschafteranteile des Unternehmens an Haiko Böttcher und Michael Oberländer entstand am 24.07.2001 die Rent a Train GmbH. Das als EVU zugelassene Unternehmen fristete aber einige Jahre lang ein eher unscheinbares Dasein. Auf der Suche nach einem EVU in Deutschland stieß der polnische Logistikkonzern CTL auf das Hamburger Unternehmen, das entsprechend ab Januar 2004 Verkehrsleistungen für CTL erbrachte.
Nach der Aufnahme von Koksverkehren von Polen über Guben nach Oberhausen West wurde die Bindung an den polnischen Auftraggeber durch die Übernahme aller Gesellschafteranteile durch die CTL zum 01.02.2004 verstärkt. Zum 01.09.2004 erfolgte gemäß Gesellschafterbeschluss vom 28.05.2004 die Umfirmierung in Chem Trans Logistic Rail GmbH. Zum 10.01.2005 wurde die Gesellschaft erneut umbenannt und firmierte nun unter CTL Rail GmbH. Die Transportmenge betrug 2004 600.000 t und stieg bis 2008 (Plan) auf 3,8 Mio. t.
Im Rahmen der Konsolidierung der CTL-Gruppe wurde der Unternehmenssitz der CTL Rail GmbH am 12.02.2008 nach Düsseldorf verlegt und die Gesellschaft zum kurz darauf mit der CTL Logistics GmbH verschmolzen. Die Tochter CTL Rail Romania war bei Redaktionsschluss noch nicht am Markt aktiv. Im September 2008 verfügte die CTL Logistics GmbH über 38 Mitarbeiter, im Juli 2009 waren es 44. Die Loks der Typen 060 DA und M 62 sind an die Muttergesellschaft vermietet und kommen vorrangig in Polen zum Einsatz. Durch Beschluss der Gesellschafterversammlung vom 27.01.2010 ist der Sitz der Gesellschaft von Düsseldorf nach Berlin verlegt.
Die CTL Deutschland ist aktuell hauptsächlich im Spot-Mineralölverkehr tätig und bespannt regelmäßige KV-Transporte auf dem Korridor Hamburg – Polen. Kurzzeitig übernahm man auch von Mai bis Dezember 2008 Kohlenzüge zwischen Rotterdam und dem Saarland, dieser Vertrag wurde aber nicht verlängert.
Im Oktober 2011 beschäftigte die CTL Logistics GmbH 48 Mitarbeiter (31.12.2007: 13; November 2010: 43).

Verkehre
* Baustofftransporte von Schwarzkollm und Cunnersdorf nach Polen als Spotverkehre in Kooperation mit CTL Express und CTL Kargo
* Chemietransporte Płock [PL] – Gladbeck; Spotverkehr
* Chemietransporte Żary [PL] – Duisburg; Spotverkehr
* Chemietransporte Żary [PL] – Gladbeck; Spotverkehr
* Gütertransporte Łódź [PL] – Nauen (BSH Bosch und Siemens Hausgeräte GmbH); 3 x pro Woche seit Juni 2010; Verschub vor Ort durch Zweiwegefahrzeug
* KV-Transporte Hamburg / Bremerhaven – Kąty Wrocławskie [PL]; 1 x pro Woche seit März 2010; 4 x pro Woche seit Oktober 2010
* Langstahltransporte Ukraine – Rosslau; Spotverkehr

CTL Logistics / EKML / D&D

* Mineralöltransporte Deutschland national, Deutschland – Polen u.a. Mannheim Käfertal – Płock [PL]); Spotverkehr

Currenta GmbH & Co. OHG, Eisenbahn Köln-Mülheim-Leverkusen (EKML) I

CHEMPARK Bayer Leverkusen - Gebäude L 7
DE-51368 Leverkusen
Telefon: +49 214 30-32958
Telefax: +49 214 30-65613
ekml@currenta.de
www.ekml.currenta.de

Management
* Dr. Günter Hilken (Geschäftsführer)
* Dr. Joachim Waldi (Geschäftsführer)

Gesellschafter
* Bayer AG (60 %)
* LANXESS Aktiengesellschaft (40 %)
* Currenta Geschäftsführungs-GmbH

Lizenzen
* DE: EIU für die eigene Infrastruktur der Currenta seit 27.06.2008; Genehmigung der Erweiterung des EBO-Bereiches vom 03.09.2014, Erstkonzession 1896

Infrastruktur
* Eisenbahn Köln-Mülheim-Leverkusen-EKML (8,4 km); betrieben nach EBO
* Anschluss Leverkusen-Chempark (23,8 km); betrieben nach BOA
* Übergabebahnhof Dormagen-Chempark (12,6 km); betrieben nach BOA (öffentliche Service-Einrichtung)
* Anschluss Dormagen-Chempark (25,4 km); betrieben nach BOA
* EKML Bahnhof Krefeld-Uerdingen (2,3 km); betrieben nach EBO
* Anschluss Uerdingen-Chempark (29,9 km); betrieben nach BOA

Unternehmensgeschichte
Die Geschichte der Eisenbahn Köln-Mülheim-Leverkusen (EKML) hat ihren Ausgangspunkt im Beschluss des Aufsichtsrates der Farbenfabriken vom 17.11.1893 zum Bau eines Bahnschlusses zur Köln-Mindener-Eisenbahn. Nach der Konzessionierung als Kleinbahn des öffentlichen Verkehrs konnte der Güterverkehr am 19.01.1898 eröffnet werden. Am 04.07.1898 wurde die Personenbeförderung aufgenommen und am 31.08.1972 wieder eingestellt.

Zum 01.04.1957 wurde aus der „Kleinbahn Mülheim a.R. – Leverkusen" die „Eisenbahn Köln-Mülheim – Leverkusen" (EKML), die ab 1963 nur noch über Dieselloks verfügte. Zum 01.07.2001 erfolgte eine Trennung der EKML in ein EVU (Chemion Logistik GmbH) und ein EIU, das den Namen EKML behielt. Die Betreiberrechte wurden zum 30.12.2003 von der Bayer AG auf die Bayer Industry Services GmbH & Co. OHG übertragen, die knapp ein halbes Jahr später die Zulassung als EIU erhielt.
Mit Handelsregistereintrag per 08.01.2008 erfolgte die Umbenennung der BIS in Currenta GmbH & Co. OHG. Der bisher nichtöffentliche Übergabebahnhof Dormagen wurde zum 15.06.2012 als öffentliche Service-Einrichtung gewidmet (Link zu NBS siehe oben). Der Übergabebahnhof Uerdingen (Gleise 1-4 sowie 8-11) ist praktisch öffentlich. Die NBS werden voraussichtlich im 3. Quartal veröffentlicht.
Im März 2012 startete in Leverkusen-Chempark der Bau eines neuen zentralen elektronischen Rangierstellwerks (ERaStw) mit einer Fernsteuerung für das SpDR60-Stellwerk Dormagen-Chempark. Die Inbetriebnahme erfolgte am 16.09.2013.

D&D Eisenbahngesellschaft mbH G

Postfach 1152
DE-19221 Hagenow-Land
Friedrich-List-Straße 13
DE-19230 Hagenow-Land
Telefon: +49 3883 6101-0
Telefax: +49 3883 6101-13
dud-eisenbahn@t-online.de
www.dud-eisenbahn.de

Management
* Christian Dehns (Geschäftsführer)
* Dörte Dehns (Geschäftsführerin)

Gesellschafter
Stammkapital 110.000,00 EUR
* Christian Dehns (60 %)
* Dörte Dehns (40 %)

D&D / DFS

Lizenzen
* DE: EVU-Zulassung (PV+GV) seit 10.02.2000, gültig bis 31.01.2030

Infrastruktur
* Bw Hagenow Land (Gleislänge: 700 m sowie 200 m rund um die Drehscheibe und die Strahlengleise); Betrieb als Serviceeinrichtung

Unternehmensgeschichte
Die D&D Eisenbahngesellschaft mbH geht auf die am 01.06.1996 gegründete D&D Eisenbahn - Transportlogistik GmbH aus Niebüll zurück, die per Gesellschafterbeschluss am 15.11.1999 in die D&D Eisenbahngesellschaft mbH mit Sitz in Hagenow Land überführt wurde. Die beiden Ds stammen dabei vom Geschäftsführer- und Inhaber-Ehepaar Dipl.-Ing. Christian Dehns und Dörte Dehns. Als Unternehmenssitz dient das im Dezember 1999 erworbene ehemalige Bw Hagenow Land, welches auch für Dritte zur Verfügung steht.
Außer dem AZ-Verkehr ist die D&D seit 2004 auch im Schienengüterverkehr tätig. Neben Spotverkehren traktionierte sie von 2005 bis 2008 regelmäßige Containerzüge zwischen Hamburg und Berlin-Westhafen im Auftrag der Konrad Zippel Spediteur GmbH & Co. KG. Im Sommer 2009 wurde im Auftrag der BEHALA Berliner Hafen- und Lagerhausgesellschaft mbH und der ALFRED TALKE GmbH & Co. KG der „Rhein-Spree-Express" als Verbindung des Kombinierten Verkehrs zwischen Gerolstein, Hürth-Kalscheuren, Krefeld und Berlin Westhafen gefahren. Aufgrund der Wirtschaftskrise musste das Produkt schon nach wenigen Wochen eingestellt werden. Seit Sommer 2009 betreut die D&D zudem im Auftrag der Heyl Mühlen GmbH & Co. KG bzw. der GRAIN MILLERS GmbH & Co. KG, einem Verbund dreier mittelständischer Mühlen, mehrfach pro Woche verkehrende Agrartransporte. Ein erster Vertrag wurde bereits 2007 geschlossen. Aufgrund schlechter Ernteergebnisse in Deutschland kam es aber erst im Sommer 2009 zu einer Aufnahme der Getreideverkehre.
Neben AZ-, Ganzzug- und Spotverkehren bietet die D&D am Standort Hagenow-Land Abstell- und Werkstattleistungen an.

Verkehre
* AZ-Verkehr
* Getreide- / Raps- / Sojaschrottransporte von diversen Ladestellen in Thüringen – Brake (J. Müller Agri Terminal GmbH & Co. KG) / Hamburg / Oldenburger Land / Hamm; Spotverkehre seit 29.07.2009 im Auftrag der GRAIN MILLERS GmbH & Co. KG
* Hartweizentransporte Brake (Unterweser) Hafen (J. Müller Agri Terminal GmbH & Co. KG) / Hamburg – Bad Langensalza (Heyl Mühlen GmbH & Co. KG); Spotverkehre seit 29.07.2009 im Auftrag der GRAIN MILLERS GmbH & Co. KG
* Getreidetransporte zum Hafen Vierow; Spotverkehre seit Sommer 2012 im Auftrag der Bohnhorst Agrarhandel GmbH
* Rapstransporte Bad Segeberg – Herzlake (Ernst Rickermann Landhandel GmbH); Spotverkehre seit 29.12.2012
* Rapstransporte Lübeck-Schlutup – Herzlake (Ernst Rickermann Landhandel GmbH); Spotverkehre seit 20.09.2013
* Rapstransporte Wittenburg (Meckl) – Herzlake (Ernst Rickermann Landhandel GmbH); Spotverkehre seit 21.10.2013
* Getreidetransporte Buttstädt (IRUSO GmbH) – ?; Spotverkehr seit 2013
* Rangierdienstleistungen ab Bremen Rbf; seit 01.04.2012 für eigene Verkehre und Dritte, u.a. nach Brake, Höltinghausen, Rechterfeld, Löningen und Herzlake

Dampfbahn Fränkische Schweiz e. V. (DFS) 🅿️🄸

Postfach 1101
DE-91316 Ebermannstadt
Telefon: +49 9194 725175
Telefax: +49 9194 725555
vorstand@dfs.ebermannstadt.de
www.dfs.ebermannstadt.de

Management
* Siegfried Fuchs (Vorsitzender)

Lizenzen
* DE: EIU Ebermannstadt – Behringersmühle seit 09.04.1979
* DE: EVU-Zulassung (PV+GV) seit 01.08.1995, gültig bis 31.12.2025

Infrastruktur
* Ebermannstadt – Behringersmühle (15,5 km); zum 27.10.1978 von der Deutschen Bundesbahn (DB) erworben

Unternehmensgeschichte
Kurz vor dem Ende des planmäßigen Dampfbetriebes bei der damaligen Deutschen Bundesbahn (DB) gründeten einige Eisenbahnbegeisterte im April 1974 den Verein Dampfbahn Fränkische Schweiz e. V. (DFS). Vereinsziel war von Anfang an die Erhaltung der Bahnstrecke von (Forchheim –) Ebermannstadt nach Behringersmühle sowie die Einrichtung eines historischen Zugbetriebes auf der landschaftlich schönen Strecke. Nach der Stilllegung durch die Deutsche Bundesbahn (DB) am 30.05.1976 konnte die Strecke am 27.10.1978 erworben und am 09.08.1980 wieder in Betrieb genommen werden.

DFS / DBG / DB AG

Seit Mai 2009 besitzt die DFS den Status einer Regionaleisenbahn.

Verkehre
- Museumspersonenverkehr auf der eigenen Strecke Ebermannstadt – Behringersmühle sowie gelegentliche Verkehre auf dem Netz des Bundes unter der Regie anderer EVU die im Besitz einer Sicherheitsbescheinigung sind

Dampfzug-Betriebsgemeinschaft e. V. (DBG) P

Chausseestraße 4a
DE-39279 Loburg
Telefon: +49 39245 2042
Telefax: +49 39245 91056
dampfzug_betriebs_gemeinschaft@yahoo.de
www.dampfzug-betriebs-gemeinschaft.de

Beteiligungen
- Vorwohle-Emmerthaler Verkehrsbetriebe VEV GmbH i.L. (VEV) (4,6 %)

Lizenzen
- DE: EVU-Zulassung (PV+GV) seit 11.02.1999, gültig bis 31.12.2028

Unternehmensgeschichte
Im Jahr 1992 wurde der Arbeitskreis Loburg der Dampfzug-Betriebs-Gemeinschaft e. V. gegründet. In Zusammenarbeit mit dem Arbeitskreis Hildesheim bemühen sich die Mitglieder um den Erhalt der alten Bahntechnik und -anlagen des östlich Magdeburgs gelegenen Bahnhofs Loburg. Die unter Denkmalschutz stehenden Bauten, Lokschuppen und der preußische Wasserturm mit Wasserkran, werden zurzeit vom Arbeitskreis genutzt. Die historische Fahrzeugsammlung umfasst u. a. Dampflokomotiven der Baureihen 24 und 89 und verschiedene Diesellokomotiven.
Außerdem werden zwischen Loburg und Altengrabow Sonderfahrten mit einem historischen Reichsbahnzug aus dem Jahr 1928 angeboten. Ziel ist die Ausweitung dieses Verkehres auf die Gesamtstrecke bis Biederitz – Magdeburg.

Verkehre
- Museumspersonenverkehr

Deutsche Bahn AG (DB AG)

Potsdamer Platz 2
DE-10785 Berlin
Telefon: +49 30 297-61131
Telefax: +49 30 297-61919
www.deutschebahn.com

Management
- Dr. Rüdiger Grube (Vorstandsvorsitzender)
- Dr. Richard Lutz (Vorstand Finanzen und Controlling)
- Ulrich Weber (Vorstand Personal)
- Dr. Volker Kefer (Vorstand Infrastruktur und Dienstleistungen)
- Dr. Heike Hanagarth (Vorstand Technik und Umwelt)
- Gerd T. Becht (Vorstand Compliance, Datenschutz und Recht)

Gesellschafter
Stammkapital 2.150.000.000,00 EUR
- Bundesrepublik Deutschland (BRD) (100 %)

Beteiligungen
- DB Akademie GmbH (100 %)
- DB Energie GmbH (100 %)
- DB JobService GmbH (100 %)
- DB Mobility Logistics AG (100 %)
- DB Netz AG (100 %)
- DB ProjektBau GmbH (100 %)
- DB Services Immobilien GmbH (100 %)
- DB Station&Service AG (100 %)
- DB Systemtechnik GmbH (100 %)
- DB Zeitarbeit GmbH (100 %)
- Deutsche Bahn Finance B.V. (100 %)
- TRENTO Grundstücks-Vermietungs GmbH & Co. Objekt Bahnhöfe Ost KG (100 %)
- UBB Usedomer Bäderbahn GmbH (100 %)
- TREMA Grundstücks-Vermietungs GmbH & Co. Objekt Bahnhöfe West KG (94 %)
- Grundstückspool Potsdam Center GbR mbH (70 %)
- BahnflächenEntwicklungs-Gesellschaft NRW mbH (49,9 %)
- BwFuhrparkService GmbH (24,9 %)
- EUROFIMA Europäische Gesellschaft für die Finanzierung von Eisenbahnmaterial AG (22,6 %)
- Europäische wirtschaftliche Interessenvereinigung der Benutzer des European Rail Transport Management Systems (14,29 %)
- EnBW Kernkraft GmbH (0,2 %)

DB AG / DB Bahnbau Gruppe

Lizenzen
* DE: EVU (PV+GV, nichtöffentlich), gültig vom 01.01.2009 bis 31.12.2024

Unternehmensgeschichte
Innerhalb der Hierarchie im bestehenden Deutsche-Bahn-Konzern steht die Deutsche Bahn AG als Dachgesellschaft an oberster Stelle. Sie entstand mit Inkrafttreten der ersten Stufe der Bahnreform zum 01.01.1994 aus der Fusion der Staatsbahnen Deutsche Bundesbahn und Deutsche Reichsbahn. Mit der zweiten Stufe der Bahnreform zum 01.01.1999 wurden die bisherigen Geschäftsbereiche für Fernverkehr, Nahverkehr, Güterverkehr, Fahrweg und Personenbahnhöfe in die eigenständigen Aktiengesellschaften DB Reise & Touristik AG, DB Regio AG, DB Cargo AG, DB Netz AG und DB Station & Service AG umgewandelt, für welche die DB AG nunmehr die Rolle einer Holding übernahm. Da noch heute die Bundesrepublik Deutschland alle Aktien hält, ist die DB AG ein privatrechtlich organisiertes Staatsunternehmen.
Die Unternehmenstätigkeit der DB AG gliedert sich in die Ressorts Personenverkehr (Marke: DB Bahn; Geschäftsfelder Fernverkehr, Regio und Stadtverkehr), Transport und Logistik (Marke: DB Schenker; Geschäftsfelder DB Schenker Logistics und DB Schenker Rail) sowie Infrastruktur (Marke: DB Netze; Geschäftsfelder Fahrweg, Personenbahnhöfe und Energie); hinzu kommt das Geschäftsfeld DB Dienstleistungen. Mit Blick auf die im Herbst 2008 geplante Teilprivatisierung wurde die DB Mobility Logistics AG als Tochtergesellschaft und Unterholding ins Leben gerufen, welche die Mobilitäts- und Logistikaktivitäten des DB-Konzerns bündelt. Die drei Infrastrukturgeschäftsfelder blieben hingegen weiter direkt der DB AG zugeordnet.
2014 (in Klammern Vorjahreswerte) erzielten die Unternehmen der DB AG mit 295.763 (295.653) Mitarbeitern (Stand 31.12., Basis: Vollzeitpersonen) einen Umsatz (bereinigt) von 39,720 (39,119) Mrd. EUR, einen EBIT (bereinigt) von 2,109 (2,236) Mrd. EUR und ein Jahresergebnis von 988 Mio. (649 Mrd.) EUR.

DB Bahnbau Gruppe GmbH

Groß-Berliner Damm 81
DE-12487 Berlin
Telefon: +30 63987-102
info@bahnbaugruppe.com
www.bahnbaugruppe.com

Management
* Markus Egerer (Sprecher der Geschäftsführung/ Technik)
* Markus Faller (Geschäftsführer Finanzen / Controlling)
* Thomas Hermann (Geschäftsführer Personal)

Gesellschafter
Stammkapital 10.000.000,00 EUR
* DB Netz AG (100 %)

Lizenzen
* DE: EVU-Zulassung (GV); gültig vom 30.07.2010 bis 31.07.2025

Unternehmensgeschichte
Mit den Eintragungen am 18. und 19.08.2010 wurde die Verschmelzung der DB Bahnbau GmbH (DBB), der Deutsche Gleis- und Tiefbau GmbH (DGT), der Deutsche Bahn Gleisbau GmbH (DBG) sowie der Ibb Ingenieur-, Brücken- und Tiefbau GmbH (Ibb) zur DB Bahnbau Gruppe GmbH gemäß Vertrag vom 28.06.2010 und mit wirtschaftlicher Wirkung zum 01.01.2010, rechtswirksam.
Ziel der Zusammenführung der Baugesellschaften des DB-Konzerns unter einem Dach ist die strategische Weiterentwicklung der Bahnbau Gruppe. Damit werden die gewerkeübergreifende Zusammenarbeit optimiert und zusätzliche Synergieeffekte in der Leistungserbringung erzielt. Das Unternehmen positioniert sich somit am Markt als Full-Service-Anbieter für Bahn-Infrastruktur. Kompetenzfelder sind die Geschäftseinheiten GU-Projekte, Produktion Fahrbahn, Produktion Ausrüstung sowie Spezialgewerke.
Die DB Bahnbau Gruppe GmbH ist eine 100%-ige Tochter der DB Netz AG mit Sitz in Berlin. Sie beschäftigte im Geschäfts- und Kalenderjahr 2011 durchschnittlich 2.643 Mitarbeiter (2010: 2.733), die bei einem Umsatz von 438,77 Mio. EUR (2010: 485,92 Mio. EUR) Gewinne in Höhe von 27,04 Mio. EUR (2010: -10,13 Mio. EUR) erzielten.
Die heutige DB Bahnbau Gruppe GmbH firmierte bis zum 28.06.2010 als DB Elfte

DB Bahnbau Gruppe / DB FWD / DB Fahrzeuginstandhaltung

Vermögensverwaltungsgesellschaft mbH (Gesellschaftsvertrag vom 14.11.2002) und hatte ihren Sitz bis 23.11.2009 in Frankfurt am Main.

Verkehre
★ AZ-Verkehr

DB Fahrwegdienste GmbH (DB FWD) G

Elisabeth-Schwarzhaupt-Platz 1
DE-10115 Berlin
Telefon: +49 30 297-53701
Telefax: +49 30 297-53726
www.dbnetze.com/dbfahrwegdienste

Management
★ Alexandra Neck (Geschäftsführerin)

Gesellschafter
Stammkapital 25.000,00 EUR
★ DB Netz AG (100 %)

Lizenzen
★ DE: EVU-Zulassung (PV+GV), gültig vom 28.05.2008 bis 28.05.2023

Unternehmensgeschichte
DB Fahrwegdienste GmbH wurde am 14.11.2002 mit Sitz in Frankfurt am Main gegründet.
Die Gesellschaft hat nach Maßgabe des Spaltungs- und Übernahmevertrages vom 16.05.2008 sowie der Zustimmungsbeschlüsse der beteiligten Rechtsträger vom selben Tag Teile des Vermögens der DB Services Südost GmbH mit Sitz in Leipzig als Gesamtheit im Wege der Umwandlung durch Abspaltung übernommen.
Durch Beschluss der Gesellschafterversammlung vom 13.11.2008 ist der Sitz der Gesellschaft von Frankfurt am Main nach Berlin verlegt und der Gesellschaftsvertrag insgesamt geändert. Neuer Gegenstand: Die Erbringung von Dienstleistungen im Bereich der Baustellensicherung, der Baustellenlogistik, der Abfallentsorgung, der Vegetationspflege und des Landschaftsbaus an Verkehrswegen und sonstigen Anlagen, die Erbringung von Eisenbahnverkehrsleistungen im Sinne des Allgemeinen Eisenbahngesetzes.
Mit der Deutsche Bahn Aktiengesellschaft bestand vom 02.12.2004 bis 31.12.2008 ein Beherrschungs- und Gewinnabführungsvertrag. Ein gleiches Vertragswerk besteht nach Gesellschafterwechsel seit 12.03.2009 mit der DB Netz Aktiengesellschaft.
2011 erwirtschaftete die DB Fahrwegdienste GmbH mit 2.247 Mitarbeitern einen Umsatz von 247,6 Mio. EUR.
Beim Bau des neuen Stuttgarter Hauptbahnhofs („Stuttgart 21") mit seinen großteils unterirdischen Zulaufstrecken sowie der anschließenden Neubaustrecke Wendlingen – Ulm werden bis Ende des Jahrzehnts etwa 40 Mio. t Abraum anfallen. Allein aus dem Stuttgarter Talkessel müssen rund acht Mio. t abgefahren werden, die zu etwa 40 Empfängern gebracht werden. Neben einigen Deponien in Baden-Württemberg, auf denen rund die Hälfte des Abraums entsorgt wird, zählen dazu auch weiter entfernte Abnehmer, vor allem im Norden Thüringens. Diese Transporte werden unter Regie der DB auf der Schiene abgewickelt. Die als EVU beauftragte DB Fahrwegdienste mietet dazu Vectron-E-Loks bei der Mitsui Rail Capital Europe (MRCE) und Tragwagen der AAE Cargo, die mit neu beschafften 20"-Muldencontainern aus Fertigung der Schmitz Cargobull beladen werden. Derzeit verlassen Stuttgart zwei Züge pro Tag, die bislang vorwiegend Nordhausen und das südlich von Schwäbisch Hall gelegene Wilhelmsglück zum Ziel haben. Dort werden die Mulden entweder direkt auf Lkw umgeladen oder im Falle von Nordhausen die Wagen zur Entladung durch die Privatbahn Raildox nach Niedersachswerfen gebracht. Alternativ sind in Thüringen bzw. Sachsen-Anhalt auch Fahrten nach Sollstedt, Bleicherode Ost und Röblingen vorgesehen.

Verkehre
★ AZ-Verkehr
★ KV-Transporte (Aushub Stuttgart 21) Stuttgart – Deißingen-Lauffen; 1 x pro Tag seit 07.10.2014
★ KV-Transporte (Aushub Stuttgart 21) Stuttgart – Deißlingen-Lauffen; ab vsl. Oktober 2014
★ KV-Transporte (Aushub Stuttgart 21) Stuttgart – Niedersachswerfen; Traktion ab Nordhausen durch ITB Industrietransportgesellschaft mbH Brandenburg
★ KV-Transporte (Aushub Stuttgart 21) Stuttgart – Wilhelmsglück; 1 x pro Tag seit 2014; 2 x pro Tag seit 22.09.2014
★ KV-Transporte (Sondermüll der Deponie Kölliken) Basel – Wanne-Eickel / Schkopau; 1 x pro Woche seit Anfang 2013
★ Rangieren der Nachtzüge in München Ost Personenbahnhof; im Auftrag der DB Fernverkehr AG

DB Fahrzeuginstandhaltung GmbH

Weilburger Straße 22
DE-60326 Frankfurt am Main
Telefon: +49 69 265-46529
Telefax: +49 69 265-46505
www.db-fzi.com

DB Fahrzeuginstandhaltung / DB Fernverkehr

Management
- Uwe Fresenborg (Vorsitzender der Geschäftsführung)
- Arno Störk (Geschäftsführer)
- Bernd Sülz (Geschäftsführer)
- Oliver Terhaag (Geschäftsführer)

Gesellschafter
Stammkapital 231.000,00 EUR
- DB Dienstleistungen GmbH (100 %)

Beteiligungen
- DB Waggonbau Niesky GmbH (100 %)

Lizenzen
- DE: EVU-Zulassung (PV+GV), gültig vom 21.01.2004 bis 31.12.2019

Unternehmensgeschichte
Am 01.01.2004 erfolgte die Gründung der DB Fahrzeuginstandhaltung GmbH. Sie verantwortet die schwere Instandhaltung von Schienenfahrzeugen und bietet umfassende Inspektions- und Instandhaltungsarbeiten sowie Umbau, Modernisierung, Revision von Zügen und Aufarbeitung von Komponenten wie Radsätzen, Drehgestellen und Bremsen an.
Aktuell betreibt das Unternehmen folgende Werkstätten:
- Neumünster: Personenwagen
- Bremen-Sebaldsbrück: Dieselloks
- Wittenberge: Personenwagen
- Eberswalde: Güterwagen
- Cottbus: Dieselloks
- Dessau: Elektroloks
- Paderborn: Güterwagen
- Krefeld-Oppum: Elektrotriebzüge
- Kassel: Dieseltriebzüge
- Chemnitz: Komponenten
- Zwickau: Güterwagen
- Meiningen: Dampflokomotiven
- Fulda: Komponenten
- Nürnberg: Elektrotriebzüge
- München: Komponenten

2011 wurde mit 8.296 Mitarbeitern ein Umsatz von 1.161,7 Mio. EUR und ein Gewinn von 38,8 Mio. EUR erzielt.

DB Fernverkehr AG P

Stephensonstraße 1
DE-60326 Frankfurt am Main
Telefon: +49 69 265-62220
Telefax: +49 69 265-62225
www.deutschebahn.com

Management
- Berthold Huber (Vorstandsvorsitzender)
- Andreas Busemann (Vorstand Produktion)
- Dipl.-Betriebswirtin Ulrike Haber-Schilling (Vorstand Personal)
- Wolfgang Heinrichs (Vorstand Finanzen/Controlling)
- Dr. Manuel Rehkopf (Vorstand Marketing)

Gesellschafter
Stammkapital 512.000.000,00 EUR
- DB Mobility Logistics AG (100 %)

Beteiligungen
- AMEROPA-REISEN GmbH (100 %)
- Bayern Express & P. Kühn Berlin GmbH (100 %)
- DB Bahn Italia S.r.l. (100 %)
- DB European Railservice GmbH (DB ERS) (100 %)
- Zentral-Omnibusbahnhof Berlin GmbH (100 %)
- Berlin Linien Bus GmbH (65 %)
- Alleo GmbH (50 %)
- Rheinalp GmbH (50 %)
- RailLink B.V. (25 %)
- Railteam B.V. (25 %)

Lizenzen
- CH: Sicherheitszertifikat Teil B (PV); gültig vom 16.12.2014 bis 21.12.2015 (ausgewählte Strecken)
- DE: EVU-Zulassung (PV+GV), gültig vom 07.01.2015 bis 31.12.2028
- DE: Sicherheitszertifikat Teil A+B (PV); gültig vom 17.12.2014 bis 18.04.2016

Unternehmensgeschichte
Innerhalb des DB-Konzerns gehört die DB Fernverkehr AG heute zum Geschäftsfeld DB Bahn Fernverkehr. Hauptgeschäftsfeld ist der Betrieb fast aller innerdeutschen Schienenpersonenfernverkehrsverbindungen im Tagesverkehr. Sie ist zusammen mit den übrigen fünf direkt mit der Erbringung von Verkehrsleistungen betrauten Geschäftsfeldern seit 2008 unter dem Dach der DB Mobility Logistics AG gebündelt, mit der ein Beherrschungs- und Gewinnabführungsvertrag besteht. Entstanden zum

DB Fernverkehr / DB Mobility Logistics

01.01.1999 im Rahmen der zweiten Stufe der Bahnreform aus dem Geschäftsbereich Personenverkehr der seinerzeitigen DB AG, firmierte das Unternehmen bis 2003 als DB Reise und Touristik AG. Bis zum 31.12.2009 bestand neben den oben angeführten Beteiligungen mit der CityNightLine CNL AG, einer Aktiengesellschaft nach schweizerischem Recht, eine weitere hundertprozentige Tochter. Deren Geschäftsbetrieb wurde mit Jahresbeginn 2010 unter Beibehaltung der Marke CNL durch die DB AutoZug GmbH übernommen und die CNL AG mit Beschluss der Generalversammlung vom 29.03.2010 aufgelöst. Die DB AutoZug GmbH wiederum wurde zum 01.01.2013 auf die DB Fernverkehr AG verschmolzen. Rund 70 % der Mitarbeiter sind in einem der fünf Regionalbereiche Nord (Hamburg), Ost (Berlin), West (Köln), Mitte (Frankfurt am Main) und Süd (München) tätig.
Im Geschäfts- und Kalenderjahr 2013 (Vorjahreswerte in Klammern) beförderte die DB Fernverkehr AG 130,2 (130,8) Mio. Fahrgäste auf 36,7 (37,2) Mrd. Pkm. Das Unternehmen erzielte damit einen Gesamtumsatz von 4,049 (4,046) Mrd. EUR und ein Ergebnis der gewöhnlichen Geschäftstätigkeit in Höhe von 263 (304) Mio. EUR. Betriebsleistung und durchschnittliche Auslastung der Züge lagen bei 141,5 (144,0) Mio. Trassenkm und 50,7 (50,3) %. Mit Stand vom 31.12. waren im Unternehmen 15.966 (15.345) Mitarbeiter tätig.

DB Mobility Logistics AG

Potsdamer Platz 2
DE-10785 Berlin
Telefon: +49 30 297-54021
Telefax: +49 30 297-54021
www.deutschebahn.com

Management
* Dr. Rüdiger Grube (Vorstandsvorsitzender)
* Dr. Richard Lutz (Vorstand Finanzen und Controlling)
* Ulrich Homburg (Vorstand Personenverkehr)
* Dr. Karl-Friedrich Rausch (Vorstand Transport und Logistik)
* Ulrich Weber (Vorstand Personal)
* Dr. Heike Hanagarth (Vorstand Technik und Umwelt)
* Dr. Volker Kefer (Vorstand Dienstleistungen)

* Gerd T. Becht (Vorstand Compliance, Datenschutz und Recht)

Gesellschafter
Stammkapital 1.000.000.000,00 EUR
* Deutsche Bahn AG (DB AG) (100 %)

Beteiligungen
* DB Fernverkehr AG (100 %)
* DB Intermodal Services GmbH (100 %)
* DB Regio AG (100 %)
* DB Schenker BTT GmbH (100 %)
* DB Schenker Nieten GmbH (100 %)
* DB Schenker Rail Bulgaria EOOD (100 %)
* DB Schenker Rail AG (100 %)
* DB US Corporation (100 %)
* DB Vertrieb GmbH (100 %)
* Schenker Aktiengesellschaft (100 %)
* Schenker SIA (100 %)
* Stinnes Beteiligungs-Verwaltungs GmbH (100 %)
* Stinnes Logistics GmbH (100 %)
* TFG Transfracht Intern. Gesellschaft für komb. Güterverkehr mbH & Co. KG (100 %)
* TFG Verwaltungs GmbH (100 %)
* Kombiverkehr Deutsche Gesellschaft für kombinierten Güterverkehr mbH & Co. KG (Kombiverkehr) (50 %)
* PKV Planungsgesellschaft Kombinierter Verkehr Duisburg mbH (50 %)
* Container Terminal Enns GmbH (49 %)
* Trans-Eurasia Logistics GmbH (40 %)
* SSG Saar-Service GmbH (25 %)
* GVZ Entwicklungsgesellschaft Salzgitter mbH (7,14 %)
* Elemica Inc (0,54 %)

Unternehmensgeschichte
Die DB Mobility Logistics AG (DB ML AG) ist neben der DB AG die zweite Holdinggesellschaft des DB-Konzerns. Sie ging durch Umfirmierung mit Handelsregistereintrag am 01.02.2008 aus der seinerzeitigen Stinnes AG hervor. Diese, spezialisiert auf den Verkauf von Logistikdienstleistungen, war bereits 2003 von der DB AG gekauft worden. Die DB ML AG, welche die Mobilitäts- und Logistikaktivitäten des DB-Konzerns mit den Geschäftsfeldern DB Bahn Fernverkehr, DB Bahn Regio, DB Bahn Stadtverkehr, DB Schenker Rail, DB Schenker Logistics und DB Dienstleistungen bündelt, wurde mit Blick auf die 2008 geplante Teilprivatisierung des DB-Konzerns ins Leben gerufen. Die drei Infrastrukturgeschäftsfelder blieben hingegen weiter direkt der DB AG zugeordnet. Mit einer ersten Tranche sollten 24,9 % der Stimmrechtsanteile an der DB ML AG ab dem 27.10.2008 an private Investoren veräußert werden. Dies wurde jedoch am 09.10.2008 wegen der Unsicherheiten auf den Finanzmärkten auf unbestimmte Zeit verschoben. Die DB AG und die DB ML AG haben im DB-Konzern beide die Funktion einer konzernleitenden Managementholding. Dies

DB Mobility Logistics / DB Netz

findet seinen Ausdruck im Vorhandensein eines Integrationsausschusses sowie durch eine weitgehende Personenidentität beider Vorstände mit gemeinsamen Vorstandssitzungen.
2014 (in Klammern Vorjahreswerte) erzielte die DB ML AG mit 230.177 (232.142) Mitarbeitern (Stand 31.12., Basis: Vollzeitpersonen) einen Umsatz (bereinigt) von 37,387 (37,988) Mrd. EUR, ein EBIT (bereinigt) von 1,494 (1,472) Mrd. EUR und ein Jahresergebnis von 681 (650) Mio. EUR. Im Schienenpersonenverkehr wurden 2,250 (2,232) Mrd. Reisende gezählt, eine Verkehrsleistung von 88,313 (88,654) Mrd. Pkm und eine Betriebsleistung von 761,7 (764,2) Mio. Trassenkm erbracht. Im Busverkehr wurden 2,094 (2,120) Mrd. Reisende gezählt, eine Verkehrsleistung von 8,096 (8,375) Mrd. Pkm und eine Betriebsleistung von 1,601 (1,574) Mrd. Buskm erbracht.

DB Netz AG ⚑

Theodor-Heuss-Allee 7
DE-60486 Frankfurt am Main
Telefon: +49 1806 996623
dbnetz@deutschebahn.com
www.dbnetz.de

Management
* Dr. Roland Bosch (Vorstandsvorsitzender)
* Dr. Jörg Sandvoß (Vorstand Vertrieb und Fahrplan)
* Dipl.-Ing. Nicole Friedrich (Vorstand Produktion)
* Ute Plambeck (Vorstand Personal)
* Bernd Koch (Vorstand Finanzen & Controlling)
* Prof. Dr. Dirk Rompf (Vorstand Netzplanung und Großprojekte)

Gesellschafter
Stammkapital 767.000.000,00 EUR
* Deutsche Bahn AG (DB AG) (100 %)

Beteiligungen
* DB Bahnbau Gruppe GmbH (100 %)
* DB Fahrwegdienste GmbH (DB FWD) (100 %)
* DB RegioNetz Infrastruktur GmbH (DB RNI) (100 %)
* THG Terminal Heilbronn GmbH (75,1 %)
* Deutsche Umschlaggesellschaft Schiene-Straße mbH (DUSS) (75 %)
* TKN Terminal Köln-Nord GmbH (49 %)
* MegaHub Lehrte GmbH (33,33 %)
* EEIG Rhine-Alpine EWIV (25 %)
* TriCon Container-Terminal Nürnberg GmbH (25 %)
* Güterverkehrszentrum Entwicklungsgesellschaft Dresden mbH (24,53 %)

Lizenzen
* DE: EIU-Zulassung, gültig vom 15.10.1998 bis 31.12.2048
* DE: EVU-Zulassung (GV, nichtöffentlich), gültig vom 10.11.2005 bis 10.11.2020
* DE: Sicherheitszertifikat Teil A+B (GV) nach § 7a AEG; gültig vom 17.12.2014 bis 18.04.2016

Infrastruktur
* Gleisnetz in Deutschland (33.281 km Betriebslänge)

Unternehmensgeschichte
Innerhalb des DB-Konzerns gehört die DB Netz AG heute zum Geschäftsfeld DB Netze Fahrweg. DB Netz ist zum 01.01.1999 im Rahmen der zweiten Stufe der Bahnreform aus dem vormaligen Geschäftsbereich Fahrweg der seinerzeitigen DB AG hervorgegangen. Als Eisenbahninfrastrukturunternehmen (EIU) obliegt ihr die Betreiberverantwortung für den größten Teil des deutschen Schienennetzes mit einer Betriebslänge von 33.295 km (Stand 31.12.2013; Stand 31.12.2010: 33.525 km) und den drei Segmenten „Fern- und Ballungsnetz", „Regionalnetz" sowie „Zugbildungs- und -behandlungsanlagen". Das Netz umfasste zum genannten Zeitpunkt 61.153 km Gleise, 69.400 Weichen und Kreuzungen, 13.890 Bahnübergänge, 695 Tunnel mit einer Gesamtlänge von 512 km, 24.982 Eisenbahnbrücken und 3.256 Stellwerke, davon 407 ESTW.
Nach einer Umstrukturierung 2008 führt die DB AG innerhalb des DB-Konzerns die infrastrukturseitigen Geschäftsfelder DB Netze Fahrweg, DB Netze Energie und DB Netze Personenbahnhöfe direkt, während die fünf verkehrsbezogenen Geschäftsfelder DB Bahn Fernverkehr, DB Bahn Regio, DB Bahn Stadtverkehr, DB Schenker Logistics und DB Schenker Rail sowie die DB Dienstleistungen unter dem Dach der DB Mobility Logistics AG (DB ML AG) zusammengefasst sind. Mit der Muttergesellschaft Deutsche Bahn AG besteht ein Beherrschungs- und Gewinnabführungsvertrag. Bei den Beteiligungen der DB Netz AG trat im August 2010 die entscheidende Veränderung in Kraft, indem mit Eintrag ins Handelsregister und rückwirkend zum 01.01.2010 die bisherigen Tochterunternehmen DB Bahnbau GmbH (DBB), Deutsche Gleis- und Tiefbau GmbH (DGT), Deutsche Bahn Gleisbau GmbH (DBG) sowie die Ingenieur- Brücken- und Tiefbau GmbH zur DB Bahnbau Gruppe GmbH verschmolzen wurden.
Neben der Unternehmenszentrale mit Sitz in Frankfurt am Main gibt es sieben Regionalbereiche (RB) an folgenden Standorten: Berlin (RB Ost), Frankfurt am Main (RB Mitte), Duisburg (RB West), Hannover (RB Nord), Karlsruhe (RB Südwest), Leipzig

DB Netz / DB Regio

(RB Südost) und München (RB Süd).
Die DB Netz AG (Vorjahresangaben in Klammern) beschäftigte mit Stand 31.12.2013 35.972 (35.249) Mitarbeiter (Basis: Vollzeitstellen). Die Züge ihrer EVU-Kunden erbrachten auf dem Streckennetz Betriebsleistungen im Umfang von 1,021 (1,025) Mrd. Trassenkm, davon 247,1 (230,4) Mio. Trassenkm durch Dritte. Der Unternehmensumsatz betrug 4,556 (4,478) Mrd. EUR, wovon 95 % aus Trassenerlösen und der Rest aus den Nutzungsgebühren für örtliche Infrastruktur wie Rangier- und Abstellanlagen resultierten. Das Ergebnis der gewöhnlichen Geschäftstätigkeit lag bei 66 (197) Mio. EUR.

DB Regio AG 🅿

Stephensonstraße 1
DE-60326 Frankfurt am Main
Telefon: +49 69 265-61800
Telefax: +49 69 265-61804
www.deutschebahn.com

Management
★ Dr. Manfred Rudhart (Vorstandsvorsitzender)
★ Norbert Klimt (Vorstand Finanzen und Controlling)
★ Kay Euler (Vorstand Produktion)
★ Michael Hahn (Vorstand Regio Bus)
★ Marion Hedwig Rövekamp (Vorstand Personal)

Gesellschafter
Stammkapital 410.000.000,00 EUR
★ DB Mobility Logistics AG (100 %)

Beteiligungen
★ Autokraft GmbH (100 %)
★ BBH BahnBus Hochstift GmbH (100 %)
★ BRS Busverkehr Ruhr-Sieg GmbH (100 %)
★ BVO Busverkehr Ostwestfalen GmbH (100 %)
★ BVR Busverkehr Rheinland GmbH (100 %)
★ BRN Busverkehr Rhein-Neckar GmbH (100 %)
★ DB Busverkehr Hessen GmbH (100 %)
★ DB Regio Bus Bayern GmbH (100 %)
★ DB Regio Bus Ost GmbH (100 %)
★ DB RegioNetz Verkehrs GmbH (DB RNV) (100 %)
★ DB ZugBus Regionalverkehr Alb-Bodensee GmbH (RAB) (100 %)
★ Friedrich Müller Omnibusunternehmen GmbH (100 %)
★ Haller Busbetrieb GmbH (100 %)
★ Hanekamp Busreisen GmbH (100 %)
★ NVO Nahverkehr Ostwestfalen GmbH (100 %)
★ Omnibusverkehr Franken GmbH (OVF) (100 %)
★ ORN Omnibusverkehr Rhein-Nahe GmbH (100 %)
★ RBO Regionalbus Ostbayern GmbH (100 %)
★ RDS bus s.r.o. (100 %)
★ RVE Regionalverkehr Euregio Maas-Rhein GmbH (100 %)
★ RVN Regionalverkehr Niederrhein GmbH (100 %)
★ RVS Regionalbusverkehr Südwest GmbH (100 %)
★ Regional Bus Stuttgart GmbH (RBS) (100 %)
★ Regionalbus Braunschweig GmbH - RBB - (100 %)
★ Regionalverkehr Kurhessen GmbH (RVK) (100 %)
★ Regionalverkehr Oberbayern Gesellschaft mbH (RVO) (100 %)
★ Rheinpfalzbus GmbH (100 %)
★ S-Bahn Berlin GmbH (100 %)
★ S-Bahn Hamburg GmbH (100 %)
★ Saar-Pfalz-Bus GmbH (100 %)
★ Saar-Pfalz-Mobil GmbH (100 %)
★ SBG SüdbadenBus GmbH (100 %)
★ Südwest Mobil GmbH (100 %)
★ Verkehrsgesellschaft mbH Untermain - VU - (100 %)
★ Vorpommernbahn GmbH (100 %)
★ WB Westfalenbus GmbH (100 %)
★ WBL GmbH (100 %)
★ Weser-Ems Busverkehr GmbH (WEB) (100 %)
★ RMV Rhein-Mosel Verkehrsgesellschaft mbH (74 %)
★ Verkehrsverbund Rottweil GmbH (VVR) (70,2 %)
★ KOB GmbH (70 %)
★ Regionalverkehr Allgäu GmbH (RVA) (70 %)
★ Rhein-Westerwald Nahverkehr GmbH (RWN) (61,36 %)
★ RVL Regio Verkehrsverbund Lörrach GmbH (54 %)
★ vgf Verkehrs-Gemeinschaft Landkreis Freudenstadt GmbH (51,92 %)
★ Busverkehr Märkisch-Oderland GmbH (51,17 %)
★ Busverkehr Oder-Spree GmbH (51,17 %)
★ RegioTram Betriebsgesellschaft mbH (RTB) (51 %)
★ Regionalverkehr Dresden GmbH (51 %)
★ Regionalverkehr Bayerisch Schwaben GmbH (50 %)
★ Kahlgrund-Verkehrs-GmbH (KVG) (28 %)
★ Regio-Verkehrsverbund Freiburg GmbH (RVF) (25 %)
★ Unternehmensgesellschaft Verkehrsverbund Rhein-Neckar GmbH (URN GmbH) (20,61 %)
★ Verkehrs- und Tarifverbund Stuttgart GmbH (VVS) (19 %)
★ VVW Verkehrsverbund Warnow GmbH (18,61 %)
★ Verkehrsgemeinschaft Mittelthüringen GmbH (VMT) (16,67 %)
★ Verkehrsverbund Großraum Nürnberg Gesellschaft mbH (VGN) (15,4 %)
★ Magdeburger Regionalverkehrsverbund GmbH – marego (13,69 %)
★ Verkehrsverbund Bremen/Niedersachsen GmbH (VBN) (12,68 %)
★ Niedersachsentarif GmbH (NITAG) (8,33 %)
★ Verbundgesellschaft Region Braunschweig GmbH (6,44 %)

DB Regio / DB RNI

* Mitteldeutscher Verkehrsverbund Gesellschaft mbH (MDV) (5,99 %)
* Mazowiecka Spólka Taborowa Sp. z o. o. (2,17 %)
* UBB Polska Sp. z o.o. (1 %)
* Einkaufs- und Wirtschaftsgesellschaft für Verkehrsbetriebe mbH (BEKA) (0,47 %)

Lizenzen
* AT: Sicherheitszertifikat, Teil B (PV); gültig vom 30.12.2010 bis 21.12.2015
* CH: Sicherheitszertifikat Teil B (PV); gültig vom 16.12.2014 bis 21.12.2015 (ausgewählte Strecken)
* DE: EVU-Zulassung (PV+GV), gültig vom 15.10.1998 bis 31.12.2028
* DE: Sicherheitszertifikat, Teil A+B (PV); gültig vom 22.12.2010 bis 21.12.2015
* NL: Sicherheitszertifikat, Teil B (PV); gültig vom 11.10.2012 bis 21.12.2015 (nur für Grenzstrecke Enschede – Gronau)

Unternehmensgeschichte
Innerhalb des DB-Konzerns gehört die DB Regio AG heute zum Geschäftsfeld DB Bahn Regio, in dem seit dem 01.01.2011 ausschließlich die innerdeutschen Regionalverkehrsaktivitäten (sowohl Schiene als auch Bus) des DB-Konzerns in Deutschland geführt werden. Das vormalige Geschäftsfeld DB Bahn Stadtverkehr ist zum genannten Stichtag im Geschäftsfeld DB Bahn Regio aufgegangen. Unternehmensgegenstand der DB Regio AG ist der Betrieb großer Teile des innerdeutschen Schienenpersonennahverkehrs im Auftrag der Länder, womit das Unternehmen der bedeutendste Umsatzträger im DB-Konzern ist.
Mit Beginn des Jahres 2002 trat eine Neuordnung der Unternehmensstruktur mit aktuell acht Regionalleitungen (Nord, Nordost, Nordrhein-Westfalen, Südost, Hessen, Südwest, Baden-Württemberg und Bayern) anstelle der zentral gelenkten Gesellschaft in Kraft, die sich mit besserer regionaler Präsenz nicht zuletzt auch der Struktur der SPNVAufgabenträgerlandschaft anzupassen suchte. Die örtlichen Verkehrsbetriebe und Tochtergesellschaften sind den jeweils zuständigen Regionalleitungen zugeordnet und gleichzeitig direkte Verhandlungspartner der öffentlichen Bestellerorganisationen der Länder. Neben den oben aufgelisteten direkten Beteiligungen > 50 % ist die DB Regio AG an weiteren Gesellschaften wie z. B. Verkehrsverbundgesellschaften unmittelbar und mittelbar mit einer Quote kleiner / gleich 50 % beteiligt.
Die DB Regio AG ist als übernehmender Rechtsträger nach Maßgabe des Verschmelzungsvertrages vom 27.07.2011 mit der
* DB Nahverkehr Drei GmbH
* DB Regio Bayern GmbH
* DB Regio Hanse Verkehr GmbH
* DB Regio Hessen GmbH
* DB Regio Rhein-Ruhr GmbH
* DB Regio Südwest GmbH

* DB Regio Thüringen GmbH
* Regional- und Stadtverkehr Bayern GmbH (RSB)
* S-Bahn Hannover GmbH
* S-Bahn Mitteldeutschland GmbH

verschmolzen worden. Zum 18.07.2012 erfolgte dies auch mit der DB Regio Nord GmbH sowie zum 22.08.2012 mit der DB Regio NRW GmbH.
Die DB Regio AG beförderte im Geschäftsjahr 2013 (Vorjahreswerte in Klammern) 1.410 (1.393) Mrd. Reisende auf 35,7 (35,8) Mrd. Pkm) und erzielte damit einen Umsatz von 6.431 (6.527) Mrd. EUR sowie ein Ergebnis der gewöhnlichen Geschäftstätigkeit von 697 (754) Mio. EUR. Die Züge des Unternehmens erbrachten eine Betriebsleistung von 409,7 (419,1) Mio. Trassenkm. Jeweils mit Stand vom 31.12. beschäftigte das Unternehmen 22.013 (22.477) Mitarbeiter (Basis: Vollzeitpersonen). Auf dem deutschen SPNV-Vergabemarkt konnte sich die DB Regio AG 75 (52) % der Verkehrsleistungen im Umfang vom rund 81 Mio. Zugkm/a sichern.

DB RegioNetz Infrastruktur GmbH (DB RNI)

Stephensonstraße 1
DE-60326 Frankfurt am Main
Telefon: +49 69 265-7342
Telefax: +49 69 265-6893
www.deutschebahn.com

Anschriften der RegioNetze siehe DB RNV

Management
* Dr. Jürgen Dornbach (Sprecher der Geschäftsführung)
* Corinna Sander (Kaufmännische Geschäftsführerin)
* Cornelia Gross (Geschäftsführerin Infrastruktur)

Gesellschafter
Stammkapital 1.903.000,00
* DB Netz AG (100 %)

Lizenzen
* DE: EVU-Zulassung (nichtöffentlich, GV); gültig vom 10.11.2005 bis 10.11.2020

Infrastruktur
* 1.137 km; gepachtet von der DB Netz AG

Unternehmensgeschichte
Die am 08.12.2000 gegründete DB RegioNetz Infrastruktur GmbH (DB RNI) ist eine Schwester der DB RegioNetz Verkehrs GmbH (DB RNV, siehe dort) und übernimmt Betrieb und Instandhaltung der Regio-Netze mit den Profitcentern Kurhessenbahn

DB RNI / DB RNV

(KHB), Erzgebirgsbahn (EGB), Oberweißbacher Berg- und Schwarzatalbahn (OBS), Südostbayernbahn (SOB) und Westfrankenbahn (WFB).

DB RegioNetz Verkehrs GmbH (DB RNV) P

Geschäftsführung
Stephensonstraße 1
DE-60326 Frankfurt am Main
Telefon: +49 69 265-7298
Telefax: +49 69 265-6893
www.deutschebahn.com

Erzgebirgsbahn (EGB)
Bahnhofstraße 9
DE-09111 Chemnitz
Telefon: +49 371 493-3041
Telefax: +49 371 493-3171
www.bahn.de/erzgebirgsbahn

Kurhessenbahn (KHB)
Rainer-Dierichs Platz 1
DE-34117 Kassel
Telefon: +49 561 786-2951
Telefax: +49 561 786-2959
www.bahn.de/kurhessenbahn

Oberweißbacher Berg- und Schwarzatalbahn (OBS)
An der Bergbahn 1
DE-98746 Mellenbach-Glasbach
Telefon: +49 36705 20134
Telefax: +49 36705 20135
www.oberweissbacher-bergbahn.com

Südostbayernbahn (SOB)
Bischof-von-Ketteler-Straße 1
DE-84453 Mühldorf
Telefon: +49 8631 609-370
Telefax: +49 8631 609-534
www.bahn.de/suedostbayernbahn

Westfrankenbahn (WFB)
Elisenstraße 30
DE-63739 Aschaffenburg
Telefon: +49 6021 337-211
Telefax: +49 6021 337-177
www.bahn.de/westfrankenbahn

Vertriebsservice Ostbayern
Bahnhofsplatz 6
DE-94447 Plattling
www.vertriebsserviceostbayern.de

Gäubodenbahn (GBB)
Bahnhofplatz 7
DE-94447 Plattling
Telefax: +49 9931 8956560
gaeubodenbahn@deutschebahn.com
www.bahn.de/gaeubodenbahn

Management
★ Dr. Jürgen Dornbach (Sprecher der Geschäftsführung)
★ Cornelia Gross (Geschäftsführer)
★ Corinna Sander (Geschäftsführer)

Gesellschafter
Stammkapital 100.000,00 EUR
★ DB Regio AG (100 %)

Lizenzen
★ DE: EVU-Zulassung (PV+GV), gültig vom 10.07.2001 bis 31.07.2016

Unternehmensgeschichte
Um einen effizienten Betrieb von Bahnstrecken in der Fläche dauerhaft zu sichern und gleichzeitig die Attraktivität des Schienenpersonennahverkehrs auch im ländlichen Raum zu erhöhen, rief die Deutsche Bahn im Jahr 2000 eine eigene Mittelstandsoffensive ins Leben. Kernpunkt dabei: eine interne Strukturreform zur Bildung flexibler regionaler Organisationseinheiten für Strecken mit überwiegend regionaler Bedeutung, die wie mittelständische Unternehmen am Markt agieren können. Als ein Ergebnis der in diesem Zusammenhang durchgeführten Untersuchungen wurden in Abstimmung mit dem Bundesverkehrsministerium und den regionalen Bestellern zum 01.01.2002 unter dem Dach der Deutschen Bahn zunächst vier Regio-Netze gegründet, die jeweils als kleine, flexible Einheiten lokal agieren. Zentral geführt werden die Regio-Netze als ProfitCenter durch die am 08.12.2000 gegründete DB RegioNetz Verkehrs GmbH sowie die DB RegioNetz Infrastruktur GmbH (siehe dort), die beide ihren Sitz in Frankfurt am Main haben. Mittlerweile gibt es mit der Kurhessenbahn (KHB) in Nordhessen, der Oberweißbacher Berg- und Schwarzatalbahn (OBS) im Thüringer Wald, der Erzgebirgsbahn (EGB) in Sachsen, der Südostbayernbahn (SOB) in Bayern sowie seit Januar 2006 mit der Westfrankenbahn (WFB) in Bayern und Baden-Württemberg fünf Regio-Netze. Für die EGB, die OBS und den Nordteil der Kurhessenbahn hat die RNV eigene Verkehrsverträge mit den jeweils zuständigen SPNV-Bestellern abgeschlossen, während die Leistungen der SOB, der WFB und im Südteil der Kurhessenbahn als Auftragnehmer der Muttergesellschaft im Rahmen bestehender Verkehrsverträge erbracht werden. Zudem gehören auch die mittelständische Vertriebseinheit Vertriebsservice Ostbayern (VSO) sowie der Verkehrsbetrieb Gäubodenbahn (GBB) in Bayern

DB RNV / DB Schenker Rail Deutschland

mittlerweile zum Leistungs- und Angebotsspektrum der DB RegioNetz Verkehrs GmbH.
DB RNV erwirtschaftete im Jahr 2010 mit 798 Mitarbeitern einen Umsatz von 175,514 Mio. EUR. Im Geschäftsjahr wurden bei einer Verkehrsleistung von 584 Mio. Pkm 18,5 Mio. Reisende befördert.
Die grenzüberschreitenden Verkehre der SOB nach Österreich wurden bis 31.12.2010 mit einer eigenen Sicherheitsbescheinigung abgewickelt. Seit 01.01.2011 erfolgt dies via SiBe der DB Regio AG. Die SOB konnte Ende 2014 im Rahmen einer freihändigen Vergabe den „Linienstern Mühldorf" mit Vertragslaufzeit von 2016 bis 2024 verteidigen.

Verkehre
* Personenverkehr; bundesweit in den jeweiligen Regio-Netzen; insgesamt 15,1 Mio. Zugkm pro Jahr

DB Schenker Rail Deutschland AG G

Rheinstraße 2
DE-55116 Mainz
Telefon: +49 6131 15-60540
Telefax: +49 6131 15-60209
freight@dbschenker.eu
www.rail.dbschenker.de

Management
* Michael Anslinger (Vorstandsvorsitzender)
* Dr. Ursula Biernert (Vorstand Personal)
* Dr. Markus Hunkel (Vorstand Produktion)
* Axel Georg Marschall (Vorstand Vertrieb)
* Otto Georg Niederhofer (Vorstand Produktionsgesellschaften Region Central)
* Matthias Walther Reichel (Vorstand Finanzen und Controlling)

Gesellschafter
Stammkapital 256.000.000,00 EUR
* DB Schenker Rail AG (100 %)

Beteiligungen
* RBH Logistics GmbH (100 %)
* DAP Barging B.V. (55 %)
* Hansa Rail GmbH (50 %)
* Rail Euro Concept SAS i. L. (50 %)
* ZAO Eurasia Rail Logistics i. L. (34,9 %)
* XRail S.A. (32,4 %)
* Lokomotion Gesellschaft für Schienentraktion mbH (30 %)

* EuroShuttle A/S i. L. (27,08 %)
* Bahntechnik Kaiserslautern GmbH i.L. (19,9 %)
* ROLAND Umschlagsgesellschaft für kombinierten Güterverkehr mbH & Co. KG (13,1 %)
* Rail Traction Company S.p.A. (RTC) (4,47 %)
* HUPAC SA (3,34 %)
* OOO Railion Russija Services (1 %)

Lizenzen
* CH: Sicherheitszertifikat, Teil B (GV); gültig vom 19.08.2014 bis 19.08.2015
* DE: Sicherheitszertifikat, Teil A und B (PV+GV); gültig vom 14.12.2010 bis 13.12.2015

Unternehmensgeschichte
Die DB Schenker Rail Deutschland AG ist das größte europäische Schienengüterverkehrsunternehmen und vollständig im Besitz der Holding DB Schenker Rail AG.
Die Geschichte der heutigen DB Schenker Rail Deutschland als eigenständiges Unternehmen spielt sich ausschließlich in dem kurzen Zeitraum seit Inkrafttreten der Bahnreform am 01.01.1994 ab. Zunächst als Geschäftsbereich Güterverkehr der neu gegründeten Deutschen Bahn AG fungierend, entstand 1999 im Zuge der zweiten Stufe der Bahnreform daraus die neue DB Cargo AG, zusammen mit vier weiteren Schwestergesellschaften (Reise & Touristik, Regio, Netz, Station & Service) unter dem Dach der nun die Holding bildenden DB AG vereint. Vorläufer der o. g. Dachgesellschaft DB Schenker Rail AG war die am 01.01.2000 gegründete Railion GmbH, in welche die Deutsche Bahn AG und die niederländischen Nederlandse Spoorwegen (NS) ihre Schienengüterverkehrsaktivitäten als 100-prozentige Tochtergesellschaften einbrachten. Im Nachgang dazu wurde die DB Cargo AG am 01.09.2003 in Railion Deutschland AG umfirmiert. Die Hauptversammlung der Railion Deutschland AG vom 03.12.2008 beschloss in diesem Zusammenhang eine Änderung des Firmennamens. Am 15.02.2009 wurde das Unternehmen in DB Schenker Rail Deutschland AG umbenannt und ist bislang die Führungsgesellschaft für die von Schweden im Norden bis Italien im Süden reichende Region Central, zu der u. a. auch die Schwester- / Tochtergesellschaften DB Schenker Rail Nederland N.V., DB Schenker Rail Danmark Services A/S, DB Schenker Rail Italia S.r.l. und DB Schenker Rail Schweiz GmbH gehören.

DB Schenker Rail

DB Schenker Rail AG

Rheinstraße 2
DE-55116 Mainz
Telefon: +49 6131 15-60540
Telefax: +49 6131 15-60209
kommunikation@dbschenker.eu
www.dbschenker.com

Management
* Dr. Alexander Hedderich (Vorstandsvorsitzender, CEO)
* Dr. Ursula Biernert (Vorstand Personal)
* Dr. Markus Hunkel (Vorstand Produktion)
* Matthias Walther Reichel (Vorstand Finanzen und Controlling)
* Axel Georg Marschall (Vorstand Vertrieb)
* Alain Thauvette (Vorstand Region West)
* Hans-Georg Werner (Vorstand Region East)
* Michael Anslinger (Vorstand Region Central / Deutschland)

Gesellschafter
Stammkapital 51.130.000,00 EUR
* DB Mobility Logistics AG (100 %)

Beteiligungen
* DB Schenker Rail Corridor Operations GmbH (100 %)
* DB Schenker Rail Deutschland AG (100 %)
* DB Schenker Rail Nederland N.V. (100 %)
* S.C. DB Schenker Rail Romania S.R.L. (100 %)
* OOO Railion Russija Services (99 %)
* DB Schenker Rail Italia Services S.r.l. (98 %)
* Mitteldeutsche Eisenbahn GmbH (MEG) (80 %)
* Corridor Operations NMBS/SNCB DB Schenker Rail N.V. (COBRA) (51 %)

Lizenzen
* DE: EVU-Zulassung (PV+GV); gültig vom 15.01.2013 bis 15.01.2028

Unternehmensgeschichte
DB Schenker Rail ist das Geschäftsfeld für den Schienengüterverkehr der Deutschen Bahn AG (DB), in dem die DB alle nationalen und europäischen Logistikaktivitäten auf der Schiene gebündelt hat. Die Holding DB Schenker Rail AG, in der alle nationalen und europäischen Logistikaktivitäten der Deutschen Bahn auf der Schiene gebündelt sind, gehört zusammen mit DB Schenker Logistics (übriger Güterverkehr), den drei Personenverkehrssparten Fernverkehr, Regio und Stadtverkehr sowie dem Sektor DB Dienstleistungen zur DB Mobility Logistics AG, dem Verkehrsunternehmen des DB-Konzerns. Die damals noch als Railion GmbH firmierende Gesellschaft wurde zum 12.02.1998 gegründet und nahm am 01.01.2000 mit Sitz in Mainz den Geschäftsbetrieb auf. Das neue Unternehmen war aufnehmendes Organ der Schienengüterverkehrsaktivitäten der Deutsche Bahn AG (DB AG, 94 %) und der niederländischen Nederlandse Spoorwegen (NS, 6 %). DB Cargo wurde damals die Railion Deutschland AG und aus NS Cargo wurde Railion Benelux NV.
Als dritte Staatsbahn brachte die dänische Danske Statsbaner (DSB) Mitte 2000 ihre Schienengüterverkehrssparte DSB Gods ebenfalls als 100-prozentige Tochtergesellschaft namens Railion Danmark A/S in die Holding ein und erhielt dafür 2 % der Gesellschafteranteile der Railion GmbH. Zeitgleich verringerte sich der Anteil der DB auf 92 %.
2001 beteiligte man sich zusammen mit der BLS und dem Spediteur Ambrogio an der neuen BLS Cargo AG, die fortan für den Schweiztransit genutzt wurde. Zwischenzeitlich hatte DB Schenker Rail seinen Anteil an BLS Cargo auf 45 % erhöht, stieß diesen aber Ende 2014 wieder ab.
Mit der Übertragung des DB AG-Anteils an die Stinnes AG per 01.09.2003 übten die NS zum Jahresende die Option aus, ihren Gesellschafteranteil ebenfalls an Stinnes abzugeben.
Im Juni 2004 erfolgte der Markteintritt in Italien durch Übernahme von 95 % der Strade Ferrate del Mediterraneo S.r.l. (SFM), die seit April 2005 als Railion Italia S.r.l. und seit 2009 als DB Schenker Rail Italia S.r.l. firmiert. Die Unternehmensaktivitäten wurden Anfang 2010 mit der zwischenzeitlich mehrheitlich erworbenen Nordcargo S.r.l. zusammengelegt.
Als zweite Landesgesellschaft in der Schweiz konnte man im Januar 2007 Brunner Railway Services GmbH (BRS) erwerben und im Mai 2007 in DB Schenker Rail Schweiz GmbH umfirmieren. Während BLS Cargo vorrangig Transitverkehre abwickelt nutzte man bis zum Start des Kooperationsprojektes Xrail die DB Schenker Rail Schweiz für Rangier- und Wagengruppenverkehre in der Schweiz.
Per 28.06.2007 konnte die DB mit der English, Welsh and Scottish Railway (EWS) die größte Güterbahn von Großbritannien erwerben. Die Übernahme beinhaltetete u.a. auch die EWR-Tochterunternehmen in Frankreich und Spanien (Euro Cargo Rail – ECR). Obwohl ursprünglich angekündigt war, den Gesellschaftsnamen nicht zu ändern wurde EWS zum 01.01.2009 in DB Schenker Rail (UK) Ltd. umfirmiert. Die beiden ECR-Gesellschaften wurden hingegen bzgl. der Firmierung nicht angepasst.
Im Dezember 2007 beteiligte sich die schwedische Güterbahn Green Cargo AB (GC) mit 49 % an der damaligen Railion Danmark. Das Joint-Venture wurde in Railion Scandinavia umbenannt und firmiert aktuell als DB Schenker Rail Scandinavia A/S.
Zum Jahreswechsel 2007/2008 ordnete der DB-

DB Schenker Rail / DB Services

Konzern seine Markenarchitektur neu mit den Bereichen Personenverkehr bzw. Mobilitätsdienstleistungen (DB Bahn), Infrastruktur (DB Netze) sowie Transport und Logistik (DB Schenker). Die Railion GmbH erhielt Anfang 2009 den Namen DB Schenker Rail GmbH und wurde mit fünf Geschäftseinheiten neu strukturiert. So entstanden die drei regionalen Bereiche West (Großbritannien, Frankreich, Spanien und Portugal), Central (Dänemark, Deutschland, Niederlande, Schweiz und Italien) und East (Finnland, Russland, Weißrussland, Polen, Tschechien, Slowakei, Ungarn, Rumänien und Bulgarien) sowie die Regionen übergreifenden Einheiten Automotive und Intermodal (für den Kombinierten Verkehr). Per Vertrag vom 30.01.2009 kaufte DB Schenker Rail die größte private polnische Eisenbahn PCC Rail, die bis dahin zur Logistiksparte der PCC SE gehörte. Nach der Genehmigung durch das Kartellamt bzw. die EU-Kommission am 12.06.2009 wurde die Übernahme im Juni 2009 wirksam. Die Gesellschaft wurde im November 2009 in DB Schenker Rail Polska S.A. umbenannt.
Anfang 2010 gründete DB Schenker Rail eine eigene Landesgesellschaft für Bulgarien mit dem Namen DB Schenker Rail Bulgaria EOOD.
Zum 20.07.2011 wurde die DB Schenker Rail GmbH eine 100 %-Tochter der DB Mobility Logistics AG. DB Schenker Rail hat 2012 Holding- und Betriebsgesellschaften neu geordnet. Als erster Schritt wurde die DB Schenker Rail GmbH, Mainz, als übertragender Rechtsträger nach Maßgabe des Vertrages vom 29.08.2012 mit der DB Schenker Rail Deutschland Aktiengesellschaft verschmolzen. Diese wurde per 26.10.2012 in DB Schenker Rail AG umfirmiert. Die zunächst per 27.08.2012 gegründete DB Schenker Rail Deutschland Betriebsführungs-AG wurde zum gleichen Termin in DB Schenker Rail Deutschland AG umfirmiert.
Im Geschäftsfeld DB Schenker Rail der DB Mobility Logistics AG (Schienengüterverkehr) wurden 2013 (Vorjahreswerte in Klammern) 390,1 (398,7) Mio. t Fracht befördert, eine Verkehrsleistung von 104,259 (105,894) Mrd. tkm und eine Betriebsleistung von 196,0 (203,1) Mio. Trassenkm erbracht. Die durchschnittliche Auslastung je Zug lag bei 531,9 (521,4) t. Bei einem Gesamtumsatz von 4,843 (4,926) Mrd. EUR wurde ein EBIT (bereinigt) von 57 (87) Mio. EUR erzielt. Die Mitarbeiterzahl (Basis: Vollzeitstellen) lag bei 30.925 (31.770) Personen.

DB Services GmbH

Elisabeth-Schwarzhaupt-Platz 1
DE-10115 Berlin
Telefon: +49 30 297-24101
Telefax: +49 30 297-24150
db-services@deutschebahn.com
www.dbservices.de

Niederlassung
Koppenstraße 3
DE-10243 Berlin

Niederlassung
Caroline-Michaelis-Straße 5-11
DE-10115 Berlin

Niederlassung
Erich-Steinfurth-Straße 7
DE-10243 Berlin

Niederlassung
Tribseer Damm 4a/5
DE-18437 Stralsund

Niederlassung
Rudolf-Breitscheid-Straße 69a
DE-03046 Cottbus

Management
* Michael Schmid (Vorsitzender der Geschäftsführung)
* Karsten Reinhardt (Geschäftsführer Finanzen/Controlling)
* Reiner Wittorf (Geschäftsführer Personal)

Gesellschafter
Stammkapital 256.050,00 EUR
* DB Dienstleistungen GmbH (100 %)

Beteiligungen
* Leipziger Servicebetriebe (LSB) GmbH (49 %)

Lizenzen
* DE: EVU-Zulassung (PV+GV), gültig vom 26.02.1999 bis 28.02.2029

Unternehmensgeschichte
DB Services ist der Sammelbegriff für sechs regionale Tochterunternehmen der DB Dienstleistungen GmbH, die im Bereich der Reinigung, Pflege und Instandhaltung von Verkehrsmitteln sowie Verkehrsstationen und sonstigen baulichen Anlagen tätig sind. Dies betrifft u.a. die Abfallentsorgung, den Landschaftsbau und der Vegetationspflege an Verkehrswegen und sonstigen Anlagen und die Erbringung von Dienstleistungen im Bereich von Schutz, Sicherheit und Service für Personen, Anlagen, Gebäude, Fahrzeuge und die Erbringung von Eisenbahnverkehrsleistungen im Sinne des Allgemeinen Eisenbahngesetzes (AEG).
Im Rahmen von Umstrukturierungsmaßnahmen erfolgten gemäß Vertragswerke vom 07.08.2006 die Übertragung der Finanzbuchhaltung an die DB Services Technische Dienste GmbH, die Übernahme des Geschäftsbereiches Gebäudetechnik, Objektmanagement und Industrieinstandhaltung

DB Services / DB Systemtechnik

(TFM) der DB Services Technische Dienste GmbH sowie die Ausgliederung des Geschäftsbereiches Sicherheits- und Ordnungsdienste in die DB Sicherheit GmbH.
Aus sechs rechtlich selbstständigen DB Services Gesellschaften wurde mit Eintrag in das Handelsregister per 12.08.2011 eine einzige: die DB Services GmbH. Die bisherigen sechs regionalen DB Services Gesellschaften haben damit den Status von Regionalbereichen:
* DB Services GmbH, Regionalbereich Nordost
* DB Services GmbH, Regionalbereich Nord
* DB Services GmbH, Regionalbereich Südost
* DB Services GmbH, Regionalbereich Süd
* DB Services GmbH, Regionalbereich Südwest
* DB Services GmbH, Regionalbereich West

2010 erwirtschaftete die Gruppe einen Umsatz von 730 Mio. EUR.

Verkehre
* AZ-Verkehr

DB Systemtechnik GmbH

Weserglacis 2
DE-32423 Minden
Telefon: +49 571 393-5700
Telefax: +49 571 393-5645
systemtechnik@deutschebahn.com
www.db-systemtechnik.de

Standort Brandenburg-Kirchmöser
Bahntechnikerring 74
DE-14774 Brandenburg an der Havel

Standort München
Völckerstraße 5
DE-80939 München

Management
* Bärbel Aissen (Geschäftsführerin)
* Hans-Peter Lang (Geschäftsführer)

Gesellschafter
Stammkapital 1.000.000,00 EUR
* Deutsche Bahn AG (DB AG) (100 %)

Lizenzen
* DE: EVU-Lizenz (nichtöffentlich; PV+GV); gültig seit vom 06.11.2012 bis 30.11.2027

Unternehmensgeschichte
Die DB Systemtechnik GmbH ist mit knapp 800 Mitarbeitern Europas größtes Kompetenzzentrum für Bahntechnik. Das Tochterunternehmen der Deutschen Bahn AG steht mit seinem Expertenwissen nicht nur dem DB-Konzern als kompetenter Partner fachlich zur Seite, sondern ist verstärkt auch auf dem weltweiten Eisenbahnmarkt aktiv. Mit fünf Fachbereichen und 18 Prüfzentren ist DB Systemtechnik in erster Linie Spezialist für Ingenieur- und Prüfdienstleistungen. Sie ist im Rahmen ihrer Prüf- und Messdienstleistungen mit Fahrzeugen der Kunden oder eigenen Messfahrzeugen unterwegs. Nach Erteilung einer Sicherheitsbescheinigung durch das Eisenbahn-Bundesamt (EBA) ist sie jetzt eigenständiges EVU, zuvor wurden die Fahrten unter dem Eisenbahnverkehrsunternehmen Deutsche Bahn abgewickelt.
Dafür stehen neben dem Eisenbahnbetriebsleiter, Triebfahrzeugführer, betriebliche Versuchsleiter und Disponenten zur Verfügung. DB Systemtechnik hat eigene Messfahrzeuge wie den ICE S und den 612 für Regelinspektionen im Auftrag der DB Netz AG im Einsatz. Darüber hinaus führt das Unternehmen Prüfungen von Neufahrzeugen und umgebauten Fahrzeugen im Zulassungsverfahren für verschiedene Hersteller und Eisenbahnverkehrsunternehmen durch.
Darüber hinaus bietet die DB Systemtechnik Problemanalysen, Lösungserarbeitung, Spezifikationen für Lastenhefte, Erwirken nationaler und internationaler Zulassungen und technische Betreuung des Betriebseinsatzes an.
Die am 27.06.2011 gegründete Gesellschaft übernahm nach Maßgabe des Ausgliederungs- und Übernahmevertrages vom 27.07.2011 Teile des Vermögens der Deutsche Bahn AG und erhöhte zum gleichen Termin das Stammkapital von 25.000 auf 1.000.000 EUR.

Verkehre
* Prüf- und Messfahrten
* Überführungsfahrten von nicht zugelassenen Fahrzeugen

DB ZugBus Regionalverkehr Alb-Bodensee GmbH (RAB) P

Karlstraße 31-33
DE-89073 Ulm
Telefon: +49 731 1550-0
Telefax: +49 731 1550-160
www.zugbus-rab.de

Management
* Andreas Pfingst (Geschäftsführer)
* Ralf Urban (Geschäftsführer)

Gesellschafter
Stammkapital 9.204.000,00 EUR
* DB Regio AG (100 %)

Beteiligungen
* stadtbus Ravensburg Weingarten GmbH (45,2 %)
* Bodensee-Oberschwaben Verkehrsverbundgesellschaft mbH (25,31 %)
* Verkehrsverbund Neckar-Alb-Donau GmbH (naldo) (21 %)
* Nahverkehrsgesellschaft Zollernalbkreis mbH (NVZ) (14 %)
* Donau-Iller-Nahverkehrsverbund-GmbH (DING) (12,5 %)
* GbR der Kooperationspartner des Verbandes Region Stuttgart (VRS) (1,9 %)

Lizenzen
* DE: EVU-Zulassung (PV); gültig vom 24.01.2011 bis 31.01.2026

Unternehmensgeschichte
Die DB ZugBus Regionalverkehr Alb-Bodensee GmbH (RAB) erbringt und plant als erste Gesellschaft im DB-Konzern sowohl Schienenpersonennahverkehrsleistungen und die Personenbeförderung mit Kraftfahrzeugen im Linienverkehr (ex Bahnbus Alb-Bodensee). Das Verkehrsgebiet der RAB umfasst ganz Südwürttemberg (Regierungsbezirk Tübingen) und angrenzende Gebiete. Seit April 2008 präsentiert sich das Unternehmen unter dem Markennamen „Regio Alb-Bodensee".
Die RAB wurde am 14.04.1989 gegründet und nahm am 01.06.1996 den Geschäftsbetrieb auf. Die RAB erwirtschaftete 2010 mit 1.153 Mitarbeitern einen Umsatz von 303,012 Mio. EUR. Im Geschäftsjahr wurden in den Zügen 28,6 Mio. und in den Bussen 52,3 Mio. Fahrgäste befördert, die zugehörige Verkehrsleistung betrug 854 bzw. 821 Mio. Pkm.

DE Infrastruktur GmbH (DI) I

Speicherstraße 23
DE-44147 Dortmund
Telefon: +49 231 9839-601
Telefax: +49 231 9839-602
info.de@captrain.de
www.captrain.de

Management
* Wolfgang Franz (Vorsitzender der Geschäftsführung)
* Dipl.-Ing. Dipl.-Wirt.-Ing. Götz Jesberg (Geschäftsführer)

Gesellschafter
Stammkapital 2.000.000,00 EUR
* Dortmunder Hafen AG (81 %)
* Captrain Deutschland GmbH (CT-D) (19 %)

Lizenzen
* DE: EIU der eigenen Infrastruktur

Infrastruktur
* Das Netz der DE Infrastruktur GmbH umfasst (Stand Dezember 2014) eine Gleislänge von 41 km öffentlicher Infrastruktur. Das Streckennetz verbindet die zwei Dortmunder Werke der ThyssenKrupp Steel AG (TKS, vormals ThyssenKrupp Stahl AG) Union und Westfalenhütte sowie den Dortmunder Hafen untereinander und mit dem Übergabebahnhof Dortmund-Obereving. Die DI ist Betreiber der Werksbahninfrastruktur der TKS in Dortmund und Bochum.

Unternehmensgeschichte
Im Januar 2005 hat die Connex Cargo Logistics GmbH (heutige Captrain Deutschland GmbH) rückwirkend zum 01.07.2004 von der ThyssenKrupp Steel AG deren Beteiligung an der Dortmunder Eisenbahn GmbH (DE) erworben.
Um die gesetzlichen Anforderungen an die Trennung von Fahrweg und Betrieb zu erfüllen, wurde die DE im Zuge der Transaktion in die Betriebsgesellschaft Dortmunder Eisenbahn GmbH und den am 11.02.2005 gegründeten Eisenbahninfrastrukturbetreiber DE Infrastruktur GmbH (DI) aufgespalten.

DHE

Delmenhorst - Harpstedter Eisenbahn GmbH (DHE) 🆖🅸

Postfach 11 61
DE-27240 Harpstedt
Am Bahnhof 3
DE-27243 Harpstedt
Telefon: +49 4244 9355-0
Telefax: +49 4244 9355-25
info@dhe-reisen.de
www.dhe-reisen.de

Management
★ Bernhard Springer (Geschäftsführer)
★ Harald Wrede (Geschäftsführer)

Gesellschafter
Stammkapital 460.162,69 EUR
★ Stadt Delmenhorst (35 %)
★ Landkreis Oldenburg (OL) (27 %)
★ Flecken Harpstedt (22 %)
★ Gemeinde Stuhr (12 %)
★ Gemeinde Kirchseelte (2 %)
★ Gemeinde Dünsen (2 %)

Beteiligungen
★ ZOB Zentral-Omnibus-Bahnhof GmbH (2,8 %)
★ Käufergemeinschaft Weser-Ems Bus GmbH (2,44 %)
★ Verkehrsverbund Bremen/Niedersachsen GmbH (VBN) (0,41 %)

Lizenzen
★ DE: EIU Anschlussgleis Annenheide - Adelheide seit 01.01.1960
★ DE: EIU Delmenhorst – Harpstedt seit 26.10.1995, gültig 50 Jahre
★ DE: EVU-Zulassung (PV+GV) seit 26.10.1995, gültig bis 25.10.2025

Infrastruktur
★ Delmenhorst – Harpstedt (24,3 km)
★ Anschlussgleis Annenheide – Adelheide (4,5 km, Eigentümer Bundesvermögensstelle)

Unternehmensgeschichte
Die heutige Delmenhorst - Harpstedter Eisenbahn GmbH (DHE) wurde Anfang des zwanzigsten Jahrhunderts als Kleinbahn Delmenhorst-Harpstedt GmbH von den Ländern Preußen und Oldenburg, der Provinz Hannover sowie der Stadt Delmenhorst nebst sechs Landgemeinden gegründet und führt seit 1951 die heutige Bezeichnung. Seit 06.06.1912 verbindet die DHE die beiden namensgebenden Orte Delmenhorst und Harpstedt über eine rund 24 km lange Strecke. Die Betriebsführung übernahm man erst 1956, nachdem sie zuvor seit 1922 dem Landeskleinbahnamt Hannover unterlegen hatte. Seit der Einstellung des SPNV am 23.09.1967 dient die Strecke ausschließlich dem Güterverkehr sowie regelmäßigen Sonderfahrten des lokalen Vereins Delmenhorst-Harpstedter Eisenbahnfreunde e. V. (DHEF). Eigenen Linienbusverkehr betreibt die DHE seit 1949.
Von 1998 bis 31.12.2014 übernahm die DHE die Betriebsführung und seit 2000 den Güterverkehr auf der in Kommunalbesitz übergegangenen ehemaligen DB-Strecke Delmenhorst – Lemwerder. Bereits von 1963 bis 1966 hatte die DHE auf der „Lemwerderbahn" im Auftrag der DB die Güterbeförderung übernommen. Zum Jahreswechsel 2009/2010 erfolgte die Sperrung der Strecke ab Hasbergen, da notwendige Sanierungsarbeiten nicht mehr durch die Gemeinden finanziert werden konnten.
Seit Herbst 2004 wird auf der DHE-Strecke wieder vermehrt Holz verladen, das durch die LTH Transportlogistik GmbH (bis September 2010) bzw. seit 2008 auch vermehrt durch die Salzburger EisenbahnTransportLogistik GmbH (SETG) abtransportiert wird.
In den vergangenen Jahren konnte die DHE befördern:
★ 2007: 79.551 t
★ 2008: 100.342 t
★ 2009: 93.068 t
★ 2010: 104.250 t
★ 2011: 112.616 t
★ 2012: 71.479 t
★ 2013: 64.524 t
★ 2014: 64.411 t
Im September 2011 beschäftigte das Unternehmen in der Bahnsparte drei Triebfahrzeugführer sowie vier Mitarbeiter (z.T. nur geringfügig beschäftigt) im Bereich Eisenbahnbetriebsleitung.

Verkehre
★ Güterverkehr (Militärgüter, Nahrungsmittel, Chemie, Holz); vor allem im Nordabschnitt der Strecke sowie auf dem in Annenheide abzweigenden Anschlussgleis nach Adelheide. Im Südabschnitt werden hauptsächlich Holz- und Düngemittelganzzüge gefahren.
★ Museumsbahnverkehr der DHEF

DeltaRail / DVE

DeltaRail GmbH G

Beeskower Straße 10
DE-15234 Frankfurt (Oder)
Telefon: +49 335 610078-00
Telefax: +49 335 610078-12
dispo@deltarail.de
www.deltarail.de

Management
* Peter Biskup (Geschäftsführer)
* Jörg Hahnfeld (Geschäftsführer)
* Adam Tomanek (Geschäftsführer)

Gesellschafter
Stammkapital 115.000,00 EUR
* Exploris S.A. (90 %)

Lizenzen
* DE: EVU-Zulassung (GV) seit 07.04.2005, gültig bis 31.12.2019

Unternehmensgeschichte
Die am 03.02.2004 gegründete DeltaRail GmbH befand sich seit 17.08.2011 im vollständigen Eigentum der polnischen Bahnspedition Via Cargo S. A. Die drei Gründungsgesellschafter Volker Feldheim, Jörg Hahnfeld und Bernd Weiche hatten bereits per 15.06.2011 75 % der Anteile an Via Cargo verkauft. Hahnfeld ist seit 16.12.2014 wieder beteiligt.
Die Gesellschaft konzentrierte sich lange auf die Beförderung von Massengütern (Zement, Getreide, flüssige Energieträger) im Fernverkehr sowie damit im Zusammenhang stehende Dienstleistungen im Rangierbetrieb. Betriebsmittel für die Leistungen wurden je nach Bedarf gemietet.
Durch Beschluss der Gesellschafterversammlung vom 08.10.2008 war das Stammkapital der Gesellschaft um 4.500 EUR auf 30.000 EUR erhöht worden.
Via Cargo will mit der Akquisition das Portfolio ihrer Dienstleistungen erweitern. Das neue Tochterunternehmen sei keinesfalls ein neuer Exklusivpartner, sondern müsse sich genau wie die bisherigen und auch künftig erhalten bleibenden anderen Traktionspartner im Wettbewerb behaupten. Zudem sollen mit dem in der grenznahen Frankfurt/Oder ansässigen Unternehmen Transporte polnischer Unternehmen nach Westeuropa erleichtert werden.
Seit Februar 2012 hat die DeltaRail eine Rangierlok in Frankfurt (Oder) stationiert und führt für eigene Verkehre sowie Dritte dort Rangierdienstleistungen durch.

Verkehre
* Rangierdienst in Frankfurt (Oder); seit 27.02.2012 u.a. im Auftrag von PCC Intermodal
* Braunkohletransporte Dąbrowa Górnicza [PL] – Bernburg (SCHWENK Zement KG); Spotverkehr seit 15.07.2012; Traktion ab Köthen im Auftrag der PKP Cargo S.A. / Via Cargo Logistics GmbH; Traktion untervergeben an A.V.G. Aschersleber Verkehrsgesellschaft mbH
* Steinkohletransporte Polen – Anst Langenschemmern (Umladung auf Lkw für Arctic Paper Mochenwangen); 2-3 x pro Monat seit Juli 2012 Traktion des Abschnittes ab Frankfurt (Oder) (Übernahme von PKP Cargo) im Auftrag der Via Cargo Logistics GmbH; bis Ulm mit Lokomotiven der PKP Cargo S.A.
* Chemietransporte ab Münchsmünster (Basell Polyolefine GmbH); Spotverkehre seit 2014
* Chemietransporte ab Wilhelmshaven (Hestya Energy B.V.); Spotverkehre seit 2014
* Gütertransporte Polen – Beddingen; seit 2013 Traktion des deutschen Abschnittes (Übernahme von LOTOS Kolej) im Auftrag der Via Cargo Logistics GmbH mit Lokomotiven der LOTOS Kolej Sp. z o.o.

Dessauer Verkehrs- und Eisenbahngesellschaft mbH (DVE) P I

Albrechtstraße 48
DE-06844 Dessau
Telefon: +49 340 899-2502
Telefax: +49 340 899-2599
stadtwerke@dvv-dessau.de
www.dvg-dessau.de

Management
* Torsten Ceglarek (Geschäftsführer)
* Thomas Zänger (Geschäftsführer)

Gesellschafter
* Dessauer Versorgungs- und Verkehrsgesellschaft mbH (DVV) (100 %)

Lizenzen
* DE: EIU für eigene Infrastruktur vom 20.09.2001 bis 30.09.2051
* DE: EVU-Zulassung (PV+GV); gültig vom 25.02.2011 bis 31.01.2026

Infrastruktur
* Dessau – Wörlitz (18,62 km); seit 27.10.1998 gepachtet von der DB Netz AG

DVE / DESAG

Unternehmensgeschichte
Die Dessauer Verkehrs- und Eisenbahngesellschaft mbH (DVE), eine am 27.12.2000 gegründete Tochterfirma der Dessauer Versorgungs- und Verkehrsgesellschaft mbH (DVV), ist öffentliches EIU für die Strecke Dessau Hbf – Wörlitz. Die Strecke wurde zunächst ab 01.01.1999 durch die Dessauer Verkehrsgesellschaft mbH (DVG) von der DB Netz AG gepachtet, nach der Gründung der DVE übernahm diese den Vertrag.
Die 1894 eröffnete Strecke der Dessau-Wörlitzer Eisenbahn (DWE) wurde zwischen 1999 und 2001 grundhaft saniert. Seit dem 24.05.2001 verkehrten von März bis Oktober jeweils mittwochs, samstags und sonntags planmäßig Züge im Zweistundentakt. Den Eisenbahnbetrieb auf der DWE realisierte vom 21.06.2001 bis 30.09.2010 das öffentliche EVU Anhaltische Bahn Gesellschaft mbH (ABG) im Auftrag der DVG/DVE. Zur Betriebsdurchführung nutzte die ABG ab 28.03.2002 zwei Doppelstockschienenbusse der Baureihe 670, die durch die DVE zur Verfügung gestellt wurden.
Nach der Insolvenz der ABG am 22.12.2010 ruhte der Verkehr zunächst und wurde am 19.06.2011 unter der Regie des EVU DVE mit erweitertem Verkehrsangebot (täglicher Fahrbetrieb in den Schulferien) reaktiviert. Die beiden Triebwagen erhielten eine grundhafte Neubefristung nach § 32 (2) EBO mit neuem Design und den Namen historischer Persönlichkeiten, die mit dem „Wörlitzer Gartenreich" verbunden sind: Fürst Franz (670 004 seit Juni 2011) und Fürstin Louise (670 003 seit März 2012).
In der Saison verkehrt die „Dessau-Wörlitzer Eisenbahn" seit 2014 zwischen März und April immer Mittwoch, Samstag und Sonntag sowie zwischen April und Oktober täglich. Zusätzlich finden an ausgewählten Tagen Sonderfahrten statt.
Im Bahnhof Oranienbaum zweigt eine Strecke zur Arena Ferropolis des EIU ELS ab, die seit 2014 befahrbar ist.

Verkehre
* saisonaler SPNV Dessau – Wörlitz; 0,018 Mio. Zugkm pro Jahr seit 19.06.2011 bis Oktober 2021 im Auftrag der Nahverkehrsservice Sachsen-Anhalt GmbH (NASA)

Deutsche Eisenbahn Service AG (DESAG)

Pritzwalker Straße 2
DE-16949 Putlitz
Telefon: +49 33981 502-0
Telefax: +49 33981 502-22
office@desag-holding.de
www.desag-holding.de

Büro Berlin
Storkower Straße 132
DE-10407 Berlin

Management
* Thomas Becken (Vorstand)
* Jörn Enderlein (Vorstand Cargo)
* Dr. Ralf Böhme (Vorstand Betrieb)
* Tino Hahn (Vorstand Finanzen)

Gesellschafter
Stammkapital 660.000,00 EUR
* ENON Gesellschaft mbH & Co. KG (77,3 %)
* Thomas Becken (23,08 %)
* Prignitzer Leasing AG (13,46 %)

Beteiligungen
* Regio Infra GmbH & Co. KG (RIG) (50 %)
* HBC Hanseatisches Bahn Contor GmbH (33 %)
* Baltic Port Rail Mukran GmbH (BPRM) (20 %)

Unternehmensgeschichte
Die Deutsche Eisenbahn Service AG (DESAG) versteht sich als mittelständische Unternehmensgruppe, die Güter- und Personenverkehr, die Bereitstellung und Instandsetzung von Schieneninfrastruktur und Bahnanlagen, Werkstattleistungen für Schienenfahrzeuge und Waggons oder die Aus- und Weiterbildung von Eisenbahnbetriebspersonal anbietet. Die DESAG gehört zur ENON-Unternehmensgruppe
(siehe dort) und übernimmt für diese die Funktion einer Holding.
Im Unternehmensverbund kann die DESAG mit insgesamt 250 Mitarbeitern auf Erfahrungen im Bereich des Güter- und Personenverkehrs bei der Eisenbahngesellschaft Potsdam mbH (EGP) und der HANSeatischen Eisenbahn GmbH zurückblicken. Die Werkstattleistungen im Verbund werden von der Schienenfahrzeugbau Wittenberge GmbH (SFW)

DESAG / DGMT / DME

und der Baltic Port Services GmbH (BPS) übernommen.

DGMT DEUTSCHE GLEISBAU MATERIAL TRANSPORT GmbH
G

Industriegelände 1
DE-17219 Möllenhagen
Telefon: +49 39928 600
Telefax: +49 39928 5233
durtrack@spitzke.com
www.spitzke.com

Management
* Thomas Heise (Geschäftsführer)

Gesellschafter
Stammkapital 25.600,00 EUR
* RTCM GmbH (100 %)

Lizenzen
* DE: EVU-Zulassung (GV), gültig vom 03.02.2012 bis 01.03.2027

Unternehmensgeschichte
DGMT DEUTSCHE GLEISBAU MATERIAL TRANSPORT GmbH wurde mit Gesellschaftsvertrag vom 25.03.1997 gegründet und übernimmt den Transport von Gleisoberbaumaterialien aller Art. Zwischenzeitlich gingen die Gesellschafteranteile von der KIROW ARDELT AG auf die am 28.03.2006 gegründete RTCM GmbH über, deren Gesellschafter wiederum zu gleichen Anteilen Dr. Michael Tim und Hermann-Ludwig Koehne waren. Beide waren ebenfalls Gesellschafter der DURTRACK GmbH, die auf die Produktion von Gleis-, und Weichenschwellen aus Spannbeton und Masten aus vorgespanntem Schleuderbeton spezialisiert ist. Mit Kaufvertrag vom 21.06.2011 und Wirkung zum 01.07.2011 verkauften beide alle Anteile an die SPITZKE SE.
Die Gesellschafterversammlung vom 01.12.2008 hat die Sitzverlegung von Leipzig nach Möllenhagen beschlossen. Die DGMT konnte in den vergangenen Jahren folgende Umsätze erzielen:
* 2010: 7,3 Mio. EUR
* 2011: 6,8 Mio. EUR

Verkehre
* Neuschwellentransporte, bundesweit ab dem Produktionszentrum Möllenhagen

Deutsche Museums-Eisenbahn GmbH (DME)

Steinstraße 7
DE-64291 Darmstadt

Management
* Oliver Peter Ruffi (Geschäftsführer)

Gesellschafter
Stammkapital 25.564,59 EUR
* Museumsbahn e.V. (48 %)
* Freundes und Förderkreis des Eisenbahnmuseums Darmstadt Kranichstein e.V. (32 %)
* Arbeitsgemeinschaft historische HEAG-Fahrzeuge im Eisenbahnmuseum Darmstadt-Kranichstein e. V. (20 %)

Lizenzen
* DE: EVU-Zulassung (PV+GV); gültig vom 04.07.2013 bis 31.05.2018

Unternehmensgeschichte
Die ursprünglich als Dienstleister für das Eisenbahnmuseum Darmstadt-Kranichstein gegründete Deutsche Museums-Eisenbahn GmbH (DME) übernahm von 2009 bis 2014 als Servicebetrieb Betriebsleitungsaufgaben für zahlreiche Drittunternehmen. So war das Unternehmen zeitweilig monatlich für rund 1.000 Zugfahrten verschiedener Auftraggeber verantwortlich.
In den ersten 25 Jahren ihres Bestehens war die 1976 gegründete und zum 22.12.1986 in eine GmbH mit einem Treuhänder als alleinigem Gesellschafter umgewandelte DME rein lokal tätig. Sie übernahm den Betrieb des Gleisanschlussses des Eisenbahnmuseums Darmstadt-Kranichstein und 1984 auch die zunächst als Anschlussbahn betriebene Strecke Darmstadt Ost (Bahnhofsteil Rosenhöhe) – Bessunger Forsthaus. Dieser Streckenabschnitt befindet sich seit 1983 im Eigentum der Stadt Darmstadt (km 0,954 bis km 4,603) sowie des Roßdörfer Eisenbahnclub e. V. (km 4,603 bis km 4,700) und wurde der DME zum Betrieb überlassen. Der Bahnhof Darmstadt Ost gehörte zunächst noch der Deutschen Bundesbahn (DB) bzw. der DB Netz AG, ehe ihn die DME 2004 mittels Infrastrukturanschlussvertrag von km 0,121 bis km 0,954 von der DB Netz AG übernahm. Anschließend wurde die gesamte Strecke in eine öffentliche Infrastruktur umgewandelt.
2004 erfolgte die Zulassung der DME als EVU für die Sonderfahrten des Eisenbahnmuseums Darmstadt-Kranichstein. Die hier tätige Darmstädter Kreis-Eisenbahn (DKE) wurde 1992 als rechtlich nicht selbständiger DME-Geschäftsbereich zur Abwicklung kommerzieller Eisenbahnverkehre gegründet. Zur Verstärkung der eigenen

DME / DP

Diesellokomotiven wurde der DKE vertraglich die Nutzung aller betriebsfähigen Fahrzeuge des Eisenbahnmuseums Darmstadt-Kranichstein zugesichert.

Ab 2009 bot die DME zunehmend auch für Drittunternehmen bahnbetriebliche Dienstleistungen an. Neben Museumsbahnen zählten dazu auch Touristik- und Güterverkehrsunternehmen, darunter auch selbst als EVU zugelassene Firmen. So stellte die DME Anfang 2014 die Eisenbahnbetriebsleitung für die Altun Gleis- und Tiefbau GmbH, BSM GmbH, Centralbahn AG, Dampf-Plus GmbH, Dampflok-Tradition Oberhausen e.V. (DTO), DGEG Bahnen & Reisen Würzburg GmbH, Eisenbahnbetriebsgesellschaft Mittelrhein GmbH (EBM Cargo), GES Gesellschaft zur Erhaltung von Schienenfahrzeugen Stuttgart e.V., Historische Eisenbahn Frankfurt e.V. (HEF), IG Dampflok Nossen e.V., IG Hirzbergbahn e.V., Museumseisenbahn Hanau e.V. sowie UEF Historischer Dampfschnellzug e.V. und war darüber hinaus für weitere Unternehmen wie die LaS - Logistik auf Schienen GmbH tätig.

Ab Frühjahr 2014 konnte die DME nicht mehr auf einen festangestellten Eisenbahnbetriebsleiter (EBL) zurückgreifen. Anschließend stand ab 01.08.2014 weder der frühere EBL als externer Mitarbeiter zur Verfügung, noch wurde die Gestellung anderer EBL durch die Aufsichtsbehörde genehmigt. Daraufhin stellte die DME nach sehr kurzfristiger Ankündigung mit Ablauf des 31.07.2014 den Bahnbetrieb auf TEN-Netzen (faktisch DB Netz) ein. Ansätze, die Aktivitäten als „Regionalbahn" fortzuführen, waren nicht erfolgreich. Zum 28.02.2015 wurde gesamte Geschäftsbetrieb der DME eingestellt.

DP Deutsche Privatbahn GmbH
Ⓖ

Obere Sage
DE-33184 Altenbeken
Telefon: +49 5255 9840-0
Telefax: +49 5255 9840-50
info@deutsche-privatbahn.de

Management
* Ludger Guttwein (Geschäftsführer)

Gesellschafter
Stammkapital 100.000,00 EUR
* Ludger Guttwein (100 %)

Lizenzen
* DE: EVU-Zulassung (PV+GV) seit 19.04.2007, gültig bis 28.02.2020 (Neuvergabe wegen Sitzverlegung)

Unternehmensgeschichte
Die heutige DP Deutsche Privatbahn GmbH entstand per Gesellschafterbeschluss vom 23.10.2007 aus der Bad Lauterberger Kleinbahn GmbH (BLK). Mit der Umfirmierung einher ging auch eine Sitzverlegung von Bad Lauterberg nach Hameln. Die BLK hatte somit nur knapp ein Jahr existiert, denn sie war erst durch Beschluss der Gesellschafterversammlung vom 28.08.2006 aus der ehemaligen Eggegebirgsbahn GmbH entstanden. Diese wiederum war am 30.05.2003 durch den Unternehmer Ludger Guttwein in Altenbeken gegründet worden.
Unternehmenszweck ist die Durchführung von Verkehrsleistungen sowohl im Güter- als auch im Personenverkehr sowie die Vermietung von Schienenfahrzeugen.
Die Eggegebirgsbahn hatte v. a. seit ihrem Bestehen dem Lokhandel gedient sowie Ende 2005 auch Leistungen im Zementklinkerverkehr (siehe Schwestergesellschaft WAB) erbracht.
Von Anfang Oktober 2006 bis Februar 2013 war die Gesellschaft Eigentümer des ehemaligen DB-Bw Hameln, das von der DP selbst sowie von Dritten zur Hinterstellung von Fahrzeugen genutzt wurde.
Die DP übernahm zudem mit Notarvertrag vom 15.09.2008 die Strecke Bad Malente-Gremsmühlen – Lütjenburg (17,1 km, umgespurt 600 mm) von der Mittenwalder Eisenbahn Immobilien GmbH & Co. KG. Die Strecke war vom 28.10.2008 bis April 2009 an die Kleinbahn Betriebsgesellschaft mbH verpachtet.
2009 hat die DP alle betriebsfähigen Fahrzeuge der Schwestergesellschaft WAB übernommen, zudem sind auch die Fahrzeuge der Stiftung „Deutsche Kleinbahnen" bei der DP eingestellt.
Die Langstreckentraktionen im Güterverkehr hatte die DP bis Anfang April 2011 an die mittlerweile insolvente energy rail GmbH vergeben. Nach einer übergangsweisen Eigentraktion fährt die durch Eisenbahngesellschaft Potsdam GmbH (EGP) seit 01.10.2011 die Leistungen im Auftrag der DP.
Am 23.01.2013 erfolgte die Sitzverlegung der DP von Hameln nach Altenbeken.

Verkehre
* Kreidetransporte Klementelvitz (Kreidewerk Rügen GmbH) – Peitz Ost (Übergabe an Vattenfall für Kraftwerk Jänschwalde); 3 x pro Woche seit März 2006; Traktion seit 01.10.2011 durch Eisenbahngesellschaft Potsdam GmbH (EGP)
* Zementklinkertransporte Paderborn-Atlaswerk (HeidelbergCement AG) – Königs Wusterhausen (Hüttenzement GmbH & Co. KG); 2 x pro Woche seit Januar 2009; Traktion seit 01.10.2011 durch Eisenbahngesellschaft Potsdam GmbH (EGP)

DP / DRE

* Zementklinkertransporte Geseke Süd (Zementwerk Milke) – Dornburg-Steudnitz (Dornburger Zement GmbH & Co. KG); 1 x pro Woche seit 01.01.2014 Vorlauf in Geseke im Auftrag der mcm logistics GmbH; in den Wintermonaten weniger Leistungen
* Rangierleistungen Paderborn (Zementwerk Atlas, Industriestammgleis) im Auftrag der HeidelbergCement AG
* Rangierleistungen Geseke (Zementwerk Milke) im Auftrag der HeidelbergCement AG
* Rangierleistungen Geseke (Zementwerk Fortuna) im Auftrag der Dyckerhoff AG

Deutsche Regionaleisenbahn GmbH (DRE) 🇩🇪

Wilmersdorfer Straße 113-114
DE-10627 Berlin
Telefon: +49 30 63497076
Telefax: +49 30 63497099
info@regionaleisenbahn.de
www.regionaleisenbahn.de

Management
* Gerhard Johannes Curth (Geschäftsführer)
* Georg Radke (Geschäftsführer)

Gesellschafter
Stammkapital 50.000,00 DM
* EBEG GbRmbH (100 %)

Beteiligungen
* Bayerische Regionaleisenbahn GmbH (BRE) (100 %)
* DRE Bahnverkehr GmbH (100 %)

Lizenzen
* DE: EIU Schönberg (Vogtland) – Schleiz West seit 31.03.2009
* DE: EIU-Zulassung bzgl. jeder einzelnen Strecke für jeweils 20 (Pachtstrecken) bzw. 50 Jahre (Eigentumsstrecken)

Infrastruktur
* Betriebsstrecken (-abschnitte) stehen in eckigen Klammern

* Beeskow West – [Groß Leuthen-Gröditsch – Börnichen-Schlepzig – Lübben Süd – Duben – Luckau-Uckro] / Luckau-Uckro – [Schlieben – Herzberg (Elster) – Falkenberg (Elster)] (113 km); seit 1998 bzw. 2006 (Abschnitt Herzberg Stadt – Falkenberg) im Eigentum; Groß Leuthen-Gröditsch – Beeskow bzw. Schlieben – Uckro Ende März 2013 zur Abgabe ausgeschrieben, Betriebsstreckenabschnitte außer Duben – Lübben Süd – Börnichen-Schlepzig technisch gesperrt
* Dannenberg (E) Ost – Lüchow (Wendl) Süd (20 km); seit 2001 im Eigentum
* [Fangschleuse – Freienbrink] (4 km); seit 2004 im Eigentum
* Mühlberg Abzw Kiesw – Mühlberg (Elbe) Pbf (1 km); seit 2005 im Eigentum
* [Bayreuth Hbf – Weidenberg] (14 km); seit 2001 im Eigentum; an Landkreis Bayreuth verpachtet und in dessen Auftrag betrieben; bestellter SPNV
* [Weidenberg – Mengersreuth] – Warmensteinach (9 km); seit 2001 im Eigentum; an Landkreis Bayreuth verpachtet, ohne Verkehr
* [Bad Belzig – Niemegk] (11 km); seit 2001 gepachtet
* [Ebersdorf-Friesau – Remptendorf] – Triptis (47 km); seit 2002 gepachtet
* [Blumenberg – Klein Wanzleben] – Eilsleben (25 km); seit 2005 gepachtet
* [Pratau – Pretzsch – Eilenburg Ost] (54 km); seit 2005 gepachtet
* Großbothen – Glauchau (Sachs) (56 km); seit 2005 gepachtet
* Pretzsch – Torgau (23 km); seit 2005 gepachtet
* [Horka – Lodenau] – Steinbach (Neiße) (15 km); seit 2005 gepachtet, ohne Verkehr
* Geestgottberg – [Arendsee – Salzwedel] (42 km); seit 2006 gepachtet, ohne Verkehr
* [Salzwedel – Klötze] – Oebisfelde (59 km); seit 2006 gepachtet
* [Löbau (Sachs) – Abzw. Höllengrund – Niedercunnersdorf] – Herrnhut (15 km); seit 2007 gepachtet
* Neustadt (Sachs) – [Oberottendorf – Neukirch (Lausitz) West] (13 km); seit 2007 gepachtet
* Eibau – [Seifhennersdorf – Seifhennersdorf Bgr] (11 km); seit 2007 gepachtet, bestellter SPNV
* [Ebersbach (Sachs) – Abzw. Höllengrund] (9 km); seit 2007 gepachtet
* Rochlitz – Narsdorf (9 km); seit 2007 gepachtet
* Penig – Dittmannsdorf (6 km); seit 2007 gepachtet
* [Seelingstädt (b Werd) Bf] (1 km); seit 2007 gepachtet
* Probstzella Bw – Ernstthal (24 km); seit 2007 gepachtet
* [Schönberg (Vogtl) – Schleiz West] (16 km); seit 2008 gepachtet
* [Nebra – Artern] (27 km); seit 2008 gepachtet, Nebra – Wangen bestellter SPNV
* Bad Frankenhausen – Bretleben (10 km); seit 2008 gepachtet

DRE

* Halle-Nietleben – Hettstedt (40 km); seit 2008 gepachtet
* Wittgensdorf ob Bf – Limbach (2 km); seit 2009 gepachtet
* Limbach – Oberfrohna (2 km); seit 2009 gepachtet
* [Beucha – Trebsen] (17 km); seit 2010 gepachtet
* Limbach – Kändler (3 km); seit 2009 gepachtet
* Bw Probstzella; erworben zum 01.04.2012

Unternehmensgeschichte
Als ihre Hauptaufgabe sieht die 1993 als Tochtergesellschaft des Deutschen Bahnkunden-Verbandes e.V. (DBV) gegründete DRE die Erhaltung stilllegungsbedrohter Eisenbahninfrastruktur. Die Unternehmensgründung geht auf einen diesbezüglichen Selbsthilfebeschluss des Fahrgastverbandes DBV zurück. Zur Übernahme durch Dritte ausgeschriebene Infrastruktur wird in der Regel angepachtet, sofern eine wirtschaftliche Prüfung dies sinnvoll erscheinen lässt und sich kein anderer neuer Betreiber findet. Strecken, deren zukünftige Entwicklungschancen besonders groß erscheinen, werden nicht gepachtet, sondern gekauft. Von der zuletzt geübten Praxis, auch stillgelegte Strecken zur Trassensicherung zu übernehmen, wenn eine verkehrliche Entwicklung möglich erscheint, aber keine kurzfristige Wiederinbetriebnahme möglich ist, rückte die DRE aus wirtschaftlichen Gründen seit 2009 wieder ab.

Stattdessen wird jetzt der Kurs verfolgt, Strecken entweder wieder in Betrieb zu nehmen und, sofern gepachtet, vorher zu kaufen oder sich von ihnen zu trennen.
Die DRE-Strecken sind nicht vollständig in betriebsfähigem Zustand oder weisen gar regelmäßige Verkehre auf, obwohl das Unternehmen bezogen auf die Streckenlänge zu den größten Schieneninfrastrukturbetreibern Deutschlands zählt. Sofern in Einzelfällen nicht Dritte die Infrastrukturfixkosten tragen, müssen (wenigstens) diese durch Trasseneinnahmen gegenfinanziert werden, die nur mittels verkehrlicher Entwicklung der Strecken generierbar sind. Da SPNV-Bestellungen meist unrealistisch sind, liegt in Sachen Personentransport der Schwerpunkt auf der Etablierung von Schüler- und Sonder- bzw. Ausflugsverkehren. Für die kostengünstige Darstellung letzterer greift die DRE zuweilen auf ein „Bürgerbahn"-Konzept mit ehrenamtlichem Fahrpersonal zurück. Neue Wege zur Akquisition von Geldern zur Infrastruktursanierung geht man z. B. mit der Einwerbung von Fördermitteln aus dem LEADER+ - Programm der EU, was aber nur möglich ist, wenn sich die betreffende Strecke in einer der ausgewiesenen Förderregionen befindet.
Die Holdingstruktur mit den beiden Beteiligungen DRE Transport (heute: DRE Bahnverkehr GmbH) und Bayerische Regionaleisenbahn GmbH (BRE) ist zum

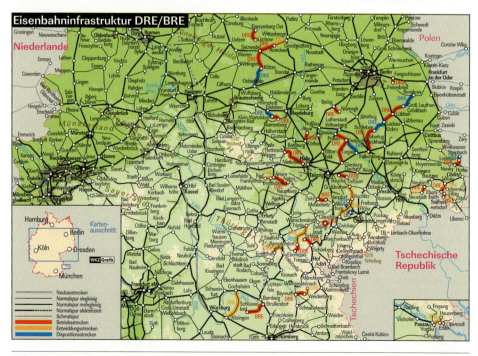

DRE / DGEG Bahnen und Reisen / DIE-LEI

01.05.2008 in Kraft getreten. Die DRE-Dachgesellschaft ist danach nur noch Infrastrukturbetreiber sowie Besitzer der Immobilien und der von der DRE Transport / DRE Bahnverkehr eingesetzten Fahrzeuge.
Am 01.04.2012 ging das ehemalige Bahnbetriebswerk (Bw) Probstzella in das Eigentum der DRE über. Diese Übernahme blieb nach Unternehmensaussage die einzige Chance, den Abbruch der historischen Anlage zu stoppen um diese der Nachwelt zu erhalten.

DGEG Bahnen und Reisen Bochum AG 🅿

Dr. C. Otto-Straße 191
DE-44879 Bochum
Telefon: +49 234 492516
Telefax: +49 234 94428730
info@dgeg.de
www.dgeg.de

Management
★ Harald Reese (Vorstand)

Gesellschafter
Stammkapital 50.000,00 EUR
★ DGEG Holding AG (39,6 %)
★ Christian Mann (12,6 %)
★ Volker Böhm (12,6 %)
★ Harald Reese (12,6 %)
★ Alfred Schulte-Stade (12,6 %)
★ Joachim Reinhard (10 %)

Beteiligungen
★ RuhrtalBahn Betriebsgesellschaft mbH (50 %)

Lizenzen
★ DE: EVU-Zulassung (PV) seit 29.12.1995, gültig bis 01.01.2015

Unternehmensgeschichte
Am 22.04.1967 wurde in Karlsruhe der Verein Deutsche Gesellschaft für Eisenbahngeschichte e. V. (DGEG) gegründet, um das Interesse und Verständnis für die Geschichte der Eisenbahn als Teil der Gesamtgeschichte zu wecken und zu pflegen, Studien über die Geschichte der Eisenbahnen und wissenschaftliche Arbeit auf diesem Gebiet zu fördern sowie Zeugnisse der Eisenbahngeschichte als Denkmäler zu erhalten. Zu den Aktivitäten des Vereins DGEG e. V. zählt heute der Betrieb der in früheren Bahnbetriebswerken entstandenen Eisenbahnmuseen Bochum-Dahlhausen, Neustadt (Weinstraße) und Würzburg.
Zur Durchführung von Reisen und Sonderfahrten sowie zum Betrieb des Museums Bochum-Dahlhausen im Auftrag des DGEG e. V. entstand mit Feststellung der Satzung zum 25.02.2003 und Handelsregistereintrag zum 26.06.2003 die DGEG Bahnen und Reisen Bochum AG. Diese übernahm auch die zum 29.12.1995 zunächst auf den DGEG e. V. ausgestellte Zulassung als EVU für den Personenverkehr, die für Sonderfahrten mit vereinseigenen Fahrzeugen genutzt wird.
Nach dem Übergang des Eisenbahnmuseums in Bochum von der DGEG in die Stiftung Eisenbahnmuseum Bochum (Stiftungsgründer: DGEG e.V. und Stadt Bochum) führt die DGEG Bahnen und Reisen Bochum AG den Betrieb des Museums wie auch Reisen und Sonderfahrten weiterhin durch.

Verkehre
★ Sonderzugverkehre u.a. auf der Ruhrtalbahn im Auftrag der Ruhrtalbahn. Weitere Fahrten zu unterschiedlichen Zielen (Tagesfahrten) sowie Sonderfahrten nach Bedarf.

DIE-LEI Dienstleistungen für den Gleisbau GmbH 🅶

Ochshäuser Straße 9
DE-34123 Kassel
Telefon: +49 561 52142-0
Telefax: +49 561 52142-29
info@die-lei.de
www.die-lei-gleisbau.de

Management
★ Ursula Gliem (Geschäftsführerin)

Gesellschafter
Stammkapital 25.000,00 EUR
★ Isa Maria Amann-Wagner (100 %)

Lizenzen
★ DE: EVU-Zulassung (PV+GV) seit 29.11.2005, gültig bis 31.01.2016

Infrastruktur
★ Anschlussgleis in Kassel-Bettenhausen

DIE-LEI / dispo-Tf Education

Unternehmensgeschichte
Die DIE-LEI Dienstleistung für den Gleisbau GmbH wurde am 28.08.2002 gegründet und beschäftigte 2010 etwa 50 Mitarbeiter. Durch Beschluss der Gesellschafterversammlung vom 05.12.2003 ist der Firmenname in DIE-LEI Dienstleistungen für den Gleisbau GmbH geändert worden.
DIE-LEI stellt Fahrzeuge und Personal für Schieneninstandhaltung, Oberleitungsbau, Signaldienst, Prüfungsfahrten und alle Arbeiten rund um den Gleisbau, z. B. TVT und MZA für Oberleitungsmontagen und Revisionen, Tunnelbau und Tunnelrevisionen und alle weiteren Arbeiten, bei denen Trittleitern nicht mehr ausreichen. Das Unternehmen besitzt neben den unten genannten Loks und TVT eine große Anzahl an Skl und dazu passende Anhänger.
Die Aufarbeitung und Instandhaltung des Fuhrparkes wird in Kassel-Bettenhausen in einem ehemaligen Industrieanschluss durchgeführt, wo eine Fabrikhalle entsprechend hergerichtet wurde. DIE-LEI-Gründer Rudi Günter Wagner verstarb nach schwerer Krankheit am 04.11.2008. Die zuvor paritätisch von Wagner und Ursula Gliem gehaltenen Gesellschafteranteile gingen auf die Witwe Isa Maria Amann-Wagner über.
2013 hatte das Unternehmen 33 Mitarbeiter. Der Umsatz betrug 2011 4,01 Mio. EUR, im Jahr davor 4,17 Mio. EUR.

Verkehre
* AZ-Verkehr

dispo-Tf Education GmbH

Wolfener Straße 32-34
DE-12681 Berlin
Telefon: +49 30 57701384
Telefax: +49 30 577013870
bildung@dispo-tf.de
www.dispo-tf.de/education

Management
* Dirk Vogel (Geschäftsführer)

Gesellschafter
Stammkapital 25.000,00 EUR
* dispo-Tf Rail GmbH (25 %)
* Dirk Vogel (25 %)
* Jacqueline Riebe (25 %)
* Energieholz-trading Ltd. (25 %)

Beteiligungen
* dispo-Tf Eisenbahnverkehrsunternehmen Ltd. (100 %)
* dispo-Tf Medical GmbH (100 %)

Lizenzen
* DE: EVU-Zulassung (PV+GV); gültig vom 03.07.2014 bis 31.07.2029

Unternehmensgeschichte
Mit Gesellschaftervertrag vom 13. 11. 2013 wurde die dispo-Tf Education GmbH für die Ausbildung von Bahnpersonal gegründet, die im Januar 2014 von der DEKRA die AZAV-Zertifizierung für die Aus- und Weiterbildung und Eingliederung in Arbeit erhielt. Die dispo-Tf Education bildet am Standort Berlin, seit dem 01.11. 2014 auch in Nürnberg (Bayern) und ab dem 01.05.2015 auch am Flughafen Schönefeld (Brandenburg) Triebfahrzeugführer und Wagenmeister aus. Die dispo-Tf Education ist seit dem 03.07.2014 ein öffentlich zugelassenes Eisenbahnverkehrsunternehmen und eine vom Eisenbahn-Bundesamt anerkannte Stelle für die Ausbildung und Prüfung von Triebfahrzeugführern.
Die dispo-Tf Education ist zu 100 % an der am 02.02.2015 gegründeten dispo-Tf Medical GmbH und der seit 05.05.2010 bestehenden dispo-Tf Eisenbahnverkehrsunternehmen Ltd. beteiligt. Zusammen mit dem neuen arbeitsmedizinischen Zentrum der dispo-Tf Medical in Berlin-Marzahn, in der ein vom Eisenbahn-Bundesamt (EBA) fachlich anerkannter Arbeitsmediziner beschäftigt sowie eine ebenfalls anerkannte Psychologin beschäftigt sind, können nun autark sowohl die nötigen körperlichen als auch psychologischen Tauglichkeitsüberprüfungen für die Ausbildung von Triebfahrzeugführern und Wagenmeistern sowie die vorgeschriebenen regelmäßigen Tauglichkeitsuntersuchungen für Berufskraftfahrer und Taucher vorgenommen werden.

dispo-Tf Rail / DBG

dispo-Tf Rail GmbH

Wolfener Straße 32-34
DE-12681 Berlin
Telefon: +49 30 577013871
Telefax: +49 30 577013870
info@dispo-tf.de
www.dispo-tf.de

Zweigniederlassung
Mittelstraße 9
DE-12529 Schönefeld

Zweigniederlassung
Südwestpark 44
DE-90449 Nürnberg

Management
★ Dirk Vogel (Geschäftsführer)

Gesellschafter
Stammkapital 25.000,00 EUR
★ Dirk Vogel (40 %)
★ Jacqueline Riebe (40 %)
★ Energieholz-trading Ltd. (20 %)

Beteiligungen
★ dispo-Tf Education GmbH (25 %)

Lizenzen
★ DE: EVU-Zulassung (PV+GV); gültig vom 08.01.2014 bis 31.01.2029

Unternehmensgeschichte
Der Personaldienstleister dispo-Tf Rail GmbH wurde am 29.07.2013 gegründet und beschäftigte im März 2015 über 80 Mitarbeiter, darunter 52 Triebfahrzeugführer, 8 Wagenmeister, 12 Lehrlokführer, 1 Arbeitszugführer und 1 Rangierbegleiter.
Seit dem 02.10. 2014 befindet sich auch eine Rangierdiesellok des Typs V 60 im Bestand, die primär in der am 13.11. 2013 gegründeten Tochtergesellschaft dispo-Tf Education GmbH für die Ausbildung von neuen Triebfahrzeugführern zum Einsatz kommt. Sie steht jedoch auch jederzeit zur kurz- und längerfristigen Vermietung für Dritte inkl. Triebfahrzeugführer zur Verfügung. Die dispo Tf-Rail GmbH ist seit dem 08.01.2014 ein öffentlich zugelassenes Eisenbahnverkehrsunternehmen sowie eine vom Eisenbahn-Bundesamt anerkannte Stelle für die Ausbildung von Triebfahrzeugführern. Die dispo-Tf Rail hat seine Firmenzentrale in Berlin-Marzahn, wo unter anderem auch das neue arbeitsmedizinische Zentrum dispo-tf Medical GmbH sitzt. Zweigstellen bestehen in Nürnberg (Bayern) und am Flughafen Schönefeld (Brandenburg).

Döllnitzbahn GmbH (DBG)

Bahnhofstraße 6
DE-04769 Mügeln
Telefon: +49 34362 32343
Telefax: +49 34362 32447
info@doellnitzbahn.de
www.doellnitzbahn.de

Management
★ Ingo Neidhardt (Geschäftsführer)

Gesellschafter
Stammkapital 51.129,19 EUR
★ Zweckverband „Döllnitzbahn" (74,9 %)
★ Förderverein „Wilder Robert" (25,1 %)

Lizenzen
★ DE: EIU Oschatz – Mügeln – Kemmlitz
★ DE: EVU-Zulassung (PV+GV) seit 15.02.1999, gültig bis 31.07.2025

Infrastruktur
★ Oschatz – Mügeln – Glossen (16,1 km; 750 mm Spurweite)
★ Nebitzschen – Kemmlitz (2,7 km; 750 mm Spurweite); ohne Verkehr

Unternehmensgeschichte
Die Döllnitzbahn GmbH (DBG) wurde am 17.12.1993 als erste nichtbundeseigene Eisenbahn öffentlichen Verkehrs im Freistaat Sachsen zur Rettung der stilllegungsbedrohten Schmalspurstrecke Oschatz – Mügeln – Kemmlitz gegründet und nahm am 05.02.1994 offiziell den Verkehr auf.
Neben dem seit der DBG-Gründung kontinuierlich weiterlaufenden Güter- und Traditionsverkehr wurde ab August 1995 nach 20 Jahren Abstinenz der Personentransport in Form von Schülerverkehr wieder aufgenommen. Ab September 2000 gab es sogar wieder regulären SPNV, wogegen der Güterverkehr (Versand durch die Kemmlitzer Kaolinwerke GmbH) Ende 2001 nach Fristablauf der hierzu eingesetzten Spezialwaggons eingestellt wurde.
Im Jahre 2005 wurde der SPNV allerdings mit Ausnahme der Sonderverkehre zur sächsischen

DBG / DTV / DE

Landesgartenschau 2006 abbestellt. Die Weiterentwicklung der DBG soll sich nun erst einmal auf dem Gebiet des Freizeitverkehrs vollziehen. Auch eine Wiederaufnahme des Güterverkehrs erscheint nach jüngsten Entwicklungen nicht ausgeschlossen. Die Bestellung des aktuellen SPNV-Angebotes erfolgte bis zum Beginn der Sommerferien 2011 auf Basis einer mittelbaren Finanzierung durch den Zweckverband für den Nahverkehrsraum Leipzig (ZVNL) und endete zum genannten Zeitpunkt wegen der Mittelkürzungen des Freistaates Sachsen. Zur Sicherung des weiteren Betriebes haben bei einem Gespräch im sächsischen Verkehrsministerium am 17.06.2011 Vertreter des Landes, der Landkreise Leipzig und Nordsachsen sowie der Bürgermeister der Stadt Mügeln finanzielle Zusagen gemacht, den Verkehr im bisherigen Umfang bis Ende 2012 zu finanzieren. Das Land selbst gibt 2011 270.000 EUR und für 2012 dann 200.000 EUR dazu. Seit 01.01..2015 ist die Döllnitzbahn in ein Konzept zur Neuregelung der Finanzierung der sächsischen Schmalspurbahnen eingebunden. DBG erhält nun wieder Bestellerentgeld vom ZVNL. Ende 2013 hat die schrittweise Instandsetzung der Infrastrukturanlagen der DBG mit Mitteln des Freistaates Sachsen begonnen und soll in den nächsten Jahren fortgesetzt werden.

Verkehre
* Dampfzüge Oschatz – Glossen; über den Zweckverband für den Nahverkehrsraum Leipzig (ZVNL) bestellte touristische Freizeitverkehre
* SPNV Oschatz – Mügeln – Glossen und Dampfzüge Oschatz – Glossen; 23.000 Zugkm/a vom 01.01.2015 bis Ende 2020 im Auftrag des Zweckverbandes für den Nahverkehrsraum Leipzig (ZVNL)

Donnersberg Touristik-Verband e. V. (DTV) 🅸

Uhlandstraße 2
DE-67292 Kirchheimbolanden
Telefon: +49 6352 1712
Telefax: +49 6352 710262
touristik@donnersberg.de
www.donnersberg-touristik.de

Management
* Winfried Werner (Vorsitzender)
* Arno Mohr (stellvertretender Vorsitzender)
* Christoph Rubel (stellvertretender Vorsitzender)

Lizenzen
* DE: EIU Grünstadt – Neuoffstein seit 01.01.2006
* DE: EIU Langmeil – Monsheim seit 28.03.2003

Infrastruktur
* Langmeil – Monsheim (27,6 km), Pacht von DB Netz AG seit 16.04.2003

Unternehmensgeschichte
Der Donnersberg Touristik-Verband e. V. (DTV) hat 2003 die rund 28 km lange Zellertalbahn oder auch Pfrimmtalbahn genannte Nebenbahn von Langmeil nach Monsheim gepachtet, auf der seit 2001 an Sonn- und Feiertagen wieder ein Ausflugsverkehr stattfindet. Zuvor hatte die „Kuckucksbähnel"-Bahnbetriebs GmbH dort als EIU fungiert, die sich dann aber auf den Betrieb der eigenen Infrastruktur beschränken wollte.
Die Fahrten beginnen seit 2005 in Hochspeyer und folgen von dort bis Langmeil der Alsenztalbahn. In Langmeil selbst halten die Züge jedoch nicht mehr. Nach dem Auslaufen der EIU-Konzession des DTV Ende 2014 ist geplant, dass der Kreis ab 01.01.2015 Pächter und EIU für die Zellertalbahn wird. Nachfolgend soll eine Modernisierung der Strecke erfolgen, ab 2016 ist Wiederaufnahme der Freizeitverkehre geplant. Diese sollen nach aktuellen Planungen dann ganzjährig am Wochenende sowie an Feiertagen durchgeführt werden.
Vom 01.01.2006 bis 31.12.2008 war auch die als Untere Eistalbahn bezeichnete Strecke Grünstadt – Neuoffstein gepachtet, um eine Anbindung des Werkes Neuoffstein der Südzucker AG auf der Schiene sicherzustellen. Die Strecke war zum 30.07.2004 stillgelegt und in ein Nebengleis des Bf Grünstadt umgewandelt worden. Die Kosten für die Pacht, rund 30.000 EUR pro Jahr, übernehmen der Landkreis Bad Dürkheim und die Südzucker AG. Letztere nutzt die Strecke auch sporadisch für die Brennstoffanlieferung, die durch die Rhenus Rail St. Ingbert GmbH (RRI) durchgeführt wird. RRI übernahm auch den Pachtvertrag nach dem 31.12.2008.

Dortmunder Eisenbahn GmbH (DE) 🅶

Speicherstraße 23
DE-44147 Dortmund
Telefon: +49 231 9839-601
Telefax: +49 231 9839-602
info.de@captrain.de
www.captrain.de

DE

Werkstatt
Rüschebrinkstraße/Westfalenhüttenallee
DE-44328 Dortmund

Management
* Dipl.-Ing. Dipl.-Wirt.-Ing. Götz Jesberg
  (Vorsitzender der Geschäftsführung)
* Wolfgang Franz (Geschäftsführer)

Gesellschafter
Stammkapital 3.000.000,00 EUR
* Captrain Deutschland GmbH (CT-D) (65 %)
* Dortmunder Hafen AG (35 %)

Lizenzen
* DE: EVU-Zulassung (GV) seit 29.04.2005, gültig bis 30.04.2020

Unternehmensgeschichte
Die heutige Dortmunder Eisenbahn GmbH (DE) als Anbieter von Schienengüterverkehren geht auf die 1899 mit Errichtung des Dortmund-Ems-Kanals entstandene städtische Dortmunder Hafenbahn zurück. Am 01.07.1907 wurde ferner die ebenfalls städtische Dortmunder Kleinbahn gegründet, die über eigene Infrastruktur den Hafen mit den Dortmunder Hüttenwerken verband. Die beiden betrieblich eng verknüpften Bahnen wurden 1953 auch organisatorisch zusammengeführt und fortan als Betriebsteil „Dortmunder Eisenbahn" der Dortmunder Hafen- und Eisenbahn AG betrieben. 1973 erfolgte die Ausgründung des Bahnbetriebs in die Dortmunder Eisenbahn GmbH (DE), an welcher die städtische Dortmunder Hafen AG und der Stahlkonzern Hoesch AG zu je 50 % beteiligt waren. Die Übernahme der Dortmund-Hörder Hüttenunion AG durch die Hoesch AG im Jahr 1966 sorgte für einen massiven Anstieg der von der Dortmunder Eisenbahn erbrachten, ohnehin bereits umfangreichen Transportleistungen für die Montanindustrie durch Zwischenwerktransporte zwischen den beiden Hüttenwerken. Das Transportvolumen verdoppelte sich von 1966 bis 1974 auf 16 Mio. t / Jahr. Zum 28.12.1979 übernahm die DE für die damalige Estel-Hoesch-Werke AG auch den innerbetrieblichen Bahnverkehr. Am 01.01.1993 erwarb die DE auch alle Fahrzeuge des zwischenzeitlich als Hoesch Stahl AG firmierenden Montanunternehmens. Mit der Fusion von Hoesch Stahl AG und Krupp Stahl AG zur Krupp Hoesch Stahl AG übernahm die DE zum 01.07.1994 auch den Betrieb der Werkbahn des vormaligen Krupp-Standorts Bochum samt Rollmaterial. Zudem wurden durch die DE zwischen den Werken in Dortmund und Bochum zum 26.11.1994 Zwischenwerksverkehre über die DB-Infrastruktur aufgenommen. 1998 beförderte die DE 39 Mio. t Fracht, davon über 97 % auf eigener oder Werkbahn-Infrastruktur. Rund 83 % der Transporte wurden für die ThyssenKrupp Steel AG erbracht, in welche die Krupp Hoesch Stahl AG aufgegangen war.
Mit Restrukturierungen, vor allem der Einstellung der Stahlproduktion in Dortmund, gingen die Transportleistungen der DE jedoch deutlich zurück. 2004 wurden 16,6 Mio. t Fracht befördert, davon etwa 16 % auf DB-Infrastruktur. Im Januar 2005 erwarb die damalige Connex Cargo Logistics GmbH (CCL, heutige Captrain Deutschland GmbH) rückwirkend zum 01.07.2004 die bislang durch die ThyssenKrupp Stahl AG gehaltenen Anteile an der DE. Um eine rechtliche Trennung von Infrastruktur und Betrieb zu erreichen, wurde im Zuge des Gesellschafterwechsels auch eine Aufteilung des Unternehmens vorgenommen. Gemäß Beschluss der Gesellschafterversammlung der DE vom 11.02.2005 und Handelsregistereintrag zum 18.03.2005 entstanden aus der bisherigen Dortmunder Eisenbahn GmbH (DE) die DE Transport GmbH und die DE Infrastruktur GmbH. Letztere wird zu 81 % von der Dortmunder Hafen AG und zu 19 % von Captrain gehalten, während die Anteile der DE Transport GmbH zu 65 % durch Captrain und zu 35 % durch die Dortmunder Hafen AG übernommen wurden. Betrieb, Personal und Teilfahrzeuge wechselten zum 01.05.2005 von der DE auf die DE Transport GmbH. Durch Beschluss der Gesellschafterversammlung vom 11.01.2006 und Handelsregistereintrag zum 18.03.2006 trägt die DE Transport GmbH wieder den Traditionsnamen Dortmunder Eisenbahn GmbH (DE).
Nach wie vor wird ein großer Teil des Transportvolumens der DE für die ThyssenKrupp Steel AG (TKS) im Werks- und Zwischenwerksverkehr erbracht. Daneben bedient die DE weitere Kunden über Gleisanschlüsse an den Strecken der DE Infrastruktur GmbH sowie als Nebenanschließer der ThyssenKrupp-Werkbahnen. Ausgebaut werden konnten die über DB-Infrastruktur erbrachten Leistungen.
Die DE hat im Jahr 2012 rund 18,1 Mio. t befördert und verfügte über durchschnittlich 212 Mitarbeiter. 2013 waren es 18,7 Mio. t und 207 Mitarbeiter, 2014 verzeichnete die Gesellschaft 17,0 Mio. t und 194 Mitarbeiter.

Verkehre
* Güterverkehr auf Strecken der DE Infrastruktur GmbH
* Werkbahnbetrieb am Standort Bochum der ThyssenKrupp Steel Europe AG und der ThyssenKrupp Nirosta GmbH / Outukumpu Nirosta GmbH
* Werkbahnbetrieb am Standort Dortmund der HSP Hoesch Spundwand und Profil GmbH
* Werkbahnbetrieb am Standort Dortmund der ThyssenKrupp Steel Europe AG
* Werkbahnbetrieb am Standort Mülheim an der Ruhr; seit Februar 2015

DE / Drachenfelsbahn / DRE Bahnverkehr

* Aceton- und Phenoltransporte Gladbeck-Zweckel (INEOS Phenol) – Gladbeck West (Wagentausch mit Dritten); 8 x pro Tag an Werktagen seit 01.01.2015 im Auftrag der INEOS Phenol GmbH
* Coiltransporte Dortmund-Obereving – Bochum-Präsident; seit 12.12.2011. Die Übergabe zwischen der ThyssenKrupp und DE erfolgt im Rbf „Grünstraße" der EH in Duisburg-Marxloh.
* Coiltransporte aus den TKS-Werken Duisburg-Beekerwerth und Duisburg-Bruckhausen zum TKS-Kaltwalzwerk in Dortmund seit 12.12.2011. Die Übergabe zwischen der ThyssenKrupp und DE erfolgt im Rbf „Grünstraße" der EH in Duisburg-Marxloh.
* Kohletransporte Dortmund-Hardenberghafen – Arnsberg Süd (Cascades Arnsberg GmbH / Reno De Medici Arnsberg GmbH) seit Januar 2005; Traktion ab Dortmund seit 20.02.2006 durch Regionalverkehr Ruhr-Lippe GmbH (RLG)
* Kohletransporte Rotterdam (Europees Massagoed-Overslagbedrijf (EMO) B.V.) – Bottrop (Kokerei Prosper) [DE]; 5 x pro Woche seit 02.01.2013 im Auftrag der RAG Verkauf GmbH

Bergbahnen im Siebengebirge AG (Drachenfelsbahn) P I

Postfach 11 29
DE-53621 Königswinter
Drachenfelsstr. 53
DE-53639 Königswinter
Telefon: +49 2223 9209-0
Telefax: +49 2223 4734
info@drachenfelsbahn-koenigswinter.de
www.drachenfelsbahn-koenigswinter.de

Management
* Jürgen Limper (Vorstand)

Gesellschafter
Stammkapital 1.024.050,00 EUR
* Ferdinand Mülhens (33,33 %)
* Dieter Streve-Mülhens jun. (33,33 %)
* Dieter Jochen Streve-Mülhens (33,33 %)

Lizenzen
* DE: EIU Königswinter Drachenfelsbahn – Drachenfels
* DE: EVU-Zulassung (PV) seit 10.05.1994, gültig bis 31.12.2030

Infrastruktur
* Königswinter Drachenfelsbahn – Drachenfels (1,5 km, Spurweite 1.000 mm, elektrifiziert 750 V=, Zahnradbahn System Riggenbach)

Unternehmensgeschichte
Die Drachenfelsbahn wurde am 13.07.1883 in Betrieb genommen. Sie ist heute die älteste noch betriebene Zahnradbahn Deutschlands. Ziel des Bahnbaus war die Erschließung des Berges Drachenfels, eines beliebten Ausflugziels. Betreiber war zunächst die „Deutsche Lokal- und Strassenbahngesellschaft". Im März 1913 übernahm der Inhaber von „4711 – Echt kölnisch Wasser", Ferdinand Mülhens, die Bahn. 1923 fusionierte er die Bahn mit der benachbarten „Petersbergbahn" zur neuen Gesellschaft „Bergbahnen im Siebengebirge AG". Im März 1955 wurde die Strecke elektrifiziert, doch setzte man weiterhin parallel noch Dampfloks ein, bis im September 1958 bei einem schweren Unfall mit einer der Dampfloks 17 Menschen ums Leben kommen. Alle Fahrzeuge der Dampfzeit wurden anschließend verschrottet oder verkauft, lediglich Lok 2 blieb übrig und steht heute als Denkmal bei der Talstation.
Heute befördert die Drachenfelsbahn rund 500.000 Fahrgäste jährlich auf ihrer 1,5 km langen Strecke von Königswinter auf den Drachenfels. Hierzu verkehren von März bis Oktober tagsüber alle 30 Minuten, von November bis Februar alle 60 Minuten Züge auf den Berg.

Verkehre
* Personenverkehr auf eigener Infrastruktur

DRE Bahnverkehr GmbH P

Sahlassaner Straße 3
DE-01616 Strehla
Telefon: +49 30 63497076
Telefax: +49 30 63497099
info@regionaleisenbahn.de

Management
* Gerhard Johannes Curth (Geschäftsführer)
* Ronny Däweritz (Geschäftsführer)

Gesellschafter
Stammkapital 25.000,00 EUR
* Deutsche Regionaleisenbahn GmbH (DRE) (100 %)

Lizenzen
* DE: EVU-Zulassung (PV+GV) seit 25.06.2007, gültig bis 31.12.2021

Unternehmensgeschichte
Die ursprünglich als BahnInfrastrukturDienste GmbH mit Sitz in Oschatz gegründete DRE Transport GmbH entstand mit der Einführung der Holdingstruktur der DRE-Gruppe zum 01.05.2008, um durch ein separates EVU der Trennung von Infrastruktur und Verkehr Genüge zu tun. Die DRE-Dachgesellschaft ist

DRE Bahnverkehr / DVB / DVS

danach nur noch Infrastrukturbetreiber sowie Besitzer der Immobilien und der von der DRE Transport eingesetzten Fahrzeuge. Zwar dienen die wenigen derzeit erbrachten Verkehre ausschließlich der Personenbeförderung, doch wird sich die weitere Ausdehnung der Unternehmenstätigkeit entsprechend der Charakterisik der DRE-Strecken fast ausschließlich auf dem Gebiet des Güterverkehrs abspielen. In den Jahren 2008 und 2009 wurden Saison-Ausflugsverkehre „Elbe-Spreewald-Kurier" bzw. „Unterspreewald-Kurier" Riesa – Falkenberg – Groß Leuthen-Gröditsch – Luckau-Uckro (Süd) gefahren. Weiterhin übernahm das Unternehmen die Rolle des EVU für die BürgerBahn des DBV-Fördervereins „Niederlausitzer Eisenbahn" bei Sonderverkehren auf der Relation Luckau-Uckro – Falkenberg (Elster) – Mühlberg (Elbe) zu bestimmten Anlässen. Seit 2010 wurden hingegen keine Verkehre erbracht. Die Gesellschafterversammlung vom 28.01.2009 hat die Änderung des Firmennamens in DRE Bahnverkehr GmbH und die Verlegung des Sitzes von Luckau nach Strehla beschlossen.

- ★ Dresdner Telekommunikationsgesellschaft mbH (DTG) (74,9 %)
- ★ VCDB VerkehrsConsult Dresden-Berlin GmbH (VCDB) (74,9 %)
- ★ Verkehrsgesellschaft Meißen mbH (VG Meißen) (74,9 %)
- ★ TaeterTOURS Reise GmbH (49 %)
- ★ Dresden-IT GmbH (DrIT) (40 %)

Lizenzen
- ★ DE: EVU-Zulassung (PV+GV) seit 07.09.2000, gültig 15 Jahre

Infrastruktur
- ★ Straßenbahnlinien in Dresden (204,4 km, Spurweite 1.450 mm)

Unternehmensgeschichte
Die am 01.06.1993 gegründete Dresdner Verkehrsbetriebe (DVB) AG ist das größte kommunale Verkehrsunternehmen im Verkehrsverbund Oberelbe mit rund 140 Mio. Fahrgästen jährlich. Die 1.691 Mitarbeiter haben im Jahr 2006 einen Umsatz von 86,6 Mio. EUR erzielt. 2007 waren es 96,54 Mio., 2008 95,64 Mio. und 2009 100,68 Mio. EUR.
Täglich nutzen rund 400.000 Dresdner Straßenbahn und Bus. Die DVB AG betreibt derzeit zwölf Straßenbahnlinien auf einem Liniennetz von 204,4 Kilometern Länge und 28 Buslinien mit 295,7 km Linienlänge sowie drei Fährstellen und zwei historisch wertvolle Bergbahnen.
Die Zulassung als EVU wird derzeit nicht genutzt.

Dresdner Verkehrsbetriebe AG (DVB)

Postfach 10 09 75
DE-01079 Dresden
Trachenberger Straße 40
DE-01129 Dresden
Telefon: +49 351 857-0
Telefax: +49 351 857-1010
postoffice@dvbag.de
www.dvbag.de

Management
- ★ Hans-Jürgen Credé (Vorstand Betrieb und Personal)
- ★ Reiner Zieschank (Vorstand Finanzen und Technik)

Gesellschafter
Stammkapital 51.129.188,12 EUR
- ★ Technische Werke Dresden GmbH (TWD) (100 %)

Beteiligungen
- ★ Dresdner Verkehrsservicegesellschaft mbH (DVS) (100 %)

Dresdner Verkehrsservicegesellschaft mbH (DVS)

Trachenberger Straße 40
DE-01129 Dresden
Telefon: +49 351 857-1460
Telefax: +49 351 857-1462
www.dvsmbh.de

Management
- ★ Dipl.-Ing. (FH) Ullrich Funk (Geschäftsführer)

Gesellschafter
Stammkapital 26.000,00 EUR
- ★ Dresdner Verkehrsbetriebe AG (DVB) (100 %)

Lizenzen
- ★ DE: EVU-Zulassung (PV+GV); gültig vom 05.10.2000 bis 05.10.2015

DVS / DRS / DSB Deutschland

Unternehmensgeschichte
Die am 02.11.1995 gegründete Dresdner Verkehrsservicegesellschaft mbH (DVS) ist ein 100%iges Tochterunternehmen der Dresdner Verkehrsbetriebe AG (DVB). In deren Auftrag ist sie seit 1996 im Stadtlinien- und Schienenersatzverkehr mit Bussen eingesetzt. Sie betreibt die Dresdner Elbfähren sowie die CarGoTram (Güterstraßenbahn zur gläsernen VW-Manufaktur in der Dresdner Innenstadt) und erbringt Serviceleistungen (u. a. Verkehrsinformationen und Verkehrserhebungen). Die 141 Mitarbeiter haben im Jahr 2006 einen Umsatz von 5,3 Mio. EUR erzielt. Dieser konnte 2008 auf 5,6 Mio., 2009 auf 6,02 Mio. und 2010 auf 6,1 Mio. EUR gesteigert werden.

Die Beteiligten sind keine Unbekannten: Philipp Schemutat war zuvor u.a. bei den Unternehmen Ei.L. Trans GmbH Eisenbahn, Logistik und Transporte, sowie den insolventen Gesellschaften Ei.L.T. GmbH Eisenbahn, Logistik und Transporte sowie Ernst Schauffele Schienenverkehrs GmbH & Co. KG (ESS) tätig bzw. involviert. Prokurist der DRS ist Ronny Rosenkranz (44), der im Herbst bei der Osthannoversche Eisenbahnen AG (OHE) ausgeschiedene Otto Rentschler (42) übernimmt den Posten als Eisenbahnbetriebsleiter.
Die Gesellschafterliste deckt sich in großen Teilen mit dem Management: Neben Rosenkranz (36 %), Schemutat und Rentschler (je 20 %) sind noch Dirk Rosenkranz (20 %) und Uwe Wawra (14 %) beteiligt.

DRS GmbH Dispo Rail Service

Heideweg 1
DE-03238 Klingmühl
Telefon: +49 3531 4399726
info@dispo-rail-service.de
www.dispo-rail-service.de

Management
* Philipp Schemutat (Geschäftsführer)

Gesellschafter
Stammkapital 25.000,00 EUR
* Ronny Rosenkranz (36 %)
* Philipp Schemutat (20 %)
* Otto Rentschler (20 %)
* Dirk Rosenkranz (20 %)
* Uwe Wawra (14 %)

Lizenzen
* DE: EVU-Zulassung (PV+GV); gültig vom 18.06.2014 bis 31.12.2028

Unternehmensgeschichte
Klingmühl nahe Finsterwalde ist der Sitz der am 02.12.2013 neu gegründeten DRS GmbH Dispo Rail Service. Das Unternehmen will Eisenbahnverkehrs- und Personal- und Logistikdienstleistungen erbringen, Eisenbahninfrastrukturen und Anschlussbahnen betreiben und Schulungen im Bereich Eisenbahnen durchführen.

DSB Deutschland GmbH

Friedrichstraße 79
DE-10117 Berlin

Management
* Peter Christensen (Geschäftsführer)

Gesellschafter
Stammkapital 25.000,00 EUR
* Den Selvstændig Offentlig Virksomhed DSB (100 %)

Beteiligungen
* VIAS GmbH (50 %)
* VIAS Logistik GmbH (50 %)

Unternehmensgeschichte
Die DSB Deutschland GmbH ist ein Tochterunternehmen der Dänischen Staatsbahn (DSB). Das am 20.01.2004 gegründete Unternehmen wollte sich in Kooperation mit deutschen Verkehrsanbietern an SPNV-Ausschreibungen beteiligen.
Per 20.07.2010 konnte die Gesellschaft den 50 %-Anteil der Stadtwerke Verkehrsgesellschaft Frankfurt am Main mbH (VGF) an der VIAS GmbH übernehmen.
Aufgrund der Vorgänge bei der Muttergesellschaft (siehe dort) kann aktuell eher von einer zurückhaltenden weiteren Expansion ausgegangen

DSB Deutschland / duisport

werden. Der ursprüngliche operative Sitz in Düsseldorf wurde im Herbst 2011 aufgegeben. Auf Grund des Verschmelzungsvertrages vom 25.05.2012 ist die VIAS RB47 GmbH, Düsseldorf, durch Übertragung ihres Vermögens unter Auflösung ohne Abwicklung als Ganzes auf die Gesellschaft verschmolzen.

Duisburger Hafen AG (duisport)

Alte Ruhrorter Straße 42-52
DE-47119 Duisburg
Telefon: +49 203 803-1
Telefax: +49 203 803-4232
mail@duisport.de
www.duisport.de

Management
★ Dipl.-Kfm. Erich Staake (Vorstandsvorsitzender)
★ Markus Bangen (Vorstand)
★ Dipl.-Ing. Thomas Schlipköther (Vorstand)

Gesellschafter
Stammkapital 46.020.000,00 EUR
★ Stadt Duisburg (33,33 %)

Unternehmensstruktur DSB Deutschland GmbH

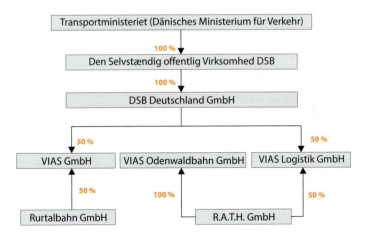

Grafik: Rail Business

duisport / duisport rail

* Beteiligungsverwaltungsgesellschaft des Landes Nordrhein-Westfalen mbH (BVG) (33,33 %)
* Bundesrepublik Deutschland (BRD) (33,33 %)

Beteiligungen
* Grundstücksgesellschaft Südhafen mbH (100 %)
* Hafen Duisburg Rheinhausen GmbH (HDR) (100 %)
* dfl duisport facility logistics GmbH (100 %)
* dpl International N.V. (100 %)
* dpl Süd GmbH (100 %)
* duisport rail GmbH (100 %)
* duisport agency GmbH (100 %)
* duisport consult GmbH (100 %)
* duisport packing logistics GmbH (100 %)
* dpl Chemnitz GmbH (90 %)
* Hafen Duisburg-Amsterdam Beteiligungsgesellschaft mbH (66 %)
* Logport Logistic-Center Duisburg GmbH (55 %)
* Heavylift Terminal Duisburg GmbH (HTD) (51 %)
* Umschlag Terminal Marl GmbH & Co. KG (UTM) (50 %)
* logport ruhr GmbH (50 %)
* DIT Duisburg Intermodal Terminal GmbH (24 %)
* Duisburg Trimodal Terminal GmbH (D3T) (20 %)
* Antwerp Gateway N.V. (7,5 %)

Infrastruktur
* Hafenbahn (ca. 200 km Gleislänge)

Unternehmensgeschichte
Die am 29.09.1926 gegründete Duisburger Hafen AG als Muttergesellschaft der Gruppe und Eigentumsgesellschaft des Hafens ist verantwortlich für Management, Entwicklung und Vermarktung der Infra- und Suprastruktur des Hafens sowie für die strategische Zielsetzung.
Die Duisburger Häfen befinden sich an der Mündung der Ruhr in den Rhein und umfassen eine Gesamtfläche von 10 km². Somit ist der duisport größter Binnenhafen Europas, in Summe aller Hafenanlagen (öffentlich und privat) größter Binnenhafen der Welt.
2009 erzielte die duisport-Gruppe Umsatzerlöse in Höhe von 145,2 Mio. EUR (2008: 139,2 Mio. EUR). Im Jahr 2009 wurden im gesamten Duisburger Hafen, inklusive der privaten Werkshäfen, 81,8 Mio. t Güter per Schiff, Bahn und Lkw umgeschlagen (2008: 120 Mio. t). Auf dem Gleisnetz des Hafens sind das eigene EVU duisport rail GmbH, die DB Schenker Rail Deutschland AG sowie weitere Privatbahnen tätig. Die Landesregierung hat in der Kabinettsitzung am 16.07.2013 dem Ankauf des Bundesanteils an der Duisburger Hafen AG durch die Beteiligungsverwaltungsgesellschaft des Landes Nordrhein-Westfalen mbH (BVG) zugestimmt. Die BVG hält bereits ein Drittel der Anteile an der Duisburger Hafen AG, neben dem Bund und der Stadt Duisburg.

duisport rail GmbH

Bliersheimer Straße 80
DE-47229 Duisburg
Telefon: 49 203 803-0
Telefax: +49 203 803-4232
rail-betrieb@duisport.de
www.duisport.de

Management
* Dipl.-Ing. Thomas Schlipköther (Geschäftsführer)
* Markus Teuber (Geschäftsführer)

Gesellschafter
Stammkapital 100.000,00 EUR
* Duisburger Hafen AG (duisport) (100 %)

Lizenzen
* DE: EVU-Zulassung (GV); gültig vom 07.03.2014 bis 31.12.2015

Unternehmensgeschichte
Die duisport rail GmbH ist eine Tochtergesellschaft der Duisburg Hafen AG und ging im April 2001 aus deren Hafenbahn hervor. Die umfangreichen Gleisanlagen des Duisburger Hafens (ca. 200 km Gleislänge) werden allerdings durch die Duisburger Hafen AG als Infrastrukturbetreiber verantwortet. Ebenso nimmt die DB Schenker Rail Deutschland AG weiterhin den Rangierdienst in einigen Hafenteilen, z.B. Duisburg-Ruhrort wahr.
duisport rail bedient den Außen- und Parallelhafen sowie in Eigenregie seit 01.04.2002 das Logistikzentrum „logport" (erfolgte zuvor durch Niederrheinische Verkehrsbetriebe Aktiengesellschaft NIAG) auf dem Gelände des ehemaligen Krupp-Hüttengeländes in Duisburg-Rheinhausen. duisport rail übernimmt außerdem weitere Rangierdienste in den übrigen Hafenteilen in Kooperation mit der DB Schenker Rail und führt Kurzstreckentransporte in der Rhein-Ruhr-Region durch.
Am Standort Duisburg-Duissern hat die duisport rail acht Lokomotiven. Hinzu kommen zwei Lokomotiven im Rangierbahnhof Duisburg-Ruhrort und drei Lokomotiven in Duisburg-Rheinhausen. Eine weitere Lok steht als Reserve.
Die vormals eigene Lokwekstatt wurde 2010 an Dritte vermietet, u.a. den Schienenkraninstandsetzungsbetrieb GK Rail Service

duisport rail / Duomobile / DWK

GmbH.
2009 beförderte duisport rail 350.000 t (2007: 145.000 t). Im Mai 2011 hatte die Gesellschaft 45 Mitarbeiter. 2009 konnte das Unternehmen eine Bilanzsumme von 4.051.009,43 EUR ausweisen.

Verkehre
* Güterverkehre auf den Gleisanlagen des Duisburger Hafens
* Werkbahnbetrieb der Bayer HealthCare in Bergkamen; seit 01.04.2014
* Zubringerdienste Duisburg-Ruhrort – Duisburg-Rheinhausen für diverse Bahnunternehmen
* Zubringerdienste Krefeld – Hohenbudberg (Container-Terminal); seit Dezember 2012 für diverse Bahnunternehmen
* Kesselwagen- / Tankcontainertransporte Duisburg – Herne, 2 x pro Woche seit Juni 2003 im Auftrag der Transpetrol GmbH Internationale Eisenbahnspedition
* KV-Transporte „Chemsite-Express" Marl (UTM Umschlag Terminal Marl GmbH & Co. KG) – Duisburg (DUSS), 5 x pro Woche seit 01.10.2003 im Auftrag der Kombiverkehr Deutsche Gesellschaft für kombinierten Güterverkehr GmbH & Co. KG
* KV-Transporte „Glückauf-Express" Marl – Duisburg-Rheinhausen; 4 x pro Woche seit 02.03.2009, aktuell 5 x pro Woche
* KV-Transporte „Ost-Westfalen-Xpress" (OWX) Duisburg (Gateway West) – Unna (Logistikzentrum RuhrOst Betreibergesellschaft mbH) / Bönen; 5 x pro Woche seit 01.08.2007 im Auftrag der RRT Rhein-Ruhr Terminal GmbH; seit Januar 2009 ab Logport II; 6 x pro Woche seit 13.12.2009
* KV-Transporte „Glückauf-Express" Duisburg-Rheinhausen (D3T) – Dortmund; 5 x pro Woche seit 23.04.2012 im Auftrag der duisport agency GmbH (dpa)

Duomobile GmbH Gesellschaft für Logistik auf Straße und Schiene G

Am Containerbahnhof 2
DE-91605 Gallmersgarten
Telefon: +49 9843 980800
Telefax: +49 9843 980810
info@duomobile.de
www.duomobile.de

Management
* Gabriele Zimmermann (Geschäftsführerin)

Gesellschafter
* Dr. Boris Zimmermann GmbH (100 %)

Lizenzen
* DE: EVU-Zulassung (GV) seit 30.08.2006, gültig bis 30.08.2021

Infrastruktur
* Umschlagterminal Steinach bei Rothenburg o.d. Tauber; seit Januar 2007 von der Dr. Boris Zimmermann GmbH angemietet

Unternehmensgeschichte
Als Teil der Unternehmensgruppe Boris Zimmermann wurde im November 2005 die Duomobile GmbH Gesellschaft für Logistik auf Straße und Schiene im fränkischen Steinach gegründet. Unternehmenszweck ist die Organisation von Transporten des KLV unter Nutzung der Verkehrsträger Schiene und Straße samt allen im weitesten Sinne damit verbundenen Dienstleistungen. Das Logistikunternehmen konnte im Februar 2006 die ersten KLV-Leistungen als Frachtführer aufnehmen und widmet sich seither primär dieser Aufgabe. Die betriebliche Abwicklung der Bahntransporte liegt dabei in Händen von Drittunternehmen wie der DB Schenker Rail Deutschland AG. Allerdings verfügt Duomobile seit 30.08.2006 auch über eine eigene Zulassung als EVU für den Güterverkehr.
In Steinach bei Rothenburg o.d.Tauber betreibt die Zimmermann-Gruppe seit September 2003 ein Terminal für den Umschlag zwischen Straße und Schiene, das unter anderem im Rahmen von Quarzsandtransporten in Spezialbehältern sowie Langholzbeförderung genutzt wird.
Als Gesellschafter war bis 02.05.2012 auch noch der damalige Geschäftsführer Kai Kunze am Unternehmen mit 25 % beteiligt.

Verkehre
* Verschubleistungen auf der Anschlussbahn der Knauf Gips KG im fränkischen Ergersheim-Ermetzhofen; seit 01.06.2007 mit einer angemieteten Köf III, seit Dezember 2007 mit einem Zweiwege-Unimog
* Rangiertätigkeiten für Knauf Gips KG in Iphofen; seit 2008
* Rangierdienste für Ganzzugverkehre mit Streusalz zur Wacker Chemie AG in Steinach; seit 2009
* Rangierleistungen für Siemens Powerline GmbH auf diversen Baulosen

DWK GmbH I

DE-Frankfurt am Main

DWK / Dynea Erkner

Uferstraße 58
DE-24106 Kiel
Telefon: +49 431 3003388
Telefax: +49 431 3003368
karl-heinz.fischer@dwk-service.de
meike.hagedorn@dwk-service.de

Management
★ Meike Hagedorn (Geschäftsführerin)

Gesellschafter
Stammkapital 25.000,00 EUR
★ de Plasse Beteiligungsgesellschaft mbH & Co. KG (100 %)

Lizenzen
★ DE: EIU für Kleinbahn Suchsdorf – Kiel-Wik

Infrastruktur
★ Betriebsführung der Kleinbahn Suchsdorf – Kiel-Wik: Suchsdorf – Kiel-Wik – Kiel-Nordhafen – Kiel-Scheerhafen (6,5 km); zum 01.12.2007 durch c2p service GmbH & Co. KG, der heutige de Plasse Beteiligungsgesellschaft mbH & Co. KG von der Seehafen Kiel GmbH & Co. KG (SK) erworben

Unternehmensgeschichte
Die DWK GmbH wurde per Gesellschaftervertrag vom 23.04.2004 gegründet und widmete sich zuerst Entwicklung, Herstellung, Handel bzw. Vermietung industrieller Güter mit dem Schwerpunkt Maschinenbau, Fahrzeugtechnikprodukte und Komponenten. Das Kürzel DWK für „Deutsche Werke Kiel" greift dabei eine traditionsreiche Kieler Unternehmensbezeichnung auf.
Durch Beschluss der Gesellschafterversammlung vom 26.07.2005 wurde der Gesellschaftsinhalt in die Übernahme der persönlichen Haftung und der Geschäftsführung als persönlich haftende und geschäftsführende Gesellschafterin der DWK GmbH & Co. KG umgewandelt. Diese Funktion hatte die Gesellschaft auch bis zum Verkauft der Kommanditgesellschaft an northrail per 01.10.2009, der die Umfirmierung dieser Gesellschaft in northrailrail technical service GmbH & Co. KG folgte. Aktuell ist die DWK noch als Betriebsführer für die von der Muttergesellschaft erworbene Strecke tätig.

Dynea Erkner GmbH

Berliner Straße 9-10
DE-15537 Erkner
Telefon: +49 3362 720
Telefax: +49 3362 4586
dynea.erkner@dynea.com
www.dynea.com

Management
★ Sylvester Schiegl (Geschäftsführer)

Gesellschafter
Stammkapital 5.300.000,00 EUR
★ Dynea Chemicals Oy (100 %)

Lizenzen
★ DE: EVU-Zulassung (GV); gültig vom 15.04.2010 bis 31.12.2024 nur für Rangierfahrten auf Gleisen im Bf Erkner

Unternehmensgeschichte
Die am 25.06.1990 gegründete und heute als Dynea Erkner GmbH firmierende Gesellschaft ist ein Hauptproduzent für Phenolharze als Bindemittel in Produkten wie Schleifscheiben, Dämmstoffen, Filterpapieren oder feuerfesten Auskleidungen für Hochöfen.
Der Werksstandort geht auf die am 25.05.1910 gegründete Bakelite Gesellschaft m.b.H. Berlin-Erkner zurück. 1909 war auf dem Werksgelände in Kooperation mit Leo Baekeland die weltweit erstmalige industriemäßige Produktion von Kunststoffen (Bakelite) aufgenommen worden. Während die Anlagen im Zweiten Weltkrieg beschädigt und demontiert wurden, entstand an gleicher Stelle ab 1946 der „VEB Plasta, Kunstharz- und Preßmassenfabrik Erkner". Seit 2002 gehört dieser Betrieb zur finnischen Dynea-Gruppe.

EBL / ecco rail / EfW

EBL GmbH
EisenbahnBetriebsLeistungen

Elisabethstraße 10
DE-67227 Frankenthal
Telefon: +49 6233 8809204
Telefax: +49 6233 8809206
info@eblgmbh.de
www.eblgmbh.de

Management
★ Klaus-Werner Baumann (Geschäftsführer)

Gesellschafter
Stammkapital 30.000,00 EUR
★ Michael Baaden (33,33 %)
★ Manuel Zimmermann (33,33 %)
★ Klaus-Werner Baumann (33,33 %)

Lizenzen
★ DE: EVU-Zulassung (PV+GV); gültig vom 12.12.2013 bis 30.11.2028

Unternehmensgeschichte
Die EBL GmbH EisenbahnBetriebsLeistungen wurde mit Gesellschaftsvertrag vom 07.11.2013 gegründet. Unternehmensinhalt sind das Erbringen von Eisenbahndienst- und Verkehrsleistungen und alle damit im Zusammenhang stehenden Tätigkeiten. Die Gesellschafteranteile werden zu je einem Drittel vom Geschäftsführer, dem Steuerberater Michael Baaden sowie dem als „Manuel Zimmermann Eisenbahndienstleistungen" auch direkt als Personaldienstleister tätigen Manuel Zimmermann gehalten.

ecco rail GmbH G

Gautinger Straße 10
DE-82319 Starnberg
Telefon: +49 8151 55507-0
office@eccorail.de
www.eccorail.de

Management
★ Klaus Hufnagel (Geschäftsführer)
★ Johann Pötsch (Geschäftsführer)

Gesellschafter
Stammkapital 50.000,00 EUR
★ CCC ChemCargoConsult GmbH (50,004 %)
★ Krzysztof Rybus (24,998 %)
★ Bronisław Plata (24,998 %)

Unternehmensgeschichte
Seit 10.10.2014 besteht mit der ecco rail GmbH ein in Deutschland ansässiger Ableger der ecco-Gruppe. Unternehmenssitz ist der Büropark „Creativ-Center" in Starnberg. Das Unternehmen strebt die Zulassung als Eisenbahnverkehrsunternehmen (EVU) an – bislang wickelt die ecco-Gruppe ihre Güterverkehre in Deutschland u.a. mit den Partnern Bayerische CargoBahn GmbH (BCB) und OHE Cargo GmbH sowie auf Lizenz der HTRS Süd GmbH / N1 Rail Services GmbH ab.

Verkehre
★ Gütertransporte in Kooperation mit der Muttergesellschaft
★ Mineralöltransporte u.a. Gelsenkirchen / Ingolstadt – Kiefersfelden; Spotleistungen seit Dezember 2014

EfW-Verkehrsgesellschaft mbH G

Hauptstraße 15 - 17
DE-50226 Frechen
Telefon: +49 2234 37908-0
Telefax: +49 2234 37908-19
info@efw-verkehrsgesellschaft.de
www.efw-verkehrsgesellschaft.de

Management
★ Patric Jost (Geschäftsführer)

Gesellschafter
Stammkapital 50.000,00 EUR
★ Patric Jost (100 %)

Lizenzen
★ DE: EVU-Zulassung (PV+GV) seit 29.06.2001, gültig bis 30.06.2016

Unternehmensgeschichte
Am 22.12.2000 wurde die EfW-Verkehrsgesellschaft mbH als Eisenbahnverkehrsunternehmen gegründet. Aufgabe der EfW-Verkehrsgesellschaft war u.a. die Wahrnehmung der EVU Tätigkeiten für das damalige Schwesterunternehmen EfW-Eisenbahntours GmbH. Der Firmenbestandteil „EfW" mit einer Assoziation zu „Eisenbahnfreunde Westerwald" ist laut Geschäftsführer Patric Jost zufällig. Unter dem Auftritt „Eisenbahnfreunde

EfW / EHG

Westerwald" hatte dieser in Gesellschaft bürgerlichen Rechts mit Julian Goosmann in den 1990er Jahren noch Fotosonderfahrten veranstaltet. Nach ihrer Tätigkeit u.a. für die EfW-Eisenbahntours GmbH konnte die EfW Verkehrsgesellschaft insbesondere im AZ-Geschäft positioniert werden. Das starke Aufkommen in diesem Verkehrssegment ließ das Unternehmen schnell wachsen.
Nahezu alle Streckendieselloks der EfW präsentieren sich als Besonderheit in der historischen Aufmachung der Epoche IV, die in Deutschland den Zeitraum von 1965 bis 1990 umfasst. 2007 wurde begonnen, auch die V 60 entsprechend zu lackieren. Von den vor einigen Jahren erworbenen Köf III, Schienenbussen und Messtriebwagen auf VT 95-Basis hat man sich jedoch zwischenzeitlich wieder getrennt. Zudem wurden fast alle V 60 und einige V 100 verkauft und zwei 225 neu angeschafft. Betriebsstandort war bis 31.12.2004 Worms-Hafenbahn, danach wurde das Gelände wegen Eigenbedarfs der Hafenbahn zurückgegeben. Die Instandhaltung der Fahrzeuge findet zumeist in DB Werkstätten (u. a. Bremen, Oberhausen, Mannheim) statt.

Verkehre
* AZ-Verkehr

ThyssenKrupp Steel Europe

EH Güterverkehr GmbH (EHG)
G

Franz-Lenze-Straße 15
DE-47166 Duisburg
Telefon: +49 203 52-49594
Telefax: +49 203 60049594
eh.gueterverkehr@thyssenkrupp.com

Management
* Ulrike Höffken (Geschäftsführerin)
* Konrad Wahnschaffe (Geschäftsführer)

Gesellschafter
Stammkapital 1.533.900,00 EUR
* ThyssenKrupp Steel Europe AG (TKSE) (100 %)

Lizenzen
* DE: EVU-Zulassung (GV) seit 17.11.1998, gültig bis 30.11.2028

Unternehmensgeschichte
Als 100 %-Tochterunternehmen der Thyssenkrupp Steel Europa AG (TKSE) nimmt die EH Güterverkehr GmbH (EHG) hauptsächlich die Abwicklung von Kurz- und Mittelstreckenverkehre außerhalb des eigenen Streckennetzes im Rhein-Ruhr-Raum auf öffentlicher Gleisinfrastruktur der Deutschen Bahn wahr. In der Praxis besteht zwischen den Verkehren der in Duisburg ansässigen Stahlindustrie und EHG ein enger Verbund.
Um zu untersuchen, ob und inwieweit die damalige Mutter Eisenbahn und Häfen GmbH (EH) weitergehende Leistungen allein oder in Zusammenarbeit mit anderen Bahnen anbieten kann, war bereits Ende 1993 die Studiengesellschaft Regionalbahn Rhein-Ruhr GmbH als 100 %-ige EH-Tochter gegründet worden. Ende 1998 wurde die Gesellschaft in „Güterverkehr Regionalbahn Rhein-Ruhr" umfirmiert und erhielt vom Ministerium für Wirtschaft und Mittelstand, Technologie und Verkehr des Landes NRW die Genehmigung zur Erbringung von Eisenbahnverkehrsleistungen im öffentlichen Güterverkehr. Seit Dezember 1999 lautet der Name EH Güterverkehr GmbH.
Zum 01.06.2011 wurde die vormalige EHG-Mutter Eisenbahn und Häfen GmbH (EH) auf die ThyssenKrupp Steel Europe AG (TKSE) verschmolzen. Im Rahmen der Verschmelzung werden die Hafen-, Bahn- und Technikaktivitäten in den neuen Direktionsbereich Logistics Services der ThyssenKrupp Steel Europe AG integriert. Durch die Neuorganisation soll eine noch engere Verzahnung von Logistik und Produktion erreicht werden. Die Verschmelzung ist ein wichtiger Baustein, um die bislang erreichten Logistikkonzepte im Gesamtgefüge der ThyssenKrupp Steel Europe AG weiter zu etablieren und dadurch die Wettbewerbsfähigkeit des Unternehmens zu sichern.
Die EH Güterverkehr wurde als öffentliches Eisenbahnverkehrsunternehmen (EVU) 1998 gegründet. In Eigenregie und in Kooperation mit DB Schenker Rail Deutschland sowie anderen Privatbahnen beförderte die EHG jährlich rund 6 Mio. t (Stand: 2014).
Die EHG ist als EVU tätig, jedoch kein Fahrzeughalter mehr. Diese Funktion übernimmt die ThyssenKrupp Steel Europe AG.

Verkehre
* Hüttensandtransporte Duisburg (ThyssenKrupp Steel AG) – Dortmund (Holcim); 1-2 x pro Tag; seit 09.12.2013 überwiegend Traktion durch Dritte (u. a. Dortmunder Eisenbahn GmbH (DE))
* Kalktransporte Dornap-Hahnenfurt (Kalkwerk Oetelshofen) – Oberhausen-West; 4 x pro Woche

EHG / Eichholz Eivel / EVG

* Kalktransporte Rohdenhaus (Rheinkalk GmbH) – Oberhausen-West; 3-4 x pro Tag
* Kokstransporte Bottrop Süd – Oberhausen West; 3 x pro Tag im Auftrag der DB Schenker Rail Deutschland AG; aktuell 2 x pro Tag
* Kokstransporte Duisburg-Hochfeld (Überahme von DB) – Duisburg-Hochfeld; 1-2 x täglich
* Stahltransporte Oberhausen West – Duisburg-Süd Hüttenwerke Krupp Mannesmann bzw. Duisburg-Hochfeld-Süd; 3-4 x täglich im Auftrag der DB Schenker Rail Deutschland AG; aktuell 2-3 x täglich

Eichholz Eivel GmbH

Bessemerstraße 42b
DE-12103 Berlin
Telefon: +49 30 6706909-34
Telefax: +49 30 6706909-85
dispo@strabag-rail.com
www.strabag-rail.com

BMTI Rail Service GmbH, Werkstatt
Friedrich-Ludwig-Jahn-Allee 3
DE-39340 Haldensleben
Telefon: +49 3904 668451
Telefax: +49 3904 668438

Management
* Sven Rybarczyk (technischer Geschäftsführer)
* Tobias Taeger (kaufmännischer Geschäftsführer)

Gesellschafter
Stammkapital 25.000,00 EUR
* Ilbau Liegenschaftsverwaltung GmbH (100 %)

Lizenzen
* DE: EVU-Zulassung (PV+GV) seit 02.02.2007, gültig bis 31.01.2022

Infrastruktur
* Werkstattanlage Haldensleben (gepachtet, Eigentum Bundeseisenbahnvermögen (BEV))

Unternehmensgeschichte
Als Nachfolgegesellschaft für die per Eintrag in das Handelsregister am 12.09.2006 nach Insolvenz gelöschte Eichholz Verkehr & Logistik GmbH (EIVEL) wurde am 31.08.2006 die Eichholz Eivel GmbH (Eivel) gegründet. Als Schwesterunternehmen des ebenfalls zur STRABAG SE gehörenden Bauunternehmens STRABAG Rail GmbH (ehemalige Eichholz) ist die Eivel für Baumaschinentransporte,

Wagengestellung, die bahnaffine Ver- und Entsorgung von Bahnbaustellen sowie allen Logistikleistungen rund ums Gleisbaugeschäft zuständig. Seit Ende 2012 ist die Eivel zusätzlich zertifizierter Entsorgungsfachbetrieb. Es besteht ein Gewinnabführungsvertrag mit der Ilbau Liegenschaftsverwaltung GmbH in Hoppegarten. In den Jahren 2008 bis 2011 war die Eivel in den Baulogistikeinheiten (BLT, BPM) des STRABAG-Konzerns eingegliedert. Ab Mitte 2011 wurde die EIVEL wieder unter operativer Führung innerhalb des STRABAG SE näher an die STRABAG Rail GmbH eingegliedert. Im selben Jahr erfolgte die Übernahme der Werkstatt Haldensleben durch die Schwestergesellschaft BMTI - Baumaschinentechnik International GmbH, Köln, die diese 2013 an die BMTI Rail Service GmbH mit Sitz in Berlin weiterveräußerte. Das Unternehmen übernimmt das gesamte Instandhaltungsmanagement (ECM) der Eivel.
Einher mit der Neustrukturierung der Eivel ging auch die Restrukturierung des Maschinenbestandes, die alten NOHABs wurden bis auf eine Ausnahme veräußert, im Gegenzug wurden zwei neue Triebfahrzeuge der Baureihe 203.1 angeschafft. Im Dezember 2014 beschäftigte die Eivel zehn Mitarbeiter.

Verkehre
* AZ-Verkehr

Eifelbahn Verkehrsgesellschaft mbH (EVG)

Rheinhöller 3
DE-53545 Linz am Rhein
Telefon: +49 2644 8090-0
Telefax: +49 2644 8090-28
info@zugtouren.de
www.zugtouren.de

Management
* Jörg Seyffert (Geschäftsführer)

Gesellschafter
Stammkapital 50.000,00 EUR
* Jörg Seyffert (100 %)

EVG / Eiffage Rail

Beteiligungen
* RE Rheinische Eisenbahn GmbH (100 %)

Lizenzen
* DE: EIU Linz – Kalenborn seit 30.04.1998
* DE: EIU Siershahn – Grenzau seit 11.02.2009
* DE: EVU-Zulassung (PV+GV) seit 18.12.1997, gültig bis 31.12.2025

Infrastruktur
* Linz – Kalenborn (8,9 km); Kauf von DB Netz AG 1998
* Gleisanlagen Bf Linz (ca. 2.000 m Gleislänge); Kauf von DB Netz AG 1998
* Siershahn – Grenzau; gepachtet von DB Netz AG
* Gleisanlagen Bendorf (Rhein) seit August 2010
* Gleisanlagen Rheinbrohl seit September 2010

Unternehmensgeschichte
Die in Linz ansässige Eifelbahn Verkehrsgesellschaft mbH (EVG) wurde am 11.09.1998 gegründet und engagiert sich fortan von Linz aus im Reisesonderzuggeschäft. Im Gründungsjahr wurde zudem auch die Steilstrecke Linz – Kalenborn sowie weitere Gleisanlagen in Linz am Rhein von der DB übernommen.
Seit 2000 besitzt die EVG auch eine eigene Flotte an Sitzwagen der Bauart Bm sowie Tanz- und Partywagen, die im Sonderzugbetrieb eingesetzt werden. Zudem sind die Fahrzeuge der Tochtergesellschaft RE bei der EVG eingestellt.
Seit 2007 engagiert sich die EVG auch für die Reaktivierung der stillgelegten Brexbachtalbahn Engers – Grenzau – Siershahn. Der Abschnitt Siershahn – Grenzau, für den am 13.02.2009 die Betriebsgenehmigung erteilt wurde, konnte am 30.05.2009 im Rahmen der Feierlichkeiten zum 125. Geburtstag der Strecke für den touristischen Verkehr wiedereröffnet werden.
Durch Kooperation mit der DB Schenker Rail Deutschland AG konnten zum 01.05.2008 die Gütertarifpunkte Linz (Rhein) und Kalenborn reaktiviert werden. Seither findet zwei Mal wöchentlich der Wagentausch von DB Schenker-EVG in Königswinter statt. Für die Bedienung von Kalenborn wird auf steilstreckenfähige VT 98 oder bei größeren Zuglasten auch private BR 213 oder BR 215 zurückgegriffen.

Verkehre
* Zum 01.05.1999 starteten regelmäßige Ausflugsfahrten auf der „Kasbachtalbahn" Linz – Kalenborn, die vorübergehend bis 2002 in Kooperation mit der RSE Rhein-Sieg-Eisenbahn GmbH durchgeführt wurden. Seit 2003 befährt die EVG in den Monaten April bis Oktober regelmäßig an Samstagen, Sonn- und Feiertagen sowie von Juli bis Oktober auch mittwochs die Strecke im Stundentakt selbst.
* Nach der Übernahme zusätzlicher Gleisanlagen im Bf Linz im Sommer 2000 haben die DB Fernverkehr AG sowie andere EVU mit der EVG eine langfristige Vereinbarung über das Bilden von Sonderzügen in Linz getroffen.
* Seit 2006 Unterhaltung eines Depots für Schiebewandwaggons und Kesselwaggons in Linz am Rhein sowie Durchführung der notwendigen Fahrten zwischen dem DB-Tarifpunkt Königswinter und den Abstellbahnhöfen Linz, Rheinbrohl und Bendorf.
* Bedienung der Tarifpunkte Linz (Rhein) und Kalenborn; 2 x pro Woche bei Bedarf seit 01.05.2008 im Auftrag der DB Schenker Rail Deutschland AG; Wagentausch mit DB in Königswinter
* sporadische Reisesonderzüge

Eiffage Rail GmbH

Herner Straße 299
DE-44809 Bochum
Telefon: +49 234 79200-0
Telefax: +49 234 79200-199
info@eiffagerail.eiffage.de
www.eiffagerail.de

Management
* Jörg Hermsen (Geschäftsführer)
* Jörg Rose (kaufmännischer Geschäftsführer)

Gesellschafter
Stammkapital 10.000.000,00 EUR
* EIFFAGE Travaux Publics SAS (100 %)

Beteiligungen
* Eiffage Rail Nordic AB

Lizenzen
* DE: EVU-Zulassung (PV+GV); gültig vom 07.08.2014 bis 30.08.2029

Unternehmensgeschichte
Die Eiffage-Gruppe ist ein französischer Baukonzern mit rund 68.000 Mitarbeitern, von denen vier Fünftel als Shareholder am Konzern beteiligt sind. Er ist in Frankreich dritt- und in Europa viertgrößter Anbieter im Infrastruktur- und Konzessionsgeschäft. Im Geschäftsfeld Bahnbau ist Eiffage z. B. für den Bau der Hochgeschwindigkeitsstrecke Bretagne – Pays de la Loire (Rennes – Le Mans) verantwortlich. International ist Eiffage mit Niederlassungen in elf europäischen Ländern und im Senegal aufgestellt. In

Eiffage Rail / ELV / ETB

Deutschland ist Eiffage mit zwölf Tochterunternehmen in den Sparten Infrastruktur, Stahlbau und Energie vertreten, die mit mehr als 3.000 Mitarbeitern ca. 605 Mio. Umsatz im Jahr erwirtschaften.
Die Eiffage Rail GmbH als Teil der Sparte Infrastruktur geht auf die frühere Heitkamp Rail GmbH zurück, die Eiffage 2010 vom niederländischen Baukonzern Heijmans NV erwarb. Sie ist mit den Leistungsschwerpunkten Oberbau konventionell oder im Fließbandverfahren, Komplexe Bauprojekte, Feste Fahrbahn, Masse-Feder-Systeme und Consulting als Anbieter im Markt für Schieneninfrastruktur tätig. Die rund 240 Mitarbeiter erzielten 2013 einen Umsatz von 57,3 Mio. EUR.
Innerhalb des Mutterkonzerns gehört die Eiffage Rail GmbH zur Eiffage-Bauholding-Gruppe, die zudem die Schwestergesellschaften Eiffage Bau GmbH, die Faber-Gruppe, die Heinrich Walter Bau GmbH und die Wittfeld GmbH vertritt. In Deutschland unterhält Eiffage Rail fünf Niederlassungen, darunter neben der Zentrale in Bochum jene für die maschinentechnische Abteilung auf dem Areal der ehemaligen Heitkamp BauHolding in Herne-Wanne.

Eisenbahn Logistik Vienenburg Rainer Mühlberg (ELV) G

Breslauerstraße 34
DE-38690 Vienenburg
Telefon: +49 171 2601181
Telefax: +49 5324 2395
eisenbahnlogistik-vienenburg@gmx.de
www.eisenbahnlogistik-vienenburg.de

Management
* Rainer Mühlberg (Geschäftsführer)

Gesellschafter
* Rainer Mühlberg (100 %)

Unternehmensgeschichte
Aus dem Umfeld des Vereins zur Förderung des Eisenbahnmuseums in Vienenburg VEV e.V. bildete sich 2007 für kommerzielle Einsätze v.a. im Az- und Ad Hoc-Verkehr die Eisenbahn Logistik Vienenburg Willrich & Mühlberg GbR (ELV). Zum 01.01.2014 zog sich Gernot Willrich aus dem Unternehmen zurück. Die Fahrzeuge werden über das Eisenbahnverkehrsunternehmen MBB Mansfelder Bergwerksbahn e.V. eingesetzt.

Verkehre
* AZ-Verkehr

Öffentl. Eisenbahnverkehrsunternehmen

Eisenbahn Technik Betrieb GmbH & Co. KG (ETB)

Elbestraße 6
DE-16321 Bernau
Telefon: +49 3338 705826
Telefax: +49 3338 705825
info@etb-service.de
www.etb-evu-gmbh.de

Management
* Thomas Runow (Geschäftsführer)

Gesellschafter
Stammkapital 1.800,00 EUR
* Thomas Runow (77,78 %)
* Jutta Scheibner (22,22 %)
* Eisenbahn-Technische Bildung GmbH (Komplementär)

Lizenzen
* DE: EVU-Zulassung (PV+GV); gültig vom 17.01.2008 bis 31.12.2021
* DE: Sicherheitsbescheinigung nach §7a AEG erteilt am 11.09.2012

Unternehmensgeschichte
Die Eisenbahn Technik Betrieb GmbH & Co. KG wurde am 14.01.2008 gegründet und erlangte bereits wenige Tage später die Zulassung als EVU. Das Unternehmen wird von Thomas Runow geleitet, der diese Funktion ebenfalls bei der Eisenbahn-Technische Bildung GmbH (ETB) innehat, die Aus- und Fortbildungsmaßnahmen für Betriebspersonal in den Bereichen Brems- und Wagentechnik, Triebfahrzeugführer und Eisenbahnbetrieb durchführt.
Unternehmensgegenstand ist die Erbringung und Vermarktung von Eisenbahnverkehrsleistungen zur Beförderung von Gütern und Personen, insbesondere die Planung, der Bau, die Unterhaltung sowie die Führung von Betriebsleit- und Sicherheitssystemen sowie aller Geschäftstätigkeiten in dem dem Eisenbahnverkehr verwandten Bereichen.

EHB / PRESS

EHB Eisenbahn- und Hafenbetriebsgesellschaft Region Osnabrück mbH G I

Alte Poststraße 9
DE-49074 Osnabrück
Telefon: +49 541 2002-0
Telefax: +49 541 2002-3164
hafen@stw-os.de
www.stadtwerke-osnabrueck.de

Werkstatt (NWB)
Hafenstraße 7
DE-49090 Osnabrück

Management
* Marcel Haselof (Geschäftsführer)
* Peter Schone (Geschäftsführer)

Gesellschafter
Stammkapital 25.000,00 EUR
* Stadtwerke Osnabrück AG (STWOS) (50 %)
* Landkreis Osnabrück (50 %)

Infrastruktur
* Hafenbahn (Gleislänge 21 km)

Unternehmensgeschichte
Die am 17.10.2011 gegründete EHB Eisenbahn- und Hafenbetriebsgesellschaft Region Osnabrück mbH ist Betreibergesellschaft für den Osnabrücker Hafen und perspektivisch des neuen Standortes in Bohmte. Das Unternehmen übernahm zum 01.12.2011 die Betriebsführung des Osnabrücker Hafen sowie dessen Hafenbahn inklusive vier Lokomotiven von der Stadtwerke Osnabrück AG. Der Bau des mit einem Stichkanal an den Mittellandkanal angebundenen Stadthafens begann 1912, vier Jahre später legte das erste Schiff an. 2011 betrug der Bahngüterumschlag im Hafen 1.119.000 t, ein Jahr zuvor 955.000 t.
Die Hafenbahn bedient auf einem, an den Bahnhöfen Osnabrück Altstadt und Osnabrück-Eversburg an das Gleisnetz der DB Netz AG angeschlossenen Gleisnetz diverse Güterkunden und übergibt die Güterwaggons in Osnabrück an Dritte unter Nutzung der Lizenz der VLO Bahn GmbH auf DB Netz-Infrastruktur.
Die Stadtwerke Osnabrück sind zudem Gesellschafter der NordWestBahn GmbH (NWB), deren Werkstatt für LINT-Triebwagen im Bereich des Hafens errichtet wurde. Die Talent-Triebwagen der NWB werden in der Werkstatt der Hafenbahn unterhalten.

Verkehre
* Rangierleistungen zwischen Rbf Osnabrück und dem Hafen

Eisenbahn-Bau- und Betriebsgesellschaft Pressnitztalbahn mbH (PRESS) P G I

Am Bahnhof 78
DE-09477 Jöhstadt
Telefon: +49 37343 8080-0
Telefax: +49 37343 8080-9
info@pressnitztalbahn.com
www.pressnitztalbahn.com

Zweigniederlassung Rügensche BäderBahn (RüBB)
Bahnhofstraße 14
DE-18581 Putbus
Telefon: +49 38301 8840-0
Telefax: +49 38301 8840-9
Hotline: +49 38301 8840-13
ruegen@pressnitztalbahn.com
www.ruegensche-baederbahn.de

Büro Rostock
Ost-West-Straße 12
DE-18147 Rostock
Telefon: +49 381 3505812
Telefax: +49 381 3505819
rostock@pressnitztalbahn.com

Werkstatt Espenhain
Straße des Friedens 33 b
DE-04579 Espenhain
Telefon: +49 34206 779362
Telefax: +49 34206 779364
werkstatt@pressnitztalbahn.com

PRESS

Anschlussbahn Espenhain
Straße des Friedens 33b
DE-04579 Espenhain
Telefon: +49 34206 779371
Telefax: +49 34206 779365
espenhain@pressnitztalbahn.com

Anschlussbahn Lübbenau
Sigmund-Bergmann-Straße 15
03222 Lübbenau / Spreewald
Telefon: +49 3542 8936-11
Telefax: +49 3542 8936-19
luebbenau@pressnitztalbahn.com

Management
* Kay Kreisel (Geschäftsführer)

Gesellschafter
Stammkapital 51.000,00 EUR
* Claudio Fischer (33,3 %)
* Interessengemeinschaft Preßnitztalbahn e. V. (IGP) (33,3 %)
* Kay Kreisel (33,3 %)

Beteiligungen
* Muldental Eisenbahnverkehrsgesellschaft mbH (MTEG) (100 %)

Lizenzen
* DE: EIU Anschlussbahn Espenhain; Genehmigung zur Betriebsaufnahme am 11.11.2005
* DE: EIU Anschlussbahn Lübbenau Süd; Genehmigung zur Betriebsaufnahme im September 2005
* DE: EIU Putbus LB – Göhren seit 01.06.2008
* DE: EVU-Zulassung (PV+GV) seit 07.06.2000, gültig 15 Jahre

Infrastruktur
* Anschlussbahn Espenhain (16 km Gleislänge); übernommen am 01.01.2005
* Anschlussbahn Lübbenau Süd (10 km Gleislänge); übernommen am 01.04.2005
* Putbus – Göhren (24,1 km; Spurweite 750 mm); seit 01.06.2008 gepachtet vom Landkreis Rügen
* Putbus – Lauterbach Mole; übernommen zum 01.03.2015

Unternehmensgeschichte
Die Eisenbahn-Bau- und Betriebsgesellschaft Preßnitztalbahn mbH (PRESS) wurde per Gesellschafterversammlung vom 17.01.2000 mit Sitz in Jöhstadt gegründet und befindet sich teilweise im Besitz der IG Preßnitztalbahn e. V.. Seit der Zulassung als EVU engagiert man sich als Anbieter öffentlicher Personen- und Güterverkehre auf der

Unternehmensstruktur PRESS und verbundene Unternehmen

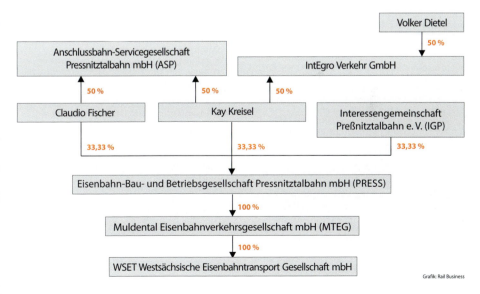

Grafik: Rail Business

PRESS

Schiene, gewerblicher Güterkraftverkehre (Spezialtransporte auf der Straße, insbesondere Eisenbahnfahrzeuge) sowie von Eisenbahndienstleistungen aller Art. Die Gesellschafterversammlung vom 08.06.2004 hat die Änderung der Firmierung der PRESS beschlossen: „Pressnitztalbahn" als Namensbestandteil wird seitdem mit „Doppel-s" geschrieben.
Nach Betriebsaufnahme 2000 lag der Schwerpunkt der Unternehmenstätigkeit zunächst auf Arbeitszugverkehren im gesamten Bundesgebiet für Gleisbaufirmen und auch direkt für die Unternehmen der Deutsche Bahn AG.
Ein zweites großes Standbein erhielt die PRESS 2003 mit der Aufnahme von Schienengüterverkehren, die heute eine größere Bedeutung als der Arbeitszugverkehr besitzen. Von 2004 bis September 2005 waren dies v.a. Rundholz-Spotverkehre für die LTH Oelbau GmbH / LTH Transportlogistik GmbH (LTH), ergänzt durch Containertransporte Halle-Trotha – Hamburg von März 2004 bis November 2004. Seit Dezember 2004 ist die Salzburger EisenbahnTransportLogistik GmbH (SETG) ein großer Auftraggeber der PRESS im Güterverkehr. Für die SETG fährt die PRESS bundesweite Holzhackschnitzel- und Rundholzganzzugverkehre und war eine der Bahngesellschaften im Einzelwagen- und Wagengruppennetzwerk ECCO-CARGO.
Zum 01.01.2005 konnte die PRESS Infrastruktur, Fahrzeuge und Mitarbeiter des Bahnbetriebes der RWE Umwelt Westsachsen GmbH übernehmen. Zu der übernommenen Infrastruktur zählt neben einer Werkstatt in Espenhain auch die ehemalige Anschlussbahn Espenhain der Mitteldeutschen Braunkohlegesellschaft mbH (MIBRAG) sowie der komplette Bahnhof Espenhain ab Einfahrsignal, welcher am Endpunkt der Stichstrecke von Böhlen (b. Leipzig) her liegt.
Im April 2005 folgte die Anschlussbahn Lübbenau Süd, die vorher durch eine ARGE zwischen der nach einem Insolvenzverfahren nicht mehr aktiven Ernst Schauffele Schienenverkehrs GmbH & Co. KG (ESS) und RWE Umwelt betrieben worden war.
Der Verkehr auf den beiden Anschlussbahnen wird inzwischen durch die Anschlussbahn-Servicegesellschaft Pressnitztalbahn mbH (ASP) durchgeführt (siehe dort), mit der eine enge Zusammenarbeit besteht.
Auch im Dampfzugbereich ist die PRESS inzwischen aktiv: Neben der im Dezember 2007 von der UEF - Historischer Dampfschnellzug e. V. erworbenen 01 509 erhielt die PRESS im Februar 2008 den endgültigen Zuschlag für die SPNV-Leistungen des „Rasenden Roland" (Schmalspurbahn Putbus – Göhren auf Rügen). Wegen des Einspruchs eines unterlegenen Bieters konnte der Verkehrsvertrag erst im Februar 2008 unterzeichnet werden, während zwischenzeitlich der Verkehr sogar zum Erliegen gekommen war. Erst am 18.03.2008 konnte dann ein Übergangsverkehr zwischen Binz und Göhren aufgenommen werden. Diese Zwischenlösung wurde notwendig, da mit der Rügensche Kleinbahn GmbH & Co. KG keine Einigung über den Übergang der Fahrzeuge, Anlagen und Personal erzielt werden konnte. Ab Juni 2008 verkehren die Züge wieder täglich und im 2-Stunden-Takt, da zwischenzeitlich eine Rückübereignung von Fahrzeugen und Infrastruktur an den Kreis Rügen stattgefunden hat und die Nutzung durch die PRESS erfolgt.
Seit dem wird jährlich im Sommer auch ein 3-Zug-Betrieb durchgeführt, der durch einzelne Nachtzüge in der Sommerferienzeit ergänzt wird. Die Pressnitztalbahn betreibt die Schmalspurbahn unter dem neuen Namen „Rügensche BäderBahn". Im August 2009 erhielt die PRESS zudem den Zuschlag für den SPNV Bergen auf Rügen – Lauterbach Mole ab Dezember desselben Jahres. Auf dieser etwas mehr als 12 km langen Stickstrecke von der Inselhauptstadt direkt bis an die Mole nach Lauterbach verkehrt seitdem ein Dieseltriebwagen vom Typ Regio-Shuttle (RS 1). Das Zugangebot wird vom 2-Stunden-Takt an 100 Tagen im Sommer zu einem 1-Stunden-Takt verdichtet. Seit 01.03.2015 ist die PRESS auch Infrastrukturbetreiber der Strecke.
Seit 13.02.2012 ist die PRESS über einen Treuhänder alleiniger Gesellschafter der Muldental Eisenbahnverkehrsgesellschaft mbH (MTEG).
Die PRESS zählte im Januar 2012 165 Mitarbeiter im Unternehmen (Januar 2008: 80 Mitarbeiter, Januar 2009: 125 Mitarbeiter, Januar 2010: 140 Mitarbeiter, Januar 2011: 150).

Verkehre
* AZ-Verkehr
* Gütertransporte Espenhain / Leipzig – Lübbenau / Cottbus; bei Bedarf
* Kohletransporte Forst (Lausitz) (Übernahme von PKP Cargo S.A.) – Cranzahl (Fichtelbergbahn); Spotverkehre im Auftrag der SDG Sächsische Dampfeisenbahngesellschaft mbH
* Rundholz- und Hackschnitzel-Transporte im Rahmen von Spotverkehren und längerfristigen Aufträgen für SETG innerhalb von Deutschland (u. a. nach Arneburg und Gaildorf (West)) und nach Österreich bzw. Polen seit Dezember 2004
* Wasserglastransporte Dehnitz (Akzo Nobel Chemicals GmbH) – Rostock; seit Sommer 2013 alle 2 Wochen als Ganzzug. Im Frühjahr bzw. im Winter jede Woche als Halbzug.

* SPNV Putbus – Göhren – Lauterbach (Mole); ca. 0,14 Mio. Zugkm/a seit März 2008 im Auftrag der Verkehrsgesellschaft Mecklenburg-Vorpommern mbH (VMV)
* SPNV Bergen auf Rügen – Lauterbach Mole; ca. 0,09 Mio. Zugkm/a seit Dezember 2009 im Auftrag der Verkehrsgesellschaft Mecklenburg-Vorpommern mbH (VMV)
* „Expresszugreisen" - Sonderfahrten mit historischen Eisenbahnfahrzeugen

EBM Cargo / evb

Eisenbahnbetriebsgesellschaft Mittelrhein mbH (EBM Cargo) G

Franz-Schubert-Straße 12
DE-51643 Gummersbach
Telefon: +49 2261 9142394
Telefax: +49 2261 9142957
info@ebmcargo.de
www.ebm-cargo.de

Niederlassung West
Marzellenstraße 9
DE-50667 Köln
Telefon: +49 221 12094740
Telefax: +49 221 12094741
dispo@ebmcargo.de

Management
* Bernd-Holger Kerstein (technischer Geschäftsführer)
* Frank Zelinski (kaufmännischer Geschäftsführer)

Gesellschafter
Stammkapital 25.000,00 EUR
* Frank Zelinski (50 %)
* Bernd-Holger Kerstein (50 %)

Lizenzen
* DE: EVU-Zulassung (GV); gültig vom 07.05.2012 bis 31.12.2027
* DE: Sicherheitszertifikat, Teil A+B (GV); gültig vom 11.12.2013 bis 10.12.2018

Unternehmensgeschichte
Mit Gesellschaftsvertrag vom 29.01.2010 wurde die Eisenbahnbetriebsgesellschaft Mittelrhein mbH (EBM Cargo) gegründet. Das Unternehmen ist im AZ- und Güterverkehr tätig. Nach einer anfänglichen Einstellung bei der HWB Verkehrsgesellschaft mbH war die erste Lok ab 31.07.2010 zunächst bei der Deutschen Museums-Eisenbahn GmbH (DME) eingestellt. Weitere V 100 sowie ex DB-E-Loks der Baureihe 140 sowie eine Lok der Baureihe 225 wurden beschafft.
Seit Februar 2011 besitzt das Unternehmen eine Niederlassung West nahe des Kölner Hauptbahnhofes.
Am 16.04.2012 stieg der damals geschäftsführende Gründungsgesellschafter Thomas Kaiser wieder aus dem Unternehmen aus und übergab seine Anteile an Kerstein und Zelinski. Kerstein ist zudem geschäftsführender Gesellschafter des Personaldienstleisters 2K Lokdienste GmbH, der auch Personal an die EBM Cargo überlässt.

Verkehre
* AZ-Verkehr
* Coils-Leerwagentransporte Duisburg-Rheinhausen – Bochum Nord; 1 x pro Woche seit 01.02.2012 im Auftrag der TX Logistik AG
* Coilstransporte Hagen Gbf (Übernahme von TX Logistik AG) – Bochum Nord; seit 01.02.2012 im Auftrag der TX Logistik AG
* Coilstransporte Hagen Gbf (Übernahme von TX Logistik AG) – Hagen Eckesey (Robert Schmitz Spedition GmbH); bei Bedarf seit 01.02.2012 im Auftrag der TX Logistik AG
* Coilstransporte Hagen-Vorhalle (Übernahme von VPS) – Hagen Eckesey (Speditionen Schmitz und Honselmann); 1-2 x po Woche seit März 2013 im Auftrag der Verkehrsbetriebe Peine-Salzgitter GmbH (VPS)
* Drahtrollentransporte Saarbrücken-Burbach – Kaldenkirchen (Umladung auf Lkw für Nedri Spanstaal B.V.); 3 x pro Monat seit 01.01.2015
Rangierdienst in Kaldenkirchen im Auftrag der HSL Logistik GmbH

Eisenbahnen und Verkehrsbetriebe Elbe-Weser GmbH (evb) P I

Postfach 12 50
DE-27392 Zeven
Bahnhofstraße 67
DE-27404 Zeven
Telefon: +49 4281 944-0
Telefax: +49 4281 944-30
info@evb-elbe-weser.de
www.evb-elbe-weser.de

Bahnbetrieb
Am Bahnhof 1
DE-27432 Bremervörde
Telefon: +49 4761 9931-0
bahn@evb-elbe-weser.de

evb

RailPortFeeder Hamburg
Köhlfleetdamm 5
DE-21129 Hamburg
Telefon: +49 40 756639894
Telefax: +49 40 756639895
bahn@evb-elbe-weser.de
www.evb-logistik.de

RailPortFeeder Bremerhaven
Brückenstraße 17
DE-27568 Bremerhaven
Telefon: +49 471 92690682
Telefax: +49 471 92690685
bahn@evb-elbe-weser.de
www.evb-logistik.de

Büro Regensburg
Linzer Straße 10
DE-93055 Regensburg
bahn@evb-elbe-weser.de
www.evb-logistik.de

Management
* Dipl.-Kfm. Wolfgang Birlin (Geschäftsführer (bis xx. xx.2015))

Gesellschafter
Stammkapital 14.297.696,00 EUR
* Hannoversche Beteiligungsgesellschaft mbH (59,45 %)
* Land Niedersachsen (23,52 %)
* Landkreis Rotenburg (Wümme) (ROW) (5,75 %)
* Landkreis Stade (STD) (4,33 %)
* Landkreis Osterholz (OHZ) (2,5 %)
* Landkreis Cuxhaven (CUX) (2,03 %)
* Landkreis Harburg (WL) (1,45 %)
* Samtgemeinde Zeven (0,32 %)
* Gemeinde Worpswede (0,26 %)
* Stadt Bremervörde (0,2 %)
* Stadt Rotenburg (Wümme) (0,2 %)

Beteiligungen
* Norddeutsche Bahngesellschaft mbH (NBG) (100 %)
* Omnibusbetrieb von Ahrentschildt GmbH (100 %)
* evb Infrastruktur GmbH (100 %)
* Mittelweserbahn GmbH (MWB) (99,99 %)
* Jade-Weser-Bahn GmbH (JWB) (90 %)
* KVG Stade GmbH & Co. KG (40 %)
* NiedersachsenBahn GmbH & Co. KG (NB) (40 %)
* NeCoSS GmbH Neutral Container Shuttle System (25,1 %)
* Trimodal Logistik GmbH (23,85 %)
* NTT 2000 - Neutral Triangle Train GmbH (23,77 %)
* MegaHub Lehrte GmbH (8,33 %)
* Niedersachsentarif GmbH (NITAG) (8,33 %)

Lizenzen
* DE: EIU für eigene Infrastruktur
* DE: EVU-Zulassung (PV+GV) seit 28.12.1995, gültig bis 27.12.2025

Infrastruktur
* Bremervörde – Osterholz-Scharmbeck (47,6 km)
* Wilstedt – Zeven Süd – Tostedt (63,6 km), der Abschnitt Wilstedt – Zeven Süd ist stillgelegt und an die Mittenwalder Eisenbahnimmobiliengesellschaft mbH & Co. KG (MEIG) verkauft
* Bremerhaven-Wulsdorf – Bremervörde – Hesedorf (40,0 km)
* Hesedorf – Stade (24,6 km)
* Bremervörde – Zeven – Rotenburg – Brockel (58,7 km), ab Rotenburg stillgelegt
* Hesedorf – Harsefeld (20,5 km)
* Buxtehude – Harsefeld (14,8 km)

Unternehmensgeschichte
Die mehrheitlich im Besitz des Landes Niedersachsen befindliche Eisenbahnen und Verkehrsbetriebe Elbe-Weser GmbH (evb) entstand am 01.01.1981 durch die Fusion der Bremervörde - Osterholzer Eisenbahn GmbH (BOE) und der Wilstedt - Zeven - Tostedter Eisenbahn GmbH (WZTE). Die Strecken Bremervörde – Osterholz-Scharmbeck sowie Wilstedt – Zeven Süd – Tostedt der beiden Gesellschaften dienten schon zu diesem Zeitpunkt ausschließlich dem Güterverkehr. Nach längeren Verhandlungen gelang es der evb am 05.11.1991 ein Streckennetz rund um Bremervörde mit einer Gesamtlänge von 158 km von der DB zu übernehmen. Mit Ausnahme der Verbindung Bremerhaven – Stade wiesen diese Strecken zum Übernahmezeitpunkt nur Güterverkehr auf. Am 02.07.1993 vergrößerte sich das Netz der evb abermals, als sie mit der Buxtehude – Harsefelder Eisenbahn (BHE) fusionierte, die auf ihrer Strecke zwischen Buxtehude und Harsefeld Güterverkehr betrieb.
Zum 25.09.1993 nahm die evb den SPNV zwischen Hesedorf und Buxtehude wieder auf und richtete über diese Route auch eine Verbindung zwischen Bremerhaven und Hamburg-Neugraben ein. Gleichzeitig wurde aber, dem Hauptverkehrsstrom folgend, der Reiseverkehr zwischen Hesedorf und Stade eingestellt. Die Strecke wurde übergangsweise mit gebrauchten ex DB-Schienenbussen betrieben, bis Neubautriebwagen der BR 628/928 bei der evb eintrafen.
Seit 2000 werden regelmäßige „Moorexpress"-Ausflugszüge zwischen Osterholz-Scharmbeck und Stade wieder angeboten, die seit 2006 auch Bremen Hbf anfahren. Eingesetzt werden ex DB-Schienenbusse.
Seit 2003 betrieb die evb im Auftrag der Deutschen Bahn zusätzlich unter der Bezeichnung „Nordseebahn" den SPNV zwischen Bremerhaven und Cuxhaven mit Triebwagen vom Typ Coradia LINT aus dem Fahrzeugpool der Landesnahverkehrsgesellschaft Niedersachsen mbH

Unternehmensstruktur EVB

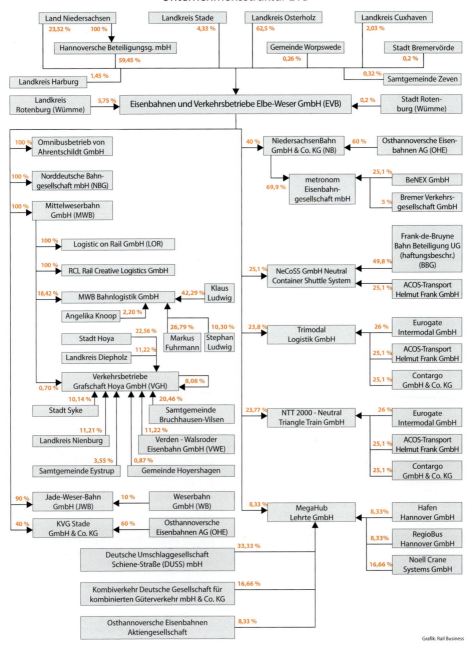

Grafik: Rail Business

evb

(LNVG). Die LINT kommen auch auf der evb-Stammstrecke zum Einsatz. Zum Fahrplanwechsel 2011 endete der Auftragsverkehr für DB Regio, denn die Strecke der „Nordeebahn" ist zusammen mit der evb-Stammstrecke Teil des „Elbe-Weser-Netzes", dessen SPNV-Ausschreibung die evb im Februar 2011 gewann. Die noch eingesetzten VT 628 wurden noch vor der Betriebsaufnahme vollständig durch LINT abgelöst.

Die evb ist zudem seit 2002 über die NiedersachsenBahn GmbH & Co. KG (NB) an der Bahngesellschaft metronom beteiligt.

Im Jahr 2005 wurde das Busunternehmen von Ahrentschild aus Lilienthal von der evb übernommen.

In den Jahren 2000 bis 2003 wurde der regionale Güterverkehr auf den evb-Strecken stark eingeschränkt und auf manchen Strecken (z. B. Wilstedt – Zeven – Tostedt und Rotenburg (Wümme) – Brockel) nahezu komplett eingestellt. Seit 02.01.2002 holt die evb die für ihr Netz bestimmten Einzelwagen selbst in Maschen Rbf ab und bediente zeitweise auf dem Rückweg nach Rotenburg bei Bedarf auch den bisherigen DB-Tarifpunkt Scheeßel. Zum gleichen Zeitpunkt übernahm man auch die Bedienung des Fischereihafens in Bremerhaven. Mangels Bedarf wurde im Jahr 2006 mit dem Abbau der Strecke zwischen Harsefeld nach Hollenstedt begonnen, die seit 2004 mit dem Bau einer neuen Verbindungskurve in Harsefeld ohne Anbindung ist. 2007 begannen auch die Abbauarbeiten zwischen Rotenburg und Brockel. Die Strecke Bremerhaven-Wulsdorf – Bremervörde – Rotenburg (W.) wird hingegen für steigende Seehafenhinterlandverkehre ausgebaut und seit dem 28.01.2011 von einem neuen regionalen ESTW in Bremervörde aus gesteuert.

Der Schwerpunkt der evb-Güterverkehre liegt inzwischen auf KLV-Leistungen. Bereits seit 20.06.1995 fährt die evb Containerzüge zwischen Bremerhaven, Bremen und dem Hamburger Hafen, die teilweise auf evb-eigenen Gleisen, teilweise auf DB-Strecken unterwegs sind. Im Jahr 2000 ist aus dieser Kooperation mit der ACOS Allround Container Service Helmut Frank GmbH und der Eurogate Intermodal GmbH der so genannte „Neutral Triangle Train NTT 2000" entstanden, der täglich zwei Zugpaare beinhaltet. Im März 2002 startete zudem das Seehafen-Hinterland-Netzwerk „NeCoSS" unter Beteiligung der evb. Im Umschlagterminal Bremen-Roland (GVZ Bremen) werden die Zugsysteme NeCoSS und NTT 2000 so miteinander verknüpft, dass Verbindungen aller bedienten Standorte im Hinterland mit den Seehäfen Bremen, Bremerhaven und Hamburg hergestellt werden.

Unter dem Arbeitstitel „RailPortFeeder" treten evb und MWB seit 01.12.2009 als Dienstleister im Hamburger Hafen auf. Zu den angebotenen Dienstleistungen gehören u.a. die Bedienung der Containerterminals sowie aller anderen Gleisanschlüsse auch außerhalb des Hafenbereichs, im gesamten Hamburger Knoten. Darüber hinaus werden wagentechnische Untersuchungen an Zügen, Dateneingaben für EDV-Systeme und Personalgestellungen (z.B. Lotsen) angeboten. Alle Tätigkeiten bzw. betrieblichen Abläufe werden durch die vor Ort in Hamburg eingerichtete Dispozentrale gesteuert.

Alle Fahrzeuge der evb werden in einer modernen Betriebswerkstatt in Bremervörde gewartet, die 2003 errichtet wurde. 2007 erfolgte der Ausbau für die Wartung der metronom-TRAXX-DE.

Mit Notarvertrag vom 21.09.2010 hat die evb die Mehrheitsanteile an der Mittelweserbahn GmbH (MWB) erworben. Die evb-Güterverkehre werden gemeinsam mit den Aktivitäten der MWB von Bruchhausen-Vilsen aus disponiert, um Synergieeffekte zu nutzen. Der moderne Wartungsstützpunkt für Schienenfahrzeuge der evb in Bremervörde betreut seitdem auch die MWB-Loks. Per 19.06.2013 wurde die evb Infrastruktur GmbH gegründet, die mittelfristig Vorhaltung und Betrieb der evb-Eisenbahninfrastruktur übernehmen soll. Die gesellschaftliche Trennung von Netz und Betrieb war aber bei Redaktionsschluss noch nicht umgesetzt.

Verkehre

★ SPNV „Weser-Elbe-Netz" mit 1,32 Mio. Zugkm/a von Dezember 2011 bis Dezember 2021 im Auftrag der Landesnahverkehrsgesellschaft Niedersachsen mbH (LNVG)
RB 33 Cuxhaven – Bremerhaven – Buxtehude
★ SPNV RB 76 Rotenburg (Wümme) – Verden; vom 14.12.2014 bis Dezember 2018 im Auftrag der DB Regio AG. Am Wochenende sind dabei die Züge mit der Linie RE 78 Nienburg – Minden verknüpft und wird als RB 76 Rotenburg (Wümme) – Minden gefahren.
★ touristischer Personenverkehr „Moorexpress" Stade – Bremervörde – Osterholz-Scharmbeck; seit 01.05.2000; seit 29.04.2006 weiter bis Bremen Hbf
★ Güterverkehr auf Infrastruktur der evb; 3 x pro Woche Abholung von Einzelwagen in Maschen Rbf, 2 x pro Woche seit 01.01.2014; Beförderung von Ganzzügen u.a. aus Bremerhaven und ab Rotenburg auf evb-Gleisen
★ KV-Transporte Bremen-Roland – Erfurt Vieselbach; 5 x pro Woche im Auftrag der NTT 2000 - Neutral Triangle Train GmbH
★ KV-Transporte Bremen-Roland – Hof (Übergabe an IntEgro Verkehr GmbH); 3 x pro Woche seit 01.01.2014 im Auftrag der NeCoSS GmbH Neutral Container Shuttle System
★ KV-Transporte Bremen-Roland – Stuttgart Hafen; 5 x wöchentlich seit Dezember 2009 im Auftrag der NeCoSS GmbH Neutral Container Shuttle System
★ KV-Transporte Bremerhaven – Halle (Saale); 1 x pro Woche

evb / Rodachtalbahn

- KV-Transporte Hamburg-Waltershof – Minden (Westf.); 2 x pro Woche seit 11.06.2007 im Auftrag der NTT 2000 - Neutral Triangle Train GmbH
- KV-Transporte „NTT 2000" Hamburg – Bremen-Roland – Bremerhaven, 50 x pro Woche im Auftrag der NTT 2000 - Neutral Triangle Train GmbH
- KV-Transporte „NeCoSS Süd" Bremen-Roland – Schweinfurt (Übergabe an IntEgro Verkehr GmbH); 6 x pro Woche im Auftrag der NeCoSS GmbH Neutral Container Shuttle System; 3 x pro Woche seit 01.01.2014
- KV-Trasporte (KV) Ostrava (OKK Koksovny, a.s.) [CZ] – Regensburg Osthafen, 2 x pro Monat seit Oktober 2014 in Kooperation mit der Advanced World Transport, a.s. (AWT) für Nyylo a.s.
- Rangierdienst in Bremerhaven „RailPortFeeder"
- Rangierdienst in Hamburg „RailPortFeeder"; seit 01.12.2009 in Kooperation mit der Mittelweserbahn GmbH (MWB)
- Rangierdienst in Nordenham; seit Juli 2009 im Auftrag der Rhenus Midgard GmbH & Co. KG

Eisenbahnfreunde Rodachtalbahn e. V. P I

Krögelsmühle 1
DE-96365 Nordhalben
Telefon: +49 9267 8130
Telefax: +49 9267 914862
info@rodachtalbahn.de
www.rodachtalbahn.de

Management
- Ralf Ellinger (1. Vorsitzender)

Lizenzen
- DE: EIU Steinwiesen – Nordhalben seit 10.07.2007
- DE: EVU-Zulassung (PV+GV) seit 10.07.2007, gültig bis 30.06.2022 (nur für Verkehrsleistungen auf der Strecke Steinwiesen – Nordhalben)

Infrastruktur
- Steinwiesen – Nordhalben (11 km); Ende 2004 von DB Netz AG gekauft

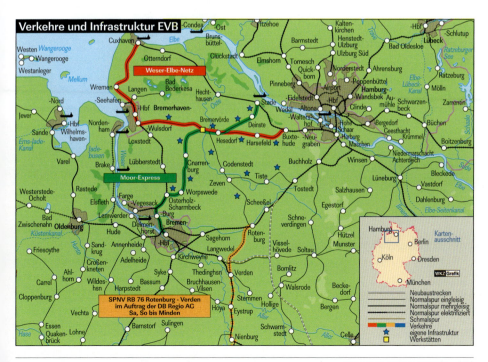

Rodachtalbahn / EFT / EFW

Unternehmensgeschichte

Bei der Rodachtalbahn handelt es sich um die am 26.07.1900 eröffnete, 24,9 km lange oberfränkische Bahnstrecke von Kronach nach Nordhalben. Der SPNV nach Nordhalben wurde 1976 und der Güterverkehr dorthin in den 1990er Jahren eingestellt. 2002 endete auch die Bedienung des Werkes der Loewe AG im Stadtgebiet von Kronach; danach wurde die Strecke im Bahnhof Kronach vom übrigen Netz getrennt. Ende 2004 hat der Verein Eisenbahnfreunde Rodachtalbahn e. V. den 11,0 km langen Nordabschnitt von der DB Immobilien erworben und bietet dort seit dem 15.09.2007 einen Museumsbahnverkehr mit der vereinseigenen zweiteiligen Schienenbusgarnitur 798 731 / 998 744 an. Bis zur Betriebseröffnung wurden u. a. vier Bahnübergänge sowie fünf Brücken saniert. Die ursprünglich angedachte Kooperation mit der Deutschen Regionaleisenbahn GmbH (DRE) zum Betrieb der Infrastruktur wurde hingegen verworfen und der Verein als EVU und EIU lizenziert. Am 31.08.2007 wurde Genehmigung zur Betriebsaufnahme erteilt.

Verkehre

* Museumspersonenverkehr Steinwiesen – Nordhalben an Sonn- und Feiertagen von Anfang Mai bis Ende Oktober; Sonderfahrten zu Ostern und im Advent

Eisenbahnfreunde Treysa e.V. (EFT) P

Postfach 1152
DE-34601 Schwalmstadt
vorstand@eftreysa.de
www.eisenbahnfreunde-treysa.de

Bahnbetriebswerk
Ulrichsweg 26
DE-34613 Schwalmstadt

Management
* Howard Westoll (1. Vorsitzender)
* Jürgen Hahn (2. Vorsitzender)

Lizenzen
* DE: EVU-Zulassung (PV+GV) seit 29.08.2007, gültig bis 31.08.2017

Infrastruktur
* Bw Treysa, gepachtet von der DB seit 1989

Unternehmensgeschichte

Der Verein wurde 1988 als „Eisenbahnfreunde Schwalm-Knüll e. V. (EFSK)" von 18 Eisenbahnfreunden, welche zum Teil aktive oder pensionierte Eisenbahner waren, mit dem Ziel gegründet, auf den von Treysa ausgehenden Nebenstrecken der damaligen Deutschen Bundesbahn Dampfloksonderfahrten zu veranstalten.
Der damalige Vereinsname setzte sich aus dem Namen des die Gegend prägenden Flüsschens bzw. Höhenzuges zusammen. Als Vereinsgelände konnte das alte Bahnbetriebswerk Treysa von der damaligen Deutschen Bundesbahn gepachtet werden. Seit August 1991 werden regelmäßig Sonderfahrten mit Dampflokomotiven durchgeführt. Das 20-jährige Bestehen des Vereins wurde 2008 zum Anlass für die Umbenennung in „Eisenbahnfreunde Treysa e. V." genommen. Damit soll nicht zuletzt auch die Verbundenheit zu der alten Eisenbahnerstadt Treysa dokumentiert werden.

Verkehre
* Sonderfahrten im Personenverkehr

Eisenbahnfreunde Wetterau e. V. (EFW) P I

Postfach 12 12
DE-61212 Bad Nauheim
Telefon: +49 6032 9292-29
Telefax: +49 6032 9292-38
Hotline: +49 6032 929545
info@ef-wetterau.de
www.ef-wetterau.de

Management
* Stefan John (1. Vorsitzender)

Lizenzen
* DE: EVU-Zulassung (PV) seit 24.09.2007, gültig bis 30.09.2022 nur auf den eigenen Infrastrukturen sowie bis Butzbach DB und Bad Nauheim DB

EFW / e.g.o.o.

Infrastruktur
* Butzbach Ost (ausschließlich) – Griedel – Münzenberg (9,0 km); gepachtet von HLB Basis AG seit 31.12.2003
* Griedel – Bad Nauheim Nord (10,6 km); gepachtet von HLB Basis AG seit 31.12.2003

Unternehmensgeschichte
Ein kleines Eisenbahnmuseum in Bad Nauheim bildet seit 1974 den Grundstein der 1974 gegründeten Eisenbahnfreunde Wetterau e.V.. Seit 1979 führt der Verein einen Museumsbahnverkehr auf der Butzbach-Licher Eisenbahn (BLE) durch, zumeist zwischen Bad Nauheim Nord und Münzenberg. Nachdem die Stilllegung der Strecken Butzbach Ost (ausschließlich) – Griedel – Münzenberg und Griedel – Bad Nauheim Nord drohte, pachtete der Verein die Infrastruktur. Neben den Museumszügen wird die Infrastruktur seit August 2004 auch zur Holzabfuhr genutzt. Die beladenen Züge werden dann in Griedel an die HLB und in Butzbach West durch private EVU abgefahren.

Verkehre
* Museumszugfahrten jeweils am 1. und 3. Sonntag im Monat von April bis Oktober mit Dampf- oder Dieseltraktion

e.g.o.o. Eisenbahngesellschaft Ostfriesland-Oldenburg mbH Ⓖ

Postfach 1911
DE-26589 Aurich
Dreekamp 5
DE-26605 Aurich
Telefon: +49 4941 6973155
Hotline: +49 171 2681158
egoo.info@enercon.de
www.e-g-o-o.de

Standort Magdeburg
Schilfbreite 2
DE-39120 Magdeburg

Management
* Hans-Dieter Kettwig (Geschäftsführer)
* Ursula Vogt (Geschäftsführerin)

Gesellschafter
Stammkapital 250.000,00 EUR
* ENERCON Logistic GmbH (100 %)

Lizenzen
* DE: EVU-Zulassung (PV+GV); gültig vom 31.07.1998 bis 31.07.2028
* DE: Sicherheitsbescheinigung Teil A+B (GV); gültig vom 09.10.2014 bis 08.10.2019

Unternehmensgeschichte
Die Eisenbahngesellschaft Ostfriesland-Oldenburg mbH (e.g.o.o.) gehört heute als 100 %ige Tochtergesellschaft der ENERCON Logistic GmbH zur ENERCON Gruppe und unterstützt seit dem Jahr 2007 den Hersteller von Windenergieanlagen beim Schienentransport seiner Anlagenkomponenten. Außerdem wickelt die e.g.o.o. einen Großteil der Zuliefer- und Zwischenwerksverkehre für ENERCON ab und führt Transporte für externe Kunden durch. Gegründet worden war die e.g.o.o. am 30.04.1996 von Auricher Unternehmern und Bahnenthusiasten, um die stillgelegte Bahnstrecke Aurich – Abelitz zu erhalten. Im Rahmen der Bahnstreckenreaktivierung Aurich – Abelitz übernahm ENERCON die Gesellschaft im Jahr 2007 vollständig und führt die Geschäfte seitdem als Alleingesellschafter. Nach der Wiederinbetriebnahme der Strecke durch die Eisenbahninfrastrukturgesellschaft Aurich-Emden mbH (EAE, siehe dort) erfolgte am 14.04.2008 der erste Transport eines 40 m langen Rotorblattes von Aurich zum Emder Hafen.
2009 begann die e.g.o.o. damit, zusätzlich zu den ENERCON-eigenen Transporten Zulieferverkehre für die Konzernmutter abzuwickeln. Neben wirtschaftlichen Überlegungen spielten nach Unternehmensauskunft bei der Erweiterung der Geschäftsfelder ökologische Aspekte eine wichtige Rolle.
Im Jahr 2012 stieg die e.g.o.o. ins Drittverkehrgeschäft ein. Seitdem bietet das EVU seine Transportdienstleistungen auch Firmen ohne direkten ENERCON-Bezug an. Parallel wurden das Streckennetz ausgebaut, neue Hubs in den Fahrplan aufgenommen und Kooperationen mit regional und überregional operierenden EVUs geschlossen. So umfasst das bediente e.g.o.o.-Streckennetz inzwischen neben den Knoten Aurich/Emden, Magdeburg, Kreuztal, Bochum und Lippstadt die Umschlagspunkte Dörpen, Rheine, Ingolstadt, Ludwigshafen, Nürnberg und München. Außerdem werden Verbindungen zum Jade-Weser-Port (JWP) in Wilhelmshaven sowie ins Ausland nach Österreich, Italien, Portugal und in die Türkei bzw. in Gegenrichtung angeboten.
Ein weiteres Alleinstellungsmerkmal der e.g.o.o. ist die Kompetenz im Bereich Schwerlast-Transport und Handling von Ladung mit Sondermaßen. Aufgrund der langjährigen Transporttätigkeit für ENERCON

e.g.o.o. / EGP

verfügt die e.g.o.o. hier über umfangreiche Erfahrung, die auch externe Kunden in Anspruch nehmen können.
Entsprechend ihrem Transportangebot verfügt die e.g.o.o. über eigenes Equipment: Zum Bestand gehören sieben E- und Diesel-Lokomotiven, zwei Zweiwegefahrzeuge sowie über 450 Wagen verschiedener Gattungen.
Im Januar 2012 hatte die e.g.o.o. 50 Mitarbeiter, im Februar 2015 waren es 65.

Verkehre
* Rangiertätigkeiten im Emder Hafen, u.a. Bedienung des Anschlusses Maschinen- und Anlagenbau Nautilus GmbH in Emden
* Gütertransporte Aurich – Emden Nordkai / Südkai / Außenhafen
* Gütertransporte „Ems-Isar-Express" (EIX) Emden – Dörpen (DUK) – Rheine (GVZ) – Lippstadt (Wagentausch mit Dritten) – Nürnberg-Eibach (TriCon) – Ingolstadt (Wagentausch mit Dritten) – München-Riem (DUSS); 5 x pro Woche seit 09.01.2015; 50 % der Traktion ab Aurich untervergeben an Westfälische Landes-Eisenbahn GmbH (WLE)
* Gütertransporte Lippstadt (Wagenübergang) – Magdeburg-Rothensee; 2 x pro Woche seit 03.01.2013; Traktion an Westfälische Landes-Eisenbahn GmbH (WLE) vergeben; seit 01.01.2015 in Eigentraktion
* KV-Transporte Rheine (GVZ) – Magdeburg; 5 x pro Woche seit 06.10.2014; erste Meile vergeben an Regionalverkehr Münsterland GmbH (RVM)
* Gütertransporte Dessau (GSD Großanlagen- und Schwermaschinenbau Dessau GmbH) / Staßfurt / Nachterstedt-Hoym / Riesa / Leipzig – Magdeburg-Rothensee (Wagenübergang); 1 x pro Woche seit 2009
* Kiestransporte Sachsendorf (Kies- und Steinwerk Boerner GmbH & Co. KG) – Magdeburg (Enercon; WEC Turmbau GmbH); 5 x pro Woche seit Mitte 2012; seit 01.01.2015 Traktion vergeben an Havelländische Eisenbahn AG (hvle)
* Zementtransporte Geseke – Lippstadt (Wagenübergang); 2 x pro Woche seit 13.12.2009; 4 x pro Woche seit 03.01.2012
* Kies- und Sandtransporte Sprotta (Freudlsperger Beton & Kieswerk Sprotta GmbH) – Emden Nordkai / Aurich; 4 x pro Woche seit 2009; seit 01.01.2015 Traktion vergeben an Havelländische Eisenbahn AG (hvle)

Eisenbahngesellschaft Potsdam GmbH (EGP) G

Am Luftschiffhafen 1
DE-14471 Potsdam
Telefon: +49 331 5055635
Telefax: +49 331 5055636
info@eg-potsdam.de
www.eg-potsdam.de

Niederlassung Ingolstadt
Prinz-Leopold-Straße 7
DE-85051 Ingolstadt
Telefon: +49 841 95674032
Telefax: +49 841 95674039

Disposition Wittenberge
Am Bahnhof 5
DE-19322 Wittenberge
Telefon: +49 3877 56123210
Telefax: +49 3877 56123260
dispo.wittenberge@eg-potsdam.de

Disposition Schönefeld
Mittelstraße 9
DE-12529 Schönefeld
Telefon: +49 30 634128872
Telefax: +49 30 634128879
dispo@eg-potsdam.de

Büro Putlitz (SPNV)
Pritzwalker Straße 8
DE-16949 Putlitz
Telefon: +49 33981 502-0
Telefax: +49 33981 502-22

Schienenfahrzeugbau Wittenberge GmbH (SFW)
Am Bahnhof 5
DE-19322 Wittenberge
Telefon: +49 3877 56123251
Telefax: +49 3877 56123250
kontakt@sf-wittenberge.de
www.sf-wittenberge.de

Management
* Jörn Enderlein (Geschäftsführer)
* Mathias Tenisson (Geschäftsführer)

Gesellschafter
Stammkapital 25.000,00 EUR
* ENON Gesellschaft mbH & Co. KG (80 %)

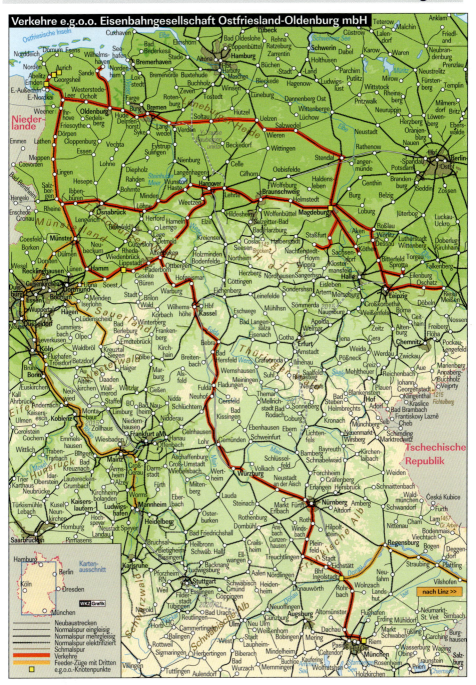

EGP

* PD-Beratungs- und Beteiligungs-GmbH (10 %)
* Arnim Göthling (10 %)

Beteiligungen
* Schienenfahrzeugbau Wittenberge GmbH (SFW) (100 %)
* Hafenentwicklungsgesellschaft Wittenberge mbH (20 %)
* ElbePort Wittenberge GmbH (10 %)

Lizenzen
* DE: EVU-Zulassung (PV+GV) seit 11.04.2005, gültig bis 31.12.2019

Unternehmensgeschichte
Die Eisenbahngesellschaft Potsdam mbH (EGP) ist heute die Güterbahn der ENON-Gruppe und beförderte 2013 als Hauptfrachtführer 1,04 Mio. t und erbrachte 280,64 Mio. tkm. Rund 50 Mitarbeiter sind bei der privaten Bahngesellschaft angestellt. Das Unternehmen EGP wurde am 10.02.2005 als Schwester der Unternehmensberatung TRIANGULA Logistik GmbH von Dr. Klaus-Peter Dietz gegründet. Die Firmierung wurde an den Firmensitz angelehnt. Vorrangiger Unternehmensinhalt war in den ersten Jahren, Kunden der TRIANGULA bei der Gestaltung der Transportketten direkte Hilfe anbieten zu können, zum Beispiel bei der Abwicklung der „letzten Meile" oder der Übernahme von Rangieraufgaben während der Umschlagprozesse. Am 20.09.2010 erfolgte der mehrheitliche Verkauf der Gesellschaft an die ENON. Hinter der Gesellschaft verbergen sich der Gründer und ehemalige Inhaber der PEG, Thomas Becken sowie Mathias Tenisson. Dietz hält über seine PD-Beratungs- und Beteiligungs-GmbH weiterhin 10 % der Gesellschafteranteile.
Nach der Zulassung als EVU für Personen- und Güterverkehr am 11.04.2005 konnte die EGP zum 01.06.2005 den Geschäftsbetrieb aufnehmen. Allerdings entwickelte sich dann das Unternehmen anders, als dies ursprünglich konzipiert war: Zunächst wurden die bekannten „Deuna-Verkehre" der PE Cargo GmbH (PEC) als Subunternehmer übernommen. Seit 01.01.2006 ist die EGP direkter Auftragnehmer der Unicement Handelsgesellschaft mbH. Seit 01.01.2007 sind alle Wagen in den UNICEMENT-Verkehren auch vom Auftraggeber angemietet.
Mit Wirkung vom 01.09.2006 hat die EGP alle bisher von der PEC erbrachten Güterverkehrsleistungen auf der Schiene inklusive eines Großteiles der Produktionsmittel übernommen. Dies umfasste die Bedienung der Güterverkehrsstellen Bad Kleinen, Schwerin Gbf, Schwerin-Görries, Wüstmark, Zachun, Stern (Buchholz), Hagenow, Ludwigslust und Dabel von Bad Kleinen aus sowie die Gütertransporte mit Knoten Pritzwalk inklusive der Feeder ab Falkenhagen (Prignitz), Liebenthal/Wittstock und Wittenberge. Seit 2010 erfolgt der Wagentausch mit der DB in Wittenberge statt in Wustermark. Im Güterverkehr wuchs die EGP ab 2011 auch zunehmend außerhalb der Prignitz. U.a. zählen dabei Zementtransporte für Dyckerhoff sowie Pkw-Transporte für die ARS Altmann zu den Kerngeschäften. Die Traktion wird u.a. mit einen großen E-Lok Park der Typen E 40 und E 42 realisiert. Für den Fahrzeughersteller Stadler übernimmt die EGP auch regelmäßig Fahrzeugüberführungen.
Die EGP war aber auch von 2008 bis 2014 im Personenverkehr aktiv: Für die SPNV-Aktivitäten wurde Ende August 2008 die Tochtergesellschaft EGP - die Städtebahn GmbH gegründet, die im Oktober 2010 an die Städtebahn GmbH verkauft und in Städtebahn Sachsen GmbH umfirmiert wurde. Per 08.10.2010 gründete die EGP zusammen mit der NBE REGIO GmbH das joint venture Städtebahn GmbH für den Betrieb von Personenverkehren. Im Frühjahr 2013 trennte sich die EGP jedoch von den Anteilen an der Städtebahn und fokussierte sich auf den regionalen SPNV. Zum 09.12.2012 wurde der Personenverkehr auf der Strecke Putlitz – Pritzwalk eingestellt. Im Gegenzug übernahm die EGP die beiden Linien RB 73 Neustadt (Dosse) – Kyritz – Pritzwalk und RB 74 Pritzwalk – Meyenburg von der PEG. Außerdem betreibt die EGP seit diesem Zeitpunkt auch die Strecke R6 Mirow – Neustrelitz. Die Personenverkehrsaktivitäten werden seit 2014 sukzessive in die neu gegründete Schwestergesellschaft HANSeatische Eisenbahn GmbH überführt.
Seit 01.01.2006 hat die EGP im Auftrag der Anschlussbahn Potsdam-Rehbrücke GmbH die Betriebsführung der Anschlussbahn Potsdam-Rehbrücke übernommen und besitzt damit auch eine Infrastruktur zum Abstellen von Loks oder Wagen. Hauptsächlich werden hier aber Fahrzeuge Dritter zeitweise abgestellt. Die EGP zeichnet zudem für die Betriebsführung der Anschlussbahn an der Flughafenbaustelle Berlin-Schönefeld im Auftrag der becker bau GmbH & Co. KG verantwortlich.
Nachdem die EGP bereits seit November 2008 an der Hafenentwicklungsgesellschaft beteiligt war, ist sie seit 23.07.2009 auch Gesellschafter der Hafenbetriebsgesellschaft Wittenberge. Im neu erschlossenen Hafengebiet betreibt die EGP die Anschlussbahn.
Im Laufe des Jahres 2012 reaktivierte die EGP einen Teil des ehemaligen und nun in Kommunalbesitz befindlichen Bahnbetriebswerkes Wittenberge. Der so genannte „Schuppen 3" samt Gleisanbindung wurde im November 2010 durch die EGP erworben. Bis zum Einzug in Wittenberge nutzte man ausschließlich das Betriebswerk Meyenburg der Prignitzer Eisenbahn GmbH (PEG), das später durch die RIG übernommen wurde. Die Werkstattaktivitäten der EGP in Wittenberge und Meyenburg sind mit Wirkung vom 01.11.2010 in die EGP-Tochter Schienenfahrzeugbau Wittenberge GmbH (SFW) überführt.
Zurückgezogen hat sich die EGP hingegen aus der waggonservice WSG mbH mit Sitz in Großräschen. Bei Gründung am 29.06.2009 hatte die EGP 40 % am

Unternehmen gehalten. Die weiteren Gesellschafter waren die PD-Beratungs- und Beteiligungs-GmbH von Dr. Klaus-Peter Dietz, Michael Heißenberg sowie Bernd Weinreich mit je 20 % gewesen. Zum 17.04.2013 übernahm die waggon24 GmbH die EGP-Anteile.
Seit 01.01.2015 besteht eine Niederlassung in Ingolstadt. Das neue Büro liegt direkt am Hauptbahnhof und ist unter anderem Hauptsitz für den EGP-Geschäftsführer Jörn Enderlein.

Verkehre
* SPNV RB 70 Putlitz – Pritzwalk; seit 20.10.2011 bis Dezember 2015 in Subunternehmerschaft des Putlitz-Pritzwalker Eisenbahnfördervereins e. V. (PPEV) als Auftragnehmer des Landkreises Prignitz; seit 14.12.2014 untervergeben an HANSeatische Eisenbahn GmbH
* SPNV RB 73 Neustadt (Dosse) – Kyritz – Pritzwalk und RB 74 Pritzwalk – Meyenburg; 0,49 Mio. Zugkm/Jahr vom 09.12.2012 bis Dezember 2016 im Auftrag des Landes Brandenburg; seit 14.12.2014 untervergeben an HANSeatische Eisenbahn GmbH
* SPNV Meyenburg – Krakow am See; 2 Zugpaare an Samstagen in den Sommermonaten (Juli bis September) seit 06.07.2013
* Gütertransporte Wittenberge (Wagentausch) – Liebenthal (Kronotex GmbH & Co. KG) u.z.; 5 x pro Woche im Auftrag der DB Schenker Rail Deutschland AG; 5 x pro Woche seit 01.09.2006 als Gütertransporte Pritzwalk – Wustermark Rbf sowie Feeder ab Falkenhagen, Liebenthal/Wittstock und Wittenberge (bis Dezember 2007) im Auftrag der DB Schenker Rail Deutschland AG, 6 x pro Woche seit Dezember 2007 unter Auslassung von Wittenberge aus Lastgründen; seit 2010 Wagenaustausch in Wittenberge; 3 x pro Woche seit Mai 2014
* Bedienung des ElbePort Wittenberge; bedarfsweise seit 2009 im Auftrag der DB Schenker Rail Deutschland AG
* Biodieseltransporte Falkenhagen (Prignitz) (gbf german biofuels gmbh) – Neustadt (Dosse) / Wustermark Rbf / Wittenberge zur Übergabe an andere EVU (zumeist HSL Logistik GmbH) sowie Gestellung einer Rangierlok in Falkenhagen; 1-2 x pro Woche seit 11.04.2007 im Auftrag der Transpetrol GmbH Internationale Eisenbahnspedition
* Gipstransporte Peitz Ost (Übernahme von Vattenfall vom Kraftwerk Jänschwalde) – Stralsund-Rügendamm; 2 x pro Monat
* Gütertransporte (KV, landwirtschaftliche Geräte) Bremerhaven – Forst; 1 x pro Woche seit 06.12.2011 im Auftrag der Lion Spezialtransport GmbH; Rangierdienst in Bremerhaven durch Eisenbahnen und Verkehrsbetriebe Elbe-Weser GmbH (EVB); ab Cottbus Traktion durch AHG Industry GmbH & Co. KG; 5 x pro Woche seit März 2014
* KV-Transporte Bremerhaven – Hamburg; 7 x pro Woche seit 01.01.2015 im Auftrag der SBB Cargo Deutschland GmbH / Konrad Zippel Spediteur GmbH (jeweils 50 %)
* KV-Transporte Hamburg – Berlin-Moabit (Übergabe an BEHALA Berliner Hafen- und Lagerhausgesellschaft mbH); 6 x pro Woche seit 04.01.2015 im Auftrag der Konrad Zippel Spediteur GmbH & Co. KG
* KV-Transporte Hamburg – Buna; 5 x pro Woche seit 01.01.2015 im Auftrag der zigsXpress GmbH; Traktion ab Bf Buna Werke durch Mitteldeutsche Eisenbahngesellschaft mbH (MEG)
* KV-Transporte Wittenberge (ElbePort Wittenberge) – Hamburg; 2-6 x pro Woche seit 2012 Traktion auf der ersten Meile im Auftrag der LOCON LOGISIK & CONSULTING AG
* Kreidetransporte Klementelvitz (Kreidewerk Rügen GmbH) – Peitz Ost (Übergabe an Vattenfall für Kraftwerk Jänschwalde); 2-3 x pro Woche seit 01.10.2011 im Auftrag der DP Deutsche Privatbahn GmbH
* Mineralöltransporte zwischen Neustadt/Donau, Ingolstadt, Nürnberg, Augsburg und München; mehrfach pro Tag seit 01.01.2015 im Auftrag der RheinCargo GmbH & Co. KG (RHC)
* Pkw-Transporte (VW) Fallersleben – Bremerhaven; 7 x pro Woche seit Mai 2010 im Auftrag der PCT Private Car Train GmbH
* Pkw-Transporte Bayern – Bremen; Spotverkehre seit 18.10.2014 ab München-Milbertshofen im Auftrag der PCT Private Car Train GmbH
* Pkw-Transporte Bremen – Emden u.z. sowie Bremen – Hamburg Süd; Spotverkehre im Auftrag der PCT Private Car Train GmbH
* Zementklinkertransporte Paderborn-Atlaswerk (HeidelbergCement AG) – Königs Wusterhausen (Hüttenzement GmbH & Co. KG); 1 x pro Woche seit 01.10.2011 im Auftrag der DP Deutsche Privatbahn GmbH
* Zementtransporte Deuna (Deuna Zement GmbH) – Hamburg Hohe Schaar (Dyckerhoff Transportbeton Hamburg GmbH); 1-2 x pro Woche seit 15.10.2012 im Auftrag von Dyckerhoff
* Zementtransporte Deuna (Deuna Zement GmbH) – Hanau / Singen (Hohentwiel); Spotverkehre im Auftrag von Dyckerhoff
* Zementtransporte Geseke – Berlin Greifswalder Straße; 2 x pro Monat seit Januar 2014 im Auftrag von Dyckerhoff; Traktion bis Lippstadt untervergeben an Westfälische Landes-Eisenbahn GmbH (WLE)
* Zementtransporte Deuna (Deuna Zement GmbH) – Berlin Greifswalder Straße sowie seit März 2008 als Flügelzug ab Berlin-Schönefeld zur Baustelle BBI; 2 x pro Woche seit 01.01.2006 im Auftrag der Unicement Handelsgesellschaft mbH; 4 x pro Woche seit März 2008; aktuell 1-2 x pro Woche der Rangierdienst in Berlin wird durch die Wedler & Franz GbR (WFL) im direkten Auftragsverhältnis mit Unicement erbracht

EAE / ELBA

Eisenbahninfrastrukturgesellschaft Aurich-Emden mbH (EAE) ◻

Ubbo-Lorenz-Platz 1
DE-26603 Aurich
Telefon: +49 4941 121200
Telefax: +49 4941 12551200
voss@stadt.aurich.de
www.eae-info.de

Management
★ Berend Voss (Geschäftsführer)

Gesellschafter
Stammkapital 2.525.000,00 EUR
★ Stadt Aurich (51 %)
★ ENERCON GmbH (48 %)
★ Kerker Beton GmbH (1 %)

Infrastruktur
★ Aurich – Abelitz (13,2 km); am 01.09.2005 von Stadt Aurich erworben; Betrieb nach BOA

Unternehmensgeschichte
Die am 26.11.2004 gegründete Eisenbahninfrastrukturgesellschaft Aurich-Emden mbH (EAE) ist das EIU der ostfriesischen Bahnstrecke Abelitz (Bbf in km 14,8 der Strecke Emden – Norddeich) – Aurich, die 1967 ihren Personen- und 1996 ihren Güterverkehr verlor. Treibende Kraft hinter den wenig später einsetzenden Reaktivierungsbemühungen war vor allem die ENERCON GmbH, ein weltweit tätigen Hersteller von Windkraftanlagen mit einer Produktionsstätte im Gewerbegebiet Aurich Nord, deren mehrere Kilometer langer Gleisanschluss sich in Streckenkilometer 11,1 befindet. Der erste Spatenstich zur Streckenwiederinbetriebnahme wurde am 02.09.2006 vollzogen, am 17.03.2008 gab es mit dem T 3 der „Wittlager Kreisbahn" (Verkehrsgesellschaft Landkreis Osnabrück GmbH, VLO) die Abnahmefahrt, am 04.04.2008 erfolgte die feierliche Wiederinbetriebnahme und seither nutzt ENERCON die Bahn zum Transport von Anlagenteilen in den Hafen Emden und zum Zweigwerk Magdeburg sowie für Zulieferverkehre. Die Firma beteiligte sich auch an den 10,2 Mio. EUR betragenden Kosten für die Reaktivierung. Eine Wiederaufnahme des SPNV ist zunächst nicht angedacht, denn die lediglich als Anschlussbahn konzessionierte und für eine Höchstgeschwindigkeit von 25 km/h ausgebaute Trasse müsste dafür aufwendig ertüchtigt werden. Zudem hatte eine Potenzialanalyse aus dem Jahre 1999 der Strecke keine SPNV-Würdigkeit testiert. Wenige Kilometer hinter Abelitz, in Georgsheil (Ortsteil der Gemeinde Südbrookmerland) errichtete ENERCON das GZO Gusszentrum Ostfriesland, das auch über ein Anschlussgleis angebunden ist.

Weiterer Bahnkunde an der Strecke ist das Baustoffunternehmen Kerker Beton GmbH, das Zuschlagstoffe in Ganzzügen anfahren lässt und wie ENERCON einer der EAE-Gesellschafter ist.

ELBA Logistik GmbH ◰

Blechbergele 31
DE-71522 Backnang
Telefon: +49 7191 9552-0
Telefax: +49 7191 9552-50
info@elba-logistik.de
www.elba-logistik.de

Management
★ Günther Eisenmann (Geschäftsführer)
★ Dan Radloff (Geschäftsführer)

Gesellschafter
Stammkapital 200.000,00 EUR
★ Günther Eisenmann (100 %)

Lizenzen
★ DE: EVU-Zulassung (GV) seit 18.10.2005, gültig bis 31.10.2020

Infrastruktur
★ Abstellanlage Bietigheim (Gleislänge 1,2 km, teilweise elektrifiziert); gepachtet von DB Netz AG

Unternehmensgeschichte
Die ELBA Logistik GmbH wurde am 25.02.2004 gegründet und bietet Logistikleistungen für Bahnbaustellen. Dies umfasst u. a. die Baubetriebsplanung, die Logistikkoordination, den Einsatz von Zugführern für Arbeitszüge sowie die Gestellung von Arbeitszuglokomotiven und Wagen. Seit Ende 2006 verfügt man über eine eigene Lok, die schwerpunktmäßig in Bietigheim im Verschub eingesetzt wird.
Seit 2005 war man zudem in der Slowakei mit der 100 %-Tochter ELBA Logistik s.r.o. präsent, die Gesellschaft wurde jedoch 2011 wieder aufgelöst. Seit 2007 gehört die Gestellung von Triebfahrzeugführern zum Firmenportfolio. In Bietigheim-Bissingen konnte eine teilweise elektrifizierte Gleisanlage mit einer Abstelllänge von derzeit ca. 1.000 m in Betrieb genommen werden.
Im Jahre 2008 ist die Gestellung von eigenen Skls

ELBA / ELG / ELL / ELP SERVICES

hinzugekommen. Innerhalb des neuen Geschäftsfeldes „letzte Meile" bietet die ELBA u.a. die Gestellung von Wagenmeistern sowie auch Lok-, Triebfahrzeugführer und Rangierbegleiter.

Verkehre
* AZ-Verkehre

ELG GmbH G

Kaninenberghöhe 2
DE-45136 Essen
Telefon: +49 201 82178013
Telefax: +49 201 82178015
info@elg-essen.com
www.elg-essen.com

Management
* Oliver Götz (Geschäftsführer)

Gesellschafter
Stammkapital 25.000,00 EUR
* Oliver Götz (100 %)

Lizenzen
* DE: EVU-Zulassung (GV) seit 21.06.2007, gültig bis 30.06.2022

Unternehmensgeschichte
Als Dienstleiter im Gleisbausektor wurde die ELG GmbH – ELG steht dabei für Eisenbahn Logistik Gesellschaft – am 01.02.2005 durch den geschäftsführenden Gesellschafter Oliver Götz gegründet.
Im Juli 2007 beschäftigte das Unternehmen 30 Mitarbeiter in den Bereichen Arbeitszugführer, Lotsen, Lokführer, Rangierbegleiter, Logistiker und setzte sechs umgerüstete Klv 53 (Indusi, PZB, GSM-R) sowie eine gemietete ML 440 C ein.

Verkehre
* AZ-Verkehr

ELL Eisenbahn Logistik Leipzig GmbH G

Vierackerwiesen 4
DE-04179 Leipzig
Telefon: +49 341 2414-110
Telefax: +49 341 2414-299
info@eisenbahn-logistik-leipzig.de
www.eisenbahn-logistik-leipzig.de

Management
* Hans-Dietrich Mewes (Geschäftsführer)

Gesellschafter
Stammkapital 25.000,00 EUR
* Hans-Dietrich Mewes (51 %)
* Lutz Klaus Pinta (49 %)

Lizenzen
* DE: EVU-Zulassung (PV+GV) seit 19.07.2005, gültig bis 31.07.2020

Unternehmensgeschichte
Am 17.03.2005 wurde die AWV EisenbahnGesellschaft mbH mit Sitz in Leipzig gegründet. Gegenstand des Unternehmens sind die Erbringung von Eisenbahnverkehrsdienstleistungen jeder Art sowie die Vermittlung von Personaldienstleistungen auf dem Gebiet des Eisenbahnwesens.
Die Gesellschafterversammlung vom 07.03.2006 hat die Änderung des Unternehmensnamens in ELL Eisenbahn Logistik Leipzig GmbH beschlossen. Seit Juli 2008 verfügt das Unternehmen über eine erste eigene Lokomotive.

Verkehre
* AZ-Verkehr

ELP SERVICES GmbH I

Dr.-Fischer-Straße 1
DE-06729 Tröglitz
Telefon: +49 3441 539210
Telefax: +49 3441 539219
opde@arco-transportation.com

Management
* Andrea Rita Szurdoki (Geschäftsführerin)

Gesellschafter
Stammkapital 25.000,00 EUR
* ARCO TRANSPORTATION GmbH (100 %)

ELP SERVICES / ELS

Infrastruktur
* Anschlussbahn des Chemie- und Industrieparks Zeitz

Unternehmensgeschichte
Die ELP SERVICES GmbH mit Sitz in Elsteraue wurde am 07.12.2006 gegründet und hatte 2007 15 Mitarbeiter. Die Gesellschafterversammlung vom 02.02.2009 hatte den Firmensitz von Naumburg nach Tröglitz beschlossen.
Die Gesellschaft ist Teil eines undurchsichtigen Konglomerates aus Firmen rund um die ARCO TRANSPORTATION GmbH. Das Unternehmen mit ungarischen Wurzeln hatte am 21.10.2004 die ehemaligen Standorte Karsdorf und Tröglitz der insolventen Karsdorfer Eisenbahn-Gesellschaft mbH (KEG) erworben. Das Geschäft entwickelte sich aber entgegen der Annahmen nicht gut, nahezu alle Loks wurden mittlerweile verkauft oder verschrottet. In Karsdorf, dort betrieb man Anschlussbahn des Zementwerkes und eine Werkstatt, wurde das Unternehmen des Platzes verwiesen, nachdem Pachtzahlungen ausblieben. Die ARCO INFRASTRUKTUR GmbH betrieb fortan noch die Anschlussbahn des Chemie- und Industrieparks Zeitz mit zwei Loks, musste aber Anfang 2013 Insolvenz anmelden. Es ist davon auszugehen, dass die ELP SERVICES in diesem zeitlichen Rahmen den Standort von ihrer Schwester übernahm. Der Güterverkehr in Zeitz wird durch die per 10.08.2012 in das Handelsregister eingetragene Niederlassung der ungarischen ARCO TRANSPORTATION Kereskedelmi és Szolgáltató Kft. geleistet.
Die ELP - Eurolokpool GmbH musste bereits 2011 Insolvenz anmelden, die ARCO TRANSPORTATION GmbH stand zur Löschung aus dem Handelsregister an.

ELS Eisenbahn Logistik und Service GmbH 🇩🇪

Gewerbepark Ost 14
DE-17235 Neustrelitz
Telefon: +49 3981 489851
Telefax: +49 3981 489852
info@els-railservice.de
www.els-railservice.de

Management
* Peer-Uwe Krimpenfort (Geschäftsführer)

Gesellschafter
Stammkapital 26.000,00 EUR
* Peer-Uwe Krimpenfort (33,4 %)
* Miro Wiechmann (33,3 %)
* Gudrun Frey (33,3 %)

Lizenzen
* DE: EIU Burgkemnitz – Möhlau; gültig vom 03.07.2012 bis 30.06.2062
* DE: EIU Gräfenhainichen – Oranienbaum; gültig vom 03.07.2012 bis 30.06.2062
* DE: EIU Judenberg – Ferropolis Arena; gültig vom 03.07.2012 bis 30.06.2062
* DE: EIU Neustrelitz – Feldberg
* DE: EIU Trollenhagen – Friedland
* DE: EVU-Zulassung (GV) seit 24.03.2005, gültig bis 22.03.2020

Infrastruktur
* Strecke 6756 Neustrelitz Süd – Feldberg (18,8 km); im Februar 2005 gekauft von DB Netz AG; Betriebsübernahme zum 21.04.2005; Betrieb als Öffentliche Infrastruktur gemäß § 6 AEG
* Strecke 6756 Awanst Trollenhagen – Friedland (Meckl.) (19,3 km), seit April 2004 gepachtet von FLB - Friedländer Bahn - GmbH; Betriebsübernahme zum 21.04.2005; betrieb als nichtöffentliche Infrastruktur gemäß § 9 BOA
* Strecke 6983 „Grubenbahn" Burgkemnitz – Oranienbaum sowie Ast Gräfenhainichen Betriebsbahnhof – Möhlau; gekauft zum 22.11.2011; Betriebsübernahme zum 07.07.2012; Betrieb als Öffentliche Infrastruktur gemäß § 6 AEG
* Strecke 6984 Abzw. Jüdenberg – Ferropolis; gekauft zum 22.11.2011; Betriebsübernahme zum 07.07.2012; Betrieb als Öffentliche Infrastruktur gemäß § 6 AEG

Unternehmensgeschichte
Am 29.04.1997 wurde die WME Westmecklenburgische Eisenbahn GmbH in Schwerin gegründet. Durch Gesellschafterbeschluss vom 13.03.2002 wurde der Sitz der Gesellschaft von Schwerin nach Neustrelitz verlegt. 2008 beschäftigte die Gesellschaft zehn Mitarbeiter und ist EIU für zwei Schienenstrecken in Mecklenburg-Vorpommern: Seit April 2004 hat die ELS die Strecke Awanst Trollenhagen – Friedland (Meckl.) gepachtet, die sich im Eigentum der FLB - Friedländer Bahn - GmbH befindet. Friedland (Meckl.) wird saisonal (Frühling/Herbst) mit Düngemittelganzzügen angefahren. Seit Ende 2009 übernimmt dies die DB Schenker Rail Deutschland AG von Piesteritz aus, zuvor hatte zumeist die Ostseeland Verkehr GmbH (OLA) die Wagen zugestellt.
Die im Februar 2005 durch die ELS erworbene Strecke Neustrelitz Süd – Feldberg wurde bis zum Sommer 2007 unter Mithilfe des Vereines Hafenbahn Neustrelitz e. V. instand gesetzt. Eine erste Sonderfahrt des Vereines fand am 17.05.2007 statt, planmäßige Verkehre besitzt die Strecke nicht. Im November 2011 wurde die „Grubenbahn" Burgkemnitz – Möhlau von der insolventen Mitteldeutsche Eisenbahnverkehrsgesellschaft mbH (MEVG) erworben.

Emons Bahntransporte / EEB

Emons Bahntransporte GmbH
G

Potthoffstraße 7
DE-01159 Dresden
Telefon: +49 351 49296-830
Telefax: +49 351 49296-889
bahntransporte@emons.de
www.emons.de

Management
* Herbert Putzmann (Geschäftsführer)
* Jens Uhlmann (Geschäftsführer)

Gesellschafter
Stammkapital 200.000,00 EUR
* Emons Spedition GmbH (100 %)

Lizenzen
* DE: EVU-Zulassung (GV); gültig vom 06.12.2013 bis 31.12.2023
* DE: Sicherheitsbescheinigung nach § 7a AEG; gültig bis 31.03.2018

Unternehmensgeschichte
Die Kölner Spedition Emons produziert über ihr Tochterunternehmen Emons Rail-Cargo GmbH auch eigene Züge des Kombinierten Verkehres (KV). Diese laufen zwischen Dresden, Halle (Saale), Erfurt-Vieselbach und Hamburg bzw. Bremerhaven und wurden von der ITL - Eisenbahngesellschaft mbH sowie der Hafen Halle GmbH (HFH) traktioniert.
Per 23.07.2012 übernahm Emons die damalige PBG Preussen Bahn GmbH und verlegte per 27.08.2012 den Sitz vom brandenburgischen Groß Kreutz nach Dresden. Dort befindet sich die Zentrale der Emons-Intermodalaktivitäten. Zum 01.01.2013 übernahm die neue Emons-Tochter die Traktion der eigenen KV-Verkehre von der ITL und wurde per 09.07.2013 in Emons Bahntransporte GmbH umfirmiert.
Bei Unternehmensgründung am 14.07.2009 hielt Michael Oberländer alle Gesellschafteranteile der PBG, vom 28.05.2010 bis zum Verkauf an Emons waren neben Falk Oberländer (90 %) sowie Falk Reimar Riebicke (10 %) als Gesellschafter eingetragen.
Seit 21.01.2015 ist die als Rangierdienstleister tätige ProLok GmbH (siehe dort) eine Schwestergesellschaft der Emons Bahntransporte GmbH.

Verkehre
* KV-Transporte Dresden-Friedrichstadt – Halle (Saale) Rbf (Wagentausch mit Hafen Halle GmbH) – Hamburg-Waltershof; 5 x pro Woche seit 01.01.2013 im Auftrag der Emons Rail Cargo GmbH; Rangierdienst in Hamburg durch ProLok GmbH
* KV-Transporte Dresden-Friedrichstadt – Halle (Saale) Rbf (Wagentausch mit Hafen Halle GmbH) – Bremerhaven Kaiserhafen; 1 x pro Woche seit 01.01.2013 im Auftrag der Emons Rail Cargo GmbH; Rangierdienst in Bremerhaven durch Elbe-Weser GmbH (EVB)
* KV-Transporte Osnabrück Hafen (NOSTA) – Bremerhaven; 3 x pro Woche seit 05.02.2015 im Auftrag der NOSTA Rail GmbH; Rangierdienst in Bremerhaven durch Eisenbahnen und Verkehrsbetriebe Elbe-Weser GmbH (EVB)
* Spotverkehre für Dritte; seit Januar 2015

Emsländische Eisenbahn GmbH (EEB) G I

Bahnhofstraße 41
DE-49716 Meppen
Telefon: + 49 5931 9336-0
Telefax: + 49 5931 9336-37
info@eeb-online.de
www.eeb-online.de

Management
* Heinz Rosen (Geschäftsführer)

Gesellschafter
Stammkapital 900.000,00 EUR
* Landkreis Emsland (EL) (100 %)

Beteiligungen
* Emsland Logistik Center GmbH (ELC)
* Emsländische Verkehrsgesellschaft mbH (EVG)
* GVZ Emsland Servicegesellschaft mbH

Lizenzen
* DE: EIU für eigene Strecken
* DE: EVU-Zulassung (PV+GV) seit 11.09.1998, gültig bis 11.09.2028

EEB / EWN

Infrastruktur
* Meppen – Haselünne – Lewinghausen – Essen (Oldb.) (51,2 km)
* Lathen – Werlte (25,2 km)
* Westerstede-Ocholt – Sedelsberg (28 km)

Unternehmensgeschichte
Mit dem zum 01.08.1977 erfolgten Zusammenschluss der Kreise Aschendorf-Hümmling, Meppen und Lingen zum Landkreis Emsland erhielten die kreiseigenen Bahngesellschaften Hümmlinger Kreisbahn (HKB) und Meppen-Haselünner Eisenbahn (MHE) den selben Eigentümer. Die Zusammenarbeit zwischen den beiden benachbarten Bahngesellschaften wurde in Folge vertieft; so wurden Werkstatt und Betriebsleitung bei der HKB in Werlte konzentriert. Neben der Werkstatt bestand die Infrastruktur der HKB aus der Strecke Lathen – Werlte, während die MHE die Strecken Meppen – Emshafen und Meppen – Haselünne – Lewinghausen betrieb. Auf beiden Strecken war 1970 der Personenverkehr eingestellt worden. In Lewinghausen schloss eine seit 1960 ausschließlich im Güterverkehr genutzte DB-Strecke nach Essen (Oldb.) an, für welche die DB die abschnittsweise Stilllegung beabsichtigte. Am 14.06.1977 beschloss der Kreistag des Landkreises Emsland den Ankauf der weitgehend auf Kreisgebiet liegenden Verbindung. In Folge übernahm die MHE zum 27.05.1979 den Betrieb auf der Strecke und zum 22.08.1979 das Eigentum an den Betriebsanlagen ausschließlich der Gebäude.
Nach einem Beschluss des Kreistages vom 14.12.1992 wurden HKB und MHE zum 01.01.1993 zur gemeinsamen Gesellschaft „Emsländische Eisenbahn" in Form eines Eigenbetriebs des Kreises mit Sitz in Werlte zusammengeführt. Um flexibler am Markt agieren zu können, wurde der Eigenbetrieb vier Jahre später, zum 01.01.1997, in die heutige GmbH mit Sitz in Meppen überführt. Als DB Netz AG und DB Cargo AG Ende der 1990er-Jahre zu erkennen gaben, am Betrieb der Strecke Westerstede-Ocholt – Sedelsberg nicht mehr interessiert zu sein und in Folge im Jahr 2000 die Infrastruktur zur Übergabe ausschrieb, bekundete die EEB Interesse an der Strecke. Zum 01.04.2001 übernahm die EEB die Infrastruktur und den Güterverkehr. Die Übergabe der Güterwagen zwischen EEB und der DB Schenker Rail Deutschland AG erfolgt in Oldenburg. Vom 01.04. bis zum 31.12.2001 bediente die EEB darüber hinaus im Auftrag von DB Cargo auch die Strecke Westerstede-Ocholt – Westerstede.
Güterverkehr auf DB-Infrastruktur führt die EEB auch zwischen Meppen und Lathen durch, da die Übergabe der Fracht der früheren HKB- und MHE-Strecken an DB Schenker zentral in Meppen erfolgt. Die EEB bedient hierbei auch den zwischen Meppen und Lathen gelegenen Gütertarifpunkt Haren (Ems). In Eigenregie transportiert die EEB ferner seit 30.09.2004 aus Meppen und seit 03.01.2005 auch aus Dörpen Hausmüll in Ganzzügen mit ACTS-Containern zur Müllverbrennungsanlage Salzbergen.

Verkehre
* Gütertransporte auf eigener Infrastruktur
* Gütertransporte Oldenburg – Westerstede-Ocholt
* Mülltransporte Dörpen – Meppen – Salzbergen (SRS EcoTherm GmbH); 4 x pro Woche seit 30.09.2004

Energiewerke Nord GmbH (EWN)

Postfach 1125
DE-17507 Lubmin
Latzower Straße 1
DE-17509 Rubenow
Telefon: +49 38354 4-0
Telefax: +49 38354 22458
poststelle@ewn-gmbh.de
www.ewn-gmbh.de

Management
* Henry Cordes (Vorsitzender der Geschäftsführung)
* Jürgen Ramthun (Geschäftsführer)

Gesellschafter
Stammkapital 51.129,19 EUR
* Bundesministerium der Finanzen (BMF) (100 %)

Beteiligungen
* Arbeitsgemeinschaft Versuchs-Reaktor (AVR) GmbH (100 %)
* WAK Wiederaufarbeitungsanlage Karlsruhe Rückbau- und Entsorgungs-GmbH (100 %)
* ZLN Zwischenlager Nord GmbH (100 %)
* Deutsche Gesellschaft zum Bau und Betrieb von Endlagern für Abfallstoffe mbH (25 %)

Infrastruktur
* Abzw. Schönwalde – Lubmin; Kauf von DB Netz AG am 02.01.2001
* Abzweig zum Hafen Vierow
* Rheinsberg (Mark) – Stechlinsee (10,1 km); nichtöffentliche Infrastruktur

Unternehmensgeschichte
Durch die Energiewerke Nord GmbH (EWN) werden seit 1995 die ehemaligen Kernkraftwerke Greifswald (KGR) im Bundesland Mecklenburg-Vorpommern und Rheinsberg (KKR) im Bundesland Brandenburg stillgelegt und demontiert. Über diese Tätigkeiten hinaus entwickelt die EWN den Standort des ehemaligen Kernkraftwerkes Greifswald in Lubmin/Rubenow zu einem wichtigen Energie- und

EWN / ENON / EPB

Technologiestandort in Mecklenburg/Vorpommern. Die EWN war 1967 als Energiebetrieb der DDR gegründet worden, 1980 erfolgte der Zusammenschluss zum Kombinat Kernkraftwerke. Zehn Jahre später wurde die Gesellschaft in Energiewerke Nord AG umbenannt und zum 03.05.1991 in eine GmbH umgewandelt. Seit dem Jahr 2000 ist das Bundesministerium für Finanzen alleiniger Gesellschafter.
Im Februar 2000 wurde die Strecke (Greifswald –) Abzw. Schönwalde – Lubmin von der DB AG zur Übernahme durch Dritte ausgeschrieben und ging zum 02.01.2001 in das Eigentum der EWN über. Mit dem Kauf soll gesichert werden, dass die Attraktivität des Industriestandortes Lubmin nicht durch die Gesamtstilllegung der Bahnstrecke sinkt. Die Strecke wurde auch für Castortransporte vom ehemaligen Kernkraftwerk Rheinsberg zum Zwischenlager Nord Lubmin genutzt, der erste Transport rollte am 09.05.2001.
Im Sommer 2012 wurde ein nahe Vierow von der Strecke nach Lubmin abzweigendes Anschlussgleis zum Ostseehafen Vierow in Betrieb genommen, das zum Getreidetransport genutzt wird. Eigentümer dieses Gleises ist die Gemeinde Vierow, als Betreiber fungiert die Hafen Vierow GmbH.

ENON Gesellschaft mbH & Co. KG

Pritzwalker Strasse 2
DE-16949 Putlitz
Telefon: +49 33981 50454
Telefax: +49 33981 50455
enon-gmbh@t-online.de
www.enon-gmbh.de

Zweigniederlassung
Rudolf-Breitscheid-Straße 12
DE-19348 Perleberg

Management
* Thomas Becken (Geschäftsführer)
* Mathias Tenisson (Geschäftsführer)

Gesellschafter
* Thomas Becken (75 %)
* Mathias Tenisson (25 %)

Beteiligungen
* Anhaltinisch-Brandenburgische Eisenbahngesellschaft mbH (ABEG) (100 %)
* HANSeatische Eisenbahn GmbH (100 %)
* Eisenbahngesellschaft Potsdam GmbH (EGP) (80 %)
* Deutsche Eisenbahn Service AG (DESAG) (77,3 %)

Unternehmensgeschichte
Die ENON Gesellschaft mbH & Co. KG verwaltet Vermögenswerte von Thomas Becken, Marienfließ, und Mathias Tenisson, Perleberg. ENON ist eine Wortkombination aus den Namen BeckEN und TenissON. Beide waren Gründungsgesellschafter und langjährige Geschäftsführer der Prignitzer Eisenbahn GmbH (PEG), der PE-Cargo GmbH und weiterer damit verbundener Unternehmen. 2004 erfolgte der Verkauf der PEG-Unternehmen an den damals britischen Konzern Arriva. Becken war nachfolgend bis Sommer 2009 Geschäftsführer der Arriva Deutschland gewesen, Tenisson hatte bei diversen Arriva-Töchtern die Geschäftsführung wahrgenommen.
Die am 04.01.2005 gegründete ENON Gesellschaft mbH & Co. KG betätigte sich nach Gründung zunächst als Betreiber der beiden, so genannten „Eisenbahnromantik-Hotels" sowie von Ferienwohnungen im Mecklenburg-Vorpommern. Vollhafter bei der Kommanditgesellschaft ist übrigens die am 01.07.2004 gegründete ENON Verwaltungsgesellschaft mbH, die bis 22.12.2008 als B & T Verwaltungsgesellschaft mbH firmierte. 2010 eröffnete die ENON eine Zweigniederlassung in Perleberg.
Mit Wirkung vom 23.09.2010 hat die ENON die Mehrheit der Gesellschaftsanteile an der Eisenbahngesellschaft Potsdam GmbH (EGP) übernommen. Seit 2010 fokussiert sich die ENON zunehmend wieder auf den kommerziellen Eisenbahnsektor und beteiligte sich an weiteren Bahnunternehmen.

EPB GmbH, Eisenbahn: Planung und Bauüberwachung

Okenstraße 52
DE-77652 Offenburg
Telefon: +49 781 284193-0
Telefax: +49 781 284193-20
info@epbgmbh.de
www.epbgmbh.de

Management
* Doris Angelika Schulz (Geschäftsführer)

EPB / ErailS / EB

Gesellschafter
Stammkapital 25.000,00 EUR
* Stefanie Lothspeich (90 %)
* EPB GmbH, Eisenbahn: Planung und Bauüberwachung (10 %)

Beteiligungen
* EPB GmbH, Eisenbahn: Planung und Bauüberwachung (10 %)

Lizenzen
* DE: EVU-Zulassung (PV+GV) seit 07.02.2006, gültig bis 31.12.2020

Unternehmensgeschichte
Die EPB GmbH, Eisenbahn: Planung und Bauüberwachung wurde am 16.06.2003 gegründet und ist ein auf schienengebundene Bauüberwachungsleistungen spezialisiertes Ingenieurbüro. 2007 waren bei der EPB 25 Mitarbeiter beschäftigt, über eigene Loks verfügt das Unternehmen nicht.
Der Gesellschafteranteil von Peter Wilhelm Bauer ging nach dessen Ausscheiden als Geschäftsführer 2012 an die EPB über.

ErailS GmbH

Dernburgstraße 55
DE-14057 Berlin
Telefon: +49 30 3083015-0
Telefax: +49 30 3083015-17
info@erails.de

Management
* Dipl.-Ing. Volker Feldheim (Geschäftsführer)

Gesellschafter
Stammkapital 25.000,00 EUR
* Phillip Lück (35 %)
* Hinrich Hinrichsen (35 %)
* Volker Feldheim (30 %)

Lizenzen
* DE: EVU-Zulassung (GV); gültig vom 04.09.2013 bis 30.09.2018

Unternehmensgeschichte
Hinrich Hinrichsen (35 %), Phillip Lück (35 %) und Volker Feldheim (30 %) gründeten am 06.02.2013 die ErailS GmbH, Berlin. Feldheim war bereits an mehreren Bahnunternehmen beteiligt, u.a. an der die Via Cargo-Gruppe verkauften DeltaRail. Hinrichsen und Phillip Lücks Vater Wolfgang sind Geschäftsführer der AEB - Absicherung und Eisenbahnbau in Berlin bzw. der DEB - Dienstleistungen für Eisenbahnen in Berlin.

ErailsS organisiert heute Rangierdienstleistungen, last mile-Verkehre und bietet Personalservice für EVU bzw. EIU sowie Anschlussbahnen nach BOA bzw. EBOA. U.a. ist man EVU für die Silo P. Kruse Betriebs-GmbH & Co. KG in Hamburg bzw. die ADM Spyck GmbH im Hafen Straubing-Sand auf den Gleisen außerhalb der Anschlussbahnen.

Erfurter Bahn GmbH (EB) PGI

Am Rasenrain 16
DE-99086 Erfurt
Telefon: +49 361 74207-0
Telefax: +49 361 74207-27
Hotline: +49 361 74207-250
info@erfurter-bahn.de
www.erfurter-bahn.de

Management
* Michael Hecht (Geschäftsführer)

Gesellschafter
Stammkapital 256.000,00 EUR
* Stadt Erfurt (100 %)

Beteiligungen
* Süd-Thüringen-Bahn GmbH (STB) (50 %)
* Verkehrsgemeinschaft Mittelthüringen GmbH (VMT) (16,67 %)
* Mitteldeutscher Verkehrsverbund Gesellschaft mbH (MDV) (2,7 %)

Lizenzen
* DE: EIU für eigene Infrastruktur
* DE: EVU-Zulassung (PV+GV) seit 25.10.2010, gültig bis 30.09.2025

Infrastruktur
* Anschlussbahn Erfurt Ost (5,54 km)
* Stammgleis 1 (in Erfurt; 2,1 km)
* Stammgleis 2 (in Erfurt; 0,6 km)
* Anschlussbahn Erfurt Nord (2 km)
* Betriebsführung Anschlussbahn Arnstadt (2,7 km); seit 01.01.2007 im Auftrag der Stadt Arnstadt
* Betriebsführung Anschlussbahn Kölleda (2,7 km); seit 01.06.2003

Unternehmensgeschichte

Anders als der bis Frühjahr 2007 gültige Name „Erfurter Industriebahn GmbH" vermuten ließ, ist die EB durchaus eine öffentliche Eisenbahn. Sie geht allerdings auf die am 25.03.1912 gegründete Anschlussbahn des Industriegebietes Erfurt Nord zurück, die auch in den Zeiten der DDR ihre Selbständigkeit bewahren konnte, weil sie seit 1939 als städtischer Eigenbetrieb organisiert war. Die heutige Gesellschaft wurde am 01.05.1990 gegründet und am 09.10.1990 in das Handelsregister der Stadt Erfurt eingetragen.
Mit den politischen-wirtschaftlichen Veränderungen ab 1990 brach der Schienengüterverkehr als bislang einziges Geschäftsfeld massiv ein, so dass zur Sicherung des Unternehmensfortbestandes und mit Blick auf die anstehende Regionalisierung des SPNV eine Ausdehnung der Aktivitäten auf den Personenverkehr ratsam erschien. Dazu erhielt man 1995 die Anerkennung als „Öffentliche nichtbundeseigene Eisenbahn" und 1997 die Zulassung zur Personenbeförderung.
Mit dem Fahrplanwechsel 1998 begann der Betrieb auf der ersten SPNV-Relation Erfurt – Bad Langensalza – Leinefelde, die 1999 bis Kassel-Wilhelmshöhe verlängert wurde. Diese, durch den Nordhessischen Verkehrsverbund (NVV) ohnehin nur auf Basis eines jährlich kündbaren Vertrages bestellt, wurden zum Fahrplanwechsel 2006 größtenteils abbestellt, doch ab 01.04.2007 nahm die EB ein gut Teil der abbestellten Fahrten auf eigenwirtschaftlicher Basis wieder auf. Diese Leistungen sind Teil des zwischenzeitlich zur Betriebsaufnahme Ende 2013 ausgeschriebenen Dieselnetzes Nordthüringen, dessen Betrieb sich DB Regio sichern konnte. Für die zwei davorliegenden Fahrplanjahre hat der NVV die Verkehre aber zur Überbrückung direkt an die EB vergeben.
1999 gründete die EB gemeinsam mit der Hessische Landesbahn GmbH - HLB die Tochtergesellschaft Süd-Thüringen Bahn GmbH (STB). Die Umfirmierung zur „Erfurter Bahn GmbH" erfolgte am 01.04.2007.
Der Verkehrsvertrag für den im Dezember 2004 übernommenen „Kissinger Stern" mit 1,25 Mio. Zugkm/a von wurde zwischenzeitlich nach europaweiter Ausschreibung bis bis Dezember 2026 verlängert.
Im Frühjahr 2010 erhielt die Erfurter Bahn den Zuschlag für den SPNV im Dieselnetz Ostthüringen, der zum kleinen Fahrplanwechsel 2012 mit 37 Neufahrzeugen und sechs 6 Bestandsfahrzeugen des Typs Stadler RS 1 aufgenommen wurde. Einige planmäßig in Zeulenroda endenden Leistungen werden über Mehltheuer nach Hof verlängert. Diese Verkehre waren nicht Teil der Ausschreibung und sollen durch die Freistaaten Thüringen und Bayern direkt an die EB vergeben werden. Der vogtländische SPNV-Zweckverband beteiligt sich nicht an der Finanzierung.
Neben den Aktivitäten im Personen- und Güterverkehr hat die EB die Betriebsführung der Anschlussbahnen Kölleda inne. Angeboten werden auch bundesweite Leistungen für Fahrzeugüberführungen und Arbeitszüge. Die 2004 neu gebaute Betriebswerkstatt mit Unterflurdrehbank wird häufig auch von anderen EVU genutzt.
Im Sommer 2011 verfügte die EB über 143 Mitarbeiter in Verwaltung, Werkstatt und Fahrdienst. Im Frühjahr 2014 waren es 330 Mitarbeiter.

Verkehre

★ SPNV in Thüringen und Nordhessen mit 2,2 Mio. Zugkm/a, davon 2 Mio. im Auftrag des Freistaates Thüringen, 110.000 auf eigenwirtschaftlicher Basis und 95.000 im Auftrag des Nordhessischen Verkehrsverbundes
 SPNV EB 1 Erfurt – Bad Langensalza – Leinefelde; seit 24.05.1998 bis Dezember 2013; seit 30.05.1999 bis Kassel-Wilhelmshöhe verlängert
 SPNV EB 2 Gotha – Bad Langensalza; seit 12.05.2000 bis Dezember 2013
 SPNV EB 3 Erfurt – Ilmenau; seit 15.12.2002 bis Dezember 2016 (0,7 Mio. Zugkm/a); zweistündlich mit Süd-Thüringen Bahn GmbH (STB) als Subunternehmer und im Abschnitt Plaue – Erfurt als Flügel zur STB-Leistung Erfurt – Meiningen
★ SPNV „Kissinger Stern" mit 1,25 Mio. Zugkm/a von Dezember 2004 bis Dezember 2026 im Auftrag der Freistaaten Bayern und Thüringen
 EB 4 Meiningen – Ebenhausen (Unterfr) – Schweinfurt Hbf – Schweinfurt Stadt
 EB 5 Gemünden (Main) – Bad Kissingen – Ebenhausen (Unterfr) – Schweinfurt Hbf – Schweinfurt Stadt
★ SPNV „Dieselnetz Ostthüringen" mit 4,6 Mio. Zugkm/a von Juni 2012 bis Dezember 2024 im Auftrag des Freistaates Thüringen
 Gera – Weida – Zeulenroda
 Leipzig – Zeitz – Gera
 Gera – Weida – Triptis – Saalfeld
 Saalfeld – Hockeroda – Bad Lobenstein – Blankenstein
 Jena Saalbf – Göschwitz – Orlamünde – Pößneck unt. Bf
 Erfurt Hbf – Arnstadt – Rottenbach – Saalfeld
 Erfurt – Weimar – Göschwitz – Gera
 Weimar – Kranichfeld
 Erfurt – Weimar – Apolda (Einzelleistungen)
★ SPNV (Gera –) Zeulenroda – Mehltheuer – Hof mit 290.000 Zugkm/a von Juni 2012 bis Juni 2022 im Auftrag der Freistaaten Thüringen und Bayern sowie des Zweckverbandes ÖPNV Vogtland
★ Tourstikverkehr Ilmenau – Rennsteig; 4 x pro Tag an Samstag, Sonntag und den Feiertagen seit 15.06.2014 in Kooperation mit der Süd-Thüringen-Bahn GmbH (STB); Probebetrieb läuft vorerst bis zum Ende des Jahres 2016.

EB / EBS

* Im Güterverkehr besteht eine Grundauslastung durch den Zubringerverkehr zum Erfurter Güterbahnhof, wo drei Anschließer (Müller-Weingarten, Scholz und Cramer) zwischen den Bahnhöfen Erfurt Nord und Erfurt Ost bedient werden.
* Getreidetransporte Buttstädt (IRUSO GmbH) – Erfurt Gbf (Übergabe an DB), bedarfsweise im Auftrag der DB Schenker Rail Deutschland AG
* Getreidetransporte Eckartsberga (Raiffeisen-Warengenossenschaft Mücheln-Naumburg eG) – Erfurt Gbf (Übergabe an DB), bedarfsweise im Auftrag der DB Schenker Rail Deutschland AG
* Getreidetransporte Frankreich – Bad Langensalza (Heyl-Mühle); Spotverkehr; Traktion ab Neudietendorf im Auftrag der Europorte France SAS (EPF)
* Gütertransporte Erfurt – Kölleda (Agrar- und Transportservice Kölleda GmbH (ATS))
* KV-Transporte Kölleda (Fromm Plastics GmbH) – Vieselbach, bedarfsweise seit 26.02.2002 im Auftrag der Schenker Deutschland AG; bis 31.12.2006 nach Erfurt im Auftrag der Axthelm + Zufall GmbH & Co. KG Internationale Spedition
* Mehltransporte Bad Langensalza (Heyl-Mühle) – Erfurt Gbf (Übergabe an DB); in der Gegenrichtung Getreidetransporte; bedarfsweise seit 19.07.2001 im Auftrag der DB Schenker Rail Deutschland AG
* Schottertransporte (Spotverkehr) Hüttengrund – Lichtenfels; seit Januar 2008
* Überführungsfahrten für Stadler

EBS Erfurter Bahnservice Gesellschaft mbH

Spielbergtor 12d
DE-99099 Erfurt
Telefon: +49 361 6534886
Telefax: +49 361 26289174
info@erfurter-bahnservice.de
www.erfurter-bahnservice.de

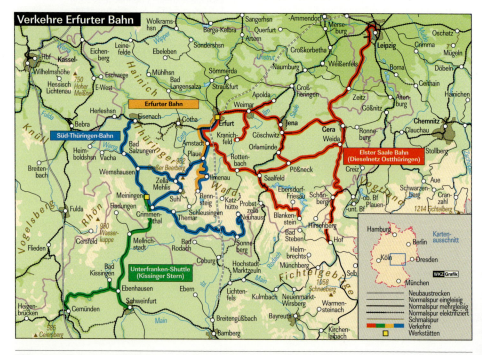

EBS / erixx

Management
* Maik Günzler (Geschäftsführer)

Gesellschafter
Stammkapital 25.000,00 EUR
* Maik Günzler (75,2 %)
* Nico Kempe (24,8 %)

Beteiligungen
* Fahrzeugwerk Karsdorf GmbH & Co. KG (als Komplementär)

Lizenzen
* DE: EVU-Zulassung (PV+GV) seit 14.02.2007, gültig bis 14.02.2022
* DE: Genehmigung zum Betreiben der Anschlussbahn Karsdorf vom 17.03.2011
* DE: Sicherheitsbescheinigung (GV); gultly seit 10.02.2010

Infrastruktur
* Anschlussbahn Karsdorf (23 km Gleislänge); Betrieb der nichtöffentlichen Infrastruktur im Auftrag der Lafarge Zement Karsdorf GmbH seit 01.11.2010

Unternehmensgeschichte
Die EBS Erfurter Bahnservice Gesellschaft mbH wurde mit Gesellschaftsvertrag vom 22.03.2006 gegründet. Die von Geschäftsführer Maik Günzler und Eisenbahnbetriebsleiter Nico Kempe gehaltene Gesellschaft ist vor allem im Bereich der Personalgestellung tätig und übernimmt regionale Leistungen im Schienengüterverkehr. Fallweise wurden auch überregionale Holztransporte für die Osthannoversche Eisenbahnen AG (OHE) bespannt, seit Mai 2010 fuhr man Automobiltransporte für den ARS Altmann-Konzern.
Im Oktober 2009 hatte die EBS 46 Mitarbeiter. Zum 01.11.2010 übernahm die EBS den Betrieb der Anschlussbahn der Lafarge in Karsdorf. Die vorhandene Gleisanlage beträgt ca. 23 km, die bestehende Werkstatt soll ausgebaut werden und auch Dritten zur Verfügung stehen. Für die Verladung von Rundholz stehen mehrere Gleise zur Verfügung, zudem sind Abstellmöglichkeiten für ca. 1.000 Waggons vorhanden. Die Werkstatt wurde in die Fahrzeugwerk Karsdorf GmbH & Co. KG (FWK) überführt, welche am Standort Untermieter der EBS ist (siehe dort).
Die EBS ist eine zugelassene Bildungseinrichtung und eine zertifizierte Prüfstelle nach TfV und Mitglied im VPI, AVV und UIC.

Verkehre
* AZ-Verkehr
* Düngertransporte Deutschland / Lovosice [CZ] – Ebeleben (LTU Landhandels-, Transport- und Umschlagdienste GmbH); Spotverkehrstraktion ab Nordhausen im Auftrag der ITL-Eisenbahn GmbH; IntEgro Verkehr GmbH und HSL Logistik GmbH
* Getreidetransporte Neumark (Vogtland) – Vierow; Spotverkehre seit Juni 2014
* Getreidetransporte nach Querfurt (Agri Futura GmbH); Spotverkehre seit 2012 ab Schkopau oder Merseburg im Auftrag der LTE Logistik- und Transport-GmbH
* Getreideverkehre Tschechien – Zeitz (CropEnergies AG); Spotverkehre seit 2013 ab Bad Schandau im Auftrag der HSL Logistik GmbH
* Holztransporte Ebersdorf-Friesau (Klausner Holz Thüringen GmbH) – Saalfeld (Wagentausch mit RBH Logistics); 18 x pro Woche seit 16.12.2013 im Auftrag der DB Schenker Nieten GmbH
* Pkw-Transporte Falkenberg (Elster) – Emden; 7 x pro Woche Traktion im Auftrag der ITL - Eisenbahn GmbH seit Januar 2013
* Rangierdienst in Plauen/V. oberer Bahnhof (Holzzüge); seit 07.11.2013 im Auftrag der RBH Logistics GmbH
* Holztransporte nach Rottleberode (ante-holz GmbH); Traktion als Spotverkehr ab Sangerhausen seit 2013 im Auftrag der RBH Logistics GmbH
* Mineralöltransporte zum Oiltanking-Tanklager in Gera; 3-5 x pro Woche Traktion ab Leipzig-Wiederitzsch seit 31.01.2012 im Auftrag der RBH Logistics GmbH
* Mineralöltransporte; Vor- und Nachlauf Tankläger Cunnersdorf, Zeitz, Niederpöllnitz; im Auftrag der RBH Logistics GmbH
* Rangierdienst in Steinbach am Wald (Wiegand-Glas GmbH); 2 x pro Woche seit 23.04.2012 im Auftrag der DB Schenker Rail Deutschland AG sowie zeitweise auch der Captrain-Gruppe
* Schiebedienst ab Riesa für Holzzüge der RBH Logistics GmbH nach Plauen/V. oberer Bahnhof; seit 2013
* Getreide- und Düngertransporte nach Kölleda (Agrar- und Transportservice Kölleda GmbH); Terminalzustellung im Auftrag der IntEgro Verkehr GmbH

erixx GmbH 🅿

Biermannstraße 33
DE-29221 Celle

erixx

Verwaltung
Bahnhofstraße 41
DE-29614 Soltau
Telefon: +49 5191 96944-0
info@erixx.de
www.erixx.de

Management
★ Wolfgang Friedrich Wilhelm Kloppenburg (Geschäftsführer)

Gesellschafter
Stammkapital 25.000,00 EUR
★ Osthannoversche Eisenbahnen AG (OHE) (100 %)

Beteiligungen
★ Niedersachsentarif GmbH (NITAG) (8,33 %)

Lizenzen
★ DE: EVU-Zulassung (PV+GV); gültig vom 04.11.2011 bis 03.11.2026

Unternehmensgeschichte
Die Osthannoversche Eisenbahnen AG (OHE) übernahm zum Fahrplanwechsel im Dezember 2011 für acht Jahre den Betrieb im „Heide-Kreuz" zwischen Hannover und Buchholz in der Nordheide sowie zwischen Bremen und Uelzen. Das in Celle ansässige Verkehrsunternehmen setzte sich damit in einem europäischen Wettbewerbsverfahren gegen fünf Konkurrenten durch und löst die DB Regio AG als Betreiber ab. Die eingesetzten Fahrzeuge stammen aus dem Pool des Auftraggebers LNVG.
Für die Betriebsdurchführung wurde zunächst mit Gesellschaftsvertrag vom 13.04.2011 die Heidekreuzbahn GmbH, Celle, gegründet. Im Rahmen eines Namenswettbewerbes wurde im September 2011 der Kunstname „erixx: Der Heidesprinter" ermittelt. erixx ist eine Ableitung aus der Heidepflanze Erika in Verbindung mit dem (Heide-) Kreuz-Symbol „X". Das zweite X stellt nach Unternehmensaussage die Dynamik eines modernen Schienenverkehrsangebots dar. Dafür steht auch das Wort Heidesprinter, das den Namen erixx ergänzt. Die Umfirmierung des Unternehmens in erixx GmbH wurde per Gesellschafterbeschluss vom 27.09.2011 umgesetzt.
Im April 2012 hatte das Unternehmen 80 Mitarbeiter:
★ 13 Verwaltungsmitarbeiter
★ 8 Mitarbeiter Werkstatt
★ 39 Triebfahrzeugführer
★ 20 Fahrgastbetreuer
Mit Stand Januar 2015 war der Personalbestand auf 150 Mitarbeiter angewachsen.

erixx / ENAG

Als zentrale Werkstatt nutzt das Unternehmen eine bereits bestehende OHE-Einrichtung in Soltau, die zu diesem Zweck erweitert wurde. Für die Erledigung der schweren Instandsetzungen und umfangreiche Fristen wurde bis November 2012 eine neue Werkstatthalle in Uelzen errichtet. Bis zur Fertigstellung des Baus hatte erixx die OHE-Werkstatt in Celle genutzt.
Im Dezember 2012 ging erixx zudem als Gewinner eines weiteren Netzes hervor, das im Dezember 2014 in Betrieb genommen wurde. Die Auftraggeber stellen für das Los 2 des Dieselnetzes Niedersachsen-Südost (DINSO) 28 Dieseltriebwagen vom Typ Alstom Coradia Lint 54 zur Verfügung.

Verkehre
* SPNV „Heide-Kreuz" Hannover – Buchholz und Bremen – Uelzen; 2,8 Mio. Zugkm/a seit Dezember 2011 für acht Jahre im Auftrag der Landesnahverkehrsgesellschaft Niedersachsen mbH (LNVG)
* SPNV „Dieselnetz Niedersachsen-Südost" (DINSO), Los 2; Hannover – Hildesheim – Bad Harzburg, Braunschweig – Uelzen, Braunschweig – Goslar / Bad Harzburg und Lüneburg – Dannenberg; rund 3 Mio. Zugkm/a vom 14.12.2014 bis 2029 im Auftrag der Landesnahverkehrsgesellschaft Niedersachsen mbH (LNVG), des Zweckverbandes Großraum Braunschweig (ZGB) und der Region Hannover

Erms-Neckar-Bahn Eisenbahn-infrastruktur AG (ENAG)

Pfählerstraße 17
DE-72574 Bad Urach
Telefon: +49 7125 407634
Telefax: +49 7125 407636
post@erms-neckar-bahn.de
www.erms-neckar-bahn.de

Management
* Carsten Strähle (Vorstandsvorsitzender)
* Jochen Heer (Vorstand)
* Thomas Heim (Vorstand)

Gesellschafter
Stammkapital 198.662,77 EUR
* rund 1.000 Aktionäre

Lizenzen
* DE: EIU Engstingen – Münsingen – Schelklingen vom 14.06.1995 bis 31.05.2024
* DE: EIU Metzingen – Bad Urach; gültig vom 06.12.1995 bis 06.12.2045
* DE: EIU Neckarbischofsheim-Nord – Hüffenhardt; gültig vom 16.11.2013 bis 15.11.2063

Infrastruktur
* Metzingen – Bad Urach (10,49 km, gekauft am 27.12.1993 zum 01.01.1994)
* Oberheutal – Engstingen (22,74 km, gepachtet von DB Netz AG für 25 Jahre ab 01.05.1999)
* Schelklingen – Oberheutal (20,41 km, gepachtet von DB Netz AG, Betriebsübergang am 11.09.2004 um 0 Uhr)
* Neckarbischofsheim Nord – Hüffenhardt „Krebsbachtalbahn" (17,0 km); zum 16.11.2013 übernommen von SWEG Südwestdeutsche Verkehrs-Aktiengesellschaft

Unternehmensgeschichte
Anfang der 1990er Jahre begannen Anlieger der Strecke Metzingen – Bad Urach, sich für die Reaktivierung des hier am 26.05.1976 eingestellten SPNV einzusetzen. Bereits am 05.07.1988 hatte Roland Hartl mit weiteren neun Gesellschaftern die Ermstal-Verkehrsgesellschaft mbH (EVG) gegrünet. Gemeinsam mit der Württembergischen Eisenbahngesellschaft mbH (WEG) wollte die EVG eine Betriebsgesellschaft ins Leben rufen, um den Bahnbetrieb in Eigenregie zu übernehmen. Bald stellte man fest, dass zum Erreichen der Ziele eine breitere Basis zur Kapitalbeschaffung notwendig war, und so wurde aus der EVG GmbH die Verkehrsgesellschaft zur Förderung des Schienenverkehrs Ermstal AG (EVG AG). Auf Anhieb beteiligten sich über 1.000 Aktionäre. Die EVG AG nahm am 01.01.1992 ihre Tätigkeit auf und löste die GmbH ab. In kurzer Zeit wuchs das Stammkapital auf über 350.000 DM. Zum 22.08.1995 wurde die EVG in die Erms-Neckar-Bahn AG (ENAG) umfirmiert.
Nach Unterzeichnung des entsprechenden Vertrages am 27.12.1993 konnte die Infrastruktur der Ermstalbahn mit Wirkung zum 01.01.1994 gekauft und anschließend saniert werden. Am 24.05.1998 wurde ein regelmäßiger Ausflugsverkehr an Wochenenden auf der Strecke aufgenommen, zum 01.08.1999 folgte der reguläre SPNV. Betreiber dieser Leistungen ist die DB ZugBus Regionalverkehr-Alb-Bodensee GmbH (RAB), teilweise sind Züge nach Reutlingen, Tübingen und Herrenberg über die Ammertalbahn durchgebunden. Der Güterverkehr wurde ab 01.01.2002 von der HzL Hohenzollerische Landesbahn AG in Kooperation mit der damaligen DB Cargo AG / Railion Deutschland AG durchgeführt, zwischenzeitlich jedoch von der heutigen DB Schenker Rail Deutschland AG wieder selbst übernommen.
In den Jahren 1999 und 2004 konnte auch die Strecke Engstingen (vormals: Kleinengstingen) – Oberheutal – Schelklingen auf der Schwäbischen Alb von der DB Netz AG gepachtet werden. Planmäßig werden dort seit 01.05.2000 an Wochenenden Fahrten mit dem „Ulmer Spatz" von Ulm über Münsingen nach Engstingen angeboten. Seit 13.09.2004 fahren an Schultagen wieder Regionalbahnen zur Schüler- und

ENAG / ERS

Pendlerbeförderung zwischen Gomadingen, Münsingen und Schelklingen. Daneben können bei der HzL und der RAB auf der Schwäbischen Albbahn auch ganze Züge gechartert werden.
Gütertransporte im Wagenladungsverkehr von und nach Oberheutal und Marbach werden seit 23.08.2010 durch die SAB Schwäbische Alb-Bahn GmbH in Kooperation mit der DB Schenker Rail Deutschland AG durchgeführt.
Premiere für die ENAG: Zum ersten Mal in Ihrer Geschichte wird die ENAG als EIU im badischen Landesteil tätig. Am 11.11.2013 übernahm das Unternehmen die in der Kurpfalz gelegene Eisenbahnlinie von Neckarbischofsheim Nord nach Hüffenhardt, welche auch als „Krebsbachtalbahn" bekannt ist. Der Kaufpreis für die knapp 17 Kilometer lange Strecke beträgt einen Euro (plus Mehrwertsteuer). Der Verkehrsverbund Rhein-Neckar (VRN) hat bereits angekündigt, dass auch 2014 wieder von Mai bis Oktober an Sonn- und Feiertagen regelmäßiger Zugverkehr zwischen Neckarbischofsheim und Hüffenhardt stattfinden wird. Als Eisenbahnverkehrsunternehmen (EVU) konnte die Pfalzbahn GmbH aus Frankenthal gewonnen werden, deren Schienenbusse bereits in den vergangenen Jahren Fahrgäste ins Krebsbachtal transportierten. Der Betrieb wird von der Nahverkehrsgesellschaft Baden-Württemberg (NVBW) bestellt, die Gebietskörperschaften entlang der Strecke bezuschussen den Betrieb der Infrastruktur mit 70.000 EUR jährlich.

ERS European Railways GmbH
G

Taunusanlage 1
DE-60329 Frankfurt am Main
cs.de@ersrail.com
www.ersrail.com

Management
* Frank Matthias Schuhholz (Geschäftsführer)

Gesellschafter
Stammkapital 25.000,00 EUR
* ERS Holding B.V. (100 %)

Lizenzen
* DE: EVU-Zulassung (PV+GV) seit 15.03.2006, gültig bis 31.03.2021

Unternehmensgeschichte
ERS European Railways GmbH ist der deutsche Ableger der niederländischen ERS Railways B.V.. Die Gesellschaft wurde mit Gesellschaftsvertrag vom 06.10.2003 als ERS Railways GmbH mit Sitz in Mainz-Kastel gegründet wurde. Die ERS Railways GmbH war als deutsche EVU-Tochter zeitweise für die betriebliche Abwicklung der seit Herbst 2002 aufgebauten Verkehre in Deutschland sowie im Nach- / Vorlauf in der Schweiz und in Italien verantwortlich. Seit dem 15.03.2006 verfügte die ERS Railways GmbH auch über die Zulassung als EVU. Die ERS-Züge verkehren jedoch weiterhin in Deutschland unter Nutzung der europaweiten Zulassung von ERS Railways B.V.. Die Gesellschafterversammlungen vom 11.03.2009 und 14.10.2009 hatten die Sitzverlegung von Frankfurt am Main nach Hamburg sowie die Umfirmierung in ERS European Railways GmbH beschlossen. Vom 11.03.2010 bis 19.11.2010 firmierte das Unternehmen kurzzeitig als Neuss Intermodal Terminal GmbH (NIT). Dies fand in einer Zeit statt, als ERS in den damaligen Strukturen neben den EVU-Aktivitäten eigentlich auch Terminalaktivitäten entwickeln wollte. Die strategische Entscheidung aus Kopenhagen, dass Terminals und Depots zu APMT wandern und ERS Railways bei Maersk Line bleibt, bedingte eine Einstellung des Engagements. Die Gesellschafterversammlung vom 27.09.2011 hat die Sitzverlegung von Hamburg nach Frankfurt am Main beschlossen.
ERS Railways hat am 02.04.2012 einen neuen Bürostandort in Frankfurt am Main eröffnet. Zunächst werden fünf Mitarbeiter in der Münchener Strasse 49 Dienst tun, die volle Einsatzbereitschaft soll im September 2012 erreicht werden. Zwei der in Frankfurt ansässigen Mitarbeiter sind für den Vertrieb in Deutschland zuständig. Vorrangiges Arbeitsfeld in der Mainmetropole wird die Steuerung und Überwachung nationaler und internationaler Verkehre von ERS aber auch von interessierten Drittunternehmen sein. Ziel ist dabei auch, vermehrt Traktionsleistungen für konventionelle Ganzzüge von und nach Deutschland anzubieten.

ESG / ESL

ESG Eisenbahn Service Gesellschaft mbH

Alemannenstraße 19
DE-71665 Vaihingen an der Enz
esg.vaihingen@gmx.de

Werkstatt
Am Bahnhof 12
DE-74321 Bietigheim-Bissingen
Telefon: +49 7041 8177810
Telefax: +40 7041 8177811
Hotline: +49 173 3101461

Management
★ Dipl.-Ing. Markus Weber (Geschäftsführer)

Gesellschafter
Stammkapital 45.000,00 EUR
★ Markus Weber (77,78 %)
★ Thomas Bürkle (20 %)
★ Jürgen Reichert (2,22 %)

Lizenzen
★ DE: EVU-Zulassung (PV+GV) seit 24.03.2004, gültig bis 15.04.2019

Infrastruktur
★ Betriebswerk Bietigheim-Bissingen

Unternehmensgeschichte
Thomas Bürkle gründete Mitte 1998 in Rudersberg die Eisenbahn Service Gesellschaft als Einzelunternehmen mit dem Unternehmenszweck, Eisenbahnverkehrsleistungen sowie Vermietung von Schienenfahrzeugen durchzuführen. Mit einem schrittweise aufgebauten Bestand gebraucht erworbener Fahrzeuge begann die Gesellschaft, Bauzugleistungen zu erbringen und Fahrzeuge an andere Unternehmen zu vermieten. Mit Gesellschaftervertrag vom 05.07.2002 und Handelsregistereintrag zum 21.08.2002 wurde durch Thomas Bürkle und den zwischenzeitlich ebenfalls an der Service Gesellschaft beteiligten Markus Weber die ESG Eisenbahn Service Gesellschaft mbH (ESG) mit Sitz in Vaihingen an der Enz gegründet. Diese übernahm die operativen Tätigkeiten der Rudersberger Eisenbahn Service Gesellschaft, welche unverändert Eigentümer der Fahrzeuge war. Kerngeschäftsfeld der ESG ist weiterhin die Vermietung von Triebfahrzeugen und die Erbringung von Bauzugleistungen. Während zunächst die Werkstatt der Württembergische Eisenbahn-Gesellschaft mbH (WEG) in Enzweihingen genutzt wurde, ist man stattdessen seit Januar 2003 auf Pachtbasis in Bietigheim-Bissingen heimisch geworden und hat dort 2007 einen modernen Werkstattneubau errichtet. Zunächst umfassten die Hallengleise 2 x 25 m, die auf insgesamt 65 m erweitert wurden. Ab Mitte 2008 wurden in Bietigheim zusätzlich 330 m Gleis als eigene Infrastruktur zum abstellen von Fahrzeugen in Betrieb genommen. Dort verfügt man auch über ein Ladegleis mit Kopf- und Seitenrampe.

Verkehre
★ AZ-Verkehr
★ Rangierdienst in Karlsruhe Hafen, Karlsruhe Gbf, Wörth und Bruchsal u.a. im Auftrag von RheinCargo GmbH & Co. (RHC), TX Logistik AG, ITL-Eisenbahngesellschaft mbH, Raillogix B.V.
★ Rangierdienst in Illingen und Lahr/Schwarzwald (Umschlaganlage Kippenheim) für Mosolf
★ Rangierdienst in Plochingen, Stuttgart Hafen, Kornwestheim Rbf, Bietigheim Bissingen und Heilbronn für verschiedene Auftraggeber

ESL GmbH

Güterbahnhofstraße 4
DE-03222 Lübbenau/Spreewald
Telefon: +49 3542 8899173
Telefax: +49 3542 8899174
info@eisenbahnservice.com
www.eisenbahnservice.com

Management
★ Jens Mende (Geschäftsführer)
★ Philipp Schemutat (Geschäftsführer)

Gesellschafter
Stammkapital 25.000,00 EUR
★ Jens Mende (74 %)
★ Philipp Schemutat (26 %)

Lizenzen
★ DE: EVU-Lizenz (PV+GV); gültig vom 15.06.2011 bis 31.12.2016

Unternehmensgeschichte
Die ESL GmbH übernahm im August 2011 die Aktivitäten der Eisenbahn Service Lübbenau KG (ESL). Der Tätigkeitsschwerpunkt der ESL GmbH liegt vor allem auf dem Sektor der Personalgestellung rund um den Eisenbahnverkehr mit dem

ESL / Euro-Express Sonderzüge / EuroRail

Schwerpunkt Gestellung von Triebfahrzeugführern. Derzeit beschäftigt das Unternehmen rund 20 Mitarbeiter.
Die ESL GmbH geht zurück auf die mit Gesellschaftsvertrag vom 10.09.2010 gegründete Ei. L.Trans GmbH Eisenbahn, Logistik und Transporte, Lübbenau/Spreewald. Geschäftsführender Gesellschafter Unternehmens war zunächst ausschließlich Jens Mende, ebenfalls Inhaber der Eisenbahn Service Lübbenau KG (ESL). Durch Beschluss der Gesellschafterversammlung vom 03.05.2011 wurde der Firmenname in ESL GmbH geändert und der zuvor als Prokurist tätige Philipp Schemutat ebenfalls zum geschäftsführenden Gesellschafter.

„Euro-Express" Sonderzüge GmbH & Co. KG P

Klosterstraße 13
DE-48143 Münster
Telefon: +49 251 5006-200
Telefax: +49 251 5006-275
info@euro-express.eu
www.euro-express.eu

Management
* Carsten David (Geschäftsführer)

Gesellschafter
Stammkapital 511.291,88 EUR
* Train Vermietungs-GmbH & Co. KG (100 %)
* Komplementär: Euro-Express Sonderzüge Verwaltungs GmbH

Unternehmensgeschichte
Im Jahr 1992 gründete Heinz Müller die Firma Euro-Express Sonderzüge. Damals kam es bei der Deutschen Bahn im Sonderzugbereich zu erheblichen Engpässen. Eine verlässliche Planung für die Tanzzugreisen des Schwesterunternehmens Müller-Touristik war nicht mehr möglich. Mit dem Kauf von 37 fast neuwertigen Wagen aus dem früheren Berlin-Verkehr wurde der Grundstein für das Unternehmen gelegt.
Euro Express-Sonderzüge hat zudem im Juni 2002 den Wagenpark (31 Fahrzeuge) des insolventen Bahnreiseveranstalters EfW-Eisenbahntours GmbH in Köln übernommen.
Durch die Anschaffung weiterer Wagen ist der Fahrzeugpark - bestehend aus Sitz-, Liege-, Tanz-, Bar-, Speise-, Ambulanz- und Gepäckwagen - auf mittlerweile rund 55 Fahrzeuge angewachsen. Nahezu 3.000 Personen können gleichzeitig befördert werden.
Hinter der Train Vermietungs-GmbH & Co. KG stehen die Train Vermietungs-Verwaltungs GmbH bzw. als Kommanditist die BUL Verwaltungs- und Beteiligungs GmbH. Gesellschafter der BUL sind zu gleichen Anteilen Dark Lütke-Brochtrup, Heinz Müller, Lothar Pues und Norbert Schauerte.
Als einer der größten privater Reisezugwagenbetreiber Deutschlands im Sonderzugverkehr vermarktet das Unternehmen Euro-Express seine Wagen selbst und arbeitet sowohl mit der Deutschen Bahn AG als auch mit fast allen europäischen Staatsbahnen sowie verschiedenen deutschen und europäischen Privatbahnen zusammen.
Die Euro-Express Wagen werden an Müller-Touristik und weitere Reiseveranstalter im In- und Ausland sowie an Firmen für Betriebsausflüge, Incentive-Reisen, Produktpräsentationen und für Pilgerzüge nach Lourdes bzw. Rom sowie für Klassenfahrten verchartert.

Verkehre
* Sonderzugverkehre in Deutschland und in Europa
* „Schnee-Express" als Turnuszug im Winter von Hamburg über das Ruhrgebiet und Bingen nach Österreich; seit 2005
* Exklusive Beförderungsleistung im Gruppenkurzreisegeschäft für Müller-Touristik

EuroRail GmbH

Schröbziger Straße 4
DE-06800 Raguhn-Jeßnitz OT Jeßnitz
Telefon: +49 3494 7200850
Telefax: +49 3494 77376
info@eurorail-evu.de

Management
* Thomas Gosch (Geschäftsführer)

Gesellschafter
Stammkapital 25.000,00 EUR
* Thomas Gosch (100 %)

Lizenzen
* DE: EVU-Zulassung (GV) seit 04.09.2008, gültig bis 03.09.2023

Unternehmensgeschichte
Die in Sachsen-Anhalt ansässige EuroRail GmbH wurde am 20.02.2008 mit Sitz in Jeßnitz nördlich von Bitterfeld für die Erbringung von Schienengüterverkehren gegründet. Zwar hat die Gesellschaft eine EVU-Zulassung, am Markt ist man

EuroRail / EVS

aber bislang nicht tätig geworden. EuroRail-Gesellschafter Gosch betreibt außerdem den LTG-Lokführerservice Thomas Gosch. Zum 01.09.2011 übernahm Gosch auch die Gesellschafteranteile (50 %) von Gründungskollege Bernd Zahn. Zahn wiederum gründete am 22.06.2012 die Bahndienste Brehna GmbH mit Sitz im namensgebenden Sandersdorf-Brehna OT Brehna.

EVS EUREGIO Verkehrsschienennetz GmbH 🇩🇪

Rhenaniastraße 1
DE-52222 Stolberg
Telefon: +49 2402 9743-0
Telefax: +49 2402 9743-215
info@evs-online.com
www.evs-online.com

Management
* Thomas Fürpeil (Geschäftsführer)
* Christian Hartrampf (Geschäftsführer)

Gesellschafter
Stammkapital 30.000,00 EUR
* Ewald Schmitz (33,33 %)
* Helmut Conrads (33,33 %)
* R.A.T.H. GmbH (16,67 %)
* HF Conrads Verwaltungs GmbH (16,67 %)

Lizenzen
* DE: EIU Abzw. Kellersberg – Siersdorf (Grube Emil Mayrisch)
* DE: EIU Abzw. Quinx – Würselen
* DE: EIU Stolberg (Rheinl) Hbf – Frenz
* DE: EIU Stolberg (Rheinl) Hbf – Herzogenrath
* DE: EIU Stolberg (Rheinl) Hbf – Walheim Bundesgrenze
* DE: EIU Weisweiler – Langerwehe
* DE: EVU-Zulassung (PV+GV) seit 15.05.2001 befristet bis 31.05.2016

Infrastruktur
* Stolberg (Rheinl) Hbf – Herzogenrath (19,7 km)
* Stolberg (Rheinl) Hbf – Walheim Bundesgrenze (17,3 km)
* Stolberg (Rheinl) Hbf – Frenz Abzw. (12,5 km)
* Kellersberg – Siersdorf Abzw. Quinx – Würselen (6,4 km)
* Weisweiler – Langerwehe (2,4 km)

Unternehmensgeschichte
Die EUREGIO Verkehrsschienennetz GmbH (EVS) wurde im Juni 1999 von der BSR Naturstein-Aufbereitungs GmbH mit dem Ziel gegründet, die Eisenbahninfrastruktur in der Region Aachen umfassend zu reaktivieren und dem allgemeinen Eisenbahnverkehr als öffentliche Einrichtungen zur Verfügung zu stellen.
Im Rahmen des Regionalbahnkonzepts „euregiobahn" konnte seitdem ein Großteil der von der EVS übernommenen Strecken für den Personenverkehr (SPNV) in Betrieb genommen werden. Hierfür wurden von der EVS die Gleiskörper saniert, die Sicherungsanlagen an den Stand der Technik angepasst und moderne Haltepunkte und Serviceeinrichtungen gebaut. Seit November 2011 wird das Streckennetz der EVS von der neu eingerichteten Leitstelle im Bahnhofsgebäude Stolberg über ein neues elektronisches Stellwerk zentral gesteuert.
In der ersten Ausbaustufe konnte zum Fahrplanwechsel am 10.12.2001 auf dem Streckenabschnitt Stolberg Hbf – Stolberg Altstadt der Personenverkehr wieder aufgenommen werden. Die Züge der „euregiobahn" verkehren seitdem halbstündlich in der Relation Stolberg – Aachen, wobei jeder zweite Zug über Aachen hinaus via Herzogenrath ins niederländische Heerlen durchgebunden wird. Der Betrieb der „euregiobahn" erfolgt durch die DB Regionalbahn Rheinland GmbH, die auf der Strecke nach Heerlen mit dem niederländischen Unternehmen NS Reizigers B.V. kooperiert. Zum 11.09.2004 konnte als Bestandteil der zweiten Ausbaustufe die eingleisige Strecke von Stolberg Hbf bis Eschweiler-Weisweiler (Eschweiler Talbahn) mit vier neuen Haltepunkten im SPNV reaktiviert werden. Gleichzeitig werden die Züge in Stolberg Hbf erstmals geflügelt und die „euregiobahn" über Herzogenrath hinaus bis nach Herzogenrath-Alt-Merkstein verlängert.
Weitere Netzerweiterungen erfolgten zur Aufnahme des SPNV auf der sogenannten Ringbahn zwischen Herzogenrath über Alsdorf in Richtung Stolberg. Am 09.12.2005 wurde der Betrieb der „euregiobahn" bis Alsdorf-Anna verlängert und am 09.12.2011 bis Alsdorf-Begau. Am 10.06.2009 wurde die Neubaustrecke Langerwehe-Weisweiler in Betrieb genommen. Sie ermöglicht die Verknüpfung der Eschweiler Talbahnstrecke mit der Hauptstrecke Köln – Aachen in Langerwehe.
Für die geplante Weiterführung der Züge bis Düren soll entlang der Magistrale Köln – Aachen ein drittes Gleis errichtet werden. Auf der EVS-Agenda stehen weiterhin die Komplettierung der Ringbahn bis Stolberg, die Einbindung der Aachener Innenstadt über Würselen und die (Wieder-)Anbindung des belgischen Streckennetzes und der deutschsprachigen Gemeinschaft in Belgien durch Reaktivierung der Stolberger Strecke über Breinig hinaus südwärts bis zur Bundesgrenze.
Das Netz der „euregiobahn" soll bis 2016 komplett elektrifiziert werden. Dies hat die

EVS / F.E.G. / FHS

Verbandsversammlung des Aachener Verkehrsverbundes (AVV) im Herbst 2011 beschlossen. Mit der Umstellung auf E-Triebwagen sollen ein umweltfreundlicher und effizienter Betrieb ermöglicht werden.
Zum 12.12.2012 wurden die Anteile von Henning Emden zu je 50 % auf die HF Conrads Verwaltungs GmbH in Stolberg (je 50 % Helmut und Frank Conrads) sowie die R.A.T.H. GmbH in Düren übertragen.

F.E.G. Friesoyther Eisenbahngesellschaft mbH

Alte Mühlenstraße 12
DE-26169 Friesoythe
Telefon: +49 4491 9693-147
Telefax: +49 4491 9293-101
info@friesoyther-eisenbahngesellschaft.de
www.friesoyther-eisenbahngesellschaft.de

Management
* Dirk Vorlauf (Geschäftsführer)

Gesellschafter
Stammkapital 25.000,00 EUR
* Stadt Friesoythe (52 %)
* Museumseisenbahn Friesoythe-Cloppenburg e. V. (MFC) (28 %)
* Paul Meyer GmbH (10 %)
* Butterweck Rundholzlogistik GmbH & Co. KG (10 %)

Lizenzen
* DE: EIU Friesoythe – Cloppenburg ab 11.03.2004, für 50 Jahre
* DE: EVU-Zulassung (PV+GV), gültig vom 08.07.2009 bis 08.07.2024

Infrastruktur
* Friesoythe – Cloppenburg (26,3 km), Kauf von DB Netz AG am 12.05.2004

Unternehmensgeschichte
Die F.E.G. Friesoyther Eisenbahn-Infrastruktur Gesellschaft mbH (F.E.G.) wurde am 20.11.2003 gegründet. Ziel war die Übernahme der Eisenbahnstrecke Friesoythe – Cloppenburg, was im Mai 2004 realisiert wurde. Obwohl ein Nutzer der Strecke die Museumseisenbahn Friesoythe - Cloppenburg e.V. ist, war ausdrücklich nicht ein Museumsbetrieb Hintergrund der Streckenübernahme sondern eine Nutzung im Güterverkehr. Am 10.10.2004 wurde der Güterverkehr durch die LTH Transportlogistik GmbH / Osthannoversche Eisenbahnen AG (OHE) auf der Teilstrecke Cloppenburg – Garrel aufgenommen,
nachfolgend wurden auch weitere EVU auf der Strecke tätig.
Die Gesellschafterversammlung der F.E.G. vom 30.11.2009 hat die Umfirmierung in F.E.G. Friesoyther Eisenbahngesellschaft mbH beschlossen.
Neben dem Streckengleis umfasst die F.E.G.-Infrastruktur derzeit lediglich im Bahnhof Garrel ein nutzbares Nebengleis.

Fährhafen Sassnitz GmbH (FHS)

Im Fährhafen 20
DE-18546 Sassnitz / Neu Mukran
Telefon: +49 38392 55-0
Telefax: +49 38392 55-240
info@faehrhafen-sassnitz.de
www.faehrhafen-sassnitz.de

Management
* Harm Sievers (Geschäftsführer)

Gesellschafter
Stammkapital 2.556.459,41 EUR
* Land Mecklenburg-Vorpommern (90 %)
* Stadt Sassnitz (10 %)

Beteiligungen
* Baltic Port Rail Mukran GmbH (BPRM) (80 %)

Lizenzen
* DE: EIU-Zulassung seit 10.12.1997 befristet bis 31.12.2027
* DE: EVU-Zulassung (PV+GV) seit 10.12.1997, gültig bis 31.12.2027

Infrastruktur
* Normalspur-Hafenbahn (9 km Gleislänge, Spurweite 1.435 mm); betrieben als öffentliche Eisenbahninfrastruktur
* Breitspur-Hafenbahn (27 km Gleislänge, Spurweite 1.520 mm); betrieben als öffentliche Eisenbahninfrastruktur

Unternehmensgeschichte
Als einziger Seehafen in Westeuropa hat der Fährhafen Sassnitz Gleise in zwei Spurweiten. Neben der europäischen Normalspur (1.435 mm) verfügt er nämlich noch über Gleise in der russischen Breitspur (1.520 mm). Für das Umladen der verschiedenen Güter in die russischen Breitspurwaggons stehen auf dem 340 ha großen Bahnhofsgelände heute 27 von ursprünglich rund 40 km Breitspur- und 70 km Normalspur-Gleisanlagen, insgesamt fünf Hallen, vier Freikrananlagen und Umachsanlagen zur

FHS / FWK / FVE

Verfügung. Sassnitz-Mukran ist damit auch Teil des russischen Eisenbahnsystems.
Betreiber der Anlagen ist die am 13.06.1992 gegründete Fährhafen Sassnitz GmbH (FHS), die im August 2011 über 50 Mitarbeiter verfügte.
Die Hafenbahn „Baltic Port Rail Mukran", ein Tochterunternehmen des Fährhafens Sassnitz, hat am 20.04.2011 offiziell den Betrieb aufgenommen. Die Aufnahme des Rangierbetriebs soll den Hafen- und Schienenumschlag besser verzahnen und die Flexibilität aller Eisenbahn-Breitspuraktivitäten erhöhen. In diesem Zusammenhang übernahm die FHS Anfang 2011 die Breitspurgleisanlagen des Fährhafens von der DB Netz AG.

Fahrzeugwerk Karsdorf GmbH & Co. KG (FWK)

Straße der Einheit 25
DE-06638 Karsdorf
Telefon: +49 3446 1260616
nl-karsdorf@erfurter-bahnservice.de

Gesellschafter
* Maik Günzler (75 %)
* Nico Kempe (25 %)
* EBS Erfurter Bahn Service Gesellschaft mbH (Komplementär)

Lizenzen
* DE: EVU-Lizenz (PV+GV); gültig vom 29.10.2013 bis 30.09.2028

Unternehmensgeschichte
Die am 11.09.2012 in das Handelsregister eingetragene Fahrzeugwerk Karsdorf GmbH & Co. KG (FWK) ist eine am namensgebenden Standort tätige Werkstattgesellschaft. Die seit 2010 durch den Komplementär EBS Erfurter Bahnservice Gesellschaft mbH gepachteten Anlagen - u.a. 23 km umfassende Gleisanlagen zur Waggonabstellung - werden von der FWK als Untermieterin genutzt. Die FWK-Werkstatt ist nach ECM und VPI zertifiziert.
Seit 2013 verfügt die FWK über eine eigene EVU-Zulassung, die erst seit Mitte Dezember 2014 aktiv genutzt wird für Loküberführungen von und zur Werkstatt. Zudem werden seit 14.12.2014 die Dieseltriebwagen (Baureihe 672) der DB Regio-Burgenlandbahn täglich in Karsdorf gereinigt und

betankt. Die Fahrzeugübergabe zwischen DB Regio und FWK erfolgt auf der Anschlussbahn.

Verkehre
* Loküberführungen zwischen Naumburg (Saale) und Karsdorf

Farge-Vegesacker Eisenbahn-Gesellschaft mbH (FVE) ◫

Farger Straße 128
DE-28777 Bremen
Telefon: +49 421 68646
Telefax: +49 421 683560
info.fve@captrain.de
www.captrain.de

Management
* Dipl.-Ing. Henrik Wilkening (Geschäftsführer)

Gesellschafter
Stammkapital 767.000,00 EUR
* Captrain Deutschland GmbH (CT-D) (100 %)

Lizenzen
* DE: EIU Bremen-Farge – Bremen-Vegesack
* DE: EVU-Zulassung (GV) seit 19.12.1994, unbegrenzt gültig

Infrastruktur
* Bremen-Farge – Bremen-Vegesack (10,44 km)

Unternehmensgeschichte
Die am 17.07.1885 gegründete Farge-Vegesacker Eisenbahn AG eröffnete am 31.12.1888 die regelspurige Bahnstrecke zwischen den Bahnhöfen Grohn-Vegesack und Farge. Von den 10,44 km Streckenlänge lagen damals nur 0,11 km auf dem Gebiet der Hansestadt Bremen. Nach diversen Eingemeindungen befindet sich seit 1939 nahezu die gesamte Strecke auf Bremer Stadtgebiet. Die Betriebsführung der FVE übernahm zunächst die Preußische Staatsbahn, der Sitz der Verwaltung befand sich damals am Bahnhof Blumenthal. Am 01.10.1927 wurde die Aktienmehrheit auf die AG für Verkehrswesen (AGV) übertragen, deren Tochter Allgemeine Deutsche Eisenbahn-Betriebs-GmbH (ADEG) die Betriebsführung übernahm. Der ADEG folgte ab 1945 die Deutsche Eisenbahn-Gesellschaft, die seit den 1990er Jahren zur Connex-Gruppe

FVE / FARNAIR RAIL Logistics

(heute: Transdev bzw. Captrain Deutschland) gehört. Seit 18.12.1953 firmiert die FVE als GmbH. Am 22.11.2010 übernahm Captrain Deutschland die 2 % der Hansestadt Bremen und ist nun Alleingesellschafter der FVE.
Seit den 1970er Jahren hat der früher bedeutende Güterverkehr auf der FVE durch die zunehmende Verlagerung auf die Straße stetig abgenommen. Mit dem Wegfall von Großkunden wie der Bremer Vulkan AG (Einstellung des Schiffbaus 1997) und dem Kohlekraftwerk in Farge (seit 2000 Belieferung per Schiff) war zuletzt auch eine einzelne Lok mit dem Restgüterverkehr nicht mehr ausgelastet. Auch das im Januar 2002 errichtete Anschlussgleis zu einer auf dem Gelände der Vulkan-Werft angesiedelten Neuwagenspedition wurde seitdem nur wenige Male bedient.
Seit 2003 ist die FVE ein reines EIU, nachdem das damalige Schwesterunternehmen NordWestCargo GmbH (NWC) zum 01.01.2003 die Verkehrsleistungen auf der Strecke übernahm, im Januar 2005 durch die TWE Bahnbetriebs GmbH sowie im Oktober 2010 durch die DB Schenker Rail Deutschland AG abgelöst wurde. Anfang 2007 beschäftigte die FVE vier Mitarbeiter, im Juli 2008 und am 31.12.2010 waren es 13. Ende März 2015 verzeichnete die Gesellschaft 14 Mitarbeiter.
Von April 2013 bis Juni 2014 fuhren wieder regelmäßig Kohlezüge mit Traktion der Heavy Haul Power International GmbH (HHPI) zum Kohlekraftwerk in Farge.
Die FVE verlor bereits am 01.11.1961 den zeitweise nach Bremen Hauptbahnhof durchgebundenen Personenverkehr. Am 16.12.2007 wurde nach einer im Ende Januar 2007 eingeleiteten Modernisierung der SPNV auf der FVE wieder aufgenommen. Ein entsprechender Verkehrsvertrag, der einen 30-Minuten-Takt vorsieht, wurde durch den Senat der Hansestadt Bremen und die NordWestBahn GmbH (NWB) unterzeichnet. Von 2007 bis Ende 2011 nutzte die NWB Dieseltriebwagen des Typs „Talent", ehe die FVE-Strecke zum 11.12.2011 nach Abschluss der Elektrifizierungsarbeiten in das durch die NWB betriebene Netz der Regio-S-Bahn Bremen/ Niedersachsen integriert wurde. Während damit zugleich der Einsatz von „Coradia Continental"-Triebwagen aufgenommen wurde, unterblieb die vorgesehene Verknüpfung mit der Verbindung Bremen-Vegesack – Bremen Hbf – Verden (Aller) zunächst. Diese wurde im April 2012 außerhalb der Hauptverkehrszeiten und an Wochenenden eingerichtet, während wochentags morgens und nachmittags/abends alle Züge nach wie vor in Bremen-Vegesack wenden.

FARNAIR RAIL Logistics GmbH & Co. KG

c/o CS Logistik GmbH
Kanderstraße 3
DE-79576 Weil am Rhein
Telefon: +41 61 560-3481
Telefax: +41 61 560-3330
dispo@farnair.com
www.farnair.com

Management
★ Guy Girard (Geschäftsführer)
★ Robert Peter Hediger (Geschäftsführer)

Gesellschafter
★ FARNAIR RAIL GmbH

Lizenzen
★ DE: EVU-Zulassung (PV+GV); gültig vom 06.04.2011 bis 31.03.2026

Unternehmensgeschichte
Unter der Firmierung „Farnair Rail Logistics" wird Farnair die bestehenden Aktivitäten in den Bereichen Luftfahrt, Flughafenabfertigung und Lkw um Bahnaktivitäten erweitern. Farnair Rail Logistics hat ihren Sitz in Weil am Rhein nahe Basel und wird zunächst mit Aktivitäten in Deutschland starten. Eigene Zugleistungen befanden sich 2011 in Vorbereitung, ruhen aber seit 2012 mangels Transportmasse. Langfristig nannte das Unternehmen die Entwicklung eines europäischen Frachtnetzwerks mit Fokus auf Eisenbahndienstleistungen auf der einen Seite und auf der anderen die Schaffung von Synergien und Konnektivität zwischen den Bereichen der Luftfahrt-, Eisenbahn- und Bodendienstleistungen als Ziel.
Die Geschäftsführung der Farnair-Bahnsparte übernehmen Guy Girard, CEO der Farnair Europe, und Robert Peter Hediger. Hediger ist seit März 2007 Director Business Development der Farnair Switzerland und war zuvor Manager bei UPS Deutschland.
Persönlich haftender Gesellschafter der FARNAIR RAIL Logistics GmbH & Co. KG ist die FARNAIR RAIL GmbH, Weil am Rhein, eine 100 %-Tochter der Mindoro Investments Ltd., Limassol (Zypern).
Farnair wurde 1984 gegründet und ist heute mit den 19 Flugzeugen der Tochtergesellschaft Farnair Switzerland eine der führenden Expressfrachtairlines Europas. Außerdem bietet man Charterflüge sowie Ad-hoc- und Langzeit-Charter-Passagierflüge an.

Fels Netz / FLB

Fels Netz GmbH

Hornberg 1
DE-38875 Oberharz am Brocken / OT Elbingerode
Telefon: +49 39454 58-0
info@fels.de
www.fels.de

Management
* Frank Heydecke (Geschäftsführer)
* Sascha Köhler (Geschäftsführer)

Gesellschafter
Stammkapital 600.000,00 EUR
* FELS-WERKE GmbH (100 %)

Lizenzen
* DE: EIU Blankenburg Nord – Elbingerode seit 01.05.2006, gültig bis 31.12.2025
* DE: EIU Röblingen am See – Schraplau; gültig vom 19.11.2012 bis 08.12.2062

Infrastruktur
* „Rübelandbahn" Blankenburg Nord – Elbingerode Anst Hornberg (18,5 km); gepachtet von DB Netz AG seit 01.05.2006
* Röblingen am See – Schraplau (4,1 km); gepachtet von DB Netz AG von Dezember 2012 bis 2027

Unternehmensgeschichte
Die Gründung der Fels Netz GmbH am 29.12.2005 geht auf die am 12.07.2005 veröffentlichte Ausschreibung der DB Netz AG für die sachsen-anhaltinische Strecke Blankenburg – Elbingerode (Rübelandbahn) zur Übernahme durch Dritte zurück. Die Rübelandbahn ist die von der Halberstadt-Blankenburger Eisenbahn 1886 eröffnete Eisenbahnverbindung von Blankenburg über Rübeland und Königshütte nach Tanne, von wo später Anschluss zur Südharzeisenbahn und Harzquerbahn bestand. Der Abschnitt Tanne – Königshütte wurde 1968 und der Abschnitt Königshütte – Elbingerode 2000 stillgelegt. Wegen der örtlichen Kalkwerke wurde die Strecke zu DDR-Zeiten zu einer der wichtigsten Zulieferrouten für die Chemieindustrie und wegen des enorm gestiegenen Güteraufkommens 1960 - 1965 als Inselbetrieb im Netz der ehemaligen DR mit Einphasenwechselstrom (25 kV/50 Hz) elektrifiziert.

Das Kalkwerk Rübeland / Hornberg wurde nach 1990 von der Goslarer Fels-Werke GmbH übernommen, welche die o. g. Tochtergesellschaft gründete, um auch weiterhin die benötigte Infrastruktur für den unverändert starken Güterverkehr vorzuhalten. Im April 2006 wurde der Fels Netz GmbH die Genehmigung zum Betreiben der Eisenbahninfrastruktur der Rübelandbahn erteilt. Die Genehmigung wurde mit Übernahme der Infrastruktur von der DB Netz AG am 30.04.2006 um 24 Uhr wirksam. Alle Verkehre auf der Rübelandbahn werden derzeit von der Havelländische Eisenbahn AG (hvle) erbracht.
Der erste (Sonder-)Personenzug seit der SPNV-Abbestellung zum Fahrplanwechsel 2005 verkehrte am 23.03.2008 mit der Harzer Schmalspurbahnen GmbH (HSB) als verantwortlichem EVU, wozu 285 001 der hvle den nicht steilstreckentauglichen T 62 (Esslingen 23504/1952; ex TWE) des Blankenburger Vereins „Brücke" bespannte. Das Angebot an derartigen Ausflugsverkehren soll künftig verstetigt werden, weshalb 2008 weitere Fahrten zu Pfingsten sowie an den Sonntagen im Juli und August stattfanden.
Nach dem Jahr 2006 begonnenen umfangreichen Modernisierungsarbeiten steht die Oberleitung seit 20.10.2008 wieder unter Strom. Im Januar 2009 begannen erste Testfahrten zu deren regulärer Inbetriebnahme mit einer E-Lok der hvle und seit Ende März 2009 verkehren die meisten Fahrten wieder mit elektrischer Traktion, nachdem seit 2005 nur Dieselloks hatten eingesetzt werden können. Die Sanierung der Bahnstrecke und der Anlagen zur Traktionsenergieversorgung wurden finanziell vom Land Sachsen-Anhalt gefördert.
In Sachsen-Anhalt betreibt die Fels Netz außerdem die Strecke 6803 Röblingen am See – Schraplau. Diese Infrastruktur wird ausschließlich für die Kalkverkehre in und aus dem Kalkwerk Schraplau durch die DB Schenker Rail Deutschland AG genutzt.

FLB - Friedländer Bahn - GmbH

Pleetzer Weg 39
DE-17098 Friedland
Telefon: +49 3981 489851
Telefax: +49 3981 489852

Management
* Peer-Uwe Krimpenfort (Geschäftsführer)

Gesellschafter
Stammkapital 25.000,00 EUR
* Friedländer Landhandels- und Dienste GmbH (33,6 %)
* Miro Wiechmann (33,2 %)
* Peer-Uwe Krimpenfort (33,2 %)

FLB / Flecken Bruchhausen-Vilsen / FME

Infrastruktur
* Awanst Trollenhagen – Friedland (Meckl.) (19,1 km); im April 2004 gekauft von DB Netz AG; verpachtet an ELS Eisenbahn Logistik und Service GmbH

Unternehmensgeschichte
Die Strecke Neubrandenburg – Friedland (Meckl.) diente nach der Stilllegung im Personenverkehr am 14.01.1994 ausschließlich dem Güterverkehr. Als die DB Netz AG die Strecke komplett stilllegen wollte beschloss der Kunde Friedländer Landhandels- und Dienste GmbH, der Düngemittel über die Schiene bezieht, die Infrastruktur in eigene Hände zu nehmen. Unter Beteiligung von zwei Privatpersonen wurde am 30.03.2004 die FLB - Friedländer Bahn - GmbH gegründet. Im April 2004 konnte die Strecke Awanst Trollenhagen – Friedland (Meckl.) von DB Netz gekauft und ab 21.04.2005 an die ELS Eisenbahn Logistik und Service GmbH verpachtet werden.

Flecken Bruchhausen-Vilsen
P I

Lange Straße 11
DE-27305 Bruchhausen-Vilsen
Telefon: +49 4252 391-0
Telefax: +49 4252 391-300
info@bruchhausen-vilsen.de
www.bruchhausen-vilsen.de

Deutscher Eisenbahn-Verein e.V. (DEV)
Bahnhof 1
DE-27305 Bruchhausen-Vilsen
Telefon: +49 4252 9300-21
Telefax: +49 4252 9200-12
info@museumseisenbahn.de
www.museumseisenbahn.de

Management
* Horst Wiesch (Samtgemeindebürgermeister)

Lizenzen
* DE: EIU für die eigene Infrastruktur
* DE: EVU-Zulassung (PV) seit 22.11.1995, gültig bis 22.11.2025

Infrastruktur
* Bruchhausen-Vilsen – Heiligenberg – Asendorf (7,8 km, Spurweite 1.000 mm)

Unternehmensgeschichte
Flecken ist eine vor allem in Norddeutschland verwendete Bezeichnung für eine Minderstadt, die oftmals über Marktrechte verfügt. Der Flecken Bruchhausen-Vilsen ist EVU und EIU für die Museumseisenbahn Bruchhausen-Vilsen (MBV).
Im November 1964 wurde für den Betrieb einer Kleinbahn mit allen ihren Anlagen als lebendiges Freilichtmuseum der „Deutsche Kleinbahn-Verein" gegründet, 1996 erfolgte die Umbenennung in Deutscher Eisenbahn-Verein e.V. (DEV).
Der Museumsbahnverkehr auf der von Bruchhausen-Vilsen ausgehenden Schmalspurbahn Bruchhausen-Vilsen – Heiligenberg wurde am 02.07.1966 aufgenommen. Dies war, von einzelnen kurzlebigen Versuchen abgesehen, die erste Museumseisenbahn Deutschlands.
Zwischen dem Flecken Bruchhausen-Vilsen und dem DEV gibt es seit 1982 einen Pacht- und Betriebsführungsvertrag über den Betrieb des Unternehmens - vorher war der ursprüngliche Eigentümer Verkehrsbetriebe Grafschaft Hoya GmbH (VGH) das EVU bzw. EIU.
Neben dem heute bestehenden Niedersächsischen Kleinbahn-Museum wird auf der zwischenzeitlich wieder bis Asendorf befahrbaren Museumsbahnstrecke an Wochenenden von Mai bis September und im Dezember planmäßig zumeist mit Dampfloks gefahren. Unter dem Namen „Kaffkieker" wird ein Zubringerverkehr auf der Strecke Eystrup – Bruchhausen-Vilsen – Syke betrieben.

Verkehre
* Museumsbahnverkehr

FRÄNKISCHE MUSEUMS-EISENBAHN E.V.
NÜRNBERG

Fränkische Museums-Eisenbahn e.V. Nürnberg (FME) P G

Klingenhofstraße 70
DE-90411 Nürnberg
Telefon: +49 911 5109738
Telefax: +49 911 8155569
info@fme-ev.de
www.fme-ev.de

Management
* Dipl.-Ing. Hans-Peter Schenk (1. Vorsitzender)
* Dipl.-Ing. Sebastian Pfaller (2. Vorsitzender)

FME / FEG

* Dipl.-Ing. Mathias Schenkel (3. Vorsitzender)

Lizenzen
* DE: EVU-Zulassung (PV+GV) seit 17.01.1996, gültig bis 31.12.2024

Infrastruktur
* Die FME betreibt seit 2003 im Bahnhof Nürnberg-Nordost eine nichtöffentliche Eisenbahninfrastruktur (ca. 1 km lange Anschlussbahn)

Unternehmensgeschichte
1984 entstand in Nürnberg, der Stadt mit der ältesten Eisenbahntradition Deutschlands, ein Arbeitskreis Fränkischer Eisenbahnfreunde. Am 16.03.1985 gründete sich aus diesem Kreis heraus der Verein „Fränkische Museums-Eisenbahn e.V.", der am 08.05.1986 seinen ersten Dampfsonderzug unter dem Motto „Mit dem Moggerla in die Blöih" von Fürth nach Cadolzburg durchführte. Zwischenzeitlich firmierte der Verein in Fränkische Museums-Eisenbahn e.V. Nürnberg um.

Verkehre
* Sonderzüge im Personenverkehr mit der Dampflok 52 8195 und historischen Wagen aus den 30er und 50er Jahren des 20. Jahrhunderts im nordbayerischen Raum und den angrenzenden Regionen Thüringen, Sachsen und Böhmen
* Die Kleinlok 322 614-6 der FME ist seit 13.06.2007 im Betriebshof der Firma Joseph Hubert, Bauunternehmung GmbH & Co. KG für Rangierarbeiten im Anschluss und im Bahnhof Cadolzburg eingesetzt. Die FME bedient seit einigen Jahren den Anschluss der Firma, die Übergabefahrten von Fürth nach Cadolzburg werden mit der V60 11011 der FME durchgeführt.
* AZ-Verkehr im Großraum Nürnberg

Freiberger Eisenbahngesellschaft mbH (FEG) 𝐏

Carl-Schiffner-Strasse 26
DE-09599 Freiberg
Telefon: +49 3731 30077-0
Telefax: +49 3731 30077-22
info@freiberger-eisenbahn.de
www.freiberger-eisenbahn.de

Management
* Dipl.-Wirtschaftsing. Henrik Rüdiger Behrens (Geschäftsführer)
* Dipl.-Wirtschaftsing. (FH) Michael Engelhardt (Geschäftsführer)

Gesellschafter
Stammkapital 160.000,00 EUR
* Rhenus Veniro GmbH & Co. KG (RV) (85 %)
* REGIOBUS Mittelsachsen GmbH (10 %)
* Reisedienst Heinig (1,25 %)
* Vogt´s Reisen (1,25 %)
* Reiseverkehr Zimmermann (1,25 %)
* Busverkehr Zacharias GmbH & Co. KG (1,25 %)

Lizenzen
* DE: EIU für die eigene Infrastruktur seit 18.01.2002
* DE: EVU-Zulassung (PV+GV) seit 10.01.2001, gültig bis 10.01.2016

Infrastruktur
* Die FEG ist als EIU Nebenanschließer der Anschlussbahn Saxonia in Freiberg. Auf einem Teil des ehemaligen Hüttengeländes betreibt die FEG eine 2004 errichtete Werkstattanlage mit einer Gleislänge von ca. 1 km.

Unternehmensgeschichte
Die am 07.06.2000 gegründete Freiberger Eisenbahngesellschaft mbH (FEG) ist ein Tochterunternehmen von Rhenus Veniro, der REGIOBUS Mittelsachsen GmbH sowie vier regionaler Busgesellschaften und betreibt seit 25.11.2000 SPNV auf der von der R.P. Eisenbahn GmbH (RPE) gepachteten Strecke Freiberg – Holzhau. Während der vorangegangenen mehrmonatigen Streckensanierung mit Anhebung der zulässigen Geschwindigkeit von 50 auf 80 km/h wurde SEV durchgeführt.

FEG / FBE / Freightliner DE

Eine mögliche Betriebserweiterung wurde durch die Gründung der Erzgebirgsbahn der DB Regio und die damit verbundene Aufhebung eines Ausschreibungsverfahrens 2001 verhindert. Wartungsarbeiten wurden bis zur Inbetriebnahme einer eigenen Werkstatt in Freiberg Anfang 2004 in Mulda und Chemnitz (ehemaliges DB-Werk) durchgeführt.
Die drei unternehmenseigenen RegioShuttle wurden nach in dieser Zeit geborenen Kindern von FEG-Mitarbeitern benannt.

Verkehre
★ SPNV Freiberg – Holzhau; 0,25 Mio. Zug-km pro Jahr vom 25.11.2000 bis 2019 im Auftrag des Zweckverbandes Verkehrsverbund Mittelsachsen (ZVMS)

FBE Freie Bergbau- und Erlebnisbahn e. V.

August-Bebel-Straße 5
DE-06773 Gräfenhainichen
Telefon: +49 34953 25891
Telefax: +49 34953 21085
info@fbe-bahn.de
www.fbe-bahn.de

Management
★ Wolfgang Vorpahl (1. Vorsitzender)

Beteiligungen
★ Anhaltische Bahn Gesellschaft mbH in Insolvenz (ABG) (50 %)

Lizenzen
★ DE: EVU-Zulassung (PV+GV) seit 20.04.1999, gültig bis 31.03.2029

Infrastruktur
★ Nichtöffentliche Infrastruktur Oranienbaum – Vockerode (gepachtet von der ELS)

Unternehmensgeschichte
In der Region zwischen Dessau und der Dübener Heide wurde bereits seit dem 18. Jahrhundert Braunkohle abgebaut. Mit dem Aufkommen der industriellen Braunkohleförderung Ende des 19. Jahrhunderts wurden die Gruben durch Bahnstrecken erschlossen. Neben nichtöffentlichen Grubenbahnen bestand ab 21.06.1918 die Zschornewitzer Kleinbahn GmbH, die unter Verknüpfung zweier bereits als Grubenbahnen vorhandener Streckenabschnitte ab 01.04.1919 die 17 km lange Strecke Burgkemnitz – Zschornewitz – Golpa – Oranienbaum betrieb. 1950 wurde die inzwischen verstaatlichte Strecke wieder in eine nichtöffentliche Strecke umgewandelt und ab 1953 zusammen mit den umliegenden Grubenbahnen durch das Braunkohlenkombinat (BKK) Bitterfeld betrieben. Mit der Privatisierung des BKK Bitterfeld gelangten die Anlagen zur Vereinigten Mitteldeutschen Braunkohlenwerke AG, welche sie nach der bis 1993 erfolgten Einstellung des Braunkohletagebaus im Jahr 1995 an die Lausitzer und Mitteldeutsche Bergbau-Verwaltungsgesellschaft mbH (LMBV) übergab. Auf einem Teil des früheren Tagebaus Golpa Nord entstand ab 1995 „Ferropolis – die Stadt aus Eisen", ein Museum und Veranstaltungsort. Um in diesem Zusammenhang einen Teil des Grubenbahnnetzes einer touristischen Nutzung zuzuführen, wurde am 21.09.1996 der Verein FBE Ferropolis Bergbau- und Erlebnisbahn e. V. ins Leben gerufen. Dieser beteiligte sich zum 04.11.1998 mit 50 % an der per Gesellschaftsvertrag vom 07.10.1997 gegründeten Anhaltische Bahn Gesellschaft mbH (ABG) in Dessau. Die ABG schloss zum 17.05.2001 mit der LMBV einen Kaufvertrag über die in der Region noch vorhandene Grubenbahninfrastruktur ab und verpachtete diese Infrastruktur anschließend zum 01.01.2002 über einen Zeitraum von 15 Jahren an den FBE. Der Pachtvertrag wurde jedoch vorfristig insoweit modifiziert, als die öffentliche Infrastruktur und deren Betrieb mit dem 16.10.2007 wieder an den Eigentümer ABG übergingen. Ausgenommen blieb nur die stets nichtöffentliche Strecke Oranienbaum – Vockerode, den der FBE für Draisinenfahrten nutzt. Nachdem die ABG Ende 2010 Insolvenz angemeldet hatte, wurde auch diese Strecke an die ELS Eisenbahn Logistik und Service GmbH verkauft; der Pachtvertrag mit der FBE endet wie mit dem Vorbesitzer ABG vereinbart 2016. Seine EVU-Lizenz nutzt der FBE für Überführungsfahrten im Auftrag Dritter, die über keine Sicherheitsbescheinigung verfügen.

Verkehre
★ Draisinenverkehr Oranienbaum – Vockerode
★ Überführungsfahrten für Dritte

Freightliner DE GmbH

Straße am Flugplatz 6a
DE-12487 Berlin
Telefon: +49 30 63223-4747
Telefax: +49 30 63223-572
info@freightliner.eu
www.freightliner.eu

Freightliner DE / FSF / GBM

Management
* Konstantin Skorik (Vorsitzender der Geschäftsführung)
* Wojciech Robert Jurkiewicz (Geschäftsführer Betrieb)
* Krzysztof Wróbel (Geschäftsführer Finanzen)
* Paul Kevin Smart (Geschäftsführer)

Gesellschafter
Stammkapital 25.000,00 EUR
* Freightliner PL Sp. z o.o. (FPL) (100 %)

Lizenzen
* DE: EVU-Zulassung (PV+GV); gültig vom 17.06.2011 bis 30.06.2026
* DE: Sicherheitsbescheinigung, Teil A+B (PV+GV); gültig seit 29.11.2011

Unternehmensgeschichte
Mit Gesellschaftsvertrag vom 26.04.2010 entstand die Freightliner DE GmbH mit Sitz in Berlin als Tochter der Freightliner PL Sp. z o.o.. Die deutsche Freightliner-Landesgesellschaft hat nach Ausstellung der Sicherheitsbescheinigung die zuvor auf Lizenz der MEV Eisenbahn-Verkehrsgesellschaft mbH durchgeführten, grenzüberschreitenden Baustofftransporte nach Polen sowie auf innerdeutschen Relationen übernommen.

Verkehre
* Baustoff- und sonstige Schüttguttransporte (z.B. Splitte, Düngekalk, Kalkstein) vor allem von Bad Kösen, Blankenburg (Harz), Dönstedt, Flechtingen, Großsteinberg, Hosena, Lüptitz, Salzhemmendorf, Scharzfeld und Schwarzkollm zu verschiedenen innerdeutschen Entladestellen (z.B. Berlin, Georgsheil, Lübeck, Rüdersdorf) und grenzüberschreitend in Kooperation mit der Muttergesellschaft nach Polen.
* Getreideverkehre Polen – Deutschland (u.a. Brake (Unterweser)); Spotverkehre seit 05.12.2014

Freunde des Schienenverkehrs Flensburg e. V. (FSF) 🅿🅖

Bahnhofsweg
DE-24376 Kappeln
Telefon: +49 4631 2095
Telefax: +49 4642 923403
info@angelner-dampfeisenbahn.de
www.angelner-dampfeisenbahn.de

Management
* Dipl.-Kfm. Iver Andreas Schiller (Geschäftsführer)

Lizenzen
* DE: EVU-Zulassung (PV) seit 11.07.2005, gültig bis 31.12.2019

Unternehmensgeschichte
Die Angelner Dampfeisenbahn, betrieben vom Verein der Freunde des Schienenverkehrs Flensburg e. V., ist eine Museumseisenbahn, die mit hauptsächlich skandinavischen Fahrzeugen einen Museumseisenbahnbetrieb zwischen Kappeln (Schlei) und Süderbrarup durchführt. Nach der Gründung 1973 konnte der Museumsbahnbetrieb 1978 aufgenommen werden. Nach dem Konkurs der Angel Bahn GmbH (AB), die als EVU für die FSF fungiert hatte, ließ sich der Verein selbst als EVU zulassen und kann somit den Museumsbahnbetrieb weiterführen.

Verkehre
* Museumseisenbahnbetrieb zwischen Kappeln (Schlei) und Süderbrarup

GBM Gleisbau Maas GmbH

Rheinlandstraße 1-3
DE-47445 Moers
Telefon: +49 2841 940-4000
Telefax: +49 2841 940-99400
info-gbm@maasbau.de
www.maasbau.de

Management
* Dipl.-Ing. Wolfgang Vollack (Sprecher der Geschäftsleitung, Technischer Geschäftsführer)
* Dipl.-Kfm. Armin Köchling (Kaufmännischer Geschäftsführer)
* Dipl.-Ing. Alexander Maas (Gesellschafter-Geschäftsführer)
* Dipl.-Kfm. Klaus-Josef Maas (Gesellschafter-Geschäftsführer)

Gesellschafter
Stammkapital 52.000,00 EUR
* AKM Verwaltungsgesellschaft mbH (100 %)

GBM / Gemeinde Dornum / GVG

Lizenzen
* DE: EVU-Zulassung (GV); gültig vom 08.02.2013 bis 28.02.2028

Unternehmensgeschichte
Die GBM Gleisbau Maas GmbH bietet Gleisbau als Einzel- oder Komplettleistung. Das Unternehmen geht zurück auf die 1902 in Duisburg-Homberg gegründeten Wilhelm Maas Baubetriebe. 1909 kam mit der Gründung der Tiefbauunternehmung in Moers ein entscheidender Unternehmensteil dazu. 1963 bzw.1976 traten Axel und Klaus Maas in das Unternehmen ein und übernahmen die Leitung. Heute wird das Unternehmen von Wolfgang Vollack und Armin Köchling zusammen mit der Familie Maas in der vierten Generation geführt. Alleiniger Gesellschafter der am 29.12.1994 als Gleisbau Maas GmbH gegründeten und seit 12.09.2005 in der aktuellen Firmierung bestehenden Unternehmung ist die AKM Verwaltungsgesellschaft mbH, die sich wiederum zu gleichen Anteilen im Eigentum von Alexander und Klaus-Josef Maas befindet.
Die GBM hatte im Februar 2014 37 Mitarbeiter. Verbundene Unternehmen sind die AMT Alex Maas Tiefbauunternehmung GmbH & Co. KG, BUM Bauunternehmung Maas GmbH & Co. KG, WMB Wilhelm Maas GmbH, BHS Bruno Hoffmann Schweißtechnik GmbH, IST Industrie-Service-Technik GmbH, MBM Maas Baumaschinen GmbH & Co. KG sowie die AKM Verwaltungsgesellschaft mbH.

Gemeinde Dornum ▯

Schatthauser Straße 9
DE-26553 Dornum
Telefon: +49 4933 9111-0
Telefax: +49 4933 9111-15
info@dornum.de
www.dornum.de

Lizenzen
* DE: EIU für Norden – Dornum (Ostfriesland)
* DE: EVU-Zulassung (PV) seit 04.05.1995, gültig bis 04.05.2025

Infrastruktur
* Norden – Dornum (Ostfriesland) (16,5 km)

Unternehmensgeschichte
Die Gemeinde Dornum ist EIU und EVU für die am 25.02.1987 gegründete Museumseisenbahn Küstenbahn Ostfriesland e.V. (MKO). Im September 1989 wurde der bis dahin noch vorhandene Güterverkehr zwischen Norden und Dornum durch die DB eingestellt. Daraufhin konnten die Strecke und der Lokschuppen von der DB gepachtet und ein Museumbahnbetrieb aufgenommen werden.

Georg Verkehrsorganisation GmbH (GVG) ▯

Savignystraße 80
DE-60325 Frankfurt am Main
Telefon: +49 69 749574
Telefax: +49 69 749916
www.berlin-night-express.com

Management
* Rolf Helmut Georg (Geschäftsführer)

Gesellschafter
Stammkapital 150.000,00 DM
* Rolf Helmut Georg (100 %)

Lizenzen
* DE: EVU-Zulassung (PV) seit 05.06.2008, gültig bis 30.06.2023

Unternehmensgeschichte
Als Betreibergesellschaft für internationale Personenfernverkehre gründete Rolf Helmut Georg am 24.01.1973 die Georg Verkehrsorganisation GmbH (GVG). Sitz der Gesellschaft war zunächst Stuttgart und ist seit 21.04.1994 (Handelsregistereintrag zum 25.04.1994) Frankfurt am Main. Unternehmensgegenstand ist heute die Organisation und Durchführung von Verkehrsleistungen im Bahn-, Flug- und Schiffsverkehr, die Repräsentation anderer Verkehrsgesellschaften inklusive Vertriebsaktivitäten sowie die Vermietung und Vermittlung von Fahrzeugen.
Neben der Tätigkeit als Anbieter von internationalen Reisesonderzügen tritt die GVG aktuell vor allem als einer der Betreiber der Nachtzug-Verbindung Berlin – Malmö in Erscheinung. Nach dem Rückzug der DB von dieser Relation hatten GVG und die schwedische Staatsbahn Statens Järnvägar (SJ, heutige SJ AB) die Verbindung zum 24.09.2000 als „Berlin-Night-Express" reaktiviert. Zwischen Trelleborg und Sassnitz nutzen diese Züge eine Fährverbindung. Bis 2003 wurden ganzjährig sieben Fahrtenpaare pro Woche angeboten; anschließend erfolgte eine Reduzierung des Angebotes mit eingeschränktem Fahrplan im Frühjahr und Herbst sowie einer Winterpause. Bis zur Eröffnung des Citytunnels in Malmö am 12.12.2010 endete der Zug ab 18.12.2009 in Lund C. Der letzte Zug in Kooperation mit der SJ verkehrte am 05.11.2011, nach der Winterpause startete man am 02.04.2012 zusammen mit Veolia.

GVG / MEH / GET

Verkehre
* Nachtzüge „Berlin-Night-Express" Berlin Hbf – Malmö C [SE] unter Fährnutzung zwischen Sassnitz und Trelleborg [SE]; seit 24.09.2000 in Kooperation mit der SJ bzw. seit der 02.04.2012 Veolia Transport Sverige AB; saisonal bis zu 3 x pro Woche

Gesellschaft der Förderer der Museumseisenbahn Hamm e. V. (MEH) 🅿️ℹ️

Schumannstraße 35
DE-59063 Hamm
Telefon: +49 2381 540048
Telefax: +49 2922 861914
info@museumseisenbahn-hamm.de
www.museumseisenbahn-hamm.de

Management
* Walter Schönenberg (Vorstand und Geschäftsführer)
* Martin Drescher (stv. Vorstand)
* Frank Schwanenberg (stv. Vorstand)

Lizenzen
* DE: EIU (Hamm)-Schmehausen – Lippborg-Heintrop seit 07.06.1990
* DE: EVU-Zulassung (PV+GV) seit 12.12.1995, gültig bis 31.03.2015

Infrastruktur
* (Hamm)-Schmehausen – Lippborg-Heintrop (3,4 km), am 09.03.1990 von RLE gekauft

Unternehmensgeschichte
1977 schlossen sich die Hammer Eisenbahnfreunde (HEF) als Abteilung des Verkehrsvereins zusammen, um Eisenbahnfahrzeuge, die am Eisenbahnknotenpunkt eine wichtige Rolle spielten, der Nachwelt zu erhalten. Nach erheblicher Ausweitung der Fahrzeugsammlung wurde 1983 die gemeinnützige Gesellschaft der Förderer der Museumseisenbahn Hamm e. V. gegründet. 1990 hat die MEH den stillegungsbedrohten Streckenabschnitt (Hamm)-Schmehausen – Lippborg-Heintrop der Ruhr-Lippe-Eisenbahn (RLE; heute RLG) übernommen. 2006 konnte die Totalsanierung der Strecke nahezu abgeschlossen werden. In Hamm-Süd unterhält die MEH eine Werkstatt mit eigenem Lokschuppen, aktuell befinden sich ca. 50 Exponate in der Sammlung des Vereins.

Verkehre
* Sonderzüge mit Personenbeförderung auf eigener Infrastruktur, auf DB Netz AG sowie RLG- und WLE-Strecken

GET Eisenbahn und Transport GmbH 🅶ℹ️

Neue Hüttenstraße 1
DE-49124 Georgsmarienhütte
Telefon: +49 5401 39-4360
Telefax: +49 5401 39-4373
hubert.unland@gmh.de
www.gmh.de

Management
* Dietmar Hemsath (Geschäftsführer)
* Dipl.-Ing. Hubert Unland (Geschäftsführer)
* Dipl.-Ing. Jürgen Werner (Geschäftsführer)

Gesellschafter
Stammkapital 25.600,00 EUR
* VLO Verkehrsgesellschaft Landkreis Osnabrück GmbH (74,6 %)
* Georgsmarienhütte Holding GmbH (25,4 %)

Lizenzen
* DE: EIU Hasbergen – Georgsmarienhütte seit 14.01.1997, gültig bis 31.12.2026
* DE: EVU-Zulassung (PV+GV) seit 14.01.1997, gültig bis 31.12.2026

Infrastruktur
* Hasbergen – Georgsmarienhütte (7,3 km)

Unternehmensgeschichte
Die GET ist das Eisenbahninfrastrukturunternehmen der 7,3 km langen Strecke vom an der Magistrale Münster – Osnabrück gelegenen Bahnhof Hasbergen zum Stahlstandort Georgsmarienhütte. Dessen Geschichte begann 1856 mit der Gründung eines „Bergwerks- und Hüttenvereins", der nach dem letzten Herrscherpaar des Königreiches Hannover, König Georg V. und Königin Marie benannt wurde. Seit dieser Zeit lebt eine ganze Region von und mit der Stahlproduktion. 1992 stand das Stahlwerk in Georgsmarienhütte vor dem Aus. Ein Überleben dieses „trockenen" Standortes, also ohne direkte Anbindung an eine Wasserstraße, schien in der deutschen Stahllandschaft unmöglich. Die Potenziale des niedersächsischen Unternehmens wurden nicht erkannt, es drohten die Schließung und der Verlust tausender Arbeitsplätze. Der Fortbestand des Werkes wurde 1993 durch Veräußerung im Rahmen eines Management-Buy-Out an Dr.-Ing. Jürgen Großmann gesichert, der am 01.10.1997 die Georgsmarienhütte Holding GmbH

GET / GfE / GLV

mit Sitz in Hamburg gründete. Die Georgsmarienhütte GmbH wurde Tochter der neuen Holding. Die Transporte von und zum Stahlwerk sichert die am 12.02.1996 gegründete GET, welche auf die schon 1866 entstandene Georgsmarienhütten-Eisenbahn (GME) zurückgeht, die sich bis 1978 im Besitz der Klöckner Stahl GmbH befand. Am 02.10.1978 wurde die GME an die seinerzeitige Wittlager Kreisbahn GmbH (seit 1989 Verkehrsgesellschaft Landkreis Osnabrück GmbH (VLO)) übertragen. Von diesen erfolgten zum 01.07.1996 der Rückkauf und die Gründung der GET aus der GME. 2003 erwarb die VLO wiederum drei Viertel des GET-Stammkapitals. Der Personenverkehr auf der Schiene endete bereits 1978 und wird heute mit Bussen der VOS (Verkehrsverbund Osnabrück Süd) abgewickelt. Der rege Güterverkehr (2007 erstmalig seit 1991 wieder über 1 Mio. t) wird seit 04.08.1997 im Auftrag der GET von der DB Schenker Rail Deutschland AG durchgeführt. Die von der GET mit eigenen Betriebsmitteln erbrachten Verkehrsleistungen beschränken sich seitdem auf Rangierdienste im Bahnhof Georgsmarienhütte. Innerhalb des Werksgeländes der Georgsmarienhütte GmbH werden die Rangierleistungen durch die werkseigene Anschlussbahn abgewickelt. Ein Teil des einstigen Lokparks der GET wurde daher 1998/99 an die Karsdorfer Eisenbahngesellschaft mbH (KEG) verkauft. Die Gesellschafterversammlung vom 14.01.2004 beschloss eine Änderung der Firma von GET Georgsmarienhütte Eisenbahn und Transport GmbH in GET Eisenbahn und Transport GmbH. Nur die in der nachfolgenden Liste genannte Lok 6 läuft stetig bei der GET. Die übrigen Maschinen dienen dem Rangierverkehr auf der Anschlussbahn.

Verkehre
* Rangierdienste im Bahnhof Georgsmarienhütte
* Gütertransporte Georgsmarienhütte – Hasbergen

GfE Gesellschaft für Eisenbahnbetrieb mbH P

Hofäckerstraße 9
DE-88677 Markdorf

Geschäftsstelle
Horaffenstraße 32
DE-74564 Crailsheim
Telefon: +49 171 4806919
Telefax: +49 3212 1023108
b.hellwig@gfe-mbh.eu
www.gfe-mbh.eu

Management
* Bert Hellwig (Geschäftsführer)

* Markus Müller (Geschäftsführer)

Gesellschafter
Stammkapital 25.564,60 EUR
* DBK Historische Bahn e. V. (50 %)
* Förderverein Bw Crailsheim e.V. (50 %)

Lizenzen
* DE: EVU-Zulassung (PV+GV); gültig vom 01.02.2014 bis 31.01.2029

Unternehmensgeschichte
Zur Abwicklung seines Museums- und Touristikbahnverkehrs gründete der seit November 1985 bestehende Verein DBK Historische Bahn e.V. (ehemals "Dampfbahn Kochertal e.V.") zusammen mit dem "Förderverein Bw Crailsheim e.V." (ehemals Förderverein „Crailsheimer Dampflok 64 419") am 18.09.1997 ein Eisenbahnverkehrsunternehmen. Seit der Zulassung als EVU ist der Großteil der Fahrzeuge beider Vereine bei der GfE eingestellt.

Verkehre
* Museumsverkehr

Gesellschaft für Logistik- und Vegetationsdienste mbH (GLV) G

Erzberger Straße 106
DE-67063 Ludwigshafen
Telefon: +49 621 5296409
Telefax: +49 621 5296876
info@glv-gmbh.de
www.glv-gmbh.de

Management
* Stephan Toussaint (Geschäftsführer)

Gesellschafter
Stammkapital 40.000,00 EUR
* CONDOR Sicherungs- und Service GmbH & Co. KG (45 %)
* Cornelius Toussaint (27,5 %)
* Stephan Toussaint (27,5 %)

Lizenzen
* DE: EVU-Zulassung (PV+GV) seit 31.08.2006, gültig bis 31.08.2021

Unternehmensgeschichte
Die GLV Gesellschaft für Logistik- und Vegetationsdienste mbH wurde am 21.03.2003 gegründet. Zu den Hauptgesellschaftern zählt die CONDOR Sicherungs- und Service GmbH & Co. KG,

GLV / Go-Ahead / GoTrain

die eigenständig bzw. durch ihre Tochtergesellschaften seit über 25 Jahren erfolgreich als Sicherungsunternehmen im Gleisbaustellenbereich sowie im Bereich der bauaffinen Dienstleistungen im gesamten Bundesgebiet tätig ist.
Die GLV verfügt neben dem Stammsitz in Ludwigshafen über Geschäftsstellen in Essen, Hanau und Hannover.
Im April 2007 beschäftigte GLV 22 Rangierbegleiter und vier Logistiker, Loks werden projektbezogen hinzugemietet.
Im Sommer 2008 verließ Thomas Hanusch das Unternehmen als Geschäftsführer, seine über die railtracon GmbH gehaltenen Gesellschafteranteile (28 %) wurden zum 31.07.2008 durch die anderen Gesellschafter übernommen.

Verkehre
★ AZ-Verkehr

Go-Ahead Verkehrsgesellschaft Deutschland GmbH

Platz vor dem Neuen Tor 2
DE-10115 Berlin
www.go-ahead.com

Management
★ Richard Stuart (Geschäftsführer)

Gesellschafter
Stammkapital 25.000,00 EUR

Lizenzen
★ DE: EVU-Zulassung (PV+GV); gültig vom 18.12.2014 bis 31.12.2029

Unternehmensgeschichte
Der britische Verkehrskonzern Go-Ahead hat am 28.01.2014 die Go-Ahead Verkehrsgesellschaft Deutschland mbH gegründet. Noch ist der Sitz in den Räumlichkeiten des internationalen Anwaltsbüros K&L Gates LLP in Berlin angesiedelt. Zweck der neuen Firma ist die „Beförderung von Personen und Gütern per Bus oder Bahn". Als Geschäftsführer wurde Richard Stuart berufen. Der 43-Jährige ist seit September Chef der neuen Abteilung Internationale Geschäftsentwicklung in dem börsennotierten Unternehmen. Davor kümmerte sich Stuart um die Expansion der (englischen) Bahnsparte von Go-Ahead und um Ausschreibungen in diesem Bereich. Vor 2005 arbeitete er bei der (inzwischen im Verkehrsministerium DfT angesiedelten) Stratregic Rail Authority (SRA). Für Go-Ahead ist es nicht der erste Ausflug nach Deutschland: In den Jahren 2000/01 bestand eine Partnerschaft mit dem Kraftverkehr (KVB) Bayern, der in jenen Jahren vom Baustoffkonzern Heidelberger Zement privatisiert wurde. Ein KVB-Teil landete schlussendlich bei der Ingolstädter Verkehrsgesellschaft (INVG), der andere als Busverkehr Südbayern bei den Mittelständlern Baumann und Autobus Oberbayern (AO).
Go-Ahead wurde 1987 gegründet. Die Wurzeln des Börsenkonzerns reichen auf den Verkehrsbetrieb im nordenglischen Newcastle-upon-Tyne zurück. Der Verkehrskonzern betreibt Bus- und Bahnverkehre mit Schwerpunkt im englischen Südosten. 30 % des Umsatzes sowie 76 % des Gewinns stammen aus dem Busgeschäft. Im Bahnbereich bestand bislang unter dem Namen Govia eine Kooperation mit Keolis. Aber inzwischen trauen sich die Franzosen auch Angebote ohne Hilfe der Engländer zu. Dazu haben sie sich allerdings die Mutter SNCF an die Seite geholt. Bei Go-Ahead arbeiten rund 23.500 Personen.

GoTrain Eisenbahnverkehre GmbH

Am Holzkamp 8
DE-27283 Verden (Aller)
Telefon: +49 4231 930400
Telefax: +49 4231 930406
info@gotrain.de
www.gotrain.de

Management
★ Georg Goller (Geschäftsführer)
★ Hannelore Goller (Geschäftsführerin)

Gesellschafter
Stammkapital 50.000,00 EUR
★ Georg Goller (51 %)
★ Hannelore Goller (49 %)

Beteiligungen
★ PartnerZug GmbH & Co. KG

Lizenzen
★ DE: EVU-Zulassung (GV) seit 14.01.2003, gültig bis 14.01.2018

Unternehmensgeschichte
Am 12.09.2001 gründete Georg Goller zusammen mit seiner Frau die GoTrain Eisenbahnverkehre GmbH. Goller greift auf langjähriges Know-How als Logistikleiter bei Effem in Verden zurück.
Die GoTrain-Tochter PartnerZug soll

GoTrain / GBRE

Kooperationsverkehre von Spediteuren und Logistikunternehmen im Bahnbereich aufbauen und betreiben.
Bislang haben die Gesellschaften GoTrain bzw. deren Tochter PartnerZug jedoch keine Zugleistungen realisieren können.

Groß Bieberau-Reinheimer Eisenbahn GmbH (GBRE)

c/o Odenwälder Hartstein-Industrie GmbH
Lise-Meitner-Straße 35
DE-63457 Hanau
Telefon: +49 6181 5000-0
Telefax: +49 6181 5000-59
b.schaefer@mhi-ohi.de
www.mhi-ag.de

Management
★ Thomas Möller (Geschäftsführer)

Gesellschafter
Stammkapital 26.000,00 EUR
★ Odenwälder Hartstein-Industrie GmbH (OHI) (100 %)

Lizenzen
★ DE: EIU Reinheim – Groß Bieberau seit 25.11.1965

Infrastruktur
★ Reinheim – Groß Bieberau (3,7 km)

Unternehmensgeschichte
Südöstlich von Darmstadt wurde am 10.10.1887 durch die Reinheim-Reichelsheimer Eisenbahn (RRE) eine 17,9 km lange Bahnstrecke zwischen den namensgebenden Orten eröffnet. Nachdem die RRE mit dem Sozialisierungsartikel der Hessischen Landesverfassung von 1946 bereits unter Treuhänderschaft gestellt worden war, übernahm das Land Hessen die Bahn zum 01.01.1953 vollständig und gliederte das Unternehmen zum 28.01.1955 in die neu gegründete Hessische Landesbahn (HLB) ein. Als Reaktion auf das ab Mitte der 1950er-Jahre zunehmend schlechtere Finanzergebnis der RRE wurde der Bahnverkehr zu Beginn der 1960er-Jahre schrittweise eingestellt und der Abschnitt Groß Bieberau – Reichelsheim zum 30.09.1964 stillgelegt. Die verbleibende 3,7 km lange Teilstrecke Reinheim – Groß Bieberau wurde gemäß einem am 14.09.1964 mit der HLB geschlossenen Vertrag zum 01.10.1964 durch die Odenwälder Hartstein-Industrie AG (OHI) gepachtet, die nach der Erschließung neuer Steinbrüche in der Region an der Aufnahme von Bahntransporten aus Groß Bieberau interessiert war. Im September 1965 wurde die Groß Bieberau-Reinheimer Eisenbahn GmbH (GBRE) als Tochtergesellschaft der OHI gegründet, welche zum 25.11.1965 die Bahnanlagen von der HLB erwarb und dabei auch die zugehörige Konzession und drei Mitarbeiter übernahm. Die Betriebsführung verblieb unverändert bei der Deutschen Eisenbahngesellschaft mbH (DEG), welche diese Aufgabe bereits seit 01.09.1954 im Auftrag der HLB wahrgenommen hatte.
Unter GBRE-Regie wurde in den folgenden Jahrzehnten Güterverkehr auf der eigenen Strecke abgewickelt. Hauptkunde war die heute als GmbH agierende OHI, die in Groß Bieberau eine im Frühjahr 1965 errichtete und 1972 erweiterte Schotterverladeanlage betrieb, welche durch Lkw aus umliegenden Steinbrüchen beschickt wurde. In den letzten Jahren beschränkte sich das Verkehrsaufkommen nahezu ausschließlich auf Schotter für Bahnbaustellen, nachdem sowohl andere Transporte der OHI als auch Leistungen für andere Kunden schrittweise auf die Straße abgewandet waren. In Reinheim wurden sämtliche Frachten – etwa 70.000 t pro Jahr – an die DB übergeben und im Wagenladungsverkehr weiterbefördert. Mit der Einstellung des Güterverkehrs auf der Odenwaldbahn von Darmstadt über Reinheim durch DB Cargo entfiel zum 14.12.2001 diese Anbindung. Zugleich entfiel DB Netz als nahezu einziger Abnehmer von Bahnschotter aus Groß Bieberau. Der GBRE-eigene Bahnbetrieb wurde daraufhin mit der Fahrt vom 12.12.2001 aufgegeben und die GBRE-Lokomotive im Januar 2002 zum Werk Nieder-Ofleiden der OHI-Muttergesellschaft Mitteldeutsche Hartstein-Industrie AG umgesetzt. Aus Groß Bieberau wurde anschließend unter Regie der Westfälischen Almetalbahn GmbH (WAB) im Jahr 2003 nach Bedarf Schotter in Ganzzügen abgefahren. Seither ruht der Bahnverkehr auf der GBRE-Infrastruktur, welche jedoch weiterhin vorgehalten wird. Der Erhalt der Verknüpfung zwischen DB-Infrastruktur und GBRE in Reinheim wurde im Dezember 2005 für zunächst zehn Jahre vertraglich gesichert. Nachdem die Strecke instandgesetzt worden war, fanden am 20.09.2009 Personenzug-Sonderfahrten statt. Ein Termin für die Wiederaufnahme des regelmäßigen Schotterversands war jedoch bis zuletzt noch nicht bekannt.

GOP / WIEBE

Görlitzer Oldtimer Parkeisenbahn e. V. (GOP) 🅿🛈

H.F. Wiebe GmbH & Co. KG (WIEBE) 🅖

An der Landskronbrauerei 118
DE-02826 Görlitz
Telefon: +49 3581 407090
Telefax: +49 3581 7925762
buero@goerlitzerparkeisenbahn.de
www.goerlitzerparkeisenbahn.de

Management
* Daniel Schölzel (1. Vorsitzender)
* Daniel Alder (2. Vorsitzender)

Infrastruktur
* Parkeisenbahn (0,8 km, 600 mm Spurweite)

Unternehmensgeschichte
Bereits 1967 wurden Überlegungen angestellt, in Görlitz eine Pioniereisenbahn einzurichten, was aber damals an der Standortwahl scheiterte. Ende 1974 begannen jedoch die Arbeiten am Pionierpark am Weinberg, parallel entstand ein Oldtimerzug in Nachahmung des „Adler"-Zuges, der 1835 auf der ersten deutschen Eisenbahnstrecke zwischen Nürnberg und Fürth verkehrte. Beim Bau der Gleisanlagen kam Schienenmaterial von abgebauten Strecken der Waldeisenbahn Muskau (Spurweite 600 mm) zum Einsatz. Am 01.06.1976 konnte die Gesamtanlage eröffnet werden, die fortan durch eine Arbeitsgemeinschaft von ca. 50 Schülern betreut wurde.
Seit Mai 1993 befindet sich die Bahn in der Trägerschaft des am 18.06.1991 gegründeten Vereines Görlitzer Oldtimer Parkeisenbahn e. V. (GOP).

Bahnhofstraße 45
DE-27313 Dörverden
Telefon: +49 4234 9306-0
Telefax: +49 4234 9306-40

Hauptniederlassung
Im Finigen 8
DE-28832 Achim
Telefon: +49 4202 987-0
Telefax: +49 4202 987-100
info-wiebe-achim@wiebe.de
www.wiebe.de

Werkstatt
Stöckser Straße 3
DE-31582 Nienburg (Weser)
Telefon: +49 5021 6001660
Telefax: +49 5021 600161

Management
* Thorsten Bode (Geschäftsführer)
* Andreas Böckmann (Geschäftsführer)
* Kai Legenhausen (Geschäftsführer)

Gesellschafter
Stammkapital 5.500.000,00 EUR
* Wiebe Holding GmbH & Co. KG (100 %)
* Komplementär: Wiebe Beteiligungsgesellschaft mbH

Lizenzen
* DE: EVU-Zulassung (GV); gültig vom 12.12.2014 bis 27.10.2028

Infrastruktur
* Werkstattanlage in Nienburg (Weser)

Unternehmensgeschichte
Die 1848 gegründete Firma Wiebe aus Achim nahe Bremen ist bereits seit vielen Jahren im Gleisbaugeschäft tätig. Sie zählte zu den ersten Gleisbauunternehmen, die eigene Lokomotiven einsetzten. Die vorhandenen Fahrzeuge wurden bis auf die Kleinloks zwischenzeitlich der BLP Wiebe Logistik GmbH zugeteilt, die auch die

WIEBE / HGK

Geschäftsbereiche Bauüberwachung und Logistik übernimmt.
Das Unternehmen bietet umfangreiche Dienstleistungen in den Bereichen Gleisbau, Hoch- und Ingenieurbau, schlüsselfertige Bauten, Projektentwicklung und Bausanierung an. Insbesondere für die Bereiche Gleisbau und Logistik stehen die eigenen unten genannten Lokomotiven zur Verfügung.
Ende 2014 hatte die H.F. Wiebe GmbH & Co. KG 443 Mitarbeiter (2013: 338; 2012: 338; 2011: 354; 2010: 364; 2009: 339).

Verkehre
★ AZ-Verkehr

Häfen und Güterverkehr Köln AG (HGK) ❶

Scheidtweilerstraße 4
DE-50933 Köln
Telefon: +49 221 390-0
Telefax: +49 221 390-1343
info@hgk.de
www.hgk.de

Bahnbetriebswerk Brühl-Vochem
Am Volkspark
DE-50321 Brühl
Telefon: +49 221 390-2400
Telefax: +49 221 390-2402
schmidtl@hgk.de

Management
★ Dipl.-Kfm. Wolfgang Birlin (Vorstand (ab xx.xx.2015))
★ Horst Leonhardt (Sprecher des Vorstandes)

Gesellschafter
Stammkapital 26.340.000,00 EUR
★ Stadtwerke Köln GmbH (SWK) (54,5 %)
★ Stadt Köln (39,2 %)
★ Rhein-Erft-Kreis (6,3 %)

Beteiligungen
★ HTAG Häfen und Transport AG (HTAG) (100 %)
★ Rheinland Cargo Schweiz GmbH (RCCH) (100 %)
★ RheinCargo GmbH & Co. KG (50 %)
★ Rheinfähre Köln-Langel/Hitdorf GmbH (RKHL) (50 %)
★ KCG Knapsack Cargo GmbH (KCG) (26 %)
★ RVG Rheinauhafen-Verwaltungsgesellschaft mbH (26 %)
★ DKS Dienstleistungsgesellschaft für Kommunikationsanlagen des Stadt- und Regionalverkehrs mbH (24,5 %)
★ CTS Container-Terminal GmbH Rhein-See-Land Service (15 %)

Lizenzen
★ DE: EIU für eigene Strecken
★ DE: EVU-Zulassung (GV) seit 07.11.1988, unbefristet
★ DE: Sicherheitsbescheinigung, Teil A+B (GV); gültig vom 21.07.2011 bis 20.07.2016

Infrastruktur
★ Im Großraum Köln-Bonn besitzt die HGK ein 98,6 km langes Streckennetz. Auf einem Teil der ehemaligen KBE- und KBFE-Strecken verkehren zusätzlich zu den Güterzügen der HGK auch Stadtbahnen der Kölner Verkehrs-Betriebe AG (KVB) sowie der Stadtwerke Bonn Verkehrs-GmbH (SWB)

Unternehmensgeschichte
Die Häfen und Güterverkehr Köln AG (HGK) entstand am 01.07.1992 durch eine aufnehmende Verschmelzung der Köln-Bonner Eisenbahn AG (KBE) mit dem Güterverkehrsbetriebsteil Köln-Frechen-Benzelrather Eisenbahn (KFBE) der Kölner Verkehrs-Betriebe AG (KVB) und der Häfen Köln GmbH (HKG). 2012 hat die Gesellschaft u.a. den Schienengüterverkehr an die neu gegründete RheinCargo GmbH & Co. KG abgegeben und ist nur noch Eigentümerin und Verwalterin der assets und Dienstleister.
Neben einem eigenen Streckennetz im Kölner Raum hatte die HGK seit 1999 stark expandiert und war bundesweit sowie in den Niederlanden und der Schweiz präsent.
Zum 01.12.2005 hat die HGK die Industriebahn Zons-Nievenheim (IZN) der Verkehrsgesellschaft Dormagen mbH (VGD) übernommen.
Die HGK ist somit Betreiber der früheren KBE und KFBE-Verbindungen zwischen Hersel und Köln Heinrich-Lübke-Ufer sowie Bonn-Dransdorf und Klettenberg, die primär von den durch die Kölner Verkehrsbetriebe angebotenen Stadtbahn-Verbindungen zwischen Köln und Bonn genutzt werden. Die HGK nutzt jene Strecken im Bereich Wesseling und Brühl im Güterverkehr. Ausschließlich im Schienengüterverkehr werden folgende HGK-Streckenabschnitte genutzt:
★ Köln-Niehl Hafen – Gbf Köln-Bickendorf – Gbf Frechen (in Nippes und Ehrenfeld Anschluss an DB Netz AG)
★ Köln-Kalk Nord – Köln-Vingst – Köln-Deutz Hafen (meistens bedient durch DB Schenker Rail Deutschland AG)
★ Gbf Köln-Berrenrath – Gbf Brühl-Vochem – Gbf

Köln-Godorf Hafen – Gbf Bonn-Bendenfeld (in Brühl-Vochem über Brühl Gbf Anschluss an DB Netz AG)
1995 erfolgte die Verlegung der Wagenübergabe an die damalige DB Cargo von Bickendorf / Nippes bzw. Brühl-Vochem nach Köln-Eifeltor, wobei DB Schenker Rail Deutschland dort für HGK auch Zugbildungsaufgaben durchführt.
Ende der 1990er-Jahre begann die HGK, auch Leistungen außerhalb der eigenen Infrastruktur anzubieten und ist seit Frühjahr 1999 auch im Bereich der Containerzugdirektverbindungen aktiv. National gelang der HGK der Durchbruch im Fernverkehr im Jahre 2003 mit der Akquisition eines Neugeschäfts von jährlich 3,8 Mio. t Mineralöltransporten, das bis 2011 auf 5 Mio. t/Jahr anwuchs.
Der Fahrzeugpark wurde in den letzten Jahren im Bereich der Streckenloks stark ausgebaut. Die letzten Deutz-Diesel wurden 2004 durch neue G 1700-2 BB ersetzt sowie weitere E-Loks und „class 66" zusätzlich geleast. Die Loks des Typs DE 1002 bewältigen noch immer die Grundlast auf den HGK-Stammstrecken und wurden in den vergangenen Jahren bei Bombardier/ADtranz in Kassel modernisiert.
Für den internationalen Güterverkehr hatte sich die HGK an den Gesellschaften ShortLines B.V. (SL, Gründung 06.1998) und Swiss Rail Cargo Köln GmbH (SRCK, Gründung 06.2002) beteiligt. Im April 2004 wurde aber die Zusammenarbeit mit SL beendet, die ehemalige SRCK befindet sich seit Ende 2004 vollständig im Besitz der SBB Cargo. In den Niederlanden ist man weiterhin aktiv. Bislang hat man jedoch auf den Aufbau einer eigenen im Nachbarland verzichtet und arbeitet stattdessen mit MEV und Rurtalbahn Benelux bei der Verkehrsdurchführung zusammen.
Insgesamt wurden 2011 rund 2,8 Mrd. Tonnenkilometer erbracht. Im Geschäftsjahr 2011 erwirtschaftete das Unternehmen mit 632 Mitarbeitern im Eisenbahngüterverkehr und Hafenumschlag Erlöse von 121,7 Mio. EUR. Das Verkehrsaufkommen im Eisenbahngüterverkehr betrug im gleichen Zeitraum 14,26 Mio. Tonnen. Mehr als 40 Prozent der Güter entfallen auf die Bereiche Erdöl, Mineralölerzeugnisse und Gase. Die vier öffentlichen Rheinhäfen der HGK erreichten 2011 einen Güterumschlag von rund 12,4 Mio. Tonnen und sind damit nach Duisburg der zweitgrößte Hafenbetrieb in Deutschland.
Für die Wartung und Instandsetzung der Wagen und Loks unterhält die HGK in Brühl-Vochem eine eigene Betriebswerkstatt. Der Neubau eines Teilbereiches für die schwere Instandsetzung konnte im Dezember 2008 in Betrieb genommen werden.
Im Sommer 2012 gründeten die HGK und die Neuss-Düsseldorfer Häfen GmbH & Co. KG das Gemeinschaftsunternehmen RheinCargo GmbH & Co. KG (siehe dort).

Härtsfeldbahn Betriebs-GmbH (HBG)

Dischinger Straße 11
DE-73450 Neresheim

Management
* Harald Hofbauer (Geschäftsführer)
* Werner Kuhn (Geschäftsführer)

Gesellschafter
Stammkapital 35.534,79 EUR
* Härtsfeld-Museumsbahn e. V. (HMB) (100 %)

Lizenzen
* DE: EVU-Zulassung (PV+GV); gültig vom 20.06.1996 bis 30.10.2021

Unternehmensgeschichte
Als Infrastrukturbetrieb für den angedachten Wiederaufbau der Härtsfeldbahn gründete der Härtsfeld-Museumsbahn e. V. (HMB) am 15.04.1996 die Härtsfeldbahn Betriebs-GmbH (HBG). Am 16.05.1996 begann dann der Wiederaufbau des ersten, 3 km langen Teilstücks der Strecke, das am 20.10.2001 in Betrieb genommen wurde. Im April 2008 hat man die Arbeiten auf dem zweiten, 2,6 km langen Abschnitt bis zum Härtsfeldsee aufgenommen; in einem dritten Abschnitt soll der designierte Endbahnhof Dischingen erreicht werden.

Hafen Duisburg Rheinhausen GmbH (HDR)

Alte Ruhrorter Straße 42-52
DE-47119 Duisburg
Telefon: +49 203 803-0
Telefax: +49 203 803-4232
mail@duisport.de
www.duisport.de

Management
* Markus Bangen (Geschäftsführer)
* Markus Teuber (Geschäftsführer)

HDR / HFH

Gesellschafter
Stammkapital 260.000,00 EUR
★ Duisburger Hafen AG (duisport) (100 %)

Infrastruktur
★ Hafenbahn

Unternehmensgeschichte
Der Rheinhafen im heutigen Duisburger Stadtteil Rheinhausen wurde 1897 eröffnet und diente zunächst dem Kohlen- und Eisenerzumschlag des dortigen Krupp-Werkes. Nach Stilllegung und Abbau des Werkes 1993 konkretisierten sich die Bemühungen um eine zukünftige Nutzung als Logistikcenter.
Am 15.09.1998 erfolgte die Gründung der Rhein-Ruhr Hafen Duisburg-Rheinhausen GmbH (spätere Hafen Duisburg Rheinhausen GmbH), die den Großteil des ehemaligen Krupp-Hüttenwerks (265 ha) in Rheinhausen erwarb. Zur Entwicklung und Vermarktung dieses Geländes wurde am 22.12. gleichen Jahres die Logport Logistic-Center Duisburg GmbH ins Leben gerufen. Bereits im Jahr 2000 konnten parallel zum Abbruch der Anlagen schon während der Aufbereitung des Geländes die ersten Kunden angesiedelt werden.
Am 01.10.2002 konnte das neu errichtete DIT Duisburg Intermodal Terminal im Logistikzentrum logport mit sechs ganzzuglangen Gleisen eingeweiht werden. Weitere Ansiedlungen erfolgten parallel. Im Jahr 2008 wurde das zweite Containerterminal D3T Duisburg Trimodal Terminal mit vier halbzuglangen Gleisen eröffnet. Mittlerweile sind mehr als 50 Unternehmen im Logistikzentrum logport vertreten.
Die Eisenbahninfrastruktur der Hafen Duisburg-Rheinhausen GmbH wird als Serviceeinrichtung gemäß § 2 Abs. 3 c) Nr. 8 AEG betrieben.

Hafen Halle GmbH (HFH) G I

Am Saalehafen 1
DE-06118 Halle (Saale)
Telefon: +49 345 58147-00
Telefax: +49 345 58147-32
kontakt@hafen-halle.de
www.hafen-halle.de

Management
★ Dirk Lindemann (Geschäftsführer)

Gesellschafter
Stammkapital 512.000,00 EUR
★ Stadtwerke Halle GmbH (100 %)

Infrastruktur
★ Hafenbahn Halle (7,2 km Gleislänge)

Unternehmensgeschichte
Der Hafen Halle ist ein Binnenhafen im Gebiet der Stadt Halle (Saale). Der Neubau des Hafens erfolgte zwischen 1926 und 1931, nachdem sich der 1857 eröffnete, städtische Sophienhafen als ungeeignet für einen weiteren Ausbau erwiesen hatte. Der Hafen Halle-Trotha wurde zunächst von der 1929 gegründeten Mitteldeutschen Hafen AG betrieben, 1946 erfolgte auf Anordnung der SMAD die Enteignung. 1950 ging das Gebiet an die Deutsche Schifffahrts- und Umschlagbetriebszentrale über und wurde am 01.01.1957 mit den Häfen Dessau-Wallwitzhafen, Aken (Elbe) und Klein-Wittenberg zum VEB Binnenhäfen „Saale" vereinigt; 1980 erfolgte die Umbenennung in VEB Binnenhäfen „Mittelelbe". 1993 erfolgten die Rückübertragung des Hafens an die Stadt Halle (Saale) und am 05.02.1993 die Gründung der Hafen Halle GmbH (HFH).
Die Umschlagszahlen stiegen bis Anfang der 1970er Jahre stetig an (jährlich bis zu 400.000 t), ging dann aber rapide aufgrund des Bedeutungsverlustes der Saale für die Binnenschifffahrt zurück. Eine Trendwende sollte das 1994 beschlossene Entwicklungsprogramm herbeiführen und zunehmend brachliegende Areale in ein modernes Dienstleistungszentrum umwandeln. In den folgenden Jahren wurden Straßen- und Gleisinfrastrukturen modernisiert. Der Umschlag zum Schiff ist weiterhin sehr gering, nennenswerte Zuwächse konnten nur im Schiene-Straße-Umschlag erreicht werden. Für 2010 erwartet die HFH einen Umschlag von 60.000 TEU.
Für die Traktion der Güterzüge auf dem nicht elektrifizierten Abschnitt zwischen Halle Rbf und dem Hafen in Trotha sowie weiterer Streckenleistungen beschaffte die HFH 2009 zwei Großdiesselloks. Zum 10.06.2012 übernahm die HFH den kompletten Güterverkehr zwischen Halle Gbf und dem Hafen, also auch die zuvor noch von der DB Schenker Rail Deutschland AG erbrachten Leistungen.

Verkehre
★ Gütertransporte; Abwicklung der ersten / letzten Meile zwischen Halle Gbf und dem Hafen Halle
★ KV-Transporte Hafen Halle – Erfurt-Vieselbach Ubf, 3 x pro Woche seit 01.06.2010 im Auftrag der Emons Spedition GmbH

Hafen Krefeld

Hafen Krefeld GmbH & Co. KG
G I

Oberstraße 13
DE-47829 Krefeld
Telefon: +49 2151 4927-0
Telefax: +49 2151 4927-50
info@rheinhafen-krefeld.de
www.rheinhafen-krefeld.de

Werkstatt
Carl-Sonnenschein-Straße 80
DE-47809 Krefeld

Management
* Sascha Odermatt (Geschäftsführer (Sprecher))
* Elisabeth Lehnen (Geschäftsführerin)

Gesellschafter
* Stadt Krefeld (51 %)
* Neuss-Düsseldorfer Häfen GmbH & Co. KG - Neusser Eisenbahn (NE) (49 %)
* Hafen Krefeld Verwaltungs GmbH (Komplementär)

Lizenzen
* DE: EVU-Zulassung (PV+GV) seit 18.01.1996, unbegrenzt gültig (Zulassung der Hafen- und Bahnbetriebe der Stadt Krefeld)

Infrastruktur
* von Krefeld-Linn nach Krefeld-Rheinhafen, Krefeld-Uerdingen (Werftbahn) sowie Krefeld-Zentrum (Gleislänge 21,5 km)
* Krefelder Industriebahn Krefeld-Oppum – Krefeld Süd (3,5 km, konzessioniert als Anschlussbahn)
* St. Tönis – Krefeld Nord – Hülser Berg (13,6 km); Eigentümer ist die SWK Mobil GmbH

Unternehmensgeschichte
Die Hafen Krefeld GmbH & Co. KG ist ein noch sehr junges Unternehmen, dessen Gründung am 23.11.2007 auf eine europaweite Ausschreibung der Stadt vom April 2006 zur Umstrukturierung ihrer Hafen- und Bahnbetriebe zurückgeht. Dieser Eigenbetrieb wird aus den wirtschaftlichen Unternehmen der Stadt Krefeld – dem Rheinhafen, der Werft Krefeld-Uerdingen, der Städtischen Eisenbahn Krefeld (StEK) sowie der Krefelder Industriebahn gebildet und ging 2008 in die Hafen Krefeld GmbH & Co. KG über.
Mit der eingangs genannten Ausschreibung sollte ein privater Partner zur Beteiligung am bisherigen städtischen Eigenbetrieb gefunden werden. Nach Prüfung der vier eingegangenen Angebote beschloss der Rat der Stadt Krefeld am 19.06.2007, der Neuss-Düsseldorfer Häfen GmbH & Co. KG (NDH) den Zuschlag zu erteilen und der NDH 49 % der Gesellschaftsanteile an der neu gegründeten Hafen Krefeld Verwaltungs GmbH und der Hafen Krefeld GmbH & Co. KG zu verkaufen. Nach Unterzeichnung des entsprechenden Vertrages am 06.12.2007 agieren die bislang städtischen Hafen- und Bahnbetriebe seit 01.01.2008 in privater Rechtsform am Markt. Ziel der Umstrukturierung ist, den Krefelder Hafen mit seinen 39 Mitarbeitern unter Nutzung von Synergien mit dem Standort Neuss-Düsseldorf für Unternehmen wieder attraktiv und zu einem wirtschaftspolitisch bedeutsamen Standortfaktor zu machen. So wurde das Containerterminal am Hafenkopf im Oktober 2008 wieder in Betrieb genommen und bietet auf über 30.000 m² Fläche trimodalen Containerumschlag direkt am Rhein.
Die Hafenbahn verbindet die am Hafen und im Bereich des Krefelder Großmarktes sowie am Gewerbegebiet Bruchfeld gelegenen Handels- und Industrieunternehmen mit dem Netz der DB. Sie wird als nichtbundeseigene Eisenbahn des öffentlichen Verkehrs betrieben und stellt seit den Anfangstagen des Krefelder Hafens im Jahre 1906 das wichtigste Verbindungsglied zwischen dem Hafenbecken am Rhein und der Stadt Krefeld dar.
Die Krefelder Industriebahn bindet das im südlichen Stadtteil liegende Industriegebiet an das überregionale Eisenbahnnetz an.
Seit dem 01.01.2010 übernimmt der Hafen Krefeld den Güterverkehr der SWK Mobil GmbH als der Verkehrssparte der Stadtwerke Krefeld, die Infrastrukturbewirtschaftung für die SWK und die Personalgestellung für die Dampflok des SWK-Schluffs, der historischen Museumseisenbahn von St. Tönis zum Hülser Berg.
Die Werkstatt der Bahnbetriebe befindet sich in Krefeld-Linn nahe dem DB-Bahnhof.
2007 wurden im Hafen Krefeld 0,596 Mio. t auf der Schiene bewegt.
Der Rheinhafen Krefeld plant den Bau eines neuen KV-Terminals in Krefeld-Linn. Auf dem rund 200.000 qm großen Areal sollen vier kranbestückte Umschlaggleise a 750 Meter Länge errichtet werden. Aktuell gehen Gutachten von 40 Mio. EUR Investment aus, die Förderfähigkeit von bis zu 85 % aus Bundesmitteln sei gegeben, so der Rheinhafen gegenüber der Tagespresse.
Aktuell besitzt der Hafen bereits mit der KCT Krefelder Container Terminal eine trimodale KV-Anlage, die allerdings auf der Schiene umständlich zu erreichen ist. Der bimodale Neubau soll direkt an den Hauptstreckengleisen liegen.

Verkehr
* Gütertransporte auf der Infrastruktur der StEK, zum Teil im Auftrag der DB Schenker Rail Deutschland AG
* Gütertransporte auf der Infrastruktur der Krefelder Industriebahn
* Güterverkehr Krefeld-Linn – Oberhausen-Sterkrade; 1 x pro Woche

Hafen Krefeld / HNR / HSG

* Güterverkehr Krefeld-Linn – Moers Agl.; 3 x pro Woche
* Zuführung bzw. Abholung von Wagen für die DB Fahrzeuginstandhaltung GmbH, Werk Oppum ab/bis Bf Krefeld-Linn
* Güterverkehr auf der Infrastruktur der SWK Mobil GmbH seit 01.01.2010
* Ausflugsverkehre „Schluff" auf der Infrastruktur der SWK Mobil GmbH; seit 01.01.2010

Hafen Nürnberg-Roth GmbH (HNR) ▯

Rotterdamer Straße 2
DE-90451 Nürnberg
Telefon: +49 911 64294-0
Telefax: +49 911 64294-10
info@gvz-hafen.com
www.gvz-hafen.com

Management
* Harald Leupold (Geschäftsführer)

Gesellschafter
* Bayernhafen GmbH & Co. KG (80 %)
* Stadt Nürnberg (19 %)
* Stadt Roth (1 %)

Beteiligungen
* TriCon Container-Terminal Nürnberg GmbH (25 %)

Infrastruktur
* Hafenbahn (Gleislänge 52 km, davon 11,7 km elektrifiziert)

Unternehmensgeschichte
Die Anlage des 1972 eröffneten Nürnberger Hafens geht auf den Bau des Main-Donau-Kanals zurück, der Bamberg in der Nähe der Regnitzmündung in den Main mit Kelheim an der Donau verbindet. Nürnberg hatte bereits im 19. Jahrhundert einen Wasserstraßenanschluss nach Bamberg erhalten, als 1843 der Ludwigkanal eröffnet wurde, der 1846 auch bis Kelheim verlängert wurde. Jedoch ließ dessen verkehrliche Bedeutung wegen seines ungenügenden Ausbauzustandes und dem Aufkommen der Eisenbahn als Konkurrenz schon bald nach, so dass er nach dem Zweiten Weltkrieg endgültig aufgegeben wurde. Erst der Main-Donau-Kanal ist mit seiner Wasserspiegelbreite von 55 m und 4 m Wassertiefe ausreichend bemessen, um einem voll geladenen Regelschiff von bis zu 3.000 t eine Fahrt zu ermöglichen.
Das Gleisnetz im GVZ bayernhafen Nürnberg umfasst insgesamt 52 km Länge. Ergänzend investierte die Hafen Nürnberg-Roth GmbH rund 3,5 Mio. EUR in den weiteren Ausbau der Hafenbahnanlagen und die Elektrifizierung der Gleisanbindung der KV-Umschlaganlage sowie an das öffentliche Netz der DB in Höhe des Bahnhofes Nürnberg-Eibach.

Hafen Straubing-Sand GmbH (HSG) ▯

Europaring 4
DE-94315 Straubing
Telefon: +49 9421 785-150
Telefax: +49 9421 785-155
hafenmeisterei@hafen-straubing.de
www.hafen-straubing.de

Management
* Dipl.-Oec. Andreas Löffert (Geschäftsführer)

Gesellschafter
Stammkapital 156.000,00 EUR
* Stadt Straubing (50 %)
* Landkreis Straubing-Bogen (SR) (33,33 %)
* Gemeinde Aiterhofen (16,67 %)

Lizenzen
* DE: EIU für eigene Infrastruktur seit 28.06.1996

Infrastruktur
* Industriestammgleise (5,9 km); betrieben nach EBOA

Unternehmensgeschichte
Der Hafen Straubing-Sand wurde vom Zweckverband Industriegebiet mit Donauhafen Straubing-Sand (ZVI), einem Zusammenschluss der Stadt Straubing, des Landkreises Straubing-Bogen und der Gemeinde Aiterhofen, von 1994 bis 1996 gebaut und ging im Juni 1996 in Betrieb. Das Umschlagufer hat eine Länge von 1.015 m, es stehen drei Krananlagen sowie eine Ro-Ro-Anlage und eine Schwerlastplatte zur Verfügung.
Für die Durchführung des Betriebes wurde am 27.07.1995 die Hafen Straubing-Sand GmbH (HSG) gegründet, die 2007 zehn Mitarbeiter besaß.
Das Gleisnetz des Hafens umfasst ca. 6 km und ist über einen Anschluss an die Bahnstrecke Straubing – Bogen mit dem Netz der Deutschen

HSG / Hafen Stuttgart / HLR

Bahn AG verbunden.
Den Bahnverkehr führt mehrheitlich die DB Schenker Rail Deutschland AG durch, Stock-Transport- fährt mit Spotverkehren eine Ölmühle (ADM Spyck GmbH) an.

Hafen Stuttgart GmbH ❶

Am Westkai 9A
DE-70327 Stuttgart
Telefon: +49 711 918980-0
Telefax: +49 711 918980-50
info@hafenstuttgart.de
www.hafenstuttgart.de

Management
★ Carsten Strähle (Geschäftsführer)

Gesellschafter
Stammkapital 5.200.000,00 EUR
★ Stuttgarter Versorgungs- und Verkehrsgesellschaft mbH (100 %)

Infrastruktur
★ Hafenbahn (32 km)

Unternehmensgeschichte
Der Neckarhafen Stuttgart wurde am 31.03.1958 eröffnet und wird rückwirkend zum 01.01.1984 durch die am 03.01.1984 gegründete Hafen Stuttgart GmbH betrieben. Er wurde in zwei Abschnitten von 1954 bis 1958 bzw. von 1966 bis 1968 erbaut. Der Stuttgarter Hafen besteht aus drei Hafenbecken mit einer Wasserfläche von 31 ha. Auf der Serviceeinrichtung Hafenbahn mit rund 32 km Gleislänge, inklusive der zugehörigen Ordnungsgruppe, verkehren für den Güterumschlag der Anlieger / Nebenanschliesser der Serviceeinrichtung pro Jahr ca. 55.000 Eisenbahnwagen (Stand 2014), die durch ca. elf EVU befördert werden.

Hafenbetriebe Ludwigshafen am Rhein GmbH (HLR) ❶

Zollhofstraße 4
DE-67061 Ludwigshafen
Telefon: +49 621 5984-0
Telefax: +49 621 5984-135
info@haefen-rlp.de
www.haefen-rlp.de

Management
★ Franz Josef Reindl (Geschäftsführer)

Gesellschafter
Stammkapital 413.490,00 EUR
★ Land Rheinland-Pfalz (75,27 %)
★ Stadt Ludwigshafen am Rhein (24,73 %)

Infrastruktur
★ Hafenbahn (14,45 km Gleislänge)

Unternehmensgeschichte
Sowohl der Hafen als auch die Stadt Ludwigshafen gehen auf eine „Rheinschanze" zurück, die 1823 zum Stapelplatz erhoben und mit dem Recht ausgestattet wude, Waren zu entladen und zu lagern. Zwanzig Jahre später erwarb der bayerische Staat die mittlerweile zum Freihafen erhobene Rheinschanze und verlieh ihr zu Ehren des bayerischen Königs Ludwig I. den Namen „Ludwigshafen". Der 1847 vollzogenen Anlage des Winterhafens folgte um die Jahrhundertwende der Bau dreier neuer Hafenbecken. Nachdem die Anlagen im Zweiten Weltkrieg zu 90 % zerstört worden waren, baute man sie bis 1960 sukzessive wieder auf. Zum 01.04.1960 erfolgte die Gründung der Hafenbetriebe Ludwigshafen am Rhein GmbH. 1976 wurde der Nordhafen (BASF-Ölhafen) fertig gestellt und 1978 eine erste Containerbrücke im Stromhafen errichtet, der 1980 und 1989 zwei weitere folgten. Seit Oktober 2004 ist im Kaiserwörthhafen ein trimodales Containerterminal in Betrieb, wo ein ca. 81.000 m² großes Areal mit drei Containerverladebrücken, ca. 1.000 m Eisenbahngleis und eine Strecke von ca. 270 m nutzbarer Kailänge für den wasserseitigen Umschlag zur Verfügung stehen. Für Umschlag und Lagerung von Gefahrgut dienen zwei nach Bundesimmissionsschutzgesetz genehmigte Lagerbereiche. Betrieben wird das Containerterminal von der Contargo Rhein-Neckar GmbH (ehemals: Contargo Ludwigshafen GmbH; TriPort GmbH). Im Rahmen der „mainport-Strategie" fungiert es als zentrales Containerhub. Bereits im ersten vollen Betriebsjahr des Terminals wurde der Containerumschlag im Hafen Ludwigshafen um rund 63 % gesteigert. Es wurden wasser- und bahnseitig 71.652 TEU umgeschlagen. 2008 fertigte man 11.960 Waggons

HLR / HRP / HBG

im Hafen ab. 2010, 2011 und 2013 wurden über 10.000 beladene Waggons von den Firmen im Hafen abgefertigt; Schwerpunkt hierbei ist die Mineralöl- und chemische Industrie.
2013 hatte das Unternehmen 36 Mitarbeiter (2011: 37; 2009: 38).

Hafenbetriebe Rheinland-Pfalz GmbH (HRP) 🄸

Postfach 210621
DE-67006 Ludwigshafen
Zollhofstraße 4
DE-67061 Ludwigshafen
Telefon: +49 621 5984-0
Telefax: +49 621 5984-135
info@haefen-rlp.de
www.haefen-rlp.de

DE-76744 Wörth am Rhein
Telefon: +49 7271 3029

Management
★ Franz Josef Reindl (Geschäftsführer)

Gesellschafter
Stammkapital 51.130,00 EUR
★ Land Rheinland-Pfalz (100 %)

Infrastruktur
★ Hafenbahn Wörth am Rhein (5,1 km)

Unternehmensgeschichte
Die am 08.12.1977 gegründete Hafenbetriebe Rheinland-Pfalz GmbH (HRP) übernimmt die Verwaltung, die Erhaltung und Erneuerung der landeseigenen Häfen Maximiliansau, Wörth am Rhein und Lahnstein.
Im Wörther Stadtteil liegt der Hafen Maximiliansau. Dieser ist nicht mehr per Bahn erreichbar.
In Wörth am Rhein befindet sich der südlichste Rheinhafen in Rheinland-Pfalz. Auf dem Hafengelände befinden sich Umschlaganlagen für Autos und für Papier. Ferner gibt es hier seit 1998 ein trimodales Terminal, das wie auch jenes in Ludwigshafen durch die Contargo GmbH & Co. KG betrieben wird. Wichtige Kennziffern sind: Lagerkapazität 7.000 TEU, 350 m Kailänge mit drei Liegeplätzen, je zwei Ladegleise von 320 und 226 m Länge. Der Anschluss zum DB-Netz besteht über den Bahnhof Wörth.
Am Zusammenfluss von Rhein und Lahn gelegen ergänzt der Landeshafen Lahnstein mit seinen Hafenteilen Oberlahnstein und Niederlahnstein die Hafeninfrastruktur am Mittelrhein. Die Hafenanlagen sind jedoch nicht direkt an das Gleisnetz angeschlossen.

Hafenbetriebsgesellschaft Braunschweig mbH (HBG) 🄶🄸

Hafenstraße 14
DE-38112 Braunschweig
Telefon: +49 531 21034-0
Telefax: +49 531 21034-50
hbg@braunschweig-hafen.de
www.braunschweig-hafen.de

Management
★ Jens Hohls (Geschäftsführer)

Gesellschafter
Stammkapital 1.481.212,58 EUR
★ Stadt Braunschweig (100 %)

Infrastruktur
★ Hafenbahn (16,0 km), betrieben nach BOA

Unternehmensgeschichte
Im Norden der ehemaligen Hansestadt Braunschweig entstand von 1930 bis 1933 eine Hafenanlage mit einem Hafenbecken, das seit den 1970er Jahren von zwei Parallelhäfen ergänzt wird. Bis zur Grenzöffnung 1989 war Braunschweig ein Grenzhandelshafen, wo Güter von Ost- in Westtonnage und umgekehrt verladen wurden. Bedingt durch die Grenzöffnung entfiel dieser wesentliche Bestandteil der Hafentätigkeit in Braunschweig und es kam zur Abwanderung der im Hafen ansässigen Speditionen und Lagereibetriebe. Für die Erhaltung des Hafenstandortes wurde damals die Umstrukturierung der Hafenbetriebsgesellschaft Braunschweig mbH vom reinen Infrastrukturunternehmen zum Logistikdienstleister initiiert.
Das Hafengebiet ist heute ca. 55 ha groß und hat eine ausgebaute Uferlänge für Umschlagzwecke von 1.500 m, für den Güterumschlag stehen insgesamt sieben Kräne sowie ein Containerterminal zur Verfügung.
Die Hafenbahn verteilt Waggonladungen auf eigenem Schienennetz an die Empfänger im Hafengebiet und in die angrenzenden Industriegebiete „Hansestraße" und „Heesfeld". Sie erreicht jeden Schiffsliegeplatz und wird als Serviceeinrichtung betrieben. Für den werktäglichen Rangiereinsatz stehen noch zwei Loks zur Verfügung, wovon allerdings nur noch eine Lok eingesetzt wird. Im mittleren Stand des Lokschuppens werden zudem gelegentlich Schiffe repariert.

Verkehre
★ Gütertransporte auf der Hafenbahn

HBG / HKX

Hafenbetriebsgesellschaft mbH Hildesheim (HBG) GI

Hafenstraße 20
DE-31137 Hildesheim
Telefon: +49 5121 53384
Telefax: +49 5121 53474
hafen.hildesheim@t-online.de
www.hafen-hildesheim.de

Management
* Sabine Hoffmann (Geschäftsführerin)
* Klaus Marte (Geschäftsführer)

Gesellschafter
Stammkapital 186.000,00 EUR
* Stadt Hildesheim (50 %)
* RHENUS Aktiengesellschaft Zweigniederlassung Hildesheim (50 %)

Lizenzen
* DE: EVU-Zulassung (GV) seit 08.03.2006, gültig bis 08.03.2021

Infrastruktur
* Hafenbahn Hildesheim (11 km); betrieben nach BOA; Übergang zum DB-Netz in Hildesheim Hbf

Unternehmensgeschichte
Der Hildesheimer Hafen am Endpunkt des vom Mittellandkanal nahe Sehnde abzweigenden Stichkanals Hildesheim wurde 1928 eröffnet. Im gleichen Jahr nahm auch die Hafenbahn ihren Betrieb auf. Sie verbindet nicht nur den Hafen mit dem öffentlichen Eisenbahnnetz, sondern dient auch Unternehmen, die sich im Hafenbereich angesiedelt haben. Hauptumschlaggüter im Hafen sind Brennstoffe, Baustoffe, Düngemittel, Getreide, Futtermittel, Schrott und Metalle. Die Hafenbahn verfügt für ihr Gleisnetz von etwa 11 km Länge über zwei eigene Loks, die abwechselnd auf der Hafenbahninfrastruktur eingesetzt werden. Die zum 08.03.2006 erteilte Zulassung als EVU für den Güterverkehr wird derzeit nicht aktiv genutzt.

Verkehre
* Bedienung der Hafenbahn Hildesheim

Hamburg - Köln - Express GmbH (HKX) P

Konrad-Adenauer-Ufer 39
DE-50668 Köln
Telefon: +49 1803 459459
info@hkx.de
www.hkx.de

Büro Hamburg
Max-Brauer-Allee 44
DE-22765 Hamburg
Telefon: +49 1803 459459

Management
* Carsten Carstensen (Geschäftsführer)

Gesellschafter
Stammkapital 25.000,00 EUR
* RDC Deutschland GmbH (75 %)
* HKX Beteiligungs GmbH & Co. KG (17,5 %)
* Michael Schabas (7,5 %)

Lizenzen
* DE: EVU-Zulassung (PV+GV); gültig vom 28.04.2010 bis 30.04.2025

Unternehmensgeschichte
Drei Gesellschafter haben am 05.10.2009 die Hamburg-Köln-Express GmbH (HKX) gegründet: RDC Deutschland, die damalige locomore rail und Michael Schabas. Die Gesellschafterversammlung hat am 01.06.2011 beschlossen, den Sitz von Berlin nach Köln zu verlegen.
Seit dem 23.07.2012 fahren die Züge des HKX bis zu drei Mal täglich je Richtung zwischen Hamburg und Köln.
Zurzeit fährt HKX mit angemieteten Zügen. Anfang 2015 wurde eine erste Garnitur der Züge, die der HKX-Gesellschafter RDC bereits Anfang 2009 von den ÖBB übernommen hatte, modernisiert und zugelassen.
Die Durchführung des Betriebs und somit alle für den Eisenbahnbetrieb notwendigen Aufgaben wie Lok- und Personalgestellung sowie Instandhaltung durch die Eisenbahnwerkstatt-Gesellschaft mbH (EWG) in Husum übernimmt Transdev. Für die Traktion mietet Veolia Loks des Typs Siemens ES 64 U2.
Die Beteiligten des Projektes HKX sind im Bahnbereich keine Unbekannten: Railroad Development Cooporation (RDC) ist eine weltweit agierende Invest- und Managementgesellschaft mit

HKX

Fokus Eisenbahn und Sitz in Pittsburgh, USA. Die locomore rail GmbH & Co. KG, Berlin, war ein 2007 gegründetes Bahnunternehmen mit dem Fokus Fernverkehr, das seit 2008 über eine EVU-Lizenz verfügt. Schabas ist Director der britischen Unternehmensberatung First Class Partnerships – Rail consultants und war zuvor u.a. als Director European Development bei der FirstGroup tätig. Der Hamburg-Köln-Express (HKX) will 2014 die Verlustzone verlassen. Mit zuletzt 50.000 bis 56.000 Fahrgästen monatlich erwirtschaftete der private Fernzugbetreiber im abgelaufenen Jahr 12 Mio. EUR Umsatz, aber noch keine schwarzen Zahlen. Das Unternehmen begründete dies in der Frankfurter Allgemeinen Zeitung auch mit der teuren Wartung des alten Rollmaterials. HKX vereinheitlichte in 2014 die Wagenflotte möglichst weitgehend, um hier Kosten zu sparen.

HKX-Tickets können seit Juli 2014 auch im Service Center von trans regio am Koblenzer Hauptbahnhof swie bei anderen Bahnunternehmen (NordWestBahn, Metronom), städtischen Verkehrsbetrieben und Reisebüros entlang der Strecke erworben werden.

Zum 05.03.2014 reduzierte der Hamburg-Köln-Express (HKX) aus wirtschaftlichen Gründen sein Zugangebot um 30 % von 40 auf 28 Züge pro Woche, um es so besser an die Nachfrage anzupassen und gleichzeitig die Instandhaltung und Wartung zu optimieren. Zudem will das Unternehmen so zwischen 3 und 4 Mio. EUR pro Jahr einsparen. Zum 27.10.2014 entfielen vier weitere Züge in Tagesrandlagen.

Mit dem DB-Fahrschein in den privaten HKX einsteigen – seit dem 01.02.2015 ist dies möglich. Die Hamburg-Köln-Express GmbH hat mit der Deutschen Bahn entsprechende Vertriebs- und Tarifkooperationen abgeschlossen. Damit werden im HKX neben den eigenen Fahrkarten alle DB-Tickets anerkannt, die auch in Regionalzügen gelten sowie alle höherwertigen DB-Fahrscheine.

Ab dem Fahrplanjahr 2016 hat HKX zusätzliche Trassen zwischen Köln und Hamburg sowie zwischen Köln und Frankfurt/M. (über Koblenz und Mainz-Mombach) angemeldet – auf letzterer Relation drei Zugpaare mit wechselnden Lagen.

Verkehre

★ Personenverkehr Hamburg-Altona – Köln Hbf; 26 x pro Woche seit 23.07.2012; 40 x pro Woche seit 29.04.2013; 28 x pro Woche seit 05.03.2014; 24 x pro Woche seit 27.10.2014; Traktion bis Ende 2015 vergeben an Veolia Verkehr / Transdev (Ostseeland Verkehr GmbH (OLA) / seit 12.2014 Nord-Ostsee-Bahn GmbH (NOB))

Unternehmensstruktur HKX

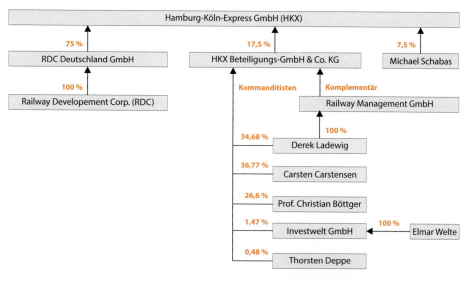

Grafik: Rail Business

HPA

Hamburg Port Authority (Anstalt öffentlichen Rechts) - Hamburger Hafenbahn (HPA)
Ⓖ Ⓘ

Neuer Wandrahm 4
DE-20457 Hamburg
Telefon: +49 40 42847-2543
Telefax: +49 40 42847-2536
sinje.pangritz@hpa.hamburg.de
www.hamburg-port-authority.de

Management
* Jens Meier (Vorsitzender der Geschäftsführung)
* Wolfgang Hurtienne (Geschäftsführer)
* Harald Kreft (Leiter der Hafenbahn, Mitglied der Geschäftsleitung)

Infrastruktur
* Hamburger Hafenbahn (305 km)

Unternehmensgeschichte
Die Hamburg Port Authority (HPA) wurde im Jahre 2005 im Zuge der Zusammenführung der hafenbezogenen Zuständigkeiten verschiedener Hamburger Behörden als eine Anstalt öffentlichen Rechts gegründet. Mit ihren gut 1.800 Beschäftigten betreibt die HPA ein zukunftsorientiertes Hafenmanagement aus einer Hand und ist Ansprechpartner für alle Fragen der wasser- und landseitigen Infrastruktur, der Sicherheit des Schiffsverkehrs, der Hafenbahnanlagen, des Immobilienmanagements und der wirtschaftlichen Bedingungen im Hafen.
Die HPA ist u. a. auch für die Infrastruktur der Hafenbahn zuständig, deren erste Gleise bereits am 10.08.1866 in Betrieb genommen worden waren. Inzwischen ist das Netz der Hafenbahn auf 305 km angewachsen. An die Hafenbahn anschließende Hafenbetriebe verfügen noch einmal über Gleisanlagen von insgesamt ca. 160 km Gleislänge. Rund 11 % des gesamten deutschen Schienengüterverkehrs hat seinen Ursprung oder sein Ziel im Hamburger Hafen.
In Folge des Eisenbahn-Neuordnungsgesetzes ist die Hafenbahn inzwischen ein reines EIU, das keine Eisenbahnverkehrsleistungen beauftragt und selbst

HPA / HOCHBAHN

auch keine ausführt. Der HPA stehen für die Instandhaltung gleichwohl eigene gleisgebundene Fahrzeuge zur Verfügung.

Verkehre
★ AZ-Verkehr auf eigener Infrastruktur

Hamburger Hochbahn AG (HOCHBAHN) P I

Postfach 10 27 20
DE-20019 Hamburg
Steinstraße 20
DE-20095 Hamburg
Telefon: +49 40 3288-0
Telefax: +49 40 3288-4562
info@hochbahn.de
www.hochbahn.de

Management
★ Dipl.-Kfm. Günter Elste (Vorstandsvorsitzender)
★ Dipl.-Ing. Ulrich Sieg (Stv. Vorstandsvorsitzender)
★ Dipl.-Kffr. Ulrike Riedel (Vorstand)
★ Helmut König (Vorstand)
★ Jens-Günter Lang (Vorstand)

Gesellschafter
Stammkapital 88.938.200,00 EUR
★ HGV Hamburger Gesellschaft für Vermögens- und Beteiligungsmanagement mbH (100 %)

Beteiligungen
★ ATG Alster-Touristik GmbH (100 %)
★ FFG Fahrzeugwerkstätten Falkenried GmbH (100 %)
★ HADAG Seetouristik und Fährdienst AG (100 %)
★ HHW Hamburger Hochbahn-Wache GmbH (100 %)
★ HOCHBAHN Beteiligungsgesellschaft mbH & Co. KG (100 %)
★ HOCHBAHN-Verwaltungsgesellschaft mbH (100 %)
★ HSG Hanseatische Siedlungs-Gesellschaft mbH (100 %)
★ Hamburger Schnellbahn-Fahrzeug-Gesellschaft mbH (HSF) (100 %)
★ Jasper Rund- und Gesellschaftsfahrten GmbH (Jasper) (100 %)
★ Süderelbe Bus GmbH (SBG) (100 %)
★ Zentral-Omnibus-Bahnhof „ZOB" Hamburg GmbH (69,2 %)
★ HySolutions GmbH (61 %)
★ TEREG Gebäudedienste GmbH (60 %)

★ BeNEX GmbH (51 %)
★ agilis Eisenbahngesellschaft mbH & Co. KG (51 %)
★ Hamburg-Consult Gesellschaft für Verkehrsberatung und Verkehrsmanagement mbH (HC) (49 %)
★ Norddeutsche Bus-Beteiligungsgesellschaft mbH (NBB) (37,45 %)
★ HanseCom Gesellschaft für Informations- und Kommunikationsdienstleistungen mbH (26 %)
★ HVW Hamburger Verkehrsmittel-Werbung GmbH (HVW) (24,9 %)

Lizenzen
★ DE: EVU-Zulassung (PV) seit 13.09.2001, gültig bis 15.09.2016

Infrastruktur
★ Hamburger U-Bahn-Netz (101 km)

Unternehmensgeschichte
Die bereits am 27.05.1911 als Konsortium zwischen Siemens & Halske und AEG gegründete HOCHBAHN ist seit 1912 für den Betrieb auf dem Hamburger U-Bahn-Netz zuständig. Für die Verkehre auf dem 101 km langen Netz stehen dafür rund 200 U-Bahn-Züge zur Verfügung. Bis 1978 auch für die Hamburger Straßenbahn zuständig, betreibt die HOCHBAHN heute neben der U-Bahn ausschließlich 113 Buslinien im Gebiet der Hansestadt. 1918 trat der Hamburgische Staat als Gesellschafter in die Hamburger Hochbahn AG ein, zugleich verschmolz die HOCHBAHN mit der Straßen-Eisenbahn-Gesellschaft und übernahm die Alsterschifffahrt. Durch die weitere Expansion und die Erschließung des Geschäftsfeldes SPNV ist die HOCHBAHN heute das zweitgrößte Personennahverkehrsunternehmen in Deutschland.
2001 erhielt die HOCHBAHN von der Freien und Hansestadt Hamburg die Zulassung als EVU. Bei SPNV-Ausschreibungen trat sie bislang immer mit Partnerunternehmen an und gründete im Erfolgsfall lokale Tochterunternehmen für die Betriebsdurchführung. Im Januar 2007 wurde die Gründung einer Holding („BeNEX") für diese außerhalb von Hamburg liegenden Beteiligungen bekannt gegeben und nachfolgend 49 % der Gesellschafteranteile der BeNEX an die australische Investmentgesellschaft Babcock & Brown (heute: International Public Partnership (INPP)) veräußert.
Der Gesamtumsatz der Beteiligungsunternehmen im Bus- und Schienenbereich außerhalb der Hamburger Stadtgrenzen lag Ende 2006 bei 215 Mio. EUR.
Die HOCHBAHN hat im Juni 2012 im Auftrag der Freien und Hansestadt Hamburg die Hamburger Schnellbahn-Fahrzeug-Gesellschaft mbH (HSF) gegründet. Gegenstand des Unternehmens ist die Beschaffung und Finanzierung von Schienenfahrzeugen sowie deren Vermietung an Eisenbahnverkehrsunternehmen insbesondere zum Einsatz im S-Bahn-Netz im Großraum Hamburg.

hrs / HR

Hamburger Rail Service GmbH & Co. KG (hrs) G

An der Strusbek 32 b
DE-22926 Ahrensburg
Telefon: +49 4102 67899-10
Telefax: +49 4102 67899-20
info@hh-rs.de
www.hh-rs.de

Management
* Adem Gülaz (Geschäftsführer)
* Sven-Alexander Ptach (Geschäftsführer)

Gesellschafter
Stammkapital 25.000,00 EUR
* Sven-Alexander Ptach (50 %)
* Adem Gülaz (50 %)
* Hamburger Rail Service Verwaltungs GmbH (Komplementär)

Lizenzen
* DE: EVU-Zulassung (GV); gültig vom 22.01.2014 bis 21.12.2029

Unternehmensgeschichte
Die Hamburger Rail Service GmbH & Co. KG (hrs) ist ein privates Bahnunternehmen mit Sitz in Ahrensburg und Schwerpunkt Personaldienstleistung. Die HRS beschäftigte im Mai 2013 53 gewerbliche Mitarbeiter und fünf Mitarbeiter im Overhead. Die Anfang 2014 erlangte EVU-Zulassung nutzt die hrs im Bereich der Baustellenlogistik und der Entsorgung von Schwellen und Schotter im norddeutschen Raum. Über eigene Loks verfügt das Unternehmen nicht. Die heutige Kommanditgesellschaft fußt auf der zunächst von Adem Gülaz als Personengesellschaft betriebenen Hamburger Rail Service (hrs), die Mitte Dezember 2011 in die Hamburger Rail Service GmbH & Co. KG umgewandelt worden war. Gülaz war vor seiner Selbständigkeit Niederlassungsleiter Hamburg der CC-Logistik GmbH & Co. KG gewesen. Zum 01.06.2012 wurden eigene Geschäftsräume bezogen, zuvor wurde in einem Gebäude u.a. mit der Ptach Logistik residiert. Deren früherer geschäftsführender Gesellschafter Sven-Alexander Ptach hat zum 01.03.2013 neben Gülaz die Geschäftsführung bei der hrs übernommen. Ptach war übrigens Gründungsgesellschafter der CC-Logistik gewesen, hatte seine Anteile aber 2009 wieder veräußert. Im März 2013 zogen sich Sven-Alexander Ptach und Andreas Verch aus der Geschäftsführung der Ptach Logistik GmbH zurück, neuer Alleingesellschafter ist Ptachs Bruder Philipp. Die Gesellschafteranteile verbleiben aber bei Sven-Alexander Ptach (35 %), Andreas Verch (35 %) und Philipp Ptach (30 %).
Gesellschafter und Kommanditisten der hrs sind seit März 2013 Adem Gülaz (50 %) und Sven-Alexander Ptach (50 %). Lena Ptach-Wulf (33,33 % der Kommanditisten- und Gesellschafteranteile) und Giray Sahintürk (33,33 % der Kommanditistenanteile) sind nicht mehr an dem Unternehmen beteiligt.
Durch Beschluss der Gesellschafterversammlung vom 01.10.2013 ist der Sitz der Gesellschaft von Hamburg nach Ahrensburg verlegt worden.
2014 wurden die Bahnlogistikaktivitäten der hrs an die am 14.04.2014 in das Register eingetragene Schwestergesellschaft Hamburger Rail Service Logistik GmbH & Co. KG übergeben. Diese wird sich hauptsächlich um Arbeitszugdienst und Baustofftransporte kümmern. Persönlich haftender Gesellschafter ist bei beiden Unternehmen die Hamburger Rail Service Verwaltungs GmbH, Ahrensburg.

Verkehre
* AZ-Verkehr in Norddeutschland; seit Januar 2014

Hanseatic Rail AG (HR)

Prenzlauer Allee 180
DE-10405 Berlin
Telefon: +49 30 4728091
Telefax: +49 30 4728132
vorstand@hanseaticrail.eu
www.hanseaticrail.eu

Management
* Detlef Reinhold Bindseil (Vorstand)
* Steffen Wetzlich (Vorstand)

Gesellschafter
Stammkapital 50.000,00 EUR
* Schienenfahrzeuge Export-Import Handelsgesellschaft mbH (SFH) (100 %)

Lizenzen
* DE: EVU-Zulassung (PV+GV) seit 08.01.2004, gültig bis 08.01.2019

HR / HANSeatische Eisenbahn / HBC

Unternehmensgeschichte
Die Satzung der Hanseatic Rail AG stammt vom 08.12.2000. Die Gesellschaft ist als Eisenbahninfrastrukturunternehmen mit dem Erwerb, der Verwaltung, dem Bau, dem Betrieb, der Unterhaltung, der Entwicklung und der Veräußerung von Immobilien und Mobilien befasst. Als Eisenbahnverkehrsunternehmen ist die Erbringung von Personen- und Güterverkehrsleistungen im öffentlichen und privaten Verkehr ein weiterer Unternehmenszweck. Aktuell werden keine Verkehrsleistungen erbracht, vor einigen Jahren wurden jedoch Schrotttransporte von Wismar nach Brandenburg und Hennigsdorf durchgeführt.

HANSeatische Eisenbahn GmbH ℗

Pritzwalker Straße 8
DE-16949 Putlitz
Telefon: +49 33981 50210
Telefax: +49 33981 50222
www.hanseatische-eisenbahn.de

Management
★ Dr. Ralf Böhme (Geschäftsführer)

Gesellschafter
Stammkapital 25.000,00 EUR
★ ENON Gesellschaft mbH & Co. KG (100 %)

Lizenzen
★ EVU-Zulassung (PV+GV); gültig vom 17.12.2013 bis 31.12.2027 nur auf Schienenwegen und -netzen des Regionalverkehrs (Regionalbahn)

Unternehmensgeschichte
Die HANSeatische Eisenbahn GmbH ist ein Tochterunternehmen der ENON. Das in Putlitz ansässige Unternehmen übernimmt seit Herbst 2014 SPNV-Leistungen, die zuvor größtenteils durch die Schwester Eisenbahngesellschaft Potsdam mbH (EGP) erbracht worden waren.
Das Unternehmen firmierte bis 28.11.2013 als Eisenbahnromantik Hotel GmbH, Meyenburg.

Verkehre
★ SPNV „Kleinseenbahn" R6 Mirow – Neustrelitz; seit 03.11.2013 im Auftrag des Landkreises Mecklenburgische Seenplatte
★ SPNV RB 70 Putlitz – Pritzwalk; vom 14.12.2014 bis Dezember 2015 in als Subunternehmer der Eisenbahngesellschaft Potsdam GmbH (EGP) sowie in Subsubunternehmerschaft des Putlitz-Pritzwalker Eisenbahnfördervereins e. V. (PPEV) als Auftragnehmer des Landkreises Prignitz

★ SPNV RB 73 Neustadt (Dosse) – Kyritz – Pritzwalk und RB 74 Pritzwalk – Meyenburg; 0,49 Mio. Zugkm/Jahr vom 14.12.2014 bis Dezember 2016 als Subunternehmer der Eisenbahngesellschaft Potsdam GmbH (EGP) im Auftrag des Landes Brandenburg

HBC Hanseatisches Bahn Contor GmbH Ⓖ

Zellmannstraße 10
DE-21129 Hamburg
Telefon: +49 40 18135417-10
hamburg@hbc-bahn.de
www.hbc-bahn.de

Management
★ Oliver Matthiesen (Geschäftsführer)
★ Marian Suhr (Geschäftsführer)
★ Lutz W. Wörner (Geschäftsführer)

Gesellschafter
Stammkapital 100.000,00 EUR
★ zigsXpress GmbH (67 %)
★ Deutsche Eisenbahn Service AG (DESAG) (33 %)

Unternehmensgeschichte
Die Hamburger zigsXpress GmbH und die in Putlitz, Brandenburg, ansässige Deutsche Eisenbahn Service AG (DESAG) haben am 06.10.2014 mit der HBC Hanseatische Bahn Contor GmbH ein neues Eisenbahnverkehrsunternehmen (EVU) gegründet. Die Gesellschaft nahm im Januar 2015 den Betrieb auf und übernahm den Großteil der Geschäfte und Mitarbeiter der Anhaltinisch-Brandenburgischen Eisenbahngesellschaft mbH (ABEG). Die ABEG befindet sich zu 100 % im Eigentum der DESAG-Mutter ENON von Thomas Becken und Mathias Tenisson.
Die HBC rangiert aktuell mit zwei Loks im Hamburger Hafen im Auftrage der zigsXpress, wird aber auch für Drittgeschäfte zur Verfügung stehen.
Die zigsXpress ist ein Joint Venture von IGS Intermodal Container Logistics und Konrad Zippel. Das im April 2011 gegründete Unternehmen betreibt ein Bahnnetzwerk im maritimen Hinterlandverkehr für Seecontainer und Verbindungen von den Seehäfen Hamburg und Bremerhaven nach Berlin und Buna sowie nach Aschaffenburg, Kornwestheim, München,

Regensburg und Nürnberg. Die Kapazität beträgt 250.000 TEU pro Jahr. Sitz der Zentrale der zigsXpress ist Hamburg; die Zugdisposition erfolgt in Halle (Saale).

Verkehre
★ Rangierdienst in Hamburg; seit 01.01.2015 im Auftrag der zigsXpress GmbH und Dritter

Hansebahn Bremen GmbH (HBB)
G

Auf den Delben 35
DE-28237 Bremen
Telefon: +49 421 6483-587
Telefax: +49 421 6483-213
info.hbb@captrain.de
www.captrain.de

Management
★ Eugen Brodowski (Geschäftsführer)

Gesellschafter
Stammkapital 2.000.000,00 EUR
★ Captrain Deutschland GmbH (CT-D) (51 %)
★ ArcelorMittal Bremen GmbH (49 %)

Lizenzen
★ DE: EVU-Zulassung (GV); gültig vom 31.05.2014 bis 30.03.2029

Unternehmensgeschichte
Die Hansebahn Bremen GmbH (HBB) ist eine strategischen Partnerschaft, die die beiden Gesellschafter eingegangen sind, um die bisherigen Bereiche Transport Schiene (TLT) und Bahninstandhaltung (TLB) der ArcelorMittal Bremen gemeinsam zu organisieren.
Die Hansebahn Bremen will ihre Aktivitäten jedoch nicht auf das Stahlwerk Bremen beschränken: Mittelfristig will man auch verstärkt im regionalen Schienengüterverkehr tätig werden.
Die Hansebahn Bremen ist mit 182 Mitarbeitern und Auszubildenden (Stand Februar 2015) für die Organisation und Durchführung von Transporten für das Stahlwerk Bremen zuständig. Auf einer Infrastruktur von 100 Gleiskilometern transportiert sie Rohstoffe, Brammen, Halbzeuge und Coils sowie Fertigprodukte und sorgt mit eigenen Werkstattkapazitäten auch für die Instandhaltung ihrer Schienenfahrzeuge und Waggons.

Seit April 2014 verfügt die HBB über eine Zulassung als Regionalbahn im Schienengüterverkehr.

Verkehre
★ Rangierverkehre auf der Infrastruktur des Stahlwerkes Bremen

Harzer Schmalspurbahnen GmbH (HSB) P G I

Friedrichstraße 151
DE-38855 Wernigerode
Telefon: +49 3943 558-0
Telefax: +49 3943 558-112
info@hsb-wr.de
www.hsb-wr.de

Management
★ Matthias Wagener (Geschäftsführer)

Gesellschafter
Stammkapital 1.533.875,64 EUR
★ Landkreis Harz (HZ) (42 %)
★ Landkreis Nordhausen (NDH) (20 %)
★ Stadt Wernigerode (13 %)
★ Stadt Nordhausen (10 %)
★ Stadt Harzgerode (5,4 %)
★ Stadt Quedlinburg (5 %)
★ Stadt Oberharz (2,5 %)
★ Stadt Gernrode (1 %)
★ Gemeinde Harztor (0,6 %)
★ Kurbetriebsgesellschaft Braunlage GmbH (0,5 %)

Lizenzen
★ DE: EIU für die eigenen Strecken seit 24.11.1992
★ DE: EVU-Zulassung (PV+GV) seit 24.05.1995, gültig bis 31.12.2022

Infrastruktur
★ „Harzquerbahn" Nordhausen – Ilfeld – Eisfelder Talmühle – Drei Annen Hohne – Wernigerode (60,5 km, Spurweite 1.000 mm)
★ „Brockenbahn" Drei Annen Hohne – Brocken (19 km, Spurweite 1.000 mm)
★ „Selketalbahn" Gernrode – Alexisbad – Stiege – Hasselfelde (40,4 km, Spurweite 1.000 mm) mit den Verzweigungen Alexisbad – Harzgerode (2,9 km, Spurweite 1.000 mm), Stiege – Eisfelder Talmühle (9 km, Spurweite 1.000 mm) und Gernrode – Quedlinburg (8,6 km, Spurweite 1.000 mm)

HSB / HVLE

Unternehmensgeschichte
Zwischen 1887 und 1899 eröffneten die drei Privatbahnen Gernrode-Harzgeroder Eisenbahn AG (GHE), Nordhausen-Wernigeroder Eisenbahn-Gesellschaft (NWE) und Südharz-Eisenbahn-Gesellschaft (SHE) im Harz ein umfangreiches Netz von Bahnstrecken mit einer Spurweite von 1.000 mm. Nach dem zweiten Weltkrieg wurde der Betrieb auf dem in der sowjetischen Zone gelegenen Teil der SHE nicht wieder aufgenommen. GHE und NWE wurden 1946 bzw. 1948 verstaatlicht und 1949 in die Deutsche Reichsbahn (DR) integriert.
Zu Beginn der 1990er-Jahre verständigte sich die DR mit den regionalen Landkreise und Gemeinden auf die Übergabe des zu diesem Zeitpunkt 132 km langen Harzer Schmalspurnetzes in regionale Trägerschaft. Hierzu wurde mit Gesellschaftervertrag vom 19.11.1991 die Harzer Schmalspurbahnen GmbH (HSB) gegründet, der am 24.11.1992 die Konzession als EVU und EIU verliehen wurde. Am 01.02.1993 übernahm die HSB schließlich Betrieb, Personal und Anlagen der Meterspurbahnen im Harz.
Mit der zum 04.03.2006 abgeschlossenen Umspurung der vormals normalspurigen Strecke Gernrode – Quedlinburg umfasst das Netz der HSB mittlerweile 140,4 Streckenkilometer. Die HSB-Personenverkehre dienen primär dem Tourismus, dem durch einen separaten Tarif, einem saisonal schwankenden Fahrtenangebot und den Einsatz von Dampflokomotiven vor zahlreichen Zügen Rechnung getragen wird. „Butter-und-Brot-Strecke" ist insbesondere die Verbindung von Wernigerode auf den 1.141 m hohen Brocken als höchste Erhebung Norddeutschlands. Für diese Leistungen erhält die HSB Ausgleichszahlungen der Länder Sachsen-Anhalt und Thüringen. Für den zusätzlich gefahrenen Pendelverkehr Nordhausen – Ilfeld Neanderklinik gibt es eine reguläre SPNV-Bestellung des Freistaates Thüringen. Es besteht eine Verknüpfung mit dem ebenfalls meterspurigen Straßenbahnnetz der Stadt Nordhausen, über welche auch durchgehende Verbindungen aus dem Stadtgebiet nach Ilfeld angeboten werden. Diese werden vom Verkehrsbetrieb der Stadtwerke Nordhausen als HSB-Subunternehmer mit Hybridfahrzeugen gefahren, deren Elektromotoren auf dem Straßenbahnnetz über die Oberleitung und auf der HSB-Strecke über Dieselmotoren gespeist werden. Ende 2014 wurde der Verkehrsvertrag bis Ende 2018 verlängert.
2012 hatte die HSB ca. 260 Mitarbeiter (2011: ca. 230; 2010: ca. 260), erzielte etwa 12 Mio. EUR Umsatz (2011: 11 Mio.; 2010: 10 Mio.), erbrachte 0,74 Mio. Zugkm/a (2011: 0,75 Mio.; 2010: 0,71 Mio.) und beförderte rund 1,18 Mio. Fahrgäste (2011: 1,2 Mio.; 2010: 1,1 Mio.). Davon entfielen allein 725.000 (2011: 746.000; 2010: 678.000) auf die traditionell am stärksten nachgefragte Verbindung von Wernigerode zum Brocken.
2013 kündigte der Landkreis Nordhausen an, als Gesellschafter aus der HSB aussteigen zu wollen.

Verkehre
* Personenverkehr „Harzquerbahn" Nordhausen – Wernigerode
* Personenverkehr „Nordhäuser Modell" Nordhausen Südharz-Klinikum – Ilfeld Neanderklinik; 174.000 Zugkm/a seit 30.04.2004 bis Ende 2018 im Auftrag des Freistaates Thüringen
* Personenverkehr „Brockenbahn" Drei Annen Hohne – Brocken
* Personenverkehr „Selketalbahn" Gernrode – Hasselfelde / Alexisbad – Harzgerode / Stiege – Eisfelder Talmühle / Gernrode – Quedlinburg
* Schottertransporte (innerbetrieblich) Unterberg – Nordhausen

Havelländische Eisenbahn Aktiengesellschaft (HVLE)

Schönwalder Allee 51
DE-13587 Berlin
Telefon: +49 30 375981-0
Telefax: +49 30 375981-22
info@hvle.de
www.hvle.de

Niederlassung Wustermark
Bahnhofstraße 2
DE-14641 Elstal
Telefon: +49 30 375981-0
Telefax: +49 30 375981-22

Standort Blankenburg/Harz
Am Platenberg 7
DE-38889 Blankenburg/Harz
Telefon: +49 3944 36292-0
Telefax: +49 3944 36292-16

Management
* Dipl.-Ing. Günther Alsdorf (Vorstandsvorsitzender)
* Dipl.-Wirtschaftsing. Martin Wischner (Vorstand)

Gesellschafter
Stammkapital 5.491.000,00 EUR
* Landkreis Havelland (HVL) (50,47 %)
* Oberhavel-Holding GmbH (32,5 %)
* BUG Vermietungsgesellschaft mbH (11,2 %)
* Städte- und Gemeindebund Brandenburg / Landkreistag Brandenburg (5,3 %)
* Havelländische Eisenbahn Aktiengesellschaft (HVLE) (0,5 %)
* Stadt Ketzin (0,02 %)

HVLE

Beteiligungen
* Boßdorf & Kerstan GmbH (100 %)
* BahnLogistik Terminal Wustermark GmbH (75,1 %)
* Rail & Logistik Center Wustermark GmbH & Co. KG (RLCW) (70 %)
* Kompetenznetz Rail Berlin-Brandenburg GmbH (KNRBB) (33,33 %)
* Havelländische Eisenbahn Aktiengesellschaft (HVLE) (0,5 %)

Lizenzen
* DE: EIU der eigenen Infrastruktur
* DE: EVU-Zulassung (PV+GV), gültig vom 27.02.2002 bis 27.02.2017

Infrastruktur
* Spandau West – Bahnhof Bürgerablage (9,2 km)
* Betriebsführung der davon im Bahnhof Johannesstift abzweigenden Industriebahn Hakenfelde (5,3 km) der Industriebahn-Gesellschaft Berlin mbH (IGB); seit 2000 ohne Verkehr
* Betriebsführung des Umschlagterminals in Vorketzin; seit 14.04.1997
* Betriebsführung im GVZ Wustermark/ Berlin-West der IPG Infrastruktur- und Projektentwicklungsgesellschaft mbH; seit 25.02.1999
* Betriebsführung der Industriebahn Premnitz der Landesentwicklungsgesellschaft für Städtebau, Wohnen und Verkehr des Landes Brandenburg mbH i.L.; seit 01.04.2002
* Betriebsführung der Werkbahn von Bombardier Transportation für das Werk Hennigsdorf bei Berlin; seit 01.01.2004

Unternehmensgeschichte
Am 07.08.1892 wurde durch die Städte Nauen, Ketzin, den Kreis Oberhavel und in der Region ansässige Zuckerfabriken die Aktiengesellschaft der Osthavelländischen Kreisbahnen (OHKB) gegründet, die am 14.03.1893 ihre Konzession auf unbestimmte Zeit erhielt. Bereits am 04.10.1893 wurde der Betrieb der Kleinbahn Nauen-Ketzin (17,2 km) aufgenommen,
am 13.12.1893 folgte der Anschluss an die preußische Staatsbahn Berlin – Hamburg in Nauen. Am 01.10.1904 ging – finanziert durch den Kreis Nauen – die 25,6 km lange Verbindung Nauen – Bötzow – Velten in Betrieb, der die Zweigstrecke Bötzow – Spandau West abschnittsweise am 01.05.1909 bzw. 01.05.1912 folgte. Ab 1904 übernahm die OHKB auch die Betriebsführung für die Westhavelländischen Kreisbahnen auf der Strecke Röthehof – Brandenburg und 1924 wurde das Streckennetz durch Zukauf mehrerer Strecken in den Landkreisen Havelland/Oberhavel erweitert.

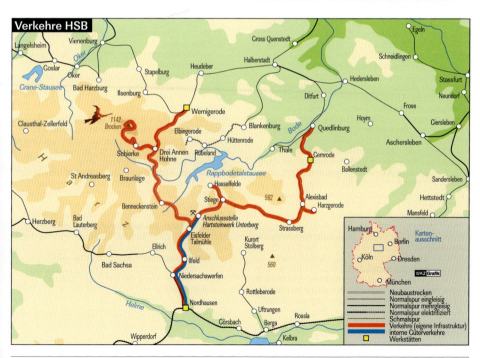

HVLE

Am 29.07.1941 erfolgte die Umbenennung der OHKB in die Osthavelländische Eisenbahn AG (OHE). Nach der deutschen Teilung in Folge des Zweiten Weltkriegs befand sich der Großteil der OHE-Strecken auf dem Gebiet der späteren DDR. Diese Bahnanlagen in der Sowjetischen Besatzungszone (SBZ) wurden am 09.09.1946 auf Befehl der Sowjetischen Militäradministration in Deutschland (SMAD) beschlagnahmt bzw. enteignet, später in DDR-Volksvermögen umgewandelt und durch die Deutsche Reichsbahn (DR) genutzt. Diese legte 1952 die Strecke Bötzow – Nieder Neuendorf still, zum 22.05.1963 folgte Nauen – Ketzin und zum 01.11.1964 Nauen – Bötzow – Velten. Zur Deutschen Reichsbahn kamen auch die Strecken des Kreises Westhavelland, die schrittweise bis 28.09.1969 im Personenverkehr stillgelegt wurden. Auch auf Westberliner Gebiet wurde das in Spandau befindliche Betriebsvermögen am 30.11.1948 gemäß Kontrollratsgesetz Nr. 52 durch die Britische Militärregierung beschlagnahmt. Ab 01.04.1950 erfolgte eine treuhänderische Verwaltung der OHE durch die BVG/Berliner Verkehrs-Gesellschaft und ab 01.06.1956 durch den Senator für Verkehr und Betriebe.

Der SPNV auf der Strecke Berlin/Spandau – Nauen wurde bereits am 21.08.1950 eingestellt, der Güterverkehr erlebte hingegen 1961 durch den Bau des Kohlekraftwerks Oberhavel nahe des Bahnhofs Bürgerablage einen Aufschwung.

Im Rahmen der Umsetzung des Rechtsträger-Abwicklungsgesetzes wurde der in Berlin/Spandau verbliebene Betriebsteil am 12.04.1972 in Osthavelländische Eisenbahn Berlin-Spandau AG (OHE) umbenannt. 1973 erfolgte der Neubau der Zentrale der OHE am Bahnhof Johannesstift mit einem großen Verwaltungsgebäude und einem modernen Lokschuppen mit Werkstatt. 1998 erfolgte die Rückbenennung in Osthavelländische Eisenbahn AG und die Erweiterung der Geschäftstätigkeit auf bundesweite Zugleistungen. Anfang dieses Jahrhunderts begann die Expansion der OHE, der nach der Stilllegung des BEWAG-Kohlekraftwerks Oberhavel im Jahr auf eigener Infrastruktur kaum noch Verkehre verblieben waren. Neben regionalen Güterverkehr war die OHE ab August 2002 bis Mitte 2003 für Teilstrecken des ConTrain-Containerzugnetzes Hof – Hamburg/Bremen und Beiseförth – Bremen verantwortlich. Parallel dazu erfolgte der Einstieg in Baustoff- und Düngerkalktransporte.

Den bislang größten Expansionsschritt gab 2005, als neben Abfalltransporten im Berliner Raum auch umfangreiche Kalktransporte aus dem Harz im Einzugsgebiet der Rübelandbahn akquiriert werden konnten. Die im Rahmen einer Ausschreibung an die OHE vergebenen Verkehre waren zuvor von Railion erbracht worden. Da das Betriebskonzept der OHE eine durchgehende Traktion mit „Blue Tiger"-Dieselloks vorsah, wurden die erst kurz zuvor mit einem Landeszuschuss teilweise instand gesetzten Anlagen des elektrischen Inselbetriebes im Rübeland überflüssig. Zwischenzeitlich wurden die lokalen Gleisanlagen und jene zur Bahnstromversorgung durch die Fels Netz GmbH übernommen und unter Nutzung weiterer Landeszuschüsse saniert, so dass der Verkehr mit E-Traktion im Januar 2009 wieder aufgenommen werden konnte. Die Fristarbeiten an den E- und Dieselloks finden in einem eingleisigen Rechteckschuppen in Blankenburg statt.

Um die havelländischen Wurzeln zu unterstreichen und in Zukunft auch Verwechslungen mit der OHE Osthannoversche Eisenbahnen AG in Celle auszuschließen firmiert die Gesellschaft seit 01.01.2006 als Havelländische Eisenbahn Aktiengesellschaft (HVLE).

Die HVLE engagiert sich seit Jahren am Industriestandort Brandenburg-Kirchmöser. Um den Standort weiter zu fördern und die regionale Wirtschaftsstruktur zu stärken wurde am 01.08.2011 gemeinsam mit der BUG Verkehrsbau AG (33,33 %) und der Lokomotivtechnik KirchMöser GmbH (33,33 %) die Kompetenznetz Rail Berlin-Brandenburg GmbH (KNRBB) gegründet. Das KNRBB versteht sich vor Ort als kompetenter Ansprechpartner für Netzwerkbildung und Kooperationen rund um den Industriestandort Kirchmöser mit einer Vielzahl von Dienstleistungen.

In den vergangenen Jahren hat die HVLE starke Zuwächse im Güterverkehr verzeichnen können:
★ 2008: 427 Mio. tkm (netto)
★ 2009: 601 Mio. tkm (netto); 22,5 Mio. EUR Umsatz; 74 Mitarbeiter
★ 2010: 839 Mio. tkm (netto); 30,0 Mio. EUR Umsatz; 83 Mitarbeiter
★ 2011: 888 Mio. tkm (netto); 32,6 Mio. Euro Umsatz; 84 Mitarbeiter
★ 2012: 1.105 Mio. tkm (netto); 37,1 Mio. Euro Umsatz; 94 Mitarbeiter
★ 2013: 1.061 Mio. tkm (netto); 36,7 Mio. Euro Umsatz; 100 Mitarbeiter

2008 hat die HVLE ein großes Teilareal des Rangierbahnhofes Wustermark von der DB Netz AG erwerben können, das von der Rail & Logistik Center Wustermark GmbH & Co. KG (RLCW) (siehe gesonderten Eintrag) betrieben wird.

Die Havelländische Eisenbahn (hvle) hat bereits zum 05.12.2012 einen Personaldienstleister erworben. Die Firma Boßdorf & Kerstan mit Sitz in Lübbenau/Spreewald ist als Personaldienstleister für Eisenbahnverkehrsunternehmen bundesweit seit 01.05.2005 tätig. Das ursprünglich von den beiden Lokführern Thomas Boßdorf (41) und Sirko Kerstan (41) als Boßdorf & Kerstan Lokführer-Dienstleistungs-GmbH per 06.02.2006 gegründete Unternehmen wurde 2012 in Boßdorf & Kerstan GmbH umfirmiert und der Sitz nach Lübben/Spreewald verlegt.

Verkehre
★ AZ-Verkehr

HVLE / HHPI

* Baustofftransporte Flechtingen – Wahlstedt; seit Mitte 2010
* Baustofftransporte Großsteinberg (Sächsische Quarzporphyr-Werke GmbH (SQW)) – Möllenhagen (DURTRACK GmbH); Spotverkehre seit 2012
* Baustofftransporte Laußig / Sprotta – Emden Nordkai; Spotverkehre seit März 2012 im Auftrag der e.g.o.o. Eisenbahngesellschaft Ostfriesland-Oldenburg mbH
* Baustofftransporte nach Hambostel (DEUTAG GmbH & Co. KG); Spotverkehre seit 2013
* Baustofftransporte von Röderau (SBU Kieswerk Zeithain GmbH & Co. KG) nach Nordhorn GIP (SBR-GmbH), Hamburg Süd (OAM Baustoffe GmbH); seit 30.03.2009 im Auftrag der Sächsische Baustofunion Dresden GmbH (SBU); bei Verkehren nach Nordhorn Traktion ab Bad Bentheim durch Bentheimer Eisenbahn AG (BE)
* Braunkohlestaubtransporte Spreewitz – Menden-Horlecke (Rheinkalk GmbH & Co. KG, Werk Hönnetal), 2 x pro Woche seit 03.01.2008 im Auftrag der Vattenfall Europe Mining AG; ab Schwerte Chemion Logistik GmbH als Traktionär
* Braunkohlestaubtransporte Spreewitz – Münchehof (Harz); seit 04.07.2005, teilweise als Ganzzüge, aber auch als Wagengruppen am Kalk-Leerzug aus Spreewitz und ab Blankenburg Nord als Ganzzug nach Münchehof
* Ethanoltransporte Zeitz (CropEnergies Bioethanol GmbH) – Stendell / Ingolstadt / Neustadt an der Donau / Duisburg-Ruhrort Hafen; Spotverkehre seit Januar 2008
* Gleisbaustofftransporte für das Einkaufsmanagement der DB Netz AG; seit 2004
* Gütertransporte Wustermark Rbf – Premnitz; seit 01.07.2002 im Auftrag der DB Schenker Rail Deutschland AG
* Harnstofftransporte Lutherstadt Wittenberg (SKW Stickstoffwerke Piesteritz GmbH) – Bülstringen (BARO Lagerhaus GmbH & Co. KG); 1-2 x pro Woche seit Anfang 2010
* Kalktransporte Rübeland – Blankenburg Nord; seit 01.06.2015
* Kalktransporte Rübeland – Buschhaus (BKB Aktiengesellschaft, TRV Buschhaus); 6 x pro Woche seit Anfang 2008 im Auftrag der Fels-Werke GmbH
* Kalktransporte Rübeland – Spreewitz / Peitz Ost (Vattenfall AG) / Chemnitz-Küchwald; seit 01.04.2005 im Auftrag der Fels-Werke; Vergabe der Leistungen Rübeland – Salzgitter (Salzgitter AG) an Verkehrsbetriebe Peine-Salzgitter GmbH (VPS) als Subunternehmer ab 01.01.2006
* Kies- und Sandtransporte Sprotta (Freudlsperger Beton & Kieswerk Sprotta GmbH) – Emden Nordkai / Aurich; 3 x pro Woche seit 01.01.2015 im Auftrag der e.g.o.o. Eisenbahngesellschaft Ostfriesland-Oldenburg mbH
* Kies- und Splitttransporte Bad Harzburg (KEMNA BAU Andreae GmbH & Co. KG) – Rotenburg (Wümme) / Cuxhaven / Cloppenburg; seit 01.01.2015 im Auftrag der e.g.o.o. Eisenbahngesellschaft Ostfriesland-Oldenburg mbH
* Kies- und Splitttransporte ab Immelborn (CEMEX Kies & Splitt GmbH)
* Kiestransporte Sachsendorf (Kies- und Steinwerk Boerner GmbH & Co. KG) – Magdeburg (Enercon; WEC Turmbau GmbH); 5 x pro Woche seit 01.01.2015 im Auftrag der e.g.o.o. Eisenbahngesellschaft Ostfriesland-Oldenburg mbH
* Rangierdienste auf der Werkbahn von Bombardier Transportation, Werk Hennigsdorf; seit 01.01.2004
* Rangierdienste in Wustermark; im Auftrag der Rail & Logistic Center Wustermark GmbH & Co. KG

Heavy Haul Power International GmbH (HHPI) G

Steigerstraße 9
DE-99096 Erfurt
Telefon: +49 361 3735272
Telefax: +49 361 3735273
martina.weilandt@hhpi.eu
www.hhpi.org

Management
* Richard Martin Painter (Geschäftsführer)
* Dipl.-Ing. (FH) Martina Weilandt (Geschäftsführerin)

Gesellschafter
Stammkapital 25.000,00 EUR
* Richard Martin Painter (70 %)
* Martina Weilandt (25 %)
* Charles Temple Reed (5 %)

Beteiligungen
* RCO S.A. w upadłości likwidacyjnej (100 %)
* Ciezkie Miedzynarodowe Przewozy Kolejowe i Konsulting Sp.z.o.o. (49 %)

Lizenzen
* DE: EVU-Zulassung (GV), gültig vom 03.02.2015 bis 04.02.2030
* DE: Sicherheitszertifikat Teil A+B (GV); gültig vom 13.01.2012 bis 12.01.2017
* NL: Sicherheitszertifikat Teil B (GV); gültig vom 05.09.2013 bis 12.01.2017

HHPI / HEG / HEIN

Unternehmensgeschichte
Gegründet am 16.12.1999 durch Privatunternehmer konnte als erste eigene Zuglokomotive der Heavy Haul Power International GmbH (HHPI) der vormals durch das Gemeinschaftsunternehmen DB Foster Yeoman GmbH eingesetzte „Highlander" 59 003 (DB 259 003, englische Class 59) übernommen werden. Wegen der fehlenden Zulassung der HHPI als EVU, die erst im Mai 2000 erteilt wurde, erfolgten zunächst Einsätze in Kooperation mit der Karsdorfer Eisenbahngesellschaft mbH (KEG).
Bei einem Großteil der Leistungen im Bereich der Baustoffverkehre kommt ein Selbstentladezug zum Einsatz. Dieser besteht aus 24, teilweise fest gekuppelten Güterwagen, welche in der Lage sind, unter Verwendung des eingebauten Förderbandsystems und der Absetzwagen, stündlich 1.000 t direkt ins Lager oder auf Lkw zu entladen, wodurch Entladegerät am Endbahnhof eingespart wird. Im März 2007 wurde ein zweiter, noch leistungsfähigerer Selbstentladezug ausgeliefert.
Am 07.07.2007 erreichte im Rahmen eines Spotverkehrs erstmals ein Schotterzug der HHPI die Niederlande. Auf dem grenzüberschreitenden Abschnitt zwischen Leer (Ostfriesland) und dem Zielbahnhof Veendam übernahm die damalige Afzet-Container-Transport-Service Nederland B.V. (ACTS Nederland) die Beförderung des Ganzzuges. Zum 01.01.2010 hat die HHPI Neuverkehre in Form von Braunkohletransporten zwischen Profen und Chemnitz und im April 2013 Steinkohletransporte zwischen Wilhelmshaven und Bremen-Farge aufgenommen. Die für Ende 2014 geplante Aufnahme von Kohlezügen zwischen den Niederlanden und Deutschland scheiterte mangels Verfügbarkeit der eingeplanten Neubauloks.

Verkehre
* Baustofftransporte im Großraum Berlin sowie von Flechtingen (z.T. Zugbildung in Haldensleben) nach Hamburg-Hansaport und Schwerin Görries
* Braunkohletransporte Profen (Übernahme von Mitteldeutsche Braunkohlengesellschaft mbH) – Chemnitz-Küchwald (Heizkraftwerk Chemnitz-Nord); seit 01.01.2010
* Kohletransporte Wilhelmshaven (Massengutlager Rüstersieler Groden) – Lahde (Kraftwerk Petershagen; 6 x pro Woche seit 02.04.2002 im Auftrag von eon; bis Mitte Januar 2008 ab Hamburg-Hansaport

HEG Hamburger Eisenbahngesellschaft mbH

Grusonstraße 51
DE-22113 Hamburg
Telefon: +49 40 8787989-60
Telefax: +49 40 8787989-98
heg@hamburgbahn.de
www.hamburgbahn.de

Management
* Hans-Jürgen Szurrat (Geschäftsführer)

Gesellschafter
Stammkapital 25.000,00 EUR
* Hans-Jürgen Szurrat (100 %)

Unternehmensgeschichte
Die HEG Hamburger Eisenbahngesellschaft mbH wurde mit Gesellschaftsvertrag vom 19.06.2008 gegründet. Zu diesem Zeitpunkt war auch Helle Anna Barwick mit 5 % am Unternehmen beteiligt, die aber wenig später ihre Anteile an Szurrat veräußerte.
Der Schwerpunkt der HEG lag in der Abwicklung von Transporten und Zustellungen im Hamburger Hafen sowie im Hamburger Umland. Seit dem Verkauf der eigenen MaK-Diesellok ist das Unternehmen im Bereich Lotsendienste und Personalgestellung mit Schwerpunkt Hamburg tätig.

Heinrichsmeyer Eisenbahndienstleistungen UG (HEIN)

Zur Stadthalle 3
DE-66663 Merzig
Telefon: +49 6861 8264759
Telefax: +49 6861 8264625
info@heinrichsmeyer.com
www.heinrichsmeyer.com

Außenstelle
Auf der Bausch 165
DE-54293 Trier
Telefon: +49 651 9954963
Telefax: +49 651 9954965

Management
* Andrea Heinrichsmeyer (Geschäftsführerin)

Gesellschafter
Stammkapital 2.500,00 EUR
* Gisela Heinrichsmeyer (100 %)

HEIN / HTB / Hespertalbahn

Unternehmensgeschichte
Gisela Heinrichsmeyer hat am 08.03.2010 die Heinrichsmeyer Eisenbahndienstleistungen UG (haftungsbeschränkt) gegründet. Das Unternehmen will Eisenbahnfahrzeuge erwerben, instandhalten und vermieten sowie Schienengüter- und Schienenpersonenverkehr gemeinsam mit einem EVU durchführen. Ihr Sohn Bernd Andreas Heinrichsmeyer ist übrigens geschäftsführender Gesellschafter der HWB Verkehrsgesellschaft mbH sowie weiterer Unternehmen der HWB-Gruppe. Im Februar 2013 hatte die HEIN zehn Mitarbeiter, ein jahr später waren es zwölf.
Bis zur Ausstellung einer eigenen Lizenz nutzt man die Konzession der Pfalzbahn Eisenbahnbetriebsgesellschaft mbH.
Im Februar 2014 wurde der Unternehmenssitz von Trier nach Merzig verlegt.

Verkehre
* Rangierverkehr in Ehrang; seit Anfang 2013 im Auftrag der ScandFibre Logistics AB (SFL)

Hellertalbahn GmbH (HTB) ℗

Bahnhofstraße 1
DE-57518 Betzdorf (Sieg)
Telefon: +49 2741 973575
info@hellertalbahn.de
www.hellertalbahn.de

Management
* Dipl.-Ing. Horst Klein (Geschäftsführer)

Gesellschafter
Stammkapital 150.000,00 EUR
* KSW Kreisbahn Siegen-Wittgenstein GmbH (33,33 %)
* Westerwaldbahn des Kreises Altenkirchen GmbH (WEBA) (33,33 %)
* Hessische Landesbahn GmbH - HLB (33,33 %)

Lizenzen
* DE: EVU-Zulassung (PV+GV) seit 13.10.1999, gültig bis 31.12.2015

Unternehmensgeschichte
Die Hellertalbahn GmbH (HTB) wurde am 19.07.1999 als gemeinsames Unternehmen der HLB, Siegener Kreisbahn (heutige KSW) und WEBA gegründet. Die drei Gesellschaften aus Hessen, Nordrhein-Westfalen und Rheinland-Pfalz hatten in einer Bietergemeinschaft die Durchführung der SPNV-Leistungen im Dreiländereck zwischen Betzdorf und Dillenburg ab 26.09.1999 gewonnen.
Innerhalb der HTB übernimmt die WEBA Geschäftsführung, Betriebsleitung, Personal- und Fahrzeugdisposition sowie die Wartung der drei HTB-Triebwagen in der WEBA-Werkstatt in Steinebach-Bindweide. Marketing und Vertrieb übernimmt die KSW, während die HLB in ihren Werkstätten Hauptuntersuchungen und größere Reparaturen an den Triebwagen ausführt. Die drei GTW 2/6 entstammen der HLB-Bauserie.
Nachdem der seinerzeit geschlossene Verkehrsvertrag zwischenzeitlich zweimal verlängert worden war, sind die derzeit von der HTB erbrachten Verkehre nunmehr Teil des so genannten „Dieselnetzes Eifel-Westerwald-Sieg" (EWS), dessen Ausschreibung im April 2011 zur Betriebsaufnahme 2014/2015 angekündigt wurde.

Verkehre
* SPNV Betzdorf – Dillenburg; 300.000 Zugkm/a seit 26.09.1999 bis Dezember 2015 im Auftrag des Zweckverbandes SPNV Rheinland-Pfalz Nord, des Zweckverbands Nahverkehr Westfalen-Lippe und des Rhein-Main-Verkehrsverbundes (RMV)

Hespertalbahn e. V. ℗

Postfach 15 02 23
DE-45242 Essen
Telefon: +49 201 4085619
Telefax: +49 201 4085619
info@hespertalbahn.de
www.hespertalbahn.de

Management
* Roland Kirchhoff (1. Vorsitzender)

Lizenzen
* DE: EVU-Zulassung (PV+GV) seit 06.09.2006, gültig bis 30.04.2020

Unternehmensgeschichte
Die Hespertalbahn verband einst den an der Hauptbahn Essen – Wuppertal gelegenen Bahnhof Essen-Kupferdreh mit Hesperbrück.
Hervorgegangen aus einer einfachen Schleppbahn erschloss sie als Schmalspurbahn mit Pferdebetrieb ab 1867 Erzgruben und ab 1877 die örtliche Zeche Pörtingsiepen. Der Ausbau eines Teils der Strecke zur Normalspur erfolgte 1918. Nachdem die Zeche im Jahr 1973 stillgelegt wurde und die Bahn nur noch zum Materialabtransport diente, nahm 1976 der Verein zur Erhaltung der Hespertalbahn e. V. (VEH) den Betrieb als Museumseisenbahn wieder auf. Allerdings ist heute nur noch der 3,5 km lange Abschnitt von Kupferdreh Alter Bahnhof bis nach Haus Scheppen in Betrieb. Die Museumsbahn fährt an ausgewählten Tagen von Anfang Mai bis Anfang Dezember auf der dem Regionalverband Ruhr (RVR) gehörenden Strecke.

Hespertalbahn / HC / HLB

Zum 30.03.2008 wurde der Vereinsname in Hespertalbahn e. V. geändert.

Verkehre
* Museumsbahnverkehr

Hessencourrier e. V. (HC) 🅿️🛈

Kaulenbergstraße 5
DE-34131 Kassel
info@hessencourrier.de
www.hessencourrier.de

Management
* Dipl.-Ing. Jens Karasek (1. Vorsitzender)

Lizenzen
* DE: EIU Großenritte – Naumburg
* DE: EVU-Zulassung (PV); gültig vom 22.11.2007 31.12.2022

Infrastruktur
* Großenritte – Naumburg (23,1 km); gepachtet durch Regionalmuseum Naumburger Kleinbahn e. V. von HLB Basis AG, Betriebsführung als Anschlussbahn durch den HC

Unternehmensgeschichte
Der gemeinnützige Verein Hessencourrier e. V. mit Sitz in Kassel sammelt historische Eisenbahnfahrzeuge und betreibt einen Museumsbahnverkehr auf der Strecke der Kassel-Naumburger Eisenbahn. Der planmäßige Personenverkehr auf dieser Strecke war am 05.09.1977 eingestellt worden.
Die Historie des heutigen Museumsbahnvereines geht auf das Jahr 1970 zurück. Die damaligen Eisenbahnfreunde Kassel erwarben in diesem Jahr einen Personenwagen der Kleinbahn Kassel-Naumburg, um ihn nach einer Aufarbeitung zwei Jahre später bei der ersten Vereins-Sonderfahrt einzusetzen.
Die damalige Kassel-Naumburger Eisenbahn AG (KNE, heutige HLB Basis AG) stellte den Güterverkehr Baunatal – Naumburg am 31.05.1991 ein und beabsichtigte eine Stilllegung des Streckenabschnitts Großenritte – Naumburg. Zur Erhaltung gründeten die Gemeinden Baunatal, Schauenburg, Bad Emstal, Naumburg, der Landkreis Kassel sowie die Vereine Hessencourrier und Arbeitskreis Historischer Zug Kassel im März 1992 den Verein Regionalmuseum Naumburger Kleinbahn e. V., der den Streckenabschnitt pachtete. Die Betriebsführung als Anschlussbahn erfolgt durch den HC.
Die Museumsbahnwerkstatt befindet sich in Naumburg, ein Gelände in Kassel-Wilhelmshöhe

musste 2007 für den Bau der Werkstatt der cantus Verkehrsgesellschaft mbH abgegeben werden. Im gleichen Jahr bezog der Hessencourrier sein neues Domizil im Kasseler Technologiepark Marbachshöhe.

Hessische Landesbahn GmbH - HLB

Am Hauptbahnhof 18
DE-60329 Frankfurt am Main
Telefon: +49 69 242524-0
Telefax: +49 69 242524-60
mail@hlb-online.de
www.hlb-online.de

Standort Königstein
Bahnstraße 13
DE-61462 Königstein
Telefon: +49 6174 2901-0
Telefax: +49 6174 2901-15
koenigstein@hlb-online.de

Standort Butzbach
Himmrichsweg 3
DE-35510 Butzbach
Telefon: +49 6033 9615-0
Telefax: +49 6033 9615-15
butzbach@hlb-online.de

Management
* Dipl.-Ing. Veit Salzmann (Geschäftsführer)

Gesellschafter
Stammkapital 13.717.961,17 EUR
* Land Hessen (100 %)

Beteiligungen
* HLB Hessenbahn GmbH (100 %)
* HLB Hessenbus GmbH (100 %)
* HLB Basis AG (84,652 %)
* vectus Verkehrsgesellschaft mbH (74,9 %)
* Hersfelder Eisenbahn GmbH (HEG) (51 %)
* RegioTram Gesellschaft mbH (RTG) (50 %)
* Süd-Thüringen-Bahn GmbH (STB) (50 %)
* cantus Verkehrsgesellschaft mbH (50 %)
* Hellertalbahn GmbH (HTB) (33,33 %)

HLB

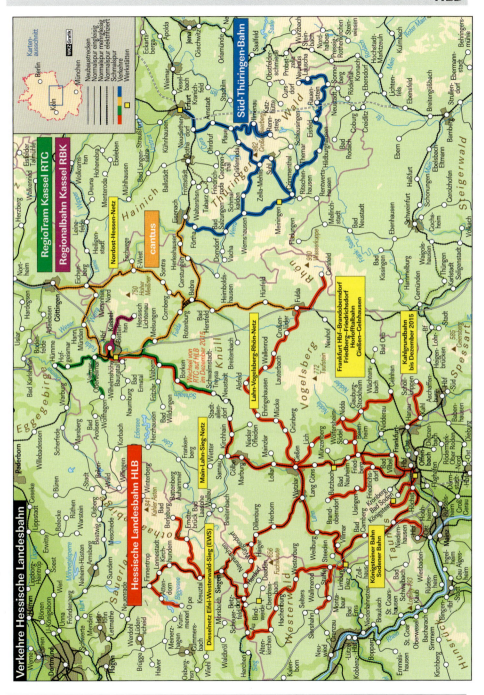

HLB / Heyl

Lizenzen
★ DE: EVU-Zulassung (PV+GV) seit 02.04.2004, gültig bis 31.05.2019

Unternehmensgeschichte
Als Dachgesellschaft für Beteiligungen des Landes Hessen an Verkehrsunternehmen wurde mit Gesellschaftsvertrag vom 28.01.1955 und Handelsregistereintrag zum 23.06.1955 die Hessische Landesbahn GmbH (HLB) gegründet. Schrittweise wurden Landesanteile an den Unternehmen Kleinbahn AG Kassel-Naumburg (KN), Kleinbahn AG Frankfurt (Main)-Königstein (FK) und Butzbach-Licher Eisenbahn AG (BLE) von der HLB übernommen, zum 01.01.1984 zudem die Landesbeteiligung an der Hersfelder Eisenbahn GmbH (HEG). KN und FK wurden 1983 in Kassel-Naumburger Eisenbahn AG (KNE) bzw. Frankfurt-Königsteiner Eisenbahn AG (FKE) umbenannt. Seit der Bahnreform und der Regionalisierung des SPNV beteiligt sich die HLB an Ausschreibungen von SPNV-Leistungen, teils in Bietergemeinschaften mit Partnerunternehmen. So hält die HLB inzwischen Anteile an den aus Bietergemeinschaften hervorgegangenen Unternehmen Hellertalbahn GmbH (seit 19.07.1999), SüdThüringenBahn GmbH (seit 10.12.1999), vectus Verkehrsgesellschaft mbH (seit 23.07.2003) und cantus Verkehrsgesellschaft mbH (seit 02.12.2005).
Während die Betriebsabwicklung in den Händen der Beteiligungsunternehmen liegt, übernimmt die HLB zentrale Geschäftsführungsaufgaben für diese. BLE, FKE und KNE waren dabei sowohl als EVU als auch als EIU tätig. Um eine eindeutige Trennung der Bereiche Infrastruktur und Betrieb zu erreichen, wurden daher von 2004 bis 2006 umfassende Veränderungen in der Struktur der HLB-Beteiligungsunternehmen vorgenommen. Mit dem Gesellschaftsvertrag vom 08.12.2004 und Handelsregistereintrag zum 09.05.2005 wurde die HLB Hessenbahn GmbH als Tochtergesellschaft der HLB gegründet, wenig später auch die HLB Hessenbus GmbH. Nach Beschluss der Hauptversammlungen vom 27.07.2005 wurden die BLE und die KNE mit Handelsregistereintrag vom 20.09.2005 rückwirkend zum 01.01.2005 auf die FKE verschmolzen, die anschließend mit Handelsregistereintrag zum 08.03.2006 in HLB Basis AG umfirmiert wurde. Diese Gesellschaft fungiert seither als Infrastrukturunternehmen, während der bislang durch BLE, FKE und KNE erbrachte Bahn- und Busbetrieb von der HLB Hessenbahn GmbH bzw. der HLB Hessenbus GmbH übernommen wurde. Im Zuge der Umstrukturierungen übernahm die HLB zudem die bislang von der BLE gehaltenen Anteile an der Autobus Dreischmeier GmbH und die KNE-Beteiligung an der Regionalbahn Kassel GmbH. Obwohl die HLB selbst keine Verkehrsleistungen durchführt, verfügt sie seit 02.04.2004 über eine eigene Zulassung als EVU für den Personen- und Güterverkehr. Zudem sind einige der von der HLB Hessenbahn genutzten Fahrzeuge Eigentum der Muttergesellschaft. Die 2006 gelieferten LINT werden von der Fahrzeugmanagement Region Frankfurt RheinMain GmbH (fahma) an die HLB vermietet.
Im August 2010 besaß die HLB 710 Mitarbeiter (Juni 2009: 626).
Im Geschäftsjahr 2012 stieg die Gesamtleistung (aus Umsatz und sonstigen betrieblichen Erträgen) um 5,51 Mio. EUR auf 23,09 Mio. EUR. Danach wurde im Geschäftsjahr 2012 ein Überschuss im operativen Bereich (Betriebsergebnis) in Höhe von 1,04 Mio. EUR gegenüber 0,97 Mio. EUR in 2011 erwirtschaftet. Nach Verrechnung des Steueraufwandes und des neutralen Ergebnisses sowie unter Berücksichtigung der von anderen Gesellschaftern zu übernehmenden Ergebnisse wurde im Geschäftsjahr 2012 ein um 3,75 Mio. EUR auf 5,13 Mio. EUR steigender Konzernjahresüberschuss erwirtschaftet.
Im gleichen Geschäftsjahr hatte der HLB Konzern 823 Mitarbeiter, die bei der HLB Basis AG (252), der Hersfelder Eisenbahn GmbH - HEG (7), der vectus Verkehrsgesellschaft mbH (70), der HLB Hessenbus GmbH (216), der HLB Hessenbahn GmbH (239) sowie der Hessischen Landesbahn GmbH - HLB (39) beschäftigt waren.
Im Januar 2015 hatte der HLB-Konzern 1.018 Mitarbeiter und erbrachte rund 19 Mio. Zugkm/a.
Das Bilanzjahr 2014 brachte einen Umsatz von 160 Mio. EUR und einen Gewinn von ca. 2,8 Mio. EUR.

Heyl Mühlen GmbH & Co. KG

Tonnaer Straße 22-23
DE-99947 Bad Langensalza
Telefon: +49 3603 854-0
Telefax: +49 3603 854-399
info@heyl-muehlen.de
www.heyl-muehlen.de

Gesellschafter
★ Komplementär: Heyl Beteiligungsgesellschaft mbH

Lizenzen
★ DE: EIU Bad Langensalza – Bad Langensalza Ost

Infrastruktur
★ Strecke Bad Langensalza – Bad Langensalza Ost (2,4 km); seit 01.10.2006 von DB Netz gepachtet, zum 01.01.2015 erworben

Unternehmensgeschichte
Bad Langensalza ist der Hauptsitz der Heyl Mühlen, einem der größten industriellen Mühlenbetriebe Deutschlands. Die Heyl Mühlen liefern unter anderem für Konzerne wie HARRY, BRANDT und

Heyl / HFM

frischBack. Die Bremer Rolandmühle, Erling (Bremen), die Heyl-Mühlen (Bad Langensalza) und die Mills United, Hovestadt & Münstermann (Münster) haben sich im Januar 2004 zum Mühlenverbund Grain Millers GmbH & Co. KG zusammengeschlossen.
In der Folge des Mora C-Programms der DB AG ging die Bedienung des Heyl-Standortes Bad Langensalza im Güterverkehr auf die seinerzeitige Erfurter Industriebahn GmbH (jetzt Erfurter Bahn GmbH, EB) als Subunternehmer über. Nach längeren Verhandlungen konnte Heyl die Strecke ab Oktober 2006 pachten und hat diese sowie den zugehörigen Teil der Ladestraße im Bahnhof Bad Langensalza zum 01.01.2015 erworben.
Nach einer ersten Instandsetzung der Strecke verkehrten seit dem 15.12.2006 für ein Jahr wieder einige Getreidezüge von und nach Erfurt Gbf, befördert durch die Erfurter Industriebahn GmbH (EIB). Einer längeren Pause folgten erst ab Ende Juli 2009 neue Transporte, diesmal aber im Empfang mit Brake (Unterweser) als Ausgangspunkt und im Versand mit Bremen als Ziel sowie der D&D Eisenbahngesellschaft mbH als EVU. Zudem fuhr u.a. die Advanced World Transport a.s. (AWT) die Mühle mit Getreide aus Tschechien kommend an.
Für den Waggonverschub nutzt man einen Zweiwege-Unimog 405/12/U400.

HFM Managementgesellschaft für Hafen und Markt mbH

Lindleystraße 14
DE-60314 Frankfurt am Main
Telefon: +49 69 212-36462
Telefax: +49 69 212-40617
info@hfm-frankfurt.de
www.hfm-frankfurt.de

Management
* Herbert Janicke (Geschäftsführer)
* Ralf Karpa (Geschäftsführer)

Gesellschafter
Stammkapital 25.000,00 EUR
* Stadt Frankfurt am Main (100 %)

Lizenzen
* DE: EVU-Zulassung (GV); gültig vom 31.08.2009 bis 31.08.2024

* DE: Sicherheitsbescheinigung (GV); gültig seit 11.06.2012

Infrastruktur
* Hafenbahn (52 km)

Unternehmensgeschichte
Der Frankfurter Westhafen entstand zwischen 1884 und 1886 im Zuge der Mainkanalisierung. Der Osthafen mit seinen vier Hafenbecken, bestehend aus dem Osthafen 1 und Osthafen 2 wurde ab 1910 errichtet. Alle Hafenteile zusammen umfassen heute rund 163 ha, davon 40 ha Hafenbahngelände. Ost- und Westhafen sind seit Beginn durch die Eisenbahn erschlossen, das Gleisnetz umfasst rund 52 km. Für die Durchführung des Betriebes stehen der HFM fünf Dieselloks zur Verfügung, von denen eine Lok im West- sowie zwei Maschinen im Osthafen und eine im Hafen Hanau eingesetzt werden. Das Gleisnetz der Hafenbahn und insbesondere die Anschlüsse zum Schienennetz der DB Netz AG werden traditionell auch vom Verein Historische Eisenbahn Frankfurt e. V. (HE) genutzt.
Die am 02.04.2001 gegründete HFM Hafen Frankfurt Managementgesellschaft mbH übernahm zum 01.07.2002 die Aktivitäten der Hafenbetriebe der Stadt Frankfurt. Seit dem 01.01.2007 hat die HFM zusätzlich die Aufgaben der städtischen Marktbetriebe übernommen und damit das operative Geschäft erweitert. Aufgrund dieser veränderung wurde die HFM am 15.12.2006 in HFM Managementgesellschaft für Hafen und Markt mbH umbenannt.
Im Jahr 2014 schlug die HFM bahnseitig 1,43 Mio. t und schiffsseitig 2,93 Mio. t Güter um. In den verschiedenen Hafenteilen und Bahnbereichen wurden 2.120 Schiffe und 42.237 Güterwagen abgefertigt.

Verkehre
* Gütertransporte auf eigener Infrastruktur
* Seit 02.01.2007 befördert die HFM Mineralölganzzüge auf dem etwa fünf Kilometer langen, nicht elektrifizierten Gleisabschnitt zwischen Hanau Hbf und dem Hanauer Tanklager der Oiltanking Deutschland GmbH im Auftrag von Captrain. Die in Hanau Hbf im Schlepp von Captrain-E-Loks eintreffende Züge aus Großkorbetha werden dabei jeweils in zwei Gruppen zu je elf Wagen geteilt.
* Bedienung des Hafen Hanau (Rhenus SE & Co. KG); sporadisch
* Rangierverkehr in Hanau; sporadisch im Auftrag der Holzhof Breitenbach GmbH & Co. KG

HGB / HLB Basis

www.hessische-gueterbahn.de

HGB - Hessische Güterbahn GmbH G

Kasseler Straße 1
DE-35418 Buseck
Telefon: +49 6408 504508-0
Telefax: +49 6408 504508-99
kontakt@hessische-gueterbahn.de
www.hessische-gueterbahn.de

Management
* Thorsten Putze (Geschäftsführer)

Gesellschafter
Stammkapital 25.000,00 EUR
* Thorsten Putze (100 %)

Lizenzen
* DE: EVU-Zulassung (GV) seit 24.05.2006, gültig bis 30.04.2021

Unternehmensgeschichte
Zum 29.04.2003 wurde die Hessische Güterbahn GmbH (HGB) mit Sitz in Buseck gegründet. Zunächst übernahm die HGB die Personalgestellung und war im AZ-Verkehr tätig. Seit 08.02.2005 übernimmt die HGB auch den Rangierdienst im Containerterminal Beiseförth im Auftrag der TX Logistik AG. Neben gelegentlichen Spotverkehren gehörten seit Sommer 2007 von Breitenbach (Herzberg) und Gießen im Auftrag der Holzhof Breitenbach GmbH & Co. KG durchgeführte Rundholztransporte zum täglichen Geschäft der HGB. Die Leistungen im Holzverkehr entfielen jedoch im Oktober 2008. Übergangsweise hatte die HGB ihre Fahrzeuge beim Hochwaldbahn e. V. (HWB) sowie ab 01.06.2004 bis zur Erteilung einer eigenen Konzession bei der Rheinhessischen Eisenbahn GmbH (RHEB) eingestellt.
Seit 01.01.2010 ist die HGB einstellendes EVU für die Fahrzeuge der voestalpine BWG GmbH, seit 01.11.2013 der Eurailscout Inspection and Analysis B. V.
Im September 2008 sowie im April 2013 verfügte das Unternehmen über 15 Mitarbeiter im Betriebsdienst (Tf / Wgm) sowie fünf Mitarbeiter in der Leitstelle und Disposition.

Verkehre
* AZ-Verkehr
* Rangierdienst Containerterminal Beiseförth; seit 08.02.2005 im Auftrag der TX Logistik AG; 2 x pro Woche seit Dezember 2010 im Auftrag der boxXpress.de GmbH
* KV-Transporte (Aushub Stuttgart 21) Stuttgart – Nordhausen (Agl Kieswerk); 10 x pro Woche Traktion ab Nordhausen (Übernahme von DB Fahrwegdienste GmbH) im Auftrag der ARGE Entsorgung S21 seit 03.06.2014
* KV-Transporte Mainz-Frankenbach – Kirkel/Homburg (Saar); 3 x pro Woche seit 03.11.2014 im Auftrag der Ernst Frankenbach GmbH

HLB Basis AG G I

Am Hauptbahnhof 18
DE-60329 Frankfurt am Main
Telefon: +49 69 242 524-0
Telefax: +49 69 242 524-60
mail@hlb-online.de
www.hlb-online.de

Werkstatt Königstein
Bahnstraße 13
DE-61462 Königstein
Telefon: +49 6174 2901-0
Telefax: +49 6174 2901-15
koenigstein@hlb-online.de

Werkstatt Butzbach
Himmrichsweg 3
DE-35510 Butzbach
Telefon: +49 6033 9615-0
Telefax: +49 6033 9615-15
butzbach@hlb-online.de

Werkstatt Baunatal-Großenritte
Stettiner Straße 29
DE-34225 Baunatal
Telefon: +49 5601 87110

HLB Basis

Werkstatt Kassel-Wilhelmshöhe
Druseltalstraße 1a
DE-34131 Kassel
Telefon: +49 561 93074-0
Telefax: +49 561 93074-21
kassel@hlb-online.de

Gesellschafter
Stammkapital 2.359.777,20 EUR
* Hessische Landesbahn GmbH - HLB (84,652 %)
* Main-Taunus-Kreis (5,91 %)
* Hochtaunuskreis (5,833 %)
* Transdev GmbH (1,873 %)
* Landkreis Kassel (KS) (1,266 %)
* Stadt Bad Nauheim (0,364 %)
* Stadt Münzenberg (0,048 %)
* Stadt Lich (0,024 %)
* Stadt Butzbach (0,024 %)
* Marlene Koch (0,005 %)

Beteiligungen
* Autobus Dreischmeier GmbH (ABD) (50 %)
* Regionalbahn Kassel GmbH (RBK) (50 %)

Lizenzen
* DE: EIU Butzbach – Griedel
* DE: EIU Butzbach – Pohlgöns
* DE: EIU Eschwege-West – Eschwege Stadt
* DE: EIU Frankfurt (M)-Höchst – Königstein (Taunus)
* DE: EIU Kassel – Waldau (Industriestammgleis); gültig vom 22.04.2013 bis 30.06.2056
* DE: EIU Kassel-Wilhelmshöhe – Baunatal-Großenritte
* DE: EIU Lollar – Mainzlar; gültig vom 28.06.2012 bis 31.12.2016
* DE: EVU-Zulassung (PV+GV) seit 13.02.2007, gültig bis 28.02.2022

Infrastruktur
* Kassel-Wilhelmshöhe – Baunatal-Großenritte (10,3 km)
* Baunatal-Großenritte – Naumburg (23,1 km; verpachtet an den Verein Regionalmuseum Naumburger Kleinbahn e. V.)
* Butzbach – Butzbach Nord – Pohlgöns (3,1 km)
* Butzbach Nord – Griedel (3,4 km)
* Griedel – Münzenberg (6,8 km; verpachtet an den Verein Eisenbahnfreunde Wetterau e. V.)
* Griedel – Bad Nauheim Nord (10,6 km; verpachtet an den Verein Eisenbahnfreunde Wetterau e. V.)
* Frankfurt (M)-Höchst – Königstein (Taunus) (15,9 km)
* Betriebsführung für die Infrastruktur des Verkehrsverbands Hochtaunus (VHT): Friedrichsdorf (Taunus) – Usingen – Grävenwiesbach – Brandoberndorf (36,9 km)
* EIU für Lollar – Mainzlar der Stadtentwicklungsgesellschaft Staufenberg mbH (gepachtet von DB Netz)
* Eschwege-West – Eschwege Stadt (4,2 km)
* Industriestammgleis Kassel-Waldau

Unternehmensgeschichte
Um eine eindeutige Trennung der Bereiche Infrastruktur und Betrieb zu erreichen, wurden zwischen 2004 und 2006 umfassende Veränderungen in der Struktur der Beteiligungsunternehmen der Hessischen Landesbahn GmbH (HLB) vorgenommen. Nach Beschluss der Hauptversammlungen vom 27.07.2005 wurden die bisherigen Gesellschaften Butzbach-Licher Eisenbahn AG (BLE) und Kassel-Naumburger Eisenbahn AG (KNE) mit Handelsregistereintrag vom 20.09.2005 rückwirkend zum 01.01.2005 auf die Frankfurt-Königsteiner Eisenbahn AG (FKE) verschmolzen. Diese wurde anschließend mit Handelsregistereintrag zum 08.03.2006 in die heutige HLB Basis AG umfirmiert. Der bis dato von BLE, FKE und KNE erbrachte Bahn- und Busbetrieb wurde durch die neu gegründeten Verkehrsunternehmen HLB Hessenbahn GmbH und HLB Hessenbus GmbH übernommen, wodurch die HLB Basis AG zu einem reinen Infrastrukturbetreiber wurde.

Die KNE-Infrastruktur erstreckt sich zwischen deren namensgebenden Orten Kassel und Naumburg. Der obere Streckenabschnitt von Baunatal-Großenritte bis Naumburg ist seit 1992 an den Verein Regionalmuseum Naumburger Kleinbahn e. V. verpachtet, wird als Anschlussbahn betrieben und durch den Verein Hessencourrier e. V. instand gehalten. Zwischen Kassel-Wilhelmshöhe und Baunatal wickelt die HLB Hessenbahn GmbH umfangreichen Güterverkehr ab, im anschließenden Abschnitt zwischen Baunatal und Baunatal-Großenritte befahren zwei Linien der Straßenbahn Kassel die Infrastruktur. In Baunatal-Großenritte befindet sich eine von der HLB Hessenbahn und bis Ende 2008 auch durch die cantus Verkehrsgesellschaft mbH genutzte Werkstatt.

Der von der HLB Basis AG betriebene Teil der früheren BLE-Infrastruktur erstreckt sich vom DB-Bahnhof Butzbach über Butzbach Nord nach Pohlgöns sowie von Butzbach Nord nach Griedel und wird durch die HLB Hessenbahn im Güterverkehr sowie als Zufahrt zur Werkstatt Butzbach Ost genutzt. Die Streckenabschnitte Griedel – Münzenberg und Griedel – Bad Nauheim Nord sind Eigentum der HLB Basis AG, wurden allerdings an den Verein Eisenbahnfreunde Wetterau e. V. verpachtet, der diese Infrastruktur seit 31.03.2004 als Anschlussbahn betreibt und Museumsbahnbetrieb sowie Güterverkehr darauf abwickelt.

Den dritten Teil der Infrastruktur der HLB Basis AG stellt die Strecke der FKE zwischen Frankfurt (M)-Höchst und Königstein (Taunus) dar, die von der HLB Hessenbahn im SPNV befahren wird. Die HLB Basis AG ist zudem Betriebsführer der ebenfalls von der HLB Hessenbahn im SPNV genutzten Infrastruktur des Zweckverbands Verkehrsverband Hochtaunus (VHT) zwischen Friedrichsdorf (Taunus) und Brandoberndorf.

Zum 13.12.2009 wurde die Strecke zwischen

HLB Basis / Hessenbahn

Eschwege West und Eschwege Stadt nach einer Modernisierung und Elektrifizierung reaktiviert. Nördlich und südlich des Bahnhofs Eschwege West wurde je eine Verbindungskurve zur Trasse der ehemaligen Kanonenbahn gebaut. Seit der Inbetriebnahme des Stadtbahnhofes wird Eschwege West umfahren und hat keinen planmäßigen Personenverkehr mehr.

Nach wie vor verfügt die HLB Basis AG über eine ursprünglich der FKE ausgestellte Zulassung als EVU für den Personen- und Güterverkehr. Zudem sind einige durch die HLB Hessenbahn genutzte Fahrzeuge der früheren BLE, FKE und KNE Eigentum der HLB Basis AG. Der zunächst von der HLB Hessenbahn GmbH betriebene Güterverkehr ging zum 01.01.2012 auf die HLB Basis AG über. Seit Mitte Dezember 2014 besteht dieser nur noch aus Bedienungen in Butzbach nachdem die Transporte auf der Strecke Kassel Rbf – Baunatal an die DB Schenker Rail Deutschland AG übergeben wurden.

Verkehre
* Güterverkehr im Stadtgebiet Butzbach

HLB Hessenbahn GmbH ℗

Am Hauptbahnhof 18
DE-60329 Frankfurt am Main
Telefon: +49 69 242524-0
Telefax: +49 69 242524-60
mail@hlb-online.de
www.hlb-online.de

Management
* Dipl.-Ing. Veit Salzmann (Geschäftsführer)

Gesellschafter
Stammkapital 1.500.000,00 EUR
* Hessische Landesbahn GmbH - HLB (100 %)

Lizenzen
* DE: EVU-Zulassung (PV+GV) seit 13.06.2005, gültig bis 30.06.2020

Unternehmensgeschichte
Mit dem Ziel, eine eindeutige Trennung der Bereiche Infrastruktur und Betrieb zu erreichen, wurden im Zeitraum von 2004 bis 2006 umfassende Veränderungen in der Struktur der Beteiligungsunternehmen der Hessischen Landesbahn GmbH - HLB vorgenommen. Mit dem Gesellschaftsvertrag vom 08.12.2004 wurde die HLB Hessenbahn GmbH als Tochtergesellschaft der HLB gegründet. Die HLB Hessenbahn übernahm daraufhin 2006 die Verkehrsaktivitäten der HLB-Tochter HLB Basis AG, die wiederum aus den früheren Gesellschaften Butzbach-Licher Eisenbahn AG (BLE), Frankfurt-Königsteiner Eisenbahn AG (FKE) und Kassel-Naumburger Eisenbahn AG (KNE) entstanden war. Die hierfür eingesetzten Fahrzeuge sind weiterhin Eigentum der HLB oder der HLB Basis AG. Letztere ist fallweise aus historischen Gründen noch Inhaber von Verkehrsverträgen, die aber der Einheitlichkeit halber alle bei der HLB Hessenbahn GmbH dargestellt werden.

Die von der HLB Hessenbahn übernommenen Aktivitäten der KNE umfassen Güterverkehr zwischen Kassel Rbf und Baunatal, wo insbesondere das Werk der Volkswagen AG für Aufkommen sorgt. Zudem war die HLB vom 24.05.1998 bis 13.12.2008 Betreiber der SPNV-Leistungen der Strecke Wabern – Bad Wildungen, von denen an Wochentagen ein Zugpaar nach Kassel durchgebunden wurde. Diese Verkehre wurden anschließend von der DB-Kurhessenbahn übernommen

Ausgehend vom früheren BLE-Standort Butzbach erbringt die HLB Hessenbahn Güterverkehr auf dem verbliebenen, von der HLB Basis AG betriebenen Teil der BLE-Strecken sowie umfangreiche SPNV-Leistungen auf DB-Infrastruktur. Befahren werden die Relationen Gießen – Nidda – Gelnhausen, Friedberg – Nidda mit Abzweig nach Wölfersheim-Södel, Friedberg – Friedrichsdorf (Taunus) sowie Friedberg – Hanau.

Von der früheren FKE wurden die SPNV-Leistungen auf deren Stammstrecke Königstein (Taunus) – Frankfurt (M)-Höchst mit durchgehenden Zügen nach Frankfurt Hbf sowie der im Auftrag des Zweckverbandes Verkehrsverband Hochtaunus erbrachte SPNV zwischen Friedrichsdorf (Taunus) und Brandoberndorf inklusive durchgehender Züge von Frankfurt Hbf übernommen.

Bereits seit 11.12.2005 erbringt die HLB Hessenbahn ferner zwischen Hanau, Kahl und Schöllkrippen SPNV-Leistungen, die 2003 im Rahmen einer Ausschreibung an die HLB vergeben wurden. Im Rahmen einer europaweiten Ausschreibung konnte die HLB zudem die Verkehre auf den Linien RE 40 Frankfurt am Main – Siegen und RB 30 Gießen – Marburg mit Betriebsaufnahme 2010 akquirieren. 2010 folgte der Zuschlag für Regionalbahnleistungen auf Lahn-, Vogelsberg- und Rhönbahn. An die DB Regio Hessen GmbH wurde nach deren Ausschreibungsgewinn des Teilnetzes „Mittelhessen" die Linie RB 33 Friedberg – Hanau

Hessenbahn

abgegeben. Gleichfalls von der DB Hessen GmbH wird ab Dezember 2012 nach gewonnener Ausschreibung des Teilnetzes „Nidertalbahn" die Linie SE 32 übernommen, die aus einigen HVZ-Zugpaaren Frankfurt – Friedberg – Nidda besteht. Am 12.02.2012 erhielt die HLB Hessenbahn den Zuschlag zum Betrieb der jetzigen RegioTram-Linie R 9 Kassel – Schwalmstadt-Treysa ab Dezember 2014. Aufgrund von Umbestellungen bei den Fahrzeugen - fünf- statt dreiteilige Stadler FLIRT - wurde der Betriebsübergang um ein Jahr nach hinten verlegt.

Aus dem Vergabeverfahren über SPNV-Leistungen im Dieselnetz Eifel-Westerwald-Sieg (EWS) sind DB Regio und HLB als Gewinnerinnen hervorgegangen. Der eigentlich für August 2015 angedachte Betriebsübergang des Loses 2 an die HLB wurde auf Dezember 2014 vorgezogen. Die HLB setzt v.a. die Fahrzeuge ex vectus ein, die zuvor durch Alstom überarbeitet wurden. Zudem sind noch sieben neue LINT zur Beschaffung vorgesehen, die bis zur Auslieferung durch dorthin ausgeliehene Fahrzeuge der HLB und fünf gemietete RS 1 der BeNEX substituiert werden.

Der aktuelle SPNV-Fahrzeugeinsatz strukturiert sich wie folgt:
* Taunus: 20 x VT2E, 10 x LINT41/H; Wartung in Königstein
* Wetterau: 22 x GTW 2/6; Wartung in Butzbach
* Kahlgrund: 6 x Desiro; Wartung in Königstein
* Main-Lahn-Sieg: 3 x FLIRT 3/8, 6 x FLIRT 4/12; Wartung in Frankfurt-Griesheim (R.A.T.H.)
* Lahn-Vogelsberg-Rhön: 3 x LINT 27, 23 x LINT 41; Wartung in Limburg (Lahn)
* Dieselnetz Eifel-Westerwald-Sieg: 7 x LINT 27, 18 LINT 41, 1 x VT 629, 9 x GTW 2/6, 5 x RS 1; Wartung in Limburg (Lahn) bzw. Scheuerfeld-Bindweide (WEBA; GTW)

Mit Beginn des Geschäftsjahres 2012 wurde die Güterverkehrssparte auf die Schwestergesellschaft HLB Basis AG übertragen.
Insgesamt wurde im Geschäftsjahr 2012 eine Gesamtleistung, die sich aus dem Umsatz und den sonstigen betrieblichen Erträgen rekrutiert, in Höhe von 56,34 Mio. EUR (2011: 27,37 Mio. EUR) erwirtschaftet. Aus der operativen Geschäftstätigkeit (Betriebsergebnis) wird im Geschäftsjahr 2012 ein Überschuss in Höhe von 1,0 Mio. EUR erwirtschaftet. Im Vorjahr war wegen der Vorlaufkosten und streikbedingter Zugausfälle ein Defizit von 1,54 Mio. entstanden.

Verkehre
* SPNV SE 12 „Königsteiner Bahn" (Frankfurt Hbf –) Frankfurt (M)-Höchst – Königstein (Taunus); seit 24.02.1902; 500.000 Zugkm/a im Auftrag der Rhein-Main-Verkehrsverbund GmbH (RMV); Verkehrsvertrag läuft noch auf HLB Basis AG
* SPNV RB 13 „Sodener Bahn" Bad Soden am Taunus – Frankfurt-Höchst; 110.000 Zugkm/a im Auftrag der Rhein-Main-Verkehrsverbund GmbH (RMV); Verkehrsvertrag läuft noch auf HLB Basis AG
* SPNV SE/RB 15 (Frankfurt Hbf –) Friedrichsdorf (Taunus) – Usingen – Grävenwiesbach (seit 26.09.1993) und weiter nach Brandoberndorf (seit 15.11.1999); 980.000 Zugkm/a im Auftrag des Verkehrsverbands Hochtaunus (VHT) sowie der Rhein-Main-Verkehrsverbund GmbH (RMV); Verkehrsvertrag läuft noch auf HLB Basis AG
* SPNV RB 16 Friedberg – Friedrichsdorf; 240.000 Zugkm/a seit 24.05.1998 im Auftrag der Rhein-Main-Verkehrsverbund GmbH (RMV); Verkehrsvertrag läuft noch auf HLB Basis AG
* SPNV „Horlofftalbahn"; 370.000 Zugkm/a seit 30.05.1999 im Auftrag der Rhein-Main-Verkehrsverbund GmbH (RMV) ; Verkehrsvertrag läuft noch auf HLB Basis AG
  RB 31 Friedberg – Beienheim – Wölfersheim-Södel
  SE 32 (Frankfurt (M) Hbf –) Friedberg – Beienheim – Nidda; bis Dezember 2012
  RB 32 Friedberg – Beienheim – Nidda
* SPNV RB 36 Gießen – Nidda – Gelnhausen; 700.000 Zugkm/a seit 08.01.2001 im Auftrag der Rhein-Main-Verkehrsverbund GmbH (RMV); Verkehrsvertrag läuft noch auf HLB Basis AG
* SPNV RB 56 „Kahlgrundbahn" Hanau – Kahl – Schöllkrippen; 0,3 Mio. Zugkm/a vom 11.12.2005 bis Dezember 2015 im Auftrag der Rhein-Main-Verkehrsverbund GmbH (RMV) und der Bayerischen Eisenbahngesellschaft mbH (BEG)
* SPNV „Main-Lahn-Sieg-Netz" mit 1,3 Mio. Zugkm/a von Dezember 2010 bis Dezember 2023 im Auftrag der Rhein-Main-Verkehrsverbund GmbH (RMV)
  RB 30 Gießen – Marburg
  RE 40 Frankfurt am Main – Siegen
  Seit dem 15.12.2014 verkehrt die HLB mit drei Zügen täglich zwischen Marburg und Stadtallendorf.
* SPNV „Lahn-Vogelsberg-Rhön-Netz" mit 2,4 Mio. Zugkm/a vom 11.12.2011 bis Dezember 2023 im Auftrag der Rhein-Main-Verkehrsverbund GmbH (RMV)
  RB 25 „Lahntalbahn" Limburg (Lahn) – Gießen
  RB 35 „Vogelsbergbahn" Gießen – Fulda
  RB 52 „Rhönbahn" Fulda – Gersfeld (Rhön)

Hessenbahn / HTB / HzL

* SPNV „Dieselnetz Eifel-Westerwald-Sieg (EWS)" mit 3,5 Mio. Zug-km/a vom 14.12.2014 bis Dezember 2030 im Auftrag von Zweckverband Schienenpersonennahverkehr Rheinland-Pfalz Nord (SPNV-Nord), Zweckverband Nahverkehr Westfalen-Lippe (NWL) und Rhein-Main-Verkehrsverbund (RMV)
  RB 28 Limburg – Altenkirchen – Au – Betzdorf – Siegen (– Kreuztal)
  RB 93 Bad Berleburg – Erndtebrück – Siegen – Betzdorf
  RB 29 Limburg – Montabaur – Siershahn
  RB 91 Siegen – Finnentrop (einzelne Fahrten)
  RB 92.2 Finnentrop – Olpe
  RB 95 Dillenburg – Siegen
  RB 96 Betzdorf – Herdorf – Haiger – Dillenburg
* SPNV R 9 Kassel – Schwalmstadt-Treysa ab Dezember 2015 bis Dezember 2024 mit 780.000 Zugkm/a im Auftrag der Verkehrsverbund und Fördergesellschaft Nordhessen mbH (NVV)

Unternehmensgeschichte

Die am 19.03.1992 gegründete Hörseltalbahn GmbH (HTB) ist aus dem Anschlussbahn des ehemaligen Automobilwerkes Eisenach („Wartburg") hervorgegangen und war zu diesem Zeitpunkt das erste nichtbundeseigene Unternehmen seiner Art in den neuen Bundesländern.
Die Leistungsdaten des Unternehmens in den vergangenen Jahren:
* 2004: 372.000 t Transportleistung
* 2006: 355.400 t Transportleistung
* 2008: 319.000 t Transportleistung; 18 Mitarbeiter
* 2010: 251.075 t Transportleistung; 16 Mitarbeiter
* 2012: 233.220 t Transportleistung

Werkstatt und Verwaltungsgebäude der HTB befinden sich auf dem Opel-Werksgelände.

Verkehre

* Die HTB übernimmt den Rangierdienst im Anschluss des Opel-Automobilwerks Eisenach. Sie bedient aber auch andere Unternehmen und ein öffentliches KLV-Terminal auf dem dortigen Gelände und wickelt im Umfeld von Eisenach weitere verschiedene Güterverkehrsleistungen ab. U.a. wird die Bedienung des Gleisanschluss ALZ in Marksuhl durchgeführt und regionale AZ-Verkehre angeboten.

Hörseltalbahn GmbH (HTB)

Adam-Opel-Straße 100
DE-99817 Eisenach
Telefon: +49 3691 700152
Telefax: +49 3691 6590450
info.htb@captrain.de
www.captrain.de

Management
* Dipl.-Ing. (FH) Stefan Lohr (Geschäftsführer)

Gesellschafter
Stammkapital 52.000,00 EUR
* Captrain Deutschland GmbH (CT-D) (100 %)

Lizenzen
* DE: EIU für unternehmenseigene Infrastruktur seit 15.12.1992
* DE: EVU-Zulassung (GV), gültig vom 25.06.2009 bis 12.10.2024

Infrastruktur
* Eisenach-Stadtfeld – Eisenach Opel (9,3 km Gleisanlagen)

HzL Hohenzollerische Landesbahn AG

Postfach 12 37
DE-72372 Hechingen
Bahnhofstr. 21
DE-72379 Hechingen
Telefon: +49 7471 1806-0
Telefax: +49 7471 1806-12
info@hzl-online.de
www.hzl-online.de

Eisenbahn-Betriebswerkstätte
Friedhofstraße 9/1
DE-72501 Gammertingen
Telefon: +49 7574 9338600
Telefax: +49 7574 9338614

HzL

Verkehrsbetrieb Ringzug / Seehäsle
Güterbahnhofstraße 8
DE-78194 Immendingen
Telefon: +49 7462 20421-0
Telefax: +49 7462 20421-99
ringzug@hzl-online.de
seehaesle@hzl-online.de

Management
* Dr.-Ing. Walter Gerstner (Vorstandsvorsitzender; Technik und Betrieb)
* Johannes Müller (Vorstand; Verkehr, Finanzen und Beteiligungen)

Gesellschafter
Stammkapital 4.420.000,00 EUR
* Land Baden-Württemberg (72 %)
* Landkreis Balingen (BL) (14 %)
* Landkreis Sigmaringen (SIG) (14 %)

Beteiligungen
* FBBW – Fahrzeugbereitstellung Baden-Württemberg GmbH (FBBW) (20 %)

Lizenzen
* DE: EIU für eigene Infrastruktur
* DE: EVU-Zulassung (PV+GV) gültig vom 26.01.2010 bis 28.02.2025

Infrastruktur
* Eyach – Hechingen Landesbahn (28,1 km)
* Hechingen Landesbahn / Hechingen DB – Gammertingen (26,9 km)
* Kleinengstingen – Gammertingen – Hanfertal – Sigmaringen (42,8 km)
* Sigmaringendorf Abzw. – Hanfertal (9,5 km)
* Balingen – Schömberg (12,9 km); seit 2001 gepachtet von der DB Netz AG
* Hüfingen Mitte – Bräunlingen Bf (2,7 km; ex SWEG)

Unternehmensgeschichte
Die HzL Hohenzollerische Landesbahn AG wurde 1899 als „Actiengesellschaft Hohenzollern´sche Kleinbahngesellschaft" gegründet, um den aus den ehemaligen Hohenzollernschen Landen entstandenen preußischen Regierungsbezirk Sigmaringen durch Kleinbahnstrecken zu erschließen. Schrittweise entstand hierzu von 1901 bis 1912 zwischen den Eckpunkten Sigmaringen, Sigmaringendorf, Kleinengstingen, Eyach und Hechingen ein Streckennetz mit einer Gesamtlänge von 107,5 km, wovon rund 15 km in Württemberg lagen. Seit 1947 führt das zwischenzeitlich zum 18.06.1907 in „Hohenzollerische Landesbahn Aktiengesellschaft" (HzL) umfirmierte Unternehmen auch Busverkehr durch. Zwischen 1969 und 1973 übernahmen Busse schrittweise auch die bisher auf der Schiene angebotene Personenbeförderung auf den Relationen Sigmaringendorf – Hanfertal, Gammertingen – Kleinengstingen und Hechingen – Eyach. Für den Güterverkehr sowie Ausflugspersonenverkehr werden diese Streckenabschnitte jedoch weiterhin vorgehalten. In Gammertingen befindet sich die Bahnbetriebswerkstatt der HzL.

Seit Beginn der 1990er-Jahre ist die HzL zunehmend auch über die eigene Scheneninfrastruktur hinaus tätig. So führt das Unternehmen seit 1991 Güterzüge in Zusammenarbeit mit der DB über Sigmaringendorf hinaus via Mengen bis Ulm. Diese Kooperation konnte zum 01.01.2002 deutlich ausgeweitet werden, indem die HzL als Partner der DB Cargo AG – mittlerweile DB Schenker Rail Deutschland AG – die Bedienung von etwa 15 Güterverkehrsstellen im Raum Neckar-Alb und Oberschwaben übernahm. Erste SPNV-Leistungen außerhalb des Stammnetzes nahm die HzL im Herbst 1990 im Auftrag des Landkreises Tuttlingen zwischen Tuttlingen und Sigmaringen auf, wo mehrere von der DB aufgelassene Zwischenstationen für den Schüler- und Ausflugspersonenverkehr reaktiviert wurden.
Im Auftrag der landeseigenen Nahverkehrsgesellschaft Baden-Württemberg mbH (NVBW) erbringt die HzL seit 01.03.1997 den SPNV zwischen Tübingen, Hechingen, Albstadt und Sigmaringen. Im Rahmen einer Kooperation mit der DB ZugBus Regionalverkehr-Alb-Bodensee GmbH übernahm die HzL zum selben Zeitpunkt auch entsprechende Leistungen zwischen Sigmaringen und Aulendorf, die im Mai 1999 um Fahrten zwischen Aulendorf und Ulm erweitert wurden.
Ende 1999 wurde die HzL im Rahmen einer Preisanfrage der NVBW als Betreiber für das in den Landkreisen Tuttlingen, Rottweil und Schwarzwald-Baar entstehende SPNV-Angebot „3er-Ringzug" ermittelt. Im Auftrag der NVBW erbringt die HzL hier seit 31.08.2003 SPNV auf den Relationen Bräunlingen – Donaueschingen – Villingen-Schwenningen – Rottweil mit Abzweig nach Trossingen Stadt und Rottweil – Tuttlingen – Immendingen – Blumberg sowie der bereits seit 1990 von der HzL befahrenen Verbindung Tuttlingen – Fridingen (– Sigmaringen). In Immendingen richtete die HzL hierfür ein Betriebswerk und eine lokale Betriebsleitung ein. Nachdem die HzL dort bereits seit 2003 zeitweise Ersatzleistungen fuhr, übernahm das Unternehmen im Auftrag des Landkreises Konstanz zum 10.12.2006 für zunächst zwei Jahre den Betrieb des SPNV und der Infrastruktur zwischen Radolfzell und Stockach und wird den genannten Verkehr nach gewonnener SPNV-Ausschreibung nun bis 2023 erbringen. Für die ebenfalls in der Bodenseeregion tätige, zum 15.10.1991 gegründete Bodensee-Oberschwaben Bahn GmbH & Co. KG (BOB) fungiert die HzL als betriebsführende Gesellschaft.
Durch Beschluss der Hauptversammlung vom 15.07.2002 und Handelsregistereintrag zum 26.09.2002 änderte die bisherige Hohenzollerische Landesbahn Aktiengesellschaft ihren Namen in HzL Hohenzollerische Landesbahn AG.

HzL

Kenndaten der vergangenen Jahre:
* 2005: 269 Beschäftigte; 10,3 Mio. beförderte Personen, 543.000 t beförderte Güter
* 2006: Umsatz 34,1 Mio. EUR (davon 26,8 Mio. EUR im SPNV).
* 2007: Umsatz 36,9 Mio. EUR, Bilanzgewinn 1,2 Mio. EUR
* 2008: 273 Beschäftigte; Umsatz 36,9 Mio. EUR, Bilanzgewinn 1,4 Mio. EUR, 12,2 Mio. beförderte Personen, 447.000 t beförderte Güter
* 2009: 271 Beschäftigte; Umsatz 37,6 Mio. EUR, Bilanzgewinn 0,44 Mio. EUR, 12,4 Mio. beförderte Personen, 409.000 t beförderte Güter
* 2010: 280 Beschäftigte, Umsatz 39,9 Mio. EUR, Bilanzgewinn 1,67 Mio. EUR, 12,8 Mio. beförderte Personen (davon 9 Mio. auf der Schiene), 470.000 t beförderte Güter
* 2011: 279 Beschäftigte, Umsatz 40,2 Mio. EUR, Bilanzgewinn 1,53 Mio. EUR, 12,9 Mio. beförderte Personen (davon 9,1 Mio. auf der Schiene), 512.000 t beförderte Güter
* 2012: 278 Beschäftigte, Umsatz 42,1 Mio. EUR, Bilanzverlust 0,22 Mio. EUR, 13,0 Mio. beförderte Personen (davon 9,1 Mio. auf der Schiene), 504.000 t beförderte Güter
* 2013: 278 Beschäftigte, Umsatz 44,1 Mio. EUR, Bilanzverlust 2,2 Mio. EUR, 13,1 Mio. beförderte Personen (davon 9,2 Mio. auf der Schiene), 563.000 t beförderte Güter

Im Güterverkehr wurde im Mai 2010 der Ganzzugverkehr für die Firma Holcim aufgenommen.
In den Jahren 2011 und 2012 wurden drei ältere Loks verkauft und dafür im Frühjahr 2013 zwei Loks der Bauart Voith Gravita 15L BB in Betrieb genommen. Im Jahre 2013 konnte außerdem die Ausschreibung der Zollernbahn (Tübingen – Sigmaringen) gewonnen werden. Die Betriebsaufnahme des neuen Verkehrsvertrages war bereits im Dezember 2013.

Verkehre
* SPNV ZAB 1 Tübingen – Hechingen – Albstadt – Sigmaringen; 1 Mio. Zugkm/a im Auftrag der Nahverkehrsgesellschaft Baden-Württemberg GmbH (NVBW)
* Ausflugsverkehr „Rad-Wander-Shuttle" Tübingen – Kleinengstingen und Tübingen Hbf – Schömberg sowie „3-Löwen-Takt Radexpress Eyachtäler" Hechingen Landesbahn – Eyach; sonn- und feiertags von Mai bis Oktober als NVBW-Auftragnehmer (Zugkm bei SPNV ZAB 1 enthalten)
* SPNV in Subunternehmerschaft der DB ZugBus Regionalverkehr-Alb-Bodensee GmbH als NVBW-Auftragnehmer Herrenberg – Tübingen

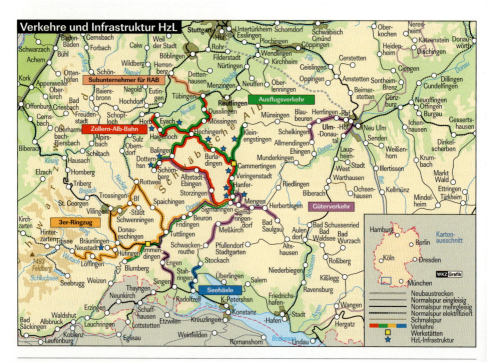

HzL / HLG

- SPNV ZAB 2 Hechingen – Gammertingen – Sigmaringen; 400.000 Zugkm/a in Eigenregie mit Ausgleichszahlungen
- SPNV im „3er-Ringzug"-System in den Kreisen Tuttlingen, Rottweil und Schwarzwald-Baar mit 1.258.000 Zugkm/a im Auftrag der NVBW
  Rottweil – Trossingen Bf – Villingen – Donaueschingen – Bräunlingen
  Trossingen Bf – Trossingen Stadt
  Rottweil – Spaichingen – / Beuron – Tuttlingen – Immendingen – Leipferdingen – Blumberg
- SPNV „Seehäsle" Radolfzell – Stockach; 290.000 Zugkm/a von Dezember 2006 bis Dezember 2023 im Auftrag der Landkreises Konstanz
- Schülerverkehr Gammertingen – Kleinengstingen – Ulm (nur Personaldienstleistung)
- Ausflugsverkehr „Naturpark-Express" Blumberg-Zollhaus – Tuttlingen – Gammertingen; samstags, sonn- und feiertags von Mai bis Oktober
- Güterverkehr auf dem eigenen Streckennetz sowie zu rund 15 Güterverkehrsstellen in den Regionen Neckar-Alb und Oberschwaben in Kooperation mit der DB Schenker Rail Deutschland AG
- Transport von gebranntem Ölschiefer und Zement Dotternhausen (Holcim) – Untervaz [CH] / Eclèpens [CH]; 3-4 x pro Woche seit 28.05.2010 Traktion bis Singen (Hohentwiel) (Übergabe an SBB Cargo AG) im Auftrag von Holcim
- Braunkohlestaubtransporte Ulm Rbf (Wagentausch) – Schelklingen (HeidelbergCement) und Allmendingen (Schwenk Zement KG); im Auftrag der Häfen und Güterverkehr Köln AG (HGK) bzw. RheinCargo GmbH & Co. KG
- Mineralöltransporte Ulm Rbf – Ulm-Donautal (Friedrich Scharr KG); 1-2 x pro Monat seit 07.01.2014 im Auftrag der RheinCargo GmbH & Co. KG

Holzlogistik und Güterbahn GmbH (HLG)

Kasseler Straße 28a
DE-36179 Bebra
Telefon: +49 6622 420-476
Telefax: +49 6622 500-27
info@hlg-bebra.eu
www.hlg-bebra.eu

Wagenwerkstatt
Tromagstrasse
DE-36179 Bebra

Management
- Harry Nörenberg (Geschäftsführer)
- Gerhard Pfaff (Geschäftsführer)

Gesellschafter
Stammkapital 150.000,00 EUR
- Gerhard Pfaff (50 %)
- Harry Nörenberg (50 %)

Lizenzen
- DE: EVU-Zulassung (GV); gültig vom 23.09.2008 bis 31.12.2023

Infrastruktur
- ULA (Umladehalle) in Bebra (4 x 300 m Gleis); per 01.01.2012 erworben von DB

Unternehmensgeschichte
Der Gesellschaftervertrag der Holzlogistik und Güterbahn GmbH stammt vom 17.12.2007 und wurde am 15.01.2008 geändert. Das Unternehmen steht der Holzhof Breitenbach GmbH & Co. KG nahe, die gleiche Gesellschafterverhältnisse aufweist.
Im September 2009 nahm die Gesellschaft mit einer angemieteten E-Lok sowie einer angemieteten Rangierdiesellok den Betrieb auf. Als EVU war zunächst die Seehafen Kiel GmbH & Co. KG (SK) in die Verkehre involviert, seit 2011 übernahm die Deutsche Museums-Eisenbahn GmbH (DME) diese Aufgabe, seit 2014 ist es die HFM Managementgesellschaft für Hafen und Markt mbH. Mittlerweile verfügt die HLG über je zwei fest angemiete E- und Diesellok.
Im Juni 2010 hatte die HLG fünf Mitarbeiter, im Oktober 2011 waren es zehn sowie im Juni 2012 13 plus Leihpersonal von Kooperationspartnern. Wickelte die HLG 2009 nur 64 Transporte ab, waren es im Folgejahr 344 sowie 2011 526.
Zum 01.01.2012 erwarb die HLG die ULA (Umladehalle) in Bebra, wo Waggons instand gehalten sowie Schienenfahrzeuge geschützt abgestellt werden.

Verkehre
- Rundholztransporte Hanau / Gießen / Bebra / Breitenbach am Herzberg / Gemünden– Nettingsdorf [AT] / Wörgl [AT]; Spotverkehre seit 2010 im Auftrag der Holzhof Breitenbach GmbH & Co. KG in Kooperation mit der LTE bzw. der Logistik Service GmbH (LogServ)

HLG / HSL Logistik

* Rundholztransporte Hanau / Gießen / Breitenbach am Herzberg / Gemünden / Wismar / Šeštokai [LT] – Hněvice (Mondi Štětí, a.s.) [CZ]; Spotverkehre seit September 2009 im Auftrag der Holzhof Breitenbach GmbH & Co. KG; Traktion in Polen durch PKP Cargo SA, in Deutschland durch HLG, in Tschechien durch ČD Cargo, a.s.
* Rundholztransporte Jübeck – Warstein (Umladung auf Lkw); 1 x pro Woche seit Ende 2013 Traktion bis Lippstadt im Auftrag der Holzhof Breitenbach GmbH & Co. KG; Traktion in Deutschland; letzte Meile durch Westfälische Landes-Eisenbahn GmbH (WLE)
* Rundholztransporte bundesweite Ladestellen – Dorndorf (Aloysius Krenzer KG); 1-2 x pro Woche seit 27.08.2011 im Auftrag der Holzhof Breitenbach GmbH & Co. KG
* Rundholztransporte bundesweite Ladestellen – Unterbernbach (Pfeifer Holz GmbH); Spotverkehre im Auftrag der Holzhof Breitenbach GmbH & Co. KG; in Kooperation mit der Augsburger Localbahn GmbH (AL) ab Augsburg Rbf
* Rundholztransporte in Kooperation mit CFL cargo SA nach Sanem [LU]; Spotverkehre im Auftrag der Holzhof Breitenbach GmbH & Co. KG
* Rundholztransporte in Kooperation mit SBB Cargo International AG nach Verzuolo [IT]; Spotverkehre im Auftrag der Holzhof Breitenbach GmbH & Co. KG
* Rundholztransporte Šeštokai [LT] – Bebra (Hub) – Breitenbach am Herzberg / Bad Salzungen; Spotverkehre im Auftrag der Holzhof Breitenbach GmbH & Co. KG; Traktion in Deutschland

HSL Logistik GmbH

Spaldingstraße 110
DE-20097 Hamburg
Telefon: +49 40 4143339-34
Telefax: +49 40 4143339-59
anfrage@hsl-logistik.de
www.hsl-logistik.com

Niederlassung Wien
Am Euro Platz 2
AT-1120 Wien
Telefon: +43 1 7172-8330
Telefax: +43 1 7172-8110

Management
* Haiko Böttcher (Geschäftsführer)

Gesellschafter
Stammkapital 25.500,00 EUR
* Exploris Deutschland Holding GmbH (100 %)

Beteiligungen
* HSL Logistik B.V. (50 %)

Lizenzen
* DE: EVU-Zulassung (PV+GV); gültig vom 19.12.2003 bis 31.12.2021

Unternehmensgeschichte
Die am 27.05.2003 gegründete HSL Logistik GmbH ist Teil der in Luxemburg ansässigen Exploris-Finanzgruppe. Hauptgeschäftsfelder der HSL sind vor Allem Mineralöl-, Biodiesel- und Baustoffverkehre sowie Traktionsleistungen für Operateure des Kombinierten Verkehres.
Bei Gründung der Gesellschaft waren neben Haiko Böttcher auch Hans-Jürgen Szurrat (bis 22.09.2008) und Michael Oberländer (bis 28.03.2011) an der HSL Logistik beteiligt.
Die Gesellschaft hatte sich nach der Gründung zunächst in der Bahnlogistik und der Gestellung von entsprechenden Personalen wie z. B. Baustellenlogistikern und Arbeitszugführern betätigt und war 2004 in die Personalvermietung eingestiegen. Seit 01.01.2006 übernimmt die HSL Logistik in Rostock Seehafen und nachfolgend auch anderen Häfen Zustellverkehre auf der „letzten Meile" für verschiedene Auftraggeber.
Seit 2006 erfolgt der stetige Ausbau der Mineralöl- und Biodieselverkehre, für die Langläufe hat das Unternehmen E-Loks v.a. bei der SBB Cargo angemietet. Die Personalgestellung erfolgt durch das Schwesterunternehmen Schienenlogistik Hamburg SLH GmbH. Im Sommer 2009 übernahm man zudem Baustofftransporte, die bis zu deren Insolvenz durch die Ei.L.T. GmbH Eisenbahn, Logistik und Transporte durchgeführt worden waren. Mittlerweile konnte der Anfang deutlich höhere Anteil an den Mineralölverkehren durch die neuen Geschäftsfelder auf ca. 20 % des Gesamtvolumens reduziert werden.
In den vergangenen Jahren stellte sich die HSL durch zwei Tochterunternehmen entlang der schwerpunktmäßig befahrenen Ost-West-Achse auf: Am 18.06.2008 gründete man mit der HSL Logistik B. V. ein niederländisches Tochterunternehmen, das nach Erteilung der entsprechenden Lizenz am 01.11.2010 einen ersten Transport durchführte.
Die HSL - Logistik, s.r.o. nahm am 01.02.2012 den Geschäftsbetrieb auf – zunächst als Repräsentanz der Schwestergesellschaft.
Die HSL Logistik ist als übernehmender Rechtsträger nach Maßgabe des Verschmelzungsvertrages vom 26.07.2010 mit der Rent a Train GmbH mit Sitz in Hamburg verschmolzen worden.

HSL Logistik

Die HSL beschäftigt zusammen mit den Schwestergesellschaften Schienenlogistik Hamburg (SLH) sowie den Töchtern rund 100 Mitarbeiter (Stand: April 2014). Der Produktmix verteilt sich auf auf Chemie / Mineralöl / Biodiesel (40 %), Container (30 %) sowie Getreide / Stahl / Kohle / Koks (30 %). Für 2014 plante das Unternehmen eine Beförderungsmenge von ca. 8 Mio. t.

Verkehre
* AZ-Verkehr
* Baustofftransporte als bundesweite Spotverkehre, u.a. nach Pasewalk Ost; 5-6 x pro Woche seit Juli 2009 im Auftrag der Allgemeine Baustoff-Handels-Contor GmbH (ABC)
* Biodieseltransporte Falkenhagen (German Biofuels GmbH (gbf)) – Bayern / Ruhrgebiet; 1 x pro Woche seit 11.04.2007 im Auftrag der Transpetrol GmbH Internationale Eisenbahnspedition
* Biodieseltransporte; grenzüberschreitende Spotverkehre in die Niederlande seit 2009 im Auftrag der Transpetrol GmbH Internationale Eisenbahnspedition; Traktion in den Niederlanden durch ERS Railways B.V.
* Drahtrollentransporte Saarbrücken-Burbach – Bohmte / Bremen / Salzgitter / Brake; 5-7 x pro Woche seit 02.01.2013 Traktion ab Saarbrücken Rbf im Auftrag der Saar Rail GmbH
* Drahtrollentransporte Saarbrücken-Burbach – Kaldenkirchen (Umladung auf Lkw für Nedri Spanstaal B.V.); 3 x pro Monat seit 22.03.2013 Traktion ab Saarbrücken Rbf im Auftrag der Saar Rail GmbH; Rangierdienst in Kaldenkirchen vergeben an Bocholter Eisenbahngesellschaft mbH (BEG) bzw. ab 01.01.2015 an Eisenbahnbetriebsgesellschaft Mittelrhein mbH (EBM Cargo)
* Düngertransporte Lovosice (Lovochemie, a.s.) [CZ] – Riesa / Ebeleben (LTU Landhandels-, Transport- und Umschlagdienste GmbH); 3-5 x pro Monat; Traktion in der Tschechischen Republik durch UNIPETROL DOPRAVA, s.r.o.; Traktion ab Nordhausen durch EBS Erfurter Bahnservice Gesellschaft mbH
* Getreidetransporte Tschechien / Slowakei – Raum Rostock; Spotverkehre seit März 2012 im Auftrag der LTE Logistik- und Transport-GmbH; Traktion ab Bad Schandau
* Getreidetransporte Tschechien – Barby; Spotverkehr im Auftrag der INTERFRACHT s.r.o.
* Getreidetransporte Tschechien – Falkenhagen (German Biofuels GmbH (gbf)); Spotverkehr im Auftrag der Transpetrol GmbH Internationale Eisenbahnspedition
* Getreidetransporte Tschechien – Hamburg (G.T.H. Getreide Terminal Hamburg GmbH & Co. KG) / Zeitz / Brake (Unterweser) (J. Müller Agri Terminal GmbH & Co. KG) / Bremen (BREMER ROLANDMÜHLE Erling GmbH & Co. KG); Spotverkehre seit September 2011 im Auftrag der AgroFreight Spedition CZ s.r.o.; Traktion in der Tschechischen Republik durch ČD Cargo, a.s.
* Getreidetransporte Ungarn (diverse Ladeorte) – Cassano Spinola (Roquette Italia S.p.A.) [IT]; 3 x pro Woche seit 21.10.2014 im Auftrag des Roquette-Konzerns; Traktion vergeben an MMV Magyar Magánvasút Zrt. in Ungarn, SŽ – Tovorni promet, d.o.o. zwischen Hodoš [SI] und Villa Opicina [IT] sowie Captrain Italia S.r.l.
* KV-Transporte (Gießereikoks) „BBX" Ostrava [CZ] – Duisburg; 1 x pro Woche Traktion ab Bad Schandau (Übernahme von ČD Cargo a.s. bzw. seit 02.2015 Advanced World Transport a.s. (AWT)) seit 14.02.2013 im Auftrag der neska Schiffahrts- und Speditionskontor GmbH
* KV-Transporte Hamburg – Glauchau – Hof; 5-8 x pro Woche seit 01.04.2013 im Auftrag der Raillogix B.V. (Operateur für Pöhland Speditions GmbH / Contargo Network Logistics GmbH); Rangierdienst in Glauchau und Hof sowie Schiebedienst seit Mai 2014 durch Railsystems RP GmbH; Rangierdienst in Hamburg seit 01.01.2015 durch ProLok GmbH
* Kerosintransporte von verschiedenen Startpunkten zum Flughafen Hannover
* Kohletransporte Ostrava [CZ] – Kassel-Niederzwehren (Heizkraftwerk der Kasseler Fernwärme GmbH); seit Herbst 2011 im Winterhalbjahr; Traktion in der Tschechischen Republik durch Advanced World Transports a.s. (AWT)
* Mineralöltransporte; bundesweite Spotverkehre seit 2006 im Auftrag der Transpetrol GmbH Internationale Eisenbahnspedition
* Pkw-Transporte (Dacia Duster) Mioveni [RO] – Survilliers-Fosses [FR]; 1 x pro Woche seit Januar 2015 im Auftrag der Gefco România S.R.L.; Traktion von Passau (Übernahme von Raaberbahn Cargo GmbH) bis Forbach (Übergabe an Colas Rail SA) [FR]
* Pkw-Transporte (Ford) Tychy [PL] – Zeebrugge [BE]; 2 x pro Woche seit 01.01.2015 Traktion von Frankfurt (Oder) (Übernahme von ?) bis Duisburg (Übergabe an Rotterdam Rail Feeding B.V. (RRF)) im Auftrag der VTG Rail Logistics GmbH
* Pkw-Transporte (VW) Devínska Nová Ves [SK] – Leusden (Pon) [NL]; Spotverkehre von Falkenberg/Elster bis Bad Bentheim (Übergabe an HSL Logistik B.V.) seit 06.10.2014 im Auftrag der BLG AutoRail GmbH
* Pkw-Transporte (Škoda) Mladá Boleslav / Solnice [CZ] – Leusden (Pon) [NL]; Spotverkehre von Falkenberg/Elster bis Bad Bentheim (Übergabe an HSL Logistik B.V.) seit 13.04.2015 im Auftrag der BLG AutoRail GmbH

HSL Logistik / HMB / IGEBA

* Pkw-Transporte Falkenberg/Elster – Amersfoort [NL]; 1-2 x pro Woche bis Bad Bentheim (Übergabe an HSL Logistik B.V.) im Auftrag der BLG AutoRail GmbH
* Pkw-Transporte Falkenberg/Elster – Duisburg Rheinhausen; 1-2 x pro Woche im Auftrag der BLG AutoRail GmbH
* Pkw-Transporte Žilina (KIA) / Nošovice (Hyundai) – Bremerhaven / Cuxhaven; bis zu 8 x pro Woche seit 01.01.2015 Traktion ab Bad Schandau (Übernahme von ČD Cargo, a. s.) bis Bremerhaven bzw. Hamburg (Übergabe an Eisenbahnen und Verkehrsbetriebe Elbe-Weser GmbH (EVB)
* Pkw-Transporte Žilina (KIA) – Rotterdam [NL]; 1 x pro Woche von Bad Schandau (Übernahme von ČD Cargo, a. s.) bis Bad Bentheim (Übergabe an HSL Logistik B.V.) im Auftrag der BLG AutoRail GmbH
* Rangierdienstleistungen in Brake; seit 02.01.2013
* Rangierdienstleistungen in Nienburg (Weser); u.a. zum Tanklager Schäferhof
* Rangierdienstleistungen in Rostock Seehafen; seit 01.01.2006 für verschiedene Auftraggeber
* Rangierdienstleistungen in Seelze (Mineralölzüge zum Tanklager der TanQuid Tanklager GmbH & Co. KG); seit 01.01.2008
* Rangierleistungen in Bremen (u.a. Mineralölzüge zum Tanklager der HGM Energy GmbH); seit Januar 2009
* Sandtransporte nach Neustrelitz / Stralsund Südhafen; 2 x pro Woche seit 2012
* Schottertransporte Blindham (Niederbayerische Schotterwerke Rieger & Seil GmbH & Co. KG) – Wolfurt [AT]; Spotverkehre seit März 2014 bis Kufstein (Übergabe an Rail Cargo Austria AG (RCA)) [AT]; Traktion ab Vilshofen an der Donau (Übernahme von Passauer Eisenbahnfreunde e.V. (PEF)) größtenteils untervergeben an Rail 4U Eisenbahndienstleistungen Barbara-Birgit Pirch
* Sojaöltransporte Hamburg – Ennshafen (Biodieselanlage der IHC Zukunft GmbH) [AT]; Spotverkehre seit 2011; Kooperationspartner der Logistik Service GmbH (LogServ) in Deutschland; durchgehender Einsatz von LogServ-E-Loks

Härtsfeld-Museumsbahn e. V. (HMB) P

Dischinger Straße 11
DE-73450 Neresheim
Telefon: +49 7326 5755
www.hmb-ev.de

Geschäftsstelle
Postfach 9126
DE-73416 Aalen
Telefon: +49 172 9117193

Management
* Werner Kuhn (1. Vorsitzender)
* Thomas Schmeißer (2. Vorsitzender)

Beteiligungen
* Härtsfeldbahn Betriebs-GmbH (HBG) (100 %)

Lizenzen
* DE: EIU Neresheim – Sägmühle

Infrastruktur
* Neresheim – Sägmühle (3 km, Spurweite 1.000 mm)

Unternehmensgeschichte
Die ursprüngliche Härtsfeldbahn wurde 1901 eröffnet und führte als meterspurige Schmalspurbahn von Aalen über Neresheim bis in das 55 km entfernte Dillingen an der Donau. Nach der bis 1972 vollzogenen vollständig Stilllegung wurden auf Teilen der Bahntrasse Rad- und Wanderwege angelegt. 16 Jahre später bildete sich ein „Freundeskreis Schättere" (so wurde die Bahn im Volksmund genannt), der ein Jahr später die Härtsfeld-Museumsbahn e. V. (HMB) gründete. Es gelang in der Folge, einige Originalfahrzeuge sowie einige baugleiche Fahrzeuge zu erwerben, die auf dem ehemaligen Bahngelände in Neresheim ausgestellt wurden, nachdem hier wieder einige Gleise verlegt worden waren. Am 16.05.1996 begann der teilweise Wiederaufbau der Strecke, der durch die Härtsfeldbahn Betriebs-GmbH als EIU betrieben wird.

Verkehre
* Museumsbahnverkehr auf Infrastruktur der Härtsfeldbahn Betriebs-GmbH

IGEBA Ingenieurgesellschaft Bahn mbH

Am Buchkopf 2a
DE-86381 Krumbach
Telefon: +49 7324 986530
Telefax: +49 7324 986531
info@igeba-online.de
www.igeba-online.de

Management
* Dieter Peschel (Geschäftsführer)

Gesellschafter
Stammkapital 25.000,00 EUR
* Dieter Peschel (50 %)
* Frank Lehmann (50 %)

IGEBA / IGT

Lizenzen
★ DE: EVU-Zulassung (PV+GV); gültig vom 24.08.2009 bis 24.08.2024

Unternehmensgeschichte
Dieter Peschel und Frank Lehmann gründeten mit Gesellschaftsvertrag vom 30.07.2009 die IGEBA Ingenieurgesellschaft Bahn mbH. Lehmann, zuvor in ähnlichen Positionen u. a. bei der Rent-a-Rail Eisenbahn-Service AG (RAR), SRS RailService GmbH und der damaligen RBS Reuschling Bahn und Service GmbH tätig gewesen, fungiert dort auch als Eisenbahnbetriebsleiter und Prokurist.
Der Unternehmensinhalt wird im Handelsregister wie folgt angegeben: Betrieb eines Eisenbahnverkehrsunternehmens zur Erbringung von Verkehrsleistungen im öffentlichen Personen- und Güterverkehr, Beratung von Eisenbahnunternehmen und Verladerkunden, z. B. über Beschaffung von Fahrzeugen, Durchführung von Umbauten, Hauptuntersuchungen und Vermittlung von Sachverständigen, Handel mit Eisenbahnfahrzeugen (Lokomotiven, Waggons) und Zubehör, Erbringung von Verkehrs-, Service- und Dienstleistungen als Eisenbahnverkehrsunternehmen, Ausbildung von Eisenbahnbetriebspersonal, Erbringung von Ingenieurdienstleistung im Bereich Eisenbahn und Wartung und Reparatur von Schienenfahrzeugen. Im August 2009 beschaffte man einen Altbautriebwagen, der zuvor bei der Westerwaldbahn GmbH des Kreises Altenkirchen (WEBA) in Betrieb gestanden hatte.

IGT - Inbetriebnahmegesellschaft Transporttechnik mbH

Grubenweg 2
DE-38268 Lengede
Telefon: +49 5344 2624410
Telefax: +49 5344 2624421
info@igt-bahn.de
www.igt-bahn.eu

Management
★ Dipl.-Ing. (FH) Jens Bertrand (Geschäftsführer)

Gesellschafter
Stammkapital 300.000,00 EUR
★ Jens Bertrand (25 %)
★ Thorsten Nitschke (25 %)
★ Christian Schaefer (25 %)
★ Ralf Karschunke (25 %)

Lizenzen
★ CH: Sicherheitsbescheinigung (PV+GV, für die deutschen Eisenbahnstrecken auf Schweizer Gebiet)
★ DE: EVU-Zulassung (PV+GV) seit 25.11.2005, gültig bis 24.11.2020
★ DE: Sicherheitsbescheinigung, Teil A+B (PV+GV); gültig vom 10.02.2010 bis 09.02.2015

Unternehmensgeschichte
Die IGT - Inbetriebnahmegesellschaft Transporttechnik mbH wurde mit Gesellschaftervertrag vom 26.09.2005 und Handelsregistereintrag zum 13.12.2005 gegründet und vereint ein Eisenbahnverkehrsunternehmen (EVU) mit einem Ingenieurbüro für Schienenverkehrsfragen. Die vier Unternehmensgründer verfügen über jahrelange Erfahrungen im Umfeld der Schienenfahrzeugherstellung bei der Inbetriebnahme, der Zulassung, Durchführung von Probefahrten etc. und den damit verbundenen Kommunikationskonflikten zwischen Betreiber, Hersteller und Zulassungsbehörde. Anfänglich nur mit den Firmengründern in Klein Elbe gestartet, wuchs das Unternehmen, sodass nach bereits 18 Monaten die neuen Geschäftsräume in Lengede bezogen werden mussten.
Die IGT ist auf Tests und Transporte von Eisenbahnfahrzeugen spezialisiert:
★ vertragsrechtliche Abnahmefahrten an Eisenbahnfahrzeugen (einschließlich LNT)
★ Bremsbewertungs- und Fahrtechnikversuchsfahrten
★ Transitionsfahrten
★ Zugsicherungs-Bestätigungsfahrten
★ Überführungen von Fahrzeugen ohne hoheitliche Zulassung / Genehmigung
★ CENELEC-konforme Testaktivitäten, Verifikation und Validierung am Gesamtsystem Schienenfahrzeug – Soft- und Hardware
★ Dauertests und Präsentationsfahrten
Die IGT war Halter für TRAXX P160 DE-Loks der Landesnahverkehrsgesellschaft Niedersachsen mbH (LNVG), die für Test- und Überführungsfahrten genutzt wurden. Ende 2011 wurden zwei der Loks an die Havelländische Eisenbahn AG (hvle) sowie eine an die IGT veräußert.
Die Gesellschafterversammlung vom 20.07.2012 hat die Erhöhung des Stammkapitals um 275.000 EUR auf 300.000 EUR aus Gesellschaftsmitteln beschlossen.

Verkehre
★ Probe- und Überführungsfahrten mit Eisenbahnfahrzeugen ohne hoheitliche Zulassung / Abnahme

IGT / Ilm / ITB

★ grenzüberschreitende Fahrten ausschließlich für Sonderverkehre in Kooperation mit der SNCF Fret zwischen Deutschland und Frankreich

Ilmebahn GmbH (Ilm) 🆎

Postfach 13 33
DE-37554 Einbeck
Dr.-Friedrich-Uhde-Straße 29
DE-37574 Einbeck
Telefon: +49 5561 9325-0
Telefax: +49 5561 9325-44
info@ilmebahn.de
www.ilmebahn.de

Management
★ Christian Gabriel (Geschäftsführer)

Gesellschafter
Stammkapital 2.446.200,00 DM
★ Landkreis Northeim (NOM) (69,99 %)
★ Stadt Einbeck (29,25 %)
★ Streubesitz (0,75 %)

Lizenzen
★ DE: EIU für eigene Infrastruktur
★ DE: EVU-Zulassung (PV+GV) seit 26.10.1995, gültig bis 25.10.2025

Infrastruktur
★ Einbeck – Sachsenbreite (3,3 km)
★ Einbeck-Salzderhelden – Einbeck (4,4 km); seit 01.08.1999 von DB Netz AG gepachtet; 2005 von DB Netz erworben

Unternehmensgeschichte
Die 1882 als Aktiengesellschaft gegründete Ilmebahn eröffnete am 20.12.1883 eine 13,1 km lange Bahnstrecke zwischen Einbeck und Dassel. Der SPNV wurde dort 1975 eingestellt, allerdings betrieb die Ilmebahn bis 1982 noch weitere sieben Jahre SPNV auf der anschließenden DB-Strecke zwischen Einbeck und dem an der Hauptstrecke Hannover – Göttingen gelegenen (Einbeck-)Salzderhelden. Die zwischenzeitlich 1994 in eine GmbH umgewandelte Ilmebahn und DB Netz konnten am 01.08.1998 einen dauerhaften Pachtvertrag über diese Verbindung abschließen, die 2005 in das Eigentum der Ilmebahn überging.
Auch der Güterverkehr verlagerte sich von der eigenen Strecke auf andere Relationen. Während die Stammstrecke ab Einbeck zwischen Juliusmühle und Dassel abschnittsweise 2002 und 2004 stillgelegt wurde, erbringt die Ilmebahn im Auftrag der DB Schenker Rail Deutschland AG regionale Güterverkehrsleistungen. Ausgehend von Kreiensen und Göttingen werden einige Güterbahnhöfe in der Region angefahren.
Seit 1949 bietet die Ilmebahn darüber hinaus auch Omnibus-Linien- und Gelegenheitsverkehre an, die überwiegend im Bereich des früheren Landkreises Einbeck abgewickelt werden.
Die Strecke Einbeck-Salzderhelden – Einbeck ist im Rahmen einer Untersuchung des Verkehrsministeriums Niedersachsen in der engeren Wahl bzgl. einer potenziellen Reaktivierung im SPNV. Ein endgültiger Beschluss soll bis Ende 2015 erfolgen.
In Einbeck besteht eine kombinierte Werkstatt für Bahn und Bus.

Verkehre
★ Güterverkehrsbedienung der Bahnhöfe Einbeck, Herzberg, Bad Gandersheim, Langelsheim, Stadtoldendorf und Holzminden ausgehend von Kreiensen im Auftrag der DB Schenker Rail Deutschland AG; später auch zusätzlich Alfeld
★ Güterverkehrsbedienung der Bahnhöfe Adelebsen und Obernjesa sowie des Industriegleises Göttingen und der Ortsbedienung Göttingen / Göttingen Gbf einschließlich Containerterminal; seit 01.07.2012 im Auftrag der DB Schenker Rail Deutschland AG

Ilztalbahn GmbH (ITB) 🆎

Färbergasse 1
DE-94065 Waldkirchen
Telefon: +49 8581 960313
info@ilztalbahn-gmbh.de
www.ilztalbahn-gmbh.de

Management
★ Prof. Dr. Thomas Schempf (Geschäftsführer)
★ Dipl.-Ing. Helmut Wast Streit (Geschäftsführer)

Gesellschafter
Stammkapital 210.000,00 EUR
★ Förderverein Ilztalbahn e.V. (40 %)
★ Prof. Dr. Thomas Schempf (20 %)
★ Dipl.-Ing. Helmut Wast Streit (5 %)
★ Helmut Stegschuster (5 %)
★ Richard Resch (2,5 %)
★ Andreas Schönbach (2,5 %)
★ Michael Liebl (2,5 %)
★ Andreas Pieszok (2,5 %)
★ Wolfram Dehmel (2,5 %)
★ Hermann Schoyerer (2,5 %)
★ Hans Mindl (2,5 %)
★ Bernd Sluka (2,5 %)
★ Gerd Weibelzahl (2,5 %)
★ Stefan Zöls (2,5 %)
★ Norbert Moy (2,5 %)
★ Dr. Matthias Wiegner (2,5 %)

ITB / ZIB

Lizenzen
* DE: EIU Passau – Freyung; gültig vom 13.03.2009 für 50 Jahre

Infrastruktur
* Passau – Freyung (49,5 km); gepachtet von DB Netz AG seit April 2009

Unternehmensgeschichte
Mit Inbetriebnahme des letzten Abschnitts durch die Königlich Bayerischen Staats-Eisenbahnen (K.Bay. Sts.B) war ab 15.10.1892 die Ilztalbahn von Passau nach Freyung auf voller Länge befahrbar. Die etwa 50 km lange Strecke verlor nach dem Zweiten Weltkrieg viel von ihrer Bedeutung, zumal die in Waldkirchen abzweigende Strecke nach Tschechien durch den „Eisernen Vorhang" unterbrochen wurde. Zum 30.04.1982 wurde der Personenverkehr auf der Ilztalbahn eingestellt, im Jahr 2001 auch der verbliebene Güterverkehr. Durch Hochwasserschäden ist die Strecke seit August 2002 nicht mehr befahrbar.
Nachdem das Eisenbahn-Bundesamt (EBA) auf Antrag des Infrastrukturbetreibers DB Netz am 11.03.2005 die Stilllegung zum 31.03.2005 genehmigte, trieben die Anliegergemeinden ihre Pläne für den Bau eines Radwegs auf der Trasse voran. Der im November 2005 gegründete „Förderverein Ilztalbahn" sammelte jedoch Unterschriften für den Erhalt der Bahnlinie, initiierte ein Bürgerbegehren und im Oktober 2006 einen Bürgerentscheid. Bei diesem kam es in Waldkirchen zu einem Patt, in Freyung votierte eine klare Mehrheit für den Erhalt der Bahnlinie. Das notwendige Quorum von 20% wurde jedoch knapp verfehlt. Der Förderverein hat mit der Ilztalbahn GmbH (ITB) am 14.11.2006 ein Unternehmen gegründet, das sämtliche Aktivitäten für einen zukünftigen Bahnbetrieb auf der Strecke Passau – Freyung koordinieren soll. Förderverein und ITB haben als Alternative zu den Plänen der Kommunalpolitiker ein Konzept zur Nutzung der Strecke im Freizeit- und Tourismusverkehr während des Sommerhalbjahres – sowohl durch moderne Triebfahrzeuge als auch durch historische Fahrzeuge der Passauer Eisenbahnfreunde (PEF) – vorgelegt. Ferner soll der Güterverkehr auf der Bahnlinie wiederbelebt werden.
Nach dem Scheitern des Bürgerbegehrens stellte die DB Netz einen Entwidmungsantrag, der jedoch am 16.07.2007 vom EBA abgelehnt wurde, da von den Reaktivierungsbefürwortern ein relevantes Nutzungsbedürfnis nachgewiesen werden konnte. Die ITB bemühte sich nachfolgend, die Bahnstrecke zu pachten, die Pläne der Kommunen für einen Radweg wurden nachfolgend aufgegeben und einige Anliegerkommunen unterstützten EU-Förderanträge (Interreg-IV).
Im Januar 2008 gewährte die DB der ITB ein Betretungsrecht, um ein Gutachten für die Reaktivierung erstellen zu können. Ab Sommer begannen zudem Mitglieder des Förrdervereines damit, die Strecke freizuschneiden. Nach langen Verhandlungen konnte die ITB im April 2009 einen Pachtvertrag mit der DB Netz für 50 Jahre aushandeln.
Unterstützt durch 1,67 Mio. EUR Interreg-Fördermittel konnte die Strecke zwischen Freyung und Waldkirchen wieder hergerichtet werden. Die EBA-Abnahme erfolgte am 03.09.2010. Erste Sonderfahrten zwischen Freyung und Waldkirchen fanden am 12.09.2010 statt, am 16.07.2011 wurden die planmäßigen Fahrten zwischen Passau und Freyung an Wochenenden und Feiertagen aufgenommen.

Industriebahn der Stadt Zülpich (ZIB)

Markt 21
DE-53909 Zülpich
Telefon: +49 2252 52-0
Telefax: +49 2252 52-299
buergermeister@stadt-zuelpich.de
www.stadt-zuelpich.de

Management
* Georg Goebels (Verwaltungsvorstand, Geschäftsbereichsleiter)

Lizenzen
* DE: EIU des öffentlichen Verkehrs

Infrastruktur
* Industriebahn (3,1 km); betrieben nach EBO

Unternehmensgeschichte
Die spätere Industriebahn der an der „Bördebahn" Düren – Euskirchen gelegenen Stadt Zülpich bestand zunächst nur aus zwei Anschlussgleisen, die von der Euskirchener Kreisbahn (EKB) bedient wurden. Mit Rückzug der EKB aus Zülpich übernahm die Dürener Kreisbahn (DKB) die Bedienung der Industriebahngleise. Nachdem auch die DKB Zülpich nicht mehr anfuhr, entstand 1962 eine neue Anbindung der Industriegleise an die DB-Infrastruktur. Gleichzeitig wurden die Gleisanlagen nach Norden erweitert. 1976 wurde die bis dato unter „Euskirchener Kleinbahn" firmierende Industriebahn an die Stadt Zülpich verkauft und dort als städtischer Eigenbetrieb „Zülpicher Industriebahn (ZIB) " geführt.
Bis in die 1980er Jahre hinein nahm das Verkehrsaufkommen der ZIB stetig zu, weswegen 1987/1988 ein neues Stammgleis gebaut wurde, das sich im Eigentum der Stadt Zülpich befindet. Übernahm zunächst die DB die Bedienung der

ZIB / ITB / IFH

Gleisanlagen, beschaffte die ZIB 1987 und 1988 zwei eigene Rangierloks, die im 1989/1990 errichteten Lokschuppen im Bf Zülpich unterhalten wurden. Zum Fahrplanwechsel 1990 übernahm die ZIB zudem die Betriebsführung des Bf Zülpich. Zum 01.04.1991 erfolgte die Integration der ZIB in die „Stadtwerke Zülpich", bestehend aus den Eigenbetrieben Wasserwerk, Abwasserbeseitigung und Industriebahn.
Mitte der 1990er Jahre zeigte sich jedoch, dass das Aufkommen auf der ZIB sich entgegen der Erwartungen nicht gut entwickelt hatte, die Industriebahn schrieb seit 1993 rote Zahlen. Nach der Einstellung des Betriebes der Industriebahn zum 31.12.1995 und der Übertragung des Wasserwerks auf die Verbandswasserwerk Euskirchen GmbH zum 01.01.2003 wurde die eigenbetriebsähnliche Einrichtung „Stadtwerke Zülpich" zum 01.01.2007 wieder voll in die Stadt Zülpich integriert.
Seit 01.01.1996 übernahm die damalige DB Cargo / Railion die Bedienung der Gleisanlagen, der zum 29.05.1988 im Gesamtverkehr stillgelegte Abschnitt Düren – Zülpich wurde hingegen zum 20.12.2002 an die Dürener Kreisbahn GmbH (DKB) verkauft.
Seit dem 21.08.2003 betreibt die Rurtalbahn GmbH (RTB) bzw. die Rurtalbahn Cargo GmbH zwischen Düren und Zülpich wieder Güterverkehr. Nach der Inbetriebnahme eines 30 MW-Kohlekraftwerkes im Juni 2012 wird der Anschluss der Smurfit Kappa Zülpich Papier GmbH fast täglich mit einem Zug Braunkohlebriketts versorgt.

ITB Industrietransportgesellschaft mbH Brandenburg
G I

Friedrich-Franz-Straße 11
DE-14770 Brandenburg
Telefon: +49 3381 3404-0
Telefax: +49 3381 3404-22
info@itb.villmann-gruppe.de
www.villmann-gruppe.de

Management
* Bodo Villmann (Geschäftsführer)
* Manfred Villmann (Geschäftsführer)

Gesellschafter
Stammkapital 50.000,00 DM
* Manfred Villmann (100 %)

Lizenzen
* DE: EVU-Zulassung (GV) seit 29.12.1995, gültig bis 31.12.2025

Infrastruktur
* Anschlussbahnen in Brandenburg (35 km)

Unternehmensgeschichte
Die am 04.12.1990 gegründete ITB Industrietransportgesellschaft mbH Brandenburg bedient die im Stadtgebiet Brandenburgs liegenden Anschlussbahnen sowie deren Anschließer im SWB Industrie- und Gewerbepark, der JVA sowie der Hafenbahn. Im Auftrag von DB Schenker Rail Deutschland werden zudem Schienengüterverkehre im Raum Brandenburg-Altstadt und Brandenburg Hbf erbracht. Hinzu kommen Überführungsfahrten zu den Werken der Villmann-Gruppe (Altenburg, Nordhausen, Woffleben) und für andere EVU im Sonderverkehr.
Bis zur Übernahme der Anteile durch Manfred Villmann war die Stahl- und Walzwerk Brandenburg GmbH alleiniger Anteilseigner der ITB.

Verkehre
* Bedienung der im Stadtgebiet Brandenburgs liegenden Anschlussbahnen sowie deren Anschließer im SWB Industrie- und Gewerbepark, der JVA sowie der Hafenbahn.
* Im Auftrag von DB Schenker Rail Deutschland AG werden Schienengüterverkehre im Raum Brandenburg-Altstadt und Brandenburg Hbf erbracht.
* Überführungsfahrten zu den Werken der Villmann-Gruppe (Altenburg, Nordhausen, Woffleben).
* KV-Transporte (Aushub Stuttgart 21) Stuttgart – Niedersachswerfen (ehemaliges Anhydritwerk); Traktion ab Nordhausen im Auftrag der DB Fahrwegdienste GmbH seit Juli 2014

infra fürth holding gmbh & co. kg (IFH) I

Leyher Straße 69
DE-90763 Fürth
Telefon: +49 911 9704-70 70
Telefax: +49 911 9704-6059
dialog@infra-fuerth.de
www.infra-fuerth.de

Management
* Dr. Hans Partheimüller (Geschäftsführer)

Gesellschafter
* Stadt Fürth (100 %)

Infrastruktur
* Hafenbahn (2 km)

IFH / InfraLeuna

Unternehmensgeschichte
Unter dem Dach der infra fürth holding gmbh & co. kg sind in der Stadt Fürth die unternehmerischen Aktivitäten in Sachen Versorgung, Verkehr und Dienstleistung mit je einer dafür zuständigen GmbH zusammengefasst. Dies sind die infra fürth gmbh, die infra fürth verkehr gmbg und infra fürth dienstleistung gmbh. Rechtsvorgänger der infra fürth gmbh waren die örtlichen Stadtwerke, die mit der Eintragung in das Handelsregister am 19.08.1999 rückwirkend zum 01.01.1999 in eine GmbH umgewandelt wurden. Zum 01.01.2001 erfolgte die nunmehr bestehende Schaffung der Holdingstruktur. Die E.ON Bayern AG ist seitem mit 19,9 % ausschließlich an der infra fürth gmbh beteiligt. Im Eigentum der Holding befindet sich der Hafen Fürth am Main-Donau-Kanal mit einem Gebiet von 14 ha. Örtliches Umschlagunternehmen ist die LEHNKERING Steel Transport & Services GmbH. Die Hafenbahn wird von verschiedenen Eisenbahnverkehrsunternehmen genutzt. Hauptumschlaggüter sind Düngemittel, Eisen und Stahl, Erze und Schrott, Halb-, Fertigwaren, Land-/Forstwirtschaftliche Erzeugnisse, Nahrungs- und Futtermittel, Rohöl, Mineralölerzeugnisse sowie Steine und Erden.

InfraLeuna GmbH

Postfach 11 11
DE-06234 Leuna
Telefon: +49 3461 43-0
Telefax: +49 3461 43-4290
pr@infraleuna.de
www.infraleuna.de

Management
★ Dr. Christof Günther (Geschäftsführer)

Gesellschafter
Stammkapital 3.000.000,00 DM
★ Linde AG (24,5 %)
★ DOMO INVESTMENT GROUP N.V. (24,5 %)
★ InfraLeuna Beteiligungs GmbH (24,5 %)
★ LEUNA-Harze GmbH (13,25 %)
★ GSA Grundstücksfonds Sachsen-Anhalt GmbH (13 %)
★ Quinn Chemicals GmbH (0,25 %)

Lizenzen
★ DE: EVU-Zulassung (PV+GV) seit 04.05.2000, gültig bis 31.05.2015
★ DE: Genehmigung zur Aufnahme der Betriebsführung mit Triebfahrzeugen und sonstigen Rangiermitteln gemäß § 9 Abs. 4 der BOA
★ DE: Genehmigung zur Betriebsaufnahme gemäß § 9 Abs. 1 BOA

Infrastruktur
★ Nichtöffentliche Anschlussbahn auf dem Chemiestandort Leuna mit einer Gleislänge von ca. 90 km. Anschlussbahnhof zum DB-Netz ist Großkorbetha.

Unternehmensgeschichte
Die InfraLeuna GmbH ist Infrastrukturdienstleister am Chemiestandort Leuna und erbringt dabei sowohl auf der eigenen Anschlussbahn als auch auf dem DB-Netz Güterverkehrsleistungen. In Leuna, westlich von Leipzig bzw. südlich von Halle (Saale), errichtete die BASF ein Zweigwerk, um das in den folgenden Jahrzehnten ein Zentrum der chemischen Industrie entstand. In der DDR wurde der Standort 40 Jahre als ganzheitliches petrochemisches Unternehmen in Gestalt des VEB Leuna-Werke „Walter Ulbricht" betrieben. 1990 wurde der VEB zunächst in die LEUNA-WERKE AG (später GmbH) umfirmiert und anschließend über mehrere Jahre in eine Vielzahl eigenständiger bzw. konzerngebundener Unternehmen privatisiert. Ferner wurde in den 1990er-Jahren angrenzend an den bestehenden Chemiestandort eine neue Raffinerie des französischen Elf-Aquitaine-Konzerns (heute Total-Konzern) errichtet, die die vorhandene Raffinerie ablöste.
Mit dem Ziel der Privatisierung der Infrastruktureinrichtungen des ca. 13 Quadratkilometer großen Chemiestandortes wurde Ende 1995 die InfraLeuna Infrastruktur und Service GmbH, die nunmehr als InfraLeuna GmbH firmiert, geschaffen. Der Sitz der am 13.02.1995 gegründeten Gesellschaft befand sich zunächst in Berlin und wurde zum 20.12.1995 nach Leuna verlegt. Durch Beschluss der Gesellschafterversammlung vom 28.06.2006 wurde der Name des Unternehmens in InfraLeuna GmbH geändert. Die InfraLeuna nahm zum 01.01.1996 ihre Geschäftstätigkeit auf. Hierzu wurden ihr bis dahin der LEUNA-WERKE GmbH gehörende Infrastruktureinrichtungen übertragen. Dazu zählte auch die nichtöffentliche Eisenbahninfrastruktur, bestehend aus Gleisanlagen, Überführungsgleisen, Stellwerken sowie Lok- und Wagenreparaturwerkstätten.
Zu den Tätigkeiten der InfraLeuna zählt entsprechend die Logistik mit den Bereichen Bahnlogistik, Fahrzeugdienst mit Reinigungsanlage und Werkstatt sowie Spedition. Im Bahnbetrieb sind, Stand Ende 2014, 118 der 690 InfraLeuna-Mitarbeiter beschäftigt. Von 321 Mio. EUR

InfraLeuna / ISL

Gesamtumsatz der InfraLeuna GmbH im Jahr 2013 entfielen etwa 50 Mio. EUR auf die Logistiksparte. Das Unternehmen betreibt und unterhält die nichtöffentliche Anschlussbahn auf dem Standortgelände mit einer Gleislänge von ca. 90 km. InfraLeuna realisiert die Bedienung aller Ladestellen der Unternehmen auf und die Beförderung der Wagen von und zum Bahnhof Großkorbetha, in dem die Übergabe an verschiedene EVU erfolgt. Ab 2016 soll ferner im Norden des durch die DB-Bahnstrecke Großkorbetha – Halle (Saale) durchquerten Geländes ein zweiter Übergabebahnhof errichtet werden. 2014 wurden mit ca. neun Mio. Tonnen rund 70 % der von und nach Leuna anfallenden Transporte von Mineralölprodukten, Chemikalien und Düngemittel auf der Schiene erbracht. Täglich werden 30 bis 40 Ganzzüge verschiedener EVU und mehrere Züge aus dem Wagenladungsnetz der DB Schenker Rail Deutschland AG behandelt.
Seit dem Jahr 2000 verfügt InfraLeuna auch über die Genehmigung zum Erbringen von Eisenbahnverkehrsleistungen im öffentlichen Personen- und Güterverkehr gemäß § 6 AEG. Auf der Grundlage dieser Genehmigung werden von InfraLeuna auf dem DB-Netz Leistungen im Güterverkehr überwiegend im regionalen Bereich erbracht. Dazu zählen vor allem Ganzzüge mit Mineralölprodukten aus der Leuna-Raffinerie sowie Transportleistungen zu und von verschiedenen mitteldeutschen Chemiestandorten. Des Weiteren erbringt die InfraLeuna auf dem Bahnhof Großkorbetha für verschiedene EVU Rangier- und Wagenmeisterleistungen. Mit dem Einsatz einer E-Lok seit 2011 hat sich das Leistungsspektrum der InfraLeuna über die mitteldeutsche Region hinaus erweitert.

Verkehre
* Anschlussbahnbetrieb auf dem Chemiestandort Leuna
* Chemie- und Mineralöltransporte (Leuna –) Großkorbetha – PCK Schwedt; Spotverkehre
* Chemie- und Mineralöltransporte Leuna / Zeitz (– Großkorbetha) – Karlsruhe; Spotverkehre
* Chemie- und Mineralöltransporte Zeitz – Karlsruhe; Spotverkehre
* Chemietransporte (Leuna –) Großkorbetha – verschiedene mitteldeutsche Chemiestandorte; Spotverkehre
* Mineralöltransporte (Leuna –) Großkorbetha – Tanklager in Thüringen, Sachsen und Bayern; Spotverkehre

InfraServ Logistics GmbH (ISL)
G I

Industriepark Höchst - Gebäude K801
DE-65926 Frankfurt am Main
Telefon: +49 69 30513150
info.logistics@infraserv-logistics.com
www.infraserv-logistics.com

Management
* Thomas Schmidt (Vorsitzender der Geschäftsführung)
* Jochen Schmidt (Geschäftsführer)

Gesellschafter
Stammkapital ... EUR
* Infraserv GmbH & Höchst KG (100 %)

Infrastruktur
* Gleisnetz mit 57 km Länge

Unternehmensgeschichte
Die heutige Infraserv Logistics ist ein Kind der Umstrukturierung des Hoechst-Konzerns in den 1990er Jahren. Nachdem die Hoechst AG zunächst 1992 in Business- und Service-Units unterteilt sowie zwei Jahre in rechtlich selbstständige Unternehmen umgegliedert wurde, erfolgte im Jahr 2000 die Gründung der Infraserv Logistics GmbH (ISL) als 100%ige Tochter der Infraserv GmbH & Höchst KG. Die Infraserv Logistics erbringt an bundesweit vier Niederlassungen Logistikdienstleistungen v.a. für die chemische und pharmazeutische Industrie: Lagerung, Umschlag und Transport. Das Logistikunternehmen beschäftigt 595 Mitarbeiter und erwirtschaftete im Jahr 2014 einen Umsatz von rund 76 Mio. EUR.
Bahnseitig werden rund 19000 Güterwagen pro Jahr bewegt. Innerhalb des Unternehmens Infraserv Logistics ist die Bahnabteilung mit 25 Mitarbeitern vergleichsweise klein, soll aber zukünftig wachsen. Der Betriebsmittelpunkt der Werksbahn ist der eigene Rangierbahnhof, der westlich des Bahnhofs Höchst von der Bahnstrecke Frankfurt–Niederhausen abzweigt.
Dass eine Beschaffung von stärkeren Loks notwendig wurde, lag nicht nur an einem geplanten Engagement im regionalen Umfeld. Es war zunächst vielmehr die starke Steigerung zum Übergabebahnhof, dem die vorhandenen Rangierdiesel bei den anfallenden Container- und sonstigen Ganzzügen nicht gewachsen waren. Anfangs wurden zur Überbrückung Lokomotiven u. a. des Vermieters Northrail verwendet, parallel aber die Beschaffung von zwei aufgearbeiteten Loks der DB Baureihe 295 eingeleitet.
Noch verfügt die Infraserv Logistics über keine eigene EVU-Zulassung. Dies ist aber nach Unternehmensauskunft in Vorbereitung.

ISL / SIL

Übergangsweise gilt eine Kooperation mit der RSE Rhein-Sieg-Eisenbahn aus Bonn.
Das neue Geschäftsfeld der ISL entsteht aus dem Bedarf von Kunden an einem Dienstleister und ist somit kein Verdrängungswettbewerb. Ein Beispiel: Direkte Zugläufe zwischen den Chemiestandorten in Höchst und Griesheim kann die ISL schnell und unkompliziert abwickeln. Außer DB Schenker Rail sowie der v.a. im Osthafen tätigen Bahnabteilung der HFM Managementgesellschaft für Hafen und Markt sind keine Güterbahnen in „Mainhattan" nennenswert im Regionalverkehr tätig.

Verkehre
* Rangierverkehr in Frankfurt-Höchst
* Rangierverkehr in Frankfurt-Griesheim
* Gütertransporte Frankfurt-Höchst (InfraServ) – Wiesbaden Ost (InfraServ); 3 x pro Woche seit 01.01.2015

Schifffahrt der Inselgemeinde Langeoog, Inselbahn Langeoog (SIL) 🅿🅖🅘

Postfach 12 63
DE-26454 Langeoog
Hauptstraße 28
DE-26465 Langeoog
Telefon: +49 4972 6930
Telefax: +49 4972 6588
schiffahrt@langeoog.de
www.schiffahrt-langeoog.de

Lizenzen
* DE: EIU-Zulassung für eigene Infrastruktur
* DE: EVU-Zulassung (PV+GV) seit 24.01.1996, gültig bis 13.08.2038

Infrastruktur
* Inselbahn (2,5 km, Spurweite 1.000 mm)

Unternehmensgeschichte
Die Inselbahn Langeoog verbindet den Fährhafen mit dem Ortskern und wurde am 22.06.1901 als Pferdebahn durch die Langeooger Pferdebahn OHG, eine Tochter der Reederei Esens-Langeoog in Betrieb genommen. Sie führte vom damaligen Anleger durch das Dorf bis zum Hospiz. Die Gemeinde Langeoog übernahm zum 01.02.1927 die Pferdebahn sowie die Fährschiffverbindung (heute: Eigenbetrieb „Schifffahrt der Gemeinde Langeoog") von der Reederei Esens-Langeoog AG. Nach Zerstörung des Anlegers durch eine Sturmflut Ende 1936 wurde die Pferdebahn durch eine motorisierte Inselbahn mit 1000 mm Spurweite (Meterspur) ersetzt. Die Inbetriebnahme der neuen, verkürzten Strecke erfolgte am 02.07.1937. Seitdem fährt die Inselbahn nicht mehr durch das Inseldorf, sondern endet um neuen Inselbahnhof am Ortsrand. Der Betrieb wurde ab dem 16.07.1937 mit zwei neubeschafften Deutz-Dieselloks abgewickelt; 1949 kann eine dritte, leistungsstärkere Schöma-Maschine dazu. 1951 erfolgten der Umbau des Militäranlegers zur neuen Landungsbrücke und die Errichtung eines neuen Hafenbahnhofs mit großzügigeren Anlagen für den Frachtumschlag. Ein erster Triebwagen (VT 1) diente ab 1961 zur Bespannung der beiden Züge wodurch die Fahrgastkapazitäten weiter erhöht werden konnten. Nach Inbetriebnahme von VT 2 am 15.08.1966 konnte ein Zugstamm als Sandwich gefahren werden, was das Umsetzen am Anleger ersparte. Der Inbetriebnahme von VT 3 am 25.06.1976 folgte jene des VT 4 am 12.05.1982 und im Oktober desselben Jahres die Abstellung der letzten Vorkriegslok. In den 1990er-Jahren wurde der Betrieb umfassend modernisiert. So erfolgte zwischen 1993 und 1996 in drei Bauabschnitten jeweils während der Winterhalbjahre der Neubau des Inselbahnhofes von 1937. 1998/2000 wurde der Hafenbahnhof so umgebaut, dass die beiden Zuggarnituren gleichzeitig von den Fahrgästen benutzt werden können. Im Jahre 1995 wurden für die Inselbahn zwei neue Züge mit insgesamt zehn Waggons und fünf Lokomotiven beschafft. 2005 kamen noch zwei Personenwagen hinzu, die jeweils mit Einstiegshilfen für Rollstühle und Kinderwagen versehen sind. Im Gegenzug verließen VT 1, 3 und 4 die Insel im März 1995 zur HSB und VT 2, der eigentlich als Reserve und Museumsfahrzeug auf der Insel bleiben sollte, wurde an die Selfkantbahn abgegeben. Den Personenverkehr besorgen heute die beiden lokbespannten Zuggarnituren, während der Güterverkehr im April 2008 auf die Straße (der autofreien Insel) verlagert wurde. Die Beladung der hierfür angeschafften Anhänger wird schon auf dem Festland vorgenommen. Per Elektrokarren werden diese dann direkt zu ihrem Bestimmungsort gezogen.

IntEgro Verkehr

IntEgro Verkehr GmbH

Buchenstraße 24
DE-08468 Reichenbach im Vogtland
Telefon: +49 3765 38793-0
Telefax: +49 3765 38793-9
info@integro-verkehr.com
www.integro-verkehr.com

Regionalbüro, Fachbereich Güterverkehr, Disposition
Scheermühlenstraße 5
DE-08371 Glauchau
Telefon: +49 3763 777 24-0
Telefax: +49 3763 777 24-20

Management
* Peter Dörfelt (Geschäftsführer)
* Kay Kreisel (Geschäftsführer)
* Tobias Peter Johannes Richter (Geschäftsführer)

Gesellschafter
Stammkapital 100.000,00 EUR
* Volker Dietel (50 %)
* Kay Kreisel (50 %)

Lizenzen
* DE: EVU-Zulassung (PV+GV) seit 27.01.2009, gültig bis 31.01.2023

Unternehmensgeschichte
In Reichenbach (Vogtland) wurde zum 05.08.2008 durch Kay Kreisel (u.a. PRESS, ASP) und Volker Dietel, Leiter des Deutschen Dampflokmuseums (DDM), die IntEgro Verkehr GmbH zur Erbringung von Personen- und Guterverkehrsleistungen auf der Schiene gegründet.
Die Betriebsaufnahme der IntEgro Verkehr fand zum 01.04.2009 im Schienengüterverkehr statt. Seitdem fährt die IntEgro gemeinsam mit den Kooperationspartnern Eisenbahnen- und Verkehrsbetriebe Elbe-Weser GmbH (EVB) und PRESS Überseecontainerverkehre zum Terminal Hof (Saale). Darüber hinaus werden grenzüberschreitende Transporte Tschechien-Deutschland erbracht.
September 2010 bzw. August 2011 beschaffte die IntEgro jeweils eine Siemens ER 20 sowie im September 2014 eine E-Lok Baureihe 155, deren Halter die PRESS ist. Zuvor hatte man ausschließlich auf die Lokomotiven von Kooperationspartnern zurückgegriffen.
Das Regionalbüro des Unternehmens wurde Ende 2014 nach personellen Veränderungen von Neuenmarkt nach Glauchau verlegt. Dort befindet sich auch der Sitz des Schwesterunternehmens Muldental-Eisenbahnverkehrsgesellschaft mbH (MTEG), so dass Synergien in der Disposition sowie betrieblich und technisch (Personal, Lokomotiven) genutzt werden können.

Verkehre
* Getreide- und Düngertransporte nach Kölleda (Agrar- und Transportservice Kölleda GmbH); Terminalzustellung durch EBS Erfurter Bahnservice Gesellschaft mbH
* Getreidetransporte Sachsen / Thüringen (u.a. Leinefelde) – Nord- / Ostseehäfen sowie Ingolstadt – Querfurt; 2 x Woche seit Anfang 2014 im Auftrag der VTG Rail Logistics Benelux NV
* KV-Transporte Bremen-Roland – Hof – Wiesau (ZIEGLER LOGISTIK GmbH); 3 x pro Woche seit 01.01.2014 Traktion ab Hof (Wagentausch mit der Eisenbahnen und Verkehrsbetriebe Elbe-Weser GmbH (EVB)) im Auftrag der NeCoSS GmbH Neutral Container Shuttle System
* Massenguttransporte Tschechien – Bayern; mehrfach pro Woche über die Grenzübergänge Cheb / Schirnding und Furth im Wald / Česká Kubice im Auftrag verschiedener Kunden und in Kooperation mit verschiedenen tschechischen EVU
* Mineralöltransporte Ingolstadt (Gunvor Raffinerie Ingolstadt GmbH), Neustadt (Donau) (Bayernoil Raffineriegesellschaft mbH) und Vohburg (Bayernoil Raffineriegesellschaft mbH) u.a. nach Passau (Gunvor Tanklager), Marktredwitz, Deggendorf, Tschechien und weitere Relationen; mehrmals pro Woche seit Januar 2013 u.a. im Auftrag der Transpetrol GmbH Internationale Eisenbahnspedition
* Mineralöltransporte Nordenham / Hamburg – Bamberg, Marktredwitz, Regensburg (jeweils Petrotank Neutrale Tanklager GmbH), Hof (Leu Tanklager GmbH) und weitere Relationen; Spotverkehre seit Anfang 2012 im Auftrag der Transpetrol GmbH Internationale Eisenbahnspedition, Dettmer Rail GmbH und TankMatch Rail GmbH; Rangierdienst in Hamburg vergeben an Railportfeeder / Mittelweserbahn GmbH (MWB)
* Rangierdienst in Nürnberg Hafen und zur Müllverbrennung im Auftrag der NGV Nürnberger Gewerbemüll Verwertung GmbH & Co. KG; in Kooperation mit der BTE BahnTouristikExpress GmbH seit Anfang 2012

IGE

Internationale Gesellschaft für Eisenbahnverkehr

Internationale Gesellschaft für Eisenbahnverkehr IGE GmbH & Co. KG (IGE) 🅿🅖

Bahngelände 2
DE-91217 Hersbruck
Telefon: +49 9151 9055-0
Telefax: +49 9151 9055-30
dispo@ige-bahn.de
www.ige-bahn.de

Niederlassung Sofia
23A, San Stefano str.
BG-1504 Sofia
Telefon: +359 2 9460111
Telefax: +359 2 8430270
Hotline: +359 888 703491

Management
★ Armin Götz (Geschäftsführer)

Gesellschafter
Stammkapital 1.6500.000,00 EUR
★ Armin Götz (65 %)
★ Dr. Jürgen Zekeli (35 %)
★ Komplementär: IGE Verwaltungs GmbH

Lizenzen
★ DE: EVU-Zulassung (PV+GV) seit 31.07.2003, gültig bis 01.07.2018

Infrastruktur
★ Seit 30.04.2003 ist die IGE Betreiber einer nicht öffentlichen Anschlussbahn in Hersbruck mit rund 900m Gleislänge. Die Gleisanlagen werden für Zugbildung oder Abstellung genutzt und stehen auch anderen EVU zur Nutzung zur Verfügung.

Unternehmensgeschichte
Im Jahr 1980 wurde der Verein Hersbrucker Eisenbahnfreunde e. V. (HEF) gegründet, der ab 1982 eigene Sonderfahrten auf dem Gleisnetz der DB anbot. 1985 löste sich eine Gruppe von den HEF und gründete die InteressenGemeinschaft Eisenbahn e. V. (IGE), die sich fortan auch im Bereich der Sonderfahrten engagierte. Die IGE Bahntouristik GmbH & Co. KG ging im Jahre 1989 aus dem Verein IGE hervor und zählt heute zu den großen deutschen Reiseveranstaltern von Eisenbahn-Erlebnisreisen.

Die InteressenGemeinschaft Eisenbahn e. V. besteht auch heute noch. Ihr Ziel ist der Betrieb und die Erhaltung eines Nostalgie-Speisewagens WR4üe 1220 aus dem Jahr 1942.
Seit 2004 firmiert die IGE unter der Bezeichnung „Internationale Gesellschaft für Eisenbahnverkehr IGE GmbH & Co. KG" und gliedert sich in vier Geschäftsbereiche:
★ IGE-Bahntouristik: Sonderzug-Touren und Gruppenreisen in Regelzügen
★ IGE-Reisebahnhof: DB-Agentur und Reisebüro m Bahnhof Hersbruck seit 02.2001
★ IGE-Bahnlogistik: Güterverkehr und Überführungsfahrten
★ IGE-Eurotrain: Charterzüge und Vermietung von Reisezugwagen und Lokomotiven, Triebfahrzeugführer, Zugbegleitpersonal, Eisenbahndienstleistungen
Zur Bespannung der Sonderzüge nutzt man zumeist moderne Loks, die u. a. von der MRCE Dispolok GmbH angemietet werden.
Die IGE ist seit 2004 auch im Güterzuggeschäft tätig und hat sich dabei auf Ost-West-Ganzzüge insbesondere in bzw. aus Richtung Balkanländer spezialisiert.
Am 02.09.2006 organisierte die IGE die Weltrekordfahrt für Lokomotiven auf der Strecke zwischen Kinding und Allersberg (NBS Ingolstadt – München) mit 357 km/h und führte diese auch eigenverantwortlich durch.
Seit 25.04.2008 hat die IGE einen Teil der Leerreisezüge für zahlende Fahrgäste geöffnet. Die Vermarktung erfolgte unter dem Markennamen „Mitfahrzug", aktuell ruht das Angebot.
Der Handelshof-Mehrheitsgesellschafter Dr. Jürgen Zekeli aus Köln ist seit 2009 Minderheitsgesellschafter der IGE. Die IGE KG ist seit 2004 alleiniger Gesellschafter der IGE Verwaltungs-GmbH.
Zum 01.10.2012 wurde der touristische Teil aus der Internationalen Gesellschaft für Eisenbahnverkehr IGE GmbH & Co. KG ausgegliedert und in der am 28.12.2011 gegründeten IGE-Erlebnisreisen und Reiseservice GmbH weiter geführt. Die IGE GmbH & Co. KG konzentriert sich damit ausschließlich auf die EVU- und EIU-Tätigkeit. Für Güterverkehre auf nicht-elektrifizierten Strecken hat die IGE im Jahr 2014 die ex DB Lok 216 224 erworben.

Verkehre
★ Personensonderzüge europaweit
★ Chemietransporte Münchsmünster (Basell Polyolefine GmbH) – Duisburg Ruhrort Hafen; 5 x pro Woche seit 01.01.2015 im Auftrag der Chemoil Logistics AG
★ Chemietransporte Neustadt (Donau) – Neuss Gbf; 5 x pro Woche seit 01.01.2015 im Auftrag der Chemoil Logistics AG

IGE / IPG

* Getreidetransporte Ungarn – Amsterdam (IGMA Grain Terminal B.V.) [NL]; Spotverkehre seit Mai 2011; betriebliche Durchführung in Deutschland im Auftrag und mit Lokgestellung der FLOYD Szolgáltató Zrt.
* Getreidetransporte Ungarn – Krefeld (Cargill Deutschland GmbH); 3 x pro Woche seit 22.05.2012 betriebliche Durchführung in Deutschland bis Krefeld-Linn im Auftrag und mit Lokgestellung der FLOYD Szolgáltató Zrt.
* Mineralöltransporte Ingolstadt Nord / Vohburg – Ungarn; Spotverkehre seit Januar 2015; betriebliche Durchführung in Deutschland bis Passau im Auftrag und mit Lokgestellung der FLOYD Szolgáltató Zrt.
* Sojaschrottransporte Amsterdam (IGMA Grain Terminal B.V.) [NL] – Ungarn; Spotverkehre seit Mai 2011; betriebliche Durchführung in Deutschland im Auftrag und mit Lokgestellung der FLOYD Szolgáltató Zrt.
* KV-Transporte Praha Uhříněves [CZ] – Nürnberg; Spotverkehre ab Furth im Wald seit Juli 2014 im Auftrag der METRANS a.s.

IPG Infrastruktur- und Projektentwicklungsgesellschaft mbH

Burgstraße 30
DE-14467 Potsdam
Telefon: +49 331 20084-0
Telefax: +49 331 20084-70
info@ipg-potsdam.de
www.ipg-potsdam.de

Management
* Rüdiger Hage (Geschäftsführer)

Gesellschafter
Stammkapital 25.000,00 EUR
* B & B Beratungs- u. Beteiligungsgesellschaft Berlin-Brandenburg mbH (100 %)

Beteiligungen
* BahnLogistik Terminal Wustermark GmbH (10 %)

Lizenzen
* DE: EIU für öffentliche Infrastruktur

Infrastruktur
* GVZ Berlin West Wustermark (Gleislänge 1,7 km)
* GVZ Berlin Süd Großbeeren (Gleislänge 2 km)

Unternehmensgeschichte
Die IPG Infrastruktur- und Projektentwicklungsgesellschaft mbH als privatwirtschaftlich organisiertes Unternehmen entstand per Gesellschaftervertrag vom 12.11.2002. Das mittelständische Unternehmen bietet Verkehrs- und Infrastrukturplanung sowie Entwicklung und Vermarktung von Industrie-, Gewerbe- und Logistikstandorten. Zudem berät sie im Rahmen eines Geschäftsbesorgungsvertrages das Land Brandenburg bei Infrastrukturprojekten insbesondere im Schienengüterverkehr und ÖPNV. Die IPG entwickelt und betreibt die in Brandenburg gelegenen Güterverkehrszentren GVZ Berlin Süd Großbeeren, GVZ Berlin West Wustermark und GVZ Berlin Ost Freienbrink, das Industriegebiet Premnitz und den Industriepark West in Ludwigsfelde. Die IPG ist als öffentliches Eisenbahninfrastrukturunternehmen im GVZ Berlin Süd Großbeeren und im GVZ Berlin West Wustermark tätig. Ansiedler nutzen als Nebenanschließer die Gleisanlagen der IPG für operative Prozesse und als Zugang zum Schienennetz der DB Netz AG.
Unmittelbar an den DB-Bahnhof Großbeeren schließen die Gleise des GVZ Berlin Süd Großbeeren sowie das KLV-Terminal der DUSS mbH, mit zwei Portalkränen und Ladegleisen mit einer Länge von 700 Metern (2 Gleise) bzw. 350 m (2 Gleise) an, Nebenanschliesser sind das Unternehmen Spitzke SE und die Rhenus AG & Co.KG.
Der Standort Wustermark verfügt über eine direkte Bahnanbindung mit EStW gesteuerter Ein- bzw. Ausfahrgruppe (730 m und 770 m) an den Berliner Außenring, einem KLV-Terminal mit zwei Gleisen (610 m Nutzlänge), einer GVZ-Ladestraße (110 m) und als Nebenanschliesser die Offergeld GmbH & Co. KG.
In Premnitz an der Havel steht die IPG für die Nutzung der dortigen Industriebahn als Ansprechpartner zur Verfügung, deren Betriebführung die Havelländische Eisenbahn AG (hvle) übernimmt. Ebenso im GVZ Berlin Ost Freienbrink - der dortige Gleisanschluss wird durch die Deutsche Regionaleisenbahn GmbH (DRE) betrieben.

ITL

ITL-Eisenbahngesellschaft mbH
G

Magdeburger Straße 58
DE-01067 Dresden
Telefon: +49 351 4982-108
Telefax: +49 351 4982-113
info.itl@captrain.de
www.captrain.de

Werkstatt Pirna
Glashüttenstraße 10 b
DE-01796 Pirna

Management
* Jérôme Méline (Geschäftsführer)
* Dipl.-Ing. (FH) Michael Meinhardt (Geschäftsführer)

Gesellschafter
Stammkapital 300.000,00 EUR
* Transport Ferroviaire Holding - T.F. Holding SAS (100 %)

Beteiligungen
* Captrain Polska Sp. z o.o. (100 %)
* ITL-Cargo GmbH (100 %)
* ITL - Železniční společnost Praha, s.r.o. (0,2 %)

Lizenzen
* DE: EVU-Zulassung (PV+GV) seit 08.12.1998, gültig bis 31.12.2028
* DE: Sicherheitszertifikat, Teil A+B (GV); gültig vom 21.05.2013 bis 20.05.2018

Unternehmensgeschichte
Im November 1994 gründete Karin Wegat ein Einzelunternehmen, welches unter dem Namen ITL – Ingenieurbau-Transport-Logistik firmierte. Die Gesellschaft wurde jedoch nie in das Handelsregister eingetragen und 1995 in die ITL-Handel eingebracht. Im Juli 1995 wurde in Dresden die Firma ITL-Handel, Inhaber Herr Uwe Wegat, als Einzelunternehmen gegründet. Per 01.03. 1998 wurde die Firma umfirmiert in ITL Baustoffhandel GmbH & Co. KG mit Sitz in Dresden. Im August 1995 wurde aus der Firma ITL heraus, das Einzelunternehmen ITL-Recycling, Inhaber Uwe Wegat, mit Sitz in Großenhain gegründet. U. a. übernahmen diese Gesellschaften die Aufbereitung und Entsorgung von Altschotter für die Deutsche Bahn AG. Als bei der Zu- und Abführung der Wagen immer mehr strukturelle Probleme bei der DB AG auftraten, fiel 1998 die Entscheidung, ein eigenes EVU zu schaffen.
Nach der Gründung am 30.10.1998 war die ITL-Eisenbahngesellschaft mbH zunächst schwerpunktmäßig im Bereich der AZ-Verkehre anzutreffen. In Kooperation mit den Schwesterunternehmen ITL-Recycling und ITL-Baustoffhandel wurden auch komplette Logistikaufgaben, etwa die Versorgung von Gleisbaustellen, übernommen. ITL stand fortan für Import, Transport, Logistik. Hauptverwaltung und Sitz des Unternehmens befinden sich im Verwaltungsgebäude der Sächsische Binnenhäfen Oberelbe GmbH (SBO) in Dresden. Bis 31.12.1999 hatte sich der Sitz der ITL Eisenbahn ebenfalls in Großenhain befunden.
Im Personenverkehr ist die ITL bislang planmäßig nie tätig geworden, beteiligte sich allerdings an Ausschreibungen für die Dresdner Flughafen-S-Bahn.
Als Lokomotiven standen der ITL in den ersten Jahren vor allem ausgemusterte Maschinen aus dem Bestand der Deutschen Reichsbahn (DR) zur Verfügung, die sich aufgrund der geringen Beschaffungskosten ideal für den niedrigpreisigen AZ-Verkehr eigneten. Das Sturmtief „Lothar" vom 26.12.1999 und die darauf folgenden umfangreichen Holztransporte im Auftrag der Landesregierung Baden-Württemberg bescherten der ITL den Einstieg in den Schienengüterverkehr, der insbesondere ab 2003 zu einem weiteren Standbein des Unternehmens wurde. Erst mit dem Einstieg in den Langstrecken-Schienengüterverkehr gelangten ab 2003 erste Miet-E-Loks sowie moderne Streckendieselloks des Typs „Blue Tiger" in den Bestand.
Aufgearbeitet und unterhalten wurden die Maschinen zunächst im kleinen Lokschuppen in Königsbrück sowie in Dresden. Nach der Anmietung des ehemaligen DB-Betriebswerkes in Kamenz wurde der Standort Königsbrück Anfang November 2001 aufgelassen. Vorteile bei der Aufarbeitung von Fahrzeugen ergaben sich zudem über das von Ende 1999 bis 12.03.2001 zur ITL-Gruppe gehörende tschechische Werk ŽOS Nymburk.
Die ITL hatte außerdem ab 01.10.2000 für einige Jahre die Anschlussbahn des Heizkraftwerkes GTHKW Nossener Brücke der Stadtwerke Dresden DREWAG angepachtet. Mit an die ITL übergegangen waren dabei zwei V 60 D.
Nach zweijährigem Verhandlungsmarathon mit der Tschechischen Staatsbahn ČD und der Regierung in Prag verkehrte am 16.01.2003 der erste durch die ITL organisierte Güterzug über den deutsch-tschechischen Grenzübergang Ebersbach. Damit besaß die ITL als einziges privates Eisenbahnunternehmen neben der damaligen DB Cargo AG für zunächst ein Jahr der Genehmigung, Güterzüge über die Grenze auf der Strecke Rumburk – Ebersbach – Löbau zu schicken. Folglich wurde im Februar 2003 eine ITL-Niederlassung in Prag gegründet. Bereits seit Dezember 2002 verfügt

ITL

die ITL über eine Schwestergesellschaft in Tschechien, die ebenfalls als EVU lizenziert ist. Diese wird jedoch nur als Rückfallebene vorgehalten; die Transporte auf tschechischem Staatsgebiet werden weiterhin vorrangig mit der ČD Cargo, a.s. durchgeführt.

Lange Zeit waren die Tschechienverkehre unantastbarer Marktvorteil der ITL. Einer stärkeren Konkurrenz sieht sich die ITL jedoch seit der Aufnahme weiterer Privatbahnverkehre via Elbtal und Bad Schandau durch weitere Privatbahnen ausgesetzt. Die umständlich geführten Verkehre via Ebersbach endeten am 10.12.2005 und wurden kurzzeitig im April und Mai 2007 wegen Bauarbeiten auf der Elbtalstrecke wieder reaktiviert.

Mit Gründungsdatum 18.03.2004 erhielt das Unternehmen mit der ITL-Cargo GmbH eine EVU-Schwester, die sich seitdem um die internationalen Verkehre der ITL kümmert. Die Aktivitäten der ITL im sehr stark unter Preisdruck stehenden AZ-Verkehr wurden hingegen stetig zurückgefahren und Ende 2006 die letzten AZ-Führer entlassen. Die ITL will sich nach eigenen Aussagen zunehmend auf langlaufende Schienengüterverkehre und Baustofftransporte beschränken.

Am 05.04.2008 erfolgte die Unterzeichnung über den Kauf von 75 % der ITL-Gesellschafteranteile durch die zur SNCF gehörenden damaligen Transport et Logistique Partenaires S.A. (TLP), der nach erfolgter kartellrechtlicher Prüfung per 26.05.2008 vollzogen wurde. Karin und Uwe Wegat trennten sich per 01.12.2010 auch von den restlichen 25 %, Uwe Wegat schied zudem zum 31.12.2010 aus der Geschäftsführung aus.

In den vergangenen Jahren erzielte die ITL-Eisenbahngesellschaft mbH folgende Geschäftszahlen:
* 2007: 45 Mio. EUR Umsatz; 3,074 Mio. EUR Verlust bei 3,5 Mio. t Frachtaufkommen
* 2008: 53 Mio. EUR Umsatz; 3,112 Mio. EUR Verlust
* 2009: 56 Mio. EUR Umsatz; 4,086 Mio. EUR Verlust
* 2010: 75 Mio. EUR Umsatz; 3,484 Mio. EUR Verlust
* 2011: 85 Mio. EUR Umsatz; 5,401 Mio. EUR Verlust
* 2012: 72 Mio. EUR Umsatz; 6,095 Mio. EUR Verlust

Im Juli 2008 hatte die ITL Dresden 120 Mitarbeiter, im November 2010 160 Mitarbeiter.

Am 27.06.2013 eröffnete die ITL in Pirna ihr neues Bahnbetriebswerk für Lokomotiven und Wagen. Die nachfolgenden Verkehre gelten für die Unternehmen ITL-Eisenbahngesellschaft mbH sowie deren Tochter ITL-Cargo GmbH.

Verkehre
* Aluminiumoxidtransporte Stade-Bützfleth (Aluminium Oxid Stade GmbH) – Mosonmagyaróvár [HU]; Traktion bis Bad Schandau (Übergabe an IDS CARGO, a.s.)
* Ammoniaktransporte Lutherstadt Wittenberg – Poppendorf; 2 x pro Woche seit 01.03.2007 im Auftrag der Transpetrol GmbH Internationale Eisenbahnspedition
* Ammoniaktransporte Piesteritz (SKW Stickstoffwerke Piesteritz GmbH) – Lovosice (Lovochemie, a.s.) [CZ]; 3 x pro Monat im Auftrag der Lovochemie, a.s.; Traktion in der Tschechischen Republik durch UNIPETROL DOPRAVA, s.r.o.
* Autoteiletransporte (Rohkarosserien des Cayenne) Bratislava [SK] – Leipzig; 10 x pro Woche im Auftrag von Porsche; Traktion von Děčín (Übernahme von Advanced World Transport, a.s. (AWT)) [CZ] bis Leipzig-Wahren (Übergabe an Regiobahn Bitterfeld Berlin GmbH (RBB))
* Autoteiletransporte (Rohkarosserien des Panamera) Hannover Nordhafen – Leipzig; 5 x pro Woche im Auftrag von Porsche; Traktion von Hannover Hainholz (Übernahme von Städtischen Häfen Hannover) bis Leipzig-Wahren (Übergabe an Regiobahn Bitterfeld Berlin GmbH (RBB))
* Baustofftransporte Ebersbach/Sachsen (ProStein GmbH & Co. KG) – bundesweite Entladestellen; Spotverkehr
* Baustofftransporte Oberottendorf (EUROVIA Gestein GmbH) – bundesweite Entladestellen; Spotverkehr
* Baustofftransporte Oßling (Tarmac Deutschland GmbH) – bundesweite Entladestellen; Spotverkehr
* Biodiesel- und Ethanoltransporte Stendell / Bitterfeld – nationale Entladestellen, aber auch nach Leopoldov [SK] in Kooperation mit ČD Cargo, a.s. und Bratislavská regionálna koľajová spoločnosť, a.s. (BRKS) im Auftrag der Transpetrol GmbH Internationale Eisenbahnspedition
* Biodieseltransporte Sternberg (Meckl) (ecoMotion GmbH) – Polen; Spotverkehr; Traktion zwischen Bad Kleinen und Szczecin [PL] im Auftrag der Transpetrol GmbH Internationale Eisenbahnspedition
* Chemietransporte Rotterdam [NL] – Stendell / Bitterfeld im Auftrag der Transpetrol GmbH Internationale Eisenbahnspedition
* Dachziegeltransporte Šumperk (Cembrit a.s.) [CZ] – Taulov (Cembrit A/S) [DK]; 3 x pro Monat seit 2014 Traktion in Deutschland im Auftrag der Raillogix B.V.
* Ethanoltransporte Dordrecht Zeehaven [NL] – Stendell / Bitterfeld im Auftrag der Transpetrol GmbH Internationale Eisenbahnspedition
* Getreidetransporte Tschechien – Hamburg (G.T.H. Getreide Terminal Hamburg GmbH & Co. KG) / Zeitz / Brake (Unterweser) (J. Müller Agri Terminal GmbH & Co. KG) / Bremen (BREMER ROLANDMÜHLE Erling GmbH & Co. KG) / Rotterdam Botlek [NL]; seit 2005 im Auftrag der AgroFreight Spedition CZ s.r.o.; Traktion in der Tschechischen Republik durch ČD Cargo, a.s.; seit Oktober 2012 auch zum AGRO-Terminal Heidenau der HaBeMa Futtermittel GmbH & Co. KG Hamburg in Pirna

ITL / ITL-Cargo

* KV- und Zellstofftransporte Osnabrück Hafen – Dresden-Friedrichstadt – Weißenborn/Erzgebirge (Felix Schoeller) [DE]; 1 x pro Woche seit März 2013 Traktion ab Osnabrück Rbf im Auftrag der NOSTA-Transport GmbH bzw. NOSTA Rail GmbH; Traktion ab Freiberg vergeben an Regio Infra Service Sachsen GmbH (RIS); angeblich nun 3 x pro Woche; Weißenborn letztmalig am 22.12.2014 angefahren
* KV-Transporte Frankfurt (Oder) – Bremerhaven; 3 x pro Woche seit 2010 im Auftrag der PCC Intermodal S.A.
* KV-Transporte Frankfurt (Oder) – Hamburg; 5 x pro Woche seit 2010 im Auftrag der PCC Intermodal S. A.
* KV-Transporte Mělník [CZ] – Bremerhaven; 2 x pro Woche betriebliche Verantwortung seit 14.03.2015 im Auftrag der Raillogix B.V. für Maersk. Durchgehender Lokeinsatz der TSS Cargo, a.s.
* KV-Transporte Praha-Žižkov [CZ] – Hamburg-Waltershof; 3 x pro Woche seit 22.01.2004 im Auftrag der Rail Cargo Operator - ČSKD s.r.o.; 5 x pro Woche seit 01.06.2006; 7 x pro Woche seit 18.08.2007; Traktion in der Tschechischen Republik durch ČD Cargo, a.s.
* Kohletransporte Ostrava [CZ] – Karlsruhe-West; im Winterhalbjahr; Traktion in der Tschechischen Republik durch Advanced World Transports a.s. (AWT)
* Kohletransporte Profen (Übernahme von Mitteldeutsche Braunkohlengesellschaft mbH (MIBRAG)) – Opatovice nad Labem [CZ]; Spotverkehre seit 26.08.2012 im Auftrag der EP Energy; Traktion in Deutschland bis Bad Schandau (Übergabe an ČD Cargo, a.s.); 2-3 x pro Tag seit Januar 2014 sowie Übergabe neu in Děčín [CZ]
* Kohletransporte Profen (Übernahme von Mitteldeutsche Braunkohlengesellschaft mbH (MIBRAG)) – Třebušice (Kraftwerk Komořany) [CZ]; 1 x pro Tag seit Jaunar 2014 im Auftrag der EP Energy; Traktion bis Děčín (Übergabe an ČD Cargo, a.s.) [CZ]
* Langschienentransporte von Dabrowa Gornicza [PL] zu verschiedenen Schienenschweißwerken in Deutschland; etwa 2 x pro Woche seit 17.02.2014; Kooperation mit ITL Polska Sp. z o.o. [PL]; im Auftrag der Arcelor MittalPolska
* Methanoltransporte Litvínov [CZ] – Duisburg-Ruhrort; Spotverkehre seit 25.01.2004; Traktion in der Tschechischen Republik durch Unipetrol Doprava, a.s.
* Mineralöltransporte Flörsheim – Stredokluky [CZ]; Spotverkehr; Traktion in der Tschechischen Republik durch ČD Cargo, a.s.
* Mineralöltransporte Leuna – Rhäsa MVD / Cunnersdorf / Dresden-Hafen / Medewitz; seit 19.01.2005 im Auftrag der Transpetrol GmbH Internationale Eisenbahnspedition, später auch u. a. nach Gladbeck West (Übergabe an RBH Logistics GmbH)
* Mineralöltransporte, die im Spotverkehr meist im Osten von Deutschland von und nach Gera, Hartmannsdorf, Rhäsa, Hamburg, Magdeburg-Rothensee, Großkorbetha, und Cunnersdorf befördert werden; im Auftrag der Transpetrol GmbH Internationale Eisenbahnspedition
* Pkw-Transporte (VW Caddy) Poznań [PL] – Emden; Spotverkehr seit 2015; Traktion ab Frankfurt Oderbrücke (Übernahme von PKP Cargo SA)
* Pkw-Transporte Falkenberg/Elster – Vamdrup (Dansk Auto Logik A/S) [DK]; Spotverkehre seit 06.10.2014 im Auftrag der BLG AutoRail GmbH; Traktion bis Padborg (Übergabe an Captrain Denmark ApS) [DK]
* Schrotttransporte Tschechien – Hamburg (ArcelorMittal Hamburg GmbH); Spotverkehre seit Sommer 2013 im Auftrag der Raillogix B.V.
* Zementklinkertransporte Bernburg (Zement Bernburg GmbH & Co. KG) – Stettin-Świnoujście (Hafen) [PL]; seit 2008

ITL-Cargo GmbH

Magdeburger Straße 58
DE-01067 Dresden
Telefon: +49 351 4982-108
Telefax: +49 351 4982-113
info.itl-cargo@captrain.de
www.captrain.de

Management
* Dipl.-Ing. (FH) Michael Meinhardt (Geschäftsführer)
* Jérôme Méline (Geschäftsführer)

Gesellschafter
Stammkapital 50.000,00 EUR
* ITL-Eisenbahngesellschaft mbH (100 %)

Beteiligungen
* ITL - Železniční společnost Praha, s.r.o. (99,8 %)

Lizenzen
* DE: EVU-Zulassung (PV+GV) seit 18.08.2004, gültig bis 31.08.2019

Unternehmensgeschichte
Mit Gründung der ITL-Cargo GmbH am 18.03.2004 wurden die internationalen Schienengüterverkehre der ITL Eisenbahn GmbH in die neue Schwestergesellschaft überführt. Die Traktion der

ITL-Cargo / JWB / KAF Falkenhahn Bau

Züge erfolgt in Deutschland mit Loks der ITL-Eisenbahngesellschaft, während in Tschechien Traktionsleistungen zumeist durch die ČD Cargo, a.s. erbracht werden. Nachdem in den Niederlanden zunächst meistens auf die Afzet-Container-Transport-Service Nederland B.V. (ACTS Nederland) zurückgegriffen wurde, hat die seit 06.11.2009 als Captrain Netherlands B.V. firmierende ITL Benelux B. V. zwischenzeitlich die Durchführung der grenzüberschreitenden Verkehre übernommen. Die Gesellschaft befand sich zunächst im Eigentum von Marko Wegat, dem Sohn von ITL-Gründer Uwe Wegat. Später übernahm Wegat sen. die Anteile, seit 09.01.2009 ist das Unternehmen eine 100%-Tochter der ITL-Eisenbahngesellschaft mbH.
In den vergangenen Jahren erzielte die ITL-Cargo mbH folgende Geschäftszahlen:
* 2009: 0,028 Mio. EUR Verlust
* 2010: 0,448 Mio. EUR Gewinn
* 2011: 1,153 Mio. EUR Umsatz; 0,154 Mio. EUR Gewinn
* 2012: 0,041 Mio. EUR Umsatz; 0,037 Mio. EUR Gewinn

Seit 2011 werden diese Verkehre vermehrt auch über die Muttergesellschaft ITL-Eisenbahngesellschaft mbH abgewickelt, um Kompetenzen und Ressourcen besser zu bündeln. Pläne für eine Verschmelzung oder sonstige organisatorische Änderungen gibt es derzeit jedoch nicht.

Verkehre
* siehe ITL-Eisenbahngesellschaft mbH

Jade-Weser-Bahn GmbH (JWB)

Ludwig-Erhard-Straße 15
DE-28197 Bremen
Telefon: +49 421 8098183
Telefax: +49 421 801935
info@jade-weser-bahn.de
www.jade-weser-bahn.de

Management
* Dipl.-Kfm. Wolfgang Birlin (Geschäftsführer (bis xx. xx.2015))
* Frank Werner Martfeld (Geschäftsführer)

Gesellschafter
Stammkapital 25.000,00 EUR
* Eisenbahnen und Verkehrsbetriebe Elbe-Weser GmbH (evb) (90 %)
* Weserbahn GmbH (WB) (10 %)

Lizenzen
* DE: EVU-Zulassung (PV+GV) seit 05.01.2009, gültig bis 31.12.2024

Unternehmensgeschichte
Die Eisenbahnen und Verkehrsbetriebe Elbe-Weser GmbH (EVB) und die Weserbahn GmbH haben am 13.10.2008 eine neue Güterbahn gegründet, an der die EVB mehrheitlich die Gesellschafteranteile hält: Die Jade-Weser-Bahn GmbH (JWB) übernahm zum Jahreswechsel die Aktivitäten im Bereich der regionalen Einzelwagen- und Ganzzugverkehre, Rangier- (z. B. letzte Meile) und Arbeitszugleistungen der WeserBahn.
Die Zusammenlegung der regionalen Aktivitäten bedeutete für die WeserBahn die Reduktion auf eine Holding u. a. für den Infrastrukturbetreiber BTE Bremen-Thedinghauser Eisenbahn.
Es besteht ein Beherrschungs- und Gewinnabführungsvertrag mit der EVB vom 13.10.2008, dem die Gesellschafterversammlung durch Beschluss vom 27.01.2009 zugestimmt hat. Seit dem mehrheitlichen Einstieg der EVB bei der Mittelweserbahn GmbH (MWB) erbringt die JWB aktiv keine Leistungen mehr, besteht aber als Gesellschaft weiterhin.

KAF Falkenhahn Bau AG

Siegener Straße 39
DE-57223 Kreuztal
Telefon: +49 2732 208-0
Telefax: +49 2732 208-140
kaf@falkenhahn.de
www.falkenhahn.de

Management
* Dipl.-Kfm. Dirk Bockheim (Vorstand)
* Dipl.-Ing. Klaus-Peter Bolk (Vorstand)

Gesellschafter
Stammkapital 1.500.000,00 EUR
* KAF Falkenhahn Holding GmbH (100 %)

Lizenzen
* DE: EVU-Zulassung (GV); gültig vom 13.07.2012 bis 31.07.2027

KAF Falkenhahn Bau / KVG / KVVH

Unternehmensgeschichte
Die KAF Falkenhahn Bau AG wurde am 16.08.2000 uns ist v.a. im Gleisbau tätig. 2011 besaß das Unternehmen 150 und setzte 17,5 Mio. EUR um. Gesellschafter der KAF Falkenhahn Holding GmbH sind Rolf Falkenhahn (96 %), Alexander Falkenhahn (20,1 %) und Laura van Dejk (19,9 %). Unter dem Dach der Falkenhahn Holding agieren die KAF Falkenhahn Bau AG, die KAF SigBahnTec GmbH, beide in Kreuztal, und die Teutschenthal Falkenhahn Baugesellschaft mbH. Diese werden unterstützt durch Beteiligungen an der DGU Deutsche Gleisbau Union, Koblenz, und der MGW Gleis- und Weichenbau, Berlin.

Kahlgrund-Verkehrs-GmbH (KVG)

Am Bahnhof 12
DE-63825 Schöllkrippen
Telefon: +49 6024 655-0
Telefax: +49 6024 655-100
info@kvg-bahn.de
www.kahlgrundbahn.de

Management
★ Jürgen Schillo (Geschäftsführer)

Gesellschafter
Stammkapital 6.574.000,00 DM
★ KVG Beteiligungs GmbH (67 %)
★ DB Regio AG (28 %)
★ Landkreis Aschaffenburg (AB) (5 %)

Lizenzen
★ DE: EIU Schöllkrippen – Kahl
★ DE: EVU-Zulassung (PV+GV) seit 04.08.1995, gültig bis 31.07.2023

Infrastruktur
★ Schöllkrippen – Kahl (22,8 km)

Unternehmensgeschichte
Die Kahlgrund-Verkehrs-GmbH (KVG) wurde 1951 als Auffanggesellschaft für die in Konkurs gegangene Kahlgrund-Eisenbahn AG (KEAG) gegründet. Die KVG ist Eigentümer der 1898 gebauten Strecke Schöllkrippen – Kahl, auf der nach der Ende 1997 erfolgten Einstellung des Güterverkehrs ausschließlich SPNV durchgeführt wird. Nach einer europaweiten Ausschreibung ist seit 11.12.2005 die Hessische Landesbahn GmbH - HLB auf der Strecke tätig, die im Dezember 2015 von der DB RegioNetz Verkehrs GmbH (RNV), WestFrankenBahn (WFB).
Die KVG ist somit im Bahnbereich ein reines EIU und erbringt ÖPNV-Leistungen nur noch im Bussektor.

Die Werkstatt der KVG befindet sich am Streckenendpunkt in Schöllkrippen. Dort werden bereits seit 2006 Fahrzeuge der DB RegioNetz Verkehrs GmbH (RNV), WestFrankenBahn (WFB) gewartet, die gleichzeitig auch die Betriebsführung für die Schieneninfrastruktur übernommen hat. Die Planungen des Freistaates Bayern, sich von seinen Gesellschafteranteilen (67 %) zu trennen hatte zu heftigen Protesten in der Region geführt. Mitte 2008 plante ein regionales Konsortium unter Führung des Landkreises Aschaffenburg eine Übernahme, die per 31.08.2011 umgesetzt werden konnte. Gesellschafter der am 15.07.2011 gegründeten KVG Beteiligungs GmbH, Schöllkrippen, sind der Landkreis Aschaffenburg (44,78 %), die Stadt Alzenau (14,93 %), der Markt Schöllkrippen (10,45 %), die Gemeinde Kahl (7,46 %), die Gemeinde Karlstein (7,46 %) sowie die Stadtwerke Aschaffenburg Verkehrs GmbH (14,92 %).

KVVH - Karlsruher Versorgungs-, Verkehrs- und Hafen GmbH

Daxlander Straße 72
DE-76185 Karlsruhe
Telefon: +49 721 599-0
Telefax: +49 721 599-1009
www.kvvh.de

Geschäftsbereich Rheinhäfen
Werftstraße 2-4
DE-76189 Karlsruhe
Telefon: +49 721 599-7402
Telefax: +49 721 599-7409
info@rheinhafen.de
www.rheinhafen.de

Management
★ Patricia Magdalena Erb-Korn (Geschäftsführerin)
★ Dr. Alexander Pischon (Geschäftsführer)
★ Harald Rosemann (Geschäftsführer (Sprecher))

Gesellschafter
Stammkapital 107.371.300,00 EUR
★ Stadt Karlsruhe (100 %)

Beteiligungen
★ Karlsruher Schieneninfrastruktur-Gesellschaft mbH (KASIG) (100 %)

Infrastruktur
★ Hafenbahn Karlsruhe (42 km, nichtöffentliche Eisenbahninfrastruktur)

KVVH / KVG

Unternehmensgeschichte
Die KVVH - Karlsruher Versorgungs-, Verkehrs- und Hafen GmbH betreibt in Karlsruhe den Rheinhafen in Rhein-km 359,90 und den Ölhafen in Rhein-km 367,48. Der Rheinhafen ging nach dreijähriger Bauzeit am 22.04.1901 in Betrieb, wurde aber erst am 27.05.1902 im Rahmen der Feiern des 50jährigen Regierungsjubiläums des badischen Großherzogs Friedrich I. eingeweiht. Bereits im ersten vollen Betriebsjahr wurden über 280.000 t Güter umgeschlagen. Heute verfügt die Anlage über sechs Hafenbecken mit einer Wasserfläche von 72 ha und eine nutzbare, mit Gleisanschluss versehene Uferlänge von 14 km, wovon die Hälfte für Umschlagzwecke ausgebaut ist. Das Areal des Schutzhafens für 100 Schiffe ist rund 300 ha groß, wovon 185 ha Ansiedlungsflächen sind. 1982 wurde das Container-Terminal eröffnet und 1987 der Roll-on / Roll-off-Verkehr aufgenommen. Pächterin der Umschlaganlage sowie des Containerterminals ist die KALAG Lagerhaus- und Speditionsges. mbH. Der Ölhafen ist 43 ha groß (davon 35 ha Wasserfläche), verfügt über eine für Umschlagzwecke ausgebaute Uferlänge von 2 km und ist Schutzhafen für 50 Tankschiffe. Er entstand 1963, als nordwestlich von Karlsruhe zwei Raffinerien (Esso und OMW) am Rhein gebaut wurden. In ständigem Konkurrenzkampf stehend belieferten sie sich mit nahezu keinen Roh-, Halbfertig- oder Fertigprodukten. Dies hatte zur Folge, dass die eine Raffinerie diese Produkte per Schiff bezog und sie von der anderen verschifft wurden. Daher war der Standort Karlsruhe mit einem Jahresumschlag von bis zu 12 Mio. t hinter Duisburg-Ruhrort die Nummer zwei der deutschen Binnenhäfen. Nach der Fusion der Raffinerien zur MiRO - Mineralölraffinerie Oberrhein GmbH & Co. KG 1997 brach der Umschlag am Ölhafen stark ein, während jener am Rheinhafen etwa gleich blieb. Hier finden hauptsächlich Bewegungen von Massengütern statt; 2007 teilte sich der Schiffgüterumschlag der Rheinhäfen wie folgt auf: Mineralölprodukte 4.859.279 t (= 68,8 %), Steine und Erden 502.372 t (= 7,1 %), Feste Brennstoffe 964.801 t (= 13,6 %) und sonstige Güter 741.104 t (= 10,5 %). 1997 wurde der bisherige Eigenbetrieb Stadtwerke Karlsruhe zur KVVH - Karlsruher Versorgungs-, Verkehrs- und Hafen GmbH umgegründet, in der die Rheinhäfen einen eigenständigen Geschäftsbereich bilden. Die rund 40 km Gleisnetz umfassende Hafenbahn wurde zum 01.08.2007 dem Geschäftsbereich Rheinhäfen der KVVH übertragen, an den bis Ende 2008 auch die Betriebsführung der Infrastruktur vollständig überging.
Die 2003 gegründete KVVH-Tochter Karlsruher Schieneninfrastruktur-Gesellschaft mbH (KASIG) ist ein Unternehmen der Stadt Karlsruhe und Bauherr eines Stadtbahntunnels in Karlsruhe.

Kasseler Verkehrs-Gesellschaft AG (KVG)

Königstor 3-13
DE-34117 Kassel
Telefon: +49 561 3089-0
Telefax: +49 561 7822121
kvg@kvg.de
www.kvg.de

Management
* Dipl.- Kfm. Andreas Helbig (Vorstandsvorsitzender)
* Dr. Thorsten Ebert (Vorstand)
* Dipl.-Ing. Norbert Witte (Vorstand)

Gesellschafter
Stammkapital 22.244.000,00 EUR
* Kasseler Verkehrs- und Versorgungs GmbH (KVV) (93,5 %)
* Stadt Kassel (6,5 %)

Beteiligungen
* RegioTram Gesellschaft mbH (RTG) (50 %)
* Regionalbahn Kassel GmbH (RBK) (50 %)
* Einkaufs- und Wirtschaftsgesellschaft für Verkehrsbetriebe mbH (BEKA)

Lizenzen
* DE: EVU-Zulassung (PV); gültig vom 11.04.2014 bis 10.04.2029

Unternehmensgeschichte
Die am 21.06.1897 entstandene Kasseler Verkehrs-Gesellschaft AG (KVG) betreibt heute in Kassel ein Straßenbahnnetz, das in seinen Ursprüngen bis 1876 zurückreicht, als eine englische Firma „Jay & Comp., London" die Lizenz für eine Dampfstraßenbahn vom Königsplatz zur Wilhelmshöhe erwarb. Die von der hierfür gegründeten „Cassel Tramway Company Ltd" betriebene Kasseler Dampfbahn galt als die erste in Deutschland und war europaweit die dritte nach Paris und Kopenhagen. Seit 1884 gab es auch zwei von der Aktiengesellschaft „Casseler Stadteisenbahn" betriebene Pferdebahnlinien. Diese Unternehmen wurden 1897 in der neu gegründeten „Großen Casseler Straßenbahn-Aktiengesellschaft" verschmolzen. Die neue Gesellschaft elektrifizierte die Linien ab 1898 und erweiterte das Streckennetz.
Neben der Großen Kasseler Straßenbahn gab es seit 1902 noch eine elektrische, nebenbahnähnliche meterspurige Bahn vom Stadtteil Wehlheiden via Güterbahnhof Wilhelmshöhe zum „Herkules" im Wilhelmshöher Bergpark, betrieben von der Herkulesbahn AG. Die Herkulesbahn transportierte neben Personen auch Güter, hauptsächlich Kohlen aus den Gruben im Habichtswald zur Verladung nach Wilhelmshöhe. 1927 wurde sie Bestandteil der

KVG / KEOLIS Deutschland

Großen Kasseler Straßenbahn.
Auch der Omnibus als Stadtverkehrsmittel trat mit der 1928 gegründeten „Kasseler Omnibus Gesellschaft" (KOG) auf den Plan, die am 16.06.1939 mit dem Straßenbahnbetrieb zur „Kasseler Verkehrs-Gesellschaft Aktiengesellschaft" zusammengelegt wurde. Nach den Kriegszerstörungen und dem Wiederaufbau des Netzes in der Innenstadt wurde die Herkulesbahn 1965 und 1966 stillgelegt. Auch andere Strecken der KVG außer denen der Herkulesbahn standen in den sechziger Jahren auf der Kippe, u. a. wurde die Linie nach Rothenditmold stillgelegt. Andererseits baute man am Hauptbahnhof 1968 eine unterirdische U-Straßenbahn-Station mit einem rund 200 m langen Tunnel. Ab den achtziger Jahren wurde dann wieder modernisiert und das Netz in den folgenden Jahren ausgebaut. 1995 wurde der letzte Abschnitt der Linie nach Baunatal bis Baunatal-Großenritte eröffnet, wobei abschnittsweise das Streckengleis der Kassel-Naumburger Eisenbahn (KNE) mitbenutzt wird. Hierzu war 1990 das Tochterunternehmen Regionalbahn Kassel GmbH (RBK) als Betreiber dieser Strecke und der so genannten Lossetalbahn (Teil der alten DB-Strecke Kassel – Eschwege) gegründet worden. 1998 wurde der erste Abschnitt der Lossetalbahn bis Kaufungen Papierfabrik eröffnet, 2001 erfolgte die Verlängerung auf den stilllegungsgefährdeten DB-Gleisen bis Helsa. Nachdem das „RegioTram" (RT) genannte Stadtbahnsystem in Kassel und Umland in Anlehnung an das Karlsruher Modell begann Gestalt anzunehmen, wurde 2005 die alte Untergrundstraßenbahnhaltestelle am Hbf geschlossen. Nach einem Umbau der Bahnanlagen der DB im Hbf fahren seit August 2007 die RT-Fahrzeuge vom Netz der DB AG über eine Rampe in den umgebauten Straßenbahntunnel und weiter in das Innenstadtnetz von Kassel. Das RT-Netz ist seither linienmäßig im Vollbetrieb. Nachdem die KVG 2011 ihre Tramlinie 1 nach Vellmar verlängert hatte, sehen weitere Ausbauplanungen u. a. eine Linienerweiterung bis Waldau, zum Herkules und nach Harleshausen vor. Am Betrieb der RT war die KVG nach dessen Erstausschreibung zunächst nur mittelbar beteiligt, nachdem die Tochter RBK zusammen mit DB Regio die RegioTram Betriebsgesellschaft mbH (RTB) gegründet hatte. Mit Inkrafttreten eines neuen Verkehrsvertrages nach Zweitausschreibung zum Dezember 2013 ging der Betrieb jedoch an die RegioTram Gesellschaft mbH (RTG) über, die von der KVG gemeinsam mit dem Ausschreibungsgewinner Hessische Landesbahn GmbH - HLB gehalten wird.

KEOLIS Deutschland GmbH & Co. KG P

Hauptverwaltung
Immermannstraße 65c
DE-40210 Düsseldorf
www.keolis.de

Kundencenter Düsseldorf
Immermannstraße 65b
DE-40210 Düsseldorf
Telefon: +49 2381 9694-168
Telefax: +49 2381 9694-193
Hotline: +49 180 69273727
info@eurobahn.de
www.eurobahn.de

Verwaltung und Kundencenter Hamm (Westf)
Unionstraße 3
DE-59067 Hamm
Telefon: +49 2381 9694-169
Telefax: +49 2381 9694-199

Werkstatt Hamm-Heessen
Sachsenweg 23
DE-59073 Hamm
Telefon: +49 2381 9694-300

Werkstatt Bielefeld
Meisenstraße 65
DE-33607 Bielefeld
Telefon: +49 521 13616-0
Telefax: +49 521 13616-22

Management
* Roland Zschunke (Vorsitzender der Geschäftsführung)
* Thomas Görtzen (Geschäftsführer)

Gesellschafter
* Keolis SA (100 %)
* Komplementär: KEOLIS Deutschland Verwaltungsgesellschaft mbH

Beteiligungen
* ARATOS GmbH & Co. Immobilien KG (94 %)
* NETLOG-Neubrandenburger Teile- und Logistikgesellschaft mbH (33,3 %)

Lizenzen
* DE: EVU-Zulassung (PV+GV) seit 29.03.2007, gültig bis 31.03.2022

KEOLIS Deutschland

* DE: Sicherheitszertifikat, Teil A+B (PV); gültig vom 03.12.2013 bis 02.12.2018

Infrastruktur
* Werkstattanlage in Bielefeld-Sieker
* Werkstattanlage in Hamm-Heeßen

Unternehmensgeschichte
Die Keolis S.A. mit Sitz in Paris ist ein international im Personenverkehr tätiger Konzern, der sich im Eigentum der französischen Staatsbahn SNCF (70 %) sowie dem kanadischen Fonds Caisse de dépôt et placement du Québec (CDPQ; 30 %) befindet. Die KEOLIS Deutschland GmbH & Co. KG entstand zum 30.01.2007 bei der Umwandlung der bisher als VIA Verkehr Holdingsgesellschaft mbH & Co. KG mit Sitz in Bergisch Gladbach firmierenden Gesellschaft. Im Rahmen der Auflösung der Rhenus Keolis GmbH & Co. KG (RK) übernahm die KEOLIS Deutschland zum 01.12.2007 (bilanziell rückwirkend zum 01.01.2007) den Großteil des Bahngeschäftes der RK. Für das „Hellweg-Netz" beschaffte die KEOLIS Deutschland über die damalige Angel Trains Europa GmbH 25 4-teilige sowie für das „Maas-Rhein-Lippe-Netz" 14 fünf- und 4 vierteilige elektrische Triebwagen vom Typ FLIRT bei der Stadler Pankow GmbH. Bei den grenzüberschreitenden Leistungen kooperiert man mit dem niederländischen Unternehmen Syntus B.V.
In Hamm-Heessen errichtete KEOLIS 2008 / 2009 eine neue, ca. 10 Mio. EUR teure Fahrzeugwerkstatt für die FLIRT-Triebwagen.
Im Sommer 2011 gewann das Unternehmen die Ausschreibung des Loses „Nord" des Dieselnetzes Ostwestfalen-Lippe. Dabei konnte man sich sowohl die Bestandsverkehre der „Ravensberger Bahn" Bielefeld – Bünde – Rahden und des „Lipperländers" Bielefeld – Lage – Lemgo-Lüttfeld sichern als auch die zuvor von der NordWestBahn GmbH (NWB) gefahrenen Verkehre „Der Leineweber" Bielefeld – Lage – Detmold und „Der Warendorfer" Bielefeld – Warendorf – Münster. Abgegeben an die NWB wurde hingegen zum Dezember 2011 der Betrieb der „Weser- und Lammetalbahn" (RB 77) Bünde – Hildesheim – Bodenburg.
Im Herbst 2014 verlegte KEOLIS Deutschland die Unternehmenszentrale von Berlin nach Düsseldorf. Im Herbst 2014 konnte die eurobahn nach längerer Zeit wieder einen Ausschreibungsgewinn vermelden: Das Teutoburger Wald-Netz umfasst die vier Zuglinien RB 61 „Wiehengebirgs-Bahn" (Bielefeld – Bad Bentheim – Hengelo), RB 66 „Teuto-Bahn" (Münster – Osnabrück), RB 65 „Ems-Bahn" (Münster – Rheine), RB 72 „Ostwestfalen-Bahn" (Herford - Al¬tenbeken-Paderborn) sowie die Linie RE 78 „Porta-Express" (Bielefeld – Minden –

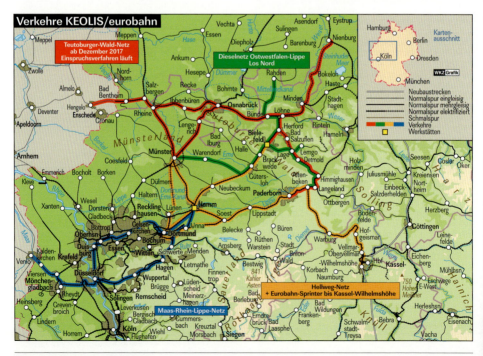

KEOLIS Deutschland / Knauf Deutsche Gipswerke

Nienburg). Mit dem neuen Verkehrsvertrag werden jährlich rund 5,3 Millionen Zugkilometer gefahren. Der Vertrag startet mit dem Fahrplanwechsel im Dezember 2017 und läuft über 15 Jahre. Die vier Aufgabenträger NWL, LNVG, Provincie Overijssel und Regio Twente starteten die Ausschreibung im Mai 2014. Derzeitige Betreiber des Teutoburger Wald-Netzes sind die Westfalen-Bahn sowie auf der Linie RE 78 die DB Regio AG.

Verkehre
* SPNV „Hellweg-Netz" mit 5,65 Mio. Zugkm/a Jahr im Auftrag von Verkehrsverbund Rhein-Ruhr (VRR) und Nahverkehr Westfalen-Lippe (NWL) vom 14.12.2008 bis Dezember 2018
  RB 50 „Der Lüner" Dortmund – Münster
  RB 59 „Hellweg-Bahn" Dortmund – Unna – Soest
  RB 69 „Ems-Börde-Bahn" Münster – Hamm – Bielefeld
  RB 89 „Ems-Börde-Bahn" Münster – Hamm – Paderborn (– Warburg)
* SPNV „Maas-Rhein-Lippe-Netz" mit 3,3 Mio. Zugkm/a im Auftrag von Verkehrsverbund Rhein-Ruhr (VRR) und Nahverkehr Westfalen-Lippe (NWL) vom 13.12.2009 bis Dezember 2025
  RE 3 „Rhein-Emscher-Express" Düsseldorf – Oberhausen – Dortmund – Hamm
  RE 13 „Maas-Wupper-Express" Venlo – Mönchengladbach – Düsseldorf – Hagen – Hamm
* SPNV als Ersatz entfallener Fernverkehrsverbindungen auf der Mitte-Deutschland-Verbindung seit 12.12.2010 im Auftrag von Nahverkehr Westfalen-Lippe (NWL) und Nordhessischem Verkehrsverbund (NVV): 1 Zugpaar Dortmund – Kassel, 1 Zugpaar (Münster –) Warburg – Kassel
* SPNV „Dieselnetz Ostwestfalen-Lippe", Los Nord mit 2,2 Mio. Zugkm/a von 15.12.2013 bis Dezember 2025 im Auftrag des Nahverkehr Westfalen-Lippe (NWL)
  RE 82 „Der Leineweber" Bielefeld – Detmold
  RB 67 „Der Warendorfer" Bielefeld – Warendorf – Münster
  RB 71 „Ravensberger Bahn" Bielefeld – Rahden
  RB 73 „Der Lipperländer" Bielefeld – Lemgo-Lüttfeld
  Option auf die Strecke Verl – Gütersloh – Harsewinkel (abhängig von Reaktivierung)
* SPNV „Teutoburger Wald-Netz" mit ca. 5,3 Mio. Zugkm/a von Dezember 2017 bis Dezember 2032 im Auftrag des Nahverkehr Westfalen-Lippe (NWL), der Landesnahverkehrsgesellschaft Niedersachsen mbH (LNVG), der Regio Twente und der Provincie Overijssel
  RB 61 „Wiehengebirgsbahn" Hengelo [NL] – Bad Bentheim – Rheine – Osnabrück – Herford – Bielefeld
  RB 65 „Ems-Bahn" Münster – Rheine
  RB 66 „Teuto-Bahn" Münster – Osnabrück
  RB 72 „Ostwestfalen-Bahn" Herford – Detmold – Altenbeken – Paderborn
  RE 78 „Porta-Express"(Bielefeld – Minden – Nienburg

Knauf Deutsche Gipswerke KG
G I

Am Bahnhof 7
DE-97346 Iphofen
Telefon: +49 9323 31-0
Telefax: +49 9323 31-277
zentrale@knauf.de
www.knauf.de

Werk Rottleberode
Hauptstraße 72
DE-06548 Rottleberode
Telefon: +49 34653 700

Gesellschafter
* Gebr. Knauf Verwaltungsgesellschaft KG (Kommanditist)
* Manfred Grundke
* Alexander Heinrich Knauf

Lizenzen
* EVU-Zulassung (GV); gültig vom 20.08.2012 bis 31.07.2027 nur auf Gleisen der öffentlichen Infrastruktur im Bereich des Bahnhofs Rottleberode-Süd

Infrastruktur
* 5 km Gleisanlagen im Werk sowie ein von DB Netz übernommenes Gleis im Bf Rottleberode-Süd

Unternehmensgeschichte
Entstanden aus dem traditionellen Gipsgeschäft produziert das Unternehmen Knauf heute Baustoffe für den Trockenbau, Knauf Platten, Mineralfaser-Akustikplatten, Gipsfaserplatten, Trockenmörtel mit Gips für Innenputz und Außenputz auf Zementbasis sowie Dämmstoffe auf der Basis von Glas- und Steinwolle.
Die am 01.07.1990 gegründete Knauf Deutsche Gipswerke KG hat am Standort Rottleberode 130

Knauf Deutsche Gipswerke / KVB / Kombiverkehr

Mitarbeiter, die 2009 14 Mio. qm Gipsplatten und 250.000 t Gipse produzierte. Das nordöstlich von Nordhausen angesiedelte Werk ist aus dem VEB Harzer Gipswerke, Rottleberode, hervorgegangen und betreibt am Standort eine kleine Anschlussbahn mit diversen Rangierdieseln. Die Abfuhr der Güterzüge übernehmen die DB Schenker Rail Deutschland AG sowie auf Spotbasis auch deren mehrheitliche Tochter Mitteldeutsche Eisenbahn GmbH (MEG). Zeitweise war hier auch die Osthannoversche Eisenbahnen AG (OHE) tätig.

Verkehre
★ Rangierverkehr in Rottleberode-Süd

Kölner Verkehrs-Betriebe AG (KVB) P

Scheidtweilerstraße 38
DE-50933 Köln
Telefon: +49 221 547-3303
Telefax: +49 221 547-3115
www.kvb-koeln.de

Management
★ Jürgen Fenske (Sprecher des Vorstands (ab 01.01.2009))
★ Hans Peter Densborn (Mitglied des Vorstands)
★ Peter Hofmann (Mitglied des Vorstands)
★ Jörn Schwarze (Mitglied des Vorstands)

Gesellschafter
Stammkapital 78.300.000,00 EUR
★ Stadtwerke Köln GmbH (SWK) (90 %)
★ Stadt Köln (10 %)

Beteiligungen
★ Kölner Seilbahn-Gesellschaft mbH (100 %)
★ RC Data GmbH (100 %)
★ Westigo GmbH Eisenbahnverkehrsunternehmen (100 %)
★ Kölner Schulbusverkehr GmbH (51 %)
★ Schilling Omnibusverkehr GmbH (51 %)
★ DKS Dienstleistungsgesellschaft für Kommunikationsanlagen des Stadt- und Regionalverkehrs mbH (24,5 %)
★ Regionalverkehr Köln GmbH (RVK) (12,5 %)

★ Einkaufs- und Wirtschaftsgesellschaft für Verkehrsbetriebe mbH (BEKA) (0,4 %)

Lizenzen
★ DE: EVU-Zulassung (PV) seit 03.07.2001, gültig bis 31.07.2016

Unternehmensgeschichte
Die Kölner Verkehrs-Betriebe Aktiengesellschaft, kurz die KVB, betreibt in Köln die städtischen Buslinien und die Stadtbahn Köln. Ihre Geschichte reicht zurück auf eine am 20.05.1877 in Betrieb genommene Pferdebahn, die von einem Privatmann betrieben wurde. Kurz nach der Übernahme dieser Bahn in städtischen Besitz zum 01.01.1900 begann man mit den Arbeiten zur Elektrifizierung des Betriebs, der 1901 aufgenommen werden konnte. Fünf Jahre nach Baubeginn konnte ab 1968 die erste Teilstrecke des neuen U-Stadtbahnnetzes genutzt werden, ab 1978 wurden Strecken der Köln-Bonner Eisenbahnen (KBE) in das Stadtbahnnetz integriert. Die Überland-Teilabschnitte der Stadtbahnstrecken nach Bonn (Linien 16 „Rheinuferbahn" und 18 „Vorgebirgsbahn") werden dabei nach EBO durch das EIU Häfen und Güterverkehr Köln AG (HGK) betrieben. Aus diesem Grund muss die KVB über eine entsprechende Lizenz als EVU verfügen.
Für die angestrebte Expansion im SPNV wurde 2006 das Tochterunternehmen Westigo GmbH Eisenbahnverkehrsunternehmen gegründet.
2007 verfügte die KVB über 3.300 Mitarbeiter und beförderte mit 342 Straßen- und Stadtbahnen und 203 Bussen auf fast 60 Linien jeden Werktag mehr als 800.000 Menschen.

Kombiverkehr Deutsche Gesellschaft für kombinierten Güterverkehr mbH & Co. KG (Kombiverkehr)

Postfach 70 06 64
DE-60556 Frankfurt am Main
Zum Laurenburger Hof 76
DE-60594 Frankfurt am Main
Telefon: +49 69 79505-0
Telefax: +49 69 79505-119
info@kombiverkehr.de
www.kombiverkehr.de

Kombiverkehr / KSV

Management
* Robert Breuhahn (Geschäftsführer)
* Armin Riedl (Geschäftsführer)

Gesellschafter
* ca. 230 Speditionen (50 %)
* DB Mobility Logistics AG (50 %)
* Komplementär: Deutsche Gesellschaft für kombinierten Güterverkehr mbH

Beteiligungen
* Deutsche Gesellschaft für kombinierten Güterverkehr mbH (100 %)
* KombiConsult GmbH (100 %)
* Kombiverkehr Intermodal Services AG (99 %)
* Baltic Rail Gate GmbH (BRG) (50 %)
* Eurokombi Terminal Hamburg GmbH (50 %)
* Europe Intermodal Nakliyecilik Hizmetleri Aracılığı Ltd. Şti. (EIL) (50 %)
* KombiPort Kiel GmbH (50 %)
* Neuss-Hessentor Multimodal GmbH (50 %)
* PKV Planungsgesellschaft Kombinierter Verkehr Duisburg mbH (50 %)
* Bohemiakombi, s.r.o. (30 %)
* Rostock Trimodal GmbH (25,2 %)
* Cesar Information Services S.C.R.L. (25,1 %)
* Neuss Trimodal GmbH (25 %)
* TriCon GmbH (25 %)
* DUSS Italia Terminal S.r.l (20 %)
* KTL Kombi-Terminal Ludwigshafen GmbH (20 %)
* Lokomotion Gesellschaft für Schienentraktion mbH (20 %)
* MegaHub Lehrte GmbH (16,67 %)
* Combiberia SA (14 %)
* ROLAND Umschlagsgesellschaft für kombinierten Güterverkehr mbH & Co. KG (13,2 %)
* Deutsche Umschlaggesellschaft Schiene-Straße mbH (DUSS) (12,5 %)
* Trans-Eurasia Logistics GmbH (10 %)
* UIRR S.C. (International Union of combined Road-Rail transport companies) (5 %)
* HUPAC SA (0,44 %)

Lizenzen
* DE: EVU-Zulassung (GV) seit 17.11.1999, gültig bis 30.11.2019

Unternehmensgeschichte
Die 1969 in Frankfurt gegründete Kombiverkehr Deutsche Gesellschaft für kombinierten Güterverkehr mbH & Co. KG ist ein logistisches Dienstleistungsunternehmen, das ein europaweites Netz für den Kombinierten Verkehr Schiene-Straße entwickelt, organisiert und vermarktet. Das partnerschaftlich von der DB Mobility Logistics AG und rund 230 Speditionen gehaltene Unternehmen agiert dabei als Operateur und vergibt die Traktionsleistungen an verschiedene Staats- und Privatbahnen. Das Leistungsangebot umfasst täglich mehr als 170 Zugabfahrten in 28 Länder Europas mit mehr als 15.000 Verbindungen im Gatewayverkehr.

Die Leistungsdaten der vergangenen Jahre:
* 2007: 2,003 Mio. TEU; 18,1 Mrd. tkm
* 2008: 2,05 Mio. TEU; 18,4 Mrd. tkm
* 2009: 1,71 Mio. TEU; 15,67 Mrd. tkm
* 2010: 1,87 Mio. TEU; 17,2 Mrd. tkm
* 2011: 1,95 Mio. TEU; 18,35 Mrd. tkm
* 2012: 1,85 Mio. TEU; 17,55 Mrd. tkm
* 2013: 1,87 Mio. TEU; 17,09 Mrd. tkm

Ergänzend zum Kerngeschäft unterhält Kombiverkehr zum einen strategische Beteiligungen an Terminalbetreibergesellschaften sowie anderen Operateuren im Kombinierten Verkehr Schiene-Straße. Unter der in Basel ansässigen Kombiverkehr Intermodal Services AG ist u.a. auch die Kombiverkehr Intermodal Services Spain S.L.U. angesiedelt, die seit 01.01.2013 für die betriebliche Abwicklung (Agentur) der Züge an der französisch / spanischen Grenzstation Port Bou zuständig ist. Seit 17.11.1999 verfügt Kombiverkehr auch selbst über die Zulassung als Eisenbahnverkehrsunternehmen für den Güterverkehr, nutzt diese jedoch erst seit Oktober 2007 aktiv. Mit der am 22.12.2008 gegründeten KombiRail Europe B.V. verfügt Kombiverkehr über eine über die Kombiverkehr Intermodal Services AG gehaltene Tochtergesellschaft, die ab 2009 Teile der Betriebsabwicklung der durch Kombiverkehr in Eigenregie abgewickelten Zugverkehre in die Niederlande übernahm.

Verkehre
* Kombiverkehr führt europaweit Verkehre als Operateur durch und vergibt die Traktion an andere EVU. Regelungen für Verkehre zwischen dem Ruhrgebiet und den Niederlanden siehe KombiRail Europe.

HSM Gruppe

Kompetenz für Schienengebundene Verkehre GmbH (KSV)

Ludwig-Erhard-Straße 55a
DE-04103 Leipzig
Telefon: +49 341 998-2055
Telefax: +49 341 998-2056
info@ksv-europe.de
www.ksv-europe.de

KSV / KML

Management
* Dipl.-Ing. Frank Voigt (Geschäftsführer)

Gesellschafter
Stammkapital 25.000,00 EUR
* Railservices HSM Holding AG (100 %)

Lizenzen
* DE: EVU-Zulassung (PV+GV) seit 22.03.2006, gültig bis 31.03.2021

Unternehmensgeschichte
Das Leistungsportfolio der am 13.12.2005 gegründeten Kompetenz für Schienengebundene Verkehre GmbH (KSV) sind unabhängige Eisenbahn-Ingenieurleistungen:
* Tätigkeiten als Eisenbahnbetriebsleiter für Eisenbahnverkehrs- und Eisenbahninfrastrukturunternehmungen sowie Anschlussbahnen
* Betreuung von Haltern von Schienenfahrzeugen
* Erstellung von Konzeptionen und Studien
* Fachberatungen und Simulation von Betriebsabläufen
* Ausbildungen von Betriebspersonal
* Angebote für regelmäßige Fortbildung und Ausbildung
* Überwachungen im Bereich Technik und Personal
* Beratungstätigkeit im Bereich Sicherheitsmanagement / Sicherheitsbescheinigung
* Angebot unabhängiger Dienstleistung als ECM für Güterwagen (zertifiziert seit Mai 2013)

Zudem führt die KSV auch historische Sonderverkehre durch.

Verkehre
* historischer Sonderverkehre verschiedener Veranstalter

Kreisbahn Mansfelder Land GmbH (KML) P G I

Ahlsdorfer Weg 10
DE-06311 Helbra
Telefon: +49 34772 20257
Telefax: +49 34772 83328
kml-helbra@t-online.de
www.wipperliese.de

Management
* Gerhard Kellner (Geschäftsführer)
* Herbert Teutsch (Geschäftsführer)

Gesellschafter
Stammkapital 25.564,59 EUR
* Helga Teutsch (74 %)
* Gerhard Kellner (26 %)

Lizenzen
* DE: EIU seit 28.04.2006, gültig bis 31.10.2028
* DE: EVU-Zulassung (PV+GV) seit 24.11.1995, gültig bis 01.12.2025

Unternehmensgeschichte
Die am 09.12.2004 gegründete Kreisbahn Mansfelder Land GmbH (KML) ging aus dem normalspurigen Teil der Werkbahn des ehemaligen Mansfeld-Kombinates hervor. Während die Werkbahn-Infrastruktur im Besitz der Mansfeld Transport GmbH (MTG) verblieb und die ehemalige Werkbahn-Werkstatt in Klostermansfeld als Mansfelder Lokomotiv- und Wagenwerkstatt GmbH (MaLoWa) vor allem Fremdaufträge übernimmt, wurden der KML am 01.01.1995 Fahrzeugbestand und Betriebsrechte übertragen. Auch heute führt die KML den Güterverkehr in Hettstedt und Helbra auf den Gleisen der ehemaligen MTG durch. Von 1996 bis 2008 war die KML auch Betreiber der Parkbahn Vatterode (500 mm Spurweite), die sich im Eigentum der Landkreise Mansfelder Land befindet.
Mit der Auflösung der MTG wurden die Anschlussbahnen in Lutherstadt Eisleben zum 01.01.2000 an die Transport Container und Recycling GmbH Hergisdorf und jene in Helbra zum 01.01.2000 an die MaLoWa Benndorf verkauft. Die Anschlussbahn Hettstedt ist seit dem 01.03.2007 im Besitz des Landkreises Mansfeld-Südharz.
Im SPNV übernimmt die KML seit 28.09.1997 bis Mitte April 2015 im Auftrag der DB Regio bzw. deren Tochter Burgenlandbahn GmbH (BLB) die Bedienung der „Wipperliese" zwischen Helbra, Klostermansfeld und Wippra mit modernisierten Esslinger-Triebwagen. Vom 01.06.1996 bis 31.12.2001 übernahm man auf dieser Relation auch die Bedienung mit Güterzügen. Bis zur Einstellung des Verkehres am 28.09.2002 war man außerdem seit 28.05.2000 auf der Strecke Hettstedt – Gerbstedt im SPNV tätig. Der Abschnitt Klostermansfeld – Helbra wird im SPNV nur mit vier Zugpaaren an Sonn- und Feiertagen von Ostern bis Ende Oktober bedient.
Die KML betreibt seit 01.01.2002 im Auftrag der DB Schenker Rail Deutschland AG die Güterverkehrsstelle Hettstedt.
Die Instandhaltung der Schienenfahrzeuge wird bei der MaLoWa Bahnwerkstatt GmbH in Benndorf durchgeführt.
Wegen fehlender PZB in den Esslinger-Triebwagen musste die KML Anfang April 2012 kurzfristig den SPNV-Betrieb einstellen. Vom 14.05. bis 06.07.2012 verkehrte ersatzweise ein Dieseltriebwagen der Baureihe 641 der DB Regio AG auf der „Wipperliese". Nach Abschluss der Nachrüstung von zunächst VT 407 und 408 fährt die KML seit 07.07.2012 wieder

KML / KSW

selbst, allerdings entfallen seitdem wegen Abbestellung durch die BLB die saisonal von April bis Oktober an Sonn- und Feiertagen verkehrenden Züge zwischen Klostermansfeld und Helbra. Überraschend wurden die SPNV-Verkehre zum 12.04.2015 abbestellt, parallel hat die DB Netz AG die Strecke gemäß §11 AEG zur Abgabe bzw. zur Vorbereitung der Stilllegung am 18.12.2014 ausgeschrieben.

Verkehre
★ SPNV „Wipperliese" Klostermansfeld – Wippra; 125.000 Zugkm/a vom 15.12. 2013 bis Dezember 2018 in Subunternehmerschaft der DB Regio AG als Auftragnehmer des Landes Sachsen-Anhalt; Verkehre enden vorfristig am 12.04.2015
★ Betreiben der Hauptanschlussbahn Hettstedt u. a. zum Bedienen des Nebenanschließers Mansfelder Kupfer und Messing GmbH
★ Bedienung der Güterverkehrsstelle Hettstedt; seit 01.01.2002 im Auftrag der DB Schenker Rail Deutschland AG

KSW Kreisbahn Siegen-Wittgenstein GmbH

Eiserfelder Straße 16
DE-57072 Siegen
Telefon: +49 271 33839-60
Telefax: +49 271 33839-48
info@ksw-siegen.de
www.ksw-siegen.de

Management
★ Martin Lauffer (Geschäftsführer)

Gesellschafter
Stammkapital 1.650.000,00 EUR
★ Betriebs- und Beteiligungsgesellschaft Kreis Siegen-Wittgenstein mbH (100 %)

Beteiligungen
★ Hellertalbahn GmbH (HTB) (33,33 %)

Lizenzen
★ DE: EIU für eigene Infrastruktur
★ DE: EVU-Zulassung (PV+GV) seit 10.10.1995, unbegrenzt gültig

Infrastruktur
★ Siegen – Siegen-Eintracht (2 km), Holzladestraße und weiterführendes Anschlussgleis bis zur Rudolf Flender GmbH & Co. KG
★ Siegen-Weidenau – Dreis-Tiefenbach (3,2 km)
★ Kreuztal – Buschhütten-Siemag (3,3 km)
★ Herdorf – Salchendorf – Pfannenberg (8,8 km)
★ Containerbahnhof Kreuztal und die Gleise 21, 22, 23, 24, 24a, 25, 8 und 7; 2006 von der DB erworben

Unternehmensgeschichte
Die heutige KSW Kreisbahn Siegen-Wittgenstein GmbH ist aus einem Zusammenschluss von ehemals vier selbständigen Eisenbahnen entstanden, die heute operativ als Betriebsbereiche geführt werden. Diese Eisenbahnen hatten zum Teil ihren Ursprung in dem im Siegerland durchgeführten Abbau von Eisenerzen, die zur Weiterverarbeitung der Erze in Hüttenwerken transportiert werden mussten.
Die Siegener Kreisbahn GmbH (SK) entstand 1904 durch Umwandlung der am 13.04.1901 gegründeten Kleinbahn Siegen-Geisweid und erhielt 1908 die Konzession für die Beförderung von Gütern bis Buschhütten. Anfang 1970 trennte sich die SK vom Personenverkehr, der zuletzt nur noch mit Bussen betrieben wurde. Der ausgegliederte Personenverkehr fusionierte daraufhin mit der Kraftverkehr Olpe AG. Die aus dieser Fusion entstandene Gesellschaft wurde in "Verkehrsbetriebe Westfalen Süd" umbenannt. An dieser Gesellschaft hielt die SK bis Mitte 1998 zwei Drittel des Aktienkapitals, die im Rahmen der Neuordnung der Strukturen der wirtschaftlichen Aktivitäten des Kreises Siegen-Wittgenstein an die Betriebs- und Beteiligungsgesellschaft Kreis Siegen-Wittgenstein mbH (BBG) verkauft wurden. In Fortführung dieser Aktivitäten hat die Betriebs- und Beteiligungsgesellschaft Kreis Siegen-Wittgenstein mbH die vom Kreis Siegen-Wittgenstein (96,9 %) der SK sowie die von der Stadt Siegen (3,1 %) gehaltenen Geschäftsanteile der SK Ende 1999 übernommen. Die BBG des Kreises Siegen-Wittgenstein hält seit diesem Zeitpunkt 100 % der Geschäftsanteile der KSW / SK.
Die Freien Grunder Eisenbahn AG (FGE) wurde 1904 gegründet und erhielt die Konzession für die Beförderung von Gütern sowie zu einem späteren Zeitpunkt (1908) für den Personenverkehr für die Strecke Herdorf – Salchendorf – Unterwilden. 1949 wurde die Aktienmehrheit der FGE an die SK verkauft, auf die auch zum gleichen Zeitpunkt die Betriebsführung überging. Die Konzession sowie das Gesamtvermögen dieser Eisenbahn wurden 1970 an die SK übertragen.
1883 wurde die Eisern-Siegener Eisenbahn AG (ESE) gegründet und erhielt die Konzession für den Güter- und Personenverkehr (1890) auf der Strecke. 1953 erfolgte die Übertragung des Vermögens an die SK, welche schon 1947 die Betriebsführung übernommen hatte.
Die Kleinbahn Weidenau-Deuz (KWD) wurde am

KSW / KSO

04.06.1904 als Personenbahn gegründet. Zu einem späteren Zeitpunkt (1906) erhielt die Eisenbahn eine Konzession für die Beförderung von Gütern. Die Betriebsführung der Strecke Weidenau – Irmgarteichen-Werthenbach wurde von den damaligen Gesellschaftern an die Provinzialverwaltung Westfalen mit Sitz in Münster vergeben. Anfang 1955 ging die Verwaltung und Betriebsführung an die Siegener Kreisbahn GmbH über. 1970 wurden das Vermögen der Kleinbahn und die Konzession auf die SK übertragen. Die Genehmigung zur dauerhaften Einstellung des Eisenbahnbetriebs auf dem Streckenabschnitt Netphen-Dreis Tiefenbach – Netphen-Werthenbach wurde am 25.10.2004 erteilt. Seither wird in Netphen-Deuz ein Inselbetrieb in einem Industriebetrieb durchgeführt, der seit 2007 über eine eigene V 60 verfügt. Zuvor war eine Lok der KSW dort eingesetzt worden.
Die Gesellschafterversammlung vom 23.12.2004 hat eine Änderung des Firmennamens der SK in KSW Kreisbahn Siegen-Wittgenstein GmbH beschlossen. Betrieb und Werkstatt der KSW befinden sich in Siegen-Eintracht. Es wurde an diesem Standort auch die neue Verwaltung erbaut, der Umzug fand am 07.03.2008 statt. Nach Vollendung des Werkstattneubaus wurden ab 01.12.2008 die LINT-Triebwagen der DB Regio AG für die „DreiLänderBahn" bei der KSW gewartet. Am 01.12.2014 wurde die Anlage um eine 70m lange Lokabstellungs- und 50 m zusätzliche Werkstatthallengleise erweitert. Seither nutzt die HLB Hessenbahn GmbH die alte Werkstattanlage zur Wartung von Triebwagen.
Die Verkehre der KSW sind v.a. durch die im Siegener Umfeld ansässigen Stahlindustrie geprägt, pro Jahr beförderet die kommunale Bahn rund 1,8 Mio. t Fracht v.a. im Wechselverkehr mit der DB Schenker Rail Deutschland AG:
★ 2011: 39 Mitarbeiter; 1,76 Mio. t, davon 0,42 Mio. t auf eigener Infrastruktur; 29,86 Mio. Netto-tkm
★ 2010: 39 Mitarbeiter; 1,63 Mio. t, davon 0,42 Mio. t auf eigener Infrastruktur; 25,48 Mio. Netto-tkm
★ 2009: 39 Mitarbeiter; 1,37 Mio. t; 21,62 Mio. Netto-tkm

Seit 2014 wird die bestehende Umschlaganlage in Kreuztal umfangreich erweitert. Die KSW hatte die Infrastruktur per Kaufvertrag vom 16.05.2006 von der DB erworben.

Verkehre
★ Güterverkehr Siegen – Siegen-Eintracht, u.a. wird eine Holzladestraße im Eigenbetrieb betrieben und das Anschlussgleis zum Röhrenwerk der Rudolf Flender GmbH u. Co. KG bedient
★ Güterverkehr Herdorf – Salchendorf – Pfannenberg; ab 19.03.2007 Spät- / Nachtbedienung bei der Firma Eisen & Metallhandel GmbH, Neunkirchen-Pfannenberg, bedingt durch zusätzliches Transportaufkommen
★ Güterverkehr Kreuztal – Siegen; seit 09.03.1996 im Auftrag der DB Schenker Rail Deutschland AG
★ Güterverkehr Betzdorf – Herdorf – Würgendorf; seit 01.10.2000 im Auftrag der DB Schenker Rail Deutschland AG; gleichzeitig ging auch die Bedienung der Dynamit Nobel-Werkbahn in Würgendorf auf die KSW über
★ Güterverkehr Erndtebrück (EEW Erndtebrücker Eisenwerk GmbH & Co. KG) – Kreuztal; seit 06.01.2003 im Auftrag der DB Schenker Rail Deutschland AG
★ Güterverkehr Kreuztal – Betzdorf – Scheuerfeld; seit 15.12.2003 im Auftrag der DB Schenker Rail Deutschland AG
★ Holztransporte Erndtebrück – Kreuztal; 1-2 x pro Woche seit Januar 2011 im Auftrag der DB Schenker Rail Deutschland AG
★ Gütertransporte (Wagengruppen) Kreuztal – Bochum Nord – Lippstadt (Wagentausch mit e.g.o. o.); 1 x pro Woche seit 19.06.2013 im Auftrag der e. g.o.o. Eisenbahngesellschaft Ostfriesland-Oldenburg mbH; 2 x pro Woche seit Juni 2014
★ Coilstransporte nach Dillenburg Nord (Outokumpu Nirosta GmbH); Spotverkehre seit 06.11.2014; Traktion ab Dillenburg Gbf im Auftrag der LOCON BENELUX B.V.
★ Coilstransporte Dortmund Hafen – Neunkirchen (EMW Stahl Service GmbH); 1-2 x pro Woche seit 02.12.2014 im Auftrag der Rhenus Logistics nv
★ AZ-Verkehr

Kommunalunternehmen Stadtwerke Ochsenfurt (KSO)

Pestalozzistraße 1
DE-97199 Ochsenfurt
Telefon: +49 9331 8736-45
Telefax: +49 9331 8736-77
poststelle@stadt-ochsenfurt.de
www.kso-ochsenfurt.de

Management
★ Gerhard Englert (Vorstand)

Infrastruktur
★ Hafenbahn Ochsenfurt (2 km); nach BOA betrieben

Unternehmensgeschichte
Das am 01.07.2003 gegründete Kommunalunternehmen Stadtwerke Ochsenfurt (KSO) hat vom Freistaat Bayern das Gelände des Mainhafens Ochsenfurt gepachtet, der sich bei Stromkilometer 270,8 km befindet. Betreiber des vier Hektar großen Areals ist die örtliche BayWa AG, die dort vorrangig eigene Produkte umschlägt, ihre Dienste jedoch auch Dritten anbietet. Vorhanden

sind dafür vier Schiffsliege-/Warteplätze, zwei Krananlagen bis 7,5 t für Massen- und Stückgut sowie eine Kaimauer mit Umschlagmöglichkeit auf 200 m Länge. Ein weiterer Hafenansiedler, die Zuckerfabrik Ochsenfurt, besitzt eine eigene Flüssigkeitssauganlage.
Über die rund 2 km lange von KSO betriebene „Mainländebahn" besteht ein Gleisanschluss zum Bahnhof Ochsenfurt.

KUBE CON logistics GmbH G

Lange Wand 1
DE-27753 Delmenhorst
Telefon: +49 4221 68998-30
Telefax: +49 4221 68998-59
info@kubecon.com
www.kubecon.com

Management
★ Volker Axel Kube (Geschäftsführer)

Gesellschafter
Stammkapital 25.000,00 EUR
★ Kube Con GmbH (100 %)

Lizenzen
★ DE: EVU-Zulassung (GV) seit 19.11.2008, gültig bis 18.11.2023
★ DE: Sicherheitsbescheinigung (GV) seit 31.08.2010

Unternehmensgeschichte
Als Logistiktochter für Bahnbaustellen der KUBE CON-Gruppe wurde die KUBE CON logistics GmbH am 21.04.2008 gegründet. Zum Unternehmensgegenstand zählen auch Koordinationsmaßnahmen des Verkehrswegebaues, insbesondere bei Gleisbauarbeiten und aller sonstigen damit im Zusammenhang stehenden Arbeiten. Die EVU-Zulassung wird für Baustellenverkehre genutzt, nach der Insolvenz der Schwester KUBE CON rail GmbH hat man einige Dieselloks von dieser übernommen. Diese wurden ab Januar 2011 für Rangierdienstleistungen bei Rundholz- und Holzhackschnitzeltrans im Auftrag der Salzburger Eisenbahn TransportLogistik GmbH (SETG) verwendet, bis die SETG die vier V 100 per 01.06.2013 erwarb.

Verkehre
★ AZ-Verkehr

„Kuckucksbähnel"-Bahnbetriebs GmbH (KKB) P I

Stadthaus 1
DE-6743 Neustadt an der Weinstraße
info@eisenbahnmuseum-neustadt.de

Sommerbergstraße 3
DE-67466 Lambrecht

Management
★ Dipl.-Wirtschaftsing. (FH) Dipl.-Betriebswirt (FH) Dietmar Kurz (Geschäftsführer)
★ Peter Seelmann (Geschäftsführer)

Gesellschafter
Stammkapital 45.760,68 EUR
★ Stadt Neustadt an der Weinstraße (33,52 %)
★ Verbandsgemeinde Lambrecht (Pfalz) (33,52 %)
★ Industrieverbände Neustadt an der Weinstraße e. V. (IVN) (9,5 %)
★ Collins & Aikman Automotive Systems GmbH (6,7 %)
★ AREAL Immobilien- und Beteiligungs-AG (3,35 %)
★ Gustav Otto Klersy (1,12 %)
★ Karlheinz Kern (1,12 %)
★ Verkehrsverein Neustadt an der Weinstraße (1,12 %)
★ Willkomm-Werbe-Gemeinschaft Neustadt an der Weinstraße e. V. (1,12 %)
★ Verkehrsverein Elmstein e. V. (1,12 %)
★ Richard Schulz (0,56 %)
★ Volker Edel (0,56 %)
★ Herbert Hörner Gaststätte Schloßschenke (0,56 %)
★ Friedrich Seeber (0,56 %)
★ Theodor Leidner (0,56 %)
★ Michael Hans Jürgen Fuchs (0,56 %)
★ Werner Schreiner (0,56 %)
★ Werner Lautensack (0,56 %)
★ Verein Burg Spangenberg (0,56 %)
★ Horst Kayser (0,56 %)
★ Manfred Richard Frühbis (0,56 %)
★ Heinrich Kastauer (0,56 %)
★ Walter Mannhardt (0,56 %)
★ Herbert Bertram (0,56 %)

Lizenzen
★ DE: EIU Lambrecht – Elmstein
★ DE: EVU-Zulassung (PV+GV) seit 24.04.1996, gültig bis 31.12.2025

Infrastruktur
★ Lambrecht – Elmstein (12,96 km)

Unternehmensgeschichte
Seit 02.06.1984 verkehrt im Elmsteiner Tal ein Museumszug des DGEG-Eisenbahnmuseums Neustadt (Weinstraße). Die Namensgebung der rund 13 km langen Nebenstrecke rührt daher, dass im

KKB / L & S / LEANDER

Elmsteiner Tal häufig Kuckucke zu hören sind. Die Bewohner von Elmstein werden aus diesem Grund auch umgangssprachlich als „Kuckucke" bezeichnet. Die am 14.02.1984 gegründete „Kuckucksbähnel"-Bahnbetriebs GmbH ist EIU und gleichzeitig auch EVU für die Museumsfahrten.

Verkehre
* Ausflugsverkehre

L & S Luddeneit und Scherf GmbH

Wimmlerstraße 25
DE-07806 Neustadt an der Orla
Telefon: +49 36481 5645-0
Telefax: +49 36481 5645-19
info@l-und-s.de
www.l-und-s.de

Management
* Michael Luddeneit (Geschäftsführer)
* Wilfried Scherf (Geschäftsführer)

Gesellschafter
Stammkapital 25.564,60 EUR
* Wilfried Scherf (50 %)
* Michael Luddeneit (50 %)

Lizenzen
* DE: EVU-Zulassung (GV), gültig vom 27.05.2009 bis 25.05.2024

Unternehmensgeschichte
Die im thüringischen Neustadt an der Orla ansässige L & S Luddeneit und Scherf GmbH wurde am 13.01.1998 von den beiden namensgebenden geschäftsführenden Gesellchaftern gegründet. Als Unternehmensinhalt wurde die Entwicklung, der Bau und die Anwendung von universell einsetzbaren Schienenschleif- und Reprofilierungsmaschinen, die Erbringung von Ingenieurleistungen im Maschinenbau sowie alle damit zusammenhängenden und den Gesellschaftszweck fördernden Geschäfte sowie Handel und Erbringung von Eisenbahnverkehrsleistungen definiert.
Luddeneit war Anfang der 1990er Jahre bei einer Gleistechnikfirma in Baden-Württemberg für die Betreuung der Bahnbaumaschinen zuständig. Mit dem Verkauf der Sparte an ein US-amerikanisches Unternehmen machte sich Luddeneit zusammen mit Scherf 1996 mit einem Ingenieurbüro für Schienenschleifmaschinen selbständig. Zwei Jahre später wurde die L & S gegründet.
Mit rund 65 Mitarbeitern erwirtschaftete man 2009 einen Umsatz von 4,9 Mio. EUR (2007: 40 Mitarbeiter, 2,9 Mio. EUR Umsatz). Rund 30 % des Umsatzes erwirtschaftet man mit Aufträgen für die Deutsche Bahn AG, den überwiegenden Teil hingegen bei Nahverkehrsunternehmen wie Straßen-, S- und U-Bahnen.
Die 2009 erhaltene EVU-Zulassung wird für Überführungs- und Schleiffahrten genutzt.

L.E.A.N.D.E.R.-Eisenbahn GmbH

Kranzstraße 18
DE-41065 Mönchengladbach
Telefon: +49 2161 8306845
Telefax: +49 2161 8306846
info@leander-eisenbahn.de
www.leander-eisenbahn.de

Management
* Achim Beckers (Geschäftsführer)
* Christophe Schätzel (Geschäftsführer)

Gesellschafter
Stammkapital 25.000,00 EUR
* Christophe Schätzel (100 %)

Lizenzen
* DE: EVU-Zulassung (PV+GV) seit 07.04.2008, gültig bis 30.04.2023

Infrastruktur
* Bahnbetriebswerk Mönchengladbach (1,2 km Gleisanlagen); gemietet seit 2008 von Aurelis

Unternehmensgeschichte
Die Bahngesellschaft L.E.A.N.D.E.R.-Eisenbahn GmbH wurde am 08.06.2007 mit Sitz in Berlin gegründet und verfügte im September 2010 über vier Mitarbeiter. Zum 05.12.2008 schied der geschäftsführende Gesellschafter Jens Röder auf eigenen Wunsch aus dem Unternehmen aus. Seine Gesellschafteranteile (100 %) übernahm der neue Geschäftsführer Achim Beckers und später Christophe Schätzel.
Der Unternehmenssitz wurde per Gesellschafterbeschluss vom 02.07.2009 nach Mönchengladbach verlegt. Dort ist man Mieter des ehemaligen Bahnbetriebswerkes und vermietet Abstellflächen an verschiedene EVU. Größter Kunde ist die Centralbahn AG aus Basel.

L&W / CUX

Laeger & Wöstenhöfer GmbH & Co. KG (L&W)

Jahnstraße 29
DE-12347 Berlin
Telefon: +49 30 568206-50
Telefax: +49 30 568206-60
office@lundw-privatbahn.de
www.lundw-privatbahn.de

Management
* Dr.-Ing. Joachim Horst Laeger (Geschäftsführer)
* Beate Wöstenhöfer M.A. (Geschäftsführerin)

Gesellschafter
* Dr.-Ing. Joachim Horst Laeger
* Beate Wöstenhöfer M.A.
* Komplementär: Laeger & Wöstenhöfer Beteiligungsgesellschaft mbH

Lizenzen
* DE: EVU-Zulassung (PV+GV) seit 23.02.2005, gültig bis 28.02.2020

Unternehmensgeschichte
Die Laeger & Wöstenhöfer GmbH & Co. KG (L&W) ist ein privates Eisenbahnverkehrsunternehmen, das am 07.06.2004 gegründet wurde. Neben der Tätigkeit als Consultingunternehmen im SPNV hat L&W einen Lok- und Wagenbestand in ihrem Besitz, der sowohl vermietet als auch für eigene Verkehre eingesetzt wird.
Neben der Tätigkeit als Unternehmen auf der „ersten Meile" im Güterverkehr ist man seit 2007 im Bereich der Sonder- und Charterfahrten tätig.

Landkreis Cuxhaven (CUX) ▯

Vincent-Lübeck-Straße 2
DE-27474 Cuxhaven
Telefon: +49 4721 66-0
Telefax: +49 4721 66-2040
info@landkreis-cuxhaven.de
www.landkreis-cuxhaven.de

Museumsbahn Bremerhaven-Bederkesa e. V.
www.museumsbahn-bremerhaven-bederkesa.de

Management
* Kai-Uwe Bielefeld (Landrat)

Beteiligungen
* Eisenbahnen und Verkehrsbetriebe Elbe-Weser GmbH (evb) (2,03 %)

Lizenzen
* DE: EIU für Langen – Bad Bederkesa (km 0,56 bis km 17,80) seit 12.02.1997, befristet bis zum 31.12.2062
* DE: EVU-Zulassung (PV) seit 12.02.1997, gültig bis 01.10.2018

Infrastruktur
* Langen – Bad Bederkesa (17,24 km), 19.03.1996 von DB Netz AG gekauft

Unternehmensgeschichte
Der Landkreis Cuxhaven ist EVU für die Museumsbahn Bremerhaven-Bederkesa e. V. und EIU für die von der Museumsbahn betriebene Strecke.
Der Verein Museumsbahn Bremerhaven-Bederkesa hat im September 2000 nach über zehn Jahren Arbeit den Betrieb auf der durch die DB AG stillgelegten Strecke zwischen Bremerhaven und Bad Bederkesa wieder aufgenommen. Seit April 2001 verkehrt die Museumsbahn in den Sommermonaten regelmäßig an jedem ersten und dritten Sonntag nach einem festen Fahrplan zwischen dem Bahnhof in Bad Bederkesa und dem Schaufenster Fischereihafen in Bremerhaven.

KN / WND

Landkreis Konstanz (KN)

EVU seehäsle
Benediktinerplatz 1
DE-78467 Konstanz
Telefon: +49 7531 800-1351
Telefax: +49 7531 800-1473
nahverkehr@lrakn.de
www.lrakn.de

Management
★ Ralf Bendl (Amtsleiter)
★ Frank Hämmerle (Landrat)

Lizenzen
★ DE: EIU für Stahringen – Stockach ab 07.11.1995, gültig bis 06.11.2020
★ DE: EVU-Zulassung (PV) seit 22.11.2006, gültig bis 31.12.2021

Infrastruktur
★ Stahringen – Stockach (10,3 km); Pacht von DB Netz AG ab 01.08.1996; Kauf zum 01.08.2012

Unternehmensgeschichte
Die etwa 57 km lange Bahnstrecke von Radolfzell nach Mengen im Donautal wurde am 20.07.1867 als Teil einer geplanten Fernverbindung Ulm – Schweiz eröffnet. Die Strecke behielt aber immer nur regionale Bedeutung und wurde, da sie den Verkehrsströmen kaum gerecht wurde, zwischen 1972 und 1982 im Personenverkehr stillgelegt. Nach der Bahnreform und der Regionalisierung des Nahverkehrs wurde der SPNV auf dem etwa zehn km langen südlichen Abschnitt zwischen Stockach und Stahringen (– Radolfzell) am 08.09.1996 reaktiviert, nachdem der Landkreis Konstanz die Strecke gepachtet hatte und diese saniert worden war. Zum 01.08.2012 erfolgte der Kauf der Infrastruktur. Betrieben wurde die Strecke zunächst von der Schweizer Mittelthurgaubahn, nach deren Konkurs durch die SBB-Tochter EuroThurbo und schließlich durch die SBB GmbH, die deutsche Tochtergesellschaft der SBB. An den eingesetzten Triebwagen (Prototypen des GTW 2/6 von Stadler) traten insbesondere ab 2003 zahlreiche Defekte auf, so dass häufig Ersatzfahrzeuge zum Einsatz kamen. Aus diesem Grund vereinbarten der Landkreis und die SBB die einvernehmliche Kündigung des Vertrages zum Jahresende 2006. Am 22.11.2006 erhielt der Landkreis Konstanz die Zulassung als EVU und ist seit Ende 2006 formell Betreiber des SPNV. Diesen führt man jedoch nicht selbst durch, sondern beauftragte damit für eine Übergangszeit bis 2008 die HzL Hohenzollerische Landesbahn AG. Diese gewann auch die 2007 durchgeführte Ausschreibung und sicherte sich so die Leistungen bis 2023.

Landkreis St. Wendel (WND)

Mommstraße 21 - 31
DE-66606 St. Wendel
Telefon: +49 6851 801-0
Telefax: +49 6851 801-289
info@lkwnd.de
www.landkreis-st-wendel.de

Management
★ Udo Recktenwald (Landrat)

Lizenzen
★ DE: EIU für eigene Infrastruktur

Infrastruktur
★ Ottweiler (Saar) – Schwarzerden (21,0 km), von DB Netz AG gepachtet seit 01.01.2000

Unternehmensgeschichte
Die am 15.05.1938 eröffnete Ostertalbahn von Ottweiler (an der Nahetalbahn Saarbrücken – Bingen) nach Schwarzerden (an der erst kurz vorher eröffneten Westrichbahn Türkismühle – Kusel) ist eine der jüngsten Strecken im deutschen Altnetz. Nach der Einstellung des Personenverkehrs am 31.05.1980 verkehrten nur noch Güterzüge zur Industriewerke Saar GmbH mit ihrem Gleisanschluss in Schwarzerden.
Seit Anfang 1998 setzen sich seit 27.11.1999 als „Arbeitskreis Ostertalbahn (AkO) e. V." zusammengeschlossene Eisenbahnfreunde für den Erhalt der Bahnverbindung zwischen Ottweiler (Saar) und Schwarzerden ein, nachdem die DB angekündigt hatte, dort den Güterverkehr aufzugeben und die Strecke stillzulegen. Auf Initiative des Arbeitskreises übernahm der Landkreis St. Wendel am 01.01.2000 mit Unterstützung der Anliegergemeinden sowie der saarländischen Landesregierung die Streckeninfrastruktur für vorerst 25 Jahre auf Pachtbasis von DB Netz. Seit 14.04.2001 findet an Sommerwochenenden regelmäßiger Ausflugsverkehr statt. Der Güterverkehr nach Schwarzerden, den DB Cargo auch nach der Übernahme der Strecke durch den Landkreis weitergeführt hatte, endete hingegen im Rahmen des Konzeptes MORA C zum 31.12.2001.

LAPPWALDBAHN GmbH (LWB)
G

Am Bahnhof 4
DE-39356 Weferlingen
Telefon: +49 39061 41100
Telefax: +49 39061 41102
logistik@lappwaldbahn.de
www.lappwaldbahn.de

Management
* Hans-Dieter Lewandowski (Geschäftsführer)

Gesellschafter
Stammkapital 25.564,59 EUR
* Hans-Dieter Lewandowski (100 %)

Lizenzen
* DE: EVU-Zulassung (PV+GV) seit 03.11.1997, gültig bis 31.12.2028

Unternehmensgeschichte
Die LAPPWALDBAHN GmbH (LWB) wurde am 27.03.1997 mit Sitz in Weferlingen gegründet. Der Name bezieht sich auf einen Höhenzug an der Grenze von Sachsen-Anhalt und Niedersachsen nördlich von Helmstedt.
Neben der Tätigkeit als Traktionsunternehmen im Bauzugverkehr konnte man den 22 km langen Abschnitt Weferlingen – Emden (b. Haldensleben) der Strecke Weferlingen – Haldensleben pachten und die Betriebsführung auf der anschließenden, 9,9 km langen Teilstrecke über Süplingen nach Haldensleben im Auftrag der Norddeutschen Naturstein Rail GmbH übernehmen. Als Betriebsführer ist die LWB auch auf der Zweigstrecke Abzweig Süplingen – Dönstedt / Forsthaus Eiche tätig.
Vom Werk Grasleben der Quarzwerke Grasleben GmbH (vormals Sand- und Tonwerk Walbeck GmbH) konnte man ergänzend die Anschlussbahn Grasleben – Weferlingen unbefristet pachten. Die weiterhin als nichtöffentliche Anschlussbahn betriebene Strecke diente lange Zeit dazu, Kalisalze aus dem Werk Grasleben der european salt company GmbH & Co. KG (esco, vormals Kali + Salz GmbH) nach Weferlingen und von dort nach Haldensleben befördern zu können. 2006 hat die LWB von der DB Netz AG, NL Nord, als weitere Ergänzung ihres Regionalnetzes die Strecke Helmstedt – Grasleben gepachtet. Die Strecke wurde Ende 2008 wieder instand gesetzt und am 07.05.2009 wieder offiziell eröffnet. Seit Juni 2009 werden die Kalisalztransporte aus Grasleben nicht mehr durch die LWB nach Haldensleben gebracht und dort an die DB Schenker Rail Deutschland AG übergeben, sondern direkt durch DB Schenker Rail via Helmstedt abgewickelt. Für die LWB entfiel somit der seit Juli 2002 abgewickelte Regelgüterverkehr, so dass man sich seitdem auf Spotverkehre sowie AZ-Einsätze beschränkt. Dies umfasst auch die sporadische Zustellung von Schotterzügen zur Beladung in diversen Schotterwerken, die sporadische Bedienung von Schwellenwerke o. ä. im Großraum Berlin – Hamburg – Hannover – Leipzig. Seit 2011 übernimmt man regelmäßige Ganzzugleistungen im Baustoffsektor, für die man seit März 2012 auch zwei Großdieselloks angemietet hat.
Die ursprünglich durch die LWB aufgenommenen Pachtverträge und die EIU-Funktion für die Verbindungen Weferlingen – Hp Emden (– Haldensleben) und Helmstedt – Grasleben (– Weferlingen) wurden zum 01.01.2012 bzw. 01.05.2012 durch die LWS Lappwaldbahn Service GmbH übernommen.
Die LWB arbeitet auch mit der Dampflok-Gemeinschaft e.V. Braunschweig/Weferlingen zusammen, die den historischen Esslinger Triebwagen „Anton" betreibt und unter Nutzung der von der LWB betriebenen Strecken das Touristik- und Ringbahnprojekt „Ostfalenbahn" umsetzen möchte.
Die LWB hat aktuell 20 Mitarbeiter, die Betriebsleitung befindet sich seit 2003 im unternehmenseigenen Bahnhof Weferlingen. Die LWS Lappwaldbahn Service GmbH errichtet aktuell eine neue Lok- und Wartungshalle in Weferlingen, die ebenfalls durch die LWB genutzt werden wird.

Verkehre
* AZ-Verkehr
* Baustofftransporte Weferlingen Kalkwerk – diverse Entladestellen in Nord- und Südostdeutschland (u.a. Lübeck Konstinkai); 3 x pro Woche seit September 2011
* KV-Transporte (Gießereikoks) „BBX" Wałbrzych [PL] – Haldensleben (UHH Umschlags- und Handelsgesellschaft Haldensleben mbH); alle drei Wochen Traktion ab Magdeburg (Übernahme von CFL Cargo Deutschland GmbH) seit Juni 2013 im Auftrag der neska Schiffahrts- und Speditionskontor GmbH
* Zuckertransporte Schladen (Nordzucker AG) – Antwerpen-Lillo (Manuport Antwerpen NV Division Manufert) [BE]; 4 x pro Woche erste Meile bis Braunschweig Rbf seit 15.09.2014 im Auftrag der Rurtalbahn Cargo GmbH (RTB Cargo)

LWS / LDC

LWS Lappwaldbahn Service GmbH ▯

Geschwister-Scholl Straße 7
DE-39646 Oebisfelde
Telefax: +49 39061 9858198
Hotline: +49 162 2199200
info@lappwaldbahn.de
www.lappwaldbahn.de

Management
* Kai Uwe Ebert (kaufmännischer Geschäftsführer)
* Hans-Dieter Lewandowski (technischer Geschäftsführer)

Gesellschafter
Stammkapital 25.000,00 EUR
* Jolin Lewandowski (100 %)

Lizenzen
* DE: EIU Grasleben – Weferlingen seit 23.02.2012
* DE: EIU Helmstedt – Grasleben; gültig vom 10.05.2012 bis 09.05.2062
* DE: EIU für Hp Emden – Weferlingen; gültig vom 19.01.2011 bis 31.01.2061

Infrastruktur
* Weferlingen – Hp Emden (22,0 km); gepachtet von DB Netz AG seit 29.05.2000 für 25 Jahre
* Haldensleben Abzw. Florastraße – Hp Emden (9,9 km); Betriebsführung für die Norddeutsche Naturstein Rail GmbH
* Süplingen Abzw – Dönstedt Steinwerke (3,1 km); Betriebsführung für die Norddeutsche Naturstein Rail GmbH
* Anschlussbahn Grasleben – Weferlingen (3 km); gepachtet von Quarzwerken Grasleben GmbH seit dem 26.06.2003
* Helmstedt – Grasleben (18 km); gepachtet von DB Netz AG seit 06.02.2006

Unternehmensgeschichte
Die private LAPPWALDBAHN GmbH (LWB), Weferlingen, hat mit Unterzeichnung des Gesellschaftervertrages per 22.06.2009 eine Schwestergesellschaft für den „Betrieb und Unterhaltung von Eisenbahn-Infrastruktur und deren Serviceeinrichtungen sowie die Wartung und Instandhaltung von Eisenbahnfahrzeugen" erhalten. Die zuvor auf die LWB laufenden Pachtverträge wurden wie folgt umgeschrieben:

* Helmstedt – Grasleben (– Weferlingen) mit Wirkung zum 01.05.2012
* Weferlingen – Hp Emden (– Haldensleben) mit Wirkung zum 01.01.2012

Sitz der LWS Lappwaldbahn Service GmbH ist Oebisfelde, alleinige Gesellschafterin Jolin Lewandowski, Tochter des LWB-Geschäftsführers. Der technische Geschäftsführer ist Hans-Dieter Lewandowski wird durch Kai Uwe Ebert als kaufmännischer Geschäftsführer unterstützt. Bei der LWB Weferlingen ist Lewandowski geschäftsführender Gesellschafter und Ebert Prokurist.
Die LWS errichtet aktuell eine neue Lok- und Wartungshalle in Weferlingen, die ebenfalls durch die LAPPWALDBAHN GmbH (LWB) genutzt werden wird.
Ende 2014 hat die Teutoburger Wald Eisenbahn GmbH (TWE) den 50,6 km langen Streckenabschnitt Ibbenbüren – Versmold zum Verkauf ausgeschrieben. Für die Übernahme hat sich die LWS beworben.

Lausitzer Dampflok Club e. V. (LDC) ▯

Am Stellwerk 552
DE-03185 Teichland-Neuendorf
Telefon: +49 35601 56254
Telefax: +49 35601 88736
ldcev@web.de
www.lausitzerdampflokclub.de

Management
* Georg Flechtner (Vorsitzender)
* Andreas Hubatsch (stellvertretender Vorsitzender)

Lizenzen
* DE: EVU-Zulassung (PV) seit 22.09.1998, gültig bis 31.12.2027

Unternehmensgeschichte
Der Lausitzer Dampflok Club bietet zusammen mit dem Förderverein zur Erhaltung Lausitzer Dampfloks (FELD e. V.) Sonderfahrten von Cottbus aus zu Zielen in Ostdeutschland und Polen an. Für die Bespannung der Züge stehen die vereinseigenen Dampfloks 03 204, 35 1019-5 und 44 225 (wegen Zylinderschadens bei Redaktionsschluss nicht betriebsfähig) zur Verfügung.

Verkehre
* Sonderzugverkehre

LDS / LEG

LDS GmbH Logistik Dienstleistungen & Service G

Albert-Einstein-Straße 26
DE-23701 Eutin
Telefon: +49 4521 7763-0
Telefax: +49 4521 7763-20
info@ldsgmbh.eu
www.ldsgmbh.de

Management
* André Meyer (Geschäftsführer)

Gesellschafter
Stammkapital 25.000,00 EUR
* André Meyer (100 %)

Lizenzen
* DE: EVU-Zulassung (GV) seit 28.03.2002, gültig bis 31.12.2019
* DE: Sicherheitszertifikat, Teil A+B (GV); gültig vom 08.07.2011 bis 07.07.2016
* Genehmigung für den internationalen Verkehr vom 28.09.2004, gültig bis 31.12.2019

Infrastruktur
* Anschluss Eutin; angemietet seit 2003

Unternehmensgeschichte
Die ursprünglich durch zwei Privatpersonen gehaltene LDS wurde am 27.12.2001 von einer GbR in die LDS GmbH Logistik Dienstleistungen & Service umgewandelt. Der zunächst mit 50 % ebenfalls an der LDS GmbH beteiligte Stefan Wulff verkaufte seine Anteile am 03.06.2002 an den fortan als Alleingesellschafter vertretenen André Meyer. Neben Meyer ist die MBG Mittelständische Beteiligungsgesellschaft Schleswig-Holstein mbH für einen Zeitraum von zehn Jahren an der LDS als stiller Gesellschafter beteiligt.
Neben der Optimierung des Materialkreislaufs von Verkehrsbaustellen übernimmt LDS die interne Baustellenlogistik und bietet Ingenieurdienstleistungen an.
Am 20.01.2009 wurde eine Tochtergesellschaft LDS GmbH Süd Logistik, Dienstleistungen & Service mit Sitz in Karlsruhe gegründet. Seitdem erfolgte die Aufteilung der Geschäftstätigkeit in einen nördlichen Bereich unter der Verantwortung der LDS in Eutin sowie einen Südlichen, der durch die LDS in Karlsruhe bedient wurde. Mittlerweile wurde die Tochter jedoch wieder aufgelöst.
LDS erbringt seit 2011 Gelegenheitsverkehre mit Schotter und Schwellen in Rahmenverträgen mit der DB Netz AG.
Im April 2014 hatte das Unternehmen 26 Mitarbeiter.

Verkehre
* AZ-Verkehr

Leipziger Eisenbahnverkehrsgesellschaft mbH (LEG) G

(im Euromaint Werk)
Karl-Marx-Strasse 39
DE-04509 Delitzsch
Telefon: +49 34202 308371
Telefax: +49 34202 308372
info@leipziger-eisenbahn.de
www.leipziger-eisenbahn.de

Zweigstelle
Berliner Straße 18
DE-04509 Delitzsch

Standort
Bahnhof Berlin-Grünau
DE-12524 Berlin-Grünau

Standort
Bahnhof Angermünde
DE-16278 Angermünde

Management
* André Pietz (Geschäftsführer)

Gesellschafter
Stammkapital 50.000,00 EUR
* André Pietz (100 %)

Lizenzen
* DE: EVU-Zulassung (PV+GV) seit 10.10.2003, gültig bis 30.04.2016

LEG / LW

Infrastruktur
* Anschlussbahn zur Werkstattanlage in Delitzsch

Unternehmensgeschichte
Mit dem Beschluss der Gesellschafterversammlung am 30.07.2003 fand eine Umfirmierung der bisherigen, am 07.07.1999 gegründeten ASP Schienenfahrzeugdienst Verwaltungs GmbH, Leipzig, zur LEG statt. Diese übernahm auch die Geschäftstätigkeiten der am 05.11.1999 gegründeten Tochter ASP Schienenfahrzeugdienst GmbH & Co. KG. Die Gesellschafterversammlung vom 21.04.2008 hat die Sitzverlegung von Leipzig nach Delitzsch beschlossen. Zum 13.11.2009 übernahm André Pietz die Gesellschafteranteile (40 %) von seiner Schwester Dr. Sylke Pietz-Maerker, die zum gleichen Zeitpunkt alleinige Gesellschafterin der WERRA-Eisenbahnverkehrsgesellschaft mbH wurde.
Die LEG setzt ihre Loks vornehmlich im Bauzug- und Güterzugdienst ein. In den Jahren 1999/2000 beschäftigte die LEG einen Triebfahrzeugführer und besaß ein firmeneigenes Triebfahrzeug - die 220 295. Bis März 2007 war die Zahl der fest angestellten Mitarbeiter auf zwölf gestiegen, Anfang 2014 beschäftigte das Unternehmen 21 Mitarbeiter.
Als Betriebsführer ist man für die Anschlussbahn zur LEG-Werkstatt in Delitzsch (seit Januar 2008) tätig.
Im Mai 2008 verlegte die LEG ihren Fahrzeugstandort von Arnstadt nach Delitzsch unterer Bf in die Lokhalle der ehemaligen Wagenversuchsanstalt (WVA) Delitzsch.
Seit 2012 ist die LEG verstärkt im Ganzzugverkehr deutschlandweit unterwegs, mit den Schwerpunkten der Grenzverkehre von und nach Polen und der Tanklagerbedienung im Raum Berlin.

Verkehre
* AZ-Verkehr
* Gefahrguttransporte Bremen / Nordenham / Hamburg – Berlin / Stendell / mitteldeutsches Chemiedreieck; mehrmals wöchentlich, verschiedene Auftraggeber
* Gefahrguttransporte Guben / Frankfurt-Oderbrücke – mitteldeutsches Chemiedreieck / Berlin / bundesweite Weiterleitung (beispielsweise Hamburg, Bremen, Ruhrgebiet); mehrmals wöchentlich, verschiedene Auftraggeber
* Gefahrguttransporte Szczecin Gumience [PL] – Angermünde – bundesweite Weiterleitung (beispielsweise Hamburg, Berlin, Stendell, mitteldeutsches Chemiedreieck Leipzig/Halle (Saale)); mehrmals wöchentlich, verschiedene Auftraggeber

LEONHARD WEISS BAUUNTERNEHMUNG

Leonhard Weiss GmbH & Co. KG (LW) G

Leonhard-Weiss-Straße 22
DE-73037 Göppingen
Telefon: +49 7161 602-0
Telefax: +49 7161 602-1224
gleisbau@leonhard-weiss.com
www.leonhard-weiss.com

Management
* Volker Krauß (Vorsitzender Geschäftsführer)
* Marcus Herwarth (Geschäftsführer)
* Ralf Schmidt (Geschäftsführer)
* Stefan Schmidt-Weiss (Geschäftsführer)
* Dieter Straub (Geschäftsführer)
* Alexander Weiss (Geschäftsführer)

Gesellschafter
* Komplementär: Weiss Verwaltungsgesellschaft mbH

Beteiligungen
* UEF Eisenbahn-Verkehrsgesellschaft mbH (UEF-V) (14 %)

Lizenzen
* DE: EVU-Zulassung (GV) seit 09.05.1996, gültig bis 31.08.2026

Unternehmensgeschichte
Das 1900 gegründete Bauunternehmen LEONHARD WEISS ist heute ein Komplettanbieter von Bauleistungen. In drei operativen Geschäftsbereichen, dem Straßen- und Netzbau, dem Gleisinfrastrukturbau sowie dem Ingenieur- und Schlüsselfertigbau beschäftigt das Unternehmen rund 4.200 Mitarbeiter (Stand Januar 2015).
Für die Einstellung von Bahnfahrzeugen sowie die Bestellung von Trassen im Bereich der AZ-Verkehre hat sich das Unternehmen 1996 als EVU für Güterverkehr lizenzieren lassen. Die Beschaffung von eigenen Streckenloks erfolgte jedoch erst 2006.

Verkehre
* AZ-Verkehr

locomore / LOCON

LOCOMORE GmbH & Co. KG
locomore GmbH & Co. KG

Planufer 92 A
DE-10967 Berlin
Telefon: +49 30 82077103
Telefax: +49 30 82077106
info@locomore.com
www.locomore.com

Management
★ Derek Ladewig (Geschäftsführer)

Gesellschafter
Stammkapital 90.400,00 EUR
★ Komplementär: Railway Management GmbH
★ Kommanditist: Derek Ladewig

Lizenzen
★ DE: EVU-Zulassung (GV) seit 15.02.2008, gültig bis 28.02.2023

Unternehmensgeschichte
Gegenstand der locomore GmbH & Co. KG ist die Unternehmensberatung in den Bereichen Eisenbahnverkehr, ÖPNV, Transport und Logistik und die Erbringung und Vermarktung von Eisenbahnverkehrsdienstleistungen durch Beförderung von Gütern und Personen auf der Schiene, sowie alle Geschäftstätigkeiten in dem Verkehrs- und Transportsektor verwandten Bereichen. Die seit März 2008 vorhandene EVU-Zulassung wurde bei Redaktionsschluss nicht genutzt. Nach Angaben der Geschäftsführung befindet sich die Gesellschaft in der Phase der Geschäftsentwicklung. Ziel ist die Einführung neuer Eisenbahnverkehrsprodukte.
Die heutige locomore GmbH & Co. KG war am 18.10.2007 als locomore rail GmbH & Co. KG mit dem persönlich haftenden Gesellschafter locomore GmbH in das Handelsregister eingetragen worden. Gründungsgesellschafter der locomore GmbH waren zunächst Benjamin und Derek Ladewig gewesen. Carsten Carstensen übernahm per 18.12.2008 Benjamin Ladewigs Anteil (50 %), verkaufte diesen aber am 06.01.2012 an Derek Ladewig weiter. Carstensen war zwischenzeitlich auch bis Oktober 2011 geschäftsführender Gesellschafter des Unternehmens gewesen. Mit dem Ausscheiden von Carstensen wurde das Unternehmen in Railway Management GmbH sowie die Kommanditgesellschaft und (EVU) von Locomore Rail GmbH & Co. KG in Locomore GmbH & Co. KG umgewandelt. Ladewig war im Juli 2011 als Geschäftsführer der Hamburg - Köln - Express GmbH (HKX) ausgeschieden, Carstensen ist dort nach wie vor COO. Seit 08.01.2013 ist die locomore GmbH & Co. KG auch nicht mehr Gesellschafter der HKX.

locomore hat ab 01.08.2015 Fernverkehrstrassen Berlin – Stuttgart beantragt, die aber vsl. nicht genutzt werden.

LOCON LOGISTIK & CONSULTING AG 🇩

Dorfstraße 23
DE-17291 Oberuckersee
Telefon: +49 39863 7674

Niederlassung Berlin
Karl-Marx-Allee 90A
DE-10243 Berlin
Telefon: +49 30 297735-90
Telefax: +49 30 297735-99
info@locon-ag.de
www.locon.de

LOCON SERVICE GMBH
Industrie- und Gewerbegebiet 41
DE-16278 Pinnow
Telefon: +49 33335 3000-0
Telefax: +49 33335 3000-29
www.locon-service.com

LOCON PERSONALSERVICE GmbH
Karl-Marx-Allee 90A
DE-10243 Berlin
Telefon: +49 30 2977359-41
Telefax: +49 30 2977359-19
info@locon-personalservice.com
www.locon-personalservice.com

Management
★ Carsten Meger (Vorstandsvorsitzender; Vorstand Logistik)
★ Gunter Schulz (Vorstand Güterverkehr und Technik)
★ Rita Dahme (Vorstand Finanzen)

Gesellschafter
Stammkapital 500.000,00 EUR
★ Carsten Meger (37,6 %)
★ Rita Dahme (33,4 %)
★ Gunter Schulz (29 %)

Beteiligungen
★ LOCON SERVICE GMBH (100 %)
★ LOCON PERSONALSERVICE GMBH (80 %)
★ LOCON BENELUX B.V. (51 %)

LOCON

Lizenzen
* DE: EVU-Zulassung (GV) seit 02.07.2003, gültig bis 31.12.2017
* DE: EVU-Zulassung (PV) seit März 2005

Infrastruktur
* Anschlussbahn Pinnow (1,6 km Gleislänge); Betrieb im Auftrag des Amtes Oder/Welse

Unternehmensgeschichte
Am 08.04.2002 gründeten vier eisenbahnerfahrene Privatunternehmer die LOCON LOGISTIK & CONSULTING AKTIENGESELLSCHAFT im brandenburgischen Seehausen (bei Prenzlau). Zu den Gründern der LOCON gehört u. a. auch der frühere geschäftsführende Gesellschafter der SLG Spitzke Logistik GmbH, Harald von Ascheraden. Bei der Kapitalerhöhung von 200.000 auf 500.000 EUR am 20.06.2012 sowie Mitte 2014 beim altersbedingten Ausscheiden von Harald von Ascheraden wurden die Aktionärsanteile (alt: Harald von Ascheraden 35 %; Gunter Schulz 35 %; Carsten Meger 20 %; Rita Dahme 10 %) geändert.
Neben der Unternehmenszentrale verfügt LOCON über Niederlassungen in Berlin und bis Ende 2014 Deggingen (Baden-Württemberg).
LOCON ist in drei Geschäftsbereichen tätig: Der Bereich Logistik umfasst die logistische Planung und Durchführung der Ver- und Entsorgung von Gleisbaustellen. Im Bereich Consulting betreut und berät LOCON Unternehmen beim Aufbau und der Leitung des Eisenbahnbetriebes sowie der Infrastruktur. Seit 2005 erfolgt der Aufbau der Sparte Güterverkehr als drittes Standbein. So verfügt LOCON heute über praktische Erfahrungen im Kombinierten Ladungsverkehr (KLV), im Container-, Schüttgüter- und Ad Hoc-Verkehr sowie bei Militärtransporten. Im April 2014 verfügte die LOCON über einen Personalstamm von 117 Mitarbeitern (April 2014_ 104; April 2012: 100; April 2011: 95), der sich aus Logistikern, Triebfahrzeug- und Arbeitszugführern, Wagenmeistern, Eisenbahnbetriebs- und Anschlussbahnleitern, Gefahrgutbeauftragten und Disponenten zusammensetzte.
Der Umsatz entwickelte sich in den vergangenen Jahren wie folgt:
* 33 Mio. EUR
* 2012: 29 Mio. EUR
* 2011: 25 Mio. EUR
* 2010: 21 Mio. EUR
* 2009: 13,5 Mio. EUR

In Pinnow bei Angermünde verfügt LOCON über einen im März 2012 nach Neubau wieder eröffneten Service- und Werkstattbereich, der auch von Dritten genutzt werden kann. Als Betreibergesellschaft wurde mit Vertrag vom 28.04.2010 die LOCON SERVICE GMBH gegründet. Übergangsweise nutzte LOCON auch in Basdorf Werkstattanlagen der Berliner Eisenbahnfreunde e.V. Zudem hat man seit 2009 in Berlin-Lichtenberg im ehemaligen DB-Betriebswerk Gleise (4, 5, 6, 7, 9 und 17-24) für die Abstellung von Lokomotiven angemietet.
In den Sommern 2010 und 2012 erbrachte die LOCON unter Führung der Leonhard Weiss GmbH & Co. KG erstmals Baulogistikleistungen im Ausland. Mit eigenem Personal und Material organisierte LOCON bei der Erneuerung des etwa 30 km langen Abschnitts Svanemöllen – Hilleröd der „Nordbanen"-S-Bahnstrecke nördlich von Kopenhagen und beim Bauvorhaben Lange-Streur Materialtransporte.
LOCON plant, künftig verstärkt international tätig zu werden, und hat Anfang 2011 eine Tochtergesellschaft in den Niederlanden eröffnet. 2012 beförderte die LOCON rund 140.000 TEU, der Anteil des Schienengüterverkehrs am Umsatz betrug in gleichem Zeitraum rund 69 % (2011: 107.000 TEU; 45 %).
Im Juli 2013 hat die LOCON das Tochterunternehmen LOCON PERSONALSERVICE GmbH gegründet

Verkehre
* AZ-Verkehr
* Düngekalktransporte von Sassnitz und Ostrau; saisonale Spotverkehre in den Monaten März bis August / September zu ca. 50 Entladestellen in Brandenburg, Mecklenburg Vorpommern und Niedersachsen; seit April 2007 im Auftrag der Vereinigte Kreidewerke Dammann KG
* KV-Transporte (Weizen Hefe-Konzentrat) Pinnow – Coevorden (Euroterminal I) [NL]; 2 x pro Woche seit Juli 2010 im Auftrag der Van Triest Veevoeders BV; Traktion ab Bad Bentheim durch Bentheimer Eisenbahn AG (BE); aktuell 3 x pro Woche
* KV-Transporte Bremen-Roland – Neumarkt/Oberpfalz (Anschluss von MAX BÖGL); 1 x pro Woche seit 08.10.2011 im Auftrag der JCL Transport und Logistik GmbH
* KV-Transporte Bremerhaven / Hamburg (Burchardkai, Eurokombi) – Kornwestheim (DUSS) / Giengen an der Brenz (BSH Bosch und Siemens Hausgeräte GmbH); 3 x pro Woche seit 01.06.2010 im Auftrag von DHL; seit 01.07.2011 bis Mai 2016 im direkten Vertrag mit BSH
* KV-Transporte Duisburg (GWW Home) – Kasachstan; seit 2014 Traktion des Abschnittes bis Frankfurt-Oderbrücke (Übergabe an PKP Cargo S. A.) im Auftrag der Martin Tolksdorf Logistics GmbH (MTL)
* KV-Transporte Duisburg (GWW) – Minden; 3 x pro Woche seit 12.01.2014 im Auftrag der NESKA Schiffahrts- und Speditionskontor GmbH mit unterschiedlichem Halt in Rheda Wiedenbrück und Böhnen
* KV-Transporte Pinnow – Wittenberge (ElbePort) – Hamburg (EKOM, CTA, CTB und CTT); Spotverkehre seit September 2012 u.a. im Auftrag der van Triest Veevoeders BV; Bedienung Hafen Wittenberge durch Eisenbahngesellschaft Potsdam GmbH (EGP)

LOCON / Lokomotion

* Kesselwagentransporte Geleen [NL] – Köln-Eifeltor; Spotverkehr seit November 2013
* Rea-Gips-Transporte Spreewitz / Peitz Ost (Vattenfall AG) – Brieselang (Rigips GmbH); seit 2014
* Reagipstransporte Peitz (Kraftwerk Jänschwalde) – Seehafen Stralsund: 1-2 x pro Woche seit 29.11.2010 Traktion ab Peitz Ost (Übernahme von Vattenfall) im Auftrag von Vattenfall; im Winter Verdichtung auf ca. 3 x pro Woche; seit 01.12.2011 zusätzlich Regelverkehre 3 x pro Woche
* Zellstofftransporte Schwedt / Oder – Gütersloh (Kemna) / Spellen; 2 x pro Woche seit Mai 2012 im Auftrag der Leipa Logistik GmbH; letzte Meile in Gütersloh durch TWE Bahnbetriebs-GmbH, nach Spellen ab Oberhausen West mit Bocholter Eisenbahngesellschaft mbH (BEG); seit Mai 2014 nach Köln-Niehl Hafen (Pohl & Co. GmbH) statt Spellen

Lokomotion Gesellschaft für Schienentraktion mbH G

Kastenbauerstraße 2
DE-81677 München
Telefon: +49 89 200032-300
Telefax: +49 89 200032-309
info@lokomotion-rail.de
www.lokomotion-rail.de

Management
* Armin Riedl (Geschäftsführer)

Gesellschafter
Stammkapital 2.600.000,00 EUR
* DB Schenker Rail Deutschland AG (30 %)
* Rail Traction Company S.p.A. (RTC) (30 %)
* Kombiverkehr Deutsche Gesellschaft für kombinierten Güterverkehr mbH & Co. KG (Kombiverkehr) (20 %)
* Brenner Schienentransport AG (STR) (20 %)

Beteiligungen
* Lokomotion Austria Gesellschaft für Schienentraktion mbH (100 %)

Lizenzen
* AT: Sicherheitsbescheinigung Teil B (GV); gültig vom 20.12.2010 bis 14.12.2015
* DE: EVU-Zulassung (PV+GV); gültig vom 28.05.2004 bis 31.05.2019
* DE: Sicherheitsbescheinigung Teil A+B (GV); gültig vom 15.12.2010 bis 14.12.2015

Unternehmensgeschichte
Die heutige Lokomotion Gesellschaft für Schienentraktion mbH als Anbieter von Schienengüterverkehr zwischen München und Norditalien wurde im Jahr 1999 als gemeinsame Projektgesellschaft der Bayerischen Trailerzug GmbH (BTZ) und der Kombiverkehr GmbH & Co. KG aufgestellt. Hierzu entstand aus der mit Handelsregistereintrag vom 05.05.1995 gegründeten Vorratsgesellschaft RM 37 Vermögensverwaltungs GmbH durch Beschluss der Gesellschafterversammlung vom 02.12.1999 die Lokomotion Projektgesellschaft mbH. Diese nahm die Konzeption und Planung von KLV-Leistungen über die Brennerstrecke auf.
Am 17.08.2001 erhielt die zwischenzeitlich zum 24.05.2000 als EVU für den Güterverkehr in Deutschland zugelassene Gesellschaft die Genehmigung zur Aufnahme des Eisenbahnbetriebs und beschloss einen Monat später, am 17.09.2001, in einer Gesellschafterversammlung den Wechsel der Firmenbezeichnung auf Lokomotion Gesellschaft für Schienentraktion mbH. Zum Jahreswechsel 2001/2002 ergaben sich zudem mit dem Einstieg weiterer Anteilseigner, darunter die heutige DB Schenker Rail Deutschland AG, Veränderungen in der Gesellschafterstruktur.
Als erste Zugverbindung unter Lokomotion-Regie wurden am 15.10.2001 zwei werktägliche KLV-Zugpaare zwischen München und Verona eingerichtet. Während Lokomotion diese und weitere seither hinzugekommene Leistungen zwischen München und dem Brenner erbringt, fungiert auf dem italienischen Abschnitt jeweils die RTC Rail Traction Company S.p.A. als Partner. Bei beiden Unternehmen vorgehaltene Lokomotiven des Typs ES 64 F4 bzw. Traxx kommen beiderseits der Alpen (Brenner und Tauern) zum Einsatz.
Seit 02.04.2002 befördert Lokomotion neben KLV-Leistungen auch Ganzzüge fabrikneuer Pkw zum Brenner. Diese werden im Rbf München-Nord aus verschiedenen, aus DB Schenker Rail Deutschland-Zügen übergehenden Wagengruppen zu Ganzzügen zusammengestellt und ersetzen frühere Einzelwagenverkehre von Railion, ÖBB und Trenitalia mit dem Ziel einer stabileren Leistungsqualität. Seit Juni 2008 führen diese Zugleistungen zusätzlich Pkw-Ersatzteile mit. Als drittes Frachtgut kam zum 16.05.2003 Stahl hinzu, der in Italien durch RTC mit Ganzzügen bis San Zeno-Folzano nahe Brescia gebracht wird. Von September 2006 bis September 2007 beförderten Lokomotion und RTC ferner Abraummaterial in Ganzzügen aus Bozen zur Übergabe an Railion in München.
Mit Stand 01.07.2008 verkehrten täglich 16

Lokomotion

Zugpaare von Lokomotion und RTC über die Brennerstrecke, seit Februar 2013 sind es 18 Zugpaare pro Tag. Ein weiteres Zugpaar der beiden Unternehmen wurde vom 24.05.2005 bis 31.03.2009 in Form einer KLV-Leistung der Relation München – Cervignano über die Tauernstrecke angeboten. Seit dem 17.04.2007 verkehrt mit einer KLV-Verbindung auf der Relation München-Riem – Ljubljana ein weiteres Lokomotion-Zugpaar über die Tauernstrecke, das durch Lokomotion bis/ab Jesenice und in Slowenien durch die slowenische Staatsbahn SŽ befördert wird.
Temporär wurden die Leistungen ab 05.11.2007 his Köln-Eifeltor bzw. Wuppertal-Langerfeld ausgedehnt, indem ab dort bislang durch die damalige Railion Deutschland bis München Ost traktionierte KV-Transporte von Lokomotion mit eigenen Loks bespannt wurden. Köln wurde jedoch letztmalig am 14.06.2008 verlassen, Wuppertal am 13.12.2008.
Im Jahr 2009 konnten neue Verkehre zwischen Ludwigshafen und Trieste sowie auf dem Abschnitt Venlo – Cervignano (bis Juli 2011) aufgenommen werden. Seit Fahrplanwechsel 2009/10 Überleitung der Stahlverkehre in ein Plattformkonzept insbesondere für Stahl und Schrott in Zusammenarbeit mit RTC und Nordcargo, wobei verschiedene Destinationen über Rovato und San Zeno angebunden werden.
Spotverkehre erbringt Lokomotion zudem deutschland- und österreichweit.
Der Personalbestand des Unternehmens wuchs mittlerweile von 70 Mitarbeitern im April 2011 auf 150 im März 2015 an.
2014 wurde die Lokomotion Austria Gesellschaft für Schienentraktion mbH gegründet.
Seit 2011 nutzt Lokomotion die Lokhalle in Kufstein zur Wartung ihrer Maschinen.

Verkehre
* Getreidetransporte Slowakei / Tschechien / Ungarn – Italien; Spotverkehre seit 2014; Traktion ab Bratislava [SK] / Břeclav [CZ] / Hegyeshalom [HU]; in Italien Traktion durch die Rail Traction Company S.p.A. (RTC)
* Gütertransporte (Offenes Zugprodukt WLV) München Nord – Verona PV [IT] mit Antennenbedienungen Großraum Verona („Bunte Züge"); 6 x pro Woche im Auftrag der DB Schenker Rail AG; Traktion in Italien durch die Rail Traction Company S.p.A. (RTC)
* KV-Transporte Antwerpen [BE] – Verona QE [IT]; 5 x pro Woche Traktion ab München Ost Rangierbahnhof im Auftrag der DB Schenker Rail AG / HUPAC Intermodal SA; ab Brennero [IT] Traktion durch die Rail Traction Company S.p.A. (RTC)
* KV-Transporte Frankfurt am Main – Ludwigshafen (KTL) – Triest (EMT) [IT]; 3 x pro Woche seit Oktober 2013 Traktion ab München Ost Rbf im Auftrag der DB Schenker Rail AG / Kombiverkehr Deutsche Gesellschaft für kombinierten Güterverkehr GmbH & Co. KG; ab Tarvisio [IT] Traktion durch die Rail Traction Company S.p.A. (RTC)
* KV-Transporte Hamburg-Waltershof – Verona Interterminal [IT]; 3 x pro Woche seit März 2013 Traktion ab München Ost Rbf im Auftrag der DB Schenker Rail AG / Kombiverkehr Deutsche Gesellschaft für kombinierten Güterverkehr GmbH & Co. KG (diese wiederum im Auftrag der PANEUROPA-RÖSCH GmbH und der TERRATRANS Internationale Spedition GmbH); ab Brennero [IT] Traktion durch die Rail Traction Company S.p.A. (RTC); aktuell 5 x pro Woche
* KV-Transporte Hohenbudberg – Triest [IT]; 3 x pro Woche seit 15.01.2014 im Auftrag der DB Schenker Rail AG (diese wiederum im Auftrag von Samskip van Dieren Multimodal); ab Tarvisio [IT] Traktion durch die Rail Traction Company S.p.A. (RTC)
* KV-Transporte Köln-Eifeltor – Triest (EMT) [IT]; 4 x pro Woche seit Oktober 2012 im Auftrag der DB Schenker Rail AG / Kombiverkehr Deutsche Gesellschaft für kombinierten Güterverkehr GmbH & Co. KG (diese wiederum im Auftrag der EKOL Logistik GmbH); ab Tarvisio [IT] Traktion durch die Rail Traction Company S.p.A. (RTC); 6 x pro Woche seit Februar 2013; aktuell 10 x pro Woche
* KV-Transporte Köln-Niehl (CTS) – Çerkezköy [TK]; 1 x pro Woche Traktion München Ost Rbf – Hegyeshalom (Übergabe an DB Schenker Rail Hungaria Kft.) [HU]; 2 x pro Woche seit September 2014
* KV-Transporte Ludwigshafen (KTL) – Triest (EMT) [IT]; 1 x pro Woche seit 20.11.2009 im Auftrag der DB Schenker Rail AG / Kombiverkehr Deutsche Gesellschaft für kombinierten Güterverkehr GmbH & Co. KG (diese wiederum im Auftrag der EKOL Logistik GmbH); 5 x pro Woche seit 20.01.2013 Traktion ab München Ost Rbf (Übernahme von DB Schenker Rail Deutschland AG); aktuell 6 x pro Woche; ab Tarvisio [IT] Traktion durch die Rail Traction Company S.p.A. (RTC); seit 01.01.2015 Traktion ab Ludwigshafen
* KV-Transporte Noisy-le-Sec (Renault) [FR] – Derince [TK]; 4 x pro Woche seit Herbst 2014 Traktion München Ost Rbf – Hegyeshalom (Übergabe an DB Schenker Rail Hungaria Kft.) [HU]
* KV-Transporte Nürnberg Hafen – Ruse (Port Complex Rouse) [BG]; 1 x pro Woche seit 31.01.2015 Traktion bis Hegyeshalom (Übergabe an DB Schenker Rail Hungaria Kft.) [HU] im Auftrag der DB Schenker

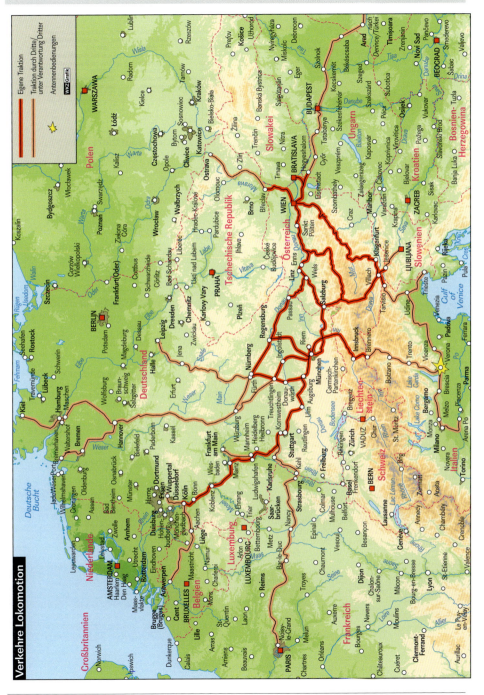

Lokomotion / LTE Germany

* KV-Transporte Ostrava [CZ] – Triest (EMT) [IT]; 3 x pro Woche seit Mitte Mai 2013 Traktion ab Břeclav (Übernahme von Advanced World Transport a.s. (AWT)) [CZ] im Auftrag der DB Schenker Rail AG / Kombiverkehr Deutsche Gesellschaft für kombinierten Güterverkehr GmbH & Co. KG (diese wiederum im Auftrag der EKOL Logistik GmbH); ab Tarvisio [IT] Traktion durch die Rail Traction Company S.p.A. (RTC); aktuell 2 x pro Woche
* KV-Transporte Wuppertal-Langerfeld – Verona Interterminal [IT]; 3 x pro Woche seit 2008 Traktion ab München Ost Rangierbahnhof im Auftrag der DB Schenker Rail AG / Kombiverkehr Deutsche Gesellschaft für kombinierten Verkehr GmbH & Co. KG (diese wiederum im Auftrag der Winner Spedition GmbH & Co. KG); ab Brennero [IT] Traktion durch die Rail Traction Company S.p.A. (RTC)
* KV-Transporte Y-Zug München Riem – Ljubljana [SI] / Triest [IT]; 3 x pro Woche seit Februar 2014 im Auftrag der DB Schenker Rail AG / Kombiverkehr Deutsche Gesellschaft für kombinierten Verkehr GmbH & Co. KG; ab Tarvisio [IT] Traktion durch die Rail Traction Company S.p.A. (RTC) bzw. ab Jesenice [SI] Traktion durch SŽ – Tovorni promet, d.o.o.
* KV-Transporte „Austria Container Shuttle" Wien-Freudenau [AT] / Enns [AT] – Hamburg-Waltershof / Bremerhaven; 6 x pro Woche seit 01.01.2015 im Auftrag der IMS CARGO Austria GmbH; der Abschnitt Wien Donaukai – Freudenau Terminal wird durch die Rail Cargo Austria AG (RCA) und Nürnberg – Hamburg durch DB Schenker Rail Deutschland AG traktioniert mit durchgehendem Einsatz von DB-Loks
* Pkw-Transporte München Nord – Arena Po [IT]; 3 x pro Woche im Auftrag der DB Schenker Rail AG; ab Brennero Traktion durch Trenitalia Cargo
* Pkw-Transporte München Nord – Verona QE [IT]; 5-6 x pro Woche im Auftrag der DB Schenker Rail AG; ab Brennero [IT] Traktion durch die Rail Traction Company S.p.A. (RTC)
* RoLa-Transporte Regensburg (Bayernhafen) – Trento Roncafort [IT]; 13 x pro Woche seit 09.12.2012 im Auftrag der DB Schenker Rail AG / Trenitalia Cargo; ab Brennero [IT] Traktion durch Trenitalia Cargo; 6 x pro Woche seit Juli 2013
* Schrott- und Stahltransporte München Nord – Brescia Scalo [IT]; 15 x pro Woche seit Dezember 2009; ab Brennero [IT] Traktion durch die Rail Traction Company S.p.A. (RTC); bis Ende 2010 nach Rovato [IT]; aktuell 22 x pro Woche

LTE Germany GmbH

Rothenditmolder Straße 24
DE-34117 Kassel
Telefon: +49 561 92193480
vera.stratmann@lte-group.eu
www.lte-group.eu

Management
* Dipl.-Ing. Vera Stratmann (Geschäftsführerin)
* Ing. Mag. (FH) Andreas Mandl (Geschäftsführer)

Gesellschafter
Stammkapital 100.000,00 EUR
* LTE Logistik- und Transport-GmbH (100 %)

Beteiligungen
* LTE Polska Sp. z o.o. (10 %)

Lizenzen
* DE: EVU-Zulassung (GV); gültig vom 11.06.2014 bis 10.06.2029
* DE: Sicherheitszertifikat, Teil A+B (GV); beantragt

Unternehmensgeschichte
Die LTE Germany GmbH als 100 %-Tochter der in Graz ansässigen LTE Logistik- und Transport-GmbH wurde am 19.12.2012 gegründet. Die Sicherheitsbescheinigung wurde inzwischen beantragt.
Die deutsche LTE-Tochter soll als wichtiges Bindeglied zwischen Ost- und Westeuropa sowie Nord- und Südeuropa die Verkehre der Gruppe koordinieren und abwickeln. Zurzeit werden die Transporte durch Deutschland mit der LTE Netherlands B.V. und in Kooperation mit Dritten abgewickelt.

Verkehre
* Getreidetransporte Tschechien / Slowakei – Deutschland; Spotverkehre
* Getreidetransporte Polen / Ukraine – Deutschland; Spotverkehre
* Chemietransporte Kralupy nad Vltavou (SYNTHOS Kralupy, a.s.) [CZ] – Geleen [NL]; seit Januar 2015 via Bad Bentheim

LTE / LPA / LUTRA

LTE Lightrail Transit Enterprises GmbH

Am Rohrbach 2
DE-69126 Heidelberg

Management
* Georg Thielmann (Geschäftsführer)
* Robert Wittek-Brix (Geschäftsführer)

Gesellschafter
Stammkapital 25.000,00 EUR
* Robert Wittek-Brix (90 %)
* Werner Polak (10 %)

Lizenzen
* DE: EVU-Zulassung (PV+GV) seit 13.02.2001, gültig 15 Jahre

Unternehmensgeschichte
Mit Gesellschaftervertrag vom 05.07.2000 wurde die LTE Lightrail Transit Enterprises GmbH gegründet. Unternehmensinhalt sind die Beratung, Betriebsplanung und Betriebsführung von kompatiblen Schienenverkehrssystemen. Über die genaue Unternehmenstätigkeit ist nichts bekannt. Eine Sicherheitsbescheinigung nach § 7a AEG oder eine Erlaubnis zur Aufnahme des Betriebes nach § 7f AEG wurden bislang nicht erteilt.

Lübeck Port Authority der Hansestadt Lübeck (LPA)

Ziegelstrasse 2
DE-23539 Lübeck
Telefon: +49 451 122-6901
Telefax: +49 451 122-6990
luebeck-port-authority@luebeck.de
www.lpa.luebeck.de

Management
* Hans-Wolfgang Wiese (Bereichsleiter)

Gesellschafter
* Hansestadt Lübeck (100 %)

Lizenzen
* DE: EIU für eigene Infrastruktur seit 10.04.2011

Infrastruktur
* Hafenbahn Lübeck (7,0 km Streckenlänge, 65 km Gleislänge)

Unternehmensgeschichte
Die Lübeck Port Authority (LPA) wurde am 01.01.2008 als Bereich der Hansestadt Lübeck neu gegründet und bündelt seitdem sämtliche städtischen Hafenzuständigkeiten. Neben dieser Zusammenführung städtischer Hafenaufgaben sind zur Herstellung der eindeutigen Trennung zwischen Infra- und Suprastruktur u.a. am 01.01.2008 auch die Aufgaben der Verwaltung der Infrastruktur und der Betrieb der Lübecker Hafenbahn von der Lübecker Hafen-Gesellschaft mbH (LHG) auf die LPA übertragen worden. Seit dem 10.04.2011 ist die LPA zudem offiziell Eisenbahninfrastrukturunternehmen (EIU) für die Lübecker Hafenbahn.
Die Lübecker Hafenbahn ist eine öffentliche, nach EBO betriebene Hafenbahn, die an fünf Standorten ca. 60 km Gleise, davon ca. 15 km elektrifiziert, und etwa 260 Weichen besitzt. Zur Lübecker Hafenbahn gehören 2 Strecken mit einer Gesamtlänge von ca. 7,0 km, fünf Bahnhöfe und sämtliche Gleisanlagen in den öffentlichen Hafenterminals Skandinavienkai, Nordlandkai, Schlutupkai, Seelandkai und Konstinkai.

LUTRA Lager, Umschlag und Transport Mittelbrandenburgische Hafengesellschaft mbH

Postfach 11 24
DE-15701 Königs Wusterhausen
Hafenstraße 18
DE-15711 Königs Wusterhausen
Telefon: +49 3375 671-0
Telefax: +49 3375 671-125
info@hafenkw.de
www.hafenkw.de

Management
* Reinhard Schuster (Geschäftsführer)

Gesellschafter
Stammkapital 10.225.837,62 EUR
* Stadt Königs Wusterhausen (100 %)

Beteiligungen
* LUTRA Logistik GmbH (100 %)

Lizenzen
* DE: EVU-Zulassung (GV) seit 30.01.2001, gültig bis 31.12.2015

Infrastruktur
* Hafenbahn (10 km); betrieben nach BOA

LUTRA / MEG

Unternehmensgeschichte
Als 100%ige Tochtergesellschaft der Stadt Königs Wusterhausen ist die am 30.06.1990 gegründete LUTRA Lager, Umschlag und Transport Mittelbrandenburgische Hafengesellschaft mbH Betreiberin des Binnenhafen Königs Wusterhausen. In insgesamt drei Hafenteilen verfügt man über ein Streckennetz von rund zehn Kilometern. Im östlichen Teil des Hafenareals wird Braunkohle in Ganzzügen aus der Lausitz mittels Waggonkippern auf Binnenschiffe verladen, die diese dann zum Berliner Heizkraftwerk Klingenberg weiter transportieren. Werkstatt und Verwaltung befinden sich ebenfalls im östlichen Teil. Im nördlichen Bereich werden hauptsächlich Baustoffe gelagert und verladen.
2006 wurden im Binnenhafen 2,2 Mio. t Güter umgeschlagen, davon 2,0 Mio. t auf die / von der Schiene. Für die zu erbringenden Rangierleistungen im Hafen verfügt man über zwei Lokomotiven und 31 Mitarbeiter. Neben DB Schenker Rail fahren u. a. die Eisenbahngesellschaft Potsdam GmbH (EGP) sowie die ITL Eisenbahn GmbH regelmäßig KW an (Zementklinker).
Die mit Gesellschaftsvertrag vom 22.08.2007 gegründete LUTRA Logistik GmbH übernimmt die Organisation von Transporten.

Verkehre
★ Rangierdienstleistungen auf eigener Infrastruktur

MEG Märkische Eisenbahn-Gesellschaft mbH 🅖🅘

Breddestraße 2
DE-58840 Plettenberg
Telefon: +49 2391 9547-0
Telefax: +49 2391 9547-30
m.schuette@meg-plettenberg.de
www.mvg-online.de

Management
★ Dipl.-Wirtschaftsing. Gerhard Schmier (Geschäftsführer)

Gesellschafter
Stammkapital 1.150.000,00 EUR
★ MVG Märkische Verkehrsgesellschaft GmbH (99,27 %)
★ Märkische Kommunale Wirtschafts-GmbH (MKG) (0,5 %)
★ Stadt Plettenberg (0,23 %)

Lizenzen
★ DE: EIU Plettenberg DB – Plettenberg Mitte seit 1986, gültig bis 31.03.2062
★ DE: EVU-Zulassung (GV) seit 16.11.1995 (GV), gültig bis 31.03.2025

Infrastruktur
★ Plettenberg DB – Plettenberg Mitte (1,1 km)

Unternehmensgeschichte
Die MEG Märkische Eisenbahn-Gesellschaft mbH entstand 1975 durch die Fusion der Kreis Altenaer Eisenbahn AG (KAE) und der Plettenberger Kleinbahn AG. Die eigentliche Unternehmensgründung folgte am 20.05.1976 unter dem Dach der neuen Märkischen Verkehrsgesellschaft (MVG) mit Sitz in Lüdenscheid, welche wiederum aus der Iserlohner Kreisbahn und der Kraftverkehr Mark Sauerland hervorging.
Das heute von der MEG im Güterverkehr betriebene Streckenstück vom DB-Bahnhof Plettenberg (im Ortsteil Eiringhausen) zur Umladestelle „Plettenberg Mitte" ist das Reststück der ehemaligen Plettenberger Kleinbahn, einer Meterspurbahn, die zahlreiche Gleisanschlüsse der Plettenberger Industrie zwischen Eiringhausen und Plettenberg Oberstadt bediente. Der bis heute betriebene Streckenabschnitt war ursprünglich dreischienig ausgeführt; der Schmalspurteil wurde 1972 entfernt. Heute werden hier Ganzzüge oder einzelne Waggons mit Stahlprodukten wie Draht, Rundstahl und Coils unter die Krananlagen rangiert. Das Material wird auf Lkw umgeschlagen und im Nahverkehr den heute „anschlusslosen" Metallwerken zugestellt. Im Ausgang werden meist leere oder mit Schrott beladene Waggons zu Wagengruppen zusammengestellt und im Rahmen des Kooperationsvertrages mit DB Schenker Rail Deutschland AG einem Güterzug nach Hagen-Vorhalle beigestellt.
Verwaltung und Lokschuppen befinden sich in Plettenberg Mitte.

Verkehre
★ Güterverkehr auf der Stammstrecke
★ Die MEG hat zum 16.12.2002 im Rahmen eines Kooperationsvertrages mit DB Cargo die Bedienung der Güterverkehrsstellen Plettenberg, Finnentrop, Grevenbrück und Werdohl (einschließlich Mark Elverlingsen) an der Ruhr-Sieg-Strecke übernommen. Eingesetzt wird für diese Verkehre eine vom Hauptfrachtführer DB Cargo (inzwischen DB Schenker Rail Deutschland) angemietete und mit MEG-Personal besetzte Lok der BR 294.
★ Bereits zum 01.10.2000 hatte die MEG in Plettenberg an W (Sa) die Spätschicht von 14 bis 19 Uhr im Rangierdienst mit eigener Lok und Personal übernommen. Mit dem Kooperationsvertrag bleibt Plettenberg mit bedeutenden Betrieben der Stahlverarbeitung (u. a. für die Automobilindustrie) weiterhin als Tarifpunkt erhalten.

MEG / MME / MHG / MBB

Märkische Museums-Eisenbahn e. V. (MME) P I

Postfach 1346
DE-58813 Plettenberg
Telefon: +49 700 553462246
info@sauerlaender-kleinbahn.de
www.sauerlaender-kleinbahn.de

Management
* Klaus Koopmann (Vorstand)

Lizenzen
* DE: EIU Herscheid-Hüinghausen – Plettenberg Köbbinghauser Hammer seit 20.08.2001; gültig bis 31.12.2029
* DE: EVU-Zulassung (PV) seit 03.03.1999, gültig bis 31.12.2014; nur gültig auf der Strecke Herscheid-Hüinghausen – Plettenberg

Infrastruktur
* Herscheid-Hüinghausen – Plettenberg Köbbinghauser Hammer (2,3 km, 1.000 mm Spurweite)

Unternehmensgeschichte
Am 14.07.1982 wurde in Plettenberg der Verein Märkische Museums-Eisenbahn e. V. gegründet. Ausgelöst wurde die Gründung durch die Stilllegung der Inselbahnen Juist und Spiekeroog, bei denen noch Schmalspurfahrzeuge von Kleinbahnen des Sauerlandes im Einsatz gewesen waren. Diese wohl letzte Gelegenheit, Originalfahrzeuge in ihre Heimat zurückzuholen, zu restaurieren und auf einer Museumsbahnstrecke auf geeignetem Gelände in Betrieb zu zeigen, ließen sich die Gründungsmitglieder nicht entgehen, als entsprechende Waggons zum Verkauf anstanden. Die heute zwischen Mai und Oktober für touristische Verkehre genutzte Strecke der „Sauerländer Kleinbahn" entstand auf der ehemaligen Normalspurtrasse Plettenberg – Herscheid, die nach der 1969 vorgenommenen Einstellung des Verkehrs 1976 abgebaut worden war. Im Jahre 1984 übernahm der Verein das notwendige Gelände und legte darauf die derzeit 2,3 km lange Schmalspurstrecke an.

Verkehre
* Ausflugs-Personenverkehr

Magdeburger Hafen GmbH (MHG) G I

Postfach 1262
DE-39002 Magdeburg
Saalestraße 20
DE-39126 Magdeburg
Telefon: +49 391 5939-0
Telefax: +49 391 5616648
logistik@magdeburg-hafen.de
www.magdeburg-hafen.de

Management
* Karl-Heinz Ehrhardt (Geschäftsführer)

Infrastruktur
* Hafenbahn (40 km); betrieben nach BOA

Unternehmensgeschichte
Der Magdeburger Hafen kann auf eine mehr als hundertjährige Geschichte zurückblicken. 1893 wurde der Handelshafen eröffnet, 1911 der Industriehafen. 1932 kam dann durch den Bau des Schiffshebewerkes in Rothensee der Kanalhafen dazu. 2007 komplettiert der derzeit im Bau befindliche Hansehafen den Hafen. Betreiber der Ablagen ist die am 18.03.1992 gegründete Magdeburger Hafen GmbH (MHG), das derzeitige Umschlagvolumen der Magdeburger Häfen beträgt rund 3 Mio. t jährlich.
Die Hafenbahn wird als öffentliche Serviceeinrichtung betrieben. Über ein eigenes Gleisnetz mit 40 km Gleislänge und Verbindung zum öffentlichen Gleisnetz im Bahnhof Magdeburg-Rothensee ist das Hafen- und Industriegebiet im Norden der Stadt Magdeburg erschlossen.

Verkehre
* Güterverkehre auf eigener Infrastruktur sowie zum DB-Bahnhof Magdeburg-Rothensee

Mansfelder Bergwerksbahn e.V. (MBB) P I

Postfach 1155
DE-06305 Klostermansfeld
Hauptstraße 15
DE-06308 Benndorf
Telefon: +49 34772 27640
Telefax: +49 34772 30229
mansfelder@bergwerksbahn.de
www.bergwerksbahn.de

Management
* Thomas Fischer (Vorsitzender)

MBB / mcm logistics / Molli

Lizenzen
* DE: EIU Benndorf – Hettstedt-Kupferkammerhütte seit 30.06.1999
* DE: EVU-Zulassung (PV+GV); gültig vom 27.06.2014 bis 26.06.2029

Infrastruktur
* Benndorf – Hettstedt-Eduard-Schacht (9,8 km, Spurweite 750 mm), am 04.08.1994 von Mansfeld Transport GmbH (MTG) gekauft

Unternehmensgeschichte
Der Mansfelder Bergwerksbahn e.V. (MBB) wurde am 16.11.1991 von 16 Eisenbahnfreunden mit dem Ziel gegründet, einen Teil der Mansfelder Bergwerksbahn als Museumsbahn mit Werksbahncharakter zu erhalten. Ein Teil des ehemals umfangreichen 750 mm-Streckennetzes konnte 1994 erworben werden, doch seit finden schon seit 1990 mit Dampf- oder Dieselloks bespannte Ausflugsverkehre auf dem Netz der MBB statt.
Im Regelspurbereich dient die MBB einigen Unternehmen als einstellendes EVU.

Verkehre
* Ausflugsverkehre auf dem eigenen Streckennetz von Mai bis Oktober an Samstagen sowie ganzjährige Charterfahrten auf Bestellung

mcm logistics gmbh G

Barbarastraße 70
DE-46282 Dorsten
Telefon: +49 2362 98870-40
Telefax: +49 2362 98870-90
info@lth-gruppe.de
www.lth-gruppe.de

Niederlassung Halle (Saale)
Am Saalehafen 1
DE-06118 Halle (Saale)
Telefon: +49 345 68458-27

Management
* Matthias Junge (Geschäftsführer)
* Martin Theis (Geschäftsführer)

Gesellschafter
Stammkapital 25.000,00 EUR
* Matthias Junge (50 %)
* Martin Theis (50 %)

Unternehmensgeschichte
Die am 24.03.2009 gegründete mcm logistics GmbH von Matthias Junge aus Halle (Saale) und Martin Theis aus Dorsten übernimmt seit Jahreswechsel 2014 die Versorgung des Werkes der Dornburger Zement rund 70 südlich von Halle (Saale). Das auf zwei Jahre vergebene Paket umfasst Zementklinkertransporte sowie Hüttensandzüge. Mangels eigener Lizenz verkehren die Züge auf jener der Mansfelder Bergwerksbahn e. V. (MBB; bis 09.2014) bzw. der Schwestergesellschaft BS-W Bahnservice- und Werkstattdienste GmbH (seit 10.2014). Seit 2015 werden E-Loks aus dem Pool der CTL Logistics GmbH für die Langstreckentraktion genutzt.
Die mcm war außerdem mit Gründung 2011 an der Anhaltinisch-Brandenburgische Eisenbahngesellschaft mbH (ABEG) neben der Eisenbahngesellschaft Potsdam GmbH (EGP) beteiligt, hat ihre Anteile zwischenzeitlich veräußert.

Verkehre
* Zementklinkertransporte Bernburg (Schwenk Zement KG) / Deuna (Deuna Zement GmbH) / Geseke Süd (Zementwerk Milke) – Dornburg-Steudnitz (Dornburger Zement GmbH & Co. KG); 6-7 x pro Woche seit 01.01.2014 im Auftrag der Dornburger Zement GmbH & Co. KG; in den Wintermonaten weniger Leistungen; Traktion Bernburg – Köthen vergeben an Eichholz Eivel GmbH; Vorlauf in Geseke vergeben an DP Deutsche Privatbahn GmbH bzw. seit März 2014 in Eigenproduktion
* Hüttensandtransporte Oberhausen – Dornburg-Steudnitz (Dornburger Zement GmbH & Co. KG); 1 x pro Woche seit 01.01.2014 im Auftrag der Dornburger Zement GmbH & Co. KG; in den Wintermonaten weniger Leistungen; Vorlauf bis Oberhausen West vergeben an ThyssenKrupp Steel Europe AG (TKSE)
* Zementklinkertransporte Bernburg (Schwenk Zement KG) – Rheinhafen Andernach; 2 x pro Woche seit 01.01.2014 im Auftrag von Schwenk; in den Wintermonaten weniger Leistungen; letzte Meile vergeben an Brohltal-Schmalspureisenbahn-Betriebs-GmbH (BEG EVU)

Mecklenburgische Bäderbahn Molli GmbH P I

Am Bahnhof
DE-18209 Bad Doberan
Telefon: +49 38203 415-0
Telefax: +49 38203 415-12
reservierung@molli-bahn.de
www.molli-bahn.de

Molli / METRANS Rail (Deutschland)

Management
* Michael Mißlitz (Geschäftsführer)

Gesellschafter
Stammkapital 363.600,00 EUR
* Landkreis Bad Doberan (DBR) (63,3 %)
* Stadt Bad Doberan (19,7 %)
* Stadt Ostseebad Kühlungsborn (14,8 %)
* Streubesitz (2,2 %)

Lizenzen
* DE: EIU Ostseebad Kühlungsborn – Bad Doberan, gültig bis 20.02.2046
* DE: EVU-Zulassung (PV+GV) seit 28.09.1995, gültig bis 20.02.2021

Infrastruktur
* Ostseebad Kühlungsborn – Bad Doberan (15,4 km, Spurweite 900 mm)

Unternehmensgeschichte
Bereits seit 12.05.1910 verbindet eine Schmalspurbahn mit der in Deutschland ungewöhnlichen Spurweite von 900 mm das Ostseebad Kühlungsborn mit dem 15,4 km entfernten Bad Doberan. Seit 1920 hatte die Deutsche Reichsbahn die Betriebsführung inne, 1969 wurde der Güterverkehr eingestellt. Zum 01.10.1995 erfolgte die Privatisierung der Schmalspurbahn, bei der Anlagen und Betriebsmittel in die neu gegründete Mecklenburgische Bäderbahn Molli GmbH & Co. KG überführt wurden. Die heutige GmbH ist durch formwechselnde Umwandlung der Mecklenburgische Bäderbahn Molli GmbH & Co. KG gemäß Beschluss der Gesellschafterversammlung vom 09.06.2004 entstanden.
Die Strecke dient dem SPNV, der primär auf den Tourismus- und Ausflugsverkehr ausgerichtet ist. Pro Jahr befördert die Bahn rund 550 Fahrgäste (Stand 2009, 2008: 600.000). Im Sommer besteht ein deutlich dichterer Fahrplan als im Winter, es wird ausschließlich mit Dampfloks gefahren. Mit der am 10.07.2009 in Dienst gestellten 99 2324-4 ist auf dem „Molli" die erste seit fast fünfzig Jahren in Deutschland neugebaute Dampflokomotive unterwegs. Sie ist ein Nachbau der drei vorhandenen, 1932 in Dienst gestellten Schwestermaschinen der BR 99.32.

Verkehre
* SPNV Ostseebad Kühlungsborn – Bad Doberan; 92.000 Zugkm/a seit 01.10.1995 im Auftrag der VMV - Verkehrsgesellschaft Mecklenburg-Vorpommern mbH

METRANS Rail (Deutschland) GmbH G

Grimmaische Straße 13-15
DE-04109 Leipzig
Telefon: +49 341 99858174
www.metransrail.eu

Büro Hamburg
Köhlfleetdamm 5
DE-21129 Hamburg
Telefon: +49 40 3009349-801
Telefax: +49 40 3009349-999
mahler.roger@metransrail.eu

Management
* Roger Mahler (Geschäftsführer)
* Harald Heinz Rotter (Geschäftsführer)

Gesellschafter
Stammkapital 75.564,00 EUR
* METRANS, a.s. (100 %)

Lizenzen
* DE: EVU-Zulassung (PV+GV) seit 21.12.2010, gültig bis 31.08.2020

Unternehmensgeschichte
METRANS Rail (Deutschland) GmbH ist die deutsche EVU-Tochter der tschechischen METRANS. Die Gesellschaft setzt u.a. Fahrzeuge der Schwestergesellschaften ein. Per 28.03.2014 wurde der Sitz von Kirnitzschtal nach Leipzig verlegt. Vorausgehend wurde die Disposition der Deutschland-Verkehre per 01.12.2013 von Prag nach Hamburg verlagert und am 17.12.2013 die Gesellschaftsanteile auf die METRANS, a.s. überschrieben
Das Unternehmen hat mehrere Eigentümerwechsel hinter sich. Die ursprüngliche Transport-Schienen-Dienst GmbH (TSD) wurde als Gemeinschaftsunternehmen der EBM Eisenbahn-Verkehrs-Gesellschaft im Bergisch-Märkischen Raum mbH sowie der Hering Bau GmbH als Transportunternehmen im Bauzugsektor für Umsetzfahrten von Baumaschinen der Firma Hering am 23.08.2000 gegründet. Im September 2002 übernahmen die Privatpersonen Bernd Kerstein und Frank Zelinski die Anteile der EBM. Nach der Insolvenz der EBM sowie deren Schwesterunternehmen EBM Cargo GmbH & Co. KG übernahmen Anja Busam und Frank Zelinski im August 2004 die Gesellschafteranteile jeweils zur

METRANS Rail (Deutschland)

Hälfte und die Gesellschaft siedelte von Burbach nach Gummersbach um. Im Februar erfolgte die teilweise Übernahme von Gesellschafteranteilen durch Armin Haeck, so dass sich die Anteile nunmehr fast gleichmäßig auf alle drei Gesellschafter verteilten. Im Januar 2005 veräußerte Frank Zelinski seine Anteile an Petra Zelinski. Zum 01.10.2006 verkauften Frau Busam und Herr Haeck ihre Anteile an die Hochwaldbahn Service GmbH (HWB). Der Sitz wurde nach Krefeld verlegt, wo die Hochwaldbahn-Gruppe bis Ende 2008 einen Stützpunkt im dortigen Bahnbetriebswerk unterhielt. Der Fuhrpark wurde in den Lokpool der HWB-Unternehmensgruppe integriert, die seit 10.07.2008 100%-Eigentümer der TSD war. Bis zur Insolvenz der EBM / EBM Cargo waren alle Fahrzeuge bei EBM bzw. EBM Cargo eingestellt. Übergangsweise war die HWB einstellendes EVU von Juni 2004 bis 31.12.2005.

Die TSD hatte am 02.03.2009 Insolvenz angemeldet, die zwischenzeitlich mitarbeiter-, lok und verkehrslose Gesellschaft wurde per 21.12.2009 an die mittlerweile in METRANS Rail s.r.o. umfirmierte RailTransport s.r.o. verkauft und im Laufe des Jahres 2010 als EVU reaktiviert. Die Insolvenz wurde per 31.12.2009 aufgehoben.

Die Gesellschafterversammlung vom 02.06.2010 hat die Verlegung des Sitzes von Krefeld nach Kirnitzschtal beschlossen, am 03.11.2011 erfolgte die Umfirmierung in METRANS Rail (Deutschland) GmbH.

Im Rahmen interner Veränderungen hat die deutsche METRANS Rail ab Oktober 2013 das Geschäft umfangreich erweitert. Neben einem Rangierdienstleister im Hamburger Hafen ist in der Hansestadt nun auch eine eigene Deutschland-Disposition angesiedelt, die eine eigene Triebfahrzeugführermannschaft einsetzt. Die Mitarbeiter der METRANS Rail (Deutschland) stieg von vier im Oktober 2013 auf 70 im Juni 2014 und 82 im September 2014.

Die Gesellschafterversammlung vom 11.07.2014 hat die Erhöhung des Stammkapitals um 25.564,00 EUR auf 75.564,00 EUR zur Durchführung der Verschmelzung mit der METRANS (Deutschland) GmbH mit dem Sitz in Hamburg beschlossen.

Verkehre
- Aluminiumhydroxidtransporte Hamburg (Buss Hansa Terminal) – Schwandorf; 1 x pro Woche seit März 2014 Rangierdienst in Hamburg im Auftrag der Buss Hansa Terminal GmbH; Hauptlauf traktioniert DB Schenker Rail Deutschland AG
- Düngertransporte Lovosice [CZ] – Herbertingen; Spotverkehr seit 01.11.2011 im Auftrag der Advanced World Transport a.s. (AWT) unter durchgehender Nutzung der AWT-ER 20
- Düngertransporte Lovosice [CZ] – Saal; Spotverkehr seit Mai 2012 im Auftrag der Advanced World Transport a.s. (AWT) unter durchgehender Nutzung der AWT-ER 20
- KV-Transporte (Leercontainer) Praha Uhříněves [CZ] / Nýřany [CZ] – München-Riem / Regensburg / Nürnberg Hafen / Neuss / Hamburg; Spotverkehre seit Frühjahr 2008 im Auftrag der METRANS, a.s. in Kooperation mit der METRANS Rail s.r.o. in Tschechien
- KV-Transporte Bremerhaven – Nürnberg (Tricon) – München Riem (DUSS); 3 x pro Woche seit 01.07.2014 im Auftrag der METRANS, a.s.
- KV-Transporte Dunajská Streda [SK] – Rotterdam [NL]; 3 x pro Woche seit 04.10.2013 Traktion in Deutschland im Auftrag der METRANS (Danubia), a.s.
- KV-Transporte Hamburg (Eurokai, Buchardkai) – München Riem (DUSS); 3 x pro Woche seit 24.09.2012 im Auftrag der METRANS, a.s.; 2 x pro Woche zusätzlich seit 14.01.2013 und via Nürnberg (Tricon); 8 x pro Woche seit 01.07.2014
- KV-Transporte Hamburg – Leipzig-Wahren; 1 x pro Woche seit September 2012 im Auftrag der METRANS, a.s. (Companytrain für MSC); 3 x pro Woche seit Dezember 2012; 5 x pro Woche seit März 2013; aktuell 7 x pro Woche
- KV-Transporte Praha-Uhříněves [CZ] – Bremerhaven; 7 x pro Woche (Gegenrichtung 4 x pro Woche; Dreiecksverkehr mit Hamburg); seit 01.01.2015 in Eigentraktion im Auftrag der METRANS, a.s.
- KV-Transporte Praha-Uhříněves [CZ] – Duisburg (DIT); 3 x pro Woche seit 19.04.2012 im Auftrag der METRANS, a.s. in Kooperation mit der METRANS Rail s.r.o. in Tschechien; letzte Meile in Duisburg durch duisport rail GmbH
- KV-Transporte Praha-Uhříněves [CZ] – Hamburg; 26 x pro Woche (Gegenrichtung 28 x pro Woche; Dreiecksverkehr mit Bremerhaven); seit 01.01.2015 in Eigentraktion
- KV-Transporte Praha-Uhříněves [CZ] – Rotterdam (RSC Waalhaven) [NL]; 3 x pro Woche seit 06.09.2010 im Auftrag der METRANS, a.s. in Kooperation mit der METRANS Rail s.r.o. in Tschechien und der Rotterdam Rail Feeding B.V. (RRF) in den Niederlanden; 6 x pro Woche seit 13.06.2011; aktuell 7 x pro Woche
- KV-Transporte Praha-Uhříněves [CZ] – Schwarzheide – Hamburg; 3-4 x pro Woche geplant ab 15.06.2015 im Auftrag der METRANS, a. s. in Kooperation mit der METRANS Rail s.r.o. in Tschechien
- KV-Transporte Česká Třebová [CZ] – Bremerhaven; 9 x pro Woche (Gegenrichtung 5 x pro Woche; Dreiecksverkehr mit Hamburg); seit 01.01.2015 in Eigentraktion im Auftrag der METRANS, a.s.
- KV-Transporte Česká Třebová [CZ] – Hamburg; 16 x pro Woche (Gegenrichtung 22 x pro Woche; Dreiecksverkehr mit Bremerhaven); seit 01.01.2015 in Eigentraktion
- Rangierdienst in Bremerhaven; seit 01.10.2013
- Rangierdienst in Hamburg; seit 01.10.2013
- Rangierdienst in Nürnberg; seit 2013

metronom

metronom Eisenbahngesellschaft mbH ℗

St.-Viti-Straße 15
DE-29525 Uelzen
Telefon: +49 581 97164-0
Telefax: +49 581 97164-19
info@der-metronom.de
www.der-metronom.de

Management
* Jan Görnemann (technischer Geschäftsführer)
* Dipl.-Wirtschaftsing. (FH) Frank Höhler (kaufmännischer Geschäftsführer)

Gesellschafter
Stammkapital 500.000,00 EUR
* NiedersachsenBahn GmbH & Co. KG (NB) (69,9 %)
* BeNEX GmbH (25,1 %)
* Bremer Verkehrsgesellschaft mbH (BVG) (5 %)

Beteiligungen
* Niedersachsentarif GmbH (NITAG) (8,33 %)

Lizenzen
* DE: EVU-Zulassung (PV) seit 22.08.2002, gültig bis 22.08.2017

Unternehmensgeschichte
Im September 2001 vergab das Niedersächsische Verkehrsministerium die schnellen SPNV-Leistungen zwischen Hamburg und Bremen sowie Hamburg und Uelzen ohne vorherige Ausschreibungen an ein Konsortium aus OHE Osthannoversche Eisenbahnen AG, Bremer Straßenbahn AG (BSAG), Eisenbahnen und Verkehrsbetriebe Elbe-Weser GmbH (EVB) und Hamburger Hochbahn AG, die für den Betrieb am 11.02.2002 die MetroRail GmbH (MR) gründeten. Noch vor Aufnahme des Verkehrs war der Name des Unternehmens MetroRail aber bereits wieder Geschichte, denn die Gesellschafterversammlung vom 09.09.2003 beschloss die Umfirmierung in metronom Eisenbahngesellschaft mbH (ME). Als Hauptgrund für den Namenswechsel gab die Geschäftsführung die Vereinfachung des Sprachgebrauchs für die Fahrgäste an, da die Züge

metronom

ohnehin den Namen „metronom" trügen. Bereits ausgeliefertes Fahrzeugmaterial wurde nachträglich umgezeichnet. Außerdem solle durch den Namenswechsel Verwechslungen mit ähnlich bezeichneten Unternehmen vorgebeugt werden. Möglicherweise mag sich an dem Namen „MetroRail" ein großer Handelskonzern gestoßen haben.

In den Folgejahren erfolgten weitere Vergaben an metronom. Zunächst wurde im Dezember 2005 der Betrieb auf der Linie Göttingen – Hannover – Uelzen mit dem gewohnten „schnellen" Produkt ME (metronom) aufgenommen, das seit Dezember 2007 auch zwischen Hamburg und Cuxhaven verkehrt. Zum gleichen Zeitpunkt wurden von DB Regio auch die beiden RB-Linien von Hamburg nach Tostedt und Lüneburg/Uelzen übernommen, wofür man das „langsame" Produkt MEr (metronom regional) ins Leben rief. Die Länder Hamburg, Bremen und Niedersachsen haben zudem die Leistungen des neuen „Hanse-Netzes" im März 2010 mit Betriebsaufnahme noch im Dezember desselben Jahres an metronom vergeben. Das Netz umfasst (unter Einbeziehung der metronom-Bestandsverkehre) seither alle SPNV-Linien zwischen Bremen, Hamburg und Uelzen. Neu hinzugekommen ist dabei eine MEr-Verbindung zwischen Bremen und Hamburg, also mit Halt an allen Bahnhöfen. Diese ersetzt die bisherigen RB von DB Regio zwischen Bremen und Rotenburg sowie den o. g. MEr zwischen Tostedt und Hamburg. Auf allen bislang übernommenen Strecken konnte das Fahrgastvolumen u.a. durch den guten Service und das moderne Fahrzeugmaterial gesteigert werden. metronom besitzt weder eigene Fahrzeuge noch Instandhaltungsressourcen. Alle Lokomotiven und Wagen befinden als Eigentum der LNVG im landesweiten Fahrzeugpool und werden metronom für die Dauer der Verkehrsleistungen zur Verfügung gestellt. Das neu erbaute Betriebswerk im Norden von Uelzen wird durch die OHE betrieben. Die Wartung der Zugeinheiten wird von der OHE und durch Personal des Herstellers Bombardier durchgeführt.

Seit Dezember 2005 ist metronom das größte Eisenbahnverkehrsunternehmen Niedersachsens und beschäftigte im April 2010 rund 320 Mitarbeiter und beförderte täglich 80.000 Fahrgäste (33 Mio. im Jahr 2010).

Die Einführung des eigenen Vertriebssystems wurde Anfang Februar 2011 mit der Aufstellung und Inbetriebnahme der ersten eigenen Automaten sowie Anfang März mit den eigenen mobilen Terminals umgesetzt. Bis Ende April 2011 waren alle 107 Automaten in Betrieb.

Zum 06.09.2011 übernahm die Muttergesellschaft der BSAG die Gesellschafteranteile Bremens am metronom.

Im August 2014 gewann metronom die Ausschreibung „Elektro-Netz Niedersachsen-Ost" (ENNO) mit 2,1 Mio. Zugkm/a vom Dezember 2015 bis Dezember 2025 im Auftrag vom Zweckverband Großraum Braunschweig (ZGB), der Landesnahverkehrsgesellschaft Niedersachsen mbH (LNVG) sowie der Region Hannover. Die Fahrzeuge für die Metropollinie ENNO M 4 Wolfsburg – Hannover und ENNO M 65 Wolfsburg – Braunschweig – Hildesheim werden von der Regionalbahnfahrzeuge Großraum Braunschweig GmbH (RGB) gestellt.

Die Betriebsleistung der metronom erhöhte sich im Geschäftsjahr 2012 gegenüber dem Vorjahr um 5,7 Mio. EUR (4 %) auf 147,8 Mio. EUR und konnte so unter Berücksichtigung des Zinsergebnisses und der Steuern vor Ergebnisabführung einen Gewinn in Höhe von 6,870 Mio. EUR aus weisen.

Verkehre
★ SPNV Uelzen – Hannover – Göttingen; 2,75 Mio. Zugkm/a vom 11.12.2005 bis Dezember 2013 im Auftrag der Landesnahverkehrsgesellschaft Niedersachsen mbH (LNVG) und der Region Hannover; Verlängerungsoption bis Dezember 2015 gezogen
★ SPNV Hamburg – Cuxhaven; 1,39 Mio. Zugkm/a vom 09.12.2007 bis Dezember 2017 im Auftrag der Landesnahverkehrsgesellschaft Niedersachsen mbH (LNVG) sowie der Freien und Hansestadt Hamburg
★ SPNV „Hanse-Netz" mit 5,16 Mio. Zugkm/a vom 12.12.2010 bis Dezember 2018 im Auftrag der Landesnahverkehrsgesellschaft Niedersachsen mbH (LNVG) sowie der Freien und Hansestädte Bremen und Hamburg
  ME Hamburg – Bremen
  MEr Hamburg – Bremen
  ME Hamburg – Uelzen
  MEr Hamburg – Lüneburg/Uelzen
★ SPNV „Elektro-Netz Niedersachsen-Ost" (ENNO) mit 2,1 Mio. Zugkm/a vom Dezember 2015 bis Dezember 2025 im Auftrag vom Zweckverband Großraum Braunschweig (ZGB), der Landesnahverkehrsgesellschaft Niedersachsen mbH (LNVG) sowie der Region Hannover
  Metropollinie ENNO M 4 Wolfsburg – Hannover
  Metropollinie ENNO M 65 Wolfsburg – Braunschweig – Hildesheim

MEV / MKB

MEV Eisenbahn-Verkehrsgesellschaft mbH

Am Victoria Turm 2
DE-68163 Mannheim
Telefon: +49 621 72845-10
Telefax: +49 621 72845-27
info@m-e-v.de
www.m-e-v.de

Management
* Lutz Ludewig (Geschäftsführer)

Gesellschafter
Stammkapital 25.000,00 EUR
* HSM Management- und Beteiligungs GmbH (100 %)

Lizenzen
* DE: EVU-Zulassung (PV+GV); gültig vom 20.05.2010 bis 30.04.2025

Unternehmensgeschichte
Die zur HSM-Gruppe gehörende MEV Eisenbahn-Verkehrsgesellschaft mbH wurde am 09.09.1999 als CM 99123 Vermögensverwaltung GmbH in München gegründet und Name sowie der Sitz gemäß Gesellschafterbeschluss vom 28.10.1999 in MEV Eisenbahn-Verkehrsgesellschaft mbH und Ludwigshafen geändert. Die Gesellschafterversammlung vom 21.01.2003 hat die Verlegung des Sitzes nach Mannheim beschlossen. Die MEV ist heute ein führender Anbieter von qualifiziertem Bahnfachpersonal und betrieblichen Dienstleistungen für Eisenbahnen. Mit Schwestergesellschaften in Österreich, in der Schweiz und in den Niederlanden sind in den genannten Ländern und grenzüberschreitend über 600 Triebfahrzeugführer, Wagenmeister / Visiteure, Rangierpersonale, Disponenten und andere Bahnexperten tätig.
Die 2006 als Geschäftsbereich der MEV gegründete Lokführerschule bietet bahnbetriebliche Aus- und Fortbildungen sowie geförderte Weiterbildungsmaßnahmen zum Triebfahrzeugführer bzw. Wagenmeisteran und steht allen Interessierten offen.
Das Geschäftsjahr 2015 begann die MEV Deutschland mit 540 Mitarbeitern, Tendenz steigend.

Mindener Kreisbahnen GmbH (MKB)

Karlstraße 48
DE-32423 Minden
Telefon: +49 571 93444-0
Telefax: +49 571 93444-44
mkb@mkb.de
www.mkb.de

Management
* Dietmar Schweizer (Geschäftsführer)

Gesellschafter
Stammkapital 4.000.000,00 EUR
* Kreis Minden-Lübbecke (100 %)

Beteiligungen
* MKB-MühlenkreisBus GmbH (100 %)
* WestfalenBahn GmbH (WFB) (25 %)
* Verkehrsgesellschaft Landkreis Nienburg/Weser GmbH (VLN) (3 %)
* OWL Verkehr GmbH (1,6 %)

Lizenzen
* DE: EIU (Minden-Staatsbahnhof –) Minden-Oberstadt (– Todtenhausen) (– Uchte) seit 13.08.1897
* DE: EIU Minden-Friedrich-Wilhelm Straße – Kleinenbremen seit 23.08.1916
* DE: EIU Minden-Friedrich-Wilhelm-Straße – Aminghausen seit 06.11.1985
* DE: EIU Minden-Oberstadt – Hille Hafen (– Eickhorst) seit 05.06.1901 (– Lübbecke-Staatsbahnhof) seit 03.10.1906
* DE: EIU für Anschlussgleise
* DE: EVU-Zulassung (PV+GV) seit 18.06.1996, befristet bis 31.12.2038

Infrastruktur
* Minden-Friedrich-Wilhelm Straße – Kleinenbremen (12,0 km)
* Minden-Friedrich-Wilhelm Straße – Minden Oberstadt (Reststück der Linie nach Uchte; 3,0 km)

MKB

* Minden-Oberstadt – Hille Hafen (Reststück der Linie nach Lübbecke; 14,8 km);
* Minden-Friedrich-Wilhelm Straße – Aminghausen (1985 neu errichtete Linie zur Erschließung eines Industriegebietes; 1,8 km)
* Anschlussgleis Minden Osthafen (2,5 km)
* Anschlussgleis Minden Abstiegshafen (1,3 km)
* Anschlussgleis Minden Westhafen (1,0 km)

Unternehmensgeschichte
Die heutige Mindener Kreisbahnen GmbH (MKB) kann auf eine über 100-jährige Geschichte zurückblicken. Auf Betreiben des Kreises Minden erfolgte 1898 die Gründung eines Eigenbetriebes des damaligen Kreises Minden, um abseits der Staatsbahnstrecke gelegenen Teilen der Region günstigere Transportmöglichkeiten zu bieten und sie mit der Kreisstadt Minden zu verbinden. Aus Kostengründen fiel die Entscheidung für den Bau meterspuriger Kleinbahnen entsprechend den Bestimmungen des preußischen Kleinbahngesetzes vom 28.07.1892.
Die erste Strecke der Mindener Kreisbahnen, die Verbindung von Minden nach Uchte, wurde am 04.12.1898 eröffnet. Am 01.03.1903 folgte mit Minden-Oberstadt – Eickhorst der erste Abschnitt der späteren Strecke nach Lübbecke. Dessen Verlängerung nach Lübbecke war am 01.07.1907 abgeschlossen. Die dritte Strecke der MKB wurde am 01.08.1915 eröffnet. Es handelte sich dabei um eine in Kutenhausen von der Strecke nach Uchte abzweigende Stichbahn nach Wegholm. Die ursprünglich vorgesehene Verlängerung nach Rahden unterblieb. Zum Anschluss einer Erzgrube entstand am 01.07.1918 die Strecke Minden – Nammen, die drei Jahre später, am 01.05.1921, nach Kleinenbremen verlängert wurde. Auch hier kam es nicht zur projektierten Verlängerung, die in diesem Fall nach Rinteln geführt hätte.
Schon bald zeigte sich der Hauptnachteil der Entscheidung für den Bau schmalspuriger Strecken – die dadurch nötige zeit- und kostenintensive Umladung aller für die Staatsbahn bestimmten Güter. Zahlreiche Gleisanschlüsse im Stadt- und Hafengebiet Mindens wurden daher bereits in den 20er-Jahren mit Dreischienengleisen ausgestattet, so dass sowohl normal- als auch schmalspurige Wagen zugestellt werden konnten. Die Strecken nach Kleinenbremen und Uchte wurden in den Jahren 1935/36 bzw. 1949/50 ebenso mit Dreischienengleisen ausgestattet. Die Strecke nach Lübbecke sowie die Stichbahn nach Wegholm wurden 1956/57 bzw. 1953/54 komplett auf Normalspur umgebaut, woraufhin der Schmalspurbetrieb der MKB eingestellt wurde. Die dritte bzw. mittlere Schiene der übrigen Streckenabschnitte wurde in den Folgejahren entfernt.
Zunehmende Konkurrenz durch den Individualverkehr machte auch der MKB ab den 1950er-Jahren zu schaffen. So wurde bereits 1959 der SPNV der Stichbahn nach Wegholm eingestellt und im Zeitraum von 1962 bis 1974 ereilte auch die übrigen MKB-Strecken dieses Schicksal. Auch der Güterverkehr vermochte Teilen der Kleinbahnstrecken keine schwarzen Zahlen zu bringen, so dass es am 01.10.1972 zur Gesamtstilllegung des Streckenabschnitts Hille-Hafen – Lübbecke kam. Kutenhausen – Wegholm folgte am 31.12.1975, Uchte – Kreuzkrug am 31.12.1977 und Kreuzkrug – Todtenhausen am 01.12.1980.
Parallel dazu baute die seit 01.01.1978 als GmbH firmierende MKB ein großes Busnetz auf, das heute eine wichtige Rolle im ÖPNV des Kreises Minden-Lübbecke spielt.
Güterverkehr findet u. a. im Stadtgebiet von Minden statt, wo sich zahlreiche Anschlussgleise befinden. Zudem wird der am Mittellandkanal gelegene Hafen in Hille bedient. Die Strecke nach Kleinenbremen dient hingegen touristisch orientierten Sonderzugverkehren zur ehemaligen Eisenerzgrube „Wohlverwahrt" und wird ab der Güterverkehrsstelle Nammen bei Bedarf auch im Güterverkehr befahren. Die Strecke nach Todtenhausen ist seit Ende 1999 nördlich von Minden-Oberstadt außer Betrieb und wurde mit Genehmigung vom 12.10.2006 stillgelegt. Das Hauptstandbein der MKB-Bahnsparte ist jedoch bereits seit Ende der 1990er-Jahre der schwere Güterverkehr auf DB-Gleisen. So übernahm die MKB ab 1997 die Versorgung des Gemeinschaftskraftwerks Veltheim (GKV) an der Strecke Löhne – Hameln mit Importkohle bis zu dessen Schließung am 31.12.2005. In den Jahren 2001 bis 2004 wurde zudem für die damalige Afzet-Container-Transport-Service Nederland B.V. (ACTS) ein wöchentliches Zugpaar mit Wertstoffen auf dem Abschnitt Bad Bentheim – Spreewitz traktioniert.
Im Jahr 2003 beschaffte die MKB zwei neue Lokomotiven der Typen DE-AC33C (Bombardier) und G 1700-2 BB (Vossloh), wovon die DE-AC33C nach dem Einbruch der Verkehrsleistungen Ende 2005 nicht voll ausgelastet war und zwischenzeitlich an andere Bahnunternehmen vermietet und Mitte 2010 schließlich verkauft wurde. Mit der G 1700-2 BB von Vossloh werden seit 2003 vorrangig die Transporte eines chemischen Produkts in das niedersächsische Steyerberg durchgeführt.
Am 06.11.2006 hat die MKB einen neuen Verkehr von Minden-Hahlen nach Stadthagen aufgenommen. Von Montag bis Freitag werden bei diesem Neuverkehr für einen Logistikdienstleister Paletten mit Spirituosen in vierachsigen Güterwagen befördert. In Stadthagen wird die Ware dann in einem zum Logistikzentrum umgerüsteten ehemaligen Produktionsgebäude der Otis GmbH & Co. OHG zwischengelagert und von dort aus distributiert. Seit März 2012 fährt die MKB zudem mit einer angemieteten E-Lok Containerverkehre aus dem Mindener Hafen nach Hamburg und Bremerhaven.
In den vergangenen Jahren konnte die MKB die beförderte Fracht stetig steigern, v.a. durch Verkehre

MKB / MRCE

außerhalb des eigenen Netzes:
* 2014: 530.000 t; 73,300 Mio. tkm
* 2013: 487.000 t; 64,800 Mio. tkm
* 2012: 487.000 t; 60,228 Mio. tkm
* 2011: 270.000 t; 14,930 Mio. tkm
* 2010: 217.000 t; 14,220 Mio. tkm

Mit der Vergabe von SPNV-Leistungen an die Beteiligung WestfalenBahn GmbH (WFB) ist die MKB seit dem 09.12.2007 mittelbar auch auf der Schiene wieder Personenbeförderungsunternehmen. 2012 konnte die WFB weitere Netze dazugewinnen. Die MKB baut mit einer Investitionssumme von rund 10 Mio. EUR für die WFB als zukünftigen Mieter das neue „Bahnbetriebswerk Minden II". Hier wird ab der 2. Jahreshälfte 2015 die Wartung der 13 neuen sechsteiligen Doppelstocktriebwagen der Bauart „KISS" des Herstellers Stadler Pankow GmbH erfolgen.
Verwaltung und Fahrzeugwerkstatt der MKB befinden sich seit 1978 am MKB-Bahnhof Minden-Friedrich-Wilhelm-Straße.
Im Dezember 2014 hatte die MKB-Gruppe 94 Mitarbeiter, 45 davon waren davon bei der Mindener Kreisbahnen GmbH angestellt. Die Bahnsparte hat 13 Mitarbeiter, die überwiegend dort tätig sind. Dazu kommen noch Mitarbeiter, die in Verwaltung und Werkstatt Teilaufgaben übernehmen.

Verkehre
* Gütertransporte auf dem MKB-Netz
* Chemietransporte (Paraxylol) Köln-Wesseling – Steyerberg (Oxxynova GmbH); 1 x pro Monat seit 2008; Traktion bis Köln-Eifeltor an RheinCargo GmbH & Co. KG (RHC) vergeben
* Chemietransporte (Paraxylol) Stendell (PCK Raffinerie GmbH) – Steyerberg (Oxxynova GmbH); bis zu 4 x pro Monat seit September 2009
* Chemietransporte (Paraxylol) im Nachlauf zwischen Minden Gbf und Steyerberg als Auftragsunternehmen für RBH Logistics GmbH; Spotverkehr seit 01.01.2015
* Gütertransporte mit Produkten der Berentzen-Gruppe Minden-Hahlen – Stadthagen; bis zu 5 x pro Woche seit 06.11.2006 im Auftrag der NOSTA-Transport GmbH
* KV-Transporte Minden Hafen – Bremerhaven; 2 x pro Woche seit 02.03.2012 im Auftrag der Tevex Logistics GmbH, letzte Meile durch Railportfeeder erbracht
* KV-Transporte Minden Hafen – Hamburg; 1-2 x pro Woche seit 07.03.2012 im Auftrag der Tevex Logistics GmbH, letzte Meile durch Railportfeeder erbracht
* Schottertransporte Porta Westfalica-Nammen (Barbara Erzbergbau) – verschiedene Empfangsstellen; Spotverkehre mit Traktion bis Minden Gbf (Übergabe an Dritte) seit April 2008

Mitsui Rail Capital Europe GmbH (MRCE)

Landsberger Straße 290
DE-80867 München
Telefon: +49 89 818867-100
Telefax: +49 89 818867-999
contact@mrce.eu
www.mrce.eu

Management
* Jun Aketa (Geschäftsführer)
* Rainer Beller (Geschäftsführer, CTO)
* Toshimasa Furukawa (Geschäftsführer)
* Masayoshi Hosoya (Geschäftsführer)
* Nobuyuki Kobayashi (Geschäftsführer)
* Masanari Nagai (Geschäftsführer)
* Michihiro Nose (Geschäftsführer)
* Yasushi Shimizu (Geschäftsführer)
* Mitsuru Yasuhara (Geschäftsführer)

Gesellschafter
Stammkapital 2.000.000,00 EUR
* Mitsui & Co. Ltd. (100 %)

Lizenzen
* DE: EVU-Zulassung (PV+GV) seit 05.07.2002, gültig bis 01.08.2017

Unternehmensgeschichte
Mit wandelnden Anforderungen potentieller Kunden an die Einsatzdauer und kurzfristige Verfügbarkeit von Lokomotiven wurde die kurz- und langfristige Vermietung von Lokomotiven für den Schienenfahrzeugbereich der Siemens AG Ende der 1990er-Jahre zunehmend interessant. Zwölf im Juni 1999 als Folge einer stornierten Bestellung aus Norwegen zurückgekehrte, 1996 im damaligen Siemens-Werk Kiel gebaute Diesellokomotiven bildeten unter der Bezeichnung „dispolok" vermarkteten Mietfahrzeugpools. Zu dessen Angebot zählen auch damit verbundene Service- und Wartungsleistungen sowie die Möglichkeit, gebrachte Fahrzeuge aus dem Pool zu erwerben.
Zur eindeutigen Trennung der somit neu entstandenen Geschäftsbereiche vom klassischen Schienenfahrzeugbau wurde mit

MRCE / MEG

Gesellschaftsvertrag vom 02.01.2001 und Handelsregistereintrag vom 19.01.2001 die Siemens Dispolok GmbH mit Sitz in München gegründet. Anteilseigener war zu 100 % die Siemens Beteiligungen Inland GmbH, eine Tochtergesellschaft der Siemens AG.
Ab 2001 wurden durch Siemens in den Werken München-Allach und Linz schrittweise zahlreiche Lokomotiven der Typen ES 64 U2, ES 64 F4 und ER 20 für den Einsatz im dispolok-Pool gebaut, wodurch die Siemens Dispolok GmbH schnell zu einem der größten Schienenfahrzeugvermieter avancierte. Im September 2006 waren etwa 100 Fahrzeuge im dispolok-Pool. Am 21.09.2006 gaben Siemens und der japanische Mischkonzern Mitsui & Co Ltd. bekannt, die Siemens Dispolok GmbH nach Abschluss der dazu nötigen rechtlichen Genehmigungsverfahren an Mitsui zu verkaufen. Im Vorgriff auf den schließlich zum 04.12.2006 vollzogenen Eigentümerwechsel wurde mit Handelsregistereintrag zum 30.09.2006 die Unternehmenbezeichnung in Dispolok GmbH geändert. Das Unternehmen besteht unter Mitsui-Regie rechtlich selbständig fort und wird in den kommenden Jahren unter anderem durch die Beschaffung von 50 Siemens-Lokomotiven bis 2009 weiter ausgebaut.
Die Gesellschafterversammlung der Dispolok GmbH vom 24.01.2008 hat die Änderung des Firmennamens in MRCE Dispolok GmbH beschlossen. Seit 07.03.2013 firmiert die Gesellschaft als Mitsui Rail Capital Europe GmbH, das „Dispolok" verschwand nun völlig.
Seit 24.09.2009 nutzt das Unternehmen auch das eigene EVU zur Trassenbestellung von Überführungsfahrten. Zuvor war damit die RSE Rhein-Sieg-Eisenbahn GmbH, zeitweise auch die Internationale Gesellschaft für Eisenbahnverkehr IGE GmbH & Co. KG, beauftragt worden.
Aus Platzgründen können wir keine komplette Lokliste abbilden. Die Fahrzeuge sind aber in den Bestandslisten der jeweiligen Mieter mit einem Hinweis aufgeführt.

Verkehre
* Überführungsfahrten

Mitteldeutsche Eisenbahn

Mitteldeutsche Eisenbahn GmbH (MEG) G

Postfach 14 61
DE-06204 Merseburg
bei Dow Olefinverbund GmbH / Bau A 103
DE-06258 Schkopau
Telefon: +49 3461 49-2249
Telefax: +49 3461 49-6390
Hotline: +49 3461 49 5807
mkoch@meg-bahn.de
www.meg-bahn.de

Standort Böhlen
Nordstraße 3, Bau 29/27
DE-04564 Böhlen

Standort Rüdersdorf
Ernst-Thälmann-Straße 9
DE-15562 Rüdersdorf

Management
* Dipl.-Ing. Michael Koch (Geschäftsführer)
* Dr.-Ing. Jürgen Sonntag (Geschäftsführer)

Gesellschafter
Stammkapital 100.000,00 EUR
* DB Schenker Rail AG (80 %)
* Transpetrol GmbH Internationale Eisenbahnspedition (20 %)

Lizenzen
* DE: EVU-Zulassung (PV+GV); gültig vom 12.03.2014 bis 11.03.2029
* DE: Sicherheitsbescheinigung, Teil A und B; gültig seit 30.11.2011

Unternehmensgeschichte
Das zwischen Halle (Saale) und Merseburg gelegene Schkopau ist seit Eröffnung der Buna Werke im Jahre 1938 ein bedeutender Standort der chemischen Industrie. 1995 übernahm der Konzern Dow Chemical die umfangreichen Werksanlagen in Schkopau, einen Teil der einige Kilometer südlich gelegenen Leuna-Werke sowie Anlagen in Teutschenthal und im südlich von Leipzig gelegenen Böhlen. 1997 schrieb Dow Chemical den bisher konzernintern erbrachten Betrieb der

MEG

Anschlussbahnen in Schkopau und Böhlen öffentlich aus. Den Zuschlag erhielt eine Bietergemeinschaft der damaligen DB Cargo AG und der Transpetrol GmbH Internationale Eisenbahnspedition, die daraufhin die Mitteldeutsche Eisenbahngesellschaft mbH (MEG) als gemeinsame Tochtergesellschaft gründeten. Zum 01.10.1998 übernahm die MEG Personal, Material und Betrieb der beiden zur damaligen Dow Chemical-Tochtergesellschaft BSL Olefinverbund GmbH gehörenden Anschlussbahnen Schkopau und Böhlen.
Seit 01.07.2000 wird auch die Anschlussbahn der Rüdersdorfer Zement GmbH durch die MEG bedient. Im Oktober desselben Jahres nahm die MEG, die seit 16.08.1999 über die Zulassung als öffentliches EVU verfügt, in Form von Zementganzzügen zwischen Rüdersdorf und Rostock-Seehafen erste regelmäßige Transporte außerhalb der Anschlussbahnen auf. Die für die Rüdersdorfer Zement GmbH und Readymix Handel & Transport GmbH – bzw. seit deren Integration in die CEMEX-Gruppe im März 2005 für die CEMEX Logistik GmbH – erbrachten Leistungen wurden in Folge ausgebaut.
Die MEG ist eine Produktionsgesellschaft in der Region Central der DB Schenker Rail AG und erbringt im Auftrag der Marktbereiche Güterverkehrsleistungen im Güternah- und bundesweiten Güterfernverkehr.
Im Nahbereich um ihre Anschlussbahnstandorte ist die MEG regionaler Kooperationspartner der DB Schenker Rail:
* von Böhlen aus: Borna, Frohburg und Espenhain
* von Schkopau aus: Braunsbedra, Querfurt und Großlehna

Seit Dezember 2003 übernimmt die MEG die bahnseitige Kohleversorgung des e-on-Kraftwerks Schkopau sowie die Reststoffentsorgung dieses Kraftwerks.
Seit 01.01.2006 befördert die MEG Mineralölganzzüge zwischen Stendell und Rhäsa bei Nossen. Auf dem nicht elektrifizierten Abschnitt Cossebaude bzw. Riesa – Rhäsa fährt DB Schenker Rail Deutschland.
Seit 2007 übernimmt die MEG zunehmend (kurzfristige) Güterverkehre der DB Schenker Rail für alle Marktbereiche sowie für die DB Netz AG die Bespannung von Hilfs- und Messzügen. Im Jahr 2014 konnte die MEG für den DB-Konzern die Traktion von Containerganzzügen von Leipzig nach Maschen, Hamburg und Bremerhaven aufnehmen. Ebenfalls von Leipzig ausgehend werden Pkw-Ganzzüge erbracht. Waren dies zunächst Teilleistungen ist die MEG seit Dezember 2014 für alle Transporte nach Bremerhaven und Emden zuständig.
Die Transportmenge der MEG entwickelte sich wie folgt:
* 2007: 17,53 Mio. t
* 2009: 19,2 Mio. t
* 2010: 17,4 Mio. t
* 2011: 18,6 Mio. t
* 2012: 18,4 Mio. t
* 2013: 19,3 Mio. t
* 2014: 19,3 Mio. t

Im März 2014 hatte das Unternehmen 284 Mitarbeiter.

Verkehre
* Anschlussbahnbetrieb Böhlen für Dow Olefinverbund GmbH seit Oktober 1998
* Anschlussbahnbetrieb Schkopau für Dow Olefinverbund GmbH seit Oktober 1998
* Anschlußbahnbetrieb Zementwerk Rüdersdorf für CEMEX OstZement GmbH seit Mitte 2000
* Reststofftransporte Buna-Werke – Lochau; seit Dezember 2003
* Zwischenwerksverkehr zwischen Buna Werke und Böhlen für Dow Olefinverbund GmbH
* Chemietransporte Buna-Werke (DOW) – Sluiskil (DOW) [NL]; Bespannung auf dem Abschnitt von Buna-Werke bis Hamm seit 10.03.2008
* Gütertransporte ausgehend von Böhlen und Buna Werke
* KV-Transporte Leipzig-Mockau – Bremerhaven; seit 01.01.2013
* KV-Transporte Maschen – Leipzig-Mockau; seit Frühjahr 2012
* Kohletransporte Wählitz – Buna Werke; seit Dezember 2003
* Materialpendelfahrten Berlin-Schöneweide – Berlin-Wannsee sowie Berlin-Friedrichsfelde bei Bedarf; seit 15.06.2009 im Auftrag der S-Bahn Berlin GmbH
* Mineralöltransporte Stendell – Rhäsa; seit Dezember 2007 Traktion bis Cossebaude
* Pkw-Transporte (Porsche) Leipzig – Bremerhaven / Emden; Teilleistungen seit März 2014, komplettes Aufkommen seit Dezember 2014
* Zementtransporte Rüdersdorf – Regensburg; seit April 2002
* Zementtransporte Rüdersdorf – Rostock Seehafen; seit Oktober 2000 im Auftrag der DB Schenker Rail Deutschland AG; von Januar 2012 bis November 2013 wegen Bauarbeiten nach Wismar Hafen
* Rangierverkehre Regensburg Hafen; seit April 2002
* Rangierverkehre Rostock Seehafen; seit Oktober 2000

Mittelweserbahn GmbH (MWB)
G

Bahnhofstraße 2
DE-27305 Bruchhausen-Vilsen
Telefon: +49 4252 9386-0
Telefax: +49 4252 9386-5000
info@mittelweserbahn.de
www.mittelweserbahn.de

Management
★ Dipl.-Kfm. Wolfgang Birlin (Geschäftsführer (bis xx. xx.2015))

Gesellschafter
Stammkapital 2.348.250,00 EUR
★ Eisenbahnen und Verkehrsbetriebe Elbe-Weser GmbH (evb) (99,99 %)
★ Mittelweserbahn GmbH (MWB) (0,01 %)

Beteiligungen
★ Logistic on Rail GmbH (LOR) (100 %)
★ RCL Rail Creative Logistics GmbH (100 %)
★ MWB Bahnlogistik GmbH (18,42 %)
★ Verkehrsbetriebe Grafschaft Hoya GmbH (VGH) (0,7 %)
★ Mittelweserbahn GmbH (MWB) (0,01 %)

Lizenzen
★ DE: EVU-Zulassung (PV+GV); gültig vom 18.10.1999 bis 17.10.2029

Unternehmensgeschichte
Keimzelle der heute europaweit agierenden Mittelweserbahn ist eine traditionsreiche Museumsbahn, die auf schmalspurigen Gleisen zwischen den Orten Bruchhausen-Vilsen und Asendorf in Niedersachsen verkehrt. Die Möglichkeiten der Bahnreform wurden auch von einigen Aktiven des Deutschen Eisenbahn-Vereins (DEV) als Betreiber dieser Museumsbahn genau verfolgt. Ursprünglich als Versuchsballon gedacht, wurde in den 1990er Jahren damit begonnen, beim DEV vorhandene Ressourcen in Form von Kleinlokomotiven und zugehörigen Personalen frei zu vermarkten. Die in diesem neuen Geschäftsfeld erwirtschafteten Gewinne hätten direkt dem DEV für den Erhalt der Museumseisenbahn zufließen können. Eine nähere Betrachtung ergab jedoch eine Diskrepanz zwischen dem DEV als gemeinnützigen Verein und einem gewinnorientierten Eisenbahnverkehrsunternehmen (EVU).

Ein Kreis von vier aktiven Mitgliedern des DEV beschloss aus diesem Grund die Gründung einer GmbH zum Zwecke des Erbringens von Eisenbahnverkehrsleistungen. Den geografischen Bezug herstellend wurde das am 26.11.1998 gegründete Unternehmen als „Mittelweserbahn Gesellschaft für Verkehr und Technik mbH" in das Handelsregister eingetragen. Zunächst hatte das Unternehmen neben zwei ehrenamtlichen Geschäftsführern nur drei Lokführer als Angestellte. Mangels eigener EVU-Zulassung wurden die ersten Geschäftsaktivitäten noch auf Basis der Lizenz des Fleckens Bruchhausen-Vilsen durchgeführt, der EVU bzw. EIU der Museumsbahn Bruchhausen-Vilsen ist. Seit 18.10.1999 verfügt die MWB über eine eigene Zulassung als EVU.

Bei Gründung der Mittelweserbahn erwies sich die Markteintrittsbarriere im Arbeitszugsegment als am niedrigsten. Schon eine einzige Rangierlokomotive ließ sich im Bauzugdienst sinnvoll vermarkten, während für den Aufbau von umfassenden Güterverkehrskonzepten größere personelle, materielle und vor allem finanzielle Anstrengungen notwendig sind.

Die Mittelweserbahn benötigte im Herbst 1999 zur Abdeckung eines Spitzenbedarfs eine leistungsfähige Leihlokomotive und erhielt, persönliche Kontakte nutzend, schnell und unbürokratisch Unterstützung von der DB Regio AG. Deren Werk Stendal stellte eine Reichsbahn-V 100 mietweise zur Verfügung. Die „V 1201" war wenig später die erste offiziell vom DB Regio-Werk Stendal an ein privates EVU verkaufte Lok.

Der Einstieg der MWB in den Schienengüterverkehr als zweites Standbein erfolgte sukzessive über Pilotprojekte wie zum Beispiel den Transport von Stammholz aus Mecklenburg zu unterschiedlichen Sägewerken. Das Engagement der MWB beschränkt sich nicht nur auf die Bundesrepublik Deutschland: So war sie bis Jahresende 2009 an der am 22.08.2001 gegründeten Bahnspedition Salzburger Eisenbahn Transport Logistik GmbH (SETG) mit Sitz in Salzburg beteiligt. Die MWB ist zudem Gesellschafter der aktuell nicht mehr aktiv tätigen Bahnspeditionen Rhein-Weser-Bahnspedition GmbH (RWB, per 08.07.2011 auf MWB verschmolzen) und Log-o-Rail Gesellschaft für Schienenlogistik mbH (LoR, im Herbst 2010 umfirmiert in LOR Logistic on Rail GmbH) sowie seit 03.07.2003 der mehrheitlich kommunalen Verkehrsbetriebe Grafschaft Hoya GmbH (VGH). Die Beteiligung an der Baumann K3 Logistik GmbH (K3L) besteht hingegen seit 31.12.2005 nicht mehr.

Die oben genannten Bahnspeditionen waren Träger eines Netzwerkes für Einzelwagen und Wagengruppen, das die SETG unter dem Markennamen „ECCO-CARGO" und die LoR als „Chemliner" vermarkteten. Die MWB gehörte neben der EBM Cargo GmbH & Co. KG mit zu den EVU-seitigen Initiatoren des im Juni 2003 gestarteten Netzwerkes, das sich seitdem kontinuierlich ausdehnt. Mittlerweile sind neben der MWB gut 20

MWB

weitere EVU in die Zugleistungen zwischen Dänemark und Österreich involviert. Für die Umsetzung des Konzeptes war die Einführung der elektrischen Zugförderung für den Hauptlauf betriebswirtschaftlich notwendig. Mit zwei Lokomotiven des ÖBB-Typs 1116 der Firma Siemens wurden MWB-seitig Fahrzeuge beschafft, welche die traktionstechnische Grundlage dieses Verkehrs bildeten. Im Januar 2010 wurden die Verkehre der Log-o-Rail durch die Transpetrol GmbH übernommen, die SETG hatte sich bereits vorher aus dem Netzwerk verabschiedet.

Als Personaldienstleister existiert seit März 2000 die Mittelweserbahn Bahnlogistik GmbH, eine Tochtergesellschaft der MWB. Die MWB Bahnlogistik stellt Personal für alle Bereiche des Eisenbahnbetriebes vom Logistiker über Arbeitszugführer bis zum Stellwerkspersonal. Seit Mai 2006 war man zudem an der NbE Bahnlogistik GmbH beteiligt, die über ein gleiches Geschäftsportfolio verfügte. Mit Vertrag vom 13.08.2009 wurde die Gesellschaft jedoch wieder auf die MWB Bahnlogistik verschmolzen.

Mit der NbE zusammen war die MWB bis 2013 auch Gesellschafter der gemeinsamen Werkstatt- und Instandhaltungsgesellschaft LokService24 GmbH mit Sitz in Aschaffenburg.

Rückwirkend zum 01.01.2006 hatte sich das mittelständische Familienunternehmen Stahlberg Roensch GmbH & Co. KG (SR) aus Seevetal an der MWB beteiligt. Im Rahmen des Anteilserwerbs brachte SR auch sämtliche EVU-Aktivitäten in die MWB ein. Dazu gehörten zehn Lokomotiven und die Personale der RCN Logistik GmbH. Mit dem Verkauf des Großteiles der Geschäftstätigkeiten der SR an Vossloh zog sich SR auch aus der MWB zurück. Die Gesellschafteranteile (68,12 %) der SR an der MWB sowie sämtliche Anteile an der Schwesterfirma MWB Locomotives GmbH übernahm Hans-Peter Kempf. Letztere wurde zum 29.08.2011 auf die MWB verschmolzen.

Mit Notarvertrag vom 21.09.2010 hat die Eisenbahnen und Verkehrsbetriebe Elbe-Weser GmbH (evb) die Mehrheitsanteile an der MWB erworben. Die evb-Güterverkehre werden seitdem gemeinsam mit den Aktivitäten der MWB von Bruchhausen-Vilsen aus disponiert, um Synergieeffekte zu nutzen. Der moderne Wartungsstützpunkt für Schienenfahrzeuge der evb in Bremervörde wird verstärkt die MWB-Loks betreuen.

Im April 2013 verfügte die MWB über einen Personalstamm von ca. 135 Mitarbeitern und Auszubildenden exklusive der Tochterfirmen. Zum 28.03.2014 übernahm die evb auch die bislang noch durch die Firmengründer Hans-Peter Kempf (5 %) und Christian Speer (0,73 %) gehaltenen Anteile und ist somit einschließlich der durch die MWB selbst gehaltenen 0,01 %-Beteiligung Alleineigentümer des Unternehmens. Hans-Peter Kempf schied außerdem kurz nach seinem 60sten Geburtstag nach fast 15-jähriger Tätigkeit bei der MWB per 31.08.2013 als Geschäftsführer der MWB sowie deren Tochtergesellschaften aus. In naher Zukunft ist ein weiteres Zusammenwachsen von evb und MWB angedacht. Die Güterverkehre der beiden Unternehmen werden zunehmend in der Sparte „evb Logistik" gebündelt.

Verkehre
* AZ-Verkehr
* Aluminiumtransporte Dormagen-Nievenheim – Nachterstedt-Hoym; 7 x pro Woche seit 01.07.2012 Traktion ab Magdeburg (Übernahme von Bräunert Eisenbahnverkehr GmbH & Co. KG) im Auftrag der Transpetrol GmbH Internationale Eisenbahnspedition; 8 x pro Woche seit 01.10.2014
* Getreidetransporte Bremen / Delmenhorst – Rechterfeld (Mega Tierernährung GmbH & Co. KG); Spotverkehre seit Herbst 2008 im Auftrag unterschiedlicher EVU
* Getreidetransporte Bremen / Oldenburg – Höltinghausen (Deutsche Tiernahrung Cremer GmbH & Co. KG); Spotverkehre seit Januar 2009 im Auftrag unterschiedlicher EVU
* KV-Transporte Altenschwand (Anschlussgleis Wackersdorf BMW) – Regensburg Ost; 1 x pro Woche seit 26.04.2009 mit wechselnden Auftraggebern (aktuell: boxXpress.de GmbH)
* KV-Transporte Ludwigshafen (KTL) – Wilhelmshaven (JadeWeserPort (JWP)); 1 x pro Woche seit 16.01.2015 Traktion ab Bremen Rbf im Auftrag der boxXpress.de GmbH
* Pkw-Transporte (Kia, Hyundai) Tschechien – Saal an der Donau (BLG AutoTerminal Kelheim GmbH & Co. KG); Spotverkehre seit November 2014; Traktion ab Furth im Wald (Übernahme von ČD Cargo, a.s.) im Auftrag der BLG AutoRail GmbH
* Pkw-Transporte Falkenberg/Elster – Norddeutschland (u.a. 6 x pro Woche Bremerhaven, 6 x pro Woche Emden, 3 x pro Woche Hamburg mit Gruppen für Lübeck Lehmannkai, Hamburg und Cuxhaven); seit Dezember 2011 im Auftrag der BLG AutoRail GmbH
* Rangier- und Zustellleistungen im Hafen Stuttgart; seit 12.12.2011 als „Railportfeeder" in Kooperation mit der Eisenbahnen und Verkehrsbetriebe Elbe-Weser GmbH (evb)
* Rangier- und Zustellleistungen in den Häfen Hamburg, Bremerhaven, Brake/Utw., Nordenham, Cuxhaven, Regensburg; als „Railportfeeder" in Kooperation mit der Eisenbahnen und Verkehrsbetriebe Elbe-Weser GmbH (evb)
* Rangierdienst in Göttingen; seit 01.07.2012 im Auftrag der Transpetrol GmbH Internationale Eisenbahnspedition
* Überführung von fabrikneuen Lokomotiven aus der Fertigung der Vossloh Locomotives GmbH von Kiel zu unterschiedlichen Zielen (bundesweit)

MEIG / MM Railservice

Mittenwalder Eisenbahnimmobiliengesellschaft mbH & Co. KG (MEIG)

Am Ostbahnhof 1
DE-15749 Mittenwalde
Telefon: +49 33633 69080
info@draisinenbahn.de
www.draisinenbahn.de

Management
* Axel Pötsch (Geschäftsführer)

Gesellschafter
Stammkapital 25.000,00 EUR
* Pötsch Verwaltungs GmbH
* Axel Pötsch

Infrastruktur
* Mittenwalde Ost – Töpchin (10,9 km); 2001 von DB Netz AG erworben; Betriebsführung durch die Havelländische Eisenbahn AG (hvle); seither Draisinenverkehr durch die Draisinenbahnen Berlin/Brandenburg GmbH & Co. KG
* Tiefensee – Sternebeck (12,3 km); seit 2004 von DB Netz AG gepachtet; gewidmet, aber stillgelegt; seit 2004 Draisinenverkehr durch die Draisinenbahnen Berlin/Brandenburg GmbH & Co. KG; 2008 käuflich erworben
* Kremmen – Germendorf (10,4 km); 2005 von DB Netz AG erworben; gewidmet, aber stillgelegt; seit 2006 Draisinenverkehr durch die Draisinenbahnen Berlin/Brandenburg GmbH & Co. KG
* Königs Wusterhausen – Mittenwalde Ost – Schöneicher Plan (11,1 km) – Zossen; 2006 von DB Netz AG erworben; seit 2006 Draisinenverkehr bis Schöneicher Plan durch die Draisinenbahnen Berlin/Brandenburg GmbH & Co. KG
* Wilstedt – Zeven Süd (25,9 km); 23.01.2007 von der Eisenbahnen und Verkehrsbetriebe Elbe-Weser GmbH (EVB) erworben; gewidmet, aber stillgelegt; seit 2008 Draisinenverkehr durch die Draisinenbahnen Berlin/Brandenburg GmbH & Co. KG
* Werneuchen – Tiefensee (7,1 km) am 04.12.2012 von der DB Netz AG erworben; Betriebsführung durch die Regioinfra GmbH (RIG)
* Eisenbahnbrücke der Strecke Bienenwerder – Sierkierki über die Oder (350 m); am 01.04.2013 von der DB Netz AG übernommen; Draisinenshuttle seit dem 14.03.2014
* Bad Malente-Gremsmühlen – Lütjenburg (17,3 km); erworben im April 2005; 15. September 2008 an DP Deutsche Privatbahn GmbH verkauft; erneut gekauft in 2013; Eigentumsübergang zum 01.10.2014 geplant; aktuell noch kein Betrieb geplant

Unternehmensgeschichte
Die am 01.04.2004 gegründete Mittenwalder Eisenbahnimmobiliengesellschaft mbH & Co. KG (MEIG) ist Teil der Allpack-Gruppe des Berlin/Brandenburger Unternehmers und Investors Axel Pötsch.
Die Allpack Gruppe umfasst:
* Draisinenbahnen Berlin/Brandenburg GmbH & Co. KG, die im touristischen Bereich tätig ist, Draisinen vermietet, Gaststätten betreibt, Boote, Fahrräder, Zimmer vermietet, Veranstaltungen organisiert etc.
* Mittenwalder Eisenbahnimmobiliengesellschaft GmbH & Co. KG, die Eigentümerin von mehreren Bahnstrecken, Bahnhöfen, Gaststätten, Grundstücken, Häusern und Hallen, Gebäuden ist, die sie vermarktet.

Insgesamt verfügt die MEIG über ca. 2,5 Mio. m^2 Grund- und Boden, ca. 10.000 m^2 Gebäudeflächen sowie ca. 100 Kilometer eigene Schieneninfrastruktur. Die Bahnstrecken im Eigentum der MEIG werden größtenteils durch die Schwestergesellschaft Draisinenbahnen Berlin/Brandenburg GmbH & Co. KG genutzt.

MM Railservice GmbH

Entenfangweg 7-9
DE-30419 Hannover
Telefon: +49 511 279479-0
Telefax: +49 511 279479-22
info@mmrailservice.de
www.mmrailservice.de

Management
* Patrick Zitz (Geschäftsführer)

Gesellschafter
Stammkapital 25.000,00 EUR
* Mark Michehl (100 %)

Lizenzen
* DE: EVU-Zulassung (PV+GV); gültig vom 29.05.2012 bis 28.05.2017

Unternehmensgeschichte
Die am 05.08.2010 gegründete MM Railservice GmbH stellt vornehmlich Gerätschaften im Bereich des Gleisbaus zur Verfügung. Der Fuhrpark des Unternehmens umfasst Zwei-Wege-Bagger und Gerätschaften die für Gleisbauarbeiten, Bahnübergangsarbeiten und Kabeltiefbau benötigt werden. Namensgebender Gesellschafter ist Mark Michehl.
Aktuell hat das Unternehmen 19 Mitarbeiter, 2011 wurde ein Umsatz von 2,5 Mio. EUR erwirtschaftet.
Seit 2012 verfügt die MM Railservice über eine EVU-

MM Railservice / Mosolf / MVG

Zulassung.

Horst Mosolf GmbH & Co. KG
Internationale Spedition ▯

Dettinger Str. 157-159
DE-73230 Kirchheim/Teck
Telefon: +49 7021 809-0
Telefax: +49 7021 52576
webmaster@mosolf.de
www.mosolf.de

Management
* Dr. Jörg Horst Mosolf (Geschäftsführer)

Gesellschafter
* Komplementär: Horst Mosolf Verwaltungs-GmbH
* Dr. Jörg Mosolf

Beteiligungen
* Mosolf Automotive Railway Gesellschaft mbH (MAR) (100 %)

Lizenzen
* DE: EIU Fürstenhausen – Überherrn seit 01.10.2003

Infrastruktur
* Fürstenhausen – Überherrn (17 km), gepachtet von DB Netz AG seit 01.10.2003 für zunächst 10 Jahre

Unternehmensgeschichte
Der internationale Automobillogistiker Mosolf ist Betreiber des Auto-Service-Centers Überherrn (ACÜ). Nachdem DB Cargo überraschenderweise am 01.10.2002 den Bedienungsvertrag für die Strecke gekündigt hatte, wurde Mosolf in Eigenregie tätig. Nach Übernahme der Strecke auf Pachtbasis konnte auch der stillgelegte Abschnitt Hostenbach – Fürstenhausen wieder in Betrieb genommen werden. Die Nutzung des bisher befahrenen Abschnittes Hostenbach – Völklingen war an den hohen Kosten für Instandsetzungsarbeiten - vor allem für ein Brückenbauwerk - gescheitert.
Als Eisenbahnverkehrsunternehmen übernimmt die Rhenus Rail St. Ingbert GmbH (RRS; ex Wincanton Rail GmbH) neben der Betriebsführung der Strecke auch an Werktagen die nötigen Bedienungsfahrten ab Fürstenhausen mit einer Diesellok bei Bedarf.
Mittelfristig ist eine Reaktivierung der Trasse für Transporte aus Frankreich und Spanien nach Forbach geplant.

Mülheimer VerkehrsGesellschaft mbH (MVG) ▯▯

Postfach 10 02 55
DE-45402 Mülheim an der Ruhr
Duisburger Straße 78
DE-45479 Mülheim an der Ruhr
Telefon: +49 208 451-0
Telefax: +49 208 451-1009
service@mhvg.de
www.mhvg.de

Werkstatt
Mainstraße
DE-45478 Mülheim an der Ruhr

Management
* Dipl.-Pol. Joachim Exner (kaufmännischer Geschäftsführer)
* Dipl.-Ing. Heiko Hansen (technischer Geschäftsführer)

Gesellschafter
Stammkapital 6.500.000,00 EUR
* Mülheimer Energiedienstleistungs GmbH (medl) (94 %)
* Beteiligungsholding Mülheim an der Ruhr GmbH (BHM) (6 %)

Beteiligungen
* Stadtbahn-Betriebsführungsgesellschaft Ruhr mbH (SBGR) (25 %)
* meoline GmbH (22 %)

Lizenzen
* DE: EIU für eigene Infrastruktur
* DE: EVU-Zulassung (GV) seit 05.11.2003, gültig bis 30.11.2018

Infrastruktur
* Hafenbahn (27 km Gleislänge)

Unternehmensgeschichte
Am 04.07.2002 hat der Rat der Stadt Mülheim an der Ruhr die Ausgliederung des ÖPNV-Bereiches aus dem städtischen Eigenbetrieb „Betriebe der Stadt Mülheim an der Ruhr" beschlossen. Damit erfolgte gleichzeitig der Startschuss für die „Mülheimer VerkehrsGesellschaft mbH". Als Dienstleister ist die MVG für die im städtischen Eigenbetrieb verbleibenden Nebenbetriebe Ruhrschifffahrt, Hafenbetriebe, Wasserkraftwerk und Tiefgaragen tätig.
Das heute rund 600 Mitarbeiter beschäftigende Unternehmen blickt auf eine über hundertjährige Geschichte zurück. Im Jahre 1897 wurde die erste Straßenbahnlinie in Mülheim an der Ruhr eröffnet, heute betreibt die MVG vier Straßenbahn-, eine

MVG / MTEG / MECL

Stadtbahn- und 13 Omnibuslinien sowie die Hafenbahn.
Reichten zwei Rangierloks lange Zeit für die Bedienung der Gleise im Hafen aus, hat die MVG die Möglichkeiten der Bahnreform genutzt und erbringt seit November 2003 auch zunehmend Leistungen außerhalb des eigenen Gleisnetzes.
Die Instandhaltung der Fahrzeuge findet in einer kleinen Werkstatt am Hafenbahnhof statt.

Verkehre
* Gütertransporte Mülheim Hafen – Oberhausen West (bis 11.12.2004) bzw. Oberhausen Osterfeld Süd (seit 12.12.2004); 6 x pro Woche seit November 2003 im Auftrag der DB Schenker Rail Deutschland AG
* Schrotttransporte Mülheim Hafen – Duisburg (Hüttenwerke Krupp Mannesmann HKM); mehrfach pro Woche seit Frühjahr 2004
* Chemietransporte Scholven – Mülheim Hafen (Tanklager der DHC Solvent Chemie GmbH); 5 x pro Woche seit 21.09.2009 im Auftrag der RBH Logistics GmbH

Muldental Eisenbahnverkehrsgesellschaft mbH (MTEG) G

Scheermühlenstraße 5
DE-08371 Glauchau
Telefon: +49 3764 5700-0
Telefax: +49 3764 5700-20
info@mteg.de
www.mteg.de

Management
* Jan Kuniß (Geschäftsführer)

Gesellschafter
Stammkapital 154.000,00 EUR
* Eisenbahn-Bau- und Betriebsgesellschaft Pressnitztalbahn mbH (PRESS) (100 %)

Beteiligungen
* WSET Westsächsische Eisenbahntransport Gesellschaft mbH (100 %)

Lizenzen
* DE: EVU-Zulassung (PV+GV) seit 19.01.2001, gültig für 15 Jahre

Unternehmensgeschichte
Die Muldental Eisenbahnverkehrsgesellschaft mbH (MTEG) wurde am 08.08.2001 von diversen Privatpersonen gegründet und steht der Interessengemeinschaft Traditionslokomotive 58 3047 e. V. nahe. Von dieser konnte man auch die EVU-Zulassung übernehmen. Die Gesellschaftsanteile wurden zunächst über Treuhänder gehalten. Seit 13.02.2012 war die Eisenbahn-Bau- und Betriebsgesellschaft Pressnitztalbahn mbH (PRESS) alleiniger Gesellschafter und übernahm die zunächst noch übergangsweise über einen Treuhänder gehaltenen Anteile per 10.04.2014 auch direkt. Per 23.06.2014 verlegte die MTEG den Sitz von Meerane nach Glauchau in das Verwaltungsgebäude des Bahnbetriebswerkes verlegt.
Die Gesellschaft erbringt Personensonderverkehre und bespannt Güterzüge. Am 27.05.2003 konnte mit 346 756 die erste eigene Lok der MTEG in Betrieb genommen werden, zwischenzeitlich wurden mehrere Dieselloks des Typs V 100.4 sowie eine fabrikneue Siemens ES 64 F4 beschafft.
Am 13.04.2004 wurde unter Beteiligung der MTEG die WSET Westsächsische Eisenbahntransport Gesellschaft mbH (siehe dort) als Transportgesellschaft im Automobilsektor gegründet.
Im Oktober 2009 verfügte die MTEG über 16 Mitarbeiter.

Verkehre
* AZ-Verkehr in Sachsen, Sachsen-Anhalt und Thüringen
* Hackschnitzel- und Rundholztransporte in Mitteldeutschland und von den Häfen an der Ostsee nach Mitteldeutschland; bedarfsweise seit Juni 2010 im Auftrag der Salzburger Eisenbahn TransportLogistik GmbH (SETG)
* Kokstransporte Tschechien – Glauchau; 1 x pro Woche seit 01.01.2014 Traktion ab Bad Schandau im Auftrag der Advanced World Transport a.s. (AWT)
* Leistungen für das Tochterunternehmen WSET im Bereich der Automobilganzzüge von Mitteldeutschland an die Nordseehäfen
* Rangierdienst Glauchau; im Auftrag Dritter
* Rangierdienste von Automobilganzzügen in Rackwitz, Leipzig-Schönefeld und Leipzig-Mockau

Museums-Eisenbahn-Club Losheim e. V. (MECL) P

Streifstraße 3
DE-66679 Losheim am See
Telefon: +49 6872 8158 (Do 18 bis 20 Uhr, Sa 14 bis 18 Uhr; an Betriebstagen ab 10 Uhr)
Telefax: +49 6872 887211
info@museumsbahn-losheim.de
www.museumsbahn-losheim.de

Management
* Günther Leistenschneider (1. Vorsitzender)

MECL / Wachtl / MBS

Lizenzen
* DE: EVU-Zulassung (PV+GV); gültig vom 02.05.2013 bis 31.05.2028

Unternehmensgeschichte
Die Merzig-Büschfelder Eisenbahn GmbH (MBE) verband seit 1903 durch eine 22,5 km lange, über Losheim und Nunkirchen führende Bahnstrecke die beiden namensgebenden Orte im nordwestlichen Saarland. Der Personenverkehr auf der Verbindung wurde am 01.11.1959 zunächst auf den Abschnitt Merzig – Losheim beschränkt und am 26.05.1962 schließlich ganz eingestellt, ebenso zum 01.04.1960 der Güterverkehr auf dem in Folge stillgelegten Abschnitt Nunkirchen – Büschfeld.
Der am 15.02.1981 in Losheim gegründete Verein Modell-Eisenbahn-Club Losheim (MECL) richtete ab Ende 1981 sein Augenmerk auf einen möglichen Museumsbahnbetrieb auf der MBE-Infrastruktur und konnte nach längeren Verhandlungen 1982 einen Nutzungsvertrag über die Bahnstrecke mit der MBE abschließen. Am 12.06.1982 konnte so der erste Museumszug von Merzig nach Nunkirchen fahren, der MECL benannte sich 1986 entsprechend in „Museums-Eisenbahn-Club Losheim" um.
1987 scheiterten Bemühungen, die defizitäre MBE zu unterstützen. Das Unternehmen wurde zum 31.12.1987 aufgelöst und der Busbetrieb sowie Infrastruktur und Güterverkehr des 1,9 km langen Streckenabschnitts Merzig – Merzig Ost durch die DB übernommen. Der Streckenabschnitt Merzig Ost – Nunkirchen verblieb in den Händen des Landes Saarland als Eigentümer der MBE und wurde zum 15.10.1987 unter Denkmalschutz gestellt, war jedoch betrieblich gesperrt.
Im August 1988 erhielt der MECL eine erste eigene Konzession zur Durchführung von Gelegenheitsverkehr auf der Strecke Merzig Ost – Losheim – Nunkirchen. Schrittweise wurde anschließend die Bahnstrecke, für die mittlerweile die Gemeinde Losheim als EIU fungiert, wieder instand gesetzt. Erste Fahrten fanden ab 1988 zwischen Losheim und Nunkirchen, ab 19.03.1992 auch zwischen Losheim und Bachern sowie ab Frühjahr 1996 wieder auf der Gesamtstrecke statt. Durch die Erweiterung eines Industriebetriebs wurde der Streckenabschnitt zwischen Dellborner Mühle und Nunkirchen allerdings 1994 aufgegeben. Neben den Museumszügen verkehrten von 1997 bis 2002 auch wieder Güterzüge über die Strecke, als die damalige DB Cargo einen Industriebetrieb an der Dellborner Mühle bediente.

Verkehre
* touristischer Personenverkehr Merzig Ost – Losheim – Dellborner Mühle

Museums-Eisenbahn-Gemeinschaft Wachtl e. V. 🅿

Feldweg 8a
DE-83088 Kiefersfelden
Telefon: +49 8031 8734-0
Telefax: +49 8031 8734-91
info@wachtl-bahn.de
www.wachtl-bahn.de

Management
* Erwin Rinner (Präsident)
* Dr. Alfons Weiß (Präsident)
* Dipl. Ing. (FH) Günter Ziegler (Vorstand)

Lizenzen
* DE: EVU-Zulassung (PV) seit 04.08.1995, gültig bis 31.12.2025

Unternehmensgeschichte
Zwischen einem Kalksteinbruch in Wachtl in der österreichischen Grenzgemeinde Thiersee und dem bayerischen Kiefersfelden besteht seit den 1880er-Jahren eine rund sechs Kilometer lange Bahnstrecke zum Kalktransport. Die elektrifizierte, mit einer Spannung von 1.100 V Gleichspannung betriebene Schmalspurbahn mit einer Spurweite von 900 mm wird seit 1991 auch für touristischen Personenverkehr an Sommerwochenenden genutzt. Betreiber ist der in Kiefersfelden ansässige Verein Museums-Eisenbahn-Gemeinschaft Wachtl e. V., der drei von der benachbarten Wendelsteinbahn GmbH erworbene Personenwagen besitzt. Infrastruktur und Triebfahrzeuge werden vom Streckeneigentümer, der Südbayerisches Portland-Zementwerk Gebr. Wiesböck & Co. GmbH aus Rohrdorf zur Verfügung gestellt.

Verkehre
* Touristischer Personenverkehr „Wachtl-Express" Kiefersfelden – Wachtl von Mai bis Oktober

Museumsbahn Schönheide e. V. (MBS) 🅿 🅸

Am Fuchsstein Lokschuppen
DE-08304 Schönheide
Telefon: +49 37755 4303
Telefax: +49 37755 2561
Museumsbahn-Schoenheide@web.de
www.museumsbahn-schoenheide.de

MBS / MVV Verkehr

Lizenzen
* DE: EIU Schönheide – Neuheide – Stützengrün-Neulehn
* DE: EVU-Zulassung (PV+GV) seit 18.09.1995, gültig bis 30.09.2025; nur für Museumsbetrieb auf der Strecke Schönheide - Neuheide – Stützengrün-Neulehn

Infrastruktur
* Schönheide – Neuheide – Stützengrün-Neulehn (4,5 km, Spurweite 750 mm)

Unternehmensgeschichte
Die zwischen 1881 und 1897 in mehreren Abschnitten eröffnete Strecke (WCd-Linie) von Wilkau im Tal der Zwickauer Mulde an der Normalspurbahn Zwickau – Johanngeorgenstadt nach Carlsfeld nahe des Erzgebirgskamms an der Grenze zum Vogtland war mit ihren 42 km die längste 750 mm-Schmalspurbahn Sachsens. Im Zuge des Verkehrsträgerwechsels auf vielen Nebenstrecken der DR erfolgte von 1967 bis 1977 die schrittweise Stilllegung der Bahn, die in den Folgejahren zurückgebaut wurde. Zwecks Wiederaufbaus der Trasse zwischen Schönheide Mitte und Stützengrün Bürstenfabrik gründete sich 1991 der Verein „Museumsbahn Schönheide/Carlsfeld e. V.", der sich später wegen interner Unstimmigkeiten in die heutigen Vereine „Museumsbahn Schönheide e. V." und „Förderverein Historische Westsächsische Eisenbahnen e. V." (FHWE) auftrennte. Die Streckenwiedereröffnung erfolgte in drei Etappen: 1993 Bahnhof Schönheide Mitte – Neuheide, 1997 Neuheide – Stützengrün Bürstenfabrik und 2001 weiter bis Stützengrün-Neulehn. An ausgewählten Fahrtagen findet fast das ganze Jahr über Museumsbahnverkehr mit Dampfbetrieb statt. Im April 2008 erfolgte eine Erweiterung der EVU-Konzession, als die Museumsbahn Schönheide für den FHWE die Betriebsführung und Betriebsleitung auf dem Regelspurabschnitt Schönheide Süd – Hammerbrücke als Teil des ehemaligen Eisenbahnlinie Chemnitz – Aue – Adorf übernahm. Dabei findet ein Skl-Betrieb gemäß FV-NE auf der Rechtsgrundlage der BOA statt.

MVV Verkehr GmbH

Möhlstraße 27
DE-68165 Mannheim
Telefon: +49 621 465-601
Telefax: +49 621 465-603

Management
* Andreas Emil Hermann Kerber (Geschäftsführer)

Gesellschafter
Stammkapital 30.309.382,00 EUR
* MVV GmbH (100 %)

Lizenzen
* DE: EVU-Zulassung (PV) seit 07.04.2009, gültig bis 30.04.2024

Infrastruktur
* Betriebsstreckenlänge (einschließlich Gemeinschaftsbetrieb): 63,1 km (Spurweite 1.000 mm)

Unternehmensgeschichte
Die heutige MVV Verkehr GmbH entstand bei der Verschmelzung der MVV OEG AG und MVV Verkehr AG zum 19.02.2010 sowie einer nachträglichen Formwandlung zu einer GmbH. Mit der Fusion sollen v.a. Synergieeffekte genutzt und somit Kosten gespart werden.
Bereits im September 2009 hatte die Stadt Mannheim die Anteile von insgesamt 0,22 Prozent der Städte Heidelberg und Weinheim an der MVV OEG AG erworben. Nach dieser Transaktion besaß die MVV GmbH, eine einhundertprozentige Tochter der Stadt Mannheim, alle Anteile der MVV OEG und der MVV Verkehr AG. Damit konnte der Gemeinderatsbeschluss vom Juni 2009 umgesetzt und die beiden Gesellschaften verschmolzen werden.
Die Oberrheinische Eisenbahn ist eine meterspurige Eisenbahn im Dreieck Mannheim – Heidelberg – Weinheim – Mannheim, die nach der Eisenbahn-Bau- und Betriebsordnung für Schmalspurbahnen betrieben wird. Früherer Betreiber der Bahn war die Oberrheinische Eisenbahn-Gesellschaft AG (OEG), die im Jahr 2000 größtenteils in den Mannheimer MVV-Konzern eingebracht wurde. Der offizielle Firmenname lautete seit 01.04.2002 in Anlehnung an den neuen Mehrheitsaktionär MVV OEG AG.
Mit Wirkung vom 01.10.1974 wurden die Versorgungstätigkeiten von den Verkehrsaufgaben durch Umgründung in die Stadtwerke Mannheim AG (SMA) und die Mannheimer Verkehrs-Aktiengesellschaft (MVG) getrennt und unter einer gemeinsamen Holdinggesellschaft, der Mannheimer Versorgungs- und Verkehrsgesellschaft mbH (MVV) zusammengefasst.
Zum 01.10.1998 wurde die MVV Gruppe neu strukturiert und die Unternehmen umfirmiert. Unter dem Dach der MVV GmbH als Holding agierten jetzt unabhängig voneinander die MVV Energie AG (frühere Stadtwerke Mannheim AG) und die MVV Verkehr AG (frühere Mannheimer Verkehrs-Aktiengesellschaft).
Die MVV OEG erbrachte als Tochtergesellschaft der MVV GmbH und Muttergesellschaft der RNV Nahverkehrsleistungen für die Stadt Mannheim und die Rhein-Neckar-Region. Mit ihrem Eisenbahnverkehr verband die MVV OEG die Städte Mannheim, Heidelberg, Weinheim und Viernheim.

MVV Verkehr / N1 Rail Services Süd

Zum 01.03.2005 hat die neu gegründete Rhein-Neckar Verkehr GmbH (RNV) den ÖPNV der Städte Heidelberg, Mannheim und Ludwigshafen übernommen. Die MVV Verkehr ist als Eigentümer ihrer Infrastruktur auch nach RNV-Gründung weiterhin für Investitionen in die bestehenden Anlagen zuständig.

N1 Rail Services Süd GmbH   G

Baierbrunner Straße 15
DE-81379 München
Telefon: +49 89 2284800-100
Telefax: +49 89 2284800-109
info@n1-rail.com
www.n1-rail.com

Management
* Michael Andreas Stahl (Geschäftsführer)

Gesellschafter
Stammkapital 123.750,00 EUR
* N1 Rail Services Deutschland GmbH (100 %)

Lizenzen
* DE: EVU-Zulassung (PV+GV); gültig vom 12.04.2010 bis 12.04.2025

Unternehmensgeschichte
Die N1 Rail Services Süd GmbH ist ein Tochterunternehmen der N1 Rail Services Deutschland GmbH mit Sitz in München. Die Gesellschaft geht auf die Rent-a-Rail Eisenbahn-Service AG (RAR) mit Sitz in Ellwangen zurück. Diese war als Dienstleistungs- und Handelsunternehmen im Schienenfahrzeugbereich von der SRS RailService GmbH, der EurA-Consult-GmbH Ellwangen und einer Privatperson mit Festlegung der Satzung zum 18.08.2000 und Handelsregistereintrag am 22.03.2001 gegründet worden. Kerngeschäft der RAR war die Vermietung von Lokomotiven und Güterwagen, das schrittweise um weitere Leistungen erweitert wurde: So erbrachte die RAR auch Verkehrsleistungen als Sub- wie auch Hauptauftragnehmer und bot Wartungs- und Serviceleistungen für Schienenfahrzeuge Dritter an. Als Betriebsstandorte nutzte die RAR zunächst von Anfang 2001 bis Ende 2002 Anlagen auf dem Gelände des früheren DB-Bw Aalen, bevor im Herbst 2002 entsprechende Anlagen in Neuoffingen bezogen werden konnten, die die HTRS 2012 jedoch aufgab.
Zur Abwicklung eigener Verkehrsleistungen griff die RAR von Frühjahr 2002 bis Dezember 2006 auf die EVU-Zulassung der damaligen SRS RailService GmbH (SRS) sowie nachfolgend der Leonhard Weiss GmbH & Co. KG (LW) zurück. Seit Juni 2009 verfügt die RAR über eigene Konzession und Sicherheitsbescheinigung nach §7a AEG.
Zum 27.04.2009 erfolgte der Verkauf sämtlicher Gesellschafteranteile an die Husa Transportation Deutschland GmbH als Tochter der von Rob van Gansewinkel initiierten Husa Transportation Group. Die Hauptversammlung der damaligen RAR vom 30.09.2009 hat die Sitzverlegung von Ellwangen nach Offingen beschlossen, am 07.12.2009 folgte der Beschluss zur formwechselnden Umwandlung der Gesellschaft in die RAR Rent-a-Rail GmbH beschlossen. Per 18.03.2011 erfolgte die Umfirmierung in HTRS Süd GmbH. Neuer Unternehmenssitz ist seit 02.09.2013 München. Am 18.12.2013 gab Firmeninhaber Rob van Gansewinkel bekannt, dass die Husa Transportation Group im Frühjahr 2014 den Ausstieg aus dem Traktionssegment vollziehen wird. Dies betraf die in den Niederlanden tätige HTRS Nederland sowie die in München ansässige HTRS Süd. Van Gansewinkel bezeichnete seine Traktionsfirmen als „zu klein zum Überleben" und erwartet, dass neben den Incumbents nur wenige Unternehmen die Privatisierung des Bahnverkehrs überleben werden. Die Verhandlungen mit diversen Käufern für das deutsche Unternehmen – u.a. der Rotterdam Rail Feeding (RRF) – scheiterten aus nicht näher genannten Gründen. Um die Verbindung zum weiterhin als Alleingesellschafter registrierten niederländischen Mutter in der Außenwirkung zu verschleiern wurde das Unternehmen per 19.12.2014 in N1 Rail Services Süd GmbH umfirmiert.

Verkehre
* Coiltransporte Linz (voestalpine Stahl GmbH) [AT] – Ingolstadt Nord Werkbahnhof Terreno (InTerPark); 3 x pro Woche seit 31.03.2011 betriebliche Abwicklung in Deutschland und letzte Meile im Auftrag der Cargo Service GmbH (CargoServ)
* Deutscher EVU-Partner bei einigen Verkehren der ecco-rail GmbH aus Österreich (siehe dort)
* Mineralöltransporte Tanklager Kraillig (VIKTORIAGRUPPE Aktiengesellschaft) – Smyslov [CZ]; Spotverkehr seit 25.10.2011; Traktion bzw. Betriebsabwicklung in Deutschland im Auftrag der Advanced World Transport a.s. (AWT)
* Rangierdienstleistungen in Ingolstadt / Neustadt an der Donau; Bedienung der verschiedenen Tanklager
* Rangierdienstleistungen in München; seit 02.05.2011; Bedienung des CDM - Container Depot München für den Kunden SBB Cargo Deutschland GmbH
* Rangierdienstleistungen in Nürnberg; seit 02.05.2011; Bedienung des Hafens für die Kunden boxXpress.de GmbH und SBB Cargo Deutschland gmbH
* Rangierdienstleistungen in Regensburg; seit 02.05.2011; Bedienung des Hafens für verschiedene Auftraggeber

N1 Rail Services Süd / NX Holding

* Rangierdienstleistungen in Stuttgart Hafen; u.a. im Auftrag der boxXpress.de GmbH sowie Zustellung von KV-Transporten Rotterdam [NL] – Stuttgart zum Terminal SCT im Auftrag der Rurtalbahn Cargo GmbH
* Schrotttransporte Ingolstadt – Linz [AT]; 3 x pro Woche seit 31.03.2011 betriebliche Abwicklung in Deutschland und erste Meile im Auftrag der Cargo Service GmbH (CargoServ); seit Dezember 2013 zusätzlicher Stopp in Regensburg

N1 Rail Services West GmbH

Baierbrunner Straße 15
DE-81379 München
Telefon: +49 89 2284800-100
Telefax: +49 89 2284800-109
info@n1-rail.com
www.n1-rail.com

Management
* Michael Andreas Stahl (Geschäftsführer)

Gesellschafter
Stammkapital 25.000,00 EUR
* N1 Rail Services Deutschland GmbH (100 %)

Lizenzen
* DE: EVU-Zulassung (PV+GV); gültig vom 26.02.2002 bis 01.03.2017

Unternehmensgeschichte
Die N1 Rail Services West GmbH wurde als Schienenfahrzeug-Handelsunternehmen SRS RailService GmbH am 18.01.2000 mit Sitz in Ellwangen gegründet. Nachdem mit der Rent-a-Rail Eisenbahn-Service AG, bei der die damalige SRS einer der Gesellschafter war, eine Schwestergesellschaft entstanden war, wurde das Handelsgeschäft weitgehend eingestellt. Genutzt wurde die EVU-Konzession der SRS vor allem für Verkehre der RAR bis zur Erteilung einer eigenen Lizenz bzw. zur bahnrechtlichen Einstellung von Fahrzeugen Dritter.
Die Gesellschaft verlegte mehrfach ihren Sitz und firmierte um: Zum 27.04.2009 erfolgte rückwirkend zum 01.01.2009 der Verkauf sämtlicher Gesellschaftsanteile an die Husa Transportation Deutschland GmbH. Per 18.03.2011 erfolgte die Umfirmierung in HTRS West GmbH sowie die Sitzverlegung nach Duisburg, ehe am 07.01.2013 die Sitzverlegung zurück nach Offingen und am 02.09.2013 nach München beschlossen wurde. Seit 19.12.2014 trägt das Unternehmen den heutigen Namen, ist aber bereits seit einigen Jahren ohne nennenswerten Geschäftsbetrieb.

National Express Holding GmbH (NX Holding)

Vogelsanger Weg 38
DE-40470 Düsseldorf
Telefon: +49 211 5421-6763
infogermany@nationalexpress.com
www.nationalexpress.de

Management
* Richard John Bowley (Geschäftsführer)
* Andrew Noel Chivers (Geschäftsführer)
* Tobias Peter Johannes Richter (Geschäftsführer)

Gesellschafter
Stammkapital 25.000,00 EUR

Beteiligungen
* National Express Rail GmbH (NX Rail) (100 %)
* National Express Südwest GmbH (NX Südwest) (100 %)

Unternehmensgeschichte
Die Deutschlandpräsenz der National Express (NX) wurde im Sommer 2014 neu strukturiert. Neu ist die Einführung einer in Düsseldorf ansässigen Holding, die u.a. für die Bearbeitung der Ausschreibungen zuständig ist. Die National Express Holding GmbH mit Gesellschaftsvertrag vom 23.07.2014 wird zudem in Zukunft diverse lokale SPNV-Betriebsgesellschaften unter sich vereinen, ein Engagement im Bussektor ist nicht angedacht. National Express wird voraussichtlich ab Dezember 2018 die Nürnberger S-Bahn betreiben. Dies gab die Bayerische Eisenbahngesellschaft mbH (BEG), verantwortlich für die Bestellung des Schienenpersonennahverkehrs im Freistaat Bayern, zum Abschluss eines europaweit durchgeführten Vergabeverfahrens bekannt. Der Vertrag mit einer Laufzeit von zwölf Jahren und umfasst den Betrieb des gesamten Nürnberger S-Bahn Netzes. Dieses besteht aus fünf Linien und wird jährlich von rund 20 Mio. Fahrgästen genutzt. Für den Betrieb beabsichtigt National Express im Auftrag der BEG mehr als 35 fabrikneue fünfteilige Elektrozüge anzuschaffen. Über die gesamte Vertragslaufzeit gerechnet wird ein Umsatzvolumen von über 1,3 Mrd. EUR erwartet. Derzeit wird die S-Bahn in Nürnberg, wie fast alle S-Bahn Netze in Deutschland, noch von der Deutschen Bahn betrieben. National Express ist damit der erste private Betreiber eines größeren S-Bahn Netzes in Deutschland.

NX Rail / NX Südwest

national express

National Express Rail GmbH (NX Rail)

Maximinenstraße 6
DE-50668 Köln
Telefon: +49 211 54216760
infogermany@nationalexpress.com
www.nationalexpress.de

Management
* Richard John Bowley (Geschäftsführer)
* Andrew Noel Chivers (Geschäftsführer)
* Tobias Peter Johannes Richter (Geschäftsführer)
* Wolfgang Schuster (Geschäftsführer)

Gesellschafter
Stammkapital 250.000,00 EUR
* National Express Holding GmbH (NX Holding) (100 %)

Lizenzen
* DE: EVU-Zulassung (PV); gültig vom 27.05.2013 bis 31.05.2028

Unternehmensgeschichte
National Express Rail GmbH ist die deutsche SPNV-Tochter der britischen National Express Group (NX Group). Das in Düsseldorf ansässige Tochterunternehmen nahm im April 2012 den Geschäftsbetrieb auf und konnte mit ex Regentalbahn-Vorstand Tobias Richter einen prominenten Geschäftsführer gewinnen.
Die National Express Rail GmbH entstand per 12.03.2012 bei der Umfirmierung der Vorratsgesellschaft Mainsee 762. V V GmbH, Frankfurt am Main. Die Gesellschafterversammlung vom 20.07.2012 hat die Erhöhung des Stammkapitals um 225.000 EUR auf 250.000 EUR beschlossen. Seit 23.11.2012 befand sich der Unternehmenssitz offiziell in Düsseldorf, per 23.07.2014 verlegte man ihn nach Köln.
Die Muttergesellschaft NX Group bietet Transportdienstleistungen mit Flugzeugen, Bussen und Bahnen in Großbritannien, den USA, Kanada, Australien, Spanien, Portugal und Marokko an. Die Gruppe ging aus der 1972 gegründeten, staatseigenen National Bus Company (NBC) hervor, die in den 1980er Jahren privatisiert wurde. 1988 erfolgte ein Management-Buy-Out, 1992 der Börsengang, um Geld für die weitere Expansion zu generieren. 2012 hatte die Gruppe 40.000 Mitarbeiter und verfügte über 22.000 Busse und Züge.
Die Bietergemeinschaft National Express Rail und IntEgro Verkehr erhielt den Zuschlag für den Betrieb der Linien RE 7 und RB 48. Dies haben die Vergabeausschüsse des Verkehrsverbundes Rhein-Ruhr (VRR), des Zweckverbandes Nahverkehr Westfalen-Lippe (NWL) und des Zweckverbandes Nahverkehr Rheinland (NVR) am 06.02.2013 entschieden. Die Linien
* RE 7 Rheine – Münster – Hamm – Hagen – Wuppertal – Solingen – Köln – Krefeld und
* RB 48 Wuppertal-Oberbarmen – Solingen – Köln – Bonn-Mehlem

werden ab Dezember 2015 für 15 Jahre vergeben. Auf den beiden Linien werden neue Elektrotriebfahrzeuge zum Einsatz kommen, die 160 km/h erreichen werden – bisher wird seitens der DB Regio maximal 140 km/h gefahren. Bis zur Betriebsaufnahme wird Bombardier 35 Talent 2-Triebzüge - 25 Fünf- und zehn Dreiteiler - liefern. National Express Rail und IntEgro Verkehr machten davon Gebrauch, das Fahrzeugfinanzierungsmodell der Aufgabenträger zu nutzen. Sie beschaffen die Triebwagen, veräußern sie dann aber an den VRR und NWL und mieten sie anschließend zurück. Die Instandhaltung wird DB Regio NRW an den Werkstattstandorten Düsseldorf, Münster und Krefeld übernehmen.
National Express Rail hat sich 2013 u.a. auf die Ausschreibung der Ringbahn Berlin beworben. Die bislang noch als National Express Rail GmbH firmierende Gesellschaft hat per 23.07.2014 die Sitzverlegung von Düsseldorf nach Köln beschlossen. Hintergrund der Veränderung ist die Sitzverlegung an den Betriebsmittelpunkt der zusammen mit IntEgro Verkehr gewonnenen Ausschreibungen. Die Umfirmierung in National Express Rail West GmbH ist angedacht.

national express

National Express Südwest GmbH (NX Südwest)

Vogelsanger Weg 38
DE-40470 Düsseldorf
Telefon: +49 211 5421-6763
infogermany@nationalexpress.com
www.nationalexpress.de

Management
* Tobias Peter Johannes Richter (Geschäftsführer)

Gesellschafter
Stammkapital 25.000,00 EUR
* National Express Holding GmbH (NX Holding) (100 %)

NX Südwest / NBE Group / NBE

Unternehmensgeschichte
Als potenzielle Betriebsgesellschaft sowie für die Marktbearbeitung im Südwesten Deutschlands entstand per 25.09.2014 die National Express Südwest GmbH. Das Unternehmen hat am 07.03.2015 im Rahmen der Beteiligung an der Ausschreibung für das Stuttgarter Netz 1 (Lose 1 bis 3) die Beschaffung von entsprechenden Fahrzeugen europaweit ausgeschrieben.

NBE Group GmbH & Co. KG

Pfalzstrasse 20
DE-63785 Obernburg
Telefon: +49 6022 710585-0
Telefax: +49 6022 710585-10
www.nbe-group.eu

Verwaltung
Schwarzwaldstraße 2
DE-63811 Stockstadt
Telefon: +49 6027 40904-0
Telefax: +49 6027 40904-99

Management
★ Torsten Sewerin (Geschäftsführer)

Gesellschafter
Stammkapital 135.000,00 EUR
★ Torsten Sewerin (100 %)
★ NBE Verwaltungs GmbH

Beteiligungen
★ Locomotives Pool GmbH (LPG) (100 %)
★ NBE RAIL GmbH (100 %)
★ NBE REGIO GmbH (90 %)
★ Rail Time Logistics GmbH (35 %)

Unternehmensgeschichte
Der Aschaffenburger Bahnunternehmer Torsten Sewerin hat am 13.07.2011 seine Beteiligungen in eine neu gegründete Gruppe überführt. Alle NBE-Unternehmen sind seitdem rückwirkend ab dem 01.01.2011 gesellschaftsrechtlich der NBE Group GmbH & Co. KG zugeteilt. Bislang hatte Sewerin die Gesellschaftsanteile als Privatmann gehalten. Die NBE Group GmbH Co. KG wird u.a. zukünftig die Finanzierungen von oben her bündeln und verteilen.
Am 21.12.2011 ist die Bayerische Beteiligungsgesellschaft mbH in die NBE Group GmbH & Co KG als stiller Gesellschafter neben dem Alleingesellschafter Torsten Sewerin eingestiegen. Der Vertrag läuft auf acht Jahre. Die BayBG hat als Eigenkapital zu bewertendes Geld eingebracht.
Am 21.12.2011 wurde zudem abschließend notariell beurkundet, dass auch die damalige NBE Logistik GmbH und die Locomotives Pool GmbH Töchter der NBE Group sind.
Als letztes Unternehmen wurde das zuvor als LokService 24 GmbH mit der Mittelweserbahn GmbH (MWB) betriebene Instandhaltungsunternehmen per 17.01.2013 nach Umfirmierung in NBE Railway Services GmbH der NBE Group unterstellt bzw. zum 26.06.2014 auf die NBE RAIL GmbH verschmolzen.
2013 verzeichnete die NBE Group mit rund 130 Mitarbeitern einen Umsatz von 37 Mio. EUR.
Im Rahmen der Insolvenz der Rail Time Logistics GmbH strukturierte Sewerin seine Beteiligungen neu - als Holding wird nun die SONATA MANAGEMENT GmbH (siehe dort) etabliert.

NBE nordbahn Eisenbahngesellschaft mbH & Co. KG 🅿

Postfach 14 63
DE-24562 Kaltenkirchen
Rudolf-Diesel-Straße 2
DE-24568 Kaltenkirchen
Telefon: +49 4191 933-0
Telefax: +49 4191 933-118
Hotline: +49 4191 933-933
info@nordbahn.info
www.nordbahn.info

Werkstatt
DE-20539 Hamburg

Management
★ Dipl.-Kfm. Nis Nissen (Geschäftsführer)
★ Peter Steinhart (Geschäftsführer)

Gesellschafter
Stammkapital 1.000.000,00 EUR
★ AKN Eisenbahn AG (50 %)
★ BeNEX GmbH (50 %)
★ Komplementär: NBE nordbahn Eisenbahn-Verwaltungsgesellschaft mbH

NBE

Lizenzen
* DE: EVU-Zulassung (PV) seit 10.12.2002, gültig bis 15.12.2017

Unternehmensgeschichte
Am 06.02.2002 wurde von der Hamburger Hochbahn AG (HOCHBAHN) und der AKN die NBE nordbahn Eisenbahngesellschaft mbH (NBE) mit Sitz in Kaltenkirchen gegründet. Die Gesellschaft erbringt den SPNV auf der Strecke Neumünster – Bad Oldesloe.
Am 21.03.2003 wurde die NBE nordbahn Eisenbahn-Verwaltungsgesellschaft mbH gegründet und per Gesellschafterbeschluss vom 25.08.2003 die bisherige NBE in eine GmbH & Co. KG gewandelt.
Die NBE erwarb zwei LINT 41/H von AKN und HOCHBAHN. Die Wartung und Reinigung der Triebwagen erfolgt auf einem Betriebsgelände der AKN in Neumünster Süd sowie in der AKN-Betriebswerkstatt Kaltenkirchen.
Am 25.05.2007 wurden die Gesellschafteranteile der HOCHBAHN auf deren Beteiligungstochter BeNEX GmbH übertragen.
Nach der SPNV-Ausschreibung des so genannten Netzes Nord durch den Aufgabenträger, die LVS Schleswig-Holstein Landesweite Verkehrsservicegesellschaft mbH, erhielt die NBE im September 2009 den Zuschlag für ein Teillos. Demnach erbringt sie den SPNV auf der Verbindung Bad Oldesloe – Neumünster nach dem Ende des laufenden Verkehrsvertrages zum 10.12.2011 für weitere zehn Jahre und übernahm zu diesem Zeitpunkt den bisher durch die Schwestergesellschaft Schleswig-Holstein-Bahn GmbH betriebenen SPNV auf der Relation Neumünster – Heide – Büsum.
Die nordbahn betreibt seit Dezember 2014 außerdem die Bahnlinien Itzehoe – Hamburg Hbf sowie Wrist – Hamburg-Altona (Los B; 1,9 Mio. Zugkm pro Jahr) im so genannten „Netz Mitte". Das Unternehmen beschafft 15 Stadler FLIRT (acht Sechsteiler und sieben Fünfteiler) und errichtete ein neues Depot in Hamburg-Tiefstack am Rande des heutigen AKN-Güterbahnhofs. Die Fahrzeuge werden über die am 22.08.2012 gegründete Schwester 1. nordbahn Fahrzeuggesellschaft mbH & Co. KG eingebracht.

Verkehre
* SPNV „Netz Nord" (Teillos) im Auftrag des Landes Schleswig-Holstein
  SPNV Neumünster – Bad Oldesloe; 0,63 Mio. Zugkm/a vom 15.12.2002 bis Dezember 2021
  SPNV Neumünster – Heide – Büsum; 0,85 Mio. Zugkm/a vom 11.12.2011 bis Dezember 2021

NBE / NBE RAIL / NBE REGIO

★ SPNV „Netz Mitte" (Los B) im Auftrag des Landes Schleswig-Holstein; 1,9 Mio. Zugkm/a von Dezember 2014 bis Dezember 2027
SPNV Itzehoe – Hamburg Hbf
SPNV Wrist – Hamburg-Altona

NBE RAIL GmbH

Schwarzwaldstraße 2
DE-63811 Stockstadt
Telefon: +49 6027 40904-0
Telefax: +49 6027 40904-99
service@nbe-rail.com
www.nbe-rail.com

Management
★ Gianfranco Mangano (Geschäftsführer)

Gesellschafter
Stammkapital 27.000,00 EUR
★ NBE Group GmbH & Co. KG (100 %)

Lizenzen
★ DE: EVU-Zulassung (PV+GV) seit 15.07.2002, gültig bis 01.08.2017

Unternehmensgeschichte
Die heute nur noch als EVU für die Schwestergesellschaft SONATA LOGISTICS GmbH tätige NBE RAIL GmbH war ab 2002 Keimzelle der heutigen SONATA GROUP von Torsten Sewerin. Sewerin hatte am 26.08.2002 zusammen mit René Rück und Manfred Richter die NbE - Nordbayerische Eisenbahngesellschaft mbH mit paritätischen Anteilen gegründet. In den nachfolgenden Jahren wechselten die Gesellschafter an Sewerins Seite mehrfach, seit entsprechendem Gesellschafterbeschluss vom 13.08.2010 firmiert das Unternehmen als NBE RAIL GmbH.
Die bis dato als Geschäftseinheiten der NBE RAIL geführten Sparten Bahnlogistik und Werkstatt wurden 2006 in die NbE Bahnlogistik GmbH sowie die damalige LokService 24 GmbH überführt. Seit 15.08.2006 unterhielt die NBE eine Niederlassung in Dresden, wo seitdem die Disposition des Geschäftsbereiches Ost einschließlich des Bauzugbereiches der NBE Group angesiedelt war.
In den Jahren 2007 und 2009 erhielt das Bahnunternehmen die Auszeichnung „Bayerns best 50" der Bayerischen Staatsregierung, mit der jährlich die fünfzig dynamischsten Unternehmen des Freistaats honoriert werden.
Im Sommer 2009 gab man sich ein neues, internationales Erscheinungsbild. Einheitlich wird nun das Kürzel NBE verwendet, das für „Nordbayerische Eisenbahn" steht. Neben dem Bahnbetrieb „NBE Rail" waren die Logistikaktivitäten der Gruppe in die „NBE Logistik" überführt worden. Seit 2011 hielt Sewerin seine Beteiligungen zentral über die NBE Group GmbH & Co. KG (siehe dort). Am 28.01.2010 wurde die NBE Rail Polska Sp.z o.o. (heutige Rail Time Polska Sp. z o.o.) mit Sitz in Warschau als polnische Tochter gegründet.
Im Rahmen einer Umstrukturierung in der NBE-Gruppe hat die NBE RAIL GmbH zum 28.02.2013 ihr komplettes Cargo- und Logistikgeschäft sowie die Personaldienstleistung auf die NbE Logistik GmbH übertragen, die seit Januar 2014 als Rail Time Logistics GmbH auftritt. Der rund 30 Fahrzeuge umfassende Diesellokbestand der NBE Rail mit den Typen 203, 212, 214, 225, 232, 264 sowie V 60 wurde vermietet, wobei zwölf Lokomotiven von der Rail Time Logistics für den Cargo- und Bauzugdienst eingesetzt wurden.
Mit der Insolvenz der Rail Time Logistics im Sommer 2014 strukturierte Sewerin seine Bahnaktivitäten komplett neu. Neue Holding ist die SONATA MANAGEMENT GmbH, die Lokvermietung ging auf die SONATA RAIL GmbH über. Die NBE RAIL musste zudem Insolvenz anmelden, das vorläufige Verfahren wurde am 11.12.2014 eröffnet.

NBE REGIO GmbH

Schwarzwaldstraße 2
DE-63811 Stockstadt am Main
Telefon: +49 6027 40904-0
Telefax: +49 6027 40904-99
service@nbe-regio.com
www.nbe-regio.com

Management
★ Gianfranco Mangano (Geschäftsführer)

Gesellschafter
Stammkapital 25.000,00 EUR
★ NBE Group GmbH & Co. KG (90 %)
★ Torsten Sewerin (10 %)

Beteiligungen
★ NBE TRAIN GmbH (50 %)

Lizenzen
★ DE: EVU-Zulassung (PV); gültig vom 14.06.2012 bis 13.06.2027

NBE REGIO / NBE TRAIN / NEB

Unternehmensgeschichte
Die NBE REGIO GmbH ist heute nur noch eine Vorratsgesellschaft im Unternehmensverbund von Torsten Sewerin.
Die am 13.08.2010 gegründete Gesellschaft entstand ursprünglich als Holding für die SPNV-Aktivitäten der NBE Group, unter der wiederum das per 08.10.2010 mit der Eisenbahngesellschaft Potsdam GmbH (EGP) gegründete Städtebahn GmbH joint venture Städtebahn GmbH angesiedelt war. NBE REGIO wurde im Frühjahr 2013 Alleingesellschafter der Städtebahn, stieß aber im Herbst 2014 einen 50 %-Anteil an der Tochter wieder ab. Der Gesellschafteranteil der SRI Rail Invest GmbH an der NBE REGIO wurde per 10.09.2014 durch Torsten Sewerin übernommen. Simon Scherer hält seit gleichem Datum einen 10 %igen Anteil an der Städtebahn Sachsen GmbH (SBS) bzw. der STS Städtebahn Service GmbH über seine SRI Verwaltungs GmbH.

NBE TRAIN GmbH

Schwarzwaldstraße 2
DE-63811 Stockstadt am Main

Management
★ Torsten Sewerin (Geschäftsführer)

Gesellschafter
Stammkapital 25.000,00 EUR
★ Marcel Leve (50 %)
★ NBE REGIO GmbH (50 %)

Unternehmensgeschichte
Am 08.10.2010 haben die NBE REGIO GmbH, Aschaffenburg und die Eisenbahngesellschaft Potsdam mbH (EGP) die Städtebahn GmbH aus der Taufe gehoben. Beide Unternehmen hielten paritätisch die Anteile des Unternehmens mit Sitz in Aschaffenburg. Das Tochterunternehmen Städtebahn Sachsen GmbH hat im Dezember 2010 den Betrieb auf dem Dieselnetz des Verkehrsverbundes Oberelbe (VVO) in Sachsen aufgenommen.
Zum 01.06.2013 wurde die NBE REGIO alleinige Gesellschafterin der Städtebahn und verkaufte zum 24.10.2014 50 % an eine Privatperson. Seit Herbst 2014 fungiert das zum 17.10.2014 in NBE TRAIN GmbH umfirmierte Unternehmen als Vorratsgesellschaft.

NEB Betriebsgesellschaft mbH
🅿

Georgenstraße 22
DE-10117 Berlin
Telefon: +49 30 396011-0
Telefax: +49 30 396011-70
home@neb.de
www.neb.de

Betriebsbüro
Mühlenbecker Damm 67 A
DE-16348 Wandlitz OT Basdorf

Management
★ Dipl.-Volkswirt Detlef Bröcker (Geschäftsführer)

Gesellschafter
Stammkapital 50.000,00 EUR
★ Niederbarnimer Eisenbahn AG (NEB AG) (100 %)

Lizenzen
★ DE: EVU-Zulassung (PV+GV) seit 24.03.2005, gültig bis 31.03.2020

Unternehmensgeschichte
Nach 55 Jahren betreibt die Niederbarnimer Eisenbahn AG mit ihrer am 17.12.2004 gegründeten Tochtergesellschaft NEB Betriebsgesellschaft mbH seit Dezember 2005 wieder den Zugverkehr auf der "Heidekrautbahn" Berlin-Karow – Basdorf – Groß Schönebeck und Basdorf – Schmachtenhagen. Mit der Gründung dieser Tochtergesellschaft erfüllt die NEB die gesetzlichen Vorgaben des § 9 des AEG (Trennung von Fahrweg und Betrieb).
Zum Fahrplanwechsel im Dezember 2006 übernahm die NEB mit den SPNV-Leistungen der „Oderlandbahn" Berlin – Kostrzyn (Küstrin) ihre zweite Linie. Die Zulassung für die Talent-Triebwagen hatte die polnische Genehmigungsbehörde UTK erst zwei Tage vor Betriebsaufnahme erteilt. Nach Klärung weiterer zulassungsrechtlicher Fragen ist in den nächsten Jahren die Verlängerung der Zugläufe bis nach Gorzów Wielkopolski (Landsberg an der Warthe) vorgesehen.
Der am 16.04.2007 aufgenommene eigenwirtschaftliche Verkehr zwischen Wensickendorf und Zehlendorf wurde mangels ausreichendem Reisendenaufkommen zum 31.12.2007 wieder eingestellt.
Im Zusammenhang mit den Problemen bei der Berliner S-Bahn bestellen die Ausgabenträger seit Sommer 2009 wiederholt Fahrten bis ins Berliner Stadtgebiet in Form von mehreren Zusatzleistungen an Wochentagen, die statt in Berlin-Karow zu enden bis Berlin-Gesundbrunnen durchgebunden werden; so auch im gesamten Jahresfahrplan 2012. Die Verkehre auf der „Oderlandbahn" sind Teil des

NEB

Netzes Ostbrandenburg, dessen SPNV-Ausschreibung mit Betriebsaufnahme im Dezember 2014 im Dezember 2011 veröffentlicht wurde. Bereits am 08.11.2012 hatte der VBB die NEB darüber informiert, dass die Bahn das wirtschaftlichste Angebot für die ausgeschriebenen Leistungen im Schienenpersonennahverkehr (SPNV) des Netzes Ostbrandenburg mit rund 5 Mio. Zugkm/a abgegeben hat. Aufgrund eines Einspruchs eines Mitbewerbers, der von der Vergabekammer in Potsdam zurückgewiesen worden ist, hatte sich die beabsichtigte Vergabe leider um drei Monate auf Februar 2013 verzögert. Während für Los 1 15 gebrauchte RegioShuttle über Alpha Trains beschafft werden sollen, sind für Los 2 neun Triebwagen des Typs PESA LINK bestellt worden, die durch vier Talent von Alpha Trains ergänzt werden. Die Unterhaltung der Triebwagen wird in einer 2005 erweiterten und modernisierten Triebwagenhalle in Basdorf durchgeführt.

Verkehre

* SPNV „Heidekrautbahn" Groß Schönebeck/Schmachtenhagen – Berlin-Karow; 0,669 Mio. Zugkm/a im Auftrag des Landes Brandenburg von Dezember 2005 bis Dezember 2020
* SPNV Klosterfelde – / Wandlitzsee – / Basdorf – Berlin-Gesundbrunnen; 70.000 Zugkm/a (6 Zugpaare pro Werktag) seit 20.07.2009 im Auftrag des Landes Brandenburg
* SPNV „Ostbrandenburg-Netz", Los 1; 2,162 Mio. Zugkm/a im Auftrag des Landes Brandenburg von Dezember 2014 bis Dezember 2024
  R35 Fürstenwalde (Spree) – Bad Saarow Klinikum
  R36 Königs Wusterhausen – Beeskow – Frankfurt (Oder)
  R60 Eberswalde – Frankfurt (Oder)
  R61 Prenzlau / Angermünde – Schwedt (Oder)
  R63 Eberswalde – Joachimsthal
* SPNV „Netz Ostbrandenburg Vorlauf" (NOBV); 1,3 Mio. Zugkm/a im Auftrag des Landes Brandenburg von Dezember 2014 bis Dezember 2015
  R25 Berlin – Werneuchen
  R26 Berlin – Küstrin-Kietz – Kostrzyn [PL]
* SPNV „Ostbrandenburg-Netz", Los 2; 2,7 Mio. Zugkm/a im Auftrag des Landes Brandenburg von Dezember 2015 bis Dezember 2024
  R12 Berlin – Templin
  R25 Berlin – Werneuchen
  R26 Berlin – Küstrin-Kietz – Kostrzyn [PL]
  R54 Berlin – Löwenberg (Mark) – Rheinsberg (Mark)

**Norddeutsche
Eisenbahngesellschaft Niebüll GmbH**

neg Niebüll GmbH 🅿🛈

Postfach 13 29
DE-25893 Niebüll
Bahnhofstraße 6
DE-25899 Niebüll
Telefon: +49 4661 98088-0
Telefax: +49 4661 98088-19
info@neg-niebuell.de
www.neg-niebuell.de

Management
* Ingo Rüdiger Dewald-Kehrer (Geschäftsführer)

Gesellschafter
Stammkapital 2.000.000,00 EUR
* Société Nationale des Chemins de Fer Luxembourgeois (CFL) (100 %)

Beteiligungen
* neg Süderau Betriebs GmbH (100 %)

Lizenzen
* DE: EIU Niebüll neg – Dagebüll Mole seit 17.01.2005
* DE: EIU Niebüll – Süderlügum Grenze seit 17.01.2005
* DE: EIU Tornesch – Uetersen Stadt seit 19.03.2007
* DE: EVU-Zulassung (PV+GV) seit 12.03.2004, gültig bis 31.03.2019

Infrastruktur
* Niebüll neg – Dagebüll Mole (13,9 km)
* Niebüll – Süderlügum Grenze (– Tønder [DK]) (13,3 km)
* Betriebsführung Tornesch neg – Uetersen Stadt
* Betriebsführung Serviceeinrichtung Neumünster Gbf neg
* Betriebsführung Anschlussgleis Westerland/Sylt Flughafen inklusive Ladestraße
* Betriebsführung Ehrang Bbf Gleise 204-207, 212+213

Unternehmensgeschichte
Die neg Niebüll GmbH kann auf eine langjährige Geschichte in der Region zurückblicken, da sie zum 01.01.2004 einen Großteil der Geschäftstätigkeiten der insolventen Nordfriesische Verkehrsbetriebe AG (NVAG) übernahm. Bei der neg Niebüll GmbH handelt es sich ursprünglich um die am 17.09.2003 gegründete STG Einhunderteinundzwanzigste Vermögensverwaltungs- und Beteiligungsgesellschaft mbH, die durch Gesellschafterbeschluss vom 22.12.2003 bzw. 19.02.2004 umfirmierte und deren Sitz von Osnabrück nach Niebüll verlegt wurde.
Die Geschichte der NVAG beginnt mit der Gründung der „Kleinbahnen Niebüll-Dagebüll oHG" am 22.01.1895 und der feierlichen Eröffnung der Strecke Niebüll – Dagebüll am 13.07.1895.
1911 wurde die Bahn bis auf die Mole in Dagebüll verlängert, wodurch die Züge nun bis an die Dampfer der Wyker Dampfschiffs-Reederei (W.D.R.) heranfahren konnten. Erforderlich wurde einige Jahre später die Streckenumspurung von Meter- auf Normalspur. 1965 beschlossen die Gesellschafter die Umbenennung in Nordfriesische Verkehrsbetriebe AG (NVAG). Neben der Schienenpersonenbeförderung erweiterte man die Gesellschaft um eine Spedition und einen Omnibusbetrieb. 1999 konnte die NVAG den deutschen Abschnitt Niebüll – Süderlügum Grenze der Strecke Niebüll – Tønder von der DB übernehmen. Auch eine Ausweitung der Güterverkehrsaktivitäten startete im Jahr 2002 viel versprechend als landesweite „Güterbahn Schleswig-Holstein". Mit dem Projekt hatte sich die NVAG aber übernommen und musste am 12.08.2003 Insolvenz anmelden.
Die neg Niebüll GmbH, damals neben Schmidt-Reisen Dagebüll auch noch zu weiteren 0,3 % im Eigentum der Nord-Ostsee-Bahn GmbH (NOB), übernahm am 01.01.2004 den Bahnbetrieb der NVAG. Gleichzeitig wurde die Bussparte der NVAG von der neu gegründeten Niebüller Verkehrsbetriebe GmbH (NVB), einer Connex-Tochtergesellschaft, heute Veolia, fortgeführt. Seit 16.12.2005 befindet sich die neg Niebüll GmbH zu 100 % im Eigentum der Luxemburger CFL.
Zum 01.11.2006 wurde der Güterverkehr der neg in die CFL Cargo Deutschland GmbH überführt.
Die jährlichen Fahrgastzahlen im SPNV liegt bei rund 410.000 (325.000 Niebüll neg – Dagebüll, 85.000 Niebüll – Tønder [DK]). In den Sommermonaten seit 2008 unterstützt eine historische Dampf- oder Diesellok den regulären Fahrbetrieb am Wochenende. Seit 2013 werden die Strecken der neg auch für nächtliche Testfahrten des Herstellers Vossloh Locomotives GmbH genutzt.

Verkehre
* SPNV Niebüll – Dagebüll Mole; umsteigefreie IC-Kurswagen-Direktverbindungen mit Köln, Berlin, Hannover und Frankfurt am Main; 100.000 Zugkm/a vom 01.02.2011 bis Dezember 2025 im Auftrag der LVS Schleswig-Holstein Landesweite Verkehrsservicegesellschaft mbH
* SPNV Esbjerg [DK] – Niebüll; deutsches EVU vom 12.12.2010 bis Dezember 2018 im Auftrag von Arriva Tog A/S; durchgehender Einsatz von LINT-Triebzügen der Arriva

neg / NeSA / NETINERA Deutschland

NeSA Eisenbahn-Betriebsgesellschaft Neckar-Schwarzwald-Alb mbH

Postfach 1649
DE-78616 Rottweil
Bahnhof 10/1
DE-78628 Rottweil
Telefon: +49 741 174708-0
Telefax: +49 741 174708-20
kontakt@nesa-bahn.de
www.nesa-bahn.de

Management
★ Dipl.-Ing. (FH) Herbert Günther (Geschäftsführer)
★ Dipl.-Ing. (FH) Volker Köppl (Geschäftsführer)

Gesellschafter
Stammkapital 25.564,59 EUR
★ Volker Köppl (18 %)
★ Nikolaus August Bogenschütz (18 %)
★ Werner Lischka (16 %)
★ Karl-Heinz Hoffleit (16 %)
★ Michael Stumm (10 %)
★ Dieter Horst Sterr (8 %)
★ Harald Brendler (8 %)
★ Heinz-Gerhard Behling (6 %)

Lizenzen
★ DE: EVU-Zulassung (PV+GV) seit 29.04.1999, gültig bis 30.06.2016

Unternehmensgeschichte
Am 21.10.1998 wurde die NeSA Eisenbahn-Betriebsgesellschaft Neckar-Schwarzwald-Alb mbH von damals neun Personen aus dem Umfeld der Eisenbahnfreunde Zollernbahn e. V. (EFZ) in Tübingen gegründet. 1999 folgte die Zulassung als EVU, bei dem neben den eigenen Loks u. a. auch alle betriebsfähigen Fahrzeuge der EFZ eingestellt sind. Eingesetzt werden die eigenen Fahrzeuge vornehmlich im Arbeitszugdienst sowie bei Überführungs- und Sonderfahrten. Zudem ist man als EVU bei den Sonderfahrten der EFZ tätig.
Das 2004 / 2005 durchgeführte NeSA-eigene Sonderzugprogramm wurde zwischenzeitlich wieder eingestellt und die angemietete 221 135 an die damalige Eigentümerin zurückgegeben.
Der Sitz der NeSa wurde per Gesellschafterbeschluss vom 19.12.2007 von Balingen nach Rottweil verlegt. 2007 beschäftigte die NeSA zehn Mitarbeiter.

Verkehre
★ AZ-Verkehr
★ Sonderzüge im Güter- und Personenverkehr

NETINERA Deutschland GmbH

Bahnhofsplatz 1
DE-94234 Viechtach
Telefon: +49 9942 9465-10
Telefax: +49 9942 9465-28
presse@netinera.de
www.netinera.de

Büro Berlin
Märkisches Ufer 34
DE-10179 Berlin
Telefon: +49 30 684084300
Telefax: +49 30 6840843501

Management
★ Dipl.-Kfm. Jost Knebel (Vorsitzender der Geschäftsführung)
★ Dipl.-Betriebswirt (FH) Markus Resch (Geschäftsführer, CFO)
★ Alexander Sterr (Geschäftsführer, Arbeitsdirektor)

Gesellschafter
Stammkapital 555.000,00 EUR
★ Ferrovie dello Stato Italiane S.p.A. (FS Italiane) (51 %)
★ Cube Transport S.C.A. (49 %)

Beteiligungen
★ Autobus Sippel GmbH (100 %)
★ Prignitzer Eisenbahn GmbH (PEG) (100 %)
★ Regentalbahn AG (RAG) (100 %)
★ Südbrandenburger Nahverkehrs GmbH (SBN) (100 %)
★ Verkehrsbetriebe Bils GmbH (100 %)
★ NETINERA Bachstein GmbH (95,33 %)

Unternehmensgeschichte
Die NETINERA Deutschland ist eine Tochtergesellschaft Ferrovie dello Stato S.p.A., Rom, und der Cube Transport S.C.A., Luxemburg. Hervorgegangen ist das Unternehmen aus der Deutschlandsparte des britischen Verkehrskonzerns Arriva. Dieser wurde im August 2010 an die Deutsche Bahn AG verkauft, aus Wettbewerbsgründen musste man sich nachfolgend von der Arriva Deutschland GmbH trennen, was per 28.02.2011 erfolgte.
Der Markteintritt von Arriva in Deutschland wurde mit der in Hamburg am 09.10.2003 gegründeten APS Transport GmbH vorbereitet. Erst mit dem ersten Zukauf der PE Holding AG (spätere P.E. Arriva

NETINERA Deutschland

AG, heutige NETINERA Region Ost GmbH) im April 2004 wandelte das Unternehmen gemäß Gesellschafterbeschluss vom 29.04.2004 seinen Namen in Arriva Deutschland GmbH. 2005 wurden die Autobus Sippel GmbH und im April 2006 die Verkehrsbetriebe Bils GmbH im Busbereich übernommen.

Im Bahnbereich hat Arriva mit der Übernahme der Aktienmehrheiten der Regentalbahn AG (RAG) im Jahr 2006 bzw. der Osthannoverschen Eisenbahnen AG (OHE, über die Arriva Bachstein) im März 2007 den Marktanteil des Unternehmens in Deutschland stark ausgebaut.

Bei der Übernahme der Regentalbahn AG wurde vertraglich der Wechsel des Unternehmenssitzes nach Viechtach zugesichert, der gemäß Gesellschafterbeschluss vom 24.01.2006 auch umgesetzt wurde.

Weiteres Wachstum des Unternehmens erfolgte mit dem Erwerb der Neißeverkehr GmbH 2007 und der Südbrandenburger Nahverkehrs GmbH im August 2008.

Kenndaten damaligen Arriva Deutschland im Jahr 2009:
* Zugkilometer pro Jahr: 29 Mio. (im Verbund)
* Buskilometer pro Jahr: 55 Mio. (im Verbund)
* Fahrzeuge: 1.005 Busse, 234 Triebfahrzeuge, 15 Lokomotiven, 62 Reisezugwagen (im Verbund)
* Mitarbeiter: 3.500 (im Verbund)

Die aktuelle Firmierung trägt das Unternehmen gemäß Gesellschafterbeschluss vom 21.03.2011. Die zunächst als Zwischenholding fungierende FS 2 MOVE GmbH, Mainz, und die NETINERA Deutschland wurden zum 30.08.2011 fusioniert.

Unternehmensstruktur NETINERA (ohne Busbetriebe)

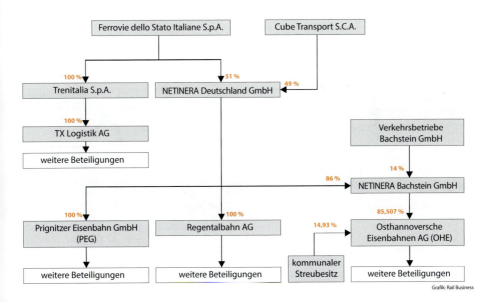

Grafik: Rail Business

Europäische Bahnen '15/'16   333

NETINERA Deutschland

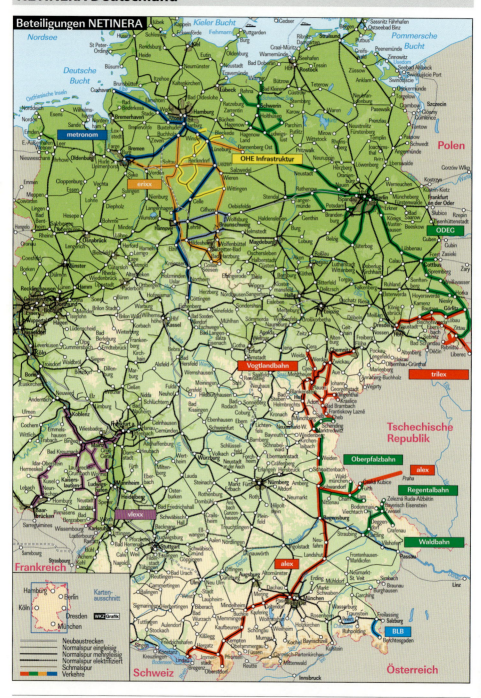

NME

Neukölln-Mittenwalder Eisenbahn-Gesellschaft Aktiengesellschaft in Berlin (NME) GI

Gottlieb-Dunkel-Straße 47/48
DE-12099 Berlin
Telefon: +49 30 70090350
Telefax: +49 30 70090320
kontakt@nmeg.de
www.nmeg.de

Management
* Dr. Klaus Britze (Vorstand)
* Dipl.-Kfm. Martin Britze (Vorstand)

Gesellschafter
Stammkapital 603.000,00 EUR
* Vering & Waechter GmbH & Co. KG (94 %)
* Streubesitz (6 %)

Lizenzen
* DE: EIU für eigene Infrastruktur
* DE: EVU-Zulassung (PV+GV) seit 25.09.1990, gültig bis 24.09.2050

Infrastruktur
* Berlin-Neukölln, Bf Hermannstraße – Teltowkanal – Berlin Rudow (8,9 km)

Unternehmensgeschichte
Am 28.09.1900 eröffnete die Rixdorf-Mittenwalder Eisenbahn-Gesellschaft eine 27 km lange Bahnstrecke zwischen den beiden namensgebenden Orten im Südosten von Berlin, die am 26.05.1903 um die vier km lange Strecke Mittenwalde – Schöneicher Plan ergänzt wurde. Als Rixdorf zu Neukölln wurde, erhielt die Bahngesellschaft am 04.10.1919 ihren heutigen Namen. Die deutsche Teilung nach dem zweiten Weltkrieg führte zu einer Zerschneidung der NME-Strecke. 1946 wurde der südlich von Berlin-Rudow in der späteren DDR gelegene Teil der NME enteignet. Am 01.01.1950 übernahm die Deutsche Reichsbahn offiziell die Betriebsführung auf diesem Abschnitt, doch erfolgten bereits 1951 die Betriebseinstellung und der Abbau der Gleisanlagen. Auf dem verbliebenen Reststück der NME in West-Berlin, der Strecke Berlin Neukölln, Bf Hermannstraße – Teltowkanal – Berlin-Rudow wurde am 01.05.1955 der SPNV eingestellt. Von 1963 bis 2003 wurde das Heizkraftwerk der BEWAG in Berlin-Rudow jährlich mit ca. 350.000 t Kohle versorgt. Mit der Stilllegung des Kraftwerkes zum 01.05.2003 verlor die NME ihren über Jahrzehnte hinweg wichtigsten Kunden. Das neu entstandene Ersatzheizkraftwerk wird nicht mehr über die NME, sondern mit Binnenschiffen über den Teltowkanal versorgt.
Zum Jahresende 2011 entfielen abermals rund 50 % der Verkehre auf der NME: Seit Anfang der 1990er Jahre wurden im Bahnhof Teltowkanal werktäglich zwei bis drei Ganzzüge mit Hausmüll abgefertigt und von der NME jedoch nur auf dem kurzen, knapp 2,5 km langen Streckenabschnitt bis zum Übergabebahnhof Berlin-Neukölln befördert. Dort übernahmen die DB bzw. seit 01.06.2005 die Havelländische Eisenbahn AG (hvle) den Weitertransport. Der Hausmüll wird jetzt direkt in anderen Müllwerken zum Sortieren bzw. im Müllwerk Ruhleben zur Verbrennung angeliefert. Infolge des gesunkenen Güteraufkommens wurde auch der Personalstamm des Unternehmens von Ende der 1990er Jahre noch rund 30 Mitarbeitern bis Anfang 2007 auf zwölf verkleinert. 2007 betrug das Transportvolumen der NME 572.000 t, 2012 nur noch 341.390 t.
Aktuell fährt die NME noch Kiestransporte und Kesselwagenzüge zu den Tanklagern am Teltowkanal und verfügt dafür über vier Rangierdiesselloks und neun Mitarbeiter.

Verkehre
* Güterverkehr auf eigener Infrastruktur zum Übergabebahnhof Berlin-Neukölln

Neuss-Düsseldorfer Häfen GmbH & Co. KG - Neusser Eisenbahn (NE) I

Hammer Landstraße 3
DE-41460 Neuss
Telefon: +49 2131 5323-0
Telefax: +49 2131 5323-105
info@nd-haefen.de
www.nd-haefen.de

Werkstatt
Heerdterbuschstraße 1a
DE-41460 Neuss

NE / NEB AG

Management
* Dipl.-Ing. / Dipl.-Kfm. Ulrich Gross (Geschäftsführer)
* Dipl.-Verwaltungswirt Friedrich Rainer Schäfer (Geschäftsführer)

Gesellschafter
* Stadtwerke Düsseldorf Aktiengesellschaft (50 %)
* Stadtwerke Neuss GmbH (50 %)
* Komplementär: Neuss Düsseldorfer Häfen GmbH

Beteiligungen
* RheinCargo GmbH & Co. KG (50 %)
* Hafen Krefeld GmbH & Co. KG (49 %)
* Hafen Krefeld Verwaltungs GmbH (Komplementär) (49 %)

Lizenzen
* DE: EVU-Zulassung (GV) seit 20.07.2004, gültig bis 31.03.2019

Infrastruktur
* Hafenbahn Neuss (Gleislänge 54,3 km)
* Hafenbahn Düsseldorf (Gleislänge 39 km)
* Privatanschlussgleise in Neuss und Düsseldorf (Gleislänge 22 km)

Unternehmensgeschichte
Mit der Einstellung der ersten Arbeiter der städtischen Hafen- und Ringbahn im Juni 1904 beginnt die Geschichte der Neusser Eisenbahn. Im gleichen Monat wurden auch die Baupläne für die Bahn ausgelegt, die erst im Januar 1908 betriebsbereit war. Der Bauantragstellung waren zehn Jahre der Planung vorangegangen. Frei wurde der Weg Richtung Hafenbahn aber erst, als die Staatsbahn im Dezember 1903 einen fast zwanzig Jahre bestehenden Vertrag kündigte und der Stadt nahe legte, selbst eine Verbindung zum geplanten Güterbahnhof herzustellen.
Als ehemaliger Teil der „Städtischen Hafenbetriebe Neuss" dient die NE traditionell vor allem der Anbindung des Hafens Neuss an den Schienengüterverkehr über den Übergabebahnhof Neuss Hessentor.
Seit dem im August 2003 erfolgten Fusion der Häfen Neuss und Düsseldorf gehört die NE nun zur Neuss-Düsseldorfer Häfen GmbH & Co. KG (NDH) und konnte somit ihren Aktionsbereich auf die andere Rheinseite ausweiten.
Im Jahr 2003 erbrachte die NE eine Transportleistung von 4 Mio. t, die bis 2008 auf 6,4 Mio. t stieg.
Zusammen mit der Stadt Krefeld wurde am 23.11.2007 eine gemeinsame Betreibergesellschaft für den dortigen Hafen gegründet, der seit 01.01.2008 am Markt tätig ist.
Die NE nutzte seit der Zulassung als EVU auch den Netzzugang auf ehemaligen Staatsbahngleisen für Gütertransporte. Dabei stellten Transporte zu/von den in der Region liegenden Kraftwerken einen Schwerpunkt dar.
Zum 08.01.2008 wurden die von der NE erbrachten Leistungen für die Dyckerhoff AG ausgeweitet. Neben den seit 01.03.2007 gefahrenen Zementtransporten vom thüringischen Deuna nach Neuss beförderte die NE seither auch Zementklinker nach Neuwied.
Im Sommer 2012 gründeten die Häfen und Güterverkehr Köln AG (HGK) und die NDH das Gemeinschaftsunternehmen RheinCargo GmbH & Co. KG (siehe dort).

Niederbarnimer Eisenbahn AG (NEB AG) 🚂

Georgenstraße 22
DE-10117 Berlin
Telefon: +49 30 396011-0
Telefax: +49 30 396011-70
home@neb.de
www.neb.de

Management
* Dipl.-Volkswirt Detlef Bröcker (Vorstand)

Gesellschafter
Stammkapital 832.000,00 EUR
* IGB Industriebahn-Gesellschaft Berlin mbH (66,92 %)
* Landkreis Oberhavel (OHV) (8,86 %)
* Landkreis Barnim (BAR) (6,9 %)
* Landkreis Märkisch-Oderland (MOL) (6,87 %)
* Städte- und Gemeindebund Brandenburg / Landkreistag Brandenburg (6,16 %)
* Landkreis Oder-Spree (LOS) (3,37 %)
* Gemeinde Wandlitz (0,27 %)
* Gemeinde Basdorf (0,24 %)
* Gemeinde Schönwalde (0,13 %)
* Gemeinde Groß Schönebeck (0,11 %)
* Gemeinde Wensickendorf (0,07 %)
* Gemeinde Klosterfelde (0,03 %)
* Gemeinde Zerpenschleuse (0,03 %)
* Gemeinde Kreuzbruch (0,02 %)
* Gemeinde Ruhlsdorf (0,01 %)
* Gemeinde Zehlendorf (0,01 %)

Beteiligungen
* NEB Betriebsgesellschaft mbH (100 %)
* Schöneicher-Rüdersdorfer Straßenbahn GmbH (SRS) (70 %)

Lizenzen
* DE: EIU für eigene Infrastruktur seit 25.10.2000, gültig bis 31.10.2050

NEB AG / NLME

Infrastruktur
* Berlin-Wilhelmsruh – Basdorf (17,4 km), Rückübertragung zum 01.09.1998
* Basdorf – Groß Schönebeck (24,1 km), Rückübertragung zum 01.09.1998
* Basdorf – Wensickendorf (5,6 km), Rückübertragung zum 01.09.1998
* Berlin-Karow – Schönwalde Abzw. (11,2 km), Kauf von DB Netz AG zum 01.07.2000
* Wensickendorf – Schmachtenhagen (5,6 km), Kauf von DB Netz AG zum 11.12.2001

Unternehmensgeschichte
Seit über 100 Jahren verbindet die Niederbarnimer Eisenbahn die Schorfheide mit Berlin. Die Gründung als „Reinickendorf-Liebenwalde-Groß Schönebecker Eisenbahn" erfolgte am 12.02.1900, am 20.05.1901 wurde der Personenverkehr aufgenommen. Die Gesellschaft begann am 03.06.1901 auch mit der Güterbeförderung auf der Schiene und konnte am 01.07.1925 die 1907/1908 eröffnete Industriebahn Tegel übernehmen. Seit 08.01.1927 firmiert die Gesellschaft unter „Niederbarnimer Eisenbahn Aktiengesellschaft".
Nach dem Zweiten Weltkrieg war die NEB 1949 die einzige Privatbahn im Osten Deutschlands, die – bedingt durch ihren Firmensitz in Berlin – nicht enteignet wurde. Allerdings war sie gezwungen, zum 01.07.1950 nahezu ihr gesamtes Eigentum sowie die Betriebsrechte an die Deutsche Reichsbahn zu übergeben. Mit dem Mauerbau 1961 wurde die Strecke Basdorf – Berlin-Wilhelmsruh unterbrochen, ebenso ist die Industriebahn Tegel – Friedrichsfelde heute nur noch teilweise vorhanden. Zur Anbindung von Basdorf an Berlin wurde 1948-1950 ersatzweise die Strecke Berlin Karow – Basdorf gebaut. Mit diesem Streckenabschnitt sowie dem Neubauabschnitt von Wensickendorf zum an der Nordbahn Berlin – Neustrelitz – Stralsund neu angelegten Bahnhof Fichtengrund verwirklichte die DR Planungen der Vorkriegszeit zur Schaffung eines Güteraußenrings.
Nach der deutschen Wiedervereinigung begann die schrittweise Rückgabe der Strecken an die NEB. 1991 erfolgte die Rückgabe nicht betriebsnotwendiger Immobilien, die übrigen Teile folgten schrittweise. Seit 01.09.1998 hat die NEB die Eisenbahninfrastruktur aller ihrer Eigentumsstrecken wieder in die eigene Verantwortung übernommen; seit 01.07.2000 zusätzlich auch den Abschnitt Berlin-Karow – Schönwalde sowie zum 11.12.2001 den Streckenabschnitt Wensickendorf – Schmachtenhagen.
Die Nutzung der Eisenbahninfrastruktur der NEB auf vertraglicher Basis erfolgt durch verschiedene EVU, zunächst vor allem durch DB Regio AG und DB Cargo AG (heute: DB Schenker Rail Deutschland AG). Zwischen 1999 und 2002 wurde die Eisenbahninfrastruktur mit einem Kostenvolumen von insgesamt 17,3 Mio. EUR saniert.
Am 17.12.2004 erfolgte die Gründung der NEB Betriebsgesellschaft mbH als 100 %ige Tochtergesellschaft der NEB, nachdem diese die Ausschreibung der auf der NEB-Infrastruktur ab 11.12.2005 zu erbringenden SPNV-Leistungen (Regionalbahnlinie 27) gewonnen hatte. Mit der Gründung dieser Tochtergesellschaft erfüllt die NEB die gesetzlichen Vorgaben des § 9 des AEG (Trennung von Fahrweg und Betrieb).
Güterverkehr findet zwischen Berlin-Karow und Schönerlinde (Baustoffganzzüge) sowie über Basdorf nach Berlin-Wilhelmsruh statt (Bedienung Anschluss des Schienenfahrzeugherstellers Stadler).

Niederlausitzer Museumseisenbahn e. V. (NLME)
P I

Holsteiner Straße 55
DE-03238 Finsterwalde
Telefon: +49 3531 5075566
info@niederlausitzer-museumseisenbahn.de
www.niederlausitzer-museumseisenbahn.de

Lizenzen
* DE: EIU Finsterwalde – Crinitz (Niederlausitz) seit 05.04.2002
* DE: EVU-Zulassung (PV) seit 05.04.2002, gültig bis 31.12.2016; nur für Museumsverkehre auf eigener Infrastruktur gültig

Infrastruktur
* Finsterwalde – Crinitz (Niederlausitz) (17,1 km), erworben von DB Netz AG am 10.09.1997

Unternehmensgeschichte
Die in Südbrandenburg gelegene Strecke von Finsterwalde an der Magistrale Leipzig – Cottbus nach Crinitz (Niederlausitz) wurde am 09.10.1911 eröffnet. Der Personenverkehr wurde bereits am 25.05.1968 durch die DR eingestellt. Der am 01.04.1995 gegründete Niederlausitzer Museumseisenbahn e. V. (NLME) konnte am 10.09.1997 die Strecke von DB Netz erwerben. Seit 1997 wurden mehrere Kleindiesellokomotiven sowie meist schon 100-jährige Personen- und Güterwagen erworben und aufgearbeitet. Am 06.04.2002 konnte nach Zulassung als Eisenbahnverkehrsunternehmen der erste Museumszug verkehren. Der Bahnhof Kleinbahren (Niederlausitz) ist Betriebsstelle und „Hauptbahnhof" der NLME.

Verkehre
* Museumsverkehre Finsterwalde – Crinitz (Niederlausitz); seit 06.04.2002 an ausgewählten Verkehrstagen

NLME / NIAG

Niederrheinische Verkehrsbetriebe Aktiengesellschaft NIAG 🆖🛈

Homberger Straße 113
DE-47441 Moers
Telefon: +49 2841 205-0
Telefax: +49 2841 205-330
info@niag-online.de
www.niag-online.de

Management
* Peter Giesen (Vorstand)
* Christian Kleinenhammann (Vorstand)
* Dr. Werner Kook (Vorstand)

Gesellschafter
Stammkapital 7.560.000,00 EUR
* Rhenus Veniro GmbH & Co. KG (RV) (51 %)
* Kreis Wesel (43 %)
* Kreis Kleve (3 %)
* Stadt Duisburg (1,26 %)
* Stadt Wesel (1,11 %)
* Stadt Moers (0,63 %)

Beteiligungen
* DIE REISEN Hans Wachtendonk GmbH (100 %)
* UTG Umschlags- und Transportgesellschaft mbH (100 %)
* Verkehr und Service am Niederrhein GmbH (VSN) (100 %)

Lizenzen
* DE: EIU-Genehmigung vom 02.08.1995 für die Strecken Moers – Orsoy – Rheinberg einschließlich Orsoy Bf – Orsoy Hafen und Moers – Hoerstgen-Sevelen, befristet bis 31.12.2060. Die Genehmigung ist durch Bescheid vom 14.12.2005 beschränkt auf die Abschnitte Moers – Orsoy – Rheinberg einschließlich Orsoy Bf – Orsoy Hafen und Moers – Moers, BÜ Rheinberger Straße (km 17,74). Gemäß Bescheid vom 29.08.2007 ist die Genehmigung bis Vluyn, BÜ Neufelder Straße (km 25,98) erweitert worden.
* DE: EVU-Zulassung (PV+GV) seit 17.11.1995, gültig bis 31.12.2060
* DE: Sicherheitszertifikat, Teil A+B (GV); gültig vom 18.02.1012 bis 17.12.2017

Infrastruktur
* Moers – Schaephuysen (11,61 km), eröffnet 01.05.1909
* Schaephuysen – Sevelen (7,85 km), eröffnet 09.05.1910
* Rheinberg – Meerbeck (13,43 km), eröffnet 10.05.1910
* Meerbeck – Moers (3,67 km), eröffnet 08.07.1910
* Rheinwerft Orsoy (3,70 km), eröffnet 13.01.1913

Unternehmensgeschichte
Die heutige NIAG geht auf die Moerser Kreisbahn zurück, die Anfang des letzten Jahrhunderts die beiden Strecken Moers – Sevelen und Moers – Rheinberg errichtete.
1938 erfolgte die Zusammenlegung der Moerser Kreisbahn mit der Rheinwerft Orsoy, der Straßenbahngesellschaft Moers-Kamp-Rheinberg sowie dem Kreiswasserwerk Moers zu den Kreis Moerser Verkehrs- und Versorgungsbetrieben.
In den 1960er Jahren gerieten die drei selbständigen Betriebe Straßenbahn Moers-Homberg-Rheinhausen GmbH, Kreis Moerser Verkehrs- und Versorgungsbetriebe und die Niederrheinische Automobilgesellschaft mbH (Niag) in wirtschaftliche Schwierigkeiten und wurden am 12.12.1967 auf die Niag verschmolzen. Im April 1968 erfolgte eine Umwandlung der Niag in eine AG mit dem heute noch gültigen Namen „Niederrheinische Verkehrsbetriebe AG". Im Nachgang auf die Fusion wurde der SPNV auf den Strecken der Moerser Kreisbahn zum 28.09.1968 auf Busse umgestellt. Nachdem der Personenverkehr zwischen Moers und Hoerstgen-Sevelen eingestellt worden war, wurde die Strecke für den Güterverkehr weiter vorgehalten. Bereits seit Jahrzehnten gab es mit der Zeche Niederberg am Bahnhof Dickscheide nur einen Hauptkunden, der schon 1972 für 99 % des Frachtaufkommens zwischen Moers und Hoerstgen-Sevelen sorgte. Über Dickscheide hinaus wurde bereits seit den siebziger Jahren nur bei Bedarf gefahren. Im Jahr 2001 fand die letzte Zustellung in Vluyn im Zusammenhang mit einem Zirkustransport statt. Die Gütertarifpunkte entlang der Strecke wurden mangels Aufkommen in den neunziger Jahren aufgehoben. Die Verträge über die an der Strecke liegenden Gleisanschlüsse wurden im Dezember 2001 gekündigt, jedoch sind diese noch vorhanden. Nachdem die Zeche Niederberg am 31.12.2001 ihren Betrieb einstellte wurden bis August 2003 noch Haldenbestände abgefahren. Obwohl seitdem kein Verkehr mehr stattfindet wurde die angedachte komplette Stilllegung und Entwidmung der Strecke 2006 wieder ad acta gelegt. Die nun als Bahnhofsgleis betriebene Infrastruktur wird seitdem für die Abstellung von Güterwagen privater Waggonvermietgesellschaften genutzt. Nördlich Neukirchen-Vluyn ist die Strecke seit 2001 betrieblich gesperrt. Der Streckenabschnitt Moers – Vluyn der Strecke Moers – Hoerstgen-Sevelen ist seit dem 29.08.2007 wieder offiziell bis Vluyn (km 25,978) reaktiviert.
Nachdem der Güterzugverkehr auf der Teilstrecke Vluyn – Hoerstgen-Sevelen wegen zu geringer Verkehrsnachfrage (diese beschränkte sich seit den 1970er Jahren auf einen Landhandel am Bahnhof Schaephuysen) bereits 1992 eingestellt wurde, endete zum 02.07.2000 auch der an einigen Wochenenden von April bis September durchgeführte touristische Verkehr. Diese Einstellung erfolgte im Wesentlichen wegen des sehr schlechten Streckenzustandes zwischen

NIAG

Schaephuysen und Rheurdt.
1973 erfolgte die Ansiedlung einer Niederlassung des damals noch unter MaK firmierenden Schienenfahrzeugherstellers aus Kiel am Moerser Kreisbahnhof. Der heute als Servicezentrum von Vossloh Locomotives GmbH (VL) geführte Standort Moers geht auf die Gründung einer Niederlassung der MaK Anfang der 1960er Jahre in Mülheim ganz in der Nähe der Mannesmann-Röhrenwerke zurück. Im Jahr 2005 wurden die von VL genutzten Hallen umfassend erweitert, wobei VL alle Immobilien, also neben Gleisen und Grundstücken auch die Hallen, von der NIAG gepachtet hat.
Der Güterverkehr konzentriert sich heute auf den Abschnitt von Moers zum Hafen Orsoy, wo vor allem Importkohle und Erz verladen werden. Der 1977 reaktivierte Holzumschlag für die Firma Rettenmeier am Kai war bereits Ende 1989 wieder eingestellt worden.
Insgesamt befördert die NIAG jährlich etwa drei Mio. Tonnen Güter, darunter 2,5 Mio. Tonnen Kohle. Die Strecke zum Orsoyer Rheinhafen wird rund um die Uhr befahren, die Wagenübergabe an DB Schenker Rail findet im Moerser Güterbahnhof statt, der südlich des Personenbahnhofes gelegen ist. Im Herbst 2006 wurden ca. zehn Ganzzüge (meist 24 Fal-Wagen) pro Tag mit Kohle aus Orsoy abgefahren. Seit April 2007 befördert man auch Kohlezüge auf DB Netz Richtung Süddeutschland.
Der Kreistag des Kreises Wesel hat am 25.03.2004 beschlossen, nach europaweiter Ausschreibung 51 % seiner NIAG-Aktienanteile an die Rhenus Keolis GmbH & Co. KG (heutige Rhenus Veniro GmbH & Co. KG) zu verkaufen. Die offizielle Übertragung fand zum 01.01.2006 statt.
Vom 01.01.2008 bis 31.12.2009 übernahm die NIAG zudem den Güterverkehr der SWK Mobil GmbH als der Verkehrssparte der Stadtwerke Krefeld, die Infrastrukturbewirtschaftung für die SWK und die Personalgestellung für die Dampflok des SWK-Schluffs, der historischen Museumseisenbahn von St. Tönis zum Hülser Berg.
Die NIAG hat 2012 einen Großauftrag für sich gewinnen können: Jährlich 6,5 Mio. t Kohle transportiert das Unternehmen seit Januar 2013 bis zunächst Ende 2014 für den Energieerzeuger STEAG bundesweit. Bedient werden die Kraftwerke Duisburg-Walsum (51 % STEAG, 49 % EVN), Herne (100 % Steag), Kneppen (100 Eon), Lünen (100 % STEAG) Scholven (100 % Eon) und Voerde (75 % STEAG, 25 % RWE) im Ruhrgebiet sowie Völklingen-Fenne (100 % STEAG) und Weiher (100 % STEAG) im Saarland. Verloren hat den Auftrag das Eisenbahnunternehmen RBH Logistics, das damit mehr als ein Viertel des Transportaufkommens einbüßt. Ende 2014 wurde der Vertrag bis Ende 2015 verlängert.

Verkehre
* Güterverkehr Hafen Orsoy – Moers Gbf; v.a. Kohlezüge im Wechselverkehr mit der DB Schenker Rail Deutschland AG
* Ammoniaktransporte Norddeutschland – AEZ Asdonkshof (Kreis Weseler Abfallgesellschaft mbH & Co. KG); 4 x pro Jahr Traktion ab Rheinberg
* Braunkohlestaubtransporte Rommerskirchen (Übernahme von der RWE Rheinbraun AG) – Trompet-Sachtleben (Sachtleben Chemie GmbH); seit 01.01.2014 im Auftrag der RSB Logistic GmbH
* Kalktransporte Yves-Gomezée [BE] – Millingen Gbf; seit 30.06.2008 Traktion ab Moers Gbf im Auftrag der DB Schenker Rail Deutschland AG
* Kohletransporte Amsterdam [NL] – Kraftwerke im Ruhrgebiet; Spotverkehre seit 02.01.2013 im Auftrag der STEAG GmbH; Traktion bis Moers untervergeben an RheinCargo GmbH & Co. KG
* Kohletransporte Antwerpen [BE] – Kraftwerke im Ruhrgebiet; Spotverkehre seit 02.01.2013 im Auftrag der STEAG GmbH; Traktion bis Moers untervergeben an RheinCargo GmbH & Co. KG
* Kohletransporte Duisburg – Kraftwerke im Ruhrgebiet; Spotverkehre seit 02.01.2013 im Auftrag der STEAG GmbH
* Kohletransporte Düsseldorf – Völklingen-Fenne / Weiher (100 % STEAG); Spotverkehre seit 02.01.2013 im Auftrag der STEAG GmbH; Traktion bis Düsseldorf-Bilk untervergeben an RheinCargo GmbH & Co. KG; letzte Meile vergeben an Rhenus Rail St. Ingbert GmbH (RRI)
* Kohletransporte Orsoy Hafen / Rheinkamp (Übernahme von RBH Logistics GmbH) – Krefeld-Uerdingen (Bayer); im Auftrag der DB Schenker Rail Deutschland AG
* Kohletransporte Orsoy – Elverlingsen (Kohlekraftwerk der Mark-E); Spotverkehre seit Juli 2012
* Kohletransporte Orsoy – Heilbronn / Stuttgart-Gaisburg / Plochingen / Bexbach; 5 x pro Woche seit 01.04.2007 im Auftrag der EnBW AG
* Kohletransporte Rotterdam [NL] – Kraftwerke im Ruhrgebiet; Spotverkehre seit 02.01.2013 im Auftrag der STEAG GmbH; Traktion bis Moers untervergeben an RheinCargo GmbH & Co. KG
* Petrolkokskalzinattransporte Gelsenkirchen-Horst Nord – Orsoy Hafen; ca. 3 x pro Woche
* Sodatransporte Millingen Gbf – Düsseldorf-Reisholz

NPorts

Niedersachsen Ports GmbH & Co. KG (NPorts) ❶

Hindenburgstraße 28
DE-26122 Oldenburg (Oldb)
Telefon: +49 441 35020-0
Telefax: +49 441 35020-999
info@nports.de
www.nports.de

Niederlassung Brake
Postfach 1262
DE-26912 Brake
Telefon: +49 4401 925-0
Telefax: +49 4401 3272
brake@nports.de

Niederlassung Cuxhaven
Am Schleusenpriel 2
DE-27472 Cuxhaven
Telefon: +49 4721 500-0
Telefax: +49 4721 500-100
cuxhaven@nports.de

Niederlassung Emden
Friedrich-Naumann-Straße 7
DE-26725 Emden
Telefon: +49 4921 897-0
Telefax: +49 4921 897-137
emden@nports.de

Niederlassung Norden
Bahnhofstraße 5
DE-26506 Norden
Telefon: +49 4931 1804-0
Telefax: +49 4931 1804-600
norden@nports.de

Niederlassung Wilhelmshaven
Neckarstraße 10
DE-26382 Wilhelmshaven
Telefon: +49 4421 4800-0
Telefax: +49 4421 4800-599
wilhelmshaven@nports.de

Management
* Holger Banik (Geschäftsführer)
* Folker Kielgast (Geschäftsführer)

Gesellschafter
* Land Niedersachsen (100 %)
* Niedersächsische Hafengesellschaft mbH (Komplementär)

Infrastruktur
* Hafenbahn Emden (24,57 km); betrieben nach BOA
* Hafenbahn Brake (25 km); betrieben nach BOA
* Hafenbahn Cuxhaven (17 km); betrieben nach BOA
* Hafenbahn Wilhelmshaven (6,4 km); betrieben nach BOA
* Hafenbahn JadeWeserPort; betrieben nach BOA

Unternehmensgeschichte
Die Niedersachsen Ports GmbH & Co. KG (NPorts) ist der Betreiber der landeseigenen niedersächsischen Seehäfen an der deutschen Nordseeküste. Mit Niederlassungen am Stammsitz Oldenburg sowie in Brake, Cuxhaven, Emden, Norden und Wilhelmshaven betreibt das zum 01.01.2005 aus der Häfen- und Schifffahrtsverwaltung des Landes Niedersachsen hervorgegangene Unternehmen die Hafeninfrastruktur und teilweise auch die Hafensuprastruktur an insgesamt 15 Hafenstandorten. Über diese Häfen werden rund 27 Mio. t Güter pro Jahr umgeschlagen und jährlich rund 9 Mio. Passagiere befördert. An den Standorten Brake, Cuxhaven, Emden und Wilhelmshaven betreibt NPorts Hafenbahnen mit einer Gleislänge von rund 100 km.

Der Seehafen Brake liegt am linken Ufer der Weser etwa 26 km oberhalb des Mündungstrichters und ist ein zentraler Umschlagplatz für Massenschüttgüter aller Art wie Getreide, Futter- und Düngemittel sowie Schwefel. Die Hafenbahn wird vorwiegend durch die Unternehmen DB Schenker Rail Deutschland AG, D&D Eisenbahngesellschaft mbH, ITL Eisenbahn GmbH und LOCON Logistik & Consulting AG befahren.

Cuxhaven liegt verkehrsgünstig im Kreuzungsbereich des Nord- und Ostsee-Seeverkehrs. Als bedeutender Umschlaghafen für den RoRo-Verkehr und für den Umschlag von Massengütern, Stahlprodukten, Projektladungen und Pkw ist Cuxhaven ein wichtiger Logistikknotenpunkt in Deutschland geworden. Neben der DB Schenker Rail Deutschland befahren die ITL Cargo GmbH, die PCT Private Car Train GmbH und die WSET Westsächsische Eisenbahntransport Gesellschaft mbH die Hafenbahn regelmäßig.

Emden ist flächenmäßig der drittgrößte deutsche Nordseehafen und gleichzeitig westlichster deutscher Seehafen. Dieser dient vor allem dem Umschlag von Steinen und Erden sowie von Flüssiggütern. Regelmäßig auf der Hafenbahn in Emden tätige Bahngesellschaften sind die DB Schenker Rail Deutschland AG, die e.g.o.o. Eisenbahngesellschaft Ostfriesland-Oldenburg mbH und die TWE Bahnbetriebs-GmbH.

Ursprünglich war der Hafen Wilhelmshaven ausschließlich als Kriegshafen konzipiert. Nach der kompletten Zerstörung im Zweiten Weltkrieg ist Wilhelmshaven heute nach Hamburg zweitgrößter deutscher Massenguthafen und Deutschlands einziger Tiefwasserhafen. Insgesamt 80 % des Rohölumschlags aller deutscher Seehäfen und fast 28 % des deutschen Rohölimports werden über Wilhelmshaven abgewickelt. Der im Sommer 2012

NPorts / NB / NOB

eröffnete Tiefwasser-Containerhafen „JadeWeserPort" wird über einen Abzweig der bestehenden „Nordstrecke" erschlossen.

NiedersachsenBahn GmbH & Co. KG (NB)

Biermannstraße 33
DE-29221 Celle

Management
* Dipl.-Kfm. Wolfgang Birlin (Geschäftsführer (bis xx.xx.2015))
* Wolfgang Friedrich Wilhelm Kloppenburg (Geschäftsführer)

Gesellschafter
Stammkapital 100.000,00 EUR
* Osthannoversche Eisenbahnen AG (OHE) (60 %)
* Eisenbahnen und Verkehrsbetriebe Elbe-Weser GmbH (evb) (40 %)
* Komplementär: NiedersachsenBahn Verwaltungs-GmbH (NBV)

Beteiligungen
* metronom Eisenbahngesellschaft mbH (69,9 %)

Lizenzen
* DE: EVU-Zulassung (PV) seit 21.08.2002, gültig bis 21.08.2017

Unternehmensgeschichte
Die NiedersachsenBahn GmbH (NB) wurde am 05.02.2002 als gemeinsames Tochterunternehmen der damals mehrheitlich kommunalen Osthannoverschen Eisenbahnen AG (OHE) und der Eisenbahnen und Verkehrsbetriebe Elbe-Weser GmbH (evb) gegru ndet, die auch jeweils einen der beiden Geschäftsfu hrer stellen.
Bislang hat sich die NB, u. a. im Rahmen eines Konsortiums mit BSAG und HOCHBAHN, um die RE-Leistungen von Hamburg nach Uelzen bzw. Bremen beworben und diese auch gewinnen können. Für diese Verkehre wurde zwischenzeitlich das Unternehmen metronom Eisenbahngesellschaft mbH gegründet (siehe dort).
Die Gesellschaft wurde durch Beschluss der Gesellschafterversammlung vom 21.07.2004 in eine Kommanditgesellschaft mit dem Namen NiedersachsenBahn GmbH & Co. KG (NB) und Sitz in Celle umgewandelt. An den Gesellschafterverhältnissen hat sich dabei nichts geändert.

Nord-Ostsee-Bahn GmbH (NOB)
P

Raiffeisenstraße 1
DE-24103 Kiel
Telefon: +49 431 73036-0
Telefax: +49 431 73036-50
Hotline: +49 1807 662662
post@nob.de
www.nob.de

Management
* Dipl.-Kffr. Martina Sandow (Geschäftsführerin)

Gesellschafter
Stammkapital 250.000,00 EUR
* Transdev Regio GmbH (100 %)

Beteiligungen
* Rohde Verkehrsbetriebe GmbH (100 %)
* Norddeutsche Verkehrsbetriebe GmbH (NVB) (65 %)

Lizenzen
* DE: EVU-Zulassung seit 19.04.2002 (GV) bzw. März 1999 (PV), befristet bis 19.04.2017

Unternehmensgeschichte
Die am 13.07.1998 gegründete Nord-Ostsee-Bahn GmbH (NOB) betreibt als Unternehmen der Transdev-Gruppe SPNV-Leistungen in Schleswig-Holstein. Mit ersten Verkehren auf von Kiel ausgehenden Linien begann das Unternehmen im November 2000 seine Tätigkeit. Zwar war das Angebot für diese Linien ursprünglich von der Deutschen Eisenbahn-Gesellschaft mbH (DEG, Nachfolger sind Veolia Verkehr GmbH bzw. Transdev GmbH) sowie der Verkehrsbetriebe Kreis Plön GmbH (VKP) abgegeben worden, jedoch widersprach die kommunale Aufsicht einen Einstieg der VKP bei der NOB.
Zwischenzeitlich konnte die NOB ihr norddeutsches Wirkungsgebiet stark ausweiten: Nach einer kleinen Linie im deutsch-dänischen Grenzgebiet folgte für einen Übergangszeitraum nach der Insolvenz der FLEX Verkehrs AG von November 2003 bis zum Fahrplanwechsel im Dezember 2005 der „Flensburg-Express" auf der Strecke Hamburg – Flensburg – Padborg [DK].
Zur NOB gehören auch das Busunternehmen Rohde Verkehrsbetriebe GmbH (Husum, seit Januar 2006)

NOB

sowie die Norddeutsche Verkehrsbetriebe GmbH mit den Niebüller Verkehrsbetrieben (NVB, Niebüll, seit Januar 2004) und den Steinburger Linien (Itzehoe), die u.a. den Stadtverkehr in Itzehoe und Glückstadt betreibt. Zudem betreibt die NOB seit April 2006 den Schnellbus zwischen Glückstadt und Brunsbüttel auf eigenes wirtschaftliches Risiko. Im Dezember 2008 kam in Kooperation mit der Autokraft GmbH der Schnellbus Kiel – Jevenstedt hinzu, der jedoch wegen zu geringer Nachfrage zum 31.03.2010 eingestellt wurde.

An der als Nachfolger der Nordfriesische Verkehrsbetriebe AG (NVAG) entstandenen neg Niebüll GmbH hatte die NOB bis 16.12.2005 einen Gesellschafteranteil von 0,3 %.

Größtes Projekt der NOB ist die Bedienung der 238 km langen Marschbahn Hamburg – Westerland (Sylt) im Regionalverkehr, die im Rahmen einer europaweiten Ausschreibung an die NOB vergeben wurde. Die angedachte Übernahme von Shuttlezügen zwischen Niebüll und Westerland kam genauso wenig zustande wie die geplanten Anschluss-Fernzüge an die Marschbahn von Hamburg aus Richtung Ruhrgebiet und Berlin. Das für diese Dienste beschaffte Rollmaterial wurde anderweitig beschäftigt bzw. wieder abgegeben. Ab 04.04.2009 tauschten NOB und DB Regio einen Teil ihrer Fahrleistungen. DB Regio übernahm von der NOB mit ihrer Tochter Regionalbahn Schleswig-Holstein (RB SH) die Leistungen auf der Strecke Kiel – Bordesholm – Neumünster, während die NOB im Gegenzug den Pendelverkehr Kiel – Eckernförde übernahm. Der somit ermöglichte rationellere Fahrzeugumlauf der NOB schlug sich in Bestellerentgelt-Einsparungen von 150.000 EUR pro Jahr für das Land nieder. Beide Strecken sind Teile des so genannten SPNV-Netzes Nord, das im Sommer 2009 zur Betriebsaufnahme Ende 2011 neu vergeben wurde. Die NOB kam dabei nicht zum Zuge, so dass sie seither nur mehr die Marschbahn bedient. Die bis Dezember 2011 für die Verkehre von Kiel nach Husum und Eckernförde eingesetzten LINT-Triebwagen wurden teilweise an die Schwestergesellschaft NordWestBahn GmbH (NWB) abgegeben.

Zum 31.07.2011 wurde die eigenwirtschaftlich finanzierte Schnellbuslinie 6300 Brunsbüttel – Glückstadt nach über fünf Jahren aus wirtschaftlichen Gründen eingestellt. Mit Ablauf des 31.12.2013 gaben die Steinburger Linien nach acht Jahren Betrieb in Itzehoe und Glückstadt ihre Linien vertragsgemäß an den neuen Betreiber Vineta Steinburg GmbH ab.

Seit Frühjahr 2015 werden die neuen Bombardier TRAXX P160 DE ME der Paribus-DIF-Netz-West-Lokomotiven GmbH & Co. KG bei der NOB für Meßfahrten eingesetzt, ab Oktober 2015 vsl. für Personalschulungsfahrten. Dies steht im

NOB / NBG / NN-Rail

Zusammenhang mit der Neuvergabe der Marschbahn-Leistungen als so genanntes Netz West zur Betriebsaufnahme im Dezember 2015, bei der die Traktionsmittel dem EVU durch die Paribus-Gesellschaft beigestellt werden. Ob die NOB weiterhin Betreiber des Netzes West bleiben wird, stand bei Redaktionsschluss noch nicht fest.
Die Unterhaltung aller Fahrzeuge der NOB wird im Betriebswerk Husum der Transdev-Tochter Eisenbahnwerkstatt-Gesellschaft mbH (EWG) durchgeführt. Übergangsweise war die Fahrzeugunterhaltung zuvor auch in Flensburg (Angeln Bahn GmbH, mittlerweile nach Insolvenz gelöscht) und Kiel (EuroTrac GmbH Verkehrstechnik) durchgeführt worden.
Die Umsatzerlöse der NOB haben sich von 95,094 Mio. EUR im Jahr 2011 auf 76,362 Mio. EUR im Jahr 2012 reduziert, was einem Rückgang von 19,7 % entspricht. Wesentlichen Einfluss auf den Erlösrückgang hat die Einstellung der Strecke Netz Nord im Dezember 2011. Das Geschäftsjahr 2012 schloß mit einem Ergebnis vor Ergebnisabführung von -4.902 Mio. EUR (2011: -0,426 Mio. EUR) ab.
Mit Stand Frühjahr 2014 beschäftigte die NOB inklusive ihrer Beteiligungen rund 300 Mitarbeiter.

Verkehre
* SPNV „Marschbahn" Hamburg-Altona – Westerland (Sylt) mit Decklinie Itzehoe – Heide (– Husum); 4,2 Mio. Zugkm/a vom 11.12.2005 bis Dezember 2015 im Auftrag des Landes Schleswig-Holstein
* Personenverkehr Hamburg-Altona – Köln Hbf; seit 14.12.2014 Traktion im Auftrag der Hamburg-Köln-Express GmbH (HKX)

Norddeutsche Bahngesellschaft mbH (NBG)

Bahnhofstraße 67
DE-27404 Zeven

Management
* Dipl.-Kfm. Wolfgang Birlin (Geschäftsführer (bis xx.xx.2015))

Gesellschafter
Stammkapital 51.000,00 DM
* Eisenbahnen und Verkehrsbetriebe Elbe-Weser GmbH (evb) (100 %)

Unternehmensgeschichte
Die Norddeutsche Bahngesellschaft mbH (NBG) wurde am 30.09.1997 als Bieterkonsortium für die Teilnahme an SPNV-Ausschreibungen gegründet. Bislang konnte die Gesellschaft keinen Auftrag erhalten, denn es wurde z. B. bei der Vergabe der späteren metronom-Strecken einer anderen Bieterkonstellation der Vorzug gegeben.
Am 29.08.2011 ist die Norddeutsche Bahngesellschaft mbH eine 100%-ige Tochter der Eisenbahnen und Verkehrsbetriebe Elbe-Weser GmbH (evb) geworden. Die Anteile der OHE und der BSAG sind an die evb übergegangen.

Norddeutsche Naturstein Rail GmbH (NN-Rail) 🇩🇪

Altenhäuser Straße 41
DE-39345 Flechtingen
Telefon: +49 39054 90-0
Telefax: +49 39054 90-160
werner@basalt.de
www.nng.de

Management
* Bernd Sengstock (Geschäftsführer)
* Uwe Werner (Geschäftsführer)

Gesellschafter
Stammkapital 100.000,00 EUR
* Norddeutsche Naturstein GmbH (NNG) (100 %)

Lizenzen
* DE: EIU für Haldensleben – Hp Emden
* DE: EIU für Süplingen – Dönstedt Steinwerke seit 31.08.2002

Infrastruktur
* Haldensleben Abzw. Florastraße – Hp Emden (9,9 km); gepachtet von DB Netz AG seit 29.05.2000 für 25 Jahre; Betriebsführung durch LWS Lappwaldbahn Service GmbH
* Süplingen Abzw – Dönstedt Steinwerke (3,1 km); gepachtet von DB Netz AG; Betriebsführung durch LWS Lappwaldbahn Service GmbH

Unternehmensgeschichte
Am 13.02.2002 wurde die Norddeutsche Naturstein Rail GmbH als Tochter der Norddeutsche Naturstein GmbH (NNG) für den Betrieb von Eisenbahninfrastrukturen und die Durchführung von Eisenbahnverkehren gegründet. Die NN-Rail ist Pächterin der Strecken Haldensleben – Hp Emden und Süplingen Abzw – Dönstedt Steinwerke, deren Betriebsführung an die LWS Lappwaldbahn Service GmbH vergeben wurde. In Dönstedt betreibt die NNG eine Schotterverladeanlage, in der auch eine Verladung auf die Bahn stattfindet. Die Strecken der NN-Rail dienen via Haldensleben der Anbindung dieser Anlage an das Gleisnetz der DB Netz AG. Neben der DB Schenker Rail sind u. a. die Bahnunternehmen Heavy Haul Power International GmbH (HHPI) und LAPPWALDBAHN GmbH (LWB)

NN-Rail / NRS / Nordlandrail

auf der Strecke anzutreffen.
Die NN-Rail-Mutter NNG ist seit 2005 eine Tochtergesellschaft der Basalt-Actien-Gesellschaft.

Nordic Rail Service GmbH (NRS)
G

Postfach 2280
DE-23510 Lübeck
Zum Hafenplatz 1
DE-23570 Lübeck
Telefon: +49 4502 807-5801
Telefax: +49 4502 807-5809
info@nordic-rail-service.de
www.nordic-rail-service.de

Werkstatt
Einsiedelstraße 6
DE-23554 Lübeck
Telefon: +49 451 29084-21
Telefax: +49 451 29084-29

Management
★ Ben Thurnwald (Geschäftsführer)

Gesellschafter
Stammkapital 25.000,00 EUR
★ LHG Service-Gesellschaft mbH (SG) (100 %)

Lizenzen
★ DE: EIU Werkstattinfrastruktur seit 09.07.2004, gültig bis 31.12.2019
★ DE: EVU-Zulassung (GV) seit 19.07.2004, gültig bis 31.12.2019

Infrastruktur
★ Werkstattanlage am Hafenbahnhof Lübeck
★ Depot am Bahnhof Lübeck-Konstinkai (vier Gleise zur längerfristigen Abstellung von Schadwagen, angemietet von der LPA)

Unternehmensgeschichte
Die Nordic Rail Service GmbH (NRS) wurde am 10.07.2003 als Betreibergesellschaft einer Waggonwerkstatt in Lübeck gegründet. Noch im gleichen Jahr errichtete die NRS am Bahnhof der Hafenbahn eine neue Werkstattanlage, in der u. a. jährlich rund 1.000 Waggons gewartet werden. Zum 12.12.2004 gingen zusätzlich die bisher durch die LHG Service-Gesellschaft mbH (SG), eine Tochtergesellschaft der Lübecker Hafen-Gesellschaft mbH (LHG), wahrgenommenen EVU-Aktivitäten auf die NRS über. Zum 01.04.2006 übernahm die NRS auch deren Bereich Gleis- und Signalinstandsetzung. Ausgenommen hiervon blieb die Infrastruktur der Lübecker Hafenbahn, die bei der Muttergesellschaft LHG verblieb. Seit 01.01.2008 zählt die Hafenbahn zu den Immobilien der Lu beck Port Authority der Hansestadt Lübeck (LPA), die seit 10.04.2011 auch als deren EIU fungiert.
Mit der Inbetriebnahme der Elektrifizierung Hamburg – Lübeck-Skandinavienkai am 14.12.2008 verlor die NRS die bislang für die Unternehmen TX Logistik AG und SBB Cargo AG ab / bis Hamburg-Rothenburgsort gefahrenen Zubringerleistungen im Umfang von bis zu neun Fahrtenpaare pro Woche.
Es besteht ein Beherrschungs- und Gewinnabführungsvertrag vom 13.11.2009 mit der LHG Service-Gesellschaft mbH.

Verkehre
★ Rangierdienstleistungen im Lübecker Hafen
★ Baustofftransporte von Flechtingen, Hosena und Großsteinberg zu verschiedenen, vornehmlich norddeutsche Entladestellen; Spotverkehre seit März 2015

Nordlandrail GmbH

Barkholt 41
DE-22927 Großhansdorf
m.oberlaender@nordlandrail.de

Management
★ Michael Oberländer (Geschäftsführer)

Gesellschafter
Stammkapital 25.000,00 EUR
★ Michael Oberländer (100 %)

Lizenzen
★ DE: EVU-Zulassung (GV); gültig vom 08.02.2013 bis 31.12.2028

Unternehmensgeschichte
Die Nordlandrail GmbH befindet sich seit Herbst 2012 im Eigentum des geschäftsführenden Gesellschafters Michael Oberländer. Das Unternehmen erhielt Anfang 2011 die Zulassung als EVU vom Land Schleswig-Holstein.
Die Gesellschaft war ursprünglich am 10.12.2009 mit Änderung zum 10.12.2010 als Tochter der in Dänemark ansässigen Nordlandrail ApS gegründet worden. Um steigenden Güterverkehrsaufkommen

Nordlandrail / Nordliner / NWB

und Auflagen zu begegnen, wollten norddeutsche und dänische Unternehmen Transporte über die Schiene abwickeln. Bereits Ende 2010 haben die Unternehmen Voigt Logistik, Transit Transport & Logistik Flensburg und Contino als Hauptgesellschafter die Nordlandrail gegründet. Bei DB Netz hatten die Mittelständler sehr gute Nachtsprungtrassen erhalten: in 6 h Neumünster – Herne, in 9 h Neumünster – Frankfurt: für die Stückgutspediteure hochgradig attraktiv. Eine Verbindung nach Dänemark war zudem reserviert. Ursprünglich war in Kooperation auch mit dem Seehafen Kiel ein Start im März 2011 geplant. Ein Zugverkehr wurde jedoch nie aufgenommen, die Beteiligten nannten den Wirtschaftseinbruch in Dänemark als Grund. Die deutsche Nordlandrail-Gesellschaft wurde am 24.09.2012 an Bahnunternehmer Michael Oberländer (ex CTL Rail GmbH, ex HSL Logistik GmbH, ex PBG Preußen Bahn GmbH) veräußert und der Unternehmenssitz von Harrislee nach Großhansdorf verlegt.

Unbekannter: Dr. Bernd Seidel ist seit 2008 Geschäftsführer der Combinet GmbH, einer Verkehrs- und Logistikberatung. Zum Gesellschafter hinter Nordliner, die erst im Februar 2013 eingetragene General Logistics Group LLC in den USA, sind bislang keine weiteren Details bekannt. Der Arbeitsschwerpunkt soll auf dem Schienengüterverkehr liegen.

Nordliner Gesellschaft für Eisenbahnverkehr mbH

Lützerodestraße 10
DE-30161 Hannover
Telefon: +49 511 897668 79
Telefax: +49 511 89766829
bernd.seidel@nordliner.de

Management
★ Dr. Bernd Seidel (Geschäftsführer)

Gesellschafter
Stammkapital 50.000,00 EUR
★ GLOBAL LOGISTICS GROUP LLC (100 %)

Lizenzen
★ DE: EVU-Zulassung (PV); gültig vom 03.04.2014 bis 02.04.2029

Unternehmensgeschichte
Mit der Nordliner Gesellschaft für Eisenbahnverkehr mbH wurde per 13.03.2013 ein neues Bahnunternehmen gegründet. Der Geschäftsführer des in Hannover ansässigen Unternehmens ist kein

NordWestBahn GmbH (NWB)

Alte Poststraße 9
DE-49074 Osnabrück
Telefax: +49 541 6002244
Hotline: +49 1805 600161 (Service-Telefon, 14 ct/min aus Deutschland, Mobilfunk max. 42 ct/min)
dialog@nordwestbahn.de
www.nordwestbahn.de

Werkstatt Osnabrück
Rheinstraße 16
DE-49090 Osnabrück

Werkstatt Dorsten
Feldhausener Straße 111
DE-46282 Dorsten

Werkstatt Bremerhaven
Bahnhofstraße 32
DE-27572 Bremerhaven-Wulsdorf

Management
★ Dr. Rolf-Alexander Erfurt (Geschäftsführer)
★ Henning Weize (Geschäftsführer)

Gesellschafter
Stammkapital 500.000,00 EUR
★ Transdev Regio GmbH (64 %)
★ Stadtwerke Osnabrück AG (STWOS) (26 %)
★ Verkehr und Wasser GmbH (10 %)

Beteiligungen
★ Niedersachsentarif GmbH (NITAG) (8,33 %)
★ OWL Verkehr GmbH (2,61 %)

Lizenzen
★ DE: EVU-Zulassung (PV+GV); gültig vom 10.12.1999 bis 10.12.2029

Infrastruktur
★ Bw Dorsten (seit 2007)
★ Bw Bremerhaven-Wulsdorf (seit 2010)

NWB

Unternehmensgeschichte

Die NordWestBahn GmbH (NWB) entstand per Gesellschafterbeschluss am 04.02.1999 aus der am 13.07.1998 gegründeten JESTIX 98 Vermögensverwaltung GmbH und übernimmt seit 05.11.2000 SPNV-Leistungen im Nordwesten Deutschlands. Zwischenzeitlich konnte die Gesellschaft ihren Marktanteil stark erhöhen und erbringt (Stand April 2014) mit 800 Mitarbeitern pro Jahr eine Verkehrsleistung von 20,35 Mio. Zugkm pro Jahr mit über 35 Mio. Fahrgästen pro Jahr. 150 Triebwagen werden auf einem 1.500 km Streckenlänge umfassenden Netz eingesetzt. Die Unterhaltung wird größtenteils in einem im Hafengebiet Osnabrück errichteten Betriebswerk ausgeführt, das sich im Eigentum der Stadtwerke Osnabrück befindet und für das bis 2024 ein Mietvertrag besteht. Als südlicher Stützpunkt wurde ab 2007 in Dorsten eine weitere Werkstatt errichtet. Die Triebwagen aus dem „Niers-Rhein-Emscher Netz" werden zum Teil in der RBE-Werkstatt in Mettmann gewartet.

Auch weiterhin ist das Unternehmen auf Expansionskurs: Im Januar 2008 hat der Vergabeausschuss des VRR nach der europaweiten Ausschreibung die NordWestBahn mit der Durchführung des SPNV im Niers-Rhein-Emscher-Netz mit einem Leistungsumfang von rund 2,8 Mio. Zugkm pro Jahr ab 2009/2010 beauftragt. Auf den hierin enthaltenen Linie RB 36 und RB 44 wurde die PEG als EVU abgelöst. Ferner entschieden die zuständigen Gremien beim Senator für Umwelt, Bau, Verkehr und Europa des Landes Bremen und der LNVG im April 2008, der NWB den Zuschlag für den Betrieb der Regio-S-Bahn Bremen/Niedersachsen ab 2010/2011 mit einem Leistungsumfang von rund 4,7 Mio. Zugkm pro Jahr zu erteilen. Für das Netz hat die NWB Fahrzeuge von Typ Coradia Continental (analog DB-Baureihe 440) beschafft. Bestellt wurden bei Alstom LHB 18 drei- und 17 fünfteiligen Einheiten. Die Verkehrsgesellschaft Bremerhaven AG hatte im Januar 2009 den Bau und die Unterhaltung eines Wartungsstützpunktes in Wulsdorf ausgeschrieben. Die Fertigstellung erfolgte im November 2010.

Der Einsatz der Dieseltriebwagen stellt sich wie folgt dar:

★ „Weser-Ems-Netz": LINT der LNVG
★ Netz „Niers-Rhein-Emscher": LINT
★ „Ems-Senne-Weser-Netz": Talent
★ „Emscher-Münsterland-Netz": Talent

Die jüngsten Ausschreibungsgewinne gab es mit der „Weser- und Lammetalbahn" Bünde – Hildesheim – Bodenburg, deren Leistungen zum Fahrplanjahr 2012 von der eurobahn (KEOLIS Deutschland GmbH & Co. KG) übernommen wurden und mit dem Los Süd des „Dieselnetzes Ostwestfalen-Lippe" mit Betriebsaufnahme zum

NWB

Fahrplanjahr 2014. Dieses Netz war in zwei Losen ausgeschrieben worden, wobei das Los Nord an die eurobahn ging und mit Bielefeld – Lage – Detmold sowie Bielefeld – Rheda-Wiedenbrück – Münster auch Leistungen enthält, die aktuell noch von der NWB im „Ems-Senne-Weser-Netz" erbracht werden. Diesen Verlusten an die eurobahn steht im Los Süd aber der Zugewinn der Leistungen Holzminden – Kreiensen und Ottbergen – Göttingen gegenüber, die jetzt noch von DB Regio gefahren werden. Im übrigen enthält dieses Los noch die NWB-Bestandsverkehre Bielefeld – Paderborn und Bielefeld – Halle – Osnabrück.

2014 konnte sich die NWB in einer europaweiten Ausschreibung das „Weser-Ems-Netz" für weitere zehn Jahre ab Dezember 2016 sichern. Der Fahrgastzuwachs zwischen Ems und Weser hat die LNVG dazu bewogen, für ihren Fahrzeugpool weitere sechs Dieseltriebzüge beim Schienenfahrzeugbauer Alstom in Salzgitter zu bestellen. Sie komplettieren die vorhandene Flotte mit dann insgesamt 43 Fahrzeugen und werden an die NWB vermietet. Dabei handelt es sich um Regionalzüge vom Typ Coradia Lint 41, die zum Teil heute schon im Weser-Ems-Netz unterwegs sind, aber bis 2016 noch einmal grundlegend modernisiert werden.

Bis Ende 2017 wollen die Partner der Veolia Transport ihre Gesellschaftsanteile an den Nahverkehrskonzern veräußern. Eine entsprechende kartellrechtliche Freigabe wurde Anfang November 2014 erteilt.

Verkehre
* SPNV „Weser-Ems-Netz" mit 4,25 Mio. Zugkm/a im Auftrag der Landesnahverkehrsgesellschaft Niedersachsen mbH (LNVG) sowie der Freien und Hansestadt Bremen vom 05.11.2000 bis 10.12.2016
Osnabrück – Oldenburg – Wilhelmshaven
Wilhelmshaven – Sande – Esens
Osnabrück – Delmenhorst – Bremen
Wilhelmshaven – Oldenburg – Bremen; einzelne Direktverbindungen seit Februar 2003
* SPNV „Weser-Ems-Netz" mit 4,85 Mio. Zugkm/a im Auftrag der Landesnahverkehrsgesellschaft Niedersachsen mbH (LNVG) sowie der Freien und Hansestadt Bremen und des Zweckverbandes Nahverkehr Westfalen-Lippe (NWL) von 10.10.2016 bis Dezember 2026 mit Verlängerungsoption über zwei Jahre
Osnabrück – Oldenburg – Wilhelmshaven
Wilhelmshaven – Sande – Esens
Osnabrück – Delmenhorst – Bremen
Wilhelmshaven – Oldenburg – Bremen; einzelne Direktverbindungen
* SPNV „Emscher-Münsterland-Netz" mit 1,56 Mio. Zugkm/a vom 10.12.2006 bis Dezember 2018 im Auftrag von Verkehrsverbunde Rhein-Ruhr (VRR) und Nahverkehr Westfalen-Lippe (NWL)
RE 14 „Der Borkener" Borken – Dorsten – Bottrop Hbf – Essen Hbf
RB 43 „Emschertalbahn" Dorsten – Wanne-Eickel Hbf – Herne – Dortmund Hbf (ab Dezember 2015 dem „Sauerland-Netz" zugeschlagen)
RB 45 „Der Coesfelder" Coesfeld – Dorsten
* SPNV „Niers-Rhein-Emscher" mit 3,2 Mio. Zugkm/a bis Dezember 2025 im Auftrag des Verkehrsverbundes Rhein-Ruhr (VRR)
RE 10 „Niers-Express" Kleve – Kempen – Krefeld – Düsseldorf; seit 13.12.2009
SPNV RB 31 „Der Niederrheiner" Duisburg – Rheinhausen – Moers – Xanten; seit 13.12.2009
RB 36 „Ruhrort-Bahn" Oberhausen – Duisburg-Ruhrort; seit 12.12.2010
RB 44 „Der Dorstener" Oberhausen – Bottrop – Dorsten; seit 12.12.2010
* SPNV „Regio-S-Bahn Bremen" mit 4,7 Mio. Zugkm/a bis Dezember 2021 im Auftrag der Freien und Hansestadt Bremen sowie der Landesnahverkehrsgesellschaft Niedersachsen mbH (LNVG)
RS 1 Bremen-Farge – Bremen Hbf – Verden; ab Dezember 2011
RS 2 Bremerhaven-Lehe – Bremen Hbf – Twistringen; seit 12.12.2010
RS 3 Bremen Hbf – Bad Zwischenahn; seit 12.12.2010
RS 4 Bremen Hbf – Nordenham; seit 12.12.2010
* SPNV „Weser-Lammetalbahn" RB 77 Bünde – Hildesheim – Bodenburg mit 1,35 Mio. Zugkm/a von Dezember 2011 bis Dezember 2021 im Auftrag von Nahverkehr Westfalen-Lippe (NWL) und Landesnahverkehrsgesellschaft Niedersachsen mbH (LNVG)
* SPNV „Dieselnetz Ostwestfalen-Lippe", Los Süd mit 3,3 Mio. Zugkm/a von Dezember 2013 bis Dezember 2025 im Auftrag des Nahverkehr Westfalen-Lippe (NWL) sowie der Landesnahverkehrsgesellschaft Niedersachsen mbH (LNVG)
RB 74 Bielefeld – Paderborn
RB 75 Bielefeld – Halle – Osnabrück
RB 84 Paderborn – Holzminden – Kreiensen
RB 85 Ottbergen – Göttingen

NTS / NRE

northrail technical service GmbH & Co. KG (NTS)

Diedrichstraße 9
DE-24143 Kiel
Telefon: +49 431 99080-0
Telefax: +49 431 99080-150
kiel@northrail.eu
www.northrail.eu

Grusonstraße 46
DE-22113 Hamburg
Telefon: +49 40 3807021311
Telefax: +49 40 380702139
hamburg@northrail.eu

Management
* Jens Schäfer (Geschäftsführer)

Gesellschafter
* Komplementär: Paribus NTS Verwaltungsgesellschaft mbH

Lizenzen
* DE: EVU-Zulassung (GV); gültig vom 06.04.2010 bis 31.12.2025
* DE: Öffentliches EIU für Serviceeinrichtung

Infrastruktur
* Werkstatt Kiel Süd

Unternehmensgeschichte
Die northrail technical service GmbH und Co. KG bietet Instandhaltung und Instandsetzung von Eisenbahnfahrzeugen einschließlich damit verbundener Dienstleistungen an. Die heutige Gesellschaft entstand aus Teilen der EuroTrac GmbH Verkehrstechnik, welche mit der Unterzeichnung des Gesellschaftervertrages am 09.05.1997 in Düsseldorf als Tochtergesellschaft der Vossloh AG gegründet worden war. In Kiel, durch Beschluss der Gesellschafterversammlung vom 24.09.1997 auch Sitz der Gesellschaft, errichtete EuroTrac 1998 eine Werkstatt auf dem Gelände des Bahnhofs Kiel Süd der Verkehrsbetriebe Kreis Plön GmbH (VKP). Eine zweite Werkstatt, die vorrangig von der ODEG Ostdeutsche Eisenbahn GmbH genutzt wird, konnte 2002 in Parchim in Mecklenburg-Vorpommern eröffnet werden.
Zum 01.02.2005 wurde die EuroTrac von Vossloh an die Hugo Stinnes GmbH & Co. KG verkauft. Der Standort Kiel einschließlich aller Mitarbeiter, Anlagen und Verträge wurde anschließend im November 2005 ausgegliedert und durch die am 23.09.2005 in das Handelsregister eingetragene DWK GmbH & Co. KG übernommen. Auch die EVU-Zulassung der EuroTrac ging auf die DWK GmbH & Co. KG über.
Die Lok-Vermietgesellschaft northrail GmbH hat zum 01.10.2009 die Aktivitäten der DWK GmbH & Co. KG in Kiel erworben. Diese wurden fortgeführt und firmierten zunächst als northrail traction GmbH & Co. KG und seit Jahreswechsel 2009/2010 unter northrail technical service GmbH und Co. KG. Alle Mitarbeiter der DWK GmbH & Co. KG wurden weiter beschäftigt.
Anfang Februar 2011 hat northrail die Eisenbahnfachwerkstatt der AKN Eisenbahn AG in Hamburg-Billbrook übernommen. Diese wird durch die neu gegründete NTS northrail technical service Hamburg GmbH & Co. KG betrieben, die Dienstleistungen aber ebenfalls als northrail technical service GmbH und Co. KG angeboten.

Nossen-Riesae Eisenbahn-Compagnie GmbH (NRE)

Bismarckstraße 21
DE-01683 Nossen
Telefon: +49 35242 489366
info@nre-compagnie.de
www.nre-compagnie.de

Management
* Eckart Sauter (Geschäftsführer)

Gesellschafter
Stammkapital 52.000,00 EUR
* Eckart Sauter (55,77 %)
* Christoph Feldhaus (19,23 %)
* Thomas Kühne (7,69 %)
* Matthias Böhm (3,85 %)
* Steffen Förster (3,85 %)
* Tino Petrick (3,85 %)
* Holger Owe (1,92 %)
* Rudolf Haas (1,92 %)
* Peter Wunderwald (1,92 %)

Lizenzen
* DE: EIU Riesa – Nossen, seit Dezember 2014

Infrastruktur
* Riesa – Rhäsa (29 km); gepachtet von DB Netz AG seit 16.01.2014
* Rhäsa – Nossen (2,9 km); gepachtet von DB Netz AG seit 01.05.2015

NRE / NWS

Unternehmensgeschichte
Die Nossen-Riesaer-Eisenbahn-Compagnie GmbH (NRE) wurde per Gesellschaftsvertrag vom 15.08.2008 und Handelsregistereintrag vom 17.10.2008 gegründet, um die namensgebende Strecke wiederzubeleben, auf der bereits zum Fahrplanwechsel am 24.05.1998 der SPNV abbestellt worden war. Der von der NRE übernommene Abschnitt wurde nachfolgend zum 31.12.2007 stillgelegt, während über den bis Ende April 2015 bei DB Netz verbliebenen kurzen südlichsten Streckenteil nach wie vor eine Bedienung des Tanklagers Rhäsa stattfindet.
Nach Inkrafttreten des Pachtvertrages wurden für den Güterverkehr zunächst Vegetationsarbeiten vorgenommen, um eine genauere Überprüfung der Strecke im Hinblick auf erforderliche Reparaturen als Voraussetzung der geplanten Wiederinbetriebnahme für den Güterverkehr zu ermöglichen.
2014 wurden Getreideverkehre ab Starbach aufgenommen, die durch NRE als Spediteur betreut und die Starkenberger Baustoffwerke GmbH (SBW) traktioniert werden.
Weiterführende Instandsetzungsarbeiten finden gegenwärtig zwischen den Bahnhöfen Starbach und Ziegenhain statt. Darüber hinaus ist die NRE Eigentümerin der Bahnhofsgebäude in Nossen und Lommatzsch.
Die NRE beabsichtigt für die Zukunft, die gesamte Strecke für Güter- und Touristikverkehr zu reaktivieren. Auf dem Abschnitt Starbach – Lommatzsch beabsichtigt ein Kooperationspartner einen Fahrraddraisinenbetrieb einzurichten.
Zum 09.09.2014 wurde eine Kapitalerhöhung unter Neuaufnahme von Gesellschaftern durchgeführt und der Firmennamen leicht geändert unter Entfall eines Bindestrichs. Die neue Version lautet Nossen-Riesaer Eisenbahn-Compagnie GmbH.

Nürnberger Wach- und Schließgesellschaft mbH (NWS)

Fraunhoferstraße 10
DE-90409 Nürnberg
Telefon: +49 911 51996-0
Telefax: +49 911 51996-40
info@nwsgmbh.de
www.nwsgmbh.de

Management
★ Gerhard Ameis (Geschäftsführer)
★ Peter Simon Stern (Geschäftsführer)

Gesellschafter
Stammkapital 105.000,00 EUR
★ Peter Simon Stern (66 %)
★ Edward M. Stern (24 %)
★ Otto Stern (10 %)

Beteiligungen
★ Akademie für Schutz & Sicherheit GmbH (A/S/S) (100 %)
★ ESS Erlanger Sicherheits Service GmbH (100 %)
★ GEVD Gesellschaft für Eisenbahnverkehrsdienstleistungen mbH (100 %)
★ NWS Eisenbahnverkehrsgesellschaft mbH (100 %)
★ Sicherheitsgesellschaft am Flughafen Nürnberg mbH (SGN) (100 %)

Lizenzen
★ DE: EVU-Zulassung (PV+GV); gültig vom 07.06.2010 bis 07.06.2025

Unternehmensgeschichte
Mit einem Jahresumsatz von etwa 25 Mio. EUR und rund 1.000 Mitarbeiterinnen und Mitarbeitern gehört die am 21.08.1902 gegründete Nürnberger Wach- und Schließgesellschaft (NWS) zu den größten konzernungebundenen Sicherheitsunternehmen Deutschlands. Nachdem sich das Tätigkeitsfeld ursprünglich auf Nürnberg und das übrige Franken beschränkte, ist die NWS inzwischen mit Filialen in Nürnberg, Bamberg, Berlin, Coburg, Hofgeismar, Ingolstadt, Leipzig, Neuötting, Sinheim/Steinsfurt, Stuttgart, Wien und Würzburg vertreten. Schwerpunkt der Aktivitäten bilden Objektsicherheit und Gebäudemanagement, Sicherheitstransporte mit Geldbearbeitungszentrum und Bahndienstleistungen. Letztere umfassen Sicherungsdienstleistungen, u. a. die Gestellung von Sicherungsposten für Gleisbaustellen, örtlichen betrieblichen Koordinatoren und Winterdienstleistungen im Gleisbereich, sowie die Gestellung von Arbeitszugführern und Nebenfahrtenleitern. Mit Gesellschaftsvertrag vom 04.07.2013 gründete die NWS hierfür ein Tochterunternehmen, die unter gleicher Adresse in Nürnberg ansässige NWS Eisenbahnverkehrsgesellschaft mbH. Bereits seit Juni 2010 ist die Muttergesellschaft NWS auch als EVU lizenziert. Zuvor hatte man diese Leistungen im Bauzuggeschäft bei Dritten eingekauft. Zur Vereinfachung der internen Abläufe besteht seither die Wahlmöglichkeit zwischen Eigenproduktion und Fremdeinkauf. Eigenes Fahrzeugmaterial will die NWS nach eigener Aussage nicht beschaffen.

Öchsle AG / Öchsle Bahn

Öchsle Bahn Aktiengesellschaft (Öchsle AG)

Zeppelinring 27 -29
DE-88400 Biberach an der Riß
info@oechsle-bahn.de
www.oechsle-bahn.de

Management
* Peter Hirsch (Vorstand)
* Peter Maucher (Vorstand)
* Joachim Trapp (Vorstand)

Gesellschafter
Stammkapital 2.496.000,00 EUR
* Landkreis Biberach (BC) (34,75 %)
* Kleinaktionäre (25 %)
* Kreissparkasse Biberach (25 %)
* Stadt Ochsenhausen (9,33 %)
* Gemeinde Maselheim (4,45 %)
* Gemeinde Warthausen (1,47 %)

Lizenzen
* DE: EIU Warthausen – Ochsenhausen

Infrastruktur
* Warthausen – Ochsenhausen (19 km, Spurweite 750 mm)

Unternehmensgeschichte
Seit 22.11.1995 fungiert die Öchsle Bahn AG mit Sitz in Biberach als EIU für die Schmalspurbahn Warthausen – Ochsenhausen. Die Betriebsdurchführung obliegt hingegen der Öchsle Bahn Betriebs-GmbH in Zusammenarbeit mit dem Verein Öchsle Schmalspurbahn e. V., Ochsenhausen.

Öchsle-Bahn-Betriebsgesellschaft gGmbH (Öchsle Bahn)

Rollinstraße 9
DE-88400 Biberach an der Riß
Telefon: +49 7352 922026
info@oechsle-bahn.de
www.oechsle-bahn.de

Management
* Andreas Albinger (Geschäftsführer)

Gesellschafter
* Landkreis Biberach (BC) (50 %)
* Stadt Ochsenhausen (30 %)
* Gemeinde Warthausen (10 %)
* Gemeinde Maselheim (5 %)
* Tourismus GmbH (5 %)

Lizenzen
* DE: EVU-Zulassung (PV) seit 30.04.2004, gültig bis 30.04.2017

Unternehmensgeschichte
Seit 1899 verkehrt zwischen Warthausen und Ochsenhausen in Oberschwaben eine 750 mm-Schmalspurbahn, wegen ihres Zielortes „Öchsle" genannt. Der Personenverkehr wurde bereits am 31.05.1964 eingestellt, der Güterverkehr überdauerte bis 1983 wegen des Liebherr-Werks in Ochsenhausen, das bis heute unter Nutzung von Straßenrollern bis Ummendorf an der DB-Strecke Ulm – Friedrichshafen seine Kühlschränke auf der Schiene versendet. Nach der Stilllegung des Güterverkehrs durch die Deutsche Bundesbahn zum 31.03.1983 wurde die Bahnstrecke von den Anliegergemeinden und dem Kreis Biberach gekauft. Der „Öchsle Schmalspurbahn e. V. " kümmerte sich fortan um die Strecke. Zur Aufnahme des Zugverkehrs wurde die „Öchsle Schmalspurbahn GmbH" gegründet. Verein und GmbH setzten die Strecke in Stand und beschafften aus vielen Ländern Europas geeignete Fahrzeuge. Am 29.06.1985 wurde ein Museumsbetrieb aufgenommen.
Die GmbH stellte 1991 den Betrieb ein und zog einen Teil des rollenden Materials von der Strecke ab. Seit 1995 fungiert die Öchsle Bahn AG mit Sitz in Biberach als EIU für die Strecke. Die Eisenbahnbetriebsgesellschaft Ochsenhausen gGmbH wurde im gleichen Jahr gegründet und baute anschließend einen neuen Fahrzeugpark auf, so dass der Betrieb zum 25.06.1996 wieder aufgenommen werden konnte, wegen schwerer Oberbaumängel im Jahr 2000 aber erneut eingestellt werden musste.
Am 07.01.2002 wurde dann die Öchsle-Bahn-Betriebsgesellschaft gGmbH gegründet, welche die für den Touristenverkehr notwendigen Betriebsfahrzeuge vom Verein übernahm. Am 01.05.2002 wurde der Betrieb wieder aufgenommen, wobei das Werkstatt- und Fahrpersonal wie vor vom Öchsle Schmalspurbahn e. V. gestellt wird.
2012 beförderte das Unternehmen 42.864 Fahrgäste und konnte das Aufkommen gegenüber dem Vorjahr um 2.527 steigern. 2013 waren es 42.841 Fahrgäste, 2014 wurden 43.870 gezählt.

Verkehre
* Museumsbahnverkehr Warthausen – Ochsenhausen

OHE Cargo GmbH 🇩🇪

Biermannstraße 33
DE-29221 Celle
Telefon: +49 5141 276-271
Telefax: +49 5141 276-376
info@ohe-cargo.de
www.ohe-cargo.de

Management
★ Ernst-Stefan Bruns (Geschäftsführer (bis 30.06.2014))
★ Dr.-Ing. Andreas Friedrich Rudolphi (Geschäftsführer)

Gesellschafter
Stammkapital 26.000,00 EUR
★ Osthannoversche Eisenbahnen AG (OHE) (100 %)

Lizenzen
★ DE: EVU-Lizenz (GV); gültig vom 23.07.2012 bis 22.07.2027
★ DE: Sicherheitszertifikat, Teil A und B (GV); gültig vom 05.06.2013 bis 04.06.2018

Unternehmensgeschichte
Gemäß einem am 27.07.2012 geschlossenen Ausgliederungs- und Übernahmevertrag wurde der Betriebsteil Cargo aus der Osthannoversche Eisenbahnen AG auf die im März 2012 gegründete OHE Cargo GmbH ausgegliedert. Dies geschah zunächst im Rahmen der Trennung von Netz und Betrieb.
Die Gesellschaft startete den operativen Betrieb per 01.09.2012 und übernahm zu diesem Zeitpunkt mehrheitlich den Lokbestand der Muttergesellschaft sowie Personale und die Güterverkehrsleistungen.
Der ab Ende 2012 geprüfte Verkauf der OHE Cargo ist seit Frühjahr 2014 vom Tisch. Auch ein Verkauf / Fusion innerhalb des Trenitalia-Konzerns an die TX Logistik findet nicht statt.
Zum 01.01.2014 verlor das Unternehmen nahezu alle DB Schenker-Kooperationsleistungen auf dem OHE-Netz und ist seitdem schwerpunktmäßig außerhalb der Konzern-Infrastruktur tätig.

Verkehre
★ Gütertransporte Walsrode – Bomlitz (bis 01.03.2002 selbständig, ex Werkbahn der Wolff Walsrode AG) im Auftrag der Probis, einer Tochtergesellschaft von Dow Wolff Cellulosics
★ Gütertransporte Wunstorf West – Mesmerode; seit 01.03.2000 (GV, v.a. Kalisalz aus dem Kaliwerk Sigmundshall der K+S Kali GmbH). Die Wagen werden in Wunstorf an die DB Schenker Rail Deutschland AG übergeben und von dort als Ganzzug nach Hamburg Hohe Schaar gefahren.
★ Getreidetransporte Ungarn – Barneveld (AgruniekRijnvallei Voer B.V.) [NL]; Spotverkehre; betriebliche Abwicklung seit 01.10.2013 in Deutschland im Auftrag der ecco-rail GmbH
★ Holztransporte; bundesweite Spotverkehre im Auftrag der Salzburger Eisenbahn TransportLogistik GmbH (SETG), Kronoply GmbH, Pfeifer Holz GmbH, Klenk Holz AG, DB Schenker Nieten GmbH und ante-Holz GmbH & Co. KG
★ KV-Transporte (zerlegte Dacia-Pkw) Ciumesti [RO] – Hamburg Waltershof (Eurokombi, Burchardkai, CTA) [DE] / Bremerhaven [DE]; 3 x pro Woche seit November 2013 Traktion ab Hegyeshalom (Übernahme Train Hungary Magánvasút Ipari, Kereskedelmi és Szolgáltató Kft. (TH)) [HU] im Auftrag der Grampetcargo Austria GmbH; in Kooperation mit der ecco-rail GmbH in Österreich
★ KV-Transporte im bundesweiten Spotverkehr sowie grenzüberschreitend nach Ungarn; seit 2009 im Auftrag der Raillogix B.V.
★ Magnesittransporte Lubeník [SK] – Gochsheim (Refratechnik); Spotverkehre seit Dezember 2013; Traktion von Hegyeshalom [HU] bis Bruchsal (Übergabe an Albtal-Verkehrs-Gesellschaft mbH (AVG) auf Lizenz der ecco-rail GmbH in Österreich
★ Mülltransporte Braunschweig-Watenbüttel – Staßfurt; seit 05.03.2008 im Auftrag der TIM Transport Intermodal GmbH
★ Schrottverkehre Dortmund / Osnabrück – Georgsmarienhütte; seit 01.04.2014 im Auftrag der GMH Gruppe
★ Stahltransporte (Rohstahl und Halbzeug) Georgsmarienhütte (Georgsmarienhütte GmbH) – Bendorf; seit 2013 im Auftrag der GMH Gruppe
★ Stahltransporte (Rohstahl und Halbzeug) Georgsmarienhütte (Georgsmarienhütte GmbH) – Friedrichs-Wilhelmshütte (Mannstaedt GmbH); 2 x pro Woche seit Juli 2012 im Auftrag der GMH Gruppe
★ Stahltransporte (Rohstahl und Halbzeug) Georgsmarienhütte (Georgsmarienhütte GmbH) – Schweinfurt – Augsburg; seit 2013 im Auftrag der GMH Gruppe
★ Zellstofftransporte Niedergörne – Hamburg; Spotverkehre im Auftrag der Zellstoff Stendal GmbH (ZS)
★ Zellstofftransporte Niedergörne – Kehl (Umladung auf Lkw); 1-2 x pro Monat seit Januar 2010 im Auftrag der Zellstoff Stendal GmbH (ZS)
★ Zellstofftransporte Niedergörne – Neuss; Spotverkehre im Auftrag der Zellstoff Stendal GmbH (ZS)
★ Gips- und Dämmstofftransporte aus bzw. zwischen Werken der Knauf-Gruppe; Spotverkehre im Auftrag der Knauf Gips KG

OSB / ODEG

★ Rangierleistungen zwischen Fallersleben und Vorsfelde Vogelsang; seit 01.01.2014 im Auftrag der Volkswagen Logistics GmbH & Co. OHG

Die OSB-Strecken wurden Ende 2013 zur Betriebsaufnahme für das Fahrplanjahr 2015 neu ausgeschrieben, die OSB-Mutter SWEG erhielt den Zuschlag für weitere sieben Jahre. Statt als Ortenau-S-Bahn GmbH wird der Betrieb nun unter Regie des „Verkehrsbetriebes Ortenau-S-Bahn" der SWEG durchgeführt.

Ortenau-S-Bahn GmbH (OSB)

Rammersweierstraße 20
DE-77654 Offenburg
Telefon: +49 781 92393-0
Telefax: +49 781 92393-10
osb@sweg.de
www.ortenau-s-bahn.de

Management
★ Dipl.-Betriebswirt (FH) Jürgen Bernhard Behringer (Kaufmännischer Geschäftsführer)
★ Matthias Josef Laber (Technischer Geschäftsführer)

Gesellschafter
Stammkapital 52.000,00 EUR
★ SWEG Südwestdeutsche Verkehrs-AG (100 %)

Lizenzen
★ DE: EVU-Zulassung (PV+GV) seit 19.11.1997, gültig 30 Jahre

Unternehmensgeschichte
Die am 30.07.1997 gegründete Ortenau-S-Bahn GmbH (OSB) betrieb seit 24.05.1998 SPNV-Leistungen auf mehreren vom badischen Offenburg ausgehenden Relationen. Das Liniennetz wurde in zwei Schritten erweitert: Seit Juni 2003 verkehren die bis dato in Kehl endenden Züge weiter bis ins französische Straßburg, wozu fünf Triebwagen mit französischer Sicherungstechnik ausgerüstet wurden, und zum Dezember 2004 wurden die in Hausach an der Schwarzwaldbahn endenden Züge bis Freudenstadt Hbf verlängert, so dass das Liniennetz eine Ausdehnung von rund 170 km hatte. Im Sommer 2005 ergab eine Fahrgastzählung des Landes Steigerungen der Fahrgastzahlen zwischen 50 % und 200 % gegenüber 1998. 2011 verfügte die OSB über 45 Mitarbeiter in Verwaltung und Zugfahrdienst.
Die OSB-Fahrzeuge wurden über die FBBW - Fahrzeugbereitstellung Baden-Württemberg GmbH beschafft, an der auch die SWEG Anteile hält. Deren Wartung wurde im SWEG-Werk Ottenhöfen sowie seit 01.10.2005 nach Abschluss eines Wartungsvertrages auch in der DB-Werkstatt Offenburg durchgeführt.

ODEG Ostdeutsche Eisenbahn GmbH ℗

Bahnhof 1
DE-19370 Parchim
Telefon: +49 3871 60693-0
Telefax: +49 3871 60693-33
info@odeg.de
www.odeg.de

Verwaltung
Möllendorffstraße 49
DE-10367 Berlin
Telefon: +49 30 814077-100
Telefax: +49 30 814077-444

Servicestelle
Eitelstraße 86
DE-10317 Berlin
Telefon: +49 30 5148888-88
Telefax: +49 30 5148888-34

Werkstatt Parchim (betrieben durch ODIG)
Möderitzer Weg 61
DE-19370 Parchim
Telefon: +49 3581 451788
Telefax: +49 3581 451791
info@odig.de
www.odig.de

Werkstatt Eberswalde (betrieben durch ODIG)
Am Containerbahnhof 10
DE-16225 Eberswalde
Telefon: +49 3334 52644-12
Telefax: +49 3334 52644-25

Werkstatt Görlitz (betrieben durch ODIG)
Reichenbacher Straße 1
DE-02827 Görlitz
Telefon: +49 3581 76489-0
Telefax: +49 3581 76489-15

ODEG

Management
* Arnulf Schuchmann (Vorsitzender und Sprecher der Geschäftsführung)
* Karsten-Udo Nagel (kaufmännischer Geschäftsführer)

Gesellschafter
Stammkapital 500.000,00 EUR
* Prignitzer Eisenbahn GmbH (PEG) (50 %)
* BeNEX GmbH (50 %)

Beteiligungen
* ODIG Ostdeutsche Instandhaltungsgesellschaft mbH (100 %)

Lizenzen
* DE: EVU-Zulassung (PV+GV); gültig vom 28.03.2007 bis 31.12.2022

Infrastruktur
* Eberswalde: 440 m Abstellgleise und 550 m Gleise für ARA, Werkstattgleise inkl. Vorstellgleise
* Parchim: 250 m Abstellgleise und 260 m Werkstatt- und Vorstell- / Abstellgleise
* Görlitz: 1.300 m Abstellgleise und 240 m Werkstattgleise

Unternehmensgeschichte
Die ODEG Ostdeutsche Eisenbahn GmbH entstand am 06.06.2002 aus einer Bietergemeinschaft von Hamburger Hochbahn AG (HOCHBAHN) und Prignitzer Eisenbahn GmbH (PEG), die im Rahmen einer europaweiten Ausschreibung den SPNV auf zwei südmecklenburgischen Strecken gewinnen konnte. Am 25.05.2007 wurden die Gesellschafteranteile und -einlagen der HOCHBAHN auf deren Beteiligungstochter BeNEX GmbH übertragen.
Nach 2002 konnte die ODEG mit den Netzen Süd-Mecklenburg (156 km Streckenlänge, 6 RS 1), Ost-Brandenburg (345 km Streckenlänge, 22 RS 1) und Spree-Neiße (302 km Streckenlänge, 6 Desiro, 4 RS 1) auch in Berlin/Brandenburg und Sachsen Fuß fassen. Der ursprünglich nur bis 2010 reichende Verkehrsvertrag für Süd-Mecklenburg wurde zwischenzeitlich bis 2014 verlängert.
Die ODEG konnte sich erfolgreich auf die Ausschreibung „Netz Stadtbahn" bewerben und betreibt seit Dezember 2011 zusätzlich mit sechs Triebwagen vom Typ GTW die zwei Regionalbahnlinien RB33 Berlin-Wannsee – Jüterbog und RB51 Brandenburg an der Havel – Rathenow. Zum Fahrplanwechsel 2012 wurden die Regionalexpresslinien RE2 Wismar – Berlin – Cottbus und RE4 (Stendal –) Rathenow – Berlin – Jüterbog in Betrieb genommen. Auf diesen Strecken werden 16

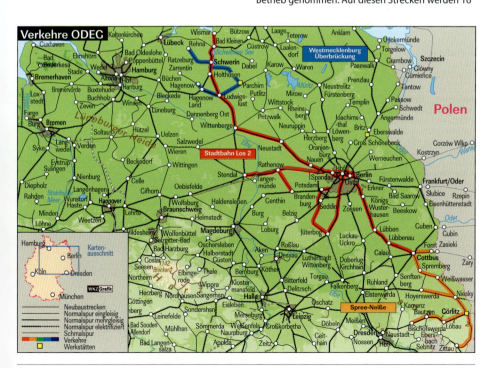

ODEG / OHE

Doppelstocktriebwagen vom Typ KISS (Komfortabler Innovativer Spurtstarker Schnellbahnzug) eingesetzt. Damit hat die ODEG ihr Verkehrsvolumen nahezu verdoppelt. Anfang 2013 beschäftigte das Unternehmen rund 450 Mitarbeiter.
Mangels Zulassung der KISS-Triebzüge starteten die Verkehre am 09.12.2012 zunächst mit einem Ersatzkonzept. Auf der RE2 führte DB Regio die Leistungen zunächst weiter, auf der RE4 verkehrten lokbespannte Züge mit gemieteten Siemens ES 64 U2 und City Shuttle-Wagengarnituren der ÖBB. Seit Juli 2013 läuft auf beiden RegionalExpress-Strecken der Betrieb ausschließlich über die ODEG.
Für die Fahrzeugwartung wurde 2002 eine Werkstatt in Parchim eröffnet, die bis April 2006 von der EuroTrac GmbH Verkehrstechnik betrieben wurde. Die Brandenburger Triebwagen werden in dem 2005 errichteten Betriebshof in Eberswalde gewartet, gereinigt und betankt. Beide Einrichtungen werden von der am 19.01.2005 gegründeten Ostdeutschen Instandhaltungsgesellschaft mbH (ODIG) geführt, die eine 100 %ige ODEG-Tochtergesellschaft ist. Des Weiteren wurde am 10.09.2008 der Kaufvertrag für das ehemalige Bahnbetriebswerk Görlitz von der ODIG und der DB AG unterschrieben. Die Wartung aller Triebwagen im Teilnetz Spree-Neiße erfolgt dort seit Dezember 2008. Für die Wartung der Fahrzeuge Netz Stadtbahn wurde der Betriebshof Eberswalde für 5,3 Mio. EUR durch die ODIG erweitert. U.a. erhielt die 42 Meter lange Halle eine Verlängerung um weitere 109 Meter. Des Weiteren wurden ein Abstellgleis neu gebaut und zwei Gleise elektrifiziert.
Bis 1945 bestand übrigens bereits eine Ostdeutsche Eisenbahn-Gesellschaft in Königsberg.

Verkehre
* SPNV Netz „Spree-Neiße" mit 2,7 Mio. Zugkm/a vom 14.12.2008 bis Dezember 2018
  RB46 Cottbus – Forst; im Auftrag des Landes Brandenburg
  OE60V Görlitz – Bischofswerda; im Auftrag des Zweckverbandes Verkehrsverbund Oberlausitz-Niederschlesien (ZVON)
  OE64 Görlitz – Hoyerswerda; im Auftrag des Zweckverbandes Verkehrsverbund Oberlausitz-Niederschlesien (ZVON) und des Zweckverbandes Verkehrsverbund Oberelbe (Z-VOE)
  OE65 Cottbus – Zittau; im Auftrag des Landes Brandenburg und des Zweckverbandes Verkehrsverbund Oberlausitz-Niederschlesien (ZVON)
* SPNV „Netz Stadtbahn", Los 2 mit 7,0 Mio. Zugkm/a bis Dezember 2022 im Auftrag der Länder Berlin, Brandenburg, Sachsen-Anhalt und Mecklenburg-Vorpommern
  RB33 Berlin-Wannsee – Jüterbog; seit Dezember 2011
  RB51 Brandenburg a. d. Havel – Rathenow; seit Dezember 2011
  RE2 Wismar – Stadtbahn – Cottbus; seit Dezember 2012
  RE4 Stendal – Nord-Süd-Tunnel – Jüterbog; seit Dezember 2012
* SPNV Netz „Westmecklenburg Überbrückung", RB 13 Parchim – Rehna und RB 14 Parchim – Hagenow Stadt mit 1,25 Mio. Zugkm/a vom 14.12.2014 bis Dezember 2019 im Auftrag des Landes Mecklenburg-Vorpommern

Osthannoversche Eisenbahnen AG (OHE) ∎

Biermannstraße 33
DE-29221 Celle
Telefon: +49 5141 276-0
Telefax: +49 5141 276-258
info@ohe-transport.de
www.ohe-transport.de

Betriebswerk Celle
Biermannstraße 44
DE-29221 Celle
Telefon: +49 5141 276-315
Telefax: +49 5141 276-312
info-bwcelle@ohe-transport.de

Betriebswerk Uelzen
Dannenberger Bahnbogen
DE-29525 Uelzen
Telefon: +49 581 97155-0
info-bwuelzen@ohe-transport.de

EAW Bleckede
Am Bleckwerk 13
DE-21354 Bleckede
Telefon: +49 5852 951820
info-eawbleckede@ohe-transport.de

Management
* Wolfgang Friedrich Wilhelm Kloppenburg (Vorstandsvorsitzender)
* Jan Behrendt (Vorstand ÖPNV)

OHE

Unternehmensstruktur OHE

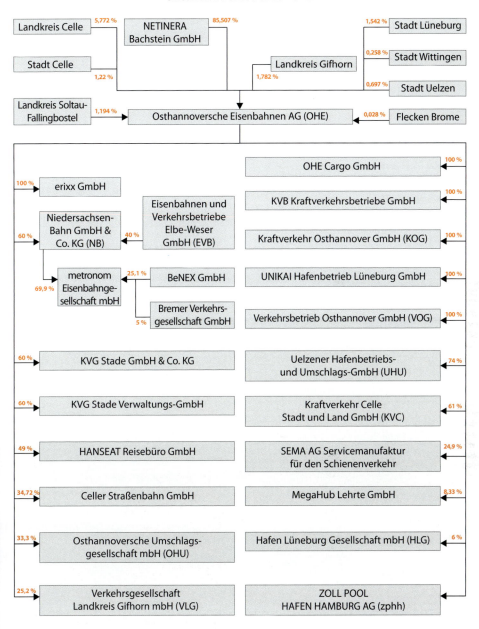

OHE

Gesellschafter
Stammkapital 21.034.036,70 EUR
* NETINERA Bachstein GmbH (87,507 %)
* Landkreis Celle (CE) (5,772 %)
* Landkreis Gifhorn (GF) (1,782 %)
* Landkreis Lüneburg (LG) (1,542 %)
* Stadt Celle (1,22 %)
* Landkreis Soltau-Fallingbostel (SFA) (1,194 %)
* Stadt Uelzen (0,697 %)
* Stadt Wittingen (0,258 %)
* Flecken Brome (0,028 %)

Beteiligungen
* KVB Kraftverkehrsbetriebe GmbH (100 %)
* Kraftverkehr Osthannover GmbH (KOG) (100 %)
* OHE Cargo GmbH (100 %)
* UNIKAI Hafenbetrieb Lüneburg GmbH (100 %)
* Verkehrsbetrieb Osthannover GmbH (VOG) (100 %)
* erixx GmbH (100 %)
* Uelzener Hafenbetriebs- und Umschlags-GmbH (UHU) (74 %)
* Kraftverkehr Celle Stadt und Land GmbH (KVC) (61 %)
* KVG Stade GmbH & Co. KG (60 %)
* KVG Stade Verwaltungs-GmbH (60 %)
* NiedersachsenBahn GmbH & Co. KG (NB) (60 %)
* HANSEAT Reisebüro GmbH (49 %)
* Celler Strassenbahn GmbH (34,72 %)
* Osthannoversche Umschlagsgesellschaft mbH (OHU) (33,3 %)
* Verkehrsgesellschaft Landkreis Gifhorn mbH (VLG) (25,2 %)
* SEMA AG Servicemanufaktur für den Schienenverkehr (24,9 %)
* MegaHub Lehrte GmbH (8,33 %)
* Hafen Lüneburg Gesellschaft mbH (HLG) (6 %)
* ZOLL POOL HAFEN HAMBURG AG (zphh)

Lizenzen
* DE: EIU für eigene Strecken
* DE: EVU-Zulassung (PV+GV) seit 23.10.1995, gültig bis 22.10.2025

Infrastruktur
* Celle – Beedenbostel – Wittingen (51 km)
* Wittingen – Rühen (34,7 km, stillgelegt)
* Celle – Beckedorf – Bergen – Soltau (58,9 km)
* Beckedorf – Munster (Oertze) (23,9 km)
* Soltau – Hützel – Lüneburg (57,1 km)
* Lüneburg – Bleckede (23,8 km), Steckenabschnitt Bleckede – Waldfrieden seit 04.12.2007 gesperrt; seit 01.01.2012 verpachtet ab Lüneburg Meisterweg an Bleckeder Kleinbahn Verwaltungsges. UG (haftungsbeschränkt)
* Hützel – Winsen (41,1 km)
* Winsen – Niedermarschacht (18,1 km)

OHE

* Wunstorf West – Bokeloh (5,5 km); bis 01.03.2000 StMB - Steinhuder Meer-Bahn
* Nebengleise der Bahnhöfe Visselhövede, Knesebeck und Soltau (Han) (von DB Netz gepachtet)

Unternehmensgeschichte

Die 1944 durch den Zusammenschluss mehrerer Kleinbahnen entstandene und heute als Teil des NETINERA-Konzerns agierende Osthannoversche Eisenbahnen AG (OHE) betreibt im Nordosten Niedersachsens ein umfangreiches Netz eigener Strecken, das dem Güterverkehr dient. Insbesondere seit 2003 weitete die OHE ihre Güterverkehrsaktivitäten zudem stetig über die Grenzen der eigenen Infrastruktur hinweg aus. Auf dem Personenverkehrs-Sektor ist die OHE indirekt über Beteiligungen an Busunternehmen sowie der NiedersachsenBahn als Anteilseigner der metronom Eisenbahngesellschaft mbH vertreten.
Anteilseigner der OHE waren seit ihrer Entstehung mehrheitlich lokale Gebietskörperschaften, das Land Niedersachsen (zuletzt mit 40,245 %) und die Bundesrepublik Deutschland (zuletzt mit 33,815 %). Bund und Land, wie auch die zuletzt mit 8,902 % an der OHE beteiligte DB Regio AG entschlossen sich 2006 zum Verkauf ihrer Anteile. In einem im Juli 2006 gestarteten Verkaufsverfahren unter Federführung des Landes Niedersachsen konnte eine Bietergemeinschaft zwischen der damaligen Arriva Deutschland GmbH und der Verkehrsbetriebe Bachstein GmbH den Zuschlag zum Erwerb der Unternehmensanteile erhalten. Die am 14.12.2006 gegründete, zu 86 % von Arriva gehaltene Arriva Bachstein GmbH (heute: NETINERA Bachstein GmbH) übernahm daraufhin mit Wirkung zum 01.01.2007 82,96 % der OHE-Aktien, wobei die Verteilungen zum 22.10.2009 leicht modifiziert wurden. Zum 21.12.2006 hat sich die OHE als Gesellschafter aus der RStV zurückgezogen.
Die Aktionäre der OHE AG haben am 01.12. 2009 eine Kapitalerhöhung durchgeführt. In diesem Zusammenhang hat der Landkreis Lüneburg Aktien an die Stadt Uelzen als neue Aktionärin der OHE AG verkauft.
Auf der OHE-eigenen Infrastruktur im Umfang von 294,4 Streckenkilometern wurde von 1945 bis 1977 schrittweise der SPNV eingestellt. Im Güterverkehr befördert die OHE auf ihren Strecken jährlich rund eine Mio. Tonnen Güter. Hierbei spielen insbesondere Transporte von und zu den in der Lüneburger Heide gelegenen Truppenübungsplätzen sowie Leistungen für die Land- und Forstwirtschaft, den Kalibergbau und die chemische Industrie eine wichtige Rolle. In Kooperation mit der DB Schenker Rail Deutschland AG führt die OHE auch Wagenladungsverkehr auf den DB-Strecken Soltau – Visselhövede sowie Munster – / Celle – Uelzen durch. Der Kooperationsverkehr Celle – Seelze wurde in gegenseitigem Einvernehmen zum 30.06.2009 beendet, zum gleichen Zeitpunkt begann die DB Schenker Rail auch mit der Bedienung eines Kunden in Lachendorf auf OHE-Infrastruktur.
Seit 2003 führt die OHE auch zunehmend Güterverkehr auf fremden Strecken durch. Ein Schwerpunkt liegt hier auf Transporten für die holzverarbeitende Industrie, Baustoffe sowie dem kombinierten Verkehr. Seit 2005 befördert die OHE auch Güter im grenzüberschreitenden Verkehr ins europäische Ausland. Diese Leistungen werden in Kooperation mit diversen Partner erbracht.
Insgesamt befördert die OHE pro Jahr ca. 3,6 Mio. t Güter (Stand 2009).
In Celle, Uelzen und Bleckede betreibt die OHE je eine Eisenbahnbetriebswerkstatt, in denen umfangreiche Arbeiten an eigenen Fahrzeugen und solchen Dritter durchgeführt werden.
Seit März 2009 ist die OHE Aktionär der ZOLL POOL HAFEN HAMBURG AG (ZPHH).
Die OHE übernahm zum Fahrplanwechsel im Dezember 2011 für acht Jahre den Betrieb im „Heide-Kreuz" zwischen Hannover und Buchholz in der Nordheide sowie zwischen Bremen und Uelzen. Das Unternehmen setzte sich damit in einem europäischen Wettbewerbsverfahren gegen fünf Konkurrenten durch und löste die DB Regio AG als Betreiber ab. Für die Betriebsdurchführung wurde mittlerweile das Tochterunternehmen erixx GmbH gegründet.
Gemäß einem am 27.07.2012 geschlossenen Ausgliederungs- und Übernahmevertrag wurde der Betriebsteil Cargo aus der Osthannoversche Eisenbahnen AG auf die im März 2012 gegründete OHE Cargo GmbH ausgegliedert. Dies geschah zunächst im Rahmen der Trennung von Netz und Betrieb. Der Aufsichtsrat der OHE hatte Ende 2012 beschlossen, einen Käufer für die OHE Cargo zu suchen, was aber Ende 2013 wieder verworfen wurde.
Die Strecke Lüneburg – Soltau ist im Rahmen einer Untersuchung des Verkehrsministeriums Niedersachen in der engeren Wahl bzgl. einer potenziellen Reaktivierung im SPNV.

OLA

Ostseeland Verkehr GmbH (OLA)

Ludwigsluster Chaussee 72
DE-19061 Schwerin
Telefon: +49 385 3990-300
Telefax: +49 385 3990-303

Verwaltung Neubrandenburg
Friedrich-Engels-Ring 12
DE-17034 Neubrandenburg
Telefon: +49 395 44228-0
Telefax: +49 395 44228-499

Werkstatt Neubrandenburg
Warliner Straße 25
DE-17034 Neubrandenburg
Telefon: +49 395 43084-0
Telefax: +49 395 43084-99

Management
* Stefan Schönholz (Geschäftsführer)

Gesellschafter
Stammkapital 750.000,00 EUR
* Transdev Regio GmbH (100 %)

Beteiligungen
* Personenverkehr GmbH Müritz - PVM (100 %)

Lizenzen
* DE: EVU-Zulassung (PV+GV) seit 03.06.1997, gültig bis 31.12.2020

Infrastruktur
* Werkstattanlagen in Schwerin Süd und Neubrandenburg
* Betriebsführung Industrieanschlussbahn Neubrandenburg (IAB); Betrieb nach BOA im Auftrag der Stadt Neubrandenburg
* Betriebsführung der Neubrandenburg-Friedländer Eisenbahn, Streckenstück km 2,69 - km 6,60 bei Anst Trollenhagen; Betrieb nach BOA im Auftrag der Stadt Neubrandenburg

Unternehmensgeschichte
Die Ostseeland Verkehr GmbH (OLA) als vormaliger Betreiber von SPNV-Leistungen in Mecklenburg-Vorpommern entstand durch die Bündelung der Aktivitäten der MecklenburgBahn GmbH (MeBa), Schwerin, und der Ostmecklenburgischen Eisenbahngesellschaft mbH (OME), Neubrandenburg. Letztere ging auf eine ab September 1961 errichtete Anschlussbahn im Norden der Stadt Neubrandenburg zurück, die 1990 als Industrieanschlussbahn Neubrandenburg GmbH (IAB) verselbständigt wurde. Jene vollständig von der Neubrandenburger Verkehrs-AG gehaltene Gesellschaft wurde per Gesellschafterbeschluss vom 15.04.1997 in Ostmecklenburgische Eisenbahngesellschaft mbH (OME) umfirmiert. Ebenfalls 1997 übernahm die damalige DEG Verkehrs-GmbH, die im selben Jahr Teil der heute als Veolia bekannten Connex-Gruppe wurde, Anteile des Unternehmens. Ab 01.01.2001 war Connex einziger Gesellschafter der OME. Bereits am 26.03.1997 konnte die IAB (OME) mit dem Land Mecklenburg-Vorpommern einen Verkehrsvertrag über ab 24.05.1998 zu erbringende SPNV-Leistungen zwischen Schwerin, Güstrow, Neubrandenburg und Pasewalk sowie auf den Verbindungen Rostock – Laage – Güstrow und Neustrelitz – Feldberg abschließen. Neben diesen, durch das Land seither in Umfang und Art teilweise geänderten und erweiterten Leistungen trat die OLA seit Anfang 2002 auch als eine der Betreibergesellschaften der „InterConnex"-Fernverkehre der heutigen Veolia auf, die sich zuletzt auf ein tägliches Zugpaar Warnemünde – Rostock – Berlin – Leipzig und Berlin – Leipzig beschränkten. Zum Einsatz kamen hier durch die OLA angemietete Fahrzeuge der Nord-Ostsee-Bahn GmbH (NOB). Die Vermarktung der Leistungen übernahm die am 16.04.2002 gegründete Tochterunternehmung Veolia Verkehr Kundenservice GmbH (ex Connex Kunden Center GmbH). Im Jahr 2002 fuhren gut 200.000 Fahrgäste mit dem InterConnex, 2011 waren es schon knapp 400.000. Die Veolia Verkehr GmbH hat jedoch den Betrieb des InterConnex wegen zuletzt stetig zurückgehender Fahrgastzahlen zum Fahrplanwechsel im Dezember 2014 eingestellt; hohe Infrastrukturkosten und Fernbuskonkurrenz hätten eine Fortführung unmöglich gemacht, so das Unternehmen.
Die OLA war bis Ende 2009 auch im Güterverkehr tätig. Die Vorgängergesellschaft OME hatte die Strecke Neubrandenburg Vorstadt – Friedland nach deren Stilllegung am 31.12.2002 gepachtet und als Anschlussbahn weiter betreiben. Nachdem die OME 2004 den Pachtvertrag kündigte, wurde der Abschnitt von Neubrandenburg bis einschließlich Trollenhagen an die Stadt Neubrandenburg und die anschließende Teilstrecke Trollenhagen–Friedland an die FLB - Friedländer Bahn - GmbH verkauft. Ende 2009 übernahm die DB Schenker Rail Deutschland AG den Güterverkehr auf der

OLA / PEC

Industrieanschlussbahn Neubrandenburg sowie der Nebenstrecke nach Friedland – vorwiegend Düngemittel-Ganzzüge für den Landhandel am Streckenendpunkt. Seitdem war die OLA ausschließlich im Personenverkehr tätig gewesen. Am anderen Ende Mecklenburg-Vorpommerns, in Schwerin, wurde am 11.07.2000 die MecklenburgBahn GmbH (MEBA) als Tochterunternehmen der Stadtwerke Schwerin GmbH (SWS) gegründet und am 30.11.2000 als EVU zugelassen. Mit der Ausgründung der Verkehrssparte der Stadtwerke in die Nahverkehr Schwerin GmbH (NVS) zum 01.01.2001 wurde die MEBA zur Tochter dieser Gesellschaft. Am 10.06.2001 übernahm die MEBA im Auftrag der Verkehrsgesellschaft Mecklenburg-Vorpommern mbH des Landes Mecklenburg-Vorpommern den SPNV auf der 80 km langen Verbindung Parchim – Schwerin – Gadebusch – Rehna vom bisherigen Betreiber DB Regio. Im Mai 2005 vereinbarten OME und MEBA die Fusion. Hierzu wurde die OME auf Beschluss der Gesellschafterversammlung vom 20.05.2005 in Ostseeland Verkehr GmbH (OLA) umfirmiert und der Firmensitz von Neubrandenburg nach Schwerin verlegt. Zugleich übernahm die NVS 30 % der Unternehmensanteile. Die bisher von der MEBA erbrachten Leistungen wurden anschließend mit allen Rechten und Pflichten auf die OLA übertragen, die zugleich Personal und Sachgüter übernahm. Von Dezember 2007 bis Dezember 2011 war die OLA unter der Marke „Märkische Regiobahn" (MR) auch in Brandenburg auf den Linien MR 33 Berlin-Wannsee – Jüterbog und MR 51 Brandenburg – Rathenow unterwegs. Die Wartung der hierbei eingesetzten vier Desiro erfolgte in den Hallen der GBM Gleisbaumechanik Brandenburg/H. GmbH, nur größere Instandsetzungen wurden in Neubrandenburg vorgenommen. Die beiden Linien gingen in die Ausschreibung des Netzes „Stadtbahn" in Berlin/Brandenburg ein und wurden zum genannten Zeitpunkt an den Gewinner ODEG Ostdeutsche Eisenbahn GmbH abgegeben. Die Linie Rostock – Laage – Güstrow ist innerhalb des Teilnetzes „Warnow" im Sommer 2010 an den Ausschreibungsgewinner DB Regio vergeben worden. Die Verbindungen Bützow – Pasewalk – Ueckermünde und Parchim – Schwerin – Rehna waren Teil des neuen SPNV-Netzes „Ost-West" mit den Losen „Güstrow" und „Parchim", dessen Ausschreibung Ende 2011 zur Betriebsaufnahme im Dezember 2014 veröffentlicht, im März 2012 aber aus finanziellen Gründen deutlich modifiziert wurde. Dabei wurde die Ausschreibung des Loses „Parchim" aufgehoben und die OLA-Linie Parchim – Schwerin – Rehna per Überbrückungsvergabe bis Dezember 2019 der ODEG Ostdeutsche Eisenbahn GmbH zugesprochen. Für das verbliebene Los „Güstrow" hatte die OLA vor dem Hintergrund des vorgesehenen Verkaufs der Veolia-Verkehrssparte dagegen gar kein Angebot mehr abgegeben, so dass diese Verkehre im März 2013 an DB Regio als einzigen Bieter vergeben wurden. Der Pendel Neustrelitz – Stralsund ist Teil des am 28.02.2012 an den Ausschreibungsgewinner DB Regio vergebenen Netzes „Nord-Süd". Auch dieser Verkehrsvertrag trat im Dezember 2014 in Kraft, so dass die OLA seit Fahrplanwechsel 2014 mit Abwanderung der Traktionsleistungen des Hamburg-Köln-Express zur Schwester Nord-Ostsee-Bahn GmbH (NOB) keine Verkehrsleistungen mehr erbringt. Bereits seit 03.07.2014 ist die OLA eine 100 %-Tochter der Transdev, der Verkauf der Anteile durch die NVS erfolgte im Rahmen der Entscheidung, sich als OLA nicht mehr an SPNVAusschreibungen zu beteiligen.

PEC Parkeisenbahn Chemnitz gGmbH P I

Küchwaldring 24
DE-09113 Chemnitz
Telefon: +49 371 3301100
Telefax: +49 371 3363320
kontakt@parkeisenbahn-chemnitz.de
www.parkeisenbahn-chemnitz.de

Management
* Matthias Dietel (technischer Geschäftsführer)
* Dietmar Holz (kaufmännischer Geschäftsführer)

Gesellschafter
Stammkapital 26.000,00 EUR
* Chemnitzer Verkehrs-Aktiengesellschaft (CVAG) (40 %)
* eins energie in sachsen GmbH & Co. KG (25 %)
* RAILBETON HAAS KG Beton (10 %)
* SOLARIS Verwaltungs-GmbH (10 %)
* Ströer Deutsche Städte Medien GmbH (10 %)
* City-Bahn Chemnitz GmbH (CBC) (5 %)

Lizenzen
* DE: EIU Parkeisenbahn

Infrastruktur
* Küchwaldwiese – Tennisplätze Hp – BW/ Kosmonautenzentrum – Küchwaldwiese (2,3 km, Spurweite 600 mm)

Unternehmensgeschichte
Der Chemnitzer Küchwald wurde bereits 1888 zu einem Waldpark umgestaltet, erst 1952 erfolgte der Beschluss zur Umwandlung in einen Kulturpark, der auch eine Pioniereisenbahn beherbergen sollte. Am 14.03.1952 begann der Bau der rund zwei Kilometer langen Strecke, die am 13.06.1954 auf gesamter Länge offiziell eröffnet werden konnte. Betreiber der Bahn waren zunächst die Verkehrsbetriebe Chemnitz, später wurde die von Ende März bis Ende Oktober verkehrende Bahn in die am 20.11.1995 gegründete PEC Parkeisenbahn Chemnitz gGmbH

PEC / PES / PCT

überführt.

Parkeisenbahn Syratal (PES)
P I

Hainstraße 10
DE-08523 Plauen
Telefon: +49 3741 225601
Telefax: +49 3741 482600
freizeitanlageplauen@web.de
www.parkeisenbahn-plauen.de

Infrastruktur
★ Parkeisenbahn (1 km, Spurweite 600 mm)

Unternehmensgeschichte
Auf Anregung von Kumpels der Schachtanlage im vogtländischen Zobes entstand auf einem ehemaligen Ruinengebiet in Plauen eine Pioniereisenbahn, die am 07.10.1959 in Betrieb genommen werden konnte. Nach Jahren der finanziellen Unsicherheit beschloss der Stadtrat Plauen am 18.04.2004 den Weiterbetrieb der Parkeisenbahn durch die Freizeitanlage Syratal. Der Betrieb der Parkeisenbahn wird durch den am 25.02.2005 gegründeten Förderverein Parkeisenbahn Syratal Plauen unterstützt.
Die 600 mm-Bahn ist die einzige ihrer Art in ganz Europa, die mit elektrischer Energie (220 V Gleichspannung) aus einer Oberleitung betrieben wird.

PCT Private Car Train GmbH G

Feierabendmühle 2
DE-85283 Wolnzach
Telefon: +49 8442 9080-289
Telefax: +49 8442 9080-273
pct@ars-altmann.de
www.ars-altmann.de

Büro Bremen
Waller Straße 28
DE-28219 Bremen

Management
★ Dr. Maximilian Altmann (Geschäftsführer)
★ Tobias Winter (Geschäftsführer)

Gesellschafter
Stammkapital 50.000,00 EUR
★ ARS Altmann AG (100 %)

Lizenzen
★ DE: EVU-Zulassung (GV) seit 08.08.2002, gültig bis 01.08.2017
★ DE: Sicherheitsbescheinigung seit Februar 2014

Unternehmensgeschichte
Die Unternehmensgruppe ARS Altmann AG bietet seit 1975 Logistiklösungen für die Automobilindustrie an und befördert jährlich rund zwei Millionen neuer Pkw im In- und Ausland. Rund ein Drittel der Transporte wird auf der Schiene mit diversen EVU und ARS-eigenen Wagen abgewickelt.
Mit der zum 01.07.2002 gegründeten PCT Private Car Train GmbH (PCT) verfügt die ARS Altmann-Gruppe zudem über ein eigenes EVU.
Die PCT ist im Jahr 2002 durch die Auswirkungen von „Mora C" entstanden. Die PCT sollte es der ARS Altmann ermöglichen, die Bedienfahrten zu den Stützpunkten Der ARS Altmann selbst zu fahren, falls diese nicht mehr durch DB bedient werden sollten.
In den darauf folgenden Jahren hat die Wettbewerbssituation bei den Bahnen und vor allem bei den privaten EVU die PCT dazu motiviert, einen kleinen Teil der ARS-Volumina selbst zu produzieren. Mitte 2011 übernahm die PCT bereits 20 % der Traktionsleistungen der ARS-Schienenverkehre.
PCT verfügt seit Februar 2008 über eine eigene Streckenlok, die in Süddeutschland eingesetzt wird. Ende September 2009 wurde die erste E-Lok für Langstreckentraktionen in Dienst genommen, es folgten weitere Anmietungen sowie die Beschaffung von eigenen Siemens ER 20.
Zum 01.01.2011 wurden die Verkehre der ARS Altmann AG in ein neues „Drehscheibenkonzept" überführt. Der zentrale Knotenpunkt Bremen Rbf verbindet Automobilwerke und Logistikzentren in Deutschland, Österreich, Italien und Polen mit den Häfen Emden, Bremerhaven, Cuxhaven und Hamburg. Insgesamt können täglich bis zu 35 Züge über die Drehscheibe abgewickelt werden. Eingebunden sind diverse Autoverkehre mit TX Logistik, DB Schenker Rail und PCT. Zur Abwicklung in Bremen Rbf wurden zum Rangieren und für Zustelldienste zwei Lokomotiven der PCT stationiert und ausreichend Infrastruktur für die Abwicklung angemietet.

Verkehre
★ Pkw-Transporte (Land Rover, Jaguar, Opel) Cuxhaven – Riedstadt-Goddelau / Wolznach; seit Januar 2014 im Auftrag der ARS Altmann AG

PCT / Pfalzbahn / PEG

- Pkw-Transporte (VW) Wolfsburg – Hannover (Übergabe als Wagengruppe an Zug der TX Logistik AG); 5 x pro Woche seit 03.01.2010 im Auftrag der ARS Altmann AG
- Pkw-Transporte Bayern – Bremen Rbf / Hamburg-Harburg / Bremerhaven; im Auftrag der ARS Altmann AG
- Pkw-Transporte Bremen Rbf – Riedstadt-Goddelau; seit Februar 2011 im Auftrag der ARS Altmann AG; Rangierverkehr in Goddelau seit August 2014 durch EAW Kranichstein UG (haftungsbeschränkt)
- Pkw-Transporte Bremen-Sebaldsbrück – Bremerhaven-Kaiserhafen; 2 x pro Tag seit 01.08.2011 im Auftrag der ARS Altmann AG
- Pkw-Transporte von und zu den Stützpunkten, Kunden und Bahnwerken im Raum Ingolstadt und München; seit 18.02.2008 im Auftrag der ARS Altmann AG
- Zustellfahrten ab Bremen Rbf nach Cuxhaven, Bremerhaven und Emden
- Pkw-Transporte Bremen Rbf – Rehden-Wetschen (BTR Logistik GmbH); sporadische Zustellungen seit November 2011 im Auftrag der ARS Altmann AG
- Zustellfahrten ab Hamburg-Harburg nach Lübeck
- Rangierdienst in München; seit 01.03.2013

Pfalzbahn Eisenbahnbetriebsgesellschaft mbH P

Dürkheimer Straße 109
DE-67227 Frankenthal
Telefon: +49 6233 5790209
Telefax: +49 6233 56122
info@pfalzbahn.de
www.pfalzbahn.de

Management
- Klaus Ulshöfer (Geschäftsführer)

Gesellschafter
Stammkapital 40.392,05 EUR
- Klaus Ulshöfer (52 %)
- Felix Karl Schnellbacher (19 %)
- Ansgar Friedrich (16 %)
- Verkehrsclub Deutschland Kreisverband Ludwigshafen Vorderpfalz e. V. (VCD-L) (6 %)
- Yves Menoud (6 %)
- Eckhart Hangg (3 %)
- Erhard Gebauer (3 %)

Lizenzen
- DE: EVU-Zulassung (PV+GV) seit 24.04.1996, gültig bis 31.12.2025

Unternehmensgeschichte
Die in der Frankenthal in der Pfalz ansässige Privatbahn Pfalzbahn Eisenbahnbetriebsgesellschaft mbH entstand Ende 1995 mit der Abtrennung der Regelverkehrssparte der Pfalzbahn GbR vom Traditionsbereich, der fortan unter Pfalzbahn Tradition firmierte. Neben mehreren Privatpersonen gehörte auch ein Verein zu den Gesellschaftern bei Unternehmensgründung am 08.12.1995.
Am 01.06.1997 konnte die Pfalzbahn den Betrieb aufnehmen und erbringt seitdem Sonderzugleistungen in den Bereichen Personen- und Güterverkehr.
Zur Hinterstellung von nicht betriebsfähigen Fahrzeugen nutzt die Pfalzbahn auch die Infrastruktur des AKO - Arbeitskreis Ostertalbahn e. V. in Schwarzerden.

Verkehre
- Ausflugsverkehr „Krebsbachtal" Neckarbischofsheim Nord – Hüffenhardt; seit 2010 an Sonn- und Feiertagen vom 01.05. bis zum 3. Sonntag im Oktober und am 2. Mittwoch im Monat.
- Ausflugsverkehr „Zellertal" Hochspeyer / Langmeil – Monsheim an Sonn- und Feiertagen im Oktober; seit 2001

Planungs- und Entwicklungsgesellschaft Güterverkehrszentrum Emscher mbH (PEG) I

Am Westhafen 27
DE-44653 Herne
Telefon: +49 2325 788-314
Telefax: +49 2325 788-430
info@gvzemscher.de
www.gvzemscher.de

Management
- Christian Theis (Geschäftsführer)

Gesellschafter
Stammkapital 30.000,00 EUR
- Wanne-Herner Eisenbahn und Hafen GmbH (WHE) (100 %)

Beteiligungen
- TIH Terminal-Infrastrukturgesellschaft Herne mbH (100 %)

Infrastruktur
- Gleisinfrastruktur (269 m)

PEG / POND Security Bahn Service / PR

Unternehmensgeschichte

Das GVZ Emscher verfolgt im Gegensatz zu den meisten anderen derartigen Einrichtungen einen dezentralen Ansatz mit insgesamt 17 Teilstandorten des mittleren und nördlichen Ruhrgebietes, die sich in Bochum, Datteln, Dorsten/Marl, Gelsenkirchen, Hattingen, Herne, Herten und Waltrop befinden. Die Entstehung des GVZ Emscher geht auf einen 1993 gefassten Beschluss im Rahmen der Wirtschaftskonferenz „Region Mittleres Ruhrgebiet" zurück. Im Folgejahr erfolgte die Gründung der Planungs- und Entwicklungsgesellschaft Güterverkehrszentrum Emscher mbH und 1996 gab es den ersten Spatenstich am heutigen Standort „Hafen Wanne West". Das 2002 in Betrieb genommene Container-Terminal Herne (CTH) wurde noch im selben Jahr auf zwei- und 2004 auf dreimal 700 m Zug- und Umschlaglänge erweitert. Der Betrieb des Container Terminal Herne erfolgt über die WHE-Tochtergesellschaft CTH Container Terminal Herne GmbH.

POND Security Bahn Service GmbH

Köpenicker Straße 325
DE-12555 Berlin
Telefon: +49 30 65763010
Telefax: +49 30 65763015
info@pond-bahn.com
www.pond-bahn.com

Management
★ Dipl.-Ing. Wolfgang Goertchen (Geschäftsführer)

Gesellschafter
Stammkapital 50.000,00 EUR
★ Pond Holding GmbH & Co. KG (100 %)

Lizenzen
★ DE: EVU-Zulassung (PV+GV); gültig vom 09.08.2012 bis 31.08.2027

Unternehmensgeschichte
Seit 1993 sichert Pond Security Gleisbaustellen für die Deutsche Bahn AG sowie weitere Bahnunternehmen. Eine stetig zunehmende Auftragslage sowie die Ausweitung der uns übertragenen Aufgaben führten schließlich zur Gründung der Pond Security Bahn Service GmbH am 30.01.2003.
2011 erwirtschaftete das Unternehmen mit rund 170 Mitarbeitern einen Umsatz von 7,135 Mio. EUR.
Die Muttergesellschaft Pond Holding GmbH & Co. KG befindet sich im Eigentum von Jasmin, Lori, Melissa und Patrick Pond.

Power Rail GmbH (PR) G

Apfelstieg 27
DE-39116 Magdeburg
Telefon: +49 391 59746865
Telefax: +49 391 6075043
impressum@power-rail.de
www.power-rail.de

Management
★ Axel Gassmann (Geschäftsführer)

Gesellschafter
Stammkapital 25.000,00 EUR
★ Axel Gassmann (100 %)

Lizenzen
★ DE: EVU-Zulassung (PV+GV) seit 26.05.2007, gültig bis 21.05.2022

Unternehmensgeschichte
Zwei ehemalige DB-Triebfahrzeugführer gründeten am 15.12.2004 die Power Rail GmbH mit Sitz in Hohendodeleben nahe Magdeburg. Zwischenzeitlich verkauften Dirk Neumann (45 %) und Horst Kohn (10 %) ihre Anteile am Unternehmen. Seit 04.05.2011 ist Gassmann alleiniger Gesellschafter der Power Rail.
Das Unternehmen konnte am 23.05.2005 eine V 60 D erwerben, die im AZ- und Überführungsverkehr eingesetzt wird. Des Weiteren wurde seit April 2007 eine V 60 D der Anhaltischen Bahn GmbH (ABG) von der PR angemietet. Bei Ausfall der Doppelstocktriebwagen der ABG führte die PR den Verkehr dort mit V 60 und Beiwagen durch.
Als EVU nutzte man bis zur Erteilung der eigenen Konzessionierung für den Personen- und Güterverkehr den Mansfelder Bergwerksbahn e. V. (MBB). Mitte April 2007 verfügte das Unternehmen über fünf Mitarbeiter, die auch für andere private Bahnunternehmen sowie für den Rahmenvertragspartner DB Services Südost Fahrwegdienste Lokführerleistungen übernahmen. Im Geschäftsjahr 2009 beschäftigte die Power Rail sechs Mitarbeiter.

Verkehre
★ AZ-Verkehr

PEG

Prignitzer Eisenbahn GmbH (PEG)

Wallstraße 65
DE-10179 Berlin
Telefon: +49 30 684084400
kundendialog@prignitzer-eisenbahn.de
www.prignitzer-eisenbahn.de

Management
* Thomas Schare (Geschäftsführer)

Gesellschafter
Stammkapital 200.000,00 EUR
* NETINERA Deutschland GmbH (100 %)

Beteiligungen
* NETINERA Werke GmbH (100 %)
* Neißeverkehr GmbH (80 %)
* ODEG Ostdeutsche Eisenbahn GmbH (50 %)

Lizenzen
* DE: EVU Sicherheitsbescheinigung Teil A & B (PV ohne HGV); gültig bis 19.09.2016
* DE: EVU-Zulassung (PV+GV) seit 27.08.2010, gültig bis 31.12.2025

Unternehmensgeschichte
Als einer der ersten privaten Anbieter von SPNV betrat die Prignitzer Eisenbahn GmbH (PEG) im September 1996 den Markt und betrieb in den folgenden Jahren mit den regionalen Schwerpunkten Brandenburg und Nordrhein-Westfalen Personen- und zeitweise auch Güterverkehr. Nach Neuvergabe oder Abbestellung aller durch die PEG erbrachten SPNV-Leistungen führt das Unternehmen seit Dezember 2012 jedoch keine regelmäßigen Verkehre mehr durch.
1996 waren Planungen der DB bekannt geworden, sich aus dem ländlichen SPNV in vielen Teilen Brandenburgs zurückzuziehen. Um den Verkehr auf der Strecke Pritzwalk – Putlitz zu erhalten, gründete der ehemalige DB-Mitarbeiter Thomas Becken zusammen mit Mathias Tennisson (10 % der Gesellschafteraneile) sowie Jörn Zado (10 %) am 11.07.1996 die PEG, die zum 29.09.1996 mit einem gebraucht von der DB erworbenen Uerdinger Schienenbus den SPNV der Linie RB 70 Pritzwalk – Putlitz als Subunternehmer von DB Regio übernehmen konnte. Ab 1884 hatte es bereits eine Prignitzer Eisenbahngesellschaft (PEG) gegeben, die die Strecke Perleberg – Pritzwalk – Wittstock – Buschhof (– Neustrelitz) erbaute und zusammen mit benachbarten Strecken betrieb, bis sie am 01.01.1941 verstaatlicht und in die Deutsche Reichsbahn eingegliedert wurde.
Die Neugründung PEG übernahm – teils für die DB Regio AG, teils als direkter Auftragnehmer des Landes Brandenburg – sukzessive die SPNV-Leistungen mehrerer Nebenbahnen im Nordosten Brandenburgs:
* RB 73 Neustadt (Dosse) – Kyritz (vom 01.06.1997) – Pritzwalk (vom 14.12.1998) bis 08.12.2012
* RB 50 Neustadt (Dosse) – Rathenow Nord vom 01.06.1997 bis 30.11.2003
* RB 74 Pritzwalk – Meyenburg vom 14.12.1998 bis 08.12.2012
* RB 74 Meyenburg – Güstrow vom 14.12.1998 bis 23.09.2000
* RB 53 Neustadt (Dosse) – Neuruppin Rheinsberger Tor vom 14.12.1998 bis 10.12.2006
* RB 12 Berlin-Lichtenberg – Templin vom 10.12.2006 bis 08.12.2012 (Teilleistungen als Ausgleich für die Abbestellung der RB 53)

Während zunächst gebraucht erworbene Fahrzeuge, vor allem Schienenbusse, eingesetzt wurden, standen ab Ende Oktober 2003 neu beschaffte RegioShuttle-Triebwagen zur Verfügung.
Zusammen mit der Hamburger Hochbahn AG (HHA) konnte die PEG ferner Ausschreibungen von SPNV-Leistungen in Mecklenburg-Vorpommern und Berlin/Brandenburg für sich entscheiden, zu deren Betrieb HHA und PEG am 06.06.2000 die ODEG Ostdeutsche Eisenbahn-Gesellschaft GmbH gründeten. In Nordrhein-Westfalen erhielt die PEG zudem in den Jahren 2001 und 2002 in zwei Ausschreibungsverfahren als Einzelbieter den Zuschlag für die SPNV-Leistungen dreier Verbindungen:
* RB 36 Oberhausen – Duisburg Ruhrort vom 15.12.2002 bis 11.12.2010
* RB 44 Oberhausen – Bottrop – Dorsten vom 15.12.2002 bis 11.12.2010
* RB 51 Dortmund – Coesfeld – Gronau – Enschede [NL] vom 12.12.2004 bis 10.12.2011

Bereits 1998 hatte die Prignitzer Eisenbahn die infrastrukturseitige Betreuung der Anschlussbahnen in Falkenhagen und Heiligengrabe/Liebenthal in der Prignitz übernommen. Seit dem zum 01.01.2004 erfolgten Erwerb der Strecke Pritzwalk – Meyenburg – Karow von der DB Netz AG, der weitere Strecken folgten, war die PEG auch Betreiber öffentlicher Infrastruktur. 2007 wurde zudem im Auftrag von deren Eigentümer ecoMotion Rapsveredelung Mecklenburg GmbH die Betriebsführung der Strecke Blankenberg (Meckl) – Dabel übernommen. 2008 wurden weitere Schieneninfrastrukturen von der DB Netz AG gepachtet, so dass die PEG über rund 190 km Strecke verfügte. 2012 wurden die Infrastrukturen der PEG auf die im April des genannten Jahres neu gegründete Prignitzer Eisenbahn Infrastruktur

PEG / Pollo

GmbH (PEIG) überführt, die aber schon per 21.06.2012 an die Regio Infra Gesellschaft mbH (RIG) rückwirkend zum 01.01.2012 verkauft wurde. Die Werkstätten der PEG in Putlitz und Wittenberge wurden Mitte 1999 als Prignitzer Lokomotiv- und Wagenwerkstatt GmbH (PLW) ausgegründet. Am 01.03.2004 konnte die neue Werkstatt der PEG in Meyenburg in Betrieb genommen werden, welche die Standorte Putlitz und Wittenberge ablöste. Umfangreichere Arbeiten der schweren Instandhaltung können ferner durch die NETINERA Werke GmbH in Neustrelitz ausgeführt werden, die am 01.02.2003 unter Beteiligung der PEG als Ostmecklenburgische Bahnwerk GmbH (OMB) gegründet worden war. Eine Werkstatt für die in Nordrhein-Westfalen eingesetzten Fahrzeuge wurde 2001 in Mülheim-Styrum eingerichtet, welche mit Abgabe der Strecken in NRW wieder geschlossen wurde.
Die am 25.07.1997 mit einer Subunternehmerleistung für die DB Cargo AG aufgenommenen Güterverkehrsaktivitäten der PEG wurden zum 01.01.2002 komplett in die Tochtergesellschaft PE Cargo GmbH ausgelagert, welche die Leistungen wiederum zum 01.09.2006 an die Eisenbahngesellschaft Potsdam mbH (EGP) abgab. Am 12.08.2002 wurde mit Sitz in Putlitz die PE Holding AG (PEHAG) gegründet und die Unternehmen der PEG-Gruppe neu strukturiert. So wurden die bis dato von der PEG gehaltenen Beteiligungen durch die Holding übernommen. Gründungsaktionäre der PEHAG waren neben Thomas Becken (77 %) auch Mathias Tenisson (9 %), Jörn Zado (9 %) und Gabriele Schiffmann (5 %). 2004 erwarb der britische Verkehrskonzern Arriva die Mehrheitsanteile an der PEHAG. Die Arriva Deutschland GmbH wiederum wurde im Februar 2011 durch ein Konsortium unter Führung der italienischen Staatsbahn Ferrovie dello Stato Italiane erworben. Mit der Übernahme der PEHAG durch Arriva erfolgte zum 01.04.2004 die Umfirmierung in die P.E. Arriva AG, der zum 23.03.2011 nach dem erneuten Eigentümerwechsel die Änderung in NETINERA Region Ost AG folgte. Diese wurde wiederum zum 21.06.2012 in eine GmbH umgewandelt. Die frühere PEHAG wurde damit zur regionalen Holding für die Netinera-Aktivitäten in Ostdeutschland. Mit Wirkung zum 01.01.2013 wurde die NETINERA Region Ost GmbH auf die Prignitzer Eisenbahn GmbH verschmolzen. Im Oktober 2011 wurden die 100 %-Tochtergesellschaften B.B.-Touristik GmbH, PE Cargo GmbH (PEC) und Prignitzer Lokomotiv- und Waggonbau GmbH (PLW) auf die Muttergesellschaft verschmolzen. Zugleich wurde die bereits 2000 von der PEG als Tochtergesellschaft in Österreich gegründete, aber nie aktiv als EVU tätige Walser Eisenbahn GmbH (WE) an deren Geschäftsführer verkauft.
Nach Neuausschreibung gingen die PEG-Verkehre in Nordrhein-Westfalen an Mitbewerber verloren: RB 36 und 44 an die NordWestBahn GmbH (NWB), RB 51 an die seinerzeitige DB Regio Westfalen GmbH.

Somit ist seit Dezember 2011 die PEG nicht mehr in NRW vertreten. Zum Fahrplanwechsel am 10.12.2006 bestellte der Verkehrsverbund Berlin-Brandenburg (VBB) die von der PEG erbrachten SPNV-Leistungen der Strecken Pritzwalk – Putlitz und Neustadt (Dosse) – Neuruppin vollständig ab. Auf der Verbindung Kyritz – Pritzwalk entfiel ein Teil der Fahrten. Die ebenfalls zur Abbestellung vorgesehene Stecke Pritzwalk – Meyenburg konnte jedoch durch finanzielle Zugeständnisse der PEG erhalten werden. Im Dezember 2012 gingen im Zuge einer auf zwei Jahre befristeten Neuausschreibung, an der sich die PEG gar nicht mehr beteiligt hatte, die Verkehre auf den brandenburgischen Linien RB 73 und 74 an die EGP, die sich mehrheitlich im Eigentum von ex PEG-Mitarbeitern befindet. Außerdem endete aus vergaberechtlichen Gründen der seinerzeit direkt vergebene Vertrag für den Kooperationsverkehr mit der DB Regio auf der RB 12, so dass die PEG seit 09.12.2012 keinerlei Verkehre mehr erbringt. Zuletzt 25 Mitarbeiter mussten zu diesem Zeitpunkt entlassen werden.

Prignitzer Kleinbahnmuseum Lindenberg e. V. (Pollo) 🅿️ℹ️

Lindenberg 7
DE-16928 Groß Pankow (Prignitz)
Telefon: +49 33982 60128
Telefax: +49 33982 60128
info@pollo.de
www.pollo.de

Management
★ Sven Lieberenz (Vorsitzender)

Lizenzen
★ DE: EIU für eigene Infrastruktur
★ DE: EVU-Zulassung (PV) seit 11.04.2002, gültig bis 31.12.2016; nur gültig auf der Museumsstrecke Hp Lindenberg – Hp Kuhsdorf

Infrastruktur
★ Hp Lindenberg – Hp Kuhsdorf (Spurweite 750 mm)

Unternehmensgeschichte
Der „Pollo" ist eine Schmalspurbahn auf 750 mm-Spur, gelegen in der Prignitz im Nordwesten Brandenburgs und heute die einzige Museumsbahn ihrer Art in diesem Bundesland. Zwischen 1897 und 1912 wuchs zwischen Perleberg, Pritzwalk und Kyritz ein schließlich 102 km langes Netz heran. Der Betrieb auf den letzten Resten dieses Netzes wurde am 01.06.1969 eingestellt. 1993 wurde ein Verein Prignitzer Kleinbahnmuseum Lindenberg e. V.

Pollo / Prinsen / ProLok

gegründet, der in Lindenberg ein Kleinbahnmuseum aufgebaut und einen Teil der ehemaligen Strecke Pritzwalk – Lindenberg reaktiviert hat. 2002 wurde die Museumsbahnstrecke zwischen Mesendorf und Brünkendorf eröffne und 2004 bis Vettin verlängert. Lindenberg wurde erstmals am 11.01.2007 wieder von einem Zug erreicht; die Aufnahme eines planmäßigen Betriebs erfolgte am 12.05.2007. Die dieselbetriebene Museumsbahn hat ausgewählte Fahrtage an den Wochenenden von Ende April bis Anfang Oktober sowie im Advent; außerdem gibt es jährliche Dampftage.

Verkehre
★ Museumsbahnbetrieb auf eigener Infrastruktur

Anbindung des Holz- und Bahndienstleistungszentrums begann die Fred Prinsen GmbH Verhandlungen zur Übernahme der Verbindung und konnte im August 2007 den Abschnitt Brandenburg (Havel) – Golzow (b. Brandenburg) und im Oktober 2008 den anschließenden Abschnitt bis Belzig.
Für den Betrieb der Infrastruktur wurde am 24.05.2007 die Prinsen Eisenbahninfrastruktur GmbH gegründet.
Nach Aufgabe der Bahnbedienung von Golzow wurden 2012 die Gleise zwischen Bad Belzig und Golzow (b. Brandenburg) bzw. Krahne demontiert. Golzow – Belzig war bereits vorher abgebaut worden.

Prinsen Eisenbahninfrastruktur GmbH 🅳

Gewerbehof 10
DE-14797 Kloster Lehnin OT Reckahn
Telefon: +49 33835 60380
Telefax: +49 33835 60381
info@prinsen-eisenbahninfrastruktur-gmbh.de
www.prinsen-eisenbahninfrastruktur-gmbh.de

Management
★ Fredericus Prinsen (Geschäftsführer)
★ Gerard Prinsen (Geschäftsführer)
★ Tijmen Prinsen (Geschäftsführer)

Gesellschafter
Stammkapital 25.200,00 EUR
★ Fred Prinsen GmbH (100 %)

Lizenzen
★ DE: EIU Brandenburg (Havel) – Golzow (b. Brandenburg)

Infrastruktur
★ Brandenburg (Havel) – Golzow (b. Brandenburg) (21,3 km); August 2007 von DB Netz AG gekauft; ab Krahne demontiert

Unternehmensgeschichte
Die Fred Prinsen b.v. & Zn's ist ein Recyclingunternehmen, das sich auf Tätigkeiten für die Bahnbranche (v.a. Verwertung von Altschwellen) spezialisiert hat. Die deutsche Tochter des niederländischen Unternehmens betreibt einen Gleisanschluss in Golzow (b. Brandenburg) an der Strecke Brandenburg (Havel) – Belzig, der von der damaligen Railion Deutschland AG bedient wurde. Nach der Einstellung des SPNV auf der genannten Verbindung beabsichtige die DB Netz AG eine Stilllegung der gesamten Strecke. Zur Sicherung der

ProLok GmbH 🅶

Waldweg 1
DE-15913 Straupitz
Telefon: +49 35475 8044-10
Telefax: +49 35475 800703
dispo@prolok.eu
www.prolok.eu

Niederlassung Hamburg
Zellmannstraße 10
DE-21129 Hamburg
Telefon: +49 40 23936472
Telefax: +49 40 23936478
dispo.hh@prolok.eu

Niederlassung Duisburg
Amtsgerichtstraße 33
DE-47119 Duisburg
Telefon: +49 203 75964510
Telefax: +49 203 75964511
dispo.dui@prolok.eu

Management
★ Herbert Putzmann (Geschäftsführer)
★ Jens Uhlmann (Geschäftsführer)

Gesellschafter
Stammkapital 25.000,00 EUR
★ Emons-Rail-Cargo GmbH (75 %)
★ Sabine Gerda Klewitz (25 %)

ProLok / PCW

Lizenzen
* DE: EVU-Zulassung (GV); gültig vom 08.10.2012 bis 31.12.2026

Unternehmensgeschichte
Die ProLok GmbH, Straupitz, ist ein Rangierdienstleister im mehrheitlichen Eigentum der Spedition Emons. Das Unternehmen wurde bereits per 29.08.2007 von Knut und Sabine Klewitz gegründet, war aber bis Ende 2011 nicht am Markt tätig.
Mit dem Ausscheiden des Ehepaares Klewitz aus dem von ihnen mit gegründeten Rangierdienstleister CC-Logistik GmbH & Co. KG wurde die zunächst von Sabine Klewitz als alleinige Gesellschafterin geführte ProLok zum 01.01.2012 aktiviert. Zunächst wurde sich als Rangierdienstleister und Personaldienstleister auf Hamburg fokussiert. Zum 01.03.2013 übernahm ProLok den Standort Duisburg der mittlerweile insolventen CC-Logistik mitsamt 14 Mitarbeitern. Diese verstärkten den ProLok-Mitarbeiterstamm (seit 01.02.2012 acht Triebfahrzeugführer, im August 2012 17 Lokführer und Rangierbegleiter, Ende 2012 36 Mitarbeiter, Februar 2015 30 Mitarbeiter).
ProLok verfügt seit Mai 2013 über eine eigene EVU-Lizenz mit Status Regionalbahn.
Das Unternehmen musste jedoch aufgrund von hohen Außenständen im Sommer 2014 Insolvenz beantragt, das Verfahren wurde am 01.07.2014 eröffnet und konnte per 03.03.2015 beendet werden.
Zum 21.01.2015 übernahm die im Intermodalbereich engagierte Spedition Emons 75 % der Gesellschaftsanteile an dem in Hamburg in die Verkehre der Tochter Emons-Rail-Cargo involvierten Dienstleister.

Verkehre
* Rangierdienst in Hamburg sowie Shuttleverkehre in der umliegenden Region; im Auftrag unterschiedlicher Unternehmen
* Rangierdienst in Hamburg; seit 01.01.2015 im Auftrag der Raillogix B.V.
* Rangierdienst in Duisburg sowie Shuttleverkehre in der umliegenden Region; seit 01.03.2013 im Auftrag unterschiedlicher Unternehmen
* Rangierdienst in Emmerich; seit 09.05.2014 im Auftrag der Raillogix B.V.

Prüf- und Validationcenter Wegberg-Wildenrath der Siemens AG Mobility Systems (PCW)

Friedrich-List-Allee 1
DE-41844 Wegberg-Wildenrath
Telefon: +49 2432 970-0
Telefax: +49 2432 970-200

Management
* Oliver Hagemann (Leiter)

Lizenzen
* DE: EVU-Zulassung (GV) seit 06.11.1999, gültig bis 31.05.2015

Infrastruktur
* Testgelände (30 km Gleislänge, als Anschlussbahn konzessioniert)

Unternehmensgeschichte
Auf einem 44 ha großen Gelände eines ehemaligen Militärflughafens der Britischen Rheinarmee in der Nähe von Mönchengladbach wurde 1997 das PCW eröffnet. 1998 erkannte das Eisenbahn-Bundesamt das PCW als Prüfstelle für eisenbahnspezifische Prüfungen an. 2002 erfolgte die Anerkennung als Assoziierter Partner des EBC (EisenbahnCert) als deutsche benannte Stelle für Interoperabilität (Notified Body Ineroperability).
Die Teststrecke der Siemens Rail Systems besteht aus zwei Testringen sowie drei Testgleisen mit insgesamt 30 km Länge, die neben Normalspur auch abschnittsweise in Meterspur ausgeführt sind.
Das Testgelände ist über ein 6,0 km lange Strecke der West-Gleis-GmbH (WGG) an das Streckennetz der DB Netz AG angeschlossen.
Aktuell arbeiten 350 Mitarbeiter im PCW, die mehrheitlich dem Siemens-Konzern zugerechnet werden können.
PCW übernimmt zudem die Fahrzeughalterschaft für Vorführ- (Vectron) und Vertriebslagerloks (ES 64 F4, ES 64 U4) von Siemens.

Verkehre
* Durchführung von Testfahrten
* Fahrzeug-Überführungsfahrten zwischen Rheydt und dem PCW-Gelände sowie deutschlandweit

Puhl GmbH ■

Südstraße 6
DE-66701 Beckingen
Telefon: +49 6835 9220-0
Telefax: +49 6835 9220-20
info@puhl.eu
www.puhl.eu

Management
* Manfred Puhl (Geschäftsführer)
* Dipl. Wirtsch.-Ing. (FH) Stefan Puhl (Geschäftsführer)

Gesellschafter
Stammkapital 26.000,00 EUR
* Manfred Puhl (75 %)
* Stefan Puhl (25 %)

Infrastruktur
* Dillingen (Saar), Anschluss Katzenschwänz (5 Gleise mit 1.200 m Gleislänge)
* Saarbrücken Rbf, Anschluss Puhl (6 Gleise mit 1.800 m Gleislänge)

Unternehmensgeschichte
Die Puhl GmbH betreibt eine Straßenspedition und inzwischen zwei Gleisanschlüsse mit Bahn- und Umschlaglogistik im Saarland.
Im Juli 2014 hatte das 1950 von Erwin Puhl gegründete Unternehmen 47 Mitarbeiter.
2003 übernahm Puhl einen Gleisanschluss in Dillingen (Saar), 2011 folgte eine Anlage in Saarbrücken.
Das Anschlussgleis in Dillingen (Saar) wird seit 2010 auch als Umschlagterminal für verschiedene Verkehre von der Kombiverkehr Deutsche Gesellschaft für kombinierten Güterverkehr GmbH & Co. KG genutzt.

Rail & Logistik Center Wustermark GmbH & Co. KG (RLCW) ■■

Bahnhofstraße 2
DE-14641 Elstal
Telefon: +49 33234 22430
Telefax: +49 33234 22434
info@rlcw.de
www.rlcw.de

Management
* Dipl.-Ing. Winfried Hans-Jürgen Bauer (Geschäftsführer)
* Dipl.-Wirtschaftsing. Martin Wischner (Geschäftsführer)

Gesellschafter
Stammkapital 1.000.000,00 EUR
* Havelländische Eisenbahn Aktiengesellschaft (HVLE) (70 %)
* BUG Vermietungsgesellschaft mbH (30 %)
* Rail & Logistik Center Wustermark Verwaltungsgesellschaft mbH

Lizenzen
* DE: EIU für eigene Infrastruktur

Infrastruktur
* Rangierbahnhof Wustermark (31 km Gleislänge); Kauf von der DB Netz AG am 23.04.2008

Unternehmensgeschichte
Der am 01.05.1909 in Betrieb genommene Rangierbahnhof Wustermark war bis zu seiner Stilllegung 2001 eine der größten derartigen Anlagen im Bereich des Eisenbahnknotens Berlin. 2008 hat die Havelländische Eisenbahn AG (HVLE) nach rund dreijähriger Verhandlung ein 220.000 m² großes Teilareal des Rbf von der DB Netz AG erwerben können und es als Servicebereich für Güterbahnen bis Ende 2008 reaktiviert.
Als Betreiber wurde per 19.06.2008 zusammen mit der BUG Vermietungsgesellschaft mbH die Rail & Logistik Center Wustermark GmbH & Co. KG gegründet. Die Anlagen und die Betriebsführung des Rangierbahnhofes Wustermark gingen per 01.07.2008 von der DB Netz AG an RLCW über. Mit der Gründung der RLCW wurde den Forderungen des AEG nach wirtschaftlicher Trennung zwischen der hvle als EVU und RLCW als EIU entsprochen und somit die diskriminierungsfreie Nutzung durch alle EVU gewährleistet.
Mit Blick auf die räumliche Nähe zum

RLCW / RCL / RTS Germany

Güterverkehrszentrum Berlin West (Wustermark) und dem BahnLogistik Terminal Wustermark (BLTW) bietet RLCW mit gegenwärtig zwölf Mitarbeitern Rangierdienstleistungen sowie Lokgestellung als auch Rangierbegleiter an. Die Infrastruktur kann ferner für die Abstellung von Schienenfahrzeugen aller Art genutzt werden:
* sechs zuglange elektrifizierte Ein- und Ausfahrgleise
* 25 Logistikgleise für Züge, Wagengruppen und Einzelwagen mit bis zu 850 m Länge
* 17 Abstellgleise für Lokomotiven mit je ca. 100 m Länge davon acht elektrifiziert

Auf dem Gelände befinden sich auch eine von der DB Energie GmbH betriebene Dieseltankanlage und eine vorwiegend für Güterwagen prädestinierte Instandhaltungswerkstatt der EuroMaint Rail GmbH (EMR).

Die RLCW ist auf ihrem Gelände seit 2009 als Rangierdienstleiter mit einer Diesellok des Typs V 60 sowie eigenen bzw. bei der hvle gemieteten Triebfahrzeugführern tätig.

Seit dem 01.01.2015 übernimmt die RLCW die eisenbahntechnische Betriebsführung im Intermodalterminal Wustermark samt ergänzender Dienstleistungen. Terminalbetreiber ist die Multimodal Terminal Berlin GmbH (MTB).

Verkehre
* Rangierdienstleistungen auf eigener Infrastruktur

RCL Rail Creative Logistics GmbH

Bahnhofstraße 2
DE-27305 Bruchhausen-Vilsen
Telefon: +49 4252 9386-0
Telefax: +49 4252 9386-5000

Management
* Dipl.-Kfm. Wolfgang Birlin (Geschäftsführer (bis xx.xx.2015))

Gesellschafter
Stammkapital 25.000,00 EUR
* Mittelweserbahn GmbH (MWB) (100 %)

Lizenzen
* AT: Sicherheitszertifikat seit 05.07.2005
* DE: EVU-Zulassung (GV) seit 20.11.2002, gültig bis 01.12.2017 (übernommen von RCN rail center Nürnberg GmbH & Co. KG)

Unternehmensgeschichte
Die heutige RCL Rail Creative Logistics GmbH wurde am 21.11.2002 als SRS - Stahlberg Roensch Rail Service GmbH mit Sitz in Seevetal gegründet. Die Gesellschaft des Stahlberg Roensch-Konzerns war u. a. für die Gestellung der Triebfahrzeugführer und Loks der Schwester RCN rail center Nürnberg GmbH & Co. KG zuständig. Die Gesellschafterversammlung vom 23.03.2005 hat eine Sitzverlegung nach Nürnberg und die Änderung der Firmierung in RCN Logistik GmbH beschlossen.
Diese Veränderungen stehen im Zusammenhang mit Umgestaltungen innerhalb der Stahlberg Roensch-Gruppe. Zur leistungsorientierten Unternehmensabgrenzung und Weiterentwicklung der Führungsstrukturen wurden im zweiten Quartal 2005 die EVU-Aktivitäten der RCN rail center Nürnberg GmbH & Co. KG in die RCNL übertragen. Damit sollte das Standbein „Baustellenlogistik" ausgebaut werden. Die Aktivitäten des Unternehmens RCB rail center Bützow GmbH & Co. KG waren von den Entwicklungen nicht betroffen.
Mit Einstieg der RCNL-Muttergesellschaft SR bei der MWB wurde die RCNL in eine 100 %-Tochter der MWB umgewandelt. Nach Auflösung des Büro der RCNL in Nürnberg befindet sich dort nur noch eine Einsatzstelle der MWB. Nach dem Ausstieg von SR bei MWB und dem nachfolgenden mehrheitlichen Verkauf der MWB an die Eisenbahnen und Verkehrsbetriebe Elbe-Weser GmbH (EVB) erhielt die Gesellschaft im Herbst 2010 den heutigen Namen und verlegte den Sitz nach Bruchhausen-Vilsen.

Verkehre
* keine eigenen Verkehre, die Österreichkonzession wird aber von der Mittelweserbahn GmbH (MWB) genutzt

RTS Rail Transport Service Germany GmbH (RTS Germany)

Landsberger Straße 480
DE-82141 München
Telefon: +49 89 82075236-0
Telefax: +49 89 82075236-45
office-muenchen@rts-rail.com
www.rts-rail.com

RTS Germany / R4C

Management
* Siegfried Kölle (Geschäftsführer)
* Ing. Reinhard Zeller (Geschäftsführer)

Gesellschafter
Stammkapital 25.000,00 EUR
* RTS Rail Transport Service GmbH (RTS Austria) (100 %)

Lizenzen
* DE: EVU-Zulassung (GV) seit 14.06.2006, gültig bis 14.06.2021

Unternehmensgeschichte
Am 01.03.2006 wurde die RTS Rail Transport Service Germany GmbH mit Sitz in München als 100-prozentige Tochter der österreichischen RTS Rail Transport Service GmbH (RTS Austria) – wiederum eine Tochter der Swietelsky Baugesellschaft mbH – gegründet. Unternehmensgegenstand ist die Erbringung von Eisenbahnverkehrsleistungen im Güterverkehr, wobei ein Schwerpunkt der Aktivitäten auf Bauzug- und Baulogistikverkehren liegt. Nachdem seit der Betriebsaufnahme im März 2006 übergangsweise Partnerunternehmen als EVU der RTS Germany-Leistungen fungierten, ist das Unternehmen seit 14.06.2006 selbst als EVU für den Güterverkehr zugelassen. Die Betriebsabwicklung erfolgt in enger Zusammenarbeit mit der Muttergesellschaft RTS Austria, die auch Eigentümer bzw. Mieter der eingesetzten Fahrzeuge ist.
Vom 01.01.2007 bis zum 04.03.2007 bespannte RTS Germany im Auftrag der Salzburger Eisenbahn TransportLogistik GmbH (SETG) Züge des Einzelwagen- und Wagengruppennetzwerks „ECCO-CARGO" auf der Relation Freilassing – Donauwörth – Köln – Hagen – Kirchweyhe. Ebenfalls für die SETG erbrachte RTS Germany und RTS Austria seit Beginn des Jahres 2007 regionale ECCO-CARGO-Leistungen im Raum Freilassing / Salzburg.
Im Frühjahr 2007 transportierte RTS Germany zudem Sturmholz aus dem Westerwald ins bayerische Wilburgstetten.
Zum 08.04.2010 hat RTS Germany zehn Loks sowie 15 Mitarbeiter von der insolventen EBW Eisenbahnbewachungs-GmbH übernommen und konnte so seine Präsenz auf dem deutschen Markt stark ausbauen.
Im September 2009 verfügte RTS über 38 Mitarbeiter in Deutschland.
Im Januar 2015 wurde bekanntgegeben, dass die Aktivitäten der RTS Germany zukünftig durch die Muttergesellschaft wahrgenommen werden. TS Germany wird so lange weiter bestehen, als dies für die Abwicklung bestehender Verpflichtungen rechtlich erforderlich ist, aber danach aufgelöst.

Verkehre
* AZ-Verkehr
* Gütertransporte in Zusammenarbeit mit RTS Austria

Rail4Captrain GmbH (R4C) G

Königswall 21
DE-44137 Dortmund
Telefon: +49 231 72099-102
Telefax: +49 231 72099-131
info.r4c@captrain.de
www.captrain.de

Management
* Marcel de la Haye (Geschäftsführer)

Gesellschafter
Stammkapital 5.000.000,00 EUR
* Captrain Deutschland GmbH (CT-D) (100 %)

Lizenzen
* DE: EVU-Zulassung (GV); gültig vom 31.10.2001 bis 31.10.2016

Unternehmensgeschichte
Die am 29.11.2000 als Joint-Venture der Unternehmen BASF AG, Bertschi AG [CH], Hoyer GmbH und VTG-Lehnkering AG gegründete rail4chem Eisenbahnverkehrsgesellschaft mbH nahm am 04.03.2001 ihre Tätigkeit als Anbieter von Güterverkehrsleistungen auf.
Eine Zulassung als EVU für Güterverkehre in der Bundesrepublik Deutschland bestand seit 12.02.2001 und wurde zum 31.10.2001 um internationale Güterverkehre erweitert. Mit Betriebsaufnahme übernahm rail4chem bis dato durch die BASF in Eigenregie erbrachte Ganzzugleistungen auf den Relationen Ludwigshafen BASF – Aachen (– Antwerpen), Ludwigshafen – Großkorbetha – Ruhland und Ludwigshafen – Gerstungen (– Heringen / Heimboldshausen) samt der hier beschäftigten Mitarbeiter und Fahrzeuge.
Anschließend begann ein sukzessiver Ausbau der Verkehrsleistungen. Zu den ersten durch rail4chem akquirierten Transporten zählte zu Beginn des Jahres 2002 angelaufener Großauftrag der Deutschen Shell AG mit einjähriger Laufzeit, der den Transport von 850.000 t Mineralölprodukten von verschiedenen Tanklagern – vorwiegend Flörsheim nahe Mainz – nach Würzburg Hafen beinhaltete. Ein besonderer Fokus lag weiterhin auf Transportgütern der chemischen Industrie, für die schrittweise weitere Verbindungen aufgenommen wurden, beispielsweise Großkorbetha – Aachen (– Zeebrugge [BE]) im Februar 2002.
Am 02.08.2002 vereinbarten die Geschäftsführungen der Hoyer RailServ GmbH (HRS)

R4C / RailAdventure

und der rail4chem Eisenbahnverkehrsgesellschaft mbH, die HRS-Bahnverkehre ab 01.10.2002 über rail4chem abzuwickeln. Da die Hoyer GmbH als 95 %-Eigentümerin der HRS auch an rail4chem beteiligt ist, lag eine Bündelung der Bahnaktivitäten nahe. rail4chem übernahm die bisherigen HRS-Leistungen für Kunden der chemischen Industrie zwischen Rhein, Elbe und Ostsee, die bis zum Wechsel des Hauptkunden zur Railion Deutschland AG per 31.01.2004 erbracht wurden.

2002 begann auch die Ausrichtung von rail4chem auf internationale Transportleistungen. Für Kunden der chemischen Industrie wurde im März 2002 eine Ganzzugleistung zwischen dem nordrhein-westfälischen Marl und Geleen in den Niederlanden aufgenommen, die durchgehend von rail4chem-Lokomotiven bespannt wurde. Als EVU in den Niederlanden diente hierbei ShortLines BV, Rotterdam. Am 16.07.2003 erhielt rail4chem als erstes deutsches EVU ein eigenes Sicherheitsattest zum Befahren des niederländischen Bahnnetzes. Das daraufhin gegründete Tochterunternehmen rail4chem Benelux BV übernahm zum 07.10.2004 alle bislang im Auftrag von rail4chem durch ShortLines wahrgenommenen Leistungen.

Als erste rail4chem-Tochtergesellschaft im europäischen Ausland war bereits am 16.05.2002 die Swisstrak AG im schweizerischen Dürrenäsch gegründet und zum 07.10.2002 in der Schweiz als EVU zugelassen worden. Seit 20.12.2002 (Handelsregistereintrag zum 20.03.2003) firmierte diese als rail4chem transalpin AG und ist heute als Transalpin Eisenbahn AG Teil von Captrain Deutschland.

Im November 2002 begann die Zusammenarbeit zwischen rail4chem und der österreichischen LTE Logistik- und Transport-GmbH, Graz, in Form der gemeinsamen Abwicklung von Güterwagenüberführungen von der ungarisch-österreichischen bis zur deutsch-luxemburgischen Grenze. Seither wurden zahlreiche weitere Verkehrsleistungen in Kooperation der beiden Unternehmen durchgeführt. So verkehrte beispielsweise vom 03.02.2004 bis Ende 2006 eine KLV-Verbindung Graz – Duisburg/Neuss.

Den ersten Güterzug nach Polen konnte rail4chem am 12.02.2003 abfertigen. Als polnisches Partnerunternehmen konnte hier die damalige Chem Trans Logistic Holding Polska S.A. (CTL) samt Tochterunternehmen gewonnen werden. Mit dem im Oktober 2006 zusammen mit der spanischen Comsa Rail Transport SA gegründeten EVU fer Polska S.A. mit Sitz in Warschau, an der man 51 % der Anteile hielt, verfügte rail4chem auch über eine polnische Tochtergesellschaft, die allerdings im Jahr 2009 wieder liquidiert wurde.

In Frankreich konnte rail4chem Anfang 2006 die Sicherheitsbescheinigung zum Befahren des Streckenabschnitts Neuenburg – Bantzenheim erhalten; angefahren wird zudem der Grenzbahnhof Lauterbourg. Ebenfalls seit Anfang 2006 verfügte die damalige rail4chem Benelux über die uneingeschränkte Zugangserlaubnis zum belgischen Eisenbahnnetz.

Sieben Jahre nach seiner Gründung haben die Gesellschafter im Januar 2008 beschlossen, das Unternehmen zu veräußern. Zwar wurde der Kaufvertrag mit Veolia Cargo (heutige Captrain Deutschland GmbH) bereits am 18.02.2008 unterzeichnet, doch haben die Kartellbehörden erst im April 2008 der Veräußerung zugestimmt, worauf der Verkaufsprozess mit dem am 21.04.2008 vollzogenen, so genannten „Closing" abgeschlossen wurde.

rail4chem Benelux B.V. wurde nach der Fusion mit der damaligen Veolia Cargo Nederland B.V. am 01.08.2009 per 05.08.2009 aus dem Handelsregister gelöscht.

Nach der Eingliederung in Veolia Cargo / Captrain wurde das Unternehmen zum reinen Servicedienstleister umgebaut. Transportverträge bzw. Lokomotiven wurden auf Schwestergesellschaften übertragen, das Essener Büro samt zentraler Zugsteuerung zum 31.01.2011 aufgelöst.

Die Rail4Chem Eisenbahnverkehrsgesellschaft mbH (R4C), ein Unternehmen der Captrain Deutschland GmbH, tritt seit 22.03.2012 unter dem Namen Rail4Captrain GmbH (R4C) auf. Damit wird nach Aussage der Muttergesellschaft der geschäftlichen Neuausrichtung der Gesellschaft nun auch namentlich Ausdruck verliehen.

railadventure

RailAdventure GmbH

Blutenburgstraße 37
DE-80636 München
Telefon: +49 89 3796196-0
info@railadventure.de
www.railadventure.de

Management
* Alex Dworaczek (Geschäftsführer)
* Jörg Schurig (Geschäftsführer)

Gesellschafter
Stammkapital 33.336,00 EUR
* Harald Klein (25 %)
* Alex Dworaczek (25 %)
* Jörg Schurig (25 %)
* Gösta Jonker (25 %)

Lizenzen
* DE: EVU-Zulassung (PV+GV); gültig vom 11.10.2010 bis 11.10.2025

RailAdventure / Raildox

Unternehmensgeschichte
Die am 12.03.2010 gegründete RailAdventure GmbH ist seit 11.10.2010 als EVU für Personen- und Güterverkehr zugelassen. Das Unternehmen ist als Interim Operator für Fahrzeughersteller tätig und übernimmt so temporäre Betreiberleistungen vor der Fahrzeugübergabe an den Kunden bzw. späteren endgültigen Betreiber. Dazu gehören primär Versuchsfahrten und Überführungsfahrten sowie weitere Unterstützungsleistungen wie Stillstandsmanagement vor Übergabe von Fahrzeugen. Weiterhin gehören Unfallmanagement und ein Adhoc-Service für „Liegenbleiber" zum Portfolio. Der Fahrzeugpark und Personalstamm ist folglich auf diese Themen spezialisiert.
In Kürze wird der moderne Salonwagen „Luxon" fertiggestellt sein. Als Nebenprodukt werden damit hochwertige Sonderfahrten angeboten werden.
Schurig war zuvor bis März 2007 für Siemens tätig und organisierte u.a. zusammen mit dem Leiter Flotte und Service von MRCE Dispolok, Alex Dworaczek, die Weltrekordfahrt des Taurus 1216 050, bei der am 02.09.2006 eine Höchstgeschwindigkeit von 357 km/h erreicht wurde. Dworaczek und Harald Klein stiegen am 02.02. bzw. 14.12.2012 ebenfalls als Gesellschafter der RailAdventure ein.
Nahe der Donnersberger Brücke in München hat RailAdventure Gleise zur Fahrzeugabstellung angemietet.

Verkehre
★ Versuchs- und Probefahrten
★ Überführungsfahrten

Raildox GmbH & Co. KG

Bahnhofstraße 23
DE-99084 Erfurt
Telefon: +49 361 60130023
Telefax: +49 361 60130027
info@raildox.de
www.raildox.de

Management
★ Frank Rudolf (Geschäftsführer)

Gesellschafter
★ Frank Rudolf (70 %)
★ Eugen Rudolf (10 %)
★ Annalena Rudolf (10 %)
★ Gregor Rudolf (10 %)

★ Raildox Verwaltungs GmbH (Komplementär)

Lizenzen
★ DE: EVU-Zulassung (PV+GV); gültig vom 09.07.2008 bis 11.07.2023

Unternehmensgeschichte
Der ehemalige DB-Lokführer Frank Rudolf gründete per 04.09.2005 das Unternehmen „Raildox Bahnpersonal- und Logistikdienstleister", das per 06.11.2007 in die Raildox GmbH & Co. KG überführt wurde. Komplementär ist die am 16.08.2007 gegründete Raildox Verwaltungs GmbH, deren geschäftsführender Gesellschafter ebenfalls Rudolf ist.
Raildox ist als Personaldienstleister im Bahnbereich tätig. Seit 2008 verfügt man über eine EVU-Lizenz, die jedoch erst seit November 2009 aktiv genutzt wird. Die Umsätze und Beförderungsleistungen der Gesellschaft entwickelten sich wie folgt:
★ 2010: 2,92 Mio. EUR; 261 Mio. tkm
★ 2011: 5,88 Mio. EUR; 452 Mio. tkm
★ 2012: 7,5 Mio. EUR; 713 Mio. tkm
Seit 28.06.2011 ist Raildox zudem SQAS auditiert und hatte im September 2011 25 Mitarbeiter. Diese sind u.a. seit April 2015 in der zum 19.08.2011 gegründeten RDX Personaldienstleistung GmbH & Co. KG angesiedelt, deren Komplementär ebenfalls die Raildox Verwaltungs GmbH ist. Im Februar 2014 verfügte Raildox über 40 Triebfahrzeugführer, acht Wagenmeister und acht Verwaltungsangestellte.

Verkehre
★ Holztransporte; bundesweite Spotverkehre u.a. nach Stendal und Gaildorf (West); seit 26.11.2009 im Auftrag der Salzburger Eisenbahn TransportLogistik GmbH (SETG)
★ Baustahltransporte Guben (Übernahme von ?) – Oberhausen West; Spotverkehre seit 2012
★ Düngertransporte Poppendorf (YARA GmbH & Co. KG) – Soltau-Harber und Süddeutschland (u.a. Schweinfurt, Nürnberg Hafen, Neuoffingen, Nördlingen und Mühldorf); saisonaler Spotverkehr seit 2012 im Auftrag von YARA
★ Getreidetransporte Tschechien – Ebeleben (LTU Landhandels-, Transport- und Umschlagdienste GmbH); Spotverkehr seit 2012
★ Harnstofftransporte Brunsbüttel (Kudensee) – Rostock; Spotverkehr seit 2012
★ Sandtransporte Kayna – Plochingen Hafen / Stuttgart Hafen / ehemaliges Bundeswehrdepot „WiFo" bei Stubersheim sowie in Gegenrichtung teilweise Aushub- / Schlacketransporte ab Plochingen Hafen und Stuttgart Hafen; 3 x pro Woche seit 09.01.2014 im Auftrag der LaS Logistik auf Schienen GmbH bzw. seit 01.01.2015 in direkter Auftragnehmerschaft; Traktion ab Amstetten sowie erste / letzte Meile in Plochingen und Stuttgart durch Stuttgarter Bahnservice Ltd. (SBS) bzw. seit Juli 2014 durch UTL Umwelt- und Transportlogistik GmbH (UT+L)

Raildox / Railflex / Railogic

* Stahltransporte Brandenburg an der Havel – Tschechien; 1 x pro Woche seit Januar 2012; Traktion bis Bad Schandau (Übergabe an Dritte, u. a. ČD Cargo, a.s.)
* Stahltransporte Brandenburg an der Havel – Wismar; 1-2 x pro Monat seit Februar 2012

Railflex GmbH P G

Hauser Ring 10
DE-40878 Ratingen
Telefon: +49 2102 892199-0
mail@railflex.de
www.railflex.de

Management
* David Sebastian Uhr (Geschäftsführer)

Gesellschafter
Stammkapital 25.000,00 EUR
* David Sebastian Uhr (100 %)

Lizenzen
* DE: EVU-Zulassung (PV+GV) seit 23.03.2007, gültig bis 31.03.2022

Unternehmensgeschichte
Als Personalvermietungsgesellschaft im Bereich des Eisenbahnbetriebsdienstes wurde die Railflex GmbH am 08.04.2005 von einem Einzelunternehmen in eine GmbH gewandelt. Neben Triebfahrzeugführern verfügt das Unternehmen u. a. auch über Rangierbegleiter. Im März 2007 betrug der Personalbestand acht Mitarbeiter.
Die Gesellschafterversammlung vom 25.01.2007 hat die Änderung des Unternehmensgegenstandes in das Erbringen von Eisenbahnverkehrsleistungen und alle damit zusammenhängenden Tätigkeiten geändert. Die nachfolgende Zulassung als EVU ermöglicht es der Railflex, Verkehre in EVU-Verantwortung durchzuführen.
Seit 22.11.2012 verfügt das Unternehmen über eine erste, eigene Lok (V 100).
Zum 01.01.2015 übernahm Railflex große Teile des zuvor von der Bahnen der Stadt Monheim GmbH (BSM) auf deren Netz erbrachten Güterverkehre. Die BSM beschränkt sich seit dem Datum auf den Bus- bzw. Infrastrukturbetrieb und hatte zuvor bereits lange Zeit mit Railflex kooperiert.

Verkehre
* Sonderzugverkehre
* Chemietransporte Gladbeck West – Tröglitz; 1 x pro Woche seit 2013
* Gütertransporte Wassertrüdingen (Schwarzkopf & Henkel Production Europe GmbH & Co. KG) – Monheim (Wilhelm Hammesfahr GmbH & Co. KG); 6 x pro Woche Traktion ab Langenfeld seit 01.01.2015 im Auftrag der Bayern Bahn Betriebsgesellschaft mbH (BayBa)
* Schrottttransporte Düsseldorf-Reisholz (Wagentausch mit DB) – Langenfeld (Adrion Recycling GmbH); 5 x pro Woche seit 01.01.2015 im Auftrag der DB Schenker Rail Deutschland AG
* Betonstahltransporte Mülheim an der Ruhr (Fundia GmbH) – Monheim (Umladung auf Lkw); 1-2 x pro Woche seit 01.01.2015 im Auftrag der DB Schenker Rail Deutschland AG; Übernahme der Wagen im Mülheimer Hafenbahnhof vom Kooperationspartner Mülheimer VerkehrsGesellschaft mbH (MVG)
* Gütertransporte Wassertrüdingen (Schwarzkopf & Henkel Production Europe GmbH & Co. KG) – Monheim (Wilhelm Hammesfahr GmbH & Co. KG); 6 x pro Woche Traktion ab Langenfeld seit 01.01.2015 im Auftrag der Bayern Bahn Betriebsgesellschaft mbH (BayBa)

Railogic GmbH

Kölner Landstraße 271
DE-52321 Düren

Büro Aachen
Kasinostraße 17
DE-52066 Aachen
Telefon: +49 241 538073-33
Telefax: +49 241 538073-49
operations@railogic.de
www.railogic.de

Management
* Dipl.-Kfm. (FH) Thilo Beuven (Geschäftsführer)
* Dipl.-Kfm. Wolfgang Pötter (Geschäftsführer)

Gesellschafter
Stammkapital 30.000,00 EUR
* R.A.T.H. GmbH (100 %)

Lizenzen
* DE: EVU-Zulassung (PV+GV) seit 15.07.2002, befristet bis 31.07.2017

Railogic / Railsystems RP

Unternehmensgeschichte
Die am 21.02.2001 gegründete Railogic GmbH legt ihren Fokus auf besondere Dienstleistungen im Eisenbahnbereich. Probe- und Sonderfahrten von nicht zugelassenen Fahrzeugen, Überführungsfahrten über nationale Grenzen hinaus zeichnen das Unternehmen aus.
Weiterhin betreut die Railogic Firmen aus dem Gleisbau, für die ein Eisenbahnbetriebsleiter gestellt wird.
Im Jahre 2011 folgte die Railogic der Schwesterfirma Rurtalbahn Cargo GmbH mit der Betriebssitzverlagerung von Düren nach Aachen.

Verkehre
* Probe-, Überführungs- und Zulassungsfahrten

Railsystems RP GmbH G

Heugasse 6
DE-99820 Hörselberg-Hainich
Telefon: +49 172 3496064
Telefax: +49 3621 351374
info@railsystemsrp.com
www.railsystemsrp.com

Betriebswerk
Südstraße 2
DE-99867 Gotha

Management
* Steffen Müller (Geschäftsführer)

Gesellschafter
Stammkapital 25.000,00 EUR
* Steffen Müller (100 %)

Beteiligungen
* Railsystems Bahnakademie GmbH & Co. KG (100 %)

Lizenzen
* DE: EVU-Zulassung (GV); gültig vom 24.04.2012 bis 27.04.2027

Infrastruktur
* Betriebswerk Gotha

Unternehmensgeschichte
Die heutige Railsystems RP GmbH wurde zunächst am 23.01.2001 als Adam & MaLoWa Lokvermietung GmbH mit Sitz in Benndorf gegründet. Bei Gründung hielten die Unternehmer Uwe Adam (50 %), die MaLoWa Bahnwerkstatt GmbH (37 %) sowie Steffen Müller (13 %) die Gesellschafteranteile. Am 21.12.2004 wurde der Gesellschaftsvertrag neu gefasst und das Unternehmen in Lotrac Eisenbahnbetriebsgesellschaft mbH mit Sitz in Eisenach umfirmiert. Gleichzeitig wurden die Gesellschafteranteile verändert und u.a. drei Lokomotiven von Uwe Adam in die Gesellschaft eingebracht.
Nach dem Einstieg von Steffen Müller in das Schwesterunternehmen Lotrac Eisenbahnverkehrsunternehmen GmbH wurde die Lotrac Eisenbahnbetriebsgesellschaft mbH per Gesellschafterversammlung vom 01.11.2007 in Secure Export GmbH umfirmiert. Nach dem Ausscheiden von Müller aus der Lotrac Eisenbahnverkehrsunternehmen 2008 brachte dieser seine Fahrzeuge wieder in eine eigene Gesellschaft ein, die seit 01.04.2008 als RailPool Railsystems RP GmbH sowie seit 06.07.2009 als Railsystems RP GmbH firmiert.
Unternehmensgegenstand ist der Handel, die Vermietung, der Import, der Export, die Instandhaltung und Montage von Schienenfahrzeugen, Zubehör von Schienenfahrzeugen, Fahrleitungsbaufahrzeugen und Sicherheitstechnik sowie aller damit verbundenen Leistungen.
Ab 2010 wurde der Lokpark um zahlreiche Rangierdiesellokoks und Baufahrzeuge der Typen „Instandhaltungsfahrzeug Oberleitungsanlagen" (IFO) und „Hubarbeitsbühnen-Instandhaltungsfahrzeug - Oberleitungsanlagen" (HIOB) ausgebaut. Diese kommen in Deutschland sowie fallweise im Ausland (Niederlande, Thailand, Saudi-Arabien) zum Einsatz.
Im März 2012 hat die Railsystems RP das ehemalige Bw Gotha übernommen. Die Einrichtung wurde bereits seit Ende 2008 durch den Museumsverein IG Hirzbergbahn auf Basis eines Mietvertrages mit der DB AG genutzt. Railsystems nutzt das Gelände für die Instandhaltung der eigenen Fahrzeuge sowie technische Projekte. Dazu gehören die Entwicklung von zulassungsfähigen Umbauten an Schienenfahrzeugen im Bereich PZB, Funk, Abgasreinigung und Anpassung von Nebenfahrzeugen.
2014 erfolgte die Gründung der Tochter Railsystems Bahnakademie GmbH Gotha, die seit Oktober 2014 eine Ausbildungsstätte für die Schienenverkehrsbranche am Standort Gotha betreibt.
Im April 2014 hatte das Unternehmen 20 Mitarbeiter, davon fünf in der Werkstatt Gotha.

Verkehre
* AZ-Verkehr mit Schwerpunkt Fahrleitungsbau

R.A.T.H.

Unternehmensstruktur R.A.T.H.

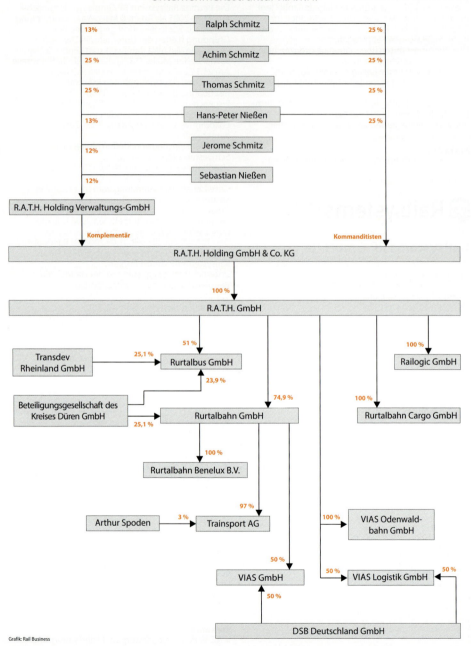

Railsystems RP / R.A.T.H. / RBH

★ KV-Transporte Hamburg – Glauchau – Hof; 5-8 x pro Woche seit Mai 2014 Rangierdienst in Glauchau und Hof sowie Schiebedienst im Auftrag der HSL Logistik GmbH

R.A.T.H. GmbH

Kölner Landstraße 261
DE-52351 Düren
www.rath-gruppe.de

Management
★ Hans-Peter Nießen (Geschäftsführer)
★ Achim Schmitz (Geschäftsführer)
★ Ralph Schmitz (Geschäftsführer)
★ Thomas Schmitz (Geschäftsführer)

Gesellschafter
Stammkapital 300.000,00 EUR
★ R.A.T.H. Holding GmbH & Co. KG (100 %)

Beteiligungen
★ Railogic GmbH (100 %)
★ Rurtalbahn Cargo GmbH (RTB Cargo) (100 %)
★ VIAS Odenwaldbahn GmbH (100 %)
★ Rurtalbahn GmbH (RTB) (74,9 %)
★ Rurtalbus GmbH (51 %)
★ VIAS Logistik GmbH (50 %)
★ EVS EUREGIO Verkehrsschienennetz GmbH (16,67 %)

Unternehmensgeschichte
Die heutige R.A.T.H. GmbH entstand am 20.11.2002 im Rahmen der Umbenennung der BSW Bunn & Schmitz GmbH. Die Buchstabenkombination im Unternehmensnamen steht dabei für die Anfangsbuchstaben der Vornamen Ralph Schmitz, Achim Schmitz, Thomas Schmitz und Hans-Peter Nießen. Diese sind zu gleichen Anteilen Gesellschafter der R.A.T.H. Holding GmbH & Co. KG. Die Gesellschaft ist u.a. an der Rurtalbahn GmbH (RTB), der Railogic GmbH sowie der im August 2010 gegründeten Rurtalbahn Cargo GmbH beteiligt. 2008 wurde die R.A.T.H. Mehrheitsgesellschafter der Veolia-Bustochter Düren Trans GmbH, die mit Handelsregistereintrag vom 23.04.2008 in Rurtalbus GmbH umfirmierte. Weitere Gesellschafter sind die Beteiligungsgesellschaft Kreis Düren mbH (BTG, ehemals Dürener Kreisbahn GmbH, DKB, 23,9 %) sowie die Veolia Verkehr Rheinland GmbH / Transdev Rheinland GmbH (25,1 %).
Zum 12.12.2012 übernahm die R.A.T.H. Minderheitsanteile (16,67 %) am regionalen Schieneninfrastrukturbetreiber EVS EUREGIO Verkehrsschienennetz GmbH

RBH Logistics GmbH G I

Talstraße 7
DE-45966 Gladbeck
Telefon: +49 2043 501-0
Telefax: +49 2043 501-560
info@rbh-logistics.de
www.rbh-logistics.de

Management
★ Dr.-Ing. Gerhard Hartfeld (Vorsitzender der Geschäftsführung)
★ RA Willem Visser (Kaufmännischer Geschäftsführer)
★ Alexander Stern (Geschäftsführer (ab Sommer 2015))

Gesellschafter
Stammkapital 511.300,00 EUR
★ DB Schenker Rail Deutschland AG (100 %)

Lizenzen
★ DE: EVU-Zulassung (PV+GV), gültig vom 03.05.2001 bis 30.11.2018

Infrastruktur
★ Gleisnetz der RAG (149 km), teilweise elektrifiziert (15 kV, 16.7 Hz)

Unternehmensgeschichte
Im Jahre 1993 wurde die RAG Bahn und Hafen Vertriebsgesellschaft zunächst mit dem Ziel gegründet, den Beschäftigungsrückgang der Werksbahn der RAG durch Übernahme von Transportaufgaben auf öffentlicher Eisenbahninfrastruktur auszugleichen.
Mit Wirkung vom 01.10.2004 wurden die Werksdirektion Bahn- und Hafenbetriebe der Deutsche Steinkohle AG (DSK) und die RAG Bahn und Hafen GmbH in der RAG Bahn und Hafen GmbH (RBH) zusammengeführt und der RBH die Binnenschifffahrtsabteilung der RAG Verkauf GmbH (RVG) zugeschlagen. Somit konnte ein umfassendes multimodales Leistungspaket geschnürt werden, das auch über den Verkauf an die damalige Railion Deutschland AG (heute: DB Schenker Rail Deutschland AG) Anfang 2005 und die Umbenennung in die RBH Logistics GmbH zum 01.12.2006 hinaus Bestand hat.
Kohletransporte sind auch heute noch das größte Standbein der RBH. Dabei handelt es sich um den Transport heimischer Kohle zwischen Bergwerken,

RBH

Kokerei und Kraftwerken. Seit 01.10.2011 übernimmt RBH zudem auch die Disposition der gesamten Steinkohlenlogistik des DB-Konzerns bundesweit mit insgesamt 4.500 Fal-Wagen. Damit liegen bzw. lagen die Wagenumlaufsplanung zwischen den Bergwerken, den ARA-Häfen (Amsterdam, Rotterdam, Antwerpen) und nun auch aller Kraftwerke in Süddeutschland, einschließlich der Kundenpflege, in der Hand der Steinkohle-Spezialisten.

Aufgrund der im Oktober 2011 übernommenen Disposition des gesamten Steinkohleverkehrs im DB-Konzern bis nach Süddeutschland hatte RBH den Aufbau einer Niederlassung in Mannheim in die Wege geleitet. Deren Mitarbeiter werden v.a. an DB Schenker Rail Deutschland ausgeliehen worden.

In den vergangenen Jahren hat sich RBH außerdem als Anbieter im Bereich der Mineralöltransporte etabliert, die bundesweit sowie grenzüberschreitend nach Polen, Tschechien, Slowakei und nach Österreich erfolgen bzw. erfolgten. Das Transportvolumen im Mineralölgeschäft konnte RBH im Jahr 2011 auf rund 1,7 Mio. t halten und bis 2013 auf über 3 Mio. t steigern. Im Kohleverkehr lag das Transportvolumen im Jahr 2013 bei rund 11,9 Mio. t und die Transportleistung bei 1.215 Mio. tkm.

Das gesamte Transportvolumen der RBH auf der Schiene entwickelte sich wie folgt:
* 2007: 40,2 Mio. t
* 2008: 35,7 Mio. t; 1.846,7 Mio. tkm
* 2009: 26,5 Mio. t; 1.560,3 Mio. tkm
* 2009: 27,8 Mio. t; 1.579 Mio. tkm
* 2010: 27,8 Mio. t; 1.579 Mio. tkm
* 2011: 28,0 Mio. t; 1.758 Mio. tkm
* 2012: 24,0 Mio. t; 1.603 Mio. tkm
* 2013: 15,9 Mio. t; 2.268 Mio. tkm

Jeweils zum Jahresende verfügte man über die folgende Anzahl an Mitarbeitern:
* 2007: 921
* 2008: 920
* 2009: 907
* 2010: 897
* 2011: 879
* 2012: 830
* 2013: 796

Zum 01.01.2013 übernahm die NIAG insgesamt Transporte über 6,5 Mio. Jahrestonnen Kohle nach Ausschreibung von RBH. In der Folge wurden zahlreiche Waggons retourniert und ca. 100 Mitarbeiter freigesetzt.

Der Vertrag über die Nutzung der 100 Jahre alten Werkstatt der ehemaligen "Königlichen Zechenbahnen" der RAG in Gladbeck läuft zum 31.12.2014 aus. RBH wird die Werkstatt bereits zum 30.09.2014 schließen, das Jahr über werden noch laufende kleinere Arbeiten ausgeführt. Auch für andere Eisenbahnen werden die Leistungen schon seit Anfang 2014 nicht mehr angeboten. Für die rund 200 betroffenen Mitarbeiter sind weitgehend sozialverträgliche Lösungen gefunden worden. Somit wird die DB-Tochter die Wartung ihrer Fahrzeuge vollends in die Servicestellen von DB Schenker Rail in Oberhausen-Osterfeld (für Dieselloks und die Baureihen 140 und 151), Gremberg und Hagen (Wagen) verlagern. Die Werkstatt auf dem Bergwerk Auguste Victoria (dort auf der ehemaligen Zeche AV 1/2) wird zu einer Außenstelle der Servicestelle Osterfeld für Werksbahnloks.

Verkehre

* Werksverkehr im Netz der RAG-Anschlussbahnen. Aktuell nur noch Inselbetriebe Prosper und Auguste Victoria sowie den nicht mehr als Grubenanschlussbahn konzessionierten Bereich Gladbeck – Scholven / Zweckel.
* Gütertransporte im Dreieck Wanne-Eickel – Gladbeck West – Marl Chemiepark
* Kohletransporte nach Altbach / Deizisau (EnBW, Kraftwerk); 5 x pro Woche seit 04.02.2013 ; 8 x pro Woche seit 09.06.2013; Traktion ab Plochingen durch DB Schenker Rail Deutschland AG
* Kohletransporte nach Bergisch-Gladbach (Papierfabrik Zanders); 2-3 x pro Woche
* Kohletransporte nach Dortmund-Bodelschwingh (e.on, Kraftwerk Knepper); bis Ende 2014
* Kohletransporte nach Großkrotzenburg (e.on, Kraftwerk); 5 x pro Woche seit 09.12.2012; 8 x pro Woche seit 08.04.2013
* Kohletransporte nach Hannover Nordhafen (Gemeinschaftskraftwerk Hannover); 2 x pro Woche seit 01.01.2014; Traktion ab Hannover-Hainholz durch DB Schenker Rail Deutschland AG
* Kohletransporte nach Heilbronn (EnBW, Kraftwerk); 5 x pro Woche seit 02.01.2013; Traktion ab Heilbronn Gbf durch DB Schenker Rail Deutschland AG
* Kohletransporte nach Karlsruhe (Rheinhafen-Dampfkraftwerk der EnBW); 5 x pro Woche seit 16.04.2014; Traktion ab Karlsruhe West durch DB Schenker Rail Deutschland AG
* Kohletransporte nach Lünen Süd (Evonik Steag, Kraftwerk Lünen); Zustellung durch Wanne-Herner Eisenbahn und Hafen GmbH (WHE)
* Kohletransporte nach Walheim; Traktion ab Heilbronn Gbf durch DB Schenker Rail Deutschland AG
* Kohletransporte nach Werne-Stockum (RWE Power, Gersteinwerk)
* Kohletransporte nach Wuppertal-Steinbeck (Wuppertaler Stadtwerke, Kraftwerk)
* Kohletransporte nach Wolfsburg (Volkswagen AG, Kraftwerk); bis zu 5 x pro Woche; Traktion ab Fallersleben durch DB Schenker Rail Deutschland AG

RBH

* 2013 werden im innerdeutschen Kesselwagenverkehr folgende Destinationen regelmäßig angefahren:
  Die Raffinerien
  - Gelsenkirchen-Bismarck (BP)
  - Gelsenkirchen-Scholven (BP, Ammoniak)
  - Hamburg-Unterelbe (Holborn)
  - Heide/Holstein (Raffinerie Heide)
  - Ingolstadt (Gunvor)
  - Karlsruhe-Knielingen (MiRO)
  - Leuna (Total, Übf Großkorbetha)
  - Lingen-Holthausen (BP)
  - Neustadt (Donau) (Bayernoil)
  - Schwedt (PCK Raffinerie, Übf Stendell)
  - Vohburg (Donau) (Bayernoil)
  die Biodiesel-Produktionsanlagen
  - Frankfurt-Höchst (Cargill, Biodiesel)
  - Hamburg-Hohe Schaar (ADM)
  - Mainz-Weisenau (ADM)
  - Marl, Industriepark (Natural Energy West)
  - Sternberg/Meckl (ecoMotion, Übf Blankenberg)
  - Wittenberge (Bio-Diesel Wittenberge)
  - Wittenberg-Piesteritz (Louis Dreyfus)
  die Tanklägern oder sonstigen Empfängern
  - Duisburg-Ruhrort (Tanquid, Umschlaganlage)
  - Gera (Oiltanking, bis Wiederitzsch)
  - Hamburg-Hohe Schaar (Oiltanking und Vopak)
  - Hamburg Süd (Shell)
  - Kassel-Bettenhausen (mit RBH-Rangierlok vor Ort)
  - Magdeburg-Rothensee (Magdeburger Umschlag und Tanklager)
  - Mainz-Gustavsburg (Transtank)
  - Mülheim (Ruhr) Hafen (BP, Ammoniak)
  - München-Freiham (Viktoria)
  - Regensburg Hafen (Tanquid)
  - Rostock Seehafen (Großtanklager Ölhafen Rostock)
  - Seelze (Tanquid).
* Mineralöltransporte; Spotverkehre mit Kooperationspartnern grenzüberschreitend in die Niederlande
* Mineralöltransporte; Spotverkehre mit Kooperationspartnern grenzüberschreitend in die Slowakei
* Mineralöltransporte; Spotverkehre mit Kooperationspartnern grenzüberschreitend nach Polen
* Mineralöltransporte; Spotverkehre von den Raffinerien in Karlsruhe, Leuna und Schwedt sowie aus den Hamburger Tanklägern mit Kooperationspartnern (u.a. IDS Cargo a.s.) grenzüberschreitend nach Tschechien
* Schnittholztransporte Kodersdorf (Sachsen) (Klausner Holz) – Brake (Weser); seit 06.07.2012 im Auftrag der DB Schenker Nieten; erste Meile bis Cottbus an Eisenbahnbau- und Betriebsgesellschaft Pressnitztalbahn mbH (PRESS) vergeben
* Schnittholztransporte Saalburg-Ebersdorf (Klausner Holz Thüringen GmbH) – Brake (Weser); seit 11.08.2012 im Auftrag der DB Schenker Nieten; erste Meile bis Saalfeld (Saale) seit 16.12.2013 an EBS Erfurter Bahnservice Gesellschaft mbH vergeben
* Rundholztransporte unterschiedliche Ladepunkte in Deutschland – Kodersdorf (Sachsen) (Klausner Holz); seit 2012 im Auftrag der DB Schenker Nieten; letzte Meile ab Cottbus an Eisenbahnbau- und Betriebsgesellschaft Pressnitztalbahn mbH (PRESS) vergeben
* Rundholztransporte unterschiedliche Ladepunkte in Deutschland – Plauen seit 07.11.2013 im Auftrag der DB Schenker Nieten; Rangierdienst an EBS Erfurter Bahnservice Gesellschaft mbH vergeben
* Rundholztransporte unterschiedliche Ladepunkte in Deutschland – Saalburg-Ebersdorf (Klausner Holz Thüringen GmbH); seit 2012 im Auftrag der DB Schenker Nieten; letzte Meile ab Saalfeld (Saale) seit 16.12.2013 an EBS Erfurter Bahnservice Gesellschaft mbH vergeben
* Holzhackschnitzeltransporte Wismar (Iiim Nordic Timber GmbH & Co. KG) – Mannheim (Svenska Cellulosa Aktiebolaget (SCA)); 1-2 x pro Woche seit 16.01.2013; Vorlauf durch DB Schenker Rail Deutschland AG; Zustellung ab Mannheim-Waldhof durch Rhenus Rail St. Ingbert GmbH (RRI)
* Coiltransporte Oberhausen West (Übernahme von TKSE) – Andernach (ThyssenKrupp Rasselstein GmbH); Traktion seit 2013; letzte Meile durch DB Schenker Rail Deutschland AG
* KV-Transporte Duisburg (DUSS) – Leipzig; 5 x pro Woche seit 09.02.2015 im Auftrag der Kombiverkehr Deutsche Gesellschaft für kombinierten Güterverkehr GmbH & Co. KG
* KV-Transporte Duisburg-Ruhrort (DUSS) – Gądki (Polzug) [PL]; 2 x pro Woche Traktion bis Frankfurt (Oder) Oderbrücke (Übergabe an DB Schenker Rail Polska S.A.) seit 09.02.2015 im Auftrag der Kombiverkehr Deutsche Gesellschaft für kombinierten Güterverkehr GmbH & Co. KG
* KV-Transporte „Bohemia-Express" Duisburg (DUSS) – Lovosice [CZ]; 5 x pro Woche seit 09.02.2015 Traktion bis Dresden-Neustadt (Übergabe an ČD Cargo, a.s.) im Auftrag der Kombiverkehr Deutsche Gesellschaft für kombinierten Güterverkehr GmbH & Co. KG
* Einsatz einer Lok Baureihe 151 ab Hamm / Hagen; seit 16.06.2014 im Auftrag der DB Schenker Rail Deutschland AG
* Gestellung eines Triebfahrzeuges für die Ruhroel GmbH zur Durchführung des Werkbahnbetriebes in der BP-Raffinerie Gelsenkirchen-Scholven
* Werkbahnbetrieb des Bergkamener Werkes der Bayer HealthCare AG (vormals Bayer Schering Pharma, vorvormals Schering AG) einschließlich der Übergabestrecke zum Bahnhof Bergkamen (vormals Zechenbahn Monopol) mit Lok- und Personalgestellung

RBH / RbT / RDC Deutschland

* Werksbahnverkehr für die Kokerei Prosper (Arcelor Mittal Bremen GmbH)

RbT Regiobahn Thüringen GmbH 🇩🇪

Nordhäuser Straße 70
DE-99752 Bleicherode
Telefon: +49 36338 44891
Telefax: +49 36338 44894
info@rbt-regiobahn.de
www.rbt-regiobahn.de

Management
* Maria-Elisabeth Meyer (Geschäftsführerin)

Gesellschafter
Stammkapital 25.000,00 EUR
* Maria-Elisabeth Meyer (100 %)

Infrastruktur
* Anschlussbahn (Hohenebra –) Betriebsführungsgrenze km 0,733 – Ebeleben Gbf – Betriebsführungsgrenze km 25,000; Übernahme von DB Netz AG per 01.06.2011
* Anschlussbahn (Bad Salzungen –) Betriebsführungsgrenze km 2,000 – Dorndorf – Vacha; Pacht von DB Netz AG seit 27.11.2007, Betrieb in Kooperation mit der Interessenvereinigung Verkehrsgeschichte mittleres Werratal e.V.

Unternehmensgeschichte
Als der verbliebene Rest der ehemaligen Kleinbahnstrecken rund um das nordthüringische Ebeleben durch die DB Netz AG zur Abgabe an Dritte ausgeschrieben wurde, entstanden sowohl die KIG (Kommunale Infrastrukturgesellschaft) mbH „Ebelebener Netz" als auch die Regiobahn Thüringen GmbH (Gründung 05.03.2003), der seit 01.04.2005 im Rahmen eines zuletzt im Ende März 2007 neu gefassten Geschäftsbesorgungsvertrages der Betrieb der gesamten Infrastruktur oblag. Seit dem 01.06.2011 ist der Infrastrukturbetreiber RbT nach Rückzug der KIG auch Eigentümer der Strecke Hohenebra – Ebeleben – Menteroda/Rockensußra. Die Abschnitte der ehemaligen Eisenbahninfrastruktur Ausweichanschlussstelle Ebeleben Süd – Ebeleben – Rockensußra (– Schlotheim) und Betriebsführungsgrenze km 25,000 – Menteroda (Thür.)werden nicht mehr betrieblich genutzt.
Die Strecke Richtung Menteroda diente ab Frühjahr 2009 zeitweilig zum Abstellen nicht benötigter Güterwagen und wurde hierzu in ein Bahnhofsrangiergleis des Gbf Ebeleben umgewandelt.

Auf Grundlage der am 25.03.2011 durch den Landesbeauftragten für Eisenbahnaufsicht des Freistaates Thüringen erteilten „Erlaubnis für die erstmalige Aufnahme des Betriebes gemäß § 7f AEG (Allgemeines Eisenbahngesetz)" hat die RbT am 16.04.2011 den Abschnitt Bad Salzungen – Merkers der ehemaligen Nebenbahn Bad Salzungen – Vacha als Anschlussbahn des nichtöffentlichen Verkehrs in Betrieb genommen.
Da dies ihr einziges Geschäftsfeld ist, besitzt die RbT keine Zulassung als EVU und übernimmt auch zukünftig keine eigenen Betriebsmittel. Für die Strecken des Ebelebener Netzes ist die RbT nicht nur das EIU, sondern organisiert auch die erforderlichen Maßnahmen zur Sanierung (des Abschnittes Hohenebra – Ebeleben).

RDC Deutschland GmbH

Konrad-Adenauer-Ufer 39
DE-50668 Köln
Telefon: +49 221 67780225
Telefax: +49 221 67780250
www.rdc-deutschland.de

Management
* Carsten Carstensen (Geschäftsführer, CEO)
* Hinrich Krey (Geschäftsführer, CMO, COO)
* Henry Posner III (Geschäftsführer)

Gesellschafter
Stammkapital 25.000,00 EUR
* Railroad Development Corporation (RDC) (100 %)

Beteiligungen
* Hamburg - Köln - Express GmbH (HKX) (75 %)

Lizenzen
* DE: EVU-Zulassung (PV+GV); gültig vom 07.04.2014 bis 30.04.2029

Unternehmensgeschichte
Die Railroad Development Cooporation (RDC) ist eine weltweit agierende Invest- und Managementgesellschaft mit Fokus Eisenbahn und Sitz in Pittsburgh, USA. Als Holding für die Deutschlandaktivitäten wurde per 23.01.2009 die

RDC Deutschland / RE / Redler-Service

RDC Deutschland GmbH mit Sitz in Berlin gegründet. Diese wiederum ist Mehrheitsgesellschafter der per 05.10.2009 gegründeten Hamburg - Köln - Express GmbH (HKX), die eigenwirtschaftlichen Personenverkehr auf der namensgebenden Relation anbietet. Parallel zur Sitzverlegung von HKX beschloss auch die RDC Deutschland, ihren Sitz per 01.06.2011 in das Rheinland zu verlegen.
Gegenstand der RDC Deutschland ist laut Handelsregister die Vermietung von Schienenfahrzeugen im In- und Ausland. Die Gesellschaft hatte neun komplette, fünfteilige Triebwageneinheiten des Typs 4010 sowie einige zusätzliche Zwischenwagen und Steuerwagen von der ÖBB erworben, um sie für das Zugprogramm von HKX zu nutzen. Sechs Wagen werden aktuell aufgearbeitet, weitere 33 sind als Reserve vorhanden. Neun Triebköpfe und vier Wagen wurden verkauft bzw. verschrottet.
Im Oktober 2014 veröffentlichte RDC Deutschland, dass sich das Unternehmen um langfristige Trassenkapazitäten bei DB Netz für den Autozug Sylt ab Dezember 2015 beworben habe. Dazu soll ein regionaler Verkehrsbetrieb (Arbeitstitel „Autozug Sylt") mit allen notwendigen Einrichtungen aufgebaut werden.
Zurückgezogen wurden hingegen die im Rahmen des Verfahrens zur Vergabe von Rahmenverträgen für das deutsche Schienennetz für den Zeitraum 2016-2020 beantragten Fahrplankapazitäten für drei tägliche Züge auf der Strecke Bonn – Köln – Berlin.

RE Rheinische Eisenbahn GmbH

Rheinhöller 3
DE-53545 Linz / Rhein
Telefon: +49 2644 8090-0
Telefax: +49 2644 8090-28
info@zugtouren.de
www.zugtouren.de

Management
★ Jörg Seyffert (Geschäftsführer)

Gesellschafter
Stammkapital 25.000,00 EUR
★ Eifelbahn Verkehrsgesellschaft mbH (EVG) (100 %)

Unternehmensgeschichte
Die Rheinische Eisenbahn GmbH (RE) wurde am 19.11.2002 gegründet, Gründungsgesellschafter waren die Brohltal-Schmalspureisenbahn Betriebs-GmbH (Brohltalbahn) und die Eifelbahn Verkehrsgesellschaft mbH (EVG). Letztere wird bei den Einsätzen der RE als EVU für die Fahrzeugeinstellung verwendet. Geschäftszweck der in Linz ansässigen Unternehmung sind das Erbringen von Eisenbahndienst- und Verkehrsleistungen und alle damit in Zusammenhang stehende Tätigkeiten. Der Schwerpunkt lag dabei auf den Bauzugdiensten in Deutschland und, dem Unternehmensnamen entsprechend, auf der Rheinschiene.
Nach zweieinhalb Jahren wurde das Joint-Venture gelöst und die EVG am 17.05.2005 alleiniger Gesellschafter der RE. Alle Fahrzeuge der RE sind bei der EVG eingestellt. Heute ist die RE nur noch im Bereich der Fahrzeugvermietungen tätig.
Bereits im 19. Jahrhundert hatte eine Rheinische Eisenbahn-Gesellschaft existiert. Das Unternehmen hatte ab 1837 bis zur Verstaatlichung 1880 vor allem das Rheinland, aber auch Teile des Ruhrgebiets durch die Eisenbahn erschlossen.

Redler-Service - Inhaber: Burghard Redler eK

Alte Glashütte 4
DE-34399 Oberweser
Telefon: +49 5574 1303
Hotline: +49 5574 5153
info@redler-service.de
www.redler-service.de

Werkstatt
Am Hopfberg
DE-06528 Sangerhausen-Oberröblingen

Management
★ Burghard Redler (Geschäftsführer)

Gesellschafter
★ Burghard Redler (100 %)

Unternehmensgeschichte
Redler-Service - Inhaber: Burghard Redler eK bietet Abwasser- und Abfallentsorgung. Für die Bespannung von Bauzügen im Segment Gleisgebundene Reinigung von Tiefenentwässerung und Tunneldrainage beschaffte Redler in den vergangenen Jahren einige Loks, die auch vermietet werden.
Das ehemalige Bahnstromwerk Oberröblingen (jetzt ein Ortsteil von Sangerhausen) hat Redler seit 2010 als Werkstattstandort eingerichtet.

RBG

Regental Bahnbetriebs-GmbH (RBG) 🅿️ℹ️

Bahnhofplatz 1
DE-94234 Viechtach
Telefon: +49 9942 9465-10
Telefax: +49 9942 9465-28
info@laenderbahn.com
www.laenderbahn.com

Management
★ Gerhard Heinrich Knöbel (Geschäftsführer)

Gesellschafter
Stammkapital 1.023.000,00 EUR
★ Regentalbahn AG (RAG) (100 %)

Beteiligungen
★ Berchtesgadener Land Bahn GmbH (BLB) (50 %)

Lizenzen
★ DE: EIU Bad Kötzting – Lam seit 1973
★ DE: EIU Gotteszell – Viechtach seit 1889
★ DE: EVU-Zulassung (PV+GV) seit 22.12.1994, gültig bis 31.12.2025

Infrastruktur
★ Bad Kötzting – Lam (17,1 km)
★ Gotteszell – Viechtach (24,8 km)

Unternehmensgeschichte
Die Regental Bahnbetriebs-GmbH (RBG) entstand zum 05.08.1988 durch die Ausgliederung desunmittelbaren Bahnbetriebs aus der zu diesemZeitpunkt mehrheitlich (76,8 %) durch den FreistaatBayern gehaltenen, zum 04.03.1928 durch den Zusammenschluss lokaler Lokalbahnen gegründeten Regentalbahn AG (RAG). Mit Übernahme der Anteile des Freistaats im Herbst 2004 und dem schrittweisen Erwerb der übrigen Aktien bis Mai 2006 durch die Arriva Deutschland GmbH wurde die auch unter dem Markennamen „Länderbahn" auftretende RAG zunächst Teil der Arriva-Gruppe und gehört heute zu NETINERA Deutschland. Neben der RBG verfügt die RAG in Form der Regental Fahrzeugwerkstätten GmbH (RFG) und der Vogtlandbahn GmbH (VBG) über zwei weitere Tochtergesellschaften. Die seit 28.11.1978 bestehende Regental Kraftverkehrs GmbH als Anbieter von Busverkehren übergab ihre Aktivitäten zum 01.01.2004 an die Regionalbus Ostbayern GmbH und wurde anschließend zum 05.07.2004 mit der RBG verschmolzen.
Ihre Verkehre erbringt die RBG heute überwiegend außerhalb der eigenen Infrastruktur. Diese besteht aus der im SPNV genutzten Strecke Bad Kötzting – Lam und der Verbindung Gotteszell – Viechtach, die vorwiegend zur Anbindung der RFG-Werkstatt Viechtach dient.
Im Güterverkehr war die RBG über das in Neuenmarkt-Wirsberg angesiedelte, zum 01.08.2002 eingerichtete Profitcenter „Regental Cargo" tätig. Als Traktionsdienstleister erbrachte man im KV-Netzwerk NeCoSS Leistungen zwischen Werdau, wo die Züge mit der Eisenbahnen und Verkehrsbetriebe Elbe-Weser GmbH (EVB) getauscht wurden, Hof, Neuenmarkt-Wirsberg und Sonneberg. Im Einzelwagen- und Wagengruppennetzwerk ECCOCARGO übernahm Regental Cargo im Auftrag der Salzburger EisenbahnTransportLogistik GmbH (SETG) ausgehend von Bamberg Transporte im Raum Oberfranken und kam 2007 darüber hinaus bis ins sächsische Lampertswalde. Ebenfalls für die SETG beförderte Regental Cargo zudem in Zusammenarbeit mit der Eisenbahn-Bau- und Betriebsgesellschaft Pressnitztalbahn mbH (PRESS) Ganzzüge im Rahmen von Spot- und Kurzfristaufträgen. Regental Cargo stellte auch die für die Flügelung der lokbespannten ALEX-Züge in Immenstadt benötigten Rangierer. Ende März 2009 wechselten die maßgeblichen Mitarbeiter der RBG Güterverkehrssparte zur im Vorjahr neu gegründeten IntEgro Verkehr GmbH, welche auch die meisten Güterverkehrsleistungen übernahm. In Schwandorf wurde im November 2007 ein neues modernes Betriebswerk der RFG in Betrieb genommen. Die „Regental Cargo" wurde mittlerweile aufgelöst und die Regentalbahn AG konzentriert sich auf auf den Personennahverkehr.
Nachdem schon seit Jahrzehnten von Lam kommende Personenzüge der RAG über Kötzting hinaus auf DB-Infrastruktur nach Cham verkehrten, übernahm die seinerzeitige RAG im Auftrag der DB ab 28.09.1984 alle SPNV-Leistungen auf dieser Verbindung sowie ab 31.05.1992 – nunmehr als RBG – auch zwischen Cham und Waldmünchen. Seit 10.06.2001 befuhr die RBG diese beiden Relationen sowie die Verbindung zwischen Schwandorf, Cham und Furth im Wald im Auftrag der DB Regio AG als „Oberpfalzbahn" mit hierfür neu beschafften RegioShuttle-Triebwagen. Als Vorbild für die „Oberpfalzbahn" diente dabei die „Waldbahn". Unter jener Bezeichnung erbrachte die RBG im Auftrag von DB Regio seit 26.05.1997 die Nahverkehrsleistungen zwischen Plattling, Deggendorf, Gotteszell, Zwiesel und Bayerisch Eisenstein. Der schon seit 23.05.1993 für DB Regio von der RBG gefahrene SPNV auf den Zweigstrecken Zwiesel – Bodenmais und Zwiesel – Grafenau wird bereits seit 29.09.1996 ebenfalls als „Waldbahn" vermarktet.
Alle gegenwärtig von der RBG gefahrenen Verkehre waren Teil der Ende 2010 veröffentlichten SPNV-Ausschreibung „Regionalzüge Ostbayern", die das Unternehmen im August 2011 für sich entscheiden konnte. Es erfolgt eine gestaffelte Betriebsaufnahme zum Fahrplanjahr 2014 bzw. 2015 in direktem Anschluss an die unten genannten alten

RBG

Verkehrsverträge. Gestartet wurde im Dezember 2013 mit dem Teilnetz Waldbahn", dem ein Jahr später das Teilnetz „Oberpfalzbahn" und als Teilnetz „Naabtal" die bis dato noch von der Schwestergesellschaft Vogtlandbahn GmbH erbrachten Verkehre auf der Achse Regensburg – Schwandorf – Weiden – Marktredwitz – Cheb (Eger) folgten. Geplante Durchbindungen Richtung Tschechien nach Domažlice (Taus) und Klatovy (Klattau) waren nicht Gegenstand der Ausschreibung und wurden bis jetzt noch nicht umgesetzt.

Im Zusammenhang mit den Verkehrsausweitungen hat die RBG in Zwiesel am 24.05.2014 eine neue Betriebswerkstatt eröffnet. Die zweigleisige Halle von 35 x 15,5 m dient der betriebsnahen Instandhaltung der zwölf Triebwagen für die Waldbahn. Zudem wurde ein Waschtrakt erstellt. Die Investitionen lagen bei gut 3 Mio. EUR.

Ab September 2016 sollen für zwei Jahre auf der Strecke Viechtach – Gotteszell Regionalzüge zur Probe fahren. Sollten 1.000 Reisende pro Werktag erreicht werden, soll der Verkehr regulär bestellt werden.

Verkehre
* SPNV „Regionalzüge Ostbayern" mit ca. 5,0 Mio. Zugkm/a bis Dezember 2023 im Auftrag des Freistaates Bayern:
Teilnetz „Waldbahn"; ab Dezember 2013
Plattling – Zwiesel – Bayerisch Eisenstein
Zwiesel – Bodenmais
Zwiesel – Grafenau
Teilnetz „Naabtal"; ab Dezember 2013
Regensburg – Schwandorf – Weiden – Marktredwitz (– Cheb)
Teilnetz „Oberpfalzbahn"; ab Dezember 2014
Schwandorf – Cham – Furth im Wald
Cham – Waldmünchen
Cham – Bad Kötzting – Lam
* SPNV Viechtach – Gotteszell; Testbetrieb ab September 2016

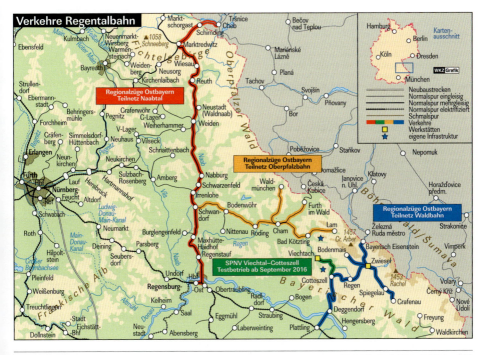

RAG

Regentalbahn AG (RAG)

Bahnhofplatz 1
DE-94234 Viechtach
Telefon: +49 9942 9465-10
Telefax: +49 9942 9465-28
info@laenderbahn.com
www.laenderbahn.com

Management
* Gerhard Heinrich Knöbel (Vorstand)

Gesellschafter
* NETINERA Deutschland GmbH (100 %)

Beteiligungen
* Regental Bahnbetriebs-GmbH (RBG) (100 %)
* Regental Fahrzeugwerkstätten-GmbH (RFG) (100 %)
* Vogtlandbahn GmbH (VBG) (100 %)
* vlexx GmbH (100 %)

Unternehmensgeschichte
Der Ursprung der heutigen Regentalbahn AG mit Sitz in Viechtach (Bayerischer Wald) ist die 1889 gegründete „AG Lokalbahn Gotteszell – Viechtach" mit ihrer 1890 eröffneten Eisenbahnstrecke. 1927, ein Jahr vor der Streckenverlängerung von Viechtach nach Blaibach an der Strecke Cham – Kötzing – Lam erfolgte die Fusion mit der „Lokalbahn Deggendorf-Metten AG" zur „Regentalbahn AG". Seit 1982 hielt der Freistaat Bayern 76,9 % der Aktien, während sich der Rest auf Städte und Gemeinden, die Benediktinerabtei Metten und Privatpersonen verteilte. Nach dem Erwerb der Aktienmehrheit durch den britischen Konzern Arriva plc 2004 wurde dessen deutsche Tochter Arriva Deutschland GmbH 2006 100%iger Eigentümer der Regentalbahn AG. Arriva wurde im August 2010 an die Deutsche Bahn AG verkauft, die sich aus Wettbewerbsgründen aber von der Arriva Deutschland GmbH trennen musste, was per 28.02.2011 erfolgte. Deren neuer Besitzer wurde zunächst die FS 2 MOVE GmbH, unter deren Regie wenig die Umfirmierung von Arriva Deutschland GmbH in NETINERA Deutschland GmbH erfolgte.
Nachdem 1973 noch die „AG Lokalbahn Lam – Kötzting" übernommen worden war, begann 1979 die Ausgliederung mehrerer, meist 100 %-iger Tochtergesellschaften. Davon existieren heute noch:
* Regental Bahnbetriebs-GmbH (RBG, gegründet 1988)
* Regental Fahrzeugwerkstätten-GmbH (RFG, gegründet 1989)
* Vogtlandbahn GmbH (VBG, gegründet 1998)

Die RFG ist aus der einstigen Lokalbahn-Werkstatt in Viechtach hervorgegangen. Von Anfang an auch für andere Unternehmen tätig, ist sie seit 1995 auch in der Komponentenfertigung für die Großindustrie des Schienenfahrzeugbaus aktiv. Seit 2000 befindet sich der Firmensitz allerdings im neuen VBG-Betriebshof im sächsischen Neumark. Dritter RFG-Standort ist seit Ende 2007 die im Zusammenhang mit der Ausweitung der „ALEX"-Verkehre neu errichtete Werkstatt in Schwandorf.
Auf der „Stammstrecke" Gotteszell – Viechtach – Blaibach gibt es heute kein SPNV mehr. Während der Abschnitt Gotteszell – Viechtach zur Anbindung der Viechtacher Werkstatt und für Touristikfahrten weiter vorgehalten wird, ist die Weiterführung bis Blaibach inzwischen abgebaut. Dafür betrieb die RBG bzw. vormals die RAG seit 1984 beginnend mit der Strecke Cham – Kötzting (– Lam) SPNV auch außerhalb der eigenen Infrastruktur, zunächst im Auftrag der DB. Nach Gewinn der Ausschreibung „Regionalzüge Ostbayern" 2011 hat sie in zwei Stufen zum Dezember 2013 und Dezember 2014 den SPNV der Teilnetze „Waldbahn", „Oberpfalzbahn" und „Naabtal" in direktem Auftrag des Freistaats Bayern übernommen.
Zur RBG gehörte seit 2002 als Profitcenter außerdem die bundesweit aktive Güterverkehrssparte Regental Cargo mit Sitz in Neuenmarkt, die aber zwischenzeitlich wieder aufgelöst wurde, nachdem Ende März 2009 wechselten die maßgeblichen Mitarbeiter der Regental Cargo zur im Vorjahr neu gegründeten IntEgro Verkehr GmbH gewechselt waren, welche auch die meisten Güterverkehrsleistungen übernahm.
Bereits seit Herbst 1996 waren der RBG Verkehrsleistungen in Südwestsachsen übertragen worden, für welche dann die Vogtlandbahn gegründet wurde. Ab 2000 erfolgte eine schrittweise Ausweitung der VBG-Aktivitäten nach Thüringen, Bayern und Tschechien. Die Verkehre in Thüringen und Sachsen konnte sich die VGB nach nach der Neuausschreibung sichern, erbringt jedoch in Bayern südlich Hof Dezember 2014 keine reinen Regionalzugleistungen mehr, da diese als Teilnetz „Naabtal" an die RBG übergingen. Von 2005 bis 2012 fuhr die VBG eigenwirtschaftlich den „Vogtland-Express" nach Berlin und ist seit 2007 das EVU für den ALEX (siehe unten).
Die Regentalbahn AG selbst tritt seit 2002 mit dem Markennamen „Länderbahn" auf, was nicht zuletzt das Engagement im Personenverkehr dreier Bundesländer und Tschechiens verdeutlichen soll. Die Tochtergesellschaften agieren dabei als jeweils „ein Unternehmen der Länderbahn". Ab 2003 betrieb die Länderbahn mit der seinerzeitigen EuroThurbo GmbH den als Ersatz für die eingestellte Interregio-Linie 25 nach einer Ausschreibung durch das Land eingerichteten Allgäu-Express (ALEX) zwischen München und Oberstdorf. Nach erneutem Ausschreibungsgewinn erhielt der ALEX (nunmehr Abkürzung für Arriva-Länderbahn-Express) seit 2007 einen Flügelzug Immenstadt – Lindau und verkehrt

RAG / RIG

zudem auch zwischen München und Hof via Regensburg mit Flügelzug Schwandorf – Plzeň – Praha. Im Dezember 2009 übernahm mit der Berchtesgadener Land Bahn GmbH (BLB), ein Konsortium der RAG-/Länderbahn-Tochter Regental Bahnbetriebs-GmbH und der Salzburg AG, den SPNV zwischen Freilassing und Berchtesgaden. 2012 konnte die Regentalbahn eine Ausschreibung in Rheinland-Pfalz für sich entscheiden und gründete dafür im Mai 2012 die Tochtergesellschaft DNSW GmbH (heutige vlexx; siehe dort).

Regio Infra GmbH & Co. KG (RIG)

Pritzwalker Straße 2
DE-16949 Putlitz
Telefon: +49 33981 507211
Telefax: +49 33981 507219
office@regioinfra.de
www.regioinfra.de

Management
★ Tino Hahn (Geschäftsführer)

Gesellschafter
Stammkapital 25.000,00 EUR
★ Prignitzer Leasing AG (50 %)
★ Deutsche Eisenbahn Service AG (DESAG) (50 %)
★ Regio Infra Verwaltungsgesellschaft mbH (Komplementärin)

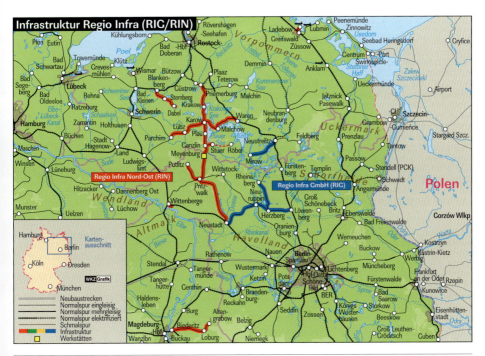

RIG / RIN

Beteiligungen
* Regio Infra Nord-Ost GmbH & Co. KG (RIN) (100 %)

Lizenzen
* DE: EIU Neustadt (Dosse) – Herzberg (Mark); gültig vom 23.12.2010 bis 31.12.2059

Infrastruktur
* Neustadt (Dosse) – Herzberg (Mark) (42,9 km); am 29.12.2010 von DB Netz AG erworben
* Löwenberg (Mark) – Rheinsberg (Mark) (37,6 km); am 01.04.2012 von DB Netz AG erworben
* Neustrelitz – Mirow (21,8 km); seit 09.12.2012 von DB Netz AG gepachtet

Unternehmensgeschichte
Die per 19.02.2009 gegründete Regio Infra Gesellschaft mbH (RIG) sowie deren per 21.12.2012 durch Umwandlung entstandene Nachfolgerin Regio Infra GmbH & Co. KG erwirbt und betreibt Eisenbahninfrastruktur. Gesellschafter des Unternehmens waren die Firmen ENON Gesellschaft mbH & Co. KG sowie der Prignitzer Leasing AG. Für das Leasingunternehmen ist es nicht das erste Engagement im Bereich von Gleisanlagen. Im Jahr 2010 hatte man bereits die Strecken Karow (Meckl.) – Waren (Müritz) und Karow (Meckl.) – Priemerburg von der DB Netz AG erworben. Durch Beschluss der Gesellschafterversammlung vom 24.09.2010 ist der Sitz der Regio Infra Gesellschaft von Rangsdorf nach Putlitz verlegt worden.
Das Unternehmen ist seit 23.12.2010 EIU für die Strecke Neustadt (Dosse) – Herzberg, die per 29.12.2010 erworben wurde. Der Betriebsübergang von DB Netz auf die RIG erfolgte hingegen erst zum 01.04.2011. Die ursprünglich von der Ruppiner Kreisbahn betriebene Nebenbahn verfügt seit Dezember 2006 über keinen planmäßigen Verkehr mehr. Inzwischen wird aber eine Teilstillegung erwogen, weil einerseits notwendige Investitionen anstehen und andererseits der erhoffte Güterverkehr zum Gewerbepark Temnitz an der A 24 westlich von Neuruppin ausgeblieben ist. Nachdem es in den Fahrplanperioden 2012/13 insbesondere Bauzugverkehre wegen der Sperrung Berlin – Rostock gegeben hatte, fanden danach nur mehr vereinzelte Zugfahrten statt. Erwogen wird, für die Gesamtstrecke ein Stilllegungsverfahren einzuleiten. Dabei sollen jedoch der Bf Neustadt (Dosse) Bft Städtebf (RIG) sowie die Teilstrecke Altruppin – Herzberg (hier als Nebengleis) für den Güterverkehr erhalten bleiben. Bis Redaktionsschluss gab es indes noch keine Entscheidung zur Aufnahme des Stilllegungsverfahrens, da möglicherweise dauerhafte Baustofftransporte nach Werder (westlich von Neuruppin) aufgenommen werden.
Zum 21.06.2012 erfolgte der Kauf der Prignitzer Eisenbahn Infrastruktur GmbH (PEI) rückwirkend zum 01.01.2012. Das Unternehmen wurde am 26.06.2012 in Regio Infra Nord-Ost GmbH umfirmiert.
Seit 09.12.2012 pachtet man zudem die Strecke Mirow – Neustrelitz, auf der die Schwestergesellschaft Eisenbahngesellschaft Potsdam mbH (EGP) den SPNV durchführt.

Regio Infra Nord-Ost GmbH & Co. KG (RIN) ∎

Pritzwalker Straße 8
DE-16949 Putlitz
Telefon: +49 33981 502-0
office@regioinfra.de
www.regioinfra.de

Management
* Tino Hahn (Geschäftsführer)

Gesellschafter
Stammkapital 25.000,00 EUR
* Regio Infra GmbH & Co. KG (RIG) (100 %)
* Regio Infra Verwaltungsgesellschaft mbH (Komplementärin)

Beteiligungen
* Schienen-Infrastrukturgesellschaft-Prignitz mbH (SIP) (50 %)

Infrastruktur
* Pritzwalk – Meyenburg – Karow (Meckl.) (46,3 km); ursprünglich am 01.01.2004 von der DB Netz AG an die Prignitzer Eisenbahn GmbH (PEG) verkauft
* Neustadt (Dosse) – Pritzwalk (41,8 km); ursprünglich seit 01.03.2008 durch die Prignitzer Eisenbahn GmbH (PEG) von der DB Netz AG gepachtet
* Bahnstrecke Ganzlin – Röbel mit dem noch betriebenen Abschnitt Ganzlin – Stuer (7 km) und dem in Stilllegung befindlichen Abschnitt Stuer – Röbel (20 km)
* Parchim – Karow (35,1 km); seit 14.12.2014 von DB Netz AG gepachtet
* Biederitz – Altengrabow (38,0 km); seit 12.12.2014 gepachtet von DB Netz AG; Betriebsführung ab 01.03.2015

RIN / RIS

* Pritzwalk – Putlitz (17,05 km); Betriebsführung im Auftrag des Streckenpächters (Putlitz-Pritzwalker-eisenbahn-Förderverein); Streckeneigentümer: Verkehrsgesellschaft Prignitz GmbH (VGP)
* Karow (Meckl.) – Waren (Müritz) (34,8 km); Betriebsführung im Auftrag des Streckeneigentümers Prignitzer Leasing AG
* Blankenberg (Meckl) – Dabel (18,3 km); Betriebsführung seit 13.09.2007 im Auftrag des Streckeneigentümers ecoMotion Rapsveredelung Mecklenburg GmbH
* Karow (Meckl.) – Priemerburg (56,3 km); Betriebsführung seit Mai 2008 im Auftrag des Streckeneigentümers Prignitzer Leasing AG
* Greifswald – Ladebow (6,0 km); Betriebsführung seit 15.01.2014 im Auftrag der Universitäts- und Hansestadt Greifswald (UHGW); Serviceeinrichtung (SE) Hafen gemäß AEG § 2 (3c) Nr. 8
* Biederitz – Altengrabow (38,0 km); seit 12.12.2014 gepachtet von DB Netz AG; Betriebsführung seit 01.03.2015
* Industrie- und Hafenbahn Wittenberge; Betriebsführung seit 01.01.2015 im Auftrag des Streckeneigentümers Stadt Wittenberge
* Werkstattanlage in Meyenburg (genutzt durch SFW)

Unternehmensgeschichte

Mit Gesellschaftsvertrag vom 12.04.2012 wurde die Prignitzer Eisenbahn Infrastruktur GmbH (PEI) als Tochtergesellschaft der Prignitzer Eisenbahn GmbH (PEG) gegründet. Die Gesellschaft sollte im Laufe des Jahres 2012 die Infrastrukturaktivitäten der Muttergesellschaft übernehmen. Die PEIG wurde am 21.06.2012 an die Regio Infra Gesellschaft mbH (RIG) rückwirkend zum 01.01.2012 verkauft und per 26.06.2012 in Regio Infra Nord-Ost GmbH (RIN) umfirmiert. Die Regio Infra Nord-Ost GmbH & Co. KG ist entstanden durch formwechselnde Umwandlung der Regio Infra Nord-Ost GmbH auf Grund des Umwandlungsbeschlusses vom 28.01.2013.

Regio Infra Service Sachsen GmbH (RIS)

Carl-von-Ossietzky-Straße 186
DE-09127 Chemnitz
Telefon: +49 371 2370-740
Telefax: +49 371 2370-741
info@ris-sachsen.eu
www.ris-sachsen.eu

RIS / Regio-Bahn

Management
★ Andreas Rasemann (Geschäftsführer)

Gesellschafter
Stammkapital 170.000,00 EUR
★ R.P. Eisenbahngesellschaft mbH (RPE) (50 %)
★ Chemnitzer Verkehrs-Aktiengesellschaft (CVAG) (50 %)

Lizenzen
★ DE: EIU für gepachtete Strecken
★ DE: EVU-Zulassung (PV+GV) seit 06.12.2006, gültig bis 31.10.2021

Infrastruktur
★ Stollberg – St. Egidien (19,1 km), seit 09.02.2002 (SPNV durch City-Bahn Chemnitz GmbH (CBC), Güterverkehr St. Egidien – Gewerbegebiet Lichtenstein)
★ Abzw. Altchemnitz – Chemnitz Süd (4,3 km) seit 09.2002 (Güterverkehr; Überführungen RS 1 Stollberg – Chemnitz)
★ Niederwiesa – Hainichen (16,8 km), seit 10.2002 (SPNV durch CBC)
★ Neuoelsnitz – Lugau (3,3 km), seit Herbst 2003 (nur Sonderfahrten)
★ Nossen – Freiberg (22,8 km), seit 11.2005 (Güterverkehr, Sonderfahrten)
★ Stollberg – Abzw. Altchemnitz (16,8 km), Betriebsführung im Auftrag des Pächters und SPNV-EVU CBC

Unternehmensgeschichte
Die Regio-Infra-Service Sachsen GmbH wurde am 05.07.2001 als Betreiber für die Infrastruktur der Eisenbahnstrecken des „Chemnitzer Modells" gegründet. Damit ist hier die Trennung von Netz und Betrieb gewährleistet. Durch die RIS wurden danach sukzessive die oben genannten Strecken angepachtet und saniert, sofern dort SPNV stattfinden sollte.
Das Fahrzeugmaterial war zunächst bei der CBC eingestellt, was aber nach der eigenen Zulassung als EVU endete. Die Werkstatt befindet sich in Stollberg, während die Wartung im DB-Werk Chemnitz erfolgt. Die Lok 112 708-3 wird nicht nur für eigene betriebliche Zwecke (Schneepflug-Einsätze, AZ-Verkehr) vorgehalten, sondern regelmäßig auch an die Aus- und Weiterbildungszentrum Verkehrsgewerbe Leipzig GmbH (AWV) zur Triebfahrzeugführer-Ausbildung vermietet. Seit Anfang Juni 2004 ist an der Maschine eine eigens konstruierte und angefertigte, sonderzugelassene Kupplung für Bergungsfahrten von Variobahnen vorhanden.
Seit April 2011 hat RIS eine V 100 in einem kleinen Schuppen im DB-Werk Chemnitz stationiert. Eine zweite, angemietete Lok dieses Typs wird v.a. im regionalen Güterverkehr eingesetzt.

Verkehre
★ AZ-Verkehr auf eigener Infrastruktur
★ Schneepflugräumfahrten in den Wintermonaten
★ Kesselwagentransporte Chemnitz Süd – Klaffenbach (Baufeld-Mineralölraffinerie Chemnitz GmbH), die mit Altöl befüllten Wagen führt die DB Schenker Rail Deutschland AG in unregelmäßigen Abständen aus Tröglitz zu

Regionale Bahngesellschaft Kaarst-Neuss-Düsseldorf-Erkrath-Mettmann-Wuppertal mbH (Regio-Bahn) 🇩🇪

An der Regiobahn 15
DE-40822 Mettmann
Telefon: +49 2104 305-0
Telefax: +49 2104 305-105
info@regio-bahn.de
www.regio-bahn.de

Management
★ Stefan Rainer Kunig (Geschäftsführer)

Gesellschafter
Stammkapital 28.000,00 EUR
★ Stadt Düsseldorf (35 %)
★ Kreis Mettmann (20 %)
★ Rhein-Kreis Neuss (11,8 %)
★ Stadtwerke Neuss GmbH (11,6 %)
★ Stadt Kaarst (11,6 %)
★ WSW mobil GmbH (10 %)

Lizenzen
★ DE: EIU für eigene Strecken

Infrastruktur
★ Kaarst – Neuss (6,4 km, Kauf am 06.01.1998)
★ Düsseldorf-Gerresheim – Dornap-Hahnenfurth (14,9 km, Kauf am 06.01.1998)

Unternehmensgeschichte
Die Regio-Bahn wurde bereits am 06.08.1992 durch die Anliegerkommunen als Regionale Bahngesellschaft Kaarst-Neuss-Düsseldorf-Erkrath-Mettmann mbH mit dem Ziel gegründet, den Schienenverkehr zwischen Kaarst und Mettmann zu übernehmen. Als ein erster Teilerfolg konnte zum 01.01.1998 die Infrastruktur der Streckenäste Kaarst – Neuss (seit 23.05.1998 ohne Verkehr) und Düsseldorf-Gerresheim – Dornap-Hahnenfurth übernommen werden. Es folgte eine umfassende Modernisierung der größtenteils zweigleisigen Strecken, die am 24.09.1998 begann.
Noch vor der Betriebsaufnahme wurden gemäß Gesellschafterbeschluss vom 17.12.1998 die

Regio-Bahn / RBB

Stadtwerke Wuppertal als Gesellschafter aufgenommen und das Stammkapital leicht erhöht. Seitdem besitzt das Unternehmen die heutige Firmierung. Am 28.11.2000 wurde zudem der Umzug des Unternehmenssitzes von Düsseldorf nach Mettmann beschlossen.

Seit 26.09.1999 führt die Regio-Bahn den SPNV der 34 km langen Verbindung S 28 Kaarst – Düsseldorf – Mettmann durch. Neue Haltepunkte, eine sanierte Schieneninfrastruktur sowie modernes Fahrzeugmaterial haben das Konzept bestätigt und die Fahrgastzahlen stark ansteigen lassen. Wurden bei Betriebsaufnahme 16.500 Fahrgäste pro Werktag prognostiziert, waren es 2006 bereits 19.300 und 2010 21.600. Schon am 28.05.2000 war daher eine Verdichtung des Stundentaktes auf einen 20 min-Takt erfolgt.

2003 musste der Bestand um vier weitere Triebwagen aufgestockt werden, um das Fahrgastaufkommen in den Hauptverkehrszeiten bewältigen zu können. Der im Dezember 2011 ausgelaufene alte Verkehrsvertrag wurde kurz zuvor per Inhouse-Direktvergabe um weitere zehn Jahre verlängert.

Die Regio-Bahn ist Eigentümer der Strecken, der Werkstattinfrastruktur in Mettmann sowie der Fahrzeuge; weitere Funktionen werden von der RBE sowie seit 2006 von der Regiobahn Fahrbetriebsgesellschaft mbH wahrgenommen. Wegen der weiter steigenden Reisendenzahlen ist demnächst die Beschaffung zusätzlicher Triebwagen vorgesehen.

Zwischen Mettmann und Dornap-Hahnenfurt wird die Strecke aktuell nur für Kalktransporte aus Dornap genutzt, die in den Taktlücken durchgeführt werden. Die Weiterführung der Regio-Bahn nach Wuppertal wurde zwischenzeitlich konkretisiert und im Sommer 2005 fiel der Beschluss für eine Neutrassierung. Die alte Strecke wird bei Wuppertal-Hahnenfurth verlassen und soll sich bei Wuppertal-Dornap in die Trasse der „Prinz-Wilhelm-Eisenbahn" Essen – Wuppertal einfädeln. Für die Verlängerung nach Wuppertal gibt es seit August 2009 einen Planfeststellungsbeschluss, eine Weiterführung von Kaarster See in Richtung Viersen/Venlo wird zurzeit geprüft. Im Dezember 2013 hat die Regio-Bahn einen Zuwendungsbescheid zur Projektförderung für den Bau für den Bau der Verlängerung nach Wuppertal erhalten. Der Baubeginn erfolgte im Januar 2014. Die Betriebsaufnahme soll im Jahr 2017 erfolgen. Die Regio-Bahn ist seit 01.01.2011 nicht mehr Eigentümer der Triebfahrzeuge. Diese wurden an die Regiobahn Fahrbetriebsgesellschaft mbH veräußert.

Verkehre
* SPNV Kaarst – Neuss – Düsseldorf – Erkrath – Mettmann mit 1,2 Mio. Zugkm/a seit 26.09.1999 bis Dezember 2021 im Auftrag des Verkehrsverbundes Rhein-Ruhr (VRR), Leistungen wurden an die Regiobahn Fahrbetriebsgesellschaft mbH vergeben

---

Regiobahn Bitterfeld Berlin GmbH (RBB) 🆖🅘

OT Bitterfeld
ChemiePark Areal C
Straße am Landgraben 5
DE-06749 Bitterfeld-Wolfen
Telefon: +49 3493 7-8400
Telefax: +49 3493 7-8401
info.rbb@captrain.de
www.captrain.de

Management
* Dipl.-Ing. (FH) Michael Meinhardt (Geschäftsführer)

Gesellschafter
Stammkapital 1.035.000,00 EUR
* Captrain Deutschland GmbH (CT-D) (100 %)

Lizenzen
* DE: EIU für eigenes Streckennetz seit 25.04.1996
* DE: EVU-Zulassung (PV+GV) seit 25.04.1996, gültig bis 30.04.2026

Infrastruktur
* RBB-Infrastruktur im Raum Bitterfeld / Wolfen (39 km), Anschluß an die Infrastruktur der DB Netz AG in Bitterfeld-Nord
* Betriebsführung für verschiedene Anschlussbahnen in Sachsen und Sachsen-Anhalt; u.a. seit 01.04.2001 Betriebsführung der Anschlussbahn der Flachglas Torgau GmbH (4 km)

Unternehmensgeschichte
Die Regiobahn Bitterfeld entstand am 01.07.1995 durch den Zusammenschluss der Werkbahnbetriebe der Filmfabrik Wolfen, der ehemaligen Chemie AG Bitterfeld-Wolfen und der Mitteldeutschen Bergbauindustrie. Zum 01.01.1996 wurden die Gesellschaftsanteile von der damaligen DEG-Verkehr, heute Captrain Deutschland, übernommen. Zwischen Dezember 1999 und Dezember 2003

RBB / Regiobahn Fahrbetrieb

oblag der RBB die Bedienung der umliegenden Tarifpunkte Bitterfeld, Bitterfeld Nord, Muldenstein, Burgkemnitz, Roßlau, Coswig, Rodleben, Jeber-Bergfrieden, Zerbst und Dessau in Kooperation mit der damaligen DB Cargo AG / Railion Deutschland AG.
Die Ausweitung des Transportgeschäfts auf Kunden außerhalb des Bitterfelder Industriegebiets begann im Jahr 2001. Den Anfang machte ein Glashersteller in Torgau, der mit Dolomit aus Scharzfeld am Südharz beliefert wurde. Inzwischen versorgt die RBB auch einen weiteren Glashersteller mit Rohstoffen.
Als weiteres Standbein hat die RBB den Transport von nachwachsenden Rohstoffen entwickelt. Gemeinsam mit Partnerunternehmen werden so Rapsmethylester und andere Vorprodukte von verschiedenen und wechselnden Standorten zu Verarbeitern in Mitteldeutschland befördert.
Am 28.05.2003 konnte die RBB die neue Wartungshalle im Chemiepark Bitterfeld-Wolfen offiziell in Betrieb nehmen. Die 42 Meter lange Halle mit zwei Gleisen, einer Grube und einer Tankstelle ersetzte die veralteten Anlagen aus der Zeit zwischen 1910 und 1925. Der rund 1,8 Mio. EUR teuere Neubau wurde komplett von der RBB eigenfinanziert.
Die RCB Rail Cargo Berlin GmbH ist zum 01.01.2005 auf die Schwestergesellschaft Regiobahn Bitterfeld GmbH verschmolzen worden. Diese hat im gleichen Zug ihren Namen in Regiobahn Bitterfeld Berlin GmbH geändert.
2009 beförderte die RBB rund 1,5 Mio. t im Güterverkehr (2008: 1,2 Mio. t). Bis 2013 wuchs das Transportvolumen auf rund 4 Mio. Jahrestonnen an. U.a. wurde dies durch die Übernahme der Mineralölverkehre sowie zugehöriger Loks der Schwestergesellschaft mit der damaligen Firmierung rail4chem Eisenbahnverkehrsgesellschaft mbH im dritten Quartal 2010 realisiert.
Im Geschäftsjahr 2012 reduzierte sich der Umsatz insbesondere durch wegfallende, verlustbringende Transporte für die Mineralölindustrie um 7,68 Mio. EUR auf 20,07 Mio. EUR. Von den Umsatzerlösen entfallen 82,37 % (i. Vj. 78,37 % 6 Kunden-) auf Umsatzerlöse mit den fünf größten Kunden (SGO; Guardian; Mibrag; Verbio; Total). Im Jahr 2012 reduzierten sich die transportierten Mengen auf 2.403.230 Tonnen (i. Vj. 3.690.170 Tonnen). Ende 2012 beschäftigte die RBB 63 (im Vorjahr 67) Mitarbeiter.

Verkehre
* Güterverkehr auf RBB-Infrastruktur (ca. 700.000 t pro Jahr)
* Chemietransporte Bitterfeld (Wagentausch mit Dritten) – Zschornewitz (Imerys Fused Minerals Zschornewitz GmbH); Spotverkehre
* Braunkohletransporte Profen (Übernahme von Mitteldeutsche Braunkohlengesellschaft mbH) – Kraftwerk Buschhaus; seit 01.01.2013

* Dolomittransporte Scharzfeld (Rheinkalk HDW GmbH & Co. KG) – Torgau (Flachglas Torgau GmbH); seit 2001
* Dolomittransporte Scharzfeld (Rheinkalk HDW GmbH & Co. KG) – Wolfen (Guardian Flachglas GmbH); seit 2001
* Getreidetransporte Frankreich – Bad Langensalza (Heyl-Mühle) [DE]; Spotverkehr; betriebliche Abwicklung in Deutschland von Forbach [FR] bis Neudietendorf (Übergabe an Erfurter Bahn GmbH (EB)) im Auftrag der Europorte France SAS (EPF)
* Quarzsandtransporte Hohenbocka (Quarzwerke GmbH) – Torgau (Flachglas Torgau GmbH); seit 01.07.2002
* Quarzsandtransporte Hohenbocka (Quarzwerke GmbH) – Wolfen (Guardian Flachglas GmbH); seit 2003
* Sodatransporte Staßfurt (Sodawerk Staßfurt GmbH & Co. KG) – Torgau (Flachglas Torgau GmbH); seit 2002
* Sodatransporte Staßfurt (Sodawerk Staßfurt GmbH & Co. KG) – Wolfen (Guardian Flachglas GmbH); seit 2002
* Mineralöltransporte Großkorbetha – Hanau; 15 x pro Woche seit 02.01.2007; Zustellung in Hanau durch die HFM Managementgesellschaft für Hafen und Markt mbH; 10.2010 von rail4chem übernommen
* Rapsöl-, Biodiesel- und Bioethanoltransporte; bundesweite Spottransporte u.a. von und nach Zörbig, Bitterfeld und Riesa
* Schwefeltransporte Großkorbetha – Saint-Clair-Les Roches (Rhodia) [FR]; 1 x pro Woche seit 16.06.2009; betriebliche Durchführung auf dem deutschen Streckenabschnitt; 10.2010 von rail4chem übernommen
* Rangierdienst in Leipzig (Porsche); seit 01.01.2014

Regiobahn Fahrbetriebsgesellschaft mbH Ⓟ

An der Regiobahn 15
DE-40822 Mettmann
Telefon: +49 2104 305-0
Telefax: +49 2104 305-105
info@regio-bahn.de
www.regio-bahn.de

Management
* Dipl.-Oec. Ulrich Bergmann (Geschäftsführer)
* Jürgen Hambuch (Geschäftsführer)

Regiobahn Fahrbetrieb / RBK

Gesellschafter
Stammkapital 25.000,00 EUR
* Stadt Düsseldorf (39 %)
* Rhein-Kreis Neuss (26 %)
* Kreis Mettmann (22,2 %)
* Stadt Kaarst (12,8 %)

Lizenzen
* DE: EVU-Zulassung (PV) seit 01.02.2006, gültig bis 28.02.2021

Unternehmensgeschichte
Um die gesetzlichen Vorschriften zur Trennung von Eisenbahninfrastruktur und Zugbetrieb zu erfüllen, hat die Regionale Bahngesellschaft Kaarst-Neuss-Düsseldorf-Erkrath-Mettmann-Wuppertal mbH (Regio-Bahn) als Eigentümer der Infrastruktur sowie der Fahrzeuge der Strecke am 20.10.2005 die Regiobahn Fahrbetriebsgesellschaft mbH als Tochterunternehmen gegründet. Diese hat die Transdev Rheinland GmbH mit der Erbringung der Fahrbetriebsleistung, der Wartung und Instandsetzung an den zwölf Talent-Dieseltriebwagen sowie der Sicherheits- und Servicedienstleistungen beauftragt.
Seit 01.01.2011 sind nicht mehr die Regio-Bahn sondern vier Kommunen Gesellschafter des Unternehmens, das Gleichzeitig auch die zwölf Talent-Dieseltriebwagen von der ehemaligen Muttergesellschaft übernahm.
Für die Streckenerweiterung nach Wuppertal benötigt die Gesellschaft vier zusätzliche Fahrzeuge. Diesbezüglich finden auch Gespräche mit der DB Regio AG, von der ggf. Triebzüge der Baureihe 644 erworben werden könnten.

Verkehre
* SPNV Kaarst – Neuss – Düsseldorf – Erkrath – Mettmann mit 1,2 Mio. Zugkm/a seit 26.09.1999 bis Dezember 2021 im Auftrag des Verkehrsverbundes Rhein-Ruhr (VRR), Leistungen wurden an die RBE / Transdev Rheinland GmbH untervergeben; mit Ausweitung nach Wuppertal vsl. 1,7 Zugkm/a

RBK

Regionalbahn Kassel GmbH (RBK)

Königstor 3
DE-34117 Kassel
Telefon: +49 561 3089-131
Telefax: +49 561 3089-121
rbk@regionalbahn-kassel.de
www.regionalbahn-kassel.de

Management
* Dr. Thorsten Ebert (Geschäftsführer)
* Dipl.-Ing. Veit Salzmann (Geschäftsführer)

Gesellschafter
Stammkapital 260.000,00 EUR
* Kasseler Verkehrs-Gesellschaft AG (KVG) (50 %)
* HLB Basis AG (50 %)

Lizenzen
* DE: EVU-Zulassung (PV); gültig vom 26.02.2013 bis 29.02.2028

Infrastruktur
* Bau und Betrieb der Infrastruktur der Straßenbahn von Helsa nach Hessisch Lichtenau, genehmigt bis 15.07.2027
* Eisenbahninfrastruktur von km 16,40 in der Nähe der Ausweichanschlussstelle Papierfabrik bis km 35,00 (in der Nähe des Bahnhofes Hessisch Lichtenau) der Strecke Kassel-Wilhelmshöhe – Hessisch Lichtenau-Epterode, Betriebsgenehmigung bis 28.02.2048

Unternehmensgeschichte
Die Regionalbahn Kassel GmbH (RBK) wurde am 28.03.1990 unter dem Namen „Verkehrsunternehmergemeinschaft Baunatal GmbH" gegründet und sollte die Strecke der Kassel-Naumburger Eisenbahn AG (KNE, heute HLB Basis AG) bis Großenritte wieder im SPNV betreiben. Das Vorhaben gelang und seit 28.05.1995 fahren die beiden von der Muttergesellschaft KVG betriebenen Straßenbahnlinien 2 und 5 über das Kasseler Straßenbahnnetz hinaus bis Großenritte. Als zweiter Schritt konnte der SPNV auf einem Teil der 1985 durch die DB stillgelegten Eisenbahnlinie Kassel – Eschwege wieder aufgenommen werden. Unter dem Markennamen „Lossetalbahn" verkehrten seit 10.06.2001 Straßenbahnen der KVG-Linie 4 von Kassel nach Helsa und ab 29.01.2006 weiter bis Hessisch Lichtenau.

RBK / RVM

Aus einer europaweiten Ausschreibung des Nordhessischen Verkehrsverbundes (NVV) zum Betrieb eines „RegioTram" genannten Stadtbahnsystems in Kassel und Umland in Anlehnung an das Karlsruher Modell ging die RBK zusammen mit der DB Regio AG als Sieger hervor. Die Leistungen waren dabei für den Zeitraum Dezember 2006 bis 2012 ausgeschrieben worden. Für die Abwicklung des Verkehrs gründete die RBK zusammen mit der DB Regio AG die RegioTram Betriebsgesellschaft mbH (RTB).
Zunächst erfolgte auf allen designierten RegioTram-Linien die stufenweise Aufnahme eines Vorlaufbetriebes mit Start und Ziel am Kasseler Hauptbahnhof. Dieser begann am 10.06.2001 mit gemieteten Saarbahn-Fahrzeugen auf der Strecke nach Warburg (Linie RT 3). Seit Juli 2004 erfolgte die Auslieferung von insgesamt 28 durch die RBK beschafften Triebzügen des Typs RegioCITADIS, von denen zehn (751 - 760) als Hybridfahrzeuge zusätzlich mit Dieselmotoren ausgerüstet sind, da auch nicht elektrifizierte Streckenabschnitte befahren werden. Die ersten Elektrotriebzüge wurden am 08.05.2005 in den Vorlaufbetrieb nach Warburg eingesetzt und ersetzten die Saarbahn-Fahrzeuge. Den ersten Planeinsatz der Hybridfahrzeuge gab es in der Hauptverkehrszeit vom 29.01.2006 bis zum 06.07.2007 mit dem Vorlaufbetrieb der seinerzeitigen Regiotramlinie 2 auf der Lossetalbahn, der die Straßenbahnlinie 4 überlagerte. Am 01.06.2006 begann der Vorlaufbetrieb nach Melsungen (RT 5), am 10.12.2006 nach Wolfhagen (RT 4, mit Hybridfahrzeugen) und am 15.04.2007 nach Treysa (RT 9).
Nach Inbetriebnahme der unterirdischen neuen Verbindungsstrecke zwischen dem Bahnsteigbereich des Kasseler Hauptbahnhofes und dem innerstädtischen Straßenbahnnetz konnte dann zum Vollbetrieb der Regiotram übergegangen werden. Am genannten Tag erfolgte dies zunächst für die Linie RT 4, am 16.09.2007 für RT 3 und 5 und am 09.12.2007 für die RT 9. An der von den Linien RT 3 und 4 befahrenen DB-Strecke zwischen Kassel Hbf und Obervellmar wurden am 13.12. 2008 die neuen Haltestellen Kassel-Jungfernkopf und Vellmar-Osterberg/EKZ in Betrieb genommen, denen am 25.04. 2009 die Haltestelle Kassel-Kirchditmold im selben Streckenabschnitt folgte. An der Strecke der RT 5 wurde am 20.05.2011 die neue Haltestelle Melsungen-Bartenwetzerbrücke in Betrieb übergeben. Später sollen hier noch die neuen Haltestellen Melsungen-Schwarzenberg und Melsungen-Süd hinzukommen. Um ab dem Fahrplanjahr 2014 das Zielkonzept mit Halbstundentakt auf allen Linien anbieten zu können, wurde auf der Strecke nach Wolfhagen (Linie RT 4) seit Anfang 2011 der ca. 1 km lange Abschnitt zwischen dem Abzweigbahnhof Obervellmar und der neu anzulegenden Station Ahnatal-Casselbreite zweigleisig ausgebaut, der sich anschließende Hp Heckershausen zum Kreuzungsbahnhof aufgewertet und der Bahnhof Obervellmar mit einem dritten (Bahnsteig-)Gleis versehen.
Da im Zielkonzept alle 28 Fahrzeuge auf den Linien 3 bis 5 benötigt werden, wurde die RT 9, die stets nur als Übergangslösung geplant war, zum o. g. Zeitpunkt auf herkömmliche Eisenbahnfahrzeuge umgestellt, so dass die Anbindung der Kasseler Innenstadt nicht mehr möglich ist. Diese Leistungen mit einem Umfang von 780.000 Zugkm/a wurden vom NVV für eine Laufzeit von zehn Jahren ab Dezember 2014 an die HLB Hessenbahn GmbH vergeben, die hierfür fabrikneue FLIRT-Triebzüge einsetzen wollte. Da diese aber noch nicht zur Verfügung standen, kommen für die drei Planumläufe zunächst zwei von der DB-Kurhessenbahn angemietete 628 als „R 9" und weiterhin eine RT-Garnitur zum Einsatz. Mit Inbetriebnahme der FLIRT wird die Linie dann durchweg als Regionallinie „R 9" geführt.
Auch für die verbleibenden drei RT-Linien hat der NVV am 03.05.2012 die europaweite Ausschreibung mit einem Umfang von 2,4 Mio. Zugkm/a und einer Vertragslaufzeit von mindestens zehn Jahren ab Dezember 2013 (im ersten Betriebsjahr noch inklusive der RT 9) beschlossen. Der Zeitraum ab Dezember 2012 bis zum Inkrafttreten des neuen Verkehrsvertrages wurde mit einer Direktvergabe geschlossen. Mitte Dezember 2013 nahm die RegioTram Gesellschaft mbH (RTG) als Joint venture von KVG und HLB den Betrieb auf (siehe dort).
Die eingesetzten RegioTram-Triebzüge befinden sich weiterhin im Eigentum der RBK und werden an den Betreiber vermietet. Sie werden durch die RBK in den Werkstätten von DB Regio sowie am eigens dafür ausgebauten Standort Sandershäuser Straße der KVG instand gehalten.

Regionalverkehr Münsterland GmbH
Ein Unternehmen der WVG-Gruppe

Regionalverkehr Münsterland GmbH (RVM) G I

Krögerweg 11
DE-48155 Münster
Telefon: +49 251 6270-0
info@rvm-online.de
www.rvm-online.de

RVM

Verwaltung
Beckumer Straße 70
DE-59555 Lippstadt
Telefon: +49 2941 745-0
Telefax: +49 2941 745-18

Betriebshof
Am Kleinbahnhofe 15
DE-48429 Rheine
Telefon: +49 5971 9719-0

Management
* Dipl.-Wirtschaftsing. (FH) André Pieperjohanns (Geschäftsführer)
* Dipl.-Geogr. Werner Linnenbrink (Geschäftsführer)

Gesellschafter
Stammkapital 7.669.400,00 EUR
* Kreis Steinfurt (27,99 %)
* Kreis Coesfeld (27,09 %)
* Kreis Warendorf (18,8 %)
* Kreis Borken (17,62 %)
* Stadt Münster (4,02 %)
* Stadt Lüdinghausen (1,67 %)
* Stadt Ahlen (1,3 %)
* Stadt Beckum (0,91 %)
* Stadt Sendenhorst (0,25 %)
* Stadt Selm (0,2 %)
* Gemeinde Everswinkel (0,17 %)

Beteiligungen
* Westfälische Verkehrsgesellschaft mbH (WVG) (47,14 %)

Lizenzen
* DE: EIU Osnabrück-Eversburg – Rheine-Altenrheine
* DE: EIU Rheine – Spelle
* DE: EVU-Zulassung (GV) seit 16.12.1986, gültig bis 31.12.2031

Infrastruktur
* Osnabrück-Eversburg – Rheine-Altenrheine (46,64 km)
* Rheine – Spelle (11,07 km), seit 01.01.2002 von DB Netz AG gepachtet

Unternehmensgeschichte
Die heutige Regionalverkehr Münsterland GmbH (RVM) hat ihre Ursprünge in der Kleinbahn Piesberg-Rheine AG. Diese am 07.08.1900 gegründete Gesellschaft eröffnete am 24.10.1903 zwischen Osnabrück-Eversburg und Recke den ersten Abschnitt (24 km) der heutigen RVM-Strecke als meterspurige Kleinbahn. Im folgenden Jahr, am 16.05.1904, wurde mit der Fertigstellung des Abschnittes Recke – Rheine Kanalhafen (16,9 km) die Stadt Rheine erreicht. Am 10.05.1905 folgten die Erweiterungen Rheine Kanalhafen – Rheine Stadtberg – Rheine/Altenrheine (8,9 km) und Rheine Stadtberg – Rheine/Ibbenbürener Straße. Die Schmalspurigkeit der Kleinbahn entwickelte sich in den 1920er und -30er Jahren zunehmend zum Nachteil, so dass die Gesamtstrecke von 1934 bis zur Neueröffnung am 30.03.1935 von Meter- auf Normalspur umgespurt wurde. Seit Dezember 1935 firmierte die Kleinbahn unter dem Namen Tecklenburger Nordbahn AG.
Eine weitere Umbenennung erfolgte am 09.12.1960, als Verkehrsbetriebe Kreis Tecklenburg - Tecklenburger Nordbahn AG zur neuen Bezeichnung der Bahn und des seit den 1950er-Jahren aufgebauten Netzes an ÖPNV-Buslinien wurde. 1967 endete der SPNV zwischen Osnabrück-Eversburg und Rheine, Busse sorgen hier seither für die ÖPNV-Anbindung. Unter dem Dach der WVG, einer Geschäfts- und Betriebsführungsgesellschaft mehrerer westfälischer NE-Bahnen, entstand am 01.01.1980 unter Einbeziehung einiger Busbetriebe die heutige RVM.
Die RVM hat derzeit drei eigene Lokomotiven im Einsatz. Kleine Unterhaltungsarbeiten werden weiterhin in der Lokhalle Rheine-Stadtberg erledigt, größere Reparaturen und Unterhaltungsarbeiten erfolgen in der WLE-Werkstatt Lippstadt.
Die Leistungsdaten der RVM der vergangenen Jahre:
* 2005: Kooperationsverkehr 260.607 t, Eigenverkehr 35.927 t
* 2007: Kooperationsverkehr 360.842 t, Eigenverkehr 119.026 t
* 2008: Kooperationsverkehr 284.800 t, Eigenverkehr 45.700 t
* 2009: Kooperationsverkehr 378.200 t, Eigenverkehr 66.500 t
* 2012: 488.000 t bzw. 34,497 Mio. netto.tkm auf eigener Infrastruktur und jener der DB Netz AG
* 2013: 388.612 t , davon Eigenverkehr 67.343 t, davon Kooperationsverkehr 321.269 t; auf eigener Infrastruktur und jener der DB Netz AG

Der Personalstamm des RVM-Güterverkehrsbereiches umfasste mit Stand Dezember 2013 zehn Mitarbeiter.

Verkehre
* Güterverkehr auf der Strecke Rheine – Spelle, Wagentausch mit der DB Schenker Rail Deutschland AG in Rheine; Hauptkunde ist die Rekers Betonwerk GmbH & Co. KG in Spelle
* Transport von Betonfertigteilen seit 2004 von Spelle (Rekers Betonwerk GmbH & Co. KG) im Rahmen von Spotverkehren zu wechselnden Destinationen in Deutschland und den Niederlanden
* Kerosintransporte Hesepe (Tanklager Bramsche der Fernleitungs-Betriebsgesellschaft mbH (FBG)) – Osnabrück (Übergabe); Spotverkehre u.a. im Auftrag der DB Schenker Rail Deutschland AG

RLG

Regionalverkehr Ruhr-Lippe GmbH
Ein Unternehmen der WVG-Gruppe

Regionalverkehr Ruhr-Lippe GmbH (RLG)

Am Bahnhof 10
DE-59494 Soest
Telefon: +49 2921 395-0
Telefax: +49 2921 395-26
info@rlg-online.de
www.rlg-online.de

Eisenbahnverwaltung
Beckumer Straße 70
DE-59555 Lippstadt

Management
* Dipl.-Wirtschaftsing. (FH) André Pieperjohanns (Geschäftsführer)
* Dipl.-Geogr. Werner Linnenbrink (Geschäftsführer)

Gesellschafter
Stammkapital 6.161.100,00 EUR
* Kreis Soest (36,51 %)
* Hochsauerlandkreis (35,15 %)
* Stadt Arnsberg (7,45 %)
* Stadt Hamm (5,35 %)
* Stadt Soest (3,99 %)
* Stadt Lippstadt (3,75 %)
* Stadt Sundern (2,57 %)
* Stadt Brilon (1,01 %)
* Stadt Winterberg (0,71 %)
* Stadt Medebach (0,55 %)
* Stadt Warstein (0,39 %)
* Stadt Werl (0,26 %)
* Stadt Hallenberg (0,25 %)
* Gemeinde Ense (0,25 %)
* Gemeinde Möhnesee (0,25 %)
* Stadt Erwitte (0,25 %)
* Gemeinde Lippetal (0,25 %)
* Gemeinde Welver (0,25 %)
* Stadt Rüthen (0,25 %)
* Gemeinde Anröchte (0,25 %)
* Stadt Marsberg (0,15 %)
* Stadt Olsberg (0,15 %)

Beteiligungen
* Westfälische Verkehrsgesellschaft mbH (WVG) (28,57 %)

Lizenzen
* DE: EIU Hamm RLG – Vellinghausen
* DE: EIU Neheim-Hüsten – Arnsberg Süd
* DE: EIU Neheim-Hüsten – Sundern
* DE: EIU Soest – Soest Süd
* DE: EVU-Zulassung (GV) seit 31.12.1987, gültig bis 31.12.2038

Infrastruktur
* Hamm RLG – Vellinghausen (km 15,0); ex Ruhr-Lippe Eisenbahnen
* Neheim-Hüsten – Arnsberg Süd (11,20 km); ex Ruhr-Lippe Eisenbahnen
* Neheim-Hüsten – Sundern (13,60 km); ex Eisenbahn Neheim-Hüsten – Sundern

Unternehmensgeschichte
Zwischen 1898 und 1910 entstand unter Regie der anfänglich ausschließlich im Besitz des Kreises Soest befindlichen Ruhr-Lippe-Kleinbahnen zwischen Neheim-Hüsten, Arnsberg, Soest und Hamm ein über 90 km umfassendes Netz meterspuriger Kleinbahnen. Zum 19.01.1903 wurde die Gesellschaft zur Ruhr-Lippe-Kleinbahnen GmbH umfirmiert, zudem wurden der Kreis Hamm, das Amt Rhynern und die Stadt Hamm zu Anteilseignern. Zwei Jahre später wechselte man abermals die Unternehmensform und trat fortan als Ruhr-Lippe-Kleinbahnen AG auf.
Einzelne Streckenabschnitte in den Stadtgebieten von Hamm, Werl, Soest und Neheim-Hüsten wurden zwischen 1910 und 1915 mit einer dritten Schiene ausgestattet, um auch normalspurige Güterwagen transportieren zu können. Die am 01.02.1907 eröffnete Strecke Neheim-Hüsten – Arnsberg Jägerbrücke (8,3 km) war von Anfang an dreischienig ausgeführt. 1927 wurde der 1904 eröffnete Abschnitt Hamm – Uentrop (11,5 km) vollständig auf Normalspur umgespurt, 1940 folgte der ebenfalls 1904 eröffnete Abschnitt Uentrop – Lippborg (7 km). Seit 1938 nannte sich das Unternehmen Ruhr-Lippe Eisenbahn (RLE).
In den Nachkriegsjahren wanderten zahlreiche Verkehre der Kleinbahnen auf die Straße ab. Zwischen 1953 und 1968 wurden zahlreiche Abschnitte stillgelegt und der gesamte Schmalspurbetrieb eingestellt. Auf den verbleibenden normalspurigen Abschnitten wurde der SPNV abschnittsweise eingestellt. 1973 ergab sich ein Zuwachs im Streckennetz der RLE, als sie die bisherige WLE-Strecke Soest – Soest Süd übernahm. Nach der Stilllegung der Strecke Soest Süd – Belecke hatte dieser Abschnitt nicht länger eine Verbindung zum Restnetz der WLE, so dass die ebenfalls von öffentlicher Hand gehaltene WLE das Reststück an die regional aktive RLE abgab.
Seit den 1950er-Jahren baute die RLE ein großes Busliniennetz in der Region auf. 1978 firmierte die RLE zur Ruhr-Lippe Eisenbahn GmbH um. Zwei Jahre später, am 01.01.1980, entstand unter dem Dach der Geschäfts- und Betriebsführungsgesellschaft WVG

RLG / RTG

die heutige Regionalverkehr Ruhr-Lippe GmbH (RLG).
1978 hatte die RLE die Kleinbahn Neheim-Hüsten – Sundern übernommen, welche eine 14,2 km lange, normalspurige Strecke zwischen ihren namensgebenden Orten betrieb. 1990 erfolgte der Verkauf des RLG-Streckenabschnitts Vellinghausen – Lippborg an die Museumseisenbahn Hamm e.V., welche an Sommerwochenenden Museumszüge zwischen Hamm und Lippborg einsetzt.
Die RLG betreibt heute Güterverkehr auf den Relationen:
* Hamm – Vellinghausen
* Neheim Hüsten – Arnsberg (Westf) Süd
* Neheim Hüsten – Sundern

Zwischen Hamm und Vellinghausen sorgen vor allem das Kohlekraftwerk in Schmehausen sowie Betriebe der chemischen Industrie für Güterverkehrsaufkommen. In Uentrop bestand eine Verbindung zum Werkbahnnetz der RAG-Zeche „Westfalen" in Ahlen (Westf), die von RAG-Zügen genutzt wurde, die zwischen der Zeche und dem Kraftwerk Schmehausen verkehrten. Die von Neheim-Hüsten ausgehenden Güterverkehre besorgt eine im dortigen Lokschuppen stationierte Maschine. Für Verkehrsaufkommen sorgen vor allem eine Papierfabrik in Arnsberg sowie forstwirtschaftliche Güter. Die an beiden Standorten eingesetzten Loks werden durch die Werkstatt der WLE gewartet und repariert.
Zwischen Soest und Soest Süd hatte die RLG den Güterverkehr 1998 an die DB abgegeben, die diesen aber zum 31.12.2001 komplett einstellte. Die Strecke weist somit aktuell keinen Verkehr auf.
In den vergangenen Jahren beförderte die RLG:
* 2005: 838.992 t , davon nur 341 t im Eigenverkehr. Die restlichen Anteile entfielen auf Kooperationsverkehre mit der DE (215.388 t) und der Railion Deutschland AG (623.263 t)
* 2007: 1.154.357 t , davon im Kooperationsverkehr mit der damaligen Railion Deutschland AG 551.585 t und mit anderen EVU 602.772 t
* 2008: 958.600 t, davon im Kooperationsverkehr mit der DB Schenker Rail Deutschland AG 404.900 t und mit anderen EVU 553.700 t
* 2009: 772.700 t im Kooperationsverkehr mit der Schenker Rail Deutschland AG und anderen EVU
* 2012: 416.000 t bzw. 26,376 Mio. netto-tkm auf eigener Infrastruktur und Infrastruktur von Dritten

Im Güterverkehr der RLG sind zwölf Mitarbeiter beschäftigt (Dezember 2012).

Verkehre
* Güterverkehr auf eigener Infrastruktur
* Kohletransporte Dortmund-Hardenberghafen – Arnsberg Süd (Cascades Arnsberg GmbH / Reno De Medici Arnsberg GmbH); seit 20.02.2006 im Auftrag der Dortmunder Eisenbahn GmbH (DE)
* Schrotttransporte Hamm (Heinrich Hark GmbH & Co. KG) – Witten (Deutsche Edelstahlwerke GmbH (DEW)); 2 x pro Woche seit April 2011
* Kohletransporte Rheinkamp (Übernahme von RBH Logistics GmbH) – Hamm (Kraftwerk Westfalen); seit 04.10.2011 mit stark schwankenden Frequenzen je nach Bedarf

RegioTram Gesellschaft mbH (RTG) 🅿

Sandershäuser Straße 23
DE-34123 Kassel
Telefon: +49 561 3089-0
Telefax: +49 561 7822121
kvg@kvg.de
www.kvg.de

Management
* Jochen Fink (Geschäftsführer)
* Klaus Peter Reintjes (Geschäftsführer)

Gesellschafter
Stammkapital 50.000,00 EUR
* Kasseler Verkehrs-Gesellschaft AG (KVG) (50 %)
* Hessische Landesbahn GmbH - HLB (50 %)

Lizenzen
* DE: EVU-Lizenz (PV); gültig vom 01.10.2013 bis 14.12.2028

Unternehmensgeschichte
Die am 19.03.2013 als Tochter von KVG und HLB gegründete RegioTram Gesellschaft mbH (RTG) ist nach europaweiter Ausschreibung seit Dezember 2013 für den SPNV innerhalb des Kasseler Zweisystem-Stadtbahnsystems „RegioTram" zuständig. Die RTG übernahm diese Aufgabe von der RegioTram Betriebsgesellschaft mbH (RTB), einem Joint-Venture der Regionalbahn Kassel mbH (RBK) mit der DB Regio AG (siehe dort). Die RBK (siehe dort zur Historie der RegioTram) stellt auch weiterhin die 28 Fahrzeuge für die RTG. Das neue kombinierte Eisenbahn- und Straßenbahnverkehrsunternehmen beschäftigt 100 Mitarbeitern, darunter 75 Triebfahrzeugführer und 20 Zugbegleiter. Neben dem eigenen Personal sind bei der RTG auch Mitarbeiter des KVG-Mutterkonzerns Kasseler Verkehrs- und Versorgungs-GmbH (KVV), der KVG selbst sowie der HLB im Rahmen von Dienstleistungsverträgen tätig.

RTG / RBG

Verkehre
* SPNV „RegioTram" von 15.12.2013 bis Dezember 2023 im Auftrag des Nordhessischen Verkehrsverbundes (NVV); 2,4 Mio. Zugkm/a
  SPNV RT3 Hümme – Kassel, Holländische Straße
  SPNV RT4 (Wolfhagen) – Zierenberg – Kassel, Holländische Straße
  SPNV RT5 Melsungen – Kassel, Auestadion
* SPNV „RegioTram" von 15.12.2013 bis Dezember 2015 (Übergang der Linie auf HLB) im Auftrag des Nordhessischen Verkehrsverbundes (NVV); 0,6 Mio. Zugkm/a
  SPNV RT9 Treysa – Kassel Hauptbahnhof

Rennsteigbahn GmbH & Co. KG (RBG) PGI

Bahnhof Stützerbach, Bahnhofstraße
DE-98714 Stützerbach

Verwaltung
Am Rennsteig 3 (Bahnhof Rennsteig)
DE-98711 Schmiedefeld am Rennsteig
Telefon: +49 36782 70666
Telefax: +49 36782 70660
info@rennsteigbahn.de
www.rennsteigbahn.de

Management
* Dr. Lüder Kaltwasser (Geschäftsführer)
* Manfred Thiele (Geschäftsführer)

Gesellschafter
* EPG Eisenbahn- und Bauplanungs-Gesellschaft mbH Erfurt (16,13 %)
* Kley's Bau GmbH & Co. KG (15,53 %)
* Wolfgang Klocke (8,06 %)
* Axel Jahn (8,06 %)
* blankenbach + fischer GmbH bauunternehmung (8,06 %)
* Karlheinz Lippmann (7,76 %)
* Günther Hilmer (7,76 %)
* Lüder Kaltwasser (4,19 %)
* Bertold Schick (4,19 %)
* Rainer Wiegand (4,19 %)
* Manfred Thiele (4,03 %)
* Stefan Schneider (3,3 %)
* Komplementär: Phoenix GmbH

Lizenzen
* DE: EIU Ilmenau – Themar seit 17.11.2003
* DE: EVU-Zulassung (PV+GV) seit 17.11.2003, gültig bis 17.11.2018

Infrastruktur
* Ilmenau – Themar (42,8 km); gepachtet von DB Netz AG seit 01.12.2003
* Schleusingen – Suhl (15,84 km); gepachtet von DB Netz AG, aktuell nicht befahrbar

Unternehmensgeschichte
Die Vorbereitungen zur Gründung der Rennsteigbahn reichen bis in das Jahr 1999 zurück, auch wenn eine Gründung der KG erst zum 01.04.2003 mit Handelsregistereintragung per 05.09.2003 erfolgte. Die als Kommanditist tätige Phoenix GmbH befindet sich zu je einem Drittel im Eigentum von Lüder Kaltwasser, Manfred Thiele sowie der Phoenix GmbH selbst.
Als erste Handlung im Sinne der neuen Firma erwarben die sechs Gründungsgesellschafter 1999 die Lok 94 1184 von der Kochertalbahn. Der SPNV auf der Rennsteigstrecke zwischen Ilmenau und Themar war wegen deren nachfolgend erteilten bereits seit 1998 im SEV abgewickelt und 2001 ganz abbestellt worden. Nach Anpachtung der Infrastruktur führte die RBG schrittweise Sanierungsarbeiten durch, was seit 2004 die Abwicklung von Sonderfahrten in Zusammenarbeit mit dem Verein „Dampfbahnfreunde mittlerer Rennsteig" (DmR) e. V. ermöglicht, bei dem die RBG als EVU genutzt wird. Seit 2005 gab es an den Wochenenden auch wieder SPNV bis Stützerbach, was durch Verlängerung der regulär in Ilmenau endenden Fahrten der damaligen Erfurter Industriebahn GmbH (EIB, heute EB) erfolgte. Diese in der Einführungsphase eigenwirtschaftlich erbrachten Verkehre wurden aber kurzfristig zum Fahrplanwechsel 2007 wieder abbestellt. Seither finden im Personenverkehr nur die genannten Sonderfahrten, teilweise auch nur auf Teilabschnitten statt, wobei die EB zuweilen eigenwirtschaftliche Zubringerverkehre nach Stützerbach fährt. Anfang 2006 gab es auf der Strecke Probefahrten zur nachfolgend erteilten Steilstreckenzulassung der DB-Triebzugbaureihe 612. Eine ins Auge gefasste Aufnahme von touristischen Verkehren mit diesen Fahrzeugen durch DB Regio von weiter entfernten Zielen her hat bislang nicht stattgefunden. Mitte 2009 wurde ein Gutachten zur Vernetzung der touristischen Angebote der Rennsteigregion und der Wieder-Etablierung regelmäßiger touristischer Verkehre auf der Rennsteigstrecke vorgelegt, auf dessen Grundlage das Land über eine neuerliche Bestellung entscheiden will. Auf der Trasse Schleusingen – Suhl soll von Schleusingen aus nur der kurze Abschnitt bis zum Glaswerk St. Kilian im Güterverkehr reaktiviert werden, was bislang aber noch nicht erfolgte. Die Strecke Ilmenau – Großbreitenbach wurde zwischenzeitlich an die Kommunen weiterverkauft und ist nach Entwidmung in einen Radweg umfunktioniert worden.
Neben dem Personenzugengagement konnte die RBG auch im Güterverkehr Fuß fassen, für den drei V 100 erworben wurden. Diese kommen v.a. im Rundholzverkehr bundesweit zum Einsatz. Mitte 2015 läuft hingegen der Vertrag für die im Juni 2005

RBG / Rettenmeier / RBS

aufgenommenen Mülltransporte des Ilmkreises (36.000 t jährlich) auf der Schiene aus und wandert auf den Lkw ab. Die Rennsteigbahn fährt die Züge von der Ladestraße im Bahnhof Ilmenau zur Müllverbrennungsanlage Leuna.
Seit 15.06.2014 ist ein touristischer SPNV zwischen Erfurt und dem Bahnhof Rennsteig an allen Samsund Sonntagen sowie gesetzlichen Feiertagen eingerichtet. Eingesetzt werden Dieseltriebwagen des Typs RS 1 der Erfurter Bahn GmbH (EB), die im Januar 2014 eine Steilstreckenzulassung erhielten.

Verkehre
* sporadische Personensonderzüge
* Mülltransporte Ilmenau – Großkorbetha (Übergabe an InfraLeuna GmbH); 2 x pro Woche von Juni 2005 bis 31.05.2015 im Auftrag des Zweckverbandes Restabfallbehandlung Mittelthüringen (ZRM)
* Rundholztransporte auf unterschiedlichen Relationen (u.a. diverse Ladestellen – Rottleberode; diverse Ladestellen – Torgau (HIT)); seit Januar 2005 im Auftrag der HIT Holzindustrie Torgau OHG

Rettenmeier Air & Rail Betriebs GmbH & Co. KG

Industriestraße 1
DE-91634 Wilburgstetten
Telefon: +49 9853 338-0
Telefax: +49 9853 338-100
email@rettenmeier.com
www.rettenmeier.com

Management
* Helmut Rettenmeier (Geschäftsführer)
* Dr. Josef Rettenmeier (Geschäftsführer)

Gesellschafter
* Komplementär: Rettenmeier Air & Rail Verwaltungs GmbH

Lizenzen
* DE: EIU Schönberg – Hirschberg (Saale) Rettenmeier

Infrastruktur
* Schönberg – Hirschberg (Saale) Rettenmeier (16,2 km); seit 01.09.2006 von DB Netz AG gepachtet
* Gaildorf West – Schönberg (b. Gaildorf) (4,8 km); 22.08.2007 durch Rettenmeier Immobilien GmbH & Co. KG von der Württembergische Eisenbahn-Gesellschaft mbH (WEG) erworben; eventuell Betrieb als Anschlussbahn

Unternehmensgeschichte
Mit Gesellschaftsvertrag vom 10.08.2005 wurde die Rettenmeier Rail Verwaltungs GmbH gegründet, die Eintragung der Rettenmeier Rail Betriebs GmbH & Co. KG in das Handelsregister erfolgte kurze Zeit später. Geschäftsinhalt der KG ist die Organisation und Abwicklung von Logistikprozessen in der Produktionskette Forst/Holz, insbesondere die Erbringung von Eisenbahndienstleistungen und das Betreiben von Eisenbahninfrastruktur. Mit Beschluss der Gesellschafterversammlung vom 04.12.2006 wurde das Halten und der Betrieb (nach luftfahrtrechtlichen Kriterien nicht gewerblich) von Flugzeugen aller Art sowie allen damit in Zusammenhang stehenden Tätigkeiten neu aufgenommen und im Unternehmensnamen ergänzt. Der Flugbetrieb der Rettenmeier-Gruppe wird aktuell mit einem eigenen Firmenflugzeug durchgeführt.
In der Funktion als Eisenbahnunternehmen organisiert die Rettenmeier Air & Rail den Eisenbahnverkehr für den Firmenstandort Wilburgstetten.
Nach Übernahme der Infrastruktur der Strecke Schönberg – Anst. Rettenmeier wurde seit Februar 2007 die gesamte Strecke von Schönberg bis zur Anschlussstelle Rettenmeier instand gesetzt. Dazu wurden bis zum Abschluss der Arbeiten Ende März 2007 mehr als 800.000 EUR investiert. Die Wiederaufnahme des Verkehres erfolgte in der ersten Juniwoche 2007. Bis Ende 2008 befuhren anschließend bis zu drei Hackschnitzelzüge der Salzburger Eisenbahn TransportLogistik GmbH (SETG) pro Woche die Strecke, die mit privaten EVU traktioniert wurden. Seither wird die Infrastruktur jedoch nur äußerst sporadisch genutzt.

Reuschling Bahntechnik und Sondermaschinenbau GmbH (RBS)

Eickener Straße 45
DE-45525 Hattingen
Telefon: +49 2324 5000-0
Telefax: +49 2324 5000-66
info@reuschling.de
www.rbs-reuschling.de

Management
* Walter Schreiber (Geschäftsführer)

Gesellschafter
Stammkapital 26.000,00 EUR
* Westfälische Lokomotivfabrik Reuschling GmbH & Co. KG (WLH) (100 %)

RBS / RHB

Lizenzen
* DE: EVU-Zulassung (PV+GV) seit 03.04.2007, gültig bis 31.03.2022

Unternehmensgeschichte
Als süddeutscher Ableger der Westfälische Lokomotiv-Fabrik Karl Reuschling GmbH & Co. KG (WLH) wurde am 09.03.2007 die RBS Reuschling Bahn und Service GmbH mit Sitz in Augsburg gegründet. Neben der WLH war auch der damalige Geschäftsführer und Eisenbahnbetriebsleiter Frank Lehmann an der Firma beteiligt (49 %). Neben Verkehrs-, Service- und Dienstleistungen als Eisenbahnverkehrsunternehmen war vorgesehen, dass sich die RBS unter dem Dach des geplanten Kompetenzzentrums Schienenverkehr Augsburg im Instandhaltungssektor betätigt. Nachdem die Gesellschaft nicht ausreichend Fuß fassen konnte, beschloss die Gesellschafterversammlung vom 23.10.2008, den Sitz der RBS von Augsburg nach Hattingen zu verlegen. Gleichzeitig wurde die WLH Alleingesellschafter der RBS, die in Reuschling Bahntechnik und Sondermaschinenbau GmbH umfirmiert wurde. Der Geschäftsinhalt wurde neu formuliert und enthält zusätzlich nun u. a. die Entwicklung und Konstruktion von Schienenfahrzeugen und deren Komponenten sowie von Sondermaschinen (als Abgrenzung zum Geschäftsinhalt der WLH). So übernimmt die RBS am Standort Hattingen (Ruhr) den Bau von Seilwinden.

Verkehre
* Überführungsfahrten

Rhein-Haardtbahn-Gesellschaft mbH (RHB)

Postfach 21 12 23
DE-67012 Ludwigshafen
Industriestraße 3-5
DE-67063 Ludwigshafen
Telefon: +49 621 505-1
Telefax: +49 621 505-2220
www.rhein-haardtbahn.de

Management
* Dr. Hans-Heinrich Kleuker (Geschäftsführer)
* Dr.-Ing. Gerhardt Weissmüller (Geschäftsführer)

Gesellschafter
Stammkapital 1.661.698,62 EUR
* Technische Werke Ludwigshafen AG (TWLU) (54 %)
* Stadt Bad Dürkheim
* Rhein-Pfalz-Kreis
* Verbandsgemeinde Maxdorf
* Verbandsgemeinde Wachenheim
* Gemeinde Ellerstadt
* Gemeinde Gönnheim
* Landkreis Bad Dürkheim (DÜW)

Beteiligungen
* Rhein-Neckar Verkehr GmbH (RNV) (2,42 %)

Lizenzen
* DE: EIU Bad Dürkheim – Ludwigshafen Oggersheim
* DE: EVU-Zulassung (PV+GV) seit 19.09.1996, gültig bis 31.12.2033

Infrastruktur
* Bad Dürkheim – Ludwigshafen Oggersheim (16,4 km; Spurweite 1.000 mm)

Unternehmensgeschichte
Die mehrheitlich durch die städtische Technische Werke Ludwigshafen AG gehaltene Rhein-Haardtbahn-Gesellschaft mbH (RHB) betreibt die straßenbahnähnliche, allerdings als Eisenbahn gemäß EBO konzessionierte Meterspurstrecke Bad Durkheim – Ludwigshafen-Oggersheim. Die Strecke ist seit ihrer Eröffnung im Jahr 1913 elektrifiziert (seit 1965 750 V=) und mit Ausnahme kurzer Abschnitte in den Orten Bad Du rkheim und Ellerstadt durchgehend zweigleisig. Ebenfalls seit der Eröffnung verkehren Zu ge aus Bad Dürkheim u ber Oggersheim hinaus u ber die Straßenbahngleise der Verkehrsbetriebe Ludwigshafen GmbH (VBL) und der Mannheimer Verkehrsbetriebe AG (MVG) bis in die Innenstädte Ludwigshafens und Mannheims. Gu terverkehr wird bereits seit 1959 nicht mehr durchgefu hrt, so dass die vorhandene Diesellok nur mehr fu r Arbeitszu ge vorgehalten wird. Der SPNV-Betrieb der RHB wurde zum 01.03.2005 auf die am 01.10.2004 als gemeinsames Tochterunternehmen der Heidelberger Straßen- und Bergbahn AG, der inzwischen in der MVV Verkehr GmbH aufgegangenen MVV OEG AG und MVV Verkehr AG sowie der RHB und der VBL gegründete Rhein-Neckar Verkehr GmbH übertragen. Die RHB bringt mittels Arbeitnehmeru berlassung Personal und durch Vermietung sechs elektrische Triebwagen in den Zusammenschluss ein.

RNV / RSVG

Rhein-Neckar Verkehr GmbH (RNV) ℗

Möhlstraße 27
DE-68165 Mannheim
Telefon: +49 621 465-0
Telefax: +49 621 465-3262
info@rnv-online.de
www.rnv-online.de

Management
* Andreas Emil Hermann Kerber (Kaufmännischer Geschäftsführer)
* Martin in der Beek (Technischer Geschäftsführer)

Gesellschafter
Stammkapital 10.500.000,00 EUR
* MVV GmbH (50 %)
* Heidelberger Straßen- und Bergbahn AG (HSB) (27,829 %)
* Verkehrsbetriebe Ludwigshafen GmbH (VBL) (18,359 %)
* Rhein-Haardtbahn-Gesellschaft mbH (RHB) (2,42 %)
* Stadt Mannheim (1,39 %)
* Stadt Heidelberg (0,001 %)
* Stadt Ludwigshafen am Rhein (0,001 %)

Beteiligungen
* V-Bus GmbH (100 %)
* Zentralwerkstatt für Verkehrsmittel Mannheim GmbH (94,9 %)
* Einkaufs- und Wirtschaftsgesellschaft für Verkehrsbetriebe mbH (BEKA)

Lizenzen
* DE: EVU-Zulassung (PV) seit 17.02.2005, gültig bis 31.12.2019

Unternehmensgeschichte
Die Rhein-Neckar-Verkehr GmbH (RNV) betreibt seit 01.03.2005 als Tochterunternehmen der HSB, VBL, RHB, MVV Verkehr und MVV OEG deren Stadt-, Straßenbahn-, Eisenbahn- und Omnibuslinien. Das zum 01.10.2004 gegründete Unternehmen verfügt über 180 Schienenfahrzeuge und 150 Busse, die mit rund 1.700 Mitarbeitern betrieben werden. Hintergrund der Bildung eines Gemeinschaftsunternehmens ist die mangelnde Wettbewerbsfähigkeit der einzelnen Gesellschaften im liberalisierten Verkehrsmarkt. Durch die Bündelung können der Personaleinsatz optimiert und weitere Synergieeffekte realisiert werden. Die bisher bei den Mutterunternehmen beschäftigten Mitarbeiter verbleiben dort und werden im Wege der Arbeitnehmerüberlassung der RNV zur Verfügung gestellt, wobei dieser nur die Lohnkosten nach dem neuen Haustarifvertrag bezahlt. Ebenfalls bei den Gesellschaftern sind die Infrastrukturen verblieben, die Instandhaltung obliegt aber der RNV. Durch Zukäufe verfügte die RNV zwischenzeitlich über zwei Tochterunternehmen: Ende 2005 entstand die V-Bus GmbH durch Übernahme des Reisedienst Oskar Mühlhäuser in Viernheim zu 99 % und im März 2006 konnten die kompletten Gesellschafteranteile der Omnibusbetriebe Beth GmbH aus Lampertheim übernommen werden. Die RNV hat ihre beiden Bus-Tochtergesellschaften V-Bus GmbH (Viernheim) und Omnibusbetriebe Beth GmbH (Lampertheim) am 24.05.2012 zu einer neuen V-Bus GmbH (Viernheim) verschmolzen.
Die vorhandene EVU-Lizenz wird für die Nutzung der als Eisenbahn nach EBO konzessionierten Infrastruktur der Rhein-Haardtbahn-Gesellschaft mbH (RHB) genutzt.

Verkehre
* Straßenbahnbetrieb in Heidelberg, Ludwigshafen, Mannheim und Umgebung einschließlich der in das Netz eingebundenen Eisenbahnstrecke Ludwigshafen-Oggersheim – Bad Dürkheim der Rhein-Haardtbahn-Gesellschaft mbH (RHB)

Rhein-Sieg-Verkehrsgesellschaft mbH (RSVG) 🅖🅘

Steinstraße 31
DE-53844 Troisdorf
Telefon: +49 2241 499-0
Telefax: +49 2241 499-224
info@rsvg.de
www.rsvg.de

Management
* Bernhard Lescrinier (Geschäftsführer)
* Frank-Michael Reinhardt (Geschäftsführer)

Gesellschafter
Stammkapital 4.090.350,00 EUR
* Kreisholding Rhein-Sieg GmbH (94,5 %)
* Rhein-Sieg-Kreis (5,5 %)

Beteiligungen
* Bus- und Bahn-Verkehrsgesellschaft mbH des Rhein-Sieg-Kreises (BBV) (100 %)
* Rechtsrheinische Bus-Verkehrsgesellschaft mbH (RBV) (100 %)

Lizenzen
* DE: EIU Troisdorf-West – Lülsdorf seit 04.03.1996

RSVG / RSE

* DE: EVU-Zulassung (PV+GV) seit 29.02.1996, gültig bis 30.09.2021

Infrastruktur
* Troisdorf-West – Lülsdorf (ca. 15 km)

Unternehmensgeschichte
Die Rhein-Sieg-Verkehrsgesellschaft mbH (RSVG) entstand am 30.11.1972 durch Vereinigung der Verkehrsbetriebe des Rhein-Sieg-Kreises GmbH mit der Rhein-Sieg-Kreis Eisenbahn (vormals Kleinbahn Siegburg – Zündorf), wobei die Kleinbahn erst einen Monat zuvor umbenannt worden war. Die Strecke von Siegburg nach Zündorf, das seit dem 01.01.1975 zum Kölner Stadtteil Porz gehört, war als elektrische Überlandstraßenbahn erbaut worden und hatte zwischen 1914 und 1921 abschnittsweise den Betrieb aufgenommen. Am 05.08.1913 erteilte der Kölner Regierungspräsident dem damaligen Siegkreis offiziell die Genehmigung für den Bau und Betrieb der Kleinbahn Siegburg – Zündorf, die am 19.03.1914 ihren Betrieb für den Güterverkehr und am 25.05.1914 für die Personenbeförderung aufnahm.
Der Betriebsbahnhof befand sich in Troisdorf-Sieglar, wo auch heute noch der Sitz der RSVG ist. Verlagerung des Personenverkehrs von der Schien auf die Straße wurde 1963/64 vollzogen.
Der verbliebene Güterverkehr wurde 1966 auf Dieselbetrieb umgestellt und beschränkt sich heute auf den vom Kleinbahnnetz übrig gebliebenen Abschnitt Troisdorf-West – Lülsdorf. Größter Kunde ist das Werk der Degussa GmbH am Endpunkt Lülsdorf. Bahnamtlich wurde aus der „Kleinbahn Siegburg-Zündorf" ab 01.04.1966 die „Siegkreis-Eisenbahn" und ab 1972, als aus dem Siegkreis ein Rhein-Sieg-Kreis wurde, bekam die Bahn die heutige Bezeichnung: Rhein-Sieg-Kreis-Eisenbahn.
Bereits im Zeitraum bis 1983 war auch der Linienbusverkehr der Rhein-Sieg-Eisenbahn AG durch die RSVG übernommen worden. Die seit 1921 unter diesem Namen firmierende AG war 1925 in den Omnibusbetrieb eingestiegen und hatte ihren Bahnverkehr bereits 1963 gänzlich eingestellt. Sie ging wiederum auf die bereits 1869 gegründete „Bröltaler Eisenbahn-Actien-Gesellschaft" zurück, die 1860 die Konzession zum Bau der Pferdebahn Hennef – Ruppichteroth erhielt. Die Bröltalbahn genannte Strecke wurde ab 1863 mit Dampf betrieben und war die erste Schmalspurbahn des öffentlichen Verkehrs in Deutschland.

Verkehre
* Güterverkehr auf eigener Infrastruktur

RSE Rhein-Sieg-Eisenbahn GmbH PGI

Königswinterer Straße 52
DE-53227 Bonn
Telefon: +49 228 850340-0
Telefax: +49 228 850340-10
info@rse-bonn.de
www.rse-bonn.de

Management
* Lothar Wenzel (Geschäftsführer)

Gesellschafter
Stammkapital 115.000,00 DM
* 45 Gesellschafter

Beteiligungen
* WB WiehltalBahn GmbH

Lizenzen
* DE: EIU Hermesdorf – Morsbach seit 28.08.2008, gültig bis 31.08.2058
* DE: EIU Neumarkt Sankt-Veit – Frontenhausen-Marklkofen
* DE: EIU Osberghausen – Waldbröl seit 14.08.008, gültig bis 01.01.2056
* DE: EIU Passau – Freyung seit 13.03.2009
* DE: EIU Rinteln Nord – Stadthagen West seit 01.08.2011
* DE: EIU Schleiden – Hellenthal seit 11.12.2008, gültig 50 Jahre
* DE: EIU Wuppertal-Beyenburg – Radevormwald-Krebsöge seit 23.11.2009
* DE: EIU Wuppertal-Beyenburg – Wuppertal-Oberbarmen (km 20,010); gültig vom 02.10.2013 bis 30.11.2059
* DE: EVU-Zulassung (PV+GV) seit 01.07.2005, gültig bis 30.06.2020

Infrastruktur
* Bonn-Beuel – Hangelar (4,5 km); gepachtet von der Stadt Bonn
* „Oleftalbahn" Kall – Schleiden-Oberhausen (14,6 km); gepachtet von DB Netz AG seit 01.11.2008
* Betriebsführung der Strecke Rahden – Uchte (25,1 km); Kommunaleigentum
* Betriebsführung der Strecke Osberghausen – Waldbröl (23,6 km); Kommunaleigentum

RSE / RheinCargo

* Betriebsführung der Strecke Eggmühl – Langquaid (10,3 km); gepachtet von DB Netz AG
* Betriebsführung der Strecke Bad Endorf – Obing (18,5 km) des Vereins Chiemgauer Lokalbahn e.V. (CLB)
* Betriebsführung der Strecke Passau – Freyung (49,5 km) der Ilztalbahn GmbH
* Betriebsführung der Strecke Wuppertal-Beyenburg – Radevormwald-Krebsöge (8,35 km) des Vereins Wupperschiene e.V., seit 23.11.2009
* Betriebsführung Rinteln Nord – Stadthagen West (20,4 km) der Bückebergbahn Rinteln-Stadthagen GmbH seit 01.08.2011
* Neumarkt Sankt-Veit – Frontenhausen-Marklkofen
* Wuppertal-Beyenburg – Wuppertal-Oberbarmen (km 20,010)

Unternehmensgeschichte
Ab Ende der 1980er-Jahre plante die Deutsche Eisenbahn-Gesellschaft AG (DEG), ihre schwach genutzte Bahnstrecke Bonn-Beuel – Hangelar stillzulegen. Mehrere Unternehmen, Vereine und Privatpersonen, die bereits seit Jahren tatkräftig das Ziel der Erhaltung und Entwicklung dieser Infrastruktur verfolgten, gründeten per Gesellschafterversammlung im Juni 1994 und Handelsregistereintrag zum 14.11.1994 die Rhein-Sieg Eisenbahnbetriebs-GmbH (RSE) mit Sitz in Bonn. Rund vier Jahre später wechselte die RSE durch Beschluss der Gesellschafterversammlung vom 12.10.1998 und Handelsregistereintrag vom 19.01.1999 ihre Bezeichnung in RSE Rhein-Sieg-Eisenbahn GmbH.
Auf Bestreben der RSE erwarb die Stadt Bonn im Dezember 1994 die Streckeninfrastruktur zum Preis von 800.000 DM von der DEG und verpachtete diese an die RSE. Die zum 13.10.1995 als EVU für den Personen- und Güterverkehr zugelassene RSE betreibt seither auf der Verbindung nach Hangelar nach Bedarf Güterverkehr sowie Sonderreiseverkehr, etwa zur jährlichen Kirmes „Pützchens Markt". Auf dem Bahnhofgelände in Bonn-Beuel entstand der Betriebsstützpunkt der RSE, im ehemaligen Werkstattgebäude der Fahrleistungsmeisterei unterhält man zwei Wartungsgleise.
Die beim Betrieb der Infrastruktur in Bonn gewonnenen Erfahrungen stellt die RSE auch anderen Besitzern von Schieneninfrastruktur zur Verfügung. Mittlerweile ist die RSE so mit der Betriebsführung von Nebenbahnen in Niedersachsen, Nordrhein-Westfalen und Bayern betraut.
In Nordrhein-Westfalen und im nördlichen Rheinland-Pfalz ist die RSE auch außerhalb der eigenen Infrastruktur als Anbieter von Güterverkehrsleistungen tätig.

Verkehre
* Glastransporte Porz (Saint-Gobain Deutschland AG) – Troisdorf (Übergabe an DB); seit 19.08.2010 im Auftrag der DB Schenker Rail Deutschland AG
* Gütertransporte Troisdorf (Übernahme von DB) – Hangelar; im Auftrag der DB Schenker Rail Deutschland AG
* Gütertransporte Troisdorf (Übernahme von DB) – Lövenich (Greif Germany GmbH); seit August 2011 im Auftrag der DB Schenker Rail Deutschland AG
* Gütertransporte Troisdorf (Übernahme von DB) – Siegburg (Siegwerk Druckfarben AG); 5 x pro Woche seit 12.04.2010 im Auftrag der DB Schenker Rail Deutschland AG
* Gütertransporte Weißenthurm – Andernach (Übergabe an DB); seit 01.01.2001 im Auftrag der DB Schenker Rail Deutschland AG
* Kesselwagentransporte Köln Kalk – Troisdorf (Übergabe an Rhein-Sieg-Verkehrsgesellschaft mbH); 3 x pro Woche Traktion seit 21.06.2010 im Auftrag der Chemion Logistik GmbH
* Personensonderzüge

RheinCargo GmbH & Co. KG G

Hammer Landstraße 3
DE-41460 Neuss
Telefon: +49 2131 5323-0
Telefax: +49 2131 5323-105
info@rheincargo.com
www.rheincargo.com

Standort Neuss
Heerdterbuschstraße 1a
DE-41460 Neuss
Telefon: +49 2131 5323-401
Telefax: +49 2131 5323-445
kundenservice-ne@rheincargo.com

Standort Köln
Scheidtweilerstraße 4
DE-50933 Köln
Telefon: +49 221 390-1151
Telefax: +49 221 390-1152
vertrieb.eisenbahn@rheincargo.com

Management
* Horst Leonhardt (Geschäftsführer)
* Dipl.-Verwaltungswirt Friedrich Rainer Schäfer (Geschäftsführer)

RheinCargo

Gesellschafter
* Häfen und Güterverkehr Köln AG (HGK) (50 %)
* Neuss-Düsseldorfer Häfen GmbH & Co. KG - Neusser Eisenbahn (NE) (50 %)
* RheinCargo Verwaltungs-GmbH (Komplementär)

Lizenzen
* DE: EVU-Zulassung (GV); gültig vom 08.08.2012 bis 31.08.2027
* DE: Sicherheitsbescheinigung, Teil A+B (GV); gültig vom 30.08.2012 bis 29.08.2017
* NL: Sicherheitsbescheinigung, Teil B (GV); gültig vom 11.10.2012 bis 01.11.2016

Unternehmensgeschichte
Die RheinCargo GmbH & Co. KG ist eine am 27.07.2012 in das Handelsregister eingetragene Tochter der Häfen und Güterverkehr Köln AG (HGK) und der Neuss-Düsseldorfer Häfen GmbH & Co.KG (NDH) im Verhältnis 50:50 für den Häfen- und Eisenbahnbereich. Mit einem jährlichen Gesamtgüteraufkommen von rund 50 Mio. t schließt die Kooperation auf den Duisburger Hafen (53 Mio. t) auf. RheinCargo greift auf die Ressourcen von HGK und NDH zurück. Die Leistungen werden intern über Dienstleistungsverträge abgerechnet.
Rund 24 Mio. t (Vorjahr: 21,1 Mio. t) hat RheinCargo 2013 auf der Schiene transportiert, davon allein rund 7,1 Mio. t Mineralöl (wie Vorjahr) und 5,7 Mio. t Kohle (Vorjahr: 2 Mio. t).
Bei den nachfolgenden Verkehren werden in der Historie die Daten der HGK bzw. NDH genannt.

Verkehre
* Gütertransporte innerhalb des HGK-Netzes sowie im Auftrag der DB Schenker Rail Deutschland AG nach Köln-Eifeltor, Köln-Gremberg und Köln-Kalk Nord
* Gütertransporte zu den Anschließern auf den Hafenbahnen Neuss und Düsseldorf; im Auftrag der DB Schenker Rail Deutschland AG sowie privater EVU
* Braunkohlestaubtransporte Frechen (Übernahme von RWE Rheinbraun) – Allmendingen (Schwenk Zement KG); seit 2006 im Auftrag der RSB Logistic GmbH; Ulm Rbf – Allmendingen durch HzL Hohenzollerische Landesbahn AG
* Braunkohlestaubtransporte Frechen (Übernahme von RWE Rheinbraun) – Lägerdorf (Holcim (Deutschland) AG Werk Lägerdorf); 6 x pro Woche seit 01.01.2007 im Auftrag der RSB Logistic GmbH
* Braunkohlestaubtransporte Frechen (Übernahme von RWE Rheinbraun) – Schelklingen (Heidelberger Zement AG); seit 01.01.2007 im Auftrag der RSB Logistic GmbH, Ulm Rbf – Schelklingen durch HzL Hohenzollerische Landesbahn AG traktioniert
* Braunkohlestaubtransporte Frechen (Übernahme von RWE Rheinbraun) – Untervaz (Holcim (Schweiz) AG) [CH]; 2-3 x pro Woche seit 22.08.2005 im Auftrag RSB Logistic GmbH
* Braunkohlestaubtransporte Frechen (Übernahme von RWE Rheinbraun) – Würenlingen (Holcim (Schweiz) AG) [CH]; 2 x pro Woche seit 06.01.2014 im Auftrag RSB Logistic GmbH
* Braunkohletransporte Frechen (Übernahme von RWE Rheinbraun) – Deuben (Übergabe an MIBRAG); 2 x pro Woche seit 28.04.2011 im Auftrag der Mitteldeutsche Braunkohlengesellschaft mbH (MIBRAG)
* Briketttransporte Frechen (Übernahme von RWE Rheinbraun) – Köln-Niehl Hafen mit anschließendem Schiffsumschlag; im Auftrag der RSB Logistic GmbH
* Chemietransporte Köln Wesseling – Moers (Sasol Solvents GmbH); 2 x pro Woche
* Cyanwasserstofftransporte Dormagen (Bayer) – Köln-Godorf Hafen (Degussa Nord); 6 x pro Woche im Auftrag der DB Schenker Rail Deutschland AG
* Feuchthydrat- / Aluminiumhydroxidtransporte Köln-Godorf Hafen – Bergheim-Quadrath Ichendorf (Martinswerk GmbH); 6 x pro Woche
* Gipstransporte (REA-Gips) Gustorf (Übernahme von der RWE Rheinbraun AG) – Neuss Hafen; seit 01.03.1994
* Gütertransporte Malmö [SE] – Modena Quattro Ville [IT] und Gegenrichtung; 1 x pro Woche seit März 2015 Traktion Dortmund (Übernahme von Hector Rail AB) – Basel (Übergabe an BLS Cargo) [CH] im Auftrag der BLS Cargo AG
* KV-Transporte (Zement) Deuna (Deuna Zement GmbH) – Widnau (Betonwerk der SAW Schmitter AG) [CH]; 2 x pro Woche Traktion bis Heerbrugg (Übernahme durch SBB Cargo AG) [CH]
* KV-Transporte Hürth Chemiepark Knappsack (Knapsack Cargo GmbH) – Köln-Niehl Hafen (CTS Container-Terminal GmbH); 6 x pro Woche
* KV-Transporte „Köln-Düsseldorf-Express" (KDE) Rotterdam [NL] – Düsseldorf – Köln-Niehl Hafen (CTS Container-Terminal GmbH); 3 x pro Woche seit 01.04.2006 im Auftrag der CTS Container-Terminal GmbH Rhein-See-Land-Service sowie der DCH Düsseldorfer Container Hafen GmbH; 5 x pro Woche seit 01.01.2007; 8 x pro Woche seit 08.06.2011, davon 5 x pro Woche via Düsseldorf
* Kalktransporte Dornap-Hahnenfurth (Kalkwerke H. Oetelshofen GmbH & Co. KG) – Frenz (Übergabe an Anschlussbahn des Kraftwerkes Weisweiler der RWE Power AG); seit 01.03.2001
* Kalktransporte Dornap-Hahnenfurth (Kalkwerke H. Oetelshofen GmbH & Co. KG) – Niederaußem (Übergabe an Anschlussbahn des Kraftwerkes Niederaußem der RWE Power AG); seltener auch Übergabe in Gustorf
* Kalktransporte Flandersbach (Rheinkalk GmbH) – Frenz (Übergabe an Anschlussbahn des Kraftwerkes Weisweiler der RWE Power AG); seit März 2006
* Kalktransporte Flandersbach (Rheinkalk GmbH) – Niederaußem (Übergabe an Anschlussbahn des Kraftwerkes Niederaußem der RWE Power AG); seltener auch Übergabe in Gustorf

RheinCargo / RHB

* Kohletransporte Amsterdam (BV Overslagbedrijf Amsterdam) [NL] – Voerde (Kraftwerk der Evonik Steag GmbH); 3 x pro Woche seit 02.07.2009 im Auftrag der RWE Power AG
* Kohletransporte Amsterdam Westhaven (OBA Bulk Terminal Amsterdam) [NL] – Kraftwerke im Ruhrgebiet; seit 02.01.2013 Traktion bis Moers im Auftrag der Niederrheinische Verkehrsbetriebe Aktiengesellschaft NIAG
* Kohletransporte Rotterdam [NL] – Kraftwerke im Ruhrgebiet; seit 02.01.2013 Traktion bis Moers im Auftrag der Niederrheinische Verkehrsbetriebe Aktiengesellschaft NIAG
* Mineralöltransporte nach Bertrange [LU]; 3-5 x pro Woche in Kooperation mit der CFL cargo S.A.
* Mineralöltransporte zu verschiedenen Empfangsstellen in die Schweiz; tägliche Verkehre
* Mineralöltransporte; bundesweite Spotverkehre seit 2003 im Auftrag von Shell und Transpetrol GmbH Internationale Eisenbahnspedition, u.a. folgende Relationen: Stendell – Hohe Schaar Süd / Berlin-Ruhleben / Berlin-Marienfelde / Berlin-Grünau / Duisburg-Ruhrort Hafen / Hannover-Linden Hafen / Magdeburg-Rothensee Hamburg Hohe Schaar Süd – Berlin-Ruhleben / Berlin-Marienfelde / Berlin-Grünau / Hannover-Linden Hafen Neustadt (Donau) – Karlsruhe Hafen / München-Freiham / Marktredwitz Vohburg RVI Werkbahnhof – Stuttgart Hafen / München Flughafen Tanklager / München-Milbertshofen Karlsruhe Knielingen – Aichstetten Shell / Stuttgart Hafen Stationierung einer Rangierlok in Hamburg Hohe Schaar / Ludwigshafen / Würzburg (zumeist Typ G 1000 BB)
* Mineralöltransporte; bundesweite Spotverkehre seit Februar 2014 im Auftrag der Dettmer Rail GmbH; u.a. nach Berlin-Westhafen und Ingolstadt – Würzburg
* Mülltransporte Porz-Heumar (GVG Gewerbeabfallsortierung und Verwertung Gesellschaft Köln mbH, Sortieranlage Köln-Heumar) – Köln-Niehl (Müllverbrennungsanlage der AVG Entsorgungs- und Verwertungsgesellschaft Köln mbH); 5 x pro Woche
* Personensonderzüge Köln – Neustadt in Holstein; seit 08.05.2009 im Auftrag der Müller-Touristik GmbH & Co. KG
* Pkw-Transporte München-Milbertshofen / Ingolstadt – Bremen / Bremerhaven Kaiserhafen; Spotverkehre im Auftrag der ARS Altmann AG seit Juli 2011
* Pkw-Transporte Rackwitz – Bremerhaven; 5 x pro Woche
* Quarzsandtransporte Sythen (Quarzwerke GmbH) – Frechen (Quarzwerke GmbH)
* Salz-Natronlaugetransporte Hürth – Köln-Godorf Hafen
* Steinkohletransporte Duisburg-Hochfeld Nord – Kraftwerk Voerde (Steag GmbH); Spotverkehr seit Mitte Juli 2011; 11 x pro Woche seit 07.11.2011
* Steinsalztransporte Köln-Godorf Hafen – Hürth (Vinnolit GmbH); bis zu 3 x pro Tag
* Wasserglastransporte Düsseldorf-Reisholz (Übernahme von IDR Bahn GmbH & Co. KG) – Köln-Godorf Hafen (Degussa Süd); 6 x pro Woche im Auftrag der DB Schenker Rail Deutschland AG
* Wirbelschichtbraunkohletransporte Frechen (Übernahme von RWE Rheinbraun) – Merkenich (GEW Köln AG); 5 x pro Woche im Auftrag der RSB Logistic GmbH
* Zementklinkertransporte Geseke / Lengerich (Dyckerhoff AG) – Neuwied (Dyckerhoff AG); 2 x pro Woche seit 10.04.2012 für Dyckerhoff
* Zementtransporte Deuna (Deuna Zement GmbH) – Hafen Neuss; 2-3 x pro Woche seit 01.03.2007 für Dyckerhoff
* Zementtransporte Deuna (Deuna Zement GmbH) – Neuwied (Dyckerhoff AG); 3-4 x pro Woche seit 04.05.2009 für Dyckerhoff

Rheinhafen Bendorf GmbH (RHB)

Postfach 1464
DE-56159 Bendorf
Werftstraße 50
DE-56170 Bendorf
Telefon: +49 2622 703-401
Telefax: +49 2622 703-404
hafenamt_bendorf@web.de
www.bendorf.de

Management
* Klaus Kux (Geschäftsführer)
* Alfons Schuster (Hafenmeister)

Gesellschafter
Stammkapital 159.012,00 EUR
* Stadt Bendorf (90 %)
* K A N N GmbH & Co. KG (10 %)

Infrastruktur
* Hafenbahn Bendorf (1,2 km); betrieben nach BOA

Unternehmensgeschichte
Der 1899-1900 gegründete Hafen Bendorf ist rechtsrheinisch ca. 10 km nördlich von Koblenz gelegen. Es handelt sich dabei nicht um einen Hafen im engeren Sinne mit einem eigenen Hafenbecken, sondern um einen direkt an der Wasserstraße gelegenen Umschlagplatz. Der Gleisanschluss des Hafens bindet zwischen Engers und Niederlahnstein in ein Überholgleis der rechten Rheinstrecke ein. Seit einer 1970/71 vollzogenen Umstrukturierung

und Neuorientierung seiner Aktivitäten gehört Bendorf zu den drei größten Häfen am Mittelrhein zwischen Mainz und Bonn. Heute dominieren der Mineralöl- und Festgüterumschlag (Schüttgüter, Holz und Halberzeugnisse aus Stahl), die mit der Oiltanking Deutschland GmbH und der Bendorfer Umschlag- und Speditions GmbH (BUS) zwei selbständigen Unternehmen obliegen. Die BUS wurde 1983 durch Verschmelzung der Umschlag- und Speditionsaktivitäten der Firmen Hamburger Lloyd, Rhein- Maas- und See-Schiffahrtskontor GmbH und KANN gegründet. Der Gesellschaftervertrag der Rheinhafen Bendorf GmbH datiert auf den 23.06.1994.
Im Jahr 2006 wurden von der BUS ca. 1,2 Mio. t an festen Massengütern umgeschlagen. Seit 2004 gewinnt aber auch insbesondere das Handling von so genannten massenhaften Stückgütern, wie z. B. Stahlknüppeln, Spaltband oder auch Coils immer mehr an Bedeutung.

Rhenus Rail Logistics GmbH (RRL)

August-Hirsch-Straße 3
DE-47119 Duisburg
Telefon: +49 621 8048-215
Telefax: +49 621 8048-305
Info.Rail@de.rhenus.com
www.rhenus.com

Management
* Michael Baier (Geschäftsführer)
* Thomas Maaßen (Geschäftsführer)

Gesellschafter
Stammkapital 420.000,00 EUR
* Rhenus PartnerShip GmbH & Co. KG (100 %)

Lizenzen
* DE: EVU-Zulassung (PV+GV); gültig vom 30.10.1996 bis 30.11.2021

Unternehmensgeschichte
Hinter der heute als Rhenus Rail Logistics GmbH firmierenden Gesellschaft verbirgt sich eigentlich die Bahngesellschaft Waldhof. Die Bahngesellschaft Waldhof Aktiengesellschaft (BGW) hatte 1900 eine Dampfstraßenbahn von der Mannheimer Neckarstadt nach Waldhof eröffnet, die zunächst bei der Papierfabrik endete und 1902 bis Sandhofen verlängert wurde. 1922 endete mit Aufnahme des elektrischen Straßenbahnbetriebes bis Sandhofen die Personenbeförderung bei der BGW.
Mitte der 1990er Jahre erfolgte der Management-Buy-Out durch den seit 1993 amtierenden Vorstand der AG, Josef Berker, der seine Anteile im September 1998 an die R.P. Eisenbahn GmbH (RPE) verkaufte. Parallel erfolgte der Einstieg des Rhenus-Konzerns bei der BGW, der 75 % der Aktien übernahm.
Die Hauptversammlung vom 23.11.2001 beschloss eine Namensänderung auf Bahngesellschaft Waldhof AG.
Ende der 90er Jahre engagierte sich die BGW dann in mehreren Regionen sowohl im regionalen als im überregionalen Güterverkehr. Herausragend war hierbei einer der ersten privaten Langstreckengüterzüge, der Müllzug Hildesheim – Krefeld-Linn im Auftrag der TIM Transport Intermodal GmbH, den die BGW vom 02.01.1998 bis 10.06.2001 bespannte. Andere Projekte kamen nicht über das Planungsstadium hinaus oder entwickelten sich weniger erfolgreich als gedacht.
Verblieben war anschließend neben den lokalen Verkehren in Mannheim nur mehr die Bedienung der damaligen RPE-Strecke Langenlonsheim – Stromberg. Hier verkehrten mehrere Kalkganzzüge pro Woche, die von der BGW ab Stromberg direkt bis zum Kunden BASF in Ludwigshafen gebracht wurden.
Zum 01.01.2003 wurden diese Verkehre nach einer Ausschreibung von der BASF übernommen. Die BGW-Verkehre im Stadtbereich Mannheim gingen im Sommer 2003 auf ConTrain über. Im Februar 2002 hat die BGW den Betrieb eigener Infrastruktur, im Dezember 2002 den Bahnbetrieb nach EBO und am 31.08.2003 den Bahnbetrieb nach BOA eingestellt.
Mit dem Ausstieg der RPE 2001 und dem Ausscheiden von Berker als Vorstand wurde eine Neustrukturierung der BGW seitens der Rhenus beschlossen. Die Gesellschaft wurde aufgrund des Umwandlungsbeschlusses vom 06.01.2003 in eine Gesellschaft mit beschränkter Haftung unter der Firma Bahngesellschaft Waldhof mbH umgewandelt. Die Gesellschafterversammlung vom 15.08.2003 hat die Änderung des Unternehmensnamens in Rhenus Rail Logistics GmbH und die Sitzverlegung von Mannheim nach Duisburg beschlossen. Parallel dazu beteiligte sich die in Wien ansässige Trade Trans über die TT Raillogistics GmbH an dem Unternehmen. Ziel des neuen Gemeinschaftsunternehmens ist es nach eigener Aussage, Industrie, Spedition und Reederei die Abwicklung von europäischen Bahnverteilungsverkehren zu wettbewerbsfähigen Preisen anzubieten. Fortan widmete sich die Gesellschaft aber eher der Tätigkeit als Bahnspedition, die eigene EVU-Lizenz kommt nicht mehr zum Einsatz. Nach jahrelangem Mieteinsatz wurde die letzte verbliebene Lok am 01.06.2006 verkauft.
Zum 19.09.2007 stieg die Trade Trans als Gesellschafter des Unternehmens wieder aus.

Rhenus Rail St. Ingbert GmbH (RRI) 🇩🇪

Kaiserstraße 170-174
DE-66386 St. Ingbert
Telefon: +49 6894 103-312
Telefax: +49 6894 103-314
info.st.ingbert@de.rhenus.com
www.rhenus.com

Betriebsstätte Worms
Hafenstraße 16
DE-67547 Worms
Telefon: +49 6241 97238810
Telefax: +49 6241 97238849

Betriebsstätte Homburg
Zum Lokschuppen 1
DE-66424 Homburg
Telefon: +49 6841 7030521
Telefax: +49 6841 7030522

Management
★ Michael Baier (Geschäftsführer)
★ Dipl.-Kfm. Gerhard Lang (Geschäftsführer)

Gesellschafter
Stammkapital 820.000,00 EUR
★ Rhenus Logistics GmbH (100 %)

Lizenzen
★ DE: EVU-Zulassung (PV+GV) seit 04.12.1996, gültig bis 31.12.2026

Infrastruktur
★ Grünstadt – Neuoffstein (5,6 km), Pacht von DB Netz AG seit 01.01.2009

Unternehmensgeschichte
Rhenus Rail St. Ingbert GmbH (RRI) ist eine v.a. im Saarland und dem Raum Mannheim / Worms tätige Güterbahn des Rhenus-Konzernes. Sie geht zurück auf die am 30.12.1966 zunächst als Tochterunternehmen der Saarbergwerke AG (SBW) in Saarbrücken gegründete UNISPED Spedition und Transportgesellschaft mbH (USS). Diese wurde zum 01.09.2000 von der P&O Trans European (Deutschland) GmbH übernommen und per Gesellschafterbeschluss vom 27.10.2000 der Firmensitz nach St. Ingbert verlegt. P&O Trans European wiederum wurde am 31.12.2002 durch die Wincanton plc übernommen. Folgerichtig wurde gemäß Gesellschafterbeschluss vom 26.09.2006 die UNISPED in Wincanton Rail GmbH (WR) umfirmiert.

Die Rhenus-Gruppe unterzeichnete am 14.08.2011 einen Vertrag über den Erwerb der Wincanton Mainland European Holding Company und deren Tochtergesellschaften und somit auch der Wincanton Rail. Die Gesellschafterversammlung des Bahnunternehmens vom 19.01.2012 beschloss nachfolgend die Umfirmierung in Rhenus Rail St. Ingbert GmbH (RRI).

Das erheblich bahnaffine Transportvolumen des Logistikkonzerns eröffnet dem saarländischen EVU gute Chancen, sich auch nach Auslaufen der Kohleförderung an der Saar weiter zu behaupten. Bis 1998 vermittelte die Gesellschaft ausschließlich Transportleistungen und organisierte Schienen- und Schiffsverkehr für die Saarbergwerke. Dazu gehörte auch die Anmietung von Güterwagen für den Kohleverkehr. Die UNISPED übernahm im Rahmen der Reorganisation zum 01.01.1998 alle normalspurigen Schienentriebfahrzeuge der ehemaligen Saarbergwerke.

Mit der 1996 erlangten EVU-Zulassung begann UNISPED mit der Ausweitung ihrer Aktivitäten als Bahnunternehmen. Die erste Kooperation mit damaligen DB Cargo auf öffentlichem Gleis war die Übernahme des Rangierbetriebes im Bahnhof Ensdorf am 05.01.1998.

Im Jahr 2002 gelang Unisped mit dem Vertrag zur Übernahme der Betriebsführung auf der Hafenbahn Worms der entscheidende Schritt dahin, wo die Güterverkehre auf der Schiene laufen: An den Rhein. Die Saarländer stellten dort seitdem den Eisenbahnbetriebsleiter (Ebl), kümmerten sich um den Erhalt der Infrastruktur und führten den Betrieb durch – zumindest in großen Teilen, da die Stadt Worms Verkehrs-GmbH weiterhin mit eigenen Mitarbeitern in einer Schicht die Anschließer der Hafenbahn bediente – seit 2006, als die eigene Rangierlok abgängig war, mit einer von der heutigen Rhenus Rail angemieteten Maschine. Rhenus Rail und Stadt Worms Verkehr kündigten den Betriebsführungs- und Infrastrukturdienstleistungsvertrag gegenseitig zum 31.12.2013. Er war nicht mehr rechtskonform, da die Europäische Union schon längst eine Trennung von Infrastruktur und Betrieb im Eisenbahnwesen verlangte. Die Wormser Verkehrs-GmbH hat sich daher mit Ende des Jahres 2013 aus dem Hafenbahnbetrieb zurückgezogen und verwaltet nun ausschließlich die Infrastruktur mit rund 20,1 Kilometern Gleis und der Fahrzeugwerkstatt. Gesetzeskonform stehen die Anlagen nun jedem Eisenbahnverkehrsunternehmen (EVU) diskriminierungsfrei zur Verfügung. Neuer „Dienstsitz" von Rhenus Rail in Worms ist, angrenzend an die Hafenbahn, bei der Raiffeisen Waren-Zentrale (RWZ). In den dort angemieteten Räumen hat Rhenus Rail die Sozialräume für den örtlichen Betrieb sowie die örtliche Disposition untergebracht. Von dort werden seit Januar 2014 auch die Mannheimer Einsätze disponiert.

Der Standort Worms beförderte in den vergangenen Jahren:

RRI

* 2009: Hafenbahn 101.308 t, nach Osthofen 2.151 t
* 2010: Hafenbahn 160.677 t, nach Osthofen 5.354 t
* 2011: Hafenbahn 435.809 t, nach Osthofen 3.685 t
* 2012: Hafenbahn 604.567 t, nach Osthofen 1.518 t
* 2013: Hafenbahn 373.690 t, nach Osthofen 509 t

Im Jahr 2003 konnte Unisped mit Shell Deutschland einen Vertrag über die Personalgestellung für den Werkbahnbetrieb in den Tanklägern Ludwigshafen (seit April 2003) und Flörsheim (seit Dezember 2003) abschließen. Der Zehn-Jahres-Vertrag wurde in 2013 verlängert.

Zum 01.07.2005 konnte UNISPED teilweise die Geschäftstätigkeiten der mittlerweile liquidierten ConTrain GmbH übernehmen. Die Gütertransporte Weinheim – Viernheim als Bestandteil dieses Paketes endeten hingegen zum 31.12.2010, nachdem der einzige Kunde die Schienenbedienung des Lagers in Viernheim einstellte.

Die Mitarbeiterzahl des Unternehmens entwickelte sich wie folgt:
* Ende 2009: 104
* Ende 2010: 94
* Ende 2011: 101
* Ende 2012: 99
* Ende 2013: 91

Das Transportvolumen im Kohleverkehr zu den Kraftwerken Ensdorf und Fenne betrug 2011 ca. 640.000 t. Im Vorjahr waren es noch 900.000 t gewesen. 2012 wurden 585.000 t zum Kraftwerk Fenne gefahren. Rhenus Rail St. Ingbert betreibt seit 31.12.2012 keine „Zechenbahn" mehr. Mit der Einstellung des Bahnbetriebs auf dem RAG-Lager Mellin endete für das
Eisenbahnverkehrsunternehmen, das seine Wurzeln im saarländischen Bergbau hat, fast auf den Tag genau nach 15 Jahren die Zeit als Werksbahnbetreiber der RAG Aktiengesellschaft an der Saar.

Der anfangs auf zwei Jahre – 2013 und 2014 – befristete Importkohlevertrag zwischen dem Kraftwerksbetreiber Steag und der Niederrheinischen Verkehrsbetriebe AG (NIAG) wird fortgeschrieben. Die NIAG, an der der Rhenus-Konzern beteiligt ist, beauftragt weiterhin Rhenus Rail mit der Belieferung der zwei saarländischen Kraftwerke Fenne (Völklingen-Fürstenhausen) und Weiher (Quierschied).. Hierfür vermietete NIAG Strecken-Elloks der Baureihen 185 oder 189 aus ihrem Fuhrpark an Rhenus Rail.

Neben der Streckentraktion ist Rhenus Rail auch für die Zustellung der Wagengruppen in die Kraftwerke ab Fürstenhausen und Wemmetsweiler zuständig. Während aufgrund vielfacher Störgrößen in der Logistikkette ab den ARA-Häfen im Jahr 2013 nur 80 % der Jahresgesamtmenge erreicht wurden, hat Rhenus Rail in 2014 den Saar-Kraftwerken die avisierten 1,1 Mio. t Importkohle zustellen können. Für das Jahr 2015 rechnet man mit einem Transportvolumen von insgesamt 1,5 Mio. t.

Werkstätten unterhält RRI in Homburg an der Saar (seit 01.04.2008, Gelände im Eigentum der Horst Cronau GmbH i.L.) und nutzt die Einrichtungen der Hafenbahn Worms. Seit 2012 ist Rhenus Rail berechtigt, für den französischen Lokvermieter Akiem (SNCF-Konzern) Fahrzeuguntersuchungen (EMN+1) an dessen Loks der Baureihe 437 (Alstom Prima) durchzuführen. Im Schnitt finden zwei Loks pro Monat ihren Weg in die Homburger Werkstatt.

Verkehre
* AZ-Verkehr
* Betriebsführung und Bedienung der von der Horst Mosolf GmbH & Co. KG gepachteten Strecke Fürstenhausen – Überherrn; seit 01.10.2003
* Formaldehyd- und Paraformaldehydtransporte Mainz-Mombach – Worms (Übergang auf SBB Cargo); unregelmäßig im Auftrag der Chemoil Logistics AG
* Gütertransporte Worms – Osthofen; seit 01.10.2002 im Auftrag der DB Schenker Rail Deutschland AG
* Gütertransporte auf der Hafenbahn Worms; seit 01.01.2014 im Auftrag diverser EVU
* Gütertransporte „Mannheimer Ringverkehr"; seit 01.07.2005 Bedienung der Gleisanschlüsse, aktuell nur noch der Raschig GmbH, mit einem Zweiwegefahrzeug
* KV-Transporte Rotterdam [NL] – Mannheim – Wörth; 5 x pro Woche Terminalzustellung in Mannheim zum Handelshafen und Traktion nach Wörth für die Distri Rail B.V.; Zugübernahme in Mannheim seit 31.03.2014 von Captrain Netherlands B.V. sowie seit 01.07.2014 von Bayerische CargoBahn GmbH (BCB)
* KV-Transporte „auf der letzten Meile" Mannheim – Mannheim Handelshafen; seit Ende 2008 im Auftrag der boxXpress.de GmbH
* Kohletransporte Düsseldorf-Bilk / Moers – Völklingen-Fürstenhausen (Kraftwerk Fenne) / Quierschied (Kraftwerk Weiher) / Kraftwerk Bexbach; seit 02.01.2013 im Auftrag der Niederrheinische Verkehrsbetriebe Aktiengesellschaft NIAG; Lokgestellung durch NIAG
* Mineralwassertransporte (Volvic) Gevrey [FR] – Duisburg-Rheinhausen (Reiner Bohnen Internationale Spedition GmbH & Co. KG); 1 x pro Woche seit 24.12.2009; EVU und Personalgestellung ab Forbach [FR] im Auftrag der Fret SNCF; Einsatz von Loks BR 437 der Fret SNCF; Zustellung ab Duisburg-Rheinhausen durch duisport rail GmbH; 4 x pro Woche seit 01.03.2011; seit 09.12.2012 via Apach [FR]; 3 x pro Woche seit 15.12.2013
* Mineralwassertransporte (Volvic) Gevrey [FR] – Worms (Trans Service Team GmbH (TST)); 1 x pro Woche seit 01.03.2011; EVU und Personalgestellung ab Forbach [FR] im Auftrag der Fret SNCF; Einsatz von Loks BR 437 der Fret SNCF bis Worms Rbf; bis zu 6 x pro Woche seit 15.12.2013

- Mülltransporte Rastatt – Herbolzheim – Freiburg Nord – Heitersheim – Gewerbepark Eschbach; 5 x pro Woche seit 02.01.2006 für zehn Jahre im Auftrag der Gesellschaft Abfallwirtschaft Breisgau mbH (GAB)
- Rangierdienste im SCA-Papierwerk Mannheim-Waldhof; seit 01.07.2005; eingesetzt wird ein Lokotraktor
- Zuckertransporte Neuoffstein – Worms (Übergabe an DB Schenker Rail Deutschland AG); sporadische Bedienung seit 28.09.2006 im Auftrag der Südzucker AG
- Übernahme des Betriebes und die Aufsicht sowie Infrastrukturinstandhaltung der Ford-Werksbahn in Saarlouis; seit 01.01.2006

- Regionalverkehr Westsachsen GmbH (RVW) (100 %)
- Rhenus Veniro Verwaltungsgesellschaft mbH (100 %)
- Verkehrsgesellschaft mbH Bad Kreuznach (VGK) (100 %)
- Verkehrsgesellschaft Idar-Oberstein GmbH (VIO) (100 %)
- Verkehrsgesellschaft Zweibrücken mbH (VGZ) (100 %)
- Freiberger Eisenbahngesellschaft mbH (FEG) (85 %)
- Regionalbus Oberlausitz GmbH (RBO) (74 %)
- Niederrheinische Verkehrsbetriebe Aktiengesellschaft NIAG (51 %)
- Regionale Europäische Verkehrsgesellschaft mbH (REV) (50 %)

Rhenus Veniro GmbH & Co. KG (RV) P

Rheinberger Straße 95a
DE-47441 Moers
Telefon: +49 2841 91695-0
Telefax: +49 2841 91695-19
info@rhenus-veniro.de
www.rhenus-veniro.de

Hunsrück- / Moselweinbahn
Kalmuter Weg 1
DE-56154 Boppard
Telefon: +49 6742 80107-0
Telefax: +49 6742 80107-22
Hotline: 01805/VENIRO
www.hunsrueckbahn.de

Management
- Dipl.-Wirtschaftsing. Henrik Rüdiger Behrens (Geschäftsführer)
- Dipl.-Kfm. Udo Köppeler (Geschäftsführer)

Gesellschafter
Stammkapital 500.000,00 EUR
- Rhenus AG & Co. (100 %)
- Komplementär: RHENUS VENIRO Verwaltungsgesellschaft mbH

Beteiligungen
- Eisenbahn Verkehrs Service Gesellschaft mbH (EVS) (100 %)
- Eurobus Verkehrs-Service GmbH Rheinland-Pfalz (100 %)
- Eurobus Verkehrs-Service GmbH Sachsen (100 %)
- Kraftverkehr Dreiländereck GmbH (100 %)
- Martin Becker GmbH & Co. (100 %)
- MB Moselbahn Verkehrsbetriebsgesellschaft mbH (100 %)
- Moselbus GmbH (100 %)

Lizenzen
- DE: EVU-Zulassung (PV+GV) seit 02.03.2007, gültig bis 31.03.2022

Infrastruktur
- Wartungsstützpunkt Boppard (Serviceeinrichtung)

Unternehmensgeschichte
Hervorgegangen aus der später in Rhenus Keolis GmbH & Co. KG umfirmierten eurobahn Verkehrsgesellschaft GmbH & Co. KG, übernahm Rhenus Veniro zum 01.12.2007 im Rahmen einer Unternehmensspaltung sämtliche Busgeschäfte der Rhenus Keolis sowie im SPNV die Beteiligung der Freiberger Eisenbahngesellschaft mbH (FEG) und den Betrieb auf der „Donnersbergbahn". Die vormalige Niederlassung in Bielefeld ging mit den dort angesiedelten SPNV-Betrieben in die KEOLIS Deutschland GmbH & Co. KG über.
Als Hilfsgesellschaft bei der Spaltung wurde die ursprünglich als Betreibergesellschaft für das Netz der „Weser-Lammetalbahn" gegründete Eurobahn Niedersachsen GmbH & Co. KG verwendet. Der Sitz der Gesellschaft wurde gemäß Gesellschafterbeschluss vom 13.12.2006 von Hannover nach Mainz verlegt. Im Mai 2007 wurde eine Umfirmierung in Rhenus Veniro GmbH & Co. KG bekannt gegeben.
In Boppard wurde am 11.12.2009 ein neuer Wartungsstützpunkt eröffnet, in dem die Fahrzeuge der „Hunsrück-" und „Moselweinbahn" instandgehalten werden. Zuvor hatte man die Wartung in Morschheim durchgeführt.
Aufgrund fehlender EBA-Zulassung der neuen RS 1-Triebwagen wurde die „Hunsrückbahn" auch nach Dezember 2009 durch die DB Regio AG bedient. Seit 03.05.2011 fahren die RS 1 auf der „Hunsrückbahn". Zum 07.07.2011 wurde der Gesellschaftssitz von Mainz nach Moers verlegt. Dort residiert unter gleicher Adresse auch die mehrheitliche Tochter Niederrheinische Verkehrsbetriebe Aktiengesellschaft NIAG.

RV / R & R Service / RME

Ende 2013 erhielt Rhenus Veniro den Zuschlag für den SPNV „Moselweinbahn" Bullay – Traben-Trarbach, wohin die beiden RS 1 nach Auslaufen des Verkehrsvertrages für die „Donnersbergbahn" umgesetzt wurden.

Verkehre
* SPNV „Hunsrückbahn" Boppard – Emmelshausen; 0,16 Mio. Zugkm pro Jahr im Auftrag des Zweckverbandes Schienenpersonennahverkehr Rheinland-Pfalz Nord vom 13.12.2009 bis Dezember 2029
* SPNV „Moselweinbahn" Bullay – Traben-Trarbach; 152.500 Zugkm/a seit 14.12.2014 im Auftrag des Zweckverbandes Schienenpersonennahverkehr Rheinland-Pfalz Nord

Road & Rail Service e.K. (R & R Service) G

Herrenbreite 24
DE-06449 Aschersleben
Telefon: +49 3473 2174-44
Telefax: +49 3473 2174-777
buero@road-rail-service.com
www.road-rail-service.com

Management
* Axel Burkart (Geschäftsführer)

Gesellschafter
* Axel Burkart (100 %)

Lizenzen
* DE: EVU-Zulassung (GV); gültig vom 20.02.2012 bis 31.01.2027

Unternehmensgeschichte
Axel Burkart ließ die Road & Rail Service e.K. (R & R Service) am 23.09.2009 in das Handelsregister eintragen. Das Unternehmen ist im Bereich Transport und Logistik als Dienstleister für Gleisbauunternehmen tätig. Road & Rail Service übernimmt Materialtransporte zu Baustellen und verfügt über zwei eigene Diesellokomotiven sowie einen Zweiwegeunimog.
Seit Februar 2012 ist das Unternehmen als EVU zugelassen.

Verkehre
* AZ-Verkehr

Röbel/Müritz Eisenbahn GmbH - RME G

Am Bahnhof 4
DE-17207 Röbel (Müritz)

Bürostandort
c/o Dr. Rainer Zache
Scheiblerstraße 9
DE-12437 Berlin
Telefon: +49 30 99543716
Telefax: +49 3212 1237173
Hotline: +49 160 99146482
rme_gmbh@gmx.de

Management
* Dr. Rainer Zache (Geschäftsführer)

Gesellschafter
Stammkapital 52.000,00 EUR
* Dr. Rainer Zache (59,04 %)
* Bernd Steckel (26,54 %)
* Holger Dau (13,36 %)
* Günther Neumann (1,06 %)

Lizenzen
* DE: EVU-Zulassung (PV+GV) seit 23.05.2002, gültig bis 31.03.2017

Unternehmensgeschichte
Die Röbel/Müritz Eisenbahn GmbH - RME wurde am 28.02.1997 durch den Eisenbahnverein "HeiNaGanzlin" e. V. (HNG) und Privatpersonen mit dem Ziel gegründet, die Strecke Ganzlin – Röbel (Meckl) zu erhalten und betrieblich wieder zu beleben. DB Cargo hatte zu diesem Zeitpunkt bereits angekündigt, den Güterverkehr auf der seit 1966 nicht mehr im SPNV befahrenen Nebenbahn zum 31.12.1997 einzustellen.
Vornehmliche Aufgaben der RME waren nach der EVU-Zulassung im März 1999 zunächst die Bestellung der Trassen für historische Dampfzüge bei der DB Netz AG für den HNG und andere Vereine sowie die Erhaltung des Güterverkehrs nach Röbel (Meckl). Die RME bediente sich bei der Bespannung der Güterzüge der Loks des HNG sowie Diesellloks von DB Cargo. Schwerpunkte der heutigen Arbeit der RME sind Arbeitszugdienste, Güterverkehr (letzte Meile), Rangier- und Lotsendienste.
Die RME konnte in Plau am See und Röbel Güterverkehre akquirieren, die davor durch die damalige DB Cargo AG gekündigt worden waren. Die Bedienung musste jedoch eingestellt werden, als u. a. zum 01.03.2005 die Stilllegung der Strecke nach Röbel erfolgte. Seit Anfang 2002 wird etwas weiter südlich ein ähnliches Konzept praktiziert. Hier übernimmt die RME die für die von der DB Schenker Rail Deutschland AG im Rahmen von MORA C aufgegebene Güterverkehrsstelle Werder (b.

Neuruppin) bestimmten Wagen in Gransee von der DB. Zudem bediente die RME von Ende 2001 bis 2014 einen Anschließer im Bahnhof Löwenberg (Mark).
Die Strecke nach Röbel wurde im September 2006 an eine Unternehmensgruppe verkauft, die lediglich daran interessiert ist, die ersten 3 km in Ganzlin weiter zu betreiben. 2012 wurden die Gleisanlagen östlich von Stuer abgebaut.

Verkehre
* AZ Verkehr

Rostocker Straßenbahn-AG (RSAG)

Hamburger Straße 115
DE-18069 Rostock
Telefon: +49 381 802-0
Telefax: +49 381 802-2000
info@rsag-online.de
www.rsag-online.de

Management
* Jochen Bruhn (Kaufmännischer Vorstand)
* Michael Schroeder (Technischer Vorstand)

Gesellschafter
Stammkapital 22.000.000,00 EUR
* RVV Rostocker Versorgungs- und Verkehrs-Holding GmbH (98 %)
* Hansestadt Rostock (2 %)

Lizenzen
* DE: EVU-Zulassung (PV+GV); gültig vom 12.02.2009 bis 01.03.2024

Unternehmensgeschichte
Die Rostocker Straßenbahn-AG (RSAG) ist das Nahverkehrsunternehmen der Hansestadt Rostock und per 05.06.1990 aus dem VE Verkehrskombinat Ostseetrans Rostock hervorgegangen. Die RSAG betreibt sechs Straßenbahn- und 30 Omnibuslinien in der Stadt innerhalb des Verkehrsverbundes Warnow (VVW). Die EVU-Lizenz wird aktuell nicht aktiv genutzt.

R.P. Eisenbahngesellschaft mbH (RPE) 🇩🇪

Schwetzinger Straße 2
DE-67157 Wachenheim
Telefon: +49 6322 9482-0
Telefax: +49 6322 9482-22
info@rp-eisenbahn.de
www.rp-eisenbahn.de

Management
* Josef Otto Friedrich Berker (Geschäftsführer)
* Norbert von Schivanovits (Geschäftsführer)

Gesellschafter
Stammkapital 128.000,00 EUR
* Josef Berker (50 %)
* Björn Klippel (50 %)

Beteiligungen
* Regio Infra Service Sachsen GmbH (RIS) (50 %)

Lizenzen
* DE: EIU Alzey – Kirchheimbolanden seit 02.03.1999
* DE: EIU Berthelsdorf (Erzg.) – Brand Erbisdorf seit 25.11.2000
* DE: EIU Freiberg (Sachsen) – Holzhau seit 25.11.2000
* DE: EIU Heimbach (Nahe) – Baumholder seit 03.11.2006
* DE: EVU-Zulassung (PV+GV) seit 25.02.1999, gültig bis 31.12.2049

Infrastruktur
* Alzey – Kirchheimbolanden (15,0 km; Kauf 01.08.1996 von DB Netz AG)
* Freiberg (Sachsen) – Mulda – Holzhau (31,0 km; gepachtet 07.10.2000 bis 2019 von DB Netz AG)
* Berthelsdorf (Erzg.) – Brand Erbisdorf (4,0 km; gepachtet 07.10.2000 bis 2019 von DB Netz AG)
* Heimbach (Nahe) – Baumholder (8,28 km; Betriebsführung im Auftrag der Verbandsgemeinde Baumholder, Betriebsaufnahme am 10.12.2006)

Unternehmensgeschichte
Die R.P. Eisenbahngesellschaft mbH (RPE) wurde am 28.08.1997 durch zwei Privatpersonen als Eisenbahnunternehmen für Verkehre in Rheinland-Pfalz gegründet. Der eigentlich angedachte Name „Rheinland-Pfalz Eisenbahn" wurde bei Gründung nicht von der zuständigen IHK genehmigt. Die Gesellschaft ist EIU für Regionalstrecken in Rheinland-Pfalz und Sachsen.
Die 1874 eröffnete „Donnersbergbahn" Alzey – Marnheim wurde nach Zerstörungen im Zweiten Weltkrieg nur noch bis Kirchheimbolanden betrieben, verlor bereits 1951 den Personen- und 1995 auch den Güterverkehr. 1996 kaufte die RPE

RPE / RST

die Strecke von der DB und konnte sie im Mai 1999 für den Regelzugverkehr nach umfassenden Gleiserneuerungen und Umbaumaßnahmen (Bahnsteige, Bahnübergänge) freigeben. Der SPNV der Strecke wird von der Rhenus Veniro GmbH & Co. KG betrieben.
Die Strecke Freiberg – Holzhau / Brand-Erbisdorf ist Teil der ehemaligen sächsisch-böhmischen Achse Nossen – Freiberg – Brüx (heute Most [CZ]) und wurde zwischen 1875 und 1885 in Betrieb genommen. Am Ende des Zweiten Weltkrieges kam es zum Streckenunterbruch und 1972 zur Einstellung des Personenverkehrs zwischen Holzhau und Hermsdorf-Rehefeld als letztem Bahnhof vor der tschechoslowakischen Grenze. Der SPNV zwischen Freiberg und Holzhau wurde im Mai 2000 wegen technischer Mängel eingestellt, worauf die RPE die Bahnstrecke für 20 Jahre pachtete. Nach nur dreimonatiger Bauzeit konnte am 25.11.2000 der SPNV wieder aufgenommen werden. Güterverkehr wird ausgehend von Freiberg (Sachs) sporadisch auf dem personenverkehrslosen Ast nach Brand-Erbisdorf sowie durch die RPE-Tochter Regio Infra Service Sachsen GmbH (RIS) mehrmals wöchentlich zur in den Bahnhof Berthelsdorf (Erzgeb) einmündenden Anschlussbahn der Schoeller Felix jr. Foto- und Spezialpapiere GmbH & Co. KG in Weißenborn erbracht.
Die im Jahre 1912 eröffnete Stichstrecke Heimbach – Baumholder verlor zum Fahrplanwechsel 1981 ihren SPNV und dient heute überwiegend dem Transport militärischer Güter zum Truppenübungsplatz Baumholder. Für die zunächst von der Stilllegung bedrohte Bahnstrecke wurde vom Innenministerium Rheinland Pfalz, den US-Streitkräften, der Bundeswehr, der Verbandsgemeinde Baumholder und der RPE ein Lösungsmodell für den weiteren Betrieb entwickelt. Anlässlich des Rheinland-Pfalz-Tages 2007 verkehrten von 29.06. bis 01.07.2007 wieder Regionalbahnen auf der Strecke. Im Zuge der Ausschreibung des SPNV auf der Nahestrecke Saarbrücken – Mainz (Dieselnetz Südwest) wird es auf Beschluss des zuständigen SPNV-Zweckverbandes Rheinland-Pfalz Süd ab 14.12.2014 eine dauerhafte Reaktivierung des Personenverkehrs nach Baumholder geben.
Die seit 12.10.1999 gepachtete Strecke Langenlonsheim – Stromberg – Simmern – Morbach (78,9 km) wurde zum 01.04.2003 wieder an den Eigentümer DB Netz AG zurückgegeben. Die bisher aufgrund des geringen Aufkommens verkehrlich bedingt interessante Strecke gewann mit der angedachten SPNV-Reaktivierung zur Anbindung des Flughafens Hahn neues Gewicht.
Als Joint-Venture zwischen TIM Logistik und der(RPE wurde die TIM Rail Eisenbahngesellschaft mbH am 13.03.2003 mit Sitz in Wachenheim gegründet. Seit 06.11.2013 ist die TIM Logistik alleiniger Gesellschafter des Unternehmens.

RST Rangier-, Service- und Transportgesellschaft mbH

Am Güterbahnhof 11
DE-66386 St. Ingbert
Telefon: +49 6894 9634-0
Telefax: +49 6894 9634-24
info@rangierservice.de
www.rangierservice.de

Management
★ Hubert Kus (Geschäftsführer)

Gesellschafter
Stammkapital 50.000,00 DM
★ Schubert + Jonen Holding und Koordination GmbH & Co. KG (100 %)

Lizenzen
★ DE: EVU-Zulassung (GV) seit 22.12.1995, gültig bis 31.12.2028

Infrastruktur
★ Rangieranlage Brebach
★ Gleisanschluss St. Ingbert

Unternehmensgeschichte
Die Gründung der RST Rangier-, Service- und Transportgesellschaft mbH erfolgte am 22.12.1995 durch Übernahme der Werkbahn der Saint Gobain Gussrohr GmbH & Co. KG (Halberger Hütte), die RST war somit die erste private Bahngesellschaft des Saarlandes. Nachfolgend wurden mit der heutigen DB Schenker Rail Deutschland AG Verträge zur Übernahme vom Rangierdiensten in Brebach und St. Ingbert geschlossen.
Die Schubert + Jonen Holding und Koordination GmbH & Co. KG befindet sich heute im Eigentum von SJ Geschäftsführungsgesellschaft mbH (Komplementär) sowie der J.M.F. Holding GmbH als Kommanditist. Die SJ Geschäftsführungsgesellschaft mbH ist ebenfalls 100 % im Eigentum der J.M.F. Holding GmbH. Letztgenannt ist auch Geselslchafterin der BahnLog Bahnlogistik und Service GmbH. Früher waren Franz Schuberth und Kurt Alfred Jonen paritätische Gesellschafter des Unternehmens.
Die RST übernimmt heute bei diversen Firmen die innerbetriebliche Logistik, die Bewirtschaftung der Rohstofflager und die Disposition der Rohstoffeingänge.
Neben drei Rangierdiesellokomotiven verfügt das Unternehmen noch über zwei Zweiwege-Unimogs. 2012 hatte das Unternehmen 17 Mitarbeiter.

Verkehre
★ Bedienung Bahnhof Brebach, Rangieranlage RST
★ Bedienung Gleisanschluss RST St. Ingbert (Umschlagsanlage Straße-Schiene)

RST / RuhrtalBahn / RTB

* Bedienung Gleisanschluss der Drahtwerk St. Ingbert GmbH, St. Ingbert
* Bedienung Gleisanschluss der Halberg Guss GmbH, Saarbrücken
* Bedienung Gleisanschluss der Saint - Gobain Gussrohr GmbH & Co. KG, Saarbrücken
* Rangierdienste bei Thyssen Krupp Gerlach (TKG) in Homburg (Saar); seit 01.04.2012 Gestellung Eisenbahnbetriebsleiter, Rangierpersonal, Unterhaltung Infrastruktur

RuhrtalBahn Betriebsgesellschaft mbH P

Postfach 02 11
DE-58002 Hagen
Elisabeth-Selbert-Weg 12
DE-48147 Münster
Telefon: +49 208 309983010
info@ruhrtalbahn.de
www.ruhrtalbahn.de

Management
* Stefan Tigges (Geschäftsführer)

Gesellschafter
Stammkapital 25.000,00 EUR
* Stefan Tigges (50 %)
* DGEG Bahnen und Reisen Bochum AG (50 %)

Unternehmensgeschichte
Im Frühjahr 2005 wurden die Ausflugsverkehre des DGEG-Eisenbahnmuseums Bochum-Dahlhausen auf eine neue Basis gestellt. Vor der Aufnahme eines regelmäßigen touristischen Linienverkehrs an Frei- und Sonntagen auf dem Streckenabschnitt Bochum-Dahlhausen – Hagen Hbf am 28.03.2005 wurde am 03.02.2005 die RuhrtalBahn Betriebsgesellschaft mbH mit Sitz in Münster gegründet. Gegenstand des Unternehmens ist die Erbringung von Beförderungs- und weiteren Dienstleistungen im Zusammenhang mit touristischem Eisenbahnverkehr auf der Ruhrtalbahn Hagen – Bochum-Dahlhausen. 2007 wurde das erfolgreiche Konzept auf die „Ennepetalbahn" Hagen – Ennepetal-Altenvoerde ausgeweitet. 2009-2011 wurde das nostalgische Liniennetz um den "Zechenexpress" zwischen den Museen Zeche Nachtigall in Witten und Zeche Zollern in Dortmund-Bövinghausen ergänzt. 2006 haben fast 33.000 Fahrgäste die Fahrten der RuhrtalBahn genutzt, 2011 waren es ca. 40.000. Das durchführende EVU ist die DGEG Bahnen und Reisen Bochum AG.

Verkehre
* Touristikverkehre

Rurtalbahn GmbH (RTB) P I

Kölner Landstraße 271
DE-52351 Düren
Telefon: +49 2421 2769300
Telefax: +49 2421 2769335
info@rurtalbahn.de
www.rurtalbahn.de

Management
* Guido Emunds (Geschäftsführer)
* Herbert Häner (Geschäftsführer)
* Achim Schmitz (Geschäftsführer)

Gesellschafter
Stammkapital 1.000.000,00 EUR
* R.A.T.H. GmbH (74,9 %)
* Beteiligungsgesellschaft Kreis Düren mbH (BTG) (25,1 %)

Beteiligungen
* Rurtalbahn Benelux B.V. (100 %)
* Trainsport AG (97 %)
* VIAS GmbH (50 %)

Lizenzen
* DE: EIU Düren – Heimbach seit 23.10.2003
* DE: EIU Düren – Jülich – Linnich seit 23.10.2003
* DE: EIU Düren – Zülpich seit 23.10.2003
* DE: EVU-Zulassung (PV+GV) seit 23.10.2003, gültig bis 31.10.2018
* EIU Heinsberg – Lindern seit 15.12.2013

Infrastruktur
* Düren – Heimbach (Eigentum: Beteiligungsgesellschaft Kreis Düren mbH (BTG))
* Düren – Jülich – Linnich (Eigentum: Beteiligungsgesellschaft Kreis Düren mbH (BTG))
* Düren – Zülpich (Eigentum: Beteiligungsgesellschaft Kreis Düren mbH (BTG))
* Betriebswerk Düren-Distelrath (Eigentum: Beteiligungsgesellschaft Kreis Düren mbH (BTG))
* Lindern – Heinsberg (12 km); gepachtet von WestEnergie und Verkehr GmbH & Co. KG seit 01.01.2011

Unternehmensgeschichte
Die aus dem Betriebsteil Schiene der Dürener Kreisbahn GmbH (DKB) hervorgegangene, mit Gesellschaftsvertrag vom 21.07.2003 gegründete Rurtalbahn GmbH (RTB) hat am 23.10.2003 den Betrieb aufgenommen. An diesem Tag wurde dem Unternehmen durch das Land Nordrhein-Westfalen

RTB / RTB Cargo

die Genehmigung zum Erbringen von Eisenbahnverkehrsleistungen zur Personen- und Güterbeförderung sowie zum Betreiben der öffentlichen Eisenbahninfrastruktur der Rurtalbahn erteilt. Die Betriebsführung der bisherigen DKB-Strecken obliegt seit diesem Zeitpunkt der RTB, die DKB hat zwischenzeitlich ihre Genehmigung als EIU zurückgegeben. Mit dem Rückzug der DKB aus dem Schienenverkehrsgeschäft wurden alle Geschäftsaktivitäten von deren Betriebsteil Schiene einschließlich der Werkstatt in die RTB überführt. Diese mietet zudem alle betriebsnotwendigen Grundstücke, Immobilien und die rund 40 Beschäftigten des Betriebsteils Schiene von der DKB an. Die DKB selbst firmiert seit 18.12.2008 als Beteiligungsgesellschaft Kreis Düren GmbH (BTG). Von dem ehemals 61 km langen Streckennetz der ursprünglichen Dürener Kreisbahn besteht seit 1970 noch das Reststück Düren DB – Düren-Distelrath (1,8 km). Zu Zeiten der größten Ausdehnung des Streckennetzes führten Gleise von Düren ausgehend über Zülpich nach Emken, nach Kreuzau und Gürzenich. Das zuletzt verbliebene und zum Industriestammgleis umgewandelte Streckenstück wurde dabei durch die DB bedient, eigene Triebfahrzeuge besaß die DKB zuletzt nicht mehr. Die Dürener Kreisbahn GmbH (DKB) entstand am 01.01.1984 bei der Fusion der Dürener Kreisbahn mit der Jülicher Kreisbahn (JKB). Neben der Strecke Jülich Nord – Puffendorf (15,2 km, zum 01.07.2008 stillgelegt) gelangten auch mit V 35 und T 1 wieder zwei Triebfahrzeuge in den Bestand der DKB. Im Zusammenhang mit den sich verändernden Rahmenbedingungen im Schienenverkehr übernahm die DKB am 23.05.1993 zum symbolischen Preis von 1 DM die drei Strecken Linnich – Jülich (10,4 km), Jülich – Düren (15,4 km) sowie Düren – Heimbach (29,9 km) von der damaligen Deutschen Bundesbahn. Auf den komplett sanierten und mit zusätzlichen Haltepunkten versehenen Strecken nach Jülich und Heimbach wurde fortan modernisierte Schienenbusse (ex DB 798 und 998) eingesetzt. Zusammen mit dem einheitlichen Auftritt als „Rurtalbahn" im blau/weißen-Outfit sorgte der Taktverkehr für deutliche Fahrgastzuwächse. 1995/1996 wurden die Schienenbusse gegen fabrikneue RegioSprinter ausgetauscht. Seit 09.06.2002 wird zudem auch wieder der Abschnitt Jülich – Linnich im SPNV befahren. Vielfach kommen die RegioSprinter auch außerhalb des „Stammnetzes" als Mietfahrzeuge auf anderen Strecken zum Einsatz. In den vergangenen Jahren konnte die RTB im Personenverkehr über die zusammen mit der VGF bzw. später der DSB Deutschland betriebenen Gesellschaft VIAS GmbH expandieren.
Zusätzlich zu den bis dato eingesetzten RegioSprinter hat man zwischenzeitlich neue RegioShuttle bei Stadler geordert, die vorwiegend auf dem Streckenabschnitt Düren - Heimbach eingesetzt werden.

Um weiterhin aus Richtung Linnich in Düren günstige Anschlüsse nach Köln und Aachen zu sichern, wurden die jetzigen Zugkreuzungen von Krauthausen nach Huchen-Stammeln verlegt. Die Betriebsstelle Huchem-Stammeln wurde eigens dafür zum Fahrplanwechsel 2011 zum Kreuzungsbahnhof ausgebaut.
Seit dem 01.01.2011 ist die RTB Pächter und Betreiber der zu diesem Zeitpunkt in den Besitz der WestEnergie und Verkehr GmbH & Co. KG (west) übergegangenen Strecke Lindern – Hensberg, auf der am 15.12.2013 der zum 26.09.1980 eingestellte SPNV reaktiviert wurde.
Im Schienengüterverkehr ist es der RTB gelungen, zusätzlich zu den regionalen ehemaligen DKB-Leistungen internationale Verkehre zu akquirieren. 2007 beförderte das Unternehmen rund 1,444 Mio. t auf der Schiene. Der gesamte Bereich Cargo wurde Ende 2010 in die Gesellschaft Rurtalbahn Cargo GmbH mit Sitz in Aachen ausgeliedert.
Eine kombinierte Bahn-/Buswerkstatt befindet sich in Düren-Distelrath.

Verkehre
★ SPNV RB 21 Düren – Heimbach; 0,441 Mio. Zugkm/a von Dezember 2010 bis Dezember 2025 im Auftrag des Nahverkehr Rheinland (NVR)
★ SPNV RB 21 Düren – Jülich – Linnich; 0,427 Mio. Zugkm/a von Dezember 2010 bis Dezember 2016 im Auftrag des Nahverkehr Rheinland (NVR)
★ SPNV RB 39 „Schwalm-Nette-Bahn" Mönchengladbach – Dalheim; 0,15 Mio. Zugkm/a von Dezember 2010 bis Dezember 2016 in Subunternehmerschaft der DB Regio NRW GmbH als Auftragnehmer des Nahverkehr Rheinland (NVR) und des Verkehrsverbundes Rhein-Ruhr (VRR)

Rurtalbahn Cargo GmbH (RTB Cargo) G

Kölner Landstraße 271
DE-52351 Düren

Büro Aachen
Kasinostraße 17
DE-52066 Aachen
Telefon: +49 241 538073 50
Telefax: +49 241 538073 59
info@rtb-cargo.eu
www.rtb-cargo.eu

RTB Cargo

Management
* Dipl.-Kfm. (FH) Thilo Beuven (Geschäftsführer)
* Dipl.-Kfm. Wolfgang Pötter (Geschäftsführer)

Gesellschafter
Stammkapital 200.000,00 EUR
* R.A.T.H. GmbH (100 %)

Lizenzen
* DE: EVU-Zulassung (GV); gültig vom 07.12.2011 bis 31.12.2026

Unternehmensgeschichte
Als Schwester der in Düren ansässigen Rurtalbahn GmbH (RTB) ist die Rurtalbahn Cargo GmbH (RTB Cargo) am 12.08.2010 in das Handelsregister eingetragen worden. Alleingesellschafter der privaten Güterbahn ist die R.A.T.H. GmbH, die u.a. an der RTB neben dem Kreis Düren mit 74,9 % beteiligt ist. Die 2003 aus dem Betriebsteil Schiene der kommunalen Gesellschaft Dürener Kreisbahn GmbH (DKB) hervorgegangene RTB hatte bislang Personen- und Güterverkehre sowie Schieneninfrastruktur unter einem Dach geführt.
Die R.A.T.H. ist im Bereich Güterverkehr auch an der Rurtalbahn Benelux B.V. (100 %) mit Sitz in Rotterdam sowie der belgischen Privatbahn Trainsport AG (97 %) beteiligt.
Die Güterverkehre wechselten ab Sommer 2010 von der RTB auf die RTB Cargo. Die konnte folgende Leistungsdaten vermelden:
* 2011: 2,25 Mio. t; in Deutschland 950 Mio. tkm
* 2012: 2,4 Mio. t; 1,97 Mio. Zugkm; in Deutschland 931 Mio. tkm
* 2013: 2,6 Mio. t; 2,45 Mio. Zugkm; in Deutschland 1.096 Mio. tkm
* 2014: 2,9 Mio. t; 3,55 Mio. Zugkm; in Deutschland 1.428 Mio. tkm

Weit mehr als die Hälfte der Tonnage wird grenzüberschreitend auch in den Niederlanden bzw. in Belgien befördert.

Verkehre
* AZ-Verkehr mit Schwerpunkt Nordrhein-Westfalen
* Schottertransporte für Baustellenversorgung von zahlreichen Schotterverladestellen in Nordrhein-Westfalen, Rheinland-Pfalz und Hessen (u.a. Birresborn, Bochum) aus für die DB Netz AG; seit 2006
* Braunkohlebriketttransporte Frechen – Jülich (Zuckerfabrik Jülich AG); in der Saison bis zu 1 x pro Tag; seit Ende 2004 Traktion ab Köln-Bickendorf (Übernahme von der RheinCargo GmbH & Co. KG)
* Braunkohlebriketttransporte Frechen – Lendersdorf (Papierfabrik Schoellershammer Heinr. Aug. Schoeller Söhne GmbH & Co. KG); 6 x pro Woche Traktion ab Köln-Bickendorf (Übernahme von der RheinCargo GmbH & Co. KG)
* Braunkohlebriketttransporte Frechen – Zülpich (Smurfit Kappa Zülpich Papier GmbH); 3 x pro Woche seit 21.08.2003 Traktion ab Köln-Bickendorf (Übernahme von der RheinCargo GmbH & Co. KG); 6 x pro Woche seit 27.09.2010
* Gütertransporte Düren (Übernahme von DB) – Sindorf (Siepe GmbH); 1 x pro Woche seit Juni 2014 im Auftrag der DB Schenker Rail Deutschland AG
* Bleierzkonzentrattransporte Antwerpen Lillo (ABT-Terminal) [BE] – Stolberg-Altstadt (Berzelius Stolberg GmbH Bleihütte Binsfeldhammer); seit 02.05.2006 in Eigenregie unter Einbindung der Trainsport S.A. als Subunternehmer bis Aachen West
* Chemietransporte Geleen [NL] – Marl / Dormagen / Hamburg / Großkorbetha; 2-4 x pro Woche seit 01.10.2011 im Auftrag der Transpetrol GmbH Internationale Eisenbahnspedition
* Chemietransporte Münchsmünster – Polen; Spotverkehre seit Januar 2014 im Auftrag der Transpetrol GmbH Internationale Eisenbahnspedition; Traktion bis Guben (Übergabe an LOTOS Kolej Sp. z o.o.)
* Chemietransporte Ploiești [RO] – Speyer / Ludwigshafen; 2-3 x pro Monat seit November 2014 Abwicklung ab Hegyeshalom [HU] im Auftrag von Ermefret; betriebliche Abwicklung in Österreich vergeben an LTE Logistik- und Transport-GmbH
* Chemietransporte im Spotverkehr für Ermefret
* Heizöltransporte Százhalombatta (MOL Rt. Dunai Finomító) [HU] – / Bratislava [SK] – / Neustadt an der Donau – Neuss / – Hamburg; 2-3 x pro Woche im Auftrag der Transpetrol GmbH Internationale Eisenbahnspedition mit Partnern im Ausland sowie auf der letzten Meile
* Kesselwagenverkehre (Biodiesel, Styren) Polen / Tschechien – Antwerpen [BE] / Rotterdam [NL] / Ruhrgebiet; Spotverkehre seit Februar 2009; Traktion ab Guben (Übernahme von LOTOS Kolej Sp. z o.o.) / Frankfurt (Oder) / Bad Schandau im Auftrag der Transpetrol GmbH Internationale Eisenbahnspedition
* Kreideschlammtransporte Gummern (OMYA GmbH) [AT] – Schwedt (Oder) (LEIPA Georg Leinfelder GmbH); 2 x pro Woche seit Januar 2015 im Auftrag der VTG Rail Logistics GmbH; durchgehender Lokeinsatz in Kooperation mit der METRANS Railprofi Austria GmbH
* Styrentransporte Rotterdam [NL] – Bad Schandau (Übergabe an UNIPETROL DOPRAVA, a.s.); Spotverkehre im Auftrag der Transpetrol GmbH Internationale Eisenbahnspedition

RTB Cargo

- Kupferanodentransporte Pirdop [BG] – Hamburg / – Lünen / – Olen [BE]; seit Oktober 2012 betriebliche Abwicklung in Deutschland und Belgien in Kooperation mit der LTE Logistik- und Transport-GmbH im Auftrag der VTG Rail Logistics Deutschland GmbH / Transpetrol GmbH Internationale Eisenbahnspedition für die Aurubis AG; letzte Meile in Hamburg durch Mittelweserbahn GmbH (MWB), in Lünen durch Wanne-Herner-Eisenbahn GmbH (WHE)
- Getreidetransporte Ungarn – Rotterdam-Europoort [NL] / Hamm / Neuss; seit März 2012 im Auftrag der LTE Logistik- und Transport-GmbH; Traktion ab Passau; 1-3 x pro Woche seit Frühjahr 2014
- Sonnenblumenkernmehlganzzüge zwischen diversen Ladestellen in Ungarn und Huningue [FR]; Spotverkehre; betriebliche Abwicklung in Deutschland bis Aschaffenburg (Übergabe an SBB Cargo International AG) im Auftrag der LTE Logistik- und Transport-GmbH
- Zuckertransporte Ochsenfurt (Südzucker AG) – Antwerpen-Lillo (Manuport Antwerpen NV Division Manufert) [BE]; saisonal 1-2 x pro Woche seit 01.09.2014 im Auftrag von Südzucker; Traktion in Belgien vergeben an Trainsport AG
- Zuckertransporte Schladen (Nordzucker AG) – Antwerpen-Lillo (Manuport Antwerpen NV Division Manufert) [BE]; saisonal 1 x pro Woche seit 15.09.2014 im Auftrag von Nordzucker; Traktion bis Braunschweig Rbf vergeben an LAPPWALDBAHN GmbH (LWB), in Belgien an Trainsport AG
- KV-Transporte Duisburg – Frankfurt (Oder) – Kutno [PL]; 2 x pro Woche seit 21.02.2014; Traktion auf dem Abschnitt bis Frankfurt (Oder) im Auftrag der PCC Intermodal SA; Traktion in Polen durch LOTOS Kolej Sp. z o.o.
- KV-Transporte Genk [BE] – Curtici [RO]; 5 x pro Woche im Auftrag der Inter Ferry Boats N.V. (IFB) betriebliche Abwicklung ab Frankfurt-Höchst (Übernahme von Railtraxx bvba) in Kooperation mit der LTE Logistik- und Transport-GmbH; 6 x pro Woche seit Januar 2015
- KV-Transporte Rotterdam (ECT Delta, ECT Euromax) – Straßburg (Port du Rhin) [FR]; 2 x pro Woche seit 05.01.2015 im Auftrag der European Gateway Services B.V. (EGS) bzw. der H&S Container Line GmbH in Kooperation mit der VFLI SA in Frankreich
- KV-Transporte Rotterdam (PCT) [NL] – Frankfurt (Oder) – Kutno [PL]; 4 x pro Woche seit 02.02.2014; Traktion auf dem Abschnitt Rotterdam [NL] – Frankfurt (Oder) im Auftrag der PCC Intermodal SA; Traktion in Polen durch LOTOS Kolej Sp. z o.o.; 5 x pro Woche seit 02.03.2015
- KV-Transporte Rotterdam [NL] – Duisburg (Gateway West) – Stuttgart (SCT); 2 x pro Woche seit 06.10.2010 im Auftrag der SCT Stuttgart Container Terminal GmbH; Terminalzustellung in Duisburg durch duisport rail GmbH und in Stuttgart durch Stuttgarter Bahnservice Ltd. (SBS); 3 x pro Woche seit April 2012
- Pkw-Transporte (Audi) Győr [HU] – Emden / Bremerhaven; 6-8 x pro Woche seit 01.10.2013 Traktion bis Bremen im Auftrag der ARS Altmann AG; betriebliche Abwicklung in Ungarn und Österreich vergeben an LTE Logistik- und Transport-GmbH
- Pkw-Transporte (Mercedes) Kecskemét [HU] – Bremerhaven; 6-8 x pro Woche seit 06.05.2013 im Auftrag der ARS Altmann AG; betriebliche Abwicklung in Ungarn und Österreich vergeben an LTE Logistik- und Transport-GmbH
- Pkw-Transporte München / Regensburg – Genk Walon [BE]; Spotverkehr seit 01.01.2013 im Auftrag der ARS Altmann AG; Traktion in Belgien durch Trainsport AG
- Pkw-Transporte (Mercedes G) Messendorf (Magna Steyr) [AT] – Bremerhaven; 1-2 x pro Woche seit Februar 2013 betriebliche Durchführung in Deutschland im Auftrag der LTE Logistik- und Transport-GmbH / Hödlmayr Logistics GmbH
- Pkw-Transporte (VW Crafter) Neuss – Koper [SI]; 1-2 x pro Woche seit Februar 2013 betriebliche Durchführung in Deutschland im Auftrag der LTE Logistik- und Transport-GmbH / Hödlmayr Logistics GmbH
- Pkw-Transporte (Suzuki) Esztergom [HU] – Zeebrugge [BE]; 1 x pro Woche seit November 2013 ab Traktion ab Hegyeshalom [HU] im Auftrag der Hödlmayr Logistics GmbH, Abwicklung in Österreich durch LTE Logistik- und Transport-GmbH, in Belgien durch Trainsport AG
- Pkw-Transporte (Dacia) Pitești [RO] – Tongeren [BE]; 3-5 x pro Woche seit 01.01.2014 Traktion von Passau bis Aachen West (Übergabe an Trainsport AG) im Auftrag der Wiener Lokalbahnen Cargo GmbH (WLC) für Hödlmayr Logistics GmbH; seit 01.01.2015 im Auftrag der Rail Cargo Austria AG (RCA)
- Pkw-Transporte (Nissan) Tongeren [BE] – Schwertberg (Hödlmayr Logistics GmbH) [AT]; 1-2 x pro Woche seit 01.01.2014 Traktion von Aachen West (Übernahme von Trainsport AG) bis Passau im Auftrag der Wiener Lokalbahnen Cargo GmbH (WLC) für Hödlmayr Logistics GmbH
- Pkw-Transporte Wustermark – Zeebrugge [BE]; Spotverkehre seit Februar 2015 im Auftrag der Mosolf Automotive Railway Gesellschaft mbH (MAR) in Kooperation mit der Trainsport AG
- Pkw-Transporte im Spotverkehr auf wechselnden Relationen für ARS Altmann AG / PCT Private Car Train GmbH und Mosolf

S-Bahn Berlin

S-Bahn Berlin GmbH ⓟⓘ

Invalidenstraße 19
DE-10115 Berlin
Telefon: +49 30 297 43333
Telefax: +49 30 297 43831
kundenbetreuung@s-bahn-berlin.de
www.s-bahn-berlin.de

Management
* Peter Buchner (Geschäftsführer Marketing, Sprecher der Geschäftsführung)
* Karsten Helmut Preißel (Geschäftsführer Produktion)
* Bastian Knabe (Geschäftsführer Finanzen)
* Christoph Wachendorf (Geschäftsführer Personal und Arbeitsdirektor)

Gesellschafter
Stammkapital 76.694.000,00 EUR
* DB Regio AG (100 %)

Lizenzen
* DE: EVU-Lizenz (PV); gültig vom 22.12.2010 bis 31.12.2027

Infrastruktur
* 332 km langes Streckennetz (Eigentum DB Netz); Elektrifizierung 800 V =

Unternehmensgeschichte
Die Berliner S-Bahn ist neben jener in Hamburg das einzige System in Deutschland, das auf einer Stromversorgung mittels gleichspannungsgespeister seitlicher Stromschiene beruht. Die heutige Berliner S-Bahn ist Resultat einer Ende des 19. Jahrhunderts begonnenen, stufenweisen Verselbständigung des Eisenbahnnahverkehrs im Großraum Berlin. So wurden die vorhandenen Strecken ab 1891 mit eigenen Vorortgleisen versehen, um einen autarken Betrieb zu ermöglichen und ein eigener Nahverkehrstarif eingeführt. Das immer weiter wachsende Verkehrsaufkommen ließ den Dampfbetrieb an seine Grenzen stoßen, so dass man sich noch vor dem Ersten Weltkrieg zur Elektrifizierung mit Oberleitung entschloss, da nur der elektrische Betrieb die fahrdynamischen Voraussetzungen zur weiteren Verdichtung der Zugfolge bot. 1921 entschied sich die neugegründete Deutsche Reichsbahn jedoch zur Verwendung des Gleichspannungssystems mit von unten bestrichener Stromschiene, verbunden mit einer Abkehr von der Weiterverwendung des veralteten Wagenparks in lokbespannten Zügen. Stattdessen sollten nun Triebzüge eingesetzt werden, was eine völlige Erneuerung des Rollmaterials mit sich brachte. Während der so genannten „Großen Elektrisierung", die auch eine Aufhöhung der Bahnsteige von 76 auf 96 cm sowie eine Umstellung der Leit- und Sicherungstechnik mit sich brachte, wurden 1924/27 zunächst die vom Stettiner Vorortbahnhof ausgehenden Nordstrecken nach Bernau, Oranienburg und Velten umgestellt, 1928 die Stadtbahn und der Südring, 1929 der Nordring und 1933 die Wannseebahn. Am 01.12.1930 wurden die vormaligen Berliner Stadt-, Ring- und Vorortbahnen unter dem Namen „S-Bahn" zusammengefasst und erhielten als Logo das bekannte weiße „S" auf grünem Grund. Der Nord-Süd-S-Bahntunnel Humboldthain – Yorckstraße wurde kurz nach Beginn des Zweiten Weltkrieges eröffnet, die weitere Ausdehnung des Netzes erfolgte ab 1940 teils unter Mitnutzung der Ferngleise. Der Mauerbau 1961 zerriss das S-Bahnnetz, das zwar weiterhin in Gänze von der Deutschen Reichsbahn der DDR betrieben wurde, in Westberlin fortan aber einem steten Niedergang ausgesetzt war. Fast die Hälfte des dortigen Netzes wurde nach dem Reichsbahnerstreik im Herbst 1980 stillgelegt und erst nach der Übernahme durch die BVG Anfang 1984 schrittweise reaktiviert. Gleichzeitig ließ die BVG zur Ablösung des ausschließlich benutzten Vorkriegs-Rollmaterials die neue Baureihe 480 entwickeln, die 1990-1994 ausgeliefert wurde.
Im Ostteil Berlins blieb die S-Bahn das Rückgrat des ÖPNV und das Netz wurde weiter ausgebaut. Dabei erhielten 1962 der Flughafen Schönefeld und beginnend ab 1976 die neu errichteten Wohngebiete am östlichen Stadtrand eine Anbindung. Den ersten Versuch einer Rollmaterialneubeschaffung startete die DR 1959 mit dem ET 170 (später BR 278), von dem jedoch nur vier Exemplare gebaut und wegen technischer Mängel schon bis 1970 abgestellt wurden. So konzentrierte man sich erst einmal auf die Modernisierung und weitgehende technische Vereinheitlichung der Altfahrzeuge. Mehr Erfolg war der von 1987 bis 1992 gelieferten BR 270 (heute BR 485) beschieden, die nach wie vor im Einsatz ist. Nach dem Mauerfall wurde die Wiederherstellung der Verbindungen zwischen den ehemaligen Stadthälften sowie mit deren Umland in Angriff genommen. Erste Lückenschlüsse gab es 1992 mit Wannsee – Potsdam, Frohnau – Hohen Neuendorf (– Oranienburg) und Lichtenrade – Blankenfelde. 1993 folgte die südliche Ringbahn, deren Sanierung aber schon seit Jahren lief, und bis 2002 wurden die meisten stillgelegten Strecken wieder eröffnet. Der Stand von 1961 ist aber bis heute nicht erreicht, denn es fehlen z. B. die Verbindungen nach Velten, Rangsdorf und Falkensee. Mit der Fusion von DR und DB zur DB AG gingen am 01.01.1994 die Betriebsrechte für die Westberliner Strecken der S-Bahn von der BVG an die DB AG über. Genau ein Jahr

S-Bahn Berlin / S-Bahn Hamburg

später wurde die S-Bahn Berlin GmbH als eigenständige Betreibergesellschaft gegründet. Zunächst dem Geschäftsfeld DB Stadtverkehr zugeordnet, kam sie im März 2010 unter das Dach der DB Regio AG, unter dem alle S-Bahnbetriebe des Konzerns zusammengefasst sind. Die neu entwickelte BR 481, 1996-2004 mit 500 Viertelzügen geliefert, senkte binnen weniger Jahre den Altersdurchschnitt der Flotte rapide, so dass 2003 die letzten Altbautriebzüge aus dem Verkehr gezogen werden konnten.
Managementfehler besonders hinsichtlich einer ausreichenden Instandhaltung, flankiert von herstellerbedingten Fahrzeugmängeln führten die S-Bahn Berlin GmbH im Sommer 2009 in eine schwere Krise. Die Zahl der einsatzfähigen Triebzüge sank zeitweise auf ein Viertel des Gesamtbestandes, so dass es zu erheblichen Leistungseinschränkungen kam und die gesamte seinerzeitige Unternehmensführung abberufen wurde. Die kalte Witterung in den Wintern 2009/2010 und 2010/2011 offenbarte weitere Qualitätsmängel an den Fahrzeugen. An der Behebung der Krise u. a. mit zusätzlichem Personal und wieder erweiterten Werkstattkapazitäten wurde auch im Herbst 2012 noch gearbeitet. Der Berliner Senat hat am 19.06.2012 den ersten Schritt zur Vergabe der S-Bahn-Verkehrsleistungen nach Ablauf des aktuellen Verkehrsvertrages eingeleitet. Hierzu wird das Netz in die Teilnetze „Nord-Süd", „Stadtbahn" und „Ring" (einschließlich Zulaufstrecken) aufgeteilt. Die Ausschreibung für das Teilnetz „Ring" mit einer Vertragslaufzeit von 15 Jahren wurde am 23.07.2012 veröffentlicht.
Per 31.12.2011 hatte die S-Bahn Berlin GmbH 3.116 Mitarbeiter, davon 899 Triebfahrzeugführer. Der Fahrzeugbestand belief sich auf 650 Viertelzüge der Baureihen 480, 481 und 485. Das Streckennetz verfügt über 166 Bahnhöfe. 2012 (Vorjahreswerte in Klammern) beförderte das Unternehmen rund 395 (383) Mio. Fahrgäste bei einer Verkehrsleistung von 4,1 (3,618) Mrd. Pkm.

Verkehre
★ Verkehre (SPNV mit 29,4 Mio. Zugkm/a per Direktvergabe von Januar 2003 bis Dezember 2017 im Auftrag der Länder Berlin und Brandenburg)
S 1 Oranienburg – Wannsee
S 2 Bernau – Blankenfelde
S 25 Henningsdorf – Teltow
S 3 Spandau – Erkner
S 41 Ringbahn (im Uhrzeigersinn)
S 42 Ringbahn (gegen den Uhrzeigersinn)
S 45 Südkreuz – Flughafen Schönefeld
S 46 Westend – Königs Wusterhausen
S 47 Südkreuz – Spindlersfeld
S 5 Westkreuz – Strausberg Nord
S 7 Potsdam Hbf – Ahrensfelde
S 75 Spandau – Wartenberg
S 8 Birkenwerder – Zeuthen
S 85 Waidmannslust – Grünau/Zeuthen
S 9 Blankenburg – Flughafen Schönefeld

S-Bahn Hamburg GmbH P I

Hammerbrookstr 44
DE-20097 Hamburg
Telefon: +49 40 3918 4385
Telefax: +49 40 3918 2184
s-bahn.hamburg@deutschebahn.com
www.s-bahn-hamburg.de

Management
★ Kay Uwe Arnecke (Sprecher der Geschäftsführung)
★ Dieter Bleich (Geschäftsführer Finanzen/Personal)
★ Jan Schröder (Geschäftsführer Technik)

Gesellschafter
Stammkapital 10.226.000,00 EUR
★ DB Regio AG (100 %)

Lizenzen
★ DE: EVU-Lizenz (PV), gültig vom 12.12.2011 bis 31.12.2026

Infrastruktur
★ 115 km langes Streckenetz (Eigentum DB Netz AG); Elektrifizierung 1.200 V =

Unternehmensgeschichte
Die Hamburger S-Bahn ist neben jener in Berlin das einzige System in Deutschland, das auf einer Stromversorgung mittels gleichspannungsgespeister seitlicher Stromschiene beruht. Im Unterschied zu Berlin herrschte an der

S-Bahn Hamburg

Alster aber zunächst konventioneller Oberleitungsbetrieb. Die Verkehrsaufnahme einer eigenen, so genannten Hamburg-Altonaer Stadt- und Vorortbahn am 05.12.1906 fiel mit der Eröffnung des Hamburger Hauptbahnhofes zusammen. Im Dampfbetrieb befahren wurde zunächst die Verbindung Blankenese – Altona – Hbf – Hasselbrook – Ohlsdorf. Die Elektrifizierung erfolgte mit 6,3 kV 25 Hz Wechselspannung, so dass schon ab Herbst 1907 die ersten Elektrotriebzüge zum Einsatz kamen und ab Januar 1908 die Stadt- und Vorortbahn auf gesamter Länge ausschließlich elektrisch betrieben werden konnte. 1924 wurde die 1918 eröffnete und zunächst mit Benzoltriebwagen befahrene Neubaustrecke Ohlsdorf – Poppenbüttel (Alsteralbahn) einbezogen. 1934 führte man nach dem Vorbild Berlins die Marke „S-Bahn" ein, die auch für den (noch) dampfbetriebenen Nahverkehr Blankenese – Wedel, Altona – Elmshorn sowie vom Hbf nach Friedrichsruh und Harburg Verwendung fand. Gleichfalls nach Berliner Vorbild entschied sich 1937 die DR im Rahmen nötiger Erneuerungsmaßnahmen an der Infrastruktur und der guten Erfahrungen aus Berlin für eine Umstellung auf Gleichspannungsbetrieb, allerdings mit 1.200 V Spannung und seitlich bestrichener Stromschiene. Am 22.04.1940 gingen die ersten Gleichstromtriebwagen der neuen Baureihe ET 171 (spätere BR 471) zwischen Poppenbüttel und Ohlsdorf in den Planbetrieb, der schon ein knappes Jahr darauf auf die komplette Achse nach Blankenese ausgedehnt werden konnte. Den weiteren Netzausbau verhinderte der Zweite Weltkrieg, so dass die Gleichstrom-S-Bahn erst 1950 über die eingleisige Vorortstrecke von Blankenese nach Sülldorf und 1954 bis Wedel verlängert werden konnte. Der Parallelbetrieb mit dem alten Oberleitungssytem endete 1955 und 1958 kam der erste Abschnitt im Mischbetrieb ohne eigenen Bahnkörper hinzu, als man die Fernbahnstrecke Richtung Berlin bis Bergedorf mit Stromschienen ausrüstete. Mit der daraufhin aufgenommenen Verbindung Bergedorf – Berliner Tor – Altona erhielt die S-Bahn eine zweite Linie neben der Stammstrecke Wedel – Poppenbüttel. Neue, wesentliche Netzerweiterungen wurden ab den Sechziger Jahren vorgenommen; insbesondere, nachdem 1965 der Hamburger Verkehrsverbund gegründet wurden war. So wurden 1965 der Bahnhof Elbgaustraße, 1967 Pinneberg und 1969 Aumühle erreicht.
Ab 1967 wurde der S-Bahntunnel unter der Innenstadt zur Entlastung der oberirdischen Verbindungsbahn zwischen Hbf und Altona angelegt, 1975 von Hbf bis Landungsbrücken eröffnet und 1979 bis Altona verlängert. Der Tunnel wird von den Linien mit einstelliger Nummer befahren, während jene mit zweistelliger die (oberirdische) Verbindungsbahn Hbf – Altona nutzen. 1981 wurde der letzte Abschnitt der City-S-Bahn zwischen Altona und Diebsteich fertiggestellt. Im selben Jahr ging am Hbf der neue Tunnelbahnsteig 1/2 für die stadteinwärts fahrenden S-Bahnen in Betrieb. 1983 erreichte die S-Bahn Harburg und 1984 Neugraben an der Niederelbebahn Richtung Stade – Cuxhaven. Als nach 1989 der Verkehr auf der Fernbahn Hamburg – Berlin wieder stark zunahm, musste hier für die S-Bahn ein eigenes Gleispaar errichtet werden, das 1997 bis Reinbek und 2002 in voller Länge bis Aumühle in Betrieb ging.
Mit Beginn des Jahresfahrplans 2008 im Dezember 2007 erfolgte die Einbeziehung des Abschnitts Neugraben – Buxtehude – Stade, womit die S-Bahn erstmals auf niedersächsisches Gebiet vorstieß. Ab Neugraben werden dabei die Gleise der DB Netz AG benutzt, womit die Hamburger S-Bahn als erste Schnellbahn in Deutschland den kombinierten Betrieb mit Gleich- und Wechselstrom über Stromschiene und Oberleitung aufnahm.
Die bislang letzte Netzerweiterung gab es Ende 2008 mit Inbetriebnahme der Neubaustrecke von Ohlsdorf zum Flughafen Fuhlsbüttel. Mögliche weitere Projekte sind die Anbindung von Bad Oldesloe (S4 Ost) Kaltenkirchen via Eidelstedt (S21), eine dritte Harburger Linie von Harburg Rathaus nach Elbgaustraße (S32), Elmshorn – Itzehoe / – Wrist – Kellighusen (S4 West). Mit Ausnahme der S32 wird dabei jeweils der Einsatz von Zweistromfahrzeugen projektiert. Für den S-Bahn-tauglichen Ausbau der AKN-Strecke Eidelstedt – Kaltenkirchen liegt seit Sommer 2011 eine Vorplanung vor.
Beim Fahrzeugpark wurden die letzten Züge der BR 471 2001 außer Betrieb genommen, denen 1939-1943 gelieferter erster Tranche 1954-1958 noch eine zweite gefolgt war. Im Dezember 2002 musterte man auch die in den Sechziger Jahren gebauten Vertreter der BR 470 aus, so dass der aktuelle Fuhrpark aus der Baureihe 472 der Baujahre 1974-1984 (52 Garnituren) sowie der 1996-2001 gelieferten BR 474.1/2 (70 Stück) besteht. Hinzu kommen die von 2006 stammenden 42 Zweisystemzüge der BR 474.3, wobei es sich dabei um neun Neubauten und 33 Umbauten mit neuem Mittelwagen handelt. Im S-Bahn-Werk Ohlsdorf werden alle 164 Triebzüge der Baureihen ET 474, ET 474.3 und ET 472/473 gewartet und instand gesetzt. Die 1997 gegründete Betreibergesellschaft S-Bahn Hamburg GmbH mit ihren knapp 1.000 Mitarbeitern (Stand März 2014) gehörte bis in die jüngste Vergangenheit zum Geschäftsbereich DB Stadtverkehr und kam zum 01.03.2010 zusammen mit der S-Bahn Berlin GmbH unter das Dach der DB Regio AG. Auf dem 147 km langen Liniennetz mit seinen 68 Bahnhöfen wurden 2010 mit 221 Mio. Fahrgästen so viele wie nie zuvor befördert. Rund 259 Mio. Fahrgäste sind 2012 mit den Zügen der S-Bahn gefahren. Dies entspricht einer Steigerung von 2,9 Prozent gegenüber dem Vorjahr.
Der Senat der Freien und Hansestadt Hamburg beauftragt die S-Bahn Hamburg GmbH, ab dem 09.12.2018 für weitere fünfzehn Jahre die S-Bahn-Verkehrsleistung zu erbringen. Dies wurde

S-Bahn Hamburg / S-Rail / Saar Rail

vertraglich im Juni 2013 besiegelt. Die S-Bahn Hamburg hat für den Betrieb bei Bombardier Transportation 60 neue S-Bahn-Züge (neue Baureihe 490) bestellt. Die Investitionssumme beläuft sich auf rund 327 Mio. EUR Außerdem hat die Stadt Hamburg die Option auf den Kauf von 86 weiteren Neufahrzeugen. 44 Triebzüge sind für die geplante S4 nach Bad Oldesloe, Wrist und Itzehoe gedacht, 20 für eine mögliche neue S-Bahn-Linie nach Kaltenkirchen und 22 zur Verstärkung des Angebots zwischen Harburg und Altona.

Verkehre
* SPNV mit 12,7 Mio. Zugkm/a per Direktvergabe von Dezember 2009 bis Dezember 2018 im Auftrag der Freien und Hansestadt Hamburg sowie der Landesnahverkehrsgesellschaft Niedersachsen mbH (LNVG) und dem Land Schleswig-Holstein
S 1 Wedel – Hamburg Airport (Flughafen) / – Poppenbüttel
S 11 Blankenese – Ohlsdorf (– Poppenbüttel) (nur HVZ)
S 2 Altona – Bergedorf (nur HVZ)
S 21 Elbgaustraße – Aumühle
S 3 Pinneberg – Stade
S 31 Altona – Berliner Tor / – Harburg-Rathaus (– Neugraben in der HVZ)

S-Rail GmbH

Münchener Straße 67
DE-83395 Freilassing

Management
* Gunther Rudolf Pitterka (Geschäftsführer)

Gesellschafter
Stammkapital 36.000,00 EUR
* Gunther Rudolf Pitterka (100 %)

Lizenzen
* DE: EVU-Zulassung (GV) beantragt
* DE: Sicherheitsbescheinigung Teil A+B (GV) beantragt

Unternehmensgeschichte
Die heutige S-Rail GmbH wurde bereits am 21.03.2012 als ECCO-Cargo-Rail GmbH mit Sitz in Freilassing gegründet. Das Schwesterunternehmen der Salzburger Eisenbahn TransportLogistik GmbH (SETG) wurde per 18.08.2014 in S-Rail GmbH umfirmiert. Hintergrund ist die Einführung der Gruppenbezeichnung „S" für Salzburger Eisenbahn TransportLogistik (SETG), S-Rail und S-Air. Die Aufnahme der Geschäftstätigkeit war im Laufe des Jahres 2015 nach Erteilung von EVU-Zulassung und Sicherheitszertifikat angedacht.

Saar Rail GmbH

Bismarckstraße 57-59
DE-66333 Völklingen
Telefon: +49 6898 100
mike.schmidt@saarstahl.com
www.saarstahl.com

Management
* Mike Schmidt (Geschäftsführer)
* Markus Wanner (Geschäftsführer)

Gesellschafter
Stammkapital 25.000,00 EUR
* Saarstahl AG (100 %)

Lizenzen
* DE: EVU-Zulassung (GV); gültig vom 12.10.2012 bis 31.08.2027

Unternehmensgeschichte
Die Saar Rail GmbH wurde am 22.09.2009 von der Saarstahl AG, Völklingen, gegründet und am 06.10.2009 im Handelsregister eingetragen. Gegenstand des Unternehmens ist das Betreiben eines EVU für den Güterverkehr. Ziel der Gründung war es, die werksinternen Eisenbahnaktivitäten der Saarstahlwerke zusammenzufassen, die Schnittstellen zu externen Eisenbahnverkehrsunternehmen zu verbessern, die Zwischenwerksverkehre im Roheisen- und Halbzeugtransport zu beeinflussen und damit die Kosten der Saarstahl AG deutlich zu senken. Fast der gesamte Overhead und beinahe alle administrativen Aufgaben werden von der Saarstahl AG wahrgenommen.
Am 01.01.2010 hat die Saar Rail den Betrieb auf- und per 01.03.2010 den Roheisentransport von Dillingen zum Stahlwerk nach Völklingen übernommen. Der Vertrag mit SBB Cargo endete, 18 Mitarbeiter der Saar Rail wechselten ersatzlos vom Werksrangierdienst in den Roheisenverkehr. Ebenfalls zum 01.03.2010 schlossen Saar Rail und DB Schenker Rail Deutschland einen Kooperationsvertrag zur Bedienung der Stranggießanlagen des Stahlwerkes in Völklingen. Zum 01.10.2010 folgte ein ähnlicher Vertrag im Bereich des Werkes Burbach. Ziel sind die Halbzeugtransporte, die Gestellung von Leerwagen und die Zugbildung der Ausgangsfrachten nach Zielgebieten.

Saar Rail / SaarBahn&Bus

Anfang März 2011 übernahm Saar Rail im Auftrag der Saarstahl den Halbzeugtransport zwischen dem Stahlwerk in Völklingen und den Werken in Burbach und Neunkirchen.
Mit 127 Mitarbeitern generierte die Saar Rail 2010 15,16 Mio. EUR Umsatz.
2013 wies die Saar Rail 130 Mitarbeiter auf und transportierte 11,29 Mio. t im internen Werksverkehr, 2,35 Mio. t im Roheisenverkehr sowie 1,84 Mio. t Knüppel zu den Werken Burbach und Neunkirchen.

Verkehre
* Flüssigeisentransporte Dillingen/Saar – Völklingen; mehrfach pro Tag seit 01.03.2010 für die Saarstahl AG
* Bedienung der Stranggießanlagen des Stahlwerkes in Völklingen; seit 01.03.2010
* Rangierdienst im Werk Burbach; seit 01.10.2010
* Halbzeugtransport zwischen dem Stahlwerk in Völklingen und den Werken in Burbach und Neunkirchen; seit März 2011
* Drahtrollentransporte Burbach – Saarbrücken Rbf (Übergabe an HSL Logistik GmbH); seit 01.01.2013

Saarbahn GmbH (SaarBahn&Bus) ℗

Postfach 10 30 31
DE-66030 Saarbrücken
Hohenzollernstraße 104-106
DE-66117 Saarbrücken
Telefon: +49 681 587-0
Telefax: +49 681 587-3322
Hotline: +49 6898 500-4000
info@saarbahn.de
www.saarbahn.de

Management
* ass. jur. Peter Edlinger (Geschäftsführer)
* Andreas Winter (Geschäftsführer)

Gesellschafter
Stammkapital 511.291,89 EUR
* Stadtbahn Saar GmbH (SBS) (98 %)
* Gemeinde Heusweiler (2 %)

Beteiligungen
* Saar-Bus GmbH (26 %)

Lizenzen
* DE: EVU-Zulassung (PV) seit 01.08.1997, gültig bis 31.03.2027

Unternehmensgeschichte
Die Saarbahn wurde am 07.05.1996 als Betreibergesellschaft des Stadtbahn-Systems Saarbrücken gegründet. Als Tochterunternehmen der Versorgungs- und Verkehrsgesellschaft Saarbrücken (VVS) leistet die Saarbahn GmbH den öffentlichen Personennahverkehr auf der Straße und auf der Schiene in der Landeshauptstadt Saarbrücken und der näheren Umgebung. Sie wurde 1997 als reines Schienenverkehrsunternehmen gegründet. 2002 wurde ihr im Rahmen einer Betriebsübertragung das Geschäft des Saarbrücker Traditionsunternehmens „Gesellschaft für Straßenbahnen im Saartal AG", also des Busbetriebes in Saarbrücken, übertragen. Als Infrastrukturgesellschaft ist die Stadtbahn Saar GmbH tätig.
Zum 16.09.2010 übernahm die Stadtbahn Saar GmbH auch die Anteile (2 %) der Gemeinde Kleinblittersdorf.
Die Stadt St. Johann – seit 1908 ein Teil der Stadt Saarbrücken – richtete am 04.11.1890 mit dem „feurigen Elias" ihre erste meterspurige Dampfstraßenbahn von Saarbrücken über den St. Johanner Markt nach Luisenthal ein. Am 09.04.1892 gründete sich die „Gesellschaft für Straßenbahnen im Saartal" (GSS), die die Dampfstraßenbahn mitsamt der dazugehörigen Hochbauten sowie Material- und Wagenschuppen erwarb.
In den darauf folgenden Jahren stellte Saarbrücken die Dampfbahn auf Strom um: Am 08.02.1899 fand die Eröffnung des ersten elektrifizierten Bahnabschnitts auf der 5,85 km langen Strecke von Malstatt nach St. Arnual statt. Von Saarbrücken aus führten neue Linien nach Riegelsberg-Heusweiler, von Luisenthal über Saarbrücken nach Brebach, Schafbrücke und Ormesheim sowie von Saarbrücken nach Sulzbach und Bildstock. Die GSS geriet jedoch zu Beginn der 1920er-Jahre aufgrund der allgemeinen wirtschaftlichen Entwicklung in eine Krise. In den folgenden Jahren fusionierte das Unternehmen mit anderen Straßenbahnen im Saartal. Zwischen 1948 und Mai 1965 wurden jedoch sämtliche Strecken auf Bus bzw. O-Bus umgestellt.
Die Stadtbahn Saar GmbH wurde im Juni 1992 gegründet. Nach Karlsruher Vorbild verkehrt auch in Saarbrücken die Straßenbahn außerhalb der Innenstadt teilweise auf DB-Gleisen. Anders als in Karlsruhe mußte die Straßenbahn in Saarbrücken jedoch komplett regelspurig neu aufgebaut werden, nachdem die meterspurige Straßenbahn bereits am 22.05.1965 stillgelegt worden war. Am 24.10.1997 nahm die Saarbahn auf einer ersten Teilstrecke zwischen Saarbrücken Ludwigstraße und

SaarBahn&Bus / SOEG

Sarreguemines [FR] auf 19 km den Betrieb auf, dann wurde die Strecke bis Cottbuser Platz erweitert. Ab Brebach wird dabei die DB-Bahnstrecke Saarbrücken – Sarreguemines befahren. Am 13.11.2000 wurde die Saarbahnstrecke innerhalb der Stadt Saarbrücken von der Haltestelle Cottbuser Platz bis Siedlerheim verlängert, am 23.09.2001 folgte der Abschnitt nach Riegelsberg Süd. Ab dort verkehren seit 01.06.2009 Züge bis zur Haltestelle Güchenbach und seit 27.09.2009 weiter bis Walpershofen/Etzenhofen. Seit 01.11.2011 fährt die Saarbahn bis Heusweiler Markt. Seit 05.10.2014 verkehrt die Saarbahn im Norden bis Lebach-Jabach, wofür Teile der stillgelegten Bahnstrecke Völklingen – Lebach genutzt werden.
In Brebach wurde im September 2012 eine eigene Werkstatt eröffnet. Zuvor waren die Saarbahn-Fahrzeuge im DB-Betriebswerk Saarbrücken gewartet worden.

Verkehre
★ SPNV S 1 Lebach-Jabach – Sarreguemines; 1,6 Mio. Zugkm/a

Sächsisch-Oberlausitzer Eisenbahngesellschaft mbH (SOEG) 🅿🅖🅘

Bahnhofstraße 41
DE-02763 Zittau
Telefon: +49 3583 540540
Telefax: +49 3583 516462
kundenbuero@soeg-zittau.de
www.soeg-zittau.de

Management
★ Ingo Neidhardt (Geschäftsführer)

Gesellschafter
★ Landkreis Löbau-Zittau (ZI) (69,9 %)
★ Gemeinde Olbersdorf (9,8 %)
★ Große Kreisstadt Zittau (7 %)
★ Gemeinde Kurort Jonsdorf (6,3 %)
★ Gemeinde Kurort Oybin (6,3 %)
★ Gemeinde Bertsdorf-Hörnitz (0,7 %)

Lizenzen
★ DE: EIU Zittau – Bertsdorf – Oybin / Jonsdorf seit 15.11.1996
★ DE: EVU-Zulassung (GV) seit 13.09.2001
★ DE: EVU-Zulassung (PV+GV) seit 15.11.1996, gültig bis 31.08.2026
★ DE: Erlaubnis zur Betriebsaufnahme Güterverkehr: 28.02.2002

Infrastruktur
★ Zittau – Bertsdorf – Kurort Oybin (12,5 km, Spurweite 750 mm)
★ Bertsdorf – Kurort Jonsdorf (3,5 km, Spurweite 750 mm)

Unternehmensgeschichte
Die „Zittauer Schmalspurbahn" ist eine sächsische Schmalspurbahn mit einer Spurweite von 750 mm. Seit 15.12.1890 verkehren täglich nach Fahrplan Züge zwischen der Stadt Zittau und den seit jeher beliebten Ausflugsorten Kurort Jonsdorf und Kurort Oybin im nahe gelegenen Zittauer Gebirge.
Als Anfang der 1990er Jahre eine Stilllegung des Zittauer Schmalspurnetzes durch die DR drohte, wurden die Anrainergemeinden aktiv. Dem Kreistagsbeschluss zur Gründung der Sächsisch-Oberlausitzer Eisenbahngesellschaft mbH (SOEG) am 25.06.1994 folgte die notarielle Gründung der Gesellschaft am 28.07.1994.
Im November 1996 erhielt das Unternehmen die Zulassung als EVU und EIU und übernahm zum 1. Dezember desselben Jahres Strecke, Gebäude, Lokomotiven und Wagen sowie den Betrieb von der Deutschen Bahn.
Seit 2001 besitzt die SOEG auch eine Konzession zum Erbringen von Güterverkehrsleistungen. Der Güterverkehr wurde am 15.01.2002 auf der Relation Zittau – Ebersbach – Löbau aufgenommen, der bei Bedarf mit einer angemieteten Lok des Ostsächsische Eisenbahnfreunde e. V. (OSE) durchgeführt wird und hauptsächlich der Versorgung des SOEG-Betriebswerkes in Zittau mit Kohle dient.
Die Arbeit der SOEG wird durch den Interessenverband der Zittauer Schmalspurbahnen e. V. unterstützt, der auch über eigene Triebfahrzeuge und Wagen verfügt, die auf dem SOEG-Netz eingesetzt werden.

Verkehre
★ Ausflugspersonenverkehr Zittau – Bertsdorf – Kurort Oybin / Kurort Jonsdorf; 60.000 Zugkm/a bis 31.12.2023 im Auftrag des Zweckverbandes Verkehrsverbund Oberlausitz-Niederschlesien (ZVON)
★ Kohletransporte Löbau (Übergang zum DB Schenker-Wagenladungsverkehr) – Zittau; 1 x pro Woche seit 15.01.2002

SBB Cargo Deutschland

▗▄▖ SBB Cargo International
SBB Cargo Deutschland GmbH
Ⓖ

Schifferstraße 166
DE-47059 Duisburg
Telefon: +49 203 607-8202
Telefax: +49 203 607-8309
info@sbbcargoint.com
www.sbbcargo-international.com

Management
★ Matthias Birnbaum (Geschäftsführer)

Gesellschafter
Stammkapital 1.500.000,00 EUR
★ SBB Cargo International AG (100 %)

Lizenzen
★ DE: EVU-Zulassung (GV) seit 17.07.2002, gültig bis 31.07.2017
★ DE: Sicherheitszertifikat, Teil A (GV); gültig vom 18.10.2011 bis 17.10.2016
★ NL: Sicherheitszertifikat, Teil B (GV); gültig vom 01.05.2013 bis 17.10.2016

Unternehmensgeschichte
Um die Marktposition im Güterverkehr der Relationen Deutschland – Schweiz und Deutschland – Italien auszubauen, dehnte die Schweizerische Bundesbahnen SBB Cargo AG (SBB Cargo CH) ihre Aktivitäten ab 2002 nach Deutschland aus. Hierzu wurde mit Gesellschaftsvertrag vom 24.06.2002 und Handelsregistereintrag zum 06.08.2002 die Swiss Rail Cargo Köln GmbH (SRC) mit Sitz in Köln als gemeinsame Tochtergesellschaft von SBB Cargo CH (51 % der Anteile), Häfen und Güterverkehr Köln AG (HGK, 44 %) und HUPAC SA (5 %) gegründet. In Zusammenarbeit mit SBB Cargo begann SRC mit dem Aufbau von Güterverkehren mit einem Schwerpunkt auf Leistungen des Nord-Süd-Achse durch das Rheintal in die Schweiz und nach Italien. Die enge Verknüpfung mit SBB Cargo CH wurde im Sommer 2004 auch durch den Unternehmensnamen kenntlich gemacht, indem die SRC durch Beschluss der Gesellschafterversammlung vom 12.05.2004 und Handelsregistereintrag zum 08.06.2004 in SBB Cargo Deutschland GmbH umbenannt wurde. Im Dezember 2004 erwarb SBB Cargo CH ferner die bislang von der HGK und HUPAC gehaltenen Anteile an der SBB Cargo Deutschland GmbH. Dank der starken Muttergesellschaft konnte in kürzester Zeit ein veritables Güterverkehrsnetz aufgebaut werden, in dem der Rheinstrecke Köln – Basel größte Bedeutung zukommt.
Zum Beginn des Jahres 2011 wurde die Überführung der internationalen Aktivitäten von der SBB Cargo AG zur neu gegründeten SBB Cargo International AG mit Sitz in Olten vollzogen. An der SBB Cargo International ist die SBB Cargo AG mit 75 % und die Hupac SA mit 25 % beteiligt. Die SBB Cargo International hält wiederum 100 % der Anteile an der SBB Cargo Deutschland GmbH. Mit dieser strukturellen Anpassung geht eine Ausrichtung auf die Traktion von Container- und Ganzzügen einher. Gleichzeitig wurden die Vertriebsaktivitäten sowie wesentliche Teile der Planung und Disposition am Standort Olten zusammengefasst.
Die SBB Cargo Deutschland GmbH, Duisburg, ist als übernehmender Rechtsträger nach Maßgabe des Verschmelzungsvertrages vom 08.04.2011 mit der SBB Cargo GmbH mit Sitz in Duisburg verschmolzen. Während erstere jeher als Produktionsgesellschaft für Deutschland agiert hatte, übernahm die SBB Cargo GmbH die Rolle als Verkaufsagentur der SBB Cargo in Deutschland.
Die Verkehrsleistung des Unternehmens in Deutschland:
★ 2013: 4.806 Mio. Netto-tkm
★ 2012: 3.466 Mio. Netto-tkm
★ 2011: 3.277 Mio. Netto-tkm
★ 2010: 4.240 Mio. Netto-tkm
★ 2009: 3.317 Mio. Netto-tkm
★ 2008: 3.650 Mio. Netto-tkm
In Köln-Eifeltor sowie in Mannheim und Karlsruhe unterhält die SBB Cargo Deutschland GmbH Lokführerstandorte. Knotenpunkte mit Rangierteams befinden sich in Freiburg im Breisgau und Karlsruhe.
Das eingesetzte Rollmaterial wird überwiegend von der Muttergesellschaft angemietet, daneben kommen Fahrzeuge der Mitsui Rail Capital Europe GmbH (MRCE) und ELL Germany GmbH zum Einsatz. SBB Cargo International hat Ende Mai 2013 das Sicherheitszertifikat Teil B für die Niederlande erhalten. Das schweizer Unternehmen hat per 02.09.2013 die Eigenproduktion in den Niederlanden aufgenommen. Als niederländischer Kooperationspartner ist die Rotterdam Rail Feeding B.V. (RRF) eingebunden, die Disposition Notfallmanagent sowie Rangierdienste im Königreich übernimmt.

Verkehre
★ kombinierter Verkehr und Ganzzüge auf diversen Relationen entlang der Nord-Süd-Achse
★ Chemietransporte Ludwigshafen BASF – Schwarzheide (BASF Schwarzheide GmbH); 6 x pro Woche seit 01.03.2010 im Auftrag der BASF SE
★ Chemietransporte Ludwigshafen – Basel
★ Mineralölverkehre auf diversen Relationen u.a. zur Versorgung des Tanklagers Stuttgart sowie des Flughafens Zürich [CH]

SBB Cargo Deutschland / SBB GmbH

- KV-Transporte Duisburg (RRT) – Ludwigshafen (KTL) – Sopron Hatàr [HU] – Tekirdağ [TK] für die BALO Büyük Anadolu Lojistik Organizasyonlar A.Ş.; 4 x pro Woche seit Januar 2015 Traktion in Deutschland im Auftrag der Rail Cargo Austria AG (RCA) unter Nutzung von RCA-Loks der Baureihe 1116
- KV-Transporte Hamburg – Aschaffenburg (TCA) – Kornwestheim (DUSS); 4 x pro Woche seit März 2013 im Auftrag der zigsXpress GmbH / IGS Intermodal Container Logistics GmbH; Kornwestheim 3 x pro Woche
- KV-Transporte Hamburg – Nürnberg (TriCon / CDN) – München (CDM); 2 x pro Woche seit 01.01.2012 im Auftrag der zigsXpress GmbH / IGS Intermodal Container Logistics GmbH
- KV-Transporte Hamburg – Nürnberg (TriCon / CDN) – Regensburg (CDN); 6 x pro Woche seit 01.01.2012 im Auftrag der zigsXpress GmbH / IGS Intermodal Container Logistics GmbH
- Rangierdienst Freiburg im Breisgau (RoLa)
- Rangierdienst Karlsruhe (Bedienung MiRO Mineralölraffinerie Oberrhein GmbH & Co. KG und Hafen Karlsruhe); seit 01.10.2007

SBB GmbH P

Hafenstraße 10
DE-78462 Konstanz
Telefon: +49 7531 36188-0
Telefax: +49 7531 36188-29
info@sbb-deutschland.de
www.sbb-deutschland.de

Management
- Thomas Neff (Geschäftsführer)

Gesellschafter
Stammkapital 1.500.100,00 EUR
- Schweizerische Bundesbahnen AG (SBB) (100 %)

Lizenzen
- DE: EVU-Zulassung (PV) seit 28.03.2003, gültig bis 31.03.2018

Unternehmensgeschichte
Nachdem die Schweizerischen Bundesbahnen (SBB) im Jahr 2002 vom Land Baden-Württemberg den Zuschlag zum Betrieb der SPNV-Leistungen auf den Strecken Basel – Lörrach – Zell im Wiesental und Lörrach – Weil erhielten, wurde mit Handelsregistereintrag zum 14.01.2003 eine deutsche Tochtergesellschaft der SBB, die SBB GmbH mit Sitz in Lörrach, gegründet. Diese übernahm am 15.06.2003 den SPNV auf den genannten Strecken vom bisherigen Betreiber DB Regio AG und setzt dort Fahrzeuge der Schweizer Muttergesellschaft ein.
Eine zweite auf dem deutschen SPNV-Markt aktive SBB-Tochtergesellschaft bestand im etwa 125 km östlich gelegenen Konstanz in Form der EuroThurbo GmbH. Diese war durch Beschluss der Gesellschafterversammlung vom 22.01.2003 aus der bisherigen Mittelthurgaubahn Deutschland GmbH entstanden. Die am 30.08.1996 als Tochter der Schweizer Mittelthurgaubahn AG (MThB) gegründete Mittelthurgaubahn Deutschland GmbH betrieb seit 08.09.1996 im Auftrag des Landkreises Konstanz SPNV-Leistungen zwischen Radolfzell und Stockach und übernahm in Folge auch die bereits seit 1994 im Auftrag der Deutschen Bahn von der Schweizer MThB erbrachten SPNV-Leistungen auf der Relation (Schweiz –) Konstanz – Radolfzell – Engen.
Mit der Insolvenz der MThB wurden deren Personenverkehrsaktivitäten durch die Schweizer Thurbo AG übernommen. Der Geschäftsbetrieb der EuroThurbo wurde unverändert fortgeführt. So boten EuroThurbo und die Regentalbahn AG seit 14.12.2003 unter der Bezeichnung „ALEX – Allgäu Express" zudem Reisezüge zwischen München und Oberstdorf an.
Nachdem der Kanton Thurgau jedoch kein Interesse an Geschäftsaktivitäten im Ausland mehr hatte, verständigte er sich mit der SBB im Jahre 2005 auf die vollständige Übernahme der EuroThurbo-Aktivitäten durch die SBB. Mit Handelsregistereintrag vom 11.11.2005 wurde der Sitz der bestehenden SBB GmbH von Lörrach nach Konstanz verlegt und zugleich auf Grundlage eines Verschmelzungsvertrages und Gesellschaftsbeschlusses vom 26.07.2005 die somit aufgelöste EuroThurbo GmbH mit der SBB GmbH verschmolzen.
Der zwischen der SBB GmbH und dem Landkreis Konstanz bestehende Vertrag über die Erbringung der SPNV-Leistungen Radolfzell – Stockach wurde zum Jahresende 2006 gekündigt, nachdem die dort eingesetzten, bereits seit 2001 zunehmend störanfälligen SBB-Dieseltriebwagen als „dauerhaft nicht einsatzfähig" eingestuft wurden und der Landkreis Konstanz die Kosten für Ersatzfahrzeuge nicht übernehmen wollte. Wie bereits beim Komplettausfall der SBB-Triebwagen zwischen Oktober 2005 und August 2006 praktiziert, übernahm zum 01.01.2007 die HzL Hohenzollerische Landesbahn AG den Betrieb. Die 2007 erfolgte Ausschreibung für die langfristigen Betrieb Radolfzell – Stockach über den Zeitraum von 2008 bis 2023 konnte gleichfalls die HzL für sich entscheiden. Zum 10.12.2007 zog sich die SBB GmbH auch aus den SPNV-Leistungen München – Oberstdorf zurück, nachdem die Regentalbahn AG, mit der die SBB dort bislang gemeinsam den Betrieb abwickelte, die Ausschreibung der Leistungen für sich entscheiden konnte. Als SPNV-Leistungen der

SBB GmbH / Scharmützelseebahn / SIP

SBB GmbH verbleiben jene auf den in das S-Bahn-Netz der Stadt Basel einbezogenen Relationen um Lörrach sowie die Fahrten zwischen Konstanz und Engen. Letztere erbringt die SBB GmbH unter Nutzung von Fahrzeugen der SBB (Schweiz) seit dem 10.12.2006 nicht mehr länger als Subunternehmer von DB Regio, sondern nach gewonnener Ausschreibung direkt im Auftrag der landeseigenen Nahverkehrsgesellschaft Baden-Württemberg mbH (NVBW).
Zum Fahrplanwechsel am 15.12.2013 wurde der Betrieb der
Strecke Schaffhausen – Erzingen (Baden) durch die SBB GmbH aufgenommen.

Verkehre
* SPNV Konstanz – Radolfzell – Singen – Engen; 1,1 Mio. Zugkm pro Jahr im Auftrag der Nahverkehrsgesellschaft Baden-Württemberg mbH (NVBW) vom 10.12.2006 bis 09.12.2016
* SPNV Basel – Lörrach – Zell im Wiesental und Lörrach – Weil am Rhein; 0,95 Mio. Zugkm pro Jahr im Auftrag der Nahverkehrsgesellschaft Baden-Württemberg mbH (NVBW) vom 15.06.2003 bis 12.12.2020
* SPNV Schaffhausen – Erzingen (Baden); ca. 0,4 Mio Zugkm pro Jahr im Auftrag des Kantons Schaffhausen vom 15.12.2013 bis 12.12.2015

Scharmützelseebahn GmbH

An den Wulzen 23
DE-15806 Zossen
Telefon: +49 3377 3300850
Telefax: +49 3377 3300860
service@scharmuetzelseebahn.de
www.scharmuetzelseebahn.de

Management
* Jan Jähnke (Geschäftsführer)
* Jörn C. Schneider (Geschäftsführer)

Gesellschafter
Stammkapital 25.000,00 EUR
* Jan Jähnke (50 %)
* Jörn Schneider (50 %)

Infrastruktur
* Bad Saarow – Bad Saarow-Pieskow Süd (1,6 km); gekauft am 01.02.2011; teilweise betrieblich gesperrt

Unternehmensgeschichte
Die Kreisbahn Beeskow-Fürstenwalde, auch als „Scharmützelseebahn" bezeichnet, war ursprünglich ein Eigenbetrieb des früheren Kreises Beeskow-Storkow in der preußischen Provinz Brandenburg.
Zuletzt im Eigentum der DB Netz AG befindlich wurde der Abschnitt Bad Saarow-Pieskow – Beeskow am 18.04.2008 zur Übernahme durch Dritte ausgeschrieben. Zwischen Fürstenwalde und Bad Saarow-Pieskow verkehren aktuell Personenzüge der ODEG Ostdeutsche Eisenbahn GmbH, die ab 21.10.2011 bis Bad Saarow-Pieskow Klinikum um knapp 1,1 km Strecke erweitert wurde.
Die Scharmützelseebahn GmbH übernahm nachfolgend den ausgeschriebenen Streckenteil, schrieb den Abschnitt Bad Saarow-Pieskow Süd – Beeskow Ende 2010 erfolglos erneut zur Übernahme durch andere Eisenbahninfrastrukturunternehmen aus.
Die Scharmützelseebahn GmbH war per 26.02.2010 aus der Bäder Am Mellensee GmbH entstanden. Diese befindet sich im Eigentum von Jan Jähnke und Jörn C. Schneider, die u.a. mit der erlebnisBahn die Draisinenstrecken Zossen – Jüterbog und Templin – Fürstenberg betreiben.
2011 wurde der Abschnitt Pieskow Süd (a) – Beeskow (a) von Bahnbetriebszwecken freigestellt und demontiert. Der ehemalige Streckenabschnitt soll mit einem Radweg bebaut werden.

Schienen-Infrastrukturgesellschaft-Prignitz mbH (SIP)

Pritzwalker Straße 8
DE-16949 Putlitz
Telefon: +49 33981 502-0
Telefax: +49 33981 502-22
netzleitung@regioinfra.de

Management
* Dipl.-Ing. Frank Brechler (Geschäftsführer)
* Tino Hahn (Geschäftsführer)

Gesellschafter
Stammkapital 25.000,00 EUR
* TUL agroservice GmbH Falkenhagen (50 %)
* Regio Infra Nord-Ost GmbH & Co. KG (RIN) (50 %)

Lizenzen
* DE: Anschlussbahn Falkenhagen (Prignitz), Genehmigung zur Betriebsaufnahme gemäß § 9 BOA am 01.10.2002

Infrastruktur
* Anschlussbahn Falkenhagen (Prignitz)

SIP / SKB / S&S

Unternehmensgeschichte
Die Schienen-Infrastrukturgesellschaft-Prignitz mbH (SIP) ist als Infrastruktur-Betreibergesellschaft im Auftrag des Landkreises Prignitz tätig. Das am 10.09.2002 gegründete Unternehmen übernimmt hierbei die Betriebsführung und Betreuung von Anschlussbahnen, das Rangieren, Be- und Entladen von Eisenbahnfahrzeugen und das Betreiben von Anschlussbahninfrastruktur.
Der 50 %ige Gesellschafteranteil der Prignitzer Eisenbahn GmbH (PEG) wurde per 12.04.2012 an die Regio Infra Gesellschaft mbH (RIG) bzw. nachfolgend an die Regio Infra Nord-Ost GmbH (RIN) bzw. deren Rechtsnachfolger Regio Infra Nord-Ost GmbH & Co. KG übertragen.

Schleifkottenbahn-GmbH (SKB)

Bergstraße 26f
DE-58553 Halver
Telefon: +49 2359 6002
Telefax: +49 2355 516164
Hotline: +49 173 2637675
info@schleifkottenbahn.de
www.schleifkottenbahn.de

Management
* Stefan Heinrich (Geschäftsführer)

Gesellschafter
Stammkapital 54.000,00 EUR
* Friedrich-Wilhelm Kugel (32 %)
* Gerrit Holz (25 %)
* Stefan Heinrich (19 %)
* Bund für Umwelt und Naturschutz Landesverband Nordrhein-Westfalen e. V. (13 %)
* Michael Arnold (11 %)

Lizenzen
* DE: EIU (Awanst) Oberbrügge – Halver seit 19.12.2000
* DE: EVU-Zulassung (GV) seit 19.12.2000, gültig bis 31.12.2015

Infrastruktur
* (Awanst) Oberbrügge – Halver (7,1 km), Kauf am 20.08.2000, Übergang Betriebsführung am 30.12.2000; aktuell stillgelegt

Unternehmensgeschichte
Die am 17.02.1998 gegründete Schleifkottenbahn-GmbH (SKB) konnte im Jahr 2000 die Infrastruktur der Strecke Oberbrügge – Halver von der DB Netz AG erwerben. Geplant war eine Wiederaufnahme des 1995 durch die DB eingestellten Güterverkehrs auf der Nebenbahn im märkischen Sauerland.

Wichtigstes Ziel war die Entwicklung, Erforschung und Erprobung neuer Eisenbahntechnologien mit der Trasse der Schleifkottenbahn als Test- und Pilotstrecke. Entwicklungsschwerpunkte bildeten dabei u. a. der intelligente Fahrweg, Umschlagtechnologie sowie innovative Fahrzeug- und Antriebskonzepte, wie beispielsweise ein sogenanntes Schienentaxi zur Personenbeförderung. Die Umsetzung dieser Vorhaben hat sich jedoch als nicht durchführbar erwiesen, zumal die Strecke 2013 stillgelegt werden musste. Da die Wiederinbetriebnahme inklusive dringender Sanierungsarbeiten an einer Eisenbahnüberführung und einer verkehrlichen Anbindung nach Brügge finanziell nicht darstellbar waren, hat die SKB die Infrastruktur Ende 2013 zum Verkauf ausgeschrieben. Die Gesellschaft selbst soll abgewickelt werden und auf dem Bahnkörper ein Radweg entstehen.

Schneider & Schneider GmbH (S&S)

Zum Torfmoor 1
DE-21423 Winsen
Telefon: +49 4171 66960-0
Telefax: +49 4171 66960-20
info@schneider-schneider.de
www.schneider-schneider.de

Management
* Andreas Schneider (Geschäftsführer)

Gesellschafter
Stammkapital 25.000,00 EUR
* Andreas Schneider (100 %)

Lizenzen
* DE: EVU-Zulassung (GV) seit 07.04.2004, gültig bis 07.04.2019

Unternehmensgeschichte
Gegenstand des am 01.06.1998 gegründeten und zum 20.04.2001 in eine GmbH umgewandelten Unternehmens ist der Garten- und Landschaftsbau, der Gleisbau, Lotsendienste, Vermietung von Maschinen und alle damit in Zusammenhang stehenden Tätigkeiten, soweit sie nicht einer besonderen Genehmigung bedürfen. Dabei konzentriert man sich auf Personaldienstleistungen innerhalb Deutschlands in den Bereichen Gestellung von Triebfahrzeugführern für den Güter- und Personenverkehr, Lotsendienste, Rangier- und Arbeitszugdienst, Gestellung von Wagenmeistern und Rangierbegleitern sowie Personaleinsatzplanung.
Im März 2001 konnte S&S mit einer V 60 D ihre erste

S&S / SAB / Schwedter Hafen

Lok anmieten. Nach deren Kauf wurde auch eine zweite Lok gleichen Typs beschafft. Bis zur Zulassung als EVU waren die Maschinen bei der LAPPWALDBAHN GmbH Weferlingen (LWB) eingestellt. Neben diesen Maschinen mietete S&S auch vielfach Großdiesselloks, u. a. auch ME 26 der damaligen Siemens Dispolok GmbH sowie kurzzeitig auch einen „Blue Tiger" für Überführungsfahrten und Bauzugdienste an. Mit der V 100 führte S&S 2004/2005 in Fürth Rangierdienstleistungen im Auftrag der TX Logistik AG für die boxXpress.de GmbH durch.
Das nach dem Tod des geschäftsführenden Gesellschafters Detlef Schneider am 01.02.2005 eingeleitete Insolvenzverfahren der S&S wurde am 02.11.2005 aufgehoben.
Über eigene Loks verfügt das Unternehmen aktuell nicht, man konzentriert sich aktuell auf Personaldienstleistungen.
S&S verfügte im Mai 2013 über zehn Triebfahrzeugführer (Februar 2005: 35 Mitarbeiter; März 2006: 20 Mitarbeiter).

SAB Schwäbische Alb-Bahn GmbH PGI

Bahnhofstraße 8
DE-72525 Münsingen
Telefon: +49 7381 921103
info@bahnhof-muensingen.de
www.bahnhof-muensingen.de

Management
* Bernd-Matthias Weckler (Geschäftsführer)

Gesellschafter
Stammkapital 25.000,00 EUR
* Bernd-Matthias Weckler (52 %)
* Schwäbische Alb-Bahn e.V. (SAB) (24 %)
* Jens Fehrenbach (24 %)

Lizenzen
* DE: EIU-Zulassung für Anschlussbahnen vom 29.04.2010
* DE: EVU-Zulassung (PV+GV), gültig vom 09.06.2009 bis 31.05.2024

Infrastruktur
* Anschlussbahn Münsingen
* Eisenbahnservice-Einrichtung Werkstatt Münsingen

Unternehmensgeschichte
Die SAB Schwäbische Alb-Bahn GmbH wurde am 09.10.2008 gegründet, um dem zunehmenden Geschäftsumfang des Vereines Schwäbische Alb-Bahn e. V. (SAB) und des Betriebsdienstes auf der Strecke Schelklingen – Münsingen – Gammertingen gerecht zu werden. Die Gesellschaft führt seither auch die bahnamtliche Betreuung dieses Vereines durch. Im Jahr 2010 wurde der Schienengüterverkehr im Einzelwagengeschäft mit DB Schenker aufgenommen. Der Bau des Münsinger Lokschuppens und der umgebenden Betriebsanlagen wurde durch die Gesellschaft ebenso betreut. Kooperationen mit der Hohenzollerischen Landesbahn AG (HzL) und der Erms-Neckar-Bahn AG (ENAG) bringen weitere Dienstleistungsgeschäfte in Strecken- und Fahrzeugunterhaltung. Daneben ist die Gesellschaft als Gastronomiebetrieb konzessioniert und führt Events und Gastronomieleistungen rund um die Eisenbahn durch.
Die Betriebsführung der SAB hatte zuvor die NeSA Eisenbahn-Betriebsgesellschaft Neckar-Schwarzwald-Alb mbH wahrgenommen.
Zum 01.09.2011 verließen die Freunde der Zahnradbahn Honau - Lichtenstein e.V. (ZHL) die SAB als Gesellschafter, die Anteile wurden durch Jens Fehrenbach übernommen.

Verkehre
* Museumsverkehr
* Freizeitverkehr Ulm – Münsingen – Engstingen; von Mai bis Oktober seit 01.05.2014 im Auftrag der DB ZugBus Regionalverkehr Alb-Bodensee GmbH (RAB)
* SPNV Münsingen – Schelklingen; seit seit 12.12.2013 im Auftrag der DB ZugBus Regionalverkehr Alb-Bodensee GmbH(RAB)
* Einzelwagen-Kooperationsverkehr mit DB Schenker Rail zwischen Schelklingen und Kleinengstingen seit 23.08.2010

Schwedter Hafengesellschaft mbH I

Neuer Hafen 10
DE-16303 Schwedt/Oder

Schwedter Hafen / SWB

Hauptsitz
Heinersdorfer Damm 55-57
DE-16303 Schwedt/Oder
Telefon: +49 3332 449-118
Telefax: +49 3332 449-119
betrieb.hafen-schwedt@twschwedt.de
www.hafen-schwedt.de

Management
* Helmut Preuße (Geschäftsführer)

Gesellschafter
Stammkapital 1.100.000,00 EUR
* Technische Werke Schwedt GmbH (94 %)
* Stadt Schwedt (6 %)

Infrastruktur
* Hafenbahn (5,3 km Streckenlänge); betrieben nach BOA

Unternehmensgeschichte
Im Jahr 2001 wurde der Schwedter Hafen nach nur zweijähriger Bauzeit seiner Bestimmung übergeben. Mit einem Investitionsvolumen von etwa 27 Mio. EUR wurde er als Stichhafen an der Mündung der Neuen Welse in die Hohensaaten-Friedrichsthaler-Wasserstraße errichtet. Die gesamte Papierindustrie der Stadt ist in unmittelbarer Nachbarschaft des Hafengebiets angesiedelt.
Betreibergesellschaft des Hafens ist die am 09.09.1993 gegründete Schwedter Hafengesellschaft mbH.
Am 26.08.2011 wurde die Hafenbahn Schwedt feierlich in Betrieb genommen. Diese schließt nördlich an die schon vorhandene, vom Bf Schwedt (Oder) kommende Anschlussbahn der beiden Schwedter Papierfabriken an und verläuft dann zu einem neuen, viergleisigen "Bahnhof" nördlich des Hafengeländes. Von dort können die beiderseits des Hafenbeckens verlegten Gleise erreicht werden. In einer zweiten Ausbaustufe soll auch noch die Gleisverbindung Hafen – Werkbf Stendell (PCK) hergestellt werden.
Eigene Triebfahrzeuge sind nicht vorhanden, die im August 2011 durch die LEIPA Georg Leinfelder GmbH beschaffte Diesellok wird auch auf den Hafenbahngleisen verwendet.

Schwäbische-Wald-Bahn GmbH (SWB) ▯

Kirchplatz 3
DE-73642 Welzheim
Telefon: +49 7182 8008-0
Telefax: +49 7182 8008-80
stadt@welzheim.de
www.schwaebische-waldbahn.de

Management
* Reinhold Kasian (Geschäftsführer)

Gesellschafter
Stammkapital 25.000,00 EUR
* Stadt Welzheim (60 %)
* Förderverein Welzheimer Bahn e. V. (FWB) (40 %)

Lizenzen
* DE: EIU Rudersberg – Welzheim seit 31.07.2003

Infrastruktur
* Rudersberg Nord – Welzheim (12,1 km), gepachtet von ZVVW seit 24.06.2003

Unternehmensgeschichte
Die Gründung der Schwäbische-Wald-Bahn GmbH am 25.07.2000 stand in unmittelbarem Zusammenhang mit den Reaktivierungsbemühungen für den oberen Teil der „Wieslauftalbahn" von Schorndorf (an der Magistrale Stuttgart – Aalen – Nürnberg) über Rudersberg nach Welzheim. Der Personenverkehr ab Rudersberg wurde 1980 und der Gesamtverkehr auf der Strecke 1988 eingestellt. Der sich anschließende Stilllegungsantrag der DB mündete 1992 in der Gründung des Zweckverbandes Verkehrsverband Wieslauftalbahn (ZVVW) mit dem Ziel, den Zugverkehr im Wieslauftal aufrechtzuerhalten und zu privatisieren. Im Folgejahr übertrug die DB die Strecke an den ZVVW, worauf in dessen Auftrag 1995 die heute zu Veolia gehörende Württembergische Eisenbahn-Gesellschaft mbH (WEG) den Betrieb auf dem Streckenteil bis zum neu errichteten Hp Rudersberg Nord übernahm. Der 2000 gegründete Förderverein Welzheimer Bahn e. V. hat es sich zur Aufgabe gemacht, auch das landschaftlich reizvolle Teilstück weiter bis nach Welzheim zu reaktivieren und für einen touristischen

SWB / SDG

Bahnverkehr herzurichten. Zusammen mit der Stadt Welzheim gründete er die Schwäbische-Wald-Bahn GmbH (SWB), welche die Schieneninfrastruktur vom Eigentümer ZVVW pachten sollte.
Der Pachtvertrag mit dem Zweckverband Verkehrsverband Wieslauftalbahn (ZVVW) für den Streckenabschnitt Rudersberg Nord – Welzheim wurde am 24.06.2003 unterzeichnet, jedoch begannen erst am 22.05.2007 die Arbeiten zur Reaktivierung der Strecke bis Oberndorf für den ÖPNV und weiter bis Welzheim für den Museumsverkehr. Die Fertigstellung der Bauarbeiten bis Welzheim hatte sich jedoch aufgrund von unvorhersehbaren Problemen rechtlicher und technischer Art verzögert. Am 23.07.2009 erreichte dann als erstes Schienenfahrzeug nach Wiederherstellung der Trasse ein Gleismesszug den Bahnhof Welzheim. Die Bauarbeiten wurden Anfang 2010 abgeschlossen. Umrahmt mit einer großen Eröffnungsfeier erreichte der erste Zug am 08.05.2010 Welzheim. Jährlich von Mai bis Oktober an Sonn- und Feiertagen sowie an den Adventssonntagen verkehrt die Schwäbische Waldbahn mit jeweils drei Fahrtenpaaren von Schorndorf nach Welzheim und zurück.

SDG Sächsische Dampfeisenbahngesellschaft mbH [P][I]

Postfach 100153
DE-09441 Annaberg-Buchholz
Geyersdorfer Straße 32
DE-09441 Annaberg-Buchholz
Telefon: +49 3733 151-0
Telefax: +49 3733 22154
kontakt@sdg-bahn.de
www.sdg-bahn.de

Unternehmensbereich Fichtelbergbahn
Bahnhofstraße 7
DE-09484 Kurort Oberwiesenthal
Telefon: +49 37348 151-0
Telefax: +49 37348 151-29
fichtelbergbahn@sdg-bahn.de
www.fichtelbergbahn.de

Unternehmensbereich Lößnitzgrundbahn
Am Bahnhof 1
DE-01468 Moritzburg
Telefon: +49 35207 8929-0
Telefax: +49 35207 8929-1
loessnitzgrundbahn@sdg-bahn.de
www.loessnitzgrundbahn.de

Unternehmensbereich Weißeritztalbahn
Am Bahnhof 1
DE-01468 Moritzburg
Telefon: +49 35207 8929-0
Telefax: +49 35207 8929-1
weisseritztalbahn@sdg-bahn.de
www.weisseritztalbahn.com

Management
★ Dipl.-Ing. Werner Deiß (Geschäftsführer)
★ Dipl.-Ing. Roland Richter (Geschäftsführer)

Gesellschafter
Stammkapital 30.000,00 EUR
★ Regionalverkehr Erzgebirge GmbH (RVE) (65 %)
★ Zweckverband Verkehrsverbund Oberelbe (Z-VOE) (35 %)

Lizenzen
★ DE: EVU-Zulassung (PV+GV) seit 23.02.1998, gültig bis 23.02.2028

Infrastruktur
★ Cranzahl – Kurort Oberwiesenthal (17,4 km, Spurweite 750 mm) seit 01.06.1998
★ Radebeul Ost – Radeburg (16,6 km, Spurweite 750 mm) seit 11.06.2004
★ Freital Hainsberg – Kurort Kipsdorf (26,1 km, Spurweite 750 mm) seit 14.09.2004; Strecke nach Hochwasserschäden seit 2002 nur abschnittsweise nutzbar

Unternehmensgeschichte
Die Fichtelbergbahn Cranzahl – Kurort Oberwiesenthal wurde am 20.07.1897 eröffnet und konnte schnell steigende Passagierzahlen aufweisen, wobei vor allem der aufstrebende Tourismus einen erheblichen Anteil daran hatte.
In den 1990er Jahren verlor die Schmalspurbahn zunehmend an Bedeutung als Beförderungsmittel zur höchstgelegenen Stadt Deutschlands, 1992 endete der Güterverkehr. Mit der Gründung der DB AG stand fest, dass der neue Eigentümer schnellstmöglich eine Stilllegung oder Privatisierung der Bahn erreichen wollte.
Im Rahmen der Festwochen anlässlich des einhundertjährigen Bestehens der Bahn 1997 setzte ein Umdenken bei den Verantwortlichen ein und es wurde die Übernahme der Bahn durch den Landkreis Annaberg beschlossen. Die damalige BVO Verkehrsbetriebe Erzgebirge GmbH als Betreiber eines großen Busnetzes im Erzgebirge gründete am

SDG / SK

05.09.1997 die BVO Bahn GmbH als Tochterunternehmen, die zum 01.06.1998 die Strecke samt Fahrzeugen von der Deutschen Bahn AG übernahm. Gleichzeitig wurde mit der Übernahme ein neues, touristisch orientiertes Betriebskonzept umgesetzt, das der Bahn schnell einen großen überregionalen Bekanntheitsgrad verschaffte.

Im regelspurigen Bereich war eine V 60 D für Arbeits- und Sonderzugleistungen vorhanden, die aber im April 2007 verkauft wurde.

Nachdem sich die Übernahme der Fichtelbergbahn durch die BVO Bahn bewährte, wurde im Jahr 2004 auch die Übergabe der beiden bis dato bei der DB verbliebenen sächsischen Schmalspurbahnen an die BVO Bahn vereinbart. Zum 11.06.2004 übernahm die BVO Bahn so die Lößnitzgrundbahn zwischen Radebeul Ost und Radeburg samt Personal und Material. Zum 14.09.2004 folgte die Weißeritztalbahn Freital-Hainsberg – Kurort Kipsdorf, deren Infrastruktur jedoch durch das schwere Hochwasser vom August 2002 weitgehend zerstört worden war. Erst Ende Oktober 2007 wurde mit dem Wiederaufbau zunächst zwischen Freital und Dippoldiswalde begonnen und dieser Streckenabschnitt zum 13.12.2008 wieder in Betrieb genommen. Wann der Wiederaufbau bis Kipsdorf beginnt, ist momentan noch unklar. Nach Freigabe der Gelder durch den Freistaat Sachsen im Juni 2011 begannen zunächst die Planungsarbeiten.

Da mit der Übernahme der beiden zusätzlichen Strecken die Geschäftsaktivitäten der BVO Bahn über das Einzugsgebiet der Muttergesellschaft hinaus ausgedehnt wurden, erfolgte aus gesellschaftsrechtlichen Gründen am 09.05.2007 die Umfirmierung zur SDG Sächsische Dampfeisenbahngesellschaft mbH. Im gleichen Jahr veräußerte die BVO zudem 35 % der Gesellschafteranteile an den Zweckverband Verkehrsverbund Oberelbe.

Der Personenverkehr wird auf Bestellung der zuständigen SPNV-Aufgabenträgers mit touristischem Sondertarif durchgeführt. Es werden jedoch auch Zeitkarten des jeweiligen Verbundtarifs anerkannt.

Verkehre
* Personenverkehr „Fichtelbergbahn" Cranzahl – Kurort Oberwiesenthal; 63.000 Zugkm/a seit 01.06.1998
* Personenverkehr „Lößnitzgrundbahn" Radebeul Ost – Radeburg; 51.000 Zugkm/a seit 11.06.2004
* Personenverkehr „Weißeritztalbahn" Freital Hainsberg – Dippoldiswalde; 66.000 Zugkm/a seit 14.12.2008

Seehafen Kiel GmbH & Co. KG (SK) ❶

Schwedenkai 1
DE-24103 Kiel
Telefon: +49 431 9822-185
Telefax: +49 431 9822-117
eisenbahn@portofkiel.com
www.portofkiel.com

Management
* Dr. Dirk Claus (Geschäftsführer)

Gesellschafter
* Landeshauptstadt Kiel (100 %)
* Komplementär: SEEHAFEN KIEL Verwaltungs-GmbH

Beteiligungen
* Flughafen Kiel GmbH (100 %)
* Seehafen Kiel Stevedoring GmbH (100 %)
* Port Event Kiel GmbH (75 %)
* KombiPort Kiel GmbH (50 %)
* northrail GmbH (13 %)

Lizenzen
* DE: EIU für eigene Infrastrukturen
* DE: EVU-Zulassung (GV) seit 28.11.1973, befristet bis 28.11.2023

Infrastruktur
* „Kieler Ostuferbahn" Kiel Hgbf – Kiel Seefischmarkt (5 km); Norwegenkai – Seefischmarkt (4 km) betrieblich gesperrt
* „Eisenbahn Neuwittenbeck - Voßbrook" (ENV) Neuwittenbeck – Kiel-Schusterkrug (11,0 km); Anschluss zur Vossloh Locomotives GmbH (VL)
* Kiel-Hbf – Kiel-Schwedenkai (KV-Anlage) (1 km)
* Rangierbahnhof Meimersdorf; seit November 2004 von DB Netz AG gepachtet
* „Schwentinebahn" Kiel Süd – Kiel-Oppendorf – Kiel Ostuferhafen (10,8 km); im August 2007 von VKP erworben; Kiel-Gaarden – Kiel-Oppendorf (6,3 km) seit 01.01.2014 an die AKN Eisenbahn AG verpachtet

SK / SL

Unternehmensgeschichte
Die Seehafen Kiel GmbH & Co. KG (SK) wurde zum 01.01.1996 aus den Hafen- und Verkehrsbetrieben der Landeshauptstadt Kiel ausgegliedert. Sie betreibt hauptsächlich die Gleisanlagen im Hafenbereich, daneben aber auch regionalen Güterverkehr im norddeutschen Raum.
Im Interesse einer besseren Bahnanbindung des Kieler Hafens, für den ein starkes Wachstum im Güterumschlag erwartet wird, übernahm SK die Gleisanlagen des Rangierbahnhofs Meimersdorf von der DB Netz AG.
Die SK hatte nach dem Wegfall der Rangierleistungen für die damalige Regionalbahn Schleswig-Holstein GmbH auf dem Kieler Hauptbahnhof nach einer Ausschreibung durch die seinerzeitige Railion Deutschland AG die Verkehrsbedienung auf dem Kieler Ostufer zum Ostuferhafen und zum Gemeinschaftskraftwerk zum 01.03.2006 aufgenommen. Zum 01.09.2010 hat die DB Schenker Rail Deutschland AG die Bedienung auf der „Schwentinebahn" zum Ostuferhafen und auf der „Eisenbahn Neuwittenbeck - Voßbrook" (ENV) zu Vossloh wieder selbst übernommen. SK bediente seitdem den Schwedenkai, auf dem der KV-Verkehr mit dem Einsatz neuer Stena-Großfähren wieder aufgenommen wurde. Diese Leistungen wurden zum 01.03.2013 ebenfalls von DB Schenker Rail übernommen, so dass der SK seitdem neben dem Infrastrukturbetrieb bis 01.07.2013 nur noch der Rangierdienst in Hemmingstedt verblieben war.
Im August 2007 wurde die Infrastruktur der „Kiel-Schönberger Eisenbahn" (KSE) von Kiel-Süd über Kiel-Oppendorf und Kiel-Dietrichsdorf zum Ostuferhafen und dem Gemeinschaftskraftwerk von den Verkehrsbetrieben Kreis Plön GmbH (VKP) übernommen. Die SK bezeichnet die Strecke als „Schwentinebahn".
Die Infrastruktur Suchsdorf – Kiel-Wik ist hingegen per 01.12.2007 an die DWK GmbH & Co. KG übergegangen.
Gemeinsam mit der Paribus-Gruppe aus Hamburg hat die SK 2008 die Vermietgesellschaft northrail GmbH gegründet. nachfolgend brachte SK den Großteil der Streckendieselloks in die northrail ein und mietet je nach Bedarf Loks wieder zurück. Hielt der Seehafen bei Gründung der northrail 26 % der Gesellschaftsanteile, reduzierte sich dieser im Rahmen einer Kapitalerhöhung am 12.08.2010 auf den heutigen Wert.
Anstelle der zum 31.03.2009 aufgegebenen SK-Werkstatt in Wik wird nun der northrail-Standort Diedrichstraße genutzt.
Der Streckenabschnitt Kiel-Gaarden – Kiel-Oppendorf wurde per 01.01.2014 an die AKN verpachtet, die im Auftrag des Landes Schleswig-Holstein die Reaktivierung der Strecke Kiel – Schönberger Strand für den SPNV vorantreibt.

Service-Betrieb des Kreises Schleswig-Flensburg (SL)

Flensburger Straße 7
DE-24837 Schleswig
Telefon: +49 4621 87-662
Telefax: +49 4621 87-308
soenke.aichner@schleswig-flensburg.de
www.schleswig-flensburg.de

Management
★ Ulrich Thon (Werkleitung)

Infrastruktur
★ Süderbrarup – Kappeln (Schlei) (14,6 km), verpachtet an Freunde des Schienenverkehrs Flensburg e.V. (FSF)

Unternehmensgeschichte
Die frühere Schleswiger Kreisbahn ging 1974 in die Verkehrsbetriebe des Kreises Schleswig-Flensburg (VKSF) auf. Nach der Privatisierung der Bussparte an die Verkehrsbetriebe Schleswig-Flensburg GmbH (VSF) wurden die VKSF in den Service-Betrieb des Kreises Schleswig-Flensburg umbenannt. Der Service-Betrieb ist als Eigenbetrieb des Kreises Schleswig-Flensburg unter anderem für den Einkauf, Forstwirtschaft, Informationstechnik, Liegenschaften sowie die Überwachung des Verkehrsvertrages zuständig.
Die 1904 eröffnete, 14,6 km lange Strecke Kappeln – Süderbrarup ist der verbliebene Rest des einst 115 km langen Streckennetzes der Schleswiger Kreisbahn. SPNV findet hier seit 27.05.1972 nicht mehr statt, der Güterverkehr in Eigenregie endete 1981. Anschließend übernahmen DB-Loks die Bespannung der Güterzüge, bevor diese Aufgabe vom 01.01.2002 bis 2004 an die Angeln Bahn GmbH überging. Die Angeln Bahn bzw. der Verein Freunde des Schienenverkehrs Flensburg e. V. (FSF) führten zudem bereits seit 1979 regelmäßig Museumsverkehr auf der Strecke durch.
Nach der Insolvenz der Angeln Bahn war die Zukunft der Strecke lange ungewiss. Seit 01.07.2005 hatte die FKBG Feld- und Kleinbahn Betriebs gGmbH die Strecke gepachtet, die nachfolgend FSF führen als „Angelner Dampfeisenbahn" einen Museumsbahnbetrieb auf der Strecke durch.

SES / SGL

SES Logistik GmbH 🇬

Schwarzer Weg 11
DE-19288 Ludwigslust
Telefon: +49 3874 4441752
Telefax: +49 3874 4441759
info@ses-bahn.com
www.ses-bahn.com

Management
* Ingo Karl Erich Scheele (Geschäftsführer)

Gesellschafter
Stammkapital 25.000,00 EUR
* Marlies Scheele (100 %)

Lizenzen
* DE: EVU-Zulassung (GV), gültig vom 30.04.2009 bis 31.12.2024

Infrastruktur
* Bw Ludwigslust

Unternehmensgeschichte
Die SES Logistik GmbH mit Sitz in Volsemenhusen nahe Brunsbüttel wurde am 21.02.2007 gegründet. Das Kürzel SES im Unternehmensnamen steht für Süderwischer Eisenbahn Service. Die Geschäftsführerin Anja Isbaner ist die Frau von Bernd Isbaner, einem ehemaligen Mitarbeiter von DB Training, der außerdem den Süderwischer Eisenbahn Service u.a. als Schulungsinstitution betreibt.
Die SES Logistik ist aktuell v. a. im AZ-Verkehr tätig und erzielte 2008 einen Umsatz von 1,1 Mio. EUR.
Zum 01.08.2010 erwarb die SES das ehemalige Bw Ludwigslust vom Vorbesitzer Westmecklenburgische Eisenbahngesellschaft mbH (WEMEG). Geplant ist eine Modernisierung des Geländes sowie die Nutzung für die Triebfahrzeuginstandhaltung sowie praktische Schulungen.
Zum 30.12.2011 wurde der Unternehmenssitz nach Ludwigslust verlegt.
Seit dem 01.07.2011 hat Ingo Karl Erich Scheele die Geschäftsführung übernommen und Marlies Scheele war seitdem zu 50 % an der Gesellschaft beteiligt. Seit 01.01.2012 ist Marlies Scheele zu 100% Gesellschafterin.

Verkehre
* AZ-Verkehr

SGL - Schienen Güter Logistik GmbH 🇬

Fraunhoferstraße 9
DE-85221 Dachau
Telefon: +49 8131 33357-0
Telefax: +49 8131 33357-66
office@sgl-net.de
www.sgl-net.de

Niederlassung Würzburg
Füchsleinstrasse 4
DE-97080 Würzburg
Telefon: +49 931 230799-0
Telefax: +49 931 230799-14

Niederlassung Erfurt
Konrad-Zuse-Straße 12
DE-99099 Erfurt
Telefon: +49 361 66339870
Telefax: +49 361 66339978

Management
* Armin Birkenbeul (Geschäftsführer)
* Wolfgang Rutkowske (Geschäftsführer)

Gesellschafter
Stammkapital 25.600,00 EUR
* Knape Gruppe Holding GmbH (100 %)

Lizenzen
* DE: EVU-Zulassung (PV+GV) seit 08.07.2008, gültig bis 31.12.2022

Unternehmensgeschichte
Die SGL Schienen Güter Logistik GmbH ist das EVU der Knape-Gruppe, einem Gleisbauunternehmen mit Sitz in Kirchheim bei München. Gegründet wurde die SGL am 07.10.1965 als Max Knape GmbH mit Sitz in Kreiensen mit den Unternehmensinhalten Gleisbau sowie Eintritt als persönlich haftende Gesellschafterin in eine Kommanditgesellschaft.
Zum 11.10.2007 wurde der Name in Knape GmbH geändert, der Sitz nach Kirchheim verlegt sowie der Unternehmensinhalt u. a. in „Eisenbahnverkehrsunternehmen zur Erbringung von Verkehrsleistungen im öffentlichen Personen- und Güterverkehr" geändert. Durch Beschluss der Gesellschafterversammlung vom 17.01.2008 ist der Sitz der Gesellschaft nach Rangsdorf verlegt und der Unternehmensname in die heutige Fassung geändert worden. Zum 24.08.2009 erfolgte die erneute Sitzverlegung, dieses Mal zurück nach

SGL / SKL / SLG

Dachau.
SGL hatte im Mai 2009 zwölf Mitarbeiter, im März 2014 waren es 95. Die Kernkompetenzen des Unternehmens sind Logistik und Sicherung.

Verkehre
* AZ-Verkehr
* Baustofftransporte Quedlinburg – unterschiedliche Zieldestinationen; Spotverkehre seit 01.10.2011 im Auftrag der Mitteldeutsche Baustoffe GmbH (MDB)
* Schneepflugfahrten ab Kempten; saisonal seit Dezember 2014 im Auftrag der DB Netz AG

SKL Umschlagservice GmbH & Co. KG Ⓖ

Alt Salbke 6-10
DE-39122 Magdeburg
Telefon: +49 391 407-2277
Telefax: +49 391 407-4009
andrea.busch@skl-umschlagservice.de
www.skl-umschlagservice.de

Management
* Andrea Busch (Geschäftsführerin)

Gesellschafter
Stammkapital 50.000,00 EUR
* Andrea Busch (50 %)
* Karin Busch (50 %)
* Komplementär: SKL Umschlagservice Verwaltungs GmbH

Lizenzen
* DE: EIU seit 19.11.1999
* DE: EVU-Zulassung (GV) seit 07.08.2001, gültig bis 31.08.2016

Infrastruktur
* nichtöffentliche Eisenbahninfrastruktur

Unternehmensgeschichte
Recht unbekannt ist bisher das im Südosten von Magdeburg ansässige Eisenbahnunternehmen SKL Umschlagservice GmbH & Co. KG geblieben, das mit Unterzeichnung des Gesellschaftervertrages der SKL Umschlagservice Verwaltungs GmbH am 18.12.1998 gegründet wurde.
Angeboten werden neben Eisenbahntransporten auch der Güterumschlag zwischen den Verkehrsträgern Schiene und Straße, Logistik im Lkw-Vor- und Nachlauf sowie Lagerei und Vermietungen. Als Vertragspartner der DB-Tochter TRANSA werden bei der SKL Umschlagservice Güterwagenladungen aus Italien, Schweden,

Dänemark, Tschechien und dem Ruhrgebiet logistisch abgewickelt und dann mit dem Lkw in die Fläche verteilt. Dabei werden pro Jahr ca. 1.500 Waggons mit einem Umschlagvolumen von 60.000 t behandelt.
Der Unternehmensstandort auf dem Gelände des ehemaligen Schwermaschinenbaukombinates „Karl Liebknecht" (daher der Name „SKL") verfügt über eine direkte Anbindung an die A 14 und die A 2. Weiterhin ist die SKL auch auf dem Territorium des ehemaligen Schwermaschinenbaukombinates „Ernst Thälmann" (SKET) als Dienstleister tätig.

Verkehre
* Rangierverkehre auf eigener Infrastruktur

SLG SPITZKE LOGISTIK GmbH Ⓖ

Märkische Allee 39/41
DE-14979 Großbeeren
Telefon: +49 33701 901-355
Telefax: +49 33701 901-399
slg@spitzke.com
www.spitzke.com

Management
* Christian Krippahl (Geschäftsführer)
* Matthias Lau (Geschäftsführer)

Gesellschafter
Stammkapital 128.000,00 EUR
* SPITZKE SE (100 %)

Lizenzen
* DE: EVU-Zulassung (GV), gültig vom 14.05.2009 bis 31.12.2023
* DE: Sicherheitszertifikat, Teil A (GV); gültig vom 28.06.2011 bis 27.06.2016
* DE: Sicherheitszertifikat, Teil B (GV); gültig vom 28.06.2011 bis 27.06.2016

Unternehmensgeschichte
Die SLG SPITZKE LOGISTIK GmbH wurde am 05.02.1998 als Tochterunternehmen der SPITZKE AG zur Durchführung bundesweiter Bau- und Logistikverkehre gegründet. Per Gesellschafterbeschluss vom 24.06.1999 wurde der Name in die heutige Form geändert. Neben der SPITZKE AG (75 %) war von Unternehmensgründung bis Februar 2002 Harald von Ascheraden (später:

SLG / SNCF Voyages

Aktionär und Vorstandsvorsitzender der LOCON LOGISTIK & CONSULTING AG) mit 25 % an der SLG beteiligt.
Der Personalstamm des seit 17.04.2000 als EVU für Güterverkehr zugelassene Unternehmen hat sich in den vergangenen Jahren wie folgt entwickelt:
* 17.03.2015: 47 Mitarbeiter
* 15.04.2014: 65 Mitarbeiter
* 30.06.2012: 81 Mitarbeiter
* 31.08.2011: 85 Mitarbeiter
* 31.08.2010: 95 Mitarbeiter
* 31.08.2009: 130 Mitarbeiter
* 31.03.2008: 123 Mitarbeiter
* 30.04.2007: 115 Mitarbeiter

Die Umsatzzahlen wiesen folgende Tendenz auf:
* Geschäftsjahr 2013/2014: 10,4 Mio. EUR
* Geschäftsjahr 2012/2013: 16,1 Mio. EUR
* Geschäftsjahr 2011/2012: 14,8 Mio. EUR
* Geschäftsjahr 2010/2011: 14,1 Mio. EUR
* Geschäftsjahr 2009/2010: 18,0 Mio. EUR
* Geschäftsjahr 2008/2009: 15,6 Mio. EUR
* Geschäftsjahr 2006/2007: 22,0 Mio. EUR

Neben dem Stammsitz in Großbeeren verfügt die SLG über einen Standort in Buchloe sowie eine Schwestergesellschaft in den Niederlanden (SPITZKE SPOORBOUW B.V.).
Gemeinsam mit der Neukölln-Mittenwalder Eisenbahn-Gesellschaft AG (NME) wurde im Jahr 2000 „Blue Train" als Güterverkehrsgesellschaft gegründet, die aber weiter nicht in Erscheinung trat. Zwischen Dezember 2004 und Juni 2006 engagierte sich die SLG zudem in verschiedenen Güterverkehren. So verkehrte u. a. von Düsseldorf Kohleverkehre nach Trimmelkam [AT], Koksverkehre nach Linz [AT] sowie Stahltransporte von Herbertshofen nach Sulzbach-Rosenberg Hütte (Oberpfalz) und Hammerau (Oberbayern). Zwischenzeitlich widmet sich das Unternehmen aber wieder vorrangig dem AZ-Verkehr, wobei die Loks der SLG seit 2004 auch in Dänemark, den Niederlanden und seit 2009 in Luxemburg eingesetzt werden.
Die Aufarbeitung und Instandhaltung der Schienenfahrzeuge der SPITZKE SE sowie der SLG übernimmt die 1999 gegründete Schwesterunternehmung Schienenfahrzeugbau Großbeeren GmbH (SFG).

Verkehre
* AZ-Verkehr

SNCF Voyages Deutschland GmbH

Reinhardtstraße 52
DE-10117 Berlin
Telefon: +49 30 3465595-0
Telefax: +49 30 3465595-13

Management
* Franck Jean-Bernard Bareilhe (Geschäftsführer)

Gesellschafter
Stammkapital 25.000,00 EUR

Lizenzen
* DE: EVU-Zulassung (PV+GV); gültig vom 04.06.2010 bis 30.06.2025
* DE: Sicherheitsbescheinigung; gültig vom 01.02.2011 bis 31.01.2016

Unternehmensgeschichte
Einziges Tätigkeitsfeld der SNCF Voyages Deutschland GmbH war bis September 2013 der Betrieb der Züge des österreichischen Unternehmens WESTbahn auf dem kurzen deutschen Streckenabschnitt von der Grenze in Salzburg bis in den Grenzbahnhof Freilassing. Hervorgegangen ist die Gesellschaft aus der eurobahn Verkehrsgesellschaft mbH (EVG), die zunächst als am 03.08.2005 als eurobahn Verkehrs-Service GmbH Westfalen mit Sitz in Bielefeld gegründet worden war. Mit Beschluss der Gesellschafterversammlung vom 26.03.2010 war der Sitz nach Berlin verlegt sowie die Firmierung geändert worden. Das 2005 als Tochter für Personale gegründete Unternehmen war vor dem Verkauf an die Keolis-Muttergesellschaft nur eine Vorratsgesellschaft mit Zulassung als EVU für Ausschreibungen.

SONATA LOGISTICS

SONATA LOGISTICS GmbH

Unter dem Gerade 3
DE-06249 Mücheln
Telefon: +49 34632 9998-13
Telefax: +49 34632 9998-29
dispo@sonata-logistics.com
www.sonata-logistics.com

Management
* Falk Skora (Geschäftsführer)

Gesellschafter
Stammkapital 25.000,00 EUR
* SONATA MANAGEMENT GmbH (60 %)
* Falk Skora (40 %)

Lizenzen
* DE: EVU-Zulassung (GV); gültig vom 05.02.2015 bis 31.01.2030

Unternehmensgeschichte

Der erst zum Jahresanfang 2014 von Torsten Sewerin proklamierte Ausstieg der von ihm gehaltenen NBE Group aus dem Geschäftsfeld Bau- und Güterverkehrslogistik ist revidiert. Zum 01.06.2014 hat die per 29.04.2014 gegründete NBE LOGISTICS GmbH mit Sitz in Mücheln (Geiseltal) westlich von Leipzig den Geschäftsbetrieb aufgenommen. Gesellschafter des neuen Unternehmens sind Torsten Sewerin und der in Mücheln ansässige Falk Skora.
Geschäftsinhalt der Logistikgesellschaft sind Arbeitszüge und Personaldienstleistungen. Es betrifft somit genau die Bereiche, von denen sich die NBE Group Anfang des Jahres eigentlich getrennt hatte. Diese waren bereits Anfang 2013 in die damalige NBE Logistik GmbH überführt worden, aus der das mehrheitlich vom ehemaligen Sewerin-Kompagnon Jan Ristau gehaltene Unternehmen RailTime Logistics entstanden war. Skora war damals der Betriebsleiter der NBE Logistik gewesen.
Sei 02.10.2014 firmiert die NBE LOGISTICS als SONATA LOGISTICS GmbH.

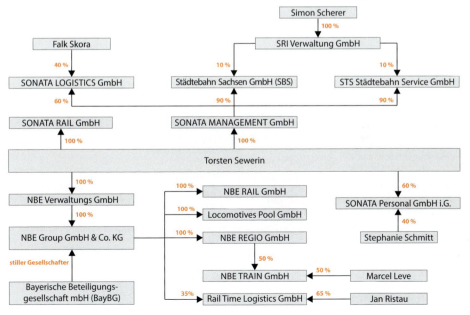

Unternehmensstruktur SONATA und NBE Group

SONATA MANAGEMENT / SPITZKE

SONATA MANAGEMENT GmbH

Schwarzwaldstraße 2
DE-63811 Stockstadt am Main
Telefon: +49 6027 40904-0
Telefax: +49 6027 40904-99
www.sonata-management.com

Management
★ Simon Scherer (Geschäftsführer)
★ Torsten Sewerin (Geschäftsführer)

Gesellschafter
Stammkapital 25.000,00 EUR
★ Torsten Sewerin (100 %)

Beteiligungen
★ STS Städtebahn Service GmbH (90 %)
★ Städtebahn Sachsen GmbH (SBS) (90 %)
★ SONATA LOGISTICS GmbH (60 %)

Unternehmensgeschichte
Als neue Marke im Eisenbahnsegment wird die im Spätsommer 2014 gegründete SONATA-Unternehmensgruppe mit Firmenzentrale in Stockstadt nahe Aschaffenburg den Fokus auf Schienenpersonennahverkehr (SPNV) sowie auf Bau- und Güterverkehrslogistik legen .Das Unternehmen geht mehrheitlich dem Aschaffenburger Bahnunternehmer Torsten Sewerin und wird zukünftig seine Bahnaktivitäten beinhalten. Sewerin reagiert somit auf das finanzielle Debakel mit der Rail Time Logistics GmbH (siehe dort) des ehemaligen Partners Jan Ristau. Sewerin hatte an der Ausgründung des NBE-Güterverkehrs, der Rail Time Logistics GmbH, 35 % der Gesellschafteranteile gehalten und umfangreich gebürgt.
SONATA ist nach Aussage von Sewerin die Basis für einen Neubeginn mit bereits vorhandenen Kundenkontakten, neuen Verkehrsverträgen, Ressourcen und Mitarbeitern. Die neue Unternehmensstruktur wird unabhängig der alten Verflechtungen agieren. Als Eisenbahnverkehrsunternehmen (EVU) mit den Konzessionen für Personen- und Güterverkehr dient zunächst die in Dresden ansässige Städtebahn Sachsen GmbH (SBS). Der Antrag auf EVU-Zulassung ist seitens der SONATA LOGISTICS bereits gestellt. Übergeordnet ist die Verwaltungsstruktur in der SONATA MANAGEMENT angesiedelt. Das am 05.09.2014 gegründete Unternehmen verwaltet alle Bereiche und erstellt z.B. die Buchhaltungen, das Controlling und die Quartalsberichte und übernimmt u.a. den Vertriebsbereich im Güter- und SPNV unter den Markennamen „Sonata" und „Städtebahn". Die Gesellschafterversammlung der SONATA MANAGEMENT UG mit Sitz in Stockstadt am Main vom 07.10.2014 hat die Erhöhung des Stammkapitals um 24500 EUR und die Änderung der Firmierung in SONATA MANAGEMENT GmbH beschlossen.
Zur Unternehmensgruppe gehört ebenfalls die spanische SONATA Trading S.L. mit Sitz in Palma de Mallorca. Sewerin hat das bestehende Unternehmen im Frühsommer 2014 erworben. Der nach spanischen Vorgaben mit Schlüsselnummern ausgewiesene Gesellschaftszweck beinhaltet viele Tätigkeitsbereiche. Sewerin gab an, dass die Sonata Trading bis auf weiteres Vorratsgesellschaft bleibt.
Die SONATA LOGISTICS GmbH (bis 02.10.2014: NBE LOGISTICS GmbH) hat ihr Geschäftsfeld in der Bau- und Güterzuglogistik. Geschäftsführer des Unternehmens ist der Mitgesellschafter Falk Skora. Das Unternehmen mit Sitz in Mücheln will zeitnah zehn Lokomotiven und 30 Personale einsetzen.
Die SONATA RAIL mietet als bahnbetrieblicher Fahrzeughalter Lokomotiven an und überwacht die Vorgaben des Eisenbahn-Bundesamtes zur Instandhaltung, Wartung und Fristung der Fahrzeuge. Zum 01.10.2014 hatte die Gesellschaft bereits einige Maschinen aus dem alten Pool der NBE RAIL im Einsatz.

SPITZKE SE

Märkische Allee 39/41
DE-14979 Großbeeren
Telefon: +49 33701 901-0
Telefax: +49 33701 901-190
info@spitzke.com
www.spitzke.com

Management
★ Waldemar Münich (Geschäftsführender Direktor/CEO)
★ Ralph Löffler (Geschäftsführender Direktor Technik/COO)
★ Dr. Martin Werner (Geschäftsführender Direktor Technik/CTO)
★ Theodor Kruse (Geschäftsführender Direktor Finanzen/CFO)

Gesellschafter
Stammkapital 10.000.000,00 EUR
★ Waldemar Münich (85 %)

SPITZKE

* Ralph Löffler (10 %)
* SPITZKE SE (5 %)

Beteiligungen
* H.T.E. Bau GmbH, Hoch-, Tief- und Eisenbahnbau (100 %)
* RTCM GmbH (100 %)
* SLG SPITZKE LOGISTIK GmbH (100 %)
* SPITZKE NORGE AS (100 %)
* SPITZKE RIEBEL GmbH & Co. KG (100 %)
* SPITZKE RIEBEL Verwaltungs GmbH (100 %)
* SPITZKE SCHWEISSTECHNIK GmbH (100 %)
* SPITZKE SCHOMBURG SPEZIALTIEFBAU GmbH (100 %)
* Schienenfahrzeugbau Großbeeren GmbH (SFG) (100 %)
* SPITZKE SPOORBOUW B.V. (100 %)
* SPITZKE LONGO GmbH (85 %)
* Kölngleis Gleisbau GmbH & Co. KG (60 %)
* SPITZKE YALCO Ltd. Şti. (51 %)
* SPITZKE SE (5 %)

Lizenzen
* DE: EVU-Zulassung (GV), gültig vom 14.05.2009 bis 31.12.2023
* DE: Sicherheitszertifikat, Teil A+B (GV); gültig vom 29.06.2011 bis 28.06.2016

Unternehmensgeschichte
Die SPITZKE SE gehört zu den leistungs- und wettbewerbsstärksten Bahninfrastrukturunternehmen in Deutschland. Auf dem europäischen Markt ist sie mit Beteiligungen in den Benelux-Staaten, der Türkei und in Skandinavien präsent.
Die Gesellschaft geht auf das 1936 im schlesischen Breslau gegründete Alfred Spitzke Tiefbauunternehmen zurück. In den 1950er Jahren wurde die Alfred Spitzke GmbH in Löhne/Westfalen mit einer Niederlassung in Leer (Ostfriesland) sowie der Alfred Spitzke GmbH in Berlin (West) gegründet. Zum 01.07.1991 trat Waldemar Münich als geschäftsführender Gesellschafter und Geschäftsführer in die Gesellschaft ein, die in SPITZKE GmbH, Hoch-, Tief- und Eisenbahnbau umfirmiert wurde. Ab 1992 expandierte das Unternehmen stark und bildete zahlreiche Niederlassungen sowie Tochterunternehmen in Deutschland und dem umliegenden Ausland. Zum 30.06.2011 wurde das Unternehmen in eine Aktiengesellschaft (AG) und zum 10.01.2011 in eine europäische Aktiengesellschaft (SE) umgewandelt.
* 1992: Aufbau der Kompetenz Oberbauschweißen der heutigen SPITZKE SCHWEISSTECHNIK GmbH, Berlin
* 1993: Aufbau der Kompetenz Elektrotechnik der SPITZKE GmbH, Berlin
* 1994: Aufbau einer Niederlassung in Kaltenkirchen
* 1995: Aufbau einer Niederlassung in Leer
* 1998: Gründung der SLG SPITZKE LOGISTIK GmbH, Etablierung der Kompetenz Baustellenlogistik, Berlin
* 1998: Übernahme eines mittelständischen Bauunternehmens und Umwandlung zur SPITZKE HOCH- UND INGENIEURBAU GmbH, Etablierung der Kompetenz Ingenieurbau, Berlin
* 1999: Gründung Schienenfahrzeugbau Großbeeren GmbH, Großbeeren
* 1999: Gründung SPITZKE SPOORBOUW B.V., Niederlande
* 2001: Übernahme der LONGO Bauunternehmung GmbH & Co. KG von der Hochtief AG und Umwandlung in die SPITZKE LONGO GmbH, Bochum
* 2001: Umwandlung der SPITZKE GmbH zur SPITZKE AG, Großbeeren
* 2002: Fusionierung der S+M Schweißtechnik Berlin GmbH mit der SPITZKE-Straßenbahnschweißabteilung zur SPITZKE SCHWEISSTECHNIK GmbH, Großbeeren
* 2003: Gründung der SPITZKE SCHOMBURG SPEZIALTIEFBAU GmbH, Etablierung der Kompetenz Spezialtiefbau zum Gründen von Fahrleitungsmasten, Leer
* 2004: Gründung SPITZKE SCANDINAVIA A/S, Kopenhagen (Dänemark)
* 2006: Gründung von SPITZKE DEVELOPMENT B.V., Houten (Niederlande)
* 2006: Übernahme der H&W Bieger GmbH durch die SPITZKE LONGO GmbH Bahnbau, Bochum
* 2006: Beteiligung an der KÖLNGLEIS Gleisbau GmbH & Co. KG, Köln
* 2007: Aufbau einer Niederlassung in Babenhausen
* 2008: Gründung SPITZKE YALCO Ltd. Sti, Ankara (Türkei)
* 2008: Übernahme der Gleisbausparte der Xaver Riebel GmbH und Überführung in die SPITZKE RIEBEL GmbH & Co. KG, Buchloe
* 2008: Andreas de Vries (20 %) verkauft seine Gesellschafteranteile
* 2009: Gründung Joint Venture NJD SPITZKE AS, Lillestrøm (Norwegen)
* 2009: Bernd Kondziella (10 %) verkauft seine Gesellschafteranteile
* 2010: Aufbau der Kompetenz Ausrüstung
* 2011: Umwandlung der SPITZKE AG in eine Europäische Aktiengesellschaft (SE)
* 2011: Übernahme RTCM-Gruppe inklusive der Tochterunternehmen DURTRACK GmbH, Norddeutsche Logistik und Baustoff GmbH (NLB) und DGMT Deutsche Gleisbau Material Transport GmbH, Möllenbergen
* 2012: Mehrheitsbeteiligung an der Firma WSO WACH- & SERVICEDIENST GmbH, Großbeeren
* 2012: Gründung SPITZKE NORGE AS (Norwegen)

Die Leistungsdaten der Firmengruppe der vergangenen Jahre:
* 2009/2010: Umsatz 311 Mio. EUR (unkonsolidiert)
* 2010/2011: Umsatz rund 330 Mio. EUR (unkonsolidiert)
* 2011/2012: Umsatz rund 346 Mio. EUR (unkonsolidiert)
* 2012/2013: Umsatz rund 341 Mio. EUR

SPITZKE / SSG / HGM / DPE

(unkonsolidiert)
* 2013/2014: Umsatz rund 328 Mio. EUR
(unkonsolidiert)
Die gesamte Firmengruppe beschäftigte im April 2011 rund 1.600 Mitarbeiter, im Dezember 2012 waren es 1.800 und im April 2014 belief sich die Mitarbeiteranzahl auf 1.840.

Verkehre
* AZ-Verkehr

SSG Saar-Service GmbH

Mainzer Straße 159a
DE-66121 Saarbrücken
Telefon: +49 681 96736-0
Telefax: +49 681 96736-33
info@saar-service-gmbh.de
www.saar-service-gmbh.de

Management
* Raimund Hirschfelder (Geschäftsführer)

Gesellschafter
Stammkapital 500.000,00 DM
* DB Mobility Logistics AG (25 %)
* Landeshauptstadt Saabrücken (24,5 %)
* ISS Facility Services GmbH (10 %)
* Saar Ferngas AG (10 %)
* A.S.S. Abfallwirtschaftsgesellschaft Saarbrücken mbH (10 %)
* Gebäudereinigung Sachs GmbH (10 %)
* Veolia Umweltservice Industrie- und Gebäudedienstleistungen GmbH & Co. KG (10 %)

Lizenzen
* DE: EVU-Zulassung (PV+GV), gültig vom 01.03.2002 bis 01.03.2017

Unternehmensgeschichte
Im Zuge der Ausgliederung von Service- und Dienstleistungen der Deutschen Bahn AG und der Landeshauptstadt Saarbrücken wurde am 15.07.1992 die SSG Saar-Service GmbH gegründet. Gegenstand des Unternehmens ist die Erbringung von hochwertigen Dienstleistungen im Bereich der Reinigung einschließlich der Abfallentsorgung, der Sicherheit, der Pflege und der Instandhaltung von Gebäuden (Facility Management) und Anlagen sowie Verkehrsmitteln aller Art und die Ausübung einer umfassenden Bewachungstätigkeit.
Die EVU-Zulassung wird aktuell nicht aktiv genutzt.

Staatliche Rhein-Neckar-Hafengesellschaft Mannheim mbH (HGM)

Rheinvorlandstraße 5
DE-68159 Mannheim
Telefon: +49 621 292-2991
Telefax: +49 621 292-3167
info@hafen-mannheim.de
www.hafen-mannheim.de

Management
* Roland Hörner (Geschäftsführer)

Gesellschafter
Stammkapital 1.600.000,00 EUR
* Land Baden-Württemberg (100 %)

Lizenzen
* DE: Genehmigung zum Betreiben der Hafenbahn seit 01.04.2006

Infrastruktur
* Hafenbahn (75 km), betrieben nach BOA

Unternehmensgeschichte
Die Staatliche Rhein-Neckar-Hafengesellschaft Mannheim mbH (HGM) entstand per Gesellschaftsgründung am 14.12.1989 aus dem Staatlichen Hafenamt Mannheim. Heute ist der Mannheimer Hafen einer der bedeutendsten Binnenhäfen Europas. Der Hafen umfasst 2.679.000 m^2 Wasserfläche sowie 8.635.000 m^2 an Land und umfasst die vier Hafenbereiche Handels-, Rheinau-, Altrhein- und Industriehafen.
Die Hafenbahn hat eine Länge von 75 km und wird von diversen EVU befahren.

Staatliche Schlösser, Burgen und Gärten Sachsen gGmbH, Dresdner Parkeisenbahn (DPE)

Hauptallee 5 / Kavaliershaus G
DE-01219 Dresden
Telefon: +49 351 4456795
Telefax: +49 351 4456799
parkeisenbahn@schloesserland-sachsen.de
ww.parkeisenbahn-dresden.de

Management
* Dr. Christian Striefler (Geschäftsführer)

DPE / ISB Arneburg / Bad Wurzach

Gesellschafter
Stammkapital 1.500.000,00 EUR

Unternehmensgeschichte
Die Dresdner Parkeisenbahn erschließt mit einer Streckenlänge von 5,6 km auf einer Spurweite von 381 mm (15 Zoll) einen beträchtlichen Teil des „Großen Gartens", eines 2 km² großen Parks mitten in der Landeshauptstadt Sachsens. Die zunächst nur für einen temporären Betrieb vorgesehene, am 01.06.1950 eröffnete Kindereisenbahn entstand in Anlehnung an die „Liliputzüge", welche bereits in den dreißiger Jahren mehrfach im Großen Garten unterwegs gewesen waren. Die Betriebsführung lag in den Händen der städtischen Verkehrsbetriebe und lediglich bei der Fahrkartenkontrolle und der Signalbedienung durften einige Kinder den Schaffnerinnen helfen. Nach mehrmaliger Unterbrechung erfolgte 1951 die Wiedereröffnung als „Pioniereisenbahn" und für einen dauerhaften Betrieb. Seither werden alle Dienstposten mit Ausnahme der Lokführer und der Bahnhofsleiter von Kindern ausgeübt. Auch die Streckenlänge erreichte bereits Mitte Juni 1951 ihre heutige Ausdehnung. Die Infrastruktur wurde z. B. durch Verlegung eines zweiten Gleises dem stetig steigenden Verkehrsaufkommen angepasst und auch der Bestand an Rollmaterial sukzessive erweitert. So wurden zusätzliche Personenwagen beschafft und zu den beiden Vorkriegs-Dampfloks gesellten sich 1962 und 1982 je eine Elektroakkumulatorenlokomotive. Mit dem Ende der DDR wurde die Pioniereisenbahn 1990 in „Dresdner Parkeisenbahn" umbenannt. Nach mehreren Betreiberwechseln gehörte sie seit 1993 zu den Staatlichen Schlössern, Burgen und Gärten Sachsen (SSGD) sowie ab 2012 zur am 06.06.2012 gegründeten Staatliche Schlösser, Burgen und Gärten Sachsen gGmbH (SSBSGS).
Als letzter nennenswerter Zuwachs im Fahrzeugpark ist die Beschaffung von vier geschlossenen und beheizbaren Wagen aus englische Fertigung im Jahre 1996 zu vermerken. Während die SSBGSG der Betreiber der Dresdner Parkeisenbahn sind, hat sich der Dresdner Parkeisenbahn e. V. vor allem die Betreuung der dort tätigen Kinder und Jugendlichen sowie gezielte Werbeaktionen für die Dresdner Parkeisenbahn zur Aufgabe gestellt.

Infrastrukturbetrieb der Stadt Arneburg

Osterburger Straße 1
DE-39596 Arneburg
Telefon: +49 39321 547810
Telefax: +49 39321 547818
eigenbetrieb@isb-arneburg.de
www.infrastrukturbetrieb-stadt-arneburg.de

Management
* Lothar Riedinger (Bürgermeister)
* Kay Lindemann (Betriebsleiter)

Gesellschafter
Stammkapital 10.000,00 EUR
* Stadt Arneburg (100 %)

Lizenzen
* DE: Genehmigung zur Betreibung einer nicht öffentlichen Eisenbahninfrastruktur seit 20.03.2014

Infrastruktur
* Awanst Hassel – Niedergörne (11,5 km), vom 24.09.2003 bis zum 31.12.2033 gepachtet von DB Netz AG

Unternehmensgeschichte
In Arneburg-Niedergörne, am Ufer der Elbe im nördlichen Sachsen-Anhalt, entstand seit 2002 auf dem Gelände des ehemaligen Kernkraftwerks Niedergörne eines der modernsten Zellstoffwerke der Welt. Zur Anbindung auf der Schiene wurde die am 01.01.1996 stillgelegte Strecke Stendal – Niedergörne, die teilweise auf dem Planum der ehemaligen Kleinbahnstrecke Stendal – Arneburg liegt, reaktiviert und modernisiert. Die Stadt Arneburg pachtet den Abschnitt Awanst Hassel – Niedergörne seit 24.09.2003 und betrieb ihn zunächst als nicht öffentliche Eisenbahninfrastruktur. Seit 20.03.2014 ist die Strecke eine öffentliche Eisenbahninfrastruktur. Für den Betrieb der Anlagen wurde ein Eigenbetrieb als Sondervermögen der Stadt Arneburg gegründet. Während der Sommermonate des Jahres 2006 wurde der Bahnhof Niedergörne von vier auf sechs Gleise erweitert sowie ein Wartegleis für zwei Loks errichtet. Das neu errichtete Werk der Delipapier GmbH (Sofidel Gruppe) für die Herstellung von Hygienepapier erhielt im August 2006 ebenfalls einen Gleisanschluss. Seit Dezember 2007 betreibt der Eigenbetrieb der Stadt Arneburg auf dem Industrie- und Gewerbepark Altmark eine Loktankstelle und eine Lokinspektionshalle.

Stadt Bad Wurzach im Allgäu

Marktstraße 16
DE-88410 Bad Wurzach
Telefon: +49 7564 302-145
Telefax: +49 7564 302-3145
stadt@bad-wurzach.de
www.bad-wurzach.de

Bad Wurzach / SWB / Frankfurt (Oder)

Lizenzen
★ DE: EIU Roßberg – Bad Wurzach; gültig vom 13.04.2004 bis 31.12.2029

Infrastruktur
★ ex KBS 308e Roßberg – Bad Wurzach (11,2 km): am 11.08.2004 gekauft; Besitzübergang 01.09.2004; Betriebsführungsvertrag mit der WEG; Betriebsführerwechsel DB auf WEG am 25.10.2004

Unternehmensgeschichte
Die Bahnstrecke Roßberg – Bad Wurzach wurde 1904 eröffnet. Im heutigen Betriebsbahnhof Roßberg hat die Stichstrecke Anschluss an die Württembergische Allgäubahn Aulendorf – Kißlegg – Hergatz. Der Personenverkehr entwickelte sich nicht wie erwartet und wurde bereits 1963 eingestellt. Die Glaswerke St. Gobain Oberland AG in Bad Wurzach sorgten jedoch lange Zeit für einen starken Güterverkehr. Nach dem Rückzug der damaligen DB Cargo AG wurde der Betrieb auf der Strecke 2002 zunächst eingestellt.
Nach umfangreichen Vorbereitungen entstand in Zusammenarbeit mit der damaligen Connex Cargo Logistics GmbH (heute Captrain Deutschland GmbH) ein Konzept zur Wiederaufnahme der Bedienung der Saint Gobain Oberland AG. Am 02.10.2003 konnten Sand- und Sodatransporte erstmals wieder über die Schiene durch die Bayerische CargoBahn GmbH (BCB) abgewickelt werden.
Zur Sicherung der Strecke hat die Stadt Bad Wurzach die Strecke gemeinsam mit dem Landkreis Ravensburg am 11.08.2004 erworben. Derzeit dient die Strecke ausschließlich der Versorgung des Glaswerks mit Rohstoffen durch den BCB-Nachfolger Stock -Transport- sowie seit Juli 2010 regelmäßigem, durch DB Regio AG durchgeführten Ausflugs-SPNV an Sonntagen von Juli bis Oktober.

Stadtwerke Bitburg (SWB) 🇩🇪

Postfach 1564
DE-54625 Bitburg
Rathausplatz 3-4
DE-54634 Bitburg
Telefon: +49 6561 6001-0
Telefax: +49 6561 6001-290
bitburg@bitburg.de
www.bitburg.de

Stadt Bitburg (Stadtwerke)
Denkmalstraße 6
DE-54634 Bitburg
Telefon: +49 6561 9508-0
Telefax: +49 6561 9508-25
info-stadtwerke@stadt.bitburg.de
www.stadtwerke-bitburg.de

Management
★ Rolf Heckemanns (Werkleiter)

Lizenzen
★ DE: EIU Bitburg-Erdorf – Bitburg seit 16.04.2002

Infrastruktur
★ Bitburg-Erdorf – Bitburg: Der Kaufvertrag datiert vom 15.05.2002, die Umschreibung im Grundbuch erfolgte am 04.07.2002.

Unternehmensgeschichte
Seit dem 16.04.2002 haben die Stadtwerke Bitburg eine Zulassung als EIU. Betrieben wird die Bahnstrecke von Erdorf nach Bitburg-Stadt, welche im Mai 2002 von DB Netz übernommen wurde. Die Strecke ist Teil der früher bis Igel an der Hauptstrecke Trier – Luxemburg führenden „Nims-Sauertalbahn". Diese Strecke wurde in mehreren Abschnitten zwischen 1910 und 1915 eröffnet und brachte der Stadt Bitburg, die bis dato nur ihren Bahnhof Erdorf an der Eifelstrecke Trier – Köln besaß, einen direkten Eisenbahnanschluss. Nach Einstellung des Personenverkehrs 1968 wurde bereits im Folgejahr der Gesamtverkehr im südlichen Teil der Strecke eingestellt und dieser kurz darauf abgerissen. Der Güterverkehr endete 1988 im Abschnitt Wolsfeld – Irrel und 1996 zwischen Bitburg und Wolsfeld. Auch auf dem einzig noch nicht abgebauten Streckenrest bis Bitburg verkehrten bis 2005 noch Güterzüge, danach wurde die Strecke betrieblich gesperrt und erst 2007 wieder freigegeben. Seitdem findet unregelmäßiger Personenverkehr in Form von Sonderfahrten statt, aktuell wird die Strecke v.a. zur Abstellung nicht benötigter Waggons genutzt.
2014 sollte der Verkauf der Strecke an die RWE-Tochter Amprion erfolgen. RWE hatte den Kauf damals schon mit 400.000 EUR unterstützt und dafür die Garantie erhalten, 30 Jahre lang Trafos für das Umspannwerk Niederstedem über die Schienen transportieren zu können. Für die Stadt lohnt die Strecke nicht, zudem seien 40.000 EUR Instandhaltungskosten jährlich fällig. Weiter müsse der Oberbau für 3 Mio. EUR saniert werden und Kunstbauten für 1 Mio. EUR.

Stadt Frankfurt (Oder) 🇩🇪

Goepelstraße 38
DE-15234 Frankfurt (Oder)
Telefon: +49 335 5526033
Telefax: +49 335 5526099
joerg.friedemann@frankfurt-oder.de
www.frankfurt-oder.de

Frankfurt (Oder) / Hohnstein / Jöhstadt

Lizenzen
★ DE: EIU Containerterminal ab 05.02.2002

Infrastruktur
★ zwei Umschlaggleise, jeweils 620 m lang

Unternehmensgeschichte
Die Stadt Frankfurt (Oder) hat im Südteil des Rangierbahnhofes Frankfurt (Oder) ein Containerterminal errichten lassen. Das rund 5 ha große Gelände wurde zunächst von der DB Intermodal Services GmbH (ex: BTS Kombiwaggon Service GmbH) betrieben. Seit 01.04.2012 übernimmt die PCC Intermodal S.A. diese Funktion nach europaweiter Ausschreibung. Die Bahnanlage war bereits Ende 2001 fertig gestellt worden, doch die Stadt und die Wirtschaftsfördergesellschaft Investor Center Ostbrandenburg GmbH fanden lange Zeit keinen Nutzer. Erst mit der Einführung der Lkw-Maut änderte sich die Lage. Die offizielle Inbetriebnahme fand am 06.04.2005 statt, seitdem fahren wöchentlich mehrere Güterzüge vom KV-Terminal zu den Nordseehäfen in Hamburg, Bremerhaven und Rotterdam. Im Netzwerk der PCC Intermodal dient Frankfurt (Oder) als zentraler Hub zwischen Deutschland und Polen. Den Rangierdienst im Terminal versieht die DeltaRail GmbH.

Stadt Hohnstein I

Rathausstraße 10
DE-01848 Hohnstein
Telefon: +49 35975 868-0
Telefax: +49 35975 868-10
stadt@hohnstein.de
www.hohnstein.de

Schwarzbachbahn e.V.
Am Kohlichtgraben 16
DE-01848 Hohnstein OT Kohlmühle
Telefon: +49 35022 40440
verein@schwarzbachbahn.de
www.schwarzbachbahn.de

Lizenzen
★ DE: EIU-Zulassung; gültig vom 06.10.2014 bis 30.09.2064

Infrastruktur
★ Goßdorf-Kohlmühle (km 0,43) – Lohsdorf (km 4,95) (– Hohnstein (km 12,34)); Spurweite 750 mm

Unternehmensgeschichte
Die Stadt Hohnstein ist seit 2014 Infrastrukturbetreiber eines wieder aufgebauten Stückes der 750 mm-Schmalspurbahn Goßdorf-Kohlmühle – Hohnstein. Die Schwarzbachbahn wurde 1897 eröffnet, 1951 stillgelegt und anschließend abgebaut, vorgeblich um Material für den Bau des Berliner Außenrings zu gewinnen. Der 1995 gegründete Verein Schwarzbachbahn e.V. baut einen Teil der Strecke wieder auf und betreibt diesen als Museumsbahn.

Stadt Jöhstadt P I

Markt 185
DE-09475 Jöhstadt
Telefon: +49 37343 805-0
Telefax: +49 37343 805-22
stadt@joehstadt.de
www.joehstadt.de

IG Preßnitztalbahn e.V. (IGP)
Am Bahnhof 78
DE-09477 Jöhstadt
Telefon: +49 37343 8080-37
Telefax: +49 37343 8080-9
www.pressnitztalbahn.de

Lizenzen
★ DE: EIU Steinbach – Jöhstadt
★ DE: EVU-Zulassung (PV+GV); gültig vom 18.09.1995 bis 30.09.2025

Infrastruktur
★ Steinbach – Jöhstadt (8,0 km, Spurweite 750 mm)

Unternehmensgeschichte
Bei der Preßnitztalbahn handelt es sich um die am 01.06.1892 eröffnete Schmalspurbahn von Wolkenstein an der Regelspurstrecke Flöha – Annaberg-Buchholz (Zschopautalbahn) nach Jöhstadt, einer Kleinstadt im oberen Erzgebirge nahe der tschechischen Grenze. Sie war die letzte Schmalspurbahn, die in der DDR stillgelegt und abgebaut wurde: Der in zwei Phasen vollzogenen Einstellung des Personenverkehrs (13.01.1984 Jöhstadt – Niedersmiedeberg und 30.09.1984 Niedersmiedeberg – Wolkenstein folgte zum 20.11.1986 das Ende des Güterverkehrs zum dkk-Kühlschrankwerk Niedersmiedeberg, dem sich die Gesamtstillegung am 31.12.1986 anschloss. Doch bereits 1988 gründete sich der Vorläufer der heutigen Interessengemeinschaft Preßnitztalbahn e. V. (IGP, damals allerdings noch als Ortsgruppe des Kulturbundes der damaligen DDR) mit dem Ziel, Zeitzeugen und Erinnerungsstücke an die stillgelegte Preßnitztalbahn zu erhalten. Mit der

Jöhstadt / Pfullendorf / SWV

Neugründung am 22.11.1990 als eingetragener Verein erfolgte die Zielsetzung, eine Museumsbahn im oberen Streckenteil zwischen Jöhstadt und Schmalzgrube mit der Verlängerungsoption bis nach Steinbach aufzubauen. Im April 1992 wurde mit dem Streckenbau begonnen und im August 2000 der letzte Abschnitt bis zum Bahnhof Steinbach in Betrieb genommen. EIU der Bahnstrecke ist die Stadt Jöhstadt.

Verkehre
* Reisezugverkehr mit historischen Fahrzeugen an jedem Wochenende Mai bis Oktober sowie an weiteren ausgewählten Tagen im Jahr. Alle Züge werden mit Dampflokomotiven bespannt.

Stadt Pfullendorf ◨

Kirchplatz 1
DE-88630 Pfullendorf
Telefon: +49 7552 25-01
Telefax: +49 7552 25-1009
info@stadt-pfullendorf.de
www.pfullendorf.de

Beteiligungen
* TGP Terminalgesellschaft Pfullendorf mbH (14,5 %)

Lizenzen
* DE: EIU-Zulassung; gültig vom 29.07.2009 bis 31.12.2024

Infrastruktur
* Altshausen – Pfullendorf (25,0 km); seit 2002 von DB Netz AG gepachtet

Unternehmensgeschichte
Die Strecke Schwackenreute – Altshausen ist heute nur noch auf dem Abschnitt Altshausen – Pfullendorf erhalten. Nach der Einstellung des Güterverkehres durch die damalige Railion Deutschland AG per 31.08.2004 pachteten die Anliegergemeinden Pfullendorf und Ostrach die Infrastruktur und hielten diese in Zusammenarbeit einer regionalen Interessengemeinschaft auch in befahrbarem Zustand.
Der Gemeinderat von Pfullendorf hat am 26.03.2009 einstimmig die Reaktivierung des Streckenabschnittes Altshausen – Pfullendorf für den Güterverkehr beschlossen. Neuer Infrastrukturbetreiber ist die „Regionale öffentliche Bahn Stadt Pfullendorf", die am 29.07.2009 die erforderliche Konzession erhielt. Anlässlich der 2009er „Tour de Ländle" gab es wenige Tage später die ersten Sonderzüge auf der Strecke, doch wurde der Güterverkehr wegen der noch laufenden

Verhandlungen mit den designierten Verladern noch nicht aufgenommen.
Von Mai bis Mitte Oktober 2011 verkehrt erstmals der 3-Löwen-Takt Radexpress „Oberschwaben" an 15 Sonn- und Feiertagen zwischen Aulendorf und Pfullendorf.

Stadt Worms Verkehrs-GmbH (SWV) ◨

Marktplatz 2
DE-67547 Worms
info@sw-verkehrs-gmbh.de
www.sw-verkehrs-gmbh.de

Hafen Betriebs GmbH Worms
Hafenstraße 4
DE-67547 Worms
Telefon: +49 6241 933983
Telefax: +49 6241 3089971

Management
* Karl-Heinz Adelfinger (Geschäftsführer)

Gesellschafter
Stammkapital 1.300.000,00 EUR
* Stadt Worms Beteiligungs-GmbH (99 %)
* Stadt Worms (1 %)

Infrastruktur
* Hafenbahn (20,4 km), betrieben durch Wincanton Rail GmbH

Unternehmensgeschichte
Die Ursprünge des Wormser Hafens und der Hafenbahn gehen bis Mitte des 19. Jahrhunderts zurück. Die ersten größeren Hafenausbauten und die des Gleisnetzes wurden ab 1890 vorgenommen, um den damaligen Forderungen der Wormser Wirtschaft Rechnung zu tragen.
Die vier Teile des Wormser Hafens erstrecken sich heute zwischen den Rhein-Kilometern 442 und 450. Der Floß- und der Handelshafen dienen als Schutzhäfen. Während im Floßhafen überwiegend Schüttgüter bewegt werden, dient der Handelshafen dem Umschlag sämtlicher Güterarten wie z. B. Nahrungs- und Futtermittel, Steine und Erden, chemische Erzeugnisse und Düngemittel.
Die im Jahr 2003 gegründete Hafen Betriebs GmbH Worms als Tochter der seit 15.12.1998 bestehenden Stadt Worms Verkehrs-GmbH unterhält neben dem Hafen selbst auch die dortige Hafenbahn. Die Betriebsführung auf der Hafenbahn erfolgt seit 01.07.2002 durch die Wincanton Rail GmbH (WR) / Rhenus Rail St. Ingbert GmbH (RRI), die auch für die Anbindung an die Zugnetze Dritter in Worms Rbf sorgt. Die SWV rangiert aber weiterhin auch selbst

SWV / SBS

auf den Hafenbahngleisen.
2003 ging auch das neu errichtete Containerterminal der damaligen Firma Rhenania AG Worms im Handelshafen in Betrieb, dessen Brücke über eine Hebekapazität von 45 t verfügt. 2006 wurden im Wormser Hafen 1,064 Mio. t an Gütern umgeschlagen, davon schienenseitig knapp 180.000 t. 2007 beförderte die Hafenbahn rund 3.600 Wagen.
Die Stadt Worms Verkehrs-GmbH ist als übernehmender Rechtsträger nach Maßgabe des Verschmelzungsvertrages vom 07.04.2014 mit der Hafen Betrieb GmbH mit Sitz in Worms verschmolzen worden.

Verkehre
* Gütertransporte auf der Hafenbahn

Stadtbahn Saar GmbH (SBS)

Hohenzollernstraße 104
DE-66117 Saarbrücken
Telefon: +49 681 587-0
Telefax: +49 681 587-3322
info@saarbahn.de
www.saarbahn.de

Management
* Andreas Winter (Geschäftsführer)
* Dr.-Ing. Dieter Attig (Sprecher der Geschäftsführung)
* ass. jur. Peter Edlinger (Geschäftsführer)

Gesellschafter
Stammkapital 818.067,01 EUR
* Versorgungs- und Verkehrsgesellschaft Saarbrücken mbH (55 %)
* VVS-Beteiligungs GmbH (40 %)
* Stadt Lebach (5 %)

Beteiligungen
* Saarbahn GmbH (SaarBahn&Bus) (98 %)

Lizenzen
* DE: EIU für eigene Infrastruktur
* DE: EVU-Zulassung (PV) seit 17.04.1996, gültig bis 30.04.2021

Infrastruktur
* Walpershofen-Etzenhofen – Brebach; von Römerkastell bis Riegelsberg Süd nach BOstrab betrieben

Unternehmensgeschichte
Im Juni 1992 wurde die Stadtbahn Saar GmbH (SBS) vom Aufsichtsrat der Gesellschaft für Straßenbahnen im Saartal AG (GSS) gegründet. Ziel und Zweck der Gesellschaft ist der Betrieb eines Stadtbahnnetzes nach Karlsruher Modell. Mit dem Betriebsübergang der Gesellschaft für Straßenbahnen im Saartal AG (GSS) zum 01.01.2002 auf die Saarbahn GmbH ist die SBS seither als das Infrastrukturunternehmen für den Verkehr innerhalb des VVS Konzerns sowohl für den Busbereich als auch für die Saarbahn zuständig. Nach Karlsruher Vorbild verkehrt auch in Saarbrücken die Straßenbahn außerhalb der Innenstadt teilweise auf DB-Gleisen. Anders als in Karlsruhe musste die Straßenbahn in Saarbrücken jedoch komplett regelspurig neu aufgebaut werden, nachdem die meterspurige Straßenbahn bereits 1965 stillgelegt worden war. Diese in Nähe des Hauptbahnhofes beginnende Innenstadttrasse ist das Kernstück der Saarbrücker Stadtbahn. Sie wurde am 24.10.1997 in Betrieb nach BOStrab genommen, womit die Saarbahn auf einer ersten 19 km messenden Teilstrecke zwischen Saarbrücken Ludwigstraße und dem französischen Sarreguemines (Saargemünd) den Betrieb aufnahm. Zwischen der Haltestelle Römerkastell und dem Bahnhof Brebach befindet sich die Verknüpfung zur bestehenden DB-Strecke, die bis Hanweiler Grenze gemäß EBO und weiter nach Sarreguemines nach den Regelwerken der SNCF genutzt wird.
An der genannten Verknüpfungsstelle erfolgt zudem der Wechsel der Traktionsenergieversorgung von den „innerstädtischen" 750 V Gleichspannung zu den DB-üblichen 15 kV Wechselspannung. Bereits seit September 1983 ist der kurze französische Streckenteil einschließlich des Hausbahnsteiggleises in Sarreguemines solchermaßen elektrifiziert. Da der Bahnhof ansonsten fahrleitungslos ist, brauchte keine Systemtrennstelle eingerichtet zu werden. Während Sarreguemines auf Dauer die Endstation auf französischer Seite sein wird, erfolgten am entgegengesetzten Ende der Stadtbahnstrecke wiederholte Verlängerungen – am 31.07.1999 bis Cottbuser Platz, am 13.11.2000 bis Siedlerheim am 23.09.2001 bis Riegelsberg Süd und am 26.09.2009 bis Etzenhofen. Seit 01.11.2011 erreicht die Linie Heusweiler Markt und seit 05.10.2014 den designierten Endbahnhof Lebach-Jabach, wofür ein Teil der stillgelegten Köllertalbahn Völklingen – Lebach genutzt wird. Die zugehörige Verknüpfungsstelle wird unweit der derzeitigen Endstation Etzenhofen eingerichtet. Ein weiterer Ausbau der Saarbahn auf andere Linienäste ist angedacht, hängt aber nicht zuletzt von den finanziellen Möglichkeiten ab.
Die SBS baut seit Sommer 2009 auf einem ehemaligen Bahngelände in Brebach eine neue Schienenwerkstatt und Abstellanlage. Bis zu deren für 2011 geplanten Inbetriebnahme werden noch Anlagen der DB in Saarbrücken für die Fahrzeugwartung genutzt. Das entsprechende Gelände, das der DB Netz AG gehörte, wurde im

SBS / SWA / SWE

April 2008 von der SBS erworben.

Stadtwerke Andernach GmbH (SWA)

Uferstraße 17
DE-56626 Andernach
Telefon: +49 2632 298-0
Telefax: +49 2632 298-309
kontakt@stadtwerke-andernach.de
www.stadtwerke-andernach.de

Management
★ Bernhard Rudolf Lenz (Geschäftsführer)

Gesellschafter
Stammkapital 25.564.594,06 EUR
★ Stadt Andernach (100 %)

Infrastruktur
★ Hafenbahn (4,5 km), betrieben nach BOA

Unternehmensgeschichte
Der Hafen Andernach mit Hafenbecken und Stromhafen ist linksrheinisch zwischen den Stromkilometern 611,7 und 612,6 gelegen. Betreiber der Infrastruktur ist die am 20.12.1972 gegründete Stadtwerke Andernach GmbH, die in der Hafenverwaltung 35 Mitarbeiter beschäftigt. Es steht eine bebaute, dem Umschlag dienende Kai- und Uferlänge von 919 m zur Verfügung, davon 550 m mit Gleisanschluss. An Umschlagseinrichtungen sind u.a. zwei Containerbrücken, vier Wippdrehkräne, drei elektrische Drehkräne und zwei Verladebrücken vorhanden. Wichtigste Umschlaggüter sind (nach Anteilen geordnet) Steine und Erden, Mineralöle sowie Eisen, Stahl und NE-Metalle. Das Güteraufkommen betrug 2006 2,974 Mio. t. Die 4,5 km lange Hafenbahn wurde 1922 eröffnet, für den Hafenverschub stehen zwei Zweiwegefahrzeuge zur Verfügung. Im Dezember 2009 traf zusätzlich eine gebraucht erworbene Dieselrangierlok ein, die bei der Brohltalbahn eingestellt wurde, aber bislang nicht zum Einsatz kam.

Stadtwerke Essen AG (SWE)

Rüttenscheider Straße 27-37
DE-45128 Essen
Telefon: +49 201 800-0
Telefax: +49 201 800-1219
info@stadtwerke-essen.de
www.stadtwerke-essen.de

Hafenbetrieb
Hafenstraße 239-247
DE-45356 Essen
Telefon: +49 201 800-2900
Telefax: +49 201 800-2909
hafen@stadtwerke-essen.de

Management
★ Dr. Bernhard Görgens (Kaufmännischer Vorstand, Vorstandsvorsitzender)
★ Dipl.-Ing. Dietmar Bückemeyer (Technischer Vorstand)

Gesellschafter
★ Essener Versorgungs- und Verkehrsgesellschaft mbH (EVV) (51 %)
★ RWE Rhein-Ruhr AG (29 %)
★ Thüga AG (20 %)

Beteiligungen
★ Entwässerung Essen GmbH (EEG) (100 %)
★ Wassergewinnung Essen GmbH (WGE) (50 %)
★ enuvo - rhein ruhr partner Gesellschaft für Erneuerbare Energien mbH (rrpEE) (50 %)
★ rhein ruhr partner Gesellschaft für Messdienstleistungen mbH (50 %)
★ infralogistik ruhr GmbH (49 %)
★ Kommunale Gasspeicher Beteiligungsgesellschaft Epe mbH (KGBE) (25 %)
★ Kommunale Gasspeichergesellschaft Epe mbh & Co. KG (KGE) (25 %)
★ Kommunale Beteiligungsgesellschaft mbH & Co. KG (KSBG) (15 %)

Lizenzen
★ DE: EIU für eigene Infrastruktur seit 17.04.1926

Infrastruktur
★ Hafenbahn (20 km), betrieben nach BOA

Unternehmensgeschichte
Die Stadtwerke Essen AG sind das Versorgungsunternehmen für die Stadt Essen mit den Bereichen Gas, Wasser, Abwasser und Hafenbetrieb. Die Gesellschaft entstammt aus der am 30.01.1855 gegründeten Essener Gasgesellschaft sowie dem am 20.10.1864 in Betrieb genommenen Wasserwerk für die Stadt Essen. Durch die Zusammenlegung dieser beiden Unternehmen im März 1867 unter der Bezeichnung Städtisches Gas- und Wasserwerk entstanden die heutigen Stadtwerke.
Der am Rhein-Herne-Kanal gelegene Hafen Essen wurde 1934 in Betrieb genommen und steht seit 1987 unter der Verwaltung der Essener Stadtwerke. Seine Aktivitäten konzentrieren sich auf den Umschlag von Massengütern wie festen und mineralischen Brennstoffen, Mineralöl- und chemischen Produkten, Steinen und Erden sowie Eisen und Stahl. Die Hafenbahn ist im

SWE / SWG / SWH

Gütertarifpunkt Essen-Vogelheim mit dem Netz der Deutschen Bahn AG verbunden. Auf ihr wurde 2011 ein Güterumschlag vom 245.000 t erzielt.

Verkehre
* hafeninterner Rangierverkehr
* Mineralöltransporte; mehrfach pro Woche seit Mai 2014 im Auftrag der RBH Logistics GmbH; Übergabe an RBH in Essen-Vogelheim

Stadtwerke Germersheim GmbH (SWG) 🇩🇪

Gaswerkstraße 3
DE-76726 Germersheim
Telefon: +49 7274 7018-340
Telefax: +49 7274 7018-311
stadtwerke@stw-ger.de
www.stw-ger.de

Management
* Dr. Wolfram Baumgartner (Geschäftsführer)

Gesellschafter
* Stadt Germersheim (74,9 %)
* Thüga Aktiengesellschaft (25,1 %)

Infrastruktur
* Hafenbahn Germersheim (3,2 km Stammgleislänge)

Unternehmensgeschichte
Der linksrheinisch bei Stromkilometer 385 gelegene Hafen Germersheim, den zurzeit jährlich rund 1000 Schiffe anlaufen, ist noch relativ jung. Er entstand ab 1960 im Bereich mehrerer dort vorhandener Kiesentnahmestellen. Der erste Umschlagsbetrieb begann 1963 in einem Teilbecken des Hafens mit der Holzverladung und dem Betrieb eines Sägewerkes. Ab 1967 ging der Ausbau des Hafenbeckens weiter, wobei das dort gewonnene Kiesmaterial zur Finanzierung der Baumaßnahme und zur Aufspülung von Industriegelände Verwendung fand. Nach und nach kam es im Hafengebiet zur Ansiedlung namhafter Betriebe, die heute für die Stadt von wirtschaftlicher Bedeutung sind. Das Hafengebiet ist 85 ha groß (davon 59 ha Wasserfläche) und verfügt über eine Kailänge von 835 m. An Umschlagsanlagen sind u. a. drei Containerbrücken (max. 67 t) und fünf Krananlagen (max. 35 t) vorhanden; zuständiger Umschlagsbetrieb ist die DP World Germersheim GmbH & Co. KG. Auf dem 3,8 km langen Industrie-Stammgleis, welches ebenfalls zum Hafenbetrieb der Stadtwerke gehört und über das der Waggonverkehr zwischen dem zuständigen Tarifbahnhof Germersheim und den Nebenanschlüssen der Industriebetriebe abgewickelt wird, verkehren jährlich 26.000 Waggons. Als EVU sind dort neben der DB Schenker Rail Deutschland AG auch private Bahnen anzutreffen.

Stadtwerke Hamm GmbH (SWH) 🇩🇪

Südring 1/3
DE-59065 Hamm
Telefon: +49 2381 274-0
Telefax: +49 2381 274-1609
post@stadtwerke-hamm.de
www.stadtwerke-hamm.de

Management
* Jörg Hegemann (Geschäftsführer)

Gesellschafter
Stammkapital 32.000.000,00 EUR
* Stadt Hamm (100 %)

Lizenzen
* DE: EIU für eigene Infrastruktur

Infrastruktur
* Hafenbahn

Unternehmensgeschichte
Die Stadtwerke Hamm GmbH ist heute ein Anbieter von Erdgas, Trinkwasser, Strom und Fernwärme sowie der Betreiber des regionalen öffentlichen Personennahverkehrs, des Hafens, der Bäder sowie von Telekommunikationsdiensten.
Die Gesellschaft geht auf die am 03.02.1858 gegründete Aktiengesellschaft für Gasbeleuchtung zurück. 1887 erfolgte die Zusammenfassung der Gas- und Wasserversorgung zum „Städtischen Gas- und Wasserwerk".
Am 01.04.1907 erwarb die Stadt Hamm die Stromversorgung sowie die 1898 eröffnete Straßenbahn für 1.600.000 Reichsmark und betrieb beides fortan auf eigene Rechnung. Als weiteres Standbein erfolgte am 01.08.1914 die Inbetriebnahme des Hafens Hamm.
In den 1970er Jahren ergaben sich starke Veränderungen, bedingt durch die kommunale Neugliederung Hamms. 1975 erfolgt der Zusammenschluss der Stadtwerke Hamm und Heessen sowie des Gemeindeelektrizitätswerkes Pelkum-Herringen zu den Stadtwerken Hamm, die zum 01.01.1977 in die „Stadtwerke Hamm GmbH" überführt wurden.
Im Kanalhafen Hamm werden jährlich 1,5 Mio. t (Stand 2014; 2011: 1,7 Mio. t) umgeschlagen sowie 0,56 Mio. t auf der Hafenbahn transportiert (Stand

SWH / SWKO

2014; 2011: 0,6 Mio. t).

Verkehre
★ Güterverkehr auf der Hafenbahn

Stadtwerke Heilbronn GmbH (SWH) 🅸

Postfach 3464
DE-74024 Heilbronn
Weipertstraße 19
DE-74076 Heilbronn
Telefon: +49 7131 562503
Telefax: +49 7131 562503
info@stadtwerke-heilbronn.de
www.stadtwerke-heilbronn.de

Verkehrsbetriebe
Georg-Vogel-Straße 2-4
DE-74081 Heilbronn

Management
★ Dipl.-Verkehrsbetriebsw. Tilo Elser (Geschäftsführer)
★ Manfred Schmidt (Kaufmännischer Geschäftsführer)

Gesellschafter
Stammkapital 25.000,00 EUR
★ Stadt Heilbronn (100 %)

Infrastruktur
★ Hafen- und Industriebahn (23 km); betrieben nach BOA

Unternehmensgeschichte
Die am 12.07.2002 gegründete Stadtwerke Heilbronn GmbH versorgt die Region mit Wasser und vereint unter ihrem Dach außerdem einen eigenen Verkehrsbetrieb (Bus, Bahn), diverse Badebetriebe sowie ein Parkhaus.
Die Industrie- und Hafenbahn transportiert unter Leitung der Stadtwerke Heilbronn GmbH jährlich rund 662.000 t Güter auf der Hafenbahn sowie 70.000 t Güter auf der Industriebahn.
23 km Bahngleise ziehen sich durch den Heilbronner Hafen und das angrenzende Industriegebiet. Die Bedienung erfolgt mehrheitlich durch die DB Schenker Rail Deutschland AG, die jährlich rund 16.000 Wagen auf der Hafenbahn und ca. 2.000 Wagen auf der Industriebahn bewegt.
Seit April 2007 bringt außerdem die Niederrheinische Verkehrsbetriebe Aktiengesellschaft NIAG Kohle zum Kraftwerk der EnBW AG.
Anfang 2013 wurde ein neues Containerterminal eingeweiht, das u.a. durch die Eisenbahnen und Verkehrsbetriebe Elbe-Weser GmbH (EVB) im Rahmen der NeCoSS-Verkehre angefahren wird.

Stadtwerke Koblenz GmbH (SWKO) 🅶🅸

Fritz-Ludwig-Straße 5
DE-56070 Koblenz
Telefon: +49 261 98161-76
Telefax: +49 261 98161-80
gramsch@stadtwerke-koblenz.de
www.stadtwerke-koblenz.de

Management
★ Petra Ensel (Geschäftsführerin)

Gesellschafter
Stammkapital 12.526.651,09 EUR
★ Stadt Koblenz (100 %)

Infrastruktur
★ Hafenbahn Koblenz (10 km)

Unternehmensgeschichte
Die bevorzugte Lage an den Ufern zweier Flüsse machte Koblenz schon bei seiner Gründung durch die Römer vor über 2000 Jahren zu einem potenziellen Verkehrsknotenpunkt. Mit steigendem Transportaufkommen zu Wasser gewann der ursprüngliche Moselhafen an Bedeutung, der jedoch 1969 wegen fehlender Erweiterungsmöglichkeiten im Zuge der Neustrukturierung von Altstadt und Moselufer in den Norden von Koblenz verlegt wurde. Der Moselhafen Rauental diente bis zu seiner Aufgabe zum Jahreswechsel 1999/2000 hauptsächlich der Versorgung der dort ansässigen Mineralöltanklager. Der Güterumschlag konzentriert sich jedoch seit dessen Inbetriebnahme 1963 auf den neuen Rheinhafen Koblenz, der sich linksrheinisch bei Stromkilometer 596,6 befindet. Das Hafenbecken ist 730 m lang und 100 m breit. An Umschlagsanlagen sind zwei Containerbrücken (bis 52 t), ein Drehkran (max. 10 bzw. 7) und eine Verladebrücke für Massen- und Stückgut (Tragfähigkeit 15/25 t) vorhanden. Neben dem Containerumschlag sind Aluminium, Glas, Steine, Sand und Kies, Holz und Schrott die wichtigsten Güter. Wichtige Schnittstelle im trimodalen Umschlag ist die SWK-eigene Rheinanschlussbahn, die auf ihrer 10 km langen Strecke den Güterbahnhof Koblenz-Lützel mit dem Rheinhafen und damit die Großschifffahrtsstraßen Rhein und Mosel mit dem Streckennetz der DB verbindet. Zwei SWK-Rangierloks liefern die Güter den im Industriegebiet ansässigen Firmen bis vor die Tür oder vom Hafen zum DB-Anschluss bzw. vom DB-

SWKO / SWM / SWS

Netz aufs Wasser. Die Hafen- und Bahnbetriebe haben gegenwärtig rund 20 Beschäftigte.

Verkehre
* Gütertransporte auf der Hafenbahn

Stadtwerke Mainz AG (SWM)

Rheinallee 41
DE-55118 Mainz
Telefon: +49 6131 12-8
Telefax: +49 6131 12-6797
info@stadtwerke-mainz.de
www.mainzerhafen.de

Mainzer Hafen GmbH
Rheinallee 41
DE-55118 Mainz
info@zollhafen-mainz.de
www.zollhafen-mainz.de

Management
* Dr.-Ing. Werner Sticksel (Vorstandsvorsitzender, technischer Vorstand SWM)
* Hanns-Detlev Höhne (stellvertretender Vorstandsvorsitzender, kaufmännischer Vorstand SWM)
* Hanns-Detlev Höhne (Geschäftsführer Mainzer Hafen GmbH)

Gesellschafter
Stammkapital 100.000.000,00 EUR
* Stadt Mainz (100 %)

Beteiligungen
* EnRM-Energienetze Rhein-Main GmbH (100 %)
* Mainzer Hafen GmbH (100 %)
* Mainzer Verkehrsgesellschaft mbH (MVG) (100 %)
* Überlandwerk Groß-Gerau GmbH (ÜWG) (100 %)
* Rheinhessen-Energie GmbH (67 %)
* Heizkraftwerk GmbH (HKW) (66,6 %)
* Gonsbacherterrassen GmbH (50 %)
* Kraftwerke Mainz-Wiesbaden AG (KMW) (50 %)
* RIO Energie GmbH & Co. KG (50 %)
* ENTEGA Service GmbH (25,1 %)
* ENTEGA Vertrieb GmbH & Co. KG (25,1 %)
* citiworks AG - Deutsche Stadtwerke Allianz (11 %)
* Wasserversorgung Rheinhessen GmbH (WVR) (4,27 %)

Lizenzen
* DE: EIU Hafenbahn

Infrastruktur
* Hafenbahn Mainz (16 km, davon sind ca. 12 km befahrbar)

Unternehmensgeschichte
Das Gebiet des Mainzer Hafens umfasst derzeit ein Areal von ca. 30 ha mit einer Containerumschlagsfläche von rund 50.000 m². 2006 wurden insgesamt 1,4 Mio. t Waren im Mainzer Hafen umgeschlagen und die Ladung von 1381 Schiffen gelöscht. Dabei dominiert der Containerumschlag, gefolgt von Nahrungs- und Futtermitteln, Mineralölprodukten und Baustoffen. Bereits um die Zeitenwende legten die Römer im Bereich der heutigen Mainzer Altstadt einen Hafen für ihre Kriegsflotte an und bauten am Dimesser Ort einen Handelshafen. Die heutige Anlage geht auf die Jahre 1880 bis 1887 zurück, als im Bereich der Neustadt ein für damalige Begriffe hochmoderner Hafen mit 12 ha Wasser- und 15 ha Landfläche angelegt wurde. Parallel dazu bestand schon um 1882 der neue Floßhafen im Bereich der aufgeschütteten Ingelheimer Aue. Seit 1949 sind die Stadtwerke Mainz GmbH Besitzer und Betreiber. Nach schweren Zerstörungen im Zweiten Weltkrieg erreichte 1950 der Umschlag mit 740.497 t wieder den Vorkriegsdurchschnitt und überschritt zwei Jahre später die Millionengrenze. Anfang 1973 eröffnete die Schnellumschlagsanlage auf dem Zungenkai, ab den 1980er Jahren ersetzten moderne Krananlagen die alten Hebevorrichtungen und 1993 wurde der Stein für die heutige Entwicklung ins Rollen gebracht, als eine Standortuntersuchung für ein neues Güterverkehrszentrum aus städtebaulichen und verkehrsrechtlichen Gründen eine Verlagerung des Hafenbetriebs nahelegte. Diese ist im zweiten Halbjahr 2010 mit dem schrittweisen Umzug des Warenumschlags in das neue GVZ auf der Ingelheimer Aue erfolgt. Der bestehende Zollhafen hingegen wird zu einem neuen Wohn- und Kulturquartier aus- und umgebaut. Beim Containerumschlag rangiert Mainz mit 124.100 Containern pro Jahr derzeit auf Platz 5 der deutschen Binnenhäfen. Ziel des künftigen GVZ ist es, wieder unter die Top 3 aufzurücken.

Stadtwerke Schweinfurt GmbH (SWS)

Bodelschwinghstraße 1
DE-97421 Schweinfurt
Telefon: +49 9721 931-0
Telefax: +49 9721 931-231
www.stadtwerke-sw.de

Hafenverwaltung
Hafenstraße 20
DE-97424 Schweinfurt
Telefon: +49 9721 931-433
Telefax: +49 9721 931-560

SWS / TE / SWU Verkehr

Management
★ Johann Karl (Geschäftsführer)

Gesellschafter
Stammkapital 8.200.000,00 EUR
★ Stadt Schweinfurt (100 %)

Infrastruktur
★ Hafenbahn (5,4 km Gleislänge)

Unternehmensgeschichte
Am 24.08.1999 entstand aus dem ehemaligen Eigenbetrieb mit der Eintragung in das Handelsregister die Stadtwerke Schweinfurt GmbH. Einer von deren Geschäftsbereichen ist der am 04.10.1963 eingeweihte Mainhafen. Dieser ist rund 28,5 ha groß, davon sind 4,1 ha Wasser-, 5,2 ha Ufer-, 1,7 ha Eisenbahn-, 0,3 ha Betriebs- und der Rest Ansiedlungsflächen. Für den Umschlag sind 885 m Uferlänge ausgebaut, davon 495 m Kaimauer und 390 m Böschung. Es findet hauptsächlich Schütt-, Stück- und Flüssiggutumschlag statt, wofür u. a. zwei hafeneigene Umschlagkrane, zwei firmeneigene Verladeanlagen für Getreide und Braumalz, eine firmeneigene Löscheinrichtung für Getreide und zwei firmeneigene Löscheinrichtungen für Mineralöl und Benzin zur Verfügung stehen. Nahezu alle Hafengrundstücke sowie die Kaianlage verfügen über eine Anbindung der Hafeneisenbahn, die über den Bahnhof Schweinfurt mit dem Netz der DB verbunden ist.

Infrastruktur
★ Trossingen – Trossingen Stadt (4,3 km)

Unternehmensgeschichte
Die Trossinger Eisenbahn (TE) wurde am 14.12.1898 in Betrieb genommen, um der Gemeinde Trossingen einen Anschluss an die Staatsbahnstrecke Rottweil – Villingen zu verschaffen, die in etwa 4 km Entfernung von der Stadt verläuft. Wegen der großen Steigungen wurde die Strecke von Anfang an mit 600 V Gleichspannung elektrifiziert und ist damit die älteste noch betriebene elektrische Nebenbahn in Deutschland. Schienengüterverkehr wurde bis zum 30.05.1996 durchgeführt. Bis 11.07.2003 stellten noch die elektrischen Triebwagen T 3 und T 5 den Anschluss an die DB-Strecke her. Zum 09.10.2003 wurde die Trossinger Strecke in das Ringzug-Konzept einbezogen, das der ganzen Region deutliche Verbesserungen im SPNV bietet. Die Funktion als EIU übernimmt nun die Stadt Trossingen.
Die elektrische Fahrleitung blieb trotz Streckenmodernisierung für den Ringzug erhalten, so dass auch in Zukunft Sonderfahrten mit den unter Denkmalschutz stehenden elektrischen Fahrzeugen möglich sind.

Verkehre
★ Sporadische Museumsbahnverkehre auf eigener Infrastruktur

Stadtwerke Trossingen GmbH, Trossinger Eisenbahn (TE) ◼

Postfach 15 58
DE-78639 Trossingen
Bahnhofstraße 9
DE-78647 Trossingen
Telefon: +49 7425 9402-0
Telefax: +49 7425 9402-19
info@swtro.de
www.swtro.de

Management
★ (Geschäftsführer)

Gesellschafter
★ Stadt Trossingen (100 %)

Lizenzen
★ DE: EIU-Zulassung für eigene Infrastruktur
★ DE: EVU-Zulassung (PV) seit 17.10.2005, gültig bis 30.09.2020

SWU Verkehr GmbH ◼

Bauhoferstraße 9
DE-89077 Ulm
Telefon: +49 731 166-0
Telefax: +49 731 166-4900
www.swu.de

Management
★ Dipl.-Oec. Matthias Berz (kaufmännischer Geschäftsführer)
★ Dipl.-Ing. Ingo Wortmann (technischer Geschäftsführer)

SWU Verkehr / VGF

Gesellschafter
Stammkapital 12.782.297,03 EUR
* Stadtwerke Ulm/Neu-Ulm GmbH (SWU) (100 %)

Lizenzen
* DE: EIU Weißenhorn – Senden seit April 2009

Infrastruktur
* Weißenhorn – Senden (9,6 km); gepachtet von DB Netz AG seit 12.07.2009; am 16.10.2013 gekauft

Unternehmensgeschichte
Die Stadtwerke Ulm/Neu-Ulm GmbH (SWU) entstanden 1982 bei der Umwandlung der Stadtwerke Ulm in eine GmbH. 1983 erfolgte die Aufnahme der Stadt Neu-Ulm als Minderheitsgesellschafter (6 %), ab Ende der 1990er Jahre wurden einige Tochtergesellschaften gegründet. So überführte man den Verkehrsbereich der SWU 1998 in die SWU Verkehr GmbH, die u.a. als Straßenbahnbetrieb tätig ist.
Seit Juli 2009 war man Pächter der 1878 errichteten Bahnstrecke von Senden – an der Illertalbahn Ulm – Memmingen nach Weißenhorn, die von der DB Netz AG zur Übernahme ausgeschrieben worden war. Die Strecke verlor bereits am 26.06.1966 den Personenverkehr und wird aktuell noch durch die DB Schenker Rail Deutschland AG im Güterverkehr bedient. Die Strecke wurde fallweise auch von Personensonderzügen befahren, so u. a. meist jährlich anlässlich des Aktionstages „Ohne Auto - mobil!" Mitte September.
Die Bahnstrecke wurde 2013 durch die SWU Verkehr gründlich saniert und modernisiert. Von den 10 Mio. EUR Gesamtkosten trug die SWU Verkehr 8 Mio. EUR, den Rest teilten sich der Freistaat Bayern und die beteiligten Kommunen Senden, Weißenhorn und Vöhringen. Am 15.12.2013 wurde wie vorgesehen der Personennahverkehr Weißenhorn – Senden – Ulm Hbf wieder aufgenommen.
Zugbetreiber ist die DB ZugBus Regionalverkehr Alb-Bodensee GmbH (RAB) im Rahmen eines Dreijahresvertrages im Auftrag der Bayerischen Eisenbahngesellschaft mbH (BEG), die SWU Verkehr verantwortet die Infrastruktur.
Der Fuhrpark der SWU Verkehr umfasst zehn Straßenbahnwagen und 69 Busse (Stand 15.12.2014).

Stadtwerke Verkehrsgesellschaft Frankfurt am Main mbH (VGF)

Postfach 10 21 32
DE-60276 Frankfurt am Main
Kurt-Schumacher-Straße 8
DE-60311 Frankfurt am Main
Telefon: +49 69 213-0
Telefax: +49 69 213-22727
info@vgf-ffm.de
www.vgf-ffm.de

Management
* Dipl.-Ing. Michael Budig (Geschäftsführer)
* Dipl.-Verw.-Betriebswirt Werner Röhre (Geschäftsführer)

Gesellschafter
Stammkapital 11.000.000,00 EUR
* Stadtwerke Frankfurt am Main Holding GmbH (100 %)

Beteiligungen
* In-der-City-Bus GmbH (ICB) (100 %)
* Main Mobil Frankfurt GmbH (MMF) (51 %)
* Hanauer Straßenbahn AG (HSB) (49,9 %)
* MainMobil Offenbach GmbH (MMO) (49 %)

Lizenzen
* DE: EVU-Zulassung (PV+GV) seit 26.04.2004, gültig bis 31.05.2019

Unternehmensgeschichte
Die Verkehrsgesellschaft Frankfurt am Main mbH (VGF) entstand 1996 aus dem Bereich Verkehr der Frankfurter Stadtwerke. Sie ist Dienstleistungsunternehmen für die traffiQ Lokale Nahverkehrsgesellschaft Frankfurt am Main mbH. Als solche stellt sie Fahrzeuge und Infrastruktur bereit und sorgt für die Fahrdienstleistungen. Mit etwa 2.000 Mitarbeitern bedient sie sieben U-Bahn-, neun Straßenbahn- und 42 Buslinien. Der Fahrzeugbestand beläuft sich auf 224 U-Bahn-Wagen, etwa 120 Straßenbahnwagen und etwa 210 Busse.
Die VGF trennt sich zwischenzeitlich wieder von ihren auswärtigen Beteiligungen, darunter dem SPNV-Betreiber VIAS sowie die Beteiligung an den Offenbacher Verkehrsbetrieben (OVB). Hintergrund ist die von der VGF angestrebte Direktvergabe ihrer Tram- und U-Bahn-Strecken ab 31.01.2012. Nach Lesart des Landes Hessen verlangt die EU-Verordnung 1370/07 dafür eine strikte Beschränkung auf eigenes Territorium. Der Verkauf des VIAS-Anteiles an die DSB Deutschland GmbH wurde per 15.07.2010 vollzogen.

SBS

Städtebahn Sachsen GmbH (SBS) P

Ammonstraße 70
DE-01067 Dresden
Telefon: +49 351 210714-0
Telefax: +49 351 210714-29
kundenservice@staedtebahn-sachsen.de
www.staedtebahn-sachsen.de

Werkstatt STS Städtebahn Service GmbH
Dresdener Straße 19
DE-01936 Laußnitz
Telefon: +49 352 05752454
Telefax: +49 352 05752458
kontakt@staedtebahn-service.de
www.staedtebahn-service.de

Management
* Dr. Ralf Böhme (Geschäftsführer)
* Torsten Sewerin (Geschäftsführer)

Gesellschafter
Stammkapital 25.000,00 EUR
* SONATA MANAGEMENT GmbH (90 %)
* SRI Verwaltungs GmbH (10 %)

Lizenzen
* DE: EVU-Zulassung (PV); gültig vom 10.12.2010 bis 31.12.2023
* DE: Sicherheitsbescheinigung (PV); gültig vom 01.08.2012 bis 31.07.2017

Unternehmensgeschichte
Im Dezember 2008 fiel die Entscheidung des Zweckverbandes Verkehrsverbund Oberelbe (Z-VOE), die bislang nur im Güterverkehr tätige Eisenbahngesellschaft Potsdam GmbH (EGP) mit dem Betrieb eines SPNV-Netzes zu beauftragen. Für die SPNV-Aktivitäten hatte die EGP bereits am 29.08.2008 die Tochtergesellschaft EGP - die Städtebahn GmbH gegründet. Per 21.04.2010 übernahm die Deutsche Eisenbahn Romantik AG (DER) alle Gesellschafteranteile. Nach mehrheitlicher Übernahme der EGP durch die ENON im September 2010 wurde die EGP - die Städtebahn wieder Tochterunternehmen der EGP, ehe es am 08.10.2010 der Verkauf an die neu gegründete Städtebahn GmbH kam. Gleichzeitig erfolgte die Umfirmierung in Städtebahn Sachsen GmbH, die

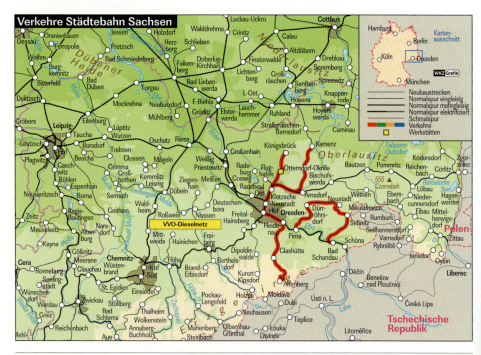

SBS / Städtische Häfen Hannover

vom Sitz Dresden aus als Betreibergesellschaft für das im Wettbewerb ursprünglich durch die EGP gewonnene Dieselnetz agiert. Zum Einsatz kommen 15 angemietete Dieseltriebwagen vom Typ Siemens Desiro der Alpha Trains.
Im Jahr 2011 wurde die STS Städtebahn Service GmbH als Schwestergesellschaft der SBS gegründet. Diese baute vorrangig für die SBS in Ottendorf-Okrilla eine neue Werkstatt, welche am 27.06.2012 in Betrieb genommen wurde. Zuvor hatte man die Fahrzeuge u.a. in der Werkstatt Görlitz der ODIG Ostdeutsche Instandhaltungsgesellschaft mbH bzw. der Euromaint Rail GmbH (EMR) in Delitzsch unterhalten.
Die Leistungen an die SBS wurden für lediglich vier Jahre vergeben und sollten noch 2011 als Teil des „Dieselnetzes Ostsachsen" zusammen mit dem benachbarten Zweckverband Verkehrsverbund Oberlausitz-Niederschlesien (ZVON) zur Betriebsaufnahme im Dezember 2014 erneut ausgeschrieben werden. Davon ist man allerdings kurzfristig abgewichen und schrieb Anfang Oktober 2011 die SBS-Verkehre erneut separat für einen Zeitraum von zehn Jahren aus. Die erneute Vergabe an die SBS erfolgte im Dezember 2012.
Im Rahmen der Neuordnung der Geschäfte der NBE Group GmbH & Co. KG bzw. SONATA MANAGEMENT GmbH (siehe jeweils dort) wurde per 10.09.2014 zunächst ein 10 %iger Gesellschafteranteil an die SRI Verwaltungs GmbH von Simon Scherer verkauft und per 07.10.2014 die restlichen Anteile an der SBS von der damaligen Städtebahn GmbH auf die SONATA MANAGEMENT überschrieben.

Verkehre
* SPNV „VVO-Dieselnetz" mit 1,7 Mio. Zugkm/a von Dezember 2010 bis Dezember 2024 im Auftrag des Zweckverbandes Verkehrsverbund Oberelbe (Z-VOE)
  SB 33 Dresden-Neustadt – Königsbrück
  SB 34 Dresden Hbf – Kamenz
  SB 71 Pirna – Neustadt/Sa. – Sebnitz – Bad Schandau
  SB 72 Heidenau – Altenberg
  SE 19 Dresden Hbf – Heidenau – Altenberg (WintersportExpress)

Städtische Häfen Hannover

Hansastraße 38
DE-30419 Hannover
Telefon: +49 511 168-42695
Telefax: +49 511 168-45082
info@hannover-hafen.de
www.hannover-hafen.de

Hafen Hannover GmbH
Am Brinker Hafen 5
DE-30179 Hannover

Misburger Hafengesellschaft mbH
Am Hafen 3
DE-30629 Hannover

Infrastruktur
* Hafenbahn (Gleislänge 100 km); betrieben als Anschlußbahn des nichtöffentlichen Verkehrs

Unternehmensgeschichte
Der Hafen Hannover – mit seinen vier Standorten Lindener Hafen, Nordhafen, Brinker Hafen und Misburger Hafen erbrachte im Jahr 2006 mit rund 90 Mitarbeitern eine Umschlagleistung von fast 3,75 Mio. t. 2008 waren es rd. 4 Mio. t bei gleicher Mitarbeiterzahl.
Die Unternehmensgruppe besteht aus dem Eigenbetrieb Städtische Häfen (Standorte Lindener Hafen und Nordhafen) und den Beteiligungsgesellschaften des Unternehmens, der Hafen Hannover GmbH und der Misburger Hafen GmbH.
Der Nordhafen im Stadtteil Hannover-Stöcken ist Standort der größten hannoverschen Industriebetriebe (z.B. Volkswagen AG Nutzfahrzeuge, Continental AG, Varta AG, Amcor Withecap GmbH) und eines Großkraftwerkes. Im Nordhafen Hannover führen die Städtischen Häfen Hannover auch den Werkeisenbahnverkehr für das Volkswagen-Werk durch.
Der Lindener Hafen im Stadtteil Hannover-Linden hat sich zu einem bedeutenden Speditions- und Logistikzentrum der Landeshauptstadt Hannover entwickelt. Seit 1991 verfügt man an diesem Standort auch über ein Containerterminal. Seit 2003 betreibt der Hafen Hannover das Bahnkombiterminal „Hannover-Leinetor" im Lindener Hafen.
Der Brinker Hafen fungiert u.a. als Zwischen- und Verteilerlager für Stahlprodukte der in Hafennähe angesiedelten Stahlhandelshäuser.
Der Misburger Hafen wird als privatrechtliches Wirtschaftsunternehmen geführt. Es werden neben Zement und Zuschlagprodukten hauptsächlich Schüttgüter für die Region Hannover-Ost umgeschlagen.
Insgesamt verfügt man über dreizehn Dieselloks, die nahezu ausschließlich auf Hafenbahngleisen sowie im Übergabeverkehr zwischen dem nicht elektrifizierten Gleisen im Nordhafen und dem Rangierbahnhof Hainholz zum Einsatz kommen.

Verkehre
* Gütertransporte auf der Hafenbahn
* Gütertransporte zwischen Hannover Hainholz (Wagentausch mit Dritten) und dem Nordhafen

SWT / SBW

Stahlwerk Thüringen GmbH (SWT) G

Postfach 1163
DE-07331 Unterwellenborn
Kronacher Straße 6
DE-07333 Unterwellenborn
Telefon: +49 3671 4550-6000
Telefax: +49 3671 4550-7710
info@stahlwerk-thueringen.de
www.stahlwerk-thueringen.de

Management
* Enéas Garcia Diniz (Geschäftsführer)
* Marcelo Martins da Fonseca (Geschäftsführer)

Gesellschafter
Stammkapital 10.000.000,00 EUR
* Companhia Siderúrgiga Nacional (CSN) (100 %)

Lizenzen
* DE: EVU-Zulassung (GV) seit 30.01.2001, gültig 15 Jahre

Unternehmensgeschichte
Im thüringischen Unterwellenborn wird seit der Eröffnung eines Zweigwerks der bayerischen Maximilianshütte im Jahre 1872 Stahl hergestellt. Nach rund 50 Jahren Produktion als Staatsbetrieb VEB Maxhütte Unterwellenborn begann 1990 die Privatisierung des Betriebs, die am 09.04.1992 im Verkauf an die luxemburgische ARBED-Gruppe mündete. ARBED organisierte das Werk neu in der per 01.07.1992 gegründeten Stahlwerk Thüringen GmbH, beendete am 10.07.1992 die Roheisenproduktion und eröffnete stattdessen im Februar 1995 ein neues Elektrostahlwerk, für das Metallschrott als Hauptrohstoff genutzt wird. ARBED schloss sich 2001 mit zwei weiteren Montanunternehmen in der arcelor-Unternehmensgruppe zusammen, weshalb zum 20.03.2006 eine Umfirmierung der Stahlwerk Thüringen GmbH in Arcelor Thüringen GmbH erfolgte. Nachdem die arcelor-Gruppe im Sommer 2006 an den indischen Stahlkonzern Mittal verkauft wurde, musste der Standort Unterwellenborn aus kartellrechtlichen Gründen aus dem Unternehmensverbund herausgelöst werden. Neuer Eigentümer des nun wieder als Stahlwerk Thüringen GmbH auftretenden Werkes ist seit 05.03.2007 die Alfonso Gallardo Gruppe, Hauptproduzent von Baustahl in Spanien mit etwa 3.000 Mitarbeitern und bedeutender Hersteller von Formstahl in Europa. Zur Anbindung des Stahlwerks an das Schienennetz besteht ausgehend vom DB-Bahnhof Könitz eine umfangreiche Anschlussbahn. In Kooperation mit der damaligen DB Cargo AG nahm SWT 1997 in Form von Schrotttransporten zwischen Wöhlsdorf bei Bad Blankenburg und dem Stahlwerk erste Güterverkehrsleistungen außerhalb der Anschlussbahn auf. Mit der zum 30.01.2001 erteilten Zulassung als öffentliches EVU ergab sich für SWT die Möglichkeit, diese und andere Transporte in Eigenregie abzuwickeln. Metallschrott wird in Folge seit August 2004 auch aus Bad Salzungen, seit 04.08.2005 aus dem tschechischen Cheb (Eger) sowie seit Ende März 2007 (bis Ende Juni 2008) aus Lochau bei Halle (Saale) nach Könitz befördert. Die Verbindung nach Cheb wird auch zum Transport von Stahlprodukten aus Könitz genutzt. Stahlbrammen beförderte SWT vom 26.01.2003 bis 26.02.2006 in Form mehrerer etwa sechswöchiger Kampagnenaufträge auch von Könitz nach Köthen, wo die Wagen für den weiteren Transport nach Peine der Verkehrsbetriebe Peine-Salzgitter GmbH (VPS) übergeben wurden. Im ersten Halbjahr 2003 wickelte SWT ferner Schrotttransporte zwischen Gauern und Könitz ab, wobei zwischen Gauern und Ronneburg die Werkbahn der Wismut GmbH die Traktion übernahm.
Seit dem 01.02.2012 gehört das Werk dem brasilianischen Stahlkonzern CSN (Companhia Siderúrgica Nacional). CSN ist ein Stahlkonzern, zu dem neben Stahl- und Walzwerken auch Erzminen, Zementwerke, Energieerzeuger und logistische Infrastrukturen wie Eisenbahnen und Häfen gehören.

Verkehre
* Gütertransport Könitz (Übernahme von DB Schenker Rail Deutschland AG) – Rudolstadt (Papierfabrik Adolf Jass Schwarza GmbH); 5 x pro Woche seit 15.02.2006; aktuell 3 x pro Woche
* Schrott- und Stahltransporte Cheb (Wagentausch mit ČD Cargo, a.s.) – Könitz (Stahlwerk Thüringen GmbH); seit 04.08.2005
* Schrotttransporte Bad Salzungen – Könitz (Stahlwerk Thüringen GmbH); seit August 2004
* Schrotttransporte Wöhlsdorf – Könitz (Stahlwerk Thüringen GmbH); seit 1997

Starkenberger Baustoffwerke GmbH (SBW) G I

Gewerbegebiet 1
DE-04617 Starkenberg
Telefon: +49 34495 757-0
Telefax: +49 34495 757-15
info@sbw-baustoffe.de
www.sbw-baustoffe.de

Management
* Thomas Teubner (Geschäftsführer)

SBW / SVG

Gesellschafter
Stammkapital 1.537.000,00 EUR
* Starkenberger Baustoffwerke GmbH (SBW) (56,07 %)
* Starkenberger Quarzsandwerke GmbH & Co. KG (43,93 %)

Beteiligungen
* Starkenberger Baustoffwerke GmbH (SBW) (56,07 %)

Infrastruktur
* Kayna – Raitzhain; zum 01.03.2014 gekauft von Wismut GmbH
* Raitzhain – Seelingstädt; seit 01.03.2014 gepachtet von Wismut GmbH

Unternehmensgeschichte
Zum 01.03.2014 übernahmen die Starkenberger Baustoffwerke die Betriebsführung, das Personal und den aus fünf Diesellokomotiven der Baureihe 232, zwei V 60 D und etwa 60 Güterwagen bestehenden Fahrzeugpark der Wismut-Anschlussbahn im Osten Thüringens. Die Betriebsaufnahme erfolgte am 15.03. nach der Winterpause.
Die heute knapp 40 km lange Verbindung Kayna – Seelingstädt, die in Raitzhain mit der DB-Strecke Gera – Gößnitz verbunden ist, entstand ab 1954 zur Erschließung von Uranbergwerken der Wismut und diente seit Aufgabe der Uranförderung in den 1990er-Jahren der Sanierung der Bergbau- und Industriegelände. Bis 2020 werden zur Abdeckung einer ehemaligen Aufbereitungsanlage nahe Seelingstädt jährlich etwa 540.000 t Sand aus den Ende der 1990er-Jahre aus dem Wismut ausgegliederten Sandgruben der Starkenberger Baustoffwerke in Kayna abgefahren.
Seit Oktober 2012 steht die Anschlussbahn im Rahmen eines Mitbenutzervertrags auch weiteren Kunden der Baustoffwerke zur Verfügung, wovon u. a. seit November 2013 zur Versorgung von Baustellen der Neubaustrecke Wendlingen – Ulm Gebrauch gemacht wird. Während die Wismut nur auf eigener Infrastruktur tätig war, sind die Starkenberger Baustoffwerke je nach Bedarf auch auf dem DB-Netz tätig. Die fünf Großdiesellokomotiven wurden daher zwischen November 2013 und März 2015 mit PZB 90 und GSM-R ausgerüstet. Mangels eigener Zulassung sind die Fahrzeuge bei der TRIANGULA Logistik GmbH (TRG) eingestellt.
Die Starkenberger Baustoffwerke GmbH (SBW) wurde am 01.09.2004 als Tochter der HOCHTIEF AG gegründet. Seit 2009 hält das Unternehmen Mehrheitsanteile an sich selbst, Minderheitsgesellschafter ist die Schwesterunternehmung Starkenberger Quarzsandwerke GmbH & Co. KG. Dort ist Thomas Teubner alleiniger Kommanditist sowie die durch die Starkenberger Quarzsandwerke GmbH & Co. KG

gehaltene Starkenberger Quarzsandwerke Verwaltungs GmbH Komplementär.
Die SBW-Gruppe erwirtschaftete 2013 mit 75 Mitarbeitern einen Umsatz von rund 15 Mio. EUR.

Verkehre
* Baustoffverkehre in den Raum Berlin
* Getreideverkehre Starbach (Andreas Horsch Agrokorn e.K.) – Vierow / Rostock; Spotverkehre seit 02.07.2014 im Auftrag der Nossen-Riesaer Eisenbahn-Compagnie GmbH (NRE)
* Sandtransporte Kayna – Baden-Württemberg; Traktion bis Gößnitz (Übergabe an Raildox GmbH & Co. KG)
* Sandtransporte Kayna – Seelingstädt (Erzbunker AB 102); 5 x pro Tag seit 15.03.2014 im Auftrag der Wismut GmbH
* Schottertransporte; bundesweite Spotverkehre; seit 2014
* Schrotttransporte Reuth (Derichebourg Umwelt GmbH) – Gera (Übergabe an DB Schenker Rail Deutschland); 1-2 x pro Woche seit Januar 2015 im Auftrag der DB Schenker Rail Deutschland AG

Stauden-Verkehrs-GmbH (SVG)
P G

Firnhaberstraße 22 d
DE-86159 Augsburg
Telefon: +49 821 588644-0
Telefax: +49 821 588644-28
info@staudenbahn.de

Management
* Dipl.-Betriebswirt (FH) Hubert Teichmann (Geschäftsführer)

Gesellschafter
Stammkapital 60.000,00 EUR
* Bahnbetriebsgesellschaft Stauden mbH (BBG Stauden) (90 %)
* Hubert Teichmann (3,33 %)
* Manfred Helmschrott (3,33 %)
* Christoph Tillemann (3,33 %)

Lizenzen
* DE: EVU-Zulassung (PV+GV) seit 19.02.2004, gültig bis 01.02.2019

Unternehmensgeschichte
Die von Mitgliedern des Vereins Staudenbahnfreunde e. V. am 26.07.2000 gegründete Bahnbetriebsgesellschaft Stauden mbH (BBG Stauden) ist EIU der südwestlich von Augsburg gelegenen „Staudenbahn" Gessertshausen – Markt Wald und nahm schrittweise in deren Umfeld Leistungen im Personen- und Güterverkehr auf. Zur

SVG / STAV / Stefen

Trennung der Geschäftsbereiche Infrastruktur und Betrieb wurde per Gesellschaftsvertrag vom 16.10.2003 die Stauden-Verkehrs-GmbH (SVG) gegründet. Nachdem die SVG am 19.02.2004 als EVU zugelassen wurde, übernahm diese die Verkehrsleistungen der BBG Stauden. Im Personenverkehr fährt die SVG in Zusammenarbeit mit dem Staudenbahnfreunde e. V. Ausflugszüge von Augsburg auf die Staudenbahn sowie gelegentlich zu anderen Zielen. Die von der BBG Stauden seit 05.05.2003 für DB Regio erbrachten, auf die SVG übergegangenen Subunternehmerleistungen im SPNV der Strecke Mindelheim – Günzburg endeten zum 10.12.2005. Im Güterverkehr bedient die SVG ausgehend von Augsburg verschiedene Unternehmen. Im Rahmen von Spotverkehren ist man bundesweit im Einsatz. Die Gesellschafterversammlung vom 04.01.2010 hat die Sitzverlegung von Fischach nach Augsburg beschlossen.
Der Firmensitz befindet sich auf dem Gelände des ehemaligen Bw Augsburg. 2014 wurden Teile der Aktivitäten auf eine Industriebrache in Gessertshausen verlagert, wo die Einrichtung einer neuen Werkstatt als Ersatz für jene in Augsburg vorgesehen ist.

Verkehre
* Ausflugspersonenverkehr Augsburg – Gessertshausen – Fischach – Markt Wald
* AZ-Verkehr
* Güterverkehr Augsburg Rbf – Gessertshausen – Fischach; Spotverkehre
* Pkw-Transporte Regensburg Ost – Hamburg-Harburg; Spotverkehre seit November 2014 im Auftrag der ARS Altmann AG
* Schottertransporte Neustift-Blindham (Niederbayerische Schotterwerke Rieger & Seil, GmbH & Co. KG) – Schweiz; Spotverkehre seit Frühjahr 2012; Traktion bis Basel [CH]
* Schottertransporte Prünst (Granitwerk Prünst GmbH) – diverse Entladeorte; Spotverkehre seit Frühjahr 2012

STAV GmbH

Bahnhofstraße 10a
DE-04895 Falkenberg/Elster
Telefon: +49 35365 445447
Telefax: +49 35365 445448
info@stav-gmbh.de
www.stav-gmbh.de

Management
* Mattias Grunze (Geschäftsführer)

Gesellschafter
Stammkapital 25.000,00 EUR
* Mattias Grunze (98 %)
* Elke Grunze (2 %)

Lizenzen
* DE: EVU-Zulassung (PV+GV); gültig vom 02.05.2012 bis 31.12.2026

Unternehmensgeschichte
Die STAV GmbH wurde am 25.11.2008 mit Sitz in Lübbenau gegründet und verlegte die Firmenzentrale per 04.10.2011 nach Falkenberg/Elster.
Die Gesellschaft ist als Personaldienstleister tätig und bietet Arbeitszugführer / Rangierbegleiter, Lotsendienste, Triebfahrzeug- und Unimogfahrer sowie Wagenmeister an.
2012 erfolgte die Zulassung als EVU.

Stefen GmbH & Co. KG

Schmiedeweg 7+9
DE-26135 Oldenburg
Telefon: +49 441 92084-0
Telefax: +49 441 92084-99
info@hermannstefen.de
www.hermannstefen.de

Management
* Dipl.-Ing. Frank Hullmeine (Geschäftsführer)

Gesellschafter
Stammkapital 500.000,00 EUR
* Frank Hullmeine (40 %)
* Erika Schrader (40 %)
* Kerstin Neumüller-Haver (20 %)
* Hermann Stefen GmbH (Komplementär)

Lizenzen
* DE: EVU-Zulassung (GV); gültig vom 19.12.2013 bis 19.12.2028

Unternehmensgeschichte
1947 gründete der Oldenburger Baumeister Hermann Stefen den nach ihm benannten Betrieb. Von Anfang an war der Gleisbau ein Bereich, auf den sich die Firma spezialisierte. Seine heutige Größe gewann das Baugeschäft vor allem durch Peter Schrader, der 1968 geschäftsführender Gesellschafter wurde. Gesellschafter der Hermann Stefen GmbH als Komplementär sind heute Erika Schrader (70 %), Frank Hullmeine (20 %) und Kerstin Neumüller-Haver (10 %), die ebenfalls Kommanditisten sind.
Das Leistungsspektrum umfasst Gleisbau, Straßenbau, Kanalbau, Rohrleitungsbau und

Kabelleitungsbau. 2012 erwirtschaftete das Unternehmen 13 Mio. EUR und hatte 2013 84 Mitarbeiter.
Ende 2013 wurde die Halterschaft nach § 31 Allgemeines Eisenbahngesetz (AEG) in eine EVU-Zulassung umgewandelt.

Stock -Transport- G

Mainzer Straße 102
DE-55294 Bodenheim
Telefon: +49 6135 9329230
Telefax: +49 6135 7075730
kontakte@stock-transport.de

Management
* Dipl.-Ing. Michael Stock (Geschäftsführer)

Gesellschafter
* Michael Stock (100 %)

Lizenzen
* DE: EVU-Zulassung (GV) seit 12.05.2004, gültig bis 30.04.2019

Unternehmensgeschichte
Michael Stock beschäftigt sich schon seit jeher mit Güterverkehren auf der Schiene. Der diplomierte Ingenieur war in den 1980er Jahren Geschäftsführer der ATB Aartalbahn GmbH, die sich auf der stilllegungsbedrohten gleichnamigen Bahnstrecke Wiesbaden – Bad Schwalbach – Diez für den Erhalt und Ausbau der Gütertransporte (v. a. Kalk) einsetzte. Nachdem dieses Vorhaben u. a. aufgrund politischer Unterfangen nicht fruchtete, gründete Stock im Jahr 1989 unter dem Namen Stock -Transport- ein zunächst nur im Straßenverkehr tätiges Transportunternehmen.
Als abzusehen war, dass die Bahnreform Platz für Schienentransporte des kleinen Familienunternehmens schaffen würde, begannen 2002 die Arbeiten zur Erlangung einer eigenen EVU-Lizenz, die 2004 ausgestellt wurde.
Im November 2004 konnte man eine erste V 100 in Betrieb nehmen, im März 2007 folgte eine zweite. Bei zusätzlichen Transporten griff man zudem auf Kooperationspartner wie z. B. die damalige Railtransport s.r.o. (heute METRANS Rail s.r.o.) oder die Hessische Güterbahn GmbH (HGB) zurück. Im Jahr 2008 wurden beide V 100 verkauft und durch eine angemietete ER 20 ersetzt. Seit April 2009 fährt man die Zugleistungen mit einer eigenen Voith Maxima 40 CC, die im Spätsommer 2010 um eine Maschine ergänzt wurde.

Verkehre
* Biodieseltransporte Mainz-Weisenau (ADM Mainz GmbH) – Straubing-Sand (ADM Spyck GmbH)
* Rapsöltransporte Mainz-Weisenau (ADM Mainz GmbH) – Hamburg (ADM Hamburg AG); Spotverkehre
* Rapsöltransporte Mainz-Weisenau (ADM Mainz GmbH) – Ingolstadt; Spotverkehre
* Futterkalktransporte Blaubeuren (Eduard Merkle GmbH & Co. KG) – Kleinheubach (Josera-Erbacher GmbH und Co. Betriebs KG); 1 x pro Woche seit 29.12.2006
* Salztransporte Heilbronn – Kleinheubach; 1 x pro Woche seit Juni 2011; betrieblich kombiniert mit den Futterkalktransportee Blaubeuren – Kleinheubach
* Soda- und Quarzsandtransporte Millingen (Solvay GmbH) – Frechen (Quarzwerke GmbH) – Bad Wurzach; 1 x pro Woche seit 02.08.2012 im Auftrag der Saint-Gobain Oberland AG

Stuttgarter Bahnservice Ltd. (SBS) G

Ruhrstraße 9
DE-70374 Stuttgart
Telefon: +49 7154 806942-0
Telefax: +49 7154 806942-12
info@stuttgarter-bahnservice.com
www.stuttgarter-bahnservice.com

Disposition
Bolzstraße 126
DE-70806 Kornwestheim
Telefon: +49 7154 806942-20
Telefax: +49 7154 806942-22
dispo@stuttgarter-bahnservice.com

Betriebshof
Bolzstraße 126
DE-70806 Kornwestheim
Telefon: +49 7154 806942-50
Telefax: +49 7154 806942-55

Management
* Thomas Schulze (Geschäftsleitung)

SBS / STB

Unternehmensgeschichte
Thomas Schulze gründete im Februar 2010 das Dienstleistungsunternehmen Stuttgarter Bahnservice Ltd. (SBS). Zunächst nur als Personaldienstleister tätig wurden ab 2012 auch Lokomotiven angemietet.
Nach Renovierungsarbeiten ist die SBS auf Pachtbasis im ehemaligen Brückenbauhof Kornwestheim ansässig, den man sich mit der DNV-Touristik GmbH teilt.

Verkehre
★ AZ-Verkehr
★ Rangierdienst im Stuttgarter Hafen; seit April 2012 Bedienung des Container-Terminals; u.a. seit 2013 im Auftrag der Rurtalbahn Cargo GmbH (RTB Cargo)
★ KV-Transporte (Kies) Hagenbach / Durmersheim (Stürmlinger Wilhelm & Söhne GmbH & Co. KG) – Stuttgart-Untertürkheim (BEWA Betonwerk Wasen GmbH & Co. KG); 5 x pro Woche seit Februar 2014 bis 2017 im Auftrag der Heinrich Mertz, Kies- und Sandwerke GmbH & Co. KG

Süd·Thüringen·Bahn GmbH (STB) ℗

Am Rasenrain 16
DE-99086 Erfurt

Betriebsstandort
Lindenallee 1
DE-98617 Meiningen
Telefon: +49 3693 5086-0
Telefax: +49 3693 5086-295
info@sued-thueringen-bahn.de
www.sued-thueringen-bahn.de

Management
★ Michael Hecht (Geschäftsführer)
★ Susanne Wenzel (Geschäftsführerin)

Gesellschafter
Stammkapital 250.000,00 EUR
★ Hessische Landesbahn GmbH - HLB (50 %)

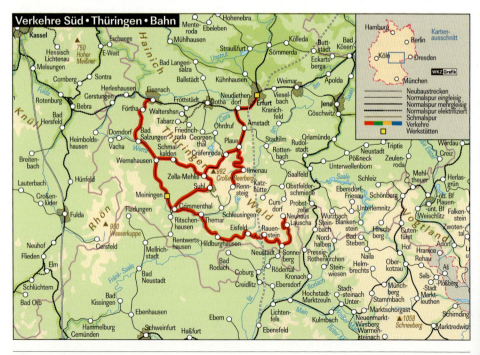

STB / SWEG

★ Erfurter Bahn GmbH (EB) (50 %)

Lizenzen
★ DE: EVU-Zulassung (PV) seit 04.02.2000, gültig bis 31.12.2016

Unternehmensgeschichte
Ende der 1990er-Jahre schrieb die landeseigene Nahverkehrsservicegesellschaft Thüringen mbH (NVS) als Aufgabenträger SPNV-Leistungen auf den Verbindungen Eisenach – Bad Salzungen – Wernshausen – Meiningen, Bad Salzungen – Vacha, Wernshausen – Zella-Mehlis, Meiningen – Eisfeld – Sonneberg sowie Meiningen – Lauscha – Probstzella samt Abzweig nach Neuhaus am Rennweg öffentlich aus. Aus insgesamt acht Interessenten erhielt im Juli 1999 eine Bietergemeinschaft der damaligen Erfurter Industriebahn GmbH (EIB) und der Hessischen Landesbahn GmbH - HLB den Zuschlag für die ab 10.06.2001 über einen Zeitraum von 15 Jahren zu erbringenden Verkehre. Zur Betriebsabwicklung gründeten die beiden Unternehmen mit Gesellschaftervertrag vom 10.12.1999 die Süd-Thüringen-Bahn GmbH (STB) als gemeinsame Tochtergesellschaft mit Sitz in Erfurt und Betriebsstandort in Meiningen.
Nachdem ein Teil der 26 von der STB neu beschafften Dieseltriebwagen bereits vor Juni 2001 zur Verfügung stand, kamen diese in Zusammenarbeit mit DB Regio als bisherigem Betreiber bereits ab 01.01.2001 zwischen Eisenach, Meiningen und Eisfeld sowie Wernshausen und Zella-Mehlis zum Einsatz. Die in Eisfeld anschließende Verbindung nach Sonneberg sowie die Strecke von Lauscha nach Probstzella waren hingegen von DB Netz zum 22.01.1997 betrieblich gesperrt und bis 2001 nicht saniert worden. Als Ausgleich für die so nicht zu erbringenden Leistungen zwischen Eisfeld, Sonneberg, Lauscha und Neuhaus wurde die Übergabe von Personenverkehren zwischen Erfurt und Meiningen an die STB vereinbart. Die SPNV-Leistungen auf dem Abschnitt Ernstthal – Probstzella wurden hingegen zusammen mit den Verkehren zwischen Bad Salzungen und Vacha vor der avisierten Betriebsübernahme durch die STB von der NVS abbestellt.
Am 10.06.2001 übernahm die STB entsprechend SPNV-Leistungen auf den Relationen Eisenach – Meiningen – Eisfeld (stündlich), Wernshausen – Zella-Mehlis (zweistündlich mit Verdichtern) sowie Meiningen – Erfurt (ab Grimmenthal zweistündlich alternierend mit den DB Regio-RE Schweinfurt – Erfurt) auf. Eisfeld – Sonneberg und Sonneberg – Neuhaus folgten zum 04.10.2002 und 15.12.2002, nachdem die Infrastruktur dort durch die Thüringer Eisenbahn GmbH (ThE) übernommen und saniert worden war.
Als Subunternehmer der – heute als Erfurter Bahn GmbH (EB) firmierenden – Erfurter Industriebahn GmbH (EIB) ist die STB ferner seit 15.12.2002 im SPNV zwischen Erfurt und Ilmenau tätig. Zwischen Erfurt und Plaue verkehren diese Fahrten gekoppelt mit den zweistündlichen STB-Zügen der Relation Erfurt – Meiningen, während die das Angebot zwischen Erfurt und Ilmenau zum Stundentakt verdichtenden Zwischenfahrten durch die EB selbst erbracht werden. Insgesamt befährt die STB somit ein rund 300 km langes Streckennetz.
Zur Wartung ihrer Fahrzeuge nutzt die STB das angemietete DB-Bahnbetriebswerk Meiningen sowie die Anlagen der EB in Erfurt.

Verkehre
★ SPNV mit 3,2 Mio. Zugkm/a bis Dezember 2016 im Auftrag des Freistaates Thüringen
 STB 1 Eisenach – Wernshausen – Meiningen – Eisfeld (seit 10.06.2001) – Sonneberg (seit 04.10.2002)
 STB 2 Wernshausen – Zella-Mehlis
 STB 3 Sonneberg – Lauscha – Neuhaus am Rennweg (seit 15.12.2002)
 STB 4 Erfurt – Plaue – Zella-Mehlis – Meiningen (seit 10.06.2001)
★ SPNV Erfurt – Plaue – Ilmenau; 0,29 Mio. Zugkm/a seit Dezember 2002 in Subunternehmerschaft der Erfurter Bahn GmbH (EB) als Auftragnehmer des Freistaates Thüringen

SWEG Südwestdeutsche Verkehrs-AG 🅿🅖🅘

Postfach 20 10
DE-77910 Lahr
Rheinstraße 8
DE-77933 Lahr
Telefon: +49 7821 2702-0
Telefax: +49 7821 2702-35
info@sweg.de
www.sweg.de

Verkehrsbetrieb Breisgau - Kaiserstuhl
Üsenbergerstraße 9
DE-79346 Endingen
Telefon: +49 7642 9013-0
Telefax: +49 7642 9013-90
endingen@sweg.de

SWEG

Verkehrsbetrieb Breisgau - Staufen
Bahnhofstraße 7
DE-79219 Staufen
Telefon: +49 7633 5211
Telefax: +49 7633 7086
staufen@sweg.de

Verkehrsbetrieb Mittelbaden Schwarzach
Bahnhofstraße 16
DE-77836 Rheinmünster-Schwarzach
Telefon: +49 7227 9799-0
Telefax: +49 7227 9799-16

Verkehrsbetrieb Regionalbahnen Ortenau
Großmatt 8
DE-77883 Ottenhöfen
Telefon: +49 7842 30864-0
Telefax: +49 7842 30864-44
ottenhoefen@sweg.de

Verkehrsbetrieb Ortenau-S-Bahn
Rammersweierstraße 20
DE-77654 Offenburg
Telefon: +49 781 92393-0
Telefax: +49 781 92393-10
osb@sweg.de

Management
* Johannes Müller (Vorstandsvorsitzender; Verkehr, Finanzen und Beteiligungen)
* Dr.-Ing. Walter Gerstner (Vorstand; Technik und Betrieb)

Gesellschafter
Stammkapital 5.200.000,00 EUR
* Land Baden-Württemberg (100 %)

Beteiligungen
* Breisgau-S-Bahn GmbH (BSB) (100 %)
* NVW Nahverkehr Mittelbaden Walz GmbH (100 %)
* Offenburger Stadtbus Schlüsselbus GmbH (100 %)
* Ortenau-S-Bahn GmbH (OSB) (100 %)
* Ortenau-Regio-Bus GmbH (ORB) (80 %)
* Regio Verkehrsgesellschaft Oberrhein GmbH (RVO) (50 %)
* FBBW – Fahrzeugbereitstellung Baden-Württemberg GmbH (FBBW) (20 %)
* RVL Regio Verkehrsverbund Lörrach GmbH
* TGO - Tarifverbund Ortenau GmbH

Lizenzen
* DE: EIU Achern – Ottenhöfen; gültig vom 16.05.2013 bis 31.05.2063

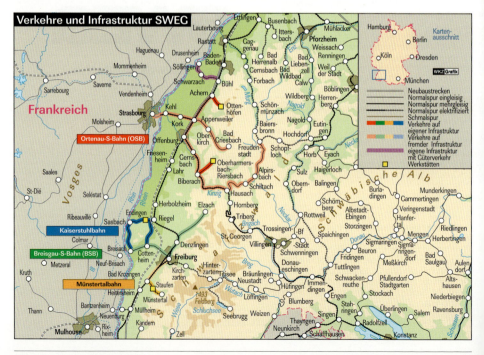

SWEG

* DE: EVU-Zulassung (PV+GV) seit 21.05.2003, gültig bis 01.06.2018

Infrastruktur
* Riegel DB – Riegel Ort – Endingen – Breisach (26,4 km)
* Riegel Ort – Gottenheim (13,1 km)
* Achern – Ottenhöfen (10,4 km)
* Bühl – Schwarzach – Söllingen (14,9 km)
* Bad Krozingen – Staufen – Untermünstertal (12,8 km); Bad Krozingen – Staufen elektrifiziert
* Biberach – Oberharmersbach-Riesbach (10,6 km)

Unternehmensgeschichte
Die heutige SWEG entstand am 01.10.1971 durch die Fusion der zum damaligen Zeitpunkt bereits als SWEG bezeichneten südwestdeutschen Betriebe der ehemaligen Deutsche Eisenbahn-Betriebsgesellschaft mbH (DEBG) mit der Mittelbadischen Eisenbahnen AG (MEG). Die Übernahme der DEBG-Bahnen durch die SWEG hatte bereits am 01.05.1963 stattgefunden. Das Unternehmen hat in den vergangenen Jahren folgende Leistungsdaten verzeichnen können:
* 2006: 654 Beschäftigte (konzernweit); 43,6 Mio Fahrgäste in Bus und Bahn; 380.000 t Güter
* 2008: 667 Beschäftigte (konzernweit); 46,7 Mio Fahrgäste in Bus und Bahn; 350.000 t Güter
* 2010: 740 Beschäftigte (konzernweit); 61,2 Mio Fahrgäste in Bus und Bahn; 400.000 t Güter; Bilanzgewinn von 1,7 Mio. EUR
* 2012: Umsatz 83,6 Mio. EUR; Jahresüberschuss 0,6 Mio. EUR. Mit einem Anteil von 54 % am Gesamtumsatz ist der Busverkehr im Vergleich zum Bahnverkehr (Personen- und Güterverkehr) weiterhin dominierend.

Betrieblich ist die SWEG in die zehn Verkehrsbetriebe Dörzbach, Endingen, Müllheim, Lahr, Ottenhöfen, Rheinmünster-Schwarzach, Staufen, Waibstadt, Weil am Rhein, Wiesloch und Zell am Harmersbach unterteilt, wobei in Dörzbach, Müllheim, Lahr, Weil am Rhein, Wiesloch und Waibstadt mittlerweile nur noch Busverkehr abgewickelt wird.
Der Verkehrsbetrieb Endingen stammt von der früheren MEG und umfasst die Strecken Riegel DB – Riegel Ort – Endingen – Breisach und Riegel Ort – Gottenheim. Beide auch als Kaiserstuhlbahnen bezeichnete Strecken weisen dichten SPNV sowie Güterverkehr auf. Sowohl im Personen- als auch im Güterverkehr existieren durchgehende Züge bis Freiburg. In Endingen befindet sich eine große Werkstattanlage, in der auch die Schienenfahrzeuge des Verkehrsbetriebs Staufen sowie die RegioShuttles der BSB gewartet werden.
Zum Verkehrsbetrieb Ottenhöfen – ex DEBG – zählt die Strecke Achern – Ottenhöfen. Der SPNV wird mit Triebwagen des Typs NE 81 sowie OSB-RegioShuttles abgewickelt. Letztere kommen regelmäßig nach Ottenhöfen, da sie in der dortigen Werkstatt unterhalten werden. Für den vergleichsweise hohen Güterverkehr ist eine Lok in Ottenhöfen stationiert. Zum Fahrplanwechsel im Dezember 2014 wurde die Strecke in den Ortenau-Verkehrsvertrag integriert - der Betrieb soll zukünftig nur noch durch RS 1 erbracht werden.
Im Verkehrsbetrieb Rheinmünster-Schwarzach wird heute vor allem Busverkehr abgewickelt. Vom einst über 100 km langen Schmalspurnetz der MEG zwischen Rastatt und Lahr ist nur die Strecke Bühl – Schwarzach – Söllingen geblieben, welche zwischen 1971 und 1973 auf Normalspur umgebaut wurde und bis heute dem Güterverkehr dient.
Der Verkehrsbetrieb Staufen – ehemals DEBG – ist heute betrieblich eng mit dem Verkehrsbetrieb Endingen verknüpft, denn die im SPNV auf der Münstertalbahn Bad Krozingen – Staufen – Untermünstertal eingesetzten Fahrzeuge werden in Endingen unterhalten. Einzelne Zugpaare verkehren bis/ab Freiburg im Breisgau. Güterverkehr findet nicht mehr statt. Im März 2007 definierten die landeseigene Nahverkehrsgesellschaft Baden-Württemberg (NVBW) und der Zweckverband Regio-Nahverkehr Freiburg (ZRF) die vollständige Elektrifizierung des (erweiterten) Netzes der Breisgau-S-Bahn bis Ende 2018 als Ziel. Für die darin enthaltene Elektrifizierung der Münstertalbahn wurde 2009 festgelegt, dass der ZRF bis 4,5 Mio. EUR der auf 12 Mio. EUR geschätzten Gesamtkosten übernimmt, während der Rest durch Bund und Land getragen wird. Die Bauarbeiten wurden im Mai 2012 aufgenommen und im Juni 2013 abgeschlossen. Für den Betrieb beschaffte die SWEG zwei elektrische Triebwagen des Typs Talent 2. Das Betriebswerk Staufen soll in den kommenden Jahren ausgebaut werden, die Planungen liefen 2014 an.
Die Bahnaktivitäten des Verkehrsbetriebs Waibstadt umfassten seit 01.08.2009 nur mehr den Betrieb der Bahnstrecke Neckarbischofsheim Nord – Hüffenhardt und der Schienenfahrzeugwerkstatt in Neckarbischofsheim Nord (Gemarkung Waibstadt), während die Strecke Meckesheim – Neckarbischofsheim Nord – Aglasterhausen mit Ablauf des 31.07.2009 an die DB Netz AG übertragen wurde. Die SWEG hatte diese 1982 von der Deutschen Bundesbahn übernommen und im Verbund mit der als „echte" Privatbahnstrecke über die DEBG zur SWEG gelangten Strecke nach Hüffenhardt betrieben. Während der auf beiden Verbindungen geringe und mit den vorhandenen Dieseltriebwagen abgewickelte Güterverkehr 2008 aufgegeben wurde, ist die Verbindung nach Aglasterhausen seit Sommer 2010 nach Abschluss der unter Vollsperrung durchgeführten Ausbau- und Elektrifizierungsmaßnahmen Teil der S-Bahn Rhein-Neckar. Auf dem im SPNV seit jeher schwächer genutzten Abschnitt Neckarbischofsheim Nord – Hüffenhardt findet hingegen seit Einstellung des regulären Verkehrs Ende 2009 nur mehr touristisch orientierter Verkehr in den Sommermonaten statt, wofür 2010 Schienenbusse der Pfalzbahn Eisenbahnbetriebsgesellschaft mbH verwendet wurden. zum 11.11.2013 wurde die Strecke an die

SWEG / SVG

Erms-Neckar-Bahn AG (ENAG) verkauft. Die SWEG-Werkstatt in Neckarbischofsheim konzentrierte sich zunächst auf Hauptuntersuchungen von SWEG-Fahrzeugen anderer Standorte und eine Kooperation mit dem Fahrzeughersteller Gmeinder. Die Gmeinder Lokomotivenfabrik GmbH (GLG) war vom 01.02.2008 bis 31.01.2011 Mieter des größten Teiles der Werkstattanlagen. Nachfolgend nutzte Alstom die Werkstatt als Stützpunkt.
Die einzige Strecke des Verkehrsbetriebes Zell am Harmersbach führt von Biberach an der Schwarzwaldbahn Offenburg – Konstanz nach Oberharmersbach-Riesbach. Sie dient vor allem dem SPNV, wofür RegioShuttles der OSB genutzt werden. Nachts werden weitere OSB-Triebwagen in Oberharmersbach-Riesbach abgestellt.
Regelmäßiger Güterverkehr findet hier nicht statt. Seit 2014 ist diese Strecke Teil des Verkehrsvertrages mit der NVBW und wird nicht mehr durch die SWEG eigenwirtschaftlich erbracht.

Verkehre
* Verkehre „Ortenau" (SPNV) mit 1,9 Mio. Zugkm/a vom Dezember 2014 bis Dezember 2021 im Auftrag der Nahverkehrsgesellschaft Baden-Württemberg GmbH (NVBW)
  „Europabahn" Offenburg – Appenweier – Straßburg [FR]
  „Schwarzwaldbahn" Offenburg – Hausach
  „Kinzigtalbahn" Hausach – Freudenstadt Hbf
  „Renchtalbahn" Offenburg – Appenweier – Bad Griesbach
  „Harmersbachtalbahn" Biberach – Oberharmersbach-Riersbach
  „Achertalbahn" Achern – Ottenhöfen
* SPNV „Kaiserstuhlbahn" Riegel – Breisach / Gottenheim; ca. 500.000 Zugkm/a
* SPNV „Münstertalbahn" (Freiburg Hbf –) Bad Krozingen – Münstertal; ca. 110.000 Zugkm/a
* Gütertransporte Freiburg im Breisgau – Neuenburg am Rhein und Stadtgebiet Freiburg im Auftrag der DB Schenker Rail Deutschland AG
* Gütertransporte „Kaiserstuhlbahn" Freiburg Rbf – Bötzingen – Endingen – Breisach
* Gütertransporte Achern – Bühl – Rheinmünster-Schwarzach
* Gütertransporte Schwarzach – Stollhofen
* Gütertransporte „Achertalbahn" Achern – Ottenhöfen
* Gütertransporte Freiburg Rbf – Herbolzheim (Baden); bedarfsweise seit 02.12.2014 im Auftrag der DB Schenker Rail Deutschland AG

SVG Schienenverkehrsgesellschaft mbH P

Marienbader Straße 48
DE-70372 Stuttgart
info@svgmbh.com
www.svgmbh.com

Betriebshof
Ehmannstraße 80-82
DE-70191 Stuttgart
Telefon: +49 711 8878140
Telefax: +49 711 99783654

Eisenbahnerlebniswelt Horb
Isenburgerstraße 16
DE-72160 Horb am Neckar
www.eisenbahn-erlebniswelt.de

Management
* Marc Baumgartner (Geschäftsführer)
* Dr. Claus-Jürgen Hauf (Geschäftsführer)

Gesellschafter
Stammkapital 25.564,60 EUR
* Dr. Claus-Jürgen Hauf (100 %)

Lizenzen
* DE: EVU-Zulassung (PV+GV); gültig vom 18.10.2011 bis 18.10.2026

Unternehmensgeschichte
Die SVG Schienenverkehrsgesellschaft mbH wurde am 11.06.1996 gegründet und steht den Freunden zur Erhaltung historischer Schienenfahrzeuge (FzS) e. V. in Stuttgart nahe. Die Gesellschafteranteile wurden zunächst zu gleichen Teilen von Dr. Claus-Jürgen Hauf und Julian Hoesle gehalten, seit 26.01.2010 war Tobias Ziegler mit am Unternehmen beteiligt, seit 20014 ist Hauf Alleingesellschafter. Die SVG bietet für verschiedenste Anlässe und unterschiedlichstes Zielpublikum Sonderzüge / Gesellschaftssonderzüge an. Diese werden meist mit E-Loks von Privatbahnen (u. a. rail4chem, TX) traktioniert. Daneben werden zahlreiche Verkehre mit historischen Elektrotriebwagen unter dem Markennamen „Roter Heuler" durchgeführt.
Im Mai 2011 eröffnete die SVG die „Eisenbahnerlebniswelt" in Horb am Neckar, bei der neben der betrieblichen Unterbringung von Fahrzeugen eine Vielzahl von Ausstellungsstücken zu sehen sind.

Verkehre
* Sonderzugverkehr

SWK Mobil / SBO

SWK Mobil GmbH

Postfach 27 60
DE-47727 Krefeld
St. Töniser Straße 124
DE-47804 Krefeld
Telefon: +49 2151 98-4482
Telefax: +49 2151 98-1100
schluff@swk.de
www.swk.de

Management
* Carsten Liedtke (Geschäftsführer)
* Guido Hermann Stilling (Geschäftsführer)

Gesellschafter
Stammkapital 5.000.000,00 EUR
* SWK Stadtwerke Krefeld AG (SWK) (100 %)

Lizenzen
* DE: EIU-Zulassung seit 23.06.1880, unbegrenzt gültig; am 14.11.2001 auf die SWK Mobil GmbH überschrieben

Infrastruktur
* St. Tönis – Krefeld Nord – Hülser Berg (13,6 km), EIU ist die Hafen Krefeld GmbH & Co. KG

Unternehmensgeschichte
Die SWK Mobil GmbH wurde am 12.12.2000 gegründet und hat mit Eintragung im Handelsregister per 31.08.2001 den Betriebsteil „Verkehr" der SWK Stadtwerke Krefeld Aktiengesellschaft übernommen. Zuvor hatte dieser Bereich auch unter der Bezeichnung „Städtische Werke Krefeld AG - Krefelder Eisenbahn" firmiert. Die SWK Mobil betreibt als Nahverkehrsunternehmen im Raum der Stadt Krefeld sowie in der westlichen Umgebung (Kreis Viersen) 23 Bus- und vier Straßenbahnlinien.
Unter dem Markennamen „Schluff" verkehrt seit dem 01.05.1980 an Sonn- sowie bis 2012 auch an Feiertagen immer vom 1. Mai bis September bzw. Oktober eine historische Museumseisenbahn von St. Tönis zum Hülser Berg. Auf dieser Strecke wird auch Güterverkehr durch die SWK Mobil betrieben. Der Name „Schluff" erinnert an das zischende Geräusch der Dampflokomotive, das dem einer schlurfenden Pantoffel – auf niederrheinisch „Schluffe" – ähnlich ist.

Die Historie des „Schluff" reicht bis in das Jahr 1868 zurück, als die Krefelder Eisenbahn als Crefeld-Kreis-Kempener Industrie-Eisenbahn-Gesellschaft (CKKIE) gegründet wurde. Diese Gesellschaft erhielt am 06.10.1868 ihre Konzession. Nach dem Konkurs der CKKIE im Jahr 1874 übernahm 1880 die Crefelder Eisenbahn-Gesellschaft (CEG) den Betrieb auf dem Streckennetz. Die zwischenzeitlich in Krefelder Eisenbahn-Gesellschaft (KEG) umfirmierte Bahngesellschaft wurde am 08.08.1978 in die Krefelder Verkehrs-AG (KREVAG) eingegliedert. Stadtwerke AG, KREVAG und Krefelder Versorgungs- und Verkehrsgesellschaft mbH (KVV) verschmolzen am 30.09.1990 zur Städtische Werke Krefeld AG (SWK).
Seit 1995 ist der „Schluff" in die Liste „Bewegliche Denkmale" aufgenommen worden.
Die Lokhalle befindet sich in der St. Töniser Straße 270 in Krefeld und ist Bestandteil der Hauptwerkstatt für Straßenbahnfahrzeuge.
Seit 21.01.2008 übernahm die Niederrheinische Verkehrsbetriebe Aktiengesellschaft NIAG die Gestellung des Eisenbahnbetriebsleiters samt eines Stellvertreter für die SWK. Zum 01.01.2010 wurden diese Leistungen an die Hafen Krefeld GmbH & Co. KG vergeben. Des weiteren hat der Hafen Krefeld den Güterverkehr der SWK vollständig übernommen. Die SWK bleibt Eigentümerin der Streckeninfrastruktur, allerdings hat der Hafen Krefeld die Bewirtschaftung übernommen und ist insoweit auch EIU.

Sächsische Binnenhäfen Oberelbe GmbH (SBO)

Magdeburger Straße 58
DE-01067 Dresden
Telefon: +49 351 4982-201
Telefax: +49 351 4982-202
info@binnenhafen-sachsen.de
www.binnenhafen-sachsen.de

Hafen Riesa
Paul-Greifzu-Straße 8a
DE-01591 Riesa
Telefon: +49 3525 7212-20
Telefax: +49 3525 7212-46

SBO / Talbahn

Hafen Torgau
Am Wasserturm 3
DE-04860 Torgau
Telefon: +49 3421 73171
Telefax: +49 3421 903852

Industriehafen Roßlau GmbH
Industriehafen 3
DE-06862 Dessau-Roßlau
Telefon: +49 34901 66013
Telefax: +49 34901 82680
hafenrosslau@binnenhafen-sachsen.de
www.binnenhafen-sachsen.de

Management
★ Dipl.-Ing. Heiko Loroff (Geschäftsführer)

Gesellschafter
Stammkapital 2.709.846,97 EUR
★ Freistaat Sachsen (100 %)

Infrastruktur
★ Hafenbahn Dresden (6,9 km)
★ Hafenbahn Riesa (7,9 km)
★ Hafenbahn Torgau (5,8 km)
★ Hafenbahn Roßlau (3,3 km)

Unternehmensgeschichte
Die Sächsische Binnenhäfen Oberelbe GmbH (SBO) ist ein am 30.06.1990 gegründetes und multimodal orientiertes Umschlag- und Logistikunternehmen in den Häfen Dresden, Riesa und Torgau. Am 01.10.2002 gründete die SBO die Tochterfirma Cesko-saské prístavy s.r.o. (CSP), welche die zwei tschechischen Elbehäfen Decín und Lovosice betreibt. Der rechtselbische Hafen Roßlau (Industriehafen Roßlau GmbH - IHR) wurde im September 2004 in die Unternehmensgruppe eingebunden.
Das Umschlagvolumen der SBO-Häfen betrug im Jahr 2014 insgesamt 2,85 Mio. t (2013: 2,67 Mio. t) sowie über 41.800 TEU. Mit 130 Mitarbeitern erwirtschafteten die SBO-Häfen nach vorläufigen Zahlen 2014 einen Umsatz von rund 20 Mio. EUR (2013: 130 Mitarbeiter; 17,6 Mio. EUR Umsatz).

Talbahn GmbH ▮

Mühlenstraße 38
DE-58285 Gevelsberg
Telefon: +49 2332 66560
m.kohnke@schuesslerschrott.de

Management
★ Markus Kohnke (Geschäftsführer)

Gesellschafter
Stammkapital 25.000,00 EUR
★ Karl Gustav Schüssler GmbH & Co. KG (45 %)
★ cdp Bharat Forge GmbH (35 %)
★ Fritz Neuhaus Spedition GmbH (20 %)

Lizenzen
★ DE: EIU Hagen Haspe – Ennepetal-Altenvoerde seit 12.05.2005

Infrastruktur
★ Hagen-Haspe – Ennepetal-Altenvoerde (10 km); Kauf am 12.04.2005 von DB Netz AG

Unternehmensgeschichte
Bei der so genannten Talbahn handelt es sich um die Strecke von Hagen (Westf.) über Gevelsberg nach Ennepetal-Altenvoerde, die in zwei Abschnitten 1876 und 1882 in Betrieb genommen wurde. Obwohl die offizielle Einstellung des Personenverkehrs durch die seinerzeitige BD Wuppertal bereits am 28.05.1967 erfolgte, gab es wegen der noch ausstehenden Zustimmung der Bundesbahn-Hauptverwaltung noch bis zum 28.09.1968 ein tägliches „Alibi-Zugpaar". Zum 12.04.2005 übernahm die am 21.12.2004 von Verladern gegründete Talbahn GmbH die Infrastruktur zwischen Hagen-Haspe und Ennepetal-Altenvoerde. Somit konnte die Infrastruktur nach Insolvenz des bisherigen Besitzers, der EBM Eisenbahn-Verkehrs-Gesellschaft im Bergisch-Märkischen Raum mbH, durch eine von betroffenen Verladern gegründete Betreibergesellschaft im Bestand gesichert werden. Die EBM hatte die Strecke am 27.12.1999 von DB Netz gepachtet und darauf den Güterverkehr betrieben, war aber laut Grundbuch nie Eigentümer geworden. Der in Kooperation mit der damaligen DB Cargo AG, mittlerweile DB Schenker Rail Deutschland AG, durchgeführte Güterverkehr wurde im Oktober 2002 durch die EBM Cargo GmbH & Co. KG übernommen und wurde nach deren Insolvenz von der Transport-Schienen-Dienst GmbH (TSD) sowie ab 2009 von der HWB Verkehrsgesellschaft mbH betrieben. Seit 03.05.2010 führt die DB Schenker Rail Deutschland AG die Transporte wieder selber durch. Um die Infrastrukturinstandhaltung kümmert sich der Verein „AG Talbahn". Die außergewöhnliche Trassenführung mitten durch die Städte, ähnlich wie bei einer Straßenbahn, und die Durchfahrt durch den Kruiner Tunnel in Bündelung mit der Straße verleihen dieser Strecke auch heute noch ein außergewöhnliches Flair. So gibt es seit kurzem auch wieder touristischen Personenverkehr, der von der RuhrtalBahn GmbH betrieben wird: Nachdem bereits 2006 zwei Schienenbusfahrten von Hagen Hbf bis Ennepetal-Kluterthöhle stattgefunden hatten, wurde dieses Angebot wegen der guten Resonanz 2007 verstetigt. Vorgesehen ist auch die Ausweitung der Fahrstrecke bis Ennepetal-Altenvoerde.

Talgo / TBG

Talgo (Deutschland) GmbH

Revaler Straße 99
DE-10245 Berlin
Telefon: +49 30 238800-0
Telefax: +49 30 238800-11
info@talgo.de
www.talgo.de

Management
* José María de Oriol Fabra (Geschäftsführer)

Gesellschafter
Stammkapital 766.937,82 EUR
* Patentes Talgo S.L. (100 %)

Lizenzen
* DE: EVU-Zulassung (PV) seit 20.03.2002, gültig bis 20.03.2017

Infrastruktur
* Instandhaltungswerk für Reisezugwagen und Triebfahrzeuge

Unternehmensgeschichte
Die Talgo (Deutschland) GmbH ist seit Mai 1994 als Instandhalter u.a. für die Deutsche Bahn AG tätig. Mit 110 Mitarbeitern (Stand 215) werden im Werk Berlin nahe dem S-Bahnhof Warschauer Straße sämtliche Instandhaltungsmaßnahmen – sowohl präventive, als auch korrektive Instandhaltungsmaßnahmen durchgeführt. Es werden Reisezugwagen, Steuerwagen, Elektrolokomotiven und auch Dieselokomotien instand gehalten. Weiterhin bietet Talgo die Aufarbeitung von Komponenten an (Umrichtermodule, WC-Module, Klimamodule, Wassermodule, etc.).
Zum Fahrplanwechsel im Dezember 2009 wurden allerdings alle bisher eingesetzten Talgo-Garnituren der DB AutoZug GmbH abgestellt und durch anderes Wagenmaterial ersetzt.

Tegernsee-Bahn Betriebsgesellschaft mbH (TBG)

Bahnhofplatz 5
DE-83684 Tegernsee
Telefon: +49 8022 9166-0
Telefax: +49 8022 9166-18
info@tegernsee-bahn.de
www.tegernsee-bahn.de

Management
* Heino Seeger (Geschäftsführer)

Gesellschafter
Stammkapital 153.387,56 EUR
* Stadt Tegernsee (45 %)
* Kommunalunternehmen Gmund a. Tegernsee (45 %)
* Landkreis Miesbach (10 %)

Lizenzen
* DE: EIU Schaftlach – Tegernsee
* DE: EVU-Zulassung (PV+GV) seit 10.10.2007, gültig bis 30.09.2022

Infrastruktur
* Schaftlach – Tegernsee (12,4 km)

Unternehmensgeschichte
Die am 05.08.1882 gegründete Tegernsee-Bahn AG (TAG), deren Hauptaktionär über rund 100 Jahre das Bankhaus Merck war, konnte am 01.08.1883 im bayerischen Oberland eine 7,7 km lange Bahn zwischen Schaftlach an der Strecke Holzkirchen – Lenggries und Gmund eröffnen, die zum 02.05.1902 um 4,6 km bis Tegernsee verlängert wurde. Zum 01.07.1983 wurde die Strecke von der TAG auf die neu gegründete Tochtergesellschaft Tegernsee-Bahn Betriebsgesellschaft mbH (TBG) übertragen. Die TAG firmierte seit 2001 als Tegernsee Immobilien- und Beteiligungs-AG und seit 2008 als TAG Immobilien AG mit Sitz in Hamburg. Seit Übernahme des SPNV auf der Strecke durch die BOB am 28.11.1998 ist die TBG nur noch als Infrastrukturbetreiber tätig und hat deswegen alle Fahrzeuge verkauft. Für die Streckenunterhaltung verfügt die TBG seit 2002 über eine Köf III.
Die Bahn ging 2013 in das Eigentum der lokalen Kommunen über. Am 20.12.2012 beschlossen der Stadtrat Tegernsee (45 %) und die Gemeinde Gmund (45 %) den Erwerb der Tegernsee-Bahn Betriebsgesellschaft (TBG) mit der Bahninfrastruktur und weiteren Grundstücken von der TAG Immobilien AG und deren Tochtergesellschaft Kraftverkehr Tegernsee Immobilien GmbH. Die Kommunen lösen damit eine Anfang 2011 auf Vermittlung der Kreissparkasse Miesbach-Tegernsee

TBG / TWE

geschlossene, bis 31.12.2012 gültige Kaufoption zum Preis von 11 Mio. EUR ein.

Verkehre
* Bauzugverkehre auf eigener Strecke
* Schneeräumfahrten auf eigener Strecke

Teutoburger Wald Eisenbahn GmbH (TWE) ◼

Am Grubenhof 2
DE-33330 Gütersloh
Telefon: +49 5241 23400-0
Telefax: +49 5241 23400-209
info.twe@captrain.de
www.captrain.de

Management
* Thomas Kratzer (Geschäftsführer)
* Reiner Woermann (Geschäftsführer)

Gesellschafter
Stammkapital 3.325.000,00 EUR
* Captrain Deutschland GmbH (CT-D) (100 %)

Lizenzen
* DE: EIU Brochterbeck – Hafen Saerbeck
* DE: EIU Harsewinkel – Harsewinkel West
* DE: EIU Hövelhof – Gütersloh Nord – Lengerich-Hohne – Ibbenbüren Ost

Infrastruktur
* Hövelhof – Gütersloh Nord – Lengerich-Hohne – Ibbenbüren Ost (92,6 km); Ibbenbüren – Versmold zum Verkauf ausgeschrieben
* Brochterbeck – Hafen Saerbeck (7,2 km)
* Harsewinkel – Harsewinkel West (3,0 km)

Unternehmensgeschichte
Die Teutoburger Wald-Eisenbahn-AG wurde am 17.06.1899 von der Bahnbau- und Betriebsgesellschaft Vering & Waechter unter Beteiligung von fünf Landkreisen sowie zwölf Städten und Gemeinden gegründet. Die TWE Stammstrecke entstand in mehreren Bauabschnitten, die wie folgt eröffnet wurden:
* Gütersloh – Bad Laer: 01.11.1900
* Bad Laer – Ibbenbüren Ost: 19.07.1901
* Brochterbeck – Hafen Saerbeck: 19.07.1901
* Gütersloh – Hövelhof: 19.04.1903

Aus wirtschaftlichen Überlegungen verkaufte die Firma Vering & Waechter 1916 ihre TWE-Aktienbeteiligung an die Allgemeine Deutsche Kleinbahn-Gesellschaft AG (ADKG), womit die TWE-Betriebsführung auf die ADKG-Tochter Allgemeine Deutsche Eisenbahn-Betriebsgesellschaft mbH (ADEG) überging. Die ADKG fusionierte 1927 rückwirkend zum 01.01.1926 mit der AG für Verkehrswesen (AGV). Im Zuge der Neuorganisierung nach dem zweiten Weltkrieg übergab die AGV den TWE-Betrieb zum 01.08.1945 an ihre Beteiligung Deutsche Eisenbahn-Gesellschaft AG (DEAG), die wiederum 1952 in die Deutsche Eisenbahngesellschaft mbH (DEG) umfirmiert wurde. Wie bei allen Bahnen der AGV ist deren Aktienanteil auf die Firma Connex (später: Veolia, heute teilweise Captrain Deutschland) übergegangen.
Nach der Aufnahme des damals als zeitgemäßer angesehenen Omnibusverkehres ab 01.06.1950 wurde der SPNV wie folgt eingestellt:
* 25.05.1968 Ibbenbüren – Versmold
* 21.05.1977 Versmold – Gütersloh
* 31.10.1978 Gütersloh – Hövelhof

Auf der Zweigbahn zum Hafen Saerbeck war der Personenverkehr schon mit Kriegsbeginn im Jahre 1914 aufgegeben worden.
Am 02.02.1967 wurde in Harsewinkel eine Zweigstrecke zum CLAAS-Werk errichtet. Das in Gütersloh-Spexard errichtete KV-Terminal wurde am 25.07.1998 offiziell in Betrieb genommen, weist aber bis heute nur sporadische Verkehre auf.
Der Bahnbetrieb der TWE wurde zum 01.01.2003 in die TWE Bahnbetriebs GmbH ausgegliedert, um Infrastruktur und Bahnverkehr rechtlich zu trennen. Im Juni 2004 erwarb die damalige Connex die Anteile der Stadt und des Kreises Gütersloh sowie der Städte Harsewinkel und Versmold an der AG und verfügt nun über rund 80 % der Aktien.
Die Captrain Deutschland GmbH hat der TWE am 18.08.2011 mitgeteilt, dass ihr unmittelbar Aktien in Höhe von mehr als 95 % des Grundkapitals der Teutoburger Wald-Eisenbahn AG gehören und hat das förmliche Verlangen nach § 327a AktG gestellt, ein Verfahren zur Übertragung der Aktien der übrigen Aktionäre (Minderheitsaktionäre) nach § 327 a ff. auf die Captrain Deutschland GmbH als Hauptaktionärin gegen Gewährung einer angemessenen Barabfindung durchzuführen. Die Hauptversammlung vom 12.10.2011 hat gem. § 327 a AktG die Übertragung der Aktien der übrigen Aktionäre (Minderheitsaktionäre) auf die Hauptaktionärin, nämlich die Captrain Deutschland GmbH gegen Gewährung einer Barabfindung beschlossen.
In Lengerich-Hohne befindet sich die Werkstatt der TWE, die auch Arbeiten für andere Schwestergesellschaften der Captrain Deutschland (z. B. RBB, DE) ausführt. In Gütersloh Nord befindet sich außerdem ein kleiner Lokschuppen.
Die Teutoburger Wald-Eisenbahn-AG verfügt heute über keine eigenen Mitarbeiter mehr. Notwendige Dienstleistungen werden überwiegend bei der TWE

TWE / TGP / ThE

Bahnbetriebs GmbH eingekauft.
Die Hauptversammlung vom 07.07.2014 hat die formwechselnde Umwandlung in die gleichzeitig errichtete Teutoburger Wald Eisenbahn GmbH mit Sitz in Gütersloh beschlossen. Die entsprechend des Aktiengesetzes aufwendigen Verwaltungs- und Strukturkosten sollen mit der Umwandlung weiter gesenkt werden. Die Umwandlung hat einen reinen gesellschaftsrechtlichen Charakter und keine Auswirkungen auf Betrieb, Kunden und Arbeitsplätze.
Ende 2014 hat die TWE den 50,6 km langen Streckenabschnitt Ibbenbüren – Versmold zum Verkauf ausgeschrieben. Für die Übernahme hat sich die LWS Lappwaldbahn Service GmbH beworben.

TGP Terminalgesellschaft Pfullendorf mbH ◨

Hesselbühl 20
DE-88630 Pfullendorf

Standort ab 01.01.2015
Rheinstrasse 2L
DE-55116 Mainz
Telefon: +49 171 5568919
helmut.eisele@db-intermodal-services.de

Management
★ Norbert Schuh (Geschäftsführer)

Gesellschafter
Stammkapital 104.000,00 EUR
★ DB Intermodal Services GmbH (75,5 %)
★ Stadt Pfullendorf (14,5 %)
★ Landkreis Sigmaringen (SIG) (10 %)

Beteiligungen
★ LGP Lagerhausgesellschaft Pfullendorf mbH (LGP) (65 %)

Lizenzen
★ DE: EVU-Zulassung (GV) seit 04.07.2001, gültig 15 Jahre

Unternehmensgeschichte
Gegründet wurde die Terminalgesellschaft Pfullendorf (TGP) am 14.08.1995. Zweck der Betriebsgründung war in erster Linie der Betrieb einer Anfang der 1990er-Jahre erbauten Container-Umschlagsanlage in Pfullendorf. Diese Anlage brachte bis zum Jahr 2002 täglich 20 – 30 Containertragwagen für die Pfullendorfer Kunden ALNO AG und Geberit Vertriebs GmbH auf die Schiene. Mit MORA C stellte die damalige DB Cargo AG im Juli 2002 die Bedienung der Strecke

(Aulendorf –) Altshausen – Pfullendorf ein. Die Strecke, die seit 1964 ausschließlich dem Güterverkehr diente, wurde anschließend von Anliegergemeinden gepachtet; neuer Betreiber ist die „Regionale öffentliche Bahn Stadt Pfullendorf" (siehe extra Portrait), die am 29.07.2009 die erforderliche Konzession erhielt.
Die TGP selbst verfügt zwar seit 04.07.2001 über eine EVU-Zulassung, nutzt diese jedoch nicht aktiv und hat ihre geschäftlichen Aktivitäten inzwischen auf andere Gebiete verlagert.

Thüringer Eisenbahn GmbH (ThE) ◨

Binderslebener Landstraße 183
DE-99092 Erfurt
Telefon: +49 361 541571-0
Telefax: +49 361 541571-24
info@thueringer-eisenbahn.de
www.thueringer-eisenbahn.de

Management
★ Dipl.-Ing. (FH) Hartmut Sander (Geschäftsführer)
★ Stephan Sander (Geschäftsführer)

Gesellschafter
Stammkapital 25.000,00 EUR
★ Erfurter Gleisbau GmbH (EG) (100 %)

Lizenzen
★ DE: EIU für gepachtete Strecken
★ DE: EVU-Zulassung seit 30.01.2004 (PV+GV), gültig bis 30.01.2019

Infrastruktur
★ Eisfeld – Sonneberg (32,65 km; eingleisige Nebenbahn, Zugleitbetrieb nach FV-NE, technische Unterstützung durch „Stresi-ZLB")
★ Landesgrenze Bayern – Sonneberg (2,34 km; eingleisige elektrifizierte Hauptbahn, Betrieb nach Richtlinie 408, ESTW Alcatel L 90)

ThE / TIM Rail

* Straußfurt – Sömmerda unt Bf – Großheringen einschließlich Verkehrsstation Olbersleben-Ellersleben (51,80 km; Straußfurt – Kölleda Zugmeldebetrieb nach FV-NE, Kölleda – Großheringen Zugleitbetrieb nach FV-NE und technische Unterstützung durch „Stresi-ZLB")
* Sonneberg – Ernstthal – Neuhaus am Rennweg einschließlich Verkehrsstation Neuhaus (28,40 km; eingleisige Nebenbahn, Zugmeldebetrieb nach FV-NE, ESTW Alcatel L 90)

Unternehmensgeschichte

Die im Dezember 1999 gegründete Thüringer Eisenbahn GmbH ist trotz auch verhandener Konzession als EVU faktisch ein reiner Infrastrukturbetreiber. Unternehmenszweck ist es (wie es in der Unternehmensselbstdarstellung heißt), „in Thüringen von der Stilllegung bedrohte Strecken der Deutschen Bahn AG zu übernehmen und als Eisenbahninfrastrukturunternehmen weiter zu betreiben." Die Infrastruktur wird einschließlich technischer und betrieblicher Verbesserungen saniert und so auf eine solide wirtschaftliche Grundlage gestellt, um sie langfristig für den Personen- und Güterverkehr nutzbar zu erhalten.
Als erstes wurden am 01.08.2001 die Strecken des „Sonneberger Netzes" (Eisfeld – Sonneberg und Landesgrenze – Sonneberg – Ernstthal – Neuhaus) auf Pachtbasis für 17 Jahre von DB Netz übernommen. Wenig später begann die von Freistaat Thüringen großzügig geförderte Streckensanierung, so dass von Sonneberg aus seit 03.10.2002 wieder Züge nach Eisfeld und am 15.12.2002 wieder nach Neuhaus fahren. Der Abschnitt Ernstthal – Neuhaus, der schon 1968 seinen Personenverkehr verloren hatte, wurde im Zuge dessen für den SPNV reaktiviert. Die Strecke Sonneberg – Neuhaus wird von einem eigens errichteten ESTW gesteuert.
Am 01.02.2005 folgte gleichfalls auf Pachtbasis die Übernahme der „Pfefferminzbahn" Straußfurt – Großheringen. Diese wird in mehreren Losen ausschließlich mit ThE-Eigenmitteln saniert.
Die ThE hat am 06.05.2008 mit der Erfurter Gleisbau GmbH als herrschender Gesellschaft einen Gewinnabführungsvertrag geschlossen.

TIM Rail Eisenbahngesellschaft mbH

Schwetzinger Straße 2
DE-67157 Wachenheim

TIM Transport Intermodal GmbH
Traunstraße 1
DE-68199 Mannheim
Telefon: +49 621 12686-0
Telefax: +49 621 12686-60
info@tim-rail.de
www.tim-rail.de

Management
* Josef Otto Friedrich Berker (Geschäftsführer)
* Rudolf F. Klippel (Geschäftsführer)

Gesellschafter
Stammkapital 50.000,00 EUR
* TIM Transport Intermodal GmbH (100 %)

Lizenzen
* DE: EVU-Zulassung (PV+GV); gültig vom 08.08.2003 bis 31.07.2028

Unternehmensgeschichte
Als Joint-Venture zwischen TIM Logistik und der R.P. Eisenbahngesellschaft mbH (RPE) wurde die TIM Rail Eisenbahngesellschaft mbH am 13.03.2003 mit Sitz in Wachenheim gegründet. Seit 06.11.2013 ist die TIM Logistik alleiniger Gesellschafter des Unternehmens.
Die vorhandene EVU-Lizenz wird derzeit nicht aktiv genutzt.

TME

TME-Torsten Meincke Eisenbahn GmbH ⒼⒽ

Ludwigsluster Chaussee 72
DE-19061 Schwerin
Telefon: +49 385 4883913
Telefax: +49 385 4883918
info@t-m-e.de
www.t-m-e.de

Lokschuppen
Baustraße 1
DE-19061 Schwerin

Management
★ Torsten Meincke (Geschäftsführer)

Gesellschafter
Stammkapital 25.000,00 EUR
★ Torsten Meincke (100 %)

Lizenzen
★ DE: Anschlussbahnkonzession Kieswerk Consrade
★ DE: Anschlussbahnkonzession Schwerin-Görries
★ DE: Anschlussbahnkonzession Schwerin-Haselholz
★ DE: Anschlussbahnkonzession Schwerin-Sacktannen
★ DE: Anschlussbahnkonzession Schwerin-Wüstmark
★ DE: EIU Hagenow Land – Zarrentin seit 01.07.2007

Infrastruktur
★ Hagenow Land – Zarrentin (Meckl) (27,5 km);
  Eigentümer: Planungsverband Transportgewerbegebiet Valluhn/Gallin (PV TGG V/G)
★ Anschlussbahn Schwerin-Görries (8,9 km);
  Eigentümer: Nahverkehr Schwerin GmbH (NVS)
★ Anschlussbahn Schwerin-Wüstmark (3,3 km);
  Eigentümer: Nahverkehr Schwerin GmbH (NVS)
★ Anschlussbahn Schwerin-Sacktannen; Betreuung seit Juni 2010 im Auftrag der Prysmian Kabel und Systeme GmbH
★ Anschlussbahn Kieswerk Consrade (1,5 km);
  Betreuung seit 01.06.2012 im Auftrag der Otto Dörner Kies und Umwelt Mecklenburg GmbH & Co. KG (ODKU)
★ Anschlussbahn Schwerin-Haselholz (1,995 km);
  Eigentümer: TME seit 01.09.2014

Unternehmensgeschichte
Die ehemalige DB-Strecke Hagenow Land – Zarrentin (Meckl) wurde zum 01.09.2004 durch den Planungsverband Transportgewerbegebiet Valluhn / Gallin (PV TGG V/G) übernommen. Zunächst fungierte die Mecklenburg Bahn GmbH (MEBA) bzw. deren Rechtsnachfolger Ostseeland Verkehr GmbH (OLA) als EIU, gab aber wegen der Konzentration auf das Kerngeschäft SPNV diese Zulassung zum 30.06.2007 zurück.
Zwischenzeitlich hatte Torsten Meincke, seit 01.10.2000 EBL der MecklenburgBahn GmbH (MEBA), mit Gesellschaftsvertrag vom 22.05.2007 die TME-Torsten Meincke Eisenbahn GmbH gegründet. Die TME erhielt per 01.07.2007 die EIU-Zulassung für die Strecke Hagenow Land – Zarrentin (Meckl) durch das Ministerium für Verkehr, Bau und Landesentwicklung Mecklenburg-Vorpommern. Die Strecke wird zwischen Hagenow Land und Hagenow im planmäßigen SPNV von Zügen der ODEG Ostdeutsche Eisenbahn GmbH sowie im Güterverkehr der DB Schenker Rail Deutschland AG befahren. Seit 2007 verkehren Düngerzüge verschiedener EVU nach Wittenburg.
Da die Strecke jedoch weiterhin keine Kostendeckung aufwies, beschloss der Planungsverband am 20.11.2014 die Strecke abzugeben oder stillzulegen.
Die TME betreibt weiterhin zwei Anschlussbahnen der Nahverkehr Schwerin GmbH (NVS) in Schwerin (Schwerin-Görries und -Wüstmark) sowie den Fährhafen Sassnitz/Mukran als Eisenbahnbetriebsleiter (EBL) und in der Entwicklung der Eisenbahninfrastruktur. Inzwischen betreut die TME auch den Eisenbahnbetrieb der SWS Seehafen Stralsund GmbH und der Suiker Unie GmbH, Zuckerfabrik Anklam. Es folgten weitere Aufträge im Bereich der Anschlussbahnen.
Im Februar 2011 wurde gemeinsam mit der Fährhafen Sassnitz GmbH (FHS) das gemeinsame Bahnunternehmen Baltic Port Rail Mukran GmbH (BPRM) für den Betrieb der Hafenbahn gegründet, die Anteile aber schrittweise bis Ende 2014 wieder verkauft.
Im Frühjahr 2008 wurde eine Kleinlok erworben, die als Rangierlok auf den Anschlussbahnen Schwerin-Görries und Wüstmark sowie für Streckenkontrollfahrten eingesetzt wird und 2010 um eine zweite, baugleiche Maschine und 2011 durch eine V 60 D ergänzt wurde.

Verkehre
★ Rangierdienstleistungen auf der Strecke Hagenow Land – Zarrentin (Meckl) und in den Anschlussbahnen Schwerin-Görries, Schwerin-Wüstmark, Schwerin-Sacktannen, Schwerin-Haselholz (Zuführung Werkstatt der Nahverkehr Schwerin GmbH (NVS)) und Kieswerk Consrade

Torsten Ratke Officeconsult / T+WTB

Torsten Ratke Officeconsult 🅘

Bahnhofstraße 6
DE-03238 Finsterwalde
Telefon: +49 3531 708090
Telefax: +49 3531 708091
info@officeconsult.de
www.officeconsult.de

Beteiligungen
★ Finsterwalder Eisenbahngesellschaft UG (haftungsbeschränkt)

Lizenzen
★ DE: EIU Bf Finsterwalde, Gleis 14s, Grenze am Grenzzeichen DKW 61 (Strang a/b) km 0,658
★ DE: EIU Strecke 6591 Finsterwalde – Annahütte, Grenze an Voestalpine Draht Finstewalde GmbH in km 2,680
★ DE: EIU Strecke F60 Bahn im Bf Finsterwalde (Gleise 7, 7a, 14s, 15s, 20s, Ladestraße Gl 7, Weichen 15a, 20s, 21s, 63, 64 und ehemalige Strecke 6591 Finsterwalde - Annahütte (km 2,680 - 11,540) und (km 7,227 - 9,011) endet auf Anschlussbahn Klingerwerk Muhr

Infrastruktur
★ Finsterwalde (Niederlausitz) – Sallgast

Unternehmensgeschichte
Die Firma Torsten Ratke Officeconsult mit den Schwerpunkten Büroautomatisierung, Telekommunikation und Eisenbahnsicherungstechnik besteht seit 1993. Im Juli 2009 übernahm das Unternehmen Bahnhofsgleise (7 und 7a) und die Ladestraße des Bahnhofes Finsterwalde zum Betrieb als öffentliche Serviceeinrichtung. Im April 2010 wurde die Infrastruktur um ein Streckenrangiergleis erweitert. Dabei handelt es sich um ein Teilstück der ehem. Zschipkau-Finsterwalder Eisenbahn (ehem. Strecke 6591). Diese Infrastruktur wurde gepachtet, ein späterer Kauf ist geplant.
Das Amt „Kleine Elster" und die Stadt Finsterwalde erwarben am 02.09.2010 auf dieser Strecke den Abschnitt von km 2,680 (Betten) bis km 11,540 (Sallgast). Nach der Ertüchtigung wird dieser Abschnitt in Verbindung mit dem von Ratke schon betriebenen Teilstück die neue „Industriebahn Finsterwalde-Sallgast".
Die am 23.08.2010 gegründete Firma Finsterwalder Finsterwalder Eisenbahngesellschaft UG (haftungsbeschränkt) soll als EVU zugelassen werden und wird Fahrzeuge betreuen.

Tourismus und Warnetalbahn GmbH (T+WTB) 🅟🅘

Oderwaldstraße 9
DE-38312 Groß Flöthe
Telefon: +49 5341 2934050
edelmann@warnetalbahn-gmbh.de
www.warnetalbahn-gmbh.de

Management
★ Kai Edelmann (Geschäftsführer)

Gesellschafter
Stammkapital 128.000,00 EUR
★ Dampflok-Gemeinschaft 41 096 e. V. (100 %)

Lizenzen
★ DE: EIU Salzgitter-Bad – Börßum seit 23.10.1995, gültig 50 Jahre
★ DE: EVU-Zulassung (PV) seit 23.10.1995, gültig bis 22.10.2025

Infrastruktur
★ Salzgitter-Bad – Börßum (15,2 km), Kauf von der DB Netz AG am 03.05.1990

Unternehmensgeschichte
Als Warnetalbahn wird die Eisenbahnstrecke Börßum – Salzgitter-Bad bezeichnet, die 1856 als „Braunschweigische Südbahn" von Börßum nach Kreiensen eröffnet wurde, um so eine Verbindung von Braunschweig ins Ruhrgebiet und nach Süddeutschland zu schaffen. 1868 erfolgten der zweigleisige Ausbau und die Fertigstellung der Strecke von Börßum nach Jerxheim, von wo Anschluss über Oschersleben nach Magdeburg bestand. Als Ost-West-Achse stand sie aber stets im Schatten der Strecken Braunschweig – Berlin über Helmstedt und Magdeburg, bzw. Hannover – Berlin über Stendal. Nach Ende des zweiten Weltkriegs brach der verbliebene Ost-West-Verkehr durch die Grenzziehung praktisch weg, außerdem wurde 1956 eine Neubaustrecke von Salzgitter direkt nach Braunschweig eröffnet. Nach der Einstellung des Personenverkehrs 1976 endete in den Achtziger Jahren auch der Güterverkehr. Seit dem Rückbau des Bahnhofs Börßum zum Haltepunkt besteht hier auch keine Verbindung zum DB-Netz mehr. Seit 1988 findet regelmäßig Museumseisenbahnverkehr statt. Am 30.04.1990 erfolgte die Gründung der Warnetalbahn-Betriebsgesellschaft mbH (WTB) als EIU zur Übernahme der ehemaligen Bundesbahnstrecke.
Die Gesellschafterversammlung hat am 17.12.2004 neben der Erhöhung des Stammkapitals eine Umfirmierung in Tourismus und Warnetalbahn GmbH sowie die Sitzverlegung nach Wolfenbüttel beschlossen. Die Gesellschaft ist als öffentliches Eisenbahnverkehrs- und Infrastrukturunternehmen

T+WTB / TBR / TEL

konzessioniert und betreibt die Warnetalbahn im Museums- und Gelegenheitsverkehr. Sporadisch nutzt auch die Alstom LHB GmbH / Alstom Transport Deutschland GmbH die Strecke für Prüffahrten. Zum 17.09.2013 übernahm der vorherige 20 %-Anteilseigner Dampflok-Gemeinschaft 41 096 e. V. die Anteile der anderen Gründungsgesellschafter: Tourismusverband Wolfenbütteler Land e. V. (20 %), Stadt Salzgitter (20 %), Landkreis Wolfenbüttel (WF) (20 %), Samtgemeinde Schladen (10 %) und Samtgemeinde Oderwald (10 %).

Verkehre
* Gelegenheitsverkehr und Überführungen

Touristenbahnen im Rheinland GmbH (TBR) 🅿🛈

Am Bahnhof 13 a
DE-52538 Gangelt
Telefon: +49 2454 6699
Telefax: +49 2454 7245
info@selfkantbahn.de
www.selfkantbahn.de

Management
* Günther Steinhauer (Geschäftsführer)
* Harrie Wijtsema (Geschäftsführer)

Gesellschafter
Stammkapital 430.000,00 EUR
* Interessengemeinschaft Historischer Schienenverkehr e. V. (IHS) (100 %)

Lizenzen
* DE: EIU Gillrath – Schierwaldenrath gültig seit 02.05.2011 bis 31.05.2061
* DE: EVU-Zulassung (PV+GV) seit 30.04.1996, gültig bis 31.12.2018; nur auf der Strecke Gillrath – Schierwaldenrath gültig

Infrastruktur
* Gillrath – Schierwaldenrath (5,5 km), Strecke von WestEnergie und Verkehr GmbH (west) gepachtet

Unternehmensgeschichte
Die „Selfkantbahn" ist nach der im nordrhein-westfälischen Kreis Heinsberg gelegenen Region Selfkant im westlichsten Zipfel Deutschlands benannt. Sie ist das letzte verbliebene Teilstück der ehemaligen Geilenkirchener Kreisbahn, deren 37,8 km lange meterspurige Strecke seit dem 07.04.1900 Alsdorf bei Aachen über den Kreisbahnhof Geilenkirchen (heute Gbf an der Hauptstrecke Aachen – Mönchengladbach) mit Tüddern kurz vor der niederländischen Grenze verband. Nach dem am 01.10.1960 vollzogenen Ende des Personenverkehrs wurde auch der Güterverkehr 1973 eingestellt. Der noch erhaltene Streckenabschnitt ist zudem die letzte erhaltene 1.000 mm-Kleinbahn in Nordrhein-Westfalen. Die Selfkantbahn-Züge aus Fahrzeugen der Interessengemeinschaft Historischer Schienenverkehr e.V. (IHS) verkehren bereits seit August 1971 an jedem Sonn- und Feiertag von Ostern bis Ende September sowie an ausgewählten Samstagen. Die TBR ist EVU und seit Mai 2011 auch EIU für die Museumsbahn.

Verkehre
* Historische Züge mit Dampf- und Dieselloks sowie Triebwagen auf der Selfkantbahn von Geilenkirchen-Gillrath nach Gangelt-Schierwaldenrath

Touristik-Eisenbahn Lüneburger Heide GmbH (TEL) 🅿

Lüner Damm 26
DE-21337 Lüneburg
Telefon: +49 4131 851801
Telefax: +49 4131 851803
u.nittel@heide-express.de
www.heide-express.de

Management
* Uwe Nittel (Geschäftsführer)

Gesellschafter
Stammkapital 50.000,00 DM
* AVL Arbeitsgemeinschaft Verkehrsfreunde Lüneburg e. V. (100 %)

Lizenzen
* DE: EVU-Zulassung (PV); gültig vom 08.04.2010 bis 07.04.2025

Unternehmensgeschichte
Die Arbeitsgemeinschaft Verkehrsfreunde Lüneburg e. V. (AVL) wurde am 06.05.1981 gegründet. Der Verein betreibt die Oldtimerzüge „Heide-Express" und „Heide-Elbe-Express", mit denen Sonderfahrten durch die Lüneburger Heide und auf

TEL / TER / TRR

der Strecke Lüneburg – Bleckede veranstaltet werden.
Als vereinseigenes EVU wurde die Touristik-Eisenbahn Lüneburger Heide GmbH (TEL) gegründet, bei der alle Fahrzeuge der AVL eingestellt sind. Die TEL verfügte seit Februar 2005 auch über eine eigene Lok, die allerdings nach Fristablauf 2007 verkauft wurde. Aktuell sind somit nur noch die Fahrzeuge der AVL bei der TEL eingestellt.

Verkehre
★ Ausflugsverkehr und Charterfahrten

TouristikEisenbahnRuhrgebiet GmbH (TER)

Kronprinzenstraße 35
DE-45128 Essen
Telefon: +49 201 2069-682
Telefax: +49 201 2069-520
haberhausen@rvr-online.de

Management
★ Bernd Haberhausen (Geschäftsführer)

Gesellschafter
Stammkapital 25.000,00 EUR
★ Regionalverband Ruhr (RVR) (100 %)

Lizenzen
★ DE: EIU Hattingen – Wengern seit 01.09.2005; Erweiterung der Genehmigung um Gleisanschluss Zeche Zollverein in Essen seit 30.11.2007

Infrastruktur
★ Hattingen – Wengern Ost (17,4 km, Eigentümer ist RVR)
★ Essen Zollverein (2,3 km, Eigentümer ist RVR)

Unternehmensgeschichte
Unternehmensgegenstand der am 11.02.2004 gegründeten TouristikEisenbahnRuhrgebiet GmbH (TER) ist die Förderung des Eisenbahn-Tourismus im Ruhrgebiet. Als EIU betreibt die TER die Strecke Hattingen – Wengern Ost, die sich im Eigentum des Regionalverband Ruhr (RVR) befindet. 1988 war zunächst der Streckenteil Wengern Ost – Herbede erworben worden, 2004 folgte Herbede – Hattingen. Zunächst war nur das DGEG-Eisenbahnmuseum Bochum-Dahlhausen mit Dampfsonderzügen auf der Strecke unterwegs, EIU war damals die Eisenbahnmuseum Bochum-Dahlhausen gGmbH. Seit Anfang 2005 betreibt die RuhrtalBahn Betriebsgesellschaft mbH einen regelmäßigen Touristikverkehr zwischen dem Eisenbahnmuseum und Hagen seit 2007 teilweise durchgebunden über die Ennepetalbahn bis Ennepetal-Kluterhöhle.
Im Jahr 2009 ist das Weltkulturerbe Zeche Zollverein mit einer neuen Gleisanlage sowie zwei Haltepunkten ausgestattet worden (Eigentümer: RVR). Von der Köln-Mindener Strecke ist seitdem eine direkte Anbindung des Weltkulturerbes möglich.

Traditionsbahn Radebeul e. V. (TRR)

Postfach 10 02 01
DE-01436 Radebeul
Telefon: +49 351 2134461
Telefax: +49 351 2134461
verein@trr.de
www.trr.de

Management
★ Dipl.-Ing. Roland Ende (1. Vorsitzender)
★ Rainer Fischer (2. Vorsitzender)
★ Rico Walter (3. Vorsitzender)

Lizenzen
★ DE: EVU-Zulassung (PV); gültig vom 24.04.1997 bis 31.03.2027

Unternehmensgeschichte
Nördlich von Dresden führt die 16,6 km lange „Lößnitzgrundbahn" auf einer Spurweite von 750 mm von Radebeul nach Radeburg. Bereits 1974 wurde auf der damals wie heute auch im Planbetrieb ausschließlich von Dampflokomotiven befahrenen Strecke ein „Traditionsbetrieb" mit historischen Lokomotiven und Wagen eingerichtet. Zur Unterstützung des unter Regie der damaligen Deutschen Reichsbahn abgewickelten Verkehrs und der Pflege der Fahrzeuge organisierten sich Eisenbahnfreunde im Januar 1975 in der Arbeitsgemeinschaft „Traditionsbahn Radebeul Ost – Radeburg" unter dem Dach des Deutschen Modelleisenbahn-Verbandes der DDR (DMV). 1990 ging aus dieser Arbeitsgemeinschaft der Verein Traditionsbahn Radebeul e. V. hervor.
Zum 01.06.2000 erwarb der Verein den Großteil der Traditionsfahrzeuge von den Deutschen Bahn und übernahm den Betrieb weitgehend in eigener Regie. Nachdem 2001 die Mitteldeutsche Bahnreinigungs-Gesellschaft mbH neuer (Interims-) Betreiber geworden war, zog sich die DB mit der Übergabe von Infrastruktur und Fahrzeugen an die BVO Bahn GmbH (seit 2007 SDG Sächsische Dampfeisenbahngesellschaft mbH) zum 10.06.2004 vollends von der Strecke zurück. Zusätzlich zum täglichen Planbetrieb der SDG verkehren heute an jährlich rund 30 Betriebstagen die Traditionszüge

TRR / Trans Regio

des Vereins.

Verkehre
* Saisonaler Museumsverkehr zwischen Radebeul und Radeburg

Trans Regio Deutsche Regionalbahn GmbH P

Beatusstraße 136
DE-56073 Koblenz
Telefon: +49 261 988299-100
Telefax: +49 261 988299-111
www.trans-regio.de

Servicezentrale
Emil-Schüller-Straße 37
DE-56068 Koblenz
Telefax: +49 261 98887071
Hotline: +49 261 98887070
service@trans-regio.de
www.mittelrheinbahn.de

Management
* Dipl.-Ing. Michael Martin Schröder (Geschäftsführer)

Gesellschafter
Stammkapital 500.000,00 EUR
* Transdev Regio GmbH (100 %)

Lizenzen
* DE: EVU-Zulassung (PV+GV) seit 07.12.1999, gültig bis 30.06.2015

Infrastruktur
* Werkstattanlage Koblenz-Mosel

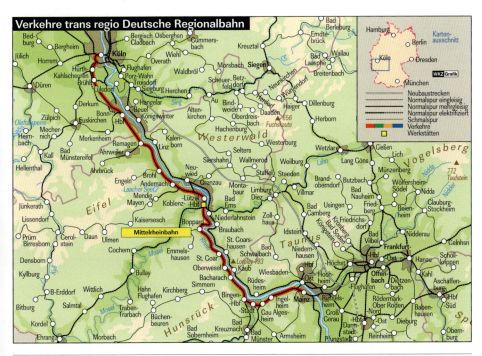

Transdev

Trans Regio / Transdev

Unternehmensgeschichte
Die Trans Regio Deutsche Regionalbahn GmbH ist heute eine Tochter der Transdev Regio GmbH mit Sitz in Koblenz und erbringt SPNV auf der „Mittelrheinbahn" mit rund 150 Mitarbeitern.
Das Unternehmen wurde am 08.07.1999 mit Sitz in Trier als gemeinsames Unternehmen der Rheinischen Bahngesellschaft AG (Rheinbahn, 49 %) und der damals zur Unternehmensgruppe Herresthal zählenden Moselbahn GmbH (51 %) gegründet, um SPNV-Leistungen in Rheinland-Pfalz zu betreiben. Die Moselbahn, bis 1968 Betreiber der gleichnamigen, auf der Südseite der Mosel verlaufenden Bahnstrecke Trier – Bullay (MB), stieg jedoch im April 2002 aus der Trans Regio aus und konzentrierte sich auf das Busgeschäft.
Der neue Alleineigentümer Rheinbahn begab sich 2002 auf die Suche nach einem neuen Partner. Diesen fand sie ab 01.04.2004 in der französischen Verkehrsgesellschaft EuRailCo, die zunächst 75,1 % der Anteile übernahm. In seiner Sitzung am 30.06.2011 hat der Aufsichtsrat der Rheinbahn dem Verkauf der restlichen Trans Regio-Gesellschaftsanteile an EuRailCo zugestimmt, der am 20.03.2012 vollzogen wurde. Die Rheinbahn ging diesen Schritt, da sie im Zuge der neuen EU-Verordnung 1370 die Möglichkeit der Direktvergabe nutzt. Im Rahmen dieser Regelung sind Aktivitäten außerhalb des klassischen Bedienungsgebiets nicht vorgesehen. EuRailCo war zur Zeit des Einstieges bei Trans Regio ein joint venture des staatlichen Betreibers des öffentlichen Personennahverkehrs in Paris und dem nahen Umland RATP (Régie autonome des transports Parisiens) und der damaligen Transdev (Société européenne pour le développement du transport public) als Tochter des staatlichen Finanzinstituts Caisse des dépôts et consignations (CDC). Im Rahmen der Fusion von Veolia und Transdev schied RATP aus der EuRailCo aus, deren deutscher Ableger EuRailCo GmbH wurde per 19.08.2014 auf die Veolia Verkehr Regio GmbH verschmolzen.
2007 erhielt Trans Regio den Zuschlag für die SPNV-Ausschreibung „Mittelrheinbahn" und begann den Bau eines neuen Werkstattgebäudes auf dem Areal des ehemaligen DB-Bahnbetriebswerks Koblenz-Moselweiß. Der hierfür erforderliche Kaufvertrag über das Grundstück war am 31.05.2007 gemeinsam mit dem Bundeseisenbahnvermögen (BEV) unterzeichnet worden.
Parallel musste das Unternehmen einen Rückschlag verkraften: Im Juli 2007 wurde die Vergabe der SPNV-Leistungen auf den Strecken Andernach – Mayen – Kaisersesch, Bullay – Traben-Trarbach und Kusel – Kaiserslautern zurück an die DB Regio AG ab Dezember 2008 bekannt. Die bislang hierfür genutzten Werkstattstandorte Mayen und Altenglan wurden damit entbehrlich und der Eifelstandort in DB Regio verkauft. Die dort stationierten, über die damalige Angel Trains Europa geleasten 20 RegioShuttle RS 1 wurden an die damalige Veolia Verkehr Regio Ost GmbH für den ab Dezember 2008 begonnenen Einsatz bei der „Mitteldeutschen Regiobahn" im Raum Leipzig abgegeben.
Der Sitz der Trans Regio wurde mehrfach verlegt: Als Folge des Moselbahn-Ausstiegs am 21.02.2003 von Trier an den damaligen Werkstattstandort Mayen sowie per 08.07.2004 nach Kaiserslautern, wo der damalige Auftraggeber Zweckverband Schienenpersonennahverkehr Rheinland-Pfalz Süd seinen Sitz hat. Mit Verlust der Dieselstrecken folgte am 26.06.2012 die Sitzverlegung nach Koblenz, wo auch der Zweckverband Schienenpersonennahverkehr Rheinland-Pfalz Nord beheimatet ist.

Verkehre
* SPNV „Mittelrheinbahn" mit 2,6 Mio. Zugkm/a vom 14.12.2008 bis Dezember 2023 im Auftrag des Zweckverbandes SPNV Rheinland-Pfalz Nord und des Nahverkehr Rheinland (NVR)
  MRB 26 Köln Hbf – Koblenz Hbf
  MRB 32 Koblenz Hbf – Mainz Hbf

Transdev GmbH

Georgenstraße 22
DE-10117 Berlin
Telefon: +49 30 20073-0
Telefax: +49 30 20073-340
kommunikation@transdev.de
www.transdev.de

Management
* Christian Schreyer (Vorsitzender der Geschäftsführung)
* Dr. Tobias Heinemann (Geschäftsführer/CCO)
* Ralf Poppinghuys (Geschäftsführer Personal & Soziales, Arbeitsdirektor)
* Dirk Bartels (Geschäftsführer, COO)
* Dr. Tom Reinhold (Geschäftsführer; Geschäftsentwicklung & Sales)

Gesellschafter
Stammkapital 25.600,00 EUR
* Transdev Ile de France SA (100 %)

Beteiligungen
* Transdev Stadt GmbH (100 %)
* Griensteidl GmbH (100 %)
* Transdev Niedersachsen/Westfalen GmbH (100 %)
* Transdev Regio GmbH (100 %)
* Transdev Sachsen-Anhalt GmbH (HEX) (100 %)

Transdev / Transdev Regio

* Veolia Verkehr Österreich GmbH (100 %)
* KSA GmbH (49 %)
* KSI GmbH & Co. KG (49 %)
* HLB Basis AG (1,873 %)

Unternehmensgeschichte
Die bis 16.03.2015 noch als Veolia Verkehr GmbH firmierende Transdev GmbH ist die deutsche Holding des französischen ÖPNV-Konzerns Transdev. Mit seinen Tochterunternehmen zählt Transdev zu den größten Anbietern öffentlicher Bahn- und Busverkehre in Deutschland.
Das deutsche Dachunternehmen ging aus der Connex Verkehr GmbH hervor, die im Juli 2005 in die Verkehrssparte Veolia Transport des französischen Veolia Environnement-Konzerns integriert wurde. Namentlich wurde diese Zugehörigkeit durch die am 05.05.2006 vollzogene Umbenennung in Veolia Verkehr GmbH kenntlich gemacht. Im März 2011 fusionierten Veolia Transport und der französische ÖPNV-Anbieter Transdev zu einem Verkehrskonzern mit über 110.000 Beschäftigten in 28 Ländern. Die zunächst paritätisch durch Veolia Environnement und das staatliche französische Finanzinstitut Caisse des Dépôts (CDC) gehaltenen Anteile am Gemeinschaftsunternehmen verschoben sich sukzessive zugunsten der CDC. Im April 2013 beschloss der Konzern, fortan unter dem Namen Transdev aufzutreten. In Deutschland wurde die Umbenennung der Holding und ihrer Tochtergesellschaften im ersten Quartal 2015 begonnen.
Die deutsche Transdev GmbH ist an über 40 Verkehrsunternehmen beteiligt. 2012 beschäftigte die damalige Veolia Verkehr im Personenverkehr 5.200 Mitarbeiter, die (ebenfalls 2012) einen Umsatz von rund 592 Mio. EUR erzielten. Im SPNV betrieb sie zu diesem Zeitpunkt 348 Dieseltriebwagen sowie 18 Wagenzüge mit Diesel- und Elektroloks, die zusammen mehr als 38,5 Mio. Zugkm/Jahr erbrachten. Das entsprach einem Marktanteil von gut 5,4 % am gesamten SPNV. Im öffentlichen Straßenpersonennahverkehr verfügte das Unternehmen 2012 über 1.575 Busse sowie 20 Straßenbahntriebwagen, mit denen jährlich etwa 240 Mio. Fahrgäste befördert werden. Zum 31.12.2013 wurden 5.350 Mitarbeiter beschäftigt, mit denen ein Umsatz von 577 Mio. EUR bei 40,3 Mio. Zugkm/Jahr und 72,2 Mio. Buskilometern/Jahr verbucht wurde.

Transdev Regio GmbH

Georgenstraße 22
DE-10117 Berlin
Telefon: +49 30 20073-0
Telefax: +49 30 20073-200
kommunikation@transdev.de
www.transdev.de

Management
* Christian Schreyer (Vorsitzender der Geschäftsführung)
* Dr. Tobias Heinemann (Geschäftsführer/CCO)

Gesellschafter
Stammkapital 7.669.400,00 EUR
* Transdev GmbH (100 %)

Beteiligungen
* Bayerische Oberlandbahn GmbH (BOB) (100 %)
* Bayerische Regiobahn GmbH (BRB) (100 %)
* Bustouristik Tonne GmbH (100 %)
* Eisenbahnwerkstatt-Gesellschaft mbH (EWG) (100 %)
* Nord-Ostsee-Bahn GmbH (NOB) (100 %)
* Oberlandbahn Fahrzeugbereitstellungs GmbH (100 %)
* Ostseeland Verkehr GmbH (OLA) (100 %)
* Tonne Omnibusverkehr GmbH (100 %)
* Transdev Kundenservice GmbH (100 %)
* Transdev Personalservice GmbH (100 %)
* Transdev Regio Ost GmbH (100 %)
* Württembergische Eisenbahn-Gesellschaft mbH (WEG) (100 %)
* Trans Regio Deutsche Regionalbahn GmbH (100 %)
* NETLOG-Neubrandenburger Teile- und Logistikgesellschaft mbH (66,7 %)
* NordWestBahn GmbH (NWB) (64 %)

Unternehmensgeschichte
Die Transdev Regio GmbH ist eine Unterholding für die regionalen Bahnaktivitäten der Transdev in Deutschland.
Die Gesellschaft geht auf die am 08.10.1875 gegründete Halberstadt-Blankenburger Eisenbahngesellschaft West Aktiengesellschaft mit Sitz in Braunschweig zurück. Später wurde die Gesellschaft in die DEG-Verkehrs-GmbH umfirmiert, die als Holdinggesellschaft im DEG-Konzern fungierte.
Mit der Übernahme der DEG durch die CGEA sowie der Einführung der Marke „Connex" firmierte das

Transdev Regio / Transdev Regio Ost

Unternehmen zum 23.11.2000 in Connex Regiobahn GmbH um. Wenig später erfolgte die Abspaltung der Busaktivitäten auf die ALPINA GmbH sowie der Güterverkehrstöchter auf die Kraftverkehr Hohenhameln GmbH (spätere Connex Cargo Logistics GmbH) durch Spaltungs- und Übernahmevertrag vom 22.12.2000.
Durch Beschluss der Gesellschafterversammlung vom 08.07.2005 wurde der Sitz der Gesellschaft von Frankfurt am Main nach Berlin verlegt und per 11.08.2006 erfolgte die Umfirmierung in Veolia Verkehr Regio GmbH.
Zum 02.07.2008 wurde die Tochtergesellschaft Deutsche Eisenbahn-Gesellschaft mbH (DEG) und zum 22.08.2008 die Tochtergesellschaft Ostseebahn GmbH auf die Veolia Verkehr Regio GmbH verschmolzen.
Seit dem 04.02.2011 werden die Bus- und Bahnverkehre der Veolia Verkehr in Sachsen, Sachsen-Anhalt, Brandenburg und Mecklenburg-Vorpommern von der neuen Betriebsleitzentrale in Görlitz aus überwacht und geleitet.
Die EuRailCo GmbH, Koblenz, ist als übertragender Rechtsträger nach Maßgabe des Verschmelzungsvertrages vom 19.08.2014 mit der Veolia Verkehr Regio GmbH mit Sitz in Berlin verschmolzen. EuRailCo war in Deutschland Muttergesellschaft der trans regio Deutsche Regionalbahn GmbH.

Transdev Regio Ost GmbH

Mitteldeutsche Regiobahn
Wintergartenstraße 12
DE-04103 Leipzig
info@mitteldeutsche-regiobahn.de
www.mitteldeutsche-regiobahn.de

Zweigniederlassung Görlitz
Zittauer Straße 71/73
DE-02826 Görlitz
Telefon: +49 3581 339-600
Telefax: +49 3581 339-505

Management
★ Matthias Löser (Geschäftsführer)

Gesellschafter
Stammkapital 25.000,00 EUR
★ Transdev Regio GmbH (100 %)

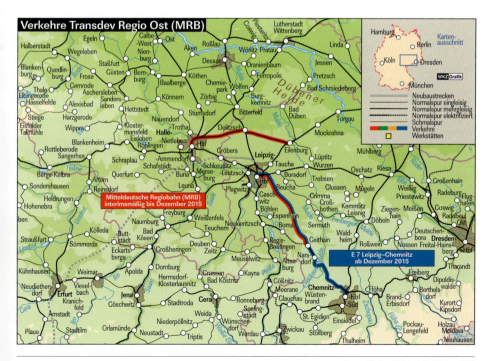

Transdev Regio Ost

Lizenzen
★ DE: EVU-Zulassung: 31.07.2002 (PV+GV), gültig bis 31.07.2017

Unternehmensgeschichte
Nach der Vergabe von SPNV-Leistungen auf der Strecke von Zittau über Görlitz nach Cottbus an die damalige Connex Verkehr durch den Zweckverband Verkehrsverbund Oberlausitz-Niederschlesien (ZVON) und der Verkehrsverbund Berlin-Brandenburg GmbH (VBB) als Aufgabenträger im Juni 2002 gründete die damalige Connex Regiobahn GmbH im Herbst 2002 die Tochtergesellschaft „LausitzBahn" mit Sitz in Görlitz. Nach der Verlängerung des zunächst auf drei Jahre begrenzten Verkehrsvertrages um weitere drei Jahre konnte die LausitzBahn von Dezember 2004 für drei Jahre die Strecke Leipzig – Geithain übernehmen, ehe der Verkehrsvertrag im April 2008 (übergangsweise) an das Schwesterunternehmen HEX ging.
Dessen Betriebsaufnahme erfolgte im April 2007, wobei ein Teil der Umläufe zunächst weiterhin mit LausitzBahn-Triebwagen gefahren wurde. Im Juli 2005 erfolgte die Umfirmierung der Gesellschaft in Connex Sachsen GmbH. Damit reagierte das in Görlitz ansässige Unternehmen auf die Ausweitung des Geschäfts in andere Landesteile, trat aber weiterhin unter Marke „LausitzBahn" auf.
Ein herber Rückschlag für die LausitzBahn war die Vergabe der Leistungen des Spree-Neiße-Netzes an die ODEG Ostdeutsche Eisenbahn GmbH zum Dezember 2008.
Zum Fahrplanwechsel am 14.12.2008 wurde, da sich die Unternehmenstätigkeit von Ostsachsen nach Mitteldeutschland verlagert hatte, der Markenname „LausitzBahn" in „Mitteldeutsche Regiobahn" (MRB) geändert und vom Schwesterunternehmen HEX die Leistungen Leipzig – Geithain übernommen. Zum gleichen Datum erfolgte auch die Übernahme eines Teils des SPNV auf der Strecke Halle (Saale) – Eilenburg, die Ergebnis einer Direktvergabe auf Beschluss der Zweckverbandsversammlung für den Nahverkehrsraum Leipzig am 23.04.2008 ist. Dieser sah zudem vor, fast alle bis dato von DB Regio per Großem Verkehrsvertrag erbrachten Leistungen (5,3 Mio. Zugkm/a) im Verbandsgebiet zum Fahrplanwechsel 2009 abzubestellen und als Interimsleistungen bis zur Inbetriebnahme des Citytunnels in Leipzig (direkt) neu zu vergeben. Mit sechs Strecken erhielt die MRB einen Teil davon zugesprochen, so unter anderem die Verbindungen vom Leipziger Hauptbahnhof zum Flughafen Leipzig/Halle, von Leipzig nach Wurzen sowie von Leipzig nach Torgau. Im Ergebnis der Mittelkürzungen durch den Freistaat wurde zum 12.06.2011 der Pendelverkehr zum Flughafen Leipzig/Halle abbestellt und auf weiteren Relationen das Angebot gekürzt.
Die über Angel Trains Europa / Alpha Trains geleasten Desiro-Triebwagen wurden bis Dezember 2008 im angemieteten DB-Werk Görlitz gewartet. Die angebotenen Fahrten zwischen Görlitz und Leipzig dienten dem Tausch der auf der Geithainer Strecke eingesetzten Fahrzeuge.
Für die ausgeweiteten Leistungen ab Dezember 2008 bzw. Dezember 2009 erwartete man den Zulauf von insgesamt 20 RegioShuttle RS 1 des Leasingunternehmens Alpha Trains, die zuvor bei der trans regio Deutsche Regionalbahn GmbH eingesetzt waren.
Die o. g. Übernahme von SPNV-Leistungen auf den Strecken Halle – Delitzsch – Eilenburg und Leipzig – Geithain zum Fahrplanwechsel 2008 hat Veolia für eine Veränderung der Firmierungen in Sachsen genutzt. Die bis dato als letzte operativ tätige Veolia-Tochtergesellschaft noch mit dem alten Konzernnamen versehene Connex Sachsen GmbH wurde zum 07.11.2008 in Veolia Verkehr Regio Ost GmbH umbenannt und der Sitz von Görlitz nach Leipzig verlegt.
Seit dem 04.02.2011 werden die Bus- und Bahnverkehre der Veolia Verkehr in Sachsen, Sachsen-Anhalt, Brandenburg und Mecklenburg-Vorpommern von der neuen Betriebsleitzentrale in Görlitz aus überwacht und geleitet.
Nach Ablauf des regulären Verkehrsvertrages wurden die beiden Linien NVL 113 Leipzig Hbf – Bad Lausick – Geithain und NVL 118 Eilenburg – Delitzsch ob Bf. – Landesgrenze vom Fahrplanwechsel im Dezember 2013 bis zum Fahrplanwechsel im Dezember 2015 im Umfang von insgesamt ca. 764.072 Zugkm/a interimistisch erneut an die Veolia Verkehr Regio Ost vergeben. 35 Mitarbeiter verblieben dafür am Standort Leipzig.
Seit 25.02.2015 heißt das Unternehmen Transdev Regio Ost GmbH.
Mit dem Fahrplanwechsel am 13.12.2015 soll auf der Strecke Chemnitz – Leipzig die Mitteldeutsche Regiobahn (MRB) das Verkehrsangebot im Auftrag des Zweckverbandes Verkehrsverbund Mittelsachsen (ZVMS) und des Zweckverbandes Nahverkehrsraum Leipzig (ZVNL) erbringen. Eingesetzt werden sollen Siemens ER 20 und Wendezüge. Der Vertrag soll bis zur Elektrifizierung der Strecke Chemnitz – Bad Lausick – Leipzig, jedoch mindestens bis Dezember 2023, maximal bis zum Fahrplanwechsel im Dezember 2025 laufen.

Verkehre
★ SPNV mit 0,76 Mio. Zugkm/a im Auftrag des Zweckverbandes für den Nahverkehrsraum Leipzig (ZVNL) vom 15.12.2013 bis 12.12.2015
MRB 113 Leipzig – Geithain;
MRB 118 Halle (Saale) – Delitzsch – Eilenburg
★ SPNV E 7 Leipzig – Chemnitz; 1 Mio. Zugkm/a im Auftrag des Zweckverbandes Verkehrsverbund Mittelsachsen (ZVMS) und des Zweckverband für den Nahverkehrsraum Leipzig (ZVNL) vom 13.12.2015 bis Dezember 2023

Transdev Rheinland GmbH ℗

Neuköllner Straße 10
DE-52068 Aachen
Telefon: +49 241 18200-0
Telefax: +49 241 18200-27
info@taeter.de
www.taeter.de

Niederlassung Mettmann
An der Regiobahn 15
DE-40822 Mettmann
Telefon: +49 2104 305-200
Telefax: +49 2104 305-215

Management
★ Dr. Werner Heinrich Winkens (Geschäftsführer)

Gesellschafter
Stammkapital 25.050,00 EUR

Lizenzen
★ DE: EVU-Zulassung (PV); gültig vom 22.11.2006 bis 30.11.2021

Unternehmensgeschichte
Die am 27.07.1999 mit Sitz in Mettmann gegründete Rheinisch-Bergische Eisenbahngesellschaft mbH (RBE) übernahm auf den Strecken der Regio-Bahn (Regionale Bahngesellschaft Kaarst-Neuss-Düsseldorf-Erkrath-Mettmann-Wuppertal mbH) Betriebsführung, Personaleinsatz sowie die Wartung der Fahrzeuge.
Nachdem per Gesellschafterbeschluss vom 31.05.2006 aus der Taeter GmbH & Co. KG (Aachen) die Veolia Verkehr Rheinland GmbH entstanden war, erfolgte zum 30.08.2006 eine Verschmelzung der RBE mit der Aachener Gesellschaft. Somit verantwortete die Veolia Verkehr Rheinland GmbH nicht nur die Buseinsätze im Raum Aachen und den Schülerverkehr in Krefeld, sondern auch die als Subunternehmer der kommunalen Regio-Bahn erbrachten SPNV-Leistungen zwischen Kaarst und Mettmann.
Seit 25.02.2015 heißt das Unternehmen Transdev Rheinland GmbH.

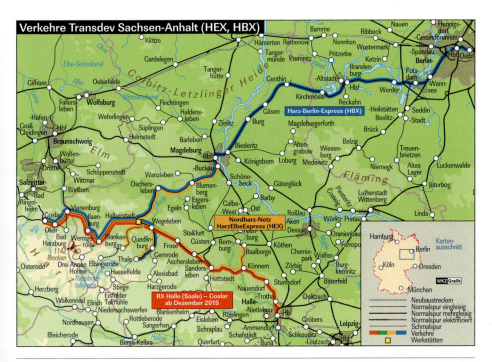

HEX

Transdev Sachsen-Anhalt GmbH (HEX) ℗

Magdeburger Straße 29
DE-38820 Halberstadt
Telefon: +49 3941 6783-0
Telefax: +49 3941 6783-99
Hotline: +49 3941 6783-33
info@hex-online.de
www.hex-online.de

Management
★ Matthias Löser (Geschäftsführer)

Gesellschafter
Stammkapital 25.000,00 EUR
★ Transdev GmbH (100 %)

Lizenzen
★ DE: EVU-Zulassung (PV) seit 08.04.2005, gültig bis 31.03.2020

Unternehmensgeschichte
Die Transdev Sachsen-Anhalt GmbH erbringt unter dem Markennamen HEX (HarzElbeExpress) SPNV-Leistungen in Sachsen-Anhalt und Niedersachsen. Anfang 2004 erhielt die damalige Veolia Transport vom Land Sachsen-Anhalt den Zuschlag für den SPNV auf dem im Wettbewerb vergebenen Nordharz-Netz mit 269 km Streckenlänge. Für die Betriebsdurchführung wurde am 01.07.2004 die Connex Sachsen-Anhalt GmbH gegründet, die unter dem Markennamen HEX (HarzElbeExpress) auftritt. Für die Verkehre verfügt HEX über 18 LINT-Fahrzeuge, die über das Leasingunternehmen CB Rail beschafft wurden und bei der Verkehrs Industrie Systeme GmbH (VIS) in Halberstadt gewartet werden.
Zusätzlich zu den SPNV-Leistungen im Nordharz-Netz fährt der HEX freitags bis sonntags auf alleinige Bestellung des Landes Sachsen-Anhalt mehrere vorrangig dem Ausflugsverkehr dienende Züge von und nach Berlin unter dem Namen „Harz-Berlin-Express" (HBX).
Die Gesellschafterversammlung der Connex Sachsen-Anhalt GmbH vom 14.03.2006 hat eine Umfirmierung in Veolia Verkehr Sachsen-Anhalt GmbH beschlossen.
Zum 01.04.2006 hat die damalige Veolia Verkehr Sachsen-Anhalt die insolvente Verkehrsgesellschaft „Klesener & Co" Salzland mbH Egeln übernommen, die unter der Marke „SalzlandBus" weitergeführt wird. Anfang 2009 erfolgte jedoch der Weiterverkauf an die Regionalverkehr Staßfurt Inh. Günter Haubold e. K., da man sich auf den SPNV konzentrieren will. Nach einer gewonnenen Ausschreibung des Zweckverbandes für den Nahverkehrsraum Leipzig (ZVNL) wurde ab April 2008 der SPNV Leipzig – Geithain zunächst bis Dezember 2009, aber mit zwischenzeitlich eingelöster Verlängerungsoption für weitere zwei Jahre übernommen.
Ausschreibungsgewinner war allerdings die damalige Connex Sachsen GmbH, die auf genannter Strecke seit 14.12.2008 mit einer eigens gegründeten Niederlassung in Leipzig unter der Marke „Mitteldeutsche Regiobahn" unterwegs ist.
Seit dem 04.02.2011 werden die Bus- und Bahnverkehre der Veolia Verkehr in Sachsen, Sachsen-Anhalt, Brandenburg und Mecklenburg-Vorpommern von der neuen Betriebsleitzentrale in Görlitz aus überwacht und geleitet.
Wie der Aufgabenträger Nahverkehrsservice Sachsen-Anhalt GmbH (NASA) am 09.05.2014 bekannt gab, plant sie zusammen mit dem Zweckverbandes Großraum Braunschweig (ZGB) nach Ablauf der Einspruchsfrist unterlegener Bieter die damalige Veolia Verkehr Sachsen-Anhalt GmbH im Zeitraum von Dezember 2015 bis Dezember 2017, optional Dezember 2018, mit der Erbringung schneller SPNV-Leistungen zwischen Halle und Goslar zu beauftragen. Die zweistündlichen Expresszüge werden bisher durch die DB Regio AG gefahren. Die Linie wird ab Dezember 2018 zusammen mit den übrigen derzeitigen HEX-Leistungen Bestandteil des „Dieselnetzes Sachsen-Anhalt", das europaweit ausgeschrieben wurde. Im Sommer 2014 wurde auch der Vertrag für das Nordharznetz mit HEX um ein Jahr verlängert.
Zum 25.02.2015 wurde die Veolia Verkehr Sachsen-Anhalt GmbH in Transdev Sachsen-Anhalt GmbH umfirmiert.

Verkehre
★ SPNV „RX Halle (Saale) – Goslar" mit 1,0 Mio. Zugkm/a vom 12.12.2015 bis 10.12.2017, optional 09.12.2018, im Auftrag des Landes Sachsen-Anhalt und des Zweckverbandes Großraum Braunschweig (ZGB)
★ SPNV „Nordharz-Netz" mit 2,8 Mio. Zugkm/a vom 11.12.2005 bis 09.12.2018 im Auftrag des Landes Sachsen-Anhalt
Magdeburg – Halberstadt – Thale / – Blankenburg (Harz)
Halle (Saale) – Halberstadt – Wernigerode – Vienenburg (– Goslar)
Halle (Saale) – Könnern – Bernburg
★ SPNV „Harz-Berlin-Express" Thale / Vienenburg – Berlin Ostbahnhof an Wochenenden, 0,048 Mio. Zugkm/a seit 16.12.2005 im Auftrag des Landes Sachsen-Anhalt

Transpetrol

Member of the VTG Group

Transpetrol GmbH Internationale Eisenbahnspedition

Nagelsweg 34
DE-20097 Hamburg
Telefon: +49 40 236004-0
Telefax: +49 40 236004-25
info@transpetrol.de
www.transpetrol.de

Management
★ Günther Johann Ferk (Geschäftsführer)
★ Richard Seebacher (Geschäftsführer)

Gesellschafter
Stammkapital 1.000.000,00 EUR
★ VTG Rail Logistics GmbH (100 %)

Beteiligungen
★ Bräunert Eisenbahnverkehr GmbH & Co. KG (100 %)
★ Bräunert Verwaltungs GmbH (100 %)
★ Transpetrol Sp. z o.o. (100 %)
★ VTG Rail Logistics Austria GmbH (100 %)
★ Mitteldeutsche Eisenbahn GmbH (MEG) (20 %)

Lizenzen
★ DE: EVU-Zulassung (PV+GV) seit 25.10.2007, gültig bis 31.10.2022
★ DE: Sicherheitsbescheinigung seit 27.09.2010

Unternehmensgeschichte
Die Transpetrol GmbH ist eine internationale Eisenbahnspedition, die sich schwerpunktmäßig dem Transport von Gefahrengütern widmet (Mineralöl, Chemieprodukte und Flüssiggas). Der Anteil europaweiter Leistungen beträgt ca. 70 %. Neben dem Kerngeschäft „Schienengütertransport" hat sich die Niederlassung der Transpetrol in Polen auf Straßenentransporte zwischen Polen und Westeuropa spezialisiert. Bis 1987 hatte das Unternehmen seinen Sitz in Frankfurt und gehörte zu 100 % der Kühne & Nagel Beteiligungs AG. Im genannten Jahr gründete die Deutsche BP AG eine „neue" Transpetrol mit Sitz in Hamburg, zu deren Zweigstelle das Frankfurter Büro wurde. An diesem Unternehmen hielt BP 80 % und den Rest Kühne & Nagel. 1992 übernahm die VTG AG 51 % der Unternehmensanteile von der BP, die somit nur noch 29 % hielt und diese 1998 an die damalige DB Cargo AG veräußerte. Im selben Jahr gründete Transpetrol mit der DB Cargo die MEG Mitteldeutsche Eisenbahn GmbH und 1999 mit der

SBB AG das Schweizer Logistikunternehmen ChemOil Logistics AG, deren Transpetrol-Anteil von 49 % 2004 an die SBB überging. 1999 begann auch der Aufbau der noch heute bestehenden ausländischen Tochterunternehmen. Zunächst wurde die Transpetrol Katowice Sp. z o. o. ins Leben gerufen, 2001 folgten die Mehrheitsübernahme an der TMV Wien, seit 2001 TMV Transpetrol Wien und seit 2006 eine 100 %-ige Tochter. 2002 übernahm man die Mehrheit der Gesellschafteranteile an der SoGeRail S.p.A. aus Genua, welche als Transpetrol Italia S.p.A. firmierte und am 01.10.2008 mit der VTG Italia S.r.l. verschmolzen wurde. 2002 zog sich die DB aus Transpetrol zurück und veräußerte ihren Anteil an die VTG, womit die heutige Aufteilung des Stammkapitals auf die Gesellschafter entstand. Am 20.10.2007 wurde die österreichische Tochtergesellschaft TMV-Transpetrol Internationale Bahnspeditionsges.m.b.H. in Transpetrol Austria GmbH umbenannt. Seit 15.12.2011 hält die VTG AG ihre Anteile an Transpetrol über die VTG Rail Logistics GmbH.
Seit dem 25.10.2007 besitzt Transpetrol eine eigene EVU-Konzession sowie seit 27.09.2010 eine eigene Sicherheitsbescheinigung.
Die Leistungsdaten der Transpetrol-Gruppe bzw. des VTG-Geschäftsbereiches Schienenlogistik der vergangenen Jahre:
★ 2006: Transportvolumen 13,8 Mio. t; Umsatz 167 Mio. EUR
★ 2008: Transportvolumen 12,2 Mio. t; Umsatz 169,2 Mio. EUR; 82 Mitarbeiter in neun Niederlassungen in vier Ländern
★ 2009: Umsatz 179,4 Mio. EUR; 94 Mitarbeiter in neun Niederlassungen in vier Ländern
★ 2010: Umsatz 201,4 Mio. EUR; 100 Mitarbeiter in neun Niederlassungen in sechs Ländern
★ 2011: Umsatz ca. 300 Mio. EUR; 171 Mitarbeiter die sich auf 15 Niederlassungen in elf Ländern verteilen
★ 2012: Umsatz ca. 300 Mio. EUR; 174 Mitarbeiter
★ 2013: Umsatz ca. 300 Mio. EUR; 182 Mitarbeiter
★ 2014: Umsatz ca. 320 Mio. EUR; 274 Mitarbeiter
Zum 21.01.2010 übernahm Transpetrol die Bräunert Eisenbahnverkehr GmbH & Co KG sowie deren Komplementärgesellschaft. Mit der eigenen Lizenz sowie mit dem Tochterunternehmen Bräunert erbringt Transpetrol eigene EVU-Leistungen in Deutschland.
Zum 01.01.2014 wurde die Transpetrol Austria GmbH in VTG Rail Logistics Austria GmbH umfirmiert. Die VTG Rail Logistics hat die konventionellen Bahnverkehrsaktivitäten der Kühne + Nagel ab 01.01.2014 übernommen.

Verkehre
★ aktuell wird die Traktion der Leistungen an EVU vergeben, siehe auch Bräunert Eisenbahnverkehr GmbH & Co. KG

TRIANGULA Logistik / THG

TRIANGULA Logistik GmbH

Oebisfelder Straße 4
DE-39359 Calvörde
Telefon: +49 39051 98454
Telefax: +49 39051 98464
klaus-peter.dietz@triangula.de
www.triangula.de

Management
* Dr. Klaus-Peter Dietz (Geschäftsführer)
* Dirk Nahrstedt (Geschäftsführer)

Gesellschafter
Stammkapital 25.000,00 EUR
* PD-Beratungs- und Beteiligungs-GmbH (100 %)

Lizenzen
* DE: EVU-Zulassung (PV+GV); gültig vom 14.10.2008 bis 13.10.2023
* DE: Sicherheitsbescheinigung (GV); gültig vom 14.02.2011 bis 13.02.2016
* DE: Sicherheitsbescheinigung (PV); gültig vom 20.08.2013 bis 13.02.2016

Unternehmensgeschichte
Dr. Klaus Peter Dietz gründete die TRIANGULA Logistik GmbH am 24.11.2004 für Beratungsleistungen im Logistikbereich sowie die Vorbereitung und Durchführung des Transportes von Gütern aller Art, wobei die Transportleistungen selbst durch Dritte erbracht werden.
Als Ergänzung zu den Aktivitäten der TRIANGULA wurde am 10.02.2005 ein Eisenbahnverkehrsunternehmen in Form der Eisenbahngesellschaft Potsdam mbH (EGP) gegründet (siehe dort). Seit Oktober 2008 besitzt die TRIANGULA ebenfalls eine EVU-Lizenz, die zunächst nicht aktiv genutzt wurde. Mit der Erteilung einer Sicherheitsbescheinigung (SiBe) konnte die TRIANGULA 2010 Baustoffverkehre als Subunternehmer der Schwestergesellschaft EGP aufnehmen. Nach dem mehrheitlichen Verkauf der EGP wurde der entsprechende Vertrag im November 2010 gekündigt.
Seit 17.09.2010 ist Dietz nicht mehr als Person sondern über die zu 100 % durch ihn gehaltene PD-Beratungs- und Beteiligungs-GmbH Gesellschafter der TRIANGULA Logistik. Gleichzeitig trat Dirk Nahrstedt als Geschäftsführer in das Unternehmen ein.
2011/2012 stellte die TRIANGULA die Trassen für die Baustoffzüge der damaligen Schwestergesellschaft A.D.E. Eisenbahnverkehrsunternehmen GmbH (siehe dort). Für den bis 31.03.2014 durchgeführten Transport bzw. das Rangieren von abgestellten Containertragwagen im Raum Prignitz hatte die TRIANGULA eine Diesellok angemietet, die in Karow stationiert war.
Im Auftrag der BLG RailTec GmbH führte die TRIANGULA von Herbst 2011 bis Dezember 2013 Rangierdienstleistungen in Falkenberg/Elster für BLG AutoRail GmbH mit zwei Lok der Baureihe 203 durch (sieh dort).
TRIANGULA Logistik war seit 2012 bis 31.12.2014einstellendes und Trassen bestellendes EVU der BDK Bahndienste GmbH (Bestand: eine V 60).
Seit 01.03.2014 ist die TRIANGULA Logistik GmbH trassenbestellendes EVU für die Starkenberger Baustoffwerke GmbH (SBW) und Halter von deren Lokomotiven (5 x V 300 und 2 x V 60 D).

Verkehre
* Einstellendes EVU der Starkenberger Baustoffwerke GmbH (SBW) seit 01.03.2014

Trierer Hafengesellschaft mbH (THG) ◾

Ostkai 4
DE-54293 Trier
Telefon: +49 651 96804-30
Telefax: +49 651 96804-40
info@hafen-trier.de
www.hafen-trier.de

Management
* Volker Klassen (Geschäftsführer)

Gesellschafter
Stammkapital 4.959.550,00 EUR
* Land Rheinland-Pfalz (62,89 %)
* Stadt Trier (21,03 %)
* Landkreis Trier-Saarburg (TR) (16,08 %)

Infrastruktur
* Hafenbahn (6,2 km Gleislänge) mit Anschluss an Knotenpunktbahnhof Trier-Ehrang

Unternehmensgeschichte
Die Anlage des Trierer Hafens ist auf die vorangegangene Kanalisierung der Mosel für Schiffe bis 1.500 t zurückzuführen. Nach Gründung der Trierer Hafengesellschaft mbH 1962 erfolgten ab 1963 der Bau des Hafens, 1964 die Aufnahme der Moselschifffahrt und 1965 die Hafeneröffnung. In den Folgejahren siedelte sich eine Reihe von Unternehmen auf dem Hafenareal an. 1995 begann die Errichtung des Güterverkehrszentrums Trier und 1998 wurde das Trimodale Containerterminal eröffnet. Der wasserseitige Umschlag überschritt

THG / TWE

2005 mit rd. 1,085 Mio. t erstmals die Millionengrenze. Das Hafenbecken ist rund 8 ha groß und verfügt über 800 m Kailänge. Die Güterpalette reicht von Mineralölprodukten über Eisen und Stahl, Metallabfälle, Altglas, landwirtschaftliche Produkte und Baustoffe bis zu Halb- und Fertigwaren. An Umschlagseinrichtungen stehen u. a. ein Container-Portalkran, ein Portaldrehkran sowie verschiedene Greifer und Spezialumschlaggeräte, z. B. für Papier zur Verfügung. Die vorhandenen Lagerhallen sind rund 15.000 m² groß (Flach-, Rampen-, Hochregallager) und teilweise beheizbar; die Freilagerfläche beträgt rund 18.000 m², davon 10.000 m² im direkten Kaibereich, 11.500 m² befestigt und 5.000 m² für den Containerverkehr. Das Getreidesilo fasst ca. 17.000 t. Die Hafenbahn mit ihren 6,2 km Gleislänge bindet in den Bahnhof Ehrang ein.

TWE Bahnbetriebs GmbH G

Am Grubenhof 2
DE-33330 Gütersloh
Telefon: +49 5241 23400-0
Telefax: +49 5241 23400-209
info.twe@captrain.de
www.captrain.de

Management
★ Jan Maria Simons (Geschäftsführer)

Gesellschafter
Stammkapital 500.000,00 EUR

Lizenzen
★ DE: EVU-Zulassung (PV+GV) seit 10.12.2002, gültig bis 31.12.2017

Unternehmensgeschichte
Die TWE Bahnbetriebs GmbH entstand per Gesellschafterbeschluss vom 13.08.2002 aus der Vorratsgesellschaft ORLA Zweiundvierzigste Vermögensverwaltung GmbH. Die Gesellschaft übernahm im Rahmen der rechtlichen Trennung von Infrastruktur und Bahnbetrieb zum 01.01.2003 Fahrzeuge und Betrieb der Teutoburger Wald-Eisenbahn-AG, welche seitdem nur noch als EIU agiert. Alle regelmäßigen Güterverkehrsleistungen auf der TWE-Infrastruktur wurden zum 01.10.2010 durch die DB Schenker Rail Deutschland AG übernommen, womit die TWE Bahnbetriebs GmbH

nahezu ausschließlich abseits der Infrastruktur der Muttergesellschaft tätig ist.
Zum 01.11.2012 übernahm die TWE das Rangiergeschäft der CC-Logistik GmbH & Co. KG im Hamburger Hafen.
Für die erste Jahreshälfte 2015 ist geplant, die Gesellschaften TWE Bahnbetriebs GmbH und Bayerische CargoBahn GmbH (BCB) zu einem Rechtsmantel zu verschmelzen. Die entsprechenden Standorte bleiben erhalten.

Verkehre
★ Aluminiumoxidtransporte ab Stade-Bützfleth; 2 x pro Monat Traktion bis Hamburg (Übergabe an ITL) seit Frühjahr 2013 im Auftrag der ITL-Eisenbahn GmbH
★ Coiltransporte Beddingen (Salzgitter AG) – Schwerte Ost (Hövelmann & Lueg GmbH Stahl-Service-Center) / Hagen; 2 x pro Woche seit 01.01.2008; aktuell 6 x pro Woche inklusive Zustellung im Raum Hagen / Schwerte
★ Coiltransporte Duisburg-Huckingen (HKM Hüttenwerke Krupp Mannesmann GmbH) – Hamm (Mannesmann Line Pipe GmbH); 5 x pro Woche seit 02.02.2004 im Auftrag der Mannesmannröhren-Werke AG; bis Oberhausen West Deutscher Kaiser Eisenbahn und Häfen GmbH (EH); aktuell 1-2 x pro Woche
★ KV-Transporte Rotterdam (RSC) [NL] – Ludwigshafen (KTL); 6 x pro Woche im Auftrag von Hupac in Kooperation mit der Captrain Netherlands B.V.
★ Kokstransporte Bottrop (RAG-Kokerei Prosper) – Bremen (ArcelorMittal Bremen GmbH); 3 x pro Woche seit 01.01.2006; aktuell 10-14 x pro Woche
★ Luppentransporte Zeithain (Salzgitter Mannesmann Rohr Sachsen GmbH) – Brackwede Süd (Salzgitter Mannesmann Präzisrohr GmbH); 2-3 x pro Woche seit 2010
★ Luppentransporte Zeithain (Salzgitter Mannesmann Rohr Sachsen GmbH) – Vitry-le-Francois (Salzgitter Mannesmann Précision Etirage SAS) [FR]; 1 x pro Woche seit 2010
★ Luppentransporte Zeithain (Salzgitter Mannesmann Rohr Sachsen GmbH) – Würgendorf (Salzgitter Mannesmann Präzisrohr GmbH); 2 x pro Woche seit 13.07.2010
★ Rangierdienste im Hamburger Hafen (u.a. für RBB, ITL); zum 01.11.2012 übernommen von CC-Logistik GmbH & Co. KG
★ Rangierdienste in Emden (u.a. für ITL); seit 04.03.2013 (übernommen von insolventer CC-Logistik GmbH & Co. KG)
★ Rundstahltransporte Duisburg-Huckingen (HKM Hüttenwerke Krupp Mannesmann GmbH) – Aulnoye Aymeries (Vallourec & Mannesmann Tubes) [FR]; 5 x pro Woche seit 09.01.2009; in Frankreich betriebliche Abwicklung durch Europorte France SAS (EPF); aktuell 4 x pro Woche

TWE / TX

* Schrotttransporte Düsseldorf-Rath (V&M Deutschland GmbH) – Bous (Stahlwerk Bous GmbH); 5-6 x pro Woche; 4 x pro Woche seit 04.05.2009
* Stahlblocktransporte Duisburg Hafen – Mülheim Styrum; 3 x pro Woche seit 09.06.2008; aktuell nur sporadisch
* Stahlbrammentransporte Duisburg-Huckingen (HKM Hüttenwerke Krupp Mannesmann GmbH) – Zeithain (Salzgitter Mannesmann Rohr Sachsen GmbH); 5 x pro Woche seit November 2004 im Auftrag der Mannesmannröhren-Werke GmbH; bis Oberhausen West Deutscher Kaiser durch TryssenKrupp Steel Europe AG (TKSE); aktuell 3 x pro Woche
* Strangguss-Rundblocktransporte Bous (Stahlwerk Bous GmbH) – Düsseldorf-Rath (V&M Deutschland GmbH); 5-6 x pro Woche seit 02.05.2005; 4 x pro Woche seit 04.05.2009; mangels Elektrifizierung übernahm zunächst die Neusser Eisenbahn die Traktionierung auf der „letzten Meile", seit Frühjahr 2008 stellt die TWE eine eigene G 1206; in Düsseldorf-Reisholz erfolgt im DB-Bahnhof der Wagentausch mit der Industrieterrains Düsseldorf-Reisholz AG (IDR), die die Anbindung des dortigen V & M-Werkes übernimmt
* Warmbreitbandtransporte Beddingen (Salzgitter AG) – Hamm (Mannesmann Line Pipe GmbH); seit 02.05.2005 im Auftrag der Mannesmann Line Pipe GmbH (MLP) und der Mannesmann Präzisrohr GmbH (MHP)
* Zellstofftransporte Schwedt / Oder – Gütersloh; 2 x pro Woche seit Mai 2012 Zustellung in Gütersloh im Auftrag der LOCON LOGISTIK & CONSULTING AG
* Zellstofftransporte Vlissingen [NL] / Antwerpen [BE] – Osnabrück; 3 x pro Woche im Auftrag der NOSTA Rail GmbH seit 01.01.2015; in Kooperation mit der Captrain Netherlands B.V. bzw. der Captrain Belgium B.V.; 1 x pro Woche kombiniert mit einem KV-Transport für Hoyer

TX Logistik AG G

Junkersring 33
DE-53844 Troisdorf
Telefon: +49 2224 779-0
Telefax: +49 2224 779-109
info@txlogistik.eu
www.txlogistik.eu

Niederlassung Hamburg
Großmannstraße 70
DE-20539 Hamburg
Telefon: +49 40 8541668-0
Telefax: +49 40 8541668-29

Elsenheimer Straße 45
DE-80687 München
Telefon: +49 89 5205753-40
s.jozinovic@txlogistik.eu

Niederlassung Rotterdam
Lichtenauerlaan 102
NL-3062 ME Rotterdam
Telefon: +31 10 2045619

Niederlassung Bozen
Piazza Walther 22
IT-39100 Bozen

Management
* Karl Michael Mohnsen (Vorstandsvorsitzender)
* Pietro Mancuso (Vorstand Finanzen)
* Frank Lehner (Vorstand Marketing und Vertrieb)

Gesellschafter
Stammkapital 286.070,00 EUR
* Trenitalia S.p.A. (100 %)

Beteiligungen
* TX Consulting GmbH (100 %)
* TX Logistik A/S (100 %)
* TX Logistik AB Schweden (100 %)
* TX Logistik Austria GmbH (100 %)
* TX Logistik GmbH (100 %)
* TX Service Management GmbH (100 %)
* boxXpress.de GmbH (15 %)

TX

Lizenzen
* DE: EVU-Zulassung (GV) seit 20.05.1998 sowie ab 06.12.2001 (GV), gültig bis 30.06.2028
* DE: Sicherheitszertifikat Teil A+B (GV), seit 14.06.2011; gültig bis 13.06.2016
* FR: Sicherheitszertifikat, Teil B (GV); gültig vom 18.10.2011 bis 18.10.2016
* IT: Sicherheitszertifikat, Teil A+B (GV); gültig vom 10.05.2010 bis 09.05.2015
* NL: Sicherheitszertifikat Teil B, gültig bis 01.09.2014

Unternehmensgeschichte
Die TX Logistik AG mit Sitz in Bad Honnef ist heute einer der größten Privatbahnen Europas und v. a. auf dem Nord-Süd-Korridor mit Güterzügen anzutreffen. Fünf Führungskräfte aus der Logistikbranche gründeten mit der Unterzeichnung des Gesellschaftsvertrages zum 26.02.1997 und Handelsregistereintrag zum 01.04.1997 die KEP Logistik Management und Beratung GmbH mit Sitz in Bad Honnef. Unternehmensgegenstand waren zunächst Beratungs- und Managementleistungen für Unternehmen der Logistikbranche. Durch Beschluss der Gesellschafterversammlung vom 30.06.2000 und Handelsregistereintrag zum 06.11.2000 wurde das Unternehmen in NetLog Netzwerk-Logistik GmbH umbenannt. Die TX Logistik AG, die zu jenem Zeitpunkt eine der NetLog ähnliche Gesellschafterstruktur mit Frank Otto Blochmann als Mehrheitsaktionär (51 %) besaß, übernahm anschließend die Unternehmensanteile an NetLog. TX Logistik selbst war zum 14.09.2000 aus der LHD Logistik Holding (Deutschland) AG hervorgegangen, welche wiederum am 29.02.2000 aus der Vorratsgesellschaft „Hanseatische Aktion elfte Verwaltungs-Aktiengesellschaft in Hamburg" entstanden war. TX ist dabei die Abkürzung für den bei Errichtung der Firma verwendeten Arbeitstitel „Team X".
Ab Mitte 2000 begann die zum 13.06.2000 als EVU für den Güterverkehr zugelassene KEP Logistik selbst als Anbieter von Schienengüterverkehrsleistungen aufzutreten. Am 26.06.2000 nahmen die Eurogate Intermodal GmbH, die European Rail Shuttle B.V. (ERS) und KEP Logistik gemeinsam ein als „boxXpress.de" vermarktetes Containerzugnetzwerk im Seehafenhinterlandverkehr auf, das in einer ersten Stufe über das Hub Gemünden die Häfen Bremerhaven und Hamburg mit Stuttgart, Nürnberg und München verband. KEP Logistik übernahm dabei innerhalb der Kooperation die betriebliche Abwicklung der Transporte, während die Vermarktung und Logistik in den Händen von Eurogate und ERS lag. Die drei Partner gründeten mit der Unterzeichnung des Gesellschaftsvertrages zum 16.11.2001 und Handelsregistereintrag zum 29.05.2002 die zunächst ebenfalls in Bad Honnef ansässige boxXpress.de GmbH als gemeinsames Tochterunternehmen, welches die boxXpress-Verkehre schrittweise in eigener Regie übernahm.

Gemäß Verschmelzungsvertrag vom 19.11.2002 und Handelsregistereintrag zum 01.02.2003 (NetLog) bzw. 22.02.2003 (TX Logistik) ging die NetLog Netzwerk-Logistik GmbH mit Wirkung zum 01.01.2003 vollständig in die TX Logistik AG auf. Die Firmenbezeichnung NetLog erlosch mit Handelsregistereintrag zum 28.02.2003.
Am 31.07.2003 wurde in Rom offiziell die Beteiligung der italienischen Staatsbahn Trenitalia SpA an der TX Logistik AG von Vertretern beider Unternehmen bekannt gegeben. Trenitalia übernahm zunächst 15 % der TX Logistik-Anteile mit einer Option auf bis zu 40 %. Neben Trenitalia waren weiterhin Frank Otto Blochmann (43,69 %), Peter Amberger (12,75 %), Kurt Pelster (8,9 %), Raimund Stüer (8,89 %), Werner Nies (8,89 %) und Burkhard Bräkling (1,98 %) an TX Logistik beteiligt. Zwei Jahre später, am 28.07.2005, wurde die Erhöhung des Trenitalia-Anteils an der TX Logistik AG auf 51 % bekannt gegeben.
Zwischenzeitlich gründete die TX Logistik Tochtergesellschaften in Dänemark, Österreich, Schweden und der Schweiz. Die Muttergesellschaft verfügt zudem über eine Zulassung für die Niederlande, für die Zukunft ist angedacht, auch für die Länder Belgien, Frankreich und Norwegen ein Sicherheitszertifikat zu erlangen.
Im Sommer 2008 eröffnete TX eine Niederlassung in Hamburg, die fortan mit einem eigenen Team alle Vertriebsaktivitäten im norddeutschen Raum gebündelt wahrnimmt. Im Herbst 2008 erfolgte die Akquisition der Aktivitäten des dänischen Operateurs Kombi Dan A/S. Für die betriebliche Durchführung der Züge in Dänemark wurde die TX Logistik A/S gegründet, zum 01.01.2009 eröffnete TX eine Niederlassung in Padborg. Seit Mai 2011 ist die TX Logistik A/S Betreiber des Umschlagterminals in Padborg, das sich im Eigentum des staatlichen Infrastrukturbetreibers BaneDanmark befindet.
Zu den ersten Großkunden der TX Logistik gehörte der Automobillogistiker ARS Altmann AG, der die TX seit 2001 beauftragt. Nach ersten Transporten ab Glauchau stieg die TX in die zuvor durch die damalige DB Cargo gefahrenen Exportverkehre ab Regensburg, Dingolfing und München ein. Seit 02.06.2003 fährt man für Altmann von den gleichen Startbahnhöfen aus auch Verkehre Richtung Italien, die zunächst in Kooperation mit der österreichischen LTE Logistik- und Transport-GmbH produziert wurden und mittlerweile zur eigenen Tochtergesellschaft wechselten. 2008 beförderte TX im Bereich der Automobillogistik rund 4.000 Züge.
Mit dem Einstieg der Trenitalia bei TX verstärkte sich der Fokus auf Verkehre von / nach Italien. Bei der durch den Einsatz von Mehrsystemloks mögliche grenzüberschreitenden Produktion fahren die TX-Loks in Italien unter der Lizenz der Schwestergesellschaft Servizi Ferroviari S.r.l. (Ser. Fer).
Zu den auf dem Korridor Deutschland – Italien angebotenen Leistungen gehören u. a. KV-Verkehre Lübeck – Verona sowie Ganzzüge mit den

TX

Ladegütern Abfall, Biodiesel, Coils, Fliesen, Pkw, Stahl und Tonerde. Vom Ostseefährhafen Rostock besteht zudem seit 2007 eine mehrfach pro Woche angebotene Verbindung nach Verona, die Kaufmannsgüter in geschlossenen Güterwagen transportiert.

2008 erfolgte der verstärkte Einstieg der TX Logistik als Operator von KV-Verbindungen. Vom KV-Hub Wanne-Eickel aus wurden 2008 rund 70 Züge pro Woche unter dem Markennamen „TXCARGOSTAR intermodal" nach Italien gefahren. Die Züge der boxXpress.de GmbH werden durch die TX Logistik unter dem Markennamen „TXCARGOSTAR maritim" mit vermarktet.

Zur Traktion ihrer internationalen Leistungen greift die TX Logistik auch auf Triebfahrzeuge der Trenitalia sowie der im nördlichen Brennerzulauf als Kooperationspartner fungierenden Österreichischen Bundesbahnen (ÖBB) zurück.

2007 erbrachte die TX Logistik 1.708 Mio. Netto-tkm. Im Oktober 2009 beschäftigte man inklusive der Tochterunternehmen 260 Mitarbeiter.

Seit 2010 führt die TX Logistik auch Verkehre auf eigener Lizenz in Italien von Brennero nach Verona und Lonato durch. Im September 2012 waren dies 28 Züge pro Woche. In den vergangenen Jahren erbrachte das Unternehmen gemäß einer Aufstellung der ANSF - Agenzia Nazionale per la Sicurezza Ferroviaria folgende Zugkm-Leistungen auf Strecken der Rete Ferroviaria Italiana S.p.A. (RFI):
* 2011: 0 (PV); 4.960 (GV)
* 2010: 0 (PV); 474 (GV)
* 2009: 0 (PV); 0 (GV)

Nach fast zwölf Jahren verkaufen die TX Logistik-Gründer Frank O. Blochmann (32,87 %), Burkhard Bräkling (1,06 %), Werner Nies (5,02 %), Kurt Pelster (5,03 %) und Raimund Stüer (5,02 %) ihre noch verbleibenden Gesellschafteranteile im Frühjahr 2011 an Trenitalia.

Mit rund 350 Mitarbeitern, darunter ca. 120 Lokführer und Rangierer, erwirtschaftete das Unternehmen 2011 einen Jahresumsatz von 200 Mio. EUR. Für 2013 vermeldete die Gruppe einen Umsatz in Höhe von 232 Mio. EUR.

Die TX Logistik AG wird im April 2015 von Stammsitz in Bad Honnef in eine neue Zentrale in Troisdorf-Spich umziehen. Die Entscheidung für den Standortwechsel ist dem kontinuierlichen Wachstum des Bahnlogistik-Unternehmens geschuldet.

Verkehre
* Abfalltransporte Bergamo [IT] – Rostock, 1-2 x pro Monat
* Coilstransporte Bremen (ArcelorMittal Bremen GmbH) – Italien; Spotverkehre seit 2014
* Coilstransporte Italien – Hagen Eckesey (Robert Schmitz Spedition GmbH) / Hamm; bei Bedarf; Traktion ab Hagen Gbf untervergeben an Eisenbahnbetriebsgesellschaft Mittelrhein (EBM Cargo GmbH) (Bedienung Schmitz) bzw. DB Schenker Rail Deutschland AG (Bedienung Hamm)
* Coilstransporte Salzgitter (Salzgitter Flachstahl GmbH) – Italien
* Gütertransporte Italien– Rostock Seehafen; 2-3 x pro Woche seit 01.04.2007 Traktion ab Tarvisio (Übernahme von Trenitalia) [IT]; per Eisenbahnfähre weiter nach Trelleborg [SE]; Rangierdienstleistungen in Rostock werden durch Anschlussbahn-Servicegesellschaft Pressnitztalbahn mbH (ASP) erbracht
* KV-Transporte Duisburg (DIT) – Passau (Weiterleitung nach Sopron durch RCA); 3 x pro Woche seit 01.01.2015 im Auftrag der Rail Cargo Austria AG (RCA); erste Meile in Duisburg durch duisport rail GmbH
* KV-Transporte Halden (Hangartner) [NO] – Verona (Interporto Quadrante Europa (IQE) [IT]; 1 x pro Woche seit 04.05.2012 im Auftrag der S J. Lauritzen's Eftf.
* KV-Transporte Koblenz – Lugo [IT]; 2 x pro Woche seit Januar 2013 Traktion Koblenz-Lützel (Übernahme von Hafenbahn) – Brennero [IT] im Auftrag der Trenitalia / GL&T CARGO S.R.L.
* KV-Transporte Köln-Eifeltor – Verona (Interporto Quadrante Europa) [IT]; 2 x pro Woche seit 04.12.2008 im Auftrag der Fercam S.p.A. (u.a. Ton); 5 x pro Woche seit Oktober 2010 und für unterschiedliche Auftraggeber; 6 x pro Woche seit Februar 2014
* KV-Transporte Lugo [IT] – Halle Hafen; seit Februar 2014 im Auftrag der Trenitalia; Traktion ab Halle Rbf durch Hafen Halle GmbH (HFH)
* KV-Transporte Lübeck-Skandinavienkai – Verona [IT]; 2 x pro Woche seit 20.11.2004 Traktion bis Brenner (Übergabe an Trenitalia); später 3 x pro Woche, 4 x pro Woche seit 09.12.2006
* KV-Transporte Malmö [SE] – Duisburg (Logport II); 2 x pro Woche seit 27.01.2010; 6 x pro Woche seit 12.04.2010; seit 04.04.2011 Herne als Ziel; 8 x pro Woche seit März 2015
* KV-Transporte Padborg [DK] – Hamburg-Rothenburgsort (Anschluss an Zug Lübeck – Verona [IT]) ; 1 x pro Woche seit Mai 2007; Rangierdienst in Padborg durch Railcare Danmark ApS / Captrain Danmark ApS
* KV-Transporte Rostock Seehafen – Verona [IT]; geplant ab Frühjahr 2015
* KV-Transporte Rotterdam (CTT, ECT Delta, ECT Euromax) [NL] – Enns [AT]; 2 x pro Woche seit 30.09.2014 in Kooperation mit der European Gateway Services B.V. (EGS) sowie der Rail Cargo Austria AG (RCA); Hafenumfuhr in Rotterdam durch LTE Netherlands B.V. und Rotterdam Rail Feeding B.V. (RRF)

TX

- KV-Transporte Rotterdam (CTT, ECT Delta, ECT Euromax) [NL] – Nürnberg (TriCon) – München Riem (DUSS; seit 01.10.2012); 3 x pro Woche seit 29.04.2012 in Kooperation mit der European Gateway Services B.V. (EGS); 4 x pro Woche seit 01.04.2014; Hafenumfuhr in Rotterdam [NL] durch LTE Netherlands B.V.
- KV-Transporte Triest (Europa Multipurpose Terminals (EMT) S.r.l.) [IT] – Bettembourg [LU]; 1 x pro Woche seit 2014; Verantwortung: Bettembourg [LU] – Saarbrücken CFL cargo S.A.; Saarbrücken – Österreich / Italien TX Logistik AG
- KV-Transporte Venlo-Blerick (Cabooter Railcargo) [NL] – Melzo [IT]; 5 x pro Woche seit 14.06.2011 im Auftrag der Jan de Rijk Logistics; erste Meile bis Venlo [NL] untervergeben an DB Schenker Rail Nederland N.V.; 10 x pro Woche seit 31.03.2014; Traktion in der Schweiz sowie Lokgestellung seit Dezember 2013 durch BLS Cargo AG
- KV-Transporte Verona (Interporto Quadrante Europa) [IT] – Kassel (GVZ) – Hannover-Linden Ubf (DUSS); 3 x pro Woche seit November 2011, seit 20.04.2013 von Kassel bis Hannover verlängert
- KV-Transporte Wanne-Eickel (CTH) – Wien-Freudenau (WienCont) [AT]; 5 x pro Woche seit 02.01.2013 im Auftrag der LKW WALTER Internationale Transportorganisation AG; die Zuführung der Wagen vom Bahnhof Wanne-Eickel zum Container Terminal Herne (CTH) übernimmt die Wanne-Herner Eisenbahn und Hafen GmbH (WHE)
- KV-Transporte Wanne-Eickel – Köln-Eifeltor – Busto Arsizio [IT]; 5 x pro Woche seit 02.04.2008; Kooperationspartner in Italien Servizi Ferroviari S.r.l. (Ser.Fer); die Zuführung der Wagen vom Bahnhof Wanne-Eickel zum Container Terminal Herne (CTH) übernimmt die Wanne-Herner Eisenbahn und Hafen GmbH (WHE); Traktion in der Schweiz sowie Lokgestellung seit September 2013 durch BLS Cargo AG. 2013 Verlegung des italienischen Ziels von Melzo nach Busto Arsizio und Aufnahme eines Zwischenhalts in Köln.
- KV-Transporte Wanne-Eickel – Verona [IT]; 7 x pro Woche Traktion bis Brenner (Übergabe an Trenitalia); Zuführung der Wagen vom Bahnhof Wanne-Eickel zum Container Terminal Herne (CTH) übernimmt die Wanne-Herner Eisenbahn und Hafen GmbH (WHE)
- KV-Transporte „Alter Schwede" Lübeck (CTL) – Halmstad [SE] – Stockholm Årsta [SE]; 3 x pro Woche seit 07.02.2015 im Auftrag der Spedition Bode GmbH & Co. KG; Traktion ab Lübeck-Dänischburg (Übernahme von DB Schenker Rail Deutschland AG)
- Kohletransporte Vlissingen-Sloe (OVET B.V.) [NL] – Elverlingsen (MarkE); Spotverkehre seit 19.08.2013; Rangierdienst in Sloe vergeben an LOCON BENBELUX B.V.
- Pkw-Transporte (BMW) Bremerhaven / Regensburg / Dingolfing / München – Verona [IT]; seit 02.06.2003 im Auftrag der ARS Altmann AG Traktion bis Brenner; Rangierdienst in Regensburg, Dingolfing und Bremerhaven durch DB Schenker Rail Deutschland AG sowie in München durch die PCT Private Car Train GmbH, Betriebsabwicklung Österreich durch TX Logistik GmbH, in Italien durch die Niederlassung Italien der TX Logistik AG
- Pkw-Transporte (BMW) Dingolfing – Bremerhaven-Kaiserhafen; seit 15.01.2002 im Auftrag der ARS Altmann AG; Rangierverkehr vor Ort durch DB Schenker Rail Deutschland AG
- Pkw-Transporte (BMW) Regensburg Ost – Bremerhaven-Kaiserhafen; seit 10.01.2002 im Auftrag der ARS Altmann AG; Rangierverkehr vor Ort durch DB Schenker Rail Deutschland AG
- Pkw-Transporte (VW) Wolfsburg – Bremerhaven-Kaiserhafen; im Auftrag der STVA; Rangierverkehr in Wolfsburg durch OHE Cargo GmbH und in Bremerhaven durch DB Schenker Rail Deutschland AG
- Pkw-Transporte Süddeutschland – Krefeld; seit Januar 2014 im Auftrag der ARS Altmann AG; letzte Meile durch Hafen Krefeld GmbH & Co. KG
- Schrotttransporte Deutschland (diverse Standorte) – Italien (diverse Standorte) 3-4 x pro Woche im Auftrag der Scholz AG
- Schrotttransporte Essingen (Scholz Recycling AG & Co. KG) – Cava Tigozzi [IT]; 1 x pro Woche; Traktion bis Nördlingen vergeben an Bayern Bahn Betriebsgesellschaft mbH (BYB)
- Schrotttransporte Fichtenberg (Scholz Recycling AG & Co. KG) – Cava Tigozzi [IT]; sporadisch; Traktion bis Donauwörth vergeben an Bayern Bahn Betriebsgesellschaft mbH (BYB)
- Weintransporte Italien – Trier-Euren (Sektkellerei Schloß Wachenheim AG); 1-3 x pro Monat seit 2011; Traktion ab Ehrang vergeben an Vulkan-Eifel-Bahn Betriebsgesellschaft mbH (VEB)

UED / UEF-V / UeE

UED Uckermärkische Eisenbahn Dienstleistungs GmbH

Grabowstraße 52
DE-17291 Prenzlau
Telefon: +49 3984 8346734
Telefax: +49 3984 8346736
info@ued-prenzlau.de
www.ued-prenzlau.de

Management
★ Carolin Heinze (Geschäftsführerin)

Gesellschafter
Stammkapital 25.000,00 EUR
★ Anita Heinze (63 %)
★ Wolfgang Heinze (24 %)
★ Carolin Heinze (13 %)

Lizenzen
★ DE: EVU-Zulassung (PV+GV); gültig vom 11.12.2012 bis 31.12.2026

Unternehmensgeschichte
Die UED Uckermärkische Eisenbahn Dienstleistungs GmbH wurde mit Gesellschaftsvertrag vom 12.04.2012 aus einer Einzelfirma überführt. Die UED nahm den Geschäftsbetrieb am 01.09.2012 auf und bietet Personaldienstleistungen in Form von Arbeitnehmerüberlassung und Eisenbahntransporte an. Im Dezember 2014 hatte das Familienunternehmen 32 Mitarbeiter.
Zunächst mit gleichen Gesellschafteranteilen durch Anita und Wolfgang Heinze gegründet gilt seit 30.05.2013 die aktuelle Version.

UEF Eisenbahn-Verkehrsgesellschaft mbH (UEF-V) P I

Zehntwiesenstraße 31 C
DE-76275 Ettlingen
Telefon: +49 7243 719948
Telefax: +49 7243 719949
fplo@uef-gmbh.de
www.uef-gmbh.de

Management
★ Dipl.-Ing. Klaus Heckemanns (Geschäftsführer)

Gesellschafter
Stammkapital 50.000,00 DM
★ Ulmer Eisenbahnfreunde e. V. (UEF) (72 %)
★ Albtal-Verkehrs-Gesellschaft mbH (AVG) (14 %)
★ Leonhard Weiss GmbH & Co. KG (LW) (14 %)

Lizenzen
★ DE: EIU Amstetten – Gerstetten seit 11.08.1998
★ DE: EVU-Zulassung (PV+GV) seit 14.10.1997, gültig bis 31.10.2027

Infrastruktur
★ Amstetten – Gerstetten (20,05 km), am 02.07.1997 von WEG gekauft

Unternehmensgeschichte
Der Ulmer Eisenbahnfreunde e. V. (UEF) wurde im September 1969 mit dem Ziel gegründet, historisch wichtiges Eisenbahnmaterial für die Nachwelt zu erhalten. Der Verein führt regelmäßige Sonderfahrten auf den Strecken Ettlingen Stadt – Bad Herrenalb, (Karlsruhe –) Rastatt – Baiersbronn, Amstetten – Gerstetten und Amstetten – Oppingen (750 mm) durch. Um die rechtlichen Voraussetzungen zum Betreiben von Bahnstrecken und Eisenbahnfahrzeugen zu schaffen, wurde am 20.02.1997 die UEF Eisenbahn-Verkehrsgesellschaft mbH gegründet.
Die Gesellschaft betreibt auch die Infrastruktur der von der Württembergische Eisenbahn-Gesellschaft mbH (WEG) übernommenen Strecke Amstetten – Gerstetten.

Verkehre
★ Sonderzugverkehr

Uetersener Eisenbahn-Aktiengesellschaft (UeE)

Bahnstraße 15
DE-25436 Uetersen
Telefon: +49 4122 9098-0
Telefax: +49 4122 48049

Management
★ Birgit Reinheimer (Vorstand)

Gesellschafter
Stammkapital 113.189,23 EUR
★ KViP Kreisverkehrsgesellschaft in Pinneberg mbH (100 %)

UeE / UBB

Infrastruktur
★ Uetersen – Tornesch (4,4 km)

Unternehmensgeschichte
Die Uetersener Eisenbahn AG (UeE) nahm am 02.09.1873 als Pferdeeisenbahn den Betrieb auf der rund 4,5 km langen Strecke Uetersen-Stadt – Tornesch auf. Mit dem Ende des Pferdebahnbetriebes am 20.05.1908 übernahmen zunächst dampfgetriebene Fahrzeuge und ab den 1920er Jahren Dieseltriebwagen den Verkehr. Mit der Einstellung der Personenbeförderung auf der Schiene am 29.05.1965 verblieb der Gesellschaft nur der Güterverkehr sowie die seit 1936 bestehende Bussparte. In das Jahr 1965 fällt außerdem der Rückbau des zweiten Gleises nach Tornesch.
Der zuletzt stark defizitäre Bahnbetrieb der Gesellschaft wurde zum 01.01.1998 ausgegliedert. Eine angedachte Übernahme durch die Karsdorfer Eisenbahn GmbH (KEG) kam nicht zustande. Letztendlich erhielt die damalige neg norddeutsche eisenbahngesellschaft mbH, zu diesem Zeitpunkt eine Tochter der Vossloh Verkehrsservice GmbH, den Zuschlag. Die neg übernahm auch zugleich den Streckenabschnitt Uetersen Stadt – Hafen. Mitarbeiter, Betriebsmittel und Konzessionen der Bussparte wurden zum 01.01.1994 in die KViP Kreisverkehrsgesellschaft in Pinneberg mbH überführt.
Die UeE besteht weiter als Immobiliengesellschaft, die aber nur noch über einen Mitarbeiter verfügt. Durch die Umbenennung und Anteilsübernahme ArcelorMittal bei CFL cargo hat das Land bei der Umbenennung der CFL cargo keinen eigenen EIU-Betrieb nach § 9 AEG mehr zugestanden, da grundsätzlich Diskriminierung zu befürchten war. In der Folge ist die Strecke 2007 in die Verantwortung der jüngeren neg Niebüll GmbH gekommen. Zu 2014 haben CFL cargo, UeE und neg die vertraglichen Verhältnisse hinter dem Konstrukt neu geordnet.

Usedomer Bäderbahn GmbH

UBB Usedomer Bäderbahn GmbH

Am Bahnhof 1
DE-17424 Seebad Heringsdorf
Telefon: +49 38378 271-0
Telefax: +49 38378 271-14
info@ubb-online.com
www.ubb-online.com

Management
★ Jörgen Boße (Geschäftsführer)
★ Christina Keindorf (Geschäftsführerin)

Gesellschafter
Stammkapital 256.000,00 EUR
★ Deutsche Bahn AG (DB AG) (100 %)

Beteiligungen
★ UBB Polska Sp. z o.o. (99 %)
★ USEDOM TOURISMUS GMBH (3 %)

Lizenzen
★ DE: EIU für eigene Infrastruktur
★ DE: EVU-Zulassung (PV+GV); gültig vom 05.10.2009 bis 05.10.2024

Infrastruktur
★ Seebad Ahlbeck – Zinnowitz – Wolgaster Fähre (36,7 km); seit 01.06.1995
★ Zinnowitz – Peenemünde (12,8 km); seit 01.06.1995
★ Züssow – Wolgast Hafen (18,1 km); seit 1999
★ Velgast – Barth (10,3 km); seit 2002
★ Seebad Ahlbeck – Ahlbeck Grenze (2,5 km); Wiederaufbau bis März 2008

Unternehmensgeschichte
Am 01.06.1995 übernahm die am 21.12.1994 neu gegründete UBB Usedomer Bäderbahn GmbH, eine 100 %ige Tochter der Deutschen Bahn AG, mit den Nebenbahnen Seebad Ahlbeck – Zinnowitz – Wolgaster Fähre und Zinnowitz – Peenemünde ein von der Stilllegung bedrohtes, vom langjährigen Auslaufbetrieb durch die DR und das unterschiedliche Ausbauniveau zwischen DR und DB geprägtes 54 km langes Streckennetz, 32 Jahre alte Fahrzeuge, Triebwagen der Baureihe 771/971, sowie

UBB / UEG

eine grundlegend sanierungsbedürftige Eisenbahninfrastruktur und sinkende Fahrgastzahlen.
Im Jahre 1994 begann die Oberbauerneuerung, so dass die Höchstgeschwindigkeit von bisher 60 km/h (50 km/h auf dem Abschnitt Zinnowitz – Peenemünde Dorf), die aufgrund der maroden Gleise kaum noch zugelassen war, abschnittsweise auf 80 km/h erhöht werden konnte. Allein zwischen 1995 und 1997 investierte die UBB etwa 47 Millionen DM in die Modernisierung der Bahnanlagen.
Seit 1999 gehört die Nebenbahn Züssow – Wolgast Hafen (mit Zugang an das Hauptstreckennetz der DB Netz AG) zum Streckennetz. Die Wiederanbindung an das Festland erfolgte nach 55 Jahren zum Fahrplanwechsel im Sommer des Jahres 2000 über die bereits fertiggestellte kombinierte Straßen- und Eisenbahnbrücke in Wolgast.
Ebenfalls seit Fahrplanwechsel Sommer 2000 befährt die UBB ihre Strecken mit modernen Dieselelektrischen Niederflur-Gelenktriebwagen GTW 2/6. Diese 14, seit Anfang 2003 23 Triebwagen haben die Schienenbusse der Baureihe 771/971 aus den Jahren 1962 bis 1964 abgelöst. Einige der alten Triebwagen bleiben für museale Zwecke erhalten.
Um die technische Wartung, Reinigung und Instandhaltung der Fahrzeuge zu sichern, wurde im September 2000 in Heringsdorf ein neuer Betriebshof mit Abstellanlage übergeben.
Seit Herbst 2002 fährt die UBB im Rahmen des Projektes „Vorpommernbahn" über Greifswald und Stralsund bis nach Barth. Dabei wurde die Eisenbahninfrastruktur zwischen Velgast und Barth durch die UBB von der DB Netz AG erworben.
Am 05.10.2007 begann die UBB mit den Bauarbeiten für die Verlängerung ihrer Strecke vom damaligen Endbahnhof Ahlbeck Grenze über die polnische Grenze hinaus nach Świnoujście [PL], die im März 2008 abgeschlossen werden konnten. EIU auf polnischer Seite ist aus genehmigungsrechtlichen Gründen das Tochterunternehmen UBB Polska Sp. z o.o., die Betriebsaufnahme erfolgte am 21.09.2008.
Mit der Deutschen Bahn Aktiengesellschaft als herrschendem Unternehmen ist am 12.01.2009 ein Beherrschungs- und Gewinnabführungsvertrag geschlossen worden.
2010 erzielte das Unternehmen mit 163 Mitarbeitern einen Umsatz von 21,5 Mio. EUR. Alle von der UBB gefahrenen Leistungen (1,4 Mio. Zugkm/a) wurden im März 2015 zur Betriebsaufnahme im Dezember 2017 für 13 Jahre ausgeschrieben.

Verkehre
* Verkehre (SPNV mit 1,1 Zugkm/a vom 01.06.1995 bis Dezember 2017 im Auftrag des Landes Mecklenburg-Vorpommern)
  Stralsund – Greifswald – Züssow – Zinnowitz – Ahlbeck Grenze – Świnoujście Centrum
  Barth – Velgast – Stralsund
  Peenemünde – Zinnowitz

Usedomer Eisenbahn Gesellschaft GbR (UEG)

Am Bahnhof 12
DE-17454 Ostseebad Zinnowitz
Telefon: +49 38377 28889
Telefax: +49 38377 37636
g.sachs@ueg-online.com
www.ueg-online.com

Management
* Gerald Sachs (Geschäftsführer)

Gesellschafter
* Gerald Sachs
* Berit Baumgarten

Unternehmensgeschichte
Die am 01.03.2007 gegründete Usedomer Eisenbahn Gesellschaft GbR (UEG) bietet die Durchführung von Rangier-, Zustell- und Wagenmeisterdiensten, Fahrzeugvermietung und Personalgestellung an. Über eine eigene EVU-Zulassung verfügt das Unternehmen nicht; stattdessen wurde bis 2012 die HWB Verkehrsgesellschaft mbH beauftragt. Sitz der UEG ist Zinnowitz auf der Insel Usedom. Von 2005 bis 2010 mietete der ebenfalls von Gerald Sachs geführte Verein Lokschuppen Zinnowitz e.V. dort Anlagen der UBB Usedomer Bäderbahn GmbH, die auch zur Abstellung von UEG-Fahrzeugen genutzt wurden. Im Mai 2013 nahm die UEG die an der Strecke Dresden – Leipzig in Niederau nahe Meißen gelegene Anschlussbahn des durch die Meissen Keramik GmbH übernommenen früheren Quelle-Regionallagers wieder in Betrieb. Auf derem rund fünf Kilometer langen Gleisnetz wird die gesicherte kurz- und langfristige Fahrzeugabstellung sowie Güterumschlag angeboten.

UTL / ADAM

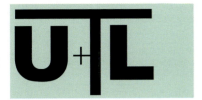

UTL Umwelt- und Transportlogistik GmbH G

Seehang 28
DE-78465 Konstanz
Telefon: +49 7533 9359421
Telefax: +49 7533 949561
info@utl-gmbh.de
www.utl-gmbh.de

Management
* Hans-Jörg Fischer (Geschäftsführer)
* Uwe Gfrörer (Geschäftsführer)

Gesellschafter
Stammkapital 25.000,00 EUR
* Gfrörer Energie und Umwelt GmbH (50 %)
* S+R Spezialtransporte und Recycling GmbH (50 %)

Beteiligungen
* BauLog Stuttgart 21 GmbH & Co. KG (33,33 %)

Lizenzen
* DE: EVU-Zulassung (PV+GV) seit 20.10.2005, gültig bis 31.10.2020

Unternehmensgeschichte
Mit Gesellschaftsvertrag vom 26.01.2001 und Handelsregistereintrag zum 06.04.2001 wurde in Konstanz die UTL Umwelt- und Transportlogistik GmbH ins Leben gerufen. Gründer und Geschäftsführer war Ralf Schneider, der bereits im Rahmen seiner früheren Tätigkeit Erfahrungen mit dem Transport großer Mengen von Aushubmaterial aus der Bodenseeregion per Bahn einbrachte. Zweck der Firmengründung war es, diese Transporte künftig rationeller und mit eigenem Personal durchzuführen. Am 25.10.2002 wurde im schweizerischen Frauenfeld die UTL UMWELT + TRANSPORTLOGISTIK AG gegründet. Hintergrund war der Konkurs der Mittelthurgaubahn (MThB), wodurch für die damalige DB Cargo AG ein Kooperationspartner für die Ostschweiz entfiel. Die UTL übernahm Lokführer der MThB und konnte daher sehr schnell streckenkundiges Personal einsetzen. Die Gestellung von Lokführern für grenzüberschreitende Zugleistungen Deutschland – Schweiz ist, mit gewachsenem Personalbestand (40 Mitarbeiter), bis heute das Hauptgeschäft der UTL GmbH und UTL AG. Zwar besitzt die UTL GmbH inzwischen auch eine Zulassung als EVU, doch die Anschaffung eigener Triebfahrzeuge ist nicht geplant.
Zum 26.11.2009 übernahmen die Gfrörer Energie und Umwelt GmbH sowie die S+R Spezialtransporte und Recycling GmbH jeweils 25 % der Gesellschafteranteile. Nach dem Tod von Ralf Schneider gingen dessen Anteile per 07.12.2009 auf seine Frau Yvonne Schneider-Stücheli über, die sie per 12.04.2010 zu gleichen Teilen an die anderen beiden Gesellschafter veräußerte.

Uwe Adam EVU GmbH G

Sondraer Straße 164
DE-99848 Sättelstädt
Telefon: +49 3691 7235300
Telefax: +49 3691 7235300
info@adam-evu.de
www.adam-evu.de

Bahnbetriebswerk
Eichrodter Weg 0
DE-99817 Eisenach
Telefon: +49 3691 72353-0
Telefax: +49 3691 72353-15
sebastian.adam@adam-evu.de

Management
* Uwe Adam (Geschäftsführer)

Gesellschafter
Stammkapital 25.000,00 EUR
* Uwe Adam (45 %)
* Sylvia Adam (45 %)
* Marco Reimer (10 %)

Lizenzen
* DE: EVU-Zulassung (GV) seit 02.04.2002, gültig 15 Jahre

Infrastruktur
* Bahnbetriebswerk Eisenach (ca. 3.000 m Abstellgleis davon ca. 600 m mit Fahrleitung)

Unternehmensgeschichte
Der Sättelstädter Transportunternehmer Uwe Adam engagiert sich seit Ende der 1990er-Jahre auch auf dem Bahnsektor. Dies geschah zunächst als Teilhaber der am 09.08.1999 gegründeten AMP Bahnlogistik GmbH, die Adam jedoch im Oktober 2001 wieder verließ. Die von ihm in die AMP eingebrachten Fahrzeuge wurden fortan direkt über das Fuhrunternehmen Uwe Adam Transporte vermarktet.
Mit Gesellschaftsvertrag vom 15.03.2002 wurden die

ADAM / Vattenfall

Bahnaktivitäten von Uwe Adam Transporte in die Uwe Adam Eisenbahnverkehrsunternehmen GmbH ausgegründet. Die ab 02.04.2002 als EVU für Güterverkehre zugelassene Gesellschaft bot Fahrzeugvermietung, Bauzugdienste und Traktionsleistungen im Schienengüterverkehr an. Zudem bestand seit 23.01.2001 mit der Adam & MaLoWa Lokvermietung GmbH ein weiteres Bahnunternehmen unter Beteiligung von Uwe Adam.
Als Unternehmensstandort konnte am 02.05.2002 das frühere Bw Eisenach der DB bezogen werden. Dieses war zunächst angemietet, bevor es zum 01.06.2005 von der Uwe Adam Eisenbahnverkehrsunternehmen GmbH käuflich erworben wurde.
Die Gesellschafterversammlung vom 09.08.2007 hat eine Umfirmierung in Lotrac Eisenbahnverkehrsunternehmen GmbH beschlossen. 20 %-Gesellschafter und Geschäftsführer Steffen Müller verließ das Unternehmen Mitte April 2008. Die Gesellschafterversammlungen vom 02.12.2008 und 11.12.2008 haben die Änderung des Firmennamen in Uwe Adam EVU GmbH beschlossen.
2008 erwirtschafteten 15 Mitarbeiter einen Umsatz von 3,5 Mio. EUR. Bis auf die Loks 9 und 10 sowie das ASF befinden sich alle Loks im Eigentum der Uwe Adam Transporte.

Verkehre
* AZ-Verkehr in Deutschland
* betriebliche Abwicklung der Züge der Railtraxx BVBA in Deutschland; seit Dezember 2012

Vattenfall Europe Mining AG
G I

Schwarze Pumpe - An der Heide
DE-03130 Spremberg
Telefon: +49 3564 6-17200
Telefax: +49 3564 6-17202
toni.genahl@vattenfall.de
www.vattenfall.de

Management
* Dr. Hartmuth Zeiß (Vorsitzender des Vorstands)
* Klaus Aha (Mitglied des Vorstands)
* Hubertus Altmann (Mitglied des Vorstands)
* Michael von Bronk (Mitglied des Vorstands)

Gesellschafter
Stammkapital 138.048.807,92 EUR
* Vattenfall GmbH (100 %)

Beteiligungen
* Gesellschaft für Montan- und Bautechnik mbH (100 %)
* Transport- und Speditionsgesellschaft Schwarze Pumpe mbH (100 %)
* Lausitzer Analytik GmbH Laboratorium für Umwelt und Brennstoffe (40 %)

Lizenzen
* DE: EVU-Zulassung (GV) seit 01.09.2006, gültig bis 31.12.2020

Infrastruktur
* Die Unternehmen Vattenfall Europe Mining AG und Vattenfall Europe Generation AG verfügen über einen eigenen Zentralen Eisenbahnbetrieb sowie über ein eigenes Schienennetzt. Auf 314 Kilometern sind die Tagebaue der Lausitz (Tgb. Jänschwalde / Cottbus-Nord, Welzow-Süd, Nochten / Reichwalde) sowie die drei Kraftwerksstandorte (Jänschwalde, Schwarze Pumpe, Boxberg) mit einander verbunden. Weitere 64 Kilometer Schienen befinden sich auf dem Gelände der drei Kraftwerke, so dass Mining und Generation in Summe über ein Gleissystem von 378 Kilometer verfügt.

Unternehmensgeschichte
Seit Jahrzehnten wird in der Lausitz im Süden Brandenburgs und Osten Sachsens Braunkohle im Tagebauverfahren gewonnen und überwiegend in der Region in Kraftwerken verwendet. Betreiber der vier aktuell im Lausitzer Revier aktiven Tagebaue Cottbus Nord, Jänschwalde, Welzow Süd und Nochten ist die Vattenfall Europe Mining AG, eine Tochtergesellschaft der Vattenfall Europe AG. Das Unternehmen entstand im Januar 2003 durch Umbenennung aus der Lausitzer Braunkohle AG, nachdem diese bereits seit August 2002 Teil der schwedischen Vattenfall-Gruppe war.
Zwischen den Tagebauen, Halden und Kraftwerken besteht ein umfangreiches, normalspuriges Werkbahnnetz. Die elektrifizierten, mit 2.400 V Gleichspannung betriebenen Strecken sind in den Bahnhöfen Spreewitz und Peitz Ost mit dem DB-Netz verbunden. In den Übergabebahnhöfen kommen zur Überbrückung der unterschiedlichen Stromsysteme von Vattenfall und DB Diesellokomotiven zum Einsatz.
Seit 01.09.2006 verfügt die Vattenfall Europe Mining AG auch über die Zulassung als öffentliches EVU für den Güterverkehr, die jedoch ausschließlich zum Befahren der öffentlichen Infrastruktur im Anschlussbahnhof Spreewitz genutzt wird.

Verkehre
* Güterverkehr auf dem eigenen, nicht öffentlichen Bahnnetz

vectus / VWE

vectus Verkehrsgesellschaft mbH

Joseph-Schneider-Straße 1
DE-65549 Limburg
Telefon: +49 6431 5845-0
Telefax: +49 6431 5845-21
info@vectus-online.de
www.vectus-online.de

Management
* Dipl.-Ing. Horst Klein (Geschäftsführer)
* Peter Runge (Geschäftsführer)

Gesellschafter
Stammkapital 500.000,00 EUR
* Hessische Landesbahn GmbH - HLB (74,9 %)
* Westerwaldbahn des Kreises Altenkirchen GmbH (WEBA) (25,1 %)

Lizenzen
* DE: EVU-Zulassung (PV) seit 05.04.2004, gültig bis 30.04.2019

Unternehmensgeschichte
Am 14.12.2002 erhielt eine Bietergemeinschaft aus HLB und WEBA den Zuschlag für SPNV-Leistungen, die auf einem 218 km langen Netz in den Ländern Hessen und Rheinland-Pfalz erbracht werden. Nach Unterzeichnung des Verkehrsvertrages am 10.01.2003 mit den Auftraggebern Zweckverband Schienenpersonennahverkehr Rheinland-Pfalz Nord (SPNV Nord) und Rhein-Main-Verkehrsverbund (RMV) wurde am 23.07.2003 die vectus gegründet. Der Kunstname „vectus" ist eine Abwandlung des lateinischen Wortes vehere (= fahren).
Sitz von vectus ist Limburg, wo sich auch der betriebliche Mittelpunkt des Netzes befindet. Die Fahrzeugwartung erfolgt in Limburg in der von DB Regio betriebenen Werkstatt im ehemaligen Ausbesserungswerk (AW). Im Oktober 2010 hatte vectus 81 Mitarbeiter.
Ein seit März 2007 angemieteter GTW der HLB dient als zusätzliches Reservefahrzeug und wird abweichend bei der WEBA gewartet. Die Notwendigkeit eines weiteren Fahrzeuges ergab sich für vectus bereits im Dezember 2004, nachdem ein Fahrzeug aus der Betriebs- und Werkstattreserve für den laufenden Betrieb auf der „Ländchesbahn" Wiesbaden – Niedernhausen entbehrt werden musste. Dort hatten die vom RMV als Aufgabenträger geforderten Fahrzeugkapazitäten nicht ausgereicht und eine Umplanung zu Ungunsten der vectus-Reserve notwendig gemacht. 2011 gab vectus drei LINT 27 (VT 201, 204, 210) an die HLB für das „Lahn-Vogelsberg-Rhön-Netz" ab und erhielt im Gegenzug drei weitere GTW.
Die vectus-Verkehre (außer RB 20/21) sind ein Teil des Ende September 2011 für zwölf Jahre ab Dezember 2014 ausgeschriebenen „Dieselnetzes Eifel-Westerwald-Sieg", das u.a. an die Hessische Landesbahn GmbH - HLB bzw. die HLB Hessenbahn GmbH vergeben wurde. Diese hat auch die Fahrzeuge der vectus übernommen.

Verden - Walsroder Eisenbahn GmbH (VWE)

Moorstraße 2 a
DE-27283 Verden (Aller)
Telefon: +49 4231 9227-0
Telefax: +49 4231 9227-30
info@allerbus.de
www.vwebahn.de

Management
* Dipl.-Wirtschaftsing. Uwe Roggatz (Geschäftsführer)
* Henning Rohde (stellvertretender Geschäftsführer)

Gesellschafter
Stammkapital 1.500.000,00 EUR
* Landkreis Verden (VER) (68,66 %)
* Stadt Verden (15,69 %)
* Landkreis Soltau-Fallingbostel (SFA) (11,78 %)
* Gemeinde Kirchlinteln (3,87 %)

Beteiligungen
* Verkehrsbetriebe Grafschaft Hoya GmbH (VGH) (11,22 %)

Lizenzen
* DE: EIU Böhme – Walsrode Nord
* DE: EIU Verden Süd – Stemmen
* DE: EVU-Zulassung (PV+GV) seit 26.10.1995, gültig bis 25.10.2025

Infrastruktur
* Verden Süd – Stemmen (12,11 km)
* Hollige – Walsrode DB (5,74 km)

VWE / PEA

Unternehmensgeschichte
Am 08.02.1910 wurde der Gesellschaftsvertrag für die Kleinbahn Verden-Walsrode GmbH mit Sitz in Verden beurkundet. Gegenstand des Unternehmens war der Bau und Betrieb einer normalspurigen Kleinbahn von Verden über Groß Häuslingen nach Walsrode mit einer Abzweigung zum Hafen der Kalisalz-Bergwerkgesellschaft Aller Nordstern mbH an der Aller in Eitze.
Zunächst war der Bau einer direkten Strecke über Kirchboitzen als Schmalspurbahn geplant. Schließlich wurde jedoch wegen der Entwicklung des dortigen Kalibergbaus eine Linienführung über Groß Häuslingen, wo umfangreiche Anschlussgleisanlagen entstanden, realisiert. Nach Baubeginn am 01.03.1910 wurde am 17.12. desselben Jahres die 29 km lange Teilstrecke Verden – Altenboitzen eröffnet, der schon drei Tage später die Verlängerung nach Vorwalsrode (7 km) folgte. Mit der Fertigstellung der 2 km langen Reststrecke von Vorwalsrode nach Walsrode konnte ab 02.03.1911 der gesamte Abschnitt von 38 km befahren werden.
Die ohnehin nicht günstige Entwicklung der Beförderungszahlen erfuhr einen schweren Rückschlag durch die Stilllegung der Kaliwerke in Groß Häuslingen, wodurch 1935 die Existenz des Bahnunternehmens gefährdet war. Am 25.02.1936 erfolgte die Beschlussfassung über die Stilllegung und den Abbruch der Mittelstrecke Stemmen – Böhme von km 12,1 bis km 25,0. Der Abbrucherlös wurde zur Instandsetzung der beiden Teilstrecken Verden – Stemmen und Walsrode – Böhme verwendet. 1969 fuhr der letzte Personenzug, seitdem wird auf den beiden Teilstrecken nur noch Güterverkehr durchgeführt.
Ihr erstes Engagement im Busbereich unternahm die VWE 1931 mit der Eröffnung der Linie Verden – Walsrode, die jedoch nach einem Monat wieder eingestellt wurde. Ab 1950 wurden erneut mehrere Linien eingerichtet, die dann durch die Einrichtung von Mittelpunktschulen eine größere Bedeutung bekamen. Am 01.01.1967 wurde die Verdener Verkehrsgesellschaft von der VWE übernommen.
Zum 01.06.1970 endete zudem der Einsatz eigener Loks auf dem östlichen VWE-Abschnitt. Hier kamen anschließend Fahrzeuge der DB bzw. der mittlerweile in die OHE aufgegangenen Werkbahn Wolff Walsrode im Auftrag der VWE zum Einsatz. Entlang der Teilstreckenabschnitte Verden – Stemmen sowie Walsrode – Hollige unterhält die VWE mehrere Verladebahnhöfe für Rundholzverladungen. Auf dem Verdener Streckenabschnitt werden die Gleiskapazitäten für kurz- und langfristige Wagenabstellungen angeboten. Insgesamt stehen bis zu 2.000 m Gleise als Serviceeinrichtungen zur Verfügung.
Die VWE beförderte 2007 auf dem eigenen und fremden Streckennetz rund 59.000 t, 2009 waren es rund 80.000 t. Auf dem Walsroder Streckenabschnitt beförderten fremde EVU ca. 24.600 t Rundholz (2007). Neben Arbeitzugeinsätze werden im regionalen Verkehr (Verden, Visselhöve, Soltau und Walrode) Cargoverkehre für Rohholz und andere Transporte angeboten. Die VWE verfügte im Juni 2008 über fünf Triebfahrzeugführer.
Zum 15.01.2011 hat die VWE für den schon länger nicht mehr befahrenen Abschnitt Hollige (km 30,667) – Böhme (5,47 km) das Verfahren nach § 11 AEG eingeleitet. Die Stilllegung erfolgte mit Schreiben vom 09.11.2011. Der Bescheid zur Freistellung traf Mitte März 2014 ein und wird voraussichtlich Ende April bestandsrechtkräftig, sofern bis dahin kein Widerspruch dagegen eingelegt wird. Die Freistellung erfolgte im Vorfeld des Verkaufs der Trasse an die Böhmetalbahn gUG, der unmittelbar nach dem Eintritt der Bestandskraft Rechtskräftigkeit abgeschlossen werden soll. Diese Gesellschaft plant, auf der entwidmeten bzw. freigestellten Trasse ein Museumsfeldbahnprojekt einzurichten.
Seit dem 01.10.2011 führt die VWE den Status des Regionalen Eisenbahnverkehrsunternehmens und nutzt damit die Ausnahmeregelung zur SiBe gemäß AEG. Als Aufsichtsbehörde ist damit ausschließlich die LEA Hannover zuständig. Für Fahrten außerhalb des eigenen Netzes zeichnen die Eisenbahnen und Verkehrsbetriebe Elbe-Weser GmbH (EVB) verantwortlich. Hier sind per Betriebsdurchführungsvertrag Fahrzeuge sowie Personal eingestellt und dort im SMS eingegliedert. Die VWE befördert zurzeit im Jahr rund 100.000 t Güter zu denen vor allem Fertigwaren aus dem Tiernahrungsbereich und Rohholz zählen.
Seit 01.12.2011 führt die VWE den Produktnamen AllerBus in der Geschäftssparte ÖPNV.

Verkehre
* AZ-Verkehr
* Gütertransporte Strecke Verden – Neddenaverbergen
* Papierrollentransporte Hoya (Papierfabrik) – Hafen Bremen-Neustadt; 2-3 x pro Woche seit 14.07.2013 Traktionsgestellung für die Verkehrsbetriebe Grafschaft Hoya GmbH (VGH)

Verein Parkeisenbahn Auensee e. V. (PEA) P I

Postfach 26 01 03
DE-04139 Leipzig
Gustav-Esche-Strasse 8
DE-04159 Leipzig
Telefon: +49 341 4611151
Telefax: +49 341 4685515
info@parkeisenbahn-auensee-leipzig.de
www.parkeisenbahn-auensee-leipzig.de

Infrastruktur
* Parkeisenbahn (1,9 km, Spurweite 600 mm)

PEA / VSE / vbe

Unternehmensgeschichte
Am 05.08.1951 wurde in Leipzig der Betrieb auf der seinerzeit zweiten Pioniereisenbahn der DDR aufgenommen. Die 1,87 km lange Strecke mit einem Bahnhof und drei Haltepunkten und umrundet auf einer Spurweite von 381 mm ihren Namensgeber, den rund 12 ha großen Auensee im Nordwesten der Stadt Leipzig. Dieser war 1909 durch Kiesabbau, vor allem für den Bau des Leipziger Hauptbahnhofs entstanden. Der zum Eröffnungszeitpunkt vorhandene Fahrzeugpark bestand aus einer der drei ehemals der Firma Brangsch gehörenden Liliputlokomotive (Baujahr 1925) und vier offenen Personenwagen, ebenfalls Baujahr 1925. Erst 1988/89 wurden im seinerzeitigen RAW Dresden acht offene vierachsige Personenwagen mit Mittelpufferkupplung und Druckluftbremse Typ Dresden für die Bahn gebaut. Sie erhielten die Nummern 5 - 12.
1995 kam auch ein zweites Triebfahrzeug zur Bahn: Auf dem Fahrgestell einer 600 mm-Feldbahndiesellok Typ NS 1b (Baujahr 1958, LKM Babelsberg), 1994 von der Muskauer Waldeisenbahn übernommen, wurde in der Werkstatt der Deutschen Bahn AG, Werk Halle/Saale, eine zweiachsige Akkulok der Achsfolge B aufgebaut. Bereits im Jahr zuvor war der Förderverein gegründet worden, der die Bahn heute in Zusammenarbeit mit der Stadt Leipzig betreibt. Die Fahrsaison dauert von Anfang April bis Ende Oktober.

Verein Sächsischer Eisenbahnfreunde e. V. (VSE) ℙ

Schneeberger Straße 60
DE-08340 Schwarzenberg
Telefon: +49 3774 760760
Telefax: +49 3774 760760
info@vse-eisenbahnmuseum-schwarzenberg.de
www.vse-eisenbahnmuseum-schwarzenberg.de

Management
★ Eckehardt Schwenzer (Vorsitzender)

Lizenzen
★ DE: EVU-Zulassung (PV+GV) seit 11.01.2000, gültig bis 31.01.2029

Infrastruktur
★ Anschlussbahn Eisenbahnmuseum Schwarzenberg

Unternehmensgeschichte
Der Verein Sächsischer Eisenbahnfreunde e. V. (VSE) wurde am 08.03.1990 beim Amtsgericht Dresden eingetragen und besitzt aktuell ca. 140 Mitglieder. Zu den Aufgaben des Vereines zählen die museale Erhaltung des Lokschuppens in Schwarzenberg mitsamt den historischen Fahrzeugen sowie der Betrieb eines Museumszuges.

Verkehre
★ Sonderzugverkehr mit historischem Rollmaterial

Verkehrsbetriebe Extertal GmbH (vbe) 🚆

Postfach 12 54
DE-32696 Extertal
Am Bahnhof 1
DE-32699 Extertal
Telefon: +49 5262 409-0
Telefax: +49 5262 409-35
info@vbe-extertal.de
www.vbe-extertal.de

Management
★ Thomas Brandauer (Geschäftsführer)
★ Sven Oehlmann (Geschäftsführer)

Gesellschafter
Stammkapital 1.898.000,00 EUR
★ Kreis Lippe (39,44 %)
★ e.on Westfalen-Weser AG (EWW) (18,88 %)
★ Verkehrsbetriebe Extertal GmbH (VBE) (14,33 %)
★ Stadt Rinteln (11,48 %)
★ Landschaftsverband Westfalen-Lippe (10,52 %)
★ Landkreis Schaumburg (SHG) (5,35 %)

Beteiligungen
★ Karl Köhne Omnibusbetriebe GmbH (KKO) (100 %)
★ vbe Spedition GmbH (100 %)
★ WestfalenBahn GmbH (WFB) (25 %)
★ VGL Verkehrsgesellschaft Lippe mbH (8 %)
★ OWL Verkehr GmbH (1,7 %)

Lizenzen
★ DE: EIU Barntrup – Rinteln Süd seit 12.2000
★ DE: EIU Lemgo – Barntrup seit 12.2000
★ DE: EVU-Zulassung (PV+GV) seit 30.04.1996, gültig bis 31.12.2017

Infrastruktur
★ „Extertalbahn" Barntrup – Rinteln Süd (23,3 km); Bösingfeld – Rinteln-Süd zum 01.11.2007 stillgelegt

vbe / VGH

* „Begatalbahn" Lemgo – Barntrup (17,9 km); mit Kaufvertrag vom 15.12.2000 zum 01.01.2001 von DB Netz AG übernommen

Unternehmensgeschichte
Die Extertalbahn von Barntrup im heutigen Nordrhein-Westfalen und Rinteln im heutigen Niedersachsen sollte den abgelegenen Ortschaften und Firmen im Tal der Exter eine verbesserte Anbindung an das Schienennetz ermöglichen und wurde zwischen 1927 und 1929 in drei Abschnitten eröffnet. Der Personenverkehr war schon immer nachrangig und wurde 1966 auf dem Abschnitt Bösingfeld – Barntrup und 1969 zwischen Bösingfeld und Rinteln eingestellt. 2001 erfolgte die Einstellung des Güterverkehrs der vbe, die Infrastruktur wird seitdem nur noch für Sonderzüge im Personenverkehr und Draisinenfahrten genutzt. Um wegen der drohenden Stilllegung durch DB Netz nicht den einzigen Anschluss an die Infrastruktur der DB zu verlieren, übernahmen die vbe 2001 die angrenzende Strecke Lemgo – Barntrup. Deren zunächst für Dezember 2003 angedachte Reaktivierung im SPNV scheiterte vorerst aufgrund der Haushaltslage in NRW. Am 28.07.2007 wurde lediglich der kurze Abschnitt Lemgo – Lemgo-Lüttfeld wieder für den SPNV in Betrieb genommen. Der Betrieb wird durch die KEOLIS Deutschland GmbH & Co. KG, Niederlassung eurobahn Bielefeld abgewickelt.
Im Sommer 2005 wurde wiederholt auf einigen Abschnitten der Extertalbahn die aus Kupferdraht bestehende Oberleitung gestohlen, der Museumszugbetrieb mit den historischen Elektrotriebwagen musste pausieren. Nach Instandsetzung zwischen dem Betriebsmittelpunkt Bösingfeld und Alverdissen konnten die Nikolausfahrten 2006 dort wieder durchgeführt werden. Im Abschnitt Bösingfeld – Barntrup finden sporadische Dampfzugsonderfahrten statt. Außerdem kann man mit Fahraddraisinen des Pro Rinteln e. V. vom Bahnhof Rinteln Süd die Strecke im Sommer bis Alverdissen befahren. Auf dem zum 01.11.2007 stillgelegten Abschnitt Bösingfeld – Rinteln-Süd wurden am 31.03.2008 sämtliche Signalanlagen und Teile der BÜ-Technik demontiert. Verwaltung und Werkstatt der vbe befinden sich in Extertal-Bösingfeld.
Die Gesellschafterversammlung der Verkehrsbetriebe Extertal-Extertalbahn GmbH, Extertal, hat am 21.12.2010 u.a. die Änderung der Firma in Verkehrsbetriebe Extertal GmbH beschlossen.

Verkehrsbetriebe Grafschaft Hoya GmbH (VGH) 🅟🅖🅘

Am Bahnhof 1
DE-27318 Hoya
Telefon: +49 4251 9355-0
Telefax: +49 4251 9355-39
info@vgh-hoya.de
www.vgh-hoya.de

Management
* Dipl.-Wirtschaftsing. Uwe Roggatz (Geschäftsführer)

Gesellschafter
Stammkapital 1.855.300,00 EUR
* Stadt Hoya (22,56 %)
* Samtgemeinde Bruchhausen-Vilsen (20,46 %)
* Landkreis Diepholz (DH) (11,22 %)
* Verden - Walsroder Eisenbahn GmbH (VWE) (11,22 %)
* Landkreis Nienburg (NI) (11,21 %)
* Stadt Syke (10,14 %)
* Verkehrsbetriebe Grafschaft Hoya GmbH (VGH) (8,08 %)
* Samtgemeinde Eystrup (3,55 %)
* Gemeinde Hoyerhagen (0,87 %)
* Mittelweserbahn GmbH (MWB) (0,7 %)

Beteiligungen
* Verkehrsbetriebe Grafschaft Hoya GmbH (VGH) (8,08 %)
* Verkehrsverbund Bremen/Niedersachsen GmbH (VBN)
* Verkehrsgesellschaft Landkreis Nienburg/Weser GmbH (VLN)

Lizenzen
* DE: EIU Eystrup – Hoya seit 23.11.1881
* DE: EIU Syke – Hoya seit 01.06.1900
* DE: EVU-Zulassung (PV+GV) gültig vom 09.11.1995 bis 08.11.2025

Infrastruktur
* Syke – Hoya (28,8 km)
* Eystrup – Hoya (8,0 km)

VGH / VPS

Unternehmensgeschichte
Die VGH entstanden am 20.06.1963 durch die wirtschaftlich bedingte Fusion der Hoyaer Eisenbahn-Gesellschaft und der Hoya-Syke-Asendorfer Eisenbahn GmbH (HSA).
Die VGH-Strecke von Hoya über Bruchhausen-Vilsen nach Syke war einst als Meterspurbahn in Betrieb genommen worden und wurde unter anderem mit Hilfe der Bundeswehr umgespurt. Am 25.05.1963 fuhr der erste normalspurige Zug zwischen Hoya und Bruchhausen-Vilsen, am 17.01.1966 zwischen Bruchhausen-Vilsen und Syke. Seitdem besteht eine durchgehend regelspurige Verbindung zwischen den beiden Hauptbahnen Osnabrück – Bremen im Westen und Hannover – Bremen im Osten.
Der Personenverkehr auf der Schiene wurde nach der Eröffnung des VGH-Omnibusbetriebes am 24.01.1951 in Teilschritten eingestellt: Zuerst verlor Bruchhausen-Vilsen – Asendorf (31.05.1959) den Personenverkehr, es folgten Hoya – Bücken (01.08.1960) und zuletzt Eystrup – Hoya – Syke (01.10.1972). Heute dient die Strecke nur noch dem Güter- und dem als „Kaffkieker" vermarkteten Ausflugsverkehr. Seit dem 09.12.2012 wurde wegen Straßenbauarbeiten an Schultagen zwischen Hoya und Eystrup Schülerverkehre auf der Schiene angeboten.
Der Abschnitt Heiligenfelde – Syke war lange Zeit außer Betrieb, konnte aber 2006 nach umfangreicher Modernisierung wieder in Betrieb genommen werden.
Betriebsführende Gesellschaft der VGH war vom 01.07.2001 bis 31.12.2003 die Weserbahn, nachdem zuvor seit 01.01.1993 die OHE diese Aufgabe wahrgenommen hatte. Seit dem 01.01.2004 hat die VGH wieder eine eigene Betriebsführung. Zum 01.08.2003 traten die neuen Gesellschafter MWB und Weserbahn in die VGH ein. Die Bremer Straßenbahn AG (BSAG) hat sich als indirekter Gesellschafter auf der Gesellschafterversammlung vom 08.11.2010 zurückgezogen. Gleichzeitig trat die VWE als Gesellschafter neu ein.
In den 70er und 80er erlangte die VGH durch den Einsatz von Dieselloks des Typs V 36 eine große Bekanntheit. Mittlerweile sind zwar alle dieser Loks abgegeben worden, doch steht die DEV-Lok V 36 005 (ex DB 236 237) der VGH bei Bedarf zur Verfügung.
Das Verkehrsvolumen auf der VGH hat sich in den letzten zehn Jahren verzwanzigfacht. Waren es im Jahr 2002 nur knapp 10.000 t auf der Infrastruktur der VGH transportiert konnte das Unternehmen im Jahr 2010 rund 195.000 t Güter befördern. Zusammen mit dem Kunden Smurfit Kappa Hoya, der aktuell bereits ca. 50 % der Papierproduktion in Hoya auf die Bahn verlädt, sollen die Mengen in den nächsten Jahren noch erhöht werden.

Verkehre
* Güterverkehr auf der Stammstrecke Eystrup – Hoya – Syke, u.a. vom/zum Industrie-Stammgleis der Smurfit Kappa Papierfabrik in Hoya sowie auf dem 2007 in Betrieb gegangenen Industrie-Stammgleis in Eystrup; es wird überwiegend Papier transportiert, aber auch Holz und Dünger
* Zwischenwerksverkehre Hoya (Papierfabrik) – Eystrup (Außenlager); mehrfach pro Tag an Mo-Fr seit 16.07.2007 im Auftrag der Smurfit Kappa Deutschland GmbH
* Papierrollentransporte Hoya (Papierfabrik) – Skandinavien; 5 x pro Woche seit 01.01.2011 Traktion bis Eystrup (Wagentausch mit Dritten) im Auftrag der ScandFibre Logistics AB
* Papierrollentransporte Hoya (Papierfabrik) – Hafen Bremen-Neustadt; 2-3 x pro Woche seit 14.07.2013 in Zusammenarbeit mit der Eisenbahnen und Verkehrsbetriebe Elbe-Weser GmbH (EVB), der Mittelwesterbahn GmbH und der Verden-Walsroder Eisenbahn GmbH (VWE)
* regelmäßige Ausflugsverkehre „Kaffkieker" Eystrup – Syke seit 01.05.2007 in Kooperation mit den Anliegergemeinden Syke, Bruchhausen-Vilsen, Hoya und Eystrup.
* Schülerverkehr Eystrup – Hoya; 2 x pro Tag an Schultagen seit 09.12.2012; 1 x pro Tag seit 16.06.2014

Verkehrsbetriebe Peine-Salzgitter GmbH (VPS) G

Postfach 10 06 70
DE-38206 Salzgitter
Am Hillenholz 28
DE-38229 Salzgitter
Telefon: +49 5341 21-05
Telefax: +49 5341 21-4876
vps-verkehrsbetriebe@vps-bahn.de
www.vps-bahn.de

Management
* Dr. Johannes Dreier (Geschäftsführer)
* Peter Vogel (Geschäftsführer)

Gesellschafter
Stammkapital 14.200.000,00 EUR
* Salzgitter Mannesmann GmbH (94,9 %)
* Salzgitter Aktiengesellschaft (SAG) (5,1 %)

VPS

Beteiligungen
* VPS Infrastruktur GmbH (VPSI) (100 %)
* GVZ Entwicklungsgesellschaft Salzgitter mbH (7 %)

Lizenzen
* DE: EVU-Zulassung (PV+GV) seit 24.01.1996, gültig bis 01.01.2026

Infrastruktur
* ex Peiner Eisenbahn: Peine – Ilsede – Broistedt – Salzgitter-Engelnstedt (31,6 km, Bewirtschaftung durch VPS Infrastruktur GmbH (VPSI))
* ex Salzgitter Eisenbahn: Salzgitter-Beddingen – Salzgitter-Hütte Süd (35,72 km), Abzweigungen nach Salzgitter-Hütte Nord, Salzgitter-Beddingen Hafen, Salzgitter-Engelnstedt (Übergang Peiner Eisenbahn), Schacht Konrad 1 sowie Salzgitter-Immendorf West (Bewirtschaftung durch VPS Infrastruktur GmbH (VPSI))

Unternehmensgeschichte
Die Verkehrsbetriebe Peine-Salzgitter GmbH (VPS) ist am 01.10.1971 durch den Zusammenschluss der Verkehrsbetriebe Salzgitter GmbH (VBS) und einer Betriebsabteilung der Stahlwerke Peine-Salzgitter AG entstanden. VPS betreibt eine öffentliche Eisenbahninfrastruktur im Großraum Peine - Salzgitter, die aus der öffentlichen Peiner Eisenbahn und der öffentlichen Salzgitter-Eisenbahn hervorgegangen ist. Des Weiteren werden an den Standorten Ilsenburg, Peine und Salzgitter für kundenspezifische Belange mehrere nichtöffentliche Eisenbahnen (Anschlussbahnen) betrieben.
Die Peiner Eisenbahn selbst ist aus der ehemaligen Peine-Ilseder Eisenbahn, der Kleinbahn Groß Ilsede – Broistedt und dem Streckenabschnitt Broistedt – Salzgitter-Engelnstedt der ehemaligen Grubenanschlussbahn Broistedt – Calbecht entstanden. Die Peine-Ilseder Eisenbahn erhielt sechs Jahre nach Gründung der Ilseder Hütte am 14.07.1864 ihre Konzession. Die Kleinbahn Groß Ilsede – Broistedt entstand in mehreren Stufen. Zunächst wurde am 07.11.1884 der Streckenabschnitt Groß Ilsede – Lengede als Schmalspurbahn in Betrieb genommen. In den Jahren 1918 bis 1920 erfolgte die Umstellung auf Normalspur und zunächst die Verlängerung bis Broistedt. Im Anschluss wurde die Strecke dann bis Calbecht verlängert und 1924 in Betrieb genommen. Als die Bahnstrecke schließlich 1940 bis Salzgitter-Voßpaß verlängert wurde, erfolgte die Umwandlung in eine Privatanschlussbahn.
Die Salzgitter-Eisenbahn hat ihren Ursprung um 1938, als beim Aufbau der „Reichswerke Hermann Göring AG für Erzbau und Eisenhütten" ein umfangreiches Gleisnetz aufgebaut wurde. Die Eisenbahn wurde mit Einbeziehung von Teilen der Streckennetze von Braunschweigischer Landeseisenbahn und Deutscher Reichsbahn unter Aufsicht der Verkehrsabteilung der Reichswerke geführt. Ab 1940 wurden die Eisenbahnen als „Eisenbahnen besonderer Ordnung" betrieben. Die Verkehrsabteilung der nach Kriegsende nun umbenannten Salzgitter Hüttenwerke AG wurde am 27.11.1953 in die Verkehrsbetriebe Salzgitter GmbH (VBS) umgewandelt. Am 18.02.1955 wurde die Salzgitter-Eisenbahn dann als öffentliche Eisenbahn genehmigt.
Im Oktober 1996 wurde die Anschlussbahn des Grobblechwalzwerkes in Ilsenburg übernommen. Neben dem Verkehren auf eigenem Gleisnetz ist VPS seit 1988 Kooperationspartner der heutigen DB Schenker Rail Deutschland AG. Die Zusammenarbeit begann mit Kalktransporten von Münchehof (Harz) über Seesen – Salzgitter Bad nach Salzgitter Hütte. Im August 2002 wurde in Salzgitter eine Umschlaganlage für den Kombinierten Ladungsverkehr (KLV) in Betrieb genommen. Von 2005 bis Ende 2010 fuhren regelmäßig VPS-eigene Containerzüge in Zusammenarbeit mit der Transport GmbH (KTG) Geschäftsbereich Baltic-Train, die diese Anlage mit den Seehäfen Hamburg und Bremerhaven verbanden.
VPS hat – dem Willen des Gesetzgebers folgend – die Vorgaben zur Unabhängigkeit des öffentlichen Betreibers der Schienenwege umgesetzt und ab 01.01.2006 die VPS Infrastruktur GmbH (VPSI) mit den Aufgaben zum Bau und Betrieb der öffentlichen Eisenbahninfrastruktur im Raum Peine-Salzgitter beauftragt.
Die Vossloh Locomotives GmbH in Kiel hat von der VPS im Frühjahr 2010 einen Auftrag über 18 Diesellokomotiven vom Typ G 6 erhalten, die ab 2011 ausgeliefert werden und die älteren Fahrzeuge ersetzen. Im Juni 2011 wurde ein Folgeauftrag über 22 weitere Loks dieses Typs erteilt.

Verkehre
* Auf dem eigenen Streckennetz im Raum Peine/Salzgitter wird erheblicher GV abgewickelt. Hauptkunden sind die Stahlgesellschaften der Salzgitter AG (ehemals Preussag Stahl AG) in Peine, Salzgitter und Ilsenburg, der Hafen in Salzgitter-Beddingen und einige Industriebetriebe (Werk Salzgitter der Alstom). Nennenswert sind die 5.400 t-Erzzüge nach Salzgitter-Hütte, die in Salzgitter-Beddingen von der DB Schenker Rail Deutschland AG übernommen werden. Am Standort Salzgitter werden größtenteils Erz, Kohle, Kalk, Sinter, Roheisen, Schlacke, Schrott, Rohstahl sowie Stahlhalbzeug- und Stahlfertigprodukte befördert. Der Schwerpunkt in Peine liegt bei Transporten in der Zufuhr von Schrott zum Elektrostahlwerk sowie in der Beförderung von Vormaterial und Stahlfertigprodukten. Bei den Transporten zwischen Salzgitter und Peine überwiegen Stahlhalbzeug- und Schrotttransporte.

VPS / VGG / VGP

* Zwischenwerksverkehr Salzgitter – Ilsenburg sowie Bedienung Radsatzfabrik Ilsenburg GmbH seit 2001 im Auftrag der DB Schenker Rail Deutschland AG. In Ilsenburg wird das dortige Grobblechwalzwerk mit Vormaterial versorgt, die Fertigprodukte werden im Übergabebahnhof Salzgitter-Beddingen an DB Schenker Rail Deutschland AG übergeben.
* Brammentransporte Beddingen – Oberhausen West; Spotverkehr seit 27.01.2013
* Brammentransporte Brake – Salzgitter; Spotverkehr seit Januar 2010
* Coiltransporte Salzgitter – Hagen-Vorhalle (Übergabe an EBM Cargo GmbH für Zustellung Speditionen Schmitz und Honselmann); 1-2 x pro Woche seit März 2013; aktuell 3 x pro Woche
* Coiltransporte Salzgitter – Brake (Übergabe an DB Schenker Rail Deutschland AG); 1 x pro Woche seit März 2013
* Erztransporte Hamburg-Hansaport – Salzgitter; 5 x pro Woche seit 05.10.2005 im Auftrag der DB Schenker Rail Deutschland AG; 10 x pro Woche seit Dezember 2005; 7 x pro Woche seit Februar 2006
* Gütertransporte Beddingen – Seelze; 5 x pro Woche seit 28.05.2006 im Auftrag der DB Schenker Rail Deutschland AG
* KV-Transporte Sehnde (Werk Bergmannssegen-Hugo) – Hamburg; 1 x pro Woche seit 01.01.2011 im Auftrag der Kali-Transport GmbH (KTG) / K+S Transport GmbH; ab Hamburg-Waltershof Hafenumfuhr durch DB Schenker Rail Deutschland AG
* Kalktransporte Blankenburg Nord (Übernahme von hvle) – Beddingen; 7 x pro Woche seit 01.04.2006 im Auftrag der Havelländische Eisenbahn AG (hvle)
* Stahltransporte Salzgitter – Karlsruhe (Salzgitter Mannesmann Stahlservice GmbH (SMS)); 3 x pro Woche seit Februar 2013; letzte Meile in Karlsruhe durch Albtal-Verkehrs-Gesellschaft mbH (AVG)

Verkehrsgesellschaft Görlitz mbH (VGG)

Postfach 30 09 32
DE-02814 Görlitz
Zittauer Straße 71/73
DE-02826 Görlitz
Telefon: +49 3581 339500
Telefax: +49 3581 339505
kundencentervgg@transdev.de
www.vgg-goerlitz.de

Management
* Dipl.-Ing. (FH) Frank Müller (Geschäftsführer)

Gesellschafter
Stammkapital 26.000,00 EUR
* Stadt Görlitz (51 %)

Lizenzen
* DE: EVU-Zulassung (PV+GV) seit 19.12.2000, gültig 15 Jahre

Unternehmensgeschichte
Die am 07.02.1996 als Tochterunternehmen der Stadtwerke Görlitz AG gegründete Verkehrsgesellschaft Görlitz GmbH (VGG) betreibt den Straßenbahn- und Omnibusverkehr in der sächsischen Stadt Görlitz an der Neiße.
Im April 2001 fiel die Entscheidung der Stadt, die Aktienmehrheit an der Stadtwerke AG der Veolia Environnement (damals Vivendi Environnement) zu übertragen. Damit ging einher, dass Veolia Verkehr (damals Connex) 49 %-Gesellschafter der Stadtwerke-Tochter VGG wurde. Mit Stand vom 01.01.2008 betrieb die VGG zwei Straßenbahn- und acht Stadtbuslinien und beschäftigte 85 Mitarbeiter.

Verkehrsgesellschaft Prignitz mbH (VGP) 🅿🚂

Wilsnacker Straße 48
DE-19348 Perleberg
Telefon: +49 3876 789940
Telefax: +49 3876 789942
info@vgp-prignitz.de
www.vgp-prignitz.de

VGP / VHT

Management
* Manfred Josef Prause (Geschäftsführer)

Gesellschafter
Stammkapital 25.564,59 EUR
* Landkreis Prignitz (PR) (100 %)

Infrastruktur
* Pritzwalk – Putlitz (17,05 km), gekauft von DB Netz AG am 01.01.2004; Übertragung an den Putlitz-Pritzwalker Eisenbahnförderverein e.V. (PPEV) mittels Erbbaurechtsvertrag am 23.08.2007

Unternehmensgeschichte
Im nordwestbrandenburgischen Landkreis Prignitz wird im straßengebundenen ÖPNV ein Dreiebenenmodell praktiziert, in dem die VGP als hundertprozentige Tochter des Landkreises die mittlere (Management-)Ebene darstellt. Die Verkehre selbst werden im Auftrag der VGP durch sieben örtliche Busunternehmen erbracht, weswegen die VGP nur vier Mitarbeiter und keine eigenen Fahrzeuge besitzt. Hervorgegangen ist sie aus der am 31.03.1992 gegründeten Verkehrsgesellschaft Perleberg - Pritzwalk mbH, die aufgrund der Kreisgebietsreform am 05.03.1996 in Verkehrsgesellschaft Prignitz mbH umbenannt wurde. Für die rund 2.100 km² messende Gesamtfläche des Landkreises und die etwa 81.000 Einwohner werden jährlich ca. 3.800.000 Buskm angeboten und auf 47 Linien mit 76 Bussen 2.300.000 Fahrgäste inklusive Schüler befördert. Zum 01.01.2004 ist der Landkreis Prignitz in Gestalt der VGP Eigentümer der rund 17 km langen Bahnstrecke Pritzwalk – Putlitz geworden, die von der DB Netz AG übernommen wurde und hat den Bereich Infrastruktur der Prignitzer Eisenbahn GmbH (PEG) mit dem Betrieb der Strecke beauftragt. Die Verbindung war am 04.06.1896 von der Kleinbahn Pritzwalk-Putlitz (KPP) eröffnet worden, welche die Strecke bis zur Verstaatlichung betrieb. Ab 01.04.1949 war die Deutsche Reichsbahn (DR) Betreiber der Streckeninfrastruktur, ab 01.01.1994 die DB Netz AG. Während planmäßiger Güterverkehr bereits seit den 1990er-Jahren nicht mehr stattfand, wurde der SPNV auf der Verbindung in den letzten Jahren durch die Prignitzer Eisenbahn GmbH (PEG) durchgeführt, jedoch mit Wirkung zum 10.12.2006 durch den Aufgabenträger, das Land Brandenburg, abbestellt. Als EIU der Strecke fungierte bis Jahresende 2006 die PEG im Auftrag der VGP. Per Notarvertrag vom 23.08.2007 wurde die Strecke mittels Erbbaurechtsvertrag an den Putlitz-Pritzwalker Eisenbahnförderverein e. V. (PPEV) übertragen, der dort seit 27.08.2007 einen SPNV an Wochentagen im Auftrag der VGP und unter Einbindung der PEG als EVU und EIU durchführt. Seit 20.11.2011 ist die Eisenbahngesellschaft Potsdam GmbH (EGP) als EVU und EIU eingebunden.
Der Prignitzer Kreistag hat am 22.05.2014 die Auflösung der VGP zum 31.12.2016 beschlossen.

Deren Aufgaben werden ab 2017 direkt durch den Landkreis wahrgenommen.

Verkehre
* SPNV VGP 70 Putlitz – Pritzwalk; 50.000 Zugkm/a seit 27.08.2007 im Auftrag des Landkreises Prignitz unter Beauftragung des Putlitz-Pritzwalker Eisenbahnfördervereins e.V. (PPEV) als Subunternehmer; 2013 mit 42.330 Zugkm/a; für 2014 mit 40.000 Zugkm/a

Verkehrsverband Hochtaunus (VHT) 🅿🄸

Ludwig-Erhard-Anlage 1-4
DE-61352 Bad Homburg v.d. Höhe
Telefon: +49 6172 999-4400
Telefax: +49 6172 999-9808
info@verkehrsverband-hochtaunus.de
www.verkehrsverband-hochtaunus.de

Management
* Arne Behrens (Geschäftsführer)
* Ulrich Krebs (Vorsitzender des Vorstandes)

Lizenzen
* DE: EIU Friedrichsdorf - Grävenwiesbach - Brandoberndorf

Infrastruktur
* Friedrichsdorf – Grävenwiesbach (28,8 km), von DB gekauft am 14.07.1989

Unternehmensgeschichte
Als die damalige Deutsche Bundesbahn Ende der 1980er Jahre plante, die Bahnstrecke Friedrichsdorf – Grävenwiesbach stillzulegen, entschlossen sich der Hochtaunus-Kreis sowie dessen 13 Städte und Gemeinden zur Gründung des Zweckverbandes „Verkehrsverband Hochtaunus" (VHT). Am 14.07.1989 konnte der VHT die 28,8 km lange Strecke für 2,8 Mio. DM von der DB erwerben. Im Dezember 1989 einigten sich der VHT und das Land Hessen über den Ausbau der Strecke und die Beschaffung von zunächst elf modernen Dieseltriebwagen, wobei sich das Land Hessen mit 16,5 Mio. DM an den Gesamtinvestitionen von ca. 70 Mio. DM beteiligte.

VHT / Vetter Bus / VGN

Diese Triebwagen kamen ab 27.09.1992 in einem einjährigen Probebetrieb auf der mittlerweile für Geschwindigkeiten von 60-80 km/h ausgebauten Strecke zum Einsatz. Sämtliche Haltepunkte wurden mit Hochbahnsteigen ausgerüstet, zudem entstand in Usingen ein zentrales Stellwerk. Seit 26.09.1993 wird in dichtem Taktverkehr gefahren, gleichzeitig wurden parallele Busverbindungen eingestellt. Die als „Taunusbahn" bezeichneten Züge sind bis Bad Homburg durchgebunden, einige bis Frankfurt Hbf. Am 15.11.1999 wurde die von der „Taunusbahn" befahrene Strecke um 8,1 km verlängert, als der Abschnitt Grävenwiesbach – Brandoberndorf der ehemals bis Albshausen an der Lahntalbahn Gießen – Koblenz führenden Strecke reaktiviert wurde.
Die Betriebsführung unterliegt der HLB Basis AG, die in ihrer Werkstatt in Königstein auch die Wartung der Triebwagen übernimmt. Aus diesem Grund sind die Fahrzeugumläufe der „Taunusbahn" über Frankfurt Hbf mit jenen der HLB verknüpft. Güterverkehr findet auf der Strecke der „Taunusbahn" seit 05.11.2000 nicht mehr statt.

Verkehre
* SPNV-Verkehrsleistung über die Hessische Landesbahn Gmbh - HLB als EVU, bestellt durch den SPNV-Aufgabenträger Rhein-Main-Verkehrsverbund (RMV).

Vetter Busunternehmen GmbH

Hinsdorfer Weg 1
DE-06780 Zörbig OT Salzfurtkapelle
Telefon: +49 3494 3669-0
Telefax: +49 3494 31751
info@vetter-bus.de
www.vetter-bus.de

Management
* Dr. oec. Wolfdietrich Vetter (Geschäftsführer)
* Dipl.-Volkswirt Birgit Vetter (Geschäftsführerin)
* Dipl.-Kfm. Thomas Vetter (Geschäftsführer)

Lizenzen
* DE: EVU-Zulassung (PV+GV) seit 30.01.2002, gültig bis 31.01.2022

Unternehmensgeschichte
Die Vetter Busunternehmen GmbH ist als Anbieter von ÖPNV-Leistungen in Sachsen-Anhalt tätig und betreibt zahlreiche Buslinien in den Landkreisen Bitterfeld, Köthen und Wittenberg. Jährlich befördert die Gesellschaft, die auf den am 01.01.1946 gegründeten Omnibusbetrieb W. Vetter zurückgeht, rund 17 Mio. Fahrgäste. Vetter Bus versteht sich als „Komplettanbieter Integrierter Verkehrsdienstleistungen" und verfügt demzufolge seit 30.01.2002 auch über eine Zulassung als EVU für den Personen- und Güterverkehr, welche jedoch noch nicht aktiv genutzt wird.
Allerdings hatte man seit dem 09.12.2007 in einem landesweiten Pilotprojekt den ersten Schritt Richtung SPNV getan. Als Ersatz für den zum genannten Termin abbestellten SPNV wurde auf der von der Deutschen Regionaleisenbahn GmbH (DRE) betriebenen Strecke (Lutherstadt Wittenberg –) Pratau – Pretzsch – Bad Schmiedeberg (– Eilenburg) der Schienenverkehr mit einem reduzierten nachfrageorientierten Fahrplan (so genanntes „Schmiedeberger Modell") weitergeführt. Das Land Sachsen-Anhalt förderte das Vorhaben in dem Umfang, wie es für den Busersatzverkehr erforderlich gewesen wäre; Besteller der Verkehrsleistung war der Landkreis Wittenberg. Eine anteilige Finanzierung durch den Landkreis als Aufgabenträger für den straßengebundenen ÖPNV fand nicht statt. Mit der Abwicklung des Verkehrs wurde zunächst die DRE beauftragt, bevor ab Ende 2008 gemietete Triebwagen anderer EVU eingesetzt wurden. Da der seit längerem von der Rurtalbahn GmbH gemietete RVT nicht vollständig befriedigte, wurde er Ende Juni 2011 durch zwei LVT/S der Prignitzer Leasing AG ersetzt, die zu Zeiten des Schülerverkehrs auch in Doppeltraktion fuhren. Ein drittes Fahrzeug dieses Typs wurde von Vetter gekauft, auf eigene Kosten aufgearbeitet und sollte als Reservefahrzeug zur dienen.
Da die Besetzung der Züge außerhalb des Schülerverkehres nicht den Erwartungen des Landes entsprach, wurde der Verkehr zum 01.01.2015 auf den Bus umgestellt bzw. bereits ab 20.12.2014 im Schienenersatzverkehr (SEV) erbracht.

VGN Verkehrsgesellschaft Norderstedt mbH

c/o Stadtwerke Norderstedt
Heidbergstraße 101-111
DE-22846 Norderstedt
Telefon: +49 40 52104-0
Telefax: +49 40 52104-117
verkehr@stadtwerke-norderstedt.de
www.stadtwerke-norderstedt.de

VGN / VGT / VIAS

Management
* Jens Seedorff (Geschäftsführer)

Gesellschafter
Stammkapital 2.556.500,00 EUR
* Stadt Norderstedt (75 %)
* Kreis Segeberg (25 %)

Lizenzen
* DE: EIU Garstedt – Norderstedt Mitte seit 20.09.1993, gültig bis 31.12.2045
* DE: EIU Ulzburg-Süd – Norderstedt Mitte seit 20.09.1993, gültig bis 31.12.2045

Infrastruktur
* Garstedt – Norderstedt Mitte (2,7 km, Linie U1, betrieben von der HHA)
* Ulzburg-Süd – Norderstedt Mitte (7,6 km, Linie A2, betrieben von der AKN)

Unternehmensgeschichte
Die 1987 als Tochtergesellschaft der Stadtwerke Norderstedt gegründete VGN Verkehrsgesellschaft Norderstedt mbH (VGN) ist Eigentümer und seit 20.09.1993 auch EIU der weitgehend auf dem Stadtgebiet gelegenen Bahnstrecken Garstedt – Norderstedt Mitte und Norderstedt Mitte – Ulzburg Süd (ausschließlich). Zugleich ist die VGN auch Aufgabenträger der durch Drittunternehmen in VGN-Auftrag abgewickelten SPNV-Leistungen auf diesen Verbindungen, wofür die VGN Ausgleichszahlungen des Landes Schleswig-Holstein erhält. Der Abschnitt Garstedt – Norderstedt Mitte wird als Teil der Linie U1 der Hamburger U-Bahn durch die Hamburger Hochbahn AG (HOCHBAHN) befahren, die anschließende Verbindung von Norderstedt Mitte nach Ulzburg Süd durch die AKN Eisenbahn AG (AKN). HOCHBAHN und AKN sind im Auftrag der VGN auch als Betriebführer der jeweils genutzten Infrastruktur tätig. Die VGN verfügt über eine eigene Zulassung als EVU für den Personenverkehr, die jedoch aktuell nicht aktiv genutzt wird. Vier der von der AKN nach Norderstedt eingesetzten Dieseltriebwagen sind VGN-Eigentum.

VGT Vorbereitungsgesellschaft Transporttechnik GmbH

Linke-Hoffmann-Busch-Straße 1
DE-38239 Salzgitter
Telefon: +49 5341 900-7618
Telefax: +49 5341 900-4860
marco.brey@vgt-bahn.de
www.vgt-bahn.de

Management
* Dipl.-Math. / Dr.-Ing. Marco Brey (Geschäftsführer)

Gesellschafter
Stammkapital 25.564,59 EUR
* ALSTOM Transport Deutschland GmbH (100 %)

Lizenzen
* DE: EVU-Zulassung (PV+GV) seit 19.02.2003, gültig bis 19.02.2018

Unternehmensgeschichte
Die VTG Vorbereitungsgesellschaft Transporttechnik GmbH wurde am 29.03.1990 mit Sitz in Berlin gegründet, im Juli 1996 wurde der Sitz des Unternehmens von Berlin nach Salzgitter verlegt und der Name in die heutige Version geändert. Die VGT ist heute das Eisenbahnverkehrsunternehmen der ALSTOM Transport Deutschland GmbH (bis 27.03.2009 Alstom LHB GmbH) in Salzgitter. Unter der Verantwortung der VGT werden die in Salzgitter hergestellten Fahrzeuge auf öffentlicher sowie nichtöffentlicher Infrastruktur auf der Basis von behördlichen Ausnahmegenehmigungen getestet, in Betrieb genommen und zu den Kunden überführt.

Verkehre
* Inbetriebnahmefahrten
* Testfahrten
* Überführungsfahrten

VIAS GmbH ℗

Stroofstraße 27
DE-65933 Frankfurt am Main
Telefon: +49 69 450099-750
Telefax: +49 69 213-25233
info@vias-online.de
www.vias-online.de

Betriebsstandort
Hammerweg 45a
DE-64720 Michelstadt
Telefon: +49 6061 70626-31
Telefax: +49 6061 70626-35
betrieb@vias-online.de

Management
* Herbert Häner (Geschäftsführer)
* Franz Reh (Geschäftsführer)

VIAS

Gesellschafter
Stammkapital 1.000.000,00 EUR
* Rurtalbahn GmbH (RTB) (50 %)
* DSB Deutschland GmbH (50 %)

Lizenzen
* DE: EVU-Zulassung (PV+GV) seit 21.09.2005, gültig bis 30.09.2020

Unternehmensgeschichte
Die Bietergemeinschaft aus Rurtalbahn GmbH (RTB) und Stadtwerke Verkehrsgesellschaft Frankfurt am Main mbH (VGF) hat zum Betrieb des von RMV und NVBW für zehn Jahre vergebenen „Odenwald-Netzes" am 10.08.2005 das Joint-Venture VIAS GmbH gegründet. Der VIAS stehen für das rund 210 Streckenkilometer messende Netz 22 fabrikneue Dieseltriebwagen des Typs ITINO von Bombardier Transportation zur Verfügung. Diese werden von der Fahrzeugmanagement Region Frankfurt Rhein/Main GmbH (fahma), einem Tochterunternehmen des RMV bereitgestellt. Die Wartung erfolgt in der Werkstatt der Odenwaldbahn Infrastruktur GmbH in Michelstadt.
Die Betriebsaufnahme am 11.12.2005 gestaltete sich äußerst schwierig, obwohl alle 22 Triebwagen bis Ende November ausgeliefert waren. Zum einen wiesen die Fahrzeuge noch einige Kinderkrankheiten auf und mussten beim Hersteller mehrfach überarbeitet werden. Die RTB stellte für diesen Zeitraum Leihfahrzeuge bereit. Zum anderen – und dieser Fakt war dem Auftraggeber bereits vor Betriebsaufnahme bekannt – wurden bei vielen Zügen durch die Umstellung auf Triebwagen die Platzkapazitäten gegenüber den bis Fahrplanwechsel eingesetzten lokbespannten Zügen von DB Regio reduziert, was zum Leidwesen der an Vorgaben des Aufgabenträgers gebundenen VIAS gerade bei Pendler- und Schülerzügen zu starken Überfüllungen führte. Aufgrund großen öffentlichen Druckes willigte der RMV 2006 ein, drei weitere Fahrzeuge zu beschaffen, die Anfang 2010 in Betrieb genommen wurden. Ein viertes, neu bestelltes Fahrzeug ist für die Reaktivierung der Verbindung von Darmstadt nach Pfungstadt vorgesehen, die betrieblich dem Odenwald-Netz" zugeordnet ist. Übergangsweise bediente sich die VIAS auch Mietfahrzeugen der Muttergesellschaft RTB.
Im April 2008 erhielt VIAS den Zuschlag für den kompletten SPNV auf der rechten Rheinstrecke zwischen Frankfurt, Wiesbaden und Koblenz bzw. Neuwied, der seit Dezember 2010 mit zwölf vierteiligen und sieben dreiteilige FLIRT-Triebwagen von Stadler Pankow bedient wird, die über die HANNOVER MOBILIEN LEASING GmbH (HML) finanziert wurden. 2011 erfolgte die Auslieferung

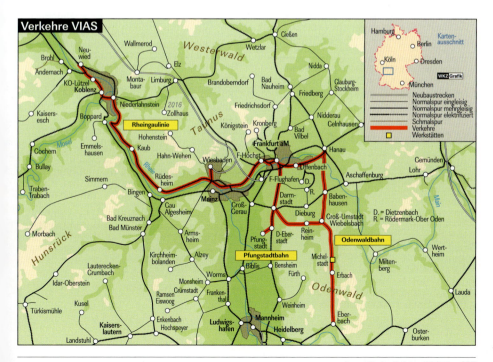

VIAS / VIAS Odenwaldbahn

von zwei zusätzlichen Vierteilern.
Am 04.03.2010 gab VGF einen Ausstieg bei der VIAS bekannt, um die Direktvergabe ihrer Tram- und U-Bahn-Strecken ab 31.01.2012 vornehmen zu können (siehe Unternehmensportrait VGF). Zum 20.07.2010 wurden die von der VGF gehaltenen Gesellschafteranteile an die DSB Deutschland GmbH übereignet.
Im Januar 2014 konnte die Ausschreibung des Teilnetzes Odenwald verteidigt werden. Der Zuschlag wurde an die VIAS DN 2011 GmbH (heutige VIAS Odenwaldbahn GmbH) erteilt, die vom 13.12.2015 bis 11.12.2027 pro Jahr rund 2,63 Mio. Zugkm erbringen wird (siehe gesonderter Eintrag).

Verkehre
* SPNV „Odenwaldbahn" mit 1,97 Mio. Zugkm/a vom 11.12.2005 bis 12.12.2015 im Auftrag des Rhein-Main-Verkehrsverbundes (RMV) und der Nahverkehrsgesellschaft Baden-Württemberg GmbH (NVBW)
RE 64 Frankfurt Hbf – Hanau Hbf – Groß Umstadt Wiebelsbach
RB 64 Hanau – Groß Umstadt Wiebelsbach
RE 65 Darmstadt Hbf – Erbach (Odenwald)
RB 65 Darmstadt Hbf – Eberbach
SE 65 Frankfurt Hbf – Darmstadt Nord – Erbach (Odenwald) – Eberbach
* SPNV Darmstadt-Eberstadt – Pfungstadt; 90.000 Zugkm/a vom 11.12.2011 bis 12.12.2015 im Auftrag des Rhein-Main-Verkehrsverbundes (RMV)
* SPNV „Rheingaulinie" 2,1 Mio. Zugkm/a vom 12.12.2010 bis Dezember 2023 im Auftrag des Rhein-Main-Verkehrsverbundes (RMV) und des Zweckverbands SPNV Rheinland-Pfalz Nord
SE 10 Neuwied – Koblenz Hbf – Wiesbaden Hbf – Frankfurt/M Hbf

VIAS Odenwaldbahn GmbH

Kölner Landstraße 271
DE-52351 Düren

Management
* Herbert Häner (Geschäftsführer)
* Franz Reh (Geschäftsführer)

Gesellschafter
Stammkapital 500.000,00 EUR
* R.A.T.H. GmbH (100 %)

Lizenzen
* DE: EVU-Lizenz (PV+GV); gültig vom 12.03.2014 bis 31.03.2029

Unternehmensgeschichte
Hauptgeschäftsfeld der VIAS Odenwaldbahn GmbH wird ab 13.12.2015 bis 11.12.2027 die Erbringung von SPNV-Leistungen auf dem so genannten „Teilnetz Odenwald" sein. Der Aufgabenträger Rhein-Main-Verkehrsverbund GmbH (RMV) vergab den 2,11 Mio. Zugkilometer pro Jahr auf den Verbindungen Frankfurt (Main) – Hanau – Groß-Umstadt Wiebelsbach – Erbach, Frankfurt (Main) / Darmstadt – Groß-Umstadt Wiebelsbach – Erbach – Eberbach und Darmstadt – Pfungstadt umfassenden Auftrag am 17.12.2013 nach öffentlicher Ausschreibung an die damalige VIAS DN2011 GmbH. Dem Betreiber werden dazu 26 Dieseltriebwagen der RMV-Tochter Fahrzeugmanagement Region Frankfurt RheinMain GmbH vermietet. Bislang werden diese SPNV-Leistungen im bzw. in den Odenwald durch die VIAS GmbH erbracht, die zu gleichen Teilen durch die DSB Deutschland GmbH und die Rurtalbahn GmbH gehalten wird.
Die VIAS Odenwaldbahn GmbH war mit Gesellschaftsvertrag vom 22.10.2010 ursprünglich als gemeinsames Tochterunternehmen VIAS DN2011 GmbH der DSB Deutschland und dem Mehrheitseigentümer der Rurtalbahn, der R.A.T.H. GmbH, gegründet worden und hatte in Folge an mehreren Ausschreibungen von SPNV-Leistungen teilgenommen, die allerdings alle zugunsten anderer Bewerber entschieden wurden. Seit 15.12.2011 ist die R.A.T.H. alleiniger Gesellschafter der VIAS DN2011, wogegen die ebenfalls am 22.10.2010 gegründete und gleichsam paritätisch von DSB Deutschland und R.A.T.H. gehaltene VIAS RB47 GmbH am 25.05.2012 vollständig in die DSB Deutschland GmbH aufging. Der Sitz der VIAS DN2011 wurde in Folge nach Beschluss der Gesellschafterversammlungen vom 22.04. und 08.05.2013 von Düsseldorf zum R.A.T.H.-Firmensitz Düren verlegt. Seit 19.02.2014 trägt das Unternehmen die aktuelle Firmierung.
Die VIAS Odenwaldbahn konnte zudem im März 2015 einen weiteren Auftrag verbuchen. Der Verkehrsverbund Rhein-Ruhr (VRR) und der Nahverkehr Rheinland (NVR) vergaben die Betriebsleistungen im Erft-Schwalm-Netz ab Dezember 2017 an die VIAS. Zum Einsatz kommt das Fahrzeugfinanzierungmodell des VRR. Dieses sieht vor, dass das Eisenbahnverkehrsunternehmen die Fahrzeuge für den Betrieb der Linie beschafft und an den Zweckverband VRR weiterveräußert. Der VRR wird Eigentümer der Fahrzeuge, in diesem Fall Alstom LINT, übernimmt die Finanzierung und verpachtet diese für die Laufzeit des Verkehrsvertrages an den Betreiber.

VIAS Odenwaldbahn / vlexx

Verkehre
* SPNV „Odenwaldbahn" mit 2,11 Mio. Zugkm/a vom 13.12.2015 bis 11.12.2027 im Auftrag des Rhein-Main-Verkehrsverbundes (RMV) und der Nahverkehrsgesellschaft Baden-Württemberg GmbH (NVBW)
  Linie 64: Frankfurt (Main) Hbf – Hanau Hbf – Babenhausen – Groß-Umstadt Wiebelsbach – Erbach
  Linie 65: Frankfurt (Main) Hbf / Darmstadt Hbf – Darmstadt Nord – Groß-Umstadt Wiebelsbach – Erbach – Eberbach
  Linie 66: Darmstadt Hbf – Darmstadt Süd – Darmstadt-Eberbach – Pfungstadt
  Linie 61 (Einzelfahrt Mo-Fr): Dieburg – Rödermark-Ober-Roden – Dreieich-Buchschlag – Frankfurt (Main) Hbf
* SPNV „Erft-Schwalm-Netz" (ESN) mit 0,85 Mio. Zugkm/a von Dezember 2017 bis Dezember 2029 im Auftrag des Verkehrsverbundes Rhein-Ruhr (VRR) und der Nahverkehr Rheinland (NVR)
  RB 34   Mönchengladbach – Dalheim
  RB 38 Düsseldorf – Bedburg (Erft)

vlexx GmbH P

Adam-Karrillon-Straße 13
DE-55118 Mainz

Verwaltung und Werkstatt
Mombacher Straße 36
DE-55122 Mainz
Telefon: +49 6131 61012-0
Telefax: +49 6131 61012-11
info@vlexx.de
www.vlexx.de

Management
* Martin Deeken (Geschäftsführer)
* Arnulf Schuchmann (Geschäftsführer)

Gesellschafter
Stammkapital 25.000,00 EUR
* Regentalbahn AG (RAG) (100 %)

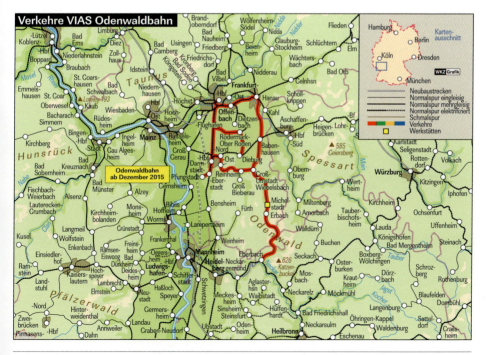

vlexx

Lizenzen
* DE: EVU-Zulassung (PV+GV); gültig vom 11.02.2014 bis 31.01.2029
* DE: Sicherheitszertifikat, Teil A+B (PV) seit 13.06.2014, gültig bis 12.06.2019
* FR: Sicherheitsbescheinigung Teil B (PV) seit 29.10.2014 auf dem Streckenabschnitt zwischen der deutschen Grenze und Wissembourg [FR]

Unternehmensgeschichte
2012 konnte die Regentalbahn AG (RAG) eine Ausschreibung im Schienenpersonennahverkehr (SPNV) in Rheinland-Pfalz, dem Saarland und in Hessen für sich entscheiden. Seit Dezember 2014 bedient das Unternehmen mit 45 Coradia LINT 54 und 18 Coradia LINT 81 Dieseltriebzügen ein Netz mit den Eckpunkten Frankfurt/M., Mainz, Koblenz, Saarbrücken, Kaiserslautern, Kirchheimbolanden und Worms (Dieselnetz Südwest, Los 2).
Für die Betriebsdurchführung gründete die RAG am 08.05.2012 die Tochtergesellschaft DNSW GmbH - Dieselnetz Südwest mit Sitz und neu errichteter Werkstatt in Mainz. Diese wandelte per 10.04.2014 ihren Namen in vlexx GmbH, wobei der Markenname vlexx eine Kurzform von „Vier-Länder Express" darstellt.
Der Betriebsstart des Unternehmens verlief problematisch, in den ersten Tagen fielen ca. 50 % der Leistungen trotz vollständiger Fahrzeugflotte aufgrund Personalmangel aus. Noch im Dezember 2014 wurden große Teile des Managements ausgetauscht. Erst ab dem 02.03.2015 bot vlexx sein gesamtes Fahrplanangebot an. Ab 01.04.2015 wurden auch die Züge in die Eigenproduktion überführt, die vorübergehend von DB Regio (sieben einzelne Züge in Rheinhessen) sowie trans regio (ein nächtlicher Zug zwischen Mainz und Bingen) gefahren wurden.

vlexx / VLO Bahn / VLO

Verkehre
* SPNV „Dieselnetz Südwest", Los 2; 6,7 Mio. Zugkm/a ab Dezember 2014 für 22,5 Jahre:
  RE Frankfurt – Mainz – Bad Kreuznach – Saarbrücken
  RE Mainz – Alzey – Kirchheimbolanden
  RE Kaiserslautern – Bad Kreuznach – Mainz
  RE Kaiserslautern – Bad Kreuznach – Bingen – Koblenz (ab Dezember 2016)
  RB Mainz – Idar-Oberstein
  RB Kirn – Idar-Oberstein – Baumholder
  RB Mainz – Alzey
  RB Mainz – Worms (einzelne Leistungen)
  RB Bingen – Bad Kreuznach (einzelne Leistungen)
  RB Bingen – Alzey – Worms (einzelne Leistungen)
  RE Mainz – Alzey – Neustadt – Wissembourg [FR] (saisonaler Ausflugszug „Elsass-Express")
  RE Koblenz – Bingen – Bad Kreuznach – Neustadt – Wissembourg [FR] (saisonaler Ausflugszug „Weinstraßen-Express")

VLO Bahn GmbH

Bremer Straße 11
DE-49163 Bohmte
Telefon: +49 5471 9559-0
Telefax: +49 5471 9559-40
vlo@vlo.de
www.vlo.de

Management
* Peter Schone (Geschäftsführer)
* Dipl.-Ing. Jürgen Werner (Geschäftsführer)

Gesellschafter
Stammkapital 25.000,00 EUR
* VLO Verkehrsgesellschaft Landkreis Osnabrück GmbH (100 %)

Lizenzen
* DE: EVU-Lizenz (PV+GV); gültig vom 25.10.2010 bis 24.10.2025
* DE: Sicherheitsbescheinigung nach § 7a AEG (GV); seit 22.11.2013

Unternehmensgeschichte
Die VLO Verkehrsgesellschaft Landkreis Osnabrück GmbH hat mit Gesellschaftervertrag vom 18.12.2009 das Tochterunternehmen VLO Bahn GmbH, Bohmte, gegründet. Hintergrund ist die Trennung von regionalen (VLO) und überregionalen Bahnaktivitäten (VLO Bahn) u.a. wegen unterschiedlichen Anforderungen durch die Bahnaufsicht wie z.B. die Erfordernis einer Sicherheitsbescheinigung (SiBe). Mit der Muttergesellschaft ist am 18.12.2009 ein Beherrschungs- und Gewinnabführungsvertrag geschlossen worden.

VLO Verkehrsgesellschaft Landkreis Osnabrück GmbH
G I

Postfach 1251
DE-49154 Bohmte
Bremer Straße 11
DE-49163 Bohmte
Telefon: +49 5471 9559-0
Telefax: +49 5471 9559-40
vlo@vlo.de
www.vlo.de

Management
* Prof. Dr. Stephan Rolfes (Geschäftsführer)
* Helmut Zimmermann (Geschäftsführer)

Gesellschafter
* Beteiligungs- und Vermögensverwaltungsgesellschaft mbH Landkreis Osnabrück (BEVOS) (87,93 %)
* Kreis Minden-Lübbecke (6,72 %)
* Stadt Preußisch Oldendorf (1,55 %)
* Gemeinde Damme (1,38 %)
* Gemeinde Bohmte (1,21 %)
* Gemeinde Bad Essen (1,21 %)

Beteiligungen
* VLO Bahn GmbH (100 %)
* GET Eisenbahn und Transport GmbH (74,6 %)

Lizenzen
* DE: EIU Bohmte Ost – Schwegermoor, gültig bis 08.07.2046
* DE: EIU Holzhausen-Heddinghausen – Bohmte Ost, gültig bis 08.07.2046
* DE: EIU Osnabrück-Hörne – Dissen-Bad Rothenfelde
* DE: EVU-Zulassung (PV+GV) seit 09.07.1996, gültig bis 08.07.2026

Infrastruktur
* Holzhausen-Heddinghausen – Bohmte (20,5 km)
* Bohmte – Schwegermoor (13,0 km); aktuell ab Gewerbegebiet Bohmte-Auf der Bruchheide gesperrt
* Osnabrück-Hörne – Dissen-Bad Rothenfelde (23,2 km), gepachtet von DB Netz AG seit 01.01.2000 für 30 Jahre

VLO / VBG

Unternehmensgeschichte
Im Jahr 1891 erfolgte die Gründung eines Eisenbahnbauvereines zur Erschließung des damaligen Landkreises Wittlage in der Provinz Hannover durch eine Nebenbahn. Zum Bau und Betrieb der Strecke gründeten die Kreise Wittlage und Lübbecke am 04.03.1898 gemeinsam mit dem preußischen Staat, der Stadt Preußisch Oldendorf sowie weiteren Gemeinden und Privatleuten die Wittlager Kreisbahn Aktiengesellschaft (WKB). Als erster Abschnitt konnte am 09.08.1900 der Bahnverkehr zwischen Bohmte Ost und Holzhausen-Heddinghausen eröffnet werden. In Preußisch-Oldendorf entstand ein Lokschuppen mit Werkstatt, ein weiterer Lokschuppen in Bohmte. Zum 01.07.1914 erfolgte die Inbetriebnahme der Strecke Bohmte Ost – Damme.
Die Züge der WKB verkehrten ab 01.11.1949 teilweise über Holzhausen-Heddinghausen hinaus bis nach Lübbecke.
Zu Beginn des Jahres 1961 wurde die Betriebsführung auf die Bentheimer Eisenbahn GmbH (BE) übertragen, die diese Aufgabe bis zum 31.12.1978 erfüllte. Am 20.05.1965 wurde die Umwandlung der AG in eine GmbH beschlossen. Nachdem der Kreis Wittlage 1973 im Zuge der Kreisreform im Landkreis Osnabrück aufgegangen war und dieser auch am 01.01.1973 die Anteile des Landes Niedersachsen an der GmbH erworben hatte, wurde die Wittlager Kreisbahn GmbH 1987 in VLO Verkehrsgesellschaft Landkreis Osnabrück GmbH umbenannt.
Mit der zunehmenden Individualmotorisierung begann auch die Stilllegung im Personenverkehr. Nach den Abschnitten Damme – Schwegermoor (29.09.1962) und Schwegermoor – Hunteburg (28.05.1965) wurde auch auf den übrigen Streckenabschnitten zum 24.09.1966 die Personenbeförderung bis auf einige Schülerzüge, die noch bis 24.09.1971 verkehrten, komplett eingestellt.
Auch im Güterverkehr verlor ein Großteil der Strecken die Bedienung: Nach Schwegermoor – Damme zum 17.05.1963 folgte zum 31.12.1996 Preußisch Oldendorf – Holzhausen-Heddinghausen und im August 2004 Bohmte Ost – Schwegermoor. Die Gesamttonnage betrug 2013 70.000 t.
Schwerpunkt der Bedienung ist mit der AGRO International GmbH & Co. KG ein Hersteller für Federkerne in Bad Essen-Wittlage (rund 44.000 t pro Jahr).
Zusätzliche Aufgaben übernahm die VLO im Rahmen der Reaktivierung des „Haller Willem". Seit dem 12.06.2005 fahren auch auf dem niedersächsischen und von der VLO gepachteten Abschnitt Osnabrück-Hörne – Dissen-Bad Rothenfelde wieder Züge der NordWestBahn GmbH (NWB). Die VLO fungiert außerdem als Eisenbahnverkehrsunternehmen für die Osnabrücker Dampflokfreunde e. V. (ODF, seit 1997) und die Museums-Eisenbahn Minden e. V. (MEM, seit 1998). Lokschuppen und Verwaltung befinden sich heute in Bohmte.
Ende 2009 wurden die überregionalen Aktivitäten der VLO in die VLO Bahn GmbH (siehe dort) ausgegründet.

Verkehre
★ Güterverkehr Bohmte Ost – Preußisch Oldendorf

Vogtlandbahn GmbH (VBG) ℗

Ohmstraße 2
DE-08496 Neumark
Telefon: +49 37600 777-0
Telefax: +49 37600 777-251
info@vogtlandbahn.de
www.vogtlandbahn.de
www.trilex.de

Vogtlandbahn-GmbH, organizační složka
Oldřichovská 696
CZ-463 34 Hrádek nad Nisou
Telefon: +420 484 800595
info@trilex.de
www.trilex.de

Management
★ Gerhard Heinrich Knöbel (Geschäftsführer)
★ Dipl.-Ing. (FH) Andreas Trillmich (Geschäftsführer)

Gesellschafter
Stammkapital 2.000.000,00 DM
★ Regentalbahn AG (RAG) (100 %)

Lizenzen
★ DE: EVU-Zulassung (PV+GV) seit 18.03.1998, gültig bis 28.02.2028
★ DE: Sicherheitszertifikat, Teil A (PV); gültig vom 27.03.2015 bis 26.03.2020

Unternehmensgeschichte
1994 schrieb der Freistaat Sachsen die Erbringung der Nahverkehrsleistungen auf den Relationen Zwickau – Falkenstein – Klingenthal sowie Herlasgrün – Falkenstein und Zwotental – Adorf („Falkensteiner X") aus und entschied sich für das Angebot der Regental Bahnbetriebs-GmbH (RBG). Diese richtete einen Betriebsteil „Vogtlandbahn" ein und beschaffte bis 1996 acht Dieseltriebwagen. Da die Strecken um Falkenstein jedoch zum vorgesehenen Termin der Betriebsaufnahme im Jahr 1996 aufgrund umfangreicher Bauarbeiten des Infrastrukturbetreibers DB Netz nicht zur Verfügung standen, übernahm die RBG-Vogtlandbahn zum

VBG

13.10.1996 im Auftrag des Freistaats Sachsen stattdessen bisher durch DB Regio erbrachte Nahverkehrsleistungen auf der Achse Zwickau – Plauen – Bad Brambach. Mit zehn weiteren, im Jahr 1997 beschafften Triebwagen konnte die RBG-Vogtlandbahn schließlich zum 23.11.1997 nach Abschluss der dortigen Bauarbeiten auch den SPNV auf den Strecken Zwickau – Falkenstein – Klingenthal und Herlasgrün – Falkenstein – Adorf aufnehmen.

Zum 01.01.1998 wurde der RBG-Betriebsteil Vogtlandbahn in eine separate Gesellschaft, die Vogtlandbahn GmbH (VBG) mit Sitz in Reichenbach, überführt und ebenso wie die RBG als Tochtergesellschaft der Regentalbahn AG organisiert. Seit 18.03.1998 verfügt die VBG auch über eine eigene EVU-Zulassung, nachdem diese vorübergehend weiterhin durch die RBG gestellt wurde. Mit dem ersten Spatenstich am 15.03.1998 begann der Bau einer gemeinsamen Werkstatt der Regentalbahn-Tochtergesellschaft Regental Fahrzeugwerkstätten-GmbH (RFG) und der VBG in Neumark (Sachs), die am 04.07.2000 eröffnet werden konnte. Auch Verwaltung und Betriebsleitung der VBG befinden sich seither in Neumark; der Sitz der Gesellschaft wurde zum 14.09.2000 offiziell dorthin verlegt.

Ebenfalls am 15.03.1998 fand der erste Spatenstich für den Bau einer Bahnverbindung von Zwickau Hbf nach Zwickau Zentrum statt, die abschnittsweise Trassen einer früheren Industriebahn und der Straßenbahn Zwickau mitbenutzt. Seit der Streckeneröffnung am 28.05.1999 erbringt die VBG hier die SPNV-Leistungen.

Nachdem die VBG zudem bereits zum 24.05.1998 im Auftrag des Freistaats Thüringen den Personenverkehr der Strecke Schönberg – Schleiz sowie in Kooperation mit DB Regio Leistungen zwischen Plauen und Schönberg übernehmen konnte, kam es zwei Jahre später, zum 28.05.2000, zu einer weiteren Ausweitung der VBG-Verkehre. Die bisher in Bad Brambach endenden VBG-Züge wurden in Zusammenarbeit mit der tschechischen Staatsbahn ČD über Cheb (Eger) nach Marktredwitz verlängert. Zugleich wurde die Verbindung Zwickau – Klingenthal über einen reaktivierten Streckenabschnitt in Kooperation mit der damaligen tschechischen Privatbahn VIAMONT, a.s. (heute GW Train Regio a.s.) ins tschechische Kraslice (Graslitz) ausgedehnt. Dabei werden Züge bis heute südlich des Kreuzungsbahnhofs Zwotental ausschließlich mit GW-Personal besetzt. Seit dem 01.01.2006 waren bei VIAMONT ständig drei angemietete VBG-RVT zur Bedienung der Strecke Karlovy Vary (Karlsbad) – Mariánské Lázně (Marienbad) im Einsatz. Durch den möglichen Rückgriff auf diese Fahrzeuge hatte sich VIAMONT bei der Ausschreibung der Leistung gegen die ČD durchsetzen können, da niederfluriges

Europäische Bahnen '15/16   503

VBG

Rollmaterial gefordert worden war. Dieses Mietverhältnis endete zum Jahreswechsel 2012/13, da GW Train Regio seither über eigene Fahrzeuge der tschechischen Baureihe 813 mit Niederflurteil verfügt.

Zudem übernahm die VBG SPNV-Leistungen zwischen Plauen und Hof sowie (Hof –) Mehltheuer und Gera; letztere gingen im Zusammenhang mit deren Betriebsaufnahme im Dieselnetz Ostthüringen im Juni 2012 an die Erfurter Bahn GmbH über.

Im Auftrag der Bayerischen Eisenbahngesellschaft mbH (BEG) erbrachte die VBG seit 10.06.2001 Nahverkehrsleistungen zwischen Hof, Marktredwitz und Weiden, seit 15.12.2002 auch zwischen Weiden, Schwandorf und Regensburg. Seit dem 10.07.2003 gibt es eine Durchbindung aus Richtung Klingenthal kommender Leistungen unter GW-Regie über Kraslice hinaus bis Sokolov (Falkenau), die fast alle Züge betrifft. An Samstagen werden zwei Zugpaare bis nach Karlsbad durchgebunden; die zuvor praktizierte Weiterführung bis Marienbad endete hingegen mit dem Fahrplanwechsel 2012. Zum 14.12.2003 übernahm die VBG als Subunternehmer für DB Regio die SPNV-Leistungen zwischen Münchberg und Helmbrechts, einen Teil der Nahverkehrszüge zwischen Neuenmarkt-Wirsberg und Lichtenfels sowie einzelne Fahrten zwischen Hof, Münchberg und Neuenmarkt-Wirsberg. Dies entfiel mit der Betriebsaufnahme durch die agilis Verkehrsgesellschaft mbH & Co. KG im „Dieselnetz Oberfranken" zum kleinen Fahrplanwechsel 2011. 2010 konnte die VBG auch die Zweitausschreibung des eingangs beschriebenen „Vogtlandnetzes" mit Vertragsbeginn am 08.12.2012 für sich entscheiden. Dabei gab es sowohl eine teilweise Änderung der Linienführungen als auch die eine Ausdünnung des Verkehrs zwischen Bad Brambach und Eger auf vier tägliche Zugpaare und die Abbestellung des SPNV zwischen Adorf und Zwotental. Neu sind dafür einige Expressfahrten (Hof –) Plauen – Werdau, um dort nach Wegfall der RE-Verbindung Hof – Leipzig wenigstens eine Korrespondenz mit der mitteldeutschen Express-S-Bahnlinie S5x Zwickau – Leipzig – Halle herzustellen. Die Leistungen Eger – Marktredwitz sind nicht mehr Teil des Vogtlandnetzes. Da vom Aufgabenträger be dessen Neuausschreibung wenigstens teilweise der Einsatz von Neubaufahrzeugen gefordert wurde, beschaffte die VBG acht Regioshuttle als Ersatz für die entsprechende Anzahl RVT. Nachdem zunächst nur die weiterhin einzusetzenden RVT im Rahmen ihrer HU auch im Inneren modernisiert wurden, entschloss sich die VBG, auch die verbliebenen, nicht mehr benötigten Triebwagen einer Fristverlängerung zu unterziehen.

Neben Leistungen im länderfinanzierten SPNV bot die VBG seit 12.06.2005 unter der Bezeichnung „Vogtland-Express" (VX) auch eine überregionale Verbindung an. Das zunächst täglich auf der Relation Plauen – Leipzig – Berlin verkehrende Zugpaar wurde zum 11.12.2005 um den Abschnitt Hof – Plauen erweitert. Seit Fahrplanwechsel am 10.12.2006 nahm der VX den Weg über Chemnitz anstelle von Leipzig, während zum 09.12.2007 die Anbindung von Hof wieder entfiel. Wegen Unwirtschaftlichkeit wurde der Betrieb des VX am 16.02.2009 eingestellt, jedoch u. a. nach Protesten von politischer Ebene schon am 08.04.2009 wieder aufgenommen. Einer Umstellung auf SEV zwischen Reichenbach und Berlin wegen temporären Fahrzeugmangels am 10.01.2011 folgte die erneute Wiederaufnahme des Betriebes im darauf folgenden Juni. An nachfrageschwachen Tagen blieb es jedoch beim SEV, ehe wegen stetig gesunkener Auslastung der Betrieb zum 01.10.2012 dauerhaft auf eine durch Subunternehmer gefahrene Buslinie umgestellt wurde.

Seit 09.12.2007 erbringt die VBG im Auftrag der BEG unter der Marke „ALEX" auch schnelle Nahverkehrsleistungen auf den Relationen München – Regensburg – Hof / Furth im Wald sowie München – Kempten – Oberstdorf / – Lindau. Nach Zulassung ihrer ER20-Lokomotiven in Tschechien bespannt die Vogtlandbahn die in Kooperation mit der ČD bis nach Prag verkehrenden ALEX-Züge seit 2009 auch auf dem Abschnitt zwischen dem deutsch-tschechischen Grenzbahnhof Furth im Wald und Plzeň, wo für die weitere Strecke E-Loks der ČD vorgespannt werden. Neben den beiden Zugpaaren München – Schwandorf – Prag umfasste dies seit 13.12.2009 auch zwei bis dato auf deutscher Seite durch die DB Regio AG betriebene Zugpaare Nürnberg – Schwandorf – Prag, die aber zum Dezember 2012 abbestellt wurden, da zwischenzeitlich eine IC-Buslinie der DB auf dieser Relation etabliert worden war. Der zusätzliche Fahrzeugbedarf wird durch sieben neu beschaffte, zwischen München und Hof eingesetzte Doppelstockwagen sowie die Vergabe der Zugtraktion zwischen Immenstadt und Oberstdorf an die Stauden Verkehrs-GmbH (SVG) kompensiert. Eine weitere Ausweitung des Verkehrsgebietes erfolgte im Dezember 2010 mit der unter der Bezeichnung TRILEX vermarkteten Bedienung der „Dreiländerbahn" Liberec – Zittau – Varnsdorf (Warnsdorf) – Seifhennersdorf bzw. Varnsdorf – Rybniště (Teichstätt). Der SPNV wurde dort zuvor durch die ČD sowie die Sächsisch-Böhmische Eisenbahngesellschaft mbH (SBE) erbracht. Gleichfalls unter der Marke TRILEX laufen die Verkehre von Dresden nach Görlitz bzw. Zittau – Liberec (Ostsachsennetz), welche die VBG nach Zuschlagserteilung im Oktober 2013 ab Dezember 2014 von DB Regio übernahm. Die von der VBG gefahrenen Verkehre der Linien VL 3 und VB 8 auf der Achse Regensburg – Schwandorf – Weiden – Marktredwitz – Cheb bilden das Los „Naabtal" der Ende 2010 veröffentlichten SPNV-Ausschreibung „Regionalzüge Ostbayern" mit rund 5 Mio. Zugkm/a, die das Schwesterunternehmen Regental Bahnbetriebs-GmbH (RBG) im August 2011 für sich entscheiden konnte. Der Betriebsübergang an die RBG für das genannte Los hat im Dezember 2014

VBG / Vorpommernbahn / VEV

stattgefunden, so dass die VBG seither in Bayern südlich Hof außer dem ALEX keinen SPNV mehr erbringt.

Verkehre
* SPNV „Vogtlandnetz" mit 3,2 Mio. Zugkm/a (2,8 Mio. in der zweiten Betriebsstufe) vom 08.12.2012 bis Dezember 2027 im Auftrag des Zweckverbandes ÖPNV Vogtland, der Freistaaten Bayern und Thüringen sowie des Karlovarský kraj
VL 1 Zwickau – Falkenstein – Kraslice (– Sokolov – Karlovy Vary)
VL 2 Zwickau – Plauen – Hof
VL 3 Plauen – Adorf – Bad Brambach – Cheb
VL 4 Gera – Greiz – Elsterberg – Weischlitz
VL 5 Falkenstein – Herlasgrün – Plauen
VE 16 (Hof –) Plauen – Werdau (entfällt in zweiter Betriebsstufe)
* SPNV „alex" mit 3,3 Mio. Zugkm/a vom 09.12.2007 bis Dezember 2017
„alex Süd" München – Kempten – Oberstdorf / Lindau im Auftrag des Freistaates Bayern
„alex Nord" München – Regensburg – Schwandorf – Hof / Furth im Wald – Plzeň [CZ] – Praha [CZ] im Auftrag des Freistaates Bayern und der Tschechischen Republik in Kooperation mit der ČD (seit 13.12.2009 auch Traktion Furth im Wald – Plzeň)
* SPNV „Dreiländerbahn" Liberec [CZ] – Zittau – Varnsdorf – Seifhennersdorf / Rybništĕ [CZ]; 0,66 Mio. Zugkm/a vom 12.12.2010 bis Dezember 2020 im Auftrag des Zweckverbandes Verkehrsverbund Oberlausitz-Niederschlesien (ZVON) sowie von Liberecký kraj und Ústecký kraj
* SPNV „Ostsachsennetz" mit 3,0 Mio. Zugkm/a von 14.12.2014 bis 08.12.2018 im Auftrag im Auftrag des Zweckverbandes Verkehrsverbund Oberlausitz-Niederschlesien (ZVON), des Zweckverbandes Verkehrsverbund Oberelbe (Z-VOE) sowie des Liberecký kraj
TLX 1/TL 60 Dresden – Görlitz
TLX 2 Dresden – Zittau (– Liberec)
TL 61 Dresden – Zittau

Vorpommernbahn GmbH

Bahnhofstraße 73
DE-17438 Wolgast
Telefon: +49 3836 2349380

Management
* Hans-Joachim Kohl (Geschäftsführer)
* Antje Sacher (Geschäftsführerin)

Gesellschafter
Stammkapital 25.000,00 EUR
* DB Regio AG (100 %)

Unternehmensgeschichte
Die Vorpommernbahn GmbH ist geht auf die mit Gesellschaftsvertrag vom 11.02.1999 gegründete, aber nie aktiv gewordene DB Verkehrsgesellschaft mbH zurück. Das in Leipzig ansässige Unternehmen wurde auf Beschluss der Gesellschafterversammlung vom 02.08. und Eintrag in das Handelsregister am 12.09.2013 in Vorpommernbahn GmbH umbenannt und sein Sitz nach Wolgast verlegt.
Als Geschäftszweck wird die „Erbringung und Planung von Verkehrsdienstleistungen als Schienenpersonennah- oder (…) -fernverkehr in Deutschland und im angrenzenden Raum von Nachbarländern; ferner die Erledigung aller damit unmittelbar und mittelbar zusammenhängenden Geschäfte" genannt. Mit der DB Regio AG als herrschendem Unternehmen wurde am 22.11.2013 ein Beherrschungs- und Gewinnabführungsvertrag geschlossen.
Das Unternehmen ist bislang aber nicht am Markt aktiv, sondern fungiert als Arbeitgeber für das Triebfahrzeugpersonal der UBB Usedomer Bäderbahn GmbH.

Vorwohle-Emmerthaler Verkehrsbetriebe VEV GmbH i.L. (VEV)

Am Bahnhof 1
DE-37619 Bodenwerder
Telefon: +49 5533 2129
Telefax: +49 5533 2129
info@vev-bodenwerder.de
www.vev-bodenwerder.de

Management
* Franz Jakob Leyser (Liquidator)

Gesellschafter
Stammkapital 189.944,94 EUR
* Stadt Bodenwerder (30,3 %)
* Stadt Eschershausen (29,8 %)
* Gemeinde Hehlen (10,9 %)
* Rigips GmbH (9,5 %)
* Dampfzug-Betriebsgemeinschaft e. V. (DBG) (4,6 %)
* Kalk-, Mergel- und Steinwerke GmbH (2,7 %)
* Landkreis Holzminden (HOL) (2,4 %)
* Herbert Nolte (2,3 %)

VEV / Vossloh Locomotives

* Gemeinde Dielmissen (1,5 %)
* Carl-Günter Fuchs (1,4 %)
* Gemeinde Kirchbrak (1 %)
* Braunschweigische Lederwerke Emil Heller GmbH & Co. KG (0,7 %)
* Arminius Werke GmbH (0,7 %)
* Johannes Steinert Holzimport (0,7 %)
* Karl Dörries Baustoffe, Inh. Carl-Christian Dörries (0,5 %)
* Karl-Hermann Mittendorf (0,5 %)
* Karl Brünig (0,5 %)

Lizenzen
* DE: EIU für eigene Infrastruktur
* DE: EVU-Zulassung (PV+GV) seit 26.10.1995, gültig bis 25.10.2025

Infrastruktur
* Vorwohle – Bodenwerder – Emmerthal (31,5 km), Abschnitt Vorwohle – Bodenwerder-Linse stillgelegt und teilweise abgebaut

Unternehmensgeschichte
Die heutige Vorwohle-Emmerthaler Verkehrsbetriebe GmbH i. L. (VEV) wurde am 18.05.1967 zum Betrieb der 31,8 km langen, im Süden Niedersachsens gelegenen Nebenstrecke Vorwohle – Bodenwerder – Emmerthal gegründet. Sie trat dabei die Nachfolge der Vorwohle-Emmerthaler Eisenbahn AG (VEE) an, die die Strecke erbaut hatte, Anfang 1967 nach wirtschaftlichen Schwierigkeiten jedoch ihre Auflösung beschlossen hatte.
Ab den 1980er-Jahren verlor die VEV-Strecke nahezu ihren gesamten Verkehr. Nach dem Ende des SPNV 1982 beauftragte die VEV vier Jahre später die damalige Deutsche Bundesbahn (DB) mit der Durchführung des verbliebenen Güterverkehrs und gab die meisten eigenen Fahrzeuge ab. In den vergangenen Jahren ging der auch Güterverkehr nahezu auf Null zurück. Letzter Anschließer ist das Atomkraftwerk Grohnde unmittelbar südlich von Emmerthal.
Südlich von Grohnde wurde die VEV-Strecke schrittweise eingestellt. Der Streckenabschnitt Vorwohle – Bodenwerder-Linse [ausschließlich] - km 1,21 bis km 11,0 - wurde zum 01.06.2006 stillgelegt, nachdem er insbesondere auf dem Südabschnitt bereits seit den 1990er-Jahren nicht mehr befahren worden war. Der Abschnitt Vorwohle – Osterbrak anschließend abgetragen und teilweise zu einem Freizeitweg in kommunaler Verantwortung umgestalt. Der Abschnitt Osterbrak – Bodenwerder-Linse ist verpachtet und wird durch den Kulturbahn Bodenwerder GmbH als Draisinenstrecke genutzt. Die Firma des Unternehmers Oliver Victor bietet ferner Übernachtungen in einem „Zughotel", auf der Weserbrücke Bodenwerder abgestellten Waggons, an. Für den anschließenden, betrieblich gesperrten Streckenabschnitt Bodenwerder-Linse – Grohnde

[ausschließlich] - km 11,0 bis km 28,0 - wurde 2013 das Stilllegungsverfahren eingeleitet. Oliver Victor erwarb daraufhin die gesamte noch vorhandene VEV-Infrastruktur. Zum 09.03.2015 beteiligte sich die Lammert + Reese GmbH & Co. KG, Betreiber eines Kieswerks in Bodenwerder, mit 50 %, um sich die Option von Bahntransporten langfristig zu erhalten. Victor und Lammert + Reese nutzen für ihre Belange jedoch nicht die VEV GmbH, die sich seit 28.08.2014 in Liquidation befindet.

Vossloh Locomotives GmbH

Postfach 92 93
DE-24152 Kiel
Falckensteiner Straße 2
DE-24159 Kiel
Telefon: +49 431 3999-03
Telefax: +49 431 3999-2274
vertrieb.kiel@vl.vossloh.com
www.vossloh-locomotives.com

Service-Zentrum Moers
Baerler Straße 100
DE-47441 Moers
Telefon: +49 2841 1404-10
Telefax: +49 2841 1404-50

Management
* Thomas Schwichtenberg (Geschäftsführer)

Gesellschafter
Stammkapital 12.272.000,00 EUR
* Vossloh AG (100 %)

Beteiligungen
* Locomotion Service GmbH (LS) (100 %)

Lizenzen
* DE: EVU-Lizenz (PV+GV); gültig vom 30.01.2001 bis 31.12.2015

Unternehmensgeschichte
Als Teil des Verkehrstechnikkonzerns Vossloh ist die Vossloh Locomotives GmbH einer der größten Hersteller von Rangier- und Streckendiesellokomotiven in Europa. Das Unternehmen geht auf die nach dem ersten Weltkrieg gegründeten Deutschen Werke Kiel DWK zurück, die neben Lokomotiven auch weitere Maschinen und Motoren baute. Ab dem 25.05.1948

Vossloh Locomotives / Vossloh RCB / VPSI

firmierte das Unternehmen als Maschinenbau Kiel GmbH (MaK). Nach der Beteiligung der Krupp AG an MaK erfolgte 1992 die Umbenennung in Krupp Verkehrstechnik GmbH, 1994 nach dem Verkauf an Siemens in Siemens Schienenfahrzeugtechnik (SFT). Zum 01.10.1998 übernahm die Vossloh AG die ehemalige MaK. Das anschließend zunächst als Vossloh Schienenfahrzeugtechnik GmbH (VSFT) tätige Unternehmen trägt seit 23.04.2003 den Namen Vossloh Locomotives GmbH und ist Teil der Division Transportation des Vossloh-Konzerns. In Kiel werden neue Lokomotiven gebaut, an den Standorten Moers und Antony [FR] Service und Wartung durchgeführt.
Bis Ende 2015 soll am Standort Kiel ein neues Werk gebaut werden, da die Flächen des bisherigen Standortes anderweitig benötigt werden. Der Neubau im Stadtteil Suchsdorf an der Doktor-Hell-Straße ermögliche einen effizienteren Produktionsprozess und erhebliche Energieeinsparungen, teilte Vossloh im Sommer 2014 mit.
Der Bereich Transportation der Vossloh AG soll jedoch in Abhängigkeit vom Fortschritt der laufenden Restrukturierungsmaßnahmen bis spätestens 2017 in Summe oder in Teilen in einen passenderen Verbund überführt oder verkauft werden, so der Beschluss des Konzernes aus dem Herbst 2014.

Vossloh Rail Center Bützow GmbH (Vossloh RCB)

Tarnower Chaussee 1
DE-18246 Bützow
Telefon: +49 38461 568-0
Telefax: +49 38461 568-19

Management
★ Thomas Schwichtenberg (Geschäftsführer)

Gesellschafter
Stammkapital 100.000,00 EUR
★ Stahlberg Roensch GmbH & Co. KG (SR)
★ Komplementär: RCB Rail Center Bützow Verwaltungs GmbH

Lizenzen
★ DE: EVU-Zulassung (GV) seit 11.11.2003, gültig bis 13.08.2018

Unternehmensgeschichte
Mit Eintrag in das Handelsregister am 17.01.2001 wurde die RCB rail center Bützow GmbH & Co. KG gegründet, die zur Stahlberg Roensch-Gruppe (SR) gehörte.
RCB hat 2001 das ehemalige Oberbauwerk (OBW) im mecklenburg-vorpommerschen Bützow von der DB AG übernommen und privatisiert. Neben dem RCN rail center Nürnberg GmbH & Co. KG ist RCB das zweite Werk zur Herstellung und Aufarbeitung von Eisenbahnschienen im SR-Konzern.
2003 / 2004 hatte RCB Düngerverkehre für YARA aufgenommen, die aber nach Beteiligung von SR an der Mittelweserbahn GmbH (MWB) 2006 dorthin abgegeben wurden. Seitdem ist RCB als EVU nur noch für die Einstellung von Nebenfahrzeugen wie z. B. Schienenschweiß-Lkw zuständig.
Mit dem Verkauf von SR ist das RCB Teil des Vossloh-Konzernes geworden, es erfolgte per Gesellschafterbeschluss vom 02.02.2011 die Umfirmierung in Vossloh Rail Center Bützow GmbH.

VPS Infrastruktur GmbH (VPSI)

Am Hillenholz 28
DE-38229 Salzgitter
Telefon: +49 5341 21-7106
Telefax: +49 5341 21-7322
vpsi-info@vps-infrastruktur.de
www.vps-infrastruktur.de

Management
★ Günter Dombrowski (Geschäftsführer)

Gesellschafter
Stammkapital 25.000,00 EUR
★ Verkehrsbetriebe Peine-Salzgitter GmbH (VPS) (100 %)

Lizenzen
★ DE: EIU-Zulassung für die eigene Infrastruktur seit 02.01.2006

Infrastruktur
★ ex Peiner Eisenbahn: Peine – Ilsede – Broistedt – Salzgitter-Engelnstedt (31,6 km, Eigentum: Verkehrsbetriebe Peine-Salzgitter GmbH)
★ ex Salzgitter Eisenbahn: Salzgitter-Beddingen – Salzgitter-Hütte Süd – Salzgitter-Voßpaß (38,2 km), Abzweigungen nach Salzgitter-Hütte Nord, Salzgitter-Beddingen Hafen, Salzgitter-Engelnstedt (Übergang Peiner Eisenbahn), Schacht Konrad 1, Salzgitter-Immendorf West sowie Salzgitter-Haverlahwiese (Eigentum aller Strecken: Verkehrsbetriebe Peine-Salzgitter GmbH

VPSI / VEB

Unternehmensgeschichte
Die Verkehrsbetriebe Peine-Salzgitter GmbH (VPS) hat zur Umsetzung der Vorgaben des Gesetzgebers hinsichtlich der Unabhängigkeit des öffentlichen Betreibers der Schienenwege die bislang von VPS betriebene öffentliche Eisenbahninfrastruktur im Raum Peine – Salzgitter mit Wirkung vom 01.01.2006 an die VPS Infrastruktur GmbH (VPSI) verpachtet. Gegenstand des Unternehmens sind der Betrieb, der Bau und die Unterhaltung dieser Eisenbahninfrastrukturanlagen.
VPSI hat mehrere Nutzungsverträge abgeschlossen. Zu den regelmäßigen Nutzern gehören EVU, die auch Inhaber von Gleisanschlüssen an die VPSI und im Güterverkehr tätig sind. Anlagen für den Schienenpersonenverkehr sind nicht vorhanden.

Vulkan-Eifel-Bahn Betriebsgesellschaft mbH (VEB)
🅿🅖

Kasselburger Weg 16
DE-54568 Gerolstein
Telefon: +49 6591 949987-10
Telefax: +49 6591 949987-19
info@veb.de
www.veb.de

Management
★ Jörg Petry (Geschäftsführer)

Gesellschafter
Stammkapital 25.000,00 EUR
★ Jörg Petry (100 %)

Beteiligungen
★ Bahnbetriebswerk Gerolstein gGmbH (50 %)
★ CTG - Container Terminal Gerolstein GmbH (33,3 %)
★ TW Gerolsteiner Land - Touristik und Wirtschaftsförderung GmbH

Lizenzen
★ DE: EVU-Zulassung (PV+GV) seit 13.03.2002, gültig bis 31.12.2027

Infrastruktur
★ Gerolstein – Kaisersesch (51,4 km), Pacht seit 01.07.2001

Unternehmensgeschichte
Die heutige VEB wurde am 17.05.2000 als EBM Touristik GmbH von zwei geschäftsführenden Gesellschaftern mit Sitz in Gerolstein gegründet. Ursprünglich sollte die Gesellschaft ausschließlich Sonder- und Ausflugsverkehre durchführen, für die man neben Schienenbusgarnituren auch Reisezugwagen beschaffte. Schon bei Gründung des Unternehmens stand auch fest, dass ein Engagement auch die Erhaltung der Eifelquerbahn Gerolstein – Ulmen – Kaisersesch (– Andernach) beinhalten würde. Folgerichtig hatte die Gesellschafterversammlung am 12.04.2001 eine Umfirmierung in Vulkan-Eifel-Bahn Betriebsgesellschaft mbH beschlossen. Seit Dezember 2004 werden die Anteile an der VEB nur noch von einem Gesellschafter gehalten.
Die VEB konnte Ende Juni 2001 den vertakteten Ausflugsverkehr zwischen Gerolstein und Daun aufnehmen und wurde ab 01.07.2001 Pächter des westlichen Teils der Eifelquerbahn (bis dato Eisenbahn-Verkehrs-Gesellschaft im Bergisch-Märkischen Raum mbH (EBM)). Sporadisch wird seitdem auch Güterverkehr auf der Eifelquerbahn durchgeführt, der sich heute aber auf die Holzverladung in Daun und Ulmen beschränkt. Eingestellt wurde hingegen das am 31.05.2003 aufgenommene Projekt „Containerzug Gerolstein - Berlin-Wustermark" nach nur wenigen Fahrten. In Gerolstein war für diesen Zuglauf ein KLV-Terminal errichtet worden, das durch die Container Terminal Gerolstein GmbH (CTG) betrieben wird und über einen Reach-Stacker verfügt. Die für die Züge bei AAE Cargo AG angemieteten 24 Wagen sowie eine ES 64 U2 aus dem Dispolok-Pool wurden an die Vermieter zurückgegeben. Seit der Einstellung des Containerzugverkehres wird das Gelände des CTG für diverse Güterverkehre (u. a. Holzverladung) genutzt.
Nachdem auf der Eifelquerbahn in Kooperation mit dem Eifelbahn e. V. über mehrere Jahre hinweg erfolgreich Ausflugsfahrten durchgeführt werden konnten, ließ der schlechte Zustand des Oberbaus ab 2006 nur noch Fahrten zwischen Gerolstein und Ulmen zu. Mit einer entsprechenden Förderung durch das Land konnte der Abschnitt saniert und in der Saison 2008 wieder befahren werden. Im Juni 2009 wurde die Reaktivierung der Eifelquerbahnstrecke zwischen Kaisersesch und Gerolstein ab 2014 durch den zuständigen SPNV-Aufgabenträger beschlossen. Diese Planungen wurden 2012 jedoch wieder verworfen, nachdem sich u.a. die einzuplanenden Kosten für die Sanierung deutlich erhöht hatten.
Seit dem 01.04.2008 ist der Bahnhof Ulmen wieder offiziell für Güterverkehre geöffnet. Am 20.05.2008 sind die ersten beiden Waggons mit Rohholz via Gerolstein – Euskirchen (Übergabe an DB Schenker Rail Deutschland AG) nach Caen [FR] abgefahren worden.
Heimat der VEB wie auch des örtlichen, 1995 gegündeten Vereins Eifelbahn e. V. ist das ehemalige

VEB / VVM-B / VVM

Bw Gerolstein, das sich jahrelang ungenutzt im Eigentum eines Privatinvestors befunden hatte. Nach Verhandlungen gelang mit Beurkundung vom 17.06.2004 der Erwerb der Baulichkeiten des Bw. Zu diesem Zweck wurde bereits am 01.04.2004 von einigen Vereinsmitgliedern sowie dem Verein Eifelbahn e.V. selbst und der Vulkan-Eifel-Bahn Betriebsgesellschaft mbH (VEB) die neue Bahnbetriebswerk Gerolstein gGmbH (BWG) gegründet.
Die betriebsfähigen Fahrzeuge des Eifelbahn e. V. sowie der AKE-Eisenbahntouristik sind ebenfalls bei der VEB eingestellt.

Verkehre
* Gütertransporte Gerolstein (Ladegleis) / Pelm (Rheinkalk Akdolit GmbH & Co. KG) – Euskirchen (Übergabe); bedarfsweise seit 27.07.2004 im Auftrag der DB Schenker Rail Deutschland AG sowie Dritter
* Weintransporte Ehrang (Übernahme von TX) – Trier-Euren (Sektkellerei Schloß Wachenheim AG); 1-3 x pro Monat seit Dezember 2012 im Auftrag der TX Logistik AG
* Glasflaschentransporte Ehrang (Übernahme von BCB) – Trier-Pfalzel (Bayer u. Sohn Speditions GmbH); Spotverkehre seit Februar 2014 im Auftrag der BSS Bahnservice Saarland (für: Bayerische CargoBahn GmbH (BCB))

VVM Museumsbahn Betriebs-gesellschaft mbH (VVM-B) 🅿️ℹ️

Am Schierbek 1
DE-24217 Schönberg (Holstein)
Telefon: +49 4344 2323
Telefax: +49 40 55421111
c.alders@vvm-museumsbahn.de
www.vvm-museumsbahn.de

Management
* Christian Aalders (Geschäftsführer)
* Günter Dolezal (Geschäftsführer)
* Holger Ebeling (Geschäftsführer)
* Dr.-Ing. Harald Elsner (Geschäftsführer)

Gesellschafter
Stammkapital 50.000,00 DM
* VVM Verein Verkehrsamateure und Museumsbahnen e. V. (100 %)

Lizenzen
* DE: EIU Schönberg (Holst.) – Schönberger Strand seit 19.02.1996 (übernommen von VVM e.V.), gültig bis 31.12.2045
* DE: EVU-Zulassung (PV+GV) seit 19.02.1996, gültig bis 31.12.2026 (übernommen vom VVM e. V.)

Infrastruktur
* Schönberg (Holstein) – Schönberger Strand (3,9 km)

Unternehmensgeschichte
Um den rechtlichen Anforderungen Genüge zu tun, hat der Verein VVM Verein Verkehrsamateure und Museumsbahnen e. V. am 20.12.1994 die VVM Museumsbahn Betriebsgesellschaft mbH gegründet, welche als EIU für die Strecke Schönberg – Schönberger Strand und als EVU für den VVM e. V. tätig ist.
Die Bahnstrecke befindet sich im Gemeinschaftseigentum von VVM e.V., der Gemeinde Schönberg und der Stiftung Norddeutsche Bahnmuseen. Der VVM betrieb zuvor bereits seit Sommer 1976 die Museumsbahn von Schönberger Strand nach Schönberg (Holstein). 2009 bis 2011 wurden in Kooperation mit der DB Regio AG, Regionalbahn Schleswig-Holstein (RB SH) samstags und sonntags von Juli bis September regelmäßige Fahrten von Kiel Hauptbahnhof zum Museumsbahnhof Schönberger Strand angeboten. Zum Einsatz kam meist ein Triebwagen der BR 628/928, an den wenn möglich zusätzliche Museumsbahnwagen angehängt wurden.
Die VVM-Museumsbahn-Betriebsgesellschaft mbH verfügt über eine Sicherheitsbescheinigung nach § 7a AEG und führt fallweise Sonderfahrten im touristischen Personenverkehr mit historischen Eisenbahnfahrzeugen oder lokalen Museumsbahnbetrieb auch außerhalb der eigenen Infrastruktur durch.

Verkehre
* Museumsbahnverkehr Schönberger Strand – Schönberg (Holstein) – Probsteierhagen (– Kiel)
* Sonderfahrten in Norddeutschland

VVM Verein Verkehrsamateure und Museumsbahnen e. V. ℹ️

Kollaustraße 177
DE-22453 Hamburg
Telefon: +49 40 554211-0
Telefax: +49 40 554211-11
h.elsner@vvm-museumsbahn.de
www.vvm-museumsbahn.de

Management
* Dr.-Ing. Harald Elsner (Vorstand)
* Christian Aalders (stellvertretender Vorsitzender)
* Holger Ebeling (stellvertretender Vorsitzender)
* Clemens Hasselmeier (stellvertretender Vorsitzender)

VVM / WHE

Beteiligungen
* VVM Museumsbahn Betriebsgesellschaft mbH (VVM-B) (100 %)

Infrastruktur
* Nichtöffentliche Infrastruktur des Eisenbahnmuseums Lokschuppen Aumühle

Unternehmensgeschichte
Die Wurzeln des Vereins liegen bereits im Jahr 1958. Damals bemühte sich ein „Kleinbahn-Verein Wohldorf" um die Einrichtung eines Museumsbetriebs auf der Strecke Alt-Rahlstedt – Volksdorf – Wohldorf, was allerdings scheiterte. Nach dem Zusammenschluss mit den „Hamburger Verkehrs-Amateuren" erhielt der Verein im November 1968 den heutigen Namen. Der Verein betreibt seit 1971 das Eisenbahnmuseum Lokschuppen Aumühle und seit 1976 die Museumsbahnen Schönberger Strand. Um den rechtlichen Anforderungen Genüge zu tun, hat der Verein 1994 die VVM Museumsbahn Betriebsgesellschaft mbH gegründet, welche als EIU sowie als EVU für die Strecke Schönberg – Schönberger Strand tätig ist. Neben den Museumseisenbahnen wird in Schönberger Strand auch ein kleines Streckennetz für historische Straßenbahnen betrieben.
Rückwirkend zum 01.01.2010 ist der 1972 erneut gegründete Kleinbahn-Verein Wohldorf e. V. mit dem Verein Verkehrsamateure und Museumsbahn verschmolzen. Damit betreibt dieser jetzt auch das Nahverkehrsmuseum Kleinbahnhof Wohldorf, allerdings dort ohne Eisenbahnbetrieb.

Verkehre
* Rangieren auf der nichtöffentlichen Eisenbahninfrastruktur des Eisenbahnmuseums Lokschuppen Aumühle
* Museums-Straßenbahnanlage in Schönberg (Holstein)

Wanne-Herner Eisenbahn und Hafen GmbH (WHE)

Am Westhafen 27
DE-44653 Herne
Telefon: +49 2325 788-0
Telefax: +49 2325 788-430
info@whe.de
www.whe.de

Management
* Christian Theis (Geschäftsführer)

Gesellschafter
Stammkapital 2.600.000,00 EUR
* STADTWERKE HERNE AKTIENGESELLSCHAFT (94,9 %)
* Stadt Herne (5,1 %)

Beteiligungen
* CTH Container Terminal Herne GmbH (100 %)
* ETZ Betriebs GmbH (100 %)
* Planungs- und Entwicklungsgesellschaft Güterverkehrszentrum Emscher mbH (PEG) (100 %)
* BAV Aufbereitung und Veredlung Herne GmbH (51 %)

Lizenzen
* DE: EIU für eigene Infrastruktur seit 1995
* DE: EVU-Zulassung (GV) seit 21.12.1995, gültig bis 31.03.2026

Infrastruktur
* Wanne-Westhafen – Wanne-Osthafen – Wanne-Übergabebahnhof (Übergang zur DB Netz AG); elektrifiziert 15 KV 16,7 Hz
* Abzweigung zum Kraftwerk der STEAG GmbH
* Wanne-Übergabebahnhof – Wanne Herzogstraße mit Abzweigung nach Bf Wanne Übergabebf Süd
* Gleisinfrastruktur der TIH (2.250 m)
* Gleisinfrastrktur der PEG (369 m)

Unternehmensgeschichte
Bei der 1913 gegründeten Wanne-Herner Eisenbahn und Hafen GmbH (WHE) handelt es sich um den typischen Verbundbetrieb von Eisenbahn und Häfen. Die WHE betreibt ein Streckennetz im Bereich Wanne/Herne rund um die Häfen Wanne Ost und West. Das eigene Gleisnetz, auf dem v. a.

WHE / WB

Kohletransporte zwischen einer Kohle-Mischanlage in Wanne-Westhafen und dem Bahnhof Wanne-Übergabebahnhof durchgeführt werden, ist mit dem Netz der DB Netz AG und der Bahn und Hafenbetriebe der Ruhrkohle AG verbunden. Das Frachtaufkommen ist enorm:
* 2003: 5 Mio. t,
* 2004: 5,6 Mio. t,
* 2005: 3,9 Mio. t,
* 2008: 4 Mio. t,
* 2010: 5 Mio. t,
* 2011: 5,3 Mio. t,

aber sehr stark vom Kohlemarkt abhängig. SPNV wurde seit der Inbetriebnahme 1914 nie planmäßig durchgeführt.

Im Rahmen einer Diversifizierung des Unternehmens entstand auf Freiflächen im Wanner Westhafen zwischenzeitlich das GVZ Emscher mit angeschlossenem Containerterminal (CTH Container Terminal Herne GmbH). Das im Juli 2002 in Betrieb genommene CTH ist in ein Netz von Ganzzügen des Kombinierten Verkehrs eingebunden, die das Ruhrgebiet mit ganz Europa verbinden. In 2012 wurde das Container Terminal um zwei weitere Gleise auf insgesamt fünf erweitert und zwei Portalkräne installiert.

Auf dem Betriebsgelände der WHE im Wanner Westhafen steht neben dem Verwaltungsgebäude eine Waggon- und Lokomotivwerkstatt zur Verfügung, die zum 01.01.2010 in die Tochtergesellschaft ETZ Betriebs GmbH überführt wurde.

Per 22.07.2011 übernahm die STADTWERKE HERNE AKTIENGESELLSCHAFT 94,9 % der Anteile von der Stadt Herne und schloss mit der WHE am 14.07.2011 einen Beherrschungs- und Gewinnabführungsvertrag ab.

Verkehre
* Güterverkehr auf eigener Infrastruktur
* Übergabefahrten nach Wanne-Eickel Hbf
* Braunkohlenstaubtransporte Schwerte – Menden-Horlecke (Rheinkalk GmbH); 2 x pro Woche seit Januar 2013 im Auftrag der Chemion Logistik GmbH
* Kohletransporte nach Lünen Süd (Steag-Kraftwerk); letzte Meile im Auftrag der RBH Logistics GmbH
* Kupferanodentransporte Pirdop [BG] – Lünen; letzte Meile in Lünen im Auftrag der Rurtalbahn Cargo GmbH
* Rangierdienst in Emmerich; seit 05.01.2014 im Auftrag der Raillogix B.V.
* Schrotttransporte Mülheim-Heißen (Scholz Recycling AG) – Wanne-Eickel; 6-10 x pro Monat seit Frühjahr 2008
* Steinkohlenstaubtransporte Lünen (Microca Kohlenstäube) – Lünen Süd (Übergabe an AMET TRANS); 4-5 x pro Woche seit Mai 2009 im Auftrag der Microca Kohlenstäube GmbH
* Hüttensandtransporte Duisburg-Marxloh (Übernahme von ThyssenKrupp Steel Europa AG (TKSE) – Dortmund-Overeving (Holcim); seit Dezember 2014 im Auftrag der EH Güterverkehr GmbH

WB WiehltalBahn GmbH P

Sonnenweg 3
DE-51674 Wiehl
Telefon: +49 2262 9999230
Hotline: +49 2262 752868
info@wiehltalbahn.com
www.wiehltalbahn.de

Management
* Klaus Schmidt (Geschäftsführer)

Gesellschafter
Stammkapital 48.500,00 EUR
* RSE Rhein-Sieg-Eisenbahn GmbH
* 10 weitere Gesellschafter

Unternehmensgeschichte
Die Wiehltalbahn ist eine von Osberghausen nach Waldbröl im Oberbergischen führende Eisenbahnstrecke, die am 21.04.1897 bis Wiehl und am 15.12.1906 bis Waldbröl eröffnet wurde. Der Ausgangspunkt Osberghausen ist ein ehemaliger Bahnhof an der „Aggertalbahn" (KBS 459) Köln – Overath – Gummersbach – Marienheide, der heute nur noch als Ausweichanschlussstelle zur Anbindung der Wiehltalbahn dient. Bereits am 25.09.1965 erfolgte die Einstellung des Personenverkehrs, der Güterverkehr hielt sich noch bis zum 05.10.1994. Die offizielle Stilllegung der Strecke datiert vom 24.12.1997.
Seit 16.11.1998 hatte der Förderkreis zur Rettung der Wiehltalbahn e. V. die 23,6 km lange Strecke Osberghausen – Waldbröl von der DB Immobilien GmbH gepachtet und plante eine touristische Erhaltung und auch mittelfristige Reaktivierung der Infrastruktur im SPNV. Neben dem Bedarfsgüterverkehr (z. B. Abfuhr von „Kyrill"-Sturmholz) fanden in den vergangenen Jahren im Abschnitt bis Oberwiehl regelmäßig Sonderfahrten statt. Als EVU und EIU ist die RSE Rhein-Sieg-Eisenbahn GmbH im Wiehltal engagiert.
Die Verkäuferin, DB Immobilien, hat die Verhandlungen mit der WB bezüglich eines Kaufes der Strecke im Oktober 2005 abgebrochen, als die Kommunen erneut ihr Interesse bekundeten. Am 15.12.2006 konnten diese den Kaufvertrag unterzeichnen. Es war bereits sicher, dass die Anliegerkommunen die Strecke nicht erhalten, sondern eine Entwidmung vorantreiben würden. Um den Fortbestand der Strecke entbrannte daher seit dem Besitzerwechsel ein Tauziehen sowohl auf

WB / WFL / WEM

politischer als auch juristischer Ebene entbrannt, das für bundesweites Aufsehen sorgte. Der Rechtsstreit, in dem die RSE letztlich erfolgreich ihre Betriebsgenehmigung einklagte, ist mittlerweile beendet.

Verkehre
* Ausflugspersonenverkehre

WFL Wedler Franz Logistik GmbH & Co. KG G

Verkehrshof 3
DE-14478 Potsdam
Telefon: +49 331 87000913
Telefax: +49 331 87000914
hartmutwedler@wfl-lok.de
www.wfl-lok.de

Werkstatt Neubrandenburg
Zur Datze 7c
DE-17034 Neubrandenburg
Telefon: +49 395 4550756
Telefax: +49 395 4550647

Werkstatt Nossen
Döbelner Straße 19
DE-01683 Nossen

Management
* Reinald Franz (Geschäftsführer)
* Hartmut Wedler (Geschäftsführer)

Gesellschafter
* Hartmut Wedler (50 %)
* Reinald Franz (50 %)
* WFL Wedler Franz Verwaltungs GmbH (Komplementär)

Unternehmensgeschichte
Die am 12.03.2013 in das Handelsregister eingetragene WFL Wedler Franz Logistik GmbH & Co. KG vermietet Lokomotiven, erbringt Traktionsleistungen und bietet Logistikleistungen an. Die Gesellschaft geht zurück auf die WFL Wedler & Franz GbR, Lokomotivdienstleistungen, die am 14.01.2004 in Michendorf von Hartmut Wedler und Reinald Franz gegründet wurde. Michendorf war lediglich der Verwaltungssitz der Firma, zum 01.01.2006 siedelte man von Michendorf nach Potsdam um.
Zum 06.12.2004 hat die WFL die Rangierleistungen in Berlin Greifswalder Straße zur Entladung der Zementganzzüge aus Deuna im Auftrag der damaligen PE Cargo GmbH (PEC) übernommen. Mit dem Übergang der Zugleistungen von PEC an die Eisenbahngesellschaft Potsdam mbH (EGP) zum 01.01.2006 wechselte auch der Auftraggeber der WFL, Vertragspartner ist nunmehr die Deuna Zement GmbH.
Alle betriebsfähigen Fahrzeuge sind beim EVU Mansfelder Bergwerksbahn Verein e. V. (MBB) oder bei langfristigen Vermietungen direkt beim jeweiligen EVU eingestellt.
Ein weiteres Betätigungsfeld der WFL liegt in der Gestellung von Lokomotiven für Bauzüge, Arbeitszugleistungen und Überführungen.

Verkehre
* AZ-Verkehr
* Rangierleistungen in Berlin Greifswalder Straße; seit 01.01.2006 im Auftrag der Deuna Zement GmbH

WEM Gesellschaft zur Betreibung der Waldeisenbahn Muskau mbH P I

Jahnstraße 5
DE-02943 Weißwasser
Telefon: +49 3576 207472
Telefax: +49 3576 207473
wem.gmbh@waldeisenbahn.de
www.waldeisenbahn.de

Management
* Heiko Lichnok (Geschäftsführer)

Gesellschafter
Stammkapital 51.600,00 EUR
* Landkreis Görlitz (25,68 %)
* Stadt Weißwasser (23,64 %)
* Waldeisenbahn Muskau e.V. (23,55 %)
* Stadt Bad Muskau (6,2 %)
* Uwe Giersch (5,04 %)
* Ute Nickel (5,04 %)
* Olaf Urban (5,04 %)
* Gemeinde Krauschwitz (3,68 %)
* Gemeinde Gablenz (2,13 %)

Lizenzen
* DE: EIU für die Strecken der Parkeisenbahn

Infrastruktur
* Weißwasser Bf Teichstraße – Kromlau; Weißwasser Bf Teichstraße – Bad Muskau (Spurweite 600 mm)

Unternehmensgeschichte
Die Anfänge der Waldeisenbahn Muskau (WEM) gehen auf das Jahr 1895 zurück, als mit einer Pferdebahn mit 600 mm Spurweite die reichen Waldbestände und Rohstoffvorkommen des so

WEM / Wendelsteinbahn

genannten „Muskauer Faltenbogens", einer weltweit nahezu einmaligen Endmoränenlandschaft beiderseits der Lausitzer Neiße erschlossen wurde. 1896 erfolgte die Anschaffung von Dampflokomotiven durch den damaligen Besitzer der Standesherrschaft Muskau, Graf Hermann von Arnim. Bis zur Jahrhundertwende wuchs das Gleisnetz auf rund 50 km an. 1939 verzeichnete die WEM nach Zugang von Heeresmaterial im Nachgang auf den Ersten Weltkrieg einen Bestand von elf Dampf- und mehreren Diesellok sowie über 550 Wagen. Nach dem Zweiten Weltkrieg gestaltete sich die Wiederaufnahme des Betriebes aufgrund schwerer Beschädigungen und Reparationsleistungen schwierig, 1951 übernahm die Deutsche Reichsbahn die Anlagen und den Betrieb.

In den 1970er Jahren wurde der Betrieb schrittweise eingestellt. 1984 fanden sich Eisenbahnfreunde aus dem Raum Weißwasser mit dem Ziel zusammen, Sachzeugen der WEM zu erhalten. 1990 übernahm der neugegründete Verein Waldeisenbahn Muskau e. V. die Tonbahn zum Schacht Mühlrose. Aus dem Jahr 1991 datiert der Beschluss des Landratsamtes Weißwasser, die Waldeisenbahn mit Hilfe von Fördermitteln wieder aufzubauen. 1992 konnte die Linie zur Parkgemeinde Kromlau wieder in Betrieb gehen und 1993 wurde die WEM Gesellschaft zur Betreibung der Waldeisenbahn Muskau mbH gegründet. Im Jahr 1995 wurde die Linie nach Bad Muskau wiedereröffnet, nachdem sie erst Ende der 1970er Jahre demontiert worden war.
Ein planmäßiger Fahrbetrieb findet heute an den Wochenenden von April bis Oktober statt.

Wendelsteinbahn GmbH

Postfach 11 61
DE-83094 Brannenburg
Kerschelweg 30
DE-83098 Brannenburg
Telefon: +49 8034 308-0
Telefax: +49 8034 308-106
info@wendelsteinbahn.de
www.wendelsteinbahn.de

Zahnradbahn
Sudelfeldstraße 106
DE-83098 Brannenburg

Management
* Peter Schöttl (Geschäftsführer)
* Josef Wagner (Geschäftsführer)

Gesellschafter
Stammkapital 1.280.000,00 EUR
* Bayerische Bergbahnen-Beteiligungs-Gesellschaft mbH (BBG) (100 %)

Lizenzen
* DE: EIU für eigene Infrastrukturen
* DE: EVU-Zulassung (PV+GV) seit 04.08.1995, gültig bis 31.12.2025

Infrastruktur
* Brannenburg-Sudelfeldstraße – Wendelstein Bergbahnhof (7,6 km, Spurweite 1.000 mm, elektrifiziert 1.500 V=, auf 6,1 km Zahnradbahn System Strub)

Unternehmensgeschichte
Der in Brannenburg am Fuße des 1838 m hohen Wendelsteins ansässige Unternehmer Otto von Steinbeis veröffentlichte 1908 Planungen, auf eigene Kosten eine Zahnradbahn aus dem Inntal auf den Berg erbauen zu lassen. Nach der Konzessionserteilung zum 04.02.1910 wurde am 29.03.1910 mit dem Bau einer 9,95 km langen, meterspurigen Strecke vom Staatsbahnhof Brannenburg auf 508 m über NN zum Wendelsteinhaus auf 1.723 m über NN begonnen, die am 25.05.1912 eröffnet werden konnte.
1961 wurde der im Ortsgebiet von Brannenburg gelegene, 2,3 km lange Flachabschnitt Brannenburg – Waching aufgegeben. 1970 wurde ausgehend von Osterhofen (Oberbay) eine Seilbahn auf den Wendelstein errichtet. Für die defizitäre Zahnradbahn wurde hingegen in den 1970er-Jahren die Stilllegung diskutiert, die jedoch 1977 durch eine zunächst zehnjährige Verlustabdeckung durch die Bayerischen Elektrizitätswerke, das bayerische Wirtschaftsministerium, den Landkreis Rosenheim und die Gemeinden Brannenburg und Flintsbach abgewendet werden konnte. Zugleich begannen Modernisierungs- und Rationalisierungsmaßnahmen, denen 1987 bis 1991 weitere Umbauten sowie eine deutliche Kapazitätssteigerung durch die Beschaffung neuer Fahrzeuge folgten.
Die über die Bayerische Bergbahnen-Beteiligungs-Gesellschaft mbH zur Lechwerke AG der RWE Group zählende Wendelsteinbahn GmbH betreibt neben Wendelstein-Zahnradbahn und -Seilbahn auch das zusammen mit der Bahn erbaute Wasserkraftwerk und ist als regionaler Energieversorger in den Gemeinden Brannenburg und Flintsbach tätig.

Verkehre
* Personen- und Güterverkehr auf eigener Infrastruktur

WEG / WB

WERRA-Eisenbahnverkehrsgesellschaft mbH (WEG) G

Planstraße A
DE-36460 Merkers-Kieselbach
Telefon: +49 36969 53030
Telefax: +49 36969 53055
info@werra-bahn.com
www.werra-bahn.com

Zweigniederlassung
Katharinenstraße 23
DE-04109 Leipzig

Management
★ Dr. Sylke Pietz-Maerker (Geschäftsführerin)

Gesellschafter
Stammkapital 25.200,00 EUR
★ Dr. Sylke Pietz-Maerker (100 %)

Lizenzen
★ DE: EVU-Zulassung (PV+GV) seit 15.11.2006, gültig bis 15.11.2021

Unternehmensgeschichte
Die heutige WERRA-Eisenbahnverkehrsgesellschaft mbH ging aus der ASP PLUS GmbH hervor, die am 15.11.2001 für die Erbringung von Dienstleistungen im Schienenpersonen- und Güterverkehr, die Vermittlung solcher Dienstleistungen sowie das Halten von Beteiligungen an anderen Gesellschaften gegründet wurde.
Die Gesellschafterversammlung vom 03.08.2006 hat den Gesellschaftsvertrag neu gefasst. Dies betrifft u. a. die Umfirmierung in WERRA-Eisenbahnverkehrsgesellschaft mbH und die Verlegung des Sitzes von Leipzig nach Eisenach. Neuer Gegenstand des Unternehmens ist die Erbringung von Dienstleistungen im Eisenbahngüterverkehr und das Vermitteln solcher Dienstleistungen.
Die Gesellschafterversammlung vom 21.04.2008 hat die Sitzverlegung nach Merkers-Kieselbach beschlossen. Per 13.11.2009 übernahm Dr. Sylke Pietz-Maerker sämtliche Gesellschafteranteile von ihrem Vater Günther Pietz und verkaufte gleichzeitig ihren 40 %-Anteil an der LEG Leipziger Eisenbahnverkehrsgesellschaft mbH.
Seit Dezember 2006 bedient die WEG die Ladestellen zwischen Ritschenhausen und dem Knotenpunkt Bad Salzungen im Auftrag der DB Schenker Rail Deutschland AG.

Verkehre
★ AZ-Verkehr; seit November 2006
★ Gütertransporte Ritschenhausen – Bad Salzungen; seit Dezember 2006 im Auftrag der DB Schenker Rail Deutschland AG
★ Betrieb der Anschlussbahn des Gewerbeparks Merkers; seit 01.04.2008 im Auftrag der Entwicklungsgesellschaft Südwest-Thüringen mbH

Weserbahn GmbH (WB)

Postfach 106627
DE-28066 Bremen
Flughafendamm 12
DE-28199 Bremen
Telefon: +49 421 5596-600
Telefax: +49 421 5596-7060
info@weserbahn.de
www.weserbahn.de

Management
★ Hans Joachim Müller (Geschäftsführer)

Gesellschafter
Stammkapital 25.000,00 EUR
★ Bremer Straßenbahn AG (BSAG) (100 %)

Beteiligungen
★ BTE Bremen-Thedinghauser Eisenbahn GmbH (10 %)
★ Jade-Weser-Bahn GmbH (JWB) (10 %)

Lizenzen
★ DE: EVU-Zulassung (PV+GV) seit 27.06.2000, gültig bis 31.12.2029

Unternehmensgeschichte
Die heutige Weserbahn entstand bereits 1909 als Studiengesellschaft für Vorortbahnen mbH, die 1914 zur Bremer Vorortbahnen GmbH (BVG) wurde. Damals wie heute handelt es sich um eine 100 %ige Tochtergesellschaft der Bremer Straßenbahn AG (BSAG). Im Jahr 2001 kam es zu einer Umbenennung der BVG in Weserbahn GmbH, um auch dem Namen nach der aktuellen und zukünftigen Rolle in der Region Bremen/Niedersachsen besser gerecht zu werden.
Der Schwerpunkt der Tätigkeit der Weserbahn lag in der Durchführung von Schienengüterverkehr in der Region um Bremen sowie zwischen Weser und Ems. Daneben bot man in nicht geringem Umfang Omnibusverkehre im Touristik- und Gelegenheitsverkehr an. Die Weserbahn ist ebenfalls Betriebsführer der BTE (seit 01.03.2000) und stellte die Eisenbahnbetriebsleitung für die VGH. Außerdem beteiligte sich die Weserbahn an Ausschreibungen für Leistungen im SPNV in der Region um Bremen, kam aber bei der Leistungsvergabe für die Regio-S-Bahn Bremen/Niedersachsen nicht zum Zuge. Damit verbunden ist auch ein Systementscheid, so dass es die

angedachte Ausdehnung des BSAG-Stadtbahnnetzes auf DB-Strecken ins Umland zumindest nicht in größerem Umfang geben wird. Mit Wirkung zum 01.02.2009 wurden die Güterverkehrsaktivitäten der Weserbahn in die neue Gesellschaft Jade-Weser-Bahn GmbH (JWB) eingebracht. Die Weserbahn wurde somit zur reinen Holding ohne aktiven Schienenverkehr.

WESTBAHN GmbH

Zur Werksbahn 2
DE-41569 Rommerskirchen
Telefon: +49 2183 416694
Telefax: +49 3212 8416693
info@westbahn.com
www.westbahn.com

Management
★ Dr. Günther Barths (Geschäftsführer)

Gesellschafter
Stammkapital 25.500,00 EUR
★ Uwe Henrich (33,33 %)
★ Marcus Mandelartz (33,33 %)
★ Ute Mandelartz (33,33 %)

Lizenzen
★ DE: EVU-Zulassung (PV+FV), gültig vom 31.10.2008 bis 31.10.2023

Unternehmensgeschichte
Marcus Mandelartz bietet schon seit einigen Jahren Dienstleistungen (Personalgestellungen, Beratung, Engineering, Ausbildung...) für Eisenbahnen und die Schienenfahrzeugindustrie an.
Unter dem Markennamen FEBA bietet Mandelartz Bahntechnik, Feldbahnlokomotiven, Dampfkessel für diese Fahrzeuge sowie Bauteile hierzu an.
Seit Oktober 2008 ist Mandelartz Bahntechnik als EVU zugelassen. Die Geschäfte des EVUs wurden ab dem 01.01.2009 unter dem Namen WESTBAHN GmbH (Gesellschaftsvertrag vom 26.11.2008) aufgenommen, an der Mandelartz Bahntechnik als Gesellschafter beteiligt ist. In erster Linie sollen Dienstleistungen für die Schienenfahrzeugindustrie und für Gleisbaufirmen angeboten werden. Eigene Schienenverkehre sind zunächst nicht geplant.
Eine eigene Werkstatt ist in Rommerskirchen vorhanden.

WestEnergie und Verkehr GmbH (west)

Haihover Straße 19
DE-52511 Geilenkirchen
Telefon: +49 2431 88-0
Telefax: +49 2431 88-6794
verkehr@west-euv.de
www.west-euv.de

Management
★ Karl Heinrich Robertz (Geschäftsführer)
★ Udo Friedrich Winkens (Geschäftsführer)

Gesellschafter
★ Kreiswerke Heinsberg GmbH (KWH) (50 %)
★ NEW AG (50 %)

Beteiligungen
★ Kreisverkehrsgesellschaft Heinsberg mbH (KVH) (100 %)
★ West-Gleis-GmbH (WGG) (100 %)

Lizenzen
★ DE: EIU seit 31.12.1958; Nachtrag 20.03.1989 gültig bis 31.12.2018
★ DE: EVU-Zulassung (PV+GV) seit 30.04.1996, gültig bis 31.12.2018

Infrastruktur
★ Gillrath – Langbroich-Schierwaldenrath (5,5 km), verpachtet an die Touristenbahnen im Rheinland GmbH (TBR)
★ Lindern – Heinsberg (12 km); verpachtet an Rurtalbahn GmbH (RTB)

Unternehmensgeschichte
Mit Wirkung vom 24.03.2003 fusionierten die Kreiswerke Heinsberg GmbH mit Sitz in Geilenkirchen sowie die Westdeutsche Licht- und Kraftwerke AG mit Sitz in Erkelenz in die somit neu entstandene WestEnergie und Verkehr GmbH. Die west mit Unternehmenssitz in Geilenkirchen ist Rechtsnachfolger der Kreiswerke Heinsberg und somit auch der einstigen Geilenkirchener Kreisbahn, die 1971 eine in ihrer Blütezeit über 38 km von Alsdorf (Kr. Aachen) über Geilenkirchen bis Tüddern an der niederländischen Grenze reichende Schmalspurbahn betrieb. Ein Reststück der meterspurigen Strecke, das weiterhin im Eigentum der west steht, wird heute zwischen Gillrath und Schierwaldenrath als Museumsbahn

west / WEBA

"Selfkantbahn" betrieben.
Nach der weitestgehenden Stilllegung der Schmalspurbahn konzentrierten sich die Geilenkirchener Kreisbahn bzw. die daraus hervorgegangenen Kreiswerke Heinsberg auf den Betrieb von regionalen und lokalen Busverkehren. Dem zum Unternehmen gehörenden Verkehrsbetrieb obliegt der öffentliche Personennahverkehr (ÖPNV) im gesamten Kreisgebiet Heinsberg mit Anschlusslinien in die angrenzenden Großstädte. Die west hält jeweils 100 %ige Beteiligungen an der West-Gleis-GmbH (WGG), die ein Zuführungsgleis zum Siemens-Prüfzentrum in Wegberg-Wildenrath betreut, und an der Kreisverkehrsgesellschaft (KVH), die Verkehrsleistungen erbringt.
Seit dem 01.01.2011 ist die west Besitzer der Strecke Lindern – Heinsberg, die zum Fahrplanwechsel 2013 für den SPNV reaktiviert wurde. Zeitgleich mit dem Kauf trat ein Pachtvertrag mit der Rurtalbahn GmbH (RTB) in Kraft, welche die Infrastruktur betreibt und die erforderlichen Bauarbeiten managt.

Westerwaldbahn des Kreises Altenkirchen GmbH (WEBA)
P G I

Rosenheimer Straße 1
DE-57520 Steinebach-Bindweide
Telefon: +49 2747 9221-0
Telefax: +49 2747 9221-20
info@westerwaldbahn.de
www.westerwaldbahn.de

Management
★ Dipl.-Ing. Horst Klein (Geschäftsführer)
★ Oliver Schrei (Geschäftsführer)

Gesellschafter
Stammkapital 766.000,00 EUR
★ Kreis Altenkirchen (100 %)

Beteiligungen
★ Hellertalbahn GmbH (HTB) (33,33 %)
★ vectus Verkehrsgesellschaft mbH (25,1 %)

Lizenzen
★ DE: EIU Altenkirchen – Selters – Siershahn
★ DE: EIU Betzdorf – Daaden
★ DE: EIU Scheuerfeld – Bindweide – Weitefeld
★ DE: EVU-Zulassung (PV+GV) seit 26.10.1994, gültig bis 10.01.2033

Infrastruktur
★ Scheuerfeld – Bindweide – Weitefeld (17,0 km)
★ Betzdorf – Daaden (8,3 km); 1994 von der DB gekauft
★ Altenkirchen – Selters (33,4 km); 09.2005 von der DB gekauft
★ Siershahn – Selters (6,0 km); Bahnhofsgleis des Bahnhofes Siershahn, gepachtet seit 01.01.2007

Unternehmensgeschichte
Die Westerwaldbahn des Kreises Altenkirchen GmbH (WEBA) wurde am 25.05.1999 gegründet und erhielt gemäß Ausgliederungsvertrag vom 29.08.2000 das Vermögen des bisher als Eigenbetrieb geführten Unternehmens „Westerwaldbahn Eigenbetrieb des Kreises Altenkirchen" übertragen.
Die heutige WEBA geht auf die Kruppsche Elbbachtalbahn zurück, denn schon in den letzten Jahrzehnten des 19. Jahrhunderts waren in der Region Grubenbahnen zum Transport von Erzen und anderen Bodenschätzen angelegt worden. Nachdem die Gründung einer Aktiengesellschaft scheiterte, ließ der Landkreis Altenkirchen in eigener Verantwortung die Kleinbahn „Scheuerfeld – Nauroth" errichten. Am 10.01.1913 konnte die rund 17 km lange Strecke in Betrieb gehen und die Betriebsführung am 01.10.1914 durch den Kreis übernommen werden.
1926 erfolgte die Verlängerung des Streckennetzes bis Weitefeld, 1928 bis Friedewald und 1936 bis Emmerzhausen. Im zweiten Weltkrieg war kurzzeitig auch der Militärflugplatz Lippe über eine Anschlussbahn in Emmerzhausen an das WEBA-Netz auf der Schiene angeschlossen.
Die ursprüngliche Strecke zwischen Steinebach/Bindweide und Nauroth wurde 1931 stillgelegt und 1934 durch eine neue Trasse und einen Endbahnhof ersetzt.
Die Kleinbahn firmierte ab 10.04.1942 als „Westerwaldbahn Scheuerfeld – Nauroth – Emmerzhausen". Doch mit dem Niedergang des Erzbergbaus im Siegerland in den sechziger Jahren ging das Fracht- und Reisendenaufkommen erheblich zurück. Schon im Oktober 1960 war zudem der Personenverkehr auf den Omnibus umgestellt worden. Auch heute betreibt die Westerwaldbahn mit elf Reisebussen Linienpersonenverkehr auf der Straße.
Der Streckenabschnitt Weitefeld – Emmerzhausen sowie die abzweigende Strecke Bindweide – Nauroth wurden schrittweise stillgelegt. Die verbliebene Strecke dient dem Güterverkehr.
Seit 02.11.1994 betreibt die WEBA wieder SPNV auf der von der DB übernommenen „Daadetalbahn" Betzdorf – Daaden und ist seit 1998 auch auf der „Holzbachtalbahn" südlich von

WEBA / WAB e.V.

Altenkirchen präsent. 2006 konnte das Teilstück Raubach – Selters reaktiviert und die Zustellung von schweren Coilzügen im Rahmen eines überarbeiteten Betriebskonzeptes auf die WEBA übertragen werden. Zum 01.01.2007 wurde der Abschnitt Siershahn – Selters von der DB Netz AG für 25 Jahre angepachtet, um Pendelverkehre für die Firma Schütz auszuführen.
Die 2003 / 2004 modernisierte und stark erweiterte Betriebswerkstätte sowie die Verwaltung der WEBA befinden sich in Steinebach-Bindweide. Dort werden neben den eigenen Fahrzeugen auch die Triebwagen der HTB sowie bis Emde 2014 die GTW der vectus Verkehrsgesellschaft mbH unterhalten.
Der Gesamtbetrieb schloss das Geschäftsjahr 2012 nach Steuern mit einem Jahresverlust von rund 357.000 EUR ab. Im Vorjahr 2011 lag der Jahresverlust bei 675.000 EUR.
Die WEBA muss 2015 zwei modernisierte Triebwagen für den Betrieb auf der Daadetalbahn anschaffen. Zu diesem Zweck wird der Kreis Altenkirchen ein RWE-Aktienpaket, das seit Jahren bei der Westerwaldbahn als Betriebsvermögen hinterlegt ist, zurückkaufen. Die RWE-Stammaktien haben der WEBA in der Vergangenheit maßgebliche Dividenden erwirtschaftet, die in früheren Jahren die Defizite einiger Betriebszweige decken konnten. Da sich die Erträge mehr als halbiert haben, war dies zuletzt nicht mehr möglich.

Verkehre
- SPNV Betzdorf (Sieg) – Daaden; 0,12 Mio. Zugkm/a seit 02.11.1994; Vertrag verlängert bis Dezember 2029
- Gütertransporte auf der „Stammstrecke" Scheuerfeld – Weitefeld; interner Werksverkehr Betzdorf – Weitefeld für einen Betzdorfer Büromöbelhersteller
- Güterverkehr Altenkirchen – Raubach; seit 28.05.1998 im Auftrag der DB Schenker Rail Deutschland AG
- Rangierdienst in Betzdorf (Sieg); seit 01.10.2000
- Werkseisenbahnunternehmen mit eigenem Personal und Lokomotive bei den Schütz-Werken in Selters; seit September 2004
- Stahlcoiltransporte Betzdorf (Sieg) – Scheuerfeld – Selters; 3-6 x pro Woche seit 06.03.2006 im Auftrag der DB Schenker Rail Deutschland AG
- Güterverkehr Selters – Siershahn; 2 x pro Tag; Pendelfahrten der Firma Schütz zu deren Anschlussgleisanlagen (ehemalige Keramchemie) in Siershahn

Westfälische Almetalbahn e. V. (WAB e.V.) P

Mooskamp 23
DE-44359 Dortmund-Niedernette
Telefon: +49 231 3956417
Telefax: +49 231 3956432
projekt@bahnhof-mooskamp.de
www.bahnhof-mooskamp.de

Lizenzen
- DE: EVU-Zulassung (PV) seit 14.04.2008, nur im Bereich des Bahnhofs Mooskamp gültig bis 30.04.2023

Infrastruktur
- Kokerei Hansa – Bahnhof Mooskamp

Unternehmensgeschichte
Die Westfälische Almetalbahn e. V. (WAB e. V.) hatte zunächst einen Museumsbahnverkehr mit einer alten Straßenbahn auf dem Abschnitt Büren-Weine - Brilon der Almetalbahn angeboten. Nachdem sich der Verein zwischenzeitlich von der Strecke zurückgezogen hat, wird der Museumsbahnverkehr nun dort durch die Waldbahn Almetal e. V. mit einem Schienenbus durchgeführt.
Neuer Standort des Vereines ist die ehemalige Hoeschbahntrasse HHW 6141, die einstmals das Hoeschwerk Union mit der Zeche Hansa, der gleichnamigen Kokerei und dem Bahnhof Mooskamp verband. Die Trasse, deren letzter Abschnitt 2001 außer Betrieb ging, wurde größtenteils schon seit Stilllegung der Kokerei Hansa im Jahr 1992 nicht mehr befahren. Gemeinsam mit ThyssenKrupp hat der WAB e.V. erreicht, dass die Schienen nicht rückgebaut wurden und heute als Museumsbahn betrieben werden können.
Darüber hinaus betreibt der WAB e. V. ein Nahverkehrsmuseum im ehemaligen Revisions-Betriebswerk Mooskamp der Kokerei Hansa, das sich der Geschichte historischer Schienenfahrzeuge widmet.

Verkehre
- Museumsbahnverkehre

WLE

Westfälische Landes-Eisenbahn GmbH
Ein Unternehmen der WVG-Gruppe

Westfälische Landes-Eisenbahn GmbH (WLE) G I

Beckumer Straße 70
DE-59555 Lippstadt
Telefon: +49 2941 745-0
Telefax: +49 2941 745-18
info@wle-online.de
www.wle-online.de

Management
* Dipl.-Wirtschaftsing. (FH) André Pieperjohanns (Geschäftsführer)
* Dr.-Ing. Dipl.-Wirt.Ing. Marcel Frank (stellvertretender Geschäftsführer)

Gesellschafter
Stammkapital 3.907.190,00 EUR
* Kreis Soest (31,48 %)
* Kreis Warendorf (26,82 %)
* Stadtwerke Münster GmbH (14,13 %)
* Stadt Warstein (6,71 %)
* Stadt Beckum (6,54 %)
* Stadt Ennigerloh (4,61 %)
* Stadt Lippstadt (4,38 %)
* Stadt Rüthen (1,84 %)
* Stadt Sendenhorst (1,76 %)
* Gemeinde Wadersloh (1,73 %)

Beteiligungen
* WLE-Spedition GmbH (100 %)
* Westfälische Verkehrsgesellschaft mbH (WVG) (10 %)

Lizenzen
* DE: EIU Beckum – Neubeckum
* DE: EIU Belecke – Heidberg
* DE: EIU Lippstadt – Beckum
* DE: EIU Lippstadt – Warstein
* DE: EIU Neubeckum – Ennigerloh
* DE: EIU Neubeckum – Münster Ost
* DE: EVU-Zulassung (PV+GV) seit 29.11.1995, Geltungsdauer unbegrenzt

Infrastruktur
* Lippstadt – Warstein (30,88 km)
* Lippstadt – Beckum (28,59 km)
* Beckum – Neubeckum (6,02 km), Eigentum der DB AG, aber seit 01.01.1958 von der WLE betrieben
* Neubeckum – Münster Ost (36,09 km)
* Neubeckum – Ennigerloh (7,15 km)
* Belecke – Heidberg (10,7 km), Betriebseinstellung auf dem Streckenabschnitt Rüthen – Heidberg (5,45 km) am 31.12.1994
* Warstein – Awanst Hohe Liet – Warsteiner Brauerei (5,6 km, Industriebahn der Stadt Warstein)

Unternehmensgeschichte
Die WLE wurde vor gut 125 Jahren als Warstein-Lippstädter Eisenbahn-Gesellschaft am 22.11.1881 gegründet. Die noch heute in Betrieb befindliche „Stammstrecke" zwischen Lippstadt und Warstein konnte am 01.11.1883 eröffnet werden. In den nachfolgenden Jahren fand ein stetiger Ausbau des Netzes statt, das zu Hochzeiten rund 265 km umfasste:
* „Stammbahn" Münster – Lippstadt – Warstein, Brilon – Soest und Neubeckum – Warendorf
* „Nordbahn" Burgsteinfurt – Ahaus – Stadtlohn – Borken und Stadtlohn – Vreden
* „Sennebahn" / „Senneblitz" Wiedenbrück – Rietberg – Sennelager

Im Jahr 1896 erfolgte die Umbenennung in Westfälische Landes-Eisenbahn AG, seit 1980 ist die WLE eine GmbH. Bildeten anfänglich Personen- und Güterverkehr eine feste betriebliche und auch wirtschaftliche Einheit, wurde der SPNV am 27.09.1975 eingestellt und durch Kraftomnibussen der Kraftverkehr Westfalen GmbH (KVW) ersetzt, an der die WLE als Gesellschafterin beteiligt war.
Im Güterverkehr ist die WLE auf der Schiene nach wie vor tätig und dies seit der Liberalisierung im Bahnmarkt zunehmend auch abseits ihres eigenen Streckennetzes: 2005 wurden Containertransporte von Warstein nach München Riem und 2009 Containertransporte von Warstein nach Großbeeren nahe Berlin aufgenommen, seit 2007 fahren Kalkzüge von Warsteinnach Oberhausen.
Am 30.10.2002 fand der erste Spatenstich für das neue rund 30,7 Mio. EUR teure und 4,3 km lange Anschlussgleis von der Awanst Hohe Liet zur Warsteiner Brauerei statt. Seit 05.04.2005 wird es pro Richtung einmal wöchentlich von einem Containerzug mit Bier von Warstein nach München sowie zum Malztransport genutzt; eine Ausweitung der Bahntransporte ist geplant.
Die Stilllegung des Dyckerhoff-Zementwerkes in Beckum-Roland im Dezember 2002 bedeutete für die WLE einen gravierender Mengeneinbruch im Kalksteinverkehr. Das Werk war einer der Hauptabnehmer und wurde jährlich mit rund 300.000 t Kalkstein aus Warstein beliefert.
Seit 23.08.2010 verfügt die WLE über eine erste E-Lok aus Siemens-Fertigung.
Die Leistungsdaten der WLE der vergangenen Jahre:
* 2004: 1.097.999 t, davon im Eigenverkehr 853.533 t sowie im Kooperationsverkehr 244.466 t; 119 Mitarbeiter
* 2007: 1.624.783 t, davon im Eigenverkehr 814.179 t sowie im Kooperationsverkehr 537.720 t

WLE / WVG

2009: 1.330.900 t, davon im Eigenverkehr 1.150.400 t sowie im Kooperationsverkehr 180.500 t; 116 Mitarbeiter
Das Unterhaltungswerk ist in Lippstadt Nord, wo auch Hauptuntersuchungen an Triebfahrzeugen und Wagen der übrigen Unternehmen der WVG-Gruppe durchgeführt werden. Im Zusammenhang mit der Modernisierung der Werkstatt wurde dort zum Jahresanfang 2004 eine gebraucht erworbene Radsatzdrehbank installiert. In Beckum, Lippstadt und Warstein befinden sich Lokhallen.

Verkehre
* AZ-Verkehr
* Gütertransporte (Kalkstein, Zement, etc.) auf der Strecke Neubeckum – Zementwerk Anneliese
* Gütertransporte auf der Strecke Warstein – Münster Ost; u.a. Kalkstein vom Steinbruch Hohe Liet in Warstein zu Zementwerken im Bereich Neubeckum, Zement ab Neubeckum, Bedienung Sauerstoffwerk der Westfalen AG in Münster-Gremmendorf, Einzelwagenladungen mit Übergang auf DB Schenker Rail in Neubeckum
* Gütertransporte „Ems-Isar-Express" (EIX) Georgsheil – Emden – Dörpen (DUK) – Rheine (GVZ) – Lippstadt (Wagentausch mit Dritten) – Nürnberg-Eibach (TriCon) – Donauwörth (Wagentausch mit Dritten) – München-Riem (DUSS); 5 Züge pro Woche seit 09.01.2015 im Auftrag der e.g.o.o. Eisenbahngesellschaft Ostfriesland-Oldenburg mbH; Traktion bis Abelitz durch e.g.o.
* KV-Transport (Zement) Geseke Süd – Magdeburg Rothensee; 1-2 x pro Woche im Auftrag der e.g.o. Eisenbahngesellschaft Ostfriesland-Oldenburg mbH; seit 01.01.2015 nur noch Traktion bis Lippstadt (Übergabe an e.g.o.o.)
* KV-Transporte „Warsteiner-Zug" Warstein – Großbeeren (GVZ Berlin Süd); 1 x pro Woche seit 18.02.2009 im Auftrag der Kombiverkehr Deutsche Gesellschaft für kombinierten Güterverkehr GmbH & Co. KG
* KV-Transporte „Warsteiner-Zug" Warstein – Verona [IT]; 1-2 x pro Woche seit 05.04.2005 im Auftrag der Kombiverkehr Deutsche Gesellschaft für kombinierten Güterverkehr GmbH & Co. KG; Traktion im Abschnitt bis München-Riem; seit 27.02.2007 wird Lippstadt – München meist mit einer E-Lok der CFL cargo traktioniert
* Personensonderzüge für die Müller-Touristik GmbH & Co. KG
* Spanplattentransporte Brilon (Egger Holzwerkstoffe Brilon GmbH & Co. KG) – Dänemark; 1 x pro Woche seit 19.02.2007 Traktion des Laufes bis Lippstadt im Auftrag der CFL Cargo
* Zementtransporte Geseke – Berlin Greifswalder Straße; 1 x pro Woche seit Januar 2014 Traktion bis Lippstadt im Auftrag der Eisenbahngesellschaft Potsdam GmbH (EGP)

Westfälische Verkehrsgesellschaft mbH (WVG)

Krögerweg 11
DE-48155 Münster
Telefon: +49 251 6270-0
Telefax: +49 251 6270-222
info@wvg-online.de
www.wvg-online.de

Management
* Dipl.-Wirtschaftsing. (FH) André Pieperjohanns (Geschäftsführer)
* Dipl.-Geogr. Werner Linnenbrink (Geschäftsführer)

Gesellschafter
Stammkapital 2.214.500,00 EUR
* Regionalverkehr Münsterland GmbH (RVM) (47,14 %)
* Regionalverkehr Ruhr-Lippe GmbH (RLG) (28,57 %)
* Verkehrsgesellschaft Kreis Unna mbH (VKU) (14,29 %)
* Westfälische Landes-Eisenbahn GmbH (WLE) (10 %)

Unternehmensgeschichte
Die Verkehrsabteilung des Landschaftsverbandes Westfalen-Lippe hatte nach dem Zweiten Weltkrieg die Aufgaben der Kleinbahnabteilung der Westfälischen Provinzialverwaltung wahrgenommen. Dies umfasste die Geschäftsführung der Kleinbahnen:
* Tecklenburger Nordbahn AG
* Kleinbahn Steinhelle-Medebach GmbH
* Kleinbahn Unna-Kamen-Werne GmbH
* Kleinbahn Weidenau-Deuz GmbH
Die Westfälische Verkehrsgesellschaft mbH (WVG) wurde am 01.01.1970 als Nachfolgerin dieser Verkehrsabteilung gegründet und ist Geschäftsführungsgesellschaft der Unternehmen RVM, RLG, VKU (nur noch Busverkehr) und WLE, an denen die WVG teilweise auch als Gesellschafter beteiligt ist.

WFB

WestfalenBahn GmbH (WFB) 🅿

Zimmerstraße 8
DE-33602 Bielefeld
Telefon: +49 521 557777-55
Telefax: +49 521 557777-99
info@westfalenbahn.de
www.westfalenbahn.de

Werkstatt
Hovestraße 10
DE-48431 Rheine

Management
★ Rainer Blüm (Geschäftsführer)

Gesellschafter
Stammkapital 28.000,00 EUR
★ Mindener Kreisbahnen GmbH (MKB) (25 %)
★ ABELLIO GmbH (25 %)
★ moBiel GmbH (moBiel) (25 %)
★ Verkehrsbetriebe Extertal GmbH (vbe) (25 %)

Beteiligungen
★ Niedersachsentarif GmbH (NITAG) (8,33 %)
★ OWL Verkehr GmbH (2,58 %)

Lizenzen
★ DE: EVU-Zulassung (PV+GV) seit 10.03.2006, gültig bis 31.03.2021

Unternehmensgeschichte
Eine Bietergemeinschaft aus vier regionalen Nahverkehrsunternehmen konnte im März 2005 die Ausschreibung des so genannten „Teutoburger Wald-Netzes" für sich entscheiden. Hierfür wurde am 13.05.2005 die gemeinsame Betreibergesellschaft WestfalenBahn GmbH (WFB) gegründet. Auf einer Linienlänge von rund 300 km werden seit dem 09.12.2007 SPNV-Leistungen in den Ländern Nordrhein-Westfalen und Niedersachsen erbracht. Zum Einsatz kommen 14 drei- und fünf fünfteilige elektrische Triebwagen vom Typ FLIRT des Herstellers Stadler Rail, die über die Angel Trains

WFB / Westigo

Europa GmbH / Alpha Trains Europa GmbH geleast sind. Die Unterhaltung der Fahrzeuge erfolgt in einer Ende 2007 übergebenen und ca. 5,5 Mio. EUR teuren Werkstatt auf dem Windhoff-Firmengelände in Rheine. Im Dezember 2017 wird das Netz an die eurobahn / KEOLIS Deutschland GmbH & Co. KG übergehen.

2011 bzw. 2012 konnte die WFB die Ausschreibung für die Linien des Netzes „Expresslinien Mittelland / Emsland" der Landesnahverkehrsgesellschaft Niedersachsen mbH (LNVG), des Zweckverbandes Großraum Braunschweig (ZGB), des Zweckverbandes Nahverkehr Westfalen-Lippe (NWL) und der Region Hannover (RH) für sich entscheiden. Insgesamt werden 5,4 Mio. Zugkm/a von Dezember 2015 bis Dezember 2030 erbracht. Im Auftrag von Alpha Trains produziert der Berliner Schienenfahrzeughersteller Stadler Pankow GmbH insgesamt 28 Regionaltriebzüge. Ab Dezember 2015 werden 15 vierteilige Züge vom Typ FLIRT auf der Emsland-Linie und 13 sechsteilige Züge vom Typ KISS auf der Mittelland-Linie von der WestfalenBahn eingesetzt. Die Instandhaltung soll in einer neuen Werkstatt in Minden erfolgen.

Verkehre
* SPNV „Teutoburger Wald-Netz" mit ca. 4,1 Mio. Zugkm/a vom 09.12.2007 bis Dezember 2017 im Auftrag des Nahverkehr Westfalen-Lippe (NWL) und der Landesnahverkehrsgesellschaft Niedersachsen mbH (LNVG)
RB 61 „Wiehengebirgsbahn" Bad Bentheim – Rheine – Osnabrück – Herford – Bielefeld
RB 65 „Ems-Bahn" Münster – Rheine
RB 66 „Teuto-Bahn" Münster – Osnabrück
RB 72 „Ostwestfalen-Bahn" Herford – Detmold – Altenbeken – Paderborn
* SPNV „Expresslinien Mittelland / Emsland" (EMIL) mit 5,4 Mio. Zugkm/a von Dezember 2015 bis Dezember 2030 im Auftrag der Landesnahverkehrsgesellschaft Niedersachsen mbH (LNVG), des Zweckverbandes Großraum Braunschweig (ZGB), des Zweckverbandes Nahverkehr Westfalen-Lippe (NWL) und der Region Hannover (RH)
RE „Emsland-Linie" Münster – Emden; 2,4 Mio. Zugkm/a
RE „Mittelland-Linie" Rheine / Bielefeld – Braunschweig; 3,0 Mio. Zugkm/a

Westigo GmbH
Eisenbahnverkehrsunternehmen

Scheidtweilerstraße 38
DE-50933 Köln
Telefon: +49 221 547-3600
Telefax: +49 221 547-1300
peter.hofmann@kvb-koeln.de
www.westigo.de

Management
* Peter Hofmann (Geschäftsführer)

Gesellschafter
Stammkapital 200.000,00 EUR
* Kölner Verkehrs-Betriebe AG (KVB) (100 %)

Lizenzen
* DE: EVU-Zulassung (PV) seit 18.10.2006, gültig bis 31.10.2021

Unternehmensgeschichte
Die Kölner Verkehrs-Betriebe Aktiengesellschaft (KVB) war zeitweise bestrebt, im Marktsegment SPNV zu expandieren. U. a. wurde 2005 ein Angebot für die Ausschreibung der RB 26 „Rheinland-Bahn" (Köln – Bonn – Koblenz) zusammen mit der Schwestergesellschaft Häfen und Güterverkehr Köln AG (HGK) erarbeitet, das jedoch wegen ungeklärter vergaberechtlicher Fragen nicht abgegeben wurde. Für das zukünftige Engagement wurde am 03.08.2006 das Tochterunternehmen Westigo GmbH gegründet, das seinen Namen nach der EVU-Zulassung gemäß Gesellschafterbeschluss vom 06.11.2006 mit dem Zusatz Eisenbahnverkehrsunternehmen versah. Unternehmensgegenstand ist die Planung und Durchführung von schienengebundenem Personennahverkehr (SPNV) auf Strecken im Verkehrseinzugsbereich von Köln, wobei diese Strecken ihren Schwerpunkt in Köln haben müssen. U. a. hatte man sich an der Ausschreibung des RE 9 „Rhein-Sieg-Express" (Aachen – Gießen) beteiligt, war jedoch dabei nicht zum Zuge gekommen. Ende 2009 wurde von einer weiteren Geschäftstätigkeit Abstand genommen. Eisenbahnverkehrsleistungen waren bis dahin keine erbracht worden. Als Folge daraus ist die Gesellschaft 2010 personallos gestellt worden.

WSET / WEG

WSET Westsächsische Eisenbahntransport Gesellschaft mbH G

Scheermühlenstraße 5
DE-08371 Glauchau
Telefon: +49 3764 5700-0
Telefax: +49 3764 5700-20

Management
★ Jan Kuniß (Geschäftsführer)

Gesellschafter
Stammkapital 150.000,00 EUR
★ Muldental Eisenbahnverkehrsgesellschaft mbH (MTEG) (100 %)
★ Sächsische Automobillogistik & Transport GmbH (SAT) (66,67 %)

Lizenzen
★ DE: EVU-Zulassung (GV) seit 13.07.2005, gültig bis 31.07.2020

Unternehmensgeschichte
Am 13.04.2004 haben SAT und MTEG die WSET Westsächsische Eisenbahntransport Gesellschaft mbH als Transportgesellschaft im Automobilsektor gegründet. Hinter der SAT stehen zu gleichen Anteilen die Automobillogistiker Horst Mosolf GmbH & Co. KG und die Wolfsburger Unternehmensgruppe Schnellecke. 2013 erwarb die MTEG die restlichen Anteile und ist seitdem alleiniger Gesellschafter der WSET.
Als ersten Auftrag konnte die WSET Rangierdienste für die TX Logistik AG an den Standorten Glauchau und Mosel akquirieren.
Seit 01.09.2005 traktioniert die WSET auch Automobilganzzüge mit meist über die MTEG angemieteten Maschinen. Ende Mai 2010 wurde eine eigene V 100 an die WSET ausgeliefert.

Verkehre
★ Pkw-Transporte (BMW) Leipzig – Cuxhaven; 2 x pro Woche seit 28.06.2010 im Auftrag der Mosolf Automotive Railway Gesellschaft mbH (MAR); aktuell 5-6 x pro Woche

Württembergische Eisenbahn-Gesellschaft mbH (WEG) P I

Postfach 50 07
DE-71315 Waiblingen
Seewiesenstraße 19-23
DE-71334 Waiblingen-Beinstein
Telefon: +49 7151 30380-0
Telefax: +49 7151 30380-19
info@weg-bahn.de
www.weg-bahn.de

Betriebsleitung Tälesbahn
Bahnhofstraße 29
DE-72639 Neuffen
Telefon: +49 7025 843308-0
Telefax: +49 7025 843308-23

Betriebsleitung Strohgäubahn
Bahnhofstraße 2
DE-71282 Hemmingen
Telefon: +49 7150 9452-0
Telefax: +49 7150 9452-9

Betriebsleitung Schönbuchbahn
Torstraße 2
DE-72135 Dettenhausen
Telefon: +49 7157 5229-0
Telefax: +49 7157 5229-20

Betriebsleitung Wieslauftalbahn
Postplatz 7
DE-73635 Rudersberg
Telefon: +49 7183 93801-0
Telefax: +49 7183 93801-15

Management
★ Horst Windeisen (Geschäftsführer)

Gesellschafter
Stammkapital 1.850.000,00 EUR
★ Transdev Regio GmbH (100 %)

Lizenzen
★ DE: EIU Korntal – Weissach seit 04.05.1901 (Eröffnung: 14.08.1906)
★ DE: EIU Nürtingen – Neuffen seit 30.06.1899 (Eröffnung: 01.06.1900)
★ DE: EVU-Zulassung (PV+GV); gültig vom 07.07.2010 bis 31.08.2025

WEG

Infrastruktur
* Korntal – Weissach (21,9 km). Nach erfolgter Sanierung erfolgt die Übertragung die Streckenabschnittes Korntal - Heimerdingen (16,3 km) an den Zweckverband Strohgäubahn (ZBS) sowie des Streckenabschnittes Heimerdingen – Weissach an die Gemeinde Weissach.
* Nürtingen – Neuffen (8,4 km)
* Albstadt Ebingen – Albstadt Onstmettingen (8,2 km); am 29.07.1998 stillgelegt
* Betriebsführung Roßberg – Bad Wurzach im Auftrag der Stadt Bad Wurzach im Allgäu seit 25.10.2004
* Betriebsführung Rudersberg-Oberndorf – Welzheim im Auftrag der Schwäbische Wald-Bahn GmbH (SWB) seit 20.04.2010

Unternehmensgeschichte
Die Württembergische Eisenbahn-Gesellschaft mbH (WEG) besitzt derzeit zwei eigene Nebenbahnen in Baden-Württemberg, wovon eine stillgelegt ist. Sie ist darüber hinaus für die Betriebsführung auf zwei Strecken von Zweckverbänden sowie zwei Strecken in mehrheitlich kommunalem Eigentum (Bad Wurzach, Welzheim) zuständig. 2014 hatte die WEG 82 Mitarbeiter.
Die am 13.05.1899 in Stuttgart gegründete Württembergische Eisenbahn-Gesellschaft AG errichtete im Zeitraum bis 1907 insgesamt sieben Nebenbahnen und eine Lokalbahn mit einer summierten Streckenlänge von mehr als 100 km. Der Eigentümer der WEG wechselte seither mehrmals. So besaß von 1909 bis 1928 die AG für Bahn-Bau und -Betrieb (BBB) 95 % der Aktien der Gesellschaft. 1928 erfolgte die Übernahme der BBB durch die AG für Verkehrswesen (AGV), die ab 1929 als Deutsche Eisenbahn-Gesellschaft (DEGA, später DEG) firmierte. 1966 wurde die WEG von einer AG in eine GmbH umgewandelt und der Unternehmenssitz 1993 von Stuttgart nach Waiblingen verlegt. Mit der schrittweisen Übernahme der DEG durch CGEA bzw. später Vivendi wurde die WEG Teil der Connex-Gruppe, die seit 2006 als Veolia Verkehr firmiert.
Hatten die WEG-Verkehrsbetriebe bis Mitte der 1990er Jahre zum Teil mit sehr kleinen Fahrzeugbeständen ohne wesentliche Zuschüsse überlebt, wurde in den Folgejahren der Betrieb auf den Strecken Jagstfeld – Ohrnberg (1993), Amstetten – Gerstetten (1996), Ebingen – Onstmettingen (1998) und Gaildorf – Untergröningen (2000 im Personenverkehr) sowie der Vaihinger Stadtbahn (2002) eingestellt.
Ein Teil der Verkehre wurde durch die seit 1928 betriebene Bussparte der WEG übernommen. Die 1955 gegründete WEG-Kraftverkehrsgesellschaft (WEG-KVG) betrieb neben dem Busverkehr bis 1996 eine Lkw-Speditions-Sparte. Die WEG-KVG wurde

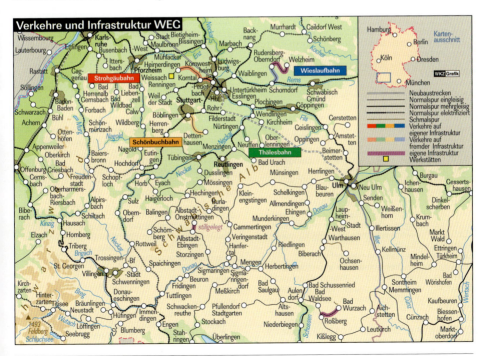

WEG

zum 01.01.2008 auf die gleichfalls zur Veolia-Verkehr-Gruppe gehörende Omnibus-Verkehr Ruoff GmbH (OVR) verschmolzen.

Die Strohgäubahn Korntal – Weissach gelangte erst 1984 zur WEG, als der vorige Besitzer, die ebenfalls zur DEG gehörende Württembergische Nebenbahnen AG (WNB), mit der WEG fusionierte. Heute weist die Strecke starken SPNV auf, der vor allem im Abschnitt Korntal – Hemmingen abgewickelt wird. Der SPNV weiter bis Weissach diente hingegen primär der Anbindung an die dortige WEG-Werkstatt. Der Güterverkehr spielte eine geringere Rolle und wurde in den letzten Jahren von Triebwagen mit übernommen, mittlerweile jedoch ganz eingestellt. 2010 bis 2012 liefen unter Regie des neugegründeten Zweckverbandes Strohgäubahn Sanierungsarbeiten im Abschnitt Korntal – Heimerdingen sowie der Neubau einer Werkstatt in Korntal als Ersatz für jene in Weissach. Mit den im Sommer 2012 gelieferten acht neuen RegioShuttle wird seit Dezember 2012 ein ausgeweitetes Betriebsprogramm erbracht, welches sich in steigenden Fahrgastzahlen niederschlägt.

Die Tälesbahn Nürtingen – Neuffen weist ebenfalls dichten SPNV auf. Die im Jahr 2001 generalüberholte Strecke wird werktags halbstündlich befahren. Der von der DB Schenker Rail Deutschland AG abgewickelte Güterverkehr findet ausschließlich zwischen Nürtingen und Nürtingen-Roßdorf statt. In Neuffen befindet sich eine Betriebswerkstätte.

Die Talgangbahn Albstadt Ebingen – Albstadt Onstmettingen befand sich länger in einem Dornröschenschlaf, nachdem der Verkehr hier am 01.08.1998 eingestellt worden war. Zuvor hatte die Strecke über Jahre hinweg nahezu nur noch dem Schülerverkehr gedient. Eine Reaktivierung der Strecke war vorgesehen, wurde aber 2002 durch die Anliegerkommunen wegen der hohen Kosten abgelehnt. Die Strecke wurde im Herbst 2013 an den Zollernalbkreis verkauft.

Die Stadtbahn Vaihingen (Enz) Nord – Enzweihingen entstand ursprünglich als Zubringer zum außerhalb des Ortes gelegenen Staatsbahnhof Vaihingen Nord. Nachdem der DB-Bahnhof 1990 mit dem Bau der NBS Stuttgart – Mannheim weiter nach Süden verlegt wurde, wurde Vaihingen Nord im SPNV ausschließlich von der WEG angefahren. Am 13.12.2002 erfolgte die Einstellung des Personen- und Güterverkehres, der nicht mehr wirtschaftlich durchgeführt werden konnte. Die Strecke wurde im Anschluss verkauft.

Die Obere Kochertalbahn Gaildorf West – Untergröningen diente seit 2001 ausschließlich dem Güterverkehr. Dieser fand im unteren Abschnitt bis Schönberg statt, wo Holzhackschnitzel verladen wurden. Zusätzlich bediente die dort eingesetzte Lok auch die Güterverkehrsstellen Sulzbach(Murr) und Fichtenberg an der DB-Strecke Backnang – Crailsheim (Murrbahn). Am 16.04.2004 musste die Strecke ab dem Streckenkilometer 15 wegen maroder Schwellen gesperrt werden, worauf die WEG am 17.10.2005 den Betrieb wegen technischer Mängel vollständig einstellte. Die auf der Strecke eingesetzte Diesellok wurde an die Schwestergesellschaft Bayerische Oberlandbahn GmbH (BOB) abgegeben und die o. g. Güterverkehrsbedienung entlang der Murrbahn durch die damalige Railion Deutschland übernommen. Am 22.08.2007 wurde der Abschnitt Gaildorf West – Schönberg an die damalige Rettenmeier Immobilien GmbH & Co. KG verkauft, um für den Güterverkehr reaktiviert zu werden. Der Restabschnitt wurde entwidmet und die Grundstücke veräußert.

Seit 01.12.1996 betreibt die WEG im Auftrag des Zweckverbandes Schönbuchbahn (ZVS) die Strecke Böblingen – Dettenhausen, die gemeinhin als das Musterbeispiel für die Reaktivierung einer Nebenbahn gilt. Güterverkehr fand bis Anfang 2008 nur in vergleichsweise geringem Umfang im Stadtgebiet von Böblingen statt. Wegen der erheblich gestiegenen Fahrgastzahlen wird derzeit durch den ZVS der Ausbau und die Elektrifizierung der Schönbuchbahn projektiert. Bis zur Elektrifizierung ist die Erweiterung der Kapazitäten durch die Übernahme der beiden bisher auf der Strohgäubahn eingesetzten baugleichen RegioShuttle vereinbart.

Bereits seit 01.01.1995 hat die WEG die Betriebsführung der Strecke Schorndorf – Rudersberg Nord im Auftrag des Zweckverbandes Verkehrsverband Wieslauftalbahn (ZVVW) inne. Anders als bei der Schönbuchbahn wurde der SPNV auf der Wieslauftalbahn nicht reaktiviert, sondern von der seinerzeitigen Deutschen Bundesbahn übernommen. Ebenso wie im Schönbuch wurden auch hier die erwarteten Fahrgastzahlen deutlich übertroffen. Regelmäßiger Güterverkehr findet auf der Wieslauftalbahn nicht statt. Den örtlichen Rangierdienst in Schorndorf hatte die WEG am 01.10.2001 als Kooperationsleistung übernommen, im September 2002 aber wieder an die damalige DB Cargo zurückgegeben. In 2008 erfolgt die SPNV-Reaktivierung eines weiteren Abschnittes der Wieslauftalbahn bis Oberndorf.

Seit 2009 ist die WEG als spezialisierter Dienstleister und Infrastruktur-Betriebsführer für die Schwäbische Wald-Bahn GmbH tätig (SWB).

Zum 01.01.2005 übernahm die ehemalige Schwestergesellschaft und heute zum französischen Captrain-Konzern gehörende Bayerische CargoBahn GmbH (BCB) einen Großteil der bis dahin durch die WEG erbrachten überregionalen Güterverkehrsleistungen. Heute betreibt die WEG nur noch SPNV und ist EIU für die genannte Infrastruktur.

Verkehre

⋆ SPNV „Schönbuchbahn" Böblingen – Dettenhausen; 490.000 Zugkm/a im Auftrag des Zweckverbandes Schönbuchbahn

WEG / WHG / ZIG

* SPNV „Strohgäubahn" (Stuttgart-Feuerbach –) Korntal – Hemmingen (– Weissach); 250.000 Zugkm/a im Auftrag des Zweckverbandes Strohgäubahn
* SPNV „Tälesbahn" Nürtingen – Neuffen; 144.000 Zugkm/a im Auftrag des Landkreises Esslingen und des Zweckverbandes FahrMit
* SPNV „Wieslauftalbahn" Rudersberg-Oberndorf – Schorndorf; 201.000 Zugkm/a im Auftrag des Zweckverbandes Verkehrsverband Wieslauftalbahn

Würzburger Hafen GmbH (WHG) 🇩🇪

Postfach
DE-97064 Würzburg
Haugerring 5
DE-97070 Würzburg
Telefon: +49 931 36-0
info@wvv.de
www.wvv.de

Betrieb
Südliche Hafenstraße 1a
DE-97080 Würzburg
Telefon: +49 931 36-1414
Telefax: +49 931 36-1714

Management
* Dipl.-Ing. Friedhelm Sodenkamp (Geschäftsführer)

Gesellschafter
Stammkapital 2.574.000,00 EUR
* Würzburger Versorgungs- und Verkehrs-GmbH (WVV) (74 %)
* Stadt Würzburg (26 %)

Lizenzen
* DE: EIU Hafeneisenbahn Würzburg

Infrastruktur
* Hafeneisenbahn Würzburg (13 km), nach EBO betrieben

Unternehmensgeschichte
Dank der günstigen Lage Würzburgs am Mittellauf des Mains wurden hier bereits im 15. Jahrhundert Güter per Schiff umgeschlagen, bauliche Zeugen einer Hafenanlage gibt es aus dem 18. Jahrhundert. 1875 wurde für den Holzflößverkehr ein Hafenbecken errichtet, das die Hafenfunktion bald vollständig übernahm. Dieser heute noch so genannte „Alte Hafen" wurde bereits 1880 mit einer Gleisverbindung zum Würzburger Bahnhof ausgestattet.

1904 beendete man den Ausbau des Alten Hafens zu einem Handelshafen. Im gleichen Jahr erfolgte die Gründung der „Hafen- und Lagerhausbetriebe" durch die Stadt Würzburg. Sie wurden als kommunaler Eigenbetrieb der Stadt bis zur Gründung der WHG am 10.12.1969 geführt, die ab diesem Zeitpunkt den Betrieb von der Stadt übernahm. 1940 erreichte die Mainkanalisierung Würzburg und bereits parallel zu den Ausbauarbeiten errichtete die Stadt in Eigenleistung den „Neuen Hafen", der den Alten Hafen entlasten sollte. Begünstigend für den Hafen Würzburgs war die Tatsache, dass Würzburg von nun an bis in die Mitte der fünfziger Jahre die Kopfstation der Mainschifffahrt bildete. Zu dieser Zeit wurde der unterhalb der Zeller Mainbrücke gelegene „Flusshafen" errichtet, da eine starke Nachfrage nach Ansiedlungsflächen mit Wasseranschluss herrschte. Seither besteht der Würzburger Hafen aus dem Alten Hafen nahe dem Stadtzentrum, dem Neuen Hafen und dem Flusshafen. Außerdem wird seit 2005 die Mainlände mit Liegeplätzen für Flusskreuzfahrtschiffe und Sportboote bewirtschaftet. Mit diesen Standorten ist Würzburg heute der drittgrößte bayerische Binnenhafen, gelegen bei Mainkilometer 245,9 bis 253,23 rechts. Auf insgesamt 87 ha Fläche stehen 2.710 m Umschlagufer mit sieben Kränen, zwei Mobilkränen, vier Verladeanlagen für Getreide und Futtermittel, vier Mineralölentladeeinrichtungen und einer Kohlenverladeanlage zur Verfügung. Hinzu kommen 240.000 m² Freilagerflächen, rund 50.000 m² gedeckte Lagerflächen sowie Silos für 160.000 m³ Schüttgüter. Seitens der Mineralölwirtschaft werden rund 80.000 m³ Tankraum vorgehalten. Die Hafeneisenbahn ist seit 01.01.1993 eine öffentliche nichtbundeseigene Eisenbahninfrastruktur. Der jährliche Güterumschlag von rund 1,22 Mio. t (2014) verteilt sich mittlerweile im Verhältnis 3 zu 1 auf die Eisenbahn und die Binnenschifffahrt. So standen 2014 540 Schiffsbewegungen im Güterverkehr mit einem Umschlag von 286.000 t 14.916 Waggonbewegungen mit einer Gütermenge von 934.000 t gegenüber. Es dominieren dabei Mineralölprodukte mit drei Viertel des Aufkommens, des Weiteren landwirtschaftliche Produkte, Nahrungs- und Futtermittel, Düngemittel sowie feste mineralische Brennstoffe.

Zörbiger Infrastruktur Gesellschaft mbH (ZIG) 🇩🇪

Markt 12
DE-06780 Zörbig
Telefon: +49 34956 60101
Telefax: +49 34956 60111

ZIG / ZRB

Management
★ Jan Frieling (Geschäftsführer)

Gesellschafter
Stammkapital 25.000,00 EUR
★ Stadt Zörbig (100 %)

Lizenzen
★ DE: EIU Grube Antonie – Stumsdorf seit 15.12.2004

Infrastruktur
★ (Bitterfeld – Grube Antonie) km 2,7 – Zörbig – km 19,9 (– Stumsdorf), gepachtet von DB Netz AG seit 01.01.2005 für 20 Jahre

Unternehmensgeschichte
Die Zörbiger Infrastruktur Gesellschaft mbH (ZIG) wurde am 01.12.2004 zum Betrieb der Bahnstrecke zwischen Bitterfeld und dem an der Magistrale Halle – Magdeburg gelegenen Stumsdorf gegründet. Auf der im Jahr 1897 eröffneten, auch „Saftbahn" genannten Verbindung herrschte jahrzehntelang reges Aufkommen. Ab 1990 sank der Güterverkehr jedoch rapide ab und erreichte bald den Nullpunkt. Lediglich zwischen 1994 und 1995 verkehrten nochmals einige Übergabezüge mit Klärschlammcontainern zwischen Bitterfeld und Zörbig. Innerhalb einer landesweiten SPNV-Abbestellungswelle verlor die Strecke zum 01.10.2002 auch den Personenverkehr und wurde zur Übernahme durch Dritte ausgeschrieben. Nachdem sich kein neuer Betreiber gefunden hatte, erfolgte per 31.07.2004 die Stilllegung. Doch schon zuvor hatten Verhandlungen über eine Übernahme der Infrastruktur in kommunale Trägerschaft begonnen, bestand doch ein konkretes Erfordernis zur Wiederaufnahme des Schienengüterverkehrs, denn im September 2004 ging im Zörbiger Gewerbegebiet Thura Mark eine Produktionsanlage der Mitteldeutsche Bioenergie GmbH (heute VERBIO Ethanol Zörbig GmbH & Co. KG) in Betrieb, in der jährlich aus 270.000 t Getreide rund 100.000 t Bioethanol hergestellt und größtenteils per Bahn versandt werden. Daher beschloss der Rat der Stadt Zörbig im November 2004 die Gründung der ZIG, welche zum 01.01.2005 den größten Teil der Strecke übernahm und die Wiederinbetriebnahme als Anschlussbahn einleitete. Nach ersten Sanierungsarbeiten konnten bereits am 10.08.2005 die ersten Kesselwagen nach Zörbig zugestellt werden. Nach weiteren Instandsetzungsmaßnahmen erfolgte am 25.10.2006 die offizielle Wiederinbetriebnahme. Der betriebene Abschnitt reicht gegenwärtig von Bitterfeld her kommend bis km 16,3 hinter Zörbig; der sich anschließende Teil bis Stumsdorf ist bis dato ohne Nutzung.

ZossenRail Betriebsgesellschaft mbH (ZRB) ∎

An den Wulzen 23
DE-15806 Zossen
Telefon: +49 3377 3300850
Telefax: +49 3377 3300860
service@zossenrail.de
www.zossenrail.de

Management
★ Jan Jähnke (Geschäftsführer)
★ Jörn C. Schneider (Geschäftsführer)

Gesellschafter
Stammkapital 25.000,00 EUR
★ ErlebnisService GmbH (100 %)

Lizenzen
★ DE: EIU Gotha – Gräfenroda; gültig vom 18.09.2013 bis 21.09.2063
★ DE: EIU Naumburg (Saale) – Teuchern; gültig vom 11.09.2013 bis 31.08.2063

Infrastruktur
★ Naumburg (Saale) – Teuchern (22,0 km); übernommen von DB Netz AG per 01.10.2013
★ Emleben – Gräfenroda (29,3 km); gepachtet von DB Netz AG seit 01.12.2013
★ Gotha – Emleben (6,4 km); Betriebsführung im Auftrag der UNITANK Betriebs- und Verwaltungs GmbH seit März 2014

Unternehmensgeschichte
Die ErlebnisService GmbH, Am Mellensee, hat per 25.04.2012 die 100 %-Tochter ZossenRail Betriebsgesellschaft mbH gegründet. Gegenstand des Unternehmens ist die Entwicklung, der Betrieb und die Verpachtung von Eisenbahninfrastruktur. Als Geschäftsführer wurden Jan Jähnke und Jörn C. Schneider berufen. Beide sind zudem auch Geschäftsführer der ZossenRail-Schwestern Scharmützelseebahn GmbH und ErlebnisBahn GmbH & Co. KG.
Zum 01.10.2013 übernahm ZossenRail die Bahnstrecke Naumburg – Teuchern (Strecke 6680) von der DB Netz AG. Derzeit wird die Strecke nur noch zwischen Naumburg und Naumburg-Ost auf knapp 3 km für den SPNV genutzt.
Die seit Ende 2011 SPNV-lose Strecke Gotha – Gräfenroda wurde im Rahmen eines Verfahrens nach § 11 Allgemeines Eisenbahngesetz – Abgabe und Stilllegung von Eisenbahninfrastruktureinrichtungen - an private Betreiber verpachtet. Der im August/September 2013 erneuerte Streckenabschnitt Gotha (ausschließlich) bis Emleben ist von DB Netz AG an die UNITANK Betriebs- und Verwaltungs GmbH in Hamburg als Betreiberin des Tanklagers Emleben

ZRB / Zürcher Bau / ZBM

verpachtet. UNITANK wiederum übertrug die Betriebsführung auf der Eisenbahninfrastruktur an die ZRB per Ende März 2014.
Der Betriebsführungsabschnitt Bf Emleben (ausschließlich) – Gräfenroda (ausschließlich) wird seit dem 01.12.2013 durch ZRB in einem Pachtverhältnis mit DB Netz AG betrieben.

Zürcher Bau GmbH G

Robert-Zürcher-Straße 1 -6
DE-77974 Meißenheim
Telefon: +49 7824 6465-0
Telefax: +49 7824 6465-33
zuercher@zuercher.de
www.zuercher.de

Management
★ Dipl.-Ing. (FH) Ralf Zürcher (Geschäftsführer)

Gesellschafter
Stammkapital 2.000.000,00 EUR
★ Zürcher GmbH & Co. KG (100 %)

Lizenzen
★ DE: EVU-Zulassung (GV); gültig vom 01.02.2013 bis 31.01.2028

Unternehmensgeschichte
Die im schwäbischen Meißenheim ansässige und 1956 gegründete Baufirma Zürcher besitzt seit 1995 eine eigene gelb lackierte Köf III. Die Lok wird im Bauzugdienst eingesetzt, Überführungen zu den Baustellen finden oftmals per Straßentieflader statt. Die Zürcher Bau GmbH wurde am 21.12.1972 gegründet und hatte 2012 182 Mitarbeiter. Der Umsatz des Unternehmens betrug 2011 35,6 Mio. EUR (2010: 19,41 Mio. EUR).
Komplementär der Zürcher Gmbh & Co. KG ist die Zürcher Verwaltungs-GmbH, als Kommanditisten sind die Zürcher Holding GmbH sowie Harry Erich Zürcher zu gleichen Anteilen involviert.

Verkehre
★ AZ-Verkehr

Zweckverband Brandenburgisches Museum für Klein- und Privatbahnen (ZBM) P I

Am Bahnhof 3
DE-17291 Gramzow
Telefon: +49 39861 70159
Telefax: +49 39861 70159
eisenbahnmuseum-gramzow@freenet.de
www.eisenbahnmuseumgramzow.de

Gesellschafter
★ 6 Gemeinden mit 22 Ortsteilen des Amtes Gramzow (100 %)

Lizenzen
★ DE: EIU Gramzow (Uckermark) – Damme
★ DE: EIU Prenzlau – Löcknitz
★ DE: EVU-Zulassung (PV) seit 31.01.1998, gültig bis 31.12.2027 (nur für Sonderverkehre auf der eigenen Infrastruktur)

Infrastruktur
★ Strecke 6769 Prenzlau, W 3 – Löcknitz (km 11,279 - km 16,060); Betriebsübergang von DB Netz am 14.01.2003
★ Strecke 6770 Gramzow (Uckermark) – Damme, W 1 (km 14,600 - km 25,100); Betriebsübergang von DB Netz am 14.01.2003

Unternehmensgeschichte
Der kommunale Zweckverband „Brandenburgisches Museum für Klein- und Privatbahnen" ist Träger des Eisenbahnmuseums Gramzow und der Gramzower Museumsbahn. Neben den noch heute vertretenen Gemeinden des Amtes Gramzow gehörte bis 2003 auch der Landkreis Uckermark zu den Zweckverbandsmitgliedern. Das 1992 gegründete und am 01.06.1996 eröffnete Klein- und Privatbahnmuseum mit den Abteilungen „Fahrzeugtechnische Entwicklung" und „Werkstattwesen" hat u. a. über 40 Fahrzeuge in der Sammlung. Als Eisenbahnverkehrsunternehmen wurde 1998 vom Zweckverband die „Gramzower Museumsbahn" gegründet. Zunächst wurden an bestimmten Tagen der Ausstellungssaison für die Besucher Führerstandsmitfahrten auf einer

ZBM / ZDD / ZFFF

Kleindiesellok durchgeführt. Der Museumsbahnbetrieb zwischen Gramzow und Damme wurde am 25.07.2009 aufgenommen.

Verkehre
* Museumsbahnverkehr

Zweckverband Donauhafen Deggendorf (ZDD) 🄸

Wallnerlände 9
DE-94469 Deggendorf
Telefon: +49 991 37100-0
Telefax: +49 991 37100-20
info@hafen-deggendorf.de
www.hafen-deggendorf.de

Infrastruktur
* Hafenbahn (5 km); betrieben nach BOA

Unternehmensgeschichte
Die Deggendorfer Hafenanlagen mit ihrer Gesamtfläche von ca. 55 ha sind im Ortsteil Deggenau bei Strom-km 2.283 links der Donau gelegen. Der Zweckverband Donau-Hafen Deggendorf ist Eigentümer des Normalhafens und des einzigen Freihafens in Süddeutschland. Für den Umschlag von Gütern stehen hier u. a. ein Portal- und Dreh-Wipp-Kran, zwei Mobilkräne und ein Reach-Stacker zur Verfügung. Hinzu kommen eine Ro/Ro-Anlage sowie Verladeanlagen für Flüssiggüter, Getreide und Futtermittel sowie Zement. Die Leistungsfähigkeit der Umschlagseinrichtungen umfasst das gesamte Spektrum von Greifergut, Stückgut und Containern. Beide Hafenteile verfügen über eine Gleisanbindung an den Bahnhof Deggendorf. Der Güterumschlag liegt bei etwa 100.000 t jährlich. Der gleichfalls vor Ort befindliche Ölhafen steht im Eigentum der DTL Donau-Tanklager GmbH & Co. KG.

Fränkisches Freilandmuseum Fladungen

mit dem Rhön-Zügle

Zweckverband Fränkisches Freilandmuseum Fladungen (ZFFF) 🄿🄸

Fränkisches Freilandmuseum Fladungen
Bahnhofstrasse 19
DE-97650 Fladungen
Telefon: +49 9778 9123-0
Telefax: +49 9778 9123-45
info@freilandmuseum-fladungen.de
www.freilandmuseum-fladungen.de

Geschäftsstelle des Zweckverbandes
Silcherstraße 5
DE-97074 Würzburg
Telefon: +49 931 7959-1620
Telefax: +49 931 7959-2620

Management
* Karsten Eck (Geschäftsleiter)

Gesellschafter
* Bezirk Unterfranken (66 %)
* Landkreis Rhön-Grabfeld (NES) (32 %)
* Stadt Fladungen (2 %)

Lizenzen
* DE: EIU Mellrichstadt – Fladungen seit 1995
* DE: EVU-Zulassung (PV) seit 23.10.2000, gültig bis 31.10.2015

Infrastruktur
* Mellrichstadt – Fladungen (18,4 km); Kauf des Streckenteiles Ostheim – Fladungen durch den Zweckverband Fränkisches Freilandmuseum Fladungen 1993, Mellrichstadt – Ostheim im Eigentum des Landkreises Rhön-Grabfeld und der Stadt Mellrichstadt

Unternehmensgeschichte
Auf Initiative des damaligen Bürgermeisters der Stadt Fladungen und des Landrates des Landkreises Rhön-Grabfeld wurde 1983 ein Zweckverband für den Aufbau und Betrieb eines Freilandmuseums in Fladungen gegründet, das die wesentlichen baulichen Anlagen mit verschiedenen Einrichtungen, die Lebensweisen und Gewohnheiten der Bewohner sowie das

ZFFF / Kandertalbahn / ZÖA

überkommene ländliche Siedlungswesen Unterfrankens darstellen sollte. Dies demonstriert gewissermaßen auch der Museumsbetrieb auf der am 27.12.1898 eröffneten Lokalbahnstrecke Mellrichstadt – Fladungen, die ihren SPNV 1976 und den Güterverkehr 1987 verlor. Für das Museumsbahnprojekt verhandelte der ZFFF seit 1985 mit der Deutschen Bundesbahn und beantragte dafür Mittel aus der Zonenrandförderung. Das Unternehmen hatte Erfolg und wurde mit der Genehmigung zum Betrieb einer Museumsbahn am 23.07.1992 ermöglicht. Das so genannte „Rhön-Zügle" fährt seit 1996 auf dem Teilabschnitt Fladungen – Ostheim und seit 1997 auf der Gesamtstrecke. Während der Zweckverband der EIU und EVU ist, werden die Museumszüge von den Eisenbahnfreunden Untermain e. V. betrieben. Gefahren wird regelmäßig von Anfang Mai bis Anfang Oktober mit Dampfbetrieb. „Star" des Museumszuges ist der 1924 von Krauss-Maffei gebaute Lokalbahn-Vierkuppler 98 886 (Typ GtL 4/4, Achsfolge Dh2t), der bis September 1968 auf der Nachbarstrecke Bad Neustadt – Königshofen im Grabfeld im Planeinsatz war. Danach war die Maschine lange Jahre als Denkmal vor dem Schweinfurter Hbf aufgestellt, bis sie im Dampflokwerk Meiningen betriebsfähig aufgearbeitet wurde.

Verkehre
* Museumsbahnverkehr

Zweckverband Kandertalbahn
P I

Waldeckstraße 39
DE-79400 Kandern
Telefon: +49 7626 899-0
Telefax: +49 7626 899-11
zweckverband@kandertalbahn.de
www.kandertalbahn.de

Management
* Reiner Pach (Geschäftsführer)

Lizenzen
* DE: EIU-Zulassung für eigene Infrastruktur seit 01.04.2010, gültig bis 31.03.2060
* DE: EVU-Zulassung (PV+GV) seit 11.04.2010, gültig bis 31.03.2025

Infrastruktur
* Haltingen – Kandern (12,9 km); seit 01.04.1985 gepachtet von der Südwestdeutschen Verkehrs-AG (SWEG)

Unternehmensgeschichte
Die am 01.05.1895 eröffnete „Kandertalbahn" ist eine historische Museumseisenbahn im Kandertal im Südwesten von Baden-Württemberg. Zunächst durch Vering & Waechter betrieben, übernahm die Deutsche Eisenbahn-Betriebsgesellschaft AG (DEBG) 1899 die Strecke. 1963 erfolgte der Übergang an die Südwestdeutsche Verkehrs-AG (SWEG), die nach einem Dammrutsch am 04.07.1983 bei Kandern-Wollbach den Gesamtverkehr zwischen Wollbach und Kandern einstellte. Der verbliebene Personenverkehr auf dem Südabschnitt endete offiziell zum 31.12.1983, der Güter- und damit der Gesamtverkehr am 04.03.1985.
Der Zweckverband Kandertalbahn wurde Mitte der 1980er Jahre von der Stadt Kandern, weiteren Gemeinden, dem Landkreis Lörrach, dem Vorstand der Vereinigung euroVapor und Privatpersonen mit dem Ziel des Erhalts und der Reaktivierung der Kandertalbahn gegründet. Zum 01.04.1985 übernahm der Zweckverband die Infrastruktur im Kandertal auf Pachtbasis und baute hier schrittweise eine Museumsbahn auf. Die Unterhaltung der Strecke, Bahnanlagen, Brücken und Gebäude ist Aufgabe des Zweckverbandes, während der Kandertalbahn e. V. (bis 2001 „euroVapor, Sektion Kandertalbahn") für die Fahrzeuge und die Abwicklung des Betriebes verantwortlich ist.

Verkehre
* Museumspersonenverkehr Haltingen – Kandern von Mai bis Oktober

Zweckverband ÖPNV im Ammertal (ZÖA) I

Wilhelm-Keil-Straße 50
DE-72072 Tübingen
Telefon: +49 7071 207-4351
Telefax: +49 7071 207-94351
post@ammertalbahn.info
www.ammertalbahn.info

Management
* Joachim Walter (Verbandsvorsitzender)

Gesellschafter
* Landkreis Tübingen (TÜ) (80 %)
* Landkreis Böblingen (BB) (20 %)

Lizenzen
* DE: EIU Tübingen – Herrenberg seit 02.05.1996

ZÖA / Ringzug

* DE: EVU-Zulassung (PV+GV) seit 21.07.1999, gültig bis 31.07.2029

Infrastruktur
* Tübingen – Herrenberg (21,4 km); Kauf am 26.07.1995 von DB Netz AG

Unternehmensgeschichte
Die am 01.05.1910 durch die Königlich Württembergische Staats-Eisenbahnen (K.W.St.E.) eröffnete Strecke der „Ammertalbahn" Tübingen – Herrenberg wurde bis 1973 im Abschnitt Entringen – Herrenberg teilweise stillgelegt und abgebaut, während das verbleibende Teilstück Tübingen – Entringen primär der Nutzung für den Schülertransport diente. Ein Gutachten, das 1991 im Auftrag des Tübinger Kreistages erstellt wurde, fiel zugunsten eines Weiterbetriebes der Ammertalbahn aus. Der am 23.04.1995 durch die Landkreise Tübingen und Böblingen gegründete „Zweckverband ÖPNV im Ammertal" (ZÖA) übernahm die Streckeninfrastruktur am 02.12.1996 von der DB, modernisierte sie und nahm sie zum 01.08.1999 wieder in voller Länge in Betrieb. Bedient wird sie durch RegioShuttles der RAB ZugBus Regionalverkehr Alb-Bodensee GmbH, einer DB Regio-Tochtergesellschaft, die ihrerseits einige Leistungen durch die HzL Hohenzollerische Landesbahn AG erbringen lässt. Der ZÖA verfügt auch selbst über die Zulassung als EVU, nutzt diese jedoch derzeit nicht aktiv.
Seit einigen Jahren bestehen Überlegungen, die Ammertalbahn in eine nach dem Karlsruher Modell aufzubauende Regionalstadtbahn Neckar-Alb zu integrieren.

Zweckverband Ringzug Schwarzwald-Baar-Heuberg

Humboldtstraße 11
DE-78166 Donaueschingen
Telefon: +49 771 158932-0
Telefax: +49 771 158932-29
info@ringzug.de
www.ringzug.de

Management
* Uwe Brand (Geschäftsführer)

Lizenzen
* DE: EVU-Zulassung (PV); gültig vom 06.12.2012 bis 31.12.2017

Unternehmensgeschichte
Der „Ringzug" (auch 3er-Ringzug genannt) ist ein Schienen-Nahverkehrssystem der Landkreise Tuttlingen, Rottweil und des Schwarzwald-Baar-Kreises im Süden Baden-Württembergs. Er nahm seinen regulären Betrieb am 31.08.2003 auf und wird seit dem Fahrplanwechsel im Dezember 2004 in seiner heutigen Form betrieben. Idee und Anspruch des Ringzugs ist es, ein S-Bahn-ähnliches Nahverkehrsangebot in einem ländlich strukturierten Raum zu schaffen. Die Bezeichnung „Ringzug" wurde gewählt, weil die Streckenführung des Ringzugs von Immendingen über Tuttlingen, Rottweil und Villingen-Schwenningen nach Donaueschingen fast einem Ring entspricht. In der Lücke Immendingen – Donaueschingen fährt der Ringzug allerdings nicht. Die Bezeichnung „Ringzug" tauchte erstmals 1995 in einer vom Tübinger Nahverkehrsberater Gerd Hickmann für den Regionalverband Schwarzwald-Baar-Heuberg erarbeiteten Verkehrsstudie „Integraler Taktfahrplan Bus und Bahn für die Region Schwarzwald-Baar-Heuberg" als Rückgrat eines neuen Verkehrskonzepts auf. Die beteiligten Kreistage beschlossen 1999, die erarbeitete Konzeption umzusetzen und der in Spaichingen und so in der Region wohnende damalige Ministerpräsident Erwin Teufel sicherte eine großzügige Förderung durch das Land zu. Aus einer Preisanfrage des Landes als SPNV-Aufgabenträger ging Ende 1999 die HzL Hohenzollerische Landesbahn AG als Sieger hervor, die den Betrieb mit 20 dafür beschafften RegioShuttles abwickelt, die eine Jahresleistung von 1.258.000 Zugkm erbringen. Ab 1999 stockte die weitere Ringzug-Planung erheblich, da ein Streit unter den drei beteiligten Landkreisen über deren zu übernehmende Anteile am zu erwartenden Defizit ausgebrochen war. Dieser Konflikt wurde erst 2001 beigelegt, so dass erst dann der Finanzierungsvertrag mit dem Land Baden-Württemberg abgeschlossen werden konnte. Im Dezember 2001 wurde daraufhin der Zweckverband Ringzug ins Leben gerufen, der als Dachorganisation der drei am Ringzug beteiligten Kreise fungiert. Ihm obliegen die kaufmännische Geschäftsführung, der Vertrieb, das Marketing sowie die Koordination der Tarife. Er trägt zudem das Erlösrisiko des Ringzug-Betriebs und verteilt das Betriebsdefizit bzw. den Gewinn an die drei beteiligten Landkreise. Im Vorfeld der Betriebsaufnahme, die eigentlich schon zum Fahrplanwechsel 2002 geplant war, waren umfangreiche Ausbauarbeiten an der Infrastruktur erforderlich. So wurden die Streckenabschnitte Hüfingen – Bräunlingen und (Immendingen –) Hintschingen – Blumberg (dieser erst am 14.12.2004) für den SPNV reaktiviert. Nachdem die Deutsche Bundesbahn in den 1970er- und 1980er-Jahren einen Großteil der SPNV-Zugangsstellen im späteren Ringzug-Gebiet durch „eilzugmäßiges Fahren" aufgegeben hatte, kam der Wiederherstellung und Verbesserung der Erschließungswirkung der Eisenbahn eine

Ringzug / ZVS

besondere Bedeutung zu. Insgesamt wurden 19 Haltepunkte neu errichtet, 14 wieder in Betrieb genommen und vier an eine andere Stelle verlegt. Mit dem Start des Ringzug-Betriebes wurde der Nahverkehr in der Region grundlegend neu organisiert. Parallele Busverkehre entlang der Ringzugstrecken wurden weitgehend eingestellt und der Ringzug als Rückgrat des ÖPNV etabliert. Ein einheitlicher Verkehrsverbund für das gemeinsame neue Verkehrssystem wurde allerdings nicht geschaffen. Vielmehr existieren drei Tarife auf Landkreis-Ebene, doch wurde mit der Tarifkooperation Schwarzwald-Baar-Heuberg (RTK-Tarif) zumindest eine Kooperation geschaffen, die Fahrten auch über die Verbundgrenzen hinaus ermöglicht und einen Tarif für die kreisübergreifende Ringzug-Nutzung schafft.

Zweckverband Schönbuchbahn (ZVS) ∎

Postfach 1640
DE-71006 Böblingen
Parkstraße 16
DE-71034 Böblingen
Telefon: +49 7031 6631887
Telefax: +49 7031 66391887
schoenbuchbahn@lrabb.de
www.schoenbuchbahn.de

Gesellschafter
★ Landkreis Böblingen (BB) (80 %)
★ Landkreis Tübingen (TÜ) (20 %)

Infrastruktur
★ Böblingen – Dettenhausen (17,0 km), Übernahme am 28.12.1993

Unternehmensgeschichte
Um die zwischen Stuttgart und Tübingen gelegene so genannte Schönbuchlichtung für den Schienenverkehr zu erschließen, wurde 1909 von Böblingen an der Gäubahn Stuttgart – Singen aus mit der Anlage einer Nebenbahn begonnen, die am 16.10.1910 bis Weil im Schönbuch und am 29.07.1911 bis zum Endpunkt Dettenhausen in Betrieb genommen wurde. Nach Einstellung des reinen Personenverkehrs am 29.05.1965 verkehrte noch bis zum 10.01.1967 ein Güterzugpaar mit Personenbeförderung. Schließlich wurde zum 28.04.1990 auch der Güterverkehr im Abschnitt Schönaicher First (heute Böblingen Zimmerschlag) – Dettenhausen endgültig eingestellt. Zwar hatte die Deutsche Bundesbahn bereits 1988 die Stilllegung beantragt, doch verfolgte sie dieses Ziel nicht weiter, nachdem die betroffenen Landkreise Böblingen und Tübingen Interesse an der Übernahme der Strecke

gezeigt und die Württembergische Eisenbahngesellschaft mbH am 30.05.1988 mit einer Konzeption für die Reaktivierung beauftragt hatten. Diese wurde 1989 vorgestellt und aufgrund der günstigen Fahrgastprognose sagte das Land Baden-Württemberg GVFG-Mittel für die Wiederinbetriebnahme zu. Im Juli bzw. Oktober 1993 beschlossen die Landkreise Böblingen und Tübingen die Reaktivierung und gründeten am 29.11.1993 den Zweckverband Schönbuchbahn. Am 28.12.1993 erwarb dieser die betriebsnotwendigen Grundstücke und Bahnanlagen zum Kaufpreis von einer Mark plus Mehrwertsteuer. Nach einer beschränkten Ausschreibung zur Sanierung und zum Betrieb der Bahn, bei der sechs Verkehrsunternehmen Angebote abgaben, erhielt die WEG am 06.07.1994 den Zuschlag. In den folgenden Jahren wurden rund 27,5 Mio. DM in die Infrastrukturreaktivierung und die Beschaffung von vier RegioShuttle investiert. Das Land Baden-Württemberg förderte die Infrastruktur mit 85 % und die Fahrzeuge mit 50 %, so dass der Zweckverband letztendlich rund 8,6 Mio. DM aufwenden musste. Die feierliche Wiederinbetriebnahme erfolgte am 28.09.1996, doch musste der Verkehr gleich darauf wegen technischer Mängel an den gerade frisch ausgelieferten Triebwagen bis zum 30.11.1996 eingestellt werden. Trotzdem erwies sich die „neue" Schönbuchbahn geradezu als Erfolgsgeschichte: Die seinerzeit von den Gutachtern geschätzten Fahrgastzahlen wurden schon am ersten Werktag mit 3.700 Reisenden überschritten und stiegen bis Mitte 2000 auf durchschnittlich 5.500 an, so dass die Züge oft überfüllt waren. Da eine weitere Verdichtung des Halbstundentaktes mit nur einem Kreuzungsbahnhof nicht möglich war, mussten die Bahnsteige verlängert werden, um für besonders stark nachgefragte Leistungen eine Dreifachtraktion zu ermöglichen. Dies erfolgte während einer erneuten Vollsperrung vom 26.07. bis 07.09.2003, die für neuerliche Sanierungsarbeiten erforderlich wurde. Zur Reaktivierung der Strecke waren nämlich altbrauchbare Schienen und Schwellen verbaut worden, die man jetzt durch neues Material ersetzte. Außerdem wurden mehrere Problemstellen im Unterbau, hauptsächlich an Bahndämmen und Brücken beseitigt. Um die Züge verstärken zu können, wurden drei zusätzliche Triebwagen beschafft, was wiederum eine Vergrößerung der Wagenhalle in Dettenhausen bedingte. Mittlerweile ist die Schönbuchbahn zu einem Schulbeispiel für die erfolgreiche Übernahme einer Nebenstrecke der DB durch kommunale Träger, aber gewissermaßen auch ein Opfer ihres eigenen Erfolges geworden, stieg doch der Zuschussbedarf des Zweckverbandes von anfangs geplanten 300.000 bis 2003 auf 1.600.000 EUR an. Gründe hierfür sind die oben erwähnten, ursprünglich nicht eingeplanten Sanierungsarbeiten, die Ausweitung des Angebotes (jedoch im Verhältnis zur Fahrgastzahlensteigerung weit unterproportional) und vor allem die für die

ZVS / ZSB

Betreiber schlechte Beteiligung an den Fahrgelderlösen im Verkehrs- und Tarifverbund Stuttgart, die sich noch an den früheren niedrigen Fahrgastprognosen orientiert. Um den nach starken Fahrgastzuwächsen chronischen Kapazitätsengpässen im morgendlichen Berufs- und Schülerverkehr entgegenzuwirken, erhielt diese Strecke im Spätsommer 2001 zwei weitere RS 1 zugeteilt.

Der Zweckverband hat 2013 im Amtsblatt der Europäischen Union die Beschaffung von zehn Elektrotriebwagen mit einer Option auf drei weitere Fahrzeuge ausgeschrieben. Die Auslieferung soll bis September 2017 erfolgen.

Zweckverband Strohgäubahn (ZSB)

Hindenburgstraße 40
DE-71638 Ludwigsburg
Telefon: +49 7141 144-2312
Telefax: +49 7141 144-9932
strohgaeubahn@landkreis-ludwigsburg.de
www.landkreis-ludwigsburg.de

Management
* Axel Meier (Geschäftsführer)
* Jürgen Vogt (Stellvertretender Geschäftsführer)

Gesellschafter
* Landkreis Ludwigsburg (50 %)
* Stadt Korntal-Münchingen (16,8 %)
* Gemeinde Hemmingen (15,1 %)
* Gemeinde Schwieberdingen (12,55 %)
* Große Kreisstadt Ditzingen (5,55 %)

Unternehmensgeschichte
Bei der Strohgäubahn handelt es sich heute um eine eingleisige normalspurige private Nebenbahn im Strohgäu mit einer Länge von 22,3 km, die als Stichbahn die Stadt Korntal-Münchingen über Hemmingen, Schwieberdingen und Ditzingen mit der Gemeinde Weissach im Landkreis Böblingen verbindet. Jeweils vier Fahrten in der morgendlichen und nachmittäglichen Hauptverkehrszeit werden bis Feuerbach durchgebunden.

Die Württembergische Eisenbahngesellschaft mbH (WEG) ist Eigentümerin und Betreiberin der Strohgäubahn. Seit Anfang der 90er Jahre ist ein Betrieb der Strecke und des Verkehrs nur noch mit Unterstützung durch die öffentliche Hand möglich. Seither unterstützen die Anliegerkommunen Ditzingen, Hemmingen, Korntal-Münchingen, Schwieberdingen und Weissach und der Landkreis Ludwigsburg die Strohgäubahn mit kommunalen Zuschüssen als freiwillige Aufgabe. Grundlage sind Interimsverträge für Infrastruktur und Verkehr, die eine Laufzeit bis Ende 2011 haben. An ihre Stelle sollen langfristige Verträge treten.

Ein Gutachten über den optimierten Dieselbetrieb der Bahn hatte zum Ergebnis, dass unter den aktuellen Voraussetzungen nur ein sinnvoller Betrieb auf dem Abschnitt Korntal-Heimerdingen (sogenannte NE-Variante) möglich ist. Zur Umsetzung der NE-Variante wird der Abschnitt Korntal - Heimerdingen saniert, neue Fahrzeuge angeschafft und eine Betriebswerkstatt mit Tankstelle, die bisher in Weissach betrieben wurde und abgängig ist, in Korntal gebaut.

Zwischenzeitlich haben sich die Städte und Gemeinden Ditzingen, Hemmingen, Korntal-Münchingen und Schwieberdingen und der Landkreis Ludwigsburg zum Zweckverband Strohgäubahn zusammengeschlossen. Der Zweckverband Strohgäubahn (ZSB) ist durch die Veröffentlichung der vom Regierungspräsidium Stuttgart genehmigten Zweckverbandssatzung am 06.03.2010 entstanden.

Der Zweckverband nimmt folgende Aufgaben wahr:
* Die Sanierung der Schienenstrecke zwischen Korntal-Münchingen und Heimerdingen zum Zwecke der Erbringung von Beförderungsleistungen nach dem Landeseisenbahngesetz inklusive der Errichtung der sonstigen betriebsnotwendigen Anlagen.
* Die Beschaffung der für die Durchführung des Betriebs erforderlichen Fahrzeuge (acht neue Triebwagen RS 1 von Stadler).
* Die Unterhaltung der Schienenstrecke zwischen Korntal-Münchingen und Heimerdingen zum Zwecke der Erbringung von Beförderungsleistungen nach dem Landeseisenbahngesetz sowie die Unterhaltung der sonstigen betriebsnotwendigen Anlagen.
* Die Verpachtung und Vermietung der betriebsnotwendigen Anlagen und der Fahrzeuge an ein Eisenbahnverkehrsunternehmen.
* Die Festlegung des Bedienungs- und Qualitätsstandards der Schienenstrecke und die Erbringung der Verkehrsleistung der Strohgäubahn zwischen Korntal und Heimerdingen.

Um die bisherigen und künftigen Investitionen zu sichern, wird der Zweckverband die Strecke von der WEG nach Abschluss der Sanierungsarbeiten übernehmen. Der Zweckverband Strohgäubahn wird Eigentümer der Infrastruktur im Abschnitt Korntal – Heimerdingen, der Betriebswerkstatt in Korntal und der Fahrzeuge. Darüber hinaus wird der Zweckverband Eisenbahninfrastrukturunternehmer. Ziel ist es, die NE-Variante nach Abschluss der Sanierungsarbeiten an der Strecke im Jahr 2012 umzusetzen.

Am 16.08.2010 begannen mit einem offiziellen

ZSB / ZVVW

Spatenstich bei Schwieberdingen die Arbeiten zur Sanierung der Strohgäubahn. Insgesamt stehen dafür 20 Mio. EUR zur Verfügung, zudem wird für 4,5 Mio. EUR in Korntal eine neue Werkstatt errichtet.

Zweckverband Verkehrsverband Wieslauftalbahn (ZVVW) 🔲

Alter Postplatz 10
DE-71332 Waiblingen
Telefon: +49 7151 501-399
Telefax: +49 7151 501-1407
c.ortlieb@rems-murr-kreis.de
www.rems-murr-kreis.de

Gesellschafter
★ Rems-Murr-Kreis
★ Stadt Schorndorf
★ Gemeinde Rudersberg

Lizenzen
★ DE: EIU Schorndorf – Rudersberg Nord

Infrastruktur
★ Schorndorf – Welzheim (22,8 km), Übernahme am 06.05.1993

Unternehmensgeschichte
Bei der Wieslauftalbahn handelt es sich um eine normalspurige Nebenbahn in Baden-Württemberg von Schorndorf an der Hauptbahnstrecke Stuttgart – Aalen nach Welzheim, die auf der Teilstrecke bis Rudersberg am 28.11.1908 und am 25.11.1911 weiter bis Welzheim eröffnet wurde. Der Personenverkehr ab Rudersberg wurde 1980 und der Gesamtverkehr auf der Strecke 1988 eingestellt. Der sich anschließende Stilllegungsantrag der DB mündete am 22.12.1992 in der Gründung des Zweckverbandes Verkehrsverband Wieslauftalbahn (ZVVW) mit dem Ziel, den Zugverkehr aufrechtzuerhalten und zu privatisieren.
Am 06.05.1993 übertrug die DB die Strecke zum symbolischen Preis von 1 DM an den ZVVW. Es folgte die grundlegende Sanierung des Streckenabschnittes von Schorndorf bis zum neu errichteten Hp Rudersberg Nord unter Inanspruchnahme einer Landesförderung in Höhe von rund 12 Mio. DM für die Bauarbeiten und die Anschaffung neuer Fahrzeuge. Im Auftrag des ZVVW führt seit 01.01.1995 die heute zu Veolia gehörende Württembergische Eisenbahn-Gesellschaft mbH (WEG) den Betrieb auf dem reaktivierten Streckenteil durch. Der auf der Strecke verkehrende Zug wird im Volksmund auch „Wiesel" genannt. Die vis Ende 2024 beabsichtigte Elektrifizierung der Strecke zwischen Schorndorf und Rudersberg-Oberndorf wurde 2014 wegen nicht nachweisbarem Kosten-Nutzen-Effekt und folglich nicht zu erwartender Landesförderung für die mindestens 16 Mio. EUR teure Maßnahme verworfen.
Bereits 1998 war ein Gutachten der WEG zum Ergebnis gekommen, dass auch eine SPNV-Reaktivierung des knapp einen Kilometer langen Streckenabschnitts von Rudersberg-Nord bis Oberndorf wirtschaftlich rentabel sei, doch fanden zunächst keinerlei Bauaktivitäten in dieser Richtung statt. Dafür entstand im Jahr 2000 der Förderverein Welzheimer Bahn e. V., der es sich zur Aufgabe gemacht hat, auch das landschaftlich reizvolle Teilstück weiter bis nach Welzheim zu reaktivieren und für einen touristischen Bahnverkehr herzurichten. Zusammen mit der Stadt Welzheim gründete er die Schwäbische Wald-Bahn GmbH (SWB), welche die Schieneninfrastruktur vom Eigentümer ZVVW pachten sollte. Der Pachtvertrag für den Streckenabschnitt Rudersberg Nord – Welzheim wurde am 24.06.2003 unterzeichnet, jedoch begannen erst am 22.05.2007 die Arbeiten zur Reaktivierung der Strecke bis Oberndorf für den SPNV und weiter bis Welzheim für den Museumsverkehr. Seit 15.06.2008 verkehren wieder regelmäßig Züge bis Oberndorf.

Estland

Kurze Eisenbahngeschichte

In der Eisenbahnfrühzeit war das estnische Territorium ein Teil des russischen Reiches, so dass die estnische Eisenbahngeschichte dieser Zeit zu jener von Russland zählt. Die bis heute das Grundnetz bildenden ersten Strecken gehen auf die Baltische Eisenbahn (Baltijskaja železnaja doroga) zurück, die der Baron Alexander von der Pahlen im Auftrag der Estländischen Ritterschaft mit dem Ziel gegründet hatte, die Ostseehäfen Reval (Tallinn) und Baltischport (Paldiski) mit St. Petersburg zu verbinden. Am 22.08.1868 erteilte Zar Alexander II. der Gesellschaft die Konzession, eine Bahn von Baltischport über Kegel (Keila), Reval, Taps und die Grenzstadt Narwa (Narva) in Richtung der russischen Hauptstadt zu bauen, die am 05.11.1870 eröffnet wurde und die ganz in Landesnorden verlaufende Hauptachse bildet. Wenig später erreichte der Bahnbau auch den mittleren Landesteil, nachdem der Zar am 02.01.1875 eine Stichbahn von Taps (Tapa) nach Derpt (dt. Dorpat, heute Tartu) genehmigte, die am 31.12.1876 in Betrieb ging.

Den Landessüden quert die am 22.07.1889 eröffnete Strecke der staatlichen Pskow-Rigaer Eisenbahn (Pskovo-Rižskaja ž. d.), die auch einen nordwärts reichenden Zweig von estnisch-lettischen Grenzort Valga nach Tartu erhielt, womit eine durchgehende Verbindung zwischen der heutigen lettischen Hauptstadt Rīga und Reval entstand. Die Baltische Eisenbahn wurde am 13.04.1893 verstaatlicht und am 07.06. desselben Jahres mit der Pskow-Rigaer Eisenbahn zur Baltischen und Pskow-Rigaer Eisenbahn (Baltijskaja i Pskovo-Rižskaja ž. d.) vereinigt. Diese Gesellschaft eröffnete am 28.11.1905 noch einen Abzweig von Kegel (Keila) über Riesenberg (Riisipere) zum Ostseekurort Hapsal (Haapsalu), ehe sie zusammen mit der schon 1895 verstaatlichten Warschau-Petersburger Eisenbahn (Peterburgo-Varšavskaja ž. d.) mit Wirkung vom 14.01.1907 zu den so genannten Nordwestbahnen (Severo-Zapadnye železnye dorogi) verschmolzen wurde. Alle vorgenannten Strecken wurden in russischer Breitspur angelegt. 1895 begann die Erschließung weiterer Landesteile mit Schmalspurbahnen, zunächst durch die Erste Gesellschaft für Zufuhrbahnen Russlands (Pervoe obščestvo pod'ezdnych železnych putej v Rossii). Am 05.10.1896 wurde der Verkehr auf der 125 km langen 750 mm-Strecke von Pernau (Pärnu), gelegen im Südwesten des Landes an der Rigaer Bucht, nach Walk (Valga) aufgenommen. Der Standort eines Lokomotivdepots wurde zum Eisenbahnerort Moiseküll (Mõisaküla), von wo die Strecke bereits über lettisches Territorium führte. Mõisaküla wurde zum Knoten, als am 01.08.1897 ein nordwärts Richtung Landesinneres führender 46 km messender Zweig nach Fellin (Viljandi) in Betrieb ging, der am 01.08.1901 über Lelle bis Tallinn (151 km) verlängert wurde. Verglichen mit den beiden südlichen Nachbarländern wurde das Netz der estnischen Eisenbahn zwischen 1914 und 1918 nur wenig in Mitleidenschaft gezogen, so dass die neu gebildeten Staatsbahnen Eesti Vabariigi Raudteede (EVR) beinahe nahtlos mit Ausbau und Modernisierung des Netzes fortfahren konnten. Dabei wurde insbesondere das Schmalspurnetz erweitert. Noch im Krieg hatte russisches Militär eine 62 km lange Querverbindung zwischen Türi (Strecke Viljandi – Tallinn) und Tamsalu (Strecke Tapa – Tartu) anzulegen begonnen, welche die EVR 1920 fertigstellte. Es folgten u. a. 1926 die Strecke von Sonda (an der Tallinn-Petersburger Bahn) nach Mustvee am Peipussee (63 km), 1928 die Verbindungsspange von Pärnu nach Lelle (82 km) und 1931 die 96 km lange Stichbahn vom zwischen Lelle und Tallinn gelegenen Rapla nach Virtsu am Ausgang der Rigaer Bucht. In Breitspur wurde 1931 einzig die Anbindung von Tartu nach Petseri (Pečory-Psk.), dem heute russischen Grenz-ort in Betrieb genommen, welche die Fahrt von Tallinn nach den meisten Zielen in der benachbarten Sowjetunion verkürzte, da nicht mehr der Weg über Narva – Leningrad (St. Petersburg) gewählt werden musste. Bereits in der Zwischenkriegszeit begann auch die Elektrifizierung der Strecken der Baltischen Bahn im Großraum Tallinn mit 1.200 V DC. Als deren erster ging am 20.09.1924 der 11 km lange Abschnitt Tallinn – Nõmme – Pääsküla in Betrieb. 1940 besaß Estland ein Streckennetz von 1.447 km, davon 772 km Breitspur- und 675 km Schmalspurstrecken. Nach dem Zweiten Weltkrieg, in dem rund 40 % des Netzes zerstört wurden, erfolgten so gut wie keine weiteren Streckenneubauten. Eine Ausnahme bildete nur die Anbindung des 1986 in Betrieb genommenen Hafens Muuga nordöstlich von Tallinn als größter derartiger Einrichtung Estlands sowie des vorgelagerten Rangierbahnhofs Ülemiste. Zweigleisige Ausbauten und Elektrifizierungen in größerem Umfang unterblieben, doch wurde zumindest die Elektrifizierung im Großraum Tallinn weitergeführt, beginnend mit dem 16 km langen Abschnitt Pääsküla – Keila (19.07.1958) und der Umstellung auf 3 kV Fahrspannung. Es folgten weitere Strecken und 1981 hatte das elektrifizierte Netz seine heutige Länge von 132 km erreicht.

Das umfangreiche Schmalspurnetz wurde zwischen 1968 und 1975 teils stillgelegt, teils auf Breitspur umgestellt, so dass es schon zu Zeiten der Sowjetunion keine öffentlichen Schmalspurbahnen mehr gab. In dem genannten Zeitraum schrumpfte die Netzlänge deutlich. Von den umgespurten Strecken

Estland

ist heute noch die schon erwähnte von Tallinn nach Lelle mit ihren Ästen nach Pärnu und Viljandi in Betrieb, die ab 1971 wieder zur Verfügung stand und deren südliche Fortsetzungen, wie oben beschrieben, an der Grenze zu Lettland in Mõisaküla wieder zusammenliefen. Der letzte Schmalspurzug verließ diesen Bahnhof am 03.06.1973 nach Viljandi und am 15.05.1975 in Richtung Pärnu. Der Ast nach Viljandi ist seither stillgelegt, der nach Pärnu wurde jedoch in den folgenden sechs Jahren umgespurt, wobei auch der auf lettischem Gebiet liegende Abschnitt Mõisaküla – Ipiķi – Rūjiena einbezogen wurde. In Rūjiena endete die von Rīga kommende Breitspurstrecke, so dass ab Sommer 1981 zwischen

Estland

Rīga und Tallinn eine Alternativroute zu jener über Valga – Tartu zur Verfügung stand, die bis zum 20.02.1992 auch von durchgehenden Reisezügen befahren wurde. Nach der Auflösung der Sowjetunion und der erneuten Grenzziehung zwischen den baltischen Republiken wurde der Verkehr auf dem Grenzabschnitt Mõisaküla – Ipiķi eingestellt. Auf estnischer Seite hielt sich der Personenverkehr Mõisaküla – Pärnu noch bis zum 31.01.1996, ehe im Jahr 2000 auch der Güterverkehr eingestellt und das Gleis 2008 abgebaut wurde.

In den neunziger Jahren verlor auch die Stadt Haapsalu ihren Schienenpersonenverkehr, dessen Einstellung ab Riisipere die EVR am 15.09.1995 beschloss und schon eine Woche später vollzog. Anlass war der schlechte Zustand der Infrastruktur dieses Abschnittes, der im November 1997 von der estnischen Privatisierungsagentur an die Privatbahn OÜ Haapsalu Raudtee verkauft wurde, die ab Mai 1998 hier noch für einige Jahre Güterverkehr durchführte, jedoch keine ausreichenden Mittel zum dauerhaften Erhalt der Strecke aufbringen konnte. Nachdem der vom neuen Betreiber angestrebte Rückkauf durch den Staat 2003 nicht zustande kam, wurde der Verkehr eingestellt und die Strecke im Frühjahr 2004 abgebaut.

Aufwändigstes Infrastrukturprojekt für die baltischen Staaten ist die „Rail Baltica" als EU-kofinanzierte leistungsfähige Verbindung von Warschau nach Tallinn mit möglicher Fortsetzung nach Helsinki durch einen Tunnel unter dem Finnischen Meerbusen. Kernpunkt ist eine normalspurige, hochgeschwindigkeitstaugliche Neubaustrecke, die auf estnischem Gebiet aus südlicher Richtung entlang der Rigaer Bucht kommend über Pärnu nach Tallinn führt. Hierzu haben die zuständigen Minister Estlands, Lettlands und Litauens am 28.10.2014 eine Vereinbarung zur Gründung des Joint Ventures „RB Rail" für die Planung und den Bau unterzeichnet, der 2018 beginnen und bis 2023 fertiggestellt sein soll.

In einem ersten Schritt werden die der Rail Baltica folgenden breitspurigen Altstrecken auf 120 km/h für Reise- und 80 km/h für Güterzüge ertüchtigt, was in Estland mit den Strecken Valga – Tartu und Tapa – Tallinn bereits abgeschlossen ist.

Außerdem ist seit dem 01.07.2011 der neue Grenzbahnhof Koidula im Südosten Estlands eröffnet. Er dient vorrangig der dorthin verlagerten Grenzabfertigung sowie dem Umspannen der Güterzüge, und wird auch von den zuvor in Orava endenden Reisezügen aus Richtung Tartu bedient.

2013 rekonstruiert wurden die westlich Tallinn liegenden Strecken nach Paldiski / Riisipere / Klooga-Rand.

Marktübersicht

★ Personenverkehr: Die Zuständigkeiten sind bislang klar aufgeteilt: Die AS Eesti Liinirongid (firmierte bis Herbst 2013 als Elektriraudtee AS) erbringt sowohl den elektrisch betriebenen Vorortverkehr um Tallinn als auch seit 01.01.2014 alle zuvor von der AS Edelaraudtee gefahrenen restlichen Leistungen im Binnenverkehr. Betreiber des internationalen Fernverkehrs ist die AS GoRail.

★ Güterverkehr: Auf dem öffentlichen Schienennetz von AS Eesti Raudtee und Edelaraudtee Infrastruktuuri AS sind vorwiegend die beiden „großen" EVU AS EVR Cargo sowie AS Estonian Railway Services aktiv, wobei die staatliche AS EVR Cargo den Markt dominiert. Bis 2009 gab es Konkurrenz von der Westgate Transport OÜ, die einen Anteil von bis zu 31 % innehatte. Die zahlreichen anderen Unternehmen sind zumeist nur auf eigener Infrastruktur oder Anschlussbahnen unterwegs.

Verkehrsministerium
Majandus- ja Kommunikatsiooniministeerium
Harju 11
EE-15072 Tallinn
Telefon: +372 625 6342
info@mkm.ee
www.mkm.ee

Nationale Eisenbahnbehörde
c/o Konkurentsiamet
Estonian Competition Authority
Auna 6
EE-10317 Tallinn
Telefon: +372 667 2400
info@konkurentsiamet.ee
www.konkurentsiamet.ee

c/o Tehnilise Järelevalve Amet
Technical Surveillance Authority
Sõle 23 A
EE-10614 Tallinn
Telefon: +372 667 2000
info@tja.ee
www.tja.ee

Eisenbahnunfalluntersuchungsstelle
c/o Ohutusjuurdluse Keskus
Estonian Safety Investigation Bureau
Harju 11
EE-15072 Tallinn
Telefon: +372 5841 7444
info@ojk.ee
www.ojk.ee

Alexela Terminal / DBT / E.R.S.

Alexela Terminal AS 🆖🄸

Rae põik 6
EE-76806 Paldiski
Telefon: +372 679 0999
Telefax: +372 679 0998
terminal@alexelaterminal.ee
www.alexelaterminal.ee

Management
* Aarto Eipre (CEO)
* Aleksandr Dalton
* Vladimir Oleinik

Gesellschafter
Stammkapital 5.539.010,00 EUR
* Alexela Logistics AS

Lizenzen
* EE: EVU-Zulassung (GV) seit 18.12.2009
* EE: Sicherheitszertifikat A+B (GV) seit 02.02.2010 befristet bis 02.02.2015

Infrastruktur
* Anschlussgleise im Bahnhof Paldiski

Unternehmensgeschichte
Alexela Terminal AS wurde 1993 gegründet und betreibt seit 2002 das ab 1999 gebaute Terminal für Ölprodukte im Hafen von Paldiski. Es werden dort Heizöl, Chemikalien und Flüssiggas verladen beziehungsweise gelagert. Auf den fünf Gleisen mit 3.670 m Länge ist eine Lok der früheren Paldiski Raudtee AS aktiv.

Verkehre
* Rangierdienste im Alexela Terminal Paldiski

AS DBT 🄶

Koorma 13
EE-74115 Haabneeme alevik, Viimsi vald
Telefon: +372 631 9389
Telefax: +372 631 9389
dbt@dbtmuuga.ee
www.dbtmuuga.ee

Management
* Aleksandr Volohhonski (Vorstandsvorsitzender)

Gesellschafter
Stammkapital 25.600,00 EUR

Unternehmensgeschichte
Das Dry Bulk Terminal (DBT) im Hafen von Muuga wird seit Dezember 1998 von der im Juni 1997 gegründeten AS DBT betrieben, hauptsächlich im Bereich Umschlag und Lagerung von mineralischen Düngemitteln. Es bestehen hierfür Kapazitäten zur Lagerung von bis zu 192.000 t. AS DBT beschäftigt 6 Lokführer und 7 Rangierer (2015), es steht ein Portalkran und zwei Ladegleise zur Verfügung.

Verkehre
* Rangierdienste im Bahnhof und Hafen von Muuga

Estonian Railway Services AS (E. R.S.) 🄶

Pirita tee 102
EE-12011 Tallinn
Telefon: +372 6 266100
Telefax: +372 6 313096
info@ers.com.ee
www.ers.com.ee

Management
* Sergei Balõbin
* Arnout Dirk Lugtmeijer

Gesellschafter
Stammkapital 286.500,00 EUR
* Vopak E.O.S. AS (100 %)

Lizenzen
* EE: Sicherheitszertifikat A (GV) seit 01.10.2008 befristet bis 02.10.2018
* EE: Sicherheitszertifikat B (GV) seit 09.12.2008 befristet bis 10.12.2018

Unternehmensgeschichte
Die seit dem 19.06.2000 bestehende Eisenbahngesellschaft AS Estonian Railway Services ist eine Tochterfirma der Vopak E.O.S. AS und befördert seit 2008 selbstständig Erdölprodukte zu dessen Tanklager in Estland, wo auch der Rangierdienst abgewickelt wird. Das Tanklager im eisfreiem Hafen Muuga, erreichbar über eine im Bahnhof Maardu ausgehende Anschlussbahn der AS Vopak E.O.S., umfasst 78 Tanks mit einer Gesamtkapazität von 1.026.000 m3. Neben den Transportdienstleistungen innerhalb Estlands gehören auch der Rangierdienst und Lokomotivreparaturen zu den Aufgaben. Das Depot befindet sich in der Peterburi mnt 105 in 74114 Maardu. Am 22.05.2013 wurde in Astana ein Vertrag über den Kauf von 15 Diesselloks des in Kasachstan gebauten Typs TE33A unterzeichnet. Von Januar bis März 2012 weilte dafür TE33A-0080 zu Testfahrten in Estland.

E.R.S. / SEBE / Cargo LT OÜ / Dekoil

2010 hatte E.R.S. mit 55,1 % einen größeren Anteil am Güterverkehr auf EVR-Strecken als EVR Cargo mit 44,9 %. Die von E.R.S. im Güterverkehr beförderte Menge sank 2011 drastisch, es waren mit 12,42 Mio. t im Vergleich zum Vorjahr 24 % weniger. 2013 waren es zwar nur noch 8,45 Mio. t, jedoch ging damit eine Erholung um + 8,2 % im Vergleich zum Jahr 2012 einher und gleichzeitig hatte EVR Cargo einen deutlichen Einbruch zu verzeichnen. 2014 wendete sich das Blatt wieder und das Transportvolumen von E.R.S. sackte auf nur noch 3,46 Mio. t ab, was 59 % weniger als im Vorjahr sind. Bei E.R.S. sind 73 Lokführer und 57 Rangierer beschäftigt (2015).

Verkehre
* Güterverkehr Muuga – Maardu – Tapa – Narva
* Güterverkehr Maardu – Ülemiste – Lagedi
* Güterverkehr Tapa – Tartu – Koidula – Valga
* Güterverkehr Tartu – Valga

AS SEBE

Betooni 6A
EE-11415 Tallinn
Telefon: +372 606 4969
Telefax: +372 606 4978
sebe@sebe.ee
www.sebe.ee

Management
* Malle Raud
* Kuldar Väärsi

Gesellschafter
Stammkapital 288.000,00 EUR

Lizenzen
* EE: EVU-Zulassung (PV) seit 16.02.2012

Unternehmensgeschichte
Das Busunternehmen startete 1994 mit dem Kauf von Bussen aus Finnland. Nach dem Erwerb von Konzessionen von AS Tarbus wurde ab 2000 ein Fernbusnetz für Estland entwickelt. In der Folgezeit wurden mit AS Võru Autobaas und AS Marsruut weitere Busunternehmen übernommen.
Im Februar 2012 erhielt AS SEBE die Lizenz zum Betreiben von Eisenbahnaktivitäten, die jedoch bislang nicht in die Tat umgesetzt wurden. SEBE beabsichtigt auch nicht, eigene Fahrzeuge zu kaufen, sondern will vielmehr im Fall eines vorhandenen Fahrzeugpools entsprechende öffentliche Verkehrsleistungen anbieten können.

Cargo LT OÜ

Tammsaare tee 47
EE-11316 Tallinn
Telefon: +372 663 50232
Telefax: +372 635 1985
vanaviru@vvkk.ee

Management
* Aivo Mägi
* Vladimir Oleinik

Gesellschafter
Stammkapital 2.556,00 EUR

Lizenzen
* EE: EVU-Zulassung (GV) seit 07.06.2013

Unternehmensgeschichte
Das Unternehmen mit dem Tätigkeitsbereich Logistik und Speditionsdienstleistungen wurde 2006 gegründet und seitdem mehrmals umbenannt (Vana-Viri Seisuteed OÜ, Vana-Viru LD, Spenser Trade OÜ). Weitere Angaben sind derzeit nicht bekannt.

DEKOIL OÜ G

Kopli 103B
EE-11712 Tallinn
Telefon: +372 610 2772
Telefax: +372 610 2771
dekoil@dekoil.ee
www.dekoil.ee

Management
* Denis Belov
* Sergei Melnikov (CEO)

Gesellschafter
Stammkapital 3.832.592,00 EUR
* Sergei Melnikov
* AS BLRT Grupp

Lizenzen
* EE: Sicherheitszertifikat A (GV); seit 01.10.2008; 8efristet bis 01.10.2013
* EE: Sicherheitszertifikat B (GV); seit 08.12.2008; befristet bis 09.12.2018

Unternehmensgeschichte
DEKOIL OÜ (bis 1993 DEKOIL AS) ist seit 1992 tätig in Transport, Umschlag, Spedition und Lagerung von Öl-Produkten. Es werden vorwiegend helle und dunkle Ölprodukte aus dem Osten nach Westeuropa

Dekoil / EDR / Edelaraudtee Infrastruktuuri

und Amerika sowie in die entgegengesetzte Richtung transportiert. Daneben gibt es auch Transporte von Öl, Metalle, Holz, etc. an Kunden in den Häfen Vene-Balti, Bekkeri und Paljassaare in Tallinn. Die von ihr benutzte Anschlussbahn Minisadama post – DEKOIL-Terminal ist Eigentum der Muttergesellschaft AS BLRT. Das Terminal umfasst vier Gleisstränge zum gleichzeitigen Entladen von 76 Kesselwagen (57 mit und 19 ohne Aufwärmanlage); an Lagerkapazität stehen 23 Tanks mit einem Volumen von 109.000 m3 zur Verfügung. 2009 machte DEKOIL bei einem Umsatz von 77,9 Mio. EEK einen Gewinn von 934.000 EEK, in den Vorjahren lagen die Werte mit Gewinnen im deutlich zweistelligen Millionenbereich wesentlich höher. Das verschuldete Unternehmen wurde 2010 wegen ausstehender Mietzahlungen an das estnische Verteidigungsministerium zur Zahlung von 13 Mio. EEK (ca. 831.000 EUR) verurteilt.

Verkehre
* Güterverkehr Ülemiste – Tallinn-Kopli – DEKOIL-Terminal

Edelaraudtee AS (EDR) 🇬

Kaare 25
EE-72212 Türi
Telefon: +372 38 57123
Telefax: +372 38 57121
info@edel.ee
www.edel.ee

Management
* Alar Pinsel (CEO)

Gesellschafter
Stammkapital 25.564,00 EUR

Beteiligungen
* Edelaraudtee Infrastruktuuri AS (100 %)

Lizenzen
* EE: EVU-Zulassung (PV + GV) seit 05.02.2009
* EE: Sicherheitszertifikat A (GV) seit 05.06.2009 befristet bis 06.06.2019
* EE: Sicherheitszertifikat A (PV) seit 05.06.2009 befristet bis 06.06.2019
* EE: Sicherheitszertifikat B (GV) seit 09.12.2008 befristet bis 06.06.2019

Unternehmensgeschichte
Die am 30.01.1997 gegründete Bahngesellschaft Edelaraudtee wurde 2000 von der britischen GB Railways Group Plc gekauft. Fortan als GB RAILWAYS EESTI AS firmierend, wurde sie 2003 Teil der englischen FirstGroup Plc. Mit der Tochtergesellschaft Edelaraudtee Infrastruktuuri AS ist Edelaraudtee zugleich Eigentümer der Strecken Tallinn-Väike – Lelle – Pärnu, Lelle – Viljandi sowie Liiva – Ülemiste (nur Güterverkehr). Durch die vom estnischen Staat erfolgte Kündigung endete am 31.12.2013 für Edelaraudtee der bislang landesweit auf den nicht elektrifizierten Strecken erbrachte Regionalverkehr ein Jahr vor dem eigentlichen Vertragsende. Mit der Aufgabe des Personenverkehrs mussten 126 Mitarbeiter entlassen werden, wovon 50, darunter 27 Lokführer, von der AS Eesti Liinirongid (ELRON) übernommen werden sollten. Edelaraudtee unterlag einen Rechtsstreit wegen der Direktvergabe an ELRON für den Folgezeitraum. Außer auf den eigenen Strecken war Edelaraudtee im Personenverkehr auch auf EVR-Infrastruktur unterwegs. In den letzten 17 Jahren wurden fast 33 Mio. Reisende befördert. EDR verblieb seitdem nur noch ein geringer Güterverkehr auf der eigenen Infrastruktur, ggf. auch nach Paldiski, und beschäftigt 4 Lokführer und 18 Rangierer (teils auch als Beimann tätig). Sitz der Edelaraudtee-Direktion ist Türi, die Betriebs- und Ausbesserungswerkstatt ist das Depot Tallinn-Väike.

Verkehre
* Güterverkehr Liiva – Pärnu kaubajaam
* Güterverkehr Tallinn – Liiva – Viljandi
* Güterverkehr Ülemiste – Liiva

Edelaraudtee Infrastruktuuri AS 🇪🇪

Kaare 25
EE-72212 Türi
Telefon: +372 3857123
Telefax: +372 3857121
edel@edel.ee
www.edel.ee

Management
* Rain Kaarjas

Gesellschafter
Stammkapital 274.820,00 EUR
* Edelaraudtee AS (EDR) (100 %)

Beteiligungen
* AS Ühinenud Depood (ÜD) (100 %)

Edelaraudtee Infrastruktuuri / EEK

Lizenzen
* EE: Sicherheitszertifikat A als EIU; befristet bis 10.11.2018
* EE: Sicherheitszertifikat B als EIU; befristet bis 23.12.2018

Infrastruktur
* Liiva – Ülemiste, Tallinn-Väike – Lelle – Pärnu, Lelle – Viljandi (gesamt: 223,71 km)

Unternehmensgeschichte
Edelaraudtee Infrastruktuuri AS wurde 2001 als Tochtergesellschaft von Edelaraudtee AS gegründet und ist Eigentümer der Strecken Tallinn-Väike – Lelle – Pärnu, Lelle – Viljandi sowie Liiva – Ülemiste (nur Güterverkehr), auf denen sie bis Ende 2013 auch den Personenverkehr selbst durchführte. Der Güterverkehr auf diesen Strecken ist schwach, es verkehren nur wenige Züge pro Woche. 2011/12 wurde die Strecke Lelle – Türi – Viljandi für Geschwindigkeiten von bis zu 120 km/h saniert, vorher waren nur 70-90 km/h möglich. Die von Pärnu in südliche Richtung über Mõisaküla nach Lettland weiterführende Strecke wurde nach der bereits am 31.01.1996 erfolgten Einstellung des Reiseverkehrs noch bis 2002 teilweise im Güterverkehr genutzt und bis 2008 abgebaut. In Pärnu wurde statt des bisherigen Bahnhofs eine näher zum Stadtzentrum gelegene Station an der Straße mit dem Namen Papiniidu angelegt. Mit der Inbetriebnahme zum Jahresanfang 2014 hat sich die befahrene Bahnstrecke damit etwas verkürzt.

Eesti Energia Kaevandused AS (EEK) 🆖

Jaama tn 10
EE-41533 Jõhvi
Telefon: +372 336 4801
Telefax: +372 336 4803
kaevandused@energia.ee
www.energia.ee

Management
* Veljo Aleksandrov (Vorstandsvorsitzender)
* Toomas Põld (Vorstandsmitglied)
* Erik Väli (Vorstandsmitglied)

Gesellschafter
Stammkapital 28.335.177,00 EUR
* Eesti Energia AS (100 %)

Beteiligungen
* Orica Eesti OÜ

Lizenzen
* EE: EVU-Zulassung (GV) seit 15.01.2010
* EE: Sicherheitszertifikat, Teil A+B (GV) seit 02.02.2010 befristet bis 02.02.2015

Infrastruktur
* Ahtme – Raudi
* Ahtme – Viivikonna
* Vaivara – Musta
* Ahtme – Kohtla-Järve
* Ahtme – Jõhvi
* Püssi – Maidla
* Jõhvi – AS Energoremont
* Ahtme – Silbet Plokk
* Ahtme – Ahtme EJ
* Soldina – Narva Elektrijaam

Unternehmensgeschichte
Eesti Energia Kaevandused AS (bis 1996 Eesti Põlevkivi AS) ist ein Tochterunternehmen der Eesti Energia AS und wurde 1945 als sowjetisches Staatsunternehmen formiert. Deren Eisenbahngesellschaft (vormals AS Põlevkivi Raudtee) ist für den Transport von Ölschiefer auf einem eigenen Streckennetz von zirka 200 Kilometern tätig. Die Firmenzentrale befindet sich in Jõhvi, der Hauptstadt des Landkreises Ida-Virumaa im Nordosten Estlands. Eesti Energia fördert zirka 17 Mio. t Ölschiefer im Jahr, die zu 80 % in Strom oder Heizwärme umgewandelt werden. Seit August 2001 ist das Ölschieferkraftwerk in Musta direkt über die Neubaustrecke Ahtme – Viivikonna angebunden. Nach dem Erschöpfen der Förderstätten Aidu und Viru im Jahr 2012 bzw. 2013 sollte bis September 2014 die neue Abbaustätte Uus-Kiviõli per Bandanlage an die 6 km entfernte Station Aidu an der Strecke Püssi – Maidla angeschlossen werden. Bei EEK sind 52 Lokführer und 67 Rangierer (teils auch als Beimann) tätig (2014).

Verkehre
* Güterverkehr auf der eigenen Infrastruktur sowie den angrenzenden Strecken der AS Viru Keemia Grupp, der AS Nitrofert und Anschließern
* Kohletransporte zum Kraftwerk in Narva (Eesti Energia Narva Elektrijaamad AS)

Elron / Eesti Raudtee

AS Eesti Liinirongid (Elron) 🅿

Vabaduse pst 176
EE-10917 Tallinn
Telefon: +372 6 737400
Telefax: +372 6 737440
info@elron.ee
www.elron.ee

Management
★ Andrus Ossip (Vorstandsvorsitzender)
★ Riho Seppar (Vorstandsmitglied)

Gesellschafter
Stammkapital 671.080,00 EUR
★ Eesti Vabariik [Republik Estland] (100 %)

Lizenzen
★ EE: EVU-Zulassung (PV) seit 30.12.1999
★ EE: Sicherheitszertifikat A (PV) seit 01.10.2008 befristet bis 02.10.2018
★ EE: Sicherheitszertifikat B (PV) seit 09.12.2008 befristet bis 10.12.2018

Infrastruktur
★ Depot Pääsküla sowie Gleis 51 des Bf Pääsküla

Unternehmensgeschichte
Die seit dem 01.01.1999 den elektrischen Vorortverkehr im Großraum Tallinn durchführende Elektriraudtee AS (ELR) wurde zum 01.10.2013 in in AS Eesti Liinirongid (ELRON) umbenannt. Die Namensänderung trägt der ab dem 01.01.2014 erfolgten Erbringung des gesamten SPNV in Estland Rechnung. Bisher wurde dieser nur auf den elektrifizierten Strecken von EVR Infra abgewickelt. Der jetzige Exklusiv-Vertrag zur Erbringung des gesamten SPNV in Estland läuft bis 2018.
Die aus zwei Hallen bestehende Werkstatt befindet sich in Pääsküla, zwischen den Stationen Pääsküla und Laagri. Die 2009 bei der Stadler Rail AG bestellten 38 neuen Triebzüge wurden von Ende 2012 bis Ende Mai 2014 ausgeliefert. Der Bestand setzt sich zusammen aus sechs vierteiligen und zwölf dreiteiligen Elektrotriebzügen sowie sechs vierteiligen und acht dreiteiligen Dieselversionen. Von Januar bis Juni 2013 absolvierten sie Testfahrten, seit dem 01.07.2013 kommen sie im regulären Reiseverkehr zum Einsatz und lösten damit den kompletten ELR-Altbestand ab. Ab dem 01.01.2014 wurde das Angebot zwischen Keila und Tallinn zu einem Takt mit alle 20 bis 30 Minuten verkehrenden Zügen verdichtet, einen sauberen Taktfahrplan gibt es jedoch nicht. Auf den bisherigen Edelaraudtee-Destinationen gab es teilweise ebenfalls Angebotsausweitungen, lediglich nach Pärnu blieb mit nur zwei Zugpaaren alles wie bisher. Die bisher eingesetzten RVR-Elektrotriebzüge sind mittlerweile alle ausgeschieden und seit Oktober 2013 in Rīga. Sie wurden im Juni 2013 an die Rigaer SIA Holdinga Kompānija FELIX, zu der auch das A/S Rīgas Vagonbūves Rūpnīca (RVR) gehört, verkauft und sollen nach Aufarbeitung entweder in Lettland eingesetzt oder nach Kasachstan weiterverkauft werden.
ELRON beförderte im Jahr 2014 5,8 Mio. Reisende, dies sind 43 % mehr im Vergleich zu den 2013 im Nahverkehr von Edelaraudtee und Elektriraudtee zusammen beförderten Personen. Pro Tag werden in 203 Zügen ca. 15.500 Personen transportiert. Im Januar 2015 beschäftigte ELRON 316 Mitarbeiter, davon 81 Lokführer.

Verkehre
★ Personenverkehr Tallinn – Aegviidu
★ Personenverkehr Tallinn – Keila – Riisipere
★ Personenverkehr Keila – Klooga – Paldiski
★ Personenverkehr Klooga – Klooga-Rand
★ Personenverkehr Tallinn – Lelle – Viljandi
★ Personenverkehr Lelle – Pärnu
★ Personenverkehr Tallinn – Tapa – Narva
★ Personenverkehr Tapa – Tartu – Valga
★ Personenverkehr Tartu – Koidula – Piusa

AS Eesti Raudtee 🅸

Toompuiestee 35
EE-15073 Tallinn
Telefon: +372 615 8610
Telefax: +372 615 8710
raudtee@evr.ee
www.evr.ee

Management
★ Ahti Asmann (Generaldirektor)
★ Toomas Virro (Finanzdirektor)
★ Parbo Juchnewitsch (Infrastrukturdirektor)

Gesellschafter
Stammkapital 70.302.814,00 EUR
★ Eesti Vabariik [Republik Estland] (100 %)

Eesti Raudtee / EVR Cargo

Beteiligungen
* EVR Infra AS (100 %)
* AS GoRail (49 %)

Lizenzen
* EE: Sicherheitszertifikat A (GV) seit 01.10.2008 befristet bis 24.01.2019
* EE: Sicherheitszertifikat B (GV) seit 09.12.2008 befristet bis 24.01.2019

Infrastruktur
* Tallinn – Tapa – Narva (Grenze)
* Ülemiste – Maardu – Muuga
* Lagedi – Blokkpost 4 km
* Tapa – Tartu – Valga (Grenze)
* Tartu – Koidula, Valga – Koidula (Grenze)
* Tallinn – Tallinn-Väike
* Tallinn – Tallinn-Kopli
* Valga – Valka (Grenze)

Unternehmensgeschichte
Mit Estlands Unabhängigkeit im Jahr 1918 entstanden die „Eesti Vabariigi Raudteede" (EVR), welche die bestehenden Bahngesellschaften „Looderaudtee", „Esimese Juurdeveoteede Selts" sowie Feldbahnen der Marine und Armee miteinander vereinten. 1940 wurden sie bei der Besetzung Estlands durch die Sowjetunion in die sowjetische Staatsbahn eingegliedert. Nachdem Estland wieder unabhängig wurde, entstand die „Eesti Vabariigi Raudtee" (EVR) zum 01.01.1992 als Staatsbahn. Es folgte bald darauf eine Aufteilung auf die „EVR Ekspress" für den Fernverkehr, die „Edelaraudtee" für den Regionalverkehr, die „Elektriraudtee" für den elektrischen Vorortverkehr um Tallinn, und die EVR für den Güterverkehr. Nach der Privatisierung der estnischen Staatsbahn zur „AS Eesti Raudtee" (EVR) am 03.10.1997 wurde am 31.08.2001 der größte Teil des Streckennetzes an die Güterverkehrsgesellschaft „Baltic Rail Services" (BRS), bestehend aus einer Gruppe von Investoren aus den USA, Großbritannien und Estland, mit einem Anteil von 66 % an der EVR verkauft. Nach schlechten Erfahrungen kaufte der Staat am 09.01.2007 die Anteile für 2,35 Mrd. EEK zurück. Zur Trennung der Geschäftsbereiche von AS Eesti Raudtee (EVR) wurden am 14.01.2009 zwei Tochtergesellschaften gegründet, AS EVR Infra und AS EVR Cargo, welche in einem weiteren Schritt Ende 2010 mit Aufteilung der Muttergesellschaft eigenständig wurden. Zum 03.09.2012 erfolgte die Umbenennung von AS EVR Infra in „AS Eesti Raudtee", welche damit die Marke „Eesti Raudtee" fortgeführt. AS Eesti Raudtee beschäftigt 830 Mitarbeiter (2013).
Die Streckenlänge von EVR Infra beträgt gegenwärtig 690,2 km, davon sind 94,2 km zweigleisig. Für den Vorortverkehr von Tallinn sind 135,8 km mit 3kV= elektrifiziert. Von 2009 bis 2011 wurde auf der Strecke Tallinn – Tapa und Tartu – Valga der gesamte Oberbau ausgetauscht und für 120 km/h (PV) bzw. 80 km/h (GV) hergerichtet. Am 01.07.2011 ging in Koidula eine neu errichtete zehngleisige Grenzabfertigungsstation in Betrieb, in welche die Strecke Tartu – Orava mittels einer kurzen Neubaustrecke auf der Westseite des neuen Bahnhofs mit eingebunden wurde. Die vorher noch genutzte Strecke Orava – Pečory-Psk. [RU)]wurde daraufhin abgebaut. Für die bis dahin nur noch im geringen Umfang im Güterverkehr genutzte Strecke Valga – Koidula – Pečory-Psk. [RU] gibt es außerdem Überlegungen, dort wieder Personenverkehr einzurichten. Bereits im Sommer 2012 wurde ein kleiner Teil zwischen Piusa und Koidula reaktiviert, der im Sommer mit einem Zugpaar befahren wird. Die für die Grenzabfertigung von bis zu 20 Zugpaaren am Tag ausgelegte Station Koidula wird gegenwärtig von elf Güterzugpaaren am Tag genutzt. Im Zeitraum November 2011 bis Dezember 2013 erfolgte, durch EU-Kohäsionsfonds-Mittel gefördert, die Erneuerung der Oberleitungs- und Gleisanlagen auf der Strecke Tallinn – Keila, Keila – Paldiski, Keila – Riisipere und Klooga – Klooga-Rand. 2014 wurde die Strecke Tapa – Narva erneuert, 2015-17 soll noch Tapa – Tartu folgen, womit danach bis auf Valga – Koidula, wo nur 60 km/h erlaubt sind, alle Strecken saniert wären. Möglicherweise wird im Rahmen des Nationalen Verkehrsentwicklungsplans für den Zeitraum 2014 – 2020, der besonders die Entwicklung der kleinen Häfen vorsieht, in den nächsten Jahren die Strecke Riisipere – Haapsalu – Rohuküla wieder aufgebaut, die den mittels Fähren erreichbaren Inseln Hiiumaa und Saaremaa einen Bahnanschluss vermitteln würde. In den letzten fünf Jahren wurden außerdem sämtliche derzeit im Personenverkehr bedienten Stationen mit neuen 550 mm-Bahnsteigen ausgestattet.

AS EVR Cargo G

Toompuiestee 35
EE-15073 Tallinn
Telefon: +372 615 8696
Telefax: +372 615 8599
info@evrcargo.ee
www.evrcargo.ee

Management
* Ahto Altjõe (Vorstandsvorsitzender)
* Oskar Kalmus (Vorstand)
* Paul Priit Lukka (Vorstand)

Gesellschafter
Stammkapital 2.556.466,00 EUR
* Eesti Vabariik [Republik Estland] (100 %)

Lizenzen
* EE: EVU-Zulassung (GV) seit 29.12.2008

EVR Cargo / GoRail

Infrastruktur
* diverse Gleise im Bahnhof / Depood Tapa
* Gleise 592 und 593 im Bahnhof / Vagunidepoo Tapa
* Gleise 12 und 26 im Bahnhof Tallinn-Kopli

Unternehmensgeschichte
Mit der Trennung der Geschäftsbereiche von „Eesti Raudtee" entstand am 14.01.2009 die Tochtergesellschaft AS EVR Cargo. Auf Beschluss der estnischen Regierung wurde 2012 die Muttergesellschaft Eesti Raudtee aufgeteilt, um mit EVR Cargo ein vom Netz unabhängiges staatliches Frachttransportunternehmen zu schaffen, welches zukünftig die Führungsrolle der baltischen Eisenbahn-Logistikunternehmen einnimmt. Im Güterverkehr werden überwiegend Öl und Ölprodukte im Transitverkehr zu den Häfen befördert, wofür die besonders wichtige Strecke Narva – Tallinn modernisiert worden ist. Auf der noch nicht sanierten Strecke Koidula – Valga verkehrt gegenwärtig nur ein Güterzugpaar am Tag, auf den Strecken im Westen Estlands gibt es nur drei Güterzugpaare nach Paldiski. Der Betrieb der 2003 von der EVR gebraucht gekauften amerikanischen Diesellokomotiven gestaltet sich wegen Ersatzteilmangel zunehmend schwieriger. Zudem besitzen sie keine Zulassung für russische Grenzübergänge, so dass für die Strecke Koidula – Pečory-Psk. [RU] wieder gebrauchte russische/ukrainische 2TE116 erworben werden mussten. Zur Ablösung der ČME3-Lokomotiven wurden im August 2011 bei der chinesischen Lokomotivfabrik CNR 16 Exemplare des Typs DF7G-E bestellt. Die erste Lokomotive erreichte am 20.10.2012 den estnischen Hafen Muuga. Bei erfolgreicher Zulassung sollten die anderen bis Ende 2013 folgen. Stattdessen gab es jedoch bei der UAB Vilniaus lokomotyvų remonto depas (VLRD) eine Bestellung von vier TEM-TMH und die chinesische Bestellung wurde angeblich widerrufen. Allerdings erfolgte am 29.01.2014 dann doch die Zulassung durch die ETSA, und am 31.10.2014 kam eine zweite Lok im Hafen von Muuga an. Dem Vernehmen nach sollen sich die beiden DF7G-E jedoch nur zu Testzwecken dort aufhalten und sind nicht Eigentum von EVR Cargo. Neben dem Ölverkehr hat der Containerverkehr eine gewisse Bedeutung, 2014 legte er um 16 % auf 72.017 TEU zu. Derzeit gibt es sieben Züge, zwei weitere nach Ürümqi und Helsinki/Wien befinden sich in der Vorbereitungsphase. Der seit Januar 2013 verkehrende Containerzug zwischen Muuga und Kaluga [RU] (dreimal pro Woche, Beförderer in Estland EVR Cargo, in Russland LTD (OOO Logističeskij Operator)), welcher im Hafen von Muuga geladene Autoteile an das Mitsubishi-Werk in Kaluga transportierte, ist mangels Bedarf vorläufig ausgesetzt. EVR Cargo besaß Ende 2013 75 Lokomotiven und ca. 3.100 Güterwagen. 2014 wurden von ihr 15,76 Mio. t Güter (hauptsächlich Erdöl, Erdölprodukte, Ölschiefer und Düngemittel) befördert. Dies sind nur geringfügig weniger als im Vorjahr und 82 % des gesamten Schienengüterverkehrsvolumens in Estland (19,22 Mio. t). Der Hauptanteil davon liegt im Verkehr mit Russland, welcher zwar um 30 % im Vergleich zu 2013 einbrach, aber durch eine Erhöhung im Warenverkehr mit Lettland und Kasachstan ausgeglichen wurde. Bei EVR Cargo sind 156 Lokführer und 115 Rangierer (teilweise auch als Beimann tätig) beschäftigt (2015).

Verkehre
* Güterverkehr auf der gesamten EVR-Infrastruktur außer auf den Strecken Klooga – Klooga-Rand und Keila – Riisipere
* KV-Transporte Muuga – Narva – Ekaterinburg-Tovarnyj [RU]; 1 x pro Woche
* KV-Transporte Muuga – Narva – Perm'-2 [RU]; saisonal, Betreiber EVR
* KV-Transporte Muuga – Toljatti [RU]; saisonal, Betreiber EVR
* KV-Transporte „Balti Transiit 1" Muuga – Valga – Rīga – Toshkent [UZ]; bedarfsweise seit 2003 im Auftrag der Fesco Integrated Transport (FIT)
* KV-Transporte „Balti Transiit 2" Muuga – Narva – Almaty-1 [KZ]; bedarfsweise
* KV-Transporte „Moskva Ekspress" Muuga – Koidula – Moskva-Oktjabrskaja-Tovarnaja [RU]; 3 x pro Woche seit 2007; Betreiber EVR/APL/MTF/LTD
* KV-Transporte „Zubr" Muuga – Valga – Minsk [BY] – Kyïv / Dnipropetrovs'k / Odesa-Port [UA]; 1-2 x pro Woche seit 2012; Betreiber EVR/Citodat Invest OÜ

AS GoRail

Toompuiestee 37
EE-10133 Talinn
Telefon: +372 631 0043
Telefax: +372 615 6720
info@gorail.ee
www.gorail.ee

Management
* Alar Pinsel (CEO)

Gesellschafter
Stammkapital 1.917.349,00 EUR
* AS Go Group (51 %)
* AS Eesti Raudtee (49 %)

Lizenzen
* EE: Sicherheitszertifikat A (PV) seit 01.10.2008 befristet bis 01.10.2018
* EE: Sicherheitszertifikat B (PV) seit 23.12.2008 befristet bis 10.12.2018

GoRail / Kunda Trans / Leonhard Weiss RTE

Unternehmensgeschichte
Die Holding Go Group vereint mehrere Geschäftszweige wie z. B. GoTravel, GoBus, GoRail, GoHotels, GoOil, GoTrack. Während die privatisierte Personenfernverkehrssparte der EVR im Rahmen eines Jointventures (Staatsanteil 49 %) mit der Fraser-Gruppe seit dem 17.03.1999 zunächst als EVR Ekspress AS firmierte, verkehren diese seit dem 01.04.1999 angebotenen Züge nach Übernahme durch die Go Group Ende 2005 jetzt unter dem Namen AS GoRail. Von dieser werden derzeit lediglich Fernzüge nach Russland angeboten. 2013 wurden 156.300 Reisende befördert. Es verkehrt ein Nachtschnellzugpaar nach Moskva (täglich) und ein Tageseilzugpaar nach Sankt Peterburg, letzteres jedoch seit Mitte Februar 2015 nur noch an zwei Tagen in der Woche (freitags und sonntags ab Tallinn, samstags und montags ab Sankt Peterburg). Ein weiteres Zugpaar Sankt Peterburg – Tallinn entfiel schon im Herbst 2014. Aufgrund rückläufiger Fahrgastzahlen, ca. 40 % seit dem Frühjahr 2014, wurde auch die komplette Einstellung des Betriebs erwogen, vorerst sollen die Verbindungen aber weiter angeboten werden. Offen ist derzeit noch, inwieweit der estnische Staat dafür (finanziell) in die Bresche springt. Im Zuge der in den letzten Jahren erfolgten Modernisierung der Strecke Tallinn – Tapa – Valga ist auch die Wiedereinrichtung eines Zuges durch die baltischen Staaten im Gespräch. Vor dem Abschluss der bis Ende Juli 2015 andauernden Sanierungsarbeiten auf lettischer Seite ist damit jedoch kaum zu rechnen. Zuletzt gab es dies vom 23.05.1993 bis zum 01.08.1998, als von EVR Ekspress ein durchgehender Zug „Balti Ekspress" Tallinn – Rīga – Kaunas – Šeštokai mit unmittelbarem Anschluss nach Warszawa fuhr. Im Jahr 2014 war eine GoRail-Lok der Baureihe TEP70 auch gelegentlich vor Güterzügen auf der Edelaraudtee-Strecke nach Viljandi anzutreffen. AS GoRail beschäftigt ca. 120 Mitarbeiter.

Verkehre
* Personenfernverkehr Tallinn – Moskva [RU]; ein Zugpaar in Kooperation mit den RŽD
* Personenfernverkehr Tallinn – Sankt Peterburg [RU]; ein Zugpaar in Kooperation mit den RŽD

AS Kunda Trans G

Tööstuse 8
EE-44109 Kunda
Telefon: +372 322 1460
Telefax: +372 322 1586
kunda.trans@mail.ee

Management
* Andres Lume

Gesellschafter
Stammkapital 570.000,00 EUR

Lizenzen
* EE: EVU-Zulassung (GV) seit 04.06.2003
* EE: Sicherheitszertifikat A+B (GV) seit 23.12.2008 befristet bis 23.12.2018

Infrastruktur
* Rakvere – Kunda
* Kunda – Ubja
* Kunda – Aru
* Kunda – Andja

Unternehmensgeschichte
Die 1997 gegründete Bahngesellschaft AS Kunda Trans ist ein estnisches Transportunternehmen im Schienen- und Straßengüterverkehr. Sie ist eine Tochtergesellschaft der AS Kunda Nordic Tsement, welche zu HeidelbergCement Northern Europe gehört und diese wiederum ein Teil der HeidelbergCement Group ist.
Kunda Trans betreibt auf der eigenen Infrastruktur Rakvere – Kunda und dessen Anschlussstrecken Güterverkehr. Die 19 km lange Strecke Rakvere – Kunda wurde 1896 errichtet; zuvor gab es bereits 1886 eine Schmalspurbahn zum Anschluss der seit 1870 tätigen Zementfabrik an den örtlichen Hafen. Die 1940 verstaatlichten Anlagen der Zementproduktion wurden 1964 durch eine neue Fabrik ersetzt und nach der 1992 erfolgten Privatisierung von 1993 bis 2000 renoviert.

Verkehre
* Güterverkehr Rakvere – Kunda
* Güterverkehr Kunda – Ubja
* Güterverkehr Kunda – Aru
* Güterverkehr Kunda – Andja

Leonhard Weiss RTE AS G

Vesse 10
EE-11415 Tallinn
Telefon: +372 615 8282
Telefax: +372 56 000 230
rte@leonhard-weiss.com
www.leonhard-weiss.ee

Management
* Kalle Kask (Vorstandsvorsitzender)
* Indrek Kaliste (Vorstand)
* Mihhail Saveljev (Vorstand)
* Andrei Zagamula (Vorstand)

Gesellschafter
Stammkapital 1.024.000,00 EUR
* Leonhard Weiss International GmbH (100 %)

Leonhard Weiss RTE / MR / Railservis

Lizenzen
* EE: EVU-Zulassung (GV) seit 03.08.2012
* EE: Sicherheitszertifikat A (GV) seit 23.12.2012 befristet bis 23.12.2017
* EE: Sicherheitszertifikat B (GV) seit 23.12.2012 befristet bis 23.12.2017

Infrastruktur
* Gleis 5 im Bf Ülemiste
* Gleise 61 und 62 im Bf Tapa
* Gleise 67, 67A und 68 im Bf Tartu

Unternehmensgeschichte
Das estnische Unternehmen Leonhard Weiss RTE AS wurde 1996 als EVR Koehne AS gegründet. Zuletzt als Volkerrail RTE AS firmierend, gehört es heute zur deutschen Leonhard Weiss Gruppe. Es ist spezialisiert auf Planung, Konstruktion und Bau von Gleisanlagen.
Neben dem Firmensitz in Tallinn nördlich des Bahnhofs Ülemiste besitzt RTE im Bahnhof Tartu eine kleine Einsatzstelle mit einem zweiständigen Lokschuppen, welche von EVR Infra angemietet ist.

Verkehre
* AZ-Verkehr

Maardu Raudtee AS (MR) G I

Kombinaadi 7
EE--74114 Maardu
Telefon: +372 6 006 012
Telefax: +372 6 006 115
maarduraudtee@hot.ee
www.raudtee.ee

Management
* Valdis Härmsalu (Vorstand)

Gesellschafter
Stammkapital 185.300,00 EUR
* Intopex AS

Lizenzen
* EE: EVU-Zulassung (GV) seit 27.12.1999
* EE: Sicherheitszertifikat A (GV) seit 01.10.2008 befristet bis 01.10.2018
* EE: Sicherheitszertifikat B (GV) seit 09.12.2008 befristet bis 09.12.2018

Infrastruktur
* Anschlussbahn (1.520 mm) ab Bf Maardu (Gleis 101) mit 14 km Gleislänge

Unternehmensgeschichte
Die Maardu Raudtee (MR) erbringt hauptsächlich Verkehrsleistungen im Hafen Maardu, wo sich Terminals und Lager befinden. Die wichtigsten Ladungen sind flüssige Brennstoffe, Chemikalien und Container. Neben der Umschlagtätigkeit wird auch die Abstellmöglichkeit von leeren Eisenbahnwagen angeboten. Das Unternehmen besitzt außerdem die Lizenz zur Reparatur und Wartung von Eisenbahnfahrzeugen. Maardu Raudtee besitzt eine 14 Kilometer lange eigene Schieneninfrastruktur und ist im Bahnhof Maardu an das öffentliche Schienennetz angebunden.
Die Maardu Raudtee (MR; ehemals RVAS Eesti Fosforiit) wurde am 13.08.1996 gegründet und befindet sich auf dem Gelände des ehemaligen Chemiekombinats „Estonfosforit". Seit 2002 ist MR eine Tochtergesellschaft des Unternehmens Intopex AS.

Verkehre
* Güterverkehr im Bahnhof und Hafen von Maardu

Railservis AS G

Liimi 1
EE-10621 Tallinn
Telefon: +372 659 9350
Telefax: +372 659 9351
vi@railservis.ee
www.portofpaldiski.ee

Management
* Viktor Iljin

Gesellschafter
Stammkapital 25.560,00 EUR

Lizenzen
* EE: EVU-Zulassung (GV) seit 19.09.2000
* EE: Sicherheitszertifikat A (GV) seit 01.10.2008 befristet bis 01.10.2018
* EE: Sicherheitszertifikat B (GV) seit 09.12.2008 befristet bis 10.12.2018

Unternehmensgeschichte
Das kleine Unternehmen AS Railservis, gegründet im Jahr 2000, ist für die Rangierdienste im Nordhafen von Paldiski zuständig. Dieser ist auf den Umschlag von Nutzfahrzeugen und Personenkraftwagen, Containern, Massengütern und Schwergutladung konzentriert und verfügt über eine eigene Fähre nach Deutschland, Finnland, Schweden und Dänemark. Es gibt zwei täglich verkehrende Linien Paldiski – Kapellskär [SE] und Paldiski – Hanko [FI]. Zudem wird der Hafen seit Ende 2012 von der Swan Container Line von Rotterdam und Hamburg aus

Railservis / RERS / Sillamäe Sadam

angefahren, seit 2014 auch einmal wöchentlich von Finnlines aus Antwerpen. Seit Mitte Dezember 2014 werden die neuen CAF-Niederflurtriebwagen für die Straßenbahn Tallinn hier angelandet. Der Hafen ist seit dem 01.01.2011 Freihandelszone.

Verkehre
* Güterverkehr Paldiski –Paldiski Põhjasadam (Anschlussbahn der Paldiski Sadamate AS, Gleislänge 3,3 km)

Russian Estonian Rail Services AS (RERS)

Randveere tee 5
EE-74001 Viimsi
Telefon: +372 6013261
Telefax: +372 6013403
mail@rers.ee
www.rers.ee

Management
* Ervin Hasselbach (Generaldirektor)

Gesellschafter
Stammkapital 38.400,00 EUR

Unternehmensgeschichte
Das 1992 noch als „SFAT Eesti AS" gegründete heutige Eisenbahnunternehmen „Russian Estonian Rail Services" ist ein Transport- und Speditionsunternehmen für Dienstleistungen in Russland, GUS, Baltikum, Europa und Asien. RERS besitzt einen eigenen Kesselwagenpark zur Beförderung von Ölprodukten. Im Terminal „Milstrand", ein gemeinsamer Besitz mit der Hafengesellschaft „N-Terminal" im Hafen von Tallinn, können 120 Kesselwagen pro Tag verladen werden. In dem 17,62 ha großen Gelände befindet sich ein Tanklager mit 125.000 m3 Fassungsvermögen, das früher von der sowjetischen Marine genutzt wurde, und über die 11,2 km lange Anschlussbahn Viimsi – Maardu angeschlossen ist.

 SILLAMÄE SADAM

Sillamäe Sadam AS

Kesk 2
EE-40231 Sillamäe
Telefon: +372 392 9150
Telefax: +372 392 9177
silport@silport.ee
www.silport.ee

Management
* Vitaly Ivanov (Vorstandsvorsitzender)
* Margus Vähi (Mitglied des Vorstandes)

Gesellschafter
Stammkapital 27.330.128,00 EUR

Lizenzen
* EE: EVU-Zulassung (GV) seit 03.12.2003
* EE: Sicherheitszertifikat A (GV) seit 01.10.2008 befristet bis 01.10.2018
* EE: Sicherheitszertifikat B (GV) seit 09.12.2008 befristet bis 10.12.2018

Infrastruktur
* Vaivara – Sillamäe (4,62 km)

Unternehmensgeschichte
Das 1997 gegründete estnisch-russische Unternehmen betreibt seit 2005 den zuvor ausgebauten Hafen von Sillamäe. Das 700 ha große Gelände gehört zu je 50 % der estnischen SILMET Group und russischen Investoren. Als nächstgelegener Hafen der EU zu Russland ist er 25 Kilometer von der russischen Grenze entfernt und über eine 4,62 km lange Anschlussbahn von Vaivara an das EVR-Netz angeschlossen. Der Bahnhof Sillamäe verfügt über 14 Gleise (1050 bis 1500 m lang) und soll zukünftig auf 18 erweitert werden. An ihn sind die Terminals der Firmen Alexela Sillamäe, Baltic Chemical Terminal (BCT), Silsteve, Tankchem und das Kraftwerk Soojuselektrijaam (SEJ) angeschlossen. Silsteve plant eine umfangreiche Erweiterung der Gleisanlagen mit eigenem Containerbahnhof, der 2014 in Betrieb gehen sollte. Im zoll- und steuerfreien Hafen Sillamäe werden vorwiegend Erdölprodukte, Ölschiefer, Chemikalien, Holz und Holzprodukte, Container und Automobile umgeschlagen; 2013 waren es insgesamt 6,75 Mio. t. Ende 2014 waren im Unternehmen 23 Lokführer und 31 Rangierer (teilweise auch als Beimann tätig) beschäftigt.

Verkehre
* Güterverkehr Vaivara – Sillamäe

Skinest Rail / Spacecom / Spacecom Trans

Skinest Rail AS G

Mõisa 4
EE-13522 Tallinn
Telefon: +372 6788070
Telefax: +372 6788075
info@skinest.ee
www.skinest.ee

Management
* Sergei Jakovlev
* Tomas Petraitis
* Roman Zahharov

Gesellschafter
Stammkapital 319.500,00 EUR
* Skinest Grupp AS (100 %)

Beteiligungen
* Spacecom AS (12,25 %)

Lizenzen
* EE: EVU-Zulassung (GV) seit 09.01.2002 (als AS Skinest Projekt)

Unternehmensgeschichte
Skinest Rail AS (bis 1997 AS Skin, bis 2005 AS Skinest Projekt) wurde 1991 als estnische Firma mit Sitz in Tallinn gegründet. Heute ist sie als Teil der AS Skinest Grupp mit Tochterfirmen im In- und Ausland aktiv (ab 1999 AS Skinest Latvia in Lettland, 2004 UAB Skinest Baltija in Litauen, 2006 Skinest AGV in Russland, 2008 Skinest Rail Polska in Polen und Skinest Nordic in Schweden, 2011 Skinest Finland, Skinest Rail Ukraine, Skinest Rail Georgia in Georgien und Skinest Rail Kazakhstan in Kasachstan). 2004 erwarb sie 49 % der Anteile an der lettischen Werkstätte AS Daugavpils Lokomotīvju Remonta Rūpnīca (DLRR), seit 2005 ist sie mit Skinest Metsaveod in der Vermietung von im DLRR hergerichteten Wagen für den Holztransport aktiv. 2006 erwarb sie eine Mehrheitsbeteiligung an der AS Radlik, welche heute als Skinest Ehitus im Eisenbahnbau tätig ist. Über die Tochter Skinest Wood werden Bahnschwellen aus ukrainischer Eiche und Kiefer hergestellt. Mit der Tochter RSI Transportation werden seit 2010 750 eigene Kesselwagen verpachtet. Ferner werden Lokomotiven der Baureihen 2TE116, TEM2M und TEM18 vermietet und zum Kauf angeboten. Außerdem gehören zu Skinest Rail die Tochterunternehmen Spacecom AS und der ukrainische Waggonbau KVSZ.

Verkehre
* Güterverkehr ab Muuga, Maardu, Kohtla, sowie auf den Strecken Ülemiste – Tallinn – Paldiski und Keila – Riisipere
* AZ-Verkehr (Skinest Ehitus)

Spacecom AS G

Mõisa 4
EE-13522 Tallinn
Telefon: +372 6788 246
Telefax: +372 6788 246
info@spacecom.ee
www.spacecom.ee

Management
* Oleg Ossinovski
* Siarhei Psiola

Gesellschafter
Stammkapital 80.000,00 EUR
* Global Trans Investment plc (65,25 %)
* La Spiagia Enterprises Ltd. (17 %)
* Skinest Rail AS (12,25 %)
* Trend Holdings Ltd. (5,5 %)

Beteiligungen
* Ekolinja OY (100 %)
* AS Daugavpils Lokomotīvju Remonta Rūpnīca (25,27 %)

Lizenzen
* EE: EVU-Zulassung (GV) seit 27.12.2003

Unternehmensgeschichte
Spacecom AS wurde 2003 gegründet und ist mit 4.982 (31.12.2012; Vorjahr: 4.035) Fahrzeugen heute einer der größten Besitzer von Kesselwagen im Baltikum. Bis 2011 besaß Spacecom einige Doppellokomotiven des Typs 2TE116, die im von der EVR übernommenen Depot in Tartu stationiert waren. Mittlerweile wurden sie verkauft. Heute besteht die Hauptaktivität in der Vermietung von Kesselwagen, meistens für einen Zeitraum von 1 - 3 Jahren, an Bahnunternehmen in Russland, Kasachstan, Weißrussland, Estland und Finnland, z. B. Transoil, BaltTransServis, PetroKasachstan. Der Hauptanteilseigener von Spacecom AS, die Global Trans Investment Plc mit Sitz in Zypern, gehört wiederum zur Transportation Investment Holding Limited Group, welche Teil der Mirbay International Inc mit Sitz auf den Bahamas ist.

AS Spacecom Trans

Mõisa 4
EE-13522 Tallinn
Telefon: +372 6788 240
Telefax: +372 6788 246
info@spacecom.ee
www.spacecom.ee

Spacecom Trans / Stivis / ÜD / VTT

Management
* Boriss Pereskokov
* Jekaterina Pištšalkina

Gesellschafter
* Global Trans Investment plc

Unternehmensgeschichte
AS Spacecom Trans wurde 2005 als Intopex Trans AS gegründet, und gehört seit 20.12.2010 als AS Spacecom Trans zum internationalen Konzern GlobalTrans. Ebenso wie die Spacecom AS ist sie mit 1.566 (31.12.2012; Vorjahr: 1.066) Kesselwagen für den Transport von Ölprodukten im Leasinggeschäft an Unternehmen in Estland sowie hauptsächlich in Kasachstan, Finnland und Lettland aktiv.

Stivis AS G

Koorma 1
EE-74115 Viimsi vald
Telefon: +372 600 3872
Telefax: +372 600 3873
stivis@stivis.ee
www.stivis.ee

Management
* Sergei Štšeblanov

Gesellschafter
Stammkapital 193.900,00 EUR

Unternehmensgeschichte
Das 1992 gegründete Unternehmen erbringt Dienstleistungen im Güterumschlag des Hafens Muuga. Es werden hauptsächlich Kohle, mineralische Baustoffe, Holz, Schrott und Düngemittel im Umfang von zirka 2,5 Mio. t im Jahr umgeschlagen.
Für den Rangierbetrieb an den drei Tiefwasserliegeplätzen mit elf Portalkränen stehen fünf Lokomotiven zur Verfügung. Im Bahnhof Muuga sadam nutzt Stivis AS die Gleise 39 und 40.

Verkehre
* Rangierfahrten im Bahnhof und Hafen von Muuga

AS Ühinenud Depood (ÜD) GI

Kauba 3a
EE-11312 Tallinn
Telefon: +372 628 5222
Telefax: +372 628 5485
depood@edel.ee
www.depood.ee

Management
* Alar Pinsel
* Gunnar Zirk

Gesellschafter
Stammkapital 1.386.882,00 EUR
* Edelaraudtee Infrastruktuuri AS (100 %)

Infrastruktur
* Gleise 15, 24, 27-30, 33, 40-44, 54 im Bf / Depot Tartu
* Gleise 3 und 7 im Bf Tallinn-Kopli / Depot Telliskivi

Unternehmensgeschichte
Die 2001 gegründete AS Ühinenud Depood ist der Werkstattbereich der Unternehmensgruppe AS Edelaraudtee. Es werden vorwiegend Wartung, Reparaturen und Hauptuntersuchungen an den Lokomotiven, Dieseltriebzügen und Personenwagen durchgeführt, und zwar in den Depots in Tallinn-Väike (Lokomotiven und Dieseltriebwagen), Tartu (Dieseltriebwagen) und Tallinn-Telliskivi (Personenwagen). Darüber hinaus werden Reparaturarbeiten an Güter- und Kühlwagen angeboten.

Verkehre
* Rangierfahrten Tallinn-Balti – Tallinn-Kopli, z. B. Ab-/Bereitstellung der Fernzüge

Vesta Terminal Tallinn OÜ (VTT) G

Õli 3
EE-74115 Maardu
Telefon: +372 631 9861
Telefax: +372 631 9749
tallinn@vestaterminals.com
www.vestaterminals.com

Management
* Roland Vent
* Valeri Zahhadov

Gesellschafter
Stammkapital 3.294.145,00 EUR

VTT / VKG / WGT

Lizenzen
* EE: Sicherheitszertifikat A (GV) seit 09.12.2008 befristet bis 09.12.2018
* EE: Sicherheitszertifikat B (GV) seit 23.12.2008 befristet bis 23.12.2018

Unternehmensgeschichte
Gegründet 2006 als Eurodek Synergy OÜ. Zirka 2011 wurden unter der Marke „Vesta" die zu 100 % in Besitz der Mercuria Energy Asset Management B.V., Teil der Mercuria Energy Group, stehenden Terminals unter der Marke „Vesta" zusammengefasst. Dazu gehörten neben dem Vesta-Terminal Tallinn OÜ (Estland), ehemals Eurodek Synergy OÜ, das Vesta Terminal Antwerp NV (Belgien), Vesta Biofuels Brunsbüttel GmbH & Co. KG, (Deutschland), und Vesta Biofuels Amsterdam BV (Niederlande); die Mercuria-Minderheitsbeteiligungen in China, Afrika und Brasilien trugen nicht diesen Namen.
Seit April 2013 sind die Vesta Terminals nun eine 50:50-Partnerschaft zwischen der Mercuria Energy Asset Management B. V. und der Sinomart KTS Development Limited in Hong Kong, zu der die Vesta Terminal Antwerp NV in Antwerpen (BE), Vesta Terminal Flushing B.V. in Vlissingen (NL) und Vesta Terminal Tallinn OÜ gehören.
Vesta Terminal Tallinn betreibt eine Anschlussbahn im nahe Tallinn gelegenen eisfreien Hafen von Muuga, wo der Umschlag Schiene/Schiff sowie die Lagerung für eine breite Palette von Erdölprodukten einschließlich Benzin, Gasöl und Schweröl angeboten wird. Die Be- und Entladeanlage ist für 140 Kesselwagen ausgelegt. Im Bahnhof Muuga sadam stehen Vesta die Gleise 41, 55 - 58 und 62 zur Verfügung.

VKG Transport AS G

Järveküla tee 14
EE-30328 Kohtla-Järve
Telefon: +372 334 2535
Telefax: +372 334 2719
transport@vkg.ee
www.vkg.ee

Management
* Raimond Niinepuu

Gesellschafter
Stammkapital 70.000,00 EUR

Infrastruktur
* Kohtla – Vaheküla – Infrastrukturgrenze in Richtung Kohtla-Järve
* Kiviõli – Anschlussbahn Kiviõli Keemiatööstuse OÜ

Unternehmensgeschichte
Die VKG Transport AS ist ein 1999 gegründetes Tochterunternehmen des Konzerns Viru Keemia Grupp AS. Der Fahrzeugbestand umfasst über 1.300 Kesselwagen für den Transport von Ölprodukten und Chemikalien. Sie bietet Eisenbahn-Logistikdienstleistungen in Estland und im Ausland an, außerdem Reparatur- und Wartungsarbeiten des Schienennetzes sowie die Vermietung und das Verwiegen von Güterwagen.

Verkehre
* Gütertransporte Kohtla – Vaheküla – Infrastrukturgrenze in Richtung Kohtla-Järve

Westgate Transport OÜ (WGT) G

Narva mnt 7
EE-10117 Tallinn
Telefon: +372 631 9906
Telefax: +372 631 9907
wgt@wgt.ee

Management
* Oleg Antipov

Gesellschafter
Stammkapital 2.800,00 EUR

Lizenzen
* EE: EVU-Zulassung (GV) seit 21.07.2004
* EE: Sicherheitszertifikat A (GV) seit 01.10.2008 befristet bis 02.10.2018
* EE: Sicherheitszertifikat B (GV) seit 09.12.2008 befristet bis 10.12.2018

Unternehmensgeschichte
Gegründet 2004, begann im Juni 2005 zusätzlich zur AS Eesti Raudtee und AS Spacecom auch Westgate Transport OÜ (WGT) auf der Infrastruktur der AS Eesti Raudtee Güterverkehr zu betreiben. 2008 hatte Westgate Transport bereits einen Marktanteil von 31 % im estnischen Schienengüterverkehr, neben der Staatsbahn EVR mit 51 % entfielen lediglich noch 13 % auf E.R.S. und 5 % auf Spacecom. 2009 sank der Westgate-Anteil bis Ende des Jahres auf 18 % ab, und seit 2010 ist das Unternehmen nicht mehr in Erscheinung getreten. Die Traktionierung der WGT-Züge erfolgte durch Lokomotiven des russischen Eisenbahnunternehmens Transoil.

Verkehre
* Güterverkehr Muuga – Maardu – Tapa – Narva

Finnland

Kurze Eisenbahngeschichte
Später als in Mitteleuropa begann die eisenbahnmäßige Erschließung Finnlands, damals noch als autonomes Großfürstentum dem russischen Zarenreich zugehörig, was sich auf technischer Ebene in der bis heute beibehaltenen Spurweite von 1.524 mm äußert.
Als erste Strecke wurde am 17.03.1862 die 96 km lange Verbindung von Helsinki über Kerava, Hyvinkää und Riihimäki ins nördlich gelegene Hämeenlinna eröffnet. An diese schlossen auch die als nächstes fertig gestellten Strecken an. Von Riihimäki ausgehend ging 1870 die 385 km lange Strecke über Lahti, Kouvola und Wyborg zum neu errichteten Finnischen Bahnhof in St. Petersburg in Betrieb. Doch erst mit dem dortigen Bau einer Brücke über die Newa 1913 wurde die Strecke mit dem restlichen russischen Netz verbunden.

Als nächstes folgten im Großraum Helsinki die Strecken Hyvinkää – Hanko (1873), Kerava – Porvoo (1874) sowie 1876 die Verlängerung von Hämeenlinna über Toijala nach Tampere mit einer Stichbahn von Toijala in die Hafenstadt Turku.
Nach 1880 stieß man mit dem Weiterbau ab Tampere weit in den Norden des Landes vor: 1883 wurde mit einem Schwenk Richtung Landesinneres über Haapamäki und Seinäjoki die Küstenstadt Vaasa erreicht und 1886 ging die in Seinäjoki abzweigende „Raahen Rautatie" (Ostbottnische Bahn) über Bennäs, Kokkola und Ylivieska nach Oulu am nördlichen bottnischen Meerbusen in Betrieb.
Bis 1900 wuchs das Netz so auf eine Länge von rund 3.000 km. Nach der Jahrhundertwende erreichte die Eisenbahn den hohen Norden Finnlands: 1909 erhielt die lappländische Hauptstadt Rovaniemi ihren Anschluss und 1919 wurde zwischen Tornio und Haparanda das breitspurige finnische Netz mit dem normalspurigen Netz Schwedens verbunden.
Der Neubau von Strecken ging auch nach dem Zweiten Weltkrieg weiter, indem u. a. am 01.12.1966 die entlang der schwedischen Grenze führende, 180 km lange Stichstrecke von Kauliranta ins auf 67°19′ gelegene Skitouristenzentrum Kolari, bis heute der nördlichste Punkt im finnischen Bahnnetz, eröffnet wurde.
Seit dem 01.01.1971 gibt es eine 153 km lange neue Verbindung von (Tampere –) Lielahti über Parkano nach Seinäjoki, die den o. g. Umweg über Haapamäki auslässt und so die Verbindung von Südfinnland in den Norden erheblich verkürzt. Projekte wie dieses wurden noch bis in die 1980er Jahre verwirklicht.
Als letztes wurde am 03.09.2006 die Neubaustrecke Kerava – Lahti eröffnet, die merklich verkürzte Reisezeiten zwischen Helsinki und den östlicheren Regionen Finnlands sowie nach Russland ermöglicht.

1969 begann der elektrische Betrieb mit 25 kV 50 Hz Wechselspannung zunächst im Großraum Helsinki und wurde ab 1975 sukzessive auch auf die Fernstrecken ausgedehnt. 1969 begann der elektrische Betrieb mit 25 kV 50 Hz Wechselspannung zunächst im Großraum Helsinki und wurde ab 1975 sukzessive auch auf die Fernstrecken ausgedehnt. Mit Stand vom 31.12.2013 sind nunmehr 3.172 km Strecken unter Fahrdraht. Nur 587 km (9,9 %) Strecken sind zweigleisig ausgebaut. Bis heute ist das finnische Bahnnetz auch relativ weitmaschig geblieben, zumal nach 1945 trotz der Neubauten noch etliche Strecken stillgelegt wurden oder zumindest den Personenverkehr verloren. Auf 1.757 Strecken-km wird heute ausschließlich Güterverkehr abgewickelt.

Marktübersicht
Einziger Anbieter sowohl im Personen- als auch im Güterverkehr ist bislang die Staatsbahn VR-Yhtymä Oy. Die Ratarahti Oy [Schienengüterverkehr GmbH] als ein erster möglicher Konkurrent hat bislang noch keine eigenen Verkehre aufgenommen. Im Personenverkehr könnte die VR ihr Monopol ab 01.01.2018 verlieren, wenn im Großraum Helsinki (wo man vom Aufgabenträger gestelltes Rollmaterial benutzt) nach Ausschreibung ein neuer Verkehrsvertrag in Kraft treten soll.

Verkehrsministerium
Liikenne-ja viestintäministeriö
Eteläesplanadi 16, Helsinki
PL 31
FI-00023 Valtioneuvosto
Telefon: +358 295 16001
kirjaamo@lvm.fi
www.lvm.fi

Nationale Eisenbahnbehörde
Liikenteen turvallisuusvirasto Trafi
PL 320
FI-00101 Helsinki
Telefon: +358 29 534 5000
kirjaamo@trafi.fi
www.trafi.fi

Eisenbahnunfalluntersuchungsstelle
Onnettomuustutkintakeskus
Ratapihantie 9
FI-00520 Helsinki
Telefon: +358 295 16001
turvallisuustutkinta@om.fi
www.turvallisuustutkinta.fi

Finnland

Fennia Rail Oy (fer)

Mäkelänkatu 58-60
FI-00510 Helsinki
Telefon: +358 2 07495400
kimmo.rahkamo@fenniarail.fi
www.fenniarail.fi

Management
* Kimmo Rahkamo (Geschäftsführer)

Gesellschafter
* 34 Unternehmen und Privatpersonen (100 %)

Lizenzen
* FI: Sicherheitszertifikat, Teil A+B (GV); gültig vom 24.05.2011 bis 23.05.2016

Unternehmensgeschichte
Fennia Rail Oy (fer) ist eine finnische Privatbahn, die am 18.05.2009 als Ableger des Unternehmens Proxion Oy gegründet wurde. Proxion ist eine 2005 gegründete, inhabergeführte Gesellschaft, die sich mit Managementservices für Bauvorhaben, Design Services sowie Software und Training Services für Infrastruktur-Projekte beschäftigt.
Proxion Train Oy (PxT) verselbstständigte sich 2014 und firmiert seit Herbst des Jahres als Fennia Rail Oy. Zum gleichen Zeitpunkt erfolgte die Bestellung von drei Dieselloks bei CZ Loko, mit denen 2015 der Betrieb aufgenommen werden soll.

Liikennevirasto

PL 33
FI-00521 Helsinki
Telefon: +358 295 34-3000
Telefax: +358 295 34-3700
kirjaamo@liikennevirasto.fi
www.liikennevirasto.fi

Management
* Antti Vehviläinen (Generaldirektor)

Gesellschafter
* Republik Finnland (100 %)

Infrastruktur
* Bahnnetz der Republik Finnland (5.944 km; Spurweite 1.524 mm)

Unternehmensgeschichte
Liikennevirasto ist der Name des finnischen Zentralamtes für Verkehr. Im Zuge der Umstrukturierung der finnischen Staatsbahn Valtionrautatiet (VR) war die Verantwortlichkeit für deren Schienennetz zum 01.07.1995 aus dem Unternehmen herausgelöst und der neugeschaffenen, dem Verkehrsministerium unterstellten Eisenbahnbehörde Ratahallintokeskus (RHK) zugeordnet worden. Diese war verantwortlich für Ausbau, Wartung und Verwaltung der staatlichen Gleisanlagen und steuerte das Trassenmanagement. RHK existierte bis Ende 2009 und ging mit Beginn des neuen Jahres zusammen mit den „Schwesterbehörden" Tiehallinto (Straßenverkehr) und Merenkulkulaitos (Schiffahrt) im neugeschaffenen Zentralamt für Verkehr auf.

Ratarahti Oy

Hilkankatu 3
FI-55100 Imatra
Telefon: +358 40 0554098
timo.rinkinen@veturipalvelu.fi

Management
* Timo Rinkinen (Präsident)

Unternehmensgeschichte
Die Ratarahti Oy [Schienengüterverkehr GmbH] wollte Anfang 2013 den Schienengüterverkehr als erster Konkurrent neben der Staatsbahn VR aufnehmen. Eine erste Testfahrt mit einer Lok erfolgte am 05.12.2012 zwischen Imatra, Imatrankoski und Polkola nahe der russischen Grenze.
Ratarahti verfügt bereits seit 21.09.2011 über ein Sicherheitszertifikat, allerdings nur für das Rangieren im Bahnhof Imatra.
Die beabsichtigten Holztransporte aus Russland zur Papiermühle in Imatra gestalten sich schwierig, da bei Traktion außerhalb der Staatsbahnen keine russischen Waggons auf dem finnischen Gleisnetz akzeptiert werden. Folglich wird die RZD die Züge nur bis Imatrankoski bringen und die VR bis Pelkola übernehmen. Nach Umladung in Ratarahti-eigene Waggons wird dann der Weitertransport in das knapp zehn km entfernte Werk der Stora Enso erfolgen.

Verkehre
* Rangierverkehr im Bahnhof Imatra

VR

VR-Yhtymä Oy 🅿️🅶

PL 488 Vilhonkatu 13
FI-00101 Helsinki 10
Telefon: +358 307 10
Telefax: +358 307 21500
www.vrgroup.fi

Management
★ Mikael Aro (CEO)
★ Outi Henriksson (CFO)
★ Maisa Romanainen (Direktorin Reiseverkehr)
★ Rolf Jansson (Direktor Logistik)
★ Petri Auno (Direktor Transport)
★ Jari Hankala (Direktor Wartung)
★ Ville Saksi (Direktor VR Track Oy)
★ Timo Koskinen (Direktor Personal)
★ Päivi Minkkinen (Direktor Internationale Angelegenheiten)
★ Otto Lehtipuu (Direktor Unternehmenskommunikation und Umweltschutz)

Gesellschafter
★ Republik Finnland (100 %)

Beteiligungen
★ Napapiirin Turistiauto Oy (100 %)
★ Oy Pohjolan Liikenne Ab (100 %)
★ Transpoint International (FI) Oy (100 %)
★ VR Track Oy (100 %)
★ Avecra Oy (60 %)
★ Oulun Keskusliikenneasemakiinteistö Oy (57,3 %)
★ Kokkolan Tavaraterminaali Oy (53,4 %)
★ Freight One Scandinavia Oy (50 %)
★ Oy ContainerTrans Scandinavia Ltd . (50 %)
★ Oy Karelian Trains Ltd. (50 %)
★ SeaRail Oy (50 %)
★ Vainikkalan Vesi Oy (42,5 %)
★ Pääkaupunkiseudun Junakalusto Oy (35 %)
★ Varkauden Keskusliikenneasemakiinteistö Oy (33,3 %)
★ Seinäjoen linja-autoasemakiinteistö Oy (20,7 %)

Lizenzen
★ FI: EVU-Zulassung (PV+GV) seit 01.09.2007
★ FI: Sicherheitszertifikat, Teil A+B (PV+GV); gültig vom 01.05.2012 bis 30.04.2017

Unternehmensgeschichte
Die VR-Yhtymä Oy ist die finnische Staatsbahn. Als erste finnische Eisenbahnstrecke wurde am 17.03.1862 die 96 km lange Zugverbindung von Helsinki nach Hämeenlinna eröffnet. Dieser Tag ist auch der Geburtstag der Staatsbahn Suomen Valtion Rautatiet (SVR), die ihrem Namen 1922, einige Jahre nach Erlangung der staatlichen Unabhängigkeit Finnlands, in Valtionrautatiet (VR) änderte. Ab 1872 engagierten sich jedoch auch Privatbahnen in Land, deren letzte erst 1950 verstaatlicht wurde. Auf den nach 1945 schwindenden Marktanteil vor allem des Eisenbahnpersonenverkehrs reagierte die VR mit verschiedenen Streckenstillllegungen, einem (außer im Großraum Helsinki) weitgehenden Rückzug aus dem klassischen Nahverkehr und der Konzentration auf die Fernverbindungen, weswegen es heute nur noch 195 Zugangsstellen für den Schienenpersonenverkehr gibt. Zugleich entstanden aber auch einige neue Strecken. 1959 wurden die ersten Diesellokomotiven geliefert, 1969 begann im Vorortnetz von Helsinki der elektrische Betrieb und 1975 wurde die letzte Dampflok ausgemustert. In den Achtziger Jahren begann dann nicht nur der InterCityverkehr, sondern es wurde auch mit der Umstrukturierung der finnischen Staatsbahn begonnen, die als erstes 1990 aus der staatlichen Verwaltung herausgelöst und in ein öffentliches Unternehmen umgewandelt wurde. Zum 01.07.1995 wurde das Schienennetz der neugegründeten staatlichen Infrastrukturbehörde Ratahallintokeskus übertragen und zum 01.01.2010 der verbliebene Teil der Staatsbahn in die heutige Holding VR-Yhtymä Oy (VR-Gruppe) umgewandelt. Obwohl Finnlands bedeutendster Carrier, reichen deren Geschäftsfelder weit über die reine Erbringung von Schienenverkehrsleistungen hinaus und obliegen teils den Tochterunternehmen. Der Güterverkehr, dessen verkehrsträgerbezogener Marktanteil mit 26 % (2012) mehr als doppelt so hoch wie der EU-Durchschnitt liegt, wird von der Sparte VR Transpoint-Tochterunternehmung erbracht. Premiumprodukt der Sparte Henkilöliikenne (Personenverkehr) sind die 18 zwischen 1997 und 2006 gelieferten, 220 km/ h schnellen Pendolinotriebzüge der Baureihe Sm3 des Herstellers Fiat Ferroviaria, die in Zusammenarbeit mit der finnischen Waggonfirma Rautaruukki-Transtech den Bedingungen bei der VR adaptiert wurden. Die Oy Karelian Trains Ltd, ein Joint-Venture mit der russischen Bahn RŽD hat bei Alstom vier weiterentwickelte Pendolinogarnituren der Baureihe Sm6 bestellt. Mit den ersten drei Zügen wurde ab 12.12.2010 unter der Marke „Allegro" der Hochgeschwindigkeitsverkehr zwischen Helsinki und St. Petersburg mit zunächst zwei täglichen Zugpaaren aufgenommen. U. a. durch Nutzung der Neubaustrecke Kerava – Lahti reduziert sich die Reisezeit zwischen den beiden Städten um zwei auf dreieinhalb Stunden. Nach Inbetriebnahme der vierten Garnitur wurden seit dem 29.05.2011 vier tägliche Abfahrten angeboten.

VR

Anfang 2004 wurde die gemeinsam mit den Kommunen Helsinki, Espoo, Kauniainen und Vantaa gehaltene Pääkaupunkiseudun Junakalusto Oy als Fahrzeugmanagementgesellschaft für den Großraum Helsinki ins Leben gerufen, die 41 vierteilige Stadler-FLIRT bestellt hat, von denen seit 2009 bis September 2014 34 geliefert wurden. Insgesamt sollen bis 2017 75 Stück beschafft werden. Die Triebzüge werden an die örtliche Verkehrsverbundgesellschaft Helsingin Seudun Liikenne (HSL) verleast, die sie ihrerseits der VR als beauftragtem EVU zur Verfügung stellt.

Zur VR-Gruppe gehören ferner der Gleisbaubetrieb VR Track Oy als größtes Tochterunternehmen sowie die Avecra Oy mit ihrem Catering- und Restaurantservice. Die zum 01.01.2013 mit rund 450 Angestellten ausgegründete Finrail Oy als Gesellschaft für Verkehrsmanagement und -steuerung wurde hingegen zum 01.01.2015 aus der Gruppe herausgelöst und in direktes Staatseigentum überführt. Auch die Corenet Oy, die Telekommunikationsdienste anbietet, wurde schon zum 04.11.2013 an das Branchenunternehmen TDC Oy Finland verkauft und gehört nicht mehr zur VR-Gruppe.

2013 fiel der Beschluss, zum Ersatz der bis zu 40 Jahre alten Elloks aus sowjetischer Produktion bei Siemens 80 Vectron-Maschinen zu bestellen, was mithin mehr als der Hälfte des aktuellen Ellokbestandes entspricht. Die Lieferung wird zwischen 2017 und 2026 erfolgen und es besteht eine Option auf weitere 97 Loks.

Die VR-Gruppe erzielte 2014 (Vorjahreswerte in Klammern) einen operativen Gewinn von 90,4 (70,6) Mio. EUR bei einem Umsatz von 1.3672,2 (1.421,2) Mio. EUR, wovon auf den Personenverkehr 566,3 (568,0) Mio., auf Transport und Logistik 435,3 (441,9) Mio., und auf die Infrastruktursparte 314,0 (340,3) Mio. EUR entfielen. Die operativen Ergebnisse betrugen 32,8 (33,2) Mio., 24,9 (13,0) Mio. bzw. 17,3 (8,3) Mio. EUR. Auf der Schiene wurden 68,2 (69,3) Mio. Reisende und 37,0 (37,0) Mio. t Güter befördert. Der Personalbestand der VR-Gruppe lag bei 9.689 (10.234) Mitarbeitern.

Aus der Praxis für die Praxis

Die gesamte Bandbreite moderner Bahntechnologie im Blick – vom Fahrweg über innovatives Betriebsmanagement bis zum Fahrzeug, ergänzt durch Berichte und Nachrichten aus den Bahnunternehmen und der Industrie. Aus der Praxis für die Praxis: Lektüre für Ingenieure, Fach- und Führungskräfte bei Bahnen, in der Industrie, bei Ingenieurbüros und Behörden. Ergänzt werden die Hefte durch Informationen über die Aktivitäten des VDEI.

Probeabo: 2 Monatsausgaben testen
www.eurailpress.de/eiprobe

Frankreich

Kurze Eisenbahngeschichte

Die erste reine Dampfeisenbahn in Frankreich war die am 24.08.1837 eröffnete Strecke von Paris nach Saint-Germain-en-Laye. Am 21.10.1838 ging die Linie Abscon – Saint Vaast in Betrieb, auf der – obwohl vom Charakter her eine Grubenbahn – auch Personenverkehr durchgeführt wurde. Am 31.05.1839 folgte die Verbindung Montpellier – Cette (heute Sète), am 15.06.1839 jene von Nîmes nach Beaucaire und am 01.09.1839 Mülhausen – Thann im Elsaß. 1840 wurden mit Paris – Orléans (19.08.) und Strasbourg – Basel (20.09.) die ersten beiden Fernbahnstrecken dem Betrieb übergeben. Bald entstand eine Anzahl von Bahngesellschaften, die den Aufbau des Netzes weiter vorantrieb. Eine staatliche Unterstützung beim Streckenbau schrieb der am 11.06.1842 verabschiedete „Loi relative à l'établissement des grandes lignes de chemins de fer" (Gesetz über den Bau von Eisenbahnhauptstrecken) fest, eine Art früher Public Private Partnership. Bis etwa 1870 war das Netz so auf über 17.000 km angewachsen und verband die wichtigsten Städte des Landes miteinander. Den entscheidenden Impuls zur weiteren Verdichtung des Netzes lieferte der am 17.07.1879 verabschiedete, so genannte „Freycinet-Plan". Danach sollten alle Ortschaften mit mehr als 1.500 Einwohnern einen Eisenbahnanschluss erhalten, wobei auch an die Anlage von Schmalspurbahnen gedacht war. Dieser Plan wurde bis zum Beginn des Ersten Weltkrieges umgesetzt, womit die Netzlänge auf 39.400 km anwuchs. Erste elektrische Traktionen mit Gleichspannungsversorgung über Stromschiene gab es an der Wende zum 20. Jahrhundert auf einigen Grubenbahnen und im Pariser Vorortnetz. Ein anderes Stromsystem wählte 1909 die Compagnie des Chemins de fer du Midi für ihre in der Pyrenäenregion verlaufende Strecke Perpignan – Villefranche-de-Conflent, auf der 1912 der elektrische Betrieb mit 12 kV 16 2/3 Hz Wechselspannung aufgenommen wurde. 1920 verfügte der Staat für alle Neuelektrifizierungen 1,5 kV Gleichspannung, doch begann man nach dem Zweiten Weltkrieg auch mit 25 kV 50 Hz Wechselspannung zu arbeiten, was insbesondere die Hochgeschwindigkeitsstrecken betrifft. Um Systemwechsel auf ein und derselben Magistrale zu vermeiden, wurde die Gleichspannung noch bis in die 1980er Jahre verwendet. Solchermaßen elektrifiziert sind im wesentlichen die von Paris ausgehenden Hauptachsen nach Le Mans, Bordeaux – Irún, Toulouse und Dijon – Lyon – Marseille sowie die vor den Pyrenäen verlaufende Querspange Dax – Toulouse – Marseille. Derzeit ist mit 15.141 km gut die Hälfte des Netzes unter Fahrleitung. Eine erste Stilllegungswelle vor dem Zweiten Weltkrieg betraf vor allem Schmalspurbahnen, eine zweite ab 1969 viele schlecht ausgelastete Normalspurstrecken. In den siebziger Jahren begann der Bau von Hochgeschwindigkeitsstrecken („Lignes à grande vitesse", LGV). Mit der Inbetriebnahme des ersten Abschnitts von Saint-Florentin nach Sathonay der „LGV Sud-Est" am 27.09.1981 startete auch die erste TGV-Verbindung Paris – Lyon.

Foto: Karl Arne Richter

Frankreich

Frankreich

Marktübersicht
* Personenverkehr: Nahezu einziger Anbieter waren bis zum Fahrplanwechsel 2011 die Sparten der Staatsbahn Société Nationale des Chemins de fer Français (SNCF). Seither gibt es unter der Marke „Thello" auch eine private Nachtzugverbindung Paris – Venedig des Betreibers Thello SAS.
* Güterverkehr: Größter Anbieter ist die Frachtsparte der Staatsbahn Fret SNCF. Deren größte Mitbewerber sind die COLAS RAIL SA, die DB Schenker-Tochter Euro Cargo Rail SAS (ECR) und die nunmehr als Europorte France SAS (EPF) firmierende ehemalige Veolia Cargo France SAS. Mehrere kleinere Anbieter sind, wie beispielsweise die Régiorail Languedoc Roussillon SAS und die Compagnie ferroviaire régionale SAS (CFR), als regionale Bahnunternehmen (opérateur ferroviaire de proximité – OFP) mit einem auf eine bestimmte Region beschränkten Sicherheitszertifikat tätig.

Verkehrsministerium
Ministère de l'Ecologie, du Développement durable et de l'Energie
Direction générale des infrastructures, des transports et de la mer
Grande Arche, Tour Pascal A et B
Tour Sequoia
FR-92055 Paris La Défense Cedex
Telefon: +33 1 40 81 21 22
www.developpement-durable.gouv.fr

Nationale Eisenbahnbehörde
Autorité de Régulation des Activités Ferroviaires (ARAF)
57 boulevard Demorieux, CS 81915
FR-72019 Le Mans Cedex 2
Telefon: +33 2 43 20 64 30
www.regulation-ferroviaire.fr

Commission intergouvernementale
au Tunnel sous la Manche
Tour Voltaire, 1 Place des Degrés
FR-92055 Paris La Défense Cedex
www.cigtunnelmanche.fr

L'Établissement public de sécurité ferroviaire (EPSF)
60 rue de la Vallée
CS 11758
FR-80017 Amiens Cedex 1
Telefon: +33 3 2233 9595
info@securite-ferroviaire.fr
www.securite-ferroviaire.fr

Eisenbahnunfalluntersuchungsstelle
Bureau d'Enquêtes sur les Accidents de Transport Terrestre (BEA-TT)
Tour Voltaire, 7ème étage
FR-92055 Paris La Défense Cedex
Telefon: +33 1 40 81 21 83
cgpc.beatt@developpement-durable.gouv.fr
www.bea-tt.equipement.gouv.fr

Foto: Karl Arne Richter

BFS / CFL cargo France

Bourgogne Fret Service SAS (BFS)

13 B Rue Eugene Edon
FR-21150 Vénarey-les-Laumes

Management
★ Yves Proux (Präsident)

Gesellschafter
Stammkapital 10.000,00 EUR
★ Europorte SAS (67 %)
★ Cérévia - unions de coopératives agricoles (33 %)

Unternehmensgeschichte
Europorte, die Güterbahn der Groupe Eurotunnel, und die landwirtschaftliche Genossenschaft Cérévia haben am 06.11.2012 die Gründung eines Joint Ventures für eine lokale Bahngesellschaft unter dem Namen Bourgogne Fret Service angekündigt. Bourgogne Fret Service resultiert aus der Zusammenarbeit, die 2010 mit einem Vertrag zwischen Cerevia und Europorte zum Transport von 390.000 Tonnen Weizen und Gerste von den Silos in Burgund, am Rhein und an der Mosel nach Fos-sur-Mer seinen Anfang nahm.
Mit den neuen Unternehmen sollen Verkehrsströme gebündelt und Züge für ein oder mehrere neue Kunden in der Lebensmittelindustrie und in anderen Branchen, wie zum Beispiel der Holz- oder Metallindustrie, zur Verfügung gestellt werden. Die formale Gründung der Bourgogne Fret Service SAS (BFS) erfolgte zum 06.02.2013.
Ende 2013 wurde die Betriebsleitung des Unternehmens von Vénarey-les-Laumes nach Dijon verlegt.

CFL cargo France S.A. G

493 route de Metz
FR-57300 Mondelange
Telefon: +33 3 87724698
info@cflcargo.lu
www.cflcargo.eu

Management
★ Paul Hodgson (Geschäftsführer)

Gesellschafter
Stammkapital 100.000,00 EUR
★ CFL cargo S.A. (100 %)

Unternehmensgeschichte
CFL cargo ist seit Dezember 2006 in Frankreich tätig, Keimzelle des Unternehmens ist der Rangierbahnhof Hagondange in Lothringen nahe der südlichen Grenze von Luxemburg. Die französische Filiale der Luxemburger Güterbahn wurde im August 2010 in Zusammenarbeit mit CFL Multimodal (50 %) als CFL Fret Services France S.A. gegründet. Um die Aktivitäten in Frankreich ganz auf den Eisenbahngüterverkehr ausrichten zu können, kaufte CFL Cargo bereits 2012 die Anteile der Schwestergesellschaft auf und passte per 14.06.2013 die Firmierung an.
Seit Juni 2010 wird der Bahnhof im lothringischen Hagondange als Hub für Rangierarbeiten genutzt, wo CFL cargo Gleise angemietet hat. Von dort ausgehend bedient das Unternehmen Ziele in den Ardennen (Lumes, Mouzon) und der Lorraine (Ebange, Batilly, Champigneulles, Blainville-Dameleviéres, Longwy). Internationale Züge Richtung Belgien, Deutschland, der Schweiz und Italien werden dort ebenfalls gebildet.
Die Aktivitäten der CFL cargo in Frankreich erfolgten zunächst v.a. für den Gesellschafter ArcelorMittal und hatten ihren Schwerpunkt in Stahltransporten. CFL Cargo bedient weiterhin über die Knotenpunkte Bettembourg und Hagondange das im Januar 2008 durch den Logistiker Eurorail eröffnete Hub Lérouville, das ebenfalls von Europorte France und der DB Schenker-Tochter Euro Cargo Rail (ECR) angefahren wird / wurde. Kooperationsverkehre mit Fret SNCF werden über die Knoten Woippy und Thionville abgewickelt.
Zusammenhang mit der Entwicklung der Aktivitäten in Süd-Lothringen hat CFL Cargo France im Dezember 2013 einen zweiten Hub in Blainville errichtet, wo ein Wagentausch mit anderen Bahnen möglich ist. Die Züge aus Hagondange bedienen nun Blainville anstelle von Lérouville. In Hagondange und Blainville setzt CFL cargo France je eine Y 8000-Rangierlok ein.
CFL cargo hat am 28.06.2014 einen Intermodalzug zwischen Bettembourg [LU] und Lyon-Guillotière sowie parallel eine Personaleinsatzstelle in Dijon eingerichtet.
Seit Januar 2015 werden von Mulhouse aus Bantzenheim, Thann, Montbeliard und Ile Napoléon angefahren als Wechselverkehr mit DB Schenker Rail (von Offenburg kommend).

Verkehre
★ Gütertransporte (Einzelwagen) Hagondange (Wagentausch) – Ebange

CFL cargo France

- Chemietransporte (Einzelwagen) Mulhouse (Wagentausch) – Bantzenheim; seit 02.01.2015
- Chemietransporte (Einzelwagen) Mulhouse (Wagentausch) – Thann; seit 02.01.2015
- Coilstransporte (Einzelwagen) Blainville-Damelevières (Wagentausch) – Revigny
- Coilstransporte (Einzelwagen) Hagondange (Wagentausch) – Longwy
- Coilstransporte (Einzelwagen) Hagondange (Wagentausch) – Revigny
- Coilstransporte (Einzelwagen) Mulhouse (Wagentausch) – Ile Napoléon (Peugeot); seit 02.01.2015
- Coilstransporte (Einzelwagen) Mulhouse (Wagentausch) – Montbeliard (Peugeot); seit 02.01.2015
- Coilstransporte Hagondange (Wagentausch) – Mouzon (Arcelormittal Atlantique et Lorraine)
- Drahttransporte (Einzelwagen) Blainville-Damelevières (Wagentausch) – Port d'Atelier
- Gütertransporte (Einzelwagen) Bettembourg (Wagentausch) [LU] – Hagondange (Wagentausch); seit Juni 2010
- Gütertransporte (Einzelwagen) Blainville-Damelevières (Wagentausch) – Xeuilley
- Gütertransporte (Einzelwagen) Hagondange (Wagentausch) – Batilly
- Gütertransporte (Einzelwagen) Hagondange (Wagentausch) – Blainville-Damelevières (Wagentausch mit RegioRail Lorraine); seit Dezember 2013
- Gütertransporte Hagondange (Wagentausch) – Lérouville (Wagentausch); 4 x pro Woche seit Dezember 2013 im Auftrag von DB Schenker
- Kokstransporte Hagondange (Wagentausch) – Champigneulles
- Mineralwassertransporte (Einzelwagen) Vittel – Blainville-Damelevières (Wagentausch)
- Schrotttransporte Lumes – Hagondange (Wagentausch); 3 x pro Woche seit Dezember 2010; aktuell 2 x pro Woche
- Stahlbrammentransporte Oberhausen [DE] – Hagondange (ArcelorMittal Gandrange); seit 2009 im Auftrag ArcelorMittal in Kooperation mit der CFL Cargo Deutschland GmbH bis Apach
- Stahltransporte Ebange (ArcelorMittal-Werk Florange) – Bettembourg (Arcelor Dudelange) [LU]; seit 2007
- Zementtransporte Esch-sur-Alzette [LU] – Lyon; Traktion bis Lérouville (Übergabe an Europorte France); seit Mitte März 2011; seit Dezember 2013 Übergabe an Euro Cargo Rail SAS (ECR) in Blainville [FR]

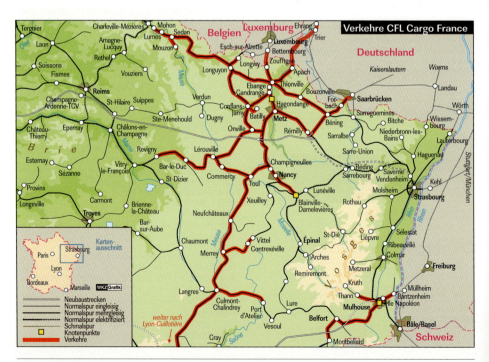

CFL cargo France / CFTA / CLMTP

* KV-Transporte Bettembourg [LU] – Lyon (PEH Terminal); 3 x pro Woche seit 28.06.2014 im Auftrag der CFL Multimodal S.A.; 6 x pro Woche seit Januar 2015
* Pkw-Transporte (Renault) Batilly – Antwerpen [BE] / Zeebrugge [BE]; Spotverkehre seit September 2011 im Auftrag der Compagnie d'Affrètement et de Transport C.A.T. SA; Traktion bis Hagondange, Hauptlauf mit Sibelit
* Überführungen zu den Instandhaltungsbetrieben Lormafer, Sogeefer und Rolanfer
* Werksrangierverkehr ArcelorMittal Gandrange; seit 2013

CFTA SA 🅿️🅸

32 boulevard Gallieni
FR-92130 Issy-les-Moulineaux
www.trainstouristiques.veolia-transport.com

Le Petit Train de la Rhune
Col de Saint-Ignace
FR-64310 Sare
www.rhune.com

La Vapeur du Trieux
La gare, avenue du général de Gaulle
FR-22500 Paimpol
www.vapeurdutrieux.com

Le Chemin de Fer de La Mure
La gare
FR-38450 Saint-Georges-de-Commiers
www.trainlamure.com

Werkstatt
Place de la Gare
FR-29270 Carhaix-Plouguer

Management
* Claude Steinmetz (Präsident)

Gesellschafter
Stammkapital 2.038.428,00 EUR

Lizenzen
* FR: EVU-Zulassung (PV+GV); gültig seit 08.08.2006

Infrastruktur
* Col de Saint Ignace – La Rhune (Spurweite 1.000 mm, Zahnradbahn)
* Saint-Georges-de-Commiers – La Mure (30 km, Spurweite 1.000 mm, elektrifiziert 2.400 V=)
* Carhaix – Guingamp (53 km); Eigentum: RFF/SNCF Réseau
* Guingamp – Paimpol (37 km); Eigentum: RFF/ SNCF Réseau

Unternehmensgeschichte
CFTA ist eine Tochtergesellschaft von Veolia für den Personen- und Gütertransport. Die heutige Firma geht zurück auf die Société générale des chemins de fer economiques (SGCFE oder SE), die von 1880 bis 1963 existierte. 1963 fusionierten SE, CFSNE (Compagnie des chemins de fer du nord-est) und CFS (Compagnie des chemins de fer secondaires) zur CFTA Société générale de chemin de fer et de transports automobiles. Von 1972 bis 1982 betrieb die CFTA auch die Korsische Eisenbahn.
CFTA überführte 2003 den Güterverkehr in die am 20.12.2002 gegründete CFTA Cargo SA und betrieb unter dem Markennamen „Veolia Transport Trains Touristiques" nur noch einige touristische Bahnen:
* „Chemin de fer de la Mure" La Motte-d'Aveillans – La Mure; Betrieb eingestellt, CFTA soll bei Neuausschreibung nicht mehr den Zuschlag erhalten
* „Le petit train de la Rhune" Col de Saint Ignace – La Rhune
* „Chemin de fer de Provence" Nice – Digne-les-Bains (siehe eigenen Eintrag)
* „La Vapeur du Trieux" Pontrieux – Paimpol

CFTA Cargo beschäftigte Ende 2006 88 Mitarbeiter und besaß Werkstätten in Châtillon-sur-Seine und Gray. Die Aktivitäten der CFTA Cargo wurde später in Veolia Cargo überführt, deren französischer Ableger heute als Europorte France SAS (EPF) firmiert.
Die regionalen Güterverkehre im ehemals meterspurigen „Réseau Breton" übernimmt die VFLI, die SNCF ist für den Personenverkehr zuständig. Seit 1997 ist die Réseau Ferré de France (RFF) / SNCF Réseau Eigentümer der Infrastrukturen. Die Werkstatt der CFTA befindet sich in Carhaix.

Verkehre
* Personenverkehr „Le petit train de la Rhune" Col de Saint Ignace – La Rhune
* Getreidetransporte Guingamp (Übernahme von Fret SNCF) – Praden; Spotverkehr

EURL Claisse Location Matériel Travaux Publics (CLMTP)

7, rue de la Fouquerie
FR-72300 Solesmes
www.clmtp.fr

Management
* Zephir Claisse (Geschäftsführer)

CLMTP / COLAS RAIL

Gesellschafter
Stammkapital 68.000,00 EUR

Lizenzen
★ FR: EVU-Zulassung (GV) seit 13.06.2012

Unternehmensgeschichte
Die nach ihrem Inhaber benannte EURL Claisse Location Matériel Travaux Publics (CLMTP) wurde am 21.04.1994 in das Handelsregister eingetragen. Neben einigen Gleisbaufahrzeugen besitzt das Unternehmen neuerdings auch eine G 1206. 2011 beschloss die CLMTP einen OFP (Opérateur ferroviaire de proximité) für Züge rund um Sablé-sur-Sarthe und Château-Gontier zu gründen - eine EVU-Lizenz wurde am 13.06.2012 ausgestellt.

Verkehre
★ AZ-Verkehr

COLAS RAIL SA G

38 Rue Jean Mermoz
FR-78600 Maisons-Laffitte
Telefon: +33 1 349383-00
Telefax: +33 1 349382-99
www.colasrail.com

Werkstatt
Chemin de la Ferme de la Haye
FR-78133 Les Mureaux

Werkstatt
FR-Grenay

Ateliers des Flandres SAS (ADF)
3 Rue de Vieux Berquin
FR-59190 Hazebrouck
Telefon: +33 3 28418715
www.lesateliersdesflandres.com

Management
★ Patrick Guenole (Präsident)

Gesellschafter
Stammkapital 105.312.762,00 EUR

Beteiligungen
★ Ateliers des Flandres SA (100 %)

Lizenzen
★ FR: EVU-Zulassung (GV) seit 04.05.2006
★ FR: Sicherheitszertifikat, Teil A+B (GV), gültig vom 29.11.2011 bis 29.11.2016

Infrastruktur
★ Werkstatt in Les Mureaux
★ Werkstatt in Saint-Varent (seit 2007)
★ Werkstatt in Grenay (seit 2014)
★ Werkstatt in Hazebrouck (Ateliers des Flandres SA)

Unternehmensgeschichte
SECO, Société d'Études et de Construction d'Outillage, wurde 1931 gegründet, um in Frankreich die erste Schotterreinigungs- und -stopfmaschine zu betreiben. Die Gesellschaft mit dem Namen SECO wurde 1955 gegründet und geriet in den 1970er Jahren in finanzielle Schwierigkeiten. 1975 erfolgte ein Teilverkauf an Desquenne et Giral, die 1977 Alleinaktionär wurden. Kurz nach dem Kauf von SECO wurde Desquenne et Giral in eine Holding mit dem Namen Gestion Desquenne et Giral umgewandelt. Alle Schienenverkehrsaktivitäten wurden in der Seco Desquenne et Giral gebündelt, die kurz darauf zur SECO/DG wurde. SECO/DG war somit das erste reine Schienenverkehrsbauunternehmen Frankreichs. In den 1980er und 1990er Jahren akquirierte die Desquenne et Giral-Gruppe weitere Unternehmen aus verschiedenen Sektoren, die neu erworbenen Schienenverkehrstöchter wurden auf die SECO/DG verschmolzen.
Im Dezember 1992 wurden die Aktivitäten der Gruppe restrukturiert. SECO/DG gehörte fortan zum Geschäftsbereich DG Construction, blieb aber weiterhin als autonome Gesellschaft erhalten. Nach der erneuten Integration von DG Construction in SECO im Mai 1997 firmierte man unter SECO/DGC (SECO Desquenne et Giral Construction). Gegen Ende der 1990er Jahre entwickelten sich die Geschäfte von Desquenne et Giral weniger gut: Bis auf die Schienenverkehrsaktivitäten, die rund 35 % der Umsätze der Gruppe ausmachten, waren alle Geschäftstätigkeiten defizitär. Firmeninhaber Jean-Louis Giral, inzwischen der Rente nahe stehend, begann zu diesem Zeitpunkt verstärkt nach einem Käufer für sein Unternehmen zu suchen. Im Oktober 2000 übernahm der COLAS-Baukonzern alle Schienenverkehrsaktivitäten von Desquenne et Giral (SECO/DGC, VFRP, GITAR, EFAC, DG UK Limited). Am 03.10.2000 erfolgte die Übernahme durch die COLAS-Gruppe und die bisher letzte Umfirmierung in SECO-RAIL. Gleichzeitig wurde der Firmensitz von Nanterre nach Chatou Cedex verlegt. 2006 übernahm die COLAS-Mutter Bouygues das Gleisbauunternehmen S.A.S. R Vecchietti und COLAS RAIL wurde im gleichen Jahr als Eisenbahnverkehrsunternehmen für Güterverkehr in Frankreich zugelassen.
Am 08.01.2007 verkehrte der erste Baustoffzug von Saint-Varent nach Gennevilliers im Auftrag von COLAS. Für die Betriebsdurchführung hatte SECO-RAIL insgesamt 24 G 1206 bei Vossloh geordert, die den aktuellen Fahrzeugbestand aus ex DB V 100 und ex SNCF-Fahrzeugen ergänzen. Im Gegensatz zu den nur als Baufahrzeugen zugelassenen V 100 können

COLAS RAIL / CFR

die G 1206 auch im Streckendienst eingesetzt werden. Ab 2008 erfolgte zudem die Auslieferung von G 1000 BB an COLAS RAIL.
COLAS ist auch in Großbritannien aktiv, wo man über die Holding Colas Rail Ltd. u. a. am 31.05.2007 die AMEC SPIE Rail Ltd. erworben hat. AMEC Rail war während der Privatisierung der British Rail (BR) entstanden und hatte ursprünglich einen Fokus auf Südengland. 1999 wurde ein Joint-Venture zwischen AMEC und SPIE (AMEC SPIE Rail Systems Ltd) gegründet. Im Jahre 2001 wurde SPIE von AMEC gekauft und die AMEC SPIE Rail Ltd. gegründet. Im Rahmen der Zugehörigkeit zur COLAS-Gruppe wurde AMEC SPIE Rail in Colas Rail Ltd. umbenannt. Als Teil der Konsolidierung wurde eine Verschmelzung der SECO Rail Ltd. auf die Colas Rail Limited vollzogen. Mit der Verschmelzung der SECO-RAIL SA auf die am 03.10.2000 gegründete Mutter COLAS RAIL SA per 31.01.2008 wurde auch in Frankreich die Firmenstruktur vereinfacht.
Gemäß Unterlagen der Aufsichtsbehörde Établissement public de sécurité ferroviaire (EPSF) erbrachte das Unternehmen im Jahr 2009 mit 26 Lokomotiven und 67 Mitarbeitern 1,197 Mio. tkm in Frankreich.
Am 19.07.2011 übernahm COLAS RAIL die Eisenbahnwerkstatt Ateliers des Flandres SAS (ADF) mit Sitz in Hazebrouck westlich von Lille.

Verkehre
* AZ-Verkehr in Frankreich und BeNeLux
* Baustofftransporte La Patte (Lafarge Granulat Rhône Bourgogne S.A.S.) – Aubagne / Sète; Spotverkehre seit Dezember 2013
* Quarzsandtransporte Thédirac-Peyrilles – Rodez / Puy-Imbert; im Auftrag der Groupe DAM
* Sandtransporte Maisse – Recquignies; 3 x pro Woche im Auftrag der AGC France SAS
* Sandtransporte Neuilly St Front – Recquignies; 2 x pro Woche im Auftrag der AGC France SAS
* Sandtransporte Thédirac-Peyrilles (Imerys France) – Issoire (Laroche Bétons); 1 x pro Woche seit 01.01.2013
* Schottertransporte Anor – Region Paris / Santes; 3 x pro Tag seit März 2007
* Schottertransporte Saint-Varent – Blanquefort; Spotverkehre seit 24.07.2008
* Schottertransporte zu verschiedenen Destinationen in Frankreich; v.a. ausgehend vom Steinbruch in Saint-Varent seit 08.01.2007 meist in die Region Paris (Valenton; Brétigny-sur-Orge)
* Rangierdienst im Containerterminal Rennes (Groupe Brangeon); Lokgestellung
* Rangierverkehr in Poissy (PSA)
* Getreidetransporte Montargis – Tergnier (Übergabe an On Site Rail France SARL (OSR France)); Spotverkehr seit 201x
* Pkw-Transporte (Dacia Duster) Mioveni [RO] – Survilliers-Fosses; 1 x pro Woche seit Januar 2015 im Auftrag der Gefco România S.R.L.; Traktion ab Forbach (Übernahme von HSL Logistik GmbH)
* Pkw-Transporte Achères (Hub) – Le Havre; seit 11.12.2011 im Auftrag von GEFCO
* Pkw-Transporte Achères (Hub) – Nantes; seit 11.12.2011 im Auftrag von GEFCO
* Pkw-Transporte Achères (Hub) – Survilliers; seit 11.12.2011 im Auftrag von GEFCO
* Pkw-Transporte Poissy (Peugeot) – Achères (Hub); seit 11.12.2011 im Auftrag von GEFCO
* Pkw-Transporte Poissy (Peugeot) – Calais; sporadisch seit 11.12.2011 im Auftrag von GEFCO
* Pkw-Transporte Rennes (Citroën) – Achères (Hub); seit 11.12.2011 im Auftrag von GEFCO
* Rangierdienst in Achères; seit 11.12.2011 im Auftrag von GEFCO
* Natriumcarbonattransporte Dombasle-sur-Meurthe – Recquignies; im Auftrag von AGC France
* KV-Transporte: Lizenzgestellung für CombiWest SAS (Le Mans – Vénissieux (Lyon); Rennes – Vénissieux; Château Gontier – Le Mans; Morlaix – Rennes)

COMPAGNIE FERROVIAIRE REGIONALE

Compagnie ferroviaire régionale SAS (CFR)

80 Avenue Louis Coudant
FR-58340 Cercy-la-Tour
Telefon: +33 3 86309300
contact@cfr-bfc.com
www.cfr-bfc.com

Management
* Eric Debrauwere (Präsident)

Gesellschafter
Stammkapital 1.000.000,00 EUR
* RégioRail NV (60 %)
* Lafarge (15 %)
* Eiffage (15 %)
* Cassier (10 %)

Lizenzen
* FR: Sicherheitszertifikat, Teil A+B (GV); gültig vom 21.07.2010 bis 21.07.2015

Infrastruktur
* Cercy-la-Tour – Corbigny (Eigentum SNCF Réseau)

CFR / CFSF

Unternehmensgeschichte
Die am 09.02.2010 gegründete Compagnie ferroviaire régionale SAS (CFR) hat im Juli 2010 das Sicherheitszertifikat für Güterzugleistungen im Gebiet Morvan erhalten und nahm am 19.11.2010 den Zugbetrieb auf. Sie ist das zweite regionale Bahnunternehmen (opérateur ferroviaire de proximité - OFP) mit einer solchen Zulassung in Frankreich.
Das Unternehmen bedient vor allem die Strecke Cercy-la-Tour – Corbigny im Département Nièvre im Güterverkehr. Im September 2010 wurde das Sicherheitszertifikat um Strecken im Raum Dijon erweitert.
Zum 12.12.2012 wurde die Gesellschafterstruktur verändert - neuer Mehrheitseigentümer ist das joint venture Regiorail NV, das sich wiederum in paritätischen Anteilen der US-amerikanischen RDC – Railroad Development Corporation sowie des belgischen Logistikers Eurorail befindet.

Verkehre
* Bedienung der Steinbrüche in Epiry, La Vauvelle, Moulin Neuf; Spotverkehre seit 19.11.2010
* Gütertransporte als Spotverkehr in Kooperation mit Euro Cargo Rauil SAS (ECR), Fret SNCF, Colas Rail SA, BLS Cargo AG
* Baustofftransporte Cercy-la-Tour – Region Paris; Spotverkehre; Traktion bis Nevers seit März 2014 im Auftrag der Euro Cargo Rail SAS (ECR) für Holcim
* Baustofftransporte; Traktion bis Saincaize (Wagentausch mit ECR); seit 2014 im Auftrag der Euro Cargo Rail SAS (ECR) für Holcim
* Getreidetransporte Arzembuy – La Rochelle; Spotverkehre; Traktion bis Nevers seit 2014 im Auftrag der Euro Cargo Rail SAS (ECR)

Compagnie Ferroviaire Sud France (CFSF) SAS 🅿️🅘

40 Rue Clement Roassal
FR-60000 Nice

Chemins de Fer de Provence (CP)
4 bis rue Alfred Binet
FR-06000 Nice
Telefon: +33 4 97038080
Telefax: +33 4 97038081
www.trainprovence.com

Werkstatt
Chemin de la Glacière
FR-06200 Nice-Lingostière

Management
* Gerard Couturier (Geschäftsführer)

Gesellschafter
Stammkapital 37.000,00 EUR

Infrastruktur
* Nice – Digne-les-Bains (151 km, Spurweite 1.000 mm); Eigentum: PACA

Unternehmensgeschichte
Die am 22.12.2004 gegründete Compagnie Ferroviaire Sud France SAS (CFSF) war eine Tochtergesellschaft der Veolia Transport- / TransdevSparte CFTA und erbringt den Verkehr auf der Strecke Nice – Digne-les-Bains. Eine Gesellschaft mit annähernd gleichem Namen, aber dem Kürzel „SF" hatte die Linie bereits von 1888 bis 1925 betrieben.
CFTA ist seit 1974 Betreiber der Chemins de Fer de Provence (CP), der aktuelle Achtjahresvertrag ist seit 01.07.2005 gültig. Auftraggeber war vom 01.07.2005 bis 31.12.2006 die SYMA, Syndicat Mixte Méditerranée-Alpes, unter deren Regie der CFTA-Schmalspurbetrieb in die eigene Gesellschaft ausgegliedert wurde.
Seit 01.01.2007 ist die Region PACA (Provence-Alpes-Côte d'Azur) wieder Eisenbahninfrastrukturunternehmen der Schmalspurbahn, deren Gleisanlagen sich schon immer in Staatshand befunden haben.
Die CP konnte in den vergangenen Jahren verzeichnen:
* 2007: 1,61 Mio. EUR Umsatz, 469.000 Fahrgäste
* 2008: 1,67 Mio. EUR Umsatz, 469.000 Fahrgäste
* 2009: 1,41 Mio. EUR Umsatz, 402.745 Fahrgäste
* 2010: 1,25 Mio. EUR Umsatz, 377.324 Fahrgäste
* 2011: 1,22 Mio. EUR Umsatz, 257.325 Fahrgäste

Die 1975 eröffnete Werkstatt der CFSF/CP befindet sich in Nice-Lingostière. Weitere Depots finden sich in Nice, Digne-les-Bains und Puget-Théniers.
2011 hatte das Unternehmen 140 Mitarbeiter.
Nach der Entgleisung eines Zuges, der am 08.02.2014 während der Fahrt von einem herabstürzenden 20-Tonnen-Felsen getroffen wurde, ist der Abschnitt zwischen Puget-Théniers und Thorame noch immer gesperrt und kein Termin für eine Wiedereröffnung bekannt.
Als Ersatz für die abzustellenden Triebwagen X301 bis 306 hat das Unternehmen 2015 sechs zweiteilige Dieseltriebwagen des Betreibers SFM auf Mallorca erworben.

Verkehre
* Personenverkehr „Chemin de fer de Provence" Nice CP – Digne-les-Bains
* Dampfsonderzüge Puget-Théniers – Annot in den Sommermonaten

e-Génie / ETF SERVICES

e-Génie SAS G

1270 Avenue des Terres Noires
FR-81370 Saint-Sulpice
Telefon: +33 5 63419011
Telefax: +33 5 63401185
contact@egenie81.fr
www.egenie81.fr

Management
* Jean-Philippe Lacoste (Präsident)
* Thierry Baudot (Geschäftsführer)

Gesellschafter
Stammkapital 70.770,00 EUR
* TSO SAS (100 %)

Beteiligungen
* agenia S.à.r.l. (100 %)

Lizenzen
* FR: EVU-Zulassung (GV); gültig seit 07.06.2013
* FR: Sicherheitszertifikat, Teil A und B (GV); gültig vom 18.07.2012 bis 18.07.2017

Unternehmensgeschichte
Die am 31.01.2002 gegründete e-Génie SAS ist im Bauzugverkehr sowie der Güterbeförderung in den Midi-Pyrénées tätig. Unternehmenssitz ist Saint-Sulpice nordöstlich von Toulouse. Seit Juli 2012 verfügt e-Génie über ein Sicherheitszertifikat für das französische Gleisnetz.
Im Dezember 2011 hatte das Unternehmen 45 Mitarbeiter.
2009/2010 wurden drei ex DB V 100 sowie zwei fabrikneue BB 60000 beschafft.
Am 20.05.2014 gab das Gleisbauunternehmen TSO die Übernahme von e-Génie bekannt.

Verkehre
* AZ-Verkehr

ETF SERVICES SAS G

267 Chaussee Jules Cesar
FR-95250 Beauchamp
Telefon: +33 1 3040-5900
contact@etf.fr
www.etf.fr

Management
* Franck Guelmi (Präsident)
* Jean Baptiste Tailleux (Direktor)

Gesellschafter
Stammkapital 50.024,00 EUR
* EUROVIA S.A. (100 %)

Lizenzen
* FR: EVU-Zulassung (GV); gültig seit 08.04.2011
* FR: Sicherheitszertifikat Teil A+B (GV); gültig vom 27.06.2011 bis 27.06.2016

Unternehmensgeschichte
Européenne de travaux ferroviaires SA (ETF) wurde am 24.10.1995 als ein Zusammenschluss der Gleisbauunternehmen Cogifer TF und Spie-Drouard gegründet, die beide 50 % an der neuen Gesellschaft hielten. Ab 01.01.2000 wurden alle Aktivitäten der Cogifer TF im Bereich der SNCF in der ETF gebündelt, um ein Gegengewicht gegen die beiden größten Gleisbaufirmen, der damaligen SECO (heute: Colas Rail) und Travaux Du Sud Ouest (TSO), bilden zu können.
Seit 30.09.2002 gehörte Cogifer TF zum Vossloh-Konzern, aus der Drouard-Mutter Spie Batignolles wurde 2003 vollständig an AMEC plc. verkauft, die wiederum im Februar 2007 den Bereich AMEC SPIE Rail an den französischen Baukonzern Colas übereignete.
Im Mai 2007 unterzeichnete der bisherige 50 %-Gesellschafter der ETF, Vossloh Infrastructure Service SA (VIS), mit der Colas SA ein verbindliches Memorandum of Understanding über den vollständigen Erwerb der ETF-Gruppe, der mit Wirkung vom 01.07.2007 vollzogen wurde.
Nach dem vollständigen Verkauf an Eurovia am 19.09.2008 firmierte man seit 28.07.2010 als ETF - Eurovia Travaux Ferroviaires SA. Zum 03.01.2013 wurde diese Gesellschaft mit Sitz in Paris auf die neu geschaffene ETF SAS mit Sitz in Beauchamp verschmolzen.
Als EVU der Gruppe wurde 2011 die am 15.10.2004 in das Handelsregister eingetragene ETF Services SAS zugelassen, die somit die Lizenz der ETF übernahm. Nach Erteilung des Sicherheitszertifikat per 27.06.2011 wurde dieses am 05.07.2011 erstmals genutzt. Seit Ende 2013 werden neben gleisbauaffinen Leistungen auch erstmals Langstreckengüterverkehre erbracht, für die das Unternehmen auch auf E-Loks Zugriff hat. Im April 2014 wurde zudem begonnen, die zuvor alleinig von Fret SNCF gefahrenen Baustoffzüge auch in eigener Traktion abzuwickeln.
ETF unterhält eine Werkstatt in Beauchamp (Tochterunternehmen SATEMO VF ste auxiliaire trv et entretien de matériel et d´outillages de voies ferrees).

Verkehre
* AZ-Verkehr
* Baustofftransporte zu Gleisbaustellen
* Gütertransporte (KV-Transporte für T3M und Papiertransporte für Eurorail) Champigneulles – Fos; 5 x pro Woche seit Dezember 2014

ETF SERVICES / ETMF / ECR

* KV-Transporte Nancy Champigneulles – Marseille Fos; 5 x pro Woche seit Dezember 2014 im Auftrag der T3M S.A.
* Zinktransporte Pont-de-la-Deûle (Umicore) – Viviez-Décazeville und Gegenrichtung; 1 x pro Woche seit 2015 im Auftrag von Logways SAS

ETMF SAS 🇫

15 Rue Jean Cocteau Zac De Montvrain li 15 17
FR-91540 Mennecy

Management
* Thierry Torti (Geschäftsführer)

Gesellschafter
Stammkapital 50.000,00 EUR
* Thierry Torti (60 %)
* HD3 SAS (30 %)

Lizenzen
* FR: Sicherheitszertifikat, Teil A+B (GV); gültig vom 13.08.2012 bis 13.08.2017

Unternehmensgeschichte
Die am 03.05.2010 gegründete ETMF SAS übernimmt den Transport von Gleisbaustoffen und -fahrzeugen Frankreich. Das Firmenkürzel steht dabei für Entreprise de Transport de Matériel Ferroviaire [Gesellschaft für den Transport von Gleisbaumaterial]. Das Unternehmen steht im Eigentum des Geschäftsführers sowie der Holdinggesellschaft HD3 und ist mit dem Unternehmen Transalp Renouvellement (TR) verbunden.
Seit August 2012 verfügt ETMF über eine Zulassung für den Gütertransport, erste Loks wurden im Spätherbst 2012 angemietet.

Verkehre
* AZ-Verkehr

Euro Cargo Rail SAS (ECR) 🇫

11, rue de Cambrai - Bât. 028
FR-75945 Paris Cedex 19
Telefon: +33 9 77400000
Telefax: +33 9 77400200
info@eurocargorail.com
www.eurocargorail.com

Werkstatt / Axiom Rail SASU
Route du Manoir
FR-27460 Alizay
Telefon: +33 2 35668619
www.axiomrail.com

Management
* Alain Thauvette (Präsident)

Gesellschafter
Stammkapital 3.399.222,00 EUR
* DB France Holding SAS (100 %)

Beteiligungen
* OFP Atlantique SAS (24,9 %)

Lizenzen
* BE: Sicherheitszertifikat Teil B (GV); gültig vom 01.09.2013 bis 31.08.2016
* FR: EVU-Zulassung (GV) seit 20.08.2006
* FR: EVU-Zulassung (PV) seit 06.11.2011
* FR: EVU-Zulassung (PV) seit 06.11.2011
* FR: Sicherheitszertifikat, Teil A+B (PV) seit 11.01.2012, gültig bis 30.09.2015
* FR: Sicherheitszertifikat; Teil A+B (GV); gültig vom 30.09.2010 bis 30.09.2015

Unternehmensgeschichte
Euro Cargo Rail ist die am 16.02.2005 gegründete französische Tochtergesellschaft der britischen Güterverkehrsgesellschaft EWS. Am 30.09.2005 erhielt die Muttergesellschaft der ECR, EWS International, vom französischen Verkehrsministerium als dritte Bahngesellschaft ein Sicherheitszertifikat.
ECR konnte Ende 2005 die ersten beiden eigenen Lokomotiven des Typs G 1206 übernehmen, weitere Loks aus dem Hause Vossloh Locomotives folgten. Den Grundstock des ECR-Triebfahrzeugparkes bilden aber Lokomotiven des Typs JT42CWR („class 66") der Muttergesellschaft, die für Einsätze in Frankreich modifiziert wurden. Die Wartung der Lokomotiven erfolgt im EWS-Depot Dollands Moor am britischen Ende des Kanaltunnels, den die

ECR

Maschinen bei Bedarf im Schlepp von E-Loks durchqueren.
Am 20.12.2005 beförderte ECR die ersten regulären Zugleistungen in Form zweier Ganzzüge mit Schüttgut von Caffiers [FR] nach Sevington [UK]. Beide Züge wurden durch G 1206 von den Verladebahnhöfen bis Calais-Frethun am südlichen Ende des Kanaltunnels befördert und dort von EWS-E-Loks übernommen.
Als Folgeauftrag wurde ab Mai 2006 für den Zeitraum von insgesamt sechs Wochen im Auftrag von Carrières du Boulonnais Schotter vom Werk in Caffiers zu verschiedenen Entladebahnhöfen in der Haute-Normandie und in der Picardie gefahren.
Im Auftrag des Tiernahrungsproduzenten Le Gouessant fährt ECR seit 17.06.2006 zudem von verschiedenen Verladebahnhöfen in Mittelfrankreich zum Werk St-Gérand.
Anfang 2008 wickelte ECR täglich ca. 40 Züge ab und war damit der größte Betreiber in Frankreich neben Fret SNCF. Einsatzstellen finden sich in Calais, Rouen, Tours, Chalôns-en-Champagne, Bourg-en-Bresse, Miramas und Toulouse. Aufgrund starken Loküberhanges akquirierte ECR v.a. Geschäfte über den Preis. Eine Werkstatt weihte ECR am 02.06.2008 in einer ehemaligen Waggonwerkstatt in Alizay ein. Diese wird heute von der Schwestergesellschft Axiom Rail SASU betrieben.
Der Verkauf der ECR-Mutter EWS an die Deutsche Bahn AG hatte großen Einfluss auf das Marktverhalten der Fret SNCF, die daraufhin den Markteintritt in Deutschland forcierten und 2008 Mehrheitsgesellschafter der ITL wurden.
Kenndaten:
* 2008: Marktanteil 5,3 %; 61 Mio. EUR Umsatz; 350 Mitarbeiter
* 2009: 89 Mio. EUR Umsatz; 119 Lokomotiven; 752 Mitarbeiter
* 2010: 110 Mio. EUR Umsatz
* 2012: 17 % Makrtanteil; 183 Mio. EUR Umsatz, 5,4 Mrd. tkm; 199 Lokomotiven; 2000 Güterwagen; 958 Mitarbeiter

Im September 2011 wurde bekannt, dass die drei Unternehmen Euro Cargo Rail SAS (ECR), Europorte France SAS (EPF) sowie COLAS RAIL SA Ende 2011 den kompletten innerfranzösischen Verkehr der PSA-Tochter GEFCO übernehmen sollen. GEFCO war mit dem bisherigen Betreiber Fret SNCF nicht zufrieden, die Staatsbahn verliert einen seiner Top-5-Güterkunden.
Die im Januar 2012 an ECR ausgestellte Sicherheitsbescheinigung für die Hochgeschwindigkeitsstrecken (LGV) zwischen Paris und Straßburg (LGV Est) sowie zwischen Paris, London und Brüssel (LGV Nord) Personenverkehr wird aktuell noch nicht genutzt.
2013 lief das Sicherheitszertifikat der ECR für Belgien aus und wurde nicht mehr verlängert. Stattdessen nutzt man nun die Lizenzierung der DB Schenker Rail Nederland N.V. Die Züge nach Zeebrugge werden dabei mit Personal der Crossrail Benelux NV besetzt.

Verkehre
* Aluminiumtransporte Gardanne (Alteo) – Caudiès de Fenouillèdes (Imerys Ceramics France); 1 x pro Woche seit Dezember 2013 Traktion bis Miramas (Übergabe an RégioRail LR) in bestehenden Zügen im Auftrag von der RégioRail Languedoc Roussillon SAS
* Autoteiletransporte Chivasso [IT] – Valldolid [ES]; seit 09.03.2007 im Auftrag von Fiat; ECR-Traktion zwischen Ventimiglia [IT] und Hendaye; Kooperation mit Trenitalia und Renfe
* Baustofftransporte Caffiers – u.a. Gaillon / Gravenchon Port Jérôme / Longueil-Sainte-Marie; seit Mai 2006 im Auftrag der Carrières de Boulonnais (CB); aktuell 4 x pro Tag
* Baustofftransporte Cercy-la-Tour – Region Paris; Spotverkehre für Holcim seit März 2014; Traktion bis Nevers untervergeben an Compagnie ferroviaire régionale SAS (CFR)
* Baustofftransporte Glageon – Paris (fünf Entladeterminals, u.a. Massy Palaiseau, Ris Orangis, Estrees St. Denis); seit Februar 2010
* Baustofftransporte La Meilleraie – Bassens / Mitry-Mory; seit 2011 im Auftrag der Carrières Kleber Moreau SA
* Baustofftransporte La Vauvelle – Villenoy; 1 x pro Woche im Auftrag der Eiffage
* Baustofftransporte Marquise-Rinxent – Region Paris; 1 x pro Tag im Auftrag der Carrière de la Vallée Heureuse
* Baustofftransporte Vignats – Motteville / Elbeuf / Gaillon; seit Januar 2007 im Auftrag der Carrières de Vignats
* Baustofftransporte Voutré – Le Mans; täglich im Auftrag von Basaltes
* Bauxittransporte Fos-sur-Mer (Terminal Minéralier) – Gardanne (Rio Tinto Alcan); mehrfach pro Tag (z.T. ab Miramas) seit September 2009
* Chemietransporte Bantzenheim – Niederlande; Traktion bis Forbach im Auftrag der DSM und Invista Rhodia
* Getreidetransporte Arrou – St. Nazaire; Spotverkehr im Auftrag von Axéreal
* Getreidetransporte Blois – Rouen; seit Mai 2007 im Auftrag von Sanders
* Getreidetransporte Nerondes – Dunkerque; im Auftrag von Axereal
* Getreidetransporte von ca. 80 Verladebahnhöfen in Mittelfrankreich nach Pontivy-Saint-Gérand sowie Lamballe; seit 17.06.2006 im Auftrag des Tiernahrungsproduzenten Le Gouessant
* Gipstransporte (palettiert) La Mothe-Achard – Rognac; 1 x pro Woche sdeit 07.10.2011 im Auftrag von Produits de Revêtement du Bâtiment (P.R.B.) SA
* Gipstransporte Laragne – Chambéry; 3 x pro Woche seit Juni 2008 im Auftrag der Placo de Lazer
* Gütertransporte (Elektrolux-Geräte) Italien – Survilliers / Le Havre; 2 x pro Woche seit 01.03.2008 Traktion ab Basel; in Kooperation mit Trenitalia und BLS Cargo AG

ECR

- Gütertransporte (Whirlpool) Gallerate [IT] – Amiens; seit 15.05.2008 Traktion ab Basel; in Kooperation mit Trenitalia und BLS Cargo AG
- Gütertransporte Creuzwald – Le Havre; 4 x pro Woche seit 2013
- Gütertransporte Mulhouse (Peugeot) – Gevrey (Hub); seit 11.12.2011 im Auftrag von GEFCO
- Gütertransporte Sochaux (Peugeot) – Gevrey (Hub); seit 11.12.2011 im Auftrag von GEFCO
- Holztransporte Langeac – Tarascon; 2 x pro Woche seit Januar 2008
- KV-Transporte Antwerpen [BE] / Ronet [BE] – Madrid / Barcelona [ES]; Traktion in Frankreich und Spanien
- KV-Transporte Candiolo [IT] – Le Boulou; 4 x pro Woche im Auftrag von Ambrogio seit Dezember 2010; Traktion in Frankreich; Traktion ab Toulouse vergeben an RégioRail Languedoc Roussillon SAS
- KV-Transporte Candiolo [IT] – Mouguerre; 4 x pro Woche im Auftrag von Ambrogio seit Dezember 2010; Traktion in Frankreich
- KV-Transporte Deutschland – Spanien; Traktion in Frankreich und Spanien im Auftrag der Kombiverkehr Deutsche Gesellschaft für kombinierten Güterverkehr GmbH & Co. KG
- KV-Transporte Italien – Biarritz; 1 x pro Woche seit 02.06.2008; 2 x pro Woche seit September 2008
- KV-Transporte Lille – Valenton – Toulouse Saint-Jory; 5 x pro Woche im Auftrag der T3M S.A.
- KV-Transporte Novara [IT] – Daventry [UK]; Traktion in Frankreich im Auftrag von Diageo
- KV-Transporte Valencia [ES] – Dagenham [UK]; Traktion in Spanien und Frankreich im Auftrag von Stobart; inzwischen 4 x pro Woche und gemeinschaftlich mit Verkehren für Ford
- KV-Transporte Valenton – Bordeaux; 5 x pro Woche im Auftrag der T3M S.A.
- KV-Transporte Valenton – Marseille-Canet; 5 x pro Woche seit Juni 2010 im Auftrag der T3M S.A.
- KV-Transporte Valenton – Mouscron [BE]; geplant ab 2015 im Auftrag von T3M
- KV-Transporte Valenton – Novara CIM; 5 x pro Woche seit Dezember 2014 im Auftrag der T3M S. A. in Kooperation mit Trenitalia
- Kalkstein- und Dolomittransporte Caffiers – Dunkerque; im Auftrag von LHOIST
- Mineralwassertransporte (Vittel / Contrexéville) – Antwerpen [BE]; seit März 2010 im Auftrag von Nestlé Waters
- Mineralwassertransporte (Vittel / Contrexéville) – Orange; im Auftrag von Nestlé Waters
- Mineralwassertransporte (Vittel / Contrexéville) – Rennes; im Auftrag von Nestlé Waters
- Mineralwassertransporte (Vittel / Contrexéville) – Schaerbeck [BE]; seit März 2010 im Auftrag von Nestlé Waters
- Mineralwassertransporte (Volvic) Riom – Hockenheim [DE]; seit September 2008 Traktion bis Forbach im Auftrag der DB Schenker; seit 2009 durchgehender Lokeinsatz
- Mineralwassertransporte Amphion – Montluel; 5 x pro Woche seit Mai 2007 im Auftrag von Danone (Evian- und Volvic-Wasser)
- Mineralwassertransporte Dijon [FR] – Antwerpen / Brüssel; bis zu 5 x pro Woche (saisonabhängig) seit 12.12.2010
- Mineralwassertransporte Evian – Calais Fréthun (– Neasden); seit 10.12.2006 im Auftrag von Danone (Evian- und Volvic-Wasser); Aufnahme von Wagengruppen aus Riom in Bourg-en-Bresse
- Mineralwassertransporte Evian – Daventry; 12 x pro Woche im Auftrag von Danone (Evian- und Volvic-Wasser)
- Nutzfahrzeug-Transporte (VW) Deutschland – Spanien; Traktion in Frankreich und Spanien
- Pkw-Transporte (Fiat) Torino [IT] – St. Priest; 5 x pro Woche seit 09.01.2008 Traktion in Frankreich im Auftrag der SITFA; in Kooperation mit der BLS Cargo AG
- Pkw-Transporte Baunatal (Volkswagen AG) [DE] – Villers-Cotterêts; Traktion ab Saarbrücken [DE]
- Pkw-Transporte Gevrey (Hub) – Deutschland und weitere Länder; Traktion bis Forbach [DE] seit 11.12.2011 im Auftrag von GEFCO
- Pkw-Transporte Gevrey – Achères (und Gegenrichtung); 10 x pro Woche seit 11.12.2011 im Auftrag von GEFCO
- Pkw-Transporte Gevrey – Parma [IT]; 4 x pro Woche Traktion bis Modane seit 11.12.2011 im Auftrag von GEFCO
- Pkw-Transporte Kolín [CZ] / Trnava [SK] – Gevrey (Hub); 2 x pro Woche Traktion ab Forbach [DE] seit 11.12.2011 im Auftrag von GEFCO; fallweise Pkw auch nach Mulhouse zur Komplettierung
- Pkw-Transporte Mulhouse (Peugeot) – Calais; seit 11.12.2011 im Auftrag von GEFCO
- Pkw-Transporte Sochaux (Peugeot) – Calais; seit 11.12.2011 im Auftrag von GEFCO
- Rangierdienst in Gevrey; seit 11.12.2011 im Auftrag von GEFCO
- Rohrtransporte Rouen – Saint-Saulve; im Auftrag von Vallourec
- Rohrtransporte Saint-Saulve – Berlaimont; im Auftrag von Vallourec
- Sandtransporte Maisse – Sarreguemines; 2 x pro Woche im Auftrag der AGC France SAS
- Sandtransporte Malesherbes – St. Romain le Puy; seit Januar 2007 im Auftrag von St. Gobain
- Stahlcoiltransporte Port Talbot [GB] – Maubeuge; 3 x pro Woche Traktion auf dem französischen Streckenabschnitt
- Stahltransporte Scunthorpe [GB] – Ébange; 5 x pro Woche Traktion auf dem französischen Streckenabschnitt
- Tierfuttertransporte Bad Salzdetfurth [DE] – Boigny-sur-Bionne; 1 x pro Woche Traktion ab Saarbrücken Rbf (Übernahme von DB Schenker Rail Deutschland) [DE] im Auftrag von Mars Logistics
- Tontransporte Lavaufranche – Modena [IT]; Traktion in Frankreich im Auftrag von Imérys

ECR / EPC / EPF

* Zellstofftransporte La Pallice – Vienne / Grenoble; Spotverkehr seit Juni 2008

Europorte Channel SAS (EPC)

60 bd de Turin
FR-59777 Lille

Bâtiment C6
FR-62904 Coquelles
Telefon: +33 3 21006000
Telefax: +33 3 21004216
info@europorte.com
www.europorte.com

Management
* Pascal Georges Armand Sainson (Präsident)

Gesellschafter
Stammkapital 2.000.000,00 EUR
* Europorte SAS (100 %)

Lizenzen
* CT: Sicherheitszertifikat, Teil B (PV); gültig vom 01.04.2011 bis 29.10.2015
* FR: EVU-Zulassung (GV) seit 13.02.2006
* FR: Sicherheitszertifikat, Teil A+B (GV), gültig vom 29.10.2010 bis 29.10.2015

Unternehmensgeschichte
Die am 12.11.2003 als Europorte 2 SAS gegründete und Ende 2009 in Europorte Channel SAS umbenannte Gesellschaft ist die Frachtsparte der Groupe Eurotunnel SA. Nach erheblicher finanzieller Schieflage der damaligen Muttergesellschaft Eurotunnel SA verzögerte sich die Betriebsaufnahme der Frachtsparte um mehrere Jahre, da auch die Beschaffung von E-Loks des Typs PRIMA von Seiten der Banken gestoppt wurde. Bei der Präsentation der Jahresergebnisse 2005 / 2006 der Eurotunnel SA wurde eine Betriebsaufnahme Mitte 2007 angekündigt. Am 13.06.2007 unterzeichnete Europorte 2 eine Erklärung, nach der im Auftrag des Hafens von Dunkerque Zugleistungen erbracht werden sollen. U. a. handelt es sich dabei um einen Shuttle zum Delta 3-Terminal in Dourges. Zwischenzeitlich hatte das Unternehmen zuvor seit 2001 in Crewe abgestellte Loks der Class 92 aus Großbritannien erworben, die Anfang 2014 an die Schwester GB Railfreight weiterveräußert wurden. Die zwischen 1993 und 1996 gebaute Class 92 ist eine Zweisystemlok (750 V Stromschiene und 25.000 V/50 Hz Oberleitung). Die fünf 6.800 PS starken und 140 km/h schnellen Maschinen gehörten zu Eurostar UK und waren anfänglich für Nachtreisezüge zwischen dem Kontinent und Großbritannien vorgesehen, die jedoch nicht verwirklicht wurden. Am 26.11.2007 hat Europorte 2 die ersten Zugverbindungen aufgenommen. Seitdem werden Güterzüge der Fret SNCF, EWS und ECR zwischen Frethun und Dollands Moor [GB] bespannt.
Im September 2009 wurde bekannt, dass Europorte 2 den französischen Zweig der Veolia Cargo mit den Gesellschaften Socorail, Veolia Cargo France, Veolia Cargo Link und CFTA Cargo übernehmen will. Gleichzeitig wurden die Veolia Cargo-Aktivitäten außerhalb von Frankreich an die Fret SNCF veräußert.
Gemäß Unterlagen der Aufsichtsbehörde Établissement public de sécurité ferroviaire (EPSF) erbrachte das Unternehmen im Jahr 2009 mit sieben Lokomotiven und 20 Mitarbeitern 184.716 tkm in Frankreich. Im Jahr 2012 hat Europorte Channel über 400 Züge durch den Ärmelkanal bespannt.

Verkehre
* Gütertransporte Frethun – Dollands Moor [GB]; seit 26.11.2007 u.a. im Auftrag der Fret SNCF, EWS/ DB Schenker Rail UK und ECR

Europorte France SAS (EPF)

60 Boulevard de Turin
FR-59777 Lille
Telefon: +33 3 28365370
Telefax: +33 3 28365377
info@europorte.com
www.europorte.com

Management
* Pascal Georges Armand Sainson (Präsident)

Gesellschafter
Stammkapital 13.000.000,00 EUR
* Europorte SAS (100 %)

EPF

Lizenzen
- BE: Sicherheitszertifikat, Teil B (GV); gültig seit 13.07.2011
- FR: EVU-Zulassung (GV); gültig seit 02.03.2006
- FR: Sicherheitszertifikat, Teil A (GV), gültig vom 19.10.2011 bis 19.10.2016

Unternehmensgeschichte
Hinter Europorte France SAS (EPF) verbirgt sich die ehemalige Veolia Cargo France SAS (VCF). Die Umfirmierung erfolgte per 23.12.2009 nach dem Verkauf der französischen Aktivitäten der Veolia Cargo an die Groupe Eurotunnel.
Veolia Cargo France wurde per 31.05.2005 gegründet und übernahm die bis dato von der CFTA Cargo als französische Landesgesellschaft wahrgenommenen Verkehre im Jahr 2006.
Im September 2006 wurde zudem bekannt gegeben, dass CMA CGM, drittgrößter Containerreeder der Welt, und Veolia Environnement über ihre Tochterunternehmen Rail Link und Veolia Transport einen neuen Operator für Seecontainerverkehre gründen wollen.
Strategisches Unternehmensziel des Joint-Ventures ist nach Aussage der beiden Unternehmen eine merkliche Verbesserung des Verkehrsangebotes zwischen den wichtigsten Häfen und den zentraleuropäischen Wirtschaftsstandorten.
Für die betriebliche Umsetzung des Projektes wurden Anfang 2007 ein KV-Operator Rail Link Europe und ein EVU Veolia Cargo Link gegründet.
Gemäß Unterlagen der Aufsichtsbehörde Établissement public de sécurité ferroviaire (EPSF) erbrachte die Europorte France im Jahr 2009 mit 32 Lokomotiven und 172 Mitarbeitern 751,548 Mio. tkm in Frankreich. 2012 verfügte das Unternehmen über 76 Loks und 388 Mitarbeiter.
Das im Jahr 2011 erteilte Sicherheitszertifikat für Belgien wird seit 19.03.2012 auch aktiv genutzt.

Verkehre
- Ammoniaktransporte Bantzenheim – Le Havre; im Auftrag von Yara seit August 2014 In Kooperation mit OSR France
- Biodieseltransporte Salaise-sur-Sanne – Nogent-sur-Marne; im Auftrag der Saipol S.A.
- Getreidetransporte Dijon – Strasbourg Port du Rhin
- Getreidetransporte Frankreich – Bad Langensalza (Heyl-Mühle) [DE]; Spotverkehr; betriebliche Abwicklung in Deutschland ab Forbach durch Regiobahn Bitterfeld Berlin GmbH RBB); Traktion ab Neudietendorf [DE] vergeben an Erfurter Bahn GmbH (EB)
- Getreidetransporte diverse Ladestellen in der Bourgogne – Dijon Perrigny (Sammelpunkt) – Marseille (Port Tellines); Spotverkehr seit 05.07.2010 im Auftrag von Cérévia - Union Cooperatives Agricoles
- Getreidetransporte diverse Ladestellen – Fos; 4 x pro Woche im Auftrag von Cérévia - Union Cooperatives Agricoles
- Getreidetransporte von diversen Ladestellen in der Bourgogne – Dijon Perrigny (Sammelpunkt) – Italien; Spotverkehre im Auftrag von TMF; Übergabe in Modane an Trenitalia S.p.A.
- Glas-Leergut-Transporte Gironcourt – Obernai; 3-5 x pro Woche seit 03.07.2006 im Auftrag von O-I / BSN Glasspack
- Gütertransporte Lérouville – Lyon; 4 x pro Woche im Auftrag der Eurorail International NV/SA
- KV-Transporte Barking [UK] – Dourges; 5 x pro Woche seit November 2014 im Auftrag der Russel Group; Traktion Barking [UK] – Calais durch GB Railfreight Ltd. (GBRf)
- Kalktransporte Dugny-sur-Meuse (Carrières et Fours à Chaux de Dugny) / Sorcy-Saint-Martin / Rohdenhaus (Rheinkalk GmbH) [DE] – Völklingen (Saarstahl AG) [DE] / Dillingen/Saar (AG der Dillinger Hüttenwerke) [DE]; 1 x pro Woche seit Januar 2011; Transporte in Deutschland in Kooperation mit der Bayerische CargoBahn GmbH (BCB)
- Kalktransporte Sorcy / Dugny-sur-Meuse – Völklingen / Dillingen/Saar [DE]; seit 13.06.2005 im Auftrag LHOIST, BCB als Partner in Deutschland
- Kokstransporte Sète (Hafen) – Boussens (Lafarge)
- Malztransporte Vitry-le-François – Antwerpen Angola [BE]; 2-3 x pro Woche seit 04.08.2008 im Auftrag der Malteurop S.A. in Kooperation mit der Railtraxx BVBA in Belgien
- Mineralöltransporte Fos – Toulouse; Spotverkehr seit Januar 2013 im Auftrag von Esso
- Phosphorsäuretransporte Puurs [BE] – Saint-Clair-Les Roches; seit 11.12.2012 im Auftrag von Prayon
- Pkw-Transporte Batilly – Rognac / Quincieux / Flins; Spotverkehre seit September 2011 im Auftrag der Compagnie d'Affrètement et de Transport C.A.T. SA
- Pkw-Transporte Gevrey (Hub) – Ambérieu-en-Bugey; 5 x pro Woche seit 11.12.2011 im Auftrag von GEFCO
- Pkw-Transporte Gevrey (Hub) – Castelnau-d'Estrétefonds – Bassens; 3 x pro Woche seit 11.12.2011 im Auftrag von GEFCO
- Pkw-Transporte Gevrey (Hub) – Miramas – Fos / Marseille; 11 x pro Woche seit 11.12.2011 im Auftrag von GEFCO
- Rapssamentransporte diverse Ladestellen in Frankreich – Nogent-sur-Seine; seit Oktober 2008 im Auftrag der Saipol S.A.
- Rapsschrottransporte Nogent-sur-Seine – Pagny; seit Oktober 2008 im Auftrag der Saipol S.A.
- Rapsöltransporte Nogent-sur-Seine – Coudekerque-Branche; seit Oktober 2008 im Auftrag der Saipol S.A.

EPF / EPP

* Rundstahltransporte Duisburg-Huckingen (HKM Hüttenwerke Krupp Mannesmann GmbH) [DE] – Aulnoye Aymeries (Vallourec & Mannesmann Tubes); 5 x pro Woche seit 09.01.2009; betriebliche Abwicklung in Frankreich im Auftrag der TWE Bahnbetriebs GmbH
* Schottertransporte Lessines [BE] – La Baraque; Spotverkehr seit April 2009 im Auftrag der ETF-Eurovia Travaux Ferroviaires
* Schwefeltransporte Großkorbetha [DE] – Saint-Clair-Les Roches (Rhodia); 1 x pro Woche seit 16.06.2009 im Auftrag der TotalFinaElf S.A.; betriebliche Durchführung in Deutschland durch die Captrain Deutschland GmbH unter grenzüberschreitendem Einsatz einer E-Lok
* Transport von Regiolis-Triebwagen von Reichshoffen landesweit sowie Siemens-Fahrzeuge im Transit Deutschland – UK; seit 2014
* Weintransporte Trèbes – Prahecq; 1 x pro Woche seit 2008 im Auftrag der Amiel S.A.
* Zementschlacketransporte Bassens – Boussens inklusive Rangierdienstleistungen in den Werken; 3 x pro Woche seit 26.03.2007 im Auftrag der Lafarge-Ciments
* Zementschlacketransporte Fos – Boussens; im Auftrag der Lafarge-Ciments
* Zementtransporte Dunkerque Grande Synthe – Le Havre; 7 x pro Woche seit April 2007 im Auftrag der Lafarge-Ciments
* Zementtransporte Heidenheim [FR] – Arles; seit April 2011 im Auftrag der Schwenk Zement; Partner in Deutschland ist die DB Schenker Rail Deutschland AG
* Zementtransporte Obourg (Ciment d'Obourg) [BE] – Rouen Petit Couronne (Holcim); 1 x pro Woche seit September 2014 im Auftrag von Holcim Betons France
* Zementtransporte Xeuilley – Vaires; 2 x pro Woche seit März 2011 im Auftrag von Vicat

Europorte Proximité SAS (EPP)
G

60 Boulevard de Turin
FR-59777 Lille

Betriebsbüro
RN 568, Bât. Azur Plus 1
FR-13161 Châteauneuf les Martigues
Telefon: +33 4 42131352
Telefax: +33 4 42131370
info@europorte.com
www.europorte.com

Rue Louis Chauveau
FR-70100 Arc-les-Gray
Telefon: +33 3 84653301
Telefax: +33 3 84653352

Management
* Pascal Georges Armand Sainson (Präsident)

Gesellschafter
Stammkapital 1.006.999,50 EUR
* Europorte SAS (100 %)

Unternehmensgeschichte
Bei der heutigen Europorte Proximité SAS (EPP) handelt es sich um die ehemalige Gütertochter der Veolia Transport-Tochter CFTA, die im Dezember 2009 als Teil der Veolia Cargo-Gruppe an die Groupe Eurotunnel verkauft wurde.
Das regional tätige Unternehmen ist heute v.a. als Subunternehmer für Fret SNCF an einigen Standorten tätig. Die Strecken Villers-les-Pots – Gray und Gray – Autet werden heute jedoch nur noch durch CFTA unterhalten und die Verkehrsleistungen durch Fret SNCF erbracht. Im August 2006 verlor man die Güterleistungen in der Region Morvan an Fertis (heute VFLI) und somit den größten französischen Standort mit 45 Beschäftigen.
Seit Juni 2005 war die CFTA Cargo als erstes Güterverkehrsunternehmen neben Fret SNCF als Wettbewerber auf dem französischen Markt tätig. Die ersten Leistungen im „open access" umfassten grenzüberschreitende Leistungen Frankreich – Deutschland für die Muttergesellschaft Connex Cargo. 2006 wurden diese Transporte jedoch an die damalige CFTA-Schwester Veolia Cargo France abgegeben und CFTA Cargo / Europorte Proximité beschränkt sich seitdem wieder auf die Transporte als Subunternehmer der SNCF.
2008 erwirtschaftete die Gesellschaft mit 37 Mitarbeitern einen Umsatz von 3,11 Mio. EUR, musste aber gleichzeitig einen Verlust in Höhe von -340.000 EUR ausweisen. 2011 verbuchte EPP bei einem Umsatz von 5,33 Mio. EUR einen Verlust von 19.400 EUR.
Europorte Proximité betreibt umfangreiche Streckennetze rund um die Standorte Châtillon-sur-Seine (70 km) und Gray (80 km).
In Gray betreibt Europorte auch eine Lokwerkstatt für Disielloks.

EPP / Europorte / FER ALLIANCE

Verkehre
* Rangierdienst Port Édouard Herriot nahe Lyon; seit Januar 2009
* Rangierdienst im Hafen von Le Havre
* Rangierdienst im Hafen von Marseille

Europorte SAS

60 Boulevard de Turin
FR-59777 Lille
Telefon: +33 3 28365370
Telefax: +33 3 28365377
info@europorte.com
www.europorte.com

Management
* Pascal Georges Armand Sainson (Präsident)

Gesellschafter
Stammkapital 48.000.000,00 EUR
* Groupe Eurotunnel SE (100 %)

Beteiligungen
* Europorte Channel SAS (EPC) (100 %)
* Europorte France SAS (EPF) (100 %)
* Europorte Proximité SAS (EPP) (100 %)
* GB Railfreight Ltd. (GBRf) (100 %)
* SOCORAIL (100 %)
* Bourgogne Fret Service SAS (BFS) (67 %)

Unternehmensgeschichte
Europorte ist eine am 12.11.2003 in das französische Handelsregister eingetragene Güterbahn-Holding der Groupe Eurotunnel. Das Unternehmen übernahm per 30.09.2009 die französischen Aktivitäten der Veolia Cargo (Veolia Cargo France, Socorail) sowie per 01.06.2010 für 31 Mio. GBP FirstGBRf.
Als Tochterunternehmen sind heute vorhanden:
* Europorte Channel (EPC): ex Europorte 2; Betriebsgesellschaft für die Güterzüge durch den „Channel Tunnel" (siehe separaten Eintrag)
* Europorte France (EPF): ehemalige Veolia Cargo France; Güterverkehre in Frankreich und Belgien (siehe separaten Eintrag)
* Europorte Proximité (EPP): ex CFTA Cargo; Werkstatt in Gray (siehe separaten Eintrag)

* Socorail: Servicegesellschaft für Industriebetriebe, betreibt u.a. Rangierdienstleistungen
* GB Railfreight (GBRf): ex FirstGBRf; Güterverkehre in UK
* Europorte Services: 2010 gegründete Betreibergesellschaft für das 200 km lange Gleisnetz des Hafens Dunkerque; Betriebsaufnahme im Dezember 2010; per 21.03.2012 aufgelöst, aufgegangen in Socorail

Kennzahlen der Europorte-Gruppe:
* 1.172 Mitarbeiter (31.12.2011)
* 158 Mio. EUR Umsatz 2011
* Europorte France: 200 Züge / Woche
* GB Railfreight: 650 Züge / Woche

Lokbestand (12.01.2012):
* 42 Elektroloks: 18 Prima Alstom bei EPF, 8 class 92 bei GB Railfreight; 16 class 92 bei EPC
* 189 Dieselloks: 6 Euro4000 , 5 G 2000-3 BB, 12 G 1206, 11 G 1000 BB, 16 BB 4800 bei EPF und EPP; 46 class 66 und 4 class 08 bei GB Railfreight; 61 Rangierdieselloks und 17 Zweiwegefahrzeuge bei Socorail
* 970 Waggons: 200 Waggons bei Europorte France / Europorte Proximité; 770 Waggons GB Railfreight

Europorte verwaltet zudem die Hafeninfrastrukturen im Grand Port Maritime de Dunkerque, dem Grand Port Maritime de Nantes Saint-Nazaire, den Grands Ports Maritimes du Havre und de Rouen sowie den Häfen Paris und Bordeaux Atlantique sowie neu auch dem Port Autonome de Strasbourg.

FER ALLIANCE SAS

Technopole Coriolis
FR-71210 Torcy
Telefon: +33 385779300

Management
* Frédéric Charbon (Präsident)
* Philippe François (Geschäftsführer)

Gesellschafter
Stammkapital 50.000,00 EUR
* F2H
* Rave Transilog SAS

Lizenzen
* FR: Sicherheitszertifikat, Teil A+B (GV); gültig vom 23.09.2013 bis 23.09.2018

Unternehmensgeschichte
Die am 26.03.2012 in das Handelsregister eingetragene Gesellschaft FER ALLIANCE SAS ist der sechste Regionalbahnbetreiber (opérateur ferroviaire de proximité (OFP)) in Frankreich. Das Unternehmen ist ein Joint Venture der Holding F2H sowie des Logistikers Rave Transilog und

FER ALLIANCE / Ferovergne

will 2013 Güterverkehre in der Bourgogne aufnehmen:
* Dijon-Gevrey – Montchanin,
* Montchanin – Le Creusot – Etang – Autun,
* Montchanin – Montceau-les-Mines – Paray-le-Monial,
* Montchanin – Chagny – Châlon-sur-Saône – Mâcon.

Das Fahrzeugmaterial soll vom Vermieter Ferrotract beschafft werden, die Personalausbildung wird über die F2H-Tochter GTIF realisiert.
Für 2014 plant das Unternehmen 7.000 t Fracht und einen Umsatz von 0,5 Mio. EUR. Drei Triebfahrzeugführer sind in Ausbildung.

Ferovergne SAS G

Zone Industrielle de Felet
FR-63300 Thiers
francois.spalinger@gmail.com

Management
* François Combronde (Präsident)
* Fabien Combronde (Geschäftsführer)
* François Spalinger (Geschäftsführer)

Gesellschafter
Stammkapital 100.000,00 EUR
* sechs Lkw-Speditionen (34 %)
* groupe Combronde (30 %)
* Streubesitz (15 %)
* Verlader (11 %)
* SNCF Geodis (10 %)

Unternehmensgeschichte
Ferovergne SAS ist ein opérateur ferroviaire de proximité (OFP) und wurde am 30.09.2010 gegründet. Gesellschafter des Unternehmens sind u. a. sieben Lkw-Speditionen sowie Verlader und SNCF Geodis.
Ferovergne beförderte 2011 insgesamt 330.000 t und hatte elf Mitarbeiter. Die Traktion stellte SNCF Geodis.
Der Hafen Le Havre und Ferovergne haben am 06.06.2012 den neuen „Le Havre/Clermont-Ferrand express" aus der Taufe gehoben, der im Juli 2012 mit zwei wöchentlichen Umläufen zwischen dem Hafen und dem Gerzat-Terminal in Clermont-Ferrand startete. Die Traktion übernimmt Fret SNCF.

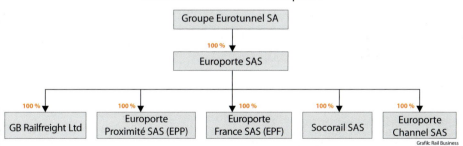

Unternehmensstruktur Europorte

Grafik: Rail Business

Fret SNCF

SNCF Direction Générale Déléguée Fret (Fret SNCF) G

24 rue Villeneuve
FR-92583 Clichy
Telefon: +33 1 8046-1700
communication.fret.sncf@sncf.fr
www.fret.sncf.com

Management
* Guillaume Pepy (Präsident SNCF Gruppe)
* Sylvie Charles (Direktorin Fret SNCF)

Gesellschafter
* République française [Republik Frankreich] (100 %)

Unternehmensgeschichte
Die zum 01.01.1999 bei der Aufteilung der der französischen Staatsbahn Société nationale des chemins de fer français (SNCF) entstandene Fret SNCF ist innerhalb der SNCF-Gruppe kein separates Tochterunternehmen, sondern eine Generaldirektion und heute nach der DB Schenker Rail die drittgrößte Güterbahn Europas. In Deutschland ist man die Nummer 2 (nach der DB) sowie in Italien die Nummer 3 (nach FS/Trenitalia und DB). Die Geschäftsentwicklung der Fret SNCF verlief bis in die jüngere Vergangenheit ungünstig, da mehrere Restrukturierungen zunächst nicht den erwünschten Erfolg brachten. So wurde noch 2011 bei einer Transportmenge von 62,6 Mio. t Fracht und einer Verkehrsleistung von 23,242 Mrd. tkm ein Verlust von 299 Mio. EUR eingefahren. Die Vorjahre gestalteten sich wie folgt:
* 2004: 46 Mrd. tkm, Verlust von 400 Mio. EUR
* 2006: Verlust von 260 Mio. EUR
* 2007: 40,6 Mrd. tkm, Verlust von 260 Mio. EUR
* 2008: Verlust von 350 Mio. EUR
* 2009: Verlust von 721 Mio. EUR

2005 wurde mit Zustimmung der Europäischen Kommission ein Rekapitalisierungsplan umgesetzt. Neben einem Kapitalnachschuss in Höhe von 800 Mio. EUR wurden auch 700 Mio. EUR konzerninterne Schulden erlassen. Im Gegenzug musste sich die SNCF verpflichten, die theoretisch bereits seit 1993 existierende Marktöffnung im Güterverkehr real zu vollziehen. Dies betraf die nationalen Verkehre ab 31.03.2005 sowie internationale Verbindungen zum 01.01.2007. Gleichzeitig wurde der SNCF auferlegt, der Frachtsparte innerhalb von zehn Jahren keine weiteren Subventionen zu zahlen. Die Fret SNCF wurde vom raschen Markteintritt der „new entrants" (damalige Veolia Cargo, ECR) überrascht, die schnell im Markt der Ganzzugverbindungen wachsen konnte. Bereits im November 2008 konnten die sieben zugelassenen Nicht-SNCF-Bahnen einen Anteil von 8,3 % erreichen, nachdem dieser im November des Vorjahres noch bei 4,8 % gelegen hatte.

Unter SNCF-Präsident Pepy wurde der Ausbau der Fret SNCF zum Logistikdienstleister forciert. So wurde u. a. die ITL-Gruppe mit Fokus auf Schienenverkehre in Deutschland, Benelux und Osteuropa mehrheitlich erworben und 2008 der Anteil an Geodis von 42 % auf 100 % erhöht. Geodis war als Speditionstochter der SNCF entstanden, wurde 1996 teilprivatisiert und ist heute der führende Logistikkonzern in Frankreich. Über das niedrigere Lohnniveau der Tochtergesellschaft VFLI Cargo wurde zudem versucht, Verkehre günstiger zu produzieren. Eine größere Verlagerung von Mitarbeitern scheiterte aber am Widerstand der Gewerkschaften.

Die starke Position von DB Schenker sowie deren enge Bindung an den Kooperationspartner B-Cargo haben in zahlreichen Verkehren zu einem Wechsel der Partner geführt. So ist der Markteintritt in Benelux mit der SNCF Fret Benelux (heute Captrain Benelux) vollzogen worden. In Grenzverkehren Frankreich-Deutschland arbeitet man im Wagenladungsverkehr jedoch weiterhin mangels Alternativen mit DB Schenker Rail zusammen.
Am 28.05.2009 haben die Präsidenten der SNCF und der russischen RŽD eine engere Zusammenarbeit vereinbart. Zum 01.12.2009 übernahm die SNCF alle Aktivitäten der Veolia Cargo außerhalb von Frankreich, die seit Anfang 2010 als Captrain firmieren. Die französischen Veolia Cargo-Gesellschaften wurden durch den SNCF-Konkurrenten Europorte erworben.

Groupe Eurotunnel

Groupe Eurotunnel SE P G I

3, rue La Boétie
FR-75008 Paris
Telefon: +33 1 40 98 04 67
CommunicationInternet@eurotunnel.com
www.eurotunnelgroup.com

Management
* Jacques Gounon (CEO)
* Emmanuel Moulin (Deputy CEO)
* Michel Boudoussier (COO Konzession)
* Pascal Georges Armand Sainson (COO Güterverkehr)
* Nicolas Brossier (Direktor für Rollmaterial)

Gesellschafter
Stammkapital 220.000.000,00 EUR

Beteiligungen
* Centre International de Formation Ferroviaire de la Côte d'Opale (CIFFCO) (100 %)
* Europorte SAS (100 %)
* ElecLink Ltd. (49 %)

Infrastruktur
* Kanaltunnel Coquelles – Folkestone [UK] inkl. angrenzender Streckenabschnitte (209 km Gleislänge, elektrifiziert 25 kV 50 Hz)
* Terminals Coquelles und Folkestone [UK]

Unternehmensgeschichte
Die Groupe Eurotunnel SE ist der Betreiber der Infrastruktur des 50 km langen Eurotunnels unter dem Ärmelkanal zwischen Frankreich und England und der Shuttlezüge durch diesen. Mehr als 200 Jahre nach den ersten Überlegungen zur Schaffung einer festen Verbindung zwischen England und Kontinentaleuropa unterzeichneten die britische und die französische Regierung am 12.02.1986 einen Vertrag über den Tunnelbau, worauf am 13.08.1986 die heutige Eurotunnel Group ins Leben gerufen wurde. Zunächst fungierte diese als Holdinggesellschaft der beiden Konsortialfirmen France-Manche SA und The Channel Tunnel Group Ltd, welche die Konzession für Finanzierung, Bau und Betrieb erhalten hatten. Etwa 65 % des erforderlichen Kapitals wurden von rund 700.000 Kleinaktionären aufgebracht, davon etwa 80 % aus Frankreich.

Am 15.12.1987 erfolgte der Anstich des Tunnels, am 01.12.1990 dessen Durchschlag und nach Fertigstellung am 20.06.1993 eine erste Testzugfahrt, worauf der fast fertige Tunnel am 10.12.1993 vom Baukonsortium TransManche Link an Eurotunnel übergeben wurde. Die offizielle Inbetriebnahme ging am 06.05.1994 vonstatten, ehe am 01.06.1994 der erste Güterzug und am 14.11.1994 der erste Eurostar-Zug durch den Tunnel rollten. Im gleichen Jahr wurden auch die durch Eurotunnel verantworteten Shuttleverkehre für Lkw (25.07.) und Passagiere (22.12.) aufgenommen.
Da die Verkehrseinnahmen hinter den Erwartungen zurückblieben, verzeichnete Eurotunnel über zehn Jahre lang hohe Verluste und hatte zudem mit enormen Schulden zu kämpfen, weil die teils kreditfinanzierten Baukosten mit rund 9,5 Mrd. GBP doppelt so hoch wie veranschlagt ausgefallen waren. So stimmten Aktionäre und Gläubigerbanken des Unternehmens bereits Ende 1997 einer ersten finanziellen Restrukturierung mit Umschuldung zu, worauf die Regierungen von Frankreich und Großbritannien die anfangs bis 2042 ausgestellte Lizenz der Betreibergesellschaft bis zum Jahr 2086 verlängerten. Deren finanzielle Lage besserte sich jedoch noch nicht. Nachdem für 2003 ein Nettoverlust von fast 1,9 Mrd. EUR ausgewiesen werden musste, übernahm in der Generalversammlung vom 07.04.2004 eine Aktionärsgruppe die Kontrolle über das Management und wechselte dieses komplett aus. Mit ins Boot holte man den jetzigen Vorstandsvorsitzenden Jacques Gounon, der diesen Posten seit dem 14.06.2005 innehat. Der neue Vorstand erarbeitete eine veränderte Unternehmensstrategie, im Zuge derer am 06.07.2005 die heutige Groupe Eurotunnel als Aktiengesellschaft (Société anonyme) französischen Rechts gebildet und am 03.08.2005 ins Pariser Handelsregister eingetragen wurde. Auf die Erfolgsspur kam man damit indes noch nicht, denn die Firmenschulden betrugen noch immer rund 9 Mrd. EUR, so dass die zunächst weiterexistierende alte Eurotunnelgesellschaft zur Vermeidung eines Konkurses per Handelsgerichtsurteil vom 02.08.2006 unter Gläubigerschutz gestellt wurde. Ab 2007 griff dann eine zweite finanzielle Restrukturierung mit Umschuldung und Tausch der Aktien der alten gegen solche der neuen Gesellschaft, die seit 02.07.2007 börsengelistet sind. Die neue Gesellschaft konnte in dem Jahr auch erstmals ein bescheidenes positives Ergebnis erzielen. Ende 2009 wurden die französischen Aktivitäten der seinerzeitigen Veolia Cargo akquiriert, die über die neu geschaffene Tochtergesellschaft Europorte SAS als Unterholding für das Geschäftsfeld Schienengüterverkehr gehalten werden. Eine zweite Tochtergesellschaft ist das zum 01.01.2011 gegründete internationale Eisenbahntrainingszentrum Centre International de Formation Ferroviaire de la Côte d'Opale (CIFFCO),

Groupe Eurotunnel / NRS

das am 02.02.2012 seinen Lehrbetrieb aufnahm. Dessen Tätigkeit zielt primär auf das Personal der Beteiligungen der Europorte SAS, steht jedoch auch Dritten offen.
Die auf der außerordentlichen Hauptversammlung am 29.04.2014 beschlossene Umwandlung der Groupe Eurotunnel SA in eine Europäische Gesellschaft (Societas Europaea, SE) trat am 26.12.2014 mit der Registrierung vor dem Handelsgericht in Kraft. Der SE-Rahmen hat den Vorteil, von einer homogenen und allgemein anerkannten Rechtsgrundlage unter den Mitgliedstaaten der EU profitieren zu können. Die Gruppe Eurotunnel erhält damit einen rechtlichen Rahmen, der mehr im Einklang mit ihrer Bi-Nationalität und mit der wirtschaftlichen und kulturellen Realität des Unternehmens steht.
Neben dem Betrieb der Tunnelinfrastruktur sind die oben erwähnten Shuttleverkehre das Kerngeschäft der Groupe Eurotunnel, die hierfür die Rolle des EVU innehat. Sie sind erforderlich, weil der Eurotunnel nur für den Eisenbahnverkehr angelegt wurde und werden – da facto als Autoreisezug bzw. Rollende Landstraße – unter der Marke „Eurotunnel Le Shuttle" geführt. Jede der neun Passagiershuttlegarnituren besteht aus zwei Sektionen zu je zwölf geschlossenen, doppel- (für Pkw und Motorräder) bzw. einstöckigen (z. B. für Busse) Transportwagen und kann gleichzeitig zwölf Busse und 120 Pkw befördern. Sie befahren den Tunnel mit 140 km/h; die Insassen bleiben dabei bei bzw. in ihren Fahrzeugen. Die Lkw-Shuttle bestehen aus 30-32 Pkw je einem 44-t-Lastzug ausgelegten Tragwagen sowie einem Personenwagen für die Lastzugpersonale. Alle Shuttle werden aus Sicherheitsgründen als Sandwich mit zwei besetzten Lokomotiven gefahren. Wegen ihres größeren Lichtraumprofils können die Garnituren ausschließlich auf der Tunnelstrecke eingesetzt werden und kehren in beiden Terminals über eine Wendeschleife. Der Tunnel wird neben den Shuttlen außerdem von den Eurostar-Reisezügen und Güterzügen weiterer EVU befahren. Alle direkt mit dem Tunnel in Zusammenhang stehenden Aktivitäten werden als Geschäftsfeld „Fixed Link" geführt.
Die Shuttleverkehre wiederum stehen in direkter Konkurrenz zu den nach wie vor angebotenen Fährverbindungen über den Kanal, doch ist Eurotunnel über das genossenschaftlich organisierte Unternehmen MyFerryLink auch auf diesem Segment aktiv gewesen. MyFerryLink ist aus der insolventen früheren SNCF-Tochter SeaFrance hervorgegangen und betrieb seit 09.08.2012 im Auftrag und auf Risiko von Eurotunnel eine Fährverbindung zwischen Calais und Dover. Hierzu dienten drei im Besitz von Eurotunnel stehende Schiffe aus der SeaFrance-Konkursmasse, deren Besatzungen aus den Genossenschaftsmitgliedern gebildet wurden. Die britische Wettbewerbskommission Competition and Markets Authority (CMA) hat allerdings am 06.06.2013 verfügt, dass MyFerryLink den Hafen Dover nicht mehr anlaufen darf, da eine zu große Marktmacht für Eurotunnel befürchtet wird, deren Shuttleverkehre bei den Pkw-Transporten via Kanal 2013 einen Marktanteil von 50,5 % erreichten. Der daraufhin von Eurotunnel berufungsweise eingeschaltete Competition Appeal Tribunal (CAT) hat den Spruch der CMA am 09.01.2015 bestätigt und MyFerryLink auferlegt, den Fährbetrieb bis zum Sommer 2015 einzustellen.
Über das im Mai 2011 gemeinsam mit Star Capital Partners gebildete Joint Venture ElecLink Ltd. will man ab 2016 auch im Energiesektor tätig werden. Hierzu soll anstelle der Verlegung eines Unterseekabels eine 1.000-MW-Hochspannungsleitung durch den Tunnel geführt und betrieben werden. Ob das Projekt zustande kommt, ist jedoch noch unklar.
2013 (Vorjahresangaben in Klammern) wurden in den Shuttles 1.362.849 (1.464.880) Trucks mit 17,7 (19,0) Mio. t Fracht, 2.481.167 (2.424.342) Pkw sowie 64.507 (58.966) Busse mit 10,3 (10,0) Mio. Insassen befördert. Durch den Tunnel fuhren weiterhin 2.547 (2.325) Güterzüge mit 1,36 (1,23) Mio. t Fracht. Die Eurostar-Züge zwischen Frankreich und England benutzten 10.132.691 (9.911.649) Reisende. Die MyFerryLink-Fähren beförderten mit 7.628 Fahrten 316.811 Pkw und 326.274 Trucks.
Im Geschäftsfeld Fixed Link wurde ein Umsatz von 779 (763) Mio. EUR erzielt, das Betriebsergebnis (inkl. Geschäftsfelder Europorte und MyFerryLink) lag bei 284 (283) Mio. EUR. Der Schuldenstand per 31.12.2012 betrug 3,8 Mrd. EUR. Mit Stand vom 31.12.2013 hatte Eurotunnel (ohne Tochterunternehmen) 2.324 Mitarbeiter.
In der Woche vom 08. bis 14.12.2014 hat Eurotunnel 36.285 Trucks im Shuttle-Service durch den Kanaltunnel zwischen Folkestone, Kent, und Coquelles, Frankreich, in beiden Richtungen transportiert. Dies ist der höchste Wert seit der Öffnung des Tunnels im Jahr 1994.

Normandie Rail Services SAS (NRS) G

182 Quai Georges V
FR-76600 Le Havre
www.geodis.com

Management
★ Daniel Le Berre (Geschäftsführer)

Gesellschafter
Stammkapital 150.000,00 EUR
★ Transport Ferroviaire Holding - T.F. Holding SAS (80 %)
★ Naviland Cargo SA (20 %)

NRS / OFP Atlantique

Lizenzen
* FR: Sicherheitszertifikat, Teil A+B (GV); gültig vom 21.12.2012 bis 21.12.2017

Unternehmensgeschichte
Normandie Rail Services SAS (NRS) wurde am 16.08.2010 gegründet und ist ein Tochterunternehmen von SNCF Geodis für regionale Bedienungen in Le Havre. Gründungsgesellschafter war Naviland Cargo (99,96 % Transport et Logistique Partenaires (TLP), diese wiederum 100 % SNCF Geodis). Seit 30.03.2011 ist Transport Ferroviaire Holding (100 % SNCF Geodis) als Mehrheitsgesellschafter eingestiegen. Unternehmenssitz ist bei Naviland Cargo in Le Havre.
NRS nahm im Frühjahr 2011 den Betrieb auf. Wurden zunächst ab August 2011 nur die Züge von Naviland Cargo im Hafengebiet Le Havre befördert, folgten die Fret SNCF-Züge zum 01.10.2011. Im Sommer 2014 gab das Unternehmen bekannt, bereits 40 % des Umsatzes außerhalb der SNCF-Gruppe zu erwirtschaften:
* 2011: 3,3 Mio. EUR Gesamtumsatz
* 2012: 9,6 Mio. EUR Gesamtumsatz
* 2013: 7,9 Mio. EUR Gesamtumsatz

Am 01.10.2011 hatte NRS rund 100 Mitarbeiter und beförderte mit vier Dieselloks und fünf Lokotraktoren rund 20 Züge pro Tag.

OFP Atlantique SAS G

16 Rue du Senegal
FR-17000 La Rochelle
www.ofp-atlantique.com

141 Boulevard Emile Delmas
FR-17000 La Rochelle
Telefon: +33 5 46005360
Telefax: +33 5 46097416
s.marder@ofp-atlantique.com

Management
* Philippe Guillard (Präsident)
* Sébastien Marder (Geschäftsführer)

Gesellschafter
Stammkapital 500.000,00 EUR
* Grand-Port Maritime de La Rochelle (50,2 %)
* Euro Cargo Rail SAS (ECR) (24,9 %)
* Grand Port Maritime de Nantes Saint-Nazaire (24,9 %)

Unternehmensgeschichte
OFP Atlantique ist der erste regionale Bahnbetreiber (Opérateur ferroviaire de proximité, OFP) Frankreichs und hat am 08.10.2010 den Betrieb aufgenommen.
Die Gesellschaft fußt auf einem Engagement des Grand Port Maritime de La Rochelle, das zunächst als NaviRail Atlantique gemeinsam mit Fret SNCF (49 %) begonnen wurde. Das am 04.12.2009 entsprechend lizenzierte Unternehmen sollte vor allem für die Verwaltung und den Betrieb des Schienennetzes im Hafen zuständig sein und An- und Abfuhrtransporte des Hafenverkehrs organisieren.
Nachdem die Staatsbahn Zweifel an der Profitabilität der Unternehmung hegte begab sich der Hafen auf die Suche nach einem neuen Partner. Dieser wurde in Form der DB-Tochter Euro Cargo Rail SAS (ECR) gefunden, mit der man am 12.10.2010 das OFP La Rochelle Maritime Rail Services SAS gründete. Das Joint Venture wurde zunächst vom Grand Port Maritime de La Rochelle (75,1 %) sowie ECR (24,9 %) gehalten und konnte im Oktober 2010 den Betrieb mit zwei Vossloh G 1000 BB und vier EMD JT42CWR aus dem Bestand der ECR aufnehmen.
Seit 2013 ist auch der Grand Port Maritime de Nantes Saint-Nazaire Gesellschafter der OFP La Rochelle Maritime Rail Services SAS, die im Juni 2013 folgerichtig in OFP Atlantique SAS umfirmierte.
OFP Atlantique hat 2013 rund 300.000 t transportiert. Dies sind 34 % mehr als in 2012, 2011 waren es nur 100.000t gewesen. Rund 50 % der Transportmenge ist Getreide. 2013 konnte in diesem Bereich gewachsen werden – u.a. durch Aufträge der groupe Soufflet. Der Betreiber gab zudem bekannt, dass in diesem Jahr auch Verkehrsrelationen in Bezug auf den Hafen Nantes Saint-Nazaire sowie eine internationale Verbindung entwickelt werden sollen. Weitere Details blieb OFP Atlantique schuldig.

OSR France

On Site Rail France SARL (OSR France) Ⓖ

13 Rue Berthelot
FR-59000 Lille
Telefon: +33 3 2088 4441
olivier.deprez@onsiterail.com
www.onsiterail.com

Management
★ Marc-Michel Bizien (Geschäftsführer)
★ Wilfried Moons (Geschäftsführer)
★ Bartje de Lausnay (Geschäftsführer)

Gesellschafter
Stammkapital 3.800.000,00 EUR
★ SNCB Logistics NV/SA (99,95 %)

Lizenzen
★ FR: EVU-Zulassung (GV); gültig seit 12.07.2010
★ FR: Sicherheitszertifikat, Teil A+B (GV); gültig vom 18.11.2010 bis 19.11.2015

Unternehmensgeschichte
On Site Rail France SARL (OSR France) ist eine am 17.07.2008 gegründete Tochterunternehmung der belgischen Staatsbahn SNCB. OSR wurde für Rangierdienstleistungen gegründet, erhielt aber im Sommer 2010 auch eine Lizenz für das französische Streckennetz.
Im April 2010 begann das Unternehmen mit der Personalschulung für zunächst zwölf Triebfahrzeugführer. Die Aufnahme des Betriebes erfolgte nach der Erteilung des notwendigen Sicherheitszertifikates zum 19.11.2010 am 13.12.2010. Das Unternehmen ist nach eigener Aussage v.a. tätig geworden, um die Transporte zahlreicher belgischer und französischer Industriebetriebe zu sichern, nachdem sich Fret SNCF aus der Bedienung zurückgezogen hatte. Die erste Zugleistung in Frankreich verkehrte am 13.12.2010 zwischen Aulnoye und dem Werk der Calaire Chimie (Tessenderlo Group) südlich von Calais. Heute verkehren diese Transporte weiterhin ein Mal pro Woche.
OSR france betreibt aktuell in Aulnoye und Tergnier Hubs und verfügt seit November 2010 über elf sowie seit April 2011 über fünf zusätzliche Triebfahrzeugführer. Im Januar 2012 hatte OSR 70 Mitarbeiter in Frankreich, die bis Ende 2012 auf 100 Mitarbeiter aufgestockt wurden.

OSR France ist seit Dezember 2011 Betreiber im Hafen von Straßburg (Port autonome de Strasbourg). Als regionaler Hafenbetreiber (Opérateur Ferroviaire de Proximité, OFP) übernimmt OSR France die Traktion vom Rangierbahnhof in den Hafen und die Rangierarbeiten auf den Hafengleisen.
Im Januar 2012 nahm OSR auch den Betrieb auf Infrabel-Gleisen zwischen Marche-les-Dames und Naméche auf.
2014 verzeichnete das Unternehmen mit 12 Mio. EUR einen um 11 % höheren Umsatz gegenüber dem Vorjahr. Befördert wurden 850.000 t.

Verkehre
★ Rangierdienstleistungen im Hafen Straßburg
★ Gütertransporte in Frankreich u.a. nach Le Havre und Lérouville mit Hubs in Aulnoye (zwischenzeitlich eingestellt), Lérouville und Tergnier; grenzüberschreitend von Belgien ausgehend (Antwerpen)
★ Ammoniaktransporte Le Havre – Bantzenheim; seit 2014 über das Hub Lérouville und Tergnier in Kooperation mit Europorte im Auftrag von YARA
★ Chemietransporte von Tergnier nach Hénin-Beaumont, Calais, La Motte-Breuil (Clairiant) und Ribécourt (INEOS)
★ Getreidetransporte von ca. 20 Silos in der Picardie und Champagne-Ardenne – Tergnier (Hub; Übergabe an SNCB Logistics, weiter nach Aalst [BE])
★ KV-Transporte Daventry [UK] – Novara [IT]; 1 x pro Woche Abwicklung Calais – Uckange mit SNCB Logistics-Lok
★ Kokstransporte Dunkerque – Couvrot; seit März 2013 im Auftrag von Calcia
★ Schweröltransporte Le Petit-Quevilly – Grandpuits-Bailly-Carrois (Raffinerie der TOTAL); 1 x pro Woche seit Anfang 2013
★ Stahltransporte Deutschland – Laon; seit 2014 über das Hub Lérouville in Kooperation mit Europorte im Auftrag von Descours et Cabaud
★ Stahltransporte Trith-Saint-Léger – Italien; 1 x pro Monat seit 2014 über das Hub Lérouville in Kooperation mit Europorte im Auftrag von LME
★ Zementtransporte Havinnes [BE] – Gennevilliers; 2 x pro Woche seit Februar 2013 im Auftrag von Calcia

RDT 13

régie départementale des transports des bouches du rhône (RDT 13) GI

6Rue Ernest Prados
FR-13097 Aix-en-Provence
Telefon: +33 4 42935900
Telefax: +33 4 42935901
contact@rdt13.fr
www.rdt13.fr

Werkstatt Arles
17 bis, Avenue de Hongrie
FR-13200 Arles
Telefon: +33 4 90188131
Telefax: +33 4 90188141
pole.ferroviaire@rdt13.fr

Werkstatt Marignane
Avenue du 8 mai 45
FR-13700 Marignane
Telefon: +33 4 42317284
Telefax: +33 4 42881521

Werkstatt Châteaurenard
Avenue Jean Jaurès
FR-13160 Châteaurenard
Telefon: +33 4 90941140
Telefax: +33 4 90900069

Gesellschafter
Stammkapital 8.912.634,52 EUR

Lizenzen
★ FR: EVU-Zulassung (GV); gültig seit 02.03.2011
★ FR: Sicherheitszertifikat, Teil A+B (GV); gültig vom 17.11.2011 bis 17.11.2016

Infrastruktur
★ Barbentane – Plan-d'Orgon (23 km); aktuell ohne Verkehr
★ Arles – Fontvieille (10,7 km); aktuell ohne Verkehr
★ Pas-des-Lanciers – La Mède (16 km)
★ Colombiers – Cazouls-lès-Béziers; Eigentum des Département Hérault

Unternehmensgeschichte
Die kommunale Eisenbahngesellschaft régie départementale des transports des bouches du rhône (RDT 13) ist ein im namensgebenden, französischen Département 13 tätiges Unternehmen mit den Bereichen Buspersonennahverkehr,

RDT 13 / RRCA

Schienengüter- sowie Schienentouristikverkehr sowie Eisenbahninfrastruktur.
RDT 13 wurde 1913 gegründet, um den Bahnverkehr der Compagnie des chemins de fer régionaux des Bouches-du-Rhône zu übernehmen. 1921 wird RDT auch der Trambetrieb Marseille – Aix-en-Provence der Compagnie des tramways électrique des Bouches-du-Rhône zugeschlagen, der jedoch 1948 durch einen Trolleybus ersetzt wird.
Ab 2001 war RDT 13 Betreiber des nach der Saison 2012 eingestellten Touristikzuges „Train des Alpilles". Seit 2005 erfolgt in in Kooperation mit der SNCF der Betrieb der Strecke Colombiers – Cazouls-lès-Béziers im Auftrag des Departementes de l'Hérault. Diese wird auch von der Euro Cargo Rail SAS (ECR) für Holztransporte genutzt.
Zum 17.11.2011 wurde RDT 13 ein Sicherheitszertifikat zur Erbringung von Gütertransporten auf dem RFF-Netz erteilt, das seit 11.06.2012 verwendet wird.
RDT ist zudem auch Teil einer Arbeitsgemeinschaft, die vom Hafen Marseille für den Betrieb der Hafenbahn ausgewählt wurde. Von 2010 an übernimmt RDT 13 für zunächst drei Jahre die Instandhaltung von rund 9 km Gleisanlagen im westlichen Hafenteil (Graveleau, Fos, Port-Saint-Louis-du-Rhône).
2008 beschäftigte RDT 13 289 Mitarbeiter, die in den Bereichen Administration (10), Personen- (232) und Güterverkehr (47) angesiedelt sind. Neben den Schienenverkehrsaktivitäten betreibt die Gesellschaft auch rund 130 Busse. Im Güterverkehr beförderte RDT 13 ca. 1 Mio. t pro Jahr (Stand 2008), rund 800.000 t davon entfallen auf die Bedienung der Total-Raffinerie in La Mède. Im Februar 2011 arbeiteten 57 Mitarbeiter im Bereich Güterverkehr.
Seit 2012 übernimmt RDT 13 auch die teilweise Unterhaltung der PRIMA-E-Loks der Europorte France in Kooperation mit Alstom am Standort Arles. 2011 erwirtschaftete RDT 13 im Bereich der Personentransporte einen Umsatz von 39,2 Mio. EUR, der Schienenverkehr 5,3 Mio. EUR. Dieser verteilte sich zu 3,7 Mio. EUR auf Traktionsdienstleistungen, 0,1 Mio. EUR auf Instandhaltung von Rollmaterial sowie 1,5 Mio. EUR auf Infrastrukturinstandhaltung.

Verkehre
★ GPL-Transporte Martigues – Castelguelfo [IT]; seit 25.10.2012 Traktion bis Miramas (Übergabe an VFLI SA) im Auftrag der BD Rail Services SAS
★ Gütertransport Colombiers – Cazouls-lès-Béziers; Wagentausch mit RégioRail
★ Gütertransporte La Mède (Total-Raffinerie) – Pas-des-Lanciers (Wagentausch mit Fret SNCF; Züge nach Toulouse, Dijon, Châlons-en-Champagne)
★ Hausabfalltransporte Marseille-Prado – Fos-sur-Mer (EveRé SAS); seit 29.07.2013 im Auftrag der Marseille Provence Métropole (MPM)
★ KV-Transporte (Holzhackschnitzel) Pas des Lanciers – Mortara [IT]; seit Oktober 2012 Traktion bis Miramas (Übergabe an VFLI SA) im Auftrag der BD Rail Services SAS
★ KV-Transporte Miramas (Clésud) – Castelguelfo [IT]; seit 25.10.2012 Traktion bis Miramas (Übergabe an VFLI SA) im Auftrag der BD Rail Services SAS
★ Rangierdienst im Port Fluvial d'Arles
★ Rangierdienst in Marseille für die Nachtzüge der Thello SAS; seit 14.12.2014
★ Rangierdienst in Miramas (Logistikzone Clésud); seit Dezember 2007 im Auftrag der Novatrans S.A.

RégioRail Champagne-Ardenne SAS (RRCA)

129 Avenue de Paris
FR-51000 Châlons-en-Champagne
www.regiorail.fr

Management
★ Eric Debrauwere (Geschäftsführer)

Gesellschafter
Stammkapital 80.000,00 EUR
★ RégioRail NV (51 %)
★ Veolog, Barré, Clement Manut. Modale, LOG'IN3 (49 %)

Unternehmensgeschichte
Als dritter französischer RégioRail-Ableger ging die RégioRail Champagne-Ardenne SAS (RRCA) per 23.06.2014 an den Start. Die Gründung geht auf eine Initiative der Region Châlons-en-Champagne vom 17.05.2013 zurück, die die Gründung einer Regionalbahn [opérateur ferroviaire de proximité (OFP)] zum Ziel hatte. Insgesamt hatte es damals acht Bewerber gegeben.
RégioRail Champagne-Ardenne sollte den Betrieb bereits im ersten Quartal 2014 unter übergangsweises Nutzung der Lizenz der Schwestergesellschaft Compagnie ferroviaire régionale SAS (CFR) starten, was aber bis heute nicht erfolgte.

RRLR

RégioRail Languedoc Roussillon SAS (RRLR) 🇬

Carrer Camps de la Basse - Autoport
FR-66160 Le Boulou
Telefon: +33 4 6883 5500
Telefax: +33 4 6883 5522
info@regiorail.fr
www.regiorail.fr

Management
* Eric Debrauwere (Präsident)
* Yves Guimezanes (Geschäftsführer)
* Dieter Schmitz (Geschäftsführer)

Gesellschafter
Stammkapital 407.000,00 EUR
* RégioRail NV (70,02 %)
* TPCF SARL Train du Pays Cathare et du Fenouillèdes (29,48 %)
* Dieter Schmitz (0,25 %)
* Yves Guimezanes (0,25 %)

Lizenzen
* FR: Sicherheitszertifikat (GV); gültig vom 09.12.2014

Unternehmensgeschichte
Die am 16.04.2012 gegründete Régiorail SAS ist heute als Régiorail Languedoc Roussillon SAS mehrheitliche Tochter der belgischen Regiorail NV, die sich wiederum in paritätischen Anteilen der US-amerikanischen RDC – Railroad Development Corporation sowie des belgischen Logistikers Eurorail International befindet. Die Gesellschaft übernahm die Güterverkehrsaktivitäten „TPCF fret" der 1992 gegründeten Museumseisenbahn Train du Pays Cathare et du Fenouillèdes (TPCF). Die beiden Minderheitsgesellschafter sind ebenfalls an der TPCF beteiligt und waren maßgebliche Treiber bei der 2010 erfolgten Expansion. Die TPCF erhielt am 19.05.2010 das erste Sicherheitszertifikat für einen opérateur ferroviaire de proximité (OFP, „örtlicher Bahnbetreiber") in Frankreich ausgestellt. Im Güterverkehr beförderte die TPCF fret seit 27.07.2010 Züge mit Dolomitgestein der in Cases-de-Penes ansässigen Grube „La Provençale" zum Bahnhof Rivesaltes, wo der Wagentausch mit Fret SNCF erfolgt. Eine Ausweitung bis Le Boulou folgte 2012.
Im Juni 2012 hatte Régiorail acht Mitarbeiter. Die Gesellschafterversammlung vom 14.01.2013 beschloss die Umfirmierung der Régiorail SAS in Régiorail Languedoc Roussillon SAS sowie die Stammkapitalerhöhung von 202.000 EUR auf 407.000 EUR.

Verkehre
* Aluminiumtransporte Caudiès de Fenouillèdes – Fos sur mer; 1 x pro Wocheseit April 2013
* Aluminiumtransporte Gardanne (Alteo) – Caudiès de Fenouillèdes (Imerys Ceramics France); 1 x pro Woche seit April 2013; Traktion bis Miramas vergeben an régie départementale des transports des bouches du rhône (RDT 13); seit Dezember 2013 Traktion bis Miramas vergeben an Euro Cargo Rail SAS (ECR)
* Gütertransporte Rivesaltes – Miramas; 2 x pro Woche seit 16.12.2013 im Auftrag der Eurorail France SAS; 3 x pro Woche seit 14.12.2014 bis Fos Coussoul. Wagen werden ausgetauscht mit ECR in Perpignan und Fos/Miramas, mit EPF in St Jory, mit VFLI in Miramas und mit ETF Services in Fos Coussoul. Dort versorgt RRLR seit 14.12.2014 im Auftrag Eurorail den Rangierverkehr der Züge Champigneulles – Fos Coussoul, in denen konventionelle Ladungen von Eurorail kombiniert werden mit Intermodaltransporten von T3M.
* Gütertransporte Saint-Paul-de-Fenouillet – Rivesaltes (Übergabe an Fret SNCF); seit April 2012
* Gütertransporte St Gaudens (Fibre Excellence SAS) – St Jory – Rivesaltes; 2 x pro Woche seit 16.12.2013 im Auftrag der Eurorail France SAS
* Holztransporte Le Boulou-Perthus – Rion-des-Landes
* Holztransporte Port-la-Nouvelle – Tarascon (integriert in die "Wagengruppenzugen" Rivesaltes-Fos Coussoul)
* Holztransporte Saint-Paul-de-Fenouillet – Pontcharra-sur-Bréda - Allevard (Umschlag auf Gelände der Ascométal); 1 x pro Woche unter Nutzung des Wagengruppenzuges Rivesaltes – Miramas
* KV-Transporte Le Boulou – Candiolo [IT]; 4 x pro Woche Traktion bis Toulouse im Auftrag der Euro Cargo Rail SAS (ECR)
* Kalktransporte Cases-de-Pène – Deutschland; Traktion bis Le Boulou (Übergabe an Euro Cargo Rail SAS (ECR))
* Anschlussbedienungen Raum Marseille: Containerterminal Fos Graveleau, Lager Eurorail Fos Distriport, Fibrex Tarascon, Cavaillon, Berre l'Etang, verschiedene Wagenwerkstätten
* Anschlussbedienungen im Raum Perpignan: Containerterminal Perpignan St Charles, Bahnhof Perpignan St Charles, Lager Eurorail Le Boulou-Perthus, übrige Läger in Le Boulou-Perthus, Fibrex St Gaudens, verschiedene Kunden auf die Strecke Rivesaltes – Caudiès, Hafen Port-la-Nouvelle, verschiedene Wagenwerkstätten im Raum Perpignan-Narbonne-Béziers

RRLO / Sécurail / SNCF Réseau

RégioRail Lorraine SAS (RRLO)
G

Route Jean Charles Pellerin
FR-88190 Golbey
info@regiorail.fr
www.regiorail.fr

Management
* Eric Debrauwere (Präsident)

Gesellschafter
Stammkapital 400.000,00 EUR
* RégioRail NV (97,5 %)
* Norske Skog Golbey SAS (2,5 %)

Unternehmensgeschichte
Am 16.12.2013 hat eine neue französische Regionalbahn [Opérateur ferroviaire de Proximité (OFP)] den Betrieb aufgenommen: RegioRail Lorraine ist eine 100 %-Tochter der belgischen RegioRail NV, die sich wiederum in paritätischen Anteilen der US-amerikanischen RDC – Railroad Development Corporation sowie des belgischen Logistikers EuroRail befindet. Die RégioRail Lorraine SAS (RRLO) wurde am 06.01.2014 in das Handelsregister eingetragen.
RegioRail Lorraine setzte beim Start zwei Dieselloks des Typs Vossloh G 1206 ein und verfügte über sechs Triebfahrzeugführer.

Verkehre
* Gütertransporte Blainville-Dameleviéres (Wagentausch mit ECR und CFL cargo) – Lérouville (Wagentausch mit OSR France); seit 16.12.2013
* Gütertransporte Golbey – Blainville-Dameleviéres (Wagentausch mit ECR und CFL cargo); 6 x pro Woche seit 16.12.2013
* Rangierverkehr in Champigneulles; seit 14.12.2014 im Auftrag von Eurorail
* Anschlussbedienungen: Werk Norske Skog Golbey, Werk Michelin Golbey, Lager Eurorail France Golbey, Lager OMV Blainville und Containerterminal Champigneulles/Nancy

Sécurail SAS

140 Avenue Paul Doumer
FR-92500 Rueil-Malmaison
Telefon: +33 1 41420629
Telefax: +33 1 41420628
infos@securail.fr
www.securail.fr

Management
* Philippe François (Geschäftsführer)

Gesellschafter
Stammkapital 100.000,00 EUR

Lizenzen
* FR: Sicherheitszertifikat, Teil A+B (GV); gültig vom 25.06.2013 bis 25.06.2018

Unternehmensgeschichte
Die französische Sicherheitsbehörde EPSF hat am 25.06.2013 dem Eisenbahnunternehmen Sécurail ein Sicherheitszertifikat für Leistungen im Güterverkehr auf dem nationalen Schienennetz ausgestellt. Neben der Traktion will Sécurail andere Unternehmen bei der Erlangung von notwendigen Zertifikaten, dem Sicherheits-Management-System (SMS) sowie der Betriebsaufnahme unterstützen. Die am 02.09.2010 in das Handelsregister eingetragene Sécurail ist ein Unternehmen der Holding F2H.
Seit Januar 2015 verfügt Sécurail über eine Lok des Typs Vossloh G 1206.

SNCF Réseau I

92 avenue de France
FR-75648 Paris cedex 13
Telefon: +33 1 5394-3000
Telefax: +33 1 5394-3800
guichetunique@rff.fr
www.rff.fr

Management
* Jacques Rapoport (Präsident, CEO)
* Alain Quinet (stellvertretender Generaldirektor)
* Claude Solard (stellvertretender Generaldirektor für Sicherheit und Innovation)
* Bernard Schaer (Planung und Projekte)

SNCF Réseau / SNCF

* Matthieu Chabanel (Netzunterhalt)
* Romain Dubois (Netzzugang)
* Jean-Claude Larrieu (Trassenmanagement)
* Alain Quinet (Finanzen und Einkauf)
* Odile Fagot (Finanzen und Einkauf)
* Yves Ramette (Ile-de-France)

Infrastruktur
* Bahnnetz in der Französischen Republik (29.273 km)

Unternehmensgeschichte
SNCF Réseau ist seit dem 01.01.2015 Nachfolger des vormaligen, nunmehr in die SNCF reintegrierten staatlichen Schienennetzbetreibers Réseau ferré de France (RFF). Dieser war entstanden, um die Trennung von Infrastruktur und Betrieb umzusetzen und hatte direkt dem französischen Verkehrsministerium unterstanden. Per Gesetz vom 13.02.1997 war RFF Eigentümer und Verwalter der Eisenbahninfrastrukturen (Netz und Liegenschaften) geworden, hatte aber auch die daraus resultierenden Schulden der Staatsbahn SNCF übernehmen müssen.
Das u. a. damit verbundene Finanzmanagement war neben das Attraktivierung des Netzes durch Modernisierung und Neubau, der Erhebung und Distribution der Trassengebühren sowie der Steuerung des Netzzugangs eines der Hauptgeschäftsfelder. Die Trennung von Netz und Betrieb war jedoch von Anfang an nicht konsequent, denn mit der laufenden Instandhaltung des Netzes blieb in Form der „Gestion d'Infrastructure déléguée" (GID)" die SNCF-Sparte Infra beauftragt. Die damit verbundenen jährlichen Kosten waren neben jenen für Modernisierung und Ausbau der zweite von RFF zu verantwortende große Kostenblock und lagen mit jährlich rund 3 Mrd. EUR etwa genau so hoch wie dieser. Auch das Trassenmanagement wurde erst 2003 an RFF übertragen und ging zum 01.01.2010 an die der SNCF unterstehende Direction de la Circulation Ferroviaire (DCF) zurück, die jetzt wie auch SNCF Infra Teil von SNCF Réseau ist. Neben der Zentrale in Paris unterhält SNCF Réseau Regionaldirektionen in Strasbourg, Bordeaux, Rouen, Besançon, Nantes, Orléans, Paris, Montpellier, Toulouse, Lille, Marseille und Lyon.
Im Herbst 2012 kündigte der damalige Verkehrsminister Frédéric Cuvillier an, RFF, DCF und SNCF Infra in einem neuen Unternehmen „Gestionnaire d'Infrastructure Unifié" (GIU) zusammenzuführen, was aber so nicht weiterverfolgt wurde. Stattdessen wurde zum Jahreswechsel 2014/15 eine im Vorjahr beschlossene Bahnreform umgesetzt, deren Eckpfeiler die Neustrukturierung der SNCF-Gruppe unter Einbeziehung des Netzes ist.
Auf dem Netz wurden 2014 (Vorjahreswerte in Klammern) 489,8 (497,9) Mio. Zugkm erbracht, davon 410,7 (418,2) Mio. im Personenverkehr und 73,1 (73,5) Mio. im Güterverkehr. Damit setzte sich ein seit Jahren anhaltender Trend eines stetigen leichten Absinkens der Zugkm-Menge fort. In ihrem letzten Geschäftsjahr 2014 verzeichnete die RFF Umsätze in Höhe von 5.917 (5,69) Mrd. EUR, ein Ergebnis vor Steuern von -274,2 (-265,9) Mio. EUR und ein Konzernergebnis von -244,4 (-139,7) Mio. EUR. Die Gesamtverschuldung des Unternehmens ist unverändert im Steigen begriffen und lag bei 36,8 (33,7) Mrd. EUR.

Société Nationale des Chemins de fer Français (SNCF) ℗

2 place aux Etoiles
FR-93200 Saint Denis
Telefon: +33 1 53256000
servicedepresse@sncf.fr
www.sncf.fr

Management
* Guillaume Pepy (Präsident)
* Stéphane Volant (Generalsekretär)
* Yves Tyrode (Direktor Digital und Kommunikation)
* François Nogué (Direktor Kohäsion und Personalwesen)
* Mathias Emmerich (Direktor Finanzen, Beschaffung, Informationssysteme)
* Claude Solard (Direktor Material)
* Christophe Fanichet (Direktor Kommunikation)
* Alain Krakovitch (Leiter Transilien)
* Alain le Vern (Leiter Régions et Intercités)
* Patrick Ropert (Leiter Gares & Connexions)
* Marie-Christine Lombard (Leiterin SNCF Geodis)
* Alain Picard (Leiter SNCF Geodis)
* Sylvie Charles (Leiterin Fret SNCF)
* Joël Lebreton (Leiter SNCF Proximités)
* Barbara Dalibard (Leiterin SNCF Voyages)
* Jacques Damas (Leiter Keolis)
* Jean-Pierre Farandou (Leiter Keolis)
* Pierre Izard (Leiter SNCF Infra)
* Sophie Boissard (Leiterin SNCF Immobilier)

Gesellschafter
Stammkapital 4.970.897.305,00 EUR
* République française [Republik Frankreich] (100 %)

SNCF

Beteiligungen
* THI Factory NV/SA (THIF) (60 %)
* Société de l'Itinéraire Benelux-Lorraine-Italie S.A. (SIBELIT) (42,5 %)

Lizenzen
* BE: Sicherheitszertifikat, Teil B (PV); gültig vom 08.04.2014 bis 07.04.2017
* ES: Sicherheitszertifikat, Teil B (PV; nur gültig auf Grenzstreckenabschnitten); gültig vom 24.05.2012 bis 24.05.2017
* FR: EVU-Zulassung (PV+GV); gültig seit 24.03.2004
* FR: Sicherheitszertifikat, Teil A und B (PV+GV), gültig vom 24.05.2012 bis 24.05.2017
* UK: Sicherheitszertifikat, Teil B (PV; nur gültig auf HS1); gültig vom 01.02.2014 bis 24.05.2017

Unternehmensgeschichte
Die ersten, ab 1830 entstandenen Eisenbahnstrecken in Frankreich wurden durch private Gesellschaften angelegt. Entscheidend für den weiteren Netzausbau war der am 11.06.1842 verabschiedete „Loi relative à l'établissement des grandes lignes de chemins de fer" (Gesetz über den Bau von Eisenbahnhauptstrecken), eine Art früher Public Private Partnership. Dabei erwarb der Staat den nötigen Grund und Boden zum Streckenbau, übernahm die Finanzierung von Kunstbauten und Gebäuden und räumte der die Strecke fertigstellenden Gesellschaft das Betriebsmonopol ein. Bis etwa 1870 war das Netz so auf über 17.000 km angewachsen und verband die wichtigsten Städte des Landes miteinander. Am 25.05.1878 entstand mit der „Administration des chemins de fer de l'État" (später kurz „Chemins de fer de l'État" genannt) eine erste staatliche Eisenbahngesellschaft aus zehn defizitären Einzelgesellschaften mit einem insgesamt rund 2.600 km langen Netz zwischen den Flüssen Loire und Garonne. 1909 kam mit der „Compagnie des chemins de fer de l'Ouest" eine weitere große Gesellschaft unter das Dach der Staatsbahn. Infolge der schwierigen Finanzsituation vieler Privatbahnen nach dem Ersten Weltkrieg, der aufkommenden Konkurrenz durch den Straßenverkehr und der Rezession von 1929 entschloss man sich zu einer Verstaatlichung aller verbliebenen Bahnen, was in den am 31.08.1937 unterzeichneten und ab 01.01.1938 gültigen Vertrag zur Schaffung einer nationalen Eisenbahngesellschaft mündete. In der so gegründeten SNCF ging dabei neben den sechs großen Privatbahnen Chemin de Fer de l'Est, Chemin de fer du Nord, Compagnie des Chemins de fer de Paris à Lyon et à la Méditerranée, Chemin de fer de Paris à Orléans et du Midi und der schon genannten Chemins de fer de l'État mit der Réseau ferroviaire d'Alsace-Lorraine (Elsaß-Lothringisches Netz) ein weiteres staatliches Unternehmen auf. Die Konzessionen der übernommenen Bahnen gingen an die SNCF über, an der Aktionäre der vormaligen Einzelgesellschaften aber weiterhin mit 49 % beteiligt waren. Die SNCF-Vereinbarung sah vor, dass spätestens zum Ablauf des Vertrages nach 45 Jahren der Staat sukzessive alle privaten Aktienanteile erwirbt.

Der nach dem Zweiten Weltkrieg einsetzende Rückgang der Schwerindustrie in Frankreich mit Wegbrechen der bahnaffinen Massengütertransporte führte dazu, dass die SNCF ihr Hauptaugenmerk auf die Weiterentwicklung des Schienenpersonenfernverkehrs richtete und den Schnelltriebzug TGV entwickelte, der im September 1981 auf einer ersten Hochgeschwindigkeitslinie zwischen Paris und Lyon den Betrieb aufnahm. Gemäß dem am 30.12.1982 verabschiedeten „Loi d'orientation des transports intérieurs" (Gesetz über die Ausrichtung des Landverkehrs) fiel die SNCF nach Ablauf ihres Gründungsvertrages am 01.01.1983 vollständig an den Staat und erhielt ihre noch heute bestehende Unternehmensform EPIC (Établissement Public à caractère Industriel et Commercial = Öffentliches Unternehmen industrieller und kommerzieller Art).

Einen ersten Schritt Richtung Regionalisierung des SPNV hatte es schon 1970 in Form einer Vereinbarung mit den Départements Moselle und Meurthe-et-Moselle über den Betrieb der „Métrolor"-Linie Nancy – Metz – Thionville gegeben, doch sind erst seit dem 01.01.2002 die französischen Regionen für den SPNV verantwortlich. Mit der Anfang 1997 vollzogenen Übertragung des Bahnnetzes an das Infrastrukturunternehmen RFF Réseau Ferré de France (RFF) vollzog man die Trennung zwischen Netz und Betrieb. Dabei gingen auch die der Infrastruktur anzurechnenden Schulden an RFF über, während sich der Staat verpflichtete, die bei der SNCF verbliebenen Schulden zu übernehmen, die Beschäftigung des entsprechenden Personals zu sichern sowie der SNCF zunächst ein Netzzugangsmonopol zu gewähren. Die SNCF verpflichtete sich im Gegenzug zu einem gewinnbringenden Geschäftsverlauf. Sie nahm gemäß einer Vereinbarung mit RFF mit der „Direction de la Circulation Ferroviaire (DCF)" exklusiv die netzseitigen Aufgaben der Betriebsabwicklung sowie der Netzunterhaltung in Form der „Gestion d'Infrastructure déléguée (GID)" auf RFF-Kosten wahr, musste aber zugleich die üblichen Trassennutzungsgebühren an diese entrichten. Nach jener für den Gütertransport 2003 erfolgte im Personenverkehr die Netzöffnung für Auslandsverbindungen zum Jahresfahrplan 2010. Für den Binnenverkehr wurde sie 2012 angekündigt, bislang aber nicht vollzogen. Mit der Öffnung des von den Regionen organisierten SPNV (der so genannten TER-Verbindungen) ist frühestens 2019 zu rechnen.

Die SNCF-Gruppe mit ihren per 31.12.2014 899 Tochterunternehmen war bis zum genannten Tag in fünf Sparten aufgestellt:
* SNCF Infra (Betrieb und Instandhaltung des Netzes für dessen Eigentümer und Verwalter RFF Réseau
* SNCF Proximités (Stadt-, Vorort- und

SNCF / Thello / TSO

Regionalverkehr)
* SNCF Voyages (Fern- und Hochgeschwindigkeitsverkehr)
* SNCF Geodis (Transport und Logistik)
* Gares & Connexions (Verwaltung und Entwicklung von Bahnhöfen)

Die ohnehin nur halbherzige Trennung von Netz und Betrieb fand am 01.01.2015 ihr Ende, als das im vorangegangenen Juli verabschiedete Gesetz über die Bahnreform in Kraft trat, dessen wichtigstes Einzelprojekt die Auflösung der RFF und deren Reintegration in die neu aufgestellte SNCF-Gruppe mit folgender Struktur ist:

* SNCF Groupe (Eisenbahn, Strategie, Finanzen/ Eigentum, Service/Koordinierung, Personal): Die Holding steht unter Führung eines Vorstandes (Directoire) der Präsidenten von SNCF Réseau und SNCF Mobilités und der Aufsicht eines Aufsichtsrats (conseil de surveillance) mit Vertretern aus Staat, Regionen und Parlament.
* SNCF Réseau (Netz) unter Führung des vormaligen CEO Jacques Rapoport (ehemals RFF), beschäftigt ca. 50.000 Mitarbeiter von RFF und DCF.
* SNCF Mobilités (Betrieb) unter Führung von Guillaume Pepy (ehemals SNCF), enthält die Mitarbeiter von SNCF Geodis, SNCF Voyages, Gares & Connexions sowie jene der Tochter Keolis.

Die Gruppe in ihrer alten Struktur erzielte 2014 (Vorjahreswerte in Klammern) bei einem Umsatz von 27,243 (27,030) Mrd. EUR ein Betriebsergebnis von 1,043 Mrd. (-533 Mio.) EUR und ein Nettoergebnis von 624 (-162) Mio. EUR.
Die Mitarbeiterzahl lag bei 245.763 (244.570) und die Nettoverschuldung der Gruppe stieg auf 7,405 Mrd. (7,383) Mrd. EUR.

Gesellschafter
Stammkapital 1.500.000,00 EUR
* Trenitalia S.p.A. (66,67 %)
* Transdev S.A. (33,33 %)

Lizenzen
* BE: Sicherheitszertifikat, Teil B (PV); gültig seit 23.02.2013
* FR: EVU-Zulassung (PV); gültig seit 04.10.2011
* FR: Sicherheitszertifikat, Teil A (PV); gültig vom 12.10.2011 bis 12.10.2016

Unternehmensgeschichte
Das französische Verkehrsministerium hat der italienisch-französischen Bahngesellschaft Trenitalia Veolia Transdev (TVT) am 30.09.2011 als erster privater Bahngesellschaft die Lizenz ausgestellt, in Frankreich Personenverkehr betreiben zu können. Zwischenzeitlich wurde im Dezember 2012 eine Umfirmierung in Thello SAS umgesetzt.
Das am 15.02.2010 gegründete Unternehmen bietet als ersten Service unter dem Namen „Thello" seit 11.12.2011 einen Nachtzug auf der Strecke Paris – Mailand [IT] – Venedig [IT] an. Im Dezember 2012 wurde das Angebot um die Relation Paris – Rom [IT] erweitert, die jedoch nach einem Jahr bereits wieder eingestellt wurde. Seit Ende 2014 wird die Verbindung zwischen Marseille und Mailand [IT] gefahren, die zum 12.04.2015 um zwei weitere Hin- und Rückfahrten Nizza – Mailand [IT] ergänzt werden soll.
Für die Traktion werden bei Akiem E-Loks des Typs BB 36000 angemietet werden. Deren Unterhaltung wird durch die SNCF-Tochter Masteris sichergestellt.

Verkehre
* Nachtzüge „Thello" Paris – Mailand [IT] – Venedig [IT]; seit 11.12.2011
* Nachtzüge „Thello" (Marseille –) Nizza – Mailand [IT]; seit 14.12.2014; Rangierdienst in Marseille durch régie départementale des transports des bouches du rhône (RDT 13)

Thello SAS P

15 Rue des Sablons
FR-75116 Paris
Telefon: +33 1 8382 0000
www.thello.com

Management
* Albert Alday (Präsident)

TSO SAS G

Chemin du Corps de Garde, BP n° 8
FR-77501 Chelles Cedex
Telefon: +33 1 64727200
Telefax: +33 1 64263023
info@tso.fr
www.tso.fr

Management
* Antoine Metzger (Präsident)

Gesellschafter
Stammkapital 10.800.000 EUR

TSO / VFLI

Beteiligungen
* e-Génie SAS (100 %)

Lizenzen
* FR: Sicherheitszertifikat, Teil A+B (GV); gültig vom 04.07.2013 bis 04.07.2018

Unternehmensgeschichte
Das Familienunternehmen TSO wurde 1927 von Auguste Perron gegründet. Neben dem Hauptmarkt in Frankreich sind Gleisbaustellen u.a. in Belgien, Luxemburg, Großbritannien, Guinea, Nigeria, Algerien und Bangladesch bekannt, auf denen auch oftmals Loks des Typs V 100 eingesetzt wurden. Firmensitz und Werkstatt befinden sich in Chelles, größere Untersuchungen werden in Mitry Mory beim 1992 gegründeten Tochterunternehmen SAS Sifel ausgeführt. FRASCA SAS, OLICHON SAS und SNC TOPRail sind ebenfalls Tochtergesellschaften von TSO. Am 20.05.2014 gab TSO die Übernahme von e-Génie (siehe dort) bekannt.
2008 verfügte TSO über 710 Mitarbeiter, die einen Umsatz von 130 Mio. EUR erwirtschafteten. 2010 wurde ein Umsatz von 161,7 Mio. EUR, 2011 von 153,9 Mio. EUR erwirtschaftet.

Verkehre
* AZ-Verkehr

VFLI SA   G I

6 Rue d'Amsterdam
FR-75009 Paris
groupevfli@vfli.fr
www.vfli.fr

Niederlassung
26, route de l´Hopital
FR-57800 Freyming Merlebach
Telefon: +33 3 87828500
Telefax: +33 3 87828501

Werkstatt
FR-Saint-Avold

Management
* Sylvie Charles (Präsidentin)
* Nicolas Gindt (Geschäftsführer)

Gesellschafter
Stammkapital 21.319.200,00 EUR

Beteiligungen
* Gestion Materiels Ferroviaires Gemafer SAS (100 %)
* VFLI Cargo SA (100 %)
* VFLI Services SAS (100 %)

Lizenzen
* FR: EVU-Zulassung (GV) seit 08.08.2006
* FR: Sicherheitszertifikat, Teil A+B (GV), gültig vom 16.08.2012 bis 16.08.2017

Infrastruktur
* Netz VFL (16 km)
* Autun – Avallon (87 km); gepachtet von SNCF
* Netz HBL (206 km)

Unternehmensgeschichte
Voies Ferrées Locales et Industrielles (heute: Groupe VFLI) ist eine Tochter der SNCF, die in zwei Geschäftsbereichen tätig ist:
* Eisenbahnverkehre
* Vermietung und Unterhaltung von Eisenbahnfahrzeugen

Die Gesellschaft geht auf die Voies Ferrées des Landes (VFL) zurück, die 1916 bei der Fusion der drei Gesellschaften Chemin de fer d'Interêt Local des Landes (SL), Born et Marrensin (BM) und der Soustons à Léon (SL) entstanden war. Die VFL unterhielt zahlreiche Sekundärbahnen, von denen ein Großteil jedoch bis 1969 stillgelegt und abgebaut wurden. Zwischen 1983 und 1992 folgten die letzten Stilllegungen (Ychoux – Biscarrosse und Labouheyre – Mimizan), so dass heute nur noch die Strecke Laluque – Tartas sowie der Anschluss zum Industriegebiet in Ychoux in Betrieb sind. 1996 wurden die VFL aufgelöst und in die seit 12.06.1996 als VFLI SA in das Handelsregister eingetragenen „Voies Ferrées Locales et Industrielles" umgewandelt.
Im Jahr 2000 wurde mit der Compagnie de Chemins de fer Départementaux (CFD) das Joint-Venture „Voies ferrées du Morvan" (VFM) gegründet, das zum 01.06.2000 den Betrieb der Strecke Autun – Avallon sowie die ehemaligen Werkstatt in Noyon von der CFD übernahm. Die CFD hatte die Strecke seit 1939 im Auftrag der SNCF bewirtschaftet. VFM wurde jedoch liquidiert und ab 26.08.2006 übernahm die VFLI-Tochter Fertis (siehe unten) für ca. ein Jahr den Bahnbetrieb, der seit Ende 2007 wieder durch VFLI selbst erbracht wird.
Am 07.11.2001 übernahm VFLI den Bahnbetrieb des Bergbaubetriebes Houillères du Bassin Lorrain (HBL) mit der Hauptstrecke Creutzwald – Béning – Forbach. Die Aktivitäten wurden in die VFLI Cargo SA überführt, die auch als open-access-operator

VFLI

tätig war.
2003 wurde das Rollmaterial der VFLI (rund 200 Loks und 800 Waggons) in die am 19.03.2003 in das Handelsregister eingetragene Gestion Materiels Ferroviaires Gemafer SAS eingebracht.
Mitte 2003 gewann die VFLI zudem einen Vertrag über die Betreuung von zwei Anschlussbahnen des Zementherstellers Lafarge in Rumänien. 2010 erfolgte die Umfirmierung in Captrain România S.R.L. VFLI beabsichtigt aber nach eigenen Aussagen keine weitere Expansion über die Grenzen Frankreichs hinaus.
Ab 09.09.2003 existierte zudem die Tochtergesellschaft Fertis SA, die als Billiganbieter am Markt agierte. Neben der Bespannung von Bauzügen beim Bau der TGV Est-Hochgeschwindigkeitslinie war die Gesellschaft im Rangierdienst sowie im Güterzugdienst in der Region Moran tätig. Letzteren hatte man am 26.08.2006 von CFTA und VFM übernommen, die zuvor den Verkehr im Auftrag der SNCF erbracht hatten. Die Leistungen umfassten Güterzüge von Autun nach Sauliu und Montchanin sowie von Laroche-Migennes nach La Roche-en-Brenil, Clamecy und Corbigny. Fertis wurde jedoch aus wirtschaftlichen Gründen am 06.12.2007 wieder aufgelöst und die Geschäfte in die Muttergesellschaft VFLI integriert.
VFLI besitzt heute 13 Niederlassungen und rund 700 Mitarbeiter. Aufgrund der flexibleren Struktur konnte sich die SNCF mit Hilfe der VFLI auf den Wettbewerb im Schienengüterverkehr vorbereiten. Zunächst beschränkte VFLI sich auf den Betrieb von Werks- und Anschlussbahnen. Seit 03.10.2007 besitzt VFLI das französische Sicherheitszertifikat und ist seit 05.10.2007 auf der Relation Carling – Dillingen [DE] tätig. Als Deutscher Kooperationspartner ist die Wincanton Rail GmbH (WR) involviert.
Die VFLI-Gruppe wurde am 30.01.2008 als Mitglied der Schienengüterverkehrsallianz „European Bulls" aufgenommen.
Werkstätten befinden sich u.a. in Morcenx. VFLI ist zudem an den CDF-Werkstattbetrieben in Montmirail sowie der S.E.R.M.A. (Sté Electricité Radiocommande Mécanique) in Lançon de Provence beteiligt. Diese arbeiten Loks auf, die via VFLI an Industriebetriebe vermietet werden.
Gemäß Unterlagen der Aufsichtsbehörde Établissement public de sécurité ferroviaire (EPSF) erbrachte das Unternehmen im Jahr 2009 mit 64 Lokomotiven und 60 Mitarbeitern 957,672 Mio. tkm in Frankreich.
2010 konnte das Unternehmen den Umsatz um 25,3 % auf 93,2 Mio. EUR steigern. Die Verkehre auf RFF-Infrastruktur trugen bereits gut die Hälfte dazu bei.
Am 05.07.2001 gaben die Bergbaubetriebe Houillères du Bassin Lorrain (HBL) einen Verkauf der Bahnsparte an die VFLI SA bekannt. Für die Betriebsdurchführung wurde die VFLI Cargo SA gegründet und am 26.10.2001 in das Handelsregister eingetragen.
VFLI Cargo übernahm u. a. rund 200 km Gleisanlagen einschließlich der Hauptstrecke Creutzwald – Béning – Forbach sowie 244 Mitarbeiter. Zum Zeitpunkt der Übernahme waren folgende Betriebe noch aktiv:
★ Zeche La Houve (geschlossen 22.04.2004)
★ Zeche Merlebach (geschlossen 20.09.2003)
★ Kohlenwäsche Freyming (geschlossen September 2003)
★ Kohlenlager Diesen
★ Kokerei Carling (01.03.2004 übernommen durch ROGESA)

2002 wurden auf dem HBL-Gleisnetz noch rund 4 Mio. t Fracht befördert. Nach der Schließung der beiden Kohlebergwerke ging die Frachtbeförderung stark zurück, bis Herbst 2010 sorgte nur noch die jedoch zum 19.10.2009 stillgelegte Kokerei in Carling für Frachtaufkommen.
Mit dem Rückgang der Verkehre auf dem HBL-Netz wagte die VFLI Cargo den Schritt auf die Netze der RFF sowie der DB Netz AG. Erste Verkehre wurden 2007 aufgenommen.
Seit Schließung der Werkstatt in Petite-Roselle im Oktober 2007 werden alle Unterhaltungsarbeiten in der VFLI-Hauptwerkstatt Montmirail ausgeführt.
2009 wurde zudem auch ein neues Depot in Saint-Avold eröffnet, das von Gemafer betrieben wird und die Werkstatt in Carling ersetzt. Zum 01.01.2011 wurden die Aktivitäten der VFLI Cargo in die Muttergesellschaft integriert und firmieren seitdem als VFLI Region Nordost (VFLI région Nord Est).
Am 31.12.2013 wurde die Struktur der VFLI-Gruppe durch Fusion der Unternehmen GEMAFER SAS, CFD Industries SAS und Institut de Formation Européen Multimodal (IFEM) SAS auf die bestehende VFLI SAS vereinfacht.
GEMAFER, eine Abkürzung für GEstion de MAtériels FErroviaires (Verwaltung von Schienenfahrzeugmaterial) beinhaltete die Instandhaltungswerkstatt Desbrugères in Noyon, das Ingenieurbüro Serma in Lançon-de-Provence sowie Werkstätten in Morcenx und Saint-Avold. CFD Industries war am Standort Montmirail tätig, wo 2013 eine moderne Werkstatt eingeweiht wurde. Der Sitz der IFEM war in Freyming-Merlebach.
Die 1998 gegründete VFLI ist Teil von SNCF Geodis. Mit 920 Mitarbeitern setzte die Gruppe 2012 117,9 Mio. EUR v.a. in den Bereichen Streckentraktion und Rangierdienstleistung um.

Verkehre
★ Baustofftransporte Gudmont (Cemex) – Region Paris
★ Baustofftransporte Voutré – zehn Entladestellen in Frankreich; seit 07.01.2014 im Auftrag von Basaltes
★ Brammentransporte Dillingen/Saar [DE] – Bouzonville (Übergabe an Fret SNCF); seit 01.10.2007; Personalgestellung in Deutschland durch Rhenus Rail St. Ingbert GmbH (RRI)

VFLI

- Butadientransporte Vlissingen [NL] – Bassens; 2 x pro Monat seit 05.06.2010 im Auftrag von Michelin; Traktion auf dem Abschnitt Lille (Übernahme von Fret SNCF) – Bassens
- Getreidetransporte nach Armentières (Roquette Frères); 5 x pro Woche; Letzte Meile nach Lestrem an Fret SNCF vergeben
- Getreidetransporte nach Haubourdin (Cargill); 5 x pro Woche
- Gütertransporte (Wagengruppen) Miramas – Genua [IT] – Parma [IT] / Mortara [IT]; seit 25.10.2012 Traktion von Miramas (Übernahme von RDT 13) bis Ventimiglia [IT] im Auftrag der BD Rail Services SAS
- Gütertransporte Anschlussgleis Ychoux (ex VFL)
- Gütertransporte Compiègne – Avignon
- Gütertransporte Laluque – Tartas (ex VFL)
- Gütertransporte Laroche-Migennes – Clamecy; im Auftrag von Fret SNCF
- Gütertransporte Laroche-Migennes – Joigny; im Auftrag von Fret SNCF
- Gütertransporte Laroche-Migennes – Nuits-sous-Ravières; im Auftrag von Fret SNCF
- Gütertransporte Lieusaint / Combs-la-Ville – Paris Bercy; 5 x pro Woche seit 28.11.2007 im Auftrag von Fret SNCF/Monoprix
- Gütertransporte Vittel / Contrexéville – Merrey; seit März 2010 im Auftrag von Nestlé Waters
- Gütertransporte auf den HBL-Strecken
- Hausabfalltransporte Marseille-Saint-Louis – Fos-sur-Mer (EveRé SAS); seit Dezember 2009 im Auftrag der Marseille Provence Métropole (MPM)
- Holztransporte Region Landes – Tarascon sur Rhône (Tembec Tarascon S.A.S.); bis zu 11 x pro Woche seit 2009 im Auftrag von Tembec
- KV Dourges – Marseille; 1 x pro Woche im Auftrag der Greenmodal Transport S.A.
- KV-Transporte Rotterdam (ECT Delta) – Kehl [DE] – Strassbourg; 3 x pro Woche seit 23.05.2011 Traktion Kehl [DE] – Strassbourg [FR] im Auftrag der Husa Transportation Railway Services (HTRS) Nederland B.V.; 2 x pro Woche seit 05.01.2015 im Auftrag der Rurtalbahn Cargo GmbH (RTB Cargo)
- KV-Transporte Rotterdam (ECT Delta, ECT Euromax) [NL] – Kehl (Euro Terminal) [DE] – Straßburg (Port du Rhin); 2 x pro Woche seit Januar 2015 als französischer Kooperationspartner der Rurtalbahn Cargo GmbH im Auftrag der European Gateway Services B.V. (EGS) bzw. der H&S Container Line GmbH
- KV-Transporte Valenton – Avignon-Courtine; 5 x pro Woche seit 2012 im Auftrag der T3M S.A.
- Kalktransporte Réty – Dunkerque; seit 01.01.2010 im Auftrag von LHOIST
- Kalktransporte Sorcy – Dunkerque; seit Dezember 2009 im Auftrag von LHOIST
- Kreidetransporte Orgon (Omya SAS) – Condat-Le-Lardin; 1 x pro Woche
- Kupferkathodentransporte port de Dunkerque – Loison; seit 01.01.2008 im Auftrag von Nexans
- Pkw-Transporte (Ford) Dillingen/Saar (Ford-Werke GmbH Saarlouis) – Valenton [FR]; 3 x pro Woche seit 20.01.2009; EVU und Personalgestellung in Deutschland durch Wincanton Rail GmbH (WRS)
- Propylentransporte Carling (Total) – Lavéra; 1 x pro Woche seit 2009
- Rangierdienst für ALZ NV in Genk [BE]
- Rangierdienst für Condat in Le Lardin-Saint-Lazare
- Rangierdienst für Elf in Lacq
- Rangierdienst für Lafarge Granulat in Cusset
- Rangierdienst für PSA in Trnava [SK]
- Rangierdienst für Renault in Douai, Corbehem, Flins
- Rangierdienst für Rhodia SA in Saint Fons
- Rangierdienst für Smurfit Kappa Cellulose du Pin in Facture
- Rangierdienst in Villers-Saint-Paul (Abfallumschlag) sowie regionale Zustellfahrten; im Auftrag des Syndicat Mixte de la Vallée de l'Oise (SMVO)
- Sandtransporte Cazères-sur-Garonne – Martres-Tolosane; 3 x pro Woche im Auftrag der Malet S.A.
- Sandtransporte Oulchy-Breny (SIBELCO (ex SIFRACO)) – Bantzenheim; seit Januar 2015
- Streusalztransporte Aigues Mortes – Riom; Saisonale Spotverkehre im Herbst / Winter seit 2010 im Auftrag von ROCK

Impulsgeber für das System Bahn

Die Premiumzeitschrift für Fachinformationen rund um Schienenverkehr, Technik, Wissenschaft und Forschung. Mit Themenreports, Interviews und Kurznachrichten über alle bedeutsamen Entwicklungen in der Bahnbranche für Topmanager und Führungskräfte bei Bahnen, in der Industrie, in Wissenschaft und Forschung sowie bei Aufsichtsbehörden.

Probeabo: 2 Monatsausgaben testen
www.eurailpress.de/etrprobe

Griechenland

Kurze Eisenbahngeschichte

Das heutige Eisenbahnnetz Griechenlands ist stark von den historischen Gegebenheiten zu Zeiten der großen Eisenbahnbauten sowie von der geographischen Lage des Landes am Rande Europas mit vielen Gebirgen, langen Küsten und Inseln beeinflusst. Als in Mitteleuropa mit dem Eisenbahnbau begonnen wurde, gab es überhaupt keinen griechischen Staat, denn Griechenland war Teil des osmanischen Reiches. 1832 wurden mit Attika, den „griechischen Festland" und der Peloponnes der Staat Griechenland wieder gegründet, 1891

Griechenland

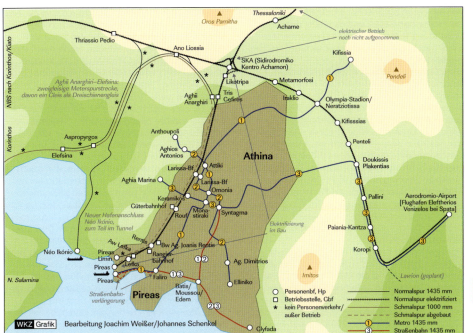

kamen Thessalien und Teile von Ipiros hinzu, 1913 wurde Südmazedonien griechisch und 1923 erreichte das griechische Staatsgebiet seine heutige Ausdehnung. Erste Eisenbahnstrecke war die 1869 eröffnete, 8,6 km lange eingleisige Verbindung von Athen zur Hafenstadt Piräus. Diese wurde damals von der „Compagnie du Chemin de fer d'Athènes au Pirée" mit Dampfloks betrieben. Die mehrfach erweiterte Trasse ist heute die Metrolinie M 1 oder der „Ilektrikos".

Im Norden des Landes, der zu Zeiten des Eisenbahnbaus türkisch war, vollendete die „Compagnie generale pour l'exploitation des chemins de fer de la Turquie d'Europe" des deutsch-belgischen Barons Maurice de Hirsch 1873 die Strecke von Thessaloniki nach Idomeni (dem heutigen Grenzbahnhof zu Mazedonien) und weiter über Skopje nach Norden. Seit 1888 besteht eine durchgehende Verbindung Mitteleuropa – Thessaloniki.

Anschließend engagierte sich die „Compagnie des Chemins de fer jonction Salonique-Constantinople" vor allem beim Bau der Ost-West-Verbindung von Alexandroupoli über Komotini, Xanthi, Drama und Serre nach Thessaloniki (in voller Länge fertiggestellt 1896) und zugleich ein deutsches Konsortium für deren Weiterführung über Plati nach Monastir, heute Bitola in Mazedonien, deren letzter Abschnitt 1894 eröffnet wurde. Diese Strecken sind teilweise sehr ungünstig trassiert.

Im damaligen Königreich Griechenland wurden ab 1880 zwei separate Meterspurnetze als Inselbetriebe errichtet. Das wichtigste war die Peloponnesbahn, die von Athen aus die gesamte Halbinsel mit einigen Seitenstrecken umrundete und mit mehr als 800 km Streckenlänge eines der ausgedehntesten Meterspurnetze Europas war. Die zweite Meterspurbahn war die Thessalische Eisenbahn, die mit etwa 200 km Streckenlänge die Hafenstadt Volos mit Larissa und mit einer Seitenstrecke über Farsala, Karditsa und Trikala Kalambaka (in der Nähe der weltberühmten Meteoraklöster) verband. Heute sind ca. 140 km auf Normalspur umgebaut, der Rest ist teilweise Museumsbahn.

Die 1902 gegründete „Hellenic Railways Company" forcierte ab 1904 den Bau der Normalspurbahn von Athen über Larissa Richtung Norden. Nachdem 1909 Papapouli an der damaligen türkischen Grenze erreicht worden war, erfolgte nach dem Anschluss Südmazedoniens an Griechenland bis Mai 1916 der Lückenschluss Papapouli – Plati. Damit war eine durchgängige Normalspurverbindung von Athen über Thessaloniki und Skopje nach Mitteleuropa sowie über Alexandroupoli nach Istanbul verfügbar. Der 14 km lange Abschnitt

Europäische Bahnen '15/16 591

Griechenland

von Stryomon zur griechisch/bulgarischen Grenze bei Promachon/Kulata und damit die direkte Verbindung Thessaloniki – Sofia besteht erst seit 1965. Darüber hinaus gab es nur wenige Streckenneubauten.

Die Eisenbahn spielte und spielt in Griechenland nur eine untergeordnete Rolle. Das Netz ist sowohl unvollständig als auch nur unzureichend ausgebaut und vor allem der Nordwesten des Landes ist ohne jede Bahnverbindung. 1977 gab es nur 121 km zweigleisige Strecken und lediglich der „Ilektrikos" war elektrifiziert. Nach dem Beitritt Griechenlands in die damalige EWG wurde mehr in die Eisenbahn investiert, Symbol des Beginns einer neuen Epoche waren der 1989 aufgenommene IC-Verkehr (später auch auf der Peloponnesbahn) sowie merkliche Verbesserungen im Verkehr nach Mitteleuropa, der allerdings kurz danach wegen des Bürgerkriegs im damaligen Jugoslawien zusammengebrochen ist.

Das Gesamtnetz hat heute eine Länge von ca. 2.500 km, die allerdings nicht komplett betrieben werden. Kernstück ist die PAThEP-Achse (Patra – Athen – Thessaloniki – Idomeni [Grenze nach Mazedonien] / Promachon [Grenze nach Bulgarien]), die bis Thessaloniki zweigleisig, durchgängig elektrifiziert und mit bis zu 200 km/h befahrbar ausgebaut wird. Deren nördliche Hälfte Thessaloniki – Domokos steht zweigleisig und elektrifiziert zur Verfügung. Im ebenfalls zweigleisigen südlichsten Teil Athen – Tithorea kann jedoch wegen Zerstörung und Diebstahl der Fahrleitungsanlage nur Dieselbetrieb stattfinden. Der seit 1997 in Bau befindliche und völlig neu trassierte Abschnitt Tithorea – Lianokladi – Domokos soll nach derzeitigem Planungsstand 2017 in Betrieb gehen.

Ein weiteres bedeutendes Vorhaben ist die Ausdehnung des Normalspurnetzes von Athen auf den Peloponnes, bei dem die vorhandenen Meterspurstrecken umgebaut und teils neu trassiert werden. Seit 2007 ist die Anbindung von Korinthos entlang der Nordküste bis Kiato abgeschlossen und soll bis 2020 Patra erreichen; Teilabschnitte gehen aber schon vorher in Betrieb. Andererseits steht zu befürchten, dass trotz weitergehender Planungen große Teile des noch bestehenden Meterspurnetzes ersatzlos aufgegeben werden. So sanierte man bis Ende 2009 die Strecke Korinthos – Argos (– Nafplio) – Tripoli – Kalamata, aber nach zwischenzeitlicher Wiedereröffnung wurde trotz vorhandenen Potenzials der Verkehr Anfang 2011 komplett eingestellt.

Seit Jahren wird die Schieneninfrastruktur der Metropole Athen komplett umgebaut und ein S-Bahn ähnlicher Verkehr (Proastiakos) auf bestehenden bzw. umgespurten Strecken und auch zum neuen Athener Flughafen wurde aufgenommen. Drehkreuz soll das „Sidirodromiko Kentro Acharnon" (SKA) im Norden Athens werden, an dem sich die Nord-Süd- und die Ost-West-Magistrale kreuzen. Nach Thriassio Pedio an der neuen Peloponnesbahn Richtung Patra sollen ein zentraler Verschiebebahnhof sowie die Bahnwerkstätten verlegt werden. Obwohl auch in weitere Bahnlinien erheblich investiert wurde, häufig verbunden mit jahrelanger Schließung der jeweiligen Strecke ohne adäquaten SEV, ist die (finanzielle) Situation der griechischen Eisenbahn bedrückend. Der Personenfernverkehr liegt heute hauptsächlich in der Hand von genossenschaftlich organisierten Busunternehmen, der Güterverkehr ist vor allem im Süden weitgehend zum Erliegen gekommen. Im Logistikindex der Weltbank liegt Griechenland auf Platz 71 von 156 – deutlich hinter den Nachbarn Bulgarien und Türkei. Der Anteil der Bahn am Güterverkehr liegt bei 2 %, während es im europäischen Durchschnitt 18 % sind. Verkehrsverbünde gibt es kaum, Streckenausbauten ziehen sich Jahrzehnte hin und sind entsprechend unwirtschaftlich, selbst an die strukturell wichtigsten Neubauten ist trotz möglicher EU-Förderung kaum zu denken. Durch die Folgen des Zerfalls des ehemaligen Jugoslawiens haben sich völlig neue Verkehrsströme ergeben, auf die man mit massiven Autobahnbauten reagierte. Die Eisenbahn hat an diesen Verkehren keinen Anteil, manche bestehende Strecke ist in erheblichen Nachteil gegenüber den neuen Straßenverbindungen geraten. Besonders zu erwähnen ist hierbei die „Via egnatia" vom nordwestlichen Hafen Igoumenitsa zur bulgarischen und türkischen Grenze.

Wegen politischen Desinteresses, Parteienstreit, der großen Macht der Bus- und Lkw-Lobby, aber auch durch viele hausgemachte Probleme, erhebliche Managementfehler, eine aufgeblähte Verwaltung und massive Streiks sind seit der griechischen Eisenbahn weitere Marktanteile verlorengegangen.

In Folge der Finanzkrise in Griechenland wurde das Fahrplanangebot drastisch gekürzt und der Betrieb auf einigen Nebenbahnen eingestellt. Seit Anfang 2011 gab es für mehr als drei Jahre auch keinen internationalen Schienenpersonenverkehr mehr. Obwohl sich der Netzausbau weiter verzögert, konnte am 28.02.2013 zumindest eine neue, 19 km lange Güterstrecke von Thriasio an der Strecke Athen – Kiato zum Containerhafen Neo Ikonio bei Piräus in Betrieb gehen. Ferner sind im Nordosten des Landes Schienenanbindungen der Häfen von Kavala und Alexandroupoli in Planung bzw. Bau. Damit sollen durchgehende Züge zu den bulga-

Griechenland

rischen Schwarzmeerhäfen Varna und Burgas zur Umgehung des Bosporus ermöglicht werden.

Nahverkehr Athen

Der Nahverkehr (außer Proastiakos) im Raum Athen wird heute nach (gesellschaftsrechtlich) Londoner Vorbild von Statheres Sykynonies A.E./Urban Rail Transport S.A. (STA.SY) als Dachgesellschaft betrieben.

Ilektriki Sidirodromi Athinon – Pireos/Ilektrikos (ΗΣΑΠ)
Spurweite: 1.435 mm, 750 V Gleichspannung, Stromschiene. Erste Eisenbahn Griechenlands, 1869 als private Vorortbahn Thission – Piräus eröffnet, 1904 bis Omonia verlängert und elektrifiziert. Zum 1958 erreichten Endpunkt Kifissia hin verläuft die Strecke teils auf der Trasse der 1938 stillgelegten meterspurigen Lavrionbahn, zwischen Monastiraki und Attiki im Tunnel. Linie 1 im Athener Metro-Netz.

Attiko Metro A. E., Athen (AM)
Spurweite: 1.435 mm, 750 V Gleichspannung, Stromschiene, 37,8 km. Die beiden neuen Metro-Linien 2 und 3 wurden im Jahr 2000 eröffnet und in den letzten Jahren erweitert. Linie 2 Anthoupoli – Sepolia (Depot) – Larissa (Umsteigemöglichkeit OΣE) – Attiki (ΗΣΑΠ) – Omonia (ΗΣΑΠ) – Syntagma (Linie 3) – Aghios Dimitrios – Elliniko. Linie 3 Aghia Marina – Monastiraki (ΗΣΑΠ) – Syntagma (Linie 2) – Doukissis Plakentias. Durchgehende Züge verkehren mit Zweisystem-Triebwagen auf OΣE-Gleisen zum Flughafen Eleftherios Venizelos bei Spata. Erweiterungen sind in Arbeit bzw. Planung. Viele Stationen sind architektonisch mit archäologischen Funden sehenswert gestaltet.

TRAM A. E., Athen
Spurweite: 1.435 mm, 750 V Gleichspannung. Tochter der Attiko Metro A.E., Inbetriebnahme 2004. Die erste Ausbaustufe des Straßenbahnnetzes verfügt über 24 km Streckenlänge und verbindet das Zentrum Athens mit den südlichen und östlichen Vororten. Linie A 1 (13,5 km) Syntagma-Platz – Nea Smyrni – Leoforos Achileos – Paleo Faliro – Delta – Neo Faliro (ΗΣΑΠ). Linie A 2 (15,4 km) Voula – Glifada (Platia) – Aghios Kosmas – Paleo Faliro – Neo Faliro. Betriebshof auf dem Gelände des alten Flughafens in Ellinikο. Eine Streckenverlängerung Neo Faliro – Piräus ist im Bau.

Standseilbahn Likavitos (Mt. Lycabettus)
Touristische Standseilbahn auf den im Zentrum von Athen gelegenen Aussichtsberg.

Nahverkehr Thessaloniki

Metro
Auch in Thessaloniki wird seit Jahren an einer U-Bahn gebaut, doch finanzielle und technische Probleme sowie antike Funde (vor allem von der historischen Via Egnatia) verzögern das Vorhaben erheblich.

Marktübersicht

Die staatliche TRAINOSE S.A. ist bislang einziger Anbieter im Personen- und Güterverkehr. Die im Aufbau befindliche Hellenic Logistics Railway Transport A.E. hat noch keine Güterverkehre aufgenommen.

Verkehrsministerium

Υπουργείου Υποδομών, Μεταφορών και Δικτύων
Ministry of Infrastructure, Transport and Networks
2 Anastaseos Street and Tsigante
GR-101 91 Papagou
Telefon: +30 210 650 8000
yme@yme.gov.gr
www.yme.gov.gr

Nationale Eisenbahnbehörde

Ρυθμιστική Αρχή Σιδηροδρόμων (ΡΑΣ)
Regulatory Authority for Railways (RAS)
31 Lekka Street
GR-105 62 Athina
Tel: +30 210 3860141
info@ras-el.gr
www.ras-el.gr

Τμήμα Ασφάλειας Σιδηροδρόμων
Department of Railway Safety (NSA)
c/o Ministry of Infrastructure,
Transport and Networks
2 Anastaseos Street and Tsigante
GR-101 91 Papagou
Telefon: +30 210 650 8609
nsa@yme.gov.gr
www.yme.gov.gr

Eisenbahnunfalluntersuchungsstelle

Επιτροπή για τη διερεύνηση των σιδηροδρομικών ατυχημάτων
Commission for the investigation of rail accidents
c/o Ministry of Infrastructure, Transport and Networks
2 Anastaseos Street and Tsigante
GR-101 91 Papagou
Telefon: +30 210 650 8000
yme@yme.gov.gr
www.yme.gr

OSE

Organismós Sidirodrómon Ellados A.E. (OSE) 🇬🇷

1-3 Karolou Street
GR-10437 Athina
Telefon: +30 210 529-7865
Telefax: +30 210 529-7452
a.delilabrou@osenet.gr
www.ose.gr

Management
★ Panagiotis Theofanopoulos (CEO)
★ Di_mos Baourdas (Mitglied des Vorstandes)

Gesellschafter
★ Hellenische Republik (100 %)

Beteiligungen
★ ERGOSE S.A. (100 %)

Infrastruktur
★ betriebene Streckenlänge 2.574 km, davon
  Normalspur:
  eingleisig, elektrifiziert mit 25 kV 50 Hz (82 km)
  eingleisig, nicht elektrifiziert (1.157 km)
  zweigleisig, elektrifiziert (384 km)
  zweigleisig, nicht elektrifiziert (156 km)
  Schmalspur (nicht elektrifiziert):
  Spurweite 1.000 mm (668 km)
  Spurweite 750 mm (22 km)
  Spurweite 600 mm (16 km)
  Dreischienengleis (29 km)

Unternehmensgeschichte
Der Organismós Sidirodrómon Elládos (Οργανισμός Σιδηροδρόμων Ελλάδος, OSE/ΟΣΕ) ist der staatliche Eisenbahninfrastrukturbetreiber Griechenlands. Bis 1970 leistete sich Griechenland zwei Staatsbahnen, die 1920 gegründete SEK (Sidirodromi Ellenikou Kratou/Eisenbahnen des griechischen Staates), die bis 1965 Eigentümerin aller Normalspurstrecken – auch der durch Gebietserweiterungen hinzugekommenen – wurde, ausgenommen der „Ilektrikos" (Metrolinie 1, Athen) und die Peloponnesbahnen SPAP. Beide wurden dann zur als Aktiengesellschaft (Ανώνυμη Εταιρεία/AE) in Staatsbesitz firmierenden Bahngesellschaft OSE zusammengelegt, die am 01.01.1971 ihre Tätigkeit aufnahm. Das eigentlich als Holding konzipierte Unternehmen befindet sich seit Jahren in einem andauernden Umstrukturierungsprozess, deren Eckpfeiler die Herauslösung der EVU-Tochter TRAINOSE war, deren Aktien derzeit über den Privatisierungsfond HRADF noch indirekt vom griechischen Staat gehalten werden und deren Privatisierung zumindest bisher vorgesehen war. Diese ist Teil eines Programms, das Einnahmen von rund 3 Mrd. EUR durch den Verkauf von Staatseigentum vorsieht, um den Auswirkungen der 2009 begonnenen Finanzkrise entgegenzuwirken. Die verbliebene Rolle des OSE als ausschließlicher Infrastrukturbetreiber, spiegelt(e) sich auch im Geschäftszweck der verbliebenen Tochtergesellschaften wieder: Die EDISY S.A. war für Verwaltung und Unterhalt des Netzes zuständig und wurde Anfang 2011 auf die Muttergesellschaft verschmolzen, während die Immobilientochter GAIAOSE S.A. mit ihren zuletzt noch 16 Mitarbeitern Anfang 2013 in direkten Staatsbesitz überging. Als Tochter verblieben ist nur noch die ERGOSE S.A., welche die Netzausbauprojekte managt. Per 31.12.2013 (Vorjahreswerte in Klammern) hatte der OSE 1.627 (2.401) und die ERGOSE 193 (198) Mitarbeiter.

Bis Sommer 2013 war der OSE auch noch Besitzer des an TRAINOSE vermieteten Rollmaterials. Hierfür wurde die separate staatliche Fahrzeugmanagementgesellschaft Ελληνική Εταιρία Συντήρησης Σιδηροδρομικού Τροχαίου Υλικού ΑΕ (ΕΕΣΣΤΥ)/Hellenic Company for Rolling Stock Maintenance S.A. (ROSCO) gegründet, die aus der OSE-Werkstättendirektion hervorgegangen ist und deren Privatisierung im Gange ist. Der mit der Ausgründung einhergehende Personalübergang von 574 Mitarbeitern (gegenüber 208 Entlassungen) ist auch der Hauptgrund für den deutlichen Rückgang der OSE-Beschäftigtenzahl in dem Jahr. Der rückläufige Eisenbahnverkehr wirkt sich in Form sinkender Trasseneinnahmen auf den OSE aus; für 2013 war gegenüber dem Vorjahr ein Absinken um über 13 % zu verzeichnen. 2013 (Vorjahreswerte in Klammern) erzielte der OSE einen Umsatz von 45,5 (66,3) Mio. EUR, was einen Bruttoverlust von 304,0 (311,9) Mio. EUR und einen Gesamtverlust nach Steuern von 486 (610) Mio. EUR bedeutete. Der drastische Umsatzrückgang ist ebenfalls in erster Linie der Übertragung des Rollmaterials auf die ROSCO und den damit wegfallenden Mieteinnahmen geschuldet.

TRAINOSE / STASY

TRAINOSE A.E. 🅿️🅶

1-3 Karolou Street
GR-10437 Athina
Telefon: +30 210 5270762
Telefax: +30 210 5297468
costumer-support@trainose.gr
www.trainose.gr

Management
★ Zeliaskopoulos Athanasios (CEO)
★ Tsamparlis Nikolaos

Gesellschafter
★ Hellenische Republik via HRADF (100 %)

Lizenzen
★ GR: EVU-Zulassung (PV+GV) seit 16.07.2012
★ GR: Sicherheitszertifikat, Teil A+B (PV+GV); Gültig vom 01.01.2013 bis 31.12.2017

Unternehmensgeschichte
Das Angebot von TRAINOSE im Personenverkehr auf Normalspur besteht aus den landesweiten IC- und Regionalzügen, ergänzt durch die Vorortverkehre von Athen mit den Linien Flughafen – Kiato (elektrisch), Piräus – Athen – Chalkida (im nördlichen Abschnitt 53 km elektrisch betrieben) und Athen – Liosia sowie jenen von Thessaloniki mit Linien von dort nach Edessa und Larissa. Ein Personenzugangebot besteht auf der Magistrale Athen – Thessaloniki und deren Seitenästen nach Stylida, Kalambaka und Volos. Von Thessaloniki aus gibt es zudem Verbindungen Richtung Westen über Edessa bis Florina und Richtung Osten über Alexandroupoli bis Dikea. Nach Anschluss er Umspurung Richtung Patra sollen Fernverkehrszüge Patra – Athen eingeführt werden. Ab 09.05.2014 wurde nach mehr als dreijähriger Pause der internationale Reisezugverkehr wieder aufgenommen. Zwischen Thessaloniki und Skopje – Belgrad verkehrt ein Nachtzugpaar mit Autobeförderung über Idomeni / Gevgelija, zwischen Thessaloniki und Sofia ein Tageszugpaar über Promachon / Kulata. Außerdem wird eine Busverbindung Thessaloniki – Sofia – Plovdiv betrieben.
Im Meterspurnetz gibt es als tägliches Angebot nur einen S-Bahn-ähnlichen Verkehr im Bereich Patra. Auf der verbliebenen, den Peloponnes umrundenden Meterspurstrecke Korinthos –Tripoli – Kalamata – Patra werden fahren immer wieder Sonderzüge, fahrplanmäßiger Personenverkehr ist nicht gestattet. Für 2015 ist die Wiederaufnahem des meterspurigen Verkehrs Konrinthos – Nafplio

geplant. Erwähnenswert sind noch die Pileonbahn Ano Lechonia – Milies bei Volos (Touristenzüge) sowie auf des Peloponnes die Zahnradbahn Diakopto – Kalvrita und die Verbindung vom Hafen Katakolo zum antiken Olympia mir einem vorwiegend touristischen Zwecken dienenden Fahrplan.
2013 (Vorjahreswerte in Klammern) betrug die Verkehrsleistung im Personenverkehr 755 (832) Mio. Pkm; im Güterverkehr waren 2012 (2011) 283 (352) Mio. tkm bei einem Aufkommen von 2,27 (2,70) Mio. t zu verzeichnen. Der Umsatz lag bei 75,7 (83,0) Mio. EUR, was einen Bruttoverlust von 42,9 (50,4) Mio. EUR und ein Gesamtergebnis nach Steuern von 1,96 Mio. (273.000) EUR bedeutete.
Die HRADF hat im Sommer 2013 das Verfahren zur Veräußerung aller TRAINOSE-Aktien in Gang gesetzt und teilte im Herbst des Jahres mit, drei Investorengruppen hätten Interesse gezeigt. Dabei handele es sich um die französische SNCF Participations, die rumänische Grup Feroviar Român (GFR) und eine Bietergemeinschaft aus der russischen Staatsbahn RŽD und der griechischen GEK TERNA, einer im Bau-, Energie-, und Immobilienbereich tätigen Firmengruppe. Die im Januar 2015 gewählte neue griechische Regierung hat die Privatisierungsvorhaben, auch die der Eisenbahn, gestoppt. Die weitere Entwicklung ist derzeit unklar.

Urban Rail Transport SA (STASY)

67 Athinas Str
GR-10552 Athen
Telefon: +30 2103248311
Telefax: +30 2103223935
chairman@stasy.gr
www.stasy.gr

Gesellschafter
★ OASA S.A. (100 %)

Lizenzen
★ GR: EVU-Zulassung (PV); gültig seit 12.10.2012

Unternehmensgeschichte
Die Metro der Metropole Athen (Μετρό, Attiko Metró) hat ihren Ursprung in der zweitältesten U-Bahn der Welt, der Elektrischen Eisenbahn Athen-Piräus (Ilektrkosis), eröffnet 1869, heute Teil der Athener Metrolinie M1. Ab 1991 errichtete Attiko Metro S.A. die Linien M2 und M3, die von 2000 bis 2011 durch die Attiko Metro Operations Company (AMEL S.A.) betrieben wurden. Auf Beschluss der griechischen Regierung fusionierten die Metro- und Tramnetze im Jahr 2011 mit der Gründung der Urban Rail Transport Company (STASY S.A.), einer Tochtergesellschaft der Athens Urban Transport

STASY

Organization (OASA S.A.). Die Athener U-Bahnlinien befördern täglich etwa 650.000 Passagiere.

Rail Business –
kompakt, aktuell, exklusiv

Ob Verkehrspolitik, Unternehmen, Güter- und Personenverkehr, Infrastruktur, Recht, Technik oder Personalien – die „Rail Business"-Redaktion beobachtet, bewertet und analysiert das Marktgeschehen erfahren und fachkompetent. Das Informationspaket schließt die täglichen Nachrichten aus allen Bereichen des Marktes, den wöchentlichen ausführlichen Branchenreport mit Hintergrundberichten, Analysen und Kommentaren sowie die Eilmeldungen zu wichtigen Ereignissen und Anlässen mit ein.

Jetzt 3 Wochen gratis und ohne Risiko testen!
www.eurailpress.de/rbsprobe1

Eurailpress

Irland

Kurze Eisenbahngeschichte

Das Eisenbahnzeitalter auf der seit 1801 zum „Vereinigten Königreich von Großbritannien und Irland" gehörenden irischen Insel begann 1831 mit Gründung der „Dublin and Kingstown Railway Company" (D&KR), die am 09.10.1834 ihre 10 km lange Strecke von Dublin zum heutigen südlich des Stadtzentrums gelegenen Küstenvorort Dún Laoghaire eröffnete. 1836 erhielten zwei weitere Bahnunternehmen ihre Konzessionen – auf dem Gebiet des heutigen Nordirland die Ulster Railway (UR), die 1839 den ersten, 13 km langen Abschnitt zwischen Belfast Great Victoria Street und Lisburn eröffnete. Anschließend wurde der Streckenbau weiter Richtung Landesinneres vorangetrieben, wobei 1841 Lurgan, 1842 Portadown und 1848 Armagh erreicht wurden. Die Dublin and Drogheda Railway (D&D) eröffnete 1844 ihre von Dublin nordwärts führende Strecke, die 1852 von der Dublin and the Belfast Junction Railway (D&BJct) über Dundalk nach Portadown an der UR-Linie verlängert wurde, womit die heutige Hauptstrecke Dublin – Belfast vollendet war. Die zweite irische Hauptstrecke von Dublin über Portarlington und Limerick Junction nach Cork wurde durch die Great Southern and Western Railway (GS&WR) zwischen 1845 und 1849 erbaut. Wie in Großbritannien engagierte sich noch eine Vielzahl anderer Gesellschaften beim Eisenbahnbau und wie dort gab es zunächst einen „Krieg der Spurweiten", so dass die britische Regierung mit dem „Railway Regulation (Gauge) Act" 1846 für alle Streckenneubauten in Irland 1.600 mm vorschrieb. Das ab 1863 eröffnete Schmalspurnetz wurde fast durchweg in 914 mm angelegt. Vom Ersten Weltkrieg war Irland nicht betroffen, dessen Eisenbahnnetz 1920 mit 5.470 km seine größte Ausdehnung erreichte und auch unbeschadet den irischen Unabhängigkeitskrieg 1919-1921 überstand, in dessen Resultat die Insel in Form des Irischen Freistaates und des weiterhin zu Großbritannien gehörenden Nordirland geteilt wurde. Im Irischen Bürgerkrieg 1922/23 erlitt die Bahninfrastruktur anfangs beträchtliche Schäden, da sie Ziel von Sabotageakten wurde, die Guerillakämpfer der Irish Republican Army (IRA) verübten, doch waren fast alle unterbrochenen Strecken noch vor Kriegsende wieder befahrbar.
Gemäß dem „Railways Act" von 1924 wurden zum 12.11.1924 und zum 01.01.1925 die meisten Bahngesellschaften im Irischen Freistaat in zwei Schritten zur Great Southern Railways Company (GSR) zusammengeschlossen, aus der 1945 durch Fusion mit der Dublin United Transport Company, welche bis dahin die Straßenbahnen und Busse in Dublin betrieb, die Córas Iompair Éireann (CIÉ) als staatliches Verkehrsunternehmen Irlands entstand. Bis zuletzt von allen Fusionen ausgeschlossen blieb die seit 1876 existierende Great Northern Railway (Ireland) (GNRI), in der u. a. die UR, die D&D und die D&BJct aufgegangen waren und die gemessen am Streckennetz die zweitgrößte irische Bahngesellschaft war. Dieses Netz aber wurde durch die irische Teilung 1922 zerschnitten. Dies sorgte mit dafür, dass die GNRI nach dem Zweiten Weltkrieg in die Verlustzone fuhr und am 01.09.1953 von den Regierungen der Republik Irland und Nordirlands gemeinsam verstaatlicht wurde. Beide leiteten die Gesellschaft noch einige Jahre mit dem „Great Northern Railway Board", ehe sie zum 30.09.1958 aufgelöst wurde, da auf Wunsch der nordirischen Seite fast alle grenzüberschreitenden Verkehre eingestellt wurden, was der GNRI faktisch die Geschäftsgrundlage entzog. Das Gesellschaftsvermögen wurde auf die beiden Staaten aufgeteilt und die beiden Streckennetzteile der CIÉ und deren nordirischem Pendant Ulster Transport Authority (UTA).
Die UTA ging auf die Ankündigung der nordirischen Regierung von 1946 zurück, alle öffentlichen Transportunternehmen unter einem Dach zu vereinen, was mit dem 1948 erlassenen „Transport Act" Gesetzeskraft erlangte. Im selben Jahr wurde mit dem Zusammenschluss des Northern Ireland Road Transport Board (NIRTB) und der Belfast and County Down Railway (BCDR) die UTA gebildet, zu der 1949 noch die Northern Counties Committee (NCC) als zweite Bahngesellschaft kam. Die UTA begann alsbald mit umfangreichen Streckenschließungen, was schon 1950 zur Auflassung fast des gesamten BCDR-Netzes führte. Seit 1958 gibt es von den früheren grenzüberschreitenden Strecken nur noch die Hauptlinie Dublin – Belfast. Auch die in der Republik Irland verbliebenen, ehemals grenzüberschreitenden Torsi der GNRI wurden stillgelegt.
Mit dem „Transport Act" von 1967 wurde die „Northern Ireland Transport Holding Company (NITHC)" als Managementgesellschaft für den landesweiten ÖPNV gegründet und die UTA wieder in einen Straßen- und einen Schienenverkehrsbetreiber unter dem Dach der NITHC aufgesplittet. Dabei entstand die kurzlebige Ulster Transport Railways (UTR), aus der 1968 die Northern Ireland Railways (NIR) wurde.
Die beiden „Beeching-Berichte" zur Gesundschrumpfung der British Railways fanden ihr Gegenstück, als auf Empfehlung von deren Verfasser Richard Beeching die nordirische Regierung 1962 den Wirtschaftsprüfer Henry Benson mit einer

Irland

Untersuchung zur Zukunft der UTA-Eisenbahnen beauftragte. Benson legte im Folgejahr seinen Bericht vor, in dem er nur den Weiterbetrieb der Vorortbahnen von Belfast nach Whiteabbey – Bangor und Larne sowie der Hauptstrecke nach Dublin empfahl, wobei letztere zwischen Portadown und Dundalk auf ein Gleis zurückgebaut werden sollte. Die meisten Vorschläge wurden bereits ab 1965 umgesetzt, doch blieb die Verbindung nach Dublin zweigleisig und auch das im Nordwesten gelegene Londonderry, mit heute 85.000 Einwohnern zweitgrößte Stadt Nordirlands, behielt seine Strecke über Coleraine (mit Stichbahn zum Küstenort Portrush) und Antrim nach Lisburn (– Belfast). Seit Juni 2001 gibt es eine kürzere Anbindung nach Belfast über die reaktivierte, zuvor 1978 stillgelegte Strecke Antrim – Whiteabbey, doch wurde im Gegenzug der Verkehr zwischen Antrim und Lisburn am 29.06.2003 eingestellt. Dieser Abschnitt wird allerdings weiterhin betriebsfähig vorgehalten. Die im Juli 2012 begonnene Sanierung bzw. der Ausbau der Linie nach Londonderry ist auch das wichtigste aktuelle Bahninfrastrukturprojekt in Nordirland und wird sich bis mindestens 2020 hinziehen.
Auch in der Republik Irland wurde das Bahn-

Irland

netz in den drei Jahrzehnten nach dem Zweiten Weltkrieg stark ausgedünnt. Im Krieg hatte die Eisenbahn ganz Irlands, obwohl von direkten Schäden verschont, unter dem Ausbleiben von Kohlelieferungen aus Großbritannien zu leiden, so dass häufig auf die minderwertigere einheimische Kohle oder Holz zurückgegriffen werden musste. Hinzu kam eine Überalterung des Fuhrparkes, so dass man frühzeitig mit einer großangelegten Verdieselung und Umstellung von lokbespannten Zügen auf Triebwagen begann, während eine Elektrifizierung bis heute unterblieb. Eine diesbezügliche Ausnahme macht seit 1984 nur der eingangs erwähnte Vorortverkehr von Dublin (DART).

Auf den Großraum Dublin, der im Zuge des wirtschaftlichen Aufschwungs in den neunziger Jahren einen Bevölkerungsboom erlebte, konzentrierten sich bis nach der Jahrtausendwende die Investitionen in das Eisenbahnwesen, sowohl Infrastruktur als auch Rollmaterial betreffend. Die Erweiterung des DART-Systems ist auch einer der Kernpunkte von „Transport 21", einem auf 34 Mrd. EUR Investitionen für 2006-2015 veranschlagten Plan zum Ausbau der landesweiten Verkehrsinfrastruktur, der am 01.11.2005 veröffentlicht wurde. Dabei soll die bislang nur in Nord-Süd-Richtung entlang der Küste verlaufende DART-Strecke zwei Ergänzungsäste in Ost-West-Richtung erhalten, deren südlicher durch einen Innenstadttunnel („DART Underground") verlaufen soll. Innerhalb des DART soll auch die 1963 stillgelegte Strecke ins 50 km nordwestlich gelegene Navan wiedereröffnet werden, die in Clonsilla von der bestehenden Linie Dublin – Sligo abzweigt. Der erste, 8 km lange Abschnitt von Clonsilla zum P+R-Verknüpfungspunkt M3 Parkway wurde zum 03.09.2010 reaktiviert. Auch außerhalb des Dubliner Ballungsraumes gibt es einige Projekte zu Streckenreaktivierungen. So wurde am 30.09.2009 der 10 km lange Abschnitt Glounthaune – Midleton im Rahmen des Vorortverkehrs von Cork wiedereröffnet, der in Glounthaune von der Strecke Cork – Cobh abzweigt.

Größtes Reaktivierungsprojekt ist der „Western Railway Corridor" (WRC), die im Westen der Insel verlaufende Nord-Süd-Tangentialstrecke (Limerick –) Ennis – Athenry – Tuam – Claremorris – Collooney (– Sligo). Schon 1988 hatte man allerdings versuchsweise wieder dienstags und donnerstags Personenzüge zwischen Limerick und Ennis eingesetzt; ein Verkehr, der bis Dezember 2003 schrittweise ausgeweitet wurde und seither an allen Wochentagen stattfindet. Am 30.03.2010 fuhr dann der erste Zug zwischen Limerick und Galway über den reaktivierten zweiten Abschnitt Ennis – Athenry.

Aufgrund der Wirtschaftskrise, die zu einer Kürzung der Finanzmittel führte, und auch veränderter politischer Prämissen seit dem Regierungswechsel 2011 verzögern sich alle noch nicht abgeschlossenen Reaktivierungs- und Ausbauvorhaben. Das Navan-Projekt ist von der irischen Staatsbahn Iarnród Éireann offiziell auf Eis gelegt worden und die früher für 2011 geplante Wiedereröffnung Athenry – Tuam als Phase 2 des WRC hat bislang nicht stattgefunden. Zwar wurde eine neue, Anfang 2013 vorgelegte Wirtschaftlichkeitsberechnung durchgeführt, deren Ergebnisse die Umsetzung von Phase 2 als realistisch erscheinen lassen, doch gegenwärtig ist von einer Umsetzung des Projektes nicht auszugehen.

Die Eisenbahn Nordirlands wurde nicht in die Bahnprivatisierung in Großbritannien einbezogen. Die Republik Irland hat gegenwärtig noch keine Maßnahmen zur Trennung von Bahninfrastruktur und -betrieb veranlasst. Eine diesbezügliche Ausnahmeregelung ist am 14.03.2013 ausgelaufen, doch sind bislang noch keine konkreten Pläne zur Reorganisation der Staatsbahn Iarnród Éireann bekannt geworden.

Marktübersicht
Einziger Anbieter sowohl im Personen- als auch im Güterverkehr ist die Staatsbahn Iarnród Éireann.

Verkehrsministerium
Department of Transport
44 Kildare Street
Dublin 2, Ireland
Telefon: +353 1 6707444
info@dttas.ie
www.dttas.ie

Nationale Eisenbahnbehörde
Railway Safety Commission (RSC)
Trident House, Blackrock
County Dublin, Ireland
Telefon: +353 1 2068110
info@rsc.ie
www.rsc.ie

Eisenbahnunfalluntersuchungsstelle
Railway Accident Investigation Unit (RAIU)
2 Leeson Lane
Dublin 2, Ireland
Telefon: +353 1 6041241
info@raiu.ie
www.raiu.ie

CIE

Córas Iompair Éireann

Córas Iompair Éireann (CIE)
P G I

Heuston Station
IE-Dublin 8
Telefon: +353 1 677 1871
info@cie.ie
www.cie.ie

Iarnród Éireann (IÉ)
Connolly Station
IE-Dublin 1
Telefon: +353 1 836-6233
Telefax: Telefax: +353 1 836 4760
info@irishrail.ie
www.irishrail.ie

Management
* David Franks (CEO)
* Don Cunningham (Infrastructure Manager)
* Aidan Cronin (CFO)
* Ciaran Masterson (Director Human Resources)
* Gerry Culligan (Commercial Director)
* John Cassidy (Safety Advisor)
* Barry Kenny (Corporate Communications Manager)
* Jim Meade (Railway Undertaking Manager)

Gesellschafter
Stammkapital 194.269.914,00 EUR
* Poblacht na hÉireann [Republik Irland] (100 %)

Lizenzen
* IE: Sicherheitszerifikat, Teil A und B (PV+GV), gültig vom 25.03.2013 bis 24.03.2018

Infrastruktur
* 2.036 km (1.263 mi) Schienennetz; Spurweite 1.600 mm; davon 362 km (225 mi) außer Betrieb

Unternehmensgeschichte
Iarnród Éireann (IÉ) ist ein am 02.02.1987 gegründetes Tochterunternehmen der Córas Iompair Éireann (CIE). Die staatliche Eisenbahngesellschaft in der Republik Irland betreibt dort alle Bahnverkehre sowie zusammen mit den Northern Ireland Railways (NIR) grenzüberschreitende Verkehre zwischen Dublin und Belfast. 2012 beförderte die IÉ 36,9 Mio. Passagiere.
Iarnród Éireann wurde zunächst als „Irish Rail" gegründet und nahm die neue Firmierung erst 1994 an. Das 2013 präsentierte neue Logo des Unternehmens ist zweisprachig ausgeführt und enthält beide Fassungen.
Betrieblich ist der Bahnverkehr in vier Regionen organisiert. Von Dublin Connolly aus werden der Norden, der Osten sowie Sligo im Nordwesten gesteuert. Die südlichen und westlichen Verkehre werden von Dublin Heuston aus gemanaged.
Die Personenverkehre sind in drei Divisionen eingeteilt:
* InterCity: Langstreckenverkehre, v.a. von Dublin ausgehend
* Commuter: Nahverkere in den Großräumen Dublin, Cork, Galway und Limerick
* DART (Dublin Area Rapid Transit): Irlands einzige elektrifizierte Bahnlinien rund um Dublin

Die Gütersparte Iarnród Éireann Freight weist drei Unterabteilungen auf, die selbständig agieren:
* Bulk Freight: Ganzzugverkehre mit Schüttgütern
* Intermodal: Ganzzüge des Kombinierten Verkehres (KV)
* Navigator: Speditionsagentur mit Fokus auf Automotive

Die Unterhaltung des Schienennetzes sowie von Gebäuden der Iarnród Éireann übernehmen die Divisionen Dublin, Athlone und Limerick Junction.
Iarnród Éireann hat 400 Mio. EUR in eine moderne und 183 Einheiten starke Flotte an InterCity-Fahrzeugen investiert, die seit 2007 in Betrieb genommen worden. 51 weitere Fahrzeuge mit einen Auftragswert von 140 Mio. EUR wurden bis 2012 ausgeliefert.
Bis 2015 soll eine neue Signalisierung des Abschnittes zwischen Howth Junction und Grand Canal Dock eine Kapazitätsausweitung von 12 auf 20 Züge/h in beide Richtungen ermöglichen. Weitere Infrastrukturvorhaben wurden verschoben, so u.a. auch eine zweite Linie des DART („DART Underground link") durch das Zentrum von Dublin.
Córas Iompair Éireann [Transportsystem Irland] (CIÉ) mit Sitz im Bahnhof Heuston, Dublin, ist ein Tochterunternehmen der Republik Irland und zuständig für Bus- und Bahnverkehre des Landes. Dies umfasst die Iarnród Éireann als wichtigste Eisenbahngesellschaft des Landes, die Bus Éireann als Überlandbusunternehmen und die Dublin Bus als städtisches Busunternehmen.
CIÉ entstand als Gesellschaft nach den Vorgaben des „Transport Act 1944", der die Great Southern Railways Company und die Dublin United Transport Company (DUTC) vereinigte. Im „Transport Act 1950" wurde die Fusion von CIÉ und Grand Canal Company festgelegt mit Umwandlung von einer private limited company zu einer public limited company mit einem vom Verkehrsminister ernannten Aufsichtsrat. Der „Northern Ireland Great Northern Railway Act" von 1958 transferierte die Linien des Great Northern Railway Board zur CIÉ.

CIE

Bis 1985 war die CIÉ ein einheitliches Gebilde mit internen Einheiten für Bahnverkehre sowie zwei Busdivisonen (Dublin City Services und Überlandverkehre). Die meisten Fahrten wurden als CIÉ erbracht, wobei Langstreckenbusse als „Expressway" verkehrten und elektrischen Vorortverkehre von Dublin als DART. 1987 wurde das Unternehmen in eine Holdingstruktur mit drei Betriebsgesellschaften überführt:
* Iarnród Éireann
* Éireann / Irish Bus
* Bus Átha Cliath / Dublin Bus

Ursprünglich war vorgesehen auch das Luas tram system in Dublin zu betreiben. Dies wurde aber der neu gegründeten Railway Procurement Agency übertragen.

CIÉ ist für die strategische Führung der Gruppe verantwortlich. Bis März 2013 besaß die Republik eine Ausnahmegenehmigung, die es erlaubte, die Bahntochter Iarnród Éireann als integrierten Bahnkonzern zu betreiben. Zum 25.03.2013 erfolgte die Aufteilung der IÉ in einen Infrastrukturbetreiber sowie eine Betriebsgesellschaft. Beide berichten jedoch weiterhin an einen gemeinsamen Geschäftsführer.

Der Marktführer für Fach- und Wirtschaftsinformationen rund Eisenbahn, ÖPNV, Technik

www.eurailpress.de

Eurailpress

Italien

Kurze Eisenbahngeschichte
Wie auch in anderen Ländern ist das heutige italienische Eisenbahnnetz aus mehreren separaten Einzelstrecken zusammengewachsen, zumal es in der Frühzeit der Eisenbahn noch keinen einheitlichen italienischen Nationalstaat gab. Als erstes wurde im bourbonischen Königreich beider Sizilien am 03.10.1839 die 7,6 km lange Strecke Neapel – Portici eröffnet, der am 18.08.1840 im Königreich Lombardo-Venetien die 13 km lange Verbindung von Mailand nach Monza folgte. Auch die weiteren Strecken wurden zunächst nur in Norditalien eröffnet:

★ 1842 Padua – Mestre

Italien

* 1844 Pisa – Livorno
* 1846 Mailand – Treviglio, Padua – Vicenza und Mestre – Venedig
* 1848 Livorno – Florenz und Turin – Moncalieri.

Nach 1850 stieß der Bahnbau dann weiter in Italiens Süden vor. So wurde 1856 im Kirchenstaat die Strecke Rom – Frascati-Campitelli eröffnet, 1863 Pescara – Foggia, 1865 Bari – Brindisi und 1866 die zu Ehren des seinerzeitigen Papstes Pius IX. benannte „Ferrovia Pio Centrale" als Querverbindung von Rom nach Ancona. 1861, als das vereinigte Königreich Italien entstand, belief sich die Netzlänge auf 2.370 km, davon 912 km im ehemaligen Königreich Piemont-Sardinien, 522 km in der Lombardei und Venetien, 257 km in der Toskana und Lucca sowie 99 km im vormaligen Königreich beider Sizilien um Neapel.
Der neue italienische Staat engagierte sich ab 1869 auch beim Eisenbahnbau, so dass das Netz bis 1892 auf 14.453 km anwuchs. Eine Erschließungsfunktion kam auch den meist in 950 mm Spurweite angelegten Schmalspurbahnen zu.
In Oberitalien nahm ab 1902 zudem der elektrische Zugbetrieb seinen Anfang, als durch Elektrifizierung mit 3.000 V 15,6 Hz Drehstrom ein „Trifase"-Netz entstand, das sich später bis Piemont, Ligurien, Trentino und Südtirol erstreckte. Dabei wurde ein doppelter Fahrdraht gezogen und das Gleis als dritter Phasenleiter benutzt. Die als erste in Betrieb genommene Strecke von Lecco nach Colico war zugleich die erste mit Hochspannung elektrifizierte Hauptbahn der Welt. Das Drehstromsystem wurde auf dem Trifase-Netz bis 1976 beibehalten, doch hatte man bereits 1923 mit Benevento – Neapel die erste Strecke mit den heute fast ausschließlich verwendeten 3.000 V Gleichspannung elektrifiziert.
Wichtige Neubauten der Zwischenkriegszeit waren die 1927 eröffnete Strecke Rom – Formia – Neapel als eine schnellere Alternative zur Linie über Cassino und die 1934 in Betrieb genommene „Direttissima" Bologna – Prato (– Florenz) mit dem 18,5 km langen Apenninbasistunnel.
Während nach dem Zweiten Weltkrieg zahlreiche Nebenbahnen stillgelegt wurden, begann man 1970 mit dem Bau der ersten Hochgeschwindigkeitsstrecke (Ferrovia Alta Velocità, FAV) zwischen Rom und Florenz, deren südliche Hälfte 1977, der Rest aber erst 1991 in Betrieb ging. Weitere derartige Trassen folgten in jüngster Vergangenheit:

* 2008 Mailand – Bologna und
* 2009 Bologna – Florenz, Rom – Neapel und Turin – Mailand.

Alle ab 2008 eröffneten Schnellfahrstrecken sind mit 25 kV 50 Hz elektrifiziert. Nächste Vorhaben dieser Art sind die FAV Neapel – Bari und eine Anbindung von Turin in Richtung Frankreich.

Marktübersicht

* Personenverkehr: Marktführer ist die zur Staatsbahnholding gehörende Trenitalia S.p.A. mit ihren Divisionen Passeggeri Nazionale e Internazionale (Fernverkehr) und Passeggeri Regionale (SPNV) sowie dem regionalen Joint Venture TRENORD in der Lombardei. Am 28.04.2012 nahm die Nuovo Trasporto Viaggiatori S.p.A. (NTV) den ersten nicht von einer Staatsbahn betriebenen Hochgeschwindigkeitsverkehr Europas auf. Darüber hinaus gibt es rund 20 weitere Bahnen, die regional begrenzten Personenverkehr meist auf eigener, teils auch schmalspuriger Infrastruktur durchführen.
* Güterverkehr: Marktführer ist auch hier die Trenitalia S.p.A. Mit Abstand folgen die DB Schenker Rail Italia S.r.l. als zweitgrößte Bahngesellschaft des Landes, die SNCF-Tochter Captrain Italia S.r.l., Crossrail Italia S.r.l., Rail Traction Company S.p.A. (RTC) sowie SBB Cargo Italia S.r.l.

Verkehrsministerium

Ministero delle infrastrutture e dei trasporti
Direzione Generale per il Trasporto Ferroviario
Via Giuseppe Caraci 36
IT-00157 Roma
Telefon: +39 06 4158 3515
dtt.dgtfe@mit.gov.it
www.infrastrutturetrasporti.it

Nationale Eisenbahnbehörde

Ufficio per la Regolazione dei Servizi Ferroviari
Via dell'Arte 16
IT-00144 Roma
Telefon: +39 06 5908 3088
ursf@mit.gov.it
www.mit.gov.it

Agenzia Nazionale
per la Sicurezza delle Ferrovie (ANSF)
Piazza della Stazione 45
IT-50123 Firenze
Telefon: +39 055 2989 701
agenzia.sicurezza@ansf.it
www.ansf.it

Eisenbahnunfalluntersuchungsstelle

Direzione Generale per le Investigazioni Ferroviarie
Via Giuseppe Caraci 36
IT-00157 Roma
Telefon: +39 06 4158 3613
dgif@mit.gov.it
www.mit.gov.it

AMT Genova / ARST

Azienda Mobilità e Trasporti S.p. A. (AMT Genova) 🅿️ℹ️

Via Montaldo, 2
IT-16137 Genova
Telefon: +39 010 558114
Telefax: +39 010 5582400
servizioclienti@amt.genova.it
www.amt.genova.it

Ferrovia Genova Casella (FGC)
Via alla Stazione per Casella, 15
IT-16122 Genova
Telefon: +39 010 83732-1
Telefax: +39 010 83732-48
www.ferroviagenovacasella.it

Management
★ Bruno Sessarego (Direktor)

Gesellschafter
Stammkapital 11.426.013,00 EUR
★ Comune di Genova (59 %)
★ TAG S.r.l. (41 %)

Lizenzen
★ IT: Eisenbahninfrastrukturkonzession
★ IT: Personenverkehrskonzession (für eigene Strecken)

Infrastruktur
★ Genova Piazza Manin – Casella Paese (24,32 km), Spurweite 1.000 mm, elektrifiziert 3.000 V =)

Unternehmensgeschichte
Die am 16.01.1995 gegründete Azienda Mobilità e Trasporti S.p.A (AMT) ist ein Nahverkehrsunternehmen der Hafenstadt Genua. AMT betreibt dort ein Autobusnetz, die U-Bahn, eine Zahnradbahn, zwei Standseilbahnen sowie diverse Aufzüge. Die Gesellschafteranteile werden von der Stadt Genua und einer Tochtergesellschaft der französischen RATP/Transdev gehalten.
AMT übernahm per 14.04.2010 den Bahnbetrieb der Ferrovia Genova Casella S.r.l. (FGC), die nachfolgend liquidiert wurde. Die Strecke der am 11.04.2000 gegründeten und heute nur noch als Markenname erhaltenen FGC erschließt das gebirgige nördliche Hinterland der Hafenstadt Genua und wurde 1929 in Betrieb genommen. Für mehrere Gemeinden bildet sie den direktesten Weg in die Innenstadt von Genua und wird von rund 250.000 Fahrgästen im Jahr genutzt. Daher war sie trotz schwieriger Trassierung nie stilllegungsgefährdet. Wie viele andere Privatbahnen stand die Bahn ab 1949 unter kommissarischer Verwaltung durch das Verkehrsministerium. Zum 01.01.2002 wurden Infrastruktur und Fahrzeuge vom Staat an die Region Ligurien übertragen und die heutige Gesellschaft gegründet, die zu 100 % der Region gehört. Strecke und Fahrleitung wurden modernisiert, die Spannung von ursprünglich 2.400 V auf 3.000 V angehoben.
Der Endbahnhof an der Piazza Manin liegt erhöht über der Stadt Genua und hat keine direkte Verbindung zu anderen Schienenverkehrsmitteln. Daher werden Überlegungen angestellt, entweder die Bahn selbst durch einen Kehrtunnel bis zum FS-Bahnhof Brignole zu verlängern oder eine Standseilbahn zwischen beiden Bahnhöfen zu bauen. Damit würde eine Verknüpfung sowohl mit Trenitalia als auch der Metro, die 2012 Brignole erreichen wird, hergestellt.
Die FGC wird hauptsächlich mit gebrauchtem und inzwischen veraltetem Rollmaterial betrieben. Probleme in der Ersatzteilbeschaffung führten 2009 dazu, dass das Angebot von elf Zugpaaren auf drei zusammengestrichen wurde; der Rest wurde im SEV abgewickelt. Im Herbst 2010 sah der Fahrplan werktags zehn sowie an Sonn- und Feiertagen sechs Fahrtenpaare vor. Im Sommer 2009 wurde ein neuer Triebwagenzug zur Beschaffung ausgeschrieben, aber bislang kein Zuschlag erteilt.
Seit Herbst 2013 wird die FGC wiederholt im Schienenersatzverkehr betrieben. Zur Behebung von Unterspülungen und der Renovierung von Brücken ist die Strecke seit 2014 gesperrt; die Wiedereröffnung ist bisher für September 2015 vorgesehen.

Verkehre
★ Personenverkehr Genova – Casella; aktuell SEV

ARST S.p.A. 🅿️ℹ️

via Posada 8
IT-09122 Cagliari
Telefon: +39 070 4098-1
Telefax: +39 070 4098-757
informazioni@arst.sardegna.it
www.arst.sardegna.it

Standort Sassari (Esercizio Ferroviario)
Viale Sicilia 20
IT-07100 Sassari

Standort Monserrato (Esercizio Ferroviario)
Via Pompeo SNC
IT-09042 Monserrato
Telefon: +39 070 579300

ARST

Standort Macomer (Esercizio Ferroviario)
Corso Umberto I 1
IT-08015 Macomer
Telefon: +39 0785 70001
Telefax: +39 0785 722358

Management
* Giovanni Caria (Verwaltungsratsvorsitzender)
* Raffaele Oggiano (Präsident)
* Carlo Poledrini (Geschäftsführer)

Gesellschafter
Stammkapital 819.000,00 EUR
* Regione Autonoma della Sardegna [Region Sardinien] (100 %)

Lizenzen
* IT: EVU-Zulassung (PV+GV)
* IT: Eisenbahninfrastrukturkonzession

Infrastruktur
* Sassari – Sorso (9,9 km, Spurweite 950 mm)
* Sassari – Alghero (30,2 km, Spurweite 950 mm)
* Sassari – Nulvi – Palau (150,2 km, Spurweite 950 mm)
* Macomer – Nuoro (60,7 km, Spurweite 950 mm)
* Macomer – Bosa (45,9 km, Spurweite 950 mm)
* Monserrato – Mandas – Isili – Sorgono (154,2 km, Spurweite 950 mm)
* Mandas – Arbatax (157,4 km, Spurweite 950 mm)

Unternehmensgeschichte
Die ARST S.p.A. organisiert als Gesellschaft der Region Sardinien ÖPNV und SPNV auf der zweitgrößten Mittelmeerinsel Italiens. Mit der Azienda Regionale Sarda Trasporti (ARST) wurde auf Basis eines am 9. Juli 1970 verabschiedeten Regionalgesetzes ein Vorläufer der heutigen ARST gegründet, um bis dato durch zahlreiche Regionalgesellschaften erbrachte Überlandbusverkehre auf Sardinien zu kombinieren und koordinieren. Die heutige ARST S.p.A. wurde Ende 2007 gegründet, um Bus- und Bahnaktivitäten auf Sardinien gemeinsam zu organisieren. Zu diesem Zweck wurde die bestehende ARST zum 11.01.2008 in die Neugründung integriert.
Als zweiten Schritt übernahm die ARST die Ferrovie della Sardegna (FdS), die das umfangreiche Netz schmalspuriger Bahnstrecken auf Sardinien einschließlich der Stadtbahnsysteme in Cagliari und Sassari betrieb. Zu diesem Zweck gründete die ARST zum 14.03.2008 die Tochtergesellschaft ARST Gestione FdS Srl, die zum 16.06.2008 alle Anteile an der FdS übernahm. Bereits am 01.06.2008 hatte die ARST Gestione FdS die Ferrovie Meridionali Sarde (FMS) erworben, eine seit 1974 ausschließlich als Busunternehmen tätige ehemalige Bahngesellschaft im Südwesten Sardiniens. Am 25.10.2010 verschmolz die ARST Gestione FdS schließlich mit ihrem Alleingesellschafter, der ARST.

Die FdS war 1989 durch die Fusion der Bahngesellschaften Ferrovie Complementari della Sardegna (FCS) und der Strade Ferrate Sarde (SFS) entstanden. Beide standen seit 1971 unter staatlicher Verwaltung und betrieben die verbliebenen Teile des umfangreichen, durch vier große Gesellschaften errichteten Bahnnetzes auf Sardinien. Ab 1997 zählte die FdS organisatorisch zur Staatsbahn Ferrovie dello Stato (FS), ehe sie 2002 zunächst dem italienischen Verkehrsministerium angegliedert und 2008 schließlich über die ARST durch die Region übernommen wurde.
Der aus der FdS hervorgangene Bahnbetrieb der ARST umfasst prinzipiell drei Bereiche: Die Stadtbahnverkehre, dieselbetriebenen regulären SPNV und als „Trenino Verde" vermarktete touristische Bahnverkehre. Güterverkehr fällt seit Jahrzehnten nicht mehr an. Die Stadtbahn Sassari umfasst eine 4,2 km lange, mit 750 V= elektrifizierte neu errichtete Verbundung in 950 mm Spurweite, die den Vorort Santa Maria di Pisa seit 27.10.2006 mit dem FS- und FdS-Bahnhof sowie dem Stadtzentrum verbindet. In Cagliari nutzt die am 17.03.2008 eröffnete, ebenfalls mit 750 V= elektrifizierte Stadtbahn hingegen einen Teilabschnitt der entsprechend verkürzten FdS-Bahnstrecke Cagliari – Monserrato – Mandas – Isili – Sorgono, der um kurze Neubauabschnitte ergänzt wurde. Seit Verlängerung bis zur Universität zum 14.02.2015 ist die Stadtbahn 8,1 km lang. Ende 2015 soll mit dem Abschnitt von der Piazza Repubblica bis zur Piazza Madre Teresa di Calcutta ein Teilabschnitt der geplanten Verlängerung bis zum FS-Bahnhof Cagliari fertiggestellt werden. Bereits im Juli 2015 soll der Stadtbahnbetrieb von Monserrato parallel zur Strecke nach Mandras bis Settimo S. Pietro ausgedehnt werden.
Umsatz und Ergebnis entwickelten sich in den vergangenen Jahren folgendermaßen:
* 2013: 21,973 Mio. EUR Umsatz; 0,365 Mio. EUR Gewinn
* 2012: 21,225 Mio. EUR Umsatz; 0,115 Mio. EUR Gewinn
* 2011: 20,951 Mio. EUR Umsatz; 2.694 Mio. EUR Verlust

Dabei wurden folgende Leistungen erbracht:
* 2013: 2013: 1,111 Mio. Zug-km im SPNV; 0,105 Mio. Zug-km „Trenino Verde"; 0,503 Mio. Stadtbahn-km; 37,852 Mio. Bus-km
* 2012: 1,115 Mio. Zug-km im SPNV; 0,100 Mio. Zug-km „Trenino Verde"; 0,502 Mio. Stadtbahn-km; 37,522 Mio. Bus-km

Regulären SPNV mit Dieseltraktion betreibt die ARST auf Verbindungen mit einer Gesamtlänge von rund 180 km. Die 34 km lange Relation von Sassari nach Nulvi wurde erst zum 31.01.2015 eingestellt. Die übrigen Strecken im Umfang von gut 400 km werden allenfalls durch die saisonalen „Trenino Verde"-Züge befahren. Für das Jahr 2015 wurden die dafür zur Verfügung stehenden Mittel jedoch von

ARST / APS / CFI

sieben auf drei Millionen Euro gekürzt, so dass die saisonalen Angebote deutlich eingeschränkt werden. Bei Redaktionsschluss war das Programm für die Saison 2015 noch nicht festgelegt.
Ende 2014 beschäftigte die ARST 2180 Mitarbeiter, einen Großteil davon in der Region Cagliari (1.215 Personen).

Verkehre
* Personenverkehr Macomer – Nuoro
* Personenverkehr Monserrato – Mandas – Isili
* Personenverkehr Sassari – Alghero
* Personenverkehr Sassari – Sorso
* Saisonale Personenverkehre „Trenino Verde"

Autorità portuale di Savona (APS) ◘

Via Gramsci,14
IT-17100 Savona
Telefon: +39 01985541
Telefax: +39 019827399
authority@porto.sv.it
www.porto.sv.it

Management
* Cristoforo Canavese (Präsident)

Infrastruktur
* Gleisanlagen Hafen Savona
* Gleisanlagen Hafen Vado Ligure

Unternehmensgeschichte
Die für den Bereich Savona zuständige Hafenbehörde verwaltet einen Teil der ligurischen Küste, von Albisola zu Bergeggi, einschließlich der Häfen von Savona und Vado Ligure. Bis 1968 befand sich der Hafen unter Verwaltung der Ente Portuale Savona Piemonte, nachfolgend übernahm die neu gegründete Ente Autonomo del Porto di Savona deren Aufgaben. 1994 erfolgte die Umwandlung der Ente in eine Autorità Portuale.
Vom Bahnhof Parco Doria aus sind beide Häfen angebunden: Eine Schienenverbindung führt in den Hafen von Savona, die andere führt über Vado Ligure Zona Industriale in den Hafen Vado Ligure. RFI erwägt allerdings, sich 2015 von den Bahnanlagen in Vado Ligure zu trennen.
Im Rahmen einer EU-weiten Ausschreibung wurde die Trenitalia-Tochter SerFer - Servizi Ferroviari S.r.l. als exklusiver Betreiber der Hafenbahn Vado Ligure ermittelt und übernimmt seit 2004 Rangierdienstleistungen im Hafen sowie die Anbindung zum Rangierbahnhof Parco Doria. Darüber hinaus führt SerFer Containershuttles nach Alessandria und in Zusammenarbeit mit APS nach Mortara durch. Geplante KV-Verbindungen nach San Giuseppe di Cairo und Fossano kamen bisher (Stand: März 2015) nicht zustande.
Im September 2009 erfolgte die Auslieferung von zwei Bombardier-TRAXX-E-Loks, die im Hafen-Hinterland-Verkehr eingesetzt werden sollen. Bereits im Juni 2009 konnte die Gesellschaft vier E 656 der FS anmieten, die wie die TRAXX aber an SerFer vermietet wurden.
Seit 10.06.2010 ist SerFer auch für die Bedienung des Hafens von Savona zuständig.

Verkehre
* KV-Transporte Mortara (TIMO) – Vado Ligure; 5 x pro Woche seit 14.11.2011 in Kooperation mit der Fer.Net S.r.l.; Traktion durch SerFer

CFI - Compagnia Ferroviaria Italiana S.r.l. ◙

Piazza Europa, 5
IT-05100 Terni
Telefon: +39 0744 429853
Telefax: +39 0744 435236
amministrazione@compagniaferroviariaitaliana.it
www.compagniaferroviariaitaliana.it

Verwaltung
Via Salaria 226
IT-00198 Roma
Telefon: +39 06 85305326
Telefax: +39 06 85301073
commerciale@compagniaferroviariaitaliana.it

Management
* Giacomo Di Patrizi (Direktor)

Gesellschafter
Stammkapital 1.500.000,00 EUR
* Monte Paschi Fiduciaria S.p.A. (26,9 %)
* DEMONT S.r.l. (26,9 %)
* Giacomo di Patrizi (20 %)
* Di.Cos. S.p.A. (16,2 %)
* Se.Le.Co Servici Leasing Commerciali S.p.A. (5 %)
* NIKEL S.r.l. (5 %)

Lizenzen
* IT: EVU-Zulassung (PV+GV) seit 21.03.2008
* IT: Sicherheitszertifikat seit 22.06.2009

CFI / CTI

Unternehmensgeschichte
CFI - Compagnia Ferroviaria Italiana S.r.l. wurde am 12.10.2007 von ehemaligen Managern des Logistikkonzerns TNT bzw. der Trenitalia gegründet. Mit gemieteten E-Loks fährt man Güterzüge in Italien.
In den vergangenen Jahren erbrachte das Unternehmen gemäß einer Aufstellung der ANSF - Agenzia Nazionale per la Sicurezza Ferroviaria folgende Zugkm-Leistungen auf Strecken der Rete Ferroviaria Italiana S.p.A. (RFI):
★ 2012: 0 (PV); 901.892 (GV)
★ 2011: 0 (PV); 728.000 (GV)
★ 2010: 0 (PV); 569.366 (GV)
★ 2009: 0 (PV); 120.000 (GV)
Im Februar 2012 hat die die Privatbahn CFI den Geschäftsbetrieb, Lokführer und Loks des Konkurrenzunternehmens Rail Italia übernommen. Rail Italia hatte dem Vernehmen nach aufgrund finanzieller Schwierigkeiten bereits über einen längeren Zeitraum keine Leasingraten für die angemieteten Loks sowie Trassengebühren an die Rete Ferroviaria Italiana (RFI) zahlen können.

Verkehre
★ Rangierdienstleistungen im Hafen Civitavecchia; seit Januar 2012
★ Baufahrzeugtransporte Surbo (CNH) – Castelguelfo (CNH); 1 x pro Woche seit 11.03.2012 im Auftrag der Case New Holland Italia S.p.A. (CNH)
★ Coiltransporte Cava Tigozzi (Acciaieria Arvedi S.p. A.) – Genova; 2 x pro Woche seit 2012
★ Coiltransporte Terni (ThyssenKrupp Acciai Speciali Terni S.p.A.) – Civitavecchia; 6 x pro Woche seit 02.01.2012
★ Coiltransporte Terni (ThyssenKrupp Acciai Speciali Terni S.p.A.) – Guastalla (Padana Tubi); 1 x pro Woche seit Juni 2012; Traktion ab Reggio Emilia untervergeben an TPER S.p.A.
★ Gütertransporte (Pkw-Teile) Piedimonte S. Germano – Fiorenzuola; 5 x pro Woche
★ KV-Transporte (Schrott) Cava Tigozzi (Acciaieria Arvedi S.p.A.) – Trieste Servola; 6 x pro Woche seit November 2014 im Auftrag der Gruppo Arvedi
★ Schrottransporte Venezia Marghera – Cava Tigozzi (Acciaieria Arvedi S.p.A.); 2 x pro Woche seit 2012

Captrain Italia S.r.l. (CTI) G

Via Vincenco Toffetti 104
IT-20139 Milano
Telefon: +39 02 6694233
Telefax: +39 02 6690599
www.captrain.it

Werkstatt (Tiber.Co OMR)
Via Luigi Capuana, 30
IT-14100 Asti
Telefon: +39 0141 326 281
Telefax: +39 0141 328 417
info@tibercoasti.it

Management
★ Francesco Cazzaniga (Präsident)
★ Philippe Bihouix (Geschäftsführer)

Gesellschafter
Stammkapital 600.000,00 EUR
★ Transport Ferroviaire Holding - T.F. Holding SAS (100 %)

Beteiligungen
★ Tiber.Co Officina Manutenzione Rotabili S.r.l. (Tiber.Co OMR) (100 %)
★ VC Italia S.r.l. (VC-I) (100 %)

Lizenzen
★ FR: das Sicherheitszertifikat, Teil B (GV) auf dem Streckenabschnitt zwischen der italienischen Grenze und Fourneaux-Modane [FR]
★ IT: EVU-Zulassung (GV); seit 20.12.2001
★ IT: Sicherheitszertifikat Teil A (GV); gültig vom 26.06.2013 bis 21.11.2017
★ IT: Sicherheitszertifikat Teil B (GV); gültig vom 26.06.2013 bis 30.06.2015

Unternehmensgeschichte
Die seit 01.03.2010 unter Captrain Italia S.r.l. firmierende ehemalige SNCF Fret Italia S.r.l. (SFI) wurde am 26.10.1998 als italienische Verkaufsagentur der Fret SNCF gegründet, man hatte jedoch bereits in den Jahren zuvor in Italien über eine Vertretung verfügt. Seit 2001 verfügt man über entsprechende Zulassungen der RFI und war somit die erste Fret-Auslandsgesellschaft, die als Traktionär tätig wurde.
Zum 21.09.2005 übernahm man die Gesellschaft Monferail S.r.l. und integrierte sie in die SNCF Fret Italia. Von ihr übernahm man auch das RFI-Kürzel „MF".

CTI

Bald darauf wurden mit fabrikneuen Diesellokomotiven des Typs G 1000 BB, 25 E-Loks der SNCF-Baureihe 436 sowie einem Rangierdiesel der Reihe 8000 erste Triebfahrzeuge in Italien stationiert. Die 436 erhielten im Juni 2007 die Zulassung in Italien. Bis zur Auslieferung der G 1000 BB nutzte man daneben u. a. auch Dieselloks der HUPAC sowie der Linea S.r.l. zur Traktion auf nicht elektrifizierten Relationen.

Das Unternehmen konnte 2006 u. a. Stahlzüge Modane – Avigliana sowie später auch Züge nach Alessandria übernehmen.

2007 konnte SFI einen Umsatz von 4,8 Mio. EUR erzielen, 2008 waren es bereits 9 Mio. EUR. Im Oktober 2009 verfügte das Unternehmen über einen Bestand von 49 Triebfahrzeugführern sowie fünf Ausbilder.

In den vergangenen Jahren erbrachte das Unternehmen gemäß einer Aufstellung der ANSF - Agenzia Nazionale per la Sicurezza Ferroviaria folgende Zugkm-Leistungen auf Strecken der Rete Ferroviaria Italiana S.p.A. (RFI):

* 2012: 0 (PV); 878.790 (GV)
* 2011: 0 (PV); 606.540 (GV)
* 2010: 0 (PV); 319.093 (GV)
* 2009: 0 (PV); 284.333 (GV)

2011 erwirtschaftete die Gesellschaft mit 148 Mitarbeitern einen Umsatz von 16,4 Mio. EUR. Im September 2011 übernahm CTI die Werkstatt der Tiber.Co Officina Manutenzione Rotabili S.r.l. (Tiber.co OMR) in Asti zwischen Turin und Alessandria. Die Unterhaltung der E-Loks erfolgt zum Teil in Frankreich, so auch der D 800, die in Chambéry gewartet werden.

Seit 05.01.2012 ist man alleiniger Gesellschafter der ehemaligen Schwestergesellschaft Veolia Cargo Italia S.r.l., die seit 20.01.2010 bereits als VC Italia S.r.l. firmiert.

Mit 260 Mitarbeitern peilte Captrain Italia für 2014 einen Umsatz von 45 Mio. EUR an.

Verkehre

* Chemietransporte Mantova Frassine – Novara; Spotverkehre
* Chemietransporte Modena – Vado Ligure; Spotverkehre seit 2015
* Chemietransporte Novara – Domodossola; Spotverkehre
* Gastransporte Cava Tigozzi (Abibes S.p.A.) / Castelguelfo (Lampogas S.p.A.) – Frankreich; Spotverkehre; Traktion bis Modane (Übergabe an Fret SNCF) [FR]
* Getreidetransporte Frankreich – Acquanegra Cremonese; Spotverkehre seit Ende 2012; Traktion ab Modane (Übernahme von Fret SNCF) [FR] im Auftrag der écorail SA
* Getreidetransporte Frankreich – Cassano Spinola (Roquette Italia S.p.A.); 2 x pro Woche seit Ende 2012; Traktion ab Modane (Übernahme von Fret SNCF) [FR] im Auftrag der écorail SA
* Getreidetransporte Frankreich – Cava Tigozzi; Spotverkehre seit Ende 2012; Traktion ab Modane (Übernahme von Fret SNCF) [FR] im Auftrag der écorail SA
* Getreidetransporte Frankreich – Felizzano; Spotverkehr; Traktion ab Modane (Übernahme von Fret SNCF) [FR] im Auftrag der écorail SA
* Getreidetransporte Frankreich – Sant'Ilario d'Enza; Spotverkehre seit Ende 2012; Traktion ab Modane (Übernahme von Fret SNCF) [FR]
* Getreidetransporte Rumänien – Italien; Spotverkehre seit Ende 2013 in Italien im Auftrag der écorail SA (für Veronesi Verona S.p.A.)
* Getreidetransporte Ungarn (diverse Ladeorte) – Cassano Spinola (Roquette Italia S.p.A.); 3 x pro Woche seit 21.10.2014 im Auftrag der HSL Logistik GmbH Traktion ab Villa Opicina (Übernahme von SŽ – Tovorni promet, d.o.o.)
* KV-Transporte Tavaux (Solvay) [FR] – Novara CIM (Eurogateway); Traktion ab Modane (Übernahme von Fret SNCF) im Auftrag der Schmidt Group
* Papiertransporte Dortmund Obereving [DE] – Offenburg [DE] – Basel [CH] – Milano – Modena; 6 x pro Woche seit 12.12.2010 im Auftrag der ScandFibre Logistics AB in Kooperation mit der Bayerischen CargoBahn GmbH (BCB, Deutschland) und der Transalpin Eisenbahn AG (Schweiz); durchgehender Lokeinsatz ES 64 F4 der Captrain Deutschland
* Pkw-Neuwagentransporte (Peugeot, Fiat) Val di Sangro / Saletti (SEVEL) – Ambérieu-en-Bugey [FR]; Spotverkehr seit 2013 im Auftrag von Gefco bis Modane [FR]; Traktion des Abschnitts bis Bologna untervergeben an Ferrovia Adriatico Sangritana S.r.l. (FAS)
* Pkw-Neuwagentransporte (Peugeot, Fiat) Val di Sangro / Saletti (SEVEL) – Neuf-Brisach [FR] / Ghislenghien [BE]; Spotverkehr bis Domo II (Übergabe an SBB Cargo) seit 2013 im Auftrag von Gefco; Traktion des Abschnitts bis Fossacesia-Torino di Sangro untervergeben an Ferrovia Adriatico Sangritana S.r.l. (FAS); Lokgestellung bis Domo II und betriebliche Abwicklung bis Parma durch Nordcargo S.r.l. (NC)
* RoLa-Transporte Wörgl [AT] – Roncafort (Interporto Trento); 12 x pro Woche seit Dezember 2012 Traktion in Italien im Auftrag der ÖKOMBI GmbH / Rail Cargo Austria AG (RCA)
* Schwefeldioxidtransporte Novara Boschetto – Trecate, 3 x pro Woche seit Juni 2010; aktuell 2 x pro Woche
* Schwefelsäuretransporte Scarlino – Rho; 3 x pro Woche seit Januar 2014
* Stahl-/Coiltransporte Bussoleno (acciaierie Beltrame di Bruzolo) – Vicenza (Gruppo Beltrame); 3 x pro Woche seit Mitte August 2012
* Stahltransporte Frankreich – Cava Tigozzi (Acciaieria Arvedi S.p.A.); Spotverkehre seit Ende 2012; Traktion ab Ventimiglia Parco Roja (Übernahme von Fret SNCF)

CTI / Crossrail Italia

* Tontransporte Soumans (Imerys Ceramics France) [FR] – Modena; 3 x pro Woche Traktion ab Modane [FR] seit Januar 2015 im Auftrag von Fret SNCF
* Öltransporte Cava Tigozzi – Trento Roncafort; 2 x pro Woche seit November 2011

Crossrail Italia S.r.l. Ⓘ

Scalo Ferroviario Domo 2
IT-28851 Beura Cardezza
Telefon: +39 0324236440
Telefax: +39 0324236219
www.crossrail.it

Management
* Jeroen Le Jeune (Präsident)

Gesellschafter
Stammkapital 99.000,00 EUR
* Crossrail AG (100 %)

Lizenzen
* IT: EVU-Zulassung (GV) seit 22.03.2007
* IT: Sicherheitszertifikat Teil A+B (GV); gültig vom 29.01.2014 bis 06.03.2018

Unternehmensgeschichte
Crossrail Italia S.r.l. ist ein Tochterunternehmen der in der Schweiz ansässigen Crossrail AG und entstand 2006 bei der Umfirmierung der am 02.04.2003 gegründeten Cargodrome S.r.l. Bis zur Ausstellung eines eigenen Sicherheitszertifikates nutzte man die Dienste der Trenitalia-Tochter SerFer - Servizi Ferroviari S.r.l.
In den vergangenen Jahren erbrachte das Unternehmen gemäß einer Aufstellung der ANSF - Agenzia Nazionale per la Sicurezza Ferroviaria folgende Zugkm-Leistungen auf Strecken der Rete Ferroviaria Italiana S.p.A. (RFI):
* 2011: 0 (PV); 737.188 (GV)
* 2011: 0 (PV); 671.798 (GV)
* 2010: 0 (PV); 551.963 (GV)
* 2009: 0 (PV); 209.909 (GV)

Parallel konnte auch der Umsatz gesteigert werden, 2010 wurden 7,03 Mio. EUR verzeichnet (2009: 4,11 Mio. EUR; 2008: 2,82 Mio. EUR).
Aktuell führt die Gesellschaft ausschließlich Verkehre im Auftrag der Muttergesellschaft durch, die auch die benötigten Triebfahrzeuge zur Verfügung stellt. Übergangsweise war bis Mitte 2009 auch eine EU 43 der Rail Traction Company S.p.A. (RTC) angemietet, die durch angemietet Trenitalia-E-Loks des Typs E 655 ersetzt wurde. Seit September 2010 nutzt man neben sechs italientauglichen Traxx (BR 186) der Muttergesellschaft auch drei E 483 des Vermieters Alpha Trains.
Im Dezember 2011 hatte Crossrail Italia 72 Mitarbeiter.

Verkehre
* KV-Transporte Bari Lamasinata – Melzo Scalo; 3 x pro Woche seit Mitte Juli 2014 Traktion ab Falconara Marittima (Übernahme von Ferrotramviaria S.p.A. (Ft)) im Auftrag der Five Logistics
* KV-Transporte Bierset-Awans [BE] – Piacenza; 5 x pro Woche seit 2011 Traktion in Italien im Auftrag von T.T.S. Multimodal SA; aktuell 7 x pro Woche
* KV-Transporte Domodossola – Köln-Niehl Hafen [DE]; 5 x pro Woche Traktion südlich von Köln-Eifeltor [DE] seit 04.04.2011 im Auftrag der LKW WALTER Internationale Transportorganisation AG; seit 01.07.2011 nach Duisburg (Gateway-West-Terminal) [DE]
* KV-Transporte Duisburg-Rheinhausen [DE] – Novara Boschetto; 7 x pro Woche ab 20.06.2011 Traktion in Italien im Auftrag der Hupac Intermodal SA
* KV-Transporte Genk Euroterminal [BE] – Novara Boschetto; 6 x pro Woche; 7 x pro Woche sei 19.06.2011 Traktion in Italien im Auftrag der Ewals Intermodal B.V.
* KV-Transporte Genk [BE] – Busto Arsizio; 7 x pro Woche seit April 2006 Traktion in Italien im Auftrag der Hupac Intermodal SA; aktuell 5 x pro Woche; 6 x pro Woche ab 20.06.2011
* KV-Transporte Kornwestheim [DE] – Domodossola; 3 x pro Woche seit 31.03.2012 Traktion in Italien im Auftrag der LKW Walter Internationale Transportorganisation AG
* KV-Transporte Muizen Dry Port [BE] – Brindisi; 3 x pro Woche seit 29.05.2009 Traktion in Italien im Auftrag der P&O Ferrymasters B.V.; seit 30.06.2013 Traktion südlich von Milano vergeben an Ferrotramviaria S.p.A. (Ft)
* KV-Transporte Muizen Dry Port [BE] – Melzo; 3 x pro Woche Traktion in Italien im Auftrag der Bulkhaul Ltd.
* KV-Transporte Novara – Hams Hall [UK]; 2 x pro Woche seit 10.06.2009 Traktion bis Basel (Übergabe an Fret SNCF) [CH] im Auftrag der Norfolk Line
* KV-Transporte Valenton [FR] – Milano Segrate; 3 x pro Woche Traktion ab Basel [CH] im Auftrag der General Transport Service S.p.A. (GTS); 5 x pro Woche seit 12.12.2012; 6 x pro Woche seit Januar 2013

Crossrail Italia / DB Schenker Rail Italia

* KV-Transporte Zeebrugge Britannia [BE] – Interporto Bologna; 2 x pro Woche seit Juni 2010 Traktion in Italien im Auftrag der G.T.S General Transport Service S.p.A.; aktuell 6 x pro Woche
* KV-Transporte Zeebrugge Britannia [BE] – Melzo; 3 x pro Woche seit 14.12.2008 Traktion in Italien im Auftrag der Bulkhaul Ltd.
* KV-Transporte Zeebrugge Vorming [BE] – Milano Segrate; 6 x pro Woche seit 20.06.2011 Traktion in Italien
* KV-Transporte „ShuttleBologna" Rotterdam Cobelfret [RO] – Bologna Interporto (TIMO); 5 x pro Woche seit 01.07.2013 Traktion in Italien bis Piacenza (Übergabe an GTS Rail S.r.l.) im Auftrag der General Transport Service S.p.A. (GTS) und der Shuttlewise B.V.

DB Schenker Rail Italia S.r.l. G

Via Spadolini,12
IT-20026 Novate Milanese
Telefon: +39 02 85023800
Telefax: +39 02 85023801
info.italia@dbschenker.eu
www.rail.dbschenker.it

Management
* Otto Georg Niederhofer (Präsident)
* Dr. Markus Hunkel (Vorstandsmitglied)
* Giorgio Spadi (Vorstandsmitglied)
* Enrico Bellavita (Geschäftsführer, COO)
* Rüdiger Gastell (Geschäftsführer, CFO)

Gesellschafter
Stammkapital 3.000.100,00 EUR
* DB Schenker Rail Italy S.r.l. (60 %)
* FerrovieNord S.p.A. (40 %)

Lizenzen
* FR: Sicherheitszertifikat (GV); Teil B seit 16.05.2012
* IT: EVU-Zulassung (GV); gültig seit 23.05.2003
* IT: Sicherheitszertifikat; gültig seit 01.10.2003

Unternehmensgeschichte
Bei der seit 01.01.2015 als DB Schenker Rail Italia S.r.l. firmierenden Gesellschaft handelt es sich um die ehemalige Nordcargo S.r.l. (NC). Das Unternehmen entstand 2003 bei der Aufspaltung der Ferrovie Nord Milano Esercizio S.p.A. in die Bereiche Personen-, Güterverkehr und Infrastruktur. Zunächst als Ferrovie Nord Cargo S.r.l. (FNC) gegründet, erhielt das Unternehmen im Rahmen einer Anpassung der Firmierungen innerhalb der FNM-Gruppe per 29.04.2006 den Namen Nordcargo. 2008 begann die FNM mit der Suche nach einem strategischen Partner, der 2009 Anteile an der NC übernehmen sollte, um deren europäische Ausrichtung und Expansion voran zu treiben. Am 17.09.2008 hat die damalige Railion Italia S.r.l. den Zuschlag zum Erwerb von 49 % an der Nordcargo erhalten. Nach Genehmigung durch die entsprechenden Behörden wurde die Beteiligung im Januar 2009 vollzogen. Im Januar 2010 wurden weitere 11 % an die DB verkauft und die Aktivitäten der damaligen Schwester Railion Italia S.r.l. aufgenommen. Seit Januar 2015 heißt das Unternehmen gemäß der Nomenklatur des DB-Konzerns als Hauptgesellschaft DB Schenker Rail Italia S.r.l. – die zuvor unter gleichem Namen tätige Gesellschaft wurde parallel in DB Schenker Rail Italy S.r.l. umfirmiert.

Früher war die Gesellschaft auch an der Cargo Clay S.r.l. (70 %) beteiligt, die umfangreiche Tontransporte aus Deutschland (v. a. dem Westerwald) nach Italien speditionell abwickelte. Diese Beteiligung wurde aber zwischenzeitlich abgestoßen.

Den Rechtsvorgängern der DB Schenker Rail Italia kommt in vielen Bereichen eine Vorreiterrolle in Italien zu:
* Die Abteilung Güterverkehr der Ferrovie Nord Milano Esercizio (FNME) war im September 2001 das erste EVU, das in Eigenregie Güterverkehr auf dem RFI-Netz erbrachte.
* erstes (und einziges) EVU, das in Eigenregie in Domo2 rangiert (für ca. 40 % der gesamten Züge im Transit)
* erstes italienisches EVU neben Trenitalia in Chiasso (SBB-Infrastruktur)
* einziges EVU in Europa welches auf einer Strecke von 1.100 km (Brescia – Venlo [NL]; Züge der HUPAC nach Rotterdam [NL]) die durchgehende Traktion mittels Mehrsystemloks zugesichert hatte
* erstes italienisches EVU neben Trenitalia mit Langstreckenzügen nach Süditalien
* erstes italienisches EVU neben Trenitalia in Villa Opicina (Grenze nach Slowenien)
* erster Railport (= Platformverkehre mit Lkw-Nachlauf) in Italien

Mit dem Beginn der Eigentraktion der SBB Cargo verlor die damalige NC zahlreiche Leistungen. Im Dezember 2005 übernahm die SBB Cargo die für die ERS Railways B.V. traktionierten Leistungen Padova / Melzo bis Chiasso, ein Jahr später verlor NC auch die RALpin-Züge Domodossola – Novara.

Seit Mitte Januar 2010 war NC zudem einstellendes EVU für die Re486 des damaligen Schwesterunternehmens BLS Cargo AG in Italien. Seitdem verkehrten die Loks zwischen Luino und Gallarate / Novara sowie von Domo II nach Gallarate. Fallweise verwendete NC die Loks auch vor eigenen Zügen.

Neben zahlreichen Ganzzugverkehren betreibt DB Schenker Rail Italia das größte Einzelwagennetz Italiens neben dem von Trenitalia, welche aus diesem Transportsegment eher auf dem Rückzug

DB Schenker Rail Italia / DB Schenker Rail Italy

scheint. Dieses Netz erstreckt sich über ganz Norditalien und weist einzelne Relationen nach Süditalien auf. Die Züge werden in Torino, Chiasso [CH] und Brescia zerlegt bzw. gebildet. Diese Anlagen sind mit den deutschen Rangierbahnhöfen Mannheim und München Nord verbunden.
In den vergangenen Jahren erbrachte das Unternehmen gemäß einer Aufstellung der ANSF - Agenzia Nazionale per la Sicurezza Ferroviaria folgende Zugkm-Leistungen auf Strecken der Rete Ferroviaria Italiana S.p.A. (RFI):
* 2012: 0 (PV); 2.277.499 (GV)
* 2011: 0 (PV); 2.272.203 (GV)
* 2010: 0 (PV); 1.912.690 (GV)
* 2009: 0 (PV); 1.430.269 (GV)

Da DB Schenker Rail Italia nicht über eigene Güterwagen verfügt, werden ausschließlich Waggons traktioniert, die die Auftraggeber zur Verfügung stellen.
Mit 28 Lokomotiven und 295 Mitarbeitern erbrachte das Unternehmen 2014 eine Transportleistung von 1,5 Mrd. tkm und generierte einen Umsatz von 43 Mio. EUR.

Verkehre
* Einzelwagenverkehr Brescia Scalo – Bergamo / Cava Tigozzi / Ghedi / Lonato / Montirone / Ospitaletto / Padova Interporto / Rezzato / San Zeno Folzano / Verdello Dalmine / Vicenza
* Einzelwagenverkehr Chiasso [CH] – Anagni / Bergamo / Casalpusterlengo / Castelguelfo / Desio / Livorno Calambrone / Mantova Frassine / Milano Smistamento / Reggio Emilia / Sannazzaro de' Burgondi / Terni
* Einzelwagenverkehr Mannheim [DE] – Novi San Bovo; 2 x pro Woche Traktion ab Chiasso [CH]
* Einzelwagenverkehr Mannheim [DE] – Torino Orbassano; 3 x pro Woche Traktion ab Domo II
* Einzelwagenverkehr Novi San Bovo – Novi Ligure / Predosa; sporadisch
* Einzelwagenverkehr Schweiz – Brescia Scalo; 2 x pro Woche Traktion ab Chiasso [CH]
* Einzelwagenverkehr Schweiz – Novi San Bovo; 5 x pro Woche Traktion ab Chiasso [CH]
* Einzelwagenverkehr Torino Orbassano – Fossano / Torino Railport / Verzuolo; Spotverkehr
* Getreidetransporte Perrigny [FR] – Fossano; 1 x pro Woche Traktion ab Torino Orbassano
* Getreidetransporte Ungarn – Felizzano; Spotverkehre; Traktion in Italien im Auftrag von Monfer
* Gütertransporte (Gaskesselwagen) Alessandria – Sannazzaro; 2 x pro Woche
* Gütertransporte Chiasso (Übernahme von anderen EVU) [CH] – Casalpusterlengo; seit 2009; 6 x pro Woche seit September 2010
* Holzhackschnitzeltransporte verschiedene Ladestellen in der Schweiz – Mortara; Spotverkehr; Traktion ab Domo II
* KV-Transporte Hams Hall [UK] – Domo II – Padova Interporto; Traktion ab Domo II im Auftrag DB Schenker Rail (UK) Ltd.
* KV-Transporte Rotterdam [NL] – Novara Boschetto; 4 x pro Woche Traktion ab Luino im Auftrag der Hupac Intermodal SA
* KV-Transporte Taulov [DK] – Gallarate; 2 x pro Woche Traktion ab Luino im Auftrag der Hupac Intermodal SA
* KV-Transporte Wuppertal-Langerfeld (DUSS) [DE] – Piacenza; 5 x pro Woche Traktion ab Chiasso (Übernahme von DB Schenker Rail Schweiz GmbH) [CH] im Auftrag der Kombiverkehr Deutsche Gesellschaft für kombinierten Güterverkehr GmbH & Co. KG
* KV-Transporte Zeebrugge [BE] – Gallarate; 5 x pro Woche Traktion ab Luino im Auftrag der Hupac Intermodal SA
* Pkw-Neuwagentransporte (Peugeot, Fiat) Val di Sangro / Saletti (SEVEL) – Neuf-Brisach [FR] / Ghislenghien [BE]; Spotverkehr bis Domo II (Übergabe an SBB Cargo) seit 2013; Traktion des Abschnitts von Fossacesia-Torino di Sangro (Übernahme von Ferrovia Adriatico Sangritana S.r.l. (FAS)) bis Parma sowie Lokgestellung bis Domo II im Auftrag der Captrain Italia S.r.l. (CTI) seit Januar 2013
* Pkw-Transporte nach Torrile San Polo (Mercurio); 2 x pro Woche seit 11.07.2014 Traktion ab Domodossola; Traktion ab Parma seit März 2015 untervergeben an InRail S.p.A.
* Tontransporte Limburg (Lahn) [DE] – Dinazzano; 10 x pro Woche Traktion des Abschnittes ab Domodossola (Übernahme von BLS Cargo AG / DB Schenker Rail) bis Reggio Emilia (Übergabe an TPER S.p.A.); aktuell 12 x pro Woche; zum Teil auf Rückleistung mit Fliesen beladen
* Tontransporte Limburg (Lahn) [DE] – Faenza; 3 x pro Woche Traktion ab Domodossola (Übernahme von BLS Cargo AG / DB Schenker Rail) seit Juli 2005; aktuell 2 x pro Woche
* Tontransporte Schweiz – Rubiera; 1 x pro Woche Traktion ab Domo II (Übernahme von SBB Cargo AG)

DB Schenker Rail Italy S.r.l.

Via Umberto Giordano 35
IT-15100 Alessandria
Telefon: +39 0131 218788
Telefax: +39 0131 240700
info.italia@dbschenker.com
www.rail.dbschenker.it

DB Schenker Rail Italy / DP

Management
* Otto Georg Niederhofer (Präsident)

Gesellschafter
* Schenker Italiana S.p.A. (100 %)

Beteiligungen
* DB Schenker Rail Italia S.r.l. (60 %)

Unternehmensgeschichte
Die DB Schenker Rail Italy S.r.l. ist eine italienische Tochtergesellschaft der deutschen DB Schenker Rail, die nach Erwerb einer Beteiligung an der Nordcargo S.r.l. (NC) und der folgenden Übergabe der eigenen Verkehre an NC zurzeit keine Transporte erbringt. Das Unternehmen entstand aus der Strade Ferrate del Mediterraneo S.r.l. (SFM), einer in bescheidenem Umfang im Güterverkehr auf dem Netz der Rete Ferroviaria Italiana S.p.A. (RFI) tätigen Bahngesellschaft, an der der DB-Konzern 2004 zunächst 95 % der Anteile erwarb. SFM wurde daraufhin 2005 in Railion Italia S.r.l. umbenannt und im Oktober 2006 vollständig durch die zu diesem Zeitpunkt unter der Bezeichnung Railion firmierende Güterverkehrssparte des DB-Konzerns übernommen.
Am 17.09.2008 erhielt die Railion Italia S.r.l. den Zuschlag zum Erwerb von 49 % der Anteile an der bislang vollständig durch die mehrheitlich öffentliche FNM-Gruppe gehaltenen Nordcargo S.r.l. (NC). Nach Genehmigung durch die zuständigen Behörden wurde die Beteiligung im Januar 2009 vollzogen und im Januar 2010 auf 60 % ausgeweitet. Die zum 16.02.2009 in DB Schenker Rail Italia S.r.l. umfirmierte Railion Italia begann daraufhin, betrieblich mit NC zusammenzuarbeiten. Bis Jahresende wurden sukzessive alle bislang selbst erbrachten Transportleistungen samt Triebfahrzeugen in die deutlich größere NC integriert. 2008 hatte Railion Italia nach Angaben der Agenzia Nazionale per la Sicurezza Ferroviaria (ANSF) noch 528.836 Zugkilometer auf RFI-Strecken erbracht.
Im Rahmen der Umfirmierung der Nordcargo zum 01.01.2015 in DB Schenker Rail Italia wechselte die seit 2009 so benannte Firma den Namen in DB Schenker Rail Italy.
Für Vertriebsaktivitäten existiert mit der zum 16.02.2009 aus der vier Jahre vorher neu gegründeten Railion Italia Services S.r.l. hervorgegangenen DB Schenker Rail Italia Services S.r.l. eine separate DB Schenker-Tochtergesellschaft in Italien.

Dinazzano Po S.p.A. (DP)

Piazza Guglielmo Marconi, 11
IT-42121 Reggio Emilia
Telefon: +39 0522 445698
segreteria@dpspa.it
www.dpspa.it

operativer Sitz
Via Pedemontana
IT-42013 Casalgrande
Telefon: +39 0522 849240
Telefax: +39 0522 771100

Management
* Guiseppe Davoli (Präsident)

Gesellschafter
Stammkapital 38.705.000,00 EUR
* TPER S.p.A. - Trasporto Passeggeri Emilia-Romagna (95,35 %)
* Porto Intermodale Ravenna - S.p.A. - S.A.P.I.R. (1,55 %)
* Autorità portuale di Ravenna (1,55 %)
* Azienda Consorziale Trasporti di Reggio Emilia (ACT) (1,55 %)

Lizenzen
* IT: EVU-Lizenz (GV); seit 15.10.2012
* IT: Sicherheitszertifikat Teil A+B (GV); gültig vom 15.04.2014 bis 30.04.2015

Infrastruktur
* Umschlagsanlage Dinazzano
* Umschlagsanlage San Giacomo di Guastalla

Unternehmensgeschichte
Dinazzano Po S.p.A. (DP) ist eine mehrheitliche Tochter der Region Emilia-Romagna und führt Schienengüterverkehre in der Region sowie aus bzw. in die Häfen Ravenna, Genua, Livorno und La Spezia durch. Schwerpunkt bildet dabei die keramische Industrie in und um Sassuolo sowie die Umschlaganlagen im namensgebenden Dinazzano. Die am 12.04.2002 gegründete und seit 01.07.2002 am Markt tätige Gesellschaft war zunächst nur Betreiber der nahe Sassuolo liegenden Umschlaganlage. Im Rahmen der Umgestaltungen der Ferrovie Emilia Romagna S.r.l. (FER) bzw. im

Nachgang der TPER S.p.A. - Trasporto Passeggeri Emilia-Romagna „erbte" die DP im Juni 2012 die regionalen Güterverkehre der FER / TPER. Gleichzeitig wurde die Gesellschafterstruktur des Unternehmens im Rahmen einer Kapitalerhöhung verändert und die Porto Intermodale Ravenna - S.p.A. - S.A.P.I.R. sowie die Autorità portuale di Ravenna traten als Minderheitsgesellschafter dem Unternehmen bei. Neben der eigenen Anlage in Dinazzano betreibt die DP auch die Umschlagsanlage für Stahl in San Giacomo di Guastalla, die von der FER übernommen wurde. 2012 setzte die DP 9,8 Mio. EUR um, im März 2013 waren 64 Mitarbeiter im Unternehmen beschäftigt.

Verkehre
* Rangierverkehre auf FER-Infrastruktur
* Rangierdienst im Hafen Ravenna; seit 2013
* Rangierdienst in Rubiera, u.a. KV-Transporte zwischen Bahnhof und dem Terminal Rubiera und Gegenrichtung im Auftrag der Trenitalia Cargo
* Rangierdienst in Modena auf der Industriebahn nördlich des Bahnhofes
* Coilstransporte Parma – Suzzara; Spotverkehr
* Coilstransporte Ravenna – Suzzara (über Guastalla); Spotverkehr
* Coilstransporte Reggio Emilia – Guastalla; 1 x pro Woche seit 01.01.2009 (ex ACT)
* Coilstransporte Terni (ThyssenKrupp Acciai Speciali Terni S.p.A.) – Guastalla (Padana Tubi); 1 x pro Woche seit Juni 2012; Traktion ab Reggio Emilia im Auftrag der CFI - Compagnia Ferroviaria Italiana S.r.l.
* Fliesentransporte Dinazzano – Reggio Emilia (Übergabe an DB); Spotverkehre im Auftrag der DB Schenker Rail Italia S.r.l.
* Getreidetransporte Šid [RS] – Bondeno (Cargofer S.r.l.); Spotverkehre seit September 2014; Traktion ab Ferrara im Auftrag der Trenitalia Cargo
* KV-Transporte (Marmormehl) Minucciano Pieve Casola – Dinazzano; 5 x pro Woche seit 18.01.2012 Traktion ab Reggio Emilia (Übernahme von Trenitalia Cargo) im Auftrag der Kerakoll S.p.A.
* KV-Transporte Genova – Dinazzano; 6 x pro Woche Traktion ab Reggio Emilia (Übernahme von Trenitalia) im Auftrag der Ignazio Messina & C. S.p.A.
* KV-Transporte La Spezia – Dinazzano; 6 x pro Woche im Auftrag der OCEANOGATE Italia S.p.A.
* KV-Transporte Parma – Dinazzano; Spotverkehr
* KV-Transporte Ravenna – Bologna Interporto; Spotverkehr
* KV-Transporte Ravenna – Ferrara; Spotverkehr
* Schrotttransporte Roveri (Gruppo Fiori) – Terni (Thyssenkrupp Acciai Speciali Terni S.p.A.); 2 x pro Monat seit Anfang 2011; aktuell Spotverkehre
* Tontransporte Westerwald [DE] – Dinazzano; 15-16 x pro Woche im Auftrag der DB Schenker Rail Traktion ab Reggio Emilia (Übernahme von DB Schenker Rail Italia S.r.l.)
* Tontransporte Ravenna – Dinazzano; 5 x pro Tag seit 11.01.2011 im Auftrag der CARGO CLAY LOGISTICS S.R.L. und der GLT Global Logistic & Transport S.r.l.

Ente Autonomo Volturno (E.A.V.) S.r.l. 🅿️🛈

Via Cisterna dell'Olio, 44
IT-80141 Napoli
Telefon: +39 081 19805000
Telefax: +39 081 19805700
info@enteautonomovolturno.it
www.eavcampania.it

Werkstatt
Via Appia Antica
IT-Benevento

Werkstatt
Via Cimitero 1
IT-81016 Piedimonte Matese

Werkstatt
Via Alessandro Scarlatti, 10
IT-80010 Quarto

Management
* Valeria Casizzone (Generaldirektorin)

Gesellschafter
Stammkapital 12.621.917,00 EUR
* Regione Campania (100 %)

Lizenzen
* IT: EVU-Zulassung (PV) seit 04.12.2006
* IT: Eisenbahninfrastrukturkonzession
* IT: Personenverkehrskonzession (für eigene Strecken)

Infrastruktur
* Santa Maria Capua Vetere – Piedimonte Matese (41,2 km); ex FA
* Cancello – Benevento FS (49,25 km); ex FBN; elektrifiziert 3.000 V=
* Piscinola-Scampia – Aversa Centro (10,5 km); Neubaustrecke; elektrifiziert 1.500 V=
* „linea Cumana" Napoli Montesanto – Bagnoli – Torregavetta (20 km)
* „linea Circumflegrea" Napoli Montesanto – Marina di Licola – Torregavetta (27 km)
* Napoli – Barra – Ottaviano – S. Giuseppe – Sarno (38,4 km, Spurweite 950 mm, Elektrifizierung 1.500 V=)

EAV

* Barra – Torre Annunziata – Scafati – Poggiomarino (30,8 km, Spurweite 950 mm, Elektrifizierung 1.500 V=)
* Torre Annunziata – Pompei Scavi – Sorrento (22,1 km, Spurweite 950 mm, Elektrifizierung 1.500 V=)
* Napoli – Nola – Baiano (38,6 km, Spurweite 950 mm, Elektrifizierung 1.500 V=)
* Pomigliano – Alfa Sud (2,7 km, Spurweite 950 mm), verlängert bis Acerra (ca. 3 km, Elektrifizierung 1.500 V=)
* San Giorgio a Cremano – Volla (6 km, Spurweite 950 mm, Elektrifizierung 1.500 V=)

Unternehmensgeschichte

Die heutige Ente Autonomo Volturno (E.A.V.) S.r.l. geht auf die 1904 gegründete gleichnamige Gesellschaft der Region Kampanien zurück, die sich zunächst als Elektrizitätskonzern mit Wasserkraftwerken am Fluß Volturno beschäftigte. Später dehnte sie ihre Aktivitäten auf die Konzeption und Verwaltung der öffentlichen Verkehrssysteme aus. So übertrug die Stadt Neapel ihr Straßenbahnsystem per 01.01.1931 an die EAV. Zum 27.12.2012 wurden die seit 2001 unter der EAV als Holding geführten Bahnunternehmen Circumvesuviana S.r.l. (CV), MetroCampania NordEst S.r.l. (MCNE) und S.E.P.S.A. S.p.A. auf die Muttergesellschaft fusioniert. Mit der Vereinigung in eine Gesellschaft sollen u.a. Kosten bei der Verwaltung gespart werden.

Die Circumvesuviana S.r.l. (VC) geht zurück auf die Strade Ferrate Secondarie Meridionali (SFSM) und ist heute Teil des neapolitanischen Schnellbahnnetzes Metrocampania in der Region Kampanien. Schon am 21.11.1884 verkehrte der erste Dampfzug auf Schmalspurgleisen zwischen Napoli und Nola. Am 18.02.1890 erfolgte die Gründung der Ferrovia Nola-Ottaviano und am 09.02.1891 wurde deren erste, 23,232 km lange Strecke Napoli – Ottaviano – s. Giuseppe eingeweiht. Im Mai 1901 wurde die Gesellschaft in eine Aktiengesellschaft (S.p.A.) umgewandelt und in SFSM umbenannt. Geplant war ein schmalspuriges Eisenbahnnetz rund um den Vesuv. Die Strecke Napoli - Ottaviano wurde 1904 bis Poggiomarino und Sarno verlängert und eine zweite Linie Napoli – Barra – Pompei – Poggiomarino südlich des Vesuv neu erbaut. Schon 1905 wurde zuerst die Strecke zwischen Napoli und Pompei elektrifiziert, und zwar mit Gleichstrom 650 V. Geplante weitere Elektrifizierungen verhinderte die Finanznot nach Ausbruch des Ersten Weltkrieges. Erst 1926 wurde die Elektrifizierung des Netzes abgeschlossen und das Stromsystem auf 1000 V umgestellt. 1934 wurde von Torre Annunziata bis Castellamare eine Verlängerung in Betrieb genommen und die Fahrspannung auf 1200 V erhöht. Die SFSM erwarb 1936 die Bahn Napoli –

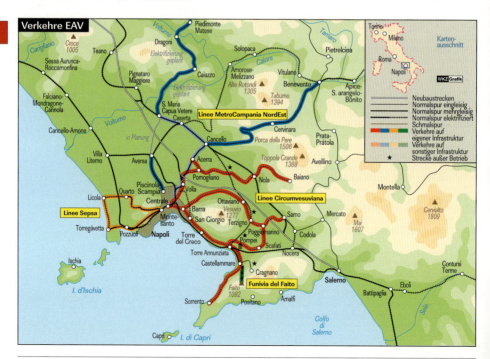

Nola – Baiano, mußte aber 1944 nach dem Ausbruch des Vesuvs die Strecke nach Castellamare wieder neu aufbauen.
Am 06.01.1948 konnte die Verlängerung bis Sorrent in Betrieb gehen. Die Strecke verläuft unter den Städten durch zahlreiche Tunnel hindurch. Die letzten Streckenerweiterungen gab es 2001 mit der Querspange San Giorgio a Cremano – Volla bzw. Botteghella sowie 2004 mit der Stichstrecke Pomigliano – Acerra, die unter dem Werksgelände von Alfa weitgehend im Tunnel verläuft.
Ab 1988 stand die Bahn unter staatlicher Verwaltung, 2000 wurde sie in Circumvesuviana S.r.l. umfirmiert. Die Hauptstrecken sind heute auf großen Abschnitten zweigleisig ausgebaut (Napoli – Barra – Cercola, Napoli – Vola – Scisciano (Richtung Nola), die Zweigstrecke nach Acerra, Barra – Torre Annunziata – Moregine (Richtung Sorrent)).
Gefahren wird von 5 Uhr bis 22 Uhr alle 20-30 Minuten. Durch Umtrassierungen und Streckenausbau verläuft ein großer Teil der Strecken nördlich des Vesuv auf neu erstellten Viadukten. Der Anschluß an die Hochgeschwindigkeitsstrecke Roma – Napoli ist geplant bzw. im Bau.
Von der Circumvesuviana wird auch die Seilbahn von Castellamare auf den Monte Faito betrieben.
Die MetroCampania NordEst S.r.l. (MCNE) entstand am 21.03.2005 bei der Umfirmierung der Ferrovia Alifana e Benevento Napoli S.r.l. (FABN), die wiederum aus der Verschmelzung der beiden Bahnen Ferrovia Alifana (FA) und Ferrovia Benevento – Cancello – Napoli (FBN) hervorgegangen war.
Die FA betrieb drei elektrifizierte Schmalspurstrecken (950 mm):
* Napoli Piazza Carlo III – Aversa – Santa Maria Capua Vetere
* Santa Maria Capua Vetere – Capua (3,2 km); 1943 stillgelegt
* Santa Maria Capua Vetere – Piedimonte d'Alife (seit 1974: Piedimonte Matese) (41,2 km)

Die Strecken waren wie folgt eröffnet worden:
* 30.03.1913: Napoli Piazza Carlo III – Biforcazione – Capua
* 31.12.1913: Biforcazione – Caiazzo
* 05.10.1914: Caiazzo-Piedimonte d'Alife

Napoli – Capua – Piedimonte d' Alife (77,9 km) wurde 1913 mit 11 kV 25 Hz Wechselspannung elektrifiziert. Der im Zweiten Weltkrieg total zerstörte Streckenabschnitt Santa Maria Capua Vetere – Piedimonte Matese wurde erst am 15.04.1963 nach teilweiser Neutrassierung (S. Angelo in Formis bis Villa Ortensia) in Normalspur wieder in Betrieb genommen. Die Bedienung erfolgt seitdem mit Dieseltriebwagen.
Der Bahnbetrieb auf der Verbindung von Napoli nach Santa Maria Capua Vetere wurde am 20.02.1976 auf Busbedienung umgestellt. In den 1990er Jahren wurde eine Wiedereröffnung der Region mit der Bahn beschlossen. Ausgehend vom Endpunkt der Metrolinie 1 in Piscinola-Scampia am nördlichen Stadtrand von Napoli wurde mit dem Bau einer neu trassierten Tunnelstrecke begonnen. Die Inbetriebnahme eines 3,2 langen Neubauabschnittes Piscinola-Scampia – Mugnano erfolgte am 16.07.2005, die Weiterführung bis Aversa Centro (km 10,5) wurde am 24.04.2009 eröffnet.
Die Ferrovia Alifana befand sich ab 1978 unter Verwaltung der Tranvie Provinciali Napoletane (TPN), die noch im gleichen Jahr in Consorzio Trasporti Pubblici (CTP) umfirmiert wurde. Zum 16.06.1986 wurde die Genehmigung der CTP widerrufen und die Bahnstrecke unter kommissarische Verwaltung der Regierung gestellt.
FBN war Betreiber der am 10.07.1913 eröffneten Strecke Cancello – Benevento, die 1959 elektrifiziert wurde. Teilweise sind die Züge über die RFI-Strecke bis Napoli Centrale durchgebunden.
In den vergangenen Jahren erbrachte die damalige MCNE gemäß einer Aufstellung der ANSF - Agenzia Nazionale per la Sicurezza Ferroviaria folgende Zugkm-Leistungen auf Strecken der Rete Ferroviaria Italiana S.p.A. (RFI):
* 2012: 311.937 (PV); 0 (GV)
* 2011: 379.844 (PV); 0 (GV)
* 2010: 398.240 (PV); 0 (GV)
* 2009: 393.815 (PV); 0 (GV)

Bahnwerkstätten der ex MCNE befinden sich in Benevento und Piedimonte Matese.
Die Geschichte der S.E.P.S.A. beginnt 1883 in Rom mit der Gründung der „Società per le Ferrovie Napoletane" für den Bau und zur Unterhaltung einer Eisenbahnstrecke zwischen Neapel, Pozzuoli und Cuma. Die „linea Cumana" wurde 1889 in Betrieb genommen und verbindet auf einer 20 km langen Küstentrasse das Zentrum Neapels mit der Ortschaft Torregaveta in der Gemeinde Bacoli. 1938 wurde gleichzeitig mit wichtigen Ausbau- und Modernisierungsarbeiten an der Linie die Società per l'Esercizio di Pubblici Servizi Anonima (S.E.P.S.A.) [Anonyme Gesellschaft zur Ausübung öffentlicher Serviceleistungen] gegründet, die dann an die Stelle der Ferrovie Napoletane trat.
In den 1950er Jahren errichtete die S.E.P.S.A. die 27 km lange „linea Circumflegrea" als Neubaustrecke und ermöglichte so ab 1962 eine zweite Verbindung zwischen Neapel und Torregaveta. Bei Torregaveta treffen sich die beiden Linien und formen so einen Ringverkehr.
Die stetig steigende Auslastung macht einen zweigleisigen Ausbau notwendig, der seit 1975 sukzessive umgesetzt wird. Die Streckenabschnitte Montesanto – Bagnoli (8,45 km) und Arco Felice – Torregaveta (5,90 km) wurden bereits ausgebaut. Aktuell laufen die Bauarbeiten zwischen Bagnoli und Arco Felice (5,65 km), Montesanto und Pianura (7,46 km) sowie Pisani und Quarto (2,62 km). Der durchgehende zweigleisige Ausbau wird angestrebt. 1987 wurde eine neue Werkstatt in Quarto eingeweiht, 1995 der neue Sitz der Verwaltung des Busbetriebs und der Hauptverwaltung in Agnano. Die neuen Elektrozüge werden in einer 1999 erweiterten Werkstattanlage in Quarto unterhalten.

EAV / Ft

Auch eine Verlängerung der „linea Circumflegrea" von Licola bis Mondragone und deren Anbindung an die Rete Ferroviaria Italiana S.p. A. (RFI) im Norden Neapels sind vorgesehen.
Seit 2001 ist eine Neubaustrecke von Napoli Soccavo nach Napoli Zoo-Edenlandia (5 km) in Bau. Die Strecke verbindet Circumflegrea und Cumana stadtnah.
Neben den Bahnen betreibt die EAV auch Buslinien in den Provinzen Napoli, Caserta, Benevento und Avellino.

Verkehre
★ Personenverkehr „Linee Circumvesuviana"
  • Napoli – Pompei Scavi – Sorrento
  • Napoli – Ottaviano – Sarno
  • Napoli – Scafati – Poggiomarino
  • Napoli – Nola – Baiano
  • Napoli – Pomigliano – Acerra
  • Napoli – San Giorgio (via Centro Direzionale)
★ Personenverkehr „Linee MetroCampania NordEst"
  • Napoli – Benevento
  • Napoli – Caserta – Piedimonte Matese
  • Napoli – Giugliano – Aversa
★ Personenverkehr „Linee Sepsa"
  • Napoli – Bagnoli – Pozzuoli – Torregaveta
  • Napoli – Pianura – Quarto – Torregaveta

Ferrotramviaria S.p.A. (Ft) 🅿🅶🅸

Piazza Giovanni Winckelmann 12
IT-00162 Roma

Ferrovie del Nord Barese
Piazza A. Moro, 50/B
IT-70122 Bari
Telefon: +39 080 5299342
Telefax: +39 080 5299301
info@ferrovienordbarese.it
www.ferrovienordbarese.it

Management
★ Enrico Maria Pasquini (Präsident)

Gesellschafter
Stammkapital 5.000.000,00 EUR
★ Giovanna Balsamini (25,94 %)

★ Gloria Pasquini (25,41 %)
★ Enrico Maria Pasquini (25,41 %)
★ Ughetta Pasquini (12,24 %)
★ Patrizia Pasquini (11 %)

Lizenzen
★ IT: EVU-Zulassung (PV+GV) seit 19.02.2004
★ IT: Eisenbahninfrastrukturkonzession
★ IT: Sicherheitszertifikat Teil A+B (PV+GV); gültig vom 15.01.2014 bis 31.12.2017

Infrastruktur
★ Bari Centrale – Barletta Centrale (70 km); elektrifiziert (3.000 V=)
★ San Girolamo – Ospedale San Paolo (5,13 km); elektrifiziert (3.000 V=)

Unternehmensgeschichte
Die Ferrotramviaria S.p.A. (Ft) ist eine Gesellschaft des öffentlichen Personenverkehrs in der Region Bari und unterhält neben der rund 70 km langen Ferrovie del Nord Barese auch ein paralleles Busnetz mit einer Länge von 128,5 km.
Das Unternehmen wurde am 05.06.1936 in Rom gegründet und übernahm den Bahnbetrieb auf der Strecke Bari Centrale – Barletta Centrale, deren Betreiber sich in Liquidation befand.
Die Strecke Bari Centrale – Barletta Centrale sollte zunächst gemäß eines Entwurfes aus dem Jahr 1877 als Pferdestraßenbahn betrieben werden. 1879 wurde jedoch Konzession für eine durch die in Brüssel ansässige Societé des chemins de fer economiques de Bari-Barletta et extensions S.A. betriebene Dampfstraßenbahn erteilt. Der Betrieb der in der Spurweite 750 mm gefertigten Bahn wurde am 11.10.1883 aufgenommen.
Bis 1959 wurde die Strecke durch die Ft mit dampfbetriebenen Schienenfahrzeugen befahren; 1965 folgte die Umspurung auf 1.435 mm und die Elektrifizierung mit 3.000 V Gleichspannung.
Zum 26.03.1998 wurde die Società per le Ferrovie Complimentari della Sardegna S.p.A. auf die Ft verschmolzen.
Seit dem 04.04.2006 ist der Streckenabschnitt Ruvo di Puglia – Bari Palese zweigleisig befahrbar. Im Dezember 2008 wurde nach zehnjähriger Bauzeit eine 5 km lange Zweiglinie Fesca San Girolamo – Ospedale San Paolo in Betrieb genommen, die mit dichtem Takt ähnlich einer Metro betrieben wird. Die Anbindung des Flughafens Bari mit einer 7,7 km langen, zweigleisigen Neubaustrecke wurde am 19.07.2013 eröffnet.
In Bari Centrale besteht Anschluss an die Netze der Rete Ferroviaria Italiana S.p.A. (RFI), FAS und FSE.
In den vergangenen Jahren erbrachte das Unternehmen gemäß einer Aufstellung der ANSF - Agenzia Nazionale per la Sicurezza Ferroviaria folgende Zugkm-Leistungen auf Strecken der Rete Ferroviaria Italiana S.p.A. (RFI):
★ 2012: 0 (PV); 141.391 (GV)
★ 2011: 0 (PV); 0 (GV)

Ft / FAL

* 2010: 0 (PV); 116.001 (GV)
* 2009: 63.098 (PV); 0 (GV)

Bei Alstom läuft eine die Bestellung von neuen elektrischen Triebwagen für die Ausweitung der bestehenden Verkehre sowie die Neubaustrecken. Zudem wurden bei Stadler neue FLIRT für die Strecke Bari Centrale – Barletta Centrale beschafft.

Verkehre
* Personenverkehr Bari Centrale – Barletta Centrale
* Personenverkehr Bari Centrale – Ospedale San Paolo
* KV-Transporte Muizen Dry Port [BE] – Brindisi; 3 x pro Woche seit 30.06.2013 Traktion südlich von Milano im Auftrag der Crossrail Italia S.r.l.
* KV-Transporte Bari Lamasinata – Melzo Scalo; 3 x pro Woche seit Mitte Juli 2014 Traktion bis Falconara Marittima (Übergabe an Crossrail Italia S.r.l.) im Auftrag der Five Logistics

Ferrovie Appulo Lucane S.r.l. (FAL) 🅿🛈

Corso Italia, 8
DE-70100 Bari
Telefon: +39 080 5725233
Telefax: +39 080 5245017
info@fal-srl.it
www.fal-srl.it

Management
* Dr. Matteo Colamussi (Präsident)
* Aldo Corvino (Geschäftsführer)
* Dr. Vito Lamaddalena (Geschäftsführer)
* Michele Mastrodonato (Geschäftsführer)
* Eduardo Messano (Geschäftsführer)

Lizenzen
* IT: Eisenbahninfrastrukturkonzession
* IT: Personenverkehrskonzession (für eigene Strecken)

Infrastruktur
* Bari Centrale – Altamura – Matera Sud (75,8 km, Spurweite 950 mm)
* Altamura – Gravina in Puglia – Avigliano Lucania (85,3 km, Spurweite 950 mm)
* Avigliano Città – Avigliano Lucania – Potenza Scalo (22,3 km, Spurweite 950 mm)

Unternehmensgeschichte
Die Ferrovie Appulo Lucane S.r.l. (FAL) ist am 01.01.2001 aus der Gestione Commissariale Governativa delle Ferrovie Appulo Lucane und den Autoservizi di Ferrovie Appulo Lucane S.r.l. (FAL) entstanden. Die Bahngesellschaft betreibt ein 183 km großes Netz aus drei Linien in Apulien und der Basilikata. Wie auch die Ferrovie della Calabria (FC) ging die FAL im Rahmen einer 1986 durchgeführten Regionalisierung der Nebenbahnen aus den Ferrovie Calabro Lucane (FCL) hervor. Von dem ursprünglich 1911 geplanten 1.271 km langen Schmalspurnetz in Apulien und Kalabrien in der Spurweite von 950 mm wurden nur drei Teilnetze und mehrere Einzellinien realisiert. Nach verschiedenen Stilllegungen und der Aufteilung in FC und FAL betreibt die FAL heute ein zusammenhängendes Netz ohne Zahnstangenstrecken, während das Netz der FC zweigeteilt ist.

Die 76 km lange FAL-Strecke Bari – Altamura – Matera wurde am 09.08.1915 eröffnet. Die 1928 bzw. 1932 eröffnete Verlängerung um insgesamt 66 km bis Miglionico und Montalbano Jonico wurde 1972 bzw. 1974 bereits wieder stillgelegt. Die 85 km lange Strecke Altamura – Avigliano Lucania entstand in zwei Etappen 1930 und 1934. Von Avigliano Città über Avigliano Lucania bis Potenza Inferiore wurde die 21 km lange Strecke in drei Etappen 1930-1933 eröffnet. Zwischen Avigliano Lucania und Potenza S. Maria wird die Strecke der Rete Ferroviaria Italiana S. p.A. (RFI) mittels dritter Schiene mitbenutzt. Über Potenza Inferiore hinaus wurde eine 1919 bzw. 1931 eröffnete 42 km umfassende Verlängerung bis Pignola über Laurenzia betrieben, nach einem verheerenden Erdbeben anfangs der achtziger Jahre aber aufgegeben. Während im Raum Bari bis Mellitto ein dichter Takt gefahren wird, reichen auf den übrigen Strecken wegen der dünnen Besiedlung relativ wenige Kurse aus. Im Bereich von Potenza wird der Takt zwischen Potenza Macchia Romana und Potenza Scalo verdichtet. Übergang zu Trenitalia besteht in Potenza Inferiore (Potenza Centrale), Avigliano Lucania, Gravina, Altamura sowie in Bari Centrale. Depots gibt es in Bari Scalo, Matera Villalonga und Potenza Scalo.

Im März 2011 hat die FAL Neubautriebwagen bei Stadler geordert. Die vier dreiteiligen und fünf zweiteiligen Fahrzeuge wurden zwischen Februar und Juni 2013 ausgeliefert.

Verkehre
* Personenverkehr Altamura – Avigliano Lucania
* Personenverkehr Avigliano Città – Potenza Scalo
* Personenverkehr Bari Centrale – Matera Sud

Europäische Bahnen '15/'16   619

FCE

Ferrovia Circumetnea (FCE) PI

Via Caronda, 352/A
IT-95128 Catania
Telefon: +39 095 541111
www.circumetnea.it

Lizenzen
* IT: Eisenbahninfrastrukturkonzession
* IT: Personenverkehrskonzession (für eigene Strecken)

Infrastruktur
* Catania Borgo – Randazzo – Riposto (111,7 km, 950 mm Spurweite)
* Borgo – Porto (3,8 km; 1.435 mm Spurweite; Elektrifizierung 3.000 V=)

Unternehmensgeschichte
Die sizilianische staatliche Regionalverkehrsgesellschaft Ferrovia Circumetnea (FCE) ist nach der durch sie u. a. betriebenen 950 mm-Schmalspurbahn benannt. Die ab dem 02.02.1895 in mehreren Abschnitten eröffnete Strecke ist heute 114 km lang und verbindet Catania mit Riposto. Die Bezeichnung Circumetnea [rund um den Ätna] widerspiegelt die Tatsache, dass der Bahnbau seinerzeit auf ein am 31.12.1883 gegründetes Konsortium zum Aufbau der FCE zurückgeht, in dem eine Reihe im Umkreis des Vulkans gelegener Gemeinden sowie die Provinz und die Handelskammer von Catania vereint waren. Die Strecke wird heute ohne Vertaktung mit relativ alten Triebwagen befahren und dient in erster Linie dem Schülerverkehr. In den nächsten Jahren soll die Schmalspurbahn eine umfassende Modernisierung erfahren.

Die FCE betreibt auch die am 27.06.1999 eröffnete „Metropolitana di Catania" nebst vielen Stadt- und Regionalbuslinien. Diese verbindet den heutigen Endbahnhof der Schmalspurbahn Circumetnea im Vorort Borgo mit dem Hafen Catanias über den Hauptbahnhof. Eine Verlängerung nach Nesima (3,0 km) soll mittelfristig in Betrieb genommen werden und ersetzt die Schmalspurtrasse. Die weitere Ausdehnung bis Paternò ist geplant, aktuell befindet sich die Zweiglinie Galatea – Stesicoro ebenfalls im Bau.

Ende 2013 unterzeichnete der polnische Hersteller Newag mit dem italienischen Verkehrsministerium ein Rahmenvertrag zur Produktion von Dieseltriebzügen für die FCE. Der Rahmenvertrag umfasst zehn Züge für maximal 40 Mio. EUR netto, der erste Abruf umfasst vier Garnituren zum Nettopreis von 14,76 Mio. EUR.

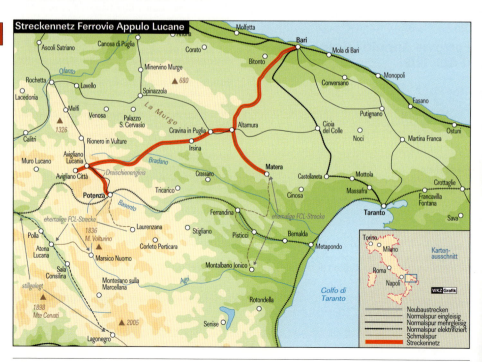

FAS

Ferrovia Adriatico Sangritana S. p.A. (FAS) PGI

Via Dalmazia 9
IT-66034 Lanciano
Telefon: +39 0872 708-1
Telefax: +39 0872 708-500
sangritana@sangritana.it
www.sangritana.it

Werkstatt
Via Mancino
IT-66034 Lanciano

Werkstatt (neu)
IT-66030 Severini

Lokschuppen
Strada Comunale Saletto
IT-66020 Paglieta

Management
* Luigi Nuzzo (Generaldirektor)
* Alfonso D'Alfonso (Vize-Generaldirektor)
* Pascale di Nardo (Präsident)
* Gabriele D'Angelo (Vize-Präsident)

Gesellschafter
Stammkapital 2.582.300,00 EUR
* Ente Regione Abruzzo (100 %)

Lizenzen
* IT: EVU-Zulassung (PV+GV) seit 08.05.2001
* IT: Eisenbahninfrastrukturkonzession
* IT: Sicherheitszertifikat Teil A und B (GV+PV); gültig vom 17.12.2012 bis 30.06.2015

Infrastruktur
* San Vito RFI – Lanciano (stazione via Bergamo) (9,2 km); elektrifiziert 3.000 V=
* Anschlussbahn Ortona Marina – Caldari (9,8 km) in Betrieb
* Anschlussbahn Fossacesia-Torino di Sangro – Val di Sangro/Saletti (10,8 km)
* Val di Sangro/Saletti – Archi (10,2 km); im Bau
* Betriebsführung Hafengleis Porto di Vasto
* Betriebsführung Anschlussbahn Vasto-San Salvo zum Floatglaswerk der Società Italiana Vetro SpA
* Betriebsführung Anschlussbahn im Industriegebiet Teramo-Sant'Atto

Unternehmensgeschichte
Der Bau der Strecke der Ferrovia Sangritana geht auf den Baron de Riseis zurück, der im Mai 1853 den Bau einer Bahnstrecke von Napoli an die Adria vorschlug. Am 12.05.1855 wurde der Vertrag für eine Bahnstrecke von Napoli nach Ceprano in den Abruzzen unterzeichnet, doch der Bau wurde nie ausgeführt. 1879 machten sich die Bürgermeister der Region erneut für eine Bahnstrecke stark, für welche 1882 von der Firma Crocco & Giampietro eine entsprechende Planungsunterlage unter Zugrundelegung einer Verbindung von San Vito nach Castel di Sangro vorgelegt wurde. Doch auch aus diesem Projekt wurde nichts.
Erst 1906 wurde mit dem Bau einer schmalspurigen Bahnstrecke (950 mm) nach den 1905 vorgelegten Plänen des Ingenieurs Ernesto Besenzanica begonnen. Die Hauptstrecke verlief von S. Vito Marina über Crocetta und Archi nach Castel di Sangro. Zweiglinien führten von Ortona nach Crocetta und von Archi nach Atessa.
Am 10.02.1911 begannen die Arbeiten an den Strecken, die wie folgt eröffnet wurden:
* 01.08.1912: Marina San Vito – Lanciano
* 10.11.1912: Marina di Ortona – Guardiagrele
* 04.09.1913: Lanciano – Crocetta – Guardiagrele
* 07.12.1913: Archi – S. Luca
* 19.06.1914: Archi – Villa S. Maria
* 17.10.1914: Villa S. Maria – Ateleta
* 01.08.1915: Ateleta – Castel di Sangro

Insgesamt umfasste das Netz 148 km. Am 01.02.1929 wurde die Verlängerung S. Luca – Atessa in Betrieb genommen.
Fortan verkehrten Dampfzüge unter der Verwaltung der Società Anonima Ferrovie Adriatico-Appennino (FAA). Der Erste Weltkrieg verhinderte eine Verlängerung der Bahnstrecke bis Chieti bzw. Vasto. 1923 konnte die Elektrifizierung mit 2.400 V Gleichspannung vollendet werden. Der Zweite Weltkrieg brachte der Bahnstrecke die Zerstörung durch Deutsche Truppen.
Nach dem Ende des Krieges erfolgte der Wiederaufbau der Strecke und die Beschaffung neuer Fahrzeuge aus der Fertigung von Brown Boveri. Ab 1955 wurden alle Strecken auf bestehender Trasse auf Normalspur umgespurt und elektrifiziert:
* San Vito Marina – Castel di Sangro (102,87 km)
* Ortona Marina – Crocetta (38,3 km)
* Archi – Atessa (15,06 km)

Wie alle Bahnen litt auch die Sangritana unter der zunehmenden Individualmotorisierung und wurde ab 10.08.1980 unter Kommissariatsverwaltung gestellt. Am 11.04.2000 wurde die Ferrovia Adriatico Sangritana in eine Kapitalgesellschaft umgewandelt, die sich im Eigentum der Regione Abruzzo befindet. Die zunächst als S.r.l. (entspricht: GmbH) geführte Gesellschaft wurde aber mit Beschluss vom

FAS / FG

24.06.2004 in eine S.p.A. (Aktiengesellschaft) umgewandelt. Die FAS investierte seitdem in einen zeitgemäßen Nahverkehr und betreibt heute auch zahlreiche Busse in der Provinz Chieti. Die Werkstatt des Bahnbetriebs befindet sich in Lanciano, eine weitere Werkstatthalle in Saletti.
Neue Pläne sehen eine Zusammenlegung der FAS mit der Gestione Trasporti Metropolitani (GTM) S.p. A., ARPA und ihrer Tochtergesellschaften vor.
Bereits 1979 war die Einstellung des Abschnittes Archi – Atessa beschlossen worden, zwischenzeitlich erfolgte auch der Abbau der Strecke. 1982 wurde der Personenverkehr zwischen Ortona und Crocetta eingestellt, 1984 auch der verbliebene Güterverkehr. Im Dezember 1997 wurde die Strecke bis Caldari für den Güterverkehr wiedereröffnet.
Am 20.11.2006 wurde der Personen- und Güterverkehr auf der Strecke San Vito – Lanciano eingestellt. Als Ersatz wurde am 15.03.2008 die Neubaustrecke San Vito Lanciano RFI – Lanciano Stazione Via Bergamo in Betrieb genommen, so dass Lanciano über 15 Monate keinen Bahnanschluss hatte. Als Ersatz für den aufgelassenen alten Bahnhof im Stadtzentrum von Lanciano wurde außerhalb ein neuer Bahnhof errichtet. Vom diesem aus wurde eine Verbindungskurve zu der alten Strecke geschaffen, um die dort angelegte, neue Werkstatt erreichen zu können. Die Steilstrecke San Vito Città – San Vito Marina wurde endgültig aufgelassen und soll abgebrochen werden.
Die Strecke Archi – Castel di Sangro ist zurzeit außer Betrieb, soll aber reaktiviert werden. Der Mittelabschnitt Bomba – Quadri wurde für Pendelverkehr anlässlich der Kanuwettbewerbe der „Mittelmeerspiele" (Giochi del Mediterraneo) ertüchtigt, welche im Sommer 2009 veranstaltet wurden.
Der Güterverkehr auf dem Industriegleis Fossacesia-Torino di Sangro – Saletti ist durch das Werk der SEVEL Sud geprägt. SEVEL - eigentlich S.E.Ve.L. - steht für „Società Europea Veicoli Leggeri" und ist ein 50:50-Joint-Venture aus PSA Peugeot Citroen und der Fiat Auto S.p.A. Neben dem Werk in Saletti besteht eine weitere Fertigung in Valenciennes [FR]. 2013 ging der Transportauftrag in das Ausland von Nordcargo auf Captrain Italia über. Die FAS stellt seitdem für einen der beiden Relationen bis Alessandria Lok sowie bis Bologna San Donato das Personal.
In den vergangenen Jahren erbrachte das Unternehmen gemäß einer Aufstellung der ANSF - Agenzia Nazionale per la Sicurezza Ferroviaria folgende Zugkm-Leistungen auf Strecken der Rete Ferroviaria Italiana S.p.A. (RFI):
⋆ 2012: 575.351 (PV); 78.277 (GV)
⋆ 2011: 592.523 (PV); 276.312 (GV)
⋆ 2010: 603.356 (PV); 253.241 (GV)
⋆ 2009: 661.270 (PV); 209.796 (GV)
Am 17.03.2015 beschloss das Parlament der Region Abruzzen die Gründung einer kombinierten regionalen Transportgesellschaft für Bahn und Bus. Die künftige TUA Trasporto Unico Abruzzo, deren Abkürzung TUA zugleich „Deine" heißt, wird mit rund 1.600 Mitarbeitern vor allem Überlandbusverkehre anbieten, zugleich aber auch die Aktivitäten der FAS übernehmen.

Verkehre
⋆ Personenverkehr Pescara – Giulianova – Teramo
⋆ Personenverkehr San Vito Lanciano RFI – Lanciano stazione via Bergamo; zum Teil durchgebunden von Pescara
⋆ Personenverkehr Vasto S. Salvo – Bologna; 3 x pro Woche ein Zugpaar seit Dezember 2013
⋆ Gütertransporte Fossacesia-Torino di Sangro – Val di Sangro / Saletti; 4-5 x pro Tag
⋆ Pkw-Neuwagentransporte (Peugeot, Fiat) Val di Sangro / Saletti (SEVEL) – Domo II – Belgien; Traktion des Abschnitts bis Fossacesia-Torino di Sangro seit Januar 2013 im Auftrag der Captrain Italia S.r.l. (CTI)
⋆ Pkw-Neuwagentransporte (Peugeot, Fiat) Val di Sangro / Saletti (SEVEL) – Modane [FR] – Frankreich; Traktion des Abschnitts bis Alessandria seit Januar 2013 im Auftrag der Captrain Italia S.r.l. (CTI)

Ferrovie del Gargano S.r.l. (FG)
🅿 ℹ

Via Zuppetta 7/d
IT-70121 Bari
Telefon: +39 080 321414
www.ferroviedelgargano.com

Management
⋆ Vincenzo Scarcia (Präsident)

Gesellschafter
Stammkapital 16.000.000,00 EUR
⋆ Servizi E Infrastrutture Holding S.r.l. (99 %)
⋆ Grazia Scarcia (0,34 %)
⋆ Santino Germano (0,22 %)
⋆ Giuseppe Germano (0,22 %)
⋆ Vincenzo Germano (0,22 %)

Lizenzen
⋆ IT: EVU-Zulassung (PV+GV) seit 28.11.2001
⋆ IT: Eisenbahninfrastrukturkonzession

FG / FSE

* IT: Sicherheitszertifikat, Teil A (GV); gültig vom 07.08.2012 bis 28.02.2015

Infrastruktur
* San Severo – Peschici (79 km); elektrifiziert (3.000 V=)
* Foggia – Lucera (17 km); elektrifiziert (3.000 V=)

Unternehmensgeschichte
Die Ferrovie del Gargano S.p.A. (FG) wurde als Bahngesellschaft gegründet, betreibt aber heute sowohl Schienen- als auch Straßenverkehr in der Provinz Foggia. Die Abteilung Straßenverkehr ist Teil des Konsortiums „CoTrAP" (Consorzio Trasporti Aziende Pugliesi). Neben eigenen Strecken betreibt die FG auch die 1967 stillgelegte FS-Linie Foggia – Lucera, die nach einer Elektrifizierung am 14.07.2009 reaktiviert wurde.
Am Ende des 19. Jahrhunderts entstand bei der lokalen Bevölkerung der Wunsch, mit dem Bau einer Bahnlinie von San Severo nach Manfredonia oder Barletta die Region Foggia an das Schienennetz anzuschließen. Diverse Planungen, die zum Teil auch genehmigt wurden, fielen aber der schlechten Haushaltslage zum Opfer.
Letztendlich wurde erst am 17.09.1926 die Konzession zum Bau der dampfbetriebenen Schmalspurbahn (950 mm) San Severo – San Menaio an das „Sindacato per le Strade Ferrate Garganiche" erteilt. Bereits im gleichen Jahr erhielt die Società Anonima per le Ferrovie e Tramvie del Mezzogiorno (FTM) eine Betriebsgenehmigung für den Umbau der Strecke auf Normalspur sowie die Elektrifizierung mit 3.000 V Gleichspannung. Die Verlegung der Gleise begann im Jahr 1930 unter Verwendung von Resten einer militärischen Bahnlinie zur Versorgung des Militärstützpunktes in San Nicola Imbuti.
Die offizielle Eröffnung der Bahnstrecke erfolgte am 27.10.1931, mehr als ein Jahr früher als zunächst geplant. Mangels fertig gestellter Elektrifizierung musste entgegen der ursprünglichen Absicht aber übergangsweise noch bis 14.11.1931 mit Dampftraktion gefahren werden.
Am 30.10.2006 wurde die Strecke Sannicandro – Canano Verano nach einer Neutrassierung wieder in Betrieb genommen.
Die Strecke San Severo – Peschici wurde bei schweren Unwettern Anfang September 2014 an mehreren Stellen unterspült und verschüttet. Bis zur bis Mai 2015 vorgesehenen vollständigen Behebung der Schäden verkehren die Züge seither im Schienenersatzverkehr.
Die Autoservizi del Gargano S.r.l. wurde am 31.12.1996 auf die FG fusioniert.
In den vergangenen Jahren erbrachte das Unternehmen gemäß einer Aufstellung der ANSF - Agenzia Nazionale per la Sicurezza Ferroviaria folgende Zugkm-Leistungen auf Strecken der Rete Ferroviaria Italiana S.p.A. (RFI):
* 2012: 179.771 (PV); 0 (GV
* 2011: 279.815 (PV); 0 (GV)
* 2010: 263.900 (PV); 0 (GV)
* 2009: 264.940 (PV); 0 (GV)

2011 hatte das Unternehmen 466 Mitarbeiter und verzeichnete einen Umsatz von 54,58 Mio. EUR (2010: 51,09 Mio. EUR; 2009: 44,72 Mio. EUR). Die Werkstatt der FG befindet sich in San Severo.

Verkehre
* Hausmülltransporte Incoronata – Apricena; voraussichtlich ab zweitem Halbjahr 2015
* Personenverkehr Foggia – Lucera
* Personenverkehr San Severo – Apricena; Testfahrten ab 01.10.2013, Regelverkehr seit 15.12.2013
* Personenverkehr San Severo – Peschici; wegen Unwetterschäden seit September 2014 bis voraussichtlich Mai 2015 östlich von Rodi Garganico im Schienenersatzverkehr

Ferrovie del Sud Est e Servizi Automobilistici S.r.l. (FSE) 🅿️🅸

Via Amendola, 106/D
IT-70126 Bari
Telefon: +39 080 5462111
Telefax: +39 080 5462376
info@fseonline.it
www.fseonline.it

Management
* N. Aversano (Generaldirektor)

Lizenzen
* IT: EVU-Zulassung (PV+GV) seit 26.03.2003
* IT: Eisenbahninfrastrukturkonzession

Infrastruktur
* Bari Centrale – Putignano – Taranto (114,5 km)
* Bari Mungivacca – Putignano (43,3 km)
* Martina Franca – Lecce (102,6 km)
* Lecce – Zollino – Nardo Centrale – Gallipoli (53,0 km)
* Gallipoli – Casarano (22,0 km)
* Zollino – Maglie – Gagliano Leuca (46,5 km)
* Novoli – Nardo – Casarano – Gagliano Leuca (74,2 km)
* Maglie – Otranto (18,3 km)

Unternehmensgeschichte
Die Ferrovie del Sud Est S.A. (FSE) entstand 1931 aus den ehemaligen S.A. per le Ferrovie Salentine, der Società per la Ferrovie Sussidiate und zwei Strecken der FS (Lecce – Zollino – Maglie – Otranto und Zollino – Gallipoli). 2001 wurde die Gesellschaft in eine S.r.l. mit der Firmierung Ferrovie del Sud Est e Servizi Automobilistici S.r.l. (FSE) umgewandelt.

FSE / FC

Die FSE betreibt heute rund 474 km Streckeninfrastruktur, die bis auf Bari Centrale FS – Bari Sud Est – Bari Mungivacca (4,3 km) eingleisig ausgeführt und bisher nicht elektrifiziert sind. 2008/2009 wurden 13 fabrikneue Triebwagen aus der Fertigung des polnischen Unternehmens PESA Bydgoszcz ausgeliefert.
Die FSE betreibt u. a. auch das Containerterminal in Surbo (Surbo Terminal S.r.l.) mit einem Ableger in Melissano.
Die Elektrifizierung der Strecken von Bari sowohl über Noci als auch über Casamassima nach Putignano und der anschließenden Verbindung nach Taranto wurde jedoch zu Beginn des Jahrzehnts beschlossen. Im März 2015 waren die Arbeiten bereits weit fortgeschritten. Die FSE hat jedoch bislang keine elektrischen Triebfahrzeuge geordert.

Verkehre
* Personenverkehr „Linea 1" Bari – Taranto, z.T. via Mungivacca – Putignano bedient
* Personenverkehr „Linea 2" Martina Franca – Lecce
* Personenverkehr „Linea 3" Novoli – Gagliano
* Personenverkehr „Linea 4" Casarano – Gallipoli
* Personenverkehr „Linea 5" Lecce – Gallipoli
* Personenverkehr „Linea 6" Zollino – Gagliano
* Personenverkehr „Linea 7" Lecce – Maglie
* Personenverkehr „Linea 8" Maglie – Otranto
* Personenverkehr „Linea 9" Maglie – Gagliano

Ferrovie della Calabria S.r.l. (FC)
P I

Via Milano, 28
IT-88100 Catanzaro
Telefon: +39 0961 896111
Telefax: +39 0961 896207
mail@ferroviedellacalabria.com
www.ferroviedellacalabria.com

Management
* Angelo Mautone (Präsident)
* Dr. Giuseppe Lo Feudo (Generaldirektor)

Gesellschafter
Stammkapital 10.012.911,42 EUR
* Ministero dei Trasporti e della Navigazione (100 %)

Lizenzen
* IT: EVU-Zulassung (PV+GV); seit 21.09.2007
* IT: Eisenbahninfrastrukturkonzession
* IT: Sicherheitszertifikat (PV+GV) seit 10.12.2009

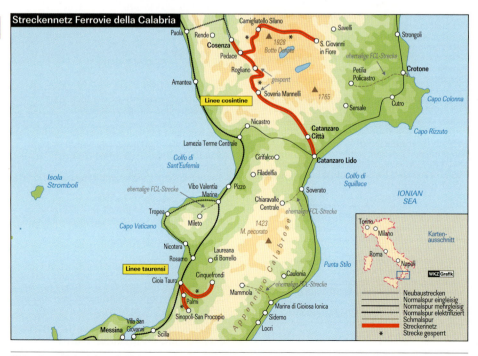

FC / FER

Infrastruktur
* Cosenza Vaglio Lise – Catanzaro Lido (113 km, Spurweite 950 mm) mit 2 km Zahnstangenabschnitt in Catanzaro; Abschnitt Marzi – Soveria Mannelli (31 km) gesperrt
* Pedace – Camigliatello Silano – San Giovanni in Fiore (77 km, Spurweite 950 mm); aktuell außer Betrieb
* Gioia Tauro – Cinquefrondi (31,7 km, Spurweite 950 mm); aktuell außer Betrieb
* Gioia Tauro – Palmi Centrale (9,1 km, Spurweite 950 mm); aktuell außer Betrieb
* Palmi Centrale – Sinopoli San Procopio (17,2 km, Spurweite 950 mm); aktuell außer Betrieb

Unternehmensgeschichte
Die staatliche Ferrovie della Calabria S.r.l. (FC) betreibt die in der Region Kalabrien verbliebenen schmalspurigen Bahnstrecken sowie Busverkehre und Seilbahnen. Das Unternehmen entstand zum 01.01.2001 durch Umfirmierung einer nahezu gleichnamigen, als "Gestione commissariale governativa" ("in staatlicher Verwaltung") organisierten Einheit. Diese war 1989 aus der Aufspaltung der Gestione Commissariale Governativa Ferrovie Calabro - Lucane (FCL) in die FC sowie die Ferrovie Appulo-Lucane S.r.l. (FAL) hervorgegangen. Der italienische Staat hatte die FCL 1963 von der privaten Società Mediterranea per le Ferrovie Calabro Lucane (MCL) übernommen, die zu diesem Zeitpunkt auch Eigentümer der Ferrovie Nord Milano (FNM) war.
Von der FCL hatte die FC zwei Schmalspurnetze von Cosenza gen Süden (Linee cosentine) und östlich von Gioia Tauro (Linee taurensi) übernommen, deren Strecken die MCL wie folgt eröffnet hatte:
* Cosenza – Pedace – Catanzaro Lido zwischen 1916 und 1934
* Pedace – San Giovanni in Fiore zwischen 1916 und 1956
* Gioia Tauro – Cittanova 1924
* Cittanova – Cinquefrondi 1929
* Gioia Tauro – Palmi – Seminara 1917
* Seminara – Sinopoli San Procopio 1928

Der Güterverkehr wurde in den 1990er-Jahren eingestellt; vorhandenes Material wird fallweise für Bauzugdienste verwendet.
Der Personenverkehr konzentriert sich auf den Vorortverkehr der Städte Catanzaro und Cosenza mit 90.000 bzw. 70.000 Einwohnern. Die Strecke nach San Giovanni in Fiore wurde hingegen von 1997 bis 2010 schrittweise stillgelegt. Auf dem Netz um Gioia Tauro wurde der Betrieb nach Palmi zum 01.02.2011 auf behördliche Anordnung wegen Sicherheitsmängeln eingestellt, nachdem die Verbindung Palmi – Sinopoli bereits 1997 zuletzt befahren wurde. Aufgrund von Oberbaumängeln wurde zum 07.06.2011 auch die Sperrung der Strecke nach Cinquefrondi verfügt, für deren Reparatur in Folge 12 Mio. EUR veranschlagt, aber nicht bewilligt wurden. 2014 begann indes die Instandsetzung des Abschnitts Gioia Tauro – Palmi, ehe die Arbeiten im Januar 2015 ausgesetzt wurden. Auf der topographisch anspruchsvollen Verbindung Cosenza – Catanzaro wurde der Bahnverkehr im mittleren Abschnitt zwischen Rogliano, Soveria Mannelli und Madonna del Porto nach Erdrutschen und Unterspülungen im Winter 2009/2010 eingestellt. Der Abschnitt Soveria Mannelli – Madonna del Porto wird jedoch seit 05.08.2011 wieder befahren, der kurze Abschnitt Rogliano – Marzi ebenfalls seit 2011.
2011 hatte die FC 965 Mitarbeiter. 2010 verzeichnete das Unternehmen einen Umsatz von 47,07 Mio. EUR (2009: 47,51 Mio. EUR; 2008: 44,92 Mio. EUR).

Verkehre
* Personenverkehr Catanzaro Citta – Catanzaro Lido
* Personenverkehr Catanzaro Citta – Soveria Mannelli
* Personenverkehr Cosenza – Pedace – Rogliano – Marzi

Ferrovie Emilia Romagna S.r.l. (FER) 🇮🇹

Via S. Donato, 25
IT-40127 Bologna
Telefon: +39 051 0546990
Telefax: +39 051 4213684

Verwaltung
Via Zandonai, 4
IT-44100 Ferrara
Telefon: +39 0532 1912900
Telefax: +39 0532 905618
info@fer-online.it
www.fer-online.it

Büro Modena
Piazza Manzoni, 19
IT-41100 Modena
Telefon: +39 059 5966900
Telefax: +39 059 3091371

Büro Parma
Via Garibaldi, 22
IT-43100 Parma
Telefon: +39 0521 1855690
Telefax: +39 0521 230210

FER

Büro Rimini
P. le Clementini, 33
IT-47900 Rimini
Telefon: +39 0541 1795600
Telefax: +39 0541 56896

Büro Reggio Emilia
via Fratelli Manfredi, 2
IT-42100 Reggio Emilia
Telefon: +39 0522 1845990
Telefax: +39 0522 927719

Management
★ Sergio Alberti (Präsident)
★ Dr. Stefano Masola (Generaldirektor)

Gesellschafter
Stammkapital 80.078.926,00 EUR
★ Regione Emilia Romagna (93,16 %)
★ Azienda Consorziale Trasporti di Reggio Emilia (ACT) (6,18 %)
★ Provincia di Bologna (0,08 %)
★ Provincia di Ferrara (0,08 %)
★ Provincia di Mantova (0,08 %)
★ Provincia di Modena (0,08 %)
★ Provincia di Parma (0,08 %)
★ Provincia di Ravenna (0,08 %)
★ Provincia di Reggio Emilia (0,08 %)
★ Provincia di Rimini (0,08 %)

Lizenzen
★ IT: Eisenbahninfrastrukturkonzession

Infrastruktur
★ Parma – Suzzara (44 km, ex FPS)
★ Suzzara – Ferrara (82 km, ex FSF, ab Poggio Rusco elektrifiziert 3.000 V=)
★ Ferrara – Codigoro – Pomposa (57 km, ex FP)
★ Bologna – Portomaggiore – Dogato (63 km, ex FBP, seit Oktober 2008 bis Portomaggiore elektrifiziert 3.000 V=)
★ Bologna – Vignola (27 km, ex FBV, elektrifiziert 3.000 V=)
★ Modena – Sassuolo (16 km, ex ATCM, elektrifiziert 3000V=)
★ Reggio Emilia RFI – Guastalla FER (29 km, ex ACT, Elektrifizierung bis Guastalla im Bau, aktuell bis Bagnolo in Piano vorhanden)
★ Reggio Emilia RFI – Sassuolo ACTM (23 km, ex ACT)
★ Reggio Emilia RFI – Ciano d'Enza (26 km, ex ACT)

Unternehmensgeschichte
Die Ferrovie Emilia Romagna S.r.l. (FER) ist heute ein reiner Eisenbahninfrastrukturbetreiber in der Emilia Romagna, unterhält ein 273 km langes und teilweise mit 3.000 V Gleichspannung elektrifiziertes

FER / FUC

Streckennetz und hatte am 30.06.2012 247 Mitarbeiter.
Die Bahngesellschaft entstand am 11.04.2000 durch die Fusion von fünf Regionalbahnen:
* FP - Ferrovie Padane
* FSF - Ferrovia Suzzara-Ferrara
* FPS - Ferrovia Parma-Suzzara
* FBP - Ferrovia Bologna-Portomaggiore
* FBV - Ferrovia Bologna-Vignola

Später wurden die Betriebe der ATCM (Modena – Sassuolo, zum 02.01.2008) und der ACT (Casalecchio – Vignola) ebenfalls integriert. Zum 01.01.2009 übernahm die FER alle Personen- und Güterverkehrsleistungen der Azienda Consorziale Trasporti di Reggio Emilia (ACT). ACT wiederum stieg im Rahmen einer Stammkapitalerhöhung von 890.888 EUR auf 29,3 Mio. EUR als Gesellschafter bei der FER ein.
Am 19.05.2005 gründeten die FER, die Azienda Consorziale Trasporti di Reggio Emilia (ACT) und die Azienda Trasporti Collettivi e Mobilità (ATCM) die Gesellschaft Società Ferroviaria Passeggeri S.F.P. S.r.l., die sich aber aktuell in Liquidation befindet.
Zum 01.02.2012 wurde der Bahnbetrieb in die neu gegründete Trasporto Passeggeri Emilia-Romagna (TPER) überführt und somit die Trennung von Netz und Betrieb umgesetzt.

Ferrovie Udine Cividale S.r.l. (FUC) PGI

Via Peschiera, 30
IT-33100 Udine
Telefon: +39 0432 581844
Telefax: +39 0432 581883
info@ferrovieudinecividale.it
www.ferrovieudinecividale.it

Management
* Corrado Leonarduzzi (Geschäftsführer)

Gesellschafter
Stammkapital 119.000,00 EUR
* Regione Autonoma Friuli Venezia Giulia (100 %)

Lizenzen
* IT: EVU-Zulassung (PV+GV) seit 02.02.2005
* IT: Eisenbahninfrastrukturkonzession
* IT: Sicherheitszertifikat Teil A (PV+GV); gültig vom 26.09.2012 bis 25.01.2016
* IT: Sicherheitszertifikat Teil B (PV+GV); gültig vom 26.09.2012 bis 31.03.2015

Infrastruktur
* Udine – Cividale (15,3 km)

Unternehmensgeschichte
Die rund 15 km lange Bahnlinie Udine – Cividale wurde am 24.06.1886 eröffnet und von der Società Veneta (SV) betrieben. Ende der 1950er Jahre wurde die Dampftraktion durch modernere Dieseltriebwagen und -loks abgelöst. 1986 wurde die Bahn unter kommissarische Verwaltung des Verkehrsministeriums gestellt, die eigentliche Betriebsführung wurde von den Ferrovie del Nord Est (FNE; ex SV) wahrgenommen. Von 1997 bis 2001 übernahmen die Ferrovie dello Stato (FS) die Verwaltung. 2001 wurde als Nachfolgerin für die noch bestehenden Bahnlinien der ehemaligen SV die Ferrovie Venete S.p.A. gegründet, die 2002 in der Sistemi Territoriali S.p.A. (ST, siehe dort) der Region Veneto aufging. Die in der Region Friaul-Julisch Venetien gelegene Ferrovie Udine Cividale S.r.l. (FUC) wurde zum 01.01.2005 aus der ST herausgelöst und seither als eigenständige Gesellschaft, die zu 100 % der Region gehört, betrieben.
Zwischenzeitlich wurden moderne Stadler GTW 2/6 beschafft und 2007 rund 500.000 Passagiere befördert. Die Werkstatt der FUC befindet sich in Udine. 2011 hatte das Unternehmen 48 Mitarbeiter und setzte 2010 1,56 Mio. EUR um (2009: 1,08 Mio. EUR; 2008: 0,75 Mio. EUR).
Im März 2011 stieg die FUC wieder in den Güterverkehr ein. Neben dem Rangierdienst in Udine Parco wird auch Bottenicco auf der eigenen Infrastruktur angefahren. Ein entsprechender Testzug war am 10.12.2009 verkehrt.
Am 15.06.12 startete das EU-Interegg IV-Projekt „MICOTRA" im Nahverkehr. Der ÖBB-Personenverkehr und die FUC nahmen den regionalen Zugverkehr zwischen Villach und Udine wieder auf. Möglich macht es ein EU-Projekt, das die Verkehrsunternehmen mit Unterstützung der EU und der Länder Kärnten und der Region Autonoma Friuli-Venezia Giulia finanziert bekommen haben. Obwohl es sich dabei täglich nur um zwei Zugpaare handelt, darf die Symbolwirkung nicht unterschätzt werden. Es gibt wieder einen Zugverkehr auf der bestens ausgebauten „Pontebbana", der zwölf Orte zwischen Villach und Udine verbindet.
In den vergangenen Jahren erbrachte das Unternehmen gemäß einer Aufstellung der ANSF - Agenzia Nazionale per la Sicurezza Ferroviaria folgende Zugkm-Leistungen auf Strecken der Rete Ferroviaria Italiana S.p.A. (RFI):
* 2012: 44.442 (PV); 2.953 (GV)
* 2011: 0 (PV); 130.448 (GV)
* 2010: 0 (PV); 116.710 (GV)
* 2009: 0 (PV); 385.292 (GV)

Verkehre
* Personenverkehr Udine – Cividale
* Personenverkehr „Micotra" Villach [AT] – Udine; 2 Zugpaare pro Tag in Kooperation mit der ÖBB seit 15.06.2012

FUC / FerrovieNord / FNM

* Rangierverkehr Udine Parco; seit März 2011
* Coilstransporte Udine Parco (Übernahme von InRail S.r.l.) – Bottenicco; seit März 2011

FerrovieNord S.p.A. 🇮🇹

P.le Cadorna, 14
IT-20123 Milano
Telefon: +39 02 85114382
www.ferrovienord.it

Management
* Carlo Malugani (Präsident)
* Marco Barra Caracciolo (Geschäftsführer)

Gesellschafter
* FNM S.p.A. (100 %)

Beteiligungen
* NORD_ING S.r.l. (80 %)
* DB Schenker Rail Italia S.r.l. (40 %)

Lizenzen
* IT: EVU-Zulassung (PV) seit 23.06.2000
* IT: Eisenbahninfrastrukturkonzession

Infrastruktur
* Milano Nord – Canzo Asso (50,41 km; elektrifiziert 3.000 V=)
* Milano Nord – Saronno – Novara Nord (61,176 km; elektrifiziert 3.000 V=)
* Sacconago – Malpensa (10,12 km; elektrifiziert 3.000 V=)
* Saronno – Como Nord Lago (24,931 km; elektrifiziert 3.000 V=)
* Saronno – Laveno Mombello Nord (50,995 km; elektrifiziert 3.000 V=)
* Saronno – Seregno (14,302 km)
* Malnate Olona – Confine Svizzero (7,462 km)
* Brescia – Iseo (25,724 km); 1993 erworben
* Iseo – Edolo (76,884 km); 1993 erworben
* Bornato-Calino – Rovato-Borgo (5,75 km); 1993 erworben
* Seveso –- Camnago Lentate RFI (2,287 km; elektrifiziert 3000 V =)
* Milano Nord Bovisa – Milano Farini RFI (1,08 km)
* Laveno Mombello Nord – RFI (0,773 km)
* Novara Nord – Novara RFI (0,192 km)
* Novara Nord – Novara Boschetto RFI (0,748 km)

Unternehmensgeschichte
FerrovieNord S.p.A. ist die Infrastrukturgesellschaft der FNM-Gruppe und betreibt 319 km Gleisanlagen und 121 Bahnstationen in der Lombardei. Das Schienennetz befand sich bis 1985 im Bestand der Ferrovie Nord Milano S.p.A. und wurde dann der Nord Milano Esercizio S.p.A. (FNME) als Bahntochter zugeteilt.
1993 übernahm die FNM sämtliche Anteile des Consorzio Brescia Nord mit den Strecken Brescia – Edolo und Bornato-Calino – Rovato-Borgo. Das Consorzio war 1987 von der Provinz Brescia, der FNM und der Società Nationale di Ferrovie e Tramvie (SNFT) gegründet worden, nachdem die Konzession der SNFT für die beiden Strecken ausgelaufen war. Zum 01.01.2004 erfolgte die Abspaltung des FNM-Personen- und Güterverkehrs in eigene Gesellschaften und der FNME verblieb fortan nur die Betreuung der Infrastruktur. Mit der Einführung von neuen Firmierungen innerhalb der FNM erhielt die Gesellschaft am 29.04.2006 den heute gültigen Namen.
Die Gesellschaft ist in zwei Sektionen unterteilt:
* Milano als Knotenpunkt eines fast komplett elektrifizierten Streckennetzwerkes in der Lombardei mit den Endpunkten Varese, Novara, Como und Aeroporto di Milano-Malpensa
* Brescia: nicht elektrifizierte Strecke von Brescia nach Edolo und Rovato

Die ehemals auch elektrifizierte Strecke Saronno – Seregno ist seit Jahren ohne Fahrdraht und wird nur noch im Güterverkehr genutzt. Ende 2009 beginnen jedoch der teilweise zweigleisige Ausbau und die Neuelektrifizierung mit 3000 V Gleichspannung. Ab 2012 soll die S-Bahn Linie 9 Milano – Seregno über die ausgebaute Strecke bis Saronno verlängert werden; ferner sind Direktverbindungen von Turin – Novara sowie vom Flughafen Malpensa nach Bergamo geplant.

FNM S.p.A.

Piazzale Cadorna, 14
IT-20123 Milano
Telefon: +39 02 85111
www.fnmgroup.it

Management
* Norberto Achille (Präsident)
* Giuseppe Biesuz (Generaldirektor)
* Luigi Legnani (Transportdirektor)

Gesellschafter
* Regione Lombardia (57,57 %)
* Streubesitz (19,158 %)
* Ferrovie dello Stato Italiane S.p.A. (FS Italiane) (14,74 %)

FNM

* Aurelia S.p.A. (4,7 %)
* Banca Popolare Italiana (3,832 %)

Beteiligungen
* FerrovieNord S.p.A. (100 %)
* FNM Autoservici S.p.A. (100 %)
* Interporti Lombardi S.p.A. (100 %)
* VIENORD S.r.l. (100 %)
* Se.MS S.r.l. (68,5 %)
* Nord Energia S.p.A. (60 %)
* Nordcom S.p.A. (58 %)
* Omnibus Partecipazione S.r.l. (50 %)
* TRENORD S.r.l. (50 %)
* NORD_ING S.r.l. (20 %)

Unternehmensgeschichte
Ferrovie Nord Milano (FNM) wurde Ende des 19. Jahrhunderts für den Bau und den Betrieb von Bahnstrecken in der Lombardei gegründet und ist heute eines der größten Transportunternehmen Italiens und landesweit die zweitgrößte Bahngesellschaft.
Die Geschichte der FNM geht auf die 1877 vom Belgier Albert Vaucamps gegründete Società Anonima Ferrovie Milano-Saronno e Milano-Erba zurück. Der am 22.03.1879 eröffneten Strecke Milano – Saronno folgte noch im gleichen Jahr der Abschnitt Milano – Erba. 1883 wurde die Gesellschaft in Società Anonima per le Ferrovie Nord Milano (FNM) umbenannt. Fünf Jahre später wurde die Società per le Ferrovie del Ticino in die FNM integriert, die die Linien Como – Malnate – Varese – Laveno und Saronno – Malnate einbrachte. Bis Ende des 19. Jahrhunderts verfügte die FNM nach der Übernahme der Strecken Novara – Seregno und Saronno – Grandate über ein großes Netzwerk in der Lombardei, das in direkter Konkurrenz zur Società per le Strade Ferrate del Mediterraneo stand. Mit der Verstaatlichung der Bahngesellschaften in Italien konnte die Mediterranea die Gesellschafteranteile der belgischen Eigentümer an der FNM 1907 übernehmen.
Zwischen 1929 und 1953 wurde ein Großteil der Strecken elektrifiziert, nach dem Zweiten Weltkrieg wurde jedoch der Personenverkehr zwischen Saronno und Seregno (1958) sowie Malnate und Grandate (1966) eingestellt.
1974 erwarb die Lombardei sämtliche Anteile der seit 1943 als Aktiengesellschaft agierenden FNM. 1985 erfolgte der Umbau der FNM in eine Holdinggesellschaft mit zwei Transporttöchtern:
* Ferrovie Nord Milano Esercizio S.p.A. (FNME): Bahnverkehr
* Ferrovie Nord Milano Autotrasporti S.p.A. (FNMA): Straßenverkehr

1987 bildete die FNM zusammen mit der Provincia di Brescia und der Società Nazionale Ferrovie e

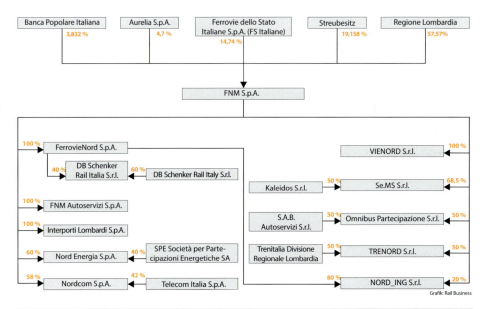

Unternehmensstruktur FNM

Grafik: Rail Business

FNM / FuoriMuro

Tramvie (SNFT) das „Consorzio Brescia Nord" (CBN), um die Bahnstrecke Brescia – Edolo zu erhalten. Nachdem die SNTF die entsprechende Lizenz verloren hatte und die Infrastruktur dringend instand gesetzt werden musste, erwarb die FNM sämtliche Anteile an der SNFT und übernahm zum 01.01.1993 die Verwaltung der Bahnstrecke.
Zum 01.01.2004 erfolgte die Aufteilung der Aufgaben der Ferrovie Nord Milano Esercizio in drei Firmen:
* Ferrovie Nord Milano Trasporti S.r.l. (FNMT): Personenverkehr
* Ferrovie Nord Cargo S.r.l. (FNC): Güterverkehr
* Ferrovie Nord Milano Esercizio S.p.A. (FNME): Infrastruktur

Zum 12.12.2004 wurden die S-Linien eingeführt und somit die Verkehrsleistung der Ferrovie Nord Milano Trasporti von 600.000 auf nun 8,3 Mio. Zugkm pro Jahr aufgestockt. Schon seit 1999 verbindet der „Malpensa Express" die Innenstadt von Mailand mit dem Flughafen Malpensa.
Am 29.04.2006 wurde für die FNM-Gruppe eine neue corporate identity eingeführt, die auch einige Umfirmierungen nach sich zog:
* Ferrovie Nord Milano S.p.A. -> FNM S.p.A.
* Ferrovie Nord Milano Trasporti S.r.l. -> LeNORD S.r.l.
* Ferrovie Nord Milano Esercizio S.p.A. -> FerrovieNord S.p.A.
* Ferrovie Nord Milano Autoservizi S.p.A. -> NORDBUS S.p.A.
* Ferrovie Nord Cargo S.r.l. -> Nordcargo S.r.l.
* Ferrovie Nord Milano Ingegneria S.r.l. -> NORD_ING S.r.l.
* Avio Nord S.r.l. -> AVIONORD S.r.l.
* Malpensa Express S.r.l. -> VIENORD S.r.l.

FuoriMuro Servizi Portuali e Ferroviari S.r.l. 🇬

Via Marino Boccanegra 15/2
IT-16126 Genova
Telefon: +39 010 6520502
Telefax: +39 010 42108502
amministrazione@fuorimuro.it
www.fuorimuro.it

Betriebsleitung
Varco al Ponte Eritrea
IT-16152 Genova
Telefon: +39 010 414858
Telefax: +39 010 6400112

Werkstatt
Viale Africa
IT-16149 Genova

Management
* Guido Porta (Präsident)

Gesellschafter
Stammkapital 1.000.000,00 EUR
* Rivalta Terminal Europa S.p.A. (30 %)
* Gruppo Spinelli / Spinelli S.r.l. (30 %)
* Tenor S.r.l. (15 %)
* InRail S.p.A. (15 %)
* Compagnia Portuale Pietro Chiesa Soc. Coop. A R. L. (10 %)

Lizenzen
* IT: EVU-Zulassung (GV) seit 13.01.2011
* IT: Sicherheitszertifikat Teil A (GV); gültig vom 07.08.2012 bis 06.08.2017
* IT: Sicherheitszertifikat Teil B (GV); gültig vom 07.08.2012 bis 30.11.2015

Unternehmensgeschichte
FuoriMuro Servizi Portuali e Ferroviari S.r.l. wurde am 15.03.2010 als Auffanggesellschaft für die insolvente SerFer-Tochter Servizi Ferroviari Portuali - Ferport S.r.l. gegründet. Im Mai 2010 übernahm man alle 108 Mitarbeiter, Fahrzeuge sowie den Rangierverkehr im Hafen Genua von der 1996 gegründeten mehrheitlichen Staatsbahntochter Ferport. Gesellschafter der FuoriMuro sind das Umschlagunternehmen Compagnia Portuale Pietro Chiesa mit Tätigkeit im Hafen Genua, die in Rivalta Scrivia als Terminalbetreiber tätige Rivalta Terminal Europa, das ebenfalls Genua ansässige private Bahnunternehmen InRail sowie dessen Mehrheitsgesellschafter Tenor. Der Präsident der FuoriMuro ist in Personalunion in gleicher Funktion bei InRail tätig. Seit März 2012 ist die Gruppo Spinelli ebenfalls beteiligt.
Im Juli 2012 hatte FuoriMuro 108 Mitarbeiter und verfügte neben vier MaK G 764 C-Rangierdieselloks über vier Locotraktore.
Im März 2012 orderte FuoriMuro zwei Siemens Vectron, die ursprünglich Ende 2013 geliefert werden sollten, nach Verzögerungen bei der Zulassung jedoch voraussichtlich erst im Mai 2015 übergeben werden. Übergangsweise wurden seitens des Herstellers im Juni 2012 zwei ES 64 U4 zur Verfügung gestellt.
Im Oktober 2012 nahm die FuoriMuro die Langstreckentraktion auf. Im Auftrag einer französischen Bahnspedition traktioniert man ab

FuoriMuro / GTT

dem Grenzbahnhof Ventimiglia Wagengruppenverkehre zu norditalienischen Kunden.
In den vergangenen Jahren erbrachte das Unternehmen gemäß einer Aufstellung der ANSF - Agenzia Nazionale per la Sicurezza Ferroviaria folgende Zugkm-Leistungen auf Strecken der Rete Ferroviaria Italiana S.p.A. (RFI):
* 2012: 0 (PV); 12.659 (GV)

Verkehre
* Gütertransporte im Hafen Genua
* GPL-Transporte Raum Marseille [FR] – Castelguelfo / Mortara; seit 25.10.2012 Traktion ab Ventimiglia Parco Roja (Übernahme von VFLI SA) im Auftrag der BD Rail Services SAS. U.a. handelt es sich dabei um Holzhackschnitzeltransporte für die Mauro Saviola S.r.l. mit Umladung in Mortara sowie GPL für Lampogas in Castelguelfo. Nach Castelguelfo werden auch Polymere in Containern transportiert.
* KV-Transporte Genua Voltri – Rivalta Scrivia; 5 x pro Woche seit 02.04.2013

Gruppo Torinese Trasporti S.p.A. (GTT) 🅿️ℹ️

C.so Turati 19/6
IT-10128 Torino
Telefon: +39 011 57-641
gtt@gtt.to.it
www.gtt.to.it

Werkstatt Rivarolo
Via Beato Bonifacio da Rivarolo, 20
IT-10086 Rivarolo Canavese

Werkstatt Ciriè
Via Giuseppe Mazzini, 5
IT-10073 Ciriè

Management
* Giancarlo Guiati (Präsident)
* Giovanni Battista Razelli (Geschäftsführer)

Gesellschafter
* Stadt Turin (100 %)

Beteiligungen
* 5T S.r.l. (81,82 %)
* Torino Metano S.r.l. (80 %)
* Autoservizi Novarese S.r.l. (70 %)
* Car City Club S.r.l. (56,9 %)
* GTT City Sightseeing Torino S.r.l. (51 %)
* Publitransport GTT S.r.l. (51 %)
* SAP S.r.L. (40,91 %)
* AMC Canuto S.p.A. (40 %)
* Millerivoli S.r.l. (40 %)
* ATI S.p.A. (30 %)
* GE.S.IN S.p.A. (24,75 %)
* NOS S.p.A. (15 %)
* ACTS Linea S.p.A (13,5 %)

Lizenzen
* IT: EVU-Zulassung (PV) seit 27.07.2001
* IT: Eisenbahninfrastrukturkonzession
* IT: Sicherheitszertifikat, Teil A+B (PV); gültig vom 12.02.2013 bis 30.09.2015
* IT: Sicherheitszertifikat, Teil B (PV); gültig vom 12.02.2013 bis 30.11.2013

Infrastruktur
* „Ferrovia Torino-Ceres" Torino Dora – Ceres (41,2 km); elektrifiziert 3000 V=
* „Ferrovia Canavesana" Rivarolo Canavese – Séttimo (22,0 km); elektrifiziert 3000 V=
* Rivarolo Canavese – Pont Canavese (16,3 km)

Unternehmensgeschichte
Die Gruppo Torinese Trasporti S.p.A. (GTT) ist eine Gesellschaft der Stadt Turin und betreibt öffentlichen Personenverkehr in den Provinzen Turin, Alessandria, Cuneo und Asti. Das Unternehmen entstand zum 01.01.2003 bei der Verschmelzung der Azienda Torinese Mobilità (ATM) mit der Società Torinese Trasporti Intercomunali (S.A.T.T.I. S.p.A.).
ATM war am 28.11.1906 als Betreiber der lokalen Straßenbahn gegründet worden. In den 1990er Jahren erfolgte eine Reorganisation des Nahverkehrs und eine Umwandlung der ATM in eine Aktiengesellschaft (S.p.A.).
S.A.T.T.I. als Gesellschaft der Provinz Turin und der Region Piemont war auch als Planer und Erbauer der ersten automatischen U-Bahn Italiens tätig, die allerdings erst nach GTT-Gründung während der Olympischen Winterspiele von 2006 eingeweiht wurde.
GTT betreibt heute folgende Netzwerke:
* Stadtverkehr Turin (1 Metro, 8 Straßenbahn und 100 Buslinien mit 100 km Gleislänge bzw. 1.000 km Netzwerk beim Bus).
* Überlandnetz (73 Buslinien, 3.600 km Netzlänge)
* Bahnverkehr (82 km eigene Strecken, 23 km im Auftrag der Trenitalia)

GTT ist außerdem im Touristikverkehr aktiv und übernimmt den Betrieb der historischen Straßenbahn Sassi – Superga, den Aufzug Mole Antonelliana, den Turismo Bus Torino und

GTT / GTS Rail

Bootslinien auf dem Po. Zudem bewirtschaftet GTT rund 55.000 Parkplatzstellplätze.
2007 besaß GTT 5.240 Mitarbeiter. In den vergangenen Jahren erbrachte das Unternehmen gemäß einer Aufstellung der ANSF - Agenzia Nazionale per la Sicurezza Ferroviaria folgende Zugkm-Leistungen auf Strecken der Rete Ferroviaria Italiana S.p.A. (RFI):
* 2012: 392.674 (PV); 0 (GV)
* 2011: 388.192 (PV); 0 (GV)
* 2010: 23.721.124 (PV); 0 (GV)
* 2009: 349.000 (PV); 0 (GV)

Im Februar 2009 übernahm GTT den Werkstattbetrieb Metalmeccanica Milanesio in Moretta in der Provinz Cuneo, der im November 2008 insolvent geworden war. Werkstätten der GTT befinden sich auch in Rivarolo und Ciriè.
Bereits seit einiger Zeit wird die Fusion von GTT und ATM (Milano) geprüft. Bei einem erfolgreichen Zusammenschluss würde das neuntgrößte Verkehrsunternehmen Europas entstehen.

Verkehre
* Personenverkehr Pont Canavese – Séttimo
* Personenverkehr Settimo – Chieri
* Personenverkehr Torino Dora GTT – Ceres

GTS Rail S.r.l.

Via del Tesoro, 15
IT-70123 Bari
Telefon: +39 080 5820411
Telefax: +39 080 5820499
info@gtsrail.com
www.gtsrail.com

Management
* Alessio Michele Muciaccia (Geschäftsführer)

Gesellschafter
Stammkapital 900.000,00 EUR
* Wind Holding S.r.l. (43 %)
* Annamaria Miglio (19 %)
* Nicola Muciaccia (19 %)

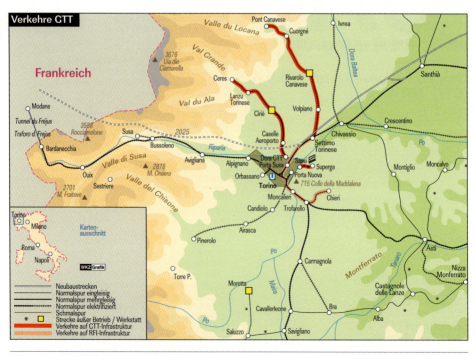

GTS Rail / Hupac

* Alessio Michele Muciaccia (19 %)

Lizenzen
* IT: EVU-Zulassung (GV); seit 21.03.2008
* IT: Sicherheitszertifikat, Teil A (GV); gültig vom 04.08.2011 bis 02.08.2016
* IT: Sicherheitszertifikat, Teil B (GV); gültig vom 04.08.2011 bis 30.06.2015

Unternehmensgeschichte
G.T.S General Transport Service S.p.A. ist ein am 15.01.1990 von Nicola Muciaccia gegründetes italienisches Logistikunternehmen und der drittgrößte KV-Operateur des Landes. Gesellschafter der GTS sind neben drei Privatpersonen auch die Wind Holding. Deren Gesellschafter sind wiederum Nicola Muciaccias Frau Annamaria Miglio (55,814 %) sowie Nicola und sein Sohn Alessio Michele Muciaccia (jeweils 22,093 %).
GTS betreibt in Bari die beiden Containerterminals Lamasinata und Ferrucio. Die urspüngliche Betreibergesellschaft Bari Container Terminal S.r.l. wurde jedoch 2006 auf die GTS fusioniert. Von Bari aus werden regelmäßige KV-Shuttle u.a. nach Gioia Tauro, Patrasso, Istanbul, London/Manchester, Valenton und Piacenza angeboten. Zum 04.11.2007 wurde das Schwesterunternehmen GTS Rail S.r.l. (Gesellschafter wie die G.T.S.) gegründet, das per 26.08.2010 Teile des Vermögens der G.T.S General Transport Service S.p.A. aufnahm und von Alessio Michele Muciaccia geleitet wird.
Über einen Lokhändler erwarb man eine dieselelektrische, zweimotorige Rangierlok (MaK DE 1003), die zuvor bei der RAG in Deutschland in Dienst gewesen war und in Slowenien aufgearbeitet wurde. Nach der Übernahme der Rangierdienste in Piacenza durch den italienischen Netzbetreiber RFI Rete ferroviaria Italiana s.p.A. wurde diese jedoch 2010 wieder verkauft.
Im März 2008 erfolgte die Bestellung von drei Bombardier-TRAXX F140 DC, die im Herbst 2009 ausgeliefert wurden. Die Aufnahme von eigentraktionierten Langstreckenverkehren erfolgte im Januar 2010 mit einigen Testzügen, die zum 01.02.2010 in Regelverkehre umgewandelt wurden. Im Herbst 2010 orderte die GTS Rail zwei weitere E-Loks, die 2012 ausgeliefert wurden.
2010 erwirtschaftete das Unternehmen einen Umsatz von 48 Mio. EUR, für 2011 waren 60 Mio. EUR geplant. 2011 hatte GTS Rail 48 Mitarbeiter.
In den vergangenen Jahren erbrachte das Unternehmen gemäß einer Aufstellung der ANSF - Agenzia Nazionale per la Sicurezza Ferroviaria folgende Zugkm-Leistungen auf Strecken der Rete Ferroviaria Italiana S.p.A. (RFI):
* 2012: 0 (PV); 944.574 (GV)
* 2011: 0 (PV); 776.203 (GV)
* 2010: 0 (PV); 502.741 (GV)
* 2009: 0 (PV); 0 (GV)

GTS Rail will einem Bericht des Wirtschaftsmagazins MF Milano Finanza zufolge nach NTV und Arenaways als drittes privates Unternehmen in den italienischen Fernverkehrsmarkt eintreten. Genauere Details wurden bislang nicht genannt.
Anfang 2015 wurden drei weitere Traxx bestellt und der Bau einer Werkstatt in Bari begonnen.

Verkehre
* KV-Transporte Bari Lamasinata – Bologna; 3 x pro Woche seit 14.03.2011 im Auftrag der General Transport Service S.p.A. (GTS)
* KV-Transporte Bari Lamasinata – Melzo; 3 x pro Woche seit 29.11.2011 im Auftrag der General Transport Service S.p.A. (GTS)
* KV-Transporte Bari Lamasinata – Piacenza; 5 x pro Woche seit 01.02.2010 im Auftrag der General Transport Service S.p.A. (GTS); 6 x pro Woche seit Mai 2010
* KV-Transporte Gioia Tauro – Bari Lamasinata; 1 x pro Woche seit 25.02.2015 im Auftrag der Maersk Line; 3 x pro Woche geplant ab Juni 2015
* KV-Transporte Piacenza – Maddaloni (Terminal Intermodale Maddaloni-Marcianise); 5 x pro Woche seit Dezember 2014 im Auftrag der General Transport Service S.p.A. (GTS)
* KV-Transporte Piacenza – Pomézia S. Palomba (S. G.T.); 5 x pro Woche seit Dezember 2014 im Auftrag der General Transport Service S.p.A. (GTS)
* KV-Transporte „ShuttleBologna" Rotterdam (C.RO) [NL] – Bologna Interporto (TIMO); 3 x pro Woche seit 14.03.2011 Traktion ab Piacenza (Übernahme von SBB Cargo International AG) im Auftrag der General Transport Service S.p.A. (GTS) und der Shuttlewise B.V.; 5 x pro Woche seit 16.04.2012; ab 01.07.2013 Übernahme in Piacenza von Crossrail

Hupac S.p.A. G

Via Dogana 8
IT-21052 Busto Arsizio
Telefon: +39 0331 608538
Telefax: +39 0331 382880
info@hupac.it
www.hupac.it

Management
* Francesco Crivelli (Direktor des EVU)

Gesellschafter
* HUPAC SA (100 %)

Hupac / InRail

Lizenzen
* CH: Sicherheitszertifikat, Teil B (GV); gültig vom 16.12.2014 bis 20.12.2016 (gültig für den Grenzabschnitt bis Chiasso)
* IT: EVU-Zulassung (GV) seit 14.05.2001
* IT: Sicherheitszertifikat, Teil A und B (GV); gültig vom 21.12.2011 bis 20.12.2016

Unternehmensgeschichte
Hupac ist das führende Unternehmen im kombinierten Verkehr durch die Schweiz. 1973 wurde die italienische Filiale Hupac S.p.A. gegründet. Das Unternehmen betreibt ein Terminal in Busto Arsizio-Gallarate in Italien. Für Verschubaufgaben besitzt man einige Diesellokomotiven. Zeitweise hatte Hupac auch zwei D753 und zwei ex FS 341 im Bestand, die fallweise auch im Streckendienst zum Einsatz kamen. Diese Loks wurden mittlerweile aber verkauft.
Das EVU der Hupac S.p.A. beschränkt sich heute auf Rangiertätigkeiten im Terminal Busto Arsizio-Gallarate und Spotverkehre.
In den vergangenen Jahren erbrachte das Unternehmen gemäß einer Aufstellung der ANSF - Agenzia Nazionale per la Sicurezza Ferroviaria folgende Zugkm-Leistungen auf Strecken der Rete Ferroviaria Italiana S.p.A. (RFI):
* 2011: 0 (PV); 17.749 (GV)
* 2011: 0 (PV); 18.065 (GV)
* 2010: 0 (PV); 19.797 (GV)
* 2009: 0 (PV); 18.614 (GV)

2012 eröffnete Hupac am Standort Busto eine eigene Wagenwerkstatt, die auch Dritten zur Verfügung steht.

Verkehre
* Rangierverkehre an den Terminalstandorten
* KV-Transporte Busto Arsizio – Chiasso; 1 x pro Woche
* KV-Transporte Busto Arsizio – Milano Smistamento; 5 x pro Woche
* KV-Transporte Gallarate – Novara Boschetto; 1 x pro Woche
* Langstreckentraktionen an Dritte vergeben

InRail S.p.A. G

Via Marino Boccanegra 15/2
IT-16116 Genova
Telefon: +39 010 6520502
Telefax: +39 02 42108502
info@inrail.it
www.inrail.it

Betriebsleitung
Via della Rosta 8
IT-33100 Udine
Telefon: +39 0432 511476
Telefax: +39 0432 203149

Niederlassung Nova Gorica
Kolodvorska pot 8
SI-5000 Nova Gorica
Telefon: +386 820 59380
Telefax: +386 5 3021090

Management
* Guido Porta (Präsident)

Gesellschafter
Stammkapital 1.500.000,00 EUR
* Tenor S.r.l. (41 %)
* Finanziara Regionale Friuli Venezia Giulia S.p.A. (35 %)
* Inter-Rail S.p.A. (24 %)

Beteiligungen
* FuoriMuro Servizi Portuali e Ferroviari S.r.l. (15 %)

Lizenzen
* IT: EVU-Zulassung (PV+GV) seit 09.10.2006
* IT: Sicherheitszertifikat, Teil A (GV); gültig vom 13.01.2012 bis 21.01.2019
* IT: Sicherheitszertifikat, Teil B (GV); gültig vom 13.01.2012 bis 30.09.2015

Unternehmensgeschichte
InRail S.p.A. ist eine Genova ansässige Privatbahn im Eigentum folgender Gesellschafter:
* Tenor S.r.l., Genova, die sich im Eigentum vom InRail-Präsident und ehemaligen FS-Mitarbeiter Guido Porta (44 %), der Compagnia Fiduciaria di Genova S.p.A. (28 %) und InRail-Betriebsdirektor Germano Boni (28 %) befindet.

InRail

* Finanziara Regionale Friuli Venezia Giulia S.p.A., Triest, bei der sich um eine Finanzholding der italienischen Region Friuli-Venezia Giulia (Friaul-Julisch-Venetien) handelt, an der private Finanzkonzerne mehr als ein Fünftel der Anteile halten.
* Inter-Rail S.p.A. (50 % Büromöbelhersteller Fantoni S.p.A., 50 % Spezialstahlhersteller Acciaierie Bertoli Safau S.p.A. (ABS)) ist eine 2003 gegründete Bahnspedition mit Sitz in Udine.

Die InRail-Niederlassung Udine (Betriebsleitung) wurde am 07.11.2008 in das Handelsregister eingetragen. Anfang 2013 eröffnete das Unternehmen eine Niederlassung im slowenischen Nova Gorica.
Die ersten Güterzüge rollten nach Testfahrten im November 2008 am 09.02.2009 im Grenzverkehr mit der Rail Cargo Austria AG (RCA) von Tarvisio BV nach Osoppo und Udine, wobei mit der Schwestergesellschaft Ferrovie Udine Cividale S.r.l. (FUC) kooperiert wurde.
2010 beteiligte sich die InRail an der FuoriMuro Servizi Portuali e Ferroviari S.r.l. (siehe dort), die u.a. in Genua den Hafenrangierverkehr durchführt.
In den vergangenen Jahren erbrachte das Unternehmen gemäß einer Aufstellung der ANSF - Agenzia Nazionale per la Sicurezza Ferroviaria folgende Zugkm-Leistungen auf Strecken der Rete Ferroviaria Italiana S.p.A. (RFI):

* 2012: 0 (PV); 496.848 (GV)
* 2011: 0 (PV); 412.504 (GV)
* 2010: 0 (PV); 0 (GV)
* 2009: 0 (PV); 87.862 (GV)

Seit Anfang 2012 verfügt InRail über ein Sicherheitszertifikat, das nahezu den ganzen Bereich Norditalien abdeckt.

Verkehre
* Biodieseltransporte Rotterdam (Botlek Tank Terminal (BTT)) [NL] – Trecate (Società a responsabilità limitata Raffineria Padana Olii Minerali S.A.R.P.O.M. S.r.l.); Spotverkehr seit 2014 im Auftrag der LTE Netherlands B.V.; Traktion ab Domo II (Übernahme von TR Trans Rail AG)
* Getreide- und Pflanzenöltransporte von Ungarn und Serbien nach Nord-Italien; Spotverkehre; Traktion in Italien im Auftrag der LTE Logistik- und Transport-GmbH
* Getreidetransporte Udine Parco – Cava Tigozzi; seit 2010
* Getreidetransporte Ungarn – Cremona; Spotverkehre; Traktion ab Villa Opicina
* Gütertransporte Brescia Scalo – Cervignano del Friuli; seit 2012
* Gütertransporte Cervignano – Tarvisio Boscoverde (Übergabe an Dritte); seit 2009
* Gütertransporte Osoppo – Tarvisio Boscoverde (Übergabe an Dritte); seit 2009

InRail / ISC / LFI

* Gütertransporte Osoppo – Villa Opicina (Übergabe an SZ); seit 2011
* Gütertransporte Tarvisio Boscoverde (Übernahme von Dritten) – Monfalcone; seit 2009
* Gütertransporte Tarvisio Boscoverde (Übernahme von Dritten) – San Giorgio di Nogara; seit 2011
* Gütertransporte Tarvisio Boscoverde (Übernahme von Dritten) – Trieste; seit 2009
* Gütertransporte Tarvisio Boscoverde (Übernahme von Dritten) – Vicenza; seit 2011
* Gütertransporte Udine Parco – San Zeno Naviglio-Folzano; seit 2010
* Gütertransporte Udine Parco – Tarvisio Boscoverde (Übergabe an Dritte); seit 2009
* Gütertransporte Udine Parco – Verona Porta Vescovo; seit 2011
* Gütertransporte Udine Parco – Villa Opicina (Übergabe an SZ); seit 2011
* Gütertransporte Villa Opicina (Übernahme von SZ) – Casarsa della Delizia; seit 2009
* KV-Transporte (Koks) Trieste Campo Marzo – Piombino; 1 x pro Woche seit 2010; Traktion vergeben an Trenitalia
* Pkw-Transporte Parma (Übernahme von DB) – Torrile San Polo (Mercurio); 4 x pro Woche seit März 2015 Traktion ab Parma im Auftrag der DB Schenker Rail Italia S.r.l.
* Stahltransporte Nova Gorica (Übernahme von Slovenske železnice d.o.o. (Sž)) [SI] – Udine; seit 13.01.2013 im Auftrag der Acciaierie Bertoli Safau S.p.A. (ABS)
* Stahlzüge Kraków [PL] – Cava Tigozzi; 1-2 x pro Woche seit März 2013 im Auftrag der ASOTRA Intern. Speditions- und Transport GmbH; betriebliche Abwicklung in Italien in Kooperation mit LTE Logistik- und Transport-GmbH

Interporto Servizi Cargo S.p.A. (ISC) G

Via Paolo Emilio Imbriani, 30
IT-80100 Napoli
info@isc.it
www.isc.it

Edificio Servizi Lotto D1
IT-80035 Nola
Telefon: +39 081 31330-00
Telefax: +39 081 31330-16
info@interportodinola.it

Management
* Carlo Calenda (Präsident)

Gesellschafter
Stammkapital 1.088.235,00 EUR
* Interporto Campano S.p.A. (91,9 %)

* Cafiservice S.p.A. (8,1 %)

Lizenzen
* IT: EVU-Zulassung (GV) seit 05.11.2009
* IT: Sicherheitszertifikat, Teil A und B (GV); gültig vom 17.11.2011 bis 31.01.2015

Unternehmensgeschichte
Im Januar 2010 ist die am 20.02.2009 gegründete Gesellschaft Interporto Servizi Cargo S.r.l. (ISC), eine mehrheitliche Tochter des 1987 gegründeten Interporto Campano, ausgehend vom Nola Interporto in die Traktion von Schienengüterverkehren eingestiegen.
Seit 2006 hatte man bereits verschiedene eigene KV-Verbindungen eingeführt, die zunächst von der Rail Traction Company S.p.A. (RTC) nach Milano Segrate, Gioia Tauro und Napoli Traccia gefahren wurden.
In den vergangenen Jahren erbrachte das Unternehmen gemäß einer Aufstellung der ANSF - Agenzia Nazionale per la Sicurezza Ferroviaria folgende Zugkm-Leistungen auf Strecken der Rete Ferroviaria Italiana S.p.A. (RFI):
* 2012: 0 (PV); 721.725 (GV)
* 2011: 0 (PV); 631.566 (GV)
* 2010: 0 (PV); 339.446 (GV)
* 2009: 0 (PV); 0 (GV)
Zum 31.05.2010 wurde das Unternehmen in eine Aktiengesellschaft umgewandelt und firmiert seitdem als Interporto Servizi Cargo S.p.A.

Verkehre
* KV-Transporte Bologna Interporto – Busto Arsizio; 5 x pro Woche im Auftrag der Interporto Campano S.p.A.
* KV-Transporte Nola Interporto – Padova; Spotverkehre im Auftrag der Interporto Campano S.p.A.
* KV-Transporte Nola Interporto – Pomezia – Milano Segrate; 5 x pro Woche im Auftrag der Interporto Campano S.p.A.
* KV-Transporte Nola Interporto – Verona Quadrante Europa; 5 x pro Woche seit 18.01.2010 im Auftrag von Interporto Campano S.p.A. und Cemat S.p.A.; aktuell 3 x pro Woche

La Ferroviaria Italiana S.p.A. (LFI) P

Via Guido Monaco, 37
IT-52100 Arezzo
Telefon: +39 057 539981
Telefax: +39 057 528414
info@lfi.it
www.lfi.it

LFI / NTV

Management
* Massimiliano Dindalini (Präsident)
* Massimo Rondoni (Vizepräsident)

Gesellschafter
Stammkapital 3.163.752,00 EUR
* A.L.E.X.A. S.p.A. (30 %)
* 11 Comuni della Valdichiana senese (18,3 %)
* 7 Comuni della Valdichiana aretina (15,36 %)
* La Ferroviaria Italiana S.p.A. (LFI) (9,14 %)
* Comune di Arezzo (8,66 %)
* 13 Comuni del Casentino (7,88 %)
* Provincia di Siena (5,3 %)
* Provincia di Arezzo (5,3 %)
* 60 Privataktionäre (0,06 %)

Beteiligungen
* Rete Ferroviaria Toscana S.p.A. (RFT) (100 %)
* Trasporto Ferroviario Toscano S.p.A. (TFT) (100 %)
* Siena Mobilità s.c.a.r.l. (60,4 %)
* Lines to future improvent S.r.l. (51 %)
* Ilaria S.p.A. (40 %)
* TRA.IN. S.p.A. (31,84 %)
* Etruria Mobilatà s.c.a.r.l. (30,44 %)
* S.M.E.C. S.r.l. Societa Merci Chiusi (13,9 %)
* Consorzio Rasena (12,5 %)
* Trasporti Ferroviari Casentino S.r.l. (TFC) (9,25 %)
* La Ferroviaria Italiana S.p.A. (LFI) (9,14 %)
* Consorzio Arezzo Intermodale S.c.a.r.l. (6,25 %)
* Società Arezzo Logistica Integrata S.r.l. (1,052 %)
* Casentino Sviluppo e Turismo (1 %)
* Polo Universitario Arentino

Unternehmensgeschichte
Am 30.01.1914 erhielt die Soc. Anonima La Ferroviaria Italiana die Konzession zum Bau der Bahnstrecke Arezzo – Sinalunga. Kriegsbedingt musste die Bautätigkeit eingestellt werden und konnte erste 1924 wieder aufgenommen werden. Am 09.06.1927 wurde eine Zusatzvereinbarung zur Elektrifizierung der Strecke mit 3.000 V Gleichspannung geschlossen, die am 03.09.1930 mit der Eröffnung der Strecke Arezzo – Sinalunga abgeschlossen werden konnte. Die Fertigstellung der Gleisverbindung zur FS in Arezzo (1,667 km) ermöglichte die Einstellung des übergangsweise durchgeführten Shuttlebusverkehrs.
1950 konnte die seit 01.02.1929 aktive La Ferroviaria Italiana S.p.A. (LFI) nach langen Verhandlungen mit dem Ministerium für Verkehr und der Soc. Veneta den Bahnbetrieb der Strecke Stia – Arezzo übernehmen.
In den 1960er Jahren brachte die zunehmende private Motorisierung die LFI in finanzielle Schwierigkeiten. 1969 erfolgte eine Erhöhung des Gesellschaftskapitales durch die seinerzeitigfen öffentlichen Anteilseigner: Neben der Provinz Arezzo waren dies auch die Stadt Arezzo, die Provinz Siena und 31 Gemeinden. Zwischen 1970 und dem 01.07.1982 übernahm die LFI zahlreiche Transportunternehmen, die nicht mehr wirtschaftlich zu betreiben waren.
Im Dezember 2002 verkaufen die beiden Provinzen Arezzo und Siena 30 % der Aktien an die am 29.10.2002 gegründete Investorengesellschaft A.L.E.X.A. S.p.A. mit folgenden Gesellschaftern:
* RATP International S.A. 37 %
* Consorzio Rasena 37 % (ATAF S.p.A., ATM S.p.A., TRA.IN. S.p.A, Florentia Bus S.r.l., RAMA S.p.A.)
* Toscana Trasporti S.r.l. 7,31 % (C.A.P. Cooperativa Autotrasporti Pratese S.c.r.l., COPIT S.p.A., Compagnia Pisana Trasporti S.p.A. (CPT), Lazzi S.r.l., C.L.A.P. S.p.A., Azienda Trasporti Livornese S.p.A. (ATL))
* MpS Merchant S.p.A. 11 %
* AeF S.c.a.r.l. 5 % (Azienda Perugina della Mobilità A.P.M. S.p.A., Ferrovia Centrale Umbra S.r.l. (FCU))

Es folgt ein Expansionskurs, bei dem u. a. 31,84 % der Anteile an der TRA.IN. S.p.A., Siena, und 12 % an der COPIT S.p.A., Pistoia, erworben werden konnten. Zum 01.01.2005 wurde der LFI-Bahnbetrieb in zwei Gesellschaften abgespalten: Der Bahnverkehr wird fortan durch die Trasporto Ferroviario Toscano S.p.A. (TFT) durchgeführt, während die Infrastruktur auf die Rete Ferroviaria Toscana S.p.A. (RFT) überging.
2010 hatte die LFI 204 Mitarbeiter und verzeichnete einen Umsatz von 11,21 Mio. EUR (2009: 19,12 Mio. EUR; 2008: 17,79 Mio. EUR).
Aktuell transportiert LFI jährlich rund 1,1 Mio. Passagiere per Bahn und rund 5,8 Mio. Fahrgäste mit ca. 150 Bussen. Die Werkstatt des Unternehmens befindet sich in Arezzo-Pescaiola.

Nuovo Trasporto Viaggiatori S.p.A. (NTV) ₽

Viale del Policlinico n. 149/b
IT-00161 Roma
Telefon: +39 06 422991
info@ntvspa.it
www.ntvspa.it

Werkstatt
via Boscofangone
IT-80035 Nola

Management
* Antonello Perricone (Präsident)

NTV

* Vincenzo Cannatelli (Vizepräsident)
* Antonello Perricone (CEO)

Gesellschafter
Stammkapital 148.953.918,00 EUR
* IMI Investimenti S.p.A. (20 %)
* SNCF Voyages Development SAS (20 %)
* MDP Holding Uno S.r.l. (19 %)
* Winged Lion FCP-FIS Sub - Fund 1 (15 %)
* MDP Holding Due S.r.l. (9,26 %)
* MDP Holding Tre S.r.l. (5,22 %)
* Nuova FourB S.r.l. (5 %)
* MAIS S.p.A. (5 %)
* RESET 2000 S.r.l. (1,52 %)

Lizenzen
* IT: EVU-Zulassung (PV) seit 06.02.2007
* IT: Sicherheitszertifikat, Teil A (PV); gültig vom 04.08.2011 bis 31.05.2015
* IT: Sicherheitszertifikat, Teil B (PV); gültig vom 19.10.2011 bis 31.05.2015

Unternehmensgeschichte
Die in Rom ansässige Nuovo Trasporto Viaggiatori S.p.A. (NTV) wurde im Dezember 2006 von vier italienischen Industriellen gegründet, um in Konkurrenz zur staatlichen Trenitalia S.p.A. Hochgeschwindigkeitsverkehre auf den Achsen Torino – Milano – Bologna – Roma – Napoli – Salerno und Venezia – Roma – Bari anzubieten. Der Zugbetrieb wurde am 28.04.2012 zunächst auf der Relation Milano – Bologna – Roma – Napoli aufgenommen.
Zu den Gründungsgesellschaftern des Unternehmens zählten:
* Luca Cordero di Montezemolo; Verwaltungsratsvorsitzender von Ferrari und bis 2010 auch der Fiat SpA
* Diego Della Valle; Inhaber der Tod's Group
* Gianni Punzo
* Giuseppe Sciarrone; ehemaliges geschäftsführendes Mitglied im Verwaltungsrat der privaten Güterverkehrsgesellschaft Rail Traction Company S.p.A. (RTC)

Montezemolo, Della Valle und Punzo halten ihre Anteile über das Joint-Venture Totale MDP Holding, Sciarrone über die Gesellschaft Reset 2000. Das ursprüngliche Grundkapital betrug 1 Mio. EUR. Im Juni 2008 erwarb die Banca Intesa Sanpaolo rund 20 % der Gesellschaftsanteile und gewährte der Gesellschaft eine Kreditlinie über 750 Mio. EUR. Zur gleichen Zeit traten auch die Generali Financial Holdings FCP-FIS und Nuova Fourb/Alberto Bombassei (Chef der Brembo S.p.A.) in die Gesellschaft ein. Im Herbst erhielt die französische Staatsbahn SNCF den Zuschlag für einen offerierten 20 %-Anteil an der Gesellschaft, für den sie nach

Presseberichten rund 80 Mio. EUR bezahlte. Für den Zugbetrieb orderte NTV 2008 beim Hersteller Alstom Transport 25 elfteilige Hochgeschwindigkeitszüge des Typs AGV mit Option auf zehn weitere Einheiten. Jeder Triebzug bietet Platz für rund 500 Passagiere in drei Komfortklassen. Die Auslieferung erfolgte bis März 2013. Zur Wartung der Züge wurde in Nola nördlich von Neapel ab Juni 2009 eine Werkstattanlage errichtet.

Nach Verzögerungen bei der Fahrzeugzulassung und Trassenzuteilung wurde der Start der Verkehre vom ursprünglich vorgesehenen Termin November 2011 auf den 28.04.2012 verschoben. Zu diesem Zeitpunkt wurden zunächst nur einzelne Leistungen zwischen Milano, Roma und Napoli angeboten, die im Laufe des Sommers auf einen Zweistundentakt mit Verdichterzügen erweitert und zum 26.08.2012 teils bis Salerno verlängert wurden. Venezia ist am 27.10.2012 erstmals erreicht worden, Torino am 09.12.2012.

In den ersten Jahren ihres Bestehens investierte die NTV massiv und verzeichnete damit folgende Verluste:
* 2007: 80.000 EUR
* 2008: 5,6 Mio. EUR
* 2009: 13,2 Mio. EUR
* 2010: 20,7 Mio. EUR
* 2011: 39,3 Mio. EUR

Frühe Planungen des Unternehmens sahen vor, ab 2013 die Gewinnschwelle zu überschreiten und 2015 einen Marktanteil von 20 % des italienischen Bahnfernverkehrs zu erreichen.

In den ersten vier Betriebswochen vermeldete das Unternehmen 50 000 Fahrgäste und somit eine Auslastung von 41 %. Bis Jahresende 2012 beförderte NTV 2,052 Mio. Fahrgäste in 6.485 Zügen und konnte eine Pünktlichkeit von 94,4 % erreichen. Dies entspricht einer durchschnittlichen Auslastung von 51 %. Interessant ist, dass die luxuriösen Premium- und First-Class weniger als 30 % Auslastung aufweisen, während die „Holzklasse" mit über 90 % Besetzung sehr erfolgreich ist. Für das erste Betriebsjahr bilanzierte NTV 4 Mio. Fahrgäste. Für das Gesamtjahr 2013 wurden 6,2 Mio. Fahrgäste und somit ein Marktanteil von 25 % vermeldet, 2016 will NTV erstmals „schwarze Zahlen" schreiben. Der Betreiber hat 2012 einen Verlust von 77 Mio. EUR eingefahren, nach Verlusten von 39 Mio. im Jahr 2011 und 20 Mio. im Jahr 2010. Ende 2013 hatte das Unternehmen 1.027 Mitarbeiter.

Verkehre
* Personenfernverkehr Milano porta Garibaldi – Bologna Centrale – Napoli Centrale
* Personenfernverkehr Torino Porta Susa – Roma Tiburtina – Roma Termini – Salerno
* Personenfernverkehr Venezia Santa Lucia – Bologna Centrale – Roma Tiburtina – Roma Ostiense (– Napoli Centrale; 1 Zugpaar)

OCEANOGATE Italia S.p.A. (OCG)

Viale San Bartolomeo 20
IT-19126 La Spezia
Telefon: +39 0187 1853343
Telefax: +39 0187 1853347
segreteria@contshipitalia-oceanogate.it
www.oceanogateitalia.com

Niederlassung Rho
Via Magenta, 60
IT-20017 Rho
Telefon: +39 02 9335290
Telefax: +39 02 9309240

Niederlassung Melzo
Via 1° Maggio, 1
20066 Melzo
Telefon: +39 02 95076581
Telefax: +39 02 95076548

Management
* Giancarlo Laguzzi (CEO)

Gesellschafter
Stammkapital 2.000.000,00 EUR
* Sogemar S.p.A. (50 %)
* TPER S.p.A. - Trasporto Passeggeri Emilia-Romagna (50 %)

Lizenzen
* CH: Sicherheitszertifikat Teil B (GV) für die den Grenzabschnitt nach Italien ab Chiasso; gültig vom 16.12.2014 bis 28.02.2016
* IT: EVU-Zulassung (GV) seit 04.06.2008
* IT: Sicherheitszertifikat Teil A (GV); gültig vom 26.10.2011 bis 25.10.2016
* IT: Sicherheitszertifikat Teil B (GV); gültig vom 26.02.2014 bis 28.02.2015

Unternehmensgeschichte
OCEANOGATE Italia S.p.A. ist heute ein joint venture der CONTSHIP Italia und der Ferrovie Emilia Romagna (FER) bzw. deren Schwester TPER S.p.A.. Gegründet wurde OCEANOGATE Italia am 13.01.2000 zunächst als 100 %ige Beteiligung der Sogemar S.p.A. mit Sitz in Mailand. Sogemar ist die Intermodaltochter der CONTSHIP Italia S.p.A., Genua, die sich seit 1999 im Besitz der deutschen Unternehmen EUROKAI KGaA (66,6 %) und EUROGATE GmbH & Co. KGaA, KG (33,4; diese wiederum 50 % EUROKAI) befindet.
OCEANOGATE Italia erhielt die EVU-Zulassung bereits 2008, trat aber zunächst nur als Auftraggeber / Operateur für Kombizüge auf.
Im April 2010 wurde das bis dahin zu 100 % von der Sogemar gehaltene Stammkapital der OCEANOGATE Italia von 1,0 Mio. EUR auf 2,0 Mio.

OCG / RCI

EUR erhöht. Die so geschaffenen neuen Anteile von 50 % wurden von der Ferrovie Emilia Romagna S.r.l. (FER), Bologna, übernommen.
Anfang 2012 hat OCEANOGATE Italia den Betrieb als eigenes Bahnunternehmen stark forciert. Damit einher ging ein Verlust von Leistungen für die bislang durch den Operator beauftragten Bahnen wie zum Beispiel Trenitalia, FER, ISC und Linea.
In den vergangenen Jahren erbrachte das Unternehmen gemäß einer Aufstellung der ANSF - Agenzia Nazionale per la Sicurezza Ferroviaria folgende Zugkm-Leistungen auf Strecken der Rete Ferroviaria Italiana S.p.A. (RFI):
⋆ 2012: 0 (PV); 833.841 (GV)
Im ersten Quartal 2011 hatte das Unternehmen drei Mitarbeiter, im Zweiten waren es bereits 19. Im Januar 2013 verfügte OCG über 70 Mitarbeiter.

Verkehre
⋆ KV-Transporte Genova Marittima – Melzo; 3 x pro Woche
⋆ KV-Transporte Genova Voltri – Melzo; 5 x pro Woche
⋆ KV-Transporte La Spezia – Padova Interporto; 6 x pro Woche
⋆ KV-Transporte La Spezia – Bologna; 3 x pro Woche
⋆ KV-Transporte La Spezia – Dinazzano; Traktion vergeben an Dinazzano Po S.p.A. (DP)
⋆ KV-Transporte La Spezia – Melzo; 6 x pro Woche
⋆ KV-Transporte Melzo – Frosinone; 3 x pro Woche seit März 2014
⋆ KV-Transporte Melzo – Rivalta Scrivia
⋆ KV-Transporte Ravenna – Melzo Scalo; 3 x pro Woche
⋆ KV-Transporte Sintermar Livorno – Terminal Interporto Padova

Rail Cargo Carrier - Italy S.r.l. (RCI)

Via Girardengo, 60
IT-15067 Novi Ligure
Telefon: +39 0143 418626
Telefax: +39 0143 419678
office@railcargocarrier.com
www.railcargocarrier.com

RCI

Betriebsbüro
Corso Marenco 85
IT-15067 Novi Ligure

Management
* Roberto Castelnovo (CEO)
* Rod Loader (CEO)

Gesellschafter
Stammkapital 900.000,00 EUR
* Rail Cargo Carrier Kft. (RCC) (100 %)

Lizenzen
* IT: EVU-Zulassung (GV) seit 11.08.2006
* IT: Sicherheitszertifikat Teil A und B (GV); gültig vom 30.10.2012 bis 31.07.2015

Unternehmensgeschichte
Rail Cargo Carrier - Italy S.r.l. bzw. deren bis 2014 bestehender Vorgänger Rail Cargo Italia S.p.A. entstand im Januar 2012 bei der Umfirmierung der ehemals privaten Bahngesellschaft Linea S.p.A., ist ein Tochterunternehmen der ÖBB-Tochter Rail Cargo Austria AG (RCA) und vor Allem im norditalienischen Güterverkehr tätig.
Das Unternehmen geht auf das am 30.06.2006 gegründete joint venture Linea S.r.l. des italienischen Gleisbauunternehmens Tiber.Co S.r.l. mit dem slowakischen Logistiker TI Ferest, a.s. zurück. Linea war zunächst nur im AZ-Verkehr tätig und übernahm per 15.02.2007 die Lizenzen der Tiber.Co. Beim Start des Unternehmens nutzte man v.a. Ressourcen der Tiber.Co, deren Betriebsleitung sich im ehemaligen Trenitalia-Betriebswerk in Asti und die Verwaltung in Pozzolo Formigaro nahe Alessandria befindet
Noch 2007 tritt als dritter Gesellschafter das Unternehmen F.V.H. S.p.A. in die Linea ein. F.V.H. handelt mit Flüssiggas (LPG - Liquefied Petroleum Gas) und ist als Logistiker in Straßen- und Seetransporte involviert. Das Unternehmen besitzt auch eine eigene Schiffsflotte aus LPG-Tankschiffen. Zum 01.02.2008 erfolgte die Umwandlung der Linea in eine Aktiengesellschaft (S.p.A.), die Verlegung des Unternehmenssitzes von Alessandria nach Novara und die Erhöhung des Gesellschaftskapitales auf 200.000 EUR. Per 30.04.2010 erfolgte eine weitere Erhöhung auf den heutigen Wert.
Neben dem zwischenzeitlich wieder eingestellten AZ-Verkehr ist man seit August 2007 im Güterverkehr tätig. Neben Zementtransporten Ospitaletto Travagliato – Lecco und Mineralöltransporten Cremona – Tavazzano führte man als erste Leistungen seit Juli 2008 im Auftrag der Crossrail Italia S.r.l. einen Containerzug von Novara Boschetto nach Cervignano del Friuli.
Im Dezember 2008 stieg die ÖBB-Tochter Rail Cargo Austria (RCA) als Mehrheitsgesellschafter in das Unternehmen ein und übernahm gleichzeitig alle von TI Ferest gehaltenen Anteile. Damit ist es der RCA nach mehrjährigen Bemühungen endlich gelungen, in Italien Fuß zu fassen. Umgehend wurde Linea für Transporte Richtung Italien über den Grenzbahnhof Tarvisio genutzt.
Die ersten Streckenloks des Unternehmens wurden gebraucht von HUPAC erworben, zwischenzeitlich verstärken auch einige fabrikneue TRAXX sowie angemietete E-Loks den Fahrzeugbestand. Seit Mitte März 2010 verfügen die ÖBB 1216 über eine Zulassung in Italien, die Loks 1216 001 bis 004, 025 und 032 wurden als E 190 xxx auch bei der italienischen RCC immatrikuliert und kommen grenzüberschreitend zum Einsatz.
Linea hat mit 60 Mitarbeitern 2008 einen Jahresumsatz von 60 Mio. EUR erzielt.
In den vergangenen Jahren erbrachte das Unternehmen gemäß einer Aufstellung der ANSF - Agenzia Nazionale per la Sicurezza Ferroviaria folgende Zugkm-Leistungen auf Strecken der Rete Ferroviaria Italiana S.p.A. (RFI):
* 2012: 0 (PV); 1.114.644 (GV)
* 2011: 0 (PV); 1.495.839 (GV)
* 2010: 0 (PV); 1.312.763 (GV)
* 2009: 57 (PV); (GV)

Per 22.09.2011 übernahm RCA sämtliche Gesellschafteranteile.
2013 hatte RCI auf Basis der Tonnenkilometer einen Marktanteil in Italien von 2,2 %.

Verkehre
* Biodieseltransporte Cava Tigozzi – Genova Marittima; 1 x pro Woche seit Juni 2009
* Getreidetransporte Villa Opicina (Übernahme von SŽ – Tovorni promet, d.o.o.) – Piacenza
* Getreidetransporte nach Cava Tigozzi; Traktion ab Tarvisio (Übernahme von Rail Cargo Austria AG (RCA)
* Gütertransporte Lugo – Villach Süd [AT]; 5 x pro Woche seit Januar 2010; Traktion bis Tarvisio (Übergabe an Rail Cargo Austria AG (RCA))
* KV-Transporte Piacenza – Tarvisio (Übergabe an Rail Cargo Austria AG (RCA))
* KV-Transporte Triest (Triest Marine Terminal) – Dornstadt (DUSS) [DE]; 1 x pro Woche seit Dezember 2013 Traktion bis Tarvisio (Übergabe an Rail Cargo Austria AG (RCA))
* KV-Transporte „U.N. Rail-Austria-Shuttle" Triest (Triest Marine Terminal) – Wels; 3 x pro Woche seit 26.11.2013 Traktion bis Tarvisio (Übergabe an Rail Cargo Austria AG (RCA)); 6 x pro Woche seit 15.09.2014
* KV-Trasporte Cava Tigozzi – La Spezia
* RoLa-Transporte Salzburg [AT] – Villa Opicina (Fernetti); 14 x pro Woche Traktion zwischen Tarvisio und Villa Opicina im Auftrag der Rail Cargo Austria AG (RCA). Ursprüngliches Ziel war Triest Campo Marzio, seit 11.02.2013 wird das Fernetti-Terminal in Villa Opicina angefahren.

Rail One / RTC

Rail One S.p.A. G

Viale Abruzzo, 410
IT-66013 Chieti
Telefon: +39 0871 447600
Telefax: +39 0871 447650
info@railone.it
www.railone.it

Betriebsleitung
Piazzale Marconi, 69
IT-66100 Chieti
direzione.operativa@railone.it

Management
* Alfonso Toto (Vorstand)

Gesellschafter
Stammkapital 500.000,00 EUR
* Toto Costruzioni Generali S.p.A. (80,8 %)
* Alfonso Toto (19,2 %)

Lizenzen
* IT: EVU-Zulassung (GV) seit 11.07.2005
* IT: Sicherheitszertifikat Teil A (GV); gültig vom 07.08.2012 bis 06.08.2017
* IT: Sicherheitszertifikat Teil B (GV); gültig vom 07.08.2012 bis 29.10.2015

Unternehmensgeschichte
Rail One S.p.A. befindet sich mehrheitlich im Eigentum des italienischen Infrastruktur-Baukonzernes Toto Costruzioni Generali. Das am 18.05.2005 gegründete Unternehmen firmierte bis 05.07.2005 unter dem Namen Train One S.p.A.. Vom 16.01.2007 bis 15.02.2007 bespannte die Gesellschaft 2 x pro Woche LNG-Transporte Domegliara – Brindisi mit den von Dispolok angemieteten Loks ES 64 F4-030 und 031. Die Transporte endeten recht schnell wieder, über die Hintergründe ist nichts bekannt. Die beiden Loks wurden anschließend retourniert.
2008 erbrachte man gemäß einer Aufstellung der ANSF - Agenzia Nazionale per la Sicurezza Ferroviaria 13.965 Zugkm auf Strecken der Rete Ferroviaria Italiana S.p.A. (RFI). 2012 waren es 9.950 Zugkm.
Im Juli 2009 erwarb man eine E-Lok der ehemaligen DFG / IFI, der weitere Loks des insolventen Unternehmens folgten.
Im Winter 2012 sowie seit Oktober 2013 beförderte das Unternehmen Containerzüge nach Norditalien.

Verkehre
* KV-Transporte (Baustoffe) Orvieto – Ospitaletto; seit 08.04.2014; für Baustelle der Neubaustrecke Treviglio – Brescia
* KV-Transporte Maddaloni-Marcianise (Interporto Sud Europa ISE)) – Sławków [PL]; seit April 2014 bis 31.12.2014 im Auftrag der Stante Logistics S.r.l. für FIAT; Traktion bis Tarvisio (Übergabe an LTE Logistik- und Transport-GmbH bzw. ab 01.01.2015 Rail Cargo Austria AG (RCA))

Rail Traction Company S.p.A. (RTC) G

Via Brennero 7/a
IT-39100 Bozen
Telefon: +39 0471 058950
Telefax: +39 0471 058951
info@railtraction.it
www.railtraction.it

operativer Sitz
Via Sommacampagna 61
IT-37100 Verona
Telefon: +39 045 4856694

Management
* Dr.-Ing. Walter Pardatscher (Vorsitzender des Verwaltungsrats)
* Dr. Harald Schmittner (Geschäftsführer)

Gesellschafter
Stammkapital 7.150.000,00 EUR
* Brenner Schienentransport AG (STR) (94,79 %)
* DB Schenker Rail Deutschland AG (4,47 %)
* RESET 2000 S.r.l. (0,74 %)

Beteiligungen
* Lokomotion Gesellschaft für Schienentraktion mbH (30 %)

Lizenzen
* IT: EVU-Zulassung (GV) seit 23.06.2000
* IT: Sicherheitszertifikat Teil A+B (GV); gültig vom 05.08.2011 bis 04.08.2016

RTC

Unternehmensgeschichte
Rail Traction Company S.p.A. (RTC) ist eine private Bahngesellschaft, die im Februar 2000 gegründet wurde, um die Möglichkeiten der Liberalisierung des Bahnverkehrs in Italien und Europa zu nutzen. Sitz des Unternehmens ist Bozen, doch wird die operative Verwaltung von Verona aus wahrgenommen.
In den vergangenen Jahren erbrachte das Unternehmen gemäß einer Aufstellung der ANSF - Agenzia Nazionale per la Sicurezza Ferroviaria folgende Zugkm-Leistungen auf Strecken der Rete Ferroviaria Italiana S.p.A. (RFI):
* 2012: 0 (PV); 2.170.176 (GV)
* 2011: 0 (PV); 2.260.655 (GV)
* 2010: 0 (PV); 2.206.809 (GV)
* 2009: 0 (PV); 2.296.067 (GV)

Schwerpunkt der Aktivitäten ist der Güterverkehr auf der Brennerlinie, wo heute ca. 17 Zugpaare pro Tag bespannt werden. Auf der deutschen Seite werden die Transporte von der Tochtergesellschaft Lokomotion Gesellschaft für Schienentraktion mbH betrieblich abgewickelt. Seit 2005 ist man mit einzelnen Leistungen auch abseits dieser Achse zu finden.

Verkehre
* Getreidetransporte Slowakei / Tschechien / Ungarn – Italien; Spotverkehre; Übernahme in Brennero von Lokomotion Gesellschaft für Schienentraktion mbH
* Gütertransporte (Offenes Zugprodukt WLV) (München Nord [DE] –) Brennero – Verona PV mit Antennenbedienungen Großraum Verona („Bunte Züge"); 6 x pro Woche im Auftrag der Lokomotion Gesellschaft für Schienentraktion mbH für das Netz der DB Schenker Rail AG.
* KV-Transporte Antwerpen [BE] – Verona QE; 5 x pro Woche Traktion ab Brennero im Auftrag der DB Schenker Rail AG / HUPAC Intermodal SA; Traktion von München bis Brennero durch die Lokomotion Gesellschaft für Schienentraktion mbH
* KV-Transporte Domodossola (Wagentausch mit anderen Ewals-Relationen) – Cervignano; 1 x pro Woche im Auftrag der Ewals Intermodal N.V.
* KV-Transporte Frankfurt am Main [DE] – Ludwigshafen (KTL) [DE] – Triest (EMT); 3 x pro Woche seit Oktober 2013 Traktion ab Tarvisio im Auftrag der DB Schenker Rail AG / Kombiverkehr Deutsche Gesellschaft für kombinierten Güterverkehr GmbH & Co. KG; Traktion von München bis Tarvisio durch die Lokomotion Gesellschaft für Schienentraktion mbH
* KV-Transporte Hamburg [DE] – Verona QE; 3 x pro Woche seit März 2013 Traktion ab Brennero (Übernahme von Lokomotion) im Auftrag der Kombiverkehr Deutsche Gesellschaft für kombinierten Güterverkehr GmbH & Co. KG (Operating für PANEUROPA-RÖSCH GmbH und TERRATRANS Internationale Spedition GmbH); aktuell 5 x pro Woche
* KV-Transporte Hohenbudberg [DE] – Triest; 3 x pro Woche seit 15.01.2014 Traktion ab Tarvisio im Auftrag der DB Schenker Rail AG (diese wiederum im Auftrag von Samskip van Dieren Multimodal); Traktion bis Tarvisio durch die Lokomotion Gesellschaft für Schienentraktion mbH
* KV-Transporte Köln-Eifeltor [DE] – Triest (EMT); 4 x pro Woche seit Oktober 2012 Traktion ab Tarvisio im Auftrag der DB Schenker Rail AG / Kombiverkehr Deutsche Gesellschaft für kombinierten Güterverkehr GmbH & Co. KG (diese wiederum im Auftrag der EKOL Logistik GmbH); Traktion bis Tarvisio durch die Lokomotion Gesellschaft für Schienentraktion mbH; 6 x pro Woche seit Februar 2013; aktuell 10 x pro Woche
* KV-Transporte Ludwigshafen (KTL) [DE] – Triest (EMT); 1 x pro Woche seit 20.11.2009 Traktion ab Tarvisio im Auftrag der DB Schenker Rail AG / Kombiverkehr Deutsche Gesellschaft für kombinierten Güterverkehr GmbH & Co. KG (diese wiederum im Auftrag der EKOL Logistik GmbH); Traktion von München bis Tarvisio durch die Lokomotion Gesellschaft für Schienentraktion mbH; 5 x pro Woche seit 20.01.2013, aktuell 6 x pro Woche
* KV-Transporte Ostrava [CZ] – Triest (EMT); 3 x pro Woche seit Mitte Mai 2013 Traktion ab Tarvisio im Auftrag der DB Schenker Rail AG / Kombiverkehr Deutsche Gesellschaft für kombinierten Güterverkehr GmbH & Co. KG (diese wiederum im Auftrag der EKOL Logistik GmbH); Traktion bis Tarvisio durch die Lokomotion Gesellschaft für Schienentraktion mbH; aktuell 2 x pro Woche
* KV-Transporte Wuppertal-Langerfeld [DE] – Verona Interterminal [IT]; 3 x pro Woche seit 2008 Traktion ab Brennero im Auftrag der DB Schenker Rail AG / Kombiverkehr Deutsche Gesellschaft für kombinierten Verkehr GmbH & Co. KG (diese wiederum im Auftrag der Winner Spedition GmbH & Co. KG); Traktion von München bis Brennero durch die Lokomotion Gesellschaft für Schienentraktion mbH
* KV-Transporte Y-Zug München Riem [DE] – Triest; 3 x pro Woche seit Februar 2014 Traktion ab Tarvisio im Auftrag der DB Schenker Rail AG / Kombiverkehr Deutsche Gesellschaft für kombinierten Verkehr GmbH & Co. KG; Traktion von München bis Tarvisio durch die Lokomotion Gesellschaft für Schienentraktion mbH; aktuell 2 x pro Woche
* Pkw-Transporte München [DE] – Verona QE; 5-6 x pro Woche Traktion auf dem Abschnitt südlich von Brennero

RTC / RFI / RFT

* Schrott- und Stahltransporte München Nord [DE] – Brescia Scalo [IT]; 15 x pro Woche seit Dezember 2009 Traktion ab Brennero; Traktion von München bis Brennero durch die Lokomotion Gesellschaft für Schienentraktion mbH; bis Ende 2010 nach Rovato [IT]; aktuell 22 x pro Woche
* Schadwagentransporte Verona – Santhià (Magliola Antonio e Figli S.p.A.); Spotverkehre

Rete Ferroviaria Italiana S.p.A. (RFI) ⬛

Piazza della Croce Rossa 1
IT-00161 Roma
Telefon: +39 06 44 101
direzionecommerciale@rfi.it
www.rfi.it

Management
* Maurizio Gentile (CEO)
* Vera Fiorani (Direktorin Finanzen und Verwaltung)
* Giovanni Costa (Direktor Investitionen)
* Gianpiero Strisciuglio (Direktor Vertrieb und Infrastrukturmanagement)
* Umberto Lebruto (Direktor Wartung und Betrieb)
* Noemi Pantile (Direktorin Personal und Organisation)
* Vincenzo Sica (Direktor Recht und Unternehmensangelegenheiten)

Gesellschafter
Stammkapital 32.007.632.680,00 EUR
* Ferrovie dello Stato Italiane S.p.A. (FS Italiane) (100 %)

Beteiligungen
* Bluferries S.r.l. (100 %)
* Terminali Italia S.r.l. (89 %)
* Tunnel Ferroviario del Brennero - Finanziaria di Partecipazioni S.p.A. (TFB) (85,788 %)
* Lyon Turin Ferroviaire SAS (LTF) (50 %)
* Quadrante Europa Terminal Gate S.p.A. (50 %)

Infrastruktur
* staatliches Bahnnetz Italiens (16.755 km, Normalspur)
  davon 7.544 km zwei- und 9.211 km eingleisig elektrifiziert: 11.973 km (7.467 km zwei- und 4.506 km eingleisig)

Unternehmensgeschichte
Die RFI Rete Ferroviaria Italiana ist das Infrastrukturunternehmen der ehemaligen italienischen Staatsbahn Ferrovie dello Stato (FS), das im Zuge der Restrukturierung der FS-Gruppe am 09.04.2001 gegründet wurde und am 01.07.2001 seine operative Tätigkeit aufnahm. RFI ist verantwortlich für Ausbau, Wartung und Verwaltung der staatlichen Gleisanlagen und steuert das Trassenmanagement sowie den Netzzugang.
2013 (Vorjahresangaben in Klammern) hatte RFI 27.108 (27.101) Mitarbeiter und erzielte einen Umsatz von 2,676 (2,663) Mrd. EUR, ein EBIT von 387,2 (246,3) Mio. EUR und einen Reingewinn von 269,8 (160,0) Mio. EUR. Auf dem Netz wurden 288 Mio. Zugkm im Personenverkehr und 43 Mio. Zugkm im Güterverkehr erbracht.
Neben dem Hauptsitz in Rom befinden sich Niederlassungen in Turin, Mailand, Genua, Venedig, Verona, Triest, Bologna, Florenz, Neapel, Reggio Calabria, Bari, Ancona, Palermo und Cagliari. Einzelne Geschäftsfelder sind an Tochterunternehmen übertragen – so ist die die LTF Lyon Turin Ferroviaire SAS für die Projektierung einer solchen Verbindung zwischen Turin und Lyon verantwortlich. Die TFB ist eine Beteiligungsgesellschaft, die zusammen mit den Autonomen Provinzen Trient und Bozen sowie der Provinz Verona 50 % der Anteile an der Baugesellschaft Galleria di base del Brennero – Brenner Basistunnel BBT SE hält.

Rete Ferroviaria Toscana S.p.A. (RFT) ⬛

Via Guido Monaco, 37
IT-52100 Arezzo
Telefon: +39 57539881
www.reteferroviariatoscana.it

Gesellschafter
* La Ferroviaria Italiana S.p.A. (LFI) (100 %)

Lizenzen
* IT: Eisenbahninfrastrukturkonzession

Infrastruktur
* Arezzo – Stia (44,4 km; elektrifiziert 3.000 V=)
* Arezzo – Sinalunga (39,5 km; elektrifiziert 3.000 V=)

Unternehmensgeschichte
Im Januar 2005 wurde La Ferroviaria Italiana S.p.A. (LFI) in die Infrastrukturgesellschaft Rete Ferroviaria Toscana S.p.A. (RFT) sowie die Betriebsgesellschaft Trasporto Ferroviario Toscano S.p.A. (TFT) aufgespalten.

SAD

SAD - Trasporto locale S.p.A.
🅿️ 🅘

Corso Italia 13/N
IT-39100 Bozen / Bolzano
Telefon: +39 0471 450-111
Telefax: +39 0471 450-296
info@sad.it
www.sad.it

Werkstatt
St. Josefstrasse 8 / Via S. Guiseppe 8
IT-39012 Meran / Merano

Werkstatt
Bahnhofstrasse 32 / Via Stazione 32
IT-39024 Mals / Malles Venosta

Management
* Christoph Perathoner (Präsident)

Gesellschafter
Stammkapital 2.160.000,00 EUR
* Südtiroler Verkehrs- und Service-GmbH (SVS) (44,44 %)
* Habitat S.p.A. (33,34 %)
* S.IN.CO. S.r.l. (11,11 %)
* Strutture Trasporto Alto Adige S.p.A. (STA) (11,02 %)
* Gerhard Brandstätter (0,09 %)

Lizenzen
* IT: EVU-Zulassung (PV) seit 28.12.2001
* IT: Eisenbahninfrastrukturkonzession
* IT: Sicherheitszertifikat Teil A+B (PV); gültig vom 26.09.2012 bis 25.09.2017

Infrastruktur
* „Ferrovia del Renon" („Rittnerbahn") Maria Assunta (Maria Himmelfahrt) – Collalbo (Klobenstein) (6 km; 1.000 mm Spurweite)

Unternehmensgeschichte
Die regionseigene SAD - Trasporto locale S.p.A. organisiert einen Großteil der ÖPNV/SPNV-Angebote in Südtirol. Das heutige Unternehmen entstand durch Umfirmierung am 28.06.1994 aus der Societa Automobilistica Dolomiti S.p.A. (SAD). Neben Regional- und Stadtbussen betreibt die SAD die Mendel- und Rittnerbahnen sowie SPNV-Leistungen auf dem normalspurigen Bahnnetz Südtirols.
Die Mendelbahn ist eine Standseilbahn vom Kalterner Ortsteil St. Anton hinauf auf den Mendelpass. Die Rittnerbahn ist eine kurze Schmalspurbahn auf dem Hochplateau des Ritten nahe Bolzano/Bozen, die den Verkehr mit gebraucht erworbenen Straßenbahnfahrzeugen abwickelt. Die Anbindung von und nach Bolzano / Bozen erfolgt mit einer zwölf km langen Seilbahn, die als eine der längsten der Welt galt. Die Rittnerbahn kann auf verschiedene Betreiber zurückblicken:
* bis 1911: Südbahn
* bis 1924: Etschwerke
* bis 1929: AG der Rittnerbahn
* bis 1955: Società Trentina di Elettricità
* seit 1982: SAD - Trasporto locale S.p.A.

Die Vinschgerbahn Merano / Meran – Malles Venosta / Mals wird seit 05.05.2005 wieder von Personenzügen befahren. Die FS hatten den Verkehr 1990 eingestellt, woraufhin die Infrastruktur nachfolgend von der Provinz übernommen und an deren Südtiroler Bahnanlagen GmbH (SBA) übergeben wurde. Nach Abschluss umfangreicher Instandsetzungen wurde der SPNV 2005 durch die SAD reaktiviert.
In Kooperation mit Trenitalia erbringt die SAD seit 2008 auch SPNV-Leistungen auf den elektrifizierten RFI-Strecken Merano / Meran – Bolzano / Bozen, Bolzano / Bozen – Fortezza / Franzensfeste – Brennero / Brenner und Fortezza / Franzensfeste – San Candido/Innichen, seit Dezember 2013 bzw. 2014 auch nach Österreich bis Innsbruck und Lienz. Die dazu genutzten SAD-eigenen Triebwagen des Typs FLIRT sind teilweise bei Trenitalia eingestellt und werden auf RFI-Infrastruktur überwiegend durch Trenitalia-Personal besetzt. In Österreich verkehren die Züge auf Lizenz und mit Personal der ÖBB. Ab Januar 2012 bis zur Einstellung der Leistungen Ende 2013 nutzte die DB AutoZug GmbH in Italien Lizenz und Personal der SAD für ihre Züge nach Bolzano / Bozen und Verona.
In den vergangenen Jahren erbrachte die SAD gemäß Aufstellung der ANSF - Agenzia Nazionale per la Sicurezza Ferroviaria folgende Zugkm-Leistungen auf Strecken der Rete Ferroviaria Italiana S.p.A. (RFI):
* 2012: 1.146.626 (PV); 0 (GV)
* 2011: 1.115.759 (PV); 0 (GV)
* 2010: 1.124.931 (PV); 0 (GV)
* 2009: 1.057.332 (PV); 0 (GV)

Die in den vergangenen Jahren durch die SAD beschafften GTW- und Zweisystem-FLIRT-Triebwagen werden in Malles Venosta / Mals (VT), Merano / Meran (ET, VT) sowie San Candido / Innichen (ET) unterhalten werden.

Verkehre
* Personenverkehr „Ferrovia del Renon" / „Rittnerbahn" Maria Assunta / Maria Himmelfahrt – Collalbo / Klobenstein
* Personenverkehr „Ferrovia della Val Venosta" / „Vinschgerbahn" Malles Venosta / Mals – Merano / Meran; seit 05..2005;
* Personenverkehr Merano / Meran – Bolzano / Bozen seit Dezember 2008 in Kooperation mit Trenitalia

SAD / SBB Cargo Italia

* Personenverkehr Bolzano / Bozen – Fortezza / Franzensfeste / – San Candido / Innichen; seit Dezember 2008 in Kooperation mit Trenitalia; Durchbindung bis Lienz [AT] seit Dezember 2014
* Personenverkehr Bolzano / Bozen) – Innsbruck [AT]; 1 Zugpaar seit 15.12.2013; 2 Zugpaare seit Dezember 2014

SBB Cargo International

SBB Cargo Italia S.r.l.

Via Melchiorre Gioia, 71
IT-20124 Milano
Telefon: +39 2 66703693
info@sbbcargoint.com
www.sbbcargo-international.com

Betriebssitz
Via Damiano Chiesa 2
IT-21013 Gallarate
Telefon: +39 331 248501
Telefax: +39 331 774130

Management
* Marco Terranova (Geschäftsführer)

Gesellschafter
Stammkapital 13.000.000,00 EUR
* SBB Cargo International AG (100 %)

Lizenzen
* IT: EVU-Zulassung (GV) seit 26.03.2003
* IT: Sicherheitszertifikat Teil A (GV); gültig vom 19.12.2012 bis 31.01.2015

Unternehmensgeschichte
Lange Jahre verband die schweizer SBB und die italienische FS/Trenitalia eine enge betriebliche Zusammenarbeit. Am 02.02.2000 wurde zudem der Vertrag zur Gründung eines Joint Ventures im Güterverkehr unterzeichnet. Doch als die Gründung einer gemeinsamen Güterbahn scheiterte und es seitens der Kunden vielfach Beschwerden über die von der FS gebotene ungenügende Qualität gab, gründete man im Januar 2003 die SBB Cargo Italia S. r.l., um die Qualität und Zuverlässigkeit von Transporten in Italien zu verbessern.
Mittlerweile führt das Unternehmen rund 500 Züge (Stand: April 2013) pro Woche auf italienischem Territorium durch. 2010 erbrachte man gemäß einer Aufstellung der ANSF - Agenzia Nazionale per la

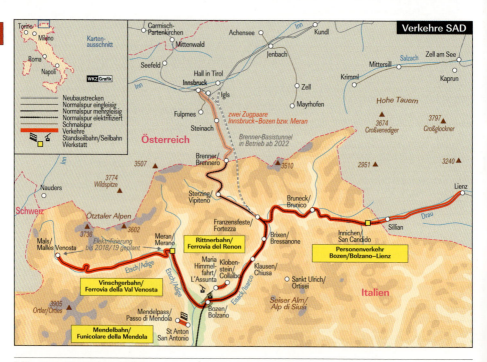

SBB Cargo Italia / SerFer

Sicurezza Ferroviaria 1.990.231 Zugkm auf Strecken der Rete Ferroviaria Italiana S.p.A. (RFI). Die Verkehrsleistung des Unternehmens in Italien:
* 2012: 1.251 Mio. Netto-tkm
* 2011: 1.122 Mio. Netto-tkm
* 2010: 1.231 Mio. Netto-tkm
* 2009: 1.134 Mio. Netto-tkm
* 2008: 914 Mio. Netto-tkm

Zum Beginn des Jahres 2011 wurde die Überführung der internationalen Aktivitäten von der SBB Cargo AG zu neu gegründeten SBB Cargo International AG mit Sitz in Olten vollzogen. An der SBB Cargo International ist die SBB Cargo AG mit 75 % und die Hupac SA mit 25 % beteiligt. Die SBB Cargo International hält wiederum 100 % der Anteile an der SBB Cargo Italia S.r.l. Mit dieser strukturellen Anpassung geht eine Ausrichtung auf die Traktion von Container- und Ganzzügen einher. Gleichzeitig wurden die Vertriebsaktivitäten sowie wesentliche Teile der Planung und Disposition am Standort Olten zusammengefasst.

Verkehre

* Aus den Grenzübergangen von Domodossola, Luino und Chiasso fährt SBB Cargo Italia KV und konventionelle Züge nach Gallarate, Desio, Padova, Milano, Melzo, Piacenza, S.Ilario, Torino, Fossano, Cambiano und Novara. Dazu kommt der italienische Abschnitt der rollenden Autobahn zwischen Novara und Freiburg im Breisgau [DE].

SerFer - Servizi Ferroviari S.r.l.
ⒼI

Via Rolla, 22r
IT-16152 Genova
Telefon: +39 010 6485402
Telefax: +39 010 6485442
info@serferonline.it
www.serferonline.com

Werkstatt
Via San Remo, 50
IT-33100 Udine
Telefon: +39 043 2566041
Telefax: +39 043 2566870

Gesellschafter
* Trenitalia S.p.A. (100 %)

Beteiligungen
* Servizi Ferroviari Portuali Ferport Napoli S.r.l. (100 %)
* Servizi Ferroviari Portuali Ferport S.r.l. in Liquidation (100 %)

Lizenzen
* IT: EVU-Zulassung (PV+GV); seit 13.05.2002
* IT: Sicherheitszertifikat Teil A (PV+GV); gültig vom 18.07.2012 bis 17.07.2017
* IT: Sicherheitszertifikat Teil B (PV+GV); gültig vom 18.07.2012 bis 30.11.2014

Unternehmensgeschichte

Die SerFer - Servizi Ferroviari S.r.l., Genova entstand 1992 aus der CTF - Impresa Costruzioni Tecniche Ferroviari, Udine, einem Eisenbahndienstleister. Seit 1999 ist SerFer eine Tochter der Staatsbahn Ferrovie dello Stato (FS), die gleichzeitig auch den Werkstattbetrieb von Bulfone in Udine übernahm. Dieser wurde ausgebaut, heute ist man auch für Trenitalia und Dritte dort tätig.
SerFer übernahm in den vergangenen Jahren die Betriebsführung von zahlreichen Anschluss-, Hafen- und Industriebahnen, so dass man heute mehr als 70 Einsatzstellen in ganz Italien bedient. Mit der Übernahme wurde im Regelfall auch der jeweilige Fuhrpark in den Bestand der SerFer integriert. Heute verfügt man über 270 Mitarbeiter und rund 130 Lokomotiven.
Neben den unten genannten Loks mietet man auch Maschinen der Typen E 412 und E 655 der Trenitalia je nach Bedarf an. Zudem besetzt man die Züge der „Sea Train" Civitavecchia – Roma San Pietro mit Personalen und ist durchführendes EVU.
In den vergangenen Jahren erbrachte das Unternehmen gemäß einer Aufstellung der ANSF - Agenzia Nazionale per la Sicurezza Ferroviaria folgende Zugkm-Leistungen auf Strecken der Rete Ferroviaria Italiana S.p.A. (RFI):
* 2012: 27.290 (PV); 751.166 (GV)
* 2011: 51.618 (PV); 834.460 (GV)
* 2010: 28.401 (PV); 1.021.132 (GV)
* 2009: 28.601 (PV); 837.825 (GV)

Das Tochterunternehmen Ferport musste im Mai 2009 Insolvenz anmelden und befindet sich in Liquidation.

Verkehre
* Gütertransporte Alessandria – Livorno
* Gütertransporte Melzo – Luino
* Gütertransporte Novara – Domodossola
* Gütertransporte Osoppo – Tarvisio
* Gütertransporte Trieste – Tarvisio
* Gütertransporte Verona – Brennero
* KV-Transporte Mortara (TIMO) – Vado Ligure; 5 x pro Woche seit 14.11.2011 in Kooperation mit der Fer.Net S.r.l.
* Kalktransporte Rosignano – San Vincenzo (Solvay); 4-5 x pro Tag
* Diverse Verkehre im Auftrag der Schwestergesellschaft TX Logistik AG

Servizi ISE / ST

Servizi ISE S.r.l.

Via Ficucella edificio 1/C loc. Interporto
IT-81024 Maddaloni
Telefon: +39 0823 204015
Telefax: +39 0823 200747
segreteria.generale@interportosudeuropa.it
www.interportosudeuropa.it

Management
* Antonio Campolattano (Geschäftsführer)

Gesellschafter
Stammkapital 10.000,00 EUR
* Interporto Sud Europa S.p.A. (ISE) (100 %)

Lizenzen
* IT: EVU-Zulassung (GV); seit 11.09.2008

Unternehmensgeschichte
Die heutige Servizi ISE S.r.l. ist Teil der Gruppo Barletta, die auch Betreiber des Interporto Sud Europa (ISE) nahe Neapel sind. ISE ist das größte inländische Inlandsterminal in Italien und liegt nahe dem größten FS-Güterbahnhof in Marcianise-Maddaloni.
Nachdem die Gruppa Barletta einen Bedarf seitens Ihrer Kunden nach Bahntransporten festgestellt hatte, wurde die Rail Italia S.r.l. mit Hauptsitz in Mailand am 14.05.2008 ins Leben gerufen. Die Anteile wurden über die in den Niederlanden ansässige Tonard Finance B.V. gehalten. Man sah sich nicht als direkter Trenitalia-Konkurrent, da das Unternehmen vornehmlich Neuverkehre auf die Schiene verlagern und weniger am Verdrängungswettbewerb teilnehmen wollte. Internationale Expansion wurde angestrebt, musste aber nach Insolvenz der Rail Italia Ende 2012 ebenfalls eingestellt werden.
Doch die Bahnaktivitäten der Gruppo Barletta wurden fortgeführt: Im Dezember 2012 wurden die nach Insolvenz in Liquidation befindlichen Unternehmen Servizi Ferroviari Portuali Napoli S.r.l. und Rail Italia S.r.l. mit der per 15.07.2005 gegründeten Schwester ISE Logistica S.r.l. fusioniert und dieses nachfolgend in Servizi ISE S.r.l. umfirmiert. Die Umschreibung der Lizenz wurde erst zum 19.02.2014 vollzogen.
In den vergangenen Jahren erbrachte das Unternehmen bzw. deren Vorgänger Rail Italia gemäß einer Aufstellung der ANSF - Agenzia Nazionale per la Sicurezza Ferroviaria folgende Zugkm-Leistungen auf Strecken der Rete Ferroviaria Italiana S.p.A. (RFI):
* 2011: 0 (PV); 507.080 (GV)
* 2010: 0 (PV); 219.005 (GV)
* 2009: 0 (PV); 0 (GV)

Im März 2013 hatte Servizi ISE 21 Mitarbeiter.

Verkehre
* Gütertransporte Marcianese – Castelguelfo; 1 x pro Woche seit Juni 2010
* Gütertransporte Marcianese – Tarvisio; 3 x pro Woche für Linea
* KV-Transporte Pomezia – Bologna Interporto; 1 x pro Woche seit 24.11.2009 im Auftrag von Italcontainer S.p.A.
* KV-Transporte Pomezia – Taranto; 2 x pro Woche seit 03.09.2010

Sistemi Territoriali S.p.A. (ST)

Via Poerio, 34
IT-30170 Mestre

Verwaltung
Piazza G. Zanellato, 5
IT-35131 Padova
Telefon: +39 049 774999
Telefax: +39 049 774399
info@sistemiterritorialispa.it
www.sistemiterritorialispa.it

Bahnadministration
Viale degli Alpini, 23
IT-35028 Piove di Sacco
Telefon: +39 049 5840265
Telefax: +39 049 9702995
ferroviaadriamestre@sistemiterritorialispa.it

Management
* Gian Michele Gambato (Präsident)
* Maria Luisa Bano (Vizepräsidentin)

Gesellschafter
Stammkapital 6.152.325,00 EUR
* Veneto Sviluppo S.p.A. (99,83 %)
* Ferrovie Venete S.r.l. (FV) (0,17 %)

Beteiligungen
* Ferroviaria Servizi S.r.l. (100 %)
* Nord Est Logistica S.r.l. (60 %)
* Veneto Logistica S.r.l. (55 %)
* Aspologistica S.r.l. (49 %)
* Interporto di Rovigo S.p.A. (23,249 %)
* Interporto di Venezia S.p.A. (4,3 %)
* Portogruaro Interporto S.p.A. (0,484 %)

Lizenzen
* IT: EVU-Zulassung (PV+GV) seit 04.12.2001
* IT: Eisenbahninfrastrukturkonzession
* IT: Sicherheitszertifikat Teil A+B (PV+GV); gültig vom 27.09.2013 bis 30.09.2015

ST

Infrastruktur
* Adria – Venezia Mestre (57,01 km); Abschnitt Mira Buse – Venezia Mestre (10 km) elektrifiziert 3.000 V =

Unternehmensgeschichte
Die Sistemi Territoriali S.p.A. (ST) befindet sich vollständig im Eigentum von Beteiligungsgesellschaften der Regione Veneto und ist sowohl auf eigener Infrastruktur zwischen Venezia Mestre und Adria als auch auf dem RFI-Netz im Personen- und Güterverkehr tätig.
Das Unternehmen wurde im Jahre 1983 als Idrovie S. p.A. für Planung, Bau und Betrieb von Wasserstraßen gegründet. Zum 01.01.2001 wurde die Ferrovie Venete S.r.l. (FV) geschaffen, die sich dem Management der Strecke Adria – Venezia Mestre widmet. Kurzzeitig wurde auch die Verwaltung der Ferrovia Udine – Cividale übernommen, die nach der Gründung der Ferrovia Udine – Cividale (FUC) per 01.01.2005 in deren Zuständigkeitsbereich wechselte.
Zum 01.04.2002 wurden die Idrovie in Sistemi Territoriali S.p.A. (ST) umfirmiert und mit dem Bahnbetrieb der FV zusammengelegt. Die ST bedient die Bereiche Bahn und Wasserstraßen. Neben den SPNV-Leistungen auf der eigenen Infrastruktur Adria – Piove di Sacco – Mestre und dem anschließenden Abschnitt von Mestre nach Venezia Santa Lucia befährt die ST im Auftrag der Trenitalia die nicht elektrifizierte Verbindung Chioggia – Adria – Rovigo sowie seit Dezember 2008 teils auch die Relation Rovigo – Verona. Der dazu benötigte Fahrzeugpark wurde durch neuen Triebwagen der Stadler-Typenreihe GTW verjüngt.
Als Tochterunternehmen der Regione Veneto kommt der ST zudem eine wichtige Rolle beim Aufbau eines S-Bahn-ähnlichen Nahverkehrssystems namens Sistema Ferroviario Metropolitano Regionale (SFMR) zuteil. Durch die Region beschaffte elektrische Triebwagen der FLIRT-Typenreihe werden bei der ST eingestellt und durch diese in Zusammenarbeit mit Trenitalia im Großraum Venedig/Treviso/Vicenza/Padova eingesetzt, beginnend mit der Verbindung Venezia Santa Lucia – Mestre – Castelfranco Veneto – Bassano del Grappa. Die ST stellt dabei jeweils die Fahrzeuge, Trenitalia das Personal. Seit Auslieferung aller FLIRT-Züge im Sommer 2014 werden weitere SFMR-Leistungen sowie Fahrten auf den ebenfalls im Veneto gelegenen Relationen Verona – Mantova und Mantova – Monselice damit abgedeckt. Auch der zehn Kilometer lange Abschnitt Mestre – Mira Buse der ST-eigenen Infrastruktur war nach Elektrifizierung ab 13.06.2010 zunächst in das SFMR-Netz einbezogen, wird nach Verringerung des Zugangebots jedoch seit 15.12.2013 nur mehr von den über Mira Buse hinaus verkehrenden (dieselgetriebenen) Zügen befahren.
Der Güterverkehr der ST auf diversen Routen erfolgt fast ausschließlich im Auftrag der Trenitalia.

In den vergangenen Jahren erbrachte das Unternehmen gemäß einer Aufstellung der ANSF - Agenzia Nazionale per la Sicurezza Ferroviaria folgende Zugkm-Leistungen auf Strecken der Rete Ferroviaria Italiana S.p.A. (RFI):
* 2012: 584.217 (PV); 170.777 (GV)
* 2011: 579.657 (PV); 196.596 (GV)
* 2010: 573.883 (PV); 158.444 (GV)
* 2009: 994.000 (PV); 111.000 (GV)
2011 hatte das Unternehmen 238 Mitarbeiter, 2010 waren es 228 gewesen.
Bahnverwaltung und Betriebswerk befinden sich in Piove di Sacco.

Verkehre
* Personenverkehr Adria – Venezia Mestre; zum Teil durchgebunden bis Venezia Santa Lucia
* Personenverkehr Rovigo – Chioggia; im Auftrag der Trenitalia; seit Dezember 2008 verlängert ab Verona Porta Nuova
* Personenverkehr Verona – Mantova und Mantova – Monselice in Zusammenarbeit mit der Trenitalia; seit 2014
* Personenverkehr im Regionalverkehrsnetz Sistema Ferroviario Metropolitano Regionale (SFMR) der Regione Veneto im Großraum Venedig/Treviso/Vicenza/Padova in Zusammenarbeit mit der Trenitalia; seit 2010
* Coilstransporte Verona – Grisignano di Zocco; 2 x pro Woche im Auftrag der Trenitalia
* Getreidetransporte Rovigo – Arquà – Polesella; Spotverkehre im Auftrag der Trenitalia
* Getreidetransporte Rovigo – Cavanella Po – Raccordo AIA; Spotverkehre im Auftrag der Trenitalia
* Getreidetransporte Venezia Marghera Scalo – San Pietro in Gu; 4 x pro Woche seit September 2010
* Getreidetransporte Vicenza – Rovigo; 2 x pro Woche im Auftrag der Trenitalia
* Getreidetransporte Vicenza – Thiene; 5 x pro Woche im Auftrag der Trenitalia; aktuell nur Spotleistungen
* Getreidetransporte Villa Opicina (Übernahme von SŽ – Tovorni promet, d.o.o.; Züge u.a. aus Ungarn) – Rovigo; 3 x pro Woche im Auftrag der Trenitalia
* Gütertransporte (Einzelwagen) Venezia Marghera – Verona Porta Nuova; 5 x pro Woche seit September 2010
* Schadwagentransporte Venezia Marghera Scalo – Padova Campo Marte; Spotverkehre im Auftrag der Trenitalia

SAV / SSIF / SVI

Società Ferroviaria Apuo Veneta S.r.l. (SAV) G

viale Domenico Zaccagna, 34
IT-54036 Carrara
www.autoritaportualecarrara.it

Management
* Romano Galligani (Präsident)

Gesellschafter
Stammkapital 110.000,00 EUR
* Porto Di Carrara S.p.A. (100 %)

Lizenzen
* IT: EVU-Zulassung (GV); gültig seit 20.04.2010

Unternehmensgeschichte
Die am 05.07.2001 gegründete Società Ferroviaria Apuo Veneta S.r.l. (SAV) beabsichtigte ursprünglich auch die Aufnahme von Güterverkehren an dem staatlichen Schiednennetz. Die beschaffte Lok des Typs V 100.1 erwies sich als zu schwach motorisiert und ist nicht im Einsatz.
Seit 14.05.2012 ist die Porto di Carrara Holding S.p.A. alleinige Gesellschafterin, Sprintermar S.r.l. (30 %) und Rail One S.p.A. (20 %) verkauften ihre Anteile.
Seit Januar 2003 übernimmt die SAV im Auftrag der Autorità Portuale di Marina di Carrara im Rahmen eines Vierjahresvertrages den Güterverkehr auf deren Streckennetz.

Verkehre
* Güterverkehr auf dem Netz der Autorità Portuale di Marina di Carrara zwischen dem porto di Marina di Carrara und dem Übergabebahnhof Massa Zona Industriale

---

Società Subalpina di Imprese Ferroviarie S.p.A. (SSIF) P I

Via Mizzoccola, 9
IT-28845 Domodossola
Telefon: +39 0324 242055
Telefax: +39 0324 45242
vigeinfo@tin.it
www.vigezzina.com

Management
* Claudio Lodoli (Präsident)

Gesellschafter
Stammkapital 250.451,50 EUR

Lizenzen
* IT: Eisenbahninfrastrukturkonzession
* IT: Personenbeförderungskonzession

Infrastruktur
* Domodossola – Staatsgrenze Schweiz–Italien (32,3 km); Spurweite 1.000 mm, elektrifiziert 1.200 V=

Unternehmensgeschichte
Die Società subalpina di imprese ferroviarie S.p.A. (SSIF) ist ein Nahverkehrsunternehmen in der italienischen Provinz Verbano-Cusio-Ossola mit Sitz in Domodossola. Die von zahlreichen Privatgesellschaftern gehaltene SSIF ist Betreiber der grenzüberschreitenden Bahnlinie von Domodossola nach Locarno [CH] auf dem italienischen Streckenabschnitt. Auf Schweizer Seite gehört die zwischen 1907 und 1923 eröffnete Bahnstrecke zur Ferrovie autolinee regionali ticinesi (FART).
2011 hatte das Unternehmen 83 Mitarbeiter und setzte 4,22 Mio. EUR um (2010: 4,24 Mio. EUR; 2009: 3,49 Mio. EUR).

Verkehre
* Personenverkehr auf eigener Infrastruktur in Kooperation mit der schweizer Società per le Ferrovie Autolinee Regionali Ticinesi (FART)

Società Viaggiatori Italia S.r.l. (SVI)

via Vitruvio,1
IT-20124 Milano
denis.vanhaesebroucke@sncf.fr
www.svi-srl.com

Management
* Frank Jean-Marie Bernard (Präsident)

Gesellschafter
Stammkapital 50.000,00 EUR
* SNCF Voyages Developpement SAS (100 %)

Lizenzen
* IT: EVU-Zulassung (PV); gültig seit 21.12.2009
* IT: Sicherheitszertifikat, Teil A (PV); gültig vom 26.10.2011 bis 25.10.2016

Unternehmensgeschichte
Società Viaggiatori Italia S.r.l. (SVI) ist die am 28.07.2009 gegründete italienische Tochtergesellschaft der französischen Staatsbahn SNCF für Personenverkehre. Die Gesellschaft betreibt TGV-Leistungen zwischen Paris, Turin und Mailand.
In den vergangenen Jahren erbrachte das

SVI / STA / TFT

Unternehmen gemäß einer Aufstellung der ANSF - Agenzia Nazionale per la Sicurezza Ferroviaria folgende Zugkm-Leistungen auf Strecken der Rete Ferroviaria Italiana S.p.A. (RFI):
* 2012: 498.595 (PV); 0 (GV)
* 2011: 27.965 (PV); 0 (GV)
* 2010: 0 (PV); 0 (GV)
* 2009: 0 (PV); 0 (GV)

Die französische Sicherheitsbehörde Établissement public de sécurité ferroviaire (EPSF) hat am 25.04.2012 an die Società Viaggiatori Italia srl (SVI) den Teil B des Sicherheitszertifikats für den Bereich zwischen der französisch-italienischen Grenze und dem Bahnhof Modane ausgestellt.

Südtiroler Transportstrukturen AG (STA) 🇮🇹

Via Conciapelli 60
IT-39100 Bolzano
Telefon: +39 0471 312888
Telefax: +39 0471 312849
info@sta.bz.it
www.sta.bz.it

Management
* Dr.-Ing. Helmuth Moroder (Direktor)

Gesellschafter
Stammkapital 100.000,00 EUR
* Strutture Trasporto Alto Adige S.p.A. (STA) (100 %)

Lizenzen
* IT: Eisenbahninfrastrukturkonzession

Infrastruktur
* Merano – Malles (60,40 km)

Unternehmensgeschichte
Die Infrastrutture Ferroviarie Alto Adige S.r.l. / Südtiroler Bahnanlagen GmbH (SBA) betrieb die Infrastruktur der so genannten Vinschgerbahn Merano – Malles, die am 01.07.1906 eröffnet worden war und am 10.06.1990 stillgelegt wurde. Daraufhin erwarb das Land Südtirol 1999 die Infrastruktur und ließ sie unter Regie der Strutture Trasporto Alto Adige S.p.A. / Südtiroler Transportstrukturen AG (STA) von 2000 bis 2004 sanieren.
Für den Betrieb der Infrastruktur wurde per 06.12.2004 die SBA gegründet, den SPNV auf der Strecke erbringt die Schwestergesellschaft SAD - Trasporto locale S.p.A. seit 05.05.2005.
Die STA und deren bisherige Tochtergesellschaft SBA sind Ende 2013 zu einer einzigen Gesellschaft zusammengelegt worden. Die Tochtergesellschaft SBA, die seit der Wiederinbetriebnahme der Vinschgerbahn für deren Führung verantwortlich ist, wurde nun formell zur Gänze der STA einverleibt, wobei deren Aufgaben und das rund 30-köpfige Team unverändert bleiben.
Die Vinschgerbahn soll elektrifiziert werden. Dies hat die Landesregierung am 16.12.2014 beschlossen. Die Gesamtkosten dafür einschließlich Anpassungen an die Strecke, Bahnhöfe und Fahrzeuge (Erhöhung der Kapazität) sollen bei 56 Mio. EUR liegen.

Trasporto Ferroviario Toscano S.p.A. (TFT) 🇮🇹

Via Guido Monaco, 37
IT-52100 Arezzo
Telefon: +39 0575 39881
Hotline: +39 0575 292981
reclami@trasportoferroviariotoscano.it
www.trasportoferroviariotoscano.it

Werkstatt
Via Concino Concini 2
IT-52100 Arezzo
Telefon: +39 0575 292989

Gesellschafter
* La Ferroviaria Italiana S.p.A. (LFI) (100 %)

Lizenzen
* IT: EVU-Zulassung (PV+GV) seit 14.03.2001
* IT: Sicherheitszertifikat Teil A (PV+GV); gültig vom 19.12.2012 bis 17.12.2017
* IT: Sicherheitszertifikat Teil B (PV+GV); gültig vom 19.12.2012 bis 31.01.2015

Unternehmensgeschichte
Trasporto Ferroviario Toscano S.p.A. (TFT) entstand im Januar 2005 bei der Aufspaltung der Ferroviaria Italiana S.p.A. (LFI) in die Infrastrukturgesellschaft RFT (Rete Ferroviaria Toscana S.p.A.) sowie die Betriebsgesellschaft TFT. Die LFI ist seitdem Holdinggesellschaft u. a. für diese beiden Gesellschaften.
Die TFT betreibt Personen- und Güterverkehr auf den Strecken Arezzo – Stia und Arezzo – Sinalunga. 2006 beförderte die TFT mit der „Ferroviario Toscano" 1,18 Mio. Passagiere.
In den vergangenen Jahren erbrachte das Unternehmen gemäß einer Aufstellung der ANSF - Agenzia Nazionale per la Sicurezza Ferroviaria folgende Zugkm-Leistungen auf Strecken der Rete Ferroviaria Italiana S.p.A. (RFI):
* 2012: 0 (PV); 1.962 (GV)
* 2011: 0 (PV); 2.278 (GV)
* 2010: 0 (PV); 3.820 (GV)
* 2009: 0 (PV); 68.930 (GV)

Die beiden Schienenstrecken wurden durch die Ferrovia Stia-Arezzo-Sinalunga (FSAS) erbaut, die

TFT / TPER

1991 in die La Ferroviaria Italiana S.p.A. (LFI) umfirmiert wurde.

Verkehre
* Güterverkehr Arezzo – Stia
* Personenverkehr Arezzo – Sinalunga
* Personenverkehr Arezzo – Stia

TPER S.p.A. - Trasporto Passeggeri Emilia-Romagna ℗

Via di Saliceto, 3
IT-40128 Bologna
Telefon: +39 051 350311
www.tper.it

Direktion
Via Zandonai 4
IT-44100 Ferrara
Telefon: +39 0532 979311

Depot Bologna
Via delle Biscie - Zona Roveri
IT-40138 Bologna

Depot Ferrara
Via Bologna, 182
IT-44100 Ferrara
Telefon: +39 0532 903416

Depot Guastalla
Piazzale Marconi, 1
IT-42016 Guastalla
Telefon: +39 0522 824615

Depot Modena
piazza A.Manzoni 21
IT-41124 Modena

Depot Reggio Emilia
Via Orazio Talami 7
IT-42124 Reggio Emilia

Depot Sermide
Via Fratelli Bandiera, 157
IT-46028 Sermide
Telefon: +39 0386 960318

Depot Suzzara
Via Solferino
IT-46029 Suzzara
Telefon: +39 0376 531440

Management
* Guiseppina Gualtieri (Präsidentin)
* Paolo Natali (Vizepräsient)
* Claudio Ferrari (Generaldirektor)

Gesellschafter
Stammkapital 68.492.702,00 EUR
* Regione Emilia Romagna (46,13 %)
* Commune di Bologna (30,11 %)
* Provincia di Bologna (18,79 %)
* Azienda Consorziale Trasporti di Reggio Emilia (ACT) (3,06 %)
* Provincia di Ferrara (1,01 %)
* Commune di Ferrara (0,65 %)
* Provincia di Mantova (0,04 %)
* Provincia di Modena (0,04 %)
* Provincia di Parma (0,04 %)
* Provincia di Ravenna (0,04 %)
* Provincia di Reggio Emilia (0,04 %)
* Provincia di Rimini (0,04 %)

Beteiligungen
* Ma.Fer S.r.l. (100 %)
* Trasporto Pubblico Ferrarese s.c.a.r.l. (TPF) (97 %)
* Dinazzano Po S.p.A. (DP) (95,35 %)
* TBP s.c.a.r.l. (85 %)
* OMNIBUS s.c.a.r.l. (51 %)
* SST - Società Per I Servizi Di Trasporto S.r.l. (51 %)
* OCEANOGATE Italia S.p.A. (OCG) (50 %)
* Holding Emilia Romagna Mobilità S.r.l. (44,74 %)
* Marconi Express S.p.A. (25 %)
* Start Romagna S.p.A. (13,79 %)
* Consorzio Acquisti dei Trasporti (CAT) (2 %)
* Consorzio Bolognese Energia Galvani s.c.r.l. (C.B.E.G.) (1 %)

Lizenzen
* IT: EVU-Zulassung (PV+GV) seit 03.08.2001
* IT: Sicherheitszertifikat Teil A und B (PV+GV); gültig vom 23.10.2014 bis 31.10.2016

Unternehmensgeschichte
TPER S.p.A. - Trasporto Passeggeri Emilia-Romagna ist eine Bahngesellschaft der Emilia Romagna. Sie entstand bei der Fusion mehrerer Regionalbahnen sowie der Trennung der Ferrovie Emilia Romagna S.r.l. (FER) in die beiden Betriebsteile Betrieb und Netz. Während letztgenannte weiterhin als FER agiert, wurden Personen- und zunächst auch Güterverkehre unter Fusion der Atc di Bologna zum 01.02.2012 in die TPER überführt. Somit vereinigt die neue Regionalbahn die Betriebe:
* FP - Ferrovie Padane
* FSF - Ferrovia Suzzara-Ferrara
* FPS - Ferrovia Parma-Suzzara

TPER

* FBP - Ferrovia Bologna-Portomaggiore
* FBV - Ferrovia Bologna-Vignola
* Azienda Trasporti Collettivi e Mobilità (ATCM)
* Azienda Consorziale Trasporti di Reggio Emilia (ACT)
* A.T.C. Bologna S.p.A.

2006 beförderte der FER 2,3 Mio. Passagiere und 3,3 Mio. Tonnen Fracht. Den Großteil davon (2,8 Mio. t) auf dem Streckennetz der staatlichen Gesellschaft Rete Ferroviaria Italiana S.p.A. (RFI).
Seit Mitte 2008 war die FER auch auf den Strecken der Rete Ferroviaria Italiana (RFI), nachdem das Unternehmen der CTI (Consorzio Trasporti Integrati) mit Trenitalia beigetreten war. CTI konnte 2008 eine Ausschreibung der Region Emilia-Romagna für sich entscheiden. FER erbrachte nachfolgend Teile der Verkehre Modena – Carpi, Ferrara - Ravenna – Rimini, Bologna – Poggio Rusco, Bologna – Ferrara und Mantova – Suzzara. Saisonal werden im Sommer zwischen Mai und September auch die Verbindungen Bergamo – Pesaro, Brescia – Pesaro und Cremona – Pesaro zur Adria gefahren.
Die TPER ist auch in Bologna, Ferrara und Rimini im Busverkehr tätig. Für Ferrara wurde mit der ACFT S.p.A. das Joint-Venture Trasporto Pubblico Ferrarese (TPF), für Rimini mit der Trasporti Riuniti Area Metropolitana (TRAM) die A.T.G. - Adriatic Transport Group S.p.A. gegründet.
Das Unternehmen erbrachte 2010 insgesamt 600.000 tkm, was gegenüber 2008 eine Halbierung der Verkehrsleistung bedeutet. Gleichzeitig konnte der Umsatz von 40 Mio. EUR 2007 auf 90 Mio. EUR 2009 gesteigert werden.
Wurde ursprünglich hauptsächlich der Hafen in Ravenna durch die FER angefahren, hat sich dies zwischenzeitlich auf La Spezia in Ligurien verlagert. Anfang 2010 nahm FER neue Containerzugverbindungen zwischen La Spezia und Dinazzano auf, im Juni 2010 folgten Leistungen nach Melzo, Bologna und Padua. Im April 2010 wurde das bis dahin zu 100 % von der Sogemar S.p.A. gehaltene Stammkapital der OCEANOGATE Italia S.p.A. (OCG), Gioia Tauro, von 1,0 Mio. EUR auf 2,0 Mio. EUR erhöht. Die so geschaffenen neuen Anteile von 50 % wurden von der FER übernommen. 2011 übernahm OCG zunehmend Leistungen in die Eigentraktion, die FER vermietete zahlreiche Loks an das Unternehmen, bis dieses eigene Bombardier Traxx via Alpha Trains beschaffte.
Zum 27.06.2012 wurde der Güterverkehr der TPER in die Dinazzano Po S.p.A. (DP) überführt und zum 24.10.2012 die Start Romagna S.p.A. auf die TPER verschmolzen.
In den vergangenen Jahren erbrachte das Unternehmen gemäß einer Aufstellung der ANSF - Agenzia Nazionale per la Sicurezza Ferroviaria folgende Zugkm-Leistungen auf Strecken der Rete Ferroviaria Italiana S.p.A. (RFI):

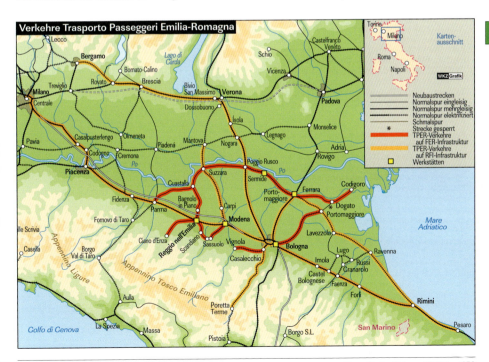

TPER / Trenitalia

* 2013: 2.198.080 (PV), 0 (GV)
* 2012: 2.087.776 (PV); 217.883 (GV)
* 2011: 2.170.969 (PV); 579.968 (GV)
* 2010: 2.213.200 (PV); 238.751 (GV)
* 2009: 1.700.000 (PV); 0 (GV)

Insgesamt leistete die TPER 2013 4.783.774 Zugkm im SPNV (2012: 4.732.175).
Die Statistiken der Unternehmen FER und TPER nennen außerdem:

* 2009: 4,18 Mio. Passagiere, 1,66 Mio. t Fracht
* 2010: 5,04 Mio. Passagiere, 2,55 Mio. t Fracht
* 2011: 4,87 Mio. Passagiere, 6,75 Mio. t Fracht
* 2012: 4,92 Mio. Passagiere
* 2013: 5,26 Mio. Passagiere

Am 31.12.2013 hatte die TPER 2.373 Mitarbeiter (31.12.2012: 2.450).
Folgende Umsatz- und Ergebniszahlen wurden in den vergangenen Jahren verbucht:

* 2013: +0,247 Mio. EUR bei 230,12 Mio. EUR Umsatz
* 2012: -9,4 Mio. EUR bei 250 Mio. EUR Umsatz (davon ab Gründung der TPER zum 01.02.2012: -8,99 Mio, EUR bei 210,62 Mio. EUR Umsatz)

Die Instandhaltung der Schienenverkehrsfahrzeuge der Gruppe übernimmt die Tochtergesellschaft MAFER S.r.l. an den Standorten Bologna, Reggio Emilia, Modena, Ferrara und Sermide.

Verkehre

* Personenverkehr Bergamo – Ferrara – Ravenna – Rimini – Pesaro; ein Zugpaar/Tag im Sommer, zusätzlich ein ganzjähriges Zugpaar/Tag Ravenna – Pesaro
* Personenverkehr Bologna Centrale – Modena – Parma – Milano; 1 Zugpaar pro Tag seit 09.09.2013, ein weiteres Zugpaar Bologna – Parma
* Personenverkehr Bologna Centrale – Porretta Terme; 12 Züge/Tag seit 15.12.2014
* Personenverkehr Bologna Centrale – Vignola
* Personenverkehr Bologna – Budrio – Portomaggiore
* Personenverkehr Ferrara – Bologna – Imola; saisonal einzelne Fahrten weiter bis Rimini
* Personenverkehr Ferrara – Codigoro
* Personenverkehr Ferrara – Ravenna – Rimini
* Personenverkehr Modena – Mantova
* Personenverkehr Modena – Sassuolo
* Personenverkehr Parma – Guastalla – Suzzara
* Personenverkehr Poggio Rusco – Bologna
* Personenverkehr Reggio Emilia – Ciano d'Enza; seit 01.01.2009 (ex ACT)
* Personenverkehr Reggio Emilia – Guastalla; seit 01.01.2009 (ex ACT)
* Personenverkehr Reggio Emilia – Sassuolo; seit 01.01.2009 (ex ACT)
* Personenverkehr Suzzara – Mantova
* Personenverkehr Suzzara – Poggio Rusco – Sermide – Ferrara

Trenitalia S.p.A. 🅿🅶

Piazza della Croce Rossa, 1
IT-00161 Roma
Telefon: +39 06 4410-5800
Telefax: +39 06 4410-6277
amministratoredelegato@trenitalia.it
www.trenitalia.com

Management
* Vincenzo Soprano (CEO)
* Enrico Grigliatti (CFO)
* Roberto Buonanni (Direktor Personal und Organisation)
* Elisabetta Scosceria (Direktorin Recht und Unternehmensangelegenheiten)
* Gianfranco Battisti (Direktor Fernverkehr)
* Orazio Iacono (Direktor Nahverkehr)
* Mario Castaldo (Direktor Güterverkehr)

Gesellschafter
Stammkapital 1.654.464.000,00 EUR
* Ferrovie dello Stato Italiane S.p.A. (FS Italiane) (100 %)

Beteiligungen
* SerFer - Servizi Ferroviari S.r.l. (100 %)
* TX Logistik AG (100 %)
* Trenitalia Logistics France SASU (TLF) (100 %)
* Thello SAS (66,67 %)
* Cisalpino AG (50 %)
* Logistica SA (50 %)
* Pol-Rail S.r.l. (50 %)
* TRENORD S.r.l. (50 %)
* Alpe Adria S.p.A. (33,3 %)
* Eurogateway S.r.l. (11 %)
* Isfort S.p.A. (5,58 %)
* Gestione Servizi Interporto S.r.l. (5 %)
* La Spezia Shunting Railways S.p.A. (4,5 %)
* Interporto Centro Italia Orte S.p.A. (3,12 %)
* Interporto Bologna S.p.A. (1,49 %)
* Interporto Toscano A. Vespucci S.p.A. (1,1 %)
* Interporto Merci Padova S.p.A. (1,09 %)
* RAlpin AG (0,67 %)
* Interporto Bergamo Montello SIBEM S.p.A. (0,56 %)

Lizenzen
* FR: Sicherheitszertifikat, Teil B (PV+GV); gültig vom 03.05.2013 bis 30.03.2015
* IT: EVU-Zulassung (PV+GV); gültig ab 07.06.2000

Trenitalia / TRENORD

* IT: Sicherheitszertifikat Teil A und B (PV+GV); gültig vom 30.03.2011 bis 30.04.2015

Unternehmensgeschichte
In den Anfangsjahren engagierten sich auf dem Gebiet Italiens sowohl Privatgesellschaften als auch die nach dem Wiener Kongress entstandenen Einzelstaaten beim Eisenbahnbau. Dies tat auch das 1861 geschaffene Königreich Italien, das zudem auch einige Privatbahngesellschaften ankaufte bzw. sich an deren Kosten beteiligte, wenn sie z. B. geringes Aufkommen, aber strategischen Wert besaßen. 1885 aber wurden alle vorhandenen staatlichen Bahnen wieder privatisiert und den drei neugeschaffenen Verwaltungen Società Italiana per le Strade Ferrate del Mediterraneo („Rete Mediterranea"), Societá Italiana per le Strade Ferrate Meridionali („Rete Adriatica") und Strade Ferrate della Sicilia („Rete Sicula") zugeordnet. Dieses Modell erwies sich jedoch als nicht zukunftsfähig, so dass mit dem am 22.04.1905 verabschiedeten Gesetz Nr. 137 die Wiederverstaatlichung großer Teile der italienischen Eisenbahn in die Wege geleitet wurde. Als Betreibergesellschaft wurde am 15.06.1905 die Ferrovie dello Stato (FS) gegründet, der der Betrieb auf einem 13.495 km messenden Netz oblag. Die FS sah sich zunächst mit einem überaltertem Fuhrpark konfrontiert, zu dessen Verjüngung der Bau von 567 Lokomotiven, 1.244 Reisezugwagen und 20.623 Güterwagen in Auftrag gegeben wurde. Dem Aufschwung in der Zwischenkriegszeit folgten schwere Kriegsschäden an der Infrastruktur, deren Beseitigung Jahre in Anspruch nahm. Ein umfangreiches, auf zehn Jahre und eine Summe von 1.500 Mrd. Lire angelegtes Modernisierungsprogramm begann 1962. Mit dem am 17.05.1985 verabschiedeten Gesetz Nr. 210 wurde das bislang autonom agierende Unternehmen der Aufsicht des Verkehrsministeriums unterstellt und am 12.08.1992 in eine vollständig im Staatseigentum stehende Aktiengesellschaft umgewandelt. In den Folgejahren wurde die FS sukzessive in mehrere Einzelgesellschaften aufgespalten und mit der heutigen Holdingstruktur versehen.
Trenitalia S.p.A. ist eine Tochtergesellschaft der italienischen Staatsbahn Ferrovie dello Stato S.p.A. (FS), die seit 2011 als Ferrovie dello Stato Italiane S.p.A. firmiert. Zunächst am 12.11.1997 als Italiana Trasporti Ferroviari - ITF S.p.A. gegründet übernahm die Gesellschaft im Hinblick auf die EU-Verordnung zur Trennung von Infrastruktur und Betrieb die zunächst nur die Personenbeförderung. Eine entsprechende Lizenz wurde am 23.05.2000 erteilt. Seit 07.06.2000 firmiert man als Trenitalia, die sowohl für Personen- als auch für Güterverkehr verantwortlich zeichnet. Spezielle Geschäftsfelder sind dabei den Tochterunternehmen übertragen, doch sind die Kernkompetenzen bei der Muttergesellschaft in den Divisionen Passeggeri Nazionale e Internazionale (Fernverkehr), Passeggeri Regionale (SPNV) und Cargo zugeordnet.

Die gegenwärtigen Personenverkehrsprodukte sind:
* Frecciarossa – Premiumprodukt; Triebzüge (ETR 500), die mit bis zu 360 km/h die HGV-Achse Turin – Mailand – Bologna – Florenz – Rom – Neapel – Salerno befahren
* Frecciargento – Triebzüge (ETR 600 und ETR 485), die mit bis zu 250 km/h unter Nutzung von HGV- und Altstrecken Rom mit Venedig, Verona, Bari und Lecce sowie Lamezia Terme/Reggio verbinden
* Frecciabianca – Züge, die mit bis zu 200 km/h unter ausschließlicher Nutzung der Altstrecken Mailand mit Genua, Venedig, Udine und Triest, Rom und Bari – Lecce verbinden
* Altri Eurostar Italia – Triebzüge (ETR 450 und ETR 460), die Rom mit Ancona, Genua, Lamezia Terme, Reggio Calabria, Perugia, Ravenna, Rimini und Taranto verbinden
* Intercity – Fernzüge zur Anbindung von über 200 auch kleineren Städten
* Treni Notte –Nachtzüge
* Treni per il trasporto locale – Nahverkehrszüge
* Treni Internazionali – Internationale Züge, meist EuroCity (EC) und EuroNight (EN).

Trenitalia ist nicht nur die marktbeherrschende Güterbahn in Italien sondern auch seit 2003 auch an der in Deutschland ansässigen TX Logistik AG beteiligt, mit der man zahlreiche Verkehre in Kooperation betreibt. Trenitalia übernahm zunächst 15 % der TX Logistik-Anteile mit einer Option auf bis zu 40 %. Zwei Jahre später, am 28.07.2005, wurde die Erhöhung des Trenitalia-Anteils an der TX Logistik AG auf 51 % bekanntgegeben. Im Frühjahr 2011 erfolgte die Übernahme der verbleibenden 49 %.

In den drei Sparten wurden 2013 (Vorjahreswerte in Klammern) folgende Leistungen erbracht: Fernverkehr 18,862 (18,444) Mrd. Pkm und 77,531 (71,058) Mio. Zugkm, SPNV 18,890 (19,045) Mrd. Pkm und 154,531 (154,758) Mio. Zugkm, Cargo 14,953 (15,412) Brutto-tkm und 33,115 (34,261) Mio. Zugkm. Bei einem Umsatz von 5,4978 (5,4980) Mrd. EUR wurden ein EBITDA von 1,3853 (1,3502) Mrd. EUR und ein Nettoergebnis von 181,5 (206,5) Mio. EUR erzielt. Der Personalbestand lag per 31.12. bei 32.489 (34.819).

TRENORD S.r.l. ℗

Via Pietro Paleocapa, 6
IT-20121 Milano
my-link@trenitalialenord.it
www.trenord.it

TRENORD

Depot Camnago-Lentate
IT-Camnago-Lentate

Management
★ Vincenzo Soprano (Präsident)
★ Cinzia Farisè (Geschäftsführer)

Gesellschafter
★ FNM S.p.A. (50 %)
★ Trenitalia S.p.A. (50 %)

Lizenzen
★ IT: EVU-Zulassung (PV+GV) seit 18.10.2012
★ IT: Sicherheitszertifikat Teil A und B (PV); gültig vom 17.11.2011 bis 02.05.2016f

Unternehmensgeschichte
TRENORD S.r.l. ist die neue Bezeichnung von Trenitalia - Le Nord S.r.l. (TLN), einem am 04.08.2009 gegründeten Gemeinschaftsunternehmen der Trenitalia Divisione Regionale Lombardia sowie der Ferrovie Nord Milano (FNM) für den SPNV in der Region Lombardei. Beide Unternehmen brachten eine Flotte von 300 Zügen in TLN ein und eröffneten als ersten Schritt ein gemeinsames Instandhaltungs- und Reinigungszentrum in Milano Fiorenza. Der Name „Trenitalia - Le Nord" war nur als vorübergehendes Provisorium gedacht und eine Umfirmierung von Beginn an geplant, die am 03.05.2011 in Kraft trat. TRENORD ist das erste und größte auf den SPNV spezialisierte Unternehmen Italiens. Es betreibt 42 Regional- und zehn S-Bahnlinien in der Lombardei sowie den bis zur Umfirmierung von Le Nord in Eigenregie betriebenen Malpensa-Express, der die Bahnhöfe Cadorna und Centrale in Mailand mit dem internationalen Flughafen verbindet. Die rund 2.000 Züge, die täglich auf diesem Netz verkehren, befördern dabei mehr als 600.000 Fahrgäste.
In den vergangenen Jahren erbrachte das Unternehmen gemäß einer Aufstellung der ANSF - Agenzia Nazionale per la Sicurezza Ferroviaria folgende Zugkm-Leistungen auf Strecken der Rete Ferroviaria Italiana S.p.A. (RFI):
★ 2012: 30.758.874 (PV); 0 (GV)
★ 2011: 20.948.069 (PV); 0 (GV)
Das erste volle Betriebsjahr 2010 für das (seinerzeitige) Joint Venture endete mit einem Umsatz von 613 Mio. EUR und einem Gewinn von 21,7 Mio. EUR, die vollständig reinvestiert wurden.

Verkehre
★ SPNV (S-Bahn Mailand; mit „Milano Passante" wird die Stammstrecke bezeichnet)
S 1 Saronno – Milano Passante – Lodi
S 2 Mariano Comense – Milano Passante – Milano Rogoredo
S 3 Saronno – Milano Cadorna
S 4 Camnago Lentate – Milano Cadorna
S 5 Varese – Milano Passante – Treviglio
S 6 Novara – Milano Passante – Treviglio
S 8 Lecco – Carnate – Milano Pta Garibaldi
S 9 Seregno – Albairate
S 10 Milano Bovisa – Milano Passante – Milano Rogoredo
S 11 Chiasso – Como – Milano Pta Garibaldi
★ SPNV Malpensa-Express
Milano Cadorna/Milano Central – Malpensa Terminal 1

TRENORD / TTE / TTI

* SPNV (Regionalverkehr der Lombardei)
  Alessandria – Voghera – Piacenza
  Arona – Gallarate – Busto Arsizio FS
  Asso – Milano
  Bergamo – Brescia
  Bergamo – Carnate – Milano
  Bergamo – Pioltello – Milano
  Bergamo – Treviglio
  Brescia – Breno
  Brescia – Edolo
  Brescia – Milano
  Brescia – Parma
  Busto Arsizio FS – Malpensa
  Chiasso – Como – Milano
  Codogno – Cremona
  Colico – Chiavenna
  Como – Lecco
  Como – Saronno – Milano
  Cremona – Brescia
  Cremona – Mantova
  Cremona – Treviglio
  Domodossola – Gallarate – Milano
  Domodossola – Milano
  Laveno – Varese – Saronno – Milano
  Lecco – Bergamo
  Lecco – Molteno – Milano
  Lecco – Sondrio
  Luino – Gallarate
  Luino – Novara – Alessandria
  Mantova – Cremona – Codogno – Milano
  Mortara – Milano
  Novara – Saronno – Milano
  Pavia – Alessandria
  Pavia – Codogno
  Pavia – Vercelli
  Piacenza – Lodi – Milano
  Saronno – Milano
  Sondrio – Tirano
  Stradella – Pavia – Milano
  Tirano – Sondrio – Lecco – Milano
  Varese – Gallarate – Milano
  Varese – Saronno – Milano
  Verona – Brescia – Milano
  Voghera – Pavia – Milano

trentino trasporti esercizio S.p. A. (TTE) P

Verwaltung
Via Innsbruck 65
IT-38100 Trento
Telefon: +39 0461 821000
Telefax: +39 0461 031407
info@ttspa.it
www.ttesercizio.it

Bahnbetrieb
Via Secondo da Trento n. 2
IT-38100 Trento

Management
* Franco Sebastiani (Geschäftsführer)
* Lucio Faggiano (Präsident)

Gesellschafter
* Provincia Autonoma di Trento (73,75 %)
* Comune di Trento (18,75 %)
* trentino trasporti esercizio S.p.A. (TTE) (6,91 %)
* Gemeinden und Bezirke der Provinz Trento (0,58 %)
* Streubesitz (0,01 %)

Beteiligungen
* trentino trasporti esercizio S.p.A. (TTE) (6,91 %)

Lizenzen
* IT: EVU-Zulassung (PV); gültig seit 13.05.2011
* IT: Sicherheitszertifikat Teil A und B (PV); gültig vom 18.04.2013 bis 15.12.2015

Unternehmensgeschichte
Die trentino trasporti esercizio S.p.A. übernahm per 01.01.2009 sämtliche Bus- und Schmalspurverkehrsleistungen der Muttergesellschaft Trentino Trasporti S.p.A.. Neben 1.145 Mitarbeitern verfügte das Unternehmen per 01.01.2009 über 740 Busse und 18 Züge.
Auf der Meterspur fahren inzwischen v. a. die 2005/2006 beschafften 14 elektrischen CoradiaLINT von Alstom, doch sind ebenfalls noch weitere Altbau-Triebwagen vorhanden.

Verkehre
* SPNV Trento – Marilleva

Trentino Trasporti S.p.A. (TTI) P I

Via Innsbruck 65
IT-38100 Trento
Telefon: +39 0461 821000
Telefax: +39 0461 031407

Management
* Vanni Ceola (Präsident)
* Franco Sebastiani (Vizepräsident)

Gesellschafter
Stammkapital 24.010.094,00 EUR
* Provincia Autonoma di Trento (73,75 %)
* Comune di Trento (18,75 %)
* Trentino Trasporti S.p.A. (TTI) (6,91 %)

TTI / Umbria TPL e Mobilità

* Gemeinden und Bezirke der Provinz Trento (0,58 %)
* Streubesitz (0,01 %)

Beteiligungen
* Trentino Trasporti S.p.A. (TTI) (6,91 %)

Lizenzen
* IT: Eisenbahninfrastrukturkonzession

Infrastruktur
* Trento – Marilleva (65 km, Spurweite 1.000 mm, elektrifiziert 3000V=)

Unternehmensgeschichte
Trentino Trasporti S.p.A. (TT) entstand am 28.11.2002 bei der Fusion des Busbetriebes Atesina und der Ferrovia Elletrica Trento-Malè (FTM), die am 21.06.2003 nach langjähriger Bauzeit ihre Strecke von Mezzana bis Marilleva verlängern konnte. Die auch als „Nonstalbahn" bekannte FTM-Meterspurbahn war 1909 zunächst als Überlandstraßenbahn von Trento Piazza Torre Verde nach Malè eröffnet worden. Anfang der 1960er Jahre erfolgte die Modernisierung und damit einhergehend eine teilweise Neutrassierung. Wichtigster Neubauabschnitt ist die Strecke Dermulo – Cles – Cavizzana mit den neuen Noce-Brücken bei Tassullo und Mostizzolo sowie dem 2.675 m langen Tunnel Cles Polo Scolastico – Viadukt bei Mostizzolo (Gall. Vergondola). Außerdem wurde die frühere Stichstrecke nach Mezzocorona (zu k. k.-Zeit: Kronmetz) und die Stadtstrecke in Trient von Torre Verde bis zum Depot aufgegeben. Aufgegeben wurde auch die 1.435 mm-spurige Strecke San Michele – Mezzolombardo.
In direkter Nachbarschaft zur Strecke der FS entstand 1995 ein neuer Endbahnhof Trento. Auch die neue Endstelle Marilleva (neben der Seilbahn im Skigebiet St. Maria) ist nicht endgültig, denn man will die Strecke weiter ausbauen: Eine Verlängerung nach Mezzana ist aktuell im Bau. Geplant ist die weitere Verlängerung über Fucine hinaus Richtung Tonalepass (u.a. mit einem 15 km langen Tunnel) bis Ponte di Legno, westlich des Passes.
Seit 2007 sind 1,9 km Strecke bei Lavis zweigleisig. In Gardolo ist eine neue Werkstatt im Bau, die auch die Minuettos warten soll.
Seit Dezember 2014 ist in Croviana (nahe Malè) ein neues Depot für Busse und Züge in Betrieb, das die alte Anlage an der Stichstrecke zum früheren Endbahnhof Malè ersetzt.
Auf der Meterspur fahren inzwischen v. a. die 2005/2006 beschafften 14 elektrischen CoradiaLINT von Alstom, doch sind ebenfalls noch weitere Altbau-Triebwagen vorhanden.
Die TT ist seit Oktober 2005 auch auf der RFI tätig und bedient die Strecke Trento – Borgo Valsugana – Bassano del Grappa – Venezia mit zehn dieselelektrischen Alstom Minuetto-Triebwagen.

Am 31.12.2006 verfügte TT über 1.237 Mitarbeiter, mehr als 760 Busse und 18 betriebsfähige schmalspurige Züge.
Zum 01.01.2009 wurden die Verkehrsabteilungen Bus und Schmalspur in die trentino trasporti esercizio S.p.A. (siehe extra Portrait) abgespalten. Die Trentino Trasporti S.p.A. verwaltet seitdem nur noch Infrastrukturen und eingesetztes Fahrzeugmaterial und erbringt Verkehrsleistungen auf der Rete Ferroviaria Italiana S.p.A. (RFI). Zum 01.01.2009 verfügte die Gesellschaft sowie ihre Tochterunternehmen über 92 Mitarbeiter, 797 Busse und 29 Zugeinheiten.

Verkehre
* SPNV Trento – Venezia

Umbria TPL e Mobilità S.p.A.
P I

Strada Santa Lucia, 4
IT-06125 Perugia
Telefon: +39 075 9637001
info@umbriamobilita.it
www.umbriamobilita.it

Werkstatt FCU
Via Cesare Battisti
IT-06019 Umbertide

Management
* Lucio Caporizzi (Präsident)
* Franco Viola (Geschäftsführer)

Gesellschafter
Stammkapital 49.000.000,00 EUR
* Amministrazione Provinciale di Perugia (31,84 %)
* Comune di Perugia (22,86 %)
* Regione Dell'Umbria (20,3 %)
* Azienda Trasporti Consorziali S.p.A. (ACT) (20 %)
* Comune di Spoleto (5 %)

Lizenzen
* IT: EVU-Zulassung (PV) seit 23.07.2001
* IT: Eisenbahninfrastrukturkonzession

Infrastruktur
* Sansepolcro – Perugia Ponte San Giovanni – Terni / Perugia Sant'Anna (153 km); Abschnitt Sansepolcro – Perugia elektrifiziert 3.000 V=

Unternehmensgeschichte
1908 erhielt die Società per le Strade Ferrate del Mediterraneo die Konzession für den Betrieb der Strecke mit dampfgetriebenen Fahrzeugen. Eine später vorgelegte Planung sah den Betrieb als

Umbria TPL e Mobilità

elektrische Eisenbahn vor. Das Projekt wurde am 11.02.1911 genehmigt und sah eine Elektrifizierung der Strecke durch AEG Thomson Houston vor. Der Bau begann im Jahr 1911 und am 12.07.1915 wurde der Abschnitt Terni – Umbertide erstmals mit Dampftraktion befahren. Der Erste Weltkrieg verzögerte die Elektrifizierung (11 kV Wochselstrom, 25 Hz), so dass erst ab 1920 der Abschnitt Terni – Umbertide und später Ponte San Giovanni – Perugia unter Strom gesetzt werden konnte. Neue Lokomotiven ersetzten zunächst die Dampftraktion im Personenverkehr, im zwischenzeitlich eingestellten Güterverkehr fand der Traktionswechsel später statt.

Am 25.05.1956 wurde die Teilstrecke Umbertide – Sansepolcro wieder eröffnet, welche im Zweiten Weltkrieg durch Bombardement zerstört worden war. Die Verbindung war ursprünglich als 950 mm-Bahn der Società anonima per le Ferrovia dell' Appennino Centrale (FAC) zwischen Arezzo und Fossato di Vico erbaut worden. In Umbertide bestand damals Anschluss an die in Normalspur errichtete Bahn der Società per le Strade Ferrate del Mediterraneo.

Die wieder aufgebaute Strecke nannte man „Ferrovie Umbro-Aretine" und 1959 wurde die Gesellschaft in Società Mediterranea strade ferrate Umbro-Aretine (MUA) umfirmiert.

In den 1970er Jahren wurde die Bahn durch die Provincia di Perugia übernommen, um einen Konkurs zu verhindern. 1982 wurde der Name der Bahngesellschaft auch in „Ferrovia Centrale Umbra" (FCU) geändert.

Die FCU wurde seit Einführung des Gesetzes 526 vom 07.08.1982 kommissarisch durch die Regierung verwaltet. Im Jahr 2000 erfolgte der Übergang der Verwaltung auf die per 11.04.2000 gegründete Ferrovia Centrale Umbra S.r.l.. Im August 1997 wurde der elektrische Betrieb eingestellt und seitdem ausschließlich Dieseltraktion verwendet. Seit 11.12.2005 ist die FCU auf der Relation Sansepolcro – Perugia – Terni – Roma aktiv, die mit zwei Zugpaaren von Mo-Fr bedient wird. 2006 begannen die Wiederelektrifizierung der Strecke und der Einbau des zeitgemäßen elektronischen Sicherheitssystems TCMS. Der Nordabschnitt Sansepolcro – Perugia wird seit Februar 2009 wieder elektrisch befahren.

Ende 2007 wurde der Güterverkehr auf der Strecke Sansepolcro – Terni nach dem Bau eines Industrieanschlusses bei Pierantonia wieder aufgenommen. Die Strecke hatte Anfang der 1990er Jahre den Schienengüterverkehr verloren.

Zum 01.12.2010 übernahm die per 29.11.2010 gegründete Umbria TPL e Mobilità S.p.A. als zentrale Institution den Betrieb der öffentlichen Verkehrsmittel der Region Umbrien und somit den Geschäftsbetrieb von Azienda Perugina della Mobilità - APM S.p.A., Azienda Trasporti Consorziali S.p.A. (ATC), Società Spoletina di Imprese Trasporti SSIT und Ferrovia Centrale Umbra S.r.l. (FCU). UMBRIA TPL e MOBILITÀ betreibt die folgenden Dienstleistungen:

* urbaner und regionaler Busverkehr in der gesamten Region
* Schienenverkehr in Umbrien, Latium und den Abruzzen
* Schiffsverkehr auf dem Lago Trasimeno
* Rolltreppen in Perugia, Spoleto, Cascia, Amelia
* Minimetrò von Perugia
* Standseilbahn Orvieto
* Parkplatzbewirtschaftung in sechs italienischen Regionen mit rund 7.000 Stellplätzen

Das Unternehmen besitzt 734 Busse, darunter 116 Erdgas- und 14 elektrische Busse, 51 Triebzüge und acht Schiffe.

In den vergangenen Jahren erbrachte das Unternehmen gemäß einer Aufstellung der ANSF - Agenzia Nazionale per la Sicurezza Ferroviaria folgende Zugkm-Leistungen auf Strecken der Rete Ferroviaria Italiana S.p.A. (RFI):

* 2012: 970.402 (PV); 0 (GV)
* 2011: 944.376 (PV); 0 (GV)
* 2010: 876.034 (PV); 0 (GV)
* 2009: 923.144 (PV); 0 (GV)

2012 erwirtschafteten 1.511 Mitarbeiter rund 130 Mio. EUR Umsatz.

Verkehre
* Personenverkehr Sansepolcro – Perugia Sant'Anna
* Personenverkehr Sansepolcro – Roma; 10 x pro Woche seit 11.12.2005
* Personenverkehr Sansepolcro – Terni
* Personenverkehr Terontola – Perugia – Foligno

Kroatien

Kurze Eisenbahngeschichte

2010 wurde das 150-jährige Jubiläum der Eisenbahn in Kroatien begangen. Die Inbetriebnahme der ersten Strecke fällt in den Zeitraum von 1849 bis 1868, als große Teile der heutigen Republik Kroatien zusammen mit dem Nordteil des heutigen Serbiens als „Kroatien-Slawonien" nach der Separation von Ungarn ein eigenes österreichisches Kronland waren. 1860 fand die Eröffnung der ganz im Norden des Landes verlaufenden Querverbindung (Budapest – Székesfehérvár – Nagykanizsa –) Kotoriba – Čakovec – Središče (– Ormož – Pragersko) statt. Sie diente nicht den kroatischen Verkehrsbedürfnissen, sondern war Teil einer angestrebten Anbindung Budapests an Triest. Das slowenische Pragersko liegt an der Hauptbahn (Wien – Semmering – Graz –) Maribor – Zidani Most – Ljubljana – Pivka – Triest, die schon seit 1857 durchgehend zur Verfügung stand. Für diese noch auf Staatskosten errichtete Verbindung wie auch die in Pragersko einmündende Strecke aus Budapest hatte im Zuge der Staatsbahnprivatisierungen am 23.09.1858 mit der nachmaligen „k.k. priv. südliche Staats-, lombardisch-venezianische und zentral-italienische Eisenbahngesellschaft", nach dem Verlust Venetiens ab 1862 „k.k. priv. Südbahn-Gesellschaft" oder kurz Südbahn das bedeutendste Eisenbahnunternehmen der Monarchie die Konzession erhalten.

Auf die Südbahn geht auch die 1862 eröffnete „Croatische Bahn" (Zidani Most – Dobova –) Zagreb – Sisak bzw. Zagreb – Karlovac sowie die 1873 vollendete Anbindung der wichtigen Hafenstadt Rijeka zurück, die zunächst von Pivka aus erfolgte.

Die 1868 gegründete ungarische Staatsbahn MÀV errichtete die von Karlovac ausgehende zweite Anbindung Rijekas über Oštarije. Dieses Projekt hatte seine Priorität dadurch erlangt, dass die Stadt 1867 an Ungarn gefallen war und man ihren zweiten Bahnanschluss unter Umgehung österreichischen Territoriums anlegen wollte. Dazu gehörte auch die Fortsetzung von Zagreb über Dugo Selo (eröffnet 1870) und Koprivnica und Botovo zum heutigen ungarischen Grenzort Gyékényes und weiter über Kaposvár und Dombóvár (eröffnet 1872) nach Budapest (eröffnet 1883).

Lange dauerte es hingegen, bis die in Kroatien verlaufenden Teile der jugoslawischen Magistrale (Ljubljana –) Zagreb – Novska – Slavonski Brod – Vinkovci – Tovarnik (– Belgrad – Niš – Skopje) vollendet waren, wobei zu beachten ist, dass diese zwischen Zagreb und Novska aus zwei eingleisigen, in gehörigem Abstand verlaufenden Parallelstrecken (die nördliche über Dugo Selo, die südliche via Sisak und Sunja) besteht. Es erfolgten die Inbetriebnahmen Slavonski Brod – Vinkovci 1878, Sisak – Sunja 1882, Sunja – Novska – Slavonski Brod 1889, Dugo Selo – Novska 1897 und Vinkovci – Tovarnik 1891.

Dem regen Interesse Ungarns am Schienenanschluss seines Adriahafens stand ein mangelndes Interesse an Verbindungen zur in der österreichischen Reichshälfte verbliebenen Exklave Dalmatien mit Normalspurbahnen gegenüber. Hier war von 1874 bis 1888 ein Inselnetz Knin – Perkovič – Šibenik / Split entstanden, doch kam es nach langwierigen Verhandlungen erst 1912 zum Spatenstich für die heute in Oštarije abzweigende, „Lika-Bahn" genannte Anbindung von Knin an die Strecke Zagreb – Rijeka, die am 25.07.1925 eröffnet wurde.

Zwischen 1936 und 1948 wurde die „Una-Bahn" vom bosnischen Bosanski Novi nach Knin als Teil einer geographisch gunstigeren Alternativroute von Zagreb via Sunja nach Split erbaut. Als letztes folgte die 1967 eröffnete Zweigbahn Knin – Zadar.

Die Elektrifizierung der Hauptstrecken erfolgte ab Ende der sechziger Jahre, wobei man für die Abschnitte von Zagreb nach Rijeka und Ljubljana die heute noch im benachbarten Slowenien üblichen 3.000 V Gleichspannung wählte.

Nach dem Zerfall Jugoslawiens wurde damit begonnen, das Bahnstromsystem in Kroatien auf einheitlich 25 kV 50 Hz umzustellen, was mit den letzten Abschnitten im Raum Rijeka im Dezember 2012 nunmehr komplett erledigt ist.

Im Jugoslawienkrieg hat auch die kroatische Schieneninfrastruktur beträchtliche Schäden erlitten. Betroffen waren z. B. die ganz im Osten gelegene wichtige Regionalverbindung Osijek – Vinkovci, die erst seit 2008 wieder befahrbar ist und längs der bosnischen Grenze führende, bis 1991 auch von internationalen Schnellzügen befahrene Una-Bahn, die nach der Wiedereröffnung nur kurz im Güterverkehr genutzt wurde. Wichtige Infrastrukturvorhaben sind der Ausbau der dem Paneuropäischen Verkehrskorridor X folgenden, o. g. Hauptachse Ljubljana – Zagreb – Belgrad sowie eine quer dazu liegende Aus- und Neubaustrecke von der ungarischen Grenze über Botovo und Zagreb nach Rijeka, die dem Verkehrskorridor Vb folgt. Dabei ist u. a. der zweigleisige Ausbau der Abschnitte (Zagreb –) Dugo Selo – Novska/Botovo – ungarische Grenze und Zagreb – Sisak vorgesehen. In Richtung Adria soll es von Zagreb ausgehend als ersten Schritt einen zweigleisigen Ausbau über Goljak bis Karlovac und eine Neubaustrecke von Goljak bis Skradnik südlich Oštarije geben, von der die Verkehre Richtung Rijeka und Knin gleichermaßen profitieren. Projekte außerhalb der Korridore sind die Wiederinbetriebnahmen der brachliegenden, teils auch netzbedeutsamen Abschnitte Sisak Caprag – Petrinja, Daruvar – Pčelić und Pleternica – Našice.

Kroatien

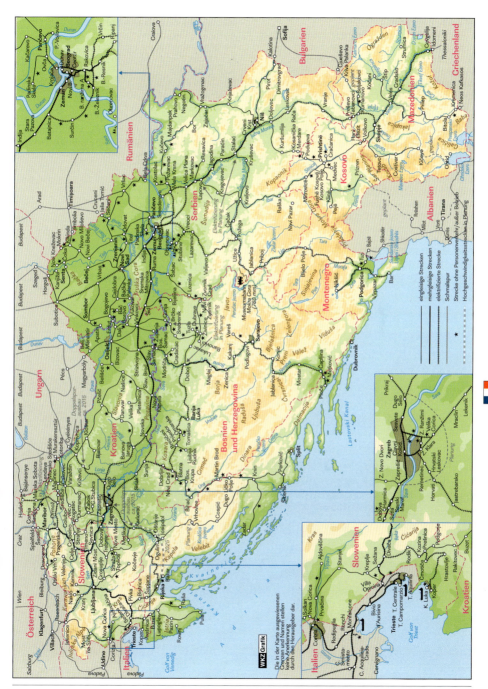

Kroatien

Marktübersicht
Einzige Verkehrsanbieter waren bislang die staatlichen Unternehmen HŽ Putnički prijevoz d.o.o. (Personenverkehr) und die HŽ Cargo d.o.o. (Güterverkehr). Als erste Konkurrenten im Güterverkehr haben die Rail Cargo Carrier-Croatia d.o.o. und die ADRIA TRANSPORT d.o.o. sowie die österreichische RTS Rail Transport Service GmbH und die ungarische Train Hungary Magánvasút Ipari, Kereskedelmi és Szolgáltató Kft. ihre Sicherheitsbescheinigung erhalten. Die RTS hat im Sommer 2014 erste Verkehre aufgenommen.

Verkehrsministerium
Ministarstvo mora, prometa i infrastrukture
Uprava željezničkog prometa i žičara
Sektor željezničkog prometa i žičara
Prisavlje 14
HR-10000 Zagreb
Telefon: +385 1 6169 080
Telefax: +385 1 6196 477
uprava.zeljeznice@mmpi.hr
www.mmpi.hr

Nationale Eisenbahnbehörde
Agencija za regulaciju
tržišta željezničkih usluga (ARTZU)
Rail Market Regulatory Agency
Jurišićeva 19/2
HR-10000 Zagreb
Telefon: +385 1 4878 500
artzu@artzu.hr
www.artzu.hr

Agencija za sigurnost željezničkog prometa (ASŽ)
Croatian Railway Safety Agency
Radnička cesta 39
HR-10000 Zagreb
Telefon: + 385 1 606 1313
www.asz.hr

Eisenbahnunfalluntersuchungsstelle
Agencija za istraživanje nesreća u zračnom, pomorskom i željezničkom prometu (AIN)
Ivana Šibla 9-11
HR-10000 Zagreb
Telefon: +385 1 8886 830
info@ain.hr
www.ain.hr

Foto: Karl Arne Richter

ADRIA TRANSPORT / HŽ Cargo

ADRIA TRANSPORT d.o.o.

Jelenovac 38/B
HR-10000 Zagreb
Telefon: +385 1 3769029
office@adriatransport.hr
www.adriatransport.hr

Management
★ Mário Mát'aš (Direktor)

Gesellschafter
Stammkapital 20.000,00 HRK
★ Mário Mát'aš (100 %)

Lizenzen
★ HR: Sicherheitszertifikat, Teil A (GV); gültig vom 05.12.2013 bis 05.12.2018
★ HR: Sicherheitszertifikat, Teil B (GV); gültig vom 01.03.2014 bis 01.03.2015

Unternehmensgeschichte
Die im März 2012 mit Sitz in Zagreb gegründete private Bahngesellschaft ADRIA TRANSPORT d.o.o. erhielt als erster Betreiber neben den Staatsbahntöchtern der HŽ ein Sicherheitszertifikat in Kroatien. Die Gesellschaft ist nicht zu verwechseln mit dem Unternehmen gleicher Firmierung in Slowenien, deren Anteile von der Graz-Köflacher Bahn und Busbetrieb (GKB) sowie dem Hafen Koper gehalten werden.
Direktor und Alleingesellschafter der kroatischen Privatbahn ist Mário Mát'aš. Der in der Slowakei ansässige Unternehmer ist zudem geschäftsführender Gesellschafter der Smart Corporation. Das in in Bratislava ansässige Handelsunternehmen für Schienenfahrzeuge ist v.a. auf dem Balkan tätig. Betrieblicher Leiter der ADRIA TRANSPORT ist Oliver Krilic, zuvor Chef der mittlerweile aufgelösten staatlichen Flottenmanagers HŽ Vuca Vlakova.
Zwar kündigte der Manager an, weniger der finanziell angeschlagenen Staatsbahn Aufträge abnehmen als Güter neu auf die Bahn verlagern zu wollen. Die Marktöffnung dürfte die HŽ trotzdem schmerzen. Jüngst war die angedachte Teilprivatisierung gescheitert, zahlreiche Mitarbeiter sollen entlassen werden.
Für kontroverse Diskussionen sorgte zudem das Gerücht, dass ADRIA TRANSPORT bei der Personenverkehrssparte HŽ Putnicki prijevoz (PP) bereits Loks angemietet habe, während HZ Cargo Engpässe verzeichnen muss. PP entgegnete dass lediglich nur eine Kooperationsvereinbarung bestünde, die aber auch mit HŽ Cargo existiere. Die Privatbahn gab an, dass Zugriff auf drei Loks von PP bestünde und zudem zwei Loks aus slowakischen Beständen verfügbar seien.

HŽ Cargo d.o.o. G

Trg kralja Tomislava 11
HR-10000 Zagreb
Telefon: +385 1 4577-576
Telefax: +385 1 4577-617
info@hzcargo.hr
www.hzcargo.hr

Management
★ Danijel Krakić (Präsident)
★ Alen Ambrinac (Mitglied des Vorstandes)

Gesellschafter
Stammkapital 531.006.500,00 HRK
★ Republika Hrvatska [Republik Kroatien] (100 %)

Beteiligungen
★ AGIT Agencija za integralni transport d.o.o. (100 %)
★ OV-Održavanje vagona d.o.o. (100 %)
★ PJ Dom Express (100 %)
★ Radionica željezničkih vozila Čakovec d.o.o. (100 %)
★ Remont i proizvodnja željezničkih vozila Slavonski Brod d.o.o. (100 %)
★ Robno-transportni centar Brod d.o.o. (51 %)
★ CROKOMBI d.o.o. (47,09 %)
★ Cargo centar Zagreb (25 %)
★ Remont željezničkih vozila Bjelovar d.o.o.

Unternehmensgeschichte
Die HŽ Cargo d.o.o. ist Kroatiens staatliches Schienengüterverkehrsunternehmen. Es entstand bei der 2006 verfügten Reorganisierung der HŽ und nahm am 01.01.2007 seinen Betrieb auf. Das Unternehmen beförderte 2012 (Vorjahresangaben in Klammern) 11,4 (11,8) Mio. t Güter bei einer Verkehrsleistung von 2,422 (2,438) Mrd. tkm; die Mitarbeiterzahl lag per 31.12.2012 bei 2.898. HŽ Cargo steckt seit längerem in großen finanziellen Schwierigkeiten mit drohendem Konkurs. So werden die laufenden Kosten (davon rund 75 % für Personal) nur zur Hälfte durch Einnahmen gedeckt; die kurz- bzw. langfristigen Verbindlichkeiten betrugen Anfang 2014 248 bzw. 800 Mio. HKN. In diesem Zusammenhang beschloss das kroatische Kabinett am 31.10.2013 die Ablösung der kompletten Geschäftsführung und die Berufung von Aufsichtsratspräsident Danijel Krakić zum neuen Direktor.
Auf eine Ausschreibung für die Durchführung einer Restrukturierung des Unternehmens mit nachfolgender Übernahme von 75 % der Gesellschafteranteile hatten sich nach Auskunft des

HŽ Cargo / HŽ Infrastruktura / HŽ Putnički prijevoz

Unternehmens zunächst sieben Bewerber gemeldet: Die bislang nicht größer in Erscheinung getretene Deal d.o.o. eine Bietergemeinschaft aus Nexus Private Equiti Partneri d.o.o., Quaestus Private Equity d.o.o. und Đuro Đakovic Holding d.d., das Beratungsunternehmen A.T. Kear ney GmbH die ÖBB-Güterbahntochter Rail Cargo Austria AG (RCA) das Consultingunternehmen DB International GmbH die rumänische Güterbahn Grup Feroviar Român SA (GFR) sowie die Advanced World Transport B.V. (AWT), Muttergesellschaft u.a. von Güterbahnen in Tschechien, der Slowakei und Ungarn. RCA, AWT und GFR reichten konkrete Angebote ein, doch nur letzteres entsprach den Ausschreibungsbedingungen im vollen Umfang entsprochen, so dass GFR im Juni 2013 von der kroatischen Regierung zum Bestbieter erklärt wurde. Die Rumänen boten laut Medienberichten insgesamt rund 1,1 Mrd. HRK (150 Mio. EUR) für die Übernahme von drei Vierteln der Anteile an HŽ Cargo und von staatlich garantierten Verbindlichkeiten sowie für Investitionen in die weitere Entwicklung der kroatischen Güterbahn. Ob es wirklich zu der angestrebten Mehrheitsprivatisierung des Unternehmens kommt, ist aber weiter unklar. Die Verhandlungen mit GFR wurden Ende Januar 2014 abgebrochen, da man sich nach Angaben der kroatische Seite u.a. nicht über Details bezüglich Schulden, und Immobilienbesitz sowie den Umgang mit den aus dem Personalüberbestand resultierenden Lasten einigen konnte. Zudem habe GFR die Sicherung eines Bedienungsmonopols in Kroatien verlangt. Laut Medienberichten vom April 2014 standen zur Konsolidierung der HŽ Cargo die Entlassung von rund 800 Mitarbeitern sowie der Verkauf der nicht zum Kerngeschäft gehörenden Beteiligungen sowie einer größeren Zahl von Güterwagen im Raum.

Gesellschafter
Stammkapital 224.188.000,00 HRK
* Republika Hrvatska [Republik Kroatien] (100 %)

Beteiligungen
* Pružne građevine d.o.o. (100 %)

Infrastruktur
* Bahnnetz der Republika Hrvatska (2.605 km; davon 2.351 km ein- und 254 km zweigleisig; 977 km elektrifiziert AC 25 kV, 50 Hz und 3 km elektrifiziert DC 3 kV)

Unternehmensgeschichte
Die HŽ Infrastruktura d.o.o. ist der Infrastrukturbetreiber des kroatischen staatlichen Bahnnetzes. Er entstand bei der 2006 verfügten Reorganisierung der Staatsbahn Hrvatske Željeznice (HŽ) zur Holding und nahm am 01.01.2007 seinen Betrieb auf.
Im Zuge der Restrukturierung der HŽ-Gruppe wurde die Infrastruktursparte per Beschluss der kroatischen Regierung vom 31.10.2012 in direkten Staatsbesitz überführt und tags darauf die Holding auf die HŽ Infrastruktura d.o.o. verschmolzen.
Die auf dem Netz erbrachte Verkehrsleistung (in Mio. Zugkm/a) entwickelte sich in den letzten Jahren wie folgt:
2010: 16,886 (PV); 7,196 (GV)
2011: 18,119 (PV); 7,083 (GV)
2012: 18,154 (PV); 5,991 (GV)
2013: 16,767 (PV); 5,250 (GV)
Die ohnehin ernste wirtschaftliche Lage des Unternehmens hat sich 2013 (Vorjahreswerte in Klammern) wegen gesunkener Einnahmen und gestiegener Kosten weiter verschlechtert. Es wurden ein Umsatz von 903,1 (1.175,2) Mio. HKN und ein Betriebsergebnis von -838,0 (-232,0) Mio. HKN erzielt. Mit Stand vom 31.12. hatte HŽ Infrastruktura 5.438 (6.436) Mitarbeiter.

HŽ Infrastruktura d.o.o.

Ulica Antuna Mihanovića 12
HR-10000 Zagreb
Telefon: +385 1 3783-154
Telefax: +385 1 4572-133
infrastruktura.upiti@hznet.hr
www.hzinfra.hr

Management
* Renata Suša (Präsidentin)
* Željko Kopčić (Mitglied des Vorstandes)
* Ivan Vuković (Mitglied des Vorstandes)

HŽ Putnički prijevoz d.o.o.

Strojarska 11
HR-10000 Zagreb
Telefon: +385 1 3783-061
Telefax: +385 1 4577-604
uprava@hzpp.hr
www.hzpp.hr

Management
* Dražen Ratković (CEO)
* Siniša Balent
* Robert Frdelja

HŽ Putnički prijevoz / Rail Cargo Carrier-Croatia

Gesellschafter
Stammkapital 75.627.300,00 HRK
* Republika Hrvatska [Republik Kroatien] (100 %)

Beteiligungen
* Tersus Eko d.o.o. (100 %)
* Tvornica željezničkih vozila Gredelj d.o.o. in Liquidation (100 %)
* Željeznička tiskara d.o.o. (100 %)
* Proizvodnja-Regeneracija d.o.o. (77 %)

Lizenzen
* HR: Sicherheitszertifikat Teil A (PV); gültig vom 17.07.2014 bis 17.07.2015
* HR: Sicherheitszertifikat Teil B (PV); gültig vom 14.10.2014 bis 17.07.2015

Unternehmensgeschichte
Die HŽ Putnički prijevoz d.o.o. ist das Schienenpersonenverkehrsunternehmen der kroatischen Staatsbahn-Holding HŽ Hrvatske Željeznice. Es entstand bei der 2006 verfügten Reorganisierung der HŽ und nahm am 01.01.2007 seinen Betrieb auf. Im Zuge der Restrukturierung der HŽ-Gruppe wurde die Personenverkehrssparte per Beschluss der kroatischen Regierung vom 31.10.2012 in direkten Staatsbesitz überführt und die Holding aufgelöst. Das Aufkommen ist 2013 gegenüber dem Vorjahr (Klammerangaben) erneut gesunken und betrug 24,265 (27,668) Mio. Fahrgäste bei einer Verkehrsleistung von 858 (1.103) Mio. Pkm. Die durchschnittliche Reiseweite lag bei 35,4 (39,9) km. Die Einnahmen des Unternehmens betrugen 875,9 (930,4) Mio. HKN, davon 306,4 (323,8) Mio. aus der direkten Personenbeförderung, womit ein Verlust von 362,2 (127,9) Mio. HKN einherging. Mit Stand vom 31.12.2012 hatte das Unternehmen 2.175 (1.128) Mitarbeiter. Dieser quantitative Sprung ist im Zusammenhang mit der HŽ-Umstrukturierung zu sehen, da Personale des aufgelösten Traktionsdienstleisters HŽ Vuča vlakova d.o.o. übernommen wurden. Zum 31.12.2013 lag der Personalbestand bei 2.086.

Management
* Milan Brkic (Geschäftsführer)
* Tamás Gábor Gáspár (Geschäftsführer)

Gesellschafter
* Rail Cargo Carrier Kft. (RCC) (100 %)

Lizenzen
* BG: Sicherheitszertifikat, Teil B (GV); gültig vom 05.06.2014 bis 15.12.2014
* HR: Sicherheitszertifikat, Teil A (GV); gültig vom 01.04.2013 bis 15.12.2019
* HR: Sicherheitszertifikat, Teil B (GV); gültig vom 01.04.2013 bis 15.12.2015

Unternehmensgeschichte
2013 wurde das Unternehmen Rail Cargo Carrier-Croatia d.o.o. als Tochter der in Ungarn ansässigen Rail Cargo Carrier Kft. (RCC) gegründet. Ziel ist es, Traktionsleistungen in Kroatien für die Rail Cargo Group zu erbringen. Dabei hat das Unternehmen vor allem Verkehre von und zum Hafen Rijeka im Fokus Im Frühjahr 2014 lief das Zulassungsverfahren für die österreichische Reihe 1116 in Kroatien, nachdem zuvor die Zulassung der Reihe 1063 erfolglos abgebrochen wurde.

Rail Cargo Carrier-Croatia d.o.o.

Radnička cesta 39
HR-10000 Zagreb
Telefon: +385 99 3080401
office@railcargocarrier.com
www.railcargocarrier.com

Lettland

Kurze Eisenbahngeschichte

In der Eisenbahnfrühzeit war das Territorium des heutigen Lettland ein Teil des russischen Reiches, so dass die lettische Eisenbahngeschichte dieser Zeit zu jener von Russland zählt.

1847 wandte sich ein Komitee Rigaer Börsenkaufleute an die russischen Behörden mit der Bitte, eine Eisenbahn von Riga über Kreuzburg (Krustpils) nach Dünaburg (Daugavpils) bauen zu dürfen, um von dort aus eine Verbindung zu künftigen weiteren Bahnen zu haben. Doch erst nach fünf Jahren, im Mai 1852, wurde die Genehmigung für die Vorarbeiten erteilt, der ein Jahr später die Gründung der Riga-Dünaburger Eisenbahn (Rigo-Dinaburgskaja železnaja doroga) als Aktiengesellschaft folgte. Diese konnte aber erst nach dem Krimkrieg ausreichendes Kapital mobilisieren, so dass noch einmal fünf Jahre vergingen, ehe sie am 23.01.1858 ihre Baukonzession erhielt, worauf im Mai 1858 der Streckenbau begann. Diese Verzögerungen sind der Grund dafür, dass die erste Bahnstrecke auf lettischem Gebiet ein Abschnitt der 1.333 km langen Fernstrecke von St. Petersburg nach Warschau war, deren Bau durch einen Erlass des russischen Zars Nikolaus II. vom 15.02.1851 genehmigt wurde. Im Folgejahr begann die Petersburg-Warschauer Eisenbahn (Peterburgo-Varšavskaja ž. d.) als ausführende Gesellschaft von St. Petersburg aus die Bauarbeiten für die Strecke, die zwischen dem russischen Ostrov und dem litauischen Turmont (Turmantas) heute Lettland ganz im Osten quert. Am 08.11.1860 erfolgte die Inbetriebnahme von Ostrov via Rositten/Režica (Rēzekne) bis Daugavpils, am 15.03.1862 weiter in die heutige litauische Hauptstadt Vilnius. Die Riga-Dünaburger Eisenbahn hatte inzwischen am 12.09.1861 ihre Strecke eröffnet.

Die Libau-Koschedary-Eisenbahn (Libavo-Košedarskaja ž. d.) baute ab 1869 ihre von der Hafenstadt Libau (Liepāja) die heutige litauische Grenze querend über Murawjewo (Mažeikiai) in Richtung Vilnius führende Strecke. Eröffnet am 04.09.1871, hatte diese aus heutiger Sicht zwar jahrzehntelang keine Verbindung zum restlichen lettischen Netz, dafür aber in Koschedary (Kaišiadorys) Anschluss an die Petersburg-Warschauer Eisenbahn nach Preußen, und wurde 1876 mit der Landwarowo-Romny-Eisenbahn (Landvarovo-Romenskoj ž. d.) zur Libau-Romny-Bahn (Libavo-Romenskoj ž. d.) vereinigt, was sie – nun bis in die heutige Ukraine reichend – mit russischen Getreideexporten profitabel machte. Weitere Bahngesellschaften engagierten sich mit Verbindungen von Dünaburg (Daugavpils) über Indra ins heute weißrussische Vicebsk (eröffnet 1866) sowie von Riga über die kurländische Hauptstadt Mitau (Jelgava) und Ringen (Reņģe) ins litauische Murawjewo (Mažeikiai) (fertiggestellt bis 1875), nach Tuckum (Tukums) (eröffnet 21.09.1877, 1901 verlängert bis zum Ostseehafen Windau (Ventspils) und über die heute durch die Grenze zu Estland geteilte Stadt Walk (Valga) ins russische Pskov zum Anschluss nach St. Petersburg (eröffnet 22.07.1889, die einzige vom Staat errichtete Strecke).

Um die Jahrhundertwende entstand die südlich an Rīga vorbeiführende Querverbindung Ventspils – Tukums – Jelgava – Krustpils – Rēzekne und den heutigen Grenzort Zilupe als Teil einer bis Moskva weiterführenden Fernstrecke, am 11.11.1904 durchgehend in Betrieb genommen von der Moskau-Windau-Rybinsk-Eisenbahn (Moskovsko-Vindavo-Rybinskaja ž. d.), eine der seinerzeit größten russischen Privatbahnen, die im Gegensatz zu vielen anderen bis zum Ende der Zarenzeit nicht verstaatlicht wurde. Alle diese Strecken wurden in russischer Breitspur (1524 mm) angelegt. Ab 1897 wurden jedoch auch Schmalspurbahnen mit 750 oder 1000 mm Spurweite eröffnet, so dass bei Ausbruch des Ersten Weltkriegs ein Netz von 1.941 km, davon 365 km in 750 mm- und 49 km in Meterspur vorhanden war. Danach setzte ein reger Streckenbau ein, bei dem die Kriegsgegner Deutschland und Russland insgesamt 822 km Strecke, hauptsächlich in Schmalspur, für ihre militärischen Bedürfnisse errichteten. Auf der deutschen Besatzer, die ab 1915 zunächst das Kurland eroberten, gehen die beiden seinerzeit zusätzlich in Lettland eingeführten Spurweiten von 600 und 1435 mm zurück. Dabei wurden nach und nach alle südlich der Düna (Daugava) vorhandenen Strecken auf Normalspur umgenagelt. Völlig neu gebaut und am 01.10.1916 eröffnet wurde eine Verbindung von Mitau (Jelgava) ins litauische Šiauliai, womit unter Benutzung der früheren Libau-Koschedary-Bahn eine zweite Direktverbindung zwischen Rīga und Vilnius als Alternative zur Fahrt über Daugavpils geschaffen wurde. Die vorhandene Strecke Rīga – Jelgava erhielt im Zuge dessen ein zweites Gleis. Die russische Seite legte einige 750-mm-Bahnen neu an und baute andere auf Breitspur um. Andererseits erlitt das lettische Bahnnetz während des Krieges schwere Schäden, da die deutsch-russische Front lange Zeit quer durch das Land verlief. Dabei wurden auch die Eisenbahnbrücken über die Daugava zerstört. Hinzu kam der sich anschließende Unabhängigkeitskrieg, den der am 18.11.1918 ausgerufene lettische Staat mit

Lettland

Sowjetrussland führte und der erst 1920 endete. Zwar hatten deutsche Truppen noch im Februar 1918 das gesamte Baltikum besetzt, doch hatte sich Lettland mit dem Kriegsverlierer Deutschland schnell arrangiert, so dass das neugeschaffene Ministerium für Arbeit und Transport am 29.11.1918 die Übernahme aller Bahnen von der deutschen Militäreisenbahndirektion starten konnte. In den Folgemonaten entstanden mehrere Eisenbahndirektionen in den Landesteilen, doch konnte inmitten der Kriegswirren erst am 05.08.1919 der Vorstand der neu geschaffenen

Lettland

Staatsbahn Latvijas Valsts Dzelzsceļi (LVD) seine Arbeit aufnehmen. Er hatte aber zu dieser Zeit nur Zugriff auf 928 km des nunmehr auf 2.763 km angewachsenen Netzes. Die LVD sah sich nicht nur den Zerstörungen an der Infrastruktur ausgesetzt, sondern auch der Teilung des Hauptnetzes in Normal- und Breitspur. Das führte zu einem deutlichen Rückgang des vormals starken Güterverkehrs zu den Häfen Liepāja und Ventspils, da diese keine durchgehend breitspurige Anbindung nach Sowjetrussland mehr hatten. Daher wurden die normalspurigen Abschnitte wieder auf Breitspur umgestellt, zuletzt 1930 Krustpils – Jelgava. Ausgenommen blieben nur die grenzüberschreitenden Strecken aus Richtung Litauen bis Daugavpils und über Jelgava nach Rīga. Für die Anbindung von Liepāja, das bahnmäßig nach wie vor in Lettland isoliert lag, musste es aber eine extra Lösung geben. Da Liepāja bis dato nur über das nun litauische Mažeikiai erreichbar war und man in Litauen die Normalspur beibehalten und einer Umspurung oder Doppelspurausbau der Strecke keinesfalls zustimmen wollte, wurde 1922 der Entschluss gefasst, eine neue, 156 km lange Breitspurstrecke nach Liepāja anzulegen, die in Glūda von jener Richtung Mažeikiai abzweigte und am 25.09.1929 eröffnet wurde. Neben das Normalspurgleis Glūda – Jelgava wurde ein zweites, breitspuriges gelegt und ein Gleis des Abschnitts bis Rīga auf Breitspur umgenagelt. So blieben Rīga und Daugavpils die Schnittstellen zum sich südlich anschließenden Normalspurnetz, so dass dort Umlademöglichkeiten bzw. Umspurvorrichtungen geschaffen wurden. Außerdem entstanden bis zum Zweiten Weltkrieg sowohl weitere Schmal- als auch Breitspurbahnen, so dass das Netz bis 1939 auf 3.350 km mit 497 Bahnhöfen und Haltepunkten anwuchs. Erneut schwere Schäden erlitt die lettische Eisenbahn im Zweiten Weltkrieg, zunächst 1941 beim Rückzug der Roten Armee, die mehr als zwei Drittel aller Brücken sprengte und fast das gesamte Rollmaterial abzog, und noch einmal 1944, als die deutsche Wehrmacht das Land räumte. Der Wiederaufbau der Strecken dauerte bis 1952, die neue Daugavabrücke in Rīga wurde gar erst 1955 übergeben. Beizeiten begann die Elektrifizierung der hauptstädtischen Vorortstrecken, wobei jene Richtung Tukums den Anfang machte, auf deren Abschnitt bis Dubulti der elektrische Betrieb am 19.07.1950 aufgenommen wurde. Dieses Programm zog sich über mehr als drei Jahrzehnte hin, doch blieb die Elektrifizierung des Vorortverkehrs bis heute unvollendet. Nachdem Ende 1972 der Abschnitt Rīga – Jelgava unter Fahrdraht gegangen war, sollte als letztes auch die Strecke Richtung Valga bis Sigulda (53 km) elektrifiziert werden, wofür dieser Abschnitt (außer Krievupe – Vangaži) bis 1980 sein zweites Gleis erhielt. In einer ersten Stufe gab es ab 1984 elektrischen Betrieb bis ins 23 km entfernte Ropaži (Garkalne). Zum Anschluss von Sigulda kam es jedoch nicht mehr und als nach einer Güterzugentgleisung 1997 die Oberleitungsanlage im Unfallbereich zerstört wurde, entschied man sich für die Einstellung des elektrischen Betriebs. Bislang zuletzt elektrifizierter, noch betriebener Abschnitt ist seit 1991 Saulkrasti – Skulte. Ein bedeutendes, noch in der Zarenzeit begonnenes Projekt war der Umbau des Knotens Rīga, der erst mit dem 1960-65 vollzogenen Neubau des Hauptbahnhofs sein Ende fand. Ab den sechziger Jahren wurden auch fast alle noch verbliebenen Schmalspurrouten stillgelegt oder umgespurt. Mit originaler Spurweite in Betrieb ist heute nur noch die Strecke Gulbene – Alūksne im Nordosten des Landes. Nach Wiedererlangung der lettischen Unabhängigkeit mit der Grenzziehung zwischen den neuen baltischen Republiken kam es zu weiteren Einschnitten, diesmal ins Breitspurnetz. Exemplarisch dafür ist das Schicksal der Strecke von Rīga über Skulte nach Rūjiena ganz im Norden des Landes an der früheren Schmalspurbahn Valga – Ipiķi – Mõisaküla [EE] – Pärnu [EE]. Nach Umspurung des Abschnitts ab Rūjiena hatte es hier ab 1981 sogar durchgehende Züge in die estnische Hauptstadt Tallinn gegeben, deren letzter am 20.02.1992 fuhr, da nach dem Zerfall der Sowjetunion zwischen Ipiķi und Mõisaküla die neue Staatsgrenze verlief und dieser Grenzabschnitt stillgelegt wurde. 1996 endete auch der Verkehr zwischen Skulte, Rūjiena und Ipiķi, woraufhin der brachliegende Streckenteil erst von Metalldieben heimgesucht und der Rest 2008 abgebaut wurde. Die von Rīga ostwärts führende Verbindung nach Ērgļi litt unter infrastruktureller Vernachlässigung, so dass die Personenzüge zuletzt vier Stunden für die knapp 100 km brauchten. Als nach Kollision mit einem Lkw an einem Bahnübergang der eingesetzte Triebwagen am 06.10.2007 schwer beschädigt wurde, wurde dies zum Anlass zur Einstellung des Personenverkehrs genommen und die Strecke 2009 größtenteils abgebaut. Im gleichen Jahr erfolgte auch der Rückbau der Strecke Liepāja – Ventspils und der im Nordosten Lettlands brachliegenden Strecke Ieriķi – Gulbene – Vecumi (Gr) (– Pytalovo [RU]), nachdem die hier bereits üppige Vegetation schon Metalldiebstähle begünstigt hatte. Mit den Abschnitten von Liepāja Richtung Klaipėda sowie von Liepāja bzw. Reņģe Richtung

Lettland

Mažeikiai wurden ferner die drei im Südwesten gelegenen Verbindungen nach Litauen gekappt. Aufwändigstes Infrastrukturprojekt für die drei baltischen Staaten ist die „Rail Baltica" als EU-kofinanzierte leistungsfähige Verbindung von Warschau nach Tallinn mit möglicher Fortsetzung nach Helsinki durch einen Tunnel unter dem Finnischen Meerbusen. Kernpunkt ist eine normalspurige, hochgeschwindigkeitstaugliche Neubaustrecke, die auf lettischem Gebiet aus südlicher Richtung kommend entlang der Rigaer Bucht führt und per kurzer Stichstrecke in den Rigaer Personenbahnhof eingeführt wird. Hierzu haben die zuständigen Minister Estlands, Lettlands und Litauens am 28.10.2014 eine Vereinbarung zur Gründung des Joint Ventures „RB Rail" für die Planung und den Bau unterzeichnet, der 2018 beginnen und bis 2023 fertiggestellt sein soll. In einem ersten Schritt werden die der Rail Baltica folgenden breitspurigen Altstrecken ertüchtigt; in Lettland ist dies die Route (Šiauliai [LT] –) Jelgava – Rīga – Sigulda – Lugaži (– Tartu [EE]) mit einem Ausbau auf 120 km/h für Reise- und 80 km/h für Güterzüge. Ferner gibt es Überlegungen, im Zeitraum 2015 – 2022 weitere Teile des Bestandsnetzes zu elektrifizieren und von Gleich- auf Wechselspannung umzustellen.

Marktübersicht

* Personenverkehr: Einziger Anbieter im Nahverkehr ist die staatliche AS Pasažieru vilciens. Die seit 2008 wieder angebotenen grenzüberschreitenden Verbindungen in das estnische Valga werden zusammen mit AS Eesti Liinirongid durchgeführt. Im Fernverkehr wirkt SIA L-Ekspresis in Zusammenarbeit mit LDz Cargo, verbunden mit den jeweiligen benachbarten Bahnen auf den grenzüberschreitenden Abschnitten nach Russland (FPK), Weißrussland (BČ) und Litauen (LG).
* Güterverkehr: Den Güterverkehrsmarkt auf dem öffentlichen Schienennetz dominiert mit 75 %-Anteil die staatliche LDz Cargo, weitere große Anbieter dort sind A/S Baltijas Ekspresis und A/S Baltijas Tranzīta Serviss.

Verkehrsministerium
Latvijas Republikas Satiksmes Ministrija
Gogoļa iela 3
LV-1743 Rīga
Telefon: +371 67028205
satiksmes.ministrija@sam.gov.lv
www.sam.gov.lv

Nationale Eisenbahnbehörde
Valsts dzelzceļa administrācija
State Railway Administration of Latvian Republic
Riepnieku iela 2
LV-1050 Rīga
Telefon: +371 67233225
vda@vda.gov.lv
www.vda.gov.lv

Sabiedrisko pakalpojumu regulēšanas komisija
Public Utilities Commission (PUC)
Ūnijas iela 45
LV-1039 Rīga
Telefon: +371 67097200
sprk@sprk.gov.lv
www.sprk.gov.lv

Valsts dzelzceļa tehniskā inspekcija
State Railway Technical Inspectorate
Riepnieku iela 2
LV-1050 Rīga
Telefon: +371 67234335
vdzti@vdzti.gov.lv
www.vdzti.gov.lv

Eisenbahnunfalluntersuchungsstelle
Transporta nelaimes gadījumu un incidentu izmeklēšanas birojs
Transport Accident and Incident Investigation Bureau
Brīvības iela 58
LV-1011 Rīga
Telefon: +371 67288140
taiib@taiib.gov.lv
www.taiib.gov.lv

BE / BTS

A/S Baltijas Ekspresis (BE) G

Sanatorijas iela 29
LV-3602 Ventspils
Telefon: +371 636 23594
Telefax: +371 636 81348
be@asbe.lv
www.asbe.lv

Werkstatt
Depo iela
LV-3604 Ventspils

Management
★ Jānis Blāze (Vorstandsvorsitzender)

Gesellschafter
Stammkapital 4.154.072,00 EUR
★ AS Kalija Parks (20,56 %)
★ AS Ventspils Tirdzniecibas Osta (16,23 %)
★ Rudolf Meroni

Lizenzen
★ LV: EVU-Zulassung (GV) seit 01.09.2014
★ LV: Sicherheitszertifikat A+B (GV) seit 14.11.2013; befristet bis 13.11.2018

Unternehmensgeschichte
Baltijas Ekspresis ist ein Anfang 1998 gegründetes Transportunternehmen der Hafengesellschaft in Ventspils, welches neben dem örtlichen Rangiergeschäft internationale Güterzüge vom Hafen zur russischen Grenze bringt. Das Depot befindet sich in Ventspils neben dem Personenbahnhof.
Der Marktanteil von BE im lettischen Güterverkehr betrug 2010 mit einer Menge von 2,9 Mio. t bei knapp 7 %. Nachdem das Volumen 2011 um ein Drittel einbrach, stieg es 2012 wieder auf 3,0 Mio. t (ca. 5 %).

Verkehre
★ Güterverkehr Ventspils – Tukums II – Jelgava – Krustpils – Daugavpils – Indra
★ Güterverkehr Rīga Pasažieru – Krustpils – Rēzekne II – Zilupe
★ Güterverkehr Rēzekne I – Kārsava
★ Güterverkehr Rēzekne I – Daugavpils
★ Güterverkehr Rīga – Jelgava
★ Güterverkehr Jelgava – Liepāja
★ Güterverkehr Jelgava – Meitene

★ Güterverkehr Rīga – Lugaži
★ Güterverkehr Torņakalns – Tukums II
★ Güterverkehr Knoten Daugavpils
★ Güterverkehr Knoten Rēzekne

A/S Baltijas Tranzīta Serviss (BTS) G

Andrejostas iela 10
LV-1045 Rīga
Telefon: +371 6723 3633
Telefax: +371 6770 4222
bts@btserviss.lv
www.btserviss.lv

Management
★ Ivars Sormulis (Vorstandsvorsitzender)
★ Vineta Ervalde (Vorstand)

Gesellschafter
Stammkapital 92.670.586,00 EUR
★ SIA Rīgas Tirdzniecības osta (RTO) (72,58 %)
★ Balttransservis OOO

Lizenzen
★ LV: EVU-Zulassung (GV) seit 01.10.2011
★ LV: Sicherheitszertifikat A+B (GV) seit 21.10.2013; befristet bis 20.10.2018

Unternehmensgeschichte
Die seit 2007 mehrheitlich im Besitz des Rigaer Hafens befindliche Firma wurde am 13.05.1999 als Tochtergesellschaft der russischen Öltransportfirma BaltTransServis gegründet. Sie betreibt Güterverkehr zwischen Russland und den lettischen Ostseehäfen Riga und Ventspils. BTS hatte 2010 mit einer beförderten Menge von 9,3 Mio. t im lettischen Güterverkehr einen Marktanteil von ca. 17 %. 2011 gab es eine Steigerung auf 12,7 Mio. t, die 2012 wieder absank auf 11,7 Mio. t und 2013 auf 9,6 Mio. t (ca. 16 %).

Verkehre
★ Güterverkehr Ventspils – Tukums II – Jelgava – Krustpils – Daugavpils – Indra (Grenze)
★ Güterverkehr Rīga Pasažieru – Krustpils – Rēzekne II
★ Güterverkehr Kārsava – Rēzekne I – Daugavpils
★ Güterverkehr Rīga – Jelgava – Meitene
★ Güterverkehr Jelgava – Glūda
★ Güterverkehr Rīga – Lugaži (Grenze)
★ Güterverkehr Torņakalns – Tukums II
★ Güterverkehr Zemitāni – Ziemeļblāzma
★ Güterverkehr Čiekurkalns – Rīga-Krasta
★ Güterverkehr Zemitāni – Škirotava
★ Güterverkehr Knoten Daugavpils
★ Güterverkehr Knoten Rēzekne

AS Dzelzceļtransports (DZT)

Baltā iela 27
LV-1055 Rīga
Telefon: +371 67465185
Telefax: +371 67473069
info@dzt.lv
www.dzt.lv

Gesellschafter
Stammkapital 483.000,00 EUR

Lizenzen
* LV: Sicherheitszertifikat für Infrastruktur und Rangierbetrieb vom 25.07.2008 bis 24.07.2013

Unternehmensgeschichte
Die AS Dzelzceļtransports ging aus dem 1967 gegründeten staatlichen Transportunternehmen Latvželdortrans hervor, welches am 21.05.1991 den heutigen Namen Dzelzceļtransports erhielt. 1994 wurde es in eine Aktiengesellschaft umgewandelt und 1997 privatisiert.
Seit dem 28.05.2014 befindet sich das Unternehmen in Liquidation; bisher war es Übergabeverkehr zu den Bahnhöfen Bolderāja und Iļģuciems tätig. Der gesamte Triebfahrzeugbestand, vier Loks der Baureihe TGM4, wurde im Juni 2014 an die UAB „Gargždų geležinkelis" nach Litauen verkauft.

AS Euro Rail Trans (ERT)

Gunāra Astras iela 8B
LV-1083 Rīga
Telefon: +371 67897694
Telefax: +371 67809103
info@eurorailtrans.eu
www.eurorailtrans.eu

Management
* Aleksandrs Berezins (Vorstandsvorsitzender)
* Vladimirs Antjufjevs (Vorstandsmitglied)
* Aleksandrs Vanags (Vorstandsmitglied)

Gesellschafter
Stammkapital 614.954,00 LVL
* RŽD Logistika (51 %)
* SIA Transtrade Riga (49 %)

Unternehmensgeschichte
Am 07.03.2012 hat sich in Lettland die Gesellschaft Euro Rail Trans, eine Tochtergesellschaft der Russischen Eisenbahn und dem estnischen Unternehmen Transtrade Riga, dem wiederum das lettische EVU L-Ekspresis gehört, gegründet. Euro Rail Trans wird als ernster privater Konkurrent zur staatlichen Latvijas Dzelzceļš (LDz) gesehen, da nahezu alle internationalen Transporte zwischen Russland und den lettischen Häfen von Riga, Ventspils und Liepaja laufen, welche Euro Rail Trans als potenzielle Kunden ins Auge gefasst hat. Als Frachten sind hauptsächlich Öl, Chemikalien und Düngemittel vorgesehen.

SIA Gulbenes - Alūksnes bānītis (GAB) ℗

Viestura iela 16G
LV-4401 Gulbene
Telefon: +371 64473037
Telefax: +371 64473037
info@banitis.lv
www.banitis.lv

Management
* Aldis Kreislers (CEO)

Gesellschafter
Stammkapital 4.400,00 LVL
* Gulbenes novada dome (9,09 %)
* Alūksnes pilsētas dome
* Stāmerienas pagasta padome
* Latvijas dzelzceļnieku biedrība
* Toms Altbergs
* Raitis Apalups
* Guntārs Bērziņš
* Andris Biedriņš
* Dāvis Bušs
* Aldis Kreislers
* Osvalds Lucāns
* Andris Sitņiks

Lizenzen
* LV: EVU-Zulassung (PV) seit 20.09.2011
* LV: Sicherheitszertifikat, Teil A+B (PV) seit 20.09.2011 befristet bis 19.09.2016

Unternehmensgeschichte
Die im Nordosten Lettlands gelegene 750 mm-Schmalspurstrecke Gulbene – Alūksne wurde am 15.08.1903 als noch fehlendes Stück einer von Stockmannshof (Pļaviņas) bis Walk (Valka) reichenden 212 km langen Strecke eröffnet und war

GAB / LDz / LDz Cargo

nach Stilllegung von Teilstrecken bzw. Umbau auf Breitspur ab 1973 Übrigbleibsel des einst großen Schmalspurnetzes. 1984 wurde sie als technisches Denkmal klassifiziert. Wegen technischer Mängel wurde am 12.03.1987 der Personenverkehr eingestellt, nach Protesten jedoch ab Ende des Jahres nach der Lieferung neuer Personenwagen wieder aufgenommen. Nach der Übernahme durch die LDz 1991 wurde im Oktober 1992 der Güterverkehr eingestellt.
Am 20.04.2001 wurde die Gulbenes – Alūksnes bānītis als private Bahnbetriebsgesellschaft von den Gemeinden Gulbene und Alūksne, der LDz und sechs Privatpersonen gegründet. Nach der Ausgliederung aus der Staatsbahn LDz betreibt das Unternehmen seit dem 03.01.2002 wieder regelmäßigen täglichen Personenverkehr zwischen den beiden Kreisstädten Gulbene und Alūksne. Die Strecke dient neben lokalen Verkehrsbedürfnissen vorwiegend dem touristischen Verkehr. Es verkehren täglich zwei (bis 01.02.2010: drei) Personenzugpaare und gelegentlich Sonderzüge.
2008 fuhren 26.011 Reisende mit der Schmalspurbahn, 2012 waren es rund 20.000. Seit dem 13.06.2014 ist mit GR-319 auch wieder eine betriebsfähige Dampflokomotive einsatzbereit.

Verkehre
* Personenverkehr Gulbene – Alūksne

LATVIJAS DZELZCEĻŠ

VAS Latvijas Dzelzceļš (LDz)

Gogoļa iela 3
LV-1547 Rīga
Telefon: +371 6723-4940
Telefax: +371 6723-4327
info@ldz.lv
www.ldz.lv

Management
* Uģis Magonis (Präsident)
* Aivars Strakšas (Vizepräsident Finanzen)
* Ēriks Šmuksts (Vizepräsident Technik und Betrieb)
* Edvīns Bērziņš (Vizepräsident Immobilien-, Verwaltungs-und Rechtsangelegenheiten)

Gesellschafter
Stammkapital 256.720.375,00 EUR
* Latvijas Republika [Republik Lettland] (100 %)

Beteiligungen
* SIA LDz Apsardze (100 %)
* SIA LDz Cargo (100 %)
* SIA LDz Infrastruktūra (100 %)
* SIA LDz ritošā sastāva serviss (100 %)
* AS LatRailNet (100 %)

Lizenzen
* LV: Sicherheitszertifikat für Infrastruktur und Rangierbetrieb vom 26.08.2008 bis 25.08.2013

Unternehmensgeschichte
Das staatliche Eisenbahnunternehmen „Latvijas Valsts Dzelzceļš" (LVD) wurde am 01.10.1991 als Nachfolger des von 1919 bis zum zweiten Weltkrieg existierenden Vorgängerunternehmens gegründet. Nach der Auflösung der dort seit 1940 agierenden SŽD wirkte sie ab dem 01.01.1992 und wurde am 27.12.1993 in eine Aktiengesellschaft mit dem neuen Namen „Latvijas dzelzceļš" (LDz) umgewandelt. Diese wurde am 05.07.2007 umgebaut zu einer Holding, welche heute der Konzernüberbau für die fünf Tochterunternehmen SIA LDz Cargo (Güterverkehr), SIA LDz Infrastruktūra (Infrastruktur), SIA LDz Ritošā sastāva serviss (Fahrzeugunterhaltung), SIA LDz Apsardze (Bahnschutz) und AS LatRailNet (Schienennetzagentur) ist. Die früher für den Personennahverkehr zuständige Tochtergesellschaft AS Pasažieru vilciens wurde im Oktober 2008 ausgegliedert, ebenso der seit 2003 unter 49 %-Beteiligung als AS VRC Zasulauks firmierende Werkstättenbereich. Bei der LDz arbeiten fast 12.000 Mitarbeiter (2013), davon 7.157 beim Holdingüberbau selbst. Der Nettoumsatz des Konzerns lag 2013 bei 153.210.000 LVL (Vorjahr: 162.045.005 LVL), der Gewinn (nach Steuern) bei 56.097.674 LVL (Vorjahr: 17.000.833 LVL).

SIA LDz Cargo G

Dzirnavu iela 147 k-1
LV-1050 Rīga
Telefon: +371 67234208
Telefax: +371 67234214
cargo@ldz.lv
www.ldz.lv

Management
* Guntis Mačs (Vorstandsvorsitzender)
* Vladimirs Grjaznovs (stellvertretender Vorstandsvorsitzender)
* Kaspars Gerhards (Vorstandsmitglied)
* Inese Kleinberga (Vorstandsmitglied)
* Andris Reķis (Vorstandsmitglied)

LDz Cargo / LDz Infrastruktūra

Gesellschafter
Stammkapital 80.492.369,00 EUR
* VAS Latvijas Dzelzceļš (LDz) (100 %)

Beteiligungen
* SIA LDz Cargo loģistika (100 %)

Lizenzen
* LV: EVU-Zulassung (GV) seit 02.09.2011
* LV: Sicherheitszertifikat A+B (PV+GV) seit 30.01.2014 befristet bis 29.01.2019

Unternehmensgeschichte
Von dem am 09.12.2005 gegründeten LDz-Tochterunternehmen werden im Güterverkehr vor allem die Strecken zu den Ostseehäfen und jene im grenzüberschreitenden Verkehr mit Russland und Weißrussland bedient. 2013 wurden von LDz Cargo 55,8 (2012: 60,6) Mio. t Güter befördert, deren Hauptanteile zu jeweils ca. 38 % Öl/Ölprodukte und Kohle sind. 2014 konnte das Ergebnis voraussichtlich wieder auf 57,0 Mio. t gesteigert werden. Bezogen auf das relativ kleine Streckennetz steht es damit im europäischen Vergleich an vierter Stelle. Der Verkehr von und zu den Häfen hat einen Anteil von ca. 93 %, wobei sich die beförderten Export-Gütermengen 2013 verteilten auf den Hafen Riga mit 24,8 Mio. t, Ventspils mit 18,4 Mio. t, und Liepaja mit 2,0 Mio. t. Aufgrund des Rückgangs im Güterverkehr mit Russland, welches seine Mineralölprodukte künftig über die eigenen Häfen abwickeln will, und der Probleme des Rubels wird für 2015 mit einem um 20 % geringeren Transportaufkommen gerechnet. Die wichtigsten Drehkreuze des Transitgüterverkehrs neben der Hauptstadt Rīga sind Jelgava, Krustpils, Rēzekne und Daugavpils. Lokomotivdepots befinden sich in Rīga-Šķirotava und Daugavpils.
Der aktive Fahrzeugbestand im Jahr 2013 umfasste 146 Lokomotiven und 6.731 Güterwagen. Die LDz erwogen zur Erneuerung des Triebfahrzeugparks den Kauf von 17 Loks der in Kasachstan gebauten Diesellokbaureihe TE33A ("Evolution"). Eine Maschine war im Dezember 2012 zu Testfahrten in Lettland. Die Loks werden in Kasachstan von der "Lokomotiv Kurastyru Zauyty" gebaut, einer Tochtergesellschaft der kasachischen Eisenbahn KTZ. Eine Entscheidung für diese oder die drei Mitbewerber Siemens, Sinara und Vossloh wurde jedoch nicht gefällt. Angesichts der ernsthaften Pläne für die zukünftige Elektrifizierung entschied man sich im November 2014, jetzt 14 Einheiten der Baureihe 2M62U zu modernisieren. Bis Ende 2016 werden diese mit neuen Motoren (MTU 16V 4000 R43; 2.200 kW) und neuen Aufbauten von CZ LOKO versehen. Auf den Kauf von neuen Dieselloks wird stattdessen verzichtet. Nach dem Ende Oktober 2014 erfolgten Abschluss des auf 14 Loks ausgelegten Modernisierungsprojekts von Loks der Baureihe ČME3 zur ČME3M (mit CAT3512C-Motoren und neuen Aufbauten von CZ LOKO) startete das SIA "LDZ ritošā sastāva serviss" die Modernisierung von drei weiteren Lokomotiven zur neuen Baureihe ČME3ME, in welcher ein Dieselmotor CAT 3508C mit 1.000 kW installiert wird. 2013 wurden 300 neue Güterwagen beschafft. LDz Cargo beschäftigt 2.794 Mitarbeiter (2013).

Verkehre
* Güterverkehr Ventspils – Tukums II – Jelgava – Krustpils – Daugavpils – Indra (Gr), Rīga Pasažieru – Krustpils – Rēzekne II – Zilupe (Gr), Kārsava (Gr) – Rēzekne I – Daugavpils, Daugavpils šķirotava – Kurcums (Gr), Eglaine (Gr) – Daugavpils, Cp 524.km – Cp 401.km, Rīga – Jelgava – Liepāja, Jelgava – Meitene (Gr), Rīga – Lugaži (Gr), Torņakalns – Tukums II, Zemitāni – Skulte, Čiekurkalns – Rīga-Krasta, Glūda – Reņģe, Zasulauks – Bolderāja, Rīga preču – Sauriēši, Zemitāni – Šķirotava, Cp 191.km – Cp 524.km, Pļaviņas – Gulbene, Jaunkalsnava – Veseta, Knoten Daugavpils, Knoten Rēzekne
* KV-Transporte u. a. auf den Destinationen Rīga – Pavlodar [KZ] und in die mittelasiatischen Staaten („Baltika-Transit"), Rīga – Moskva [RU] („Rīgas Ekspresis"), sowie Rīga – Minsk [BY] – Odesa [UA] („Zubr")

LDZ INFRASTRUKTŪRA

SIA LDz Infrastruktūra 🌐📧

Gogoļa iela 3
LV-1547 Rīga
Telefon: +371 67234436
Telefax: +371 67233044
infrastruktura@ldz.lv
www.ldz.lv

Management
* Jānis Ceicāns (Vorstandsvorsitzender)
* Valdemars Daļeckis (stellvertretender Vorstandsvorsitzender)
* Marina Kabaļska (Mitglied des Vorstandes)
* Sandis Vētra (Mitglied des Vorstandes)

Gesellschafter
Stammkapital 15.523.088,00 EUR
* VAS Latvijas Dzelzceļš (LDz) (100 %)

Infrastruktur
* Breitspurnetz (ca. 1698 km; 1520 mm Spurweite), davon 257,4 km elektrifiziert mit 3 kV=

Europäische Bahnen '15/'16   673

LDz Infrastruktūra / L-Ekspresis

* Schmalspurnetz (33,4 km; 750 mm Spurweite)

Unternehmensgeschichte
LDz Infrastruktūra besitzt das gesamte öffentliche Streckennetz Lettlands, welches im Jahr 2013 ca. 1698 km in der Spurweite 1520 mm und 33,4 km in 750 mm maß. Der Anteil an zweigleisigen Strecken hat sich um den 52 km langen Abschnitt Skrīveri – Krustpils auf ca. 361,3 km erhöht. Ab 2015 soll auch die Strecke Daugavpils – Indra zweigleisig ausgebaut werden und vom Nord-Süd-Korridor der noch fehlende Abschnitt Valmiera – Valga (Grenze) für 120 km/h rekonstruiert werden. 2014 wurden die Streckenabschnitte Jelgava – Meitene und Jāņamuiža – Valmiera saniert. Ferner laufen Überlegungen, weitere Strecken für 549 Mio. EUR im Zeitraum 2015 – 2022 zu elektrifizieren und das bestehende Netz von 3 kV Gleichstrom auf 25 kV Wechselstrom mit umzurüsten. Im Januar 2013 war die Vertragsunterzeichnung für die Modernisierung der Strecke Zasulauks – Bolderāja 1 sowie den Bau einer achtgleisigen Station Bolderāja 2 für insgesamt 61 Mio. EUR. Nach Abschluss der Arbeiten soll bis 2018 der Hafengüterverkehr von der rechten, innenstadtnahen Seite der Düna auf die linke Flussseite verlagert werden. Mit der bis Ende 2015 geplanten Modernisierung des Rigaer Rangierbahnhofs Šķirotava soll dessen Kapazität von 2.000 auf 3.500 Wagen täglich erhöht werden. Um einen gleichberechtigten Zugang zur Schieneninfrastruktur zu gewährleisten, wurde Ende 2010 die eigenständige LDz-Tochtergesellschaft AS LatRailNet geschaffen. LDz Infrastruktūra beschäftigt 465 Mitarbeiter (2012).

Verkehre
* Dienstzüge und AZ-Verkehr

SIA L-Ekspresis ℗

Kalna iela 68
LV-1003 Rīga
Telefon: +371 67897650
Telefax: +371 67704060
info@l-ekspresis.eu
www.l-ekspresis.eu

Management
* Aleksandrs Berezins (Vorstandsvorsitzender)
* Rolands Gorodeckis (stellvertretender Vorstandsvorsitzender)

Gesellschafter
Stammkapital 178.500,00 EUR

Beteiligungen
* A/S Starptautiskie pasažieru pārvadājumi (49 %)

Lizenzen
* LV: Sicherheitszertifikat für Infrastruktur vom 19.01.2013 bis 18.01.2018

Unternehmensgeschichte
Die am 15.11.1993 gegründete „L-Ekspresis" führt den internationalen Personen- und Gepäckfernverkehr durch. Dieser war bis zum 01.03.2009 von der AS Starptautiskie pasažieru pārvadājumi organisiert, welche zu 51 % der LDz und zu 49 % der L-Ekspresis gehörte und zum 01.12.2009 aufgelöst wurde. Seit dem 01.03.2009 geschieht dies in Kooperation mit LDz Cargo. Zur Bespannung des eigenen Wagenparks nutzt sie die TEP70-Lokomotiven der LDz Cargo. Der Verkehr beschränkt sich gegenwärtig auf Ziele in Russland und Weißrussland sowie die Traktionierung des Lettland im Transit durchquerenden Zugpaars Vilnius – Sankt Peterburg. Nach Moskva gibt es seit einigen Jahren nur noch ein Zugpaar, ein weiteres fuhr zuletzt im Sommer 2013 nur noch saisonal. Die Fernzüge über Vilnius in die Ukraine wurden vor einigen Jahren eingestellt. Der Verkehr nach Minsk wurde dagegen nach vier Jahren Pause am 01.06.2011 wieder aufgenommen, momentan jedoch – vorläufig bis zum Sommer 2015 – aufgrund rückläufiger Fahrgastzahlen auf jeden zweiten Tag beschränkt. 2013 wurden in den Fernzügen nach Minsk, Moskva und Sankt Peterburg 355.508 (2012: 348.000, 2011: 335.000) Personen befördert, eine Steigerung um 3,4 % gegenüber dem Vorjahr. Das Unternehmen beschäftigt rund 600 Mitarbeiter.

Verkehre
* Personenfernverkehr Rīga – Minsk [BY]; 1 Zugpaar jeden zweiten Tag in Kooperation mit der BČ; bis Daugavpils vereinigt mit dem Zug nach Sankt Peterburg [RU]
* Personenfernverkehr Rīga – Moskva [RU]; 1 Zugpaar/Tag in Kooperation mit den RŽD
* Personenfernverkehr Rīga – Sankt Peterburg [RU]; 1 Zugpaar/Tag in Kooperation mit den RŽD; bis Daugavpils vereinigt mit dem Zug nach Minsk [BY]

LM / LNT

AS Liepājas metalurgs (LM) 🅖🅘

Brīvības iela 93
LV-3401 Liepāja
Telefon: +371 634 55921
Telefax: +371 634 55044
lm@metalurgs.lv
www.metalurgs.lv

Management
* Valērijs Terentjevs (CEO)
* Antra Čirkše (stellvertretender CEO)
* Leons Ptičkins (Vorstandsmitglied; Management-Direktor)

Gesellschafter
Stammkapital 16.981.033,00 LVL
* Sergejs Zaharjins (49 %)
* Kirovs Lipmans (23 %)
* Ilja Segals (21 %)

Beteiligungen
* OU LM Ressurss (100 %)
* AS LM Resurss (100 %)
* AS Liepājas naglas (100 %)
* AS Rūķis LM (100 %)
* AS Ice-Hockey Hall Liepājas metalurgs (95 %)
* AS Sports Club Liepājas metalurgs (95 %)
* AS Liepājas osta LM (91,6 %)
* OOO Torgoviy dom Liepajskij metalurg (90 %)

Lizenzen
* LV: Sicherheitszertifikat für Infrastruktur vom 20.03.2008 bis 19.03.2013

Infrastruktur
* Werkseisenbahn des Stahlwerks AS Liepājas metalurgs

Unternehmensgeschichte
Eine der größten Industriebahnen Lettlands besitzt das Stahlwerk AS Liepājas metalurgs, welches das einzige im Baltikum ist. Die am 06.08.1991 als AS Liepājas metalurgs wiedergegründete Aktiengesellschaft setzt die Tradition des bereits 1882 gegründeten metallurgischen Unternehmens fort, Walzstahl- und Metallwaren wie Draht, Nägel und Ketten für Bauwesen und Landwirtschaft herzustellen. Seit 1996 ist das Basisprodukt des Unternehmens Betonstahl für den Export. Seit dem Ende des zweiten Weltkriegs bis 1991 hieß das Unternehmen Sarkanais Metalurgs. Es beschäftigt derzeit 2.325 Mitarbeiter. In Zusammenarbeit mit der mehrheitlich zu AS Liepājas metalurgs gehörenden Hafengesellschaft AS Liepājas osta LM wird der Frachtumschlag des Stahlwerks und des Hafens in Liepāja durchgeführt.
Das Unternehmen befindet sich seit dem 12.11.2013 im Insolvenzverfahren.

Verkehre
* Rangierdienste im Stahlwerk und Hafen von Liepāja

SIA Liepājas naftas tranzīts (LNT)
🅖

Andrejostas iela 10
LV-1045 Rīga
Telefon: +371 26305333

Management
* Baiba Puriņa (Vorstandsvorsitzende)
* Jānis Svārpstons (Geschäftsführer)

Gesellschafter
Stammkapital 42.686,00 EUR
* SIA Kravu ekspedīcija

Lizenzen
* LV: Sicherheitszertifikat A (GV) seit 30.10.2009 befristet bis 29.10.2014

Unternehmensgeschichte
Die GmbH mit dem Namen SIA Liepājas naftas tranzīts wurde am 25.11.2002 gegründet. Im Juli 2010 wurde sie verkauft an SIA Kravu ekspedīcija, welche zu 20 % der SIA Loco Rail, und zu 80 % der SIA Rīgas tirdzniecības osta gehört. Ende 2010 wechselte der Firmensitz von Liepāja nach Riga.

PV

A/S Pasažieru vilciens (PV) 🅿

Turgeņeva iela 14
LV-Rīga 1050
Telefon: +371 67234009
Telefax: +371 67233049
pv@pv.lv
www.pv.lv

Management
* Andris Lubāns (Vorstandsvorsitzender)
* Anrijs Brencāns (Mitglied des Vorstandes)
* Silvija Dreimane (Mitglied des Vorstandes)
* Egils Zariņš (Mitglied des Vorstandes)
* Aigars Štokenbergs (Mitglied des Vorstandes)

Gesellschafter
Stammkapital 20.868.047,00 EUR
* Latvijas Republika [Republik Lettland] (100 %)

Beteiligungen
* A/S VRC Zasulauks (51 %)

Lizenzen
* LV: Sicherheitszertifikat A+B (PV) seit 05.08.2013 befristet bis 04.08.2018

Unternehmensgeschichte
Für den Personennahverkehr in Lettland ist die am 02.11.2001 gegründete und im Oktober 2008 aus der LDz ausgegliederte Pasažieru vilciens als eigenständiges, aber weiterhin staatliches Unternehmen zuständig. Ihr gehören alle Diesel- und Elektrotriebwagen, die vom VRC Zasulauks unterhalten werden. Im April 2012 wurde mit dem spanischen Hersteller Construcciones y Auxiliares de Ferrocariles S.A. (CAF) der Vertrag zur Lieferung von 34 Elektro- und 7 Dieseltriebzügen unterzeichnet. Mit diesen neuen Fahrzeugen sollte bis 2015 der komplette Altbestand abgelöst werden. Wenig später vereinbarte PV zur Nutzung von EU-Fördermitteln mit CAF, welche im Gegenzug bessere Konditionen bekommen hätten, eine Vertragsänderung. Gegen diese Wettbewerbsverzerrung klagte der zuvor unterlegene Mitbieter Stadler vor Gericht und gewann.
Nach Annullierung des Vertrags gab es im November 2013 eine neue Wettbewerbsausschreibung. Für die 45 neuen Elektrofahrzeuge, welche für einen Zeitraum von 15 Jahren geleast werden sollten, gaben die Stadler Bussnang AG, PESA Bydgoszcz S. A. sowie Hyundai Rotem Angebote mit Lieferzeiten von 18 bis 28 Monaten ab. Zwar gewann diese Stadler, da von Pesa kein endgültiges Angebot vorlag und Hyundai sich nicht an die Vorgaben hielt, jedoch wurde wenig später der PV-Vorstand abberufen und die Entscheidung revidiert, da das lettische Verkehrsministerium den Preis (Stadler: 412 Mio. EUR statt Hyundai: 284 Mio. EUR) für nicht bezahlbar hielt. PV hatte sich Anfang Juli 2014 für die teureren Triebzüge des Typs „Flirt" von Stadler entschieden, da man aufgrund der Probleme mit den Hyundai-Triebzügen (Reihe HRCS2) in der Ukraine dem Angebot von Hyundai nicht über den Weg traute. Der neue PV-Vorstand beendete daraufhin das Verfahren und hat nun die Hoffnung, dass aufgrund des für Anfang 2016 geplanten Umstellungsbeginns auf Wechselstrom ohnehin keine umrüstbaren DC/AC-Fahrzeuge mehr benötigt würden, was die Kosten für dann reine AC-Fahrzeuge um 20 % senken würde. Außerdem können man aufgrund der finanziellen Lage neue Züge nur nach und nach ab 2016 beschaffen. Diese würden aber kaum von einem lettischen Hersteller kommen, da hierfür die Zeit für Entwicklung und Zertifizierung zu lang und demzufolge die Kosten zu hoch seien.
Für die Dieselfahrzeuge ist dagegen mit einem Konsortium aus AS VRC Zasulauks, AS Daugavpils lokomotīvju remonta rūpnīca (DLRR) und AS Rigas vagonbūves rūpnīca (RVR) ein Vertrag über die Modernisierung von 19 Fahrzeugen geschlossen worden. Bis Ende 2015 sollen für eine weitere Lebensdauer von 20 Jahren ein vierteiliger und fünf dreiteilige DR1A-Triebzüge modernisiert werden. Die Mitarbeiterzahl verringerte sich von 2002 bis 2014 von 1.319 auf 920. Auf den von Rīga ausgehenden Strecken nach Aizkraukle, Jelgava, Skulte und Tukums gibt es einen relativ dichten Vorortverkehr mit Elektrotriebzügen, auf den anderen Strecken verkehren dagegen nur wenige Dieseltriebzüge, die teilweise – ähnlich wie in den beiden baltischen Nachbarländern – nur eine Art Grundversorgung darstellen. In den letzten Jahren wurde der Personenverkehr nach Ērgļi, Reņģe, Ventspils und Gulbene ganz eingestellt, nach Liepāja und Madona gibt es nur noch an zwei Tagen in der Woche einen Zug. Während es 2013 nach sechs Jahren des Rückgangs mit 19,42 Mio. erstmals wieder einen leichten Anstieg an beförderten Fahrgästen gab, sank das Volumen 2014 wieder um 7,76 % auf 17,9 Mio. 2008 wurden von Pasažieru vilciens noch 26,4 Mio. Reisende befördert.

Verkehre
* Personennahverkehr Krustpils – Rēzekne II – Zilupe
* Personennahverkehr Pļaviņas – Madona

PV / Railtrans / Schenker

* Personennahverkehr Rīga Pasažieru – Krustpils – Daugavpils
* Personennahverkehr Rīga – Jelgava – Liepāja
* Personennahverkehr Rīga – Lugaži (Grenze)
* Personennahverkehr Torņakalns – Tukums II
* Personennahverkehr Zemitāni – Skulte

SIA Railtrans

Detlava Brantkalna iela 19-53
LV-1082 Rīga
Telefon: +371 67415795

Management
* Vladimir Gumeņuks

Gesellschafter
Stammkapital 2.842,00 EUR

Unternehmensgeschichte
Das Unternehmen besteht seit dem 07.06.2004. Weitere Angaben sind aktuell nicht bekannt.

RB Rail AS

Gogoļa iela 3
LV-1050 Rīga

Gesellschafter
Stammkapital 1.950.000,00 EUR
* Rail Balticu valdusettevõtte (33,33 %)
* UAB Rail Baltica Statyba (33,33 %)
* Eiropas Dzelzceļa līnijas SIA (33,33 %)

Unternehmensgeschichte
Die Aktiengesellschaft RB Rail AS ist ein Joint Venture zwischen den drei baltischen Staaten Estland, Lettland und Litauen, die vertreten durch die Unternehmen Rail Balticu valdusettevõtte, Eiropas Dzelzceļa līnijas SIA und UAB „Rail Baltica statyba" jeweils ein Drittel des Aktienkapitals halten. Nach Unterzeichnung des Gründungsvertrages durch die Verkehrsminister am 28.10.2014 wurde das Unternehmen am 12.11.2014 in das lettische Handelsregister eingetragen. Hauptaufgaben von RB Rail sind die Planung, der Bau und die Öffentlichkeitsarbeit für die „Rail Baltica II" genannte neue Bahnverbindung von der estnischen Hauptstadt Tallinn bis zur polnischen Grenze. Dabei entsteht voraussichtlich ab 2018 eine 728 km lange, für bis zu 240 km/h ausgelegte Trasse in europäischer Normalspur, die bis 2023 fertiggestellt sein soll. In einem ersten, „Rail Baltica I" genannten Schritt werden die der Neubautrasse folgenden breitspurigen Altstrecken auf 120 km/h für Reise- und 80 km/h für Güterzüge ertüchtigt.
Die Gesamtkosten für die baltischen Staaten im Hinblick auf das Neubauprojekt werden derzeit mit 3,68 Mrd. EUR veranschlagt, wobei man sich eine Kofinanzierung von 85 % durch EU-Mittel erhofft. Hierzu haben RB Rail und die drei Staaten Anfang März 2015 bei der Europäischen Kommission einen Antrag zur Finanzierung einer ersten Tranche über rund 620 Mio. EUR eingereicht.

Schenker SIA G

Katlakalna iela 11c
LV-1073 Rīga
Telefon: +371 67800087
Telefax: +371 67800047
sales.lv@dbschenker.com
www.dbschenker.lv

Management
* Māris Kleinbergs (Vorstand)

Gesellschafter
Stammkapital 95.000,00 LVL
* DB Mobility Logistics AG (100 %)

Lizenzen
* LV: Sicherheitszertifikat für Infrastruktur und Rangierbetrieb vom 03.12.2011 bis 02.12.2016

Unternehmensgeschichte
Das seit 1996 bestehende Unternehmen Schenker SIA (vorherige Namen SIA Schenker-BTL, SIA Scansped) gehört seit 2006 als „DB Schenker Latvia" zum Konzern der DB AG. Im Hafen von Riga befindet sich dessen 18 ha großes mit einem 42 t-Kran ausgestattetes intermodales Terminal „Railport Riga", zu dem drei Kilometer Gleisanlagen gehören. Auf den mit drei Gleisen versehenen Kranbereich können 130 Wagen gleichzeitig umgeladen werden. Für den Rangier- und Übergabeverkehr zum Bahnhof Šķirotava besitzt Schenker zwei eigene Loks.

Verkehre
* Rangierdienste auf Anschlussgleisen sowie auf öffentlicher Infrastruktur im Bahnhof Rīga Preču

Litauen

Kurze Eisenbahngeschichte

Litauens Eisenbahngeschichte wurde, da der Großteil des Landes in der Eisenbahnfrühzeit zu Russland gehörte, von jener und zum Teil auch von der Polens und Preußens bestimmt. Erste Bahnstrecke auf heute litauischem Gebiet war ein Abzweig der Petersburg-Warschauer Eisenbahn (Peterburgo-Varšavskaja železnaja doroga), deren Bau durch einen Erlass des russischen Zars Nikolaus II. vom 23.11.1851 genehmigt wurde. Im Folgejahr begannen von St. Petersburg aus die Bauarbeiten für die Strecke, die zwischen dem heute lettischen Dünaburg (Daugavpils) und dem heute weißrussischen Grodno (Hrodna) Litauen ganz im Osten quert. Hier begannen die Bauarbeiten im Mai 1858, ehe am 04.09.1860 ein erster Zug von Dünaburg über Swenzjany (Švenčionėliai) kommend Wilna (Vilnius) erreichte. Ein regulärer Verkehr südlich Dünaburg ließ aber noch auf sich warten, da noch nicht alle Bauarbeiten abgeschlossen waren. Die Gesellschaft errichtete auch eine in Landwarowo (Lentvaris) abzweigende Strecke in westliche Richtung über Kowno (Kaunas) an die preußische Grenze nach Werschbolowo/Wirballen (Kybartai), deren westlich Kaunas liegender Teil am 11.04.1861 eröffnet wurde. Am 15.03.1862 ging deren Weiterführung Kowno – Landwarowo in Betrieb, ebenso wurde der planmäßige Verkehr auf der Stammstrecke zwischen Dünaburg und Landwarowo nahe Vilnius aufgenommen, womit über die in Eydtkuhnen (Černyševskoe) bzw. Werschbolowo (Kybartai) anschließende Preußische Ostbahn eine durchgehende Verbindung Berlin – Königsberg – St. Petersburg gegeben war. Die Züge fuhren jeweils bis in den benachbarten Grenzbahnhof, wo aufgrund der unterschiedlichen Spurweite umgestiegen werden musste. Zwischenzeitlich waren indes auch die Bauarbeiten weiter in Richtung Warszawa aufgenommen worden, so dass die Petersburg-Warschauer Eisenbahn am 15.12.1862 in voller Länge in Betrieb gehen konnte.

Schon 1856 hatte die Libau-Koschedary-Eisenbahn (Libavo-Košedarskaja ž. d.) ihre Konzession erhalten, baute aber wegen Kapitalmangel erst ab 1869 ihre Strecke von der heute lettischen Hafenstadt Libau (Liepāja) über Murawjewo (Mažeikiai) nach Koschedary (Kaišiadorys), die am 04.09.1871 in Betrieb ging. Ein Seitenast, die nördliche Ost-West-Verbindung von Radziwilischki (Radviliškis) ins nahe Daugavpils an der Petersburg-Warschauer Eisenbahn gelegene Kalkuhnen (Grīva), kam am 01.11.1873 hinzu. Für eine Verbindung zwischen Vilnius und der heutigen weißrussischen Hauptstadt Minsk sorgte die Landwarowo-Romny-Eisenbahn (Landvarovo-Romenskoj ž. d.), welche ihre in Wilejka (Naujoji Vilnia) von der Petersburg-Warschauer Bahn abzweigende Trasse am 14.01.1873 in Betrieb nahm. Die beiden Betreiber fusionierten 1877 zur Libau-Romny-Bahn (Libavo-Romenskoj ž. d., benannt nach dem Streckenendpunkt Romny in der Ukraine), deren Strecke Russland von Nordwest nach Südost durchquerte und die Möglichkeit zur Verschiffung von Getreide via Ostsee schuf, welche damit eine Konkurrenz zur bereits seit 1868 betriebenen Riga-Oreler Eisenbahn darstellte. Weitere Streckeneröffnungen gab es 1884 von Vilnius südwärts ins heute weißrussische Lida, 1899 in Orany (Varėna) von der Petersburg-Warschauer Bahn abzweigend über Olita (Alytus) und Schestakow (Šeštokai) ins heute polnische Suwałki. Die am 01.10.1875 übergebene Memelbrücke zwischen Tilsit (Sovetsk) und Pogegen (Pagėgiai) verband fortan das ostpreußische Königsberg (Kaliningrad) und die Hafenstadt Memel (Klaipėda) per Schiene und verlief bis 1920 komplett auf deutschem Territorium. Ab 1892 entstand auch ein Schmalspurnetz in 600 bzw. 750 mm, an das die heute noch als Touristenbahn betriebene 68 km lange „Aukštaitijos siaurasis geležinkelis" Panevėžys – Anykščiai – Rubikiai erinnert. Alle auf dem russischen Territorium verlaufenden Strecken wurden in 1524 mm Breitspur ausgeführt.

Im Ersten Weltkrieg eroberte die deutsche Armee große Teile des heutigen Litauen. Nachfolgend wurden die Strecken nicht nur bis 1916 komplett auf 1.435 mm umgespurt, sondern auch neue Eisenbahnbauten in Angriff genommen. So wurden, um nur die wichtigsten zu nennen, 1916 gleich zwei Strecken fertiggestellt: Am 20.06. die von Laugszargen (Lauksargiai) nach Monkuszki (Mankiškiai) und am 01.10. jene von Schaulen (Šiauliai) ins heute lettische Mitau (Jelgava), seinerzeit die kurländische Hauptstadt. Damit war eine direkte Verbindung von Königsberg bzw. Insterburg (Černjachovsk) an der Ostbahn in die heutige lettische Hauptstadt Rīga entstanden, auf der auch durchgehende Züge Berlin – Rīga (mit Kurswagen nach Libau) liefen.

Der noch während des Krieges am 16.02.1918 gegründete unabhängige litauische Staat verfügte nunmehr neben den Schmalspurbahnen über ein ausschließlich normalspuriges Netz und schuf sich mit der „Lietuvos Geležinkeliai" (LG) seine Staatsbahn. Als polnische Truppen am 09.10.1920 die mehrheitlich von Polen besiedelte Region um Vilnius (Mittellitauen) besetzten, wurde der Bahnverkehr über die neue, von Rest-Litauen nicht anerkannte Grenze komplett eingestellt. Andererseits fielen der LG noch einmal 130 km Bahnstrecken und 17 Lokomotiven zu, nachdem mit der „Klaipėda-Revolte" vom 10.01.1923 das seit dem Versailler Vertrag von Frankreich verwaltete Memelland besetzt worden war, um mit Memel (Klaipėda) einen eigenen Ostseehafen zu bekommen. Dieser wurde mit einer bereits früher geplanten, dann 1926 bis 1932 erbauten

Litauen

ostwärts führenden Strecke von Kretinga in das nahe Šiauliai gelegene Kužiai besser in das litauische Netz eingebunden. Durch die Grenzziehung war auch die schon erwähnte Verbindung von Šeštokai über Alytus nach Vilnius unterbrochen worden. Daher baute man 1923/24 für das bahnmäßig abgeschnittene Südlitauen eine Strecke von Šeštokai nach Kazlų Rūda zur Anbindung an die neue Hauptstadt Kaunas. Der Güter- und Personenverkehr Deutschland – Russland lief zu jener Zeit über Litauen und Lettland. Nach der Rückgabe des Memellands am 23.03.1939 an Deutschland sowie dem Einmarsch der Roten Armee folgenden Anschlusses Litauens an die Sowjetunion 1940 begann die Wiedereinführung der

Litauen

Breitspur, unterbrochen durch eine kurzzeitige Rückkehr zur Normalspur während der deutschen Okkupation. Der anschließende endgültige Wiederumbau auf Breitspur zog sich noch bis 1951 hin. Nach dem Krieg wurden die Strecken vor allem für die Anforderungen des Güterverkehrs zu den Ostseehäfen angepasst. Zweigleisiger Ausbauten und Elektrifizierung in großem Umfang unterblieben aber, so dass bis heute nur die von Weißrussland kommende Ost-West-Transitmagistrale über Vilnius und Kaunas nach Königsberg durchgehend zweigleisig ist, die Trasse der früheren Libau-Romny-Bahn hingegen nur stückweise. Die früher bis Švenčionėliai durchgehende Schmalspurbahn von Panevėžys wurde ab Utena 1972 bis 1975 auf Breitspur umgebaut; der Mittelabschnitt Rubikiai – Utena ist inzwischen wie die meisten anderen Schmalspurbahnen stillgelegt worden. Am 29.12.1975 wurde die Elektrifizierung zwischen Vilnius und Kaunas mit Abzweig Lentvaris – Trakai abgeschlossen, worauf am 20.01.1976 hier der erste elektrische Zug fuhr. In den Jahren nach der zweiten Unabhängigkeit Litauens ab 1991 schrumpfte das Bahnnetz zwar vergleichsweise gering, aber viele Strecken verloren um 2000/01 ihren Personenverkehr, darunter auch die beiden Korridorstrecken durch Weißrussland nach Druskininkai und Didžiasalis, welche daraufhin abgebaut wurden. Seit 2004 ist auch die historische Petersburg-Warschauer Bahn im Süden des Landes zwischen Marcinkonys und dem weißrussischen Uzbėraž unterbrochen, so dass für den Personenverkehr nach Polen ausschließlich der Übergang Šeštokai genutzt wird (gegenwärtig wegen Bauarbeiten bis Mitte 2015 ohne Verkehr), da andernfalls zweimal die EU-Außengrenze gequert werden müsste. Auch der grenzüberschreitende Abschnitt der alten Libau-Romny-Bahn westlich von Mažeikiai bis Liepāja ist seit 2008 gekappt. Aufwändigstes Infrastrukturprojekt für die drei baltischen Staaten ist die „Rail Baltica" als EU-kofinanzierte leistungsfähige Verbindung von Warschau nach Tallinn mit möglicher Fortsetzung nach Helsinki durch einen Tunnel unter dem Finnischen Meerbusen. Als erste Projektphase laufen derzeit Ausbaumaßnahmen am Bestandsnetz, wobei mit Mockava – Šeštokai 2011 ein erster, 15 km langer Abschnitt mit Vierschienengleis fertiggestellt wurde. Der Spurweitenwechsel wird bis Mitte 2015 von Šeštokai nach Kaunas verlegt. Zwischen Gaižiūnai und Šiauliai findet ein durchgehender zweigleisiger Ausbau für 120 km/h statt. Kernpunkt ist aber eine normalspurige, hochgeschwindigkeitstaugliche Neubaustrecke, die Litauen mit Personenbahnhöfen bei Kaunas und Panevėžys von Süd nach Nord durchquert. Hierzu haben die zuständigen Minister Estlands, Lettlands und Litauens am 28.10.2014 eine Vereinbarung zur Gründung des Joint Ventures „RB Rail" für die Planung und den Bau unterzeichnet, der 2018 beginnen und bis 2023 fertiggestellt sein soll.
Weiterhin sollen z. B. die Strecke Klaipėda – Kužiai ein zweites Gleis erhalten und der inzwischen zweigleisig ausgebaute Güter-Bypass zwischen Valčiūnai und Kyviškės elektrifiziert werden. Ferner soll bis 2016 die Strecke Naujoji Vilnia – Kena – weißrussische unter Fahrdraht kommen.

Marktübersicht

★ Personenverkehr: Einziger Betreiber ist die Staatsbahn AB Lietuvos geležinkeliai. Auf den grenzüberschreitenden Verbindungen geschieht dies in Kooperation mit der Belaruskaja Čyhunka (BČ), der RŽD-Tochter OAO Federal'naja passažirskaja kompanija (FPK) sowie PKP Intercity sp. z o.o.

★ Güterverkehr: Abgesehen von meist auf nicht öffentliche Infrastruktur beschränkte Verkehre zahlreicher kleinerer Unternehmen hat die staatliche AB Lietuvos geležinkeliai noch eine Monopolstellung im litauischen Güterverkehr inne. Im grenzüberschreitenden Verkehr auf der Normalspur ist neben PKP Cargo S. A. seit 2014 auch RAIL POLSKA Sp. z o.o. aktiv.

Verkehrsministerium
Susisiekimo ministerija
Gedimino pr. 17
LT-01505 Vilnius
Telefon: +370 5 261 2363
sumin@sumin.lt
www.transp.lt

Nationale Eisenbahnbehörde
Lietuvos Respublikos Konkurencijos taryba
Competition Council of the Republic of Lithuania
Jogailos g. 14
LT-01116 Vilnius
Telefon: +370 5 262 7797
taryba@kt.gov.lt
www.kt.gov.lt

Eisenbahnunfalluntersuchungsstelle
Valstybinė geležinkelio inspekcija prie Susisiekimo ministerijos
State Railway Inspectorat under the Ministry of Transport
Geležinio Vilko g. 16-1
LT-08104 Vilnius
Telefon: +370 5 243 0362
vgi@vgi.lt
www.vgi.lt

Agrokoncernas / Akmenes cementas / Alkesta

UAB Agrokoncernas 🇬

Užnerio g. 15
LT-47484 Kaunas
Telefon: +370 37 490490
Telefax: +370 37 488244
info@agrokoncernas.lt
www.agrokoncernas.lt

Management
* Edgaras Šakys (Geschäftsführer)

Gesellschafter
Stammkapital 20.000.000,00 LTL
* Agrokoncerno grupė

Lizenzen
* LT: EVU-Zulassung (GV) seit 24.03.2011
* LT: Sicherheitszertifikat A (GV) seit 19.04.2012 befristet bis 19.04.2017
* LT: Sicherheitszertifikat B seit 19.04.2012 befristet bis 19.04.2017

Unternehmensgeschichte
UAB Agrokoncernas ist eine am 18.11.1993 gegründete Tochterfirma der Agrokoncerno grupė. Die Agrokoncerno grupė vereint 25 Agro-Unternehmen in Litauen, Lettland und Weißrussland und hält an sieben weiteren Unternehmen Beteiligungen. Im Jahr 2008 lag der Umsatz der Agrokoncerno grupė bei 1,2 Mrd. LTL.
UAB Agrokoncernas steuert über seine 60 litauischen Filialen einen Großteil des Vertriebs von Düngemitteln, Pflanzenschutzmitteln und Saatgut auf dem litauischen Markt. Dessen größtes Lager befindet sich am Bahnhof Pavenčiai (südlich der Stadt Kuršėnai) an der Bahnstrecke Šiauliai – Klaipėda.
2012 lag die Beförderungsleistung bei 2,16 Mio. tkm.

Verkehr
* Rangierfahrten ab dem Bahnhof Pavenčiai auf den Gleisen der UAB Agrokoncernas

---

AB Akmenės cementas 🇬🇮

J. Dalinkevičiaus g. 2
LT-85118 Naujoji Akmenė
Telefon: +370 425 58323
Telefax: +370 425 56198
cementas@cementas.lt
www.cementas.lt

Management
* Dr. Julius Arnoldas Mituzas (Vorstandsvorsitzender)

* Artūras Zaremba (Generaldirektor)
* Edmundas Montvila (Direktor der Produktionsabteilung)

Gesellschafter
Stammkapital 46.164.555,00 LTL
* Cemex (34 %)

Lizenzen
* LT: EVU-Zulassung (GV); gültig seit 21.01.2008
* LT: Sicherheitszertifikat A (GV) seit 30.06.2011 befristet bis 30.11.2016
* LT: Sicherheitszertifikat A für Schieneninfrastruktur seit 30.06.2011
* LT: Sicherheitszertifikat B (GV) seit 11.11.2011 befristet bis 11.11.2016
* LT: Sicherheitszertifikat B für Schieneninfrastruktur seit 04.11.2011

Infrastruktur
* 44,796 km Anschlussbahn Akmenė – Alkiškiai – Karpėnai (Naujoji Akmenė) mit Zweigstrecken nach Šaltiškiai und Menčiai

Unternehmensgeschichte
Das seit 1952 bestehende Zementwerk-Kombinat im Norden Litauens wurde 1976 in „Akmjanskij Cementnyj i Šifernyj Kombinat" und 1979 in „Amjancementas" umbenannt. Seit dem 01.12.1990 als staatliches Unternehmen „Akmenės Cementas" firmierend, ist es seit dem 16.09.1993 als Aktiengesellschaft unter dem Namen „AB Akmenės Cementas" tätig. 2001 wurden 34% der Aktien an die Rugby Holding B.V. der britischen RMC Group plc verkauft, welche 2004 von der mexikanischen Investorengruppe Cemex übernommen wurden.
Akmenės Cementas fährt meist im Gespann zweier TEM2 zur Tongrube und Übergabezüge zum Bahnhof Akmenė. Neben den sechs Lokomotiven zählen auch 194 eigene Güterwagen zum Bestand. Die Beförderungsmenge lag 2012 bei 30 Mio. tkm. Knapp die Hälfte der Zement-Jahresproduktion von ca. 1 Mio. t wurde 2011 exportiert.

Verkehr
* Güterverkehr auf eigener Infrastruktur zum Bahnhof Akmenė

UAB Alkesta 🇬🇮

Naujoji g. 118
LT-62175 Alytus
Telefon: +370 315 77755
Telefax: +370 315 77265
info@alkesta.lt
www.alkesta.lt

Alkesta / ASG / Bega

Management
* Rimantas Morkūnas (Geschäftsführer)

Gesellschafter
Stammkapital 25.941.000,00 LTL

Lizenzen
* LT: EVU-Zulassung (GV); gültig seit 05.12.2008
* LT: Sicherheitszertifikat A (GV) seit 30.06.2011 befristet bis 30.06.2016
* LT: Sicherheitszertifikat A+B für Schieneninfrastruktur seit 30.06.2011
* LT: Sicherheitszertifikat B (GV) seit 30.06.2011 befristet bis 30.06.2016

Infrastruktur
* 1,818 km Anschlussbahn (1.520 mm)

Unternehmensgeschichte
UAB Alkesta ist ein seit 1966 (damals „Upravlenie Dorožnogo Stroitel'stva № 8") tätiges Straßen- und Brückenbauunternehmen in Litauen, welches nach der Wiederherstellung der Unabhängigkeit Litauens am 26.01.1993 zur Alytaus kelių statyba („Alkesta"). Es ist ebenfalls im Bau von Anlagen für den Bahn- und Luftverkehr im In- und Ausland tätig. Die Abteilung für den Bau und die Instandhaltung von Eisenbahnen befindet sich in Vilnius in der Pramonės g. 49a am Bahnhof Naujoji Vilnia.

Verkehre
* Güterverkehr auf den Gleisen der UAB Alkesta

VĮ Aukštaitijos siaurasis geležinkelis (ASG) 🆔

Geležinkelio g. 23
LT-37467 Panevėžys
Telefon: +370 45 463527
Telefax: +370 45 577685
info@siaurukas.eu
www.siaurukas.eu

Management
* Gintaras Kerbedis (Direktor)

Infrastruktur
* Panevėžys – Anykščiai – Rubikiai (68,4 km)

Unternehmensgeschichte
Nachdem auf der Strecke Panevėžys – Anykščiai – Rubikiai der Güterverkehr durch die Lietuvos geležinkeliai (LG) 1999 und der Personenverkehr im Jahr 2001 eingestellt wurde, fahren seit 2006 unter Führung der Aukštaitijos siaurasis geležinkelis (ASG) wieder regelmäßig Personenzüge im Ausflugsverkehr. Der bereits am 09.07.2001 gegründete Betreiber ASG engagiert sich vorwiegend im zwischen Anykščiai und dem in der »Litauischen Schweiz« gelegenen Rubikiai beziehungsweise fährt von Anykščiai aus auf einer Teilstrecke in Richtung Panevėžys, zum Beispiel bis Troškūnai, wo im Bahnhof ein Museum eingerichtet wurde. Die Züge verkehren an den Wochenenden von Mai bis Oktober (unterschiedliche Verkehrstage).

Verkehre
* touristischer Personenverkehr Panevėžys – Anykščiai – Rubikiai

UAB Klaipėdos jūrų krovinių kompanija "Bega" 🆔

Nemuno g. 2B
LT-91199 Klaipėda
Telefon: +370 46 395 500
Telefax: +370 46 380 384
bega@bega.lt
www.bega.lt

Management
* Aloyzas Kuzmarskis (Generaldirektor)

Gesellschafter
Stammkapital 9.975.000,00 LTL

Lizenzen
* LT: EVU-Zulassung (GV) ab 09.01.2006
* LT: Sicherheitszertifikat A (GV) seit 03.05.2010 befristet bis 02.05.2015
* LT: Sicherheitszertifikat A für Schieneninfrastruktur seit 11.08.2010
* LT: Sicherheitszertifikat B (GV) seit 11.11.2011 befristet bis 11.11.2016
* LT: Sicherheitszertifikat B für Schieneninfrastruktur seit 04.11.2011

Infrastruktur
* 12,88 km Anschlussbahn (1.520 mm)

Unternehmensgeschichte
Die UAB Klaipėdos jūrų krovinių kompanija Bega wurde am 24.02.1992 als erste private Hafenumschlagsgesellschaft in Klaipėda gegründet. In dem 30 ha großen Gelände entstanden seitdem zahlreiche neue Terminals. 50 % des Umschlags werden gegenwärtig über die Schiene abgewickelt. Bis 2015 wird zur Steigerung des Aufkommens der vorgelagerte Rangierbahnhof Draugystė ausgebaut. In diesem sollen statt derzeit 376 dann 1.254 Güterwagen täglich behandelt werden können.

Bega / BKT / Cemeka / Dolomitas

Verkehre
* Güterverkehr ab dem Bahnhof Draugystė auf den Gleisen der UAB Vakarų krova und UAB Bega

UAB Birių krovinių terminalas (BKT)

Nemuno g. 24
LT-93277 Klaipėda
Telefon: +370 46 304400
Telefax: +370 46 304403
bkt@bkt.lt
www.bkt.lt

Management
* Vidmantas Dambrauskas (Generaldirektor)
* Dmitrij Belov

Gesellschafter
Stammkapital 100.000,00 LTL

Lizenzen
* LT: Sicherheitszertifikat A für Schieneninfrastruktur seit 04.02.2013
* LT: Sicherheitszertifikat B für Schieneninfrastruktur seit 04.02.2013

Unternehmensgeschichte
Das Unternehmen UAB Birių krovinių terminalas (BKT) wurde am 16.05.1997 zur Umladung von Massengütern, vor allem Mineraldünger, gegründet und nahm im Februar 2002 den Betrieb auf. 2011 wurde im südlichen Hafenbereich von Klaipėda ein neues Schüttgutterminal mit einer 32 m hohen und ca. 3200 m2 großen Halle (speziell für Kalidüngemittel aus Weißrussland) errichtet, in der Mischdünger hergestellt und in Säcke verpackt werden können.
Betreiber des BKT ist die seit 1994 bestehende Spedition UAB Ferteksos transportas. Insgesamt stehen 50.000 m2 zur Verfügung, es können täglich 450 Güterwagen umgeladen werden.
2010 wurden 2.758.951 t Güter bei 235 Schiffen und 42.445 Güterwagen umgeladen.

UAB Cemeka

Geologų g. 6b
LT-02190 Vilnius
Telefon: +370 5 2306404
Telefax: +370 5 2306404
cemeka@cemeka.lt
www.cemeka.lt

Management
* Jūratė Jakubauskienė (Direktorin)
* Albinas Klimas (Geschäftsführer)

Gesellschafter
Stammkapital 80.000,00 LTL

Lizenzen
* LT: Sicherheitszertifikat A für Schieneninfrastruktur seit 30.06.2011
* LT: Sicherheitszertifikat, Teil A (GV); gültig seit 30.06.2011

Infrastruktur
* Anschlussbahn (1,01 km; 1.520 mm)

Unternehmensgeschichte
Das am 24.11.1993 gegründete Unternehmen handelt mit Baustoffen und liefert mit Lkw von ihrem Terminals in Vilnius und Kaunas den von AB "Akmenės cementas" in Naujoji Akmenė hergestellten Zement aus.

AB Dolomitas

Dolomito g. 6
LT-83477 Petrašiūnai
Telefon: +370 421 42683
Telefax: +370 421 42716
biuras@dolomitas.lt
www.dolomitas.lt

Management
* Antanas Bartulis (Generaldirektor)
* Arvydas Šukys (Technikdirektor)
* Gediminas Skvernys (Handelsdirektor)
* Jūratė Tinterienė (Finanzdirektorin)
* Mindaugas Gudas (Produktionsdirektor)

Lizenzen
* LT: Sicherheitszertifikat A+B (GV) seit 05.05.2014, befristet bis 05.05.2019

Unternehmensgeschichte
AB Dolomitas betreibt seit 1964 einen Dolomit-Steinbruch bei Petrašiūnai im nördlichen Litauen und vertreibt mit Filialen in Vilnius, Kaunas und Klaipėda das dort gewonnene Gestein, jährlich bis zu 3 Mio. t, verpackt und lose für Asphaltbetonmischungen, Gleisschotter, Steinwolle, Düngemittel, Glasprodukte, chemische und metallurgische Industrie. Das seit dem 15.12.1995 als Aktiengesellschaft firmierende Unternehmen beschäftigt derzeit mehr als hundert Mitarbeiter.

Dolomitas / ESS / Gargždų Geležinkelis / GTC

Verkehre
★ Rangierfahrten

UAB Energijos sistemu servisas (ESS) 🇱🇹

Taikos pr. 147
LT-51142 Kaunas
Telefon: +370 37 452259
Telefax: +370 37 456263
info@enss.lt
www.enss.lt

Management
★ Robertas Bauba (Generaldirektor)
★ Darijus Mykolas Mikelkevičius (Technikdirektor)

Gesellschafter
Stammkapital 10.000,00 LTL

Lizenzen
★ LT: EVU-Zulassung (GV); gültig seit 27.11.2007
★ LT: Sicherheitszertifikat A (GV) seit 08.04.2011 befristet bis 08.04.2016
★ LT: Sicherheitszertifikat B (GV) seit 08.04.2011 befristet bis 08.04.2016

Unternehmensgeschichte
Das am 12.09.2003 als GmbH gegründete Unternehmen ist seit Dezember 2003 der Betreiber des Strom- und Wärmekraftwerks von Kaunas, welches vorher von der „AB Kauno energija" geführt wurde.
2012 wurden 0,1157 Mio. tkm auf den Industriegleisen im Bahnhof Kaunas und der UAB Kauno termofikacine elektrine (Heizkraftwerk) erbracht.

Verkehre
★ Güterverkehr auf den Industriegleisen im Bahnhof Kaunas und der UAB Kauno termofikacine elektrine (Heizkraftwerk)

UAB Gargždų geležinkelis 🇱🇹

Gamyklos g. 21
LT-96155 Gargždai
Telefon: +370 46 471565
Telefax: +370 46 455155
info@gargzdugelezinkelis.lt
www.gargzdugelezinkelis.lt

Management
★ Arūnas Grikšas (Direktor)

Gesellschafter
Stammkapital 199.960,00 LTL

Lizenzen
★ LT: EVU-Zulassung (GV); gültig seit 21.01.2008
★ LT: Sicherheitszertifikat A (GV) seit 30.12.2011 befristet bis 29.12.2016
★ LT: Sicherheitszertifikat B (GV) seit 29.03.2013

Infrastruktur
★ Rimkai – Gargždai (12 km)

Unternehmensgeschichte
Die Gargždų geležinkelis ging aus einer 1961 errichteten Anschlussbahn von einem Baustoffkombinat zum Bahnhof Rimkai hervor. Das Eisenbahnunternehmen wurde 1979 zwar eigenständig, unterstand als Staatsunternehmen aber der Industriebahnverwaltung in Kaliningrad. 1991 kam es unter die Zuständigkeit der litauischen Regierung, welche es zum 08.11.1993 privatisierte. Neben dem Öltransport auf der Hausstrecke ist sie tätig im Eisenbahnbau sowie der Reparatur und Vermietung von Triebfahrzeugen. Im Depot in Gargždai stehen einige Loks zwecks Aufarbeitung und Weiterverkauf abgestellt. Das Unternehmen beschäftigt 60 Mitarbeiter.

Verkehre
★ Güterverkehr Rimkai – Gargždai (2011: 2,01 Mio. tkm) sowie in einem Anschluss des Bahnhofs Joniškis

UAB Geležinkelio tiesimo centras (GTC)

Trikampio g. 10
LT-25112 Lentvaris
Telefon: +370 8 526 93202
Telefax: +370 8 528 24975
info@gtc.lt
www.gtc.lt

Management
★ Adomas Kazbaras (Direktor)

Gesellschafter
Stammkapital 57.272.000,00 LTL
★ Lietuvos Geležinkeliai (LG) (100 %)

Lizenzen
★ LT: EVU-Zulassung (GV); gültig seit 12.03.2008

GTC / Granitinė skalda / IAE

* LT: Sicherheitszertifikat A (GV) seit 03.05.2010 befristet bis 02.05.2015
* LT: Sicherheitszertifikat B (GV) seit 12.07.2010 befristet bis 11.07.2015

Unternehmensgeschichte
Das Geležinkelio tiesimo centras („Bahnbauzentrum") ging aus der seit 1945 bestehenden Mašinų remonto stotis Nr. 95 hervor und wurde im Rahmen der Neuorganisation der Litauischen Staatsbahn am 21.12.2001 als Tochtergesellschaft der Lietuvos geležinkeliai (LG) gegründet. Sie führt alle Arten von Gleisreparaturen sowie dessen Neubau durch. Das Unternehmen hat am 08.11.2010 die ebenfalls in diesem Bereich tätige UAB Gelmagis (vormals Mašinų remonto stotis Nr. 94) aus Šilėnai übernommen. Der GTC-Firmensitz befindet sich im Gleisdreieck westlich des Bahnhofs Lentvaris. 2010 zählten die Abschnitte Šeštokai – Mockava und Kena – Staatsgrenze zu den Projekten, 2013 war GTC an der Modernisierung der Strecke Klaipėda – Pagėgiai beteiligt. Aktuelles Projekt der 400 Mitarbeiter starken Firma ist der Ausbau der Strecke Marijampolė – Šeštokai zur Doppelspur 1435/1520 mm.

UAB Granitinė skalda 🇱🇹

Granito g. 2
LT-02241 Vilnius
Telefon: +370 5 2641950
Telefax: +370 5 2641950
info@granitineskalda.lt
www.granitineskalda.lt

Management
* Julius Laiconas (Direktor)

Gesellschafter
Stammkapital 1.587.303,00 LTL

Lizenzen
* LT: EVU-Zulassung (GV); gültig seit 16.06.2008
* LT: Sicherheitszertifikat A+B (GV) seit 28.02.2012 befristet bis 28.02.2017
* LT: Sicherheitszertifikat A+B für Schieneninfrastruktur seit 28.02.2012

Infrastruktur
* 2,04 km Anschlussbahn (Spurweite 1.520 mm)

Unternehmensgeschichte
UAB Granitinė skalda, gegründet am 22.10.1997, ist ein bereits seit 1965 tätiges Unternehmen, welches Produkte aus Granitgestein herstellt (z. B. Schotter, Pflastersteine) und vertreibt. Neben Basalt wird außerdem auch Dolomit angeboten, welches bei Pakruojis von der „AB Klovainių skalda" gewonnen wird.
Seit 1998 besteht mit mehreren Unternehmen dieser Branche die Assoziation Milsa & Co. Der Firmensitz der UAB Granitinė skalda befindet sich an einer Anschlussbahn nordwestlich des Bahnhofs Paneriai. 2012 wurden 0,45 Mio. tkm befördert.

VĮ Ignalinos atominė elektrinė (IAE) 🇱🇹

Drūkšinių km.
LT-31500 Visaginas
Telefon: +370 8 386 28985
Telefax: +370 8 386 24396
iae@iae.lt
www.iae.lt

Management
* Darius Janulevičius (Generaldirektor)
* Daiva Rimašauskaitė (CEO; Energieminister der Republik Litauen)

Gesellschafter
Stammkapital 2.044.944.797,00 LTL

Lizenzen
* LT: EVU-Zulassung (GV) seit 27.12.2011
* LT: Sicherheitszertifikat A (GV) seit 07.03.2013
* LT: Sicherheitszertifikat B (GV) seit 07.03.2013

Infrastruktur
* Anschlussbahn (1.520 mm) mit 44,796 km Gleislänge

Unternehmensgeschichte
Das ab 1977 gebaute Kernkraftwerk Ignalina nahm am 31.12.1983 den Betrieb auf, der kommerzielle Betrieb startete am 01.05.1984. Heutige Betreibergesellschaft ist das seit dem 31.05.1995 tätige Staatsunternehmen „Ignalinos atominė elektrinė".
Mit dem Beitritt zur Europäischen Union verpflichtete sich Litauen, das Kernkraftwerk Ignalina (Ignalinos atominė elektrinė) für die Produktion von Elektrizität am 31.12.2009 abzuschalten. Es trägt nun den Status eines Unternehmens, welches mit Kernbrennstoff arbeitet. Es ist vorwiegend im Stilllegungsmanagement, Strahlenschutz und der Entsorgung radioaktiver Abfälle tätig.

Verkehr
* Güterverkehr Dūkštas – IAE

Joniðkio grûdai / KG / Kauno tiekimas

AB Joniðkio grûdai G

Žemaitės g. 1
LT-84147 Joniškis
Telefon: +370 426 69053
Telefax: +370 426 69054
jg@litagra.lt
www.joniskiogrudai.lt

Management
* Reda Siaurusaitienė (Generaldirektorin)

Gesellschafter
Stammkapital 150.000,00 LTL
* UAB LITAGRA

Lizenzen
* LT: Sicherheitszertifikat A+B (GV) seit 03.03.2014 befristet bis 03.03.2019

Unternehmensgeschichte
AB Joniðkio grûdai, seit 1957 tätig in Produktion und Verkauf von Mischfutter, wurde 1994 in eine Aktiengesellschaft umgewandelt. Sie ist seit 1998 Teil der LITAGRA Gruppe.

Verkehre
* Rangierfahrten auf Anschlussgleis

UAB Kauno Gelžbetonis (KG) G

Pramonės pr. 8
LT-51223 Kaunas
Telefon: +370 37 451745
Telefax: +370 37 451745
info@kaunogelzbetonis.lt
www.kaunogelzbetonis.lt

Management
* Algimantas Povilas Aleksynas (Generaldirektor)

Gesellschafter
Stammkapital 802.338,00 LTL

Lizenzen
* LT: EVU-Zulassung (GV); gültig seit 05.12.2008
* LT: Sicherheitszertifikat A (GV) seit 11.11.2011 befristet bis 11.11.2016
* LT: Sicherheitszertifikat B (GV) seit 11.11.2011 befristet bis 11.11.2016

Unternehmensgeschichte
Das Baustoffunternehmen Kauno gelžbetonis begann 1963 unter dem Namen „Kauno gelžbetonio konstrukcijų gamykla Nr.2" als Tochterunternehmen für Stahlbetonkonstruktionen des Betriebs für Kunstfaseranlagenbau in Kaunas. 1978 wurde es Bestandteil des Unternehmens Gelžbetonis. Am 23.04.1993 erfolgte als AB Kauno gelžbetonis die Privatisierung und 2004 die Umwandlung in eine Aktiengesellschaft (UAB).
Das Unternehmen produziert vorgefertigte Beton- und Stahlbetonprodukte, Transportbeton, Armierungseisen und Betonelemente für den Landschaftsbau.
2012 wurden 0,017 Mio. tkm auf den Gleisen der UAB Kauno gelžbetonis befördert.

Verkehre
* Güterverkehr ab Bahnhof Palemonas auf den Gleisen der UAB Kauno gelžbetonis

AB Kauno tiekimas G

Palemono g. 171
LT-52501 Kaunas
Telefon: +370 37 473744
Telefax: +370 37 473744
administracija@kaunotiekimas.lt
www.kaunotiekimas.lt

Management
* Irena Keblerienė (Generaldirektorin)
* Igor Gončaruk (CEO)

Gesellschafter
Stammkapital 10.180.884,00 LTL
* UAB Attentus (35,77 %)
* UAB Energolinija (22,02 %)
* Igor Goncaruk (9,98 %)

Lizenzen
* LT: EVU-Zulassung (GV); gültig seit 21.01.2009
* LT: Sicherheitszertifikat A (GV) seit 20.10.2011 befristet bis 20.10.2016
* LT: Sicherheitszertifikat B (GV) seit 20.10.2011 befristet bis 20.10.2016

Infrastruktur
* Anschlussbahn

Unternehmensgeschichte
Das am 26.11.1992 gegründete Unternehmen AB Kauno tiekimas handelt seit 2002 mit Aluminiumoxid sowie den für die Produktion von Aluminiumoxid nötigen Rohstoffen Sodahydrat und Bauxit. Es kooperiert mit der Aluminiumoxid-Raffinerie „Birač", eines der drei größten

Kauno tiekimas / LKAB Klaipėdos smeltė / KS

Unternehmen der Republika Srpska des Staates Bosnien und Herzegowina. Es bietet außerdem Lager- und Zolldienstleistungen mit sieben eigenen Lagerhallen an, die über Rampen per Anschlussbahn ab dem Bahnhof Palemonas erreichbar sind. Das Unternehmen befindet sich seit dem 30.05.2013 im Insolvenzverfahren.

Verkehr
* Güterverkehr auf den Gleisen der AB Kauno Tiekimas

LKAB Klaipėdos Smeltė 🇱🇹

Nemuno g. 24
LT-93277 Klaipėda
Telefon: +370 46 496201
Telefax: +370 46 496230
smelte@smelte.lt
www.smelte.lt

Management
* Rimantas Juška (Generaldirektor)

Gesellschafter
Stammkapital 59.000.280,00 LVL
* Terminal Investment Ltd.

Lizenzen
* LT: EVU-Zulassung (GV) seit 27.11.2007
* LT: Sicherheitszertifikat A (GV) seit 28.09.2010 befristet bis 27.09.2030
* LT: Sicherheitszertifikat A+B für Schieneninfrastruktur seit 13.11.2011
* LT: Sicherheitszertifikat B (GV) seit 11.11.2011 befristet bis 11.11.2016

Infrastruktur
* Anschlussbahn (1.520 mm) mit 13,67 km Gleislänge

Unternehmensgeschichte
Die LKAB Klaipėdos Smeltė ist ein seit 1946 agierendes, am 05.09.1991 gegründetes und im August 1998 privatisiertes Unternehmen, welches im Hafen von Klaipėda Container, Baumaschinen, Fisch, Fleisch und andere Stückgüter umschlägt. Mit 310 Mitarbeitern, davon 13 im Bahnbereich, wurden 2014 2,92 (2013: 1,9) Mio. t umgeschlagen. Der Containerumschlag betrug 2014 175.658 (2013 131.552) TEU. Nach der Errichtung eines neuen Tiefwasserkais im Juli 2006 folgt bis 2015 die zweite Baustufe für Containerschiffe mit 7.000 TEU.
Am 15.09.2008 wurde eine Mehrheitsbeteiligung vom internationalen Container-Terminal-Betreiber „Terminal Investment Limited SA" (TIL) an Klaipėdos Smeltė erworben.

Die Wagenübergabe an die LG erfolgt ca. 6 x am Tag im Bahnhof Draugystė.

Verkehr
* Güterverkehr ab dem Bahnhof Draugystė (Gleise 201 / 202) auf den Gleisen der LKAB Klaipėdos Smeltė
* KV-Transporte „Viking", „Merkurijus", „Saulė" und „Vilnius Shuttle" in Kooperation mit LG

AB Klovainių skalda (KS) 🇱🇹

LT-83004 Klovainiai, Pakruojo raj.
Telefon: +370 421 44574
Telefax: +370 421 44540
klovskalda@is.lt
www.skalda.lt

Management
* Vitolis Urmonas (Generaldirektor)

Gesellschafter
Stammkapital 5.383.015,00 LTL

Lizenzen
* LT: EVU-Zulassung (GV) seit 05.11.2011
* LT: Sicherheitszertifikat A+B für Schieneninfrastruktur seit 07.05.2012
* LT: Sicherheitszertifikat A+B seit 07.05.2012 befristet bis 07.05.2017

Infrastruktur
* Anschlussbahn (Spurweite 1.520 mm) mit 11,294 km Gleislänge

Unternehmensgeschichte
Die seit 1969 bestehende Firma des Dolomitsteinbruchs Klovainiai befindet sich an der Güterstrecke Radviliškis – Pakruojis und ist von dessen Bahnhof Pakruojis aus mit dieser über eine 1984 errichtete acht Kilometer lange Anschlussbahn verbunden. Das Unternehmen gehörte zu verschiedenen Straßenbauorganisationen, bis sie 1978 in der Baustoffunternehmensvereinigung „Granitas" als Filiale Pakruojis aufging. Nach der Wiederherstellung der Unabhängigkeit Litauens wurde „Granitas" in ein staatliches Unternehmen und 1992 in ein Aktiengesellschaft umgewandelt. Im selben Jahr wurde der Staatsbetrieb „Klovainių skalda" privatisiert und am 28.03.1995 als Aktiengesellschaft „AB Klovainių skalda" gegründet. Das Unternehmen stellt verschiedene Arten von gebrochenem Dolomit und Granit sowie Dolomitmehl für die Düngemittelproduktion her. Der Güterverkehr auf der eigenen Anschlussbahn umfasste 2012 4,0 Mio. tkm.

KS / KGe / LG

Verkehre
★ Güterverkehr auf der eigenen Anschlussbahn

Kooperatyvas Gerkonių elevatorius (KGe) G

Pramonės g. 9A
LT-42150 Rokiškis
Telefon: +370 699 94184
Telefax: +370 458 33646
grudai@gerkonys.lt
www.gerkonys.lt

Management
★ Valdas Kutkevičius (Direktor)

Lizenzen
★ LT: EVU-Zulassung (GV) seit 06.03.2012

Unternehmensgeschichte
Das seit dem 06.09.2007 als Kooperatyvas „Gerkonių elevatorius" im Handelsregister eingetragene Getreidelager ist tätig im Großhandel mit Getreide, Rohtabak, Saatgut und Futtermitteln. Es ist per Schiene über eine kurze Anschlussbahn vom Bahnhof Rokiškis erreichbar.

Verkehre
★ Rangierfahrten

Lietuvos Geležinkeliai (LG)
P G I

Mindaugo g. 12
LT-03603 Vilnius
Telefon: +370 5 2692038
Telefax: +370 5 2692128
lgkanc@litrail.lt
www.litrail.lt

Direktion Personenverkehr
Pelesos g. 10
LT-02111 Vilnius
Telefon: +370 5 2692054
Telefax: +370 5 269 3944
passenger@litrail.lt

Direktion Güterverkehr
Mindaugo g. 12
LT-03603 Vilnius
Telefon: +370 5 2692745
Telefax: +370 5 2692719
cargo@litrail.lt

Direktion Infrastruktur
Mindaugo g. 12
LT-03603 Vilnius
Telefon: +370 5 2693353
Telefax: +370 5 2693332
infrastruktura@litrail.lt

Management
★ Dr. Stasys Dailydka (Generaldirektor)
★ Dr. Albertas Šimėnas (stellvertretender Generaldirektor)
★ Albinas Ragauskis (stellvertretender Generaldirektor, Direktor Infrastruktur)
★ Stasys Gudvalis (stellvertretender Generaldirektor, Direktor Güterverkehr)
★ Dr. Raimondas Burkovskis (stellvertretender Generaldirektor, Direktor Personenverkehr)

Gesellschafter
Stammkapital 3.163.839.000,00 LTL
★ Lietuvos Respublika [Republik Litauen] (100 %)

Beteiligungen
★ UAB Geležinkelio apsaugos želdiniai (100 %)
★ UAB Geležinkelio tiesimo centras (GTC) (100 %)
★ UAB Rail Baltica Statyba (100 %)
★ UAB Geležinkelių projektavimas (100 %)
★ UAB Gelsauga (100 %)
★ UAB Vilniaus lokomotyvų remonto depas (VLRD) (100 %)
★ VĮ Vilniaus logistikos parkas (49 %)
★ UAB VAE LEGETECHA (34 %)

Lizenzen
★ LT: EVU-Zulassung (PV und GV) seit 25.06.1996
★ LT: Sicherheitszertifikat A (PV + GV) seit 16.11.2011 befristet bis 15.11.2016
★ LT: Sicherheitszertifikat A für Schieneninfrastruktur seit 18.12.2008
★ LT: Sicherheitszertifikat B (PV + GV) seit 09.02.2009 befristet bis 08.02.2014
★ LT: Sicherheitszertifikat B für Schieneninfrastruktur seit 09.02.2009
★ LV: : Sicherheitszertifikat B (PV + GV) seit 17.01.2012 befristet bis 16.01.2017

Infrastruktur
★ Breitspurnetz (1.767,6 km, davon 391 km zweigleisig; 1.520 mm Spurweite); 122,0 km elektrifiziert mit 25 kV, 50 Hz
★ Normalspunetz (22,1 km; 1.435 mm Spurweite); nicht elektrifiziert

LG

Unternehmensgeschichte
Die AB Lietuvos geležinkeliai (LG) wurden am 24.12.1991 gegründet. Auch sie haben eine mit der Unabhängigkeit 1918 beginnende Vorgeschichte, welche im Gegensatz zu den beiden anderen baltischen Staatsbahnen durch die polnische Besetzung des Wilnagebiets, litauischer Besetzung des Memellands und Korridorverkehren mit Lettland wesentlich unruhiger verlief. Nach Übernahme durch die SŽD 1940 erfolgte der dauerhafte Umbau des hier nach dem ersten Weltkrieg so belassenen normalspurigen Netzes auf sowjetische Breitspur bis 1951.
Die Elektrifizierung der Strecken Naujoji Vilnia – Vilnius – Kaunas und Lentvaris – Trakai mit 25 kV/50 Hz rührt von einem sowjetischen Projekt der durchgehenden Fahrleitung zwischen Minsk und Kaliningrad her, das nach 1991 nicht weiter verfolgt wurde. Bis 2016 soll jetzt aber der nach Weißrussland führende Abschnitt Naujoji Vilnia – Kena – Maladzečna [BY] unter Strom kommen. Bis 2020 ist ferner die Elektrifizierung der Strecke Kaišiadorys – Radviliškis vorgesehen, und langfristig bis 2030 der Abschnitt Radviliškis – Klaipėda.
Konträr zu den anderen baltischen Eisenbahnen sind die LG noch ein Unternehmen „aus einem Guss". Wenngleich auch bei den litauischen Staatsbahnen zumindest der Personenverkehr arg zusammengestrichen wurde, wird durch zahlreiche Modernisierungsmaßnahmen bei der Infrastruktur sowie in neuen Fahrzeugpark investiert. Der besonders dem Transitverkehr zwischen Russland bzw. Weißrussland und dem Gebiet Kaliningrad (knapp 25 % des Güteraufkommens 2013) dienende Rangierbahnhof Vaidotai wurde 2009 umfassend modernisiert, die daran anschließende Strecke Kyviškės – Valčiūnai als Güterzugumfahrung von Vilnius wurde bis Ende 2014 zweigleisig ausgebaut. Im Zeitraum 2016/17 wird der bisher noch eingleisige Abschnitt Livintai – Gaižiūnai zweigleisig ausgebaut werden, außerdem befindet sich gerade auf der Strecke Šiauliai – Klaipėda in den Abschnitten Kūlupėnai–Kretinga, Pavenčiai–Raudėnai, und Telšiai–Dūseikiai das zweite Gleis im Bau. Wichtigster Güterverkehrskunde im Inland ist die Großraffinerie „Orlen Lietuva" mit ihrem Übergabebahnhof Bugeniai, welcher nach Rückbau zweier Strecken nur noch eingeschränkt über eine Stichstrecke erreichbar ist.
Der Verkehr auf dem kleinen 1435 mm-Streckenanteil des Vierschienengleises Šeštokai – Mockava (Grenze) ist derzeit auf ein bis zwei Güterzugpaare am Tag beschränkt. Durch das gerade erfolgende Umbau der Strecke nördlich von Šeštokai zu einem Doppelspurabschnitt (1435/1520 mm) soll die Normalspur 2015 Kaunas erreichen. Aufgrund der Bauarbeiten wird aktuell im Abschnitt Šeštokai – Marijampolė – Kazlų Rūda kein Personenverkehr mehr angeboten; es gibt auch keinerlei Schienenersatzverkehr mit Bussen, wie er andernorts in solchen Fällen üblich ist. Es ist davon auszugehen, dass der grenzüberschreitende Personenverkehr nach Abschluss der Bauarbeiten am 31.07.2015 wieder aufgenommen wird, wenn auch einige Restarbeiten sich voraussichtlich bis zum Jahresende hinziehen werden. Für 2016 ist der Bau des Normalspurgleises zwischen Jiesia und Palemonas geplant; nach dessen Vollendung zum 31.12.2016 kann auch der normalspurige Güterverkehr durchgehend bis zum Umladeterminal Palemonas erfolgen.
Zum 01.01.2015 wurde der Personenverkehr auf den Strecken (Vilnius –) Oro uostas – Valčiūnai – Stasylos und Paneriai – Valčiūnai eingestellt, lediglich der Pendelverkehr zwischen Vilnius und dem Flughafen (Oro uostas) blieb bestehen. Nach der 2011 erfolgten Errichtung einer neuen Grenzabfertigungsstation in Stasylos war eigentlich auch die Wiederaufnahme des Reisezugverkehrs nach Lida [BY] geplant, dies lässt aber weiter auf sich warten. Mit der angekündigten Streichung des Zuges nach Sankt Petersburg zum 01.06.2015 endet auch jeglicher grenzüberschreitender Reiseverkehr nach Lettland.
2014 wurden von den LG 4.577 (2013: 4.844; -5,5 %) Mio. Reisende und 49,0 (2013: 48,028; +2,0 %) Mio. t Güter transportiert. Es dominierten dabei Öl/Ölprodukte mit einem Anteil von 32 % sowie Dünger mit 35 %.
2013 wurden 390 neue Güterwagen beschafft. Bis Ende 2015 werden die LG 20 TEM-TMH von Transmašholding beschaffen, womit die noch im Einsatz befindlichen TEM2 abgelöst werden sollen. Für den zukünftigen elektrischen Verkehr auf der Relation Vilnius – Minsk [BY] wurden zwei weitere EJ575-Triebzüge bestellt. Derzeit läuft die Sondierung von Angeboten zum Kauf von Elektrolokomotiven. Neben französischen und polnischen Herstellern kommen insbesondere Siemens (DE) und Škoda (CZ) dafür in Frage. Man ist auf der Suche nach einem Standardprodukt, welches mit nur minimalen Anpassungsarbeiten für den Betrieb in Litauen geeignet ist. Die ersten Loks könnten 2019 eintreffen. Außerdem ist bis zum November 2017 die Anschaffung von sieben dreiteiligen PESA-Dieseltriebzügen des Typs 730M vorgesehen, mit der die lokbespannten Züge Vilnius – Klaipėda abgelöst werden sollen.
Ende 2013 beschäftigten die LG 10.643 Mitarbeiter.

Verkehre
- Personenfernverkehr Vilnius – Klaipėda
- Personenfernverkehr Vilnius – Minsk [BY]; in Kooperation mit der Belaruskaja Čyhunka (BČ)
- Personenfernverkehr Vilnius – Sankt Peterburg [RU]; bis zum 01.06.2015; in Kooperation mit den RŽD
- Transitschnellzüge von/nach Russland auf dem Abschnitt Kybartai (Grenze) – Vilnius – Kena (Grenze)
- Personennahverkehr auf der Strecke Vilnius – Paneriai – Kaišiadorys – Kaunas – Kybartai

LG / Lifosa / Linas agro Grūdų centras

- Personennahverkehr auf der Strecke Vilnius – Naujoji Vilnia – Turmantas
- Personennahverkehr auf der Strecke Naujoji Vilnia – Kena
- Personennahverkehr auf der Strecke Vilnius – Oro uostas
- Personennahverkehr auf der Strecke Paneriai – Lentvaris – Marcinkonys
- Personennahverkehr auf der Strecke Lentvaris – Trakai
- Personennahverkehr auf der Strecke Kazlų Rūda – Marijampolė
- Personennahverkehr auf der Strecke Palemonas – Gaižiūnai
- Personennahverkehr auf der Strecke Kužiai – Mažeikiai
- Personennahverkehr auf der Strecke Kaišiadorys – Jonava – Radviliškis – Šiauliai – Kužiai – Klaipėda
- Personennahverkehr auf der Strecke Radviliškis – Panevėžys – Rokiškis
- Güterverkehr auf allen LG-Strecken
- KV-Transporte „Baltijos vėjas" Vilnius – Qostanai [KZ]; 3 x pro Woche; betriebliche Abwicklung in Litauen im Auftrag der UAB Hoptrans Projekts
- KV-Transporte „Merkurijus" Kaliningrad [RU] / Klaipėda – Moskva [RU]; 1 x Woche; betriebliche Abwicklung in Litauen im Auftrag der UAB AAA Intermodal
- KV-Transporte „Nemunas" Vilnius – Almaty [KZ]; Projekt
- KV-Transporte „Saulė" Chongqing [CN] – Šeštokai – Antwerpen [BE]; betriebliche Abwicklung in Litauen im Auftrag der UAB VPA Logistics
- KV-Transporte „Vikingas" Klaipėda – Odesa [UA]; 3 x pro Woche betriebliche Abwicklung in Litauen
- KV-Transporte „Vilnius Shuttle" Vilnius – Klaipėda; im Auftrag der JSC Intermodal Container Service
- KV-Transporte „Šeštokai Express" Warszawa [PL] – Šeštokai – Smolensk [RU]; 1-2 x Woche; betriebliche Abwicklung in Litauen im Auftrag der Hupac Intermodal SA und Intermodal Express LLC, Moskva

AB Lifosa GI

Juodkiškio g. 50
LT-57502 Kėdainiai
Telefon: +370 347 66483
Telefax: +370 347 66166
info@lifosa.com
www.lifosa.com

Management
- Jonas Dastikas (Generaldirektor)

Gesellschafter
Stammkapital 97.893.900,00 LTL
- EuroChem (95 %)

Lizenzen
- LT: EVU-Zulassung (GV); gültig seit 16.06.2008
- LT: Sicherheitszertifikat A+B (GV) seit 08.04.2011 befristet bis 08.04.2016
- LT: Sicherheitszertifikat A+B für Schieneninfrastruktur seit 08.04.2011

Infrastruktur
- Anschlussbahn (1.520 mm) mit 17,86 km Gleislänge

Unternehmensgeschichte
Zur Verbesserung der Bodenfruchtbarkeit mit Düngemitteln gegen den Stickstoffmangel plante man ab 1952 den Bau eines Chemiewerks in Kėdainiai, der geografischen Mitte Litauens. Nach dem 1959 erfolgten Bau wurden hauptsächlich Mineraldünger produziert. Das ab dem 14.12.1990 als AB Lifosa tätige Unternehmen wurde am 01.03.1996 privatisiert und seit der Modernisierung von 1997 bis 2002 wird auch Schwefelsäure hergestellt. 2002 erwarb der russische Düngemittelhersteller „EuroChem" eine Mehrheitsbeteiligung an Lifosa. Zirka 98 % der gesamten Produktion (Stickstoff-Phosphor-Düngemittel Diammoniumphosphat, Phosphorsäure, Schwefelsäure, Fluor, Aluminiumfluorid, Futtermittelzusätze wie z. B. Monocalciumphosphat) werden heute exportiert, insbesondere über den eisfreien Hafen von Klaipėda. Lifosa führt den Rangierdienst im Werk mit 60 eigenen Wagen durch.

Verkehre
- Rangierfahrten im Lifosa-Werk und Übergabebahnhof Šilainiai

AB Linas agro Grūdų centras KŪB GI

Smėlynės g. 2c
LT-35143 Panevėžys
Telefon: +370 455 07343
Telefax: +370 455 07344
grudu.centras@linasagro.lt
www.linasagro.lt

Management
- Darius Zubas (CEO)
- Alvydas Ramanauskas

Linas agro Grūdų centras / Maltosa / Nilma

Gesellschafter
Stammkapital 9.821.000,00 LTL
★ AB Linas Agro Group (100 %)

Lizenzen
★ LT: EVU-Zulassung (GV) seit 09.09.2011
★ LT: Sicherheitszertifikat A+B (GV) seit 13.03.2012 befristet bis 13.03.2017
★ LT: Sicherheitszertifikat A+B für Schieneninfrastruktur seit 13.03.2012

Infrastruktur
★ 2,5 km Anschlussbahn (1.520 mm)

Unternehmensgeschichte
Für den Export von litauischen Raps nach Westeuropa wurde am 08.07.1991 das spätere Unternehmen AB Linas agro, damals noch als „UAB Linas ir viza", gegründet. Seit dem 10.07.2002 besteht für deren Getreidespeicher die Tochterfirma UAB „Linas Agro" Grūdų centras KŪB. Sie ist als Kommanditgesellschaft Teil der seit dem 27.11.1995 bestehenden Holding AB Linas Agro Group, welche im internationalen Handel mit landwirtschaftlichen Erzeugnissen, der Versorgung der landwirtschaftlichen Produktion und dessen Verarbeitung tätig ist.

Verkehr
★ Rangierfahrten

UAB Maltosa G

Slėnio g. 9A
LT-18223 Švenčionėliai
Telefon: +370 387 31115
Telefax: +370 387 31655
maltosa@maltosa.lt
www.maltosa.lt

Management
★ Valerijonas Kožemiako (Direktor)

Gesellschafter
Stammkapital 6.900.000,00 LTL

Lizenzen
★ LT: EVU-Zulassung (GV) seit 10.07.2012
★ LT: Sicherheitszertifikat A (GV) seit 03.01.2013
★ LT: Sicherheitszertifikat B (GV) seit 03.01.2013

Unternehmensgeschichte
Die Aktiengesellschaft Maltosa wurde am 17.12.2001 gegründet. Sie entstand aus der AB Švenčionėlių grūdai, welche 1945 als Getreideaufkaufstelle begann und 1964 zu einem Mischfutterwerk erweitert wurde. 2002 erfolgte mit der Modernisierung die Neuausrichtung der Getreideverarbeitung auf Braugerste für Brauereien. Die Produktion startete 2005 nach Rekonstruktion der Anlagen; 2009 wurde sie auf Weizenmalz und Roggenmalz ausgeweitet. Die Jahresproduktion liegt derzeit bei ca. 30.000 t Gerstenmalz, welches per Schiene oder Lkw in die baltischen Länder, Russland, Weißrussland, die Republik Moldau, Polen, Schweden, Deutschland sowie nach Usbekistan exportiert wird.

Verkehr
★ Rangierfahrten auf den Anschlussgleisen der UAB Maltosa im Bahnhof Švenčionėliai

UAB Nilma G I

Nemajūnų g. 31
LT-52005 Kaunas
Telefon: +370 37 380252
Telefax: +370 37 249209
info@nilma.lt
www.nilma.lt

Management
★ Asta Vaičekonytė (Direktorin)

Gesellschafter
Stammkapital 9.610.000,00 LTL

Lizenzen
★ LT: EVU-Zulassung (GV); gültig seit 21.01.2008
★ LT: Sicherheitszertifikat A+B (GV) seit 08.04.2011 befristet bis 08.04.2016
★ LT: Sicherheitszertifikat A+B für Schieneninfrastruktur seit 08.04.2011

Infrastruktur
★ 1,706 km Anschlussbahn (1.520 mm) in Kaunas

Unternehmensgeschichte
Die am 18.07.1997 gegründete UAB Nilma ist mit 200 Mitarbeitern eines der führenden Holz verarbeitenden Unternehmen im Baltikum. Das Unternehmen hat Werke in Kaunas und Ariogala sowie in Neman (Gebiet Kaliningrad). 85 % der Produktion werden exportiert. UAB Nilma befindet sich seit dem 17.11.2014 im Konkursverfahren.

Verkehr
★ Rangierfahrten auf den Gleisen der UAB Nilma in Kaunas

Nordic Sugar Kėdainiai / ORLEN Lietuva

AB Nordic Sugar Kėdainiai Ⓖ

Pramonės g. 6
LT-57500 Kėdainiai
Telefon: +370 347 67730
Telefax: +370 347 67770
kedainiai@nordicsugar.com
www.nordicsugar.com

Management
★ Dainius Cibulskis (Direktor)

Gesellschafter
Stammkapital 89.533.238,00 LTL
★ Nordzucker AG (70,6 %)

Lizenzen
★ LT: EVU-Zulassung (GV) seit 20.03.2012
★ LT: Sicherheitszertifikat A+B (GV) seit 26.11.2012

Unternehmensgeschichte
Am 14.12.1990 wurde die AB Nordic Sugar Kėdainiai gegründet, welche heute ein gemeinsames Tochterunternehmen dänischer, schwedischer und finnischer Zuckerfabriken von Nordic Sugar A/S ist. Nordic Sugar ist seit März 2009 eine Tochter der deutschen Nordzucker AG. Die Zuckerfabrik Kėdainiai exportierte 2012 von den 110.000 t produzierten Zucker rund 64.000 t in die EU, den Rest hauptsächlich nach Russland. Nordic Sugar Kėdainiai ist über die Anschlussbahn des benachbarten Chemiewerks Lifosa an das Schienennetz angeschlossen und erbrachte 2012 0,03 Mio tkm.

Verkehre
★ Rangierfahrten

AB ORLEN Lietuva Ⓖ

Mažeikių g. 75, Juodeikių k.
LT-89467 Mažeikių r.
Telefon: +370 443 92121
Telefax: +370 443 92525
post@orlenlietuva.lt
www.orlenlietuva.lt

Management
★ Ireneusz Fąfara (Vorstandsvorsitzender, Generaldirektor)

Gesellschafter
Stammkapital 707.454.130,00 LTL
★ Polski Koncern Naftowy ORLEN S.A. (PKN ORLEN) (100 %)

Lizenzen
★ LT: EVU-Zulassung (GV) seit 11.02.2009
★ LT: Sicherheitszertifikat A+B (GV); gültig vom 13.12.2011 bis 13.12.2016

Unternehmensgeschichte
Die vormals unter dem Namen UAB Mažeikių nafta (zuvor einige andere Namen) seit 1980 produzierende einzige Ölraffinerie im Baltikum ist seit 2006 vollständig eine Tochtergesellschaft des polnischen Unternehmens „Polski Koncern Naftowy ORLEN S.A." und firmiert seit dem 01.09.2009 als AB ORLEN Lietuva. Das Erdöl-Unternehmen besitzt über seine Tochtergesellschaft AB Ventus - Nafta ein Tankstellennetzwerk der Marken VENTUS und ORLEN, im Schienengüterverkehr sind ihre 1.263 eigenen Güterwagen (2012) präsent. Es werden jährlich ca. 10 Mio. t Ölprodukte (Benzin, Diesel) produziert, welche neben den baltischen Staaten auch nach Westeuropa, die Ukraine und in die USA exportiert werden. Der Transport auf der Schiene wird für die AB ORLEN Lietuva zunehmend zum Problem, da die litauische Staatsbahn (LG) 2008 bzw. 2010 zwei von drei Strecken zu dem im Norden Litauens liegenden Produktionsort Bugeniai bei Mažeikiai abgebaut hat. Mittlerweile wurde auch die Europäische Komission deswegen eingeschaltet, da die LG ihre Monopolstellung ausnutze. Es ist nur noch der nationale Hafen von Klaipėda kostspielig erreichbar, die möglichen lettischen Konkurrenzhäfen Liepāja und Rīga sind nach dem Abbau der Strecken über Reņģe und Priekule auf

ORLEN Lietuva / Perpus / Transachema

direktem Wege gar nicht mehr erreichbar. Außerdem gibt es seit Anfang 2014 einen Streit über die Trassenpreise, welche für Gefahrengut gestiegen sind. Bis Oktober 2014 haben sich daher bei der LG bereits Schulden von 42 Mio. LTL angehäuft, da ORLEN davon einen Teil eigenmächtig einbehalten hat. Eine Folge der ganzen Kontroversen könnten die aktuellen Überlegungen von ORLEN sein, die Produktionskapazität der Raffinerie in Litauen auf das absolute Minimum von 60 % zu beschränken.

Verkehr
* Rangierfahrten im Bahnhof Bugeniai (Gleise 22 – 27, 39, 40, 41) sowie auf eigener Infrastruktur

UŽDAROJI AKCINĖ BENDROVĖ
JOINT STOCK COMPANY

UAB Perpus G

Savanorių pr. 174A
LT-03153 Vilnius
Telefon: +370 5 2653331
Telefax: +370 5 2653331
info@perpus.lt
www.perpus.lt

Management
* Juozas Jonauskas (Direktor)

Gesellschafter
Stammkapital 62.150,00 LTL

Lizenzen
* LT: EVU-Zulassung (GV); gültig seit 09.02.2009

Unternehmensgeschichte
Das am 12.12.1994 gegründete Unternehmen UAB Perpus betreibt Lagerung, Import und Handel (inkl. Zollabfertigung) von Baumaterialien (OSB-Platten, Bitumen, Kalk, Gips, Kreide, Ziegel) und Kraftfahrzeugen. Perpus besitzt einen Gleisanschluss westlich des Bahnhof Vilnius, der zu 2.000 m2 großen Lagerflächen führt.

Verkehr
* Rangierdienste

UAB Transachema G I

Jonalaukio k., Ruklos sen.
LT-55296 Jonavos raj.
Telefon: +370 349 56813
Telefax: +370 349 56028
info@transachema.lt
www.transachema.lt

Management
* Gražina Urbutienė (Generaldirektorin)

Gesellschafter
Stammkapital 14.720.000,00 LTL
* UAB Achemos grupė

Lizenzen
* LT: EVU-Zulassung (GV) seit 02.11.1998
* LT: Sicherheitszertifikat A (GV) seit 15.12.2010 befristet bis 15.12.2015
* LT: Sicherheitszertifikat A für Schieneninfrastruktur seit 15.12.2010
* LT: Sicherheitszertifikat B (ab 03.01.2011)
* LT: Sicherheitszertifikat B für Schieneninfrastruktur seit 03.11.2011

Infrastruktur
* Anschlussbahn Gaižiūnai – Skaruliai (2,8 km) mit anschließenden Werkbahnanlagen (insges. 36 km Gleislänge)

Unternehmensgeschichte
Die am 17.08.1998 gegründete UAB Transachema ist die Logistiktochter der AB Achema, eines großen Chemiewerks in Jonava, welches 2001 mit Tochterfirmen zur „Achemos grupė" fusionierte. Die Haupttätigkeit von Transachema ist der Schienengüterverkehr, wofür ein umfangreicher Wagenpark von 1.021 Wagen (2012) vorhanden ist. Auf dessen Anschlussbahn beförderte sie 2011 136,7 Mio. tkm. Transachema ist nach eigenen Angaben auch dazu bereit, im öffentlichen Schienengüterverkehr Beförderungsdienstleistungen anzubieten. Anfang 2015 wurde ein Vertrag mit dem russischen Hersteller BMZ zur Lieferung von 50 neuen Schüttgutwagen des Modells 19-3054 geschlossen. Die witterungsgeschützen Trichterwagen sind für den Getreidetransport vorgesehen. Äußerlich ähneln die seit 2008 produzierten Fahrzeuge offenen E-Wagen.

Verkehr
* Güterverkehr auf der eigenen Infrastruktur und im Bahnhof Gaižiūnai

Rizgonys / SP / Statoil Lietuva

UAB Rizgonys

Rizgonių k., Upninkų sen.
LT-55495 Jonavos r.
Telefon: +370 349 35695
Telefax: +370 349 35763
info@rizgonys.lt
www.rizgonys.lt

Management
* Vytautas Maslauskas (Generaldirektor)

Gesellschafter
Stammkapital 3.858.340,00 LTL

Lizenzen
* LT: EVU-Zulassung (GV) seit 18.08.2011
* LT: Sicherheitszertifikat A (GV) seit 23.08.2011
* LT: Sicherheitszertifikat B (GV) seit 08.09.2014

Unternehmensgeschichte
UAB Rizgonys, gegründet am 01.10.1998 als Aktiengesellschaft, ist ein Baustoffunternehmen, welches bereits seit 1977 bei Jonava eine Kiesgrube betreibt und daraus Schotter, Kies und Sand gewinnt. Die Grube ist über die Güterstrecke Jonava – Rizgonys angeschlossen. Die Strecke wird von den Litauischen Eisenbahnen (LG) bedient.

UAB Šiaulių plentas (SP)

Išradėjų g. 11
LT-78149 Šiauliai
Telefon: +370 415 40601
Telefax: +370 415 40608
info@splentas.lt
www.splentas.lt

Management
* Juozas Aleksa (Generaldirektor)

Gesellschafter
Stammkapital 10.577.070,00 LTL
* UAB „Šiaulių plento grupė"

Lizenzen
* LT: EVU-Zulassung (GV) seit 01.07.2011
* LT: Sicherheitszertifikat A+B (GV) seit 21.08.2013

Unternehmensgeschichte
UAB Šiaulių plentas ist ein 1966 gegründetes und am 09.02.1993 privatisiertes Straßenbauunternehmen, welches zusammen mit der UAB „Žemaitijos keliai" zur 2007 gegründeten UAB „Šiaulių plento grupė" gehört. Neben der Produktion von Asphalt, Beton und Sand-Kies-Gemischen ist es hauptsächlich im Straßenbau tätig, aktuell zählt jedoch auch ein Eisenbahnprojekt dazu. Es beteiligt sich in einem Konsortium mit den Firmen UAB Geležinkelio tiesimo centras (GTC) und UAB Hidrostatyba (HS) an der Modernisierung der Strecke Klaipėda – Pagėgiai. Dies ist der zweite Auftrag im Bahnbereich, der erste war die Modernisierung des Korridors Radviliškis – Pagėgiai auf einem Teilabschnitt. Der Firmensitz befindet sich an einem ca. 2,5 km Anschlussgleis südlich des Bahnhofs Šiauliai.

UAB Statoil Fuel & Retail Lietuva
G I

J. Jasinskio g. 16A
LT-01112 Vilnius
Telefon: +370 5 2686501
Telefax: +370 5 2686504
lietuva@statoilfuelretail.com
www.statoil.lt

Management
* Giedrius Bandzevičius (Generaldirektor)

Gesellschafter
Stammkapital 85,00 LTL
* Alimentation Couche-Tard (100 %)

Lizenzen
* LT: EVU-Zulassung (GV) als „UAB Lietuva Statoil" seit 21.01.2009
* LT: Sicherheitszertifikat A für Schieneninfrastruktur seit 28.09.2010
* LT: Sicherheitszertifikat A+B (GV) seit 28.10.2013
* LT: Sicherheitszertifikat B für Schieneninfrastruktur seit 08.04.2011

Infrastruktur
* 0,808 km Anschlussbahn (1.520 mm)

Unternehmensgeschichte
UAB Statoil Fuel & Retail Lietuva handelt in Litauen mit Ölprodukten und besitzt dort ein Netzwerk von 76 Tankstellen. Die am 05.12.2012 von „UAB Lietuva Statoil" in „UAB Statoil Fuel & Retail Lietuva" umbenannte Firma wurde am 24.09.1993 gegründet. Die am 18.05.2010 gegründete Tochterfirma „UAB Statoil Fuel & Retail" wurde am 19.06.2012 zu 100 % von der kanadischen „Alimentation Couche-Tard" erworben. 2012 wurden auf der eigenen Anschlussbahn 0,268 Mio. tkm befördert.

Statoil Lietuva / Unigela / Vakarų Krova / Vestaka

Verkehre
* Rangierfahrten

UAB Unigela 🇬🇧

Agrastų g. 2
LT-02243 Vilnius
Telefon: +370 5 2375191
Telefax: +370 5 2311501
info@unigela.lt
www.unigela.lt

Management
* Faustas Stankevičius (Generaldirektor)

Gesellschafter
Stammkapital 10.000,00 LTL

Lizenzen
* LT: EVU-Zulassung (PV + GV) seit 29.01.1998
* LT: Sicherheitszertifikat A (GV) seit 28.09.2010 befristet bis 27.09.2030
* LT: Sicherheitszertifikat A (GV) seit 28.09.2010 befristet bis 29.09.2015

Infrastruktur
* Anschlussbahn (1.520 mm) mit 3 km Gleislänge

Unternehmensgeschichte
Das 34.000 m2 große Logistikzentrum „Unigela" befindet sich unmittelbar südlich des Bahnhofs Paneriai und bietet seit dem 02.12.1997 alle Arten von Zollabfertigung sowie die Lagerung von Gütern und dessen Versand per Schiene an. Das Unternehmen befindet sich seit dem 12.08.2014 im Konkursverfahren.

Verkehre
* Rangierdienste

UAB Vakarų Krova 🇬

Minijos g. 180
LT-93269 Klaipeda
Telefon: +370 46 483600
Telefax: +370 46 483884
stevedoring@wsy.lt
www.wsy.lt

Management
* Gediminas Rimkus (Direktor)

Gesellschafter
Stammkapital 10.000,00 LTL

Lizenzen
* LT: EVU-Zulassung (GV); gültig seit 12.03.2008
* LT: Sicherheitszertifikat A (GV) seit 23.08.2011 befristet bis 23.08.2016
* LT: Sicherheitszertifikat B (GV) seit 09.09.2011

Unternehmensgeschichte
Die am 27.05.2003 gegründete Hafengesellschaft „Vakarų krova" ist ein Tochterunternehmen der AB „Vakarų laivų gamykla" (Western Shipyard Group), zu welcher in Litauen 22 Unternehmen mit 1.900 Mitarbeitern in Schiffsbau und -reparatur, Metallverarbeitung, Hafenwirtschaft und Transport gehören. Die Western Shipyard Group ist wiederum Teil des estnischen Konzerns BLRT Grupp AS. Das Firmengelände liegt im südlichen Teil des Hafens von Klaipėda und ist spezialisiert auf Umschlag und Lagerung von Biodiesel, Holz und Holzprodukten, Metallprodukte, landwirtschaftliche Erzeugnisse sowie Sperrgut. Das Unternehmen betreibt drei Spezialterminals für Schütt- und Flüssiggüterumschlag. Die Umschlagmenge betrug 2013 1,06 Mio. t.

Verkehre
* Rangierverkehr

UAB Vestaka 🇬

J. Basanavičiaus g. 11-1
LT-03108 Vilnius
Telefon: +370 5261 0022
Telefax: +370 5212 2784
vestaka@vestaka.lt
www.vestaka.lt

Management
* Virgilijus Arlauskas (Generaldirektor)

Gesellschafter
Stammkapital 100.000,00 LTL

Lizenzen
* LT: EVU-Lizenz (GV) seit 24.05.1999

Unternehmensgeschichte
Vestaka besitzt zwar gegenwärtig keine Schienenfahrzeuge, ist aber ein seit dem 13.05.1999 tätiges bahnaffines Speditionsunternehmen, welches die Güterbeförderung in die Ukraine, Weißrussland, Russland, die Europäische Union und in andere Länder organisiert, einschließlich der Lieferung von Eisenbahnmaterial für Eisenbahnunternehmen. Seit 2000 gibt e seine

Vestaka / GKG 3 / VLRD

Zweigstelle in Kaliningrad, insbesondere für den Hafenverkehr. Vestaka ist Mitglied der Association of Railroads Service Enterprises (GELPA). Vestaka besaß seit dem 24.05.1999 auch eine EVU-Zulassung für PV, die am 19.08.2006 wieder aufgehoben wurde. 2007 gründete die UAB Vestaka zusammen mit dem ukrainischen Schienenfahrzeugbauunternehmen Azovmaš die Tochtergesellschaft UAB Interrail Logistics. Für den Transport von neuen Automobilen wurden von dieser in den Jahren 2007 - 2008 70 Autotransportwagen des Typs 11-1804 erworben.

AB Vilniaus Gelžbetoninių Konstrukcijų Gamykla Nr. 3 (GKG 3) 🇱🇹

Šaltupio g. 3
LT-02300 Vilnius
Telefon: +370 5 2647666
Telefax: +370 5 2641326
info@gkg3.lt
www.gkg3.lt

Management
★ Vladimiras Žuravliovas (Direktor)

Gesellschafter
Stammkapital 20.400.000,00 LTL

Lizenzen
★ LT: EVU-Zulassung (GV); gültig seit 16.06.2008
★ LT: Sicherheitszertifikat A+B (GV) seit 08.04.2011 befristet bis 08.04.2016
★ LT: Sicherheitszertifikat A+B für Schieneninfrastruktur seit 08.04.2011

Infrastruktur
★ Anschlussbahn (2,518 km; 1.520 mm)

Unternehmensgeschichte
Das 1955 gegründete Unternehmen stellt Beton- und Stahlbetonelemente nach Standardmaßen wie auch individuellen Kundenwünschen her und übernimmt deren Versand. Am 27.01.1992 erfolgte die Umformung zur Aktiengesellschaft. Es besteht östlich des Bahnhofs Paneriai eine rund 2,5 km lange Anschlussbahn.

Verkehre
★ Rangierfahrten auf den Gleisen der AB GKG-3 und dem öffentlichen Übergabegleis 189

UAB Vilniaus lokomotyvų remonto depas (VLRD) 🇱🇹

Švitrigailos g. 39/16
LT-03209 Vilnius
Telefon: +370 5 2692035
Telefax: +370 5 2692340
lokomotyvas@vlrd.lt
www.vlrd.lt

Management
★ Valentas Stadalnykas (Generaldirektor)

Gesellschafter
Stammkapital 56.863.000,00 LTL
★ Lietuvos Geležinkeliai (LG) (100 %)

Lizenzen
★ LT: EVU-Zulassung (GV) seit 27.12.2011
★ LT: Sicherheitszertifikat A+B (GV) seit 07.11.2012
★ LT: Sicherheitszertifikat A+B für Schieneninfrastruktur seit 07.11.2012

Infrastruktur
★ Anschlussbahn (1.520 mm) mit 5,834 km Gleislänge

Unternehmensgeschichte
Im Zuge der Reorganisation der Litauischen Eisenbahnen (LG) wurde am 21.08.2003 der Reparaturbereich von der reinen Depot-Lokunterhaltung abgespalten und für den Reparaturbereich das „Vilniaus lokomotyvų remonto depas" (VLRD) geschaffen. 2007 erfolgte die Umwandlung in eine Aktiengesellschaft. Das Werk führt Hauptuntersuchungen an den Reihen M62, 2M62, TEP70, TEM2, ČME3, TGK2, TGM4, DR1A und anderen durch. Von 2004 bis 2007 wurden beim VLRD eine erste Tranche der Diesellokbaureihen M62/2M62 remotorisiert, von 2005 bis 2008 mit Caterpillar-Motoren eine zweite, und von 2007 bis 2011 mit Kolomna-Motoren eine dritte Tranche der Diesellokbaureihe ČME3. Die M62K und 2M62K wurden mit neuen Kolomna-Motoren ausgestattet, und die 2M62U und 2M62M wurden mit neuen Caterpillar-Motoren rekonstruiert. Die seit 2007 durch Modernisierung von ČME3-Rangierloks entstandene Serie von 23 Stück ČME3M ist abgeschlossen, sie wurden unter Verwendung von neuen Caterpillar-Motoren und Gehäusen von der

VLRD / Vitras-S / Žvyro Karjerai

tschechischen Firma CZ LOKO faktisch neu aufgebaut. Dessen Bezeichnungen unterscheiden sich etwas (ČME3ME oder ČME3MG) und deuten auf die unterschiedlichen Motoren hin. Seit 2009 hat das Unternehmen 35 Loks der neuen Rangierlok TEM TMH produziert. Dies sind TEM18-Rahmen mit einer Ausrüstung von Transmašcholding und CZ LOKO, welche vom VLRD gebaut werden. VLRD hat 2009 noch einen Prototyp einer modernisierten kleinen Verschublok erstellt, die TGK-2M-6012 mit neuem Gehäuse, elektronischer Steuerung und einem Motor Volvo Penta. In Zusammenarbeit mit CZ LOKO, der russischen Maschinenfabrik Brjansk beziehungsweise des ukrainischen Herstellers Luhans'kteplovoz startete 2013 die Produktion der neuen vierachsigen Rangierlok TEM LTH sowie der neuen sechsachsigen Rangierlokomotive TEM35 mit einem Hybrid-Antrieb. Der TEM35 sehr ähnlich ist die neue Reihe TEM33, eine sechsachsige Diesellok für den schweren Rangierbetrieb mit zwei Caterpillar C18-Motoren. Je eine Lok der Reihen TEM33 und TEM35 wurde bisher für Russland produziert, jedoch sind diese 100 km/h schnellen Loks auch für den Einsatz in Ländern mit Normalspur (1435 mm) geeignet. Außerdem wurde 2013 an der Bauart ER20CF (Siemens) neben der üblichen Wartung und Reparatur die erste Lok einer Generalüberholung unterzogen.

Verkehre
★ Rangierfahrten auf den Gleisen des VLRD
★ Probefahrten auf den Strecken Vilnius – Pabradė, Vilnius – Kena, Vilnius – Lentvartis

UAB Vitras-S 🇱🇹

Sandėlių g. 44
LT-02248 Vilnius
Telefon: +370 5 2616468
Telefax: +370 5 2616486
info@vitras.lt
www.vitras.lt

Management
★ Michail Lipkin (Direktor)

Lizenzen
★ LT: EVU-Zulassung (GV); gültig seit 16.06.2008
★ LT: Sicherheitszertifikat A für Schieneninfrastruktur seit 11.08.2010
★ LT: Sicherheitszertifikat A+B (GV) seit 11.08.2010 befristet bis 10.08.2015
★ LT: Sicherheitszertifikat B für Schieneninfrastruktur

Infrastruktur
★ 0,365 km Anschlussbahn (1.520 mm)

Unternehmensgeschichte
Das Unternehmen „Vitras-S" hat seine Wurzeln in der sowjetischen Eisenbahnbaubrigade Nr. 108 von 1950 und ist im Eisenbahnbau sowie der Vermietung von Baufahrzeugen tätig. Nach der Unabhängigkeit wurde an dessen Erfahrungen angeknüpft und als AB ViTraS (Aktiengesellschaft) fortgeführt, am 20.04.1995 dann als eine GmbH mit der Bezeichnung UAB ViTraS (GmbH) neu gegründet. Nach einer weiteren Neuorganisation ist seit dem 10.07.2008 der heutige Firmenname UAB Vitras-S. Hauptkunde ist die AB Lietuvos geležinkeliai. Aktuelle Projekte sind neben der Wartung der Gleisanlagen der UAB Lietuva Statoil der Umbau der Strecke Šeštokai – Marijampolė – Kazlų Rūda – Kaunas für 1435/1520 mm Spurweite. In den vergangenen Jahren war man am zweigleisigen Ausbau der Strecke Kyviškės – Valčiūnai, der Rekonstruktion der Strecke Klaipėda – Pagėgiai und der Modernisierung der Leit- und Sicherheitstechnik an der Strecke Kaunas – Kybartai beteiligt.

Verkehre
★ AZ-Verkehr

UAB Žvyro karjerai 🇱🇹

Senųjų Trakų k.
LT-21007 Trakų r.
Telefon: +370 528 59400
Telefax: +370 528 59480
info@zvyras.lt
www.zvyras.lt

Management
★ Skirmantas Skrinskas (Generaldirektor)

Gesellschafter
Stammkapital 100.000,00 LTL

Lizenzen
★ LT: EVU-Zulassung (GV); gültig seit 05.12.2008
★ LT: Sicherheitszertifikat A+B (GV) seit 19.09.2012 befristet bis 19.09.2017

Unternehmensgeschichte
Das am 24.09.1998 gegründete Unternehmen UAB Žvyro karjerai verarbeitet am Bahnhof Senieji Trakai den in ihren Kiesgruben Trakai und Margis gewonnenen Kies, Sand und Granitstein.

Verkehre
★ Rangierfahrten
★ AZ-Verkehr

Luxemburg

Kurze Eisenbahngeschichte

Die Eisenbahngeschichte des flächenmäßig kleinen Luxemburg ist eng mit jener der Nachbarstaaten verbunden, auf deren Anbindung der Eisenbahnbau von Anfang an zielte. Den Anfang machte die belgische „Grande compagnie du Luxembourg", deren Baukonzession per Gesetz vom 18. 06. 1846 erteilt wurde. Mit dem am 15.09. 1859 eröffneten Abschnitt Luxembourg – Kleinbettingen – belgische Grenze (– Arlon) war die Fernstrecke Luxembourg – Namur – Brüssel durchgehend befahrbar. Das Großherzogtum Luxemburg war indes von 1815 bis 1866 als souveräner Staat Teil des Deutschen Bundes und noch bis 1918 Mitglied des deutschen Zollvereins. So war es deutsches Kapital, mit dem die „Société royale grand-ducale des Chemins de Fer Guillaume-Luxembourg (Königlich-Großherzogliche Wilhelm-Luxemburg-Eisenbahngesellschaft, GL) fast alle heute noch betriebenen Durchgangsstrecken baute. Nachdem die Regierung per Gesetz vom 07.01.1850 zur Aufnahme von Verhandlungen über die Anlage eines Eisenbahnnetzes ermächtigt worden war, wurde durch ein anderes Gesetz vom 25.11.1855 u. a. die Anlage mehrerer Hauptstrecken durch die GL festgelegt, die wie folgt eröffnet wurden:

* 11.08.1859 Luxemburg-Stadt – Bettembourg – französische Grenze (– Thionville [FR] – Metz [FR])
* 23.04.1860 Bettembourg – Noertzange – Esch sur Alzette/– Rumelange
* 29.08.1861 Luxemburg-Stadt – Wasserbillig (– Trier [DE])
* 21.07.1862 Luxemburg-Stadt – Ettelbruck (mit Stichbahn Ettelbruck – Diekirch, eröffnet am 16.11.1862),
* 15.12.1866 Ettelbruck – Kautenbach,
* 20.02.1867 Kautenbach – belgische Grenze (– Gouvy [BE] – Spa [BE]) (Luxemburger Nordbahn)

Da eine gleichfalls angedachte Direktverbindung nach Saarbrücken ohne den Umweg über Trier unterblieb, war damit das Grundnetz der luxemburgischen Eisenbahnen beinahe vollendet, für dessen Betrieb bis 1871 die französische Privatbahn „Compagnie des chemins de fer de l'Est" und ab 1871 die deutsche „Kaiserliche General-Direction der Reichseisenbahnen in Elsaß-Lothringen" mit Sitz in Straßburg verantwortlich war.

Eine weitere Verdichtung erfuhr das Netz durch die am 19.03.1869 gegründete „Société des Chemins de fer Prince Henri" (Prinz-Heinrich-Eisenbahngesellschaft, PH), die im Folgejahr mit den Bauarbeiten zur Streckenverlängerung Esch-sur-Alzette – Pétange begann. Diese ging am 01.08.1873 in Betrieb, womit der noch heute zum Hauptnetz gehörende Abschnitt Bettembourg – Pétange im Südwesten des Landes vollendet war. Am 01.12.1874 folgte die Verlängerung von Pétange über die belgische Grenze bis Athus. Die heutige zweite, aber erst auf den Nachfolger der PH zurückgehende Hauptstrecke ist die am 08.08.1900 übergebene Direktverbindung Luxemburg– Pétange als Alternative zum Umweg über Bettembourg. Im Wesentlichen aber widmete sich die PH bzw. deren Nachfolger der Erschließung peripherer Landesteile mit der so genannten „Gürtelbahn", bestehend aus der Sauertallinie (Ettelbruck –) Diekirch – Echternach– Wasserbillig (Inbetriebnahme 20.05.1874, Verlängerung nach Mertert – Grevenmacher am 09.07.1891) und der Strecke Pétange – Kleinbettingen – Steinfort– Bissen – Ettelbruck (Inbetriebnahme 20.04.1880), die eine Art nach Süden offenen Halbkreis um die Hauptstadt des Großherzogtums beschrieb. Die Gürtelbahn ist heute größtenteils Geschichte: Die Sauertallinie als östlicher Teil erlitt bei der Ardennenoffensive 1944 schwere Schäden und wurde 1948 zur Nebenbahn herabgestuft. Ab 23.05.1954 wurde der Nahverkehr ersatzweise auf der Straße abgewickelt, später ebenso der Güterverkehr. 1963/64 folgte die Stilllegung, obwohl ursprünglich geplant war, den Verkehr wieder aufzunehmen. Die verbliebenen Abschnitte Wasserbillig – Mertert Hafen und Ettelbruck – Diekirch wurden 1980 bzw. 1988/89 elektrifiziert, der Rest der Strecke abgebaut. Den westlichen Gürtelbahnteil, der die Kriege weitgehend unbeschadet überstanden hatte, ereilte sein Schicksal etwas später. Nach der Einstellung des Personenverkehrs 1967 hielt sich bis 1969 ein Bedarfsgüterverkehr auf der Gesamtstrecke, ehe deren Mittelteil stillgelegt wurde. Betrieben werden lediglich noch die Abschnitte Bissen – Ettelbruck und Kleinbettingen – Steinfort im Güterverkehr.

Die Flächenbedienung oblag ferner einem ab 1882 eröffneten Netz von zuletzt 155 km Meterspurstrecken der „Luxemburger Sekundärbahnen AG" und der „Société anonyme des chemins de fer cantonaux" (Luxemburgischen Kantonal-Eisenbahnen). Deren längste Strecke war die am 20.04.1904 eröffnete, 46 km messende Direktverbindung von der Hauptstadt über Junglinster zum Wallfahrtsort Echternach. Vom Schmalspurnetz ist heute nichts mehr erhalten, was auf die Streckenstilllegungen nach dem Zweiten Weltkrieg zurückgeht, als das Luxemburger Netz seine Maximallänge von 550 km erreicht hatte. Als letztes endete am 22.05.1955 der Betrieb auf der Verbindung von Luxembourg nach Remich.

Erster elektrifizierter Abschnitt war der am 16.09.1955 übergebene Abschnitt von Luxemburg-Stadt über Bettembourg zur französischen Grenze, dem am 28.09.1956 jener über Kleinbettingen zur belgischen Grenze folgte, der abweichend mit den in

Luxemburg

Belgien üblichen 3.000 V Gleichspannung elektrifiziert wurde. Zwischen 1959 und 1961 wurden fast alle Strecken im Süden des Landes elektrifiziert; nur die schon erwähnte frühere PH-Strecke nach Pétange kam erst 1981 unter Fahrdraht. Andererseits sollte mit der Nordbahn (s. o.) in den siebziger Jahren sogar eine der Hauptbahnen stillgelegt werden, doch entschloss man sich nach Protesten aus der Bevölkerung stattdessen zum Erhalt und der Elektrifizierung der Strecke, die abschnittsweise von 1989 bis 1993 vonstatten ging. Dabei verlor die Trasse nördlich Ettelbruck aber auf langen Abschnitten das seit 1917 durchgehend vorhandene zweite Gleis, da die vorhandenen Tunnel nur Lichtraum für ein Gleis mit Oberleitung in der Mitte des Bahnkörpers bieten. Hingegen wurde der zweigleisige Ausbau der Direktverbindung Luxemburg-Stadt – Pétange am 05.11.2012 abgeschlossen. Anfang 2015 haben die Vorarbeiten für eine neue, optimierte Streckenführung auf 7 km zwischen Luxembourg und Bettembourg begonnen, die 2020 fertig sein soll. Im Gange ist der zweigleisige Ausbau der Trasse Richtung Trier zwischen der Talbrücke Pulvermühle nahe Luxemburg-Stadt und dem jetzigen Kreuzungsbahnhof Sandweiler-Contern.

Das Streckennetz ist heute, abgesehen von einigen Anschlussbahnen, fast vollständig mit 25 kV 50 Hz elektrifiziert. Die einzige Ausnahme macht die schon erwähnte Strecke Luxembourg – Kleinbettingen (– belgische Grenze). Das liegt daran, dass ihr Erbauer Grande compagnie du Luxembourg 1873 vom belgischen Staat übernommen wurde und der Betrieb auf die heutige SNCB überging, welche dann später bei der Elektrifizierung das belgische Bahnstromsystem anwendete. Im Rahmen der vorgesehenen Erneuerung der Elektrifizierung ist aber nach vorangegangener zweimonatiger Vollsperrung zum 16.09.2017 die Umstellung auf 25 kV 50 Hz vorgesehen.

Marktübersicht
Einzige inländische Anbieter sind die Staatsbahn Société Nationale des Chemins de Fer Luxembourgeois (CFL) im Personenverkehr und die mehrheitlich im Besitz der CFL stehende CFL cargo S.A. im Güterverkehr.

Verkehrsministerium
Ministère du Développement durable et des Infrastructures
Département des transports
LU-2938 Luxembourg
Telefon: +352 247 84400
info@mt.public.lu
www.mt.public.lu

Nationale Eisenbahnbehörde
Ministère du Développement durable et des Infrastructures
Département des transports
Administration des Chemins de Fer
1, Porte de France
LU-4360 Esch-sur-Alzette
Telefon: +352 261 912-0
contact@acf.etat.lu
www.railinfra.lu

Institut Luxembourgeois de Régulation (ILR)
Secteur Ferroviaire
LU-2922 Luxembourg
Telefon: +352 28 228-228
ferroviaire@ilr.lu
www.ilr.public.lu

Eisenbahnunfalluntersuchungsstelle
Administration des Enquêtes Techniques (AET)
B.P. 1388
LU-1013 Luxembourg
Telefon: +352 247 84404
info@aet.etat.lu
www.mt.public.lu/transports/AET

CFL

SOCIETE NATIONALE DES CHEMINS DE FER LUXEMBOURGEOIS

Société Nationale des Chemins de Fer Luxembourgeois (CFL)
P I

9, place de la Gare
LU-1616 Luxembourg
Telefon: +352 4990-0
Telefax: +352 4990-4470
info@cfl.lu
www.cfl.lu

Management
* Marc Wengler (Generaldirektor)
* Yves Baden (Direktor Personal und Organisation)
* Marc Hoffmann (Direktor Personenverkehr)
* Henri Werdel (Direktor Infrastrukturunterhaltung)
* Gilbert Schock (Direktor Finanzen und Administration)
* François Benoy (Direktor Güterverkehr)

Gesellschafter
Stammkapital 347.051.000,00 EUR
* Großherzogtum Luxemburg (92 %)
* Königreich Belgien (6 %)
* Französische Republik (2 %)

Beteiligungen
* CFL Evasion S.A. (100 %)
* neg Niebüll GmbH (100 %)
* CFL multimodal S.A. (99,99 %)
* Rail Réasssurances S.A. (99,99 %)
* CFL Immo S.A. (99,67 %)
* CFL cargo S.A. (66,67 %)
* Lorry-Rail S.A. (33,34 %)
* Société de l'Itinéraire Benelux-Lorraine-Italie S.A. (SIBELIT) (10 %)
* CFL technics S.A. (1 %)

Lizenzen
* DE: Sicherheitszertifikat, Teil B (PV); gültig vom 16.09.2014 bis 16.09.2019
* LU: EVU-Zulassung (PV); gültig vom 16.09.2009 bis 16.09.2019
* LU: Sicherheitszertifikat, Teil A und B (PV); gültig vom 20.12.2009 bis 16.09.2019

Infrastruktur
* Bahnnetz im Großherzogtum Luxemburg (275 km Strecken- und 6102 km Gleislänge)
  Von den Strecken sind:
  154 km zwei- und 121 km eingleisig
  590 km Gleislänge elektrifiziert, davon 547 km mit 25 kV 50 Hz und 44 km mit 3.000 V

Unternehmensgeschichte
Die CFL als die nationale luxemburgische Eisenbahngesellschaft wurde kurz nach dem Zweiten Weltkrieg gemäß einer Vereinbarung zwischen der luxemburgischen, französischen und belgischen Regierung vom 17.04.1946 gegründet. Sie ist eine Gesellschaft luxemburgischen Rechts mit Rechtspersönlichkeit. Entsprechend den Gründungsmodalitäten halten noch heute der belgische und der französische Staat Gesellschafteranteile und werden jeweils von einem Mitglied des Verwaltungsrats vertreten. Heute ist die CFL in der Hauptsache im nationalen Schienenpersonenverkehr tätig, betreibt aber auch etwa 30 Buslinien, darunter zwei von Luxemburg Stadt ausgehende Linien nach Saarbrücken und nach Frankreich zum Gare Lorraine TGV, wofür 2013 ein Park von insgesamt 62 Bussen zur Verfügung stand.
Grenzüberschreitende Züge werden meist durch die Bahnen des jeweiligen Nachbarlandes gefahren, wie z. B. die Verbindung nach Trier durch DB Regio.
Seit der Umsetzung des „Rheinland-Pfalz-Taktes 2015" übernehmen Fahrzeuge der CFL zum Fahrplanwechsel 2014 RE-Leistungen Luxemburg – Koblenz [DE], für die bei Stadler acht neue, dreiteilige Doppelstocktriebzüge vom Typ KISS geordert wurden. Diese werden zwischen Trier und Koblenz als Flügel der RE von DB Regio als beauftragtem EVU geführt, die mit Stadler FLIRT gefahren werden.
Der Güterverkehr der CFL obliegt dem am 17.10.2006 zusammen mit dem luxemburgischen Stahlkonzern Arcelor (später: ArcelorMittal SA) gegründeten Joint Venture CFL cargo, an dem die CFL zwei Drittel der Gesellschafteranteile hält. Das Eisenbahnnetz wurde 1995 vom Staat übernommen und ist seither in Form des Réseau Ferré National Luxembourgeois beim Ministerium für nachhaltige Entwicklung und Infrastruktur angesiedelt. Der CFL untersteht jedoch mittels Finanzierung über den nationalen Schienenfonds (Fonds du Rail) und einen Managementvertrag der Unterhalt und die Verwaltung des luxemburgischen Schienennetzes. 2013 (Vorjahreswerte in Klammern) hatte die CFL-Gruppe 4.050 (4.044) Mitarbeiter, davon 3.040 (3.025) in der Muttergesellschaft, welche 20,7 (19,8) Mio. Reisende beförderte. Bei einem Umsatz von 684,2 (681,6) Mio. EUR wurden durch die Gruppe eine operative Marge (EBITDA) von 50,93 (46,41) Mio. EUR und Verlust von 1,06 (4,80) Mio. EUR eingefahren.

CFL Cargo

CFL cargo S.A. G

Z.I. Riedgen
LU-3451 Dudelange
Telefon: +352 51 9810
Telefax: +352 51 9810-211
info@cflcargo.lu
www.cflcargo.eu

Management
* Marc Polini (Generaldirektor)
* Ghislain Bartholomé (Produktionsdirektor)
* Sven Mertes (Vertriebsdirektor)
* Alain Blau (Finanzdirektor)

Gesellschafter
Stammkapital 165.007.00,50 EUR
* Société Nationale des Chemins de Fer Luxembourgeois (CFL) (66,67 %)
* ArcelorMittal (33,3 %)

Beteiligungen
* CFL cargo Danmark ApS (100 %)
* CFL Cargo Deutschland GmbH (100 %)
* CFL cargo France S.A. (100 %)
* CFL cargo Sverige AB (100 %)
* CFL technics S.A. (99 %)
* XRail S.A. (4,6 %)

Lizenzen
* BE: Sicherheitszertifikat, Teil B (GV); gültig vom 01.10.2010 bis 30.09.2016
* FR: Sicherheitszertifikat, Teil B (GV); gültig vom 27.04.2009 bis 26.11.2017
* LU: EVU-Zulassung (GV) seit 05.12.2006
* LU: Sicherheitszertifikat Teil A und B (GV); gültig vom 08.10.2010 bis 04.12.2016

Unternehmensgeschichte
Der Luxemburger Stahlkonzern Arcelor (später: ArcelorMittal SA) gründete zusammen mit der Société Nationale des Chemins de fer Luxembourgeois (CFL) am 17.10.2006 das Joint-

Unternehmensstruktur CFL cargo

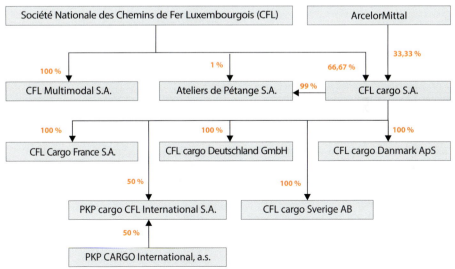

Grafik: Rail Business

CFL Cargo

Venture CFL cargo. Zuvor hatte die Europäische Kommission die von Arcelor Profil Luxembourg und CFL geplante Übernahme der gemeinsamen Kontrolle bei CFL cargo durch Aktienkauf gemäß der EU-Fusionskontrollverordnung per 09.10.2006 genehmigt.

Gleichzeitig mit der Gründung schlossen beide Parteien einen Zehnjahresvertrag über die Bedienung der Langstreckenverkehrsverbindungen. Das Geschäftsvolumen der CFL-Gütersparte wurde bereits in der Vergangenheit deutlich durch die Transporte von ArcelorMittal dominiert, denn rund 75 % aller Transporte der CFL cargo fahren im Auftrag des Stahlproduzenten. Insgesamt bewegte CFL cargo zum offiziellen Start 2007 ein Frachtvolumen von ca. 500 Mio. Tonnenkilometern pro Jahr. Außerdem wurde vereinbart, dass der luxemburgische Staat das interne Schienennetz der ArcelorMittal für 40 Mio. EUR erwirbt. Dem Stahlproduzenten zufolge war die Initiative eine Reaktion auf die mit der weiteren Liberalisierung des europäischen Schienengüterverkehrs ab 2007 zunehmende Gefahr von steigenden Frachtpreisen. Mit der Gründung der CFL cargo wurden auch die bislang über die CFL-Tochtergesellschaft EuroLuxCargo SA (ELC) gehaltenen Beteiligungsfirmen neg norddeutsche eisenbahngesellschaft mbH sowie deren Tochter Dansk Jernbane ApS auf CFL cargo übertragen und durch Umfirmierung in CFL Cargo Deutschland GmbH bzw. CFL cargo Denmark ApS auch nach außen kenntlich gemacht. ELC hatte die neg am 01.09.2001 erworben und das Unternehmen u. a. ab März 2002 für grenzüberschreitende Verkehre im Raum Trier genutzt.

Seit dem 13.02.2008 sind die Petinger Werkstätten (Ateliers de Pétange) eine Filiale der CFL cargo (99 % CFL cargo, 1 % CFL).

Seit August 2010 hat CFL cargo gemeinsam mit der Schwestergesellschaft CFL Multimodal eine Filiale in Frankreich. Die CFL Fret Services France bietet Rangierdienstleistungen an. Ein Sicherheitszertifikat für das Netz der Réseau Ferré de France (RFF) steht der CFL cargo seit 13.12.2007 zur Verfügung und wird seit 04.02.2008 genutzt. Seit 2013 ist die französische Filiale eine 100 %-Tochter der CFL cargo und firmiert seitdem als CFL cargo France. Leistungsdaten der vergangenen Jahre für die CFL cargo S.A.:
* 2009: 6,6 Mio. t bzw. 593 Mio. tkm; 5,1 Mio. t bzw. 173 Mio. tkm davon in LU und grenzüberschreitend
* 2010: 7,8 Mio. t bzw. 739 Mio. tkm; 5,9 Mio. t bzw. 262 Mio. tkm davon in LU und grenzüberschreitend
* 2011: 7,3 Mio. t bzw. 882 Mio. tkm; 5,3 Mio. t bzw. 234 Mio. tkm davon in LU und grenzüberschreitend; 142 Mio. EUR Umsatz; Ergebnis -10,2 Mio. EUR; 624 Mitarbeiter
* 2012: 6,3 Mio. t bzw. 817 Mio. tkm; 4,5 Mio. t bzw. 246 Mio. tkm davon in LU und grenzüberschreitend; 127 Mio. EUR Umsatz; Ergebnis -15,9 Mio. EUR; 607 Mitarbeiter
* 2013: 5,8 Mio. t bzw. 804 Mio. tkm; 3,8 Mio. t. bzw. 176 Mio. tkm davon in LU und grenzüberschreitend; 140 Mio. EUR Umsatz; Ergebnis -4,0 Mio. EUR; 590 Mitarbeiter
* 2014: 6,1 Mio. t bzw. 912 Mio. tkm

Die internationale Diversifizierung der CFL-Gruppe wurde Ende 2011 mit dem Erwerb von 51 % der Aktien an der schwedischen MidCargo AB fortgesetzt, die seither als CFL cargo Sverige AB firmiert und seit Juni 2013 alleinige CFL cargo-Tochter ist. Ende 2011 entstand auch das paritätisch mit der PKP CARGO International, a.s. gehaltene Tochterunternehmen PKP cargo CFL International S. A., das aber wieder liquidiert werden soll. CFL cargo erbringt seit 15.09.2014 auch Verkehre in Belgien: In Bressoux östlich von Liège übernimmt die Güterbahn Kokszüge, die von Captrain Benelux aus Born oder Vlissingen in den Niederlanden zugeführt werden. Bislang hatte Captrain für CFL cargo auch die Lizenz in Belgien gestellt.

Nach der Entscheidung im März 2014 die Fracht-Aktivitäten der CFL Gruppe in vier Kompetenzzentren aufzuteilen – Schiene, Logistik, Infrastruktur und Shared Services – wurden zum 01.01.2015 die Logos der zwölf betroffenen Unternehmen visuell aneinander angepasst und einige Firmennamen geändert. Das gesamte Servicepaket wird in Zukunft unter dem Markennamen CFL multimodal präsentiert. Es setzt sich zusammen aus den Dienstleistungen von CFL cargo, CFL technics (ehemals Ateliers de Pétange) und CFL intermodal (bekannt als ELO Eco Logistics Operator) im Bereich Schiene, von CFL logistics (ehemals Lentz multimodal) und CFL port services (ehemals VEG Van Eecke & Govers) für den Logistikbereich, sowie von CFL terminals (bekannt als TIB Terminaux Intermodaux Bettembourg) und CFL site services (ehemals CLB Centre Logistique Bettembourg) für den Bereich Infrastruktur.

Verkehre
* Coiltransporte Florange [FR] – Bettembourg zwischen zwei Produktionsstätten der ArcelorMittal; 3 x pro Woche seit 19.12.2006; aktuell 5 x pro Woche
* Gütertransporte (u.a. Stahl) von Bettembourg nach Norditalien via Basel [CH]; 9-10 x pro Woche in Kooperation mit SBB Cargo und Trenitalia; aktuell 5 x pro Woche
* Gütertransporte Bettembourg – Hagondange [FR]; 5 x pro Woche seit 10.01.2008
* Gütertransporte innerhalb Luxemburgs
* Gütertransporte nach / von Trier-Ehrang; in Kooperation mit der CFL Cargo Deutschland GmbH
* KV-Transporte Bettembourg – Duisburg (Logport III; Multimodal Rail Terminal Duisburg (MRTD) [DE]; 3 x pro Woche seit 01.09.2014 in Kooperation mit der CFL cargo Deutschland GmbH

CFL Cargo / Exploris

* KV-Transporte Bettembourg – Lyon (PEH Terminal) [FR]; 3 x pro Woche seit 28.06.2014 im Auftrag der CFL Multimodal S.A.; 6 x pro Woche seit Januar 2015
* KV-Transporte Bettembourg – Türkei; 1 x pro Woche seit Dezember 2014 Traktion in Luxemburg im Auftrag der VTG Rail Logistics Austria GmbH
* KV-Transporte Triest (Europa Multipurpose Terminals (EMT) S.r.l.) [IT] – Bettembourg; 3 x pro Woche seit September 2012; Verantwortung: Bettembourg – Saarbrücken CFL cargo S.A.; Saarbrücken – München CFL cargo Deutschland GmbH; Österreich / Italien TX Logistik AG; 4. Umlauf seit 04.2014 mit TX ab Saarbrücken [DE]; 5. Umlauf geplant ab 11.2014, 6. Umlauf geplant ab Ende 2014
* Kokstransporte Wałbrzych [PL] / Zdzieszowice [PL] / Dąbrowa Górnicza [PL] – Champigneulles [FR] / Illange [FR] / Varangéville [FR] / Pont-à-Mousson [FR]; Testtransporte 2009/ 2010, Regelverkehr seit Januar 2011 in Kooperation mit der CFL Cargo Deutschland GmbH; Übernahme in Guben [DE] von PKP Cargo S.A.; aktuell nur sporadische Spotverkehre
* Schrotttransporte Hagondange – Lumes [FR]; 3 x pro Woche seit 2011; aktuell 2 x pro Woche
* Stahltransporte Polen – Luxemburg; Spotverkehr in Kooperation mit CFL cargo Deutschland GmbH; Übernahme in Guben [DE] von PKP Cargo S.A.
* Zementtransporte Esch-sur-Alzette – Lyon [FR]; seit 07.03.2011; Übergabe an Euro Cargo Rail SAS (ECR) in Blainville [FR]

Exploris S.A.

Rue des Glacis 1
LU-1628 Luxembourg

Management
* Peter Biskup (Verwaltungsrat)
* Haiko Böttcher (Verwaltungsrat)
* Andrzej Lewczuk (Verwaltungsrat)
* Andrzej Niezgoda (Verwaltungsrat)
* Joanna Subzda (Verwaltungsrätin)
* Bishen Kumar Jacmohone (Geschäftsführer)

Gesellschafter
Stammkapital 8.500.000,00 EUR
* Haiko Böttcher (20 %)
* Peter Biskup (20 %)
* Andrzej Lewczuk (20 %)

Unternehmensstruktur Exploris Unternehmensgruppe (schematisch)

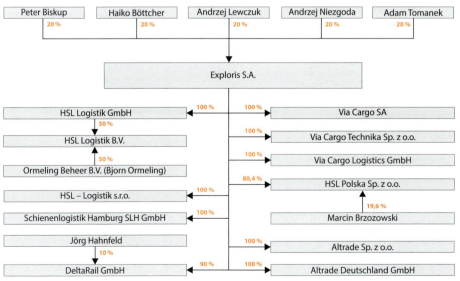

Grafik: Rail Business

Exploris / SIBELIT

* Andrzej Niezgoda (20 %)
* Adam Tomanek (20 %)

Beteiligungen
* ALTRADE Deutschland GmbH (100 %)
* ALTRADE Sp. z o.o. (100 %)
* Exploris Deutschland Holding GmbH (100 %)
* HSL - Logistik, s.r.o. (100 %)
* Via Cargo S.A. (100 %)
* DeltaRail GmbH (90 %)
* HSL Polska Sp. z o.o. (80,4 %)

Unternehmensgeschichte
Fünf Unternehmer aus den Branchen Eisenbahn, Bahnspedition und Handel setzen jetzt der Konzentration im Schienengüterverkehr eine gemeinsame Holding entgegen. Die Gesellschafter der HSL-Gruppe, der Via Cargo-Gruppe, und der Altrade-Unternehmen gründeten am 07.03.2014 die Finanzholding Exploris SA mit Sitz in Luxemburg. Am Markt treten die Unternehmen der Gesellschafter jedoch weiter unter den eingeführten Markennamen auf.
Der Umsatz aller elf zu Exploris gehörenden Unternehmen belief sich 2013 auf 94 Mio. EUR. Die neue Gruppe verfügt neben zwei Eisenbahnspeditionen auch über vier Eisenbahnverkehrsunternehmen in Polen, Deutschland und den Niederlanden. Die HSL Logistik-Büros in Prag und Wien werden als Vertriebsstandorte genutzt. Zu Exploris gehören über 150 Mitarbeiter und 35 Lokomotiven. Pro Woche fahren die Unternehmen der Gruppe mehr als 120 Züge. Die Gesellschafter wollen mit Exploris im Markt der Schienenlogistik wettbewerbsfähig bleiben.
Zu der neuen Unternehmensgruppe Exploris gehören zwei Bahnspeditionen:
* Via Cargo SA, Warschau
* Via Cargo Logistics GmbH, Essen

vier Eisenbahnverkehrsunternehmen
* (EVU) DeltaRail GmbH, Frankfurt/Oder
* ExTrail Sp. z o.o., Warschau (heute: HSL Logistik Polska Sp. z o.o.)
* HSL Logistik GmbH, Hamburg
* HSL Logistik B.V., Den Bosch

sowie
* der Personaldienstleister Schienenlogistik Hamburg SLH GmbH, Hamburg
* der Instandhaltungsdienstleister Via Cargo Technika Sp. z o.o., Warschau
* die Vertriebsrepräsentanz HSL – Logistik s.r.o., Prag
* die Handelsgesellschaften Altrade sp. z o.o., Warschau, und
* Altrade Deutschland GmbH, Essen.

Alle Unternehmen arbeiten bereits seit vielen Jahren zusammen. Die Gründung einer gemeinsamen Holding war nach Auskunft der fünf gleichberechtigten Gesellschafter eine logische Folge der langjährigen Partnerschaft. Mit der Holding wollen die Mittelständler ihre Position in dem sich konsolidierenden Markt absichern. Exploris selbst will künftig nicht am Markt auftreten. Das Luxemburger Unternehmen versteht sich nach Auskunft der Gesellschafter als reine Finanzholding, das operative Geschäft übernehmen auch weiterhin die bestehenden Gesellschaften. Deren etablierte Markennamen seien im Tagesgeschäft wichtiger als eine neue Gemeinschaftsmarke, erläutert Exploris die Strategie auf Anfrage.

Société de l'Itinéraire Benelux-Lorraine-Italie S.A. (SIBELIT)

Avenue de la Gare 65
LU-1611 Luxembourg
Telefon: +352 266452-80
Telefax: +352 266452-89

Gesellschafter
Stammkapital 100.000,00 EUR
* SNCB Logistics NV/SA (42,5 %)
* Société Nationale des Chemins de fer Français (SNCF) (42,5 %)
* Société Nationale des Chemins de Fer Luxembourgeois (CFL) (10 %)
* Schweizerische Bundesbahnen SBB Cargo AG (5 %)

Unternehmensgeschichte
Als gemeinsame Produktionsgesellschaft zur Verbesserung der Betriebsqualität im Güterverkehr auf der Nord-Süd-Achse Belgien – Luxemburg – Frankreich – Schweiz (– Italien) gründeten die staatlichen Güterbahnen dieser vier Länder zum 31.03.2006 die Société de l'Itinéraire Benelux-Lorraine-Italie S.A. (SIBELIT). Zuvor war bereits zum 13.12.2004 eine gleichnamige, zunächst lose organisierte Kooperation aufgenommen worden. SIBELIT fungiert dabei nicht als eigenständiges EVU, sondern als zentrale Koordinationsstelle zur effektiven Nutzung von Personal und Ressourcen der vier Anteilseigner. Entsprechend beschäftigt das Unternehmen weder eigene Lokführer, noch verfügt es über eigenes Rollmaterial.
Ende 2014 beschäftigte das Unternehmen 30 Mitarbeiter am Standort Luxemburg.

Führend in Leit- und Sicherungstechnik

Aktuell, detailliert und richtungsweisend seit mehr als 100 Jahren: Tiefer steigt kein Medium am Markt in die moderne Leit- und Sicherungstechnik sowie die Kommunikations- und Informationstechnologie im Schienenverkehr ein. Fachleute schreiben in dieser international führenden deutsch-/englischsprachigen Fachzeitschrift für Fach- und Führungskräfte weltweit.

Probeabo: 2 Monatsausgaben testen
www.eurailpress.de/sdprobe

DVV Media Group

Eurailpress

Mazedonien

Kurze Eisenbahngeschichte

Das Rückgrat und zugleich die einzige elektrifizierte Strecke der Balkanrepublik bildet die von Nordwest nach Südost verlaufende Hauptachse der früheren Sozialistischen Föderativen Republik Jugoslawien (Ljubljana – Zagreb – Belgrad – Niš –) Tabanovci – Kumanovo – Rasputnica (mit Verbindungsschleife nach Skopje) – Veles – Gradsko – Gevgelija (– Thessaloniki/Athen), welcher auch der Paneuropäische Eisenbahnkorridor X folgt. Sie ist gleichzeitig auch die älteste Bahnlinie des Landes, denn der südlich Skopje gelegene Teil und dessen Fortsetzung über Gjorče Petrov und die heutige Grenze zum Kosovo bis Kosovska Mitrovica wurde 1873/74 von der Compagnie des Chemins de fer Orientaux (CO) des deutsch-belgischen Barons Maurice de Hirsch angelegt. Als Geburtstag der mazedonischen Eisenbahn gilt der 09.08.1873, als der erste Zug aus Richtung Griechenland kommend den Bahnhof Skopje erreichte. 1888 folgte die Verbindung von Skopje über Kumanovo zum seinerzeitigen serbischen Grenzbahnhof Ristovac. Seit 1894 gab es auch eine zweite Verbindung von Griechenland her über den Grenzbahnhof Kremenica nach Bitola, errichtet durch ein deutsches Konsortium und dann der Betriebsgesellschaft der CO übergeben. Diese Strecke hatte allerdings jahrelang keine Verbindung zum übrigen mazadonischen Netz und ist heute ohne Verkehr. Weitere Strecken kamen, zunächst in 600 mm Spurweite angelegt, im Ersten Weltkrieg aus militärischen Gründen hinzu: 1916 die Verbindung Gradsko – Prilep – Bakarno Gumna – Bitola, angelegt von der bulgarischen Armee unter dem Kommando des deutschen Heeres, und 1917 Veles – Prilep direkt durch die deutsche Armee erbaut. Gleichfalls ab 1916 entstand auch eine zweite große Schmalspurlinie, die aber erst 1923 vollendet wurde und Gjorče Petrov über Gostivar und Kičevo mit dem teils schon in Albanien gelegenen Ohridsee verband.

Erstes Normalspurprojekt nach dem Krieg war die 1923 eröffnete Verbindung Veles – Štip, die 1926 bis Kočani verlängert wurde. Einige Jahre darauf begann die Umspurung der Schmalspurlinien. Die Umspurung der von Gjorče Petrov ausgehenden Schmalspurbahn begann erst während der kommunistischen Epoche; 1952 wurde Gostivar und 1969 Kičevo erreicht, die Weiterführung Richtung Ohridsee hingegen aufgegeben. Weitere in jener Zeit gebaute normalspurige Stichbahnen sind Kumanovo – Beljakovci (1956), Bakarno Gumno – Sapotnica (1957) und Gradsko – Šivec (1983).

Die als Folge des schweren Erdbebens von 1963 eingetretenen Schäden nutzte man zu einer tiefgreifenden Umgestaltung des Bahnknotens Skopje, die in der Übergabe des heute genutzten Hauptbahnhofes 1981 ihren Höhepunkt fand.

Anbindungen nach Albanien und Bulgarien fehlen bislang, sollen aber durch Streckenneubauten als Teil des paneuropäischen Eisenbahnkorridors VIII zwischen dem albanischen Durrës (als Freihafen für Mazedonien) und dem bulgarischen Schwarzmeerhafen Varna hergestellt werden. Hierzu wird seit Mai

Foto: Oliver Heckmann

Mazedonien

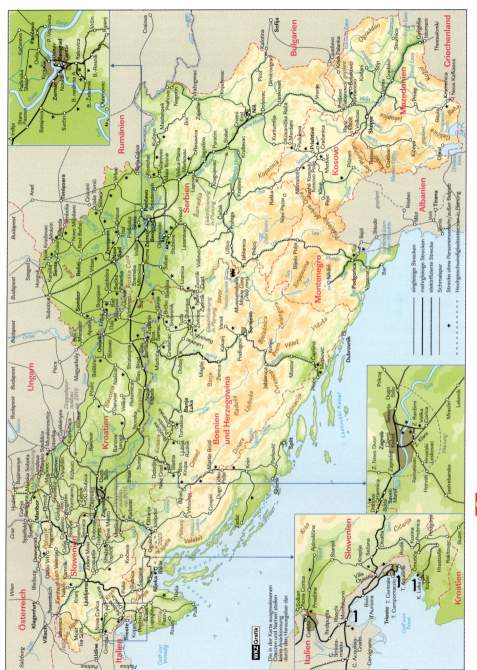

Mazedonien

2014 die momentan gesperrte Strecke Komanovo – Beljakovci rekonstruiert. Ab 2016 soll sich eine 35 km lange, für 100 km/h ausgelegte Neubaustrecke von Beljakovci über Kriva Palanka und Deve Bair zum bulgarischen Bahnhof Gjueschewo anschließen, die frühestens 2020 in Betrieb geht. Die Verbindung nach Bulgarien wurde lange vor den Zweiten Weltkrieg konzipiert und auf bulgarischer Seite auch vor Kriegsbeginn fertiggestellt. Auf mazedonischer Seite verzögerten insbesondere nach der Auflösung Jugoslawiens politische Gründe den Weiterbau ab Beljakovici, da Bulgarien sich bis 1999 weigerte, eine eigenständige mazedonische Nation anzuerkennen. Die auf 22 Monate veranschlagte Ausführungsplanung einer 60 km langen Neubaustrecke von Kičevo Richtung Albanien zur Anbindung an das dortige Bestandsnetz wurde im Oktober 2014 vergeben. Mit Herstellung der durchgehenden Verbindung von Bulgarien zur albanischen Adriaküste wird derzeit für 2022 gerechnet. Ausgeschrieben wurden im April 2014 auch die Arbeiten zur Rekonstruktion der brachliegenden Strecke von Bitola nach Kremenica an der griechischen Grenze. Entlang des Eisenbahnkorridors X sind die Bauarbeiten hingegen bereits im Gange.

Marktübersicht
Einziger Anbieter sowohl im Personen- als auch im Güterverkehr ist die Staatsbahn MŽ Transport AD.

Verkehrsministerium
Министерство за транспорт и врски
Сектор за железници
Ministry of Transport and Communications
Department for Railways
ul. „Dame Grujew" No. 6
MK-1000 Skopje
Telefon: +389 2 3145 502
zdraveva@mtc.gov.mk
www.mtc.gov.mk

Nationale Eisenbahnbehörde
Агенција за регулирање на пазарот на железничките услуги
Macedonian Railway Regulatory Agency
ul. Mito Chaziwassiljew Jasmin 52/1/4
MK-1000 Skopje
Telefon: +389 2 3220 407
arpz@arpz.mk
www.arpz.mk

Министерство за транспорт и врски
Управа за сигурност во железничкиот систем
Ministry of Transport and Communications
Office for Railway Security
bul. „K. J. Pitu" No. 4, loc. 41
Telefon: +389 2 2457 812
info@uszs.gov.mk
www.uszs.gov.mk

Foto: Oliver Heckmann

MŽ Infrastruktura / MŽ Transport

JP MŽ Infrastruktura 🄸

ul. Železnička 50b
MK-1000 Skopje
Telefon: +389 2 2449-284
Telefax: +389 2 2462-330
info@mzi.mk
www.mzi.mk

Management
* Irfan Asani (Generaldirektor)
* Peter Spasowski (Direktor öffentliche Arbeiten)
* Dimitrula Azewska (Direktorin Wirtschaft und Finanzen)
* Slawiza Popowska (Direktorin Personal)
* Iwiza Alexowski (Direktorin Verkehr)
* Wladimir Trajkowski (Direktor Infrastruktur)
* Milan Jankuloski (Direktor elektrische Anlagen)

Gesellschafter
* Republik Mazedonien (100 %)

Infrastruktur
* Eisenbahninfrastruktur in Mazedonien (925 km Gleislänge, Normalspur, davon 313 km elektrifiziert mit 25 kV 50 Hz)

Unternehmensgeschichte
Die Македонски Железници (МЖ) Инфраструктура (Makedonski železnici (MŽ) Infrastruktura – Infrastruktur der mazedonischen Eisenbahn) ist der staatliche Netzbetreiber der Balkanrepublik.
Das Netz besteht ausschließlich aus eingleisigen Strecken in Regelspur. MŽ Infrastruktura ist mittelbarer Nachfolger der entsprechenden Teilgesellschaft der Zajednica Jugoslovenskih Železnica (JŽ; Gemeinschaft der Jugoslawischen Eisenbahnen). Seit dem 01.01.1966 hatte die JŽ aus sechs Eisenbahnunternehmen mit Sitz in Belgrad (Serbien), Zagreb (Kroatien), Ljubljana (Slowenien), Sarajevo (Bosnien-Herzegowina), Titograd (seit 1992 wieder Podgorica, Montenegro) und Skopje (Mazedonien) bestanden. Diese wurden nach dem Zerfall Jugoslawiens zu den Staatsbahnen der neuen Einzelrepubliken. Die zunächst einheitliche Staatsbahn wurde am 08.05.2007 in einen Netzbetreiber und ein Verkehrsunternehmen aufgespalten. Auf dem Netz verkehrten 2013 13.085 Personenzüge auf 1.436.970 Zugkm und 9.505 Güterzüge auf 760.770 Zugkm. Das Unternehmen erzielte (Vorjahresangaben in Klammern) einen Gesamtumsatz von 1,269 Mrd. (980 Mio.) MKD und einen Verlust nach Steuern von 401 (578) Mio. MKD. Die Mitarbeiterzahl lag bei 1.342 (1.287).

MŽ Transport AD 🄿🄶

ul. „Treta Makedonska Brigada" b.b.
MK-1000 Skopje
Telefon: +389 2 3248-701
Telefax: +389 2 3248-719
mztransportad@t-home.mk
www.mztransportad.com.mk

Management
* Nikola Kostow (Generaldirektor)
* Natascha Dionisijewa (Direktorin Reiseverkehr)
* Kire Dimanoski (Direktor Marketing und Vertrieb)
* Igor Korunoski (Direktor Traktion und Rollmaterial)
* Dimitri Bosheski (Direktor Wirtschaft und Finanzen)
* Tane Stojkoski (Direktor Güterverkehr)
* Boshidar Zwetkowski (Direktor Recht und Personal)

Gesellschafter
* Republik Mazedonien (100 %)

Unternehmensgeschichte
Die Македонски Железници (МЖ) Транспорт (Makedonski železnici (MŽ) Transport – Verkehr der mazedonischen Eisenbahnen) ist das staatliche Eisenbahnverkehrsunternehmen der Balkanrepublik.
MŽ Transport ist mittelbarer Nachfolger der entsprechenden Teilgesellschaft der Zajednica Jugoslovenskih Železnica (JŽ; Gemeinschaft der Jugoslawischen Eisenbahnen). Seit dem 01.01.1966 hatte die JŽ aus sechs Eisenbahnunternehmen mit Sitz in Belgrad (Serbien), Zagreb (Kroatien), Ljubljana (Slowenien), Sarajevo (Bosnien-Herzegowina), Titograd (seit 1992 wieder Podgorica, Montenegro) und Skopje (Mazedonien) bestanden. Diese wurden nach dem Zerfall Jugoslawiens zu den Staatsbahnen der neuen Einzelrepubliken. Die vormals einheitliche Staatsbahn wurde am 08.05.2007 in einen Netzbetreiber und ein Verkehrsunternehmen aufgespalten. 2011 hatte MŽ Transport 1.296 Mitarbeiter. Es wurden 1,42 Mio. Fahrgäste und 2,77 Mio. t Güter befördert; die Verkehrsleistung betrug 155 Mio. Pkm und 479 Mio. tkm. Bis 2013 ging das Aufkommen auf 853.000 Passagiere und 2,28 Mio. t zurück.
Im Bahnhof der Hauptstadt Skopje, den auch alle Transitzüge berühren, beginnen alle Reisezüge bzw. enden dort. Das Angebot beschränkt sich jedoch auf wenige tägliche Verbindungen, so dass der Bahnhof von Skopje im Jahresfahrplan 2015 lediglich 42 Abfahrten und Ankünfte verzeichnete. Nachdem der grenzüberschreitende Personenverkehr nach Griechenland via Gevgelija Anfang 2011 wegen der akuten Finanzprobleme der griechischen Eisenbahn eingestellt wurde, bestanden außer den Güterzügen via Gevgelija Auslandsverbindungen planmäßig nur noch nach Niš – Belgrad (mit einmal wöchentlich verkehrendem Saison-Kurswagen nach Budapest)

MŽ Transport

und nach Priština im Nachbarland Kosovo. Erst am 09.05.2014 wurde nach mehr als dreijähriger Pause auch der Reiseverkehr von und nach Griechenland wieder aufgenommen. Zwischen Thessaloniki und Skopje – Belgrad verkehrt im Jahresfahrplan 2015 ein Nachtzugpaar über Gevgelija, das von Juni bis September auch Autobeförderung anbietet.

Zur Verjüngung des Fuhrparkes unterzeichnete MŽ Transport mit der slowakischen Firma ŽOS Trnava, a. s. am 18.12.2013 einen Kaufvertrag im Umfang von 13,2 Mio. EUR über 150 Güterwagen, die im März 2015 geliefert wurden. Am 24.06.2014 folgten mit dem chinesischen Hersteller CSR Corporation Ltd Kaufverträge im Umfang von 25 Mio. EUR über vier Diesel- und zwei Elektrotriebzüge, die ab Juli 2015 im Monatsabstand geliefert werden sollen. Die Europäische Bank für Wiederaufbau und Entwicklung unterstützt den Kauf. Bei den Güterwagen handelt es sich um die erste Neubeschaffung seit 1986, bei den Triebzügen seit 1981.

Montenegro

Kurze Eisenbahngeschichte

Die erste Eisenbahn auf montenegrinischem Gebiet war die am 02.11.1908 eröffnete 43 km lange „Antivari-Bahn", eine von der italienischen „Compagnia di Antivari" errichtete 750 mm-Schmalspurstrecke vom Adriahafen Bar (ital. Antivari) nach Virpazar am Südufer des Shkodrasees. Unter Inkaufnahme von Minimalradien von 30 m musste dabei das bis zu 1.600 m hohe Rumija-Gebirge gequert werden. Ein Umbau der Trasse mit ihren gleichwohl im Adhäsionsbetrieb überwundenen Steigungen bis zu 40 ‰ und ihre Verlängerung ins Landesinnere unterblieben wegen der mangelnden Finanzierung und des dann ausgebrochenen Ersten Weltkrieges. Während des Krieges wurde jedoch eine 600-mm-Feldbahn von Plavnica am Seenordufer bis Podgorica errichtet, die ab 1927 auch für den zivilen Verkehr zur Verfügung stand. Vom heutigen Bosnien und Herzegowina her wurde wenig später die Ausdehnung des dortigen 760-mm-Netzes vorangetrieben, die 1938 in die Eröffnung der Strecke von der heutigen bosnischen Grenzstadt Bileća nach Nikšić mündete, deren Verlängerung bis Podgorica 1948 erfolgte.

Damit existierten drei verschiedene Spurweiten im Land; zudem musste die Lücke zwischen Virpazar und Plavnica mittels einer Trajektverbindung überbrückt werden. Diesem unbefriedigendem Zustand half man mit dem 1952 begonnenen Bau der 476 km langen, eingleisigen Strecke Belgrad – Bar ab, die neben der umgespurten bosnischherzegowinischen Nord-Süd-Achse Strizivojna-Vrpolje – Šamac – Doboj – Sarajevo – Mostar – Ploče eine zweite normalspurige Anbindung von Serbien an die Adria mit Erschließung bislang abgelegener Landesteile darstellte.

Davon verläuft aber nur der südlichste, 175 km lange Abschnitt ab Bijelo Polje in Montenegro. Wegen der Überwindung des bis zu 2.500 m Höhe erreichenden Dinarischen Gebirges handelte es sich um einen der anspruchsvollsten Bahnbauten überhaupt, denn es wurden 254 Tunnel mit einer Gesamtlänge von 114 km angelegt, womit ein Viertel der Trasse unterirdisch verläuft. Die 435 Brücken erreichen eine Gesamtlänge von 14.593 m; eindrucksvollstes Bauwerk von ihnen ist der 1969 bis 1973 errichtete 498 m lange Mala-Rijeka-Viadukt, der mit 198 m über Talgrund die höchste Eisenbahnbrücke Europas darstellt. Sowohl dieser als auch der Scheitelpunkt der Strecke in 1.032 m Meereshöhe sind in Montenegro gelegen. Als erstes wurde 1958 der nördlichste Abschnitt Belgrad-Resnik – Vreoci fertiggestellt, dem 1959 der südlichste von Bar nach Podgorica folgte. Hierbei wurden die zu Beginn genannten Schmalspurtrassen teilweise mitgenutzt und der Shkodrasee mit einem Damm durchquert. Wegen finanzieller Probleme ruhte der Bau dann jahrelang und wurde erst ab 1966 forciert vorangetrieben. Die Trasse konnte ab Fahrplanwechsel 1976 erstmals durchgehend befahren werden, die Elektrifizierung wurde 1978 abgeschlossen. Während des Kosovokrieges 1999 wurde die Strecke zeitweise an mehreren Stellen unterbrochen.

Die Schmalspurbahn Bileća – Nikšić wurde 1965 stillgelegt, der anschließende Teil nach Podgorica, der die zweitgrößte mit der größten Stadt des Landes verbindet, hingegen auf Normalspur umgestellt. Sanierung und Elektrifizierung dieser seit 1992 nur mehr im Güterverkehr betriebenen Strecke wurden im September 2012 beendet. Seither fahren dort auch wieder Personenzüge. Letzter Streckenneubau war die am 06.08.1986 eröffnete Verbindung von Podgorica nach Tuzi und weiter nach Albanien, die gleichfalls nur dem Güterverkehr dient. Weitere Strecken als die beschriebenen gibt es im Land nicht. Die Trasse von Bar Richtung Belgrad ist wegen der Vernachlässigung in den Jahren bis zur Unabhängigkeit Montenegros 2006 gegenwärtig vor allem im Mittelteil noch in schlechtem Zustand und nur mit 50 statt 80 km/h befahrbar. Die mit internationaler Hilfe finanzierten Sanierungsarbeiten werden noch bis 2020 andauern.

Marktübersicht

Einziger Anbieter im Personenverkehr ist die mehrheitlich staatliche Željeznički prevoz Crne Gore AD (ŽPCG), im Güterverkehr die mehrheitlich staatliche MONTECARGO AD.

Verkehrsministerium

Ministarstvo saobraćaja i pomorstva
Sektor željezničkog saobraćaja
Rimski trg 46
ME-81000 Podgorica
Telefon: +382 20 482 192
resad.nuhodzic@msp.gov.me
www.msp.gov.me

Nationale Eisenbahnbehörde

Direkcija za željeznice
Sektor za nacionalnu bezbjednost i regulatorne poslove
Railway directorate
Department for national safety and regulatory affairs
Ul. Hercegovačka 75
ME-20000 Podgorica
Telefon: +382 20 232 127
info.dzzcg@

Montenegro

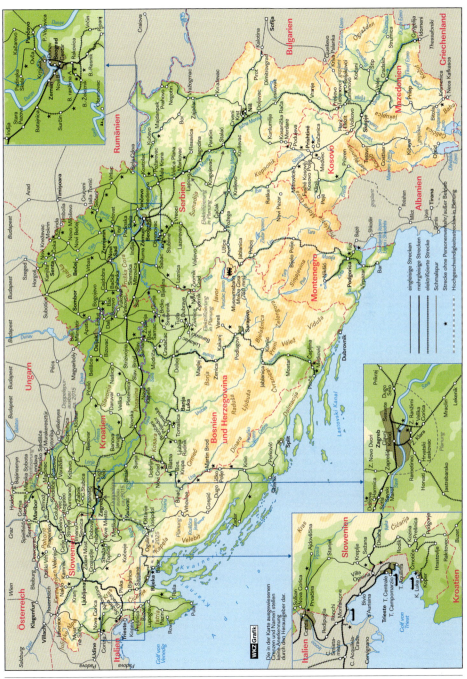

MONTECARGO / ŽICG

MONTECARGO AD 🅶

Trg Golootočkih Žrtava br. 13
ME-81000 Podgorica
Telefon: +382 20 441303
Telefax: +382 20 601525
id@montecargo.me
www.montecargo.me

Management
- Milivoje Pavićević (CEO)
- Momčilo Rakočević (Assistent des CEO für technische und kaufmännische Angelegenheiten)
- Zoran Janketić (Assistent des CEO für Wirtschafts- und Rechtsfragen)
- Rajko Koprivica (Direktor für Betrieb)
- Milorad Lukić (Direktor für Rollmaterial)
- Vesna Bošković (Direktorin für Wirtschaftsangelegenheiten)
- Branko Radović (Leiter der internen Kontrolle)

Gesellschafter
Stammkapital 17.463.668,09 EUR
- Parlamentarische Republik Montenegro (87,64 %)
- Streubesitz (8,88 %)
- Fond zajedničkog ulaganja „TREND" (2,41 %)
- Otvoreni invest. Fond „MONETA" (1,07 %)
- Fond zajedničkog ulaganja „MIG" (0,85 %)
- Otvoreni invest. Fond „EUROFOND" (0,03 %)

Lizenzen
- ME: EVU-Lizenz (GV); gültig vom 20.10.2014 für 5 Jahre
- ME: Sicherheitszertifikat (GV); gültig ab 29.10.2010 für 5 Jahre

Unternehmensgeschichte
Die MONTECARGO AD ist das Schienengüterverkehrsunternehmen Montenegros und geht indirekt auf die Staatsbahn der früheren SFR Jugoslawien Zajednica Jugoslovenskih Železnica (JŽ; Gemeinschaft der Jugoslawischen Eisenbahnen) zurück. Die JŽ hatte seit dem 01.01.1966 aus sechs Einzelunternehmen mit Sitz in Belgrad (Serbien), Zagreb (Kroatien), Ljubljana (Slowenien), Sarajevo (Bosnien-Herzegowina), Titograd (seit 1992 wieder Podgorica, Montenegro) und Skopje (Mazedonien) bestanden. Daraus wurden nach dem Zerfall Jugoslawiens die Staatsbahnen der neuen Einzelrepubliken. Die Podgoricaer Gesellschaft Željeznica Crne Gore (ŽCG, Жељезница Црне Горе) wurde schon 1999 in eine Aktiengesellschaft in öffentlichem Besitz umgewandelt und 2002 teilprivatisiert. Diese vertikal integrierte Monopolgesellschaft stellte zum 31.12.2008 ihre Tätigkeit ein, denn im Resultat einer Neustrukturierung des montenegrinischen Eisenbahnwesens waren als Nachfolgegesellschaften das EVU Željeznički prevoz Crne Gore (ŽPCG, Жељезнички превоз Црне Горе) und der Infrastrukturbetreiber Željeznička Infrastruktura Crne Gore (ŽICG, Жељезничка Инфраструктура Црне Горе) entstanden, die zum 01.01.2009 ihre Tätigkeit aufnahmen. Die Gründung der ŽPCG war zuvor auf einer außerordentlichen Aktionärsversammlung am 02.07.2008 erfolgt. Zum 15.06.2009 wurde der Frachtsektor als MONTECARGO AD ausgegliedert, so dass die ŽPCG (mit unverändertem Namen) seither ein reines Personenverkehrsunternehmen ist. Auch alle ŽCG-Nachfolgeunternehmen haben die Rechtsform einer Aktiengesellschaft (Akcionarsko Društvo, AD), doch ist der Staat kein alleiniger Eigentümer. Ende 2009 wurde zudem der Verkauf aller Staatsanteile an MONTECARGO ausgeschrieben. Die erwartete Übernahme durch die S.C. Grampet S.A., u. a. Mehrheitseigner der rumänischen S.C. Grup Feroviar Român S.A., ist im Frühjahr 2011 jedoch gescheitert. Im Januar 2014 hat der montenegrinischeRat für Privatisation und Kapitalprojekte der Regierung den Planentwurf für einen neuerlichen Privatisierungsanlauf zur Prüfung vorgelegt. 2015 sollen hierzu konkrete Schritte eingeleitet werden. Hauptaufgaben von MONTECARGO sind die Anbindung des Hafens von Bar, des Aluminiumkombinates der montenegrinischen Kapitale Podgorica sowie des Stahlwerkes und der Bauxitminen bei Nikšić, wozu es per 31.12.2013 Transportverträge mit insgesamt elf Güterkunden gab. Hinzu kommt der Güterverkehr auf der einzigen Eisenbahnverbindung Albaniens mit dem Ausland.
Aufkommen und Transportleistung haben 2013 (Vorjahresangaben in Klammern) einen deutlichen Sprung nach oben gemacht: Transportiert wurden 947.514 (686.525) t, davon 947.514 (681.082) t im internationalen Verkehr, wobei die Verkehrsleistung 99,8 (73,3) Mio. Netto-tkm betrug. Der Schienenbinnengüterverkehr ist 2013 also komplett zum Erliegen gekommen; das Binnenaufkommen hatte sich jedoch auch 2012 schon auf die Monate Mai, Juni und August beschränkt. Das gewachsene Aufkommen hat auch für eine deutliche Verbesserung der Unternehmenszahlen gesorgt, denn es wurden Einnahmen von 6,7 (5,1) Mio. EUR und ein Ergebnis vor Steuern von -168.000 (-1,9 Mio.) EUR erzielt. Per 31.12.2013 hatte das Unternehmen 229 (227) Mitarbeiter.

Željeznička Infrastruktura Crne Gore AD Podgorica (ŽICG) 🅸

Trg Golootočkih Žrtava br. 13
ME-81000 Podgorica
Telefon: +382 20 441403
Telefax: +382 20 441349
sefkabineta.id@zicg.me
www.zicg.me

ŽICG / ŽPCG

Management
* Milan Čolaković (Generaldirektor)
* Predrag Vujović (Direktor Verkehrsmanagement)
* Slavica Boljević (Direktorin Recht und allgemeine Angelegenheiten)
* Ratko Stijepović (Direktor Elektrische Anlagen)
* Zdravko Medenica (Direktor Infrastruktur)
* Branka Đorojević (Direktorin Finanzen)

Gesellschafter
Stammkapital 468.670.763,2 EUR
* Parlamentarische Republik Montenegro (72,35 %)
* weitere Fonds (8,28 %)
* Streubesitz (7,95 %)
* HA-Zbirni kastodi račun (Girosammelverwahrung) (7,26 %)
* Republički Fond penzijiskog i invalidskog Osiguranja (2,93 %)
* Zavod za zapošljavanje Crne Gore (1,17 %)
* Fond zaobeštećenje Crne Gore (0,07 %)

Infrastruktur
* Bahnnetz der Parlamentarischen Republik Montenegro (249 km, eingleisig, Normalspur) davon 224 km elektrifiziert (25 kV, 50 Hz)

Unternehmensgeschichte
Die Staatsbahn der früheren SFR Jugoslawien Zajednica Jugoslovenskih Železnica (JŽ; Gemeinschaft der Jugoslawischen Eisenbahnen) hatte seit dem 01.01.1966 aus sechs Eisenbahnunternehmen mit Sitz in Belgrad (Serbien), Zagreb (Kroatien), Ljubljana (Slowenien), Sarajevo (Bosnien-Herzegowina), Titograd (seit 1992 wieder Podgorica, Montenegro) und Skopje (Mazedonien) bestanden. Daraus wurden nach dem Zerfall Jugoslawiens die Staatsbahnen der neuen Einzelrepubliken. Die Podgoricaer Gesellschaft Željeznica Crne Gore (ŽCG, Жељезница Црне Горе) wurde schon 1999 in eine Aktiengesellschaft in öffentlichem Besitz umgewandelt und 2002 teilprivatisiert. Die vertikal integrierte Monopolgesellschaft ŽCG stellte zum 31.12.2008 ihre Tätigkeit ein, denn im Resultat einer Neustrukturierung des montenegrinischen Eisenbahnwesens waren als Nachfolgegesellschaften das EVU Željeznički prevoz Crne Gore (ŽPCG, Жељезнички превоз Црне Горе) und der Infrastrukturbetreiber Željeznička Infrastruktura Crne Gore (ŽICG, Жељезничка Инфраструктура Црне Горе) entstanden, die zum 01.01.2009 ihre Tätigkeit aufnahmen. Auch diese Unternehmen haben die Rechtsform einer Aktiengesellschaft (Akcionarsko Društvo, AD), doch ist der Staat kein alleiniger Eigentümer. Der Eintrag der ŽICG ins Handelsregister war am 09.07.2008 erfolgt.
2012 (Vorjahreswerte in Klammern) fuhr das Unternehmen bei einem Umsatz von 11,4 (19,8) Mio. EUR ein Ergebnis von -7,8 (1,3) Mio. EUR ein. Per 30.06.2014 hatte die ŽICG 828 (852) Mitarbeiter.

Željeznički prevoz Crne Gore AD (ŽPCG) ℗

Trg Golootočkih Žrtava br. 13
ME-81000 Podgorica
Telefon: +382 20 441100
Telefax: +382 20 633957
milojica.zindovic@zcg-prevoz.me
www.zcg-prevoz.me

Management
* Milojica Zindović (Generaldirektorin)
* Vojislav Andrijašević (Assistent des Generaldirektors)
* Milovan Janković (Direktor Binnenverkehr)
* Rajka Marinović (Direktorin Internationaler Verkehr)
* Miodrag Tatar (Direktor Technische Angelegenheiten)
* Branko Kaluđerović (Direktor Wirtschaft und Recht)
* Neda Radulović (Leiter Informationstechnologie und Entwicklung)
* Vasilije Vulić (Leiter Interne Revision)
* Aleksandar Smolović (Leiter Personal)

Gesellschafter
Stammkapital 35.765.812,78 EUR
* Parlamentarische Republik Montenegro (90,33 %)
* diverse Fonds (5,44 %)
* Streubesitz (2,8 %)
* Fond PIO (1,02 %)
* Zavod za zapošljavanje Crne Gore (0,41 %)

Lizenzen
* ME: EVU-Zulassung (PV) gültig ab 21.10.2014, befristet bis 21.10.2015
* ME: Sicherheitszertifikat (PV) gültig ab 20.12.2010, befristet bis 20.12.2015

Unternehmensgeschichte
Die Željeznički prevoz Crne Gore (ŽPCG, Жељзнички превоз Црне Горе) ist das Schienenpersonenverkehrsunternehmen Montenegros und geht indirekt auf die Staatsbahn der früheren SFR Jugoslawien Zajednica Jugoslovenskih Železnica (JŽ; Gemeinschaft der Jugoslawischen Eisenbahnen) zurück. Die JŽ hatte seit dem 01.01.1966 aus sechs Einzelunternehmen mit Sitz in Belgrad (Serbien), Zagreb (Kroatien), Ljubljana (Slowenien), Sarajevo (Bosnien-Herzegowina), Titograd (seit 1992 wieder Podgorica, Montenegro) und Skopje (Mazedonien) bestanden. Daraus wurden nach dem Zerfall Jugoslawiens die Staatsbahnen der neuen Einzelrepubliken. Die Podgoricaer Gesellschaft Željeznica Crne Gore (ŽCG, Жељезница Црне Горе) wurde schon 1999 in eine Aktiengesellschaft in öffentlichem Besitz umgewandelt und 2002 teilprivatisiert. Diese

ŽPCG

vertikal integrierte Monopolgesellschaft stellte zum 31.12.2008 ihre Tätigkeit ein, denn im Resultat einer Neustrukturierung des montenegrinischen Eisenbahnwesens waren als Nachfolgegesellschaften das EVU ŽPCG und der Infrastrukturbetreiber Željeznička Infrastruktura Crne Gore (ŽICG, Жељезничка Инфраструктура Црне Горе) entstanden, die zum 01.01.2009 ihre Tätigkeit aufnahmen. Auch diese Unternehmen haben die Rechtsform einer Aktiengesellschaft (Akcionarsko Društvo, AD), doch ist der Staat kein alleiniger Eigentümer. Die Gründung der ŽPCG erfolgte auf einer außerordentlichen Aktionärsversammlung am 02.07.2008. Zum 01.07.2009 wurde der Güterverkehrssektor als MONTECARGO AD ausgegliedert.

Das gesamte Rollmaterial wurde von der JŽ übernommen und zwischenzeitlich teils modernisiert. Seit 2013 sind auch drei neue Elektrotriebzüge des Typs Civity des spanischen Herstellers Construcciones y Auxiliar de Ferrocarriles (CAF) als BR 6111 im Einsatz, die im Zusammenhang mit der kurz zuvor erfolgten Wiederaufnahme des Personenverkehrs auf der rekonstruierten und elektrifizierten Stichstrecke Podgorica – Nikšić beschafft wurden. Weiterer Personenverkehr wird auf der Nord-Süd-Achse Bar – Podgorica – Bijelo Polje (– Belgrad) abgewickelt, wobei es mit Stand vom Februar 2015 nur ein einziges internationales Zugpaar Belgrad – Bar gab.

Mit der Reaktivierung Podgorica – Nikšić hat auch das Gesamtaufkommen der ŽPCG 2013 (in Klammern Angaben zum Vorjahr) einen Sprung nach oben gemacht. So wurden 11.212 (8.067) Reisezüge mit einer Verkehrsleistung von 967.758 (780.450) Zugkm gefahren und 924.545 (783.513) Fahrgäste befördert. 2013 standen einem Gesamtumsatz von 6,9 Mio. EUR Aufwendungen von 8,4 Mio. EUR gegenüber. Für 2014 meldete ŽPCG vorab einen Rekordwert von 1.004.367 Reisenden (mithin einen Anstieg um ein Drittel), der auch mit der erneut auf nunmehr 12.098 erhöhten Zahl der gefahrenen Reisezüge korrespondiert. Auch die Einnahmen hätten sich um 18 % erhöht.

Niederlande

Kurze Eisenbahngeschichte
Die erste Eisenbahnstrecke in den Niederlanden nahm am 20.09.1839 zwischen Amsterdam und Haarlem den Betrieb auf. Betreiber war die „Hollandsche IJzeren Spoorweg-Maatschappij" (Holländische Eisenbahn-Gesellschaft, HIJSM), welche die Trasse in Breitspur von 1.945 mm ausführte. Später „Oude Lijn" (Alte Linie) genannt, erreichte die Strecke beim Weiterbau 1842 Leiden, 1843 Den Haag und 1847 Delft nebst Rotterdam.
Als zweites trat die „Nederlandsche Rhijnspoorweg-Maatschappij" (Niederländische Rheinbahn-Gesellschaft, NRS) in Erscheinung, die 1843 die ebenfalls breitspurige „Rheinstrecke" von Amsterdam nach Utrecht eröffnete. Diese wurde 1845 nach Arnhem und 1856 bis zur deutschen Grenze verlängert. 1855 erhielt sie einen Zweig von Utrecht nach Rotterdam. Zwei weitere Strecken ganz im Süden des Landes (1853 Aachen – Maastricht und 1854 Antwerpen – Roosendaal) waren grenzüberschreitende Erweiterungen des Netzes ausländischer Bahnen. Bis 1860 erhielt die Maastrichter Strecke eine Verlängerung ins belgische Hasselt, während die von Antwerpen kommende Linie bis Lage Zwaluwe an südlichen Rheinufer weitergeführt und mit einem Ast nach Breda versehen wurde. Damit sind alle zum genannten Zeitpunkt vorhandenen Strecken aufgeführt – von einem zusammenhängenden Netz konnte noch keine Rede sein. Als hinderlich für dessen Entstehen erwies sich natürlich die Breitspur, die aber bis 1866 aufgegeben wurde. Die Gesamterschließung des Landes und die bessere Anbindung an die Nachbarstaaten leisteten erst die durch den Staat gebauten, in einem am 18.08.1860 verabschiedeten Gesetz festgelegten zehn „Staatslijnen":

★ Arnhem – Leeuwarden
★ Harlingen – Nieuwe Schans
★ Meppel – Groningen
★ Zutphen – Glanerbeek
★ Breda – Maastricht
★ Roosendaal – Vlissingen
★ Venlo – Kaldenkirchen
★ Utrecht – Boxtel
★ Breda – Rotterdam
★ Nieuwediep – Amsterdam

Diese Strecken wurden schrittweise zwischen 1863 und 1878 eröffnet.
Erste, mit 10 kV Wechselspannung elektrifizierte Strecke war die „Hofpleinlijn" Rotterdam Hofplein – Scheveningen, auf der am 01.10.1908 der elektrische Betrieb begann. Kohlemangel nach dem Ersten Weltkrieg und die zunehmende Überlastung der Hauptstrecken führten ab den zwanziger Jahren zur Elektrifizierung großer Netzteile, wobei man sich aber für 1.500 V Gleichspannung entschied. Dieses Programm war 1958 beendet, so dass seither im Altnetz nur noch ergänzende Abschnitte unter Fahrdraht kamen. Wichtige Streckenneubauten sind die 2007 teils auch als Ausbaustrecke eröffnete Betuweroute zwischen Rotterdam und Zevenaar kurz vor der deutschen Grenze bei Emmerich sowie die am 06.09.2009 in Betrieb genommene Neubaustrecke (Hogesnelheidslijn, HSL) HSL Zuid Amsterdam – Rotterdam (– Antwerpen), die abweichend mit 25 kV 50 Hz Wechselspannung elektrifiziert wurden. Einstweilen fallengelassen wurde hingegen schon 2001 eine „HSL Oost" von Amsterdam über Utrecht nach Arnhem zur Anbindung Richtung Deutschland. Stattdessen verfolgt man aktuell den viergleisigen Ausbau der Altstrecken, deren Schnellfahrgleise für

Niederlande

Niederlande

einen Betrieb mit 200 km/h unter 25 kV Fahrspannung vorbereitet werden. Neue Regionalstrecken wurden auch zur Erschließung von Flevoland, der erst 1986 eingerichteten zwölften und jüngsten Provinz der Niederlande geschaffen, die durch Trockenlegung eines Teils des früher weit ins Land hineinragenden Ijsselmeeres entstand. Ausgehend von Weesp (Strecke Amsterdam – Amersfoort) wurde am 29.05.1987 eine Neubaustrecke (Flevolijn) nach Almere Buiten und am 28.05.1988 weiter bis in die 74.000 Einwohner zählende Provinzhauptstadt Lelystad eröffnet. Die seit 2007 erbaute „Hanzelijn" von Lelystad nach Zwolle wurde am 09.12.2012 in Betrieb genommen.

Marktübersicht

* Personenverkehr: Den größten Anteil hat noch immer NS Reizigers BV (NSR), eine der Personenverkehrssparten der Staatsbahn Nederlandse Spoorwegen (NS), der bis 2025 per Gesetz das Bedienungsmonopol auf dem „Hoofdrailnet", den am stärksten frequentierten Hauptlinien, gesichert ist. Einige, vor allem nicht elektrifizierte Strecken werden mittlerweile durch die Anbieter Arriva Personenvervoer Nederland B.V., Connexxion Nederland N.V., Syntus B.V. und Veolia Transport Rail B.V. bedient.
* Güterverkehr: Marktführend ist die DB Schenker Rail Nederland N.V., der Nachfolger der früheren Staatsbahn-Geschäftseinheit NS-Cargo. Andere größere Unternehmen sind CapTrain Netherlands B.V., ERS Railways B.V., LOCON Benelux B.V., Rotterdam Rail Feeding B.V. (RRF) und Rurtalbahn Benelux B.V. Eine Reihe weiterer kleinerer Anbieter engagiert sich teils nur in bestimmten Marktsegmenten.

Verkehrsministerium
Ministerie van Infrastructuur en Milieu
Directoraat-generaal Bereikbaarheid
Directie Openbaar Vervoer en Spoor
Postbus 20901
NL-2500 EX Den Haag
Telefon: +31 70 456 00 00
www.government.nl/ministries/ienm

Nationale Eisenbahnbehörde
Autoriteit Consument en Markt (ACM)
Directie Telecom, Vervoer en Post
Postbus 16326
NL-2500 BH Den Haag
Telefon: +31 70 7222000
www.acm.nl

Inspectie Leefomgeving en Transport (ILenT)
Rail en Wegvervoer
Postbus 16191
NL-2500 BD Den Haag
Telefon: +31 88 4890000
www.ilent.nl

Eisenbahnunfalluntersuchungsstelle
De Onderzoeksraad Voor Veiligheid
Sector Railverkeer
Postbus 95404
NL-2509 CK Den Haag
Telefon: +31 70 333 7000
info@onderzoeksraad.nl
www.onderzoeksraad.nl

Foto: Roland Korving

Abellio Limburg / Arriva Nederland

Abellio Limburg B.V.

Piet Mondriaanplein 31
NL-3812 GZ Amersfoort
Telefon: +31 33 460 1580
press@abellio.com
www.abellio.com

Verkehre
* SPNV „Door" für alle regionalen Bus- und Bahnverbindungen in der Provinz Limburg; ab Dezember 2016 für 15 Jahre
  Nijmegen - Venlo - Roermond (Maaslijn)
  Maastricht Randwijck – Heerlen – Kerkrade (Heuvellandlijn)
  Heerlen – Aachen [DE]
  Roermond – Sittard – Maastricht Randwijck (Stoptrein)
  Sittard – Heerlen (Stoptrein)

Unternehmensgeschichte
Nach einer öffentlichen Ausschreibung hat die niederländische Provinz Limburg der NS-Tochter Abellio eine 15-jährige Konzession unter dem Namen „Door" für alle regionalen Bus- und Bahnverbindungen in der Provinz gewährt. Der Vertrag beginnt im Dezember 2016 und hat einen Jahreswert von 55,5 Mio. EUR bzw. 1,5 Mrd. EUR über die Laufzeit der Konzession.
Der Vertrag umfasst die folgenden Bahnlinien:
* Nijmegen - Venlo - Roermond (Maaslijn)
* Maastricht Randwijck – Heerlen – Kerkrade (Heuvellandlijn)
* Heerlen – Aachen [DE]
* Roermond – Sittard – Maastricht Randwijck (Stoptrein)
* Sittard – Heerlen (Stoptrein)

Die beiden letzteren Stoptrein-Verbindungen werden parallel zu den Intercity-Verbindungen der NS verkehren. Hier werden zum ersten Mal regionale Dienstleistungen einer regionalen Behörde innerhalb der Kernnetz-Konzession des Ministeriums für Infrastruktur parallel zu den Kerndiensten des Landes ausgeführt werden.
Der Gewinner der Ausschreibung ist verpflichtet, die Flotte von fünf im Jahr 2008 gelieferten GTW-Triebwagen der Heuvelland-Linie zu übernehmen. Die neue Konzession wird aber ab 2020 auch neue elektrische Fahrzeuge benötigen, da die Strecken Nijmegen – Venlo – Roermond und Heerlen – Herzogenrath [DE] elektrifiziert werden. Mindestens acht Mehrsystemtriebzüge für die grenzüberschreitenden Verkehrsdienste und auch für den Betrieb in Belgien für eine mögliche spätere Verbindung zwischen Maastricht und Lüttich werden benötigt. Es ist wahrscheinlich, dass Abellio dafür neue Flirt 3 von Stadler über eine NS-Leasinggesellschaft bestellen wird. Die Übernahme weiterer GTW von Veolia ist nicht vorgeschrieben, aber möglich.

Arriva Personenvervoer Nederland B.V. 🅿

Postbus 626
NL-8440 AP Heerenveen
Trambaan 3
NL-8441 BH Heerenveen
Telefon: +31 513 655855
Telefax: +31 513 655808
www.arriva.nl

Gesellschafter
Stammkapital 50.000,00 EUR
* Arriva Coöperatie W.A. (100 %)

Lizenzen
* NL: EVU-Zulassung (PV) seit 01.05.2005
* NL: Sicherheitszertifikat, Teil A+B (PV); gültig vom 25.02.2014 bis 01.04.2019

Unternehmensgeschichte
Arriva Personenvervoer Nederland B.V. betreibt Bus- und Schienenverkehre in den Niederlanden. Das Unternehmen wurde 1999 als NoordNed Personenvervoer BV gegründet. Zu diesem Zeitpunkt befanden sich die Gesellschafteranteile in Hand von Arriva (50 %), NS Reizigers (49,9 %) und ABN AMRO (0,1 %). Im Dezember 2003 übernahm Arriva die Anteile der bisherigen Partner und integrierte den Betrieb in die am 14.09.1994 gegründete Arriva Personenvervoer Nederland. Zum 11.12.2005 ist NoordNed in Arriva aufgegangen.
Im März 2005 hatten die niederländischen Provinzen Friesland und Groningen sowie der Aufsichtsrat der Landesnahverkehrsgesellschaft Niedersachsen mbH (LNVG) nach einem europaweiten Ausschreibungsverfahren beschlossen, die Zugverkehre auf sechs regionalen Dieselstrecken im Norden der Niederlande inklusive der

Arriva Nederland

grenzüberschreitenden Linie Leer – Groningen an das Konsortium ARRIVA Nederland BV und NoordNed Personenvervoer BV zu vergeben. Das seit 11.12.2005 für 15 Jahre zu betreibende Netz umfasst ein Volumen von 5,2 Mio. Zugkm pro Jahr, davon 0,123 Mio. Zugkm auf deutschem Gebiet. Wurde zu Beginn noch auf angemietete Triebwagen der NS zurückgegriffen, übernehmen seit 2006 schrittweise 43 dieselelektrische GTW den Betrieb. Arriva hatte die Fahrzeuge im Gesamtwert von ca. 145 Mio. EUR am 13.05.2005 bei Stadler bestellt. 27 Fahrzeuge wurden als GTW 2/8 geliefert, die restlichen 16 als GTW 2/6. Acht Triebwagen davon sind für den grenzüberschreitenden Einsatz Groningen – Leer ertüchtigt. Am 09.07.2007 erfolgten letztmalig Einsätze der „Wadlopers" (DH-I, DH-II), die vier angemieteten DM'90 kehrten im August und September 2007 zu ihrem Eigentümer zurück. Die Fahrzeugunterhaltung erfolgt an mehreren Standorten: Die zehn Triebwagen der Merwede-Lingelijn werden in NedTrain-Werk Leidschendam instand gehalten. Das Voith-Werk Leeuwarden übernimmt die Dieseltriebwagen aus dem Norden, die Fahrzeuge der Vechtdallijnen und des Netzes Achterhoek-Rivierenland die gemeinschaftliche Werkstatt von Strukton und Arriva in Zutphen.
Im Juni 2010 hat Arriva zusätzlich 14 elektrische und 24 dieselelektrische GTW bei Stadler geordert, die ab Herbst 2012 ausgeliefert wurden. Die 14 elektrischen GTW sind für den Regionalverkehr auf der „Vechtdallijnen" Zwolle – Emmen in den Provinzen Overijssel und Drenthe vorgesehen. Der Auftrag umfasst sechs zweiteilige und acht dreiteilige Züge. In der dieselelektrischen Ausführung werden 13 zweiteilige und elf dreiteilige Fahrzeuge geliefert. Diese sind für nichtelektrifizierte Strecken der Konzession Achterhoek-Rivierenland in der Provinz Gelderland bestimmt.
In den Niederlanden betreibt Arriva neben den genannten Zugverbindungen auch Busverkehre.

Verkehre
* SPNV Groningen – Leeuwarden; seit 30.05.1999
* SPNV Leeuwarden – Harlingen Haven; seit 30.05.1999
* SPNV Leeuwarden – Stavoren; seit 30.05.1999
* SPNV Groningen – Delfzijl; seit 28.05.2000
* SPNV Groningen – Nieuweschans – Leer [DE]; seit 28.05.2000 bis Nieuweschans; durchgehender Fahrzeugeinsatz seit 06.11.2006
* SPNV Groningen – Roodeschool; seit 28.05.2000
* SPNV Dordrecht – Geldermalsen (Merwede-Lingelijn); seit 10.12.2006 bis Ende 2018
* SPNV Groningen – Veendam; seit 01.05.2011
* SPNV „Vechtdallijnen" Zwolle – Emmen (seit 09.12.2012) sowie Almelo – Mariënberg (ab 15.12.2013)

Arriva Nederland / BAM Rail / CapTrain Netherlands

* SPNV „Achterhoek-Rivierenland" seit 09.12.2012
  Zutphen – Winterswijk
  Zutphen – Apeldoorn
  Arnhem – Winterswijk
  Arnhem – Tiel

BAM Rail B.V. G

Postbus 3172
NL-4800 DD Breda
Stadionstraat 40
NL-4815 NG Breda
Telefon: +31 76 573-4300
Telefax: +31 76 573-4400
info@bamrail.nl
www.bamrail.nl

Management
* Jan Prins (Geschäftsführer)

Gesellschafter
* Koninklijke BAM Groep N.V. (100 %)

Lizenzen
* NL: EVU-Zulassung (GV) seit 06.12.2012
* NL: Sicherheitszertifikat für Bauzugverkehre, Teil A+B (GV); gültig vom 01.06.2014 bis 01.06.2019

Unternehmensgeschichte
1933 startete Floor van Welzenes in Rotterdam einen Zimmermannsbetrieb. Nach dem Zweiten Weltkrieg beteiligte man sich beim Wiederaufbau des niederländischen Schienennetzes, die Flutkatastrophe im Jahr 1953 sorgte für zusätzliche Aufträge im Bereich des Wiederaufbaues von Bahndämmen.
Anfang 1997 wurde Van Welzenes Spoorbouw B.V. mit der privatisierten Bahnbausparte der Nederlands Spoorwegen verschmolzen. Der dabei entstandene Betrieb BAM Rail B.V. ist die Bahnbausparte der Koninklijke BAM Groep N.V.
BAM Rail hat heute rund 1.000 Mitarbeiter. Der Hauptsitz befindet sich in Breda Dordrecht, ergänzt durch Büros in Dordrecht, Eindhoven und Rotterdam. Über eigene Lokomotiven verfügt das Unternehmen nicht, bei Bedarf mietet man u. a. Loks der Rotterdam Rail Feeding B.V. (RRF).

Verkehre
* AZ-Verkehr

Captrain Netherlands B.V. G

Albert Plesmanweg 103 b-c
NL-3088 GC Rotterdam
Telefon: +31 10 7070550
Telefax: +31 10 7070555
www.captrain.nl

Management
* Andreas Pietsch (Direktor)

Gesellschafter
Stammkapital 1.000.000,00 EUR

Lizenzen
* NL: EVU-Zulassung (GV) seit 17.05.2005
* NL: Sicherheitszertifikat, Teil A (GV), gültig vom 14.08.2012 bis 13.08.2015
* NL: Sicherheitszertifikat, Teil B (GV), gültig vom 01.07.2014 bis 13.08.2015

Unternehmensgeschichte
Captrain Netherlands B.V. ist die Güterverkehrs-Landesgesellschaft der Fret SNCF für die Niederlande und geht auf die Unternehmen Veolia Cargo Nederland B.V. (VC-NL), ITL Benelux B.V., rail4chem Benelux B.V. sowie ShortLines B.V. zurück. Captrain Netherlands B.V. entstand bei der Umfirmierung der Veolia Cargo Nederland B.V. (VC-NL) per 21.01.2010, bei der gleichzeitig auch eine Sitzverlegung von Breda nach Rotterdam vollzogen wurde. Die Gesellschaft wurde ursprünglich per 04.12.2002 als BBA Bedrijf Randstad B.V. gegründet und trug ab 15.11.2004 den Namen Connex Cargo Nederland B.V. bzw. ab 07.03.2006 die Firmierung Veolia Cargo Nederland B.V. (VC-NL). Langjährige Führungskraft war im Übrigen Petrus Jacobus Maria „Jac" Herijgers, der zuvor als geschäftsführender Gesellschafter für die ShortLines B.V. tätig gewesen war.
Nach Erhalt der Sicherheitszertifikate Teil 1 im Januar 2006 und Teil 2 im Juni 2006 konnte der volle Betrieb der Gesellschaft im Sommer 2006 aufgenommen werden.
Veolia Cargo Nederland war zum 01.08.2009 aufnehmende Gesellschaft bei der Fusion mit der am 06.10.2004 gegründeten rail4chem Benelux B.V. gewesen. Diese hatte zum 11.10.2004 als 100 % Tochtergesellschaft der deutschen rail4chem Eisenbahnverkehrsgesellschaft mbH, Essen, den Betrieb in den Niederlanden und später auch Belgien aufgenommen. Mit Unternehmensgründung hatte rail4chem Benelux die bislang durch die niederländische Privatbahn

CapTrain Netherlands / Connexxion

ShortLines B.V. (SL) erbrachten Containerverkehre zwischen Rotterdam und Worms / Ludwigshafen, Duisburg, Acht (nahe Eindhoven) sowie Blerick auf deren niederländischen Abschnitten übernommen. Nach dem Verkauf der rail4chem-Unternehmen an die damalige Veolia Cargo waren die Aktivitäten zunehmend auf die Schwester in Breda verlagert worden.

Am 20.04.2007 wurde die ITL Benelux B.V. als Beneluxtochter der in Dresden ansässigen Privatbahn ITL gegründet. Neben der ITL Eisenbahngesellschaft mbH waren der Unternehmensberater Eric H.W. van Wijngaarden (De Plataan Management & Consultancy B.V. / Wagoncare B.V.) sowie die beiden ehemaligen rail4chem Benelux-Mitarbeiter Martijn Loois und Gertjan Boot am Unternehmen beteiligt. Bis zur Zulassung der ITL Benelux als EVU bediente man sich der Unternehmen Afzet-Container-Transport-Service Nederland B.V. (ACTS Nederland), ERS Railways B.V. (ERSR) und Rotterdam Rail Feeding B.V. (RRF). Seit 16.08.2007 verfügte die ITL Benelux über eine EVU-Lizenz in den Niederlanden, erste Verkehre wurden ab 24.08.2007 zunächst mit Mietloks erbracht. Am 10.10.2007 wurde die erste V 100 an ITL Benelux geliefert, am 02.02.2008 erfolgte die Übergabe der ersten TRAXX-E-Lok. Im Juli 2008 hatte die ITL Benelux 40 Mitarbeiter.

Zum 01.09.2009 wurden alle Bereiche der ITL Benelux bis auf die Betriebsleitung von Rotterdam in das gemeinsame Büro mit der damaligen SNCF Fret Benelux (SFB) in Antwerpen verlegt.

Seit 06.11.2009 ist die SNCF Fret Benelux B.V. (SFB) Alleingesellschafterin des vorherigen Schwesterunternehmens ITL Benelux B.V.. Zum Stichtag haben die bisherigen Gesellschafter
* ITL Eisenbahngesellschaft mbH (70 %)
* BC Works B.V. (10 %)
* 2RAIL B.V. (10 %)
* De Plataan Management & Consultancy B.V. (DPMC) (10 %)

ihre Anteile verkauft. Nachfolgend erfolgte die Umfirmierung in Captrain Port Services B.V., die zum 01.01.2015 auf die Captrain Netherlands verschmolzen wurde

Die Unternehmen Captrain Netherlands B.V. berichtet seit Mai 2014 an die Captrain Deutschland GmbH. Im Januar 2015 hatte Captrain Netherlands 32 Mitarbeiter.

Verkehre
* Chemietransporte Geleen (Chemelot) – Antwerpen [BE] – Woippy [FR]; 3 x pro Woche seit 01.06.2014 in Kooperation mit Captrain Belgium B. V. in Belgien und Fret SNCF in Frankreich
* Flüssiggastransporte Antwerpen-Alaska (ATPC-Terminal) [BE] – Geleen (Chemelot); 3-5 x pro Woche seit 01.01.2015 im Auftrag von Ermechem S.A.
* KV-Transporte Rotterdam (RSC) – Ludwigshafen (KTL) [DE]; 6 x pro Woche im Auftrag von Hupac in Kooperation mit der TWE Bahnbetriebs GmbH
* KV-Transporte Rotterdam (RSC) – Mannheim (Contargo) [DE]; 5 x pro Woche im Auftrag der Distri Rail B.V. für Hupac in Kooperation mit der Bayerischen CargoBahn GmbH (BCB)
* Kohletransporte Born (Enerco B.V.) – Frankreich (u. a. Anglefort [FR], Grenoble [FR]); 1 x pro Woche seit 06.08.2010 Traktion in den Niederlanden; 5 x pro Woche seit Februar 20125 x pro Woche seit Februar 2012 (u.a. Anglefort, Notre Dame de Briançon, Grenoble); in Kooperation mit der Captrain Belgium B.V. in Belgien und CFL cargo SA zwischen Bressoux [BE] und Hagondange [FR]
* Kohletransporte Rotterdam (Europees Massagoed-Overslagbedrijf (EMO) B.V.) – Bottrop (Kokerei Prosper) [DE]; 5 x pro Woche seit 02.01.2013 im Auftrag der RAG Verkauf GmbH
* Papiertransporte Dortmund Obereving (Wagentausch) [DE] – Antwerpen WHZ [BE]; 3 x pro Woche seit 12.12.2010 im Auftrag der ScandFibre Logistics AB in Kooperation mit der Captrain Belgium B.V. in Belgien; 2 x pro Woche seit 14.06.2014
* Rangierverkehre Hafen Rotterdam; seit November 2008
* Zellstofftransporte Vlissingen – Osnabrück (Felix Schoeller) [DE]; 3 x pro Woche seit 01.01.2015 im Auftrag der im Auftrag der TWE Bahnbetriebs GmbH für NOSTA Rail GmbH; Zug ab Roosendaal kombiniert mit Leistung aus Antwerpen [BE]
* Zellstofftransporte und KV-Transporte Antwerpen [BE] – Osnabrück (Felix Schoeller) [DE]; 3 x pro Woche seit 01.01.2015 im Auftrag der TWE Bahnbetriebs GmbH für NOSTA Rail GmbH; Zug ab Roosendaal kombiniert mit Leistung aus Vlissingen

connexxion

conneXXion Nederland N.V.

Postbus 224
NL-1200 AE Hilversum
Marathon 6
NL-1213 PK Hilversum
Telefon: +31 35 625-1600
Telefax: +31 35 625-1699
www.connexxion.nl

Management
* Peter Kortenhorst (Vorsitzender der Geschäftsführung)
* Dr. Frank Janssen (COO)
* Aad Verveld (CFO)

Connexxion / DB Schenker Rail Nederland

Gesellschafter
Stammkapital 225.000,00 EUR
* Connexxion Holding B.V. (100 %)

Beteiligungen
* Connexxion Taxi Services B.V. (100 %)
* Connexxion Tours B.V. (100 %)
* REISinformatiegroep B.V. (32,8 %)
* B.V. Rederij Naco
* Techno Services Nederland B.V.

Lizenzen
* NL: EVU-Zulassung (PV) seit 04.04.2006 (Connexxion Openbaar Vervoer NV)
* NL: Sicherheitszertifikat, Teil A+B (PV); gültig vom 01.02.2014 bis 01.02.2019 (Connexxion Openbaar Vervoer NV)

Unternehmensgeschichte
Connexxion entstand im Mai 1999 durch die Fusion der kommunalen und staatlichen Verkehrsbetriebe Midnet, Oostnet, ZWN und NZH. Der zunächst als ConneXXion geschriebene Unternehmensname wurde 2000 in Connexxion geändert. Das zunächst im Eigentum des niederländischen Finanzministeriums stehende Unternehmen wurde inzwischen privatisiert: Am 02.07.2007 veräußerte der Niederländische Staat 66,67 % der Gesellschafteranteile an der Connexxion-Holding für ca. 244 Mio. EUR an das Konsortium TBCH aus dem französischen Transdev-Konzern (75 %) und der N.V. Bank Nederlandse Gemeenten (BNG, 25 %). Bereits einige Monate vorher hatte Connexxion auch seine Anteile an Syntus verkauft. Transdev hatte in den folgenden fünf Jahre die Option auf eine gesamte Übernahme von Connexxion, die zum 31.01.2013 zu einem Preis von 132 Mio. EUR vollzogen wurde.
Zwar ist der ÖPNV Kerntätigkeit von Connexxion, doch betreibt man daneben auch den people mover „ParkShuttle" in Rotterdam, 190 Reisebusse (Connexxion Tours), 3.868 Taxis (Connexxion Taxi Services) und 30 Krankenwagen. Connexxion ist an den Busunternehmen Hermes, GVU (seit 01.01.2007) und Novio (seit 01.01.2007) sowie dem Bahnunternehmen Syntus (bis 2007) beteiligt. Außerdem betreibt Connexxion die S-Bahn Utrecht – Nieuwegein/IJsselstein (Utrechtse sneltram), die Valleilijn im Bahnverkehr und die 22 Tragflügelboote der Fast Flying Ferries zwischen Amsterdam und Velsen (ab 01.01.2008 Veolia Transport Nederland).
Auf der Valleilijn hat Connexxion im Dezember 2006 den bisherigen Betreiber NS Reizigers abgelöst. Dort setzte man übergangsweise von NS Financial Services geleaste Elektrotriebzüge des Typs „plan V" ein, die ab 23.09.2007 durch PROTOS-Elektrotriebzüge abgelöst wurden. Deren Einsatz war dem Auftraggeber allerdings schon bis 01.09.2007 zugesagt worden. Die deutliche Verzögerung bei Zulassung und Auslieferung der PROTOS sorgte folglich für eine Konventionalstrafe, die Connexxion zahlen musste. Wegen Problemen mit den PROTOS war zwischenzeitlich bis 03.04.2008 sowie in den Folgejahren bei Bedarf wieder ein „plan V" bei Connexxion im Einsatz. Der eigentlich ebenfalls zur Übernahme angedachte PROTOS-Proptyp wurde zwar umgebaut, aber nie an Connexxion ausgeliefert. Ersatzweise erfolgte die Bestellung eines Stadler GTW-Triebwagens. Ende 2014 wurden Überlegungen bekannt, dass aufgrund stark angestiegener Fahrgastzahlen drei weitere PROTOS bestellt werden sollten.
Auf der Strecke Almelo – Mariënberg wurden die DH am 27.05.2007 durch LINT 41-Triebwagen ersetzt. Da in den Niederlanden keine neuen LINT mehr zugelassen werden greift man auf zwei von Syntus gemietete Triebwagen zurück.
Die ca. 13.000 Beschäftigten des Unternehmens erwirtschaften einen Jahresumsatz von rund 884 Mio. EUR (Stand 2006).

Verkehre
* SPNV „Valleilijn" Amersfoort – Ede-Wageningen; von 10.12.2006 bis 2021 im Auftrag der provincie Gelderland

DB Schenker Rail Nederland N.V.
G

Postbus 2060
Moreelsepark 1
NL-3511 EP Utrecht
Telefon: +31 30 235-8347
Telefax: +31 30 235-5883
jelle.rebbers@dbschenker.com
www.rail.dbschenker.nl

Management
* Aart Johan Klompe (CEO)
* Falk Holtz (CFO)
* Arno van Deursen (COO)

Gesellschafter
Stammkapital 7.000.454,80 EUR
* DB Schenker Rail AG (100 %)

Beteiligungen
* Rail Service Center Rotterdam B.V. (RSC) (100 %)
* Optimodal Nederland B.V. (24,34 %)

DB Schenker Rail Nederland

Lizenzen
* BE: Sicherheitszertifikat, Teil B (PV+GV); gültig vom 27.04.2012 bis 26.04.2015
* FR: Sicherheitszertifikat, Teil B (GV); gültig seit 21.10.2014 für den Streckenabschnitt zwischen der belgischen Grenze und dem Bahnhof Tourcoing
* NL: EVU-Zulassung (PV (beschränkt)+GV) seit 01.12.2002
* NL: Sicherheitszertifikat, Teil A+B (GV); gültig vom 12.12.2013 bis 12.12.2018

Unternehmensgeschichte
Die niederländische Staatsbahn Nederlandse Spoorwegen (NS) verlagerte in den 1990er Jahren ihre Güterverkehrsaktivitäten in die Geschäftseinheit NS-Cargo, die als Gesellschaft per 31.05.1995 gegründet wurde. 2003 erfolgte der Verkauf an die Railion Deutschland AG sowie die Überführung des Unternehmens in die Railion Benelux. Seit September 2003 firmiert man als Railion Nederland (RN), da aufgrund der bestehenden Kooperationsvereinbarungen keine eigenen Aktivitäten in Belgien und Luxembourg angeboten werden.
RN sowie deren rechtliche Nachfolger sind marktführendes Schienengüterverkehrsunternehmen in den Niederlanden, die Verkehre sind sehr stark auf den Hafen Rotterdam fokussiert. Sehr speziell ist das Netzwerk in der Region Zeeuws Vlaanderen, die nur eine Schienenanbindung nach Belgien besitzt und keine Personenverkehre aufweist.
Seit 09.06.2010 werden die u.g. Triebfahrzeuge nur noch durch Shunter B.V. unterhalten, zuvor war auch die Nedtrain als Partner eingebunden.
2007 transportierte RN 31,1 Mio. t, besaß rund 150 Loks und 1.000 Mitarbeiter. Zum 16.02.2009 firmierte Railion Nederland N.V. in DB Schenker Rail Nederland N.V. um.
Mit 65 Lokomotiven und 670 Mitarbeitern erbrachte das Unternehmen 2012 eine Transportleistung von 4,112 Mrd. tkm und generierte einen Umsatz von 151,8 Mio. EUR. 2013 verzeichnete das Unternehmen 22,6 Mio. t sowie 3,737 Mrd. tkm. Experten schätzten den Marktanteil in den Niederlanden auf knapp 65 %.

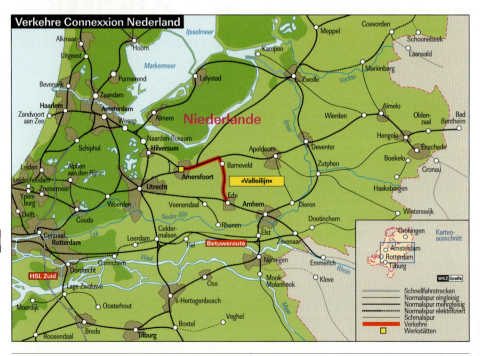

ERS Railways

ERS Railways B.V. G

Postbus 59018
NL-3008 PA Rotterdam
Albert Plesmanweg 61B
NL-3088 HH Rotterdam
Telefon: +31 10 4285200
Telefax: +31 10 4942848
info-eu@ersrail.com
www.ersrail.com

Operations
Postbus 59018
NL-3008 PA Rotterdam
Albert Plesmanweg 61 A
NL-3088 GB Rotterdam
Telefon: +31 10 4285200
Telefax: +31 10 4285210
info-nl@ersrail.com

Zweigniederlassung Hamburg
Bugenhagenstrasse 5
DE-20095 Hamburg
Telefon: +49 40 756687-0
Telefax: +49 40 756687-101
info-de@ersrail.com

ERS European Railways GmbH
Münchener Strasse 49
DE-60239 Frankfurt am Main
Telefon: +49 69 900207-0
info-de@ersrail.com

Niederlassung Polen
Ul. Bonifraterska 17
PL-00-203 Warszawa
Telefon: +48 22 2668273
Telefax: +48 22 2668275
info-pl@ersrail.com

Management
★ Frank Matthias Schuhholz (Geschäftsführer)

Gesellschafter
Stammkapital 100.000,00 EUR
★ Freightliner Group Ltd. (92 %)
★ Management (8 %)

Beteiligungen
★ boxXpress.de GmbH (47 %)

Lizenzen
★ AT: Sicherheitszertifikat, Teil B (GV); gültig vom 30.06.2014 bis 01.01.2019
★ DE: Sicherheitszertifikat, Teil B (GV); gültig vom 02.01.2014 bis 01.01.2019
★ NL: EVU-Zulassung seit 27.09.2002, per 23.09.2004 in eine unbefristete Lizenz gewandelt
★ NL: Sicherheitszertifikat Teil A+B (GV); gültig vom 01.01.2014 bis 01.01.2019

Unternehmensgeschichte
ERS Railways ist ein seit 1998 am Markt operierendes Unternehmen mit Schwerpunkt auf Containerganzzügen. Dessen Muttergesellschaft war zunächst der 1994 gegründete Containerzugoperateur European Rail Shuttle B.V. (ERS), bei seiner Gründung ein Joint-Venture der Großreedereien Nedlloyd, Sea-Land, Maersk und P&O. Mit der Fusion dieser vier Unternehmen wurde Maersk am 13.02.2006 alleiniger Gesellschafter von ERS. ERS nahm 1994 die Organisation von drei wöchentlichen Zugpaaren zwischen Rotterdam und Germersheim sowie vier wöchentlichen Umläufen Rotterdam – Melzo [IT] auf. Mit der Traktion dieser Leistungen wurden zunächst die Staatsbahnen beauftragt. Anfang 2002 fiel die Entscheidung, Transporte selbst zu traktionieren. Dabei bediente man sich der am 26.10.1998 gegründeten ERS Railways B.V. (ERSR), wobei ERS per 01.01.2008 auf die ERS Railways verschmolzen wurde.
Die ersten Produkte, für die ERS die Traktion selbst durchführte, waren Shuttles zwischen Rotterdam und Germersheim. Im Jahr 2003 kamen weitere von Rotterdam nach Mainz sowie Neuss hinzu, gefolgt von Rotterdam – Melzo [IT] und Rotterdam – Padua [IT] im Jahr 2004. Seit dem Jahr 2005 ist ERSR auch in Osteuropa aktiv und führte im August 2005 Shuttles von Rotterdam nach Mělník [CZ] und Anfang 2006 nach Warschau ein. Einen Meilenstein in der Unternehmensgeschichte bildete der im Juni 2007 gefahrene Containerzug von Fernost nach Europa. Der Zug startete im chinesischen Shenzhen und transportierte ohne Umladung 52 40-Fuß-Container mit Computerteilen zu einem Kunden ins 100 km östlich von Prag gelegene Pardubice.
Seit 2003 verfügt ERSR mit der ERS Railways GmbH (ERSR) über eine EVU-Schwester in Deutschland und seit 2007 zudem über eine Zulassung in Belgien.
Das junge Unternehmen wuchs von seiner Gründung bis heute kontinuierlich. Das Aufkommen an beförderten Containern ist von 22.000 TEU im Jahre 1994 auf 650.000 TEU 2008 gestiegen. Aktuell fährt ERS Railways rund 100 Shuttlezüge pro Woche, hauptsächlich zwischen dem Hafen von Rotterdam und dem europäischen Hinterland. 2014 wurden 510.000 TEU transportiert.
ERS Railways ist außerdem Gesellschafter und Gründungsmitglied der boxXpress.de GmbH, über die weitere Relationen zwischen den deutschen Seehäfen (Bremerhaven, Hamburg) und dem Inland angeboten werden.

ERS Railways

ERS Railways verfolgt eine Wachstumsstrategie und ist bestrebt, die Verkehre, vor allem nach Osteuropa auszubauen. Des Weiteren soll das Kundenportfolio noch stärker auf konzernfremde Reedereien und Spediteure ausgeweitet werden. Im September 2009 wurde deshalb eine neue Verbindung zwischen Hamburg und Warschau ins Programm aufgenommen, der noch weitere Destinationen folgen sollen.

Bei Aufnahme der Tätigkeit als Traktionär wurden die Containerzüge fast vollständig mit Diesellokomotiven gefahren. Doch im Rahmen der klima- und umweltfreundlichen Politik des Unternehmens wurde zunehmend in elektrische Lokomotiven investiert, so dass Ende 2008 drei erste Siemens-Elektrolokomotiven des Typs ES 64 F4 in Empfang genommen werden konnten. Auf ausgewählten Strecken wurden weiterhin bis Januar 2012 Diesellokomotiven des Typs Class 66 eingesetzt. Für die Rangiertätigkeiten im Hafen von Rotterdam verwenden ERSR G 1206-Diesellokomotiven, denn die Hafeninfrastruktur ist noch nicht vollständig elektrifiziert.

Ende 2011 beendete man hingegen die Engagements in Skandinavien und Ungarn, die Büros in Göteborg und Budapest wurden aus diesem Grund zum 31.12.2011 ebenfalls aufgelöst.

Die niederländischen Zollbehörden haben ERS Railways am 17.02.2012 als einem der ersten europäischen Bahnunternehmen die vollständige Zertifizierung nach AEO Status F (Authorized Economic Operator - Zugelassener Wirtschaftsbeteiligter) für ihre Geschäfte in Polen, Deutschland und den Niederlanden verliehen. Das Zertifikat bietet Kunden von ERS Railways in den Niederlanden, Deutschland und Polen die Möglichkeit von einer vereinfachte Behandlung durch die jeweiligen Zollbehörden zu profitieren und damit den administrativen Aufwand im Bereich des Hinterlandtransportes in den drei genannten Ländern zu senken.

Die Freightliner Group gab am 19.06.2013 überraschend die mehrheitliche Übernahme der ERS Railways B.V. von Maersk Line bekannt, der per 05.08.2013 vollzogen wurde. Sowohl Freightliner in Großbritannien als auch ERS in Kontinentaleuropa sind für mehr als 15 Jahre bedeutende Dienstleister für Maersk Line. Die Reederei will sich auf die Entwicklung von Hochseeschifffahrts-Verbindungen konzentrieren.

Mit 105 Mitarbeitern erwirtschaftete ERS 2013 einen Umsatz von 107 Mio. EUR.

Verkehre

- KV-Transporte Duisburg Rheinhausen (DKT) [DE] – Ljubljana Moste [SI]; 2 x pro Woche seit 30.08.2013 betriebliche Abwicklung in Deutschland im Auftrag der Rail Cargo Group unter durchgehender Nutzung von Loks der Rail Cargo Austria AG (RCA); 3 x pro Woche seit Oktober 2013; 5 x pro Woche seit 08.09.2014
- KV-Transporte Duisburg – Wels [AT]; seit Januar 2015 betriebliche Abwicklung in Deutschland im Auftrag der Rail Cargo Group unter durchgehender Nutzung von Loks der ERS Railways B.V.
- KV-Transporte Pomezia S. Palomba [IT] – Duisburg [DE]; 3 x pro Woche seit 05.01.2013 im Auftrag der Cemat S.p.A.; betriebliche Durchführung bis Basel sowie durchgehende Lokgestellung durch BLS Cargo AG; Rangierdienst in Duisburg vergeben an duisport rail GmbH
- KV-Transporte Rostock Seehafen [DE] – Brno [CZ]; 2 x pro Woche seit 31.07.2011; Traktion in Deutschland durch boxXpress.de GmbH, in Tschechien durch ČD Cargo, a.s.; 4 x pro Woche seit 21.08.2012
- KV-Transporte Rostock Seehafen [DE] – Wien-Freudenau (WienCont) [AT]; 2 x pro Woche seit 12.05.2013; Traktion in Deutschland durch boxXpress.de GmbH, in Tschechien durch ČD Cargo, a.s., in Österreich durch Wiener Lokalbahnen Cargo GmbH (WLC)
- KV-Transporte Rotterdam (ECT Delta, RSC Rotterdam Waalhaven) – Frenkendorf (Swissterminal) [CH]; 3 x pro Woche seit 04.05.2011 im Auftrag der IMS Rail Switzerland AG; Lokwechsel in Weil am Rhein auf BLS Cargo AG
- KV-Transporte Rotterdam (ECT Delta, RSC Rotterdam Waalhaven) – Rekingen (Swissterminal) [CH]; 2 x pro Woche seit 18.04.2012 im Auftrag der IMS Rail Switzerland AG; Lokwechsel in Weil am Rhein auf BLS Cargo AG
- KV-Transporte Rotterdam – Melzo (Sogemar terminal Melzo) [IT]; 12 x pro Woche seit Dezember 2013 Traktion durch die BLS Cargo AG
- KV-Transporte Rotterdam – Swarzędz (Centrum Logistyczno Inwestycyjne Poznań (CLIP)) [PL]; 3 x pro Woche seit 07.05.2012; durchgehende Traktion in Kooperation mit PKP Cargo S.A. bzw. seit 16.06.2014 mit Freightliner PL Sp. z o.o. (FPL); 5 x pro Woche geplant ab 11.06.2013; 8 x pro Woche seit 12.11.2014; 10 x pro Woche geplant ab 01.2015
- KV-Transporte Wien-Freudenau (WienCont) [AT] – Hamburg-Waltershof / Bremerhaven; deutscher Partner der von der Wiener Lokalbahnen Cargo GmbH (WLC) gefahrenen Verbindungen seit 01.05.2011; aktuell 16 Zugpaare pro Woche
- KV-Transporte im Rotterdamer Hafen zwischen dem Rail Service Center (RSC) im Waalhaven und den ECT- / APM Terminals auf der Maasvlakte; seit 18.02.2014
- KV-Transporte „Erasmus-Shuttle" Rotterdam (ECT Delta, RSC Rotterdam Waalhaven) – Basel-Weil am Rhein (DUSS) [DE]; 2 x pro Woche seit 26.10.2012 im Auftrag der IMS Rail Switzerland AG

ERS Railways

ERS Railways / Eurailscout / EETC

* KV-Transporte „Kopernikus II" Krefeld (KCT) [DE] – Swarzędz (Centrum Logistyczno Inwestycyjne Poznań (CLIP)) [PL]; 3 x pro Woche seit 01.01.2015 im Auftrag der dls Land und See Speditionsgesellschaft mbH; Traktion bis Krefeld-Linn [DE] untervergeben an Hafen Krefeld GmbH & Co. KG; Traktion in Polen durch Freightliner PL Sp. z o.o. (FPL)
* KV-Transporte „Kopernikus" Krefeld (KCT) [DE] – Warszawa Praga (CargoSped) [PL]; 2 x pro Woche seit 27.09.2013 im Auftrag der dls Land und See Speditionsgesellschaft mbH; durchgehende Traktion in Kooperation mit PKP Cargo S.A. bzw. seit 16.06.2014 mit Freightliner PL Sp. z o.o. (FPL); Traktion bis Krefeld-Linn [DE] untervergeben an Hafen Krefeld GmbH & Co. KG; Traktion in Polen untervergeben an PKP Cargo S.A.
* KV-Transporte „Ruhr-Shuttle" Lübeck-Travemünde (baltic rail gate) [DE] – Hohenbudberg [DE]; 6 x pro Woche seit 22.05.2013 im Auftrag der European Cargo Logistics GmbH (ECL); Terminalbedienung Lübeck durch Nordic Rail Service GmbH (NRS)
* KV-Transporte „Ruhr-Shuttle" Lübeck-Travemünde (baltic rail gate) [DE] – Ludwigshafen (KTL) [DE]; 2 x pro Woche seit 28.08.2013 im Auftrag der European Cargo Logistics GmbH (ECL); 3 x pro Woche seit November 2013; Terminalbedienung Lübeck durch Nordic Rail Service GmbH (NRS)

Eurailscout Inspection and Analysis B.V.

Postbus 349
NL-3800 AH Amersfoort
Berkenweg 11
NL-3818 LA Amersfoort
Telefon: +31 33 46970-00
Telefax: +31 33 46970-50
info@eurailscout.com
www.eurailscout.com

Management
* Erland Robert Tegelberg (CEO)
* Arie van der Zouwen (COO)
* Jacques Yves Georges Le Flem (CTO)
* Michael van Milt (CFO)

Gesellschafter
Stammkapital 4.018.153,00 EUR
* Europool B.V. (100 %)

Lizenzen
* NL: EVU-Zulassung (GV) seit 02.09.2005
* NL: Sicherheitszertifikat, Teil A+B (GV); gültig vom 15.06.2012 bis 15.06.2017

Unternehmensgeschichte
Die Eurailscout Inspection and Analysis B.V. wurde am 13.11.1975 unter dem Namen NS Ultrasoonbedrijf B.V. gegründet und ist im Bereich der Fahrwegmessung aktiv. Der Geschäftsbetrieb von NS Ultrasoonbedrijf und NS Technisch Onderzoek wurden 2000 an Strukton und Knape Gleissanierung abgestoßen und das Unternehmen erhielt den heutigen Namen.
Ein Bestand an dieselbetriebenen Messfahrzeugen wird in den Niederlanden, aber auch im europäischen Ausland eingesetzt.
Per 12.12.2012 wurde ein 50 %iger Anteil von der Knape Gruppe / Eurailpool an SNCF übergeben.
Seit 01.11.2013 nutzt man in Deutschland die Lizenz der HGB - Hessische Güterbahn GmbH.

Verkehre
* Messfahrten

Euro-Express-Treincharter B.V. (EETC) ℗

Burgemeerstersrand 57
NL-2625 NV Delft
Telefon: +31 15 2133636
Telefax: +31 15 2140739
info@eetc.nl
www.eetc.nl

Management
* Leo Weeber (Direktor)
* Luuc de Haas (Direktor Betrieb)
* René van der Klink (Direktor Finanzen)

Gesellschafter
Stammkapital 90.600,00 EUR
* L.R.P. Weeber Holding B.V. (100 %)

Lizenzen
* NL: EVU-Zulassung (PV+GV) seit 24.07.2013
* NL: Sicherheitszertifikat, Teil A+B (PV); gültig vom 11.12.2013 bis 11.12.2018

Unternehmensgeschichte
Die am 04.11.1996 gegründete Euro-Express-Treincharter B.V. (EETC) ist Anbieter von saisonalen Personensonderzügen. Dabei handelt es sich um in den Wintermonaten um Skisonder- und in den Sommermonaten um Autoreisezüge.
1996 hatte man zunächst mit der Organisation von Skisonderzügen nach Österreich begonnen, die erstmals im Dezember 1996 verkehrten. 2002 übernahm man von NS International deren „Alpen Expres"-Züge, später folgten auch die „AutoSlaapTrein"-Züge sowie die Pilgerzüge nach Lourdes.

EETC / Hermes / HSA

2003 / 2004 konnte EETC einen großen Bestand an Reisezugwagen von NS International übernehmen. Zuvor hatte man die Wagen angemietet. Seit Juli 2010 verfügt man über die Zulassung als EVU und konnte im September 2010 drei V 60 D von der ACTS Nederland B.V. erwerben. Diese übernehmen ab 2011 den Rangierdienst in 's-Hertogenbosch, der zuvor u.a. durch die damalige rail4chem Benelux B.V. bzw. die Rotterdam Rail Feeding B.V. (RRF) erbracht worden waren.

Verkehre
* Personenverkehr „Alpen Express" Utrecht Centraal – Wörgl [AT] – Landeck [AT] / Bischofshofen [AT]; Saisonverkehr
* Personenverkehr „AutoSlaap Trein" 's-Hertogenbosch – Alessandria [IT]; Saisonverkehr
* Personenverkehr „AutoSlaap Trein" 's-Hertogenbosch – Livorno [IT]; Saisonverkehr
* Personenverkehr „AutoSlaap Trein" Utrecht Centraal – Koper [SI]; Saisonverkehr ab 2013
* Personenverkehr „Ski-Trein" Utrecht Centraal – Zell am See [AT]; Saisonverkehr

Hermes Groep N.V. ▣

Professor Dr Dorgelolaan 50 PB
NL-5613 AM Eindhoven
Telefon: +31 402 358600
Telefax: +31 495 459900
www.hermes.nl

Management
* Julianus Martinus van Hout (Direktor)

Gesellschafter
* Connexxion Holding B.V. (100 %)

Unternehmensgeschichte
Um die ÖPNV-Ausschreibung des Städteverbands Arnhem – Nijmegen (SAN) der Provinz Gelderland hatten sich Keolis und das Connexxion-Tochterunternehmen Hermes beworben, der Zuschlag wurde 2011 erteilt. Der Konzession umfasst den Bus-Stadtverkehr in Nijmegen, das Trolleybusnetz in Arnhem sowie den Bahnverkehr zwischen Arnhem und Doetinchem (Produkname „Breng"). Da Arriva Nederland nicht an der Ausschreibung teilnahm, verkehren dort seit Dezember 2012 Züge zweier Verkehrsunternehmen. 2010 wurde bereits der Zuschlag für das Netz Achterhoek – Rivierenland mit der Regionalstrecke Arnhem – Winterswijk über Doetinchem an die DB-Tocher erteilt.
Für die Betriebsdurchführung hat Hermes neue Dieseltriebwagen des Stadler-Types GTW beschafft, die bei der Connexxion immatrikuliert wurden. Die Fahrzeuge sind baugleich zu den Zügen, die Arriva besitzt, und werden bei der Voith Railservices B.V. in Venlo-Blerick unterhalten.

Verkehre
* SPNV „Breng" Arnhem – Doetinchem; 0,46 Mio. Zugkm/a vom 09.12.2012 bis Dezember 2022 im Auftrag der Stadsregio Arnhem-Nijmegen (SAN)

HSA Beheer NV ▣

Stationsplein 9
NL-1012 AB Amsterdam
Telefon: +31 88 6711581
Telefax: +31 88 6711656
persvoorlichting@nshispeed.nl
www.nshispeed.nl

Management
* Jan-Willem Siebers (Geschäftsführer)

Gesellschafter
Stammkapital 500.000,00 EUR
* N.V. Nederlandse Spoorwegen (90 %)
* Koninklijke Luchtvaart Maatschappij NV (KLM) (10 %)

Lizenzen
* NL: EVU-Zulassung (PV) seit 10.05.2007
* NL: Sicherheitszertifikat, Teil A+B (PV); gültig vom 19.11.2013 bis 19.11.2018

Unternehmensgeschichte
Die High Speed Alliance (HSA) wurde am 05.12.2001 als Konsortium von NS und KLM gegründet und ist für den Betrieb der Fyra-Zugeinheiten über die Neubaustrecke HSL-Zuid verantwortlich, die als „NS International" kommerziell vermarktet werden. Nach jahrelangen Verzögerungen, ursprünglich war die Betriebseröffnung im Dezember 2007 geplant, verkehrte der erste Fyra-Zug erst 2009 zwischen Amsterdam Centraal und Rotterdam Centraal. Da die bei AnsaldoBreda bestellten V250-Triebzüge noch nicht geliefert waren, behalf man sich übergangsweise lokbespannter Lösungen. Die HSA als Betreibergesellschaft geriet zunehmend in finanzielle Probleme: Nicht rechtzeitig ausgelieferte Triebfahrzeuge bedingten einen Ersatzverkehr mit verlängerten Fahrzeiten, jahrelange Verzögerung der Freigabe der Neubaustrecke und die andauernden Probleme mit den ETCS-Anlagen führte zu ungeplanten Mehrkosten. Darüber hinaus entsprachen die tatsächlichen Fahrgastzahlen nur einem Bruchteil der prognostizierten Werte. 2012 wurde eine Zusammenlegung der Konzessionen der HSL-Schnellfahrstrecke und des Hauptstreckennetzes ab 2015 beschlossen. Der

HSA

gemeinsame Betrieb des Hauptstreckennetzes, wozu alle IC-Verbindungen und ein erheblicher Teil der Regionalverkehre gehören, und der Neubaustrecke wurde im ersten Ausschreibungsverfahren auch von NS Reizigers angeboten, von der damaligen Verkehrsministerin Tineke Netelenbos aber abgelehnt. Die Politik wollte einen eigenständigen Betreiber für die HSL Zuid. Mit einer begrenzten Anzahl V250, 16 Fahrzeuge bei HSA und drei beim belgischen Partner SNCB wurden 2012 unregelmäßige Probeläufe mit Fyra-Zügen zwischen Amsterdam Centraal und Rotterdam Centraal im Vorgriff auf die Übernahme der IC nach Brüssel zum Fahrplan 2013 aufgenommen. Wegen Fahrzeugmangel wurde die Frequenz jedoch auf 10-16 Züge pro Tag reduziert. Wegen zahlreichen Problemen mit dem Fahrzeugmaterial mussten die Verkehre sogar im Januar 2013 wieder eingestellt werden. In Belgien wurde zudem ein Einsatzverbot für die V250 erlassen und eine Überprüfung der technischen Mängel angeordnet. Zwischen Den Haag Hollands Spoor und Brussel-Zuid wurde ein Ersatzlinie installiert, die seit Februar 2013 zwei Mal bzw. seit März 2013 acht Mal pro Tag über das konventionelle Schienennetz verkehrt. Die Schnellfahrstrecke wird bis zur Lösung der bestehenden Probleme somit nur durch die inländischen Fyra-Züge nach Breda sowie die Thalys zwischen Amsterdam Centraal und Paris-Nord genutzt.

Die niederländische Bahngesellschaft NS wird über die Leasinggesellschaft Alpha Trains 19 Traxx-Loks des Typs 186 beschaffen. Sie sind mit ETCS Level 2 ausgerüstet und für Einsätze auf der HSL Zuid vorgesehen. Grund für die Entscheidung war, dass dieser Loktyp auf der HSL zugelassen ist. Die Loks sollen ab Ende 2014 zusammen mit ICR-Waggons eingesetzt werden. Die Wartung wird wahrscheinlich Bombardier im NS-Werk Watergraafsmeer durchführen. Die NS konnte die Beschaffung ohne Ausschreibung durchführen, da es sich hier um eine Notsituation handelt. Nur Bombardier konnte Loks mit Zulassung in der geforderten Zeit liefern.

Zum 15.06.2014 werden die Verbindungen als „NS International" vermarktet. Das neue Branding löste „NS HiSpeed" ab.

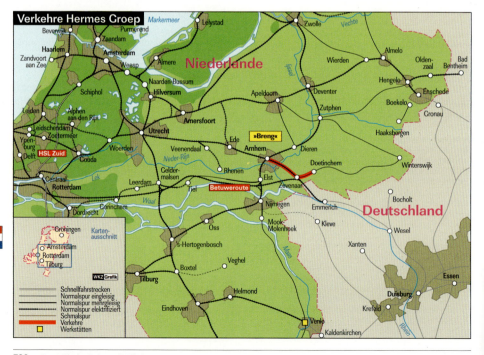

HSL Logistik / Keyrail

HSL Logistik B.V. G

Onderwijsboulevard 150
NL-5223 DH 's-Hertogenbosch

Betriebsleitung
Bruistensingel 160A
NL-5232 AC Den Bosch
Telefon: +31 73 6238584
Telefax: +31 84 8302163
info@hsl-logistic.nl
www.hsl-logistic.nl

Management
* Bjorn Ormeling (Direktor)

Gesellschafter
Stammkapital 90.000,00 EUR
* HSL Logistik GmbH (50 %)
* Ormeling Beheer B.V. (50 %)

Lizenzen
* NL: EVU-Zulassung (GV) seit 09.09.2010
* NL: Sicherheitszertifikat, Teil A+B (GV); gültig vom 01.05.2012 bis 01.05.2017

Unternehmensgeschichte
Die HSL Logistik B.V. wurde als niederländisches Tochterunternehmen der in Hamburg ansässigen HSL Logistik GmbH am 18.06.2008 gegründet. Erst im September 2010 konnte man eine entsprechende EVU-Zulassung erhalten, die erste, grenzüberschreitende Zugleistung wurde am 01.11.2010 erbracht.
Seit Juni 2012 verfügt man über eine eigene E-Lok aus Staatsbahnbeständen.

Verkehre
* Pkw-Transporte (Škoda) Mladá Boleslav [CZ] – Leusden (Pon); Spotverkehre ab Bad Bentheim (Übernahme von HSL Logistik GmbH) [DE] seit 13.04.2015 im Auftrag der BLG AutoRail GmbH; in Kooperation Strukton ab Amersfoort
* Spotverkehre in Zusammenarbeit mit der HSL Logistik GmbH
* Biodieseltransporte Ungarn – Rotterdam (Koole Tankstorage); Spotverkehre ab Emmerich (Übernahme von Floyd) [DE] im Auftrag der Via Cargo Logistics GmbH; letzte Meile vergeben an TrainGroup B.V.
* Pkw-Transporte (Kia) Žilina [SK] – Rotterdam; 1 x pro Woche ab Bad Bentheim (Übernahme von HSL Logistik GmbH) [DE] im Auftrag der BLG AutoRail GmbH
* Pkw-Transporte (VW) Devínska Nová Ves [SK] – Leusden (Pon); Spotverkehre ab Bad Bentheim (Übernahme von HSL Logistik GmbH) [DE] seit 07.10.2014 im Auftrag der BLG AutoRail GmbH; in Kooperation Strukton ab Amersfoort
* Pkw-Transporte (Škoda) Mladá Boleslav / Solnice [CZ] – Leusden (Pon); Spotverkehre ab Bad Bentheim (Übernahme von HSL Logistik GmbH) [DE] seit 13.04.2015 im Auftrag der BLG AutoRail GmbH; in Kooperation Strukton ab Amersfoort
* Pkw-Transporte Falkenberg/Elster [DE] – Amersfoort; 1-2 x pro Woche ab Bad Bentheim (Übernahme von HSL Logistik GmbH) [DE] im Auftrag der BLG AutoRail GmbH
* Propantransporte Vlissingen Sloehaven – Bad Bentheim (Übergabe an ?) [DE]; Spotverkehr seit 18.11.2014

Keyrail B.V. I

PO Box 108
NL-3330 AC Zwijndrecht
Telefon: +31 78 6777530
Telefax: +31 78 6777535
info@keyrail.nl
www.keyrail.nl

Management
* Sjoerd Sjoerdsma (Direktor)
* Cees Tommel (Direktor)

Gesellschafter
* ProRail B.V. (50 %)
* Havenbedrijf Rotterdam N.V. (35 %)
* Haven Amsterdam (15 %)

Infrastruktur
* Betuweroute Rotterdam – Zevenaar (160 km)

Unternehmensgeschichte
Zur Entlastung des bestehenden Streckennetzes von Güterzügen und zur Verringerung des Lkw-Verkehrs auf den Autobahnen wurde am 16.07.2007 die so genannte „Betuweroute" zwischen Rotterdam und Zevenaar kurz vor der deutschen Grenze eröffnet. Die 160 km lange, mit 25 kV 50 Hz elektrifizierte Trasse wurde auf 105 km völlig neu angelegt, während ausgebaute Teile des Bestandsnetzes die

Keyrail / KombiRail / LRRE

verbleibenden 55 km bilden. Die NBS verläuft in räumlicher Nähe der teils nur eingleisigen und nicht elektrifizierten Strecke (Arnhem –) Elst – Geldermalsen – Dordrecht (– Rotterdam) und ist auf 95 km Länge mit der parallelen Autobahn A 15 gebündelt. Allerdings wurde die Oberleitung erst am 15.11.2007 unter Spannung gesetzt. Schwierigkeiten mit dem Zugsicherungssystem verzögerten die Vollinbetriebnahme bis ins Jahr 2008.
Die zum 01.01.2007 gegründete Keyrail B.V. ist für Infrastrukturunterhalt, Betriebsführung und Trassenmanagement auf der Betuweroute zuständig, verantwortlicher Infrastrukturbetreiber ist die Muttergesellschaft ProRail. Beide Mitglieder der Keyrail-Unternehmensleitung waren vorher für je eine der Muttergesellschaften tätig.
Ende 2014 haben die Anteilseigner beschlossen, das Unternehmen mit seinen zuletzt rund 60 Beschäftigten im Folgejahr auf die Muttergesellschaft ProRail zu verschmelzen, was frühestens zum 01.07.2015 erfolgen sollte. Damit gibt es nur noch einen Ansprechpartner für alle Belange des Betriebs auf dem niederländischen Schienennetz.

KombiRail Europe B.V. 🇳🇱

Oudelandseweg 33
NL-3194 AR Rotterdam-Hoogvliet
info@kombirail.eu
www.kombirail.eu

Management
★ Thomas Knechtel (Geschäftsführer)
★ Katja Schräder (Geschäftsführerin)

Gesellschafter
Stammkapital 25.000,00 EUR
★ Kombiverkehr Intermodal Services AG (100 %)

Lizenzen
★ DE: Sicherheitszertifikat Teil B (GV); gültig vom 02.03.2014 bis 01.09.2019
★ NL: EVU-Zulassung (GV) seit 15.11.2009
★ NL: Sicherheitszertifikat Teil A+B (GV); gültig vom 01.09.2014 bis 01.09.2019

Unternehmensgeschichte
KombiRail Europe B.V. mit Sitz in Rotterdam wurde am 22.12.2008 als niederländische EVU-Tochter der Kombiverkehr Deutsche Gesellschaft für kombinierten Güterverkehr GmbH & Co. KG gegründet. Die Gesellschaftsanteile werden, wie auch schon bei der Schwester Optimodal Nederland B.V. über die Kombiverkehr Intermodal Services AG, Basel gehalten.
Bis zum Erhalt eigener Lizenzen wurde die Rotterdam Rail Feeding B.V. (RRF) in den Niederlanden genutzt. Bereits seit 01.09.2009 besitzt das Unternehmen Loks, die im grenzüberschreitenden Verkehr Niederlande – Deutschland gemeinsam mit der Muttergesellschaft genutzt werden.
Der erst im Dezember 2011 vollzogene Wechsel von Siemens ES 64 F4 der MRCE Dispolok zu Bombardier Traxx von Railpool bei der Kombirail Europe wurde Anfang März 2012 aus betrieblichen Gründen schon wieder beendet. Seitdem setzt das Kombiverkehr-Tochterunternehmen wieder auf Siemens-Traktion.

Verkehre
★ KV-Transporte Duisburg-Ruhrort Hafen (DUSS-Terminal) [DE] – Rotterdam-Maasvlakte (Delta Terminal); 2 x pro Woche seit April 2009 in Kooperation mit ECT; aktuell 6 x pro Woche
★ KV-Transporte Duisburg-Ruhrort Hafen (DUSS-Terminal) [DE] – Rotterdam-Maasvlakte (Delta Terminal); 3 x pro Woche seit 08.10.2007; aktuell 5 x pro Woche
★ KV-Transporte Dortmund-Westerholz (Container Terminal Dortmund) [DE] – Rotterdam-Maasvlakte (Delta Terminal); seit 09.01.2008; aktuell 3 x pro Woche
★ KV-Transporte Neuss-Hessentor [DE] – Rotterdam-Maasvlakte (Delta Terminal); Eigentraktion seit 25.04.2010; aktuell 4 x pro Woche

Lloyd's Register Rail Europe B.V. (LRRE)

Catharijnesingel 33
NL-3511 GC Utrecht
Telefon: +31 30 7524-700
Telefax: +31 30 7524-800
europe@lrrail.com
www.lrrail.com

Management
★ Richard Robert Laan (Geschäftsführer)
★ Johannes Aloysius Maria Scheepers (Geschäftsführer)

LRRE / LOCON Benelux

Gesellschafter
Stammkapital 20.000,00 EUR
* Lloyd's Register Nederland B.V. (100 %)

Lizenzen
* NL: Sicherheitszertifikat, Teil A+B (GV); gültig vom 26.11.2013 bis 26.11.2018

Unternehmensgeschichte
Lloyd's Register Rail Europe (LRRE) mit Sitz in Utrecht ist mit 200 Mitarbeitern das führende niederländische Ingenieurbüro im Bereich der Schienenfahrzeuge. Die Berater und Ingenieure von LLRE beraten bei Kauf, Wartung und Einsatz von Zügen, Straßenbahnen und U-Bahnen, Eisenbahninfrastruktur und dem Zusammenspiel von Infrastruktur und Ausrüstung. Das Unternehmen entstand im Oktober 2006 bei der Übernahme der am 31.05.1999 gegründeten NedTrain Consulting (NTC) durch Lloyd's Register. LRRE ist Teil der Lloyd's Register-Gruppe mit 9.000 Mitarbeitern in 78 Ländern in den Bereichen Bahn, Energie, Marine und Management-Systemen. Die Lizenz in den Niederlanden wird für Test- und Zulassungsfahrten verwendet.

LOCON BENELUX B.V. G

Noordzeelaan 28
NL-8017 JW Zwolle
Telefon: +31 38 4606779
Telefax: +31 38 8450115
info@locon-benelux.com
www.locon-benelux.com

Management
* Toon Habers (Geschäftsführer)

Gesellschafter
Stammkapital 90.000,00 EUR
* LOCON LOGISTIK & CONSULTING AG (51 %)
* Haetberting B.V. (49 %)

Lizenzen
* BE: Sicherheitszertifikat beantragt
* NL: EVU-Zulassung (PV+GV); gültig ab 31.03.2011
* NL: Sicherheitszertifikat, Teil A+B (PV+GV); gültig vom 15.05.2012 bis 15.05.2017

Unternehmensgeschichte
Zum 01.02.2011 nahm mit der LOCON BENELUX B.V. mit Sitz in Zwolle eine gemeinsame Tochtergesellschaft der LOCON LOGISTIK & CONSULTING AG und der Haetberting B.V. den Geschäftsbetrieb auf, die plant, zusammen mit der deutschen LOCON vor allem grenzüberschreitende Güterverkehre zwischen Deutschland und den Niederlanden entwickeln und betreiben. Entsprechend wurde bereits in der Gründungsphase des Unternehmens die Zulassung als EVU in den Niederlanden beantragt. Als Geschäftsführer fungiert Toon Habers, zugleich Eigentümer des Gesellschafters Haetberting, der in den vergangenen Jahren für die ACTS Nederland B. V. und die damalige Railion Nederland N. V. tätig war. Zum 01.07.2011 hat das Unternehmen umfangreiche Mülltransporte vom Mitbewerber HTRS Nederland B.V. übernehmen können. In der folgenden Zeit konnten weitere Verkehre dazu gewonnen werden und somit das Volumen stark gesteigert werden.
2015 erwartete LOCON BENELUX das Sicherheitszertifikat für das belgische Streckennetz und hatte im März 2014 45 Mitarbeiter.

Verkehre
* Acrylnitriltransporte Geleen – Venlo (Übergang auf Retrack-Zug aus Rotterdam) [DE]; 1-2 x pro Woche seit November 2013 im Auftrag der Transpetrol GmbH Internationale Eisenbahnspedition
* Acrylonitriltransporte Geleen – Venlo (Wagentausch mit Retrack-System); Spotverkehr seit 2014 im Auftrag der Transpetrol GmbH Internationale Eisenbahnspedition
* Alutransporte Rotterdam (Steinweg / Broekman) – Székesfehérvár (Alcoa-Köfém Kft.) [HU]; Spotverkehre im Auftrag der Raillogix B.V. seit 2013; Traktion bis Krefeld (Übergane an FLOYD Szolgáltató Zrt.) [DE]
* Ammoniaktransporte Dormagen [DE] – Rotterdam; Spotverkehre seit Herbst 2014 im Auftrag der Transpetrol GmbH Internationale Eisenbahnspedition
* Ammoniaktransporte Geleen Lutterade / Rotterdam Europoort – Krefeld Hafen (COMPO EXPERT GmbH) [DE]; 1 x pro Woche im Auftrag der Transpetrol GmbH Internationale Eisenbahnspedition; Traktion ab Krefeld-Linn [DE] untervergeben an Hafen Krefeld GmbH & Co. KG
* Ammoniaktransporte Rotterdam (OCI Europoort) – Köln [DE]; Spotverkehr seit März 2014 im Auftrag der Transpetrol GmbH Internationale Eisenbahnspedition

LOCON Benelux / LTE Netherlands

* Biodieseltransporte Polen – Dordrecht Zeehaven (Standic) / Rotterdam Pernis (Koole) / Botlek (BTT) / Vlaardingen (Vopak); Spotverkehre seit Januar 2014; betriebliche Abwicklung in den Niederlanden und Deutschland im Auftrag der Transpetrol GmbH Internationale Eisenbahnspedition
* Coiltransporte nach Dillenburg Nord (Outokumpu Nirosta GmbH) [DE]; Spotverkehre seit 06.11.2014; Traktion ab Dillenburg Gbf [DE] durch KSW Kreisbahn Siegen-Wittgenstein GmbH
* Ethanoltransporte Amsterdam (Noord-Europees Wijnopslagbedrijf B.V. (NWB)) – Sachsen [DE] / Delémont [CH]; Spotverkehre seit 2014 mit Kooperationspartnern in der Schweiz und im Auftrag der Transpetrol GmbH Internationale Eisenbahnspedition
* Getreidetransporte Ungarn – Amsterdam (IGMA Grain Terminal B.V.); bis zu 6 x pro Monat Traktion in den Niederlanden seit 01.05.2012 im Auftrag der Raillogix B.V. (Operating Niederlande für FLOYD Szolgáltató Zrt.)
* Getreidetransporte Ungarn – Barneveld (AgruniekRijnvallei Voer B.V.); Spotverkehre; Traktion in den Niederlanden seit 01.10.2013 im Auftrag der Raillogix B.V.
* Gütertransporte Kijfhoek (Wagentausch) – Alphen aan den Rijn (Electrolux); Spotverkehre seit 19.12.2014 im Auftrag der Transpetrol GmbH Internationale Eisenbahnspedition
* KV-Transporte (Kakao) Amsterdam – Berlin Westhafen [DE]; 1 x pro Woche seit 07.03.2014 im Auftrag der Ter Haak Group; Traktion ab Berlin-Moabit [DE] durch BEHALA Berliner Hafen- und Lagerhausgesellschaft mbH; seit Herbst 2014 ab Rotterdam; 3 x pro Woche seit 2014; 4 x pro Woche geplant ab Februar 2015
* KV-Transporte Coevorden (Europark) – Rotterdam (RSC Waalhaven, RSC Maasvlakte und P&O Ferries Europoort); 4-5 x pro Woche seit 01.10.2012 im Auftrag der EuroTerminal Coevorden B.V. (ETC); 3 x pro Woche seit 01.09.2014; in Deutschland Kooperation mit der Bentheimer Eisenbahn AG (BE); Rangierverkehr in Rotterdam ab Kijfhoek durch Trainservices B.V.
* KV-Transporte Coevorden (Euroterminal Coevorden II) – Bad Bentheim (EuroTerminal Bentheim-Twente) [DE] – Rotterdam (CTT, ECT Delta); 3 x pro Woche seit 01.09.2014 in Kooperation mit der Bentheimer Eisenbahn AG (BE)
* KV-Transporte Sittard-Geleen (Rail Terminal Chemelot (RTC)) [NL] – Novara Boschetto [IT]; 5 x seit 12.01.2015 im Auftrag der Move Intermodal NV; Traktion ab Bonn [DE] durch Crossrail AG
* KV-Transporte „Alsace Rail Shuttle" Rotterdam – Straßburg [FR]; 3 x pro Woche seit März 2014 im Auftrag der Ter Haak Group; Kooperation in Frankreich mit VFLI; 4 x pro Woche geplant ab Februar 2015

* KV-Transporte „ShuttleBologna" Rotterdam C.RO – Bologna Interporto [IT]; 5 x pro Woche seit 01.07.2013 Traktion bis Köln-Kalk Nord (Übergabe an Crossrail) [DE] im Auftrag der Crossrail AG
* Langschienentransporte Oberhausen West [DE] – Crailoo (voestalpine Railpro B.V.); 2 x pro Monat seit 01.01.2012 im Auftrag der TSTG Schienen Technik GmbH & Co. KG
* Mineralöltransporte nach Dordrecht Zeehaven (STANDIC B.V.); Spotverkehre seit 2014
* Mülltransporte Apeldoorn – Wijster (Essent Milieu Noord B.V.); 5 x pro Woche vom 01.07.2011 bis 30.06.2016 im Auftrag der ATTERO B.V.
* Mülltransporte Crailoo – Wijster (Essent Milieu Noord B.V.); 5 x pro Woche seit 01.07.2011 bis 30.06.2016 im Auftrag der ATTERO B.V.
* Mülltransporte Noordwijkerhout – Wijster (Essent Milieu Noord B.V.); 5 x pro Woche seit 01.07.2011 bis 30.06.2016 im Auftrag der ATTERO B.V.
* Mülltransporte Sloe – Moerdijk; 5 x pro Woche seit 01.07.2011 im Auftrag der Delta N.V.
* Schottertransporte Schwarzkollm (Natursteinwerke Weiland GmbH (NSW)) [DE] – Roosendaal / Amsterdam Westhaven / Zwolle; Spotverkehre seit 17.03.2014 im Auftrag der ProRail B.V.
* Stahltransporte Beverwijk – Neuss (Degels GmbH) [DE]; 1 x pro Woche seit 10.12.2013 im Auftrag der Tata Steel; 3 x pro Woche seit Januar 2014; Traktion ab Neuss Rbf [DE] durch RheinCargo GmbH & Co. KG (RHC)
* Wagengruppenverkehre „Retrack" Ungarn – Rotterdam; 1 x pro Woche seit 01.08.2013 Traktion ab Köln-Eifeltor [DE] / Duisburg Ruhrort Hafen [DE] im Auftrag der Transpetrol GmbH Internationale Eisenbahnspedition

LTE Netherlands B.V.

Moezelweg 180
NL-3198 LS Rotterdam Europoort
Telefon: +31 181 820400
info.nl@lte-group.eu
www.lte-group.eu

Management
* Frank Markus Bertram (Geschäftsführer)

LTE Netherlands / NS Groep

Gesellschafter
Stammkapital 90.000,00 EUR
* LTE Logistik- und Transport-GmbH (100 %)

Lizenzen
* DE: Sicherheitszertifikat, Teil B (GV); beantragt
* NL: EVU-Zulassung (GV); gültig seit 16.07.2012
* NL: EVU-Zulassung (nichtöffentlicher PV); gültig seit 12.09.2013
* NL: Sicherheitszertifikat, Teil A+B (PV+GV); gültig vom 01.05.2014 bis 30.04.2019

Unternehmensgeschichte
Die LTE Netherlands B.V. wurde als Mitglied der LTE Gruppe am 30.12.2011 gegründet. Ziel ist es die Ost-West Achse Benelux – Osteuropa zu komplettieren und durch diese Aufstellung neue Märkte zu erschließen. Seit Dezember 2012 verfügt das Unternehmen über Sicherheitszertifikate in den Niederlanden.
Seit Herbst 2012 stehen dem Unternehmen für die Langstreckentraktion zwei Bombardier Traxx-E-Loks (BR 186) zur Verfügung, denen 2013 bzw. 2015 drei zusätzliche Siemens ES 64 F4 folgten. Für den Rangierdienst in Rotterdam waren zunächst Vossloh G 1206 angemietet, die 2014 durch zwei eigene DE 6400 ersetzt wurden.
Im Dezember 2012 hatte die LTE NL sechs Mitarbeiter, im März 2014 waren es 25 Mitarbeiter plus viel detachierte und 4-10 angemietete Lokführer. Im Januar 2015 hatte das Unternehmen 45 Mitarbeiter und erbrachte 70 % der Verkehrsleistung in Deutschland, wo zusätzliche Triebfahrzeugführer angemietet werden.
Die LTE Netherlands hat am 16.09.2013 ihre Lizenz für nichtöffentlichen Personenverkehr erhalten. Das Unternehmen kann damit Sonderzüge analog dem Rheingoldexpress oder auch Skisonderzüge traktionieren.

Verkehre
* Biodieseltransporte Liberec [CZ] – Vlaardingen (Vopak Terminal Vlaardingen B.V.) [NL]; seit Februar 2015 in Auftrag von RTLC Rail Transport Logistics & Consulting
* Biodieseltransporte Rotterdam (Botlek Tank Terminal (BTT)) – Trecate (Società a responsabilità limitata Raffineria Padana Olii Minerali S.A.R.P.O.M. S.r.l.) [IT]; Spotverkehr seit 2014 im Auftrag der Gunvor in Kooperation mit der TR Trans Rail AG in der Schweiz sowie der InRail S.r.l. in Italien
* Chemietransporte Kralupy nad Vltavou (SYNTHOS Kralupy, a.s.) [CZ] – Geleen; seit Januar 2015 im Auftrag von Ermefret
* Getreidetransporte Ungarn / Tschechien / Slowakei – Deutschland / Niederlande / Belgien; Spotverkehr im Auftrag der Glencore Grain B.V.; durchgehende Traktion ab Ústí nad Labem [CZ]
* KV-Transporte Rotterdam (CTT, ECT Delta, ECT Euromax) – Nürnberg (TriCon) [DE] – München Riem (DUSS) [DE]; 1 x pro Woche seit 01.04.2014 im Auftrag der TX Logistik AG
* Pflanzenöl- und Biodieseltransporte Rotterdam / Deutschland – Deutschland / Österreich / Italien; Spotverkehre mit durchgehender Traktion im Auftrag von Gunvor
* Pflanzenöltransporte Tschechien – Rotterdam; Spotverkehr im Auftrag der Glencore Grain B.V.; durchgehende Traktion ab Ústí nad Labem [CZ]
* Rangierverkehr in Rotterdam; seit Ende April 2014 im Auftrag der TX Logistik AG

NS Groep N.V.

Postbus 2025
NL-3500 HA Utrecht
Laan van Puntenburg 100
NL-3511 ER Utrecht
Telefon: +31 30 235-7070
persvoorlichting@ns.nl
www.ns.nl

Management
* Dr. Timo Huges (Präsident, CEO)
* Engelhardt M. Robbe (Direktor, CFO)

Gesellschafter
Stammkapital 1.012.000.000,00 EUR
* N.V. Nederlandse Spoorwegen (100 %)

Beteiligungen
* Abellio Transport Holding B.V. (100 %)
* NS Financial Services (Holdings) Ltd. (100 %)
* NS Insurance N.V. (100 %)
* NS Lease B.V. (100 %)
* NS Opleidingen B.V. (100 %)
* NS Reizigers B.V. (NSR) (100 %)
* NS Spooraansluitingen B.V. (100 %)
* NS Stations B.V. (100 %)
* NS Vastgoed B.V. (100 %)
* NedTrain B.V. (100 %)

Unternehmensgeschichte
Die faktische Staatsbehörde Nederlandse Spoorwegen (NS) wurde am 19.02.1993 in eine Aktiengesellschaft mit zunehmender Diversifizierung zur Unternehmensgruppe

NS Groep / NS Internationaal

umgewandelt. Die heutige NS Groep ist wie anderswo auch eine reine Holdinggesellschaft, befindet sich aber nicht in direktem Staatsbesitz, sondern im Eigentum der N.V. Nederlandse Spoorwegen, deren einziger Anteilseigner der niederländische Staat, vertreten durch das Finanzministerium ist. Im Gegensatz zu Deutschland ist das Eisenbahnnetz nicht im Eigentum der NS, sondern wurde 1995 auf die Gesellschaft ProRail unter der Aufsicht des Verkehrsministeriums ausgelagert. 1999 erfolgte die Aufspaltung der Verkehrssparte in mehrere Einzelunternehmungen, der Güterverkehr ist seit 2003 Teil der Railion-Gruppe und firmiert seit 2009 als mittlerweile 100 %ige DB AG-Tochter als DB Schenker Rail Nederland N.V. (siehe dort) außerhalb den NS Groep.
Der Personenverkehr innerhalb der Niederlande wird durch die NS Reizigers B.V. erbracht sowie auf grenzüberschreitenden Linien als NS International (bis 15.06.2014: NS Hispeed) durch das Unternehmen NS Internationaal B.V. vermarktet. An diesem ist die Holding seit dem 15.01.2014 allerdings nur mehr indirekt beteiligt, da seither NS Reizigers einziger Anteilseigner ist.
In der Personenbeförderung betreibt die NS v.a. außerhalb der Niederlande unter dem einheitlichen Markennamen Abellio in Deutschland, Tschechien und Großbritannien. Die Beteiligung Syntus wurde zwischenzeitlich an den Partner Keolis verkauft (siehe dort). Das Joint Venture Nedkoleje zusammen mit der polnischen Staatsbahn PKP trat hingegen nicht nennenswert in Erscheinung.
Die rund 390 Bahnhöfe in den Niederlanden wurden im Januar 2007 in die NS Poort überführt unter Fusion der vorhergehenden Einheiten NS Stations, NS Vastgoed und teilweise der NS Commercie. Seit 01.02.2012 heißt das Unternehmen (wieder) NS Stations und übernimmt die Eigentumsverwaltung und Projektentwicklung der Stationen sowie deren Umgebungen. NS Stations unterhält wie auch andere Firmen unter dem Dach der NS Groep mehrere Tochterunternehmen, von denen drei genannt seien: NS Fiets betreibt Abstellanlagen für Fahrräder an den Stationen, NS-OV Fiets vermietet Fahrräder und NS Stations Retailbedrijf (früher: Servex) widmet sich dem Management von Gastronomiebetrieben und Geschäften.
NedTrain, bis 1999 NS Materieel, übernimmt die Instandhaltung von Schienenverkehrsfahrzeugen der NS sowie Dritter.
Nicht mehr Teil der NS Groep sind hingegen die Bahnbauaktivitäten, die als Strukton an einen Privatinvestor verkauft wurden (siehe dort). Ebenfalls abgestoßen wurde die Projektmanagement und Consultingsparte NPC (vormals NS ProjectConsult), die sich seit 2009 im Eigentum des Beratungs- und Ingenieurhauses DHV befindet.
NS Financial Services ist ein hauseigenes Leasingunternehmen für rollendes Material der NS und auch für Dritte tätig. Über die NS Financial Services veräußert die Gruppe auch überzähliges

Material an Dritte im Ausland.
NS Opleidingen ist ein Schulungsbetrieb mit Fokus Schienenverkehr.
NS Ultrasoonbedrijf B.V. sowie der Bereich NS Technisch Onderzoek wurden per 01.01.2000 in die 1999 von Strukton RailInfra B.V. und GSG Knape Gleissanierung GmbH gegründete Eurailscout Inspection & Analysis B.V. überführt. Die NS Spooraansluitingen soll aufgelöst worden, Unterhalt und Betrieb der Anschlussgleise soll an die Kunden übergehen.
Der Umsatz (Vorjahreswerte in Klammern) der NS Groep belief sich 2013 auf 4,144 (3,873) Mrd. EUR, womit ein operatives Betriebsergebnis von 321 (-70) Mio. EUR und ein Ergebnis nach Steuern von 180 (-43) Mio. EUR erzielt wurde. Die Zahl der Mitarbeiter aller vollständig von der NS Group gehaltenen Unternehmen betrug per 31.12.2014 28.348.

NS Internationaal B.V. ℗

Postbus 2812
NL-3500 GV Utrecht
Stationsplein 9
NL-1012 AB Amsterdam
www.nsinternational.nl

Management
★ Marjan Elisabeth Ferina Rintel (Vorsitzende Direktorin)
★ Cornelis Blankestijn (Direktor Finanzen)
★ Hessel Jan Dikkers (Direktor ICT)
★ Paul Maurice Etienne Dirix (Direktor Verkehr)
★ Marjon Kaper (Direktorin)
★ Johannes Alphonsus Franciscus Mathieu Peters (Direktor Vertrieb)
★ Yolanda Elizabeth Maria Verdonk-van Lokven (Direktorin Personal)
★ Nanouke Marija van 't Riet-Visser (Direktorin Service und Operations)

Gesellschafter
Stammkapital 18.000,00 EUR
★ NS Reizigers B.V. (NSR) (100 %)

Beteiligungen
★ Thalys Nederland N.V. (100 %)

NS Internationaal / NSR

Unternehmensgeschichte
Während der Personenverkehr innerhalb der Niederlande durch die NS Reizigers B.V. erbracht wird, ist für die grenzüberschreitenden, teils mit HGV-Zügen betriebenen Linien die NS Internationaal B.V. zuständig.
Seit seiner Gründung am 01.03.2001 hatte das Unternehmen zunächst in direktem Besitz der Staatsbahnholding NS Groep B.V. gestanden, die bis heute auch Eigentümer von NS Reizigers ist. Seit dem 15.01.2014 ist jedoch NS Reizigers alleiniger Gesellschafter von NS Internationaal. Dies ist im Zusammenhang mit der im Januar 2013 gescheiterten Betriebsaufnahme der „Fyra"-HGV-Züge zwischen den Niederlanden und Belgien zu sehen, für die extra die Betreibergesellschaft HSA Beheer NV geschaffen worden war. Da die Fyra-Relation nunmehr ersatzweise mit konventionellen lokbespannten Zügen bedient werden muss, erschien das pauschale Branding der Auslandsverbindungen als „NS HiSpeed" nicht mehr angemessen und wurde zum 15.06.2014 in „NS International" abgeändert.
Die NS Internationaal B.V. vermarktet aber weiterhin die HGV-Angebote von TGV, Thalys, Eurostar und ICE International sowie im konventionellen Bereich von „ICBerlin", City Night Line/EuroNight und „IC Brussel", dem Fyra-Ersatzangebot.
Daneben fungiert die NS Internationaal B.V. mit seiner EVU-Lizenz auch als direkter Betreiber, da beispielsweise die Tochter Thalys Nederland N.V. seit Ende 2011 keine solche Zulassung mehr besitzt.

Lizenzen
* NL: EVU-Zulassung (PV) seit 08.06.2005
* NL: Sicherheitszertifikat, Teil A+B (PV); gültig vom 01.02.2010 bis 01.11.2018

Unternehmensgeschichte
Die NS Reizigers B.V. ist eine der Personenverkehrssparten und hinsichtlich Umsatz- und Mitarbeiteranteil bedeutendstes Tochterunternehmen der niederländischen Staatsbahnholding NS Groep N.V. Die faktische Staatsbehörde NS wurde am 19.02.1993 in eine Aktiengesellschaft mit zunehmende Diversifizierung zur Unternehmensgruppe umgewandelt. Nach Beginn der schrittweisen Herauslösung des Infrastrukturbereiches 1995 wurde 1999 auch der Eisenbahnverkehrssektor in mehrere Einzelunternehmungen aufgespalten, darunter NS Reizigers für die nationalen Personenverkehrsaktivitäten.
Kennzeichnend für die meisten Personenverkehrsstrecken ist ein dichtes und schon seit langen Jahren vertaktetes Zugangebot (seit dem Jahresfahrplan 2015 ist ein Halbstundentakt an Werktagen der Mindestbedienstandard) sowie die schon vor dem Zweiten Weltkrieg begonnene konsequente Bedienung durch Triebwagen. Zur weiteren Modernisierung und Vergrößerung des Fuhrparkes wurden Anfang 2015 60 FLIRT-Garnituren beim Hersteller Stadler geordert, die ab Ende 2016 zur Verfügung stehen sollen.

Der NS Reizigers ist allerdings bis 2025 per Gesetz das fast ausschließliche Bedienungsmonopol auf dem „Hoofdrailnet" gesichert, das die am stärksten frequentierten Hauptlinien umfasst. Hierfür wurden die noch getrennten Konzessionen für das Hoofdrailnet (gültig bis 31.12.2014) und die Hochgeschwindigkeitsstrecke HSL Zuid (Schiphol – Rotterdam – Antwerpen, gültig bis 30.06.2024) zu einer neuen, ab 2015 gültigen Konzession zusammengefasst. Nur zwei Hoofdrailnet-Linien in der Provinz Limburg sowie Zwolle – Almelo – Enschede sollen vorfristig ausgeschrieben werden.
Das Unternehmen mit seinen etwa 11.000 Mitarbeitern erbringt täglich rund 4.800 Zugfahrten und befördert ca. 1,1 Mio. Kunden. Die Einnahmen aus dem inländischen Reiseverkehr betrugen 2013 2,014 Mrd. EUR und 2014 2,081 Mrd. EUR.

NS Reizigers B.V. (NSR) ℗

Postbus 2025
NL-3500 HA Utrecht
Telefon: +31 30 2357070
www.ns.nl

Management
* Marjan Elisabeth Ferina Rintel (Direktorin)

Gesellschafter
* NS Groep N.V. (100 %)

Beteiligungen
* NS Internationaal B.V. (100 %)

OOC Rail / ProRail

OOC Rail B.V. 🇬

Waalkade 17C
NL-5347 KR Oss
Telefon: +31 41 2636302
Telefax: +31 41 2626821
planning@ooc.nl
www.ooc.nl

Management
* Antonius Henricus Josephus Maria Nooijen (Direktor)

Gesellschafter
Stammkapital 45.000,00 EUR

Unternehmensgeschichte
Die per 26.05.2011 entstandene OOC Rail B.V. hat am 01.08.2011 als Tochter der Osse Overslag Centrale (OOC) den Betrieb aufgenommen. Die Gesellschaft erbringt seitdem den Güterverkehr auf der Strecke Oss Centraal – Oss Elzenburg als neutraler Dienstleister. Bisher hatten Güterkunden die nicht elektrifizierte erste / letzte Meile selbst organisieren müssen. Mangels eigener Zulassung nutzte man übergangsweise die Lizenz der Rotterdam Rail Feeding B.V. (RRF) sowie aktuell die der HSL Logistik B.V. unter Verwendung einer von Shunter gemieteten Rangierdiesellok.
Die Muttergesellschaft OOC ist ein 100-prozentiges Tochterunternehmen der Nooijen-Gruppe und betreibt in Oss ein Umschlagterminal für Container, Schütt- und Stückgut sowie Baustoffe mit einer Fläche von 5 ha, 500 m Kailänge sowie einem Ladegleis am Kai mit einer Länge von 350 m.
Im Juni 2014 wechselte der Gesellschafter von Nooijen Group B.V. auf OOC Beheer B.V. mit der Eric Nooijen B.V. (Mehrheit) und BMC investments B.V. als Gesellschaftern.

Verkehre
* Gütertransporte Oss Centraal – Oss Elzenburg

ProRail B.V. 🇮

Postbus 2038
NL-3500 GA Utrecht
Telefon: +31 88 2317104
www.prorail.nl

Management
* Pier Eringa (Präsident)
* Hugo Thomassen (Direktor Fahrplan und Trassenmanagement (interim))
* Paul Maurice Etienne Dirix (Direktor Netzinstandhaltung)
* Ruud van der Steeg (Direktor Finanzen (interim))

Gesellschafter
* Railinfratrust B.V. (100 %)

Beteiligungen
* Keyrail B.V. (50 %)

Infrastruktur
* Bahnnetz in den Niederlanden (3.061 km Streckenlänge)
  davon:
  2.106 km zwei- und 955 km eingleisig
  2.167 km elektrifiziert mit 1.500 V und 25 kV 50 Hz

Unternehmensgeschichte
ProRail ist der wirtschaftliche Eigentümer des niederländischen Bahnnetzes und für dessen Betrieb, Wartung und Ausbau sowie Netzzugang und Trassenmanagement verantwortlich. Entstanden ist das Unternehmen bei der schrittweisen Trennung von Schienennetz und Betrieb der Staatsbahn Nederlandse Spoorwegen (NS) ab 1995. Dabei wurden zunächst die drei NS-Infrastrukturgeschäftsbereiche NS Railinfrabeheer, Railned und NS Verkeersleiding unter dem Dach der neugegründeten Holding NS Railinfratrust B.V. vereint und der Aufsicht des Verkehrsministeriums unterstellt. Am 01.07.2002 wurde die Holding rechtlich vollständig von der NS getrennt und trat ab dem 01.01.2003 unter dem neuen Markennamen „ProRail" auf. Die heutige ProRail B.V. wurde mit Fusion der drei Gesellschaften zum 01.01.2005 gebildet.
Zur Entlastung des bestehenden Streckennetzes von Güterzügen und zur Verringerung des Lkw-Verkehrs auf den Autobahnen wurde am 16.07.2007 die so genannte „Betuweroute" zwischen Rotterdam und Zevenaar kurz vor der deutschen Grenze eröffnet. Die 160 km lange, abweichend vom sonstigen Netz mit 25 kV 50 Hz elektrifizierte Trasse wurde auf 105

ProRail / RRF

km völlig neu angelegt, während ausgebaute Teile des Bestandsnetzes die verbleibenden 55 km bilden. Für Infrastrukturunterhalt, Betriebsführung und Trassenmanagement auf der Betuweroute wurde zum 01.01.2007 die gemeinsam mit den Hafenbetrieben Rotterdam und Amsterdam gehaltene Tochter Keyrail B.V. ausgegründet. Ende 2014 haben deren Anteilseigner beschlossen, das Unternehmen mit seinen zuletzt rund 60 Beschäftigten im Folgejahr auf die Muttergesellschaft ProRail zu verschmelzen, was frühestens zum 01.07.2015 erfolgen sollte. Damit gibt es nur noch einen Ansprechpartner für alle Belange des Betriebs auf dem niederländischen Schienennetz.
2013 (Vorjahresangaben in Klammern) wurden auf dem Netz im Personenverkehr von 9 (9) EVU 144 (139) Mio. Zugkm und im Güterverkehr von 20 (19) EVU 10 (10) Mio. Zugkm erbracht. Bei einem Umsatz von 1.236 (1.237) Mrd. EUR wurde ein Betriebsergebnis von 3 (18) Mio. EUR und als Ergebnis nach Steuern wie seit Jahren unverändert eine „schwarze Null" erzielt.

Rotterdam Rail Feeding B.V. (RRF) G

Albert Plesmanweg 63
NL-3088 GB Waalhaven Rotterdam
Telefon: +31 88 011-4200
Telefax: +31 88 011-4299
info@railfeeding.com
www.railfeeding.com

Management
★ Arnoud de Rade (Geschäftsführer)

Gesellschafter
Stammkapital 90.000,00 EUR
★ GWI Holding B.V. (100 %)

Beteiligungen
★ Belgium Rail Feeding BVBA (BRF) (99 %)

Lizenzen
★ BE: Sicherheitszertifikat, Teil B (GV); gültig vom 16.11.2013 bis 15.11.2016

★ DE: Sicherheitszertifikat, Teil A und B (GV); gültig vom 03.12.2013 bis 01.05.2018
★ NL: EVU-Zulassung (GV) seit 29.09.2005
★ NL: Sicherheitszertifikat, Teil A und B (PV+GV); gültig vom 01.05.2013 bis 01.05.2018

Unternehmensgeschichte
Zum 01.01.2005 nahm die am 29.09.2004 gegründete Rotterdam Rail Feeding B.V. (RRF) mit zunächst fünf von NedTrain übernommenen Rangierlokomotiven Verschubdienstleistungen im Raum Rotterdam-Maasvlakte auf. Initiator des Unternehmens war mit Karel Poiesz ein Mitarbeiter des Personaldienstleisters Spoorflex. anzubieten.
Zum 16.07.2007 übernahm RRF von der rail4chem Benelux B.V. zwei Shuttlezüge im Rotterdamer Hafen, die von Waalhaven Zuid ausgehend die Terminals in Maasvlakte West (DFDS/Tor Line-Terminal) und Pernis (P&O-Terminal) bedienen.
Seit 08.10.2007 ist die RRF als EVU für die Kombiverkehr-Züge nach Rotterdam tätig, auf der Gesamtstrecke werden aber Loks der Kombiverkehr bzw der KombiRail eingesetzt.
Im AZ-Verkehr sowie im Spot-Güterverkehr ist RRF landesweit unterwegs.
Im April 2008 wurde die Übernahme der RRF durch die US-amerikanische Gesellschaft Genesee & Wyoming Inc. (GWI) bekannt gegeben, die sich bereits zuvor um die Übernahme der rail4chem bemüht hatte. Seit 08.04.2008 ist die GWI Holding B.V. als 100%-Gesellschafter der RRF im Handelsregister eingetragen.
Im April 2011 konnte RRF die erste Lok für den Einsatz in Belgien übernehmen und nachfolgend den grenzüberschreitenden Verkehr zwischen den Niederlanden und dem Antwerpener Raum sowie Güterverkehre in Belgien aufnehmen. In Antwerpen hat man dazu das Schwesterunternehmen Belgium Rail Feeding BVBA (BRF) gegründet.
Strengere Anforderungen der niederländischen Aufsichtsbehörde IlenT und hohe eigene Qualitätsanforderungen haben Rotterdam Rail Feeding (RRF) dazu veranlasst, einige Kooperationen zu lösen. Das Unternehmen stellt seit November 2012 seine Lizenz nicht mehr für Partner zur Verfügung, die mit eigenen Loks und Personal in den Niederlanden operieren wollen. Die Bentheimer Eisenbahn AG (BE) nutzt seitdem die LOCON Benelux B.V., die OOC Rail in Oss wechselte zum neuen Partner HSL Logistik B.V. Die Züge des Kombinierten Verkehrs von METRANS Rail in den Niederlanden verkehren weiterhin auf Lizenz und mit Personal der RRF.
Im Mai 2013 hatte RRF 65 Mitarbeiter, im Januar 2015 waren es 90.

Verkehre
★ AZ-Verkehr für die Baufirmen BAM, Dura Vermeer und Eurailscout
★ Gütertransporte Rotterdam – Antwerpen [BE]; Spotverkehre seit Mai 2011

RRF / RTB Benelux

- KV-Transporte Praha-Uhříněves [CZ] – Rotterdam (RSC Waalhaven); 3 x pro Woche seit 06.09.2010 betriebliche Durchführung ab Emmerich [DE] im Auftrag der METRANS Rail s.r.o.; 6 x pro Woche seit 13.06.2011; aktuell 7 x pro Woche
- KV-Transporte Rotterdam Waalhaven Zuid – Rotterdam Botlek (Bertschi)
- KV-Transporte Rotterdam Waalhaven Zuid – Rotterdam Maasvlakte (ECT, RCT, Euromax)
- KV-Transporte Rotterdam Waalhaven Zuid – Rotterdam Pernis (PCT)
- KV-Transporte Rotterdam – Duisburg (DIT) [DE]; 6 x pro Woche seit 31.03.2014 im Auftrag der Distri Rail B.V. sowie entsprechende Hafenumfuhr Rotterdam (Terminals: RSC Waalhaven, CTT Pernis, Bertschi Botlek, Cobelfret Rozenburg, Rhenus Maasvlakte, ECT Delta/APMT, Euromax, RWG); 12 x pro Woche seit 07.04.2014
- KV-Transporte Terneuzen (Bertschi) – Antwerpen (Combinant) [BE]; 5 x pro Woche seit 01.10.2012 im Auftrag von Hupac
- KV-Transporte „ShuttleLombardia" Rotterdam-Waalhaven (RSC) – Mortara (TIMO) [IT]; 5 x pro Woche seit 01.02.2014 Hafenumfuhr in Rotterdam im Auftrag der Shuttlewise B.V.
- Kalktransporte Hermalle-sous-Huy [BE] – Veendam; 3 x pro Woche seit 01.02.2014 in Kooperation mit der Railtraxx BVBA in Belgien
- Kesselwagentransporte Rotterdam – Antwerpen [BE]; Spotverkehre in Kooperation mit der Begium Rail Feeding BVBA (BRF) im Auftrag der Transpetrol GmbH Internationale Eisenbahnspedition
- Kohletransporte Rotterdam Maasvlakte (EMO) – Moers (Wagentausch mit NIAG) [DE] / Kraftwerke im Saarland [DE]; Spotverkehre seit 01.02.2014 im Auftrag der Niederrheinische Verkehrsbetriebe Aktiengesellschaft NIAG; erste Meile in Rotterdam vergeben an Traingroup B.V.
- Mülltransporte Haarlem (Afvalgewest Zuid-Kennemerland (AZK)) – Amsterdam-Houtrakpolder (Müllverbrennungsanlage); 3 x pro Woche seit 01.02.2014 im Auftrag der Afvalverwerking Zuid-Kennemerland (AZK)
- Pkw-Transporte (Ford) Tychy [PL] – Zeebrugge [BE]; 2 x pro Woche seit 01.01.2015 Traktion von Duisburg (Übernahme von HSL Logistik GmbH) [DE] bis Roosendaal (Übergabe an Belgium Rail Feeding BVBA (BRF)) im Auftrag der VTG
- Rangierdienst in Amsterdam Westhaven (Rietlanden Terminals B.V.); seit 02.01.2013 im Auftrag der TX Logistik AG
- Rangierdienst in Amsterdam; seit 2011
- Rangierdienste im Rotterdamer Hafenbereich
- Testfahrten für u.a. Lloyd`s, ProRail

Rurtalbahn Benelux B.V.

P.O. Box 59169
NL-3008 PD Rotterdam
Albert Plesmanweg 125
NL-3088 GC Rotterdam
Telefon: +31 10 2833350
Telefax: +31 10 2833351
info@rtb-cargo.eu
www.rtb-cargo.eu

Management
- Jeen Sieger Brouwer (betrieblicher Direktor)
- Dipl.-Kfm. Wolfgang Pötter (kaufmännischer Direktor)

Gesellschafter
- Rurtalbahn GmbH (RTB) (100 %)

Lizenzen
- NL: EVU-Zulassung (GV) seit 19.10.2010
- NL: Sicherheitszertifikat, Teil A+B (GV); gültig vom 01.08.2014 bis 01.08.2019

Unternehmensgeschichte
Am 23.03.2007 wurde die Rurtalbahn Benelux B.V. als niederländisches Tochterunternehmen der in Düren ansässigen Rurtalbahn GmbH (RTB) gegründet.
Die Muttergesellschaft RTB hatte bereits ab 29.07.2006 Zugleistungen in den Niederlanden unter Nutzung von EVU-Lizenzen anderer Unternehmen erbracht und erhielt am 01.10.2007 eine eigene Lizenz, während die RTB Benelux weiterhin unverändert für die betriebliche Koordination der Verkehre in den Niederlanden sorgt.
Zur Betriebsdurchführung greift die RTB Benelux auf Loks der deutschen RTB zurück, verfügt aber über 16 eigene Triebfahrzeugführer (Stand: Oktober 2009).

Verkehre
- KV-Transporte Rotterdam – Duisburg (Gateway West) [DE] – Stuttgart (SCT) [DE]; 2 x pro Woche seit 06.10.2010 im Auftrag der SCT Stuttgarter Container Terminal GmbH in Kooperation mit der Rurtalbahn Cargo GmbH; 3 x pro Woche seit April 2012
- KV-Transporte „Blerick-Shuttle" Rotterdam – Venlo-Blerick (TCT Venlo); 5 x pro Woche seit 05.03.2013; 20 x pro Woche seit 01.04.2013; 22 x pro Woche seit Januar 2015 im Auftrag ECT Delta Terminal B.V.

RTB Benelux / SHTR / SPITZKE SPOORBOUW

* KV-Transporte Rotterdam (PCT) – Frankfurt (Oder) [DE] – Kutno [PL]; 4 x pro Woche seit 02.02.2014 Traktion auf dem Abschnitt Rotterdam – Frankfurt (Oder) [DE] im Auftrag der PCC Intermodal SA in Kooperation mit der Rurtalbahn Cargo GmbH; 5 x pro Woche seit 02.03.2015
* KV-Transporte Rotterdam (ECT Delta, ECT Euromax) – Straßburg (Port du Rhin) [FR]; 2 x pro Woche seit 05.01.2015 Traktion in den Niederlanden im Auftrag der European Gateway Services B.V. (EGS) bzw. der H&S Container Line GmbH

Shunter Tractie B.V. (SHTR) G

Postbus 5185
Albert Plesmanweg 87
NL-3088 GC Rotterdam
Telefon: +31 6 13137712
Telefax: +31 10 4928901
tractie@shunter.nl
www.shunter.nl

Werkstatt
Blindeweg 17
NL-3088 KB Rotterdam
Telefon: +31 10 4928999
dispatch.wagons@shunter.nl

Gesellschafter
Stammkapital 90.000,00 EUR
* Shunter Groep B.V. (100 %)

Lizenzen
* NL: EVU-Zulassung (GV); gültig seit 25.04.2008
* NL: Sicherheitszertifikat, Teil A+B (PV); gültig vom 01.06.2013 bis 01.06.2019

Unternehmensgeschichte
Shunter B.V. wurde am 03.08.2004 gegründet, ist Teil der Ronald Smits Beheer Groep und erbringt Rundum-Serviceleistungen mit Wartung, Reparatur, Überholung und Umbauten für Rollmaterial des Schienengüterverkehrs. Nachdem man zunächst in angemieteten Räumlichkeiten arbeitete, wurde im März 2006 die erste eigene Lok-Werkstatt in Rotterdam Waalhaven eröffnet, der später zwei weitere in Rotterdam IJsselmonde (für Wagen) in Roosendaal (Übernahme im Januar 2008 von der insolventen ConRail B.V., geschlossen zum 01.01.2013) und Antwerpen (Übernahme per 01.10.2010 vom Logistiker Cobelfret, 2014 nach Insolvenz geschlossen) folgten. Dort wie auch beim Kunden vor Ort bzw. als mobile Einsatztrupps kümmern sich zurzeit etwa 110 Mitarbeiter um die Instandhaltung und Wartung von über 110 Lokomotiven und 4.600 Güterwagen, über die entsprechende Verträge bestehen.

Mit der seit Juli 2007 aktiven Shunter Tractie B.V. (SHTR) widmet sich ein hundertprozentiges Tochterunternehmen der auch schon zuvor praktizierten Vermietung von Lokomotiven als weiteres Geschäftsfeld. Hierzu wird ein Rangierlokpark mit Leistungen von 90 bis 500 kW vorgehalten, die teils mit Spezialausrüstungen wie z. B. Funkfernsteuerung versehen sind und meist auch die Zulassung für das öffentliche Netz haben. Seit Ende 2007 bzw. Anfang 2008 besitzt Shunter Tractie auch die beiden unten angegebenen Streckenlokomotiven, welche sowohl in den Niederlanden als auch in Deutschland zugelassen sind. Shunter Tractie B.V. ist das 36. zugelassene EVU in den Niederlanden und hat am 29.04.2008 einen Zugangsvertrag mit der dortigen Infrastrukturgesellschaft ProRail geschlossen.

Verkehre
* Schadwagentransporte zu den Werkstätten von Shunter Wagons in Rotterdam (Waalhaven, IJsselmonde)

SPITZKE SPOORBOUW B.V. G

Strijkviertel 63
NL-3454 PK De Meern
Telefon: +31 30 6394100
Telefax: +31 30 6394110
spoorbouw@spitzke.com
www.spitzke.com

Management
* Ralf Babosek (Geschäftsführer)

Gesellschafter
Stammkapital 1.000.000,00 EUR
* SPITZKE SE (100 %)

SPITZKE SPOORBOUW / Strukton Rail

Lizenzen
* NL: EVU-Zulassung (GV) seit 07.07.2005
* NL: Sicherheitszertifikat, Teil A+B (GV); gültig vom 01.11.2013 bis 01.11.2018

Unternehmensgeschichte
Am 02.12.1999 gründete das deutsche Bahninfrastrukturunternehmen SPITZKE AG die SPITZKE SPOORBOUW B.V. als Tochtergesellschaft für den niederländischen Markt. Das Unternehmen konnte im April 2001 das erste Bauvorhaben erfolgreich abschließen und hat seitdem zahlreiche Bauvorhaben zur Gleiserneuerung mit Einsatz der Gleisbaumaschinen der heutigen SPITZKE SE als Auftragnehmer des niederländischen Infrastrukturbetreibers ProRail durchgeführt. Im April 2006 konnte die SPITZKE SPOORBOUW B.V. zudem die Abteilungen Oberleitung und Signaltechnik der GTI Infra B.V. übernehmen und so das Leistungsportfolio erweitern. 2013 wurden die Bereiche Oberleitung und Signaltechnik verkauft und die Gleiserneuerung mit Einsatz von Gleisbaumaschinen bildet seither den Schwerpunkt. Das Unternehmen hatte in den vergangenen Jahren folgende Leistungsdaten:
* Geschäftsjahr 2009/2010: 36,4 Mio. EUR
* Geschäftsjahr 2010/2011: 40,7 Mio. EUR
* Geschäftsjahr 2011/2012: 37,5 Mio. EUR
* Geschäftsjahr 2012/2013: 22,8 Mio. EUR
* Geschäftsjahr 2013/2014: 16,2 Mio. EUR

Im Juli 2012 verfügte das Unternehmen über 75 Mitarbeiter, im April 2014 bzw. 2015 waren es nur noch 14 Mitarbeiter. Die drei, 2005 bzw. 2006 beschafften Loks des Typs 203.1 wurden im Juli 2013 an die Schwestergesellschaft SLG veräußert.

Verkehre
* AZ-Verkehr

Strukton Rail B.V. G

Postfach 1025
NL-3600 BA Maarssen
Westkanaaldijk 2
NL-3542 DA Utrecht
Telefon: +31 30 240-7200
Telefax: +31 30 240-7960
info@struktonrail.com
www.struktonrail.com

Management
* Aike Schoots (CEO)
* Diederik Karel Schonebaum (COO)

Gesellschafter
Stammkapital 20.000.000,00 EUR
* Strukton Groep N.V. (100 %)

Beteiligungen
* Ecorail B.V. (100 %)
* Strukton Rail A/S (100 %)
* Strukton Rail Holding A/S (100 %)
* Strukton Rail Installatietechniek B.V. (100 %)
* Strukton Rail N.V. (100 %)
* Strukton Rail Projects B.V. (100 %)
* Strukton Railinfra GmbH (100 %)
* Strukton Railinfra Nordic AB (100 %)
* Strukton Rolling Stock B.V. (100 %)
* Strukton Systems GmbH & Co KG (100 %)
* A1 Electronics B.V. (50 %)
* Tribase Datasystems & Network Services (22 %)

Lizenzen
* NL: EVU-Zulassung (GV); gültig seit 26.01.2006 (erteilt an Strukton Rail Materieel B.V.)
* NL: Sicherheitszertifikat Teil A+B (GV); gültig vom 01.01.2014 bis 01.01.2019 (erteilt an Strukton Rail Materieel B.V.)

Unternehmensgeschichte
Im Jahr 1921 wurde die NV Spoorwegbouwbedrijf [Bahnbaubetrieb] gegründet. Das Unternehmen fusionierte 1972 mit der dänischen Baugesellschaft Christiani & Nielsen und wechselte 1974 den Namen in Strukton Groep.
1997 werden NS Infraservices und die ER-Groep teilweise von der NS an Strukton verkauft und die Grundlage für ein Wachstum in Europa gelegt. Die Stukton Rail B.V. wurde nachfolgend am 20.01.1997 gegründet. 1998 erfolgt die Aufstockung der Anteile an dem italienischen Gleisbauunternehmen CLF von 25 auf 40 % und 2013 auf 60 %. Hingegen verkauft man 2002 40 % am Unternehmen RailPro.
2003 erfolgt der Markteinstieg in Skandinavien mit der Übernahme von 60 % der Svensk Banproduktion (Schweden), die 2007 auf 100 % gesteigert werden (Firmierung heute: Strukton Rail AB). In Norwegen gehörte die Jernbaneservice seit 2006 zu 65 % und seit 2007 zu 100 % zur Strukton Groep (Firmierung später: Strukton Rail AS). Das Engagement von Strukton Rail in Norwegen wurden jedoch 2012 beendet. Oranjewoud N. V., Eigentümer von Strukton Rail AB, gab am 10.12.2013 bekannt, dass ihre Tochtergesellschaft Strukton Rail eine Übernahme von Balfour Beatty Rail Skandinavien unterzeichnet hat. Die Akquisition umfasst alle laufenden Bahnbetriebsgeschäfte in Schweden und Dänemark. Alle Aktivitäten sollen unter dem Namen Strukton weitergeführt werden. Die schwedische Wettbewerbsbehörde hat die Transaktion genehmigt. Von der dänischen Wettbewerbsbehörde ist aufgrund der begrenzten Größe der Transaktion für Dänemark keine

Strukton Rail / Syntus

Zustimmung erforderlich. Die endgültigen finanziellen Aspekte der Transaktion werden Anfang 2014 abgeschlossen.
Zum 01.09.2008 erfolgte die Umfirmierung von Strukton Railinfra in Strukton Rail.
Waren seit den 1970er Jahren v.a. kleinere Rangierdieselloks im Bestand des Unternehmens, beschaffte man ab 2003 neue Vossloh G 1206 sowie modernisierte Deutz-Drehgestellloks.
2007 wurde das deutsche Bauunternehmen Georg Reisse von den Brüdern Henner und Hellmut Reisse erworben, Strukton zog sich aber nach Insolvenz der Töchter wieder vom deutschen Markt zurück.
Am 23.07.2010 entschloss sich die niederländische Staatsbahn (NS Groep N.V.) als bisheriger Inhaber der Strukton Groep zum Verkauf an den neuen Gesellschafter Oranjewoud N.V., eine niederländische Ingenieurgesellschaft. Der Kaufpreis betrug 168,1 Mio. EUR.
Die endgültigen finanziellen Aspekte der Übernahme von Balfour Beatty Rail Skandinavien sind Anfang 2014 abgeschlossen worden.

Verkehre
★ AZ-Verkehr in den Niederlanden

Syntus B.V. ℗

Postbus 17
NL-7000 AA Doetinchem
Erdbrinkplein 9
NL-7000 AA Doetinchem
Telefon: +31 4 350111
Telefax: +31 4 332651
info@syntus.nl
www.syntus.nl

Management
★ Cees Anker (Geschäftsführer)

Gesellschafter
Stammkapital 1.000.000,00 EUR
★ Keolis SA (100 %)

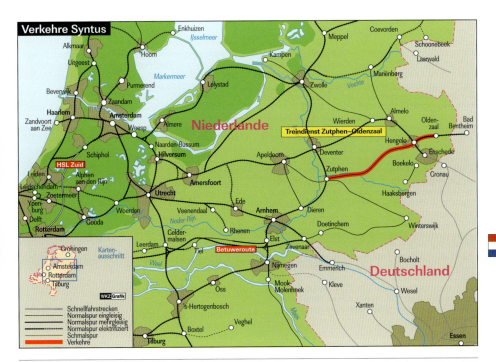

Syntus / TrainServices

Beteiligungen
★ Syntus Openbaar Vervoer B.V. (100 %)

Lizenzen
★ NL: EVU-Zulassung (PV) seit 24.05.2005
★ NL: Sicherheitszertifikat, Teil A+B (PV); gültig vom 01.08.2012 bis 01.08.2017

Unternehmensgeschichte
Syntus wurde als gemeinsame Tochterfirma von NS Groep, Connexxion Holding und Cariane Multimodal International (heute Teil von Keolis) am 14.12.1998 als Betreiber von SPNV- und ÖPNV-Leistungen gegründet und konnte 1999 den Betrieb aufnehmen. Der Firmenname lautete zunächst Igo Plus B.V. und wurde 1999 in Syntus geändert. Syntus ist eine Kurzform des Begriffes SYNergie tussen Trein en bUS (deutsch: Synergie zwischen Zug und Bus). Zum Unternehmen gehören neben dem Bereich Schiene auch Busbetriebe in der Achterhoek, dem Westen der Region Twente und eine grenzüberschreitende Buslinie zwischen 's-Heerenberg und Emmerich. Im SPNV werden überwiegend Fahrzeuge des Typs LINT 41 von ALSTOM eingesetzt.
Vom 10.12.2005 bis 30.06.2006 verkehrte samstags und sonntags ein Syntus-Triebwagen auf der Rheinstrecke zwischen Arnheim und dem deutschen Emmerich. Der für zwei Jahre geplante Versuchsbetrieb wurde vorzeitig eingestellt, nachdem von niederländischer Seite die Finanzierung wegen Fahrgastmangel entzogen worden war.
2007 hat Connexxion seine Anteile an die beiden verbleibenden Gesellschafter abgegeben. Zuvor war es durch die unterschiedlichen Ziele der Eigentümer mehrfach zu Konkurrenzsituationen bei Wettbewerben gekommen. Letztlich wird vor allem der Verkauf von Connexxion an den Keolis-Konkurrenten Transdev ein wesentlicher Grund für den Verkauf gewesen sein.
Syntus ist seit 2010 Kooperationspartner der KEOLIS Deutschland GmbH & Co. KG bei grenzüberschreitenden SPNV-Leistungen.
In einer Ausschreibung der Provinz Gelderland hat das Unternehmen Buslinien (Übernahme Dezember 2011) sowie ab Dezember 2013 den SPNV auf den Strecken Doetinchem – Winterswijk, Arnhem – Tiel und Zutphen – Winterswijk an den Konkurrenten Arriva verloren.
Niederländische Medien berichteten im Mai 2012, dass Syntus bereits ab Juni 2012 Liquiditätsprobleme haben werde, sofern nicht Keolis und NS zusätzliches Kapital einbringen. Defizitäre Buskonzessionen führten zu jährlichen Verlusten von bis zu fünf Mio. EUR. Am 06.08.2012 gaben beide Unternehmen bekannt, dass Keolis die bisher durch die NS gehaltenen Anteile erwirbt.

Verkehre
★ SPNV Zutphen – Oldenzaal im Auftrag der regio Twente/provincie Gelderland/provincie Overijssel; seit 14.12.2003

TrainServices B.V. G

Oost-Voorstraat 77
NL-3262 JH Oud-Beijerland
martijn.loois@trainservices.nl
www.trainservices.nl

Management
★ Eric Huibert Wouter van Wijngaarden (CEO)

Gesellschafter
Stammkapital 1,00 EUR
★ De Boom B.V. (90 %)
★ J.C. van der Heul Holding B.V. (10 %)

Unternehmensgeschichte
Die Gründung der TrainServices B.V. erfolgte am 13.11.2014 nach Insolvenz der Traingroup B.V. (TG) samt Tochterunternehmen von Martijn Loois. Gründungsgesellschafter der TrainServives B.V. war die J.C. van der Heul Holding B.V. aus dem Umfeld der Wirtschaftsprüfungsgesellschaft van der Heul & Schiedon. Im Januar 2015 übernahm Bahnunternehmer Eric van Wijngaarden die Mehrheit der Anteile über seine Holding De Boom B.V.
TrainServices absorbierte im November 2014 Personale, Lokomotiven und Geschäfte der TrainGroup.

Verkehre
★ Rangierdienstleistungen im Großraum Rotterdam für Dritte, u.a. für Shuttlezüge der LOCON BENELUX aus Coevorden und Bad Bentheim [DE]

Veolia Transport Rail

Veolia Transport Rail B.V. ℗

Postbus 3306
NL-4800 DH Breda
Mastbosstraat 12
NL-4813 GT Breda
Telefon: +31 88 0761000
Telefax: +31 88 07611991
klantenservice@veolia-transport.nl
www.veolia-transport.nl

Niederlassung
Stationsplein 3
NL-5913 AA Venlo

Niederlassung
Spoorsingel 61
NL-6412 AA Heerlen

Bedrijfbureau Rail
Korvetweg 30
NL-6222 NE Maastricht

Management
★ Manu Lageirse (CEO)

Gesellschafter
Stammkapital 18.200,00 EUR
★ Veolia Transport Nederland Openbaar Vervoer B.V. (100 %)

Beteiligungen
★ Veolia Transport beheer B.V. (100 %)

Lizenzen
★ NL: EVU-Zulassung seit 07.04.2006
★ NL: Sicherheitszertifikat, Teil A+B (PV); gültig vom 25.02.2014 bis 25.02.2019

Unternehmensgeschichte
Veolia Transport Rail B.V. ist die am 17.12.1996 gegründete Veolia Transport-Landesgesellschaft für Bus- und Bahnverkehre in den Niederlanden. Sie erbringt die Leistungen teilweise unter den Markennamen BBA und Personen- en Zorgvervoer Nederland (PZN), die aber nach Ablauf der

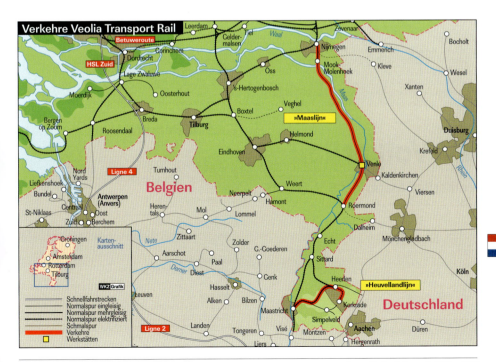

Veolia Transport Rail / VRM / Z.L.S.M.

entsprechenden Konzessionen zu Gunsten des einheitlichen Marktauftrittes als Veolia erlöschen. Gleiches gilt für die Betriebe Stadsbus Maastricht und Limex.
Seit Dezember 2006 ist Veolia Transport Rail auf zwei Bahnstrecken in der Provinz Limburg präsent, wo die Leistungen zunächst mit gemieteten Triebfahrzeugen der NS erbracht wurden. Die Betriebsübernahme gestaltete sich in den ersten Monaten schwierig: Zunächst konnten die im Berufsverkehr zu fahrenden Verstärkerleistungen Nijmegen – Venraij nicht erbracht werden, die eingesetzten Züge waren oft stark verspätet und zu kurz. Ab Frühjahr 2007 standen ausreichend Fahrzeuge zur Verfügung, so dass die genannten Leistungen zumindest im Abschnitt bis Boxmeer gefahren werden konnten. Zudem wurde der Fahrplan für den Einsatz der NS-„Wadloper"-Triebwagen optimiert.
Die bei Stadler bestellten zehn GTW 2/6 und sechs GTW 2/8 wurden ab Herbst 2007 ausgeliefert und ersetzten die Mietfahrzeuge. Die Instandhaltung der Fahrzeuge führt die Stadler Rail Netherlands B.V. (ex Voith Railservices B.V.) im Auftrag von Veolia Transport Rail seit 01.11.2007 in einer rund fünf Mio. EUR teuren neuen Werkstattanlage in Venlo-Blerick durch.
Veolia Transport Rail beschäftigt rund 4.000 Mitarbeiter in den Bus- und Bahnbetrieben. Die Gesellschaft erbringt 4,5 Mio. Zugkm/a und befördert 27.500 Fahrgäste pro Tag.

Verkehre
★ SPNV „Maaslijn" Nijmegen – Venlo – Roermond; vom 10.12.2006 bis 2016 im Auftrag der provincie Limburg
★ SPNV „Heuvellandlijn" Maastricht Randwijck – Heerlen – Kerkrade West; vom 10.12.2006 bis 2016 im Auftrag der provincie Limburg

VolkerRail Materieel B.V. (VRM)
G

Postbus 838
NL-3300 AV Dordrecht
Donker Duyvisweg 75
NL-3316 BL Dordrecht
Telefon: +31 78 6546254
Telefax: +31 78 6546255
www.volkerrail.nl

Management
★ Jan Cornelis de Pagter (Geschäftsführer)

★ Bernardus Hendricus Maria van der Heijden (Geschäftsführer)

Gesellschafter
Stammkapital 60.000.000,00 EUR
★ VolkerRail B.V. (100 %)

Lizenzen
★ NL: EVU-Zulassung (GV) seit 05.09.2005 (vergeben an VolkerRail Nederland B.V.)

Unternehmensgeschichte
Die heutige VolkerRail Materieel B.V. wurde am 27.10.1970 unter der Bezeichnung Volker Stevin Rail & Traffic Materieel B.V. (VSRT) gegründet und ist mittlerweile im Rahmen der VolkerRail-Gruppe Teil des VolkerWessels-Konzerns.
Zum 17.01.2006 wurde der neue Markenname VolkerRail eingeführt, der eine Umfirmierung der bis dato als Volker Stevin Rail & Traffic, SigmaRail, Geltisa und Roöbasteede in den Niederlanden, Deutschland, Estland, Litauen, Polen, Bulgarien, Griechenland, Ungarn und England geführten Gleisbauunternehmen nach sich zog.
Für den Einsatz vor Bauzügen besitzt die niederländische Gesellschaft einen kleinen Bauzuglokpool, der aus gebraucht erworbenen Loks, aber auch aus fünf, ab 2005 beschafften modernisierten LEW-V 100 besteht.
Eine Werkstatt befindet sich in Dordrecht Zeehaven.

Verkehre
★ AZ-Verkehr
★ Rangierdienstleistungen in Amsterdam Westhaven (OBA Bulk Terminal Amsterdam); seit 02.01.2013 im Auftrag der TX Logistik AG

Z.L.S.M. Bedrijf B.V. P

Stationstraat 20-22
NL-6369 VJ Simpelveld
Telefon: +31 45 544 00 18
info@miljoenenlijn.nl
www.zlsm.nl

Management
★ Randy Johannes Mathias Habets (Geschäftsführer)

Gesellschafter
Stammkapital 18.151,21 EUR

Lizenzen
★ NL: EVU-Zulassung (PV) seit 29.05.2006 (ausgestellt an ZLSM)
★ NL: Sicherheitszertifikat, Teil A+B (PV); gültig vom 01.05.2012 bis 01.01.2017

Z.L.S.M.

Unternehmensgeschichte
Zuid-Limburgse Stoomtrein Maatschappij (ZLSM) ist eine Stiftung, die Dampfzüge auf der Bahnstrecke zwischen Kerkrade und Valkenburg betreibt. Der Abschnitt zwischen Kerkrade und Simpelveld ist Teil der „Miljoenenlijn", einer Touristenbahn. ZLSM betreibt außerdem zwischen Kerkrade, Simpelveld und Vetschau [DE] touristische Verkehre mit Schienenbusssen. Die betriebliche Abwicklung der Verkehre übernimmt die am 26.02.1993 gegründete Z.L.S.M. Bedrijf B.V.
Die im Dezember 2012 aufkommenden Liquiditätsprobleme konnten durch ein Darlehen der Kommunen abgewendet werden. Per 12.12.2013 wurde die Infrastruktur an die Provinz Limburg sowie die Gemeinden Valkenburg, Simpelveld, Kerkrade und Gulpen-Wittem übergeben.

Verkehre
★ touristische Verkehre

Norwegen

Norwegen

Kurze Eisenbahngeschichte

Etwa gleichzeitig mit dem Nachbarland Schweden begann auch die Eisenbahnerschließung Norwegens, als ab 1851 die normalspurige, 68 km lange „Hovedbane" (Hauptbahn) von Christiania (heute Oslo, dort beginnend am früheren Ostbahnhof) über Lillestrøm nach Eidsvoll gebaut und am 01.09.1854 eröffnet wurde. Bau und Betrieb lagen aber vollständig in den Händen einer britischen Gesellschaft. Am 03.09.1857 beschloss das Storting, das norwegische Parlament, dass alle weiteren Strecken vom Staat zu errichten seien. Als erste gingen, von je einer unabhängigen Gesellschaft betrieben, 1862 die „Grundsetbane" Hamar – Grundset (38 km, 1.067 mm Schmalspur) und die normalspurige „Kongsvingerbane" Lillestrøm – Kongsvinger (115 km) in Betrieb, denen sich 1864 die wiederum schmalspurige, 51 km lange „Størenbane" Trondheim – Støren anschloss. Außer bei den Richtung Schweden führenden Strecken (die erste war die 1865 eröffnete „Grensebane" Kongsvinger – Charlottenberg [SE]) baute man nun für mehrere Jahrzehnte in Schmalspur, was mit der 1868 in Betrieb genommenen „Randsfjordbane" Drammen – Randsfjord seinen Anfang nahm. Als erste große Fernverbindung war ab 1880 die Verbindung Christiania – Trondheim (über Røros) befahrbar. Bis 1919 wurde dabei die über 400 km lange Distanz zwischen Hamar und Trondheim noch auf Schmalspurgleisen überwunden.

Die Abkehr von der Schmalspur brachte der 1898 gefasste Entschluss, die Verbindung (Christiania –) Hønefoss – Bergen (Bergensbane) in Normalspur anzulegen. Als erste längere Fernstrecke im neuen Jahrhundert wurde sie am 27.11.1909 eröffnet. Weitere Projekte dieser Art waren die 1921 mit Übergabe der „Dovrebane" Dombås – Trondheim vollendete zweite, normalspurige Verbindung zwischen Trondheim und der Hauptstadt, die 1944 fertig gestellte Südküstenlinie (Sørlandsbane) von Oslo nach Stavanger und die 1962 mit dem letzten Abschnitt in Betrieb genommene „Nordlandsbane" von Trondheim ins oberhalb des Polarkreises gelegene Bodø, das der nördlichste Punkt des norwegischen Bahnnetzes ist. Die schon 1903 im hohen Norden des Landes vollendete Ofotbane (Erzbahn) von Narvik hinüber nach Schweden ist bis heute nur mit dem Netz des Nachbarlandes verbunden. Alle Schmalspurbahnen von Bedeutung wurden im Laufe der Jahre auf Normalspur umgebaut; Schmalspurstrecken gibt es nur noch als kurze Museumsbahnen. Die Streckenstilllegungen nach dem Zweiten Weltkrieg erreichten nicht das Ausmaß wie in anderen westeuropäischen Ländern. Das heute betriebene Netz ist zu weit mehr als der Hälfte elektrifiziert (was größtenteils von 1952 bis 1970 geschah), aber nur zu etwa 6 % zweigleisig ausgebaut, was im wesentlichen die Strecken im Großraum Oslo betrifft. Wegen des steigenden Aufkommens steht dort der weitere zweigleisige Ausbau auf der Tagesordnung weit oben. In den letzten Jahren wurden zudem erste, kürzere Neubaustrecken in Betrieb genommen, die z. T. hochgeschwindigkeitstauglich sind.

Ein bedeutsames Infrastrukturprojekt war zuvor schon der von 1968 bis 1980 angelegte, bereits auf Vorkriegsplanungen zurückgehende Eisenbahntunnel durch Oslo. Der alte Kopfbahnhof Vestbanestasjon (Westbahnhof) wurde aufgelassen und der alte Kopfbahnhof Østbanestasjon in den neuen Durchgangsbahnhof Oslo Sentralstasjon integriert.

Marktübersicht

★ Personenverkehr: Einziger landesweiter Anbieter ist die NSB Persontog der Staatsbahn Norges Statsbaner AS. Deren Töchter NSB Gjøvikbanen AS und Flåm Utvikling AS (Flåmsbana) sowie die gleichfalls staatliche Flytoget AS sind nur regional tätig. Ein Liberalisierungskurs wird im Nicht-EU-Mitglied Norwegen nicht weiter verfolgt.

★ Güterverkehr: Marktführer ist die NSB-Tochter CargoNet AS. Als weitere Anbieter treten Cargolink AS und Grenland Rail AS sowie die schwedischen Unternehmen Green Cargo AB, Hector Rail AB, TX Logistik AB und Tågåkeriet i Bergslagen AB auf.

Verkehrsministerium

Samferdselsdepartementet
Postboks 8010 Dep
NO-0030 Oslo
Telefon: +47 2224 9090
postmottak@sd.dep.no
www.sd.dep.no

Nationale Eisenbahnbehörde

Statens jernbanetilsyn
Postboks 7113, St. Olavs plass
NO-0130 Oslo
Telefon: +47 22 99 59 00
post@sjt.no
www.sjt.no

Eisenbahnunfalluntersuchungsstelle

Statens havarikommisjon for transport
Jernbaneavdelingen, Postboks 213
NO-2001 Lillestrøm
Telefon: +47 63 89 63 30
kao@aibn.no
www.aibn.no

BS / Cargolink

baneservice
Baneservice AS (BS) [G]

Stenersgt 1A
NO-0050 Oslo
Telefon: +47 22 456600
Telefax: +47 22 456604
post@baneservice.no
www.baneservice.no

Management
★ Lars Skålnes (Direktor)

Gesellschafter
★ Samferdselsdepartementet (100 %)

Beteiligungen
★ Baneservice Skandinavia AB (100 %)
★ Scandinavian Track Group AB (STG) (100 %)

Unternehmensgeschichte
Die am 19.12.2003 gegründete Baneservice AS (BS) ist der größte Bahnbaubetrieb in Norwegen. Die Gesellschaft wurde zum 01.01.2005 vom norwegischen Infrastrukturbetreiber Jernbaneverket abgetrennt und befindet sich im Eigentum des norwegischen Staates (Samferdselsdepartement; norwegisches Transport- und Kommunikationsministerium).
Betätigung findet Baneservice in Norwegen sowie in Schweden über die in Borlänge angesiedelte mehrheitliche Tochtergesellschaft Scandinavian Track Group AB (STG).
Der Baneservice-Konzern konnte folgende Kennzahlen erreichen:
★ 2009: Umsatz 756,1 NOK, 350 Mitarbeiter
★ 2008: Umsatz 581,1 NOK, 329 Mitarbeiter
★ 2007: Umsatz 470,5 NOK, 355 Mitarbeiter
Mit der Betriebsführung von (Container-)Terminals hat man ab 2009 einen weiteren Geschäftsbereich erschließen können. Der Vertrag über die Betriebsführung im Skandiahamn wurde im Februar 2010 abgeschlossen mit einer Laufzeit von vier Jahren mit einer Verlängerungsoption um zwei Jahre. Außerdem ist Baneservice laut eigener Homepage auch immer noch Betreiber des COOP-Terminals in Bro bei Stockholm, wo vermutlich ein bis zwei Z66er (Skd 226) eingesetzt werden.

Verkehre
★ AZ-Verkehr

Cargolink AS [G]

Svend Hagsgate 33
NO-3013 Drammen
Telefon: +47 815 10060
post@cargolink.no
www.cargolink.no

Niederlassung
Ulvenveien 84
NO-0581 Oslo
Telefon: +47 99 392000

Management
★ Karl Ivar Nilsen (Geschäftsführer)

Gesellschafter
Stammkapital 2.900.000,00 NOK
★ Central Invest AS (100 %)

Lizenzen
★ NO: EVU-Zulassung (GV); gültig seit 17.09.2008
★ NO: Sicherheitszertifikat, Teil A+B (GV); gültig vom 17.09.2013 bis 17.09.2018

Unternehmensgeschichte
Cargolink AS ist eine am 27.03.2007 gegründete norwegische Bahngesellschaft des Automobillogistikers Autolink. Autolink hatte 2007/2008 die Ofotbanen A/S (OBAS) für die Traktion der Zugleistungen genutzt und auch einen 40 %igen Anteil an der Gesellschaft erworben. Im Juli 2008 beendete Autolink den Kontrakt mit der Bahngesellschaft im Streit und übernahm die Verkehre selbst. Übergangsweise nutzte man die Lizenz der Tågåkeriet i Bergslagen AB für die Transporte. Seit 02.11.2008 betreibt Cargolink die Zugleistungen in Eigenregie und setzt dafür 22 Triebfahrzeugführer ein.
Cargolink transportiert etwa 55.000 Pkws pro Jahr in ca. 600 Zügen für die Muttergesellschaft, die ca. 75 % der norwegischen Neuwagentransporte organisiert.
Auf den wöchentlichen Leerwagentransporten aus Nord-Norwegen wurden die Autotransportwagen versuchsweise mit Aluminiumbarren aus der Fertigung der Elkem AS in Mosjøen befrachtet. Später verwendete man hier konventionelle Waggons, um das Umladen in Drammen einzusparen.
Von Anfang 2010 bis Mitte 2014 fuhr Cargolink für Rana Gruber AS einen Erzverkehr an der Nordlandsbane zwischen Ørtfjell und Mo i Rana (mehrere Zugpaare täglich mit einer Zuggarnitur über eine Distanz von 35 km), verlor die Leistungen aber schließlich wieder an das NSB-Tochterunternehmen CargoNet.
Mittlerweile befördert die Mehrzahl der Züge von Cargolink neben Pkw-Transportwagen auch

Cargolink / CargoNet

Wagengruppen des Kombinierten Verkehres (KV) bzw. Wagenladungen für unterschiedliche Kunden (Posten, Tollpost Globe, Bring Logistics, Green Cargo).
Für die Traktion der Züge hatte Cargolink im Herbst 2008 drei ex NSB Di 6-Loks angemietet, denen im Frühsommer 2010 eine weitere Lok folgte. Zwischenzeitlich wurden die Loks durch class 66 / EMD JT42CWR ersetzt. Von der SJ mietete man zunächst zwei Rc3-E-Loks, die im August 2009 gegen drei angemietete TRAXX von Hector Rail und ab Herbst 2010 gegen TRAXX des Leasingunternehmens Railpool getauscht wurden. Inzwischen setzt Cargolink neun angemietete TRAXX ein und verfügt über 81 Mitarbeiter (2013).

Verkehre
* Gütertransporte (u.a. KV) Drammen – Oslo – Trondheim; 5 x pro Woche seit 01.01.2011; aktuell 10 x pro Woche
* Gütertransporte (u.a. KV, Pkw) Oslo – Drammen – Bergen; 5 x pro Woche seit 01.01.2011; 10 x pro Woche seit Oktober 2012; 15 x pro Woche seit 01.09.2014
* Gütertransporte (u.a. Pkw) Oslo – Bodø; 1 x pro Woche
* Gütertransporte (u.a. Pkw) Oslo – Drammen – Ganddal / Ørstad; 2 x pro Woche seit August 2009; 5 x pro Woche seit Anfang 2013
* KV-Transporte Oslo – Åndalsnes; 5 x pro Woche seit Januar 2014

CargoNet AS

Schweigaards gate 23
NO-0048 Oslo
Telefon: +47 02369
Telefax: +47 24 086291
post@cargonet.no
www.cargonet.no

Management
* Arne Fosen (CEO)
* Sven Hagander (CFO)
* Carl Fredrik Karlsen (Direktor Wirtschaft)
* Nils Kavli (Direktor Produktion)
* Terje Sandhalla (Direktor Sicherheit und Personal)
* Knut Brunstad (Direktor Sales und Marketing)

Gesellschafter
* Norges Statsbaner AS (NSB) (100 %)

Beteiligungen
* CargoNet AB (100 %)
* RailCombi AS (100 %)
* Terminaldrift AS (100 %)
* Tømmervogner AS (55 %)

Lizenzen
* NO: EVU-Zulassung (GV); gültig seit 15.01.2009
* NO: Sicherheitszertifikat, Teile A und B (GV); gültig vom 08.04.2011 bis 01.04.2016
* SE: Sicherheitszertifikat, Teil B (GV); gültig vom 26.04.2011 bis 01.04.2016

Unternehmensgeschichte
Die norwegische Güterbahn CargoNet AS entstand im Januar 2002 bei der Abtrennung der Güterverkehrssparte NSB Gods von der Staatsbahn Norges Statsbaner (NSB) unter Einbeziehung der schwedischen Green Cargo als neuem Gesellschafter. Die schwedische Güterbahn Green Cargo gab am 30.11.2010 bekannt, ihren 45 %igen Anteil am norwegischen Joint Venture CargoNet an die norwegische Staatsbahn NSB verkaufen zu wollen, was Anfang 2011 umgesetzt wurde. Da CargoNet auch nach dem Anteilsverkauf noch nicht über ausreichend viele Fahrzeuge verfügte, war man weiterhin auf Unterstützung durch Green Cargo angewiesen.
Das Unternehmen konzentriert sich aufgrund der geringen Besiedlungsdichte und des weitmaschigen Bahnnetzes in Norwegen seit 2004 auf Ganzzug- und Kombiverkehre und bedient Güterterminals in Norwegen und Schweden. In Norwegen ist CargoNet auch der Betreiber der meisten Terminals. 2012 wurde die Wartung des Rollmaterials dem Schwesterunternehmen Mantena AS übertragen.
Für den Betrieb für Umschlagsanlagen bestehen die Tochtergesellschaften CargoNet AB (gegründet 01.01.2002 in Stockholm) in Schweden, sowie die am 18.08.2006 entstandene Terminaldrift AS für das Terminal Ganddal / Ørstad. Alle übrigen Umschlagsanlagen sind seit 01.06.2013 der per 20.03.2013 gegründeten RailCombi AS zugeordnet. Die Anteile der seit 16.06.2003 bestehenden Waggonvermieters Tømmervogner AS [Holzwagen AG] werden zusammen mit der Mutter NSB gehalten.
Die Leistungsdaten von CargoNet in den vergangenen Jahren:
* 2008: Umsatz 1,703 Mrd. NOK; 934 Mitarbeiter
* 2009: Umsatz 1,511 Mrd. NOK
* 2010: Umsatz 1,439 Mrd. NOK
* 2011: Umsatz 1,452 Mrd. NOK; 224 Mio. NOK Verlust; 799 Mitarbeiter
* 2012: Umsatz 1,094 Mrd. NOK; 63 Mio. NOK Gewinn
* 2013: Umsatz 1,070 Mrd. NOK; 90 Mio. operativer NOK Verlust; 508 Mitarbeiter in Norwegen
* 2014: Umsatz 1,032 Mrd. NOK; 44 Mio. NOK operativer Verlust

Für Teile des zeitweise von der Einstellung

CargoNet / Flytoget / Flåmsbana

bedrohten Kombinierten Verkehrs in Schweden gründete CargoNet zusammen mit der Sandahlsbolagen AB die Real Rail AB. Das Unternehmen wurde später komplett übernommen und firmiert nun unter CargoNet AB.

Flytoget AS 🅿

Postboks 19, Sentrum
NO-0101 Oslo
Telefon: +47 23 15-9000
Telefax: +47 23 15-9001
flytoget@flytoget.no
www.flytoget.no

Management
★ Linda Bernander Silseth (CEO)
★ Jarle Røssland (Direktor für Betrieb und Einkauf)
★ Emil Eike (Direktor für Wirtschaft)
★ Eva Sørby Bråten (CFO)
★ Hans Kristensen (Direktor für Sicherheit und Entwicklung)
★ Kari Skybak (Direktorin Personal)

Gesellschafter
Stammkapital 400.000.000,00 NOK
★ Königreich Norwegen (100 %)

Lizenzen
★ NO: EVU-Zulassung (PV); gültig seit 19.10.2007
★ NO: Sicherheitszertifikat (PV), gültig vom 09.03.2011 bis 28.02.2016

Unternehmensgeschichte
Norwegens erste dampfbetriebene Bahnstrecke war die 68 km lange „Hovedbane" von Christiania (heute Oslo) nach Eidsvoll, die am 01.09.1854 in Betrieb ging. Mit der am 01.08.1998 eröffneten „Gardermobane" wurde eine parallel führende Hochgeschwindigkeitstrasse geschaffen – die erste ihrer Art in Norwegen. Wichtigster Anlass für deren Bau war der am 08.10.1992 gefasste Beschluss des norwegischen Parlaments, in Gardermoen den neuen Osloer Zentralflughafen anzulegen. Zum Bau der für 210 km/h ausgelegten Trasse gründete die damalige Staatsbahn Norges Statsbaner (NSB) am 24.11.1992 die Tochterfirma NSB AS Gardermoen, die laut Parlamentsbeschluss vom 01.10.1996 auch den Zugbetrieb übernehmen sollte. Dabei ging man davon aus, dass dieser gewinnbringend durchgeführt werden könne, was sich aber spätestens im April 2000 als Trugschluss erwies, da NSB AS Gardermoen wegen erheblicher Probleme und Verzögerungen beim Bau des Romeriksportentunnels zwischen Oslo S und Lillestrøm einen zu großen Schuldenberg angehäuft hatte. Daraufhin wurde die Gardermobane dem staatlichen Eisenbahninfrastrukturbetreiber Jernbaneverket zugeschlagen und das Verkehrsunternehmen zum 01.01.2001 in Flytoget AS (Flytoget = Flugzug) umfirmiert. Mit Parlamentsbeschluss vom 09.12.2002 wurde Flytoget zum 01.01.2003 vollständig von der NSB getrennt, um zuerst dem Verkehrs- und zum 01.07.2004 dem Wirtschaftsministerium unterstellt zu werden. Flytoget AS verfügt über 16 Hochgeschwindigkeitstriebzüge des Typs 71, die der Hersteller Adtranz Strømmen im Zeitraum vom 19.09.1997 bis 30.01.1998 lieferte. Bei der 2009 vorgenommenen Modernisierung erhielten wegen steigender Fahrgastzahlen alle der ursprünglich dreiteiligen Garnituren einen zusätzlichen Mittelwagen, womit sich das Sitzplatzangebot von 168 auf 244 erhöhte.
Die Flytoget bedienen als Konkurrenz zum Vorortbahnsystems im Großraum Oslo alle 20 Minuten die Durchmesserlinie Drammen – Asker – Oslo S – Lillestrøm – Oslo Lufthavn. An Wochentagen sowie ab Sonntagmittag verkehrt ebenfalls alle 20 Minuten eine Decklinie Oslo S – Oslo Lufthavn ohne Halt in Lillestrøm. Die Fahrzeit beträgt 22 bzw. 19 Minuten.
2013 (Vorjahreswerte in Klammern) beförderte Flytoget 6,5 (6,1) Mio. Reisende, womit ein Umsatz von 897 (832) Mio. NOK und ein Jahresresultat von 230 (150) Mio. NOK vor Steuern erzielt wurden. Die Mitarbeiterzahl lag bei 349 (343).
Im Frühjahr 2015 hat Flytoget bei der spanischen CAF acht Hochgeschwindigkeits-Triebwagen für die bestehende Relation Gardermoen - Oslo bestellt, um das erwartete Verkehrswachstum abdecken zu können. Die neuen Triebwagen sollen ab Anfang 2018 eingesetzt werden.

Verkehre
★ SPNV Drammen – Oslo Lufthavn; seit 01.08.1998

Flåm Utvikling AS (Flåmsbana) 🅘

Postfach 42
NO-5742 Flåm
Telefon: +47 57 63-2100
Telefax: +47 57 63-2350
flaamsbana@visitflam.com
www.flaamsbana.no

Management
★ Preben Kaspersen (Geschäftsführer)

Gesellschafter
★ Norges Statsbaner AS (NSB) (50 %)

Flåmsbana / GR

* Aurland Ressursutvikling AS (50 %)

Unternehmensgeschichte
Die Flåmbahn (norw. Flåmsbana) ist eine eingleisige normalspurige Stichbahn, die vom Bahnhof Myrdal an der Strecke Oslo – Bergen hinab zum Ufer des Aurlandsfjord führt. Sie überwindet dabei auf nur 20,2 km Streckenlänge einen Höhenunterschied von 864 m und gehört damit zu den steilsten Adhäsionsbahnen der Welt. Die Maximalneigung der Trasse beträgt 55 ‰; vier Fünftel der Strecke liegen in einer Neigung von über 28 ‰. Von den 20 Tunneln, die zusammen fast sechs Kilometer lang sind, ist einer als Kehrtunnel ausgeführt.
Der Streckenbau begann 1923, doch dauerte es nicht zuletzt wegen des meist manuellen Tunnelvortriebs siebzehn Jahre, bis 1940 der Güterverkehr mit Dampftraktion aufgenommen werden konnte. Ab 1941 gab es auch Personenzüge und bis 1944 wurde die Strecke elektrifiziert. Als eisenbahntechnische Meisterleistung wird sie gern von Touristen aufgesucht, so dass die stetig steigenden Nutzerzahlen im Jahr 2007 mit 582.826 Reisenden zu einem neuen Rekord im Personenverkehr führten.
Um eine enge Verzahnung mit der touristischen Entwicklung der Region zu gewährleisten, ist seit 1998 für den Verkauf, das Marketing und die Produktentwicklung der Flåmsbahn die neugegründete Gesellschaft Flåm Utvikling AS zuständig, während der Eisenbahnbetrieb weiterhin der Staatsbahn Norges Statsbaner (NSB) obliegt. Seit 2013 ist NSB AS auch wieder mit 50 % an der Flåm Utvikling AS beteiligt.
Den ab 1947 eingesetzten eigens gebauten Elloks der Reihe El 9 auf der Flåmsbana folgten ab Ende der 1980er Jahre drei Elloks der Baureihe El 11, die für den Einsatz auf der Flåmsbana mit einer elektrischen Widerstandsbremse nachgerüstet worden waren. Als Wagen dienten oft auch ehemalige Mittel- und Steuerwagen von Triebwagen der Reihen BM65, -67 und -91. Ab 1992 kamen in den Sommermonaten für einige Jahre ausgeliehene schwedische Triebwagen der Reihe X10 von SL (Storstockholms Lokaltrafik) auf die Strecke, die sogar ihre Beschriftung und Lackierung behielten. Im Jahr 2014 wurden die zuvor eingesetzten El 17 durch El 18 abgelöst. Eingesetzt werden sie als „Sandwichgarnituren" mit Personenwagen der Reihe B3-4, B3-5 und BF3-3, von denen es insgesamt zwölf gibt. Der Fahrplan ist saisonorientiert mit im Winter stark ausgedünntem Zugangebot.

Grenland Rail AS (GR)

Stationsveien 2
NO-3712 Skien
Telefon: +47 35 520135
Telefax: +47 35 527245
firmapost@grenlandrail.no
www.grenlandrail.no

Management
* Heimon Winkelman (Vorstand)

Gesellschafter
* NJD-Railvac AS (33 %)
* Heimon Winkelman (26 %)
* Ernst Invest AS (22 %)
* Rail Logistics Norway AS (11 %)
* Terje Wold (6 %)
* Hans Øystein Ekli (2 %)

Lizenzen
* NO: EVU-Zulassung (GV); gültig seit 15.11.2012
* NO: Sicherheitszertifikat, Teil A+B (GV); gültig vom 15.11.2012 bis 14.11.2017

Unternehmensgeschichte
Grenland Rail AS wurde am 14.09.2005 gegründet. Die größten Aktionäre waren zunächst Railcare Group AB (seit 2009) und Miljø og Veiservice AS, der Rest der Gesellschaftsanteile werden durch den Vorstand sowie Mitarbeiter des Unternehmens gehalten. Railcare zog sich im Juni 2013 aus dem Unternehmen zurück.
Grenland Rail befördert u.a. Bauzüge und Güterzüge für die schwedische Green Cargo AB (GC) sowie bis 2013 auch der Railcare in Norwegen. 2009 und 2010 wurden entsprechende Lokomotiven beschafft, seit 2013 mietet man auch E-Lok an bzw. verwendet entsprechendes Material der GC.
Die Verkehre wurden zunächst auf Lizenz der Railcare erbracht. Seit November 2012 verfügt man über eine eigene Lizenzierung.

Verkehre
* AZ-Verkehr
* Rangierdienst in Drammen; im Auftrag der Cargolink AS und der Green Cargo AB (GC)
* Gütertransporte Alnabru (Wagentausch mit GC) – Lillestrøm; 5 x pro Woche im Auftrag der Green Cargo AB (GC)
* Altpapiertransporte Drammen (Übernahme von Green Cargo) – Hen; 5 x pro Woche seit 2013 im Auftrag der Green Cargo AB (GC)

GR / Jernbaneverket / LKAB Malmtrafikk

* Holzhackschnitzeltransporte Sørli – Schweden (via Kongsvinger); seit 2013 Traktion in Norwegen in Kooperation mit der Green Cargo AB (GC)
* Kalktransporte Eidanger – Ørvik (Norcem AS); seit 02.01.2014

Jernbaneverket G

Postboks 4350
NO-2308 Hamar
Telefon: +47 2245 5000
Telefax: +47 2245 5499
postmottak@jbv.no
www.jernbaneverket.no

Management
* Elisabeth Enger (Generaldirektorin)
* Gunnar G. Løvås (Stellvertretender Generaldirektor)
* Anita Skauge (Direktor Strategische Planung)
* Gorm Frimannslund (Direktor Infrastruktur)
* Rannveig Hiis-Hauge (Direktorin Sicherheit)
* Bjørn Kristiansen (Direktor Verkehr)
* Jørn Johansen (Direktor für Leitung und Organisation)
* Svein Horrisland (Direktor Marketing und Kommunikation)

Gesellschafter
* Königreich Norwegen (100 %)

Lizenzen
* NO: EVU-Zulassung (PV) seit 30.06.2009 (nur für Museumszüge)
* NO: Sicherheitszertifikat, Teil A und B (PV); gültig vom 01.06.2012 bis 01.06.2017

Infrastruktur
* Bahnnetz im Königreich Norwegen (4.237 km, davon 254 km zweigleisig und 2.844 km elektrifiziert 15 kV 16,7 Hz; 339 km ohne regulären Verkehr)

Unternehmensgeschichte
Jernbaneverket ist das staatliche norwegische Eisenbahninfrastrukturunternehmen. Seine Zuständigkeiten liegen in Unterhalt und Ausbau des Streckennetzes inklusive der Bahnhöfe und Haltepunkte, der Erstellung von Aus- und Neubauplanungen, Bahnenergieversorgung, Betriebssteuerung, Fahrplanerstellung und Trassenmanagement sowie der Regelung des Netzzuganges. Das Unternehmen entstand zum 01.12.1996 durch Abspaltung von der damaligen Staatsbahn Norges Statsbaner (NSB), wurde aber noch längere Zeit durch das NSB-Management in Personalunion geleitet. Eine vollständige organisatorische Trennung mit Übertragung der vollen Netzhoheit an Jernbaneverket erfolgte erst zum 01.07.1999. Unterstellt ist Jernbaneverket dem norwegischen Verkehrsministerium.
Für interne Zwecke (Schneeräumen, Bauzugdienste) verfügt Jernbaneverket über zwei eigene Dieselloks. Die jährlichen Investitionen von Jernbaneverket in die Infrastruktur sind seit 2010 stetig gestiegen – von 3,865 Mrd. NOK über 4,403 Mrd. und 5,070 Mrd. auf 6,088 Mrd. NOK für 2013. 2013 (Vorjahreswerte in Klammern) erzielte Jernbaneverket einen Umsatz von 6,613 (6,218) Mrd. NOK und ein Ergebnis von 471,504 (77,033) Mio. NOK. Zum Jahresende hatte das Unternehmen 4.013 (3.982) Mitarbeiter.

LKAB Malmtrafikk AS G

Postfach 314
NO-8504 Narvik
Havnegata 28
NO-8504 Narvik
Telefon: +47 76923800
Telefax: +47 76944925
info@lkab.com
www.lkab.com

Management
* Svein Ivar Sivertsen (Direktor)

Gesellschafter
Stammkapital 45.000.000,00 NOK

Lizenzen
* NO: EVU-Zulassung (GV); gültig seit 19.12.2008

Unternehmensgeschichte
Siehe Eintrag LKAB Malmtrafik AB (Schweden). Das Unternehmen änderte Anfang 2012 die Firmierung von MTAS Malmtrafikk AS in LKAB Malmtrafikk AS.

NSB

Norges Statsbaner AS (NSB) 🅿

Postboks 1800 Sentrum
NO-0048 Oslo
Telefon: +47 23 15-0000
post@nsbkonsernet.no
www.nsbkonsernet.no

Management
* Geir Isaksen (CEO)
* Erik Røhne (Direktor Strategie und Unternehmensentwicklung)
* Tom Ingulstad (Direktor Personenverkehr)
* Kjell Haukeli (CFO)

Gesellschafter
Stammkapital 3.685.500,00 NOK
* Königreich Norwegen (100 %)

Beteiligungen
* Arrive AS (100 %)
* Banestasjoner AS (100 %)
* CargoNet AS (100 %)
* Finse Forsikring AS (100 %)
* Mantena AS (100 %)
* NSB Gjøvikbanen AS (100 %)
* Nettbuss AS (100 %)
* Rom Eiendom AS (100 %)
* Svenska Tågkompaniet AB (TKAB) (100 %)
* NSB Trafikkservice AS (55 %)
* Alf Bjerckes vei 30 AS (50 %)
* Alfheim Bolig AS (50 %)
* Alfheim Utvikling AS (50 %)
* Bellevue Utvikling AS (50 %)
* Flåm Utvikling AS (Flåmsbana) (50 %)
* Gjøvik Utvikling AS (50 %)
* Grefsen Utvikling AS (50 %)
* Hokksund Vest Utvikling AS (50 %)
* Jernbanebrygga AS (50 %)
* Lagårdsveien Utvikling AS (50 %)
* Lilleelva Parkering AS (50 %)
* Strandsonen Utvikling AS (50 %)
* Jessheim Byutvikling AS (50 %)
* Tømmervogner AS (45 %)
* Trondheim Stasjonssenter AS (40 %)
* Oslo S Parkering AS (33 %)

Lizenzen
* NO: EVU-Zulassung (PV); gültig seit 15.01.2009
* NO: Sicherheitszertifikat, Teil A+B (PV), gültig vom 04.04.2011 bis 01.04.2016

Unternehmensgeschichte
Die Geburtsstunde der norwegischen Staatsbahn schlug am 01.03.1883, als eine zentrale staatliche Eisenbahnverwaltung gegründet wurde. Erster Direktor wurde Carl Abraham Pihl, der seit 1858 als leitender Ingenieur den Bahnbau vorangetrieben hatte. Daneben entstanden ab 1890 aber auch weitere Privatbahnen, die teilweise bis lange nach dem Zweiten Weltkrieg existierten. Trotz einer 1968 veranlassten Strukturreform hatte die Staatsbahn NSB, über viele Jahre hinweg größter Arbeitgeber im Land, als solche bis zum 01.12.1996 Bestand, als sie in das Infrastrukturunternehmen Jernbaneverket und die Betriebsgesellschaft NSB BA aufgespalten wurde. Beide wurden aber noch längere Zeit durch ein Management in Personalunion geleitet; eine vollständige organisatorische Trennung mit Übertragung der vollen Netzhoheit an Jernbaneverket erfolgte erst zum 01.07.1999. Nachdem schon seit einigen Jahren diverse Geschäftsfelder in Tochterunternehmungen ausgelagert worden waren, erfolgte am 01.07.2002 die Umwandlung der NSB BA in die heutige, vollständig im Staatseigentum stehende Aktiengesellschaft. Zum 01.01.2002 entstand aus der Güterverkehrssparte NSB Gods die CargoNet AS mit der schwedischen Green Cargo AB als Mitgesellschafter. 2010 verkaufte Green Cargo ihre 45 % wieder an die NSB. Der umfangreiche, teils auch in Schweden erbrachte Busverkehr obliegt seit 1996 der Nettbuss AS, für die Immobilien ist seit 1998 die Rom Eiendom AS und für die Wartung des Rollmaterials seit 2002 die Mantena AS zuständig. Den Schienenpersonenverkehr verantwortet die Sparte NSB Persontog, der auch die beiden Tochterunternehmen NSB Gjøvikbanen AS (gegründet am 01.04.2005) und Svenska Tågkompaniet (komplett am 01.01.2007 übernommen) unterstehen. Das erstgenannte wurde, damals noch als NSB Anbud AS, im Zusammenhang mit der bislang einzigen SPNVAusschreibung des Landes gegründet. Der Liberalisierungskurs im Schienenverkehr wird im Nicht-EU-Mitglied Norwegen seit 2005 nicht weiter verfolgt. Der NSB obliegt zudem der operative Betrieb auf der „Flåmsbana" Myrdal – Flåm; seit 2013 ist NSB AS auch wieder mit 50 % an der Flåm Utvikling AS beteiligt. 2014 (Vorjahresangaben in Klammern) beschäftigte die NSB-Gruppe 12.962 (13.523) Mitarbeiter. In den Zügen (inkl. Gjøvikbanen, Flåmsbana und TKAB) wurden 69 (66) Mio. und in den Bussen 137 (131) Mio. Fahrgäste befördert. Die Verkehrsleistung im Schienenpersonenverkehr (ohne TKAB) betrug 3,064 (2,939) Mrd. Pkm.
Die NSB-Gruppe erzielte bei Umsatzerlösen und sonstigen betrieblichen Erträgen in Höhe von 15,336 (14,145) Mrd. NOK ein Betriebsergebnis von 2,001

NSB / NSB Gjøvikbanen

(1,821) Mrd. NOK und einen Jahresüberschuss von 1,509 (1,300) Mrd. NOK. Auf das Geschäftsfeld Schienenpersonenverkehr entfielen ein operatives Ergebnis von 7,087 (6,577) Mrd. NOK und ein Betriebsergebnis von 659 (842) Mio. NOK.

NSB Gjøvikbanen AS ℗

Postboks 1800 Sentrum
NO-0048 Oslo
Telefon: +47 23 150000
nsb@nsb.no
www.nsb.no/gjovikbanen

Management
★ Erik Storhaug (Direktor)

Gesellschafter
★ Norges Statsbaner AS (NSB) (100 %)

Lizenzen
★ NO: EVU-Zulassung (PV); gültig seit 07.12.2007
★ NO: Sicherheitszertifikat, Teil A+B (PV), gültig vom 06.01.2011 bis 31.12.2015

Unternehmensgeschichte
Die eingleisige Gjøvikbane ist eine seit 1902 in ihrer vollen Länge von 123 km befahrbare Strecke von Oslo ins nördlich gelegene Gjøvik. Sie ist im Großraum Oslo diejenige mit der geringsten Nachfrage im Personenverkehr und sollte als Pilotprojekt für eine bis dahin in Norwegen noch nicht praktizierte Übertragung der Verantwortung für den SPNV an die Regionen dienen. Die SPNV-Regionalisierung war eines der Vorhaben der Mitte-Rechts-Koalition unter Ministerpräsident Kjell Magne Bondevik, welche die Parlamentswahlen 2001 gewonnen hatte. Die heutige NSB Gjøvikbanen AS ist eine Tochtergesellschaft der NSB AS, die 2004 unter dem Namen NSB Anbud AS eigens zur Teilnahme an der SPNV-Ausschreibung gegründet wurde und sich dabei mit Zuschlagserteilung am 30.05.2005 gegen die Mitbewerber DSB und Veolia durchsetzte. Das Unternehmen beschäftigt sieben Mitarbeiter in der Verwaltung und benötigt etwa 40 Triebfahrzeugführer, die dem Personalpool der Muttergesellschaft entstammen. Von NSB AS

angemietet sind auch die zehn eingesetzten, dreiteiligen Elektrotriebzüge des NSB-Typs 69, die einer ab 1983 gelieferten Tranche entstammen. Vor Einsatzbeginn auf der Gjøvikbane wurden alle Garnituren bei der DSB modernisiert. Die innerstädtische Strecke Oslo S – Skøyen wird nur von einigen wochentäglichen und in Hakadal wendenden Verdichterzügen befahren.

Verkehre
★ SPNV Gjøvik – Oslo S (– Skøyen); 1,6 Mio. Zugkm/a vom 11.06.2006 bis 11.06.2016

Ihr Fahrplan für Rechtsfragen im ÖPNV

Gesetze und Kommentar zum ÖPNV-Recht plus Online-Zugang zu gerichtlichen Leitentscheidungen

JETZT bestellen

Das Praxishandbuch **„Recht des ÖPNV"** liefert Ihnen:

- Ausführliche Erläuterungen und Kommentierungen aller relevanten Vorschriften des öffentlichen Personenverkehrsrechts
- Anwendungsbeispiele aus der Praxis

1. Auflage 2013, Band 1 Gesetze, 660 Seiten; Band 2 Kommentar, 854 Seiten, 2013, Hardcover, DIN A5, ISBN: 978-3-7771-0455-3, EUR 189,- inkl. MwSt., zzgl. Versandkosten

Weitere Infos, Leseprobe und Bestellung:
www.eurailpress.de/ropa2 | Telefon: (040) 23714-440

Eurailpress

Österreich

Kurze Eisenbahngeschichte

Der Bahnbau in Österreich begann bereits in der dritten Dekade des vorletzten Jahrhunderts mit der Errichtung der zwischen 1828 und 1836 schrittweise in Betrieb genommenen Pferdebahn Budweis – Linz – Gmunden, welche die erste öffentliche Eisenbahnlinie auf dem europäischen Festland war. Deren Betreiber, die „k.k. priv. Erste Eisenbahngesellschaft" war zugleich die erste Eisenbahngesellschaft des deutschen Sprachraumes. Die erste dampfbetriebene Eisenbahn war jene zwischen Floridsdorf bei Wien und Deutsch-Wagram, die am 23.11.1837 in Betrieb ging. Sie war Teil der auf die Verbindung zwischen Wien und Oderberg (heute Bohumín [CZ]) und Krakau zielenden Kaiser Ferdinands-Nordbahn (KFNB) über Lundenburg (Břeclav [CZ]) und Prerau (Přerov [CZ]), die 1847 fertiggestellt wurde und später zur Hauptschlagader der k.u.k-Monarchie wurde. Eine Stichbahn von Prerau nach Olmütz (Olomouc [CZ]) wurde 1841 fertiggestellt, deren Verlängerung nach Prag (1845) und zur sächsischen Grenze im Elbtal als „Nordbahn" dann aber der österreichische Staat übernahm. Der Großteil dieser Strecke verläuft heute nicht mehr auf österreichischem Territorium. Ab 1841 übernahm zunächst der Staat den weiteren Ausbau des Streckennetzes. Bedeutsamstes Vorhaben dieser „erstes Staatsbahnphase" war die Inangriffnahme der „Südbahn" genannten Verbindung von Wien zum Adriahafen Triest. Deren erste Abschnitte gingen am 05.05.1842 (Wien – Gloggnitz), 21.10.1844 (Mürzzuschlag – Bruck a. d. Mur – Graz) und 02.06.1849 (Graz – Cilli (Celje [SI]) in Betrieb. Die als „Semmeringbahn" bekanntgewordene Verbindung Gloggnitz – Mürzzuschlag, die erste Hochgebirgseisenbahn der Welt, folgte aber erst am 17.07.1854.

Just in jenem Jahr stellte der Staat aus Geldmangel sein Engagement ein und die „zweite Privatbahnphase" begann, die beginnend mit dem Gründerkrach 1873 auslief. Die bislang staatlichen Strecken gingen auf die „k.k. priv. Österreichische Staatseisenbahn-Gesellschaft" über, die u. a. am 24.11.1858 die zuvor als „k.k. Nordtiroler Staatsbahn" angelegte Strecke Kufstein – Wörgl – Innsbruck eröffnete. Den umfangreichsten Beitrag zur Eisenbahnerschließung des heutigen Österreichs leistete in jenen Jahren die „k.k. privilegierte Kaiserin Elisabeth-Bahn" mit ihren wichtigsten Strecken Wien – Linz (15.12.858) – Wels – Salzburg – bayerische Grenze (12.08.1860; „Westbahn"), Wels – Passau (01.09.1861), Salzburg – Hallein (15.07.1871) – Bischofshofen – Wörgl (06.08.1875; „Salzburg-Tiroler Bahn") und Bischofshofen – Selzthal (06.08.1875). Die Südbahngesellschaft eröffnete am 21.08.1867 die Brennerstrecke Innsbruck – Bozen und am 20.11.1871 die Drautal-/Pustertalbahn von Villach über Spittal-Millstättersee, Lienz und Innichen (S. Candido [IT]) nach Franzensfeste (Fortezza [IT]) an der Brennerbahn. Die am 20.07.1867 gegründete „k.k. priv. Kronprinz Rudolf-Bahn Gesellschaft" (KRB) sorgte im östlichen Alpendistrikt bis 1873 u. a. für die im Zickzack verlaufende Nord-Süd-Achse St. Valentin/Amstetten – Kleinreifling – Selzthal –St. Michael – St. Veit an der Glan – Klagenfurt/Villach. Der 1880 erfolgte Baubeginn der am 20.09.1884 eröffneten staatlichen Arlbergbahn Innsbruck – Bludenz markierte das Ende der zweiten Privatbahnphase. Bis 1918 wurden dann außer der Südbahn alle großen Privatbahnen verstaatlicht. Bedeutsamstes Infrastrukturvorhaben dieser zeit waren die „Neuen Alpenbahnen", darunter die Pyhrnbahn Linz – Selzthal (eröffnet 21.08.1906), die Karawankenbahn Villach – Rosenbach – Aßling (Jesenice [SI]; eröffnet 30.09.1906) und die Tauernbahn Schwarzach St. Veit – Spittal-Millstättersee (eröffnet 05.07.1909).

Das solcherart bis zum Ende der Monarchie 1918 entstandene Netz von Magistralen hatte die Hauptstadt Wien als Zentrum. Für die im Restösterreich verbliebenen Strecken wurde, um von Kohleimporten unabhängiger zu werden, in der Zwischenkriegszeit ein umfangreiches Elektrifizierungsprogramm umgesetzt, das prioritär die Arlberg-, Tauern- und Brennerbahn einbezog. Nach dem Zweiten Weltkrieg arbeitete sich der Fahrdraht von Westen und Süden kommend auch nach Wien vor. In den 1990er-Jahren wurde mit dem viergleisigen Ausbau der Westbahn zwischen Wien und Linz begonnen, der bis 2015 andauern soll. Im Dezember 2012 gingen zudem die NBS Wien – St. Pölten und der erste Abschnitt Kundl – Baumkirchen der so genannten „Neuen Unterinntalbahn" in Betrieb. Letzterer ist ebenso wie die schon am 29.04.1994 eröffnete Güterzugumfahrung Innsbruck Teil der TEN-Achse 1 Berlin – Palermo. Wichtige aktuelle Infrastrukturvorhaben sind:

★ Koralmbahn einschließlich Koralmtunnel zur Direktverbindung Graz – Klagenfurt (im Bau)
★ Brennerbasistunnel (im Bau)
★ Semmeringbasistunnel (Bauvorbereitung abgeschlossen)
★ Neu- und Ausbaustrecke Tauernbahn (auf der Südrampe seit Ende 2009 abgeschlossen, auf der Nordrampe nur teilweise fertig, Rest in Planung)
★ Neubau Wien Hauptbahnhof (Teilinbetriebnahme 2012, vollständige Inbetriebsetzung 2015)
★ 2. Abschnitt Brannenburg [DE] – Kundl der Neuen Unterinntalbahn (in Planung)
★ Ausbau Attnang-Puchheim – Salzburg (in Planung)

Österreich

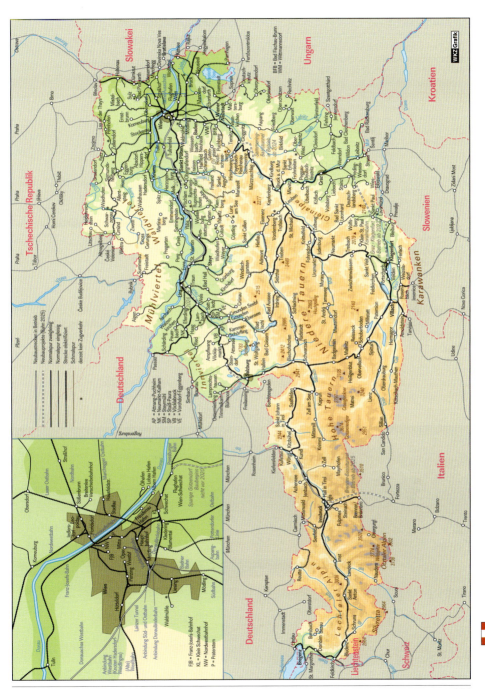

Österreich

Marktübersicht

* Personenverkehr: Den größten Anteil hat die ÖBB-Personenverkehr AG inne. Eine Reihe weiterer EVU wie die staatseigene Graz-Köflacher Bahn und Busbetrieb GmbH (GKB) oder die mehrheitlich im Besitz von Bundesland und Stadt Salzburg stehende Salzburg AG für Energie, Verkehr und Telekommunikation – Salzburger Lokalbahn (SLB) als größere Branchenvertreter sind regional tätig. Eine Besonderheit ist die Stern & Hafferl Verkehrsgesellschaft mbH (StH) mit ihrer Betriebsführerschaft für mehrere Lokalbahnen. Die City Air Terminal Betriebsgesellschaft mbH (CAT) betreibt seit Dezember 2003 einen Flughafenzubringer in Wien. Bisher einziger ÖBB-Konkurrent im eigenwirtschaftlichen Personenverkehr ist die WESTbahn Management GmbH.
* Güterverkehr: Marktführer ist die aus der ÖBB-Güterverkehrssparte hervorgegangene, im Besitz der ÖBB-Holding stehende Rail Cargo Austria Aktiengesellschaft (RCA). Marktteilnehmer sind auch etwa ein Dutzend weiterer Anbieter, darunter die Cargo Service GmbH (CargoServ), die ecco-rail GmbH, die LTE Logistik- und Transport-GmbH, die Salzburger Lokalbahn (SLB) die TX Logistik GmbH und die Wiener Lokalbahnen Cargo GmbH (WLC) als größte Vertreter.

Verkehrsministerium, Nationale Eisenbahnbehörde

Bundesministerium für Verkehr, Innovation und Technologie, Oberste Eisenbahnbehörde
Sektion IV – Verkehr, Gruppe Schiene
Radetzkystraße 2
AT-1030 Wien
Telefon: +43 1 711 62 65 2100
iv-sl@bmvit.gv.at
Abteilung Sch 5
Telefon: +43 1 711 6265 2204
sch5@bmvit.gv.at
Radetzkystraße 2
AT-1030 Wien
www.bmvit.gv.at

Eisenbahn-Regulierungsbehörde

Schienen-Control GmbH
Praterstraße 62-64
AT-1020 Wien
Telefon: +43 1 5050 707
office@schienencontrol.gv.at
www.schienencontrol.gv.at

Eisenbahnunfalluntersuchungsstelle

Bundesanstalt für Verkehr - Sicherheitsuntersuchungsstelle des Bundes, Schiene
Trauzlgasse 1
AT-1210 Wien
Telefon: +43 1 711 62 65 9150
uus-Schiene@bmvit.gv.at
versa.bmvit.gv.at

Foto: Roland Beier

ASB / CargoServ

Achenseebahn (ASB) 🅿️🅸

Bahnhofstraße 1 – 3
AT-6200 Jenbach
Telefon: +43 5244 62243
Telefax: +43 5244 622435
info@achenseebahn.at
www.achenseebahn.at

Management
* Mag. Georg Fuchshuber (Direktor)

Gesellschafter
Stammkapital 410.991,00 EUR
* Streubesitz (44,8 %)
* Patrick Kittl (18 %)
* Gemeinde Eben (11,68 %)
* Dr. Jürgen Zekeli (11,07 %)
* Gemeinde Jenbach (10,65 %)
* Gemeinde Achenkirch (3,77 %)

Infrastruktur
* Jenbach – Achensee Schiffstation (6,78 km; Spurweite 1.000 mm; Jenbach – Eben Zahnstange System Riggenbach)

Unternehmensgeschichte
Der k. k. Konsul Theodor Friedrich Freiherr von Dreifuss aus Kreuth in Oberbayern bewarb sich 1886 um die Konzession zum Bau einer schmalspurigen, teilweise als Zahnradbahn ausgeführten Bahnverbindung von Jenbach im Inntal zum südlichen Ende des Achensees, die ihm am 01.08.1888 gewährt wurde. Am 08.06.1889 konnte die 6,36 km lange, in Meterspur ausgeführte Strecke eröffnet werden, die etwa 400 m vor der Schiffsanlegestelle am Achensee endete und mit dieser über eine Rollbahn verbunden war. 1916 verlängerte die österreichische Militärverwaltung die Bahnstrecke bis zur Anlegestelle, welche somit eine Länge von 6,78 km erreichte.
1950 erwarben die Tiroler Wasserkraftwerke (TIWAG) die Aktienmehrheit an der Bahn, kleinere Anteile entfielen auf das Land Tirol und die Republik Österreich. 1979 wurden die Aktien der Achenseebahn AG zu gleichen Teilen auf die Gemeinden Achenkirch, Eben und Maurach übertragen. Nach einer erneuten Umstrukturierung im Jahre 1991 wurden die Gemeinden Achenkirch, Eben und Jenbach die Hauptaktionäre. Das änderte sich 1995 bzw. 2009, als die Gemeinden durch Kapitalerhöhungen nicht mitzogen
Die seit ihrer Betriebsaufnahme durchweg mit

Dampflokomotiven befahrene Strecke dient heute nahezu ausschließlich dem Tourismus und wird im Sommer von sieben, in der Vor- und Nachsaison von drei täglichen Zugpaaren befahren. Öffentlicher Güterverkehr wird seit den 1960er-Jahren nicht mehr durchgeführt.
Derzeit sind eine Verlängerung bis Pertisau und die Elektrifizierung der Bahn in Planung.

Verkehre
* Touristischer Personenverkehr auf eigener Infrastruktur

Cargo Service GmbH (CargoServ) 🅶

Lunzerstraße 41
AT-4031 Linz
Telefon: +43 732 6598-2000
Telefax: +43 732 6980-2000
office@cargoserv.at
www.cargoserv.at

Management
* Ing. Markus Schinko (Geschäftsführer)

Gesellschafter
Stammkapital 3.000.000,00 EUR
* Logistik Service GmbH (LogServ) (100 %)

Lizenzen
* AT: Sicherheitsbescheinigung für das Netz der ÖBB Infrastruktur AG; seit 04.04.2013
* AT: Verkehrsgenehmigung (PV+GV); seit 03.04.2012
* DE: Sicherheitsbescheinigung Teil B (GV) beantragt

Infrastruktur
* nichtöffentliche Anschlussbahn voestalpine Stahl, Linz (Gleislänge 160 km); betrieben durch LogServ
* nichtöffentliche Anschlussbahn Chemiepark, Linz (Gleislänge 40 km); betrieben durch LogServ

Unternehmensgeschichte
Am 01.04.2001 wurden die Logistikaktivitäten der voestalpine Stahl GmbH in die am 20.03.2001 neu gegründete 100 %-Tochtergesellschaft Logistik Service GmbH (LogServ) ausgegliedert. Im April 2001 führte die LogServ unter der Marke CargoServ den ersten privaten Gütertransport über das

CargoServ / CAT

öffentliche Schienennetz durch – einen Kalkzug von Steyrling zur voestalpine Stahl nach Linz. Bereits am 04.08.2003 erhielt LogServ die Konzession als Eisenbahnverkehrsunternehmen für die Erbringung von Personen- und Güterverkehrsleistungen im Normalspurbereich Österreichs. Entsprechend der neuen EU-Richtlinie wurde diese per 10.05.2005 in eine Verkehrsgenehmigung umgewandelt.
Der kontinuierliche Ausbau der Dienstleistungen im Eisenbahnbereich steigerte das in Eigenregie auf der Bahn transportierte Gütervolumen von 700.000 Tonnen Rohstoffen und Fertigprodukten im ersten Geschäftsjahr auf zuletzt rund vier Mio. t.
Seit April 2012 führt die am 04.04.2001 gegründete Cargo Service GmbH (CargoServ) als voll ausgestattetes Unternehmen selbst als Eisenbahnverkehrsunternehmen (EVU) mit der entsprechenden Verkehrsgenehmigung die Gütertransporte durch. Hintergrund der Veränderung ist u.a. die strikte Trennung von der Anschlussbahn der Voestalpine am Standort Linz (LogServ) und dem Fahren auf dem öffentlichen Streckennetz (CargoServ).
Aktuell umfasst der Fuhrpark der CargoServ neun Elektro- und drei Diesellokomotiven. Im letzten Geschäftsjahr 2013/14 (März 2013 bis April 2014) wurden 4,2 Mio. t Güter transportiert.

Verkehre
* Brammentransporte Košice (U.S. Steel Košice, s.r. o.) [SK] – Linz (voestalpine Stahl GmbH); Spotverkehre seit Mai 2014; 6 x pro Woche seit 01.11.2014; in Kooperation mit der slowakischen Staatsbahn Železničná spoločnosť Cargo Slovakia, a.s. (ZSSK CARGO)
* Brannt- und Splittkalktransporte Kalkwerk Steyrling – Linz (voestalpine Stahl GmbH); seit 01.04.2001 im Auftrag der voestalpine Stahl GmbH
* Coilstransporte Linz (voestalpine Stahl GmbH) – Ingolstadt Nord Werkbahnhof Terreno (InTerPark) [DE]; 3 x pro Woche seit 31.03.2011; durchgehende Nutzung einer E-Lok der LogServ; EVU in Deutschland und letzte Meile an HTRS Süd GmbH / N1 Rail Services Süd GmbH vergeben.
* Coilstransporte Linz (voestalpine Stahl GmbH) – Polen / Tschechien; seit Februar 2007 Traktion bis Břeclav (Übergabe an ČD Cargo, a.s.) im Auftrag der voestalpine Stahl GmbH
* Coilstransporte Linz (voestalpine Stahl GmbH) – Tarvisio Boscoverde (Übergabe an Trenitalia) [IT]; seit 04.04.2005 im Auftrag der voestalpine Stahl GmbH
* Coiltransporte Linz – Dorog (Suzuki) [HU]; 1-2 x pro Monat seit Oktober 2009 Traktion bis Ebenfurth (Übergabe an GySEV)
* Eisenerztransporte Eisenerz (Steiermark) – Linz (voestalpine Stahl GmbH); seit 02.01.2003 im Auftrag der voestalpine Stahl GmbH; 3 x pro Tag seit 01.01.2015

* Kohletransporte Ostrava [CZ] – Linz (voestalpine Stahl GmbH); seit 04.04.2005 im Auftrag der voestalpine Stahl GmbH; Traktion ab Summerau (Übernahme von ČD Cargo, a.s.); seit September 2012 via Hohenau; seit 2014 Übernahme von Advanced World Transport, a.s. (AWT)
* Schrotttransporte Ingolstadt [DE] – Linz; 3 x pro Woche seit 31.03.2011; durchgehende Nutzung einer E-Lok der LogServ; EVU in Deutschland und erste Meile an HTRS Süd GmbH / N1 Rail Services Süd GmbH vergeben; aktuell 2 x pro Woche; seit Dezember 2013 zusätzlicher Stopp in Regensburg [DE]

City Air Terminal Betriebs-gesellschaft m.b.H. (CAT)

Postfach 1
AT-1300 Wien-Flughafen
Telefon: +43 1 7007-38335
Telefax: +43 1 7007-38306
info@cityairporttrain.com
www.cityairporttrain.com

Management
* Mag. Michael Forstner (Geschäftsführer)
* Mag. Michael Zach (Geschäftsführer)

Gesellschafter
Stammkapital 36.500,00 EUR
* Flughafen Wien AG (50,1 %)
* ÖBB-Personenverkehr Aktiengesellschaft (49,9 %)

Lizenzen
* AT: EVU-Zulassung (PV) seit 12.07.2003
* AT: Sicherheitsbescheinigung Teil A und B (PV); gültig vom 28.12.2010 bis 28.12.2015

Unternehmensgeschichte
Der City Airport Train (CAT) ist die schnellste Zugverbindung zwischen der Innenstadt von Wien und dem Flughafen Wien-Schwechat. Der Betrieb wurde im Dezember 2003 aufgenommen und als Betreibergesellschaft wurde im Februar 2002 die City Air Terminal Betriebsgesellschaft m.b.H. (CAT) als gemeinsame Tochter von Flughafen Wien AG und ÖBB gegründet. Die ÖBB stellen die zur Traktion der CAT-Züge genutzten Lokomotiven samt Lokführer, wofür in der Regel die beiden hierfür mit einer Sonderlackierung versehenen Fahrzeuge 1016 014 und 036 genutzt werden. Das eingesetzte Wagenmaterial, klimatisierte Doppelstockwagen,

CAT / ecco-rail

befindet sich hingegen direkt im Bestand der CAT. Innerstädtischer Startpunkt der CAT-Verbindung ist der an der Schnellbahn-Stammstrecke gelegene Bahnhof Wien Mitte, wobei der CAT von dort zum Flughafen dieselbe Strecke wie die Wiener S-Bahn nutzt. Der CAT verkehrt täglich im Halbstundentakt nonstop mit einer Fahrzeit von 16 Minuten zum Flughafen. Die parallele S-Bahn benötigt mit sieben Zwischenhalten 25 Minuten. Für eine größere Anzahl von Fluglinien ist bei Nutzung des CAT bereits am Bahnhof Wien Mitte das Einchecken für Flüge ab Wien-Schwechat möglich.

Verkehre
* Personenverkehr Wien-Mitte – Wien-Flughafen in Zusammenarbeit mit den ÖBB

ecco-rail GmbH

Haizingergasse 47/3
AT-1180 Wien
Telefon: +43 1 341044-0
Telefax: +43 1 3410440-30
office@ecco-rail.at
www.ecco-rail.at

Management
* Johann Pötsch (Geschäftsführer)

Gesellschafter
Stammkapital 65.000,00 EUR
* Johann Pötsch (80 %)
* TrainTheTrain Logistik GmbH (20 %)

Lizenzen
* AT: Sicherheitsbescheinigung Teil A (GV); gültig ab 25.09.2012 bis 20.01.2016
* AT: Sicherheitsbescheinigung Teil B (GV); gültig vom 23.09.2012 bis 20.01.2016
* AT: Verkehrsgenehmigung (GV); seit 29.02.2012
* DE: Sicherheitsbescheinigung Teil B (GV); gültig seit 13.03.2015

Unternehmensgeschichte
Die ecco-rail-Gruppe ist eine auf den Ländermärkten Österreich, Deutschland und Polen mit eigenen Lizenzen tätige private Güterbahn. Gründer und mehrheitlicher Eigentümer ist Johann Pötsch, der viele Jahre die Sparte „Chemie und Mineralöl" der Rail Cargo Austria AG (RCA) leitete und deren Tochter Chemfreight managte. Mit der Erfahrung bei der Staatsbahn machte er sich 2005 selbstständig – zunächst als Berater mit der Firma ChemCargoConsult (CCC). Doch die Kunden wollten mehr: Er sollte auch die operative speditionelle Betreuung übernehmen. Pötsch kam dem Drängen nach: Er gründete die Ecco-Sped. Ein Jahr später schuf er die Voraussetzungen dafür, die Logistikleistung ebenfalls selbst produzieren zu können: 2014 erzielte die am 28.06.2011 gegründete ecco-rail GmbH in Österreich 8 Mio. EUR Umsatz. Inzwischen fährt das Unternehmen 50 bis 60 Züge pro Monat, die meisten davon im regelmäßigen Verkehr

Minderheitsanteile an der ecco-rail hielt bis 2012 die ungarische Speditionsgesellschaft Petrolsped Szállítmányozási Kft., die zudem auch Gesellschafter der ungarischen Privatbahn MMV Magyar Magánvasút Zrt. ist.
ecco-rail beschäftigte im März 2014 26 Mitarbeiter (13 Mitarbeiter im Headoffice, 13 Wagenmeister sowie Lokführer). Beim Personal setzt ecco-rail heute auf Dienstleister – lediglich ein Triebfahrzeugführer und zwei Wagenmeister sind noch fest angestellt. Über Personaldienstleister sieht man sich deutlich flexibler aufgestellt.
In Polen und Deutschland existieren Schwestergesellschaften der ecco-rail GmbH.

Verkehre
* Getreidetransporte Ungarn – Barneveld (AgruniekRijnvallei Voer B.V.) [NL]; Spotverkehre; Traktion des Abschnittes Hegyeshalom [HU] – Emmerich [DE] seit 01.10.2013 im Auftrag der Raillogix B.V.
* Getreidetransporte Ungarn – Brake [DE]; Spotverkehre; Traktion ab Hegyeshalom [HU]
* Getreidetransporte auf dem Abschnitt Hegyeshalom [HU] – Basel [CH]; Spotverkehre
* Gütertransporte auf dem Abschnitt Hegyeshalom [HU] – Fürth [DE]; Spotverkehre in den Sommermonaten
* Gütertransporte auf dem Abschnitt Hegyeshalom [HU] – Straubing [DE]; saisonale Spotverkehre
* KV-Transporte (zerlegte Dacia-Pkw) Ciumesti [RO] – Hamburg Waltershof (Eurokombi, Burchardkai, CTA) [DE] / Bremerhaven [DE]; 3 x pro Woche seit November 2013 Traktion in Österreich ab Hegyeshalom (Übernahme Train Hungary Magánvasút Ipari, Kereskedelmi és Szolgáltató Kft. (TH)) [HU] im Auftrag der OHE Cargo GmbH
* KV-Transporte Bettembourg [LU] – Türkei; 1 x pro Woche seit Januar 2015 Traktion von Passau (Übernahme von CFL Cargo Deutschland GmbH) [DE] bis Hegyeshalom (Übergabe an AWT Rail HU Zrt.) [HU] im Auftrag der VTG Rail Logistics Austria GmbH

ecco-rail

* KV-Transporte Zeebrugge (P&O Ferries) [BE] – Curtici (Rail Port Arad) [RO]; 2 x pro Woche seit 26.09.2014 Traktion Passau (Übernahme von Crossrail) [DE] – Hegyeshalom (Übergabe an FOXrail Zrt.) [HU] im Auftrag der Crossrail AG für P&O Ferrymasters B.V.
* Magnesittransporte Luberník (SLOVMAG, a.s.) [SK] – Gochsheim (Refratechnik GmbH) [DE]; Spotverkehre seit Dezember 2013; Traktion von Hegyeshalom [HU] bis Bruchsal (Übergabe an Albtal-Verkehrs-Gesellschaft mbH (AVG)) [DE]
* Mineralöltransporte Bratislava (Slovnaft a.s.) [SK] – Duisburg [DE]; Spotverkehre ab Bratislava-Petržalka [SK] im Auftrag von ŠPED-TRANS LEVICE, a.s.
* Mineralöltransporte Bratislava (Slovnaft a.s.) [SK] – Karlsruhe-Knielingen (MiRO Mineraloelraffinerie Oberrhein GmbH & Co. KG) [DE]; Spotverkehre; Traktion ab Bratislava-Petržalka [SK] im Auftrag von ŠPED-TRANS LEVICE, a.s.
* Mineralöltransporte Ungarn – Duisburg; Spotverkehre seit 2013 im Auftrag der TankMatch Rail Hamburg GmbH für Alcodis; Traktion ab Hegyeshalom [HU]
* Mineralöltransporte Ungarn – Karlsruhe-Knielingen (MiRO Mineraloelraffinerie Oberrhein GmbH & Co. KG) [DE]; Spotverkehre seit 2013 im Auftrag der TankMatch Rail Hamburg GmbH für Alcodis; Traktion Hegyeshalom [HU] – Karlsruhe Rbf (Übergabe an Albtal-Verkehrs-Gesellschaft mbH (AVG)) [DE]
* Pflanzenöltransporte Martfű (Bunge Zrt.) [HU] – Neuss [DE]; Spotverkehre; Traktion ab Hegyeshalom [HU]
* Rundholztransporte Ungarn – Ingolstadt [DE]; 1 x pro Woche Traktion ab Bratislava-Petržalka (Übernahme von ZSSK Cargo) [SK] im Auftrag der B&S Logistik GmbH
* Stahltransporte auf dem Abschnitt Herbertshofen [DE] – Hegyeshalom [HU]; Spotverkehre im Auftrag der B&S Logistik GmbH für Lechsped

Unternehmensstruktur ecco rail und Schwestergesellschaften

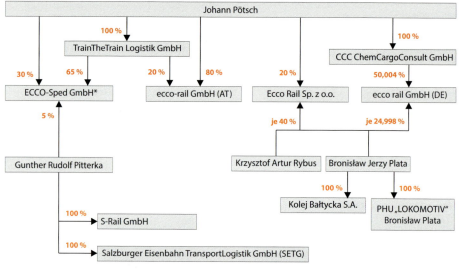

Franz Plasser Dienstleistungsgesellschaft m.b.H.

Johannesgasse 3
AT-1010 Wien
Telefon: +43 1 51572-0
export@plassertheurer.com
www.plassertheurer.com

Management
* Friedrich Öllinger (Geschäftsführer)

Gesellschafter
Stammkapital 200.000,00 EUR
* Firma Franz Plasser Vermietung von Bahnbaumaschinen Gesellschaft m.b.H. (100 %)

Lizenzen
* AT: Verkehrsgenehmigung (GV); seit 28.11.2014

Unternehmensgeschichte
Plasser & Theurer ist eine österreichische Firma mit Hauptsitz Wien und ist Weltmarktführer für Gleisbaumaschinen. Das Stammwerk befindet sich in Linz, weltweit beschäftigt das Unternehmen heute über 3.000 Mitarbeiter und liefert seine Produkte in über 100 Länder.
Das Unternehmen Franz Plasser Dienstleistungsgesellschaft m.b.H. wurde 2013 gegründet und befasst sich mit Eisenbahnverkehrsdienstleistungen sowie der Instandhaltung von Bahnbaumaschinen. Nach Erhalt der Sicherheitsbescheinigung, die für 2015 erwartet wird, sollen vor allem Überstellungs- und Probefahrten von Bahnbaumaschinen durchgeführt werden.

GEVD Gesellschaft für Eisenbahnverkehrsdienstleistungen mbH

Brunner Straße 33
AT-2700 Wiener Neustadt
www.nwsgmbh.de

Management
* Thomas Richter (Geschäftsführer)
* Erich Steiner (Geschäftsführer)
* Ernst Steuger (Geschäftsführer)

Gesellschafter
Stammkapital 100.000,00 EUR
* Nürnberger Wach- und Schließgesellschaft mbH (NWS) (100 %)

Lizenzen
* AT: Sicherheitszertifikat Teil A+B (GV); gültig vom 16.06.2014 bis 16.06.2017
* AT: Verkehrsgenehmigung (GV); seit 10.04.2014

Unternehmensgeschichte
Die Nürnberger Wach- und Schließgesellschaft mbH hat im Jahr 2013 eine österreichische Tochtergesellschaft mit dem Namen GEVD Gesellschaft für Eisenbahnverkehrsdienstleistungen mbH gegründet. Diese erhielt im April 2014 eine Verkehrsgenehmigung für den Güterverkehr in Österreich. Seit Juni 2014 verfügt die GEVD auch über eine Sicherheitsbescheinigung Teil A und B im Netz der ÖBB. Das Unternehmen ist wie die deutsche Mutter in der Baustellenlogistik tätig und kann nunmehr Zugbewegungen ohne die Inanspruchnahme dritter EVUs eigenständig durchführen.

Grampetcargo Austria GmbH (GCA)

Ignaz-Köck-Straße 10
AT-1210 Wien
Telefon: +43 664 5498763
office@grampetcargo.at
www.grampetcargo.at

Management
* KR Friedrich Macher (Geschäftsführer)

Gesellschafter
Stammkapital 500.000,00 EUR
* S.C. Grampet S.A. (90 %)
* Friedrich Macher (10 %)

Lizenzen
* AT: Verkehrsgenehmigung (GV) seit 25.11.2014

Unternehmensgeschichte
Die Grampetcargo Austria GmbH (GCA) wurde am 21.02.2012 gegründet und ist seit April 2012 tätig. CEO und Minderheitsgesellschafter ist der ehemalige Rail Cargo Austria-Vorstand KR. Friedrich Macher.

GCA / GKB

Mit dem neu gegründeten Eisenbahnunternehmen will die in Rumänien ansässige Grampet Group ihren Einflussbereich nach Zentral- und Westeuropa erweitern. Die GCA soll dabei zum führenden Schienenlogistiker in Südost- und Zentraleuropa werden. Die operationelle Start des EVU ist nach Lizenzerteilung im dritten Quartal 2015 angedacht, übergangsweise nutzt man die Lizenzen der Safety4you Baustellenlogistik GmbH sowie der eccorail GmbH.

Im Januar 2015 hatte das Unternehmen fünf Mitarbeiter und betreute ca. 5 Züge pro Woche, deren Traktion komplett fremd vergeben wurde.

Graz-Köflacher Bahn und Busbetrieb GmbH (GKB) PGI

Köflacher Gasse 35-41
AT-8020 Graz
Telefon: +43 316 5987-0
Telefax: +43 316 5987-16
office@gkb.at
www.gkb.at

Management
★ Mag. Franz Weintögl (Generaldirektor)

Unternehmensstruktur GKB

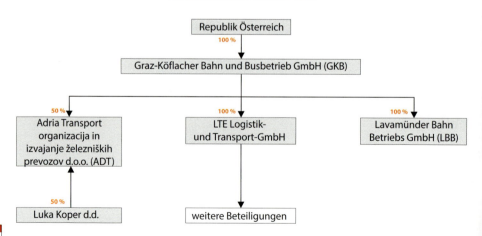

Grafik: Rail Business

GKB

Gesellschafter
Stammkapital 4.000.000,00 EUR
* Republik Österreich, vertreten durch das Bundesministerium für Verkehr, Innovation und Technologie (100 %)

Beteiligungen
* GKB Graz-Köflacher Bahn- und Busbetrieb Deutschland GmbH (nicht operativ tätig) (100 %)
* LTE Logistik- und Transport-GmbH (100 %)
* Lavamünder Bahn Betriebs GmbH (LBB) (100 %)
* Adria Transport organizacija in izvajanje železniških prevozov d.o.o. (ADT) (50 %)

Lizenzen
* AT: Betriebs-/Infrastrukturkonzession der Strecken Graz – Köflach und Lieboch – Wies-Eibiswald bis 31.12.2025
* AT: EVU-Zulassung (PV+GV) seit 10.05.2005
* AT: Sicherheitsbescheinigung Teil A+B (PV+GV); gültig ab 19.12.2010 bis 19.12.2015

Infrastruktur
* Graz Hbf – Lieboch – Köflach (40,2 km)
* Lieboch – Wies-Eibiswald (50,9 km)
* Bärnbach – Oberdorf in Steiermark (1,8 km); nur Güterverkehr
* Anschlussbahn Pöfing-Brunn – Gleinstätten (4,7 km); nur Güterverkehr

Unternehmensgeschichte
Die Graz-Köflacher Bahn und Busbetrieb GmbH (GKB) ist nach der Übernahme sämtlicher Anteile durch die Republik Österreich im Jahre 1998 in ihrer Eigentumsstruktur keine Privatbahn im eigentlichen Sinne mehr, im Marktauftritt jedoch weiterhin Privatbahnen gleich gestellt.
Die Strecken der GKB wurden einst zum Transport von Kohle geplant; der erste Streckenabschnitt Köflach – Graz wurde durch die Graz-Köflacher Eisenbahn- und Bergbaugesellschaft (GKB; heute GKB-Bergbau) am 22.06.1859 provisorisch und am 03.04.1860 vollständig eröffnet. Zwischen September 1878 und dem 01.01.1924 oblag die Betriebsführung der privaten Südbahngesellschaft. 1928 erwarb die Österreichische Alpine-Montangesellschaft (ÖAM) die Aktienmehrheit der GKB, die ihrerseits 1930 die Mehrheit an der Sulmtalbahn AG und deren Betriebsführung übernahm. Während des NS-Regimes war die GKB Teil der "Reichswerke AG für Erzbergbau und Hüttenwesen Hermann Göring". Nach dem Krieg und der Gründung der Republik Österreich gingen Anteile an der GKB auf den Staat über. Allerdings blieb der Konzernverbund mit der ÖAM bestehen, so dass die GKB ab 1974 zum Konzern der

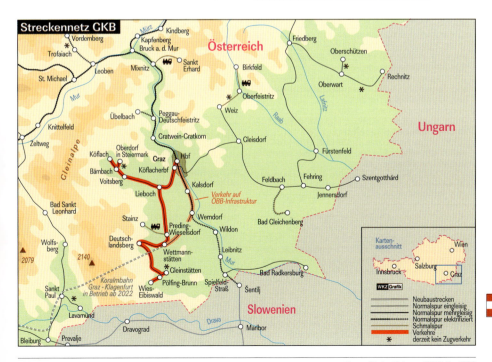

GKB / IVB

voestalpine AG gehörte. Anschließend war sie Teil der Österreichischen Industrie-Holding AG (ÖIAG). 1998 erfolgte die Abspaltung der Bahn aus der Graz-Köflacher Eisenbahn- und Bergbaugesellschaft als selbständige Graz-Köflacher Eisenbahn GmbH (GKE) und deren Überführung in vollständiges Bundeseigentum. Zum 01.01.2004 wurde der Unternehmensname in die heutige Bezeichnung Graz-Köflacher Bahn und Busbetrieb GmbH (GKB) geändert.

Nach Einstellung der Kohletransporte im Jahr 1978 sind auf der Stammstrecke westlich von Graz heute Holztransporte und der Personenverkehr die wesentlichen Standbeine der GKB. Außerdem verfügt die GKB über eine europaweite Zulassung im Personen- und Güterverkehr. Abseits der Schiene betreibt die GKB in der Steiermark zahlreiche Omnibuslinienverkehre mit einem Aufkommen von jährlich rund 6 Mio. Reisenden.

Seit 27.02.2008 verfügt die GKB als erstes ausländisches Unternehmen über das Sicherheitszeugnis zum Befahren des slowenischen Schienennetzes. In Kooperation mit dem slowenischen EVU Adria Transport d.o.o., an dem die GKB 50 % der Anteile hält, beförderte die GKB bereits von 2007 bis Ende 2010 in unregelmäßigen Abständen Kohle in Ganzzügen vom Adriahafen Koper ins österreichische Gratwein-Gratkorn.

Die Wirtschaftsdaten der GKB der vergangenen Jahre:
* 2009: Umsatz Eisenbahn 8,254 Mio. EUR; 1,311 Mio. Zugkm (PV); 0,462 Mio. t; 9,862 Mio. bruttotkm; 406 Mitarbeiter (gesamt)
* 2010: Umsatz Eisenbahn 8,727 Mio. EUR; 1,332 Mio. Zugkm (PV); 0,513 Mio. t; 14,547 Mio. bruttotkm; 408 Mitarbeiter (gesamt)
* 2011: Umsatz Eisenbahn 10,427 Mio. EUR; 1,633 Mio. Zugkm (PV); 0,531 Mio. t; 22,038 Mio. bruttotkm; 421 Mitarbeiter (gesamt)
* 2012: Umsatz Eisenbahn 19,487 Mio. EUR; 1,654 Mio. Zugkm (PV); 0,464 Mio. t; 16,033 Mio. bruttotkm; 412 Mitarbeiter (gesamt)
* 2013: Umsatz Eisenbahn 23,967 Mio. EUR; 1,625 Mio. Zugkm (PV); 0,534 Mio. t; 47,846 Mio. bruttotkm; 407 Mitarbeiter (gesamt)

Das Jahr 2008 stellt eine besondere Ausnahme dar, da in diesem Jahr durch Sturmschäden besonders umfangreiche Transporte durchgeführt werden konnten.
Im März 2011 nahm die GKB eine neue Werkstatthalle für die frischgebackenen GTW-Triebwagen in Graz Köflacherbahnhof in Betrieb. Die Inbetriebnahme der Stadler-Fahrzeuge erfolgte stark verzögert, zunächst wurde auch nur eine Zulassung für GTW auf dem Streckennetz der GKB erteilt. Für die via Koralmbahn verkehrenden Züge der Linie S 6 wurden mit Einführung zum Fahrplanwechsel im Dezember 2010 Ersatzzüge aus GKB-Doppelstockwagen und Diesellok herangezogen. Neben einer Lok der BR 218 wurden drei 2016 der RTS Rail Transport Service GmbH zur Traktion eingesetzt. Der planmäßige Einsatz der GTW erfolgt seit November 2011. Die VT2E wurden ab Dezember 2012 nach Polen verkauft und nachfolgend abgefahren. Der letzte Planeinsatz des Typs erfolgte am 01.07.2013.
2014 vermeldete die GKB 5,6 Mio. Fahrgäste, 2013 waren es 5,4 Mio. gewesen.

Verkehre
* Personenverkehr S 6 Graz Hbf – Werndorf – Wies-Eibiswald; seit 12.12.2010
* Personenverkehr S 61 Graz Hbf – Lieboch – Wies-Eibiswald
* Personenverkehr S 7 Graz Hbf – Lieboch – Köflach
* AZ-Verkehr
* Gütertransporte auf eigener Infrastruktur als Wechselverkehre mit der Rail Cargo Austria AG (RCA), Wagentausch in Graz Vbf; v.a. Leistungen auf dem Streckenast nach Wies-Eibiswald
* Perlkiestransporte Hegyeshalom [HU] – Leibenfeld (Baustelle Koralmtunnel); Spotverkehre seit 15.01.2013; Traktion bis Graz durch Rail Cargo Austria AG (RCA)
* Abraumtransporte Leibenfeld – Werndorf (Koralmtunnel); seit Herbst 2013
* Zementtransporte Werndorf – Leibenfeld (Koralmtunnel); seit Sommer 2013

Innsbrucker Verkehrsbetriebe und Stubaitalbahn GmbH (IVB)
P I

Postfach 39
AT-6010 Innsbruck
Pastorstraße 5
AT-6010 Innsbruck
Telefon: +43 512 5307
Telefax: +43 512 5307-110
office@ivb.at
www.ivb.at

Management
* Dipl.-Ing. Martin Baltes (Geschäftsführer)

Gesellschafter
Stammkapital 14.000.000,00 EUR
* Innsbrucker Kommunalbetriebe AG (51 %)
* Stadt Innsbruck (45 %)
* Land Tirol (4 %)

Beteiligungen
* Innbus GmbH (100 %)
* Innbus Regionalverkehr GmbH (45 %)
* Innsbrucker Nordkettenbahnen GmbH (5 %)

Lizenzen
* AT: Eisenbahninfrastruktur-/Betriebskonzession

IVB / LBB

Infrastruktur
* Innsbruck Stubaitalbahnhof – Fulpmes (18,2 km); Spurweite 1.000 mm; elektrifiziert 750 V=)
* Stubaitalbahn Stadtgebiet (3,012 km)
* Straßenbahn Innsbruck (20,0 km; Spurweite 1.000 mm; elektrifiziert 750 V=)

Unternehmensgeschichte
Ab den 1880er-Jahren bestanden ernsthafte Überlegungen, das süd-südwestlich von Innsbruck gelegene Stubaital durch eine Bahnstrecke zu erschließen. Nach der Prüfung verschiedener Trassenvarianten wurde im Sommer 1903 damit begonnen, eine elektrifizierte, mit Wechselspannung betriebene Bahnstrecke in Meterspur von Innsbruck-Wilten ins rund 18 km entfernte Fulpmes zu bauen, die zum 01.08.1904 offiziell eröffnet werden konnte. Eigentümer der Infrastruktur war die neu gegründete Aktiengesellschaft Stubaitalbahn, an der unter anderem die Stadt Innsbruck und die Localbahn Innsbruck–Hall in Tirol (L.B.I.H.i.T.) beteiligt waren. Letztere übernahm auch die Betriebsführung der Stubaitalbahn. 1941 wurde die L.B.I.H.i.T. in die Innsbrucker Verkehrsbetriebe (I.V.B.) umfirmiert. Mit Wirkung zum 31.12.1996 wurden die Aktiengesellschaft Stubaitalbahn und die I.V.B. schließlich zur heutigen Innsbrucker Verkehrsbetriebe und Stubaitalbahn GmbH (IVB) zusammengeführt.
Zum 02.07.1983 wurde die Traktionsenergieversorgung auf Gleichspannung umgestellt, so dass anders als beim vorherigen Wechselspannungsbetrieb nunmehr durchgehende Verbindungen zwischen dem Stubaital und der ebenfalls mit Gleichspannung betriebenen Innsbrucker Straßenbahn hergestellt werden konnten.
Der Güterverkehr auf der Stubaitalbahn wurde 1974 eingestellt. Die IVB befördert auf der Verbindung heute jährlich rund 1 Mio. Fahrgäste pro Jahr. Mit der Beschaffung sechs neuer Niederflurtriebzüge soll die Stellung der Strecke im ÖPNV-System des Großraums Innsbruck in den kommenden Jahren ausgebaut werden. Das erste derartige Fahrzeug wurde Mitte Oktober 2007 geliefert, worauf im März 2008 der Planeinsatz begann. Die Modernisierung des Fuhrparks wurde bis März 2009 abgeschlossen. Im gleichen Zeitraum erfolgte auch die Modernisierung des Straßenbahnfuhrparks mit insgesamt 26 Niederflurstraßenbahnen.
Mit dem Regionalbahnkonzept verfolgt die Stadt Innsbruck den Ausbau des bestehenden Straßenbahnnetzes. In den kommenden Jahren entsteht somit eine Ost- Westverbindung von Hall in Tirol bis Völs. Aktuell wird an der Verlängerung der Linie 3 Richtung Westen (Peerhofsiedlung) gearbeitet. Die Fertigstellung bis Höttinger Au erfolgte Ende 2012. Die weiteren Ausbaustufen in den Westen und Osten von Innsbruck schließen nahtlos an. Mit einer Inbetriebnahme nach Innsbruck Kranebitten ist aus heutiger Sicht bis 2017 zu rechnen.

Verkehre
* Personenverkehr auf eigener Infrastruktur

Lavamünder Bahn Betriebs GmbH (LBB)

Köflacher Gasse 35-41
AT-8020 Graz
Telefon: +43 316 5987-0
Telefax: +43 316 5987-16
office@gkb.at
www.gkb.at

Management
* Dr. Rudolf Kores (Geschäftsführer)

Gesellschafter
* Graz-Köflacher Bahn und Busbetrieb GmbH (GKB) (100 %)

Infrastruktur
* St. Paul – Lavamünd (13,3 km); gepachtet von den ÖBB

Unternehmensgeschichte
Die Marktgemeinde Lavamünd ist im Südosten des Bundeslandes Kärnten an der Mündung der Lavant in die Drau gelegen. Die heutige Strecke St. Paul – Lavamünd ist Teil der so genannten Lavanttalbahn, einer Verbindungsstrecke zwischen den Bahnhöfen Zeltweg an der Rudolfsbahn und Celje (früher Cilli) im heutigen slowenischen Teil der österreichischen Südbahn. Die Lavanttalbahn wurde in mehreren Abschnitten eröffnet: 04.10.1879 Unterdrauburg – Wolfsberg (Betreiber k. k. privilegierte Südbahngesellschaft, ab 01.01.1899 k. k. österreichische Staatsbahnen (kkStB)), Cilli – Wöllan (heute Velenje) 29.12.1891, Wöllan – Unterdrauburg 20.12.1899 und Zeltweg – Wolfsberg 10.01.1900. Infolge der Veränderungen nach den beiden Weltkriegen geriet das Gebiet in eine verkehrliche Randlage. Um das Lavanttal unter Umgehung Jugoslawiens an den Rest Kärntens anzubinden, wurde am 10.10.1964 die Jauntalbahn (St. Paul im Lavanttal – Bleiburg an der Kärntner-Bahn Maribor – Klagenfurt) eröffnet. Im Gegenzug wurde die Strecke Lavamünd – Unterdrauburg am 30.05.1965 stillgelegt und größtenteils abgebaut. Auf der verbliebenen Stichbahn St. Paul – Lavamünd wurde durch die ÖBB der Personenverkehr 1997 und der Güterverkehr 2001 eingestellt.
Eigens zur Wiederaufnahme des Bahnbetriebes, der am 26.10.2002 in Form bedarfsorientierter Güterverkehre erfolgte, wurde die Lavamünder

LBB / LILO

Bahn Betriebs GmbH (LBB) mit Gesellschaftsvertrag vom 26.04.2002 gegründet. Mit Unterstützung durch EU-Fördermittel aus einem LEADER+-Projekt wurde 2004 ein Nostalgiezugverkehr ins Leben gerufen.
Wegen mangelhaften Oberbaus wurde 2010 der Betrieb wegen teilweiser Streckensperre durch die ÖBB eingestellt und demnach die operative Tätigkeit der LBB bis auf Weiteres stillgelegt.
Seit 07.03.2012 ist die GKB alleinige Gesellschafterin des Unternehmens. Die Marktgemeinde Lavamünd (22 %), Cimenti KG (18 %), Staudacher KG (18 %) sowie die Nostalgiebahnen in Kärnten (NBiK; 15 %) sind nicht mehr an der LBB beteiligt.

Linzer Lokalbahn AG (LILO)

Rathaus
AT-4041 Linz
Telefon: +43 732 771670
Telefax: +43 732 7070549243
friedrich.klug@ikw.linz.at

Management
★ Univ.-Doz. FH-Prof. Dr. Friedrich Klug (Generaldirektor)

Gesellschafter
Stammkapital 700.000,00 EUR
★ Stadt Linz (54,1 %)
★ Stern & Hafferl Verkehrsgesellschaft mbH (StH) (35,3 %)
★ Stadt Eferding (2,6 %)
★ Gemeinde Kirchberg/Thening (1 %)
★ Gemeinde Neumarkt/Hausruck (1 %)
★ Gemeinde Prambachkirchen (1 %)
★ Gemeinde Waizenkirchen (1 %)
★ Gemeinde Wilhering (1 %)
★ Stadt Leonding (1 %)
★ Stadt Peuerbach (1 %)
★ Streubesitz (1 %)

Lizenzen
★ AT: Infrastrukturkonzession seit 12.01.1911

Infrastruktur
★ Linz – Eferding – Waizenkirchen (42,3 km, elektrifiziert 750 V=; 15 kV 16,7 Hz im Bereich Hauptbahnhof Linz)
★ Neumarkt-Kallham – Niederspaiching – Waizenkirchen (12,6 km, elektrifiziert 750 V=)
★ Niederspaiching – Peuerbach (3,6 km, elektrifiziert 750 V=)

Unternehmensgeschichte
Auf der Grundlage einer staatlichen Konzession an zwei private Investoren für den „Bau und Betrieb einer mit elektrischer Kraft zu betreibenden normalspurigen Localbahn von der Staatsbahnstation Neumarkt-Kallham nach Waizenkirchen mit einer Abzweigung von Niederspaching nach Peuerbach" wurde im Jahr 1907 die „A.G. Neumarkt – Waizenkirchen – Peuerbach" (NWP) gegründet, die schon 1908 den Verkehr auf der genannten Verbindung aufnehmen konnte. 1911 wurde auch der Linzer Lokalbahn (LILO) die Konzession für eine normalspurige Lokalbahn von Linz über Eferding nach Waizenkirchen erteilt. Im Juni bzw. Dezember 1912 wurde die Strecke in zwei Abschnitten dem öffentlichen Verkehr übergeben. Größter Anteilseigner dieser Aktiengesellschaft wurde frühzeitig die Stadt Linz.
1998 wurden LILO und NWP zu einer überwiegend kommunalen Bahngesellschaft fusioniert. Während die LILO nur mehr als Infrastrukturbetrieb und Fahrzeughalter fungiert, obliegt die Durchführung des Fahrbetriebs der Stern & Hafferl Verkehrsgesellschaft mbH. Die dafür genutzten Fahrzeuge werden Stern & Hafferl durch die LILO gegen Entgelt zur Verfügung gestellt.
Aufgabenträger der Regionalpersonenverkehre ist die Oberösterreichische Verkehrsverbund Organisationsgesellschaft im Auftrag des Landes Oberösterreich.
Nachdem LILO und NWP Mitte der achtziger Jahre einen deutlichen Einbruch der Nachfrage hinnehmen mussten und über viele Jahre fast ausschließlich ältere Gebrauchtfahrzeuge zur Verfügung standen, fiel 1997 die Entscheidung zugunsten einer grundlegenden Erneuerung des Triebfahrzeugparks: In Umsetzung einer PROGNOS-Untersuchung über die Gestaltung des öffentlichen Verkehrs rund um Linz wurden ab dem Jahr 2000 insgesamt 14 moderne 2-System-Gelenktriebwagen gekauft. Seit Einbindung in den Linzer Hauptbahnhof im November 2005 stehen alle neuen Triebwagen zur Verfügung und die Nachfrage stieg signifikant an. Aktuell befördert die LILO 1,9 Mio. Fahrgäste im Jahr, die an 44 Haltestellen und Bahnhöfen ein- und aussteigen können. Auch im Güterverkehr ist die LILO aktiv und befördert pro Jahr rund 65.000 t Fracht.
Geplant ist derzeit die Verlängerung der Strecke bis nach St. Georgen an der Gusen und von Eferding nach Aschach.

LILO / GV / LV

Verkehre
* keine eigenen; Betriebsführung und Verkehrsabwicklung auf LILO-Infrastruktur durch die Stern & Hafferl Verkehrsgesellschaft mbH

Lokalbahn Gmunden-Vorchdorf AG (GV) 🇦🇹

Direktion Gmunden
Kuferzeile 32
AT-4810 Gmunden
Telefon: +43 7612 795-200
Telefax: +43 7612 795-202
service@stern-verkehr.at
www.stern-verkehr.at

Bahnhof Vorchdorf
Bahnhofstraße 40
AT-4655 Vorchdorf
Telefon: +43 7614 6207
Telefax: +43 7614 62076
vorchdorf@stern-verkehr.at

Management
* Dipl.-Ing. Jochen Döderlein (Direktor)

Gesellschafter
Stammkapital 80.000,00 EUR
* Stern & Hafferl Verkehrsgesellschaft mbH (StH) (100 %)

Lizenzen
* AT: Eisenbahninfrastrukturkonzession erstmals erteilt am 20.04.1911

Infrastruktur
* Gmunden – Vorchdorf (14,6 km, Spurweite 1.000 mm, elektrifiziert 750 V=)
* Engelhof – Gmunden Seebahnhof (14,6 km, Spurweite 1.000 mm); zum 01.01.2009 von ÖBB übernommen

Unternehmensgeschichte
Die Lokalbahn Gmunden-Vorchdorf AG (GV), auch Traunseebahn genannt, befindet sich im Eigentum der Stern & Hafferl Verkehrsgesellschaft mbH, die die Bahn auch gebaut hat. Die meterspurige Strecke dient nach der Einstellung des Güterverkehrs nur mehr dem Personenverkehr. Auf der ÖBB-Strecke von Gmunden Seebahnhof am Traunsee nach Lambach findet kein Personenverkehr mehr statt, weswegen der Endpunkt der GV 1990 zum Seebahnhof der ÖBB verlegt wurde. Ursprünglich befand sich der Endbahnhof Gmunden-Traundorf der GV etwas oberhalb des Seeufers (auf der Trasse der historischen Pferdebahn Budweis – Linz – Gmunden). Zwischen Engelhof und Gmunden Seebahnhof wurde auf rund 2 km das Streckengleis der ÖBB als Dreischienengleis mitbenutzt, bis 1958 sogar als Vierschienengleis. Zwischenzeitlich wurde auch die dritte Schiene entfernt und die Strecke von der ÖBB an die Lokalbahngesellschaft abgegeben. Während Gmunden am Traunsee schon 1836 Endpunkt der historischen Pferdebahn Budweis – Linz – Lambach – Gmunden wurde (Spurweite 1.106 mm, 1903 umgespurt und 1857 in der Kaiser-Elisabeth Bahn aufgegangen, heute ÖBB), konnte die Lokalbahn Gmunden – Vorchdorf erst am 20.03.1912 eröffnet werden. In Vorchdorf schließt die Bahn an die ebenfalls von Stern & Hafferl betriebene regelspurige Lokalbahn Lambach – Vorchdorf-Eggenberg an.
Der Endbahnhof am Seeufer des Traunsee ist einem Hotelneubau gewichen. Deshalb wurde beschlossen, eine Verbindung zur meterspurigen Gmundner Straßenbahn (ebenfalls Stern & Hafferl) herzustellen. Die entsprechenden Beschlüsse wurden Anfang 2013 gefasst. Im Dezember 2014 wurde der erste Abschnitt bis Klosterplatz eröffnet. Anfang 2014 wurde nach einer Ausschreibung bekannt gegeben, dass Vossloh den Auftrag über acht Niederflurtriebwagen erhalten hat, die auf der Lokalbahn sowie auf der bis 2017 fertigzustellenden Durchbindung zur Straßenbahn eingesetzt werden sollen.

Lokalbahn Lambach - Vorchdorf - Eggenberg AG (LV) 🇦🇹

Direktion Gmunden
Kuferzeile 32
AT-4810 Gmunden
Telefon: +43 7612 795-200
Telefax: +43 7612 795-202
service@stern-verkehr.at
www.stern-verkehr.at

Bahnhof Vorchdorf
Bahnhofstraße 40
AT-4655 Vorchdorf
Telefon: +43 7614 6207
Telefax: +43 7614 6206
vorchdorf@stern-verkehr.at

Management
* Dr. Walter Starlinger (Direktor)

Gesellschafter
Stammkapital 160.000,00 EUR
* Republik Österreich, vertreten durch das Bundesministerium für Verkehr, Innovation und Technologie (72,5 %)
* Gemeinden Lambach und Vorchdorf (12,7 %)

LV / LB.M.-St.E. / VA

* Land Oberösterreich (11 %)
* Stern & Hafferl Verkehrsgesellschaft mbH (StH) (2,7 %)
* Streubesitz (1,1 %)

Lizenzen
* AT: Infrastrukturkonzession

Infrastruktur
* Lambach – Vorchdorf-Eggenberg (14,7 km, elektrifiziert 750 V=)

Unternehmensgeschichte
Die Lokalbahn Lambach – Vorchdorf-Eggenberg (Vorchdorferbahn) ist eine regelspurige Lokalbahn im Bundesland Oberösterreich. Der Ausgangsbahnhof Lambach liegt an der Westbahnstrecke Wien – Linz – Salzburg. Die von der Firma Stern & Hafferl erbaute Strecke wurde am 13.09.1903 eröffnet. Die Betriebsführung wurde von der Lokalbahn AG zunächst an die k. k. Staatsbahn übergeben, die den Verkehr mit Dampflokomotiven besorgte. Seit dem 01.05.1931 ist der Betriebsführer die Stern & Hafferl Verkehrsgesellschaft mbH, die am 14.11.1931 den elektrischen Betrieb aufnahm. In Vorchdorf-Eggenberg, wo Anschluss zur Traunseebahn nach Gmunden besteht, befindet sich auch die Hauptwerkstatt von Stern & Hafferl. Die Strecke dient heute nach wie vor dem regionalen Personen- und Güterverkehr. Das Teilstück Vorchdorf-Eggenberg – Brauerei Eggenberg sah aber stets nur Güterverkehr und wird seit einiger Zeit nur mehr bis zur Anschlussbahn ACAMP benutzt.

Lokalbahn Mixnitz – St. Erhard AG 🇦🇹

Wienerbergstraße 9
AT-1100 Wien
Telefon: +43 502 13-0

Management
* Dipl.-Ing. Thomas Drnek (Vorstand)
* Mag. Brigitte Sterner (Vorstand)

Gesellschafter
Stammkapital 119.397,00 EUR
* RHI Refractories Raw Materials GmbH (100 %)

Lizenzen
* AT: Betriebskonzession
* AT: Infrastrukturkonzession

Infrastruktur
* Mixnitz-Bärenschützklamm – St. Erhard Magnesitwerk Veitsch-Radex (10,4 km, Spurweite 760 mm, elektrifiziert 800 V=)

Unternehmensgeschichte
Im Tal des Breitenauer Bachs im Norden der Steiermark wurde 1910 zur Anbindung des Magnesitbergbaus und eines Hüttenbetriebs eine Bahnverbindung von Mixnitz an der Südbahn nach St. Erhard projektiert. Nach der grundsätzlichen Genehmigung zum 11.07.1911 konnte die Verbindung am 11.09.1913 als elektrisch betriebene Schmalspurbahn mit einer Spurweite von 760 mm eröffnet werden. Als Betreibergesellschaft wurde am 19.09.1913 die „Aktiengesellschaft Lokalbahn Mixnitz – St. Erhard" (MStE) gegründet. Im Gegensatz zur ursprünglichen Planung als nichtöffentliche Schleppbahn erfolgt der Betrieb als öffentliche Bahninfrastruktur. Auch Personenverkehr wurde von 1913 bis 31.07.1966 angeboten. Heute dient die Strecke vorrangig der Anbindung des Magnesitwerks St. Erhard des Veitsch-Radex-Konzerns. Der rund 400 Meter lange Abschnitt zwischen dem Werk und dem früheren Endbahnhof St. Erhard wurde 1970 aufgegeben. RHI Refractories Raw Materials ist Alleineigentümer der mittlerweile als Lokalbahn Mixnitz - St. Erhard AG firmierenden Bahngesellschaft. Mit dem Betrieb der Schmalspurbahn und Verschubleistungen im normalspurigen Teil des Bahnhofs Mixnitz sind seit 01.01.1927 die Steiermärkischen Landesbahnen (StLB) betraut.

Lokalbahn Vöcklamarkt – Attersee AG (VA) 🇦🇹

Direktion Gmunden
Kuferzeile 32
AT-4810 Gmunden
Telefon: +43 7612 795-200
Telefax: +43 7612 795-202
service@stern-verkehr.at
www.stern-verkehr.at

Bahnhof Attersee
Nußdorferstraße 8
AT-4864 Attersee
Telefon: +43 7666 7805
Telefax: +43 7666 7802
attersee@stern-verkehr.at

Management
* Dipl.-Ing. Jochen Döderlein (Direktor)

Gesellschafter
Stammkapital 80.000,00 EUR
* Stern & Hafferl Verkehrsgesellschaft mbH (StH) (75,9 %)
* Land Oberösterreich (10,5 %)
* Streubesitz (8,2 %)
* Anliegergemeinden (5,4 %)

Lizenzen
* AT: Eisenbahninfrastrukturkonzession

Infrastruktur
* Vöcklamarkt – Attersee (13,4 km, Spurweite 1.000 mm, elektrifiziert 750 V=)

Unternehmensgeschichte
Die Lokalbahn Vöcklamarkt – Attersee AG ist Eigentümerin einer 13,4 km langen, meterspurigen Bahnstrecke zwischen den beiden namensgebenden Orten. Diese auch „Attergaubahn" genannte Strecke dient heute nach der Einstellung des Güterverkehrs nur mehr dem Personenverkehr, wo neben der Pendler- und Schülerbeförderung die touristische Erschließung der Region eine wichtige Rolle spielt. Seit Sommer 1975 können sich Touristen als Hobby-Triebwagenführer betätigen und es gibt auch „Bummelzüge" mit altem Rollmaterial. Anfang 2014 wurde nach einer Ausschreibung bekannt gegeben, dass Vossloh den Auftrag über drei Niederflurtriebwagen erhalten hat, die den alten Wagenpark ersetzen sollen.
Die Bahnverbindung zwischen dem Bahnhof Vöcklamarkt an der Westbahn Wien – Salzburg und dem Attersee war am 14.01.1913 eröffnet worden, nachdem der Lokalbahn Vöcklamarkt – Attersee AG am 06.04.1912 die Konzession erteilt worden war. Ursprünglich führte sie über den heutigen Endpunkt hinaus einige hundert Meter weiter bis Attersee Landungsplatz.
Zwischen Palmdorf und Attersee liegt mit 47 ‰ der steilste Streckenabschnitt der österreichischen Privatbahnen.

Verkehre
* keine eigenen; Betriebsführung und Verkehrsabwicklung auf eigener Infrastruktur durch die Stern & Hafferl Verkehrsgesellschaft mbH

Lokomotion Austria Gesellschaft für Schienentraktion mbH G

Karl Kraft-Straße 4
AT-6330 Kufstein
info@lokomotion-rail.at
www.lokomotion-rail.de

Büro Wien
Europaplatz 2
AT-1150 Wien
Telefon: +43 1 253915567
info@lokomotion-rail.at

Management
* Dr. Stefan Jarosch (Geschäftsführer)
* Volker Kohl (Geschäftsführer)

Gesellschafter
* Lokomotion Gesellschaft für Schienentraktion mbH (100 %)

Unternehmensgeschichte
Mit Firmenbucheintrag vom 23.06.2014 gründete das deutsche Eisenbahnunternehmen Lokomotion Gesellschaft für Schienentraktion, München, die Lokomotion Austria Gesellschaft für Schienentraktion mbH in Kufstein.
Mit der Gründung der österreichischen Dependance trägt Lokomotion nach eigener Aussage dem Wachstum in Österreich Rechnung. War das Unternehmen beim Start zunächst nur auf der Brennerachse tätig, gehören heute Leistungen über die Tauern sowie zu den Grenzbahnhöfen Breclav, Bratislava und Hegyeshalom zum Portfolio.
Durch Gründung der Lokomotion Austria erhofft sich das Management in München von der Wahrnehmung als österreichisches Unternehmen. Dies könne sich in einer Vereinfachung von Verwaltungsabläufen niederschlagen. Es habe sich zudem gezeigt, dass sich durch lokale Präsenz betriebliche Prozesse besser steuern ließen.
München liege beispielsweise 500 km von Hegyeshalom entfernt, Wien nur 75 km.
Seit Aufnahme des Geschäftsbetriebs im Jahr 2001 führt die Lokomotion Gesellschaft für Schienentraktion mbH ihre Aktivitäten in Österreich als deutsches Unternehmen mit Sitz in München durch. Dazu gehört das eigenverantwortliche Führen von Zügen auf Basis der für das österreichische Schienennetz nötigen Genehmigungen sowie seit 2011 ein für betriebliche Aufgaben genutzter Filialstandort in Kufstein.

LTE

LTE Logistik- und Transport-GmbH Ⓖ

Karlauer Gürtel 1
AT-8020 Graz
Telefon: +43 316 572020-0
Telefax: +43 316 572020-275
info.at@lte-group.eu
www.lte-group.eu

Niederlassung Wien
Concorde Business Park B1-21
AT-2320 Schwechat

Management
★ Ing. Mag. (FH) Andreas Mandl (Geschäftsführer)

Gesellschafter
Stammkapital 300.000,00 EUR
★ Graz-Köflacher Bahn und Busbetrieb GmbH (GKB) (100 %)

Beteiligungen
★ LTE Germany GmbH (100 %)
★ LTE Hungária Vasúti Árufuvarozó és Logisztikai Kft. (100 %)
★ LTE Logistik a Transport Czechia, s.r.o. (100 %)
★ LTE Netherlands B.V. (100 %)
★ LTE Logistik a Transport Slovakia, s.r.o. (100 %)
★ LTE-Rail România S.R.L. (100 %)
★ LTE Polska Sp. z o.o. (90 %)

Lizenzen
★ AT: EVU-Zulassung (GV); gültig seit 13.05.2005
★ AT: Sicherheitszertifikat, Teil A+B (GV); gültig vom 21.12.2010 bis 21.12.2015
★ CH: Sicherheitsbescheinigung (GV; für österreichische Strecken in der Schweiz); gültig seit 20.01.2010
★ DE: Sicherheitszertifikat, Teil B (GV); gültig vom 08.12.2014 bis 21.12.2015
★ HU: Sicherheitsbescheinigung (Traktion) seit 15.06.2009
★ HU: Sicherheitszertifikat, Teil B (GV); gültig vom 16.02.2010 bis 22.12.2015
★ Sicherheitszertifikate in NL, RO über Tochterunternehmen

Unternehmensgeschichte

Die LTE-Gruppe mit ihrer in Graz ansässigen Muttergesellschaft LTE Logistik- und Transport-GmbH ist heute als „Logistics & Transport Europe" agierend mit rund 184 Mitarbeiter und 24 Lokomotiven (Stand 31.03.2014) europaweit im Schienengüterverkehr aktiv.
Keimzelle der Gruppe ist mit der LTE Logistik- und Transport-GmbH eine der ersten im „open access" auf Österreichs Schienen tätigen Privatbahnen. Zunächst im September 2000 als gemeinsame Tochtergesellschaft der Graz-Köflacher Bahn und Busbetrieb GmbH (GKB) und des Bauunternehmens Porr Infrastruktur GmbH gegründet, stand das Kürzel LTE ursprünglich für den Gründungszweck „Lainzer Tunnel Entsorgung". Die operative Betriebaufnahme erfolgte im Sommer 2001, nachdem zwei langfristig angemietete Diesellokomotiven des Typs Vossloh G 1206 übernommen und auf dem ÖBB-Netz zugelassen werden konnten. Seither konnte die LTE ihre Leistungen schrittweise ausbauen und ist heute europaweit aktiv.
Ein Fokus lag dabei zunächst auf grenzüberschreitenden Transporten aus und in die Slowakische Republik. 2002 entstand hierfür die Tochtergesellschaft LTE Logistik a Transport Slovakia s.r.o. mit Sitz in Bratislava. Einen Schwerpunkt der LTE bildeten damals Verkehre in Zusammenarbeit mit deutschen Güterbahnen. So verkehrte nach ersten Leistungen im November 2002 unter LTE-Regie vom Februar 2004 bis Dezember 2006 eine KLV-Verbindung Graz – Duisburg / Neuss, die in Deutschland durch die damalige rail4chem Eisenbahnverkehrsgesellschaft mbH aus Essen geführt wurde. Zusammen mit rail4chem baute LTE ab 2006 auch ein Netzwerk für Getreidetransporte aus Ungarn nach Rotterdam und weitere Ziele auf.
In Form der LTE Logistik a Transport Czechia s.r.o. mit Sitz in Prag existiert seit 2005 zudem eine tschechische LTE-Tochtergesellschaft, die aber bis 2009 aufgrund der Partnerschaft mit VIAMONT nicht aktiv genutzt wurde.
In den Folgejahren entstanden Töchter in Ungarn (LTE Hungária Vasúti Árufuvarozó és Logisztika Kft.; 2009), den Niederlanden (LTE Netherlands B.V.; 2012), Deutschland (LTE Germany GmbH; 2012); Rumänien (2014) und Polen (2014). Gemeinsam mit der Schwester Adria Transport in Slowenien kann der Service der LTE-Gruppe somit in allen östlichen Nachbarländern Österreichs genutzt werden. Seit Mitte 2009 bestehen auch Verbindungen in die Schweiz mit Kooperationspartnern.
Einen großen Schwerpunkt der LTE bildeten heute Verkehre mit Getreide, Pflanzenöl, Biodiesel und Automobilen. Zusammen mit den Tochterunternehmen sowie der Rurtalbahn Cargo GmbH in Deutschland betreibt die LTE ein umfangreiches und weit verzweigtes Netzwerk zwischen Rumänien, Ungarn, der Slowakei und Tschechien als Quelle sowie Deutschland und den Niederlanden als Ziel. Gemeinsam mit dem

LTE

deutschen Partner realisiert man u.a. Züge des Kombinierten Verkehres.
Die Wirtschaftsdaten der LTE-Gruppe der vergangenen Jahre:
* 2010: Umsatz 23,7 Mio. EUR; 2,85 Mio. t
* 2011: Umsatz 35,0 Mio. EUR; 3,42 Mio. t
* 2012: Umsatz 56,8 Mio. EUR; 4,40 Mio. t
* 2013: Umsatz 60,9 Mio. EUR; 5,5 Mio. t

Anfang 2011 verkaufte der sich fortan auf den Hochbau konzentrierende PORR-Konzern seine Anteile an die GKB, die aktuell einen neuen Partner sucht.

Verkehre
* Chemietransporte Hegyeshalom [HU] – Speyer [DE]; 2-3x pro Monat seit November 2014 Abwicklung in Österreich im Auftrag der Rurtalbahn Cargo GmbH
* Chemietransporte Ploiești [RO] – Speyer [DE] / Ludwigshafen [DE]; 2-3 x pro Monat seit November 2014 Abwicklung ab Hegyeshalom [HU] in Österreich im Auftrag der Rurtalbahn Cargo GmbH für Ermefret
* Coiltransporte Koper – Kąty Wrocławskie (Schavemaker Cargo) [PL]; 1 x pro Woche seit September 2013; durchgehender Lokeinsatz
* Gefahrenguttransporte mit wechselnden Zielen; im Auftrag der Transpetrol GmbH Internationale Eisenbahnspedition; durchgehende Traktion ab Deutschland, dort auf Lizenz der Bräunert Eisenbahnverkehr GmbH & Co. KG
* Getreide- und Pflanzenöltransporte von Ungarn und Serbien nach Italien. Auf verschiedenen Laufwegen (via Österreich bzw. via Slowenien). In Italien in Kooperation mit InRail S.p.A. und in Slowenien mit Adria Transport organizacija in izvajanje železniških prevozov d.o.o.
* Getreidetransporte Tschechien / Slowakei / Ungarn – Rotterdam Europoort [NL] / Oss [NL] / Barneveld [NL] / Gent Sifferdok [BE] / Gent Rodenhuizen [BE] / Großraum Bremen [DE]; ca. 1-2 x pro Tag
* Getreidetransporte nach Querfurt (Agri Futura GmbH) [DE]; Spotverkehre seit 2012; Traktion ab Schkopau [DE] oder Merseburg [DE] vergeben an EBS Erfurter Bahnservice Gesellschaft mbH
* Gütertransporte Győr [HU] – Köln-Eifeltor [DE]; 1 x pro Woche seit 27.02.2010 Traktion ab Hegyeshalom [HU] bis Köln im Auftrag der Transpetrol GmbH Internationale Eisenbahnspedition; Trassengestellung in Deutschland durch Mittelweserbahn GmbH (MWB) bzw. seit Dezember 2010 durch Bräunert; 3 x pro Woche seit Februar 2011

Unternehmensstruktur LTE

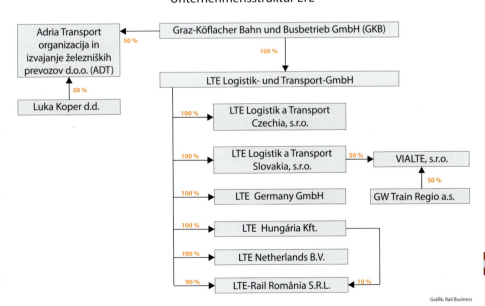

Grafik: Rail Business

Europäische Bahnen '15/'16   777

LTE

- Holzhackschnitzeltransporte Vințu de Jos [RO] – Gratwein (PAPIERHOLZ AUSTRIA Ges.m.b.H.); 1 x pro Woche seit 09.08.2010 im Auftrag der B&S Logistik GmbH; aktuell 2 x pro Woche Traktion in Österreich unter Nutzung einer Lok der GYSEV Cargo Zrt.
- Holzhackschnitzeltransporte Ždírec nad Doubravou (Stora Enso Wood Products Ždírec s.r. o.) [CZ] – Gratwein (PAPIERHOLZ AUSTRIA Ges.m. b.H.); seit 03.08.2010 Traktion ab Břeclav Pred [CZ]; Betriebsdurchführung in Kooperation mit ČD Cargo, a.s.; aktuell 3 x pro Woche
- KV-Transporte Genk [BE] – Curtici [RO]; 4 x pro Woche im Auftrag der Inter Ferry Boats N.V. (IFB) betriebliche Abwicklung ab Frankfurt-Höchst [DE] in Kooperation mit der Rurtalbahn Cargo GmbH (RTB); 6 x pro Woche seit Januar 2015
- KV-Transporte Kąty Wrocławskie (Schavemaker Cargo) [PL] – Koper [SI]; 2 x pro Woche im Auftrag der AS Baltic Rail
- KV-Transporte „AdriaSTAR" Hafen Koper [SI] – Graz (CCG Cargo Center Graz); 3 x pro Woche seit 01.12.2010 in Kooperation mit der Adria Transport organizacija in izvajanje železniških prevozov d.o. o. (ADT); 5-6 x pro Woche seit Mai 2011
- Kohletransporte Polen – Gratwein; betriebliche Abwicklung und Traktion in Österreich
- Kupferanodentransporte Pirdop [BG] – Hamburg [DE] / – Lünen [DE] / – Olen [BE]; seit Oktober 2012 betriebliche Abwicklung in Österreich in Kooperation mit der Rurtalbahn Cargo GmbH (RTB Cargo) im Auftrag der VTG Rail Logistics Deutschland GmbH / Transpetrol GmbH Internationale Eisenbahnspedition für die Aurubis AG
- Naphthalintramsporte Böhlen [DE] – Tiszaújváros [HU]; ca. 2 x pro Monat seit 2013
- Neubaugüterwagen-Transporte von Bulgarien nach Deutschland. Betriebliche Abwicklung von Hegyeshalom [HU] nach Passau [DE] im Auftrag der ST Trans Ltd.
- Petrolkokstransporte Burghausen (OMV Deutschland GmbH) [DE] – Žiar nad Hronom (Slovalco a.s.) [SK]; 2 x pro Woche seit 26.04.2004 im Auftrag der DHL/Danzas; durchgehende Traktion mit LTE-Fahrzeugen; seit 01.01.2011 Salzburger Lokalbahn (SLB) als Kooperationspartner in Deutschland
- Pkw-Transporte (Audi) Győr [HU] – Emden [DE] / Bremerhaven [DE]; 5-8 x pro Woche seit 01.10.2013 für die ARS Altmann AG; betriebliche Abwicklung in Österreich im Auftrag der Rurtalbahn Cargo GmbH
- Pkw-Transporte (Mercedes G) Graz Messendorf (Magna Steyr) – Bremerhaven [DE]; 1-2 x pro Woche seit Februar 2013 im Auftrag der B&S Logistik GmbH und Hödlmayr Logistics GmbH; Traktion bis Graz Vbf. an Steiermarkbahn Transport und Logistik GmbH (STB) vergeben; Rangierdienst in Bremerhaven durch Eisenbahnen und Verkehrsbetriebe Elbe-Weser GmbH (EVB); betriebliche Durchführung in Deutschland durch die Rurtalbahn Cargo GmbH (RTB Cargo)
- Pkw-Transporte (Mercedes) Kecskemét [HU] – Bremerhaven [DE]; 5-8 x pro Woche seit 06.05.2013 für die ARS Altmann AG; betriebliche Abwicklung in Österreich im Auftrag der Rurtalbahn Cargo GmbH
- Pkw-Transporte (Opel Mocca) Koper [SI] – Graz Messendorf; 1 x pro Woche seit Februar 2013 im Auftrag der B&S Logistik GmbH und Hödlmayr Logistics GmbH; betriebliche Durchführung in Slowenien durch Adria Transport organizacija in izvajanje železniških prevozov d.o.o.
- Pkw-Transporte (Suzuki) Esztergom [HU] – Zeebrugge [BE]; 1 x pro Woche seit November 2013 ab Traktion ab Hegyeshalom [HU] und in Österreich im Auftrag der Rurtalbahn Cargo Gmbh für Hödlmayr Logistics GmbH
- Pkw-Transporte (VW Crafter) Neuss [DE] – Koper [SI]; 1-2 x pro Woche seit Februar 2013 im Auftrag der B&S Logistik GmbH und Hödlmayr Logistics GmbH; betriebliche Durchführung in Deutschland durch die Rurtalbahn Cargo GmbH (RTB Cargo) und in Slowenien durch Adria Transport organizacija in izvajanje železniških prevozov d.o. o.
- Propylentransporte Deutschland – Bierawa [PL]: Traktion ab Bohumín [CZ] vergeben an ITL Polska Sp. z o.o.
- Schrotttransporte Tschechien – Cava Tigozzi [IT]; Spotverkehre mit Traktion in Österreich im Auftrag der Advanced World Transport, a.s. (AWT)
- Sonnenblumenkernmehltransporte zwischen diversen Ladestellen in Ungarn und Huningue [FR]. LTE-Traktion bis Aschaffenburg [DE] und von da weiter mit SBB Cargo International AG. In Deutschland mit Partner-EVU Rurtalbahn Cargo GmbH.
- Stahlzüge (Coils, Roheisen) Kraków [PL] – Krems / Cava Tigozzi [IT]; 1-2 x pro Woche seit März 2013 im Auftrag der ASOTRA Intern. Speditions- und Transport GmbH; betriebliche Abwicklung ab Petrovice u Karviné [CZ] in Kooperation mit PKP Cargo S.A. und InRail S.p.A.
- Zuckerrübenschnitzeltransporte Předměřice nad Labem [CZ] – Deutschland; Spotverkehre seit Herbst 2013

RPA / MEV

METRANS Railprofi Austria GmbH (RPA) G

Karl Mierka-Straße 7-9
AT-3500 Krems an der Donau
Telefon: +43 676 83787703
Telefax: +43 2732 81761
www.metransrail.eu

Management
* Ing. Peter Kiss (Geschäftsführer)
* Dr. Wolfgang Stütz (Geschäftsführer)

Gesellschafter
Stammkapital 70.000,00 EUR
* METRANS, a.s. (80 %)
* Dr. Wolfgang Stütz (20 %)

Lizenzen
* AT: EVU-Zulassung (PV+GV); gültig seit 04.02.2008
* AT: Sicherheitsbescheinigung seit 28.12.2010

Unternehmensgeschichte
Das Unternehmen Rail Professionals Stütz GmbH (RPS) wurde am 01.06.2006 gegründet und beschäftigte sich anfangs vorwiegend mit der Bereitstellung von Triebfahrzeugführern für verschiedene EVUs, die in Österreich tätig sind. Seit dem 04.02.2008 besitzt RPS eine Verkehrsgenehmigung für Güter- und Personenverkehr in Österreich, die Erteilung der Sicherheitsbescheinigung wurde Ende 2010 ausgestellt. Am 02.02.2011 fand die erste kommerzielle Fahrt in Gestalt der Überstellung der Siemens 189.842 von Hegyeshalom nach Salzburg statt.
Es wurden fünf Lokomotiven erworben, davon drei von der ÖBB Nostalgie. Diese kamen zunächst auch vor Zügen der RTS Rail Transport Service GmbH zum Einsatz. Anfangs erbrachte RPS nationale und internationale Spotverkehre für verschiedene Kunden.
Mit Übernahme von 80 % der Anteile durch die tschechische METRANS a.s. erhielt die RPS zum 19.07.2013 einen neuen Mehrheitsgesellschafter. Wolfgang Stütz hält weiterhin 20 % und blieb Geschäftsführer, erhielt jedoch Peter Kiss, den Vorstand der slowakischen METRANS (Danubia) a.s. als zweiten Geschäftsführer zur Seite gestellt. In der Folge wurde das Unternehmen in METRANS Railprofi Austria GmbH (RPA) umbenannt und der Firmensitz nach Krems verlegt. Dort hat bereits die METRANS (Danubia) Krems GmbH ihren Sitz, welche das dortige Containerterminal betreibt.
Nach dem Verkauf von 80% der Anteile der RPS an Metrans und Umfirmierung des Unternehmens in RPA haben sich auch Veränderungen in der Eigentümerschaft der Lokomotiven ergeben. Diese blieben im Eigentum von Wolfgang Stütz und wurden in dessen Unternehmen Pro-Lok GmbH eingebracht. Damit einher ging auch die Änderung des Halterkürzels von A-RPS auf A-PLOK. Betroffen sind die Lokomotiven 1020.041, .044, 1041.202, 1141.024 und 2060.082 (alle ex-ÖBB) sowie die Ende 2014 an die Eisenbahngesellschaft Potsdam GmbH (EGP) verkaufte 151 007 (ex DB). Die Elektrolokomotiven werden der RPA auch weiterhin zur Verfügung gestellt, soweit nicht Lokomotiven der Mutter Metrans zum Einsatz kommen. Die Lokomotiven befinden sich zumeist in Amstetten, wo Pro-Lok einige Stände im Rundschuppen angemietet hat.

Verkehre
* KV-Transporte Dunajská Streda [SK] – Krems; 1 x pro Woche seit 2013 betriebliche Abwicklung in Österreich im Auftrag der METRANS (Danubia), a.s
* KV-Transporte Praha Uhříněves [CZ] – Krems; 2 x pro Woche seit 11.07.2012 betriebliche Abwicklung in Österreich im Auftrag der METRANS Rail s.r.o.
* KV-Transporte Praha Uhříněves [CZ] – Salzburg Liefering; 2 x pro Woche seit 2013, betriebliche Abwicklung in Österreich im Auftrag der Auftrag METRANS, a.s.; aktuell 4 x pro Woche
* Kreideschlammtransporte Gummern (OMYA GmbH) – Schwedt/Oder (LEIPA Georg Leinfelder GmbH) [DE]; 2 x pro Woche seit Januar 2015 im Auftrag der VTG/OMYA; durchgehender Lokeinsatz in Kooperation mit der Rurtalbahn Cargo GmbH (RTB Cargo) sowie am Tauern Nachschub Spittal-Millstättersee – Böckstein

MEV Independent Railway Services GmbH

Hütteldorferstraße 343-345
AT-1140 Wien
Telefon: +43 1 70723-10
Telefax: +43 1 70723-50
office@m-e-v.at
www.m-e-v.at

MEV / mbs

Management
* Dipl.-Ing. Christian Studnicka (Geschäftsführer)

Gesellschafter
Stammkapital 35.000,00 EUR
* Railservices HSM Holding AG (100 %)

Lizenzen
* AT: Sicherheitsbescheinigung, Teil A+B (PV+GV); gültig vom 14.03.2013 bis 14.03.2016
* AT: Verkehrsgenehmigung (PV+GV); seit 27.04.2012

Unternehmensgeschichte
Das Unternehmen MEV Independent Railway Services GmbH wurde am 14.10.2005 gegründet und ist eine Gesellschaft im Verbund der international tätigen MEV Gruppe. Bislang war das Unternehmen vorwiegend als Personaldienstleister sowie als Berater für Behördenverfahren und eisenbahnsicherheitstechnische Fragestellungen tätig.
Seit dem 13.03.2013 besitzt MEV neben der Verkehrsgenehmigung für Güter- und Personenverkehr in Österreich nunmehr auch die Sicherheitsbescheinigung für das ÖBB-Netz. Ende 2013 hatte das Unternehmen in Österreich ca. 70 Mitarbeiter. Die meisten Lokführer sind für Österreich und Deutschland ausgebildet.

Montafonerbahn AG (mbs)
P G I

Bahnhofstraße 15
AT-6780 Schruns
Telefon: +43 5556 9000
Telefax: +43 5556 72789
info@montafonerbahn.at
www.montafonerbahn.at

Management
* Bertram Luger (Vorstandsdirektor)

Gesellschafter
Stammkapital 131.920,00 EUR
* Stand Montafon (54,5 %)
* Streubesitz (22,8 %)
* Vorarlberger Illwerke AG (11,5 %)
* Land Vorarlberg (11,2 %)

Beteiligungen
* mbs Beteiligungs GmbH
* mbs Bus GmbH

Lizenzen
* AT: EVU-Zulassung (PV+GV); gültig seit 13.05.2005
* AT: Sicherheitszertifikat Teil A und B (PV+GV); gültig vom 16.12.2010 bis 16.12.2015

Infrastruktur
* Bludenz – Schruns (12,8 km, elektrifiziert 15 kV 16 2/3 Hz)

Unternehmensgeschichte
Die 12,8 km lange Strecke der Montafonerbahn zwischen Bludenz und Schruns im österreichischen Bundesland Vorarlberg wurde am 18.12.1905 als elektrisch betriebene normalspurige Eisenbahn durch die Montafonerbahn AG (mbs) in Betrieb genommen. Bis 1950 war die Strecke mit 650 V Gleichstrom elektrifiziert und wurde, nach kürzeren Übergangsphasen mit 720 bzw. 900 V Gleichspannung, 1972 auf Wechselspannung umgestellt.
In den 90er Jahren des 20. Jahrhunderts wurden zwei zweiteilige NPZ-Triebwagen gekauft, die bis 2001 um zwei einteilige Fahrzeuge ergänzt wurden. Während die Fahrzeuge der Montafonerbahn heute neben ihrer Stammstrecke auch die ÖBB-Strecke von Feldkirch über Liechtenstein nach Buchs SG [CH] sowie von Bludenz nach Lindau [DE] befahren, erreichen umgekehrt auch Fahrzeuge der ÖBB planmäßig den mbs-Endbahnhof Schruns. Jährlich werden rund 1,8 Mio. Fahrgäste (2011) von der mbs befördert. Auf der Strecke der Montafonerbahn wird hierfür, bei jährlichen 266.000 Reisezugkilometern, in den Hauptverkehrszeiten im Halbstundentakt gefahren. Im Güterverkehr wird hauptsächlich Rundholz transportiert.
Die Montafonerbahn AG gehört heute zur mbs-Gruppe. Neben dem Verkehrssektor (Bahn und mbs Bus GmbH) umfasst diese noch die Bereiche Energie (Stromerzeugung und -handel, erneuerbare Energie, Naturwärme), Handel (Elektroinstallationen und Elektrofachgeschäfte) sowie Media (Multimedia, Kabel-TV, Kabel-Telefonie, Videoproduktionen, Internetplattform).

Verkehre
* Güterverkehr auf eigener und ÖBB Infrastruktur
* Personenverkehr auf eigener und ÖBB Infrastruktur; Fahrzeugeinsatz in Kooperation mit den ÖBB

NSB / NÖSBB

Neusiedler Seebahn GmbH (NSB)

Bahnhofplatz 5
AT-7041 Wulkaprodersdorf
Telefon: +43 2687 63110
Telefax: +43 2687 63114
office@neusiedlerseebahn.at
www.neusiedlerseebahn.at

Management
* Dr. Gerhard Gürtlich (Geschäftsführer)
* Dipl.-Ing. Arnold Schweifer (Geschäftsführer)

Gesellschafter
Stammkapital 400.000,00 EUR
* Land Burgenland (50,19 %)
* Republik Österreich, vertreten durch das Bundesministerium für Verkehr, Innovation und Technologie (49,81 %)

Lizenzen
* AT: Ursprüngliche Konzession erteilt am 15.11.1896, Übernahme dieser Konzession durch die Republik Österreich per 07.07.1923 (Infrastrukturkonzession, gültig bis 18.12.2008)

Infrastruktur
* Neusiedl am See – Pamhagen – Fertőszentmiklós [HU] (48,8 km, elektrifiziert 25 kV 50 Hz)

Unternehmensgeschichte
Nach längeren Bemühungen um die eisenbahnmäßige Erschließung des Gebietes östlich des Neusiedler Sees erfolgte am 19.12.1897 die Eröffnung der 111,2 km langen Strecke von Klein-Cell über Répcelak, Eszterháza, Sarród, Pamhagen, Frauenkirchen und Neusiedl am See bis nach Parndorf. Konzession und Betriebsführung für die „Neusiedler Seebahn Actien-Gesellschaft" übernahm die Raab-Oedenburg-Ebenfurter Eisenbahn AG (Raaberbahn), die diese Aufgabe bis heute wahrnimmt.
Die Strecke verursachte für sich genommen Verluste, führte aber der Stammstrecke der Raaberbahn insbesondere Güterverkehre zu. Nach einem kurzzeitigen Bedeutungshoch im Ersten Weltkrieg fand sich die Strecke im Ergebnis der Friedensverträge von St. Germain und Trianon sowohl auf österreichischem als auch auf ungarischem Staatsgebiet wieder. Im Herbst 1921 wurden die zugesprochenen ungarischen Gebiete von Österreich besetzt, es folgte zwischen Neusiedl am See und Pamhagen die Umbenennung der Stationen von ungarischen in deutsche Namen. Am 24.07.1923 trat die Konzession für den österreichischen Abschnitt der Neusiedler Seebahn in Kraft.
Gegen Ende des Zweiten Weltkrieges wurden auch Abschnitte der Neusiedler Seebahn zerstört. Auf Betreiben der sowjetischen Truppen wurde zunächst die Linie Celldömölk – Eszterháza – Ödenburg wieder in Betrieb genommen, im Juni 1946 auch der Streckenteil von Eszterháza bis Neusiedl. Der durchgehende Zugverkehr wurde im Frühjahr 1947 wieder aufgenommen, aber, als Folge der Wiederherstellung des Staates Österreich, schon am 22.05.1955 erneut eingestellt. Die Züge verkehrten nunmehr bis Pamhagen. Während die ungarische Regierung am 26.05.1979 den gesamten Verkehr im Abschnitt Celldömölk – Fertőszentmiklós einstellte, konnte auf österreichischem Gebiet der Verkehr durch Weiterführung der Wiener Schnellbahn bis Neusiedl am See ausgebaut werden. Der Beitritt der Raaberbahn AG zum Verkehrsverbund Ostregion am 01.09.1988 verstärkte diese Entwicklung. Nach der Beseitigung des Eisernen Vorhangs wurde im Jahr 1990 der grenzüberschreitende Personenverkehr Pamhagen – Fertőszentmiklós wieder aufgenommen. Mittlerweile (seit 2004) ist der Abschnitt Neusiedl am See – Pamhagen – Fertőszentmiklós elektrifiziert.
Da die Zukunft des ungarischen Streckenabschnitts zwischen Ferzöszentmiklos und der Staatsgrenze ungewiss ist und im Falle einer Einstellung auch der österreichische Abschnitt betroffen gewesen wäre, wurde die auf ungarischem Recht beruhende Neusiedler Seebahn AG im Jahr 2010 geteilt. Die österreichischen Aktivitäten gingen an die neue österreichische Gesellschaft über, diese kann daher auch nach einer eventuellen Einstellung des ungarischen Abschnitts weiter bestehen. Die ungarischen Aktivitäten befinden sich weiterhin in der Neusiedler Seebahn AG, welche nunmehr eine 100% Tochter der Neusiedler Seebahn GmbH ist. Diese wurde zum Verkauf ausgeschrieben und soll von der GYSEV übernommen werden.

Niederösterreichische Schneebergbahn GmbH (NÖSBB)

Bahnhofplatz 1
AT-2734 Puchberg am Schneeberg
Telefon: +43 2636 3661
Telefax: +43 2636 3262
Hotline: +43 2636 3661-20
office@schneebergbahn.at
www.schneebergbahn.at

NÖSBB / NÖVOG

Management
* Dr. Gerhard Stindl (Geschäftsführer)

Gesellschafter
Stammkapital 36.500,00 EUR
* NÖVOG - Niederösterreichische Verkehrsorganisationsgesellschaft mbH (100 %)

Lizenzen
* AT: Betriebskonzession seit 01.01.1997

Unternehmensgeschichte
Um die als Ausflugsbahn beliebte Schneebergbahn in ihrem Bestand zu sichern, wurde mit Wirkung zum 01.01.1997 eine Betriebsgesellschaft mit den Eigentümern Niederösterreichische Verkehrsorganisationsgesellschaft mbH (NÖVOG) und Österreichische Bundesbahnen (ÖBB) gegründet. Sie übernahm die Durchführung des Verkehrs auf der 9,7 km langen Zahnradbahn auf den Hochschneeberg von den ÖBB, die seither nur noch Verantwortung für die Infrastruktur trugen. 2010 ging die Infrastruktur an die NÖVOG, die rückwirkend zum 01.01.2012 auch die Gesellschafteranteile der ÖBB (50 %) übernahm.
Kurz nach der Übernahme im Jahr 1997 wurde die Beschaffung neuer Fahrzeuge europaweit ausgeschrieben. Als Ergebnis wurden bei Waagner-Biró / Hunslet-Barclay / Swoboda zwei dieselhydraulische Zuggarnituren und eine zusätzliche Lok bestellt. Eine Zuggarnitur besteht aus Lok, Zwischenwagen und Steuerwagen. Die neuen Fahrzeuge werden seit 1999 eingesetzt. Sie entlasten auch die über 100 Jahre alten Dampfloks, deren weiterer Einsatz damit besser gewährleistet werden kann.
Seit Ende 2010 erfolgt die Betriebsführung durch die NÖVOG.

Verkehre
* Touristischer Personenverkehr auf der Meterspur-Zahnradbahn Puchberg am Schneeberg (577 m) – Hochschneeberg (1.800 m)

NÖVOG - Niederösterreichische Verkehrsorganisationsgesellschaft mbH 🅿🛈

Riemerplatz 1
AT-3100 St. Pölten
Telefon: +43 2742 360990
Telefax: +43 2742 360990-20
Hotline: +43 2742 360990-99
office@noevog.at
www.noevog.at

Management
* Dr. Gerhard Stindl (Geschäftsführer)

Gesellschafter
Stammkapital 363.364,20 EUR
* Bundesland Niederösterreich (NÖ) (100 %)

Beteiligungen
* Niederösterreichische Schneebergbahn GmbH (NÖSBB) (100 %)

Lizenzen
* AT: Konzession für Schmalspurstrecken; seit 22.10.2010

Infrastruktur
* „Mariazellerbahn" St. Pölten – Mariazell (91,3 km; Spurweite 760 mm); zum 12.12.2010 übernommen von ÖBB
* „Waldviertelbahn" Litschau – Gmünd – Groß Gerungs (82,0 km; Spurweite 760 mm); zum 12.12.2010 übernommen von ÖBB
* „Citybahn" Waidhofen an der Ybbs – Gstadt (5,5 km; Spurweite 760 mm); zum 12.12.2010 übernommen von ÖBB
* „Schneebergbahn" Puchberg am Schneeberg – Hochschneeberg Bergbahnhof (9,7 km; Spurweite 760 mm); zum 12.12.2010 übernommen von ÖBB
* „Wachaubahn" Krems a. d. Donau – Emmerdorf (33,3 km); zum 12.12.2010 übernommen von ÖBB
* „Donauuferbahn" Weins-Isperdorf – Sarmingstein (7,6 km); zum 12.12.2010 übernommen von ÖBB
* „Reblaus-Express" Retz – Weitersfeld NÖ. – Drosendorf (39,8 km); zum 12.12.2010 übernommen von ÖBB
* „Thayatalbahn" Schwarzenau im Waldviertel – Waldkirchen an der Thaya (9,5 km); zum 12.12.2010 übernommen von ÖBB; seit Juli 2013 stillgelegt
* Paasdorf – Mistelbach Lokalbahn (4 km); zum 09.12.2012 übernommen von ÖBB

NÖVOG

Unternehmensgeschichte
Als am 08.03.1993 gegründete Landesverkehrsgesellschaft in Niederösterreich übte die NÖVOG bis 2010 u.a. auch die Bestellerfunktion für Verkehrsleistungen aus. Nach der Übernahme von über 600 km Nebenbahnen durch das Land Niederösterreich strukturierte das Bundesland nunmehr die NÖVOG zu einer Betriebsgesellschaft um.
Zum 12.12.2010 wechselten die vier Schmalspurbahnen des Landes (Mariazellerbahn, Waldviertelbahn, Ybbstalbahn und Schneebergbahn) sowie die drei Normalspurstrecken Donauuferbahn (Krems a. d. Donau – Sarmingstein), Reblaus-Express (Retz – Weitersfeld NÖ. – Drosendorf) und Thayatalbahn (Schwarzenau – Waidhofen a.d.T.) von den ÖBB zur NÖVOG. Diese betreibt die vier übernommenen Schmalspurbahnen als integriertes EVU und EIU, außerdem ist sie auf der Schneebergbahn als EVU tätig. Die drei Normalspurstrecken werden hingegen als Anschlussbahnen weiterbetrieben. Der Reblaus-Express wird dabei von ÖBB Personverkehr AG mit deren Fahrzeugen betrieben, auf der Donauuferbahn tritt die AG der Wiener Lokalbahnen (WLB) als EVU auf, die Fahrzeuge stellt die NÖVOG. Darüber hinaus übernahm das Land 18 stillgelegte Strecken einschließlich der Gebäude, darunter auch Schmalspurstrecken im Waldviertel und im Ybbstal.

Der Bund hat für die letztmalige Instandsetzung der betriebsfähigen Strecken 72,5 Mio. EUR zugesagt. Der Streckenerwerb kostete das Land 15 Mio. EUR. Zudem gibt der Bund dem Land bis 2023 für laufende Investitionen 45 Mio. EUR.
2012 nutzten über eine Million Fahrgäste das Angebot der NÖVOG Bahnen und Bergbahnen. Im gleichen Jahr zählte das Unternehmen 220 Mitarbeiter.
Die Mariazellerbahn erhielt ein neues Depot in Laubenbachemühle, das bis Juli 2013 für 23 Mio. EUR erbaut wurde. Auch in Gmünd wurde ein neues Betriebszentrum errichtet.

Verkehre
* SPNV „Mariazellerbahn" St. Pölten – Mariazell; seit 12.12.2010
* SPNV „Waldviertelbahn" Litschau – Gmünd – Groß Gerungs; seit 12.12.2010
* SPNV „Citybahn" Waidhofen an der Ybbs – Gstadt; seit 12.12.2010
* SPNV „Wachaubahn" Krems – Emmersdorf; seit Mai 2011
* SPNV „Reblaus-Express" Retz – Drosendorf; seit 2002; bis Ende 2012 vergeben an ÖBB-Personenverkehr AG

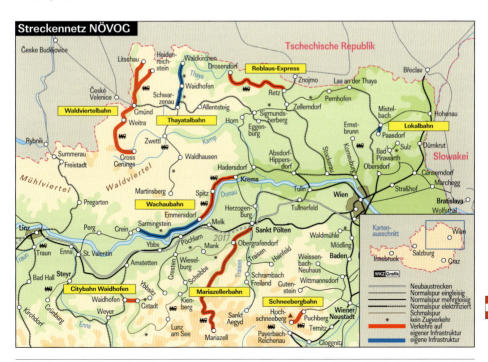

ÖBB-Personenverkehr

ÖBB-Personenverkehr Aktiengesellschaft ℗

Am Hauptbahnhof 2
AT-1100 Wien
Telefon: +43 1 930000
service@pv.oebb.at
www.oebb.at/pv

Management
* Mag. Georg Lauber (Vorstand für Personal, Unternehmensentwicklung, Finanzen/Rechnungswesen/Controlling, Recht sowie Systeme & IT)
* Siegfried Stumpf (Vorstand für Produktionsmanagement und Verkehrsmanagement / Qualität / Sicherheit))
* Birgit Wagner (Vorstand für Nah- und Regionalverkehr, Fernverkehr sowie Marketing & Vertrieb)

Gesellschafter
Stammkapital 400.070.000,00 EUR
* Österreichische Bundesbahnen-Holding Aktiengesellschaft (100 %)

Beteiligungen
* BD Gastservice GmbH in Liquidation (100 %)
* Rail Tours Touristik Gesellschaft m.b.H. (100 %)
* ÖBB-Postbus GmbH (100 %)
* Österreichische Postbus Aktiengesellschaft (100 %)
* FZB Fahrzeugbetrieb GmbH (98,57 %)
* ÖBB-Produktion GmbH (50 %)
* City Air Terminal Betriebsgesellschaft m.b.H. (CAT) (49,9 %)
* ÖBB Technische Services GmbH (49 %)
* RailLink B.V. (10 %)
* Railteam B.V. (10 %)
* Bureau Central de Clearing s.c.r.l. (BCC) (6,71 %)

Lizenzen
* AT: Sicherheitszertifikat, Teil A und B (PV); gültig vom 23.12.2010 bis 23.12.2015
* AT: Verkehrsgenehmigung (PV); seit 29.12.2004
* DE: Sicherheitszertifikat, Teil B (PV); gültig vom 23.07.2012 bis 23.12.2015

Unternehmensgeschichte
Der ÖBB-Teilkonzern Personenverkehr mit der ÖBB-Personenverkehr AG und deren Tochtergesellschaften ist der bedeutendste Anbieter von ÖPNV-Leistungen auf Schiene und Straße in Österreich. Gegründet wurde das Unternehmen am 17.05.2004, nachdem zuvor mit einer Umstrukturierung der ÖBB zunächst die Muttergesellschaft ÖBB-Holding geschaffen worden war. Die Geschäftsfelder des ÖBB-Teilkonzerns Personenverkehr (Personenverkehr AG und Tochtergesellschaften) umfassen im wesentlichen den Fern- und Nahverkehr auf der Schiene, den Busverkehr sowie die Reisebürotätigkeiten der Rail Tours Touristik GmbH.
Ihre operative Tätigkeit als Schienenverkehrsunternehmen innerhalb des Teilkonzerns nahm die ÖBB-Personenverkehr AG am 01.01.2005 auf.
2009 gab es erstmals auch eine Expansion ins Ausland, indem man in Kooperation mit der DB Fernverkehr AG den EC-Verkehr über die Brennerachse, aus dem sich die italienische Trenitalia vollständig zurückgezogen hatte, neu organisierte. Mit dem Betrieb in Italien wurde das in Mailand ansässige Unternehmen TRENORD S.r.l. (vormals LeNord S.r.l.) als Kooperationspartner beauftragt. 2009 hatte sich die ÖBB auch auf die europaweite Ausschreibung des SPNV-Netzes „Werdenfels" in Deutschland beworben, das jedoch im Juni 2010 an die DB Regio AG vergeben wurde.
Für den straßengebundenen ÖPNV ist die Tochter ÖBB-Postbus GmbH verantwortlich. Am 07.03.13 wurde mit Siemens ein Vertrag im Wertumfang von rund 550 Mio. EUR über die ersten 100 Nah- und Regionalverkehrszüge vom Typ Desiro ML aus einer 2010 abgeschlossenen Rahmenvereinbarung unterzeichnet. Die dreiteiligen Garnituren, deren Endfertigung der Züge im ÖBB-Werk Jedlersdorf (Technische Services) stattfindet, sollen ab Ende 2015 ausgeliefert werden. 30 Züge sind für den S-Bahn-Verkehr in Wien und in Niederösterreich und 70 für den Regionalverkehr in Oberösterreich und der Steiermark vorgesehen.
Die ÖBB-Personenverkehr AG hatte im Jahresdurchschnitt 2013 2.769 Mitarbeiter. 2013 (Vorjahreswerte in Klammern) beförderten die täglich 258 Fern- und rund 3.943 Nahverkehrszüge 234 (224) Mio. Fahrgäste, davon 34 (34) Mio. im Fern- und 200 (190) Mio. im Nahverkehr. Der gesamte Teilkonzern, d. h. die ÖBB-Personenverkehr AG und ihre Tochterfirmen, erzielte einen Umsatzerlös von 1,8983 (1,8424) Mrd. EUR, einen Gesamtertrag von 1,9275 (1,8747) Mrd. EUR und ein EBT von 58,6 (44,1) Mio. EUR.

ÖBB Technische Services / ÖBB-Holding

ÖBB Technische Services GmbH

Grillgasse 48
AT-1110 Wien
Telefon: +43 1 93000-0
info@ts.oebb.at
www.ts.oebb.at

Management
* Ferdinand Schmidt (Geschäftsführer)

Gesellschafter
Stammkapital 40.035.000,00 EUR
* Rail Cargo Austria AG (RCA) (51 %)
* ÖBB-Personenverkehr Aktiengesellschaft (49 %)

Beteiligungen
* Technical Services Hungaria Jarműjavito Kft. (100 %)
* TS-MÁV Gépészet Services Kft. (51 %)
* Technical Services Slovakia, s.r.o. (51 %)

Lizenzen
* AT: EVU-Zulassung (GV) seit 13.04.2006
* AT: Sicherheitszertifikat, Teil A und B (GV); gültig vom 28.12.2010 bis 28.12.2015

Unternehmensgeschichte
Die ÖBB-Technische Services GmbH ist innerhalb der ÖBB-Holding für die Instandhaltung und Modernisierung von Schienenfahrzeugen sowie deren Komponenten zuständig. Das Unternehmen wurde anlässlich der Umstrukturierung der ÖBB im Juni 2004 gegründet und betreibt die ehemaligen Hauptwerkstätten (nunmehr TS-Werke) und Betriebswerkstätten (nunmehr TS-Stützpunkte). Die TS-Werke sind Jedlersdorf (Güterwagen, Elektrotriebwagen), Linz (Elektroloks, dieselelektrische Loks), St. Pölten (dieselhydraulische Loks), Simmering (Reisezugwagen) und Knittelfeld (Sonderfahrzeuge).
ÖBB-TS nimmt auch Fremdaufträge an. So werden im TS-Werk Linz zahlreiche Siemens-Lokomotiven von MRCE und Dritt-EVUs sowie neuerdings auch einige Traxx-Lokomotiven gewartet.

Österreichische Bundesbahnen-Holding Aktiengesellschaft

Am Hauptbahnhof 2
AT-1100 Wien
Telefon: +43 1 93000-0
holding@oebb.at
www.oebb.at/holding

Management
* Mag. Christian Kern (Vorstandsvorsitzender, CEO)
* Mag. MBA Josef Halbmayr (Mitglied des Vorstandes, CFO)

Gesellschafter
Stammkapital 1.900.000.000,00 EUR
* Republik Österreich, vertreten durch das Bundesministerium für Verkehr, Innovation und Technologie (100 %)

Beteiligungen
* European Contract Logistics - Austria GmbH (100 %)
* ÖBB-Personenverkehr Aktiengesellschaft (100 %)
* ÖBB-IKT Gesellschaft mbH (100 %)
* ÖBB-Infrastruktur Aktiengesellschaft (100 %)
* ÖBB-Shared Service Center Gesellschaft mbH (100 %)
* Rail Cargo Austria AG (RCA) (100 %)
* ÖBB-Finanzierungsservice GmbH (100 %)
* ÖBB-Werbung GmbH (100 %)
* EUROFIMA Europäische Gesellschaft für die Finanzierung von Eisenbahnmaterial AG (2 %)

Unternehmensgeschichte
Die Entstehung der Eisenbahnen im Altösterreich von vor 1918 war durch wechselnde Phasen vorwiegend staatlichen und privaten Engagements gekennzeichnet. Erste größere Staatsbahnbauten waren die 1851 vollendete Nordbahn Olmütz – Prag – sächsische Grenze und die 1857 in voller Länge in Betrieb genommene Südbahn Wien – Triest. Mit der stufenweisen (Wieder)Verstaatlichung von Teilen des Netzes der österreichischen Reichshälfte von Österreich-Ungarn entstanden ab 1882 die k.k. Staatsbahnen (ab 1915 k.k. österreichische Staatsbahnen, kkStB). Diese Verstaatlichungswelle war eine Folge der wirtschaftlichen Schwierigkeiten, in die viele Privatbahnen nach dem Gründerkrach von 1873 geraten waren. Mit dem Zusammenbruch der Doppelmonarchie 1918 kam auch das Ende der

ÖBB

Unternehmensstruktur ÖBB

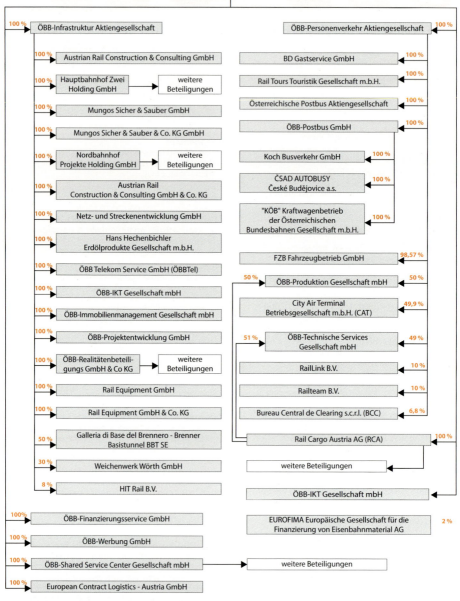

ÖBB-Holding / ÖBB-Infrastruktur

kkStB, deren Netz eine Länge von rund 19.000 km erreicht hatte. Auf dem Gebiet des verbliebenen Österreichs wurde der Betrieb durch die Österreichischen Staatsbahnen (ÖStB) weitergeführt, bis 1923 das selbständige kaufmännische Unternehmen „Österreichische Bundesbahnen" (BBÖ) ins Leben gerufen wurde. Das später geläufige Kürzel „ÖBB" konnte zunächst nicht gewählt werden, da es schon von der schweizerischen Oensingen-Balsthal-Bahn AG benutzt wurde. Nach dem deutschen Einmarsch in Österreich wurden die BBÖ von den Deutschen Reichsbahn übernommen. 1947 erfolgte die Unternehmensneugründung, nunmehr aber als ÖBB, denn die Schweizer Privatbahnen verwendeten zu diesem Zeitpunkt die gemeinsame Abkürzung SP für ihre Güterwagen im internationalen Verkehr. Gemäß dem 1969 verabschiedeten neuen Bundesbahngesetz wurden die ÖBB zum unselbständigen Wirtschaftskörper, der als Zweig der Betriebsverwaltung des Bundes geführt wurde, aber vollständig im Budget des Bundes verblieb. 1992 erfolgte eine Ausgliederung aus dem Bundesbudget und die Umwandlung in eine Gesellschaft mit eigener Rechtspersönlichkeit (einer Mischform aus GmbH und Aktiengesellschaft), die nach wie vor zu 100 % im Besitz der Republik Österreich war. Eine weitere Änderung der Unternehmensstruktur ergab sich infolge des 2003 erlassenen Bundesbahnstrukturgesetzes. Am 20.04.2004 wurde die ÖBB-Holding AG als erste Gesellschaft des neuen ÖBB-Konzerns gegründet. Die Anteile am Unternehmen werden vollständig von der Republik Österreich gehalten, deren Anteilsrechte das Bundesministerium für Verkehr, Innovation und Technologie (BMVIT) verwaltet. Die Holding hatte u. a. die Ausgründungen der heutigen Tochtergesellschaften zu leisten, die mit Jahresbeginn 2005 ihre Tätigkeit aufnahmen. Ein wichtiger Schritt im Jahr 2009 war die Neudefinition der ÖBB-Holding AG als strategische Leitgesellschaft. In diesem Zusammenhang wurden die strategischen Steuerungsaufgaben der ÖBB-Dienstleistungs GmbH, insbesondere im Bereich Personal und IT (CIO), an die Holding übertragen. Operative Aufgaben gingen zum großen Teil an die Teilkonzerne über. Die neue Tochter ÖBB-Shared Service Center Gesellschaft mbH wurde als Dienstleistungsgesellschaft installiert, die konzernübergreifende Querschnittsfunktionen und Dienstleistungen übernimmt.
2013 (Vorjahreswerte in Klammern) erzielte der ÖBB-Konzern einen Umsatzerlös von 5,339 (5,221) Mrd. EUR, einen Gesamtertrag von 6,248 (6,216) Mrd. EUR und ein EBT von 103 (75) Mio. EUR. Haupttreiber des Ergebnisses waren erneut deutliche Ergebnisverbesserungen der Rail Cargo Austria AG sowie steigende Markterlöse der Personenverkehr AG. Mit Stichtag 31.12. waren 39.513 (39.833) Mitarbeiter (ohne Lehrlinge) im ÖBB-Konzern beschäftigt. Im Herbst 2014 wurde eine neue Konzernzentrale mit rund 1.700 Mitarbeitern direkt am Wiener Hauptbahnhof bezogen.

ÖBB-Infrastruktur Aktiengesellschaft ∎

Praterstern 3
AT-1020 Wien
Telefon: +43 1 93000-0
infra.kundenservice@oebb.at
www.oebb.at/infrastruktur

Management
* Ing. Mag. (FH) Andreas Matthä (Vorstandssprecher)
* Dipl.-Ing. Franz Bauer (Mitglied des Vorstandes)
* KR Ing. Franz Seiser (Mitglied des Vorstandes; COO)

Gesellschafter
Stammkapital 500.000.000,00 EUR
* Österreichische Bundesbahnen-Holding Aktiengesellschaft (100 %)

Beteiligungen
* Austrian Rail Construction & Consulting GmbH (100 %)
* Austrian Rail Construction & Consulting GmbH & Co. KG (100 %)
* Güterterminal Werndorf Projekt GmbH (100 %)
* Hans Hechenbichler Erdölprodukte Gesellschaft m.b.H. (100 %)
* WS Service GmbH (100 %)
* Mungos Sicher & Sauber GmbH (100 %)
* Mungos Sicher & Sauber GmbH & Co. KG (100 %)
* Netz- und Streckenentwicklung GmbH (100 %)
* ÖBB Telekom Service GmbH (ÖBBTel) (100 %)
* ÖBB-Immobilienmanagement GmbH (100 %)
* ÖBB-Projektentwicklung GmbH (100 %)
* ÖBB-Realitätenbeteiligungs GmbH & Co KG (100 %)
* Rail Equipment GmbH (100 %)
* Rail Equipment GmbH & Co. KG (100 %)
* ÖBB IKT GmbH (100 %)
* Galleria di Base del Brennero – Brenner Basistunnel BBT SE (50 %)
* Weichenwerk Wörth GmbH (30 %)
* HIT Rail B.V. (8 %)

ÖBB-Infrastruktur / ÖBB-Produktion / Raaberbahn Cargo

Infrastruktur
* Bahnnetz der ÖBB (4.859 km; davon 2.034 km zweigleisig und elektrifiziert 15 kV 16,7 Hz sowie 2.825 km eingleisig, davon 1.436 km elektrifiziert 15 kV 16,7 Hz)

Unternehmensgeschichte
Die ÖBB Infrastruktur AG ist als Eisenbahninfrastrukturunternehmen zuständig für Netzzugang, Betrieb und Wartung des Schienennetzes sowie die Planung und Umsetzung von Ausbauprojekten. Ferner sind dem Unternehmen die Bahnstromkraftwerke, Telekommunikationsanlagen und das gesamte Immobilienvermögen des ÖBB-Konzerns zugeordnet. Die Gründung der ÖBB Infrastruktur AG geht auf eine im August 2009 in Kraft getretene Novelle des österreichischen Bundesbahngesetzes zurück, die eine gesellschaftsrechtliche Neustrukturierung der bisherigen ÖBB-Infrastrukturgesellschaften nach sich zog, welche seit 2005 als operative Tochtergesellschaften der ÖBB-Holding AG firmierten. Gemäß § 29a Bundesbahngesetz wurde die hierzu zählende ÖBB-Infrastruktur Betrieb AG rückwirkend zum 01.01.2009 im Wege der Gesamtrechtsnachfolge auf die ÖBB-Infrastruktur Bau AG verschmolzen. Der Name der übernehmenden Gesellschaft lautet mit der Eintragung ins Firmenbuch am 03.10.2009 nunmehr ÖBB-Infrastruktur AG. Ebenfalls im Sinne einer Gesamtrechtsnachfolge gab es 2009 die Verschmelzung der Brenner Eisenbahn GmbH auf die ÖBB-Infrastruktur AG.
Im Besitz und Betrieb des Unternehmens befanden sich 2013 u. a. 13.539 Weichen, 25.212 Signale, 6.169 Brücken, 248 Tunnel, zehn Wasserkraftwerke, vier Betriebsführungszentralen, 1.158 Verkehrsstationen (Güter- und Personenverkehr) und 4.818 Gebäude. Die ÖBB-Infrastruktur AG investierte 2013 (Vorjahreswerte in Klammern) 1,9050 (1,9608) Mrd. EUR in den Ausbau bzw. die Modernisierung der Schieneninfrastruktur und beschäftigte einschließlich Tochterunternehmen mit Stand 31.12. 16.215 (16.459) Mitarbeiter. Auf dem Netz wurden 2013 rund 142,0 (142,8) Mio. Zugkm erbracht, davon 130,8 (131,7) von Unternehmen des ÖBB-Konzerns. Erzielt wurde ein Umsatzerlös von 2,1553 (2,1296) Mrd. EUR, ein Gesamtertrag von 3,0474 (2,9630) Mrd. EUR und ein EBT von 25,8 (12,0) Mio. EUR. Zu Jahresende 2013 waren 31 EVU zur Nutzung der ÖBB-Infrastruktur berechtigt. Für 2014 wurden drei neue EVU-Zugangsberechtigungen im Güterverkehr erwartet.

ÖBB-Produktion GmbH

Am Hauptbahnhof 2
AT-1100 Wien
Telefon: +43 1 93000-0
produktion.info@oebb.at
www.oebb-produktion.at

Management
* Ing. Bernhard Benes (Geschäftsführer)

Gesellschafter
Stammkapital 510.035.000,00 EUR
* ÖBB-Personenverkehr Aktiengesellschaft (50 %)
* Rail Cargo Austria AG (RCA) (50 %)

Lizenzen
* AT: EVU-Zulassung (PV+GV) seit 29.12.2004
* AT: Sicherheitszertifikat, Teil A und B (GV); gültig vom 28.12.2010 bis 28.12.2015

Unternehmensgeschichte
Die ÖBB-Produktion GmbH ist innerhalb der ÖBB-Holding für die Stellung der Lokomotiven und Triebfahrzeugführer für die beiden Muttergesellschaften zuständig. Das Unternehmen wurde anlässlich der Umstrukturierung der ÖBB im Juni 2004 als ÖBB-Traktion GmbH gegründet und im Dezember 2009 in ÖBB-Produktion GmbH umbenannt. Damals war die Integration des Verschubbetriebs in die Gesellschaft geplant, die aber letztlich nicht zustande kam.
Die Triebfahrzeuge der ÖBB-Produktion GmbH sind aus Verrechnungsgründen auf die beiden Muttergesellschaften aufgeteilt, werden jedoch weiterhin auch in gemeinsamen Umlaufplänen eingesetzt. Die ÖBB-Produktion bietet ihre Dienstleistungen auch außerhalb des ÖBB-Konzerns an, so werden etwa für Dritte Vorspann- und Schiebeleistungen erbracht.

Raaberbahn Cargo GmbH

Bahnhofsplatz 5
AT-7041 Wulkaprodersdorf
Telefon: +43 2687 62224-125
Telefax: +43 2687 62224-190
info@raaberbahncargo.at
www.raaberbahncargo.at

Raaberbahn Cargo / RCA

Zweigniederlassung Wien
Kolingasse 13/2/7
AT-1090 Wien

Management
★ János Skala (Geschäftsführer)

Gesellschafter
Stammkapital 50.000,00 EUR
★ GYSEV CARGO Zrt. (100 %)

Lizenzen
★ AT: EVU-Lizenz (GV) seit 04.01.2010
★ AT: Sicherheitsbescheinigung, Teil A+B (GV); gültig vom 09.11.2010 bis 09.11.2016

Unternehmensgeschichte
Die Raaberbahn Cargo GmbH wurde am 03.06.2009 als Tochter der ungarischen GYSEV Cargo gegründet, um in Österreich als selbständiges EVU im Güterverkehr auftreten zu können. Seit dem 04.01.2010 besitzt Raaberbahn Cargo eine Verkehrsgenehmigung für Güterverkehr in Österreich, die Erteilung der Sicherheitsbescheinigung erfolgte im Dezember 2010.

Verkehre
★ Gütertransporte in Kooperation mit der Muttergesellschaft
★ KV-Transporte Lambach – Sindos [GR] / Halkalı [TR] ; 5 x pro Woche seit Juni 2012 Traktion in Österreich im Auftrag der Gartner KG
★ KV-Transporte Duisburg-Rheinhausen [DE] – Wien – Sopron [HU]; 4 x pro Woche seit Dezember 2013 im Auftrag der Inter Ferry Boats N.V. (IFB) in Kooperation mit der Rurtalbahn Cargo GmbH in Deutschland; in Ungarn auf Lizenz der GYSEV CARGO Zrt.
★ Pkw-Transporte (Dacia Duster) Mioveni [RO] – Survilliers-Fosses [FR]; 1 x pro Woche seit Januar 2015 im Auftrag der Gefco România S.R.L.; Traktion von Curtici (Übernahme von Transferoviar Grup S.A. (TFG) [RO] bis Passau (Übergabe an HSL Logistik GmbH) [DE]

Rail Cargo Austria AG (RCA)

Am Hauptbahnhof 2
AT-1100 Wien
Telefon: +43 5 7750
Telefax: +43 5 7750 719
kommunikation@railcargo.com
www.railcargo.com

Management
★ Reinhard Bamberger (Vorstandsdirektor Vertrieb)
★ Dr. Georg Kasperkovitz (Vorstandsdirektor Produktion und Finanzen)
★ Drs. Erik Regter (Vorstandsdirektor Vertrieb)

Gesellschafter
Stammkapital 190.070.000,00 EUR
★ Österreichische Bundesbahnen-Holding Aktiengesellschaft (100 %)

Beteiligungen
★ EC LOGISTIK GmbH (100 %)
★ Rail Cargo Carrier Kft. (RCC) (100 %)
★ Rail Cargo Hungaria Zrt. (RCH) (100 %)
★ Rail Cargo Logistics – Environmental Services GmbH (100 %)
★ Rail Cargo Operator - CSKD s.r.o. (100 %)
★ Rail Cargo Operator - Hungaria Kft. (100 %)
★ Rail Cargo Wagon - Austria GmbH (100 %)
★ AgroFreight Spedition GmbH (75 %)
★ Rail Cargo Logistics GmbH (66 %)
★ ÖBB Technische Services GmbH (51 %)
★ ÖBB-Produktion GmbH (50 %)
★ XRail S.A.

Lizenzen
★ AT: EVU-Zulassung (GV); gültig seit seit 29.12.2004
★ AT: Sicherheitszertifikat, Teil A+B (GV); gültig vom 23.12.2014 bis 23.12.2019
★ BG: Sicherheitszertifikat, Teil B (GV); gültig vom 23.12.2014 bis 23.12.2019
★ CZ: Sicherheitszertifikat, Teil B (GV)
★ DE: Sicherheitszertifikat, Teil B (GV); gültig vom 22.12.2014 bis 23.12.2019
★ SI: Sicherheitszertifikat, Teil B (GV); gültig vom 23.12.2014 bis 23.12.2019
★ Sicherheitszertifikate in Italien, Rumänien und Ungarn über Tochterfirmen

Unternehmensgeschichte
Rail Cargo Group ist seit 2014 die neue Marke der Güterverkehrsaktivitäten des ÖBB-Konzerns. Die Rail Cargo Group umfasst neben der österreichischen operativen Leitgesellschaft Rail Cargo Austria AG (RCA) weitere 60 Logistikgesellschaften in 15

RCA

Ländern Zentral-, Süd- und Ost-Europas. Mit einem Umsatz von 2,3 Mrd. EUR, davon heute bereits mehr als die Hälfte außerhalb Österreichs, einer EBIT-Marge von 2,4 % und 113 Mio. mit eigenen Güterbahnen transportierten Nettotonnen, ist die Rail Cargo Group einer der Top-3-Logistiker im europäischen Schienengüterverkehr.

Die Rail Cargo Austria Aktiengesellschaft (RCA) ist seit 01.01.2005 ein eigenständiges Unternehmen, das aus dem ÖBB-Güterverkehr hervorgegangen ist. Die RCA besitzt spezialisierte Tochtergesellschaften:

* Im Jahr 1999 wurde die Speditions Holding-Gruppe, bestehend aus den Speditionsunternehmen Express AG und Interfracht GmbH, durch die Österreichischen Bundesbahnen (ÖBB) erworben. Zwischenzeitlich hat sich das Unternehmen an zahlreichen Speditionen in Österreich, Polen, Rumänien, Tschechien und Ungarn beteiligt. Die Gesellschaft besitzt drei Geschäftsfelder: Cargo & Logistik (Einzelwagen- und Ganzzugsverkehre), BEX Logistik (Stückguttransport, Supply Chain Management) und Intermodal (Kombinierte Verkehre). Der Logistikdienstleister Express-Interfracht Internationale Spedition GmbH tritt seit Anfang 2014 unter dem Markennamen Rail Cargo Logistics - Austria GmbH am Logistikmarkt auf.
* Die Industriewaggon GmbH (IWAG) - seit Anfang 2013 Rail Cargo Wagon - Austria GmbH - wurde im Dezember 2000 mit dem Ziel gegründet, durch die Auslagerung von Güterwagen in eine eigene Firma flexibler auf die sich ständig ändernden Markterfordernisse eingehen zu können. Töchter dieses Unternehmens sind u. a. die die CRL Car Rail Logistics GmbH.
* Der Geschäftsbereich Technische Services existiert seit mittlerweile zehn Jahren. Im Zuge der ÖBB Struktur-Reform erfolgte 2004 die Umwandlung in eine GmbH mit den Gesellschaftern RCA und ÖBB Personenverkehr AG. Gegenstand des Unternehmens ist das Management von Schienenfahrzeugen (Instandhaltung, Modernisierung, Assembling und Engineering).
* Ebenfalls zusammen mit der ÖBB Personenverkehr AG ist RCA Gesellschafter der ÖBB-Produktion GmbH, die für die Bereitstellung und Wartung der Triebfahrzeuge, sowie die Ausbildung von Triebfahrzeugführern zuständig ist.

2013 (Vorjahreswerte in Klammern) erzielte RCA einschließlich Tochterunternehmen mit durchschnittlich 8.157 (9.648) Mitarbeitern einen Umsatzerlös von 2,2809 (2,3400) Mrd. EUR, einen Gesamtertrag von 2,4039 (2,4350) Mrd. EUR und ein EBT von 58,4 (29,0) Mio. EUR bei einem Aufkommen von 109,3 (113,0) Mio t. Dass trotz des gesunkenen Aufkommens ein besseres Ergebnis erzielt werden

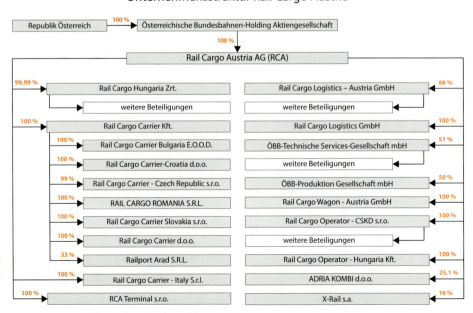

Unternehmensstruktur Rail Cargo Austria

Grafik: Rail Business

RCA / RTS Austria

konnte, ist nicht zuletzt auf Kostensenkungen durch Aufgabe unwirtschaftlicher Leistungen zurückzuführen.
Kennzahlen des Unternehmens in den vergangenen Jahren:
* 2010: 97,5 Mio. t; 18.786 Mio. tkm; 11.002 Mitarbeiter
* 2009: 88,36 Mio. t; 16.807 Mio. tkm; 11.409 Mitarbeiter
* 2008: 105,55 Mio. t; 20.696 Mio. tkm; 7.625 Mitarbeiter
* 2007: 95,21 Mio. t; 19.432 Mio. tkm; 8.237 Mitarbeiter

Der 2009 erfolgte sprunghafte Anstieg der Mitarbeiterzahl ist auf die Übernahme der ungarischen MÁV Cargo zurückzuführen, die erst im Jahr 2007 aus der MÁV ausgegliedert wurde. Derzeit gibt es gleichwohl Bestrebungen der ungarischen Seite, wieder einen größeren RCA-Anteil für die MÁV zu erlangen.
Im Sommer 2011 stockte die RCA die Beteiligung am inzwischen in Rail Cargo Italia umbenannten italienischen EVU Linea von 55 auf 100 % auf und diente zudem als aufnehmende Gesellschaft bei der Verschmelzung mit der Intercontainer Austria GmbH (ICA).
Seit August 2012 nutzt RCA auch das Sicherheitszertifikat für Tschechien und bespannt KV-Transporte durchgehend von Trieste [IT] bis Ostrava [CZ]. Seit 01.04.2013 kommen E-Loks der RCA auch vor Kohlezügen in Tschechien zum Einsatz. Die Übernahme von PKP Cargo erfolgt in den Grenzbahnhöfen Chałupki [PL] oder Petrovice u Karviné [CZ].
2013 hatte RCA auf Basis der Tonnenkilometer einen Marktanteil in Österreich von 80,7 %.

RTS Rail Transport Service GmbH (RTS Austria) G

Puchstraße 184 b
AT-8055 Graz
Telefon: +43 316 2161-3351
Telefax: +43 316 2161-3398
office-graz@rts-rail.com
www.rts-rail.com

Niederlassung Fischamend (Werkstatt)
Klein Neusiedler Straße 27
AT-2401 Fischamend
Telefon: +43 2230 9273-0

Management
* Siegfried Kölle (Geschäftsführer)
* Ing. Reinhard Zeller (Geschäftsführer)

Gesellschafter
Stammkapital 100.000,00 EUR
* Swietelsky Baugesellschaft m.b.H. (100 %)

Beteiligungen
* RTS Rail Transport Service Germany GmbH (RTS Germany) (100 %)

Lizenzen
* AT: EVU-Zulassung (GV) seit 20.06.2005
* AT: Sicherheitsbescheinigung, Teil A (GV); gültig vom 10.01.2012 bis 01.01.2020
* AT: Sicherheitsbescheinigung, Teil B (GV); gültig vom 30.12.2010 bis 30.12.2020
* DE: Sicherheitszertifikat, Teil B (GV); gültig vom 01.01.2015 bis 01.01.2020
* HR: Sicherheitsbescheinigung, Teil B (GV); gültig vom 27.08.2014 bis 01.01.2017
* HU: Sicherheitsbescheinigung, Teil B (GV); gültig vom 16.10.2011 bis 15.10.2016
* SK: Sicherheitsbescheinigung, Teil B (GV); gültig vom 02.01.2015 bis 01.01.2020

Unternehmensgeschichte
Der Swietelsky-Konzern um die Swietelsky Baugesellschaft m.b.H. zählt heute zu den größten Bauunternehmen Österreichs, inklusive Tochterunternehmen in zahlreichen europäischen Ländern. Bereits seit 1939 ist das 1936 entstandene Unternehmen Swietelsky auch im Bahnbereich tätig und bedient hier mittlerweile die Geschäftsfelder Gleisbau, Ingenieurtiefbau, Brückenbau und Tunnelbau.
Im September 2004 gründeten die Swietelsky Baugesellschaft m.b.H. und Reinhard Zeller die RTS Rail Transport Service GmbH (RTS Austria), um selbst Eisenbahnverkehrsleistungen in Österreich anbieten zu können. Mit Unterzeichnung des Gesellschaftervertrages am 01.03.2006 entstand zudem die RTS Rail Transport Service Germany GmbH, deren Geschäftsinhalte ab 2015 in die Muttergesellschaft überführt wurden.
Neben AZ-Verkehr, Materialtransporten und Überführungen für Bauunternehmen der Swietelsky-Gruppe bietet RTS Austria auch Beförderungsleistungen für Dritte an. Zwischen RTS Austria und RTS Germany besteht dabei eine enge Zusammenarbeit. Die Triebfahrzeuge beider Unternehmen werden zentral durch RTS Austria erworben oder angemietet.
Im September 2007 verfügte RTS über 22 Mitarbeiter in Österreich, im September 2011 waren es 37.
Zum 08.10.2009 verkaufte Zeller seine Gesellschaftsanteile (10 %) an Swietelsky.
Der niederländische Netzbetreiber ProRail hat am 21.01.2011 auf Basis einer Sicherheitsbescheinigung Teil B eine Zugangsvereinbarung mit RTS

RTS Austria / RhoBT / s4you

geschlossen. RTS will in den Niederlanden Bauzüge und Transporte erbringen, seit 2010 hatte man dafür die Zulassung der Rotterdam Rail Feeding B.V. (RRF) genutzt. RTS hat am Standort der Swietelsky Benelux in Oisterwijk auch ein Büro eröffnet.
Seit Ende August 2014 hat RTS zudem Zugang zum kroatischen Schienennetz. Nach dem Erhalt der Sicherheitsbescheinigung, Teil B, transportierte das Unternehmen zunächst Ganzzüge mit Gleisschotter zwischen Okučani und dem rund 140 km entfernten Koprivnica.

Verkehre
* AZ-Verkehr
* Benzoltransporte Ungarn – Mannheim-Rheinau / Duisburg-Ruhrort [DE]; 1-2 x pro Woche seit Juli 2010; Traktion in Ungarn untervergeben an CER Közép-Európai Vasúti Árufuvarozási, Kereskedelmi és Szolgáltató Zrt. (CER)
* Gleisschottertransporte Okučani [HR] – Koprivnica [HR]; täglich seit 30.08.2014
* Gütertransporte Ungarn – Deutschland; Spotverkehre im Auftrag von Schenker Kft., Transpetrol Austria GmbH, ŠPED-TRANS LEVICE, a. s. und PETERS CARGO GmbH
* Langschienentransporte Wismar Seehafen [DE] – Dorog [HU]; seit August 2012 im Auftrag von ArcelorMittal Espana, S.A.
* Mess- und Zulassungsfahrten für TÜV Süd und die PJ Messtechnik GmbH (PJM) in Österreich

Rhomberg Bahntechnik GmbH Ⓖ

Mariahilfstrasse 29
AT-6900 Bregenz
Telefon: +43 5574 403-0
Telefax: +43 5574 403-309
info@rhombergrail.com
www.rhombergrail.com

Management
* Dipl.-Ing. Georg Matthias Gabler (Geschäftsführer)
* Garry Thür (Geschäftsführer)

Gesellschafter
Stammkapital 100.000,00 EUR
* Rhomberg Sersa Rail Holding GmbH (100 %)

Lizenzen
* AT: EVU-Zulassung (GV) seit 04.05.2010
* AT: Sicherheitszertifikat, Teil A+B (GV) seit 19.11.2010; gültig bis 20.11.2016

Unternehmensgeschichte
Die Rhomberg Bahntechnik GmbH (RhoBT) wurde am 03.11.2003 gegründet und ist im Bahnbau tätig. Die Palette reicht von der Planung bis zum Totalunternehmen für die Bauausführung. Seit dem 04.05.2010 besitzt RhoBT eine Verkehrsgenehmigung für Güterverkehr in Österreich, die Erteilung der Sicherheitsbescheinigung erfolgte im November 2010. Zukünftig will RhoBT Baustellenverkehre in Eigenregie durchführen.
2012 schlossen sich die Rhomberg Bahntechnik Gruppe und die Sersa Group zur Rhomberg Sersa Rail Group zusammen. Im Geschäftsbereich Bahn bietet die Rhomberg Gruppe mit der Rhomberg Bahntechnik das umfassende Leistungsspektrum eines Totalunternehmers an. Dazu zählen Planungs- und Projektmanagement, gewerblicher und maschineller Gleisbau, Planung, Errichtung und Instandhaltung hochleistungsfähiger Bahntrassen, besonders im Bereich Feste Fahrbahn, Baustellenlogistik, elektrotechnische Ausrüstung sowie der schienengebundene Einbau von Lärmschutzelementen. Die rund 800 Mitarbeiter erwirtschafteten im Geschäftsjahr 2012/2013 einen Umsatz von zirka 160 Mio. EUR.

Verkehre
* AZ-Verkehr

Safety4you Baustellenlogistik GmbH (s4you) Ⓖ

Bahnhofplatz 1
AT-4600 Wels
Telefon: +43 7242 9396-1380
Telefax: +43 7242 9396-1389
info@s4you.at
www.s4you.at

Management
* Walter Rauch (Geschäftsführer)

s4you / SLB

Gesellschafter
Stammkapital 50.000,00 EUR
* Dr. Claus Kohlbacher (100 %)

Lizenzen
* AT: Sicherheitsbescheinigung, Teil A+B (GV); gültig vom 01.04.2014 bis 01.04.2017
* AT: Verkehrskonzession seit 23.11.2010

Unternehmensgeschichte
Im 4. Quartal 2011 hat das in Wels ansässige Unternehmen Safety4you Baustellenlogistik GmbH (s4you) die Sicherheitsbescheinigung für das ÖBB-Netz (Güterverkehr) erhalten. Die Verkehrsgenehmigung war bereits Ende 2010 erteilt worden. Damit kann s4you ab sofort im österreichischen Schienennetz Züge führen. Das Unternehmen war bisher vor allem im Bereich Baustellensicherheit auf Gleisbaustellen tätig, darüber hinaus stellt es auch Triebfahrzeugführer für Arbeitszüge bereit. Diese können nunmehr auch außerhalb der Baustellenbereiche Züge führen, s4you möchte künftig sowohl Überstellungen von Baufahrzeugen als auch Materialtransporte selbst durchführen.
Am 15.03.2012 erfolgte die Verkehrsaufnahmefahrt von Waidhofen/Ybbs nach St. Pölten Alpenbahnhof. Zunächst nur für Spotverkehre mietet das Unternehmen seit 02.10.2012 eine E-Lok der MRCE Dispolok GmbH.
s4you stellt fallweise die Lizenz für Züge der Grampetcargo Austria GmbH (GCA) in Österreich.

Verkehre
* AZ-Verkehr

Salzburg AG für Energie, Verkehr und Telekommunikation - Salzburger Lokalbahn (SLB)
P G I

Bahnhofsplatz
AT-5020 Salzburg
Hotline: +43 662 4480-1500
salzburger.lokalbahn@salzburg-ag.at
www.slb.at

Pinzgauer Lokalbahn
Brucker Bundesstrasse 21
AT-5700 Zell am See
Telefon: +43 6542 575005953
Hotline: +43 6562 40600
pinzgauerlokalbahn@salzburg-ag.at
www.pinzgauerlokalbahn.at

Management
* Mag. August Hirschbichler (Sprecher des Vorstands)
* Dr. Leonhard Schitter (Vorstand)

Gesellschafter
Stammkapital 45.000.000,00 EUR
* Land Salzburg (42,56 %)
* Stadt Salzburg (31,31 %)
* Energie Oberösterreich Service- und Beteiligungsverwaltungs-GmbH (26,13 %)

Beteiligungen
* Salzkammergutbahn GmbH (SKGB) (100 %)
* Berchtesgadener Land Bahn GmbH (BLB) (50 %)
* ALBUS Salzburg Verkehrsbetrieb GmbH (49 %)

Lizenzen
* AT: EVU-Zulassung (GV+PV) seit 10.05.2005
* AT: Sicherheitszertifikat, Teil A und B (PV+GV) seit 23.12.2010; gültig bis 23.12.2015
* CH: Sicherheitsbescheinigung (PV+GV; für österreichische Strecken in der Schweiz); gültig seit 17.12.2009
* DE: Sicherheitsbescheinigung, Teil B (PV+GV); gültig vom 23.05.2011 bis 23.12.2015

Infrastruktur
* Salzburg Hauptbahnhof – Lamprechtshausen (25,1 km, elektrifiziert 1.000 V=)
* Bürmoos – Ostermiething (11,8 km, elektrifiziert 1.000 V=)
* „Stieglbahn" Frachtenbahnhof Salzburg-Lehen – Stiegl Brauerei / Salzburg Maxglan (3,4 km); Betriebsführung im Auftrag der Anschlussbahnen AG
* Industriebahn Kleßheim (2 km); Übernahme zum 01.04.2010 vom Österreichischen Bundesheer
* Betriebsführung Anschlussbahn Schweighofer-Fiber (ehem. m-real) (3,7 km); seit 01.09.2012
* „Pinzgauer Lokalbahn" Zell am See – Krimml (52,61 km; 760 mm Spurweite); zum 01.07.2008 durch Land Salzburg von ÖBB übernommen
* Anschlussbahn MDF (ehemals Solvay) (2,5 km); Betriebsführung seit 01.05.2002
* Zahnradbahn St. Wolfgang – Schafbergspitze (4,2 km); seit 2006

SLB

Unternehmensgeschichte

Die Salzburg AG ist ein im Bundesland Salzburg tätiger Energie- und Infrastrukturdienstleister. Sie entstand im September 2000 aus der Fusion des 1920 gegründeten Landes-Elektrizitätsversorgungsunternehmens SAFE mit den 1950 gegründeten Salzburger Stadtwerken. Die Salzburger Lokalbahn (SLB) ist ein Tochterbetrieb der Salzburg AG. Sie betreibt zwei eigene Bahnstrecken, auf denen Personen- und Güterverkehr durchgeführt wird und ist zudem im Güterverkehr auch außerhalb der eigenen Infrastruktur tätig.

Die SLB-Stammstrecke Salzburg Lokalbahnhof – Lamprechtshausen wurde am 20.01.1896 durch den SLB-Vorläufer Salzburger Eisenbahn- und Tramwaygesellschaft AG (SETG) eröffnet und ist seit 1950 durchgehend elektrifiziert. Die Zweigstrecke Bürmoos – Trimmelkam wurde 01.04.1951 zur Erschließung von Braunkohlevorkommen durch die SAKOG (Salzach-Kohle-GmbH) eröffnet. Die Betriebsführung dieser Zweigstrecke wurde der Stern & Hafferl Verkehrsgesellschaft m.b.H. aus Gmunden übertragen. 1994 übernahm die SLB die Strecke, die im Güterverkehr auch nach Schließung des Bergwerkes durch Kohletransporte zum Kraftwerk Riedersbach eine wichtige Rolle spielt. Als 2,8 km lange Neubaustrecke wurde der Abschnitt Trimmelkam – Ostermiething am 12.12.2014 eröffnet.

Seit Ende der 1990er-Jahre erbringt die SLB zusätzlich auch Güterverkehrsleistungen außerhalb der eigenen Infrastruktur im Großraum Salzburg. Von Juni 2003 bis Dezember 2006 hat die SLB regionale Güterverkehrsleistungen für das Einzelwagen- und Wagengruppennetzwerk „ECCO CARGO" im Raum Salzburg als Auftragnehmer der Salzburger EisenbahnTransportLogistik GmbH (SETG) erbracht. 2008 beförderte die SLB rund 1,7 Mio. t Fracht, 2005 waren es 1,1 Mio. t gewesen. 2012 konnte die SLB auf ihrer eigenen Infrastruktur 86.000 t Güter (2011: 120.807 t) und auf ÖBB-Gleisen 2,462 Mio. t (2011: 2, 246 Mio. t) transportieren. Die von 1981 bis 1984 vollzogene Modernisierung von Streckennetz und Rollmaterial bescherte der SLB einen ungeahnten Aufschwung im Personenverkehr, so dass in den Zügen der SLB derzeit werktags rund 12.000 Fahrgäste befördert werden. 1996 wurde zudem der neue unterirdische Lokalbahnhof am Salzburger Hauptbahnhof eröffnet.

Aus der im Sommer 2006 vom Aufgabenträger Bayerische Eisenbahngesellschaft mbH (BEG) veröffentlichten Ausschreibung der SPNV-Leistungen zwischen Freilassing und Berchtesgaden ging eine Bietergemeinschaft der SLB mit der bayerischen Regentalbahn AG als Sieger hervor, die den Verkehr zum Fahrplanwechsel im Dezember

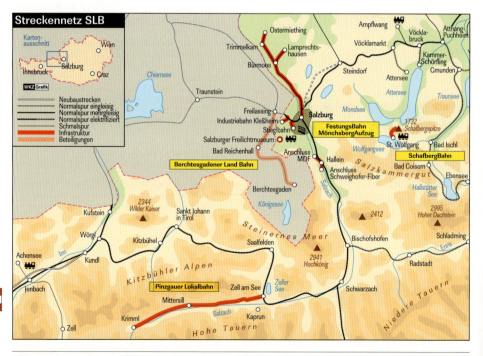

SLB / SETG

2009 übernommen hat.
Zum 01.07.2008 hat das Bundesland Salzburg die schmalspurige Pinzgaubahn von Zell am See nach Krimml von der ÖBB übernommen. Seit 2009 wird die Strecke von der Salzburg AG unter dem Markennamen „Pinzgauer Lokalbahn" betrieben. Zwischen Mittersill und Krimml wurde die Bahntrasse beim Hochwasser im Juli 2005 durch Unterspülung teilweise zerstört. Anfang 2007 schlossen die ÖBB und das Land Salzburg einen Vertrag zur vollständigen Wiederherstellung der Strecke mit leicht modifizierter Trassierung und Modernisierung der erhalten gebliebenen Infrastruktur. Am 25.08.2009 begann der Wiederaufbau von Mittersill bis Bramberg, am 11.09.2010 wurde der Endbahnhof Krimml wieder offiziell ans Netz angeschlossen. Die SLB hat von den ÖBB die Alt-Fahrzeuge und sonstige Betriebsmittel für einen EUR erworben und führt notwendige Investitionsmaßnahmen an den Fahrzeugen (insbesondere Modernisierungen) durch. Die SLB wird von der Salzburger Verkehrsverbund GesmbH (SVG) mit der Erbringung von Verkehrsleistungen mittels Bruttobestellung beauftragt.
Der Güterverkehr mittels Rollböcken wurde am 19.11.2008 wieder aufgenommen, am 24.11.2008 wurde der erste Güterzug für die SENOPLAST Klepsch & Co. GmbH in Piesendorf offiziell gefeiert.
Die Salzburg AG hat zum 01.04.2010 die Anschlussbahn Kleßheim in Salzburg vom Österreichischen Bundesheer übernommen. Die Bahn entstand 1954/55, als die US-Army in Wals-Siezenheim bei Salzburg eine große Kaserne erstellte, die 1956 von Österreich übernommen wurde. Bis heute entwickelte sich das Gebiet auch zu einem Industriegebiet. Den Betrieb der Strecke hat im Auftrag immer die ÖBB durchgeführt.
2013 begannen in Trimmelkam die Bauarbeiten für die Verlängerung der Salzburger Lokalbahn. Gebaut wurde eine rund 3 km lange Strecke nach Ostermiething mit der neuen Zwischenstation in Diepoltsdorf. Nach einer Bauzeit von rund 13 Monaten wurde der Fahrgastbetrieb im Dezember 2014 zum Fahrplanwechsel aufgenommen.
Mit den Verkehrsservices der Salzburg AG – Salzburger Lokalbahn, Obus, FestungsBahn und MönchsbergAufzug, Pinzgauer Lokalbahn, Berchtesgadener Land Bahn sowie WolfgangseeSchifffahrt und SchafbergBahn – wurden im Jahr 2012 über 50 Millionen Fahrgäste befördert.

Verkehre
- Regionaler Personenverkehr „S 1" Salzburg – Lamprechtshausen
- Regionaler Personenverkehr „S 11" (Salzburg –) Bürmoos – Ostermiething
- SPNV „SLB Pinzgauer Lokalbahn" Zell am See – Mittersill; seit 01.07.2008; seit 13.12.2009 bis Bramberg; seit 12.09.2010 bis Krimml

- Güterverkehr auf eigener Infrastruktur mit Wagentausch mit Rail Cargo Austria AG (RCA) in Salzburg Gnigl; seit 16.12.2013 auch Wagentausch mit DB Schenker Rail Deutschland AG in Freilassing [DE]
- Betriebsführung von Anschlussbahnen in Salzburg („Stieglbahn", Industriebahn Kleßheim) und Hallein (AB Schweighofer-Fiber, AB MDF)
- Gütertransporte im Zwischenwerksverkehr Salzburg-Liefering (CTS - Container Terminal Salzburg GmbH) – Hüttau; 2 x pro Tag seit Dezember 2007 im Auftrag der Kaindl Flooring GmbH
- Gütertransporte im Zwischenwerksverkehr Salzburg-Liefering (CTS - Container Terminal Salzburg GmbH) – Anschlußbahn Schenker Siggerwiesen
- Gütertransporte Piesendorf – Niedernsill; seit 19.11.2008 für ein ortsansässiges Sägewerk
- Petrolkokstransporte Burghausen (OMV Deutschland GmbH) [DE] – Žiar nad Hronom (Slovalco a.s.) [SK]; 2 x pro Woche seit 01.01.2011 betriebliche Abwicklung in Deutschland im Auftrag der LTE Logistik- und Transport-GmbH unter Nutzung von LTE-Triebfahrzeugen

Salzburger Eisenbahn TransportLogistik GmbH (SETG)
Ⓖ

Fürbergstraße 42a
AT-5020 Salzburg
Telefon: +43 662 457567-0
Telefax: +43 662 457567-19
office@setg.at
www.setg.at

Niederlassung Deutschland
Münchener Straße 67
DE-83395 Freilassing
Telefon: +49 8654 608-619
Telefax: +49 8654 608-919

Management
- Gunther Rudolf Pitterka (Geschäftsführer)

Gesellschafter
Stammkapital 36.000,00 EUR
- Gunther Rudolf Pitterka (100 %)

SETG

Beteiligungen
★ S-Air Salzburg Flugbetrieb GmbH (49 %)

Unternehmensgeschichte
Die Salzburger EisenbahnTransportLogistik GmbH (SETG) ist eine am 22.08.2001 gegründete private Bahnspedition mit Sitz in Salzburg und Fokus auf die holzverarbeitende Industrie.
Die Firmierung des Unternehmens ist an die von 1888 bis 1950 bestehende Salzburger Eisenbahn- und Tramway Gesellschaft (SETG) angelehnt, die heutige Salzburger Lokalbahn (SLB).
Gründungsgesellschafter waren die Mittelweserbahn GmbH (45 % sowie 45 % treuhänderisch) und SETG-Geschäftsführer Gunther Pitterka (10 %). Der SETG-Handlungsbevollmächtigte Tomas Cimr hielt zeitweise bis Herbst 2008 5 % am Unternehmen. Diese gingen nach seinem Ausscheiden an Pitterka, die treuhänderischen Anteile der MWB zum Jahresanfang 2008 an Rechtsanwalt Thilo Jaspert aus München. Seit 31.12.2009 ist Pitterka alleiniger Anteilseigner.
Im Bereich privater Einzelwagen- und Wagengruppenverkehre war die SETG zusammen mit der MWB sowie der mittlerweile nach Insolvenz gelöschten EBM Cargo GmbH & Co. KG als Vorreiter heutiger Systeme ab Juni 2003 unter der Markennamen ECCO-CARGO tätig.
Die SETG nahm 2001 eigene Rundholztransporte in Mecklenburg-Vorpommern für die österreichische Unternehmensgruppe Egger auf, die von der MWB traktioniert wurden. Seit 2004 ist das neu errichtete Zellstoffwerk in Niedergörne der kanadischen Mercer-Gruppe Ziel eines Großteiles der Verkehre. Der Rundholztransport mit mehreren Ganzzügen pro Tag wurde anfangs durch die SETG und die damalige LTH Oelbau GmbH mit ca. gleichen Anteilen organisiert. Seit der Insolvenz des Rechtsnachfolgers LTH Transportlogistitik GmbH im Dezember 2010 übernimmt die SETG alle Rundholztransporte sowie bereits seit Werksgründung alle Holzhackschnitzeltransporte im Auftrag der Zellstoff Stendal Holz GmbH. In Deutschland werden außerdem im Bereich der Rundholz- und Holzhackschnitzeltransporte v.a. Wismar (Ilim Nordic Timber GmbH & Co. KG), Brilon (Egger Holzwerkstoffe Brilon GmbH & Co. KG) und Kodersdorf (Klausner Holz Sachsen GmbH) angefahren.
Neben der Tätigkeit als Bahnspedition mit Waggonpool mietet die SETG seit Ende September 2010 auch E-Loks an, die in Deutschland auf Lizenz der Raildox sowie in Österreich der STB betrieben werden. Zusätzlich wird im Juni und Oktober 2013 ein eigener Bestand an Dieselloks für die erste und letzte Meile aufgebaut. Mit der Investition will sich die Bahnspedition in Zeiten knapper Produktionsressourcen unabhängiger aufstellen. Bei der SETG-Niederlassung Deutschland in Freilassing eingestellten Loks bespannen Rundholz- und Hackgut-Ganzzüge in Nord- und Ostdeutschland sowie im Vor- und Nachlauf bei SETG-Ganzzügen im gesamten Bundesgebiet. Kooperationspartner setzt die SETG ca. 20 weitere Lokomotiven im wet-lease ein. Loks und Wagen werden dabei trotz z.T. unterschiedlicher Endkunden gepoolt eingesetzt, um eine hohe Effizienz sicherzustellen. Zu den Traktionspartnern in Deutschland zählten im April 2014 die Eisenbahn-Bau- und Betriebsgesellschaft Pressnitztalbahn mbH (PRESS), die OHE Cargo GmbH sowie die Raildox GmbH & Co. KG. In Österreich arbeitete die SETG v.a. mit der Steiermarkbahn Transport und Logistik GmbH (STB) zusammen.
Die SETG transportierte 2010 2,5 Mio. t mit rund 2.000 Zügen. Diese Mengen sind überwiegend im Bereich Rundholz, Schnittholz, Hackschnitzel, Papier und Zellstoff generiert worden. Die als Ecco-Shuttle-Züge bezeichneten Ganzzüge verkehren neben innerdeutschen Relationen auch zwischen Polen, der Ukraine und Deutschland, Slowakei und Tschechien nach Deutschland, Polen und Rumänien nach Österreich.
Zum SETG-Team gehörten Ende 2013 40 Mitarbeiter. Der Jahresumsatz 2013 überschritt die Marke von 40 Mio. EUR.
Neben der Anschaffung von 6 Diesellokomotiven sowie zusätzlicher E-Loks der Baureihen 185 und 193 für den internationalen Verkehr, hat die SETG 2014 auch ein firmeneigenes Flugzeug in Betrieb genommen. Die Anschaffung dient der schnelleren und flexibleren Erreichbarkeit von Kunden, da die Piper PA-28 "Arrow" mit Instrumentenflugeinrichtung ausgestattet und in der Lage ist, selbst auf kleinen Sportflugplätzen zu starten und zu landen. Per 22.08.2014 wurde die S-Air Salzburg Flugbetrieb GmbH mit SETG-Beteiligung gegründet, die Mehrheitsanteile hält die Geschäftsführerin Astrid Emersberger. Ende 2014 wurden zwei weitere Flugzeuge beschafft, im Frühjahr 2015 begann das Unternehmen mit regelmäßigen Rundflügen um Salzburg.

Verkehre
★ Düngemitteltransporte Trnovec nad Váhom [SK] – Offingen [DE] / Nördlingen [DE] / bedarfsweise weitere Ziele; saisonale Spotverkehre seit Juli 2012 im Auftrag der DUSLO, a.s.; ZSSK Cargo bis Bratislava-Petrzalka [SK], anschließend Loks aus dem SETG-Pool auf Lizenz der Steiermarkbahn Transport und Logistik GmbH (STB) in Österreich bzw. der KUBE CON logistics GmbH in Deutschland
★ Ethanoltransporte Heygeshalom [HU] – diverse Entladebahnhöfe in Deutschland; Spotverkehre
★ Holzhackschnitzeltransporte Rădăuți/Vințu de Jos (jeweils S.C. Holzindustrie Schweighofer S.R.L.) [RO] – Hallein (Schweighofer Fiber GmbH); 1 x pro Woche seit Januar 2012; Traktion in Österreich mit eigenen Loks auf Lizenz der Steiermarkbahn Transport und Logistik GmbH (STB)

SETG / SKGB

- Holzhackschnitzeltransporte u.a. von Wismar (IIlm Nordic Timber GmbH & Co. KG), Kodersdorf (Klausner Holz Sachsen GmbH), Rottleberode (Ante Holz GmbH) und Ramstein (Rettenmeier Holzindustrie Ramstein GmbH & Co. KG) nach Niedergörne (Zellstoff Stendal GmbH (ZS)) [DE]; Spotverkehre im Auftrag der Zellstoff Stendal Holz GmbH seit 2004
- Kreideschlammtransporte Kamnik (Calcit d.o.o.) [SI] – Hagen-Kabel (Stora Enso Kabel GmbH & Co. KG) [DE]; 2 x pro Woche seit 01.01.2015; Traktion bis Jesenice [SI] durch Slovenske železnice d.o.o. (SŽ), anschließend durch Steiermarkbahn Transport und Logistik GmbH (STB); ab Freilassing [DE] mit SETG-Loks auf Lizenz der KUBE CON logistics GmbH
- Rundholztransporte Polen – Beeskow (BHW Beeskow Holzwerkstoffe GmbH); Spotverkehre seit Januar 2014; Traktion in Deutschland ab Oderbrücke
- Rundholztransporte innerdeutsch zu verschiedenen Sägewerksstandorten; Spotverkehre
- Rundholztransporte nach Kodersdorf (Klausner Holz Sachsen GmbH) [DE]; Spotverkehre
- Rundholztransporte nach Niedergörne (Zellstoff Stendal GmbH (ZS)) [DE]; Spotverkehre im Auftrag der Zellstoff Stendal Holz GmbH seit 2004
- Rundholztransporte nach Wismar (Ilim Nordic Timber GmbH & Co. KG) [DE]; Spotverkehre
- Zellstofftransporte Hallein (Schweighofer Fiber GmbH) – Koper [SI]; 2 x pro Woche seit 05.01.2015 als Rückladung der Kreideschlammtransporte

Salzkammergutbahn GmbH (SKGB) P I

Markt 35
AT-5360 Sankt Wolfgang
Telefon: +43 6138 22 32-0
Telefax: +43 6138 22 32-12
berg.schiff@schafbergbahn.at
www.schafbergbahn.at

Management
- Dipl.-Ing. Peter Gerhard Brandl (Geschäftsführer)

Gesellschafter
Stammkapital 35.000,00 EUR
- Salzburg AG für Energie, Verkehr und Telekommunikation - Salzburger Lokalbahn (SLB) (100 %)

Infrastruktur
- Sankt Wolfgang im Salzkammergut – Schafbergspitze (5,9 km, Spurweite 1.000 mm, Zahnstange System Abt)

Unternehmensgeschichte
Die SchafbergBahn als steilste Dampf-Zahnradbahn Österreichs führt von St. Wolfgang im Salzkammergut (542 m) zur Bergstation Schafbergspitze (1.732 m). Die Strecke mit ihrer Maximalsteigung von 255 ‰ wurde im April 1893 nach nur einjähriger Bauzeit eröffnet. Zunächst im Eigentum der Salzkammergut-Lokalbahn (SKGLB, Stammstrecke Salzburg – Bad Ischl) stehend, wurde die Bahn 1932 an das Österreichische Verkehrsbüro verkauft. Nach der faktischen Annexion Österreichs im Jahr 1938 ging sie an die Deutsche Reichsbahn und nach dem Zweiten Weltkrieg auf die ÖBB über. Die Bahn wurde übrigens wie jene der SKGLB von der Baugesellschaft Stern & Hafferl errichtet.
Mit dem Start der Betriebssaison 2006 übernahm die am 02.08.2005 gegründete Salzkammergutbahn GmbH (SKGB) als Tochtergesellschaft der Salzburg AG für Energie, Verkehr und Telekommunikation sowohl die Wolfgangseeschifffahrt als auch die Schafbergbahn, wobei die Betriebsführung Letzterer der Salzburger Lokalbahn (SLB) obliegt. Es herrscht Saisonbetrieb von Ende April bis Ende Oktober; die Hauptlast des Verkehrs tragen ölgefeuerte Neubaudampflokomotiven. Die noch vorhandenen Originalmaschinen von Ende des 19. Jahrhunderts gehören zu den ältesten in Betrieb befindlichen Dampfloks überhaupt. Sie kommen ausschließlich vor Nostalgiezügen zum Einsatz, die von Anfang Juli bis Ende August verkehren.

Verkehre
- Touristischer Personenverkehr auf eigener Infrastruktur

STB / STLB

Steiermarkbahn Transport und Logistik GmbH (STB) G

Eggenberger Straße 20
AT-8020 Graz
Telefon: +43 316 812581-0
Telefax: +43 316 812581-81
office@steiermarkbahn.at
www.steiermarkbahn.at

Management
★ Dr. Helmut Wittmann (Geschäftsführer)

Gesellschafter
Stammkapital 250.000,00 EUR
★ Land Steiermark (100 %)

Lizenzen
★ AT: EVU-Zulassung (PV+GV) seit 10.05.2005
★ AT: Sicherheitszertifikat, Teil A und B (PV+GV) seit 19.12.2010; gültig bis 19.12.2015

Unternehmensgeschichte
Die im Jahr 2000 gegründete Steiermarkbahn Transport und Logistik GmbH (STB) ist ein noch junges Eisenbahnverkehrsunternehmen. Die Leistungspalette bilden:
★ Ganzzüge (z. B. Karosserieteile, Getreide)
★ Personensonderzüge
★ Baustellenlogistik (österreichweit)
★ Betrieb von Werks- und Industriebahnen
★ Güterwagenvermietung (auch Vermarktung der STLB-Wagenflotte)
★ Fahrzeugüberstellungen
Die Steiermarkbahn kooperiert insbesondere mit dem Mutter-Unternehmen Steiermärkischen Landesbahnen (STLB). Güter- und Personenverkehr nach Deutschland, Ungarn und andere Nachbarländer werden mit Partnern in den jeweiligen Ländern abgewickelt.
Seit Ende Juni 2010 besitzt die Gesellschaft auch eine erste, eigene Lok. Über die Fahrzeuge der Muttergesellschaft verfügt man jedoch weiterhin. Im Mai 2012 erfolgte die Auslieferung einer Siemens-E-Lok an die Steiermarkbahn.

Verkehre
★ AZ-Verkehr

★ Anschlussbahnshuttle Gleisdorf – Terminal Graz Süd
★ Getreidetransporte Ungarn – Frankreich; Spotverkehr seit 2013 im Auftrag der Ecco Sped GmbH; Traktion in Österreich ab Hegyeshalom [HU] sowie Lokgestellung bis Kehl [DE]
★ Gleisbauschotterlieferungen im Raum Steiermark
★ Holzhackschnitzeltransporte Rădăuți [RO] – Hallein; 1 x pro Woche seit Januar 2012 Traktion in Österreich im Auftrag der Salzburger Eisenbahn TransportLogistik GmbH (SETG) unter Nutzung von SETG-E-Loks
★ Karosserieteiletransporte „Touareg-Express" Weiz – Bratislava [SK]; seit 07.01.2003 in Kooperation mit den STLB; Traktion bis Wiener-Neustadt
★ Pkw-Transporte (Mercedes) Messendorf (Magna Steyr) – Bremerhaven [DE]; Spotverkehre seit Juni 2011; Traktion bis Graz Vbf. im Auftrag der Wiener Lokalbahnen Cargo GmbH (WLC) bzw. seit Januar 2013 im Auftrag der LTE Logistik- und Transport-GmbH
★ Zellstofftransporte Hallein (Schweighofer Fiber GmbH) – Bremerhaven [DE]; Spotverkehre seit 2013; betriebliche Abwicklung in Österreich im Auftrag der Salzburger Eisenbahn TransportLogistik GmbH (SETG) unter Lok-, Waggon- und Personalgestellung durch SETG

Steiermärkische Landesbahnen (STLB) P G I

Eggenberger Straße 20
AT-8020 Graz
Telefon: +43 316 812581-0
Telefax: +43 316 812581-25
office@stlb.at
www.stlb.at

Betriebsleitung Werndorf
Am Terminal 2
AT-8402 Werndorf
Telefon: +43 3135 55943-0
Telefax: +43 3135 55943-519
terminal-graz@stlb.at

Management
★ Dr. Helmut Wittmann (Geschäftsführer)

Gesellschafter
Stammkapital 5.750.000,00 EUR
★ Land Steiermark (100 %)

STLB

Lizenzen
* AT: Sicherheitszertifikat, Teil A (PV+GV) seit 23.12.2010; gültig bis 23.12.2015
* AT: Sicherheitszertifikat, Teil B (GV; für Terminalbereich Graz Süd und ÖBB-Strecken Graz – Werndorf / Mogersdorf) seit 23.12.2010; gültig bis 23.12.2015
* AT: Sicherheitszertifikat, Teil B (PV+GV; für eigene Strecken und Übergabebahnhöfe zur ÖBB) seit 23.12.2010; gültig bis 23.12.2015
* AT: Streckenverkehrskonzessionen sowie Verkehrskonzession für Großraum Graz

Infrastruktur
* Unzmarkt – Murau – Tamsweg (65,7 km; Spurweite 760 mm)
* Gleisdorf – Weiz (14,8 km)
* Weiz – Oberfeistritz – Birkfeld (23,9 km; Spurweite 760 mm)
* Peggau-Deutschfeistritz – Übelbach (10,1 km; elektrifiziert 15 kV 16,7 Hz)
* Feldbach – Bad Gleichenberg (21,2 km; elektrifiziert 1.800 V=)
* Betriebsführung der Strecke Mixnitz – St. Erhard der Lokalbahn Mixnitz - St. Erhard AG (10,4 km; Spurweite 760 mm; elektrifiziert 800 V=)
* Güterterminal Graz Süd (17,3 km Gleislänge)

Unternehmensgeschichte
Die Steiermärkische Landesbahnen STLB wurden 1890 als Verwaltung mehrerer steirischer Regionalbahnen gegründet. Die heute von ihr betriebenen fünf eigenen Bahnstrecken sind über das gesamte Bundesland Steiermark verstreut und reichen mit der Murtalbahn (Landesbahn Unzmarkt – Murau – Tamsweg) auch ins Land Salzburg hinein. Diese Schmalspurbahn wurde am 09.10.1894 auf knapp 76 km zwischen Unzmarkt und Mauterndorf eröffnet. Während der 12 km lange Abschnitt Tamsweg – Mauterndorf 1981 eingestellt und zum 01.04.1982 an die Taurachbahn BetriebsgmbH verpachtet wurde, betreibt die StLB auf dem verbleibenden Abschnitt Personen- und Güterverkehr. Die zweite Schmalspurstrecke der STLB, die 1911 zwischen Weiz und Birkfeld eröffnete Feistritztalbahn, wird auf den ersten 11,5 km von Weiz bis Oberfeistritz für den Güterverkehr genutzt. Der Abschnitt Oberfeistritz – Birkfeld wurde zunächst an den „Club U 44, Freunde der Feistritztalbahn" vermietet, später an die Feistritztalbahn BetriebsgmbH. Diese führt auch Museumszüge zwischen Weiz und Birkfeld durch. In Weiz beginnt mit der am 28.07.1889 eröffneten Strecke nach Gleisdorf, die umfangreichen Personen- und Güterverkehr aufweist, auch eine der normalspurigen Verbindungen der STLB. Auf der am 03.09.1919 eröffneten, heute

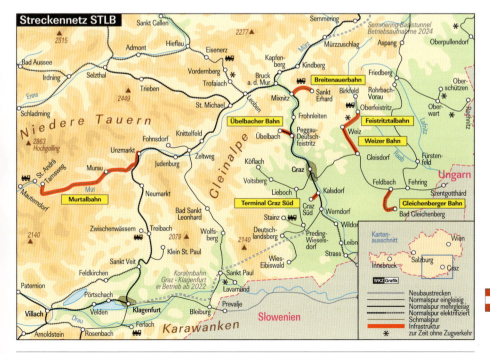

STLB / StH

elektrifizierten Strecke Peggau-Deutschfeistritz – Übelbach wird sowohl der gesamte Personen- als auch der Güterverkehr mit Triebwagen abgewickelt. Für den am 10.12.2007 aufgenommenen S-Bahnbetrieb auf der Relation Graz – Peggau-Deutschfeistritz – Übelbach wird bis zum Eintreffen der bereits bestellten Neufahrzeuge (siehe unten) übergangsweise ein 4023 der ÖBB angemietet. Während die am 20.06.1931 eröffnete Strecke Feldbach – Bad Gleichenberg im Personenverkehr durch einen Triebwagen bedient wird, kommt im nicht unbeträchtlichen Güterverkehr im Regelverkehr die E-Lok E 41 zum Einsatz.
Das Tätigkeitsfeld der STLB ist breit gefächert. Neben den Leistungen auf den eigenen Strecken führt man regionale wie überregionale Güterverkehre durch; insbesondere auch in Zusammenarbeit mit der Tochterfirma Steiermarkbahn Transport und Logistik GmbH (STB). Zum Güterverkehrssektor gehören zudem Güterumschlag und andere logistische Tätigkeiten, die z. B. im von der STLB betriebenen Güterterminal Graz-Süd/Werndorf den Schwerpunkt bilden.
Ergänzend zum Schienennetz verfügen die STLB über vier Busbetriebe, die mit 32 Omnibussen zwölf Linien von insgesamt 371 km Länge bedienen. Außerdem besitzt die StLB am Bahnhof in Murau ein eigenes Reisebüro.
Am 28.05.2009 haben die STLB den Auftrag für sechs Gelenktriebwagen (GTW) an Stadler Rail vergeben. Die Fahrzeuge, drei Diesel- und drei E-Triebwagen, wurde ab September 2010 ausgeliefert und im S-Bahn-Verkehr Großraum Graz eingesetzt.
Die STLB haben mit 01.07.2010 die Containerumschlag- und Eisenbahninfrastrukturanlagen des Güterterminals Graz Süd übernommen. Der bisherige Betreiber, die Cargo Center Graz BetriebsgmbH (CCG) wird sich in Hinkunft auf die Halleninfrastruktur und die Weiterentwicklung des Güterverkehrszentrums konzentrieren.

Verkehre
* Personen- und Güterverkehr auf eigener Infrastruktur sowie mehrere Zugpaare auf der ÖBB-Strecke Gleisdorf – Graz im Durchlauf Weiz – Graz
* Güterverkehrsleistungen außerhalb der eigenen Infrastruktur in Kooperation mit der Steiermarkbahn Transport und Logistik GmbH (STB)
* Gütertransporte Feldbach – Szentgotthárd [HU] und Fehring – Graz; seit Dezember 2007 Einsatz von STLB-Loks des Typs 2016 vor Zügen der Rail Cargo Austria AG (RCA)
* Gütertransporte Wiener Neustadt – Friedberg – Oberwart / Rohrbach; seit 02.04.2013 im Auftrag der Rail Cargo Austria AG (RCA)
* Rangierdienst im Güterterminal Graz Süd/ Werndorf

stern hafferl
VERKEHR >>>

Stern & Hafferl Verkehrsgesellschaft mbH (StH) P G I

Kuferzeile 32
AT-4810 Gmunden
Telefon: +43 7612 795-200
Telefax: +43 7612 795-202
service@stern-verkehr.at
www.stern-verkehr.at

Zentralwerkstätte
Bahnweg 7
4655 Vorchdorf
Telefon: +43 7614 6207-2641
werkstatt.vorchdorf@stern-verkehr.at

Werkstatt
Bahnhofstraße 45
4070 Eferding
Telefon: +43 7272 2232-0
werkstatt.eferding@stern-verkehr.at

Management
* Ing. Günter Neumann (Geschäftsführer)
* Mag. Doris Schreckeneder (Geschäftsführerin)

Gesellschafter
Stammkapital 2.000.000,00 ATS
* Stern & Hafferl Holding GmbH (99,72 %)
* Stern & Hafferl Verwaltungs-GmbH (0,28 %)

Beteiligungen
* Lokalbahn Gmunden-Vorchdorf AG (GV) (100 %)
* Wintereder Touristik GmbH (100 %)
* Lokalbahn Vöcklamarkt – Attersee AG (VA) (75,9 %)
* Linzer Lokalbahn AG (LILO) (35,3 %)
* Lokalbahn Lambach - Vorchdorf - Eggenberg AG (LV) (2,7 %)
* Kuoni Travelpartner Gesellschaft m.b.H.

Lizenzen
* AT: EVU-Zulassung (PV+GV) seit 10.05.2005
* AT: Eisenbahninfrastrukturkonzession
* AT: Sicherheitszertifikat, Teil A und B (PV+GV) seit 16.12.2010; gültig bis 16.12.2015

Infrastruktur
* Betriebsführung der Strecke Vorchdorf-Eggenberg – Gmunden (14,6 km, Spurweite 1.000 mm, elektrifiziert 750 V=) der Lokalbahn Gmunden-Vorchdorf AG

StH

* Betriebsführung der Strecke Vöcklamarkt – Attersee der Lokalbahn Vöcklamarkt – Attersee AG (13,4 km, Spurweite 1.000 mm, elektrifiziert 750 V=)
* Betriebsführung der Strecken Linz – Eferding – Waizenkirchen (42,3 km, elektrifiziert 750 V=), Neumarkt-Kallham – Niederspaiching – Waizenkirchen (12,6 km, elektrifiziert 750 V=) und Niederspaiching – Peuerbach (3,6 km, elektrifiziert 750 V=) der Linzer Lokalbahn AG (LILO)
* Betriebsführung der Strecke Lambach – Vorchdorf-Eggenberg der Lokalbahn Lambach – Vorchdorf-Eggenberg AG (14,7 km, elektrifiziert 750 V=)
* Betriebsführung der Straßenbahn Gmunden der GEG Elektrobau GmbH (2,3 km, Spurweite 1.000 mm, elektrifiziert 600 V=)

Unternehmensgeschichte

Die Stern & Hafferl Verkehrsgesellschaft mbH mit Sitz Gmunden wurde 1883 als Bahnbau- und -betriebsunternehmen gegründet. Heute führt das Unternehmen den Betrieb auf fünf Bahnstrecken sowie einen Straßenbahnbetrieb. Darüber hinaus ist Stern & Hafferl als Omnibusunternehmen und Betreiber der Attersee-Schifffahrt tätig. Auf der Schiene werden jährlich etwa 2,7 Mio. Fahrgäste und rund 130.000 t Güter durch das Unternehmen befördert.

Von der Lokalbahn Vöcklamarkt – Attersee AG, der Linzer Lokalbahn AG (LILO) und der Lokalbahn Lambach – Vorchdorf-Eggenberg AG sowie der GEG Elektrobau GmbH als Eigentümer der Straßenbahn Gmunden ist Stern & Hafferl jeweils mit der Betriebsabwicklung auf deren Infrastruktur beauftragt. Vollständig im Besitz von Stern & Hafferl ist dabei die Lokalbahn Gmunden-Vorchdorf AG als Eigentümer der 14,6 km langen, meterspurigen Traunseebahn zwischen Vorchdorf-Eggenberg und Engelhof / Gmunden, auf der Personenverkehr angeboten wird. In mehreren Bauphasen wird diese zur Zeit mit der Gmundener Straßenbahn unter der Marke „Stadt.Regio.Tram" verknüpft. Nachfolgend ist die durchgehende Bedienung Vorchdorf-Eggenberg – Gmunden Hbf angedacht. Die Streckenhöchstgeschwindigkeit soll abschnittsweise auf 60 km/h erhöht werden, um künftig Stundentakt anbieten zu können. Der Streckenabschnitt zum alten Seebahnhof ist bereits abgebaut, der alte Seebahnhof abgebrochen und ein neuer Seebahnhof sowie die neue Haltestelle Klosterplatz in Richtung der zukünftigen Verlägerung in Betrieb genommen. Die eigentliche Verbindungsstrecke zur Straßenbahn kann erst erfolgen, wenn die Traunbrücke erneuert oder ertüchtigt ist und die Gleise der GV aufnehmen kann. Der neue Seebahnhof wurde am 04.07.2014 eingeweiht. Seit Dezember 2007 nimmt StH den Güterverkehr

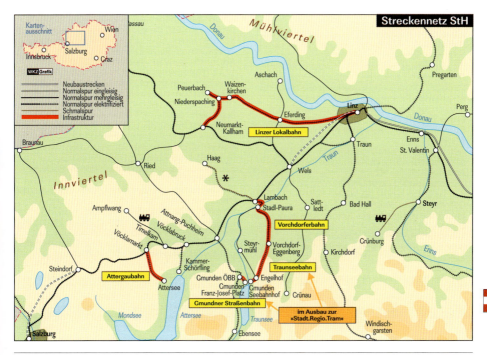

Europäische Bahnen '15/'16   801

StH / SRB

auf der Strecke Wels – Aschach im Auftrag der Rail Cargo Austria AG (RCA) wahr. Im Oktober 2009 übernahm man die Frachtenbeförderung auf der Relation Linz – Wels – Steyrermühl.
Die unten folgende Fahrzeugliste umfasst die auf den beiden von Vorchdorf-Eggenberg ausgehenden Strecken sowie auf der „Haager Lies" eingesetzten Tfz, während die Fahrzeuge der Lokalbahn Vöcklamarkt – Attersee AG und der Linzer Lokalbahn AG (LILO) separat in deren Portraits gelistet sind. Seit 1943 besitzt Stern & Hafferl ein eigenes Schema für die Nummerierung der Fahrzeuge. Es wird bei allen Fahrzeugen, außer jenen der Gmundner Straßenbahn, angewendet. Das Stern & Hafferl-Nummerierungsschema besteht aus einer fünfstelligen Ziffernkombination (XX.XXX). Dabei geben die erste und die zweite Stelle den Eigentümer an:
20 = Stern & Hafferl (StH)
22 = Linzer Lokalbahn (LILO)
23 = Lokalbahn Gmunden-Vorchdorf (GV)
24 = Lokalbahn Lambach–Haag am Hausruck (LH)
25 = Lokalbahn Lambach-Vorchdorf-Eggenberg (LV)
26 = Lokalbahn Vöcklamarkt–Attersee (VA)
Stern & Hafferl mietet bis 2015 zudem drei Straßenbahnen vom Typ Flexity Outlook der Firma Bombardier von den Innsbrucker Verkehrsbetrieben (IVB) an. Nach Ablauf des Mietvertrages will Stern & Hafferl eigene Neubaufahrzeuge einsetzen.

Verkehre
★ Personen- und Güterverkehr auf eigener Infrastruktur und den Bahnen, auf denen Stern & Hafferl die Betriebsführung ausübt. Zusätzlich verkehren Stern & Hafferl-Züge im Wechselverkehr auf den ÖBB-Streckenabschnitten Neukirchen b. Lambach – Lambach (– Wels) und Lambach – Stadl-Paura sowie im Bereich Linz Hbf
★ Anschlussbedienungen im Raum Lambach; seit 2008 im Auftrag der Rail Cargo Austria AG (RCA)
★ Bedienung Attnang-Puchheim – Bad Aussee; seit Dezember 2012 im Auftrag der Rail Cargo Austria AG (RCA)
★ Gütertransporte Attnang-Puchheim – Bad Isch; seit Dezember 2012 im Auftrag der Rail Cargo Austria AG (RCA)
★ Gütertransporte Linz Vbf. – Wels Vbf.; im Auftrag der Rail Cargo Austria AG (RCA)
★ Gütertransporte Wels – Aschach a.d. Donau; 10 x pro Woche seit Dezember 2007 im Auftrag der Rail Cargo Austria AG (RCA)
★ Kalktransporte Ebensee – Gmunden; seit Dezember 2012 im Auftrag der Rail Cargo Austria AG (RCA)
★ Schottertransporte Linz – Wels – Steyrermühl; seit Oktober 2009 im Auftrag der Rail Cargo Austria AG (RCA)

Südburgenländische Regionalbahn GmbH (SRB)

Bahnstraße 1
AT-7503 Großpetersdorf
Telefon: +43 3362 2591-25
Telefax: +43 3362 2591-13
adolf.schuch@schuch-reisen.at
www.maerchenbahn.at

Management
★ Adolf Schuch (Geschäftsführer)

Gesellschafter
Stammkapital 581.391,00 EUR
★ Autoreisen Schuch GmbH (95 %)
★ Adolf Schuch (2,5 %)
★ Herta Schuch (2,5 %)

Lizenzen
★ AT: Infrastruktur-/Betriebskonzession

Infrastruktur
★ Oberwart – Rechnitz (22,4 km)

Unternehmensgeschichte
Die Südburgenländische Regionalbahn GmbH (SRB) ist ein Tochterbetrieb der Firma „Autoreisen Schuch GmbH" aus Großpetersdorf im Burgenland. Sie betreibt seit 1989 die von den Österreichischen Bundesbahnen (ÖBB) stillgelegten Strecken von Oberwart nach Rechnitz und Oberschützen. Der Abschnitt Oberwart – Rechnitz ist Teil der am 17.12.1888 eröffneten Strecke Steinamanger (heute Szombathely in Ungarn) – Altpinkafeld. Die Stichbahn vom Unterwegsbahnhof Oberwart nach Oberschützen ist seit dem 25.03.1903 in Betrieb. Das Burgenland wurde 1921 Österreich zugesprochen und mit Eröffnung der Verbindung Altpinkafeld – Friedberg am 15.11.1925 der Anschluss an das österreichische Bahnnetz vollzogen. Dafür wurde am 01.11.1953 mit Schließung des Eisenbahngrenzübergangs nach Ungarn Rechnitz zum Endbahnhof.
Die ÖBB stellten den Betrieb zwischen Oberwart und Oberschützen am 01.07.1987 ein. Nach der Übernahme durch die SRB im Sommer 1997 stillgelegt, wurde die Strecke seit August 2003 vom Verein FroWOS (Freunde der Bahnlinie Oberwart – Oberschützen) schrittweise reaktiviert und es fanden gelegentliche Nostalgiefahrten statt. Der Streckenabschnitt Oberwart -Oberschützen sollte an das Land Burgenland verkauft werden, das kam bisher jedoch nicht zustande. Die Nostalgiefahrten finden seit 2011 nicht mehr statt, die Strecke ist nicht mehr befahrbar.
Seit 1989 gab es SPNV der ÖBB auch nur noch zwischen Friedberg und Oberwart, der wieder bis Großpetersdorf ausgedehnt werden sollte, dann

SRB / Traisen-Gölsental Regionalentwicklung / TX Österreich

jedoch per 01.08.2011 eingestellt wurde. Die SRB selbst fuhr anfangs an den Wochenenden von Mai bis September auf dem Abschnitt Großpetersdorf – Rechnitz als Touristenattraktion einen mit 93.1422 bespannten Dampfzug aus historischen Pressburgerbahnwagen durch einen „lebenden Märchenwald". Wegen Fristablauf der Dampflokomotive kam seit der Saison 2008 eine der beiden ungarischen Diesellok der Baureihe M31 zum Einsatz, außerdem gab es nur einen eingeschränkten Fahrplan an Sonn- und Feiertagen von Ende Juli bis Ende August. Dazu kamen noch gelegentliche Güterzüge, vor allem während der Rübenernte. Im Herbst 2011 wurde der gesamte Betrieb wegen schlechtem Erhaltungszustand der Infrastruktur vorläufig eingestellt und ruht seither.

Traisen-Gölsental Regionalentwicklungs GmbH ▮

Dörflstraße 4
AT-3180 Lilienfeld
Telefon: +43 2762 52212-24
Telefax: +43 2762 52212-16
info@traisen-goelsental.at
www.traisen-goelsental.at

Management
★ Mag. (FH) Roland Beck (Geschäftsführer)

Gesellschafter
★ Verein Region Traisen-Gölsental (100 %)

Infrastruktur
★ Freiland – St. Aegyd (17 km); Übernahme von ÖBB zum 01.04.2012

Unternehmensgeschichte
Die von der Kleinregion Traisen-Gölsental gegründete Traisen-Gölsental Regionalentwicklungs GmbH hat zum 01.04.2012 die von der Stilllegung bedrohte Bahnstrecke Freiland – St. Aegyd von den ÖBB übernommen. Damit wird die Verlagerung des schienengebundenen Güterverkehrs auf die Straße verhindert. Es werden ca. 4.000 Lkw-Fahrten und 1.000 t CO_2 jährlich vermieden. In den nachfolgenden Jahren sollen 4,6 Mio. EUR in die Erhaltung der Infrastruktur investiert werden, damit die diese weiterhin für den Güterverkehr der vorgehalten werden kann. Die Bahninfrastruktur wird als Anschlussbahn betrieben, die Güterzüge werden zurzeit von der Rail Cargo Austria AG (RCA) traktioniert.
Die Kleinregion Traisen-Gölsental (Verein Region Traisen-Gölsental) wurde 2003 gegründet und besteht aus den Gemeinden Annaberg, Eschenau, Hohenberg, Lilienfeld, Mitterbach am Erlaufsee,
Ramsau, Rohrbach an der Gölsen, St. Aegyd am Neuwalde, Türnitz und Wilhelmsburg.

TX Logistik Austria GmbH ▣

Am Concorde Park E2/13
AT-2320 Schwechat
Telefon: +43 1 7072325
Telefax: +43 1 7072397
www.txlogistik.at

Management
★ Gero Sieberger (Geschäftsführer)

Gesellschafter
Stammkapital 35.000,00 EUR
★ TX Logistik AG (100 %)

Lizenzen
★ AT: EVU-Zulassung (GV) seit 20.07.2005
★ AT: Sicherheitszertifikat, Teil A und B (GV) seit 27.12.2010; gültig bis 27.12.2015

Unternehmensgeschichte
Die TX Logistik AG aus dem deutschen Bad Honnef gründete im Jahr 2003 mit der TX Logistik Austria GmbH eine 100 %-Tochtergesellschaft in Österreich. Mit der Zulassung als EVU zum 20.07.2005 übernahm TX Logistik Austria die Betreuung von Güterverkehrsleistungen der TX Logistik AG auf Streckenabschnitten in Österreich, primär der Brennerroute zwischen Kufstein und dem Brenner. Hierzu zählt neben der betrieblichen Verantwortung als EVU auch die Gestellung von Personal. TX Logistik Austria fungierte außerm u.a. bis Ende 2012 als österreichisches EVU für am 15.05.2006 von der boxXpress.de GmbH, Hamburg, aufgenommenen Leistungen zwischen Hamburg und Budapest.
Im Besitz der TX Logistik Austria befinden sich fünf Loks der Baureihe 185, die der Übersichtlichkeit halber bei der Muttergesellschaft gelistet sind. Die TX Logistik Austria besitzt selbst keine eigenen Wagen, der Wagenpool wird innerhalb der TX Logistik AG verwaltet und zur Verfügung gestellt. Im April 2014 waren neun Mitarbeiter bei der TX Logistik Austria angestellt. Ca. 30 Triebfahrzeugführer der Muttergesellschaft sowie 20 von Dienstleistern waren in Österreich für das

TX Österreich / WE / WESTbahn

Unternehmen tätig.

Verkehre
* Transitgüterverkehr Deutschland – Italien in Kooperation mit der TX Logistik AG
* KV-Transporte Deutschland – Wien (siehe TX Logistik AG)
* Mülltransporte Marcianise [IT] – Müllverbrennungsanlage Zwentendorf/Dürnrohr; 2-3 x pro Woche seit 29.08.2013 Traktion ab Brenner (Übernahme von Trenitalia)

WESTbahn Management GmbH
P

Europaplatz 3/Stiege5/Stock 6
AT-1150 Wien
Telefon: +43 1 899-00
meinenachricht@westbahn.at
www.westbahn.at

Werkstatt
Wahringerstraße 32
AT-4030 Linz
westbox@westbahn.at
www.westbox.at

Walser Eisenbahn GmbH (WE)

Hubertusweg 1
AT-6773 Vandans
dh@htl-bregenz.ac.at

Management
* Dipl.-Ing. Ulli Dietrich (Geschäftsführer)

Gesellschafter
* Ulli Dietrich (100 %)

Lizenzen
* AT: Verkehrsgenehmigung (PV+GV); gültig seit 17.03.2015

Unternehmensgeschichte
Im Jahr 2000 gründete die Prignitzer Eisenbahn-Gesellschaft mbH (PEG) aus Deutschland mit der Walser Eisenbahn GmbH eine 100 %-Tochtergesellschaft in Österreich. Zu Geschäftsaktivitäten kam es jedoch bisher nicht. Der Sitz der Gesellschaft war zunächst Mittelberg im Kleinwalsertal und wurde inzwischen nach Vandans im Montafon verlegt.
Mit der Gründung der PE Holding AG (PEHAG) am 12.08.2002 gingen die Gesellschaftsanteile der Walser Eisenbahn von der PEG auf die PEHAG über. Zwischenzeitlich wurde die PEHAG nach dem Erwerb durch die Arriva-Gruppe in P.E. Arriva AG und nach dem Verkauf der Arriva Deutschland in NETINERA Region Ost AG bzw. GmbH umfirmiert. Seit Oktober 2011 ist Ulli Dietrich Gesellschafter des Unternehmens.
Die Walser Eisenbahn verfügte in Österreich seit 2002 über eine Konzession als EVU für Personen- und Güterverkehr, die jedoch mangels Nutzung verfiel. Eine erneute Verkehrsgenehmigung wurde erst 2015 erteilt.

Management
* Dr. Erich Forster (Geschäftsführer)

Gesellschafter
Stammkapital 100.000,00 EUR
* RAIL Holding AG (100 %)

Lizenzen
* AT: Sicherheitsbescheinigung, Teil A+B (PV); gültig vom 07.04.2011 bis 07.04.2017
* AT: Verkehrsgenehmigung (PV) seit 29.05.2009

Unternehmensgeschichte
Die am 13.11.2008 gegründete WESTbahn Management GmbH ist das erste operative Tochterunternehmen der RAIL Holding AG. Die Begründer waren Geschäftsführer Stefan Wehinger, ehemaliger ÖBB Personenverkehr-Vorstandsdirektor, und Hans Peter Haselsteiner, Bauindustrieller und Strabag-Vorstand. Hinter der RAIL Holding verbargen sich bei Gründung die Anteilseigner Haselsteiner Familien-Privatstiftung (35 %), Wehinger Beteiligungs- und Beratungs GmbH (35 %) und die Oldro AG (30 %). Statt der Oldro nennen andere Quellen die Augusta Holding AG, Zug [CH] als dritten Gesellschafter bei Unternehmensgründung. Vermutungen besagen, dass es sich dabei um den Firmensanierer Erhard Grossnig handelt, der ein guter Bekannter Haselsteiners ist und auch im Aufsichtsrat der Rail Holding sitzt.
Im Dezember 2010 wurde bekannt, dass die französischen Staatsbahnen SNCF in Kürze über eine Tochtergesellschaft mit 25 Prozent bei der Rail

WESTbahn

Holding einsteigen wollen. Das closing erfolgte am 22.08.2011:
* Haselsteiner Familien-Privatstiftung: 26 %
* Stefan Wehinger Beteiligungs- und Beratungs GmbH: 26 %
* SNCF Voyages Développement SAS: 26 %
* Augusta Holding AG: 22 %.

Mitgründer und Geschäftsführer Wehinger verließ das Unternehmen im Juni 2012, seine Anteile sind auf die verbleibenden Gesellschafter übergegangen mit folgender Verteilung:
* Haselsteiner Familien-Privatstiftung: 35 %
* SNCF Voyages Développement SAS: 35 %
* Augusta Holding AG: 30 %

Im Rahmen einer Kapitalerhöhung von 20 Mio. EUR erhöhte Haselsteiner Ende April 2013 seinen Anteil von 35 auf 46,9 % bei Verringerung der Anteile der SNCF (35 auf 28 %) bzw. der Augusta Holding (30 auf 25,1 %).

WESTbahn hat als privates Eisenbahnunternehmen im Zuge der Bahn-Liberalisierung im Dezember 2011 einen Intercity-Verkehr auf Österreichs Westbahn-Strecke zwischen Wien und Salzburg aufgenommen. Für die Verkehre wurden sieben Doppelstocktriebzügen der Firma Stadler Rail im Wert von 110 Mio. EUR bestellt, die in Österreich, Deutschland und der Schweiz zugelassen sind. Als EVU ist auf deutscher Seite die SNCF Voyages Deutschland GmbH (ex eurobahn Verkehrsgesellschaft mbH (EVG)) in die Verkehre involviert.

Nach einem operativen Verlust in 2012 plante das Unternehmen für 2013 erstmals „schwarze Zahlen". An Werktagen werden täglich rund 7500 Fahrgäste befördert (Stand: August 2012). Nach eigenen Angaben verzeichnet das Unternehmen ein halbes Jahr nach dem Betriebsstart bis zu 12.000 Fahrgäste pro Tag und hatte 170 Mitarbeiter.

Nach Problemen mit dem Salzburger Verkehrsverbund (SVV) in Sachen Einnahmenaufteilung hat die WESTbahn entschieden, ab 02.09.2013 nur noch zwischen Wien und Salzburg zu verkehren und somit nicht mehr Taxham und Freilassing anzufahren.

Im Zuge des Fahrplanwechsels am 15.12.2013 reagierte die WESTbahn auf zahlreiche Kundenwünsche und erweitert das Angebot: Die letzten Taktlücken im Fahrplan wurden geschlossen und das Angebot von rund 3,15 Mio. Zugkm im Fahrplan 2013 um mehr als 6 % auf rund 3,35 Mio. Zugkm im Fahrplan 2014 ausgeweitet.

Die Logistik Service GmbH (LogServ) stellt für die WESTbahn das Werkstättenpersonal für die Instandhaltung und übernimmt die Betreiberrolle für die von der WESTbahn 2010 / 2011 neu errichtete Werkstatthalle.

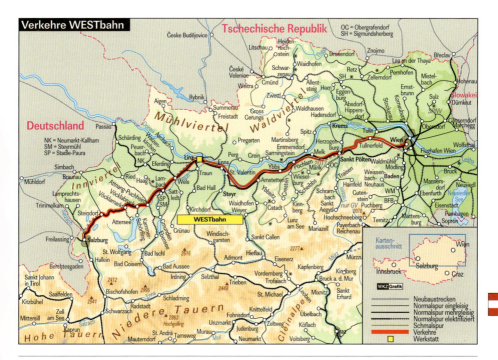

WESTbahn / WLB

Verkehre
* Personenverkehr Wien – Salzburg

Aktiengesellschaft der Wiener Lokalbahnen (WLB) 🅿️ℹ️

Eichenstraße 1
AT-1120 Wien
Telefon: +43 1 90 444-0
office@wlb.at
www.wlb.at

Management
* Dipl.-Ing. Thomas Duschek (Technischer Vorstand, Vorstandssprecher)
* Mag. Franz Stöger (Kaufmännischer Vorstand)

Gesellschafter
Stammkapital 1.000.000,00 EUR
* WIENER STADTWERKE Holding AG (99,94 %)
* WIENER STADTWERKE Vermögensverwaltung GmbH (0,06 %)

Beteiligungen
* Wiener Lokalbahnen Cargo GmbH (WLC) (100 %)
* Wiener Lokalbahnen Verkehrsdienste GmbH (100 %)

Lizenzen
* AT: EVU-Zulassung (PV+GV) seit 20.05.2005
* AT: Eisenbahninfrastrukturkonzession
* AT: Sicherheitszertifikat, Teil A und B (GV) seit 16.12.2010; gültig bis 16.12.2015

Infrastruktur
* Wien Oper – Baden Josefsplatz
* Wien Oper – Wien Schedifkaplatz (Mitbenutzung der Infrastruktur der Wiener Linien; 4,73 km; elektrifiziert 750V=)
* Wien Schedifkaplatz – Baden Josefsplatz (25,53 km; elektrifiziert 850 V=)
* Inzersdorf Abzw. Posten 2 – Wien Matzleinsdorf (ÖBB) (0,5 km)
* Traiskirchen Abzw. Posten 11 – Traiskirchen Aspangbahn (ÖBB) (1,9 km)

Unternehmensgeschichte
Die Aktiengesellschaft der Wiener Lokalbahnen (WLB) als Anbieter von Personennahverkehr im Raum Wien wurde 1888 als „Actiengesellschaft der Wiener Localbahnen" gegründet und übernahm von der Neuen Wiener Tramway-Gesellschaft (NWT) Konzession und Betrieb der am 29.09.1886 eröffneten „Localbahn Wien – Wiener Neudorf". Am 30.03.1897 übernahm die WLB ferner den Straßenbahnbetrieb der Stadt Baden (Niederösterreich). Bis 1899 wurden die beiden Bahnen verknüpft, womit die heutige Stammstrecke der WLB entstanden war. Die Streckenabschnitte nach Rauhenstein und Bad Vöslau wurden schrittweise bis 1951 aufgegeben.
Die Badner Bahn fährt heute mit insgesamt 38 Triebwägen als einzige zweigleisige, vollständig elektrifizierte Privatbahn sowohl auf Eisenbahn- als auch auf Straßenbahninfrastruktur. Die Strecke Wien – Baden stellt eine wichtige bundesländerübergreifende Nahverkehrsverbindung dar und wird werktäglich von rund 33.000 Fahrgästen, vor allem Pendlern genutzt.
Im September 1999 wurde die WLB erstmals als Eisenbahnverkehrsunternehmen (EVU) für alle Eisenbahnstrecken Österreichs zugelassen, so dass zusammen mit einer 2001 erteilten Sicherheitsbescheinigung die Voraussetzungen für die Durchführung von Güterverkehren auf dem ÖBB-Netz erfüllt waren. Am 05.09.2007 wurde der Güterverkehrsbereich der WLB rückwirkend zum 31.12.2006 in die neu gegründete Wiener Lokalbahnen Cargo GmbH (WLB Cargo) ausgegliedert.
Neben dem Bahnbetrieb ist die WLB auch als Betreiber von Buslinienverkehr im Großraum Baden tätig. Ein weiteres Geschäftsfeld bildet die Beförderung von mobilitätseingeschränkten Menschen an ihre Ausbildungs- und Arbeitsplätze, diese Tätigkeit wird vom Tochterunternehmen, der Wiener Lokalbahnen Verkehrsdienste GmbH durchgeführt .
Seit 2010 tritt die WLB auch als EVU für Charter- und Nostalgiezüge im ÖBB-Netz auf, die in Zusammenarbeit mit verschiedenen Veranstaltern durchgeführt werden.
Die WLB erwägte auch den Einstieg in den Fernverkehr und hatte für das Fahrplanjahr 2010 eine Trassenbestellung für einen Dreistundentakt Wien – Salzburg abgegeben. Starten sollte der neue Verkehr im März 2010, später wurde die Betriebsaufnahme auf Dezember 2010 verschoben und dann das Projekt gänzlich zu den Akten gelegt.

Verkehre
* Personenverkehr Wien – Baden
* Nostalgie- und Charterfahrten für verschiedene Museumsbahnvereine mit deren Fahrzeugen im ÖBB-Netz

WLC

Wiener Lokalbahnen Cargo GmbH (WLC) G

Freudenauer Hafenstraße 8-10
AT-1020 Wien
Telefon: +43 1 90444-53401
Telefax: +43 1 90444-53499
office@wlb.at
www.wlb-cargo.at

Niederlassung Deutschland
Berliner Damm 156
DE-15831 Mahlow
Telefon: +49 3379 3229740
Telefax: +49 3379 3229742
wlc.nl_d@wlb.at

Management
* Mag. Christian Hann (Geschäftsführer)
* Gerald Retscher (Geschäftsführer)

Gesellschafter
Stammkapital 35.000,00 EUR
* Aktiengesellschaft der Wiener Lokalbahnen (WLB) (100 %)

Lizenzen
* AT: EVU-Zulassung (GV); gültig seit 11.02.2008
* AT: Sicherheitsbescheinigung, Teile A+B (GV); gültig vom 07.02.2011 bis 07.02.2016
* DE: Sicherheitsbescheinigung, Teil B (GV); gültig vom 21.07.2011 bis 07.02.2016
* HU: Sicherheitsbescheinigung, Teil B (GV); gültig vom 16.11.2010 bis 15.11.2015

Unternehmensgeschichte
Die Güterverkehrsaktivitäten der Aktiengesellschaft der Wiener Lokalbahnen (WLB) wurden ab 1999 über die eigene Infrastruktur hinaus ausgedehnt und schrittweise ausgebaut. Um die organisatorische Trennung zwischen Personenverkehr und Netz einerseits sowie Güterverkehr andererseits auch rechtlich zu vollziehen, wurde per Gesellschaftervertrag vom 29.03.2007 und Firmenbuch-Eintragung zum 21.04.2007 die Wiener Lokalbahnen Cargo GmbH (WLC) als Tochter der WLB gegründet.
Der Schwerpunkt der durch WLC erbrachten Güterverkehre liegt auf internationalen Transporten des KV. Die Kennzahlen des Unternehmens der letzten Jahre:
* 2006: 2 Mio. t Fracht
* 2007: 2,65 Mio. t Fracht; 32,2 Mio. EUR Umsatz
* 2008: 2,87 Mio. t Fracht; 39,7 Mio. EUR Umsatz, 55 Mitarbeiter
* 2009: 2,21 Mio. t Fracht; 34,46 Mio. EUR Umsatz; 59 Mitarbeiter
* 2010: 3 Mio. t Fracht; 48 Mio. EUR Umsatz
* 2011: 3,4 Mio. t Fracht; 50 Mio. EUR Umsatz
* 2012: 2,9 Mio. t Fracht; 56 Mio. EUR Umsatz
* 2013: 3,2 Mio. t Fracht; 58 Mio. EUR Umsatz

Die Instandhaltung der WLC-Fahrzeuge erfolgt in der eigenen Werkstatt (Dieselloks, Waggons) sowie bei der Logistik Service GmbH (LogServ) in Linz sowie weiteren Partnern in Österreich und Deutschland (E-Loks).
Die Niederlassung der Wiener Lokalbahnen Cargo in Berlin ist seit Mitte Juli 2013 in Betrieb.

Verkehre
* Gütertransporte auf der Infrastruktur der Aktiengesellschaft der Wiener Lokalbahnen (WLB)
* KV-Transporte (Holzhackschnitzel in InnoFreight-Behältern) Weißrussland – Italien; 1 x pro Woche Traktion von Břeclav (Übernahme von PKP Cargo SA) bis Tarvisio (Übergabe an Trenitalia) [IT]
* KV-Transporte Duisburg-Rheinhausen (DIT) [DE] – Budapest-Bilk [HU]; 4 x pro Woche seit 14.12.2008 im Auftrag der Hupac Intermodal SA; Partner in Ungarn ist die GYSEV CARGO Zrt.; durchgehende Traktion mit WLC-E-Loks
* KV-Transporte Duisburg-Rheinhausen (DIT) [DE] – Enns (CTE, EHG Ennshafen GmbH) – Wien-Freudenau (WienCont Containerterminal GesmbH); 4 x pro Woche seit 14.12.2008 im Auftrag der Hupac Intermodal SA; Partner in Deutschland ist seit Dezember 2010 die ERS Railways B.V.; durchgehende Traktion mit WLC-E-Loks; seit KW 47/2011 7 x pro Woche
* KV-Transporte Duisburg-Rheinhausen [DE] – Buna [DE] – Schwarzheide [DE]; 1 x pro Woche seit 16.09.2010 im Auftrag der im Auftrag der HUPAC; 5 x pro Woche seit 12.12.2011
* KV-Transporte Dunajská Streda [SK] – Koper [SI]; 2-3 x pro Woche seit 27.06.2010 im Auftrag der METRANS (Danubia) a.s.; Traktion von Bratislava-Petrzalka (Übernahme von Metrans Rail, s.r.o.) und Spielfeld-Straß (Übergabe an Slovenske železnice d.o.o. / SŽ – Tovorni promet, d.o.o.); 7 x pro Woche seit 2011
* KV-Transporte Enns (CTE, EHG Ennshafen GmbH) – Kalsdorf (CCG Cargo-Center-Graz Betriebsgesmbh & Co. KG); 2 x pro Woche seit 26.03.2009
* KV-Transporte Enns (CTE, EHG Ennshafen GmbH) – Wien; 2 x pro Woche
* KV-Transporte Enns (CTE, EHG Ennshafen GmbH) – Wolfurt; sporadisch
* KV-Transporte Rostock Seehafen [DE] – Wien-Freudenau (WienCont); 2 x pro Woche seit 12.05.2013 Traktion in Österreich im Auftrag der ERS Railways B.V.

WLC / ZVB

- KV-Transporte Wien-Freudenau (WienCont Containerterminal GesmbH) – Guntramsdorf-Kaiserau; 1 x pro Woche
- KV-Transporte „Austrian Container Express" (ACE) Bremerhaven (Nordhafen) [DE] – Enns (CTE, EHG Ennshafen GmbH) / Wien Freudenau Hafen / Graz; 4 x pro Woche im Auftrag der Roland Spedition GmbH; Partnerunternehmen in Deutschland ist seit 01.05.2011 die ERS Railways B.V.; durchgehende Traktion mit WLC-E-Loks
- KV-Transporte „Austrian Container Express" (ACE) Hamburg (Süd / Waltershof) [DE] – Enns (CTE, EHG Ennshafen GmbH) / Wien Freudenau Hafen / Graz; 5 x pro Woche im Auftrag der Roland Spedition GmbH; Partnerunternehmen in Deutschland ist seit 01.05.2011 die ERS Railways B.V.; durchgehende Traktion mit WLC-E-Loks

Zillertaler Verkehrsbetriebe AG (ZVB) P I

Austraße 1
AT-6200 Jenbach
Telefon: +43 5244 606-0
Telefax: +43 5244 606-39
office@zillertalbahn.at
www.zillertalbahn.at

Management
- Ing. Wolfgang Holub (Vorstandsdirektor (bis Anfang 2015))
- Wolfgang Stöhr (Vorstandsdirektor (ab Anfang 2015))

Gesellschafter
Stammkapital 83.400,00 EUR
- Marktgemeinde Jenbach und Anliegergemeinden im Zillertal (61 %)
- Streubesitz (34,354 %)
- Republik Österreich, vertreten durch das Bundesministerium für Verkehr, Innovation und Technologie (4,856 %)

Lizenzen
- AT: Betriebskonzession seit 30.01.1992

Infrastruktur
- Jenbach – Mayrhofen (31,7 km, Spurweite 760 mm)

Unternehmensgeschichte
Die Zillertalbahn von Jenbach nach Mayrhofen gilt als eine der bekanntesten Schmalspurbahnen Österreichs. Mit ihrer Fertigstellung am 31.07.1902 wurde der Talbevölkerung die schon lange vor der Jahrhundertwende angestrebte Verkehrs- und Anschlussverbindung zur Hauptbahn im Inntal ermöglicht. Als Bau- und Betreibergesellschaft war auf Basis der am 02.12.1895 erteilten Konzession am 26.12.1899 die „Zillerthalbahn Actiengesellschaft" gegründet worden. Die Bezeichnung wurde 1956 im Zusammenhang mit der 1935 erfolgten Aufnahme des Omnibus-Linienverkehrs auf den Namen „Zillertaler Verkehrsbetriebe AG" geändert. Eine zeitweise projektierte Stilllegung der Strecke zugunsten eines Straßenprojektes konnte 1965 abgewendet werden, weil die Bahn umfangreiche Materialtransporte für den Bau eines Kraftwerkes übernahm. Dazu wurde als Streckenverlängerung ein 2,5 km langes Anschlussgleis zum Kraftwerk errichtet (inzwischen wieder abgebaut). Neben Neubeschaffung von Rollmaterial für die Zementtransporte (zwei Dieselloks sowie Rollwagen für die zu transportierenden Güterwagen) wurde 1965 der Zugfunk eingeführt. Die Zillertalbahn war damit die erste Bahn Österreichs mit Zugfunk in der Betriebsabwicklung. Seit 2005 werden die Weichen der Zillertalbahn über ein Glasfaserkabel von der Betriebszentrale in Jenbach aus ferngesteuert. Das Glasfaserkabel dient auch dem internen Telefonverkehr, der Datenübertragung und soll für Datenübermittlungen eines elektronischen Fahrgastinformationssystems eingesetzt werden. 1976 endete jedoch in Tux der Magnesit-Abbau, dessen Gütertransport seit 1928 für die Bahn eine wichtige wirtschaftliche Grundlage darstellte. Im Güterverkehr beförderte die ZVB AG lange Zeit zwischen 300.000 und 400.000 t Holz pro Jahr zu Sägewerken in Schlitters und Fügen. Das Werk in Schlitters wurde jedoch 2010 aus wirtschaftlichen Gründen geschlossen. Der größere Betrieb in Fügen, Teil der Binderholz-Firmengruppe, verlagerte seine Transporte im März 2013 auf dem Abschnitt von Jenbach nach Fügen auf Lkw. Der Umschlag zwischen Normal- und Schmalspur sowie der Transport durch die ZVB AG sei wesentlich teurer als der Straßentransport. Der Güterverkehr auf der Zillertalbahn beschränkt sich damit seither weitgehend auf interne Transporte der ZVB. Im Personenverkehr ist die Zillertalbahn heute neben einer Tourismusattraktion mit ergänzend zum Planverkehr angebotenen Nostalgiezügen, in erster Stelle ein Nahverkehrsmittel für 3,1 Mio. Fahrgäste im Jahr (Stand: 2011). In der Kombination von Bahn und Bus werden etwa halbstündliche Fahrtmöglichkeiten im Zillertal angeboten. Im Sommer können auch Hobby-Lokführer den Hobby-Zug selber fahren. Außerdem setzt die Zillertalbahn ihre eigenen Dampfloks sowie eine Schlepptenderlok des Club 760 mit historischem Wagenmaterial in fahrplanmäßigen Dampfzügen ein.
Sämtlicher Güterverkehr wird heute mit auf Rollwagen aufgeschemelten Regelspurgüterwagen ab und bis Jenbach durchgeführt. Für den Güterverkehr sowie den dichten Taktverkehr im SPNV und die zusätzlichen Dampfbummelzüge veranlassten die ZVB, den abschnittsweisen

zweigleisigen Ausbau auf Teilstrecken vorzusehen. Dazu wurden 2007 von Gmeinder u.a zwei moderne Diesellokomotiven beschafft (zusammen mit einer Lok der ÖBB für die Pinzgauer Bahn) sowie acht neue klimatisierte Personenwagen aus der Slowakei (Werk in Vrutky) bestellt.
Seit Jahresfahrplan 2009 fährt die Zillertalbahn im Halbstundentakt. Die Abschnitte Ramsau-Hippach – Zell am Ziller (km 24,400 bis km 27,750) und Kaltenbach-Stumm – Angererbach-Ahrnbach (km 16,506 bis km 18,500) sind seither zweigleisig in Betrieb. Seit 2011 wird auch der daran anschließende Streckenteil bis Aschau zweigleisig ausgebaut.
Die Zillertalbahn hat das Geschäftsjahr 2012 mit einem Verlust von 800.000 EUR abgeschlossen, 2011 lag das Plus noch bei knapp 400.000 EUR. Ab 2013 rechnete Geschäftsführer Wolfgang Holubrechnet mit einem jährlichen Zuschussbedarf von 700.000 EUR. Wie der Geschäftsbericht ausweist, ist die Finanzierung des laufenden Verlustes nur noch bis Ende 2014 möglich. Der Verkehrsverbund Tirol (VVT) hat sich laut Tiroler Tageszeitung schon bereit erklärt, 39 % der benötigten Mittel zuzuschießen. 2012 lag der Umsatz bei 14,5 Mio. EUR, 2011 bei 15,0 Mio. EUR. Die beförderten Personen lagen mit über 2 Millionen auf einem neuen Rekordwert – anders beim touristischen Dampfzug. Hier gingen die Fahrgastzahlen erneut zurück auf nur noch knapp 50.000 – im Jahr 2000 waren es noch doppelt so viele. Im Güterverkehr reduzierte sich die Menge um 33,6 % auf noch 178.000 t, ein Wert ähnlich wie 2010.

Verkehre
★ Personenverkehr auf eigener Infrastruktur

Polen

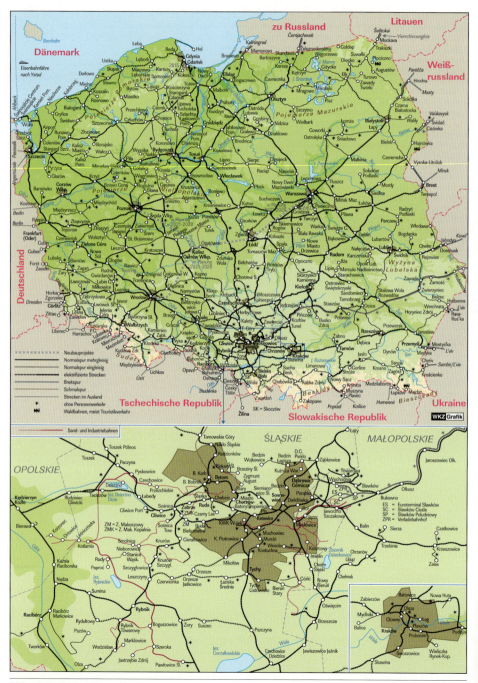

Polen

Kurze Eisenbahngeschichte

In der Früh- und ersten Blütezeit der Eisenbahn gab es noch keinen polnischen Nationalstaat. Die polnische Eisenbahngeschichte jener Zeit ist daher Teil der Eisenbahngeschichte Preußens, Russlands und Österreichs. Die erste Eisenbahnlinie des heutigen Polens wurde durch die Oberschlesische Eisenbahn AG am 22.05.1842 von Breslau (Wrocław) ins 27 km entfernte Ohlau (Oława) eröffnet. Beim Weiterbau wurde bereits am 03.08. desselben Jahres Brieg (Brzeg), am 02.11.1845 Gleiwitz (Gliwice) über Oppeln (Opole) und Cosel (Kędzierzyn-Koźle) und am 03.10.1846 über Kattowitz (Katowice) die Grenze zum österreichischen Galizien bei Myslowitz (Mysłowice) erreicht. Breslau war auch der Ausgangspunkt weiterer früher Bahnlinien. So eröffnete die Breslau-Schweidnitz-Freiburger Eisenbahn-Gesellschaft am 29.10.1843 ihren ersten Streckenabschnitt bis Freiburg (Schles.) (Świebodzice) und am 19.10.1844 die Niederschlesisch-Märkische Eisenbahn-Gesellschaft (NME) die Strecke nach Liegnitz (Legnica), Teil der NME-Verbindung Berlin – Breslau, die ab 01.09.1846 durchgehend zur Verfügung stand und den Anschluss zur Oberschlesischen Eisenbahn herstellte. Auch Pommern erhielt beizeiten seinen ersten Bahnanschluss, denn schon am 15.08.1843 eröffnete die Berlin-Stettiner Eisenbahn-Gesellschaft (BStE) den letzten Teil ihrer Stammstrecke von Angermünde nach Stettin (Szczecin). Die BstE zeichnete auch für deren Weiterbau nach Stargard (Stargard Szczeciński), eröffnet am 01.05.1846 und später für die 1870 vollendete Hauptbahn Stettin – Danzig (Gdańsk) verantwortlich. Ab Stargard schloss sich die Strecke der Stargard-Posener Eisenbahn-Gesellschaft an, die am 10.08.1847 bis Woldenberg (Dobiegniew) und genau ein Jahr darauf nach Posen (Poznań) fertiggestellt wurde. Erste Strecke im Kronland Galizien war jene von Myslowitz über Szczakowa (Jaworzno Szczakowa) nach Krakau (Kraków), eröffnet am 13.10.1847 von der Krakau-Oberschlesischen Eisenbahn (KrOS), die am 01.04.1848 eine kurze Verbindung von Szczakowa nordwärts zum Bahnhof Granica an der russischen Grenze erhielt, um die Anbindung Richtung Warschau mit der ersten Strecke im russischen Teil Polens (Kongresspolen) zu gewährleisten. Diese war zugleich die erste Fernbahn im russischen Reich und wurde (ausnahmsweise) in Normalspur errichtet. Erbauer war die Warschau-Wiener Eisenbahn, die als erstes am 03.06.1845 den Abschnitt Warschau (Warszawa) – Grodzisk (Grodzisk Mazowiecki) eröffnete und diesen über Skierniewice, Koluszki, Piotrków Trybunalski und Częstochowa weiterführte, bis am o. g. Tag die Verbindung nach Szczakowa vollendet wurde. Eine Verbindung nach Wien war bis 1856 zunächst nur über das preußische Myslowitz möglich, nachdem die preußische Wilhelmsbahn am 01.09.1848 ihre Strecke von dort nach Oderberg (Bohumín), dem Endbahnhof der österreichischen Kaiser Ferdinands-Nordbahn vollendet hatte. Die über Białystok führende Strecke der 1.333 km langen Petersburg-Warschauer Eisenbahn war am 27.12.1862 durchgehend befahrbar. Drei Jahre später begann die Warschau-Terespoler Eisenbahn mit dem Bau ihrer Strecke Richtung Osten. Nach Terespol wurde der Betrieb am 06.09.1867 und weiter bis Brest am 17.02.1870 aufgenommen. Die durchgehende Verbindung bis Moskau stand seit dem 28.11.1871 zur Verfügung. Seit dem 05.12.1862 gab es auch die erste Verbindung zwischen Warschau und der preußischen Ostbahn. Diese knüpfte in Łowicz an einen von Skierniewice kommenden Zweig der Warschau-Wiener Bahn an und erreichte nach Querung der Grenze hinter Aleksandrów Kujawski den Bahnhof Thorn (Toruń), vo wo es einen Ostbahn-Seitenast nach Bromberg (Bydgoszcz) gab. Südlich davon bis zur Warschau-Wiener Bahn gab es erst im 20. Jahrhundert zusätzliche Verbindungen nach Preußen.

So wurde in den nächsten Jahrzehnten nur das Netz in Schlesien und Pommern dicht ausgebaut, wobei die Hauptlinien eine auf Berlin zulaufende fächerförmige Struktur erhielten. In den östlichen Landesteilen ist es hingegen stets deutlich weitmaschiger geblieben. Noch vor dem ersten Weltkrieg begann die so genannte „Elektrisierung der schlesischen Gebirgsbahnen" mit 15 kV 16 2/3 Hz Wechselspannung, so dass am 01.06.1914 zunächst der elektrische Betrieb auf der Strecke Nieder Salzbrunn (Wałbrzych Szczawienko) – Fellhammer (Boguszów Gorce Wschód) – Halbstadt (Meziměstí [CZ]) aufgenommen werden konnte. Weitere Strecken folgten und ab dem 25.06.1928 war die Achse Breslau – Waldenburg (Wałbrzych) – Hirschberg (Jelenia Góra) – Lauban (Lubań) – Görlitz durchgehend elektrisch befahrbar. Als auch Niederschlesien nach 1945 an Polen fiel, wurden fast alle elektrischen Anlagen als Reparationsleistung für die Sowjetunion demontiert. Der 1918 gegründete polnische Staat umfasste indes ein Netz von 15.947 km, im vormals russischen Teil allerdings in Breitspur, so dass entsprechende Umbauten nötig waren. Zudem wurden, den veränderten Verkehrsbedürfnissen folgend, bis 1938 1.704 km neue Strecken gebaut und auf weiteren 320 km das zweite Gleis verlegt. Dabei galt es zunächst, den heutigen internationalen Eisenbahnkorridor Warschau – Poznań (– Berlin) herzustellen. Davon in Normalspur vorhanden waren 1918 der 1862 als Teil der o. g. Verbindung Warschau – Bromberg eröffnete Abschnitt Łowicz – Kutno und die 1888 von Posen aus in Betrieb genommene preußische Stichbahn zum seinerzeitigen russischen Grenzort Stralkowo (Strzałkowo). Die Strecke Warsza-

Polen

wa – Łowicz, 1902 als Teil der Linie Warszawa – Łódź eröffnet, musste hingegen umgespurt werden und im Abschnitt Kutno – Konin – Strzałkowo war gar eine 111 km messende Neubaustrecke nötig, die 1921 fertig wurde. Weitere Neubaustrecken der Zwischenkriegszeit sind Warszawa – Radom, Kraków – Tunel, Łódź – Kutno – Płock – Sierpc – Nasielsk und die 1933 vollendete „Magistrala węglowa" (Kohlenmagistrale) von Chorzów im oberschlesischen Revier zum Hafen Gdynia. Der Knoten Warschau wurde umgebaut und mit einer Tunnelstrecke unter der Innenstadt versehen. Im Großraum Warschau ging mit der „Elektryczna Kolej Dojazdowa" (Elektrische Zufuhrbahn) von Warszawa Śródmieście nach Grodzisk Mazowiecki am 11.12.1927 auch Polens erste, mit 600 V Gleichspannung elektrifizierte Strecke in Betrieb. Später ging man zu den auch nach dem Krieg beibehaltenen 3.000 V Gleichspannung über; die ersten derart elektrifizierten Strecken wurden 1936 von Warschau nach Otwock und Pruszków eröffnet. Ein wichtiger Streckenneubau während der kommunistischen Epoche war die von 1976 bis 1979 geschaffene „Linia Hutnicza Szerokotorowa" (LHS) zwischen dem ukrainischen Ludyn und dem oberschlesischen Verladebahnhof Sławków Południowy. Die eingleisige, nichtelektrifizierte Breitspurstrecke (1.520 mm), deren polnischer Abschnitt 395 km lang ist, dient der Versorgung des seinerzeit neugebauten Hüttenwerkes Huta Katowice in Dąbrowa Górnicza (heute ArcelorMittal Poland S.A.) mit Rohstoffen aus der früheren Sowjetunion. Die Strecke selbst wird durch die PKP Linia Hutnicza Szerokotorowa Spółka z o.o. betrieben. Ferner wurde zur Schaffung einer leistungsfähigen Verbindung vom oberschlesischen Revier in die Hauptstadt von 1971 bis 1977 die 224 km lange, für zunächst 160 km/h ausgelegte „Centralna Magistrala Kolejowa" (CMK, Zentrale Eisenbahnmagistrale) zwischen Grodzisk Mazowiecki und Zawiercie angelegt. Der wirtschaftliche Umbruch ab 1989 traf das polnische Eisenbahnwesen hart, dessen Betriebslänge z. B. vom 24.382 km 1995 auf jetzt nur noch 19.276 km schrumpfte. Davon sind 11.831 km elektrifiziert. Die Folge längerer Vernachlässigung besonders in den neunziger Jahren ist, dass sich noch immer ein Drittel der Streckenlänge in schlechtem Zustand befindet, was Geschwindigkeitsreduzierungen und sogar technische Sperrungen zu Folge hatte. Die Weiterentwicklung der Infrastruktur wird auch in Polen mit Geldern der EU kofinanziert. Da die Ertüchtigung des Altnetzes alle Ressorcen bindet, wurde Ende 2011 entschieden, die Studien für eine für 350 km/h ausgelegte „linia Y" genannte NBS Warszawa – Łódź – Poznań/Wrocław mit Verbindungsspange zur CMK bis auf weiteres auf Eis zu legen. Ausbau und Sanierung der Hauptbahnen des Altnetzes erfolgen demgegenüber nicht nur für die Belange des Personenverkehrs, denn enthalten ist auch die teilweise nur im Güterverkehr genutzte Kohlenmagistrale. Die Rekonstruktion von Lokalstrecken mit Kofinanzierung aus EFRE-Geldern geht durch „Regionale Programy Operacyjne" (RPO) aufgegliedert auf einzelne Woiwodschaften vonstatten.

Polen

Marktübersicht

* Personenverkehr: Die Staatsbahn PKP ist im Regionalverkehr nur mehr über ihr Tochterunternehmen PKP SKM im Danziger Vorortverkehr aktiv; die frühere, landesweit aktive SPNV-Sparte Przewozy Regionalne Sp. z o.o. (PR) gehört hingegen seit dem Verkauf an die Woiwodschaften nicht mehr zur PKP-Gruppe. Sechs Woiwodschaften (Śląskie, Dolnośląskie, Mazowieckie, Łódzkie, Małopolskie und Wielkopolskie) unterhalten zudem eigene SPNV-Unternehmen. Einziger SPNV-Betreiber in ausländischem Besitz ist die polnische Arriva-Tochter. PR wiederum ist auch in ausgewählten Segmenten des Fernverkehrs aktiv, dessen hochwertige Produkte im übrigen von der PKP Intercity S.A. (PKP IC) gefahren werden.
* Güterverkehr: Bedeutendster Anbieter ist PKP CARGO S. A., die Gütersparte der Staatsbahn, deren Teilprivatisierung 2013 erfolgte; gefolgt von LOTOS Kolej Sp. z o.o. auf dem zweiten Platz. Weitere Anbieter mit nennenswerten Marktanteilen sind die CTL Logistics Sp. z o.o. und die DB Schenker Rail Polska S.A. Insgesamt verfügen über 80 Unternehmen über eine Güterverkehrslizenz, sind zumeist aber nur in bestimmten Marktsegmenten oder in regional eng begrenztem Rahmen tätig.

Verkehrsministerium

Ministerstwo Infrastruktury i Rozwoju
Departament Transportu Kolejowego
ul. Chałubińskiego 4/6
PL 00-928 Warszawa
Telefon: +48 22 630 1301
sekretariatDTK@mir.gov.pl
www.mir.gov.pl

Nationale Eisenbahnbehörde

Urząd Transportu Kolejowego (UTK)
Al. Jerozolimskie 134
PL 02-305 Warszawa
Telefon: +48 22 749-1400
utk@utk.gov.pl
www.utk.gov.pl

Eisenbahnunfalluntersuchungsstelle

Pánstwowa Komisja Badania
Wýpadków Kolejowych
c/o Ministerstwo Infrastruktury i Rozwoju
Departament Transportu Kolejowego
ul. Chałubińskiego 4/6
budynek A pok. 88
PL 00-928 Warszawa
Telefon: +48 22 630 1433
pkbwk@mir.gov.pl
www.mir.gov.pl/transport/transport_kolejowy/pkbwk

Fotos: Peter Wilhelm

Arriva RP

Arriva RP Sp. z o.o. P

ul. Wspólna 47/49
PL-00-684 Warszawa
Telefon: +48 22 5298100
Telefax: +48 22 5298101
sekretariat.rp@arriva.pl
www.arriva.pl

Biuro w Toruniu [Büro Thorn]
Business Park, ul. Grudziądzka 110-114
PL-87-100 Toruń
Telefon: +48 56 6608940
Telefax: +48 56 6608942

Werkstatt
ul. Przemysłowa 1
PL-86-060 Nowa Wieś Wielka

Management
* Damian Grabowski (Vorsitzender der Geschäftsführung)
* Marcin Polewicz (Mitglied der Geschäftsführung)
* Dominika Żelazek (Mitglied der Geschäftsführung)

Gesellschafter
Stammkapital 10.000.000,00 PLN
* DB Polska Holding Sp. z o.o. (100 %)

Lizenzen
* EVU-Zulassung (PV), seit 22.09.2008
* Lizenz für Traktionsdienstleistungen, seit 22.09.2008
* Sicherheitszertifikat Teil A (PV), gültig vom 24.03.2015 bis 23.03.2020
* Sicherheitszertifikat Teil B (PV), gültig vom 12.12.2013 bis 27.06.2015

Unternehmensgeschichte
PCC Rail gründete Anfang 2006 die Tochtergesellschaft Kolej Nadwiślańska, die mittelfristig im Reiseverkehrsmarkt Fuß fassen sollte. Nach einer Präsentationsfahrt im Februar 2006 wurde es allerdings erst einmal ruhig um das Projekt. Als die Woiwodschaft Schlesien den SPNV auf der zu reaktivierenden Strecke Bytom – Gliwice ausschrieb, beteiligte sich PCC Rail stellvertretend für die Tochtergesellschaft, die keine Lizenz für Personenverkehr hatte. Den Zuschlag bekam jedoch am Ende PKP Przewozy Regionalne (PKP PR).
Bereits im Februar 2006 gab es erste Kontakte zur britischen Arriva plc. Dies führte am 19.12.2006 zur Bildung eines Joint-Ventures zwischen Arriva International, die inzwischen eine polnische Tochterfirma (Arriva Polska Sp. z o.o.) gegründet hatte, und PCC Rail. Die Firma Kolej Nadwiślańska wurde im Anschluss wieder aufgegeben.
Eine Ausschreibung der Woiwodschaft Kujawien-Pommern über den SPNV auf Dieselstrecken wurde im Juni 2007 gewonnen. Auf Basis des mit der Woiwodschaft abgeschlossenen Dreijahresvertrages gründeten beide Partner am 12.10.2007 die gemeinsame Firma Arriva PCC, welche ab dem 09.12.2007 den Betrieb aufnahm. In diesem Zusammenhang verhandelte Arriva PCC auch erfolgreich mit der Nachbarwoiwodschaft Pommern und übernahm auch auf einigen der durch beide Woiwodschaften führenden Strecken den Verkehr. Genutzt wurde bis zur Erlangung einer eigenen Lizenz die Personenverkehrslizenz von PCC Rail. Bestandteil des Vertrages mit der Woiwodschaft Kujawien-Pommern ist die Nutzung der 13 woiwodschaftseigenen Triebwagen der Reihe SA106. Geplant war darüber hinaus der Einsatz von ehemals dänischen MR/MRD-Triebwagen, die sich im Besitz von Arriva befinden und von angemieteten Reisezugwagen. Bereits vor der Aufnahme des Betriebes zeichnete sich ab, dass das polnische Eisenbahnamt Urząd Transportu Kolejowego (UTK) den MR/MRD nicht rechtzeitig eine Zulassung erteilen würde. So wurden zeitweilig bis zu drei SM42 von diversen Firmen der PCC-Gruppe angemietet, um diese mit ebenfalls angemieteten Reisezugwagen (acht Bm027 von der Eifelbahn Verkehrsgesellschaft mbH) auf die Strecke zu schicken. Unmittelbar vor der Betriebsaufnahme traf ein fabrikneuer SA134 bei Arriva PCC ein, dem einige Wochen später ein zweiter folgte.
Trotzdem waren die ersten Monate begleitet von Verspätungen, Zugausfällen und überfüllten Zügen. Bereits die Übergabe der SA106 vom bisherigen Nutzer PKP PR war nicht einfach, da diese zum Fahrplanwechsel praktisch über Nacht geschehen musste. Auch die vorher notwendigen Schulungsfahrten gestalteten sich schwierig, da die Fahrzeuge bei PKP PR voll im Einsatz standen. Arriva PCC hatte dann die Aufgabe, mit dem nicht ausreichenden Fahrzeugmaterial das bisher durch PKP PR gefahrene Programm zu absolvieren, das neben den Triebwagenkursen auch noch diverse lokbespannte Leistungen beinhaltete. Um die Situation etwas zu entspannen, wurde auf der Strecke Toruń – Sierpc bis Ende Januar 2008 Ersatzverkehr mit Bussen eingerichtet. Viele der gefahrenen Züge waren auch trotz Mehrfachtraktion der Triebwagen und beigestellter Reisezugwagen völlig überfüllt. Letztere konnten weder durch die Triebwagen noch durch die SM42 beheizt werden. Nachdem das Eisenbahnamt UTK den MR/MRD im Februar 2008 die Zulassung erteilte, trafen nach und nach Triebzüge diesen Typs in Polen ein und konnten die Situation so entspannen.
Ab 01.03.2009 konnte Arriva PCC im Auftrag der Woiwodschaft Pommern den Reiseverkehr auf der 2008 eingestellten und nun wiedereröffneten

Arriva RP

Strecke Malbork – Grudziądz übernehmen. Ein Grund für die ohne Ausschreibung erfolgte Vergabe war, dass Arriva PCC eigene Triebfahrzeuge im Bestand hatte. Die PKP hätte in der gleichen Situation anderen Ortes Triebwagen abziehen müssen.

Im Herbst 2008 entzog die Woiwodschaft Kujawien-Pommern Arriva PCC zwei SA106, um diese PKP PR für den Verkehr auf der wiedereröffneten Strecke Bydgoszcz – Chełmża zur Verfügung zu stellen. Gleichzeitig mietete Arriva PCC bis zum Sommer 2009 mehrere Doppelstockwagen von PKP PR an, welche sowohl den SA106 als auch den MR/MRD beigestellt werden konnten. Seit August 2009 kann Arriva PCC auf vier Steuerwagen SA123 für die SA106-Triebwagen zurückgreifen. Anfang März 2010 kam erstmalig ein ehemals dänischer Triebzug des Typs Y (Lynetten) im Einsatz, nachdem das UTK diesen nach etwa 2 Jahren Bearbeitungszeit eine Zulassung für Polen erteilte.

Im Juni 2010 wurde Arriva PCC in Arriva RP umbenannt. Gleichzeitig gab DB Schenker seine Anteile an Arriva ab, die somit Alleineigentümer des Unternehmens wurde.

Im Dezember 2010 konnte Arriva RP in der Woiwodschaft Kujawien-Pommern die Ausschreibung eines Zehnjahresvertrages für das Betreiben des SPNV auf nichtelektrifizierten Strecken gewinnen (jährlich 2 Mio. Zugkilometer). Gegenüber dem vorangegangenen Dreijahresvertrag steigert sich Verkehrsleistung um 15 Prozent und bringt mit Bydgoszcz - Chełmża eine neue Strecke in das Portfolio. Der Vertrag umfasst auch die Beschaffung von vier neuen SA133 durch Arriva RP, die 2012 abgeschlossen wurde. Von Mai bis Juli 2012 war 646 017 von DB Regio für Arriva RP im Einsatz. Dies diente der Erlangung der dauerhaften Betriebszulassung für diese Fahrzeuge in Polen. Arriva RP engagiert sich auch weiter im SPNV-Markt. Bei einer entsprechenden Auschreibung in der Woiwodschaft Podlachien 2012 konnte sich Arriva RP aber letztlich nicht gegen PR durchsetzen, die in der zweiten Runde mit überraschend niedrigen Preisen operierte.

Zum Fahrplanwechsel im Dezember 2012 entfielen die Kurse nach Kościerzyna in der Woiwodschaft Pommern. Im April 2013 hat die Woiwodschaft Kujawien-Pommern Arriva RP den Zuschlag für die Abwicklung des SPNV auf vier elektrifizierten Strecken erteilt, die vorher durch Przewozy Regionalne (PR) bedient wurden. Diese Verkehre starteten im Dezember 2013. Bei den die Woiwodschaft überschreitenden Kursen arbeitet Arriva RP mit PR zusammen.

Seit 14.12.2014 werden zudem die Strecken von Laskowice Pomorskie und Wierzchucin nach Czersk zusammen mit PR betrieben, welche in der Woiwodschaft Pommern eine SPNV-Ausschreibung

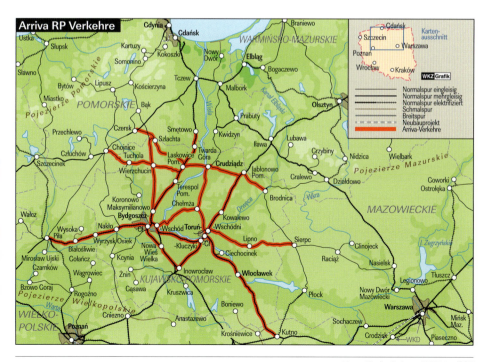

Arriva RP / Barter

für sich entscheiden konnten. Zum gleichen Zeitpunkt wurde auf der Relation Toruń Główny – Grudziądz ein vertakteter Fahrplan eingeführt.
In den Sommermonaten bietet Arriva RP zusätzliche Ausflugsverkehre an, deren Ziele bisher Nowy Dwór Gdański (2009 – 2013; Kooperation mit PTMKŻ), Frombork/Braniewo (2010 – 2013), Władysławowo (2011) und Ciechocinek (2014) waren.
Im Jahr 2011 beschäftigte das Unternehmen 140 Mitarbeiter (2009: 80).
Die Werkstattbasis für die Dieselfahrzeuge befindet sich auf dem Gelände der Firma OLPP in Nowa Wieś Wielka. Sie gehörte zur Voith Railservices B.V. Sp. z o. o. und wurde 2013 durch Arriva RP übernommen.
Die Elektrotriebwagen werden bei PR in Toruń Kluczyki gewartet. Weitere Abstellplätze befinden sich in Toruń Kluczyki, Bydgoszcz Główna und Tuchola sowie auf dem Gelände von Anschlussbahnen in Toruń (Elana-Energetyka Sp. z o. o.) und Grudziądz (Przedsiębiorstwo Usług Miejskich PUM Sp. z o.o.)
Im Jahr 2014 konnte die Beförderungsleistung gesteigert werden. Es wurden 4,6 Mio. Reisende befördert (2013: 2,5) und eine Beförderungsleistung von 194 Mio. Pkm erbracht (2013: 90).

Verkehre
* SPNV Toruń Główny – Grudziądz; seit 12.12.2010 für zehn Jahre
* SPNV Bydgoszcz Główna – Chojnice; seit 12.12.2010 für zehn Jahre
* SPNV Wierzchucin – Laskowice Pomorskie – Grudziądz – Brodnica; seit 12.12.2010 für zehn Jahre
* SPNV Toruń Główny – Sierpc; seit 12.12.2010 für zehn Jahre
* SPNV Laskowice Pomorskie – Czersk; seit 12.12.2010 für zehn Jahre
* SPNV Wierzchucin – Czersk; seit 12.12.2010 für zehn Jahre
* SPNV Bydgoszcz Główna – Chełmża; seit 12.12.2010 für zehn Jahre
* SPNV Toruń Główny – Kutno; seit 15.12.2013 für 2 Jahre
* SPNV Toruń Główny – Jabłonowo Pomorskie; seit 15.12.2013 für 2 Jahre; teilweise fungiert PR als Subunternehmen
* SPNV Bydgoszcz Główna – Laskowice Pomorskie (– Smętowo); seit 15.12.2013 für 2 Jahre; teilweise fungiert PR als Subunternehmen
* SPNV Bydgoszcz Główna – Wyrzysk Osiek; seit 15.12.2013 für 2 Jahre; Zugdurchlauf bis Piła Główna im Ausgleich mit PR bis Bydgoszcz Główna
* SPNV Bydgoszcz Główna – Toruń Główny; seit 15.12.2013 einzelne Leistungen als Subunternehmer von PR
* SPNV Bydgoszcz Główna – Inowrocław; seit 15.12.2013 einzelne Leistungen als Subunternehmer von PR
* SPNV Toruń Główny – Inowrocław; seit 15.12.2013 einzelne Leistungen als Subunternehmer von PR

Barter S.A. G

ul. Legionowa 28
PL-15-281 Białystok
Telefon: +48 85 7485300
Telefax: +48 85 7485299
biuro@bartergaz.pl
www.bartergaz.pl

Eisenbahnlogistik
Telefon: +48 885 850531
LK@bartergaz.pl

Terminal Przeładunkowy Węgla, Gazu i Nawozów [Umladeterminal für Kohle, Gas, Düngemittel]
Os. Buchwałowo 2
PL-16-100 Sokółka
Telefon: +48 85 7117600
Telefax: +48 85 7117603
sokolka@bartergaz.pl

Terminal Przeładunkowy [Umladeterminal]
ul. Kolejarzy 22 B
PL-21-540 Małaszewicze
Telefon: +48 600 884095
malaszewicze@bartergaz.pl

Management
* Bogdan Rogaski (Vorsitzender der Geschäftsführung)
* Zdzisław Łapicz (Mitglied der Geschäftsführung)

Gesellschafter
Stammkapital 1.012.000,00 PLN
* Wiktor Gryko (100 %)

Beteiligungen
* Barter Coal Sp. z o.o. (100 %)
* BM Kobylin Sp. z o.o. (50 %)
* „Saga-Gaz" Sp. z o.o. (50 %)

Lizenzen
* PL: EVU-Zulassung (GV) seit 25.06.2013
* PL: Sicherheitszertifikat Teil A (GV), gültig vom 30.10.2013 bis 29.10.2018
* PL: Sicherheitszertifikat Teil B (GV) seit 19.12.2013 befristet bis 18.12.2018

Infrastruktur
* Anschlussbahn "SAGA" in Sokółka (Spurweite 1.435 und 1.520 mm)
* Anschlussbahn "Baza Ostrowy" in Ostrowy

Barter / Bartex

Unternehmensgeschichte
Zum Zweck von Einfuhr und Vertrieb von Flüssiggas wurde 1999 dieses Unternehmen gegründet. Anfangs als GmbH tätig, wurde es per 02.07.2007 in eine Aktiengesellschaft umgewandelt. Mittlerweile importiert Barter auch Kohle und Düngemittel. Ursprünglich bewirtschaftete Barter ein Umladeterminal bei Sokółka, das vom Grenzbahnhof Kuźnica Białostocka aus breitspurig und von Sokółka aus regelspurig angeschlossen ist. In der Folge kam ein weiteres Umladeterminal im Grenzbahnhof Małaszewicze hinzu. Im Jahr 2008 kaufte Barter den Flüssiggasbereich von von Lukoil Polska auf. So verfügt Barter über Vertriebsstellen für Flüssiggas (in Braniewo, Barczewo, Bydgoszcz, Sokółka und Sosnowiec) und Kohle (in Grajewo, Ostrowy und Kiełczówka) sowie mehrere Gastankstellen für Kfz. Bahnanschluss besteht in Sokółka und Ostrowy. Das Gas wird aus Russland und Mitteleuropa importiert, die Kohle kommt aus Russland und Kasachstan. Mittlerweile beliefert Barter über 10 Prozent des polnischen Flüssiggasmarktes. Der Umsatz belief sich 2011 auf fast 2 Milliarden PLN.
Seit dem 25.06.2013 besitzt Barter eine EVU-Zulassung für Güterverkehr, so dass im Februar 2014 mit der Erbringung eigener Zugleistungen auf der Breitspur zwischen Kuźnica Białostocka und dem Barter-Terminal begonnen werden konnte. Vorher wurden diese doch PKP Cargo bzw. CLŁ erbracht. Der Eisenbahnanschluss in Sokółka wurde 2014 modernsiert und erweitert. Nächstes Ziel ist die Schaffung eines intermodalen Terminals.

Verkehre
* Kohle- und Flüssiggastransporte Kuźnica Białostocka – Sokółka

---

Bartex Sp. z o.o. G

Chruściel 4
PL-14-526 Płoskinia
Telefon: +48 55 2211172
Telefax: +48 55 2211172
sekretariat@bartex-paliwa.pl
www.bartex-paliwa.pl

Außenstelle Bydgoszcz
ul. Grunwaldzka 207
PL-85-451 Bydgoszcz
Telefon: +48 52 3758855
Telefax: +48 52 3453046

Umladeplatz Ujście
ul. Portowa 10
PL-64-850 Ujście
Telefon: +48 67 2147533
Telefax: +48 67 2147533

Management
* Krzysztof Dąbkowski (Vorsitzender der Geschäftsführung)

Gesellschafter
Stammkapital 430.000,00 PLN
* Alina Dąbkowska (100 %)

Lizenzen
* PL: EVU-Zulassung (GV) seit 19.08.2010
* PL: Sicherheitszertifikat Teil A (GV), gültig vom 18.04.2011 bis 17.04.2016
* PL: Sicherheitszertifikat Teil B (GV), gültig vom 21.06.2013 bis 20.06.2018

Infrastruktur
* Umladeanlage Regelspur - Breitspur in Chruściel
* Anschluss Chruściel (Spurweite 1.520 mm, 0,945 km)

Unternehmensgeschichte
Die im Jahr 2001 gegründete Firma Bartex importierte Massengut, insbesondere Kohle, aus der Russischen Föderation nach Polen. Sie betreibt seit 2003 eine Eisenbahn-Umladeanlage zwischen Regel- und Breitspur in Chruściel. Dieser Ort befindet sich in der Nähe des Grenzübergangs Braniewo/Mamonowo zum Oblast Kaliningrad, einer Exklave der Russische Föderation. Zum Rangieren der Wagen unterhält Bartex einen Zweiwegetraktor.
Die Außenstelle Bydgoszcz sowie der Umladeplatz in Ujście dienen der Distribution von Brennstoffen in der dortigen Umgebung.
Eine Güterverkehrslizenz besitzt das Unternehmen seit Sommer 2010. Die Bedienung des Umladeplatzes in Chruściel erfolgte anfangs nach wie vor durch PKP Cargo. Als Partner für die Gestellung von geeigneten Triebfahrzeugen konnte Depol in Bydgoszcz gewonnen werden. Seit Sommer 2014 setzt Bartex je eine Regel- und Breitspurlok ein. Letztere dient der Überführung von Zügen zwischen dem Grenzbahnhof Braniewo und Chruściel. Im Regelspurnetz werden vorrangig Kohlezüge zum Standort Ujście gefahren, bei Bedarf darüber hinaus auch Leistungen in ganz Polen. Kurzfristige Fahrzeugengpässe werden durch den Partner Depol ausgeglichen.

Verkehre
* Kohletransporte Braniewo – Chruściel; auf Breitspur
* Kohletransporte Chruściel – Miroslaw Ujski

Gnieźnieńska KW / Captrain Polska

Biuro Utrzymania i Eksploatacji Gnieźnieńskiej Kolei Wąskotorowej (Gnieźnieńska KW) 🇵🇱

ul. Wrzesińska 2
PL-62-200 Gniezno
Telefon: +48 61 4261130
Telefax: +48 61 4261130
gkw2@o2.pl
www.gkw-gniezno.pl

Management
★ Darius Michałowski (Direktor)

Lizenzen
★ PL: EVU-Zulassung (GV), seit 29.04.2004
★ PL: EVU-Zulassung (PV), seit 29.04.2004

Infrastruktur
★ Gniezno Wąskotorowe – Ostrowo Stare (33 km, Spurweite 750 mm)

Unternehmensgeschichte
Im Jahre 2002 übernahm der Kreis Gniezno von den PKP die Anlagen und Fahrzeuge der Schmalspurbahn Gniezno. Per 27.03.2003 wurden diese in die Hände des Vereins Towarzystwo Miłośników Gniezna [Vereinigung der Freunde Gnesens] übergeben. Dieser richtete daraufhin im Verwaltungsgebäude der Schmalspurbahn das Biuro Utrzymania i Eksploatacji Gnieźnieńskiej Kolei Wąskotorowej [Büro für die Unterhaltung und den Betrieb der Schmalspurbahn] ein. Noch im gleichen Jahr begann man mit dem Betrieb von Touristenzügen. Daneben wurde damals auch noch ein spärlicher Güterverkehr abgewickelt. Übergabebahnhof zur Regelspur ist der Bahnhof Gniezno Wąskotorowe, gleichzeitig befindet sich hier auch die Fahrzeugwerkstatt. Für die Traktion der Züge sind vier Diesellokomotiven Lxd2 (Typ L45H, Hersteller FAUR) vorhanden. Für den Reiseverkehr stehen vier Beiwagen rumänischer Bauart (Typ A208P, Hersteller FAUR) sowie ein Altbauwagen 3Aw sowie je drei Sommer- und Gepäckwagen zur Verfügung. Für mittlerweile zum Erliegen gekommenen Güterverkehr hat die Bahn 32 Rollwagen im Bestand.
Anfangs waren zwei Dampflokomotiven vorhanden, von denen immer jeweils eine betriebsfähig vorgehalten werden sollte. Nach Ablauf der Kesselfrist von Px48-1919 (Chrzanów 4507 / 1955) musste Schwesterlok Px48-1785 (Chrzanów 3220 / 1954) allerdings im Sommer 2014 verkauft werden, um mit dem Erlös eine zukünfige Wiederinbetriebnahme finanzieren zu können Von 2007 bis 2009 war eine betriebsfähige Dampflokomotive zeitweilig an die Schmalspurbahn von Śmigiel verliehen, wo sie vor Planzügen zum Einsatz kam. Der Streckenabschnitt Ostrowo Stare – Anastazewo ist seit August 2010 unbefahrbar. Geplant ist für die fernere Zukunft der Bau einer Neubaustrecke nach Skorzęcin, die wahrscheinlich von Witkowo aus begonnen wird.

Verkehre
★ Touristenzüge Gniezno Wąskotorowe – Ostrowo Stare

Captrain Polska Sp. z o.o. 🇬

ul. Krupnicza 13/103
PL-50-075 Wrocław
Telefon: +48 71 7807899
Telefax: +48 71 7807897
biuro@captrain.pl
www.captrain.pl

Management
★ Paweł Szczapiński (Vorsitzender der Geschäftsführung)

Gesellschafter
Stammkapital 8.200.000,00 PLN
★ ITL-Eisenbahngesellschaft mbH (100 %)

Lizenzen
★ PL: EVU-Zulassung (GV), seit 10.12.2007
★ PL: Lizenz für Traktionsdienstleistungen, seit 10.12.2007
★ PL: Sicherheitszertifikat Teil A (GV), gültig vom 30.12.2013 bis 29.12.2018
★ PL: Sicherheitszertifikat Teil B (GV), gültig vom 06.02.2014 bis 05.02.2019

Unternehmensgeschichte
ITL Polska wurde am 29.01.2007 gegründet, Ziel ist die Erbringung von Leistungen im Schienengüterverkehr auf dem Gebiet der Republik Polen mit Spezialisierung auf Grenzverkehre und den Transport von Containern, Zuschlagstoffen und Kraftstoffen. Diese wurden anfangs noch in Zusammenarbeit mit anderen Eisenbahnunternehmen wie Lotos Kolej, PCC Rail, CTL Express, STK und Rail Polska erbracht. Seit Dezember 2007 ist ITL Polska selbst in Besitz der erforderlichen Lizenz, im Dezember 2008 bekam ITL Polska als erstes polnisches EVU das entsprechende europaweit gültige Sicherheitszertifikat. Im Frühjahr

Captrain Polska / Cargo Master

2009 wurden zwei Dieselloks des Typs 311D, die vorher bei RCO fuhren, von CB Rail angemietet. Der erste eigene Güterzug von ITL Polska erreichte Szczecin am 23.04.2009. Die Gesellschafterversammlung des Unternehmens hat am 29.07.2009 das Gesellschafterkapital von 50.000 PLN auf 3.000.000 PLN erhöht.
Darüber hinaus kommen seit Herbst 2009 auch TRAXX-E-Loks von Bombardier zum Einsatz. Alle Lokomotiven wurden mit polnischen und deutschen Sicherheitseinrichtungen ausgestattet, womit grenzüberschreitende Verkehre möglich sind.
Am 21.01.2010 fuhr ITL Polska einen ersten Pilotzug mit Koks aus dem Revier Ostrava [CZ] nach Weißrussland. Er wurde vom tschechisch-polnischen Grenzbahnhof Chałupki mit einer 311D bis in den weißrussischen Bahnhof Brest bespannt, der damit erstmals von einer polnischen Privatbahn erreicht wurde. In Tschechien war ČD Cargo das verantwortliche EVU, in Weißrussland die BČ. Seit Anfang 2011 gehörten umfangreiche Baustofftransporte zum Portfolio von ITL Polska. Im Sommer 2011 konnten weitere 311D von der im Insolvenzverfahren befindlichen RCO übernommen werden.
Nur kurz währte die Zusammenarbeit mit PCC Intermodal, dem führenden Unternehmen im Bereich des Intermodalverkehrs in Polen. So fuhr ITL Polska am 08.12.2011 den ersten Containerzug "PCC Moskau-Express" über die polnisch-weißrussische Grenze (Übergang Kuźnica Białostocka – Bruzgi).
Seit dem 01.06.2012 ist ITL Polska offiziell als Mitglied der Captrain-Gruppe. In Folge durchlief das Unternehmen eine umfassende Restrukturierung. Der langjährige Vorsitzende der Geschäftsführung Maciej Wysocki wurde durch Beschluss der Gesellschafterversammlung zum 18.09.2012 abberufen. Wilfried Schumacher verblieb bis Ende März 2013 der Geschäftsführung. Anschließend übernahm Pawel Szczapiński die Position des Vorsitzenden der Geschäftsführung. Im Jahr 2013 nahm die Geschäftstätigkeit von ITL Polska merklich ab, zum Jahresende konnten jedoch ein Aufschwung beobachtet werden.
Von der deutschen ITL Eisenbahn GmbH wurden drei Dieselloks 232 und eine E-Lok 4E übernommen, daraufhin wurde Einzelgänger M62-1154 veräußert. Darüber hinaus können auch moderne Elektroloks aus dem Captrain-Pool genutzt werden.
Der Abschluss der Umstrukturierungen wurde im Oktober 2014 mit der Umbenennung von ITL Polska Sp. z o.o. in Captrain Polska Sp. z o.o. markiert. Die Transportleistung hatte 2013 einen Tiefpunkt erreicht und stieg 2014 langsam wieder an.

Verkehre
* Kohletransporte in Polen für Jastrzębska Spółka Węglowa S.A.
* Langschienentransporte von Dabrowa Gornicza zu verschiedenen Schienenschweißwerken in Deutschland; etwa 2 x pro Woche seit 17.02.2014; Kooperation mit ITL-Eisenbahngesellschaft mbH [DE]; im Auftrag der Arcelor MittalPolska
* Stahltransporte Dunkerque [FR] – Gliwice, etwa 2 x pro Monat; Abwicklung in Polen; im Auftrag von ArcelorMittal

Cargo Master Sp. z o.o.

ul. Plac Fryderyka Skarbka 4
PL-87-100 Toruń
Telefon: +48 56 6993355
Telefax: +48 56 6993355
biuro@cargomaster.pl
www.cargomaster.pl

Management
* Bartłomiej Hadzicki (Vorsitzender der Geschäftsführung)

Gesellschafter
Stammkapital 50.000,00 PLN
* Piotr Pawłowski (34 %)
* Jacek Stochmal (33 %)
* Andrzej Dorosz (33 %)

Beteiligungen
* FST - Ubezpieczenia Kolejowe Sp. z o.o. (30 %)

Lizenzen
* PL: EVU-Zulassung (GV), seit 14.10.2011
* PL: EVU-Zulassung (PV), seit 14.10.2011
* PL: Lizenz für Traktionsdienstleistungen, seit 14.10.2011
* PL: Sicherheitszertifikat Teil A (GV + PV), gültig vom 07.09.2012 bis 06.09.2017
* PL: Sicherheitszertifikat Teil B (GV + PV), gültig vom 22.02.2013 bis 21.02.2018

Unternehmensgeschichte
Im März 2011 wurde dieses Unternehmen durch drei Personen aus dem Umfeld der damals noch als EVU auftretenden Hagans Logistic Sp. z o.o. gegründet. Im Oktober des gleichen Jahres erhielt Cargo Master vom UTK die EVU-Lizenzen. Der Name Cargo Master war bereits zuvor die Bezeichnung einer Internet-Branchensoftware von Hagans Logistic. Schrittweise wurden Mitarbeiter, Aufgaben und Triebfahrzeuge von Hagans Logistic übernommen. Die Loks werden für die Abwicklung von Spotverkehren genutzt oder kurzfristig vermietet. Hauptgeschäftsfeld von Cargo Master sind Dienstleistungen für mehrere polnische EVU im Bereich Schulung, Consulting und Disposition.

CARGO Przewozy Towarowe i Pasażerskie / CEMET

CARGO Przewozy Towarowe i Pasażerskie Sp. z o.o.

ul. Piwniczna 3A
PL-52-123 Wrocław
Telefon: +48 501 147151
ozielinski@gmail.com

Management
* Wanda Zielińska (Vorsitzende der Geschäftsführung)

Gesellschafter
Stammkapital 950.000,00 PLN
* Mirosław Zieliński (53,6 %)
* Wanda Zielińska (23,7 %)
* Olaf Zieliński (22,7 %)

Lizenzen
* PL: EVU-Zulassung (GV), seit 29.08.2014
* PL: EVU-Zulassung (PV), seit 29.08.2014
* PL: Lizenz für Traktionsdienstleistungen, seit 29.08.2014
* PL: Sicherheitszertifikat Teil A (PV+GV), gültig vom 19.12.2014 bis 18.12.2019

Unternehmensgeschichte
Bereits am 24.08.2012 ließ Jan Osowski das Unternehmen CARGO Przewozy Towarowe Sp. z o.o. ins Handelsregister eintragen. Ende 2012 erwarb Mirosław Zieliński (u. a. auch Eigentümer von DLA) alle Geschäftsanteile. Unmittelbar darauf erwarb CARGO Przewozy Towarowe das vorher drei Mitgliedern der Familie Zieliński gehörende Unternehmen Inter Cargo Sp. z o.o., um es anschließend an Budamar zu verkaufen.
Im April 2013 änderte sich der Name in CARGO Przewozy Towarowe i Pasażerskie Sp. z o.o. 2014 wurden EVU-Lizenzen und Sicherheitsbescheinigungen beschafft, aber noch keine Verkehre abgewickelt.

CEMET S.A.

ul. Przasnyska 6A
PL-01-756 Warszawa
Telefon: +48 22 3203200
Telefax: +48 22 3203202
cemet@cemet.pl
www.cemet.pl

Placówka Terenowa Chełm
ul. Fabryczna 6
PL-22-100 Chełm
Telefon: +48 82 5631941
Telefax: +48 82 5632930
chelm@cemet.pl

Placówka Terenowa Działoszyn
PL-98-355 Działoszyn
Telefon: +48 34 3112322
Telefax: +48 34 8413707
dzialoszyn@cemet.pl

Placówka Terenowa Górażdże w Choruli
PL-47-316 Górażdże
Telefon: +48 77 4468047
Telefax: +48 77 4671050
opole@cemet.pl

Placówka Terenowa Kujawy
PL-88-192 Piechcin
Telefon: +48 52 5643715
Telefax: +48 52 5643715
kujawy@cemet.pl

Placówka Terenowa Nowiny
ul. Przemysłowa 36
PL-26-052 Nowiny
Telefon: +48 41 3465048
Telefax: +48 41 3465048
nowiny@cemet.pl

Placówka Terenowa Ożarów
PL-27-530 Ożarów
Telefon: +48 15 8611804
Telefax: +48 15 8611804
ozarow@cemet.pl

Zespół Obsługi Bocznicy Ekocem
ul. Roździeńskiego 14
PL-41-306 Dąbrowa Górnicza
Telefon: +48 32 2684674
Telefax: +48 32 2684674
ZOB6@cemet.pl

Zespół Obsługi Bocznicy Górażdże w Choruli
ul. Cementowa 1
PL-47-316 Górażdże
Telefon: +48 77 4468751
Telefax: +48 77 4468751
ZOB4@cemet.pl

Zespół Obsługi Bocznicy Kujawy w Bielawach
PL-88-192 Piechcin
Telefon: +48 52 5643618
Telefax: +48 52 5643619
ZOB2@cemet.pl

CEMET / CLŁ

Zespół Obsługi Bocznicy Małogoszcz
ul. Warszawska 110
PL-28-366 Małogoszcz
Telefon: +48 41 2487292
Telefax: +48 41 3856253
ZOB1@cemet.pl

Zespół Obsługi Bocznicy Ożarów
Karsy 77
PL-27-530 Ozarów
Telefon: +48 15 8391283
Telefax: +48 15 8391283
ZOB5@cemet.pl

Zespół Obsługi Bocznicy Rejowiec
ul. Fabryczna 1
PL-22-170 Rejowiec Fabryczny
Telefon: +48 82 5663200 App. 301
Telefax: +48 82 5663200 App. 301
ZOB7@cemet.pl

Zespół Obsługi Bocznicy Trzuskawica
Sitkówka 24
PL-26-052 Nowiny
Telefon: +48 41 3465574
Telefax: +48 41 3465574
ZOB8@cemet.pl

Management
* Grzegorz Lipowski (Vorstandsvorsitzender)
* Jan Ogurkis (Mitglied des Vorstands)

Gesellschafter
Stammkapital 4.356.892,80 PLN
* Staatskasse Polen (71,78 %)
* Cementownia Ozarów S.A., Lafarge Cement Polska S.A., VCP Capital Partners AG (28,22 %)

Beteiligungen
* CEMET Serwis Sp. z o.o. (100 %)
* Poznańska Korporacja Budowlana Pekabex S.A. (9,99 %)

Lizenzen
* PL: EVU-Zulassung (GV), seit 30.05.2006
* PL: Sicherheitszertifikat Teil A (GV), gültig vom 08.12.2010 bis 07.12.2015
* PL: Sicherheitszertifikat Teil B (GV), gültig vom 23.12.2010 bis 22.12.2015

Unternehmensgeschichte
Im Jahre 1958 wurde in Warschau die staatliche Przedsiębiorstwo Transportowo-Spedycyjnego Przemysłu Cementowego (Transport- und Speditionsgesellschaft der Zementindustrie) gegründet. Die Umwandlung in eine staatliche Aktiengesellschaft mit dem Namen Przedsiębiorstwo Transportowo-Spedycyjne CEMET S.A. erfolgte 1992. Der Privatisierungsprozess begann 1999, als 60 % des Aktien an ausländische Investoren verkauft wurden, und konnte bis 2001 abgeschlossen werden. Gleichzeitig änderte sich abermals der Firmenname in das bis heute übliche Cemet S.A. War ursprünglich der Zementtransport auf der Schiene und auf der Straße alleiniger Geschäftszweck, so kamen nach 2002 auch noch der Verkauf von Zement, die Waggonvermietung und die komplexe Bedienung von Werkbahnen dazu. Für die Eisenbahnlogistik steht ein umfangreicher, auf Zementtransporte spezialisierter Wagenpark zur Verfügung, womit Cemet Marktführer auf diesem Gebiet in Polen ist und für Transporte von Zement und Kalk die gesamte Logistikkette organisieren kann.
Die Bespannung der Ganzzüge wurde ursprünglich durch fremde EVU erbracht. Bedingt durch die steigenden Preise begann Cemet 2011 auch dies selbst zu übernehmen. Dazu bekamen die vorhandenen TEM2 eine Hauptuntersuchung. Mitte 2012 wurden für ein halbes Jahr zwei Elektroloks der Reihe EU07 angemietet.
Cemet besitzt an mehreren Standorten Außenstellen (Placówka Terenowa) und Anschlussbahnbetriebe (Zespół Obsługi Bocznicy), die sich in in Zement- und Kalkwerken befinden und mit Reparatur- und Wartungsmöglichkeiten ausgestattet sind. CEMET S.A. hatte 2014 etwa 300 Mitarbeiter.

Verkehre
* Zementganzzüge für den eigenen Bedarf
* Betrieb der Anschlussbahn des Gipswerkes der Zakłady Przemysłu Wapienniczego Trzuskawica S. A. in Sitkówka
* Betrieb der Anschlussbahn des Werkes Ekocem der Górażdże Cement S.A. in Dąbrowa Górnicza
* Betrieb der Anschlussbahn des Zementwerkes Cementownia Górażdże der Górażdże Cement S.A. in Chorula
* Betrieb der Anschlussbahn des Zementwerkes Cementownia Kujawy der Lafarge Cement S.A. in Wapienno und Bielawy
* Betrieb der Anschlussbahn des Zementwerkes Cementownia Małogoszcz der Lafarge Cement S. A.
* Betrieb der Anschlussbahnen der Zementwerke Ożarów und Rejowiec der Grupa Ożarów S.A.

Centrum Logistyczne w Łosośnej Sp. z o.o. (CLŁ)

ul. Zielona 34/2
PL-02-913 Warszawa
biuro@cllososna.pl
www.cllososna.pl

CŁŁ / CTL Express

Korrespondenzadresse
Łosośna 9
PL-16-123 Kuźnica
Telefon: +48 697 034307
biuro@cllososna.pl

Management
* Zenon Kulenko (Vorsitzender der Geschäftsführung)
* Bożena Gawędzka (Zweite Vorsitzende der Geschäftsführung)

Gesellschafter
Stammkapital 5.700.000,00 PLN
* Tadeusz Władysław Wilamowski (86,32 %)
* Zenon Kulenko (9,3 %)
* Sonstige (4,38 %)

Lizenzen
* PL: EVU-Zulassung (GV), seit 05.06.2012
* PL: Lizenz für Traktionsdienstleistungen, seit 05.06.2012
* PL: Sicherheitszertifikat Teil A (GV), gültig vom 18.09.2012 bis 17.09.2017
* PL: Sicherheitszertifikat Teil B (GV), gültig vom 30.10.2012 bis 29.10.2017

Unternehmensgeschichte
Das bei Kuźnica Białostocka gelegene Logistikzentrum erhielt am 05.06.2012 die Zulassung als EVU. Nach Anmietung einer TEM2 konnte im November 2012 mit der Abwicklung von Güterverkehr auf dem Breitspurgleis zwischen der weißrussischen Grenze und dem Logistikzentrum begonnen werden.

Verkehre
* Übergaben Kuźnica Białostocka – Łosośna CL (Breitspur)

CTL Express Sp. z o.o. G

Aleja Jerozolimskie 96
PL-00-807 Warszawa
Telefon: +48 22 5493200
Telefax: +48 22 5493308
zbigniew.koszewski@ctl.pl
www.ctl.pl

Niederlassung Wrocław
ul. Św. Antoniego 15
PL-50-073 Wrocław
Telefon: +48 71 3446665

Management
* Zbigniew Koszewski (Vorsitzender der Geschäftsführung)
* Krzysztof Namysł (Mitglied der Geschäftsführung)

Gesellschafter
Stammkapital 9.050.000,00 PLN
* CTL Logistics Sp. z o.o. (100 %)

Lizenzen
* PL: EVU-Zulassung (GV), seit 10.11.2005
* PL: Sicherheitszertifikat Teil A (GV), gültig vom 18.11.2010 bis 17.11.2015
* PL: Sicherheitszertifikat Teil B (GV), gültig vom 28.12.2010 bis 27.12.2015

Unternehmensgeschichte
Das am 02.08.2005 gegründete Unternehmen CTL Express sollte in erster Linie für geplante Reiseverkehrsaktivitäten der CTL-Gruppe zuständig sein, was aber nie realisiert wurde. Einzig während der Fußballweltmeisterschaft 2006 wurde ein Sonderreisezug von Warschau nach Deutschland gefahren. Seit Februar 2012 besitzt CTL Express keine Lizenz für Personenverkehr mehr.
Heute ist CTL Express eines der aktiven Güter-EVU in der CTL-Logistics-Gruppe. Gemeinsam mit der in Berlin ansässigen CTL Logistics GmbH steuert CTL Express seit 2008 den grenzüberschreitenden Güterverkehr der CTL-Gruppe zwischen Polen und Deutschland. CTL Express ist dabei für den Transport in Polen zuständig. Hauptgrenzübergang ist Gubin – Guben. Die Koordinierung wird von Wrocław aus vorgenommen. Die Lokomotiven stellen andere Unternehmen der CTL-Gruppe zur Verfügung,

CTL Express / CTL Kargo

gewartet wird bei externen Dienstleistern.
Seit 01.12.2009 bedient CTL Express die Relation Czerwieńsk – Cottbus [DE] mit vier festen Pendelzügen täglich und stellt so eine reibungslose und schnelle Grenzpassage aller Güter für die CTL-Gruppe sicher. Czerwieńsk und Cottbus dienen dabei als Sammel- und Verteilzentren. Außerhalb dieser Relation organisieren dann jeweils die nationalen CTL-Gesellschaften die weiteren Verkehre. Darüber hinaus ist CTL Express als EVU für CTL Logistics im Westen und Süden Polens tätig und fährt insbesondere Güterzüge auf der Strecke Wrocław – Czerwieńsk – Dolna Odra – Szczecin – Świnoujście sowie auf allen Relationen von und nach Oberschlesien.
Im Sommer 2012 gab es Gerüchte bezüglich einer Übernahme von CTL Train durch CTL Express, die aber bis 2015 nicht durchgeführt wurde.

Verkehre
* Traktionsleistungen als Subauftragnehmer für CTL Logistics Sp. z o.o.
* Benzoltransporte Polen – Mannheim [DE]; Traktion in Polen; Kooperation mit CTL Logistics GmbH [DE]
* Flugaschetransporte Czarnowąsy – Coswig [DE]; 1-2 x pro Woche; Traktion in Polen; Kooperation mit CTL Logistics GmbH [DE]
* Haushaltsgerätetransporte Łódź Dąbrowa – Nauen [DE]; seit Juli 2010; in Kooperation mit CTL Logistics für BSH Bosch und Siemens Hausgeräte GmbH
* Mineralöltransporte Großkorbetha [DE] – Polen; Traktion in Polen; Kooperation mit CTL Logistics GmbH [DE]

* Ryszard Ząbik (Mitglied der Geschäftsführung)

Gesellschafter
Stammkapital 14.163.500,00 PLN
* CTL Logistics Sp. z o.o. (100 %)

Lizenzen
* PL: EVU-Zulassung (GV), seit 30.10.2007
* PL: Lizenz für Traktionsdienstleistungen, seit 30.10.2007
* PL: Sicherheitszertifikat Teil A (GV), gültig vom 16.08.2010 bis 15.08.2015
* PL: Sicherheitszertifikat Teil B (GV), gültig vom 10.05.2013 bis 23.11.2015

Unternehmensgeschichte
Am 13.01.2001 gründeten die Chemiewerke Zakłady Chemiczne Police S.A. ihre Eisenbahn-Transportabteilung in die Tochtergesellschaft Kargo Transport Kolejowy Sp. z o.o. Aus. Am 05.07.2005 ging diese in das Eigentum von CTL Logistics über und wurde in CTL Kargo Sp. z o.o. umbenannt.
CTL Kargo wickelt die komplette Transportlogistik innerhalb der Chemiewerke Police ab. Hier besitzt CTL Kargo auch eine Werkstatt, in der Diesellokomotiven und Güterwagen unterhalten und repariert werden können. Der Anschlussbahnhof zum Netz von PKP PLK ist Police Chemia. Die Infrastruktur des Anschlusses, über den jährlich etwa 1,8 Mio. t Güter versandt oder empfangen werden, gehört nach wie vor den Chemiewerken.
Mittlerweile betreibt CTL Kargo mehrere Anschlussbahnen im Hafen Szczecin. Darüber hinaus wickelt CTL Kargo auch Spotverkehre im Netz von PKP PLK ab.

Verkehre
* Betrieb der Anschlussbahn der Zakłady Chemiczne Police S.A.; seit 01.11.2001
* Betrieb von Anschlussbahnen in Szczecin Port Centralny
* AZ-Verkehr

CTL Kargo Sp. z o.o.

ul. Kuźnicka 1
PL-72-010 Police
Telefon: +48 91 3174266
Telefax: +48 91 3174930
kargo@ctl.pl
www.ctl.pl/pl/97,ctl-kargo-sp-z-o-o.html

Management
* Andrzej Rusek (Vorsitzender der Geschäftsführung)

CTL Kolzap / CTL Logistics

CTL Kolzap Sp. z o.o.

Al. Tysiąclecia Państwa Polskiego 13
PL-24-110 Puławy
Telefon: +48 81 4731161
kolzap@ctl.pl
www.ctl.pl/pl/93,ctl-kolzap-sp-z-o-o.html

Management
* Andrzej Rusek (Vorsitzender der Geschäftsführung)
* Piotr Pioterczak (Zweiter Vorsitzender der Geschäftsführung)

Gesellschafter
Stammkapital 2.000.000,00 PLN
* CTL Logistics Sp. z o.o. (51 %)
* Grupa Azoty Zakłady Azotowe Puławy S.A. (49 %)

Beteiligungen
* Jamauto Sp. z o.o. w likwidacji (92,94 %)

Lizenzen
* PL: EVU-Zulassung (GV), seit 25.08.2009
* PL: Sicherheitszertifikat Teil A (GV), gültig vom 28.06.2010 bis 27.06.2015
* PL: Sicherheitszertifikat Teil B (GV), gültig vom 18.02.2011 bis 17.02.2016

Unternehmensgeschichte
Am 01.05.2004 ging der frühere Eisenbahntransportbetrieb der Zakłady Azotowe [Stickstoffwerke] Puławy S.A. in die neu gegründete Gesellschaft KOLZAP über. Seit dem 24.12.2005 gilt der heutige Name CTL Kolzap.
Hauptzweck des Unternehmens ist die Betriebsführung der Werkbahn der Stickstoffwerke Puławy. Anschlussbahnhof zum Netz von PKP PLK ist Puławy Azoty. Darüber hinaus stellt es bedarfsweise ihre Fahrzeuge anderen Firmen der CTL-Gruppe für Transporte im PKP-Netz zur Verfügung. Die Lizenz für Traktionsdienstleistungen besitzt CTL Kolzap seit Februar 2012 nicht mehr.
Seit 2014 intensiviert man in den Bereichen Reparatur und Fahrzeugdisposition die Zusammenarbeit mit den ebenfalls zur Grupa Azoty gehörenden Unternehmen KOLTAR und CTL Chemkol.

Verkehre
* Betrieb der Anschlussbahn der Zakłady Azotowe Puławy S.A.
* Betrieb der Anschlussbahn der Certus Technologie Budowlane Sp. z o.o.
* Betrieb der Anschlussbahn der Dyckerhoff Polska Sp. z o.o.
* Betrieb der Anschlussbahn der GZNF Fosfory Sp. z o.o.

CTL Logistics Sp. z o.o. G

Aleja Jerozolimskie 96
PL-00-807 Warszawa
Telefon: +48 22 5493200
Telefax: +48 22 5493203
info@ctl.pl
www.ctl.pl

Außenstelle Wrocław
ul. Św. Antoniego 15
PL-50-073 Wrocław

Büro Katowice
ul. Roździeńskiego 190B
PL-40-203 Katowice
Telefon: +48 32 2394010
Telefax: +48 32 2394012

Management
* Jacek Bieczek (Vorsitzender der Geschäftsführung)
* Mariola Hola-Chwastek (Mitglied der Geschäftsführung, Finanzdirektorin)
* Jarosław Król (Mitglied der Geschäftsführung)

Gesellschafter
Stammkapital 159.710.500,00 PLN
* European Rail Freight II S.à.r.l. (75,01 %)
* CTL Mezz A Luxco S.à r.l. (24,99 %)

Beteiligungen
* CTL Express Sp. z o.o. (100 %)
* CTL Kargo Sp. z o.o. (100 %)
* CTL Logistics GmbH (100 %)
* CTL Port Sp. z o.o. (100 %)
* CTL Północ Sp. z o.o. (100 %)
* CTL Rail Sp. z o.o. (100 %)

CTL Logistics

Unternehmensstruktur CTL Logistics (Auszug)

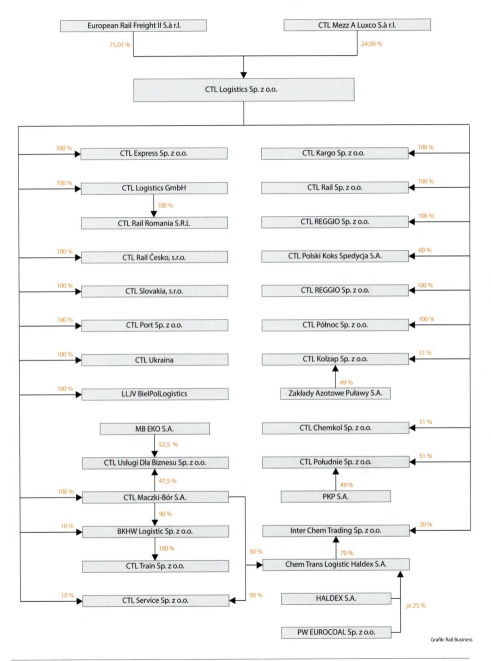

CTL Logistics

* CTL Rail Česko, s.r.o. (100 %)
* CTL REGGIO Sp. z o.o. (100 %)
* CTL SLOVAKIA, s.r.o. (100 %)
* CTL Ukraina (100 %)
* LLJV BielPolLogistics (100 %)
* CTL Chemkol Sp. z o.o. (51 %)
* CTL Kolzap Sp. z o.o. (51 %)
* CTL Południe Sp. z o.o. (51 %)
* Inter Chem Trading Sp. z o.o. (30 %)
* BKHW Logistic Sp. z o.o. (10 %)
* CTL SERVICE Sp. z o.o (10 %)
* CTL Maczki-Bór S.A.

Lizenzen
* PL: EVU-Zulassung (GV), seit 30.08.2003
* PL: Lizenz für Traktionsdienstleistungen, seit 30.08.2003
* PL: Sicherheitszertifikat Teil A (GV), gültig vom 09.02.2015 bis 08.02.2020
* PL: Sicherheitszertifikat Teil B (GV), gültig vom 23.11.2010 bis 22.11.2015

Unternehmensgeschichte
CTL Logistics ist eine internationale Firmengruppe, die komplexe Logistikdienstleistungen anbietet. Abgedeckt werden die Bereiche des nationalen und internationalen Eisenbahn- und Straßengüterverkehrs, Spedition und Zollabwicklung, Anschlussbahnbetrieb, Vermietung und Wartung von Schienenfahrzeugen, Bahnbau, Umschlag in Häfen und Terminals, Recycling und Rekultivierung von Bergbauflächen.
Im Jahr 1992 wurde die Firma Chem Trans Logistic Holding Polska S.A. mit Sitzen in Gliwice und Warschau gegründet, die als Bahnspedition für die chemische Industrie arbeitete. Neben dem nationalen Güterverkehr spielte von Anfang an auch der Transport über die östlichen Grenzen Polens hinweg eine wichtige Rolle. So wurden 1992 und 1994 zusammen mit den PKP die Tochterfirmen CTL Północ (Nord) und CTL Południe (Süd) gegründet, die die Umladeanlagen zwischen Normal- und Breitspurfahrzeugen unterhalten: in Chruściel (bei Braniewo, Grenze nach Russland), in Żurawica und in Medyka (beide bei Przemyśl, Grenze zur Ukraine).
Mit der CTL Logistics GmbH wurde 1996 ein deutsches Tochterunternehmen geschaffen, die anfangs als Spedition arbeitete. Eine weitere Spedition ist die 1997 in die Gruppe integrierte CTL Polski Koks Spedycja, die sich auf nationale und internationale Massenguttransporte spezialisiert hat. Die im Jahre 2000 gegründete Panopa Polska Sp. z o. o. war anfangs ein Joint-Venture zwischen der deutschen Panopa Logistik GmbH, Duisburg und der Chem Trans Logistic Holding Polska und diente beiden Firmen bei der Ausdehnung ihrer Aktivitäten in das jeweilige Partnerland. 2006 verkaufte die Panopa Logistik ihre Anteile, woraufhin Panopa Polska geschlossen wurde.
Der Einstieg in den lizenzierten Eisenbahngüterverkehr gelang mit der Übernahme der Sandbahn Kopalnia Piasku Maczki-Bór und Bildung der CTL Maczki-Bór im Jahr 2001. Dadurch gelangte CTL in den Besitz von Diesellokomotiven TEM2 und Elektrolokomotiven 3E/1, von denen sich vor allem letztere gut für Einsätze im PKP-Netz eigneten. In der Folgezeit konnte CTL dem bisherigen Monopolisten PKP Cargo bei Transporten chemischer Güter und Kohle Marktanteile abjagen. Durch die hohen Wachstumsraten auf diesem Gebiet wurde 2004 das Tochterunternehmen CTL Rail gegründet, das sich nur mit der Abwicklung von Eisenbahngüterverkehr beschäftigen sollte.
Gleichzeitig schuf man für die Zusammenarbeit bei grenzüberschreitenden Verkehren in Deutschland ein weiteres Unternehmen gleichen Namens. Nun waren Investitionen in die Fahrzeugflotte von CTL dringend notwendig. Den Triebfahrzeugpark besserte man anfangs durch gebraucht gekaufte Streckendiesellokomotiven der Typen M62 und 060DA auf, die bei CTL unter den PKP-Bezeichnungen ST44 und ST43 liefen. Diese wurden bei der deutschen CTL Rail eingestellt. Die ST43 waren ausnahmslos von der insolventen Karsdorfer Eisenbahngesellschaft mbH (KEG) übernommene Maschinen, die somit auch eine Zulassung für Deutschland hatten.
In den Jahren 2004 und 2005 wurden mit CTL Chemkol, CTL Kargo und CTL Kolzap mehrere Transportdienstleister der Stickstoffindustrie (heutige Gruppe Grupa Azoty) in die CTL-Gruppe aufgenommen.
2005 wurde der Name der Mutterfirma in CTL Logistics S.A. geändert.
Um weiterhin den Anforderungen im polnischen Güterverkehrsmarkt gewachsen zu sein, übernahm CTL in den Jahren 2005 und 2006 Elektrolokomotiven der Reihen 121 und 130 aus der Slowakei. Ab 2006 begann die Anmietung von tschechischen und slowakischen 182. Für die europaweiten Aktivitäten von CTL wurden Mehrsystemlokomotiven des Typs ES 64 F4 beschafft.
Im September 2007 erhielt CTL Logistics die niederländische Sicherheitsbescheinigung und darf somit das niederländische Eisenbahnnetz befahren, womit man nun in eigener Verantwortung Züge zwischen den Nordseehäfen und der Ostgrenze der EU betreiben kann. Eine Ausdehnung der Aktivitäten in weitere europäische Länder war geplant. In den an Polen östlich angrenzenden GUS-Staaten hat CTL bilaterale Abkommen mit den dortigen staatlichen Bahnbetreibern getroffen, die dem Unternehmen die Übernahme seiner Züge jenseits der Grenze von Normalspur und liberalisierten Eisenbahnverkehr ermöglichen. Beipielsweise wird im Verkehr mit den Weißrussischen Bahnen im Terminal des Unternehmens BielPolLogistics umgeladen.
Ende 2007 kaufte der Private-Equity-Fonds Bridgepoint dem bisherigen Besitzer Jarosław Pawluk 75 % der Anteile an CTL Logistics ab. Bridgepoint will die sehr gute Position von CTL Logistics im europäischen Güterverkehrsmarkt

CTL Logistics / CTL Maczki-Bór

weiter ausbauen und die Spitzenposition erreichen. Im Jahr 2008 übernahm die neu gegründete CTL Logistics Sp. z o.o. die CTL Logistics S.A. Letztere stellte darauf hin ihre Geschäftstätigkeit ein, womit CTL Logistics Sp. z o.o. fortan das Hauptunternehmen der CTL-Logistics-Gruppe ist. Im November 2011 übernahm die Fusion Invest GmbH aus Düsseldorf die restlichen Anteile von Jarosław Pawluk, im Sommer 2013 wurden sie an die CTL Mezz A Luxco S.à r.l. verkauft.
Die Tochterunternehmen CTL Finanse, CTL Inwestor, CTL Tankpol, CTL Wagony und CTL Lok wurden 2013 in die CTL Logistics integriert.
Im Herbst 2014 trat PKP Cargo mit der European Rail Freight II S.à r.l. in Verhandlungen ein, um CTL Logistics zu übernehmen. Im Dezember 2014 wurden diese für gescheitert erklärt, da sich die Parteien nicht auf einen gemeinsamen Modus einigen konnten.
In den kommenden Jahren will die CTL-Gruppe den Marktanteil in Deutschland weiter ausbauen. Das Hauptaugenmerk liegt auf dem internationalen Ost-West-Verkehr sowie auf Intermodaltransporten.
Derzeit beschäftigt die CTL-Logistics-Gruppe 1.800 Mitarbeiter (2006: 2.500).
CTL Logistics erbrachte 2014 eine Transportleistung von 2,5 Mrd. tkm. Das entpricht einem Anteil am polnischen Eisenbahn-Güterverkehrsmarkt von 4,9 %.

Verkehre
* Baustofftransporte in Polen für Mota Engil Central Europe S.A.
* Baustofftransporte von Schwarzkollm [DE] und Cunnersdorf [DE] nach Polen als Spotverkehre in Kooperation mit CTL Express und CTL Kargo; Traktion in Deutschland durch CTL Logistics GmbH
* Flüssiggastransporte Świsłocz [BY] – Serbien
* KV-Transporte Frankfurt (Oder) [DE] – Wrocław; 3 x pro Woche im Auftrag der SP Intermodal (Schavemaker Cargo Sp. z o.o.)
* KV-Transporte Hamburg [DE] / Bremerhaven [DE] – Kąty Wrocławskie; 1 x pro Woche seit März 2010; 4 x pro Woche seit Oktober 2010
* KV-Transporte Szekesfehervar [HU] – Gdańsk; seit 28.09.2007
* KV-Transporte „Maersk Baltic Express" Gdańsk (DCT) – Sławków (Euroterminal); 2 x pro Woche seit März 2012 für Maersk Polska
* Kesselwagenzüge Braniewo – Koszalin
* Kesselwagenzüge Chałupki – Gniezno
* Kesselwagenzüge Gdańsk Południe – Piekary Śląskie Szarlej
* Kesselwagenzüge Gdynia Port GPF – Koszalin
* Kesselwagenzüge Płock Trzepowo – Piekary Śląskie Szarlej
* Kesselwagenzüge Płock Trzepowo – Widełka
* Kohletransporte Oberschlesien – Grudziądz
* Kohletransporte Oberschlesien – Police Chemia
* Kohletransporte nach Puławy Azoty

* Kokstransporte Oberschlesien – Luxemburg; seit 06.09.2009; im Auftrag der CFL Cargo SA
* Langschienentransporte von Dabrowa Gornicza Towarowa nach Deutschland; im Auftrag der Arcelor Mittal Polska
* Pkw-Transporte (Škoda) Mladá Boleslav [CZ] – Swarzędz; seit Mitte 2013 Traktion ab Lichkov [CZ] im Auftrag der Advanced World Transport a.s. (AWT)
* Zementtransporte Chorula – Międzyrzecz; für Górażdże Cement S.A.
* Betrieb der Anschlussbahn der Chemiewerke Zakłady Chemiczne Nitro-Chem S.A. in Bydgoszcz
* Betrieb der Anschlussbahn der Chemiewerke Zakłady Chemiczne ZACHEM S.A. in Bydgoszcz
* Betrieb der Anschlussbahn der Silekol Sp. z o.o., Kędzierzyn-Koźle (über CTL Chemkol)
* Betrieb der Anschlussbahn der Zakłady Azotowe Kędzierzyn S.A. (über CTL Chemkol)
* Betrieb der Anschlussbahnen der Pfleiderer Grajewo S.A. in Grajewo und Wieruszów (über CTL Chemkol)
* Eisenbahnwerkslogistik der Polar S.A., Wrocław (über CTL Chemkol)
* Betrieb der Anschlussbahn der Heizkraftwerke Gdańsk, Gdynia und Toruń; seit Januar 2014 im Auftrag der EDF Polska Oddział Wybrzeże und EDF Toruń S.A.

CTL LOGISTICS
Connecting Europe

CTL Maczki-Bór S.A.

ul. Długa 90
PL-41-208 Sosnowiec
Telefon: +48 32 2990100
Telefax: +48 32 2990113
info@ctlmaczki.pl
www.ctl.pl/pl/100,o-firmie.html

Oddział Nieruchomości [Außenstelle Immobilien]
ul. Rozdzieńskiego 190 B
PL-40-203 Katowice

Management
* Marian Majcher (Vorstandsvorsitzender)
* Mariola Hola-Chwastek (Mitglied des Vorstands)
* Grzegorz Tarasów (Mitglied des Vorstands)

CTL Maczki-Bór / CTL Północ

Gesellschafter
Stammkapital 24.000.000,00 PLN
* CTL Logistics Sp. z o.o.

Beteiligungen
* BKHW Logistic Sp. z o.o. (90 %)
* CTL SERVICE Sp. z o.o (90 %)
* Chem Trans Logistic Haldex S.A. (50 %)
* CTL Usługi Dla Biznesu Sp. z o.o. (47,5 %)

Lizenzen
* PL: Sicherheitsautorisierung für Infrastruktur (Teil A), gültig vom 07.03.2014 bis 23.01.2016
* PL: Sicherheitsautorisierung für Infrastruktur (Teil B), gültig vom 23.05.2014 bis 27.02.2016

Infrastruktur
* Jęzor Centralny JCC – Brzęczkowice – Szadok – Wujek (19,1 km)
* Jęzor Centralny JCB – Bór Górny (2,9 km)
* Jęzor Centralny JCC – Dąbrowa – Kosztowy – Hołdunów (13,2 km)
* Bór Górny – ArcelorMittal Poland S.A. (4,1 km)

Unternehmensgeschichte
Im Jahre 1968 beschloss das Unternehmen Przedsiębiorstwo Materiałów Podsadzkowych Przemysłu Węglowego [Versatzmaterialbetrieb der Kohlenindustrie] PMPPW die Bildung einer Außenstelle Maczki-Bór in Imielin, welche für die Bewirtschaftung die beiden Sandgruben Bór und Dziećkowice zuständig wurde. Da insbesondere die Züge von Dziećkowice auf dem Weg in die Bergwerke vorrangig die sogenannte Südmagistrale (Jęzor Centralny - Klara) nutzten, bekam der neuen Betriebsteil auch deren Verwaltung zugeteilt, allerdings ausschließlich des Bahnhofes Jęzor Centralny, welcher zum Betriebsteil Szczakowa gehörte. Ihren eigenen zentralen Bahnhof Bór Górny errichtete sich der Betriebsteil am Südwestrand der Sandgrube Bór. Zum Einsatz kamen Ende der 1980er Jahre Diesellokomotiven TEM2, welche die Bedienung der Sandgruben übernahmen, und Elektrolokomotiven 3E/1, welche die Züge zu den Bergwerken beförderten. Nach der Auflösung des PMPPW am 31.08.1990 entstanden vier eigene Sandbahnbetriebe, von denen einer die Kopalnia Piasku Maczki-Bór S.A. wurde. Der Privatisierungsprozess fand im Jahre 2001 mit der Übernahme in die CTL-Gruppe seinen vorläufigen Höhepunkt, womit sich auch der Name in CTL Maczki-Bór Sp. z o.o. änderte. Insbesondere der übernommene Triebfahrzeugpark war für CTL das Sprungbrett in den gerade geöffneten Markt für privaten Schienengüterverkehr. Gut passte in diesem Zusammenhang die eigentlich eher schlechte Entscheidung zur Einstellung des elektrischen Betriebes auf den Sandbahnstrecken, auf denen sich damals Kupferdiebe und Wiederaufbau-Trupps einen Wettstreit lieferten. So wurden Elektrolokomotiven frei, die im PKP-Netz zugelassen waren und sich wunderbar für die Beförderung überregionaler Güterzüge eigneten. Generell werden alle Loks anderen EVU der CTL-Gruppe zur Verfügung gestellt.
Nach wie vor ist CTL Maczki-Bór Betreiber der eigenen Eisenbahninfrastruktur, die fremden EVU zur Nutzung zur Verfügung steht. Die Abteilung Infrastrukturunterhaltung wurde in die gesonderte Firma CTL MB Service (heute CTL Service) ausgegliedert.
Neben der eigenen Infrastruktur verwaltet CTL Maczki-Bór auch derzeit folgende Anschlussbahnen:
- Kompania Węglowa S.A.: Steinkohlebergwerk KWK Bobrek-Centrum, Bereiche Bobrek und Centrum
- Katowicki Holding Węglowy S.A.: Steinkohlebergwerk KWK Mysłowice-Wesoła, Bereich Wesoła und Bereich Mysłowice (Schacht Wschodni)
- Grupa GDF SUEZ Energia Polska: Kraftwerk Elektrownia Połaniec S.A.
- Kompania Węglowa S.A.: Steinkohlebergwerkes KWK Ziemowit
- ArcelorMittal Warszawa Sp. z o.o.: Eisenhütte Warschau
CTL Maczki-Bór ist für die CTL-Gruppe Dienstleister bei der Reparatur von Eisenbahnfahrzeugen, agiert als Spedition und ist im Bereich der Rekultivierung von Bergbauflächen tätig. Darüber hinaus widmet sich CTL Maczki-Bór dem Sandabbau und -verkauf. Wegen der geforderten Trennung von Netz und Betrieb wurde die Gesellschaft CTL Train geschaffen, die als Güter-EVU für CTL Maczki-Bór auftritt. Eine ursprünglich vorhandene eigene Lizenz für Güterverkehr wurde 2009 durch CTL Maczki-Bór zurückgegeben.
Zum 01.10.2010 wurde CTL Maczki-Bór von einer GmbH in eine Aktiengesellschaft umgewandelt.

CTL LOGISTICS
Connecting Europe

CTL Północ Sp. z o.o. G I

Aleja Solidarności 2
PL-81-336 Gdynia
Telefon: +48 58 6274359
Telefax: +48 58 6274180
teresa.zieba@ctl.pl
www.ctl.pl/pl/83,ctl-polnoc-sp-z-o-o.html

CTL Północ / CTL Rail

Management
* Jan Szurek (Vorsitzender der Geschäftsführung)
* Zbigniew Kucytowski (Mitglied der Geschäftsführung)

Gesellschafter
Stammkapital 2.608.500,00 PLN
* CTL Logistics Sp. z o.o. (100 %)

Beteiligungen
* CTL Agencja Celna Sp. z o.o. (100 %)

Lizenzen
* PL: EVU-Zulassung (GV), seit 08.02.2013
* PL: Lizenz für Traktionsdienstleistungen, seit 08.02.2013
* PL: Sicherheitszertifikat Teil A (GV), gültig vom 04.03.2013 bis 27.06.2015
* PL: Sicherheitszertifikat Teil B (GV), gültig vom 10.05.2013 bis 08.12.2015

Infrastruktur
* Anschluss BOS Wielewo – " Bo" Autostrada (1,570 km, Spurweite 1.520 mm)
* Anschluss "BE Rucianka" Wielkie Wiezno (0,962 km, Spurweite 1.435 mm)
* Anschluss "BE" Chruściel (Spurweite 1.520 mm)
* Anschluss "BO" Pierzchały (1,508 km, Spurweite 1.435 mm)

Unternehmensgeschichte
CTL Północ [Nord] entstand 1992 als gemeinsames Unternehmen der damaligen Chem Trans Logistic Holding Polska S.A. (heute CTL Logistics) und den PKP. Damals hieß es noch Towarzystwo Handlowe Wschód – Zachód Sp. z o.o. [Handelgesellschaft Ost-West] und betrieb eine Umladeanlage zwischen Normal- und Breitspur für flüssige und Schüttgüter in Chruściel bei Braniewo nahe der russischen Grenze. In der Folgezeit erwarb CTL Północ Anteile an verschiedenen Firmen in Nordostpolen. Darunter war beispielsweise der Anschlussbahnbetrieb des Hafens Gdynia, der vorher bereits in eine eigene GmbH mit dem Namen Trans-Port - Portowy Zakład Transportu Sp. z o.o. ausgegliedert wurde, und anschließend unter dem Namen CTL Trans-Port Sp. z o.o. firmierte. Später gingen diese Anteile an CTL Logistics.
Anfang 2012 verkauften die PKP ihre CTL-Północ-Anteile an CTL Logistics, die seitdem Alleingesellschafter ist. Gleichzeitig begann CTL Logistics damit, mehrere Unternehmen in Nordostpolen in der CTL Północ zusammenzufassen. So ging Anfang 2012 die CTL Trans-Port Sp. z o.o. in CTL Północ auf, ein Jahr später folgte die X-Train Sp. z o.o. Durch letztgenannte Übernahme kam CTL Północ zu seiner EVU-Lizenz, denn das Unternehmen wickelte bereits seit 2006 als EVU Transporte für CTL Trans-Port ab. Für die Traktion werden Lokomotiven aus dem Pool von CTL Logistics genutzt.
Hauptaktivität im Eisenbahnbereich ist der Betrieb von Hafen- und Anschlussbahnen in Gdańsk und Gdynia. Darüber hinaus ist CTL Północ auch als Speditionsbetrieb tätig und bietet hafenspezifische Dienstleistungen wie den Vertrieb von Brennstoffen und Abfallentsorgung an. Werkstätten für Eisenbahn- und Straßenfahrzeuge runden das Angebot ab.

Verkehre
* Rangierdienst im Hafen Gdynia; im Auftrag des Zarząd Morskiego Portu Gdynia S.A.

CTL LOGISTICS
Connecting Europe

CTL Rail Sp. z o.o. G

al. W. Roździeńskiego 190B
PL-40-202 Katowice
Telefon: +48 32 6068001
Telefax: +48 32 6068100
zbigniew.koszewski@ctl.pl
www.ctl.pl

Management
* Zbigniew Koszewski (Vorsitzender der Geschäftsführung)
* Bogdan Strykała (Mitglied der Geschäftsführung)

Gesellschafter
Stammkapital 15.550.000,00 PLN
* CTL Logistics Sp. z o.o. (100 %)

Lizenzen
* PL: EVU-Zulassung (GV), seit 02.03.2004
* PL: Lizenz für Traktionsdienstleistungen, seit 02.03.2004
* PL: Sicherheitszertifikat Teil A (GV), gültig vom 12.06.2014 bis 27.06.2015
* PL: Sicherheitszertifikat Teil B (GV), gültig vom 08.12.2010 bis 07.12.2015

Unternehmensgeschichte
Die am 27.02.2003 gegründete CTL Rail war anfangs das eigentliche EVU der CTL-Logistics-Gruppe, das für sie seit 2004 den überregionalen Güterverkehr in Polen abwickelte. Nach der Übernahme der Streckenlokomotiven von CTL Maczki-Bór kamen

CTL Rail / CTL REGGIO / CTL Train

Diesellokomotiven der Typen M62 (ST44) und 060DA (ST43) hinzu, die bei der deutschen CTL Logistics GmbH bilanziert wurden und auf Mietbasis von der polnischen CTL Rail eingesetzt werden können. Um den wachsenden Bedarf an streckentauglichen Lokomotiven decken zu können, wurden im Jahr 2005 beginnend Elektrolokomotiven aus Tschechien und der Slowakei gekauft bzw. angemietet. Begonnen hat diese Entwicklung mit der Übernahme von slowakischen 121 und 130, die nach der „Polonisierung" nun bei CTL unter den Bezeichnungen ET05 und ET13 laufen. 2006 begann die Anmietung von tschechischen und slowakischen 182.
Heute ist CTL Rail neben der Konzernmutter, CTL Reggio und CTL Express eines der aktiven Güter-EVU in der CTL-Logistics-Gruppe. Dabei ist CTL Rail nur im Hintergrund aktiv und tritt nach außen als Büro Katowice von CTL Logistics auf.
CTL Rail erbrachte 2014 eine Transportleistung von 908 Mio. tkm. Das entpricht einem Anteil am polnischen Eisenbahn-Güterverkehrsmarkt von 1,8 %.

Lizenzen
* PL: EVU-Zulassung (GV), seit 10.11.2005
* PL: Sicherheitszertifikat Teil A (GV), gültig vom 28.06.2010 bis 27.06.2015
* PL: Sicherheitszertifikat Teil B (GV), gültig vom 09.12.2010 bis 08.12.2015

Unternehmensgeschichte
CTL REGGIO wurde am 28.07.2005 gegründet und beschäftigt sich mit überregionalem Eisenbahngüterverkehr. Anfangs fuhr das Unternehmen Kohlenzüge von Jaszczów für die chemische Industrie am Standort Puławy. Seit 17.01.2007 wickelte CTL REGGIO für die CTL-Gruppe Intermodalverkehr zwischen Puławy und dem Containerterminal der Gdański Terminal Kontenerowy S.A. im Hafen Gdańsk nach festem Fahrplan ab. Des weiteren gehörten bis 2009 regionale Bedienfahrten zu mehreren Ölförderanlagen in der Nähe von Kostrzyn (Barnówko und Boleszkowice) zu den Aufgaben des Unternehmens.
Im Rahmen der 2008 vorgenommenen Reorganisation innerhalb der CTL-Logistics-Gruppe verwaltet die Konzernmuttergesellschaft CTL Logistics das Unternehmen. Seitdem wickelt CTL REGGIO nur noch Zug- und Rangierleistungen im Auftrag von CTL Logistics ab und tritt nach außen nicht mehr in Erscheinung.
Die einst erworbene Personenverkehrslizenz von CTL REGGIO ist nicht mehr vorhanden.

CTL REGGIO Sp. z o.o. G

Al. Tysiąclecia Państwa Polskiego 13
PL-24-100 Puławy
Telefon: +48 81 8891892
Telefax: +48 81 8875633
reggio@ctl.pl
www.ctl.pl

Korrespondenzadresse
ul. Roździeńskiego 190B
PL-40-202 Katowice
Telefon: +48 32 6068001
zbigniew.koszewski@ctl.pl

Management
* Zbigniew Koszewski (Vorsitzender der Geschäftsführung)
* Bogdan Strykała (Mitglied der Geschäftsführung)

Gesellschafter
Stammkapital 50.000,00 PLN
* CTL Logistics Sp. z o.o. (100 %)

CTL Train Sp. z o.o. G

ul. Długa 90
PL-41-208 Sosnowiec
Telefon: +48 32 2990211
Telefax: +48 32 2990115
ctltrain@ctlmaczki.pl
www.ctl.pl

Management
* Jacek Bieczek (Vorsitzender der Geschäftsführung)
* Krzysztof Biedroń (Zweiter Vorsitzender der Geschäftsführung)

CTL Train / DB Schenker Rail Polska

Gesellschafter
Stammkapital 50.000,00 PLN
* BKHW Logistic Sp. z o.o. (100 %)

Lizenzen
* PL: EVU-Zulassung (GV), seit 25.01.2005
* PL: Lizenz für Traktionsdienstleistungen, seit 25.01.2005
* PL: Sicherheitszertifikat Teil A (GV), gültig vom 26.10.2010 bis 25.10.2015
* PL: Sicherheitszertifikat Teil B (GV), gültig vom 23.12.2010 bis 22.12.2015

Unternehmensgeschichte
Die am 17.11.2004 gegründete CTL Train ist das Güter-EVU von CTL Maczki-Bór. Es wird durch CTL Maczki-Bór beauftragt und nutzt deren Fahrzeuge und Einrichtungen. Im Sommer 2012 gab es Gerüchte bezüglich einer Übernahme von CTL Train durch CTL Express, die bisher nicht durchgeführt wurde.
Mit den im Jahr 2014 beförderten 4 Mio. Tonnen hat CTL Train 1,7 % Anteil am landesweiten Aufkommen. Bedingt durch die traditionell kurzen Transportwege liegt der Anteil am polnischen Eisenbahn-Güterverkehrsmarkt weit unter 1 %.

Verkehre
* Sand-, Kohle- und Aushubtransporte im Auftrag der CTL Maczki-Bór S.A., u. a.:
* Aushubtransporte vom Steinkohlebergwerk KWK Murcki-Staszic; im Auftrag der Katowicki Holding Węglowy S.A. über CTL Haldex und CTL Maczki-Bór S.A.; Umfang 50 Mio. PLN
* Aushubtransporte von den Steinkohlebergwerken der Katowicki Holding Węglowy S.A. (KWK Mysłowice–Wesoła); ab Januar 2014 für 24 Monate; über CTL Maczki-Bór S.A.
* Aushubtransporte von den Steinkohlebergwerken der Kompania Węglowa S.A. (KWK Piast); ab Januar 2014 für 24 Monate; über CTL Maczki-Bór S. A.
* Aushubtransporte von den Steinkohlebergwerken der Południowy Koncern Węglowy S.A. (Zakład Górniczy Janina, Zakład Górniczy Sobieski); über CTL Maczki-Bór S.A.
* Kohletransporte vom Steinkohlebergwerk KWK Mysłowice-Wesoła; ab Mai 2012 für 36 Monate; im Auftrag der Katowicki Holding Węglowy S.A.; über CTL Maczki-Bór S.A.
* Sandtransporte zu Steinkohlebergwerken der Kompania Węglowa S.A.; über CTL Maczki-Bór S.A.
* Schlacketransporte im Auftrag der Tauron-Gruppe; über CTL Maczki-Bór S.A.; Umfang 600.000 t

DB Schenker Rail Polska S.A. G

ul. Wolności 337
PL-41-800 Zabrze
Telefon: +48 32 2714441
Telefax: +48 32 2712051
dbschenker_railpolska@dbschenker.pl
www.rail.dbschenker.pl

Management
* Marek Staszek (Vorstandsvorsitzender)
* Thomas Hesse (Mitglied des Vorstands)
* Dr. Michael Hetzer (Mitglied des Vorstands)
* Paweł Pucek (Mitglied des Vorstands)
* Tamara Staniowska (Mitglied des Vorstands)

Gesellschafter
Stammkapital 18.508.138,55 PLN
* DB Polska Holding Sp. z o.o. (100 %)

Beteiligungen
* DB Schenker Rail Spedkol Sp. z o.o. (100 %)
* Infra SILESIA S.A. (100 %)
* DB Port Szczecin Sp. z o.o. (96,8 %)
* Śląskie Centrum Logistyki S.A. (20,55 %)
* PCC Intermodal S.A. (13,94 %)

Lizenzen
* PL: EVU-Zulassung (GV), seit 28.11.2003
* PL: Lizenz für Traktionsdienstleistungen, seit 28.11.2003
* PL: Sicherheitszertifikat Teil A (GV), gültig vom 18.11.2011 bis 17.11.2016
* PL: Sicherheitszertifikat Teil A (PV), gültig vom 10.09.2010 bis 09.09.2015
* PL: Sicherheitszertifikat Teil B (GV), gültig vom 18.11.2011 bis 17.11.2016
* PL: Sicherheitszertifikat Teil B (PV), gültig vom 24.11.2010 bis 23.11.2015

Unternehmensgeschichte
Am 01.07.1954 nahm die Abteilung Szczakowa des Unternehmen Przedsięborstwo Materiałów Podsadzkowych Przemysłu Węglowego [Versatzmaterialbetrieb der Kohleindustrie] ihre Arbeit auf. Aus ihr entwickelte sich in der Folgezeit eine der größten Sandgruben in Oberschlesien. Zwischen 1951 und 1958 erbaute man den Bahnhof Jęzor Centralny, welcher noch heute den Betriebsmittelpunkt der Sandbahn darstellt. Um die am Ostrand des Industriegiegebietes liegende Sandgruben Szczakowa und Maczki-Bór mit den bestehenden Gruben am Südwestrand und geplanten Gruben im Nordosten zu verbinden, wurden die so genannten Nord- und

DB Schenker Rail Polska

Südmagistralen erbaut - eigene Strecken des Versatzmaterialbetriebes, auf denen unter Umgehung des PKP-Netzes transportiert werden konnte. Am 31.08.1990 wurde der zentrale Großbetrieb aufgelöst, wodurch unter anderem die Kopalnia Piasku Szczakowa (Sandgrube Kotlarnia) entstand, die sich traditionell mit Sandabbau, -transport und -vermarktung beschäftigte. Die PCC SE Duisburg, eine 1993 als GmbH von Waldemar Preussner gegründete und später in eine Aktiengesellschaft umgewandelte Firma, beteiligte sich 2003 an dem bis zu diesem Zeitpunkt staatlichen Sandbahnbetrieb Kopalnia Piasku Szczakowa S.A. und erhöhte ihren Anteil später auf fast 100 %. Fortan hieß das Sandbahnunternehmen PCC Rail Szczakowa S.A. Zusammen mit Erwerbungen von weiteren polnischen Chemiefirmen inklusive deren Transportunternehmen verfügte PCC über eine schlagkräftige Logistiksparte. Um eine Bündelung der Aktivitäten zu erreichen, fasste man fast alle betreffenden Firmen unter der stärksten Gesellschaft, der PCC Rail Szczakowa S.A., zusammen. Die damit als Holding auftretende Gesellschaft bekam den kürzeren und international eingängigeren Namen PCC Rail S.A. Traditionell führt das Unternehmen Sandtransporte von den eigenen Sandgruben zu verschiedenen Bergwerken auf eigenem Streckennetz durch. Ab 2003 wurde die Ausdehnung der Aktivitäten auf den nationalen Güterverkehrsmarkt verstärkt. Da der vorhandene, aus TEM2 und 3E/1 bestehende Lokomotivpark für diese Ziele nicht ausreichend war, wurden in großem Stil Streckendiesellokomotiven der Bauarten M62 und 060DA gekauft. Die 060DA gelangten später im Tausch gegen M62 zu LOTOS Kolej. Von diversen Verkäufern erwarb man mehrere ehemals deutsche Dieselloks der Baureihen 231 und 232. Ab 2006 wurde eine größere Anzahl von Elektrolokomotiven aus Tschechien und der Slowakei angemietet. Die zu PCC-Zeiten neuesten Vertreter im Lokpark waren die aus M62 umgebauten 311D.
Am 23.08.2007 erwarb die PCC Rail S.A. die Aktienmehrheit des Eisenbahnunternehmens PTKiGK Rybnik S.A., das anschließend in PCC Rail Rybnik S.A. umbenannt wurde (später DB Schenker Rail Rybnik S.A.) Gleichzeitig wurde PCC Rail S.A. über Beteiligungen Mehrheitsgesellschafter an der PTK Holding S.A. (später DB Schenker Rail Zabrze S.A.) und der NZTK Sp. z o.o. Diese Gesellschaften waren in ähnlichen Geschäftsfeldern wie die PCC Rail S.A. aktiv, die damit gegenüber CTL Logistics, dem damaligen Spitzenreiter im Privatbahnsektor, bedeutend aufholen konnte.
Am 30.01.2009 unterzeichnete der DB-Konzern einen Vertrag über den Erwerb der Logistiksparte der PCC-Unternehmensgruppe, welcher am 12.06.2009 durch die EU-Kommission genehmigt wurde. Abgeschlossen war die Übernahme durch DB Schenker im Juli 2009. Die Unternehmen der Firmengruppe waren traditionell spezialisiert auf den Komplettbetrieb von Eisenbahnanschlussgleisen von Kohlegruben und Kraftwerken in Polen. Ergänzt wurde das Leistungsportfolio durch Reparaturwerkstätten für Schienenfahrzeuge und umfangreiche Serviceleistungen im Bereich Gleisbau und Erdarbeiten.
Per 09.11.2009 erfolgte die Umbenennung in DB Schenker Rail Polska.
Die übernommenen Bahngesellschaften wurden teilweise noch umbenannt, dann jedoch zu den folgenden Terminen geschlossen und durch DB Schenker Rail Polska übernommen:
* 29.12.2009 DB Schenker Rail Kolchem
* 01.10.2010 East West Railways Sp. z o.o.
* 03.01.2011 DB Schenker Rail Rybnik S.A.
* 03.01.2011 DB Schenker Rail Zabrze S.A.
* 03.01.2011 NZTK Sp. z o.o.
* 03.01.2011 Energoport Sp. z o.o.
* 03.01.2011 PUT Trans-PAK Sp. z o.o.
* 03.01.2011 Trawipol Sp. z o.o.
* 22.11.2011 DB Schenker Rail Coaltran
* 28.02.2013 DB Schenker Rail Tabor S.A.

Im Februar 2011 verlegte man die Unternehmenszentrale von Jaworzno nach Zabrze. Da DB Schenker Rail Polska sich auf Güterverkehr spezialisiert und die DB im Reiseverkehr bereits mit Arriva RP in Polen aktiv ist, erlosch die Lizenz für Personenverkehr am 30.06.2011.
Als wichtige Tochtergesellschaft sei noch DB Port Szczecin erwähnt. Diese Stettiner Hafengesellschaft besitzt Umschlag- und Lagerflächen für Massengut, Stückgut und Container, die in den kommenden Jahren noch ausgebaut werden sollen.
Bedingt durch die Übernahme vieler Unternehmen kann DB Schenker Rail Polska auf ein gut ausgebautes Netz von Fahrzeugwerkstätten zurückgreifen.
Nach der Übernahme durch DB Schenker wurde ab Mitte 2011 mit dem Einsatz von JT42CWR begonnen. Diese wurden von DB Schenker Rail UK übernommen und sind neben der 311D mittlerweile Standard-Diesellok im innerpolnischen Streckendienst. Die 232 ist durch ihre freizügige Einsetzbarkeit in Deutschland und Polen derzeit im grenzüberschreitenden Dienst noch unverzichtbar. Die Dieselloks der Typen M62 und 060DA wurden mittlerweile abgestellt, verschrottet oder abgegeben, ebenso wie die Elektrolok-Splittergattungen 201E, 4E und 1822. Die zahlenmäßig reichlich vorhandenen Altbau-Elektroloks des Typs 3E/1 stehen noch Dienst. Dagegen werden die tschechischen und slowakischen Elekroloks nach und nach an die Vermieter zurückgegeben. Sie wurden durch die seit Anfang 2013 ausgelieferten Vectron-Loks ersetzt. Neben den traditionellen Massengut-Ganzzugverkehren kann DB Schenker Rail Polska dank guter Zusammenarbeit mit anderen Unternehmen der DB-Gruppe auch „Linienzug" genannte Direktverbindung im Einzelwagenverkehr zwischen Deutschland und

DB Schenker Rail Polska

Polen anbieten. Darüber hinaus werden Transporte nach Russland, Weißrussland und in die Ukraine angeboten.
Im Jahr 2014 hatte DB Schenker Rail Polska etwa 3.000 Mitarbeiter (2012: 4.300).
Die Transportleistung von DB Schenker Rail Polska im Jahr 2014 belief sich auf 2,6 Mrd. tkm (2013: 2,8). Das entspricht einem Anteil am polnischen Eisenbahn-Güterverkehrsmarkt von 5,1 Prozent (2013: 5,6 %).
DB Schenker Rail Polska hat in 2014 58,3 Mio. t Güter befördert, was die bedeutende Rolle im Anschlussgleisgeschäft widerspiegelt. Das Unternehmen hat im Bereich der Intermodalverkehre in Polen einen Marktanteil von rund 18 % Transportleistung / 21% Güter befördert, und in diesem Geschäftsbereich seine Aktivitäten im letzten Jahr stark ausgeweitet.

Verkehr
* nationaler und internationaler Güterverkehr, u.a.
* Aluminiumbarrentransporte Szczecin – Konin (Huta Aluminium Konin); seit März 2010; Kooperation mit DB Port Szczecin
* Autoteile-Transporte Eisenach [DE] – Gliwice; für Opel; Traktion in Polen; Kooperation mit DB Schenker Rail Deutschland
* Autoteile-Transporte auf den Abschnitten Oderbrücke [DE] – Małaszewicze / Petrovice u Karviné [CZ] – Małaszewicze; für Volkswagen
* Gütertransporte „Linienzug Mazovia" Seddin [DE] – Poznań – Kutno; 3 x pro Woche bis Poznań, 2 x weiter bis Kutno; seit Februar 2014
* Gütertransporte „Linienzug Moravia" Sławięcice – Bohumín-Vrbice – Ostrava [CZ] ; 3 x pro Woche seit Januar 2013 in Kooperation mit DB Schenker Rail Spedkol und ČD Cargo
* Gütertransporte „Linienzug Schlesien" Senftenberg [DE] – Wroclaw Gądów – Kędzierzyn-Koźle – Gliwice – Jaworzno Szczakowa; 3 x pro Woche seit 06.01.2010 in Kooperation mit DB Schenker Rail Spedkol; aktuell 6 x pro Woche
* KV-Transporte Duisburg-Ruhrort Hafen [DE] – Gądki; 2 x pro Woche seit Mai 2013 Traktion in Polen im Auftrag der Kombiverkehr Deutsche Gesellschaft für kombinierten Güterverkehr GmbH & Co. KG
* KV-Transporte Frankfurt (Oder) [DE] – Gądki – Trakiszki (Grenze Litauen) / Brest (Grenze Weißrussland); seit September 2012 Traktion in Polen im Auftrag der Hupac Intermodal AG
* KV-Transporte Hamburg [DE] – Dąbrowa Górnicza; 5 x pro Woche seit Dezember 2013 Traktion in Polen im Auftrag der POLZUG Intermodal GmbH
* KV-Transporte Hamburg [DE] – Poznań / Gądki; Traktion in Polen; 3 x pro Woche seit 2011 im Auftrag der POLZUG Intermodal GmbH
* KV-Transporte Hamburg [DE] – Pruszków; 5 x pro Woche seit Dezember 2013 Traktion in Polen im Auftrag der POLZUG Intermodal GmbH
* KV-Transporte Hamburg [DE] – Wrocław; 3 x pro Woche seit Dezember 2013 Traktion in Polen im Auftrag der POLZUG Intermodal GmbH
* KV-Transporte Wrocław – Kanaltunnel – London Barking [UK]; 1 x pro Woche seit November 2011 in Kooperation mit DB Schenker Rail UK Ltd.; u.a. für Hyundai und Kraft Foods; 2 x pro Woche seit 09.10.2012; Traktion in Polen
* KV-Transporte „China Train" Duisburg [DE] – Małaszewicze – China; Traktion in Polen im Auftrag von DB Schenker Rail Deutschland
* KV-Transporte „PCC Moskau-Express" von mehreren deutschen Nordseehäfen nach Moskau [RU]; Traktion in Polen im Auftrag der PCC Intermodal S.A.
* KV-Transporte „Šeštokai Express" Gądki – Šeštokai [LT] – Smolensk [RU]; Traktion in Polen im Auftrag der Hupac Intermodal AG
* Kalksteintransporte für den Kraftwerksverbund Zespół Elektrowni Pątnów-Adamow-Konin S.A. (ZE PAK S.A.)
* Kalktransporte Rykoszyn – Horka – Spreewitz [DE]; Traktion in Polen; Kooperation mit DB Schenker Rail Deutschland
* Kohletransporte Brest [BY] – Warschau; im Auftrag der Vattenfall S.A.
* Kohletransporte Oberschlesien – Gorzów Wielkopolski (Heizkraftwerk); für PGE Górnictwo i Energetyka Konwencjonalna S.A.
* Kohletransporte für Zespoł Elektrowni [Zusammenschluss der Kraftwerke] Pątnów-Adamów-Konin
* Kohletransporte und Betrieb der Anschlussbahn des Kraftwerkes Skawina; seit April 2014 für drei Jahre im Auftrag des Kraftwerkes Skawina (gehört zur Energy Group CEZ)
* Kohletransporte und Betrieb der Anschlussbahn des Steinkohlebergwerks KWK Wieczorek; ab 31.01.2014 für 36 Monate; im Auftrag der Katowicki Holding Węglowy S.A.
* Kohletransporte und Betrieb der Anschlussbahn des Steinkohlebergwerks KWK Wujek in den Bereichen Wujek und Śląsk; seit 31.01.2014 für 36 Monate im Auftrag der Katowicki Holding Węglowy S.A.
* Kohletransporte zum Kraftwerk Elektrownia Rybnik; im Auftrag der EDF Polska S.A.; seit Januar 2014 für fünf Jahre
* Kohletransporte; seit April 2014 für zwei Jahre im Auftrag der Kompania Węglowa S.A.
* Kreideschlammtransporte Gummern [AT] – Kostrzyn; 2 x wöchentlich Abwicklung in Polen im Auftrag von DB Schenker Rail Deutschland
* Langschienentransporte für ArcelorMittal Poland
* Leimtransporte Żary – Lutherstadt Wittenberg-Piesteritz [DE]; Traktion in Polen; Kooperation mit DB Schenker Rail Deutschland
* Methanoltransporte Großkorbetha [DE] - Żary; Traktion in Polen; Spotverkehre in Kooperation mit DB Schenker Rail Deutschland
* Pkw-Transporte (VW) nach Swarzędz; 10 x pro Woche seit Februar 2014

DB Schenker Rail Polska / DB Schenker Rail Spedkol

* Pkw-Transporte Tychy – Italien (u.a. Villanova d'Asti, Verona Quadrante Europa, Bologna Interporto, Piedimonte Villa SL, San Nicola Melfi, Torino Orbassano); bis zu 11 x pro Woche seit Januar 2013 Traktion bis Petrovice u Karviné (Übergabe an ČD Cargo, a.s. als Subunternehmer) [CZ] im Auftrag der Trenitalia
* Pkw-Transporte Tychy – Oderbrücke – Vlissingen [NL]
* Propantransporte Vlissingen [NL] – Sławków; Traktion in Polen; Kooperation mit DB Schenker Rail Deutschland
* Sandtransporte für das Berg- und Hüttenwerk Zakłady Górniczo-Hutniczy Bolesław S.A.
* Sandtransporte für das Bergwerk Zakłady Górnicze Trzebionka S.A.
* Sandtransporte für die Bergwerke der Katowicki Holding Węglowy S.A.
* Sandtransporte für die Bergwerke der Kompania Węglowa S.A.
* Teertransporte Zdzieszowice / Kraków Nowa Huta / Częstochowa Mirów – Castrop-Rauxel Hbf [DE]; Traktion in Polen; Kooperation mit DB Schenker Rail Deutschland
* Tontransporte Senftenberg [DE] – Tomaszów Mazowiecki; Traktion in Polen; Kooperation mit DB Schenker Rail Deutschland
* Betrieb der Anschlussbahn der Eisenhütte Celsa Huta Ostrowiec Sp. z o.o.
* Betrieb der Anschlussbahn des Kraftwerks Elektrownia Rybnik; im Auftrag der EDF Polska S.A.; seit Januar 2014 für fünf Jahre
* Betrieb der Anschlussbahn des Steinkohlebergwerks KWK Bielszowice der Kompania Węglowa S.A.
* Betrieb der Anschlussbahn des Steinkohlebergwerks KWK Knurów-Szczygłowice (Betrieb Szczygłowice); seit 01.01.2014 für 48 Monate; im Auftrag der Kompania Węglowa S.A.
* Betrieb der Anschlussbahn des Steinkohlebergwerks KWK Pokój der Kompania Węglowa S.A.; seit 01.01.2014 für 48 Monate; im Auftrag der Kompania Węglowa S.A.
* Betrieb der Anschlussbahn des Steinkohlebergwerks KWK Ziemowit; seit 01.01.2014 für 48 Monate; im Auftrag der Kompania Węglowa S.A.
* Betrieb der Anschlussbahnen der DB Port Szczecin Sp. z o.o. in Szczecin und Świnoujście
* Betrieb der Anschlussbahnen der PGNiG Termika S.A. (Elektrociepłownia [Heizkraftwerk] Siekierki in Warszawa, Elektrociepłownia Żerań in Warszawa, Elektrociepłownia Pruszków, Ciepłownia [Fernheizwerk] Wola in Warszawa, Ciepłownia Kawęczyn in Warszawa)
* Betrieb der Anschlussbahnen des Steinkohlebergwerks KWK Borynia-Zofiówka-Jastrzębie, Ruch Jas-Mos und Kohletransporte zum Bf Pawłowice Górnicze (1,6 Mio. t jährlich); im Auftrag der Jastrzębska Spółka Węglowa S.A.
* Betrieb der Anschlussbahnen des Steinkohlebergwerks KWK Borynia-Zofiówka-Jastrzębie; Laufzeit bis März 2016; im Auftrag der Jastrzębska Spółka Węglowa S.A.

DB Schenker Rail Spedkol Sp. z o.o. G

ul. Szkolna 15
PL-47-225 Kędzierzyn-Koźle
Telefon: +48 77 4886581
Telefax: +48 77 4886894
dbschenker_railspedkol@dbschenker.pl
www.rail.dbschenker.pl

Außenstelle Brzeg Dolny
ul. Sienkiewicza 4
PL-56-120 Brzeg Dolny
Telefon: +48 71 3192123
Telefax: +48 71 7943756

Außenstelle Sławków
ul. Dębowa Góra 29
PL-41-260 Sławków
Telefon: +48 32 2609984
Telefax: +48 32 2609957

Außenstelle Konin
ul. Energetyka 6B
PL-62-510 Konin

Management
* Tomasz Iwański (Vorsitzender der Geschäftsführung)

Gesellschafter
Stammkapital 4.034.350,00 PLN
* DB Schenker Rail Polska S.A. (100 %)

Lizenzen
* PL: EVU-Zulassung (GV), seit 28.11.2003
* PL: Lizenz für Traktionsdienstleistungen, seit 10.02.2004
* PL: Sicherheitszertifikat Teil A (GV), gültig vom 29.12.2010 bis 28.12.2015
* PL: Sicherheitszertifikat Teil B (GV), gültig vom 26.01.2011 bis 25.01.2016

DB Schenker Rail Spedkol / DLA

Unternehmensgeschichte
Am 21.04.1997 wurde im Zuge der Restrukturierung der Chemischen Werke Zakłady Chemicznych Blachownia deren frühere Transportabteilung in die Gesellschaft Sped-Kol Blachownia Sp. z o.o. umgewandelt. Sie arbeitete exklusiv für das Chemiewerk und bediente die Werksanschlussbahn, welche an den PKP-Bahnhof Sławięcice angebunden sind. Darüber hinaus war man bereits im Speditionsgewerbe aktiv und hatte langjährige Erfahrungen mit Gefahrguttransporten.
Im Jahr 2001 wurde das Unternehmen in die PCC-Gruppe integriert und hieß fortan PCC Spedkol Sp. z o.o. Seit dem 28.11.2003 besitzt PCC Spedkol eine EVU-Lizenz für Güterverkehr. Seit dem 01.01.2006 existiert eine Außenstelle auf dem Gelände der Chemiewerke PCC Rokita in Brzeg Dolny, welche für die Bedienung der Anschlussbahn der dort ansässigen PCC Rokita S.A. verantwortlich ist.
Um auch im Bereich der internationalen Transporte in den Bereich der GUS-Staaten präsent zu sein, wurde eine weitere Außenstelle in Sławków direkt am End- und Umladebahnhof der Breitspurstrecke von PKP LHS eröffnet. Diese bietet Transportdienstleistungen auf Straße und Schiene an.
Bedingt durch die Übernahme der PCC-Bahngruppe durch DB Schenker erfolgte im September 2009 die Umbenennung in DB Schenker Rail Spedkol. Im Anschluss wurden einige Lokomotiven von DB Schenker Rail Spedkol buchmäßig an DB Schenker Rail Polska abgegeben.
Die im Februar 2011 hinzugekommene Außenstelle Konin ist das ehemalige Straßentransport- und Speditionsunternehmen PUT TRANS PAK Sp. z o.o., bei der PTKiGK Rybnik (später DB Schenker Rail Rybnik) alleiniger Gesellschafter war.
In Kędzierzyn-Koźle betreibt DB Schenker Rail Spedkol eine Reparaturwerkstatt für Lokomotiven und Wagen. Weitere Geschäftsfelder sind Waggonvermietung, Reinigung von Kesselwagen und Lokomotiven sowie Gleisbauarbeiten.

Verkehre
* Gütertransporte „Linienzug Mazovia" Seddin [DE] – Poznań – Kutno; 3 x pro Woche bis Poznań, zweimal weiter bis Kutno; seit Februar 2014 in Kooperation mit DB Schenker Rail Polska
* Gütertransporte „Linienzug Moravia" Sławięcice – Bohumín-Vrbice – Ostrava [CZ]; 3 x pro Woche seit Januar 2013 in Kooperation mit DB Schenker Rail Polska und ČD Cargo
* Gütertransporte „Linienzug Schlesien" Senftenberg [DE] – Wroclaw Gądów – Kędzierzyn-Koźle – Gliwice – Jaworzno Szczakowa; 3 x pro Woche seit 06.01.2010 in Kooperation mit DB Schenker Rail Polska; aktuell 6 x pro Woche
* Kesselwagenzüge in Oberschlesien
* Kesselwaganzzüge Sławięcice – Chałupki – Ostrava [CZ])

* Betrieb der Anschlussbahn des Chemiewerks Zakłady Chemicznych Blachownia in Kędzierzyn-Koźle

Dolnośląskie Linie Autobusowe Sp. z o.o. (DLA) G

ul. Długosza 60
PL-51-162 Wrocław
Telefon: +48 71 7828131
Telefax: +48 71 7828133
dla@dla.com.pl
www.dla.com.pl

Management
* Mirosław Zieliński (Vorsitzender der Geschäftsführung)
* Wanda Zielińska (Zweite Vorsitzende der Geschäftsführung)

Gesellschafter
Stammkapital 250.000,00 PLN
* Mirosław Zieliński (100 %)

Lizenzen
* PL: EVU-Zulassung (GV), seit 09.11.2009
* PL: EVU-Zulassung (PV), seit 27.09.2005
* PL: Lizenz für Traktionsdienstleistungen, seit 09.11.2009
* PL: Sicherheitszertifikat Teil A (PV+GV), gültig vom 11.06.2013 bis 30.11.2015
* PL: Sicherheitszertifikat Teil B (PV+GV), gültig vom 31.12.2010 bis 30.12.2015

Unternehmensgeschichte
Im Jahre 2001 wurde dieses Unternehmen gegründet, das in Wrocław, Świebodzice und Rybnik einige Stadtbuslinien betreibt und darüber hinaus eine Überlandlinie Wrocław – Jelcz Laskowice. Im September 2005 erhielen die DLA eine Eisenbahn-Personenverkehrslizenz. Geplant war eine Beteiligung an Ausschreibungen für SPNV auf den zu reaktivierenden Strecken Kielce – Busko Zdrój in der Woiwodschaft Heiligenkreuz sowie Bytom – Gliwice in der Woiwodschaft Schlesien. Während erstere Strecke letztendlich nicht ausgeschrieben wurde, nahm DLA an der Ausschreibung Bytom – Gliwice als Konsortium zusammen mit PTKiGK Zabrze (heute in DB Schenker Rail Polska aufgegangen) teil, schied aber bereits im ersten Durchgang des zweistufigen Verfahrens aus. Auch ähnliche Initiativen in den Woiwodschaften Oppeln 2009 und Heiligkreuz 2010 waren für DLA nicht erfolgreich.
Als im Jahr 2008 der Verein Stowarzyszenie Hobbystów Kolejowych (SHK) mit einem saisonalen Ausflugsverkehr auf der ostpreußischen Strecke

DLA / DOLKOM / Ecco Rail

Kętrzyn – Węgorzewo begann, zeichnete DLA für den dortigen Fahrzeugeinsatz verantwortlich. Im Jahr 2009 wurde der Verkehr wegen noch nicht erfüllter Auflagen des Eisenbahntransportamtes UTK erst verspätet aufgenommen und auch bereits vorzeitig wieder beendet. Damit waren vorerst auch die eisenbahnbezogenen Aktivitäten von DLA beendet. Im gleichen Jahr beteiligte sich DLA zusammen mit den Koleje Dolnośląskie an einer Ausschreibung für SPNV in der Woiwodschaft Pommern, ging aber wiederum leer aus.
Ende 2009 erhielten die DLA eine Lizenz für Güterverkehr und beschafften ab 2012 eigene Lokomotiven. In diesem Zusammenhang muss das Unternehmen Mirosław Zieliński "Aspekt" PHU erwähnt werden, das dem Inhaber und Geschäftsführer von DLA gehört und das bei der Aquise gebrauchter Triebfahrzeuge aktiv ist. Die Loks werden von DLA in erster Linie vermietet, darüber hinaus aber auch für eigene Spotverkehre oder die Bedienung von Anschlussbahnen genutzt. Im Juni 2012 gewannen DLA eine Ausschreibung der im Aufbau befindlichen Parkeisenbahn in Krośnice im Wert von 1 Mio. PLN. Sie umfasst die Beschaffung von zwei Wagen, die Hauptuntersuchung an einer bereits vorhandenen Diesellok WLs75 sowie den Kauf einer Dampflok Px48.
DLA war 2013 der polnische Partner der tschechischen LEO Express a.s., die in Polen Fernverkehr in Konkurrenz zu PKP Intercity auf der Relation Warszawa – Poznań – Szczecin erbringen wollte. Dabei brachte DLA die erforderlichen Lizenzen und Sicherheitsbescheinigungen ein. Allerdings blockte der Netzbetreiber PKP PLK mit Unterstützung des Eisenbahnamtes UTK den Zugang zur Infrastruktur ab, so dass das Projekt letztlich im Mai 2014 aufgegeben wurde.

Management
★ Czesław Rosa (Vorsitzender der Geschäftsführung)
★ Adam Prynda (Mitglied der Geschäftsführung)
★ Mirosława Talarska (Mitglied der Geschäftsführung)

Gesellschafter
Stammkapital 25.063.000,00 PLN
★ PKP Polskie Linie Kolejowe S.A. (PLK) (100 %)

Lizenzen
★ PL: EVU-Zulassung (GV), seit 25.07.2005
★ PL: Sicherheitszertifikat Teil A (GV), gültig vom 01.12.2010 bis 30.11.2015
★ PL: Sicherheitszertifikat Teil B (GV), gültig vom 28.12.2010 bis 27.12.2015

Unternehmensgeschichte
Im Jahre 1954 entstand in Wrocław eine Abteilung der Polnischen Staatsbahnen PKP für den mechanisierten Gleisbau. Zum 01.09.2001 entstand nach mehreren vorangegangenen Umstrukturierungen und Zusammenlegung diverser Abteilungen die Ausgründung der DOLKOM. Die Gesellschaft beschäftigt sich hauptsächlich mit Gleisbau im Netz von PKP PLK sowie bei Anschlussbahnen. Darüber hinaus repariert DOLKOM Eisenbahnbaumaschinen, Eisenbahndrehkräne, Draisinen und Wagen. Der Hauptsitz mit einer Reihe von Abteilungen befindet sich in Wrocław, ebenso eine Werkstatt im Bahnhof Wrocław Świebodzki. Darüber hinaus unterhält DOLKOM Außenstellen in Namysłów, Wałbrzych, Goczałków und Gliwice. DOLKOM beschäftigte 2010 knapp 500 Mitarbeiter.

Verkehre
★ AZ-Verkehr

Dolnośląskie Przedsiębiorstwo Napraw Infrastruktury Komunikacyjnej DOLKOM Sp. z o.o. 🄖

ul. Hubska 6
PL-50-502 Wrocław
Telefon: +48 71 7175630
Telefax: +48 71 7175164
dolkom@dolkom.pl
www.dolkom.pl

Zakład Napraw Maszyn [Werkstatt]
ul. Tęczowa 55
PL-53-601 Wrocław
Telefon: +48 71 7173460
znm.wroclaw@dolkom.pl

Ecco Rail Sp. z o.o. 🄖

ul. Mariacka 33
PL-40-014 Katowice
Telefon: +48 32 8886688
Telefax: +48 71 7164188
biuro@ecco-rail.eu
www.ecco-rail.eu

Geschäftsstelle
ul. Traktatowa 1B
PL-54-425 Wrocław

Ecco Rail / Ełcka KW

Management
* Monika Łupińska-Duda (Vorsitzende der Geschäftsführung)
* Bronisław Plata (Mitglied der Geschäftsführung)

Gesellschafter
Stammkapital 55.000,00 PLN
* Bronisław Plata (40 %)
* Krzysztof Rybus (40 %)
* Johann Pötsch (20 %)

Lizenzen
* PL: EVU-Zulassung (GV), seit 14.01.2013
* PL: Lizenz für Traktionsdienstleistungen, seit 14.01.2013
* PL: Sicherheitszertifikat Teil A (GV), gültig vom 18.04.2013 bis 17.04.2018
* PL: Sicherheitszertifikat Teil B (GV), gültig vom 21.06.2013 bis 20.06.2018

Unternehmensgeschichte
Bronisław Płata und Johann Pötsch erwarben im Sommer 2012 Geschäftsanteile an der damals nicht am Markt tätigen Cosmo Professional Sp. z o.o. von Krzysztof Rybus und gaben ihr den neuen Namen Ecco Rail Sp. z o.o. Nach der Erlangung der polnischen EVU-Lizenz am 14.01.2013 konnte mit der Erbringung eigener Zugleistungen begonnen werden. Die Loks werden hauptsächlich durch Bronisław Płata von LOKOMOTIV gestellt. Somit kann Ecco Rail flexibel auf wechselnde Anforderungen reagieren. Die polnische Ecco Rail ist Partner der ECCO Rail GmbH aus Wien und disponiert ihre Zugleistungen vom Büro in Wrocław aus. Im Januar 2014 wechselte der Firmensitz von Będzin nach Katowice. Derzeit fährt Ecco Rail hauptsächlich Ganzzüge als Spotverkehre in ganz Polen. Am 04.09.2013 bespannte Ecco Rail den ersten Intermodalzug und ist seitdem auch in dieser Sparte aktiv.
Ecco Rail erbrachte 2014 eine Transportleistung von 270 Mio. tkm und hat damit 0,5 % Anteil am polnischen Eisenbahn-Güterverkehrsmarkt.

Verkehre
* Az-Verkehr und Baustellenlogistik
* Flüssiggastransporte Płock Trzepowo – Międzylesie
* Flüssiggastransporte Sławków Euroterminal – Székesfehérvár [HU]; Traktion in Polen
* Holztransporte nach Deutschland; Traktion in Polen; Übergabe in Görlitz an Press [DE]
* KV-Transporte Gdańsk – Łódź Olechów; im Auftrag der Loconi Intermodal S.A.
* KV-Transporte zwischen den Häfen Gdynia und Gdańsk sowie den Terminals in Pruszków, Dąbrowa Górnicza, Gądki; seit 04.09.2013 im Auftrag von POLZUG Intermodal POLSKA Sp. z o.o.
* Langschienentransporte von Chorzów Stary; im Auftrag der MORIS Sp. z o.o.
* Neubauwagen-Überführungen im Auftrag der Wagony Swidnica S.A.
* Phenoltransporte Gladbeck West [DE] – Mościce Azoty; Traktion in Polen; Kooperation mit CFL Cargo Deutschland [DE]
* Speiseöltransporte Klemensów – Hamm (Westf) Rbf [DE]; Traktion in Polen
* Speiseöltransporte Klemensów – Petrovice u Karvine [CZ]

Ełcka Kolej Wąskotorowa (Ełcka KW) P I

ul. Wąski Tor 1
PL-19-300 Ełk
Telefon: +48 87 6100000
Telefax: +48 87 6100000
kolejka.elk@o2.pl
www.mhe.elk.pl/?elcka-kolej-waskotorowa,207

Muzeum Historyczne w Ełku [Historisches Museum in Lyck]
ul. Małeckich 3/2
PL-19-300 Ełk
Telefon: +48 87 7320283
Telefax: +48 87 7320282
sekretariat@mhe-elk.pl
www.mhe-elk.pl

Management
* Kazimierz Bogusz (Direktor des Museums)
* Edward Kuryło (Leiter der Schmalspurbahn)

Lizenzen
* PL: EVU-Zulassung (GV), seit 23.12.2004
* PL: EVU-Zulassung (PV), seit 23.12.2004

Infrastruktur
* Ełk Wąskotorowy – Laski Małe – Turowo (38,0 km, Spurweite 750 mm)
* Laski Małe – Zawady Twórki (9,7 km, Spurweite 750 mm)

Unternehmensgeschichte
Für das ab 1949 von den PKP betriebene Netz der früheren Lycker Kleinbahn AG (ursprünglich 1.000 mm Spurweite, ab 1951 750 mm) kam im Jahre 2001 das Aus. Um die denkmalgeschützte Bahn zumindestens für touristische Zwecke zu erhalten, übernahm die Stadt Ełk Strecke und Betriebsmittel. Die Betriebsführung wurde dem städtischen Betrieb Miejski Ośrodek Sportu i Rekreacji MOSiR [Städtische Sport- und Erholungszentrale] übergeben, welcher am 25.03.2002 dazu die Abteilung Ełcka Kolej Wąskotorowa [Lycker Schmalspurbahn] gründete. Damit konnte ab 2003 jeweils in den Sommermonaten an einzelnen Tagen ein

Ełcka KW / Euronaft Trzebinia

Touristenzug vom Schmalspurbahnhof Ełk Wąsk. nach Sypitki verkehren. Die neben der Reisezug- auch vorhandene Güterverkehrslizenz wird nicht genutzt.
Zum 01.03.2014 gab der MOSiR die Verwaltung der Schmalspurbahn an das Historische Museum [Muzeum Historyczne w Ełku] ab, ist aber weiterhin als Lizenzinhaber gelistet. Neben der Weiterführung der Ausflugsfahrten im Sommer will das Museum die Bahn touristisch und kulturell aufwerten. Perspektivisch ist die Einrichtung eines "Eisenbahn-Lehrzentrums" geplant, für dessen Errichtung EU-Mittel eingeworben werden. Dazu wurden bereits die in Ełk seit langem abgestellten Schrott-Dampfloks Ty2-1285 und Ol49-11 (Regelspur) von den PKP gekauft.
Der Betriebsmittelpunkt der Schmalspurbahn mit Büro und Fahrzeugwerkstatt befindet sich in Ełk. Hier könnte man gegebenenfalls auch wieder Güterwagen mit dem regelspurigen PKP-Netz austauschen. Der Fahrzeugbestand umfasst vier Diesellokomotiven Lyd1 (Typ WLs150, Hersteller Chrzanów), ein Dieseltriebwagen MBxd2 (Typ A20D-P, Hersteller Faur) und die Dampflokomotive Px48-1752 (Chrzanów 2247 / 1951). Mehrere Reisezugwagen verschiedener Bauarten, sowie Güter-, Roll- und Bahndienstwagen komplettieren den Fahrzeugpark. Derzeit sind alle Streckenabschnitte außer Ełk Wąskotorowy – Sypitki nicht befahrbar.

Verkehre
* saisonaler Touristikverkehr Ełk Wąskotorowy – Sypitki

Euronaft Trzebinia Sp. z o.o. G

ul. Fabryczna 22
PL-32-540 Trzebinia
Telefon: +48 24 2010220
Telefax: +48 24 3677445
sekretariat@euronaft-trzebinia.pl
www.euronaft-trzebinia.pl

Management
* Artur Borowicz (Vorsitzender der Geschäftsführung)
* Grzegorz Bogacki (Mitglied der Geschäftsführung)

Gesellschafter
Stammkapital 12.560.000,00 PLN
* ORLEN Południe S.A. (100 %)

Lizenzen
* PL: EVU-Zulassung (GV), seit 12.01.2004
* PL: Lizenz für Traktionsdienstleistungen, seit 12.01.2004

* PL: Sicherheitszertifikat Teil A (GV), gültig vom 28.06.2010 bis 27.06.2015
* PL: Sicherheitszertifikat Teil B (GV), gültig vom 15.09.2010 bis 14.09.2015

Unternehmensgeschichte
Im Zuge der Restrukturierung der Raffinerie Trzebinia, die mittlerweile ein Betriebsteil der Orlen Południe S.A. ist, wurde im Jahre 1997 der Bereich Hauptmechanik in eine eigenständige Firma ausgegliedert. Diese firmierte anfangs unter dem Namen Naftotransrem Sp. z o.o., ab 2003 dann als Euronaft Trzebinia Sp. z o.o. Die Firma führt ihre Dienstleistungen, die neben bahnbezogenen Aufgaben auch Bau-, Reparatur- und Unterhaltungsarbeiten an Raffinerieanlagen umfassen, hauptsächlich für den Mutterbetrieb sowie die Tochtergesellschaften der Kapitalgruppe Rafineria Trzebinia S.A. aus. Traditionell wird die Anschlussbahn der Raffinerie in Trzebinia betrieben, weitere kamen im Laufe der Zeit hinzu. Mit vier in den eigenen Bestand übernommen T448p-Lokomotiven begann man im Jahre 2004, Züge im PKP-Netz zu fahren. Später kamen weitere T448p und Streckendiesselloks der Reihe 060DA hinzu, seit März 2013 auch E-Loks im Bestand. Im gleichen Jahr wurden Rangierdiesselloks von Newag und CZ LOKO getestet.
Eine Werkstatt, die auch externen Kunden zur Verfügung steht, befindet sich in Trzebinia.

Verkehre
* Baustofftranporte Chodov [CZ] – Końskie; Traktion in PL; in Kooperation mit ČD Cargo, a.s.
* Chemietransporte Płock Trzepowo – Trzebinia
* Chemietransporte Rzepin – Trzebinia; für Orlen Południe S.A.
* Getreidetransporte Gyoma [HU] – Klemensów; Traktion in Polen; für Zakłady Tłuszczowe w Bodaczowie [Speiseölfabriken Bodaczów]
* Mineralöltransporte Boronów – Kraków Olszanica; zum Tanklager der PKN Orlen
* Mineralöltransporte Brzeg – Trzebinia; für Orlen Południe S.A.
* Mineralöltransporte Trzebinia – Boronów; zum Tanklager 3 der Operator Logistyczny Paliw Płynnych Sp. z o.o.
* Mineralöltransporte Trzebinia – Jedlicze; für Orlen Południe S.A.
* Mineralöltransporte Trzebinia – Kraków Balice; zum Tanklager der Petrolot Sp. z o.o.
* Mineralöltransporte Trzebinia – Lublin; zum Tanklager der PKN Orlen
* Mineralöltransporte Trzebinia – Zduńska Wola Karsznice
* Mineralöltransporte Kostrzyn Towarowy – Trzebinia; für Orlen Południe S.A.
* Betrieb der Anschlussbahn der Orlen Asfalt Sp. z o. o.
* Betrieb der Anschlussbahn der Orlen Oil Sp. z o.o.

Euronaft Trzebinia / Euroterminal Sławków / EUROTRANS

★ Betrieb der Anschlussbahnen der ORLEN Południe S.A. in den Raffinerien Trzebinia und Jedlicze

Euroterminal Sławków Sp. z o.o. 🇵🇱

Groniec 1
PL-41-260 Sławków
Telefon: +48 32 7142400
Telefax: +48 32 7142404
info@euterminal.pl
www.euterminal.pl

Management
★ Tomasz Nadolski (Mitglied der Geschäftsführung)
★ Sylwester Sigiel (Vorsitzender der Geschäftsführung)

Gesellschafter
Stammkapital 182.479.000,00 PLN
★ Centrala Zaopatrzenia Hutnictwa S.A. (CZH) (81,36 %)
★ PKP Linia Hutnicza Szerokotorowa Sp. z o.o. (PKP LHS) (9,32 %)
★ PKP Cargo S.A. (9,32 %)

Lizenzen
★ PL: Sicherheitsautorisierung für Infrastruktur, gültig vom 14.07.2014 bis 13.07.2019

Infrastruktur
★ Sosnowiec Maczki – Sławków Euroterminal (öffentlich) (5,53 km, Spurweite 1.435 mm)
★ Sławków LHS – Sławków Euroterminal (nicht öffentlich) (3,25 km, Spurweite 1.520 mm)

Unternehmensgeschichte
Die für die Beschaffung von Rohstoffen und Materialien der Hüttenindustrie zuständige Centrala Zaopatrzenia Hutnictwa (CZH) stand in den 90er Jahren unter dem Einfluss eines stetigen Rückgangs der polnischen Hüttenproduktion. Kurz vor der Jahrtausendwende begann das Unternehmen eine intensive Sanierung. Dazu gehörte auch der Aufbau eines neuen Umladeterminals für Massengüter und Container, das 2004 unter dem Namen Euroterminal w Sławkowie als Niederlassung von CZH eröffnet wurde. Es befindet sich auf dem Gelände ihrer Erzaufbereitung, die bahnseitig bereits Regel- und Breitspuranschluss (durch PKP LHS) hatte.
Diese günstigen strukturellen Voraussetzungen und die exponierte Lage am Rand des oberschlesischen Industriegebiets waren die Voraussetzung für eine erfolgreiche Entwicklung im Ost-West-Verkehr. Mit Hilfe von EU-Fördermitteln wurde seitdem umfassend in die Infrastruktur investiert.
Aus der Zusammenarbeit mit PKP LHS und PKP Cargo erwuchs der Wunsch nach der Gründung einer gemeinsamen Gesellschaft. So wurde die Niederlassung in eine eigene Gesellschaft ausgegründet und am 01.04.2010 unter dem Namen Euroterminal Sławków Sp. z o.o. ins Handelsregister eingetragen. Anfangs war die CZH Alleingesellschafter, Mitte 2011 kamen PKP LHS und PKP Cargo hinzu.
Die normalspurige Anschlussbahn des Euroterminal Sławków beginnt im Bahnhof Sosnowiec Maczki. Seit Mitte 2014 ist sie bis zum Werkbahnhof als öffentliche Eisenbahninfrastruktur ausgewiesen.

EUROTRANS Sp. z o.o. 🇵🇱

ul. Warszawska 1c
PL-21-540 Małaszewicze
Telefon: +48 85 7485300
Telefax: +48 85 7485299
eurotrans.mal@wp.pl
www.cleuroport.pl

Management
★ Jonas Meśkutavićius (Vorsitzender der Geschäftsführung)

Gesellschafter
Stammkapital 100.000,00 PLN
★ T-EUROGROUP s.r.o. (100 %)

Lizenzen
★ PL: EVU-Zulassung (GV) seit 28.02.2013
★ PL: Sicherheitszertifikat Teil A (GV), gültig vom 17.02.2014 bis 16.02.2019
★ PL: Sicherheitszertifikat Teil B (GV), gültig vom 10.04.2014 bis 09.04.2019

Unternehmensgeschichte
EUROTRANS wurde 2007 von Jonas Meśkutavićius und dem Unternehmen Jelvez - PM Sp. z o.o. gegründet. Später wurde die zur tschechischen Holdinggesellschaft T-EUROGROUP s.r.o gehörende EUROPORT Sp. z o.o., die in Małaszewicze das gleichnamige Logistikzentrum aufbaute, alleiniger Gesellschafter. Seit Januar 2014 ist schließlich die Holding selbst Gesellschafter von EUROTRANS. Anfangs hatte das Unternehmen ein Büro im Ort. Mit der Fertigstellung des Bürogebäudes im Logistikzentrum zog es Mitte 2014 dorthin um. Geschäftsgegenstand von EUROTRANS sind Warenumschlag sowie Straßen- und Schienentransport. 2014 wurden zwei Breitspur-Rangierloks angemietet. Für Rangierarbeiten auf Regelspur ist ein Zweiwegefahrzeug vorhanden. Geplant sind eigenwirtschaftliche Verkehre bis ins weißrussische Brest. Angedacht ist beispielsweise in Kooperation mit der weißrussischen OOO Protos

EUROTRANS / ORION Kolej / FPL

eine "Rollende Landstraße" zwischen Kobylany/ Małaszewicze und Brest. Ein Pilotzug verkehrte am 18.03.2014, für den wegen noch fehlender Sicherheitszertifikate noch Ecco Rail als EVU in Polen verantwortlich zeichnete.

Firma Handlowo Usługowa „ORION Kolej" Krzysztof Warchoł G

ul. Traugutta 44
PL-33-300 Nowy Sącz
Telefon: +48 18 4426272
Telefax: +48 18 4426272
biuro@orionkolej.pl
www.orionkolej.pl

Abteilung Lokomotivreparatur
ul. Elektrodowa 53
PL-33-300 Nowy Sącz

Abteilung Motorreparatur
ul. Wyspiańskiego 28
PL-33-300 Nowy Sącz

Management
* Krzysztof Warchoł (Geschäftsführer)

Lizenzen
* PL: EVU-Zulassung (GV), seit 30.07.2012
* PL: Lizenz für Traktionsdienstleistungen, seit 30.07.2012
* PL: Sicherheitszertifikat Teil A (GV), gültig vom 29.06.2012 bis 28.06.2017
* PL: Sicherheitszertifikat Teil B (GV), gültig vom 11.03.2013 bis 10.03.2018

Unternehmensgeschichte
ORION Kolej wurde im Jahre 1997 gegründet und führte damals Untersuchungen an Rangierdieselloks SM42 und Reparaturen an Dieselmotoren aus. In der Folgezeit wurde dies auf weitere Loktypen und Güterwagen ausgedehnt. Später kam der Bereich Lok- und Güterwagenvermietung hinzu. Seit 2012 werden im Auftrag anderer Unternehmen eigene Zugleistungen im Güterverkehr erbracht, derzeit insbesondere für Eisenbahn-Baufirmen ohne eigene EVU-Lizenz.

Verkehre
* AZ-Verkehr

Freightliner PL

Freightliner PL Sp. z o.o. (FPL) G

ul. Jasna 15
PL-00-003 Warszawa
Telefon: +48 22 6486655
Telefax: +48 22 6495599
biuro@freightliner.pl pl
www.freightliner.pl

Management
* Konstantin Skorik (Vorsitzender der Geschäftsführung)
* Dominic Paul McKenna (Mitglied der Geschäftsführung)
* Wojciech Robert Jurkiewicz (Mitglied der Geschäftsführung, Geschäftsführer)
* Russell Andrew John Mears (Mitglied der Geschäftsführung)
* Paul Kevin Smart (Mitglied der Geschäftsführung)
* Krzysztof Wróbel (Mitglied der Geschäftsführung, Finanzdirektor)

Gesellschafter
Stammkapital 1.000.000,00 PLN
* Freightliner Group Ltd. (100 %)

Beteiligungen
* Freightliner DE GmbH (100 %)
* Freightliner Maintenance Europe Sp. z o.o. (100 %)
* Rail Services Europe Sp. z o.o. (100 %)
* Koleje Wschodnie Sp. z o.o. (90,2 %)

Lizenzen
* PL: EVU-Zulassung (GV), seit 07.12.2005
* PL: EVU-Zulassung (PV), seit 07.12.2005
* PL: Lizenz für Traktionsdienstleistungen, seit 07.12.2005
* PL: Sicherheitszertifikat Teil A (GV+PV), gültig vom 16.01.2015 bis 13.12.2015
* PL: Sicherheitszertifikat Teil B (GV+PV), gültig vom 12.03.2015 bis 14.12.2015

Unternehmensgeschichte
Im Jahre 2005 gründete die britische Freightliner Group die polnische Tochtergesellschaft Freightliner PL mit dem Ziel, ihre Tätigkeit auf das mitteleuropäische Netz zu erweitern. Parallel zur Beantragung der erforderlichen Lizenzen und dem Abschluss einer Vereinbarung mit dem staatlichen Netzbetreiber PKP PLK wurden neue Lokomotiven und Wagen bestellt.
Nachdem diese ihre polnische Zulassung erhalten hatten, war der Weg bereitet, dass am 01.09.2007

FPL / FBKL

der erste reguläre Güterzug unter FPL-Regie verkehren konnte. Bedingt durch die Fahrzeugzusammensetzung ist FPL auf schwere Massenguttransporte in Ganzzügen spezialisiert, die oft als Spotverkehre organisiert werden. Neben Kohletransporten sind derzeit immer noch Baustofftransporte für diverse Schnellstraßen- und Autobahnprojekte prägend für FPL. Derzeit erwägt FPL ein Engagement im sich entwickelnden Segment der Biomassetransporte.
Die Lokomotiven vom Typ JT42CWRM (Class 66) sind von Angel Trains geleast bzw. stammen von der Muttergesellschaft und besitzen eine Zulassung für Polen und Deutschland. Seit 2009 wurde der Bestand weiter aufgestockt mit Lokomotiven, die aus dem britischen Freightliner-Bestand stammen und vorher den polnischen Bestimmungen angepasst wurden. Um kurzzeitige Engpässe zu vermeiden, wurde im April 2009 eine JT42CWRM von CB Rail angemietet. Die Wagen der Gattung Eamnoss wurden von der zu Greenbrier Europe gehörenden Fabrik Wagony Świdnica geliefert.
Am 11.11.2007 fuhr FPL einen Werbe-Reisezug zwischen Szczecin Główny und Świnoujście mit der 66006. Konkrete Aussichten auf Übernahme von Reisezugleistungen gibt es jedoch derzeit nicht.
Bei den in Deutschland stattfindenden Transporten war bis zum Sommer 2011 die MEV für die Besetzung der Triebfahrzeuge und das Trassenmanagement verantwortlich. Seitdem übernahm die neu gegründete Tochtergesellschaft Freightliner DE GmbH diese Funktion. Sie nutzt dafür den Lokpark von FPL.
Durch den Entschluss der bisherigen Geschäftsführer Rafal Milczarski und Emil Dembiński, in die Politik zu gehen, wechselte im September 2013 bei FPL und allen Tochtergesellschaften das Management.
Da durch die zahlreichen Baustellen im polnischen Eisenbahnnetz vermehrt nicht elektrifizierte Umleiterstrecken zu befahren sind, gab FPL im Dezember 2013 drei angemietete Traxx-E-Loks an Alpha Trains zurück und hatte wieder ausschließlich Dieselloks im Bestand. Dafür wurden mehrere 311D angemietet.
Seit dem 06.06.2014 ist FPL der polnische Partner der niederländischen ERS Railways B.V., welche seitdem eine Containerzugverbindung Rotterdam – Swarzędz betreibt. Anfangs gab es fünf Abfahrten pro Woche, mittlerweile sechs. Im Januar 2015 kam eine zweite Verbindung zwischen Poznań und Krefeld hinzu. Die Traktion dieser Züge übernehmen E-Loks des Typs ES 64 F4 von ERS Railways, die in Polen unter der Regie von FPL verkehren.
Im Februar 2014 testete FPL für zwei Wochen die sechsachsige Neubau-E-Lok vom Typ E6ACT "Dragon" und bestellte ein Jahr später fünf Dragon der Unterbauart E6DCF-DP mit Zusatz-Dieselmotor.
Die Transportleistung lag 2014 bei 1,4 Mrd. tkm (2013 1,1). Damit hat FPL einen Anteil am polnischen Eisenbahn-Güterverkehrsmarkt von 2,9 % (2013: 2,2).

Verkehre
- Baustofftransporte in Polen, Deutschland und grenzüberschreitend als Spotverkehre
- Getreidetransporte Polen – Polen / Deutschland (u.a. Brake (Unterweser) [DE]); Spotverkehre seit 05.12.2014
- KV-Transporte RSC Waalhaven [NL] – Łódź Olechów (Spedcont); 2 x pro Woche; betriebliche Durchführung in Polen im Auftrag der ERS Railways B.V. [NL]
- KV-Transporte Rotterdam [NL] – Swarzędz (CLIP); 6 x pro Woche; betriebliche Durchführung in Polen im Auftrag der ERS Railways B.V. [NL]
- KV-Transporte „Kopernikus II" Krefeld (KCT) [DE] – Swarzędz (CLIP); 3 x pro Woche seit 01.01.2015 betriebliche Durchführung in Polen im Auftrag der ERS Railways B.V.
- KV-Transporte „Kopernikus" Krefeld (KCT) [DE] – Warszawa Praga (CargoSped); 2 x pro Woche seit 16.06.2014 betriebliche Durchführung in Polen im Auftrag der ERS Railways B.V.
- Kohletransporte Euroterminal Sławków – Deutschland: Kooperation mit Freightliner DE; seit Februar 2014
- Kohletransporte Jaszczów – Białystok
- Kohletransporte Jaszczów – Puławy Azoty; für Grupa Azoty S.A.
- Kohletransporte Pawłowice Górnicze – Ostrów Zachodni; für CZW "Węglozbyt" S.A.
- Kohletransporte Pawłowice Górnicze – Zdzieszowice Koksownia
- Stahlbrammentransporte seit Oktober 2014

Fundacja Bieszczadzkiej Kolejki Leśnej (FBKL) 🅿

Majdan 17
PL-38-607 Cisna
Telefon: +48 13 4686335
Telefax: +48 13 4686335
biuro@fbkl.pl
www.fbkl.pl

Management
- Mariusz Wermiński (Vorstandsvorsitzender)
- Stanisława Kobus (Mitglied des Vorstands)
- Zdzisław Kuliński (Mitglied des Vorstands)

Lizenzen
- PL: EVU-Zulassung (PV), seit 04.10.2004

Unternehmensgeschichte
Die Geschichte des Waldeisenbahnnetzes im ganz im Südosten Polens gelegenen Bieszczady-Gebirge begann mit der Eröffnung der Strecke Łupków – Cisna im Jahre 1898, die damals in der üblichen Spurweite von 760 mm ausgeführt und im Jahre

FBKL / FPKW

1942 im Zuge von Modernisierungsmaßnahmen umgespurt wurde. Ab 1950 ging sie in das Eigentum des polnischen Staatsforstes über, was sich bis heute nicht geändert hat. In den 1950er und 1960er Jahren wurden neue Strecken gebaut: die Verlängerung Cisna – Moczarne und die Zweigstrecke Smolnik – Rzepedź. Hauptzweck des Betriebes waren Transporte für die Forstwirtschaft, welche jedoch am 30.11.1994 endeten. Darüber hinaus diente die Bahn stets ganzjährig auch dem Reiseverkehr in der abgelegenen Gebirgsgegend.

Als dieser im Jahre 1991 endete, beschloss man, weiterhin saisonal auf Tourismus ausgelegte Reisezüge anzubieten, die jedoch 1995 eingestellt wurden. Dazu wurde die Fundacja Bieszczadzkiej Kolejki Leśnej (Stiftung der Bieszczaden-Waldbahn) ins Leben gerufen, welche sich um die Abwicklung sowie touristische Vermarktung kümmert und am 04.07.1997 die erste Saison mit Zugbetrieb starten konnte.

Derzeit beschränkt sich die betriebsfähige Strecke auf den Abschnitt Smolnik – Cisna Majdan – Przysłup. Die Befahrbarmachung der Verlängerung nach Nowy Łupków, wo Anschluss an die regelspurige PKP-Strecke Zagórz – Łupków besteht, ist geplant. Existent sind insgesamt noch die Abschnitte Nowy Łupków – Smolnik – Wola Michowa – Cisna Majdań – Przysłup – Wetlina (45 km, Spurweite 750 mm) und Smolnik – Rzepedź (14 km, Spurweite 750 mm). Der Wille zur Reaktivierung dieser Netze ist vorhanden, wird sich aber den finanziellen Gegebenheiten unterordnen müssen. Betriebsmittelpunkt ist der Bahnhof Cisna Majdań. Während bis 2010 in der Sommersaison die gesamte befahrbare Strecke Smolnik – Cisna Majdan – Przysłup planmäßig bedient wurde, nahm man aus wirtschaftlichen Erwägungen ab der Saison 2011 die Planzüge auf den Abschnitt Balnica – Cisna Majdan – Przysłup zurück. Sonderfahrten sind aber weiterhin auf der Gesamtstrecke möglich. Seite 2011 werden auch in den Winterferien Fahrten angeboten.

Für die Bespannung der Züge stehen mehrere Lokomotiven der Reihe Lyd2 (Typ L30H, Hersteller FAUR) und eine Lxd2 (Typ L45H, Hersteller FAUR) zur Verfügung. Die betriebsfähige Aufarbeitung einer von der Zuckerfabrik Kruszwica übernommene Dampflokomotive des Typs Las (Chrzanów 4967 / 1956) konnte 2006 abgeschlossen werden, im Mai 2012 kam eine für diese Bahn typische Kp4-Dampflokomotive (Chrzanów 3772 / 1957) hinzu. Für untergeordnete Dienste sind eine WLs75 (Hersteller ZNTK Poznań), zwei WLs150 (Hersteller Chrzanów) und eine WLs180 (Hersteller Zastal) vorhanden. Neben acht geschlossenen Reisezugwagen aus dem Jahre 1975 existieren zwei aus Güterwagen umgebaute offene Sommerwagen sowie auch noch eine Anzahl Flachwagen und Drehschemel.

Verkehre
* saisonaler Touristikverkehr Balnica – Cisna – Przysłup

Fundacja Polskich Kolei Wąskotorowych (FPKW) ℗

ul. Dworcowa 37
PL-95-063 Rogów
Telefon: +48 46 8748023
zarzad@fpkw.org
www.fpkw.org

Kolej Wąskotorowa Rogów - Rawa - Biała
ul. Dworcowa 37
95-063 Rogów
Telefon: +48 46 8748023
biuro@kolejrogowska.pl
www.kolejrogowska.pl

Management
* Adam Wawrzyniak (Vorstandsvorsitzender)
* Grzegorz Fiedler (Mitglied des Vorstands)
* Michał Zajfert (Mitglied des Vorstands)

Lizenzen
* PL: EVU-Zulassung (PV), seit 28.06.2005

Unternehmensgeschichte
Die Fundacja Polskich Kolei Wąskotorowych [Stiftung der polnischen Schmalspurbahnen] existiert seit November 1999. Sie wurde von Eisenbahnern und Eisenbahnfreunden gegründet, um erhaltenswerte Schmalspurbahnen zu bewahren. Anfangs wurden hauptsächlich Fahrzeuge erworben sowie die Pflege der im Freilichtmuseum Janów Lubelski ausgestellten Eisenbahnexponate durchgeführt.

Im Zuge der Umstrukturierung der PKP-Schmalspurbahnen wurde gezielt ein Kontakt zwischen Staatsbahn und dem Kreis Rawa Mazowiecka hergestellt, der letztendlich in die Übernahme der Strecke Rogów Wąskotorowy – Biała Rawska (48,7 km, Spurweite 750 mm) durch den Kreis und die Übergabe der Betriebsführung an die FPKW im Oktober 2002 mündete. In den Sommermonaten werden regelmäßig Touristenzüge angeboten. Während diese bis 2011 zwischen Rogów und Głuchów verkehrten, wird seit 2012 nur noch bis Jeżów gefahren.

Die Fahrzeugwerkstatt befindet sich in Rogów Wąskotorowy. Betriebsfähig sind Dieselloks der Reihen Lyd1 (Typ WLs150, Hersteller Chrzanów) und Lxd2 (Typ L45H, Hersteller FAUR) vorhanden. Darüber hinaus existieren eine Reihe nicht betriebsfähiger Dampf- und Diesellokomotiven. Am 10.01.2003 wurde die FPKW vom Kreis

FPKW / KOLTAR

Starachowice mit der Betriebsführung auf der damals bereits seit fast zehn Jahren eingestellten Schmalspurbahn von Starachowice beauftragt. Der Kreis hatte die Strecke Starachowice Wschodnie Wąskotorowe – Iłża (20,0 km, Spurweite 750 mm) gerade von den PKP übernommen und die Aktiven der Stiftung leisteten die vorbereitende Wiederaufbauarbeit, um im Abschnitt von Starachowice nach Lipie einen saisonalen Ausflugsverkehr durchführen zu können. Der Betriebsführungsvertrag mit der FPKW wurde zum 01.12.2007 durch den Kreis gekündigt.
Am 18.06.2005 eröffnete die FPKW ein Freilichtmuseum in Pionki. Ziel war neben der Erhaltung von typischen Fahrzeugen die Wiederinbetriebnahme desTeilstückes Pionki – Garbatka-Letnisko der früheren Waldeisenbahn Pionki. Letztlich brachte die fehlende Unterstützung durch lokale Körperschaften sowie durch die Forstverwaltung das Projekt zum Erliegen, wodurch sich Anfang 2010 auch die FPKW aus diesem Engagement zurückzog.

Verkehre
* Saisonaler Touristenverkehr Rogów Wąskotorowy – Jeżów

Grupa Azoty „KOLTAR" Sp. z o.o.
ⓖ

ul. Kwiatkowskiego 8
PL-33-101 Tarnów
Telefon: +48 14 6372634
Telefax: +48 14 6372458
koltar@grupaazoty.com
koltar.grupaazoty.com

Management
* Piotr Golemo (Vorsitzender der Geschäftsführung)
* Janusz Podsiadło (Zweiter Vorsitzender der Geschäftsführung)
* Andrzej Rusek (Mitglied der Geschäftsführung)

Gesellschafter
Stammkapital 32.760.000,00 PLN
* Grupa Azoty S.A. (100 %)

Lizenzen
* PL: EVU-Zulassung (GV), seit 08.03.2005
* PL: Lizenz für Traktionsdienstleistungen, seit 08.03.2005
* PL: Sicherheitszertifikat Teil A (GV), gültig vom 25.07.2013 bis 21.12.2015
* PL: Sicherheitszertifikat Teil B (GV), gültig vom 24.10.2013 bis 27.12.2015

Unternehmensgeschichte
Bereits 1929 nahm ein staatliches Stickstoffwerk im neu entstandenen Stadtteil Tarnów Mościce den Betrieb auf. Im Jahre 1991 wurde es in eine AG mit dem Namen Zakłady Azotowe w Tarnowie-Mościcach S.A. umgewandelt und seit 2005 bemüht man sich ernsthaft um eine Privatisierung. Allerdings wurde eine Übernahme von 80 % der Aktien durch den PCC-Konzern Ende 2006 durch die polnischen Kartellbehörden abgelehnt. Am 30.06.2008 wurden die Aktien an der Wertpapierbörse platziert. Aktionäre sind unter anderem Ciech und PGNiG.
Am 01.01.2000 wurde der Werkbahnbetrieb aus den Strukturen des Mutterwerkes als eigenständige Gesellschaft Przedsiębiorstwo Transportu Kolejowego "KOLTAR" Sp. z o.o. (PTK KOLTAR) herausgelöst. Nachdem anfänglich nur für die Belange des Stickstoffwerkes als Rangier- und Bahnspeditionsdienstleister gearbeitet wurde, ist man heute offen für Kunden in ganz Polen. Zu den traditionellen Geschäftsfeldern Vermietung von Eisenbahnfahrzeugen, Fahrzeugausbesserung (Lokomotiven und Wagen, insbesondere Kesselwagen), Kesselwagenreinigung sowie Reparatur und Unterhaltung von Gleisanlagen kommt seit 2005 auch die Tätigkeit als EVU im Güterverkehr hinzu.
In den vergangenen Jahren setzte KOLTAR auf die Erweiterung und Modernisierung des Triebfahrzeugparks. Im Jahr 2011 sind TEM2-017 und TEM2-122 beim Fahrzeugwerk PESA zur Hauptuntersuchung und Modernisierung gewesen. Neu beschafft wurden M62-1077 und M62-1331, die vor dem Einsatz ebenfalls bei PESA einer Modernisierung unterzogen wurden. Zwei SM42 wurden 2011 bei Newag in 6Dg umgebaut, eine dritte kam 2012 hinzu.
Im Rahmen der Vereinheitlichung von Namen innerhalb der Unternehmensgruppe änderte sich Anfang 2013 auch der Name von PTK KOLTAR in Grupa Azoty "KOLTAR" Sp. z o.o.
Die Verwaltungs- und Werkstattbereiche von KOLTAR befinden sich im Werksgelände des Stickstoffwerkes. Anschlussbahnhof zum Netz von PKP PLK ist Tarnów Mościce.
Anfang 2014 gab es Gerüchte bezüglich einer Übernahme von KOLTAR durch LOTOS Kolej, was jedoch dementiert wurde. Gleichzeitig intensivierte man in den Bereichen Reparatur und Fahrzeugdisposition die Zusammenarbeit mit den ebenfalls zur Grupa Azoty gehörenden Unternehmen CTL Chemkol und CTL Kolzap.

Verkehre
* AZ-Verkehr
* Ammoniaktransporte Kędzierzyn Koźle – Tarnów Mościce; für Zakłady Azotowe w Tarnowie-Mościcach S.A.
* Dolomitsteintransporte Libiąż – Tarnów Mościce; 3 x pro Woche

KOLTAR / HSL Polska / Infra SILESIA

* Flüssigschwefeltransporte Strzegomek / Płock – Tarnów Mościce; für Zakłady Azotowe w Tarnowie-Mościcach S.A.
* Stahltransporte für Polimex-Mostostal S.A. Siedlce
* Betrieb der Anschlussbahn der Zakłady Azotowe w Tarnowie - Mościcach S.A.

HSL Polska Sp. z o.o. G

ul. Duchnicka 3
PL-01-796 Warszawa
Telefon: +48 22 5698080
Telefax: +48 22 2442523
hsl@hsl.net.pl
www.hsl.net.pl

Management
* Marcin Brzozowski (Vorsitzender der Geschäftsführung)
* Andrzej Lewczuk (Stellvertretender Vorsitzender der Geschäftsführung)
* Haiko Böttcher (Mitglied der Geschäftsführung)

Gesellschafter
Stammkapital 365.100,00 PLN
* Exploris S.A. (80,4 %)
* Marcin Brzozowski (19,6 %)

Lizenzen
* PL: EVU-Zulassung (GV), seit 04.05.2010
* PL: Sicherheitszertifikat Teil A (GV), gültig vom 20.11.2014 bis 27.06.2015
* PL: Sicherheitszertifikat Teil B (GV), gültig vom 23.11.2010 bis 22.11.2015

Unternehmensgeschichte
Dieses im Juni 2009 gegründete Unternehmen erhielt am 04.05.2010 eine Lizenz für Güterverkehr. 2011 verkauften die Gründungsgesellschafter Anna Zdral, Dariusz Morel sowie Halina Antoniak mehrheitlich bzw. ihre Gesellschaftsanteile an die Via Cargo S.A. sowie Marcin Brzozowski. Via Cargo S.A. ist ein Bahnspedition, die ebenfalls Anteile an deutschen und tschechischen Unternehmen hält. Für Serviceleistungen an Eisenbahnwaggons gründete Via Cargo S.A. in Polen die Via Cargo Technika Sp. z o.o.

Erste Aktivitäten startete ExTrail im dritten Quartal 2011. Triebfahrzeuge werden kurzfristig bei polnischen Unternehmen angemietet. Am 07.03.2014 wurde ExTRail Teil der neu entstandenen Holding Exploris S.A. Damit einher gehend wurde im Juli 2014 ExTRail in HSL Polska umfirmiert und Haiko Böttcher in das Management aufgenommen. Unter der Marke HSL ist somit eine eigene Produktion und Abwicklung von Brest (Weißrussland) bis in die Niederlande möglich. Der ehemalige ITL-Polska-Geschäftsführer und aktueller HSL-Polska-Prokurist Maciej Wysocki ist ebenfalls Haupteigentümer der Expleo Sp. z o.o., die im Umladekorridor Siemianówka Zug- und Rangierleistungen auf Breitspur anbietet. Da Expleo keine EVU-Lizenzen besitzt, wickelt HSL Polska diese Leistungen im Auftrag ab.

Verkehre
* Rangierdienstleistungen für Expleo Sp. z o.o.

Infra SILESIA S.A. I

ul. Kłokocińska 51
PL-44-251 Rybnik
Telefon: +48 32 7394810
Telefax: +48 32 7394810
sekretariat.infrasilesia.pl@dbschenker.eu
www.infrasilesia.pl

Management
* Michał Batko (Vorstandsvorsitzender)
* Janusz Lasiński (Mitglied des Vorstands)

Gesellschafter
Stammkapital 1.442.000,00 PLN
* DB Schenker Rail Polska S.A. (100 %)

Lizenzen
* PL: Sicherheitsautorisierung für Infrastruktur (Teil A), gültig vom 25.02.2014 bis 04.01.2016
* PL: Sicherheitsautorisierung für Infrastruktur (Teil B), gültig vom 24.03.2014 bis 03.04.2016

Infrastruktur
* Jęzor Centralny JCA – Szczakowa Północ – Szczakowa Południe – Ciężkowice (Anschluss an PLK) (16,778 km)
* Jęzor Centralny JCA – Intermodal (PCC Intermodal) (0,531)
* Zygmunt August – Barbara – Piekary Śląskie Szarlej (Anschluss an PLK) (5,378 km)
* Jęzor Centralny JCA – Jęzor Centralny JCC (2,428 km)
* Dąbrowa – Sobieski (PKW) (4,828 km)

Infra SILESIA / Inter Cargo / JSK

- Rybnik Towarowy (Anschluss an PLK) – Chwałowice – Jankowice – Boguszowice (Anschluss an JSK) (7,579 km)
- KWK Chwałowice Chw – KWK Chwałowice Chw1 (0,520 km)
- Wodzisław Śląski (Anschluss an PLK) – Marcel (4,759 km)
- Wodzisław Śląski (Anschluss an PLK) – Marklowice (2,843 km)
- Rybnik Towarowy (Anschluss an PLK) – Radlin Obszary – Marcel (4,139 km)
- KWK Jankowice – KWK Jankowice szyb VI (4,720 km)
- Boguszowice Bg3 – BNTiSK Kłokocin Bg4 (1,300 km)
- KWK Szczygłowice – Krywałd (4,190 km)
- Szczygłowice Kopalnia Sgp – KWK Szczygłowice pzo (0,825 km)
- Boguszowice – Paruszowice (Anschluss an KP KOTLARNIA - LK) (1,526 km)

Unternehmensgeschichte
Am 23.06.2009 entstand durch die Fusion von PTK Infrastruktura S.A. (PTK Infrastruktura) und PCC Śląskie Linie Kolejowe Sp. z o.o. (PCC ŚLK) die neue Gesellschaft PCC Rail Infrastruktura S.A. Beide ehemalige Unternehmen waren die Infrastrukturbetreiber und -verwalter von PCC Rail Rybnik (ex PTKiGK Rybnik, später DB Schenker Rail Rybnik, mittlerweile in DB Schenker Rail Polska aufgegangen) und PCC Rail (heute DB Schenker Rail Polska), beides Nachfolgeunternehmen der ehemals staatlichen Sandbahnen. Dabei brachte PTK Infrastruktura 46 km Strecke und PCC ŚLK 130 km in das neue Unternehmen ein. Diese sind teilweise elektrifiziert.
PCC ŚLK verwaltete darüber hinaus die Anschlussbahnen des Kraftwerkes Elektrownia Siersza, von Stena Polska in Sosnowiec, sowie PCC Tabor Szczakowa und PCC Rail. Im Rahmen der Übernahme der PCC-Logistikgruppe durch DB Schenker änderte sich der Firmenname am 05.10.2009 erneut in DB Infrastruktura S.A. Das vorläufige Ende der Umbenennungen markiert die am 16.03.2010 rechtskräftig gewordene Bezeichnung Infra SILESIA S.A. Zusammen mit den durch Infra SILESIA betriebenen Anschlussbahnen verwaltet das Unternehmen 2013 etwa 350 km Eisenbahnstrecken.
Im Jahr 2014 hatte Infra SILESIA 340 Mitarbeiter.

Inter Cargo Sp. z o.o.

Aleje Jerozolimskie 125/127
PL-02-017 Wrocław

Management
- Ing. Roman Šraga (Vorsitzender der Geschäftsführung)

Gesellschafter
Stammkapital 50.000,00 PLN
- BUDAMAR LOGISTICS, a.s. (100 %)

Lizenzen
- PL: EVU-Zulassung (GV), seit 22.05.2012
- PL: Sicherheitszertifikat Teil A (GV), gültig vom 29.06.2012 bis 28.06.2017
- PL: Sicherheitszertifikat Teil B (GV), gültig vom 30.10.2012 bis 29.10.2017

Unternehmensgeschichte
Im Frühjahr 2011 gründete der DLA-Eigentümer Mirosław Zieliński mit zwei weiteren Familienmitgliedern das Unternehmen Zielińsci Sp. z o.o. (deutsch: "Die Zielińskis") , das am 08.04.2011 in das Handelsregister eingetragen wurde und im Bereich des Gastgewerbes tätig sein sollte. Doch bereits ein halbes Jahr später orientierte man sich neu und nahm unter anderem den Personen- und Gütertransport ins Portfolio auf. Gleichzeitig änderte sich der Name des Unternehmens in Inter Cargo Sp. z o.o., das am 22.05.2012 die EVU-Zulassung vom UTK bekam.
Im Dezember 2012 wurde die ebenfalls im Besitz der drei Zielińskis befindliche Cargo Przewozy Towarowe Sp. z o.o. für etwa einen Monat der alleinige Gesellschafter. Danach übernahm die slowakische Budamar Logistics, a.s. aus Bratislava das Unternehmen. Budamar Logistics ist eine große Spedition, zu der unter anderem Lokorail, a.s. gehört.
Im Frühjahr 2014 wurde das Stammkapital von 5.000 auf 50.000 PLN aufgestockt, gleichzeitig zog das Unternehmen von Wrocław nach Warszawa um. Seit Mitte 2014 werden Spotverkehre mit angemieteten Lokomotiven abgewickelt.

Jastrzębska Spółka Kolejowa Sp. z o.o. (JSK)

ul. Towarowa 1
PL-44-330 Jastrzębie-Zdrój
Telefon: +48 32 4759580
Telefax: +48 32 4759587
jsk@jsk.pl
www.jsk.pl

Management
- Beata Grabowska-Bujna (Vorsitzende der Geschäftsführung)
- Władysław Białońszyk (Stellvertretender Vorsitzender der Geschäftsführung)

JSK / Karpiel / Kolej Bałtycka

Gesellschafter
Stammkapital 83.005.500,00 PLN
* Jastrzębska Spółka Węglowa S.A. (JSW) (100 %)

Lizenzen
* PL: Sicherheitsautorisierung für Infrastruktur (Teil A), gültig vom 19.11.2013 bis 09.01.2016
* PL: Sicherheitsautorisierung für Infrastruktur (Teil B), gültig vom 04.04.2011 bis 03.04.2016

Infrastruktur
* Jastrzębie – Boguszowice (Anschluss an Infra SILESIA) (12,2 km)
* KWK Borynia – Pawłowice Górnicze (Anschluss an PLK) (9,1 km)
* Abzweig Szeroka – KWK Zofiówka (1,9 km)
* Abzweig Bzie Las – KWK Pniówek (4,4 km)
* Abzweig Bzie Las – Gleise 101 und 102 (0,5 km)
* Abzweig Kleszczów (Anschluss an PLK) – Abzweig Ciepłownia (Anschluss an PLK) (1,6 km)
* Abzweig Suszec Rudziczka (Anschluss an PLK) – KWK Krupiński (2,5 km)
* Knurów – KWK Budryk (10,1 km)

Unternehmensgeschichte
Die Gesellschaft Jastrzębska Spółka Kolejowa entstand am 01.04.1998 durch einen Beschluss des Vorstandes der Bergwerksgesellschaft Jastrzębska Spółka Węglowa S.A. Sie übernahm die Verwaltung und den Betrieb der Gleisanlagen des Kohlenkonzerns, welche sich rund um die Bergwerke Borynia, Zofiófka, Pniówek und Krupiński im Gebiet südöstlich von Rybnik befinden. 2011 wurde die Verwaltung der Strecke Knurów – KWK Budryk von der Jastrzębska Spółka Węglowa S.A. übernommen. Traditionell ist DB Schenker Rail Polska der Hauptnutzer der Infrastruktur. Darüber hinaus werden auch Gleisanlagen verschiedener Industrie-Anschlussbahnen verwaltet.

Karpiel Sp. z o.o.

Kąty 146
PL-32-862 Porąbka Iwkowska
Telefon: +48 14 6845030
Telefax: +48 14 6845040
info@karpiel.info.pl
www.karpiel.info.pl

Brzeski Terminal Kontenerowy [Containerterminal]
ul. Przemysłowa 6
PL-32-800 Brzesko

Management
* Roman Karpiel (Vorsitzender der Geschäftsführung)
* Anna Jaśkiewicz (Zweite Vorsitzende der Geschäftsführung)
* Marcelina Karpiel (Zweite Vorsitzende der Geschäftsführung)
* Piotr Karpiel (Zweiter Vorsitzender der Geschäftsführung)

Gesellschafter
Stammkapital 130.000,00 PLN
* Anna Jaśkiewicz (33,5 %)
* Marcelina Karpiel (33,5 %)
* Piotr Karpiel (33 %)

Lizenzen
* PL: EVU-Zulassung (GV), seit 20.12.2010
* PL: Sicherheitszertifikat Teil A (PV), gültig vom 06.07.2012 bis 05.07.2017
* PL: Sicherheitszertifikat Teil B (PV), gültig vom 11.10.2013 bis 10.10.2018

Unternehmensgeschichte
Im Jahr 1992 wurde der Speditionsbetrieb Karpiel gegründet, der sich auf internationalen Containertransport spezialisiert hat. Seit 2010 betreibt das Unternehmen ein Containerterminal in Brzesko zwischen Kraków und Tarnów, wo zwischen Straße und Bahn umgeladen werden kann. Dort ist eine eigene Rangierlokomotive stationiert. Seit März 2014 wickelt Karpiel mit einer angemieteten Lok eigene Verkehre ab.

Verkehre
* KV-Transporte Tarnów – Brzesko Okocim

Kolej Bałtycka S.A.

ul. Stacyjna 3
PL-70-807 Szczecin
Telefon: +48 91 4712145
Telefax: +48 91 4712144
biuro@kolejbaltycka.pl
www.kolejbaltycka.pl

Management
* Cezary Szczepański (Vorstandsvorsitzender)
* Radosław Pogoda (Stellvertretender Vorstandsvorsitzender)
* Dariusz Trzciński (Stellvertretender Vorstandsvorsitzender)

Gesellschafter
Stammkapital 1.000.000,00 PLN PLN
* Bronisław Plata

Lizenzen
* PL: EVU-Zulassung (GV), seit 27.02.2004

Kolej Bałtycka / Koleje Czeskie

* PL: Sicherheitszertifikat Teil A (GV), gültig vom 05.01.2011 bis 04.01.2016
* PL: Sicherheitszertifikat Teil B (GV), gültig vom 11.02.2011 bis 10.02.2016

Unternehmensgeschichte
Seit Februar 2004 besitzt Kolej Bałtycka eine Lizenz für Güterverkehr. Anfangs übernahm sie für die Unternehmensgruppe Heavy Haul Power, welche bis 2012 auch Eigentümer des Unternehmens war, mit deren Fahrzeugmaterial Massenguttransporte im grenzüberschreitenden Verkehr zwischen Deutschland und Polen. Darüber hinaus trat Kolej Bałtycka bis 2009 bei internationalen Zügen der belgischen Firma Crossrail Benelux NV (ehemals Dillen & Le Jeune Cargo NV (DLC)), z. B. Herentals – Włocławek Brzezie, als Betreiber für den polnischen Abschnitt auf. Hierfür hat Crossrail einige JT42CWR mit polnischen Sicherheitseinrichtungen ausrüsten lassen. Darüber hinaus war Kolej Bałtycka nur mit regionalen Leistungen im Raum Szczecin aktiv. Im Jahr 2011 mietete man weitere Loks an und dehnte die Aktivitäten räumlich weiter aus. Im Februar 2011 startete eine Zusammenarbeit mit den deutschen Unternehmen Triangula und A.D.E., bei der Kolej Bałtycka das verantwortliche EVU bei grenzüberschreitenden Baustofftransporten ist. Diese werden von einer Maxima 40 CC der A.D.E. [DE] über den gesamten Laufweg traktioniert. Im Mai 2012 verkaufte Heavy Haul Power International ihre Anteile an Bronisław Płata. Seitdem ist die Zusammenarbeit auf Unternehmen im Umfeld von LOKOMOTIV und STK ausgerichtet. Für ein Draisinenprojekt mit dem Namen "Bałtycka Kolej Turystyczna" [Baltische Touristenbahn] im Bereich der Pommerschen Seenplatte trat Kolej Bałtycka als Koordinatior auf, zog sich Ende 2012 jedoch zurück. Des weiteren bietet Kolej Bałtycka Serviceleistungen in den Bereichen Fahrzeugreparaturen und Schulungen an. Als Fahrzeugbasis nutzt die Kolej Bałtycka angemietete Gleise von PNI am Bahnhof Szczecin Dąbie. Der Werkstattbereich wurde im September 2012 in die von Tomasz und Bronisław Plata gegründete Kolej Bałtycka Serwis Sp. z o.o. ausgelagert.

Verkehre
* Baustofftransporte von Schwarzkollm und Cunnersdorf [DE] zu verschiedenen Zielen in Polen; Spotverkehre; Traktion in Polen; in Kooperation mit A.D.E. Eisenbahnverkehrsunternehmen GmbH
* Chemietransporte Strzegomek – Police Chemia; für Grupa Azoty S.A.
* Massenguttransporte in Kooperation mit verschiedenen Partnern, vorrangig in Nordwestpolen
* Methanoltransporte Senftenberg [DE] – Szczecin Glinki; 1 x wöchentlich; Traktion in Polen; in Kooperation mit DB Schenker Rail Deutschland

* AZ-Verkehr

Koleje Czeskie Sp. z o.o.

ul. Grzybowska 4 lok. 3
PL-00-131 Warszawa
Telefon: +48 22 3803390
Telefax: +48 22 3803391
sekretariat@kolejeczeskie.pl
www.kolejeczeskie.pl

Außenstelle Katowice
ul. Stelmacha 21
PL-40-058 Katowice

Management
* Roman Špaček (Vorsitzender der Geschäftsführung)
* Michal Záhora (Mitglied der Geschäftsführung)

Gesellschafter
Stammkapital 41.966.000,00 PLN
* ČD Cargo, a.s. (100 %)

Beteiligungen
* ČD Trans IOOO (49 %)

Lizenzen
* PL: EVU-Zulassung (GV), seit 28.08.2009
* PL: Sicherheitszertifikat Teil A (GV), gültig vom 15.04.2011 bis 14.04.2016
* PL: Sicherheitszertifikat Teil B (GV), gültig vom 08.09.2011 bis 07.09.2016

Unternehmensgeschichte
Am 18.12.2006 wurde offiziell die Tochtergesellschaft der tschechischen České dráhy (ČD) in Polen gegründet. Sie akqiriert vor allem grenzüberschreitende Gütertransporte zwischen Polen und Tschechien, aber auch ins Baltikum und tritt dabei als Spedition auf. Seit dem 28.08.2009 besitzt sie eine Lizenz für Güterverkehr. In Zusammenarbeit mit anderen Unternehmen bieten die Koleje Czeskie eine komplette Logistikkette an. Zusammen mit ČD Cargo und Innofreight werden WoodTainer-Transporte angeboten, die insbesondere für Schüttgüter konzipiert sind. Vor allem bei den polnischen Betrieben der Papierindustrie wird Interesse an dieser Technologie erwartet. Im Jahr 2007 konnten über 640 000 Tonnen Güter befördert werden, Hauptanteile liegen beim Transport von Eisen, Zement und chemischen Gütern.
Seit 2010 werden die durch ČD Cargo nach Polen vermieteten Loks durch Koleje Czeskie verwaltet, im Frühjahr 2013 wurden sie zum Zwecke der finanziellen Sanierung der Muttergesellschaft an die

Koleje Czeskie / KD

Koleje Czeskie verkauft. Der erste selbst gefahrene Zug war ein Kesselwagenganzzug mit Flugzeugbenzin, der am 14.04.2010 im Auftrag von LOTOS von Gdańsk zum tschechischen Flughafen Praha-Ruzyně befördert wurde. Bis zum Jahresende 2010 sollten in dieser Relation mindestens 8000 Tonnen monatlich transportiert werden. Ab Ende April 2010 wurden mit eigenen Lokomotiven weitere internationale Züge bis zur polnischen Grenze bespannt, so beispielsweise Kohlenzüge in die Slowakei und nach Serbien. Auch der polnische Ast des zwischen dem tschechischen Knoten Brno und Rumänien verkehrenden Carpathia Express wird über Koleje Czeskie als Spedition organisiert, allerdings in Polen von anderen EVU traktioniert. Für geplante Verkehre nach Weißrussland wählte man DB Schenker Rail Polska zum Partner.
Mitte 2013 wechselte der langjährige Vorsitzende der Geschäftsführung Zbysek Wacławik in den Vorstand der Muttergesellschaft ČD Cargo a.s. Kurzfristig übernahm Václav Andrýsek seine Position, seit Dezember 2013 ist Michal Záhora Vorsitzender der Geschäftsführung.

Koleje Dolnośląskie S.A. (KD) ℗

ul. Wojska Polskiego 1/5
PL-59-220 Legnica
Telefon: +48 76 8506511
Telefax: +48 76 8553302
sekretariat@kolejedolnoslaskie.eu
www.kolejedolnoslaskie.eu

Management
★ Piotr Rachwalski (Vorstandsvorsitzender)

Gesellschafter
Stammkapital 52.684.000,00 PLN PLN
★ Województwo Dolnośląskie (100 %)

Lizenzen
★ PL: EVU-Zulassung (PV), seit 29.07.2008
★ PL: Lizenz für Traktionsdienstleistungen, seit 05.07.2013
★ PL: Sicherheitszertifikat Teil A (PV), gültig vom 21.05.2014 bis 20.05.2019

KD / Koleje Malopolskie

★ PL: Sicherheitszertifikat Teil B (PV), gültig vom 21.11.2014 bis 20.11.2019

Unternehmensgeschichte
Im Jahr 2008 gründete die Woiwodschaft Niederschlesien eine Gesellschaft, die auf ausgewählten Verbindungen SPNV durchführen sollte. Damals waren mehrere Streckenreaktivierungen geplant, die ohne den bisherigen Monopolisten PKP Przewozy Regionalne durchgeführt werden sollten. Als Vorteile der KD wurden vor allem die schlankere Verwaltung und die gute Vernetzung mit lokalen Verwaltungen angesehen. Von Anfang an waren nur Nebenstrecken mit geringerem Reisendenaufkommen im Visier, daher wurden für die Fahrzeugausstattung der KD die modernen, woiwodschaftseigenen Dieseltriebwagen in Betracht gezogen. Am 14.12.2008 fuhr der erste Zug der KD in der Relation Legnica – Międzylesie. Die ebenfalls zu diesem Termin geplante Reaktivierung der Strecke Kłodzko – Wałbrzych musste noch drei Wochen warten, dann hatte PLK die notwendigen Arbeiten an der Strecke beendet. Eine weitere Streckenreaktivierung stand am 20.09.2009 an, als die Verbindung vom Oberzentrum Wrocław ins benachbarte Trzebnica wieder eröffnet wurde. Im August 2009 schrieb die Woiwodschaft die Lieferung weiterer neuer Dieseltriebwagen aus, die dem Fahrzeugpark von KD zukamen.
Am 17.02.2010 schlossen die KD eine Vereinbarung mit der Woiwodschaft Niederschlesien über die Finanzierung von fünf neuen Elektrotriebzügen ab. Die bei Newag bestellten 31WE wurden 2013 geliefert. Diese und woiwodschaftseigene EN57 waren die Grundlage für eine Ausdehnung des Betriebes der KD auch auf elektrifizierte Strecken. Hier konzentriert man sich seit 2013 auf die Strecke Wrocław Główny – Lubań Śląski, die einzelnen Leistungen nach Jelcz Laskowice und Wołów wurden aufgegeben. Zum Fahrplanwechsel 2013 wurde eine Direktverbindung zwischen Wrocław und Świdnica (über Jaworzyna Śląska) aufgenommen. Ein Jahr später wurde sie bis Dzierżoniów Śląski verlängert. Ebenfalls ab 14.12.2014 wurde ein Großteil des SPNV zwischen Wrocław und Jelenia Góra übernommen, auf der Strecke Jelenia Góra – Szklarska Poręba Górna der gesamte SPNV.
Im Dezember 2013 wurden weitere elf E-Triebzüge bei Newag bestellt, die speziell zwischen Wrocław und Jelenia Góra sowie im Vorortverkehr von Wrocław eingesetzt werden. Sechs dreiteilige Züge (36WEa) wurden 2014 geliefert, fünf vierteilige folgen 2015.
Im Januar 2015 vereinbarte die Woiwodschaft Niederschlesien mit der KD einen siebenjährigen Vertrag über SPNV-Leistungen ab, der je nach Zugang weiterer Fahrzeuge erweitert werden kann. Stationäre Fahrkartenverkaufsstellen unterhalten die KD in Legnica, Kłodzko Główne, Wrocław Główny,

Bolesławiec und Zgorzelec.
Am 31.12.2013 hatten die KD 301 Beschäftigte (2012: 276). Die technische Basis der KD befindet sich in Miłkowice.
Im Jahr 2014 wurden 3,6 Mio. Reisende befördert (2013: 2,4) und eine Beförderungsleistung von 204 Mio. Pkm erreicht (2013: 115).
Der Nettogewinn des Unternehmens im Jahr 2013 betrug 1,3 Mio. PLN (2012: 2,4).

Verkehre
★ SPNV Wrocław – Trzebnica
★ SPNV Legnica – Kamieniec Ząbkowicki – Kłodzko Miasto – Kudowa Zdrój
★ SPNV Wrocław Główny – Jaworzyna Śląska – Dzierżoniów Śląski
★ SPNV Wrocław Główny – Jelenia Góra – Szklarska Poręba Górna
★ SPNV Kłodzko Miasto – Wałbrzych Główny
★ Saisonaler SPNV Sędzisław – Lubawka – Kralovac [CZ]; an Wochenenden von April bis August; einzelne Züge von/nach Legnica, Jelenia Góra und Trutnov hl.n.; Kooperation mit GW Train Regio a.s. [CZ].
★ SPNV Jelenia Góra – Lwówek Śląski – Zebrzydowa
★ SPNV Wrocław Główny – Legnica – Węgliniec – Lubań Śląski
★ SPNV Węgliniec – Zgorzelec – Lubań Śląski – Jelenia Góra
★ SPNV Legnica – Żary; einzelne Leistungen neben PR
★ SPNV Węgliniec – Żary – Zielona Góra

Koleje Małopolskie sp. z o.o. 🇵🇱

ul. Racławicka 56/416
PL-30-017 Kraków
Telefon: +48 12 2990997
km@malopolskiekoleje.com.pl
www.malopolskiekoleje.pl

Management
★ Ryszard Rębilas (Vorsitzender der Geschäftsführung)

Gesellschafter
Stammkapital 1.830.000,00 PLN
★ Województwo Małopolskie (100 %)

Lizenzen
★ PL: EVU-Zulassung (PV), seit 23.06.2014
★ PL: Lizenz für Traktionsdienstleistungen, seit 23.06.2014
★ PL: Sicherheitszertifikat Teil A (GV), gültig vom 29.08.2014 bis 28.08.2019
★ PL: Sicherheitszertifikat Teil B (PV), gültig vom 15.10.2014 bis 14.10.2019

Koleje Malopolskie / KM

Unternehmensgeschichte
Die Idee zur Gründung einer eigenen Regionalbahngesellschaft in der Woiwodschaft Kleinpolen [Województwo Małopolskie] reichen bereits einige Jahre zurück und resultieren in erster Linie aus der Unzufriedenheit mit dem bisherigen Betreiber PR. Möglicherweise haben die schlechten Erfahrungen mit den Koleje Śląskie in der Nachbarwoiwodschaft die Euphorie etwas gedämpft, jedenfalls wurde die Gesellschaft Koleje Małopolskie erst Anfang 2014 gegründet. Fortan wurde die Betriebsaufnahme zum 14.12.2014 vorbereitet. Ab diesem Termin wickeln die Koleje Małopolskie den SPNV zwischen Kraków Główny und Wieliczka Rynek-Kopalnia ab. Zum Einsatz kommen neu beschaffte E-Triebzüge der Bauart Acatus Plus der Woiwodschaft. Als nächste Strecke soll nach aktuellen Planungen ab dem 01.09.2015 der Flughafenzubringer Kraków Główny – Kraków Balice hinzukommen.
Perspektivisch sind diese Linien geplant:
* Trzebinia – Kraków Główny – Tarnów
* Sędziszów – Kraków Główny – Podbory Skawińskie
* Kraków Balice – Kraków Główny – Wieliczka Rynek-Kopalnia

In der zweiten Dezemberhälfte 2014 wurden 26.136 Reisende befördert und eine Beförderungsleistung von 0,5 Mio. Pkm erbracht.

Verkehre
* SPNV Kraków Główny – Wieliczka Rynek-Kopalnia (S1)

„Koleje Mazowieckie – KM" Sp. z o.o. (KM) 🅿

ul. Lubelska 26
PL-03-802 Warszawa
Telefon: +48 22 4738716
Telefax: +48 22 4738814
sekretariat@mazowieckie.com.pl
www.mazowieckie.com.pl

Management
* Artur Radwan (Vorsitzender der Geschäftsführung)

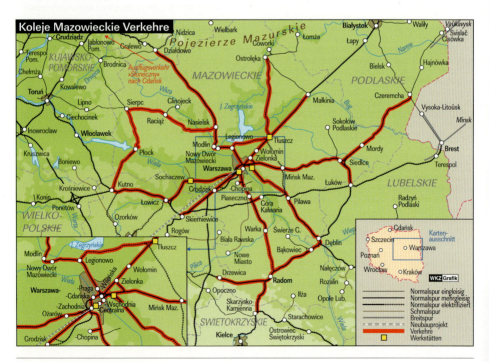

KM

* Andrzej Buczkowski (Mitglied der Geschäftsführung)
* Dariusz Grajda (Mitglied der Geschäftsführung)
* Czesław Sulima (Mitglied der Geschäftsführung)

Gesellschafter
Stammkapital 481.909.000,00 PLN
* Samorząd Województwa Mazowieckiego [Woiwodschaft Masowien] (100 %)

Beteiligungen
* Koleje Mazowieckie Finance AB [SE] (100 %)

Lizenzen
* PL: EVU-Zulassung (GV), seit 28.12.2004
* PL: EVU-Zulassung (PV), seit 28.12.2004
* PL: Lizenz für Traktionsdienstleistungen, seit 28.12.2004
* PL: Sicherheitszertifikat Teil A (PV), gültig vom 29.11.2010 bis 28.11.2015
* PL: Sicherheitszertifikat Teil B (PV), gültig vom 21.12.2010 bis 20.12.2015

Infrastruktur
* Einsatzstelle und Werkstatt Sochaczew MNS
* Einsatzstelle und Werkstatt Tłuszcz MNT
* Einsatzstelle und Werkstatt Warszawa Grochów MNG

Unternehmensgeschichte
Koleje Mazowieckie - KM wurden am 29.07.2004 durch die Verwaltung der Województwo Mazowieckie [Woiwodschaft Masowien] und PKP Przewozy Regionalne Sp. z o.o. (PKP PR / PKP Regionalverkehr) gegründet. Die Woiwodschaft hielt anfangs 51% der Anteile, stockte diese im Jahr 2006 auf 95% auf und übernahm 2008 die restlichen Anteile. Als erste neu gegründete woiwodschaftseigene Bahngesellschaft in Polen übernahmen die Koleje Mazowieckie am 01.01.2005 den kompletten SPNV innerhalb der Woiwodschaft Masowien. Lediglich die SPNV-Leistungen mit den Nachbarwoiwodschaften verblieben bei PKP PR (heute PR). Die KM haben einen eigenen Tarif, es werden aber Fahrkarten von PR gegenseitig anerkannt.
Die benötigten Fahrzeuge, allesamt dreiteilige Triebzüge der Reihe EN57, wurden anfangs von PKP PR angemietet und erst 2008 gekauft. Die Triebfahrzeugführer stellte anfangs PKP Cargo, erst zum 01.01.2007 übernahm KM 400 von ihnen.
Von der DB wurden im Jahre 2005 mehrere Dieseltriebwagen der Reihen 627 und 628 über die Woiwodschafts-Tochtergesellschaft Mazowiecka Spółka Taborowa Sp. z o.o. auf Leasingbasis beschafft. Diese wurden ab Dezember 2005 auf der elektrifizierten Strecke Tłuszcz – Ostrołęka eingesetzt. Seit Juni 2006 verkehren sie darüber hinaus auf den für den SPNV reaktivierten Strecken Nasielsk – Sierpc und Legionowo – Tłuszcz, letztere ist eine typische Ausflugsstrecke. Seit 9. Dezember 2007 kommen planmäßig 627er bis nach Kutno (über Sierpc).
Im Sommer verkehrt zwischen Warszawa und Gdynia ein Ausflugszug "Słoneczny", der anfangs aus mehreren EN57 und mittlerweile aus Doppelstockwagen gebildet wird. Der mit einem speziellen Billigtarif zu nutzende Zug erfreut sich alljährlich großer Beliebtheit.
2006 mussten wegen Fahrzeugmangel noch Elektrolokomotiven der Reihe ET22, Doppelstockeinheiten und weitere EN57 von den PKP angemietet werden. Im Rahmen eines kleinen Modernisierungsprogrammes gelangten ab 2006 dann einige zusätzliche EN57, EW60 und EN71 in den Bestand der KM.
Von Stadler wurden 2008 und 2009 insgesamt zehn Triebzüge der Bauart Flirt (erste zwei Einheiten seit 31.05.2008) durch die Woiwodschaft beschafft, die auf der Strecke Warszawa – Siedlce mit 160 km/h verkehren können.
Im Dezember 2010 wurden die bislang auf Mietbasis eingesetzten Flirt-Triebzüge von den KM gekauft. Bei Bombardier Transportation kauften die KM 37 Doppelstockwagen, darunter auch 11 Steuerwagen. Allerdings waren kurzfristig keine wendezugfähigen Lokomotiven zu bekommen, so dass vorerst von PKP Cargo Elektroloks der Reihe EU07 angemietet wurden. Letztlich beschafften die KM bei Bombardier Transportation elf Elektroloks des Typs TRAXX P160 DC, die als EU47 bezeichnet und seit dem 01.09.2011 eingesetzt werden. Im Vertrag sind Mitarbeiterschulungen und die Wartung der Loks für vier Jahr enthalten.
Im Mai 2010 wurden Absichten der Woiwodschaft über eine mögliche Privatisierung der KM bekannt. Die Aktion, mit deren Erlös der desaströse Haushalt der Woiwodschaft saniert werden sollte, fand jedoch nicht statt. Grund war vor allem, dass im Falle einer Privatisierung EU-Mittel für Fahrzeugbeschaffungen zurückgezahlt werden müssten.
Im Jahr 2011 hat KM für die Vorfinanzierung ihres Investitionsprogramms durch die schwedische Tochtergesellschaft Koleje Mazowieckie Finance AB Anleihen über 40 Millionen Euro ausgegeben.
2011 lieferte das Fahrzeugwerk PESA 16 neue Elektrotriebzüge der Reihe EN76 (Typ 22WE / ELF) an die KM. Ebenfalls von PESA kamen 2011 und 2012 vier neue Dieseltriebwagen SA135 (Typ 214Mb).
Im April 2014 stand kurzfristig die weitere Finanzierung der KM in Frage, da Konten der Woiwodschaft gepfändet wurden. Die fälligen Tranchen wurden allerdings durch kurzfristige Kredite sichergestellt.
Bis 2024 sind 2,7 Mrd. PLN für die Modernisierung des Fahrzeugparks eingeplant, der dann zu über 50 % aus Neufahrzeugen bestehen soll. Bei Pesa sind bereits zwei E-Loks des Typs Gama und 22 Doppelstockwagen, darunter zwei Steuerwagen, bestellt, die bis Ende 2015 geliefert werden. Ebenso bis 2015 sollen weitere 15 Diesel- und E-Triebwagen angeschafft werden. In der langfristigen Planung

KM / KŚ

von 2016 bis 2022 sind insgesamt die Beschaffung von 10 zweiteiligen und 55 fünfteiligen E-Triebzügen sowie einem Dieseltriebwagen vorgesehen. Die vorhandenen ER75 und EN76 sollen um jeweils einen Mittelwagen von vier- auf fünfteilige Einheiten aufgestockt werden. Auch die Modernisierung der Altbau-EN57 wird bis 2017 kontinuierlich fortgeführt. Ab 2018 wollen die KM mit der Ausmusterung der verbliebenen unmodernisierten EN57 beginnen.
Fahrzeugwerkstätten der KM existieren in Warszawa Grochów, Warszawa Ochota, Sochaczew und Tłuszcz. Am 31.12.2013 beschäftigten die KM 2.686 Mitarbeiter (2012: 2.078).
Im Jahr 2014 wurden 62,6 Mio. Reisende befördert (2013: 62) und eine Beförderungsleistung von 2,2 Mrd. Pkm erreicht (2013: 2,2).
2013 betrug der Nettogewinn etwa 9,5 Mio. PLN (2012: 7,3).

Verkehre
* SPNV Warszawa – Skierniewice (KM 1)
* SPNV Warszawa – Łuków (KM 2)
* SPNV Warszawa – Sochaczew – Łowicz (KM 3); ein Zugpaar darüber hinaus bis Płock
* SPNV Warszawa – Małkinia (KM 6)
* SPNV Warszawa – Dęblin (KM 7)
* SPNV Warszawa – Radom – Skarżysko Kamienna (KM 8)
* SPNV (Warszawa –) Czachówek Wschodni – Góra Kalwaria (KM 8)
* SPNV Warszawa – Modlin – Działdowo (KM 9)
* SPNV Legionowo – Tłuszcz (KM 10)
* SPNV Radom – Drzewica (KM 22)
* SPNV Radom – Dęblin (KM 26)
* SPNV Nasielsk – Sierpc (KM 27)
* SPNV Tłuszcz – Ostrołęka (KM 29)
* SPNV Siedlce – Czeremcha (KM 31); einzelne Leistungen neben PR
* SPNV Sierpc – Płock – Kutno (KM 33)
* SPNV Modlin – Warszawa – Warszawa Lotnisko Chopina (RL)
* Ausflugspersonenverkehr "Słoneczny" Warszawa Zachodnia – Gdańsk Główny (in der Sommersaison)

Koleje Śląskie Sp. z o.o. (KŚ) P

ul. Wita Stwosza 7
PL-40-040 Katowice
Telefon: +32 32 4940663
Telefax: +32 32 4940662
sekretariat@kolejeslaskie.com
www.kolejeslaskie.com

Management
* Piotr Bramorski (Vorsitzender der Geschäftsführung)
* Dariusz Pękosz (Zweiter Vorsitzender der Geschäftsführung)
* Renata Szczygieł (Zweite Vorsitzende der Geschäftsführung)

Gesellschafter
Stammkapital 103.605.000,00 PLN
* Województwo Śląskie (100 %)

Beteiligungen
* InTeKo Sp. z o.o. (57,2 %)

Lizenzen
* PL: EVU-Zulassung (PV), seit 06.07.2010
* PL: Sicherheitszertifikat Teil A (PV), gültig vom 24.06.2013 bis 08.12.2015
* PL: Sicherheitszertifikat Teil B (PV), gültig vom 27.11.2013 bis 09.01.2016

Unternehmensgeschichte
Die Woiwodschaft Schlesien ist das am dichtesten besiedelte Gebiet Polens, dessen Zentrum in der oberschlesischen Industrieregion rund um Katowice und Gliwice liegt. Um den seinerzeit durch PR abgewickelten SPNV nach und nach in die eigenen Hände zu nehmen, gründete die Woiwodschaft im Mai 2010 mit den Koleje Śląskie (KŚ, deutsch »Schlesische Eisenbahnen«) ihre eigene Regionalbahngesellschaft. Am 06.07.2010 erhielten die KŚ eine Lizenz für Personenverkehr, im Sommer 2010 wurde bereits Personal angeworben. Die Fahrzeuge wurden durch die Woiwodschaft eingebracht, welche zum damaligen Zeitpunkt einige Elektrotriebzüge der Bauart ETR150 (Flirt) sowie einen Dieseltriebwagen vom Typ 212M (SA109) besaß. Darüber hinaus waren neun neue Elektrotriebzüge des Typs Elf bei Pesa bestellt, die 2011 ausgeliefert wurden. Die ursprünglich geplante Betriebsaufnahme der KŚ im Dezember 2010 verschob sich auf den 01.10.2011, als hauptsächlich Leistungen auf der gut frequentierten Hauptstrecke zwischen Częstochowa, Katowice und Gliwice übernommen wurden. Da zu diesem Zeitpunkt noch einige bestellte Fahrzeug fehlten, wurden zur Sicherstellung des Fahrzeugeinsatzes zwei (später drei) Traxx-Elektroloks von LOTOS Kolej und zehn Reisezugwagen aus Tschechien für etwa fünf Monate angemietet. In der Folgezeit wurden sukzessive neue und modernisierte Fahrzeug beschafft, so dass ab 22.03.2012 auf den Einsatz der angemieteten lokbespannten Züge verzichtet werden konnte.
Auf dem Höhepunkt erneuter Reibereien zwischen Woiwodschaft und dem damaligen SPNV-Hauptbetreiber PR wurde 2012 die politische Entscheidung gefasst, die KŚ im Rahmen eines Dreijahresvertrages ab 09.12.2012 den gesamten SPNV in der Woiwodschaft erbringen zu lassen.

Gleichzeitig wurde der Umfang der Zugleistungen um knapp 20 Prozent erhöht, die Zuschüsse um 30 Prozent. Aus verschiedenen Gründen geriet diese Übernahme jedoch zu einem der größten Desaster der jüngeren polnischen Eisenbahngeschichte. Der viel zu ehrgeizige Zeitplan führte dazu, dass weder genug Personal noch genügend Fahrzeuge für die Bewältigung des zu erbringenden Pensums zur Verfügung standen. So waren in den ersten Wochen derart massive Zugausfälle, Verspätungen und zu kurze Züge zu verzeichnen, dass die Wellen bis ins Warschauer Verkehrsministerium schlugen. Politische Konsequenzen blieben nicht aus, so musste der schlesische Woiwodschaftsmarschall Adam Matusiewicz zurücktreten. Auch sämtliche damaligen Vorstandsmitglieder der KŚ sind nicht mehr im Amt, gegen einige wird wegen Misswirtschaft zu Ungunsten des Woiwodschaft ermittelt. Insbesondere die hohe Anzahl von Führungskräften und die übermäßige Auslagerung wichtiger Aufgaben an externe Firmen waren Hauptkritikpunkte. Um die Lage kurzfristig zu entspannen, wurden weitere Fahrzeuge von PR (EN57), PKP Cargo (E-Loks) und PKP IC (Wagen) angemietet. Alle Leistungen, die über Woiwodschaftsgrenzen führen, wurden erneut für ein Jahr an PR vergeben. Im April 2013 wurde seitens der Woiwodschaft der Dreijahresvertrag für ungültig erklärt. Statt dessen wurden ein Vertrag mit kürzerer Laufzeit geschlossen, der wieder den zu PR-Zeiten gewohnten Umfang an Zugleistungen enthielt.

Die gesamte Führungsriege des Unternehmens wurde ausgewechselt. Bis zur Einsetzung des neuen Geschäftsführers Piotr Bramorski im Oktober 2013 fungierte der vorherige Prokurist Michał Borowski in dieser Position.

Um die Ursachen der Missstände aufzudecken, gab die Verwaltung der Woiwodschaft eine Untersuchung in Auftrag, die eine Reihe von Missständen aufdeckte. So gab es bei den KŚ keinen Businessplan und Fahrzeuge wurden planlos angemietet bzw. gekauft. Die zwei Tochtergesellschaften InTeKo und Silesia Rail wurden als unnötig bezeichnet, sie hätten auch Verträge zum Nachteil der KŚ abgeschlossen. Insbesondere InTeKo kam durch abenteuerliche Anleihegeschäfte in die Kritik, in deren Folge den Górnośląskie Przedsiębiorstwo Wodociągów S.A. (Oberschlesische Wasserwerke) drei als Sicherheit dienenden Dieseltriebzüge (zwei SN84/ex-DB 614 und ein SN83/ex-NS DH 2) überlassen werden mussten. Die Anteile an Silesia Rail gaben die KŚ an die Mitgesellschafter Newag S.A. und Newag Gliwice S.A. ab, welche darauf hin ihre Liquidierung einleiteten.

Zur Sicherstellung der Liquidität der KŚ beschloss die Woiwodschaft als alleiniger Gesellschafter eine

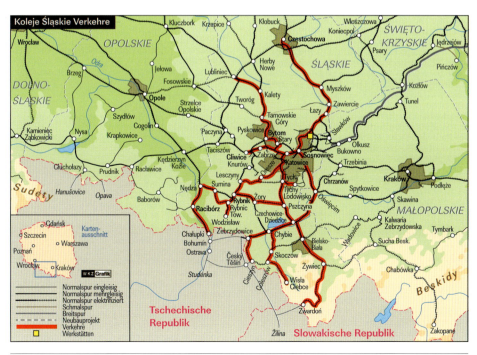

KŚ / KW

deutliche Kapitalerhöhung. Das Unternehmen selbst arbeitete ein umfangreiches Sparpaket aus. So wurden ungünstige Verträge gekündigt und Fahrpläne ausgedünnt. Ende Mai 2013 endete der Einsatz der 15 Traxx-Elektroloks von LOTOS Kolej und Railpool, was monatlich fast 6 Millionen PLN einsparte. Ab Anfang Juni 2013 wurde die Zugkilometerleistung um 31% etwa auf den zuletzt durch PR erbrachten Wert gesenkt. Ein weiterer Bestandteil des Sanierungspaketes war eine Tariferhöhung um durchschnittlich 10 %. Im Ergebnis wurde zwischen dem 1. und 28. Juni im Vergleich zum Vormonatszeitraum ein Rückgang der Reisendenzahlen um 13 Prozent verzeichnet. Trotzdem konnte durch diese Maßnahmen das monatliche Defizit auf etwa 2,4 Millionen PLN gesenkt werden. Zum Vergleich: im Dezember lag es noch bei 17 Millionen PLN. Durch die Stabilisierung der finanziellen Situation konnte das polnische Eisenbahnamt UTK die zeitweilige Befristung der EVU-Zulassung der KŚ wieder aufheben.
Bis zum 15.12.2013 wurden alle angemieteten lokbespannten Wagenzüge durch 18 günstiger anzumietende E-Triebzüge von PR ersetzt. Gleichzeitig entfielen an der nördlichen und westlichen Peripherie die Züge zwischen Częstochowa, Lubliniec, Paczyna und Gliwice. Die Strecke Herby Nowe – Krzepice wird seitdem durch PR-Züge bedient.
Am 23.23.2013 wurde das Insolvenzverfahren über die Tochtergesellschaft InTeKo bei Gericht beantragt. Im Monat Januar 2014 konnten die KŚ erstmals nach der Übernahme des SPNV von PR einen Gewinn erwirtschaften. Im gleichen Jahr kamen drei neue E-Triebzüge 36WEa zu den KŚ.
Ab 14.12.2014 wechselte der SPNV auf den Strecken Tarnowskie Góry – Herby Nowe und Bielsko-Biała – Wadowice zurück zu PR. Ebenso wurde die Strecke Gliwice – Bytom aufgegeben, die zuletzt aber offiziell nur noch als Umleiterstrecke wegen Bauarbeiten zwischen Katowice und Gliwice genutzt wurde. Dafür verbesserten die KŚ auf den Strecken von Katowice nach Częstochowa und Rybnik das Zugangebot. Gleichzeitig wurden die verbliebenen SN82 und SN83 zurückgegeben. Zum 01.01.2015 wurde eine neuer Vertrag mit PR für die Anmietung von E-Triebzügen abgeschlossen. Danach werden bis 31.12.2017 den KŚ täglich 28 einsatzfähige EN57 zur Verfügung gestellt.
Im Jahr 2014 wurden 16,0 Mio. Reisende befördert (2013: 16,3) und eine Beförderungsleistung von 645 Mio. Pkm erreicht (2013: 646).

Verkehre
★ SPNV Częstochowa – Katowice – Gliwice (S1), seit 01.10.2011
★ SPNV Katowice – Oświęcim – Czechowice-Dziedzice (S31), seit 09.12.2012
★ SPNV Sosnowiec Główny – Katowice – Tychy Lodowisko (S4), seit 09.12.2012
★ SPNV Katowice – Zwardoń (S5), seit 09.12.2012

★ SPNV Czechowice-Dziedzice – Cieszyn (S58), seit 09.12.2012
★ SPNV Katowice – Wisła Głębce (S6), seit 01.10.2011
★ SPNV Katowice – Rybnik – Racibórz (S7), seit 09.12.2012
★ SPNV Katowice – Rybnik – Wodzisław Śląski – Rybnik (S71), seit 09.12.2012
★ SPNV Rybnik – Żory – Pszczyna – Czechowice-Dziedzice – Bielsko-Biała Główna (S72), seit 09.12.2012
★ SPNV Racibórz – Chałupki (S78), seit 09.12.2012
★ SPNV Katowice – Bytom – Tarnowskie Góry – Lubliniec (S8), seit 09.12.2012

Koleje Wielkopolskie Sp. z o.o. (KW) ℗

ul. Składowa 5
PL-61-897 Poznań
Telefon: +48 61 2792700
Telefax: +48 61 2792708
biuro@koleje-wielkopolskie.com.pl
www.koleje-wielkopolskie.com.pl

Management
★ Włodzimierz Wilkanowicz (Vorsitzender der Geschäftsführung)
★ Marek Nitkowski (Mitglied der Geschäftsführung)

Gesellschafter
Stammkapital 18.000.000,00 PLN
★ Województwo Wielkopolskie [Woiwodschaft Großpolen] (100 %)

Lizenzen
★ PL: EVU-Zulassung (PV), seit 06.07.2010
★ PL: Lizenz für Traktionsdienstleistungen
★ PL: Sicherheitszertifikat Teil A (PV), gültig vom 14.02.2014 bis 02.03.2016
★ PL: Sicherheitszertifikat Teil B (PV), gültig vom 18.04.2014 bis 16.03.2016

Unternehmensgeschichte
Der Gedanke einer eigenen Regionalbahngesellschaft der Großpolnischen Woiwodschaft reicht bis in das Jahr 2003 zurück. Grund war die Unzufriedenheit der Woiwodschaft über zu teure und unflexible Dienstleistungen von PKP Przewozy Regionalne (heute Przewozy Regionalne) bei der Abwicklung des SPNV in der Region. Anfangs sollte die Gesellschaft noch ein Gemeinschaftsunternehmen mit der PKP werden,

KW

dann war auch kurzzeitig PTKiGK Rybnik (mittlerweile von DB Schenker Rail Polska übernommen) im Gespräch. Als es Planungen zu grenzüberschreitenden Reisezügen zwischen Berlin und Poznań gab, war die Deutsche Bahn Wunschpartner. Doch all diese Planungen waren am Ende Makulatur.

Im Februar 2010 gründete die Woiwodschaft ein eigenes Unternehmen. Die geplante Betriebsaufnahme zum Fahrplanwechsel im Dezember 2010 musste aber nochmals verschoben werden. Erst am 01.06.2011 konnten die KW auf drei Strecken (Leszno – Jarocin, Leszno – Zbąszynek, Leszno – Ostrów Wielkopolski) den SPNV übernehmen. Es gilt ein eigener Tarif. Am 11.12.2011 kamen weitere Strecken dazu, allerdings sind Leszno – Jarocin und Wągrowiec – Rogoźno mittlerweile eingestellt worden. Als Besonderheit waren die KW seitdem für die beiden täglich von Wolsztyn ausgehenden Dampfzugpaare nach Poznań (zeitweilig auch nach Leszno/Zbąszynek) verantwortlich, welche jedoch ausschließlich mit Fremdfahrzeugen verkehrten: Die Dampfloks stellte PKP Cargo, die Reisezugwagen PR.

Die Woiwodschaft hat alle eigenen Diesel-Fahrzeuge in die KW eingebracht, von denen derzeit jedoch noch ein kleiner Teil für Przewozy Regionalne fährt. Auch die bislang 12 Elektrotriebzüge EN57, welche die Woiwodschaft von PR gekauft hat, und für die von der Woiwodschaft bestellten 22 ELF-Elektrotriebzüge kamen zu den KW. Zum Fahrplanwechsel im Dezember 2012 konnten die ersten Leistungen auf elektrifizierten Strecken, nach Zbąszynek und Kutno, übernommen werden.

Zum 1. November 2012 übernahmen die KW den Lokschuppen in Zbąszynek von den PKP, um hier eine eigene Werkstattbasis einzurichten, die am 20.02.2013 in Betrieb ging.

Ab 15.12.2013 wurde der SPNV zwischen Poznań Główny und Gniezno übernommen. Ein Zugpaar verkehrt weiter bis Mogilno. Der weiter in die benachbarte Woiwodschaft laufende SPNV wird parallel von PR erbracht. Zwischen Poznań und Konin wurden gleichzeitig einige beschleunigte Personenzüge neu eingelegt. Sie halten nicht überall und schaffen dank der Höchstgeschwindigkeit von 160 km/h die Strecke in etwa einer Stunde.

Eine fehlende Vereinbarung zwischen der auftraggebenden Woiwodschaft und PKP Cargo brachte zum 01.04.2014 der Aus für die die vormaligen Dampfzüge, die seitdem als Triebwagen verkehren.

Im Oktober 2014 schrieben die KW die Anmietung oder den Kauf von vier Dieseltriebzügen aus, die auch eine Zulassung in Deutschland haben sollen. In erster Linie sollen sie jedoch das Angebot auf der Strecke Poznań Główny – Wągrowiec verbessern

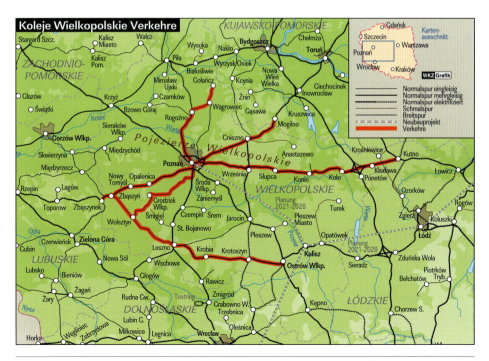

Europäische Bahnen '15/'16   855

KW / Koleje Wschodnie / KP Kotlarnia

helfen, wo die KW praktisch von eigenen Erfolg überrascht wurden und dringend neue Fahrzeugkapazitäten benötigen. Den Zuschlag bekam das Fahrzeugwerk Pesa, das 2015 vier Fahrzeuge des Typs 223M Link liefern wird. Ende 2014 wurde die Revison dreier Dieseltriebzüge SA132 ausgeschrieben, welche mit einer Modernisierung einher gehen wird.
Da die KW nicht über genügend eigene Triebfahrzeugführer verfügen, werden auch Personale von Hagans Logistic eingesetzt. Am 31.12.2012 hatten die KW 404 Beschäftigte.
Im Jahr 2014 wurden 7,2 Mio. Reisende befördert (2013: 5,4) und eine Beförderungsleistung von 348 Mio. Pkm erreicht (2013: 244).

Verkehre
* SPNV Poznań Główny – Kutno seit 09.12.2012
* SPNV Poznań Główny – Zbąszynek seit 09.12.2012
* SPNV Leszno – Zbąszynek seit 01.06.2011
* SPNV Poznań Główny – Wolsztyn seit 11.12.2011
* SPNV Leszno – Ostrów Wielkopolski seit 01.06.2011
* SPNV Poznań Główny – Gołańcz seit 11.12.2011
* SPNV Poznań Główny – Mogilno; einzelne Leistungen neben PR, seit 15.12.2013

Koleje Wschodnie Sp. z o.o.

ul. Jasna 15
PL-00-003 Warszawa
Telefon: +48 22 6486655
Telefax: +48 22 6495599

Management
* Konstantin Skorik (Geschäftsführender Direktor)
* Krzysztof Wróbel (Zweiter Geschäftsführender Direktor)

Gesellschafter
Stammkapital 50.000,00 PLN
* Freightliner PL Sp. z o.o. (FPL) (90,2 %)

Lizenzen
* PL: EVU-Zulassung (GV), seit 07.02.2012
* PL: Lizenz für Traktionsdienstleistungen, seit 07.02.2012
* PL: Sicherheitszertifikat Teil A (GV), gültig vom 06.07.2012 bis 05.07.2017
* PL: Sicherheitszertifikat Teil B (GV), gültig vom 25.10.2012 bis 24.10.2017

Unternehmensgeschichte
Im Sommer 2011 wurde dieses Tochterunternehmen von Freightliner PL gegründet. Am 07.02.2012 erhielt es die Lizenzen als EVU, ist aber bislang noch nicht am Markt in Erscheinung getreten.

Kopalnia Piasku „Kotlarnia" S.A. (KP Kotlarnia) G

ul. Dębowa 3
PL-47-246 Kotlarnia
Telefon: +48 77 4848801
Telefax: +48 77 4848800
dyrnacz@kotlarnia.com.pl
www.kotlarnia.com.pl

Management
* Robert Rakoczy (Vorstandsvorsitzender)
* Jan Wojdyła (Mitglied des Vorstands)

Gesellschafter
Stammkapital 4.735.500,00 PLN
* Inwestycyjna Grupa Budowlano-Surowcowa S.A. (IGBS) (33 %)
* Przedsiębiorstwo Robót Zmechanizowanych Budostal-8 S.A. (25 %)

Beteiligungen
* Kopalnia Piasku Kotlarnia - Linie Kolejowe Sp. z o. o. (KP Kotlarnia - LK) (99,8 %)
* Przedsiębiorstwo Inwestycyjno-Techniczne "Intechkop" Sp. z o.o. (28,25 %)

Lizenzen
* PL: EVU-Zulassung (GV), seit 28.11.2003
* PL: Lizenz für Traktionsdienstleistungen, seit 28.11.2003
* PL: Sicherheitszertifikat Teil A (GV), gültig vom 29.12.2010 bis 28.12.2015
* PL: Sicherheitszertifikat Teil B (GV), gültig vom 30.12.2010 bis 29.12.2015

Unternehmensgeschichte
Im Jahr 1966 begann man in Kotlarnia mit der Ausbeutung neuer Sandfelder, nachdem die Vorkommen im benachbarten Pyskowice erschöpft waren. Damals existierte in Oberschlesien ein zentrales Unternehmen Przedsięborstwo Materiałów Podsadzkowych Przemysłu Węglowego [Versatzmaterialbetrieb der Kohlenindustrie], das sich mit dem Sandabbau und dessen Beförderung beschäftigte.
Am 31. August 1990 wurde dieser Großbetrieb aufgelöst, wodurch unter anderem die Kopalnia Piasku Kotlarnia [Sandgrube Kotlarnia] entstand. Eine eigene Eisenbahnabteilung entstand nicht, traditionell blieben Sandabbau, -transport und -vermarktung in einer Gesellschaft vereint. Neben den Transporten von den Sandgruben in die Kohlebergwerke wurden bald auch Güterzüge im PKP-Netz und auf den Netzen anderer Sand- und

KP Kotlarnia / KP Kotlarnia - LK / LandKol

Werkbahnen in Oberschlesien gefahren. Für diese Zwecke ist seit November 2003 eine Güterverkehrslizenz vorhanden. Zum Einsatz gelangen fast ausschließlich TEM2.
KP Kotlarnia besitzt ein 117 km langes Netz von Eisenbahnstrecken. Seit 01.01.2004 verwaltet die Tochtergesellschaft Kopalnia Piasku Kotlarnia - Linie Kolejowe Sp. z o.o. die öffentlich zugängliche Infrastruktur.
Die Privatisierung der Gesellschaft wurde im Januar 2013 abgeschlossen, als der polnische Staat sein letztes Aktienpaket an an die PRZ Budostal-8 abgab.
KP Kotlarnia hatte Ende 2011 etwa 250 Mitarbeiter. Mit den im Jahr 2014 beförderten 2,7 Millionen Tonnen (2013: 3) hat KP Kotlarnia 1,2 % Anteil am landesweiten Aufkommen (2013: 1,3). Bedingt durch die traditionell kurzen Transportwege liegt der Anteil am polnischen Eisenbahn-Güterverkehrsmarkt weit unter 1 %.

Verkehre
* Aschetransporte vom Kraftwerk Elektrownia Rybnik zum Schacht Bojków des Steinkohlebergwerkes "Sośnica-Makoszowy" (Kompania Węglowa S.A.)
* Kohletransporte für die Haldex S.A.
* Kohletransporte von Bergwerken der Jastrzębska Spółka Węglowa S.A. (z. B. KWK Budryk) zum Kraftwerk Elektrownia Rybnik der EDF Polska S.A.
* Sandtransporte für verschiedene Bergwerke in Oberschlesien
* Sandtransporte von Kotlarnia zum Schacht Witczak des Steinkohlebergwerkes KWK Bobrek - Centrum"; im Auftrag der Kompania Węglowa S.A.; Kooperation mit PKP Cargo Service

Kopalnia Piasku Kotlarnia - Linie Kolejowe Sp. z o.o. (KP Kotlarnia - LK)

ul. Dębowa 3
PL-47-246 Kotlarnia
Telefon: +48 77 4848801
Telefax: +48 77 4848800
marek.harz@kotlarnia.com.pl
www.kotlarnia.com.pl/html/linie.html

Management
* Marek Harz (Vorsitzender der Geschäftsführung)

Gesellschafter
Stammkapital 1.500.000,00 PLN
* Kopalnia Piasku „Kotlarnia" S.A. (KP Kotlarnia) (99,8 %)

Lizenzen
* PL: Sicherheitsautorisierung für Infrastruktur (Teil A), gültig vom 28.12.2010 bis 27.12.2015
* PL: Sicherheitsautorisierung für Infrastruktur (Teil B), gültig vom 31.12.2010 bis 30.12.2015

Infrastruktur
* Kotlarnia – Pyskowice – Michał – Tunel – KMO (KWK Makoszowy) (52,2 km)
* Kotlarnia – Paruszowiec – Boguszowice (34,2 km)
* Kotlarnia – Ortowice (3,7 km)
* Kotlarnia – Nieborowice – Krywałd (KWK Szczygłowice) (20,0 km)
* Nieborowice – Szyb Foch (KWK Knurów) (2,9 km)
* Michał – Haldex Szombierki (6,9 km)

Unternehmensgeschichte
Seit dem 01.01.2004 verwaltet die Tochtergesellschaft der Kopalnia Piasku Kotlarnia S. A. die öffentlich zugängliche Eisenbahn-Infrastruktur, an die eine Anzahl Kohlengruben, Sandfelder, Kraftwerke anschließen. Es bestehen direkte Übergänge zu folgenden EIU: CTL Maczki-Bór, PKP PLK und Infra SILESIA. Der elektrische Betrieb auf den Strecken der KP Kotlarnia wurde 2001 eingestellt.

LandKol Sp. z o.o.

ul. Westerplatte 72
PL-58-100 Świdnica
Telefon: +48 32 7108550
Telefax: +48 32 7108550
rybnik@landkol.eu
landkol.eu

Biuro Rybnik [Büro Rybnik]
ul Dworcowa 2, pok. 115
PL-44-200 Rybnik
Telefon: +48 32 7108550
Telefax: +48 32 7108550
rybnik@landkol.eu

Management
* Antoni Zinczewski (Vorsitzender der Geschäftsführung)

Gesellschafter
Stammkapital 5.000,00 PLN
* Antoni Zinczewski (35 %)
* Gabriela Dudek-Zinczewska (35 %)
* Adam Brzezinka (15 %)
* Gabriela Brzezinka (15 %)

Lizenzen
* PL: EVU-Zulassung (GV), seit 20.12.2013

LandKol / ŁKA

* PL: Lizenz für Traktionsdienstleistungen, seit 20.12.2013
* PL: Sicherheitszertifikat Teil A (GV), gültig vom 23.05.2014 bis 22.05.2019
* PL: Sicherheitszertifikat Teil B (GV), gültig vom 18.07.2014 bis 17.07.2019

Unternehmensgeschichte
Die 2012 gegründete Bahnspedition LandKol organisiert Ganzzugverkehre mit eigenen Wagen. Hauptladegut sind Baustoffe sowie Kohle und Kraftstoffe. Dabei arbeitet sie eng mit der ebenfalls in Świdnica angesiedelten Landpol Sp. z o.o. zusammen, die bereits längere Zeit im Waggonvermietungsgeschäft aktiv ist und deren Inhaber Antoni Zinczewski und Gabriela Dudek-Zinczewska sind. Seit Juli 2013 besitzt LandKol ein Büro in Rybnik. Seit Dezember 2014 wickelt LandKol Transporte in Eigenregie mit angemieteten Dieselloks ab.

Verkehre
* Baustofftransporte

Łódzka Kolej Aglomeracyjna Sp. z o.o. (ŁKA) ℗

al. Piłsudskiego 12
PL-90-051 Łódź
Telefon: +48 42 2361700
Telefax: +48 42 2350205
biuro@lka.lodz.pl
lka.lodzkie.pl

Management
* Andrzej Wasilewski (Vorsitzender der Geschäftsführung)

Gesellschafter
Stammkapital 26.198.000,00 PLN
* Województwo Łódzkie [Woiwodschaft Lodsch] (100 %)

Lizenzen
* PL: EVU-Zulassung (PV), seit 20.05.2011
* PL: Sicherheitszertifikat Teil A (PV), gültig vom 24.08.2012 bis 23.08.2017
* PL: Sicherheitszertifikat Teil B (PV), gültig vom 25.10.2012 bis 24.10.2017

Unternehmensgeschichte
Im Juni 2010 gründete die Verwaltung der Woiwodschaft Lodsch diese Gesellschaft. Ziel ist es, ab 2013 eigenen SPNV im Großraum der Stadt Łódź durchführen zu können. Die erforderliche Lizenz erhielt die ŁKA am 20.05.2011. Gedacht ist anfangs an vier Linien: Łódź Kaliska – Zduńska Wola/Sieradz, Łódź Kaliska – Łowicz, Łódź Widzew – Kutno und Łódź Fabryczna – Koluszki. Das Projekt wird durch EU-Mittel aus dem Programm "Infrastruktur und Umwelt" gefördert. Um die Infrastruktur auf einen zeitgemäßen Stand zu bringen, wurden mit PKP PLK bereits im Frühjahr 2011 mehrere Vereinbarungen getroffen, welche die Modernisierung und den Neubau von Haltepunkten an bestehenden Strecken beinhalten. Hier beteiligen sich neben ŁKA und PKP PLK auch die Anliegerkommunen an den Kosten. Seit 2012 wurde das Stammkapital der Gesellschaft mehrfach durch die Woiwodschaft aufgestockt. Am 13.12.2012 wurde ein Vertrag mit Stadler Polska über die Lieferung von 20 zweiteiligen FLIRT-3-Triebzügen mit einer Höchstgeschwindigkeit von 160 km/h unterzeichnet. Die Auslieferung erstreckte sich von April 2014 bis Februar 2015. Für die Unterhaltung ihrer Fahrzeuge baute die ŁKA in Łódź Widzew eine neue Fahrzeugwerkstatt.
Im März 2013 übernahm der vorherige Direktor der Regionalabteilung Łódź von PR, Andrzej Wasilewski, den Vorsitz der ŁKA.
Am 13.11.2013 unterzeichneten die Woiwodschaft Łódź, mehrere Anliegergemeinden und die ŁKA einen Vertrag über die Integration der ŁKA in ihre lokalen Nahverkehrssysteme. Dazu wird anfangs vor allem die Koordination der Fahrpläne gehören, ferner die Schaffung einer attraktiven Infrastruktur für Pendler mit Parkplätzen und Fahrradstellplätzen. In Zukunft will man sich dem Projekt eines gemeinsamen Tarifes widmen.
Der planmäßige Betrieb der ŁKA wurde am 15.06.2014 auf der Verbindung Łódź Kaliska – Sieradz aufgenommen, am 01.09.2014 folgte Łódź Widzew – Zgierz. Zum Fahrplanwechsel am 14.12.2014 kamen die Strecken Łódź Kaliska – Zgierz – Łowicz und Łódź Kaliska – Koluszki hinzu. Ab Mitte 2015 soll auch zwischen Łódź und Kutno gefahren werden. Damit ist die erste Etappe des Projekts ŁKA abgeschlossen. Neben den genannten 20 Flirt-Triebzügen soll die ŁKA perspektivisch über weitere 17 durch die Woiwodschaft beschaffte und zum größten Teil bereits modernisierte E-Triebzüge EN57 und einen ED59 verfügen können. Bis 2020 ist die Beschaffung von zehn weiteren Neubau-E-Triebzügen geplant. Planungen sehen die Ausdehnung des ŁKA-Netzes bis nach Skierniewice, Tomaszów Mazowiecki und Piotrków Trybunalski vor. Früher wurden auch die an nicht elektrifizierten Strecken liegenden Orte Bełchatów und Opoczno als mögliche Ziele genannt, davon scheint man aber Abstand genommen zu

ŁKA / Loreco / LOTOS Kolej

haben.
Nach dem Start wurden im restlichen Jahr 2014 noch 341.206 Reisende befördert und eine Beförderungsleistung von 15,5 Mio. Pkm erbracht.

Verkehre
* SPNV Łódź Kaliska – Sieradz
* SPNV Łódź Widzew – Zgierz
* SPNV Łódź Kaliska – Koluszki
* SPNV Łódź Kaliska – Łowicz

Loreco Sp. z o.o.

ul. Nowogrodzka 31
PL-00-511 Warszawa
office@loreco.eu

Management
* Jerzy Kaliński (Vorsitzender der Geschäftsführung)

Gesellschafter
Stammkapital 100.000,00 PLN
* Marcin Tokarski (99,5 %)

Lizenzen
* PL: EVU-Zulassung (GV), seit 23.04.2007
* PL: Lizenz für Traktionsdienstleistungen, seit 23.04.2007
* PL: Sicherheitszertifikat Teil A (GV), gültig vom 08.08.2012 bis 07.08.2017
* PL: Sicherheitszertifikat Teil B (GV), gültig vom 24.07.2014 bis 23.07.2019

Unternehmensgeschichte
Das Logistikunternehmen Loreco widmet sich hauptsächlich dem Straßengütertransport zwischen den Staaten der EU und Osteuropa mit Polen als Drehscheibe. Dazu steht Loreco eine eigene Lkw-Flotte zur Verfügung. In Richtung Ukraine nutzt man auch die Dienstleistungen der Eisenbahngesellschaft PKP LHS, die die Breitspurstrecke von Sławków in Oberschlesien in die Ukraine betreibt. Die EVU-Lizenz von Loreco ruhte von September 2010 bis Oktober 2014. Eigene Eisenbahnverkehre hat Loreco noch nicht abgewickelt.

LOTOS Kolej Sp. z o.o. G

ul. Michałki 25
PL-80-716 Gdańsk
Telefon: +48 58 3087655
Telefax: +48 58 3087678
jolanta.osowicka@lotoskolej.pl
www.lotoskolej.pl

Management
* Henryk Gruca (Vorsitzender der Geschäftsführung)

Gesellschafter
Stammkapital 2.000.000,00 PLN
* LOTOS S.A. (100 %)

Lizenzen
* PL: EVU-Zulassung (GV), seit 08.10.2003
* PL: Lizenz für Traktionsdienstleistungen, seit 12.01.2004
* PL: Sicherheitszertifikat Teil A (GV), gültig vom 19.10.2014 bis 18.10.2019
* PL: Sicherheitszertifikat Teil B (GV), gültig vom 01.09.2014 bis 03.11.2015

Unternehmensgeschichte
Lotos Kolej ist die Bahnsparte von LOTOS S.A., dem zweitgrößten Treibstoffproduzenten und -lieferanten Polens, welche im Jahre 2002 aus dem Mutterkonzern ausgegliedert wurde. Knapp 90 Mitarbeiter kümmerten sich damals in den Abteilungen Bahnbetrieb und Infrastruktur vorrangig um die Bedienung des Werkbahnhofes der LOTOS-Gruppe in Gdańsk sowie der zahlreichen Anschlüsse.
Mit Kesselwagenzügen zwischen der Raffinerie in Gdańsk und dem Hafen Gdynia begann 2002 der lizenzierte Güterverkehr auf dem Netz der PKP, wofür die vorhandenen Lokomotiven der Reihe SM42 ausreichend waren. Da aber geplant war, die überregionalen Transporte der Lotos-Gruppe mit ihren im ganzen Land verteilten Standorten zu übernehmen, wurde zügig in neue Triebfahrzeuge investiert. Von 2003 bis 2005 wurden eine größere Anzahl von 060DA, M62 und TEM2 gekauft bzw. angemietet. Der erste überregionale Güterzug verkehrte am 11.11.2003.
Ab dem 01.02.2004 übernahm Lotos Kolej auch den Betrieb der Werkbahnen in drei weiteren Raffinerien der Lotos-Gruppe in Czechowice, Jasło und Gorlice. Da das Transportaufkommen stetig anstieg, wurden weitere Dieselloks beschafft. Auch Elektrolokomotiven wurden und werden in größerer Anzahl angemietet. Mittlerweile hat LOTOS Kolej

LOTOS Kolej

umfassend in die Modernisierung des Fahrzeugparks investiert. Die 060DA wurden nach Rumänien verkauft, die Anmietung der M62M von Rail Polska endete 2012. Neue Lokomotiven werden bevorzugt auf Miet- oder Leasingbasis beschafft und verkehren vor allem vor den schweren Ölzügen in der Relation Gdańsk – Zduńska Wola Karsznice.
LOTOS Kolej ist Neuerungen gegenüber aufgeschlossen und fungiert seit 2008 als Partner bei Test- und Zulassungsverfahren neuer Fahrzeuge. In diesem Zusammenhang absolvierten viele Loks hier ihre ersten Einsätze in Polen: TRAXX F140 MS, VOITH Maxima 40CC, GRAVITA 10BB, E6ACT Dragon, E4MSU Griffin und 111Ed GAMA Marathon.
Im Herbst 2009 schloss LOTOS Kolej einen ersten Leasingvertrag mit der Railpool GmbH über mehrere TRAXX-Elektro- (F140 DC) und Dieselloks (F140 DE) ab. Die Fahrzeuge bewährten sich, so dass weitere Maschinen bestellt bzw. angemietet wurden. Die zwischenzeitlich eingesetzten ES 64 F4 wurden wieder zurück gegeben. Mit der verstärkten Ausrichtung auf die elektrische Traktion wurde am 02.07.2009 ein elektrifiziertes Zufahrtsgleis vom PKP-Bahnhof Gdańsk Olszynka zum Werkbahnhof in Betrieb genommen.
Die Raffinerie in Gorlice ging 2008 in Konkurs und wurde 2011 an die kanadische Hudson Oil Corporation abgegeben, womit das Engagement von LOTOS Kolej dort mittlerweile beendet ist.
Im August 2009 wurde mit der Muttergesellschaft LOTOS S.A. ein Zehnjahresvertrag über Transportdienstleistungen abgeschlossen, der einen geschätzten Wert von 2,1 Mrd. PLN hat.
Moderne E-Loks von LOTOS Kolej waren auch bereits vor Personenzügen unterwegs: zum Jahreswechsel 2011/12 und zwischen Dezember 2012 und Mai 2013 vermietete das Unternehmen bis zu 15 Loks an die Koleje Śląskie.
Auf der Messe InnoTrans Berlin 2012 wurde ein Vertrag mit Newag abgeschlossen, der die Lieferung von 10 neuen E-Loks des Typs E6ACT „Dragon" für den schweren Güterzugdienst vorsieht.
Einen bedeutenden Vertrag konnte LOTOS Kolej am 20.12.2013 mit dem Mineralöl- und Erdgasproduzenten PGNiG S.A. unterzeichnen. LOTOS Kolej wird demnach im Zeitraum von 2015 bis 2019 Erdöltransporte von polnischen Förder- und Lagerstätten zur Raffinerie in Gdańsk erbringen. Am 10.02.2014 wurde ein neuer, bis 2022 reichender Vertrag über Transportdienstleistungen für LOTOS S. A. mit einem Auftragswert von etwa 3 Mrd. PLN unterzeichnet.
Im Intermodalverkehr fährt LOTOS Kolej bereits für Kooperationspartner, insbesondere PCC Intermodal, Züge in Polen. Für eigene Verkehre wurden 2012 erstmals Tankcontainer eingesetzt.

Der Hauptsitz von LOTOS Kolej befindet sich in Gdańsk, Anschlussbahnhof zu PKP PLK ist Gdańsk Olszynka, wo auch eine eigene Fahrzeugwerkstatt existiert. 2009 vergrößerte man sich durch den Ankauf der direkt daneben liegenden GATX-Außenstelle Gdańsk (Zakład Gospodarki Cysternami Gdańsk). Im etwa in der geografischen Mitte Polens gelegenen Zduńska Wola Karsznice richtete LOTOS Kolej eine Außenstelle ein. Diese organisiert die Verkehre im Süden Polens, während von Gdańsk aus die Aktivitäten im Norden organisiert werden. Zduńska Wola Karsznice fungiert dabei als Lok- und Personalwechselstelle, des weiteren werden auch Züge geteilt und neu zusammengestellt. Weitere regionale Außenstellen existieren in Wrocław, Czechowice und Jasło.
LOTOS Kolej offeriert auch die Reinigung von Kesseln in Jasło und die Vermietung von Kesselwagen für Flüssiggastransport. Mitte 2009 hatte LOTOS Kolej 247 Beschäftigte.

Der LOTOS-Konzern ließ im Frühsommer 2010 verlautbaren, sich in Zukunft auf das Kerngeschäft konzentrieren zu wollen und neben fünf anderen Konzerntöchtern auch LOTOS Kolej möglichst noch 2010 an Investoren abzugeben. Diese Absichten wurden jedoch im August 2010 wieder revidiert. Anfang 2013 gab es sowohl von PKP Cargo als auch von CTL Logistics Angebote zur Übernahme von LOTOS Kolej, was aber ebenso ohne Folgen blieb. Ende 2014 wurden Schritte eingeleitet, um die Infrastruktur aus LOTOS Kolej herauszulösen und in die neue Gesellschaft Infrastruktura Kolejowa Sp. z o. o., welche ebenfalls LOTOS S.A. gehört, eingebracht. Im Februar 2015 bekundete das Logistikunternehmen OT Logistics Interesse an der Übernahme von LOTOS Kolej. Die LOTOS S.A. will angeblich noch im 1. Quartal 2015 eine Entscheidung zur Zukunft von LOTOS Kolej fällen. Die Transportleistung von LOTOS Kolej steig 2014 wieder leicht an und lag bei 4,4 Mrd. tkm (2013: 3,9), was einem Anteil am polnischen Eisenbahn-Güterverkehrsmarkt von 8,9 % entspricht (2013: 7,8 %). Damit ist LOTOS Kolej nach PKP Cargo die Nummer 2 im polnischen Güterverkehrsmarkt.

Verkehre
★ Mineralöltransporte im Auftrag von LOTOS S.A.; seit 11.11.2003; Verträge bis 2022
★ Harnstofftransporte Most [CZ] – Żary; Spotverkehre seit 2011; betriebliche Abwicklung in Polen im Auftrag der ČD Cargo, a.s.
★ KV-Transporte Rzepin – Sosnowiec Maczki
★ KV-Transporte im Auftrag der PCC Intermodal S.A.; seit 15.05.2014 bis 31.03.2016
★ Kerosintransporte Gdańsk Olszynka – Lichkov [CZ] – Středokluky / Mstětice [CZ]; in Kooperation mit der ČD Cargo, a.s.
★ Kerosintransporte Gdańsk Olszynka – Warszawa Okęcie; für Lotos Tank Sp. z o.o.
★ Kesselwagenganzzüge (Biodiesel, Styren) Polen – Antwerpen [BE] / Rotterdam [NL]; Spotverkehre seit Februar 2009; Traktion bis Guben (Übergabe an Rurtalbahn Cargo GmbH) [DE] im Auftrag der Transpetrol GmbH Internationale Eisenbahnspedition

LOTOS Kolej / LTE Polska / LWB

* Kesselwagenzüge von Kochanówka (LERG S.A.) nach Deutschland; Spotverkehre in Zusammenarbeit mit der Havelländischen Eisenbahn AG (hvle) in Deutschland
* Kesselwagenzüge von Sławków / Zdzieszowice – Deutschland; Spotverkehre in Zusammenarbeit mit der RBH Logistics GmbH in Deutschland
* Kohletransporte Świnoujście Towarowe – Ostrava [CZ]; Traktion in Polen im Auftrag der Advanced World Transport, a.s. (AWT)
* Kokstransporte Zabrze – Châtelet [BE]; Spotverkehre seit 2009; Traktion bis Guben (Übergabe an andere EVU) [DE] im Auftrag der Via Cargo Logistics GmbH
* Kokstransporte Zdzieszowicze – Mălina [RO]; 5 x pro Woche für ArcelorMittal; in Kooperation mit ČD Cargo, a.s. [CZ], FLOYD Szolgáltató Zrt. [HU] und S.C. Unicom Tranzit S.A. [RO]
* Methanoltransporte Großkorbetha [DE] - Polen; Spotverkehre in Kooperation mit HSL Logistik [DE]
* Propangastransporte Braniewo – Baalberge [DE]; Traktion in Polen, Übergabe an LEG
* Propentransporte Münchsmünster [DE] – Polen; Spotverkehre seit Januar 2014 im Auftrag der Transpetrol GmbH Internationale Eisenbahnspedition; Traktion ab Guben (Übernahme von RTB Cargo)
* Rohöltransporte von den Verladestellen der PGNiG S.A. zur Raffinerie Gdańsk; 2015 bis 2019; Verlängerungsoption
* Zementtransporte in Polen; Spotverkehre für CEMET S.A.
* Betrieb der Anschlussbahn der Raffinerie der LOTOS Czechowice S.A.
* Betrieb der Anschlussbahn der Raffinerie der LOTOS Jasło S.A.

Gesellschafter
Stammkapital 420.000,00 PLN
* LTE Logistik- und Transport-GmbH (90 %)
* LTE Germany GmbH (10 %)

Unternehmensgeschichte
Am 02.10.2014 wurde die LTE Polska Sp. z o.o. in Danzig in das Handelsregister eingetragen. Die Kernaufgabe der neuen LTE-Tochter liegt in der Unterstützung der LTE Gruppe bei bestehenden Verkehren, die nach oder aus Polen abgewickelt werden. Die LTE Polska soll dabei die Schnittstelle zwischen polnischen Kooperationspartnern und der LTE Gruppe bilden, um so die betrieblichen Abläufe sowie Kommunikationsketten zu optimieren. Neben der Muttergesellschaft LTE Logistik und Transport aus Graz ist auch die LTE Germany GmbH mit 10 % als Gesellschafter beteiligt.
Die LTE Polska betreut seit der Gründung den neuen „Polonia Shuttle" für den LTE-Großkunden Glencore. Dieser umfasst wöchentliche Zugpendel zwischen dem Glencore Ölwerk Bodaczow im Südosten der Republik und den Häfen Gdynia und Gdansk. Die Rapsschrot-Züge mit bis zu 2560 Bruttotonnen werden aktuell von Lotos Kolej traktioniert. Die Zugleistung wurde in den letzten Wochen um Rückladungen erweitert: Nach Entladung der Züge mit Rapsschrot, wird in diversen Silos Raps geladen und nach Bodaczow befördert. Die Traktionszeit auf der 760 km langen Strecke beträgt ca. 24 Stunden. Außerdem wickelt LTE Polska Ganzzüge auch für andere Kunden aus dem Agrarbereich ab. Neben dem Kunden Cefetra mit Relationen Zamosc – Gdynia / Plonsk – Gdynia gehört die zweitgrößte polnische Pastahersteller Lubella S.A. (Lieferungen von Hartweizen aus Kanada und USA) zu den Kunden.

LTE Polska Sp. z o.o.

ul. Wejhera 8/3
PL-80-346 Gdańsk
dawid.dobrzynski@lte-group.eu
www.lte-group.eu

Management
* Arthur Kaldynski (Geschäftsführer)
* Ing. Mag. (FH) Andreas Mandl (Geschäftsführer)

Lubelski Węgiel Bogdanka S.A. (LWB) 🌐

Bogdanka
PL-21-013 Puchaczów
Telefon: +48 81 4625100
Telefax: +48 81 4625191
bogdanka@lw.com.pl
www.lw.com.pl

Abteilung Eisenbahntransport
Telefon: +48 81 4625281

Management
* Zbigniew Stopa (Vorstandsvorsitzender)
* Waldemar Bernaciak (Stellvertreter Vorstandsvorsitzender)
* Krzysztof Szlaga (Stellvertreter Vorstandsvorsitzender)

LWB / MAJKOLTRANS

★ Roger de Bazelaire (Stellvertretender Vorstandsvorsitzender)

Gesellschafter
Stammkapital 170.067.950,00 PLN
★ OFE Aviva BZ WBK (12,26 %)
★ OFE ING (9,99 %)
★ OFE PZU "Złota Jesień" (8,26 %)
★ OFE AXA (5,31 %)
★ OFE Allianz Polska (4,96 %)
★ OFE Nordea (4,23 %)
★ TFI Aviva Investors Poland S.A. (4,16 %)
★ OFE MetLife (3,7 %)
★ Königreich Norwegen (3,69 %)
★ OFE Generali (3,53 %)
★ OFE PKO BP Bankowy (3,34 %)

Beteiligungen
★ EkoTRANS Bogdanka Sp. z o.o. (100 %)
★ MR Bogdanka Sp. z o.o. (100 %)
★ RG Bogdanka Sp. z o.o. (100 %)
★ Łęczyńska Energetyka Sp. z o.o (88,7 %)

Lizenzen
★ PL: EVU-Zulassung (GV), seit 05.03.2004
★ PL: Sicherheitszertifikat Teil A (GV), gültig vom 22.12.2010 bis 21.12.2015
★ PL: Sicherheitszertifikat Teil B (GV), gültig vom 23.12.2010 bis 22.12.2015

Infrastruktur
★ Jaszczów – Bogdanka (25 km)

Unternehmensgeschichte
Die Geschichte des Steinkohlenbergbaus östlich von Lublin begann im Jahre 1975 mit der ministeriellen Entscheidung zum Bau eines Steinkohlenbergwerkes in Bogdanka. Bis Anfang der 1990er Jahre war dieses ein Staatsbetrieb, der zuletzt unter dem Namen Kopalnia Węgla Kamiennego [Steinkohlenbergwerk] Bogdanka firmierte.
Am 01.02.1993 erfolgte die Umwandlung in eine staatliche Aktiengesellschaft unter dem Namen Kopalnia Węgla Kamiennego Bogdanka S.A. Per 29.12.1994 gingen im Rahmen von Schuldentilgungen etwa 4 % der Aktien in andere Hände.
Zum 26.03.2001 erfolgte im Rahmen eines Restrukturierungsprozesses eine erneute Umbenennung in den heute üblichen Firmennamen Lubelski Węgiel [Lubliner Kohle] Bogdanka S.A. Seit 05.03.2004 ist LWB lizenziertes EVU und führte bis 2011 auch Transporte im Netz von PKP PLK durch. Die Vorbereitungen zur Privatisierung von LWB begannen 2008. Am 09.03.2010 verkaufte der polnische Staat 15.882.000 Aktien der Gesellschaft an der Wertpapierbörse und hält seitdem nicht mehr die Mehrheit am Unternehmen.
Der zentrale Bahnhof der Werkbahn befindet sich in Bogdanka. Hier soll ein neues Stellwerk entstehen, von dem aus die Kreuzungsstelle Zawadów, etwa in der Mitte der Strecke gelegen, ferngesteuert wird. Dort befindet sich die 2013 modernisierte Fahrzeugwerkstatt. Auf der Strecke existiert ein selbsttätiger Streckenblock.
Hauptuntersuchungen an den S200 lässt LWB beim tschechischen Betrieb CZ Loko Česká Třebová ausführen. Dort wurden auch in Kooperation mit ZPNTMiU „TABOR" Modernisierungen an einigen S200 ausgeführt.
Seit dem Frühjahr 2014 hat LWB einige M62M von Rail Polska angemietet, womit die Kohlenzüge mit einer statt mit zwei Loks gefahren werden können. Ende 2014 wurden vier S200 zum Verkauf angeboten.

Verkehre
★ Kohletransporte Bogdanka – Jaszczów (Zustellung zum PKP-Bahnhof Jaszczów)
★ Betrieb der Anschlussbahn des Steinkohlebergwerkes KWK Bogdanka

„MAJKOLTRANS" Sp. z o.o. G

ul. Paczkowska 26
PL-50-503 Wrocław
Telefon: +48 71 7174533
Telefax: +48 71 7174534
antolakryszard@majkoltrans.pl
www.majkoltrans.pl

Management
★ Ryszard Antolak (Vorsitzender der Geschäftsführung)
★ Mieczysław Mazur (Zweiter Vorsitzender der Geschäftsführung)
★ Jolanta Wojtysiak (Mitglied der Geschäftsführung)

Gesellschafter
Stammkapital 3.006.000,00 PLN
★ Mieczysław Mazur (50 %)
★ Ryszard Antolak (50 %)

Lizenzen
★ PL: EVU-Zulassung (GV), seit 13.12.2005
★ PL: Sicherheitszertifikat Teil A (GV), gültig vom 10.02.2011 bis 09.02.2016
★ PL: Sicherheitszertifikat Teil B (GV), gültig vom 18.02.2011 bis 17.02.2016

Unternehmensgeschichte
MAJKOLTRANS wurde am 31.05.2001 als private Firma gegründet. Ihre Spezialität ist der Betrieb von Anschlussbahnen, was vor allem Firmen entgegenkommt, die nicht zum Kerngeschäft gehörende Aufgaben auslagern möchten. Neben

MAJKOLTRANS / MPK Wrocław

dem Betrieb übernimmt MAJKOLTRANS bei Bedarf auch die Reparatur und die Unterhaltung von Fahrzeugen und Anlagen, innerbetriebliche Transporte und die Organisation der gesamten Logistik für eine Firma. Sie ist insbesondere in ihrer Heimatregion Niederschlesien aktiv. Leistungen im Güterverkehr erbringt MAJKOLTRANS seit 2011, für die angemietete E-Loks vorhanden sind.
Als Werkstatt nutzt das Unternehmen angemietete Stände im Lokschuppen von PKP Intercity in Wrocław Główny. Mit SM42-2135 ist seit 2013 die erste modernisierte Lok von MAJKOLTRANS im Einsatz.

Verkehre
* Baustofftransporte aus Niederschlesien zu verschiedenen Zielbahnhöfen in Polen
* Bioethanoltransporte von Goświnowice für BIOAGRA S.A.
* KV-Transporte Gliwice Port – Stara Wieś; zum Terminal Kutno der PCC Intermodal S.A.
* Betrieb der Anschlussbahn der Akwawit Brasco S. A. in Wrocław
* Betrieb der Anschlussbahn der BIOAGRA S.A. Zakład Produkcji Etanolu in Goświnowice
* Betrieb der Anschlussbahn der EUROVIA KRUSZYWA S.A. Kopalnia Wiśniówka in Wiśniówka
* Betrieb der Anschlussbahn der Glashütte Huta Szkła „Kunice" der Vitrosilicon S.A. in Żary
* Betrieb der Anschlussbahn der Mineral Polska in Strzelin
* Betrieb der Anschlussbahn der SUDZUCKER POLSKA S.A. in Strzelin
* Betrieb der Anschlussbahn der SigmaKalon Deco Sp. z o.o. in Wrocław
* Betrieb der Anschlussbahn der Steinbrüche Graniczna, Mietków und Paczków (Eurovia Kruszywa S.A.)
* Betrieb der Anschlussbahn der Vitrosilicon S.A. in Iłowa
* Betrieb der Anschlussbahn des Basaltbergwerkes Kopalnia Bazaltu Góra Kamienista in Kłopotnica
* Betrieb der Anschlussbahn des Kalkwerkes der Lhoist Polska Sp. z o.o. in Bukowa
* Betrieb der Anschlussbahn des Steinbruches Tłumaczów der Strateg Capital sp. z o.o.
* Betrieb der Anschlussbahn des Steinbruchs der Kruszywa Strzelin Sp. z o.o. in Strzelin
* Rangierdienstleistungen für die LAPIS Sp. z o.o. im Bahnhof Strzegom
* Rangierdienstleistungen für die PRI – BAZALT S.A. im Bahnhof Rębiszów
* Rangierdienstleistungen für die SJENIT S.A. im Bahnhof Piława Górna

Miejskie Przedsiębiorstwo Komunikacyjne Sp. z o.o. (MPK Wrocław)

ul. Bolesława Prusa 75-79
PL-50-316 Wrocław
Telefon: +48 71 3250801
Telefax: +48 71 3250802
biuro@mpk.wroc.pl
www.mpk.wroc.pl

Management
* Jolanta Szczepańska (Vorsitzende der Geschäftsführung)
* Zdzisław Ferenz (Mitglied der Geschäftsführung)
* Grażyna Kulbaka (Mitglied der Geschäftsführung)
* Patryk Wild (Mitglied der Geschäftsführun)

Gesellschafter
Stammkapital 236.651.625,00 PLN
* Gmina Wrocław [Gemeinde Breslau] (100 %)

Lizenzen
* PL: EVU-Zulassung (PV), seit 06.07.2010
* PL: Sicherheitszertifikat Teil A (PV), gültig vom 30.11.2011 bis 29.11.2016

Unternehmensgeschichte
Als Nachfolger der Breslauer Omnibusgesellschaft wurden am 10.05.1945 die Zakłady Komunikacyjne Miasta Wrocław [Verkehrsbetriebe der Stadt Breslau] gegründet. Im Jahr 1951 wurde der Name in Miejskie Przedsiębiorstwo Komunikacyjne [Städtische Verkehrsgesellschaft] geändert, 1996 wurde sie in eine GmbH umgewandelt. Ihr obliegt die Betriebsführung der städtischen Straßenbahn- und Omnibuslinien.
Im Juli 2010 erhielt der Stadtverkehrsbetrieb von Breslau eine Lizenz für Eisenbahn-Reiseverkehr. Unter dem Projekttitel "Wrocławska Kolej Metropolitalna" war damals eine Stadtbahnlinie Psie Pole – Dworzec Główny – Brochów (Breslau-Hundsfeld – Breslau Hbf – Brockau) angedacht. Fahrzeuge sollten geleast werden. Auch der Einsatz von Zweisystemfahrzeugen, die sowohl im Straßenbahn- wie im Eisenbahnnetz verkehren können, war Gegenstand von Gedankenspielen. Strecken, auf denen diese verkehren könnten, gab und gibt es nicht.

MPK Poznań / MORIS

Miejskie Przedsiębiorstwo Komunikacyjne w Poznaniu Sp. z o.o. (MPK Poznań) 🅿️🚋

ul. Głogowska 131/133
PL-60-244 Poznań
Telefon: +48 61 8396000
Telefax: +48 61 8396009
sekretariat@mpk.poznan.pl
www.mpk.poznan.pl

Parkeisenbahn Maltanka
ul. Jana Pawła II 1
PL-61-131 Poznań
Telefon: +48 61 8396690
maltanka@mpk.poznan.pl
www.mpk.poznan.pl/maltanka

Management
* Wojciech Tulibacki (Vorsitzender der Geschäftsführung)
* Marek Grzybowski (Mitglied der Geschäftsführung)
* Jerzy Zalwowski (Mitglied der Geschäftsführung)

Gesellschafter
Stammkapital 333.651.500,00 PLN
* Stadt Poznań (100 %)

Beteiligungen
* Modertrans Poznań Sp. z o.o. (76 %)

Lizenzen
* PL: EVU-Zulassung (PV), seit 28.04.2004

Infrastruktur
* Maltanka – Zwierzyniec (3,8 km; Spurweite 600 mm)

Unternehmensgeschichte
Das MPK (Miejskie Przedsiębiorstwo Komunikacyjne) w Poznaniu, zu deutsch Städtisches Verkehrsunternehmen in Posen, entstand am 28.06.2000 im Rahmen der Umgestaltung der städtischen Unternehmen. Seine Ursprünge gehen auf das Jahr 1880 zurück, als in Posen die erste Pferdeeisenbahnlinie in Betrieb ging. Heute ist das MPK für die Abwicklung des gesamten städtischen Nahverkehrs auf 17 Straßenbahn- und 58 regulären Buslinien zuständig. Des Weiteren betreibt es die Parkeisenbahn im Maltanka-Erholungsgebiet unweit des Zentrums von Poznań. Für diesen Betrieb wurde am 28.04.2004 eine Personenverkehrslizenz erteilt. Zur Verfügung stehen mehrere Diesellokomotiven der Typen WLs40 und WLs50 des Herstellers ZNTK Poznań sowie sechs Personenwagen. Für Sondereinsätze ist die Dampflokomotive Borsig 11458/1925 vorhanden. Der Triebwagen MBxc1-41 (ex Bromberger Kreisbahn 1) ist abgestellt. Weitere Aktivitäten im Eisenbahnsektor sind derzeit nicht geplant.

Verkehre
* Parkbahnbetrieb Maltanka – Zwierzyniec

MORIS Sp. z o.o. 🅖

ul. Wiejska 27
PL-41-503 Chorzów
Telefon: +48 32 4163600
Telefax: +48 32 4163610
moris@moris.pl
www.moris.pl

Management
* Maurycy Wołek (Vorsitzender der Geschäftsführung)

Gesellschafter
Stammkapital 46.000.000,00 PLN
* Maurycy Wołek (99,9 %)

Lizenzen
* PL: EVU-Zulassung (GV) seit 17.06.2013
* PL: Sicherheitszertifikat Teil A (GV) seit 08.11.2013 befristet bis 07.11.2018
* PL: Sicherheitszertifikat Teil B (GV) seit 20.12.2013 befristet bis 19.12.2018

Unternehmensgeschichte
Bereits seit 1994 existiert dieses Unternehmen, das anfangs unter dem Namen MORIS Maurycy Wołek Erzeugnisse der Eisenhüttenindustrie vertrieb. Ende 2011 wurde das Unternehmen in eine GmbH umgewandelt, die bis November 2011 unter dem Namen „Firma MORIS Sp. z o.o." firmierte, seitdem einfach als MORIS Sp. z o.o. Im Jahr 2012 wurde in Chorzów eine neu errichtetes Schienenschweißwerk eröffnet, in der Schienen bis zu einer Länge von 360 Metern hergestellt werden können. Anfang 2014 wurde auch der Firmensitz von Tychy nach Chorzów verlegt.
Um auch die Lieferung an die Endkunden mit anbieten zu können, wurden 2013 EVU-Lizenzen und Sicherheitszertifikate beschafft, ebenso passende Wagen. In der Praxis lässt MORIS diese Transporte meist durch andere EVU durchführen.

Verkehre
* Schienen- und Langschienentransporte

MK / NBE Cargo

Muzeum Kolejnictwa (MK) 🅿️ℹ️

ul. Towarowa 1
PL-00-958 Warszawa
Telefon: +48 22 6200480
Telefax: +48 22 6200480
sekretariat@muzkol.pl
www.muzkol.pl

Muzeum Kolei Wąskotorowej w Sochaczewie
[Schmalspurmuseum]
ul. Towarowa 7
PL-96-500 Sochaczew
Telefon: +48 46 8625976
Telefax: +48 46 8625976
biuro@muzkol.pl

Management
* Cezary Karpiński (Direktor)
* Radosław Konieczny (Stellvertretender Direktor)
* Walentyna Rakiel-Czarnecka (Stellvertretende Direktorin)

Gesellschafter
* Samorząd Województwa Mazowieckiego [Woiwodschaft Masowien] (100 %)

Lizenzen
* PL: EVU-Zulassung (PV), seit 22.04.2005

Infrastruktur
* Sochaczew Muzeum – Tułowice Sochaczewskie – Wilcze Tułowskie (17,8 km, Spurweite 750 mm)

Unternehmensgeschichte
Die Tradition des polnischen Eisenbahnmuseums (Muzeum Kolejnictwa) geht bereits auf das Jahr 1931 zurück. Seit 1972 existiert es auf dem ehemaligen Bahnhof Warszawa Główna Osobowa im Zentrum der polnischen Hauptstadt. In den darauf folgenden Jahren entstanden eine Reihe von Außenstellen, die bekanntesten sind die Schmalspurmuseen in Sochaczew (Schwerpunkt 750 mm) und Gryfice (Schwerpunkt 1000 mm). Im Zuge der Umstrukturierung der Polnischen Staatsbahnen PKP übernahm am 01.01.1999 die Woiwodschaft Masowien das Museum. Im Sommer 2009 wurde dem Museum durch die PKP der Standort am alten Warschauer Hbf gekündigt, nach endlosen Diskussionen gab es 2010 eine Vereinbarung, wonach das Museum zeitlich begrenzt am alten Standort verbleiben kann. Anfangs wurden mehrere Ausweichstandorte diskutiert, mittlerweile ist der Umzug auf ein Areal der PKP in Warszawa Szczęśliwice beschlossene Sache.
Die zur Schließung vorgesehene Außenstelle Gryfice wurde im Frühjahr 2010 zum Preis des Abzugs mehrerer Vulcan-Dampflokomotiven von Gryfice nach Warschau vom Heimatmuseum in Szczecin übernommen.
In Sochaczew betreibt das Muzeum Kolejnictwa seit 1986 einen regelmäßigen Museumsverkehr. Bereits zwei Jahre zuvor war die Bahn mit der Einstellung des Regelbetriebes auf Anweisung des Verkehrsministeriums durch das Museum übernommen worden. Im Jahr 2013 war der Museumsverkehr aufgrund von Hochwasserschäden nur auf verkürzter Strecke möglich.
Seit Juni 2005 steht die Dampflokomotive Px29-1704 (WSABP Warszawa 184/1929, ex DRB 99 2577, ex PKP-A Wp29-904) wieder betriebsfähig für die Bespannung des Museumszuges zur Verfügung, gleichzeitig wurde die Px48-1755 (Chrzanów 2250/1951) abgestellt. Außerdem werden die beiden Diesellokomotiven Lxd2-250 und Lxd2-342 (Typ L45H, Hersteller FAUR) häufig eingesetzt. Ebenfalls betriebsfähig sind die beiden vom Danziger Netz stammenden zweiachsigen Triebwagen MBd1-126 (WSABP Warszawa 1938) und MBd1-130 (Lisewo 1958) sowie die Diesellokomotiven Lyd1-222 und Lyd1-226 (Typ WLs150, Hersteller Chrzanów). Der relativ große Bahnhof Sochaczew Muzeum beherbergt eine umfangreiche museale Fahrzeugsammlung. Eine Werkstatt betreut sowohl die betriebsfähigen als auch die musealen Fahrzeuge.

Verkehre
* Museumszüge Sochaczew Muzeum – Wilcze Tułowskie

NBE Cargo Sp. z o.o.

ul. Górczewska 124 lok. 305
PL-00-460 Warszawa
Telefon: +48 787 331035
biuro@nbe-cargo.com

Management
* Michał Szlendak (Vorsitzender der Geschäftsführung)

Gesellschafter
Stammkapital 100.000,00 PLN
* Michał Szlendak (100 %)

Lizenzen
* PL: EVU-Zulassung (GV), seit 11.07.2014
* PL: Lizenz für Traktionsdienstleistungen, seit 11.07.2014

Unternehmensgeschichte
Am 28.11.2013 wurde die durch Michał Szlendak gegründete Gesellschaft ins Handelsregister eingetragen. Im Frühjahr 2014 erhöhte der Alleingesellschafter das Stammkapital von 5.000 auf

NBE Cargo / NKN / ORLEN KolTrans

100.000 PLN. Szlendak war in der Vergangenheit bereits als Geschäftsführer bei PCC Cargo S.A. tätig und später bei CTL Logistics Sp. z o.o. für grenzüberschreitende Baustofftransporte verantwortlich. Bis Anfang 2014 war er Mitgesellschafter bei der Spedition NBE Minerals Sp. z o.o. (heute Rail Time Minerals).
NBE Cargo ist noch nicht am Markt aktiv.

Verkehre
* Az-Dienste für PKP Energetyka
* Rangierdienstleistungen für PKP Intercity in Świnoujście und Kołobrzeg
* Übergaben Szczecin Gumieńce – Stobno Szczecińskie
* Betrieb von Anschlussbahnen im Großraum Szczecin und Świnoujście

---

NKN Usługi Kolejowe Projektowanie, Budownictwo, Transport Sp. z o.o G

ul. Energetyków 9/113
PL-70-656 Szczecin
Telefon: +48 91 8126974
Telefax: +48 91 8126974
biuro@nkn.com.pl
www.nkn.com.pl

Management
* Krzysztof Marczyk (Vorsitzender der Geschäftsführung)
* Piotr Niedzielski (Zweiter Vorsitzender der Geschäftsführung)

Gesellschafter
Stammkapital 100.000,00 PLN
* Karolina Niedzielska (40 %)
* Krzysztof Marczyk (40 %)
* Daniel Szczepański (10 %)

Lizenzen
* PL: EVU-Zulassung (GV), seit 16.07.2012
* PL: EVU-Zulassung (PV), seit 16.07.2012
* PL: Lizenz für Traktionsdienstleistungen, seit 16.07.2012
* PL: Sicherheitszertifikat Teil A (GV+PV), gültig vom 28.09.2012 bis 27.09.2017
* PL: Sicherheitszertifikat Teil B (GV+PV), gültig vom 05.06.2013 bis 04.06.2018

Unternehmensgeschichte
Das Unternehmen NKN besteht seit April 2006. Der Firmensitz sowie die technische Basis befinden sich im Bahnhof Szczecin Port Centralny, eine weitere kleine Einsatzstelle in Szczecin Gumieńce. Mit von verschiedenen Werkbahnen übernommenen 401Da führte NKN den Betrieb auf mehreren Anschlussbahnen durch. Seit 2006 erbringt NKN Rangierdienstleistungen für PKP Intercity auf mehreren Wendebahnhöfen an der Ostseeküste. Am 16.07.2012 erhielt NKN die Zulassung als EVU und kann nun auch Zugleistungen im Netz von PKP PLK erbringen.

ORLEN KolTrans Sp. z o.o. G

ul. Chemików 7
PL-09-411 Płock
Telefon: +48 24 2566444
Telefax: +48 24 3679014
koltrans@orlen.pl
www.orlenkoltrans.pl

Management
* Andrzej Raszewski (Vorsitzender der Geschäftsführung)
* Paweł Ogrodnik (Mitglied der Geschäftsführung)

Gesellschafter
Stammkapital 40.859.000,00 PLN
* Polski Koncern Naftowy ORLEN S.A. (PKN ORLEN) (99,9 %)

Lizenzen
* PL: EVU-Zulassung (GV), seit 27.02.2004
* PL: Lizenz für Traktionsdienstleistungen, seit 27.02.2004
* PL: Sicherheitszertifikat Teil A (GV), gültig vom 06.12.2010 bis 05.12.2015
* PL: Sicherheitszertifikat Teil B (GV), gültig vom 28.12.2010 bis 27.12.2015

Unternehmensgeschichte
Die zur Kapitalgruppe Polski Koncern Naftowy ORLEN S A. (PKN ORLEN) gehörende Firma ORLEN KolTrans existiert seit dem 27.07.2001. Sie ist der Nachfolger der aus dem größten polnischen Mineralölkonzern ausgegliederten Eisenbahnabteilung. In erster Linie dient sie den Erfordernissen der Werkbahn der nördlich der Stadt Płock angesiedelten Raffinerie. Darüber hinaus begann ORLEN KolTrans am 05.01.2002 damit, erste

ORLEN KolTrans / PCC Intermodal

Güterzüge für den Orlen-Konzern auf dem PKP-Netz nach Warschau zu fahren. Anfangs nutzte man die bereits vorhandenen Lokomotiven der Reihe TEM2. Um das Güterzuggeschäft weiter ausbauen zu können, wurde in der Folgezeit in neue Triebfahrzeuge investiert. In der Hauptsache waren dies aufgearbeitete Diesellokomotiven des Typs M62. Anfang 2007 kam mit 3E-100 eine erste Elektrolokomotive in den Bestand. Diese wurde von einem Museum erworben und im Ausbesserungswerk ZNLE Gliwice modernisiert. Seit 2011 disponiert ORLEN KolTrans drei angemietete TRAXX-Elektroloks. Hinzu kamen 2014 drei 201Eo und vier neue TRAXX-Elektroloks von Akiem. Auch im Bereich der Waggonvermietung und im Betrieb von Anschlussbahnen ist die Firma aktiv. Im Juli 2006 integrierte PKN ORLEN den Bereich Eisenbahnabfertigung in ORLEN KolTrans mit dem Ziel, die Eisenbahnaktivitäten des Konzerns in der Tochtergesellschaft zu bündeln.
Der ORLEN-Werkbahnhof schließt an den Bahnhof Płock Trzepowo an. Auf dem Raffineriegelände befindet sich auch der Sitz von ORLEN KolTrans mit Verwaltung und Werkstatt. Die gut ausgebaute Kesselwagenausbesserung übernimmt auch Dienstleistungen für andere Unternehmen. PKN Orlen erklärte 2009, dass die beiden für Transport zuständigen Tochterfirmen ORLEN KolTrans und ORLEN Transport (Straßentransport) binnen zwei bis drei Jahren verkaufen zu wollen, was jedoch nicht umgesetzt wurde. Interesse wurde bereits von PKP Cargo bekundet. Ende 2013 wurde ORLEN KolTrans einer internen Umstrukturierung unterzogen.
Am 31.12.2006 hatte ORLEN KolTrans 267 Beschäftigte.
Die Transportleistung von ORLEN KolTrans lag 2014 bei 1,2 Mrd. tkm (2013: 1,1), was einem Anteil am polnischen Eisenbahn-Güterverkehrsmarkt von 2,3 % entspricht (2013: 2,1 %).

Verkehre
* Mineralöltransporte Ostrów Wlkp. Zachodni – Bolesławiec (Tanklager 112 der PKN Orlen S.A.)
* Mineralöltransporte Ostrów Wlkp. Zachodni – Piekary Śląskie Szarlej (für IVG Terminal Silesie Sp. z o.o., Radzionków)
* Mineralöltransporte Ostrów Wlkp. Zachodni – Wrocław Swojczyce (Tanklager 111 der PKN Orlen S.A.)
* Mineralöltransporte Płock Trzepowo – Emilianów (Tanklager 5 der PKN Orlen S.A.)
* Mineralöltransporte Płock Trzepowo – Gdańsk (Tanklager 31 der PKN Orlen S.A.)
* Mineralöltransporte Płock Trzepowo – Gdańsk Osowa (Tanklager der Petrolot Sp. z o.o.)
* Mineralöltransporte Płock Trzepowo – Gutkowo (Tanklager 61 der PKN Orlen S.A.)
* Mineralöltransporte Płock Trzepowo – Lublin (Tanklager 51 der PKN Orlen S.A.)
* Mineralöltransporte Płock Trzepowo – Ostrów Wlkp. Zachodni (Tanklager 74 der PKN Orlen S.A.)
* Mineralöltransporte Płock Trzepowo – Piekary Śląskie Szarlej (für IVG Terminal Silesie Sp. z o.o., Radzionków)
* Mineralöltransporte Płock Trzepowo – Prostynia (Tanklager der Polnischen Armee)
* Mineralöltransporte Płock Trzepowo – Pyrzowice (Tanklager der Petrolot Sp. z o.o.)
* Mineralöltransporte Płock Trzepowo – Sokółka (Tanklager 21 der PKN Orlen S.A.)
* Mineralöltransporte Płock Trzepowo – Szczecin Port Centralny (Tanklager 91 der PKN Orlen S.A.)
* Mineralöltransporte Płock Trzepowo – Warszawa Okęcie (Tanklager der Petrolot Sp. z o.o.)
* Mineralöltransporte Płock Trzepowo – Włocławek Brzezie
* Mineralöltransporte Płock Trzepowo – Świnoujście Towarowe (Tanklager 94 der PKN Orlen S.A.)
* Betrieb der Anschlussbahn der Raffinerie der Polski Koncern Naftowy ORLEN S A. in Płock
* Betrieb der Anschlussbahn des Tanklagers 74 der PKN ORLEN S.A. in Ostrów Wielkopolski

PCC Intermodal S.A.

ul. Hutnicza 16
PL-81-061 Gdynia
Telefon: +48 58 5858200
Telefax: +48 58 5858201
info.intermodal@pcc.eu
www.pccintermodal.pl

Technischer Bereich
ul. Małachowskiego 1a
PL-41-200 Sosnowiec
Telefon: +48 32 7220780
Telefax: +48 32 7220781
biuro.jaworzno@pcc.eu

Terminal Kutno
ul. Intermodalna 5
PL-99-300 Kutno
Telefon: +48 24 3617706
Telefax: +48 24 3617710
terminal.kutno@pcc.eu

Terminal Gliwice
ul. Portowa 28
PL-44-100 Gliwice
Telefon: +48 32 3018471
Telefax: +48 32 3018471
terminal.gliwice@pcc.eu

PCC Intermodal / PGTKW

Terminal Brzeg Dolny
ul. Sienkiewicza 4
PL-56-120 Brzeg Dolny
Telefon: +48 71 7942491
Telefax: +48 71 7943637
terminal.brzegdolny@pcc.eu

Terminal Dębica
ul. Sandomierska 49
PL-39-200 Dębica
Telefon: +48 72 3585935
terminal.debica@pcc.eu

Terminal Frankfurt (Oder)
Georg-Richter-Straße 15
DE-15234 Frankfurt (Oder)
Telefon: +49 335 4016764
Telefax: +49 335 4016765
damian.jarmolowicz@pcc.eu

PCC Intermodal GmbH; Büro Hamburg
Kurt-Eckelmann-Straße 1
DE-21129 Hamburg
Telefon: +49 40 74054194
Telefax: +49 40 74052965
bernd.meewes@pcc.eu

Management
★ Dariusz Stefański (Vorsitzender der Geschäftsführung)
★ Adam Adamek (Zweiter Vorsitzender der Geschäftsführung)

Gesellschafter
Stammkapital 77.565.556,00 PLN
★ PCC SE (61,88 %)
★ DB Schenker Rail Polska S.A. (13,94 %)
★ TFI Quercus S.A. (8,01 %)
★ OFE Generali (4,36 %)
★ OFE Aegon (3,56 %)
★ TFI Pioneer Pekao Investment Management S.A. (1,3 %)
★ OFE ING (1,17 %)
★ TFI Aviva Investors Poland S.A. (0,51 %)

Lizenzen
★ PL: EVU-Zulassung (GV), seit 21.02.2013
★ PL: Lizenz für Traktionsdienstleistungen, seit 21.02.2013
★ PL: Sicherheitszertifikat Teil A (GV), gültig vom 08.05.2013 bis 07.05.2018
★ PL: Sicherheitszertifikat Teil B (GV), gültig vom 14.06.2013 bis 13.06.2018

Unternehmensgeschichte
Das heute als PCC Intermodal agierende Unternehmen wurde 2004 als PCC Rail Spedkol Sp. z o.o. mit Sitz in Kędzierzyn-Koźle gegründet. Um Verwechslungen mit der PCC Spedkol Sp. z o.o. (heute DB Schenker Rail Spedkol) zu vermeiden, kam bereits ein Jahr später die Umbenennung in PCC Rail Containers Sp. z o.o. und die Änderung des Sitzes nach Jaworzno. Im August 2005 konnte die erste Containerzugverbindung zwischen dem Terminal Brzeg Dolny und dem Hafen Świnoujście aufgenommen werden. Im Januar 2008 wurde die GmbH in eine Aktiengesellschaft mit dem Namen PCC Containers S.A. umgewandelt, drei Monate erfolgte die Umbenennung in PCC Intermodal S.A. und ein abermaliger Wechsel des Hauptsitzes nach Gdynia. PCC Intermodal war vom Verkauf der PCC-Verkehrssparte an DB Schenker ausgenommen und ging am 18.12.2009 an die Warschauer Wertpapierbörse.
Mittlerweile hat PCC Intermodal vier eigene KV-Terminals und führt den Betrieb auf dem KV-Terminal Frankfurt (Oder). PCC Intermodal bietet aktuell im Inland ein Netz von KV-Zugverbindungen zwischen den polnischen Terminals und den Seehäfen Gdańsk und Gdynia an. Im Ausland werden über das Terminal in Frankfurt (Oder) die Destination Duisburg sowie die Häfen in Hamburg, Bremerhaven, Rotterdam und Antwerpen bedient. Darüber hinaus kann PCC Intermodal das Terminal von PKP Cargo in Małaszewicze nutzen.
Im Dezember 2011 startete PCC Intermodal eine Intermodale Verbindung zwischen Kutno und Moskau unter dem Namen PCC Moscow Express. Die Traktionierung sämtlicher Züge erfolgt bislang durch andere EVU. So wurde im Jahr 2013 der Großteil der Leistungen durch LOTOS Kolej und ITL Polska erbracht. Seit Mitte 2014 teilen sich LOTOS Kolej (ca. 90 %) und PKP Cargo (ca. 10 %) die Traktion der etwa 300 monatlich durch PCC Intermodal organisierte Züge.
Die ursprüngliche Absicht, noch 2014 mit angemieteten Loks als eigene EVU tätig zu werden, wurde vorerst bis mindestens 2016 wieder aufgegeben. Offiziell wurde dieser Schritt mit dem schlechten Infrastrukturzustand in Polen begründet. Neben dem kontinuierlichen Ausbau der vorhandenen Terminals ist der Neubau eines Intermodal Container Yard in Zajaczkowo Tczewskie etwa 30 km südlich von Gdańsk geplant. Es wird mit den Häfen in Gdańsk und Gdynia durch regelmäßige Shuttle-Züge angebunden, so dass sich der Lkw-Verkehr in den Städten verringern soll.

Piaseczyńsko-Grójeckie Towarzystwo Kolei Wąskotorowej (PGTKW) ℗

ul. Sienkiewicza 14
PL-05-500 Piaseczno
Telefon: +48 22 7567638
zarzad@kolejka-piaseczno.com
www.kolejka-piaseczno.com

PGTKW / PKP Cargo

Management
* Jerzy Walasek (Vorstandsvorsitzender)
* Zdzisław Gosk (Stellvertreter des Vorstandsvorsitzenden)
* Wilhelm Józef Maxa (Stellvertreter des Vorstandsvorsitzenden)
* Tadeusz Warsza (Stellvertretender Vorstandsvorsitzender)

Lizenzen
* PL: EVU-Zulassung (GV), seit 29.04.2004
* PL: EVU-Zulassung (PV), seit 29.04.2004

Unternehmensgeschichte
Der seit 2004 unter dem Namen Piaseczyńskie Towarzystwo Kolei Wąskotorowej (Piasecznoer Vereinigung der Schmalspurbahn) auftretende Verein ist Betriebsführer der 2002 durch die PKP S.A. in die Verwaltung des Kreises Piaseczno gegebenen 1.000-mm-Schmalspurstrecke Piaseczno Miasto Wąskotorowe – Nowe Miasto nad Pilicą (71,23 km). Befahrbar war allerdings durch Schienendiebstähle bedingt anfangs nur der Abschnitt zwischen Piaseczno und Tarczyn (14,5 km). Hier bietet der Verein ganzjährig an Sonntagen Ausflugsfahrten an. Am 23.08.2009 konnte die wieder reaktivierte Streckenverlängerung bis nach Grójec Wąskotorowy (13,5 km) in Betrieb genommen werden. Da sie jedoch kaum genutzt wurde, waren alsbald Kleineisendiebstähle zu verzeichnen. Daher und aufgrund des ohnehin schlechten Streckenzustandes wurde 2011 der Abschnitt Tarczyn – Grójec wieder eingestellt.
Für die Traktion der Züge stehen Diesellokomotiven der Reihe Lxd2 (Typ L45H, Hersteller FAUR) zur Verfügung. Die Werkstatt der Bahn befindet sich in Piaseczno Miasto.
Im Herbst 2011 wurde der Name des Vereins in Piaseczyńsko-Grójeckie Towarzystwo Kolei Wąskotorowej [Piaseczno-Grójecer Vereinigung der Schmalspurbahn] geändert. Im September 2014 ging die Infrastruktur der Schmalspurbahn zwischen Piaseczno Miasto und Nowe Miasto nad Pilicą von den PKP in das Eigentum der Gemeinden Belsk Duży, Błędów, Grójec und Piaseczno über.

Verkehre
* Touristenzüge Piaseczno Miasto Wąskotorowe – Tarczyn Wąskotorowy an einzelnen Tagen

PKP Cargo S.A. G

ul. Grójecka 17
PL-02-021 Warszawa
Telefon: +48 801 022042
infolinia@pkp-cargo.eu
www.pkp-cargo.pl

Centrala w Katowicach
Al. Korfantego 138
PL-40-156 Katowice

PKP Cargo S.A. Północny Zakład Spółki
ul. Celna 3
PL-81-337 Gdynia
Telefon: +48 58 7220509
Telefax: +48 58 7211444
sekretariat.polnocny@pkp-cargo.eu

PKP Cargo S.A. Południowy Zakład Spółki
ul. Św. Huberta 11
PL-40-542 Katowice
Telefon: +48 32 7142809
Telefax: +48 32 7102935
sekretariat.poludniowy@pkp-cargo.eu

PKP Cargo S.A. Wschodni Zakład Spółki
ul. Macieja Rataja 15
PL-20-270 Lublin
Telefon: +48 81 5513000
Telefax: +48 81 4722344
sekretariat.wschodni@pkp-cargo.eu

PKP Cargo S.A. Zachodni Zakład Spółki
ul. Kolejowa 23
PL-60-717 Poznań
Telefon: +48 61 6342309
Telefax: +48 61 6335514
sekretariat.zachodni@pkp-cargo.eu

PKP Cargo S.A. Śląski Zakład Spółki
ul. Piłsudskiego 21
PL-42-600 Tarnowskie Góry
Telefon: +48 32 7142109
Telefax: +48 32 7191210
sekretariat.slaski@pkp-cargo.eu

PKP Cargo

PKP Cargo S.A. Centralny Zakład Spółki
ul. Przyce 17
PL-01-252 Warszawa
Telefon: +48 22 3914509
Telefax: +48 22 4745467
sekretariat.centralny@pkp-cargo.eu

PKP Cargo S.A. Dolnośląski Zakład Spółki
ul. Pułaskiego 56
PL-50-443 Wrocław
Telefon: +48 71 7177809
Telefax: +48 71 7175806
sekretariat.dolnoslaski@pkp-cargo.eu

Management
* Adam Purwin (Vorstandsvorsitzender)
* Dariusz Browarek (Mitglied des Vorstands)
* Wojciech Derda (Mitglied des Vorstands)
* Łukasz Hadyś (Mitglied des Vorstands)
* Jacek Neska (Mitglied des Vorstands)

Gesellschafter
Stammkapital 2.239.345.850,00 PLN
* Staatskasse Polen (33,01 %)
* OFE ING (11,6 %)
* OFE Aviva BZ WBK (5,65 %)
* Morgan Stanley Investment Management Inc. (5,31 %)
* Königreich Norwegen (4,69 %)
* OFE Allianz Polska (2,55 %)
* OFE PZU "Złota Jesień" (2,41 %)
* TFI Pioneer Pekao Investment Management S.A. (1,55 %)
* OFE Nordea (1,44 %)
* OFE MetLife (1,18 %)
* OFE Generali (1,15 %)
* OFE AXA (1,13 %)
* TFI ING S.A. (1,09 %)

Beteiligungen
* CargoSped Sp. z o.o. (100 %)
* Cargotor Sp. z o.o. (100 %)
* OneCargo Connect Sp. z o.o. (100 %)
* OneCargo Sp. z o.o. (100 %)
* PKP Cargo Service Sp. z o.o. (100 %)
* PKP Cargo International, a.s. (100 %)
* PKP CargoTabor Sp. z o.o (100 %)
* PKP CargoTabor Usługi Sp. z o.o. (100 %)
* Przedsiębiorstwo Spedycyjne Trade Trans Sp. z o.o. (100 %)
* PKP Cargo Centrum Logistyczne Małaszewicze Sp. z o.o. (100 %)
* PKP Cargo Centrum Logistyczne Medyka-Żurawica Sp. z o.o. (100 %)
* Międzynarodowa Spedycja Mirtrans Sp. z o.o. (43,99 %)
* Pol-Rail S.r.l. (21,77 %)
* Cosco Poland Sp. z o.o. (20 %)
* Eurasia Rail Logistics OAO (ERL) (15 %)
* Euroterminal Sławków Sp. z o.o. (9,32 %)
* Bureau Central de Clearing s.c.r.l. (BCC) (1,37 %)

Lizenzen
* AT: Sicherheitsbescheinigung Teil B (GV), gültig vom 11.06.2014 bis 24.06.2019
* BE: Sicherheitsbescheinigung Teil B (GV), gültig vom 11.10.2012 bis 10.10.2015
* CZ: Sicherheitsbescheinigung (GV), gültig vom 18.01.2010 bis 17.01.2015
* DE: Sicherheitsbescheinigung Teil B (GV);, gültig vom 12.05.2014 bis 11.05.2019
* HU: Sicherheitsbescheinigung Teil B (GV), gültig vom 27.08.2014 bis 24.06.2019
* LT: Sicherheitszertifikat Teil B (GV) LT: Sicherheitszertifikat Teil B (GV, nur auf Normalspur)
* NL: Sicherheitsbescheinigung Teil B (GV), gültig vom 24.06.2014 bis 24.06.2019
* PL: EVU-Zulassung (GV), seit 24.11.2003
* PL: EVU-Zulassung (PV), seit 27.02.2004
* PL: Lizenz für Traktionsdienstleistungen, seit 27.02.2004
* PL: Sicherheitszertifikat Teil A (PV+GV), gültig vom 25.06.2014 bis 24.06.2019
* PL: Sicherheitszertifikat Teil B (PV+GV), gültig vom 29.11.2013 bis 22.04.2015
* SK: Sicherheitsbescheinigung Teil B (GV), gültig vom 11.02.2011 bis 24.06.2014

Unternehmensgeschichte
Im Rahmen der Restrukturierung der Polnischen Staatsbahnen wurde der Teilbereich Güterverkehr am 01.10.2001 als eigenständige Gesellschaft PKP Cargo S.A. innerhalb der PKP-Holding ausgegliedert. Bis zur Konzessionierung der ersten Privatbahnen im Jahre 2002 war PKP Cargo Monopolist im polnischen Eisenbahngüterverkehr. Darüber hinaus wurde PKP Cargo der komplette Lokomotivbestand der PKP zugesprochen, welche von den anderen Unternehmen der Gruppe (PKP Intercity, PKP PR) angemietet werden mussten. Erst 2008 wurde dieser Zustand beendet, und PKP Cargo gab einige Lokomotiven endgültig an diese Unternehmen ab.

Verschiedene Teile von PKP Cargo wurden im Laufe der Zeit ausgegründet. Mittlerweile bildet PKP Cargo mit diesen und weiteren Unternehmen eine Gruppe, die unter dem Markennamen PKP Cargo Logistics auftritt. Diese wiederum ist in sechs Divisionen unterteilt:
* Verkehr: PKP Cargo ist mittlerweile für alle innerpolnischen grenzüberschreitenden und Auslandsverkehre zuständig. Bis 2013 wickelte die in Bratislava ansässige und mittlerweile liquidierte PKP Cargo International Verkehre außerhalb von Polen ab. Trade Trans organisiert Straßentransporte und betreibt die Fährverbindung Świnoujście – Ystad mit den gecharterten Eisenbahn-/Auto-Fährschiffen MS "Kopernik" und MS "Jan Śniadecki"
* Intermodal: CargoSped
* Spedition: Trade Trans
* Terminals: CargoSped (in Warszawa, Mława,

PKP Cargo

Braniewo, Gądki, Kobyłnica, und Gliwice), PKP Cargo Centrum Logistyczne Małaszewicze, PKP Cargo Centrum Logistyczne Medyka-Żurawica
* Anschlussbahnen: PKP Cargo Service
* Fahrzeuge: Zu diesem Bereich gehörten eine Reihe von Tochterunternehmen, die 2014 in den Gesellschaften PKP CargoTabor Sp. z o.o. und PKP CargoTabor Usługi Sp. z o.o. zusammengefasst wurden.

Im November 2008 begann man mit der Vorbereitung für einen Börsengang bis 2010. Allerdings standen PKP Cargo durch die veränderten Rahmenbedingungen auf dem Markt im Jahr 2008 erstmals Verluste ins Haus, so dass dieses Vorhaben zunächst wieder aufgegeben wurde. Die Krise beschleunigte jedoch interne Restrukturierungsmaßnahmen. Als Sofortmaßnahmen wurden ein Sparpaket sowie zum 01.01.2009 eine vereinfachte Organisationsstruktur umgesetzt. Aus den bestehenden 23 Werken für Güterverkehr und 19 für Fahrzeugeinsatz wurden 16 neue Werke, die beide Funktionen in sich vereinten. Zum 01.01.2011 reduzierte man weiter auf zehn Werke, zum 01.07.2014 auf sieben. Weitere Maßnahmen betreffen die Reorganisation interner Prozesse und die Reduzierung von Fahrzeug-Instandhaltungsstandorten (von 108 auf 52), Rangierbahnhöfen (von 10 auf 3) und der Anzahl von Lokomotiven und Wagen. Unter anderem durch die oben genannten Ausgründungen konnte die auch die Mitarbeiterzahl drastisch gesenkt werden: von 44.070 im Jahr 2007 auf 22.700 zum Jahresende 2013.
Eine neues Tochterunternehmen mit dem Namen Cargotor Sp. z o.o. wurde am 13.11.2013 gegründet. Es wird perspektivisch die eigene Infrastruktur der Gruppe verwalten. Am 26.11.2013 wurde das Unternehmen Windykacja Kolejowa Sp. z o.o. durch Teilausgründung aus der PKP Cargo S.A. ins Handelsregister eingetragen. Es kauft offene Forderungen von PKP Cargo auf, prüft diese und versucht, sie durchzusetzen.
Die Investitionen bis 2016 konzentrieren sich auf die Modernisierung von 230 Diesel- und 160 E-Loks, die Beschaffung von 400 neuen Güterwagen und die Einführung moderner EDV-Systeme. Im Januar 2015 wurde die Lieferung von bis zu 20 Mehrsystemlokomotiven ausgeschrieben. PKP CargoTabor plant die Eigenproduktion von Kohle- und Containerwagen.

Die polnische Staatsbahnen PKP haben am 21.03.2011 die Privatisierung ihrer Tochter PKP Cargo offiziell gestartet. Der Börsengang erfolgte im Oktober 2013, als knapp 50 % der Aktien an Investoren verkauft wurden. Im Juni 2014 kamen weitere 17 % dazu.

Im internationalen Verkehr ist PKP Cargo mittlerweile in mehreren Ländern aktiv, darunter seit 2008 auch in Deutschland. Zumeist liefen diese Verkehre vorher in Kooperation mit einem lokalen Partner ab und wurden nach Erlangung der eigenen Sicherheitsbescheinigungen sukzessive selbst durchgeführt. Für die Auslandsverkehre sind angemietete moderne E-Loks vorhanden (ES 64 F4). Einige Baureihen (ET22, ET41) besitzen Zulassungen in Tschechien und der Slowakei. In Italien darf PKP Cargo seit 2013 von Österreich aus bis in den Grenzbahnhof Tarvisio fahren. Die Erlangung der Betriebgenehmigung in Italien wird angestrebt. Mit der kroatischen HŽ Cargo existiert ein Kooperationsvertrag, der PKP Cargo den Zugang zum kroatischen Bahnnetz, Terminals und Adriahäfen eröffnet.

Im Januar 2015 wurde der beabsichtigte Kauf von 80 % der Anteile an der in den Niederlanden registrierten Advanced World Transport B.V. bekanntgegeben. Angestrebt werden 100 %. Insbesondere die tschechische Tochter Advanced World Transport a.s. (AWT, ehemalige OKD, Doprava a.s., Marktanteil in CZ etwa 8 %) ist für PKP Cargo strategisch interessant.
Am 02.02.2015 schloss PKP Cargo einen Vorvertrag ab, der die Übernahme von 49 % Anteilen an Pol-Miedź Trans Sp. z o.o. (PMT) im 2. Quartal 2015 vorsieht. Hiermit kann PKP Cargo seine Führungsposition am Markt ausbauen.
Im Jahr 2015 wird die Zentrale Katowice in ein neues Gebäude im A4 Business Park umziehen.

Im Jahr 2014 konnte eine Transportleistung von 28,4 Mrd. tkm erreicht werden (2013: 29,9), damit betrug der Anteil von PKP Cargo am polnischen Eisenbahn-Güterverkehrsmarkt 57 % (2013: 59 %).
PKP Cargo schloss das Geschäftsjahr 2014 mit einem Nettogewinn von 61,3 Mio. PLN ab (2013: 65,4). Der Umsatz sank im Gegensatz zum Vorjahr um 11,3% auf 4,3 Mrd. PLN. Angesichts der schwierigen Lage im Bergbau und der instabilen Marktlage war das Unternehmen trotzdem zufrieden mit dem Ergebnis. Das Abfindungsprogramm für freiwillig ausscheidende Arbeitnehmer kostete PKP Cargo 266 Mio. PLN, man verspricht sich davon Einsparungen von 100 Mio. PLN pro Jahr. Vom Gewinn sollen etwa 54 Mio. PLN als Dividende ausgeschüttet werden.

Verkehre
* Gütertransporte in Polen
* Biomassetransporte Gdańsk Port – Połaniec und Gdańsk Port – Ostrów Wielkopolski; für Węglokoks-Gruppe
* Brammentransporte Polen – Luxemburg; Spotverkehr seit 2012 in Kooperation mit der CFL cargo S.A.; Traktion bis Horka [DE]
* Braunkohlestaubtransporte Dąbrowa Górnicza – Bernburg (SCHWENK Zement KG) [DE]; Spotverkehr seit 15.07.2012; Traktion ab Köthen vergeben an DeltaRail GmbH
* Düngemitteltransporte Polen – Schweden; seit Ende Februar 2015 im Auftrag der Grupa Azoty S.A.

PKP Cargo

- Gipstransporte Czarnowąsy – Spreewitz [DE]; Traktion in Polen; Kooperation mit DB Schenker Rail Deutschland
- Gütertransporte Dąbrowa Górnicza Towarowa – Hidasnémeti [HU]; im Auftrag der ArcelorMittal; eigenständige Transporte in Kooperation mit PKP Cargo International; seit 05.02.2012; Weiterbeförderung nach Rumänien durch Partner-EVU
- Gütertransporte für die Spedition Rentrans International Spedition Sp. z o.o.
- KV-Transporte (Fiat) Maddaloni-Marcianise – Sławków; Traktion in Polen für Stante Logistics
- KV-Transporte (Gießereikoks) „BBX" Wałbrzych – Beiseförth [DE] / Duisburg [DE] / Saarbrücken [DE] / Padborg [DK]; Traktion in Polen seit 19.01.2012 im Auftrag der neska Schiffahrts- und Speditionskontor GmbH; Traktion in Deutschland und Dänemark durch CFL cargo
- KV-Transporte (Holzhackschnitzel in InnoFreight-Behältern) Weißrussland – Italien; 1 x pro Woche Traktion von Kuźnica Białostocka bis Břeclav (Übergabe an Wiener Lokalbahnen Cargo GmbH (WLC))
- KV-Transporte (Holzhackschnitzel in InnoFreight-Behältern) Weißrussland – Połaniec (Kraftwerk) [PL]
- KV-Transporte Gdynia – Kutno; im Auftrag von PCC Intermodal seit April 2014
- KV-Transporte Kobylnica (CargoSped Sp. z o.o.) – Ruhland [DE]; durchgehende Eigentraktion seit Dezember 2008 im Auftrag der HUPAC Intermodal S.A.
- KV-Transporte Małaszewicze – Kutno; im Auftrag von PCC Intermodal seit März 2014
- KV-Transporte Rotterdam [NL] – Swarzędz (Centrum Logistyczno Inwestycyjne Poznań (CLIP)); 3 x pro Woche seit 07.05.2012; 5 x pro Woche ab 11.06.2013; im Auftrag der ERS Railways B.V.; Traktion in Kooperation mit ERS Railways B.V.
- KV-Transporte Warszawa Praga – Krefeld [DE]; Traktion in Polen im Auftrag der ERS Railways B.V. [NL]
- KV-Transporte Wrocław – Duisburg-Rheinhausen [DE]; in Kooperation mit CargoSped
- KV-Transporte Žilina (Kia) [SK] – Czerniachowsk [RU] (Umladung auf Breitspur); mehrfach pro Woche seit Mitte Dezember 2011 in Eigentraktion via Mosty u Jablunkova [CZ] und Zebrzydowice
- Kohletransporte Jaszczów – Świerże Górne; im Auftrag der Enea Wytwarzanie S.A.; Umfang 3.600.000 t; seit 01.07.2014 für 1 Jahr
- Kohletransporte Knurów (KWK Szczygłowice) – Ostrava [CZ]; seit 18.04.2009; Kooperation mit Advanced World Transport a.s. (AWT)
- Kohletransporte Oberschlesien – Świerże Górne; im Auftrag der Enea Wytwarzanie S.A.; Umfang 700.000 bis 1.000.000 t; seit 01.07.2014 für 1 Jahr
- Kohletransporte Polen – Ost-Österreich – Ungarn – Serbien - Bosnien-Herzegowina (Traktion in PL, CZ und/oder SK, AT)
- Kohletransporte Polen – Berlin-Ruhleben [DE]; durchgehend seit Februar 2015
- Kohletransporte Polen – Oberhausen West [DE]; 2-3 x pro Woche seit 2013
- Kohletransporte für Dalkia Polska S.A.; Umfang: 5 Millionen Tonnen; 2013 bis 2015
- Kohletransporte von Bergwerken der OKD [CZ] zum Stahlwerk der U. S. Steel Košice [SK]; Zuglauf Louky Olší / Ostrava-Kunčice – Haniska pri Košiciach; seit 15.01.2015
- Kohletransporte von Libiąż (KWK Janina) nach Trzebinia Siersza (Elektrownia Siersza)
- Kokstransporte Dąbrowa Górnicza – Guben – Karlsruhe West [DE]; seit 2011 außerhalb von Polen auch in Eigentraktion
- Kokstransporte Polen – Zenica [BA]; Traktion in Polen und Tschechien bis Břeclav (Übergabe an CENTRAL RAILWAYS a.s. (CRW) oder Rail Cargo Austria AG (RCA)) [CZ]
- Kokstransporte Wałbrzych / Zdzieszowice / Dąbrowa Górnicza – Champigneulles [FR] / Illange [FR] / Varangéville [FR] / Pont-à-Mousson [FR]; seit Januar 2011 in Kooperation mit der CFL cargo S.A.; Traktion bis Horka [DE]
- Kupfertransporte Wróblin Głogowskie – Hettstedt [DE]; Traktion in Polen; Spotverkehre in Kooperation mit DB Schenker Rail Deutschland
- Mineralöltransporte Polen – Hamburg Hohe Schaar [DE]; 2 x pro Woche seit 2013
- Panzertransporte (119 Leopard-Panzer 2A4 und 2A5) Deutschland – Żagan; Spotverkehre im Auftrag der Polnischen Armee 2014 und 2015
- Pkw-Transporte (Fiat) Kragujevac [RS] – Etzin (Mosolf) [DE]; Spotverkehre seit September 2012 im Auftrag der Mosolf Automotive Railway Gesellschaft mbH (MAR); Eigentraktion ab Rajka [HU]
- Pkw-Transporte (Fiat) Tychy – Antwerpen [BE]; 6 x pro Woche seit 01.01.2010 Traktion bis Wustermark [DE] bzw. Aachen [DE] bzw. Leerzüge auch Aachen [DE] – Dillingen (Saar) [DE] im Auftrag der Mosolf Automotive Railway Gesellschaft mbH (MAR); aktuell 4 x pro Woche
- Pkw-Transporte (Ford) Dillingen (Saar) [DE] – Polen; 1 x pro Woche im Auftrag der Mosolf Automotive Railway Gesellschaft mbH (MAR)
- Pkw-Transporte (Opel Astra) Gliwice – Zeebrugge [BE]; 4 x pro Woche seit 15.04.2013 in Kooperation mit der Railtraxx BVBA in Belgien ab Aachen West
- Pkw-Transporte (Skoda) Mladá Boleslav mesto [CZ] – Swarzędz; 3 x pro Woche
- Pkw-Transporte Mladá Boleslav mesto [CZ] – Małaszewicze
- Pkw-Transporte von Polen zum Hafen Hamburg [DE]; seit 14.02.2012
- Schlacketransporte Košice (USSteel) [SK] – Polen; 3 x pro Woche; Eigentraktion seit 25.05.2011
- Stahlplattentransporte Dąbrowa Górnicza Towarowa – Leoben-Donawitz [AT]; für ArcelorMittal und Voestalpine; Traktion via Petrovice u Karviné [CZ] bis Břeclav [CZ]; Kooperation mit Rail Cargo Austria AG (RCA)

PKP Cargo / PKP Cargo Service

- Stahltransporte Linz Voestalpine [AT] – Tychy; in Kooperation mit Cargo Service GmbH (CargoServ) [AT] und ČD Cargo, a.s. [CZ]
- Steinkohletransporte Polen – Anst Langenschemmern (Umladung auf Lkw für Arctic Paper Mochenwangen) [DE]; 2-3 x pro Monat seit Juli 2012; betriebliche Abwicklung in Deutschland durch Via Cargo Logistics GmbH / DeltaRail GmbH
- Steinkohletransporte im Auftrag der Grupa Azoty S.A. (nach Puławy, Kędzierzyn-Koźle, Tarnów und Police)
- KV-Transporte von China nach Polen (Łódź Olechów), Deutschland (Rheinhausen) und Tschechien; Traktion in Polen in Kooperation mit CargoSped und ERS Railways
- KV-Transporte Gdańsk (Deepwater Container Terminal) – Moskau [RU]; Traktion bis Czerniachowsk [RU]; im Auftrag von SKD Intrans [PL] und DV Transport [RU]; Kooperation mit DCT Gdańsk und RZD
- Landtechniktransporte Forst (Lausitz) [DE] – Medyka; Organisation durch PS Trade Trans Sp. z o.o.; Kooperation mit LION Spezialtransport GmbH [DE]
- KV-Transporte Suzhou [CN] – Warszawa; einzelne Züge seit 14.10.2013; Traktion in Polen; über Cargosped in Kooperation mit Far East Land Bridge und Russian Railways Logistics
- Kohletransporte im Auftrag der Węglokoks S.A.; seit 01.01.2014 für 5 Jahre
- Stahl- und Stahlerzeugnistransporte im Auftrag der CMC Poland Sp. z o.o.; seit 01.01.2014 für 3 Jahre; Umfang 1 Mio. Tonnen
- Langschienentransporte ab Dąbrowa Górnicza Towarowa für ArcelorMittal Poland; ab März 2014
- Eisenbahnfährverkehr Świnoujście – Ystad [SE]

PKP Cargo Service Sp. z o.o.

ul. Grójecka 17
PL-02-021 Warszawa
Telefon: +48 22 6229140
Telefax: +48 22 6288504
sekretariat@pkpcargoservice.pl
www.pkpcs.pl

Management
- Franciszek Kostrzewa (Vorsitzender der Geschäftsführung)
- Piotr Rojewski (Mitglied der Geschäftsführung)

Gesellschafter
Stammkapital 30.827.000,00 PLN
- PKP Cargo S.A. (100 %)

Lizenzen
- PL: EVU-Zulassung (GV), seit 28.03.2011
- PL: Lizenz für Traktionsdienstleistungen, seit 28.03.2011
- PL: Sicherheitszertifikat Teil A (GV), gültig vom 14.10.2011 bis 13.10.2016
- PL: Sicherheitszertifikat Teil B (GV), gültig vom 06.12.2011 bis 05.12.2016

Unternehmensgeschichte
Im Jahr 2002 wurde dieses Unternehmen unter dem Namen Agencje Celne PKP Cargo Sp. z o.o. [PKP Cargo Zollagentur GmbH] gegründet. Der Aufgabenbereich umfasste den Betrieb von Zollagenturen und Logistikdienstleistungen im In- und Export. Am 16.05.2005 wurde der Name in PKP Cargo Service Sp. z o.o. geändert. Seit Ende 2009 spezialisiert sich PKP Cargo Service als Dienstleister für den komplexen Anschlussbahnbetrieb innerhalb der PKP-Cargo-Gruppe. So wurden Ende 2012 die Bereiche Im- und Export sowie die Zollagentur aufgegeben.
Personal und Fahrzeuge können flexibel vom Mutterkonzern PKP Cargo disponiert werden. Im Frühjahr 2013 benötigte PKP Cargo Service täglich 16 Loks. Die für die komplexen Anschlussbahnbetriebe notwendige Infrastrukturunterhaltung wird durch Kooperationspartner sichergestellt. Je nach Auftrag wird mit unterschiedlichen Unternehmen zusammengearbeitet, beispielsweise JSK und PNUIK.
Seit März 2011 ist PKP Cargo Service im Besitz einer EVU-Lizenz. Am 29.12.2011 fuhr das Unternehmen erstmalig mit einem eigenen Zug im PLK-Netz. Neben der Hauptniederlassung existieren ein Verkaufsbüro in Katowice sowie Einsatzstellen in Bieruń, Gliwice, Jelenia Góra, Katowice, Kielce, Ruda Śląska, Szczecin und Warszawa.
Im Jahr 2014 konnte eine Transportleistung von 175 Mio. tkm (2013: 193) erreicht werden, womit der Anteil am polnischen Eisenbahn-Güterverkehrsmarkt bei 0,4 % (2013: 0,4) liegt.

Verkehre
- Sandtransporte Haldex Brzezinka – KWK Piast II; im Auftrag der Kompania Węglowa S.A.
- Sandtransporte von Kotlarnia zum Schacht Witczak des Steinkohlebergwerks KWK Bobrek-Centrum; Kooperation mit KP Kotlarnia; im Auftrag der Kompania Węglowa S.A.

PKP Cargo Service / PKP Energetyka

- Kohletransporte und Betrieb der Anschlussbahn des Steinkohlebergwerks KWK Murcki-Staszic in den Bereichen Staszic und Boże Dary; ab Juli 2013 für 36 Monate; im Auftrag der Katowicki Holding Węglowy S.A.
- Betrieb der Anschlussbahn des Heizkraftwerks Bydgoszcz I (PGE Górnictwo i Energetyka Konwencjonalna S.A.)
- Betrieb der Anschlussbahn des Heizkraftwerks Dalkia Poznań ZEC S.A.
- Betrieb der Anschlussbahn des Heizkraftwerks Jaworzno III (TAURON Wytwarzanie S.A.)
- Betrieb der Anschlussbahn des Heizkraftwerks Katowice (TAURON Ciepło S.A.)
- Betrieb der Anschlussbahn des Heizkraftwerks Kielce (PGE Górnictwo i Energetyka Konwencjonalna S.A.)
- Betrieb der Anschlussbahn des Heizkraftwerks Siekierki in Warszawa (PGNiG Termika S.A.)
- Betrieb der Anschlussbahn des Heizkraftwerks Żerań in Warszawa (PGNiG Termika S.A.)
- Betrieb der Anschlussbahn des Heizwerks Kawęczyn in Warszawa (PGNiG Termika S.A.)
- Betrieb der Anschlussbahn des Heizwerks Radom (Radomskie Przedsiębiorstwo Energetyki Cieplnej "RADPEC" S.A.)
- Betrieb der Anschlussbahn des Kraftwerks Dolna Odra (PGE Górnictwo i Energetyka Konwencjonalna S.A.)
- Betrieb der Anschlussbahn des Kraftwerks Jaworzno II (TAURON Wytwarzanie S.A.)
- Betrieb der Anschlussbahn des Kraftwerks Łaziska (TAURON Wytwarzanie S.A.)
- Betrieb der Anschlussbahn des Steinkohlebergwerks KWK Bolesław Śmiały (Kompania Węglowa S.A.)
- Betrieb der Anschlussbahn des Steinkohlebergwerks KWK Budryk (Jastrzębska Spółka Węglowa S.A.)
- Betrieb der Anschlussbahn des Steinkohlebergwerks KWK Halemba-Wirek Ruch Halemba in Ruda Śląska (Kompania Węglowa S.A.)
- Betrieb der Anschlussbahn des Terminals CLIP in Swarzędz (CLIP Logistics Sp. z o.o.)
- Betrieb der Anschlussbahnen der Kraftwerke Szczecin und Pomorzany (PGE Górnictwo i Energetyka Konwencjonalna S.A.)
- Betrieb der Anschlussbahnen der Schächte Sośnica und Makoszowy des Steinkohlebergwerks KWK Sośnica-Makoszowy (Kompania Węglowa S. A.)
- Betrieb der Anschlussbahnen der Schächte Staszic und Boże Dary des Steinkohlebergwerks KWK Murcki-Staszic (Katowicki Holding Węglowy S.A.)
- Betrieb der Anschlussbahnen des Steinkohlebergwerke KWK Piast I und II in Bieruń und Wola (Kompania Węglowa S.A.)
- Betrieb der Anschlussbahnen des Marmorwerks Kielce Białogon (Kieleckie Kopalnie Surowców Mineralnych S.A. w upadłości układowej)
- Betrieb der Anschlussbahn des Steinkohlebergwerks KWK Krupiński (Jastrzębska Spółka Węglowa S.A.)

PKP Energetyka S.A.

ul. Hoża 63/67
PL-00-681 Warszawa
Telefon: +48 22 4741900
Telefax: +48 22 4741479
energetyka@pkpenergetyka.pl
www.pkpenergetyka.pl

Management
- Tadeusz Skobel (Vorstandsvorsitzender)
- Wojciech Szwankowski (Mitglied des Vorstands)
- Marta Towpik (Mitglied des Vorstands)

Gesellschafter
Stammkapital 844.885.320,00 PLN
- Polskie Koleje Państwowe S.A. (PKP) (100 %)

Beteiligungen
- Przedsiębiorstwo Produkcyjno-Handlowo-Usługowe Elester - PKP Sp. z o.o. (50 %)

Lizenzen
- PL: EVU-Zulassung (GV), seit 04.07.2007
- PL: Sicherheitszertifikat Teil A (GV), gültig vom 09.04.2014 bis 08.04.2019
- PL: Sicherheitszertifikat Teil B (GV), gültig vom 09.02.2015 bis 08.02.2020

Unternehmensgeschichte
Im Rahmen der Restrukturierung der Polnischen Staatsbahnen wurde der Bereich Energieversorgung am 01.10.2001 als eigenständige Gesellschaft PKP Energetyka Sp. z o.o. innerhalb der PKP-Holding ausgegliedert. Mit Beschluss vom 16.01.2009 wurde sie in eine Aktiengesellschaft umgewandelt, die am 02.02.2009 in das Handelsregister eingetragen wurde.
PKP Energetyka ist hauptsächlich Stromlieferant für das Bahnstromnetz in Polen und erzielt damit etwa 40 Prozent ihres Erlöses. Gleichzeitig ist sie einer der größten Stromabnehmer mit 3,4% des inländischen Verbrauchs. Die Firma ist darüber hinaus auch im Stromverkauf an andere Kunden aktiv. Insgesamt liefert sie an 45.000 Endverbraucher, darunter auch große Firmen und Städte. PKP Energetyka besitzt ein eigenes Fernleitungs- und Verteilernetz, das auch anderen Stromanbietern offen steht. Den

PKP Energetyka / PKP IC

Hauptanteil macht jedoch traditionell die Lieferung in das Bahnstromnetz aus. Neben der Unternehmenszentrale gibt es 14 regionale Niederlassungen, die den Service vor Ort sicher stellen sowie einen Fahrleitungsbaubetrieb in Słotwiny.
Geschäftsführer war bis 2004 Andrzej Wach. Nach seinem Wechsel zum Geschäftsführer der PKP S.A. übernahm Tadeusz Skobel seine Stelle bei PKP Energetyka.
Seit 2010 hat PKP Energetyka eine Konzession zum Handeln mit Flüssigbrennstoffen in Eisenbahntankstellen und begann mit dem Aufbau eines Tankstellennetzes für Dieseltriebfahrzeuge, das Ende 2013 bereits 18 Standorte umfasste.
Im 18.06.2010 unterschrieb der Mutterkonzern PKP S.A. eine Vereinbarung mit einem Konsortium unter Führung der Bank Zachodni WBK S.A. mit dem Ziel, dass 2011 der Börsengang von PKP Energetyka erfolgt, wobei 10 Prozent der Aktien an PKP PLK gehen sollten. Allerdings verzögerte sich die Prozedur und der Beginn der Privatisierung musste mehrfach verschoben werden. Ende Juni 2012 wurde die Unternehmensleitung reorganisiert und das Management von vier auf drei Personen reduziert. Mitte 2014 stieg PKP Energetyka in den Gasmarkt ein und begann mit dem Aufbau eines Vertriebsnetzes für Geschäftskunden. Ende Dezember 2014 nahm der Privatisierungsprozess Formen an. Nach der Übernahme der noch in Staatsbesitz befindlichen Anteile luden die PKP S.A. Interessenten zu Verhandlungen über den Verkauf von 100 % der Aktien ein.
Ende 2013 beschäftigte PKP Energetyka 7.285 Mitarbeiter (2011: 7.372).
Der Umsatz im Jahr 2013 betrug 3,69 Mrd. PLN (2012: 3,24). Der Nettogewinn betrug 89,96 Mio. PLN (2012: 65,62).
Die Güterverkehrslizenz nutzt das Unternehmen nur für den Eigenbedarf.

Verkehre
* AZ-Verkehre

PKP Intercity S.A. (PKP IC) 🅿

ul. Żelazna 59a
PL-00-848 Warszawa
Telefon: +48 22 4745500
Telefax: +48 22 4742581
sekretariat@intercity.pl
www.intercity.pl

Zakład Zachodni [Werk West]
Al. Niepodległości 8
PL-61-875 Poznań

Zakład Południowy [Werk Süd]
Rondo Mogilskie 1
PL-31-516 Kraków

Zakład Północny [Werk Nord]
Osada Kolejowa 12
PL-81-220 Gdynia

Zakład Centralny [Werk Mitte]
ul. Chłopickiego 53
PL-04-275 Warszawa

Management
* Jacek Leonkiewicz (Vorstandsvorsitzender)
* Piotr Rybotycki (Mitglied des Vorstands)
* Magdalena Zajączkowska-Ejsymont (Mitglied des Vorstands)

Gesellschafter
Stammkapital 1.453.795.690,00 PLN
* Staatskasse Polen (68,96 %)
* Polskie Koleje Państwowe S.A. (PKP) (31,04 %)

Beteiligungen
* Zakład Usług Taborowych Remtrak Sp. z o.o. (100 %)
* WARS S.A. (50,02 %)

Lizenzen
* PL: EVU-Zulassung (GV), seit 27.02.2004
* PL: EVU-Zulassung (PV), seit 27.02.2004
* PL: Lizenz für Traktionsdienstleistungen, seit 22.09.2008
* PL: Sicherheitszertifikat Teil A (PV), gültig vom 19.11.2014 bis 14.12.2015
* PL: Sicherheitszertifikat Teil B (PV), gültig vom 28.11.2014 bis 30.12.2015

Unternehmensgeschichte
Im Rahmen der Restrukturierung der Polnischen Staatsbahnen wurde der Teilbereich für hochwertigen Reiseverkehr am 01.09.2001 als eigenständige Gesellschaft PKP Intercity Sp. z o.o. innerhalb der PKP-Holding ausgegliedert. Sie übernahm damals alle Fernreisezüge der Gattungen Express, InterCity, EuroCity sowie alle Nachtverbindungen. Die Schnellzüge verblieben bei der gleichzeitig gebildeten Regionalverkehrsgesellschaft PKP Przewozy Regionalne (PKP PR). Als Kuriosum wurden Schlaf- und Liegewagen in den PKP-PR-Zügen von PKP IC betrieben und tarifiert.
Als erster Schritt zu einer künftigen Privatisierung wurde PKP IC am 02.01.2008 in eine Aktiengesellschaft umgewandelt. Im Mai 2008

PKP IC / PKP LHS

bekam PKP IC alle Lokomotiven von PKP Cargo überschrieben, dies vorher auf Mietbasis dem Unternehmen zur Verfügung gestanden hatten. Im Zuge der Abgabe von PKP PR an die Woiwodschaften gingen die Schnellzüge zum 01.12.2008 an PKP IC über, was dem Unternehmen neben einem deutlichen Anstieg der Beförderungsleistung eine Reihe moderner Fahrzeuge einbrachte. PR musste kostenlos die modernisierten E-Loks EP07.10, alle Neubau-E-Triebwagen ED74 und eine größere Anzahl zum Teil modernisierter Reisezugwagen an PKP IC abtreten. Die Schnellzüge nannten sich fortan TLK "Tanie Linie Kolejowe" [Billige Bahnverbindungen], was ab 01.01.2011 in "Twoje Linie Kolejowe" [Deine Bahnverbindungen] umgedeutet wurde. Trotzdem gingen die Reisendenzahlen bergab und der Schuldenstand der Gesellschaft stieg weiter an. Dies hatte 2010 die Ablösung des Vorstandsvorsitzenden Krzystof Celiński durch Grzegorz Mędza zur Folge. Es folgten übertriebene Sparmaßnahmen, die in den Jahren 2010 und 2011 zu massiven Problemen im Fahrzeugsektor führten. Zu Problemen mit den Achsen der Elektroloks EP09 kam Ende 2010 ein drastischer Wagenmangel durch unterlassene Revisionen, dessen Abbau sich bis weit in das Jahr 2011 hinzug. Als Folge dieses Skandals gab Grzegorz Mędza im Februar 2011 den Vorsitz an Janusz Malinowski ab.
Nun widmete man das Augenmerk verstärkt auf Neubeschaffungen von Fahrzeugen. Am 30.05.2012 wurde mit Alstom als einzigem Bieter ein Kaufvertrag über 20 Hochgeschwindigkeitstriebzüge ETR 610 unterzeichnet. Bis Ende 2015 wird ein Konsortium aus Stadler und Newag 20 achtteilige E-Triebzüge Flirt 3 ausliefern, Pesa wird 20 E-Triebzüge Dart herstellen. Die Fahrzeuge sollen auf klassischen TLK-Relationen mit Geschwindigkeiten bis 160 km/h eingesetzt werden. Bis 2015 sollen darüber hinaus 30 Doppelstock- und 25 klassische Reisezugwagen neu beschafft sowie etwa 200 Wagen einer Modernisierung unterzogen werden. Über die geplante Beschaffung von zehn Doppelstocktriebwagen wurde bislang nicht entschieden.
Für Traktionsleistungen auf nicht elektrifizierten Strecken standen bisher nur wenige eigene Triebfahrzeuge zur Verfügung. So griff PKP IC auf angemietete Loks zurück oder beauftragt PR bzw. PKP Cargo damit. Seit dem Sommer 2014 versehen übergangsweise von den ČD angemietete 754 diese Dienste. Newag modernisiert derzeit zehn SM42 für den Rangierdienst und weitere zehn SM42 für Streckeneinsätze (neu: SU42). Darüber hinaus wird Pesa 2015 zehn neue Dieselloks Gama liefern. Der Rangierdienst an den Wendebahnhöfen Świnoujście, Kołobrzeg und Słupsk wird vom Subunternehmen NKN erbracht.
Am 14.12.2014 startete der Einsatz der bei PKP IC als ED250 bezeichneten ETR 610. Für die von Warszawa aus nach Gdańsk, Kraków, Katowice und Wrocław verkehrenden Hochgeschwindigkeits-Triebzüge wurde die neue Zuggattung Express InterCity Premium (EIP) geschaffen. Darüber hinaus existieren aktuell Express InterCity, InterCity, TLK und im internationalen Verkehr EC und EN.
Die Privatisierung von PKP IC sollte ursprünglich 2010 beginnen. Wegen der schlechten Lage wurde der Termin bereits mehrfach verschoben und ist weiterhin unklar. In den vergangenen Jahren musste PKP IC einen massiven Rückgang der Passagierzahlen hinnehmen: verglichen mit 2009 gingen sie bis 2014 um 50 Prozent zurück.
Ende 2013 beschäftigte PKP IC 7.246 Mitarbeiter (2012: 7.408).
Im Jahr 2014 wurden 25,5 Mio. Reisende befördert (2013: 30,7) und eine Beförderungsleistung von 6,2 Mrd. Pkm erreicht (2013: 7,0).
Der Nettoverlust des Unternehmens betrug 2013 87,2 Mio. PLN (2012: 20,1).

Verkehre
* Fernverkehr in Polen und internationale Züge

PKP Linia Hutnicza Szerokotorowa Sp. z o.o. (PKP LHS) 🅖🅘

ul. Szczebrzeska 11
PL-22-400 Zamość
Telefon: +48 84 6386223
Telefax: +48 84 6385236
info@pkp-lhs.pl
www.lhs.com.pl

Außenstelle Zamość Bortatycze
Wysokie 3B
PL-22-400 Zamość

Außenstelle Wola Baranowska
Knapy 190
PL-39-450 Baranów Sandomierski

Außenstelle Sławków
ul. Dębowa Góra 29
PL-41-260 Sławków

Management
* Łukasz Górniczki (Vorsitzender der Geschäftsführung)

PKP LHS

* Mirosław Smulczyński (Mitglied der Geschäftsführung)

Gesellschafter
Stammkapital 29.923.000,00 PLN
* Staatskasse Polen (69 %)
* Polskie Koleje Państwowe S.A. (PKP) (31 %)

Beteiligungen
* Euroterminal Sławków Sp. z o.o. (9,32 %)

Lizenzen
* PL: EVU-Zulassung (GV), seit 27.02.2004
* PL: Sicherheitsautorisierung für Infrastruktur (Teile A+B), gültig vom 31.12.2010 bis 30.12.2015
* PL: Sicherheitszertifikat Teile A+B (GV), gültig vom 31.12.2010 bis 30.12.2015

Infrastruktur
* Hrubieszów Grenze – Sławków LHS (394,65 km, Spurweite 1520 mm)

Unternehmensgeschichte
Am 30.11.1979 wurde die eingleisige breitspurige Strecke von der Grenze zur Sowjetunion (heute: zur Ukraine) bei Hrubieszów bis kurz vor Katowice durch die Polnische Staatsbahn PKP in Betrieb genommen. Sie diente in erster Linie der Versorgung des großen Stahlwerkes Huta Katowice mit Eisenerz und der Abfuhr von Schwefel aus Grzybów in die Sowjetunion. Speziell für diese Strecke beschafften die PKP 68 breitspurige Dieselloks ST44, die um einige SM48 ergänzt wurden. Die beste Jahrestransportmenge wurde 1984 erreicht: 9,93 Mio. t. Nach 1990 fiel der Schwefeltransport weg, auch der Erztransport sank und die Transportleistungen erreichten Tiefstände. Ab 1993 war die LHS ein eigener Bereich innerhalb der PKP. Im Rahmen der Restrukturierung der Polnischen Staatsbahnen wurde die Hüttenbreitspurbahn am 01.07.2001 als eigenständige Gesellschaft PKP Linia Hutnicza Szerokotorowa Sp. z o.o. innerhalb der PKP-Holding ausgegliedert.
Im Grenzbahnhof Hrubieszów finden der Lokwechsel zwischen der Ukrainischen Eisenbahn und PKP LHS sowie die Zollabfertigung der Züge statt. Der Bahnhof Sędziszów Południowy ist mit einer Umspuranlage zwischen Breit- und Regelspur ausgestattet. Ein großes Umladeterminal befindet sich in Szczebrzeszyn. Der Endbahnhof Sławków Południowy besitzt Anschlüsse zu mehreren Logistikunternehmen und zur Huta Katowice. Letzterer wird von KOLPREM betrieben, die hier die Erzzüge zur Entladung übernimmt. Weitere Bahnhöfe und Ausweichstellen existieren, u. a. betreibt dort die Firma Euroterminal Sławków Sp. z o.o. ein Umladeterminal. PKP Cargo und PKP LHS (beide sind seit 2010 Gesellschafter von Euroterminal Sławków) wollen hier in Zukunft Container im Ost-West-Verkehr umladen.

Die Fahrzeugwerkstatt von PKP LHS befindet sich in Zamość Bortatycze.
Die Modernisierung des Lokomotivparkes wurde in den letzten Jahren stark voran getrieben. Mit den Caterpillar-Remotorisierungen (ST44.30) scheint man nicht zufrieden zu sein, denn das Umbauprogramm wurde nach zwei Prototypen nicht fortgesetzt. Für 2015 plant man den Verkauf der beiden Loks. Statt dessen wurden analog zu einem Umbauprogramm von PKP Cargo insgesamt 25 ST44 mit neuen Kolomna-Motoren ausgerüstet. Parallel wurden zwei ST40s (Typ 311Da) beschafft. Im Anschluss an die Erprobungsphase wurden weitere 15 ST44 in ST40s umgebaut. Auch SM48 wurden modernisiert. Nach Test mit einer ersten umgebauten und als 16D-001 bezeichneten Lokomotive wurden ab 2012 weitere SM48 entsprechend umgebaut.
Mitte 2008 hat PKP LHS auch eine Lizenz für Straßentransport erhalten. Die auf Mietbasis genutzten Immobilien waren anfangs noch in Besitz der PKP und sollten bis 2013 an PKP LHS übereignet werden. Der Grund und Boden der Breitspurstrecke wird gleichzeitig an den Staat übergehen und weiterhin durch PKP LHS verwaltet werden.
2011 machte Eisenerz nur noch 47 % der transporten Gütermenge von PKP LHS aus. Insbesondere Gas, Kohle, Baumaterialien, Container und Biomasse konnten als neue Gutarten hinzu gewonnen werden und so die einstige Monokultur beenden.
Anfang 2014 kam die Idee auf, mittels einer Neubaustrecke von Zawada abzweigend über Rejowiec, Chełm und Włodawa einen breitspurigen Anschluss an die Weißrussischen Eisenbahnen herzustellen.
Zu Beginn des Jahres 2014 wurde PKP LHS einer internen Restrukturierung unterzogen, die zur Bildung von drei territorial getrennten Außenstellen mit weitgehenden Befugnissen führte. Die Privatisierung von PKP LHS ist entgegen früherer Absichten zurzeit nicht mehr geplant.
Zurzeit laufen fällige Hauptuntersuchungen an den modernisierten ST40s und ST44 (Kolomna). Die geplante Beschaffung von Neubauloks wird möglicherweise angesichts des politischen Geschehens in der Ukraine aufgeschoben. Trotzdem ist für 2015 der Testeinsatz einer in Kasachstan in GE-Lizenz gebauten TE33A geplant.
Ende 2013 hatte PKP LHS 1.247 Mitarbeiter.
Die Transportleistung von PKP LHS ist nach kontinuierlichem Anstieg seit 2011 stabil. Im Jahr 2014 wurden 3,5 Mio. tkm erbracht (2013: 3,4). Der Anteil am polnischen Eisenbahn-Güterverkehrsmarkt lag damit bei 7,1 % (2013: 6,6 %).
Der Nettogewinn im Jahr 2013 betrug 75 Mio. PLN (2012: 31).

PKP LHS / PLK

Verkehre
* Düngemitteltransporte für Zakłady Chemiczne „Siarkopol" Tarnobrzeg Sp. z o.o.
* Erztransporte Hrubieszów – Sławków LHS; im Auftrag der ArcelorMittal Poland S.A.
* Gastransporte für Novatek Polska Sp. z o.o.
* Kohletransporte Sławków LHS – Hrubieszów
* Kokstransporte Sławków LHS – Hrubieszów; im Auftrag der ArcelorMittal Poland S.A.
* KV-Transporte Zamość Bortatycze – Chişinău [MD]; Traktion in Polen für Laude Smart Intermodal; seit 01.01.2014
* Sonstiger Güterverkehr auf der Breitspurstrecke Hrubieszów – Sławków LHS

PKP Polskie Linie Kolejowe S.A. (PLK) ∎

ul Targowa 74
PL-03 734 Warszawa
Telefon: +48 22 4732000
Telefax: +48 22 4733943
halina.rutkowska@plk-sa.pl
www.plk-sa.pl

Management
* Remigiusz Paszkiewicz (Vorstandsvorsitzender)
* Andrzej Pawłowski (Stellvertretender Vorstandsvorsitzender)
* Andrzej Wojciechowski (Stellvertretender Vorstandsvorsitzender)
* Karol Depczyński (Mitglied des Vorstands)
* Józefa Majerczak (Mitglied des Vorstands)

Gesellschafter
Stammkapital 15.869.322.000,00 PLN
* Staatskasse Polen (85,99 %)
* Polskie Koleje Państwowe S.A. (PKP) (14,11 %)

Beteiligungen
* Dolnośląskie Przedsiębiorstwo Napraw Infrastruktury Komunikacyjnej DOLKOM Sp. z o.o. (100 %)
* Pomorskie Przedsiębiorstwo Mechaniczno-Torowe Sp z o.o. (PPMT) (100 %)
* Przedsiębiorstwo Napraw i Utrzymania Infrastruktury Kolejowej w Krakowie Sp. z o.o. (PNUIK) (100 %)
* Zakład Robót Komunikacyjnych – DOM w Poznaniu Sp. z o.o. (ZRK-DOM) (100 %)

Lizenzen
* PL: Sicherheitsautorisierung für Infrastruktur, gültig vom 07.10.2014 bis 29.12.2015

Infrastruktur
* Bahnnetz der Republik Polen (18.532 km)

Unternehmensgeschichte
Am 08.09.2000 verabschiedete der Sejm, das polnische Parlament, ein Gesetz über die Kommerzialisierung, Umstrukturierung und Privatisierung der seit 1926 bestehenden Staatsbahnen Polskie Koleje Państwowe (PKP), wonach diese zum 01.01.2001 in eine Aktiengesellschaft mit Holdingstruktur umgewandelt wurde, an welcher der polnische Staat alle Anteile hält. In der zweiten Jahreshälfte nahmen die neu gebildeten Tochtergesellschaften ihre Tätigkeit auf, darunter am 01.10.2001 das Infrastrukturunternehmen PKP Polskie Linie Kolejowe S.A. (PLK) als Betreiber des staatlichen Eisenbahnnetzes. Dessen Hauptaufgaben sind Unterhalt und Modernisierung der Strecken, Trassenzuweisung, Fahrplanerstellung und Absicherung des operativen Betriebes.
Neben der Zentrale unterhält PKP PLK 23 regionale Infrastrukturbetriebe [Zakład Linii Kolejowych] und einige selbständige Einheiten: die Betriebsleitung, ein Zentrum für Investitionen, ein Diagnosezentrum, ein Werk für Baumaschinen und den Eisenbahn-Sicherheitsdienst [Straż Ochrony Kolei]..
In der Vergangenheit stand PKP PLK wiederholt wegen zu hoher Trassenpreise in der Kritik. Nachdem der Gerichtshof der Europäischen Union 2013 entschied, dass die Trassenentgelte nur für unmittelbar mit dem Bahnbetrieb zusammenhängende Kosten verwendet werden dürfen, senkte das Unternehmen diese um etwa 20 Prozent.
Derzeit läuft ein umfassendes Modernisierungsprogramm des polnischen Streckennetzes. Im Jahr 2015 sind dafür 6 Mrd. PLN eingeplant. Zur Finanzierung werden Mittel aus mehreren Fonds und EU-Programmen (ISPA/FS, TEN-T, EFRE, POIiŚ) eingesetzt. Auf den wichtigen Magistralen will PKP PLK ETCS Level 2 einführen. 2013 hatte PKP PLK 38.469 Mitarbeiter. Das Geschäftsjahr 2013 wurde mit einem Nettoverlust von 446 Mio. PLN abgeschlossen (2012: 748 Mio. PLN Verlust). Zur Verringerung der Verluste ist PKP PLK bestrebt, Teile der Infrastruktur an andere Betreiber abzugeben oder stillzulegen.

PKP SKM

PKP Szybka Kolej Miejska w Trójmiescie Sp. z o.o. (PKP SKM)
PL

ul. Morska 350a
PL-81-002 Gdynia
Telefon: +48 58 7212911
Telefax: +48 58 7212991
skm@skm.pkp.pl
www.skm.pkp.pl

Management
* Maciej Lignowski (Vorsitzender der Geschäftsführung)
* Bartłomiej Buczek (Mitglied der Geschäftsführung)

Gesellschafter
Stammkapital 137.405.500,00 PLN
* Polskie Koleje Państwowe S.A. (PKP) (44,11 %)
* Staatskasse Polen (20,6 %)
* Miasto Gdańsk [Stadt Danzig] (15,28 %)
* Województwo Pomorskie [Woiwodschaft Pommern] (12,37 %)
* Miasto Gdynia [Stadt Gdingen] (3,49 %)
* Miasto Sopot [Stadt Zoppot] (2,55 %)
* Miasto Pruszcz Gdański [Stadt Praust] (1,45 %)
* Miasto Rumia [Stadt Rahmel] (0,15 %)

Lizenzen
* PL: EVU-Zulassung (PV), seit 27.02.2004
* PL: Lizenz für Traktionsdienstleistungen, seit 27.02.2004
* PL: Sicherheitsautorisierung für Infrastruktur (Teil A), gültig vom 29.12.2010 bis 28.12.2015
* PL: Sicherheitsautorisierung für Infrastruktur (Teil B), gültig vom 30.12.2010 bis 29.12.2015
* PL: Sicherheitszertifikat Teil A (PV), gültig vom 29.12.2010 bis 28.12.2015
* PL: Sicherheitszertifikat Teil B (PV), gültig vom 30.12.2010 bis 29.12.2015

Infrastruktur
* Gdańsk Śródmieście – Rumia (32,9 km)
* Gdynia Chylonia – Gdynia Cisowa (1,2 km)

Unternehmensgeschichte
Bereits im Jahre 1912 wurde zwischen Danzig (heute Gdańsk) und Zoppot (heute Sopot) mit dem Bau einer eigenen zweigleisigen Strecke für den Vorortverkehr begonnen. In der Zwischenkriegszeit wurde das Projekt durch die Grenzziehung nicht weiter ausgebaut. Erst nach dem Zweiten Weltkrieg begannen die PKP in Gdańsk mit dem Aufbau einer Stadtschnellbahn. Hier sollten die auf polnischem Gebiet aufgefundenen Triebzüge der Berliner S-Bahn eingesetzt werden. Zuerst wurde die bestehende Vorortstrecke Gdańsk Główny – Gdańsk Nowy Port mit 800 V Gleichstrom elektrifiziert. Hier konnte der S-Bahn-Betrieb am 04.03.1951 aufgenommen werden. Parallel wurden due Triebzüge aufgearbeitet und mit Dachstromabnehmern versehen. Der erste Abschnitt der Hauptstrecke in Richtung Norden war am 02.01.1952 elektrifiziert worden: Gdańsk Główny – Sopot. Im Jahre 1953 wurde die Werkstatt in Gdynia Chylonia (heute: Wagenwerkstatt Gdynia Leszczynki von PR) provisorisch in Betrieb genommen. Die Elektrifizierung erreichte Gdynia Chylonia von Sopot aus erst am 25.02.1955. Bis 31.12.1957 war dann die gesamte Strecke bis Wejherowo elektrifiziert.
In den 70er Jahren waren die alten Berliner S-Bahnzüge weitgehend verschlissen und mussten ersetzt werden. Es wurde entschieden, das Systemsystem auf die in Polen üblichen 3 kV Gleichstrom anzupassen. So konnte man die gängigen Elektrotriebzüge der PKP hier freizügig einsetzen. Am 20.12.1976 fuhr der erste Zug.
Nur eine kurze Episode blieb der Reiseverkehr auf der 1986 fertiggestellten und ein Jahr später elektrifizierten Strecke Wejherowo – Żarnowiec Elektrownia Jądrowa. Diese verlief bis Rybno Kaszubskie auf der Trasse der ehemaligen Kleinbahn-AG Neustadt–Prüssau, dann bis zur Baustelle des geplanten AKW Żarnowiec als Neubaustrecke. Durch die geänderten politischen Rahmenbedingungen wurde das Projekt aufgegeben und der Reiseverkehr am 30.05.1992 eingestellt.
Ab 1990 wurde eine neue moderne Werkstatt in Gdynia Cisowa eingeweiht, welche die alte Anlage in Gdynia Chylonia ersetzte. Darüber hinaus steht der PKP SKM auch eine Abstellanlage mit zweigleisigem Schuppen in Wejherowo zur Verfügung. Beide Anlagen sollten noch 2010 von der PKP an PKP SKM übertragen werden.
Im Rahmen der Restrukturierung der Polnischen Staatsbahnen wurde die Stadtbahn Gdańsk, Gdynia und Sopot am 01.07.2001 als eigenständige Gesellschaft PKP Przewozy Regionalne Sp. z o.o. innerhalb der PKP-Holding ausgegliedert. Die Woiwodschaft Pommern ist seit dem 17.01.2006 Miteigentümer der Gesellschaft, später kam noch die Stadt Gdańsk hinzu.
Zeitgleich zu einer weiteren geplanten Restrukturierung des landesweiten SPNV-Betreibers Przewozy Regionalne ist die vollständige Regionalisierung von PKP SKM vorgesehen. Das polnische Infrastrukturministerium will dazu der Woiwodschaft Pommern finanzielle Mittel für den Kauf der zurzeit noch den PKP gehörenden Anteile an PKP SKM zur Verfügung stellen.
Ab 2003 dehnte PKP SKM einzelne Züge bis Elbląg und Iława aus, was jedoch Ende 2005 nach Protesten von PKP PR wieder endete. Die Verlängerung der im Norden vorher bereits bis Lębork fahrenden Züge bis Słupsk konnte sich jedoch bis heute halten. Der Zugverkehr auf der Strecke nach Nowy Port endete am 24.06.2005. Zwischen Gdańsk Główny und Tczew gab es zwischen dem 03.09.2012 und dem 08.03.2014 keine Züge von PKP SKM.

PKP SKM / PMT LK

Die bis 2013 geplante umfassende Modernisierung der Elektrotriebzüge musste verschoben werden, da auf Grund der zwischenzeitlichen Insolvenz des Hauptauftragnehmers Tabor Szynowe Opole der Auftrag neu vergeben musste. Letztlich baute das ZNTK Mińsk Mazowiecki 2014 21 EN57 entsprechend um. Die Reihe EW58 ist mittlerweile abgestellt, eine anfangs geplante Modernisierung bei Newag wurde verworfen.
Bis Mitte 2016 wird Newag zwei neue vierteilige E-Triebzüge des Typs 31WE "Impuls" an PKP SKM liefern.
Im Vorfeld der Fußball-EM 2012 wurde die Modernisierung der Infrastruktur vorangetrieben. Im Zuge der EM ist auch die 2005 eingestellte Strecke Gdańsk Główny – Gdańsk Nowy Port im Abschnitt Gdańsk Główny – Gdańsk Stadion Expo für Sonderverkehre zum Stadion PGE Arena und zum neuen Standort der Internationalen Messe reaktiviert worden.
Der Bau einer 1,8 km langen Streckenverlängerung von Gdańsk Główny bis zu einem neuen Bahnhof Gdańsk Śródmieście (Stadtmitte), der fünf Züge aufnehmen können soll, wurde stark verspätet Anfang 2015 vollendet. Der planmäßige Reiseverkehr wird am 01.04.2015 aufgenommen. Eine Weiterführung der dort ankommenden Züge in Richtung Tczew ist nicht möglich, da keine Verbindung zur parallel verlaufenden Strecke Gdańsk – Tczew eingeplant wurde.
In Gdańsk Główny entstand ein ESTW, von dem aus das komplette eigene Streckennetz von PKP SKM ferngesteuert wird. In Zukunft ist die Erneuerung der gesamten Fahrleitung geplant, ferner sollen 10 neue Elektrotriebzüge bis 2020 beschafft werden. Damit geht eine Modernisierung der Werkstatt Gdynia Cisowa einher, die dann auch einen bisher nicht bestehenden Anschluss von Norden her bekommen soll.
Im Jahr 2014 wurden 36 Mio. Reisende befördert (2013: 35) und eine Beförderungsleistung von 859 Mio. Passagierkilometern erreicht (2013: 801).
PKP SKM schloss das Geschäftsjahr 2013 mit einem Nettogewinn von 1 Mio. PLN ab (2012: 0,7). Zum Jahresende 2013 hatte PKP SKM 784 Mitarbeiter.

Verkehre
* SPNV Gdańsk Śródmieście – Wejherowo – Słupsk
* SPNV Gdańsk Główny – Gdańsk Stadion Expo; nur an Veranstaltungstagen

PMT Linie Kolejowe Sp. z o.o. (PMT LK)

Owczary 79D
PL-59-300 Lubin
Telefon: +48 76 8471930
Telefax: +48 76 8471927
biuro@pmtlk.pl
www.pmtlk.pl

Management
* Roman Drzewiecki (Vorsitzender der Geschäftsführung)

Gesellschafter
Stammkapital 3.440.000,00 PLN
* Pol-Miedź Trans Sp. z o.o. (PMT) (99,97 %)
* Mercus PHP Sp. z o.o. (0,03 %)

Lizenzen
* PL: Sicherheitsautorisierung für Infrastruktur (Teil A), gültig vom 28.11.2012 bis 27.12.2015
* PL: Sicherheitsautorisierung für Infrastruktur (Teil B), gültig vom 28.11.2012 bis 05.09.2015

Infrastruktur
* Lubin Górniczy – Lubin Kopalnia (2,2 km)
* Pawłowice Małe – Pawłowice Małe Fabryczny
* Wrocław Zakrzów – Trzebnica (18,6 km); Verwaltung der Strecke (Eigentümer: DSDiK)
* Szklarska Poręba Górna – Staatsgrenze (14,7 km); Verwaltung der Strecke (Eigentümer: DSDiK)
* Mścice – Mielno Koszalińskie (4,8 km); Verwaltung der Strecke (Eigentümer: Stadt Koszalin)

Unternehmensgeschichte
Am 19.09.2008 wurde PMT LK als neu gegründete Tochtergesellschaft von Pol-Miedź Trans (PMT) in das Handelsregister eingetragen. Diese begann 2010 mit der Verwaltung der Eisenbahn-Infrastruktur von PMT, welche auch anderen EVU offen steht. In der Folgezeit konnte man auch Ausschreibungen zur Verwaltung weiterer Strecken gewinnen. PMT LK hatte im Frühjahr 2010 etwa 110 Mitarbeiter.

GRUPA KAPITAŁOWA **KGHM** POLSKA MIEDŹ S.A.

 POL-MIEDŹ TRANS

Pol-Miedź Trans Sp. z o.o. (PMT)
G

ul. Marii Skłodowskiej-Curie 190
PL-59-301 Lubin
Telefon: +48 76 8471800
Telefax: +48 76 8471809
sekretariat@pmtrans.com.pl
www.pmtrans.com.pl

Management
* Mirosław Krutin (Vorsitzender der Geschäftsführung)
* Jarosław Mazur (Mitglied der Geschäftsführung)

Gesellschafter
Stammkapital 150.567.500,00 PLN
* KGHM Polska Miedź S.A. (100 %)

Beteiligungen
* PMT Linie Kolejowe Sp. z o.o. (PMT LK) (99,97 %)

Lizenzen
* PL: EVU-Zulassung (GV), seit 29.08.2003
* PL: EVU-Zulassung (PV), seit 30.07.2008
* PL: Sicherheitszertifikat Teil A (GV+PV), gültig vom 28.06.2010 bis 27.06.2015
* PL: Sicherheitszertifikat Teil B (GV+PV), gültig vom 23.11.2010 bis 22.11.2015

Unternehmensgeschichte
Als nach der Entdeckung von Kupferlagerstätten in Niederschlesien in den 1960er Jahren ein großes Gruben- und Hüttenkupferkombinat (KGHM) bei Lubin errichtet wurde, erhielt dieses auch einen eigenen Transportstützpunkt. Seit 1968 ist dieser für den Eisenbahn- und Straßentransport des KGHM verantwortlich. In diesem Zusammenhang wurde eine eigene Eisenbahnstrecke vom PKP-Bahnhof Lubin Górniczy bis nach Polkowice gebaut. Von dort aus existieren viele Anschlüsse zu den einzelnen Bergwerken, Erzaufbereitungswerken und Sandgruben. Die Werkstatt befindet sich in Polkowice.

Als im Jahre 1991 das Kombinat in die staatliche Aktiengesellschaft KGHM Polska Miedź S.A. umgewandelt wurde, gliederte man verschiedene Teile in eigene Gesellschaften aus, so auch die Transportabteilung, die fortan unter dem Namen Pol-Miedź Trans agiert. Im Bahnbereich änderte sich vorerst nichts, da man weiterhin ausschließlich für die Belange der Kupferindustrie arbeitete. Erst nach Erlangen der Güterverkehrslizenz am 29.08.2003 begann man sich auf den polnischen Güterverkehrsmarkt auszudehnen. Der Fahrzeugpark, der traditionell TEM2-lastig war, wurde durch eine Reihe M62 aufgestockt, die später alle mit einem Kolomna-12ChN26/26 Dieselmotor ausgerüstet wurden. Im Jahr 2009 bekam PMT vier weitere, bei FABLOK in Chrzanów modernisierte M62 (Caterpillar-Motor, M62-3101 bis 3104). Auch der TEM2-Park wurde in den vergangenen Jahren durch Modernisierungen verbessert.

Im Jahr 2007 konnte Pol-Miedź Trans die Ausschreibung für den Abwicklung des Güterverkehrs auf der als Anschlussbahn betriebenen Strecke Lipusz – Bytów in der Woiwodschaft Pommern gewinnen. Die damals völlig heruntergewirtschaftete Strecke wurde nach und nach saniert. Als erster Abschnitt wurde Ugoszcz – Bytów am 21.11.2007 wieder in Betrieb genommen. Vor Ort bemühte man sich um Reisezugleistungen, was durch einen am 22.02.2007 gefahrenen Promotion-Reisezug Lubin – Polkowice unterstrichen wurde. Um die öffentlich zugängliche Infrastruktur aus der Gesellschaft herauszulösen, wurde 2008 die Gesellschaft PMT Linie Kolejowe gegründet, welche diese seitdem verwaltet.

Als erste Elektrolokomotive wurde 2009 eine im ZNTK Oleśnica modernisierte 3E/1 angemietet. Ein Jahr später bekam PMT zwei neue Elektroloks des Typs TRAXX F140 DC. Ursprünglich wollte PMT zusammen mit Orlen KolTrans, STK, Lotos Kolej und PCC Rail 30 neue Elektrolokomotiven von Alstom oder Škoda beschaffen, was jedoch nicht verwirklicht wurde. 2011 begann die Anmietung von slowakischen 183-Elektroloks, die zur Ablösung der Dieselloks im überregionalen Güterverkehr beitragen. Zwei M62 wurden Mitte 2012 zum Verkauf ausgeschrieben. Die neueste Investition im Fahrzeugsektor ist die Modernisierung von SM42 zu 6Dg bei Newag zwischen 2011 und 2015. Im Rahmen von Testfahrten weilten bereits mehrere Typen moderner E-Loks bei PMT.
Neben dem Schienen- und Straßentransport ist PMT auch beim Vertrieb von Kraftstoffen (Kooperation mit LOTOS S.A.) und mit diversen Reparaturdienstleistungen am Markt präsent.
PMT hatte im Frühjahr 2010 etwa 1330 Mitarbeiter.

Am 02.02.2015 schloss der Eigentümer KGHM Polska Miedź S.A. mit PKP Cargo einen Vorvertrag ab, der die Übernahme von 49 % Anteilen an PMT im 2. Quartal 2015 vorsieht. Die Muttergesellschaft will sich auf ihr Kerngeschäft konzentrieren und suchte bereits seit einiger Zeit einen strategischen Partner für PMT. Von den Bereichen Eisenbahn- und Straßentransport sowie Kraftstoffdistribution wird künftig nur die Bahnsparte bei PMT verbleiben. Damit einher gehend wurde auf einer außerordentlichen Gesellschafterversammlung am 30.01.2015 eine Kapitalherabsetzung auf 124 Mio.

PMT / POLZUG Intermodal POLSKA

PLN beschlossen. Diese Anteile gehen an vier andere KGHM-Tochtergesellschaften.
Für PKP Cargo bedeutet die Übernahme einen Ausbau ihrer Führungsposition am Markt und einen rationelleren Fahrzeugeinsatz. PMT verspricht sich Synergieeffekte durch den Zugriff auf den Fahrzeugpool von PKP Cargo, die ihre Anteile zum Teil durch Überlassung von Lokomotiven erwerben will.

Die Transportleistung lag 2014 bei 1,0 Mrd. tkm (2013: 1,1) Damit hatte Pol-Miedz Trans einen Anteil am polnischen Eisenbahn-Güterverkehrsmarkt von 2,1 % (2013: 2,1).

Verkehre
- Kupfererzkonzentrattransporte von den Bergwerken an der Werkbahn Polkowice – Lubin Górniczy zu den Kupferhütten Cedynia, Głogów und Legnica; im Auftrag der KGHM Polska Miedź S. A.
- Kupferplattentransporte Wróblin Głogowski – Orsk; zur Kupferhütte Cedynia; im Auftrag der KGHM Polska Miedź S.A.
- Mineralöltransporte Ostrów Wielkopolski Zachód – Bolesławiec; im Auftrag der PKN ORLEN S.A.
- Schwefelsäuretransporte Wróblin Głogowski – Police Chemia
- AZ-Verkehr
- Betrieb der Anschlussbahnen der Kupferhütten Cedynia, Głogów und Legnica; im Auftrag der KGHM Polska Miedź S.A.
- Betrieb der der Werkbahn Lubin Górniczy – Polkowice und der anliegenden Anschlussbahnen der KGHM Polska Miedź S.A.

POLZUG Intermodal POLSKA Sp. z o.o.

ul. Skorupki 5
PL-00-546 Warszawa
Telefon: +48 22 3363400
Telefax: +48 22 3363418
warszawa.info@polzug.pl
www.polzug.pl

Büro Gdynia
ul. Janka Wisniewskiego 31, lokal 128
PL-81-156 Gdynia
Telefon: +48 58 6213107
Telefax: +48 58 6213109
gdynia@polzug.pl

Terminal Poznań
ul. Magazynowa 8
PL-62-023 Gądki
Telefon: +48 61 8199060
Telefax: +48 61 6331722
gadki.terminal@polzug.pl

Terminal Katowice/Kraków
ul. Koksownicza 6
PL-42-523 Dąbrowa Górnicza
Telefon: +48 32 7927091
Telefax: +48 32 7501573
dabrowa.terminal@polzug.pl

Terminal Warszawa
ul. Przytorowa 1
PL-05-800 Pruszków
Telefon: +48 22 7587241
Telefax: +48 22 7588643
pruszkow.terminal@polzug.pl

Terminal Wrocław
ul. Krakowska 1
PL-50-424 Wrocław
Telefon: +48 71 3413804
Telefax: +48 71 3423045
wroclaw.terminal@polzug.pl

Management
- Peter Plewa (Vorsitzender der Geschäftsführung)
- Sebastian Wind (Mitglied der Geschäftsführung)

Gesellschafter
Stammkapital 2.813.600,00 PLN
- POLZUG Intermodal GmbH (100 %)

Lizenzen
- PL: EVU-Zulassung (GV), seit 16.02.2007
- PL: Sicherheitszertifikat Teil A (GV), gültig vom 11.01.2013 bis 10.01.2018
- PL: Sicherheitszertifikat Teil B (GV), gültig vom 20.09.2013 bis 19.09.2018

Unternehmensgeschichte
Die drei Unternehmen Polskie Koleje Państwowe (Polnische Staatsbahnen), die Hamburger Hafen- und Lagerhaus AG (HHLA) und die Egon Wenk Internationale Containerspeditionsgesellschaft gründeten am 17.12.1991 das Unternehmen "Polzug Polen-Hamburg Transport GmbH", um eine zuverlässige Verbindung zwischen den deutschen Nordseehäfen Hamburg und Bremerhaven und den wichtigsten polnischen Wirtschaftsstandorten herzustellen. Dazu wurde ein fahrplanmäßiger Pendelverkehr von Containerzügen etabliert, der auch heute noch das Rückgrat der Polzug-Aktivitäten darstellt. Als weiterer angebundener Seehafen kam später noch Rotterdam hinzu. Auch in Richtung Osten hat Polzug Intermodal sein Angebot erweitert und bietet mittlerweile Transporte u. a. in

POLZUG Intermodal POLSKA / PPMT / PTMKŻ

das Baltikum, die Ukraine, nach Russland, Weißrussland und weitere GUS-Staaten sowie in die Mongolei und nach Afghanistan an. Als Drehscheibe dient in jedem Falle Polen.
Dort nutzt POLZUG Intermodal POLSKA Terminals in Pruszków (bei Warschau), Gądki (bei Poznań), Dąbrowa Górnicza (Oberschlesien) und Wrocław. Eine Kooperation besteht mit dem Containerterminal von Spedcont in Łódź.
Derzeit wird mit Hochdruck am Bau eines eigenen Terminals in Warszawa Brwinów gearbeitet, welches das Terminal Pruśków ersetzen soll. Dort ist POLZUG Intermodal POLSKA lediglich Mieter und sollte bereits Ende Juli 2014 die Nutzung an den Nachmieter Cargosped aus der PKP-Cargo-Guppe übergeben haben.
Bereits von 2007 bis 2008 war POLZUG Intermodal POLSKA bereits im Besitz einer EVU-Zulassung, entschied sich damals aber gegen eigenständige Verkehre. Im Jahr 2013 wurde erneut eine EVU-Zulassung beschafft, dazu auch die notwendigen Sicherheitszertifikate. Am 13.02.2014 wurde die Lieferung von sechs neuen oder modernisierten Rangierdieselloks für die Terminals Gądki, Pruszków, Wrocław und Dąbrowa Górnicza ausgeschrieben. Bestellt wurden im August 2014 bei Newag sechs 6Dg, welche bis Dezember 2014 geliefert werden sollten. Bis Redaktionsschluss im März 2015 waren diese noch nicht eingetroffen.
Mitte 2014 wurde die Lieferung von 315 Containerwagen Sggnss ausgeschrieben, die bis Ende 2015 erfolgen sollte. Das Vergabeverfahren wurde am 22.01.2015 ohne Nennung von Gründen abgebrochen.

Pomorskie Przedsiębiorstwo Mechaniczno-Torowe Sp z o.o. (PPMT) G

ul. Sandomierska 17
PL-80-051 Gdańsk
Telefon: +48 58 7215578
Telefax: +48 58 7215578
ppmt@ppmt.com.pl
www.ppmt.com.pl

Management
* Piotr Lejman (Vorsitzender der Geschäftsführung)
* Leszek Linkner (Mitglied der Geschäftsführung)
* Jadwiga Szczęśniak (Mitglied der Geschäftsführung)

Gesellschafter
Stammkapital 39.363.500,00 PLN
* PKP Polskie Linie Kolejowe S.A. (PLK) (100 %)

Lizenzen
* PL: EVU-Zulassung (GV), seit 17.05.2005
* PL: Lizenz für Traktionsdienstleistungen, seit 17.05.2005
* PL: Sicherheitszertifikat Teil A (GV), gültig vom 10.11.2010 bis 09.11.2015
* PL: Sicherheitszertifikat Teil B (GV), gültig vom 28.12.2010 bis 27.12.2015

Unternehmensgeschichte
Im Rahmen der Umstrukturierung der Polnischen Staatsbahnen PKP wurde am 1. September 2001 durch die Zusammenlegung der PKP-Struktureinheiten für Infrastrukturreparatur und Gleisbaumaschinen in Gdańsk die Firma PPMT gegründet. Sie beschäftigt sich mit Gleisbauarbeiten sowie Maschinenbau und -reparatur. Seit 2005 ist PPMT in Besitz einer Güterverkehrslizenz, die für den Eigenbedarf genutzt wird. Neben dem Hauptsitz in Gdańsk existieren Außenstellen in Gdynia, Malbork, Inowrocław und Bydgoszcz sowie ein Oberbaulager in Maksymilianowo.
Mit den angemieteten Streckenlokomotiven wird ein reger Baustoffverkehr für den Eigenbedarf abgewickelt.

Verkehre
* AZ-Verkehr

Pomorskie Towarzystwo Miłośników Kolei Żelaznych (PTMKŻ) P

ul. Jantarowa 76/11
PL-81-187 Gdynia
info@ptmkz.pl
www.ptmkz.org.pl

Żuławska Kolej Dojazdowa
ul. Dworcowa 29
PL-82-100 Nowy Dwór Gdański
Telefon: +48 55 2473672

Management
* Jarosław Lipiński (Vorstandsvorsitzender)
* Paweł Pleśniar (Stellvertreter des Vorstandsvorsitzenden)
* Dariusz Wentar (Mitglied des Vorstands)

Lizenzen
* PL: EVU-Zulassung (GV), seit 12.07.2004
* PL: EVU-Zulassung (PV), seit 12.07.2004

PTMKŻ / POZ BRUK

Unternehmensgeschichte
Der Pomorskie Towarzystwo Miłośników Kolei Żelaznych [Pommerscher Verein der Eisenbahnfreunde] existiert bereits seit 1990. Zusammen mit dem Kreis Nowy Dwór Gdański und den Gemeinden Stegna und Sztutowo engagierte sich der Verein seit Herbst 2000 für eine Reaktivierung der Reststrecken der früheren Westpreußischen Kleinbahnen.
Im Jahre 2002 konnten die Gebietskörperschaften die Strecken Nowy Dwór Gdański Wąskotorowy – Stegna Gdańska (15 km) und Prawy Brzeg Wisły – Stegna Gdańska – Sztutowo (17 km, alles Spurweite 750 mm) von den PKP übernehmen. Die weiteren vom Kreis Nowy Dwór Gdański übernommenen Schmalspurstrecken wurden Anfang 2014 zum Abbau ausgeschrieben.
Ebenfalls noch 2002 trafen von anderen Schmalspurbahnen drei Lokomotiven Lxd2 (Typ L45H, Hersteller FAUR) ein, von denen zwei betriebsfähig sind. In der Folgezeit wurden noch zwei MBxd2 (Typ A20D-P, Hersteller FAUR) erworben.
In den Sommermonaten wurde ab 21.06.2003 unter Führung des PTMKŻ ein auf die Belange von Touristen orientierter Betrieb unter dem Namen "Żuławska Kolej Dojazdowa" [Werderzufuhrbahn] angeboten, der sich vor allem auf der Bäderstrecke Prawy Brzeg Wisły – Sztutowo abspielt. Des Weiteren wurde zusammen mit dem Kreis Nowy Dwór Gdański ein Projekt zur Reaktivierung der Strecke Nowy Dwór Gdański – Malbork entwickelt. Als der Kreis jedoch einen bereits von den PKP erworbenen Streckenabschnitt zur Schrottverwertung veräußerte, kam es zu Differenzen zwischen Kreis und PTMKŻ, die zum Auslöser für die letztliche Kündigung des Vertrages über die Betriebsführung durch den Kreis im April 2006 wurden. Daraufhin übernahm eine neue Gesellschaft, die „Stowarzyszenie Żuławskiej Kolei Dojazdowej", die Betriebsführung.
Mit der Sommersaison 2009 konnte der PTMKŻ überraschend wieder die Betriebsführung der "Żuławska Kolej Dojazdowa" zurück gewinnen. Um dem Schmalspurbetrieb die Insellage zu nehmen, wurden seit 2009 in Zusammenarbeit mit Arriva RP (ex Arriva PCC) an einigen Tagen im Sommer regelspurige Personenzüge zwischen Malbork, Szymankowo und Nowy Dwór Gdański eingelegt. Im Auftrag der Woiwodschaft Ermland-Masuren betreibt der PTMKŻ zusammen mit Arriva RP seit 2010 im Sommer einige Züge Malbork – Braniewo, die zwischen Elbląg und Braniewo über die Haffuferbahn fahren. Da PKP PLK sowohl die Haffuferbahn als auch die Strecke Szymankowo – Nowy Dwór Gdański gesperrt hat, gab es 2014 keine Neuauflage beider Verkehre.

Verkehre
★ Touristischer Ausflugsverkehr Nowy Dwór Gdański Wąskotorowy – Stegna Gdańska und Prawy Brzeg Wisły – Stegna Gdańska – Sztutowo; in der Sommersaison

POZ BRUK Sp. z o.o. S.J. 🄖

Sobota, ul. Poznańska 43
PL-62-090 Rokietnica
Telefon: +48 61 8144500
Telefax: +48 61 8144500
info@pozbruk.pl
www.pozbruk.pl

Management
★ Tomasz Nowicki (Vertreter)

Gesellschafter
★ POZ BRUK Sp. z o.o.
★ POZ BRUK Sp. z o.o. Monoblok S.K.A.

Lizenzen
★ PL: EVU-Zulassung (GV) seit 24.06.2011
★ PL: Sicherheitszertifikat Teil A (GV), gültig vom 07.04.2014 bis 16.05.2018
★ PL: Sicherheitszertifikat Teil B (GV), gültig vom 23.04.2014 bis 08.10.2018

Unternehmensgeschichte
Unter dem Namen POZ BRUK existiert eine Gruppe mehrerer Firmen, die auf ein 1985 gegründetes Unternehmen zur Produktion von Blocksteinen und Betonelementen zurückgehen. POZ BRUK Sp. z o.o. S.K.A. wurde am 27.11.2009 in das Handelsregister eingetragen, womit ein bereits vorher existierendes Unternehmen "POZ-BRUK" Sp. z o.o. in eine Kommanditgesellschaft umgewandelt wurde. Zur Gruppe gehören neben mehreren Produktionsstandorten (Sobota, Janikowo, Kalisz, Szczecin, Teolin) auch eigene Steinbrüche (Pieńsk, Prusim, Turek). Am 24.06.2011 erhielt POZ BRUK eine Güterverkehrslizenz. Erste Verkehre wurden im August 2011 mit einer angemieteten 232 und Mietwagen durchgeführt, hierbei wurden Baustoffe vom Steinbruch Pieńsk nach Poznań transportiert. Wenn die 232 wegen Reparaturen nicht eingesetzt werden kann, mietet POZ BRUK Loks bei anderen Unternehmen, beispielsweise bei Freightliner PL.
Im November 2013 wurde POZ BRUK von einer Sp. z o.o. S.K.A. in eine S.J. (vergleichbar einer deutschen OHG) umgewandelt.

Verkehre
★ Baustofftransporte von Lasów k. Pieńska zu verschiedenen Zielbahnhöfen

LOKOMOTIV / PNUIK

Przeadsiębiorstwo Handlowo-Usługowe „LOKOMOTIV" Bronisław Plata

Podegrodzie 363
PL-33-383 Podegrodzie
Telefon: +48 18 4459403
Telefax: +48 18 4459403
lokomotiv@sacz.com.pl
www.lokomotiv.net.pl

Werkstatt Stalowa Wola - hala napraw
ul. Kwiatkowskiego 1
PL-37-450 Stalowa Wola
Telefon: + 15 8136819

Management
* Bronisław Plata (Geschäftsführer)

Gesellschafter
* Bronisław Plata (100 %)

Lizenzen
* PL: EVU-Zulassung (GV), seit 30.04.2010
* PL: Lizenz für Traktionsdienstleistungen, seit 31.10.2011
* PL: Sicherheitszertifikat Teil A (GV), gültig vom 28.12.2010 bis 27.12.2015
* PL: Sicherheitszertifikat Teil B (GV), gültig vom 12.01.2011 bis 11.01.2016

Unternehmensgeschichte
Diese seit 1990 existierende und in der Nähe von Nowy Sącz ansässige Firma ist hauptsächlich im Schrotthandel aktiv. Daneben widmet man sich aber auch dem An- und Verkauf sowie der Vermietung von Lokomotiven. In den Jahren 2005 und 2006 erwarb die Firma von PTKiGK Rybnik 11 Lokomotiven des Typs TEM2. Bekannt ist der Verkauf der Diesellokomotive TEM2-168 an STK sowie mehrerer TEM2 an Orlen KolTrans. Seit 2004 ist LOKOMOTIV für den Einsatz und die Unterhaltung der Lokomotiven in den Tanklagern der Firma PKN Orlen zuständig. Anfangs wurden durch LOKOMOTIV Rangier-Diesellokomotiven der Typen TEM2, SM42, 401Da und SM30 vermietet. Kunden waren bzw. sind u.a. Orlen KolTrans, CTL Kargo und Transoda. Mittlerweile gehören auch Diesel- und Elektro-Streckenloks zum Angebot.
Eine größere Werkstatt unterhält die Firma auf dem Gelände der Eisenhütte in Stalowa Wola, wo hauptsächlich Revisionen an Rangierloks für Werkbahnen durchgeführt werden. Für Servicearbeiten unterhält LOKOMOTIV Kooperationen mit Werkstattbetrieben in ganz Polen.
Bereits von 2005 bis 2009 hatte LOKOMOTIV eine Lizenz für das Vermieten von Triebfahrzeugen. Seit 30.04.2010 ist es wieder zurück im Kreis der lizenzierten Unternehmen - diesmal mit einer Güterverkehrslizenz - und wickelte bis Ende 2013 Spotverkehre für unterschiedliche Auftraggeber ab. Im Mai 2011 wurde in Kamieniec Ząbkowicki das Unternehmen Trans Lokomotiv gegründet, bei der Bronisław Plata ein Mitgesellschafter war. Neben der Funktion als Fahrzeugwerkstatt und Personaleinsatzstelle wickelte es auch Baustoffverkehre für LOKOMOTIV ab. Trans Lokomotiv ist jedoch mittlerweile in Insolvenz. Als Nachfolgeunternehmen wurde WAM gegründet. Darüber hinaus wird seit 2013 mit Ecco Rail zusammengearbeitet. Momentan werden keine nennenswerten eigenen Zugleistungen mehr erbracht.

Przedsiębiorstwo Napraw i Utrzymania Infrastruktury Kolejowej w Krakowie Sp. z o.o. (PNUIK) G

ul. Prokocimska 4
PL-30-556 Kraków
Telefon: +48 12 6233200
Telefax: +48 12 6233235
sekretariat@pnuikkrakow.pl
www.pnuikkrakow.pl

Management
* Zbigniew Marzec (Vorsitzender der Geschäftsführung)
* Grzegorz Bober (Mitglied der Geschäftsführung)

Gesellschafter
Stammkapital 17.627.500,00 PLN
* PKP Polskie Linie Kolejowe S.A. (PLK) (100 %)

Lizenzen
* PL: EVU-Zulassung (GV), seit 21.08.2008
* PL: Sicherheitszertifikat Teil A (GV), gültig vom 24.03.2015 bis 23.03.2020
* PL: Sicherheitszertifikat Teil B (GV), gültig vom 15.09.2010 bis 14.09.2015

Unternehmensgeschichte
Der Ursprung dieses Unternehmens geht auf mehrere Gleisbaubetriebe der Polnischen Staatsbahnen PKP zurück. Am 01.10.2001 schlossen sich der Infrastrukturbetrieb [Zakład Napraw Infrastruktury] in Dębica und der Brückenbetrieb [Zakład Mostowy] in Sucha Beskidzka zur Gesellschaft für Reparatur und Unterhaltung von Eisenbahninfrastruktur [PNUIK] mit Sitz in Kraków zusammen. Die Gesellschaft beschäftigt sich hauptsächlich mit Gleisbau im Netz von PKP PLK.

PNUIK / Transkol / PNI

Darüber hinaus repariert PNUIK Eisenbahnbaumaschinen, Eisenbahndrehkräne und Wagen. Gleisbaubetriebe existieren an den Standorten Kraków, Dębica und Stróże. Die seit 2008 vorhandene Güterverkehrslizenz wird für den Eigenbedarf genutzt.

Verkehre
* AZ-Verkehr

Przedsiębiorstwo Budownictwa Specjalistycznego „Transkol" Sp. z o.o.

ul. Długa 29
PL-25-650 Kielce
Telefon: +48 41 3453475
Telefax: +48 41 3405750
sekretariat@transkol.eu
www.transkol.eu

Management
* Wojciech Kowalski (Vorsitzender der Geschäftsführung)
* Jerzy Molenda (Zweiter Vorsitzender der Geschäftsführung)

Gesellschafter
Stammkapital 2.832.000,00 PLN
* Wojciech Kowalski (60,1 %)
* Jerzy Molenda (32,3 %)

Lizenzen
* PL: EVU-Zulassung (GV), seit 22.08.2011
* PL: Sicherheitszertifikat Teil A (GV), gültig vom 22.01.2015 bis 21.01.2020

Unternehmensgeschichte
Die Ursprünge der Przedsiębiorstwo Budownictwa Specjalistycznego „Transkol" [Spezialbau-Gesellschaft] reichen bis ins Jahr 1968 zurück, als in Kielce die Przedsiębiorstwo Budownictwa Kolejowego [Gesellschaft für Bahnbau] entstand. Später ging sie in den Strukturen der Staatsbahn PKP auf und nannte sich PKP Zakłady Budownictwa Kolejowego (PKP Bahnbaubetriebe). 1991 wurde diese Abteilung aus den Strukturen der PKP herausgelöst und firmierte anfangs unter dem Namen Przedsiębiorstwo Usług Sprzętowo – Transportowych Budownictwa Kolejowego „Transkol", die 1997 privatisiert wurde und damit den heute noch verwendeten Namen bekam. Sie ist hauptsächlich im Eisenbahn-Bauwesen und im Bereich Bahnkommunikationsysteme tätig.
Seit August 2011 ist Transkol lizenziertes EVU für Güterverkehr. Die Lizenz wird nur für den Eigenbedarf genutzt, wobei Lokomotiven bei Bedarf angemietet werden. Am 25.04.2014 wurden Transkol durch das Eisenbahntransportamt UTK die Sicherheitszertifikate A und B entzogen, womit die EVU-Aktivitäten zurzeit ruhen.

Przedsiębiorstwo Napraw Infrastruktury Sp. z o.o. w upadłości układowej (PNI) G

ul. Chodakowska 100
PL-03-816 Warszawa
Telefon: +48 22 4737104
Telefax: +48 22 4737714
sekretariat@pni.net.pl
www.pni.net.pl

Management
* Jerzy Jóźwik (Vorsitzender der Geschäftsführung)
* Radosław Żyła (Mitglied der Geschäftsführung)
* Tomasz Sadowski (Konkursverwalter)

Gesellschafter
Stammkapital 241.868.500,00 PLN
* Budimex Kolejnictwo S.A. (100 %)

Lizenzen
* PL: EVU-Zulassung (GV), seit 29.08.2005
* PL: Sicherheitszertifikat Teil A (GV), gültig vom 04.11.2010 bis 03.11.2015
* PL: Sicherheitszertifikat Teil B (GV), gültig vom 23.12.2010 bis 26.12.2015

Unternehmensgeschichte
Die Gesellschaft Przedsiębiorstwo Napraw Infrastruktury begann ihre Geschäftstätigkeit am 1. Februar 2007. Sie entstand durch die Zusammenlegung der vier Gleisbaufirmen Przedsiębiorstwo Utrzymania Infrastruktury Kolejowej w Katowicach Sp. z o.o., Zakład Napraw Infrastruktury Radom Sp. z o.o., Zakład Napraw Infrastruktury w Stargardzie Szczecińskim Sp. z o.o. und Zakład Napraw Infrastruktury w Warszawie Sp. z o.o., deren Standorte weiterhin als Niederlassungen existieren. 2011 beschäftigte PNI 1768 Mitarbeiter. Die Güterverkehrskonzession wurde duch die Stargarder Firma in das Unternehmen eingebracht und wird ausschließlich für die Belange des eigenen Unternehmens genutzt.
Im November 2011 wurde PNI privatisiert, als der bisherige Besitzer PKP S.A. seine Anteile an die Budimex S.A. verkaufte, was bis dato die größte Privatisierung in der Geschichte der PKP-Gruppe darstellte. Bereits kurze Zeit später geriet PNI in finanzielle Schwierigkeiten. Seitens der Gewerkschaften ist man der Meinung, dass PNI

PNI / Depol / KOLPREM

durch Budimex unrentable Verträge
Die als eigenständige Betriebsteile agierenden Außenstellen in Warszawa, Katowice, Radom und Stargard Szczeciński wurden im Juli 2012 direkt der Zentrale unterstellt. Im September 2012 wurde das Insolvenzverfahren über PNI eröffnet. Daraufhin gingen im Februar 2013 sämtliche Anteile an PNI von der Budimex S.A. an die Budimex Kolejnictwo S. A. über. Im Dezember 2013 setzte das zuständige Gericht einen Konkursverwalter ein.

Verkehre
* AZ-Verkehr

Przedsiębiorstwo Obrotu Surowcami Wtórnymi „Depol" Sp. z o.o. G

ul. Rynkowska 2-4
PL-85-503 Bydgoszcz
Telefon: +48 52 3200410
Telefax: +48 52 3200410
www.depol.rzetelnafirma.pl

Management
* Wiesław Zaleski (Vorsitzender der Geschäftsführung)

Gesellschafter
Stammkapital 661.000,00 PLN
* Wiesław Zaleski (50 %)
* „Pol-Osteg" Sp. z o.o. (50 %)

Lizenzen
* PL: EVU-Zulassung (GV), seit 16.07.2012
* PL: Sicherheitszertifikat Teil A (GV), gültig vom 09.11.2012 bis 08.11.2017
* PL: Sicherheitszertifikat Teil B (GV), gültig vom 16.05.2014 bis 15.05.2019

Unternehmensgeschichte
Das im Bereich der Woiwodschaft Kujawien-Pommern tätige Unternehmen Depol wurde 1996 gegründet und seitdem von Wiesław Zaleski geführt. Es beschäftigt sich mit der Sammlung, dem Transport und der Verwertung von Abfällen, betreibt einen Schrotthandel und führt Abrissarbeiten durch. Am Firmensitz besteht ein Gleisanschluss vom Bahnhof Bydgoszcz Główna. Depol kaufte in den letzten Jahren einige Schrott-Dieselloks, unter anderem 07 der BDŽ. Diese werden nach und nach aufgearbeitet und zumeist vermietet. Seit Mai 2014 setzt Depol sie auch für eigene Spotverkehre ein.

Przedsiębiorstwo Usług Kolejowych KOLPREM Sp. z o.o. G

Al. J. Piłsudskiego 92
PL-41-308 Dąbrowa Górnicza
Telefon: +48 32 7937041
Telefax: +48 32 7927203
kolprem@kolprem.pl
www.kolprem.pl

Außenstelle Kraków
Ujastek Mogilski 1
PL-31-752 Kraków
Telefon: +48 12 3572024
Telefax: +48 12 3904176

Management
* Dirk Stroo (Vorsitzender der Geschäftsführung)
* Renata Dobrowolska (Zweite Vorsitzende der Geschäftsführung)
* Thacker Amit Shantilal (Zweiter Vorsitzender der Geschäftsführung)

Gesellschafter
Stammkapital 68.950.400,00 PLN
* ArcelorMittal Poland S.A. (100 %)

Lizenzen
* PL: EVU-Zulassung (GV), seit 27.02.2004
* PL: Lizenz für Traktionsdienstleistungen, seit 26.07.2005
* PL: Sicherheitszertifikat Teil A (GV), gültig vom 10.12.2010 bis 09.12.2015
* PL: Sicherheitszertifikat Teil B (GV), gültig vom 28.12.2010 bis 27.12.2015

Unternehmensgeschichte
Der Werkbahnbereich der erst 1976 eröffneten Huta Katowice wurde im Jahre 2001 im Zuge der Restrukturierung in die Gesellschaft KOLPREM umgewandelt. Das Leistungsspektrum des Unternehmens umfasst die Bereiche Anschlussbahnbetrieb, Schienengüterverkehr und Spedition. Firmensitz und Fahrzeugwerkstatt befinden sich auf dem Werksgelände der Huta Katowice.
In erster Linie ist KOLPREM für die innerbetrieblichen Transporte auf dem umfangreichen Gleisnetz der Hütte zuständig, wofür eine entsprechend große Anzahl an Rangierlokomotiven zur Verfügung steht. Da 1979 für die Versorgung der Hütte mit Eisenerz aus der Sowjetunion eine fast 400 km lange Breitspurstrecke von der Ostgrenze Polens bis nach Sławków kurz vor der Kattowitzer Hütte gebaut wurde (heute betrieben von PKP LHS Sp. z o.o.),

KOLPREM / Agrostop

besitzt die Hütte neben Regelspur- auch Breitspurgleise. Vom Bahnhof Sławków LHS verläuft eine etwa 4,5 km lange breitspurige Anschlussbahnstrecke bis zum Erzumladebahnhof der Hütte. Weiter in den Hüttenkomplex wird das Erz von hier aus über eine etwa 5,5 km lange Bandanlage transportiert.
Für den Einsatz auf den Breitspurgleisen kann KOLPREM die Lokomotiven der Reihe TEM2 problemlos zwischen Regel- und Breitspur umbauen. Einige SM42 wurden modernisiert und mit Funkfernsteuerung ausgerüstet.
Im Jahr 2007 übernahm KOLPREM auch die Werkbahn der Eisenhütte der ArcelorMittal Poland in Kraków, welche zuvor von der mittlerweile aufgelösten und in KOLPREM integrierten Gesellschaft Kolhut Sp. z o.o. betrieben wurde. Damit bekam KOLPREM eine größere Anzahl S200 und weitere SM42 in seinen Bestand. Nachdem KOLPREM im Jahr 2004 eine EVU-Lizenz erhielt, führt das Unternehmen auch Transporte im Netz von PKP PLK durch. Diese hatten anfangs nur einen geringen Umfang. Erst seit 2011 intensivierte KOLPREM diese Verkehre, so dass Loks in erheblichem Umfang angemietet werden mussten. Im Jahr 2012 wurden zwei TEM2 bei Newag in 16D umgebaut. Seit Ende 2012 wurden auch Elektroloks angemietet.
Immer noch steigt die Transportleistung von KOLPREM von Jahr zu Jahr an. 2014 konnten 468 Mio. tkm erreicht werden (2013: 448). Damit hatte Kolprem einen Anteil am polnischen Eisenbahn-Güterverkehrsmarkt von 0,9 % (2013: 0,9).

Verkehre
* Kohletransporte von verschiedenen Bergwerken der Kompania Węglowa S.A. (z. B. KWK Szczygłowice, Rydułtowy) zur Kokerei Zdzieszowice
* Kokstransporte Zdzieszowice – Dąbrowa Górnicza Towarowa
* Schrotttransporte Dąbrowa Górnicza Ząbkowice – Dąbrowa Górnicza Piekło
* Stahl-, Koks- und Kohletransporte zwischen und zu verschiedenen Hütten der ArcelorMittal Poland S.A.
* Betrieb der Anschlussbahn der Außenstelle Zdzieszowice der ArcelorMittal Poland S.A.
* Betrieb der Anschlussbahn der Eisenhütte der ArcelorMittal Poland S.A. (ex Huta Cedler) in Sosnowiec
* Betrieb der Anschlussbahn der Eisenhütte der ArcelorMittal Poland S.A. (ex Huta Florian) in Świętochłowice
* Betrieb der Anschlussbahn der Eisenhütte der ArcelorMittal Poland S.A. (ex Huta Katowice) in Dąbrowa Górnicza
* Betrieb der Anschlussbahn der Eisenhütte der ArcelorMittal Poland S.A. (ex Huta im. Sendzimira) in Kraków

Przedsiębiorstwo Usługowo – Handlowe „Agrostop" Sp. z o.o.

ul. Kościuszki 16
PL-21-550 Terespol
Telefon: +48 83 3753113
Telefax: +48 83 3753113
biuro@agrostop2.pl
www.agrostop.pl

Terminal Przeładunkowy [Umladeterminal]
Kobylany, ul. Słoneczna 150
PL-21-540 Małaszewicze

Management
* Zdzisław Androsiuk (Vorsitzender der Geschäftsführung)
* Krzysztof Androsiuk (Stellvertretender Vorsitzender der Geschäftsführung)
* Katarzyna Grabowska (Stellvertretende Vorsitzende der Geschäftsführung)

Gesellschafter
Stammkapital 4.000.000,00 PLN
* Zdzisław Androsiuk (70 %)
* Katarzyna Grabowska (30 %)

Lizenzen
* PL: EVU-Zulassung (GV), seit 01.08.2014

Unternehmensgeschichte
Die im Jahr 1991 gegründete Agrostop betreibt seit 1999 ein eigenes Umladeterminal in Kobylany in der Nähe der polnisch-weißrussischen Grenze. In dem an den Bahnhof Małaszewicze anschließenden Terminal werden jährlich etwa 1,5 Millionen t Massengüter, Brennstoffe und Gase zwischen Breit- und Normalspur sowie Lkw umgeladen. Darüber hinaus importiert und verkauft Agrostop russische Kohle. Eine Zollagentur und Speditionsdienstleistungen runden das Angebot ab. Bislang besteht für den Eisenbahntransport ein Vertrag mit PKP Cargo. Auch DB Schenker Rail Polska nutzt das Terminal. Die Tatsache, dass Agrostop im Sommer 2014 eine EVU-Lizenz erwarb, lässt darauf schließen, dass das Unternehmen zukünftig eigene Bahntransporte abwickeln möchte.

PR

Przewozy Regionalne

Przewozy Regionalne Sp. z o.o. (PR) ℗

ul. Wileńska 14a
03-414 Warszawa
Telefon: +48 783 828700
Telefax: +48 22 4744039
info@p-r.com.pl
www.przewozyregionalne.pl

Oddział Podlaski [Außenstelle Podlachien]
ul. Kopernika 60
PL-15-397 Białystok

Oddział Kujawsko [Außenstelle Kujawien]
ul. Dworcowa 104-108
PL-85-010 Bydgoszcz

Oddział Pomorski [Außenstelle Pommern]
ul. Bolesława Krzywoustego 7
PL-81-035 Gdynia

Oddział Świetokrzyski [Außenstelle Heiligkreuz]
al. Niepodległości 90
PL-26-110 Skarżysko-Kamienna

Oddział Małopolski [Außenstelle Kleinpolen]
al. płk. Władysława Beliny-Prażmowskiego 6A
PL-31-154 Kraków

Oddział Łódzki [Außenstelle Łódź]
ul. Tuwima 22/26
PL-90-002 Łódź

Oddział Lubelski [Außenstelle Lublin]
ul. Gazowa 4
PL-20-406 Lublin

Oddział Warminsko-Mazurski [Außenstelle Ermland-Masuren]
Plac Konstytucji 3 Maja 2a
PL-10-589 Olsztyn

Oddział Opolski [Außenstelle Oppeln]
ul. Krakowska 48
PL-45-075 Opole

Oddział Wielkopolski [Außenstelle Großpolen]
ul. Kolejowa 5
PL-60-715 Poznań

Oddział Podkarpacki [Außenstelle Karpatenvorland]
Obszar Kolei 1
PL-35-201 Rzeszów

Oddział Zachodniopomorski [Außenstelle Westpommern]
ul. Czarnieckiego 9
PL-70-221 Szczecin

Oddział Dolnośląski [Außenstelle Niederschlesien]
ul. Małachowskiego 9
PL-50-084 Wrocław

Oddział Lubuski [Außenstelle Lebus]
ul. Ułańska 4
PL-65-033 Zielona Góra

Management
★ Tomasz Pasikowski (Vorsitzender der Geschäftsführung)
★ Wojciech Kroskowski (Mitglied der Geschäftsführung)
★ Dariusz Liszewski (Mitglied der Geschäftsführung)

Gesellschafter
Stammkapital 1.540.606.000,00 PLN
★ Samorząd Województwa Mazowieckiego [Woiwodschaft Masowien] (13,5 %)
★ Województwo Wielkopolskie [Woiwodschaft Großpolen] (9,7 %)
★ Województwo Śląskie (9,2 %)
★ Województwo Dolnośląskie (7,3 %)
★ Województwo Pomorskie [Woiwodschaft Pommern] (7,1 %)
★ Województwo Małopolskie (6,4 %)
★ Województwo Kujawsko-Pomorskie [Woiwodschaft Kujawien-Pommern] (5,8 %)
★ Województwo Zachodniopomorskie (5,8 %)
★ Województwo Łódzkie [Woiwodschaft Lodsch] (5,7 %)
★ Województwo Lubelskie (5,5 %)
★ Województwo Warmińsko-Mazurskie (5,3 %)
★ Województwo Podkarpackie (4,9 %)
★ Województwo Podlaskie (3,8 %)
★ Województwo Lubuskie (3,6 %)
★ Województwo Opolskie (3,4 %)
★ Województwo Świętokrzyskie (3 %)

Lizenzen
★ PL: EVU-Zulassung (GV), seit 27.02.2004
★ PL: EVU-Zulassung (PV), seit 27.02.2004
★ PL: Lizenz für Traktionsdienstleistungen, seit 27.02.2004
★ PL: Sicherheitszertifikat Teil A (PV), gültig vom 17.12.2010 bis 16.12.2015

PR

★ PL: Sicherheitszertifikat Teil B (PV), gültig vom 30.09.2013 bis 16.12.2015

Unternehmensgeschichte

Im Rahmen der Restrukturierung der Polnischen Staatsbahnen wurde der regionale Reiseverkehr am 01.10.2001 als eigenständige Gesellschaft PKP Przewozy Regionalne Sp. z o.o. innerhalb der PKP-Holding ausgegliedert. Sie war damals für den Betrieb aller Personenzüge und Schnellzüge zuständig und bekam die benötigten Reisezugwagen sowie Diesel- und Elektrotriebwagen von der PKP übereignet. Lokomotiven mussten von PKP Cargo angemietet werden.

Die Finanzierung der Schnellzüge wurde durch staatliche Mittel sichergestellt: Für den SPNV stellte der Staat den Woiwodschaften Mittel zur Verfügung, mit denen sie zielgerichtet Verkehre bestellen und neue Fahrzeuge beschaffen sollten. Damals ging man noch von einer schnellen Privatisierung der PKP aus, so dass von Anfang an ein Eigenanteil der PKP vorgesehen war. Da die Privatisierungspläne jedoch nicht umgesetzt wurden und zugesagte Staatsmittel gekürzt wurden, gab es immer wieder mehr oder minder umfangreiche Angebotsreduzierungen.

Auch das Fehlen eindeutiger und langfristiger Verkehrsverträge mit den Woiwodschaften stellte sich als großer Nachteil für beide Seiten heraus. Anfangs mussten einige Woiwodschaften durch die Androhung von Betriebseinstellungen überhaupt an ihre Finanzierungspflichten erinnert werden, wenn PKP PR diese Leistungen im Voraus erbrachte. Die gleichen Methoden wurden aber auch angewandt, um seitens PKP PR mehr Geld zu fordern. Trotzdem hatte das Unternehmen ein schnell wachsendes Defizit zu verzeichnen. Dies führte soweit, dass die anderen Unternehmen der PKP-Gruppe für ihre Dienstleistungen nicht mehr bezahlt werden konnten.

Die fehlende Bereitschaft seitens des Staates und der Woiwodschaften zur Unterstützung von PKP PR wurden sehr oft mit einem zu hohen Verwaltungsaufwand innerhalb des Unternehmens und viel zu festgefahrenen Strukturen begründet. Den Schritt zur Gründung einer eigenen Regionalverkehrsgesellschaft taten seinerzeit aber nur die Woiwodschaften Masowien und Niederschlesien. Die Woiwodschaft Kujawien-Pommern gab zumindest den SPNV auf nicht elektrifizierten Strecken an die private Arriva PCC (heute Arriva RP) ab. Ab 2005 beruhigte sich das Finanzierungsgerangel ein wenig, nun gab es sogar wieder Reaktivierungen von Strecken.

Zum Fahrplanwechsel im Dezember 2004 wurden einige rentable Schnellzüge an PKP Intercity abgegeben, die als Billigpreisangebote (TLK) weiter betrieben wurden.

In den durch den Staat an die Woiwodschaften überwiesenen SPNV-Mitteln war ein fester Anteil für Fahrzeugneubeschaffungen vorgesehen. Hiervon wurden vor allem Diesel- aber auch einige Elektrotriebwagen beschafft, die Eigentum der Woiwodschaft sind und in den meisten Fällen PKP PR zur Verfügung gestellt wurden. Der Trend ging von Anfang in Richtung eines flächendeckenden Triebwageneinsatzes, was mittlerweile mit wenigen Ausnahmen umgesetzt ist. Im Jahr 2007 begann die Modernisierung von 75 Elektrotriebzügen der Reihe EN57 (neu EN57.20). Im gleichen Jahr wurden Elektroloks der Reihen EP07 und EU07 mit EU-Mitteln von PKP Cargo angekauft und anschließend modernisiert (in EP07.10). Geplant waren 74 Maschinen, 69 wurden tatsächlich umgebaut. Damit hatte man erstmals eigene Streckenlokomotiven zur Verfügung. Für die Schnellzugverbindung Warszawa – Łódź wurden ab 2007 elf vierteilige Elektrotriebzüge der Reihe ED74 beschafft.

Bereits Ende 2003 gab es erste Planungen, PKP PR in die Hände der Woiwodschaften zu geben. Anfangs war eine dritte große Reiseverkehrsgesellschaft der PKP mit dem Namen PKP Interregio geplant, welche die staatlich bezuschussten Schnellzüge übernehmen sollte. Taten folgten dann am 01.12.2008, als PKP Intercity fast alle Schnellzüge von PKP PR übernahm. Lediglich die des höheren Fahrpreises wegen als Schnellzug betriebenen Flughafenzubringer Kraków Główny – Kraków Balice sowie einige grenzüberschreitende Schnellzugpaare zwischen Wrocław und Dresden sowie Prag verblieben bei PKP PR. Gleichzeitig gingen auch die modernsten Fahrzeuge (EP07.20 und ED74) sowie etliche Reisezugwagen auf Beschluss des Infrastrukturministeriums an PKP Intercity. Damit besaß PKP PR wieder keine Elektroloks mehr und musste erneut bei PKP Cargo Loks anmieten.

Der Weg war nun frei für die Übergabe von PKP PR an die Woiwodschaften. Die Modalitäten, u.a. auch die Anteile der einzelnen Woiwodschaften, wurden in einer Vereinbarung zwischen dem polnischen Infrastrukturminister und den Woiwodschaftsmarschällen am 09.12.2008 festgelegt. In den Zugeständnissen des Staates waren eine vollständige Entschuldung sowie finanzielle Mittel (genannt wurden 7,5 Mrd. PLN) für Kauf, Modernisierung und Wartung von Fahrzeugen bis zum Jahr 2020 enthalten. Aus heutiger Sicht kann man sagen, dass keines dieser Versprechungen bislang gehalten wurde. So war PKP PR bereits im Herbst 2009 wieder in einer ernsten finanziellen Lage, die zur Ansammlung von massiven Schulden, vor allem gegenüber PKP IC (für die PKP PR an seinen Schaltern Fahrkarten verkauft), dem Netzbetreiber PKP PLK und dem Energieversorger PKP Energetyka führte. Am 01.05.2009 hat PKP PR eine neue Zuggattung interREGIO eingeführt, unter der auf ausgewählten Relationen und zu Hauptverkehrszeiten Fernzüge in Konkurrenz zu PKP IC verkehren. Obwohl anfangs überhaupt kein geeignetes Fahrzeugmaterial zur Verfügung stand, wurden die interREGIO durch Dumpingpreise sofort ein voller Erfolg. Auch Interventionen seitens PKP IC konnten das Angebot nicht verhindern, so dass es in

PR / RP

der Folgezeit weiter ausgebaut wurde.
Am 08.12.2009 strich das Unternehmen das Kürzel PKP aus seinem Namen und heißt seitdem Przewozy Regionalne. Mitte 2010 beschloss die PKP die Übertragung von Immobilienvermögen in einem Wert von 270 Mio. PLN an PR, was inoffiziell als Ausgleich für die nicht erfolgte Entschuldung gewertet wurde. Mittlerweile waren auch die Woiwodschaften äußerst unzufrieden mit ihrem Unternehmen PR, was seit 2010 zur Betriebsaufnahme zahlreicher Regionalbahngesellschaften führte und Ende 2011 gar in der Ankündigung mündete, PR zum Jahresende 2012 zu zerschlagen und statt dessen regionale Unternehmen zu gründen.
Im Sommer 2012 wurden erstmals Busse im Fernverkehr eingesetzt. Die als interREGIO Bus bezeichneten Verbindungen in die Touristenzentren Polens stellen eine preisgünstigere Alternative für die Reisenden dar, in Regionen mit vielen Bahnbaustellen oft auch eine schnellere. Die angekündigte Zerschlagung Ende 2012 wurde nicht umgesetzt, da es PR offenbar gelungen war, bessere Zahlen zu generieren. Zum Fahrplanwechsel im Dezember 2012 verlor PR den kompletten SPNV in der Woiwodschaft Schlesien an die Koleje Śląskie.
Am 10.04.2013 entband der Aufsichtsrat Małgorzata Kuczewska-Łaska von ihrer langjährigen Rolle als Vorsitzende der Geschäftsführung. Für etwa ein halbes Jahr nahm Ryszard Kuć, vorher Leiter der Außenstelle Ermland-Masuren, diesen Posten ein. Im Februar 2014 wurde mit dem Ökonom und Banker Tomasz Pasikowski ein Nachfolger gefunden.
Im Fahrzeugsektor ist bis 2014 die Beschaffung von 70 neuen Elektrotriebzügen vorgesehen, welche zur Hälfte von der EU finanziert werden sollen. Die teuren Lokanmietungen von PKP Cargo wurden bereits Ende 2012 durch günstigere tschechische Elektroloks der Reihe 163 ersetzt. Von PKP Intercity konnten mehrere abgestellte EU07 gekauft werden, von denen bislang fünf wieder aufgearbeitet wurden (als EP07P). Um adäquates Wagenmaterial für die interREGIO- und REGIOekspres-Züge zu schaffen, werden derzeit eine Reihe von Reisezugwagen modernisiert.
Im Jahr 2013 verzeichnete PR einen Fahrgastrückgang um 16 %. Angesichts dessen wurde Ende November 2013 auf einer außerordentlichen Gesellschafterversammlung eine Restrukturierung beschlossen. Zum 01.01.2014 wurden die 14 regionalen Abteilungen in weitgehend unabhängige Zweigniederlassungen umgewandelt, Diese sind für ihre finanziellen Angelegenheiten selbst verantwortlich und müssen über einen festgelegten Rahmen hinaus keine Einnahmen an die Zentrale leiten. Das soll eine bessere und flexiblere Zusammenarbeit mit den Bestellern in den Regionen ermöglichen. Eine zentrale Revision überwacht die Aktivitäten.
Zum Fahrplanwechsel entfielen viele der nicht subventionierten zwischenwoiwodschaftlichen interREGIO-Verbindungen.

Eine weitere Restrukturierung von PR wird als unumgänglich betrachtet. Über die genauen Modalitäten besteht allerdings noch keine Klarheit: die Gedankenspiele schwanken zwischen Re-Verstaatlichung und Aufspaltung in regionale Gesellschaften. Erschwerend kommt hinzu, dass die ärmeren Regionen 2015 weniger Geld aus dem Finanzausgleich zwischen den Woiwodschaften bekommen und damit Schwierigkeiten haben, die SPNV-Zuschüsse in ihrem Haushalt unterzubringen. Anfang 2015 zeichnete sich als wahrscheinlichste Lösung ab, dass die staatliche Agencja Rozwoju Przemysłu [Agentur für Wirtschaftsförderung] Kapital in Höhe von 750 Mio. PLN in die Gesellschaft einbringt und damit zum größten Gesellschafter wird. Damit soll u. a. ein Abfindungsprogramm finanziert werden.
Im Jahr 2014 wurden 79 Mio. Reisende befördert (2013: 84) und eine Beförderungsleistung von von 4,8 Mrd. Passagierkilometern (2013: 5,1) erreicht. Nach einem starken Rückgang der jährlichen Neuverschuldung von PR zwischen 2009 (296 Mio. PLN) und 2011 (53 Mio. PLN) ist sie seitdem relativ konstant und betrug 2013 54 Mio. PLN.

Verkehre
* SPNV in Polen; finanziert von den Woiwodschaften (REGIO)
* Grenzüberschreitender SPNV; im Auftrag der Woiwodschaften oder des Staates
* Eigenwirtschaftlicher Fernverkehr in Polen (interREGIO und REGIOekspres)

Rail Polska Sp. z o.o. (RP) G

ul. Willowa 8/10 lok. 11
PL-00-790 Warszawa
Telefon: +48 22 6465467
Telefax: +48 22 6465466
railpolska@railpolska.pl
www.railpolska.pl

Biuro Marketingu i Obsługi Klienta [Marketing und Kundenservice]
ul. Długa 1
PL-32-642 Włosienica
Telefon: +48 33 8429041
Telefax: +48 33 8429049

Region Południe [Region Süd]
ul. Długa 1
PL-32-642 Włosienica
Telefon: +48 33 8429001
region.poludnie@railpolska.pl

RP

Region Dolny Śląsk [Region Niederschlesien]
pl. Strzelecki 25
PL-50-224 Wrocław
Telefon: +48 71 7806258
region.dolnyslask@railpolska.pl

Zakład Przewozów Kolejowych
[Eisenbahntransporte]
ul. Długa 1
PL-32-642 Włosienica
Telefon: +48 33 8429042
dyspozytura@railpolska.pl

Zakład Taboru Kolejowego [Fahrzeugwerkstatt]
ul. Długa 1
PL-32-642 Włosienica
Telefon: +48 33 8429051
tabor@railpolska.pl

Management
* Edward Burkhardt (Vorsitzender der Geschäftsführung)
* Mirosław Szczelina (Zweiter Vorsitzender der Geschäftsführung)
* Jacek Turza (Mitglied der Geschäftsführung)

Gesellschafter
Stammkapital 97.651.000,00 PLN
* Rail World B.V. (100 %)

Lizenzen
* LT: Sicherheitszertifikat Teil B (GV), seit 31.01.2014
* PL: EVU-Zulassung (GV), seit 20.10.2004
* PL: Lizenz für Traktionsdienstleistungen, seit 22.04.2004
* PL: Sicherheitszertifikat Teil A (GV), gültig vom 17.05.2013 bis 30.11.2015
* PL: Sicherheitszertifikat Teil B (GV), gültig vom 14.06.2013 bis 22.12.2015

Infrastruktur
* Anschlussbahn der Chemiczna Dwory S.A. in Włosienica
* Anschlussbahn der Energetyka Dwory Sp. z o.o. in Włosienica

Unternehmensgeschichte
Sitz in Chicago. In Polen erwarb Rail World im März 2003 100 % der Gesellschafteranteile an den beiden Unternehmen ZEC TRANS Sp. z o. o. in Wrocław und PPUH Kolex Sp. z o.o. in Włosienica. Beide Gesellschaften erhielten am 29.08.2003 eine Lizenz für Bahntransporte und Vermietung von Rollmaterial. Die ersten kommerziellen Leistungen wurden am 13.10.2003 aufgenommen. Zum 25.10.2004 wurden beide Gesellschaften zur Rail Polska mit Sitz in Warschau verschmolzen und stellen nun die Außenstellen Süd und Niederschlesien dar. Die zentrale Hauptwerkstatt des Unternehmens befindet sich in Włosienica.

Das Leistungsspektrum des Unternehmens umfasst die Bereiche Schienengüterverkehr, Anschlussbahnen, Schienenfahrzeugvermietung und -reparatur, Spedition, Unterhaltung von Eisenbahn-Infrastruktur, Kesselwagenreinigung sowie Spezialtransporte.
Im Jahre 2004 erwarb RP 36 M62 aus Estland, um den zunehmenden Bedarf an Loks zukünftig decken zu können. Ein Teil von ihnen wurde in externen Ausbesserungswerken aufgearbeitet. Gleichzeitig arbeitete man an einem Projekt zur Modernisierung und Leistungssteigerung von M62 in der unternehmenseigenen Werkstatt in Włosienica. In diesem Rahmen konnte RP im Januar 2006 die erste modernisierte M62 vorstellen, die anfangs als EM62 und später als M62M bezeichnet wurden. Die Werkstatt Włosienica wurde 2008 erweitert und der neue Komplex am 04.09.2008 offiziell übergeben.
Um grenzüberschreitende Transporte realisieren zu können, arbeitet RP mit Unternehmen in Deutschland (OHE, ITL, TX Logistic, Veolia, HVLE), Tschechien (ČD, AWT, LTE) und der Ukraine (UZ) zusammen. Dabei werden in Richtung Deutschland die Grenzübergänge Tantow, Frankfurt (Oder) und Guben benutzt, nach Tschechien Bohumin und in die Ukraine Werchrata und Dorohusk.
Anfang 2012 erwarb RP in Marokko sechs Elektroloks des Typs 201E, die 1975 vom polnischen Produzenten Pafawag exportiert wurden. Sie wurden beim ZNTK Oleśnica modernisiert und sind seit Ende 2012 im Einsatz. Im Januar 2013 verkleinerte RP seinen vorher vierköpfigen Vorstand, der fortan nur noch aus Timothy P. Hollaway bestand. Mitte 2014 wurde das Management wieder auf drei Köpfe erweitert.
Am 31.01.2014 erhielt RP als erstes polnisches EVU ein Sicherheitszertifikat für Litauen, womit das Unternehmen berechtigt ist, im Abschnitt Staatsgrenze – Šeštokai Zugleistungen zu erbringen.
Im Jahr 2008 beschäftigte Rail Polska etwa 300 Mitarbeiter.
Im Jahr 2014 wurde eine Transportleistung von 873 Mio. tkm erreicht (2013: 1 Mrd.) Damit hatte Rail Polska einen Anteil am polnischen Eisenbahn-Güterverkehrsmarkt von 1,7 % (2013: 2).

Verkehre
* Baustofftransporte
* Ethylentransporte Dormagen [DE] – Polen; Spotverkehre; Traktion in Polen; Übernahme von RTB Cargo [DE]
* Holztransporte nach Deutschland; Traktion in Polen [DE]; Kooperation SETG
* KV-Transporte Hafen Koper [SI] – Chałupki – Siechnice; Durchführung in Polen für LTE Logistik- und Transport-GmbH [AT]; im Auftrag der Baltic Rail AS [EE]; 2 x pro Woche seit Januar 2015
* Kesselwagenzüge Deutschland – Dwory; Kooperation mit RTB Cargo [DE]

RP / Rail Services Europe / Rail Time Polska

- Kohletransporte KWK Bielszowice – Siechnice; seit 13.10.2003 für Elektrociepłownia Czechnica der KOGENERACJA S.A.
- Kohletransporte KWK Brzeszcze-Silesia – Oświęcim; seit 12.11.2003 für Energetyka Dwory Sp. z o.o.
- Kohletransporte KWK Makoszowy – Lubin; für ENERGETYKA Sp. z o.o.
- Kohletransporte KWK Pokój – Wrocław; für KOGENERACJA S.A.
- Kohletransporte KWK Sośnica – Wrocław; für KOGENERACJA S.A.
- Kohletransporte KWK Wesoła – EC Łęg; für das Heizkraftwerk der Elektrociepłownia Kraków S.A.
- Kohletransporte KWK Wesoła – Oświęcim; für Energetyka Dwory Sp. z o.o.
- Schwellentransporte vom Schwellenwerk Kolbet in Papiernia zu Bahnbaustellen
- Waschpulvertransporte Rakovník [CZ] – Petrovice u Karviné [CZ] – Sochaczew; Spotverkehr im Auftrag der Procter & Gamble - Rakona, s.r.o.; Traktion in Tschechien durch ČD Cargo, a.s.
- Betrieb der Anschlussbahn des Heizkraftwerkes Elektrociepłownia Czechnica der KOGENERACJA S. A. in Siechnica
- Betrieb der Anschlussbahn des Heizkraftwerkes Elektrociepłownia Wrocław der KOGENERACJA S. A. in Wrocław
- Betrieb der Anschlussbahnen der Chemiczna Dwory S.A. und Energetyka Dwory Sp. z o.o. in Włosienica

Rail Services Europe Sp. z o.o.

ul. Ściegiennego 28 lok 29
PL-70-354 Szczecin
Telefon: +48 91 4347766
Telefax: +48 91 4347766

Management
- Konstantin Skorik (Vorsitzender der Geschäftsführung)
- Wojciech Robert Jurkiewicz (Mitglied der Geschäftsführung)
- Russell Andrew John Mears (Mitglied der Geschäftsführung)
- Paul Kevin Smart (Mitglied der Geschäftsführung)
- Krzysztof Wróbel (Mitglied der Geschäftsführung)

Gesellschafter
Stammkapital 50.000,00 PLN
- Freightliner PL Sp. z o.o. (FPL) (100 %)

Lizenzen
- PL: EVU-Zulassung (GV), seit 07.02.2012
- PL: EVU-Zulassung (PV), seit 07.02.2012
- PL: Lizenz für Traktionsdienstleistungen, seit 07.02.2012

- PL: Sicherheitszertifikat Teil A (GV+PV), gültig vom 07.03.2013 bis 06.03.2018
- PL: Sicherheitszertifikat Teil B (GV+PV), gültig vom 07.06.2013 bis 06.06.2018

Unternehmensgeschichte
Im Jahr 2011 gründete FPL dieses in Szczecin ansässige Tochterunternehmen für Schulungen und Personaldienstleistungen. Die im Februar 2012 erhaltenen Lizenzen als EVU werden noch nicht genutzt.

Rail Time Polska Sp.z o.o.

ul. Górczewska 124
PL-01-460 Warszawa
Telefon: +48 535 555327
biuro@railtime-polska.com
www.railtime-polska.com

Management
- Jan Ristau (Vorsitzender der Geschäftsführung)

Gesellschafter
Stammkapital 50.000,00 PLN
- Jan Ristau (100 %)

Lizenzen
- PL: EVU-Zulassung (GV), seit 21.02.2011
- PL: EVU-Zulassung (PV), seit 21.02.2011
- PL: Lizenz für Traktionsdienstleistungen, seit 21.02.2011
- PL: Sicherheitszertifikat Teil A (GV), gültig vom 05.09.2014 bis 07.11.2016
- PL: Sicherheitszertifikat Teil A (PV), gültig vom 08.11.2014 bis 07.11.2016
- PL: Sicherheitszertifikat Teil B (PV+GV), gültig vom 15.10.2014 bis 23.02.2017

Unternehmensgeschichte
Am 28.01.2010 wurde die NBE Rail Polska Sp.z o.o. mit Sitz in Warschau als polnische Tochter der NBE RAIL GmbH, Aschaffenburg, gegründet. Seit 21.02.2011 verfügt das Unternehmen über eine EVU-Zulassung in Polen.
Seit 19.09.2011 verkehren drei mal wöchentlich Schotterzüge nach Polen. Anfangs wurden sie noch

Rail Time Polska / Railpolonia / Railtrans Logistics / S & K

über NBE Minerals Polska (heute Rail Time Minerals) als Speditions- und Handelsgesellschaft abgewickelt und in Polen von CTL bespannt. Später fuhr NBE Rail Polska mit einer angemieteten Maxima 40 CC grenzüberschreitend. Seit Januar 2014 firmiert das Unternehmen als Rail Time Polska Sp. z o.o. Anfang 2014 wurden zwei 232 von DB Schenker Rail Polska angemietet. In Folge der Insolvenz der deutschen Rail Time Logistics GmbH stellte auch Rail Time Polska zum Jahresende 2014 die Verkehre ein.

Railpolonia Sp. z o.o.

ul. Świętokrzyska 30 lok. 63
PL-00-116 Warszawa
Telefon: +48 697 406010
biuro@railpolonia.pl
www.railpolonia.pl

Management
★ Bartosz Krzyżaniak (Vorsitzender der Geschäftsführung)

Gesellschafter
Stammkapital 100.000,00 PLN
★ Begimo Media Sp. z o.o. (100 %)

Lizenzen
★ PL: EVU-Zulassung (PV+GV); gültig ab 30.05.2014

Unternehmensgeschichte
Durch die auf den Kauf und den Verkauf von Unternehmen spezialisierte Kanzlei Kancelaria Liderio Sp. z o.o. wurde am 02.08.2013 die Cestylia Sp. z o.o. ins Handelsregister eingetragen und noch Ende des gleichen Jahres veräußert und in Railpolonia umbenannt. Neuer Eigentümer wurde die in der Werbebranche aktive Begimo Media Sp. z o.o., die auf die Bereiche Verkehrs- und Bahnhofsmedien spezialisiert ist. Am Eisenbahnverkehrsmarkt ist Railpolonia noch nicht aktiv.

Railtrans Logistics Sp. z o.o.

ul. Ostrobramska 101/228
PL-04-041 Warszawa
Telefon: +48 603 633907
biuro@railtrans.com.pl
www.railtrans.com.pl

Management
★ Jacek Kędzierski (Vorsitzender der Geschäftsführung)

Gesellschafter
Stammkapital 100.000,00 PLN
★ Oskar Zachert (99 %)

Lizenzen
★ PL: EVU-Zulassung (GV), seit 10.10.2014
★ PL: Lizenz für Traktionsdienstleistungen, seit 10.10.2014

Unternehmensgeschichte
Dieses Anfang 2014 von Oskar Zachert gegründete Unternehmen ist bislang nicht am Markt in Erscheinung getreten.

S & K TRAIN TRANSPORT Sp. z o.o.

ul. Dąbrowskiego 25a
PL-65-021 Zielona Góra
Telefon: +48 68 4532233
Telefax: +48 68 4532233

Management
★ Jarosław Jujeczko (Vorsitzender der Geschäftsführung)

Gesellschafter
Stammkapital 100.000,00 PLN
★ Jarosław Jujeczko (100 %)

Lizenzen
★ PL: EVU-Zulassung (GV), seit 08.02.2010
★ PL: EVU-Zulassung (PV), seit 08.02.2010
★ PL: Lizenz für Traktionsdienstleistungen, seit 08.02.2010
★ PL: Sicherheitszertifikat Teil A (GV+PV), gültig vom 18.02.2011 bis 17.02.2016
★ PL: Sicherheitszertifikat Teil B (GV+PV), gültig vom 02.03.2011 bis 01.03.2016

Unternehmensgeschichte
Piotr Kowalski und Stanisław Skawiński gründeten 2009 das Unternehmen S & K TRAIN TRANSPORT, nachdem Piotr Kowalski bereits einige Jahre mit dem Unternehme TORO Piotr Kowalski Spółka Komandytowa in der Fahrzeugvermietung aktiv war. Ende 2010 begann S&K mit der Abwicklung von Baustofftransporten in den Raum Rzepin/Poznań. Später gehörten landesweite Spotverkehre zum Repertoire des Unternehmens. Auch Beteiligungen an Ausschreibungen für SPNV mit woiwodschaftseigenem Fahrzeugmaterial schlossen die Eigentümer nicht aus. Wegen festgestellter Mängel im Sicherheitsmanagement entzog das UTK Anfang Oktober 2013 S&K das Sicherheitszertifikat. Allerdings wurde diese Entscheidung nicht

S & K / SKPL Cargo / STK

rechtskräftig. Trotzdem wurden seitdem die Aktivitäten von S&K deutlich heruntergefahren. Im Herbst 2014 verkauften Piotr Kowalski und Stanisław Skawiński das Unternehmen an den Unternehmer Jarosław Jujeczko aus Zielona Góra, der gleichzeitig die Geschäftsleitung von den beiden übernahm.

SKPL Cargo Sp. z o.o. 🅿🅖

Zbiersk Cukrownia 54
PL-62-830 Zbiersk
Telefon: +48 62 7520509
Telefax: +48 62 7520509
cargo@shortlines.pl
www.shortlines.pl

Management
* Tomasz Strapagiel (Vorsitzender der Geschäftsführung)

Gesellschafter
Stammkapital 5.000,00 PLN
* Karol Waszak (50 %)
* Tomasz Strapagiel (50 %)

Beteiligungen
* SKPL Infrastruktura i Linie Kolejowe Sp. z o.o. (80 %)

Lizenzen
* PL: EVU-Zulassung (GV) seit 13.09.2013
* PL: EVU-Zulassung (PV) seit 30.12.2013
* PL: Sicherheitszertifikat Teil A (GV+PV), gültig vom 24.03.2015 bis 23.03.2020

Unternehmensgeschichte
Am 02.11.2010 gründeten die bereits vorher in der SKPL aktiven Tomasz Strapagiel und Karol Waszak die SKPL Cargo Sp. z o.o. Nachdem die Gesellschaft im Jahr 2013 ihre EVU-Lizenzen erhalten hat, übernahm sie sukzessive die Aktivitäten der SKPL als EVU.
Bereits im Vorfeld wurden eine Reihe von Regelspurdieselloks gekauft bzw. angemietet, mit denen der Betrieb auf Anschlussbahnen abwickelt und Spotverkehre im Netz von PKP PLK durchgeführt werden. Des weiteren arbeitet die SKPL mit anderen EVU, z. B. CTL Logistics und Rail Polska, zusammen und übernimmt mit Dieselloks die "letzte Meile", das Zustellen und Abholen der Wagen beim Empfänger bzw. Versender.
Für die Verwaltung von Strecken und Anschlussbahnen wurde 2012 zusammen mit der SKPL die Tochtergesellschaft SKPL Infrastruktura i Linie Kolejowe Sp. z o.o. gegründet.
Als Besonderheit wurde SKPL Cargo im Sommer 2013 auf der Museumsbahn Kętrzyn – Węgorzewo als Betriebsführer verpflichtet.
Im Februar 2015 übernahm eine Gesellschaft der SKPL-Gruppe die Verwaltung der im Eigentum der Stadt Bytów befindlichen und als Anschlussbahn betriebene Strecke Lipusz – Bytów. SKPL Cargo übernimmt mit zwei TGM40 den Güterverkehr zu den Anschließern.

Verkehre
* Güterverkehr auf der Schmalspurbahn Opatówek Wąskotorowy – Zbiersk (praktisch eingestellt)
* Güterverkehr auf der als Anschlussbahn betriebenen Strecke Pleszew – Pleszew Miasto (hauptsächlich für Anschluss Gazpol)
* Güterverkehr auf der als Anschlussbahn betriebenen Strecke Lipusz – Bytów
* AZ-Verkehr
* Saisonaler Touristikverkehr Kętrzyn – Węgorzewo; im Auftrag der Stowarzyszenie Hobbystów Kolejowych; seit 2013
* Saisonaler Touristikverkehr auf der Schmalspurbahn Opatówek Wąskotorowy – Zbiersk; eigenwirtschaftlich; seit 2014
* Betriebsführung auf mehreren Anschlussbahnen, u. a.:
* Rangierdienstleistungen im Containerterminal Kąty Wrocławskie der Schavemaker Poland Sp. z o. o.
* Rangierdienstleistungen in Opalenica für die Nordzucker Polska S.A.
* Rangierdienstleistungen in Ostrów Zachodni für die CZW „Węglozbyt" S.A.
* Rangierdienstleistungen in Rogoźno Wielkopolskie für die Dendro Poland Ltd. Sp. z o.o.
* Rangierdienstleistungen in Szadek für die KTK Poland Sp. z o.o.

Transport Kolejowy

STK S.A. 🅖

ul. Fabryczna 10 / budynek B2
PL-53-609 Wrocław
Telefon: +48 71 7987615
Telefax: +48 71 7987617
stk@stk.wroc.pl
www.stk.wroc.pl

STK / SGKW

Lokomotywownia Wołów
ul. Ścinawska 22B
PL-56-100 Wołów
Telefon: +48 71 7173444
pklos@stk.wroc.pl

Management
★ Adrian Gierczak (Vorstandsvorsitzender)

Gesellschafter
Stammkapital 1.348.000,00 PLN

Beteiligungen
★ Agueda Sp. z o.o. (100 %)
★ Sordi Sp. z o.o. (100 %)

Lizenzen
★ PL: EVU-Zulassung (GV), seit 17.05.2005
★ PL: Lizenz für Traktionsdienstleistungen, seit 17.05.2005
★ PL: Sicherheitszertifikat Teil A (GV), gültig vom 29.11.2010 bis 28.11.2015
★ PL: Sicherheitszertifikat Teil B (GV), gültig vom 28.08.2012 bis 21.12.2015

Unternehmensgeschichte
Das seit 2005 existierende Unternehmen hat sich von Anfang an im Bereich von Spezialtransporten, beispielsweise bei Transporten mit Lademaßüberschreitung, einen guten Namen gemacht. Vom abwechslungsreichen Lokomotivpark sind viele Fahrzeuge an andere Bahngesellschaften vermietet, womit ein weiteres Geschäftsfeld umschrieben wäre. Darüber hinaus übernimmt STK auch alle anderen Arten von Gütertransporten sowie den Betrieb von Anschlussbahnen und unterhält einen mobilen 24-Stunden-Lokomotivservice. Die Fahrzeuge wurden von verschiedenen Vorbesitzern übernommen bzw. angemietet, so dass sich ein an Typen reicher Park ergibt. Insbesondere mit tschechischen Bahnen bestehen gute Kooperationen. Trafotransportwagen wurden von der österreichischen Felbermayr-Gruppe gemietet, die ebenfalls in Wrocław eine Niederlassung unterhält.
Die STK-Einsatzstelle befindet sich im Wrocławski Park Przemysłowy, dem Breslauer Gewerbepark, der an den PKP-Bahnhof Wrocław Gądów anschließt. Eine Lokwerkstatt befindet sich in Wołów. STK änderte im März 2008 seine Unternehmensform von einer Sp. z o.o. (GmbH) in eine Aktiengesellschaft. Im Oktober 2011 wechselte der Sitz von STK in Wrocław von der ul. Buska 5a in die ul. Fabryczna 10. Das einhundertprozentige Tochterunternehmen AB Inwestycje Sp. z o.o. wurde im Herbst 2012 durch STK übernommen. 2013 kaufte STK 34 der bisher angemieteten tschechischen E-Loks.
Am 09.09.2014 wurde das bis dahin vierköpfige Management auf einen Sitz verkleinert. Gleichzeitig wurden zwei Tochtergesellschaften gebildet, die im Bereich von Finanzdienstleistungen arbeiten.
Im Jahr 2014 wurde eine Transportleistung von 628 Mio. tkm (2013: 928) erreicht. Damit hatte STK einen Anteil am polnischen Eisenbahn-Güterverkehrsmarkt von 1,25 % (2013: 1,8).

Verkehre
★ Ammoniaktransporte Gniezno – Międzylesie
★ Kalktransporte Czatkowice – Krzeszowice – Będzin Łagisza
★ Kohleschlammtransporte Wałbrzych Kopalnia Thorez (Eko Carbo-Julia) – Královec – Trutnov-Poříčí; Abwicklung in Polen; Kooperation mit ČD Cargo, a.s.
★ Kohletransporte Dětmarovice [CZ] – Petrovice u Karviné [CZ] – Dąbrowa Górnicza Towarowa; Traktion in Polen
★ Kohletransporte Dětmarovice [CZ] – Petrovice u Karviné [CZ] – Kraków Łęg; Traktion in Polen
★ Kohletransporte Rybnik Towarowy – Tarnów
★ Kohletransporte Turoszów – Zawidów – Neratovice [CZ]; Traktion in Polen; Kooperation mit ČD Cargo [CZ]
★ Kohletransporte Zabrze Biskupice – Wrocław Gądów
★ Mineralöltransporte im Auftrag von LOTOS Kolej
★ Schwerlasttransporte mit Lademaßüberschreitung (Generatoren) Wrocław Gądów – Gdynia Port; im Auftrag der DFME Sp. z o.o.
★ Bedienung von Anschlussbahnen in Poznań Górczyn, Poznań Franowo und Poznań Golęcin

Stowarzyszenie Górnośląskich Kolei Wąskotorowych (SGKW) ℗

ul. Reja - Parowozownia
PL-41-902 Bytom
Telefon: +48 512 073480
info@sgkw.eu
www.sgkw.eu

Korrespondenzadresse
Skrytka Pocztowa Nr 133
PL-41-902 Bytom 2

Management
★ Kamil Czarnecki (Vorstandsvorsitzender)
★ Radosław Kwiecień (Stellvertretender Vorstandsvorsitzender)

Lizenzen
★ PL: EVU-Zulassung (PV), seit 25.05.2005

SGKW / Swietelsky Rail Polska / SKM

Unternehmensgeschichte
Die seit dem Jahr 1851 existierenden Oberschlesischen Schmalspurbahnen verbanden unzählige Zechen, Hütten und andere Betriebe. Noch vor nicht allzu langer Zeit reichte ihre Ausdehnung von Katowice aus westlich bis Gliwice und nördlich bis Miasteczko Śląskie.
Die drei Gemeinden Bytom, Tarnowskie Góry und Miasteczko Śląskie übernahmen im Oktober 2002 von den PKP den Rest des einst über 230 km umfassenden Netzes, die Strecke Bytom Wąskotorowy – Miasteczko Śląskie Wąskotorowe (21 km, Spurweite 785 mm). Als Betriebsführer wurde die Stowarzyszenie Górnośląskich Kolei Wąskotorowych (SGKW, deutsch: Vereinigung Oberschlesische Schmalspurbahnen) ausgewählt, welche heute 25 Mitglieder zählt. Die SGKW wickelt einen touristischen Reiseverkehr ab, der, von Bytom ausgehend, einige Attraktionen anschließt, u. a. ein Sportzentrum in Sucha Góra, die Denkmalzeche in Repty und das Naherholungsgebiet vor Miasteczko Śląskie. In den Sommerferien wurde bis 2009 täglich gefahren, 2010 nur an Wochenenden und Feiertagen. Ansonsten fährt man an ausgewählten Terminen und auf Bestellung. In der Saison 2009 beförderte die Schmalspurbahn 24416 Personen. Der Betriebsmittelpunkt mit Lokschuppen befindet sich in Bytom Karb. Den Anschluss an eine große Werkstatt in Bytom Rozbark baute man zwar im Jahre 2002 wieder auf, jedoch wurden die Schienen sofort erneut gestohlen, so dass man von einem zweiten Anlauf Abstand nahm.
Die Reisezüge werden mit Lokomotiven der Reihe Lxd2 (Typ L45H, Hersteller FAUR) bespannt. Von diesem Typ sind vier Stück vorhanden, welche der Stadt Bytom gehören. Weiterhin sind in nicht betriebsfähigem Zustand die Diesellokomotiven Lyd1-309, 2Wls50-1251, Wls75-73, der Triebwagen MBd1-281 sowie die Dampflokomotiven Las-4255 und Tw47-2558 vorhanden. Eine Aufarbeitung dieser Fahrzeuge wäre sehr willkommen, scheiterte aber bislang am hohen finanziellen Aufwand. Der Reisezugwagenpark setzt sich hauptsächlich aus offenen Sommerwagen zusammen, die aus Güterwagen umgebaut wurden. Darüber hinaus sind einige vierachsige Beiwagen rumänischer Produktion, ein Salonwagen aus dem Jahre 1912 und einige Kohlentransportwagen vorhanden. Bis 2011 betrieb die SGKW ebenfalls die Parkeisenbahn Chorzów im Kultur- und Erholungszentrum der Woiwodschaft. Von 2009 bis 2012 war die SGKW im Auftrag der Kreisverwaltung Starachowice Betriebsführer der Schmalspurbahn Starachowice.

Verkehre
* Saisonale Touristikzüge Bytom Wąskotorowy – Miasteczko Śląskie Wąskotorowe

Swietelsky Rail Polska Sp. z o.o.

ul. Wielicka 250
PL-30-663 Kraków
www.swietelsky.at

Management
* Wojciech Więckowski (Vorsitzender der Geschäftsführung)
* Bernhard Brandner (Zweiter Vorsitzender der Geschäftsführung)

Gesellschafter
Stammkapital 50.000,00 PLN
* Swietelsky Baugesellschaft m.b.H. (100 %)

Lizenzen
* PL: EVU-Zulassung (GV), seit 01.12.2014

Unternehmensgeschichte
Am 25.03.2002 wurde dieses Eisenbahnbauunternehmen als Roboty Kolejowe "Kolex Ltd" Sp. z o.o. ins Handelsregister eingetragen. Anfang 2009 kaufte die österreichische Swietelsky Baugesellschaft m.b.H. die Anteile des vorherigen Eigentümers Adam Owoc. Damit wurde das Unternehmen zur polnischen Bahnbau-Niederlassung der Swietelsky-Gruppe. In diesem Zusammenhang änderte sich der Name des Unternehmens in Roboty Kolejowe "Swietelsky Ltd" Sp. z o.o.
Anfang 2014 kam es zu Veränderungen im Management. Unter anderem wurde Wojciech Więckowski, früher Vorstandsvorsitzender bei der durch ZUE übernommenen PRK Kraków, zum Geschäftsführer bestellt. Im Mai 2014 wurde erneut der Name geändert, seitdem firmiert das Unternehmen unter dem aktuellen Namen Swietelsky Rail Polska Sp. z o.o.

Szybka Kolej Miejska Sp. z o.o. (SKM)

Aleje Jerozolimskie 125/127
PL-02-017 Warszawa
Telefon: +48 22 6997235
Telefax: +48 22 6997236
biuro@skm.warszawa.pl
www.skm.warszawa.pl

SKM

Management
* Krystyna Pękała (Vorsitzende der Geschäftsführung)
* Radosław Gawek (Mitglied der Geschäftsführung)
* Jerzy Obrębski (Mitglied der Geschäftsführung)

Gesellschafter
Stammkapital 72.500.000,00 PLN
* Stadt Warszawa (100 %)

Lizenzen
* PL: EVU-Zulassung (PV), seit 08.06.2005
* PL: Lizenz für Traktionsdienstleistungen, seit 08.06.2005
* PL: Sicherheitszertifikat Teil A (PV), gültig vom 10.12.2010 bis 09.12.2015
* PL: Sicherheitszertifikat Teil B (PV), gültig vom 20.12.2010 bis 19.12.2015

Unternehmensgeschichte
Die SKM ist eine Stadtbahn in Warschau, deren Züge zusätzlich zum von der Woiwodschaft bestellten SPNV-Angebot der Koleje Mazowieckie auf Strecken des staatlichen Netzbetreibers PKP Polskie Linie Kolejowe (PKP PLK) verkehren. Sie werden von der Stadt Warschau finanziert und bei der Benutzung gilt der Tarif des Stadtverkehrsbetriebes ZTM Warszawa.
Im Februar 2004 wurde durch die Stadt Warszawa die Szybka Kolej Miejska [Stadtschnellbahn] gegründet. Ziel war es, die bestehenden Eisenbahnstrecken im Innenstadtbereich besser zu nutzen und tariflich in den Stadtverkehr zu integrieren. Seit Juni 2005 ist die SKM im Besitz der Personenverkehrslizenz. Bereits zuvor wurden bei der Firma NEWAG sechs Triebzüge des Typs 14WE bestellt, bei denen es sich um umgebaute EN57 handelt. Der damalige Stadtpräsident und spätere polnische Präsident Lech Kaczyński war an der Schaffung der SKM maßgeblich beteiligt und nutzte sie auch zur politischen Selbstdarstellung.
Am 03.10.2005 startete ein öffentlicher Testbetrieb Warszawa Zachodnia – Warszawa Falenica, der bis zum folgenden Fahrplanwechsel kostenlos benutzbar war. Die Strecke Warszawa Zachodnia – Warszawa Falenica wurde dabei als Line S1 bezeichnet, die Züge mit dem verkürzten Laufweg Warszawa Wschodnia – Warszawa Falenica als Linie S10. Allerdings hielt sich der Zuspruch der Fahrgäste in Grenzen, so dass ab dem 01.07.2006 die S1 aufgegeben wurde und die Züge seitdem auf der als S2 bezeichneten Strecke Pruszków – Warszawa Rembertów verkehrten. Am 06.11.2006 verlängerte sich die Einsatzstrecke auf Pruszków – Warszawa Wola Grzybowska, am 19.12.2006 auf Pruszków – Sulejówek Miłosna. Die Umstellung von der S1 auf die S2 erhöhte die Attraktivität für die Reisenden deutlich. Im ersten Betriebsjahr wurden etwa 2,4 Mio. Fahrgäste befördert, davon machten die S1 in 9 Monaten 820.000 und die S2 in drei Monaten 1,6 Mio. aus. Im gleichen Zeitraum wurde eine Leistung von 1,5 Mio. Zugkm von 82 Zügen täglich erbracht. Da bei der Betriebsaufnahme im Oktober 2005 noch nicht alle 14WE ausgeliefert waren, mussten EN57 von der Gesellschaft PKP SKM w Trójmieście aus Gdynia angemietet werden. Auch in der Folgezeit waren wechselnde gemietete EN57 und EN71 bei der SKM im Einsatz. Im Jahr 2007 wurden zwei weitere 14WE beschafft. Das Fahrpersonal der 14WE stellt PKP Cargo, das anfangs auch in Warszawa Olszynka Grochowska die Wartung der Fahrzeuge übernimmt. 2008 kamen zwei im ZNTK Mińsk Mazowieckie modernisierte EN57 zur SKM (seit 2011 bei den KŚ).
Eine Ausschreibung über die Lieferung von vier neuen Triebzügen auf Leasingbasis für 15 Jahre im Frühjahr 2009 gewann ein Konsortium aus Newag und ING Leasing. Die angebotenen Triebzüge vom Typ 19WE wurden mit Verspätung im Frühjahr 2010 ausgeliefert.
Seit dem 01.03.2010 betreibt SKM eine zweite Linie, die S9 Warszawa Gdańska – Legionowo, die eine Ergänzung des Angebotes von KM darstellt. Hier wurden anfangs mangels ausreichender eigener Fahrzeuge angemietete Triebzüge EN57 von KM eingesetzt.
Ab 01.09.2010 pendelt eine neue Linie S1 zwischen Otwock und Warszawa Wschodnia. Weiter über die durch das Stadtzentrum führende Strecke nach Warszawa Zachodnia konnte die S1 wegen mangelnder Kapazität vorerst nicht fahren. Im Dezember 2010 wurden die Linienführungen erneut geändert, die bedienten Strecken blieben aber weitgehend gleich.
Im September 2011 hat SKM von der PKP S.A. ein etwa 20 ha großes Areal des ehemaligen Wagenwerks von PKP Intercity in Warszawa Szczęśliwice für 20 Jahre angemietet. Es wird bereits als Wartungs- und Abstellanlage genutzt und soll nach und nach modernisiert werden.
Für die Bedienung der neu gebauten Eisenbahnanbindung des Flughafens "Frederyk Chopin" Okęcie schrieb das Unternehmen im Sommer 2009 die Lieferung von 13 Elektrotriebzügen aus. PESA lieferte darauf hin bis Ende 2011 sechsteilige Triebzüge des Typs ELF (27WE).
Am 01.06.2012 wurde gemeinsam mit den KM der Verkehr auf der Neubaustrecke zum Flughafen Chopin aufgenommen (Verlängerung der Linie S2 und neue Linie S3).
Am 12.06.2012 begann der Einsatz des ersten von neun bestellten und von Newag gelieferten sechsteiligen E-Triebzuges 35WE.
Die Zukunft der 14WE ist indes ungewiss. Die auf Altbau-ET basierenden Umbauzüge sind recht störanfällig, so dass die SKM sich mittelfristig von ihnen trennen wollen. Zwei Einheiten gingen 2012 bereits an die Koleje Śląskie. Da derzeit keine Alternativen bestehen, werden 2015 zwei der 14WE eine fällige Revision bekommen.
Geplant ist für die Zukunft ein weiterer Ausbau des Angebotes. Als Endbahnhöfe im Umland sollen

SKM / Torpol

Otwock, Grodzisk Mazowiecki, Legionowo, Piaseczno, Błonie, Wołomin, Mińsk Mazowiecki, der Flughafen Okęcie sowie der zukünftige Flughafen Modlin erreicht werden. Als problematisch für die Entwicklung der Stadtschnellbahn wird der fehlende Einfluss auf die Modernisierung der oft maroden Infrastruktur und der teilweise in einem schlimmen Zustand befindlichen Haltepunkte der PKP PLK gesehen. Wichtig ist für die weitere Entwicklung des SPNV in Warschau ebenfalls die Zusammenarbeit mit der woiwodschaftseigenen Koleje Mazowieckie. Im Jahr 2014 wurden 25,6 Mio. Reisende befördert (2013: 22,6) und eine Beförderungsleistung von 384 Mio. Pkm erreicht (2013: 339).

Verkehre
* SPNV Pruszków – Warszawa Śródmieście – Otwock (S1)
* SPNV Warszawa Lotnisko Chopina – Warszawa Śródmieście – Sulejówek Miłosna (S2)
* SPNV Warszawa Lotnisko Chopina – Warszawa Centralna – Wieliszew (S3)
* SPNV Warszawa Zachodnia – Legionowo Piaski (S9)

Torpol S.A. G

ul. Mogileńska 10G
PL-61-052 Poznań
Telefon: +48 61 8782700
Telefax: +48 61 8782790
torpol@torpol.pl
www.torpol.pl

Außenstelle „Torpol Ogranak Beograd"
Milutina Milankovica 114/1
RS-11070 Beograd-Novi Beograd
Telefon: +381 11 3880515

Außenstelle „Torpol Norge"
Lilleakerveien 25
NO-0283 Oslo
Telefon: +47 22 503230
Telefax: +47 22 503230
post@torpol.no
www.torpol.no

Management
* Tomasz Sweklej (Vorstandsvorsitzender)
* Krzysztof Miler (Stellvertretender Vorstandsvorsitzender)
* Michał Ulatowski (Stellvertretender Vorstandsvorsitzender)

Gesellschafter
Stammkapital 4.594.000,00 PLN
* Towarzystwo Finansowe Silesia Sp. z o.o. (38 %)
* TFI Pioneer Pekao Investment Management S.A. (9,61 %)
* TFI PKO S.A. (8,71 %)
* TFI Altus S.A. (5,49 %)
* TFI Noble Funds S.A. (5,14 %)
* TFI Allianz Polska S.A. (3,46 %)
* OFE Pocztylion (0,35 %)

Beteiligungen
* Afta Sp. z o.o. (100 %)
* Lineal Sp. z o.o. (50 %)

Lizenzen
* PL: EVU-Zulassung (GV), seit 08.03.2005
* PL: Sicherheitszertifikat Teil A (GV), gültig vom 16.09.2010 bis 15.09.2015
* PL: Sicherheitszertifikat Teil B (GV), gültig vom 31.01.2011 bis 30.01.2016

Unternehmensgeschichte
Die Anfänge von Torpol reichen in das Jahr 1991 zurück. Mit etwa 40 Mitarbeitern, die vorher zumeist bei den PKP beschäftigt waren, übernahm die Firma Gleisbauarbeiten, vor allem bei Anschlussbahnen. Im Jahr 2000 wurde sie von einem Einzelunternehmen in eine GmbH umgewandelt, seit Januar 2006 gehört sie zur Kapitalgruppe Polimex-Mostostal S.A. Nachdem kontinuierlich in neue Technik investiert wurde, konnten auch größere Aufträge übernommen werden. So konnte Torpol als erste private Firma am Ausbau der Strecke Warszawa – Kunowice (E-20) mitarbeiten. Mittlerweile hat die Firma etwa 400 Mitarbeiter und ist in den Bereichen Eisenbahn-, Straßenbahn-, Brücken- und Straßenbau aktiv. Eine Außenstelle befindet sich in Września. 2011 wurde die ehemalige Tochterfirma Elmont-Kostrzyn Wlkp. Sp. z o.o. übernommen, so dass nun auch Bau- und Reparaturarbeiten an Elektro- und Telekommunikationsnetzwerken zum Angebot des Unternehmens gehören. Die seit März 2005 vorhandene Lizenz für Güterverkehr wird nur für den Eigenbedarf genutzt. Lokomotiven wurden bei Bedarf angemietet, im Jahr 2011 ist eine erste eigene SM42 zum Einsatz gelangt.
Am 02.01.2012 wurde Torpol von einer GmbH in eine Aktiengesellschaft umgewandelt. Zur Koordinierung von Projekten in Norwegen und Serbien wurden 2012 in diesen Ländern Zweigstellen eröffnet. Ende 2013 übernahm Torpol die vormalige Tochtergesellschaft Torpol MS Sp. z o. o. Da die Polimex-Mostostal-Gruppe sich in Zukunft auf ihr Kerngeschäft konzentrieren möchte, wurde im März 2014 mit der Vorbereitung des Börsengangs von Torpol begonnen. Am 08.07.2014 debütierte das Unternehmen an der Warschauer Wertpapierbörse GPW.
Torpol hat etwa 400 Mitarbeiter.

Verkehre
* AZ-Verkehr

Torpol / Track Tec Logistics / Trakcja PRKiI

Track Tec Logistics Sp. z o.o. 🄶

Rondo ONZ 1
PL-00-124 Warszawa
Telefon: +48 32 6611000
Telefax: +48 32 6611003
info@tracktec.eu
www.tracktec.eu

Management
* Jarosław Pawłuk (Vorsitzender der Geschäftsführung)
* Krzysztof Niemiec (Zweiter Vorsitzender der Geschäftsführung)
* Marek Nowakowski (Mitglied der Geschäftsführung)
* Jacek Tomaszewski (Mitglied der Geschäftsführung)

Gesellschafter
Stammkapital 5.000,00 PLN
* Track Tec S.A. (100 %)

Lizenzen
* PL: EVU-Zulassung (GV), seit 09.12.2014
* PL: Lizenz für Traktionsdienstleistungen, seit 09.12.2014

Unternehmensgeschichte
Die Track-Tec-Gruppe ist ein führender Anbieter von Gleisoberbaumaterialien. Das europaweit tätige Unternehmen produziert in mehreren eigenen Beton- und Weichen- und Imprägnierwerken in Polen und Deutschland. Zur Produktpalette von Track Tec gehört auch die Baustellenlogistik. Um eigene Güterzüge in Polen fahren zu können, wurde bereits 2011 das Tochterunternehmen Track Tec Logistics Sp. z o.o. gegründet. Nachfolgend wurden Lizenzen und erste Lokomotiven beschafft, so dass noch 2015 mit dem Beginn eigener Verkehre gerechnet werden kann.

Trakcja PRKiI S.A. 🄶

ul. Zlota 59 lok. XVIII p.
PL-00-120 Warszawa
Telefon: +48 22 4833000
Telefax: +48 22 4833001
recepcja@grupatrakcja.com
www.grupatrakcja.com

Biuro we Wrocławiu [Büro Breslau]
ul. Kniaziewicza 19
PL-50-950 Wrocław
Telefon: +48 71 3437477
wroclaw@grupatrakcja.com

Management
* Jarosław Tomaszewski (Vorstandsvorsitzender)
* Stefan Dziedziul (Stellvertretender Vorstandsvorsitzender)
* Nerijus Eidukevičius (Stellvertretender Vorstandsvorsitzender)
* Marita Szustak (Stellvertretende Vorstandsvorsitzende)

Gesellschafter
Stammkapital 41.119.638,40 PLN
* COMSA EMTE SA (28,81 %)
* OFE ING (13,99 %)
* OFE PZU "Złota Jesień" (9,38 %)
* TFI Noble Funds S.A. (3,2 %)
* TFI BZ WBK AIB Asset Management S.A. (2,04 %)
* TFI Union Investment S.A. (1,67 %)
* OFE AXA (1,37 %)
* TFI Quercus S.A. (1,27 %)
* OFE Pekao (1,11 %)

Beteiligungen
* PRK 7 Nieruchmości Sp. z o.o. (100 %)
* AB Kauno Tiltai (98,09 %)
* Torprojekt Sp. z o.o. (82,35 %)
* Bahn Technik Wrocław Sp. z o.o. (50 %)
* Przedsiębiorstwo Eksploatacji Ulic i Mostów Sp. z o.o. (0,2 %)

Lizenzen
* PL: EVU-Zulassung (GV), seit 27.02.2004
* PL: Lizenz für Traktionsdienstleistungen, seit 14.11.2007
* PL: Sicherheitszertifikat Teil A (GV), gültig vom 03.04.2014 bis 30.12.2015
* PL: Sicherheitszertifikat Teil B (GV), gültig vom 29.05.2014 bis 24.01.2016

Unternehmensgeschichte
Dieser in Wrocław ansässige Eisenbahnbaubetrieb existiert seit 1945. Erst 1982 wurde er unter dem Namen Zakłady Budownictwa Kolejowego we Wrocławiu [Eisenbahnbaubetriebe in Breslau] in die Strukturen der Polnischen Staatsbahnen PKP

Trakcja PRKiI / Transchem

integriert, aus denen er am 01.07.1991 wieder in die Eigenständigkeit entlassen wurde. Im Oktober 1994 wandelte man den Betrieb in eine Aktiengesellschaft um, die seitdem unter dem Namen Przedsiębiorstwo Robót Kolejowych i Inżynieryjnych S.A. auftrat. Im Jahr 1997 übernahm PRKiI 100 % der Anteile am Unternehmen Przedsiębiorstwo Robót Kolejowych i Inżynieryjnych Sp. z o.o. in Katowice, das 2005 liquidiert und in die Strukturen von PRKiI als Zakład Robót Mostowych [Betriebsteil Brückenbau] aufgenommen wurde.
Seit 2007 besitzt PRKiI einige Streckendieselloks des Typs 060DA, die teilweise von einer rumänischen Comsa-Tochter stammen. Einige 060DA fuhren für die mittlerweile in Liquidation befindliche Firma fer Polska S.A., die ein Joint-Venture von rail4chem und Comsa Rail Transport war und hauptsächlich für die Abwicklung von rail4chem-Verkehren in Polen verantwortlich zeichnete.
Der Anschluss von Trakcja PRKiI befindet sich am Bahnhof Wrocław Kuźniki.
Die Aktienmehrheit an PRKiI besaß zuletzt die Trakcja TILTRA S.A., welche 2011 durch eine Fusion der zur spanischen Comsa-Gruppe gehörenden Trakcja Polska - PKRE S.A. mit der litauischen Tiltra-Gruppe entstand.
Im Dezember 2013 wurde PRKiI in die Trakcja TILTRA S.A. integriert, welche darauf hin ihren Namen in Trakcja PRKiI S.A. änderte. Gleichzeitig gingen die EVU-Lizenzen auf sie über
Das Unternehmen ist hauptsächlich im Verkehrsbau aktiv und deckt hier im Bereich Eisenbahn das gesamte Spektrum vom Gleisbau über Elektrifizierungsarbeiten bis hin zum Gebäude- und Brückenbau ab.
Am 19.02.2015 trat der Vorstandsvorsitzende Roman Przybył aus persönlichen Gründen zurück. Sein Amt wurde darauf hin durch den vorherigen Stellvertreter Jarosław Tomaszewski übernommen.

Verkehre
* AZ-Verkehr

Transchem Sp. z o.o. 🅖

ul. Toruńska 153
PL-87-810 Włocławek
Telefon: +48 54 2318000
Telefax: +48 54 2364625
transchem@transchem.de
www.transchem.de

Management
* Jarosław Pińkowski (Vorsitzender der Geschäftsführung)
* Henryk Pińkowski (Zweiter Vorsitzender der Geschäftsführung)

Gesellschafter
Stammkapital 232.100,00 PLN
* Henryk Pińkowski (54,8 %)

Beteiligungen
* Marbud Strzałowa Sp. z o.o. (100 %)
* Orbita Business Park Sp. z o.o. S.K. (Kommanditist)

Lizenzen
* PL: EVU-Zulassung (GV), seit 26.06.2007
* PL: Lizenz für Traktionsdienstleistungen, seit 26.06.2007
* PL: Sicherheitszertifikat Teil A (GV), gültig vom 28.06.2010 bis 27.06.2015
* PL: Sicherheitszertifikat Teil B (GV), gültig vom 15.12.2010 bis 14.12.2015

Unternehmensgeschichte
Im März 1993 wurde die aus der Eisenbahntransportabteilung der Stickstoffwerke Zakłady Azotowych Włocławek (heute Anwil S.A.) hervorgegangene Gesellschaft Transchem gegründet, die in erster Linie für die Bedienung der Anschlussbahn der Werke zuständig ist. Dafür stehen Lokomotiven des Typs T448p und eigene Spezialgüterwagen zur Verfügung. Für internationale Transporte konnte Transchem die Lok E186 129 von Crossrail nutzen.
Die Werkstatt von Transchem bietet Dienstleistungen bei der Fahrzeugausbesserung an. Spezialisiert ist man vor allem auf Kesselwagen sowie auf Lokomotiven der Reihe T448p. Angeschlossen ist die Werkbahn an den Bahnhof Włocławek Brzezie.

Verkehre
* Chemietransporte Polen – Neratovice [CZ]; in Kooperation mit UNIPETROL DOPRAVA, s.r.o. in Tschechien
* Chemietransporte Polen – Stendell / Premnitz / Leuna / Ludwigshafen / Hamburg [DE]; Traktion in Polen; Kooperationspartner in Deutschland u.a. ArcelorMittal Eisenhüttenstadt Transport GmbH (AMEH TRANS), InfraLeuna GmbH, Mitteldeutsche Eisenbahn GmbH (MEG)
* Chemietransporte in Polen, u.a. nach Szczecin, Puławy Azoty, Tarnów und Małaszewicze
* Chemietransporte nach Antwerpen [BE], Domat/Ems [CH], Monthey [CH] und Ferrara [IT] mit Kooperationspartner Crossrail AG
* Terephtalsäuretransporte Włocławek – Buna Werke [DE]; 2 x pro Woche seit Juni 2011 betriebliche Verantwortung in Polen im Auftrag der Crossrail AG
* Betrieb der Anschlussbahn der Stickstoffwerke der Anwil S.A. in Włocławek (früher Stickstoffwerke Zakłady Azotowych Włocławek)

Transoda / UBB Polska

Transoda Sp. z o.o. G

ul. Fabryczna 4
PL-88-101 Inowrocław
Telefon: +48 52 3541474
Telefax: +48 52 3537104
transoda@transoda.com.pl
www.transoda.com.pl

Zakład [Werk] Janikowo
ul. Przemysłowa 30
88-160 Janikowo
Telefon: +48 52 3544229
Telefax: +48 52 3544428

Management
* Andrzej Łobodziński (Vorsitzender der Geschäftsführung)
* Maciej Kempski (Zweiter Vorsitzender der Geschäftsführung)

Gesellschafter
Stammkapital 27.652.500,00 PLN
* Soda Polska CIECH S.A. (100 %)

Lizenzen
* PL: EVU-Zulassung (GV), seit 08.10.2003
* PL: Lizenz für Traktionsdienstleistungen, seit 27.04.2005
* PL: Sicherheitszertifikat Teil A (GV), gültig vom 05.01.2011 bis 04.01.2016
* PL: Sicherheitszertifikat Teil B (GV), gültig vom 12.01.2011 bis 11.01.2016

Unternehmensgeschichte
Am 01.05.2000 nahm Transoda als ausgegliederte Werkbahnabteilung des Chemiewerkes Inowrocławskie Zakłady Chemiczne Soda Mątwy S.A. den Geschäftsbetrieb auf. Mittlerweile gehört die Muttergesellschaft zur Soda Polska Ciech S.A., ebenso wie das im benachbarten Janikowo gelegene Sodawerk Janikowskie Zakłady Sodowe Janikosoda S.A. Seit dem 10.03.2006 wurde der Transportbetrieb Jantrans-Janikowo des Sodawerkes Janikosoda mit der Transoda vereinigt. So ist Transoda gegenwärtig an den beiden Standorten Inowrocław und Janikowo präsent und arbeitet hauptsächlich für die beiden Werke der Ciech-Gruppe. Neben der Anschlussbahnbedienung gehören auch Kalktransporte von Wapienno zum Werk Inowrocław zu den Aufgaben der Gesellschaft. Darüber hinaus werden auch Transporte von Janikowo und Inowrocław mit den firmeneigenen Loks von und nach Gdańsk und zu anderen Zielen durchgeführt. Weitere Kunden, für die Transoda Transporte abwickelt, sind ZIK und PKP Cargo. Transoda unterhält auch eine Abteilung für Straßentransporte.
Im Zusammenhang mit der 2014 erfolgte Übernahme der Mehrheit an der Ciech-Gruppe durch die Kulczyk Investments S.A. war ein Verkauf von Transoda im Gespräch, der bislang nicht erfolgt ist.

Verkehre
* Kalktransporte Wapienno – Inowrocław Rąbinek
* Sodatransporte Inowrocław Rąbinek / Janikowo – Częstochowa; für Glashütte der Guardian Częstochowa Sp. z o.o.
* Sodatransporte Inowrocław Rąbinek / Janikowo – Dąbrowa Górnicza Wschodnia, für Glashütte der Saint-Gobain Glass Polska Sp. z o.o.
* Sodatransporte Inowrocław Rąbinek / Janikowo – Gdańsk Kanał Kaszubski
* Sodatransporte Inowrocław Rąbinek / Janikowo – Jaroszowiec Olkuski; für Glashütte der Saint-Gobain Glass Polska Sp. z o.o.
* Sodatransporte Inowrocław Rąbinek / Janikowo – Jarosław; für Glashütte der O-I Produkcja Polska S.A.
* Sodatransporte Inowrocław Rąbinek / Janikowo – Międzylesie
* Sodatransporte Inowrocław Rąbinek / Janikowo – Munina; 1 x pro Woche Traktion auf dem Abschnitt Inowrocław Rąbinek / Janikowo – Tomaszów Mazowiecki (Übergabe an ZIK)
* Sodatransporte Inowrocław Rąbinek / Janikowo – Sandomierz; 2 x pro Woche Traktion auf dem Abschnitt Inowrocław Rąbinek / Janikowo – Tomaszów Mazowiecki (Übergabe an ZIK) für Glashütte der Pilkington Polska Sp. z o.o.
* Betrieb der Anschlussbahn der Janikosoda in Janikowo
* Betrieb der Anschlussbahn der Soda Mątwy in Inowrocław Rąbinek

UBB Polska Sp. z o.o. U

ul. Siemiradzkiego 18
PL-72-600 Świnoujście
Telefon: +49 38378 27117
Telefax: +49 38378 27114
info@ubb-online.com
www.ubb-online.com

Management
* Jörgen Boße (Vorsitzender der Geschäftsführung)
* Christina Keindorf (Mitglied der Geschäftsführung)

Gesellschafter
Stammkapital 50.000,00 PLN
* UBB Usedomer Bäderbahn GmbH (99 %)
* DB Regio AG (1 %)

UBB Polska / UG Rewal

Infrastruktur
* Ahlbeck (Staatsgrenze) – Świnoujście Centrum (1,438 km)

Unternehmensgeschichte
Am 05.10.2007 begann die deutsche UBB GmbH mit den Bauarbeiten für die Verlängerung ihrer Strecke vom damaligen Endbahnhof Ahlbeck Grenze über die polnische Grenze hinaus nach Świnoujście [Swinemünde]. Diese 3 Mio. Euro teure eingleisige Neubaustrecke stellt insofern ein Novum in Europa dar, als erstmals durch ein Eisenbahnunternehmen eine Trasse auf fremdem Staatsgebiet gebaut wurde. Für die Übernahme des notwendigen Geländes schloss die UBB einen 30-jährigen Pachtvertrag mit der Stadt Świnoujście ab. Nach Abschluss der Bauarbeiten im März 2008 konnte nicht direkt im Anschluss die Betriebsaufnahme erfolgen, da noch Genehmigungsverfahren zu absolvieren waren. Insbesondere die Zusammenarbeit mit dem polnischen Eisenbahnamt UTK erschien nicht immer optimal. Anfangs musste durch ein Gutachten die Verkehrssicherheit nach polnischem Standard und der aktuelle Stand der Technik für die Anlagen bescheinigt werden. Als dies zur Zufriedenheit aller Beteiligten erledigt war, hieß es, dass die UBB GmbH als in Deutschland ansässiges Unternehmen keine Zulassung bekommen könne. Nach einigem hin und her beauftragte die UBB GmbH ein polnisches Anwaltsbüro und gründete das polnische Tochterunternehmen UBB Polska Sp. z o.o. Dieses verwaltet die auf polnischem Territorium befindliche Infrastruktur. Dies erfolgt nicht auf Grundlage einer Sicherheitsautorisierung für Infrastruktur, sondern mittels einer (einfacheren) Sicherheitsbescheinigung. Für den Eisenbahnverkehr auf der Gesamtstrecke ist die UBB GmbH verantwortlich. Die Betriebsaufnahme erfolgte am 21.09.2008.
Im Jahr 2014 wurden wie in den Vorjahren konstant etwa 0,5 Mio. Reisende befördert und 0,7 Mio. Passagierkilometer erreicht.

Urząd Gminy Rewal (UG Rewal)
P I

ul. Mickiewicza 19
PL-72-344 Rewal
Telefon: +48 91 3849011
Telefax: +48 91 3849029
ug@rewal.pl
www.kolejwaskotorowa.wrewalu.com

Management
* Robert Skraburski (Gemeindevorsteher)

Lizenzen
* PL: EVU-Zulassung (PV), seit 28.04.2004

Infrastruktur
* Gryfice Wąskotorowy – Pogorzelica Gryficka (39,5 km, Spurweite 1.000 mm)

Unternehmensgeschichte
Wie alle anderen PKP-Schmalspurbahnen ereilte auch die Reststrecke der ehemaligen Greifenberger Kleinbahn Ende 2001 das Aus. Der Gemeindeverwaltung Rewal gelang die erste erfolgreiche Kommunalisierung einer solchen Bahn. Nachdem Verhandlungen mit dem Kreis Gryfice zur Übernahme der Strecke Gryfice – Rewal gescheitert waren, machte die recht kleine Gemeinde auf eigene Faust weiter. Bereits am 16.04.2002 war man sich einig und es gingen die Infrastruktur und einige Fahrzeuge auf den neuen Besitzer über. Für die Verwaltung und Betriebsführung wurde eine Abteilung Eisenbahntransport mit Sitz in Gryfice geschaffen.
Der von den PKP in den Jahren zuvor noch täglich angebotene spärliche Reiseverkehr blieb eingestellt. Lediglich in den Sommermonaten sowie rund um die Feiertagszeit Anfang Mai wurde auf Touristen orientierter Zugbetrieb angeboten. Dieser erfreute sich vor allem entlang der Badeorte Trzęsacz, Rewal und Niechorze großer Beliebtheit. Der im Hinterland liegende Streckenabschnitt Gryfice – Trzęsacz dient hauptsächlich den Zu- und Abfuhr des Zuges, da sich Lokschuppen und Werkstatt in Gryfice befinden. Zum Einsatz kamen Lxd2 (Typ L45H, Hersteller FAUR) mit einigen rumänischen Beiwagen oder auch ein Triebwagen MBxd2 (Typ A20D-P, Hersteller FAUR). Dank einer Übereinkunft mit dem Eisenbahnmuseum Warschau kann man dessen Dampflokomotive Px48-3916 (Chrzanów 2022/1950, ex Px48-1722) nutzen, die normalerweise an den Wochenenden in den Sommerferien die Planzüge bespannte. Die Reisendenzahlen stiegen jährlich an: 2007 beförderte man 90.000 Reisende, 20 % mehr als im Vorjahr. Im Frühjahr 2012 erwarb man die Dampflokomotive Px48-3913 (Chrzanów 2248/1951, ex Px48-1753) im Austausch gegen Lxd2-471 aus Deutschland.
Im Sommer 2011 begann man mit der grundlegenden Modernisierung und dem touristengerechten Umbau des Küstenabschnittes Trzęsacz – Pogorzelica Gryficka, wodurch im Jahr 2012 der saisonale Zugverkehr ruhte. Die geplante Wiedereröffnung zur Saison 2012 konnte wegen Verzögerungen bei den Bauarbeiten, späterem Konkurs des Auftragnehmers PNI und finanziellen Schwierigkeiten nicht gehalten werden, so dass erst am 20.09.2013 der Eröffnungszug verkehren konnte. Experten werten die Baumaßnahmen mittlerweile als Fehlplanung, welche die Gemeinde Rewal an den Rand der Zahlungsunfähigkeit brachte. Insgesamt entstanden Kosten in Höhe von 54 Mio. PLN, von denen die EU 15 Mio. PLN beisteuerte.

UG Rewal / WAM / WKD

Zum Projektumfang gehörten der Neubau eines Haltepunktes Niechorze Latarnia am Horster Leuchtturm und weitgehende Umbauten an den vorhandenen Bahnhöfen und Haltepunkten Trzęsacz, Śliwin, Rewal, Niechorze und Pogorzelica Gryficka, darunter auch Neu- und Umbau von Empfangsgebäuden. Zur Standardausstattung sollten gastronomische Einrichtungen, Touristeninformationen und Fahrradstellplätze gehören. In Trzęsacz, Rewal und Niechorze entstanden Bahnsteigüberdachungen. Die kombinierte Straßen-/Schienenbrücke östlich von Niechorze wurde einer Erneuerung unterzogen. Das Unternehmen PHU KARPA in Krzyż führte die ebenfalls zum Ertüchtigungsprogramm gehörende Erneuerung von Triebfahrzeugen und Wagen aus. Weitere Zukunftsplanungen wie die Reaktivierung der Strecke von Pogorzelica Gryficka nach Trzebiatów oder gar der Bau einer Neubaustrecke bis Pobierowo oder Dziwnów sind derzeit unrealistisch.

Im Herbst 2013 wurde von der Gemeinde Rewal mit der Nadmorska Kolej Wąskotorowa Sp. z o.o. eine Gesellschaft für die Übernahme des Betriebs der Schmalspurbahn gegründet. Gleichzeitig wurde seitdem sowohl die Verwaltung der Infrastruktur als auch der Verkehr auf Grundlage einer einfachen nationalen Sicherheitsbescheinigung (Świadectwo Bezpieczeństwa) abgewickelt.

Verkehre
★ Saisonale Touristikzüge Gryfice Wąskotorowy – Pogorzelica Gryficka

WAM Sp. z o.o. G

ul. Ząbkowicka 7
PL-57-230 Kamieniec Ząbkowicki
Telefon: +48 74 8172038
Telefax: +48 74 8172050

Management
★ Arkadiusz Miśkowiec (Vorsitzender der Geschäftsführung)
★ Adam Woźniak (Zweiter Vorsitzender der Geschäftsführung)

Gesellschafter
Stammkapital 100.000,00 PLN
★ Arkadiusz Miśkowiec (40 %)
★ Adam Woźniak (35 %)
★ Marzena Albrecht (25 %)

Lizenzen
★ PL: EVU-Zulassung (GV), seit 06.11.2012
★ PL: Lizenz für Traktionsdienstleistungen, seit 06.11.2012

★ PL: Sicherheitszertifikat Teil A (GV), gültig vom 09.01.2013 bis 08.01.2018
★ PL: Sicherheitszertifikat Teil B (GV), gültig vom 25.01.2013 bis 24.01.2018

Unternehmensgeschichte
Arkadiusz Miśkowiec, Teilhaber der 2012 in Insolvenz gegengenen Firma Trans Lokomotiv Sp. z o.o., gründete noch im gleichen Jahr die WAM Sp. z o.o. Das Unternehmen wurde am 13.07.2012 in das Handelsregister eingetragen. Aus den Anfangsbuchstaben der Nachnamen der damaligen Inhaber Woźniak, Albrecht und Miśkowiec wurde der Name WAM generiert. Mit angemieteten Loks und Wagen werden Baustoffe aus Niederschlesien zu Kunden in Polen geliefert.

Verkehre
★ Landesweite Baustofftransporte

Warszawska Kolej Dojazdowa Sp. z o.o. (WKD) P I

ul. Batorego 23
PL-05-825 Grodzisk Mazowiecki
Telefon: +48 22 7555564
Telefax: +48 22 7552085
wkd@wkd.com.pl
www.wkd.com.pl

Management
★ Grzegorz Dymecki (Vorsitzender der Geschäftsführung)
★ Jolanta Dałek (Mitglied der Geschäftsführung)
★ Michał Panfil (Mitglied der Geschäftsführung)

Gesellschafter
Stammkapital 57.791.000,00 PLN
★ Samorząd Województwa Mazowieckiego [Woiwodschaft Masowien] (95,24 %)
★ Gmina i Miasto Pruszków [Gemeinde und Stadt Pruszków] (1,47 %)
★ Gmina Grodzisk Mazowiecki [Gemeinde Grodzisk Mazowiecki] (1,05 %)
★ Gmina i Miasto Brwinów [Gemeinde und Stadt Brwinów] (1,04 %)
★ Gmina Milanówek [Gemeinde Milanówek] (0,6 %)
★ Miasto Podkowa Leśna [Stadt Podkowa Leśna] (0,43 %)
★ Gmina Michałowice [Gemeinde Michałowice] (0,17 %)

Lizenzen
★ PL: EVU-Zulassung (GV), seit 27.02.2004
★ PL: EVU-Zulassung (PV), seit 27.02.2004

WKD / Wiskol

Infrastruktur
* Warszawa Śródmieście WKD – Grodzisk Mazowiecki Radońska (32,6 km)
* Podkowa Leśna – Milanówek Grudów (2,9 km)
* Komorów – Pruszków (3,4 km)

Unternehmensgeschichte
1927 entstand mit der Elektryczna Kolej Dojazdowa S.A. [Elektrische Zufuhrbahn AG] die erste regelspurige elektrifizierte Strecke in Polen. Auch wenn sie nach Richtlinien für Eisenbahnen gebaut und betrieben wurde, erinnert sie von Anbeginn bis heute an eine Straßenbahn. Dazu tragen auch die Bauarten der eingesetzten Fahrzeuge und das abweichende System von 600 Volt Gleichstrom bei. Im Jahre 1947 wurde das Unternehmen verstaatlicht und 1951 in die Strukturen der Staatsbahn PKP integriert. Gleichzeitig wechselte der Name in Warszawska Kolej Dojazdowa (Warschauer Zufuhrbahn). Im Rahmen der Restrukturierung der Polnischen Staatsbahnen wurde die WKD am 01.07.2001 als eigenständige Gesellschaft PKP Warszawska Kolej Dojazdowa Sp. z o.o. innerhalb der PKP-Holding ausgegliedert. Ein erster Anlauf einer Übergabe in regionale Hände im Jahre 2005 scheiterte an der Blockade der PKP-Zentrale. Letztlich konnte die Übertragung der Gesellschaft an die Kommunen am 27.09.2007 erfolgreich umgesetzt werden. Der Vorsatz PKP im Namen wurde allerdings erst zum 13.08.2008 getilgt. Ende 2013 hatte die WKD 247 Mitarbeiter. Die Gütertransportlizenz nutzt das Unternehmen nicht.

Das Netz der WKD erstreckt sich vom Zentrum der polnischen Hauptstadt Warschau ausgehend in südöstlicher Richtung bis zur Stadt Grodzisk Mazowiecki. Eine kurze Zweigstrecke nach Milanówka Grudów wird ebenfalls regulär befahren, während ein weiterer Abzweig nach Pruszków derzeit nur für Übergabefahrten zum PKP-Netz dient. Alle Bahnhöfe der WKD werden vom Stellwerk in Komorów ferngesteuert. Neben dem Ausbau der vorhandenen Strecken und der Modernisierung der Anlagen ist auch ein Neubauabschnitt nach Janki (entweder von Michałowice oder Komorów aus) geplant. Mittelfristig könnte eine Wiederinbetriebnahme des SPNV auf der Strecke Komorów – Pruszków umgesetzt werden.

Im Mai 2009 unterzeichneten die WKD und die Woiwodschaft einen Rahmenvertrag über die Organisation und die Finanzierung des SPNV in den kommenden 15 Jahren. In diesem Zeitraum wird die Woiwodschaft insgesamt 677,7 Mio. PLN an die WKD geben, welche für folgende Zwecke verwendet werden sollten: Kauf von 20 neuen Elektrotriebzügen, Angleichung des Stromsystems auf 3 kV Gleichstrom, Aufbau eines Reisendeninformationssystems auf den Stationen, Gleiserneuerung Warszawa Śródmieście WKD – Komorów, Bau eines zweiten Gleises im Abschnitt Podkowa Leśna Główna – Grodzisk Mazowiecki Radońska. Im Mai 2010 kürzte die Woiwodschaft die Mittel um 20 Mio. PLN. Bis 2013 wurden alle Stationen mit Fahrkartenautomaten ausgestattet.

Der Fahrzeugpark der WKD bestand bis 2012 fast ausschließlich aus über 30 Jahre alten Triebzügen, der lediglich um einen 2004 entstandenen Prototypen EN95 ergänzt wurde. Bis September 2012 lieferte das Fahrzeugwerk PESA 14 neue Triebzüge EN97 aus, welche bereits für 3 kV Gleichstrom konzipiert sind und durch Einbau eines Stromrichters auch aktuell eingesetzt werden können. Im täglichen Betrieb fielen die neuen Fahrzeuge durch eine ungewöhnlich starke Abnutzung der Radreifen auf, welche mittlerweile durch eine Änderung der Bremssteuerungssoftware auf ein normales Maß zurückging. Hinzu kamen Probleme mit den Klimaanlagen.
Dadurch werden die Altbaufahrzeuge EN94 immer noch als Rückfallebene benötigt und ihre geplante zügige Außerdienststellung unterblieb vorerst, ebenso die ursprünglich für 2013 geplante Umstellung des Stromsystems. Derzeit wird als Termin der Herbst 2015 gehandelt.
Anfang 2015 befand sich der EN95 zur Revision bei Pesa, bei der er unter anderem auf die Umstellung des Stromsystems vorbereitet wird. Newag liefert 2016 weitere 6 neue Triebzüge, die nur noch für 3 kV ausgelegt sind.
Im Jahr 2014 wurden 7,9 Mio. Reisende befördert (2013: 7,4) und eine Beförderungsleistung von 129 Mio. Pkm erbracht (2013: 117).
2013 wurde ein Nettogewinn von 1,22 Mio. PLN erwirtschaftet.

Verkehre
* SPNV Warszawa Śródmieście WKD – Grodzisk Mazowiecki Radońska
* SPNV Podkowa Leśna – Milanówek Grudów

Wiskol Waldemar Sołtys, Jarosław Sołtys S.J. G

ul. Zakładowa 19
PL-26-052 Nowiny
Telefon: +48 41 3667641
Telefax: +48 41 3667641
biuro@wiskol.pl
www.wiskol.pl

Management
* Jarosław Sołtys
* Waldemar Sołtys

Gesellschafter
* Waldemar Sołtys

Wiskol / ZIK

★ Jarosław Sołtys

Lizenzen
★ PL: EVU-Zulassung (GV), seit 18.01.2010
★ PL: Lizenz für Traktionsdienstleistungen, seit 20.01.2009
★ PL: Sicherheitszertifikat Teil A (PV+GV), gültig vom 21.04.2011 bis 20.04.2016
★ PL: Sicherheitszertifikat Teil B (PV+GV), gültig vom 02.08.2011 bis 01.08.2016

Infrastruktur
★ Werksanschluss des Zementwerkes Cementownia Nowiny Sp. z o.o.

Unternehmensgeschichte
Das Unternehmen Wiskol existiert seit 2002. Es entstand als Nachfolger des aufgelösten Eisenbahntransportbereiches des Zementwerkes Cementownia Nowiny Sp. z o.o. in Sitkówka-Nowiny, um den Rangier- und Verladeprozess weiterhin sicher zu stellen. Mittlerweile konnte auch in weiteren Betrieben der Anschlussbahnbetrieb übernommen werden.
Wiskol agiert in den Bereichen Lokvermietung, Anschlussbahnbetrieb und Güterverkehr. Für die Wartung der Loks ist in Nowiny eine eigene Werkstatt vorhanden.
Im Jahr 2011 konnten zwei Elektroloks von DB Schenker Rail Polska übernommen und aufgearbeitet werden. Bis 2012 hatte Wiskol auch eine EVU-Zulassung für Personenverkehr, die aber nie genutzt wurde.

Verkehre
★ Betrieb der Anschlussbahn des Zementwerkes Cementownia Nowiny der Dyckerhoff Polska Sp. z o.o. in Nowiny
★ Betrieb der Anschlussbahn des Trockenmörtelwerkes der Sopro Polska Sp. z o.o. in Nowiny
★ Betrieb der Anschlussbahn der Arcelor Dystrybucja Sp. z o.o. in Nowiny

Zakład Inżynierii Kolejowej Leśkiewicz, Kosmala Spółka Jawna (ZIK) G

ul. Retmańska 11A
PL-27-600 Sandomierz
Telefon: +48 15 8320279
Telefax: +48 15 8322471
zik@ziksandomierz.pl
www.ziksandomierz.pl

Management
★ Marek Leśkiewicz (Direktor)
★ Ryszard Kosmala (Stellvertretender Direktor)

Gesellschafter
★ Marek Leśkiewicz (50 %)
★ Ryszard Kosmala (50 %)

Lizenzen
★ PL: EVU-Zulassung (GV), seit 12.01.2004
★ PL: Sicherheitszertifikat Teil A (GV), gültig vom 08.12.2010 bis 07.12.2015
★ PL: Sicherheitszertifikat Teil B (GV), gültig vom 29.11.2012 bis 28.12.2015

Unternehmensgeschichte
Im Jahre 1986 gründeten Marek Leśkiewicz und Ryszard Kosmala in Sandomierz das Unternehmen Zakład Remontu Bocznic Kolejowych [Instandsetzungsbetrieb für Anschlussbahnen], die im Bereich Gleisbau aktiv war und ist. Seit 1998 kamen die Bereiche Transport und Spedition hinzu und seitdem heißt die Firma Zakład Inżynierii Kolejowej [Betrieb für Eisenbahningenieurwesen]. Nach Erhalt einer Güterverkehrslizenz im Dezember 2002 konnte das ZIK am 15.01.2003 den ersten eigenen Zug von Sandomierz nach Skarżysko Kamienna fahren. ZIK beschäftigt etwa 100 Mitarbeiter.

Verkehre
★ Quarzsandtransporte Bratków (Kopalnia Piasku Kwarcowego [Quarzsandgrube] Grudzień Las) – Sandomierz; für die Glashütte der Pilkington Polska Sp. z o.o.
★ Sodatransporte Inowrocław Rąbinek / Janikowo – Munina; 1 x pro Woche Traktion auf dem Abschnitt Tomaszów Mazowiecki – Munina; in Kooperation mit Transoda
★ Sodatransporte Inowrocław Rąbinek / Janikowo – Sandomierz; 2 x pro Woche Traktion auf dem Abschnitt Tomaszów Mazowiecki – Sandomierz im Auftrag der Glashütte der Pilkington Polska Sp. z o.o.; in Kooperation mit Transoda
★ AZ-Verkehr
★ Betrieb der Anschlussbahn der Glashütte O-I Produkcja Polska S.A. in Jarosław
★ Betrieb der Anschlussbahn der Glashütte der Pilkington Polska Sp. z o.o. in Sandomierz
★ Betrieb der Anschlussbahn der Umladeanlage der RentransEast Sp. z o.o. in Krówniki

Spedkoks / ZRK-DOM

Zakład Przewozów i Spedycji Spedkoks Sp. z o.o. GI

ul. Koksownicza 1
PL-42-523 Dąbrowa Górnicza
Telefon: +48 32 7575450
Telefax: +48 32 7575405
spedkoks@spedkoks.pl
www.spedkoks.pl

Management
* Damian Gabriel (Vorsitzender der Geschäftsführung)
* Marcin Gardela (Mitglied der Geschäftsführung)

Gesellschafter
Stammkapital 1.116.500,00 PLN
* Jastrzębska Spółka Węglowa S.A. (JSW) (100 %)

Lizenzen
* PL: EVU-Zulassung (GV), seit 12.01.2010
* PL: Sicherheitszertifikat Teil A (GV), gültig vom 04.11.2010 bis 03.11.2015
* PL: Sicherheitszertifikat Teil B (GV), gültig vom 16.12.2010 bis 15.12.2015

Infrastruktur
* Dąbrowa Górnicza Towarowa – Anschluss Koksownia Przyjaźń

Unternehmensgeschichte
Der Transport- und Speditionsbetrieb Zakład Przewozów i Spedycji Spedkoks Sp. z o.o. entstand am 22.09.2000 durch die Ausgründung einer Organisationseinheit aus der zum Kohlekonzern Jastrzębska Spółka Węglowa S.A. (JSW) gehörenden Kokerei Koksownia Przyjaźń S.A. Es ist für den Werkbahnbetrieb der Kokerei und den Transport der Rohstoffe und Endprodukte zwischen dem Werk und dem Güterbahnhof Dąbrowa Górnicza Towarowa von PKP PLK zuständig. Seit 2010 besitzt Spedkoks eine Zulassung als EVU und wickelt mittlerweile auch Transporte im Netz von PKP PLK ab. Spedkoks beschäftigt etwa 200 Mitarbeiter. Im Januar 2014 übernahm JSW sämtliche Anteile der vorherigen Eigentümer Koksownia Przyjaźń und PKP Cargo. Zukünftig wird Spedkoks auch in weiteren Niederlassungen der JSW und deren Tochterunternehmen den Betrieb der Anschlussbahnen führen: in Oberschlesien bei den Kokereien Radlin, Jadwiga und Dębieńsko sowie in Niederschlesien bei der Kokerei Victoria in Wałbrzych.

Verkehre
* Gütertransporte im Netz von PKP PLK nach Dąbrowa Górnicza Towarowa; für die Unternehmen der Kapitalgruppe Jastrzębska Spółka Węglowa S.A.
* Betrieb der Anschlussbahn der Kokerei Dębieńsko der JSW Koks S.A. in Zabrze
* Betrieb der Anschlussbahn der Kokerei Jadwiga der JSW Koks S.A. in Zabrze
* Betrieb der Anschlussbahn der Kokerei Koksownia Przyjaźń Sp. z o.o. in Dąbrowa Górnicza Towarowa
* Betrieb der Anschlussbahn der Kokerei Radlin der JSW Koks S.A. in Zabrze
* Betrieb der Anschlussbahn der Kokerei der Wałbrzyskie Zakłady Koksownicze „Victoria" S.A. in Wałbrzych
* Betrieb der Anschlussbahn des Terminals Dąbrowa Górnicza der POLZUG Intermodal POLSKA in Dąbrowa Górnicza Towarowa

Zakład Robót Komunikacyjnych – DOM w Poznaniu Sp. z o.o. (ZRK-DOM) G

ul. Kolejowa 4
PL-60-715 Poznań
Telefon: +48 61 6333659
Telefax: +48 61 6333659
sekretariat@zrk-dom.com.pl
www.zrk-dom.com.pl

Management
* Adam Ferens (Vorsitzender der Geschäftsführung)
* Sylwester Chełchowski (Mitglied der Geschäftsführung)
* Tomasz Kleska (Mitglied der Geschäftsführung)

Gesellschafter
Stammkapital 16.086.500,00 PLN
* PKP Polskie Linie Kolejowe S.A. (PLK) (100 %)

Lizenzen
* PL: EVU-Zulassung (GV), seit 05.05.2008
* PL: Sicherheitszertifikat Teil A (GV), gültig vom 13.01.2011 bis 12.01.2016
* PL: Sicherheitszertifikat Teil B (GV), gültig vom 02.02.2011 bis 01.02.2016

Unternehmensgeschichte
Das zur PKP-Gruppe gehörende Unternehmen hat seinen Ursprung im Jahre 1954, als in Poznań eine Abteilung der Polnischen Staatsbahnen PKP für den mechanisierten Gleisbau entstand. Im Zuge der Umstrukturierung der PKP bildete man daraus zum 01.09.2001 die Gesellschaft Zakład Robót Komunikacyjnych – DOM w Poznaniu [Verkehrsbaubetrieb DOM in Posen]. ZRK-DOM beschäftigt sich hauptsächlich mit Gleisbau im Netz von PKP PLK sowie bei Anschlussbahnen. Der Hauptsitz befindet sich in Poznań, Außenstellen gibt

ZRK-DOM / ZPNTMiU „TABOR" / Żnińska KP

es in Leszno und Zbąszyń. Die seit 2008 vorhandene Güterverkehrslizenz wird nur für den Eigenbedarf mit angemieteten Loks genutzt.

Verkehre
★ AZ-Verkehr

Zakłady Produkcyjno-Naprawczy Taboru Maszyn i Urządzeń „TABOR" M. Dybowski S.J. (ZPNTMiU „TABOR") G

ul. Sandomierska 39
PL-39-200 Dębica
Telefon: +48 14 6803700
Telefax: +48 14 6803701
tabor@tabor-debica.pl
www.tabor-debica.pl

Management
★ Marian Dybowski (Direktor)
★ Małgorzata Kliś (Stellvertretende Direktorin)
★ Tadeusz Łagowski (Stellvertretender Direktor)

Gesellschafter
Stammkapital 17.000.000,00 PLN
★ Marian Dybowski
★ Stanisława Dybowska

Lizenzen
★ PL: EVU-Zulassung (GV), seit 26.05.2009
★ PL: Lizenz für Traktionsdienstleistungen, seit 19.07.2005
★ PL: Sicherheitszertifikat Teil A (GV), gültig vom 25.11.2010 bis 24.11.2015
★ PL: Sicherheitszertifikat Teil B (GV), gültig vom 07.05.2014 bis 28.12.2015

Unternehmensgeschichte
Diese im Jahre 1993 gegründete Firma, welche zu Deutsch Produktions- und Reparaturbetrieb für Fahrzeuge und Anlagen heißt, beschäftigte sich mit der Reparatur von Lokomotiven sowie der Produktion und der Reparatur von Güterwagen. Im Bereich Modernisierung stattete man beispielsweise Rangierlokomotiven SM42 und 401Da mit Funkfernsteuerung aus. In Oberschlesien unterhielt ZPNTMiU „TABOR" an dem zur DB-Schenker-Gruppe gehörenden Bahnhof Jęzor Centralny in Sosnowiec eine Außenstelle, ebenso am Raffineriestandort Trzebinia. Die Außenstelle in Warschau am Güterbahnhof Warszawa Główna Towarowa existierte seit 2013 nicht mehr. Die in eigenem Besitz vorhandenen Lokomotiven und Güterwagen bietet ZPNTMiU „TABOR" zur Vermietung an, was zurzeit vorrangig von Bauunternehmen genutzt wird.

Ende 2013 gründeten Marian Dybowski und Stanisława Dybowska eine neue Gesellschaft namens Tabor Dębica Sp. z o.o., welche darauf hin die Bereiche Produktion und Reparatur übernahm. ZPNTMiU „TABOR" ist seitdem reines EVU.

Verkehre
★ AZ-Verkehr

Żnińska Kolej Powiatowa Sp. z o.o. w likwidacji

ul. Potockiego 4
PL-88-400 Żnin
Telefon: +48 52 3020492
natalia@ciuchciaznin.pl
www.ciuchciaznin.pl

Management
★ Piotr Woźny (Liquidator)

Gesellschafter
Stammkapital 1.403.500,00 PLN
★ Kolej Wąskotorowa Sp. z o.o. (51,02 %)
★ Powiat Żniński [Kreis Znin] (17,81 %)
★ Województwo Kujawsko-Pomorskie [Woiwodschaft Kujawien-Pommern] (17,81 %)
★ sonstige (13,36 %)

Lizenzen
★ PL: EVU-Zulassung (PV), seit 29.04.2004

Unternehmensgeschichte
Am 13.10.1893 nahm die Kreisbahn Znin die erste Strecke ihres bald fast 80 km umfassenden Netzes in Betrieb, das vor allem der Zuckerfabrik Znin als Transportmittel diente. Im Jahre 1949 übernahmen die PKP die Bahngesellschaft. Nachdem der öffentliche Reiseverkehr bereits 1962 eingestellt wurde, etablierte sich durch die Gründung eines Schmalspurbahnmuseums in Wenecja ab 1972 ein regelmäßiger Touristenbetrieb. Der Güterverkehr hielt sich noch bis Mitte der 1990er Jahre.
Im März 2002 wurde die Bahnstrecke von den PKP durch den Kreis Żnin und die Gemeinde Gąsawa übernommen, die für die Betriebsführung die Gesellschaft Żnińska Kolej Powiatowa gründeten. Diesen Namen trug die Bahn bereits zwischen 1920 und 1939 sowie von 1945 bis 1949. Auf der Strecke Żnin Wąskotorowy – Gąsawa, welche das Reststück des Netzes darstellt, wickelte diese einen jeweils von Mai bis August andauernden täglichen Reiseverkehr ab, welcher auf die Belange von Touristen ausgerichtet war, die vor allem das Archäologische Museum in Biskupin besuchen.
Der Fahrzeugpark umfasst einige Dieselloks der Reihe Lyd2 (Typ L30H, Hersteller FAUR), die

Egal wo Sie sind:
Gut informiert mit dem Medienangebot der DVZ.

Die DVZ ist Ihr wegweisender Begleiter in der Logistik- und Transportwirtschaft. Täglich berichtet das qualifizierte Redaktionsteam unabhängig, umfassend und kompetent über branchenrelvante Themen. Sie erhalten eine Zeitung, die Märkte und Entwicklungen genau beobachtet, die komplexe Sachverhalte auflöst und Klarheit schafft. Die DVZ liefert Ihnen alle Informationen, die Sie für Ihr Business benötigen.

Ein Abo – viele Informationswege

Jetzt 4 Wochen gratis und ohne Risiko testen!
www.dvz.de/probe1

Żnińska KP / ZUE

Dampflokomotive Px38-805 (Chrzanów 727 / 1938) sowie Reisezugwagen. Zwei Ld1 (Typ WLs50, Hersteller ZNTK Poznań) stehen für Rangier- und Arbeitszugdienste zur Verfügung.
Der Betriebsmittelpunkt mit Lokomotiv- und Wagenschuppen befindet sich in Żnin.
Anfang Juni 2009 übernahm der Fonds NFI Magna Polonia S.A. die Mehrheit der Anteile an der Żnińska KP, womit diese zur ersten privatisierten Schmalspurbahn in Polen wurde. Als der Fonds im Frühjahr 2013 bekanntgab, seine Anteile zurückzugeben, kam das Unternehmen in enorme finanzielle Schwierigkeiten. Eine Übernahme der Anteile durch die weiteren Anteilseigner (Woiwodschaft und Kreis) kam leider nicht zu Stande. Nach der noch durchgeführten Saison 2013 wurde den Beschäftigten gekündigt. Auf einer außerordentlichen Gesellschafterversammlung am 24. Januar 2014 wurde die Liquidation der Gesellschaft beschlossen. Die Betriebsführung der Schmalspurbahn ging an das Museum der Pałuki-Region in Żnin über.

ZUE S.A. G

ul. Kazimierza Czapińskiego 3
PL-30-048 Kraków
Telefon: +48 12 2663939
Telefax: +48 12 2693589
zue@zue.krakow.pl
www.grupazue.pl

Management
★ Wiesław Nowak (Vorstandsvorsitzender)
★ Jerzy Czeremuga (Stellvertretender Vorstandsvorsitzender)
★ Marcin Wiśniewski (Stellvertretender Vorstandsvorsitzender)
★ Anna Mroczek (Mitglied des Vorstands)
★ Maciej Nowak (Mitglied des Vorstands)
★ Arkadiusz Wierciński (Mitglied des Vorstands)

Gesellschafter
Stammkapital 5.757.520,75 PLN
★ Wiesław Nowak (62,53 %)
★ OFE PKO BP Bankowy (6,54 %)
★ OFE MetLife (6,34 %)
★ OFE Aviva BZ WBK (4,99 %)
★ OFE ING (4,6 %)
★ OFE Allianz Polska (3,76 %)
★ OFE PZU "Złota Jesień" (1,35 %)
★ TFI PZU Asset Management S.A. (1,35 %)
★ TFI Aviva Investors Poland S.A. (1,3 %)

Beteiligungen
★ Biuro Inżynieryjnych Usług Projektowych Sp. z o.o. (100 %)
★ Railway Technology International Sp. z o.o. (51 %)

Lizenzen
★ PL: EVU-Zulassung (GV), seit 30.03.2004
★ PL: Lizenz für Traktionsdienstleistungen, seit 30.03.2004
★ PL: Sicherheitszertifikat Teil A (GV), gültig vom 07.04.2014 bis 29.12.2015
★ PL: Sicherheitszertifikat Teil B (GV), gültig vom 16.05.2014 bis 01.02.2016

Unternehmensgeschichte
Wiesław Nowak gründete 1991 das Unternehmen Radiotech, das in der Elektrobranche angesiedelt war. Mit dem 2000 erfolgten Einstieg in die Preftor S. A. fasste das Unternehmen auch in den Bereichen Straßenbahn- und Straßenbau Fuß. Im Jahr 2002 wandelte Nowak Radiotech in die Aktiengesellschaft Zakłady Usług Energetycznych i Komunikacyjnych Grupa ZUE S.A. um, die 2010 in ZUE S.A. umbenannt wurde. Durch den Kauf der Mehrheitsanteile am Unternehmen Przedsiębiorstwo Robót Komunikacyjnych S.A. (PRK Kraków) hatte ZUE nun auch ein im Eisenbahnbau tätiges Unternehmen im Portfolio.
PRK Kraków geht auf einen nach dem Zweiten Weltkrieg in Kraków [Krakau] geschaffenen Verkehrsbaubetrieb zurück, der 1982 in die Strukturen der Polnischen Staatsbahnen PKP überging. Am 01.01.2001 wurde er in eine staatliche Aktiengesellschaft umgewandelt und bekam den Namen Przedsiębiorstwo Robót Komunikacyjnych [Verkehrsbaugesellschaft, PRK Kraków]. Am 23.10.2009 beschloss das polnische Finanzministerium den Verkauf von Aktien und damit die Privatisierung von PRK Kraków. Gegen zehn Mitbewerber konnte sich das Unternehmen ZUE S.A. in Kraków durchsetzen und damit die Aktienmehrheit an PRK Kraków erwerben. Ende 2009 hatte PRK Kraków 423 Mitarbeiter.
Im Juli 2013 fällte ZUE S.A. die Entscheidung zur Fusionierung mit PRK Kraków, die noch im gleichen Jahr vollzogen wurde. Gleichzeitig gingen die EVU-Lizenzen und Sicherheitszertifikate auf ZUE über.
Im Februar 2015 kündigte ZUE die Übernahme von 70 % der Anteile an der Railway GfT Polska Sp. z o.o. an, der Nachfolgegesellschaft der ThyssenKrupp GfT Polska Sp. z o.o.

Verkehre
★ AZ-Verkehr

Portugal

Kurze Eisenbahngeschichte

In Portugal beginnt die Eisenbahngeschichte erst in der zweiten Hälfte des 19. Jahrhunderts, als am 28.10.1856 der Abschnitt Lissabon – Carregado der heutigen „Linha do Norte" (Nordbahn) eröffnet wurde. Die 1877 fertiggestellte, 336 km lange Linha do Norte verbindet die Kapitale mit Porto, der zweitgrößten Stadt des Landes und bildet das Rückgrat des portugiesischen Eisenbahnverkehrs. Am 01.02.1861 folgten mit Barreiro – Pinhal Novo – Vendas Novas der „Linha do Alentejo" und Pinhal Novo – Setúbal der „Linha do Sul" die beiden nächsten, südöstlich von Lissabon gelegenen Strecken. Die heute 274 km lange „Linha do Sul" ist die Hauptstrecke in den Süden des Landes und erhielt zwischen 1999 und 2004 eine Verlängerung von Pinhal Novo bis Lissabon, welche dort das neu geschaffene Eisen-bahndeck der „Ponte 25 de Abril" über den Tejo mitnutzt. Alle frühen Eisenbahnstrecken wurden zunächst in Normalspur angelegt, dann aber auf Breitspur umgenagelt, um die Kompatibilität mit den spanischen Strecken zu gewährleisten. Wie im Nachbarland erreichte auch in Portugal das Netz keine besonders hohe Dichte. Erste (nur dort mit bis heute beibehaltenen 1.500 V Gleichspannung) elektrifizierte Strecke war die Vorortbahn von Lissabon nach Cascais. Die nächste Aufnahme eines elektrischen Betriebes, nun aber mit 25 kV 50 Hz Wechselspannung, folgte erst 30 Jahre später am 28.10.1956 im Abschnitt Lissabon – Carregado genau 100 Jahre nach dessen Eröffnung. Die Linha do Norte Lissabon – Porto ist seit dem 03.11.1966 durchgehend elektrisch befahrbar. Vorgesehen waren bis 2011 mehrere normalspurige HGV-Strecken, die auch die Anbindung nach Spanien verbessern sollten. Nach ersten Bauarbeiten wurde wegen der finanziellen Schwierigkeiten des Landes im Sommer 2011 zunächst ein Aufschub bekanntgegeben, ehe die portugiesische Regierung im Frühjahr 2012 den Ausstieg aus allen HGV-Projekten erklärte. Im nunmehr gültigen Strategieplan 2014-2020 für die Transportinfrastruktur mit seinem Investitionsvolumen von 6,067 Mrd. EUR steht der Eisenbahnsektor mit 2,639 Mrd. EUR (44 %) an erster Stelle. Neben einem voll elektrifizierten, normalspurigen und mit ERTMS gesteuerten TEN-T-Güterzugnetz mit einer Kapazität für Güterzüge von 750 m Länge und 1.400 t Last wird darin als wirkliches Neubauprojekt nur noch Lissabon – Évora – Elvás (– Badajoz [ES]) als „Corredor Internacional Sul" angegangen, um so wenigstens eine HGV-Anbindung Richtung Madrid zu schaffen. Auf portugiesischem Gebiet wird die Trasse aufgrund von EU-Auflagen zur Kostensenkung eingleisig angelegt.

Marktübersicht

★ Personenverkehr: Fast alle Leistungen werden von den Sparten der Staatsbahn Comboios de Portugal (CP) erbracht. Einziger privater Anbieter ist daneben die Travessia do Tejo Transportes SA (Fertagus), die Verkehr im Großraum Lissabon abwickelt.

★ Güterverkehr: Auch der Güterverkehrsmarkt ist kaum diversifiziert – den Hauptanteil erbringt die CP Carga, die ehemalige, heute als eigenständiges Unternehmen zur Staatsbahnholding

Foto: Ramón Gómez Fernández-Tejeda

Portugal

gehörende Güterverkehrssparte der CP. Vorwiegend im KV tätig ist die Takargo - Transporte de Mercadorias, S.A., die viele Züge grenzüberschreitend mit der spanischen COMSA Rail Transport SA bespannt.

Verkehrsministerium
Ministério da Economia e do Emprego
Gabinete do Sécretario de Estado das Obras Públicas Transportes e Comunicações
Rua da Horta Seca, 15
PT-1200-221 Lisboa
Telefon: +351 21 324 54 00
gabinete.seoptc@mee.gov.pt
www.portugal.gov.pt

Nationale Eisenbahnbehörde
Instituto da Mobilidade e dos Transportes Terrestres
Unidade de Regulação Ferroviária
Av. das Forças Armadas, 40
PT-1649-022 Lisboa
Telefon: +351 21 794 9206
URF_Geral@imt-ip.pt@imtt.pt; www.urf.imtt.pt

Eisenbahnunfalluntersuchungsstelle
GISAF – Gabinete de Investigação
de Segurança de Acidentes Ferroviários
Av. Elias Garcia, 103, 7.º; PT-1050-098 Lisboa
Telefon: +351 21 791 1950
geral@gisaf.min-economia.pt; www.gisaf.min-economia.pt

CP

Comboios de Portugal, E.P.E. (CP) 🅿

Calçada do Duque 20-1
PT-1294-109 Lisboa
Telefon: +351 707 210-220
Telefax: +351 21 347-4468
webmaster@cp.pt
www.cp.pt

Management
★ Manuel Tomás Cortez Rodrigues Queiró (Präsident)
★ Cristina Maria dos Santos Pinto Dias (Vizepräsidentin)
★ Maria João Semedo Carmelo Rosa Calado Lopes (Mitglied des Präsidiums)
★ Maria Isabel de Jesus da Silva Marques Vicente (Mitglied des Präsidiums)

Gesellschafter
Stammkapital 1.995.317.000,00 EUR
★ Portugiesische Republik (100 %)

Beteiligungen
★ CP Carga - Logística e Transportes Ferroviários de Mercadorias, S.A (100 %)
★ ECOSAÚDE Educação, Investigação e Consultoria em Trabalhao, Saúde e Ambiente, S.A. (100 %)
★ Empresa de Manutenção de Equipamento Ferroviário, S.A. (EMEF) (100 %)
★ FERNAVE - Formação Técnica, Psicologia Aplicada e Consultadoria em Transportes e Portos, S.A. (100 %)
★ SAROS Sociedade de Mediação de Seguros, Lda. (100 %)
★ Transportes Intermodais do Porto, A.C.E. (TIP) (33,33 %)
★ Operadores de Transportes da Região de Lisboa, A.C.E. (OTLIS) (14,28 %)
★ Metropolitano Ligeiro de Mirandela, S.A. (10 %)
★ Metro do Porto, S.A. (3,33 %)
★ Metro-Mondego, S.A. (2,5 %)
★ EUROFIMA Europäische Gesellschaft für die Finanzierung von Eisenbahnmaterial AG (2 %)
★ Bureau Central de Clearing s.c.r.l. (BCC) (1,54 %)
★ Agência para a Modernização do Porto, S.A. (APOR) (0,47 %)

Lizenzen
★ PT: EVU-Zulassung (PV); gültig ab 04.03.2010
★ PT: Sicherheitszertifikat, Teil A+B (PV); gültig vom 01.09.2011 bis 31.08.2016

Unternehmensgeschichte
Beinahe die ersten 100 Jahre Eisenbahn in Portugal sind durch ein Nebeneinander von Staatsbahn und privaten Betreibern gekennzeichnet, denn nicht einmal drei Jahre nach Eröffnung der ersten Strecke von Lissabon nach Carregado am 28.10.1856 konstituierte sich am 20.06.1860 der Vorläufer der späteren Staatsbahn CP, die „Companhia Real dos Caminhos de Ferro Portugueses" (Königliche Gesellschaft der portugiesischen Eisenbahnen). Mit dem am 07.09.1945 erlassenen Gesetz Nr. 2008 wurde der Weg für den Zusammenschluss aller vorhandenen Betreiber in Portugal zu einem einzigen Eisenbahnunternehmen vorgezeichnet. Mit Ausnahme der „Sociedade de Estoril", dem Betreiber der Vorortbahn von Lissabon nach Cascais, wurde dies nachfolgend umgesetzt, so dass die neugeschaffene „Companhia dos Caminhos de Ferro Portugueses" (Portugiesische Eisenbahngesellschaft) am 14.06.1951 ihre Konzession erhalten konnte und als Sociedade Anónima de Responsabilidade Limitada (SARL = GmbH) organisiert war. Nach der „Nelkenrevolution" 1974 begann ein Verstaatlichungsprogramm für Großunternehmen, das auch die Eisenbahn einbezog. Mit dem am 16.04.1975 erlassenen Gesetzesdekret Nr. 205-B/75 wurde deren am Vortag vollzogene Nationalisierung bekanntgegeben. Der 25.03.1977 brachte nicht nur das Ende der Dampftraktion auf dem Breitspurnetz, sondern auch eine neue Satzung, mit der das Unternehmen in „Caminhos de Ferro Portugueses" (CP, Portugiesische Bahnen) umbenannt und in eine Empresa pública (EP, öffentliches Unternehmen) umgewandelt wurde. Zudem wurde die Sociedade de Estoril in die CP integriert. Im Zuge der portugiesischen Bahnreform wurde das Netz der am 29.04.1997 gegründeten Infrastrukturgesellschaft Rede Ferroviária Nacional (REFER) übertragen. Die CP selbst, die nachfolgend am 06.11.1997 eine neue Unternehmensstruktur erhielt, war dadurch kein Netzbetreiber mehr und erhielt am 28.10.2004 den neuen Namen „Comboios de Portugal" (Eisenbahnen von Portugal). Mit dem Gesetzesdekret 137-A/2009 vom 12.06.2009 wurde die Unternehmensform in die „Entidade Pública Empresarial" (vergleichbar mit einer Anstalt öffentlichen Rechts) geändert und wenig später die Güterverkehrssparte in das Tochterunternehmen CP Carga S.A. ausgelagert. Der Personenverkehr hingegen wird durch die CP selbst erbracht und gliedert sich in die Sparten
★ Viajar em Portugal (Binnenverkehr) mit den Fernverkehrsprodukten Alfa Pendular (AP, auf dem italienischen ETR 480 basierender HGV-Neitezug) bzw. Intercidade (IC) sowie den Nahverkehrsprodukten Interregional (IR) und

CP / CP Carga / REFER

Regional (R)
* Urbanos mit den Vorortverkehren in Porto und Lissabon und
* Internacional mit den von Lissabon ausgehenden Nachtzugpaaren „Sud Expresso" nach Irún – Hendaye (mit TGV-Anschluss von und nach Paris) und „Lusitânia Comboio Hotel" nach Madrid sowie zwei Tageszugpaaren von Porto ins spanische Vigo.

2013(Vorjahreswerte in Klammern) beförderte die CP 107,169 (111,708) Mio. Passagiere bei einer Verkehrsleistung von 3,311 Mrd. Pkm (3,443 Mrd. Pkm) bzw. 28,564 (27,549) Mio. Zugkm und einem daraus erzielten Umsatz von 203,948 (210,595) Mio. EUR. Das operative Ergebnis betrug -19,703 (-37,099) Mio. EUR und der Nettoverlust 226,561 (223,589) Mio. EUR, wobei der große Unterschied zwischen beiden Kennziffern eine Folge hoher Zinsaufwendungen ist. Per 31.12. hatte die CP 2.766 (2.924) Mitarbeiter.

CPCARGA S.A.

CP Carga - Logística e Transportes Ferroviários de Mercadorias, S.A G

Avenida da República, nº 66
PT-1050-197 Lisboa
Telefon: +351 211 026-708
Telefax: +351 211 026-846
infocpcarga@cpcarga.pt
www.cpcarga.pt

Management
* Manuel Tomás Cortez Rodrigues Queiró (Präsident)
* Maria João Semedo Carmelo Rosa Calado Lopes (Mitglied des Präsidiums)

Gesellschafter
Stammkapital 5.000.000,00 EUR
* Comboios de Portugal, E.P.E. (CP) (100 %)

Lizenzen
* PT: EVU-Zulassung (PV); gültig ab 01.08.2009
* PT: Sicherheitszertifikat, Teil A+B (GV); gültig vom 01.04.2011 bis 31.03.2016

Unternehmensgeschichte
Die CP Carga - Logística e Transportes Ferroviários de Mercadorias, S.A. ist die Güterverkehrssparte der CP (Comboios de Portugal). Die CP (Comboios de Portugal) entstand am 28.10.2004 als Nachfolger der Caminhos de Ferro Portugueses und ist die

Schwester des staatlichen Infrastrukturbetreibers Rede Ferroviária Nacional (REFER). Die CP ist seit Juni 2009 eine zugelassene Gesellschaft, die sich zu 100 % im Besitz des Staates befindet. CP Cargo wurde nachfolgend zum 01.08.2009 in eine eigenständige Aktiengesellschaft umgewandelt. Für intermodale Verbindungen zwischen den portugisischen Atlantikhäfen ins Innere der iberischen Halbinsel haben CP Carga und deren spanisches Pendant Renfe Mercancías die strategische Allianz IberianLink gegründet. Diese führt seit dem März 2009 dreimal wöchentlich grenzüberschreitende Verbindungen, die derzeit von Terminals in Porto und Lissabon über Madrid nach Valencia, Zaragoza, Barcelona und Tarragona angeboten werden.

Bei der CP Carga S.A. waren 2013 (Vorjahreswerte in Klammern) per 31.12. 585 (629) Mitarbeiter beschäftigt, das Güterverkehrsaufkommen betrug 8,288 (8,713) Mio. t bei einer Verkehrsleistung von 1,894 (2,026) Mrd. tkm. Der Umsatz von 61,069 (64,299) Mio. EUR war mit einem EBIT von -15,515 (-14,403) Mio. EUR und einem Reinverlust von 22,992 (19,165) Mio. EUR verbunden. Für 2014 berichtet das Unternehmen vorab von einem auf 9,2 Mio. t gewachsenen Aufkommen und einem geschätzten Verlust von nur noch rund 16 Mio. EUR.

Die CP Carga mit ihren nach Presseberichten rund 200 Mio. EUR Schulden gehört zu den Staatsunternehmen, die wegen der schwierigen Finanzlage des Landes verkauft werden sollen. Die für 2012 angekündigte Privatisierung des Unternehmens wurde allerdings mehrfach verschoben und soll nun 2015 erneut angegangen werden.

REFER Rede Ferroviária Nacional EPE I

Estação de Santa Apolónia
PT-1100-105 Lisboa
Telefon: +351 21 102-2000
Telefax: +351 21 102-1719
ci@refer.pt
www.refer.pt

REFER / TK

Management
* Dr. António Manuel Palma Ramalho (Vorstandsvorsitzender)
* Ing. José Luís Ribeiro dos Santos (stellvertretender Vorstandsvorsitzender)
* Ing. Vanda Cristina Loureiro Soares Nogueira (Mitglied des Vorstandes)
* Dr. José Saturnino Sul Serrano Gordo (Mitglied des Vorstandes)
* Dr. Alberto Manuel de Almeida Diogo (Mitglied des Vorstandes)

Gesellschafter
Stammkapital 451.200.000,00 EUR
* Portugiesische Republik (100 %)

Beteiligungen
* REFER TELECOM - Serviços de Telecomunicações, S.A. (100 %)
* REFER Patrimánio - Administração e Gestiação Imobiliária S.A. (99,997 %)
* REFER Engineering, S.A. (98,64 %)
* GIL - GARE INTERMODAL DE LISBOA, S.A. (33,65 %)
* METRO MONDEGO, S.A. (2,5 %)

Infrastruktur
* Staatliches Eisenbahnnetz der Portugiesischen Republik (2.544 km betriebene Strecken) davon:
2.432 km Spurweite 1.668 mm und 112 km Spurweite 1.000
vom Breitspurnetz sind 1.822 km eingleisig, 562 km zweigleisig und 48 km mehrgleisig; 1.605 km elektrifiziert mit 25 kV, 50 Hz und 25 km elektrifiziert mit 1.500 V; 802 km nicht elektrifiziert
Nicht betriebene Strecken: 1.075 km (eingleisig, nicht elektrifiziert), davon 547 km Breitspur und 528 km Schmalspur
Auch alle betriebenen Schmalspurstrecken sind eingleisig und nicht elektrifiziert.

Unternehmensgeschichte
REFER ist die staatliche portugiesische Infrastrukturgesellschaft und wurde mit dem Gesetzesdekret Nr. 104/97 zur Trennung von Infrastruktur und Betrieb der Staatsbahn Caminhos de Ferro Portugueses (CP) vom 29.04.1997 gegründet und nahm am 05.12.1997 ihre Tätigkeit auf. Sie steht unter Verwaltung des Ministeriums für öffentliche Bauten, Verkehr und Kommunikation sowie des Ministeriums für Finanzen und öffentliche Verwaltung. Die Hauptaufgaben von REFER sind das operative Eisenbahnverkehrsmanagement sowie die Instandhaltung und der Ausbau des portugiesischen Eisenbahnnetzes. Für Fragen des Netzzugangs ist hingegen das Nationale Institut für Mobilität und Landverkehr, Instituto da Mobilidade e dos Transportes Terrestres, IMTT) zuständig.
Mit dem am 22.07.2008 erlassenen Gesetzesdekret 141/2008 wurde die REFER-Unternehmensform von der bisherigen Empresa Pública (EP „öffentliches Unternehmen") zu einer Entidade Pública Empresarial (EPE, vergleichbar mit einer Anstalt öffentlichen Rechts) geändert. 2013 (Vorjahreswerte in (Klammern) wurde Geschäftseinnahmen von 169,631 (153,415) Mio. EUR erzielt, wovon 71,930 (68,230) Mio. EUR aus Trassengebühren resultierten. Das EBITDA lag bei -23,7(-20,5) Mio. EUR und das Nettoresultat bei -89,1 (-92,1) Mio. EUR. Die Unternehmensverschuldung ist im Laufe des Jahres weiter von 6,945 auf 7,161 Mrd. EUR gestiegen, nachdem sie Anfang 2012 noch bei 6,551 Mrd. EUR gelegen hatte. Auf dem Netz der REFER wurden 35,952 (35,022) Mio. Zugkm erbracht, davon 29,682 (28,490) Mio. von Reisezügen, 5,450 (5,693) Mio. von Güter- und 820.000 (839.000) von Leerzügen. Die Zahl der Mitarbeiter lag bei 2.546 (2.766).

takargo

Takargo - Transporte de Mercadorias, S.A. (TK) G

Rua Mário Dionísio, nº 2
PT-2796-957 Linda-a-Velha
Telefon: +351 219 939 400
Telefax: +351 219 939 405
takargo@takargo.pt
www.takargo.pt

Management
* Eduardo João Frade Sobral Pimentel (Präsident)

Gesellschafter
Stammkapital 50.000,00 EUR
* TERTIR S.A. (100 %)

Beteiligungen
* Ibercargo Rail SA (50 %)

Lizenzen
* ES: Sicherheitszertifikat, Teil B (GV), gültig vom 29.11.2013 bis 30.04.2018
* PT: EVU-Zulassung (GV) seit 30.12.2006
* PT: Sicherheitszertifikat, Teil A+B (GV), gültig vom 01.05.2013 bis 30.04.2018

Unternehmensgeschichte
Die Takargo Rail wurde zunächst als Cargo Rail gegründet und später in Takargo Rail umbenannt. Sie firmiert offiziell als Takargo-Transporte de Mercadorias S.A. Organisatorisch gesehen ist sie eine von sieben Tochtergesellschaften der zur MOTA ENGIL-Gruppe gehörenden Logistik- und

TK / Fertagus

Transportsparte TERTIR S.A.. Als Tochtergesellschaft der TERTIR hat sie direkten Zugang zu deren Containerterminals in Lissabon Alverca und Porto Fraixeiro, sowie deren Häfen Leixões (Porto), Aveiro, Figueira da Foz, Setubal und Lissabon. Die Umsatzzahlen von Takargo Rail entwickelten sich wie folgt:
* 2007: 0,4 Mio. EUR
* 2008: 6,3 Mio. EUR
* 2009: 14,8 Mio. EUR

Takargo verfügt über von der CP übernommenen Lokomotiven der Reihe 1400, die vor Inlandsleistungen eingesetzt werden. Für ihre zukünftigen Aufgaben wurden bei Vossloh España sieben Lokomotiven der Reihe Euro4000 sowie 250 Containertragwagen beschafft.
Für die zunehmende Anzahl an grenzüberschreitenden Güterzügen Spanien – Portugal hat man am 07.04.2009 zusammen mit der COMSA Rail Transport S.A. (CRT) den Operator Ibercargo Rail gegründet.

Verkehre
* Baumaterialtransporte für die REFER
* Chemietransporte Valongo / Entroncamento / Praias Sado – Sines
* Gütertransporte Bobadela – Setúbal
* Gütertransporte Mangualde – Lissabon-La Alverca
* KV-Transporte (Coils) Sagunto Sidmed (Valencia) [ES] – Estarreja (Aveiro); Spotverkehre in Kooperation mit der COMSA Rail Transport S.A.
* KV-Transporte (Coils) Sagunto Sidmed (Valencia) [ES] – Estarreja (Aveiro); Spotverkehre in Kooperation mit der COMSA Rail Transport SA (CRT)
* KV-Transporte (Coils) Sagunto Sidmed (Valencia) [ES] – Penalva do Castelo; 4x pro Woche seit September 2010 in Kooperation mit der COMSA Rail Transport SA (CRT)
* KV-Transporte (Coils) Sagunto Sidmed (Valencia) [ES] – Penalva do Castelo; seit September 2010 in Kooperation mit der COMSA Rail Transport S.A.
* KV-Transporte (Kalkstein) Figueira da Foz – Sines; täglich seit 20.04.2009 für die EDP - Energias de Portugal
* KV-Transporte (Petrolkoks) Setubal – Leiria (C.M. P. - Cimentos Maceira E Pataias, S.A.); täglich
* KV-Transporte (Sojaöl) Lissabon (Iberol - Sociedade Ibérica de Oleaginosas, S.A. in Alhandra) – Aveiro (Prio Advanced Fuels S.A.); 3 x pro Woche
* KV-Transporte (Stahl) Vigo [ES] – Penalva
* KV-Transporte (Zementklinker) Martingança (C.M. P. - Cimentos Maceira E Pataias, S.A.) – Praias-Sado
* KV-Transporte (Zementklinker) Souselas (CIMPOR Cimentos de Portugal) – Aveiro; täglich
* KV-Transporte Lissabon (Liscont / Sotagus) – Entroncamento (Terminal Riachos); bei Bedarf
* KV-Transporte Lissabon / Pampilhosa – Elvas
* KV-Transporte Lissabon – Porto de Leixões

* KV-Transporte Lissabon-La Alverca – Zaragoza Espartal [ES]; 2 x pro Woche seit 02.03.2009 in Kooperation mit der COMSA Rail Transport S.A.
* KV-Transporte Zaragoza El Espartal [ES] – Entroncamento; seit April 2014 in Kooperation mit der COMSA Rail Transport S.A.
* KV-Transporte Zaragoza El Espartal [ES] – Entroncamento; seit April 2014 in Kooperation mit der COMSA Rail Transport SA (CRT)
* Rundholztransporte A Coruña-San Diego [ES] – Louriçal; seit Juli 2011 in Kooperation mit der COMSA Rail Transport SA (CRT)
* Rundholztransporte As Gándaras (Lugo) [ES] – Figueira da Foz; 3 x pro Woche seit 09.04.2010 im Auftrag der Ibercargo Rail in Kooperation mit der COMSA Rail Transport SA (CRT)
* Rundholztransporte Ferrol [ES] / Puerto [ES] – Praias Sado; seit 09.04.2014 in Kooperation mit der COMSA Rail Transport SA (CRT)
* Rundholztransporte Irívo / Mortágua – Praias Sado
* Rundholztransporte Lalín – Louriçal
* Rundholztransporte Lugo Mercancías [ES] – Louriçal / – Vila Velha de Ródão; seit Mai 2010 in Kooperation mit der COMSA Rail Transport SA (CRT)
* Rundholztransporte Meirama-Picardel [ES] – Louriçal; seit Juni 2014 in Kooperation mit der COMSA Rail Transport S.A.

Travessia do Tejo Transportes SA (Fertagus) P

Estação do Pragal Porta 23
PT-2800 Almada
Telefon: +351 21 106-6300
Telefax: +351 21 106-6399
fertagus@fertagus.pt
www.fertagus.pt

Management
* José Luís Catarino (Präsident)

Gesellschafter
Stammkapital 2.744.00,00 EUR
* Joaquim Jeronimo Transp. Ferroviário, SGPS SA (55 %)
* CDGP SA (35 %)

Fertagus

Lizenzen
* PT: EVU-Lizenz (PV) seit 09.06.2006, gültig bis 09.05.2016
* PT: Sicherheitszertifikat, Teil A+B (PV); gültig vom 15.12.2011 bis 14.12.2016

Unternehmensgeschichte
Die Travessia do Tejo Transportes SA, besser bekannt als „Fertagus" ist Teil des Transportunternehmens Grupo Barraqueiro mit Sitz in Lissabon, an der wiederum der britische Verkehrskonzern Arriva plc mit 21 % beteiligt ist. Die am 29.07.1999 gegründete Fertagus betreibt im Großraum Lissabon als bisher einziger privater Anbieter Zugverkehr im portugiesischen Eisenbahnnetz neben der staatlichen Eisenbahngesellschaft CP und beschäftigte im Jahr 2010 198 Mitarbeiter. Im gleichen Jahr wurden 23 Mio. Fahrgäste befördert. Dies entspricht einer Steigerung von 2 % im Vergleich zum Vorjahr.
Auf die Lokalisierung in der Landeshauptstadt weist auch der Firmenname hin, eine Verknüpfung aus einem „Baustein" des portugiesischen Wortes für Eisenbahn, caminhos-de-ferro und dem lateinischen Namen des Flusses Tejo, tagus.
Das Unternehmen betreibt die 54 km lange Strecke zwischen Lissabon Roma-Areeiro und Setúbal, deren 14 Stationen innerhalb einer Fahrzeit von 57 Minuten bedient werden. Eingesetzt werden 18 Doppelstockzüge des Typs X'TRAPOLIS Tagus aus je vier Wagen, die GEC Alstom in den Jahren 1999 und 2000 lieferte. Diese befanden sich zunächst im Eigentum von Fertagus, gehören aber inzwischen dem Staat, der diese wiederum an den Betreiber vermietet. Dieser ist außer auf der Schiene mit der Marke „Sulfertagus" auch auf zahlreichen (Zubringer-)Buslinien der Region aktiv.
Die Entstehung von Fertagus geht einerseits auf den Beschluss der portugiesischen Regierung von 1997 zurück, der Staatsbahn CP nur noch die Funktion als EVU zu lassen, das Schienennetz sowie die Werkstätten bzw. Einrichtungen zur Zuginstandhaltung aber anderen Institutionen zu übertragen und damit das Netz für andere Betreiber zu öffnen.
Andererseits ließ das portugiesische Verkehrsministerium in Lissabon zwischen 1996 und 1999 die „Brücke des 25. April" über den Tejo mit einem Eisenbahndeck versehen und die zugehörigen Zulaufstrecken schaffen, womit eine neue, Eixo Norte/Sul genannte Verbindung zu den südlich des Flusses gelegenen Vororten entstand.
Die sich anschließende SPNV-Ausschreibung für diese Trasse gewann die neu gegründete Gesellschaft Fertagus, die ab 1999 zunächst den Verkehr zwischen Lissabon-Entrecampos und Fogueteiro übernahm. Erst seit 2003 wird in Lissabon der heutige Endpunkt Roma-Areeiro bedient und 2004 erfolgte nach Schaffung der infrastrukturellen Voraussetzungen die Anbindung der Distrikthauptstadt Setúbal, was zu einem beträchtlichen Fahrgastzuwachs führte.
Ab ca. 2015 möchte Fertagus auch den SPNV über die neu zu bauende dritte Tejo-Brücke zwischen Chelas und Barreiro übernehmen. Diese Brücke soll sowohl eine normalspurige Hochgeschwindigkeitsstrecke nach Porto und Madrid als auch eine neue Nahverkehrsverbindung zwischen Lissabon und Setúbal aufnehmen.

Verkehre
* SPNV Lissabon Roma-Areeiro – Setúbal

Egal wo Sie sind:
Gut informiert mit dem Medienangebot der DVZ.

Die DVZ ist Ihr wegweisender Begleiter in der Logistik- und Transportwirtschaft. Täglich berichtet das qualifizierte Redaktionsteam unabhängig, umfassend und kompetent über branchenrelvante Themen. Sie erhalten eine Zeitung, die Märkte und Entwicklungen genau beobachtet, die komplexe Sachverhalte auflöst und Klarheit schafft. Die DVZ liefert Ihnen alle Informationen, die Sie für Ihr Business benötigen.

Ein Abo – viele Informationswege

Jetzt 4 Wochen gratis und ohne Risiko testen!
www.dvz.de/probe1

Rumänien

Kurze Eisenbahngeschichte

Der Bau der frühen Eisenbahnlinien auf dem Gebiet des heutigen Rumäniens war ausschließlich auf privates Engagement zurückzuführen. Als erste wurde am 20.08.1854 im damals österreichischen Banat die „Banater Montanbahn" zwischen Oravița und dem Donauhafen in Baziaș für den Transport von Steinkohle von Steierdorf-Anina zur Verschiffung eröffnet und ab 1855 durch die privilegierte Österreichisch-ungarische Staatseisenbahn-Gesellschaft (StEG) betrieben. In der seinerzeit noch zum Osmanischen Reich gehörenden Dobrudscha eröffnete die britische „The Danube and Black Sea Railway and Küstendje Harbour Company Ltd." am 04.10.1860 eine 63 km lange Strecke vom am rechten Donauufer gelegenen Cernavodă zum Schwarzmeerhafen Constanța, das auf türkisch „Küstendje" heißt.

Erste Strecke im seinerzeitigen Fürstentum Rumänien war die am 26.08.1869 in Betrieb genommene, von der Varna Railway Company des englischen Unternehmers John Trevor-Barkley gebaute Trasse von Bukarest südwärts zum Donauhafen Giurgiu. Danach setzte auf dem Gebiet des Fürstentums ein Eisenbahnboom ein, der innerhalb von nur zehn Jahren zum Entstehen eines rund 1.400 km messenden Netzes durch deutsche, englische und österreichisch-ungarische Firmen (die Regionen Siebenbürgen, Banat und Südbukowina kamen erst 1918 zu Rumänien) führte.

Schon 1866 hatte das rumänische Parlament den Bau einer 915 km langen Transversale vom Banater Grenzort Vârciorova im heutigen Südwestrumänien über Craiova, Pitești, Bukarest, Buzău, Brăila, Galați und Tecuci nach Roman im Nordosten beschlossen, die in einer Art Zickzackkurs viele größere Städte des Fürstentums verband.

Die Konzession hierfür erhielt ein privates Konsortium unter der Führung des deutschen „Eisenbahnkönigs" Bethel Henry Strousberg, dem sie aber schon 1871 entzogen und dafür der „Rumänischen Eisenbahngesellschaft AG" unter Führung der Bankiers Gerson Bleichröder und Adolph von Hansemann übertragen wurde, die den ersten Abschnitt Roman – Bukarest – Pitești am 13.09.1872 und die Weiterführung nach Vârciorova am 09.05.1878 eröffnete. Mit der Verstaatlichung dieser Linie schlug am 01.04.1880 die Geburtsstunde der Staatsbahn CFR.

Im damals ungarischen Siebenbürgen engagierten

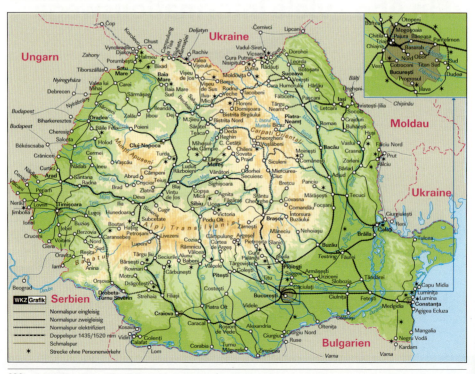

Rumänien

Foto: Karl Arne Richter

sich u. a. die Arad-Temesvarer Bahn mit ihrer 1871 eröffneten Strecke zwischen den beiden namensgebenden Städten und ab 1868 die Ungarische Ostbahn, auf welche die Hauptlinie Oradea – Cluj-Napoca – Teiuş – Blaj – Copşa-Mică – Braşov mit mehreren Zweigstrecken wie Copşa-Mică – Sibiu zurückgeht.

Eine weitere Konzession erhielt die österreichische Lemberg-Czernowitz-Jassy Eisenbahn (LCJE) des Konsortiums um den Eisenbahnindustriellen Victor Offenheim. Diese errichtete bis 1871 die Strecke Suceava – Vereşti – Pascani – Roman mit den Zweiglinien Pascani – Iaşi (damals Jassy) und Vereşti – Botoşani mit insgesamt 224 km Länge und sorgte mit der 1874 eröffneten Breitspurstrecke von Iaşi zum Grenzbahnhof Ungheni für den Anschluss an das russische Netz.

Ab 1880 verantwortete dann die CFR, der bis 1889 auch alle anderen Privatbahnstrecken unterstellt wurden, für den weiteren Netzausbau. So wurde die Hauptstadt Bukarest 1895 mit dem am jenseitigen Donauufer liegenden Cernavodă verbunden, was den Bau einer großen Flussbrücke erforderte, aber mit dem so entstandenen Anschluss an die eingangs erwähnte Dobrudscha-Linie eine durchgehende Schienenverbindung nach Constanţa schuf. Kurz vor Beginn des 20. Jahrhunderts begann die CFR auch mit dem zweigleisigen Ausbau des Netzes, der z. B. auf der wichtigen Verbindung Bukarest – Ploieşti zwischen 1891 und 1909 erfolgte. Auch Schmalspurbahnen, meist in „bosnischer" Spurweite von 760 mm entstanden. Weitere Netzergänzungen gab es bis in die Zeit nach dem Zweiten Weltkrieg, so die 1947 nach 25jähriger Bauzeit übergebene, für den Güterverkehr bedeutsame 31 km lange Verbindung Bumbeşti – Livezeni im

Südosten des Landes, 1950 die heutige 207 km lange Magistrale Bukarest – Videle – Caracal – Craiova (welche eine Alternative zur alten Strousberg'schen Strecke über Piteşti schuf und seit 1972 vollständig zweigleisig zur Verfügung steht), 1951 die Trasse Făurai – Tecuci im Osten des Landes und 1954 die Donaubrücke zwischen Giurgiu und dem bulgarischen Ruse. Seit dem 14.06.2013 gibt es eine zweite Donaubrücke zwischen Calafat ganz im Südwesten des Landes und dem bulgarischen Widin. Nicht zuletzt wegen der reichen inländischen Erdölvorkommen begann man noch vor dem Krieg mit dem Übergang zur Dieseltraktion, aber erst spät mit der Elektrifizierung. 1959 starteten die entsprechenden Arbeiten auf der stark belasteten Magistrale Bukarest – Ploieşti – Braşov, die mit Steigungen bis zu 28 ‰ über den 1.054 m hohen Predeal-Pass in den Karpaten führt. Ab 09.12.1965 konnte die Nordrampe Braşov – Predeal, ab 20.04.1966 die Südrampe Predeal – Câmpina und ab 16.02.1969 der letzte Abschnitt bis Bukarest elektrisch befahren werden. Ab 1970 schlossen sich die schon erwähnte Strecke Bukarest – Videle – Caracal – Craiova und die Karpatenquerung Ciceu – Adjud mit Weiterführung sowohl nach Tecuci als auch nach Iaşi an.

Von den nach dem Zusammenbruch der kommunistischen Regimes in Osteuropa allgegenwärtigen Streckenstilllegungen war Rumänien weniger stark betroffen. Zahlreiche Nebenbahnen wurden an private Betreiber verpachtet, die CFR zieht sich im Personenverkehr immer mehr auf die Magistralen zurück. Das rumänische Streckennetz ist gegenwärtig 10.784 km lang, davon 57 km in Breitspur 1.524 mm und der Rest in Normalspur. Elektrifiziert mit 25 kV 50 Hz sind 4.002 km.

Rumänien

Marktübersicht

* Personenverkehr: Einen großen Teil erbringt die Staatsbahn Societatea Nationala de Transport Feroviar de Călători (CFR Călători) SA. Weitere Anbieter mit signifikanten Marktanteilen sind die rein private RegioTrans S.R.L. (RT) und die Transferoviar Călători S.R.L. (TFC), die erst 2010 ihre Verkehre stark ausgeweitet hat. Zwei andere EVU mit kleinerem Verkehrsumfang sind die Interregional S.R.L. und die Servtrans Invest S.A. (STI).
* Güterverkehr: Den rumänischen Güterverkehrsmarkt teilen sich inzwischen etwa anderthalb Dutzend EVU, wobei der Marktanteil der CFR-Tochter Societatea Nationala de Transport Feroviar de Marfă, (CFR Marfă) S.A. mittlerweile die 50 % unterschritten hat. Bedeutendste Player neben der Staatsbahn sind die mehrheitlich zur Grampet-Gruppe gehörende Grup Feroviar Român S.A. (GFR) sowie die Cargo Trans Vagon S.A. (CTV), die Servtrans Invest S.A. (STI) und die Unicom Tranzit S.A. (UT). Die restlichen EVU spielen eine weniger wichtige Rolle.

Verkehrsministerium

Ministerul Transporturilor și Infrastructurii
Bulevardul Dinicu Golescu, Nr. 38, sector 1
RO-010873 București
Telefon: +40 21 319 6124
www.mt.ro

Nationale Eisenbahnbehörde

Consiliul de Supraveghere din domeniul feroviar
Railway Supervision Council
Piața Presei Libere, nr. 1, corp D1, Sector 1
RO-013701 București
Telefon: +40 21 405 4446
consiliul.feroviar@consiliulconcurentei.ro
www.consiliulferoviar.ro

Autoritatea Feroviară Română (AFER)
Calea Griviței 393, Sector 1
RO-010719 București
Telefon: +40 21 307 7900
afer.secretariat@afer.ro
www.afer.ro

Eisenbahnunfalluntersuchungsstelle

Organismul de Investigare Feroviar Român (OIFR)
c/o AFER
Calea Griviței 393, Sector 1
RO-010719 București
Telefon: +40 21 307 7903
valibelibou@afer.ro
www.afer.ro/oifr

Foto: Karl Arne Richter

APRIA / Captrain Romania / CTV

S.C. Apria S.R.L. ◻

Strada Anatole France 59
RO-400463 Cluj-Napoca
Telefon: +40 264 599141
Telefax: +40 264 599141
apria_srl@yahoo.com

Infrastruktur
* Șărmășag – Săcuieni Bihor (85 km); gepachtet seit 11.04.2010 von CNCF „CFR" S.A.

Unternehmensgeschichte
S.C. Apria S.R.L. wurde am 27.07.2009 in das Handelsregister eingetragen und besaß seit 20.10.2009 die Zulassung als EVU für Güterverkehr.
Die Wirtschaftsdaten der vergangenen Jahre:
* 2013: 6,7 Mio. RON Umsatz; 1,9 Mio. RON Nettogewinn; 180 Mitarbeiter
* 2012: 7,2 Mio. RON Umsatz; 2,7 Mio. RON Nettogewinn; 163 Mitarbeiter
* 2011: 4,6 Mio. RON Umsatz; 1,3 Mio. RON Nettogewinn; 128 Mitarbeiter
* 2010: 5,3 Mio. RON Umsatz; 1,1 Mio. RON Nettogewinn; 76 Mitarbeiter

Zum 11.04.2010 wurde die Infrastruktur der Strecke Șărmășag – Săcuieni Bihor durch Apria gepachtet, der Personenverkehr ging auf die Firma S.C. Regional S.R.L. (heutige S.C. Interregional Călători S.R.L.) über.

S.C. Captrain România S.R.L. ◻

Str. Poet Panait Cerna, nr.7
RO-030991 București
Telefon: +40 21 2329390
www.captrain.ro

Gesellschafter
Stammkapital 36.500,00 RON

Unternehmensgeschichte
Im Jahr 2003 nahm die VFLI România S.R.L. ihre Geschäftätigkeit auf. Diese besteht v.a. aus Rangierdienstleistungen für den Zementproduzenten Lafarge. 2009 konnte das Unternehmen einen Umsatz von umgerechnet 1,2 Mio. EUR erzielen und transportierte 1,24 Mio. t Fracht:
* 2013: 15,7 Mio. RON Umsatz; 0,02 Mio. RON Nettogewinn; 248 Mitarbeiter

* 2012: 16,2 Mio. RON Umsatz; 0,01 Mio. RON Nettogewinn; 50 Mitarbeiter
* 2011: 16,4 Mio. RON Umsatz; 0,3 Mio. RON Nettogewinn; 49 Mitarbeiter
* 2010: 5,3 Mio. RON Umsatz; 0,04 Mio. RON Nettogewinn; 41 Mitarbeiter

2010 erfolgte die Umfirmierung in Captrain România S.R.L.
Die Zulassung außerhalb des Rangierverkehres wurde zum 01.04.2013 zurückgezogen.

S.C. Cargo Trans Vagon S.A. (CTV) ◻

Str. Vaselor nr. 34
RO-021254 București
Telefon: +40 21 2123357
Telefax: +40 21 2119774
anghel@tts-group.ro
www.tts-group.ro

Management
* Lucia Barbulescu (Präsidentin)
* Cătălin Gabrea (Geschäftsführer)

Gesellschafter
Stammkapital 14.000.000,00 RON
* Transfer S.A. (100 %)

Lizenzen
* RO: EVU-Zulassung (GV) seit 26.09.2007
* RO: Sicherheitszertifikat Teil B (GV); gültig seit 29.09.2009 bis 29.09.2015
* RO: Sicherheitszertifikat, Teil A (GV); gültig vom 29.09.2007 bis 29.09.2015

Unternehmensgeschichte
Die Privatbahn Cargo Trans Vagon S.A. (CTV) ist eine Tochter der Spedition Transfer S.A. und hat seinen Schwerpunkt im Chemieverkehr, v. a. von Victoria (nahe Brașov) zu Zielen im Süden und Südosten des Landes. Güterzüge der CTV findet man auf allen Hauptstrecken des Landes sowie grenzüberschreitend nach Serbien und zu den großen Häfen in Constanța und Galați. CTV ist zudem auch Zugoperator in Moldawien und der Ukraine und verfügt mit der Cargo Trans Vagon Bulgaria AD über eine Schwestergesellschaft im Nachbarland.
Die Wirtschaftsdaten der vergangenen Jahre:
* 2013: 65,0 Mio. RON Umsatz; 1,2 Mio. RON Nettoverlust; 161 Mitarbeiter
* 2012: 65,1 Mio. RON Umsatz; 1,0 Mio. RON Nettoverlust; 153 Mitarbeiter
* 2011: 64,5 Mio. RON Umsatz; 0,5 Mio. RON Nettogewinn; 145 Mitarbeiter
* 2010: 56,5 Mio. RON Umsatz; 0,2 Mio. RON

CTV / CER FERSPED / CFR Călători

Nettoverlust; 148 Mitarbeiter
* 2009: 48,3 Mio. RON Umsatz; 1,6 Mio. RON Nettogewinn; 132 Mitarbeiter
* 2007: 25,7 Mio. RON Umsatz; 1,9 Mio. RON Nettogewinn; 86 Mitarbeiter

Als erstes Unternehmen Rumäniens hat die Gesellschaft zwei Mehrsystemloks des Typs ES 64 F4 bei Siemens geordert, die im Sommer 2009 ausgeliefert wurden. 2011 erfolgte die Ergänzung um zwei Siemens ER 20.
Im April 2012 betrug der Marktanteil des Unternehmens 5,05 %.

Verkehre
* Gütertransporte, landesweit
* Getreidetransporte Iași Socola – Constanța (Hafen); Spotverkehre
* Holzhackschnitzeltransporte Rădăuți – Hallein [AT]; 1 x pro Woche seit Januar 2012 Traktion in Rumänien im Auftrag der Salzburger Eisenbahn TransportLogistik GmbH (SETG)
* KV-Transporte Lambach [AT] – București (BIRFT); 2 x pro Woche seit Oktober 2012 Traktion in Rumänien im Auftrag der GYSEV CARGO Zrt.

Unternehmensgeschichte
S.C. FERSPED CARGO S.A. București wurde am 19.05.2006 in das rumänische Handelsregister eingetragen. Die Wirtschaftsdaten der vergangenen Jahre:
* 2013: 4,9 Mio. RON Umsatz; 0,8 Mio. RON Nettoverlust; 26 Mitarbeiter
* 2012: 0,9 Mio. RON Umsatz; 0,7 Mio. RON Nettoverlust; 9 Mitarbeiter
* 2011: 1,5 Mio. RON Umsatz; 0,2 Mio. RON Nettogewinn; 5 Mitarbeiter
* 2010: 4,2 Mio. RON Umsatz; 0,3 Mio. RON Nettogewinn; 5 Mitarbeiter

Im Februar 2013 wurde die ungarische CER-Gruppe neuer Mehrheitsgesellschafter und das Unternehmen erhielt die aktuelle Firmierung.

Verkehre
* Gütertransporte in Rumänien
* KV-Transporte Chiajna (Bucharest International Rail Freight Terminal (BIRFT)) – Constanța: im Auftrag der S.C. Tibbett Logistics S.R.L.

S.C. CER FERSPED S.A. G

Strada Comana 11
RO-011273 București
Telefon: +40 31 4240117
office@cercargo.ro
www.cercargo.ro

Management
* Radu Cazaku (Generaldirektor)

Gesellschafter
Stammkapital 300.000,00 RON
* CER Cargo Holding SE Európai Részvénytársaság (70 %)
* George Buruiană
* Mariana Prodan
* Radu Cazacu

Lizenzen
* RO: EVU-Zulassung (GV) gültig seit 31.05.2012
* RO: Sicherheitszertifikat Teil A+B (GV); gültig vom 12.06.2013 bis 12.06.2015

Societatea Nationala de Transport Feroviar de Călători CFR Călători SA P

B-dul Dinicu Golescu, Nr. 38, Sector 1
RO-010873 București
Telefon: +40 319 0322
Telefax: +40 21 3190339
relpublic.calatori@cfrcalatori.ro
www.cfrcalatori.ro

Management
* Iosif Szentes (Generaldirektor)
* Elena Miu (CFO)
* Adrian Calin Vlaicu (COO)
* Bogdan Timis (Direktor für Technik)
* Robert Pastorel Nita (Direktor für Wartung)
* Victor Toma (Direktor für Einkauf)
* Mihai Sirbulescu (Direktor für Wagenmaterial)
* Paul Dragos Iacob (Direktor für Traktion)
* Ecaterina Pricope (Personaldirektorin)

Gesellschafter
* Republica România [Republik Rumänien] (100 %)

CFR Călători / CFR Marfă

Lizenzen
* RO: EVU-Zulassung (PV); gültig seit 09.11.2007
* RO: Sicherheitszertifikat Teil A (PV); gültig vom 10.11.2007 bis 10.11.2015
* RO: Sicherheitszertifikat Teil B (PV); gültig vom 10.11.2009 bis 10.11.2015

Unternehmensgeschichte
Die CFR Călători SA ist das Personenverkehrsunternehmen der rumänischen Staatsbahnholding Compania Națională de Căi Ferate SA (CFR). Die CFR wurde am 01.04.1880 mit Verstaatlichung der vom deutschen „Eisenbahnkönig" Bethel Henry Strousberg errichteten Strecke Vârciorova – Bukarest – Roman gegründet. Die CFR hatte weit über 100 Jahre Bestand und musste wie in anderen Ostblockländern auch ab 1990 starke Rückgänge des Verkehrsaufkommens hinnehmen. Am 01.10.1998 wurde die CFR in eine zu 100 % in Staatsbesitz befindliche Aktiengesellschaft Compania Națională de Căi Ferate SA umgewandelt und wichtige Geschäftsbereiche in ebenfalls staatliche Extragesellschaften ausgelagert. Innerhalb des ab 2000 einsetzenden Modernisierungsprogramms für das Rollmaterial sorgte die von 2003 bis 2007 erfolgte Anschaffung von mittlerweile 96 Desiro-Triebwagen für Aufsehen. Diese Nahverkehrsfahrzeuge, „Săgeata Albastră" (Blauer Pfeil) genannt und als CFR-Baureihe 96 geführt, werden auch auf längeren Strecken eingesetzt. Zur Verbesserung des Reisekomforts wurde bei späteren Tranchen u. a. die Sitzplatzzahl reduziert. Hinzu kamen in den letzten Jahren 80 neue Schlafwagen der Gattung WLABmee, die zu den modernsten in Europa zählen. 2006 wurde eine Anzahl gebrauchter Elektrotriebwagen der SNCF (Reihe Z 6100) und CFL (Reihe 250 und 260) der Baujahre 1965-1970 beschafft und modernisiert.
Es existieren folgende Zuggattungen:
* Regional (R) – Personenzug
* InterRegional (IR) – Eil- bzw. Schnellzug (auch für Langstrecken)
* InterCity (IC)
* EuroCity (EC)
* EuroNight (EN)

Zwischen 2009 und 2011 sank die Zahl der Mitarbeiter bei CFR Călători von 16.588 auf 13.927, 2013 (Vorjahreswerte in Klammern) lag sie mit Stand 31.12. bei 13.765 (14.028). Es wurden täglich 1.377 (1.438) Züge mit einer Jahresleistung von 53,247 (56,999) Mio. Zugkm gefahren. Diese beförderten 48,524 (48,676) Mio. Fahrgäste auf 3,988 (4,148) Mrd. Pkm.
Die neuerliche Reduktion der Zugkilometerleistung war Unternehmensangaben zufolge Voraussetzung für die Reduktion des eingefahrenen Verlustes von 900 Mio. auf 380 Mio. RON.

Societatea Nationala de Transport Feroviar de Marfă, CFR Marfă S.A. G

Bd. Dinicu Golescu 38
RO-010873 București 1
Telefon: +40 21 225-1112
Telefax: +40 21 225-1113
office@marfa.cfr.ro
www.cfrmarfa.cfr.ro

Management
* George Buruiană (Generaldirektor, CEO)
* Pavel Bărculeț (stellvertretender Generaldirektor, CFO)
* Georgescu Ionel Laurentiu (stellvertretender Generaldirektor, Vertrieb)
* Ion Soare (Direktor für Technik und Organisation)
* Gheorghe Necula (Direktor für Verkehr)
* Mihail Victor Manole (Direktor für Triebfahrzeuge)
* Florin Claudiu Enache (Direktor für Wagen)

Gesellschafter
Stammkapital 1.987.536.330,00 RON
* Republica România [Republik Rumänien] (100 %)

Beteiligungen
* S.C. Rofersped S.A. (91,76 %)
* Rolling Stock Company S.A. (RSCO) (49 %)
* Touax Rail Romania S.A. (43 %)
* Compania Națională de Investiții „C.N.I." S.A. (25 %)
* Asociația Patronală la nivelul grupurilor de unități din transportul feroviar (21 %)
* S.C. Rocombi S.A. (20 %)
* S.C. Transbordare Vagoane Marfă S.A. (TVM) (3,8 %)

Lizenzen
* RO: EVU-Zulassung (PV); gültig seit 10.11.2007
* RO: Sicherheitszertifikat Teil A (PV); gültig vom 10.11.2007 bis 10.11.2015
* RO: Sicherheitszertifikat Teil B (PV); gültig vom 10.11.2009 bis 10.11.2015

Unternehmensgeschichte
Die staatliche Güterbahn Societatea Nationala de Transport Feroviar de Marfă, CFR Marfă S.A. entstand bei der Aufteilung der „alten" Staatsbahn CFR u.a. in die Bereiche Infrastruktur (CFR), Personen- (CFR

CFR Marfă / CFR

Călători) und Güterverkehr (CFR Marfă) per 01.10.1998. Zum Bestand der Gesellschaft gehören 17.400 Mitarbeiter (Stand 2008) sowie rund 900 Loks, 43.000 Güterwagen und zwei Eisenbahnfähren. Die Fähren fahren von Constanța aus über das schwarze Meer zu wechselnden Destinationen.
CFR Marfă leidet seit Jahren unter dem starken Absinken des Frachtaufkommens, dass heute nur noch ca. ein Drittel der vor 1989 bewegten Mengen beträgt. 2008 besaß man (bezogen auf die Gütermenge) noch einen Marktanteil im Bahnverkehr Rumäniens von 72,9 %, der bis 2012 auf knapp 56,1 % absank. Insbesondere 2009 musste CFR Marfă einen starken Umsatzeinbruch erleiden:
* 2007: 450 Mio. EUR
* 2008: 425 Mio. EUR
* 2009: 265 Mio. EUR

Für 2013 (Vorjahresangaben in Klammern) berichtet CFR Marfă von durchschnittlich 8.696 (8.411) Mitarbeitern bei einem Nettoumsatz von 922,5 (970,4) Mio. RON, Gesamteinnahmen von 984,9 Mio. (1,05 Mrd.) RON und einem Bruttoverlust von 262,9 (405,1) Mio. RON. Für das erste Halbjahr 2014 konstatierte man gegenüber dem Vorjahresvergleichszeitraum ein Wachstum von Umsatz und Güteraufkommen um 8,4 % auf 437,2 Mio. RON bzw. 13,4 % auf 13,6 Mio. t und eine Reduzierung des Verlustes um 79 %.
Zum Bestand der Gesellschaft gehören auch zwei Eisenbahnfähren, die bis 2008 bzw. 2009 von Constanța aus über das Schwarze Meer wechselnde Destinationen bedienten. Das erst 2007 eigens hierfür gegründete Tochterunternehmen CFR Ferry-Boat S.A. arbeitete allerdings stets mit Verlusten und wurde 2012 wieder auf die Mutter verschmolzen; die Schiffe selbst sind nach wie vor außer Betrieb. Der 2001 ausgegründete Lokomotivreparaturbetrieb CFR IRLU S.A. hat im August 2014 nach starken Verlusten Insolvenz angemeldet.
Das UnternehmenDie CFR Marfă selbst befindet sich aktuell in einer umfassenden Restrukturierungsphase, die mit Arbeitsplatzverlusten auf der einen, umfassenden Modernisierungen im Management, der Betriebsabwicklung und beim Fahrzeugpark auf der anderen Seite verbunden ist.
Im August 2009 gab der damalige rumänische Transportminister Radu Berceanu bekannt, das Unternehmen bis Ende 2010 zu 100 % verkaufen zu wollen, was aber bis heute nicht umgesetzt wurde, da sich die beteiligten Institutionen nicht über die Verkaufsstrategie hatten einigen können. Nach Verhandlungen mit dem Internationalen Währungsfond stand zuletzt nur noch ein Teilverkauf von 51 % der Aktien zur Debatte, für den Hauptkonkurrent der CFR Marfă, die die inländische Grup Feroviar Român (GFR) zum Preis von umgerechnet 202 Mio. EUR den Zuschlag erhalten sollte. Die für den 14.10.2013 angesetzte Vertragsunterzeichnung wurde jedoch kurzfristig abgesagt. Angaben von GFR gegenüber den Medien zufolge hätten einige der Kreditgeber der CFR Marfă nicht zugestimmt, die Gesellschafterstruktur des Unternehmens zu ändern und der Wettbewerbsrat habe nicht genug Zeit gehabt, der Übernahme grünes Licht zu geben. Laut Verkehrsminister Dan Sova solle noch 2014 ein dritter Anlauf gestartet werden.Angaben aus dem Verkehrsministerium von Ende 2014 nach zu urteilen sollen vor einem dritten Anlauf zunächst die Unternehmensschulden weiter abgebaut werden. In diesem Zusammenhang ist auch die einige Monate zuvor angekündigte Entlassung von weiteren ca. 2.500 Mitarbeitern der CFR Marfă zu sehen.

Compania Națională de Căi Ferate „CFR" SA 🚩

Bd. Dinicu Golescu 38
RO-010873 București 1
Telefon: +40 21 3192400
Telefax: +40 21 3192401
macarie.moldovan@cfr.ro
www.cfr.ro

Management
* Macarie Moldovan (Generaldirektor ad interim)
* Viorel Scurtu (stellvertretender Generaldirektor, Betrieb)
* Petru Ceșa (stellvertretender Generaldirektor, Technik ad interim)
* Sorina Baicu (stellvertretende Generaldirektorin, Wirtschaft)
* Valentin Florin Trifan (stellvertretender Generaldirektor, Europäische Projekte)

Gesellschafter
Stammkapital 5.638.192.410,00 RON
* Republica România [Republik Rumänien] (100 %)

Beteiligungen
* S.C. „Electrificare C.F.R." S.A. (100 %)
* S.C. „Informatică Feroviară" S.A. (100 %)
* S.C. „Intervenții Feroviare" S.A. (100 %)
* S.C. „Întreținere Mecanizată a Căii Ferate" S.A. (100 %)
* S.C. „Sere și Pepiniere CFR" S.A. (100 %)

Lizenzen
* RO: Sicherheitsautorisierung für Infrastruktur (Teil A und B), gültig ab 31.12.2009 befristet bis 21.12.2019

CFR / Constantin Grup

Infrastruktur
* Bahnnetz der Republik Rumänien (10.638 km), davon:
  2.909 km zweigleisig
  4.031 km elektrifiziert mit 25 kV 50 Hz
  134 km in Breitspur 1.524 mm

Unternehmensgeschichte
Die Compania Naţională de Căi Ferate „CFR" SA ist der staatliche Eisenbahninfrastrukturbetreiber Rumäniens. Er entstand zum 01.10.1998, als die rumänische Staatsbahn CFR aufgespalten und deren Verkehrssparte in die staatlichen Tochtergesellschaften CFR Călători SA (Personenverkehr) und CFR Marfă S.A. (Güterverkehr) ausgelagert wurde. Weitere, auch bahnferne Funktionen sind an Tochtergesellschaften übertragen. So ist die „Informatica Feroviara" S.A. aus dem früheren Rechenzentrum des Ministeriums für Verkehr und Telekommunikation hervorgegangen und existiert in der aktuellen Form seit dem 01.11.2002. Geschäftszweck sind Produktion, Implementierung und Betrieb von IT-Anwendungen für den Eisenbahnverkehr. Die „Întreţinere Mecanizată a Căii Ferate" S.A. ist ein Gleisbau- und die „Electrificare C.F.R." S.A. ein Fahrleitungsbau-, wartungs- und Reparaturbetrieb, während die „Sere şi Pepiniere CFR" S.A. („Gewächshäuser und Baumschulen") im gänzlich bahnfremden Landwirtschaftsmetier zuhause ist. Der Betrieb der Infrastruktur wird über acht regionale Niederlassungen in Bukarest, Craiova, Timişoara, Braşov, Cluj, Iaşi, Galaţi und Constanţa organisiert.
Die wirtschaftliche Situation der CFR ist seit Jahren schwierig, so dass beispielsweise ein beträchtlicher Teil des Nebenbahnnetzes an private Betreiber verpachtet wurde.
Der Schuldenstand des Unternehmens betrug dessen Angaben zufolge am Ende des I. Quartals 2013 rund 540 Mio. RON (126 Mio. EUR). Für 2013 (Vorjahresangeben in Klammern) waren auf dem CFR-Netz 79,8 (85,0) Mio. Zugkm mit den EVU vertraglich vereinbart. Erzielt wurden ein Umsatz von 2,295 (3,242) Mrd. RON und ein Nettogewinn von 84,1 (144,7) Mio. RON.
Die Anzahl der Mitarbeiter der CFR sank zwischen dem 30.06.2013 und dem 30.06.2014 von 22.545 auf 22.235.

Werkstatt
RO-910000 Călăraşi

Management
* Constantin Beu (Geschäftsführer)

Gesellschafter
Stammkapital 300.000,00 RON
* Constantin Beu (100 %)

Lizenzen
* RO: EVU-Zulassung (GV) seit 06.11.2007
* RO: Sicherheitszertifikat Teil B (GV); gültig seit 27.01.2010 bis 27.01.2016
* RO: Sicherheitszertifikat, Teil A (GV); gültig 27.01.2008 bis 27.01.2016

Unternehmensgeschichte
Die 1997 gegründete Constantin Grup S.R.L. ist vor allem ein Reparatur- und Handelsbetrieb für Schienenfahrzeuge, dessen Firmierung aus dem Vornamen des Gründers entspringt. Es steht ein Lokpark für eigene Rangierdienstleistungen und zur Vermietung bereit. Zudem stehen weitere Loks als Arbeitsvorrat bzw. Ersatzteilspender zur Verfügung. Die Wirtschaftsdaten der vergangenen Jahre:
* 2013: 14,0 Mio. RON Umsatz; 2,6 Mio. RON Nettogewinn: 135 Mitarbeiter
* 2012: 14,2 Mio. RON Umsatz; 2,4 Mio. RON Nettogewinn: 149 Mitarbeiter
* 2011: 14,6 Mio. RON Umsatz; 2,2 Mio. RON Nettogewinn: 145 Mitarbeiter
* 2010: 14,1 Mio. RON Umsatz; 2,0 Mio. RON Nettogewinn: 144 Mitarbeiter
* 2009: 16,1 Mio. RON Umsatz; 5,7 Mio. RON Nettogewinn: 138 Mitarbeiter
* 2008: 12,4 Mio. RON Umsatz; 2,8 Mio. RON Nettogewinn: 133 Mitarbeiter

Als Werkstatt nutzt das Unternehmen eine Lokhalle auf einem Industriegelände (Eisenhütte) nördlich von Călăraşi an der rumänisch-bulgarischen Grenze, die über die Nebenstrecke nach Ciulniţa an die Magistrale Bucureşti – Constanţa angebunden ist.

Verkehre
* Bedienung der Gleisanschlüsse der S.C. DOOSAN IMGB S.A. (Întreprinderea de maşini grele Bucureşti) in Bucureşti; seit 2002

S.C. Constantin Grup S.R.L. G

Str. Apele Vii, nr. 2 B
RO-062323 Bucureşti
Telefon: +40 21 4341543
Telefax: +40 21 4346808
constantingrup@yahoo.com
www.locomotive.ro

DB Schenker Rail Romania

S.C. DB Schenker Rail Romania S.R.L. G

Strada Dr. Grigore T. Popa, 81
RO-300291 Timişoara
Telefon: +40 256 306073
Telefax: +40 256 306074
www.rail.dbschenker.ro

Büro Bucureşti
Strada Delea Nouă, 3
RO-030925 Bucureşti
Telefon: +40 21 3312207
Telefax: +40 21 3312209

Werkstatt Deva
Principala 1
RO-337457 Chişcădaga

Werkstatt Turceni
Strada Uzinei, Nr. 7
RO-217520 Turceni

Werkstatt Aleşd
Viitorului 2
RO-417022 Chiştag

Management
* Eduard Iancu (Geschäftsführer, CEO)
* Edgar Bleier (Geschäftsführer, CFO)

Gesellschafter
Stammkapital 29.996.600,00 RON
* DB Schenker Rail AG (100 %)

Lizenzen
* RO: EVU-Zulassung (GV) seit 04.08.2008
* RO: Sicherheitszertifikat, Teil A+B (GV); gültig vom 04.08.2014 bis 04.08.2016

Unternehmensgeschichte
Die DB Schenker Rail Deutschland-Tochter DB Schenker Rail Romania S.R.L. ist als Bahndienstleister seit dem Jahr 2000 im Werkbahnbetrieb, sowie bei der Traktion von Ganzzügen und mit logistischen Leistungen an mehreren Standorten in Rumänien tätig. Bis 30.03.2005 firmierte das Unternehmen als Logistic Center Romania S.R.L. (LCR) und bis 01.05.2011 als Logistic Services Danubius S.R.L. (LSD). Stammsitz der DB Schenker Rail Romania ist die westrumänische Stadt Timisoara, man verfügte zudem über eine Niederlassung in Pirdop (Zentralbulgarien), die 2010 den Betrieb als eigenständige DB Schenker Rail Bulgaria EOOD

(siehe dort) aufnahm. Die Hauptverwaltung des Unternehmens befindet sich in der Landeshauptstadt Bucureşti.
DB Schenker Rail Romania verfügt über sechs Standorte und erbrachte Eisenbahntransporte (insbesondere Baustoffe, Düngemittel, Automotive, Agrarindustrie) sowie Werksrangierdienste und Wagemanagement.
Das Unternehmen entwickelte sich in den vergangenen Jahren wie folgt:
* 2012: 30 Lokomotiven; 1.500 Waggons; 240 Mitarbeiter; 741 Mio. tkm; Umsatz 20 Mio. EUR; Marktanteil 5,5 %
* 2013: 36 Lokomotiven; 2.054 Waggons; 395 Mitarbeiter; 876 Mio. tkm; Umsatz 27 Mio. EUR; Marktanteil 7,2 %
* 2014: 53 Lokomotiven; 2.367 Waggons; 468 Mitarbeiter; 1.121 Mio. tkm

Seit 01.09.2013 kommen ausgewählte E-Loks der rumänischen DB Schenker Rail-Landesgesellschaft auch in Ungarn zum Einsatz.
Das Unternehmen verfügt über Werkstattstandorte in Chişcădaga und seit Sommer 2012 in Turceni nordöstlich von Craiova. Teilweise werden die Dieselloks auch bei der S.C. România Euroest S.A. in Constanţa unterhalten.

Verkehre
* Gütertransporte national sowie grenzüberschreitend in die Nachbarstaaten
* Baustofftransporte Drobeta Turnu Severin – Fieni; im Auftrag der Carpatcement (Gruppe HeidelbergCement)
* Baustofftransporte Voşlăbeni – Bucureşti Progresu; Spotverkehre seit März 2010 im Auftrag der Lafarge Aggregates Romania
* Chemietransporte auf dem Abschnitt Curtici – Râureni (S.C. OLTCHIM S.A.)
* Getreidetransporte Giera – Constanţa / Norditalien; seit 2014
* Getreidetransporte Ungarn – Constanţa; im Auftrag der Schenker Hungaria Kft.
* KV-Transporte Köln-Niehl (CTS) [DE] – Çerkezköy [TK]; 1 x pro Woche Traktion des rumänischen Streckenabschnittes bis Ruse [BG] im Auftrag der DB Schenker Rail für Ulusoy Logistics; 2 x pro Woche seit September 2014
* KV-Transporte Râmnicu Vâlcea – Constanţa
* Pkw-Transporte (Ford) Craiova – Vlissingen [NL]; seit 27.08.2013
* Pkw-Transporte (Ford) Deutschland – Rumänien sowie innerhalb von Rumänien; seit Oktober 2013
* Sodatransporte (Bigbags) u.a. von Băile Govora – Hafen Constanţa; seit Januar 2013 im Auftrag der Uzinele Sodice Govora - Ciech Chemical Group SA
* Stahlblechtransporte Galaţi (ArcelorMittal) – Industrie in Mittel- und Nordeuropa; Spotverkehre seit Juni 2012
* Werksrangierdienst im Automobilwerk Craiova; seit 2012 im Auftrag von Ford

EC TF / ERTF / Fulger

S.C. EC Transporturi Feroviare S.R.L. București (EC TF)

Str. Razoare nr. 32, etaj 4, lot 13, birou 27/C, sector 6
RO-60119 București
Telefon: + 40 21 2330372
Telefax: +40 37 2347180
dan.secara@euroconstruct98.ro
www.euroconstruct98.ro

Management
* Dan Secară (Geschäftsführer)

Gesellschafter
Stammkapital 10.000,00 RON
* EURO CONSTRUCT TRADING 98 - S.R.L. (100 %)

Lizenzen
* RO: EVU-Zulassung (GV); gültig seit 17.05.2012
* RO: Sicherheitszertifikat, Teil A+B (GV); gültig vom 19.05.2014 bis 19.05.2016

Unternehmensgeschichte
S.C. EC Transporturi Feroviare S.R.L. București wurde am 24.03.2008 als Tochter der EURO CONSTRUCT TRADING 98 - S.R.L. gegründet und erhielt am 17.05.2012 die EVU-Zulassung.
EURO CONSTRUCT TRADING 98 ist eine 1998 gegründete Hochbaufirma mit über 1.000 Mitarbeitern.

S.C. European Rail Transport Feroviar S.R.L. (ERTF)

Str. Copșa Mică, nr. 40, sector 1
RO-014619 București
Telefon: +40 722443344

Gesellschafter
* Damaris Emanuela Movilă (95,3955 %)
* S.C. Grup Transport Feroviar S.A. (GTF) (4,6045 %)

Unternehmensgeschichte
Die Gesellschaft S.C. European Rail Transport Feroviar S.R.L. (ERTF) wurde am 28.07.2011 in das Handelsregister eingetragen und war bei Gründung in alleinigem Besitz von Damaris Emanuela Movilă. Zum 04.08.2011 trat die S.C. Grup Transport Feroviar S.A. (GTF) mit einer Sacheinlage von 56.045.780 RON in die ERTF ein und hielt seitdem 99,99964 % des Grundkapitals. Knapp drei Wochen später, am 23.08.2011, zog sich die GTF wieder zurück, um sich im Juni 2012 wieder mit 4,6045 % zu beteiligen. Die ELECTRIC POWER SOURCES LLC WINDEMERE, Niederlassung Bukarest, war kurzzeitig ebenfalls an der ERTF beteiligt.
Die Loks der ERTF sind landesweit im Schienengüterverkehr tätig, über eine eigene Lizenz verfügt das Unternehmen jedoch nicht.

S.C. Fulger Transport Rapid Interurban de Călători S.R.L,

Str. Dristorului 114
RO-București

Gesellschafter
* Întreținere Transport Feroviar S.R.L. (50 %)
* Transport Operativ Feroviar de Marfă S.R.L. (50 %)

Infrastruktur
* Dornești – Putna; seit 17.06.2013 gepachtet von CNCF „CFR" S.A.
* Gura Humorului – Dărmănești; seit 17.06.2013 gepachtet von CNCF „CFR" S.A.
* Dornișoara – Floreni și Crasna - Huși; seit 17.06.2013 gepachtet von CNCF „CFR" S.A.
* Sebeș Alba – Petreștii de Pădure; seit 29.05.2013 gepachtet von CNCF „CFR" S.A.

Unternehmensgeschichte
S.C. Fulger Transport Rapid Interurban de Călători S.R.L. wurde am 20.05.2013 in Bukarest gegründet. Paritätische Gesellschafter sind die Unternehmen Transport Operativ Feroviar de Marfă S.R.L. und Întreținere Transport Feroviar SRL, beide ebenfalls in der rumänischen Hauptstadt ansässig. Întreținere Transport Feroviar ist zudem 95 %-Gesellschafter der Transport Operativ Feroviar de Marfă, 5 % entfallen auf die Caumalis Ventures Ltd. mit Sitz in Zypern. Letztgenannte ist zudem alleinige Gesellschafterin der Întreținere Transport Feroviar.
Die Wirtschaftsdaten der vergangenen Jahre:
* 2013: 3,3 Mio. RON Umsatz; 0,3 Mio. RON Nettogewinn; keine Mitarbeiter
Die Strecken Dornești – Putna, Gura Humorului – Dărmănești und Floreni – Dornișoara wurden für vier Jahre gepachtet und mit den Auflagen verbunden, das Personal zu übernehmen und mindestens das bestehende Angebot zu erhalten.
Eine S. C. Fulger Transport S.R.L. existiert bereits seit 1994. Ob ein Zusammenhang mit der Personenverkehrsgesellschaft besteht ist nicht bekannt.

GFR

S.C. Grup Feroviar Român S.A. (GFR) ⓖⓘ

114 Calea Victoriei, Sector 1
RO-010092 București
Telefon: +40 21 3183090
Telefax: +40 21 3183091
office@gfr.ro
www.gfr.ro

Werkstatt
RO-107080 Brazii de Sus
Telefon: +40 244 520731

Management
★ Sorin Chinde (Geschäftsführer)

Gesellschafter
Stammkapital 6.133.500,00 RON
★ S.C. Grampet S.A. (50,45 %)
★ Vasile Didilă (26,17 %)
★ S.C. Turnoprest S.R.L. (23,37 %)

Beteiligungen
★ GFR Logistic Brazi S.R.L. (100 %)
★ S.C. Transbordare Vagoane Marfă S.A. (TVM) (96,19 %)
★ S.C. Remar S.A. Pașcani (89,57 %)
★ Bulgarian railway company AD (BRC) (75 %)
★ Rolling Stock Company S.A. (RSCO) (57,99 %)

Lizenzen
★ RO: EVU-Zulassung (GV) seit 06.04.2012
★ RO: Sicherheitszertifikat, Teil A+B (GV); gültig vom 10.04.2014 bis 10.04.2016

Infrastruktur
★ Cap Midia – Palas (29,3 km)
★ Cap Midia – Dorobanțu (45,0 km)

Unternehmensgeschichte
Grup Feroviar Român S.A. (GFR) ist eine der größten Privatbahnen von Rumänien und landesweit im Schienengüterverkehr tätig. Das Unternehmen gehört mehrheitlich zur rumänischen Firmengruppe Grampet.
GFR nahm 2001 zunächst nur Rangiertätigkeiten auf, bereits ein Jahr später verkehrte der erste Güterzug und seit Mai 2006 ist man international tätig. Heute gehören Transporte von Ploiești (Erdölraffinerie in Brazi) und von Dacia-Pkw aus Ciumesti in den Hafen von Constanța sowie Containerverkehre nach Hamburg zum Einsatzschwerpunkt des Unternehmens. In den vergangenen Jahren konnte die Palette an beförderten Gütern auch auf z.B. Kohle, Schüttgüter, Zement und Getreide ausgeweitet werden. V.a. im Raum Constanța ist GFR auch als Infrastrukturbetreiber tätig.
GFR ist in Rumänien am Umsatz gemessen die zweitgrößte Güterbahn:
★ 2007: 80,8 Mio. EUR
★ 2008: 94,7 Mio. EUR
★ 2009: 100,5 Mio. EUR
★ 2010: 121,7 Mio. EUR
★ 2011: 176,1 Mio. EUR
★ 2012: 183,3 Mio. EUR
GFR ist zudem an der Gesellschaft Rolling Stock Company beteiligt, deren weitere Gründungsgesellschafter die CFR Marfă (41,9 %) sowie bis 05.12.2008 die Raiffeisen Bank (17,9 %) waren.
Mit der Bulgarian railway company (BRC) ist man zudem an einer Bahngesellschaft im Nachbarland Bulgarien beteiligt und hat mit der Train Hungary Magánvasút Kft. (TH) eine Schwestergesellschaft in Ungarn.
Die Verkehrsleistung der GFR konnte kontinuierlich gesteigert werden und beträ#gt aktuell ca. 1 Mio. netto tkm pro Monat:
★ 2006: 4,77 Mio. t; 1,24 netto tkm; Marktanteil 6,98 %
★ 2007: 5,02 Mio. t; 1,31 Mio. netto tkm; Marktanteil 7 %
★ 2008: 6,81 Mio. t; 1,91 Mio. netto tkm; Marktanteil 10 %
★ 2009: 1,87 Mio. netto tkm; Marktanteil 15 %
★ 2010: 2,98 Mio. netto tkm; Marktanteil 27 %
★ 2011: 12,43 Mio. t; 4,80 Mio. netto tkm; Marktanteil 29 %
★ 2012 (Januar – September): 10,6 Mio. t; 3,10 Mio. netto tkm; Marktanteil 31 %
Parallel ist die Anzahl an Mitarbeitern auf 2.480 (Stand 2012) angestiegen.
Der Lokbestand der GFR – zum Bestand gehören 275 Lokomotiven und ca. 9.900 Wagons – besteht zum Teil aus Maschinen der Staatsbahn CFR, aber auch zahlreichen Importen an gebrauchten Maschinen:
★ 22 x E-Loks der SNCF der Baureihen 25100/25150/25200
★ 16 x E-Loks ex JŽ/ŽS, Baureihe 461
★ 19 x E-Loks ex HŽ, Baureihe 1141
★ 20 x Dieselloks aus China des Typs ND2, ähnlich der CFR 060DA
Die zentrale Werkstatt befindet sich in Brazi. Daneben nutzt man aber auch Werkstätten der Staatsbahn CFR, u.a. die Atelierele C.F.R. Grivița S.A. in București.

Verkehre
★ Gütertransporte, landesweit sowie grenzüberschreitend; u.a.

GFR / IRTT / IRC

* Chemie- und Mineralöltransporte von der / zur Raffinerie Petrobrazi (OMV Petrom) in Ploieşti; landesweite Spotverkehre
* Chemie- und Mineralöltransporte von der / zur Raffinerie Petromidia (Rompetrol) in Năvodari nahe Constanţa; landesweite Spotverkehre
* Chemie- und Mineralöltransporte von der / zur Raffinerie Petrotel-Lukoil in Ploieşti; landesweite Spotverkehre
* Chemie- und Mineralöltransporte von der / zur Raffinerie Rompetrol Vega (Rompetrol) in Ploieşti; landesweite Spotverkehre
* Chemie- und Mineralöltransporte Raffinerie Petrobrazi (OMV Petrom) – Capul Midia (bei Constanţa); Spotverkehre im Auftrag von Petrom
* Chemie- und Mineralöltransporte Raffinerie Petrobrazi (OMV Petrom) – Chişinău [MD]; Spotverkehre im Auftrag von Petrom
* Chemie- und Mineralöltransporte Raffinerie Petrobrazi (OMV Petrom) – Constanţa-Palas; Spotverkehre im Auftrag von Petrom
* Gütertransporte für ArcelorMittal Steel, u.a. Schrotttransporte zum Stahlwerk Galaţi
* Coilstransporte Ukraine / Constanţa – Târgovişte (S.C. Mechel S.A.); Spotverkehre in Rumänien seit 2011
* Getreidetransporte; u.a. Spotverkehre von unterschiedlichen Ladestellen nach Constanţa
* KV-Transporte (Gipsplatten) Dorneşti (z.T. Übernahme von ukrainischer Eisenbahn) / Bucureşti – Constanţa; seit 2012
* KV-Transporte (zerlegte Dacia-Pkw) Ciumeşti – Hamburg Waltershof (Eurokombi, Burchardkai, CTA) [DE]; 2 x pro Woche seit Juli 2010 Traktion bis Curtici (Übergabe an Train Hungary Magánvasút Kft. (TH)) im Auftrag der EURORAIL Logistics GmbH; 3 x pro Woche seit 2011; 5 x pro Woche seit 2012
* Pkw-Transporte (Dacia) Piteşti – Constanţa; 1 x pro Woche seit 2009 im Auftrag von Gefco; 7 x pro Woche seit 2010
* Pkw-Transporte (Dacia) Piteşti – Tongeren [BE]; Spotverkehre seit Ende April 2010 im Auftrag der Hödlmayr Logistics GmbH; Traktion in Österreich durch Wiener Lokalbahnen Cargo GmbH (WLC), in Ungarn durch Eurocom Rail Cargo Zrt., in Deutschland durch Rurtalbahn Cargo GmbH (RTB Cargo) sowie in Belgien durch Trainsport AG
* Regips-Transporte (in H-Wagen) Polen – Târgu Mureş (S.C. ARABESQUE S.R.L.); 1 x pro Woche seit Juni 2010 Traktion in Rumänien
* Stabstahltransporte ab Târgovişte (S.C. Mechel S. A.); Spotverkehr

S.C. International Rail Transport Timişoara S.R.L. (IRTT) G

Calea Buziaşului nr. 3-5
RO-300571 Timişoara
Telefon: +40 21 3186711
Telefax: +40 21 3186712
gruptf@gmail.com

Lizenzen
* RO: EVU-Zulassung (GV); gültig seit 15.02.2013
* RO: Sicherheitszertifikat, Teil A+B (GV); gültig vom 21.03.2014 bis 21.03.2016

Unternehmensgeschichte
S.C. International Rail Transport Timişoara S.R.L. (IRTT) wurde am 21.12.2012 in das Handelsregister eingetragen und erhielt Anfang 2013 Lizenzen für Güterverkehr.
Die Wirtschaftsdaten der vergangenen Jahre:
* 2013: 2,4 Mio. RON Umsatz; 0,3 Mio. RON Nettogewinn; 13 Mitarbeiter

Das Unternehmen schaffte einen eigenen Lokbestand an, der aus ehemaligen Loks der S.C. Compania de Transport Feroviar Bucureşti S.A. (CTF) besteht, die teilweise zwischenzeitlich bei seit 2014 insolventen der S.C. Grup Transport Feroviar S.A. (GTF) eingesetzt waren.
Bedient werden u.a. Gleisanschlüsse der S.C. Bega Invest S.A., S.C. OMV Petrom S.A., S.C. Azur S.A. und S.C. Detergenţi S.A. in Timişoara, die Quelle oder Ziel von IRTT-Ganzzügen sind.

S.C. Interregional Călători S.R.L. (IRC) P

Strada General Traian Moşoiu 50
RO-400463 Cluj-Napoca
Telefon: +40 264 596775
Telefax: +40 264 596775
office@viaterraspedition.ro
www.viaterraspedition.ro

Management
* Stelian Frăţilă (Generaldirektor)

Gesellschafter
Stammkapital 200,00 RON
* Iulian Gaga (55 %)
* Ramona Eveline Frăţilă (15 %)
* Stelian Victor Frăţilă (15 %)
* Dumitru Mihai Pintea (15 %)

IRC / LTE-Rail România

Lizenzen
* RO: EVU-Zulassung (PV); gültig seit 19.08.2013
* RO: Sicherheitszertifikat, Teil A+B (PV); gültig vom 31.10.2013 bis 31.10.2016

Unternehmensgeschichte
Die am 20.12.2005 in das Handelsregister eingetragene S.C. Regional S.R.L. ist eine Schwester der Via Terra Spedition für den Personenverkehr. Seit 01.05.2007 ist man auf der Achse Vașcău – Holod – Ciumeghiu mit gebraucht erworbenen „Caravelle"-Triebwagen der SNCF tätig, weitere Strecken folgten. Mit Stichtag 13.12.2009 bedient das Unternehmen rund 250 km regionaler Schienenstrecken.
2013 wurden die Verkehre in die per 13.06.2013 in das Handelsregister eingetragene S.C. Interregional Călători S.R.L. (IRC) überführt, die Lizenz der Regional wurde zum 01.07.2014 zurückgezogen.

Verkehre
* Personenverkehr Bistrița Nord – Bistrița Bârgăului; seit 17.01.2009
* Personenverkehr Bistrița Nord – Cluj-Napoca; seit 15.12.2013
* Personenverkehr Holod – Ciumeghiu; seit 11.04.2007; inzwischen im Durchlauf bis Salonta / Oradea
* Personenverkehr Vașcău – Holod; seit 01.05.2007; teilweise Züge bis Oradea durchgebunden
* Personenverkehr Șărmășag – Săcuieni Bihor; seit 11.04.2010; zwei Züge bis Oradea durchgebunden, ein weiterer Zug fährt durchgehend Șărmășag – Oradea – Holod

LTE-Rail România S.R.L.
Str. Buzești 75-77
RO-11013 București
Telefon: +40 21 5897837
Telefax: +40 21 5897360
info.ro@lte-group.eu
www.lte-group.eu

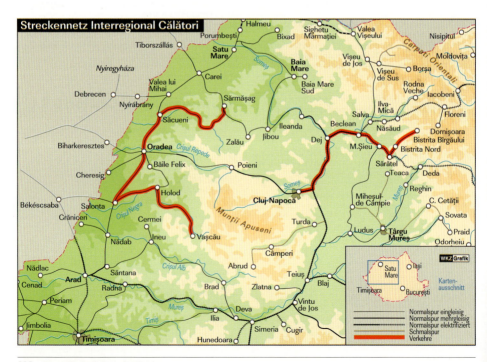

LTE-Rail România / RCC România / RFo

Management
* Dipl.-Ing. George Glăvan (Geschäftsführer)
* Ing. Mag. (FH) Andreas Mandl (Geschäftsführer)

Gesellschafter
Stammkapital 100.000,00 EUR
* LTE Logistik- und Transport-GmbH (100 %)
* LTE Hungária Vasúti Árufuvarozó és Logisztikai Kft. (10 %)

Lizenzen
* RO: EVU-Zulassung (RO); gültig seit 19.03.2014
* RO: Sicherheitszertifikat, Teil A+B (GV); gültig vom 28.05.2014 bis 28.05.2015

Unternehmensgeschichte
2013 gründete die österreichische LTE-Gruppe ein Tochterunternehmen in Rumänien. Die am 14.01.2014 in das Handelsregister eingetragene LTE-Rail România S.R.L. erhielt im Frühjahr 2014 notwenige Lizenzen. Neben zwei gemieteten Dieselloks können bei Bedarf auch ausgewählte Siemens ES 64 F4-Elektroloks der Muttergesellschaft in Rumänien rollen.
Die LTE RO soll neben Binnenverkehren und Import- / Exporttransporten auch die Anbindung der LTE-Gruppe an die Schwarzmeeerhäfen ermöglichen.

S.C. Rail Cargo Carrier - România S.R.L. (RCC România) 🇷🇴

Soseaua Odaii nr. 62-68
RO-075100 Otopeni
Telefon: +40 72 5512969
Telefax: +40 37 2871748
office.rcc.ro@railcargo.com
www.railcargocarrier.com

Management
* Ovidiu Vizante (Geschäftsführer)

Gesellschafter
Stammkapital 73.000,00 RON
* Rail Cargo Carrier Kft. (RCC) (100 %)

Lizenzen
* RO: EVU-Zulassung (GV); gültig seit 15.04.2010
* RO: Sicherheitszertifikat, Teil A+B (GV); gültig vom 23.07.2014 bis 21.06.2016

Unternehmensgeschichte
S.C. Rail Cargo România S.R.L. war eine mehrheitliche Tochter der ÖBB-Güterverkehrstochter Rail Cargo Austria AG (RCA) und ist heute als S.C. Rail Cargo Carrier - România S.R.L.Tochterunternehmen der in Ungarn ansässigen Rail Cargo Carrier Kft. (RCC). Gegründet wurde die Gesellschaft 2006 als RAIL LINK CO S.R.L., zunächst war auch die RCA-Speditionstochter Express-Interfracht mit 51 % am Unternehmen beteiligt: 2009 erfolgte der Verkauf von 50 % der Gesellschafteranteile an die zuvor bereits mit 40 % beteiligte RCA und die Umfirmierung in die heute gültige Fassung.
Rail Cargo România ist als EVU-Tochter der ÖBB in Rumänien am Markt tätig. Eingesetzt werden Fahrzeuge der Muttergesellschaft (u.a. E-Loks der Baureihe 1116), die in Rumänien zugelassen wurden. Ende 2010 übernahm man zudem die Diesellok 60-0714-0 von Doritrans. Ursprünglich für die Traktion des Abschnittes Craoiva – Ciumeşti (Dacia-Pkw) erworben, wird die Lok derzeit auf dem Abschnitt Ploieşti Vest – Crangu lui Bot – Terminal Alianso und im Schiebebetrieb Predeal – Braşov bei Flüssiggaszügen Brazi – Burghausen [DE] eingesetzt.
Die Wirtschaftsdaten der vergangenen Jahre:
* 2013: 15,2 Mio. RON Umsatz; 1,1 Mio. RON Nettogewinn; 47 Mitarbeiter
* 2012: 10,2 Mio. RON Umsatz; 0,6 Mio. RON Nettoverlust; 50 Mitarbeiter
* 2011: 15,0 Mio. RON Umsatz; 0,6 Mio. RON Nettoverlust; 46 Mitarbeiter
* 2010: 5,5 Mio. RON Umsatz; 1,9 Mio. RON Nettoverlust; 33 Mitarbeiter
* 2009: 0,7 Mio. RON Umsatz; 0,08 Mio. RON Nettoverlust; 1 Mitarbeiter

Im April 2012 betrug der Marktanteil des Unternehmens 1,08 %.

Verkehre
* Landesweite Transporte, u.a.
* KV-Transporte Budapest (Bilk) [HU] – Curtici (Railport Arad) – Ploieşti (Allianso Terminal); im Auftrag der Rail Cargo Operator - Hungária Kft.
* KV-Transporte Duisburg [DE] –Türkei, Traktion auf dem Abschnitt Lökösháza [HU] / Curtici – Giurgiu

S.C. Rail Force S.R.L. (RFo) 🇷🇴

Str. Mihail Kogălniceanu 11
RO-500090 Braşov
Telefon: +40 268 112233
rail.force@yahoo.com
www.railforce.ro

Gesellschafter
Stammkapital 2.000,00 RON

Lizenzen
* RO: EVU-Zulassung (GV); gültig seit 16.11.2009
* RO: Sicherheitszertifikat, Teil A+B (GV); gültig vom 23.12.2013 bis 31.12.2015

RFo / RC-CF

Unternehmensgeschichte
S.C. Rail Force S.R.L. (RFo) entstand am 05.12.2008 als Abspaltung der Güterverkehrsaktivitäten der RC-CF Trans S.R.L. sowie als Schwester des SPNV-Unternehmens Regiotrans S.R.L.
Die Wirtschaftsdaten der vergangenen Jahre:
* 2013: 36,9 Mio. RON Umsatz; 7,0 Mio. RON Nettogewinn; 50 Mitarbeiter
* 2012: 48,6 Mio. RON Umsatz; 23,9 Mio. RON Nettogewinn; 48 Mitarbeiter
* 2011: 65,6 Mio. RON Umsatz; 44,8 Mio. RON Nettogewinn; 38 Mitarbeiter
* 2010: 46,6 Mio. RON Umsatz; 29,2 Mio. RON Nettogewinn; 31 Mitarbeiter
* 2009: 9,5 Mio. RON Umsatz; 7,4 Mio. RON Nettogewinn; 27 Mitarbeiter

Verkehre
* landesweite Gütertransporte

S.C. RC-CF Trans S.R.L.

Str. Oltului nr. 2
RO-500283 Brașov
Telefon: +40 36 8446130
office@rccf.ro
www.rccf.ro

Management
* Ioan Nodea (Geschäftsführer)

Gesellschafter
Stammkapital 2.000,00 RON
* Costel Comana (+) (50 %)
* Iorgu Ganea (50 %)

Infrastruktur
* Bartolomeu – Zărnești (23,9 km); seit 01.09.2004 gepachtet von CNCF „CFR" S.A.
* Hărman – Întorsura Buzăului (29,3 km); seit 01.12.2005 gepachtet von CNCF „CFR" S.A.
* Sfântu Gheorghe – Brețcu (66,2 km); seit 01.05.2006 gepachtet von CNCF „CFR" S.A.
* Blaj – Praid (113,4 km); seit 01.07.2006 gepachtet von CNCF „CFR" S.A.
* Bărăbanț – Zlatna Călători (38,0 km); seit 01.09.2006 gepachtet von CNCF „CFR" S.A.
* Vinători – Odorhei (37,3 km); seit 01.09.2006 gepachtet von CNCF „CFR" S.A.
* Șibot – Cugir (12,3 km); seit 01.11.2006 gepachtet von CNCF „CFR" S.A.
* Buziaș – Jamu Mare (56,2 km); seit 01.12.2006 gepachtet von CNCF „CFR" S.A.
* Voiteni – Reșița Nord (61,5 km); seit 24.04.2007 gepachtet von CNCF „CFR" S.A.
* Arad Vest – Nădlac (52 km); seit 24.04.2007 gepachtet von CNCF „CFR" S.A.
* Berzovia – Oravița (58,9 km); seit 01.08.2007 gepachtet von CNCF „CFR" S.A.
* Șieu-Măgheruș – Lechința (12,8 km); seit 01.11.2008 gepachtet von CNCF „CFR" S.A.
* Jebel – Giera (33,1 km); seit 01.11.2008 gepachtet von CNCF „CFR" S.A.
* Miheșu de Câmpie – Luduș (27,9 km); seit 01.11.2008 gepachtet von CNCF „CFR" S.A.
* Timișoara Nord – Cruceni (43,9 km); seit 14.12.2008 gepachtet von CNCF „CFR" S.A.
* Sânandrei – Periam (36,2 km); seit 26.02.2009 gepachtet von CNCF „CFR" S.A.
* Periam – Satu Nou (11,0 km); seit 26.02.2009 gepachtet von CNCF „CFR" S.A.
* Arad Nou – Periam (41,9 km); seit 26.02.2009 gepachtet von CNCF „CFR" S.A.
* Nădab – Grăniceri (20 km); seit 26.02.2009 gepachtet von CNCF „CFR" S.A.
* Sântana – Cermei (53 km); seit 26.02.2009 gepachtet von CNCF „CFR" S.A.
* Sânnicolau Mare – Valcani; seit 26.02.2009 gepachtet von CNCF „CFR" S.A.
* Lovrin – Nerău (27,3 km); seit 02.09.2009 gepachtet von CNCF „CFR" S.A.
* Jimbolia – Lovrin (27,3 km); seit 02.09.2009 gepachtet von CNCF „CFR" S.A.
* Sânnicolau Mare – Cenad; seit 23.10.2009 gepachtet von CNCF „CFR" S.A.
* Caralcal – Corabia (41,5 km); seit 01.11.2009 gepachtet von CNCF „CFR" S.A.
* Podu Iloaiei – Hîrlau (40,9 km); seit 01.11.2009 gepachtet von CNCF „CFR" S.A.
* Ronat Triaj – Satu Nou – Lovrin (68,3 km); seit 01.11.2009 gepachtet von CNCF „CFR" S.A.
* Alexandria – Zimnicea (42,1 km); seit 14.12.2009 gepachtet von CNCF „CFR" S.A.
* Dorohoi – Leorda (21,5 km); seit 14.12.2009 gepachtet von CNCF „CFR" S.A.
* Lețcani – Dorohoi (140,0 km); seit 14.12.2009 gepachtet von CNCF „CFR" S.A.
* Dolhasca – Fălticeni (25,8 km); seit 01.03.2010 gepachtet von CNCF „CFR" S.A.
* Pașcani – Târgu Neamț (30,6 km); seit 01.03.2010 gepachtet von CNCF „CFR" S.A.
* Roman – Buhăiești (71,3 km); seit 01.03.2010 gepachtet von CNCF „CFR" S.A.
* Mintia – Ineu; seit 01.10.2011 gepachtet von CNCF „CFR" S.A.
* Jebel – Liebling (9,8 km); seit 10.02.2012 gepachtet von CNCF „CFR" S.A.
* Cărpiniș – Ionel (31,0 km); seit 10.02.2012 gepachtet von CNCF „CFR" S.A.
* Livezeni – Lupeni (16,9 km); seit 10.02.2012 gepachtet von CNCF „CFR" S.A.
* Timisoara Est – Radna (64,1 km); seit 10.02.2012 gepachtet von CNCF „CFR" S.A.
* Simeria – Peștiș (9,6 km); seit 10.02.2012 gepachtet von CNCF „CFR" S.A.
* Cărbunești – Albeni (9,1 km); seit 14.06.2012 gepachtet von CNCF „CFR" S.A.

RC-CF / RT

* Amaradia – Bârseşti (8,3 km); seit 14.06.2012 gepachtet von CNCF „CFR" S.A.
* Băbeni – Alunu (40,6 km); seit 14.06.2012 gepachtet von CNCF „CFR" S.A.
* Argeşel – Goleşti (68,7 km); seit 14.06.2012 gepachtet von CNCF „CFR" S.A.
* Vâlcele – Curtea de Argeş (15,3 km); seit 14.06.2012 gepachtet von CNCF „CFR" S.A.
* Roşiori Nord – Turnu Măgurele Port (50,7 km); seit 14.06.2012 gepachtet von CNCF „CFR" S.A.
* Golenţi – Poiana Mare (7,0 km); seit 14.06.2012 gepachtet von CNCF „CFR" S.A.
* Oraviţa – Iam (26,9 km); seit 01.08.2012 gepachtet von CNCF „CFR" S.A.
* Costeşti – Roşiori Nord (63,5 km); seit 17.06.2013 gepachtet von CNCF „CFR" S.A.
* Ploieşti Sud – Armaseşti (48,1 km); seit 2014 gepachtet von CNCF „CFR" S.A.
* Făurei – Urziceni (67,6 km); seit 2014 gepachtet von CNCF „CFR" S.A.
* Nădab — Grăniceri (19,7 km); seit 19.09.2014 gepachtet von CNCF „CFR" S.A.
* Timişoara Nord — Jimbolia (39,0 km); seit 19.09.2014 gepachtet von CNCF „CFR" S.A.
* Timişoara Nord — Timişoara Vest (5,0 km); seit 19.09.2014 gepachtet von CNCF „CFR" S.A.

Unternehmensgeschichte
RC-CF Trans S.R.L. ist eine am 13.01.2000 gegründete Privatbahn, deren Personenverkehrssparte zwischenzeitlich in die RegioTrans sowie der Güterverkehr in das Unternehmen Rail Force abgespalten wurde.
Ab 2004 betätigte sich das Unternehmen als Infrastrukturbetreiber für einige Regionalstrecken und war Anfang 2015 mit über 2.400 km Strecken nach der Staatsbahn das größte derartige Unternehmen Rumäniens.
Die Wirtschaftsdaten der vergangenen Jahre:
* 2013: 70,452 Mio. RON Umsatz; 3,41 Mio. RON Nettogewinn; 1.422 Mitarbeiter
* 2012: 71,416 Mio. RON Umsatz; 5,95 Mio. RON Nettogewinn; 1.338 Mitarbeiter
* 2011: 56,260 Mio. RON Umsatz; 8,27 Mio. RON Nettogewinn; 988 Mitarbeiter
* 2010: 69,72 Mio. RON Umsatz; 9,44 Mio. RON Nettogewinn; 961 Mitarbeiter
* 2009: 70,02 Mio. RON Umsatz; 19,56 Mio. RON Nettogewinn; 755 Mitarbeiter

2011 erhöhte die Gesellschaft das Stammkapital von 300 auf 2.000 RON.
Costel Comana, Mitbegründer des Unternehmens, beging im Februar 2015 Selbstmord.

S.C. RegioTrans S.R.L. (RT) ℗

Str. Oltului nr. 2
RO-500283 Braşov
Telefon: +40 26 8310697
Telefax: +40 26 8310859
contact@regiotrans.ro
www.regiotrans.ro

Werkstatt
Calea 6 Vânători
RO-310507 Arad

Werkstatt
Strada Iosif Renuoiu
RO-Bocşa Română

Management
* Ion Molete (Direktor)

Gesellschafter
Stammkapital 200,00 RON
* Costel Comana (+) (50 %)
* Iorgu Ganea (50 %)

Lizenzen
* RO: EVU-Zulassung (PV) seit 13.02.2008
* RO: Sicherheitszertifikat Teil A (PV); gültig seit 14.02.2008 bis 14.02.2016
* RO: Sicherheitszertifikat Teil B (PV); gültig seit 22.12.2010 bis 14.02.2016

Unternehmensgeschichte
RegioTrans S.R.L. ist ein privates Bahnunternehmen, das 2005 als Personenzugsparte von der RC-CF Trans abgespalten wurde. Zunächst als KEOLIS - S.R.L. gegründet, firmierte man mit Handelsregistereintrag vom 07.12.2006 aufgrund von namensrechtlichen Problemen mit der französischen KEOLIS-Gruppe in RegioTrans um. Gründer und paritätische Gesellschafter waren der in den 1990er-Jahren in leitender Funktion für die staatliche CFR in Brasov tätige Costel Comana und Iorgu Ganea, damals Betreiber von Spielsalons.
Die Gesellschaft übernahm schrittweise SPNV-Leistungen auf zuvor durch die CFR Călători SA bedienten, vereinzelt auch bereits eingestellten Nebenstrecken. Auf mehreren Hauptstrecken wurden Leistungen parallel zu CFR Călători-Angeboten aufgebaut. Grundsätzlich in ganz Rumänien aktiv, bildeten sich Schwerpunkte in den Regionen um Braşov, Luduş/Blaj, Timişoara und Arad. Die benötigten Triebfahrzeuge wurden überwiegend von der SNCF erworben und umfassen vor allem Dieseltriebwagen des Typs „Caravelle".
2010 ging eine neue Werkstattanlage in Arad in Betrieb. In Timisoara Nord betreibt man westlich des Bahnhofes eine Wartungs- und Abstellanlage. Die größeren Instandhaltungsarbeiten werden vor allem

RT

durch den seit 2010 zum Konzern gehörenden Instandhaltungsbetrieb Marub S.A. in Brașov vorgenommen.
Die Wirtschaftsdaten der vergangenen Jahre:
★ 2013: 224,0 Mio. RON Umsatz; 0,06 Mio. RON Nettogewinn; 937 Mitarbeiter
★ 2012: 204,5 Mio. RON Umsatz; 40,3 Mio. RON Nettoverlust; 876 Mitarbeiter
★ 2011: 225,5 Mio. RON Umsatz; 8,7 Mio. RON Nettogewinn; 760 Mitarbeiter
★ 2010: 175,6 Mio. RON Umsatz; 4,3 Mio. RON Nettogewinn; 761 Mitarbeiter
★ 2009: 120,5 Mio. RON Umsatz; 1,1 Mio. RON Nettogewinn; 558 Mitarbeiter

RegioTrans beförderte 2008 2,73 Mio. Passagiere. 2011 entfielen rund 81 % des Umsatzes (182,96 Mio. RON) auf Subventionszahlungen des rumänischen Staats.
Costel Comana, Mitbegründer des Unternehmens, beging im Februar 2015 Selbstmord. Der zweite Gründer und Gesellschafter, Iorgu Ganea, war zuvor unter Korruptionsverdacht verhaftet worden. Ihm wird vorgeworfen, zusammen mit Comana und weiteren Personen im Herbst und Winter 2012 hochrangige Mitarbeiter des Transportministeriums und der CFR bestochen zu haben, um staatliche Subventionen für SPNV-Leistungen zu erhalten.
Am 16.03.2015 entzog die Sicherheitsbehörde Autoritatii Feroviare Romane (AFER) der RegioTrans mit Wirkung zum Folgetag die Sicherheitsbescheinigung Teil B, woraufhin der Betrieb zum 17.03.2015 bis auf Weiteres eingestellt werden musste. In den vorangegangenen zwei Wochen waren bei Kontrollen Sicherheitsmängel an 29 Fahrzeugen festgestellt worden. Ab Anfang April sollte der Betrieb nach Erteilung eines neuen Sicherheitszertifikates wieder schrittweise aufgenommen werden

Verkehre
★ Personenverkehr Lupeni – Petroșani; 1 Zugpaar an So bis Simeria
★ Personenschnellverkehr Brașov – București Nord; 2 tägliche Zugpaare von und nach Craiova
★ Personenschnellverkehr Brașov – Timișoara Nord; 1 Zugpaar an Sa, So
★ Personenverkehr Brașov – Iași; 1 tägliches Zugpaar seit 01.05.2009
★ Personenverkehr Alba Iulia – Zlatna; seit 2007
★ Personenverkehr Alba Iulia – Șibot – Cugir; seit 2007
★ Personenverkehr Alexandria – Zimnicea; seit 13.12.2009
★ Personenverkehr Arad Vest – Nădlac; seit 26.04.2017
★ Personenverkehr Arad – Valcani; seit 26.02.2009; 1 Zug Sănniculau Mare – Valcani, 2 Züge ab Valcani durchgebunden
★ Personenverkehr Berzovia – Oravița; seit 01.08.2007
★ Personenverkehr Blaj – Praid; 1 Zugpaar nach Teiuș durchgebunden
★ Personenverkehr Brașov – Zărnești; seit 01.12.2006
★ Personenverkehr Brașov – Întorsura Buzăului; seit 01.12.2006
★ Personenverkehr București Nord – Parcul Krețulescu H.
★ Personenverkehr București Nord – Pitești – Curtea de Argeș
★ Personenverkehr Buziaș – Jamu Mare; seit 2007
★ Personenverkehr Caracal – Alexandria; seit 13.12.2009
★ Personenverkehr Caracal – Corabia; seit 01.10.2009
★ Personenverkehr Costești – Roșiori Nord; seit 17.06.2013
★ Personenverkehr Dorohoi – Leorda; seit 13.12.2009
★ Personenverkehr Fălticeni – Dolhasca, 1 Zugpaar bis Pașcani durchgebunden
★ Personenverkehr Iași – Dorohoi; seit 13.12.2009
★ Personenverkehr Iași – Hârlău; seit 01.10.2009
★ Personenverkehr Ineu – Brad; seit 01.10.2011; Züge zum Teil von Arad durchgebunden
★ Personenverkehr Ineu – Cermei
★ Personenverkehr Jebel – Giera
★ Personenverkehr Jimbolia – Lovrin; seit 02.09.2009; Züg zum Teil von Timișoara Nord durchgebunden
★ Personenverkehr Luduș – Șieu-Măgheruș – Bistrița Nord; 1 Zugpaar bis Teiuș durchgebunden
★ Personenverkehr Nădab – Grăniceri; seit 13.12.2009; 1 Zugpaar von Sântana
★ Personenverkehr Oravița – Iam; seit 01.08.2012
★ Personenverkehr Parcul Krețulescu H. – Pitești – Curtea de Argeș
★ Personenverkehr Ploiești Sud – Urziceni
★ Personenverkehr Ploiești Sud – Armasești – Urziceni; seit 20.01.2015
★ Personenverkehr Reșița Nord – Gătaia / Voiteni; seit 24.04.2007; 5 Zugpaare nach Timișoara Nord durchgebunden
★ Personenverkehr Roman – Buhăiești, 1,5 Zugpaare nach Iași durchgebunden
★ Personenverkehr Roșiori Nord – Turnu Măgurele
★ Personenverkehr Sfântu Gheorghe – Covasna – Brețcu; seit 01.12.2006; zum Teil von Brașov durchgebunden
★ Personenverkehr Sighișoara – Odorhei; seit 2007
★ Personenverkehr Simeria – Hunedoara; seit 10.02.2012
★ Personenverkehr Timisoara Nord – Radna; seit 10.02.2012
★ Personenverkehr Timișoara Nord – Cenad; seit 01.10.2009
★ Personenverkehr Timișoara Nord – Cruceni; seit 14.12.2008
★ Personenverkehr Timișoara Nord – Lovrin; seit 26.02.2009
★ Personenverkehr Târgu Neamț – Pașcani, 1 Zugpaar nach Iași durchgebunden

RT / STI

* Personenverkehr Cărpiniș – Ionel; seit 10.02.2012; zum Teil von Timișoara Nord
* Personenverkehr Jebel – Liebling; seit 10.02.2012
* Personenverkehr Lovrin – Nerău; seit 02.09.2009

* RO: Sicherheitszertifikat, Teil A+B (PV+GV); gültig vom 15.03.2014 bis 15.03.2016

Infrastruktur
* Alexandria – Zimnicea; gepachtet von CNCF „CFR" S.A.
* Caracal – Corabia; gepachtet von CNCF „CFR" S.A.
* Costești – Roșiori Nord (64 km); gepachtet seit 16.02.2005 von CNCF „CFR" S.A.
* Chileni – Vosloboni (7 km); gepachtet von CNCF „CFR" S.A.

S.C. Servtrans Invest S.A. (STI)
P G I

Sos. Fabrica de Glucoza nr. 11A
RO-020331 București
Telefon: +40 21 2236418
Telefax: +40 21 2223346
office@servtrans-invest.com
www.servtrans-invest.com

Management
* George Buruiană (Generaldirektor)

Gesellschafter
Stammkapital 18.667.000,00 RON
* Grampet Services S.A. (99,99 %)

Lizenzen
* RO: EVU-Zulassung (PV+GV) seit 15.03.2008

Unternehmensgeschichte
Servtrans Invest S.A. (STI) wurde 2001 durch die Unternehmensgruppe International Railway Systems (IRS) gegründet und konnte am 06.02.2002 den ersten Güterzug befördern. Heute ist das Unternehmen landesweit im Schienengüterverkehr tätig und gehört wie die landesweiter Nummer 2 zur Grampet-Gruppe. Servtrans Invest ist in Rumänien am Umsatz gemessen die drittgrößte Güterbahn:
* 2013: 65,8 Mio. RON Umsatz, 121 Mio. RON Nettogewinn; 347 Mitarbeiter
* 2012: 84,8 Mio. RON Umsatz, 14,3 Mio. RON Nettoverlust; 552 Mitarbeiter
* 2011: 126,0 Mio. RON Umsatz, 0,8 Mio. RON Nettogewinn; 853 Mitarbeiter
* 2010: 150,7 Mio. RON Umsatz, 36,2 Mio. RON

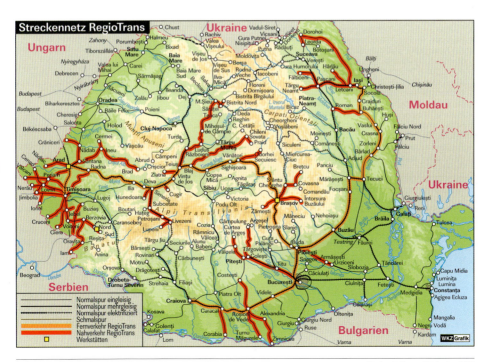

STI / Softrans

Nettoverlust; 967 Mitarbeiter
* 2009: 158,5 Mio. RON Umsatz, 36,3 Mio. RON Nettoverlust; 933 Mitarbeiter
* 2008: 183,5 Mio. RON Umsatz, 33,5 Mio. RON Nettoverlust; 966 Mitarbeiter

Im April 2012 betrug der Marktanteil des Unternehmens 5,67 %. Am 15.03.2005 verkehrte erstmalig ein Personenzug der Gesellschaft auf der Relation Roşiori Nord – Costeşti. Seitdem werden dort Dieselloks der Baureihen 69 bzw. 80 mit Personenwagen eingesetzt. Übergangsweise hatte man auch CFR-Dieseltriebwagen der Baureihe 97 verwendet.

Weitestgehend vom westeuropäischen Bahnmarkt unbemerkt hat die rumänische Grampet-Gruppe im November 2011 das insolvente Bahnunternehmen Servtrans Invest samt Tochterunternehmen Servtrans Mentenance SA, Caracal, und Servtrans Traverse SA mit Sitz in Bukarest von Cristian Burci übernommen. Käufer war die Grampet Services SA, die zum Firmenkonstrukt des Unternehmers Gruia Stoica gehört. Servtrans Invest hatte am 15.07.2011 Insolvenz anmelden müssen und wies zu diesem Zeitpunkt 96 Mio. EUR Schulden auf. Die Gesellschaft war damals Teil der Unternehmensgruppe IRS von Cristian Burci, die 2011 mehrheitlich Insolvenz beantragte.

Verkehre
* Betonstahltransporte Braşov – Bucureşti
* Chemietransporte Răuseni – Constanţa
* Eisenerz- und Stahltransporte Galaţi – Brăila
* Eisenerz- und Stahltransporte Galaţi – Constanţa
* KV-Transporte (Holzhackschnitzel) Vinţu de Jos – Stambolijski (Mondi Stambolijski EAD) [BG]; ab 01.01.2009; Traktion in Rumänien im Auftrag der Bulmarket DM Ltd.
* Kohlenstofftransporte Malina – Romcin / Bicaz
* Mineralientransporte Iacobeni / Pojorâta – Catusa
* Mineralöltransporte Rumänien – Belozem [BG]; Spotverkehr; Traktion in Rumänien im Auftrag der Bulmarket DM Ltd.
* Personenverkehr Roşiori Nord – Costeşti; vom 09.12.2007 bis 07.11.2010 teilweise verlängert bis Piteşti
* Personenverkehr Tecuci – Făurei; 2 Zugpaare seit 21.05.2012
* Schottertransporte Bicsadu Oltului – Buftea
* Schottertransporte Brăila – Buftea
* Schottertransporte Brăila – Cîmpina
* Schottertransporte Chileni – Bucureşti
* Schottertransporte Chileni – Săruleşti
* Stahltransporte Dąbrowa Górnicza Towarowa [PL] – Galaţi (Mittal); seit 2006 mit PCC, CD Cargo, BRKS, CER
* Zementtransporte Turda – Aleşd; im Auftrag von Holcim

S.C. Softrans S.R.L. Craiova 🅿🅖

Calea Severinului Nr. 40
RO-200609 Craiova
Telefon: +40 351 409153
Telefax: +40 351 178949
office@softrans.ro
www.softrans.ro

Management
* Ianosi Nicolae (Geschäftsführer)

Gesellschafter
Stammkapital 300,00 RON
* Augustin Popescu (33,33 %)
* Ion Gârniţă (33,33 %)
* Ionel Ghiţă (33,33 %)

Lizenzen
* RO: EVU-Zulassung (GV) seit 15.05.2008
* RO: Sicherheitszertifikat, Teil A+B (GV); gültig vom 17.05.2014 bis 17.05.2016

Unternehmensgeschichte
Softrans S.R.L. Craiova wurde 2002 gegründet und transportiert v.a. Schotter in Ganzzügen.
Softrans entstand im Rahmen des Niederganges der Lokfabrik Electroputere in Craiova. Neben der Bahngesellschaft entstanden zahlreiche Unternehmen, die zumeist von ehemaligen leitenden Angestellten gegründet wurden. Mit ähnlichen Akteuren existieren heute neben Softrans u. a. folgende Gesellschaften:
* Softronic S.R.L. mit den Gesellschaftern Ionel Ghiţă (30 %), seinem Bruder Augustin Popescu (26,69 %), Ion Gârniţă (26,69 %) und Oana Miulescu (16,6 %), das sich zunächst mit elektronischen Bauteilen für Loks beschäftigt und heute Modernisierungen von Electroputere anbietet.
* Ionel Ghiţă (30 %), Augustin Popescu (26,6 %), Ion Gârniţă (26,6 %) und Oana Miulescu (16,6 %) betreiben zudem die Gesellschaft Romtronic S.R. L..
* Compania de Mecanică Feroviară S.R.L. mit den Gesellschaftern Ion Gârniţă (20 %), Augustin Popescu (20 %), Ionel Ghiţă (20 %), Mihai Miulescu (20 %) und Ionel Şerban (20%)
* Softconstruct S.R.L. mit den Gesellschaftern Costel Georgescu (10 %), Augustin Popescu (30 %), Ionel Ghiţă (30 %) und Ion Gârniţă (30 %) ist ein Hoch- und Tiefbauunternehmen
* Ion Gârniţă betreibt zudem das Unternehmen Archy S.R.L.

Die Wirtschaftsdaten der Softrans der vergangenen Jahre:
* 2013: 20,5 Mio. RON Umsatz; 2,7 Mio. RON Nettogewinn; 22 Mitarbeiter
* 2012: 7,2 Mio. RON Umsatz; 2,5 Mio. RON Nettogewinn; 19 Mitarbeiter

Softrans / THF

* 2011: 4,5 Mio. RON Umsatz; 3,0 Mio. RON Nettogewinn; 25 Mitarbeiter
* 2010: 3,6 Mio. RON Umsatz; 1,6 Mio. RON Nettoverlust; 25 Mitarbeiter
* 2009: 4,3 Mio. RON Umsatz; 0,09 Mio. RON Nettogewinn; 24 Mitarbeiter

Seit 01.08.2014 bietet Softrans mit einem von Softronic hergestellten vierteiligen „Hyperion"-E-Triebzug tägliche Personenzüge ab Craiova an. Diese verkehrten zunächst bis 13.09.2014 nach Constanța und seit 15.09.2014 stattdessen nach Brașov. Mit einem lokbespannten Zug bedient das Unternehmen zudem seit 30.06.2014 die Relation Craiova – Motru Est Gr. Călători.
Mit einem zweiten, neuen „Hyperion"-E-Triebzug soll zudem ab Juni 2015 Craiova – Constanța wieder regelmäßig bedient werden.

Verkehre
* Schottertransporte Adjut – Galați
* Schottertransporte Chileni – Bacău
* Schottertransporte Filiași – Galați
* Personenverkehr Craiova – București – Brașov; ein Zugpaar täglich seit 15.09.2014
* Personenverkehr Craiova – Motru Est Gr. Călători; 3 Zugpaare täglich seit 30.06.2014

S.C. Tehnotrans Feroviar S.R.L. (THF) 🄖

Incinta Port Constanța, Dana 17
RO-900900 Constanța
Telefon: +40 241 601601
Telefax: +40 241 601601
tehnotransferoviar@gmail.com
www.tehnotransferoviarsrl.ro

Gesellschafter
Stammkapital 100.000,00 RON
* Constantin Străinu (100 %)

Lizenzen
* RO: EVU-Zulassung (GV); gültig seit 21.05.2012
* RO: Sicherheitszertifikat Teil A+B (GV); gültig vom 01.07.2013 bis 01.07.2015

Unternehmensgeschichte
Die am 15.06.2009 in das Handelsregister eingetragene S.C. Tehnotrans Feroviar S.R.L. (THF) verfügt seit Mai 2012 über eine EVU-Zulassung. Die Schwestergesellschaft der România Euroest, hat 2012 den Geschäftsbetrieb ausgeweitet: Neben dem Rangierdienst im Hafen Constanța übernimmt das Unternehmen seit 01.10.2012 auch die

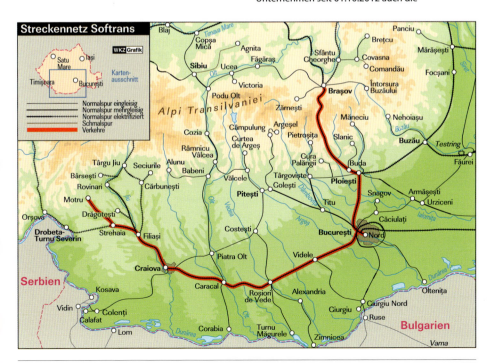

THF / TRC / TEF

Waggoninstandhaltung. Im Herbst 2012 wurde zudem eine eingleisige Werkstatthalle in Constanta für die bereits 2009 gestartete E-Lok-Instandhaltung hergerichtet.
* 2013: 16,0 Mio. RON Umsatz; 0,8 Mio. RON Nettogewinn; 121 Mitarbeiter
* 2012: 7,9 Mio. RON Umsatz; 0,1 Mio. RON Nettogewinn; 65 Mitarbeiter
* 2011: 2,6 Mio. RON Umsatz; 0,8 Mio. RON Nettogewinn; 20 Mitarbeiter

Die Firmengruppe von Constantin Străinu umfasst drei Unternehmen:
* România Euroest: Werkstattdienstleistungen für Dieselloks
* Tehnotrans Feroviar: Werkstattdienstleistungen für Elektroloks und Wagons, Rangierdienstleistungen und Güterverkehr
* Eurofer Trans: Bahnspedition und Logistik

Die Übergabe der genannten Geschäftsbereiche von Romania Euroest an Tehnotrans Feroviar soll ein geordnetes Wachstum der beiden Unternehmen ermöglichen.

Verkehre
* Rangierdienste im Hafen Constanța; seit 01.07.2012
* KV-Transporte Constanța (CSCT) – București (BIRFT); 2-3 x pro Woche seit Januar 2012 im Auftrag der S.C. Tibbett Logistics S.R.L.

TIM RAIL CARGO S.R.L. (TRC) G

Strada Ariadna, nr. 26
RO-300311 Dumbrăvița
Telefon: +40 256 473425
Telefax: +40 256 473425
office@timrailcargo.ro
www.timrailcargo.ro

Verwaltung
Strada Garii nr. 2
RO-300166 Timișoara

Management
* Romeo George Dragoi (Geschäftsführer)

Gesellschafter
* Emanuela Draghiea (40 %)
* Elena Gabriela Udrea (20 %)
* Alexandru Bejenaru (20 %)
* Adriana-Mirela Trica (20 %)

Lizenzen
* RO: EVU-Lizenz (GV); gültig seit 29.08.2013
* RO: Sicherheitszertifikat, Teil A+B (GV); gültig vom 29.11.2013 bis 29.11.2016

Unternehmensgeschichte
TIM RAIL CARGO S.R.L. (TRC) ist eine private Güterbahn, die am 13.05.2013 in das Handelsregister eingetragen wurde. Sitz der TRC ist im westrumänischen Dumbrăvița nördlich von Timișoara, wo sich die Verwaltung befindet. Das im Gesellschaftsnamen verankerte Tim verweist auf den Sitz des Unternehmens bzw. den dazugehörigen Kreis Timiș. 20 % der Anteile hält Elena Gabriela Udrea, die u.a. von November 2008 bis Februar 2012 Rumäniens Ministerin für Tourismus und Regionalentwicklung war.
Das Unternehmen führt im ersten Schritt v.a. Getreidetransporte aus Westrumänien zum Schwarzmeerhafen Constanța durch.

Verkehre
* Getreidetransporte Jebel (S.C. Cerealcom Timiș S. A.) – Constanța; seit Herbst 2013

S.C. Trans Expedition Feroviar S. R.L. (TEF) G

Str. Economu Cezărescu nr. 1-9
RO-060754 București
Telefon: +40 31 4052925
Telefax: +40 31 4052926
office@tef.com.ro
www.tef.com.ro

Management
* Cristian Rădulescu (Generaldirektor)

Gesellschafter
Stammkapital 1.000.000,00 RON
* Vasile Didilă (99 %)
* Cristian Rădulescu (1 %)

Lizenzen
* RO: EVU-Zulassung (GV) seit 28.09.2007
* RO: Sicherheitszertifikat Teil A (GV); gültig seit 07.10.2007 bis 07.10.2015
* RO: Sicherheitszertifikat Teil B (GV); gültig seit 05.07.2010 bis 07.10.2015

TEF / TRANS RAIL / Transblue

Unternehmensgeschichte
Trans Expedition Feroviar S.R.L. (TEF) ist auf diversen Relationen ab Ploiești im Schienengüterverkehr aktiv und gehört wie auch die Grup Feroviar Român S.A. (GFR) zur Firmengruppe Grampet. Die Wirtschaftsdaten der vergangenen Jahre:
* 2013: 68,5 Mio. RON Umsatz; 2,7 Mio. RON Nettogewinn; 473 Mitarbeiter
* 2012: 99,9 Mio. RON Umsatz; 0,7 Mio. RON Nettogewinn; 562 Mitarbeiter
* 2011: 82,2 Mio. RON Umsatz; 1,7 Mio. RON Nettogewinn; 565 Mitarbeiter
* 2010: 47,6 Mio. RON Umsatz; 0,6 Mio. RON Nettogewinn; 462 Mitarbeiter
* 2009: 52,7 Mio. RON Umsatz; 6,6 Mio. RON Nettogewinn; 561 Mitarbeiter
* 2008: 40,6 Mio. RON Umsatz; 3,1 Mio. RON Nettoverlust; 560 Mitarbeiter

Verkehre
* Gütertransporte Ploiești – Constanța
* Gütertransporte Ploiești – Fetești

TRANS RAIL S.R.L. 🇷🇴

Strada Ștefan cel Mare BL. 4 SC. B ET. 3 AP. 20
RO-611039 Roman
Telefon: +40 233 744860
Telefax: +40 233 744860
transrail@ymail.com

Management
* Dorel Chelaru (Geschäftsführer)

Lizenzen
* RO: EVU-Zulassung (GV); gültig seit 31.10.2012
* RO: Sicherheitszertifikat, Teil A+B (GV); gültig vom 31.10.2013 bis 31.10.2015

Unternehmensgeschichte
Die bereits seit 01.06.2006 in das Handelsregister eingetragene TRANS RAIL S.R.L. besitzt seit 2012 eine Streckenlizenz.
Die Wirtschaftsdaten der vergangenen Jahre:
* 2013: 0,46 Mio. RON Umsatz; 0,005 Mio. RON Nettogewinn; 11 Mitarbeiter

* 2012: 0,09 Mio. RON Umsatz; 0,002 Mio. RON Nettogewinn; 6 Mitarbeiter

Mit einem Strecken- und zwei Rangierloks bedient das Unternehmen u.a. Gleisanschlüsse in Roman.

S.C. Transblue S.R.L. 🇷🇴

Str. Pictor Barbu Iscovescu nr. 13
RO-0111935 București
Telefon: +40 21 2318127
Telefax: +40 21 2317705
transblue@transblue.ro

Management
* Radu Diaconescu (Geschäftsführer)

Gesellschafter
Stammkapital 10.000.000,00 RON

Lizenzen
* RO: EVU-Zulassung (GV); gültig seit 18.01.2008
* RO: Sicherheitszertifikat Teil A (GV); gültig seit 21.01.2008 bis 21.01.2016
* RO: Sicherheitszertifikat Teil B (GV); gültig seit 07.09.2010 bis 21.01.2016

Unternehmensgeschichte
Transblue S.R.L. ist eine zum 21.01.2004 in das Handelsregister eingetragene private Gütereisenbahn, die im Rangierverkehr tätig ist. Die Wirtschaftsdaten der vergangenen Jahre:
* 2013: 4,7 Mio. RON Umsatz; 0,9 Mio. RON Nettogewinn; 49 Mitarbeiter
* 2012: 4,4 Mio. RON Umsatz; 0,9 Mio. RON Nettogewinn; 48 Mitarbeiter
* 2011: 4,5 Mio. RON Umsatz; 0,9 Mio. RON Nettogewinn; 43 Mitarbeiter
* 2010: 2,6 Mio. RON Umsatz; 1,6 Mio. RON Nettogewinn; 35 Mitarbeiter
* 2009: 2,5 Mio. RON Umsatz; 0,4 Mio. RON Nettogewinn; 26 Mitarbeiter
* 2008: 4,2 Mio. RON Umsatz; 0,5 Mio. RON Nettogewinn; 40 Mitarbeiter

TFC / TFG

S.C. Transferoviar Călători S.R.L. (TFC) ℗

Str. Tudor Vladimirescu, Nr. 2-4
RO-400225 Cluj Napoca
Telefon: +40 26 4435358
Telefax: +40 26 4435358
office@transferoviarcalatori.ro
www.transferoviarcalatori.ro

Buzesti no 63-69
RO-011013 București
Telefon: +40 21 3104377
Telefax: +40 21 3104388

Calea Victoriei no 155
RO-010073 București
Telefon: +40 743025263

Management
★ Adrian Timar (Geschäftsführer)

Gesellschafter
★ Privatbesitz (2 %)
★ S.C. Transferoviar Grup S.A. (TFG)

Lizenzen
★ RO: EVU-Zulassung (PV); gültig seit 15.10.2010
★ RO: Sicherheitszertifikat, Teil A+B (PV); gültig vom 10.10.2014 bis 10.10.2016

Unternehmensgeschichte
S.C. Transferoviar Călători S.R.L. (TFC) als Personenverkehrstochter der Transferoviar Grup (TFG) wurde am 23.02.2010 in das Handelsregister eingetragen:
★ 2013: 63,4 Mio. RON Umsatz; 2,0 Mio. RON Nettogewinn; 232 Mitarbeiter
★ 2012: 56,4 Mio. RON Umsatz; 1,8 Mio. RON Nettogewinn; 196 Mitarbeiter
★ 2011: 36,4 Mio. RON Umsatz; 1,4 Mio. RON Nettogewinn; 98 Mitarbeiter

Für die ab September 2010 stark ausgeweiteten Personenverkehre hat man insgesamt zwölf dreiteilige VT 24-Einheiten der DB über den Zwischenhändler HEROS Helvetic Rolling Stock GmbH erworben. Aktuell ist zudem ein dreiteiliger Triebwagen der Baureihe 614 im Bestand. Im Februar 2012 erfolgte zudem die Übernahme von 13 niederländischen Dieseltriebwagen.
Die Wartung der Fahrzeuge erfolgt in Cluj-Napoca beim Schwesterunternehmen Remarul 16 Februarie S.A.

Verkehre
★ Personenverkehr Buzău – București Nord; seit 21.05.2012
★ Personenverkehr Buzău – Nehoiașu; seit 07.03.2010
★ Personenverkehr Cluj-Napoca – Oradea; seit 14.12.2014
★ Personenverkehr Galați – Brăila – Urziceni – București Nord; seit Dezember 2013
★ Personenverkehr Galați – Bârlad seit 20.02.2015
★ Personenverkehr Ploiești Sud – Măneciu; seit 23.11.2014
★ Personenverkehr Ploiești Sud – Slănic; seit 01.09.2012
★ Personenverkehr Slănic – București Nord; seit 09.12.2012
★ Personenverkehr Titan Sud – Oltenița; seit 22.03.2012

S.C. Transferoviar Grup S.A. (TFG) 🄖🄘

str. Tudor Vladimirescu nr. 2-4
RO-400225 Cluj-Napoca
Telefon: +40 264 454420
Telefax: +40 264 403101
office@transferoviar.ro
www.transferoviar.ro

Management
★ Timar Ioan Adrian (Generaldirektor)

Gesellschafter
Stammkapital 250.000,00 EUR
★ Călin Mitică

Beteiligungen
★ Euroforce Security S.R.L.
★ S.C. Transferoviar Călători S.R.L. (TFC)
★ Uzina de vagoane Aiud S.A.

TFG

Lizenzen
- RO: EVU-Zulassung (PV+GV) seit 25.10.2007
- RO: Sicherheitszertifikat Teil A (GV); gültig seit 30.10.2007 bis 30.10.2015
- RO: Sicherheitszertifikat Teil B (GV); gültig seit 30.10.2011 bis 30.10.2015

Infrastruktur
- Oradea Est – Holod (49,7 km); gepachtet seit 07.03.2010 on CNCF „CFR" S.A.
- Berca – Nehoiașu (51,0 km); gepachtet seit 07.03.2010 von CNCF „CFR" S.A.
- Galați – Bârlad (109,0 km); gepachtet seit 12.12.2010 von CNCF „CFR" S.A.
- București Sud Călători – Titan Sud (3,4 km); gepachtet seit 22.03.2012 von CNCF „CFR" S.A.
- București Sud Călători – Oltenița Sud (56,6 km); gepachtet seit 22.03.2012 von CNCF „CFR" S.A.
- Buda – Slănic (34,0 km); gepachtet seit 01.09.2012 von CNCF „CFR" S.A.
- Căciulați – Snagov Plaje (15,0 km); gepachtet seit 22.03.2012 von CNCF „CFR" S.A.
- Buzău – Berca (22,3 km); gepachtet seit 22.08.2013 von CNCF „CFR" S.A.

Unternehmensgeschichte
Die 2003 gegründete Transferoviar Grup S.A. (TFG) hat seinen Hauptsitz in Cluj-Napoca. Die Haupttätigkeit des Unternehmens ist die Erbringung von Güterverkeren inklusive Rangierdienstleistungen, der Betrieb von Eisenbahninfrastruktur sowie der Bau von Eisenbahnen, Straßen und Autobahnen. 2010 wurden die Personenverkehrsaktivitäten in die Transferoviar Călători S.R.L. (TFC) ausgegründet. Transferoviar Grup nimmt derzeit den fünften Platz unter den Güterbahn in Rumänien in Bezug auf den Umsatz ein. Die Wirtschaftsdaten der vergangenen Jahre:
- 2013: 160,7 Mio. RON Umsatz; 2,8 Mio. RON Nettogewinn; 540 Mitarbeiter
- 2012: 140,3 Mio. RON Umsatz; 7,4 Mio. RON Nettogewinn; 491 Mitarbeiter
- 2011: 87,7 Mio. RON Umsatz; 13,5 Mio. RON Nettogewinn; 355 Mitarbeiter
- 2010: 61,2 Mio. RON Umsatz; 9,6 Mio. RON Nettoverlust; 216 Mitarbeiter
- 2009: 59,2 Mio. RON Umsatz; 17,0 Mio. RON Nettogewinn; 163 Mitarbeiter

Im Jahr 2014 lag der Marktanteil des Unternehmens bei 7 %.

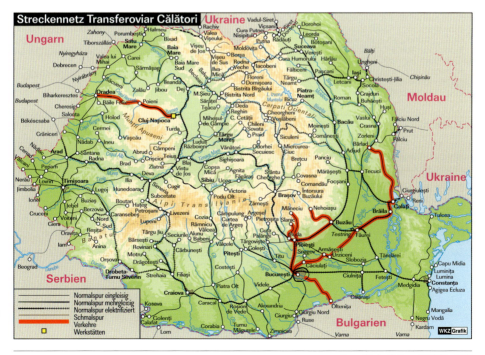

TFG / Unicom Holding

Verkehre
* Chemietransporte Borzeşti (Chimcomplex) – Bulgarien; im Auftrag der Chimcomplex S.A. Borzeşti
* Chemietransporte Borzeşti (Chimcomplex) – Constanţa; im Auftrag der Chimcomplex S.A. Borzeşti
* Chemietransporte Borzeşti (Chimcomplex) – Râureni (Oltchim); im Auftrag der Chimcomplex S. A. Borzeşti
* Chemietransporte Borzeşti (Chimcomplex) – Ungarn; im Auftrag der Chimcomplex S.A. Borzeşti
* Chemietransporte Borzeşti – Bucureşti Obor; im Auftrag der Chimcomplex S.A. Borzeşti
* Gütertransporte Agigea Nord (OIL TERMINAL S. A.) – Oneşti; im Auftrag der Oscar Downstream S.R. L.
* Gütertransporte Constanţa Port Mol 5 – Vinţu de Jos (Kronospan România); im Auftrag der Kronospan România S.R.L.
* Gütertransporte Dej Călători (Salina Ocna Dej) – Slowakei; im Auftrag der Societatea Naţională a Sării S.A. (SALROM)
* Gütertransporte Dej Călători (Salina Ocna Dej) – Valea lui Mihai (Wagentausch mit ungarischen Bahnen); im Auftrag der Societatea Naţională a Sării S.A. (SALROM)
* Gütertransporte Episcopia Bihor – Tileagd; im Auftrag von Petrolsped
* Gütertransporte Praid (Salina Praid) – Curtici (Übergabe an Dritte); im Auftrag der Societatea Naţională a Sării S.A. (SALROM)
* Gütertransporte Târgu Mureş (Azomureş) – Vinţu de Jos (Kronospan România); im Auftrag der Kronospan România S.R.L.
* Gütertransporte Vinţu de Jos (Kronospan România) – Constanţa Ferry Boat; im Auftrag der Kronospan România S.R.L.
* Pkw-Transporte (Dacia Duster) Ciumeşti – Survilliers-Fosses [FR]; 1 x pro Woche seit Januar 2015 im Auftrag der Gefco România S.R.L.; Traktion bis Curtici (Übergabe an GYSEV CARGO Zrt.)
* Pkw-Transporte (Dacia) Ciumeşti – Constanţa; täglich seit August 2012 im Auftrag der Gefco România S.R.L.; letzte Meile durch S.C. Tehnotrans Feroviar S.R.L.
* Pkw-Transporte (Dacia) Ciumeşti – Parma [IT]; 1 x pro Woche seit 2012 Traktion in Rumänien im Auftrag der Gefco România S.R.L.
* Spotverkehre für Captrain, Soufflet Malt România S.A., 2BOpen Logistics S.R.L., ASTRA RAIL Industries S.R.L., Brise Group, ST TRANS Ltd., INTERFRACHT s. r.o., Govcrest International S.R.L., Soufflet Agro România S.R.L., BF Logistics, s.r.o.

S.C. Unicom Holding S.A.

Strada Bilciureşti 9A
RO-014012 Bucureşti

Verwaltung
Strada Câmpul Pipera nr. 125/9
RO-077190 Voluntari
Telefon: +40 21 2329942
Telefax: +40 21 2329941
office@unicom-group.ro
www.unicom-group.ro

Gesellschafter
Stammkapital 31.896.198,00 RON

Beteiligungen
* S.C. Unicom Active Feroviare S.A. (100 %)
* S.C. Unicom Bunkering S.A. (100 %)
* S.C. Unicom Cargo Services S.A. (100 %)
* S.C. Unicom Oil Terminal S.A. (100 %)
* S.C. Unicom Osys S.A. (100 %)
* S.C. Unicom Tranzit S.A. (UTZ) (100 %)
* S.C. Unicom Wood Production S.A. (100 %)
* S.C. Unifertrans S.A. (UT) (100 %)
* S.C. Unicom Top Energy S.A. (100 %)

Unternehmensgeschichte
Die Unicom Grup ist hauptsächlich im Treibstoffhandel tätig. Unter einer am 12.03.1993 gegründeten Holdinggesellschaft finden sich u.a. folgende Unternehmen:
* S.C. Unicom Tranzit S.A.: Werkbahnbetrieb, seit 2013 auch Streckenleistungen
* S.C. Unicom Bunkering S.A.: Treibstofflagerung, Schiffstransport
* S.C. Unicom Oil Terminal S.A.: Tanklagerbetreiber
* S.C. Unifertrans S.A.: Eisenbahnverkehrsunternehmen, Bahnbetrieb 2013 durch Unicom Tranzit übernommen
* S.C. Unicom Osys S.A.: 2005 gegründeter Produzent von Fenstern und Türen
* S.C. Unicom Top Energy S.A.: Kohlenhandel
* S.C. Unicom Wood Production S.A.: Holzverarbeitung
* S.C. Unicom Cargo Services S.A.: Verschub, Frachtumladung

2007 wurden Loks und Waggons der Unternehmensgruppe in die S.C. Unicom Active Feroviare S.A. überführt, die auch eine eigene Werkstatt in Feteşti betreibt.
2010 hatte die Unternehmensgruppe rund 600 Mitarbeiter.

S.C. Unicom Tranzit S.A. (UTZ)
G I

Strada Câmpul Pipera nr. 125/9
RO-077190 Voluntari
Telefon: +40 21 2329948
Telefax: +40 21 2329949
tranzit@unicom-group.ro
www.unicom-group.ro/tranzit

Niederlassung Fieni
Garii 4
RO-135100 Fieni

Niederlassung Bicaz
Str. Bicaz-Chei
RO-617060 Bicaz-Chei

NiederlassungCălăraşi
Prl. Bucureşti 162
RO-910153 Călăraşi

Gesellschafter
Stammkapital 4.574.840,00 RON
★ S.C. Unicom Holding S.A. (100 %)

Lizenzen
★ RO: EVU-Zulassung (GV); gültig seit 01.01.2013
★ RO: Sicherheitszertifikat, Teil A (GV); gültig vom 04.01.2014 bis 01.01.2016
★ RO: Sicherheitszertifikat, Teil B (GV); gültig vom 04.01.2014 bis 01.01.2016

Infrastruktur
★ Baia Mare – Baia Mare Nord; gepachtet seit 31.05.2013

Unternehmensgeschichte
Die am 23.12.1994 in das Handelsregister eingetragene Unicom Tranzit S.A. (UTZ) als Teil der Unicom-Gruppe betreibt mit 352 Mitarbeitern (Stand 2011) drei Werkbahnen in Rumänien:
★ Bicaz, für S.C. Carpatcement Holding S.A.
★ Fieni, für S.C. Carpatcement Holding S.A.
★ Călăraşi, für S.C. SILCOTUB TENARIS S.A.
Zum 01.01.2013 übernahm die Unicom Tranzit die EVU-Tätigkeit des Schwesterunternehmens Unifertrans. Die Wirtschaftsdaten der vergangenen Jahre:
★ 2013: 218,1 Mio. RON Umsatz; 5,4 Mio. RON Nettogewinn; 879 Mitarbeiter
★ 2012: 199,3 Mio. RON Umsatz; 4,6 Mio. RON Nettogewinn; 425 Mitarbeiter
★ 2011: 198,7 Mio. RON Umsatz; 2,9 Mio. RON Nettogewinn; 352 Mitarbeiter
★ 2010: 146,8 Mio. RON Umsatz; 5,8 Mio. RON Nettogewinn; 332 Mitarbeiter
★ 2009: 179,2 Mio. RON Umsatz; 4,6 Mio. RON Nettogewinn; 318 Mitarbeiter
In Fieni betreibt die Unicom Tranzit auch eine rund 14 km lange Werkseisenbahn zwischen Pucheni und Fieni. Über die in Spurweite 760 mm ausgeführte Strecke werden Dolomit und Tonerde zum Zementwerk der SC Romcif SA Fieni der deutschen HeidelbergCement-Gruppe befördert. Steine und Erden aus dem Bucegi-Gebirge erreichen Pucheni über ein System von gedeckten Förderbändern (früher auch Seilbahnen) und werden aus Zwischenlagern automatisch in Kippwagen verladen. Bis zu 340 t schwere Züge werden luftgebremst mit einer einzigen L45H-Diesellok im Rahmen eines Dreizugbetriebes zu Tal gefahren. Zum Schichtwechsel wird ein stählerner gedeckter Wagen mit Sitzen für die Mitarbeiter eingesetzt. Der Bestand der Werksbahn ist kurzfristig eher nicht gefährdet. Unterhalt und Reparatur der 40 Jahre alten Loks sind aber teuer und mangels Ersatzteilen sehr aufwändig. Neubauloks sind nicht finanzierbar, daher wird nach einer Modernisierungslösung gesucht. Zur Diskussion steht dabei u.a. eine Remotorisierung mit Caterpillar-Motoren analog der L45H auf Korsika.
Im April 2012 betrug der Marktanteil der Unifertrans 4,08 %.

Verkehre
★ Chemietransporte Slowakei – Râureni (Oltchim); 2 x pro Monat Traktion in Rumänien
★ Getreidetransporte ab Oradea Vest (Agrosem SA); Spotverkehre
★ Kalksteintransporte Tasaul – Medgidia (Lafarge-Zementwerk)
★ Kohletransporte nach Tirgu Mures Sud (Kraftwerk)
★ Kokstransporte Cap Midia – Medgidia (Lafarge-Zementwerk)
★ Kokstransporte Polen – Galaţi (ArcelorMittal Galaţi); seit Juni 2013 im Auftrag der ArcelorMittal Galaţi SA; Traktion untervergeben an ? [PL]; Express Group, a.s. [CZ, SK sowie als Subunternehmer MMV Magyar Magánvasút Zrt. in HU]
★ MDF-Platten-Transporte nach Episcopia Bihor
★ Mineralöltransporte Galaţi – Bucureşti
★ Mineralöltransporte Moineşti – Brazi
★ Mineralöltransporte Moineşti – Cimpinita
★ Mineralöltransporte Palas – Bucureşti
★ Mineralöltransporte Ploieşti – Constanţa
★ Pyrittransporte Năvodari – Medgidia (Lafarge-Zementwerk)

VTR / VTS

S.C. Vest Trans Rail S.R.L. (VTR)
G I

Str. Tăietura Turcului nr. 47/15N
RO-400221 Cluj-Napoca
Telefon: +40 728 777827

Verwaltung
Str. Moș Ion Roată, Nr. 42
RO-100376 Ploiești
Telefon: +40 244 210566
Telefax: +40 244 522112
office@vesttransrail.ro
www.vesttransrail.ro

Management
★ Ion Garoseanu (Geschäftsführer)

Gesellschafter
Stammkapital 1.000.000,00 RON
★ S.C. Ferest Logistics S.R.L. (90 %)
★ S.C. Ferocargo Eurotrans S.R.L. (10 %)

Lizenzen
★ RO: EVU-Zulassung (PV+GV); gültig seit 07.12.2009
★ RO: Sicherheitszertifikat, Teil A (GV); gültig vom 22.04.2010 bis 22.04.2016
★ RO: Sicherheitszertifikat, Teil B (GV); gültig vom 20.12.2010 bis 22.04.2016

Infrastruktur
★ Ploiești Crâng – Ploiești Vest (2,7 km); gepachtet seit 01.09.2012 von CNCF „CFR" S.A.

Unternehmensgeschichte
S.C. Vest Trans Rail S.R.L. wurde 2008 gegründet und gehört mehrheitlich zur Firmengruppe Ferest Logistics, die als Speditionsbetrieb europaweit tätig ist. Minderheitsgesellschafter war bis 15.07.2010 die Refer Trans S.R.L., aktuell ist dies die Ferest Logistics-Tochter Ferocargo Eurotrans.
Die Wirtschaftsdaten der vergangenen Jahre:
★ 2013: 48,7 Mio. RON Umsatz; 0,8 Mio. RON Nettogewinn; 179 Mitarbeiter
★ 2012: 43,6 Mio. RON Umsatz; 0,9 Mio. RON Nettogewinn; 166 Mitarbeiter
★ 2011: 37,6 Mio. RON Umsatz; 0,4 Mio. RON Nettoverlust; 138 Mitarbeiter
★ 2010: 11,1 Mio. RON Umsatz; 0,2 Mio. RON Nettogewinn; 34 Mitarbeiter
Seit 2012 pachtet man die Strecke Ploiești Crâng – Ploiești Vest.
Im April 2012 betrug der Marktanteil des Unternehmens im Güterverkehr 1,73 %.

Verkehre
★ Gütertransporte, landesweit
★ AZ-Verkehr

★ KV-Transporte Constanța – Budapest [HU]; Traktion in Rumänien
★ Baustofftransporte ? – Fieni (Romcif); Spotverkehre
★ Baustofftransporte ? – Tașca (Carpatcement)

S.C. Via Terra Spedition S.R.L. (VTS) G I

Str. Anatole France nr.62
RO-400463 Cluj-Napoca
Telefon: +40 264 442484
Telefax: +40 264 596775
office@viaterraspedition.ro
www.viaterraspedition.ro

Management
★ Stelian Frățilă (Geschäftsführer)

Gesellschafter
Stammkapital 5.000,00 RON
★ Via Terra Group (100 %)

Lizenzen
★ RO: EVU-Zulassung (GV) seit 05.09.2007
★ RO: Sicherheitszertifikat, Teil A (GV); gültig seit 22.04.2010 bis 22.09.2015
★ RO: Sicherheitszertifikat, Teil B (GV); gültig seit 22.09.2011 bis 22.09.2015

Infrastruktur
★ Ciumeghiu – Holod – Vașcău (100,6 km); seit 11.04.2007 gepachtet von CNCF „CFR" S.A.
★ Bistrița Nord – Bistrița Bargalui (29,6 km); seit seit 17.01.2009 gepachtet von CNCF „CFR" S.A.
★ Abrami – Popești (9,4 km); seit 10.03.2010 gepachtet von CNCF „CFR" S.A.
★ Oradea Vest – Cheresig (17,2 km); seit 26.07.2012 gepachtet von CNCF „CFR" S.A.

Unternehmensgeschichte
Die Via Terra Group ist in den Bereichen Spedition und Transport sowie Schienenverkehr und Instandhaltung tätig. 2001 gründete man die S.C. Via Terra Spedition S.R.L. (VTS) als Spedition.
Die Wirtschaftsdaten der vergangenen Jahre:
★ 2013: 17,6 Mio. RON Umsatz; 1,7 Mio. RON Nettogewinn; 186 Mitarbeiter
★ 2012: 13,4 Mio. RON Umsatz; 0,2 Mio. RON Nettogewinn; 175 Mitarbeiter
★ 2011: 12,9 Mio. RON Umsatz; 0,5 Mio. RON Nettogewinn; 154 Mitarbeiter
★ 2010: 11,8 Mio. RON Umsatz; 1,4 Mio. RON Nettogewinn; 148 Mitarbeiter
2006 gewann man zudem erstmals eine Ausschreibung im Personenverkehr, der seit 2007 durch die Schwestergesellschaft S.C. REGIONAL S.R.

VTS

L. (siehe extra Portrait) ausgeführt wird. VTS ist Infrastrukturbetreiber für diese Strecken.

Schweden

Kurze Eisenbahngeschichte

Schwedens erste Bahnstrecke mit öffentlichem Verkehr war die in einer Spurweite von 1.188 mm erbaute „Frykstadbana" Frykstad – Klara Älvs in der Provinz Värmland. 1849 zunächst als reine Pferdebahn eröffnet, wurde sie 1855 auf Dampfbetrieb umgestellt. Die erste von Beginn an mit Dampf betriebene Strecke war die am 05.03.1856 eröffnete Verbindung Nora – Ervalla – Örebro, die man nun in Normalspur angelegt hatte. Schon zwei Jahre zuvor hatte der schwedische Reichstag beschlossen, ein landesweites Netz von Hauptstrecken („Stambanor") zu bauen. Davon wurden als erste die Abschnitte Malmö – Lund (Teil der „Södra stambana") und Göteborg – Jonsered (Teil der „Västra stambana") am 01.12.1856 dem Verkehr übergeben. Die komplette Magistrale Göteborg – Stockholm war ab 1862 befahrbar. In den dünn besiedelten Landesnorden stieß die Eisenbahn erst später vor. Zunächst wurde bis 1881 die „Norra stambana" Stockholm – Ånge fertiggestellt, der 1885 die „Mellanriksbana" (heute „Mittlinjen") als Querverbindung von der Ostseeküstenstadt Sundsvall über Ånge nach Storlien an der norwegischen Grenze (Fortsetzung in Norwegen bis Trondheim) folgte. Beim Bau der „Stambana genom övre Norrland" erreichte man von Bräcke an der „Mellanriksbana" aus 1894 Boden und 1919 das an der finnischen Grenze gelegene Haparanda. Aber schon 1884 hatte der Bau der „Malmbana" (Erzbahn) von der Hafenstadt Luleå über Boden und Gällivare bis ins norwegische Narvik begonnen, die 1902 übergeben wurde. Vor allem in Südschweden entstanden auch ausgedehnte Schmalspurnetze. Ab 1895 wurde die schmalspurige 891-mm-Vorortstrecke der „Roslagsbana" Stockholm – Karsta schrittweise mit 1.500 V Gleichspannung elektrifiziert, der als erste Normalspurstrecke (mit 15 kV 16 2/3 Hz Wechselspannung) die „Malmbana" folgte. Deren Abschnitt Kiruna – Riksgränsen (norwegische Grenze) ging 1915 in Betrieb, der Rest der Strecke 1923. Weitere elektrifizierte „Stambanor" waren Stockholm – Malmö (1933) und Malmö – Göteborg (1936). 1942 war der Fahrdraht-Lückenschluss zwischen Stockholm und der Erzbahn vollzogen, so dass mit Trelleborg – Riksgränsen (2.022 km) Europas längste durchgehend elektrifizierte Strecke entstanden war. Heute werden ca. 90 % des staatlichen Bahnnetzes elektrisch mit 15 kV 16 2/3 Hz Wechselspannung betrieben. Letzter großer Streckenneubau für mehr als ein halbes Jahrhundert war die 1937 vollendete „Inlandsbana" Kristinehamn – Gällivare, die allerdings heute nicht mehr zum staatlichen Bahnnetz gehört, sondern mit der Inlandsbanan AB (IBAB) einen eigenen Infrastrukturbetreiber hat. Erst nach dem Zweiten Weltkrieg begann der zweigleisige Ausbau längerer Hauptbahnabschnitte: Stockholm – Göteborg bis 1958 und (Stockholm –) Katrineholm – Malmö bis 1964. Der zeitgleich einsetzenden Stilllegungswelle fiel u. a. fast das gesamte Schmalspurnetz zum Opfer. In den neunziger Jahren begann man jedoch auch mit Streckenneubauten, deren erster die am 09.01.1995 dem Personenverkehr übergebene 31 km lange „Grödingebana" Järna – Södertälje – Flemingsberg war. Bislang letzte dieser Art ist die hochgeschwindigkeitstaugliche, 185 km lange „Botniabana" Kramfors – Örnsköldsvik – Umeå, die am 28.08.2010 eröffnet wurde. Nachdem zunächst nur auf dem nördlichen Abschnitt Örnsköldsvik – Umeå Personenverkehr stattfand, wird dieser seit Juli 2012 auf der Gesamtstrecke angeboten.

Unter dem Titel „Nya stambanor" (Neue Stamm-

Foto: Matthias Müller

Schweden

Schweden

bahnen) wurden 2013 Pläne für eine Schnellfahrstrecke von Stockholm über Jönköping nach Göteborg bzw. Malmö veröffentlicht, die jedoch erst langfristig verwirklicht werden dürften.

Marktübersicht

* Personenverkehr: Hauptakteur im Fernverkehr ist die Staatsbahn SJ AB. Alle Regional- und Lokalverkehre sind in den letzten Jahren von den Regionen ausgeschrieben und an verschiedene EVU vergeben worden. Dabei werden die Fahrzeuge jeweils von den Regionen bereitgestellt, die als Hilfsmittel dafür den Fahrzeugpool AB Transitio gegründet haben. Nach Ausschreibungsgewinnen haben Anbieter wie die Svenska Tågkompaniet AB (TKAB) bzw. mit Arriva Tåg AB, Arriva Östgötapendeln AB und Veolia Transport Sverige AB (VT-S) Filialen ausländischer Unternehmen den Regionalverkehr fast vollständig übernehmen können. Zudem ist die dänische Staatsbahn DSB mit ihrer indirekten Beteiligung DSB Uppland AB in Schweden aktiv. Die Züge der A-Train AB (AEX) verbinden die Hauptstadt Stockholm mit ihrem Flughafen.
* Güterverkehr: Wichtigster Anbieter ist die aus der Güterverkehrssparte der SJ entstandene, direkt in Staatsbesitz befindliche Green Cargo AB (GC), gefolgt von den NE-Bahnen wie Hector Rail AB (HR), Tågåkeriet i Bergslagen AB (TÅGAB), TX Logistik AB und Rushrail AB. Zum Teil haben sie geringe Marktanteile bzw. sind den wirtschaftlichen Gegebenheiten Schwedens folgend auf bestimmte Marktsegmente beschränkt, wie die LKAB Malmtrafik AB auf die sehr umfangreichen Erzverkehre Kiruna – Narvik und Kiruna – Luleå.

Verkehrsministerium

Näringsdepartementet
Avdelningen för bostäder och transporter (BT)
Mäster Samuelsgatan 70
SE-103 33 Stockholm
Telefon: +46 8 405 1000
naringsdepartementet.registrator@regeringskansliet.se
www.regeringen.se/transporter

Nationale Eisenbahnbehörde

Transportstyrelsen
Väg- och järnvägsavdelningen
Box 267
SE-781 23 Borlänge
Telefon: +46 771 503 503
jarnvag@transportstyrelsen.se
www.transportstyrelsen.se

Eisenbahnunfalluntersuchungsstelle

Statens haverikommission (SHK)
Box 12538
SE-102 29 Stockholm
Telefon: +46 8 508 862 00
info@havkom.se
www.havkom.se

Foto: Matthias Müller

AEX / Arriva Sverige

A-Train AB (AEX) ℗

Postfach 130
SE-101 22 Stockholm
Vasagatan 11
SE-101 22 Stockholm
Telefon: +46 8 5888900
Telefax: +46 8 5888900
info@atrain.se
www.arlandaexpress.com

Management
★ Per Thorstenson (Direktor)

Gesellschafter
Stammkapital 50.000.000,00 SEK
★ Macquarie Group (100 %)

Lizenzen
★ SE: EVU-Zulassung (PV) seit 17.03.2006
★ SE: Sicherheitszertifikat (PV), gültig vom 17.03.2011 bis 17.03.2016

Infrastruktur
★ Werkstattanlage in Blackvreten

Unternehmensgeschichte
Unter dem Markennamen „Arlanda Express" verkehren seit November 1999 vierteilige elektrische Hochgeschwindigkeitstriebzüge zwischen dem Stockholmer Zentralbahnhof und dem Flughafen Stockholm-Arlanda. Diese fahren weite Strecken mit einer Geschwindigkeit von 200 km/h und bewältigen die Strecke in 20 Minuten Fahrzeit. Die sieben zur Verfügung stehenden Garnituren wurden von ALSTOM in Großbritannien hergestellt und tragen die Typenbezeichnung X3. Am Flughafen selbst werden die Stationen Arlanda Södra und Arlanda Norra bedient. Der Fahrplan sieht bis auf wenige Ausnahmen in den Tagesrandzeiten einen Viertelstundentakt vor, wobei im Berufsverkehr die Fahrtenhäufigkeit noch einmal verdoppelt wird.
Betreiber des „Arlanda Express" ist die Aktiengesellschaft A-Train AB, die auch für Bau und Betrieb der erforderlichen Gleise verantwortlich zeichnet, die sich im Übrigen in staatlichem Eigentum befinden. A-Train AB betreibt ferner den Fernbahnhof Arlanda C, der die Regional- und Fernverkehrsanschlüsse vor allem nach Mittel- und Nordschweden sicherstellt. Dieser wird allerdings nicht von Arlanda Express-Zügen bedient, sondern ausschließlich von Zügen der Anbieter SJ AB und Veolia Transport (Norrlandståget) sowie im Regionalverkehr von Zügen des Upptåget.
A-Train AB befindet sich seit dem 15.01.2004 zu 100 % im Besitz der australischen Investmentbank Macquarie Group.

Verkehre
★ SPNV „Arlanda Express" Stockholm C – Stockholm-Arlanda

Arriva Sverige AB

Strömgatan 3
SE-212 25 Malmö
Telefon: +46 8 449 2540
reception@arriva.se
www.arriva.se

Management
★ Ingemar Nils-Erik Nilsson (Direktor)

Gesellschafter
Stammkapital 10.000.000,00 SEK
★ Arriva Skandinavien A/S (100 %)

Lizenzen
★ SE: EVU-Zulassung (PV) seit 26.06.2012
★ SE: Sicherheitszertifikat, Teil A+B (PV); gültig vom 28.06.2012 bis 27.06.2017

Unternehmensgeschichte
Die zum Deutsche Bahn-Konzern zählende Arriva Sverige AB ist als Betreiber von Stadt- und Regionalbussen überwiegend im Süden Schwedens und im Großraum Stockholm tätig. Das Unternehmen entstand in seiner heutigen Form 1999, als die britische Arriva plc den dänischen ÖPNV-Anbieter Bus Danmark A/S einschließlich dessen schwedischer Tochtergesellschaft Ödåkra Buss AB mit Sitz in Helsingborg übernahm. Letztere nahm daraufhin zum 13.08.1999 den heutigen Firmennamen an.
2013 erbringt Arriva Sverige im Auftrag der lokalen Aufgabenträger ausgehend von den Standorten Halmstad, Helsingborg und Trelleborg (Söderslätt) sowie Lunda, Märsta und Råsta im Großraum Stockholm.

Arriva Tåg

Arriva Tåg AB P

Postfach 38
SE-201 20 Malmö
Adelgatan 2
SE-211 22 Malmö
Telefon: +46 70 3774905
reception@arriva.se
www.arriva.se

Kinekullebanan
Sockerbruksgatan 20
SE-531 40 Lidköping

Management
★ Johnny Borge Hansen (Direktor)

Gesellschafter
Stammkapital 100.000,00 EUR
★ Arriva Skandinavien A/S (100 %)

Lizenzen
★ SE: EVU-Zulassung (PV) seit 20.12.2006
★ SE: Sicherheitszertifikat, Teil A+B (PV); gültig vom 27.02.2008 bis 13.12.2016

Infrastruktur
★ Streckennetz (65 km, Spurweite 891 mm, elektrifiziert 1.500 V=) im Eigentum der Storstockholms Lokaltrafik (SL)

Unternehmensgeschichte
Über die am 25.10.2005 gegründete Arriva Tåg AB erbringt die Arriva Skandinavien A/S seit Juni 2007 Zugverkehre in Schweden. Seither ist man Betreiber des Pågatåg, der Regionalbahnlinien in Schwedens südlichster Provinz Skåne (Schonen). Auftraggeber der Verkehre ist Skånetrafiken, eine Verwaltungseinheit des Provinziallandtages Schonen, die in der Provinz für den öffentlichen Personennahverkehr verantwortlich ist. Das Streckennetz, das sich vom zentralen Knoten Malmö C aus zwischen Älmhult, Hässleholm, Åstorp, Helsingborg, Simrishamn, Laholm und Markaryd erstreckt, wird im Nahverkehr teilweise auch von Zügen des Öresundståg befahren, die den regionalen grenzüberschreitenden SPNV in der dänisch-schwedischen Öresundregion abwickeln und vom Mitbewerber Veolia Transport betrieben werden. Als Pågatåg kommen inzwischen fast ausschließlich Elektrotriebzüge der Baureihe X61 zum Einsatz, die dem Betreiber durch Skånetrafiken zur Verfügung gestellt werden. Die ursprünglich vorhandene Flotte von 26 X11-Elektrotriebwagen wurde aufgrund von deren zunehmendem Alter und der fehlenden Ausrüstung mit Notbremsüberbrückung, die eine Zulassung für den Citytunnel in Malmö verhinderte, ab 2010 durch zunächst 49 Fahrzeuge der Baureihe X61 (Coradia LIREX) von Alstom ersetzt. 20 weitere X61-Triebwagen befinden sich seit 2013 in der Auslieferung. Der Fahrzeugmehrbedarf ist erforderlich, weil nach der Fertigstellung des Malmöer Citytunnels im Jahr 2011 das Pågatågnetz schrittweise erweitert wird.
Im Auftrag der Västtrafik AB bedient Arriva Tåg seit 14.06.2009 den Personenverkehr „Kinnekulletåget", der zuvor durch Veolia Transport Sverige AB erbracht worden war. Für die Unterhaltung der Fahrzeuge sind die EuroMaint-Werkstätten in Göteborg und Hallsberg zuständig.
Seit Anfang 2010 betreibt der DB-Konzern über die schwedische Arriva-Gruppe das JointVenture-Unternehmen Botniatåg AB (siehe separater Eintrag) mit der staatlichen SJ AB, das ab Spätsommer 2010 sukzessive Personenverkehrsleistungen im Norden Schwedens aufnahm.
Im Dezember 2010 übernahm Arriva den Betrieb des Östgötapendeln zwischen Norrköping und Jönköping. Der ursprünglich bis 2020 laufende Verkehrsvertrag wurde von Arriva allerdings im Oktober 2013 wegen fehlender Rentabilität vorzeitig zum 01.06.2015 gekündigt. Die Aufgabenträger ÖstgötaTrafiken und Jönköpings Länstrafik schreiben den Verkehr deshalb derzeit neu aus. Die eingesetzten Fahrzeuge, das sind 13 X14- und sieben X61-Elektrotriebwagen, werden von den Aufgabenträgern gestellt. Im Jahr 2015 werden acht weitere X61-Triebwagen in Betrieb genommen und die Verkehre um die Relation Norrköping – Motala erweitert.
Zum 20.08.2012 übernahm Arriva Tåg zusammen mit umfangreichen Busverkehren die bisher durch die Veolia Transport Sverige AB erbrachten SPNV-Leistungen auf Saltsjöbanan, Lidingöbanan, Tvärbanan und Nockebybanan im Raum Stockholm. Infrastruktur und Fahrzeuge dieser stadtbahnähnlichen Verbindungen sind Eigentum der Storstockholms Lokaltrafik AB (SL). Als Saltsjöbanan wird die nicht mehr mit dem übrigen schwedischen Streckennetz verbundene normalspurige Vollbahn-Strecke (Stockholm) Slussen – Saltsjöbaden mit Abzweig Igelboda – Solsidan bezeichnet. Die Saltsjöbana-Verbindungen werden seit 2012 zur Straßenbahn umgebaut und mit der Tvärbana-Strecke verbunden. Lidingöbanan, Tvärbanan und Nockebybanan sind normalspurige Straßenbahnen, wobei erstere und letztere die einzigen nicht 1967 mit der Umstellung des schwedischen Straßenverkehrs von Links- auf Rechtsbetrieb aufgegebenen Straßenbahnverbindungen im Raum Stockholm sind. Erstere galt allerdings formell bis einschließlich 28.02.2009 als Vollbahn und wies bis 1982 auch Güterverkehr auf. 2013 begannen Bauarbeiten zur

Arriva Tåg

Modernisierung sowie Verknüpfung mit der 2010 reaktivierten Stockholmer Straßenbahn. Die Tvärbana wurde zwischen 2000 und 2002 als Tangentialverbindung im Südwesten Stockholms eröffnet.
Seit 07.01.2013 erbringt Arriva Tåg darüber hinaus bis 2021 (mit Option auf Verlängerung um vier Jahre) die bislang durch die Roslagståg AB durchgeführten SPNV-Leistungen der Roslagsbanan, bei der es sich um drei elektrifizierte Bahnstrecken mit einer Spurweite von 891 mm handelt, die zusammen mit den eingesetzten Triebwagen ebenfalls im Eigentum von SL befinden. Sie führen, teils zweigleisig ausgebaut, von Stockholm nach Näsbypark, über Täby und Åkersberga nach Österskär sowie über Vallentuna nach Kårsta.
Für das Jahr 2011 bilanzierte Arriva Tåg bei einem Umsatz von 408 Mio. SEK einen Verlust von 65 Mio. SEK.

Verkehre

* Personenverkehr „Pågatåg" Kristianstad – Hässleholm – Helsingborg, Malmö – Ystad – Simrishamn, Helsingborg – Teckomatorp – Malmö, Ängelholm – Helsingborg – Landskrona – Lund – Malmö und Lund – Malmö; 6 Mio. Zugkm pro Jahr seit 17.06.2007 bis Dezember 2016 mit Option auf Verlängerung im Auftrag der Skånetrafiken
* Personenverkehr „Kinnekulletåget" (Göteborg –) Herrljunga – Hallsberg (– Örebro); 1 Mio. Zugkm pro Jahr seit 14.06.2009 bis 2016 mit Option auf Verlängerung um weitere zwei Jahre im Auftrag der Västtrafik AB
* Personenverkehr „Roslagsbanan" Stockholm – Mörby – Roslags Näsby – Kårsta, Roslags Näsby – Österskär und Mörby – Näsbypark seit 07.01.2013 bis 2021 mit Option auf Verlängerung um vier Jahre

Arriva Östgötapendeln AB ℗

Årstaängsvägen 9, 6
SE-117 43 Stockholm
Telefon: +46 8 4492541
Telefax: +46 8 7443349
ulf.ragnarsson@arriva.se
www.arriva.se

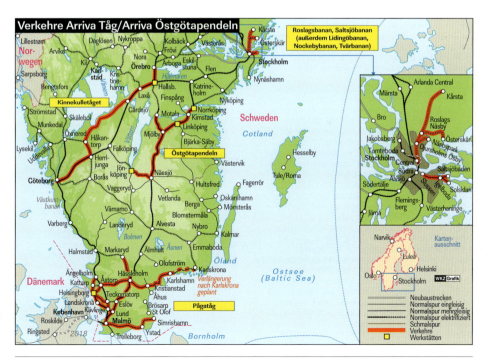

Baneservice Skandinavia

Management
* Michael Karl Anders Almenäs (Geschäftsführer)

Gesellschafter
Stammkapital 100.000,00 SEK
* Schenker International AB (100 %)

Beteiligungen
* Botniatåg AB (60 %)

Lizenzen
* SE: EVU-Zulassung (PV); gültig vom 20.04.2010 bis 20.04.2015
* SE: Sicherheitszertifikat (PV); gültig vom 04.02.2012 bis 20.04.2015

Unternehmensgeschichte
Das DB ML AG-Geschäftsfeld DB Bahn Regio konnte 2009 erstmals zwei internationale Ausschreibungen gewinnen, davon jene des „Östgötapendeln" in Schweden. Das hierfür gegründete, Anfang 2012 in Arriva Östgötapendeln AB umfirmierte Unternehmen DB Regio Sverige AB betreibt seit Dezember 2010 für zehn Jahre den S-Bahn-Verkehr in der Provinz Östergötland mit einem Leistungsvolumen von zunächst rund 3,6 Mio. Zugkm/Jahr, das ab 08.04.2013 auf 4,1 Mio. ansteigt. Der Verkehrsvertrag kann optional um weitere vier Jahre verlängert werden. Der seit 1995 existierende Östgötapendeln besteht aus einem 20-min-Takt auf der Strecke Norrköping – Linköping – Mjölby – Tranås, der neu ab Dezember 2010 im Stundentakt von Tranås nach Jönköping verlängert wurd. Am 08.04.2013 ist der Betrieb auf dem bis dahin zweigleisig ausgebauten Streckenast Mjölby – Motala hinzukommen.
Die bereits zum 07.05.2002 gegründete DB Regio Sverige ist für den Zugbetrieb und die bislang durch die EuroMaint Rail AB durchgeführte Wartung der durch den Auftraggeber gestellten Fahrzeuge zuständig. In Linköping-Steninge soll zusammen mit der Mantena Sverige AB eine eigene Werkstatt errichtet werden, mit deren Bau jedoch bis Sommer 2012 nicht begonnen wurde. Übergangsweise führt DB Regio größere Wartungsarbeiten an den X 61 in Helsingborg durch, also etwa 200 km südlich ihres südlichsten Wendepunkts. Die am 15.10.2010 eröffnete Werkstatt in Helsingborg wird durch Jernhusen Verkstäder AB betrieben und wartet auch die X61 von Skånetrafiken. Für kleinere Aufgaben stehen Mantena Anlagen in der Region, u. a. in Norrköping und Linköping, zur Verfügung.
Die elf Triebwagen der Baureihe X14 stellt wie bisher der Aufgabenträger AB Östgötatrafiken, der zudem für die Angebotsausweitung sieben neue Garnituren der Baureihe X61 bestellt hat, die seit Herbst 2010 ausgeliefert wurden. 2012 wurden als X14-Ersatz acht weitere vierteilige Coradia Nordic bestellt, die Anfang 2015 ausgeliefert werden.
Anfang 2012 erfolgte die Umfirmierung der DB Regio Sverige AB in Arriva Östgötapendeln AB.

Die Auftraggeber ÖstgötaTrafiken und Jönköpings Länstrafik sowie der Betreiber Arriva waren im Herbst 2013 übereingekommen, den Vertrag zum Betrieb der Verkehrsleistungen „Östgötapendeln" vorzeitig zum 01.06.2015 statt Dezember 2020 aufzulösen. In einer neu angesetzten Ausschreibung konnte sich Arriva aber erneut durchsetzen und fährt gemäß neuem Vertrag den „Östgötapendeln" weiter bis zum 01.06.2025 mit der Option auf eine vierjährige Vertragsverlängerung.

Verkehre
* Personenverkehr „Östgötapendeln" Norrköping – Linköping – Tranås – Jönköping; 3,6 Mio. Zugkm/Jahr vom 12.12.2010 bis 01.06.2025 mit Option auf Verlängerung um weitere vier Jahre im Auftrag der ÖstgötaTrafiken (ÖT) und Jönköpings Länstrafik (JLT)
* Personenverkehr „Östgötapendeln" Mjölby – Motala; vom 08.04.2013 bis 01.06.2025 mit Option auf Verlängerung um weitere vier Jahre

Baneservice Skandinavia AB

Stilla Havet 1
DK-418 34 Göteborg
Telefon: +46 767 711780
cma@baneservice.se

Management
* Jörgen Eyram (Präsident)

Gesellschafter
* Baneservice AS (BS) (100 %)

Lizenzen
* SE: Sicherheitszertifikat, Teil A+B (GV); gültig vom 27.06.2011 bis 15.04.2019

Unternehmensgeschichte
Die Baneservice Skandinavia AB wurde 2009 als Tochterfirma des norwegischen Bahnbauunternehmens Baneservice AS (BS) gegründet, um Logistikdienstleistungen in Güterverkehrsterminals anzubieten. Zur Abdeckung der Bahnbausparte verfügt die norwegische Muttergesellschaft bereits seit 2006 über Filialen in Schweden.
Ab 01.02.2010 führte Baneservice Skandinavia den Betrieb des Kombiterminals Göteborg, der allerdings zum 31.10.2012 durch die Green Cargo AB übernommen wurde. Für den Göteborger Hafen erbringt Baneservice Skandinavia seit 01.11.2011

Baneservice Skandinavia / BT Sweden / Botniatåg

sämtliche Rangierdienstleistungen sowie die Zu- und Abfuhr der täglich ca. 70 Güterzüge vom Hafenbahnhof Göteborg Skandiahamn zu den Terminals, wofür die norwegische Muttergesellschaft bei der Railpool GmbH drei Diesellokomotiven des Typs Gravita 10 BB mietet.

Verkehre
* Rangierdienst im Kombiterminal Upplands-Bro [SE]; seit April 2011 im Auftrag von COOP
* Rangierdienst im Hafen Göteborg [SE]; ab 01.11.2011 im Auftrag der Göteborgs Hamn AB

Bombardier Transportation Sweden AB

Östra Ringvägen 2
SE-721 73 Västerås
Telefon: +46 21 317000
www.transportation.bombardier.com

Management
* Klas Axel Peter Wåhlberg (Direktor)

Gesellschafter
Stammkapital 50.000.000,00 SEK

Lizenzen
* SE: EVU-Zulassung (PV) seit 14.12.2007
* SE: Sicherheitszertifikat, Teil A+B (PV); gültig vom 14.12.2007 bis 14.12.2017

Infrastruktur
* Produktionsanlage in Västerås

Unternehmensgeschichte
Bombardier Transportation beschäftigt in Schweden rund 1.500 Mitarbeiter am Engineering- und Produktionsstandort in Västerås sowie in den Zentren für Bahnsteuerungssysteme in Stockholm, Göteborg und Hässleholm. Die Bombardier Division Rail Control Solutions mit Hauptsitz in Stockholm ist federführend bei der Entwicklung des neuen European Railway Traffic Management Systems – ERTMS.
Bombardier Transportation hat im Jahr 2007 von dem schwedischen Frachtunternehmen Green Cargo einen Großauftrag für die Modernisierung von 42 Elektrolokomotiven des Typs Rc2 und 62 Diesellokomotiven des Typs T44 erhalten. Die eigene EVU-Lizenz wird für Test- und Überführungsfahrten genutzt.

Botniatåg AB 🅿

Årstaängsvägen 9, 6
SE-117 43 Stockholm
Telefon: +46 8 4492541
Telefax: +46 8 7443349
www.botniatag.se

Management
* Ulf Fredrik Persson (Direktor)
* Michael Karl Anders Almenäs (Geschäftsführer)
* Björn Nilsson (Geschäftsführer)

Gesellschafter
Stammkapital 100.000,00 SEK
* Arriva Östgötapendeln AB (60 %)
* SJ AB (40 %)

Lizenzen
* SE: EVU-Zulassung (PV); gültig seit 24.06.2010
* SE: Sicherheitszerfikat A (PV); gültig vom 24.06.2010 bis 24.06.2015
* SE: Sicherheitszerfikat B (PV); gültig vom 24.06.2010 bis 24.06.2015

Unternehmensgeschichte
Die Botniatåg AB ist ein am 18.02.2010 gegründetes Joint-Venture der DB Regio Sverige AB als schwedischer Tochtergesellschaft der DB Regio AG und der SJ AB als Personenverkehrssparte der ehemaligen Staatsbahn Statens Järnvägar. Mit diesem Gemeinschaftsunternehmen konnten beide Partner die vom Aufgabenträger Norrtåg AB initiierte Ausschreibung des so genannten Botnia-Netzes in den vier nördlichsten Provinzen Schwedens am 26.04.2010 für sich entscheiden. An diesem Tag erfolgte auch die abschließende Gründung von Botniatåg. Die Vergabe umfasst bei einem Leistungsumfang von rund 4,7 Mio. Zugkm/a die Strecken von Umeå nach Sundsvall, Lycksele, Luleå und Kiruna sowie die Linie von Sundsvall nach Åre mit insgesamt rund 1.500 km Länge. Kernstücke des Netzes sind die Neubaustrecke (NBS) „Botniabanan" (Sundsvall –) Kramfors – Örnsköldsvik – Umeå, die im Regionalverkehr mit 180 km/h befahren wird, und die so genannte „MitNabo" von Sundsvall über Östersund nach Storlien. Die NBS wurde erst am 28.08.2010 eröffnet. Die „Botniabana" und der Abschnitt Sundsvall – Östersund von „MitNabo" sollen im angenäherten Zweistundentakt bedient werden, der durch einzelne Fernverkehrszüge der SJ ergänzt wird. Als Option in der Ausschreibung enthalten sind Verbindungen von Umeå nach Haparanda, Verdichterleistungen von Umeå nach Vännas, Verdichterzüge auf der MitNabo bis zur Grenze sowie der Personenverkehr auf der Erzbahnstrecke von Kiruna ins norwegische Narvik, die bisher größtenteils aber noch nicht realisiert wurden. Gemäß Verkehrsvertrag stellt Norrtåg die Fahrzeuge,

Botniatåg

bezahlt die Trassenkosten und erwartet im Gegenzug, dass die Betriebskosten zu einem möglichst großen Teil durch Fahrgeldeinnahmen gedeckt werden. Da in der sehr dünn besiedelten Region niemand genau vorhersagen konnte, ob das beträchtlich ausgeweitete Fahrtenangebot auch zu adäquaten Zuwächsen bei den Fahrgastzahlen führt, ist der Verkehrsvertrag auf sechs Jahre befristet mit einer Verlängerungsoption um weitere drei Jahre. Er beinhaltete ab dem 30.08.2010 einen einjährigen Vorlaufbetrieb Örnsköldsvik – Umeå, der mit gebrauchten REGINA-Triebzügen des Typs X 52 abgewickelt wurde, die wegen Nutzung der NBS mit ERTMS ausgerüstet werden mussten. Die Strecke von Umeå über Vindeln nach Lycksele wurde im August 2011 im SPNV reaktiviert und wird seitdem mit täglich vier Zugpaaren bedient, wofür ein ITINO-Dieseltriebwagen Verwendung findet. Für die Bedienung der restlichen Strecken hatte AB Transitio, der Fahrzeugpool der schwedischen Regionen, für Norrtåg im Oktober 2008 bei Alstom in Salzgitter zwölf vierteilige Triebzüge der Baureihe X 62 (Coradia Nordic, zur LINT-Familie gehörend) bestellt, von denen Botniatåg elf Züge regelmäßig einsetzt. Die zwölfte Einheit ist eine Reservegarnitur. Zur Verstärkung der Fahrzeugflotte übernahmen Norrtåg bzw. Botniatåg 2011 drei X11-Garnituren von Skånetrafiken, die hauptsächlich zwischen Umeå und Vännäs sowie als Reservefahrzeuge

abseits der Botniabana eingesetzt werden. Die Fahrzeugwartung erfolgte zunächst südlich des Einsatzgebiets in Gävle, wurde aber 2012 zur neuen Werkstatt von Norrtåg AB in Umeå verlagert. Das Jahr 2011 schloss Botniatåg bei einem Umsatz von 38 Mio. SEK mit einem Verlust von fünf Mio. SEK ab.

Verkehre
* SPNV Örnsköldsvik – Umeå; seit 30.08.2010
* SPNV Umeå – Lycksele; seit 15.08.2011
* SPNV Sundsvall – Östersund – Storlien; seit Dezember 2011 (allerdings beeinträchtigt durch das anfängliche Nicht-Funktionieren der X62-Triebwagen mit der konventionellen schwedischen Zugsicherung ATC)
* Sundsvall – Örnsköldsvik (– Umeå); seit August 2012
* SPNV Umeå – Luleå; seit 17.09.2012
* SPNV Luleå – Kiruna; seit 17.09.2012

Captrain Sweden / CFL cargo Sverige

Captrain Sweden AB G

Postfach 34
SE-932 21 Skelleftehamn
Näsuddsvägen 10
SE-932 32 Skelleftehamn
info@captrain.dk
www.captrain.se

Management
* Jan Maria Simons (Direktor)

Gesellschafter
Stammkapital 100.000,00 SEK
* Captrain Deutschland GmbH (CT-D) (100 %)

Lizenzen
* DK: Sicherheitszertifikat, Teil B (GV); gültig vom 15.08.2013 bis 24.08.2015
* SE: EVU-Zulassung (GV) seit 27.03.2006
* SE: Sicherheitszertifikat, Teil A (GV); gültig vom 04.03.2011 bis 04.03.2016
* SE: Sicherheitszertifikat, Teil B (GV); gültig vom 12.09.2012 bis 04.03.2016

Unternehmensgeschichte
Die heutige Captrain Sweden AB geht zurück auf das Unternehmen Bantåg Nordic AB. Dieses wurde am 01.11.2001 unter dem Namen Bantåg i Dalarna AB gegründet. Im Jahr 2004 wurde Bantåg von der Railcare Group AB übernommen, Sitz beider Gesellschaften ist der Ort Skelleftehamn in Mittelschweden. Während sich die Railcare Group AB auf Baustellen- und Logistikdienstleistungen im Eisenbahnbau spezialisiert hat, war Bantåg hauptsächlich im Güterverkehr aktiv. Nach dem Konkurs der Nya Inlandsgods AB im August 2007 übernahm Bantåg einige Lokomotiven von Nya Inlandsgods sowie Holzverkehre in Schweden. Zum 10.09.2008 erfolgte die Umfirmierung in Railcare Tåg AB, im Frühjahr 2009 erwarb man zwei Vossloh Euro 4000-Loks vom Leasingunternehmen Allco, die seit Sommer 2012 an die norwegische CargoNet vermietet sind.
Im September 2011 kündigte Railcare an, sich mit Umsetzungsdatum Jahresende 2011 aus den Holzverkehren zurückziehen und auf nach Unternehmensaussagen „gewinnbringende" Segmente wie u.a. die Vermietung von Lokomotiven konzentrieren zu wollen. Mit Wirkung zum 15.08.2013 hat die Captrain Deutschland GmbH (CT-D) das schwedische Unternehmen Railcare Tåg AB sowie die regionalen Schienengüterverkehrsaktivitäten der Railcare Danmark A/S von der in Schweden ansässigen Railcare Group AB erworben. Die Railcare Tåg AB firmiert neu unter dem Namen Captrain Sweden AB. Für die regionalen Schienengüterverkehrsaktivitäten in Dänemark wurde die neue Gesellschaft Captrain Denmark ApS gegründet.

Verkehre
* AZ-Verkehr in Schweden

CFL cargo Sverige AB G

Lokstallarna 1
SE-571 42 Nässjö
Telefon: +46 703 172524
Telefax: +46 380 12090
peter.furenberg@cflcargo.se
www.cflcargo.se

Management
* Erik Peter Furenberg (Direktor)

Gesellschafter
Stammkapital 500.000,00 SEK
* CFL cargo S.A. (100 %)

Lizenzen
* SE: EVU-Zulassung (GV) seit 21.01.2008
* SE: Sicherheitszertifikat, Teil A+B (GV), gültig vom 21.01.2008 bis 21.01.2018

Unternehmensgeschichte
Die Gesellschaft CFL cargo Sverige AB hat ihren Ursprung in der im Jahre 1990 gegründeten BK Tåg AB, einer Tochtergesellschaft der KarlssonGruppen AB. Die BK Tåg übernahm zum damaligen Zeitpunkt den Regionalverkehr in der Provinz Jonköping von der SJ. BK Tåg war lange Zeit eine der größten Privatbahnen in Schweden und übernahm im März 2000 die Gesellschaft BSM Järnväg AB (BSM) samt Lokomotiven.
Bereits 1998 hatte BK Tåg als erste Privatbahn in Schweden einen Containerzugverkehr (VänerExpressen) zwischen Karlstad und dem Hafen Göteborg aufgenommen. Ab Juni 1999 transportierte die Gesellschaft in Container

CFL cargo Sverige / CQC / DSB Sverige

verladenen Wodka zwischen Åhus und dem Göteborger Hafen. Anfang 2005 beförderte BK Tåg außerdem Holz von Avesta nach Göteborg sowie von Kristinehamn nach Halden in Norwegen. Bis Ende 2004 wurden zudem Kesselwagenzüge zwischen Göteborg und Borlänge bespannt.
Am 21.03.2005 meldete die Gesellschaft BK Tåg AB Konkurs an. Der Güterverkehr war bereits im Januar 2005 in die neu gegründete BK Tåg Sverige AB ausgegliedert worden, der Personenverkehr der BK Tåg wurde im Mai und Juni 2005 von SJ und MerResor übernommen.
Im Bereich der Containerzüge wurde die einmal pro Woche laufende Verbindung von Göteborg nach Uddevalla am 31.01.2006 erstmals erbracht, der „MälarPendeln" Västerås – Göteborg jedoch im Frühjahr aus wirtschaftlichen Gründen eingestellt und durch TÅGAB übernommen.
Am 06.11.2006 wurde die BK Tåg Sverige von KarlssonGruppen AB an die Inlandsgods AB verkauft, deren einziger Gesellschafter zu diesem Zeitpunkt die Jämtfrakt-Härjelast Holding AB (JHH) war. JHH wurde Anfang 2007 in Reaxcer AB umbenannt, die Inlandsgods AB nahezu gleichzeitig in Nya Inlandsgods AB sowie die BK Tåg Sverige AB in Inlandsgods Syd AB umfirmiert.
Kurz nachdem Nya Inlandsgods im Juli 2007 Konkurs anmeldete, wurde Inlandsgods Syd AB zum 31.07.2007 an eine Privatperson aus dem Umfeld der Svensk Tåg Technik AB (STT) verkauft und in MidCargo AB umfirmiert.
Zum 23.01.2008 startete MidCargo einen neuen Containerzugverkehr zwischen Vaggeryd und dem Hafen Göteborg, in Kooperation mit PGF Trans und dem Hafen Göteborg.
Im Mai 2010 wurde MidCargo erneut verkauft - dieses mal an den Unterhaltungsbetrieb Svensk Tågkraft AB aus Stockholm, der bereits seit 2009 mit 48 % an der Gesellschaft beteiligt war.
Nach dem Erwerb von 51 % der Aktien durch die CFL cargo S.A. Ende 2011 erfolgte die Umfirmierung in CFL cargo Sverige AB. Seit 26.06.2013 ist die CFL alleiniger Gesellschafter, nachdem die STT beschloss, sich auf ihr Kerngeschäft Vermietung und Instandhaltung zu beschränken.

Verkehre
- KV-Transporte Vaggeryd – Göteborg; 6 x pro Woche seit 23.01.2008 in Kooperation mit PGF Trans und SLP
- KV-Transporte Åhus (The Absolut Company) – Göteborg Hafen; 1 x pro Woche seit Juni 1999
- KV-Transporte „Dalapendeln" Göteborg – Insjön – Fagersta; 5 x pro Woche seit 2013 im Auftrag der Vänerexpressen AB
- Sandtransporte Varberg – Limmared; 5 x pro Woche seit Juli 2012

CQ Correct AB (CQC)

Växlarevägen 29
SE-170 63 Solna
Telefon: +46 8 624-3400
Telefax: +46 8 624-3401
info@c-q.se
www.c-q.se

Management
★ Björn Göran Åhlberg (Direktor)
★ Eva Camilla Åhlberg (Stellvertretende Direktorin)

Gesellschafter
Stammkapital 100.000,00 SEK

Lizenzen
★ SE: EVU-Zulassung (GV); gültig seit 19.05.2010
★ SE: Sicherheitszerfikat (Verschub); gültig vom 19.05.2010 bis 19.05.2015

Unternehmensgeschichte
CQ Correct AB (CQC) wurde als Bahn-Serviceunternehmen am 10.03.2008 gegründet. Aktuell ist man v.a. im Bereich der Enteisung, der Fäkalienentsorgung sowie der Graffityentfernung für die Gesellschaften SJ AB, Norrlandståg AB und ISS TraffiCare AB tätig.
CQC verfügt in Stockholm über eine eigene Werkstatt für die Graffiti-Entfernung, wo man im Verschub die beiden Rangierloks benötigt.

DSB Sverige AB

Box 57
SE-201 20 Malmö
Norra Vallgatan 64
SE-211 22 Malmö
Telefon: +46 40 631 9880
www.dsb.se

Management
★ Peter Christensen (Direktor)

DSB Sverige / DSB Uppland / EMR

Gesellschafter
* Den Selvstændig Offentlig Virksomhed DSB (100 %)

Beteiligungen
* DSB Småland AB (100 %)
* DSB Train Maintenance AB (100 %)
* DSB Tågvärdsbolag AB (100 %)
* DSB Uppland AB (100 %)
* Roslagståg AB (60 %)
* T-banebolaget Stockholm AB (50 %)

Lizenzen
* SE: EVU-Zulassung (PV) seit 01.09.2010
* SE: Sicherheitszertifikat (PV), gültig vom 01.09.2010 bis 01.09.2015

Unternehmensgeschichte
Die DSB Sverige AB ist eine im Jahr 2000 gegründete schwedische Tochterfirma der dänischen Staatsbahn Den Selvstændig Offentlig Virksomhed DSB, in der die schwedischen Beteiligungen der DSB gebündelt sind. Über die Holdingfunktion hinaus stellt die DSB Sverige ferner das Sicherheitszertifikat für die in Schweden erbrachten Verkehrsleistungen ihrer Tocherunternehmen sowie der DSB Øresund A/S.

Streckenlänge betrug ursprünglich 157 km von Upplands Väsby über den Flughafen Arlanda nach Uppsala, Tierp und Gävle. Mit der Verlängerung der durch die Stockholmståg KB betriebenen S-Bahn Stockholm der Storstockholms Lokaltrafik (SL) bis Uppsala wurde die ursprüngliche Upptåget-Verbindung zum 09.12.2012 jedoch auf den nun in dichterem Takt bedienten 122 km langen Abschnitt Uppsala – Tierp – Gävle gekürzt und zugleich eine neue Verbindung Uppsala – Sala (60 km) eingerichtet.
Mitbewerber waren neben dem bisherigen Betreiber SJ die Deutsche Bahn, Tågkompaniet und Veolia Transport gewesen.
Die als Betreibergesellschaft gegründete DSB Uppland AB hat ca. 80 Mitarbeiter, die zehn eingesetzten Bombardier Regina-Elektrotriebwagen befinden sich im Eigentum des Fahrzeugpools AB Transitio und werden durch den Aufgabenträger Upplands Lokaltrafik (UL) der DSB Uppland zur Verfügung gestellt.

Verkehre
* Personenverkehr „Upptåget" Upplands Väsby – Arlanda – Uppsala – Gävle; 3,1 Mio. Zugkm/a seit 12.06.2011 für 10,5 Jahre im Auftrag von Upplands Lokaltrafik (UL); seit 09.12.2012: Uppsala – Gävle und Uppsala – Sala; 2,8 Mio. Zugkm/a

DSB Uppland AB

Stationsgatan 8
SE-815 38 Tierp
Telefon: +46 40 6319880
www.dsbuppland.se

Management
* Peter Christensen (Vorsitzender der Geschäftsführung)
* Ingemar Nils-Erik Nilsson (CEO)

Gesellschafter
* DSB Sverige AB (100 %)

Unternehmensgeschichte
DSB Sverige konnte im Herbst 2010 die Ausschreibung der Zugleistungen des „Upptåget" in der nördlich von Stockholm liegenden Region Uppsala für sich entscheiden. Die bediente

EuroMaint Rail AB (EMR)

Postfach 1555
SE-171 29 Solna
Svetsarvägen 10
SE-171 29 Solna
Telefon: +46 8 762-5100
Telefax: +46 8 762-3205
info@euromaint.se
www.euromaint.com

Niederlassung Borlänge
Bangårdsgatan 8
SE-781 71 Borlänge

Niederlassung Gävle
Lötängsgatan
SE-803 01 Gävle

EMR / GC

Niederlassung Göteborg
Minuthandelsgatan 15
SE-400 13 Göteborg

Niederlassung Hallsberg
Lokvägen 2
SE-694 35 Hallsberg

Niederlassung Linköping
Södra Oskarsgatan 2
SE-582 73 Linköping

Niederlassung Luleå Notviken
Kontorsgatan 37
SE-973 42 Luleå

Niederlassung Luleå Svartön
Lokstallsvägen 2
SE-972 45 Luleå

Niederlassung Malmö
Carlsgatan, infart 6
SE-201 21 Malmö

Niederlassung Rosersberg
Blackvreten
SE-195 95 Rosersberg

Niederlassung Sundsvall
Parkgatan 5
SE-852 29 Sundsvall

Niederlassung Vännäs
Västra Järnvägsgatan 8
SE-911 34 Vännäs

Niederlassung Åmål
Västra Bangatan 2
SE-662 27 Åmål

Niederlassung Örebro
CV Gatan 18
SE-703 62 Örebro

Niederlassung Landskrona
Fartygsgatan 40
SE-261 35 Landskrona

Niederlassung Stockholm-Blackvreten
Verkstaden Blackvreten
SE-195 95 Rosersberg

Niederlassung Stockholm-Hagalund
Växlarevägen 29
SE-170 63 Solna

Niederlassung Stockholm-Hammarby
Garagevägen 18 G
SE-121 48 Johanneshov

Niederlassung Västerås
Kölgatan 4
SE-724 65 Västerås

Management
* Ove Bergkvist (Geschäftsführer)

Gesellschafter
Stammkapital 19.000.000,00 SEK
* EuroMaint AB (100 %)

Lizenzen
* SE: EVU-Zulassung (GV) seit 11.12.2006

Unternehmensgeschichte
EuroMaint war ursprünglich Teil der SJ, wurde aber privatisiert. Am 01.09.2007 wurde die Muttergesellschaft EuroMaint AB von AB Swedcarrier an die am 25.04.2007 gegründete EuroMaint Gruppen AB verkauft.
Euromaint bietet technische Wartungsdienstleistungen für den Schienenfuhrpark und erwirtschaftete 2012 mit 2.400 Mitarbeitern einen Umsatz von 2,5 Mrd. SEK. Das Unternehmen unterhält Niederlassungen in Schweden, Belgien, Lettland, in den Niederlanden und in Deutschland. Euromaint gehört zu Ratos, einem der größten europäischen börsennotierten Eigentümerunternehmen.
Die Euromaint Rail GmbH ist die deutsche Tochtergesellschaft von Euromaint Rail AB (EMR). Mit Übernahme der deutschen RSM-Group Anfang des Jahres 2010 wurde Euromaint Rail zu Europas größtem unabhängigen Wartungsunternehmen für den Schienenverkehr. EMR ist mit ca. 1.000 Beschäftigten an fünf Standorten und vier Außenstellen in Deutschland vertreten.

green cargo

Green Cargo AB (GC)

Box 39
SE-171 11 Solna
Telefon: +46 10 455 4000
info@greencargo.com
www.greencargo.com

GC

Management
* Jan Kilström (CEO)
* Henrik Backmann (CFO)
* Mats Hanson (Marketing)
* Patrik Johansson (Betrieb)
* Richard Kirchner (Vertrieb)
* Patrik Saxvall (Planning)
* Martin Modéer (Asset Management)
* Caroline Frumerie (Personal)
* Mats Hollander (Kommunikation)
* Ulrika Wiik (IT)
* Mikael Wågberg (Recht)
* Nicole Tews (Corporate Restructuring)

Gesellschafter
Stammkapital 200.000.000,00 SEK
* Königreich Schweden (100 %)

Beteiligungen
* DB Schenker Rail Scandinavia A/S (49 %)
* XRail S.A.

Lizenzen
* NO: Sicherheitszertifikat (GV), gültig vom 15.04.2011 bis 15.04.2016
* SE: EVU-Zulassung (GV) seit 22.09.2000
* SE: Sicherheitszertifikat Teil A und B (GV), gültig seit 29.12.2008 bis 18.12.2018

Unternehmensgeschichte
Green Cargo AB (GC) ist ein Eisenbahngüterverkehrsunternehmen, das seine Wurzeln in der ehemaligen schwedischen Staatsbahn (SJ) hat, in Folge der EU-Bahnliberalisierung aber mit Gründungstag 01.01.2001 verselbständigt wurde. Der seinerzeitige Grundstock an rollendem Material wurde von der SJ übernommen. GC ist Mitglied des RIV und über sein Mutterunternehmen auch der UIC.
Das Unternehmen betätigt sich sowohl im Ganzzuggeschäft als auch im Einzelwagenladungsverkehr, für den es derzeit einziger Anbieter in Schweden ist.
Seit 2004 ist GC auch für eine Anzahl Kunden in Norwegen (meist Autos, Autoteile, Stahlprodukte) im Einzelwagenladungsverkehr tätig, nachdem das dortige Beteiligungsunternehmen CargoNet deren Bedienung aufgegeben hatte. Im Wagenladungsverkehr werden von Hallsberg und Göteborg ausgehend Drammen und Rolvsøy erreicht, zudem verkehrt seit 2009 ein KV-Zug von Göteborg nach Drammen und seit Anfang 2014 auch von Göteborg nach Alnabru bei Oslo.
2005 wurde ein Übernahmeangebot der seinerzeitigen Railion Deutschland AG von den schwedischen Behörden abgelehnt. Seit März 2008 ist Green Cargo mit 49 % an DB Schenker Rail Scandinavia A/S beteiligt.
Die Leistungsdaten des Green Cargo-Konzerns in der jeweiligen Konfiguration der vergangenen Jahre:
* 2007: 6.111 Mio. SEK Umsatz; 295 Mio. SEK operativer Gewinn; 3.050 Mitarbeiter; 31,70 Mrd. Brutto-tkm; Marktanteil 50 %
* 2008: 6.392 Mio. SEK Umsatz; 143 Mio. SEK operativer Gewinn; 3.156 Mitarbeiter; Marktanteil 49 %
* 2009: 5.889 Mio. SEK Umsatz; 174 Mio. SEK operativer Verlust; 3.017 Mitarbeiter; Marktanteil 45 %
* 2010: 6.181 Mio. SEK Umsatz; 141 Mio. SEK operativer Verlust; 2.907 Mitarbeiter; Marktanteil 46 %
* 2011: 6.428 Mio. SEK Umsatz; 101 Mio. SEK operativer Gewinn; 2.806 Mitarbeiter
* 2012: 4.585 Mio. SEK Umsatz; 72 Mio. SEK operativer Verlust; 2.323 Mitarbeiter
* 2013: 4.149 Mio. SEK Umsatz; 368 Mio. SEK operativer Verlust; 2.123 Mitarbeiter
* 2014: 4.154 Mio. SEK Umsatz; 121 Mio. SEK operativer Verlust; 2.002 Mitarbeiter, 20,8 Mrd. Brutto-tkm

Der 2011 wieder erzielte operative Gewinn war u.a. neuen Aufträgen sowie einer gesteigerten Produktivität geschuldet. Zudem hatte der Konzern 2010 eine umfassende Restrukturierung beschlossen und sich nachgehend von zahlreichen Tochterfirmen und Beteiligungen getrennt. So wurde die Lkw-Sparte Green Cargo Åkeri AB im Oktober 2011 eingestellt und Green Cargo Logistics zum 31.05.2012 an den nordischen Postkonzern PostNord verkauft. 2012 erfolgte die Integration der Bahnspedition Nordisk Transport Rail AB (NTR) in Green Cargo. Im Herbst 2010 war bereits der 45 %-ige Anteil an CargoNet an die norwegische Staatsbahn NSB veräußert worden. Auch nach dem Ausstieg ist Green Cargo mit den o. g. Leistungen weiterhin in Norwegen aktiv. Im Januar 2011 konnte die Integration der TGOJ Trafik AB in Green Cargo abgeschlossen werden. Das im Bahnfährverkehr zwischen Turku und Stockholm tätige Joint Venture SeaRail OY mit der finnischen VR Group stellte im Dezember 2011 den Betrieb ein.
Nach den schlechten Ergebnissen 2013 soll nun ein Spar- und Optimierungsprogramm greifen, im Zuge dessen bis 2016 der Personalbestand um 600 verringert und bis zu 120 Lokomotiven abgestoßen werden sollen, um die Betriebskosten zu senken. So konnte 2014 bei einer Steigerung des Transportvolumens von nur 2 % der operative Verlust bereits deutlich gesenkt werden. Im Jahr 2014 wurden Verträge im Wert von 980 Mio. SEK unterschrieben oder erneuert.

HR

HECTORRAIL

Hector Rail AB (HR) 🅿️🅖

Svärdvägen 27
SE-182 33 Danderyd
Telefon: +46 8 544967-20
Telefax: +46 8 544967-25
info@hectorrail.com
www.hectorrail.com

Betriebsleitung
Esplanaden 1
SE-694 35 Hallsberg
Telefon: +46 582 611550
Telefax: +46 582 611560

Betriebsleitung Deutschland
Kortumstraße 54
DE-44787 Bochum
planning-de@hectorrail.com

Management
* Mats Nyblom (Geschäftsführer)

Gesellschafter
Stammkapital 4.255.627,00 SEK
* Hector Rail Holding 2 AB (100 %)

Lizenzen
* DE: Sicherheitszertifikat, Teil A (GV); gültig vom 12.07.2012 bis 12.07.2017
* DK: Sicherheitszertifikat, Teil B (GV); gültig vom 13.03.2014 bis 12.03.2019
* NO: Sicherheitszertifikat, Teil B (GV), gültig vom 03.01.2008 bis 12.07.2017
* SE: EVU-Zulassung (GV) seit 08.12.2004
* SE: Sicherheitszertifikat, Teil A+B (GV); gültig vom 17.08.2007 bis 12.07.2017

Unternehmensgeschichte
Die Hector Rail AB (HR) ist ein schwedisches Eisenbahngüterverkehrsunternehmen mit Zentrale in Hallsberg, dessen Haupteigentümer die norwegische Reedereifamilie Høegh war. Diese ist u. a. mit über 50 Schiffen als Höegh Autoliners fünftgrößter Schiffs-Autotransporteur weltweit. Kerngeschäft von Hector Rail ist die Beförderung von Zellstoff und Kombinbiertem Verkehr zwischen Skandinavien und Deutschland sowie Rundholztransporte in Schweden sowie grenzüberschreitend von Norwegen.
Die Unternehmenstätigkeit der Hector Rail begann im Dezember 2004. Zwar waren damals die ersten Züge noch mit angemieteten Loks der schwedischen Reihe Rc bespannt, doch hatte man bereits damals alle sechs ehemaligen norwegischen „Erzbahnloks" der Reihe El 15 gekauft. Deren Inbetriebnahme nach Aufarbeitung erfolgte ab Sommer 2005 als neue Baureihe 161. Ein weiterer Zuwachs im Triebfahrzeugbestand ergab sich, nachdem man 2005/2006 Testfahrten mit österreichischen Loks der Baureihen 1142 und 1012 durchgeführt hatte. Zunächst wurden drei Maschinen der ÖBB-Reihe 1142 erworben und eine weitere angemietet; später kamen weitere fünf hinzu. Im März 2006 kaufte HR dann zwei der ursprünglich für SBB Cargo bestimmten Loks der Schweizer Baureihe 474 (Siemens, Typ ES 64 F4). Somit ist HR das erste Unternehmen in Schweden, das moderne Multisystemloks einsetzt. Des Weiteren wurden 2006 und 2007 je eine dieselhydraulische Lokomotive des Typs G 2000 von Vossloh angeschafft, welche die Baureihenbezeichnung 941 erhielten. Anfang 2007 unterzeichnete HR einen Vertrag mit Bombardier über die Lieferung von zehn Zweisystemloks vom Typ Traxx F140 AC für den Verkehr Schweden – Kontinent via Öresundbrücke. Als weiteres Ergebnis der eingangs erwähnten Testfahrten mit österreichischen Loks wurden im März 2007 außerdem die Vertreter der ÖBB-Reihe 1012 beschafft, welchen bei HR die Baureihenbezeichnung 141 zugewiesen wurde.
Seit Januar 2008 bespannt Hector auch Züge nach Deutschland im Auftrag der Van Dieren Maritime. Da die für die Deutschland-Verkehre beschafften TRAXX-Loks bei Betriebsaufnahme noch nicht über die erforderliche Zulassung auf DB-Gleisen verfügten, kamen bis 21.04.2008 Loks der Mittelweserbahn GmbH (MWB) ab/bis Padborg zum Einsatz. Seit 15.06.2008 bestellt Hector Rail in Deutschland die Trassen für diese Züge auch selbst, womit zuvor ebenfalls die MWB beauftragt worden war.
Im Juni und Juli 2009 konnte das Unternehmen die Zusammenarbeit mit der Veolia Transport Sverige AB (seit Anfang 2015: Transdev) ausweiten und stellt seitdem die Traktion für Nacht- und Wochenendzüge in Schweden. Im Mai 2011 unterzeichneten Veolia und Hector Rail einen Fünfjahresvertrag über Traktionsdienstleistungen. Dieser beinhaltet auch die Gestellung von bis zu 200 km/h schnellen Loks. Hector Rail hatte 2010 / 2011 fünf Siemens ES 64 U2 von der MRCE Dispolok GmbH erworben, von denen drei Loks 2011 für den Einsatz in Schweden zugelassen wurden und die seit 21.10.2011 die Veolia-Personenzüge bespannen. Im Frühjahr 2013 erwarb Hector Rail 42 Personenzugwagen (Höchstgeschwindigkeit 200 km/h), die zuvor in den Niederlanden eingesetzt waren. Einen Einstieg als Personenzugbetreiber plant das Unternehmen aber nicht. Die Wagen sollen zusammen mit Loks an Betreiber vermietet werden.
Seit 12.12.2010 greift ein erweiterter Vertrag für Transporte im Auftrag von ScandFibre Logistics, die im System „Rail 11" rund 2,6 Mio. Jahrestonnen bewegen. Hector Rail übernimmt seitdem Transporte zwischen Schweden und Deutschland

Hector Rail

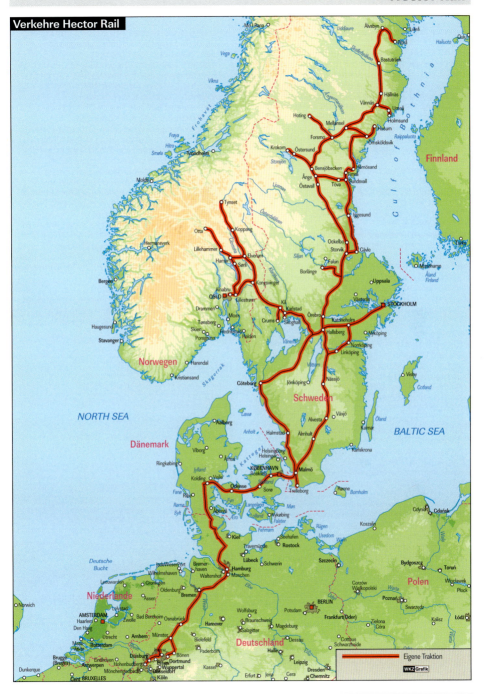

HR / Infranord

und erreicht einen Marktanteil in Dänemark von 25 %.
Zum 12.12.2011 und im März wurde der seit Januar 2008 bestehende Kontrakt mit Stora Enso für Rundholztransporte ausgeweitet. Stieg das Volumen 2012 somit von 550.000 auf 850.000 Kubikmeter an, werden ab Mai 2013 rund 1,5 Mio. Kubikmeter pro Jahr transportiert. Mit den gestiegenen Voluminа transportiert Hector Rail in Zukunft insgesamt rund 3,5 Millionen Kubikmeter Holz jährlich für Stora Enso und SCA Transforest und ist somit führender Transporteur für Holz in der skandinavischen Forstindustrie.
Das Unternehmen entwickelte sich in den vergangenen Jahren wie folgt:
★ Mitarbeiter: 65 (2007), 84 (2008), 112 (2009), 119 (2010), 118 (2011), 121 (2012)
★ Umsatz (Mio. SEK): 181,3 (2007), 296,9 (2008), 357,9 (2009), 429 (2010), 475 (2011), 543 (2012)
Im Oktober 2010 erbrachte Hector Rail jährlich rund 3,45 Mio. Zugkm, im September 2011 waren es rund 5 Mio. Zugkm.
Der Fonds EQT Infrastructure II hat zum 23.10.2014 die Mehrheit der Gesellschafteranteile der Hector Rail von der norwegischen Reedereifamilie Høegh übernommen. Über den Verkaufspreis wurde keine Aussage gemacht.

Verkehre
★ Gütertransporte Malmö – Modena Quattro Ville [IT] und Gegenrichtung; 1 x pro Woche Traktion Malmö (Übernahme von AutoLink AS) – Dortmund (Übergabe an RheinCargo GmbH & Co. KG (RHC)) [DE] im Auftrag der BLS Cargo AG
★ KV-Transporte Gävle (Tetra Pak) – Göteborg (Hafen); 5 x pro Woche seit 01.01.2012 im Auftrag der SCT Transport AB
★ KV-Transporte Göteborg – Hohenbudberg (Multimodal Rail Terminal Duisburg (MRTD)) [DE]; 6 x pro Woche seit 01.01.2015 im Auftrag der Samskip Van Dieren Maritime B.V.
★ KV-Transporte Katrineholm – Hohenbudberg (Multimodal Rail Terminal Duisburg (MRTD)) [DE]; 5 x pro Woche seit 04.01.2008 im Auftrag der Samskip Van Dieren Maritime B.V.; bis September 2010 Start in Norrköping und Zwischenstopp in Nässjö; bis Frühjahr 2013 nach Herne [DE]
★ KV-Transporte Nässjö – Hohenbudberg (Multimodal Rail Terminal Duisburg (MRTD)) [DE]; 3 x pro Woche seit 11.09.2010 im Auftrag der Samskip Van Dieren Maritime B.V.; bis Frühjahr 2013 nach Herne [DE]
★ KV-Transporte Älmhult – Hohenbudberg (Multimodal Rail Terminal Duisburg (MRTD)) [DE]; 5 x pro Woche seit 02.05.2013 im Auftrag der Samskip Van Dieren Maritime B.V.

★ Papiertransporte seit 12.12.2010 im Auftrag der ScandFibre Logistics AB (SFL), aktuell mit folgendem Betriebsprogramm:
• Malmö – Hallsberg; 19 x pro Woche
• Hallsberg – Grums; 5 x pro Woche
• Hallsberg – Frövi; 7 x pro Woche
• Malmö – Dortmund; 3 x pro Woche
★ Rangierdienst in Gävle; seit 01.01.2012
★ Rundholztransporte aus Norwegen (Gudbrandsdalen, Østerdalen, Otta und Tynset) nach Schweden (Grüvön, Skoghall); seit März 2013 im Auftrag der Stora Enso Wood Supply Sweden / Stora Enso AB
★ Rundholztransporte aus Norwegen (Tynset, Koppang, Otta, Lillehammer, Sørli, Elverum, Kongsvinger) nach Schweden (Grüvön, Skoghall); seit Januar 2008 im Auftrag der Stora Enso Wood Supply Sweden / Stora Enso AB
★ Rundholztransporte in Mittelschweden (Hoting, Krokom, Bensjöbacken und Östavall) zu den SCA-Standorten Töva (Umschlag auf Lkw für Papiermühle Östrand), Iggesund und Örnsköldsvik (Domsjö Fabriker); seit Januar 2007 im Auftrag der SCA Transforest AB
★ Traktionsdienstleister vor den Fernverkehrsreisezügen der Veolia Transport AB / Transdev Sweden AB zwischen Malmö und Stockholm sowie im Wintersportverkehr

Infranord AB 🅶

Box 1803
SE-171 21 Solna
Svetsarvägen 8, Solna Business Park
SE-171 21 Solna
Telefon: +46 1 0121-1000
www.infranord.se

Management
★ Nils Lars-Erik Öhman (Direktor)

Gesellschafter
Stammkapital 135.226.547,00 SEK
★ Königreich Schweden (100 %)

Lizenzen
★ SE: EVU-Zulassung (PV) seit 01.01.2010
★ SE: Sicherheitszertifikat, Teil A (GV); gültig vom 01.01.2010 bis 14.11.2017
★ SE: Sicherheitszertifikat, Teil B (GV); gültig vom 13.05.2013 bis 14.11.2017

Unternehmensgeschichte
Die staatliche Infranord AB bietet Planung, Bau und Unterhalt von Bahninfrastruktur in Schweden, Norwegen und Dänemark an. Das Unternehmen entstand zum 01.01.2010 aus dem Profit-Center

Infranord / IBAB / ITAB

"Banverket Produktion", in dem das staatliche schwedische Zentralamt für Eisenbahnwesen, Banverket, die 1988 im Zuge der schwedischen Bahnreform übernommenen Baubetriebe der Staatsbahn SJ gebündelt hatte.
In den vergangenen Jahren erzielte Infranord folgende Geschäftsergebnisse:
* 2010: 4.507 Mio. SEK Umsatz, 30 Mio. SEK Gewinn; 2.964 Mitarbeiter
* 2011: 4.495 Mio. SEK Umsatz; 70 Mio. SEK Verlust; 2.745 Mitarbeiter
* 2012: 4.516 Mio. SEK Umsatz; 18 Mio. SEK Gewinn; 2.682 Mitarbeiter

Den Schwerpunkt der Infranord-Aktivitäten, die in die drei Geschäftsbereiche „Konstruktion", „Service" und „Sonstige" gegliedert sind, bilden nach wie vor Tätigkeiten im schwedischen Bahnnetz der Trafikverket.

Verkehre
* AZ-Verkehr

Inlandsbanan

Inlandsbanan (IBAB) AB

Postfach 561
SE-831 27 Östersund
Telefon: +46 63 194400
Telefax: +46 63 194406
info@inlandsbanan.se
www.inlandsbanan.se

Management
* Ulf Örjan Alfred Eliasson (Direktor)

Gesellschafter
Stammkapital 2.780.000,00 SEK
* Östersunds Kommun (15,11 %)
* Gällivare Kommun (10,79 %)
* Mora Kommun (10,79 %)
* Vilhelmina Kommun (6,83 %)
* Jokkmokks Kommun (6,47 %)
* Arvidsjaurs Kommun (6,47 %)
* Strömsunds Kommun (6,47 %)
* Bergs Kommun (6,47 %)
* Härjedalens Kommun (6,47 %)
* Orsa Kommun (6,12 %)
* Storumans Kommun (5,4 %)
* Sorsele Kommun (4,32 %)
* Dorotea Kommun (4,32 %)
* Ljusdals Kommun (2,16 %)
* Arjeplogs Kommun (1,8 %)

Beteiligungen
* Inlandståget AB (ITAB) (100 %)
* Grand Nordic AB

Infrastruktur
* Mora – Gällivare (1.087 km)
* Orsa – Furudal (33 km)

Unternehmensgeschichte
Das Eisenbahnnetz in Nordschweden hat eine leiterartige Grundstruktur: Die küstennähere Nord-Süd-Hauptstrecke bildet den östlichen und die so genannte Inlandsbanan (dt.: Inlandsbahn) den westlichen „Holm", während die Querverbindungen die „Sprossen" darstellen. Die Strecke der Inlandsbanan entstand als letztes großes Eisenbahnprojekt Schwedens in mehreren Abschnitten von 1907 bis 1937 vorwiegend aus strategischen Gründen sowie zur Erschließung der inneren Landesteile. Die über 1.200 km lange Trasse verbindet Kristinehamn an der Magistrale Stockholm – Oslo mit Gällivare, das an der „Malmbanan", der Erzbahn von Luleå ins norwegische Narvik, gelegen ist. Große Teile des südlichen Streckenabschnitts wurden bereits in den 1960er Jahren stillgelegt. So steht die Infrastruktur auf den rund 250 km zwischen Kristinehamn und Mora unter Verwaltung von Trafikverket und wird nur mehr zwischen Kristinehamn und Filipstad/Persberg genutzt. Die Gleisanlagen auf den nicht genutzten Abschnitten sind aber meist noch vorhanden und können häufig mit Fahrraddraisinen erkundet werden. Güterverkehr wird auf der Inlandsbanan u. a. durch Green Cargo und Hector Rail betrieben, der Personen- und Güterverkehr der am 11.11.1991 gegründeten Inlandsbanan (IBAB) AB wurde am 01.06.2009 in die Inlandståget AB ausgegründet. Die eingesetzten Fahrzeuge befinden sich jedoch weiterhin im Eigentum der Inlandsbanan AB. Der Touristikverkehr wird durch die Tochtergesellschaft Grand Nordic AB erbracht.

Inlandståget AB (ITAB)

Postfach 561
SE-831 27 Östersund
Storsjöstråket 19
SE-831 34 Östersund
Telefon: +46 63 194400
Telefax: +46 63 194406
info@inlandsbanan.se
www.inlandsbanan.se

Management
* Ulf Örjan Alfred Eliasson (Direktor)

ITAB

Gesellschafter
Stammkapital 600.000,00 SEK
* Inlandsbanan (IBAB) AB (100 %)

Lizenzen
* SE: EVU-Zulassung (PV+GV), gültig seit 15.09.2009
* SE: Sicherheitszertifikat, Teil A+B (PV und GV); gültig vom 15.09.2009 bis 15.09.2017

Unternehmensgeschichte
Die am 05.03.2009 neu gegründete Inlandståget AB (ITAB) ist eine Tochtergesellschaft der Inlandsbanan AB (IBAB) und hat zum 01.06.2009 den Bahnbetrieb der Muttergesellschaft übernommen. Insgesamt wechselten 15 Mitarbeiter der IBAB zur Inlandståget, das Fahrzeugmaterial befindet sich weiterhin im Eigentum der Muttergesellschaft, wird aber durch die Inlandståget eingesetzt.
Der Personenverkehr beschränkt sich weitgehend auf touristische Zwecke auf der Inlandsbana. Von Anfang Juni bis in die zweite Augusthälfte wird zwischen Mora und Gällivare eine Verbindung täglich angeboten. Von Mora fährt der Zug nach Östersund (km 539), wo übernachtet werden muss. Die Weiterfahrt nach Gällivare (km 1.270) dauert vierzehneinhalb Stunden und nimmt den ganzen zweiten Tag in Anspruch. Dabei wird die Fahrt öfter unterbrochen, um den Reisenden Gelegenheit zur Besichtigung lokaler Attraktionen (beispielsweise das Mückenmuseum bei Gällivare) zu geben oder um Mahlzeiten einzunehmen. Einige Kilometer südlich des Ortes Jokkmokk überquert die Bahn den Polarkreis. Der Gegenzug startet in Gällivare am frühen Morgen; die Zugkreuzung findet in Sorsele statt. Im Juli fährt TÅGAB eine eigene Anschlussverbindung Göteborg – Kristinehamn – Borlänge – Mora.
In der Wintersportsaison 2012/2013 wurde in Zusammenarbeit mit TÅGAB erstmals eine Wochenend-Nachtzug-Verbindung für Skiurlauber von Malmö über Göteborg nach Röjan im Vemdal im südlichen Abschnitt der Inlandsbana zwischen Mora und Östersund angeboten. In diesem Zeitraum gab es auch eine täglich verkehrende Triebwagen-Verbindung zwischen Östersund und Mora. In der Wintersportsaison im Frühjahr 2015 gab es nur eine einzige direkte Liegewagen-Zugverbindung Göteborg - Röjan in Zusammenarbeit mit TÅGAB aber an mehreren Wochenenden Kurswagenverbindungen Malmö – Röjan, für die zwischen Malmö und Östersund die "Snälltåg" von Transdev genutzt wurden.

Verkehre
* Touristikverkehre Strömfors – Ulriksfors
* Rangierdienst in Lugnvik; seit August im Auftrag der Railcare Tåg AB

ITAB / LKAB Malmtrafik / MTR Nordic

* Rangierverkehr im Terminal Östersund; u.a. für Green Cargo AB (GC)
* Kalktransporte Orsa – Kiruna; Testverkehre seit November 2012
* Biomassetransporte Sveg – Södertälje (Heizkraftwerk); Saisonverkehre seit 26.10.2012; Traktion bis Mora (Übergabe an GC) im Auftrag der Green Cargo AB (GC)

LKAB Malmtrafik AB G

SE-981 86 Kiruna
Telefon: +46 0980-72900
Telefax: +46 0980-72907
info@lkab.com
www.mtab.com

Management
* Åke Boström (Direktor)

Gesellschafter
Stammkapital 208.000.000,00 SEK
* Luossavaara-Kiirunavaara Aktiebolag (LKAB) (100 %)

Lizenzen
* NO: Sicherheitszertifikat, Teil B (GV); gültig vom 18.12.2013 bis 18.12.2018
* SE: EVU-Zulassung (GV), gültig seit 29.12.2008
* SE: Sicherheitszertifikat, Teil A+B (GV); gültig vom 18.12.2013 bis 18.12.2018

Unternehmensgeschichte
Bei der schwedischen Bahngesellschaft LKAB Malmtrafik AB handelt es sich um die Anfang 2012 umbenannte frühere Malmtrafik i Kiruna AB (MTAB). Die MTAB entstand 1996 (wie auch die norwegische MTAS) als Joint Venture der Erzabbaugesellschaft Luossavaara-Kiirunavaara Aktiebolag (LKAB) sowie der schwedischen und der norwegischen Staatsbahnen SJ und NSB. Im Jahr 1999 übernahm die LKAB alle Anteile an MTAB und MTAS.
Das Geschäftsfeld von LKAB Malmtrafik AB ist der Transport des im nordschwedischen Kiruna geförderten Eisenerzes zur Verschiffung ins norwegische Narvik sowie zum schwedischen Ostseehafen Luleå. in Luleå wird das Erz zudem auch zu Stahl verarbeitet und durch Green Cargo abtransportiert.
Der Erzverkehr wurde bis nach der Jahrtausendwende ausschließlich mit Lokomotiven der SJ-Baureihe Dm3 und der NSB-Baureihe El15 durchgeführt. Bereits 1994 wurden bei ADtranz in Kassel (heute Bombardier) zur Modernisierung des Fahrzeugsparks neun Doppellokomotiven vom Typ Traxx H80 AC bestellt, die bei LKAB Malmtrafik die Baureihenbezeichnung IORE tragen. Die ersten wurden zwischen 2000 und 2004 ausgeliefert. Die Maschinen der Reihe IORE lösen in Verbindung mit der Neubeschaffung von Erzwagen die restlichen Loks der Baureihe Dm3 ab. Da sich die Auslieferung der neuen Erzwagen aber verzögerte, ist auch heute noch vereinzelt die Reihe Dm3 im Einsatz.
Vor dem Hintergrund einer Ausweitung der Transporte von 15 auf 20 Züge pro Tag auf der Malmbana erfolgte im Frühjahr 2011 die Bestellung von vier weiteren IORE-Doppelloks bei Bombardier sowie von 150 neuen Doppel-Erzwagen bei Kockums Industriers / Kiruna Wagon, die bis 2013 ausgeliefert werden sollen.
Die LKAB-Erzzüge bestehen aus jeweils 68 Waggons mit einer Tragfähigkeit von je 100 Tonnen und sind 750 Meter lang.

Verkehre
* Erztransporte Kiruna – Narvik
* Erztransporte Malmberget – Luleå

MTR Nordic AB P

Box 10038
SE-121 26 Johanneshov
Telefon: +46 8 5786-1000
Telefax: +46 8 390926
kundservice@mtrexpress.se
www.mtrexpress.se

Management
* Hans Peter Viinapuu (Direktor)

Gesellschafter
Stammkapital 50.000,00 SEK
* MTR Stockholm AB (100 %)

Lizenzen
* EVU-Zulassung (PV); gültig seit 05.03.2013
* SE: Sicherheitszertifikat, Teil A+B (PV); gültig vom 31.01.2014 bis 31.01.2019

MTR Nordic

Unternehmensgeschichte
Der in Hong Kong ansässige Verkehrskonzern Mass Transit Railway (MTR) bietet über sein Tochterunternehmen MTR Nordic AB auf der Verbindung Stockholm – Göteborg seit März 2015 eigenwirtschaftliche, als „MTR Express" vermarktete Personenverkehre in Konkurrenz zur schwedischen Staatsbahn SJ an.
Die MTR ging zum 30.06.2000 aus einer gleichnamigen Körperschaft des öffentlichen Rechts hervor, die 1975 als ÖPNV-Betreiber in Hong Kong gegründet wurde. Auch nach dem am 05.10.2000 erfolgten Börsengang hält die Regierung der chinesischen Sonderverwaltungszone Hong Kong mit 74 % nach wie vor die Mehrzahl der Anteile. Seit 2004 expandierte die MTR auch in Märkte außerhalb Hong Kongs. Neben Aktivitäten in China und Australien ist die MTR seit 2007 über ein mit Laing Rail geschlossenes und inzwischen mit Arriva Passenger Services Ltd gebildetes JointVenture am Betrieb des London Overground-SPNV-Franchises in Großbritannien beteiligt. In Schweden gewann die MTR zum Jahreswechsel 2008/2009 die Ausschreibung zum Betrieb der U-Bahn in Stockholm, den die hierfür gegründete MTR Stockholm AB am 02.11.2009 übernahm.
Nachdem auf dem schwedischen Bahnmarkt inzwischen auch Konkurrenzangebote zu Fernverkehrsleistungen der staatlichen SJ AB zugelassen sind, kündigte die MTR Anfang 2013 an, ein eigenes, als „MTR Express" bezeichnetes Angebot auf der meistgenutzten schwedischen Fernverkehrsrelation Stockholm – Göteborg aufzubauen. Als Betreibergesellschaft fungiert die bereits am 26.03.2012 gegründete MTR Nordic AB, die bereits für den von Dezember 2013 bis Dezember 2014 gültigen Fahrplan 52 Trassen pro Woche auf der 455 km langen Verbindung beantragt hatte. Die ursprünglich im August 2014 geplante und dann in den Oktober bzw. November 2014 verschobene Betriebsaufnahme verzögerte sich allerdings bis März 2015.
Die MTR investierte rund 700 Mio. SEK in die Beschaffung von sechs neuen Triebzügen des Typs FLIRT Nordic des Herstellers Stadler Rail. Diese basieren auf den von Stadler Rail an die norwegische NSB gelieferten Fahrzeugen der Reihen 74 und 75. Als Streitpunkt und einen der Gründe für die Verzögerung der Betriebsaufnahme gilt die Nutzung des populären Online-Buchungsportals der SJ durch die MTR, die dies als Aspekt des freien Netzzugangs einforderte. Die SJ lehnte die Freigabe ihres von ca. 70 % aller Fernverkehrsfahrgäste Schwedens genutzten Systems jedoch ab.
Am 03.06.2014 gaben der staatliche, schwedische Immobilienverwalter Jernhusen und MTR Express bekannt, die Züge in der alten Wagenhalle des Depots Hagalund in Solna unterhalten zu wollen,

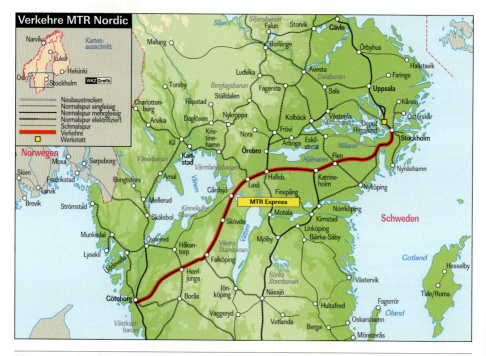

MTR Nordic / NTAB / Rushrail

dem größten Wartungsdepot in Nordeuropa. Dazu investiert Jernhusen 150 Mio. SEK in die Entwicklung einer neuen, modernen Triebwagenhalle für MTR Express und Stadler Sweden AB auf dem Gelände der alten Halle. Die Vereinbarung mit Jernhusen beläuft sich auf zehn Jahre.

Verkehre
* Personenverkehr „MTR Express" Stockholm – Göteborg; seit 21.03.2015

Nordiska Tåg AB (NTAB)

Borganäsvägen 30
SE-784 33 Borlänge
Telefon: +46 243 216611
jan.andersson@nordiskatag.se
www.nordiskatag.se/

Management
* Mats Olof Johan Masgård (Direktor)

Gesellschafter
Stammkapital 100.000,00 SEK
* Mats Olof Johan Masgård (100 %)

Lizenzen
* SE: EVU-Zulassung (GV); gültig seit 19.09.2011
* SE: Sicherheitszertifikat, Teil A+B (GV); gültig vom 28.03.2012 bis 19.09.2016

Unternehmensgeschichte
Nordiska Tåg AB (NTAB) wurde am 23.12.2009 gegründet und erhielt 2011 die Zulassung als EVU. Das Unternehmen organisiert den Transport von Equipment für den Infrastrukturbetreiber Trafikverket bzw. dessen Kunden wie zum Beispiel Weichen.

Rushrail AB

Box 5339
SE-102 47 Stockholm
Grev Turegatan 14
SE-114 46 Stockholm
Telefon: +46 8 6760203
jan.lindqvist@rushrail.se
www.rushrail.se

Management
* Jan Krister Lindqvist (Direktor)

Gesellschafter
Stammkapital 100.000,00 SEK
* Scandinavian Trainpartner AB (85,7 %)
* Couplers Inc. AB (10 %)
* Bure Equity AB (4,3 %)

Lizenzen
* SE: EVU-Zulassung (GV); gültig seit 13.12.2010
* SE: Sicherheitszertifikat (GV); gültig vom 16.12.2010 bis 16.12.2015

Unternehmensgeschichte
Rushrail ist ein in Schweden tätiges EVU für den Güterverkehr und entstand zum 06.12.2010 durch Umfirmierung der 2005 gegründeten Traindrivers Rental Scandinavia AB. Der Personaldienstleister Traindrivers war am 24.03.2005 durch Mitarbeiter des aufgelösten Unternehmens TGOJ Rental aus der Taufe gehoben worden. Am 19.10.2010 wurde eine zweite, bis heute aktive Traindrivers Rental Scandinavia AB gegründet, die Personalvermittlung und -ausbildung anbietet.
Einer der ersten größeren Aufträge für Rushrail war die Traktion von Containerzügen der Ende 2010 an die Medströms Invest verkauften Intercontainer (Scandinavia) AB (ICS). Ab 01.01.2011 übernahm Rushrail die Bespannung der wöchentlich ca. 100 Zugleistungen im Rahmen eines Fünfjahresvertrages, mit dem die Green Cargo-Tochter TGOJ abgelöst wurde. Das nach der kanadischen Rockband „Rush" benannte Unternehmen setzte für die Traktion anfangs mangels eigener Maschinen bei der Staatsbahn SJ angemietete Rc3-E-Loks und ebenfalls angemietete class 66-Dieselloks ein. Kernstück des ICS-Netzes war die mehrfach pro Tag bediente Verbindung vom Göteborger Hafen zum Hub Västerås mit ergänzenden Antennenverbindungen zu vier Destinationen. Außerdem wurden Terminals in Vålberg und Helsingborg angefahren und eine Direktverbindung vom Hafen Helsingborg nach Västerås bedient. Nach der Insolvenz der ICS im Februar 2013 wurde das Netzwerk neu konfiguriert und neu durch die damalige ICS-Schwester Intercontainer Sweden SUCO AB betrieben, die jedoch bis Herbst 2013 alle Relationen mit Ausnahme der Verbindung Göteborg – Sundsvall einstellte.
Der schwedische Holzlieferant Trätåg AB (Eigentümer Stora Enso Skog AB und Korsnäs AB) und Rushrail haben am 12.04.2012 eine Vereinbarung zum umweltfreundlichen Transport von Holz mit der Bahn unterzeichnet, in dessen Rahmen Rushrail seit 2013 Züge für Trätåg führt. Trätåg hat sich auf die Entwicklung von Schienenlogistik für Holztransporte konzentriert und konnte ihr Transportvolumen auf der Schiene von 1,3 Mio. t im Jahr 2005 auf 2,8 Mio. t im Jahr 2011

Rushrail / SJ

steigern.
Der Finanzdienstleister Bure Equity AB unterstützte im Frühjahr 2012 mit einer Privatplatzierung über 245 Mio. SEK in zwei Transaktionen den schwedischen Eisenbahnmarkt. Für 20 Mio. SEK beteiligt sich Bure zu 30 Prozent an Rushrail. Ferner wurden 225 Mio. SEK in den Kauf von TRAXX Lokomotiven von Bombardier investiert. Die Lokomotiven werden an Rushrail vermietet, wurden im vierten Quartal 2012 ausgeliefert und tragen die englischsprachigen Namen von Zwergen aus dem Märchen „Die sieben Zwerge".
Rushrail hat am 12.12.2013 eine Umschuldung eingeleitet. Ausschlaggebend war ein Verlust von 13 Mio. SEK im Geschäftsjahr 2012 bei einem Umsatz von 179,8 Mio. SEK. Im Februar 2013 hatte zudem die Insolvenz des Großkunden Intercontainer Scandinavia (ICS) ein großes Loch in die Finanzdecke der Privatbahn gerissen. Mit der Umschuldung, verbunden mit einem teilweisen Verzicht der Gläubiger auf Forderungen, sollte eine Insolvenz der in Stockholm ansässigen Rushrail verhindert werden.
Gesellschafter der Couplers Inc. AB als ehemaliger Mehrheitseigentümer von Rushrail sowie seit Juni 2013 auch einzigem Gesellschafter der Intercontainer Sweden SUCO und der Traindrivers Rental Scandinavia sind Jan Lindqvist, der zugleich als Rushrail-Geschäftsführer agiert, und Jan Berg. Mit Wirkung vom 17.06.2014 hat Rushrail das Insolvenzverfahren hinter sich gelassen und arbeitet jetzt daran, unter neuen Bedingungen wieder Kunden für den Güterverkehr in Schweden zu gewinnen. Seit 10.07.2014 firmiert der Zugbetreiber als RushRail Intermodal AB.
Ebenfalls seit Juli 2014 ist die Scandinavian Trainpartner AB Mehrheitsgesellschafter des Unternehmens, Couplers und Bure haben ihren Anteil an Rushrail entsprechend verringert.

Verkehre
* Holztransporte Hällefors / Ljusdal / Lomsmyren / Stockaryd / Tägten / Vansbro – Ala / Frövi / Gruvön / Karskär / Kvarnsveden / Norrsundet / Skoghall / Skutskär; seit 02.01.2013 im Auftrag der Trätåg AB
* KV-Transporte Göteborg Arken – Sundsvall; seit Februar 2013 im Auftrag der Intercontainer Sweden SUCO AB / RushRail Intermodal AB

SJ AB P

Vasagatan 10
SE-10 550 Stockholm
Telefon: +46 10 7516000
Telefax: +46 10 751 542
diariet@sj.se
www.sj.se

Management
* Crister Fritzson (CEO)
* Carina Wång (CFO)
* Peter Blomqvist (Direktor Personal)
* Helga Baagøe (Direktorin Kommunikation)
* Madeleine Raukas (Direktorin Service und Geschäftsangelegenheiten)
* Claes Broström (Direktor Flottenmanagement)
* Jens Wigen (Direktor Planung)
* Björn Rosell (Direktor IT)
* Erica Kronhöffer (Direktorin Qualität und Nachhaltigkeit)
* Thomas Silbersky (Direktor Vertrieb und Marketing)
* Caroline Åstrand (Direktorin Produkte)

Gesellschafter
Stammkapital 400.000.000,00 SEK
* Königreich Schweden (100 %)

Beteiligungen
* Entertrainment AB (100 %)
* Linkon AB (100 %)
* SJ Norrlandståg AB (100 %)
* SJ AdVenture AB (100 %)
* SJ Danmark A/S (100 %)
* SJ Event AB (100 %)
* SJ Försäkring AB (100 %)
* SJ Götalandståg AB (100 %)
* SJ Invest AB (100 %)
* SJ Service Academy AB (100 %)
* Stockholmståg KB (Ståg) (100 %)
* Fly Rail AB (50 %)
* Sveriges Kommunikationer AB (50 %)
* Trafik i Mälardalen AB (50 %)
* Botniatåg AB (40 %)
* Kust till Kust AB (25 %)
* Amadeus Sweden AB (22 %)

SJ / SJ Götalandståg

Lizenzen
* DK: Sicherheitszertifikat, Teil B (PV), gültig vom 17.10.2013 bis 16.10.2018
* NO: Sicherheitszertifikat, Teil B (PV), gültig vom 30.06.2013 bis 30.06.2018
* SE: EVU-Zulassung (PV) seit 19.03.2001
* SE: Sicherheitszertifikat, Teil A+B (PV), gültig vom 30.06.2013 bis 30.06.2018

Unternehmensgeschichte
Vier Jahre, nachdem 1849 Schwedens erste Bahnstrecke mit öffentlichem Verkehr, die pferdebetriebene „Frykstadbanan" Frykstad – Klara Älvs in der Provinz Värmland eröffnet worden war, beschloss der schwedische Reichstag, ein landesweites Netz von Hauptstrecken („Stambanor") anzulegen. Der 01.12.1856, als die beiden ersten Abschnitte Malmö – Lund (Teil der „Södra stambanan") und Göteborg – Jonsered (Teil der „Västra stambanan") dem Verkehr übergeben wurden, gilt als Geburtstag der schwedischen Staatsbahn Statens Järnvägar (SJ). Abseits der Magistralen etablierte sich zugleich eine Anzahl kleinerer Privatbahnen. Dieses Nebeneinander fand sein Ende, als das Parlament 1939 beschloss, alle damals noch vorhandenen Unternehmungen dieser Art zu verstaatlichen und unter dem Dach der SJ zu vereinen. Obwohl einige Privatbahnen noch bis 1990 fortexistierten, wuchs die SJ durch die Übernahmen zu beachtlicher Größe und war 1950 mit rund 50.000 Angestellten größter Arbeitgeber Schwedens. Mit der ansteigenden Motorisierung verlor sie jedoch nach und nach an Aufkommen. Der 1963 gefasste Parlamentsbeschluss, dass alle Verkehrsträger ihren Betrieb ohne Subventionen zu führen hätten, führte zur Stilllegung eines Großteils der Nebenstrecken und auch an den Hauptbahnen zur Auflassung vieler schwach genutzter Halte. So wurden von den 1958 entlang der „Södra stambanan" Stockholm – Malmö vorhandenen 90 Bahnhöfen und Haltepunkten zwanzig Jahre später nur noch 20 bedient. Im Zuge der Verlagerung von ÖPNV auf die Straße wurde die SJ in den siebziger Jahren das größte Busunternehmen in Schweden. Doch schon 1973 hatte der Aufbau eines vertakteten Fernzugnetzes begonnen, der in dem 1985 aufgenommenen InterCity-Verkehr zwischen Stockholm, Göteborg, Malmö und Sundsvall mündete. Nach einer 1979 verabschiedeten Verkehrsreform ging die Verantwortung für den SPNV im Nebennetz schrittweise auf die Provinzen über, was bis 1990 je nach Provinz sowohl zur Einstellung des Personenverkehrs auf noch einmal 1.400 km Strecken als auch zu ersten SPNV-Besteller-Ersteller-Konstrukten führte. Dazu nahm man eine weitere Neuorganisation des Eisenbahnwesens in Angriff, was 1988 mit der Übertragung der Infrastruktur an die neugeschaffene Behörde Banverket (Schwedisches Zentralamt für Eisenbahnwesen) begann. Ein Symbol für den Neuanfang im Schienenpersonenfernverkehr war der Einsatz von neuentwickelten Neitec-Hochgeschwindigkeitszügen des Typs X 2000 ab dem 04.09.1990 auf der Strecke Stockholm – Göteborg, ab 06.03.1995 von Stockholm nach Malmö und ab 08.01.1996 zwischen Göteborg und Malmö. Der verbliebene Teil der SJ war bis Ende 2000 eine unternehmerisch tätige Behörde und wurde zum 01.01.2001 in mehrere selbständige Aktiengesellschaften aufgespalten; so ist die heutige Green Cargo AB der Nachfolger der ehemaligen SJ-Güterverkehrssparte. Die jetzige SJ AB ist ein reines Personenverkehrsunternehmen mit den Divisionen „Egentrafik" (eigenwirtschaftlicher Fernverkehr) und „Entreprenadtrafik" (SPNV im Auftrag der Provinzen). Für den SPNV existiert in jeder Provinz eine Bestellorganisation, die durch Ausschreibungen den günstigsten Betreiber ermittelt und diesem auch das Rollmaterial zur Verfügung stellt.

Die wichtigsten SJ-Wettbewerber im ausgeschriebenen Regionalverkehr sind derzeit Arriva Skandinavien A/S, Arriva Östgötapendeln AB, Svenska Tågkompaniet AB und Transdev (ehemals Veolia), im Fernverkehr Transdev, Skandinaviska Jernbanor und neuerdings MTR Nordic. Die SJ-Gruppe, die im schwedischen Schienenpersonenverkehrsmarkt rund 55 % (auf Relationen über 100 km rund 90 %) abdeckt, beschäftigte (Vorjahreswerte in Klammern) 2013 4.953 (4.299) Mitarbeiter, davon 2.990 (2.986) bei der SJ AB direkt und 1.963 (1.313) bei deren Tochtergesellschaften. Erzielt wurden ein Nettoumsatz von 9,023 (8,508) Mrd. SEK, ein Konzernergebnis vor Steuern von 288 (498) Mio. SEK sowie ein Jahresresultat von 220 (471) Mio. SEK. Für 2014 meldete die SJ vorab einen leicht auf 9,065 Mrd. SEK gestiegenen Nettoumsatz sowie ein wieder deutlich auf 568 Mio. SEK gewachsenes Ergebnis. 2014 sei ein schwieriges Jahr mit Personalabbau und größeren Verkehrsstörungen gewesen, aber der Zuwachs an beförderten Fahrgästen zeige einen deutlichen Trend nach oben. Die Zahl der Passagiere für das Gesamtjahr stieg um etwas mehr als zwei Prozent, im vierten Quartal sogar um sechs Prozent. Der größte Zuwachs ist bei Geschäftsreisenden zu sehen, wozu die große Zahl neuer Firmenverträge beigetragen haben wird. Zuwächse gab es auch in der ersten Klasse und in den Fernverkehren Stockholm – Göteborg und Sundsvall – Umeå. Auf der letzten Strecke stieg Anzahl der Reisenden um bis zu 13 %. Die Pünktlichkeit der Fernzüge verbesserte sich im Laufe des Jahres um drei Prozentpunkte auf 81 %, während sie für die Regionalzüge wie im Vorjahr bei 89 % lag.

SJ Götalandståg AB ℙ

Centralplan 19
SE-105 50 Stockholm
www.sj.se

SJ Götalandståg / SkJb

Management
★ Lena Elisabeth Källström (Direktorin)

Gesellschafter
Stammkapital 500.000,00 SEK
★ SJ AB (100 %)

Unternehmensgeschichte
SJ Götalandståg AB ist eine hundertprozentige Tochtergesellschaft der SJ für den SPNV in Westschweden. Das Unternehmen übernahm im Rahmen einer Direktvergabe per 01.05.2012 den gesamten Bahnverkehr der DSB Väst AB. Die dänische Firma hatte seit Dezember 2010 den regionalen Bahnverkehr im Auftrag von Västtrafik erbracht und bat wegen drohender Insolvenz darum, aus dem bestehenden Vertrag entlassen zu werden. In der folgenden Neuausschreibung machte SJ für den Aufgabenträger Västtrafik das attraktivste Angebot und führt die Verkehre ab dem Fahrplanwechsel im Dezember 2015 für neun Jahre fort.
Bei der SJ Götalandståg AB handelt es sich übrigens um die per 26.04.2012 umfirmierten SJ-Tochter Vilma AB.
Im Mai 2012 hatte das Unternehmen ca. 600 Mitarbeiter.

Verkehre
★ S-Bahn-Verkehre seit 01.05.2012
  Göteborg – Kungsbacka
  Göteborg – Alingsås
  Göteborg – Älvängen (ab Dezember 2012)
★ Regionalverkehre seit 01.05.2012
  Göteborg – Strömstad
  Borås – Uddevalla
  Borås – Varberg
  Göteborg – Borås
  Göteborg – Trollhättan – Vänersborg
  Göteborg – Skövde – Töreboda
  Göteborg – Jönköping – Nässjö
  Töreboda – Falköping – Jönköping – Nässjö

Skandinaviska Jernbanor AB (SkJb) 🅿🅖

BOX 7268
SE-103 89 Stockholm
Telefon: +46 771 501501
info@blataget.com
www.blataget.com

Werkstatt
SE-451 51 Uddevalla

Management
★ Måns Staffan Bolin (Direktor)

Gesellschafter
Stammkapital 500.000,00 SEK

Lizenzen
★ SE: EVU-Zulassung (PV); gültig seit 29.03.2011; seit 21.03.2014 auch für GV
★ SE: Sicherheitszertifikat, Teil A+B (GV); gültig vom 10.01.2014 bis 25.10.2016
★ SE: Sicherheitszertifikat, Teil A+B (PV); gültig vom 25.10.2011 bis 25.10.2016

Unternehmensgeschichte
Die private Bahngesellschaft Skandinaviska Jernbanor AB (SkJb) wurde am 14.01.2010 gegründet und nahm im Dezember 2011 den Betrieb auf. Der exklusive „Blå Tåget" verkehrt zwischen Göteborg und Stockholm bzw. Uppsala, für die Traktion wurde zunächst eine TRAXX bei Railpool angemietet. Seit Januar 2014 stehen dem Unternehmen zwei Siemens Vectron zur Verfügung, von denen einer mangels eigenem Bedarf zunächst an TÅGAB und anschließend an TM Rail vermietet wurde.
Zum 10.04.2012 wurde das Angebot auf drei Zugpaare pro Woche reduziert. Die zum 10.04.2014 geplante Verkehrsausweitung auf einen zweiten Zugstamm wurde kurzfristig auf unbestimmte Zeit verschoben. Im Frühjahr 2015 wartete man die Marktentwicklung nach der Betriebsaufnahme von MTR Express zwischen Göteborg und Stockholm ab. Wagen für einen zweiten Zugstamm hatte man Ende 2014 in Norwegen erworben.
2014 übernahm die SkJb die 2013 gegründete Gesellschaft Cityåg i Sverige vom Unternehmer Matthias Söderhielm. Dieser wollte ursprünglich auf der Strecke Stockholm – Göteborg mit angemieteten gebrauchtem Wagenmaterial aus Deutschland drei tägliche Zugpaare anbieten.
Im Frühjahr 2014 war SkJb auch im Güterverkehr aktiv. Zwei Mal pro Woche wurde testweise eine Containerzug-Verbindung zwischen Uddevalla und Göteborg gefahren. Das Angebot fand aber nicht ausreichenden Zuspruch.
In Uddevalla unterhät die SkJb eine kleine, zweigleisige Werkstatthalle.

Verkehre
★ Personenverkehr „Blå Tåget" Göteborg – Stockholm – Uppsala; 1 x pro Tag seit 11.12.2011; 3 x pro Woche seit 10.04.2012; aktuell 5 x pro Woche

Ståg / STRABAG Rail / Strukton Rail

Stockholmståg KB (Ståg) P

PO Box 505
SE-101 30 Stockholm
Klarabergsviadukten 49
SE-101 30 Stockholm
Telefon: +46 8 562242-00
info@stockholmstag.se
www.stockholmstag.se

Management
* Kjell Olof Färnström (Geschäftsführer)

Gesellschafter
* SJ AB (100 %)

Lizenzen
* SE: EVU-Zulassung (PV) seit 14.06.2006
* SE: Sicherheitszertifikat, Teil A+B (PV); gültig vom 08.06.2011 bis 08.06.2016

Unternehmensgeschichte
Stockholmståg KB ist eine am 30.09.2004 gegründete schwedische Eisenbahngesellschaft im Eigentum der Staatsbahn SJ. Während die SJ AB als Komplementär fungiert, übernimmt die SJ Invest AB die Rolle als Kommanditist. Svenska Tågkompaniet, inzwischen 100-prozentige Tochtergesellschaft der SJ, besaß ehemals ebenfalls 32 % an der Gesellschaft, verkaufte diese aber 2007 an die SJ. Stockholmståg betreibt im Auftrag der Storstockholms Lokaltrafik (SL) die S-Bahn der schwedischen Stadt seit 18.06.2006 inklusive Wartung der Züge und Besetzung der Bahnhöfe. Bei diesen Aufgaben bedient man sich jedoch Alstom (Wartung, bis 18.06.2011: EuroMaint) bzw. der ISS TraffiCare (Bahnhofspersonal).
Stockholmståg hat ca. 600 Mitarbeiter, die meisten von ihnen arbeiten als Zugbegleiter und Fahrer. Zwischenzeitlich wurden 46 weitere X60 mit Lieferung ab 2016 bestellt.

Verkehre
* Personenverkehr auf den Verbindungen Gnesta – / Södertälje – Stockholm – Märsta / – Arlanda – Uppsala und Nynäshamn – Stockholm – Bålsta im Auftrag der Storstockholms Lokaltrafik (SL)

STRABAG Rail AB G

Marieholmsgatan 64
SE-415 02 Göteborg
Telefon: +46 31 911810
frank.rentzsch@strabag.se
www.strabag.se

Management
* Manfred Wacker (Vorstandsvorsitzender)
* Michael Petberger (Mitglied der Geschäftsleitung)
* Jürgen Heinrich Wetscheck (Mitglied der Geschäftsleitung)

Gesellschafter
Stammkapital 500.000,00 SEK
* STRABAG Sverige AB (100 %)

Lizenzen
* SE: EVU-Zulassung (GV); gültig seit 25.06.2014
* SE: Sicherheitszertifikat Teil A+B (GV); gültig vom 25.06.2014 bis 25.06.2019

Unternehmensgeschichte
Türöffner für den Markteintritt der Strabag-Gruppe in Schweden war die Übernahme des Bauunternehmens ODEN Anläggningsentreprenad AB, der die Gründung der STRABAG Projektutveckling AB im Jahr 2010 folgte. Der Bahnbaubereich ist in der am 03.12.2002 als GN-Asfalt AB gegründeten und 03.12.2013 umfirmierten Strabag Rail AB gebündelt, die seit 2014 eine eigene EVU-Zulassung besitzt. Benötigte Triebfahrzeuge werden bei Dritten angemietet.

Verkehre
* AZ-Verkehr

Strukton Rail AB

Uddvägen 7
SE-131 34 Nacka
Telefon: +46 8 5627 3700
Telefax: +46 8 5627 3701
info@strukton.se
www.strukton.se

Management
* Robert Claus Otmar Röder (Direktor)
* Anders Gärdström (Vizedirektor)

Gesellschafter
Stammkapital 100.000,00 SEK

Lizenzen
* SE: EVU-Zulassung (GV); gültig seit 19.01.2007
* SE: Sicherheitszertifikat (GV); gültig vom 17.01.2012 bis 17.01.2017

Strukton Rail / STAB / TKAB

Unternehmensgeschichte
Strukton Rail, zuvor Banproduktion, war einst Teil der Großraum Stor-Stockholms Lokaltrafik (SL) und für die Wartung der U-Bahn und dem Straßenbahnnetz des Unternehmens zuständig. 2000 wurde Banproduktion verselbständigt und ist seit 2003 mehrheitlich im Besitz der niederländischen Firma Strukton Railinfra B.V. Seit 2007 ist Strukton 100-prozentiger Anteilseigner der per 12.05.1999 gegründeten Banproduktion, die per 04.10.2007 in Strukton Rail AB umfirmiert wurde. Oranjewoud N. V., Eigentümer von Strukton Rail AB, gab am 10.12.2013 bekannt, dass ihre Tochtergesellschaft Strukton Rail eine Übernahme von Balfour Beatty Rail Skandinavien unterzeichnet hat. Die Akquisition umfasste alle laufenden Bahnbetriebsgeschäfte in Schweden und Dänemark, die unter dem Namen Strukton weitergeführt werden.

Svenska Tågkompaniet AB (TKAB) P

Centralplan 3
SE-803 11 Gävle
Telefon: +46 26 4206400
tagkom@tagkom.com
www.tagkompaniet.se

Management
★ Bengt Erik Johansson (Direktor)

Gesellschafter
Stammkapital 1.000.000,00 SEK
★ Norges Statsbaner AS (NSB) (100 %)

Beteiligungen
★ Roslagståg AB (40 %)

Lizenzen
★ SE: EVU-Zulassung (PV) seit 05.11.2008
★ SE: Sicherheitszertifikat, Teil A+B (PV); gültig vom 05.11.2013 bis 05.11.2018

Unternehmensgeschichte
Svenska Tågkompaniet AB (TKAB) wurde 1999 von den ehemaligen SJ-Mitarbeitern Jan Johansson, Sven Malmberg und Björn Nyström gegründet und hat den Sitz in Gävle. Das Unternehmen war zunächst vorrangig in Nordschweden tätig, wo es ab 10.01.2000 ausgeschriebene Nachtzug-Leistungen von Göteborg und Stockholm nach Umeå, Luleå und Narvik übernahm, die zuvor von SJ erbracht worden waren. Im Sommer 2003 ist das „Norrlandståget"- Netz an Connex / Veolia / Transdev übergegangen. Im Auftrag der Västernorrlands Läns Trafik AB und Länstrafiken i Jämtlands Län AB bespannte TKAB Zugleistungen zwischen Sundsvall und Östersund. Das Netz wurde im Juni 2007 an Veolia verloren. Zum gleichen Zeitpunkt übernahm TKAB aber die Verbindung Mjölby – Hallsberg – Örebro von der SJ. Ende 2004 erwarben die Norges Statsbaner (NSB) 35 % der Gesellschafteranteile, wobei der Einstieg in direktem Zusammenhang mit dem Ende der LINX-Kooperation zwischen NSB und SJ steht. Diese war im Jahr 2000 zum Betrieb schneller, hochwertiger Personenverkehre auf den Relationen Stockholm – Karlstad – Oslo und Oslo – Göteborg – Malmö – Kopenhagen eingegangen worden. Die TKAB

Svensk Tågkraft AB (STAB)

Essingeringen 22
SE-112 64 Stockholm
Telefon: +46 8 6180818
info@tagkraft.com
www.tagkraft.com

Werkstatt
Gölgatan
SE-571 34 Nässjö
Telefon: +46 70 5553915
verkstad@tagkraft.com

Management
★ Karl Anders Harry Valter Löfgren (Direktor)

Gesellschafter
Stammkapital 100.000,00 SEK

Lizenzen
★ SE: EVU-Zulassung (GV); gültig seit 08.03.2011
★ SE: Sicherheitszertifikat, Teil A+B (GV); gültig vom 08.03.2011 bis 08.03.2016

Unternehmensgeschichte
Svensk Tågkraft AB ist eine private Bahngesellschaft und vermietet Lokomotiven und Triebfahrzeugführer. STAB ist Nachfolgegesellschaft der insolventen STT Svensk Tågteknik AB und wurde am 11.07.2006 aus der Projsoft Data AB umfirmiert. Mit der dänischen Gesellschaft Contec Rail unterhält man engen Kontakt.
Das Unternehmen hatte im Dezember 2009 zwölf Mitarbeiter (12.2008: 7; 12.2007: 5).

TKAB

erhoffte sich von der Beteiligung der norwegischen Staatsbahn eine bessere Position bei zukünftigen Ausschreibungen. Die drei Gründungsgesellschafter gaben damals jeweils 3 % ihrer Aktienpakete an die NSB ab, Fylkinvest reduzierte von 40 % auf 15 %. Zum 31.10.2006 erfolgte die Aufstockung des NSB-Anteils auf 85 %, der 2007 die Übernahme aller verbleibenden Anteile durch die NSB folgte.
Zwischen Januar 2003 und 06.01.2013 war TKAB mit den Dänischen Staatsbahnen (DSB) durch die gemeinsame Tochtergesellschaft Roslagståget AB Betreiber der schmalspurigen (891 mm) Stockholmer Vorortsbahn Roslagsbanan.
Seit Juni 2001 ist das Unternehmen für den Aufgabenträger X-Trafik AB tätig. Die „X-Tåget"-SPNV-Leistungen wurden zunächst bis Dezember 2014 und im Herbst 2013 auch für die folgende Vertragsperiode an Tågkompaniet vergeben.
Im Januar 2005 startete nach dem Ende der gemeinsam von der norwegischen NSB und der schwedischen SJ betriebenen LINX-Verkehre ein Kooperationsverkehr von NSB und TKAB zwischen Oslo und Göteborg, indem einige Fahrten über Halden hinaus bis Göteborg verlängert wurden. Die norwegische Staatsbahn stellte in Form von Type 73b-Triebwagen das Material, das mangels eigener EVU-Zulassung bzw. eigenem Sicherheitszertifikat in Schweden dort auf Trasse der TKAB verkehrte.
Zum 13.12.2009 konnte man das zuvor durch Merresor i Sverige AB erbrachte Linienbündel „Tågtrafikan i Värmland" übernehmen.
Im August 2010 beschloss Tåg i Bergslagen (TiB) – ein Konsortium der SPNV-Aufgabenträger der Provinzen Dalarna, Gävleborg, Västmanland und Örebro – den mit TKAB bestehenden Vertrag über die Erbringung von Verkehrsleistungen in der Region Bergslagen auf Basis einer Vertragsoption um fünf Jahre bis Dezember 2016 zu verlängern. TKAB erhält in diesem Zeitraum Bestellerentgelte in Höhe von insgesamt 186 Mio. SEK zur Erbringung von etwa 60 Zugpaaren pro Tag, die mit Stand 2009 für rund 2,8 Mio. Fahrten pro Jahr genutzt werden.

Verkehre

* SPNV Falun – Uppsala (– Arlanda – Stockholm); zwei Zugpaare pro Tag (davon eine Fahrt bis Arlanda sowie ab Stockholm) im Auftrag von Tåg i Bergslagen (TiB) seit 15.12.2014 bis Dezember 2016
* SPNV Mjölby – Hallsberg; im Auftrag von Tåg i Bergslagen (TiB) von Juni 2007 bis Dezember 2016
* SPNV Mora – Borlänge, Gävle – Falun – Borlänge – Ludvika – Örebro – Hallsberg, Ludvika – Västerås (– Stockholm an Wochenenden); 5,4 Mio. Zugkm pro Jahr im Auftrag von Tåg i Bergslagen (TiB) von Juni 2006 bis Dezember 2016
* SPNV Oslo – Göteborg; 385.000 Zugkm pro Jahr seit Januar 2005 in Kooperation mit der NSB

TKAB / SWT Swedtrac Trafik / Tågfrakt

* SPNV „Tågtrafikan i Värmland": Kristinehamn – Charlottenberg (Värmlandsbanan; je ein Umlauf ab Örebro und bis Kongsvinger), Karlstad – Torsby (Fryksdalsbanan), Karlstad – Åmål (Göteborgsbanan; ein Zugpaar), Karlstad – Ludvika (Genvägen genom Bergslagen; zwischenzeitlich abbestellt); 1,7 Mio. Zugkm pro Jahr vom 13.12.2009 bis 2018 (Verlängerungsoption um zwei Jahre) im Auftrag der Värmlandstrafik AB (VTAB)
* SPNV „X-Tåget": Gävle – Ljusdal und Gävle – Sundsvall; 1,6 Mio. Zugkm pro Jahr im Auftrag von X-Trafik AB seit Juni 2001

Gewährleistungsarbeiten an Neufahrzeugen
* SWT Swedtrac Faciliteter AB: Konzerninterne Vermietung von Gebäuden und Infrastrukturen

2010 verfügte der Konzern über 150 Mitarbeiter. Die per 12.06.2008 gegründete SWT Swedtrac Trafik AB verfügt seit 2010 über entsprechende Lizenzierungen als Eisenbahnverkehrsunternehmen. Aktuell ist man v.a. im Bereich von Inbetriebnahme- und Testfahrten aktiv. Swedtrac hat für die Personaltransporte in Lappland für den Windanlagenbau von Svensk Tågkraft auch Y1-Dieseltriebwagen angemietet.

SWT Swedtrac Trafik AB

Växlarevägen 25-27
SE-170 63 Solna
Telefon: +46 10 4809800
driftledningen@swedtrac.com
www.swedtrac.com

Management
* Owe Ronny Stephan Karlsson (Vorstand)

Gesellschafter
Stammkapital 1.000.000,00 SEK
* SWT Swedtrac Sverige AB (100 %)

Lizenzen
* SE: EVU-Zulassung, Teil A+B (PV+GV); gültig seit 05.05.2010
* SE: Sicherheitszertifikat (PV+GV); gültig vom 06.12.2010 bis 06.12.2015

Unternehmensgeschichte
Die Unternehmensgruppe Swedtrac hat im Juli 1998 den Geschäftsbetrieb aufgenommen. Zunächst wurden zerstörungsfreie Prüfungen an Rädern und Achsen an RC-Loks und Triebzügen der SJ durchgeführt. Das Unternehmen war damals der erste externe Dienstleister für die Staatsbahn. In den Folgejahren wurde das Instandhaltungsgeschäft weiter ausgebaut. Seit 2000 vermietet Swedtrac auch Triebfahrzeugführer an diverse Kunden. Heute unterhält das Unternehmen Werkstätten in Hagalund (nur Personenzüge) und Tillberga.
Das Unternehmen ist untergliedert in die folgenden Gesellschaften:
* SWT Swedtrac Nordic AB: Verwaltungseinheit
* SWT Swedtrac Sverige AB: schwedische Holding
* SWT Swedtrac Produktion AB: Werkstatt in Hagalund
* SWT Swedtrac Teknikresurs AB: Personal und Outsourcing
* SWT Swedtrac Trafik AB: Verkehr und Personal
* SWT Swedtrac C&W AB: Interiebnahme von und

Tågfrakt Produktion Sverige AB
G

Spårvägen 1
SE-521 32 Falköping
Telefon: +46 515 19950
Telefax: +46 515 19905
peter.strom@tagfrakt.se
www.tagfrakt.se

Management
* Peter Allan Ström (Direktor)

Gesellschafter
Stammkapital 102.000,00 SEK
* Tågfrakt Holding AB (100 %)

Lizenzen
* SE: EVU-Zulassung (GV) seit 27.03.2006
* SE: Sicherheitszertifikat, Teil A (GV); gültig vom 24.10.2008 bis 09.03.2016
* SE: Sicherheitszertifikat, Teil B (GV); gültig vom 08.07.2009 bis 09.03.2016

Unternehmensgeschichte
Bei der heutigen Tågfrakt Produktion Sverige AB handelt es sich um die per 28.04.2005 umfirmierte Gesellschaft Falköping Terminal AB.
Seit 13.10.2005 werden Containertransporte zwischen Örebro und Göteborg angeboten, die im Auftrag der SCT Transport AB gefahren werden. Die zuerst in Doppeltraktion eingesetzten Da-Loks wurden im August 2006 durch eine angemietete Rc3 der SJ ersetzt.
Ende 2007 wurde das Joint-Venture SCT Rail AB mit der SCT Transport AB gegründet, in deren Auftrag Tågfrakt seit 07.01.2008 einen KV-Shuttle Göteborg – Falköping bespannte. 2009 musste SCT Rail Konkurs anmelden.

Verkehre
* KV-Transporte Göteborg-Skandiahamn – Falköping; seit Dezember 2014
* KV-Transporte Göteborg-Skandiahamn – Folkesta

Tågfrakt / TÅGAB / TM Rail

* KV-Transporte Göteborg-Skandiahamn – Hallsberg
* KV-Transporte Göteborg-Skandiahamn – Jönköping
* Rangierdienste in Falköping
* Rangierdienste in Herrljunga
* Rangierdienste in Borås
* Rangierdienste in Örebro

Tågåkeriet i Bergslagen AB (TÅGAB) P G

Bangårdsgatan 2
SE-681 30 Kristinehamn
Telefon: +46 550 875-00
Telefax: +46 550 875-34
info@tagakeriet.se
www.tagakeriet.se

Management
* Lars Yngström (Direktor)

Gesellschafter
Stammkapital 3.000.000,00 SEK

Lizenzen
* NO: Sicherheitszertifikat (GV), gültig vom 07.12.2010 bis 01.12.2015
* SE: EVU-Lizenz (GV) seit 04.05.2007
* SE: Sicherheitszertifikat, Teil, A+B (PV+GV); gültig vom 04.06.2008 bis 27.04.2017

Unternehmensgeschichte
Die Tågåkeriet i Bergslagen AB (TÅGAB) wurde im Jahre 1994 gegründet. Sitz der Gesellschaft ist der Ort Kristinehamn, wo auch Verwaltung und Werkstatt untergebracht sind.
Güterzugverkehre führt die TÅGAB sowohl eigenständig als auch im Auftrag von Green Cargo durch. Als weiteres Geschäftsfeld werden in der firmeneigenen Hauptwerkstatt in Kristinehamn Auftragsarbeiten (Umbauten / Modernisierungen) an Fremdfahrzeugen durchgeführt.
Im Jahr 2000 erhielten zwei Fahrzeuge der TÅGAB (TMY 106 und T43 107) für die Filmproduktion „Dancer in the dark" eine Lackierung im US-amerikanischen „Great Northern"-Design, in dem sie auch heute noch unterwegs sind.
Seit Dezember 2009 ist die TÅGAB im Personenverkehr zusammen mit der SJ tätig. Mitte 2010 hatte das Unternehmen ca. 100 Mitarbeiter.
In der Wintersportsaison 2012 / 2013 hat die TÅGAB in Zusammenarbeit mit der Inlandsbanan AB (IBAB) und dem Fremdenverkehrsverband Destination Vemdalen erstmals Turnuszüge von Malmö über Göteborg nach Röjan im Vem-Tal im südlichen Abschnitt der Inlandsbahn Mora – Östersund gefahren.

Verkehre
* Personenverkehr Falun – Kristinehamn – Åmål – Göteborg; 3 x pro Woche seit Februar 2012
* Personenverkehr Göteborg – Mora; saisonale Wintersportzüge seit Januar 2013
* Personenverkehr Göteborg – Mora; tägliche Inlandsbana-Anschlusszüge saisonal im Hochsommer
* Personenverkehr Karlstad – Laxå – Göteborg; mehrere Zugpaare an Mo-Fr+S seit 13.12.2009 in Kooperation mit der SJ
* Personenverkehr Karlstad – Stockholm; 1 Zugpaar an Mo-Fr ab 10.08.2015
* AZ-Verkehr in Schweden und Norwegen
* Baustofftransporte Bålsta b. Stockholm – Kongsvinger [NO], 3 x pro Woche seit Frühjahr 2010 im Auftrag der Benders Sverige AB
* Baustofftransporte Bålsta – Åstorp b. Helsingborg; 1 x pro Woche seit 2012 im Auftrag der Benders Sverige AB
* Gütertransporte (Wagenladungsverkehr (WLV) Kristinehamn – Hällefors / Filipstad / Bofors; im Auftrag der Green Cargo AB
* Holzhackschnitzeltransporte Hällefors – Grums; im Auftrag der Green Cargo AB
* Holztransporte Hensmoen [NO] – Schweden; sporadischer Spotverkehr seit 2009
* Holztransporte Kristinehamn – Braland a
* Holztransporte Torsby – Grums; 4 x pro Woche seit 11.12.2006 im Auftrag von Stora Enso; aktuell 3 x pro Woche
* Holztransporte auf verschiedenen Relationen in Mittelschweden
* KV-Transporte „Vänerpendeln" Kristinehamn – Karlstad – Göteborg; 5 x pro Woche im Auftrag der Vänerexpressen AB
* Lebensmitteltransporte Kristinehamn – Hamar [NO]; 1 x pro Woche seit 2009
* Pkw-Transporte Malmö – Drammen [NO]; 3 x pro Woche seit Anfang 2011 im Auftrag der Cargolink AS

TM Rail AB G

Mannatorpsvägen 1
SE-703 63 Örebro
Telefon: +46 70 999 9510
tommy.jonsson@tmrail.se
www.tmrail.se

TM Rail / Trafikverket

Management
* Anders Hedqvist (Direktor)
* Sven Tommy Jonsson (stellvertretender Direktor)

Gesellschafter
Stammkapital 50.000,00 SEK
* TMR Logistics AB (65 %)
* Bejma HB (15 %)
* Niklas Godlund (10 %)
* Anders Hedqvist (10 %)

Lizenzen
* SE: EVU-Lizenz (GV) seit 01.09.2011
* SE: Sicherheitszertifikat, Teil A+B (GV); gültig vom 26.08.2011 bis 26.08.2016

Unternehmensgeschichte
Die am 10.02.2011 gegründete TM Rail AB ist ein in Örebro ansässiger Anbieter von Schienengüterverkehren, der mehrheitlich zur TM-Firmengruppe des Unternehmers Tommy Jonsson zählt. Diese umfasst neben TM Rail die Örebro Terminal AB, die einen Umschlagbahnhof in Örebro betreibt, und die vollständig durch Jonsson gehaltene TMR Logistics AB, die als Spedition für kombinierte Güterverkehre agiert. Als erste eigene regelmäßige Leistung nahm die TM Rail am 31.01.2012 eine Containerzugverbindung zwischen Örebro und dem Hafen Göteborg-Skandiahamn auf, Ende 2012 um Transporte zwischen Göteborg und Stockholm Årsta ergänzt wurde.
Die benötigten Triebfahrzeuge wurden bei der SJ AB angemietet, seit Herbst 2014 stellt Railpool eine Vectron-Lok.

Verkehre
* KV-Transporte Örebro – Göteborg-Skandiahamn; 5 x pro Woche seit 31.01.2012

Trafikverket 🇸🇪

Röda vägen 1
SE-781 70 Borlänge
Telefon: +46 771 921921
Telefax: +46 10 1240785
trafikverket@trafikverket.se
www.trafikverket.se

Management
* Torbjörn Suneson (Generaldirektor ad interim)
* Caroline Ottosson (stellvertretende Generaldirektorin, Geschäftsbereich Verkehr)
* Bo Friberg (Direktor für Wirtschaft)
* Anna Lundman (Direktorin für Infrastrukturwartung)
* Stefan Engdahl (Direktor für Unternehmensentwicklung)
* Charlotta Lindmark (Direktorin für Recht)
* Johan Bill (Direktor für Großprojektmanagement)
* Katarina Norén (Direktorin für Einkauf und Logistik)
* Niclas Lamberg (Direktor für Personal und Organisation)

Gesellschafter
* Königreich Schweden (100 %)

Infrastruktur
* Staatliches Bahnnetz im Königreich Schweden (14.082 km Gleislänge)

Unternehmensgeschichte
Das schwedische staatliche Eisenbahnnetz wurde zum Beginn der schwedischen Bahnreform 1988 von der seinerzeitigen Staatsbahn Statens Järnvägar (SJ) abgespalten und der neugeschaffenen Behörde Banverket (Schwedisches Zentralamt für Eisenbahnwesen) zugeordnet. Die Zentralämter erfüllen im politischen System Schwedens wichtige Aufgaben, die in den meisten anderen Ländern durch Ministerien oder Landesverwaltungen wahrgenommen werden. Banverket war verantwortlich für den Ausbau, Betrieb und die Verwaltung der staatlichen Gleisanlagen, koordinierte den Schienenverkehr und unterstützte Forschung und Entwicklung im Bereich der Eisenbahn. Mit dem zum 01.04.2010 neugegründeten Behörde Trafikverket, in der neben Banverket u. a. auch das seit 1983 existierende Zentralamt für Straßenwesen Vägverket aufging, sind nun wesentliche Zuständigkeiten im Verkehrswesen (auch für Luft- und Schifffahrt) unter einem Dach vereint. Das vormalige Profit-Center „Banverket Produktion" für technisch-bauliche Dienstleistungen war schon zum 01.01.2010 als separates Staatsunternehmen Infranord AB ausgelagert worden. Trafikverket hatte Ende 2012 6.239 Mitarbeiter.

Transdev Sweden

Transdev Sweden AB ▣

Postfach 1820
SE-171 24 Solna
Löfströms allé 6a
SE-172 66 Sundbyberg
Telefon: +46 8 6295000
Telefax: +46 8 290096
info@veolia-transport.se
www.transdev.se

Management
★ Kjell Gunnar Schön (Direktor)

Gesellschafter
Stammkapital 20.000.000,00 SEK
★ Veolia Transport Northern Europe AB (100 %)

Lizenzen
★ SE: EVU-Zulassung (PV) seit 23.11.2006
★ SE: Sicherheitszertifikat, Teil A+B (PV); gültig vom 10.03.2008 bis 18.11.2016

Unternehmensgeschichte
Transdev Sverige AB entstand im Februar 2015 durch Umbenennung des Unternehmens Veolia Transport Sverige AB. Transdev betreibt heute in Schweden an 37 Standorten Bus- und Straßenbahnverkehre, eine Fährlinie sowie Schienenpersonennah- und -fernverkehre. Insgesamt beschäftigt das Unternehmen 4.200 Mitarbeiter, davon rund 60 am Hauptsitz der Verwaltung in Sundbyberg nördlich von Stockholm. Die Ursprünge der heutigen Unternehmung fußen in der Übernahme der AB Linjebuss durch die französische CGEA (heutige Veolia Transdev) von der Johnson-Gruppe. 1999 übernahm die CGEA Transport AB 60 % der SL Tunnelbanan AB von der AB Storstockholms Lokaltrafik (SL). Die restlichen 40 % wurden im Jahr 2002 erworben. Die Betreibergesellschaft für Schwedens einzige U-Bahn in Stockholm verlor allerdings zum 02.11.2009 den Kontrakt an die chinesische MTR Corporation.
Mit Einführung neuer Markenstrategien firmierte die CGEA Transport AB 2000 in Connex Transport AB und 2005 in Connex Northern Europe AB um. Mit der Aufgabe der Marke „Connex" erfolgte eine Umbenennung der schwedischen Holding per 07.02.2006 in Veolia Transport Northern Europe AB sowie der Betriebsgesellschaft per 07.12.2006 in Veolia Transport Sverige AB.
Am 13.07.2007 konnte das Unternehmen die People Travel Group AB akquirieren, die zu dem Zeitpunkt 165 Busse und zusammen mit der SJ die Bahngesellschaft MerResor i Sverige AB betrieb.
Als erste Zugleistungen wurden durch die damalige Connex Sverige im Juni 2003 die ausgeschriebenen Langstreckenleistungen der „Norrlandståg" zwischen Göteborg / Stockholm und Luleå / Narvik übernommen, die ab 09.01.2006 auch um einige Tagesleistungen Luleå – Umeå ergänzt wurden. Für die „Norrlandståg" konnte Veolia von 2003 bis 2008 auf Fahrzeuge zurückgreifen, die von der zum 01.01.2004 gegründeten und 2012 aufgelösten Swedish State Railway Trains AB (SSRT) bereitgestellt wurden, die Eigentümer des von SJ für ausgeschriebene Verkehre abgegebenen Fahrzeugmaterials war. Zusätzlich erwarb Veolia einige überzählige Liegewagen sowie Servicewagen, die später den Grundstock für die eigenwirtschaftlich erbrachten Fernverkehre bildeten.
Als weiteres Netz wurden vom 15.06.2003 bis 13.06.2009 die Züge des „Kinnekulletåget" auf der Relation Herrljunga – Mariestad – Hallsberg im Auftrag der Västtrafik AB gefahren.
Am 17.06.2007 übernahm Veolia von Svenska Tågkompaniet die „Mittlinjen" Sundsvall – Östersund und die grenzüberschreitenden „Nabotåg" Östersund – Storlien – Trondheim [NO], zusammen auch bekannt als „Mittnabotåget". Auf norwegischer Seite kamen dabei Type 92-Dieseltriebwagen der NSB zum Einsatz, die zeitweise nur bis Storlien, mal bis Östersund und fallweise auch bis Sundsvall fuhren. Ende 2011 ging der Betrieb der Strecken auf die Botniatåg AB (siehe dort) über.
Mit der „Stångadalsbana" Linköping – Kalmar und der „Tjustbana" Linköping – Västervik hat Veolia ab 15.08.2008 für sechs Jahre ein weiteres Netz übernommen. Zum gleichen Zeitpunkt verlor das Unternehmen aber die erneut ausgeschriebenen „Norrlandståg" an die SJ. Bei den Nachtzügen hatte es bereits mehrfach Probleme mit der Qualität gegeben und die Ofotbanen AS, Partnerunternehmen auf norwegischer Seite, hatte über schleppende Zahlungen geklagt und zum Teil auch die Leistungserbringung für Veolia eingestellt.
Als DSBFirst Sweden AB die Öresund-Verkehre zum Dezember 2011 wegen fehlender Rentabilität und drohender Insolvenz einstellte, bot Veolia Transport an, die Verkehre bis zu einer Neuausschreibung zu übernehmen und erhielt die Verkehre auf der schwedischen Seite des Öresunds zunächst im Rahmen einer Direktvergabe bis zum Fahrplanwechsel im Dezember 2013. Der dänische Part der Verkehre wird seitdem und bis Dezember 2015 durch DSB Øresund A/S wahrgenommen. Auch die Ausschreibung der Öresundverkehre in Schweden ab 2013 gewann Veolia Transport und fährt diese Leistungen bis zum Jahr 2020 weiter. Auf dänischer Seite sind die Öresundzüge ab Dezember 2015 wieder Bestandteil des Verkehrsvertrags mit der DSB.
Zum 01.03.2014 stellte DSB Småland AB den Betrieb

Transdev Sweden

des „Krösatågstrafiken" in Småland und Halland aufgrund von Verlusten in der Betriebsführung ein. Veolia Transport hat anschließend auch diese Leistungen übernommen.

Bis 19.08.2012 betrieb Veolia Transport Sverige im Raum Stockholm die SPNV-Leistungen der stadtbahnähnlichen Verbindungen Saltsjöbanan, Lidingöbanan, Tvärbanan und Nockebybanan, ehe diese am folgenden Tag durch die Arriva Tåg AB übernommen wurden.

Die vier Verkehrsverbände Länstrafiken Kronoberg, Blekingetrafiken, Kalmar Länstrafik und Skånetrafiken im Süden Schwedens vergaben am 13.02.2013 an Veolia Transport ab Dezember 2013 folgende Verkehre: Emmaboda – Karlskrona, Emmaboda – Kalmar und Hässleholm – Växjö. Die Vereinbarung gilt für fünf Jahre bis Dezember 2018 und kann um bis zu drei Jahre verlängert werden. Der Verkehr wird voraussichtlich 1,5 Mio. Zugkm/a erreichen, sobald das Angebot bis 2015 vollständig entwickelt ist. Wie in Schweden bei ausgeschriebenen Verkehren üblich, werden die benötigten Fahrzeuge durch die Verkehrsverbände zur Verfügung gestellt. Es handelt sich dabei um modernisierte elektrische X11-Triebwagen.

Transdev war auch das erste Bahnunternehmen Schwedens, dass der SJ im Langstreckenpersonenverkehr im freien Wettbewerb Konkurrenz machte, nachdem das Monopol von SJ gefallen war. Die erstmals von Februar bis März 2007 saisonal angebotenen Wintersport-Nachtzüge Göteborg – Storlien wurden in den kommenden Jahren mit Malmö als Ausgangsort fortgeführt. Ab Juli 2009 bot Veolia im Wochenendverkehr auch Tagesverbindungen zwischen Malmö und Stockholm an, die inzwischen saisonal zu täglichen Verbindungen ausgeweitet worden sind.

Die Transdev-Fernverkehre werden heute größtenteils durch die schwedische Privatbahn Hector Rail AB traktioniert.

Transdev Sverige vermarktet die Fernverkehrsangebote in Schweden sowie die Nachtzugverbindung Malmö – Berlin seit 21.11.2013 unter der Bezeichnung „Snälltåget" (schwedisch für „Schnellzug").

Im Jahr 2011 verbuchte Veolia Transport Sverige bei einem Umsatz von 2.772 Mio. SEK einen Bilanzverlust von 288 Mio. SEK.

Veolia Transport Sweden AB meldete für 2012 einen Verlust von 85 Mio. SEK. Im Jahr zuvor betrug der Verlust noch 209 Mio. SEK, gerechnet über die letzten fünf Jahre betrug der Verlust insgesamt 411 Mio. SEK.

Die Namensänderung von Veolia Transport Sverige AB in Transdev Sverige AB zum 02.02.2015 ist ein Ergebnis der internationalen Markteinführung der Marke Transdev, die der französische Mutterkonzern

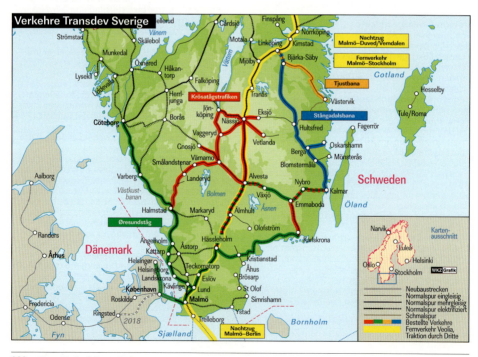

Transdev Sweden / TX Schweden

durchführt.
Die Namensänderung betrifft Unternehmensteile, die unter der Marke Veolia Transport Sverige AB fuhren. Die anderen Marken der Gruppe - Flygbussarna (Flughafenbusse), Styrsöbolaget (Fährverkehr), Snälltåget (Schnellzüge) und People Travel Group (Busverkehr) - sind nicht direkt betroffen und werden ihre bestehenden Markennamen behalten.

Verkehre
* Personennachtzüge Malmö C – Berlin Hbf [DE]; saisonal bis zu 3 x pro Woche seit 02.04.2012 in Kooperation mit der Georg Verkehrsorganisation GmbH (GVG); Traktion in Schweden an Green Cargo AB (GC) vergeben
* Personennachtzüge Malmö C – Stockholm – Duved; 2 x pro Woche zwischen Dezember und April; Traktion an Hector Rail AB vergeben
* Personenverkehr Malmö C – Stockholm; an Wochenenden seit 03.07.2009; mehrfach pro Woche seit 03.10.2010; Traktion an Hector Rail AB vergeben
* Personenverkehr „Krösatågstrafiken" Jönköping – Växjö; Nässjö – Halmstad; Jönköping – Gnosjö / Smålandstenar / Växjö; Nässjö – Hultsfred (aktuell nur noch bis Eksjö); Nässjö – Vetlanda; Jönköping – Tranås; Nässjö – Alvesta; seit 01.03.2014 im Auftrag von Jönköpings Länstrafik AB, Länstrafiken Kronoberg, Hallandstrafiken AB und Kalmar Länstrafik AB
* Personenverkehr „Kustpilen" seit 15.06.2008 im Auftrag der Kalmar Läns Trafik AB (KLT) sowie der AB Östgötatrafiken „Stångadalsbana" Linköping – Kalmar „Tjustbana" Linköping – Västervik Berga – Oskarshamn (zusätzlich seit Dezember 2014)
* Personenverkehr „Øresundståg": 854 km langes Netz mit den Strecken Helsingør [DK] – København [DK] – Malmö – Lund – Göteborg, Lund – Hässleholm – Alvesta – Kalmar und Hässleholm – Karlskrona; seit Ende 2011 bis Ende 2013 in Kooperation mit der DSB Øresund A/S in Dänemark

TX Logistik AB Schweden

Springpostgränden 3
SE-252 20 Helsingborg
Telefon: +46 42 6005010
Telefax: +46 42 181270
info@txlogistik.se
www.txlogistik.eu

Management
* Zoltán Istók-Baricz (Geschäftsführer)

Gesellschafter
Stammkapital 400.000,00 SEK
* TX Logistik AG (100 %)

Lizenzen
* DK: Sicherheitszertifikat, Teil B (GV); gültig vom 16.12.2013 bis 31.12.2017
* NO: Sicherheitszertifikat, Teil B (GV); gültig vom 03.09.2013 bis 25.02.2016
* SE: EVU-Zulassung (GV) seit 24.03.2005
* SE: Sicherheitszertifikat, Teil A und B (GV); gültig vom 25.02.2011 bis 25.02.2016

Unternehmensgeschichte
Am 19.08.2004 wurde die TX Logistik AB Schweden als Tochter der deutschen TX Logistik AG gegründet und am 24.03.2005 als EVU zugelassen. Wurden anfangs ausschließlich Holzzüge mit einer angemieteten G 2000-5 BB gefahren, erbringt das Unternehmen inzwischen auch Züge des Kombinierten Verkehres sowie Automobiltransporte. Waren es zunächst gemietete E-Loks der Staatsbahn SJ, die für die Langstrecke genutzt wurden, wurden diese ab Ende 2009 durch moderne Bombardier TRAXX-E-Loks des Leasingunternehmens Railpool GmbH ersetzt. Für Verschubarbeiten und die Traktion auf nicht elektrifizierten Strecken mietet das Unternehmen Dieselloks an.
Seit Juli 2010 verfügt das Unternehmen auch über ein Sicherheitszertifikat für Norwegen und seit 2013 für Dänemark.

Verkehre
* Holztransporte von Hensmoen [NO] – Halden [NO]; 1-2 x pro Woche seit Februar 2015
* Holztransporte von Sokna [NO] / Flesberg [NO] – Fliskär; mehrmals pro Woche seit Herbst 2013

Aus der Praxis für die Praxis

Die gesamte Bandbreite moderner Bahntechnologie im Blick – vom Fahrweg über innovatives Betriebsmanagement bis zum Fahrzeug, ergänzt durch Berichte und Nachrichten aus den Bahnunternehmen und der Industrie. Aus der Praxis für die Praxis: Lektüre für Ingenieure, Fach- und Führungskräfte bei Bahnen, in der Industrie, bei Ingenieurbüros und Behörden. Ergänzt werden die Hefte durch Informationen über die Aktivitäten des VDEI.

Probeabo: 2 Monatsausgaben testen
www.eurailpress.de/eiprobe

TX Schweden / Vida

* KV-Transporte Halden [NO] – Verona [IT]; 2 x pro Woche seit 04.05.2012 im Auftrag der S J. Lauritzen's Eftf.
* KV-Transporte Upplands-Bro – Helsingborg; 5 x pro Woche seit Oktober 2012 im Auftrag der Coop Logistik AB
* KV-Transporte „Alter Schwede" Lübeck (CTL) [DE] – Halmstad – Stockholm Årsta; 3 x pro Woche seit 07.02.2015 im Auftrag der Spedition Bode GmbH & Co. KG
* KV-Transporte „TXcargostar" Halmstad – Umeå, kombiniert mit Pkw-Transporten
* KV-Transporte „TXcargostar" Trelleborg – Malmö godsbangård – Folkesta (Eskilstuna Kombiterminal); 5 x pro Woche
* KV-Transporte „TXcargostar" Trelleborg – Malmö godsbangård – Stockholm Årsta; 5 x pro Woche
* Pkw-Transporte Malmö godsbangård – Stockholm Årsta
* Rundholztransporte in Schweden; Spotverkehre für Moelven Wood, Sveaskog und Specialvirke mit vier Lok-Zug-Garnituren
* Trassengestellung für die Verkehre der VIDA AB

Verkehre
* Schnittholztransporte Alvesta – Stillerydshamnen / Karlshamn; seit 2014
* Schnittholztransporte Alvesta – Hestra
* Rohholztransporte zu eigenen Sägewerken

Vida Wood AB G

Postfach 100
SE-342 21 Alvesta
Lyckegårdsvägen 3
SE-342 32 Alvesta
Telefon: +46 472 439-00
Telefax: +46 472 439-01
vida@vida.se
www.vida.se

Management
* Karl Vilhelm Santhe Dahl (Direktor)
* Måns Jonas Johansson (Vizedirektor)

Gesellschafter
Stammkapital 13.111.000,00 SEK

Unternehmensgeschichte
Die am 01.07.1989 gegründete VIDA AB ist der größte private Sägewerkskonzern in Schweden. An 15 Standorten beschäftigt VIDA ca. 1.000 Mitarbeiter, der Hauptsitz des Unternehmens befindet sich in Alvesta.
Für eigene Güterverkehre des Tochterunternehmens Vida Wood AB erwarb das Unternehmen im Jahr 2004 eine zuvor von Svensk Tågteknik AB (STT) modernisierte Lokomotive der Reihe MZ.
Da VIDA über keine eigene Zulassung im Güterverkehr verfügt, nutzt man die Zulassung der TX Logistik AB.

Schweiz

Kurze Eisenbahngeschichte

Die eisenbahnseitige Erschließung der Schweiz begann einige Jahre später als in anderen mitteleuropäischen Ländern und zumindest bei der ersten Strecke vom benachbarten Frankreich aus. Am 11.12.1845 wurde der damalige französische Bahnhof in Basel als Endpunkt der von Straßburg kommenden elsässischen Oberrheinstrecke eröffnet. In der Schweiz selbst hatte zwar schon 1836 die Zürcher Handelskammer den Bau einer Strecke nach Basel vorgeschlagen, doch wurde dies durch die beiden Halbkantone Basselland und Basel-Stadt abgelehnt. So wurde die gewünschte Strecke umgeplant und sollte nun über Baden und Koblenz nach Waldshut führen, um dort Anschluss zur projektierten Badischen Hauptbahn Mannheim – Freiburg – Konstanz zu schaffen. Als erster Abschnitt konnte dann am 07.08.1847 die im Volksmund „Spanisch-Brötli-Bahn" genannte, 23 km lange Strecke Zürich – Baden eröffnet werden. Diese wurde von der Schweizerischen Nordbahn betrieben, einer der zahlreichen Privatbahngesellschaften, denen für mehrere Jahrzehnte der Ausbau des Streckennetzes oblag. Dies wurde insbesondere durch das 1852 verabschiedete Eisenbahngesetz sanktioniert, mit dem man sich (zunächst) gegen die Schaffung einer vom Schweizer Bund gesteuerten Staatsbahn entschied.

Der Eisenbahnbau fand gerade aus topografischen Gründen zunächst ausschließlich auf der Alpennordseite statt und ließ die eigentlichen Gebirgsregionen aus. Vier bis Mitte der 1850er Jahre vollendete Strecken bildeten nach der Spanisch-Brötli-Bahn die Ansatzpunkte für ein flächendeckendes Netz. Dies waren Yverdon – Lausanne – Morges, Basel – Sissach und Oerlikon – Winterthur mit Verzweigungen nach Romanshorn und St. Gallen – Rorschach. Binnen weniger Jahre waren diese miteinander verbunden, so dass man ab 1860 das Land von West nach Ost zwischen französischer Grenze und Bodensee durchqueren konnte. In Richtung Alpen wurden 1856 Luzern, 1858 Chur (von Rorschach aus bzw. 1859 von Zürich), 1859 Thun und 1860 Sion im Rhônetal aus Richtung Genfer See erreicht. Doch erst 1882 ging mit der Gotthardbahn die erste große Querung des Alpenhauptkammes in Betrieb.

Im Rhônetal war Brig seit 1878 Endpunkt der über Sion heraufkommenden Strecke, ehe 1906 mit Fertigstellung des Simplondurchstichs die Anbindung nach Italien und 1913 mit der Lötschbergbahn jene Richtung Zentralschweiz erfolgte. Ganz im Südwesten erschlossen die Strecken der heutigen Rhätischen Bahn die Alpenregion, die auch dort (allerdings auf Meterspur) seit Fertigstellung der Albulabahn Thusis – St. Moritz 1903 und der Berninabahn St. Moritz – Tirano 1910 das Alpenmassiv queren. Erst 1926 erfolgte mit der Stammstrecke Brig – Disentis der Furka-Oberalp-Bahn der Brückenschlag zwischen Rhône- und Hinterheintal bzw. der Welschschweiz und Graubünden. Seither kann die Eidgenossenschaft per Schiene auch direkt im Alpenbereich von West nach Ost durchquert werden.

Einen ersten Schritt hin zur Staatsbahn gab es, als 1872 die hoheitlichen Aufgaben von den Kantonen auf den Bund übertragen wurden. In dieser Zeit begann auch die weitere, etwa ein halbes Jahrhundert andauernde Erschließung des Landes mittels zahlreicher durch Kantone betriebener Schmalspurstrecken.

Eine erste Elektrifizierung gab es mit der von 1888 bis 1958 existenten Tramway Vevey-Montreux-Chillon (VMC), die ihre 1.000-mm-Strecke mit 500 V Gleichspannung betrieb. Experimente auf anderen Strecken mit verschiedenen Systemen für die Traktionsenergieversorgung folgten, bis sich die SBB 1916 für das Wechselspannungssystem mit 15 kV und 16 2/3 Hz entschieden. Nach dem Ersten Weltkrieg wurde die Elektrifizierung wegen des Kohlenmangels forciert, so dass schon 1928 die Hälfte des Netzes unter Fahrdraht war und das Elektrifizierungsprogramm 1960 abgeschlossen wurde.

Wichtige Infrastrukturvorhaben der jüngeren Zeit sind die zum Fahrplanwechsel 2004 abgeschlossene erste Etappe des Projekts „Bahn 2000" mit der 45 km langen Neubaustrecke Mattstetten – Rothrist (Achse Bern – Olten – Zürich) als Kern und die Neuen Alpentransversalen (NEAT) mit dem 2007 eröffneten, 34 km langen Lötschberg-Basistunnel sowie dem entstehenden 57 km langen Gotthard-Basistunnel (Eröffnung 2016 geplant) und dem ebenso noch im Bau befindlichen 15 km langen Ceneri-Basistunnel (Eröffnung 2019 geplant).

Marktübersicht

* Personenverkehr: Den größten Anteil erbringt die Staatsbahn Schweizerische Bundesbahnen AG (SBB). Landesweit agieren unter Vernachlässigung reiner Berg- und Touristikbahnen über 30 weitere Unternehmen meist mit Verkehren auf teils schmalspuriger Infrastruktur. Die bedeutendsten von ihnen sind die BLS AG, die Rhätische Bahn AG (RhB) und die Schweizerische Südostbahn AG (SOB). Hinzu kommen die Thurbo AG und die zb Zentralbahn AG und weitere Unternehmen

Schweiz

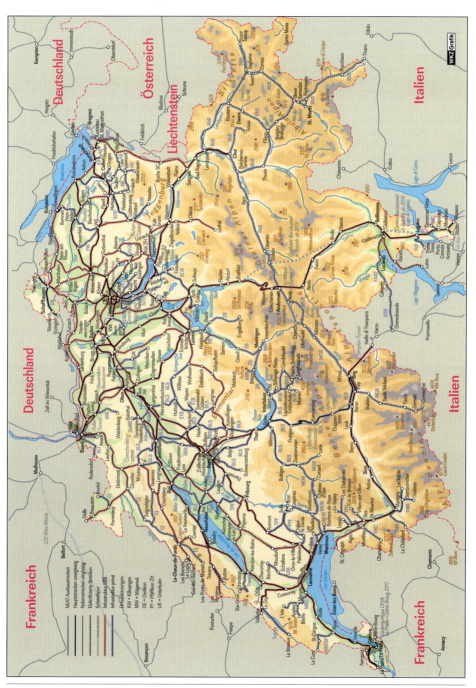

Schweiz

★ Güterverkehr: Der Güterverkehrsmarkt ist wesentlich weniger diversifiziert. Hauptakteur ist die Schweizerische Bundesbahnen SBB Cargo AG, die sich den Markt mit der BLS Cargo AG und der Crossrail AG teilt. Kleinere Anteile entfallen auf die Captrain-Tochter Transalpin Eisenbahn AG (TEA) und die railCare AG.

Verkehrsministerium
Eidgenössisches Departement für Umwelt, Verkehr, Energie und Kommunikation (UVEK)
Bundeshaus Nord, Kochergasse 10
CH-3003 Bern
Telefon: +41 58 462 55 11
info@gs-uvek.admin.ch
www.uvek.admin.ch

Nationale Eisenbahnbehörde
Bundesamt für Verkehr (BAV)
CH-3003 Bern
Telefon: +41 58 462 57 11
info@bav.admin.ch
www.bav.admin.ch

Schiedskommission im Eisenbahnverkehr (SKE)
Monbijoustraße 51 A
CH-3003 Bern
Telefon: +41 58 462 5584
info@ske.admin.ch
www.ske.admin.ch

Eisenbahnunfalluntersuchungsstelle
Schweizerische Unfalluntersuchungsstelle (SUST)
Bereich Bahnen und Schiffe
Monbijoustraße 51 A
CH-3003 Bern
Telefon: +41 58 462 5430
info-bs@sust.admin.ch
www.sust.admin.ch

Foto: Luca Farina

AAR-WSB / ASm

AAR bus+bahn / Wynental- und Suhrentalbahn AG 🅿🛈

Hintere Bahnhofstraße 85
CH-5001 Aarau
Telefon: +41 62 832 83 00
Telefax: +41 62 832 83 01
aar@aar.ch
www.aar.ch

Management
★ Mathias Grünenfelder (Direktor)

Gesellschafter
Stammkapital 10.183.000,00 CHF

Lizenzen
★ CH: Eisenbahninfrastrukturkonzession; gültig bis 24.04.2022
★ CH: Personenbeförderungskonzession; gültig bis 24.04.2022

Infrastruktur
★ Aarau – Schöftland (10,2 km, Spurweite 1.000 mm, elektrifiziert 750 V=)
★ Aarau – Reinach – Menziken (22,0 km, Spurweite 1.000 mm, elektrifiziert 750 V=)
★ Betriebswerkstatt Aarau

Unternehmensgeschichte
AAR bus+bahn ist die Dachmarke zweier rechtlich eigenständiger Unternehmen des öffentlichen Verkehrs in der Region Aarau in der Schweiz. Sie wurde im Jahr 2002 lanciert und steht für die Wynental- und Suhrentalbahn (WSB) sowie den Busbetrieb Aarau (BBA). Die beiden gemeinsam geführten Unternehmen beschäftigen rund 200 Mitarbeiter und gehören vorwiegend den bedienten Gemeinden, dem Kanton Aargau sowie der Eidgenossenschaft.
Die Wynental- und Suhrentalbahn (WSB) ist eine meterspurige Privatbahn im Kanton Aargau in der Schweiz. Sie entstand 1958 durch den Zusammenschluss der Aarau-Schöftland-Bahn (AS, 1901 gegründet) und der Wynental-Bahn (WTB, 1904 gegründet). Ihre beiden Strecken von Aarau nach Schöftland (Suhrental) bzw. nach Menziken (Wynental) waren ursprünglich als Straßenbahntrassen konzipiert, verlaufen aber heute nach vielen Umbauarbeiten nur noch auf wenigen Abschnitten in Straßenlage und erschließen insgesamt 17 Gemeinden. Jährlich werden rund 4,7 Mio. Fahrgäste und 31.000 t Güter befördert (Stand 2006). Die Züge verkehren üblicherweise im Halbstundentakt, in den Stoßzeiten jede Viertelstunde. Die Güterwagen wurden mit einem Rollbocksystem transportiert und konnten so direkt vom Normalspurnetz übernommen werden. Der Güterverkehr wurde im Dezember 2012 eingestellt.

Den 1955 gegründeten Busbetrieb Aarau (mit Geschäftsführung durch die Wynentalbahn) wandelte man 1960 in eine Aktiengesellschaft um. Das Verkehrsnetz wuchs von seinerzeit 16 auf heute 57 Kilometer mit sieben Linien. Im Jahr 2006 benutzten knapp 7,0 Millionen Fahrgäste die Busbetriebe. Die Tarifstruktur von AAR bus+bahn ist in den Tarifverbund A-Welle integriert.
Nach der Schließung des Depots Aarau aufgrund einer Streckenneutrassierung im Juni 2008 wird die Fahrzeuginstandhaltung nun in Schöftland durchgeführt.

Verkehre
★ Personenverkehr auf eigener Infrastruktur

Aare Seeland Mobil AG (ASm) 🅿🅶🛈

Grubenstraße 12
CH-4900 Langenthal
Telefon: +41 62 919 19 11
Telefax: +41 62 919 19 12
info@asmobil.ch
www.aare-seeland-mobil.ch

Management
★ Ulrich Sinzig (Direktor)

Gesellschafter
Stammkapital 10.267.130,00 CHF

Lizenzen
★ CH: Eisenbahninfrastrukturkonzession; gültig vom 01.01.1999 bis 14.12.2024
★ CH: Personenbeförderungskonzession; gültig vom 01.11.1998 bis 10.12.2022

Infrastruktur
★ Biel – Täuffelen – Ins (21,2 km, Spurweite 1.000 mm, elektrifiziert 1.200 V=)
★ Solothurn – Wiedlisbach – Niederbipp (14,5 km, Spurweite 1.000 mm [Abschnitt Oberbipp Tanklager – Niederbipp auch 1.435 mm], elektrifiziert 1.200 V=)
★ Langenthal – Niederbipp (11,0 km, Spurweite 1.000 mm, elektrifiziert 1.200 V=)
★ Langenthal – St. Urban – Melchnau (12,1 km, Spurweite 1.000 mm, elektrifiziert 1.200 V=)

Unternehmensgeschichte
Das Kerngeschäft des Verkehrsunternehmens Aare Seeland mobil (ASm) ist der regionale Personenverkehr mit Bahn und Bus in der Region Oberaargau und Seeland. Seine Keimzelle war die 1907 eröffnete Langenthal-Jura-Bahn (LJB) zwischen

ASm / AB

Langenthal und Oensingen, der sich im Laufe der Zeit immer mehr regionale Verkehrsbetriebe anschlossen. Die heutige ASm entstand 1999 durch die Fusion der Regionalverkehr Oberaargau (RVO, ehemals Oberaargau-Jura-Bahnen (OJB) Melchnau – Langenthal – Niederbipp)), der Solothurn-Niederbipp-Bahn (SNB), der Biel-Täuffelen-Ins-Bahn (BTI) und der Oberaargauische Automobilkurse AG (OAK). 2003 kam die Standseilbahn Ligerz – Tessenberg dazu, die im Jahr 2004 unter dem neuen Label „vinifuni" den Betrieb wieder aufgenommen hat. Die drei Bahnunternehmen hatten bereits vor der Fusion zusammengearbeitet und im Zuge dessen 1984 die Betriebsgemeinschaft OSST gegründet – faktisch den Vorläufer der heutigen ASm. Das Verkehrseinzugsgebiet umfasst 61 Gemeinden mit insgesamt 180.000 Einwohnern. Das gesamte Streckennetz mit seinen 52 Bahn- und 130 Bushaltestellen ist rund 400 km lang.

Der ursprüngliche, straßenbahnähnlich trassierte Streckenabschnitt Niederbipp – Oensingen der LJB wurde zum 09.05.1943 aufgegeben, nachdem die Fahrgäste weitgehend auf die SBB-Verbindung zwischen beiden Orten abgewandert waren. Nachdem sich Oensingen zu einem Industriestandort mit entsprechendem Pendlereinzugsgebiet entwickelte, wurde ab 2003 die Wiedererrichtung einer Schmalspurverbindung von Niederbipp geplant. Vom 01.12.2010 bis zur Eröffnung am 09.12.2012 wurde eine 1,8 km lange Strecke in neuer Trassierung parallel zu den SBB-Gleisen errichtet.

Die ASm transportiert im Güterverkehr eine geringe Menge an Standardgüterwagen auf Rollböcken und bedient das Tanklager in Oberbipp auf Regelspurgleisen.

Für die Regelspurfahrzeuge wurde in Niederbipp 2011 ein kleiner Schuppen gebaut.

Verkehre
* Personen- und Güterverkehr auf eigener Infrastruktur; im Streckenabschnitt St. Urban – Melchnau nur Güterverkehr

Management
* Thomas Baumgartner (Direktor (ab 01.06.2012))

Gesellschafter
Stammkapital 15.600.000,00 CHF
* Schweizerische Eidgenossenschaft
* Kanton Appenzell Ausserrhoden
* Kanton St. Gallen
* Kanton Appenzell IR
* Gemeinden, Stadt St. Gallen
* Streubesitz

Beteiligungen
* Mercato Shop AG (100 %)

Lizenzen
* CH: Eisenbahninfrastrukturkonzession; gültig vom 01.01.1874 bis 31.12.2023
* CH: Personenbeförderungskonzession; gültig vom 01.04.1997 bis 31.12.2019
* CH: Sicherheitszertifikat, Teil A+B (PV); gültig vom 12.01.2015 bis 31.12.2015

Infrastruktur
* Rorschach – Heiden (5,7 km, elektrifiziert 15 kV 16,7 Hz, Zahnradbahn System Riggenbach)
* Rheineck – Walzenhausen (1,9 km, Spurweite 1.200 mm, elektrifiziert 650 V=, Zahnradbahn System Riggenbach)
* St. Gallen – Trogen (9,8 km, Spurweite 1.000 mm, elektrifiziert 1.500 V=)
* St. Gallen – Gais – Appenzell (20,1 km, Spurweite 1.000 mm, elektrifiziert 1.500 V=, im Abschnitt St. Gallen – Riethüsli Zahnradbahn; gemischtes System Riggenbach und Lamelle von Roll)
* Gais – Altstätten Stadt (7,7 km, Spurweite 1.000 mm, elektrifiziert 1.500 V=, im Abschnitt Stoss – Altstätten Zahnradbahn System Strub)
* Gossau – Herisau – Appenzell – Wasserauen (32,1 km, Spurweite 1.000 mm, elektrifiziert 1.500 V=)

Unternehmensgeschichte
Die Appenzeller Bahnen sind ein junges Unternehmen, das mit Fusionsvertrag vom 04.05.2006 durch den Zusammenschluss der (seinerzeitigen) Appenzeller Bahnen mit der Rorschach-Heiden-Bergbahn (RHB), der Bergbahn Rheineck – Walzenhausen (RhW) und der Trogenerbahn (TB) entstand. Die durch die neue Bahngesellschaft betriebenen Strecken haben entsprechend ihrer Entstehungsgeschichte sehr unterschiedliche Charakteristika hinsichtlich Spurweite, Bahnstromsystem und Betriebsart (Adhäsions- oder Zahnradbetrieb). Das Liniennetz, zu dem neben dem SPNV auf den genannten Bahnstrecken auch die Buslinie Speicherschwendi – Teufen gehört, erschließt die drei Kantone Appenzell Innerrhoden, Appenzell Ausserrhoden und St. Gallen. Die Verkehrsangebote sind tarifmäßig in den örtlichen „Ostwind"-Verkehrsverbund integriert.

Appenzeller Bahnen AG (AB)
P I

St. Gallerstrasse 53
CH-9101 Herisau
Telefon: +41 71 3545060
Telefax: +41 71 3545065
info@appenzellerbahnen.ch
www.appenzellerbahnen.ch

AB / BDWM / BOB

Der Güterverkehr der Appenzeller Bahnen wurde hingegen eingestellt. Per 01.08.2010 wurde die Rollbockanlage außer Betrieb genommen, womit auch keine Diensttransporte mehr möglich sind. Bis heute sind aber noch Rollböcke vorhanden. Die verbliebenen Schmalspurgüterwagen werden für dienstliche Zwecke verwendet.
Das Unternehmen beschäftigt aktuell rund 200 Mitarbeiter.

Verkehre
* Personenverkehr auf eigener Infrastruktur

BDWM Transport AG P I

Zürcherstraße 10
CH-5620 Bremgarten
Telefon: +41 56 64833-00
Telefax: +41 56 64833-10
info@bdwm.ch
www.bdwm.ch

Management
* Dr. Severin Rangosch (Direktor)

Gesellschafter
Stammkapital 10.357.620,00 CHF
* Limmat Bus AG (100 %)

Lizenzen
* CH: Eisenbahninfrastrukturkonzession; gültig bis 14.12.2024
* CH: Personenbeförderungskonzession; gültig vom 14.10.1988 bis 11.12.2021

Infrastruktur
* Wohlen – Bremgarten West (7 km, elektrifiziert 1.200 V=; Eigentum SBB, Betriebsführung BDWM)
* Bremgarten West – Dietikon (11,9 km, Spurweite 1.000 mm, elektrifiziert 1.200 V=)

Unternehmensgeschichte
Die BDWM Transport AG entstand im Jahr 2001 aus der Fusion der Bremgarten-Dietikon-Bahn (BD) mit der Wohlen-Meisterschwanden-Bahn (WM).
Die BD selbst betrieb die 1902 eröffnete Überlandbahn zwischen Bremgarten-Obertor und Dietikon, die 1912 bis nach Wohlen verlängert wurde. 1920 übernahm sie die Betriebsleitung der WM als der normalspurigen, 1916 eröffneten Strecke Wohlen – Meisterschwanden. Die heutige Schmalspurbahn zwischen Wohlen und Dietikon ist seit 1990 als S 17 Teil des Zürcher S-Bahn-Netzes. Der Personenverkehr auf der WM-Strecke wurde dagegen 1997 eingestellt und nur das Teilstück Wohlen – Villmergen blieb für den durch SBB Cargo abgewickelten Güterverkehr erhalten. Die Fahrleitungsanlage wurde demontiert und auf der restlichen Strecke ein Radweg eingerichtet. Seither betrieb die BD die als Folge der SPNV-Einstellung geschaffene Buslinie Wohlen – Meisterschwanden.
Im Jahr 2002 gewann die BDWM die Ausschreibung für sechs Buslinien im Limmattal zwischen Zürich und Spreitenbach. Dazu wurde am 01.01.2003 die Tochtergesellschaft Limmat Bus AG gegründet, die im Mai 2003 den Fahrbetrieb aufnahm. Im selben Jahr erhielt die BDWM auch den Zuschlag für elf Buslinien in der Region Wiggertal um Zofingen, die sie seit Dezember 2006 zusammen mit der SBB AG betreibt.
Die Tarifstruktur der Linien im Wiggertal ist in die Tarifverbünde A-Welle und Passepartout integriert, diejenige der Linien im Limmattal fast vollständig in den Zürcher Verkehrsverbund (ZVV).

Verkehre
* Personenverkehr auf eigener Infrastruktur

Berner Oberland-Bahnen AG (BOB) P I

Harderstraße 14
CH-3800 Interlaken
Telefon: +41 33 828 71 11
Telefax: +41 33 828 72 64
jb@jungfrau.ch
www.jungfrau.ch

Management
* Urs Kessler (Vorsitzender der Geschäftsleitung)

Gesellschafter
Stammkapital 12.341.000,00 CHF
* Schweizerische Eidgenossenschaft (36 %)
* Kanton Bern (34 %)
* Streubesitz (12 %)
* Rolly Fly SA Holding (11 %)
* Jungfraubahn Holding AG (7 %)

Beteiligungen
* Jungfraubahnen Management AG (33 %)

Lizenzen
* CH: Eisenbahninfrastrukturkonzession; gültig vom 11.03.2003 bis 28.04.2017
* CH: Personenbeförderungskonzession; gültig bis 28.04.2017

BOB / BLS

Infrastruktur
* Interlaken Ost – Wilderswil – Zweilütschinen – Grindelwald (19,4 km, Spurweite 1.000 mm, elektrifiziert 1.500 V=, Abschnitte Lütschental – Burglauenen und Schwendi – Grindelwald Zahnradbahnen System von Roll)
* Zweilütschinen – Lauterbrunnen (4,1 km, Spurweite 1.000 mm, elektrifiziert 1.500 V=, Zahnradbahn System von Roll)
* Wilderswil – Schynige Platte (7,3 km, Spurweite 800 mm, elektrifiziert 1.500 V=, Zahnradbahn System Riggenbach)

Unternehmensgeschichte
Die Berner Oberland-Bahnen AG (BOB) ist eine Schmalspurbahn-Gesellschaft im Berner Oberland in der Schweiz. Ihre Strecke Interlaken Ost – Grindelwald mit Abzweig in Zweilütschinen nach Lauterbrunnen (Berner Oberland-Talbahn) wurde am 01.07.1890 eröffnet und ist seit dem 17.03.1914 elektrifiziert. Der Höhenunterschied Interlaken Ost – Grindelwald beträgt 968 m; derjenige zwischen Zweilütschinen und Lauterbrunnen 143 m. Seit Fahrplanwechsel im Dezember 1999 erlaubt ein völlig neu gebauter Doppelspurabschnitt zwischen Zweilütschinen und Wilderswil das Kreuzen auf offener Strecke, wodurch ein Fahrplan im Halbstundentakt mit nur fünf Umläufen angeboten werden kann. Seit 2005 ist jede Zuggarnitur standardmäßig mit einer komfortablen dreiteiligen Niederflureinheit ausgestattet.
Voraussichtlich zum Fahrplanwechsel 2015/2016 sollen durch den Neubau des 703 Meter langen „Buechitunnels" auf der Strecke von Zweilütschinen nach Grindelwald die Risiken für Betriebsunterbrüche durch Naturgefahren aus der Welt geschaffen und der Fahrkomfort sowie die Fahrplanstabilität erhöht werden. Der bestehende Tunnel und die Galerie müssen aufgrund des baulichen Zustands und der aktuell maßgebenden Vorschriften ersetzt werden. Am 09.12.2013 fand der Spatenstich für das 36 Mio. CHF-Projekt statt, am 02.12.2014 erfolgte der Tunneldurchstich.
Ein weiteres, bedeutendes Investitionsprojekt ist die Anbindung der Bahn an das Skigebiet Kleine Scheidegg-Männlichen mittels einer neuen Station Rothenegg in Grindelwald.
Die Schynige Platte-Bahn (SPB) führt mit einem Höhenunterschied von 1.420 m von Wilderswil (zwischen Interlaken und Zweilütschinen) auf den Aussichtsberg Schynige Platte. Sie wurde am 14.06.1893 eröffnet und ist seit dem 09.05.1914 elektrifiziert. Ein großer Teil des Wagen- und Lokomotivparks stammt aus alten Beständen der Wengernalpbahn. Die SPB ist nur in der Sommersaison in Betrieb.

Verkehre
* Personenverkehr auf eigener Infrastruktur, von Interlaken Ost ausgehend in der Regel Flügelung in Zweilütschinen nach Grindelwald und Lauterbrunnen

BLS AG P

Genfergasse 11
CH-3001 Bern
Telefon: +41 31 327-2727
Telefax: +41 31 327-2910
info@bls.ch
www.bls.ch

Werkstätten
Interlakenstrasse 34
CH-3806 Bönigen
Telefon: +41 58 32745-11
Telefax: +41 58 32745-29
werkstaetten@bls.ch

Management
* Bernard Guillelmon (Vorsitzender der Geschäftsleitung)
* Reto Baumgartner (Finanzen)
* Daniel Wyder (Infrastruktur)
* Franziska Jermann-Aebi (Personal)
* Andreas Willich (Personenverkehr)
* Peter Fankhauser (Bahnproduktion)
* Daniel Leuenberger (Informatik)

Gesellschafter
Stammkapital 79.442.336,00 CHF
* Kanton Bern (55,8 %)
* Schweizerische Eidgenossenschaft (21,7 %)
* Gemeinden und Privatpersonen (19,7 %)
* Andere Kantone neben dem Kanton Bern (2,8 %)

Beteiligungen
* BLS Immobilien Im Moos AG (100 %)
* BLS Cargo AG (97 %)
* Busland AG (84,5 %)
* Qnamic AG (Qnamic) (40 %)
* Automobilverkehr Spiez–Krattigen–Aeschi AG (ASKA) (34,4 %)
* BLS Netz AG (33,4 %)
* RAlpin AG (30 %)
* Drahtseilbahn Thunersee–Beatenberg AG (17,4 %)
* Luftseilbahn Wiler–Lauchernalp AG (13 %)
* Park+Ride Region Bern AG (PRRB) (12,5 %)

BLS

* Genossenschaft Feriendorf Fiesch (GFF) (10,1 %)
* Brienz Rothorn Bahn AG (BRB) (3,1 %)

Lizenzen
* CH: Netzzugangsbewilligung; gültig vom 01.01.2011 bis 31.12.2020
* CH: Personenbeförderungskonzession; gültig vom 30.05.1999 bis 11.12.2021
* CH: Sicherheitsbescheinigung, Teil A und B (PV); gültig vom 29.11.2013 bis 29.11.2016

Unternehmensgeschichte
Die BLS besitzt Infrastruktur im Umfang von rund 434 Streckenkilometern, hat auf insgesamt 520 km die Betriebsführung inne und betreibt regionalen Personenverkehr auf rund 900 Streckenkilometern. Mit 2.641 (2.634) Mitarbeitern (in Klammern Vorjahreswerte) beförderte die BLS 2012 53,757 (51,766) Mio. Fahrgäste bei einer Verkehrsleistung von 904,9 (865,2) Mio. Pkm auf der Schiene sowie 3,37 (3,10) Mio. Reisende bei einer Verkehrsleistung von 13,9 (12,6) Mio. Pkm im Omnibusverkehr. 2012 wurde bei einem Betriebsertrag von 929,942 (910,694) Mio. CHF ein EBT von 2,879 (0,836) Mio. CHF und ein Konzernergebnis von 2,079 (0,233) Mio. CHF erzielt.
Die somit größte Privatbahn der Schweiz ging im Sommer 2006 aus den Bahngesellschaften BLS Lötschbergbahn AG, Bern und Regionalverkehr Mittelland AG (RM), Burgdorf hervor. Hierzu wurde am 24.04.2006 die neue BLS AG gegründet, welche gemäß Fusionsvertrag vom 12.05.2006 und Handelsregistereintrag zum 23.06.2006 rückwirkend zum 01.01.2006 Betrieb, Personal und Anlagen der BLS Lötschbergbahn und der RM übernahm. Der operative Betriebsübergang erfolgte zum 27.06.2006. Anschließend wurden die beiden Vorgängergesellschaften BLS Lötschbergbahn und RM per Handelsregistereintrag vom 29.06.2006 gelöscht.
Kernstück der von der BLS Lötschbergbahn übernommenen Infrastruktur ist die namensgebende Verbindung über den Lötschberg. Mit dem Ziel, diese Verbindung zu bauen, war die Gesellschaft am 27.06.1906 als Berner Alpenbahngesellschaft BLS (Bern–Lötschberg–Simplon) gegründet worden. Der durchgehende Betrieb über den Lötschberg konnte am 15.07.1913 aufgenommen werden. Als zweite Nord-Süd-Verbindung durch die Schweizer Alpen neben der Gotthardbahn der SBB nimmt sie eine herausragende Rolle im Schweizer Bahnnetz ein. Zwischen Frutigen und Raron wird sie seit 09.12.2007 durch den Lötschberg-Basistunnel ergänzt. Dieser wurde zunächst ebenfalls durch die BLS AG betrieben, seit 2010 übernimmt die BLS Netz AG die Funktion.
Mit Statutenänderung zum 20.06.1997 und Handelsregistereintrag vom 12.12.1997 fusionierte die Berner Alpenbahngesellschaft BLS gemäß abschließendem Fusionsvertrag vom 23.05.1997 mit der Simmentalbahn AG (SEZ), der Gürbetal-Bern-Schwarzenburg-Bahn AG (GBS) und der Bern-Neuenburg-Bahn AG zur neuen BLS Lötschbergbahn AG in Bern, die somit über ein zusammenhängendes Streckennetz vom Neuenburgersee über Bern, den Thuner See und den Lötschberg bis Brig verfügte. Im Jahr 2000 unterzeichneten BLS Lötschbergbahn und SBB eine Basisvereinbarung, in der unter anderem eine neue Aufteilung der Personenverkehrsleistungen beider Bahnen festgelegt wurde. So übernahm die SBB die Fernverkehrsleistungen der BLS, während die BLS Regionalverkehre der SBB in Form der S-Bahn Bern und Leistungen zwischen Bern und Luzern übernahm.

Der Güterverkehr der BLS wurde 2001 in die in einem eigenen Portrait betrachtete Tochter BLS Cargo AG ausgegründet.
Die frühere Regionalverkehr Mittelland AG (RM) brachte ein Streckennetz von 154 Kilometern in den Kantonen Bern, Solothurn und Luzern zusammen mit den darauf erbrachten Regionalverkehren in die BLS AG ein. Der Güterverkehr der RM war hingegen zum 01.01.2006 an die Crossrail AG (Crossrail) übertragen worden, nachdem der Einzelwagen-Verkehr im RM-Netz bereits am 11.12.2004 von SBB Cargo übernommen worden war. Auch die RM war erst 1997 aus einer Fusion hervorgegangen, als sich die Emmental-Burgdorf-Thun-Bahn AG (EBT), die Solothurn-Münster-Bahn AG (SMB) und die Vereinigten Huttwil-Bahnen AG (VHB) gemäß Fusionsvertrag vom 29.04.1997 und Handelsregistereintrag vom 30.06.1997 bilanztechnisch rückwirkend vom 01.01.1997 zur RM zusammengeschlossen hatten. Zum 01.01.2009 erfolgte die Ausgründung der BLS-Infrastruktur zur BLS Netz AG und deren Fusion mit der BLS AlpTransit AG. Entsprechendes wurde am 27.04.2009 im Handelsregister eingetragen.
Die BLS fährt seit dem 12.12.2010 alle Verbindungen im Dreieck Luzern, Langnau und Langenthal. Mit der Übernahme der gesamten S-Bahn Luzern West verstärkt die BLS ihre Verankerung in der Zentralschweiz.
Werkstätten in Bern, Bönigen, Oberburg und Spiez sind für die technische Sicherheit der BLS-Schienenfahrzeuge zuständig. Weil die Werkstätte Bern-Aebimatt der BLS voraussichtlich nur noch bis 2019 zur Verfügung steht und der geplante Neubau im Raum Bern nicht vor 2025 betriebsbereit sein wird, benötigt die BLS zusätzlich eine Übergangslösung für die Instandhaltung ihrer Fahrzeuge. Diese konnte mit den Transports publics fribourgeois (TPF) gefunden werden, wo die BLS für die Übergangszeit 2019 bis 2025 Werkstattgleise in Givisiez zumieten kann. Die neue Werkstatt der BLS wird nahe des Bahnhofs Riedbach an der Linie Bern – Neuenburg errichtet. Mit einem Baubeginn ist frühestens 2020 zu rechnen, die Inbetriebnahme ist bis 2025 geplant.

BLS / BLS Cargo

Verkehre
* Personenverkehr Regio Goppenstein – Brig
* Personenverkehr Regio Interlaken Ost – Spiez – Zweisimmen
* Personenverkehr Regio Kerzers – Lyss – Büren a.A.
* Personenverkehr Regio Moutier – Solothurn
* Personenverkehr Regio Payerne – Murten
* Personenverkehr Regio Spiez – Reichenbach (– Frutigen)
* Personenverkehr RegioExpress / Regio Thun – Burgdorf – Solothurn
* Personenverkehr RegioExpress Bern – Kerzers – Neuchâtel
* Personenverkehr RegioExpress Bern – Langnau – Luzern
* Personenverkehr RegioExpress Bern – Spiez – Kandersteg – Brig
* Personenverkehr RegioExpress Interlaken Ost – Spiez – Zweisimmen
* Personenverkehr S-Bahn Bern „S1" Fribourg – Bern – Thun
* Personenverkehr S-Bahn Bern „S2" Laupen – Bern – Langnau
* Personenverkehr S-Bahn Bern „S3" Biel – Bern – Belp (– Thun)
* Personenverkehr S-Bahn Bern „S44" (Sumiswald-Grünen – Ramsei –) / (Solothurn – Wiler –) Burgdorf – Bern – Belp – Thun
* Personenverkehr S-Bahn Bern „S4" Thun – Bern – Burgdorf – Langnau
* Personenverkehr S-Bahn Bern „S51" Bern Bümpliz Nord – Bern
* Personenverkehr S-Bahn Bern „S51" Bern – Bern Brünnen Westside
* Personenverkehr S-Bahn Bern „S52" Bern – Kerzers (– Ins – Neuchâtel)
* Personenverkehr S-Bahn Bern „S5" Bern – Kerzers – Neuchâtel / Murten (– Payerne)
* Personenverkehr S-Bahn Bern „S6" Bern – Schwarzenburg
* Personenverkehr S-Bahn Luzern „S6" Luzern – Wolhusen (Flügelung) – Langenthal / – Langnau (Luzern – Wolhusen im Auftrag der SBB)
* Personenverkehr S-Bahn Luzern „S7" Wolhusen – Langenthal

BLS Cargo AG G

Bollwerk 27
CH-3011 Bern
Telefon: +41 58 32728-44
Telefax: +41 58 32728-60
freight@bls.ch
www.blscargo.ch

Management
* Dr. Dirk Stahl (CEO)
* Bernard Guillelmon (Präsident des Verwaltungsrates)

Gesellschafter
Stammkapital 60.000.000,00 CHF
* BLS AG (97 %)
* IMT AG (Ambrogio-Gruppe) (3 %)

Beteiligungen
* BLS Cargo Deutschland GmbH (100 %)
* BLS Cargo Italia S.r.l. (100 %)

Lizenzen
* CH: Netzzugangsbewilligung; gültig vom 01.01.2002 bis 31.12.2021
* CH: Sicherheitsbescheinigung, Teil A und B (GV); gültig vom 29.11.2013 bis 29.11.2014
* DE: Sicherheitszertifikat, Teil B (GV); gültig vom 11.02.2015 bis 29.11.2016

Unternehmensgeschichte
BLS Cargo ist die Korridoranbieterin auf der zentralen Nord-Süd-Achse durch die Schweiz. BLS Cargo agiert aus der Schweiz und bietet den Kunden mit Partnern Komplettleistungen zwischen Nordsee und Mittelmeer. Kernangebote sind Ganzzüge im unbegleiteten Kombinierten Verkehr (KV), Wagenladungsverkehr (WLV) und der Rollenden Autobahn (RoLa). Ein zusätzliches Standbein sind Transporte innerhalb der Schweiz sowie im Import- und Exportverkehr.
BLS Cargo wurde am 03.04.2001 von der damaligen BLS Lötschbergbahn AG gegründet. Der operative Start von BLS Cargo folgte im Juli 2001 mit ersten Zügen unter eigener Regie. Bis zur Gründung von BLS Cargo betrieb die BLS Lötschbergbahn bereits Güterverkehr. Allerdings beschränkte sich dieser vor allem auf die Lötschberg-Simplonachse und das Simmental. Sämtliche Mitarbeitende, die in 2001 für den Güterverkehr der BLS arbeiteten, erhielten neue Anstellungen bei der BLS Cargo AG. Mit insgesamt 16 Mitarbeitenden und dem neuen CEO, Dr. Dirk Stahl, startete das Unternehmen seine Tätigkeit.

BLS Cargo

Noch im 2001 wurden weitere Meilensteine in der Geschichte von BLS Cargo gelegt: Einerseits schlossen die BLS und die SBB eine Basisvereinbarung ab, worauf sich BLS Cargo aus dem Schweizer Einzelwagenladungsverkehr zurückzog und sich auf Ganzzüge im Transit durch die Schweiz fokussierte. Andererseits starteten bereits in 2001 die Verhandlungen mit internationalen potenziellen Aktionären von BLS Cargo. 2002 beteiligten sich in der Folge die Güterverkehrstochter der deutschen Bahn (heute DB Schenker Rail) sowie die italienische Ambrogio Gruppe an BLS Cargo. BLS Cargo agiert selbständig als Eisenbahn-Verkehrsunternehmen am Markt und verfügt hierfür auch über eigene Traktionsmittel. Als Teil der BLS-Gruppe besteht jedoch ein enger Verbund mit der BLS. So werden die Lokführer für die Züge der BLS und der BLS Cargo aus einem Pool gestellt, um Synergien ausschöpfen zu können. In Italien verfügt BLS Cargo mit der BLS Cargo Italia S.r.l. über eine eigene Tochtergesellschaft, die Service-Leistungen im Raum Domodossola anbietet. Für die Durchführung sämtlicher (sicherheits-) technischer und administrativer Tätigkeiten bei der Übernahme und Übergabe der Zugverkehrs zwischen Deutschland und der Schweiz sowie alle weiteren Tätigkeiten im Zusammenhang mit den Aktivitäten der BLS Cargo AG in Deutschland wurde am 27.07.2007 die BLS Cargo Deutschland GmbH mit Sitz in Weil am Rhein gegründet.
Entwicklung der vergangenen Jahre:
* 2014: Umsatz 166,9 Mio. CHF; 2,5 Mio. CHF Gewinn
* 2013: 3.492 Mio.; Umsatz 182,2 Mio. CHF; 1,5 Mio. CHF Gewinn
* 2012: 3.313 Mio.; Umsatz 169,5 Mio. CHF; 1,8 Mio. CHF Verlust
* 2011: 3.826 Mio.; Umsatz 179,4 Mio. CHF; 0,5 Mio. CHF Verlust
* 2010: 3.362 Mio.; Umsatz 171,7 Mio. CHF; 2,6 Mio. CHF Verlust
* 2009: 2.981 Mio.; Umsatz 161,7 Mio. CHF; 3,6 Mio. CHF Verlust

2013 hatte das Unternehmen 123 Mitarbeiter. 79 davon bei BLS Cargo in Bern, 18 bei BLS Cargo Italia, 8 bei BLS Cargo Deutschland sowie 18 in den Servicestellen (Frutigen, Chiasso).
Mit Wirkung zum 01.01.2014 reduziert sich das Verkehrsvolumen und der Umsatz von BLS Cargo auf der Gotthardachse um die DB Schenker Verkehre, die an SBB Cargo übergegangen sind.
Während BLS Cargo als Grund für die Trennung angibt, das Unternehmen hätte keine Möglichkeit gesehen, der DB bei den Preisen weiter entgegenzukommen, erklärt DB Schenker Rail, es sei darum gegangen, den Verkehr durch die Schweiz auf mehrere Partner zu verteilen. BLS Cargo bleibe Dienstleister für Transporte auf der Lötschberg-Route. Im Gegenzug konnte BLS Cargo einen Großauftrag für das niederländische Unternehmen ERS Railways B.V. verzeichnen. Nachfolgend zog sich die DB zum Jahresende 2014 aus der BLS Cargo zurück.

Das Wachstum in den drei wesentlichen Verkehrssegmenten erlaubte der BLS Cargo, ihren Marktanteil im Alpentransit durch die Schweiz auf 39 % (Stand: 2013) zu steigern. Auf der Lötschberg-Simplonachse hält das Unternehmen einen Marktanteil von 63 %, auf der Gotthardachse 23 %. Im März 2015 wurde die Bestellung von 15 Mehrsystemloks für den Korridor Niederlande-Deutschland-Schweiz-Italien bekannt gegeben, die ab dem zweiten Halbjahr 2016 in drei Phasen bis 2018 ausgeliefert werden. Die Gründe für die Beschaffung liegen einerseits im absehbaren Reinvestitionsbedarf bei bestehenden älteren Lokomotiven sowie im Mehrbedarf für das angestrebte Wachstum.

Verkehre
* Kombinierter Verkehr und Wagenladungsverkehr auf der Lötschberg-/Simplon- und Gotthardachse sowie im Binnen-, Import- und Exportverkehr. U.a. handelt es sich dabei um:
* Aluminiumtransporte Dunkerque [FR] – Singen (Constellium Singen GmbH) [DE]; 1 x pro Woche seit 2013 für RioTinto Alcan; Traktion in Frankreich durch Fret SNCF und ab Basel durch BLS Cargo
* Gütertransporte Malmö [SE] – Modena Quattro Ville [IT] und Gegenrichtung; 1 x pro Woche seit 07.03.2015; Traktion aus dem Großraum Stockholm durch Autolink AS, Malmö [SE] – Dortmund [DE] durch Hector Rail AB, Dortmund [DE] – Basel [CH] durch ERS Railways B.V. und ab Domodossola [IT] durch Trenitalia S.p.A.
* KV-Transporte Charleroi [BE] – Torino [IT]; 3 x pro Woche seit 15.03.2015 im Auftrag der Inter Ferry Boats B.V. (IFB) in Kooperation mit SNCB Logistics NV/SA (Führung via Sibelit-Kooperation / Frankreich bis Basel); in Italien Traktion durch SerFer - Servizi Ferroviari S.r.l.
* KV-Transporte Frenkendorf – Melzo [IT], 1 x pro Woche seit Januar 2015 im Auftrag der Hannibal S.p.A.
* KV-Transporte Frenkendorf – Rekingen; 2 x pro Woche seit Dezember 2014 im Auftrag der IMS Rail Switzerland AG
* KV-Transporte Frenkendorf – Wolfurt [AT]; 2 x pro Woche seit Dezember 2014 im Auftrag der IMS Rail Switzerland AG
* KV-Transporte Gallarate [IT] – Muizen Dry Port [BE]; 8 x pro Woche Traktion in Italien und der Schweiz (Übergabe in Basel an Fret SNCF) für die Ambrogio Trasporti S.p.A.; in Italien seit Dezember 2014 Traktion untervergeben an Trenitalia
* KV-Transporte Gallarate [IT] – Neuss [DE]; 5 x pro Woche Traktion in Italien und der Schweiz (Übergabe in Basel an DB Schenker Rail Deutschland AG) für die Ambrogio Trasporti S.p.A.; in Italien auf Lizenz der SerFer - Servizi Ferroviari S.r.l.

BLS Cargo / BLS Netz

- KV-Transporte Gallarate [IT] – Neuss [DE]; 5 x pro Woche Traktion in Italien und der Schweiz (Übergabe in Basel an DB Schenker Rail Deutschland AG) für die Ambrogio Trasporti S.p.A.; in Italien seit Dezember 2014 Traktion untervergeben an Trenitalia
- KV-Transporte Gent [BE] – Mortara (TIMO) [IT]; 4 x pro Woche seit Dezember 2014 im Auftrag der Shuttlewise B.V. in Kooperation mit SNCB Logistics NV/SA (Führung via Sibelit-Kooperation / Frankreich bis Basel); in Italien Traktion durch SerFer - Servizi Ferroviari S.r.l.
- KV-Transporte Novara [IT] / Domo II [IT] – Deutschland; Traktion in der Schweiz für die LKW WALTER Internationale Transportorganisation AG
- KV-Transporte Rotterdam (ECT Delta) [NL] – Frenkendorf (Swissterminal); 3 x pro Woche seit 18.04.2012 für die IMS Rail Switzerland AG ab Weil am Rhein (Übernahme von ERS Railways B.V.) [DE]
- KV-Transporte Rotterdam [NL] – Melzo (Sogemar terminal Melzo); 12 x pro Woche seit Dezember 2013 Traktion in der Schweiz für die ERS Railways B.V.; durchgehender Lokeinsatz mit BLS Cargo Loks
- KV-Transporte Venlo-Blerick (Cabooter Railcargo B.V.) [NL] – Melzo [IT]; 5 x pro Woche seit Dezember 2013 Abwicklung in der Schweiz sowie durchgehender Lokeinsatz im Auftrag der TX Logistik AG; 10 x pro Woche seit 31.03.2014
- KV-Transporte Wanne-Eickel [DE] – Köln [DE] – Busto Arsizio [IT]; 5 x pro Woche seit September 2013 Abwicklung in der Schweiz sowie durchgehender Lokeinsatz im Auftrag der TX Logistik AG
- KV-Transporte „Rollende Autobahn" Freiburg im Breisgau [DE] – Novara [IT]; 11 x pro Tag im Auftrag der RAlpin AG Traktion von Basel bis Domodossola [IT]
- Mineralöltransporte Hafen Birsfelden – verschiedene Schweizer Tanklager; Spotverkehre seit Februar 2013 für die Osterwalder St. Gallen AG
- Stahltransporte Emmenbrücke – Lecco [IT], 4 x pro Woche Traktion in der Schweiz für Panlog AG; in Italien Traktion durch Trenitalia

BLS Netz AG

Genfergasse 11
CH-3001 Bern
www.bls.ch

Management
- Dr. Rudolf Stämpfli (Präsident)

Gesellschafter
Stammkapital 387.970.000,00 CHF
- Schweizerische Eidgenossenschaft (50,1 %)
- BLS AG (33,4 %)
- Kanton Bern (16,5 %)

Lizenzen
- CH: Eisenbahninfrastrukturkonzession; gültig vom 10.08.2009 bis 31.12.2020

Infrastruktur
- Thun – Spiez – Kandersteg – Goppenstein – Brig (83,6 km, elektrifiziert 15 kV 16,7 Hz)
- Spiez – Interlaken Ost (18,2 km, elektrifiziert 15 kV 16,7 Hz)
- Betriebsführung Lötschberg-Basistunnel Frutigen – Raron (34,6 km, elektrifiziert 15 kV 16,7 Hz)
- Spiez – Zweistimmen (34,9 km, elektrifiziert 15 kV 16,7 Hz)
- Bern – Thun (34,5 km, elektrifiziert 15 kV 16,7 Hz)
- Bern – Gümmenen – Kerzers – Ins – Neuchâtel (40,4 km, elektrifiziert 15 kV 16,7 Hz)
- Bern – Schwarzenburg (17,4 km, elektrifiziert 15 kV 16,7 Hz)
- Moutier – Lengnau (13,0 km, elektrifiziert 15 kV 16,7 Hz; Betriebsführung durch die SBB)
- Solothurn West – Moutier (22,1 km, elektrifiziert 15 kV 16,7 Hz)
- Solothurn – Biberist – Wiler – Burgdorf – Hasle-Rüegsau – Ramsei – Obermatt (– Langnau) (39,5 km, elektrifiziert 15 kV 16,7 Hz)
- Hasle-Rüegsau – Konolfingen – Thun (33,8 km, elektrifiziert 15 kV 16,7 Hz)
- Ramsei – Sumiswald-Grünen (4,63 km, elektrifiziert 15 kV 16,7 Hz)
- Huttwil – Wolhusen (25,2 km, elektrifiziert 15 kV 16,7 Hz)
- Langenthal – Huttwil (14,1 km, elektrifiziert 15 kV 16,7 Hz)

Unternehmensgeschichte
Der Zweck der BLS Netz AG ist der Bau, Unterhalt und Betrieb der Gleis-, Fahrleitungs- und Sicherungsanlagen, der 71 Tunnel und 402 Brücken sowie der 120 Bahnhöfe. Die Geschäftsführung der BLS Netz AG wird durch die BLS AG wahrgenommen. Diese stellt auch das dafür notwendige Personal für Infrastrukturaufgaben zur Verfügung und erbringt für die BLS Netz AG weitere Dienstleistungen, etwa die Instandhaltung der Infrastrukturfahrzeuge oder Lokführerleistungen für die Bauzüge. Für sämtliche Leistungen zwischen BLS AG und BLS Netz AG wurden Leistungsvereinbarungen abgeschlossen. Es gilt das Vollkostenprinzip.
Die BLS Netz AG entstand per 21.04.2009 aus der BLS Alp Transit AG und hatte im Rahmen einer Kapitalerhöhung zum gleichen Datum den Geschäftsbereich Infrastruktur der BLS AG gemäß Vertrag vom 21.04.2009 und Inventar per 31.12.2008 übernommen. Die BLS Alp Transit war ursprünglich für Projektierung und Bau des Lötschberg-Basistunnels gegründet worden.

BRB

Brienz Rothorn Bahn AG (BRB)
P G I

Postfach
CH-3855 Brienz
Hauptstraße 149
CH-3855 Brienz
Telefon: +41 33 9522211
Telefax: +41 33 9522213
info@brb.ch
www.brienz-rothorn-bahn.ch

Management
* Simon Koller (Direktor)
* Daniel Schlosser (stellvertretender Direktor; Leiter Technik)
* Pascal Sutter (Leiter Unternehmensbereich)

Gesellschafter
Stammkapital 13.771.000,00 CHF
* Streubesitz (83,77 %)
* Kanton Bern (7,78 %)
* BLS AG (3,1 %)
* Gemeinde Brienz (2,9 %)
* zb Zentralbahn AG (2,54 %)

Lizenzen
* CH: Eisenbahninfrastrukturkonzession; gültig bis 19.12.2019
* CH: Personenbeförderungskonzession; gültig bis 19.12.2019

Infrastruktur
* Brienz – Rothorn Kulm (7,6 km, Spurweite 800 mm, Zahnradbahn System Abt)

Unternehmensgeschichte
Die Strecke der Brienz Rothorn Bahn (BRB) ist eine Zahnradbahn (System Abt), die am 17.06.1892 eröffnet wurde. Sie führt von der im 566 m Seehöhe gelegenen Talstation (Brienz BRB), die gegenüber dem Bahnhof Brienz der Zentralbahn Interlaken – Luzern gelegen ist, mit einer Höchststeigung von 25 % unter Überwindung eines Höhenunterschiedes von 1.678 m zur Bergstation Rothorn Kulm auf 2.244 m. Diese ist etwa 100 m unterhalb des Brienzer Rothorns gelegen, einem der berühmtesten Aussichtspunkte im Berner Oberland. Mit Ausbruch des Ersten Weltkrieges wurde der Betrieb der BRB eingestellt und erst 1931 wieder aufgenommen. In der Zwischenzeit war die BRB-Strecke zur einzigen Dampfzahnradbahn der Schweiz geworden, denn alle anderen wurden elektrifiziert. Heute herrscht Saisonbetrieb von Mitte Mai bis Ende Oktober,

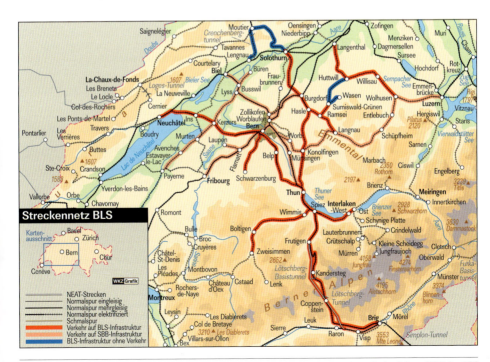

BRB / Centralbahn / CJ

wobei in der Vorsaison bis Anfang Juni zunächst nur bis zur Zwischenstation Planalp auf 1.346 m und nur mit beschränkter Zugzahl gefahren wird. Die Hauptlast des Verkehrs tragen aus wirtschaftlichen Gründen die ölgefeuerten Neubaudampflokomotiven mit ihrer Einmannbesatzung. Planmäßig werden alle Züge werden mit Dampf geführt, nur bei Ausfall einer Dampflok oder für Verstärkungsfahrten kommt eine Diesellok zum Einsatz. Zum BRB-Betrieb gehört auch das nur während der Fahrsaison geöffnete Hotel an der Bergstation. 2012 hatte die BRB (inkl. Hotelbetrieb, Vorjahreswert in Klammern) 69 (74) Mitarbeiter, davon 47 (50) nur als Saison- bzw. Teilzeitkraft. Mit den 2.762 (2.846) Personenzügen des Jahres wurden 21.634 (22.277) Zugkm gefahren und 129.006 (133.589) Reisende befördert. Mit dem Bahnbetrieb wurde ein Verkehrsertrag von 2.419.757 (2.665.791) CHF und ein EBIT von 13.796 (-667.032) CHF erzielt. Für die gesamte BRB war ein Unternehmensergebnis von 3.532.576 (-602.103) CHF zu verzeichnen. Zwar konnten somit wieder schwarze Zahlen geschrieben werden, doch ist die BRB gerade wegen des schlechten Ergebnisses von 2011 in eine Liquiditätskrise geraten.

Verkehr
★ Personen- und Güterverkehr auf eigener Infrastruktur

Centralbahn AG P G

Centralbahnplatz 12
CH-4002 Basel
Telefon: +41 61 2730240
Telefax: +41 61 2730241
info@centralbahn.ch
www.centralbahn.ch

Management
★ Erika Hug (Vorsitzende des Verwaltungsrates)
★ Rudolf Wesemann (Mitglied der Geschäftsleitung)

Gesellschafter
Stammkapital 100.000,00 CHF
★ Erika Hug (100 %)

Unternehmensgeschichte
Die in Basel ansässige, mit Handelsregistereintrag zum 08.08.2000 gegründete Centralbahn AG ist als Anbieter von Sonderreise- und Charterzügen überwiegend in Deutschland tätig. Jährlich befördert sie etwa 500 Personenzüge mit insgesamt 100.000 Fahrgästen. Hinzu kommen bedarfsweise auch Einsätze von Güterzügen. Zudem bietet die Centralbahn auch die Traktion von Zügen Dritter und die Vermietung von Eisenbahn-Rollmaterial an.

Verkehre
★ Personensonderzüge in Deutschland und im benachbarten Ausland; Durchführung in Kooperation mit wechselnden EVU
★ Autoreisezüge „AutoSlaap Trein" 's-Hertogenbosch – Alessandria [IT]; Saisonverkehr; Traktion zwischen Kaldenkirchen und Basel [CH] seit 2014 im Auftrag der Euro-Express-Treincharter B.V. (EETC)
★ Autoreisezüge „AutoSlaap Trein" 's-Hertogenbosch – Livorno [IT]; Saisonverkehr; Traktion zwischen Kaldenkirchen und Basel [CH] seit 2014 im Auftrag der Euro-Express-Treincharter B.V. (EETC)
★ Autoreisezüge „AutoSlaap Trein" Utrecht Centraal – Koper [SI]; Traktion zwischen Kaldenkirchen und Basel [CH] seit 2014 im Auftrag der Euro-Express-Treincharter B.V. (EETC)

Compagnie des chemins de fer du Jura SA (CJ) P G I

1, rue Général-Voirol
CH-2710 Tavannes
Telefon: +41 32 48264-50
Telefax: +41 32 48264-79
information@les-cj.ch
www.les-cj.ch

Management
★ Georges Bregnard (Direktor)

Gesellschafter
Stammkapital 10.850.000,00 CHF

Lizenzen
★ CH: Eisenbahninfrastrukturkonzession; gültig bis 30.06.2020
★ CH: Personenbeförderungskonzession; gültig vom 04.01.1982 bis 09.12.2017
★ CH: Sicherheitszertifikat, Teil A und B (PV+GV); gültig vom 17.12.2014 bis 31.12.2015

Infrastruktur
★ Porrentruy – Bonfol (10,9 km, elektrifiziert 15 kV 16,7 Hz)
★ Tavannes – Le Noirmont – La Chaux-de-Fonds (44 km, Spurweite 1.000 mm, elektrifiziert 1.500 V=)
★ Le Noirmont – Saignelégier – Glovelier (30,3 km, Spurweite 1.000 mm, elektrifiziert 1.500 V=)

Unternehmensgeschichte
Das Bahnnetz der Chemins de fer du Jura (CJ, deutsch Jurabahnen) erstreckt sich im Nordwesten der Schweiz und bedient hauptsächlich die Hochebene der Freiberge sowie die Strecke Porrentruy – Bonfol in der Ajoie. Vom heutigen Ast

CJ / Crossrail

Tavannes – Le Noirmont wurde 1884 zunächst der meterspurige Abschnitt Tavannes – Tramelan (TT) eröffnet. 1913 folgte die elektrifizierte, gleichfalls meterspurige Anschlussstrecke von Tamelan über Les Breuleux nach Le Noirmont (TBN). Im selben Jahr wurde auch die TT-Strecke elektrifiziert und beide Bahnen schlossen sich 1927 zur Gesellschaft Tavannes – Le Noirmont (CTN) zusammen. Seit 1892 verband die meterspurige Chemin de fer Saignelégier – La Chaux-de-Fonds (SC) Saignelégier über Le Noirmont mit La Chaux-de-Fonds. Die Régional Porrentruy – Bonfol (RPB) eröffnet 1901 ihre Normalspurstrecke von Porrentruy nach Bonfol, die bis heute isoliert von den anderen Strecken der Jurabahnen ist. Als letztes folgte 1904 die normalspurige Strecke Saignelégier – Glovelier (Régional Saignelégier – Glovelier, RSG). Die so entstandenen vier Bahnen CTN, SC, RPB und RSG schlossen sich 1944 zur heutigen Compagnie des chemins de fer du Jura SA (CJ) zusammen. Der Personenverkehr auf der RSG wurde 1948 vorübergehend eingestellt und die Strecke umgespurt, womit sich ab 1953 mit den Strecken der SC und CTN ein großes zusammenhängendes und schließlich auch elektrifiziertes Meterspurnetz bildete. Auch die RPB-Strecke wurde bis 1953 elektrifiziert. Der 1948 gegründete Busbetrieb der CJ befährt gegenwärtig fünf Linien in der Region. 2008 beförderte der CJ mit ihren 149 Beschäftigten (Bussektor eingeschlossen) rund 1,6 Mio. Passagiere (25 Mio. Fahrgastkilometer) und 54.454 t Güter (2,06 Mio. Tonnenkilometer) auf der Schiene.

Verkehre
* Personen- und Güterverkehr auf eigener Infrastruktur

Crossrail AG

Hofackerstrasse 1
CH-4132 Muttenz
Telefon: +41 61 404-4900
Telefax: +41 61 404-4929
info@crossrail.ch
www.crossrail.ch

Management
* Jeroen Le Jeune (CEO)

Gesellschafter
Stammkapital 24.722.900,00 CHF
* Rhenus AG & Co. (50,1 %)
* LKW WALTER Internationale Transportorganisation AG (16,46 %)
* HUPAC SA (13,44 %)
* Le Jeune Capital & Partners SA (10 %)
* Bertschi AG (5 %)
* MSC Belgium NV (5 %)

Beteiligungen
* Crossrail Benelux NV (100 %)
* Crossrail Italia S.r.l. (100 %)

Lizenzen
* CH: Netzzugangsbewilligung; gültig vom 07.12.2005 bis 31.12.2015
* CH: Sicherheitszertifikat, Teil A und B (GV); gültig vom 01.12.2014 bis 31.12.2015

Unternehmensgeschichte
Die Crossrail AG ist eine private Bahngesellschaft mit Sitz in Muttenz. Gesellschafter sind heute neben dem CEO vier Operateure des Kombinierten Verkehres sowie seit Ende 2014 mehrheitlich die Rhenus-Gruppe. Die Crossrail AG sowie deren Tochterunternehmen verfügen über Konzessionen in Italien, der Schweiz, Deutschland, Frankreich, Belgien und den Niederlanden.
Im Geschäftsjahr 2007 absolvierten die Crossrail-Unternehmen 6,6 Mrd. tkm mit 210 Mitarbeitern, von denen 117 als Triebfahrzeugführer tätig waren. 2010 transportierte die Crossrail-Gruppe 7 Mio. t Güter und hatte rund 300 Mitarbeiter.
Die Crossrail AG geht auf eine kommunale Bahngesellschaft im namensgebenden Mittelland zurück, die „Crossrail" ursprünglich als Marke führte. Die Regionalverkehr Mittelland AG (RM) begann nach der Eröffnung des Umschlagterminals „Cargodrome" in Wiler (Kanton Bern) als „Crossrail" neue Angebote im unbegleiteten kombinierten Verkehr aufzubauen. Der Fokus lag dabei auf der Nord-Süd-Relation zwischen dem Ruhrgebiet, der Schweizer Region Espace Mittelland und Norditalien. Im Januar 2004 wurde entsprechend eine Zugverbindung des KV zwischen Duisburg, Wiler und Domodossola aufgenommen. In Deutschland wurde zur logistischen Abwicklung die Crossrail GmbH als Tochtergesellschaft der RM gegründet. Als Partner zur Traktion auf dem deutschen Streckenabschnitt konnte dort die RAG Bahn und Hafen GmbH (RBH, heutige RBH Logistics GmbH) gewonnen werden.
Mit Handelsregistereintrag vom 20.01.2005 wurde auch eine Crossrail GmbH mit Sitz in Wiler gegründet, an der die RM zunächst 95 % und ab 10.02.2005 100 % der Anteile hielt. Gemäß Umwandlungsplan vom 08.11.2005 wurde die Gesellschaft anschließend in die Crossrail AG umfirmiert. Diese übernahm die bislang durch den Geschäftsbereich „Crossrail" der RM erbrachten

Crossrail

Leistungen in Eigenregie.
Im Hinblick auf die bevorstehende Fusion der RM mit der BLS AG beschloss die RM 2005, sich von ihren Güterverkehrsaktivitäten zu trennen. Nachdem der Einzelwagen- und Wagengruppenverkehr der RM bereits am 11.12.2004 auf SBB Cargo überging, wurden zum 01.01.2006 die verbliebenen Leistungen in Form von Ganzzugverkehren für Großkunden in die Crossrail AG integriert. Diese wurde, ebenfalls zum 01.01.2006, an die australische Investmentgesellschaft Babcock & Brown Ltd. verkauft.
Das Kerngeschäftsfeld von Crossrail bildeten damals zunehmend Traktionsleistungen von Ganzzügen. In Deutschland und Italien wurde übergangsweise noch unbegleiteter KV als Operateur angeboten, wobei Crossrail nicht nur die reine Traktionsleistung, sondern auch Kundenlogistik von „Tür zu Tür" übernahm und auch eigene Transportbehälter (Wechselbrücken) einsetzt. 2007 wurden diese Speditionsaktivitäten an die Ewals Cargo Care N.V. verkauft. Die deutsche Tochterfirma Crossrail GmbH wurde mit allen Mitarbeitern komplett übernommen und die Speditionsaktivitäten der Crossrail Italia S.r.l. in Domodossola wurden in die Ewals Cargo Care-Niederlassung in Novara integriert.
Ende Januar 2007 stellte Crossrail die Bedienung des Terminals Wiler durch KV-Züge aus Duisburg und Domodossola ein. Die zuletzt in Burgdorf stationierte Rangierlok wurde zwischenzeitlich mangels Bedarf verkauft.
Das zunächst nur am Wochenende angebotene Direktzugpaar Duisburg – Domodossola entwickelte sich hingegen sehr erfolgreich. Die Zahl der wöchentlich angebotenen Zugpaare stieg im Mai 2006 auf drei, im Januar 2007 auf fünf und zum 01.10.2007 auf sechs. Seit 01.09.2007 verlängerte Crossrail die Züge von Domodossola bis nach Novara, gab aber zwischenzeitlich das Operating auf und konzentriert sich auf Traktionsdienstleistungen. Um durchgehende Traktionsdienstleistungen anbieten zu können wurde die italienische Tochtergesellschaft Crossrail Italia S.r.l. (siehe dort) gegründet.
Die Anfang Oktober 2007 vereinbarte Fusion von Crossrail und Dillen & Le Jeune Cargo (DLC) wurde zum 28.04.2008 vollzogen. Im Nachgang auf die Ankündigung im Herbst 2007 wurde die bereits bestehende enge Zusammenarbeit vertieft und E-Loks der Crossrail übernahmen zahlreiche DLC-Leistungen anstatt der JT42CWR in Deutschland. Anfang August 2009 wurde bekannt, dass Jeroen Le Jeune die Anteile des australischen Investors Babcock & Brown (B&B) übernimmt. Le Jeune hielt damit einen Anteil von 79,9 % an Crossrail, während B&B seit Ende 2008 unter der veränderten Wirtschaftslage litt und seitdem einen Käufer für die

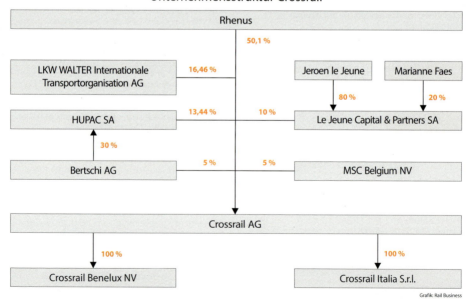

Grafik: Rail Business

Crossrail

Crossrail-Anteile gesucht hatte. Kurz nach dem Verkauf der B&B-Anteile verließ Ronny Dillen das Unternehmen und übereignete Anfang Oktober 2009 seine Anteile ebenfalls an Le Jeune. Zum 21.02.2010 wurde der Unternehmenssitz von Wiler nach Muttenz in die Nähe des zentralen Crossrail Knotenpunktes und Rangierbahnofes verlegt. Ende August 2010 wurde bekannt, dass sich der Operateur Hupac zu 25 % am Unternehmen beteiligen will. Hupac hatte bereits an der DLC bis zur Fusion mit Crossrail und dem Einstieg von B&B 40 % der Gesellschaftsanteile gehalten.
In den Jahren 2011 und 2012 litt die Gruppe unter finanziellen Problemen, die mit dem Einstieg neuer Gesellschafter gelöst werden sollen: Per 24.02.2012 erwarben die LKW WALTER Internationale Transportorganisation AG (25 %), Wien und die G.T.S. – General Transport Service S.p.A. (10 %), Bari, Anteile an der Crossrail AG. Im Juni 2012 gingen je 10 % an MSC Belgium NV und die Bertschi AG. Die G.T.S. stieg bereits wieder im Januar 2013 als Gesellschafter aus, LKW WALTER und Le Jeune Capital & Partners übernahmen die Anteile. Letztgenannte wird durch den Crossrail CEO und dessen Frau Marianne Faes gehalten.
Die Rhenus-Gruppe baut ihre Aktivitäten im Schienengüterverkehr aus. Der Logistikdienstleister unterzeichnete am 22.12.2014 die Verträge zur Übernahme der Mehrheitsanteile an Crossrail. Vorbehaltlich der Zustimmung von Kartellbehörden in Europa erwirbt Rhenus 50,1 % der Aktien. 2012 hatte das Crossrail einen Marktanteil im alpenquerenden Schienengüterverkehr in der Schweiz auf Basis der Netto-tkm von 13,0 %. Am Gotthard waren es 4,4 % und am Simplon 25,2 %.

Verkehre
* KV-Transporte Antwerpen Berendrecht [BE] – Weil am Rhein [DE]; 2 x pro Woche seit April 2011 im Auftrag der Mediterranean Shipping Company S.A. (MSC)
* KV-Transporte Antwerpen Combinant [BE] – Ludwigshafen KTL [DE]; 4 x pro Woche seit 03.05.2010 im Auftrag der Hupac Intermodal SA
* KV-Transporte Antwerpen [BE] – Frankfurt am Main [DE]; 3 x pro Woche seit September 2007 im Auftrag der Medlog NV
* KV-Transporte Antwerpen [BE] – Germersheim [DE]; 2 x pro Woche seit KW 22/2006; 3 x pro Woche seit KW 46/2006 im Auftrag der Medlog NV
* KV-Transporte Antwerpen [BE] – Neuss [DE]; 3 x pro Woche; 5 x pro Woche seit November 2006 im Auftrag der Medlog NV
* KV-Transporte Antwerpen [BE] – Schwarzheide [DE]; 3 x pro Woche seit Mai 2005 im Auftrag der Hupac Intermodal SA; 5 x pro Woche seit KW 23/2005; seit 30.01.2006 verlängert bis Guben [DE]
* KV-Transporte Bierset-Awans [BE] – Piacenza [IT]; 5 x pro Woche seit 2011 im Auftrag von T.T.S. Multimodal SA

* KV-Transporte Domodossola [IT] – Köln-Niehl Hafen [DE]; 5 x pro Woche Traktion südlich von Köln-Eifeltor [DE] seit 04.04.2011 im Auftrag der LKW WALTER Internationale Transportorganisation AG; seit 01.07.2011 nach Duisburg (Gateway-West-Terminal) [DE], letzte Meile ab Duisburg-Ruhrort durch duisport rail GmbH; seit Oktober 2012 nach Köln-Eifeltor; letzte Meile an DB Schenker Rail Deutschland AG vergeben
* KV-Transporte Duisburg-Rheinhausen (DIT) [DE] – Ruhland / BASF Schwarzheide [DE]; 5 x pro Woche seit 18.09.2007 im Auftrag der Hupac Intermodal SA
* KV-Transporte Duisburg-Rheinhausen [DE] – Novara Boschetto [IT]; 7 x pro Woche ab 20.06.2011 im Auftrag der Hupac Intermodal SA
* KV-Transporte Genk Euroterminal [BE] – Novara Boschetto [IT]; 6 x pro Woche; 7 x pro Woche ab 19.06.2011 im Auftrag der Ewals Intermodal NV
* KV-Transporte Genk Euroterminal [BE] – Novara Boschetto [IT]; im Auftrag der LKW WALTER Internationale Transportorganisation AG
* KV-Transporte Genk [BE] – Busto Arsizio [IT]; 7 x pro Woche seit April 2006 im Auftrag der Hupac Intermodal SA; aktuell 5 x pro Woche; 6 x pro Woche ab 20.06.2011
* KV-Transporte Genk [BE] – Novara [IT]; im Auftrag der Ewals Intermodal NV
* KV-Transporte Interporto Bologna [IT] – Zeebrugge Britannia [BE]; 2 x pro Woche seit Juni 2010 im Auftrag der G.T.S General Transport Service S.p.A.; Nutzung einer G.T.S.-Lok zwischen Bologna und Piacenza
* KV-Transporte Kornwestheim [DE] – Domodossola [IT]; 3 x pro Woche seit 31.03.2012 im Auftrag der LKW Walter Internationale Transportorganisation AG
* KV-Transporte Muizen Dry Port [BE] – Brindisi [IT]; 3 x pro Woche seit 29.05.2009 im Auftrag der P&O Ferrymasters B.V.
* KV-Transporte Muizen Dry Port [BE] – Melzo [IT]; 3 x pro Woche im Auftrag der Bulkhaul Limited
* KV-Transporte Novara [IT] – Hams Hall [UK]; 2 x pro Woche seit 10.06.2009 Traktion bis Basel (Übergabe an Fret SNCF) im Auftrag der DFDS Logistics
* KV-Transporte Sittard-Geleen (Rail Terminal Chemelot (RTC)) [NL] – Novara Boschetto [IT]; 3 x pro Woche seit September 2013 im Auftrag der Ewals Intermodal NV; 5 x pro Woche seit 12.01.2015 und nur noch Traktion südlich von Bonn (Übernahme von LOCON BENELUX B.V.) [DE]
* KV-Transporte Worms [DE] – Novara Boschetto [IT]; 3 x pro Woche seit 02.09.2013 im Auftrag der LKW WALTER Internationale Transportorganisation AG

Crossrail / DFB

- KV-Transporte Zeebrugge (P&O Ferries) [BE] – Curtici (Rail Port Arad) [RO]; 2 x pro Woche seit 26.09.2014 im Auftrag der P&O Ferrymasters B.V.; in Kooperation mit der ecco-rail GmbH in Österreich sowie der FOXrail Zrt. in Ungarn; letzte Meile in Curtici durch S.C. Trade Trans Raillogistics S.R.L.
- KV-Transporte Zeebrugge Britannia [BE] – Ludwigshafen Ubf [DE]; 3 x pro Woche seit Januar 2005 im Auftrag der Hupac Intermodal SA; 5 x pro Woche seit Februar 2008; auf der Hinfahrt Bedienung von Sluiskil Laansluitings [NL]; aktuell 1 x pro Woche; 5 x pro Woche ab 14.03.2011; 6 x pro Woche ab 14.06.2011
- KV-Transporte Zeebrugge Britannia [BE] – Melzo [IT]; 3 x pro Woche seit 14.12.2008 im Auftrag der Bulkhaul Limited
- KV-Transporte Zeebrugge Vorming [BE] – Milano Segrate [IT]; 6 x pro Woche seit 20.06.2011 im Auftrag der Inter Ferry Boats NV (IFB)
- KV-Transporte Zeebrugge [BE] – Cremona [IT]; 6 x pro Woche seit 14.12.2008 im Auftrag der General Transport Service S.p.A. (GTS)
- KV-Transporte Zeebrugge [BE] – Oleggio [IT]; 5 x pro Woche seit 14.12.2008 im Auftrag der Hupac Intermodal SA
- KV-Transporte „ShuttleBologna" Rotterdam C.RO [NL] – Bologna Interporto (TIMO) [IT]; 5 x pro Woche seit 01.07.2013 Traktion bis Piacenza (Übergabe an GTS Rail S.r.l.) [IT] im Auftrag der General Transport Service S.p.A. (GTS) und der Shuttlewise B.V.; Traktion bis Köln [DE] untervergeben an LOCON BENELUX B.V.
- Pkw-Transporte (Fiat) Tychy [PL] – Antwerpen; 2 x pro Woche seit 01.01.2010 Traktion ab Wustermark [DE] im Auftrag der Mosolf Automotive Railway Gesellschaft mbH (MAR); aktuell 3 x pro Woche; seit 05.09.2011 bei einem Umlauf Traktion PKP Cargo bis Aachen West [DE]
- Pkw-Transporte Rüsselsheim [DE] – Zeebrugge [BE]; seit 01.0.2015 im Auftrag der Mosolf Automotive Railway Gesellschaft mbH (MAR)
- Terephtalsäuretransporte Herentals (BP Chembel N.V. in Geel) [BE] – Buna Werke [DE]; 3 x pro Woche seit 16.01.2013
- Terephtalsäuretransporte Herentals (BP Chembel N.V. in Geel) [BE] – Gablingen (MVV Enamic IGS Gersthofen GmbH) [DE] – Augsburg (Wagentausch mit ?) [DE]; 1 x pro Woche seit März 2013

DFB-Dampfbahn-Furka-Bergstrecke AG 🅿️ℹ️

Postfach 141
CH-6490 Andermatt
Gotthardstrasse 21
CH-6490 Andermatt
Telefon: +41 848 000 144
administration@dfb.ch
www.dfb.ch

Management
- Urs Züllig (Geschäftsführer)

Gesellschafter
Stammkapital 14.596.850,00 CHF

Lizenzen
- CH: Eisenbahninfrastrukturkonzession; gültig bis 21.03.2040
- CH: Personenbeförderungskonzession; gültig bis 21.03.2040

Infrastruktur
- Realp – Tiefenbach – Furka – Gletsch – Oberwald (18 km, Meterspur, Zahnstangensystem Abt)

Unternehmensgeschichte
Die DFB-Dampfbahn-Furka-Bergstrecke AG ist Infrastrukturbetreiber und Erbringer der ausschließlich touristischen Personenverkehre auf der namensgebenden Furka-Bergstrecke. Diese war zum Zeitpunkt ihrer Eröffnung 1926 Teil der südschweizerischen meterspurigen Querverbindung von Brig im Rhônetal (Kanton Wallis) über Furka- und Oberalppass nach Disentis am Vorderrhein im Kanton Graubünden. Betreiber von Infrastruktur und Verkehr sind heute die zuständigen Sparten der Matterhorn Gotthard Bahn (MGM). Während der Betrieb über den in 2.033 m Seehöhe gelegenen Oberalppass zwischen Andermatt und Disentis bis heute ganzjährig in offener Streckenführung erfolgt, konnte der Furkapass trotz Scheiteltunnels auf 2.170 m Seehöhe wegen Lawinengefahr nur während der jeweils rund fünf Monate dauernden Sommersaison aufrechterhalten werden. Die heutige DFB-Strecke Realp – Oberwald wurde für den Regelverkehr obsolet, als 1982 nach neunjähriger Bauzeit der 15.442 m lange Furka-Basistunnel eröffnet wurde, der einen ganzjährigen durchgehenden Betrieb zwischen Brig und Disentis ermöglichte. Zum Erhalt der alten Bergstrecke riefen Eisenbahnfreunde 1983 den Verein Furka-Bergstrecke (VFB) ins Leben, ehe am 27.05.1985 die DFB-Dampfbahn-Furka-Bergstrecke AG gegründet wurde. Die konstituierende Generalversammlung und die Eintragung im Handelsregister fanden am 22.02.1986 statt.
1990 sorgte die Rückholung zweier

DFB / DB Schenker Rail Schweiz

Originaldampfloks für Aufsehen, die nach Elektrifizierung der Strecke 1947 nach Vietnam verkauft worden waren. Es wurden insgesamt zwei komplette Lokomotiven sowie von einer dritten Einzelteile (Achsen, Zylinder u.s.w.) zurück nach Europa geholt. Außerdem gelangten zwei vierachsige Lokomotiven von SLM, die 1923 bzw. 1930 direkt nach Vietnam geliefert wurden und von einer dritten SLM-Lok Teile (Achsen, Zylinder) zur DFB. 1997 wurde nochmals eine nicht vollständig erhaltene vierachsige, von Kessler gebaute Lok aus Vietnam geholt.

Von Realp ausgehend erfolgte in freiwilligen Arbeitseinsätzen die schrittweise Wiederinbetriebnahme der Strecke: 1992 bis Tiefenbach, 1993 bis Furka, 2000 bis Gletsch und 2010 bis Oberwald. Seit 1993 stehen auch die beiden aufgearbeiteten „Vietnam-Loks" wieder im Einsatz. In der Fahrsaison von Ende Juni bis Ende September werden Dampfzüge auf der Gesamtstrecke und Dieselzüge zwischen Gletsch und Oberwald angeboten. Die aktuell rund 520 Angestellten der ohne Gewinnerzielungsabsicht arbeitenden DFB AG sind größtenteils ehrenamtlich tätig. Die Mitglieder des VFB präsentieren die Furka-Bergstrecke auf Messen, Ausstellungen und sonstigen Veranstaltungen und sind so das Bindeglied zu einer breiten Öffentlichkeit. Daneben sind die VFB-Sektionen in Fachgruppen am Wiederaufbau von Lokomotiven (spezielle Lok-Werkstätte in Uzwil), historischen Personenwagen (Wagenwerkstätte in Aarau), Arbeitsgeräten und Bauten aktiv beteiligt und stellen wie eh und je auch einen großen Teil der freiwilligen Helfer für die Baueinsätze an der Strecke. Aus den Mitgliederbeiträgen geht jährlich ein größerer Betrag an die DFB AG zur Deckung der Betriebskosten der Bahn. Flankierend ist die Stiftung Furka Bergstrecke (SFB) tätig, die Sponsoren und Mäzene sucht und gewinnt, sowie Spenden sammelt und damit die Investitionen der DFB AG finanziert. Dies erst ermöglicht die Realisierung von größeren Ausbauvorhaben in den Bereichen Infrastruktur und Rollmaterial.

Verkehre
* saisonaler Ausflugsverkehr Realp – Oberwald

DB Schenker Rail Schweiz GmbH

Sägereistrasse 21
CH-8152 Glattbrugg
Telefon: +41 44 8075900
Telefax: +41 44 8075901
info@dbschenker.eu
www.rail.dbschenker.ch

Schwarzwaldallee 200
CH-4058 Basel
Telefon: +41 61 6901260
Telefax: +41 61 6901144

Management
* Martin Brunner (Geschäftsführer)
* Klaus Langendorf (Geschäftsführer)

Gesellschafter
Stammkapital 233.000,00 CHF
* DB Schweiz Holding AG (100 %)

Lizenzen
* CH: Netzzugangsbewilligung; gültig vom 13.03.2006 bis 31.03.2016
* CH: Sicherheitszertifikat, Teil A (GV); gültig vom 01.12.2014 bis 31.12.2015
* DE: Sicherheitszertifikat, Teil A (GV); gültig vom 14.12.2010 bis 13.12.2015

Unternehmensgeschichte
Die Schweizer Landesgesellschaft der DB Schenker Rail-Gruppe, die DB Schenker Rail Schweiz GmbH, geht auf das private EVU Brunner Railways Services GmbH (BRS) zurück. Dessen Gründer Martin Brunner hatte seine berufliche Laufbahn 1990 als Lokomotivführer bei der SBB Cargo AG begonnen und ab 1999 Projektaufgaben bei der SBB Cargo AG übernommen. 2001 wurde er Geschäftsführer und stellvertretender Eisenbahnbetriebsleiter der S-Rail Europe SRE GmbH, einer Tochtergesellschaft der SBB Cargo AG und der Hupac SA, ehe er 2002 zum Eisenbahnbetriebsleiter der SBB Cargo Deutschland GmbH berufen wurde.
2005 gründete Brunner gemeinsam mit seiner Frau die BRS als Güterverkehrs-EVU. Dessen Anteile wurden zum 21.12.2006 an die damalige Railion Deutschland AG verkauft. Das Unternehmen wurde daraufhin zum 25.05.2007 in Railion Schweiz GmbH umfirmiert und erhielt zum 12.02.2009 schließlich den heutigen Namen.
Im grenzüberschreitenden Verkehr mit der Schweiz kooperierte die heutige DB Schenker Rail Deutschland AG seit 2001 mit der BLS Cargo.

DB Schenker Rail Schweiz / ETB / FLP

Aufgrund der so genannten Basisvereinbarung zwischen SBB und BLS darf die BLS Cargo in der Schweiz jedoch keinen Wagenladungsverkehr in Konkurrenz zur SBB Cargo anbieten. Um dennoch auch auf diesem Feld tätig zu sein, bot sich für Railion die Übernahme der BRS an. Die so entstandene DB Schenker Rail Schweiz wickelt seither diverse Verkehre der DB Schenker Rail in der Schweiz ab. Der ursprünglich ausschlaggebende Wagenladungsverkehr wurde zeitweise auf die Region Basel forciert. Nach Abschluss neuer Kooperationsvereinbarungen zwischen DB Schenker Rail und SBB Cargo AG, beispielsweise der X-Rail-Allianz, bietet die DB Schenker Rail in der Schweiz faktisch keine Einzelwagenverkehre mehr in Konkurrenz zur SBB Cargo an. Die DB Schenker Rail Schweiz GmbH erbringt für die deutsche DB Schenker Rail mit deren Triebfahrzeugen (Transit-) Ganzzugverkehre und in der Ostschweiz einzelne Nahzustellungen, zum Teil alternierend mit der SBB Cargo AG.

Emmentalbahn GmbH (ETB) 🅸

Walkestrasse 10
CH-4950 Huttwil
Telefon: +41 62 511 38 70
betriebsleitung@etb-infra.ch
www.etb-infra.ch

Management
* Simon Peter Weiss (Vorsitzender der Geschäftsführung)
* René Kocher (Geschäftsführer)

Gesellschafter
Stammkapital 20.000,00 CHF
* Genossenschaft Museumsbahn Emmental (100 %)

Lizenzen
* Infrastrukturkonzession Sumiswald-Grünen – Huttwil
* Infrastrukturkonzession Sumiswald-Grünen – Wasen

Infrastruktur
* Sumiswald-Grünen – Huttwil (14,83 km, elektrifiziert 15 kV 16,7 Hz)
* Sumiswald-Grünen – Wasen (5,2 km, elektrifiziert 15 kV 16,7 Hz)

Unternehmensgeschichte
Die Konzession für Bau und Betrieb der beiden Eisenbahnstrecken Sumiswald-Grünen – Huttwil und Sumiswald-Grünen – Wasen im Emmental wurde im Dezember 2013 von der BLS Netz AG auf die am 29.11.2013 gegründete Emmentalbahn GmbH (ETB) übertragen. Der Personenverkehr auf den beiden Strecken ist seit Jahren eingestellt. Die ETB will die Strecke für Fahrten mit historischen Fahrzeugen nutzen.
Ende 2009 wurde der öffentliche Verkehr zwischen Sumiswald-Grünen und Affoltern-Weier von Bahn- auf Busbetrieb umgestellt. Damit wurde auch auf dem letzten Teilstück der beiden Bahnstrecken von Sumiswald-Grünen nach Huttwil und Wasen der Personenverkehr eingestellt. Güterverkehr wird noch zwischen Sumiswald-Grünen und einem Anschlussgleis abgewickelt, das sich rund zwei Kilometer in Richtung Wasen befindet.
Auf Antrag der BLS Netz AG sowie der Emmentalbahn (ETB) hat das Bundesamt für Verkehr im Auftrag des Eidgenössischen Departementes für Umwelt, Verkehr, Energie und Kommunikation die Konzession für Bau und Betrieb der beiden Strecken von der BLS an die ETB übertragen. Die ETB will auf den Strecken als Museumsbahn verkehren. Mit der Konzession wird die ETB verpflichtet, die beiden Strecken nach den Vorschriften der Eisenbahngesetzgebung und der Konzession zu betreiben. Damit wird die ETB auch verantwortlich dafür, dass die Strecke so unterhalten wird, dass der Güterverkehr im heutigen Umfang weiterhin durchgeführt werden kann.
Nicht Gegenstand der Konzessionsübertragung ist die künftige Finanzierung von Betrieb und Substanzerhalt der betroffenen Eisenbahnstrecken. Diese soll im Rahmen einer Leistungsvereinbarung zwischen Bund, Kanton Bern und ETB geregelt werden.

Ferrovie Luganesi SA / Ferrovia Lugano – Ponte Tresa (FLP) 🅿🅸

Piazzale della Stazione
CH-6900 Lugano

Via Stazione 8
CH-Agno
Telefon: +41 91 6051305
Telefax: +41 91 6046105
info@flpsa.ch
www.flpsa.ch

Management
* Giorgio Marcionni (Direktor)

Gesellschafter
Stammkapital 1.200.000,00 CHF

Lizenzen
* CH: Eisenbahninfrastrukturkonzession; gültig bis 30.04.2024

FLP / FB / FWB

* CH: Personenbeförderungskonzession; gültig bis 30.04.2024

Infrastruktur
* Lugano FLP – Agno – Ponte Tresa (12,3 km, Spurweite 1.000 mm, elektrifiziert 1.200 V=)

Unternehmensgeschichte
Die Ferrovia Lugano – Ponte Tresa (FLP) ist eine schmalspurige Privatbahn im Schweizer Kanton Tessin. Die am 05.06.1912 eröffnete Strecke verbindet Lugano mit Ponte Tresa unweit der italienischen Grenze. Von den einst vier derartigen Bahnbetrieben der Gegend ist nur sie noch heute in Betrieb. Bis zum Fahrplanwechsel 2007 verkehrten die Züge an Wochentagen alle 20 Minuten, an Wochenenden und Feiertagen halbstündlich. Um zum genannten Zeitpunkt den jetzt unter der Woche angebotenen Viertelstundentakt verwirklichen zu können, war schon 2004 mit den erforderlichen Streckenausbauten begonnen worden. Dazu gehörte der zweigleisige Ausbau der Station Cappella-Agnuzzo (Länge 500 m) sowie in den Abschnitten Bioggio – Serocca d'Agno (Länge 850 m) und Magliaso – Caslano (Länge 700 m). Hinzu kam die Verlegung der Strecke zwischen Caslano-Colombera und Ponte Tresa in einen etwa 1.200 m langen Tunnel mit neuem unterirdischem Endbahnhof. Es ist auch geplant, die Bahnlinie bis in den italienischen Teil von Ponte Tresa zu verlängern.

Verkehre
* Personenverkehr auf eigener Infrastruktur

Forchbahn AG (FB) 🅿️ℹ️

Luggwegstraße 65
CH-8048 Zürich
Telefon: +41 44 4344111
Telefax: +41 44 4344749
info@forchbahn.ch
www.forchbahn.ch

Betriebsleitung
Kaltensteinstraße 32
CH-8127 Forch
Telefon: +41 43 2881111
Telefax: +41 43 2881110

Gesellschafter
Stammkapital 12.207.000,00 CHF
* Schweizerische Eidgenossenschaft, Kanton Zürich, Anliegergemeinden (99,2 %)
* Streubesitz (0,8 %)

Lizenzen
* CH: Eisenbahninfrastrukturkonzession; gültig bis 31.12.2028
* CH: Personenbeförderungskonzession; gültig bis 08.12.2018

Infrastruktur
* Zürich Rehalp – Forch – Esslingen (13 km, Spurweite 1.000 mm, elektrifiziert 1.200 V=)

Unternehmensgeschichte
Die Forchbahn (FB) ist eine meterspurige Schmalspurbahn, die zwischen Zürich Stadelhofen und Esslingen verkehrt. Als S 18 ist sie heute Teil des Zürcher Tarif- und Verkehrsverbundes. Ihr Name ist von der Ortschaft Forch und dem gleichnamigen Pass (676 m über NN) zwischen dem Zürichsee und dem Greifensee abgeleitet, der von der Forchbahn auf etwa halber Strecke überwunden wird.
Seit ihrer Inbetriebnahme am 29.11.1912 ist die Forchbahn eng mit den heutigen Verkehrsbetrieben Zürich (VBZ) durch die gemeinsame Direktion und Betriebsführung verbunden. Die Linienlänge beträgt 16 km, die Länge der eigenen Infrastruktur jedoch nur 13 km, da in Zürich der innerstädtische VBZ-Abschnitt Stadelhofen – Rehalp mitbenutzt wird, der abweichend zur Eigentrasse ab Rehalp mit 600 V Gleichspannung elektrifiziert ist.
In den Jahren nach 1950 wurde für weite Teile der bis dato in Straßenlage verlaufenden Eigentrasse ein besonderer Gleiskörper angelegt. 1966 wurde der Schienengüterverkehr eingestellt; ab 1973 folgte die Unterquerung der Ortslage von Zumikon durch einen 1.758 m langen Tunnel. Im Zuge dieser Modernisierung wurde die Eigentrasse bis 1979 von Zürich kommend bis Neue Forch zweigleisig ausgebaut.

Verkehre
* Personenverkehr Zürich Stadelhofen – Zürich Rehalp – Forch – Esslingen

Frauenfeld-Wil-Bahn AG (FWB) 🅿️ℹ️

St. Gallerstrasse 53
CH-9101 Herisau
Telefon: +41 71 3545060
Telefax: +41 71 3545065
info@fw-bahn.ch
www.fw-bahn.ch

FWB / GGB

Management
* Thomas Baumgartner (Direktor)

Gesellschafter
Stammkapital 4.495.050,00 CHF
* Schweizerische Eidgenossenschaft (37,7 %)
* Kanton Thurgau (33,8 %)
* Gemeinden (21,2 %)
* Kanton St. Gallen (6,3 %)
* Streubesitz (1 %)

Lizenzen
* CH: Eisenbahninfrastrukturkonzession; gültig bis 14.10.2037
* CH: Personenbeförderungskonzession; gültig bis 14.10.2037

Infrastruktur
* Wil – Frauenfeld (17,5 km, Spurweite 1.000 mm, elektrifiziert 1.200 V=)

Unternehmensgeschichte
Die schmalspurige Frauenfeld-Wil-Bahn (FWB) verbindet das Murgtal im Kanton Thurgau mit den Städten Frauenfeld und Wil SG. Die Eröffnung der zunächst mit Dampflokomotiven betriebenen Strecke erfolgte am 01.09.1887. Am 20.11.1921 wurde der elektrische Betrieb aufgenommen. Schon seit 1907 wurden wegen des starken Güteraufkommens reine Güterzüge gefahren, was für eine Strecke mit Überlandstraßenbahncharakter eher ungewöhnlich ist. Bald nach der Elektrifizierung wurde auch eine elektrische Güterzuglokomotive beschafft, die bis 1969 im Dienst stand. Nach der Einstellung des Güterverkehrs in den 1990er-Jahren dient die FW heute ausschließlich dem Regionalpersonenverkehr.
Die Strecke ist durchweg eingleisig, verfügt aber über sieben Kreuzungsstellen. An Wochentagen wird ein Halbstundentakt angeboten, am Wochenende vormittags ein Stundentakt. Beim Halbstundentakt fahren jeweils zwei Züge, die sich in Matzingen und Schweizerhof (kein Verkehrshalt) kreuzen. Der Zugverkehr wird von einer Leitstelle in Matzingen überwacht.
Jährlich befördert die in den regionalen Tarifverbund Ostwind eingebundene FWB rund eine Million Fahrgäste. Die Geschäftsführung der FWB wird durch die AB Appenzellerbahnen AG wahrgenommen.
Im Juni 2011 orderte das Unternehmen fünf Triebzüge des Typs Diamant bei Stadler Rail, die seit März 2013 ausgeliefert werden.

Verkehre
* Personenverkehr auf eigener Infrastruktur

Gornergrat Bahn AG (GGB) 🅿️🅸

Bahnhof Zermatt
CH-3920 Zermatt
Telefon: +41 848 642442
Telefax: +41 27 927 77 79
info@gornergrat.ch
www.gornergrat.ch

Management
* Fernando Lehner (Direktor)

Gesellschafter
Stammkapital 8.000.000,00 CHF
* BVZ Holding AG (BVZ) (100 %)

Lizenzen
* CH: Eisenbahninfrastrukturkonzession; gültig bis 20.06.2022
* CH: Personenbeförderungskonzession; gültig vom 16.03.1972 bis 20.06.2022

Infrastruktur
* Zermatt – Gornergrat (9,3 km, Spurweite 1.000 mm, elektrifiziert 750 V 50 Hz Drehstrom, Zahnradbahn System Abt)

Unternehmensgeschichte
Die am 20.08.1898 eröffnete Gornergratbahn (GGB) ist eine elektrisch betriebene Zahnradbahn in der Monte-Rosa-Region, die von Zermatt (1.604 m) hinauf auf den Gornergrat (3.089 m) führt. Sie ist von Beginn an mit Drehstrom elektrifiziert, was sie zur ersten elektrisch betriebenen Zahnradbahn der Schweiz macht. Die frühere Bergstation lag ursprünglich 71 m tiefer und wurde zwischen 1907 und 1909 mittels Streckenverlängerung um 310 m an den heutigen Standort verlegt. Die Strecke hat eine durchschnittliche Steigung von 160 und eine Maximalsteigung von 200 ‰. Auf 3,79 km ist sie zweigleisig ausgebaut. Nach jahrzehntelangem ausschließlichem Sommerbetrieb fuhren 1928 erstmals auch im Winter Züge, je nach Schneeverhältnissen bis zu den Stationen Riffelalp (2.210 m) oder Riffelboden (2.348 m). Das besonders lawinengefährdete Teilstück am Riffelbord verhinderte die Fahrt bis zum Gipfel. Nach dem Bau einer Lawinenschutzgalerie ist seit 1942 der Winterbetrieb bei Witterungsverhältnissen auch bis zur Endstation Gornergrat möglich.
1997 wurde die Gornergrat-Bahn-Gesellschaft in Gornergrat-Monte Rosa-Bahnen umbenannt, um die Existenz der auf dem Gornergrat ebenfalls vorhandenen Seilbahnen zu verdeutlichen. Die

Generalversammlung vom 01.04.2005 beschloss eine erneute Namensänderung in Gornergrat Bahn AG. Im Mai 2005 erwarb die BVZ Holding - Mehrheitsaktionärin der Matterhorn-Gotthard-Bahn - 44,3 % der Aktien und unterbreitete den übrigen Aktionären ein Übernahmeangebot. Daraufhin wurde im September 2005 ein Fusionsvertrag geschlossen und die GGB im Oktober in eine 100 %-Tochter der BVZ Holding umgewandelt.

Verkehre
* Personenverkehr auf eigener Infrastruktur

GTS RAIL SAGL

Via Ferruccio Pelli 13
CH-6900 Lugano
www.gtsrail.com

Management
* Alessio Michele Muciaccia (Vorsitzender der Geschäftsführung)
* Andrea Scialanga (Geschäftsführer)
* Antonio Valenzano (Geschäftsführer)

Gesellschafter
Stammkapital 20.000,00 CHF
* Wind Holding S.r.l. (100 %)

Lizenzen
* CH: Netzzugangsbewilligung; gültig vom 01.02.2013 bis 31.01.2023

Unternehmensgeschichte
Seit 10.07.2012 verfügt die im August 2011 gegründete GTS RAIL SAGL über ein Sicherheitszertifikat in der Schweiz.
GTS Rail mit Sitz in Bari wurde im Jahr 2007 als Schwester des drittgrößten italienischen KV-Operators GTS General Transport Service gegründet. Seit Januar 2010 ist das Unternehmen mit eigenen Bombardier Traxx-E-Loks als EVU tätig und bespannt vorrangig Züge der Operatingschwester. Der schweizer Ableger befindet sich abweichend im vollständigen Wind Holding S.r.l. die bei den Schwestern nur mehrheitlich beteiligt ist, und ist

aktuell am Markt nicht aktiv.

Hafenbahn Schweiz AG (HBSAG)

Hafenstrasse 4
CH-4127 Birsfelden
Telefon: +41 61 6399563
florian.roethlingshoefer@portof.ch
www.portof.ch

Management
* Hans-Peter Hadorn (Prädident des Verwaltungsrates)
* Florian Röthlingshöfer (Delegierter des Verwaltungsrats)
* Martin Nusser (Mitglied des Verwaltungsrates)

Gesellschafter
Stammkapital 1.000.000,00 CHF
* Schweizerische Rheinhäfen AöR (SRH) (100 %)

Lizenzen
* CH: Eisenbahninfrastrukturkonzessionen, gültig bis 30.06.2022 bzw. 31.12.2048

Infrastruktur
* Hafenbahnhof Birsfelden Hafen / Muttenz Au (27,5 km); Abschnitt Muttenz - Birsfelden Hafen elektrifiziert 15 kV 16,7 Hz
* Hafenbahnhof Kleinhüningen (27,7 km); Abschnitt Basel Bad Bf - Basel Kleinhüningen elektrifiziert 15 kV 16,7 Hz

Unternehmensgeschichte
Die Hafenbahnanlagen in den Schweizerischen Rheinhäfen werden von der am 22.12.2010 gegründeten Hafenbahn Schweiz AG (HBSAG) betrieben. Die HBSAG ist eine Tochtergesellschaft der Schweizerische Rheinhäfen (SRH) und ging per 01.01.2011 aus der Zusammenlegung der Konzessionierten Hafenbahnen des Kantons Basel-Stadt und des Kantons Basel-Landschaft hervor. Die Hafenbahnanlagen bestehen aus ca. 80 km Gleisen, auf denen jährlich 4,5 Mio. t Güter auf 185.000 Güterwagen bewegt werden.
Seit 1924 sorgt die Hafenbahn des Kantons Basel-Stadt (HBS) als konzessioniertes schweizerisches Eisenbahnunternehmen für die Verbindung der Rheinhäfen der Stadt Basel mit dem öffentlichen

HBSAG / JB / LEB

Bahnnetz von SBB, und DB. Die HBS betreibt zwei räumlich getrennte, normalspurige Hafenbahnen: Linksrheinisch wurde der Rheinhafen St. Johann mit dem SBB/SNCF-Grenzbahnhof St. Johann verbunden. Der Hafenbahnhof St. Johann wurde mit der Umnutzung des Areals rückgebaut.
Rechtsrheinisch verknüpft die HBS den Hafen Kleinhüningen mit dem Bahnhof Basel Bad der SBB und DB.
Die um 1940 gebaute Hafenbahn des Kantons Basel-Landschaft (HBL) erschließt als konzessioniertes schweizerisches Eisenbahnunternehmen die südlichen Hafenteile Birsfelder Hafen und Muttenz Au über eine normalspurige und teilweise elektrifizierte Hafenbahn.

250 ‰ werden dabei fast 1.400 Höhenmeter überwunden. Die heutige Strecke wurde in mehreren Abschnitten eröffnet: Kleine Scheidegg – Eigergletscher am 19.09.1898, Eigergletscher – Rotstock (heute nicht mehr bedient) am 02.08.1899, Rotstock – Eigerwand am 28.06.1903, Eigerwand – Eismeer am 25.07.1905 und Eismeer – Jungfraujoch am 01.08.1912. Wichtigster Streckenabschnitt ist der sieben km lange Tunnel durch die Bergmassive des Eigers und des Mönchs. Die Zwischenstationen Eigerwand und Eismeer sind als Kavernen in den Fels gesprengt, verfügen aber über Aussichtsfenster. Nach der Anschaffung einer Schneeschleuder ist seit 1937 ein Ganzjahresbetrieb möglich. 1951 folgte der Einbau einer Zahnstange auf der bisherigen Adhäsionsstrecke zwischen Eismeer und Jungfraujoch.
Die heutige Muttergesellschaft Jungfraubahn Holding AG wurde am 01.01.1994 gegründet. Ihr Geschäftszweck ist sowohl der Betrieb von Ausflugsbahnen wie der JB als auch von Wintersportanlagen in der „Eiger Mönch & Jungfrau Region" sowie touristisches Marketing.
Die Jungfraubahn-Gruppe konnte gegenüber dem Vorjahr ihr Ergebnis um 16 % steigern und erzielte im Jahr 2013 einen Rekordgewinn von 30,2 Mio. CHF. Mit einem Betriebsertrag von 164 Mio. CHF verzeichnete die Jungfraubahn-Gruppe den höchsten Umsatz ihrer Geschichte.

Jungfraubahn AG (JB) P I

Harderstraße 14
CH-3800 Interlaken
Telefon: +41 33 8287111
info@jungfrau.ch
www.jungfrau.ch

Management
* Urs Kessler (Vorsitzender der Geschäftsleitung)

Gesellschafter
Stammkapital 10.000.000,00 CHF
* Jungfraubahn Holding AG (100 %)

Lizenzen
* CH: Eisenbahninfrastrukturkonzession; gültig bis 20.12.2024
* CH: Personenbeförderungskonzession; gültig bis 20.12.2024

Infrastruktur
* Kleine Scheidegg – Jungfraujoch (9,3 km, Spurweite 1.000 mm, elektrifiziert 1.125 V 50 Hz Drehstrom, Zahnradbahn System Strub, Umstellung auf System von Roll im Gange)

Unternehmensgeschichte
Die Jungfraubahn (JB) ist eine Zahnradbahn im Berner Oberland. Sie führt von der Kleinen Scheidegg (Station der Wengernalpbahn) durch die Bergmassive von Eiger und Mönch bis aufs Jungfraujoch. Mit einer Maximalsteigung von

Verkehre
* Personenverkehr auf eigener Infrastruktur

Compagnie du Chemin de fer Lausanne-Echallens-Bercher SA (LEB) I

Place de la gare 9
CH-1040 Echallens
Telefon: +41 21 88620-00
Telefax: +41 21 88620-19
admin.leb@leb.ch
www.leb.ch

Gesellschafter
Stammkapital 2.272.000,00 CHF

Lizenzen
* CH: Eisenbahninfrastrukturkonzession; gültig bis 31.05.2023

Infrastruktur
* Lausanne-Flon – Echallens – Bercher (23,7 km, Spurweite 1.000 mm, elektrifiziert 1.500 V=)

LEB / MGI

Unternehmensgeschichte
Die Chemin de fer Lausanne-Echallens-Bercher (LEB) ist eine schmalspurige Privatbahn im Kanton Waadt (frz. Vaud). Die Strecke führt vom Stadtzentrum der Kantonshauptstadt Lausanne durch die nördlichen Vororte und weiter nach Echallens und Bercher im Gros de Vaud, dem Waadtländer Hinterland. Der Abschnitt Lausanne – Echallens wurde am 01.07.1874 eröffnet. Die zunächst separat konzipierte Linie Echallens – Bercher ging 1889 in Betrieb, nachdem eine örtliche Lebensmittelfabrik umfangreiche Gütertransporte in Aussicht gestellt hatte. Dazu kam es zwar nicht, doch konnte der Betrieb durch Integration in die bestehende Lausanner Linie gerettet werden. Die heutige Compagnie du Chemin de fer Lausanne-Echallens-Bercher SA wurde am 01.01.1913 gegründet. Heute ist die LEB eine moderne Vorortbahn, die in Lausanne teilweise unterirdisch verkehrt. Als Ersatz für den 125 Jahre genutzten provisorischen Endbahnhof Chauderon ging am 25.05.2000 die heutige Endstation Lausanne-Flon in Betrieb. Mit neun Bahnhöfen und zwölf Haltepunkten auf knapp 24 km Streckenlänge ist die Zugangsstellendichte sehr hoch. Die Züge fahren alle 30 Minuten, zwischen Echallens und dem deutlich kleineren Bercher außerhalb der Hauptverkehrszeit nur stündlich. An Sonntagen im August und September verkehren zudem zwischen Cheseaux-sur-Lausanne und Bercher Nostalgie-Dampfzüge.
Die Transports publics de la région Lausannoise SA (tl) hat per 05.12.2013 die operative Führung des Personen- und Güterverkehrs (Schiene/Strasse) der LEB übernommen.

Matterhorn Gotthard Infrastruktur AG (MGI)

Nordstraße 20
CH-3900 Brig
Telefon: +41 27 9277777
Telefax: +41 27 9277779

Management
* Beat Britsch (Finanzen und Controlling sowie Support)
* Bernhard Glor (Strategische Projekte)
* Willi In-Albon (Infrastruktur)
* Hans-Rudolf Mooser (Vorsitzender der Geschäftsleitung)
* Peter Rüttimann (Betrieb)

Gesellschafter
Stammkapital 14.400.000,00 CHF
* Schweizerische Eidgenossenschaft
* Kanton Graubünden
* Kanton Uri
* Kanton Wallis

Lizenzen
* CH: Eisenbahninfrastrukturkonzession; gültig bis 31.12.2016

Infrastruktur
* Brig – Oberwald – Realp – Andermatt – Disentis (96,9 km, Spurweite 1.000 mm, elektrifiziert 11 kV 16,7 Hz; abschnittsweise Zahnradbahn System Abt)
* Andermatt – Göschenen (3,7 km, Spurweite 1.000 mm, elektrifiziert 11 kV 16,7 Hz; Zahnradbahn System Abt)
* Brig – Visp – Zermatt (44 km, Spurweite 1.000 mm, elektrifiziert 11 kV 16,7 Hz; abschnittsweise Zahnradbahn System Abt)

Unternehmensgeschichte
Die Matterhorn Gotthard Infrastruktur AG (MGI) ist Eigentümerin der Bahninfrastruktur der ehemaligen Unternehmen Furka-Oberalp-Bahn (FO) und BVZ Zermatt-Bahn (BVZ), umfassend namentlich Fahrbahn, Fahrleitung, Sicherungsanlagen und Bahnhöfe. Der Betrieb auf dem meterspurigen Bahnnetz mit einer Gesamtlänge von rund 145 km wird primär durch die Matterhorn Gotthard Verkehrs AG (MGB) durchgeführt; die Infrastruktur ist jedoch jedem in der Schweiz konzessionierten Bahnunternehmen zugänglich. MGB und MGI werden unter dem Dach der Aktiengesellschaft Matterhorn Gotthard Bahn (MGM) gemeinsam verwaltet.
Das Unternehmen entstand im Rahmen der Kombination der benachbarten Bahngesellschaften BVZ und FO im Jahr 2003. Während die aus der BVZ entstandene MGB den Betrieb beider Bahnen übernahm, wurde per Statutenänderung vom 11.06.2003 und Handelsregistereintrag am 23.07.2003 rückwirkend zum 01.01.2003 die bisherige FO in die Matterhorn Gotthard Infrastruktur AG (MGI) umfirmiert. Diese erwarb zusätzlich die bislang von der BVZ gehaltene Infrastruktur. Gleichzeitig wurde die Eigentümerstruktur geändert. Die MGB ist mehrheitlich im Besitz der privaten BVZ Holding AG, während die MGI vollständig von der öffentlichen Hand gehalten wird.

MGBahn / MBC-bam

Matterhorn Gotthard Verkehrs AG (MGBahn) 🅿🅖

Bahnhofplatz 7
CH-3900 Brig
Telefon: +41 848 642442
Telefax: +41 27 9277779
info@mgbahn.ch
www.mgbahn.ch

Management
* Fernando Lehner (Vorsitzender der Geschäftsleitung)
* Alice Kalbermatter (Leiterin Finanzen und Services)
* Egon Gsponer (Leiter Infrastruktur)
* Christoph Kronig (Leiter Personal)
* Ivan Pfammatter (Leiter Rollmaterial und Traktion)
* Marco Tacchella (Leiter Marketing und Vertrieb)
* Martin Berchtold (Leiter Betrieb)

Gesellschafter
Stammkapital 15.000.000,00 CHF
* BVZ Holding AG (BVZ) (75,24 %)
* Streubesitz (2,14 %)

Lizenzen
* CH: Personenbeförderungskonzession; gültig vom 21.05.1982 bis 11.12.2021

Unternehmensgeschichte
Im Jahr 2003 schlossen sich die benachbarten Bahngesellschaften BVZ Zermatt-Bahn (BVZ) und Furka-Oberalp-Bahn (FO) zusammen. Hierfür entstand aus der bisherigen FO die Matterhorn Gotthard Infrastruktur AG (MGI), welche die meterspurige Infrastruktur beider Bahnen übernahm und vollständig durch die öffentliche Hand gehalten wird. Aus der BVZ wurde per Statutenänderung vom 23.05.2003 rückwirkend zum 01.01.2003 die Matterhorn Gotthard Verkehrs AG (MGBahn). Diese Gesellschaft, mehrheitlich im Besitz der BVZ Holding AG, erbringt seither die bislang von BVZ und FO erbrachten Verkehrsleistungen auf der Infrastruktur der MGI. MGBahn und MGI werden unter dem Dach der Aktiengesellschaft Matterhorn Gotthard Bahn (MGM) gemeinsam verwaltet.
Bekannteste Zugleistung der MGBahn ist der zusammen mit der Rhätischen Bahn AG (RhB) angebotene „Glacier Express", der zwischen Disentis, Brig und Zermatt mit Ausnahme des kurzen Abzweigs nach Göschenen das komplette Streckennetz der MGI befährt. Regionalen Personenverkehr erbringt die MGBahn in Form von Pendelzügen auf den Abschnitten Brig – Zermatt, Brig – Göschenen und Andermatt – Disentis. Neben dem regionalen Personenverkehr betreibt die MGBahn auch den Zermatt-Shuttle. Dieser verbindet das so genannte Matterhorn Terminal in Täsch – faktisch einen P+R-Platz für Zermatt-Urlauber, die mit dem Auto anreisen – mit dem autofreien Ort Zermatt. Die Shuttle-Züge werden mit modernen, speziell für diesen Zweck gebauten, Triebzügen gefahren. Die Verbindung wird am Tag alle 20 Minuten, am Abend und am Wochenende die ganze Nacht hindurch einmal pro Stunde angeboten. Zum Fahrplanwechsel im Dezember 2014 hat die MGBahn den Halbstundentakt zwischen Fiesch und Zermatt eingeführt.
Der Güterverkehr beschränkt sich weitgehend auf die Abschnitte Visp – Zermatt und Disentis – Sedrun. An der Furka bietet die MGBahn zwischen Realp und Oberwald Autotransporte durch den Furkatunnel an. Im Winter wird auch Autoverlad Andermatt – Sedrun über den Oberalppaß angeboten. In Sedrun wurde zudem die Anschlußbahn zur Baustelle des Gotthard-Basistunnels bedient. Diese wurde Mitte Mai 2014 von Vereinsmitgliedern der DFB-Dampfbahn-Furka-Bergstrecke AG abgebaut. Schienen, Schwellen und Zahnstangen finden dort weitere Verwendung.
Der Güterverkehr der MGBahn wurde zusammen mit sechs Mitarbeitern per 01.10.2011 an die Planzer Transport AG abgegeben, die unter der Marke „Alpin Cargo – Logistikpartner der MGBahn" auftritt. MGBahn stellt weiterhin Traktion und Fahrzeugmaterial für die Leistungen der Alpin Cargo AG.

Verkehre
* Personen- und Güterverkehr auf der Infrastruktur der Matterhorn Gotthard Bahn Infrastruktur AG

Transports de la région Morges-Bière-Cossonay SA (MBC-bam) 🅿🅖🅸

Av. de Riond Bosson 3
CH-1110 Morges 2
Telefon: +41 21 811 43 43
Telefax: +41 21 811 43 44
info@mbc.ch
www.mbc.ch

Management
* Michel Pernet (Direktor)

MBC-bam / MIB

Gesellschafter
Stammkapital 1.016.500,00 CHF

Lizenzen
* CH: Eisenbahninfrastrukturkonzession; gültig bis 31.12.2016
* CH: Personenbeförderungskonzession; gültig vom 06.07.1978 bis 12.12.2020

Infrastruktur
* Morges – Apples – Bière (19,1 km, Spurweite 1.000 mm, elektrifiziert 15 kV 16,7 Hz)
* Apples – L'Isle-Mont-la-Ville (10,7 km, Spurweite 1.000 mm, elektrifiziert 15 kV 16,7 Hz)

Unternehmensgeschichte
Die Transports de la région Morges-Bière-Cossonay AG (MBC-bam) ist ein regionales Verkehrsunternehmen im Kanton Waadt und entstand zum 25.06.2003 (Handelsregistereintrag zum 15.07.2003) durch Umbenennung aus der Compagnie du Chemin de fer de Bière-Apples-Morges SA (BAM). MBC-bam betreibt neben den beiden zusammen rund 30 km langen, in Meterspur ausgeführten Bahnstrecken der BAM auch regionale Omnibusverkehre.

Verkehre
* Bedienung der Anschlussbahn Bière-Jonction – Bière-Casernes (1,9 km, elektrifiziert 15 kV 16,7 Hz) des Eidgenössischen Departements für Verteidigung, Bevölkerungsschutz und Sport (VBS)
* Personen- und Güterverkehr auf eigener Infrastruktur

Meiringen – Innertkirchen-Bahn – Nebenbetrieb der Kraftwerke Oberhasli AG (MIB)
P G I

Grimselstraße 19
CH-3862 Innertkirchen
Telefon: +41 33 982 20 11
Telefax: +41 33 982 20 15
kwo@kwo.ch
www.grimselwelt.ch

Gesellschafter
Stammkapital 120.000.000,00 CHF

Lizenzen
* CH: Eisenbahninfrastrukturkonzession; gültig vom 01.05.1946 bis 14.06.2026
* CH: Personenbeförderungskonzession; gültig bis 14.06.2026

Infrastruktur
* Meiringen – Innertkirchen (4,8 km, Spurweite 1.000 mm, elektrifiziert 1.200 V=)

Unternehmensgeschichte
Die im Kanton Bern gelegene Meiringen-Innertkirchen Bahn (MIB) ist eine der kürzesten Schmalspurbahnen der Schweiz. Sie verkehrt auf einer fünf Kilometer langen Strecke entlang der Aareschlucht zwischen Meiringen und Innertkirchen. Trotz bestehender Konzessionen für andere Bahnen im Tal (Straßenbahn Meiringen – Reichenbach – Aareschlucht) bauten die 1925 gegründeten Kraftwerke Oberhasli AG (KWO) eine zusätzliche Schmalspurstrecke, die ab 01.08.1926 als Werkbahn zur Versorgung der Kraftwerksbaustellen sowie zur Personenbeförderung der Arbeiter und deren Familien diente. Mit der Erteilung der Konzession für den öffentlichen Personenverkehr am 14.06.1946 wurde die Meiringen-Innertkirchen Bahn (MIB) als Betriebsteil der KWO gegründet. Im Kirchettunnel, mit dem die Aareschlucht umfahren wird, wurde nach Beginn des Zweiten Weltkrieges eine 15000 m^3 große Kaverne ausgesprengt, um im Falle eines Angriffs auf die Schweiz den Kommandostab des Generals Guisan aufzunehmen. Um die Erreichbarkeit der Aareschlucht für Besucher zu verbessern, entstand im Tunnel im Jahr 2003 die Haltestelle „Aareschlucht Ost".
Im Verkehr waren anfangs Dampflokomotiven und später auch ein Akku-Triebwagen im Einsatz. 1976 begann eine umfangreiche Infrastruktursanierung, wobei die Strecke auch elektrifiziert wurde. Der elektrische Betrieb wurde am 19.11.1977 aufgenommen. Der heutige Triebwagen Be 4/4 8 löste am 04.05.1996 zusammen mit einem gebraucht beschafften Reservefahrzeug die bis dato eingesetzten Straßenbahnfahrzeuge ab. Zum Fahrplanwechsel 2006 trat die MIB dem „direkten Verkehr" bei, so dass seither ab jedem Bahnhof der Schweiz Fahrkarten zu jeder MIB-Haltestelle gelöst werden können. Mit Einstellung des Güterverkehrs auf der in Meiringen anschließenden Infrastruktur der zb Zentralbahn zum 13.12.2005 endete auch auf der MIB der planmäßige Gütertransport.

Verkehre
* Personenverkehr auf eigener Infrastruktur
* Schwertransporte von Kraftwerkstechnik (Transformatoren, etc.) auf eigener Infrastruktur

MOB / MG

Compagnie du chemin de fer Montreux-Oberland bernois SA (MOB) 🅿️ℹ️

Case postale 1426
CH-1820 Montreux
Telefon: +41 21 9898181
mob@mob.ch
www.mob.ch

Management
★ Georges Oberson (Direktor)

Gesellschafter
Stammkapital 20.688.000,00 CHF
★ Schweizerische Eidgenossenschaft (43,1 %)
★ Kanton Bern (18,8 %)
★ Kanton Waadt (17,4 %)
★ Streubesitz (8,3 %)
★ Rolly Fly SA Holding (6,4 %)
★ Gemeinden im Waadtland (6 %)

Beteiligungen
★ Golden Pass SA (100 %)
★ Voyages et Services automobiles MOB SA (60 %)
★ Garage-Parc Montreux Gare SA (42,2 %)
★ Transports Montreux – Vevey – Riviera SA (MVR) (17 %)

Lizenzen
★ CH: Eisenbahninfrastrukturkonzession; gültig vom 16.04.1898 bis 31.12.2029
★ CH: Personenbeförderungskonzession; gültig vom 09.05.1986 bis 30.04.2015

Infrastruktur
★ Montreux – Chamby – Les Avants – Montbovon – Gstaad – Zweisimmen – Lenk im Simmental (75,3 km, Spurweite 1.000 mm, elektrifiziert 900 V=)

Unternehmensgeschichte
Die Meterspurstrecke der Compagnie du chemin de fer Montreux-Oberland bernois SA (MOB, dt. Montreux-Berner Oberland-Bahn) führt von Montreux am Genfer See ins Berner Oberland nach Lenk im Simmental. Der Abschnitt von Montreux bis zum MOB-Kopfbahnhof Zweisimmen ist Teil der "Golden Pass" genannten Alpentransversale Montreux – Luzern. Die Fortsetzung der Golden-Pass-Route ab Zweisimmen ist die normalspurige Strecke der ehemaligen Spiez-Erlenbach-Zweisimmenbahn, heute zur BLS AG gehörig. Die MOB-Strecke wurde in mehreren Abschnitten eröffnet: Montreux – Les Avants am 12.12.1901, Les Avants – Montbovon am 01.10.1903, Montbovon – Château-d'Œx am 19.08.1904, Château-d'Œx – Gstaad zum 20.12.1904, Gstaad – Zweisimmen am 06.07.1905 und Zweisimmen – Lenk am 08.06.1912.

Bekannt geworden ist die MOB durch ihre Panoramawagen, deren erster 1976 in Betrieb ging. Wegen des großen Zuspruchs wurde bereits ab 1979 ein kompletter Panoramazug eingesetzt, dem bis heute weitere folgten. Seit 2001 ist die MOB zusammen mit der Transports Montreux-Vevey-Riviera (MVR) unter der Dachmarke „Golden Pass Services" (GPS) zusammengefasst.
Die ehemaligen ABe 4/12 5001-5004 durchlaufen seit 2004 einen Totalumbau, sie erhalten neue Steuerwagen und sind nicht mehr als Altfahrzeuge zu erkennen.
Im November 2012 endete mit der Einstellung von Kiesganzzügen der Güterverkehr der MOB, die BDe 4/4 300x werden seither nur noch als Arbeitszüge eingesetzt.
Verschiedene Konzepte, die normalspurige Strecke der BLS von Zweisimmen nach Spiez mit einer dritten Schiene für die Meterspur auszurüsten, wurden 2006 von den am „Golden Pass" beteiligten Bahnen MOB, BLS und SBB endgültig verworfen. Neue Pläne der BLS und MOB von 2011 sehen vor, mit drei Spurwechselanlagen ab 2016 den planmäßigen Betrieb zunächst zwischen Montreux und Spiez aufzunehmen. Bereits 2010 wurden die ersten Drehgestell-Prototypen und eine Prototyp-Umspuranlage erfolgreich getestet.

Verkehre
★ Personenverkehr auf eigener Infrastruktur

Ferrovia Monte Generoso SA (MG) 🅿️ℹ️

CH-6825 Capolago
Telefon: +41 91 6305111
Telefax: +41 91 6481107
info@montegeneroso.ch
www.montegeneroso.ch

Management
★ Marco Bronzini (Direktor)

Gesellschafter
Stammkapital 3.500.000,00 CHF
★ Migros-Genossenschafts-Bund (MGB) (100 %)

Lizenzen
★ CH: Eisenbahninfrastrukturkonzession
★ CH: Personenbeförderungskonzession

Infrastruktur
★ Capolago Lago – Generoso Vetta (8,9 km, Spurweite 800 mm, elektrifiziert 850 V=, Zahnradbahn System Abt)

MG / NStCM / OC

Unternehmensgeschichte
Die Ferrovia Monte Generoso SA (MG) betreibt die einzige Schweizerische Schmalspur-Zahnradbahn südlich der Alpen. Die Strecke führt mit einer Maximalsteigung von 220 ‰ von Capolago am Luganersee (273 m) auf den Monte Generoso (1.704 m), den bedeutendsten Aussichtsberg im Kanton Tessin. Die Bergstation Generoso Vetta liegt unterhalb des Gipfels auf 1.605 m Höhe. Die MG hatte am 05.06.1890 den Betrieb aufgenommen, wurde aber wegen wirtschaftlicher Schwierigkeiten schon 1904 liquidiert. Auch die 1909 von neuen Eigentümern gegründete AG ging 1914 in Konkurs. Die zwei Jahre später erneut gebildete Gesellschaft wurde 1921 finanziell saniert, musste aber dennoch im September 1939 den Verkehr einstellen. Daraufhin setzte sich Migros-Gründer Gottlieb Duttweiler vehement für die Erhaltung der Monte-Generoso-Bahn ein, so dass die Migros die MG übernahm. Der am 12.03.1941 wieder aufgenommene Betrieb wurde in den 1950er Jahren auf Dieseltraktion umgestellt. 1982 konnte nach einer umfangreichen Sanierung der elektrische Betrieb mit neuen Doppeltriebwagen aufgenommen werden. Es herrscht Saisonbetrieb mit einem Sommerfahrplan von Ende März bis Mitte November. Die Winterfahrplanperiode dauert von Anfang Dezember bis Anfang Januar. Dann gilt ein eingeschränkter Fahrplan mit zwei Regel- und einem Bedarfszugpaar, das bei schlechtem Wetter ausfällt.

Verkehr
★ Personenverkehr auf eigener Infrastruktur

Compagnie du chemin de fer Nyon-St-Cergue-Morez SA (NStCM) 🅿️🄸

Rue de la Gare 45
CH-1260 Nyon
Telefon: +41 22 994 28 40
Telefax: +41 22 994 28 41
nstcm@tprnov.ch
www.bustpn.ch

Gesellschafter
Stammkapital 3.219.000,00 CHF

Lizenzen
★ CH: Eisenbahninfrastrukturkonzession; gültig vom 23.12.1910 bis 31.12.2040
★ CH: Personenbeförderungskonzession; gültig bis 31.12.2040

Infrastruktur
★ Nyon – La Cure (26,8 km, Spurweite 1.000 mm, elektrifiziert 1.500 V=)

Unternehmensgeschichte
Die Schmalspurstrecke der Chemin de fer Nyon–St-Cergue–Morez (NStCM) verbindet Nyon am Genfer See mit dem Kur- und Wintersportort Saint-Cergue auf den Höhen des Waadtländer Juras und führt von dort weiter nach La Cure, das unmittelbar an der französischen Grenze gelegen ist. Die Konzession zum Bahnbau wurde am 11.11.1912 erteilt, doch verzögerte der Ausbruch des Ersten Weltkrieges die Bauarbeiten, so dass die Inbetriebnahme des Abschnittes Nyon – St-Cergue erst am 12.07.1916 stattfinden konnte. Die Fortsetzungen bis La Cure bzw. bis ins französische Landesinnere zum Bahnhof Morez der SNCF-Linie von Bourg-en-Bresse nach Andelot gingen am 18.08.1917 bzw. am 07.03.1921 in Betrieb. Der letztgenannte Abschnitt wurde 1958 stillgelegt und durch Busbetrieb ersetzt. 1963 legte die NStCM einen ersten Antrag auf finanzielle Beihilfen zur Erneuerung von Infrastruktur und Rollmaterial vor, doch fiel erst am 07.07.1982 nach jahrelangen Überlegungen zur Stilllegung die Entscheidung zum Fortbestand der Schienenstrecke. Die bis 1988 durchgeführte Rekonstruktion der Bahn kam deswegen einem Neuaufbau gleich. Seit dem 04.07.2004 ist auch der neue unterirdische NStCM-Bahnhof von Nyon in Betrieb. Die Linie wird im angenäherten Stundentakt bedient, montags bis freitags gibt es zwischen Nyon und St-Cergue zusätzliche Züge.

Verkehr
★ Personenverkehr auf eigener Infrastruktur

OC, Société du chemin de fer Orbe – Chavornay SA, p.a. Travys S.A. 🅿️🄶🄸

Rue de la Poste 2
CH-1350 Orbe

Kontakt
Postfach 387
CH-1401 Yverdon-les-Bains
Quai de la Thièle 32
CH-1401 Yverdon-les-Bains
Telefon: +41 24 424 10 70
Telefax: +41 24 441 10 80
info@travys.ch
www.travys.ch

OC / OeBB

Gesellschafter
Stammkapital 100.000,00 CHF
★ Usines de l'Orbe SA (100 %)

Lizenzen
★ CH: Eisenbahninfrastrukturkonzession; gültig bis 01.01.2021

Infrastruktur
★ Chavornay – Orbe (3,9 km, Spurweite 1.435 mm, elektrifiziert 750 V=)

Unternehmensgeschichte
Die Strecke der OC, Société du chemin de fer Orbe – Chavornay SA (OC) ist im Norden das Kantons Waadt (frz. Vaud) gelegen. Der Ort Chavornay hatte schon 1855 seinen Bahnanschluss durch die Compagnie de l'Ouest-Suisse an der heutigen Jurasüdfußlinie Olten – Neuchâtel – Lausanne – Genf erhalten, nicht aber der vier Kilometer abseits gelegene Bezirkshauptort Orbe. Die sich entwickelnde Industrie mit Mühlen und einer Nestlé-Fabrik verlangte nach einer Bahnanbindung, so dass am 17.04.1894 die heutige OC-Strecke als Stichbahn von Chavornay eröffnet wurde. Von Beginn an mit 750 Volt Gleichspannung betrieben war sie die erste elektrifizierte Normalspurstrecke der Schweiz. Bis zum 31.12.1992 war der Bahnbetrieb eine Abteilung der Société des Usines de l'Orbe (UO, Gesellschaft der Fabriken von Orbe). Die heutige OC-Gesellschaft wurde am 01.01.1993 als hundertprozentige Tochter der UO gegründet, was auf einen Beschluss der UO-Aktionärsversammlung vom 05.06.1992 zurückgeht. Am 01.06.2003 übernahm die Gesellschaft TRAVYS - Transports Vallée-de-Joux-Yverdon-les-Bains-Sainte-Croix SA als Betreiber mehrerer regionaler Bahn- und Buslinien die Geschäftsleitung der OC. Die OC wurde nachfolgend mit Handelsregistereintrag vom 17.07.2008 auf die TRAVYS verschmolzen. Heute wird der Personenverkehr (Stundentakt mit Abweichungen im Berufsverkehr) mit einem modernen elektrischen Schienenbus und der Güterverkehr mit zwei elektrischen Güterlokomotiven und einer Diesellok abgewickelt. Das Güterverkehrsaufkommen wird aus mehreren privaten Gleisanschlüssen gespeist.

Verkehre
★ Personen- und Güterverkehr auf eigener Infrastruktur

Oensingen-Balsthal-Bahn AG (OeBB) PGI

CH-4710 Balsthal
Telefon: +41 62 391-3101
Telefax: +41 62 391-1730
info@oebb.ch
www.oebb.ch

Gesellschafter
Stammkapital 425.000,00 CHF

Lizenzen
★ CH: Eisenbahninfrastrukturkonzession; gültig bis 27.06.2023
★ CH: Sicherheitszertifikat, Teil A (GV+PV); gültig vom 11.12.2014 bis 11.11.2017
★ CH: Sicherheitszertifikat, Teil B (GV+PV); gültig vom 11.12.2014 bis 11.11.2015

Infrastruktur
★ Oensingen – Balsthal (4 km, elektrifiziert 15 kV 16,7 Hz)

Unternehmensgeschichte
Die Strecke der Oensingen–Balsthal-Bahn AG (OeBB) ist im Kanton Solothurn gelegen und bindet als Stichbahn die Gemeinde Balsthal an den Bahnhof Oensingen der SBB-Jurafußlinie Olten – Solothurn an. Am 16.07.1899 erfolgte die Betriebseröffnung mit zwei E 3/3 Lokomotiven. 1943 wurde die Strecke elektrifiziert, wobei von der Beschlussfassung bis zur Einweihung nur 206 Tage vergingen. Wegen der kriegsbedingten Kupferknappheit musste aber ein Fahrdraht aus Eisen gezogen werden. Für den elektrischen Betrieb waren ab 1944 zwei Ce 2/2 Kleinlokomotiven im Einsatz. Nachdem um 1970 die Einstellung des Personenverkehrs erwogen worden war, gab es 1973 einen Volksentscheid gegen dieses Vorhaben, worauf die Betriebskonzession um 50 Jahre verlängert und 1974 mit der Streckensanierung begonnen wurde. Mit der Inbetriebnahme von „Bahn 2000" bzw. dem Verkehrskonzept „Thal 2005" wurde im SPNV ein Halbstundentakt eingeführt, der in Spitzenzeiten von Postautokursen ergänzt wird – ganz im Gegensatz zur vorherigen Situation, wo die Postautokurse die Regel waren und zu Spitzenzeiten nur die Bahn fuhr. Zu einer Neuanschaffung von

OeBB / PB / railCare

Rollmaterial kam es dagegen bis heute nicht, so dass nach wie vor ältere, von anderen Bahngesellschaften übernommene Triebwagen bzw. entsprechende Garnituren eingesetzt werden. Für den Personenverkehr steht seit Mai 2008 ein ehemaliger SBB NPZ zur Verfügung. Ist dieser im Unterhalt, gelangt der RBe-Pendelzug (auch ex SBB) zum Einsatz. Für den Güterverkehr wird eine angemietete Re 4/4 I verwendet.

Verkehre
* Personen- und Güterverkehr auf eigener Infrastruktur

Pilatus-Bahnen AG (PB)

Schlossweg 1
CH-6010 Kriens/Luzern
Telefon: +41 41 3291111
Telefax: +41 41 3291112
info@pilatus.ch
www.pilatus.ch

Management
* André Zimmermann (Direktor)

Gesellschafter
Stammkapital 1.320.000,00 CHF

Lizenzen
* CH: Eisenbahninfrastrukturkonzession; gültig bis 24.06.2015
* CH: Personenbeförderungskonzession; gültig bis 24.06.2015

Infrastruktur
* Alpnachstad – Pilatus Kulm (4,8 km, Spurweite 800 mm, elektrifiziert 1.500 V=, Zahnradbahn System Locher)

Unternehmensgeschichte
Der Pilatus ist ein Bergmassiv der Schweizer Alpen in der Nähe von Luzern, im Grenzbereich der Kantone Luzern, Nidwalden und Obwalden. Seine Gipfelhöhe erreicht 2.128 m. Zur Erschließung des beliebten Ausflugszieles führt die Pilatusbahn vom an der Zentralbahn Luzern – Interlaken gelegenen Alpnachstad (440 m) zur Bergstation Pilatus Kulm auf 2.073 m Höhe. Die am 04.06.1889 eröffnete und 1937 elektrifizierte Strecke ist die weltweit steilste Zahnradbahn. Sie überwindet auf einer Streckenlänge von 4,8 km die Höhendifferenz mit einer maximalen Steigung von 48 %. Dies birgt bei den bis Ende des 19. Jahrhunderts üblichen Zahnradsystemen mit vertikalem Eingriff die Gefahr des Aufkletterns des Zahnrades. Eigens für die Pilatusbahn entwickelte der Ingenieur Eduard Locher daher das nach ihm benannte System mit seitlichem Eingriff in die Zahnstange. Da hierbei die Verwendung herkömmlicher Weichen nicht möglich ist, werden stattdessen Schiebebühnen und Gleiswender verwendet. Eine Besonderheit stellen auch die Spurkränze der Fahrzeuge dar, die an den Schienenaußenseiten entlang rollen.

Eigner der Zahnradbahn ist die Pilatus-Bahnen AG (PB), die mit Handelsregistereintrag vom 17.04.2000 durch Fusion aus der Pilatus-Bahn-Gesellschaft AG und der Kriensereggbahn AG entstand. Neben der namensgebenden Pilatusbahn betreibt das Unternehmen auch zwei Seilbahnen sowie Hotels und Gastronomie.

Verkehre
* Personenverkehr auf eigener Infrastruktur

railCare AG

Altgraben 23
CH-4624 Härkingen
Telefon: +41 62 38900-90
Telefax: +41 62 38900-99
info@railcare.ch
www.railcare.ch

Management
* Leo Ebneter (Präsident des Verwaltungsrates)
* Pierre-Alain Urech (Verwaltungsratsmitglied)
* Adrian Werren (Verwaltungsratsmitglied)
* Philipp Wegmüller (Vorsitzender der Geschäftsleitung)

Gesellschafter
Stammkapital 1.000.000,00 EUR
* Coop Genossenschaft (100 %)

Lizenzen
* CH: Netzzugangsbewilligung; gültig vom 01.12.2009 bis 31.12.2021
* CH: Sicherheitszertifikat, Teil A+B (GV); gültig vom 20.05.2014 bis 20.05.2017

Unternehmensgeschichte
Die Güterbahn railCare AG ist seit 01.09.2010 ein Tochterunternehmen des schweizer Handelskonzernes Coop. Das Unternehmen entstand per Umfirmierung zum 27.08.2009 aus der tradeCare AG bei gleichzeitiger Statutenänderung. Nach der Zulassung als EVU übernahm die Gesellschaft im Februar 2010 Güterverkehre in der

railCare / RA

Schweiz, die mit bei der SBB Cargo AG und BLS Cargo AG angemieteten Loks traktioniert werden. Diese Verkehre waren bis zur Insolvenz der RTS Rail Traktion Services (Switzerland) AG im Sommer 2009 von dieser abgewickelt worden. Zwischen September 2009 und dem Übergang auf die railCare übernahm die BLS Cargo die betriebliche Abwicklung. Das Herzstück bildet der seit Juni 2009 verkehrende „RailXpress 01". Für diesen Pendelzug ließ die RaiLogistics AG 2008/2009 den ehemaligen CargoSprinter 691 502 der DB umrüsten. U.a. erhielt das Fahrzeug eine Funkfernsteuerung und kann somit als Steuerwagen genutzt werden. Der am gegenüberliegenden Ende mit einer E-Lok bestückte Wendezug kann zudem mit den Dieselmotoren des ex-CargoSprinters auch in nicht elektrifizierten Anschlussgleisen bewegt werden.

Coop will railCare nach der Übernahme vorerst für die Belieferung der Coop Supermärkte mit Tiefkühlware ab den beiden Verteilzentralen Givisiez und Hinwil sowie für die Belieferung von Coop Pronto Verkaufsstellen nutzen. Später sollen auch die Bau+Hobby-Märkte und Coop City-Verkaufsstellen ab den Verteilzentralen Gwatt und Rupperswil mit dem UKV-System beliefert werden.

Verkehre
* Gütertransporte Felsberg – Oensingen – Chavornay; 250 x pro Jahr
* Gütertransporte Brig – Niederbottigen – Oensingen; 306 x pro Jahr
* Gütertransporte Thun-Gwatt – Oensingen; 500 x pro Jahr im Auftrag von COOP
* Gütertransporte Oensingen – Castione – Stabio; 306 x pro Jahr
* Gütertransporte Oensingen – La Praille – Vufflens; 306 x pro Jahr
* Gütertransporte La Praille – Vufflens; 306 x pro Jahr

RegionAlps SA (RA)

Postfach 727
CH-1920 Martigny
Rue de la Poste 3
CH-1920 Martigny
Telefon: +41 27 7204747
Telefax: +41 27 7204749
info@regionalps.ch
www.regionalps.ch

Gesellschafter
Stammkapital 700.000 CHF
* Schweizerische Bundesbahnen AG (SBB) (70 %)
* TMR Transports de Martigny et Régions SA (18 %)
* Kanton Wallis (12 %)

Lizenzen
* CH: Netzzugangsbewilligung; gültig vom 30.11.2004 bis 30.11.2014
* CH: Personenbeförderungskonzession; gültig vom 14.12.2003 bis 30.11.2014
* CH: Sicherheitszertifikat, Teil A (GV); gültig vom 26.06.2014 bis 25.06.2017

Unternehmensgeschichte
Die RegionAlps SA (RA) wurde mit Handelsregistereintrag zum 04.09.2003 als gemeinsame Tochtergesellschaft der Schweizerischen Bundesbahnen (SBB) und der regionalen Privatbahn Transports de Martigny et Régions AG (TMR) gegründet, um Regionalverkehrsleistungen im Wallis zu erbringen. Zum Fahrplanwechsel am 13.12.2003 übernahm das Unternehmen die Leistungen des regionalen Personenverkehrs auf den Verbindungen St-Gingolph – Monthey – St-Maurice – Martigny – Visp – Brig (bis dato SBB) und Martigny – Sembrancher – Orsières/– Le Châble (bis dato TMR). Fahrpersonal und Fahrzeuge wurden hierzu ebenso von SBB und TMR übernommen. 2006 erbrachte RegionAlps rund 46,8 Mio. Personenkilometer. Seite Ende 2011 betreibt die RegionAlps auch die Buslinie Leuk – Visp.
RegionAlps befindet sich heute im Eigentum der SBB, der TMR sowie des Kantons Wallis. RegionAlps befördert um die 4 Mio. Fahrgäste pro Jahr und verfügt über 13 DOMINO-Züge, die im Rhonetal zwischen St-Gingolph und Brig verkehren, sowie über drei NNINA-Züge, welche von Martinach bis Le Châble / Orsières fahren. Das gesamte Eisenbahnnetz beträgt 146 km. Im juni 2012 beschäftigte RegionAlps 56 Personen, davon 42 in der Funktion als Lokführer und sieben als Stichkontroll.

Verkehre
* Regionaler Personenverkehr Martigny – Sembrancher – Orsières/– Le Châble
* Regionaler Personenverkehr St-Gingolph – Monthey – St-Maurice – Martigny – Visp – Brig

RBS / RCCH

Regionalverkehr Bern-Solothurn AG (RBS) 🅿️🅸

Tiefenaustraße 2
CH-3048 Worblaufen
Telefon: +41 31 925 55 55
Telefax: +41 31 925 55 66
info@rbs.ch
www.rbs.ch

Management
* Fabian Schmid (Direktor)
* Hans-Jakob Stricker (Stv. Direktor)

Gesellschafter
Stammkapital 22.400.000,00 CHF
* Kanton Bern (35 %)
* Schweizerische Eidgenossenschaft (31 %)
* Bernmobil – Städtische Verkehrsbetriebe Bern (SVB) (15 %)
* Kanton Solothurn (8 %)
* Streubesitz (6 %)
* Div. Anliegergemeinden (5 %)

Lizenzen
* CH: Eisenbahninfrastrukturkonzession; gültig bis 14.07.2039
* CH: Netzzugangsbewilligung; gültig seit 01.01.2006
* CH: Personenbeförderungskonzession; gültig vom 30.04.1982 bis 14.07.2039

Infrastruktur
* Bern – Worblaufen – Zollikofen – Solothurn (33,6 km, Spurweite 1000 mm, elektrifiziert 1.250 V=; Abschnitt Worblaufen – Zollikofen als Dreischienengleis mit 1.000 und 1.435 mm Spurweite ausgeführt)
* Worblaufen – Worb Dorf (11,2 km, Spurweite 1.000 mm, elektrifiziert 1.250 V=; Abschnitt Worblaufen – Bolligen als Dreischienengleis mit 1.000 und 1.435 mm Spurweite ausgeführt)
* Worblaufen – Unterzollikofen (1,4 km, Spurweite 1.000 mm, elektrifiziert 1.250 V=)
* Trambahn Bern Egghölzli – Gümligen – Worb Dorf (10 km, Spurweite 1.000 mm, elektrifiziert 600 V=)

Unternehmensgeschichte
Die Regionalverkehr Bern-Solothurn AG (RBS) betreibt in der Region Bern vier in Meterspur ausgeführte Bahnstrecken und 22 Busverbindungen. Das zu 94 % von Bund, Kanton Bern, Kanton Solothurn und Anliegergemeinden gehaltene Unternehmen ging 1984 aus der Fusion der Solothurn-Zollikofen-Bern Bahn (SZB) und der Vereinigten Bern-Worb Bahnen (VBW) hervor. RBS und die ebenfalls mehrheitlich von Bund, Kantonen und Gemeinden gehaltene Busbetrieb Solothurn und Umgebung AG werden durch eine gemeinsame Geschäftsleitung geführt. Jährlich werden rund 25 Mio. Fahrgäste auf den Schienen- und Busverbindungen der RBS befördert, womit diese einer der bedeutendsten Verkehrsträger im Norden und Osten Berns sind.
Der Güterverkehr der RBS wurde in den Jahren 1999 und 2000 auf die SBB Cargo AG übertragen und 2011 ganz eingestellt.

Verkehre
* Personenverkehr auf eigener Infrastruktur

Rheinland Cargo Schweiz GmbH (RCCH) 🅶

Steinengraben 42
CH-4051 Basel

Kontakt in Deutschland
Scheidtweilerstraße 4
DE-50933 Köln
Telefon: +49 221 390-1150
vertrieb.eisenbahn@rheincargo.com
www.rheincargo.com

Management
* Paul Schumacher (Geschäftsführer)

Gesellschafter
Stammkapital 40.000,00 CHF
* Häfen und Güterverkehr Köln AG (HGK) (100 %)

Lizenzen
* CH: Netzzugangsbewilligung; gültig vom 21.11.2012 bis 31.07.2016
* CH: Sicherheitszertifikat Teil A und B (PV); gültig vom 13.06.2014 bis 13.06.2015

Unternehmensgeschichte
Mit Statutendatum 29.03.2012 gründete die Hafen und Güterverkehr Köln AG (HGK) eine eigene Tochtergesellschaft in der Schweiz. Die in Basel ansässige Rheinland Cargo Schweiz GmbH (RCCH)

RCCH / RhB

wird von Paul Schumacher, Leiter des RheinCargo-Güterverkehres, geführt.
Die RheinCargo kooperiert zur Abwicklung der aktuellen Verkehre in der Schweiz mit SBB Cargo und BLS Cargo, möchte aber zur Erschließung neuer Märkte im Zusammenhang mit dem Bau des Terminals Nord in Köln zukünftig selbständig in der Schweiz auftreten, ohne hierbei die bestehenden Partnerschaften zu beenden. Zur Bewältigung des aktuellen Verkehrsvolumens sind neun E-Loks der RheinCargo-Flotte schweiztauglich.
Bereits seit Juli 2005 fahren RheinCargo und deren Vorgängerunternehmen HGK Braunkohlestaub aus den Abbaugebieten in der Kölner Bucht in Richtung Süden. Gemeinsam mit der HGK-Tochter Rheinland Cargo Schweiz sowie mit Unterstützung des Dienstleisters MEV fährt RheinCargo diesen Zug seit dem 14.07.2013 erstmals unter eigener Lizenz bis in die Untervaz, statt ihn wie bisher am Grenzbahnhof Basel zu übergeben.

Verkehre
* Braunkohlestaubtransporte Frechen (Übernahme von RWE Rheinbraun) [DE] – Würenlingen (Holcim (Schweiz) AG); 2 x pro Woche seit 06.01.2014 im Auftrag der RSB Logistic GmbH
* Braunkohlestaubtransporte Frechen (Übernahme von RWE Rheinbraun) – Untervaz (Holcim (Schweiz) AG) [CH]; 2-3 x pro Woche im Auftrag der RSB Logistic GmbH
* KV-Transporte (Zement) Deuna (Dyckerhoff AG) [DE] – Widnau (Betonwerk der SAW Schmitter AG); Traktion bis Heerbrugg (Übernahme durch SBB Cargo AG)
* Mineralölprodukttransporte zu verschiedenen Schweizer Destinationen, u.a. zur Versorgung des Flughafens Zürich mit Flugbenzin; 4-5 x pro Woche

Rhätische Bahn AG (RhB) 🅿🅖🅘

Bahnhofstraße 25
CH-7002 Chur
Telefon: +41 812 886100
Telefax: +41 812 886105
contact@rhb.ch
www.rhb.ch

Management
* Hans Amacker (Direktor)
* Christian Florin (Leiter Infrastruktur, stellvertretender Direktor)
* (Leiter Produktion)

* Andreas Bass (Leiter Stab/HR)
* Piotr Caviezl (Leiter Vertrieb und Marketing)
* Martin Gredig (Leiter Finanzen)
* Ivo Hutter (Leiter Rollmaterial)

Gesellschafter
Stammkapital 57.957.000,00 CHF
* Kanton Graubünden (51 %)
* Schweizerische Eidgenossenschaft (43 %)
* Streubesitz (6 %)

Lizenzen
* CH: Eisenbahninfrastrukturkonzession; gültig vom 19.01.1983 bis 31.12.2020
* CH: Personenbeförderungskonzession; gültig vom 18.12.1986 bis 31.12.2020

Infrastruktur
* Landquart – Klosters – Davos – Filisur (69,3 km, Spurweite 1.000 mm, elektrifiziert 11 kV 16,7 Hz)
* Landquart – Untervaz – Chur – Domat/Ems – Reichenau-Tamins – Thusis (41,3 km, Spurweite 1.000 mm, elektrifiziert 11 kV 16,7 Hz; Abschnitt Chur – Domat/Ems Dreischienengleis 1.000/1.435 mm)
* Chur – Arosa (25,7 km, Spurweite 1.000 mm, elektrifiziert 11 kV 16,7 Hz)
* Reichenau-Tamins – Disentis (49,3 km, Spurweite 1.000 mm, elektrifiziert 11 kV 16,7 Hz)
* Thusis – Filisur – Bever – Samedan – St. Moritz (61,7 km, Spurweite 1.000 mm, elektrifiziert 11 kV 16,7 Hz)
* Bever – Susch – Saglians – Scuol-Tarasp (44,4 km, Spurweite 1.000 mm, elektrifiziert 11 kV 16,7 Hz)
* Sagliains/Susch – Klosters (22 km, Spurweite 1.000 mm, elektrifiziert 11 kV 16,7 Hz)
* Samedan – Pontresina (5,3 km, Spurweite 1.000 mm, elektrifiziert 11 kV 16,7 Hz)
* St. Moritz – Pontresina – Tirano (IT) (60,7 km, Spurweite 1.000 mm, elektrifiziert 1.000 V=)

Unternehmensgeschichte
Die Rhätische Bahn AG (RhB) – italienisch Ferrovia retica, rätoromanisch Viafier retica – ist Eigentümer und Betreiber von meterspurigen Bahnstrecken mit einer Gesamtlänge von rund 380 km, die nahezu vollständig im Kanton Graubünden liegen. Das Unternehmen ging 1895 durch Umbenennung aus der am 07.02.1888 gegründeten Schmalspurbahn Landquart–Davos AG (LD) hervor und befindet sich seit 1897 mehrheitlich im Besitz des Kantons Graubünden und der Schweizerischen Eidgenossenschaft. Von 1889 bis 1913 konnte schrittweise ein ausgedehntes Streckennetz eröffnet und von 1913 bis 1922 vollständig elektrifiziert werden. 1942 übernahm die RhB die Chur–Arosa-Bahn und die Misoxerbahn, 1944 auch die Berninabahn. Mit dem im Jahr 1999 eröffneten und 19.042 Meter langen Vereinatunnel befährt die RhB den längsten Eisenbahntunnel einer Meterspurbahn.

RhB / RB / SBB

Als Ersatz für den über 100 Jahre alten Scheiteltunnel der Albulastrecke befindet sich derzeit ein neuer paralleler Tunnel im Bau, der auch den neuen Sicherheitsbestimmungen entspricht. Nach dessen Fertigstellung und Inbetriebnahme wird der alte Tunnel als Rettungs- und Fluchtstollen umgebaut.

Die RhB in Zahlen:
* 2007: 9,6 Mio. Fahrgäste; 717.000 t Güter; 1.270 Mitarbeiter
* 2008: 10,6 Mio. Fahrgäste; 813.000 t Güter; 1.247 Mitarbeiter
* 2009: 10,9 Mio. Fahrgäste; 811.000 t Güter; 1.281 Mitarbeiter
* 2010: 10,4 Mio. Fahrgäste; 680.000 t Güter; 1.311 Mitarbeiter
* 2011: 9,6 Mio. Fahrgäste; 704.000 t Güter; 1.325 Mitarbeiter
* 2012: 9,5 Mio. Fahrgäste
* 2013: 9,8 Mio. Fahrgäste

Im Personenverkehr spielen dabei neben Regionalverkehrsleistungen vor allem auf den Tourismus ausgerichtete Zugverbindungen wie der „Glacier-Express" oder der „Bernina-Express" eine Rolle.

Das Welterbe-Komitee der UNESCO hat die „Rhätische Bahn in der Landschaft Albula / Bernina" am 07.07.2008 in die Welterbeliste aufgenommen. Damit ist die Rhätische Bahn weltweit erst die dritte Bahn, welche das Prädikat „UNESCO Welterbe" erhält.

Im Geschäftsjahr 2013 hat sich bei der RhB der Personenreiseverkehr positiv entwickelt. Der Güterverkehr hingegen befindet sich weiterhin in einer schwierigen Situation und konnte die Erwartungen bei weitem nicht erfüllen.

Verkehre
* Personen- und Güterverkehr auf eigener Infrastruktur sowie Autoverlad auf der Vereinalinie

Gesellschafter
Stammkapital 8.100.000,00 CHF

Lizenzen
* CH: Eisenbahninfrastrukturkonzession; gültig bis 21.05.2020
* CH: Personenbeförderungskonzession; gültig bis 21.05.2020

Infrastruktur
* Arth-Goldau – Rigi Kulm (8,6 km, elektrifiziert 1.500 V=, Zahnradbahn System Riggenbach)
* Vitznau – Rigi Kulm (6,9 km, elektrifiziert 1.500 V=, Zahnradbahn System Riggenbach)

Unternehmensgeschichte
Die Rigi Bahnen AG mit Sitz in Vitznau betreibt zwei Bergbahnen und eine Seilbahn auf die Rigi, einen Aussichtsberg am Vierwaldstättersee. Sie war rückwirkend zum 01.01.1992 entstanden, nachdem die Aktionäre der Vitznau-Rigi-Bahn AG (VRB) und der Arth-Rigi-Bahn AG (ARB) auf Aktionärsversammlungen vom 26. bzw. 27.03.1992 die Fusion der beiden Gesellschaften beschlossen hatten. Bereits seit 1988 hatten ARB und VRB Verkauf, Vermarktung und Baudienst gemeinsam wahrgenommen.

Die Strecke der VRB wurde am 21.05.1871 von Vitznau bis Rigi Staffelhöhe und am 23.06.1873 von dort bis Rigi Kulm eröffnet. Die Verbindung der ARB von Arth nach Rigi Kulm ging am 04.06.1875 auf ganzer Länge in Betrieb. Beide Strecken sind normalspurige Zahnradbahnen nach System Riggenbach und werden seit 1907 (ARB) bzw. 1937 (VRB) elektrisch mit 1.500 V Gleichspannung betrieben.

Verkehre
* Personenverkehr auf eigener Infrastruktur

Rigi Bahnen AG (RB) 🅿️🛈

CH-6354 Vitznau
Telefon: +41 41 3998787
Telefax: +41 41 3998700
rigi@rigi.ch
www.rigi.ch

Management
* Peter Pfenniger (Direktor)

⊕ SBB CFF FFS

Schweizerische Bundesbahnen AG (SBB) 🅿️🛈

Hilfikerstraße 1
CH-3000 Bern 65
Telefon: +41 51 220-1111
Telefax: +41 51 220-4265
kundendienst@sbb.ch
www.sbb.ch

Management
* Andreas Meyer (Vorsitzender der Konzernleitung)
* Jeannine Pilloud (Leiterin Personenverkehr)

SBB

* Toni Häne (Leiter Fernverkehr)
* Nicolas Perrin (Leiter Güterverkehr)
* Georg Radon (Leiter Finanzen)
* Markus Jordi (Leiter Personal)
* Philippe Gauderon (Leiter Infrastruktur)
* Jürg Stöckli (Leiter Immobilien)
* Peter Kummer (Leiter Informatik)
* Kathrin Amacker (Leiterin Kommunikation und Public Affairs)

Gesellschafter
Stammkapital 9.000.000.000,00 CHF
* Schweizerische Eidgenossenschaft (100 %)

Beteiligungen
* AlpTransit Gotthard AG (100 %)
* Etzelwerk AG (100 %)
* SBB GmbH (100 %)
* SBB Insurance AG (100 %)
* Schweizerische Bundesbahnen SBB Cargo AG (100 %)
* elvetino AG (100 %)
* Kraftwerk Amsteg AG (90 %)
* Thurbo AG (90 %)
* RailAway AG (86 %)
* RegionAlps SA (RA) (70 %)
* login Berufsbildung AG (69,42 %)
* zb Zentralbahn AG (66 %)
* Sensetalbahn AG (STB) (65,47 %)
* Swiss Travel System AG (60 %)
* Kraftwerk Rupperswil-Auenstein AG (55 %)
* Securitrans Public Transport Security AG (51 %)
* Cisalpino AG (50 %)
* Kraftwerk Wassen AG (50 %)
* Parking de la Gare de Neuchâtel SA (50 %)
* Rail Europe 4A SNC (50 %)
* Rheinalp GmbH (50 %)
* Tilo SA (50 %)
* Transferis SAS (50 %)
* Kraftwerk Göschenen AG (40 %)
* Nant de Drance SA (36 %)
* Grosse Schanze AG (33,9 %)
* BOS Management AG (30,6 %)
* Lyria SAS (26 %)
* Trasse Schweiz AG (25 %)
* STC Switzerland Travel Centre AG (24,01 %)
* Parking de la Place de Cornavin SA (20 %)

Lizenzen
* CH: Eisenbahninfrastrukturkonzession; gültig vom 01.01.2010 bis 31.12.2020
* CH: Netzzugangsbewilligung; gültig vom 04.12.2000 bis 30.09.2020
* CH: Personenbeförderungskonzession; gültig vom 01.01.1999 bis 10.12.2022
* CH: Sicherheitszertifikat Teil A (PV); gültig vom 29.04.2014 bis 29.04.2015
* CH: Sicherheitszertifikat Teil B (PV; räumlich eingeschränkte Gültigkeit); gültig vom 29.04.2014 bis 29.04.2015

Infrastruktur
* staatliches Bahnnetz in der Schweiz (3.173 km)

Unternehmensgeschichte
Jahrzehntelang lag die eisenbahnmäßige Erschließung der Schweiz ausschließlich in den Händen von Privatbahngesellschaften. Zwar wurde ein erster Schritt hin zur Staatsbahn schon 1872 getan, als die hoheitlichen Aufgaben von den Kantonen auf den Bund übertragen wurden. Entscheidend für die Gründung der Staatsbahn SBB war jedoch der Volksentscheid vom 20.02.1898, bei dem die Mehrheit für das „Bundesgesetz betreffend Erwerbung und Betrieb von Eisenbahnen für Rechnung des Bundes und die Organisation der Verwaltung der Schweizerischen Bundesbahnen" stimmte. Als offizieller Geburtstag der SBB gilt der 01.01.1902, nachdem zuvor vier große Privatbahngesellschaften vom Bund aufgekauft worden waren. Ein weiterer Meilenstein in der jüngeren Unternehmensgeschichte war der zum 23.05.1982 eingeführte landesweite Taktfahrplan und die damit einhergehende Ausweitung des Leistungsangebotes um 21 %. 1993 wurde die Cisalpino AG, ein Joint-Venture mit der italienischen Trenitalia gegründet, die zwischen Zürich und Mailand, Florenz und Triest via Gotthard sowie zwischen Basel und Mailand via Lötschberg/Simplon Hochgeschwindigkeits-Neigezüge der Baureihen ETR 470 und 610 einsetzte.
Waren die die SBB bis 1998 formell Teil der Bundesverwaltung, so wurden sie zum 01.01.1999 in eine vollständig in Bundesbesitz stehende Aktiengesellschaft mit den drei Divisionen Personenverkehr, Güterverkehr und Infrastruktur umgewandelt. Im Folgejahr wurden die Güterverkehrsaktivitäten in das Tochterunternehmen SBB Cargo AG ausgegründet. Nach anhaltenden Qualitätsproblemen stellte die Cisalpino AG zum Fahrplanwechsel 2009 den operativen Betrieb ein, der seither direkt durch SBB und Trenitalia geführt wird. Heute ist der SBB-Konzern in die vier Divisionen Personenverkehr, Güterverkehr (SBB Cargo), Infrastruktur und Immobilien aufgeteilt.
2014 (Vorjahreswerte in Klammern) hatte er inklusive Tochtergesellschaften einen durchschnittlichen Personalbestand von 32.730 (30.977) Mitarbeitern, davon 14.263 (14.165) in der Division Personenverkehr und 10.376 (10.078) in der Division Infrastruktur. Befördert wurden 430,4 (415,0) Mio. Reisende mit einer Verkehrsleistung von 18,231 (17,773) Mrd. Pkm, die der Personenverkehrssparte einen Betriebsertrag von 4,730 (4,699) Mrd. CHF und ein Jahresergebnis von 104 (96) Mio. CHF einbrachten. Erneut transportierte die SBB pro Tag mehr als eine Million Kunden, nämlich 1.180.000 – 3,7 % mehr als im Vorjahr. Die Division Infrastruktur verkaufte 173,3 (170,0) Mio. Trassenkilometer und erzielte einen Betriebsertrag von 3,375 (3,634) Mrd. CHF sowie ein Ergebnis von

SBB / SBB Cargo International

-66 (-72) Mio. CHF. Bezogen auf den SBB-Gesamtkonzern war ein Betriebsertrag von 8,542 (8,319) Mrd. CHF und ein Ergebnis von 373 (238) Mio. CHF zu verzeichnen. Die verzinsliche Nettoverschuldung stieg erneut an und liegt jetzt bei 7,720 (7,507) Mrd. CHF.

 SBB Cargo International

SBB Cargo International AG

Riggenbachstraße 6
CH-4600 Olten
Telefon: +41 58 6800305
Telefax: +41 58 6800302
info@sbbcargoint.com
www.sbbcargo-international.com

Management
* Dipl.-Ing. Michail Stahlhut (CEO)
* Edmund Prokschi (Leiter Vertrieb und Angebotsentwicklung)
* Beat Grütter (Leiter Finanzen und Informatik)
* Massimo Carluccio (Leiter Recht und Personal)
* Marcel Theis (COO-Achse)
* Matthias Birnbaum (Leiter Produktion Deutschland)
* Marco Terranova (Leiter Produktion Italien)

Gesellschafter
Stammkapital 25.000.000,00 CHF
* Schweizerische Bundesbahnen SBB Cargo AG (75 %)
* HUPAC SA (25 %)

Beteiligungen
* SBB Cargo Deutschland GmbH (100 %)
* SBB Cargo Italia S.r.l. (100 %)

Lizenzen
* CH: Sicherheitsbescheinigung (GV); gültig seit 01.07.2011
* CH: Sicherheitszertifikat Teil A+B (GV); gültig vom 23.07.2014 bis 23.07.2015

Unternehmensgeschichte
Die SBB Cargo International wurde mit Statutendatum vom 07.09.2010 mit Sitz in Olten gegründet. Das Aktienkapital wird von zwei der stärksten Schweizer Logistiker SBB Cargo und Hupac gehalten. Das Unternehmen fokussiert sich auf das Fahren von Ganzzügen und Zügen des Kombinierten Verkehrs (KV) auf der europäischen Nord-Süd Achse zwischen den Nordseehäfen und Italien anzubieten.
Ziel des Unternehmens ist es, ein starkes, marktnahes und neutrales Traktionsangebot aufzubauen und zu entwickeln. Mit einer auf ausgewählte Relationen bezogenen Optimierung der Ressourcen wird eine industrielle Fertigung im Bahnbereich erreicht werden.
Kunden von SBB Cargo International sind primär Operateure des Kombinierten Verkehrs sowie Speditionen mit hohem Transportvolumen. Das Angebot ist auf Großkunden ausgerichtet.
Das neue Unternehmen beschäftigt rund 670 Mitarbeiter in der Schweiz, Deutschland und Italien. SBB Cargo International verfügt über eigenes Lokpersonal entlang der Nord-Süd-Achse von Deutschland-Schweiz-Italien. Das Unternehmen verfügt über Tochtergesellschaften in Deutschland (SBB Cargo Deutschland, seit 20.12.2010) und Italien (SBB Cargo Italia).
Die operative Steuerung der Verkehre erfolgt seit Sommer 2011 länderübergreifend von der Leitstelle der SBB Cargo International in Olten. Die Vertriebsaktivitäten wurden ebenfalls in Olten zentralisiert.
Die Verkehrsleistung des Unternehmens (Angaben zum Vorjahr in Klammern) betrug 2014 9,054 (7,806) Mrd. Netto-tkm. Dabei konnten nach Verlusten von 2,8 (2013) bzw. 11,4 (2012) Mio. CHF mit einem Gewinn von 1,2 Mio. CHF erstmals schwarze Zahlen erzielt werden. Die Mitarbeiterzahl lag zuletzt bei ca. 670.

Verkehre
* Pkw-Transporte; Oel- und Chemietransporte innerhalb Deutschlands sowie Import / Export Schweiz
* Ganzzüge innerhalb von Norditalien und Import / Export Schweiz
* Alutransporte Sierre (Novelis Switzerland SA) – Göttingen (Wagentausch mit Dritten) [DE]; 5 x pro Woche seit 12.01.2015 Traktion ab Basel (Übernahme von SBB Cargo AG) im Auftrag der Transpetrol GmbH Internationale Eisenbahnspedition
* KV-Transporte Aarau – Busto [IT]; 5 x pro Woche im Auftrag der Hupac Intermodal SA
* KV-Transporte Aarau – Stabio; 10 x pro Woche im Auftrag der Hupac Intermodal SA
* KV-Transporte Antwerpen (Combinant) [BE] – Busto [IT]; 4 x pro Woche Traktion ab Basel (Übernahme von DB) im Auftrag der Hupac Intermodal SA
* KV-Transporte Antwerpen (Main Hub) [BE] – Novara [IT]; Traktion ab Basel (Übernahme von Railtraxx BVBA) im Auftrag der Inter Ferry Boats N. V. (IFB)
* KV-Transporte Antwerpen Combinant [BE] – Domo / Novara [IT]; Traktion ab Basel (Übernahme von Fret SNCF) im Auftrag der Inter Ferry Boats N. V. (IFB)

SBB Cargo International / SBB Cargo

* KV-Transporte Basel Weil am Rhein – Ludwigshafen (KTL) – Hamburg (KTL); 3 x pro Woche seit 06.10.2013 im Auftrag der METRANS, a. s.; Rangierdienst in Hamburg durch METRANS Rail (Deutschland) GmbH
* KV-Transporte Duisburg [DE] – Busto [IT]; 6 x pro Woche im Auftrag der Hupac Intermodal SA
* KV-Transporte Duisburg [DE] – Domodossola [IT] / Novara CIM [IT]; im Auftrag der Inter Ferry Boats N.V. (IFB)
* KV-Transporte Hamburg / Hannover [DE] – Busto [IT]; 6 x pro Woche im Auftrag der Hupac Intermodal SA
* KV-Transporte Krefeld (KCT) [DE] – Mortara (TIMO) [IT]; 5 x pro Woche seit 09.01.2012 im Auftrag der Shuttlewise B.V.; erste Meile durch Rheinhafen Krefeld GmbH & Co. KG; letzte Meile durch SerFer
* KV-Transporte Köln [DE] – Busto [IT]; 21 x pro Woche Traktion ab Basel (Übernahme von DB) im Auftrag der Hupac Intermodal SA
* KV-Transporte Köln [DE] – Novara [IT]; 5 x pro Woche Traktion bis Domodossla (Übergabe an Trenitalia) im Auftrag der Hupac Intermodal SA
* KV-Transporte Ludwigshafen [DE] – Busto [IT]; 20 x pro Woche im Auftrag der Hupac Intermodal SA
* KV-Transporte Ludwigshafen [DE] – Novara [IT]; 3 x pro Woche im Auftrag der Hupac Intermodal SA
* KV-Transporte Lübeck (Baltic Rail Gate) [DE] – Novara (CIM) [IT]; 1 x pro Woche Traktion bis Domodossola (Übergabe an Trenitalia) im Auftrag der Hupac Intermodal S.A.
* KV-Transporte Rotterdam (RSC) [NL] – Melzo [IT]; 3 x pro Woche seit 21.02.2015 im Auftrag der General Transport Service S.p.A. (GTS); Terminalabholung in Rotterdam [NL] durch Rotterdam Rail Feeding B.V. (RRF); aktuell 2 x pro Woche
* KV-Transporte Rotterdam [NL] – Busto Arsizio [IT]; 5 x pro Woche seit 11.12.2011 im Auftrag der Hupac Intermodal S.A.; aktuell 3 x pro Woche
* KV-Transporte Singen [DE] – Busto [IT]; 7 x pro Woche im Auftrag der Hupac Intermodal SA
* KV-Transporte Zeebrügge (C.Ro, P&O) – Antwerpen (Zomerweg) [BE] – Milano Segrate [IT]; 8 x pro Woche Traktion ab Basel (Übernahme von Fret SNCF) im Auftrag der Inter Ferry Boats N.V. (IFB)
* KV-Transporte Zeebrügge [BE] – Domodossola / Novara [IT]; Traktion ab Basel (Übernahme von DB Schenker Rail Deutschland AG) im Auftrag der Inter Ferry Boats N.V. (IFB)
* KV-Transporte „Basel-Multimodal-Express" Basel – Emmerich (Rhein-Waal-Terminal) [DE]; 3 x pro Woche seit 01.08.2011 im Auftrag der Raillogix B.V.; Zustellung in Emmerich [DE] seit 09.05.2014 durch ProLok GmbH
* KV-Transporte „ShuttleLombardia" Rotterdam-Waalhaven (RSC) [NL] – Mortara (TIMO) [IT]; 5 x pro Woche seit 01.02.2014 im Auftrag der Shuttlewise B.V.

* Pkw-Transporte Rotterdam-Botlek (Broekman Terminal) [NL] – Safenwil; 1 x pro Woche seit 03.01.2007 im Auftrag der Emil Frey AG (EFG)
* RoLa Freiburg [DE] – Novara [IT] im Abschnitt Freiburg im Breisgau – Weil am Rhein und in Italien; 62 x pro Woche im Auftrag der RAlpin AG

Schweizerische Bundesbahnen SBB Cargo AG

Bahnhofstraße 12
CH-4600 Olten
Telefon: +41 800 707 100
Telefax: +41 800 707 010
cargo@sbbcargo.com
www.sbbcargo.com

Management
* Nicolas Perrin (Leiter SBB Cargo)
* Daniel Bürgy (Leiter Vertrieb)
* Jon Bisaz (Leiter Produktion)
* Jürgen Mues (Leiter Asset Management)
* Daniel Eigenmann (Leiter Personal)
* Jasmin Müller (Leiterin Unternehmensentwicklung)
* Stefan Spiegel (Leiter Finanzen)
* Christoph Rytz (Leiter Kommunikation)

Gesellschafter
Stammkapital 314.000.000 CHF
* Schweizerische Bundesbahnen AG (SBB) (100 %)

Beteiligungen
* ChemOil Logistics AG (100 %)
* SBB Cargo International AG (75 %)
* RAlpin AG (33,11 %)
* Terminal Combiné Chavornay SA (TERCO) (27,04 %)
* HUPAC SA (23,85 %)
* Société de l'Itinéraire Benelux-Lorraine-Italie S.A. (SIBELIT) (5 %)
* XRail S.A.

Lizenzen
* CH: Netzzugangsbewilligung; gültig vom 01.10.2010 bis 30.09.2020
* CH: Sicherheitszertifikat Teil A+B (GV); gültig vom 13.06.2014 bis 13.06.2015

SBB Cargo / SOB

Unternehmensgeschichte
Die SBB Cargo AG ist das im Schienengüterverkehr tätige Tochterunternehmen der Schweizerischen Bundesbahnen (SBB), von der sie einschließlich ihrer Tochtergesellschaften als Division Güterverkehr geführt wird. Das Unternehmen entstand, als 1999 im Zuge der ersten Stufe der Schweizer Bahnreform der Bahnbetrieb der SBB in die drei unabhängigen Divisionen Personenverkehr, Güterverkehr und Infrastruktur aufgeteilt wurde. Die Güterverkehrsaktivitäten werden seither unter der Bezeichnung „SBB Cargo" vermarktet. Eine zum 21.06.2000 gegründete SBB-Tochtergesellschaft namens CargoSI Switzerland AG mit Sitz in Basel übernahm mit Statutenänderung zum 21.09.2000 und Eintrag in das Handelsregister am 29.09.2000 die Sachgüter des SBB-Betriebsteils „SBB Cargo". Anschließend wurde die Gesellschaft zum 13.12.2000 in Schweizerische Bundesbahnen SBB Cargo AG umbenannt und der Sitz der Gesellschaft nach Bern verlegt, womit die Ausgründung des SBBGüterverkehrs abgeschlossen wurde. Zum 16.07.2001 wurde der Sitz wieder nach Basel verlegt. In der Schweiz ist SBB Cargo als Staatsbahntochtergesellschaft Marktführer im Güterverkehr. Ein Fokus von SBB Cargo lag dabei auf dem Transitgüterverkehr in Nord-Süd-Richtung. Um hier die eigene Position weiter auszubauen, gründete SBB Cargo Tochterunternehmen in Deutschland und Italien. Grenzüberschreitende Transporte konnten so aus einer Hand angeboten werden. SBB Cargo Deutschland GmbH und SBB Cargo Italia S.r.l. agierten jeweils als Unterfrachtführer für die Schweizer Muttergesellschaft. Die Vermarktung übernahmen separate Gesellschaften in Form der SBB Cargo GmbH und der SBB Cargo S.r.l. als Verkaufsagenturen.
Zum Beginn des Jahres 2011 wurde die Überführung der internationalen Aktivitäten von der SBB Cargo AG zur neu gegründeten SBB Cargo International AG mit Sitz in Olten vollzogen. An der SBB Cargo International ist die SBB Cargo AG mit 75 % und die Hupac SA mit 25 % beteiligt.
Im Jahr 2014 (Vorjahreswerte in Klammern) erreichte die Division SBB Cargo bei einer Verkehrsleistung von 14,478 (12,317) Mrd. Netto-tkm einen Betriebsertrag von 986 (953) Mio. CHF und ein Ergebnis von 33 (15) Mio. CHF.
Künftig werde es nach SBB-Angaben allerdings schwer fallen, diese Ergebnisse zu halten, denn neben der nachlassenden europäischen Konjunkturentwicklung und den tiefen Dieselpreisen sei mit der jüngsten Aufwertung des Franken gegenüber dem Euro ein Element hinzugekommen, das die Güterverkehrskunden und SBB Cargo mit ihrer überwiegenden umfangreichen Kostenstruktur in Franken spürbar belasten wird. Der Anteil der SBB Cargo AG an der Verkehrsleistung betrug 6,562 (5,176) Mrd. Netto-tkm. Der Personalbestand der SBB Cargo AG lag bei 2.397 (2.535) Mitarbeitern.

2012 hatte das Unternehmen einen Marktanteil im alpenquerenden Schienengüterverkehr in der Schweiz auf Basis der Netto-tkm von 13,2 %. Am Gotthard waren es 17,6 % und am Simplon 7,0 %. Im Herbst 2014 hat SBB Cargo seinen Hauptsitz von Basel nach Olten verlegt.

Schweizerische Südostbahn AG (SOB) 🅿🛈

Bahnhofplatz 1a
CH-9001 St. Gallen
Telefon: +41 71 2282323
Telefax: +41 71 2282333
info@sob.ch
www.sob.ch

Management
★ Dipl.-Ing. Thomas Küchler-Lehmann (Direktor)

Gesellschafter
Stammkapital 8.925.000,00 CHF
★ Schweizerische Eidgenossenschaft (35,83 %)
★ Kanton St. Gallen (19,17 %)
★ Div. Gemeinden und Bezirke (17,58 %)
★ Streubesitz (15,15 %)
★ Kanton Schwyz (5,79 %)
★ Kanton Zürich (3,81 %)
★ Kanton Thurgau (1,8 %)
★ Kanton Appenzell Ausserrhoden (0,87 %)

Beteiligungen
★ Voralpen-Express (VAE) (100 %)

Lizenzen
★ CH: Eisenbahnkonzession; gültig bis 01.01.2019
★ CH: Netzzugangsbewilligung; gültig vom 01.04.2011 bis 31.03.2021
★ CH: Personenbeförderungskonzession; gültig vom 01.01.2001 bis 12.12.2020
★ CH: Sicherheitszertifikat Teil A+B (PV+GV); gültig vom 27.06.2014 bis 27.06.2015

Infrastruktur
★ Romanshorn – St. Gallen St. Fiden (19,1 km, elektrifiziert 15 kV 16,7 Hz)
★ St. Gallen – Wattwil – Nesslau-Neu St. Johann (44,5 km, elektrifiziert 15 kV 16,7 Hz)
★ Rapperswil – Pfäffikon SZ – Samstagern – Biberbrugg – Arth-Goldau (38,6 km, elektrifiziert 15 kV 16,7 Hz)
★ Wädenswil – Samstagern (5,4 km, elektrifiziert 15 kV 16,7 Hz)
★ Biberbrugg – Einsiedeln (5,2 km, elektrifiziert 15 kV 16,7 Hz)

SOB / SEHR

Unternehmensgeschichte
Die heutige Schweizerische Südostbahn AG (SOB) geht auf mehrere Privatbahnen zurück. Eine erste Gesellschaft dieses Namens entstand am 01.01.1890 durch die Fusion der 1877 gegründeten Wädenswil-Einsiedeln-Bahn (WE) mit der Zürichsee-Gotthardbahn (ZGB) und betrieb die Verbindungen Wädenswil – Einsiedeln samt den Verzweigungen nach Rapperswil und Arth-Goldau. Diese Strecken bilden heute das Südnetz der SOB, wo längere 50 ‰-Rampen regelmäßige Schubleistungen speziell im Interregio-Verkehr verlangen.
Die heutigen SOB-Strecken um St. Gallen wurden hingegen 1910 und 1912 durch die 1904 gegründete Bodensee-Toggenburg-Bahn (BT) eröffnet. Beide Gesellschaften pflegten bereits früh eine enge Zusammenarbeit mit der SBB sowie insbesondere ab den 1940er-Jahren untereinander. Seit 1947 führten BT, SBB und SOB gemeinsam Reisezüge auf der Relation Romanshorn – St. Gallen – Luzern, die seit 1992 unter der Bezeichnung „Voralpen-Express" vermarktet werden. 1998 wurde für diese Aufgaben eine einfache Gesellschaft „Voralpen-Express" (VAE) gegründet, wobei der 1/3-Anteil der SBB im Dezember 2013 auf den nunmehrigen Alleineigentümer SOB überging. Zum 01.01.2001 fusionierten BT und SOB zur heutigen SOB.
Neben der eigenen Infrastruktur befährt die SOB im Personenverkehr in
Kooperation mit der SBB und der Thurbo AG auch SBB-Infrastruktur regelmäßig auf den Abschnitten Wattwil – Rapperswil, Wädenswil – Ziegelbrücke, St. Gallen – Buchs – Sargans – Ziegelbrücke – Uznach und Arth-Goldau – Luzern.
In den vergangenen Jahren konnte die SOB dabei folgende Beförderungszahlen erreichen:
* 2006: 11 Mio. Fahrgäste, 171 Mio. Personenkilometer
* 2007: 11,8 Mio. Fahrgäste, 182 Mio. Personenkilometer
* 2009: 12,9 Mio. Fahrgäste, 197 Mio. Personenkilometer
* 2010: 13,3 Mio. Fahrgäste, 208 Mio. Personenkilometer
* 2012: 13,2 Mio. Fahrgäste, 202 Mio. Personenkilometer
* 2013: 13,5 Mio. Fahrgäste, 200 Mio. Personenkilometer

Der gesamte Güterverkehr der SOB wird im Auftrag der SBB Cargo AG betrieben, die im Dezember 2013 auch die betriebliche Durchführung selbst übernahm.

Verkehre
* „Voralpen-Express" (VAE) (Romanshorn –) St. Gallen – Luzern
* Regionaler Personenverkehr / S-Bahn auf eigener Infrastruktur und anschließenden SBB-Strecken

Stiftung Museumsbahn Stein am Rhein am Rhein – Etzwilen – Hemishofen – Ramsen & Rielasingen – Singen (SEHR)

CH-8260 Stein am Rhein
Telefon: +41 79 4051375
info@etzwilen-singen.net
www.etzwilen-singen.ch

Management
* Prof. Dr. Giorgio Behr (Präsident)
* Christoph Brändli (Vizepräsident)

Lizenzen
* CH: Eisenbahninfrastrukturkonzession Etzwilen – Ramsen (Landesgrenze); gültig vom 10.01.2007 bis 10.12.2050
* DE: EIU Ramsen (Landesgrenze) – Rielasingen seit 09.08.2010

Infrastruktur
* Etzwilen (a) – Ramsen – Rielasingen – Singen (Hohentwiehl) (a) (12,6 km)

Unternehmensgeschichte
Zwischen Etzwilen im Schweizer Kanton Thurgau und Singen (Hohentwiel) konnte die Schweizer Nationalbahn-Gesellschaft (SNB) am 15.07.1875 eine 14 km lange, normalspurige Bahnstrecke als Verlängerung der bestehenden Verbindung von Winterthur nach Etzwilen eröffnen. Die SNB wurde dabei auch Eigentümer und Betreiber des rund 6 km langen, in Baden gelegenen Abschnitts. In den folgenden Jahrzehnten diente die Verbindung vorrangig den relativ bescheidenen regionalen Verkehrsbedürfnissen und wurde als eine der wenigen Bahnstrecken der Schweiz nie elektrifiziert. Die Schweizerischen Bundesbahnen (SBB), seit 1902 Betreiber der Strecke, stellten dort am 31.05.1969 den SPNV ein. Der Güterverkehr wurde 1996 auf dem deutschen Abschnitt und zum 12.12.2004 auch auf dem in der Schweiz gelegenen Teil aufgegeben. Am 26.05.2001 wurde der Verein zur Erhaltung der Eisenbahnlinie Etzwilen – Singen (VES) gegründet, der ab 2003 als Mitveranstalter von Dampfzugfahrten auf dem Schweizer Streckenabschnitt Etzwilen – Ramsen auftrat. Nach ersten Kontakten im Jahre 2001 nahmen VES und SBB 2005 Verhandlungen über eine mögliche Übernahme der Strecke auf. Zum 27.01.2006 wurden zu diesem Zweck die gemeinnützigen Stiftungen „Museumsbahn Stein am Rhein am Rhein – Etzwilen – Hemishofen – Ramsen & Rielasingen – Singen" (Museumsbahn SEHR & RS, amtliche Initialen SEHR) sowie „Rheinbrücke Hemishofen" gegründet. Letztere konnte am 30.08.2006 die Rheinbrücke Hemishofen erwerben,

SEHR / STB / Sersa Group (Schweiz)

während der Stiftung SEHR & RS zum selben Zeitpunkt der Bahnstreckenabschnitt Hemishofen – Rielasingen – Singen (a) übertragen wurde. Zum 10.12.2006 konnte auch das Teilstück Etzwilen (a) – Hemishofen (a) übernommen werden. Die Kosten für Übernahme und Sanierung der Infrastruktur wurden durch den Präsidenten beider Stiftungen, den Unternehmer Prof. Dr. Giorgio Behr übernommen.
Erklärtes Ziel der Stiftung Museumsbahn SEHR & RS ist der betriebsfähige Erhalt der kompletten Streckeninfrastruktur zwischen Etzwilen und Singen (Hohentwiehl) insbesondere im Hinblick auf Denkmalpflege und Tourismus sowie als regionale Attraktion. Hierfür beantragte die Stiftung am 30.01.2006 die Erteilung einer Infrastrukturkonzession für den Streckenabschnitt von Etzwilen bis zur Landesgrenze nahe Ramsen, die zum 10.01.2007 gewährt wurde. Die Stiftung erhielt vom Land Baden-Württemberg am 09.08.2010 eine Eisenbahninfrastrukturgenehmigung für die Strecke von Ramsen bis Rielasingen, die am 18.05.2011 durch die Erteilung einer vorläufigen Sicherheitsgenehmigung durch das EBA wirksam wurde. Der Abschnitt in Deutschland wurde am 28.05.2011 festlich eingeweiht.
Ende 2008 liefen Gespräche bezüglich einer Reaktivierung im Schienengüterverkehr mit der SBB Cargo AG

Sensetalbahn AG (STB)

Zwyssigstraße 45
CH-3007 Bern
Telefon: +41 31 3819740
info@stb-bus.ch
www.stb-bus.ch

Gesellschafter
Stammkapital 2.887.680,00 CHF
* Schweizerische Bundesbahnen AG (SBB) (65,47 %)
* Die Schweizerische Post (33 %)

Lizenzen
* CH: Eisenbahninfrastrukturkonzession; gültig bis 30.06.2020
* CH: Personenbeförderungskonzession; gültig vom 01.01.2006 bis 09.12.2017

Infrastruktur
* Flamatt – Laupen (6,8 km, elektrifiziert 15 kV 16,7 Hz); Betriebsführung durch die SBB

Unternehmensgeschichte
Die Sensetalbahn AG (STB) eröffnete im südwestlich von Bern gelegenen Sensetal am 20.01.1904 eine 11,5 km lange, normalspurige Bahnstrecke zwischen Flamatt, Laupen und Gümmenen. Am 23.05.1993 wurde auf dem Abschnitt Laupen – Gümmenen der Personenverkehr eingestellt. Die verbliebene Teilstrecke wurde hingegen in das S-Bahn-Netz des Großraums Bern integriert, wozu die SBB im Jahr 2001 die Betriebsabwicklung auf der Sensetalbahn übernahm. Seit 2004 werden die S-Bahnleistungen durch die BLS AG erbracht, während der 2001 ebenfalls von der SBB übernommene Güterverkehr 2005 weitgehend eingestellt wurde. Die Bahninfrastruktur ist weiterhin Eigentum der STB, wird jedoch von der SBB betreut. Die STB ist heute primär als Anbieter von Omnibusverkehren tätig.

Sersa Group AG (Schweiz)

Würzgrabenstraße 5
CH-8048 Zürich
Telefon: +41 43 32223-23
Telefax: +41 43 32223-99
info@sersa-group.com
www.sersa-group.com

Werkstatt
Oberglatterstrasse 15
CH-8153 Rümlang
Telefon: +41 44 817-9910
Telefax: +41 44 817-3290

Management
* Rudolf Krauer (Geschäftsführer)

Gesellschafter
Stammkapital 1.350.000,00 CHF
* Sersa Holding AG (100 %)

Unternehmensgeschichte
Die 1948 gegründete, heute als Teil der Sersa Holding AG organisierte Sersa Group AG (Schweiz) ist auf dem Gebiet der Planung und Erstellung sowie des Unterhalts von Gleisanlagen tätig. Ergänzend dazu werden damit verbundene Dienstleistungen angeboten.
Gemäß Fusionsvertrag vom 30.09.2009 und Bilanz per 30.06.2009 wurden Aktiven und Passiven der Parachini AG, Cama, durch die damalige Sersa AG übernommen und die Gesellschaft erhielt den heute gültigen Namen.
Im Januar 2013 hatte die Gruppe rund 1.000 Mitarbeiter.

Verkehre
* AZ-Verkehr

Sersa Group (Schweiz) / SZU / FART

Sihltal Zürich Uetliberg Bahn AG (SZU) 🅿️ℹ️

Wolframplatz 2
CH-8045 Zürich
Telefon: +41 44 2064511
Telefax: +41 44 2064510
info@szu.ch
www.szu.ch

Management
★ Armin Hehli (Direktor)

Gesellschafter
Stammkapital 9.723.800,00 CHF
★ Stadt Zürich (32,6 %)
★ Schweizerische Eidgenossenschaft (27,8 %)
★ Kanton Zürich (23,8 %)
★ Streubesitz (9 %)
★ Diverse Gemeinden (6,8 %)

Lizenzen
★ CH: Eisenbahninfrastrukturkonzession; gültig bis 01.01.2021
★ CH: Netzzugangsbewilligung; gültig vom 01.01.2011 bis 31.12.2020
★ CH: Personenbeförderungskonzession; gültig vom 01.01.2002 bis 11.12.2021
★ CH: Sicherheitszertifikat Teil A+B (PV+GV); gültig vom 21.11.2014 bis 30.06.2015

Infrastruktur
★ Zürich HB – Zürich Giesshübel – Uetliberg (10,3 km, elektrifiziert 1.200 V=; im zweigleisigen Abschnitt Zürich HB – Zürich Giesshübel auf einem Gleis abweichend 15 kV 16,7 Hz)
★ Zürich Giesshübel – Adliswil – Sihlwald – Sihlbrugg (17,4 km, elektrifiziert 15 kV 16,7 Hz)
★ Zürich Giesshübel – Zürich Wiedikon (1,1 km, elektrifiziert 15 kV 16,7 Hz)

Unternehmensgeschichte
Zum 01.01.1973 entstand durch den Zusammenschluss der Privatbahnen Sihltalbahn (SiTB) und Uetlibergbahn (UeB) die Sihltal Zürich Uetliberg Bahn AG (SZU) als Verkehrsunternehmen im Raum Zürich.
Die Strecken der SiTB und der UeB beginnen gemeinsam im Tiefgeschoss des Zürcher Hauptbahnhofs und führen parallel auf je einem Gleis zum 2,3 km südöstlich gelegenen Bahnhof Zürich-Giesshübel. Eine wechselweise Nutzung der Gleise ist durch die unterschiedlichen Stromspannungen von Sihltalbahn (15 kV 16,7 Hz) und Uetlibergbahn (1.200 V=) nicht möglich. Zwischen Zürich HB und Zürich Giesshübel ist eine wechselnde Gleisbenutzung möglich. Die „Sihltalbahn" kann beide Gleise befahren, die Züge der „Uetlibergbahn" können nur ein Gleis befahren, aber im Sihltunnel – zwischen Zürich HB und Zürich Selnau – kreuzen.
Die am 12.05.1875 eröffnete Uetlibergbahn führt ab Giesshübel als steilste normalspurige Adhäsionsbahn Europas auf den namensgebenden Uetliberg und ist seit 1990 als „S 10" in das S-Bahnnetz Zürichs integriert. Auch die Sihltalbahn, die am 03.08.1892 von Zürich bis Sihlwald und am 01.06.1897 weiter bis Sihlbrugg eröffnet werden konnte, ist seit 1990 als „S 4" in das Netz der S-Bahn eingebunden. Auf dem 4,2 km langen oberen Abschnitt Sihlwald – Sihlbrugg wurde zum 10.12.2006 der Personenverkehr eingestellt, um Fahrzeuge für zusätzliche Leistungen auf dem verbleibenden Abschnitt freisetzen zu können. Neben den Bahnstrecken betreibt die SZU eine Seilbahn, die Felseneggbahn. Als so genanntes marktverantwortliches Unternehmen (MVU) innerhalb des Zürcher Verkehrsverbunds (ZVV) koordiniert die SZU ferner das Nahverkehrsangebot der Region Zimmerberg, wozu auch der unter der Marke „Zimmerbergbus" vermarktete öffentliche Omnibusverkehr zählt.
Der Güterverkehr auf der SZU-Infrastruktur wird seit 2000 durch SBB Cargo abgewickelt, womit sich SZU auf das Kerngeschäft Personenverkehr konzentriert.
Im Jahr 2009 beförderte die SZU auf Sihltal- und Uetlibergbahn zusammen rund 12,2 Mio. Fahrgäste (2008: 11,9 Mio; 2007: 11,4 Mio.; 2006: 9,9 Mio.).

Verkehre
★ Regionaler Personenverkehr Zürich HB – Sihlwald
★ Regionaler Personenverkehr Zürich HB – Uetliberg

Società per le Ferrovie Autolinee Regionali Ticinesi (FART) SA 🅿️ℹ️

Via Domenico Galli 9
CH-6604 Locarno
Telefon: +41 91 75604-00
Telefax: +41 91 75604-99
fart@centovalli.ch
www.centovalli.ch

Management
★ Renza De Dea (Direktor)
★ Reginald Moretti (Direktor)
★ Fiorenzo Quanchi (Direktor)

Gesellschafter
Stammkapital 8.494.700,00 CHF
★ Kanton Tessin (100 %)

Lizenzen
★ CH: Eisenbahninfrastrukturkonzession; gültig bis 30.06.2025

FART / ST / SRT

* CH: Personenbeförderungskonzession; gültig vom 18.11.1981 bis 10.12.2016

Infrastruktur
* Locarno – Camedo – Staatsgrenze Schweiz-Italien (15,4 km, Spurweite 1.000 mm, elektrifiziert 1.200 V=)

Unternehmensgeschichte
Locarno im Schweizer Kanton Tessin und das italienische Domodossola sind durch eine schrittweise von 1907 bis 1923 eröffnete, elektrifizierte Meterspurbahn verbunden. Betreiber und Eigentümer des Schweizer Abschnittes der so genannten Centovallibahn („Bahn der hundert Täler") ist die Società per le Ferrovie Autolinee Regionali Ticinesi (FART) SA. Grenzüberschreitende Leistungen werden in Kooperation mit dem Betreiber auf italienischer Seite, der Società Subalpina di Imprese Ferroviarie S.p.A. (SSIF), abgewickelt.
FART betreibt neben dem Schweizer Abschnitt der Centovallibahn mehrere Omnibuslinien und zwei Seilbahnen.

Verkehre
* Personenverkehr auf eigener Infrastruktur in Kooperation mit der italienischen Società subalpina di imprese ferroviarie (SSIF)

Sursee-Triengen Bahn AG (ST)
P I

CH-6234 Triengen

Betriebsstandort Sursee
Postfach 434
CH-6210 Sursee
Telefon: +41 41 9213287
info@sursee-triengen-bahn.ch
www.sursee-triengen-bahn.ch

Gesellschafter
Stammkapital 904.500,00 CHF

Lizenzen
* CH: Eisenbahninfrastrukturkonzession; gültig bis 30.06.2038
* CH: Sicherheitszertifikat Teil A+B (PV+GV); gültig vom 16.12.2014 bis 16.12.2015

Infrastruktur
* Sursee – Triengen-Winikon (8,9 km)

Unternehmensgeschichte
Eine der wenigen nicht elektrifizierten Bahnstrecken der Schweiz ist die 8,9 km lange, am 23.11.1912 in Betrieb genommene Sursee-Triengen-Bahn zwischen den namensgebenden Orten im Kanton Luzern. Der Eigentümer, die Sursee-Triengen Bahn AG, ist heute nur mehr als Betreiber der Infrastruktur und Anbieter von Dampfzugsonderfahrten tätig, nachdem der planmäßige Personenverkehr am 26.09.1971 eingestellt wurde und die Abwicklung des Güterverkehrs seit 29.05.2006 durch SBB Cargo wahrgenommen wird.

Verkehre
* Gesellschaftsfahrten und öffentliche Dampffahrten auf eigener Infrastruktur

Swiss Rail Traffic AG (SRT) G

Europa-Strasse 11
CH-8152 Glattbrugg
Telefon: +41 44 8087809
Telefax: +41 44 8087801
Hotline: +41 44 8087806
info@swissrailtraffic.ch
www.swissrailtraffic.ch

Management
* Philipp Schneider (Präsident des Verwaltungsrates)
* Johann Stefan Jakob Bühler (Mitglied des Verwaltungsrates)

Gesellschafter
Stammkapital 100.000,00 CHF

Lizenzen
* CH: EVU-Zulassung (PV+GV) seit 08.04.2008
* CH: Netzzugangsbewilligung; gültig vom 01.04.2008 bis 31.03.2018
* CH: Sicherheitszertifikat Teil A+B (PV+GV); gültig vom 27.06.2014 bis 27.06.2019

Unternehmensgeschichte
Die am 31.01.2008 gegründete Swiss Rail Traffic AG (SRT) ist ein Nischenanbieter für Versuchs-, Sonder- und Personen-Charterverkehr. Die Traktion kann zum größten Teil mit
eigenen Ressourcen erbracht werden. Je nach Bedarf werden weitere Mittel angemietet.

Verkehre
* Gütertransporte Kölliken (Sondermülldeponie (SMDK) – Niederglatt
* Gütertransporte Niederglatt – Birsfelden Hafen

Thurbo

Thurbo AG ℗

Bahnhofstraße 31
CH-8280 Kreuzlingen 1
Telefon: +41 512 2349-00
Telefax: +41 512 2349-90
hallo@thurbo.ch
www.thurbo.ch

Management
* Dr. Ernst Boos (Geschäftsführer)

Gesellschafter
Stammkapital 75.000.000,00 CHF
* Schweizerische Bundesbahnen AG (SBB) (90 %)
* Kanton Thurgau (10 %)

Lizenzen
* CH: Eisenbahninfrastrukturkonzession; gültig bis 19.12.2032
* CH: Netzzugangsbewilligung; gültig vom 26.10.2012 bis 10.12.2022
* CH: Personenbeförderungskonzession; gültig vom 15.12.2002 bis 14.12.2019
* CH: Sicherheitsbescheinigung (PV), Teil A+B; gültig vom 09.12.2012 bis 28.02.2017

Infrastruktur
* Wil – Weinfelden – Kreuzlingen (39,4 km; Betriebsführung durch die SBB)

Unternehmensgeschichte
Die Gründung der Thurbo AG am 21.09.2001 geht auf einen Beschluss der SBB und der seinerzeitigen Mittelthurgaubahn (MThB) zurück, eine gemeinsame Regionalverkehrsgesellschaft ins Leben zu rufen. Die Bezeichnung Thurbo ist eine Kombination aus „Thur" (respektive Thurgau) und „Bodensee". Die heutige Aktionärsstruktur (anfangs hatten die SBB 60 % der Anteile gehalten) ergab sich, als am 11.10.2002 der Beschluss zur Liquidation der in finanzielle Schwierigkeiten geratenen MThB gefasst wurde. Die Thurbo AG übernahm im Zuge dessen auch die ehemalige MThB-Stammstrecke Wil – Kreuzlingen und deren Werkstatt in Weinfelden. Am 15.12.2002 erfolgte die Betriebsaufnahme der Thurbo auf ihrem 470 km langen Liniennetz in der Nordostschweiz. Bis Anfang

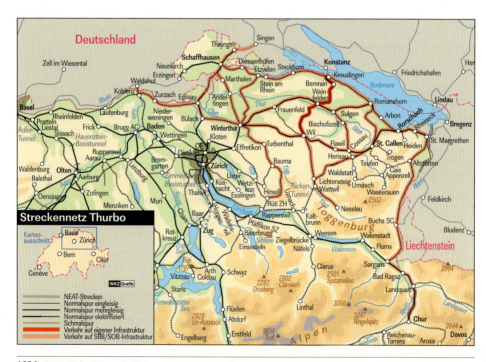

Thurbo / TMR

2005 existierte das Tochterunternehmen EuroThurbo GmbH. Die EuroThurbo GmbH und deren Aktivitäten wurden jedoch am 01.11.2005 von der deutschen SBB-Tochter SBB GmbH übernommen, da der Kanton Thurgau als Miteigentümer der EuroThurbo-Muttergesellschaft keine wirtschaftlichen Risiken beim Betrieb von Auslandsstrecken mittragen möchte.
Die Fahrzeuge 720 bis 751 sind für den Einsatz in Deutschland zugelassen.

Verkehre
* Regionaler Personenverkehr S-Bahn St. Gallen:
  S1 Wil SG – St. Gallen
  S2 St. Gallen – Altstätten
  S3 Herisau – Rorschach – St. Margrethen
  S5 St. Gallen – Weinfelden
  S7 Weinfelden – Romanshorn – Rorschach
  S8 Schaffhausen – Kreuzlingen – Romanshorn – St. Gallen – Nesslau-Neu St. Johann
  S9 Wil SG – Wattwil
  S10 Wil SG – Weinfelden
  S12 Sargans – Chur
  S14 Weinfelden – Kreuzlingen – Konstanz
* Regionaler Personenverkehr S-Bahn Zürich:
  S22 Bülach – Schaffhausen – Singen (Hohentwiel)
  S26 Winterthur – Rüti ZH
  S29 Winterthur – Stein am Rhein
  S30 Winterthur – Weinfelden
  S33 Winterthur – Schaffhausen
  S35 Winterthur – Wil SG
  S41 Winterthur – Koblenz – Waldshut
* Regionaler Personenverkehr St. Gallen – Rorschach – St. Margrethen – Buchs SG – Sargans

TMR Transports de Martigny et Régions SA 🅿🄶🄸

Postfach 727
CH-1920 Martigny
Rue de la Poste 3
CH-1920 Martigny
Telefon: +41 27 721 68 40
Telefax: +41 27 721 68 59
info@tmrsa.ch
www.tmrsa.ch

Management
* Raymond Carrupt (Generaldirektor)

Gesellschafter
Stammkapital 6.790.000,00 CHF

Beteiligungen
* RegionAlps SA (RA) (18 %)

Lizenzen
* CH: Eisenbahninfrastrukturkonzession; gültig bis 09.12.2034
* CH: Netzzugangsbewilligung; gültig vom 08.04.2003 bis 30.04.2023
* CH: Personenbeförderungskonzession; gültig vom 07.11.1989 bis 14.12.2024
* FR: Sicherheitszertifikat Teil B; gültig seit 28.07.2013

Infrastruktur
* Martigny – Sembrancher – Orsières (19,3 km, elektrifiziert 15 kV 16,7 Hz)
* Sembrancher – Le Châble (6,2 km, elektrifiziert 15 kV 16,7 Hz)
* Martigny – Le Châtelard Frontière (18,1 km, Spurweite 1.000 mm, elektrifiziert 850 V= [abschnittsweise Stromschiene], abschnittsweise Zahnradbahn System Strub)

Unternehmensgeschichte
Die Transports de Martigny et Régions SA (TMR) entstand auf Grundlage des Fusionsvertrages vom 26.06.2000 durch den Zusammenschluss der Bahngesellschaften Chemin de fer Martigny–Châtelard (MC) und Chemin de fer Martigny–Orsières (MO). Die 1906 eröffnete Bahn der MC führt in Meterspur mit Zahnstangenabschnitten von Martigny zur Staatsgrenze nahe Le Châtelard. Auf französischer Seite wird die Strecke durch die Staatsbahn SNCF über Chamonix nach St-Gervais fortgeführt. Die Streckeninfrastruktur der MO umfasst eine normalspurige, 1910 in Betrieb genommene Verbindung von Martigny nach Orsières, die seit 1953 durch eine Zweigstrecke nach Le Châble ergänzt wird.
Auf den früheren MO-Strecken wird der regionale Personenverkehr seit 13.12.2003 durch die 2003 als gemeinsame Tochtergesellschaft von TMR und SBB gegründete RegionAlps SA geführt, womit die TMR dort in Eigenregie nur noch Güterverkehr betreibt. Auf der Meterspur bietet die TMR regionalen Personenverkehr an, wobei die in Kooperation mit der SNCF geführten grenzüberschreitenden Züge als „Mont-Blanc Express" vermarktet werden.

Verkehre
* Regionaler Personenverkehr Martigny – Le Châtelard Frontière; in Zusammenarbeit mit der Société Nationale des Chemins de fer Français (SNCF) durchgehende Züge über Le Châtelard hinaus bis Chamonix
* Güterverkehr Martigny – Sembrancher – Orsières/– Le Châble; Personenverkehr wird durch RegionAlps SA erbracht

TR / TAE

TR Trans Rail AG

Oberer Saltinadamm 2
CH-3902 Glis
Telefon: +41 52 2143360
Telefax: +41 52 2143361
betrieb@tr-transrail.ch
www.tr-transrail.ch

Management
★ André Pellet (Vorstand)

Gesellschafter
Stammkapital 100.000,00 CHF

Lizenzen
★ CH: Netzzugangsbewilligung; gültig vom 06.07.2007 bis 05.07.2017
★ CH: Sicherheitszertifikat Teil A+B (PV+GV); gültig vom 28.10.2014 bis 28.10.2015

Unternehmensgeschichte
Die TR Trans Rail wurde per 08.03.2007 zunächst als GmbH gegründet. Gründungsgesellschafterin war zu 50 % Cäcilia Flury, die per Handelsregistereintragung vom 24.08.2007 ihre Anteile an die UTL GmbH in Frauenfeld überschrieb. Zum 02.12.2010 wurde die Gesellschaft neu strukturiert, das Stammkapital von 20.000 CHF auf 100.000 CHF erhöht und in eine AG umgewandelt. Seit 11.12.2010 hat die TR sämtliche Aktivitäten des EVU EUROVAPOR übernommen und dient als gemeinsame Plattform für viele kleinere historische Bahnvereine. Diese können sich somit auf ihr Kerngeschäft (Erhaltung und Betrieb von historischen Bahnfahrzeugen) konzentrieren und trotzdem mit minimalem Aufwand historische Fahrten anbieten.

Verkehre
★ Biodieseltransporte Rotterdam (Botlek Tank Terminal (BTT)) [NL] – Trecate (Società a responsabilità limitata Raffineria Padana Olii Minerali S.A.R.P.O.M. S.r.l.) [IT]; Spotverkehr seit 2014 im Auftrag der LTE Netherlands B.V.; Traktion ab Basel sowie der InRail S.r.l. ab Domo II [IT]; durchgehender Einsatz von LTE-Loks bis Domo II [IT]

Transalpin Eisenbahn AG (TAE)
G

Steinengraben 42
CH-4051 Basel
Telefon: +41 61 3125070
Telefax: +41 61 3125074
info.tae@captrain.de
www.captrain.de

Management
★ Dipl.-Betriebswirt (FH) Michael Kappler (Präsident des Verwaltungsrates)
★ Bruno Huberson (Verwaltungsrat)
★ Dipl.-Ing. Henrik Würdemann (Verwaltungsrat)

Gesellschafter
Stammkapital 954.000,00 CHF
★ Captrain Deutschland GmbH (CT-D) (100 %)

Lizenzen
★ CH: Netzzugangsbewilligung; gültig vom 07.10.2002 bis 31.12.2017
★ CH: Sicherheitszertifikat, Teil A + B (GV); gültig vom 25.09.2013 bis 24.09.2015

Unternehmensgeschichte
Die Transalpin Eisenbahn AG (TAE) ist die schweizer EVU-Tochter der Captrain Deutschland GmbH. Ursprünglich war die Gesellschaft zur Abwicklung von Bahnverkehren in der Schweiz durch die deutsche rail4chem Eisenbahnverkehrsgesellschaft mbH mit Handelsregistereintrag zum 16.05.2002 gegründet worden. Damals firmierte man zunächst als Swisstrak AG mit Sitz in Dürrenäsch, wo mit der Bertschi AG einer der damaligen Gesellschafter der rail4chem Eisenbahnverkehrsgesellschaft ansässig ist. Seit 20.12.2002 firmiert Swisstrak als rail4chem transalpin AG. Der Gesellschaftssitz wurde zum 04.12.2006 nach Basel verlegt. Dem Verkauf von rail4chem an Captrain inklusive Beschränkung der rail4chem auf die Tätigkeit als Serviceunternehmen Rechnung tragend erfolgte zum 01.03.2011 die Umfirmierung in Transalpin Eisenbahn AG (TAE). Seitdem ist auch Captrain Deutschland anstatt der rail4chem Gesellschafter des Unternehmens. Nachdem die Transalpin zum 07.10.2002 in der Schweiz als EVU zugelassen wurde, besitzt es seit 09.03.2004 auch die für den Betrieb in der Schweiz erforderliche Sicherheitsbescheinigung.
Für die Verkehrsdurchführung nutzt man entsprechend zugelassene Loks der Muttergesellschaft bzw. der Captrain-

TAE / MVR / tl

Schwestergesellschaften. Die Betriebsführung und -überwachung wird vom Standort Neu-Ulm der Bayerischen CargoBahn GmbH (BCB) aus erbracht. 2012 hatte das Unternehmen einen Marktanteil im alpenquerenden Schienengüterverkehr in der Schweiz auf Basis der Netto-tkm von 1,9 %. Am Gotthard waren es 2,9 % und am Simplon 0,4 %.

Verkehre
* grenzüberschreitende Verkehre im Auftrag der Muttergesellschaft bzw. der Captrain-Gruppe, u.a. Mineralöltransporte nach Rümlang sowie Zellstoffzüge im Transit nach Italien

Transports Montreux – Vevey – Riviera SA (MVR)

Postfach 1426
CH-1820 Montreux
Rue de la Gare 22
CH-1820 Montreux
Telefon: +41 21 989 81 81
Telefax: +41 21 989 81 00

Management
* Richard Kummrow (Direktor)

Gesellschafter
Stammkapital 5.750.000,00 CHF
* Compagnie du chemin de fer Montreux-Oberland bernois SA (MOB) (17 %)

Lizenzen
* CH: Eisenbahninfrastrukturkonzession; gültig vom 16.04.1898 bis 31.12.2029
* CH: Personenbeförderungskonzession; gültig vom 09.05.1986 bis 30.04.2015

Infrastruktur
* Montreux – Rochers-de-Naye (7,6 km, Spurweite 800 mm, elektrifiziert 850 V=, Zahnradbahn System Abt)
* Vevey – Blonay (5,7 km, Spurweite 1.000 mm, elektrifiziert 900 V=)
* Blonay – Les Pléiades (4,8 km, Spurweite 1.000 mm, elektrifiziert 900 V=, Zahnradbahn System Strub)
* Blonay – Chamby (3 km, Spurweite 1.000 mm, elektrifiziert 900 V=)

Unternehmensgeschichte
Mit Handelsregistereintrag vom 22.06.2001 entstand die Transports Montreux – Vevey – Riviera SA (MVR) durch Umbenennung aus der Chemins de fer des Rochers-de-Naye, Montreux – Territet – Glion – Naye, SA (MTGN). Zugleich wurden die Bahngesellschaft Compagnie des chemins de fer électriques veveysans (CEV) sowie die Standseilbahnen Compagnie du chemin de fer Les Avants – Sonloup und Compagnie du Chemin de fer funiculaire Vevey – Chardonne – Mont-Pélerin in die MVR integriert. Zusammen mit der Compagnie du Chemin de fer Montreux-Oberland bernois SA (MOB) tritt die MVR nach außen unter der Dachmarke „Golden Pass Services" auf. Neben den genannten Bahnstrecken mit Spurweiten von 1.000 und 800 mm betreibt die MVR auch drei Standseilbahnen.

Verkehre
* Personenverkehr auf eigener Infrastruktur; auf der Strecke Blonay – Chamby kein planmäßiger Verkehr durch MVR

Transports publics de la région Lausannoise SA (tl)

Chemin du Closel 15
CH-1020 Renens 1
Telefon: +41 21 62101-11
Telefax: +41 21 62501-22
mail@t-l.ch
www.t-l.ch

Management
* Michel Joye (Generaldirektor)
* Marc Badoux (Direktor Netzmanagement)
* Valérie Bourquard (Direktorin Finanzen)
* François Boyer (Direktor Unternehmensentwicklung)
* Olivier Bronner (Direktor Instandhaltung)
* Marielle Desbiolles (Direktorin Produktion)
* Rebecca Dougoud (Direktorin Achsen)
* Lauraine Ebener (Direktorin Personal)
* Christophe Jemelin (Direktor Angebotsentwicklung)
* Daniel Leuba (Direktor LEB)

Gesellschafter
Stammkapital 55.859.500,00 CHF
* Stadt Lausanne und Partnergemeinden (67 %)
* Kanton Waadt (26 %)
* Banque Cantonale Vaudoise (BCV) (4 %)

tl / TPC

* private Aktionäre (3 %)

Lizenzen
* CH: Sicherheitszertifikat, Teil A+B (PV); gültig vom 18.12.2014 bis 17.12.2018

Unternehmensgeschichte
Die 1895 gegründete Transports publics de la région lausannoise S.A. (tl) [Öffentlicher Verkehr der Region Lausanne] ist ein Nahverkehrsbetrieb in der Schweizer Stadt Lausanne sowie in 38 angrenzenden Agglomerationsgemeinden. Dazu zählt der Trolleybus Lausanne mit zehn Linien, 22 Buslinien, eine Stadtbahnlinie und eine U-Bahn-Linie mit rund 1.100 Mitarbeitern (2013). Die Linienlänge beträgt 261,2 km (2013).
2012 absorbierte die tl zwei Gesellschaften, deren Betriebsführung ihr zuvor oblag:
* TSOL, société du tramway du sud-ouest lausannois S.A. war Eigentümerin der Stadtbahnlinie (heutige M1) und gehörte zu 60 % dem Kanton sowie zu 40 % den vier Anrainergemeinden
* Métro Lausanne-Ouchy S.A. als Tochter der Stadt Lausanne und Eigentümerin der Linie M2

Die tl hat per 05.12.2013 die operative Führung des Personen- und Güterverkehrs (Schiene/Strasse) der Compagnie du chemin de fer Lausanne-Echallens-Bercher SA (LEB) übernommen.
Insgesamt befördert die tl jährlich über 104 Mio. Fahrgäste (2013).

Verkehre
* Personenverkehr „M1" Lausanne-Flon – Gare de Renens
* Personenverkehr „M2" Ouchy – Lausanne-Flon – Croisettes
* Personenverkehr „LEB" Lausanne-Flon – Bercher

Transports Publics du Chablais SA (TPC) 🅿🅖🅘

Rue de la Gare 38
CH-1860 Aigle
Telefon: +41 24 4680330
Telefax: +41 24 4680331
info@tpc.ch
www.tpc.ch

Gesellschafter
Stammkapital 8.750.000,00 CHF

Lizenzen
* CH: Eisenbahninfrastrukturkonzession; gültig vom 01.01.1999 bis 31.12.2035
* CH: Personenbeförderungskonzession; gültig vom 01.01.1999 bis 31.12.2022

Infrastruktur
* Aigle – Leysin-Grand-Hôtel (6,2 km, Spurweite 1.000 mm, elektrifiziert 1.500 V=, östlich von Aigle-Dépôt Zahnradbahn System Abt)
* Aigle – Le Sépey – Les Diablerets (23,3 km, Spurweite 1.000 mm, elektrifiziert 1.500 V=)
* Aigle – Monthey – Champéry (23,4 km, Spurweite 1.000 mm, elektrifiziert 900 V=, abschnittsweise Zahnradbahn System Strub)
* Bex – Bévieux – Villars-sur-Ollon – Col-de-Bretaye (17,1 km, Spurweite 1.000 mm, elektrifiziert 700 V=, abschnittsweise Zahnradbahn System Abt; Abschnitt Bex – Bévieux als Straßenbahn konzessioniert)

Unternehmensgeschichte
Mit dem Zusammenschluss der Bahngesellschaften Chemin de fer Aigle-Leysin (AL), Chemin de fer Aigle – Ollon – Monthey – Champéry (AOMC), Chemin de fer Aigle – Sépey – Diablerets (ASD) und Chemin de fer Bex – Villars – Bretaye (BVB) entstand auf Grundlage des Fusionsvertrages vom 22.06.1999 und Handelsregistereintrag zum 18.08.1999 rückwirkend zum 01.01.1999 die Transports Publics du Chablais SA (TPC) mit Sitz in Aigle. AL, ASD und BVB bildeten bereits seit 1975 eine Betriebsgemeinschaft, der seit 1977 auch die AOMC angehörte.
Die TPC betreibt vier betrieblich getrennte, elektrifizierte Meterspurbahnen. Die Verbindung der AL führt als Zahnradbahn von Aigle im Rhosetal (404 m) nach Leysin (1.450 m). Ebenfalls in Aigle beginnt die von der AOMC stammende Strecke, die über Ollon und Monthey nach Champéry führt. Als dritte TPC-Bahn in Aigle verbindet die frühere ASD-Infrastruktur im reinen Adhäsionsbetrieb im Tal der Grande Eau Aigle und Les Diablerets. Die Strecke der BVB führt von Bex über Villars-sur-Ollon nach Col-de-Bretaye. Der untere, 3,2 km lange Abschnitt Bex – Bévieux ist dabei als Straßenbahn konzessioniert.

Verkehre
* Personen- und Güterverkehr auf eigener Infrastruktur

TPF

Transports publics fribourgeois SA (TPF) 🅿🅖🅘

Case postale 1536
CH-1701 Fribourg
Telefon: +41 26 35102-00
Telefax: +41 26 35102-90
tpf@tpf.ch
www.tpf.ch

Rue des Pilettes 3
CH-1701 Fribourg

Management
* Dr. Claude Barraz (Direktor)

Gesellschafter
Stammkapital 16.673.000,00 CHF
* Kanton Fribourg (57 %)
* Schweizerische Eidgenossenschaft (22 %)
* Gemeinde Fribourg (17 %)
* Streubesitz (4 %)

Lizenzen
* CH: Eisenbahninfrastrukturkonzession bis 31.12.2027
* CH: Netzzugangsbewilligung; gültig vom 01.01.2011 bis 31.12.2020
* CH: Personenbeförderungskonzession; gültig vom 07.03.1988 bis 10.12.2022

Infrastruktur
* (Fribourg –) Givisiez – Murten (–) Muntelier – Ins (25,7 km, elektrifiziert 15 KV 16,7 Hz)
* Bulle – Romont (18,2 km, elektrifiziert 15 KV 16,7 Hz)
* Palézieux – Châtel-St-Denis – Bulle – Montbovon (36,7 km, Spurweite 1.000 mm, elektrifiziert 900 V=)
* Bulle – Broc-Fabrique (5,4 km, Spurweite 1.000 mm, elektrifiziert 900 V=); Umbau auf Normalspur bis 2020

Unternehmensgeschichte
Auf Basis des Fusionsvertrages vom 10.07.2000 wurden die Unternehmen Chemins de fer Fribourgeois Gruyère – Fribourg – Morat (GFM) und Transports en commun de Fribourg (TF) rückwirkend zum 01.01.2000 zur Transports publics fribourgeois SA (TPF) zusammengeschlossen. Neben den somit kombinierten Busbetrieben von GFM und TF betreibt die TPF als öffentlicher Verkehrsbetrieb des Kantons Fribourg auch normal- und meterspurige Bahnstrecken, die von der GFM übernommen wurden.
Die so genannte Chemin de fer Fribourg – Morat – Anet ist eine 32 km lange, normalspurige Bahnverbindung von Fribourg über Morat nach Anet. 25,7 km sind davon Infrastruktur der TPF, auf den übrigen Abschnitten wird SBB-Infrastruktur mitgenutzt. Die zweite normalspurige Bahnstrecke der TPF verbindet Bulle mit der an der SBB-Hauptstrecke Fribourg – Lausanne gelegenen Romont. Bulle ist zudem Betriebsmittelpunkt der Meterspurinfrastruktur der TPF, die von Bulle auf drei Streckenästen nach Palézieux, Broc-Fabrique und Montbovon führt. In Montbovon besteht eine Verbindung zur ebenfalls meterspurigen Infrastruktur der Compagnie du Chemin de fer Montreux-Oberland bernois SA (MOB). Die Infrastruktur nach Broc-Fabrique soll bis 2020 auf Normalspur umgebaut werden. Dann ist ebenfalls eine Durchbindung der Regionalzüge aus Fribourg bis Broc-Fabrique vorgesehen.
Auf Normal- und Meterspur führt die TPF regionalen Personenverkehr durch. Der Güterverkehr auf der TPF-Infrastruktur wurde am 10.12.2006 neu organisiert: Kiesganzzüge auf der Meterspur wurden seither bis zur Einstellung im November 2012 von der MOB gefahren, die hierfür Fahrzeuge von der TPF erwarb. Der übrige Güterverkehr auf den meterspurigen Strecken sowie der gesamte Güterverkehr auf den Normalspurverbindungen wurden zum selben Zeitpunkt von SBB Cargo übernommen. Die Streckenleistungen auf der Meterspur werden dabei durch die TPF im Auftrag von SBB Cargo ausgeführt.
Weil die Werkstätte Bern-Aebimatt der BLS voraussichtlich nur noch bis 2019 zur Verfügung steht und der geplante Neubau im Raum Bern nicht vor 2025 betriebsbereit sein wird, mietet sich die BLS zusätzlich in der TFP-Werkstatt in Givisiez ein.

Verkehre
* Güterverkehr Bulle – Broc-Fabrique im Auftrag der SBB Cargo AG
* Personenverkehr auf eigener Infrastruktur

transN / TRAVYS

Transports Publics Neuchâtelois S.A. (transN) 🅿🅖🅘

Allée des Défricheurs 3
CH-2301 La Chaux-de-Fonds
Telefon: +41 32 92424-24
Telefax: +41 32 92424-09
info@transn.ch
www.transn.ch

Management
★ Pascal François Vuilleumier (Generaldirektor)
★ Peter Moser (Direktor)
★ Jean-Michel von Kaenel (Direktor)

Gesellschafter
Stammkapital 11.828.030,00 CHF

Lizenzen
★ CH: Eisenbahninfrastrukturkonzession; gültig vom 09.04.1963 bis 30.06.2036
★ CH: Netzzugangsbewilligung; gültig vom 03.02.2009 bis 28.02.2019
★ CH: Personenbeförderungskonzession; gültig vom 01.07.1961 bis 09.12.2028
★ CH: Sicherheitszertifikat, Teil A+B (PV); gültig vom 26.09.2014 bis 31.12.2015

Infrastruktur
★ Travers – Fleurier – Buttes (12 km, elektrifiziert 15 kV 16,7 Hz)
★ Fleurier – St-Sulpice (1,6 km, elektrifiziert 15 kV 16,7 Hz)
★ La Chaux-de-Fonds – Les Ponts-de-Martel (16,2 km, Spurweite 1.000 mm, elektrifiziert 1.500 V=)
★ Le Locle – Les Brenets (4,1 km, Spurweite 1.000 mm, elektrifiziert 1.500 V=)

Unternehmensgeschichte
Zum 01.01.2000 wurden drei Verkehrsunternehmen, an denen der Kanton Neuchâtel größere Anteile hielt, auf Basis des Fusionsvertrages vom 27.05.1999 und Handelsregistereintrag zum 25.11.1999 zur TRN SA - Transports Régionaux Neuchâtelois zusammengeführt. Neben dem Busunternehmen Transports du Val-de-Ruz (VR) handelte es sich dabei um die Bahngesellschaften Chemin de fer Régional du Val-de-Travers (RVT) und Chemins de fer des Montagnes Neuchâteloises (CMN). Mit Fusionsvertrag vom 24.05.2005 wurde rückwirkend zum 01.01.2005 ferner der Auto- und Trolleybusbetreiber Compagnie des Transports en commun, La Chaux-de-Fonds (TC) in die TRN integriert.
Die Bahninfrastruktur der früheren CMN umfasst zwei Meterspurbahnen, die von den 1947 zur CMN fusionierten Gesellschaften Chemin de fer Ponts–Sagne–Chaux-de-Fonds (PSC) und Chemin de fer Régional des Brenets (RdB) erbaut wurden. Die 16,2 km lange PSC-Strecke, auf der Personen- und Güterverkehr durchgeführt wird, verläuft von La Chaux-de-Fonds Richtung Südwesten nach Les Ponts-de-Martel. Mit einer Länge von 4,1 km deutlich kürzer ist die RdB-Strecke zwischen Le Locle und Les Brenets.
Von der RVT wurde normalspurige Bahninfrastruktur im Tal der Areuse in die TRN eingebracht. Zwischen Travers, Fleurier und Buttes wird auf 12 km Personen- und Güterverkehr angeboten. Die 1,6 km lange Zweigstrecke von Fleurier nach St-Sulpice wird nicht mehr im Planverkehr befahren und stattdessen von Museumszügen genutzt.
Rückwirkend zum 01.01.2012 entstand per 27.06.2012 durch Fusion die neue Gesellschaft Transports Publics Neuchâtelois SA (transN) aus der TRN sowie der Transports publics du littoral neuchâtelois (TN). Das Unternehmen hat rund 400 Mitarbeiter und betreibt Bus-, Bahn-, Trolleybus- und Standseilbahnlinien im Kanton Neuchâtel. Pro Jahr befördert transN 29.441 Mio. Passagiere (Stand 2011).

Verkehre
★ Personen- und Güterverkehr auf eigener Infrastruktur; Fleurier – St-Sulpice ohne Planverkehr

TRAVYS - Transports Vallée-de-Joux - Yverdon-les-Bains - Sainte-Croix SA 🅿🅖🅘

Quai de la Thièle 32
CH-1401 Yverdon-les-Bains
Telefon: +41 24 424 10 70
Telefax: +41 24 441 10 80
info@travys.ch
www.travys.ch

Gesellschafter
Stammkapital 6.568.720,00 CHF

Lizenzen
★ CH: Eisenbahninfrastrukturkonzession; gültig bis 31.12.2026
★ CH: Netzzugangsbewilligung; gültig vom 25.07.2007 bis 24.07.2017
★ CH: Personenbeförderungskonzession; gültig vom 24.09.1970 bis 01.01.2021
★ CH: Sicherheitszertifikat, Teil A+B (PV+GV); gültig vom 26.09.2014 bis 25.09.2015

Infrastruktur
★ Le Pont – Le Brassus (13 km, elektrifiziert 15 kV 16,7 Hz)

TRAVYS / TX Schweiz

* Yverdon-les-Bains – Ste-Croix (24,2 km, Spurweite 1.000 mm, elektrifiziert 15 kV 16,7 Hz)
* Betriebsführung der OC - Chemin de fer Orbe-Chavornay p.a. Travys S.A. mit deren Strecke Chavornay – Orbe (3,9 km, elektrifiziert 750 V=)

Unternehmensgeschichte
Die TRAVYS - Transports Vallée-de-Joux – Yverdon-les-Bains – Sainte-Croix SA entstand auf Grundlage des Fusionsvertrags vom 04.07.2001 und Handelsregistereintrag zum 12.07.2001 rückwirkend zum 01.01.2001 aus den Bahnbetrieben Chemin de fer Yverdon – Ste-Croix (YSteC) und Chemin de fer Pont – Brassus (PBr) sowie dem Busbetrieb Transports publics Yverdon-Grandson et environs (TPYG). Am 01.06.2003 hat TRAVYS ferner die Betriebsführung der Société du chemin de fer Orbe – Chavornay SA (OC) übernommen. Die OC wurde nachfolgend mit Handelsregistereintrag vom 17.07.2008 auf die TRAVYS verschmolzen.
Auf der 13 km langen, am 21.08.1899 eröffneten Bahnstrecke der PBr, die am Nordufer des Lac de Joux von Le Pont nach Le Brassus führt, beauftragt TRAVYS die SBB mit der Erbringung des regionalen Personenverkehrs. Zwei der hierfür von der SBB eingesetzten „NPZ"-Triebzüge der Reihe RBDe 560 sind TRAVYS-Eigentum. Auf der Meterspurbahn Yverdon-les-Bains – Ste-Croix, der früheren YSteC, betreibt TRAVYS hingegen Personen- und Güterverkehr in Eigenregie.

Verkehre
* Betriebsführung der OC - Chemin de fer Orbe-Chavornay p.a. Travys S.A.: Personen- und Güterverkehr Chavornay – Orbe
* Güterverkehr Le Pont – Le Brassus (Personenverkehr hier durch die SBB)
* Personen- und Güterverkehr Yverdon-les-Bains – Ste-Croix

Management
* René Diener (Vorsitzender der Geschäftsführung)
* Patrick Zilles (Geschäftsführer)

Gesellschafter
Stammkapital 50.000,00 CHF
* TX Logistik AG (100 %)

Lizenzen
* CH: Netzzugangsbewilligung; gültig vom 07.05.2004 bis 06.06.2024
* CH: Sicherheitszertifikat, Teil A+B (GV); gültig seit 19.12.2014 bis 19.12.2015

Unternehmensgeschichte
Die TX Logistik GmbH mit Sitz in Basel wurde am 08.08.2003 zur Abwicklung von Transitgüterverkehren in Zusammenarbeit mit der deutschen TX Logistik AG und deren Anteilseigener Trenitalia gegründet. Anteilseigner war zunächst neben der TX Logistik AG mit 98 % der Gesellschafteranteile auch der mit Gründung zum Geschäftsführer bestellte Gustav Adolf Schulze mit einer Stammeinlage im Umfang von 2 % des Stammkapitals. Mit Handelsregistereintrag vom 18.08.2005 übernahm die TX Logistik AG auch die Anteile von Schulze, der zwischenzeitlich als Geschäftsführer ausgeschieden war.
Mit Stand 31.12.2006 beschäftigte die TX Logistik GmbH 15 Lokführer und beförderte Güterzüge im Transit Deutschland – Italien (u. z.). Die Bespannung der Züge über die TX Logistik AG gestellten Triebfahrzeugen erfolgt jeweils durchgehend von Deutschland bis zur schweizerisch-italienischen Grenze. In vielen Fällen erfolgt die Traktion durchgängig bis Italien mit interoperablen Lokomotiven. Seit 06.2012 hat TX die SiBe auch auf die Führung von Verkehren durch den Lötschbergbasistunnel erweitert.
2012 hatte das Unternehmen einen Marktanteil im alpenquerenden Schienengüterverkehr in der Schweiz auf Basis der Netto-tkm von 2,5 %. Am Gotthard waren es 4,0 % und am Simplon 0,3 %.

Verkehre
* Gütertransporte der TX Logistik AG verkehren in der Schweiz unter Regie der TX Logistik GmbH. Die Triebfahrzeuge werden durch Muttergesellschaft gestellt.

TX Logistik GmbH G

Gartenstraße 101
CH-4002 Basel
Telefon: +41 61 2254324
Telefax: +41 61 2254323
info@txlogistik.de
www.txlogistik.ch

DBB / WAB / WB

Verein Dampfbahn Bern (DBB)
P

Postfach 5841
CH-3001 Bern
Telefon: +41 31 3023968
marketing@dbb.ch
www.dbb.ch

Lizenzen
* CH: Sicherheitszertifikat, Teil A+B (PV); gültig vom 02.06.2014 bis 02.06.2019

Unternehmensgeschichte
Die Dampfbahn Bern (DBB) besteht seit 1970. Anlass zur Gründung war die Rettung und Revision der Dampflokomotive E 3/3 Nr. 1 des Gaswerks Bern durch Lehrlinge der Firma WIFAG. DBB ist als Verein organisiert und zählt um die 300 Mitglieder. Davon arbeiten zirka 30 aktiv und ehrenamtlich in Rollmaterialunterhalt, Fahrdienst und Ausbildung sowie Vereinsleitung und Administration mit. Die Unterhaltung des Rollmaterials erfolgt in der ehemaligen BTB-Werkstätte in Konolfingen.

Verkehre
* Dampfsonderfahrten auf normalspurigen Strecken

Wengernalpbahn AG (WAB)
P G I

Harderstraße 14
CH-3800 Interlaken
Telefon: +41 33 828 71 11
info@jungfrau.ch
www.jungfrau.ch

Management
* Urs Kessler (Präsident und Vorsitzender der Geschäftsleitung)
* Jürg Lauper (Mitglied der Gschäftsleitung)
* Christoph Seiler (Mitglied der Gschäftsleitung)
* Markus Balmer (Leiter WAB (ab 01.04.2015))

Gesellschafter
Stammkapital 10.000.000,00 CHF

Lizenzen
* CH: Eisenbahninfrastrukturkonzession; gültig bis 26.06.2020
* CH: Personenbeförderungskonzession; gültig bis 26.06.2020

Infrastruktur
* Lauterbrunnen – Grindelwald (19,1 km, Spurweite 800 mm, elektrifiziert 1.500 V=, Zahnradbahn System Riggenbach)

Unternehmensgeschichte
Die 1893 eröffnete Wengernalpbahn im Kanton Bern führt auf rund 19 km von Lauterbrunnen (797 m), dem Endpunkt der von Interlaken Ost kommenden Strecke der Berner Oberland-Bahnen AG via Wengen (1.275 m) und die Kleine Scheidegg (2.061 m) nach Grindelwald (1.034 m). Zwischen Witimatte und Wengen bestehen dabei seit 1910 zwei Verbindungen. Auf der jüngeren, weniger steilen und abschnittsweise in Tunneln geführten Strecke wird der Planbetrieb abgewickelt, die ältere Trasse wurde zuletzt nur noch für Güter- und Personensonderzüge genutzt und 2009 zurückgebaut.
Betreibergesellschaft der Bahn ist die Wengernalpbahn AG. Bereits seit 1932 bildet sie mit der Jungfraubahn AG, welche die Zahnradbahn von der Kleinen Scheidegg auf das Jungfraujoch betreibt, eine Verwaltungsgemeinschaft. Seit 1946 ist diese zusammen mit der Berner Oberland-Bahn AG (BOB) und der Bergbahn Lauterbrunnen – Mürren (BLM) in eine gemeinsame Direktion integriert. Die Verwaltung der vier Bahnen erfolgt heute zentral über die im Jahr 2000 gegründete Jungfraubahnen Management AG.

Verkehre
* Personen- und Güterverkehr auf eigener Infrastruktur

Waldenburgerbahn AG (WB)
P I

Hauptstraße 12
CH-4437 Waldenburg
Telefon: +41 61 965 94 94
Telefax: +41 61 965 94 99
info@waldenburgerbahn.ch
www.waldenburgerbahn.ch

Gesellschafter
Stammkapital 1.917.016,00 CHF
* Schweizerische Eidgenossenschaft
* Kanton Basel-Landschaft
* Anliegergemeinden

Lizenzen
* CH: Eisenbahninfrastrukturkonzession; gültig bis 31.12.2019
* CH: Personenbeförderungskonzession; gültig bis 31.12.2019

WB / WRS / zb

Infrastruktur
* Liestal – Waldenburg (13,1 km, Spurweite 750 mm, elektrifiziert 1.500 V=)

Unternehmensgeschichte
Die Waldenburgerbahn AG (WB) betreibt die am 01.11.1880 eröffnete und seit 26.10.1953 elektrisch betriebene Bahnstrecke, welche die Gemeinde Waldenburg mit Liestal verbindet. Diese Hauptstadt des gleichnamigen Bezirks und des Kantons Basel-Landschaft ist 17 km südöstlich von Basel an der Magistrale Basel – Olten (Hauensteinlinie) gelegen. Dort wird, einbezogen in das Verkehrssystem des Großraums Basel, regionaler Personenverkehr in dichtem Takt abgewickelt. Im Jahr 2010 wurden so rund 1,9 Mio. Fahrgäste befördert.
Als einzige öffentliche Bahnstrecke der Schweiz ist die Waldenburgerbahn in einer Spurweite von 750 mm ausgeführt. Im Kanton wird überlegt, die Bahn zu modernisieren, neue Fahrzeuge zu beschaffen und auf 1.000 mm umzuspuren. Dies würde u.a. bedeuten, dass die bisherigen Nostalgiefahrten mit der Dampflok „Gedeon Thommen" nicht mehr durchführbar wären.

Verkehre
* Personenverkehr auf eigener Infrastruktur

* CH: Sicherheitsbescheinigung, Teil A (GV); gültig seit 18.12. 2014 bis 18.12.2016
* CH: Sicherheitsbescheinigung, Teil B (GV); gültig seit 18.12.2014 bis 30.06.2015

Unternehmensgeschichte
Die Widmer Rail Services Personal AG (WRS) wurde am 20.11.2007 gegründet. Das Unternehmen mit Sitz in Glarus bietet Gesamtlösungen in den Bereichen Fahren, Rangieren und Zugsvorbereitung für Schmalspur- oder Normalspurbahnen, im Transitverkehr durch die Schweiz oder Regionalverkehr an.
Vor dem Antrag zur firmeneigenen EVU-Zulassung wurden die Maschinen bei jeweiligen Mietkunden eingestellt. WRS ist seit 27.09.2012 ein EVU mit gültiger Netzzulassung und Sicherheitsbescheinigung für die Normalspurnetze der Schweiz und im Besitz von sechs Diesellokomotiven in den Leistungsklassen 250 - 1050 kW und neun Elektrolokomotiven der ÖBB-Baureihe 1042.

Widmer Rail Services Personal AG (WRS)

Burgstrasse 16
CH-8750 Glarus
Telefon: +41 624 6400
administration@w-r-s.ch
www.w-r-s.ch

Management
* Dr. Pierre Widmer (Präsident)

Gesellschafter
Stammkapital 100.000,00 CHF
* Pierre Widmer (100 %)

Lizenzen
* CH: Netzzugangsbewilligung; gültig vom 27.09.2012 bis 30.09.2015

 Die Zentralbahn.

zb Zentralbahn AG

Postfach 457
CH-6362 Stansstad
Bahnhofstraße 23
CH-6362 Stansstad
Telefon: +41 58 66880-00
Telefax: +41 58 66880-01
info@zentralbahn.ch
www.zentralbahn.ch

Management
* Renato Fasciati (Geschäftsführer)
* Gerhard Züger (Leiter Produktion und Rollmaterial)
* Gunthard Orglmeister (Leiter Infrastruktur)
* Andrea Felix (Leiterin Finanzen)
* Andreas Piattini (Leiter Human Resources)
* Ivan Buck (Marketing und Verkauf)

Gesellschafter
Stammkapital 120.000.000,00 CHF
* Schweizerische Bundesbahnen AG (SBB) (66 %)
* Schweizerische Eidgenossenschaft (16,1 %)
* Kanton Nidwalden (11,8 %)
* Kanton Obwalden (5 %)
* Gemeinde Engelberg (1 %)
* Streubesitz (0,1 %)

zb

Beteiligungen
* Brienz Rothorn Bahn AG (BRB) (2,54 %)

Lizenzen
* CH: Eisenbahninfrastrukturkonzession; gültig vom 01.01.2005 bis 10.10.2020
* CH: Netzzugangsbewilligung
* CH: Personenbeförderungskonzession; gültig vom 07.04.1998 bis 10.12.2022

Infrastruktur
* Luzern – Eichwald – Hergiswil – Sarnen – Meiringen – Brienz – Interlaken Ost (74 km, Spurweite 1.000 mm, elektrifiziert 15 kV 16,7 Hz; zwischen Sarnen und Meiringen abschnittsweise Zahnradbahn System Riggenbach; Abschnitt Luzern – Horw Vierschienengleis 1.000/1.435 mm)
* Hergiswil – Stans – Engelberg (24,8 km, Spurweite 1.000 mm, elektrifiziert 15 kV 16,7 Hz; abschnittsweise Zahnradbahn System Riggenbach)

Unternehmensgeschichte
Mit Statutenänderung zum 21.12.2004 wurde die bisherige Luzern-Stans-Engelberg-Bahn AG (LSE) in Stansstad in die zb Zentralbahn AG umfirmiert. Gemäß Statutenänderung vom 18.05.2005 und Handelsregistereintrag zum 27.05.2005 wurden anschließend zwei Drittel der zb-Anteile durch eine Kapitalerhöhung von der SBB übernommen. Deren Beteiligung erfolgte, wie am 05.04., 28.04. und 10.05.2005 vertraglich festgeschrieben, durch eine Sacheinlage in Form des bisherigen SBB-Geschäftsbereichs „Brünigbahn". Brünigbahn und LSE, die im Raum Luzern bereits seit 1964 betrieblich eng kooperierten, wurden somit in eine gemeinsame Gesellschaft überführt.
Bei der Brünigbahn handelt es sich um die 74 km lange, in Meterspur ausgeführte Verbindung Luzern – Hergiswil – Meiringen – Brienz – Interlaken, die abschnittsweise von 1888 bis 1916 eröffnet wurde. Auf den ersten 4,5 km bis Horw ist die Strecke dabei als Vierschienengleis 1.000 / 1.435 mm ausgeführt.
Am 12.11.2012 wurde der in einem 1.325 m langen, zweigleisigen Tunnel angelegte Neubauabschnitt zwischen dem Bahnhof Luzern und Kriens-Mattenhof in Betrieb genommen, der die oberirdische mit ihren vier Bahnübergängen ersetzt. Seit dem Fahrplanwechsel 2012 steht im Tunnel auch die neue Haltestelle Luzern Allmend/Messe zur Verfügung. Das ursprüngliche Projekt eines zweigleisigen Ausbaus zwischen Hergiswil Schlüssel und der Haltestelle Matt in Hergiswil wurde seit Ende 2010 aufgrund vieler Einsprachen storniert. Stattdessen wird jetzt ein zweigleisiger Tunnel von Hergiswil Schlüssel bis zum Bahnhof Hergiswil geprüft.
Die ebenfalls meterspurige Strecke der LSE wurde am 05.10.1898 durch eine Vorgängergesellschaft zwischen Stansstad und Engelberg eröffnet. Nach 66 Jahren als Inselbetrieb wurde am 16.12.1964 die 2,7 km lange Verknüpfung von Brünigbahn und LSE zwischen Hergiswil und Stansstad in Betrieb genommen, wodurch die LSE unter Nutzung der Brünigbahn-Strecke durchgehende Zugverbindungen nach Luzern einrichten konnte.
2009 wurde die Beschaffung von vier siebenteiligen Interregio-Pendelzüge für die Strecke Luzern – Interlaken Ost sowie sechs dreiteiligen Pendelzüge als Verstärkung für den Bahnverkehr über den Brünig und im Talbereich für insgesamt 141 Millionen Franken beschlossen. Die ersten Züge werden 2013 über den Brünig rollen.
Die Zentralbahn hat per Ende Oktober 2011 die Beteiligung der SBB an der Brienz Rothorn Bahn (BRB) übernommen.
Der planmäßige Güterverkehr auf den Meterspur-Abschnitten der zb wurde zum 13.12.2005 eingestellt; bedient wird – durch SBB Cargo – nur mehr das Vierschienengleis im Raum Luzern.
2011 (Vorjahreswerte in Klammern) erbrachte die zb 2,938 (2,569) Mio. Zugkm und beförderte 7,251 (6,923) Mio. Passagiere bei einer Verkehrsleistung von 133,0 (129,3) Mio. Pkm. Bei einem Betriebsertrag von 94,71 (85,98) Mio. CHF war ein EBIT von 4,58 (3,93) Mio. CHF und ein Jahresgewinn von 2,31 (1,84) Mio. CHF zu verzeichnen. Beschäftigt waren 328 (319) Mitarbeiter.

Verkehre
* Personenverkehr auf eigener Infrastruktur

Impulsgeber für das System Bahn

Die Premiumzeitschrift für Fachinformationen rund um Schienenverkehr, Technik, Wissenschaft und Forschung. Mit Themenreports, Interviews und Kurznachrichten über alle bedeutsamen Entwicklungen in der Bahnbranche für Topmanager und Führungskräfte bei Bahnen, in der Industrie, in Wissenschaft und Forschung sowie bei Aufsichtsbehörden.

Probeabo: 2 Monatsausgaben testen
www.eurailpress.de/etrprobe

Eurailpress

Serbien

Kurze Eisenbahngeschichte

Die erste Eisenbahn in Serbien, die am 20.08.1854 für den Güterverkehr und zwei Jahre später für den Personenverkehr eröffnete „Banater Montanbahn" vom heutigen rumänischen Oravița nach Bazijaš an der Donau, tangierte das aktuelle Gebiet Serbiens nur in Randlage. Sie ist überdies nur noch im rumänischen Abschnitt in Betrieb.

Ebenfalls vom österreichischen Staat wurde die 112 km lange Strecke Timișoara – Jimbolia – Kikinda – Szeged im damaligen Kronland „Woiwodschaft Serbien und Temeser Banat" angelegt und am 15.11.1857 eröffnet. Sie ist heute nur noch im nach Rumänien führenden Abschnitt östlich Kikinda in Betrieb. Einen eigenen serbischen Staat gab es damals nicht, denn die Gebiete südlich Belgrad gehörten zum osmanischen Reich, während der Rest Teil des genannten Kronlandes war, das aber 1860 wieder nach Österreich eingegliedert wurde. Der heutige Name „Vojvodina" deutet noch auf die frühere Wojewodschaft hin.

Hier, ganz im Nordwesten der heutigen Republik Serbien, begann das Eisenbahnzeitalter mit dem am 11.09.1869 eröffneten Abschnitt Sombor – Subotica der Alföld – Fiumei Vasút (Alföld-Fiumer Eisenbahn) als Teil des ungarischen Netzes. Im Resultat des Berliner Kongresses 1878 entstand aus dem nordwestlichsten Teil des osmanischen Reiches ein unabhängiger serbischer Staat, der sich im allerdings zum Anschluss an das restliche europäische Eisenbahnnetz verpflichten musste, kam ihm doch die Scharnierfunktion im Verkehr Richtung Istanbul/Ägäis zu. Für den Transitverkehr zu errichten war demnach eine Linie von Belgrad nach Niš mit von dort ausgehenden Verzweigungen zur damaligen bulgarischen Grenze bei Pirot sowie über Vranje nach Ristovac an der dorthin verschobenen türkischen Grenze. Dies konnte aber zunächst nicht verwirklicht werden, da die staatlichen Ressourcen nach der Auseinandersetzung mit den Türken erschöpft waren. So musste der Bau in private Hände gelegt werden, wozu 1881 ein Vertrag mit der französischen Bau- und Betriebsgesellschaft „Union générale" über die Gründung einer „Compagnie de Construction et Exploitation des Chemins de fer de l'Etat Serbe" abgeschlossen wurde. Der Bahnbau begann am 03.07.1881 und wurde auch durch den 1882 erfolgten Konkurs der Compagnie nicht unterbrochen, da die österreichische Länderbank und das Comptoir d'Escompte in Paris eine neue Gesellschaft gründeten, die den Bau weiterführte.

Der am 23.08.1884 eröffneten 245 km langen Verbindung Belgrad – Lapovo – Stalać – Niš folgte 1886 die Strecke nach Ristovac und 1887 jene über Pirot ins bulgarische Caribrod (heute Dimitrovgrad). Anschließend wurde 1889 die Serbische Staatsbahn mit Sitz in Belgrad gegründet und zeitgleich ging man dazu über, die abseits der Transitrouten gelegenen Landesteile durch Lokalbahnen zu erschließen, wobei oftmals auch auf die „bosnische Schmalspur" von 760 mm zurückgegriffen wurde, wie z. B. bei der südlich Belgrads verlaufenden Querverbindung Stalać – Kraljevo – Požega – Užice, mittels derer 1925 die Anbindung nach Sarajevo über die „Bosnische Ostbahn" erfolgte.

Als normalspurige Alternativroute zu jener über Niš zwischen Belgrad und der heutigen mazedonischen Hauptstadt Skopje stand seit 1931 die in Lapovo abzweigende Strecke über Kraljevo und Kosovo Polje durchgehend zur Verfügung. Nach dem Zweiten Weltkrieg kam es wie auch in den anderen Teilrepubliken Jugoslawiens zur Schließung oder Umspurung der Schmalspurlinien.

Größtes Investionsvorhaben war der Bau der 476 km langen Verbindung von Belgrad zum Adriahafen Bar, der 1952 begonnen, von 1958 bis 1966 unterbrochen war und bis 1976 vollendet wurde. 175 km davon verlaufen heute in Montenegro und 9 km in Bosnien und Herzegowina.

Schon am 31.05.1970 war der elektrische Betrieb zwischen Belgrad und Zagreb aufgenommen worden. Die Neubaustrecke von Valjevo an der Belgrad-Barer Bahn nach Loznica ganz im Westen des Landes wurde nach dem Zerfall Jugoslawiens nicht vollendet und ist auch bis heute nicht fertiggestellt. Ein anderes, noch vollendetes Projekt ist die Umgestaltung des Knotens Belgrad mit Ersatz des Kopfbahnhofs durch den Durchgangsbahnhof Beograd Centar. Gerade die (stark verschuldete) ŽS steht, wie auch andere Staatsbahnen der früheren jugoslawischen Teilrepubliken, vor der Aufgabe, die Folgen der ökonomischen Krise und der nachfolgenden Kriegshandlungen (hier der Kosovokrieg mit seinen umfangreichen Zerstörungen durch NATO-Bombardements) in den neunziger Jahren zu beseitigen und andererseits das Eisenbahnwesen für die Anforderungen des 21. Jahrhunderts fit zu machen. So beträgt die Reisezeit zwischen Belgrad und Bar wegen des schlechten Streckenzustandes heute über elf Stunden gegenüber sieben Stunden in den Jahren nach der Eröffnung.

Andererseits entfallen auf Serbien 784 km des Paneuropäischen Bahnkorridors X, die für höhere Fahrgeschwindigkeiten herzurichten und auf weiteren Abschnitten zu elektrifizieren bzw. mit einem zweiten Gleis zu versehen sind. Hierzu dient u. a. ein von Russland gewährter Großkredit im Umfang von rund 800 Mio. Dollar. Finanziert werden damit auch Modernisierungsarbeiten an den Strecken von Belgrad nach Bar und Subotica (– Budapest).

Serbien

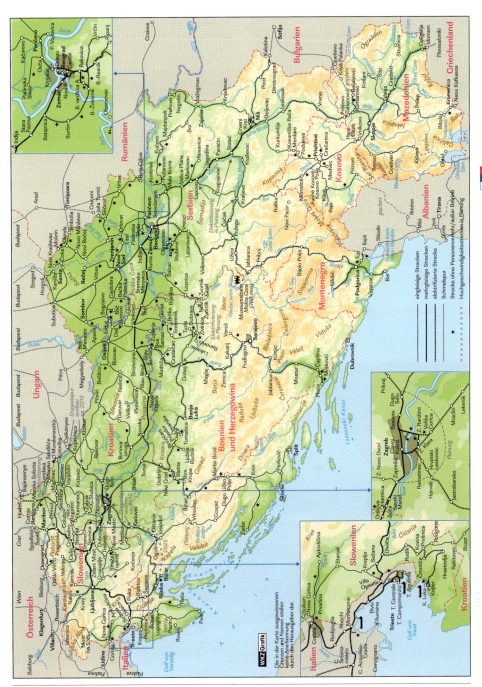

Serbien

Marktübersicht
Einziger Anbieter sowohl im Personen- als auch im Güterverkehr ist bislang die Staatsbahn Železnice Srbije A.D. (ŽS).

Verkehrsministerium
Министарство грађевинарства, саобраћаја и инфраструктуре Републике Србије
Сектор за железнице и интермодални транспорт
Ministry of Construction, Transport and Infrastructure
Department of Railways and Intermodal Transport
Nemanjina 22-26
RS-11000 Beograd
Telefon: +381 11 361 2938
kabinet@mgsi.gov.rs
www.mgsi.gov.rs

Nationale Eisenbahnbehörde Serbien
Дирекција за железнице
Directorate for Railways
Nemanjina 6
RS-11000 Beograd
Telefon: +381 11 361 6866
administration@raildir.gov.rs
www.raildir.gov.rs

Nationale Eisenbahnbehörde Kosovo
Autoritetit Rregullativ të Hekurudhave
Railway Regulatory Authority
Rrustem Statovci 29
10000 Prishtinë, Kosovë
Telefon: +381 38 22 00 40
info@arh-ks.org
www.arh-ks.org

Foto: Lars Laenen

INFRAKOS / Kombinovani prevoz / TRAINKOS

Licencohet Infrastruktura e Hekurudhave të Kosovës Sh.A „INFRAKOS"

Sheshi i Lirisë p.n.
12000 Fushë Kosovë
Telefon: +38 550 550500
Telefax: +38 550550500
info@infrakos.com
www.infrakos.com

Management
★ Agron Thaçi (CEO)
★ Xhevat Ramosaj

Gesellschafter
★ Parlamentarische Republik Kosovo (100 %)

Infrastruktur
★ Bahnnetz der Republik Kosovo (334 km, eingleisig, nicht elektrifiziert, Normalspur)

Unternehmensgeschichte
Das Eisenbahninfrastrukturunternehmen INFRAKOS ist am 01.09.2011 bei der Aufspaltung der vormaligen kosovarischen Staatsbahn Hekurudhat e Kosovës (HK) entstanden und erhielt am 22.11.2012 seine Lizenz.
Die Grundstruktur des kosovarischen Netzes bilden zwei sich in Fushë Kosovë / Kosovo Polje kreuzende Strecken. Die Nord-Süd-Hauptachse verläuft vom westserbischen Kraljevo über Leshak / Lešak und Mitrovicë / Kosovska Mitrovica über Fushë Kosovë und Hani i Elezit / Ðeneral Janković zur mazedonischen Hauptstadt Skopje. In Fushë Kosovë zweigen ein westlicher Ast über Klinë / Klina nach Pejë / Peć mit Zweig ab Klinë über Xërxë / Zrze nach Prizreni / Prizren und ein nordöstlicher über Prishtinë / Priština ab, der über Podujevë / Podujeva und den Grenzort Livadhi / Livadica in Richtung des serbischen Niš führt, heute aber im Grenzbereich unterbrochen ist.
Da die Region die unterentwickeltste in Jugoslawien war und nach wie vor Schäden aus dem Kosovokrieg 1999 zu beklagen sind, befindet sich die kosovarische Eiseninfrastruktur in keinem guten Zustand und ist nach wie vor nicht wieder vollständig befahrbar. Das betrifft den Abschnitt von Bardhosh / Devet Jugovića (kurz hinter Prishtinë) Richtung Podujevë sowie jenen von Xërxë nach Prizreni. Über eine Signalisierung verfügen nur die Bahnhöfe entlang der Nord-Süd-Achse außer Fushë Kosovë. Im Dezember 2012 wurde eine Machbarkeitsstudie zum für Ausbau bzw. Wiederinbetriebnahme der Ost-West-Achse Pejë – Fushë Kosovë – Prishtinë – Podujevë vorgestellt. 2013 (Vorjahresangaben in Klammern wurden ein Umsatz von 3,47 (3,16) Mio. EUR und ein Nettoergebnis von 14.988 (-52.282) EUR erzielt. Per 31.12.2013 hatte INFRAKOS 307 (298) Mitarbeiter.

Kombinovani prevoz d.o.o.

Milutina Milankovića 108
RS-11070 Novi Beograd
Telefon: +381 11 3114692
kprevoz@eunet.rs
www.kprevoz.co.rs

Management
★ Branko Petković (Geschäftsführer)

Lizenzen
★ RS: Sicherheitszertifikat

Unternehmensgeschichte
Kombinovani prevoz d.o.o. wurde im Jahr 1991 gegründet und beschäftigte sich bis 1999 mit der Organisation von Massenguttransporten auf der Schiene. Aufgrund von Lokmangel bei der Staatsbahn verlor Kombinovani prevoz einige Transporte und beschaffte daraufhin im Jahr 1999 eine erste Rangierlok des tschechischen Typs 710. Im September 2001 konnte man den ersten Kontrakt für die Gestellung von fünf Rangierdieselloks mit der damaligen jugoslawischen Staatsbahn unterzeichnen. Parallel wurden Kontakte zur Industrie geknüpft und die Kontakte zur Ölraffinerie Pančevo und bei US Steel Serbia sowie für Gleisbaufirmen begonnen.
2007 erhielt das Unternehmen als erste Bahngesellschaft des Landes das Sicherheitszertifikat für Schienengüterverkehr. 2010 erwarb Kombinovani prevoz weitere Lokomotiven (2 x 720/721, 2 x 740).

Verkehre
★ AZ-Verkehr

Operimi me Trena i Hekurudhave të Kosovës „TRAINKOS" SH.A.

Sheshi i Lirisë p.n.
12000 Fushë Kosovë
Telefon: +381 550 550 515
Telefax: +381 550 550 515
info@trainkos.com
www.trainkos.com

Management
★ Betim Gjoshi (CEO)

TRAINKOS / ŽS

* Liridon Restelica (stellvertretender CEO)
* Zair Imeri (Direktor Finanzen)
* Besim Asllani (Direktor Betrieb)
* Burim Zekaj (Direktor Einkauf)
* Besfort Metaj (Direktor Allgemeine Verwaltung)

Gesellschafter
* Parlamentarische Republik Kosovo (100 %)

Unternehmensgeschichte
Wie auch die anderen Staatsbahnen auf dem Gebiet der vormaligen Sozialistischen Föderativen Republik Jugoslawien ist das kosovarische Eisenbahnverkehrsunternehmen TRAINKOS ein mittelbarer Nachfolger einer Teilgesellschaft der Zajednica Jugoslovenskih Železnica (JŽ; Gemeinschaft der Jugoslawischen Eisenbahnen). Seit dem 01.01.1966 hatte die JŽ aus sechs Eisenbahnunternehmen mit Sitz in Belgrad (Serbien), Zagreb (Kroatien), Ljubljana (Slowenien), Sarajevo (Bosnien und Herzegowina), Titograd (seit 1992 wieder Podgorica, Montenegro) und Skopje (Mazedonien), den Hauptstädten der Teilrepubliken, bestanden. Daraus wurden nach dem Zerfall Jugoslawiens die Staatsbahnen der neuen Einzelrepubliken und nur die Belgrader Gesellschaft (ŽTP Beograd) bestand als „Rest"-JŽ weiter. Mit der neuen jugoslawischen Verfassung von 1974 war den zur Teilrepublik Serbien gehörenden Regionen Vojvodina und Kosovo der Status autonomer Provinzen verliehen und dementsprechend 1978 die ŽTP Beograd in die die drei Geschäftseinheiten ŽTO Beograd, ŽTO Novi Sad und ŽTO Priština (Prishtinë) aufgeteilt worden. Das Rollmaterial der ŽTO Priština erhielt dabei Aufschriften in Serbisch und Albanisch. Nach Aberkennung der Autonomierechte des Kosovo 1989 wurde die ŽTO Priština liquidiert und wieder in die Belgrader Einheit integriert. Im Kosovokrieg 1998/99 erlitt die Infrastruktur wegen deren strategischer Bedeutung schwere Schäden und große Teile des Rollmaterials wurden in das Gebiet des heutigen Serbien verbracht. NATO-Militäreinheiten übernahmen temporär Wiederaufbau und Betrieb der Bahnlinien, ehe der Betrieb ab 2001 an die UNMIK (United Nations Interim Administration Mission in Kosovo, Interimsverwaltungsmission der Vereinten Nationen im Kosovo) überging. Wieder in lokale Hände übergab die UNMIK das Eisenbahnwesen sodann in Form der Hekurudhat e Kosovës (HK), die 2005 ihre volle Tätigkeit aufnahm. Die HK war die Staatsbahn der Republik Kosovo, eines Landes, dessen völkerrechtlicher Status hinsichtlich der Unabhängigkeit von Serbien nach wie vor nicht völlig geklärt ist. Mit Wirkung vom 01.09.2011 wurde die HK dann in ein EVU und einen Infrastrukturbetreiber (Infrastrukturën e Hekurudhave të Kosovës ShA, INFRAKOS) aufgespalten.
Wie auch anderswo auf dem südlichen Balkan hat die Eisenbahn im Kosovo vorrangig für den Güterverkehr Bedeutung, zumal bis heute noch nicht alle Strecken wieder in Betrieb sind. So werden derzeit täglich nur die Strecken Prishtinë – Fushë Kosovë – Pejë mit zwei Zugpaaren und (Prishtinë –) Fushë Kosovë – Hani i Elezit (– Skopje) mit drei Zugpaaren im Personenverkehr bedient, nicht aber der Ast nach Prizreni, mit 178.000 Einwohnern die zweitgrößte Stadt des Landes. Einzige Auslandsverbindung ist ein tägliches Zugpaar Prishtinë – Fushë Kosovë – Skopje; über den Grenzübergang nach Mazedonien wird auch der internationale Güterverkehr von TRAINKOS abgewickelt. Über die kosovarische Nord-Süd-Achse fuhr bis 1991 das internationale Zugpaar D 290/291 „Akropolis", das München mit Athen verband. Hingegen ruht heute jeglicher Verkehr Richtung Serbien, was den andauernden politischen Spannungen mit dem Nachbarn zuzuschreiben ist. Diese fanden ihren bisherigen Höhepunkt im März 2008, als die serbische Staatsbahn ŽS drei Wochen nach der kosovarischen Unabhängigkeitserklärung bekannt gab, dass sie nach neun Jahren wieder die „Kontrolle über ihre Infrastruktur im Nordkosovo" (das mehrheitlich von Serben bewohnt wird) zwischen den Bahnhöfen Leshak und Zvečan / Zvečan bei Mitrovicë übernommen habe. Seither fahren wieder Güterzüge und auch zwei tägliche Personenzugpaare der ŽS bis Zvečan. Der weitere Abschnitt bis Mitrovicë liegt hingegen brach, während TRAINKOS von Fushë Kosovë her zumindest regulären Güterverkehr bis Obiliq / Obilić durchführt. Mitrovicë selbst wird nur von Sonderleistungen erreicht. 2013 (Vorjahreswerte in Klammern) beförderte TRAINKOS 369.777 (366.537) Reisende sowie 1.002.458 (747.416) t Güter. Es wurden Einnahmen in Höhe von 5,91 (5,05) Mio. EUR und ein Ergebnis der Geschäftstätigkeit von 753.892 (-470.849) EUR realisiert. Mit Stand vom 31.12. beschäftigte TRAINKOS 220 (213) Mitarbeiter, davon 137 (126) nur mit Zeitarbeitsverträgen.

Železnice Srbije A.D. (ŽS)

Nemanjina 6
RS-11000 Beograd
Telefon: +381 11 361-4811
Telefax: +381 11 361-6845
medijacentar@srbrail.rs
www.zeleznicesrbije.com

ŽS

Management
* Miroslav Stojčić (Generaldirektor)
* Nenad Kecman
* RajkaKović

Gesellschafter
* Republik Serbien (100 %)

Beteiligungen
* Društvo za kombinovani transport „Srbijakombi" d.o.o. (100 %)
* Društvo za prevenciju invalidnosti i radno osposobljavanje invalida rada „Zaštitna radionica" d.o.o. (100 %)
* Preduzeće za izgradnju železničkog čvora Beograd d.o.o. (100 %)
* CIP d.o.o. (100 %)
* DP Železnički integralni transport Beograd (ŽIT) (53,93 %)
* Zavod za zravstvenu zaštitu radnika JP „Železnice Srbije"

Infrastruktur
* Bahnnetz der Republik Serbien (3.808 km, Normalspur)
  davon:
  3.533 km eingleisig und 275 km zweigleisig
  925 km eingleisig und 271 km zweigleisig elektrifiziert (25 kV, 50 Hz)

Unternehmensgeschichte
Die Gesellschaft Železnice Srbije (ŽS, Железнице Србије, Eisenbahnen Serbiens) ist Nachfolger der entsprechenden Teilgesellschaft der Zajednica Jugoslovenskih Železnica (JŽ; Gemeinschaft der Jugoslawischen Eisenbahnen). Seit dem 01.01.1966 hatte die JŽ aus sechs Eisenbahnunternehmen mit Sitz in Belgrad (Serbien), Zagreb (Kroatien), Ljubljana (Slowenien), Sarajevo (Bosnien-Herzegowina), Titograd (seit 1992 wieder Podgorica, Montenegro) und Skopje (Mazedonien) bestanden. Daraus wurden nach dem Zerfall Jugoslawiens die Staatsbahnen der neuen Einzelrepubliken. Nur die Belgrader Gesellschaft (ŽTP Beograd) bestand als „Rest"-JŽ weiter und wurde nach der 2003 erfolgten Bildung des Staatenbundes Serbien und Montenegro anstelle der bis dahin existierenden Bundesrepublik Jugoslawien am 01.12.2004 in die ŽS transformiert. Gerade die (stark verschuldete) ŽS steht, wie auch andere Staatsbahnen der früheren jugoslawischen Teilrepubliken, vor der Aufgabe, die Folgen der ökonomischen Krise und der nachfolgenden Kriegshandlungen (hier der Kosovokrieg) in den Neunziger Jahren zu beseitigen und andererseits das Eisenbahnwesen für die Anforderungen des 21. Jahrhunderts fit zu machen. Hierzu dienen Kredithilfen der Europäischen Investitionsbank (EIB). Ein weiterer Kreditgeber, u. a. auch für dieses Vorhaben, ist Russland, mit dem eine Summe von rund 800 Mio. Dollar vereinbart ist. Der dort ansässige Hersteller Metrovagonmasch ging im Frühjahr 2010 siegreich aus einer Rollmaterial-Ausschreibung hervor und liefert mit zwölf Dieseltriebwagen die ersten Neufahrzeuge für den Regionalverkehr Serbiens nach 30 Jahren Beschaffungspause. Der ersten, am 17.08.2011 im Grenzbahnhof Subotica eingetroffenen Garnitur folgten bis Ende 2012 die restlichen. Die Finanzierung in Höhe von rund 40 Mio. EUR erfolgt über einen Kredit der europäischen Eisenbahnbank EUROFIMA. Ein Teil des o. g. russischen Kredits wird statt für die Infrastruktur zum Kauf einer zweiten Tranche von 25 weiteren Triebwagen verwendet. Im März 2013 bestellte die ŽS 21 vierteilige FLIRT 3-Triebzüge bei Stadler. Der Kaufpreis von 100 Mio. EUR wird von der Europäischen Bank für Wiederaufbau und Entwicklung abgewickelt. Am 26.05.2011 fasste die serbische Regierung einen Beschluss zur Umwandlung der ŽS in eine Aktiengesellschaft, was mit Handelsregistereintrag vom 24.06.2011 vollzogen wurde. Nachfolgend war die Schaffung einer Holdingstruktur mit vier Tochterunternehmen geplant, was bis Ende 2012 geschehen sollte. Flankierend wurde im Spätsommer 2011 auch im Hinblick auf den gewünschten EU-Beitritt ein Gesetzgebungsverfahren zur Marktöffnung für den Verkehrsträger Schiene in Gang gesetzt. Die Transformation zur Holding selbst hat sich jedoch mehrmals verzögert und sollte nach letztem Stand nun erst im März 2015 starten und zum 01.07.2015 abgeschlossen sein. Die Holding soll zunächst je eine Tochtergesellschaft für die Eisenbahninfrastruktur sowie den Personen- und Güterverkehr haben. Angaben von Verkehrsministerin Mihajlović vom Februar 2015 zufolge soll die Holdingstruktur nur vorübergehend sein.
2009 lagen Verkehrsaufkommen und -leistung der ŽS bei 8,4 Mio. Reisenden und 582 Mio. Pkm bzw. 10,4 Mio. t Fracht und 2,97 Mrd. tkm. Mit Stand von 2013 hatte das Unternehmen bei einem Umsatz von 25 Mrd. RSD einen Gesamtverlust von 8,3 Mrd. RSD zu verzeichnen.
Im Personenverkehr wurden 2013 insgesamt knapp über 18 Mio. Fahrgäste befördert, 1,4 Mio. oder 8,6 % mehr als 2012. Im Güterverkehr erhöhte sich das Transportvolumen im Jahresvergleich um 1,1 Mio. t bzw. 11,6 % auf insgesamt 10,55 Mio. t. Die Mitarbeiterzahl lag per 31.12.2014 bei 17.708.

Slowakei

Kurze Eisenbahngeschichte

Keimzelle des slowakischen Eisenbahnnetzes ist die am 04.10.1840 eröffnete Strecke von Pressburg (heute Bratislava) nach Svätý Jur. Allerdings fuhren hier zunächst nur Pferdebahnen und erst nach über 30 Jahren wurde am 01.05.1873 auf Dampfbetrieb umgestellt. Nach dem Weiterbau der Strecke wurde der Betrieb am 11.12.1846 bis Trnava (mit Stichbahn nach Sereď), am 02.06.1876 Nové Mesto nad Váhom und 01.11.1883 Žilina erreicht. Die Strecke ist noch heute eine der slowakischen Hauptmagistralen. Erste von Anfang an mit Lokomotiven befahrene Strecke war die am 20.08.1848 eröffnete Verbindung von Pressburg über Marchegg und Gänserndorf nach Wien. Seit dem 16.12.1850 war nach Vollendung des Abschnittes Pressburg – Štúrovo die Verbindung Wien – Pressburg – Budapest durchgehend befahrbar. Danach kam der Eisenbahnbau im seit 1849 zum Habsburgerreich gehörenden Land beinahe zum Erliegen, denn bis zum österreichisch-ungarischen Ausgleich 1867 wurde nur die Strecke (Budapest – Miskolc –) Hidasnémeti – Čaňa – Košice durch die Tiszavidéki Vasút (k.k. privilegierte Theiss-Eisenbahn) gebaut und am 14.08.1860 eröffnet. Gleich anschließend aber trachtete man im Königreich Ungarn nach einem von Österreich unabhängigen Verkehrsnetz und es entstanden im kurzen Zeitraum bis 1873 mehrere wichtige Verbindungen. Dazu gehörten die

* „Ungarische Nordbahn" (Budapest –) Fiľakovo – Lučenec – Zvolen – Vrútky
* „Erste ungarisch-galizische Bahn" (Sátoraljaújhely –) Michaľany – Humenné – Medzilaborce (– Łupków – Przemyśl)
* „Ungarische Nordostbahn" (Košice –) Michaľany – (/ Miskolc –) Slovenské Nové Mesto – Čop
* „Waagtalbahn" Bratislava – Trenčín
* Strecke Prešov – Orlov (– Tarnów)
* Strecke Fiľakovo – Jesenské – Plešivec – Dobšiná
* Strecke Jesenské – Tisovec

Diese Linien waren mehr oder weniger auf die Verkehre nach Budapest ausgerichtet, nicht jedoch die 1872 eröffnete „Kaschau-Oderberger Eisenbahn" Košice – Poprad Tatry – Vrútky – Žilina (– Bohumín) als (bezogen auf Budapest) Tangentialverbindung zum oberschlesischen Steinkohlerevier. Über die o. g. ungarische Nordbahn war aber der Anschluss an die ungarische Hauptstadt geschaffen. Nach dem Gründerkrach 1873 trat eine erneute Stagnation im Eisenbahnbau ein, doch entstand bis zum Ende der k.u.k.-Monarchie ein recht weit verzweigtes Netz, das jedoch den Verkehrsströmen der 1918 entstandenen Tschechoslowakei nicht in vollem Maß entsprach. Darum waren in der Zwischenkriegszeit weitere Streckenneubauten wie Zvolen – Krupina, Veselí na Moravě – Nové Mesto nad Váhom, Handlová – Horná Štubňa, Červená Skala – Margecany, Púchov – Horní Lideč und Zlaté Moravce – Zbehy erforderlich. In der kommunistischen Ära erfuhr die Strecke der alten Kaschau-Oderberger Eisenbahn als Ost-West-Verbindung einen enormen Aufschwung, die bereits Ende 1955 zweigleisig mit teilweisen Linienverbesserungen ausgebaut und bis 1962 elektrifiziert war. So wie Polen erhielt auch die Slowakei eine Montanzwecken dienende Breitspurstrecke in die Sowjetunion, als in Hanice bei Košice 1966 ein neues Stahlwerk (heute U. S. Steel Košice) in Betrieb ging. Die 88 km lange Trasse von Hanice ins ukrainische Užgorod wurde ab dem 05.11.1965 errichtet und ging bereits am 01.05.1966 in Betrieb. 1978 wurde sie mit 3 kV DC elektrifiziert.

Nach 1990 wurde wie auch in den anderen ehemaligen Ostblockstaaten eine Reihe von Strecken stillgelegt oder hat zumindest den Personenverkehr verloren. Die Achse Bratislava – Žilina – Košice bildet jedoch noch immer das Rückgrat des slowakischen Bahnnetzes und wird als Teil des Paneuropäischen Verkehrskorridors V ausgebaut.

Marktübersicht

* Personenverkehr: Größter Anbieter ist mit der ŽSSK Železničná spoločnosť Slovensko, a.s. die entsprechende Sparte der Staatsbahn. Deren einziger Konkurrent ist aktuell das Unternehmen Regiojet, a.s., das seit 04.03.2012 für neun Jahre den SPNV auf der Verbindung Bratislava – Komárno erbringt sowie einmal pro Tag ein eigenwirtschaftliches Fernzugpaar von Praha [CZ] nach Žilina führt. Seit Ende 2014 betreibt RegioJet auf der Strecke Bratislava – Žilina – Košice drei Zugpaare täglich und ein viertes zwischen Košice und Prag.
* Güterverkehr: Marktführer ist die staatliche Železničná spoločnosť Cargo Slovakia, a.s. (ŽSSK Cargo), die aus der Gütersparte der Staatsbahn entstanden ist. Weitere, bedeutende Anbieter sind CENTRAL RAILWAYS a.s. (CRW), Express Rail, a.s., der METRANS-Konzern und LTE Logistik a Transport Slovakia, s.r.o. Am Markt treten zudem rund anderthalb Dutzend kleinerer Unternehmen auf.

Verkehrsministerium

Ministerstvo dopravy, výstavby a regionálneho rozvoja Slovenskej republiky
Sekcia železničnej dopravy a dráh
P.O.BOX 100
SK-810 05 Bratislava
Telefon: +421 2 5949 4111
info@mindop.sk
www.mindop.sk

Slowakei

Slowakei

Nationale Eisenbahnbehörde
Dopravný úrad
Divízia dráh a dopravy na dráhach
Sekcia regulácie na železničných dráhach
Transport Authorithy
Railway and Other Guided Transport Division
Railway Regulatory Section
Letisko M.R. Štefánika
SK-823 05 Bratislava
Telefon: +421 2 48 777 402
drahy@nsat.sk
www.nsat.sk

Eisenbahnunfalluntersuchungsstelle
Ministerstvo dopravy, výstavby a regionálneho rozvoja Slovenskej republiky
Sekcia železničnej dopravy a dráh
P.O.BOX 100
SK-810 05 Bratislava
Telefon: +421 2 5949 4111
info@mindop.sk
www.mindop.sk

Foto: Juraj Streber

AMBER RAIL / Arriva Service / AWT Rail SK

AMBER RAIL, a.s.

Lazaretská 23
SK-811 09 Bratislava
Telefon: +421 2 57107511
Telefax: +421 2 57107585
info@amberrail.com
www.amberrail.com

Management
* Dieter Kaas (Vorstandsvorsitzender)
* Péter Schöberl (Vorstand)

Gesellschafter
Stammkapital 50.000,00 EUR
* GYSEV CARGO Zrt. (50 %)
* Trade Trans Holding, a.s. (50 %)

Unternehmensgeschichte
AMBER RAIL, a.s. hat 2014 ihren operativen Betrieb auf dem europäischen Güterverkehrsmarkt aufgenommen. Die in Pressburg/Bratislava (Slowakei) registrierte Firma führt – als Tochtergesellschaft der GYSEV CARGO Zrt. und der Spedition Trade Trans Holding, a.s. – Ganzzugsverkehre v.a. auf den nord-südlichen europäischen Beförderungskorridoren durch. Mit Spotverkehren agiert die Gesellschaft seit August 2014 in den mitteleuropäischen Raum als Spediteur. Die Muttergesellschaften konzentrieren ihre jeweilige Schwerpunkte in diesem Joint Venture: Trade Trans auf dem Gebiet der Spedition, GYSEV CARGO bei der Traktion.
Amber Rail wird die Funktion eines Operators in der Firmengruppe übernehmen, und wird Zugprodukte bzw. Terminal Services anbieten.
Zum 07.08.2014 entstand die slowenische Schwestergesellschaft AMBERRAIL ADRIA d.o.o. AMBER RAIL war als Regelverkehr kurzzeitig im Sommer 2014 in die Produktion des KV-Shuttle Duisburg [DE] – Curtici [RO] der Inter Ferry Boats N.V. (IFB) auf dem Abschnitt ab Passau [DE] involviert. An dem nahe der Grenze zu Ungarn liegen Terminal ist der AMBER RAIL-Gesellschafter Trande Trans ebenfalls beteiligt.

Arriva Service s.r.o.

Bratislavská cesta 1804
SK-94 501 Komárno
Telefon: +421 35 7902323
Telefax: +421 35 7740004
www.arrivaservice.sk

Management
* László Ivan (Geschäftsführer)

Gesellschafter
Stammkapital 21.000,00 EUR
* Arriva Hungary Zártkörűen Működő Rt. (100 %)

Lizenzen
* SK: EVU-Lizenz (PV); gültig vom 29.10.2012 bis 31.12.2022

Unternehmensgeschichte
Arriva ist heute Teil der Deutschen Bahn AG. Ursprünglich war die britische Arriva plc ein selbstständiges Unternehmen und betrieb seit vielen Jahren Bus- und Bahnlinien in ihrem Ursprungsland Großbritannien. 2008 übernahm Arriva 80 % und im folgenden Jahr die verbleiben 20 % der Gesellschafteranteile an der ungarischen Holding Interbus Invest, die über Eurobus Invest Busverkehre in Ungarn und der Slowakei betreibt. Arriva ist heute der größte Busbetreiber in der Slowakei mit 815 Bussen und 1.530 Mitarbeitern. Die Instandhaltung der Fahrzeuge übernimmt die heutige Arriva Service, die seit 2012 als EVU zugelassen ist, aber bislang keine betrieblichen Aktivitäten auf der Schiene entwickelt hat.
Arriva Service s.r.o. hieß bis 30.06.2012 INFRA - S, spol. s r.o., wobei diese Gesellschaft am 07.11.2002 gegründet wurde. Die Gesellschafter wechselten mehrfach, seit 23.11.2013 ist dies die Arriva Hungary Zártkörűen Működő Rt.

AWT Rail SK a.s.

Cukrová 14
SK-811 08 Bratislava
Telefon: +420 5 9616 6275
Telefax: +420 5 9616 6381
kostelnik@awt.eu
www.awt.eu

Management
* Ing. David Kostelník (Vorstandsvorsitzender)
* Ing. Jana Vládková (stellvertretender kaufmännischer Leiter)
* Jaromír Sládeček (Mitglied des Vorstandes)

Gesellschafter
Stammkapital 431.520,95 EUR
* Advanced World Transport B.V. (AWT) (100 %)

Lizenzen
* SK: EVU-Zulassung (GV) seit 27.03.2007

AWT Rail SK / BTS

Unternehmensgeschichte
AWT Rail SK a.s. wurde am 02.09.2003 als ŽDD, a.s. gegründet und trägt seit 02.06.2010 den aktuellen Namen. Die Gesellschaft ist der slowakische Ableger der tschechischen Advanced World Transport, a.s. (bis 01.05.2010: OKD, Doprava, a.s.), mit der man grenzüberschreitende Transporte durchführt. Des weiteren ist AWT Rail SK im Bauzugverkehr anzutreffen, wo BR 740 der Muttergesellschaft in Doppeltraktion eingesetzt werden.
Die Verkehrsleistung der AWT in der Slowakei betrug in den vergangenen Jahren:
* 2008: 0,023 Mio. t
* 2009: 0,12 Mio. t
* 2010: 0,11 Mio. t

Nach Auskunft des slowakischen Infrastrukturbetreibers ŽSR erbrachte das Unternehmen
* 2013: 95,95 Mio. Brutto-tkm und 75.546 Zugkm
* 2012: 112,21 Mio. Brutto-tkm und 86.795 Zugkm
* 2011: 54,08 Mio. Brutto-tkm und 52.081 Zugkm
* 2010: 13,04 Mio. Brutto-tkm und 12.029 Zugkm
* 2009: 21,01 Mio. Brutto-tkm und 22.039 Zugkm
* 2008: 17,45 Mio. Brutto-tkm und 20.458 Zugkm

Für Güterverkehre benötigte Loks mietet AWT Rail SK bei der Muttergesellschaft an. Diese ist ebenfalls mit einer eigenen Linzenz parallel in der Slowakischen Republik tätig.

Verkehre
* AZ-Verkehr
* Baustofftransporte; Spotverkehr
* Autoteiletransporte (Rohkarosserien des Cayenne) Bratislava – Leipzig [DE]; 10 x pro Woche im Auftrag von Captrain für Porsche; Traktion in der Slowakei
* Chemietransporte Ostrava (BorsodChem MCHZ, s. r.o.) [CZ] – Kazincbarcika (BorsodChem Zrt.) [HU]; 2 x pro Woche seit 2012 Abwicklung in der Slowakei
* KV-Transporte Koper [SI] – Ostrava-Paskov [CZ]; 1 x pro Woche im Auftrag von Maersk Line; Traktion in der Slowakei

BULK TRANSSHIPMENT SLOVAKIA, a.s. (BTS)

Železničná 1
SK-07643 Čierna nad Tisou
Telefon: +421 56 229 2636
Telefax: +421 56 229 2649
btslovakia@btslovakia.sk
www.budamar.sk

Management
* Ing. Pavel Šuťák (Vorstandsvorsitzender)
* Ing. Miroslav Hopta (stellvertretender Vorstandsvorsitzender)
* Ing. Marian Frko (Vorstand)

Gesellschafter
Stammkapital 3.481.962,90 EUR
* BUDAMAR LOGISTICS, a.s. (60 %)
* Železničná spoločnosť Cargo Slovakia, a.s. (ŽSSK Cargo) (40 %)

Lizenzen
* SK: EVU-Zulassung (GV); gültig seit 16.06.2009

Unternehmensgeschichte
BULK TRANSSHIPMENT SLOVAKIA, a.s. (BTS) ist eine Tochtergesellschaft der BUDAMAR LOGISTICS, a.s. und somit ein Schwesterunternehmen der LOKORAIL, a.s. sowie der SMART RAIL, a.s. Sie wurde am 08.05.2007 gegründet als DURBAN a.s. und trägt seit 12.05.2010 den heutigen Namen. BTS betreibt ein Umschlagsterminal in Čierna nad Tisou in der südöstlichen Slowakei unweit des Dreiländerecks Slowakei-Ukraine-Ungarn.
Nach Auskunft des slowakischen Infrastrukturbetreibers ŽSR erbrachte das Unternehmen
* 2013: 0,051 Mio. Brutto-tkm und 117 Zugkm
* 2012: 0,075 Mio. Brutto-tkm und 293 Zugkm
* 2011: 0,035 Mio. Brutto-tkm und 75 Zugkm

CRW / CER Slovakia

CENTRAL RAILWAYS a.s. (CRW)
G

Krivá 21
SK-040 01 Košice
Telefon: +421 55 678 0181
Telefax: +421 55 678 0181
crw@crw.sk
www.crw.sk

Betriebsleitung
Železničný rad 14
SK-943 01 Štúrovo
Telefon: +421 36 2294142

Management
* Ing. Jaroslav Bajužik (Vorstandsvorsitzender)
* Ing. Ján Bírošík (stellvertretender Vorstandsvorsitzender)
* Ing. Jozef Melník (Vorstand)
* Bc. Dušan Mikuláš (Vorstand)

Gesellschafter
Stammkapital 1.700.000,00 EUR
* LOKORAIL, a.s. (100 %)

Lizenzen
* HU: Sicherheitszertifikat, Teil B (GV); gültig vom 01.02.2012 bis 31.01.2017
* SK: EVU-Zulassung (GV); gültig seit 02.11.2010
* SK: Sicherheitszertifikat, Teil A+B (GV); gültig vom 30.03.2011 bis 29.03.2016

Unternehmensgeschichte
CENTRAL RAILWAYS wurde per 08.09.2009 als Tochter der TransLog Slovakia, a.s., Levice gegründet. Per 30.04.2011 efolgte die Umfirmierung von einer GmbH (s.r.o.) zur Aktiengesellschaft (a.s.). Zum 25.08.2011 übernahm Bexdale Investments sämtliche Gesellschafteranteile und installierte einen neuen Vorstand. Jaroslav Bajužik war zuvor u. a. Vorstand Produktion bei der Železničná spoločnosť Cargo Slovakia, a.s., sein Kollege Jozef Melník dort ebenfalls Vorstandsmitglied. Mit Wirkung vom 28.12.2013 wurde das Stammkapital von 25.000 EUR auf 1,7 Mio. EUR erhöht und sämtliche Anteile durch Tomáš Horváth aus Trnava übernommen.
Das Unternehmen beschaffte mit Betriebsaufnahme im Herbst 2011 eine große Anzahl von Loks und Waggons. Verkäufer war in den meisten Fällen die ŽOS Zvolen a.s.
Nach Auskunft des slowakischen Infrastrukturbetreibers ŽSR erbrachte das Unternehmen
* 2013: 251,3 Mio. Brutto-tkm und 330.178 Zugkm
* 2012: 158,4 Mio. Brutto-tkm und 201.702 Zugkm
* 2011: 0,56 Mio. Brutto-tkm und 1.823 Zugkm
Seit 08.01.2015 ist LOKORAIL alleiniger Gesellschafter.

Verkehre
* Chemietransporte Leopoldov (ENVIRAL, a.s.) – Bratislava UNS (SLOVNAFT, a.s.); Spotverkehre
* Getreidetransporte im Spotverkehr
* Gütertransporte nach Šaľa (Duslo a.s.); seit 2012
* Kalktransporte Turňa nad Bodvou – Veľká Ida (U. S. Steel Košice, s.r.o.); seit 2012
* Kohlenstaubtransporte Dětmarovice (ČEZ, a.s.) [CZ] – Veľká Ida (U. S. Steel Košice, s.r.o.); seit 01.01.2014 Traktion ab Mosty u Jablunkova (Übernahme von Advanced World Transport a.s. (AWT)) [CZ]
* Kokstransporte Polen – Zenica [BA]; Traktion ab Břeclav (Übernahme von PKP Cargo S.A.) [CZ] und in der Slowakei im Auftrag der PKP Cargo S.A.

CER Slovakia a.s.

Mytna c. 15
SK-811 07 Bratislava
Telefon: +421 2 52444 055
Telefax: +421 2 52444 055
info@cercargo.eu
www.cercargo.eu

Management
* Ján Kišš (Vorstandsvorsitzender)
* Ing. Róbert Király (Mitglied des Vorstandes)
* András Végh (Mitglied des Vorstandes)

Gesellschafter
Stammkapital 25.000,00 EUR
* CER Cargo Holding SE Európai Részvénytársaság (100 %)

Lizenzen
* SK: EVU-Zulassung (GV); gültig seit 24.03.2011
* SK: Sicherheitszertifikat, Teil A+B (GV); gültig vom 28.03.2011 bis 27.03.2016

Unternehmensgeschichte
Die am 06.02.2009 gegründete slowakische Tochter der ungarischen Privatbahn CER hat Ende 2011 den Geschäftsbetrieb aufgenommen.
Nach Auskunft des slowakischen Infrastrukturbetreibers ŽSR erbrachte das

CER Slovakia / Ež Kysak / ELTRA / Express Group

Unternehmen
* 2012: 23,88 Mio. Brutto-tkm und 28.442 Zugkm
* 2012: 2,06 Mio. Brutto-tkm und 3.411 Zugkm
* 2011: 0,004 Mio. Brutto-tkm und 18 Zugkm

Benötigte Fahrzeuge mietet die CER Slovakia a.s. je nach Bedarf an. U.a. handelt es sich dabei um E-Loks des Typs V 43, die von der MÁV-TRAKCIÓ / MÁV-START angemietet werden. Für diese Loks wurde am 16.05.2012 die permanente Zulassung in der Slowakei erteilt.
Im Oktober 2012 hatte CER Slovakia fünf Mitarbeiter. Lokomotiven und Betriebspersonal mietete man je nach Bedarf zu.

Verkehre
* Transformatorentransporte Ungarn – Slowakei; seit 2014 im Auftrag der ZAGREBTRANS d.o.o. in Kooperation mit der CER Hungary Közép-Európai Vasúti Árufuvarozási, Kereskedelmi és Szolgáltató Zrt.

Elektrizácia železníc Kysak, a.s.

Rosinská cesta 1/8223
SK-010 08 Žilina
Telefon: +421 41 5654980
Telefax: +421 41 5079829
ezkysak@ezkysak.sk
www.ezkysak.sk

Management
* Martin Janovský (stellvertretender Vorstandsvorsitzender)
* Ing. Tomáš Kondor (Vorstandsvorsitzender)
* Radim Kotlář (Mitglied des Vorstandes)
* Ing. Luděk Valtr (Mitglied des Vorstandes)
* Radim Kotlář

Gesellschafter
Stammkapital 500.000,00 EUR
* Elektrizace železnic Praha, a.s. (ELZEL) (100 %)

Lizenzen
* SK: EVU-Zulassung (GV) seit 24.07.2007

Unternehmensgeschichte
Elektrizácia železníc Kysak, a.s. wurde am 14.07.1994 gegründet und ist die slowakische Tochtergesellschaft der Elektrizace železnic Praha. Nach Auskunft des slowakischen Infrastrukturbetreibers ŽSR erbrachte das Unternehmen
* 2013: 0,59 Mio. Brutto-tkm und 2.587 Zugkm
* 2012: 0,13 Mio. Brutto-tkm und 1.201 Zugkm
* 2011: 0,24 Mio. Brutto-tkm und 1.301 Zugkm
* 2010: 0,45 Mio. Brutto-tkm und 1.391 Zugkm
* 2008: 1,3 Mio. Brutto-tkm und 1.391 Zugkm

ELTRA, s.r.o.

Rampová 4
SK-040 01 Košice
Telefon: +421 55 7290316
Telefax: +421 55 7290317
www.eltra.biz

Management
* Ing. Jaroslav Dzuriak (Geschäftsführer)
* Martin Neubeller (Geschäftsführer)

Gesellschafter
Stammkapital 6.638,78 EUR
* Jaroslav Dzuriak (85 %)
* Martin Neubeller (15 %)

Lizenzen
* SK: EVU-Zulassung (GV); gültig seit 10.10.2010
* SK: Sicherheitszertifikat, Teil A+B (GV); gültig vom 01.06.2010 bis 31.05.2015

Unternehmensgeschichte
Die Gesellschaft ELTRA, s.r.o. wurde am 25.06.1993 gegründet. Seit ihrer Entstehung ist sie im Bereich der Ausführung von Leistungen und Lieferungen im Bereich der Starkstromelektrotechnik tätig. Ihr vorherrschender Inhalt ist die Liefertätigkeit für feste Fahrleitungsanlagen der staatlichen Bahnen und der Starkstromelektrotechnik.
Nach Auskunft des slowakischen Infrastrukturbetreibers ŽSR erbrachte das Unternehmen
* 2013: 0,4 Mio. Brutto-tkm und 4.272 Zugkm
* 2012: 0,5 Mio. Brutto-tkm und 5.142 Zugkm
* 2011: 0,3 Mio. Brutto-tkm und 3.598 Zugkm

Express Rail

Express Group, a.s.

Plynárenská 7/B
SK-821 09 Bratislava
Telefon: +421 2 582582-11
Telefax: +421 2 582583-33
rail@expressgroup.sk
www.expressgroup.sk

Management
* Ing. Alexej Beljajev (Vorstandsvorsitzender)
* Ing. Kamil Bernáth (stellvertretender Vorstandsvorsitzender)

Express Group / HBz

* Ing. Miroslav Betík (Vorstand)
* Ing. Milan Kortiš (Vorstand)
* JUDr. Ľudovít Wittner (Vorstand)

Gesellschafter
Stammkapital 25.000,00 EUR
* Optifin Invest, s.r.o. (100 %)

Lizenzen
* SK: EVU-Zulassung (GV); gültig ab 13.03.2009
* SK: Sicherheitszertifikat, Teil A+B (GV); gültig vom 07.04.2014 bis 06.04.2019

Unternehmensgeschichte
Express Rail, a.s. ist eine slowakische Privatbahn, die am 23.04.2008 als OPTI - JET s.r.o. in das Handelsregister eingetragen wurde. Gesellschafter des Unternehmens ist die Investmentgesellschaft Optifin Invest, die bis Ende 2014 auch mit 50 % an der ungarischen Privatbahn MMV Magyar Magánvasút Zrt. beteiligt war und die Waggonbauer Tatravagónka Poprad, a.s. und Vagónka Trebišov, a.s. kontrolliert. Optifin Invest befindet sich zu gleichen Anteilen im Eigentum von Alexej Beljajev und Michal Lazar. Weiterer Gesellschafter der Express Rail war vom 22.10.2008 bis Januar 2014 die ÖBB-Tochter Express Slovakia „Medzinárodná preprava, a. s." [Express Slovakia internationale Spedition AG] mit Sitz in Bratislava.
Die Express Rail, a.s. wurde per 23.06.2014 auf die Schwestergesellschaft Express Slovakia "Medzinárodná preprava a.s." verschmolzen, die wiederum seit 01.07.2014 als Express Group, a.s., firmiert. Ein Teil der Vermögenswerte wurde am 23.06.2014 auf die Express Wagons, a.s. (bis 13.12.201: Železničný holding a.s.) übertragen.
Nach Auskunft des slowakischen Infrastrukturbetreibers ŽSR erbrachte das Unternehmen
* 2013: 178,678 Mio. Brutto-tkm und 189.093 Zugkm
* 2012: 236,09 Mio. Brutto-tkm und 241.401 Zugkm
* 2011: 238,56 Mio. Brutto-tkm und 258.986 Zugkm
* 2010: 165,8 Mio. Brutto-tkm und 144.635 Zugkm
* 2009: 71,09 Mio. Brutto-tkm und 58.477 Zugkm
2010 / 2011 wurden Lizenz und Verkehre der Express Rail mehrfach für die Zulassung von Bombardier TRAXX-Loks in der Slowakei verwendet. Seit Juni 2013 ist Express Rail auch in Tschechien aktiv.

Verkehre
* KV-Transporte (REA-Gips in Woodtainern) Zemianske Kostoľany (Kraftwerk Nováky) – Österreich; Traktion in der Slowakischen Republik bis Bratislava-Petržalka seit November 2010 im Auftrag der Rail Cargo Austria AG (RCA)
* Kokstransporte aus Polen – Galați (ArcelorMittal Galați SA) [RO]; Traktion in Tschechien und der Slowakei (Übergabe an MMV Magyar Magánvasút Zrt. als Subunternehmer) seit Juni 2013 im Auftrag der S.C. Unicom Tranzit S.A.
* Mineralöltransporte Bratislava ÚNS – Bratislava-Petržalka (Übergabe an Rail Cargo Austria AG (RCA)); Spotverkehre

HORNONITRIANSKE BANE zamestnanecká, a.s. (HBz) G

Matice slovenskej 10
SK-971 01 Prievidza
Telefon: +421 46 542 69 11
Telefax: + 421 46 542 27 32
jbona@hbp.sk
www.hbp.sk

Management
* Dr.h.c., Ing. Peter Čičmanec PhD. (Vorstandsvorsitzender)
* Ing. Stanislav Gurský (stellvertretender Vorstandsvorsitzender)
* Ing. Daniel Rexa (Mitglied des Vorstandes)
* Ing. Petra Sládečková (Mitglied des Vorstandes)

Gesellschafter
Stammkapital 91.134,00 EUR

Beteiligungen
* Hornonitrianske bane Prievidza, a.s. (HBP) (97 %)

Lizenzen
* SK: EVU-Zulassung (GV) seit 27.04.2007

Unternehmensgeschichte
Die Braunkohlevorkommen der westslowakischen Region Horná Nitra [Ober Neutra] sind die größten des Landes. Die ersten Förderungen wurden im 18. Jahrhundert durchgeführt. Der gezielte Bergbau wurde durch die am 01.07.1909 in das Handelsregister eingetragene Západouhorská kamenouhoľná spoločnosť aufgenommen, 2009 wurde folglich das einhundertjährige Bestehen der Braunkohleförderung in der oberen Nitra begangen.
Am 01.07.1996 gründete der nationale Staatsfonds der Tschechischen Republik der Hornonitrianske bane Prievidza, a.s.. 97 % der Gesellschafteranteile an dem Unternehmen wurden an die am 20.05.1996 gegründete HORNONITRIANSKE BANE zamestnanecká, a.s. verkauft und die Gesellschaft somit privatisiert.
Gegenwärtig gibt es in der Slowakei drei Bergbauunternehmen: Baňa Záhorie, a.s. mit einer Jahresproduktion von 350.000 t, Hornonitrianske Bane Prievidza, a.s. mit einer Jahresproduktion von

HBz / INVESTEX / LOKO TRANS Slovakia / LOKORAIL

2.544.000 t und Baňa Dolina, a.s. mit einer Jahresproduktion von 227.000 t.
Nach Auskunft des slowakischen Infrastrukturbetreibers ŽSR erbrachte das Unternehmen
★ 2013: 18,78 Mio. Brutto-tkm und 21.927 Zugkm
★ 2012: 15,16 Mio. Brutto-tkm und 18.032 Zugkm
★ 2011: 18 Mio. Brutto-tkm und 20.685 Zugkm
★ 2010: 23 Mio. Brutto-tkm und 25.069 Zugkm
★ 2009: 15,30 Mio. Brutto-tkm und 17.097 Zugkm
★ 2008: 19,87 Mio. Brutto-tkm und 22.218 Zugkm

INVESTEX GROUP, s.r.o. G

Mostová 2
SK-811 02 Bratislava
Telefon: +421 45 53 23 153
Telefax: +421 45 53 21 500
firma@investex-group.sk
www.investex-group.sk

Management
★ Vladimír Barboráš (Geschäftsführer)

Gesellschafter
Stammkapital 730.268,00 EUR
★ Vladimír Barboráš (50 %)
★ Anton Barboráš (50 %)

Lizenzen
★ SK: EVU-Zulassung (GV) seit 24.05.2007
★ SK: Sicherheitszertifikat Teil A (GV); gültig vom 17.05.2011 bis 16.05.2016

Unternehmensgeschichte
INVESTEX GROUP s.r.o. mit dem Sitz in Zvolen wurde am 18.02.1999 gegründet und befindet sich heute im Eigentum von zwei Privatpersonen. INVESTEX bietet Ingenieur-, Lieferanten- und Versandleistungen, wichtige Betriebsstellen befinden sich auch in Košice, Čierna nad Tisou, Trnava, Žilina und Hriňová. Seit 28.09.2013 hat das Unternehmen den Sitz in Bratislava.
Neben bahnspeditionellen Leistungen werden Bahngesellschaften und Energiebetriebe mit Maschinen und Maschinenteilen versorgt. Ein weiterer Tätigkeitsbereich der Gesellschaft ist die Vorbereitung und Ausführung von Hoch- und Ingenieurbauten sowie Technologiekomplexen. Verkehre werden über das Tochter- / Schwesterunternehmen Slovenská železničná dopravná spoločnosť, a.s. (SZDS) betrieblich abgewickelt.

LOKO TRANS Slovakia, s.r.o. G

Cintorínska 57
SK-942 01 Šurany
Telefon: +421 35 650-7081
Telefax: +421 35 650-1585
lokotrans@lokotransslovakia.sk
www.lokotransslovakia.sk

Management
★ Ing. Marek Ambrus (Geschäftsführer)
★ Ing. Tibor Cvik (Geschäftsführer)

Gesellschafter
Stammkapital 265.553,00 EUR
★ Tibor Cvik (100 %)

Unternehmensgeschichte
LOKO TRANS Slovakia, s.r.o. wurde 1997 gegründet und handelt hauptsachlich mit Eisenbahntechnologien, beschäftigt sich aber mit Reparaturen von Lokomotiven und damit verbundenen Dienstleistungen sowie Güterverkehr. Nach Auskunft des slowakischen Infrastrukturbetreibers ŽSR erbrachte das Unternehmen
★ 2012: 9,61 Mio. Brutto-tkm und 9.069 Zugkm
★ 2011: 144,82 Mio. Brutto-tkm und 125.803 Zugkm
★ 2010: 0,58 Mio. Brutto-tkm und 1.936 Zugkm

Bis 20.01.2010 war auch Karel Jalový zu 49 % am Unternehmen beteiligt. Jalový ist alleiniger Gesellschafter der tschechischen Schwestergesellschaft LOKO TRANS, s.r.o..

LOKORAIL, a.s. G

Horárska 12
SK-821 09 Bratislava
Telefon: +421 2 58271828
Telefax: +421 2 58271827
lokorail@lokorail.sk
www.lokorail.eu

Management
★ Ing. Ľubomír Loy (Vorstandsvorsitzender)
★ Ing. Ján Bírošík (Vorstand)
★ Ing. Rozália Carrerová (Vorstand)

LOKORAIL / LTE Slovakia

Gesellschafter
Stammkapital 331.938,10 EUR
* BUDAMAR LOGISTICS, a.s. (100 %)

Beteiligungen
* CENTRAL RAILWAYS a.s. (CRW) (100 %)

Lizenzen
* SK: EVU-Zulassung (GV) seit 17.05.2007

Unternehmensgeschichte
LOKORAIL, a.s. bietet Leistungen in den drei Geschäftsfeldern Gütertransport, Betrieb von Anschlussgleisen sowie Güterwagenvermietung. Gesellschafter waren die Unternehmen Čechofracht und Budamar Logistics. Seit 04.12.2013 ist Budamar alleiniger Anteilseigner.
Die Gesellschaft wurde am 05.10.2004 als LOKO TRANS, a.s. mit Sitz in Šurany gegründet. Seit 24.01.2006 firmiert man als LOKO RAIL, a.s. mit Sitz in Bratislava. Gleichzeitig wurde das Stammkapital von 1.000.000 SKK auf 10.000.000 SKK erhöht. Den heutigen Namen trägt man seit 10.02.2007.
Bereits am 24.11.2006 wurde der erste Regelverkehr zwischen Bratislava-Pálenisko und Trnovec nad Váhom aufgenommen. Die Transporte von Braunkohlestaub zwischen Lietavská Lúcka und einem Kraftwerk in Zemianské Kostolany wurden hingegen im Februar 2007 wieder von der ŽSSK Cargo übernommen. In Kooperation mit der ČD Cargo, a. s. werden zudem grenzüberschreitende Transporte in die Tschechische Republik durchgeführt. U. a. handelt es sich dabei um Kohle für das Kraftwerk in Žilina. Seit 2006 bedient die LOKORAIL zudem die Gleisanschlüsse von vier Industriebetrieben in Senica, darunter die der Arcelor Mittal Gonvarri SSC Slovakia, s.r.o..
2006 beförderte LOKORAIL 208.000 t, zu 70 % waren dies Mineralöltransporte sowie zu 20 % Stahlcoiltransporte.
Nach Auskunft des slowakischen Infrastrukturbetreibers ŽSR erbrachte das Unternehmen
* 2014: 103,9 Mio. Brutto-tkm, 136.540 Zugkm
* 2013: 254,6 Mio. Brutto-tkm, 247.380 Zugkm
* 2012: 148,9 Mio. Brutto-tkm und 174.464 Zugkm
* 2011: 149,8 Mio. Brutto-tkm und 160.300 Zugkm
* 2010: 171,2 Mio. Brutto-tkm und 158.935 Zugkm
* 2009: 125,92 Mio. Brutto-tkm und 122.410 Zugkm
* 2008: 99 Mio. Brutto-tkm und 88.809 Zugkm
2007 hatte das Unternehmen 31 Mitarbeiter, 2011 waren es 38.
Zum 08.01.2015 übernahm LOKORAIL die CENTRAL RAILWAYS a.s. (siehe dort).

Verkehre
* Rangierdienstleistungen im Hafen Bratislava-Pálenisko
* Bedienung von Gleisanschlüssen in Senica; seit 2006
* Baustofftransporte Polen – Rumänien; seit 2011
* Getreidetransporte Slowakei – Tschechien; Spotverkehre
* Kunstdüngertransporte Bratislava-Pálenisko – Trnovec nad Váhom; seit 24.11.2006
* Kunstdüngertransporte Slowakei – Deutschland
* Mineralöltransporte Slowakei – Baja [HU]; 1 x pro Woche Traktion ab Rajka [HU] vergeben an FLOYD Szolgáltató Zrt.
* Mineralöltransporte Slowakei – Tarjánpuszta [HU]; 1 x pro Woche Traktion ab Rajka [HU] vergeben an FLOYD Szolgáltató Zrt.
* Mineralöltransporte Slowakei – Vámosgyörk [HU]; 1 x pro Woche Traktion ab Rajka [HU] vergeben an FLOYD Szolgáltató Zrt.
* Sandtransporte Jestřebí [CZ] – Nemšová (Vetropack Nemšová s.r.o.); seit August 2011 Traktion ab Horní Lideč im Auftrag der ČD Cargo, a.s.

LTE Logistik a Transport Slovakia, s.r.o. G

Kopčianska 1
SK-831 03 Bratislava
Telefon: +421 25058 2813
Telefax: +421 25058 3289
info.sk@lte-group.eu
www.lte-group.eu

Management
* Dipl.-Ing. Ján Biznár (Geschäftsführer)
* Ing. Mag. (FH) Andreas Mandl (Geschäftsführer)

Gesellschafter
Stammkapital 16.490,00 EUR
* LTE Logistik- und Transport-GmbH (100 %)

Beteiligungen
* VIALTE s.r.o. (50 %)

Lizenzen
* SK: EVU-Zulassung (GV) seit 27.02.2007
* SK: EVU-Zulassung (PV) seit 24.10.2011
* SK: Sicherheitszertifikat, Teil A+B (GV); gültig vom 28.01.2011 bis 27.01.2016
* SK: Sicherheitszertifikat, Teil A+B (PV); gültig vom 13.06.2012 bis 12.06.2017

LTE Slovakia / LTS Logistik / METRANS (Danubia)

Unternehmensgeschichte
LTE Logistik a Transport Slovakia s.r.o. wurde als 100 %-Tochter der österreichischen LTE am 25.02.2002 ins Firmenregister eingetragen und übernimmt seit der Erteilung einer entsprechenden Lizenz am 26.02.2003 Gütertransporte auf der Schiene in der Slowakei. Diese erfolgen hauptsächlich grenzüberschreitend und im Auftrag bzw. in Kooperation mit der österreichischen Muttergesellschaft.
Die Wirtschaftsdaten der LTE Slovakia der vergangenen Jahre:
* 2008: Umsatz 3,068 Mio. EUR; 0,32 Mio. t; 14 Mitarbeiter
* 2009: Umsatz 3,280 Mio. EUR; 0,41 Mio. t; 13 Mitarbeiter
* 2010: Umsatz 5,390 Mio. EUR; 0,38 Mio. t; 13 Mitarbeiter
* 2011: Umsatz 7,682 Mio. EUR; 0,43 Mio. t; 17 Mitarbeiter
* 2012: Umsatz 17,497 Mio. EUR; 0,84 Mio. t; 32 Mitarbeiter

Nach Auskunft des slowakischen Infrastrukturbetreibers ŽSR erbrachte das Unternehmen
* 2008: 81,53 Mio. Brutto-tkm und 97.028 Zugkm
* 2009: 85,54 Mio. Brutto-tkm und 90.080 Zugkm
* 2010: 92 Mio. Brutto-tkm und 97.763 Zugkm
* 2011: 149 Mio. Brutto-tkm und 162.412 Zugkm
* 2012: 235 Mio. Brutto-tkm und 215.136 Zugkm
* 2013: 169 Mio. Brutto-tkm und 169.202 Zugkm

Neben drei eigenen Loks der Baureihe 740 nutzt man auch Mietloks sowie Fahrzeuge der Muttergesellschaft, die zum Teil grenzüberschreitend eingesetzt werden.
Bereits am 14.09.2011 haben die LTE Logistik a Transoport Slovakia s.r.o. sowie die damalige VIAMONT Regio a.s. (heute: GW Train Regio a.s.) die VIALTE s.r.o. mit Sitz in Bratislava gegründet, die im Personenverkehr tätig werden soll.

Verkehre
* Getreidetransporte Slowakische Republik – Rotterdam [NL]; betriebliche Abwicklung in der Slowakischen Republik seit 2006 im Auftrag der LTE
* Kokstransporte Burghausen [DE] – Žiar nad Hronom (Slovalco a.s.); betriebliche Abwicklung in der Slowakischen Republik seit 2004 im Auftrag der LTE

LTS Logistik, s.r.o. G

Cintorínska 57
SK-942 01 Šurany
Telefon: +421 905 350426
ltslogistik@ltslogistik.sk
www.ltslogistik.sk

Management
* Ing. Tibor Cvik (Geschäftsführer)
* Oto Rybár (Geschäftsführer)

Gesellschafter
Stammkapital 10.000,00 EUR
* Tibor Cvik (100 %)

Lizenzen
* SK: EVU-Zulassung (GV); gültig vom 25.08.2011 bis 01.09.2021
* SK: Sicherheitszertifikat, Teil A und B (GV); gültig vom 07.08.2012 bis 06.08.2017

Unternehmensgeschichte
LTS Logistik, s.r.o. wurde am 24.03.2010 vom geschäftsführenden Gesellschafter Marek Ambrus gegründet, der seit 2008 auch Geschäftsführer der LOKO TRANS, a.s. ist. Zum 28.04.2011 übernahm LOKO TRANS-Inhaber Tibor Cvik sämtliche Anteile das Unternehmens.
Seit 2012 ist die LTS Logistik als EVU zugelassen.
Nach Auskunft des slowakischen Infrastrukturbetreibers ŽSR erbrachte das Unternehmen
* 2013: 46,16 Mio. Brutto-tkm und 52.189 Zugkm
* 2012: 3,05 Mio. Brutto-tkm und 3.084 Zugkm

METRANS (Danubia) a.s. G

Povodská cesta 18
SK-929 01 Dunajská Streda
Telefon: +421 313 234101
Telefax: +421 313 234901
pkiss@metrans.sk
www.metrans.eu

Management
* Ing. Peter Kiss (Vorstandsvorsitzender)

Gesellschafter
Stammkapital 3.057.720,00 EUR
* METRANS, a.s. (100 %)

Beteiligungen
* METRANS (Adria) d.o.o (100 %)
* METRANS (Danubia) Kft. (100 %)
* METRANS d.o.o Rijeka (100 %)
* UniverTrans Kft. (100 %)

METRANS (Danubia) / OPTISPED / Petrolsped Slovakia

Lizenzen
- HU: Sicherheitszertifikat, Teil B (GV); gültig vom 01.07.2012 bis 30.06.2017
- SK: EVU-Zulassung (GV); gültig seit 14.11.2006
- SK: Sicherheitszertifikat, Teil A+B (GV); gültig vom 23.05.2011 bis 22.05.2016

Infrastruktur
- Containerterminal Dunajská Streda
- Containerterminal Haniska pri Košiciach

Unternehmensgeschichte
METRANS (Danubia), a.s. betreibt seit 01.10.1999 eine KV-Anlage in Dunajská Streda sowie dazugehörige Shuttlezüge in Kooperation mit der Muttergesellschaft.
Das Unternehmen wurde zunächst per 16.04.1998 als Slovenský kontajnerový servis, a.s. gegründet und trägt seit 17.08.1999 den heutigen Namen.
Nach Auskunft des slowakischen Infrastrukturbetreibers ŽSR erbrachte das Unternehmen
- 2012: 571,09 Mio. Brutto-tkm und 478.538 Zugkm
- 2012: 438,12 Mio. Brutto-tkm und 408.526 Zugkm
- 2011: 203,85 Mio. Brutto-tkm und 192.793 Zugkm

Neben einigen angemieteten T 448-Dieselloks setzt das Unternehmen auch Siemens ER 20-Dieselloks der Muttergesellschaft ein.
Seit 25.03.2014 kommen die ER 20-Dieselloks des Unternehmens über den ungarisch-slowenischen Grenzbahnhof Hodoš hinaus bis Pragersko zum Einsatz. Die Traktion erfolgt in Slowenien auf Lizenz der SŽ. Eine eigene Lizenz in Slowenien wird durch METRANS jedoch nicht angestrebt.

Verkehre
- KV-Transporte Budapest (MAHART Container Center (MCC)) [HU] – Koper CY [SI]; 10 x pro Woche in Kooperation mit der SŽ - Tovorni promet, d.o.o. in Slowenien; Lokeinsatz bis Hodoš [SI]; seit 25.03.2014 Lokdurchlauf bis Pragersko [SI]; aktuell 11 x pro Woche
- KV-Transporte Dunajská Streda / Česká Třebová – Krems [AT]; 4 x pro Woche seit 2013; betriebliche Abwicklung in Österreich vergeben an METRANS Railprofi Austria GmbH (RPA)
- KV-Transporte Dunajská Streda – Budapest (MAHART Container Center (MCC)) [HU]; 6 x pro Woche; aktuell 4 x pro Woche
- KV-Transporte Dunajská Streda – Haniska pri Košiciach; 3 x pro Woche seit Juni 2013
- KV-Transporte Dunajská Streda – Koper CY [SI]; 14 x pro Woche; Traktion Bratislava-Petrzalka [SK] – Spielfeld-Straß [AT] vergeben an Wiener Lokalbahn Cargo GmbH (WLC) sowie in Slowenien an SŽ - Tovorni promet, d.o.o.; teils via Spielfeld-Straß [AT] bzw. Hodoš [SI]; seit 25.03.2014 Lokdurchlauf bis Pragersko [SI]; aktuell 12 x pro Woche
- KV-Transporte Dunajská Streda – Česká Třebová [CZ]; 14-20 x pro Woche in Kooperation mit der METRANS Rail s.r.o. bzw. ČD Cargo, a.s. in Tschechien
- KV-Transporte Çerkezköy [TR] – Dunajska Streda; 3 x pro Woche seit August 2013 in Kooperation mit der Rail Cargo Hungaria Zrt. (RCH), Železnice Srbije A.D. (ŽS), BDŽ - Tovarni Prevozi EOOD und Türkiye Cumhuriyeti Devlet Demiryolları (TCDD); aktuell 4 x pro Woche

OPTISPED, a.s.

Rusovska cesta 1
SK-85101 Bratislava
Telefon: +421 91 7508581
Telefax: +421 91 7508581
www.optifin.sk

Management
- Ing. Kamil Bernáth (Vorstandsvorsitzender)
- Ing. Milan Kortiš (Vorstand)
- JUDr. Ľudovít Wittner (Vorstand)

Gesellschafter
Stammkapital 25.000,00 EUR
- Optifin Invest, s.r.o. (100 %)

Lizenzen
- SK: EVU-Lizenz (GV); gültig seit 03.07.2013

Unternehmensgeschichte
OPTISPED, a.s. mit Sitz in Bratislava wurde per 05.12.2012 gegründet. Gesellschafter des Speditions- und handelsunternehmens ist die Investmentgesellschaft Optifin Invest, die in der Slowakei die die Bahngesellschaft Express Group, a.s. besitzt, mit 50 % an der ungarischen Privatbahn MMV Magyar Magánvasút Zrt. beteiligt ist und die Waggonbauer Tatravagónka Poprad, a.s. und Vagónka Trebišov, a.s. kontrolliert. Optifin Invest befindet sich zu gleichen Anteilen im Eigentum von Alexej Beljajev und Michal Lazar.
Seit 2013 besitzt OPTISPED die EVU-Zulassung, über betriebliche Aktivitäten liegen keine Informationen vor.

Petrolsped Slovakia, s.r.o.

Ludvíka Svobodu 2839/1
SK-984 01 Lučenec
petrolsped@petrolsped.sk
www.petrolsped.sk

Petrolsped Slovakia / PSŽ

Management
* Ing. Ľudovít Hruška (Geschäftsführer)

Gesellschafter
Stammkapital 200.000,00 EUR
* PETROLSPED Kft. (100 %)

Lizenzen
* CZ: Sicherheitszertifikat, Teil B (GV); gültig vom 05.10.2012 bis 22.09.2016
* HU: Sicherheitszertifikat, Teil B (GV); gültig vom 16.05.2012 bis 15.05.2017
* SK: EVU-Zulassung (GV); gültig vom 26.08.2011 bis 01.09.2021
* SK: Sicherheitszertifikat, Teil A+B (GV); gültig vom 23.09.2011 bis 22.09.2016

Unternehmensgeschichte
Petrolsped Slovakia, s.r.o. wurde am 30.06.2011 gegründet und konnte sehr schnell eine Zulassung als EVU sowie nachfolgend Sicherheitszertifikate in Ungarn und Tschechien erwirken. Petrolsped ist eine Speditionsgruppe mit Hauptsitz in Budapest und Fokus auf der petrochemischen Industrie. In Ungarn ist Petrolsped zu 50 % an der Bahngesellschaft MMV Magyar Magánvasút Zrt. beteiligt.
Petrolsped Slovakia nahm im Februar 2012 den Betrieb mit zwei Dieselloks auf und beförderte zu Begin ca. fünf Zugpaare pro Monat v.a. mit Gasöl und Gas.
Nach Auskunft des slowakischen Infrastrukturbetreibers ŽSR erbrachte das Unternehmen
* 2013: 37,37 Mio. Brutto-tkm und 57.013 Zugkm
* 2012: 10,6 Mio. Brutto-tkm und 20.781 Zugkm

Bei der Traktion kooperiert man zudem mit MÁV-TRAKCIÓ / MÁV-START und nutzt fallweise deren E-Loks.

Verkehre
* Gasöl- und Gastransporte; Spotverkehre seit Februar 2012

Prvá slovenská železničná spoločnosť, a.s. (PSŽ) G

Ružová dolina 10
SK-821 09 Bratislava
Telefon: +421 918 808095
Telefax: +420 036 63041 31
masiar@psz.sk
www.psz.sk

Management
* Ing. Ladislav Szuťányi (Vorstandsvorsitzender)
* Ing. Milada Spišiaková (Mitglied des Vorstandes)
* Ing. Marcel Mäsiar (Mitglied der Firmenleitung)

Gesellschafter
Stammkapital 33.194,00 EUR

Lizenzen
* HU: Sicherheitsbescheinigung, Teil B (GV); gültig vom 12.05.2014 bis 11.05.2019
* SK: EVU-Zulassung (GV) seit 07.02.2007
* SK: Sicherheitsbescheinigung, Teil A+B (GV); gültig vom 12.05.2009 bis 11.05.2019

Unternehmensgeschichte
Die Bahngesellschaft Prvá slovenská železničná spoločnosť, a.s. [erste slowakische Eisenbahngesellschaft AG] (PSŽ) ist eine Tochtergesellschaft der der 1989 als erste private slowakische Speditionsgesellschaft gegründeten ŠPED-TRANS LEVICE, a.s. und wurde am 27.05.2003 in das Handelsregister eingetragen.
Die Gesellschaft ist im Spotverkehr in der Slowakei sowie grenzüberschreitend nach Ungarn in Kooperation mit der MMV Magyar Magánvasút Zrt. tätig.
Nach Auskunft des slowakischen Infrastrukturbetreibers ŽSR erbrachte das Unternehmen
* 2013: 328 Mio. Brutto-tkm und 334.510 Zugkm
* 2012: 188 Mio. Brutto-tkm und 198.277 Zugkm
* 2011: 113 Mio. Brutto-tkm und 118.140 Zugkm
* 2010: 6,4 Mio. Brutto-tkm und 17.965 Zugkm

U. a. wurden 2008 leere Wagons nach der Reparatur in der Region Prievidza zurück nach Ungarn überführt. Zudem wurden im Herbst 2009 Güterzüge für den Holzkonzern Bukóza aus Nižný Hrabovec via Michaľany nach Ungarn gefahren. Loks der BR 756 der Železničná spoločnosť Cargo Slovakia, a.s. (ZSSK Cargo) fahren seit Januar 2010 mit Personalen der PSŽ in Ungarn.

Verkehre
* Erdöltransporte Weißrussland – Slowakei; 2 x pro Monat seit 2012 Abwicklung in der Slowakei
* Getreidetransporte Békéscsaba – Hamburg [DE]; Spotverkehre seit August 2012; Traktion in der Slowakei
* Holzhackschnitzeltransporte Rădăuți [RO] – Hallein [AT]; 1 x pro Woche seit Januar 2012 Traktion in Ungarn im Auftrag der Salzburger Eisenbahn TransportLogistik GmbH (SETG)
* KV-Transporte Budapest Soroksár [HU] – Bremerhaven Kaiserhafen [DE]; Traktion bis Štúrovo (Übergabe an ZSSK Cargo)
* Kohletransporte Dunai Finomító [HU] – Rohožník in Kooperation mit der ZSSK Cargo
* Kohletransporte aus Prievidza / Malé Straciny – Nižný Hrabovec; seit März 2011

PSŽ / Rail Cargo Carrier SK / RTI

* Malz- / Gerstetransporte Rybany – Hurbanovo (Hurbanovo Zlatý)
* Stahlschrotttransporte Kolín [CZ] – Košice; Spotverkehr; Traktion in der Slowakei im Auftrag der Raillogix B.V.
* Zementtransporte Lábatlan (Holcim Hungária Zrt.) – Slowakei; Spotverkehr
* grenzüberschreitende Transporte nach Ungarn in Kooperation mit der MMV Magyar Magánvasút Zrt. seit Dezember 2008

Rail Cargo Carrier - Slovakia s.r.o.

Lúcna ul. 2.
SK-821 09 Bratislava
Telefon: +421 2 44 64 50 31
Telefax: +421 2 52 62 64 53
office@railcargocarrier.com
www.railcargocarrier.com

Management
* Jan Brčák (Geschäftsführer)
* Tamás Gábor Gáspár (Geschäftsführer)

Gesellschafter
Stammkapital 6.639,00 EUR
* Rail Cargo Carrier Kft. (RCC) (100 %)

Lizenzen
* SK: EVU-Lizenz (PV+GV); gültig seit 10.07.2009

Unternehmensgeschichte
Die heutige Rail Cargo Carrier - Slovakia s.r.o. ist Tochterunternehmen der in Budapest ansässigen Rail Cargo Carrier Kft. Das slowakische Unternehmen geht auf die am 21.10.2008 gegründete WAGON SERVICE, s.r.o. zurück, die sich bei Gründung im Eigentum von Ivan Gálik sowie der ebenfalls durch Gálik gehaltenen WAGON SERVICE travel s.r.o. befand. Per 19.04.2012 übernahm die Rail Cargo Austria AG (RCA) sämtliche Gesellschaftsanteile, per 03.04.2013 erhielt das Unternehmen seinen heutigen Namen und per 26.07. einen neuen Gesellschafter.
Nach Auskunft des slowakischen Infrastrukturbetreibers ŽSR erbrachte das Unternehmen
* 2013: 1,34 Mio. Brutto-tkm und 3.794 Zugkm
* 2012: 0,57 Mio. Brutto-tkm und 1.643 Zugkm
* 2011: 0,09 Mio. Brutto-tkm und 237 Zugkm
* 2010: 0,82 Mio. Brutto-tkm und 1.434 Zugkm

Die damalige Wagon Service war seinerzeit in die Aufarbeitung von RoLa-Begleitwagen für RCA im ŽOS Vrútky eingebunden.

Railtrans International, a.s. (RTI)

Trnavská cesta
SK-920 41 Leopoldov

Pribinova 25
SK-810 11 Bratislava
Telefon: +421 02 33554660
Telefax: +421 02 33554661
info@railtrans.eu
www.railtrans.eu

Management
* Ing. Alexandra Broszová (Geschäftsführerin)
* Roman Rapant (Geschäftsführer)

Gesellschafter
Stammkapital 5.000,00 EUR
* RAILTRANS, a.s. (100 %)

Beteiligungen
* Railtrans Wagon, s.r.o. (RTIW) (100 %)

Lizenzen
* SK: EVU-Zulassung (GV); gültig vom 05.01.2012 bis 31.01.2022

Unternehmensgeschichte
Railtrans International, s.r.o. (RTI) wurde am 01.11.2011 gegründet und ist ein Tochterunternehmen der Railtrans, a.s.
Die slowakische Güterbahn mit Sitz in Leopoldov nördlich von Bratislava hat sich auf den Transport von Biokraftstoff, Chemikalien und Rohstoffen für die chemische Industrie spezialisiert. Das Unternehmen steht der ebenfalls in Leopoldov ansässigen Slovnaft nahe, die u.a. die größte Erdölraffinerie der Slowakei betreibt.
Nach Auskunft des slowakischen Infrastrukturbetreibers ŽSR erbrachte das Unternehmen
* 2013: 130,89 Mio. Brutto-tkm und 153.937 Zugkm
* 2012: 8,52 Mio. Brutto-tkm und 8.747 Zugkm
RTI zählte Mitte 2012 sechs Mitarbeiter und bezog im Februar 2013 die erste eigene Lok.
Zum 31.07.2013 wurde die RTI in eine Aktiengesellschaft umgewandelt und zum 01.01.2014 das Tochterunternehmen Railtrans Wagon, s.r.o. (RTIW) gegründet, das 145 neue Kesselwagen der Typen Zans und Zacens besitzt.

RTI / RegioJet / SLOV-VAGON

Verkehre
* Biodiesel- und Chemietransporte ab / nach Leopoldov u.a. nach Tschechien (z.B. Kerosin zum Flughafen Prag) und Polen; im Auftrag der ENVIRAL, MEROCO, Biofuel ROSSI, Biodizel Vukovar, Slovnaft

RegioJet a.s. ℗

Obchodná 48
SK-811 06 Bratislava
Telefon: +421 238 103844
info@regiojet.sk
www.regiojet.sk

Management
* Radim Jančura (Vorsitzender des Vorstands)
* Ing. Jiří Schmidt (Vorstand)

Gesellschafter
Stammkapital 25.000,00 EUR
* STUDENT AGENCY, k.s. (100 %)

Lizenzen
* SK: EVU-Zulassung (PV); gültig vom 07.04.2011 bis 07.04.2021
* SK: Sicherheitszertifikat, Teil A+B (PV); gültig vom 22.08.2011 bis 21.08.2016

Unternehmensgeschichte
Die RegioJet, a.s. wurde als Tochterunternehmen der STUDENT AGENCY, s.r.o. mit Sitz im tschechischen Brno gegründet, um die Expansion der Muttergesellschaft auf dem Gebiet des Schienenpersonenverkehrs voranzutreiben. RegioJet ist vorrangig in Tschechien aktiv (siehe dort), konnte aber am 27.12.2010 den Zuschlag für den SPNV auf der slowakischen Verbindung Bratislava – Dunajská Streda – Komárno für neun Jahre ab dem 04.03.2012 erhalten. Der Betrieb in der Slowakei wird über die am 26.11.2010 gegründete RegioJet a.s. mit Sitz in Bratislava abgewickelt. Für die Einsätze in der Slowakei leaste RegioJet zu Beginn neun Talent-Dieseltriebwagen, die bis Ende 2011 bei der Prignitzer Eisenbahngesellschaft mbH (PEG) im Einsatz standen. Zum Teil erfolgte im Herbst 2013 der Tausch gegen Siemens Desiro, die ebenfalls aus Beständen der Alpha Trains stammen. Im März 2013 wies das Unternehmen 94 Mitarbeiter auf, davon waren 25 Triebfahrzeugführer und 30 Zugbegleiter. Die Fahrzeuginstandhaltung erfolgt noch im ZSSK Cargo-Betriebswerk Bratislava východ.

Im Herbst 2015 plante das Unternehmen die Eröffnung einer eigenen Werkstatt für Loks, Wagen und Dieseltriebzüge in Bratislava-Rača.
2012 beförderte RegioJet auf der Verbindung 1,252 Mio. Passagiere und somit fast 60 % mehr Fahrgäste als Vorgänger ZSSK (0,789 Mio.). 2013 konnte die Fahrgastzahl auf 1,776 Mio. und 2014 auf 2,025 Mio. gesteigert werden.
Seit 14.12.2014 bietet RegioJet auf der Strecke Bratislava – Žilina – Košice drei Zugpaare täglich. Außerdem besteht eine Verknüpfung mit der Verbindung Žilina – Olomouc [CZ] – Prag [CZ] der tschechischen Schwestergesellschaft. Ein Zugpaar Košice – Prag [CZ] verkehrt seit 11.10.2014.

Verkehre
* SPNV Bratislava – Dunajská Streda – Komárno; seit 04.03.2012 für neun Jahre
* Personenfernverkehr Košice – Prag [CZ]; 1 Zugpaar / Tag seit 11.10.2014
* Personenfernverkehr Bratislava – Košice; 3 Zugpaare / Tag seit 14.12.2014

SLOV-VAGON, a.s.

Andreja Žarnova 1
SK-917 02 Trnava
slovvagon@slov-vagon.eu
www.slov-vagon.eu

Werkstatt
P.O.BOX 26
SK-072 22 Strážske
Telefon: +421 56 6491821
Telefax: +421 56 6491821
prevadzka@slov-vagon.eu

Management
* Ing. Anton Štefan (Geschäftsführer)

Gesellschafter
Stammkapital 232.400,00 EUR
* RENNTAX s.r.o. (100 %)

Lizenzen
* SK: EVU-Zulassung (GV); gültig seit 16.10.2008
* SK: Sicherheitszertifikat, Teil A und B (GV); gültig vom 28.06.2010 bis 27.06.2015

Unternehmensgeschichte
SLOV-VAGON, a.s. ist eine Tochtergesellschaft der Holding RENNTAX s.r.o. von Bahnunternehmer Aladár Štefunko, der mehrheitlich am Waggonvermietunternehmen AXBENET, s.r.o. beteiligt ist. AXBENET war auch bis 11.12.2009 alleiniger Gesellschafter der SLOV-VAGON. Nach Auskunft des slowakischen

SLOV-VAGON / SMART RAIL

Infrastrukturbetreibers ŽSR erbrachte das Unternehmen
* 2013: 1,3 Mio. Brutto-tkm und 9.085 Zugkm
* 2012: 0,6 Mio. Brutto-tkm und 4.348 Zugkm

Das am 03.08.2006 gegründete Unternehmen startete zum 01.01.2007 in den Räumlichkeiten der Waggonwerkstatt der Chemko, a.s. in Strážske nordöstlich von Košice. Zu den Haupttätigkeiten der SLOV-VAGON gehören die Vermietung von Eisenbahnwaggons, der Betrieb von Werksbahnen sowie das Instandsetzen und Reinigen von Bahnwaggons und Lkw-Tanks inklusive Druckprüfungen bei Kesselbehältern.

SMART RAIL, a.s.

Horarska 12
SK-82109 Bratislava
Telefon: +421 258271818
Telefax: +421 258271827
www.budamar.sk

Management
* Ing. Ján Bírošík (Vorstandsvositzender)
* Ing. Rozália Carrerová (Vorstand)

Gesellschafter
Stammkapital 33.193,00 EUR
* BUDAMAR LOGISTICS, a.s. (100 %)

Lizenzen
* SK: EVU-Zulassung (GV); gültig vom 19.12.2013 bis 01.01.2024

Unternehmensgeschichte
SMART RAIL, a.s. ist eine Tochtergesellschaft der BUDAMAR LOGISTICS, a.s. und somit ein Schwesterunternehmen der LOKORAIL, a.s. sowie der BTS BULK TRANSSHIPMENT SLOVAKIA, a.s. Sie wurde am 24.06.2008 gegründet als BIZANA; a.s. und trägt seit 05.,10.2013 den heutigen Namen. Seit 2013 besitzt SMART RAIL die EVU-Zulassung, über betriebliche Aktivitäten liegen keine Informationen vor.

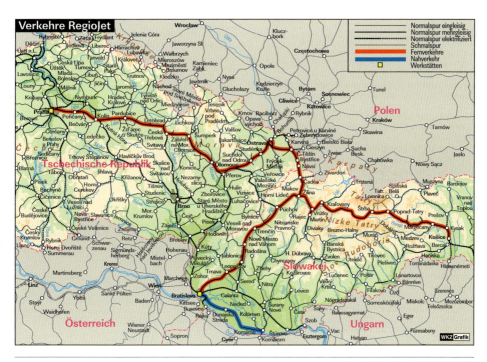

SŽDS / US RS

Slovenská železničná dopravná spoločnosť, a.s. (SŽDS) G

Mostová 2
SK-81102 Bratislava
Telefon: +421 45 5243755
Telefax: +421 45 5243777
info@szds.sk
www.szds.sk

Management
* Vladimír Barboráš (Vorstand)

Gesellschafter
Stammkapital 298.000,00 EUR
* I.G. Rent, s.r.o. (100 %)

Lizenzen
* CZ: Sicherheitszertifikat, Teil B (GV); gültig vom 04.07.2014 bis 23.06.2018
* HU: Sicherheitszertifikat, Teil B (GV); gültig vom 16.10.2013 bis 23.06.2018
* SK: EVU-Zulassung (GV) seit 02.05.2007
* SK: Sicherheitszertifikat, Teil A (GV); gültig vom 24.06.2013 bis 23.06.2018

Unternehmensgeschichte
Die Slovenská železničná dopravná spoločnosť, a.s. (SZDS) wurde am 30.04.2003 gegründet und erhielt per 09.04.2004 ihre Zulassung als Bahnunternehmen. Inzwischen gehört die Gesellschaft zur INVESTEX-Gruppe.
Am 01.08.2004 verkehrte die erste Zugleistung von Čadca nach Kozárovce. Die SŽDS bespannte nachfolgend vor allem Schottertransporte sowie Chemietransporte im Auftrag der BorsodChem Richtung Tschechien und Ungarn. Wurden anfangs Dieselloks der Baureihe 742 der Technická ochrana a obnova železníc, a.s. eingesetzt, mietete man später auch E-Loks an.
Der erste große Transportauftrag der SŽDS umfasste Versand von Autoteilen aus den Škoda-Fabriken in Mladá Boleslav und Kvasiny in der Slowakei zur Endmontage bei Eurocar in der Ukraine, der aber zwischenzeitlich wieder endete.
Bis Anfang 2009 bespannte man Züge mit Produkten der Duslo Šaľa zwischen Tranovec nad vahom und Kúty. Die Einführung des Euro bedeutete aber ein Ende der Transporte. Nachfolgend bespannte SŽDS zeitweise einige Treibstoffzüge für UNIPETROL DOPRAVA. Aktuell befördert die SŽDS nur einzelne Leistungen im Spotverkehr, u. a. Chemietransporte Richtung Ungarn.
Im Geschäftsjahr 2012 hatte die SZDS 14 Mitarbeiter und setzte 7,5 Mio. EUR um (2011: 17 Mitarbeiter, 7,51 Mio. EUR; 2010: 22 Mitarbeiter, 2,55 Mio. EUR; 2009: 28 Mitarbeiter, 2,12 Mio. EUR).
Nach Auskunft des slowakischen Infrastrukturbetreibers ŽSR erbrachte das Unternehmen
* 2014: 66 Mio. Brutto-tkm, 51.989 Zugkm
* 2013: 98,8 Mio. Brutto-tkm, 95.500 Zugkm
* 2012: 70 Mio. Brutto-tkm und 73.360 Zugkm
* 2011: 69 Mio. Brutto-tkm und 73.348 Zugkm
* 2010: 109 Mio. Brutto-tkm und 95.191 Zugkm
* 2009: 41,02 Mio. Brutto-tkm und 50.938 Zugkm
* 2008: 399,99 Mio. Brutto-tkm und 402.777 Zugkm

Zum 20.03.2009 verlegte das Unternehmen den Sitz von Bratislava nach Zvolen sowie per 10.10.2013 wieder zurück in Hauptstadt der Slowakei.

Verkehre
* Gütertransporte Haniska – Maťovce Širokorozchodná trať (ŠRT)
* Gütertransporte Haniska – Čadca
* Gütertransporte Kúty – Rajka [HU]
* Gütertransporte Turňa nad Bodvou – Debrecen [HU]

US RS, s.r.o.

Magnezitárska č. 5
SK-040 13 Košice

Management
* Ing. Jozef Cábocký (Geschäftsführer)
* Ing. arch. Tomáš Dimun (Geschäftsführer)
* Doc. Pavlo Minenko (Geschäftsführer)

Gesellschafter
Stammkapital 15.000,00 EUR
* Olena Lushnikova (50 %)
* Ing. Jozef Cábocký (18 %)
* Ing. Vladimil Podstránsky (12 %)
* Ing. arch. Tomáš Dimun (10 %)
* Doc. Pavlo Minenko (5 %)
* Oleg Pich (5 %)

Lizenzen
* SK: EVU-Zulassung (GV); gültig vom 09.01.2013 bis 31.12.2023

Unternehmensgeschichte
US RS, s.r.o. wurde am 26.04.2012 gegründet. Über Geschäftstätigkeit und Grund der EVU-Zulassung liegen keine Informationen vor.

USSK / VIALTE / YOSARIA TRAINS

U. S. Steel Košice, s.r.o. (USSK)
G

Vstupný areál U.S.Steel
SK-044 54 Košice
Telefon: +421 55 673 1111
Telefax: +421 55 673 1110
webmaster@sk.uss.com
www.usske.sk

Management
* George F. Babcoke (Präsident)
* Michael Andrew Fedorenko (Geschäftsführer)
* Ing. Vladimír Jacko PhD.,MBA (Geschäftsführer)
* RNDr. Miroslav Kiraľvarga (Geschäftsführer)
* Elena Petrášková (Geschäftsführerin)
* Ing. Martin Pitorák (Geschäftsführer)

Gesellschafter
Stammkapital 839.356.636,00 EUR
* U. S. Steel Global Holdings I B.V. (100 %)

Beteiligungen
* Refrako, s.r.o. (99,984 %)
* U. S. Steel Košice - Labortest, s.r.o. (99,97 %)
* U. S. Steel Services, s.r.o. (99,96 %)
* Reliningserv, s.r.o. (99,95 %)
* U.S. Steel Košice - SBS, s.r.o. (98,11 %)
* OBAL-SERVIS, a.s.
* VULKMONT, a.s. Košice

Lizenzen
* SK: EVU-Zulassung (GV) seit 10.04.2007

Unternehmensgeschichte
Im Januar 1960 begannen die Arbeiten zur Errichtung eines Stahlwerkes in Košice, das 1965 seinen Betrieb aufnehmen konnte. Als Betreibergesellschaft wurde am 20.06.2000 die STEEL Košice, s.r.o. gegründet, die nach dem per 24.11.2000 vollzogenen Verkauf an die United States Steel Corporation seit 14.12.2000 als U. S. Steel Košice, s.r.o. firmiert.
Neben werksinternen Verkehren wurden auch Kalktransporte von Turňa nad Bodvou zum Werk durchgeführt.
Nach Auskunft des slowakischen Infrastrukturbetreibers ŽSR erbrachte das Unternehmen
* 2013: 24,44 Mio. Brutto-tkm und 26.332 Zugkm
* 2012: 20,74 Mio. Brutto-tkm und 23.441 Zugkm
* 2011: 19,80 Mio. Brutto-tkm und 23.339 Zugkm
* 2010: 19,03 Mio. Brutto-tkm und 20.228 Zugkm
* 2009: 15,99 Mio. Brutto-tkm und 17.349 Zugkm
* 2008: 20,72 Mio. Brutto-tkm und 21.423 Zugkm
2013 wurde bekannt, dass US Steel das Stahlwerk Košice verkaufen. Als Käufer ist Evraz, ein Unternehmen des ukrainischen Oligarchen Rinat Leonidowytsch Achmetow, im Gespräch.

Verkehre
* werksinterne Verkehre

VIALTE s.r.o.

Kopčianska 1
SK-851 01 Bratislava

Management
* Dipl.-Ing. Ján Biznár (Geschäftsführer)
* František Kozel (Geschäftsführer)

Gesellschafter
Stammkapital 5.000,00 EUR
* LTE Logistik a Transport Slovakia, s.r.o. (50 %)
* GW Train Regio a.s. (GWTR) (50 %)

Lizenzen
* SK: EVU-Zulassung (GV); gültig vom 14.05.2012 bis 15.05.2022

Unternehmensgeschichte
Bereits am 14.09.2011 haben die LTE Logistik a Transport Slovakia s.r.o. sowie die damalige VIAMONT Regio a.s. die VIALTE s.r.o. mit Sitz in Bratislava gegründet. Beide Unternehmen halten gleiche Anteile und stellen mit Ing. Ján Biznár (LTE) und Ing. František Kozel (Viamont) je einen Geschäftsführer.
Nach Auskunft des slowakischen Infrastrukturbetreibers ŽSR erbrachte das Unternehmen
* 2013: 0,009 Mio. Brutto-tkm und 185 Zugkm
Das neue Unternehmen prüfte u.a. die Möglichkeit einer privaten Personenverbindung Bratislava – Brno

YOSARIA TRAINS, a.s.

Tomášikova 14
SK-821 03 Bratislava
Telefon: +421 43 332802
ivanliska@yosariatrains.com
www.yosaria.sk

Management
* Ivan Líška

Gesellschafter
Stammkapital 323.193,00 EUR

Lizenzen
* SK: EVU-Zulassung (PV); gültig seit 14.12.2010

YOSARIA TRAINS / ŽSR / ŽSSK Cargo

Unternehmensgeschichte
YOSARIA TRAINS, a.s. entstand am 26.07.2005 als Schwester des Betreibers der geplanten shopping mall Yosaria Plaza in Bratislava.
2014 erfolgte die Zulassung als EVU, außer einer Testfahrt am 11.11.2014 sind bislang keine Aktivitäten des Unternehmens bekannt.

Železnice Slovenskej Republiky (ŽSR)

Klemensova 8
SK-813 61 Bratislava
Telefon: +421 2 2029-1111
Telefax: +421 2 2029-4700
gr@zsr.sk
www.zsr.sk

Management
* Dušan Šefčík (Generaldirektor)
* Ján Žačko (stellvertretender Generaldirektor Personal)
* Rastislav Glasa (stellvertretender Generaldirektor Ökonomie)
* Milan Kubíček (stellvertretender Generaldirektor Betrieb)
* Jozef Veselka (stellvertretender Generaldirektor Entwicklung und Informatik)

Lizenzen
* SK: EVU-Zulassung (PV+GV); gültig seit 19.03.2007

Unternehmensgeschichte
Die Železnice Slovenskej republiky [Eisenbahnen der Slowakischen Republik] (ŽSR) ist das staatliche Eisenbahninfrastrukturunternehmen (EIU) in der Slowakei. Die Gründung erfolgte im Jahr 1993 in Folge der Teilung der ehemaligen Tschechoslowakei und somit auch der ehemaligen Tschechoslowakischen Staatsbahnen (ČSD).
Die ŽSR betreiben das gesamte Schienennetz der Slowakei mit drei Spurweiten und zwei unterschiedlichen Stromsystemen (Stand 2013):
* Streckenlänge: 3.631 km, davon 3.595 km in Betrieb
* eingleisig: 2.615 km
* mehrgleisig: 1.017 km
* Breitspur: 99 km
* Normalspur: 3.482 km
* Schmalspur: 50 km
* elektrifiziert 25 kV 50 Hz Wechselstrom: 762 km
* elektrifiziert 3.000 V Gleichstrom: 827 km
* Gleislänge: 6.888 km

Im europäischen Vergleich zählen die Trassenpreise der ŽSR zu den höchsten Raten. Die Berechnung erfolgt mittels der Parameter Länge der zurückgelegten Strecke, Zuggewicht und Streckenkategorie der Trasse.
Im Geschäftsjahr 2013 (Vorjahreswerte in Klammern) erwirtschaftete das Unternehmen mit 14.301 (14.421) Mitarbeitern bei einen Umsatz von 480,992 (491,183) Mio. EUR ein Gesamtergebnis von 43,765 (15,643) Mio. SKK. Vom Umsatz entfielen 92,414 (89,033) Mio. EUR auf Trassennutzungsgebühren von vier Personen- und 37 Güterverkehrsbetreibern. Auf dem Netz wurden 31,570 (31,558) Mio. Zugkm im Personenverkehr und 14,075 (13,559) Mio. Zugkm im Güterverkehr erbracht.

Železničná spoločnosť Cargo Slovakia, a.s. (ŽSSK Cargo) G

Drieňová 24
SK-820 09 Bratislava
Telefon: +421 2 2029 7776
Telefax: +421 2 4342 0389
cargo.gr@zscargo.sk
www.zscargo.sk

Management
* Vladimír Ľupták (CEO und Vorstandsvorsitzender)
* Jaroslav Daniška (stellvertretender Vorstandsvorsitzender)
* Peter Fejfar (Vorstandsmitglied)

Gesellschafter
Stammkapital 401.646.418,3754 EUR
* Slovenská republika [Slowakische Republik] (100 %)

Beteiligungen
* ŽSSK CARGO Intermodal, a.s. (100 %)
* BULK TRANSSHIPMENT SLOVAKIA, a.s. (BTS) (40 %)
* Cargo Wagon, a.s. (34 %)
* Bureau Central de Clearing s.c.r.l. (BCC) (2,96 %)

Lizenzen
* HU: Sicherheitszertifikat, Teil B (GV); gültig vom 16.10.2010 bis 15.10.2015
* SK: EVU-Zulassung (GV); gültig seit 20.03.2007
* SK: Sicherheitszertifikat, Teil A+B (GV); gültig vom 26.04.2010 bis 25.04.2015

ŽSSK Cargo / ŽSSK

Unternehmensgeschichte
Železničná spoločnosť Cargo Slovakia, a.s. [Eisenbahngesellschaft Cargo Slovakia AG] entstand per 01.01.2005 bei der Aufteilung der slowakischen Staatsbahn Železničná spoločnosť, a.s. in die Geschäftsbereiche Personen- und Güterverkehr. Aufkommen und Netto-Beförderungsleistung entwickelten sich in den vergangenen Jahren wie folgt:
* 2008: 44,5 Mio. t; 8,9 Mrd. tkm
* 2009: 33,8 Mio. t; 6,5 Mrd. tkm
* 2010: 38,6 Mio. t; 7,7 Mrd. tkm
* 2011: 38,5 Mio. t; 7,3 Mrd. tkm
* 2012: 35,3 Mio. t; 6,9 Mrd. tkm
* 2013: 36,3 Mio. t; 6,8 Mrd. tkm

Für das rund 100 km umfassende Breitspurnetz verfügt die ŽSSK Cargo über einige Loks und Waggons; Maschinen der BR 756 fahren seit Januar 2010 mit Personalen der Prvá slovenská železničná spoločnosť, a.s. (PSŽ) in Ungarn.
Im letzten Jahrzehnt hat es in Abhängigkeit von der innenpolitischen „Großwetterlage" mehrfach Überlegungen und Versuche für eine Umstrukturierung bzw. Privatisierung des Unternehmens gegeben. So plante die Regierung bereits 2005 einen Verkauf der Gesellschaft, worauf neben der damaligen Railion auch die ÖBB, die MÁV und die ukrainische Güterbahn Interesse anmeldeten. Nach einem Regierungswechsel wurden die Verhandlungen allerdings eingestellt. Im Oktober 2007 wurden Überlegungen bekannt, die vorsahen, ŽSSK Cargo mit der tschechischem ČD Cargo, a.s. zu verschmelzen und so eine überlebensfähige Gesellschaft bilden zu können. Nachdem das Unternehmen im Vorjahr einen Gesamtverlust von 123 Mio. EUR eingefahren hatte, plädierte das slowakische Verkehrsministerium seit 2011 erneut für einen Verkauf von 66 % der Firmenanteile an einen strategischen Investor, der neben frischem Geld auch Warenströme einbringen und das Management verbessern soll.
Nach einem erneuten Regierungswechsel 2012 wird jedoch ein insofern neuer Weg verfolgt, als das Unternehmen selbst im Staatsbesitz verbleiben soll. Das Kabinett hat vielmehr am 10.07.2013 die Ausgründung der Tochtergesellschaften ŽSSK CARGO Intermodal, a.s. als Kombiverkehrsoperateur und Cargo Wagon, a.s. als Waggonmanager beschlossen. Die Muttergesellschaft soll sich künftig auf den Gütertransport als Kerngeschäft konzentrieren, während im Juni 2014 der beabsichtigte Verkauf von 66 % der Cargo Wagon-Aktien für rund 7 Mio. EUR an die Schweizer AAE Ahaus-Alstätter Eisenbahn Cargo AG bekanntgegeben wurde. Für weitere knapp 217 Mio. EUR soll der neue Majoritätsinhaber 12.344 Güterwagen der Cargo Wagon erwerben und für 8.218 davon einen Sale-and-leaseback-Vertrag mit 10,35 EUR/Wagen/Tag über acht Jahre abschließen. Gemäß dem am 05.03.2015 signierten Vertrag gehen die genannten Gesellschafteranteile an die AAE Wagon a.s. als Teil der AAE/VTG-Firmengruppe

über. Mit dem Erlös soll ŽSSK Cargo bis Ende 2016 30 % der Schulden abbauen.
Die Firma selbst versucht indes, ihrer schwierigen Finanzlage auch durch massiven Personalabbau Herr zu werden. Hatte die Beschäftigtenzahl per 31.12.2010 noch bei 9.546 gelegen, so sank sie bis Ende 2012 auf 6.822, nachdem in der ersten Jahreshälfte weitere 1.177 Mitarbeiter das Unternehmen verlassen hatten. 973 davon wurden zum Schwesterunternehmen ŽSSK Železničná spoločnosť Slovensko transferiert. Per 31.12.2013 lag der Personalbestand bei 6.331.
2013 (Vorjahresangaben in Klammern) wurde bei einem Umsatz von 369,132 (315,169) Mio. EUR ein Gesamtergebnis von 262.000 (-23,947 Mio.) EUR eingefahren.

ŽSSK Železničná spoločnosť Slovensko, a.s. ℗

Rožňavská 1
SK-83272 Bratislava
Telefon: +421 2 2029-5656
zsskkgr@slovakrail.sk
www.slovakrail.sk

Management
* Pavol Gábor (Vorstandsvorsitzender und Generaldirektor)
* Ľubomír Húska (stellvertretender Vorstandsvorsitzender)
* Igor Krško (Mitglied des Vorstandes)

Gesellschafter
Stammkapital 212.441.088,00 EUR
* Slovenská republika [Slowakische Republik] (100 %)

Beteiligungen
* Bureau Central de Clearing s.c.r.l. (BCC) (0,68 %)
* EUROFIMA Europäische Gesellschaft für die Finanzierung von Eisenbahnmaterial AG (0,5 %)

Lizenzen
* SK: EVU-Zulassung (PV+GV), gültig ab 26.01.2007
* SK: Sicherheitszertifikat, Teil A und B (PV); gültig vom 28.01.2010 bis 27.01.2020

ŽSSK / ZSBA / ZS Košice

Unternehmensgeschichte
Die ŽSSK Železničná spoločnosť Slovensko, a.s. (Slowakische Eisenbahngesellschaft AG) ist der mittelbare Nachfolger der früheren ČSD (Československé státní dráhy, Tschechoslowakische Staatsbahnen). Diese war unmittelbar nach Zerfall der österreichisch-ungarischen Doppelmonarchie und Gründung der Tschechoslowakei am 28.10.1918 ins Leben gerufen worden, um im neuen Staat große Teile von Streckennetz und Betrieb der österreichischen und ungarischen Staatsbahnen zu übernehmen. Mit Ausnahme der Jahre 1939-1945 hatte die ČSD bis zum 31.12.1992 Bestand, als die Tschechoslowakei wieder aufgelöst wurde. Die nunmehr eigenstaatliche Slowakei erhielt mit der Železnice Slovenskej republiky (ŽSR) ihre (integrierte) Staatseisenbahn. Die heutige ŽSSK wurde am 01.01.2002 als EVU „Železničná spoločnosť, a.s." (Eisenbahngesellschaft AG) verselbständigt, so dass die ŽSR seither nur noch der Infrastrukturbetreiber ist. Am 01.01.2005 wurde die Železničná spoločnosť noch einmal aufgeteilt, so dass die heutigen EVU Železničná spoločnosť Cargo Slovakia (ŽSSK CARGO) für den Güterverkehr und die ŽSSK als reiner Personenverkehrsbetreiber entstanden. Planungen, die drei Bahnunternehmen ab 2012 unter einer Holding zu vereinen, wurden im Sommer 2010 fallengelassen.
Verkehrsleistung und Aufkommen und entwickelten sich in den letzten Jahren wie folgt:
* 2005: 31,655 Mio. Zugkm, 49,054 Mio. Reisende
* 2006: 31,853 Mio. Zugkm, 47,021 Mio. Reisende
* 2007: 31,933 Mio. Zugkm, 45,598 Mio. Reisende
* 2008: 31,894 Mio. Zugkm, 47,184 Mio. Reisende
* 2009: 31,891 Mio. Zugkm, 45,342 Mio. Reisende
* 2010: 31,886 Mio. Zugkm, 45,004 Mio. Reisende
* 2011: 31,148 Mio. Zugkm, 45,959 Mio. Reisende
* 2012: 30,491 Mio. Zugkm, 43,445 Mio. Reisende
* 2013: 30,350 Mio. Zugkm, 44,287 Mio. Reisende
Per 31.12.2013 (Vorjahreswerte in Klammern) hatte die ŽSSK 5.724 (5.846) Mitarbeiter. Es wurden Gesamteinnahmen von 353,037 (340,119) Mio. EUR und ein Gesamtergebnis von -7,105 (-10,433) Mio. EUR erzielt.

Železničné stavebníctvo Bratislava, a.s. (ZSBA)

Furmanská 8
SK-841 03 Bratislava
Telefon: +421 2 64283792
Telefax: +421 2 64369792
cermakova@zs-ba-as.sk
www.zs-ba-as.sk

Management
* Ing. Roman Veis
* Ing. Jan Komárek (stellvertretender Vorstandsvorsitzender)
* Ing. Jozef Bošanský (Mitglied des Vorstands)
* Ing. Marián Repaský (Mitglied des Vorstands)
* Zbyňek Nečas

Gesellschafter
Stammkapital 5.232.320,00 EUR
* OHL ŽS, a.s. (77,6 %)

Lizenzen
* SK: EVU-Zulassung (GV) seit 09.05.2007

Unternehmensgeschichte
Železničné stavebníctvo Bratislava, a.s. wurde am 18.01.1994 gegründet und ist im Bahnbau tätig. Mehrheitsgesellschafter des Unternehmens ist mittlerweile die OHL ŽS.
Nach Auskunft des slowakischen Infrastrukturbetreibers ŽSR erbrachte das Unternehmen
* 2013: 1,8 Mio. Brutto-tkm und 4.019 Zugkm
* 2012: 2,9 Mio. Brutto-tkm und 5.400 Zugkm
* 2011: 0,6 Mio. Brutto-tkm und 3.155 Zugkm
* 2010: 1,06 Mio. Brutto-tkm und 2.404 Zugkm

Železničné stavby, a.s. Košice (ZS Košice)

Južná trieda 66
SK-040 01 Košice
Telefon: +421 55 6118821
Telefax: +421 55 6118842
zelstavby@zeleznicnestavby.sk
www.zeleznicnestavby.sk

Management
* Ing. Michal Merga (Vorstandsvorsitzender)
* Ing. Vladimír Turlík (stellvertretender Vorstandsvorsitzender)
* Peter Šebest (Mitglied des Vorstandes)

Gesellschafter
Stammkapital 1.000.000,00 SKK

Lizenzen
* SK: EVU-Zulassung (GV) seit 24.05.2007
* SK: Sicherheitszertifikat, Teil A und B (GV); gültig vom 14.05.2010 bis 13.05.2015

Unternehmensgeschichte
Die im Gleisbau tätige Železničné stavby, a.s. Košice wurde am 02.10.1995 als PRONTOVIA, a.s. Košice gegründet. Bereits am 26.01.1996 wurde die Firmierung in die noch heute gültige Version

ZS Košice

abgeändert. Die Gesellschaft hatte 2007 insgesamt 350 Mitarbeiter. Die seit 24.05.2007 vorhandene EVU-Zulassung wird nur für AZ-Verkehre im Gleisbau verwendet. Nach Auskunft des slowakischen Infrastrukturbetreibers ŽSR erbrachte das Unternehmen
* 2013: 5,57 Mio. Brutto-tkm und 20.741 Zugkm
* 2012: 7,47 Mio. Brutto-tkm und 19.137 Zugkm
* 2011: 29,55 Mio. Brutto-tkm und 37.113 Zugkm
* 2010: 2,5 Mio. Brutto-tkm und 8.296 Zugkm
* 2008: 6,5 Mio. Brutto-tkm und 29.869 Zugkm

Verkehre
* AZ-Verkehr

Slowenien

Kurze Eisenbahngeschichte

Die schienenmäßige Erschließung des heutigen Sloweniens begann bereits in der Eisenbahnfrühzeit, als das Land Teil der Habsburgermonarchie war und zur Anbindung des wichtigen Adriahafens Triest an die Hauptstadt Wien beizeiten in den Mittelpunkt des Interesses rückte.

So konnte bereits am 02.06.1846 die Strecke (Graz –) Šentilj – Celje eröffnet werden, die am 16.09.1849 über Zidani Most Ljubljana und am 28.07.1857 über Postojna, Pivka, Divača, Sežana und Opicina den Adriahafen Triest erreichte. Für die damit vollendete, auf Staatskosten errichtete Verbindung Wien – Triest via Semmering erhielt im Zuge der Staatsbahnprivatisierungen am 23.09.1858 mit der nachmaligen „k.k. priv. südliche Staats-, lombardisch-venezianische und zentral-italienische Eisenbahngesellschaft", nach dem Verlust Venetiens ab 1862 „k.k. priv. Südbahn-Gesellschaft" oder kurz Südbahn, das bedeutendste Eisenbahnunternehmen der Monarchie die Konzession. Die Südbahn errichtete als Seitenlinien auch die heutige Magistrale Zidani Most – Zagreb (eröffnet am 01.10.1862), die Drautalbahn ab Maribor über Dravograd und Bleiburg, die am 01.06.1863 bis Klagenfurt und am 30.05.1864 bis Villach eröffnet wurde sowie die 1873 in Betrieb genommene „Pivka-Bahn" Pivka – Rijeka.

In Divača schließt sich die am 20.09.1876 übergebene „Istrianische Staatsbahn" über Prešnica ins heute kroatische Pula an. Die andere von Ljubljana ausgehende Hauptlinie nach Villach in Österreich stand erst viel später durchgehend zur Verfügung, denn sie besteht historisch gesehen aus zwei verschiedenen Abschnitten. 1873 erreichte die Strecke der „Kronprinz Rudolf-Bahn" von Norden via St. Veit a. d. Glan, Tarvis und Jesenice Ljubljana, womit auch Prag mit Triest verbunden war. Von St. Veit wurde eine Stichbahn nach Klagenfurt errichtet. Der Teil vom heute italienischen Tarvisio bis Jesenice ist hingegen seit 1969 nicht mehr existent. Der Grenzabschnitt Villach – / Klagenfurt – Rosenbach – Jesenice wurde hingegen erst 1906 als „Karawankenbahn" vollendet und setzte sich ab Jesenice als „Wocheiner- und Karstbahn" über Nova Gorica nach Kreplje (– Triest) fort. Auch das Netz der reinen Lokalbahnen wurde zu österreichischer Zeit errichtet.

Karst- und Küstenregion fielen nach dem Vertrag von Rapallo 1920 an Italien. Auf diese Zeit geht das heute in Slowenien gebräuchliche Bahnstromsystem mit 3.000 V Gleichspannung zurück, denn die Italiener elektrifizierten solcherart 1936 den Abschnitt Triest – Postojna und die Pivka-Bahn. 1948 wurde die zur Umgehung italienischen Territoriums dienende kurze Verbindungsspange Kreplje – Sežana und 1967 zur Anbindung des Adriahafens Koper eine neue Strecke von Prešnica dorthin in Betrieb genommen. 1957 erreichte der von Österreich kommende Fahrdraht (15 kV, 16 2/3 Hz) den Grenzbahnhof Jesenice. Wiederum mit Gleichspannung setzte sich die Elektrifizierung auf den wichtigsten Hauptstrecken fort. Das heutige Streckennetz ist 1.228,1 km lang. Davon sind 330,4 km (26,9 %) zweigleisig ausgebaut und zwar die Ost-West-Verbindung Sežana – Ljubljana – Zidani Most – Maribor mit der Zweigstrecke Zidani Most – Dobova (– Zagreb [HR]; letztere als Teil der ehemaligen innerjugoslawischen Hauptmagistrale) und das kurze Stück von Jesenice zur österreichischen Grenze. Elektrifiziert sind 502,8 km.

Marktübersicht

Im Personenverkehr hat die Staatsbahn Slovenske železnice d.o.o. (SŽ) das Monopol, während im Güterverkehr zusätzlich die Adria Transport organizacija in izvajanje železniških prevozov d.o.o. (ADT) mit Zügen des Kombinierten Verkehres am Markt auftritt. Auch die Rail Cargo Carrier d.o.o. fährt Güterzüge in Slowenien und hat einen Marktanteil von ca 6 %.

Verkehrsministerium

Ministrstvo za infrastrukturo in prostor
Direktorat za promet
Langusova ulica 4
SI-1535 Ljubljana
Telefon: +386 1 478 88 42
gp.mzip@gov.si
www.mzip.gov.si

Nationale Eisenbahnbehörde

Javna agencija za železniški promet
Republike Slovenije
Kopitarjeva 5
SI-2000 Maribor
Telefon: +386 2 234 1427
gp.azp@azp.si
www.azp.si

Eisenbahnunfalluntersuchungsstelle

c/o Ministrstvo za infrastrukturo in prostor
Služba za preiskovanje železniških nesreč in incidentov
Langusova ulica 4
SI-1535 Ljubljana
Telefon: +386 1 478 88 51
mzip.spzni@gov.si
www.mzip.gov.si

Slowenien

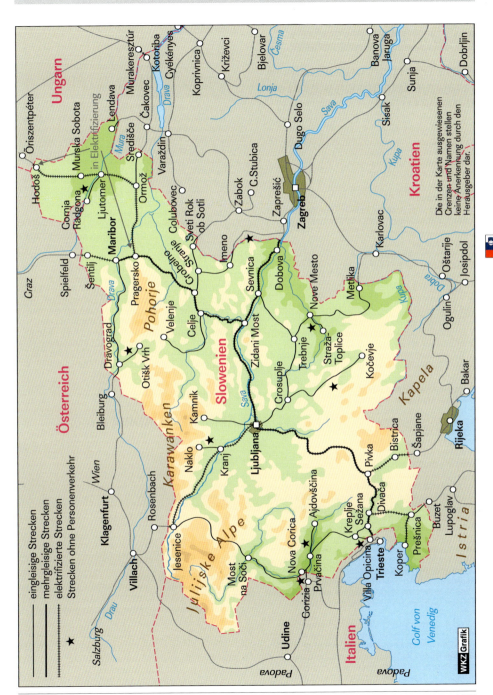

ADT / AMBERRAIL ADRIA

Adria Transport organizacija in izvajanje železniških prevozov d.o.o. (ADT) 🇬

Vojkovo nabrežje 38
SI-6501 Koper
Telefon: +386 41 707996
office@adria-transport.com
www.adria-transport.com

Management
* Ing. Mag. (FH) Andreas Mandl (Geschäftsführer)
* Mag. Matjaž Mesec (Geschäftsführer)

Gesellschafter
Stammkapital 900.000,00 EUR
* Graz-Köflacher Bahn und Busbetrieb GmbH (GKB) (50 %)
* Luka Koper d.d. (50 %)

Lizenzen
* SI: EVU-Zulassung (GV) seit 04.09.2008
* SI: Sicherheitszertifikat, Teil A (GV); gültig vom 01.12.2009 bis 30.11.2019
* SI: Sicherheitszertifikat, Teil B (GV); gültig vom 01.12.2009 bis 30.11.2016

Unternehmensgeschichte
Die Adria Transport organizacija in izvajanje železniških prevozov d.o.o. (ADT) wurde am 18.01.2005 als Joint-Venture von der Graz-Köflacher Bahn und Busbetrieb GmbH (GKB) und dem Hafen Koper (Luka Koper) gegründet.
Von 2007 bis Ende 2010 organisierte man als erste Leistung grenzüberschreitende Kohletransporte, die in Slowenien durch die slowenische Staatsbahn und in Österreich durch die GKB traktioniert werden.
2008 erfolgte die Auslieferung die drei E-Loks des Typs Siemens ES 64 U4, die in Slowenien und Österreich verkehren können. Aufgrund von Zulassungsproblemen übernahm die slowenische Staatsbahn SŽ die Beförderung der Züge auf slowenischem Territorium. Ab August 2008 liefen Adria Transport-Maschinen im Langlauf von Klein Schwechat [AT] bis Koper und retour durch.
Als erste Leistung nahm das Unternehmen im Mai 2008 Kerosintransporte aus Koper nach Schwechat auf, seit Oktober 2008 fährt man Containerzüge vom Adriahafen nach Graz.
Die LTE- Group hat sich 2013 den Zugang zum kroatischen Markt gesichert. Die slowenische Adria Transport als Schwester der österreichischen LTE aus Graz hat einen Rahmenvertrag mit HZ-Cargo geschlossen. Die Züge aus Ungarn passieren Kroatien im Transit auf der Strecke von Gyekenyes nach Dobova.

Verkehre
* Coiltransporte Koper – Kąty Wrocławskie (Schavemaker Cargo) [PL]; 1 x pro Woche Traktion in Slowenien seit September 2013
* Getreide- und Pflanzenöltransporte von Ungarn und Serbien nach Nord-Italien; Spotverkehre; Traktion in Slowenien im Auftrag der LTE Logistik- und Transport-GmbH
* Getreidetransporte Ungarn / Rumänien – Italien; 3-5 x pro Woche Traktion in Slowenien
* Gütertransporte Sežana (Adria terminali, d.o.o.) / Hafen Koper – Arad (S.C. Rail Port Arad SRL) [RO]; 1-2 pro Woche - saisonabhängig
* KV-Transporte Kąty Wrocławskie (Schavemaker Cargo) [PL] – Koper; 2 x pro Woche Traktion in Slowenien im Auftrag der AS Baltic Rail
* KV-Transporte „AdriaSTAR" Hafen Koper – Graz (CCG Cargo Center Graz) [AT]; 3 x pro Woche seit 01.12.2011 in Kooperation mit der LTE Logistik- und Transport-GmbH; 5 x pro Woche seit September 2012, 6. Abfahrt nach Bedarf
* Pkw-Transporte (Opel Mocca) Koper – Graz-Kalsdorf [AT]; 1-2 x pro Woche seit Februar 2013 betriebliche Durchführung in Slowenien im Auftrag der LTE Logistik- und Transport-GmbH / B&S Logistik GmbH / Hödlmayr Logistics GmbH
* Pkw-Transporte (VW Crafter) Neuss [DE] – Koper; 1-2 x pro Woche seit Februar 2013 betriebliche Durchführung in Slowenien im Auftrag der LTE Logistik- und Transport-GmbH / B&S Logistik GmbH / Hödlmayr Logistics GmbH

AMBERRAIL ADRIA d.o.o.

SI-Koper
info@amberrail.com
www.amberrail.com

Management
* Milan Pucko (Geschäftsführer)
* Akos Vician (Geschäftsführer)

Gesellschafter
* GYSEV CARGO Zrt. (100 %)

Unternehmensgeschichte
Als Schwester der in der Slowakei ansässigen AMBER RAIL, a.s. wurde am 07.08.2014 durch GYSEV CARGO Zrt. eine slowenische Unternehmung gegründet.

Rail Cargo Carrier / SŽ

CER Cargo d.d.

Parmova 37.
SI-1000 Ljubljana
info@cercargo.eu
www.cercargo.si

Gesellschafter
* CER Cargo Holding SE Európai Részvénytársaság (66,6 %)

Unternehmensgeschichte
CER Hungary Zrt. und Fersped d.d. haben 2009 in Ljubljana ein Gemeinschaftsunternehmen für den Schienengüterverkehr gegründet. Beabsichtigt ist, künftig als CER Focus Gruppe In der Achse Adria-Moskau kräftiger mitzumischen. Aktuell ist die Gesellschaft zunächst nur eine Bahnspedition und Handelsvertretung der CER Cargo mit einem Mitarbeiter.
Gründer und Besitzer der CER, einer der ersten Privatbahnen im Großraum Ostmitteleuropa, sind Eisenbahner und Investoren aus Ungarn und der Slowakei. Fersped gehörte je knapp zur Hälfte der Staatsbahn Slovenske železnice und dem Finanzhaus Mercata. 2012 übernahm die SZ die fersped zu 97 %.

Rail Cargo Carrier d.o.o. G

Metelkova ulica 7
SI-1000 Ljubljana
Telefon: +386 1 2322181
office@railcargocarrier.com
www.railcargocarrier.com

Management
* Ivan Novak (Geschäftsführer)
* Damir Vukić (Geschäftsführer)

Gesellschafter
* Rail Cargo Carrier Kft. (RCC) (100 %)

Lizenzen
* SI: EVU-Zulassung (GV) seit 24.11.2014

Unternehmensgeschichte
Am 28.03.2014 wurde Rail Cargo Carrier d.o.o. als Tochter der in Ungarn ansässigen Rail Cargo Carrier Kft. (RCC) gegründet. Bis dahin hatte die Rail Cargo Group den slowenischen Markt in Form einer Niederlassung der Rail Cargo Austria AG (RCA) betreut.
Ziel des neuen Unternehmens ist es, Traktionsleistungen in Slowenien für die Rail Cargo Group (RCG) zu erbringen. Das Schwergewicht liegt dabei auf Hafenverkehren von und nach Koper. Dazu wird die bestehende Sicherheitsbescheinigung der RCA in Slowenien verwendet. Die RCG verfügt über Lokomotiven der Reihen 1216 und 2016, welche im slowenischen Netz zugelassen sind. 2013 hatte das Unternehmen auf Basis der Tonnenkilometer einen Marktanteil in Slowenien von 5,7 %.

Slovenske železnice d.o.o. (SŽ)
P G I

Kolodvorska ulica 11
SI-1506 Ljubljana
Telefon: +386 1 291 2100
Telefax: +386 1 291 4800
info@slo-zeleznice.si
www.slo-zeleznice.si

Management
* Dušan Mes (Generaldirektor, CEO)
* Milan Jelenc (Mitglied der Geschäftsführung)
* Albert Pavlič (Mitglied der Geschäftsführung)
* Jelka Šinkovec Funduk (Mitglied der Geschäftsführung)

Gesellschafter
* Republika Slovenija [Republik Slowenien] (100 %)

Beteiligungen
* Fersped d.d. (100 %)
* Prometni institut Ljubljana d.o.o. (100 %)
* SŽ – Infrastruktura, d.o.o. (100 %)
* SŽ – Potniški promet, d.o.o. (100 %)
* SŽ – Vleka in tehnika (VIT), d.o.o. (100 %)
* SŽ – Tovorni promet, d.o.o. (100 %)
* SŽ-ŽIP, storitve, d.o.o. (100 %)
* SŽ – Železniško gradbeno podjetje Ljubljana, d.d. (79,82 %)
* SŽ – Železniška tiskarna Ljubljana, d.d. (64,28 %)
* Terme Olimia, d.d. (28,48 %)
* Adria kombi, d.o.o. (26 %)

SŽ / SŽ Infrastruktura / SŽ Potniški promet

Unternehmensgeschichte
Die Slovenske železnice (SŽ) ist die 1991 nach dem Zerfall Jugoslawiens gegründete nationale slowenische Eisenbahngesellschaft. Die bereits von 2003 bis 2007 als Holdingorganisation strukturierte SŽ ist zum 01.01.2012 erneut in dieser Form restrukturiert worden. Dazu gehören als wichtigste Beteiligungen die Unternehmen SŽ – Potniški promet, d.o.o. (Personenverkehr), SŽ – Tovorni promet, d.o.o. (Güterverkehr) und SŽ – Infrastruktura, d.o.o. (Netz).
Mit Stand vom 31.12.2013 (Vorjahreswerte in Klammern) beschäftigte die gesamte SŽ-Gruppe 8.099 (8.179) Mitarbeiter. Im genannten Jahr wurde mit einem operativen Umsatz von 504,040 (450,213) Mio. EUR ein Gesamtergebnis von 18,714 (3,479) Mio. EUR eingefahren.

Mio. Zugkm im Personenverkehr und 8,874 (8,351) Mio. Zugkm im Güterverkehr erbracht.

SŽ – Potniški promet, d.o.o. P

Kolodvorska ulica 11
SI-1506 Ljubljana
Telefon: +386 1 291-3391
Telefax: +386 1 291-2838
potnik.info@slo-zeleznice.si
www.slo-zeleznice.si

Management
* Boštjan Koren (CEO)
* Remzija Cinac (Direktorin Personal)
* Dejan Švarc (Leiter Vertrieb und Marketing)
* Franc Rupar (Leiter Planung und Asset Management)
* Gorazd Hartner (Leiter Produktion)
* Miloš Rovšnik (Direktionsassistent)

Gesellschafter
Stammkapital 21.479.969,86 EUR
* Slovenske železnice d.o.o. (SŽ) (100 %)

Lizenzen
* SI: EVU-Zulassung (PV); gültig seit 08.07.2013
* SI: Sicherheitszertifikat, Teil A und B (PV); gültig vom 01.09.2013 bis 31.08.2015

SŽ – Infrastruktura, d.o.o. I

Kolodvorska ulica 11
SI-1506 Ljubljana
Telefon: +386 1 291-4203
Telefax: +386 1 291-4822
info-infrastruktura@slo-zeleznice.si
www.slo-zeleznice.si/podjetje/infrastruktura

Management
* Bojan Kekec (CEO)
* Silva Kristan

Gesellschafter
Stammkapital 15.828.186,15 EUR
* Slovenske železnice d.o.o. (SŽ) (100 %)

Infrastruktur
* Staatliches Bahnnetz in Slowenien (1.228 km; 330 km zweigleisig, 503 km elektrifiziert mit 3.000 V DC)

Unternehmensgeschichte
Die SŽ – Infrastruktura, d.o.o. ist der Infrastrukturbetreiber der slowenischen Staatsbahnholding SŽ. Sie entstand mit Inkrafttreten der jetzigen Holdingstruktur am 01.01.2012. Mit Stand vom 31.12.2013 (Vorjahreswerte in Klammern) hatte das Unternehmen 2.355 (2.492) Mitarbeiter. Bei einem Umsatz von 138,853 (145,289) Mio. EUR wurde ein Gesamtergebnis von 3,122 (3,141) Mio. EUR erzielt. Auf dem Netz wurden 10,130 (10,590)

Unternehmensgeschichte
Die SŽ – Potniški promet, d.o.o. ist das Personenverkehrsunternehmen der slowenischen Staatsbahnholding SŽ. Es entstand mit Inkrafttreten der jetzigen Holdingstruktur am 01.01.2012. Premiumprodukt des Personenverkehrs ist der InterCity Slovenije (ICS), der mit drei Pendolinogarnituren (BR SŽ 310) auf der Relation Ljubljana – Maribor gefahren wird. In der Sommersaison sowie ganzjährig an bestimmten Verkehrstagen gibt es auch ICS-Verbindungen nach Koper an der Adria. Zweite hochwertige Produktklasse im Fernverkehr ist der InterCity (IC). Für den Nahverkehr wurden in den Jahren 2000 bis 2002 10 zwei- und 20 dreiteilige elektrische Desiro-Triebzüge von Siemens (BR SŽ EMG 312) beschafft. Mit Stand vom 31.12.2013 (Vorjahreswerte in Klammern) hatte das Unternehmen 623 (648) Mitarbeiter. Bei einem Umsatz von 86,186 (87,423)

SŽ Potniški promet / SŽ Tovorni promet

Mio. EUR wurde ein Gesamtergebnis von 2,841 (1,076) Mio. EUR erzielt. Transportiert wurden 14,421 (15,512) Mio. Reisende mit einer Verkehrsleistung von 760,3 (741,7) Mio. Pkm.

Mitarbeiter. Bei einem Umsatz von 178,255 (171,437) Mio. EUR wurde ein Gesamtergebnis von 3,389 (-3,872) Mio. EUR erzielt. Transportiert wurden 17,647 (16,181) Mio. t mit einer Verkehrsleistung von 3,896 (3,538) Mrd. Netto-tkm.

SŽ – Tovorni promet, d.o.o. G

Kolodvorska ulica 11
SI-1506 Ljubljana
Telefon: +386 1 291 4280
Telefax: +386 1 291 4815
cargo@slo-zeleznice.si
www.sz-tovornipromet.si

Management
* Melita Rozman Dacar (CEO)
* Mojca Presl Kokalj (Leiterin für Vertrieb und Marketing)

Gesellschafter
Stammkapital 36.860.941,92 EUR
* Slovenske železnice d.o.o. (SŽ) (100 %)

Lizenzen
* AT: Sicherheitszertifikat, Teil B (GV) seit 21.01.2014
* SI: EVU-Zulassung (GV); gültig seit 08.07.2013
* SI: Sicherheitszertifikat, Teil A+B (PV+GV); gültig vom 01.09.2013 bis 31.08.2015

Unternehmensgeschichte
Die SŽ – Tovorni promet, d.o.o. ist das Güterverkehrsunternehmen der slowenischen Staatsbahnholding SŽ. Es entstand mit Inkrafttreten der jetzigen Holdingstruktur am 01.01.2012. Am 08.02.2015 verkehrte der erste, in Kooperation mit der LTE Logistik- und Transport-GmbH gefahrene Güterzug des Unternehmens im benachbarten Österreich, der Holz aus Tschechien über Břeclav und Spielfeld-Strass zum slowenischen Adriahafen Koper brachte. Zwei Tag später folgten dann Stahltransporte von Slowenien nach Tschechien. Während der erste Zug mit einer LTE-Lok bespannt war, wurden die Stahlzüge mit einer eigenen Maschine gefahren und am Semmering von einer LTE-Lok nachgeschoben. Über die Niederlassung SŽ Alpe Balkan Kargo Skopje will man auch in Mazedonien tätig werden.
Mit Stand vom 31.12.2013 (Vorjahreswerte in Klammern) hatte das Unternehmen 1.312 (1.356)

Spanien

Kurze Eisenbahngeschichte
Die erste Eisenbahnstrecke auf dem Gebiet des heutigen Spaniens war die am 28.10.1848 eröffnete, 28 km lange Verbindung von Barcelona nach Mataró. Ihr folgte als zweite die 1851 in Betrieb genommene 49 km lange Strecke von Madrid nach Aranjuez. Vorgaben zum weiteren Ausbau des Netzes machte das am 03.06.1855 verabschiedete Eisenbahngesetz, das u. a. auch eine bis heute fast unverändert beibehaltene Breitspur von 1.671,6 mm (sechs kastillische Fuß) verbindlich machte, die zuvor von einer eigens gebildeten Kommission ohne weiteren Kommentar festgelegt worden war.

Über die Gründe ist nichts Genaueres bekannt – sicher, aber nicht offiziell bestätigt ist die Abgrenzung zu Frankreich als Nachwirkung der napoleonischen Besetzung Spaniens. Damit war eine neuerliche Invasion wenigstens über den Schienenweg unmöglich geworden. Angeblich spielte auch die Überlegung eine Rolle, dass man wegen der vielerorts bergigen Beschaffenheit des Landes glaubte, die Züge mit besonders großen und leistungsstarken Lokomotiven bespannen zu müssen, die für Normalspur ungeeignet sind. Zur Herstellung wenigstens der Kompatibilität mit dem portugiesischen Netz wurde die Spurweite im gesamten Netz bis 1955 auf 1.668 mm verringert. Dieser Wert ist eine Referenz an das englische Maßsystem, denn er entspricht fast genau dem Maß 5 Fuß 5 2/3 Zoll.

Nach und nach entstanden v. a. die ersten längeren, von Madrid ausgehenden wichtigen Hauptbahnen, die 1863 die portugiesische Grenze bei Badajoz und 1864 die französische Grenze bei Irún erreichten. Daneben wurden auch etliche, meist in 1.000 mm angelegte Schmalspurbahnen gebaut, doch erlangte das Netz auch in späteren Jahren nicht die Dichte wie in den Ländern West- und Mitteleuropas. 1911 wurde mit Gergal – Santa Fé eine erste, mit 6 kV Gleichspannung elektrifizierte Strecke in Betrieb genommen. Die weitere Elektrifizierung ab 1925 wurde durch die NORTE (Caminos del Hierro de Norte de España) mit 1.500 V Gleichspannung durchgeführt, doch ging man nach dem Zweiten Weltkrieg zu 3.000 V über, so dass über Jahrzehnte zwei Stromsysteme im Land existierten. Bis zur Vereinheitlichung im Jahr 1982/83 wurden daher auch Zweisystemtriebfahrzeuge eingesetzt. Im spanischen Bürgerkrieg erlitt die Eisenbahninfrastruktur schwere Schäden. Nachdem

Spanien

Foto: Luis Zamora

die Staatsbahn RENFE immer stärkere Verluste einfuhr, wurden zum 01.01.1985 914 km Strecke stillgelegt und auf weiteren 933 km der Personenverkehr eingestellt.

1988 verwarf die Regierung Pläne zur Umstellung des Netzes auf Normalspur, doch wurden zumindest die spanischen Hochgeschwindigkeitsstrecken (Líneas de Alta Velocidad, LAV) solcherart angelegt und mit 25 kV 50 Hz Wechselspannung elektrifiziert. Erste dieser Art war die 1992 in Betrieb genommene Strecke von Madrid nach Sevilla (472 km), die 2005 einen 21 km langen Abzweig von La Sagra nach Toledo und 2006/2007 einen 155 km langen Ast Córdoba – Málaga erhielt. Seit 2003 ist die Verbindung Madrid – Zaragoza – Tardienta (364 km) in Betrieb, die von Zaragoza ausgehend 2006 bis Lleida (135 km) und 2008 bis Barcelona (178 km) verlängert wurde. 2007 wurde auch die 180 km lange Strecke Madrid – Valladolid in Betrieb genommen. Zum Fahrplanwechsel 2010 ging die 438 km messende Trasse Madrid – Valencia/Albacete in Betrieb, ein Jahr später folgte Ourense – Santiago de Compostela – A Coruña (152 km, einstweilen Inselbetrieb ganz im Nordwesten des Landes) und Anfang 2013 der 132 km lange Lückenschluss von Barcelona nach Figueres, von wo schon seit 2010 eine NBS ins französische Netz in Perpignan besteht. Die bislang letzte derartige Inbetriebnahme gab es im Juni 2013 mit dem 165 km langen Abschnitt Albacete – Alicante. Etliche weitere Trassen sind in Bau, von denen allein 2015 Abschnitte mit insgesamt ca. 1.000 km Länge eröffnet werden sollen.

Marktübersicht

* Personenverkehr: Einziger, landesweiter marktbeherrschender Anbieter ist die staatliche Renfe Viajeros S.A. Nur in Nordspanien gibt es mit der Eusko Trenbideak – Ferrocarriles Vascos SA (EuskoTren) und der Ferrocarrils de la Generalitat de Catalunya (FGC) weitere Unternehmen, die Personenverkehr auf eigener, meist schmalspuriger Infrastruktur abwickeln. Der Betrieb der Ferrocarriles de Vía Estrecha (FEVE) ist hingegen zum 01.01.2013 in der seinerzeitigen Renfe Operadora aufgegangen.
* Güterverkehr: Marktbeherrschend ist die staatliche Renfe Mercancías S.A. Schon mit deutlichem Abstand folgt die COMSA Rail Transport S.A. (CRT), während die Marktanteile der rund fünfzehn weiteren lizenzierten, teils nur auf eigener Infrastruktur tätigen Anbieter sehr gering sind. DB Schenker Rail ist über die mehrheitliche Tochter TRANSFESA bzw. deren EVU-Tochter Activa Rail S.A. am Markt tätig.

Verkehrsministerium

Ministerio de Fomento
Dirección General de Ferrocarriles
Plaza Sagrados Corazones, 7
ES-28071 Madrid
Telefon: +34 91 597 7000
www.fomento.gob.es

Nationale Eisenbahnbehörde

Comité de Regulación Ferroviaria
y Aeroportuaria (CRFA)
Paseo de la Castellana 67, 8ª planta
Despacho A-837
ES-28071 Madrid
Telefon: +34 91 597 5263
buzon@crfa.es
www.crfa.es

Eisenbahnunfalluntersuchungsstelle

Comisión de Investigación de accidentes ferroviarios (CIAF)
c/o Ministerio de Fomento
Paseo de la Castellana, 67
Despacho A-212
ES-28071 Madrid
Telefon: +34 91 597 5126
ciaf@fomento.es

ARS / ADIF

Acciona Rail Services SA (ARS)
G

Avda. Suiza, 18-20
ES-28220 Coslada
Telefon: +34 91 7227816
Telefax: +34 91 6708214
direccion@accionarail.es
www.acciona-railservices.com

Management
* José Manuel Entrecanales (Präsident)
* Bruno Torresano (Generaldirektor)

Gesellschafter
Stammkapital 1.200.000,00 EUR
* Acciona Logistica SA (75 %)
* Press Cargo SA (25 %)

Lizenzen
* ES: EVU-Zulassung (GV) seit 16.03.2006
* ES: Sicherheitszertifikat Teil A und B (GV) seit 26.12.2006; gültig bis 26.06.2017

Unternehmensgeschichte
Die Tochterunternehmung der Acciona SA (vormals Entrecanales) erhielt als eine der ersten privaten Gesellschaften Spaniens 2006 die Zulassung als Eisenbahnverkehrsunternehmen. Acciona Rail Services SA (ARS) ist in den Geschäftsfeldern Bahnbau, Services und Energie tätig.
Im Januar 2007 nahm die Gesellschaft den operativen Langstreckenbetrieb auf, wobei ausschließlich 1.668 mm-Spur befahren wird.
Vom 09.12.2007 bis Ende Mai 2008 beförderte ARS zudem Containerzüge zwischen Barcelona und Algeciras sowie in der Gegenrichtung. Die Traktion übernahm die Renfe.
Am 27.10.2008 kündigte man die Vereinbarung eines neuen Transportabkommens mit der Firma Bioenergética Extremeña an. Im Oktober 2008 hat Acciona den Transport von Ausgangsprodukten zur Herstellung sowie Fertigerzeugnisse wie Öle und Biodiesel zwischen dem Werk Valdetorres (Badajoz) der Bioenergética Extremeña und dem Hafen von Huelva aufgenommen.
Im November 2010 endeten hingegen die 2 x pro Tag seit 29.01.2007 im Auftrag der Unión Fenosa gefahrenen Kohletransporte Gijón (Puerto de El Musel) – La Robla (Kraftwerk). Seit Anfang 2010 hatte man die Traktion der Leistungen an COMSA Rail Transport vergeben, die eine ihrer TRAXX-Lokomotiven dort einsetzte.
Die Fahrzeuge der Acciona Rail Services werden durch die Firma Erion im Betriebswerk von Lugo de Llanera (Asturien) instand gehalten.
ARS beförderte im Jahr 2010 150.000 t gegenüber 2009 mit 280.000 t.

Verkehre
* Biodieseltransporte Valdetorres (Badajoz) – Puertollano (Repsol); bei Bedarf seit Oktober 2008 im Auftrag der Bioenergética Extremeña; Traktion an Tracción Rail S.A. vergeben
* KV-Transporte Madrid-Abroñigal – Sevilla-La Negrilla; seit Juni 2014
* KV-Transporte Madrid-Abroñigal – Sevilla-Puerto; seit Juni 2014
* Pflanzenöltransporte Huelva – Valdetorres (Badajoz); 5 x pro Woche seit Oktober 2008 im Auftrag der Bioenergética Extremeña; Traktion an Tracción Rail S.A. vergeben

Administrador de Infraestructuras Ferroviarias (ADIF) I

Calle Sor Ángela de la Cruz 3
ES-28020 Madrid
Telefon: +34 91 774 4483
comunicacionweb@adif.es
www.adif.es

Management
* Gonzalo Ferre Moltó (Präsident, CEO)
* Miguel Miaja Fol (CFO)
* Javier Gallego Lopez (Direktor Infrastruktur)
* Alicia Portez Martinez (Direktorin Personal)
* Jorge Segrelles García (Direktor Kundendienst und Immobilien)

Gesellschafter
* Reino de España [Königreich Spanien] (100 %)

Infrastruktur
* Staatliches Bahnnetz des Königreichs Spanien (15.581 km)

ADIF / AOP / Aisa Tren

Unternehmensgeschichte
Die spanische Infrastrukturgesellschaft Administrador de Infraestructuras Ferroviarias (ADIF) wurde im Zuge der Reorganisation der Staatsbahn RENFE durch Abspaltung des Geschäftsbereiches Netz von dieser am 01.01.2005 gegründet. In der ADIF ging auch die Ende 1996 gegründete Gestor de Infraestructuras Ferroviarias (GIF) auf, die für Bau und Verwaltung der HGV-Strecken verantwortlich war. Hauptaufgaben der ADIF sind Unterhalt, Modernisierung und Ausbau des Netzes (insbesondere der HGV-Strecken), Trassenzuweisung, Fahrplanerstellung und Absicherung des operativen Betriebes. Auf dem von ADIF verwalteten Netz mit seinen 1.948 Bahnhöfen und Haltepunkten, sowie 86 logistischen Zentren verkehrten 2013 2.111.232 (2012: 1.852.747) Züge. Die Gesamtlänge des Staatsbahnnetz erreichte durch die Inbetriebnahmen der LAV Madrid – Valencia/Albacete und der provisorischen Regelspurverbindung von Barcelona nach Figueres (vorerst für den Güterverkehr nach Frankreich) mit 15.470 km Ende 2013 seine historisch größte Ausdehnung. Davon waren 8.658 km elektrifiziert.
Die Netzlängen verteilen sich wie folgt:
* Netz in der Spurweite 1.000 mm: 1.207 km
* Netz in iberischer Breitspur (1.668 mm): 11.483 km
* Regelspurnetz (1.435 mm): 2.322 km; davon Dreischienengleis (1.435 / 1.668 mm) 120 km

Zum 01.01.2013 übernahm die ADIF die bislang durch die ebenfalls staatliche Ferrocarriles de Vía Estrecha S.A. (FEVE) selbst betriebene Meterspurstreckeninfrastruktur in der Provinz Murcia (18 km) und Nordspanien (1.176 km).
Per Dekret vom 27.12.2013 wurde die ADIF in zwei Gesellschaften aufgeteilt. Neben der ADIF, die weiterhin die Netze in Meterspur und der iberischen Spurweite betreut, gibt es nunmehr die ADIF Alta Velocidad (ADIF-AV). Diese ist für sämtliche Hochgeschwindigkeitsstrecken in den Spurweiten 1.435 und 1.668 mm (Strecke Orense –Santiago de Compostela) zuständig. Beide Gesellschaften unterstehen dem Ministerio de Fomento.
2013 (Vorjahreswerte in Klammern) erzielte die ADIF bei einem Umsatz von 118,4 Mio.(1,27 Mrd) EUR ein Betriebsergebnis von -86,3 (-123,7) Mio. EUR und einen Gesamtverlust von 96,6 (297,5) Mio. EUR. Mit Stand vom 31.12. hatte die ADIF 13.669 (13.177) Mitarbeiter.

Agencia de la Obra Pública de la Junta de Andalucía (AOP)

Av. Diego Martínez Barrio, 10
ES-41013 Sevilla
Telefon: +34 95 50074-00
Telefax: +34 95 50074-77
informacion@aopandalucia.es
www.aopandalucia.es

Management
* Rafael Blanco Perea (Präsident)
* José Antonio Tallón Moreno (Generaldirektor)

Gesellschafter
* Regionalregierung der autonomen Provinz Andalusien (100 %)

Unternehmensgeschichte
Die Agencia de la Obra Pública de la Junta de Andalucía (AOP) ist eine Körperschaft des öffentlichen Rechts, die dem regionalen Ministerium für das Bau- und Wohnungswesen der Region Andalusien untersteht. Sie übernahm 2010 die im Jahr 2003 gegründete Ferrocarriles Andalucia und die 1996 gegründete Giasa (Gestor de Infraestructuras de Andalucia). Sie ist die oberste Planungsbehörde für Schienenverkehrsvorhaben in Andalusien. Hauptsitz der Behörde ist Sevilla, in Malaga und Granada gibt es Zweigstellen.
Das Aufgabengebiet der AOP umfasst alle öffentlichen Bauvorhaben der Region Andalusien. Sie ist somit auch für Bauvorhaben des Schienenverkehrs in der Region zuständig. Geplant und gebaut werden zur Zeit die Metro Sevilla, die Metro Malaga, die Metro Granada, die Tranvia Jaen, die Tranvia Bahia de Cadiz und die Eje Transversal de Andalucia. Die Eje Transversal de Andalucia wird eine LAV Verbindung in Regelspurweite zwischen Huelva und Almeria. Teile der Verbindung Antequera (Bobadilla) – Granada und der Abschnitt Sevilla – Antequera (Bobadilla) werden allein von der Region Andalusien geplant und gebaut.

Aisa Tren SA

Calle del Príncipe de Vergara, 13
ES-28001 Madrid
www.aisa-grupo.com

Management
* Salgado Fernando Garcia Arias (Präsident)

Gesellschafter
Stammkapital 100.000,00 EUR
* Automnibus Interurbanos S.A. (AISA) (100 %)

Aisa Tren / ALSA Ferrocarril / Arcelor Siderail

Lizenzen
★ ES: EVU-Zulassung (PV) seit 08.05.2014

Unternehmensgeschichte
Als 25-ster Bahnbetreiber erhielt die Aisa Tren S.A.U am 08.05.2014 die Zulassung für das spanische Bahnnetz. Die Aisa Tren S.A.U. mit Sitz in Madrid ist die Bahntochter der Aisa Gruppe (Automnibus Interurbanos S. A.). Die Aisa Tren wurde zwar im Jahr 2002 gegründet, aber erst im Herbst des Jahres 2013 in das Handelsregister eingetragen.
Die Aisa Gruppe selbst kann auf eine 70-jährige Erfahrung als Busdienstleister im Raum Madrid und Ciudad Real zurückblicken. Vordergründiges Ziel der Aisa Tren SA ist es, nach Erhalt des erforderlichen Sicherheitszertifikats in den Schienenpersonennahverkehr des Großraums Madrid einzusteigen.

die in den 1960er Jahren stark expandierte. ALSA ist heute Betreiber
★ der Standseilbahn Bulnes (Asturien) und hat eine
★ 15 % Beteiligung an der Linie 1 (Pinar de Chamartin – Las Tablas) der Metro Ligero von Madrid
2009 erwirtschafteten rund 6.500 Mitarbeiter mit 2.300 Bussen einen Umsatz von 612,9 Mio. EUR. 2012 erwirtschafteten rund 7.465 Mitarbeiter einen Umsatz von 659,1 Mio. EUR. In 2.573 Bussen wurde 243,9 Mio. reisende befördert. Dabei wurde eine Gesamtstrecke von 313 Mio. km zurückgelegt.
Die ALSA Ferrocarril SA entstand 2009 bei der Umfirmierung der ALSA Tramways SA und soll noch 2014 im liberalisierten Schienenpersonenverkehr in Spanien tätig werden. Die Regierung hat der ALSA die Berechtigung erteilt neben der Renfe Schienenpersonenverkehr auf dem Netz der ADIF durchzuführen.

ALSA

ALSA Ferrocarril SA

Avenida de la Industria, 60
ES-28760 Madrid
Telefon: +34 917543356
Telefax: +34 917543356
chuesa@alsa.es
www.alsa.es

Management
★ Francisco Javier Carbajo de la Fuente (Generalbevollmächtigter)

Gesellschafter
★ ALSA Grupo S.L.U. (100 %)

Lizenzen
★ ES: EVU-Zulassung (GV); gültig seit 12.04.2010
★ ES: Sicherheitszertifikat, Teil A+B (PV+GV); gültig vom 15.12.2011 bis 14.12.2016

Unternehmensgeschichte
Mit über 100 Jahren Erfahrung ist ALSA heute Marktführer bei den Personenbeförderungsunternehmen in Spanien. Die Gesellschaft gehört seit 2005 zum National Express-Konzern aus Großbritannien. 1999 erfolgte die Übernahme der Enatcar-Gruppe, 2007 konnte mit Continental Auto-Gruppe der zweitgrößte Buskonzern in Spanien erworben werden.
Die Unternehmensgruppe geht auf die 1923 gegründete Automóviles Luarca, SA (A.L.S.A.) zurück,

ArcelorMittal Siderail SA

Apartado 570
ES-33 200 Gijón
Telefon: +34 985 187167
Telefax: +34 985 187543
www.arcelormittal.com

Gesellschafter
Stammkapital 62.200,00 EUR
★ Arcelor España SA (98,5 %)
★ Arcelor Spain Holding SA (1,5 %)

Lizenzen
★ ES: EVU-Zulassung (GV), gütig seit 03.09.2007

Infrastruktur
★ Werksbahn

Unternehmensgeschichte
ArcelorMittal Siderail ist die Bahntransport- und -logistiksparte der ArcelorMittal-Gruppe in Spanien und hat als achtes Unternehmen in dem südeuropäischen Land eine Lizenz erhalten. Diese gehört zur Stufe 2, erlaubt also Verkehrsleistungen zwischen einer und zehn Mio. Zugkm pro Jahr. ArcelorMittal hat die Firma mit 145 Mitarbeitern aus den Bahnbetrieben der Standorte Avilés und Gijón

Arcelor Siderail / Arramele Siglo XXI / Asturmasa Rail / Avanza Tren

ausgegründet, die nun u. a. für die Zugverkehre zwischen den dortigen Werken sowie dem Puerto de El Musel zuständig sind.

Verkehre
* Halbzeugtransporte im Zwischenwerksverkehr Gijón – Avilés
* Kokstransporte Avilés – Gijón (dort z.T. Übergabe an Dritte)
* Roheisentransporte Gijón – Avilés
* Kohletranstransporte Gijón (Puerto de El Musel) – Gijón / Avilés
* Stahltransporte Stahlwerke Gijón / Avilés – Gijón (Puerto de El Musel)
* Kalksteintransporte Lugones – Gijón; gemeinsam mit der RENFE
* Kalksteintransporte Tudela Veguin – Gijón; gemeinsam mit der RENFE

Arramele Siglo XXI SA

Plaza Alondegia
ES-20400 Tolosa (Guipúcoa)
Telefon: +34 943 115 495

Management
* Felisa Zuriarrain Carrera (Vorstand)

Gesellschafter
Stammkapital 1.200.000,00 EUR
* ASTE ASESORIA SERVICIOS TECNICOS EMPRESA S. L. (99,9 %)

Unternehmensgeschichte
Am 18.11.2013 wurde Arramele Siglo XXI als 23. Bahnunternehmen die Lizenz durch den Netzbetreiber ADIF zuerkannt. Die Firma Arramele Siglo XXI S.A. wurde am 09.02.2007 als Arramele Siglo XXI S.L. mit einem Stammkapital von 11.000 EUR in Ordiza gegründet. Das Aufgabengebiet sollten Dienstleistungen verschiedener Art sein. Per 11.08.2010 wurde eine Kapitalerhöhung auf 1.200.000 EUR vorgenommen und per 27.08.2013 wurde die Firma in eine Aktiengesellschaft für Dienstleistungen im Güter- und Personenverkehr auf Schiene und Straße umgewandelt. Gleichzeitig wurde eine Lizenz als Bahnbetreiber beantragt, die nunmehr vorerst für den Güterverkehr erteilt wurde. Über das weitere Vorgehen des Unternehmens liegen noch keine Erkenntnisse vor.

Asturmasa Rail SA

Avda de Gijon 72
ES-33402 Aviles
administracion@grupoasturmasa.es
www.asturianademaquinaria.com

Management
* José Antonio Arias Fernandez (Präsident)

Gesellschafter
Stammkapital 300.000,00 EUR
* Asturiana de Maquinaria SA (100 %)

Lizenzen
* ES: EVU-Lizenz (GV) seit 23.10.2013

Unternehmensgeschichte
Die Asturmasa Rail SA entstand am 04.02.2013 als Tochtergesellschaft der 1985 gegründeten Asturiana de Maquinaria mit Sitz in Aviles (Asturien). Geplant ist der Einstieg in die Transporte von Stahl- und Eisenprodukten. Bereits heute zählt die ArcelorMittal zu den Kunden im Lkw-Transportgeschäft der Muttergesellschaft.

Avanza Tren SA

Calle San Norberto 48
ES-28021 Madrid
Telefon: (34) 916.021.920
Telefax: (34) 916.021.909
direccion.avanza@avanzagrupo.com
www.avanzagrupo.com

Management
* Florentino Jesus Lopez Torralba (alleiniger Vertreter)

Gesellschafter
Stammkapital 100.000,00 EUR
* AVANZA SPAIN SA (100 %)

Lizenzen
* ES: EVU-Lizenz (PV) seit 27.01.2014

Unternehmensgeschichte
Die Avanza Tren SA wurde am 16.11.2011 mit dem Ziel gegründet Personen- und Güterverkehr auf der Schiene durchzuführen. Die Gesellschaft ist ein Tochterunternehmen der Gruppe Avanza, die im Jahr 2002 durch Zusammenschluss mehrerer Busunternehmen entstand und seit dem ständig wächst. Nah-, Regional- und Fernverkehr mit Schwerpunkten in den Provinzen Huesca, Madrid,

Avanza Tren / CRT

Malaga Salamanca und dem Bereich Benidorm (Alicante) ist Unternehmensinhalt. Im Jahr 2013 beförderten die 1.823 Busse dieser Gesellschaft rund 248 Mio. Fahrgäste. Zudem ist sie an der Tranvia Zaragoza beteiligt.
Mit der Avanza Tren will die Gesellschaft auch in den Schienenpersonenverkehr auf dem Netz der ADIF einsteigen, wobei sie den Großraum Madrid im Fokus hat.

COMSA Rail Transport SA (CRT)
G

Calle Viriato, 47
ES-08014 Barcelona
Telefon: +34 93 3662100
Telefax: +34 93 4051340
comunicacion@comsa.com
www.comsaemte.com

GMF (Gestión de Maquinaria Ferroviaria), Werkstatt Constantí
Polígono Industrial de Constantí
ES-43120 Constantí
Telefon: +34 977 524588
Telefax: +34 977 524627
pic@comsa.com

Management
★ Philippe Bihouix (Vizepräsident)
★ Miquel Llevat Vallespinosa (Präsident)

Gesellschafter
Stammkapital 8.394.035,49 EUR
★ COMSA EMTE T&L S.L. (75 %)
★ SNCF Geodis (25 %)

Beteiligungen
★ Servicios Integrales Ferroviarios S.L. (SIF) (100 %)
★ Ibercargo Rail SA (50 %)
★ CARGOMETRO RAIL TRANSPORT SA (24 %)

Lizenzen
★ ES: EVU-Zulassung (GV) seit 07.10.2005
★ ES: Sicherheitszertifikat, Teil A und B (GV); gültig vom 15.02.2013 bis 15.02.2018
★ FR: Sicherheitszertifikat, Teil B (GV); gültig vom 11.07.2011 bis 11.07.2016

Unternehmensgeschichte
COMSA Rail Transport (CRT) ist die Bahnlogistiktochter des spanischen Bauunternehmens COMSA. Zunächst mit anderem Unternehmensinhalt am 23.12.1993 als IBERCOMPAC S.L. gegründet entstand am 13.11.2002 die COMSA RAIL TRANSPORT S.L., die per 17.03.2005 in eine Aktiengesellschaft (SA) überführt wurde.
Nach der 2005 erfolgten Ausgabe einer Lizenz an die Gesellschaft erbringt sie seit 2007 auch Leistungen auf dem Breit- und Normalspurnetz Spaniens. Die Muttergesellschaft fusionierte 2009 mit der 1961 gegründeten EMTE (Estudios, Montajes y Tendidos Eléctricos) und ist seitdem als COMSA EMTE (8.500 Mitarbeiter; 1,5 Mrd. EUR Umsatz) das zweitgrößte nicht börsennotierte Unternehmen Spaniens im Infrastruktur- und Service-Sektor mit Präsenzen in 25 Ländern.
Die Fahrzeuge der Gruppe und deren Instandhaltung wurden in die Gesellschaft GMF (Gestión de Maquinaria Ferroviaria S.L.) ausgelagert. Die Tochter Servicios Integrales Ferroviarios (SIF) führt den Betrieb und die Instandhaltung aller Güterterminals der ADIF in Katalonien (Argales, Constantí, Flix, Granollers, Júndiz, Pla de Vilanoveta, Morrot, Silla, Torrelavega, Valencia FSL, Valladolid) sowie in Zaragoza Plaza durch.
Am 18.01.2008 nahm die im Februar 2006 auf Anregung von SEAT (Volkswagen) Martorell ins Leben gerufene AUTOMETRO SA, an der neben den Ferrocarrils de la Generalitat de Catalunya (FGC, 60 %) auch die PECOVASA RENFE MERCANCÍAS SA (Gesellschafter: Grupo Suardiaz 65,45 %, COMSA SA 20 %, ATG Autotransportlogistic GmbH / DB Schenker ATG GmbH 14,55 %) und der Hafen von Barcelona beteiligt sind, die Beförderung von Automobilen aus dem SEAT-Werk Martorell zum Hafen Barcelona auf. Eigentümer der Lokomotiven und der 38 TAFESA in Madrid gebauten Moduleinheiten ist die FGC.
Als Resultat einer Anfang Juni 2008 getroffenen weiteren Transportvereinbarung hat die CARGOMETRO RAIL TRANSPORT SA, an der die FGC (51 %), Renfe Operadora (25 %) und die CRT (24 %) beteiligt sind, im Herbst 2008 den Teiletransport zum SEAT-Werk in Martorell aufgenommen. Hierbei stellt die Renfe das rollende Material. Es verkehren täglich bis zu sechs mit zwei Lokomotiven bespannte Containerzüge zwischen der Zona Franca (Barcelona) und Martorell.
Zusammen mit der rail4chem Eisenbahnverkehrsgesellschaft mbH betrieb Comsa von 2006 bis 2009 das Joint-Venture fer polska in Polen, das jedoch wieder liquidiert wurde. COMSA EMTE ist in Polen weiterhin mit der 2005 mehrheitlich übernommenen Gleisbaugesellschaft Trakcja Polska S.A. tätig.

CRT / Constru-Rail

Für die zunehmende Anzahl an grenzüberschreitenden Güterzügen Spanien – Portugal hat man am 07.04.2009 zusammen mit der Takargo - Transporte de Mercadorias, S.A. den Operator Ibercargo Rail gegründet.
Für das Netz der Réseau Ferré de France (RFF) steht der Comsa Rail seit 11.07.2011 ein Sicherheitszertifikat zur Verfügung, das seit 15.06.2012 genutzt wird.
Der Umsatz von CRT konnte in den vergangenen Jahren gesteigert werden:
* 2007: 13,9 Mio. EUR
* 2008: 18,5 Mio. EUR
* 2009: 19,5 Mio. EUR
* 2010: 18,8 Mio. EUR
* 2011: 25,6 Mio. EUR

2009 besaß CRT 240 Mitarbeiter, 2010 waren es 213 sowie im Folgejahr 333.
Spanische Medien berichteten am 28.10.2013, dass europäische Wettbewerbsbehörden den 25 %-Einstieg von SNCF Geodis bei der CRT genehmigt hätten. Der Deal war bereits im April 2013 vertraglich geregelt worden.
Mit 27 Loks, 100 Wagen und 40 Triebfahrzeugführern erzielte das Unternehmen 2013 26 Mio. EUR Umsatz und erreichte im spanischen Schienengüterverkehr einen Marktanteil von 8 %.

Verkehre
* landesweite Baustofftransporte
* Schottertransporte zwischen dem Steinbruch von Riudecols (Tarragona) und dem Stützpunkt Almussafes (Valencia) für verschiedenen Baustellen der LAV Levante
* KV-Transporte (Coils) Sagunto Sidmed (Valencia) – Estarreja (Aveiro) [PT]; Spotverkehre in Kooperation mit der Takargo - Transporte de Mercadorias, S.A.
* KV-Transporte (Coils) Sagunto Sidmed (Valencia) – Penalva do Castelo; seit September 2010 in Kooperation mit der Takargo - Transporte de Mercadorias, S.A.
* KV-Transporte (Coils) Sagunto Sidmed (Valencia) – Puerto de Marín (Pontevedra); seit April 2011
* KV-Transporte (Coils) Sagunto Sidmed (Valencia) – Redondela-Chapela (Vigo); 4 x pro Woche seit 30.08.2010 im Auftrag der TRAMESA
* KV-Transporte (Coils) Sevilla La Negrilla – Puerto de Marín (Pontevedra); seit Juli 2012
* KV-Transporte (Stahl-Halbzeuge) Sevilla La Negrilla – Ponferrada-Clasificación; seit Juni 2013
* KV-Transporte (Stahlschrott) Silla – Castellbisbal (Celsa); seit Oktober 2008 im Auftrag von Celsa
* KV-Transporte Lissabon-La Alverca [PT] – Zaragoza Espartal; 2 x pro Woche seit 02.03.2009 in Kooperation mit der Takargo - Transporte de Mercadorias, S.A.
* KV-Transporte Zaragoza El Espartal – Barcelona-Morrot; seit März 2011
* KV-Transporte Zaragoza El Espartal – El Salobral (Albacete); seit Juli 2013
* KV-Transporte Zaragoza El Espartal – Entroncamento [PT]; seit April 2014 in Kooperation mit der Takargo - Transporte de Mercadorias, S.A.
* KV-Transporte Zaragoza El Espartal – Sevilla La Negrilla; seit Februar 2011
* KV-Transporte Zaragoza El Espartal – Silla (Valencia); seit März 2010
* Profilstahltransporte Castellbisbal – Hafen Barcelona; für CELSA
* Profilstahltransporte Castellbisbal – Portugal; für CELSA in Kooperation mit der Takargo - Transporte de Mercadorias, S.A.
* Rundholztransporte A Coruña-San Diego – Louriçal [PT]; seit Juli 2011 in Kooperation mit der Takargo - Transporte de Mercadorias, S.A.
* Rundholztransporte Ferrol / Puerto – Praias Sado [PT]; seit April 2014 in Kooperation mit der Takargo - Transporte de Mercadorias, S.A.
* Rundholztransporte Lugo Mercancías – Louriçal [PT]; seit Mai 2010 in Kooperation mit der Takargo - Transporte de Mercadorias, S.A.
* Rundholztransporte Meirama-Picardel – Louriçal [PT]; seit Juni 2014 in Kooperation mit der Takargo - Transporte de Mercadorias, S.A.
* Rangierdienst im Puerto de Barcelona; im Auftrag der Ferrocarrils de la Generalitat de Catalunya (FGC)
* Rangierdienst in Almussafes; im Auftrag von Ford
* Rangierdienst in Barcelona-San Andrés Condal; im Auftrag der Renfe
* Rangierdienst in Madrid-Atocha; im Auftrag der Renfe
* Rangierdienst in Madrid-Fuencarral; im Auftrag der Renfe
* Rangierdienst in Martorell; im Auftrag der Ferrocarrils de la Generalitat de Catalunya (FGC)
* Rangierdienst in Zona Franca; im Auftrag von Seat
* Rangierdienste in Irun; im Auftrag der Renfe
* Übergabefahrten aus dem Hafen Barcelona zum Terminal Barcelona Morrot auf Regelspurgleisen für die ADIF/Renfe

Constru-Rail SA 🄶

Calle Orense 11/2
ES-28020 Madrid
Telefon: +34 91 5980770
Telefax: +34 91 5980774
constru-rail@constru-rail.es
www.constru-rail.es

Management
* D. Luis Guillermo Rivero Menéndez Llano (Präsident)

Constru-Rail / Continental Rail

Gesellschafter
Stammkapital 1.500.000,00 EUR
* ACS Actividades de Construcción y Servicios SA (51 %)
* Renfe Mercancías S.A. (49 %)

Unternehmensgeschichte
Constru-Rail - offiziell Construrail SA - war eine am 12.06.2003 gegründete Tochtergesellschaft von Continental Rail und Renfe. 2012 übernahm mit der Vias die Muttergesellschafr der Continental Rail die Mehrheitsanteile.
Zum 15.02.2007 wurde mit Containerverkehren Valencia – Madrid erste Transporte erbracht. Renfe stellt für die Verbindung die Wagen, Continental Rail die Lokomotiven. In den Folgejahren konnten die Verkehrsleistungen ausgebaut werden.
Der spanische Staat möchte jedoch die 49-prozentige Beteiligung der Renfe an der Constru-Rail aufgeben. Potenzieller Käufer ist die Vias, die nachfolgend die Geschäfte der beiden Bahntöchter verschmelzen könnte.

Verkehre
* KV-Transporte Madrid – Valladolid; 1 x pro Woche seit Dezember 2008
* KV-Transporte Valencia – Madrid; 2 x pro Woche seit 15.02.2007; 3 x pro Woche seit 20.04.2007
* KV-Transporte Valencia – Valladolid-Argales; 2 x pro Woche seit 01.07.2007
* Kohletransporte Hafen Huelva – Kraftwerk Puente Nuevo (Cordoba); für EON VIESGO
* Kohletransporte Kraftwerk Puertollano – Kraftwerk Puente Nueva (Cordoba); für EON VIESGO
* Kohletransporte vom Hafen Musel – Kraftwerk Lada (Langreo); für IBERDOLA
* Schwellentransport für den Ausbau der Metrolinie 11 in Madrid; für MINTRA
* Schwellentransport für den Ausbau der Metrolinie 7 in Madrid; für DRAGADOS
* Zementklinkertransporte Escombreras (Cartagena) – Villasequilla (Toledo); für LAFARGE TERRAFIELD

Continental Rail SA G

Calle Orense, 11
ES-28020 Madrid
Telefon: +34 91 5980793
Telefax: +34 91 5980774
continentalrail@continentalrail.es
www.continentalrail.es

Management
* Agustín Batuecas Torrego (Präsident)

Gesellschafter
Stammkapital 600.000,00 EUR
* Vias y Contrucciones SA (100 %)

Lizenzen
* ES: EVU-Zulassung (GV) seit 21.10.2005
* ES: Sicherheitszertifikat Teil A und B (GV); seit 24.11.2006; gültig bis 24.05.2017

Unternehmensgeschichte
Continental Rail SA wurde am 17.05.2000 als Tochterunternehmen des zum börsennotierten spanischen Baukonzern ACS Actividades de Construcción y Servicios gehörenden Vias y Contrucciones SA sowie der Continental Auto S.L.-Tochter Dragados S.P.L. gegründet. Seit 2010 ist Vias Alleingesellschafter der Continental Rail.
Die Gesellschaft übernahm zunächst hauptsächlich Traktionsdienste im Auftrag der Gesellschaft Gestor de Infraestructura Ferroviaria (GIF). Erste Leistungen wurden dabei vor Baustoff- und Arbeitszügen im Rahmen des Neubaus der Hochgeschwindigkeitsstrecke Madrid – Zaragoza – Barcelona – Frankreich ab November 2000 erbracht. Ein Folgeauftrag umfasste Leistungen beim Bau der Hochgeschwindigkeitsstrecke Córdoba – Málaga ab Dezember 2003. Eingesetzt wurden ausschließlich Dieselloks, die von englischen Bahnunternehmen DB Schenker Rail UK (ex EWS) gemietet wurden und die in den Farben der GIF lackiert waren. Weitere Standbeine sind heute zudem Kohle- und Containerzüge.
Continental Rail war gemeinsam mit der spanischen Staatsbahn Renfe Gründungsgesellschafter des Bahnunternehmens Constru-Rail (Construrail SA; siehe dort) sowie des Logistikunternehmens Logistica Y Transporte Ferroviario SA (LTF) gegründet. LTF wickelt in der Hauptsache Automobiltransporte in Spanien und Portugal auf Schiene und Strasse ab. Beide Beteiligungen sind heute als Schwestergesellschaften der Continental Rail direkt unter der ACS angesiedelt.
Continental Rail war zudem Mehrheitsgesellschafter (76 %) der SICSA Rail Transport SA, die heute ebenfalls eine direkte ACS-Beteiligung ist. Für die Aktivitäten in Musel und Gijon werden 50 %-Beteiligungen an den Unternehmen UTE Puerto Gijón Rail, UTE Servicios Ferroportuarios Del Musel und UTE Servicios Ferroviarios del Musel gehalten. UTE steht dabei für Union Temporal de Empresas, was im Deutschen einer Arbeitsgemeinschaft (ARGE) entspricht.
Anfang 2008 beschäftigte Continental Rail 37 Mitarbeiter.

Verkehre
* AZ-Verkehr
* Bioethanoltransporte Alcázar de San Juan-Cargas – Puertollano-Refinería; seit 2012
* Bioethanoltransporte Escombreras – Puertollano-Refinería; seit 2012

Continental Rail / ECO RAIL / ETS

- Getreidetransporte Canfranc – Martorell; seit 2014
- KV-Transporte (Kühlcontainer) Murcia-Cargas – Bilbao-Mercancías; 2 x pro Woche seit April 2013 in Kooperation mit Mc Andrews und Transportes Fuentes
- KV-Transporte Barcelona Morrot – Bilbao-Mercancías; seit Juli 2011
- KV-Transporte Barcelona-Puerto (Muelle Prat) – Madrid Azuqueca de Henares; seit Januar 2015
- KV-Transporte Barcelona-Puerto (Muelle Prat) – Zaragoza-Corbera Alta; seit April 2014
- KV-Transporte Bilbao-Mercancías – Madrid-Abroñigal; seit 2011
- KV-Transporte Bilbao-Mercancías – Silla; seit 2011
- KV-Transporte Bilbao-Mercancías – Villafría-Cargas; seit 2012
- KV-Transporte Bilbao-Mercancías – Zaragoza-Corbera Alta; seit 2014
- KV-Transporte Hafen Valencia – Madrid Abroñigal; seit 2007 im Auftrag der SICSA Rail Transport SA
- KV-Transporte Hafen Valencia – Madrid Azuqueca de Henares; seit Juli 2010 im Auftrag der SICSA Rail Transport SA
- KV-Transporte Hafen Valencia – Madrid Puerto Seco de Coslada; seit 2007 im Auftrag der SICSA Rail Transport SA
- KV-Transporte Silla – Madrid Azuqueca de Henare; seit 2007
- KV-Transporte Silla – Madrid-Abroñigal; seit 2007
- KV-Transporte Silla – Puerto Seco de Coslada; seit 2007
- KV-Transporte Valencia-Puerto (Sur) – Zaragoza-Corbera Alta; seit 2014
- KV-Transporte Villafría-Cargas – Zaragoza-Corbera Alta; seit 2014
- Betrieb des Schienennetzes im Hafen von Gijón

ECO RAIL SAU

Parque Aeronáutico Aerópolis; Calle Juan Olivert, 9
ES-41309 La Rinconada
Telefon: +34 957 429060
Telefax: +34 957 429061
info@eco-rail.es
www.magtel.es

ES-Sevilla
Telefon: +34 955 337633
Telefax: +34 955 337632

Management
- Mario López Magdaleno (Präsident)

Gesellschafter
Stammkapital 100.000,00 EUR
- Martin Gestion de Activos S.L. (16,66 %)
- Maloma Gestion de Activos S.L. (16,66 %)
- Caloma Gestiona S.L. (16,66 %)
- Tellus Patrimonial S.L. (16,66 %)
- Abadiato Gestiona S.L. (16,66 %)
- Artelie Gestiona S.L. (16,66 %)

Lizenzen
- ES: EVU-Zulassung (PV+GV) seit 23.10.2013
- ES: Sicherheitszertifikat, Teil A und B (PV); gültig vom 20.12.2013 bis 20.12.2018

Unternehmensgeschichte
Die 1990 entstandene Grupo Magtel ist ein Konzern im südspanischen Raum, welcher an elektrotechnischen Infrastrukturmaßnahmen im Energiebereich, des Eisenbahnsektors und der Telekommunikation beteiligt ist. Mit der Gründung der Bahntochter ECO Rail am 18.01.2013 beabsichtigt Magtel im Eisenbahngüter- und -personenverkehr tätig zu werden. Noch im Gründungsjahr wurde der sitz von Córdoba nach La Rinconada nördlich von Sevilla verlegt.

Euskal Trenbide Sarea / Red Ferroviaria Vasca (ETS)

Santiago de Compostela, 12-5ª planta
Edificio Miribilla
ES-48003 Bilbao
Telefon: +34 94 657-2600
Telefax: +34 94 657-2601
ets@ets-rfv.es
www.ets-rfv.es

Management
- Rafael Sarria Ansoleaga (Präsident)
- Cesar Gimeno (Vizepräsident)

Gesellschafter
- Autonome Region Pais Vasco (100 %)

Infrastruktur
- Euskotren (178,9 km)
- Straßenbahn Bilbao (4,9 km)
- Straßenbahn Vitoria (7,2 km)
- Metro Bilbao (41 km)

Unternehmensgeschichte
Die Euskal Trenbide Sarea (ETS) wurde im September 2004 als regionale Gesellschaft für Infrastruktur der autonomen Region (Pais Vasco) Baskenland gegründet. Sie ist Eigner des durchgängig elektrifizierten Netzes der baskischen Eisenbahngesellschaft Euskotren mit einer Gesamtlängen von 181 km. Weiter ist sie die Planungsinstanz für die Straßenbahnnetze von Bilbao und Vitoria, sowie des Netzes der Metro Bilbao und der zukünftigen Metro San Sebastian. Für

ETS / EuskoTren

die auf baskischem Gebiet verlaufenden Strecken des Hochgeschwindigkeitsnetzes zwischen Madrid und der französischen Grenze leistet sie Assistenz in Planung und Unterhaltung. Die ETS beschäftigt zur Zeit 266 Mitarbeiter, die sie aus den Planungsabteilungen von Euskotren und der Metro Bilbao übernommen hat. Die zukünftigen Aufgaben der ETS sind der weitere zweigleisige Ausbau des Netzes der Euskotren, der Ausbau des zukünftigen Netzes der Metro San Sebastian, der weitere Ausbau der Metro Bilbao und die Erweiterungen der Straßenbahnnetze von Bilbao und Vitoria.

euskotren

Eusko Trenbideak - Ferrocarriles Vascos SA (EuskoTren) P G

Calle Atxuri, 6
ES-48006 Bilbao
Telefon: +34 94 4019900
Telefax: +34 94 4019901
attcliente@euskotren.es
www.euskotren.es

Management
★ Antonio Aiz Salazar (Präsident)
★ Imanol Leza Olaizola (Generaldirektor)

Gesellschafter
Stammkapital 3.873.948,00 EUR
★ autonome baskische Provinz (100 %)

Lizenzen
★ ES: EVU-Zulassung (GV) seit 24.08.2006

Unternehmensgeschichte
Mit der Verankerung der Autonomen Gemeinschaft Baskenland in der Spanischen Verfassung übernahm das Baskenland (baskisch: Euskal Autonomia Erkidegoa) die im Dekret 2488/78 vom 25.08.1978 genannten Konzessionen. Der am 24.05.1982 als Tochter des Departamento de Transportes y Obras Públicas del Gobierno Vasco gegründeten Gesellschaft Eusko Trenbideak - Ferrocarriles Vascos, S.A., kurz EuskoTren, wurden sämtliche Strecken der Ferrocarriles de Vía Estrecha (FEVE) östlich von Bilbao übertragen. Die Streckenlänge des Schmalspurnetzes (1.000 mm) beträgt 181 km, davon sind 177 km elektrifiziert (1.500 V Gleichspannung), aber auch 150 km eingleisig ausgeführt. Es besteht weiterhin eine eingleisige Verbindung zum Netz der FEVE, um Güterverkehr

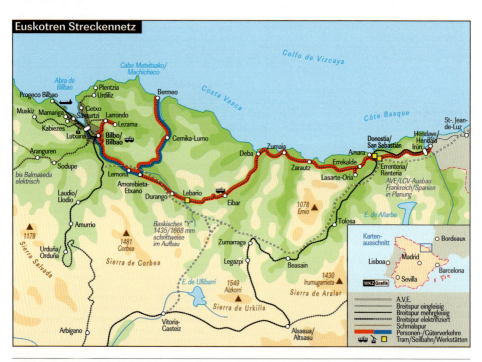

EuskoTren / FGV

zwischen dem Baskenland und den Zentren der Stahlerzeugung in Asturien zu realisieren. Überlegungen sehen vor, diese Verbindung in Zukunft auch für netzübergreifenden SPNV zu nutzen. Vom restlichen Netz abgetrennt ist die als Linie 4 betriebene Verbindung von Lezama nach Bilbao, die in einem Bahnhof unter der dortigen Altstadt endet. Es bestehen konkrete Planungen für eine Konvertierung zur U-Bahn unter Herstellung einer Verbindung zum bestehenden U-Bahn-Netz. Zwar wurde 1995 ein Teilbereich der Bahngesellschaft inklusive zugehörigem Personal auf die Metro Bilbao übertragen, doch hat EuskoTren dafür 2002 den Betrieb der Straßenbahn Bilbao (EuskoTran) aufgenommen. Heute verfügt EuskoTren über rund 950 Mitarbeiter. 2005 wurde die Scheneninfrastruktur des Baskenlandes in den Infrastrukturbetreiber Euskal Trenbide Sarea (ETS) überführt, so dass EuskoTren seither reines EVU ist. Ab Januar 2009 wurde die erste von insgesamt zwölf durch die CFD Bagnères [FR] und TEAM [ES] gefertigten dieselelektrischen Zweikraftloks (2.200 PS Caterpillar-Motor) an das Unternehmen ausgeliefert. Mit der Übergabe der 12. Maschine wurde dieser Auftrag im März 2013 abgeschlossen. Die Loks sollen im Güterverkehr der Sparte EUSKO KARGO zwischen Asturien und den Verarbeitungsstandorten im Baskenland gemeinschaftlich mit den Maschinen der FEVE auf der gesamten Strecke fahren. Am 16.02.2011 hat der spanische Hersteller CAF das erste Fahrzeug der neuen Serie 900 an Euskotren ausgeliefert. Bis zum Jahr 2014 sind alle 30 Fahrzeuge an den Besteller abgeliefert worden. Die vorgesehene Ausmusterung der Reihe 3500 wurde Mitte 2013 abgeschlossen. Danach wird mit der Ausmusterung der Reihe 200 begonnen. Ebenfalls im Jahr 2013 konnte das neue zentrale Depot der Euskotren in Lebario (östlich von Durango) in Betrieb genommen werden. Der Neubau wurde durch die unterirdische Verlegung der Strecke im Stadtbereich von Durango notwendig.
Im Industriegebiet von Araso in Irun entsteht ein weiteres neues Depot auf einer Fläche von 49.000 m². Das im Stadtbereich Donostia (San Sebastian) befindliche Depot Renteria lässt keine Erweiterungen zu.
Die Güterverkehrstochter EUSKO KARGO und das Logistikunternehmen Erhardt Transitarios S.L. in Bermeo haben Mitte Mai 2011 eine auf vorerst vier Jahre befristete Vereinbarung über den Transport von Stahlerzeugnissen unterzeichnet. Danach wird die EuskoTren unter Benutzung ihres Meterspurnetzes und dem der FEVE wöchentlich bis zu fünf Stahlrollenzüge, bestehend aus eigenen Lokomotiven der Reihe TD 2000 und zwölf Wagen der Serie Shg zwischen dem Hafen Bermeo und dem Güterbahnhof Lutxana fahren. Die Weiterbeförderung zum Werk Acería Compacta de Vizcaya (AcelorMittal) in Sestao per LKW wird ebenfalls von der EUSKO KARGO gesteuert. Dadurch stieg die Jahrestonnage im Güterverkehr im Jahr 2012 auf 138.900 Tonnen und im Jahr 2013 sogar auf mehr als 480.000 t.
Der bisher nicht erfolgte Wiederaufbau der Strecke Zumaya – Azpeitia wirkt sich ungünstig auf den Einsatz der Reihe TD 2000 aus. Offiziell wird von einer Fehlinvestition gesprochen, denn auch in Zukunft ist wegen der Wirtschaftskrise nicht einer Verbesserung der Lage zu rechnen. Es wurde daher eine Maschine an die katalanische Ferrocarrils de la Generalitat de Catalunya (FGC) vermietet.

Verkehre
★ SPNV Bilbao – San Sebastian (108 km)
★ SPNV Bilbao – Bermeo (49 km)
★ SPNV Hendaye [FR] – San Sebastian – Lasarte Oria (29 km)
★ SPNV Bilbao (Deustu) – Lezama (16 km)
★ AZ-Verkehr
★ Stahltransporte Hafen Bermeo – Lutxana; 12 x pro Monat seit 2011 im Auftrag der Erhardt Transitarios S.L. für ArcelorMittal

Ferrocarriles de la Generalitat Valenciana (FGV) 🅿️🛈

Partida de Xirivelleta
ES-46014 València
Telefon: +34 96 1924000
webmaster_fgv@gva.es
www.fgv.es

Management
★ María Luisa Gracia Giménez (Generaldirektorin)

Gesellschafter
★ Generalitat Valenciana (100 %)

Beteiligungen
★ Logitren Ferroviaria SA (38,33 %)

Infrastruktur
★ Gesamtnetz in der Spurweite 1.000 mm: 250,3 km; davon Valencia 146,8 km und Alicante 103,6 km

Unternehmensgeschichte
Die Ferrocarrils de la Generalitat Valenciana (FGV) ist eine Bahngesellschaft der autonomen Region València. Sie wurde im Jahr 1986 mit Übernahme der FEVE Strecken in València und Alicante durch die Regionalregierung von Valencia gegründet. Seit 1990 erfolgt ein stetiger Ausbau zu einem urbanen Verkehrsträger mit Metro- und Straßenbahnbetrieb wurden, 2011 wurden 71,05 Mio. Fahrgäste befördert (2010: 73 Mio., 2008: 72,2 Mio.). Im Raum Alicante setzt die FGV auch Dieseltriebwagen nach Denia ein.

FGV / FESUR / FGC

Die FGV hat sich im Jahr 2008 eine Drittelbeteiligung an dem privaten Bahnbetreiber Logitren gesichert. Die FGV unterhält drei Depots in València. In València-Sud und Hermanos Machado für die Metro sowie in Naranjos für die Straßenbahnen. Das Hauptdepot und die zentralen Werkstätten der Fahrzeuge, die im Bereich Alicante verkehren befindet sich in El Campello.

Ferrocarriles del Suroeste (FESUR) SA

C/ Don Benito, s/n
Edificio Céfiro
ES-06010 Badajoz
Telefon: +34 954 283777
Telefax: +34 954 280961
aitorperalta@fesur.es
www.grupogea21.com

Management
* Aitor Peralta Solano (Generalbevollmächtigter)

Gesellschafter
* Grupo Alfonso Gallardo (50 %)
* Grupo GEA 21 (50 %)

Lizenzen
* ES: EVU-Zulassung (GV) seit 05.06.2008
* ES: Sicherheitszertifikat, Teil A+B (GV); gültig vom 18.11.2011 bis 17.11.2016

Unternehmensgeschichte
Die Ferrocarriles del Suroeste (FESUR) SA wurde 2007 als Gemeinschaftsunternehmen der u. a. in der Stahl- und Zementproduktion, dem Betrieb von Raffinerien und der Baubranche tätigen Firmengruppen Alfonso Gallardo und GEA 21 gegründet. Zur beabsichtigten Aufnahme von Verkehren kam es jedoch nicht.
Vorgesehen war, Produkte der Firmengruppe Gallardo durch die FESUR aus dem Raum Jerez de los Caballeros in das übrige Spanien abzufahren sowie Güterzüge zwischen dem Hafen von Huelva und dem Raum Jerez de los Caballeros zu befördern. FESUR beschaffte dazu neue Zweikraftlokomotiven des Typs Bitrac und 400 Güterwagen. Letztere wurden durch die eigens hierfür durch Gallardo, GEA21 und Caf-Santana gegründete Gemeinschaftsfirma CVS (Compañía de Vagones del Sur) gebaut.
Während die EVU-Zulassung für den Güterverkehr ab 19.06.2008 vorlag, wurde der FESUR das für den Betrieb auf dem staatlichen spanischen Netz erforderliche Sicherheitszertifikat erst im November 2011 erteilt. Zwischenzeitlich hatten sich jedoch die ursprünglichen Voraussetzungen geändert: Die Gallardo-Gruppe war infolge der spanischen Immobilien- und Finanzkrise in finanzielle Schwierigkeiten geraten restrukturiert worden. Ferner hatte Gallardo vor Erteilung des Sicherheitszertifikats an die FESUR für ihre Transporte Verträge mit der Renfe geschlossen bzw. verlängert. Die GEA 21 übernahm für Ihre Bauzugdienste auf dem spanischen Netz eigene Lokomotiven von der RENFE. Damit besteht für die FESUR keine Einsatzmöglichkeit durch die Anteilseigner mehr. Mitte Februar 2012 wurden die noch in Linares abgestellten Lokomotiven durch die Comsa Rail zum Herstellerwerk nach Beasain gefahren. Sie warten dort auch im Frühsommer 2013 noch auf Käufer.

Ferrocarrils de la Generalitat de Catalunya (FGC) 🅿🅖🅘

Cardenal Sentmenat, 4
ES-08017 Barcelona
Telefon: +34 93 3663000
rrpp@fgc.cat
www.fgc.net

Management
* Joan Torres Carol (Präsident)
* Ramon Borrell Daniel (Generaldirektor Eisenbahnbetrieb)
* Oriol Fortuny Juncadella (Betriebsdirektor)

Gesellschafter
* Generalitat de Catalunya (100 %)

Beteiligungen
* FGC MOBILITAT SA (100 %)
* AUTOMETRO SA (60 %)
* CARGOMETRO RAIL TRANSPORT SA (51 %)

Lizenzen
* ES: EVU-Zulassung (GV) seit 30.09.2009 (über FGC Mobilitat)
* ES: Sicherheitszertifikat, Teil A+B (GV); gültig vom 21.02.2012 bis 14.02.2017 (über FGC Mobilitat)

FGC

Infrastruktur
* 140 km Schmalspurstrecken (Spurweite: 1.000 mm, elektrifiziert 1.500 V=)
* 42 km Normalspurstrecken (Spurweite: 1.435 mm, elektrifiziert 1.500 V=)
* 89 km Breitspurstrecken (Spurweite: 1.668 mm); 2005 übernommen

Unternehmensgeschichte
Die Ferrocarrils de la Generaltat de Catalunya (FGC) ist eine Bahngesellschaft der autonomen Region Katalonien. Sie vereinigte im Jahr 1979 alle nicht zur Renfe und zur Stadt Barcelona gehörenden Bahngesellschaften und befindet sich im Alleinbesitz der katalanischen Regionalregierung. Die FGC führt im Großraum Barcelona auf zwei Netzen Personenverkehr mit elektrischen Triebwagen durch. Seit dem 01.01.2005 bedient sie auch die ehemalige Renfe-Strecke Lleida – Pobla de Segur mit angemieteten Dieseltriebwagen der Reihe 592.
Im Jahr 2011 wurden auf allen Strecken 80,5 Mio. Fahrgäste befördert. Auf ihrem Meterspurnetz führt die FGC einen regen Güterverkehr durch. Aus dem Salzbergwerk Sallent wurden im Jahr 2011 301.304 t Salz (412 Zugbewegungen) zum Chemiewerk Solvay nach Martorell und aus dem Bergwerk Suria 375.423 t Soda (489 Zugbewegungen) in geschlossenen Schüttgutwagen zum Hafen von Barcelona befördert. Für das Automobilwerk Seat in Martorell wurden 107.472 Fahrzeuge mit 550 Zugbewegungen ebenfalls in den Hafen Barcelona transportiert.
Des weiteren ist die FGC Betreiber der beiden Zahnradbahnen von Nuria und zum Kloster Montserrat. In der Provinz Barcelona betreibt sie die Standseilbahnen von Vallvidrera und Gelida sowie am Kloster Montserrat die beiden Standseilbahnen Santa Cova und Sant Joan.
Die FGC ist an den Firmen Autometro und Cargometro beteiligt. Für beide Firmen stellt sie die Zuglokomotiven für den Autotransport zum Hafen von Barcelona (Schmalspurnetz) und für den Teiletransport zwischen den SEAT Werken Barcelona und Martorell über das Netz der ADIF. Die EVU Lizenz wird über die Tochter FGC MOBILITAT S.A. gehalten.
Die FGC will nach Aussage ihres Präsidenten Enric Ticó zu einem der Marktführer im Schienengüterverkehr Spaniens aufsteigen. Dazu sollen in den nächsten Jahre bis zu sieben Mio. EUR in rollendes Material und die Infrastruktur des eigenen Schmalspurnetzes gesteckt werden. Als Nahziel nannte Enric Ticó eine Ausweitung der Transporte für die Automobilindustrie im Zusammenhang mit der geplanten Aufnahme der Produktion des Audi Q3 in Martorell, aber auch den Zugewinn weiterer Kunden durch Gleisanschlüsse

FGC / Ferrovial Railway / Guinovart Rail

an das Meterspurnetz.
Die FGV hat am 21.02.2012 als elfte Bahngesellschaft das für den Betrieb auf dem staatlichen spanischen Netz erforderliche Sicherheitszertifikat durch den Netzbetreiber ADIF zuerkannt bekommen. Das ermöglicht der Gesellschaft, die am 30.07.2009 die Zulassung als privater Bahnbetreiber erhielt, sowohl in Spanien als auch europaweit zu operieren.
Die katalanische Regionalregierung beabsichtigt die beiden Netze Linea de Anoia (Meterspur) und Linea de Valles (Normalspur) der regionalen Bahngesellschaft FGC über eine unterirdische Neubaustrecke im Stadtbereich von Barcelona zu vereinen. Eine entsprechende Studie dazu wurde vom Präsidenten der katalanischen Regionalregierung Santa Vila und dem Präsidenten der FGC Enric Tico im Herbst 2014 vorgestellt. Für geschätzte 321 Mio. EUR sollen danach der Endpunkt der Meterspurlinie am Plaza de Espanya mit einer neuen Station Gracia verbunden werden. Dort besteht dann Übergang zur Normalspurlinie metro de Valles. Weitere Stationen zwischen den Endpunkten der neuen Linie sind vorgesehen. Ein endgültiger Plan könnte im Jahr 2015 vorgelegt werden. Nach einer weiteren Vorlaufzeit von etwa vier Jahren könnte der Baubeginn, falls die Finanzierung gesichert ist, dann im Jahr 2020 erfolgen. Die Bauzeit wird mit vorläufig drei bis vier Jahren veranschlagt.

Verkehre
* Personenverkehr
* Automobiltransporte Martorell (SEAT) – Barcelona-Puerto (TERCAT); seit 2008
* Kaliumkarbonattransporte Sallent – Barcelona-Morrot
* Kaliumkarbonattransporte Súria – Barcelona-Morrot
* Salztransporte Súria – Martorell (Solvay)

Ferrovial Railway SA G

Calle de la Ribera del Loira, 42
ES-28042 Madrid
Telefon: +34 91 586-2500
Telefax: +34 91 586-2677
www.ferrovial.com

Management
* José Castaño Vega (Vorstand)
* Jose Carlos Garrido-Lestache Rodriguez (Vorstand)

Gesellschafter
Stammkapital 250.000,00 EUR
* Ferrovial Agroman SA (98,8 %)
* Tecnicas Del Pretensado y Servicios Auxiliares S.L. (1,2 %)

Lizenzen
* ES: EVU-Zulassung (GV) seit 21.03.2011
* ES: Sicherheitszertifikat, Teil A+B (GV); gültig vom 20.12.2011 bis 19.12.2016

Unternehmensgeschichte
Die Ferrovial Railway SA wurde am 30.07.2010 gegründet und ist eine Tochter des weltweit tätigen Bau- und Dienstleistungskonzerns Ferrovial Agroman. Der Mutterkonzern erzielte im Jahr 2012 ein Ergebnis von über 0,93 Mrd. EUR und ist unter anderem auch am Bau von spanischen Hochgeschwindigkeitsstrecken beteiligt und betreibt als Ferrovial Servicios Zugcatering in Zügen des Personenfernverkehres der Staatsbahn Renfe. Ferrovial Railway hat für Streckenbauarbeiten und Baustofftransporte vier Lokomotiven in ihrem Besitz

Verkehre
* AZ-Verkehr
* Baustofftransporte

Guinovart Rail SA G

Paseo de la Castellana, 259 D
ES-28046 Madrid
Telefon: +34 91 3484-100
Telefax: +34 91 3484-467
martinf@ohl.es
www.ohl.es

Management
* Juan de Dios Fernández Quesada (Direktor Bauwesen)

Gesellschafter
Stammkapital 100.000,00 EUR
* Obrascón Huarte Lain SA (OHL) (100 %)

Lizenzen
* ES: EVU-Lizenz (GV); gültig seit 14.01.2011
* ES: Sicherheitszertifikat, Teil A+B (GV); gültig vom 22.05.2014 bis 22.05.2019

Unternehmensgeschichte
Die Bahntochter Guinovart Rail SA des weltweit tätigen Bau- und Dienstleistungskonzerns OHL wurde am 11.06.2010 gegründet. Die beantragte Zulassung als Bahnbetreiber wurde am 20.12.2010 vom Ministerium beschlossen und mit Wirkung vom 14.01.2011 zuerkannt. Die Bahnbautochter

Guinovart Rail / Ibercargo / Iberrail / Interbus

Agrupación Guinovart Obras y Servicios Hispania, SA der OHL Gruppe (Umsatz 2009 = 742,7 Mio. EUR) verfügt für Bauvorhaben auf allen spanischen Netzen über sieben verschiedene Lokomotiven. Die OHL-Gruppe hat sich bereits mit einer 51 % Beteiligung an der Metro Ligero Oeste (Madrid) in den Schienenverkehr eingebracht. Für die Nahverkehrsstrecke Mostoles – Navalcarnero (Madrid) hat sie als bauausführende Firma die Konzession für 20 Jahre erhalten.

Verkehre
* AZ-Verkehr

Ibercargo Rail SA

Calle Principe de Vergara, 131
ES-28002 Madrid
Telefon: +34 933 662 129
Telefax: +34 934 195 043
comercial@ibercargorail.com

Gesellschafter
Stammkapital 60.102,00 EUR
* COMSA Rail Transport SA (CRT) (50 %)
* Takargo - Transporte de Mercadorias, S.A. (TK) (50 %)

Unternehmensgeschichte
Für die zunehmende Anzahl an grenzüberschreitenden und gemeinsam produzierten Güterzügen Spanien – Portugal haben COMSA Rail Transport S.A. (CRT) aus Spanien und Takargo - Transporte de Mercadorias, S.A. aus Portugal am 07.04.2009 das joint venture Ibercargo Rail S.A. gegründet.
Die Gesellschaft erbringt zahlreiche grenzüberschreitende Güterverkehre (siehe bei CRT und Takargo) und nutzt dafür v.a. Loks, Wagen und Personal der beiden Gesellschafter.

Iberrail Spanish Railroads S.A.

Calle Enrique Granados 6 – Edificio A
ES-28224 Pozuelo de Alarcon (Madrid)
iberstg@iberrail.es
www.iberrail.es

Management
* Juan Jose Hidalgo Acera (Präsident der Globalia)

Gesellschafter
Stammkapital 181.051,25 EUR
* Globalia Corporacion Empresaria S.A. (100 %)

Lizenzen
* ES: EVU-Lizenz (PV) seit 23.01.2015, gültig bis 22.01.2020

Unternehmensgeschichte
Die Iberrail Spanish Railroads S.A. hat ihren Ursprung in der 1976 gegründeten Iberrail S.A. Diese war Veranstalter von Bahnreisen. Im Jahr 2008 ging die Iberrail in Konkurs und wurde von der Globalia Gruppe (Reisen, Hotels und die Fluggesellschaft Air Europe) übernommen. Der Name wurde in in Viajes Unalia S.A . geändert. Diese war weiterhin Veranstalter von Bahnsonderreisen.
Im August 2014 änderte sich der Name erneut in Iberrail Spanish Railroads S.A., die beantrage Lizenz für den Personenverkehr wurde im Januar 2015 erteilt. Die Gesellschaft wird sich neben anderen privaten Bahnbetreibern um die Ausschreibung des AVE Betriebes auf der Strecke Madrid – Levante bewerben.

Interurbana de Autobuses, S.A. (Interbus)

Calle Gomera 4
ES-28703 San Sebastian de los Reyes
Telefon: +34 91 6520011
Telefax: +34 91 6526659
www.interbus.es

Management
* Juan Antonio Montoya Legaría (Generaldirektor)

Gesellschafter
Stammkapital 599.638,00 EUR
* Gruppe Interbus (100 %)

Lizenzen
* ES: EVU-Zulassung (PV+GV) seit 23.10.2013
* ES: Sicherheitszertifikat, Teil A+B (PV+GV); gültig vom 29.04.2014 bis 29.04.2019

Unternehmensgeschichte
Die Interurbana de Autobuses S.A. (Interbus) gehört wie die Unternehmen Daibus und Lycar zur Gruppe Interbus. Interbus betreibt in den Räumen Madrid und Andalusien 28 Buslinien. Sie setzt dabei bis zu 150 Busse ein und befördert jährlich etwa 14 Mio. Fahrgäste. Ende 2014 waren 338 Mitarbeiter bei

Interbus / Logibérica Rail / Logitren

Interbus beschäftigt.
Über geplante Aktivitäten auf der Schiene liegen noch keine Erkenntnisse vor.

Logibérica Rail SA

Avenida Menéndez Pelayo 113
ES-28007 Madrid

Management
★ Juan Gregorio Urdillo de la Orden (Präsident)

Gesellschafter
Stammkapital 300.010,00 EUR
★ Juan Gregorio Urdillo De La Orden (100 %)

Lizenzen
★ ES: EVU-Zulassung (GV) seit 30.11.2011

Unternehmensgeschichte
Am 30.11.2011 hat der am 23.05.2011 gegründete Bahnbetreiber Logibérica Rail SA die Zulassung durch das zuständigen Ministerio de Fomento erhalten. Nach Aussage des geschäftsführenden Gesellschafters Juan Gregorio Urdillo De La Orden wird Logibérica Rail im Güterverkehr tätig werden. Schwerpunkte sollen Container-, Schüttgut-, und Kesselwagentransporte sowie Transporte von Gefahrgütern sein.
Die Beschaffung von eigenem Material ist vorerst nicht geplant. Man greift auf das Material von Vermietgesellschaften zurück. Lokführerschulungen auf zwei von Alpha Trains angemieteten Lokomotiven der Reihe 335 (Vossloh Euro 4000) fanden bereits im Oktober 2011 statt. Bislang sind keine weiteren Geschäftstätigkeiten der Logibérica Rail bekannt.
Eine Schwestergesellschaft des Unternehmens ist die IMU Servicios Integrales SA, die in diversen Umschlaganlagen der ADIF tätig ist.

Logitren Ferroviaria SA

Avenida del Puerto 332
ES-46024 Valencia
Telefon: +34 960 113813
Telefax: +34 96 3390566
operaciones@logitren.es
www.logitren.es

Management
★ Patrick Velge (Generaldirektor)

Gesellschafter
Stammkapital 945.700,00 EUR
★ Torrescamara y Cia. de Obras, SA (38,33 %)
★ Ferrocarriles de la Generalitat Valenciana (FGV) (38,33 %)
★ Laumar Cargo S.L. (23,33 %)

Lizenzen
★ ES: EVU-Zulassung (GV) seit 19.05.2008
★ ES: Sicherheitszertifikat, Teil A+B (GV); gültig vom 25.06.2010 bis 25.06.2015

Unternehmensgeschichte
Das am 18.06.2007 gegründete Bahnunternehmen Logitren Ferroviaria SA hatte im Jahr 2012 eine wechselvolle Entwicklung. Mitte des Jahres stieg die ACS-Gruppe (Vias y Construcciones SA; siehe auch Continental Rail SA) als Teilhaber aus. Neu hinzu kam das Logistik Unternehmen Laumar Cargo, ein Großkunde der Logitren. Torrescamara und FGV erhöhten parallel ihre Anteile auf je 38,33 %.
Logitren sieht den Schwerpunkt seiner Aktivitäten im Gütertransport vom und zum Hafen von Valencia. Weiter ist vorgesehen Güterzüge mit Längen von 600 m auf der Mittelmeerstrecke sowie zwischen Valencia und Zaragoza über Teruel zu befördern. Hierzu laufen Anfragen auf Streckenzulassung durch die ADIF. Im Großraum Valencia ist unter anderen die Belieferung der Fordwerke in Almussafes geplant.
Seit März 2013 fährt Logitren je Woche 780 TEU zwischen dem Hafen von Valencia und dem Terminal Coslada (Madrid) im Auftrag der Laumar Cargo.
Für die Durchführung der Verkehre wurden Euro 4000 von Alpha Trains angemietet. Darüber hinaus verfügt Logitren über eigene Containertragwagen.
Seit der Aufnahme des operativen Betriebs am 10.05.2010 wurden 9.500 Container zwischen Valencia und Zaragoza / Valladolid gefahren (Stand:

Logitren / Monbus Rail / Renfe Ancho Metrico

Juni 2011). Im Jahr 2012 wurden rund 25.000 Container befördert.

Verkehre
* KV-Transporte Granollers-Centre / Tarragona-Clasificación – Córdoba-El Higuerón / San Roque-La Línea-Mercancías; seit 12.01.2015
* KV-Transporte Silla – Zaragoza Plaza; 2 x pro Woche im Auftrag der BHS Electrodomesticos; Traktion durch Renfe Mercancias
* KV-Transporte València (Noatum Container Terminal) – Puerto Seco de Coslada (Madrid); seit Ende März 2013 im Auftrag von Laumar Cargo

Monbus Rail SA

Polig de Louzaneta-As Areiras, Coton de Arriba
ES-27294 Lugo
monbus@monbus.es
www.monbus.es

Management
* Raul Jose Lopez Lopez

Gesellschafter
Stammkapital 120.000,00 EUR
* Monbus SA (100 %)

Lizenzen
* ES: EVU-Zulassung (GV) seit 30.04.2013

Unternehmensgeschichte
Monbus Rail SA erhielt am 30.04.2013 als 17. Bahnbetreiber die Zulassung durch den spanischen Netzbetreiber ADIF. Monbus Rail ist die Bahntochter der Monbus SA mit Sitz in Lugo. Im Raum Katalonien ihr gehört die Busgesellschaft Cintoi Bus S.L. Über mögliche Aktivitäten wurden noch keine Angaben gemacht. Es ist aber abzunehmen, dass nach der Öffnung des Schienenpersonenverkehrs für Dritte die Gesellschaft ihre Zukunft im Raum Katalonien sieht.

Renfe Ancho Metrico 🅿🅖

Avenida de Pio XII, 110
ES-28036 Madrid
Telefon: +34 91 300-6739
Telefax: +34 91 300-6177
comunicacion@renfe.es
www.renfe.com

Management
* Pablo Vázquez Vega (Präsident der Renfe Operadora)

Unternehmensgeschichte
Unter der Marke Renfe Ancho Metrico erbringen die staatlichen Betreiber Renfe Viajeros S.A. und Renfe Mercancías S.A. Personen- und Güterverkehr auf dem 1.176 km umfassenden Meterspurnetz im Norden Spaniens sowie nur Personenverkehr auf den Meterspurstrecken Cartagena – Los Nietos und Cercedilla – Los Cotos (Madrid). Bis 31.12.2012 war die FEVE als eigenständige staatliche Gesellschaft organisiert und dabei auch Eigentümer und Betreiber der nun durch die gleichfalls staatliche Administrador de Infraestructuras Ferroviarias (ADIF) betriebenen Streckeninfrastruktur. Gegründet wurde die FEVE Mitte der 1960er-Jahre als Nachfolgegesellschaft der staatlichen EFE (Explotación de Ferrocarriles por el Estado), deren Schmalspurbahnen sie im September 1965 übernahm. Das Gesamtnetz aller Schmalspurbahnen betrug zu diesem Zeitpunkt etwas mehr als 4.100 km, wovon der FEVE mehr als 80 % unterstanden. Ab Ende der 1970er Jahre gründeten sich regionale Schmalspurgesellschaften in den Regionen Baskenland (Euskotren), Katalonien (FGC), Valencia (FGV) und schließlich im Jahr 1994 auf der Baleareninsel Mallorca (SFM). Durch diese Übertragungen aber auch durch größer Stilllegungen schrumpfte das Netz der FEVE bis in die 1990er-Jahre auf ein 1.194 km langes zweigeteiltes Netz. Auf seiner Sitzung vom 27.04.2012 hat der spanische Ministerrat der Aufspaltung der FEVE in Netz und Betrieb und deren Eingliederung in die ADIF und Renfe zugestimmt, die zum 01.01.2013 umgesetzt wurde. Die zum Stichtag 1.857 FEVE-Mitarbeiter wurden von beiden Gesellschaften anteilig übernommen.
Der Betrieb der Renfe Viajeros Ancho Metrico umfasst heute den Personenverkehr auf der Strecke

Renfe Ancho Metrico

Cartagena – Los Nietos (18 km) im Raum Murcia sowie den Personen- und Güterverkehr auf einem zusammenhängenden Netz zwischen Ferrol im Nordwesten Spaniens, Gijon/Oviedo, Santander, Bilbao und León. In Ariz (Bilbao) besteht Übergang in das ebenfalls meterspurige Netz der Euskotren. Im Bereich der Städte Bilbao, Santander und im Raum Asturien sind die Strecken elektrifiziert (1.500 V=). 2014 beförderte die Renfe Viajeros Ancho Metrico 112 Mio. Fahrgäste sowie 2,447 Mio. Tonnen Güter. Im Personenverkehr wird ein Großteil der Transporte in Ballungsräumen erbracht; Langstreckenverbindungen spielen nur eine geringe Rolle. In den letzten Jahren hat sich die Renfe Viajeros Ancho Metrico zudem mit Touristenzügen wie dem „El Transcantabrico" und dem „La Robla Express" sowie einigen weiteren regionalen Touristenzügen ein weiteres Standbein geschaffen. Zu den Güterverkehrkunden zählen Kohlekraftwerke der IBERDOLA in den Provinzen Asturien und León, die ihre Kohle überwiegend aus den Importhäfen Musel (Gijón) und Raos (Santander) erhalten. Das Chemiewerk der Solvay in Barreda (Torrelavega) wird mit Kohle und Kalk aus dem Hafen Raos bedient. Für den Kunden ArcelorMittal finden Schienentransporte zwischen Asturien und dem Baskenland statt. Spezialsande aus dem Ebrostausee für die Firma SIBELCO werden über Ariz zu Keramikfabriken im Raum Bilbao gefahren. Für das Zellstoffwerk der ENCE werden seit 2010 / 2011 Holztransporte und die Abfuhr von Halbzeugen durchgeführt. Aus der Aluminiumhütte Xove finden Transporte zu Fabriken im baskischen Raum statt. Betriebswerke als Hauptwerkstätten befinden sich in Balmaseda (Bereich Bilbao), Santander und El Berrón (Oviedo). In Cistierna, Pravia und Ferrol gibt es kleinere Betriebswerke.

Verkehre
* Personenverkehr auf Schmalspustrecken
* Güterverkehre auf Schmalspustrecken, u.a.
* Aluminium-Transporte Xove (per Lkw vom Werk Alcoa San Ciprián) – Bilbao-Ariz; teilweise in Containern
* Holztransporte nach Navia (Grupo Empresarial ENCE SA División de Celulosa, Pulp Mill Navia)
* KV-Transporte (Quarzsand) Arija (Saint-Gobain Cristaleria S.A.) – Bilbao-Ariz / Bilbao-Luchana (jeweils Umladung auf Lkw)
* KV-Transporte (Soda) Torrelavega-Barreda – Bilbao-Ariz / Puerto de Raos / Avilés-La Maruca / Ferrol; Spotverkehre
* Kohletransporte Gijón (Puerto El Musel) – Gijón (Central térmica de Aboño)
* Kohletransporte Gijón (Puerto El Musel) – Ribera de Arriba (Central térmica de Soto de Ribera der HC Energía)

Renfe Ancho Metrico / Renfe Operadora

* Kohletransporte La Robla – Guardo (Central térmica de Velilla der Iberdrola)
* Kohletransporte Mataporquera (Umladung von RENFE) – Guardo (Central térmica de Velilla der Iberdrola)
* Kohletransporte Sueros (Hunosa-Bergwerk) – Gijón (Central térmica de Aboño/ – Ribera de Arriba (Central térmica de Soto de Ribera der HC Energía); Spotverkehre
* Kokstransporte aus Santander Hafen oder Gijón (Puerto El Musel) – Torrelavega-Barreda; Spotverkehre
* Stahlcoil-Transporte Bilbao-Luchana – Avilés-La Maruca
* Stahltransporte Avilés-Trasona (ArcelorMittal) – Bilbao-Ariz

Lizenzen
* ES: EVU-Zulassung (GV) seit 07.10.2005
* ES: EVU-Zulassung (PV) seit 31.05.2013
* ES: Sicherheitszertifikat, Teil A und B (PV); gültig seit 30.06.2006 bis 23.05.2016
* FR: Sicherheitszertifikat, Teil B (PV); gültig vom 26.04.2013 bis 23.05.2016

Unternehmensgeschichte
Der Eisenbahnbau und -betrieb in Spanien wurde bis 1926 ausschließlich von privaten Einzelgesellschaften getragen. Recht früh kam es bereits zu ersten Zusammenschlüssen und Übernahmen kleinerer Gesellschaften durch größere. Beherrscht wurde der Eisenbahnbetrieb in den 30-er Jahren durch die vier großen Gesellschaften MZA (Madrid a Zaragoza y Alicante), NORTE (Compañía de los Caminos de Hierro del Norte), OESTE (Compañía Nacional de los Ferrocarriles del Oeste) und die Andaluces (Compañía de los Ferrocarriles Andaluces) sowie einem knappen Dutzend kleinerer Gesellschaften mit oft nur wenigen km Streckenlängen. Der Staat griff nach 1926 mit der EFE (Explotación de Ferrocarriles por el Estado) ein, wenn ein öffentliches Bedürfnis für eine neue Strecke bestand oder eine Bahngesellschaft in Schwierigkeiten geriet und der Fortbestand dessen Betriebs im allgemeinen Interesse lag.

EPE Renfe Operadora

Avenida de Pio XII, 110
ES-28036 Madrid
Telefon: +34 91 300-6739
Telefax: +34 91 300-6177
comunicacion@renfe.es
www.renfe.com

Management
* Pablo Vázquez Vega (Präsident)
* Berta Barrero Vázquez (Generaldirektorin Betrieb)
* Luis Francisco Minayo de la Cruz (Generaldirektor Betrieb)
* Cecilio Gómez-Comino Barrilero (Generaldirektor Sicherheit, Organisation und Personal)
* Manuel Fresno Castro (Generaldirektor Ökonomie und Finanzen)

Gesellschafter
* Reino de España [Königreich Spanien] (100 %)

Beteiligungen
* Renfe Fabricación y Mantenimiento S.A. (100 %)
* Renfe Mercancías S.A. (100 %)
* Renfe Viajeros S.A. (100 %)
* FENIT RAIL S.A. (40,63 %)
* Consorcio Español Alta Velocidad Meca Medina, S. A. (26,9 %)
* TRAMRAIL. S.A. (20 %)
* EUROFIMA Europäische Gesellschaft für die Finanzierung von Eisenbahnmaterial AG (5,22 %)

Der spanische Bürgerkrieg führte den Bahngesellschaften schwere Schäden an Material und Infrastruktur zu. Sie waren wirtschaftlich am Ende. Daher ließ die Franco-Regierung mit einem am 24.01.1941 erlassenen Gesetz die RENFE (Red Nacional de los Ferrocarriles Españoles) gründen. Damit gerieten alle Strecken in der iberischen Spurweite (1940 = 12.284 km) in die Hand des Staates. Als einzige Schmalspurbahn wurde die damals zur NORTE gehörende Schmalspurstrecke Cercedila-Los Cotos von der Renfe übernommen. Alle anderen Schmalspurbahnen, soweit sie vom Staat verwaltet wurden, blieben bei der EFE. 1965 wurde die EFE von der stattlichen FEVE (Ferrocarriles de Vía Estrecha) abgelöst.
Die Renfe als Bahn- und Infrastrukturbetreiber baute das Netz bis 1984 weiter aus. Wichtigste Vorhaben waren Strecken Zamora - Santiago de Compostela (452 km) und die Direktverbindung Madrid – Burgos (282 km) so dass das Breitspurnetz im Jahr 1984 mit einer Ausdehnung von fast 13.600 km seinen höchsten Wert erlangte. Ab 1985 wurden viele Strecken im Raum Andalusien und der Extremadura stillgelegt. Erst mit der Inbetriebnahme der neuen Verbindung Madrid-Sevilla in Regelspur begann das Netz wieder zu wachsen.
Die Staatsbahn selbst schloss mit ihrem Eigentümer 1979 eine erste Vereinbarung (Contrato Programa), in der sich der Staat zur Deckung der Verluste und die RENFE zur Verbesserung von Qualität nebst Wirtschaftlichkeit ihres Betriebes verpflichtete und in deren Fortschreibung es 1985 zu einer

Renfe Operadora / La Sepulvedana

Stilllegungswelle kam. 1991 erhielt die RENFE anstelle ihrer regionalen Gliederung eine neue Struktur mit übergeordneten Geschäftseinheiten, von der man sich gleichfalls mehr Effizienz versprach.

Am 01.01.2005 wurde in Spanien die Trennung von Netz und Betrieb vollzogen. Von der Renfe übernahm die ADIF (Administrador de Infraestructuras Ferroviarias) ein Streckennetz von 12.839 km in den Spurweiten 1.000 mm (18 km), 1.435 mm und 1.668 mm.

Von der Renfe übernahm die ADIF (Administrador de Infraestructuras Ferroviarias) ein Streckennetz von 12.839 km in den Spurweiten 1000 mm (18 km), 1435 mm und 1668 mm. Die Infrastruktur wird seit dem von der ADIF verwaltet und betrieben. Den operativen Bahnbetrieb führte die Renfe seither unter der neuen Bezeichnung Renfe Operadora in der Rechtsform als öffentliches Unternehmen („Entidad pública empresarial", EPE) durch. Diese hatte im Geschäftsfeld Personenverkehr die Divisionen Servicios Públicos de Cercanías (Vorortverkehre in Asturien, Barcelona, Bilbao, Cádiz, Madrid, Málaga, Murcia/Alicante, Santander, San Sebastián, Sevilla, Valencia und Zaragoza), Servicios Públicos de Media Distancia (SPNV und Fernverkehr über mittlere Distanzen, auch unter teilweiser Nutzung der Schnellfahrstrecken) und Servicios Públicos de Alta Velocidad - Larga Distancia (HGV und Fernverkehr). Weitere Geschäftsfelder waren die Servicios de Mercancías y Logística (Güterverkehr und Logistik) und die Servicios de Fabricación y Mantenimiento (Wartung, Reparatur und Umbau von Rollmaterial).

Die erst am 01.06.2011 begonnene Neugliederung des Güterverkehrssektors in die vier Sparten Contren (Intermodal), Irion (Eisen und Stahl), Multi (Schüttgüter, Holz, Chemikalien, Fertigteile) und Pecovasa (Automotivetransporte) wurde 2012 schon wieder aufgegeben. Im Zuge des Verkaufs von Beteiligungen der Renfe Operadora wurden die Gütersparten wieder unter dem Dach der Renfe Mercancias vereinigt.

Flankierend zu den von der spanischen Regierung eingeleiteten Sparmaßnahmen wurde 2012 auch eine komplette Neustrukturierung der Renfe Operadora als Holding- und Steuerungsgesellschaft beschlossen, unter deren Dach drei neue, 100-prozentige Töchter für Personenverkehr (Renfe Viajeros), Güterverkehr (Renfe Mercancías), Herstellung und Wartung von Material (Renfe Fabricación y Mantenimiento) etabliert wurden. Völlig neu gegründet wurde auch eine Vermietungsgesellschaft für Lokomotiven und Wagen (Renfe Alquiler de Mantenimiento de Material Ferroviario; AMF). Letztere verfügte zu Beginn über 51 Triebzüge in beiden Spurweiten oder veränderlichen Spurweiten sowie über 49 Lokomotiven (37 Elektrolokomotiven und 12 Diesellokomotiven), zwei Talgoeinheiten und 1.173 verschiedene Güterwagen.

2013 (Vorjahresangaben in Klammern) hatte die Renfe-Gruppe (ohne AMF) 14.785 (13.866) Mitarbeiter und beförderte 466,1 (463,7) Mio. Reisende bei einer Verkehrsleistung von 22,56 (21,14) Mrd. Pkm sowie 19,2 (17,1) Mio. t Fracht bei einer Verkehrsleistung von 7,347 (7,049) Mrd. Nettotkm. Bei einem Gesamtumsatz von 2,817 (2,697) Mrd. EUR wurden ein EBITDA von 246,4 (385,6) und ein Gesamtergebnis von -3,6 (-39,5) Mio. EUR erzielt. Die Zahlen sind allerdings nur bedingt vergleichbar, da 2013 Personal und Leistungen der vormaligen Ferrocarriles de Vía Estrecha (FEVE, jetzt Geschäftsbereich Renfe Viajeros Ancho Metrico) hinzukamen.

La Sepulvedana SA

Paseo Ezequiel González 12
ES-40002 Segovia
sepulvedana@gruposepulvedana.com
www.lasepulvedana.es

Management
* Maria Blanca Paradela Brianso (Präsidentin)
* Rafael Fernández de la Peña (Generaldirektor)

Gesellschafter
Stammkapital 2.000.000,00 EUR
* Grupo Sepulvedana (100 %)

Lizenzen
* ES: EVU-Lizenz (PV+GV) seit 03.06.2014, gültig bis 02.06.2019

Unternehmensgeschichte
Gegründet wurde die La Sepulvedana im Jahr 1905 als Überlandbusgesellschaft. Erste Verkehre zwischen Segovia und Sepulveda gaben ihr den Namen. Im Laufe der Jahre wuchs die Gesellschaft durch die Übernahmen von den Firmen Autotransportes López, Unionbus Transporte de Viajeros und Unionbus Maroc.
Die Gruppe verfügt über 350 Busse und beschäftigt 600 Personen. Im Jahr 2003 wurde sie in Sepulvedana Transporte de Viajeros SL umbenannt. 2013 wurden 1.634 Mio. Fahrgäste befördert. Dabei wurden 27 Mio. EUR Umsatz erziel.
Sepulvedana beabsichtigt vor allem in den Schienenpersonenverkehr einzusteigen. Ziele sind Leistungen im Hochgeschwindigkeits- aber auch im Regionalverkehr, wobei Kombinationen Bahn/Bus angestrebt werden.

Tracción Rail / TRANSFESA RAIL

Tracción Rail SA G

Calle AlmendraleJo, 5
ES-41019 Sevilla
Telefon: +34 95 4999320
Telefax: +34 95 4999200
traccionrail@azvi.es
www.azvi.es

Management
* Manuel Contreras Caro (Präsident der AZVI)
* Don Gregorio Martinez Laorden (Direktor Eisenbahnbetrieb)

Gesellschafter
Stammkapital 60.102,00 EUR
* AZVI SA (98,336 %)
* Grupo Empresarial de Azvi S.L. (1,664 %)

Lizenzen
* ES: EVU-Zulassung (GV) seit 24.07.2006
* ES: Sicherheitszertifikat, Teil A+B (GV); gültig vom 20.02.2008 bis 19.0.2018

Unternehmensgeschichte
Tracción Rail SA ist die Güterverkehrstochter des spanischen Bauunternehmens AZVI. Dieses ist ein Familienunternehmen, dessen Wurzeln bis ins neunzehnte Jahrhundert zurückreichen. Die Gesellschaft wurde 1925 von Manuel Contreras Graciani gegründet und war zu diesem Zeitpunkt in Projekten der Bereiche Eisenbahn und Hydraulik tätig.
Nach dem Tod des Firmengründers übernahmen seine Kinder 1963 das Unternehmen und firmierten seitdem unter Viuda de Manuel Contreras Graciani. Seit 1988 kennt man die Gesellschaft als AZVI, die seit diesem Zeitpunkt in unterschiedlichsten Bereichen des Bauwesens tätig ist. U. a. auch beim Bau von AVE-Hochgeschwindigkeitsstrecken sowie in Chile und Portugal.
Traccion Rail will sein Beförderungsvolumen im Jahr 2011 auf 250.000 Tonnen steigern. Das würde gegenüber dem Jahr 2010, welches mit einer Leistung von 153.000 Tonnen abgeschlossen wurde, eine Steigerung von fast 40 % bedeuten.
Am 03.03.2011 nahm die AZVI ihr neues Logistikzentrum für das rollende Material in Betrieb. Es entstand für 7,7 Mio. EUR auf einer Fläche von 7.700 m² in Alcalá de Guadaíra (Sevilla). Dort wird auch der Fahrzeugpark der Bahntochter Tracción Rail gewartet.

Verkehre
* AZ-Verkehr
* KV-Transporte Madrid Azuqueca de Henare – Sevilla-Puerto; seit Februar 2015
* KV-Transporte Valencia-Puerto (Sur) – Madrid Azuqueca de Henare; seit 2014
* KV-Transporte Zaragoza-PLAZA – Bilbao-Mercancías; seit 2014

TRANSFESA RAIL SA G

Calle Musgo, 1
ES-28023 Madrid
Telefon: +34 91 3879900
transfesa@transfesa.com
www.transfesa.com

Management
* Bernd Hullerum (Präsident)
* Iñigo de Peñaranda (Generaldirektor)

Gesellschafter
Stammkapital 330.000,00 EUR
* Transportes Ferroviarios Especiales SA (TRANSFESA) (100 %)

Lizenzen
* ES: EVU-Zulassung (GV) seit 14.07.2006
* ES: Sicherheitszertifikat, Teil A+B (GV); gültig vom 26.05.2011 bis 25.04.2016 (übernommen von Euro Cargo Rail S.A.)

Unternehmensgeschichte
TRANSFESA RAIL SA ist das EVU der Transfesa-Gruppe und ist heute maßgeblicher Traktionär der Leistungen des Logistikers.
Die Muttergesellschaft wurde im Jahr 1943 gegründet und befasste sich anfangs mit Viehtransporten auf der Schiene. Im Laufe der Jahre erweiterte sie ihren Geschäftsumfang und ist heute der größte private Logistikanbieter auf Schiene und Straße in Spanien. Schwerpunkt ist der Transport von Automobilen von und nach Spanien sowie zwischen den spanischen Automobilfabriken und den Häfen. Weitere Standbeine sind die Beförderung von Flüssigprodukten und Schüttgütern. sowie der Transport von Containern. Transfesa hält dafür europaweit mehr als 7.500 (davon mehr als 5.000 in Spanien) verschiedene Eisenbahnwagen vor. Eigene Achstauschanlagen an den Grenzbahnhöfen Irún und Port Bou bzw. Cerbère ermöglichen Verkehre von und nach Zentraleuropa.
Ab 2007 hat DB Schenker nach und nach die Mehrheit der einst privat geführten Transfesa übernommen. Heute besitzt sie 77 % und die staatliche Renfe Operadora die restlichen 23 % der Gesellschaftsanteile der Transfesa.
Im Jahr 2013 wurden unter Transfesa-Regie mehr als 640.000 Autos grenzüberschreitend bewegt. Das entspricht einem Viertel der Autoproduktion Spaniens. Die Einfuhren bewegen sich in ähnlicher Höhe. 2013 verzeichnete Transfesa in Spanien mit 1.074 Mitarbeitern einen Umsatz von 196,4 Mio.

TRANSFESA RAIL / Transitia Rail

EUR..
Die Zugleistungen der Transfesa wurden zunächst von der Renfe erbracht, 2005 gründete der Logistiker jedoch sein eigenes EVU Activa Rail SA. Ab dem 01.05.2011 beerbte die Gesellschaft die Schwester Euro Cargo Rail SA (ECR), übernahm deren Lizenzen und das Sicherheitszertifikat sowie die Personale und die Verträge. Im Dezember 2013 erfolgte die Umfirmierung der Activa Rail in TRANSFESA RAIL.

Verkehre
* Benzoltransporte El Morell – Tarragona-Puerto; seit 2013
* Benzoltransporte Puertollano-Refinería – Tarragona-Puerto; seit 2013
* Chemietransporte (ETBE) Tarragona-Puerto – Puertollano-Refinería; seit 2013
* Getreidetransporte La Fuente de San Esteban – Portugal; seit 2014 Traktion bis Vilar Formoso [PT]
* KV-Transporte Bilbao-Mercancías – Barcelona-Morrot; seit 2012
* KV-Transporte Bilbao-Mercancías – Sevilla-La Negrilla; seit 2011
* KV-Transporte Bilbao-Mercancías – Silla; seit 2012
* KV-Transporte Bilbao-Mercancías – Zaragoza-Corbera Alta, seit 2014
* KV-Transporte Castellón-Puerto – Bilbao-Mercancías; seit 2013
* KV-Transporte Constantí – Alfarelos [PT]; seit 2014 Traktion bis Vilar Formoso [PT]
* KV-Transporte Constantí – La Carrera; seit 2013
* KV-Transporte Constantí – La Roda de Andalucía; seit 2013
* KV-Transporte England – Port Bou – Valencia; 3 x pro Woche seit 05.08.2009 Traktion in Spanien im Auftrag von DB Schenker und Stobart Rail
* KV-Transporte Sevilla-Puerto – Constantí; seit 2013
* KV-Transporte Sevilla-Puerto – Silla; seit 2010
* KV-Transporte Silla – La Roda de Andalucía; seit 2010
* KV-Transporte Yiwu [CN] – Madrid-Abroñigal; Spotverkehre seit Dezember 2014, Traktion ab Irún-Contenedores
* Propylenoxidtransporte El Morell – Puertollano-Refinería; seit 2013
* Sandtransporte Torrelavega Solvay – Madrid Azuqueca de Henares; seit Januar 2013
* Sandtransporte Villafría-Cargas – L'Arboç; seit 2012
* Schrotttransporte Vallecas-Industrial – Leandro [PT]; seit 2013 Traktion bis Vilar Formoso [PT]
* Sojaöl-Transporte Huelva-Puerto – Puertollano-Refinería; seit Mai 2013
* Stabstahltransporte Leandro [PT] – Vallecas-Industrial; seit 2013 Traktion ab Vilar Formoso [PT]

Transitia Rail SA G

Calle Elcano 9-2
ES-48008 Bilbao
Telefon: +34 944 354 106
info@transitia.es
www.transitia.es

Management
* Alberto Almirante Uranga (Bevollmächtigter)

Gesellschafter
Stammkapital 500.000,00 EUR
* Transitia S.L. (100 %)

Lizenzen
* ES: EVU-Zulassung (GV) seit 30.04.2013
* ES: Sicherheitszertifikat, Teil A+B (GV); gültig vom 05.12.2013 bis 05.12.2018

Unternehmensgeschichte
Das Unternehmen Transitia Rail SA ist eine Tochter der Transitia S.L. mit Sitz in Bilbao (Bizkaia). Das Mutterunternehmen ist bereits im Straßenpersonen- und Güterverkehr tätig. Zudem besitzt es Konzessionen in der Infrastruktur und betreibt Parkeinrichtungen.
Mit den Partnern FEVE, Comsa und Euskotren ist sie an der Firma Tramrail beteiligt. Mit der Euskotren betreibt sie die Firma Metranybus. Partner an der SIV Depot (Logistikunternehmen mit Sitz in Vitoria) sind neben der Transitia die Hafenverwaltung von Bilbao, die Euskotren und die Reederei Noatum.
Der offizielle Betriebsbeginn ist laut Eintragung im staatlichen Register der 09.12.2012, der erste Güterzug von Bilbao nach Madrid verkehrte im November 2014 nach Anmietung einer Vossloh Euro 4000 bei Alpha Trains.

Verkehre
* KV-Transporte Azuqueca – Bilbao; Spotverkehre seit 2014
* KV-Transporte Bilbao – Madrid (Azuqueca de Henares); Spotverkehr seit November 2014
* KV-Transporte Sevilla – Bilbao; Spotverkehre seit 09.01.2015
* KV-Transporte València – Bilbao; Spotverkehre seit 2014 für Hapag-Lloyd

Tramesa / Veloi Rail

Transportes Mixtos especiales S. A. (Tramesa)

Don Ramon de La Cruz 1
ES-28001 Madrid
Telefon: +31 91 5775983
Telefax: +31 91 5750720
info@tramesa.com
www.tramesa.es

Management
* Jose Ramon Alvarez Ribalaygua (Präsident)
* Maria Alvarez Ribalaygua (Vizepräsidentin)

Gesellschafter
Stammkapital 9.408.000,00 EUR
* Grupo Armando Alvarez (100 %)

Lizenzen
* ES: EVU-Zulassung (GV) seit 27.01.2015

Unternehmensgeschichte
Die Transportes Mixtos especiales S.A. (Tramesa) wurde 1973 als Logistikunternehmen gegründet. Sie ist eine Tochtergesellschaft der Gruppe Armando Alvarez.
Tramesa verfügt über einen Bestand von rund 500 Waggons, darunter Kesselwagen für Mineralöl und Gase, Schüttgutwagen sowie Flachwagen zum Transport von Stahlprodukten.
Das für den Einsatz eigener oder angemieteter Lokomotiven benötigte Sicherheitszertifikat steht noch aus.

Unternehmensgeschichte
Nur wenige Tage nach der Liberalisierung des Schienenpersonenverkehrs in Spanien hat der Bahnbetreiber Veloi Rail SA als 19. Bahnbetreiber am 30.05.2013 die Zulassung durch das zuständige Ministerium in Madrid erhalten. Die Veloi Rail gehört zur Gruppe Planeta, einer Verlagsgruppe, die von der Familie Lara geführt wird.
Geplant ist der Einstieg in den Hochgeschwindigkeitsverkehr im Raum Katalonien in möglicher Zusammenarbeit mit der französischen Staatsbahn SNCF. Dazu sollen Teile der Veloi Rail verkauft werden. Auch eine Bedienung des Nahverkehrs in Katalonien, sowie des Mittelmeerkorridors (Strecke Französische Grenze – Richtung Valerncia) wird angestrebt. Es ist nicht der erste Ausflug der Familie Lara in das Transportgeschäft. Bereits 2006 erwarb man eine 46 % Beteiligung an der spanischen Luftfahrtgesellschaft Vueling.

Veloi Rail SA

Avenida Diagonal 662-664
ES-08034 Barcelona
info@planeta.es
www.planeta.es

Management
* Jose Creuheras Mergenat (Präsident)

Gesellschafter
Stammkapital 3.060.520,00 EUR
* Grupo Planeta (100 %)

Lizenzen
* ES: EVU-Zulassung (PV) seit 31.05.2013
* ES: Sicherheitszertifikat, Teil A+B (PV); gültig vom 07.11.2013 bis 07.11.2018

Tschechien

Kurze Eisenbahngeschichte

Der Bahnbau auf dem heutigen Territorium Tschechiens begann bereits in der dritten Dekade des vorletzten Jahrhunderts mit der Errichtung der 1828 in Betrieb genommenen Pferdebahn Budweis – Linz (erst 1872 auf Dampfbetrieb umgestellt), welcher 1839 als erste Dampfeisenbahn die Kaiser-Ferdinands-Nordbahn von Wien nach Lundenburg (heute Břeclav) folgte. Diese zielte (mit einer Stichbahn nach Brünn (Brno) auf die Verbindung nach Bohumín (Oderberg) und Krakau und erhielt eine in Prerau (Přerov) einbindende, über Olmütz (Olomouc) und Böhmisch Trübau (Česká Třebová) führende Zweigstrecke nach Prag, die 1845 fertiggestellt wurde. Die Eröffnung der Verbindungsspange Brünn – Böhmisch Trübau verkürzte 1849 den Weg von Wien nach Prag deutlich und ab 1851 war dann auch Prag mit Dresden via Elbtal verbunden. Der weitere Netzausbau orientierte sich an den Verkehrsbedürfnissen der k. u. k-Monarchie mit deutlicher Fixierung der Hauptstrecken auf die Anbindung Wiens.

Den nach Gründung der ČSR 1918 veränderten Verkehrsströmen entsprach dieses Netz allerdings nicht mehr in jedem Fall, so dass einige umfangreiche Ausbaumaßnahmen erforderlich wurden, die allerdings meist erst nach dem Zweiten Weltkrieg vollendet werden konnten. Dazu gehörten die Schaffung leistungsfähiger, durchgehend zweigleisiger Verbindungen mit günstiger Gradiente von Praha nach Brno (was u. a. durch eine großenteils neu errichtete und Ende 1953 in Betrieb genommene Trasse Havlíčkův Brod – Brno erreicht wurde) und nach Košice als „große" Ost-West-Achse, wobei bei letzterer der Blick natürlich auch auf die Verkehre Richtung Sowjetunion gerichtet war. Namentlich der stark ausgeweitete Braunkohleabbau in Nordböhmen erforderte weitere Infrastrukturausbauten, um die Abfuhr ins Landesinnere zu gewährleisten.

Auch die Elektrifizierung, die sich zu Zeiten der bürgerlichen ČSR fast nur auf den Prager Vorortverkehr konzentriert hatte, wurde ab den fünfziger Jahren vorangetrieben, wobei man zunächst im nördlichen Landesteil mit 3.000 V Gleichspannung begann und später im südlichen Teil ein zweites System mit 25 kV 50 Hz einführte.

Weite Teile des tschechischen Nebenstreckennetzes blieben jedoch bei der damaligen Modernisierung außen vor. Seit 1993 konzentrieren sich viele Ausbaumaßnahmen in Tschechien auf vier im Kontext der europäischen Fernverkehrsachsen zu sehende Transit-Schienenkorridore. Dabei erfolgen auch teils umfangreiche Neutrassierungen. Diese Arbeiten sollen bis 2018 abgeschlossen werden.

Marktübersicht

★ Personenverkehr: Die Staatsbahn České dráhy, a.s. (ČD) hat bis heute die marktdominierende Stellung inne, da sich die Konkurrenten GW Train Regio a.s. (vormals VIAMONT Regio, a.s.) und ARRIVA MORAVA a.s. nur Verkehre in kaum nennenswertem Umfang sichern konnten und die Jindřichohradecké místní dráhy, a.s. (JHMD) ausschließlich Verkehre auf eigener, schmalspuriger Infrastruktur erbringt. Im Fernverkehr hat jedoch die RegioJet, a.s. Ende September 2011 mit der Bedienung der Linie Havířov – Ostrava – Praha durch eigene Züge begonnen. Als dritter Anbieter auf der aufkommensstärksten Binnenfernverbindung Bohumín – Ostrava – Praha engagiert sich sich die LEO Express a.s. seit Ende 2012. Damit treten auf dieser Relation zwei Privatbahnen in Konkurrenz sowohl untereinander als auch zur Staatsbahn. Beide fahren überdies seit Dezember 2014 auch je ein tägliches Zugpaar zwischen Prag und Košice.

★ Güterverkehr: Marktführer ist die staatliche ČD Cargo, a.s., gefolgt mit großem Abstand von Advanced World Transport a.s. (AWT), UNIPETROL DOPRAVA, s.r.o., Ostravská dopravní společnost, a.s. (ODOS), PKP Cargo S.A., BF Logistics s.r.o. und LTE Logistik a Transport Czechia s.r.o.. Mehr als 30 weitere Unternehmen haben eine EVU-Lizenz, sind jedoch nur in Marktnischen tätig oder wickeln gar keine eigenen Verkehre ab.

Verkehrsministerium

Ministerstvo dopravy
Odbor drah, železniční a kombinované dopravy
nábř. L. Svobody 1222/12
CZ-110 15 Praha 1
Telefon: +420 225 131 361
sekretariat.130@mdcr.cz
www.mdcr.cz

Nationale Eisenbahnbehörde

Drážní úřad
Wilsonova 300/8
CZ-121 06 Praha 2
Telefon: +420 972 241840
drazni.urad@ducr.cz
www.ducr.cz

Eisenbahnunfalluntersuchungsstelle

Drážní inspekce
Těšnov 5
CZ-110 00 Praha 1
Telefon: +420 224 805 444
mail@dicr.cz
www.dicr.cz

Tschechien

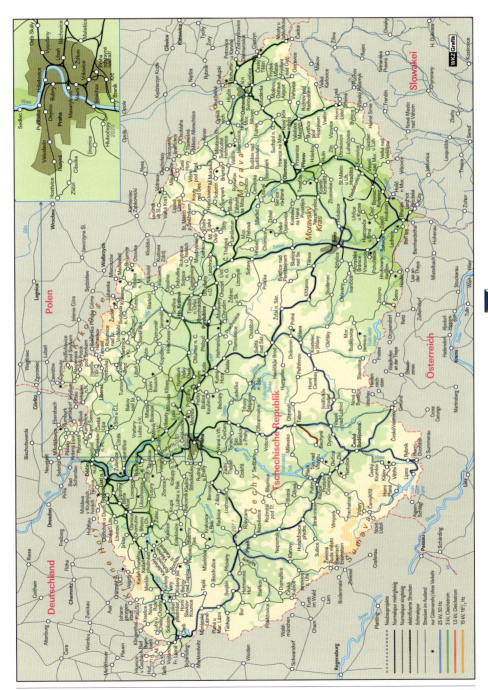

AWT

Advanced World Transport a.s. (AWT) GI

Hornopolní 3314/38
CZ-702 62 Ostrava
Telefon: +420 596 166111
Telefax: +420 596 116748
sales@awt.eu
www.awtgroup.eu

Management
★ Kamil Čermák (Vorsitzender des Vorstandes)
★ Bohumil Bonczek (stellvertretender Vorsitzender des Vorstandes)
★ Ing. David Kostelník (Mitglied des Vorstandes)
★ Petr Leidl (Mitglied des Vorstandes)
★ David Prchal (Mitglied des Vorstandes, CEO)

Gesellschafter
Stammkapital 2.053.373.000,00 CZK
★ Advanced World Transport B.V. (AWT) (100 %)

Lizenzen
★ CZ: EIU-Zulassung für die Regionalbahnen seit 25.01.1998
★ CZ: EVU-Zulassung (PV+GV) seit 21.09.1998
★ PL: Sicherheitszertifikat Teil B (GV), gültig vom 31.01.2013 bis 30.01.2018
★ SK: Sicherheitszertifikat Teil B (GV), gültig vom 09.02.2015 bis 09.12.2017
★ SK: Sicherheitszertifikat Teil B (GV), gültig vom 16.07.2010 bis 09.12.2017

Infrastruktur
★ Louky nad Olší – Doubrava (11,76 km); Übernahme per 01.01.1968
★ Havířov – Prostřední Suchá – Albrechtice u Českého Těšína; Übernahme per 01.01.1986
★ Doubrava – Orlová – Bohumín (61,46 km); Übernahme per 01.01.1988
★ Milotice nad Opavou – Vrbno pod Pradědem (20,47 km); 25.01.1998 von ČD übernommen
★ Betriebsführung für 4 eigene Anschlussbahnen (ca. 300 km)
★ Betriebsführung für 38 Anschlussbahnen Dritter (ca. 250 km)

Unternehmensgeschichte
Advanced World Transport a.s. (AWT) gehört heute zu den größten Eisenbahn- und Frachtunternehmen in der Tschechischen Republik. Die Gesellschaft erreichte 2013 mit 2.000 Mitarbeitern 30 Mio. t Transportvolumen, 2,2 Mrd. tkm Transportleistung und 290 Mio. EUR Umsatz. Mehrheitsgesellschafter der in den Niederlanden ansässigen Muttergesellschaft ist seit Jahresende 2014 die börsennotierte PKP Cargo S.A.
Die heutige Gesellschaft Advanced World Transport a.s. (AWT) geht auf das zum 01.01.1952 gegründete Staatsunternehmen OKR-Doprava zurück, das im Ostrava-Karviná-Kohlenrevier Schienen- und Straßengüterverkehre sowie die entsprechenden Anschlussgleise betrieb. Seit 1954 betätigt man sich zudem im Gleisbau, seit 1967 betreibt man die Anschlussgleise in den neu gebauten Gruben ČSM, Paskov, Staříč und Darkov.
Eine Erweiterung des Bahnnetzes erfuhr die Gesellschaft ab 1968, wo zunächst ein Abschnitt der Košice-Bohumín-Eisenbahn von der Staatsbahn ČSD übernommen wurde. In den folgenden Jahren wurden weitere Bahnstreckenabschnitte, die sich im Gebiet der Grubenniedergänge befanden, der OKR-Doprava übertragen. Seit 1972 übernimmt OKR-Doprava den Betrieb der Anschlussbahn des Wärmekraftwerkes Dětmarovice.
In das Jahr 1974 fällt ein großer Meilenstein der Unternehmensgeschichte: Seitdem ist OKR-Doprava für die Leitung und Koordinierung des Schienen- und Straßenverkehrs des gesamten Ostrava-Karviná-Reviers zuständig, von 1977 bis 1979 wurden zudem die Anschlussgleise aller OKD-Gruben, Aufbereitungsanlagen und Kokereien in die OKR-Doprava überführt.
Zum 01.01.1994 übernahm die nunmehr privatwirtschaftlich organisierte OKD, Doprava a.s. (OKDD) mit den Aktionären OKD, a.s. (95,3 %) und ČMD, a.s. (4,7 %) die Tätigkeiten des Staatsunternehmens OKR-Doprava. In den Jahren 1996 bis 1999 entstanden neue Betriebskomplexe in den Regionen von Hodonín, Poříčí, Mělník, Kladno, Prachovice, Břeclav und Přerov.
Im Jahr 2000 erfolgte die Übernahme der DLT s.r.o., dem Eigentümer der Gleisanlage im Areal Kladno, die OKD, Doprava beim Betrieb eines Bahnanschlussgleises nutzte.
1998 erfolgte der Verkauf von 50,002 % der Aktien des Mutterkonzerns OKS, a.s an das Privatunternehmen KARBON INVEST, a.s., das im Herbst 2005 ihren Anteil weiter aufstockte (95.89 %). Zu diesem Zeitpunkt ging KARBON INVEST mehrheitlich an das Investmentunternehmen RPG Industries Ltd. Seit 27.08.2007 war OKDD in vollständigem Eigentum der New World Resources Transportation B.V. (NWRT), einer niederländischen 100 %-Tochter der RPG Industries SE. RPG Industries mit Sitz in Zypern wiederum ist eine Investmentgesellschaft, die zu 81 % RPG Partners und 19 % indirekt der First Reserve Corporation and American Metals and Coal, Inc. gehört. RPG Partners befand sich im Eigentum des in Tschechien gebürtigen Geschäftsmanns und so genannten „Kohlebarons" Zdeněk Bakala sowie der private equity-Gesellschaft Crossroads Capital Investments, Inc.
Zum 01.05.2010 trat eine neue Firmierung der Gruppe in Kraft: Die Muttergesellschaft New World

AWT

Resources Transportation B.V. wurde in Advanced World Transport B.V. umbenannt. Am Markt tritt man nun einheitlich als „AWT Group" auf. Aus OKDD wurde gleichzeitig nun Advanced World Transport a. s., die Schwesterunternehmen firmierten nun als AWT Čechofracht, AWT SPEDI-TRANS, AWT BlueTrucks, AWT VADS und AWT Rekultivace.
2010 befand sich die NWRT zu 80 % im Eigentum der BXR-Gruppe von Zdeněk Bakala (BXR = Bakala Crossroads), 20 % entfielen auf die Hattisburg Enterprises Limited von Unternehmer René Holecek mit Sitz in Zypern bzw. deren tschechische Tochter Minezit SE. 2013 gründete Bakala zusammen mit seiner Frau Michaela die BM Management für die Verwaltung der assets in Tschechien. Seinen 50 %-Anteil an der BXR stieß Bakala im Frühjahr 2014 im Streit ab und erhielt dafür u.a. 80 % der Anteile an der AWT B.V. Diese wiederum wechselten per Vertrag vom 30.12.2014 für 103,2 Mio. EUR an die PKP Cargo, die mit dem AWT-Minderheitsgesellschafter Minezit SE von Unternehmer René Holecek ebenfalls einen Vertrag unterzeichnete, der auch einen Zeitplan für den eventuellen Kauf auch dessen Anteils enthält.
An der Seite von OKDD bzw. AWT existierten einige Tochter- und Schwesterunternehmen mit Bahnbezug:
* Als Handels-Tochtergesellschaft wurde am 26.04.2007 die OKD, Doprava - Trading, s.r.o. (heute: AWT Trading s.r.o.) gegründet.
* Im Herbst 2008 übernahm OKDD einen 90%igen Anteil am weißrussischen und zuvor komplett in Staatshand befindlichen Terminalbetreiber Belterminal JSC für 99,4 Mio. CZK. Mit dem Kauf übernimmt OKDD die Kontrolle über einen der maßgeblichen Bahnknotenpunkte zwischen Europa und den russischen Staaten. 2010 wurde die Gesellschaft in AWT Belterminal umfirmiert.
* Zum 01.12.2008 konnte OKDD sämtliche Gesellschafteranteile am Konkurrenten VIAMONT Cargo, a.s. übernehmen. Das Unternehmen wurde zum 31.08.2009 vollständig in die neue Muttergesellschaft integriert.
* OKDD gab am 06.05.2009 den Erwerb des Logistikunternehmens Čechofracht, Prag sowie deren Tochterunternehmen (u.a. SPEDI-TRANS), bekannt.
* AWT Coal Logistics s.r.o. ist eine am 04.04.2013 gegründete 100 %-Tochter der AWT B.V. für die Kohlelogistik mit Sitz in Prag.
* Die heutige AWT ROSCO a.s., Ostrava, wurde bereits am 10.11.1992 als TAILOR & SONS, společnost s r.o. gegründet und wechselte mehrfach die Firmierung. Ab 20.12.1995 waren u. a. Tankreinigung und Reparatur von Schienenfahrzeugen Unternehmensinhalt, bereits seit 24.10.1995 hieß das Unternehmen VaDS, sp, spol. s.r.o. Es folgten weitere Umfirmierungen sowie die Umwandlung in eine Aktiengesellschaft per 31.03.2006. Ab 15.09.2009 waren SPEDI-TRANS Praha, s.r.o. bzw. AWT SPEDI-TRANS s.r.o. Alleingesellschafter, seit 15.08.2011 ist es die AWT B.V. Der Unternehmensinhalt wurde auf die Verwaltung und Instandhaltung von Schienenfahrzeugen erweitert, was sich auch im Unternehmensname – ROSCO: Englische Abkürzung ROlling Stock Company – widerspiegelt.
* Die Speditionsaktivitäten der Gruppe fußen auf der Übernahme der Čechofracht-Gruppe inklusive der Tochterunternehmen SPEDI-TRANS, BlueTrucks und VaDS (heutige AWT ROSCO) im Jahr 2009 durch die NWRT B.V., wobei die Gesellschafteranteile erst per 12. Januar 2010 umgeschrieben wurden. Die Aktivitäten der beiden Unternehmen wurden 2011 in der AWT Čechofracht a.s. gebündelt und nachfolgend AWT BlueTrucks s.r.o. and AWT SPEDI-TRANS s.r.o. in diese Gesellschaft integriert. Ein Jahr später erfolgte die Beschränkung auf die Bahnsparte, der Verkauf der Straßengüterverkehrs-, Luftfracht-, Seefracht- und Kontraktlogistikaktivitäten an den dänischen Logistikkonzern DSV wurde am 27.09.2012 bekanntgegeben. Parallel wurde der 50 %-Anteil an der Čechofracht Rail, s.r.o. per 04.09.2012 an das Management veräußert und in INTERFRACHT s.r.o. umfirmiert.

Die Verkehrsleistung der AWT in Tschechien betrug in den vergangenen Jahren:
* 2008: 10,1 Mio. t
* 2009: 9,5 Mio. t
* 2010: 10,9 Mio. t, 935 Mio. tkm
* 2011: 1,018 Mrd. tkm

Nach Auskunft der staatlichen Eisenbahninfrastrukturverwaltung SŽDC erbrachte das Unternehmen
* 2011: 2.079 Mio. Brutto-tkm und 1,73 Mio. Zugkm
* 2010: 1.832 Mio. Brutto-tkm und 1,53 Mio. Zugkm
* 2009: 1.584 Mio. Brutto-tkm und 1,30 Mio. Zugkm
* 2008: 1.193 Mio. Brutto-tkm und 0,94 Mio. Zugkm

Nach Auskunft des slowakischen Infrastrukturbetreibers ŽSR erbrachte das Unternehmen
* 2013: 71,19 Mio. Brutto-tkm und 66.615 Zugkm
* 2012: 33,57 Mio. Brutto-tkm und 43.796 Zugkm

AWT verfügt außerdem über einen parallel in der Slowakischen Republik mit eigener Lizenz tätige Tochtergesellschaft AWT Rail SK a.s. (siehe dort) sowie über die Tochter AWT Rail Hu Zrt. (siehe dort) in Ungarn. AWT gründete aus strategischen Interessen heraus auch eine polnische Tochtergesellschaft, die als AWT Rail PL Sp. z o.o. am 16.08.2012 in das Handelsregister eingetragen wurde. Sitz ist Rybnik in Oberschlesien, nur 50 km vom Hauptsitz der AWT-Mutter in Ostrava entfernt. Ein erster Kohleganzzug verließ Swinoujscie am 17.09.2012 und erreichte Ostrava zwei Tage später. AWT hatte für den Einsatz einige Loks der Baureihe 753 „polonisiert", musste aber mangels eigener Lizenz auf den Kooperationspartner STK zurückgreifen. Das eigene Sicherheitszertifikat, Teil B wurde erst am 31.01.2013 an die tschechische AWT erteilt.

Die OKDD war auch kurzzeitig im Personenverkehr tätig: Mit gebraucht erworbenen Triebwagen der

AWT

Baureihe 810 betrieb die Gesellschaft vom 13.01.1998 bis Ende 2009 SPNV auf der Linie Milotice nad Opavou – Vrbno pod Pradědem. Zwar blieb OKDD / AWT Infrastrukturbetreiber, doch wird der Personenverkehr jetzt durch die GW Train Regio a.s. erbracht.

Verkehre

* Aschetransporte Kladno-Dubí – Nové Strašcí
* Autoteiletransporte (Rohkarosserien des Cayenne) Bratislava [SK] – Leipzig [DE]; 10 x pro Woche seit Januar 2014 im Auftrag von Captrain für Porsche; Traktion in Tschechien bis Děčín (Übergabe an ITL - Eisenbahn GmbH)
* Baustofftransporte; Spotverkehr
* Braunkohlestaubtransporte Dětmarovice (ČEZ, a. s.) – Velká Ida (U. S. Steel Košice, s.r.o.) [SK]; 4-5 x pro Monat Traktion bis Mosty u Jablunkova (Übergabe an Železničná spoločnost Cargo Slovakia, a.s. (ŽSSK Cargo) bzw. seit 01.01.2014 CENTRAL RAILWAYS a.s. (CRW))
* Chemietransporte Lovosice – Slowakische Republik; 1-4 x pro Monat Traktion bis Kúty [SK]
* Chemietransporte Polen – Lhotka nad Bečvou; 5-7 x pro Monat Traktion ab Bohumín (Übernahme von DB Schenker Rail Polska SA)
* Chemietransporte Slowakische Republik – Großkorbetha / Duisburg [DE]; 2-6 x pro Monat Traktion Kúty [SK] – Bad Schandau [DE]
* Chemietransporte Stendell [DE] – Kolín; mehrfach pro Monat Traktion ab Bad Schandau [DE]
* Düngertransporte Lovosice – Herbertingen [DE]; Spotverkehr seit 01.11.2011; EVU in Deutschland ist die METRANS Rail (Deutschland) GmbH unter durchgehender Nutzung der AWT-ER 20
* Düngertransporte Lovosice – Saal [DE]; Spotverkehr seit Mai 2012; EVU in Deutschland ist die METRANS Rail (Deutschland) GmbH unter durchgehender Nutzung der AWT-ER 20
* Getreidetransporte Rumänien – Stade [DE]; Spotverkehr seit September 2014; Traktion in Tschechien bis Bad Schandau (Übergabe an CFL Cargo Deutschland GmbH)
* Gütertransporte Štramberk – Dětmarovice; 1-4 x pro Monat
* KV-Transporte Hamburg [DE] – Ostrava-Paskov; 1 x pro Woche im Auftrag von ČSKD INTRANS s.r.o. / Hanjin Shipping; Traktion in Tschechien
* KV-Transporte Koper [SI] – Ostrava-Paskov; 1 x pro Woche im Auftrag von Maersk Line; Traktion in Tschechien
* KV-Transporte Ostrava – Triest (Europa Multipurpose Terminals (EMT) S.r.l.) [IT]; 3 x pro Woche seit Mitte Mai 2013 Traktion in Tschechien (Übergabe an Lokomotion Gesellschaft für Schienentraktion GmbH)
* Kalksteintransporte Beroun – Kladno Dubí; 1 x pro Woche
* Kerosintransporte Deutschland – Kostelec u Heřmanova Městce; 2 x pro Monat Traktion ab Bad Schandau [DE] im Auftrag von Lukoil
* Kerosintransporte Kralupy nad Vltavou – Kostelec u Heřmanova Městce; Spotverkehr im Auftrag von Lukoil
* Kohle- und Kokstransporte Polen – Ostrava; 2-23 x pro Monat Traktion ab Bohumín (Übernahme von DB Schenker Rail Polska SA / PKP Cargo SA)
* Kohletransporte Ledvice – Kladno Dubí; 1-2 x pro Tag
* Kohletransporte Ledvice – Lovosice; 1-10 x pro Monat
* Kohletransporte Ledvice – Nové Město nad Metují; Spotverkehre
* Kohletransporte Ledvice – Rosice nad Labem; 1-5 x pro Monat
* Kohletransporte Ledvice – Trmice; 1-2 x pro Tag
* Kohletransporte Ledvice – Tábor; 2-12 x pro Monat seit 2008
* Kohletransporte Ledvice – České Meziříčí; Saisonverkehre im Sommer und Herbst
* Kohletransporte Ostrava – Kladno-Dubí; seit 1996, aktuell 2 x pro Woche
* Kohletransporte Ostrava – Kopidlno; 1 x pro Woche seit Juni 2010
* Kohletransporte Ostrava – Krnov; 1-2 x pro Monat
* Kohletransporte Ostrava – Olomouc; 4 x pro Monat
* Kohletransporte Ostrava – Přerov; 3 x pro Woche
* Kohletransporte Ostrava – Rosice nad Labem; mehrfach pro Monat
* Kohletransporte Polen – Werndorf [AT] / Moosbierbaum-Heiligeneich [AT]; 8-40 x pro Monat Traktion Bohumín (Übernahme von PKP Cargo SA) – Břeclav (Übergabe an Rail Cargo Austria AG (RCA))
* Kohletransporte Raum Ostrava – Moosbierbaum [AT] / Werndorf [AT] / Leoben [AT] / Linz [AT, seit März 2014); bis 5 x pro Tag seit Februar 2014 Traktion bis Breclav (Übergabe an Rail Cargo Austria AG (RCA))
* Kohletransporte Russland – Dymokury; 1 x pro Monat Traktion ab Bohumín
* Kohletransporte Tschechien – Kassel-Niederzwehren [DE]; betriebliche Abwicklung in Tschechien im Auftrag der ITL Eisenbahn GmbH bzw. ab Herbst 2011 der HSL Logistik GmbH
* Kohletransporte Třebušice – Hněvice
* Kohletransporte Třebušice – Hodonín
* Kokstransporte Ostrava (OKK Koksovny, a.s.) – Lichtenstein (Umladung auf Lkw) [DE]; 1 x pro Woche seit 03.02.2012; Traktion ab Bad Schandau durch Muldental-Eisenbahnverkehrsgesellschaft mbH (MTEG)
* Kokstransporte Ostrava – Flums [CH]; Spotverkehr seit 19.01.2014 u.a. mit der Rail Cargo Austria AG (RCA) in Österreich
* Mineralöltransporte Deutschland – Chlumec nad Cidlinou; Spotverkehre via Česká Kubice
* Mineralöltransporte Karlsruhe-Knielingen / Schwedt / Leuna / Hamburg [DE] – Tschechien; Spotverkehre; Traktion ab Bad Schandau (Übernahme von RBH Logistics GmbH) [DE]

AWT / ARRIVA vlaky / ARRIVA MORAVA

* Mineralöltransporte Ungarn – Deutschland; Spotverkehre; Traktion auf dem Abschnitt Rajka [HU] – Bad Schandau [DE]
* Pflanzenöltransporte Lovosice – Wien Lobau Hafen (Münzer Bioindustrie GmbH) [AT]; ab Břeclav Traktion durch Rail Cargo Austria AG (RCA)
* Rapsschrottransporte Olomouc – Regensburg [DE]; Spotverkehre via Česká Kubice in Kooperation mit der IntEgro Verkehr GmbH; durchgehende Nutzung einer AWT-Lok
* Schlacketransporte Ostrava – Prachovice; 2 x pro Monat
* Schottertransporte aus den Steinbrüchen der Gesellschaften BASALT (Steinbrüche in Měrunice, Všechlapy, Votice) und DOBET (Steinbruch Mariánská skála in Ústí nad Labem)
* Schrotttransporte Tschechien – Cava Tigozzi [IT]; Spotverkehre mit Traktion in Österreich durch LTE Logistik- und Trasport-GmbH
* Treibstofftransporte Deutschland – Kyjov; 1-3 x pro Monat Traktion ab Bad Schandau [DE]
* Zementtransporte Slowakische Republik – Beroun Závodí; 2 x pro Monat Traktion ab Horní Lideč

ARRIVA vlaky s.r.o.

Radlická 1c/3185
CZ-150 00 Praha 5-Smíchov
Telefon: +420 277 775 200
info.transport@arriva.cz
www.arrivavlaky.cz

Management
* Ing. Ivo Novotný (Geschäftsführer)
* Ing. Jiří Nálevka (Geschäftsführer)

Gesellschafter
Stammkapital 200.000,00 CZK
* ARRIVA holding Česká republika s.r.o. (100 %)

Unternehmensgeschichte
ARRIVA holding Česká republika s.r.o. verfügt über 250 Busse, hat 300 Mitarbeiter und befördert pro Monat rund 1 Mio. Passagiere. Das Unternehmen wurde am 20.11.2006 zunächst als ERISIPELA s.r.o. gegründet und trägt den heutigen Namen seit 11.01.2007.
ARRIVA übernahm in Tschechien 2006 / 2007 mit TRANSCENTRUM bus s.r.o., Bosák Bus s.r.o. und Osnado s.r.o. einige Busunternehmen. Im November 2013 konnte Arriva zudem das tschechische Busgeschäft des niederländischen Anbieters Abellio erwerben. Die beiden nun zu 100 Prozent durch DB Arriva übernommenen ehemaligen Abellio-Töchter sind PROBOBUS a.s. und Abellio CZ a.s., die rund 200 Mitarbeiter beschäftigen und mehr als 110 Busse betreiben.
Die Zahl der Mitarbeiter von DB Arriva in Tschechien steigt mit dem Firmenkauf auf rund 3.100. Die Busflotte erweitert sich auf über 2.000 Fahrzeuge.
Das am 02.09.2009 gegründete Tochterunternehmen ARRIVA vlaky s.r.o. hatte für das Fahrplanjahr 2013 Trassen auf den Bahnstrecken Prag – Cesky Krumlov und Prag – Velvary angemeldet. Wie der DB-Konzern bestätigte, sei dies „vorsorglich" geschehen. Der Regionalverkehr werde aufgenommen, wenn es wirtschaftlich sinnvolle Möglichkeit ergibt", so der DB-Sprecher. Konkrete Vereinbarungen gebe es noch nicht. Laut der tschechischen Tageszeitung Mlada fronta Dnes hofft ARRIVA auf die Finanzierung der Strecke durch die Kreise Mittelböhmen und Südböhmen. In beiden Fällen bietet die Staatsbahn ČD derzeit nur Umsteigeverbindungen an.
Im August 2012 wurde ein Dieseltriebzug der Schwestergesellschaft DB Regio AG für den Einsatz in Tschechien hergerichtet. Dieser unternahm am 15.09.2012 eine Präsentationsfahrt von Most über Osek mesto ins Erzgebirge hinauf nach Moldava. 2013 unterlag ARRIVA vlaky bei der Ausschreibung des SPNV Olomouc – Krnov – Ostrava, der an RegioJet vergeben wurde.
Als erster Schienenpersonenverkehr konnte das Unternehmen am 23.09.2013 die Verbindung Praha Masarykovo nádraží – Kralupy nad Vltavou aufnehmen, das mit acht Zugpaaren pro Tag befahren wurde. Bereits zum 13.12.2013 endeten die Verkehre bereits wieder.
Ab März 2014 wollte das Unternehmen die Strecke Moravská Třebová – Chornice befahren, was aber nicht umgesetzt wurde. Im September 2014 wurden die beiden 610er zur Abstellung in Hamm abgefahren.

ARRIVA MORAVA a.s.

Vítkovická 3133/5
CZ-702 00 Ostrava-Moravská
Telefon: +420 585 108274
Telefax: +420 585 108382
www.arriva-morava.cz

ARRIVA MORAVA / AH

Železnici Desná (ŽD)
Vítkovická 3133/5
702 00 Ostrava-Moravská
Telefon: +420 583 242242
Telefax: +420 583 242242
desna.morava@arriva.cz
www.zeleznicedesna.cz

Management
★ Ing. Ivo Novotný (Vorstandsvorsitzender)
★ Ing. Pavla Struhalová (stellvertretender Vorstandsvorsitzender)
★ Daniel Adamka (Mitglied des Vorstandes)

Gesellschafter
Stammkapital 616.013.000,00 CZK
★ ARRIVA TRANSPORT ČESKÁ REPUBLIKA a.s. (100 %)

Lizenzen
★ CZ: EVU-Zulassung (PV+GV) seit 22.03.2005

Unternehmensgeschichte
ARRIVA MORAVA, eigentlich ein Busunternehmen, betreibt unter dem Markennamen Železnici Desná (ŽD) den Personenverkehr auf der mährischen Strecke Šumperk – Kouty nad Desnou und deren Zweigbahn Petrov nad Desnou – Sobotín, beide unter der ČD-KBS 293 zusammengefasst. Der Verkehr wurde dort seit Frühjahr 1998 durch die Stavební obnova železnic, a.s. (SOŽ) ausgeführt und am 01.10.2002 durch Connex Morava übernommen. Die heutige ARRIVA MORAVA geht zurück auf das 1949 gegründete Staatsunternehmen ČSAD Ostrava zurück, dass 1993 als ČSAD Ostrava, a.s. privatisiert wurde. Zum 07.01.1999 wurde die ČSAD BUS Ostrava a.s. gegründet und per 05.05.2000 an die Connex Transport AB verkauft.
Die ČSAD BUS Ostrava a.s. wurde zum 01.01.2002 in Connex Morava, a.s. und zum 01.08.2002 in Veolia Transport Morava, a.s. umfirmiert. Im Rahmen des Verkaufs der Veolia Transdev Central Europe (VTCE) an Arriva erhielt das Unternehmen am 01.07.02013 den heutigen Namen.
Das Unternehmen verfügte 2007 über 684 Busse und 1.165 Mitarbeiter.

Verkehre
★ SPNV Šumperk – Kouty nad Desnou
★ SPNV Petrov nad Desnou – Sobotín

Verwaltung
Hůrecká
CZ-373 72 Lišov
Telefon: +420 387 312767
Telefax: +420 387 313092
info@hanzalik.cz
www.hanzalik.cz

Management
★ Jaroslav Jahodář (Geschäftsführer)

Gesellschafter
Stammkapital 100.000,00 CZK
★ Josef Hanzalík (100 %)

Unternehmensgeschichte
Der Speditionsunternehmer Josef Hanzalík begann 1993 mit einem Kleinlaster und expandierte schnell. Heute ist die 1997 gegründete Autodoprava Hanzalík s.r.o. mit 390 Lkw und 585 Mitarbeitern eines der größten tschechischen Logistikunternehmen. Hanzalík ist ein großer Bahnfan und erwarb 2011 zwei Streckendiesselloks, die im April 2012 nach Hauptuntersuchung in Betrieb genommen wurden. Als Berater für den Aufbau seines Bahngeschäftes stand dem Firmengründer Jan Šatava zur Seite, der bereits als Vorstand große Erfolge beim Aufbau der Jindřichohradecké místní dráhy, a.s. (JHMD) feiern konnte.
Die Aufnahme von regelmäßigen Verkehren erfolgte im August 2012. Als Betriebsbasis dienen die Anlagen der Papierwerke der JIP – Papírny Větřní, a. s. im südböhmischen Větřní, die über eine 6 km lange Industriebahn an den Bahnhof Kájov an der Strecke České Budějovice – Černý Kříž angeschlossen sind. Hanzalík hatte die Papierfabrik 2007 für 233 Mio. CZK übernommen. Wegen Betrugsvorwürfen lief gegen ihn 2012 ein erstes Gerichtsverfahren, doch konnte er sich vor einer Inhaftierung ins Ausland absetzen. Im Oktober 2014 mit internationalem Haftbefehl im slowenischen Ljubljana festgenommen, wurde er einen Monat später nach Tschechien ausgeliefert und am 04.02.2015 zu fünfeinhalb Jahren Gefängnis verurteilt. Nachfolgend hat Unicredit Leasing CZ am 25.02.2015 Insolvenzantrag gegen das Unternehmen gestellt. Grund sind offene Rechnungen über rund 600.000 CZK (227.000 EUR).

Autodoprava Hanzalík s.r.o. (AH)

Kořenského 1107/15
CZ-150 00 Praha 5 - Smíchov

AŽD Praha / BFL

AŽD Praha s.r.o.

Žirovnická 2/3146
CZ-106 17 Praha 10
Telefon: +420 267 287111
Telefax: +420 272 650831
info@azd.cz
www.azd.cz

Management
* Ing. Zdeněk Chrdle (Geschäftsführender Direktor)
* Roman Juřík (technischer Geschäftsführer)
* Daniela Veselá (Geschäftsführerin, Leiterin der Logistikabteilung Olomouc)

Gesellschafter
Stammkapital 384.436.000,00 CZK

Beteiligungen
* AŽD Kazachstán s.r.o.
* AŽD SLOVAKIA a.s.
* AŽD Saobračajni Sistemi, d.o.o.
* AŽD W Poprad, s.r.o.
* Bulharsko – Balkan SAST
* PROJEKT SIGNAL s.r.o.

Lizenzen
* CZ: EVU-Zuasslung (GV); gültig seit 15.02.1996
* CZ: Sicherheitszertifikat, Teil A (GV); gültig vom 13.12.2013 bis 12.12.2018

Unternehmensgeschichte
Die Anfänge der heutigen AŽD Praha s.r.o. sind eng mit dem Wiederaufbau und der Modernisierung der Eisenbahn in der Tschechischen Republik verbunden. Die Keimzelle bildeten dabei drei, 1954 gegründete Einheiten der Staatsbahn:
* ČSD - Stavba a montáž sdělovacích a zabezpečovacích zařízení [ČSD - Konstruktion und Installation von Kommunikations- und Sicherheitsanlagen]
* ČSD - Výroba sdělovacích a zabezpečovacích zařízení [ČSD - Herstellung von Kommunikations- und Sicherheitsanlagen]
* ČSD - Ústřední zásobovací sklad [ČSD - Zentralversorgungsdepot]

1958 wurden die Einheiten im Gemeinschaftsunternehmen Výroba a výstavba sdělovacích a zabezpečovacích zařízení (VVSZZ)

[Verarbeitendes Gewerbe und Bau von Kommunikations- und Sicherheitseinrichtungen] zusammengeführt. 1961 wurde dieses in Automatizace železniční dopravy (AŽD) [Automation Schienenverkehr] umfirmiert und zum Generalunternehmer für Eisenbahnsignaltechnik und Kommunikationsgeräte in der Tschechoslowakei und deren Hauptexporteur bestimmt. Zum 01.04.11971 entstand zudem die AŽD Bratislava. Beide Unternehmen wurden zum 01.07.1989 der Železniční stavby a montáže, kombinát mit Sitz in Bratislava unterstellt, die jedoh zum 01.07.1990 wieder aufgelöst wurde.
Im Rahmen der Privatisierung ging der Geschäftsbetrieb der AŽD in Prag zunächst an die am 17.11.1992 vom Management des Unternehmens gegründete AUDOC Praha, s.r.o. über. Diese firmiert seit 27.09.1993 als AŽD Praha s.r.o., hat aktuell 2.000 Mitarbeiter hat und ist nach eigenen Aussagen in Tschechien Marktführer bei der Bahn-Sicherheitstechnik ist. Es bestehen Niederlassungen in Brno, Olomouc und Kolín.
In der Slowakei werden die drei Tochtergesellschaften unterhalten: AŽD W Poprad, s.r.o., AŽD SLOVAKIA a.s. (bis 17.05.2011 AŽD Košice, a.s.) und PROJEKT SIGNAL s.r.o. in Bratislava. AŽD ist zudem in Serbien (AŽD Saobračajni sistemi, d.o.o. Beograd), Bulgarien (Bulharsko – Balkan SAST) und Kasachstan (AŽD Kazachstán s.r.o.) aktiv.

BF Logistics, s.r.o. (BFL)

Beranových 65
CZ-199 02 Praha 9
Telefon: +420 416 812860
Telefax: +420 416 812861
hubicka@bfl.cz
www.bfl.cz

Management
* Daniel Hubička (Geschäftsführer)

Gesellschafter
Stammkapital 1.002.000,00 CZK
* Robert Linhart (33,33 %)
* Radomír Vrána (33,33 %)
* Daniel Hubička (33,33 %)

BFL / ČD Cargo

Lizenzen
* CZ: EVU-Zulassung (GV) seit 01.03.2007
* CZ: Sicherheitszertifikat, Teil A (GV), gültig vom 10.07.2007 bis 17.05.2017; seit 18.09.2012 auch für PV

Unternehmensgeschichte
Die Gesellschaft BF Logistics, s.r.o. (BFL) wurde am 21.10.2005 durch die fünf privaten Gesellschafter Daniel Hubička, Robert Linhart, Aleš Poděbratský, Radek Šauer sowie das Unternehmen LOKO TRANS s.r.o. gegründet. Die Abkürzung „BF" steht dabei für „big five". Ein Großteil der Gründungsgesellschafter war zuvor bei der OKD, Doprava, a.s. in leitender Funktion tätig gewesen. Gründungsmitglied Radek Šauer verließ das Unternehmen am 23.10.2007, bereits am 07.03. des gleichen Jahres war die LOKO TRANS als Gesellschafter ausgeschieden. Zum 08.03.2011 schied auch Aleš Poděbradský (+) als Gesellschafter des Unternehmens aus. Der später eingestiegene Radomír Vrána ist übrigens geschäftsführender Alleingesellschafter der LOKOTRANS SERVIS s.r.o..
Die BFL bietet heute neben einem Lokpool aus Loks des Partnerunternehmens Česká lokomotivka, s.r.o. und LOKOTRANS SERVIS auch passendes Flottenmanagement und Beraterleistungen an. Nach Auskunft der staatlichen Eisenbahninfrastrukturverwaltung SŽDC erbrachte das Unternehmen
* 2011: 92,010 Mio. Brutto-tkm und 104.307 Zugkm
* 2010: 92,010 Mio. Brutto-tkm und 104.307 Zugkm
* 2009: 58 Mio. Brutto-tkm und 84.000 Zugkm
* 2008: 61 Mio. Brutto-tkm und 87.000 Zugkm
Im Nachbarland Slowakei waren es nach Aussage des Infrastrukturbetreibers ŽSR
* 2012: 0,03 Mio. Brutto-tkm und 37 Zugkm
* 2011: 0,89 Mio. Brutto-tkm und 761 Zugkm
* 2010: 0,24 Mio. Brutto-tkm und 708 Zugkm
2008 verfügte das Unternehmen über 50 Mitarbeiter und generierte einen Umsatz von 2,9 Mio. EUR.

Verkehre
* Agrarprodukttransporte (Getreide, Samen, ...) Rumänien / Ungarn / Slowakei / Tschechien – Deutschland; Spotverkehre mit wechselnden Start- und Zielbahnhöfen; Traktion in Tschechien
* Ammoniumtransporte Polen – Trnovec nad Váhom [SK]; 1 x pro Woche Traktion Bohumín – Kúty (Übergabe an Železničná spoločnosť Cargo Slovakia, a.s. (ŽSSK Cargo)) [SK]
* Chemietransporte Slowakische Republik – Polen; Spotverkehre; Traktion Kúty [SK] – Bohumín
* Dachziegeltransporte Šumperk (Cembrit a.s.) – Taulov (Cembrit A/S) [DK]; 3 x pro Monat seit März 2013 Traktion in Tschechien im Auftrag der Raillogix B.V.
* Erdöltransporte Weißrussland – Slowakei; 2 x pro Monat seit 2012 Abwicklung in Tschechien
* Stahlschrotttransporte Kolín – Košice [SK]; Spotverkehr; Traktion in Tschechien im Auftrag der Raillogix B.V.
* Teertransporte Slowakische Republik – Lhotka nad Bečvou; 1-2 x pro Monat Traktion ab Horní Lideč

ČD Cargo, a.s. G

Jankovcova 1569/2c
CZ-170 00 Praha 1
Telefon: +420 972 42-100
Telefax: +420 972 42-101
info@cdcargo.cz
www.cdcargo.cz

Management
* Ivan Bednárik (Vorstandsvorsitzender)
* Karel Adam (Mitglied des Vorstandes)
* Zdeněk Meidl (Mitglied des Vorstandes)

Gesellschafter
Stammkapital 8.494.000.000,00 CZK
* České dráhy, a.s. (ČD) (100 %)

Beteiligungen
* Auto Terminal Nymburk, s.r.o. (100 %)
* ČD - Generalvertretung Wien GmbH (100 %)
* Koleje Czeskie Sp. z o.o. (100 %)
* ČD Generalvertretung GmbH (100 %)
* Terminal Brno, a.s. (66,93 %)
* ČD Logistics, a.s. (56 %)
* ČD INTERPORT, s.r.o. (51 %)
* ČD-DUSS Terminál, a.s. (51 %)
* RAILLEX, a.s. (40 %)
* Bohemiakombi, s.r.o. (30 %)
* Ostravská dopravní společnost, a.s. (ODOS) (20 %)
* XRail S.A. (13 %)
* Bureau Central de Clearing s.c.r.l. (BCC) (3,36 %)
* Generálne zatúpenie ČD Cargo, s.r.o. (1,61 %)

Lizenzen
* CZ: EVU-Zulassung (PV+GV) seit 01.12.2007
* CZ: Sicherheitszertifikat, Teil A (PV+GV); gültig vom 01.12.2007 bis 12.09.2018
* SK: EVU-Zulassung (GV); gültig vom 19.10.2011 bis 01.11.2021

Unternehmensgeschichte
ČD Cargo, a.s. wurde zum 01.12.2007 aus der Staatsbahn České dráhy (ČD) herausgelöst und übernahm von der Muttergesellschaft etwa ein Drittel der Lokomotiven, alle Güterwagen (rd.

35.000) und etwa 12.500 Mitarbeiter. Die Tochtergesellschaft ČD-DUSS Terminál, a.s. betreibt ein KV-Terminal in Lovosice, die Töchter ČD Generalvertretung bzw. ČD Generalvertretung Wien GmbH sind auf den Automobiltransport ins europäische Ausland spezialisiert und die Töchter Koleje Czeskie Sp. z o.o. und Generálne zastúpenie ČD Cargo, s.r.o. organisieren Verkehrs nach Polen und den Ländern Osteuropas. Im inländischen Markt hält man einen Anteil von knapp 75 % der Zugkilometer. Bezogen auf die Verkehrsleistung liegt das Unternehmen damit hinter DB Schenker Rail, PKP Cargo und Rail Cargo Austria auf Platz 4 im europäischen Schienengüterverkehr.
Nach Auskunft der staatlichen Eisenbahninfrastrukturverwaltung SŽDC erbrachte das Unternehmen:
* 2011: 28,2 Mrd. Brutto-tkm und 28,62 Mio. Zugkm
* 2010: 28,2 Mrd. Brutto-tkm und 28,87 Mio. Zugkm
* 2009: 27,15 Mrd. Brutto-tkm und 29,11 Mio. Zugkm
* 2008: 35,06 Mrd. Brutto-tkm und 38,05 Mio. Zugkm

2013 (Vorjahreswerte in Klammern) war für ČD Cargo das Jahr der Rückkehr in die schwarzen Zahlen, obwohl das beförderte Güteraufkommen von 73,3 auf 70,2 Mio. t zurückging. Trotz des leicht gesunkenen Umsatzes von 15,199 (15,405) Mrd. CZK war ein operatives Ergebnis von 563 (-1.408) Mio. CZK und ein Ergebnis vor Steuern von 601 (-2.047) Mio. CZK zu verzeichnen. Dies dürfte daher vor allem den deutlich gesunkenen Personalkosten geschuldet sein, denn der durchschnittliche Mitarbeiterbestand des Unternehmens lag bei nur noch 7.998 (8.910) Personen.

České dráhy, a.s. (ČD) 🅿

Nábřeží Ludvíka Svobody 1222/12
CZ-110 15 Praha 1
Telefon: +420 2 972111-111
Telefax: +420 2 22328784
info@cd.cz
www.ceskedrahy.cz

Management
* Pavel Krtek (Vorstandsvorsitzender)
* Ludvík Urban (stellvertretender Vorstandsvorsitzender)
* František Bureš (Mitglied des Vorstandes)
* Roman Šterba (Mitglied des Vorstandes)
* Michal Štěpán (Mitglied des Vorstandes)

Gesellschafter
Stammkapital 20.000.000.000,00 CZK
* Česká republika [Tschechische Republik] (100 %)

Beteiligungen
* ČD Cargo, a.s. (100 %)
* DPOV, a.s. (100 %)
* Dopravní vzdělavací institut, a.s. (100 %)
* Výzkumný Ústav Železniční, a.s. (100 %)
* ČD Reality, a.s. (100 %)
* ČD – Informační Systémy, a.s. (100 %)
* RailReal, a.s. (66 %)
* ČD-Telematika a.s. (59,31 %)
* ČD travel, s.r.o. (51,72 %)
* Centrum Holešovice, a.s. (51 %)
* RAILREKLAM, s.r.o. (51 %)
* Smichov Station Development, a.s. (51 %)
* ČD Reality, a.s. (51 %)
* Žižkov Station Development, a.s. (51 %)
* ČD Restaurant, a.s. (40 %)
* Jidelni a lůžkove vozy (JLV), a.s. (38,79 %)
* CR City, a.s. (34 %)
* CR office, a.s. (34 %)
* Masaryk Station Development, a.s. (34 %)
* RS Residence s.r.o. (34 %)
* RS hotel, a.s. (34 %)
* WHITEWATER a.s. (34 %)
* Bureau Central de Clearing s.c.r.l. (BCC) (3,22 %)
* EUROFIMA Europäische Gesellschaft für die Finanzierung von Eisenbahnmaterial AG (1 %)

Lizenzen
* CZ: EVU-Zulassung (PV+GV); gültig seit 01.11.2003
* CZ: Sicherheitszertifikat, Teil A (PV+GV); gültig vom 28.02.2013 bis 27.02.2018

Unternehmensgeschichte
Die heutige České dráhy akciová společnost (Tschechische Bahnen Aktiengesellschaft) ist der Nachfolger der früheren ČSD (Československé státní dráhy, Tschechoslowakische Staatsbahnen). Diese war unmittelbar nach Gründung der Tschechoslowakei am 28.10.1918 ins Leben gerufen worden, um im neuen Staat große Teile des Streckennetz und Betrieb der österreichischen und ungarischen Staatsbahnen zu übernehmen. Mit Ausnahme der Jahre 1939-1945 hatte die ČSD bis zum 31.12.1992 Bestand, als die Tschechoslowakei wieder aufgelöst wurde. Das nunmehr rein tschechische Unternehmen war zehn Jahre lang faktisch eine Staatsbehörde (ČD, státní organizace). Bereits ab 1995 diskutierte man auf politischer Ebene verschiedene Privatisierungsvarianten, doch wurden erst am 01.01.2003 die mit der Erbringung der Verkehrsleistungen betreuten Teile der ČD in eine vollständig in Staatsbesitz befindliche Aktiengesellschaft umgewandelt. Der Besitz und Betrieb der Infrastruktur wurde abgespalten und ging an die neugeschaffene SŽDC Správa železniční dopravní cesty, státní organizace über. Am 01.12.2007 wurde auch die Güterverkehrssparte in

ČD / CHTHB / CHTPCE

Form der Tochtergesellschaft ČD Cargo, a.s. ausgegliedert, so dass die heutige ČD ein reines Personenverkehrsunternehmen ist. Der hochwertige Fernverkehr muss ohne staatliche Zuschüsse auskommen, während die Schnellzugleistungen vom Verkehrsministerium bestellt werden. Eil- und Personenzüge als unterste Produktklassen sind komplett „regionalisiert" und werden von den Regionen bestellt. Für den gehobenen Fernverkehr wurden nach der Jahrtausendwende sieben italienische Pendolinogarnituren beschafft, die ab Fahrplanwechsel 2005 als Zuggattung „SuperCity" (SC) in den Planbetrieb auf den Relationen von Prag nach Bohumín und Brno – Wien gingen. Da die Nachfrage Richtung Wien trotz verschiedener Sondertarife unter den Erwartungen blieb, konzentriert sich der SC-Betrieb nunmehr auf die aufkommensstärkste Inlandrelation nach Bohumín, die im angenäherten Zweistundentakt befahren wird. Eine der wichtigsten Aufgaben bleibt auch mittelfristig die Modernisierung des überalterten Fuhrparks. Was vor Jahren mit der bis heute andauernden Beschaffung von Neubau-Doppelstocktriebzügen für den Prager Vorortverkehr und dem Umbau eines Teiles der von 1973-1982 stammenden Schienenbusflotte begann, setzt sich nun mit einem Rekonstruktionsprogramm für einen Teil der meist auch noch aus der Vorwendezeit stammenden Reisezugwagen und der Beschaffung von Neubaufahrzeugen fort. Dies betrifft neben Reisezugwagen vor allem die beendete Indienststellung von 33 Regioshuttle („RegioSpider") von Stadler Pankow, die bis 2014 andauernde Lieferung von 31 „LINK II"-Dieseltriebzügen („RegioShark") von PESA Bydgoszcz S.A. sowie mittlerweile 26 Niederflurelektrotriebzügen des Typs Škoda 7Ev („RegioPanter"). Weitere 14 bzw. elf RegioPanter wurden im August 2014 und Februar 2015 bestellt. Für den Fernverkehr wurde der österreichische Hersteller Siemens Infrastructure & Cities im August 2012 mit der Lieferung von sieben siebenteiligen Railjet-Garnituren aus einem ursprünglich mit der ÖBB abgeschlossenen Rahmenvertrag beauftragt. Diese werden seit Dezember 2014 auf der Achse Prag – Brünn – Wien – Graz eingesetzt. Die Bespannung erfolgt mit angemieteten ÖBB-Tauri, wozu zum o. g. Zeitpunkt ein Zehnjahresvertrag mit der ÖBB geschlossen wurde.
Die durchschnittliche Personalbestand des Unternehmens lag 2013 (Vorjahreswerte in Klammern) bei 15.636 (15.972) Mitarbeitern. Die Reisendenzahl betrug 169,3 (168,8) Mio., während die Verkehrsleistung bei 6,924 (6,907) Mrd. Pkm und 120,7 (121,7) Mio. Zugkm lag. Der Zuwachs von einer Million Passagieren konnte trotz der Konkurrenz durch die zwei Mitbewerber RegioJet, a.s. und LEO Express a.s. auf der nachfragestärksten Fernverkehrsrelation Praha – Olomouc – Ostrava erzielt werden.
Bei einem Umsatzerlös von 19,906 (19,499) Mrd. CZK wurde ein EBITDA von 1,657 (1,862) Mrd. CZK erzielt und ein Verlust von 1,795 (0,517) Mrd. CZK eingefahren.

Chládek a Tintěra Havlíčkův Brod, a.s. (CHTHB)

Průmyslová 941
CZ-580 01 Havlíčkův Brod
Telefon: +420 596 400500
Telefax: +420 596 400501
sekretariat@chladek-tintera.cz
www.chladek-tintera.cz

Management
* Petr Suchý (Vorstandsvorsitzender)
* Libor Langhans (stellvertretender Vorstandsvorsitzender)
* Ing. Vlastimil Hladík (Mitglied des Vorstandes)

Gesellschafter
Stammkapital 20.000.000,00 CZK

Lizenzen
* CZ Sicherheitszertifikat (GV), gültig vom 14.01.2008 bis 20.11.2017
* CZ: EVU-Zulassung (GV) seit 01.05.2008

Unternehmensgeschichte
Die am 23.02.1994 in das Handelsregister eingetragene Chládek a Tintěra Havlíčkův Brod, a.s. war Teil des Baukonzerns Chládek & Tintěra und im Gleisbau tätig. Die 1996 gegründete Tochterfirma Chládek a Tintěra Pardubice, a.s. (CHTPCE) ist seit 2008 Eigentum der enteria a.s. als Zusammenschluss mittelständischer Bauunternehmen.

Chládek a Tintěra Pardubice, a.s. (CHTPCE)

K Vápence 2677
CZ-530 02 Pardubice
Telefon: +420 466 791111
info@cht-pce.cz
www.cht-pce.cz

Management
* Petr Pejcha (Vorstandsvorsitzender)
* Martin Havelka (Vorstand)
* Pavel Šťastný (Vorstand)

CHTPCE / CZ Logistics / CCS / DBV-ITL

Gesellschafter
Stammkapital 8.300.000,00 CZK
* enteria a.s. (100 %)

Lizenzen
* CZ: EVU-Zulassung (GV) seit 01.09.2000
* CZ: Sicherheitszertifikat, Teil A (PV); gültig vom 28.08.2013 bis 27.08.2018

Unternehmensgeschichte
Das Bauunternehmen Chládek a Tintěra Pardubice, a.s. wurde am 01.07.1996 als Chládek a Tintěra, silnice - železnice, divize Pardubice, a.s. in das Handelsregister eingetragen. Das Unternehmen war Teil des Baukonzerns Chládek & Tintěra, befindet sich aber seit 2008 im Eigentum der enteria a.s. als Zusammenschluss mittelständischer Bauunternehmen.

CZ Logistics, s.r.o.

Semanínská 580
CZ-560 02 Česká Třebová
logistics@czloko.cz
www.czlog.cz

operating workplace
Matyášova ul.
CZ-560 02 Česká Třebová
Telefon: +420 465 558558

Management
* Ing. Aleš Podolák (Geschäftsführer)
* Ing. Jiří Zapletal (Geschäftsführer)

Gesellschafter
Stammkapital 200.000,00 CZK
* CZ LOKO, a.s. (100 %)

Lizenzen
* CZ: EVU-Zulassung (GV) seit 01.11.2006
* CZ: Sicherheitszertifikat (GV), gültig vom 02.09.2007 bis 17.05.2017

Unternehmensgeschichte
Die am 18.12.1995 in das Handelsregister eingetragene CZ Logistics, s.r.o. ist ein Tochterunternehmen der CZ LOKO, a.s.. Anfänglich lag der Fokus auf der Bahnspedition sowie der Beförderung von Kleinstmengen auf der Schiene. Später kamen auch grenzüberschreitende Verkehre sowie Straßen- und Lufttransporte hinzu.

Czech Coal Services, a.s. (CCS) G

V. Řezáče 315
CZ-434 67 Most
Telefon: +420 476 203-582
Telefax: +420 476 203-348
mail@ccservices.cz
www.czechcoalservices.cz

Management
* Petr Antoš (Vorstand)

Gesellschafter
Stammkapital 15.000.000,00 CZK
* Appian Group, a.s.

Lizenzen
* CZ: EVU-Zulassung (GV) seit 14.04.2004

Unternehmensgeschichte
Mostecká uhelná (MUS) produziert rund ein Drittel der in der Tschchischen Republik geförderten Braunkohle in den beiden westlich von Most gelegenen Tagebaubetrieben ČSA und Vršany. Die Weiterverarbeitung erfolgt im Betrieb Úpravna uhlí Komořany [Kohleaufbereitung Kommern] und in Hrabák.
Seit 1999 gehört das am 28.12.2004 in das Handelsregister eingetragene Unternehmen zum neuen Mehrheitseigentümer Appian Group, einer US-amerikanischen Investmentgesellschaft. Am 11.12.2008 wurde im Rahmen einer Reorganisation der Gruppe die Gesellschaft Mostecká uhelná, a.s. (MUS) in Czech Coal Services a. s. (CCS) umfirmiert. CCS ist Dienstleister für die gesamte Gruppe Czech Coal a.s. und ersetzt die Gesellschaften der einzelnen Grubenbetriebe (Litvínovská uhelná a.s., Vršanská uhelná a.s.). MUS/CCS übernimmt aktuell nur Bahntätigkeiten innerhalb des Werksgeländes, lediglich von 1998 bis 2003 brachte man Kohle aus Třebušice zu einem Heizkraftwerk in Chomutov über Staatsbahngleise.

DBV-ITL, s.r.o. G

Polepská 867
CZ-280 02 Kolín IV
Telefon: +420 321 719691
Telefax: +420 321 719691
vaclav.pavlicek@dbv-itl.cz
www.dbv-itl.cz

Management
* Bc. Václav Pavlíček (Geschäftsführer)
* Vít Pavlíček (Geschäftsführer)

DBV-ITL / EDIKT / ELZEL

Gesellschafter
Stammkapital 204.000,00 CZK
* ITL - Železniční společnost Praha, s.r.o. (50 %)
* Vít Pavlíček (25 %)
* Čeněk Beran (25 %)

Lizenzen
* CZ: EVU-Zulassung (GV) seit 05.05.2005
* CZ: Sicherheitszertifikat (GV), gültig vom 17.06.2013 bis 16.06.2018

Unternehmensgeschichte
Die D B V, s.r.o. wurde 1999 von ehemaligen ČD-Mitarbeitern gegründet und am 10.08.1999 in das Handelsregister eingetragen. Die Abkürzung DBV steht für die Anfangsbuchstaben der Nachnamen der drei Unternehmensgründer (Dvořák, Beran, Vaněk) .
Mit dem Einstieg der ITL - Železniční společnost Praha s.r.o. zum 24.11.2005 (Handelsregistereintrag) wurde das Stammkapital verdoppelt und die Gesellschaft in DBV-ITL, s.r.o. umfirmiert. Zwischenzeitlich hatte Jindřich Vaněk seine Gesellschaftsanteile per 30.07.2010 an Jana Vaňková veräußert, die später ebenfalls aus dem Unternehmen ausschied.
Die Gesellschaft wird jedoch aktuell nur als Rückfallebene vorgehalten; die Transporte der ITL auf tschechischem Staatsgebiet werden weiterhin vorrangig mit der ČD Cargo durchgeführt. Lediglich im August und September 2005 wurden Mineralölzüge von Děčín zu Lagern in Hněvčeves und Mstětice mit gemieteten Dieselloks der Ostravská dopravní společnost, a.s. (ODOS) befördert.
Die Gesellschaft verfügte über drei Rangierdiesellok und verwaltet aktuell ca. 100 Gleisanschlüsse in Mittelböhmen. Zudem ist die Gesellschaft als Berater im Bereich der RID-und ADR-Gefahrgutvorschriften (Règlement concernant le transport international ferroviaire de marchandises Dangereuses) tätig.

Verkehre
* Bedienung von Anschlussbahnen

EDIKT, a.s.

Rudolfovská 461/95
CZ-370 01 České Budějovice
Telefon: +420 387 412524
Telefax: +420 387 412521
info@edikt.cz
www.edikt.cz

Management
* Pavel Dolanský (Vorstandsvorsitzender)
* Radim Bláha (Mitglied des Vorstandes)
* Václav Sejk (Mitglied des Vorstandes)

Gesellschafter
Stammkapital 6.945.000,00 CZK

Beteiligungen
* CBCZ, a.s. (100 %)

Lizenzen
* CZ: EVU-Zulassung (GV) seit 01.02.2002
* CZ: Sicherheitszertifikat, Teil A (GV), gültig vom 12.12.2012 bis 11.12.2017

Unternehmensgeschichte
Die Firma EDIKT, s.r.o. wurde 1991 gegründet und ist in den Geschäftsfeldern Hoch- und Tiefbau sowie Gleisbau tätig. 1995 wurde das Portfolio um die Bereiche Telekommunikations- und Sicherheitstechnik erweitert, die Gesellschaft 1998 in eine a.s. (Aktiengesellschaft) umgewandelt und am 28.01.1998 in das Handelsregister eingetragen.

Elektrizace železnic Praha, a.s. (ELZEL)

náměstí Hrdinů 1693/4a
CZ-140 00 Praha 4 - Nusle
Telefon: +420 296 500111
Telefax: +420 296 500700
marketing@elzel.cz
www.elzel.cz

Niederlassung Vlkov
výrobní středisko 091
CZ-594 53 Osová Bítýška
Telefon: +420 296 500910
Telefax: +420 296 500791
091@elzel.cz

Management
* Ing. Karel Mora (Vorstandsvorsitzender)
* Radim Kotlář (stellvertretender Vorstandsvorsitzender)
* Ing. Luděk Valtr (stellvertretender Vorstandsvorsitzender)
* Martin Janovský (Mitglied des Vorstandes)
* Ing. Jiří Nováček (Mitglied des Vorstandes)

Gesellschafter
Stammkapital 298.963.000,00 CZK
* ED Holding, a.s. (95,87 %)
* Alexandr Fedoročko (4,13 %)

Beteiligungen
* Elektrizácia železnīc Kysak, a.s. (100 %)
* TRAMO RAIL, a.s. (67 %)

ELZEL / EUROVIA CS / FIRESTA-Fišer

★ Vasútvillamosító Kft.

Lizenzen
★ CZ: EVU-Zulassung (GV) seit 02.08.1996
★ CZ: Sicherheitszertifikat (GV), gültig vom 25.03.2008 bis 05.03.2018

Unternehmensgeschichte
1954 wurde das Staatsunternehmen Elektrizace železnic von den ebenfalls im Staatsbesitz befindlichen Elektromontážních závody Praha [Betrieb für Elektroinstallation Prag] abgespalten. Elektrizace železnic war seit Aufnahme der Geschäftstätigkeit auf die Elektrifizierung von Bahnanlagen im Gebiet der damaligen Tschechoslowakei und im Ausland sowie auf die damit verbundenen Aktivitäten wie zum Beispiel die Entwicklung, Herstellung und Installation der Oberleitungskomponenten spezialisiert.
1992 erfolgte die Privatisierung mit den Gesellschaftern Elektrizace dopravy, spol. s r.o. (ED; 62,2%) und dem tschechischen Nationalfonds (37,8%). Ab 2004 ist die ED alleiniger Eigentümer der Gesellschaft, im April 2009 erfolgte der Verkauf eines Mehrheitsanteiles an die ED Holding, die zur slowakischen Investorengruppe J & T gehört. ELZEL ist auch heute noch marktdominierendes Elektrifizierungsunternehmen in der tschechischen Republik.

EUROVIA CS, a.s.

Národní 10
CZ-113 19 Praha 1
Telefon: +420 224 951111
Telefax: +420 224 933551
sekretariat@eurovia.cz
www.eurovia.cz

Management
★ Ing. Martin Borovka (Vorstandsvorsitzender)
★ Luboš Trojánek (stellvertretender Vorstandsvorsitzender)
★ Ing. Zdeněk Synáček (Mitglied des Vorstandes; kaufmännischer Geschäftsführer)

Gesellschafter
Stammkapital 1.386.200.000,00 CZK
★ EUROVIA S.A. (100 %)

Beteiligungen
★ EUROVIA Services, s.r.o. (100 %)
★ EUROVIA - Kameňolomy, s.r.o. (100 %)
★ EUROVIA SOK, s.r.o. (100 %)
★ EUROVIA Stone CZ,s.r.o. (100 %)
★ FORMANSERVIS, s.r.o. (100 %)
★ OBALOVNA LETKOV, spol. s r.o. (100 %)
★ EUROVIA Silba, a. s. (97 %)
★ EUROVIA Brno, s.r.o. (90 %)
★ EUROVIA Jakubčovice, s.r.o. (80 %)
★ ODS-Dopravní stavby Ostrava, a.s. (51 %)
★ Jihočeská obalovna, spol. s r.o. (50 %)
★ Liberecká obalovna, s.r.o. (50 %)
★ OMT - Obalovna Moravská Třebová, s.r.o. (50 %)
★ Olomoucká obalovna Hněvotín, s.r.o. (50 %)
★ Pražská obalovna Herink, s.r.o. (50 %)
★ SILASFALT s.r.o. (50 %)
★ GJW Praha, spol. s r.o. (49,75 %)
★ VČO - Východočeská obalovna, s.r.o. (33 %)

Lizenzen
★ CZ: EVU-Zulassung (GV) seit 15.06.2003
★ CZ: Sicherheitszertifikat (GV), gültig vom 13.06.2008 bis 20.02.2018

Unternehmensgeschichte
In der Tschechischen Republik entstanden nach dem Zweiten Weltkrieg zahlreiche private Baufirmen, die aber im Februar 1948 in der Československé stavební zavody [Tschechoslowakische Baubetriebe] (ČsSZ) verstaatlicht werden. ČsSZ besteht aus den vier Einheiten ČsSZ Stavena, ČsSZ Baraba, ČsSZ Vodotechna und ČsSZ Stavobet. Ende Oktober 1951 war ein Teil die ČsSZ Baraba Dopravní stavby Havlíčkův Brod, ein direkter Vorgänger der SSZ. Aus dieser entsteht im März 1952 die Stavby silnic a železnic [Straßen- und Eisenbahnbau] (SSŽ), die über fünf Niederlassungen in Prag, Plzeň, Žďár nad Sázavou und Brno verfügte.
Im Mai 1992 wurde die SSŽ privatisiert und am 04.05.1992 als Aktiengesellschaft in das Handelsregister eingetragen. Mehrheitsaktionär wurde im Juli 1992 die Entreprise Jean Lefebvre. In der zweiten Hälfte des Jahres 2001 wurden diese Anteile von der EUROVIA-Gruppe übernommen, die seit Herbst 2006 alleiniger Aktionär ist. 2009 erfolgte die umfirmierung in EUROVIA CS, a.s..
EUROVIA CS ist heute eines der führenden Bauunternehmen in der Tschechischen Republik und besitzt 15 regionale Niederlassungen sowie etliche Tochtergesellschaften.

FIRESTA-Fišer, rekonstrukce, stavby, a.s.

Mlýnská 68
CZ- 602 00 Brno
Telefon: +420 543 532231
Telefax: +420 543 532 232
firesta@firesta.cz
www.firesta.cz

Management
★ Ing. Vladimír Fišer (Vorstandsvorsitzender)

FIRESTA-Fišer / GJW / GWTR

* Ing. Pavel Borek (Mitglied des Vorstandes)
* Ing. Ivo Fišer (Mitglied des Vorstandes)
* Ing. Andrea Piro (Mitglied des Vorstandes)

Gesellschafter
Stammkapital 51.000.000,00 CZK
* Vladimír Fišer (90 %)

Lizenzen
* CZ: EVU-Zulassung (GV) seit 01.02.2005

Unternehmensgeschichte
Das Gleisbauunternehmen FIRESTA-Fišer, rekonstrukce, stavby, a.s. wurde 1990 als Privatunternehmen mit zehn Mitarbeitern gegründet. Zum 20.11.1996 erfolgte die Eintragung als Aktiengesellschaft.
Mit über 450 Mitarbeitern ist FIRESTA-Fišer heute Tschechien, der Slowakei, Polen und Rumänien tätig.

GJW Praha, spol. s r.o. 🅖

Mezitraťová 137/46
CZ-198 21 Praha 9
Telefon: +420 281 090811
Telefax: +420 281 866004
gjw@gjw-praha.cz
www.gjw-praha.cz

Management
* Ing. Milan Koudelka (Geschäftsführer)
* Alexander Schneider (Geschäftsführer)
* Ing. Zdeněk Synáček (Geschäftsführer)

Gesellschafter
Stammkapital 60.000.000,00 CZK
* Leonhard Weiss International GmbH (49,75 %)
* EUROVIA CS, a.s. (49,75 %)
* Milan Koudelka (0,5 %)

Beteiligungen
* MIKO Havlíčkův Brod, spol. s r.o. (100 %)
* SGJW Hradec Králové spol. s r.o. (66 %)

Lizenzen
* CZ: EVU-Zulassung (GV) seit 01.09.2005
* CZ: Sicherheitszertifikat, Teil A (GV), gültig vom 22.04.2008 bis 05.03.2018

Unternehmensgeschichte
Die Gleisbauunternehmen GJW Praha, spol. s r.o. entstand mit Handelsregistereintrag am 21.10.1991 auf Initiative von František Gloser, Ferdinand Jakubec und dem deutschen Gleisbauunternehmen Leonhard Weiss GmbH & Co. KG aus Göppingen. 1998 erfolgte die teilweise Übernahme durch den Baukonzern Stavby silnic a železnic, a.s. (SSŽ).

Verkehre
* AZ-Verkehr

GW Train Regio a.s. (GWTR) 🅟

U stanice 827/9
CZ-400 03 Ústí nad Labem-Střekov
Telefon: +420 475 351 542
info@gwtr.cz
www.gwtr.cz

Management
* Peter Bosáček (Vorstand)
* Ing. Pavel Raška (Vorstand)

Gesellschafter
Stammkapital 18.500.000,00 CZK
* ČSAD Jihotrans a.s. (100 %)

Beteiligungen
* VIALTE s.r.o. (50 %)

Lizenzen
* CZ: EVU-Zulassung (PV) seit 01.10.2009
* CZ: Sicherheitszertifikat, Teil A+B (PV); gültig vom 05.02.2010 bis 04.02.2015

Unternehmensgeschichte
Die heutige GW Train Regio a.s. wurde am 19.06.2008 als VIAMONT Regio a.s. gegründet. Das Unternehmen übernahm zum 01.01.2011 die Personenverkehrsaktivitäten der VIAMONT-Gruppe. Nachfolgend auf den Verkauf an die IDS building corporation a.s. am 17.10.2011 erfolgte per 20.12.2011 die Umfirmierung in GW Train Regio a.s. - GW steht dabei für „Good Way".
Seit 22.05.2014 befindet sich das Unternehmen nach Auskunft des Handelsregisters im Alleinbesitz des Busverkehrsunternehmens ČSAD Jihotrans aus České Budějovice.
Gemeinsam mit der LTE-Landesgesellschaft in der Slowakei betreibt man seit 14.09.2011 das joint venture VIALTE.

Verkehre
* SPNV Trutnov – Svoboda nad Úpou; seit 12.12.1997

GWTR / HSL - Logistik

* SPNV Sokolov – Kraslice; seit 14.05.1998
* SPNV Karlovy Vary – Mariánské Lázně; seit 01.01.2006
* SPNV Trutnov – Královec – Sędzisław [PL]; seit 05.07.2008 in Kooperation mit der Przewozy Regionalne Sp. z o.o. (PR) in Polen
* Saisonaler SPNV Trutnov – Lubawka [PL] – Jelenia Góra [PL]; an Wochenenden von April bis Oktober seit 14.12.2008; ein Zugpaar über Jelenia Góra hinaus bis Legnica. In Polen jeweils in Kooperation mit der Koleje Dolnośląskie S.A. (KD).
* SPNV Milotice nad Opavou – Vrbno pod Pradědem; seit März 2010
* SPNV Kořenov – Harrachov – Szklarska Poręba Górna [PL]; seit 28.08.2010; betriebliche Durchführung in Tschechien im Auftrag der Przewozy Regionalne sp. z o.o. (PR); durchgehender Einsatz von Fahrzeugen der PR
* SPNV České Budějovice – Černý Kříž; ab Dezember 2016
* SPNV Strakonice – Kubova Hut' – Volary; ab Dezember 2016
* SPNV Číčenice – Volary – Nové Údolí; ab Dezember 2016

HSL - Logistik, s.r.o.

Počernická 272/96
CZ-108 00 Praha 10
hsl.logistik@email.cz
www.hsl-logistic.eu

Büro Děčín
Ústecká 1805
CZ-405 02 Děčín
Telefon: +420 972 433156

Management
* Haiko Böttcher (Geschäftsführer)
* Ing. Jan Nebeský (Geschäftsführer)

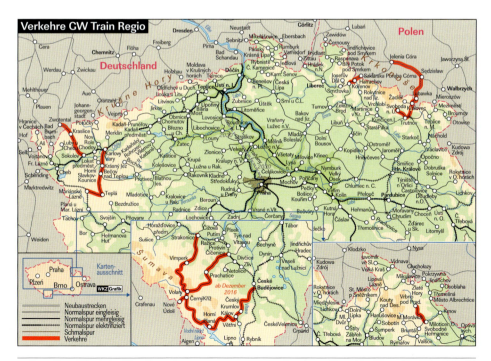

Europäische Bahnen '15/'16

HSL - Logistik / IDS / IDS building corporation

Gesellschafter
Stammkapital 200.000,00 CZK
★ Exploris S.A. (100 %)

Unternehmensgeschichte
Haiko Böttcher und Jan Nebeský sind Geschäftsführer der am 14.01.2012 gegründeten HSL - Logistik, s.r.o., Prag. Böttcher ist in gleicher Funktion bei der deutschen Schwestergesellschaft tätig, Nebeský war zuvor Geschäftsführer der ITL - Železniční společnost Praha s.r.o.
Die HSL - Logistik, s.r.o. nahm am 01.02.2012 den Geschäftsbetrieb auf – zunächst als Repräsentanz der Schwestergesellschaft. Die Gesellschafteranteile wurden per 15.10.2014 von Haiko Böttcher auf die Exploris Finanzgruppe überschrieben.

IDS - Inženýrské a dopravní stavby Olomouc, a.s.

Albertova 21
CZ-779 00 Olomouc
Telefon: +420 585 757041
Telefax: +420 585 757042
ids@ids-olomouc.cz
www.ids-olomouc.cz

Management
★ Ing. Oldřich Nezhyba (Vorstandsvorsitzener)
★ Ing. Petr Buchta (stellvertretender Vorstandsvorsitzener)
★ Ing. Hynek Schilberger (Mitglied des Vorstandes)

Gesellschafter
Stammkapital 10.000.000,00 CZK
★ IDS building corporation a.s., člen koncernu IDS (100 %)

Beteiligungen
★ IDS - Inžinierske a dopravné stavby spol. s r.o. (100 %)

Lizenzen
★ CZ: EVU-Zulassung (GV) seit 20.08.2001
★ CZ: Sicherheitszertifikat (GV), gültig vom 15.05.2008 bis 23.04.2018

Unternehmensgeschichte
Die IDS - Inženýrské a dopravní stavby Olomouc, a.s. ist ein 2003 gegründetes Bauunternehmen, dass unter anderem Leistungen im Ingenieur- und Tiefbau anbietet und auch Gleisbauarbeiten durchführt.
Zum 27.11.2007 wurde das damalige Tochterunternehmen IDS CARGO, a.s. gegründet, das die Güterverkehrsaktivitäten der IDS übernahm.

Am 23.05.2008 verkaufte VIAMONT, a.s. seine Gesellschafteranteile (50 %) an den damaligen Präsidenten und somit Alleineigentümer Zdeněk Kyselý. Interessanterweise beteiligte sich die IDS wenig später an der VIAMONT und übernahm diese in 2011 komplett.
2011 erfolgte die Übertragung der Anteile der IDS, IDS CARGO bzw. VIAMONT an die neu geschaffene Holdinggesellschaft IDS building corporation a.s., člen koncernu IDS.
2009 hatte das Unternehmen 183 Mitarbeiter und konnte einen Umsatz von 71,5 Mio. EUR verzeichnen.

IDS building corporation a.s., člen koncernu IDS

Albertova 229/21
CZ-779 00 Olomouc
Telefon: +420 585 757041
Telefax: +420 585 757042
ids@ids-olomouc.cz
www.ids-olomouc.cz

Management
★ Ing. Zdeněk Kyselý (Vorstand)

Gesellschafter
Stammkapital 102.000.000,00 CZK
★ Zdeněk Kyselý (100 %)

Beteiligungen
★ IDS - Inženýrské a dopravní stavby Olomouc, a.s. (100 %)
★ IDS CARGO, a.s. (100 %)
★ IDS industrial area s.r.o. (100 %)
★ Teplická sportovní a vzdělávací s.r.o. (TSAV) (100 %)
★ VIAMONT, a.s. (100 %)

Unternehmensgeschichte
Am 01.12.2010 gründete Zdeněk Kyselý die IDS building corporation a.s., člen koncernu IDS als Holdinggesellschaft für sein Beteiligungen. Die Anteilsübertragungen an die neue Holding wurden wie folgt umgesetzt:
★ IDS - Inženýrské a dopravní stavby Olomouc, a.s. seit 12.07.2011
★ GW Train Regio a.s. seit 17.10.2011
★ Teplická sportovní a vzdělávací s.r.o. (TSAV) seit 17.10.2011
★ IDS industrial area s.r.o. seit 21.10.2011
★ IDS CARGO, a.s. seit 26.11.2011
★ VIAMONT, a.s. seit 20.12.2011

IDS CARGO

IDS CARGO, a.s. G

Albertova 21
CZ-779 00 Olomouc
gajdos@ids-olomouc.cz
www.ids-cargo.cz

Management
* Bc. Michal Gajdoš (Vorstandsvorsitzender)
* Ing. Hynek Holub (stellvertretender Vorstandsvorsitzender)
* Alena Piterková (Mitglied des Vorstands)

Gesellschafter
Stammkapital 100.000.000,00 CZK
* IDS building corporation a.s., člen koncernu IDS (100 %)

Lizenzen
* CZ: EVU-Zulassung (GV) seit 01.10.2008
* CZ: Sicherheitszertifikat, Teil A (GV); gültig vom 05.12.2008 bis 03.11.2018

Unternehmensgeschichte
IDS CARGO, a.s. ist ein am 27.11.2007 gegründetes Tochterunternehmen des Bauunternehmens IDS. Neben Baustoffverkehren betätigt man sich v.a. im Transitverkehr zwischen Polen und der Slowakischen Republik. Dabei handelt es sich zumeist um kurzzeitige Spotverkehre.
U. a. übernahm die IDS CARGO in der Vergangenheit Waggons mit Ethanol vom slowakischen Unternehmen Bratislavská regionálna koľajová spoločnosť, a.s. (BRKS), sorgte für den Transport durch Tschechien und übergab an der polnischen Grenze an die LOTOS Kolej Sp. z o.o.. Bei Kokstransporten Polen – Rumänien war man für einige Monate für den tschechischen Abschnitt zuständig. Zudem war man in Kalksteintransporte von Mladeč nach Zlín, Zuckertransporte aus der Region Olomouc zu einer Raffinerie in Hrušovany nad Jevišovkou sowie Kohlenstoff-Anodentransporte aus Polen nach Žiar nad Hronom (SLOVALCO, a.s.) im Auftrag der DHL involviert. Bei letzterem Auftrag kamen Loks der IDS auch in der Slowakei zum Einsatz und nützten dort die Lizenz der LTE Logistik a Transport Slovakia, s.r.o. Heute nutzt IDS CARGO seine eigene Lizenz im Nachbarland und organisiert viele Transporte zwischen Ungarn und Deutschland.
Nach Auskunft der staatlichen Eisenbahninfrastrukturverwaltung SŽDC erbrachte das Unternehmen
* 2011: 164,05 Mio. Brutto-tkm und 195.357 Zugkm
* 2010: 41,27 Mio. Brutto-tkm und 48.007 Zugkm

Nach Auskunft des slowakischen Infrastrukturbetreibers ŽSR erbrachte das Unternehmen
* 2012: 82,68 Mio. Brutto-tkm und 82.681 Zugkm
* 2012: 39,98 Mio. Brutto-tkm und 41.120 Zugkm
* 2011: 10,89 Mio. Brutto-tkm und 11.672 Zugkm

Für die Traktion der Züge nutzt man fallweise auch Loks der Chládek & Tintěra, a.s. Neben eigenen Loks nutzt IDS CARGO auch bedarfsweise E-Loks der PKP Cargo SA, die über die LokoTrain s.r.o. angemietet werden.

Verkehre
* Aluminiumoxidtransporte Stade-Bützfleth (Aluminium Oxid Stade GmbH) [DE] – Mosonmagyaróvár [HU]; Traktion ab Bad Schandau (Übernahme von ITL-Eisenbahngesellschaft mbH) [DE] bis ?
* Baustofftransporte
* Benzentransporte Dunai Finomító [HU] / Pančevo [RS] – Leuna [DE]; Traktion in der Slowakei und Tschechien
* Butanoltransporte Bierawa [PL] – Sokolov; Traktion in Tschechien
* Chemietransporte Olomouc hl.n. – Polen; Spotverkehr; Traktion bis Petrovice u Karviné
* Chemietransporte Polen – Ostrava hl.n.; Spotverkehr; Traktion ab Bohumín
* Chemietransporte Polen – Slowakische Republik; Spotverkehr; Traktion des Abschnittes Bohumín – Lanžhot
* Chemietransporte Slowakische Republik – Lhotka nad Bečvou / Olomouc; Spotverkehr; Traktion ab Lanžhot
* Chemietransporte Slowakische Republik – Ostrava pravé; 2 x pro Monat Traktion ab Lanžhot
* Dieseltransporte Bruzgi [BY] – verschiedene Orte in der CZ; Spotverkehr; Traktion in Tschechien
* Getreidetransporte mit verschiedenen Abgangsbahnhöfen in Mähren – Olomouc / Červenka / Brno; Spotverkehr
* Kalksteintransporte Mladeč – Zlín střed; 2-3 x pro Monat
* Kohlenwasserstofftransporte Nové Sedlo u Lokte – Novy Bohumin-Vrbice; Spotverkehre
* Mineralölzüge Deutschland – Nymburk / Chlumec nad Cidlinou / Veľké Leváre [SK]; Spotverkehre; Traktion ab Bad Schandau [DE]
* Rapsölmethylestertransporte Olomouc hl.n. – Leopoldov [SK] / Ungarn; Spotverkehr; Traktion bis Lanžhot

ITL Praha / JARO Česká Skalice / JHMD

ITL - Železniční společnost Praha, s.r.o. G

Václavské náměstí 62
CZ-110 00 Praha 1
Telefon: +420 2 22210819
Telefax: +420 2 22210822
office@captrain.cz
www.captrain.cz

Management
★ Jérôme Méline (Geschäftsführer)

Gesellschafter
Stammkapital 10.000.000,00 CZK
★ ITL-Cargo GmbH (99,8 %)
★ ITL-Eisenbahngesellschaft mbH (0,2 %)

Beteiligungen
★ DBV-ITL, s.r.o. (50 %)

Unternehmensgeschichte
Die ITL - Železniční společnost Praha s. r. o. ist die Prager Niederlassung der deutschen ITL Eisenbahngesellschaft mbH, wurde Ende 2001 gegründet und am 09.12.2002 ins Handelsregister eingetragen. Gründungsgesellschafter waren die ITL Eisenbahngesellschaft mbH (60 %) und der damalige geschäftsführende Gesellschafter der ITL, Uwe Wegat (40 %). Zum 15.12.2009 wurde die ITL-Cargo GmbH zunächst alleiniger Gesellschafter, gab aber im Rahmen einer Kapitalerhöhung von 200.000,00 CZK auf 10.000.000,00 CZK per 07.01.2010 wieder 0,2 % der Anteile an die ITL Eisenbahngesellschaft mbH ab.
Die Aufnahme des Geschäftsbetriebes erfolgte im Januar 2003. Allerdings arbeitet man vornehmlich als Handelsvertretung, denn ITL fährt Züge in der Tschechischen Republik aktuell nicht selbst. Im September 2011 verkehrten für die bzw. in kooperation mit der ITL täglich ca. 14 Züge mit ČD Cargo, 2-4 Züge mit UNIDO sowie 1-2 Züge via Bad Schandau.
Vor einigen Jahren hat sich die ITL an der DBV (heute DBV-ITL) beteiligt, die aber über entsprechende Lizenzen verfügt. Die Gesellschaft wird jedoch aktuell nur als Rückfallebene vorgehalten, falls es zu einem Zerwürfnis mit der ČD Cargo kommen sollte.

JARO Česká Skalice, s.r.o.

Havlíčkova 610
CZ-552 03 Česká Skalice
Telefon: +420 491 451243
Telefax: +420 491 451243
info@jarocs.eu
www.jarocs.eu

Management
★ Jaroslav Ošťádal (Geschäftsführer)
★ Jaroslav Ošťádal jun. (Geschäftsführer)

Gesellschafter
Stammkapital 100.000,00 CZK
★ Jana Ošťádalová (50 %)
★ Jaroslav Ošťádal (50 %)

Lizenzen
★ CZ: EVU-Zulassung (GV) seit 23.04.2001
★ CZ: Sicherheitszertifikat (GV), gültig vom 01.07.2008 bis 22.05.2018

Unternehmensgeschichte
JARO Česká Skalice, s.r.o. ist in der Vegetationskontrolle u.a. im Bahnbereich tätig und wurde am 16.02.2000 in das Handelsregister eingetragen.

Jindřichohradecké místní dráhy, a.s. (JHMD) PGI

Nádraží 203/II
CZ-37701 Jindrichuv Hradec
Telefon: +420 384 361165
Telefax: +420 384 361165
office@jhmd.cz
www.jhmd.cz

Management
★ Ing. Boris Čajánek (Vorstand)

Gesellschafter
Stammkapital 13.064.056,00 CZK
★ Boris Čajánek (23 %)

Lizenzen
★ CZ: EVU-Zulassung (PV+GV) seit 06.04.1996
★ CZ: Sicherheitszertifikat, Teil A (PV+GV), gültig vom 22.11.2007 bis 16.10.2017

Infrastruktur
★ Jindřichův Hradec – Obrataň (46 km, Spurweite 760 mm, teilweise Dreischienengleis)

JHMD / KK

★ Jindřichův Hradec – Nová Bystřice (33 km, Spurweite 760 mm, teilweise Dreischienengleis)

Unternehmensgeschichte
Die Jindřichohradecké místní dráhy, a.s. (JHMD) [Neuhauser Lokalbahnen AG] ist seit 1998 Eigentümer und Betreiber der beiden Schmalspurbahnen (Spurweite 760 mm) von Jindřichův Hradec nach Obrataň und Nová Bystřice mit insgesamt 79 km Länge.
Die beiden Strecken gehörten ursprünglich unterschiedlichen Privatgesellschaften. Die südliche Linie nach Nová Bystřice wurde am 01.11.1897 eröffnet, der Nordast nach Obrataň am 24.12.1906.
Eine Besonderheit ist die Mitbenutzung der normalspurigen Linie Veselí nad Lužnicí – Jihlava ca. 3 km von Jindřichův Hradec aus auf einem Dreischienengleis.
1925 wurden beide Lokalbahnen verstaatlicht. Nachdem bereits 1930 die ersten Dieseltriebwagen eingesetzt worden waren, kamen 1953 die ersten Dieselllokomotiven auf die Strecke und 1965 endete der Dampfbetrieb. Erste Stilllegungsabsichten für die in Südböhmen – nahe der österreichischen Grenze – gelegenen Bahnen kamen in den siebziger Jahren auf. Die Ölkrise beendete diese Überlegungen allerdings, in den achtziger Jahren kam es sogar zu vereinzelten Modernisierungsmaßnahmen. 1992 drohte wieder die Stilllegung, die das Defizit der ČD verringern sollte, worauf die beiden Schmalspurlinien zur Privatisierung ausgeschrieben wurden.
Bereits seit den 1980er Jahren kümmerte sich eine Gruppe von Eisenbahnfreunden um die Restaurierung von Fahrzeugen. 1993 organisierte der Verein erste Dampfzugfahrten mit der vom Tschechischen Eisenbahnmuseum zurückgeholten Mallet-Lokomotive U 47.001, die bereits von 1921 bis 1965 auf dem Netz von Jindřichův Hradec eingesetzt war. Am 19.09.1994 gründete der Verein die heutige JHMD mit dem Ziel, die Strecken von der ČD zu übernehmen. In der ersten Jahreshälfte 1997 wurde die Strecke nach Nová Bystřice ausgegliedert und erhielt nach durchgehender Sanierung ihren regulären Personenverkehr im Juli 1997 zurück.
Ende September 1997 wurde der Verkehr auf dem anderen Streckenast durch die ČD eingestellt, den die JHMD einen Monat später pachtete und wieder in Betrieb nahm. Am 28.02.1998 war die Privatisierung erfolgreich abgeschlossen. Mit diesem Datum wurde die JHMD alleiniger Eigentümer und Betreiber der beiden Schmalspurbahnen.
Im Personenverkehr auf der Obrataňer Strecke befördert die JHMD heute Einheimische und Urlauber mit bis zu zwölf dieselllokbespannten Zugpaaren täglich. Im Sommer ergänzen Dampfzüge an bestimmten Tagen den Fahrplan. Auf dem Ast nach Nová Bystřice hingegen ist der Personenverkehr stark saisonabhängig, so dass von November bis April ein stark ausgedünnter Fahrplan mit nur zwei täglichen Zugpaaren gilt, von denen eines zudem nur die halbe Strecke befährt. Der Güterverkehr wird in der Regel mit Normalspurwagen auf Rollböcken abgewickelt. 2003 beschaffte die JHMD zusätzlich moderne Schmalspur-Güterwagen aus Rumänien, die u.a für den zunehmenden Fahrradtransport in der Sommersaison eingesetzt werden. Die Hauptlast des Verkehrs tragen die vierachsigen diesel-elektrischen Lokomotiven der früheren ČD-Reihe T47. Seit 2002 betreibt die JHMD gemeinsam mit den Waldviertler Schmalspurbahnen [AT] eine touristische Buslinie, die Nová Bystřice mit Heidenreichstein verbindet.

Verkehre
★ Personenverkehre und Gütertransporte auf eigener Infrastruktur

KK-provoz a opravy lok. s.r.o.

Býškovice č.p. 108
CZ-753 53 Býškovice
Telefon: +420 581 622008

Management
★ Tomáš Kolda (Geschäftsführer)

Gesellschafter
Stammkapital 100.000,00 CZK
★ Tomáš Kolda (100 %)

Lizenzen
★ CZ: EVU-Zulassung (GV), seit 15.12.2003
★ CZ: Sicherheitszertifikat, Teil A (GV), gültig vom 12.06.2008 bis 21.05.2018

Unternehmensgeschichte
Die KK-provoz a opravy lok. s.r.o. wurde am 26.03.1999 in das Handelsregister eingetragen. Geschäftsführende Gesellschafter waren bei Gründung Oldřich und Tomáš Kolda. Seit 23.12.2010 ist Tomáš Kolda alleiniger geschäftsführender Gesellschafter.
KK-provoz verfügt über einige Lokomotiven, die zum größten Teil vermietet sind.

KDS / KŽC Doprava

Kladenská dopravní a strojní s.r.o. (KDS)

Wolkerova 2766
CZ-272 03 Kladno-Kročehlavy
Telefon: +420 312 285333
Telefax: +420 312 285343
kds.kladno@email.cz
www.kdskladno.cz

Management
★ Romana Šauerová (Geschäftsführerin)

Gesellschafter
Stammkapital 200.000,00 CZK
★ Radek Šauer (60 %)
★ Romana Šauerová (40 %)

Lizenzen
★ CZ: EVU-Zulassung (PV+GV)
★ CZ: Sicherheitszertifikat, Teil A (PV+GV); gültig vom 28.08.2012 bis 27.08.2017

Unternehmensgeschichte
Die Kladenská dopravní a strojní s.r.o. (KDS) [Kladenská Transport und Maschinen GmbH] wurde am 11.10.2007 gegründet und befindet sich im Eigentum des tschechischen Unternehmers Radek Šauer sowie seiner Frau. Vom 11.10.2007 bis 20.06.2008 war auch Antonín Merhaut mit 45 % an der Gesellschaft beteiligt.
Der Eisenbahnfreund Radek Šauer hatte bereits in den 1990er Jahren als Privatperson einige Lokomotiven besessen und ist bekannt für seine Versuche, von der Staatsbahn ČD Loks zu erwerben. Im Mai 2001 gelang ihm der Kauf von 753 197, im September 2002 folgte 753 306, die aber an die damalige OKD, Doprava, a.s. weiterverkauft wurde. Šauer handelte gleichzeitig auch mit Rangierdieselloks aus Industriebetrieben.
Hauptberuflich arbeitete Šauer lange Zeit als Triebfahrzeugführer, hauptsächlich für die damalige OKD, Doprava, a.s. (OKDD, heute AWT Advanced World Transport a.s.).
2005 war Šauer Gründungsgesellschafter der BF Logistics s.r.o., er verließ das Unternehmen aber im Oktober 2007 wieder und gründete zusammen mit seiner Frau eine eigene Gesellschaft. KDS handelt und vermietet u. a. Lokomotiven und Baumaschinen.

KŽC Doprava, s.r.o. 🅿🅖

Meinlinova 336
CZ-190 16 Praha 9
Telefon: +420 281 973153
bohumil.augusta@kzc.cz
www.kzc.cz

Management
★ Bohumil Augusta (Geschäftsführer)

Gesellschafter
Stammkapital 200.000,00 CZK
★ Bohumil Augusta (70 %)
★ Pavel Kříž (20 %)
★ Ernst Jochen Pursche (10 %)

Lizenzen
★ CZ: EVU-Zulassung (PV+GV) seit 15.03.2006
★ CZ: Sicherheitszertifikat, Teil A (PV+GV), gültig vom 10.11.2008 bis 26.03.2018

Unternehmensgeschichte
Aus einer Interessengemeinschaft heraus wurde 2005 der KLUB železničních cestovatelů [Klub der Eisenbahntouristen] (KŽC) gegründet, der Sonderfahrten veranstaltet. Für die kommerzielle Durchführung von Bahnverkehren wurde mit Handelsregistereintrag am 02.02.2006 die damalige Tochtergesellschaft KŽC Doprava, s.r.o. gegründet, die auch AZ-Verkehre in Kooperation mit der deutschen Eisenbahnbau- und Betriebsgesellschaft Pressnitztalbahn mbH (PRESS) durchführte. Verwendet wurden dabei entsprechend zugelassene Loks des Typs V 100.4 der PRESS.
2012 verkaufte KŽC seine letzten Anteile, KŽC Doprava wird seitdem nur von Privatpersonen gehalten.
Seit 01.10.2013 betreibt das Unternehmen an Wochentagen als Ergänzung zu den Leistungen der ČD Personenverkehr auf der Linie Praha Masarykovo nádraží – Praha-Čakovice.

Verkehre
★ Museumsbahnverkehr
★ SPNV S34 Praha Masarykovo nádraží – Praha-Čakovice; seit 01.10.2013 als Probeverkehr sowie seit 01.03.2014 für zehn Jahre im Auftrag des örtlichen Aufgabenträgers

LEO Express

LEO Express a.s. 🅿

Kutvirtova 339/5
CZ-15000 Praha 5
Telefon: +420 222 269911
Telefax: +420 222 269919
office@le.cz
www.le.cz

Management
* Ing. Leoš Novotný jun. (Vorstandsvorsitzender, Generaldirektor)
* Peter Köhler (Vorstand, Direktor Finanzen)
* Michal Miklenda (Vorstand)

Gesellschafter
Stammkapital 122.227.000,00 CZK
* LEO Express N.V. (98,4 %)
* AAKON Capital s.r.o. (1,6 %)

Beteiligungen
* LEO Pool Express a.s. (100 %)

Lizenzen
* CZ: Sicherheitszertifikat, Teil A und B (PV+GV), gültig vom 12.04.2010 bis 11.04.2015

Unternehmensgeschichte
LEO Express a.s. bietet seit Mitte Dezember 2012 in Konkurrenz zur Staatsbahn ČD sowie dem Privatunternehmen RegioJet, a.s. Personenverkehr auf der nachfragestärksten Inlandsrelation zwischen Prag und Ostrava sowie weiter bis Bohumín bzw. Karviná. an. Im Unterschied zum Mitbewerber RegioJet setzt man ausschließlich auf Neubaufahrzeuge, so dass im September 2010 bei Stadler Rail eine Bestellung über fünf fünfteilige FLIRT inklusive Fullservice ausgelöst wurde. Die Wartung erfolgte zunächst im ČD-Betriebsstandort Bohumín durch das Unternehmen Trainclinic s.r.o. LEO Express wurde am 08.01.2010 als ARETUSA a. s. gegründet, am 17.09.2010 in RAPID Express a. s. und am 15.08.2011 in die heute gültige Fassung umfirmiert. Der Mehrheitsgesellschafter LEO Express N.V. mit Sitz in den Niederlanden wird vollständig von der dort ebenfalls ansässigen LEO Transport N.V. gehalten, die sich ebenso wie der Minderheitsgesellschafter AAKON Capital zu 100 % im Eigentum vom „Konservenkönig" Leoš Novotný sen. befindet, dem ehemaligen Eigentümer des Lebensmittelkonzerns Hamé. Die Gründung von LEO Express erfolgte durch dessen Sohn, Leoš Novotný

LEO Express / LOKO TRANS

jun.
Am 13.11.2012 startete der Testbetrieb mit einem Zugpaar pro Tag, doch konnte wegen Verzögerungen bei der Rollmateriallieferung der ab Fahrplanwechsel geplante Zweistundentakt nur schrittweise eingeführt werden. Seit dem 18.01.2013 wird das volle Fahrplanangebot gefahren, wobei seit 23.04.2013 die Verlängerung zweier Zugpaare bis Karviná erfolgt.
Im Dezember 2012 wurden Anleihen in Höhe von etwa 4 Mio. EUR ausgegeben und zugleich ein nicht benannter Anteil direkt an den tschechischen Internetunternehmer Jakub Havrlant verkauft.
Das Unternehmen hat bislang unter starker Fluktuation beim Führungspersonal zu leiden, denn Marketingdirektorin Renata Dobiášová, Geschäftsführer Viktor König und der kaufmännische Leiter Ivan Mojžíšek verließen LEO Express Ende 2012. Die neue Einkaufsdirektorin Markéta Kavanová wiederum war seit 1997 im Topmanagement von Hamé für Finanzen und Controlling zuständig. Die Direktorenposten für Kommunikation und IT wurden im Frühjahr 2013 neu besetzt und der neue Miteigentümer Havrlant, Betreiber dreier Internethandelsplattformen mit umfassenden Marktanteilen in Tschechien, soll künftig auch Vertrieb und Marketing des Bahnunternehmens entwickeln.
Als weitere Ausbaustufen nannte LEO Express die Strecken Praha – Berlin, Ostrava/Praha – Brno – Wien, Praha – Ceské Budějovice und Praha – Ústí nad Labem. In Polen werde ein Verkehr Warszawa – Katowice ins Auge gefasst, wofür einer Meldung des polnischen Onlinemagazins Wyborcza.biz zufolge beim polnischen Infrastrukturbetreiber PKP PLK Trassen schon für den Jahresfahrplan 2014 beantragt wurden. Die tschechische Tageszeitung "Mlada fronta Dnes" nannte ferner die Relation Warszawa – Poznań, wo man im Wettbewerb mit PKP Intercity auftreten würde. Möglicher Partner sei der niederschlesische Bahn- und Busbetreiber Dolnośląskie Linie Autobusowe Sp. z z. o.(DLA). Mangels Zulassung der Fahrzeuge mussten die Planungen für Polen zurückgestellt werden. Seit 07.11.2014 besteht ein tägliches Buszubringerpaar Kraków – Bohumín, seit Dezember 2014 ist Košice in der Slowakei mit einem Zugpaar in den Abend- / Nachtstunden angebunden.
Die durchschnittliche Auslastung der Züge ist Unternehmensangaben zufolge zwischen Februar und Ende März 2013 um 25 % auf 70 % und der Anteil der Geschäftskunden um 30 % angestiegen. In den Spitzenzeiten seien die Business- und die Premium-Class ausverkauft und die Economy-Class zu 90 % ausgelastet. Bis 21.03.2013 seien rund 200.000 Fahrkarten verkauft worden. Der gesteigerte Abverkauf wurde v.a. durch eine Senkung der Fahrpreise erreicht.
LEO Express verzeichnete 2013 einen Verlust von 159 Mio. CZK (5,8 Mio. EUR). 2012 hatte das Unternehmen noch 85,6 Mio. CZK (3,12 Mio. EUR) Verlust eingefahren. Die Verluste entstehen vor allem durch Kreditzinsen. Für 2014 plant LEO Express einen Gewinn vor Steuer und Abschreibungen von 60 Mio. CZK (2,19 Mio. EUR). Die Firma hatte im Jahresdurchschnitt 2012 53 Mitarbeiter.

Verkehre
★ Personenverkehr Prag – Ostrava – Bohumín (– Karviná); acht Zugpaare / Tag, davon zwei bis Karviná; sechs Zugpaare / Tag seit 14.12.2014, davon eines bis / ab Bystřice
★ Personenverkehr Prag – Staré Město u Uherského Hradiště; 1 Zugpaar / Tag seit 15.12.2013; 2 Zugpaare / Tag seit 14.12.2014
★ Personenverkehr Prag – Košice [SK]; 1 Zugpaar / Tag seit 14.12.2014

LOKO TRANS, s.r.o. G

Voříškova 2
CZ-623 00 Brno-Kohoutovice
Telefon: +420 547 250176
Telefax: +420 547 250336
sekretariat@lokotrans.cz
www.lokotrans.cz

Management
★ Karel Jalový (Geschäftsführer)
★ Ing. Karel Matuška (Geschäftsführer)

Gesellschafter
Stammkapital 4.000.000,00 CZK
★ Karel Jalový (100 %)

Lizenzen
★ CZ: EVU-Zulassung (GV) seit 01.04.1996
★ CZ: Sicherheitszertifikat, Teil A (GV), gültig vom 12.11.2007 bis 27.08.2017

Unternehmensgeschichte
Das Unternehmen LOKO TRANS nahm seine Geschäftstätigkeit im Jahre 1990 mit dem Schienenverkehr auf einem Bahnanschluss in Ivančice auf. In den folgenden Jahren wurden weitere Anschlussgleise übernommen. 1994 wurden erste Hauptreparaturen von Wechselstromlokomotiven für die ČD durchgeführt,

LOKO TRANS / LokoTrain / LOKOTRANS SERVIS

die Gesellschaft in die LOKO TRANS s.r.o. umgewandelt und per 16.02.1995 in das Handelsregister eingetragen.
Als Schwester für den Slowakischen Markt wurde 1997 die LOKO TRANS Slovakia s.r.o. gegründet, die aber mittlerweile als eigenständige Gesellschaft agiert.
Seit März 2010 übernimmt man die betriebliche Abwicklung von Transporten in Tschechien sowie seit Januar 2011 auch in der Slowakei für die Bratislavská regionálna koľajová spoločnosť, a.s. (BRKS) / Bratislava Rail a.s..
2011 gründete die Gesellschaft eine Tochter in Mazedonien.
Karel Jalový ist außerdem geschäftsführender Alleingesellschafter der Unternehmen LOKOTRANS CARGO, s.r.o. und LOKOTRANS-REALITY, s.r.o.

Verkehre
* Chemietransporte Polen – Slowakei; Spotverkehr; Traktion Bohumín / Petrovice u Karviné – Kúty (Übergabe an Bratislavská regionálna koľajová spoločnosť, a. s. (BRKS)) [SK]
* Chlortransporte Slowakei – Polen; 1 x pro Monat Traktion Kúty (Übernahme von Bratislavská regionálna koľajová spoločnosť, a. s. (BRKS)) [SK] – Bohumín
* Koks- / Kohletransporte Polen – Slowakei; Spotverkehr; Traktion Bohumín / Petrovice u Karviné – Kúty (Übergabe an Bratislavská regionálna koľajová spoločnosť, a. s. (BRKS)) [SK]
* Kokstransporte Polen – Galați (ArcelorMittal Galați SA) [RO]; Traktion des tschechischen Abschnittes

LokoTrain s.r.o.

náměstí W. Churchilla 1800/2
CZ-113 59 Praha 3
Telefon: +420 777 789 941
info@lokotrain.eu
www.lokotrain.eu

Niederlassung
Moravská 924
CZ-560 02 Česká Třebová

Management
* Ing. Evžen Nečas (Geschäftsführer)

Gesellschafter
Stammkapital 200.000,00 CZK
* Evžen Nečas (100 %)

Lizenzen
* CZ: EVU-Zulassung (GV) seit 25.08.2011
* CZ: Sicherheitszertifikat, Teil A (GV), gültig vom 05.03.2012 bis 04.03.2017

* SK: Sicherheitszertifikat, Teil B (GV), gültig vom 14.08.2014 bis 04.03.2017

Unternehmensgeschichte
LokoTrain s.r.o. (bis 15.06.2009: Loko Train s.r.o.) ist ein privates tschechisches Bahnunternehmen. Die Gesellschaft von Evžen Nečas wurde am 05.06.2009 gegründet und ist v.a. in den Bereichen Personalgestellung und -ausbildung tätig. Nečas hatte ursprünglich die tschechische Vertretung des deutschen Personaldienstleisters übernommen.
U.a. übernimmt LokoTrain im Auftrag der PKP Cargo SA für Triebfahrzeugführergestellung, Betriebsleitung und technische Unterstützung in Tschechien.
Die eigene Lizenz wurde zunächst nur für Schulungsfahrten und Test- bzw. Überführungsfahrten genutzt. Ab 2013 begann das Unternehmen zunehmend als Dienstleister für andere Güterbahnen Züge zu traktionieren. Dabei kamen u.a. Loks der Typen ET 22 und 41 aus dem Bestand der PKP Cargo zum Einsatz sowie ab Oktober 2014 auch eine ES 64 F4 des Vermieters Mitsui Rail Capital Europe GmbH (MRCE). Diese findet grenzüberschreitend Verwendung, u.a. wurden Kesselwagenzüge Dunai Finomító [HU] – Großkorbetha [DE] bis Děčín und Hamburg [DE] – Pardubice in Tschechien sowie mit deutschen Partnern im Auftrag der IDS Cargo a.s. bespannt. Mit einer eigenen E-Loks der Baureihe 242 fährt man seit Herbst 2014 Spotverkehre in Tschechien und der Slowakei.

LOKOTRANS SERVIS s.r.o.

Drážní 11
CZ-627 00 Brno-Slatina
Telefon: +420 541 573521
Telefax: +420 541 573200
sekretariat@lokotransservis.cz
www.lokotransservis.cz

Management
* Radomír Vrána (Geschäftsführer)

Gesellschafter
Stammkapital 200.000,00 CZK
* Radomír Vrána (100 %)

Lizenzen
* CZ: Sicherheitszertifikat, Teil A (GV); gültig vom 14.05.2013 bis 13.05.2018

LOKOTRANS SERVIS / LG / LTE Czechia

Unternehmensgeschichte
LOKOTRANS SERVIS s.r.o. wurde am 08.07.2004 gegründet und befindet sich im Eigentum von Radomír Vrána, der auch Gesellschafter der BF Logistics, s.r.o. (BFL) ist.
LOKOTRANS SERVIS vermietet aktuell nur Lokomotiven, erbringt aber noch keine eigenen Verkehrsleistungen.

Lokálka Group, občanské sdružení (LG)

Plzeňská 334
CZ-337 01 Rokycany
Telefon: +420 606 523415
info@lokalkagroup.cz
www.lokalkagroup.cz

Management
* Ing. Jiří Svoboda (Vorsitzender)
* Martin Köcher (stellvertretender Vorsitzender)
* JUDr. Pavel Reiser (stellvertretender Vorsitzender)

Lizenzen
* CZ: EVU-Zulassung (PV+GV); gültig seit 15.04.2005
* CZ: Sicherheitszertifikat, Teil A (PV); gültig vom 19.08.2013 bis 18.08.2018

Unternehmensgeschichte
Lokálka Group, občanské sdružení (LG) ist eine 1993 Vereinigung zur Erhaltung historischer Fahrzeuge.

LTE Logistik a Transport Czechia, s.r.o.

Dolní 404
CZ-747 15 Šilheřovice
Telefon: +420 595 046098
Telefax: +420 595 046098
info.cz@lte-group.eu
www.lte-group.eu

Management
* Dipl.-Ing. Ján Biznár (Geschäftsführer)
* Ing. Mag. (FH) Andreas Mandl (Geschäftsführer)

Gesellschafter
Stammkapital 450.000,00 CZK
* LTE Logistik- und Transport-GmbH (100 %)

Lizenzen
* CZ: EVU-Zulassung (GV); gültig seit 01.12.2005
* CZ: Sicherheitszertifikat, Teil A (GV), gültig vom 14.07.2009 bis 09.07.2019

Infrastruktur
* Betreiber der Anschlussbahn Usti Oils s.r.o. in Ústí nad Labem; seit Ende 2013

Unternehmensgeschichte
Die LTE-Ländergesellschaft für die Tschechische Republik wurde 2005 gegründet und am 12.01.2005 in das Handelsregister eingetragen. Seit 01.01.2009 ist die LTE Logistik a Transport Czechia, s.r.o. auch betrieblich aktiv, Verkehre wurden zuvor über den damaligen European Bulls-Partner VIAMONT Cargo, a.s. abgewickelt.
Die Wirtschaftsdaten der LTE Czechia der vergangenen Jahre:
* 2009: Umsatz 0,56 Mio. EUR; 2 Mitarbeiter
* 2010: Umsatz 1,54 Mio. EUR; 2 Mitarbeiter
* 2011: Umsatz 1,97 Mio. EUR; 7 Mitarbeiter
* 2012: Umsatz 4,47 Mio. EUR; 14 Mitarbeiter

Nach Auskunft der staatlichen Eisenbahninfrastrukturverwaltung SŽDC erbrachte das Unternehmen
* 2009: 6 Mio. Brutto-tkm und 7.000 Zugkm
* 2010: 65,32 Mio. Brutto-tkm und 56.323 Zugkm
* 2011: 156,19 Mio. Brutto-tkm und 144.588 Zugkm
* 2012: 480,26 Mio. Brutto-tkm und 342.504 Zugkm

LTE Czechia nutzt im Moment die Ressourcen der LTE Slovakia und LTE Österreich und fährt seit September 2009 Transitleistungen Slowakei – Deutschland, Polen – Österreich – Italien sowie Spotverkehre.

Verkehre
* Chemietransporte Kralupy nad Vltavou (SYNTHOS Kralupy, a.s.) – Geleen [NL]; seit Januar 2015
* Coiltransporte Koper – Kąty Wrocławskie (Schavemaker Cargo) [PL]; 1 x pro Woche Traktion in Tschechien seit September 2013
* Getreidetransporte innerhalb Tschechiens und über die Grenzen nach Deutschland / Polen / Slowakei. Partnerbahnen sind ITL, HSL, Rail Polska und LTE Slovakia
* KV-Transporte Kąty Wrocławskie (Schavemaker Cargo) [PL] – Koper [SI]; 2 x pro Woche Traktion in Tschechien im Auftrag der AS Baltic Rail

LTE Czechia / MBM rail / METRANS rail

* Stahlzüge Kraków (Coils, Roheisen) [PL] – Krems [AT] / Cava Tigozzi [IT]; 1-2 x pro Woche seit März 2013 im Auftrag der ASOTRA Intern. Speditions- und Transport GmbH; betriebliche Abwicklung ab Petrovice u Karviné in Kooperation mit PKP Cargo S.A. und InRail S.p.A.

MBM rail s.r.o.

Žižkova 595
CZ-551 01 Jaroměř
Telefon: +420 731 415372
mbmr@mbmr.cz
www.mbmr.cz

Management
* Ing. Miroslav Holubář (Geschäftsführer)
* Ing. Jiří Mužík (Geschäftsführer)

Gesellschafter
Stammkapital 460.000,00 CZK
* Miroslav Holubář (52,174 %)
* Jiří Mužík (47,826 %)

Lizenzen
* CZ: EVU-Zulassung (PV+GV) seit 15.03.2010
* CZ: Sicherheitszertifikat, Teil A und B (PV+GV), gültig vom 16.04.2010 bis 15.04.2015

Unternehmensgeschichte
Die heutige MBM rail s.r.o. wurde am 08.10.1997 als M B M, místní dráha Mladá Boleslav - Mělník, s.r.o. für den Erhalt und den Betrieb der Strecke Mělník – Mladá Boleslav gegründet. Gesellschafter zum damaligen Zeitpunkt 19 Gemeinden (Gemeinden Bukovno, Chorušice, Hostín, Kadlín, Kanina, Katusice, Kluky, Lobeč, Lhotka, Nebužely, Nosálov, Řepín, Skalsko, Stránka, Střemy, Sudoměř, Velký Borek, Vrátno), zwei Städte (Mladá Boleslav, Mšeno) und zwei Privatpersonen.
Nachdem der Weiterbetrieb auf der Strecke durch die Staatsbahn gesichert war, erweiterte die Gesellschaft ihren Fokus auf das gesamte Land. Seit 01.11.2010 sind die beiden Privatpersonen alleinige Gesellschafter des Unternehmens, das seitdem als MBM rail s.r.o. firmiert.
Die MBM rail betreut heute Industriebahnen, die Museumbahn Velké Březno – Zubrnice und ist als Beratungsunternehmen tätig. Jiří Mužík ist zudem Vorsitzender des Verbandes der Eisenbahngesellschaften (Sdružení železničních společností).

METRANS Rail s.r.o.

Podleska 926
CZ-104 00 Praha
Telefon: +420 267 293-111
info@metransrail.eu
www.metransrail.eu

Management
* Martin Hořínek (Geschäftsführer)
* Bc. Jindřich Novák (Geschäftsführer)

Gesellschafter
Stammkapital 11.874.000,00 CZK
* METRANS, a.s. (100 %)

Lizenzen
* CZ: EVU-Zulassung (PV+GV) seit 10.01.2004
* CZ: Sicherheitszertifikat, Teil A+B (PV+GV); gültig vom 01.10.2013 bis 30.09.2018
* SK: Sicherheitszertifikat, Teil B (GV); gültig vom 29.07.2014 bis 29.09.2018

Unternehmensgeschichte
METRANS Rail s.r.o. ist die EVU-Tochter des Kombioperateurs METRANS a.s. (siehe dort). Die Gesellschaft geht zurück auf die mit Handelsregistereintrag am 22.10.2003 von Petr Šimral und Radan Stift, der zuvor einige Jahre als Triebfahrzeugführer der DB Regio AG gearbeitet hatte, gegründete Railtrans, s.r.o. mit Sitz in Sokolov. Stift hatte bereits seit Mitte der 1990er Jahre als ČSD / BNB (Česká severní dráha / Böhmische Nordbahn) agiert und versucht, eine Museumseisenbahn in Tschechien aufzubauen. U.a. hatte man in den 1990er Jahren bei der DB zahlreiche ausgemusterte Schienenbusse sowie im Heimatland rund zehn V 60 D von Industriebetrieben erworben und nach Aufarbeitung v.a. in die Niederlande verkauft. Šimral war zuvor bei der VIAMONT als Betriebsleiter tätig und hatte bei der Privatisierung der Linie Sokolov – Kraslice mitgewirkt.
Per 14.10.2008 wurde die Gesellschaft in RailTransport s.r.o. umfirmiert, um zukünftig eine Verwechselung mit dem französischem Waggonvermieter Railtrans auszuschließen. RailTransport hatte im Juli 2009 zunächst 50 % der Gesellschafteranteile an den Kombioperateur METRANS verkauft. Dieser übernahm per 11.03.2011 weitere 30 %, seit 19.07.2011 heißt die Gesellschaft nun METRANS Rail s.r.o. Per 26.09.2014 verkaufte Radan Stift seine Anteile an METRANS, per 08.12.2014 schied auch Petr Šimral als Anteilseigner aus.

METRANS rail

Die Gesellschaft ist schon lange Jahre im Güterverkehr tätig. Der damalige Geschäftsbereich RTcargo der Railtrans widmete sich Güterzugleistungen in Tschechien, der Slowakei, Deutschland, Polen, Ungarn und Österreich. In Ungarn fuhr man Spotverkehre unter Einbindung des Kooperationspartners FLOYD Szolgáltató Zrt. Seit Ende 2008 erfolgte die Trassengestellung in Deutschland bei den meisten grenzüberschreitenden Verkehren durch die Bräunert Eisenbahnverkehr GmbH & Co. KG. Per 21.12.2009 übernahm man sämtliche Gesellschafteranteile an dem EVU Transport-Schienen-Dienst GmbH (TSD) von der HWB Hochwaldbahn Servicegesellschaft mbH und firmierte das Unternehmen nachfolgend in METRANS Rail (Deutschland) GmbH um. RailTransport war im Grenzverkehr nach Deutschland v. a. im Spotverkehr aktiv: 2008/2009 wurden u. a. Züge nach Lohhof (Kohlendioxid) Regensburg (Container) und Hamburg Hohe Schaar (Ammoniumsulfat) gefahren. Dabei kooperierte man je nach Bedarf mit anderen EVU wie z. B. in Deutschland mit der Mittelweserbahn GmbH (MWB), Stock -Transport-, D&D und weiteren. Heute ist METRANS Rail v.a. für den Mehrheitsgesellschafter grenzüberschreitend im Kombinierten Verkehr tätig. Mit dem Geschäftsbereich RTregio war die damalige Railtrans als Partner der Sächsisch-Böhmische Eisenbahngesellschaft mbH (SBE) verantwortliches EVU für deren Korridorverkehr zwischen Großschönau [DE] und Seifhennersdorf [DE], die mit Ablauf des Verkehrsvertrages der SBE im Dezember 2010 endeten. Die Verantwortlichkeit galt auch für die bis 2008 durch die SBE angebotenen Ausflugszüge nach Prag und anderen Zielen in Tschechien, die bis 2010 unter Verantwortung der Piepmaus-Reisen UG aus Olbersdorf bei Zittau weitergeführt werden. Seit dem 01.09.2004 verlängerte die SBE ihre in Zittau endenden Züge auf eigenwirtschaftlicher Basis als Leistung von RailTransport bis nach Liberec.

Gescheitert ist hingegen der Versuch, mit dem Geschäftsbereich RTexpress als Konkurrenz zur ČD auch in den Personenfernverkehr Tschechiens einzusteigen. Zwar enthielt der Jahresfahrplan 2007 bereits neun „RT-Express"-Zugpaare auf der lukrativen Trasse Praha – Ostrava, doch wurde der Verkehr aus verschiedenen Gründen wie Problemen mit der Zulassung der vorgesehenen Siemens-Lokomotiven und Trassenkonflikten im Zusammenhang mit den Bauarbeiten im Knoten Prag nicht aufgenommen. Nach monatelangen erfolglosen Bemühungen verkündete man per Pressemitteilung vom 07.09.2007 daraufhin das Ende des Projektes „RT-Express". Rund vier Jahre später nahmen die Privatbahnen RegioJet, a.s. und LEO Express a.s. auf dieser Relation auf.

METRANS rail / Metrans

Nach Auskunft der staatlichen Eisenbahninfrastrukturverwaltung SŽDC erbrachte das Unternehmen 2011 150,66 Mio. Brutto-tkm und 146.518 Zugkm. 2010 waren 35,77 Mio. Brutto-tkm und 51.697 Zugkm gewesen.
Nach Auskunft des slowakischen Infrastrukturbetreibers ŽSR erbrachte das Unternehmen
* 2012: 12,55 Mio. Brutto-tkm und 10.884 Zugkm
* 2011: 8,97 Mio. Brutto-tkm und 8.877 Zugkm
Neben eigenen bzw. angemieteten Dieselloks setzt das Unternehmen auch ER 20 und TRAXX der Muttergesellschaft ein.

Verkehre
* AZ-Verkehr
* KV-Transporte (Leercontainer) Praha Uhříněves / Nýřany – München-Riem [DE] / Regensburg [DE] / Nürnberg Hafen [DE] / Neuss [DE] / Hamburg [DE]; Spotverkehre seit Frühjahr 2008 im Auftrag der METRANS, a.s. in Kooperation mit der METRANS Rail (Deutschland) GmbH in Deutschland
* KV-Transporte Dunajská Streda [SK] – Rotterdam [NL]; 3 x pro Woche seit 04.10.2013 Traktion in Tschechien im Auftrag der METRANS (Danubia), a.s.
* KV-Transporte Košice [SK] – Dunajská Streda [SK]; 3 x pro Woche im Auftrag der METRANS (Danubia), a.s.
* KV-Transporte Praha-Uhříněves – Bremerhaven [DE]; 6 x pro Woche (Gegenrichtung 4 x pro Woche; Dreiecksverkehre mit Hamburg); seit 01.01.2015 in Eigentraktion
* KV-Transporte Praha-Uhříněves – Duisburg (DIT) [DE]; 3 x pro Woche seit 19.04.2012 im Auftrag der METRANS, a.s. in Kooperation mit der METRANS Rail (Deutschland) GmbH in Deutschland; letzte Meile in Duisburg [DE] durch duisport rail GmbH
* KV-Transporte Praha-Uhříněves – Hamburg [DE]; 26 x pro Woche (Gegenrichtung 28 x pro Woche; Dreiecksverkehre mit Bremerhaven); seit 01.01.2015 in Eigentraktion
* KV-Transporte Praha-Uhříněves – Rotterdam (RSC Waalhaven) [NL]; 3 x pro Woche seit 06.09.2010 im Auftrag der METRANS, a.s. in Kooperation mit der METRANS Rail (Deutschland) GmbH in Deutschland und der Rotterdam Rail Feeding B.V. (RRF) in den Niederlanden; 6 x pro Woche seit 13.06.2011; aktuell 7 x pro Woche
* KV-Transporte Praha-Uhříněves – Schwarzheide [DE] – Hamburg [DE]; 3-4 x pro Woche geplant ab 15.06.2015 im Auftrag der METRANS, a.s. in Kooperation mit der METRANS Rail (Deutschland) GmbH in Deutschland
* KV-Transporte Česká Třebová – Bremerhaven [DE]; 9 x pro Woche (Gegenrichtung 5 x pro Woche; Dreiecksverkehre mit Hamburg); seit 01.01.2015 in Eigentraktion
* KV-Transporte Česká Třebová – Hamburg [DE]; 16 x pro Woche (Gegenrichtung 22 x pro Woche; Dreiecksverkehre mit Bremerhaven); seit 01.01.2015 in Eigentraktion
* Rangierdienst bei der Hexion Speciality Chemicals, a.s., Sokolov

METRANS, a.s. G

Podleska 926
CZ-104 00 Praha
Telefon: +420 267 710625
Telefax: +420 267 710624
samek@metrans.cz
www.metrans.eu

METRANS DYKO Rail Repair Shop s.r.o.
Havlíčkova 520
CZ-280 02 Kolín
Telefon: +420 321 743111

Management
* Ing. Jiří Samek (Vorstandsvorsitzender)
* Ing. Peter Kiss (Mitglied des Vorstandes)
* Ing. Pavel Pokorny (Mitglied des Vorstandes)

Gesellschafter
Stammkapital 22.720.000,00 CZK
* HHLA Intermodal GmbH (86,54 %)
* private Aktionäre (13,46 %)

Beteiligungen
* METRANS (Danubia) Krems GmbH (100 %)
* METRANS (Danubia) a.s. (100 %)
* METRANS (Deutschland) GmbH (100 %)
* METRANS DYKO Rail Repair Shop s.r.o. (100 %)
* METRANS Rail (Deutschland) GmbH (100 %)
* METRANS Rail s.r.o. (100 %)
* Metrans İstanbul Taşımacılık ve Lojistik Danışmanlık Eğitim Tic. Ltd. Şti. (100 %)
* METRANS Railprofi Austria GmbH (RPA) (80 %)

Lizenzen
* CZ: EVU-Zulassung seit 01.09.20082009
* CZ: Sicherheitszertifikat, Teil A (GV), gültig vom 30.05.2014 bis 29.09.2018

Infrastruktur
* Containerterminal Prag-Uhřiněves
* Containerterminal Nyřany
* Containerterminal Zlín

Metrans / N+N / NX CZ

Unternehmensgeschichte
METRANS, a.s. hat im Juli 1991 die Geschäftstätigkeit als Containeroperateur in der ehemaligen Tschechoslowakei aufgenommen. Der erste Bahn-Containershuttle zwischen dem METRANS-Terminal in Praha-Uhřiněves und Hamburg verkehrte im Februar 1992, 1993 ergänzt um Fahrten nach Bremerhaven. METRANS konnte 1995 in Zlín ihr zweites eigenes Terminal eröffnen, dem zum 01.10.1999 eine Anlage in Dunajská Streda [SK] folgte. 2007 nahm man Terminals in Veľká Ida nahe Košice (September) bzw. in Nyřany nahe Plzeň (November) in Betrieb.
Zwischen 1995 und 1999 wuchs das Unternehmen beständig, nachdem die Hamburger Hafen und Logistik AG (HHLA) und die damalige DB Cargo AG (heute: DB Schenker Rail Deutschland AG) als Aktionäre in die Gesellschaft aufgenommen wurden. Weitere Zugverbindungen existieren heute u. a. nach Budapest [HU] und Koper [SI]. Die Beteiligung an der tschechischen Privatbahn RailTransport, s.r.o., mit der man bereits lange Jahre zusammenarbeitete, wurde am 07.08.2009 in das Handelsregister eingetragen und im März 2011 auf 80 % erhöht sowie die Gesellschaft in METRANS Rail s.r.o. umfirmiert.
METRANS konnte 2008 auch eine eigene EVU-Lizenz erwerben, die aktuell jedoch nur für Waggonumfuhren im Raum Prag sowie gelegentliche Schadwagenüberstellungen zu der eigenen Werkstatt in Kolín (DYKO, s.r.o. / METRANS DYKO Rail Repair Shop s.r.o.) genutzt wird. Grenzüberschreitend setzt man auf die Lizenzen der Tochterunternehmen METRANS Rail, METRANS Rail (Deutschland) sowie METRANS (Danubia).
Im September 2010 erfolgte die Bestellung von drei Siemens ER 20, die 2011 ausgeliefert wurden. 2012 und 2013 folgten weitere vier Fahrzeuge, die alle bei der METRANS (Danubia) angesiedelt sind.
2012 ordneten DB AG und HHLA ihre Intermodalbeteiligungen neu. Im Rahmen des Verfahrens ging der 35,04 %-Anteil der DB Schenker Rail Deutschland AG auf die HHLA-Intermodal GmbH über.
Das von Wolfgang Stütz im Jahr 2006 gegründete EVU Rail Professionals Stütz GmbH (RPS) hat seit dem 19.07.2013 einen neuen Mehrheitsgesellschafter. Die tschechische METRANS a.s. hat mit diesem Tag 80 % der Anteile übernommen, Wolfgang Stütz hält nunmehr 20 %. In der Folge wurde das Unternehmen in METRANS Railprofi Austria GmbH umbenannt und der Firmensitz nach Krems verlegt. Dort hat bereits die METRANS (Danubia) Krems GmbH ihren Sitz, welche das dortige Containerterminal betreibt.

N+N-Konstrukce a dopravní stavby Litoměřice, s.r.o.

Nerudova 2215
CZ-412 01 Litoměřice
Telefon: +420 416 732335
Telefax: +420 416 732330
nan@nanlitomerice.cz
www.nanlitomerice.cz

Management
★ Ing. David Novák (Geschäftsführer)
★ Josef Vaňousek (Geschäftsführer)

Gesellschafter
Stammkapital 21.420.000,00 CZK
★ David Novák (44 %)
★ Josef Vaňousek (20 %)
★ Ladislav Bábel (18 %)
★ Karel Mašata (18 %)

Lizenzen
★ CZ: EVU-Zulassung (GV) seit 13.07.1998
★ CZ: Sicherheitszertifikat, Teil A+B (GV); gültig vom 15.12.2008 bis 31.07.2018

Unternehmensgeschichte
N+N-Konstrukce a dopravní stavby Litoměřice, s.r.o. wurde am 18.03.1992 von vier Privatunternehmern gegründet und ist in den Bereichen Hoch-, Brücken- und Gleisbau tätig.

National Express CZ s.r.o. (NX CZ)

Seifertova 327/85
CZ-130 00 Praha 3
Telefon: +420 608 999 924
zakaznik@nationalexpress.cz
www.nationalexpress.cz

Management
★ Andrew Noel Chivers (Geschäftsführer)
★ Ing. Jan Paroubek (Geschäftsführer)
★ Tobias Peter Johannes Richter (Geschäftsführer)

Gesellschafter
Stammkapital 200.000,00 CZK
★ NE No.1 Ltd. (99 %)
★ NE No.2 Ltd. (1 %)

NX CZ / NOR / ODOS

Unternehmensgeschichte
Die britische National Express-Gruppe (NX) plant den Einstieg in den Personenverkehr in Tschechien. Die entsprechende National Express CZ s.r.o. wurde am 14.10.2013 in das Handelsregister eingetragen, als Gesellschafter sind die NE No.1 Ltd. (99 %) sowie die NE No.2 Ltd. (1 %) aus Birmingham verzeichnet. Auch die Mitglieder der Geschäftsführer sind „alte Bekannte": Neben dem NX-Bahnchef Andrew Chivers sind dies der Geschäftsführer der NX Deutschland, Tobias Richter und Jan Paroubek. Paroubek hatte als COO bereits bei den tschechischen Privatbahnen RegioJet und LEO Express agiert. Mit seinen umfassenden technischen und administrativen Kenntnissen ist er nach Brancheneinschätzung der wichtigste Mann beim Start der beiden Unternehmen gewesen.

Management
★ Ing. Roman Šraga (Vorstandsvorsitzender)
★ Ing. Šárka Briestenská (Mitglied des Vorstandes)
★ Ing. Petr Kunčar (Mitglied des Vorstandes)
★ Martina Mintělová (Mitglied des Vorstandes)

Gesellschafter
Stammkapital 15.000.000,00 CZK
★ NH-TRANS, SE (80 %)
★ ČD Cargo, a.s. (20 %)

Lizenzen
★ CZ: EVU-Zulassung (GV) seit 04.08.2004
★ CZ: Sicherheitszertifikat, Teil A (GV), gültig vom 07.05.2008 bis 17.04.2018

NOR, a.s.

Lipová 509
CZ-541 01 Trutnov
Telefon: +420 499 850111
Telefax: +420 499 813279
nor@nor.cz
www.nor.cz

Management
★ Ing. Bruno Jakubec (Vorstandsvorsitzender)
★ Marcela Jakubcová (Vorstand)
★ Jan Vlček (Vorstand)

Gesellschafter
Stammkapital 5.000.000,00 CZK

Lizenzen
★ CZ: EVU-Zulassung (GV) seit 01.03.2005
★ CZ: Sicherheitszertifikat Teil A+B (GV), gültig vom 07.02.2008 bis 31.12.2015

Unternehmensgeschichte
Das Unternehmen NOR, a.s. wurde am 25.01.1991 in das Handelsregister eingetragen und ist im Gleisbau für die ČD und andere Bahnen tätig.

Ostravská dopravní společnost, a.s. (ODOS) G

U tiskárny 616/9
CZ-702 00 Ostrava-Přívoz
Telefon: +420 596 013291
Telefax: +420 596 014591
odos@odos.cz
www.odos.cz

Unternehmensgeschichte
Am 30.05.1995 erfolgte die Gründung der Ostravská dopravní společnost, a.s. (ODOS) als Tochtergesellschaft der NH-TRANS. Die betrieblichen Aktivitäten wurden jedoch erst 2004 nach Erteilung einer Lizenz für das tschechische Bahnnetz aufgenommen, seit 2006 besitzt die ODOS eine gleichartige Lizenz auch für die Slowakische Republik. Grundlage für die Betriebsaufnahme war die Übernahme der Lokomotiven der Stavební obnova železnic, a.s. [bauliche Erneuerung der Eisenbahn] (SOŽ) inklusive des Depots in Bohumín. Die ersten Einsätze der Loks erfolgten in Anknüpfung an die Geschäftstätigkeiten der SOŽ vorwiegend im Bauzugdienst.
Zwischenzeitlich konnte ein Engagement im Güterverkehr aufgebaut werden, seit 2007 ist die ČD Cargo, a.s. Gesellschafter des Unternehmens und vergibt einige Transportaufträge an die ODOS als Subunternehmer.
Zu den regelmäßigen Leistungen gehören Stahltransporte von Nová huť (ČD-Bahnhof Ostrava-Kunčice) und dem Blechwalzwerk in Frýdek-Místek (ČD-Bahnhof Lískovec bei Frýdek).
Nach Auskunft der staatlichen Eisenbahninfrastrukturverwaltung SŽDC erbrachte das Unternehmen
★ 2011: 120,53 Mio. Brutto-tkm und 123.977 Zugkm
★ 2010: 236,77 Mio. Brutto-tkm und 190.329 Zugkm
★ 2009: 128 Mio. Brutto-tkm und 110.000 Zugkm
★ 2008: 62 Mio. Brutto-tkm und 70.000 Zugkm
Internationale Transporte wurden zusammen mit Bratislavská regionálna koľajová spoločnosť, a.s. (BRKS) [SK] und PCC Rail Rybnik (heute: DB Schenker Rail Polska) [PL] durchgeführt.

Verkehre
★ AZ-Verkehr
★ Chemietransporte Lhotka nad Bečvou – Polen; 2 x pro Monat Traktion bis Bohumín st.hr. (Übergabe an CTL Logistics und PKP Cargo)
★ Chemietransporte Slowakische Republik – Lhotka nad Bečvou; 2 x pro Monat seit April 2010 Traktion ab Kúty [SK]

ODOS / OHL ŽS

- Drahttransporte Polen – Kralupy nad Vltavou; 2-5 pro Monat; Traktion ab Petrovice u Karviné im Auftrag der CTL Logistics Sp. z o.o.
- Drahttransporte Polen – Prostějov; Spotverkehr; Traktion ab Petrovice u Karviné
- Drahttransporte Rumänien – Pardubice; seit 2011 Traktion in Tschechien
- Drahttransporte Rumänien – Praha-Zličín; seit 2011 Traktion in Tschechien
- Drahttransporte Slowakische Republik – Prostějov; 2 x pro Monat seit Mai 2010 Traktion ab Kúty [SK]
- Gütertransporte Bohumín – Chałupki [PL]; kompletter Verkehr der ČD Cargo seit August 2007, seit Juni 2009 ca. 50 % der ČD Cargo-Verkehre
- Gütertransporte Polen – Ostrava; seit 2009 Traktion ab Petrovice u Karviné im Auftrag der ČD Cargo
- Kohletransporte Polen – Dětmarovice; seit 2007 Traktion ab Petrovice u Karviné im Auftrag der ČD Cargo
- Kokstransporte Polen – Bohumín (ŽDB Group a.s.); 2 x pro Monat Traktion ab Grenze im Auftrag der PKP Cargo
- Kokstransporte Polen – Slowakische Republik; 3 x pro Woche Traktion Bohumín (Übernahme von PKP Cargo) – Kúty (Übergabe an Loko Rail) [SK]
- Kokstransporte Zdzieszowice / Dabrowa [PL] – Galați (ArcelorMittal Galați SA) [RO]; Traktion in Tschechien seit 2012 im Auftrag der BRYNTIN RAIL CZ, s.r.o. / Bratislava Rail, a.s.
- Stahltransporte Ostrava-Kunčice (Stahlwerk Nová Hut) – Lískovec u Frýdku (Blechwalzwerk); 2 x pro Woche

OHL ŽS, a.s.

Burešova 938 / 17
CZ-660 02 Brno-střed
Telefon: +420 541 571111
Telefax: +420 541 212166
ohlzs@ohlzs.cz
www.ohlzs.cz

sekce Železnice [Bahnsektion]
Telefon: +420 541 572117
zeleznice@ohlzs.cz

Werkstatt
Kulkova 30
CZ-Brno

Management
- Michal Štefl (Vorstandsvorsitzender)
- Manuel Viciana Pedrosa (erster stellvertretender Vorstandsvorsitzender)
- Paolo Bee (zweiter stellvertretender Vorstandsvorsitzender)
- Carmen Escribano Guzmán (Mitglied des Vorstandes)
- Ing. Tomáš Nossek (Mitglied des Vorstandes)
- Ing. Josef Rezek (Mitglied des Vorstandes)
- Javier de Vicente Sanchez (Mitglied des Vorstandes)

Gesellschafter
Stammkapital 486.463.000,00 CZK
- ŽPSV, a.s. (97 %)

Beteiligungen
- ŽS Brno, a.s. (100 %)
- Železničné stavebníctvo Bratislava, a.s. (ZSBA) (77,6 %)
- BMSK, AD (50 %)
- TOMI-REMONT, a.s. (TR) (50 %)
- ZSB ELLAS, A. E. (34 %)
- REMONT PRUGA DD SARAJEVO (33,5 %)
- 'KOZÉPSZOLG' Kft. (20 %)
- Slovenské tunely, a.s. (17 %)

Lizenzen
- CZ: EVU-Zulassung (GV) seit 01.12.2004
- CZ: Sicherheitszertifikat, Teil A (GV), gültig vom 21.04.2008 bis 28.03.2018

Unternehmensgeschichte
OHL ŽS, a.s. ist eines der fünf bedeutendsten Bauunternehmen in der Tschechischen Republik. Die Ursprünge der Gesellschaft gehen zurück auf das 1952 gegründete Staatsunternehmen Železniční stavitelství Brno, welches im Bahnsektor Gleis- und Hochbauarbeiten durchführte.
Ab 1972 war Železniční stavitelství Brno Teil der Železničné stavebníctvo Bratislava und hatte in den 1980er Jahren bis zu 3.200 Mitarbeiter. 1991 wurde diese Zuordnung aufgelöst und Železniční stavitelství Brno war für rund neun Monate als unabhängiges Staatsunternehmen am Markt tätig. Zum 01.04.1992 wurde sie in eine Gesellschaft mit beschränkter Haftung umgewandelt und im Rahmen der ersten Privatisierungswelle an Investoren verkauft. Zeitgleich fand 1993 die Umwandlung in die ŽS Brno, a.s. statt.
Nach der mehrheitlichen Übernahme durch den spanischen OHL-Konzern wurde am 27.03.2006 die Umfirmierung in OHL ŽS, a.s. beschlossen.
OHL ŽS besitzt Beteiligungen an den Bauunternehmen:
- Železničné stavebníctvo Bratislava (SK-Bratislava)
- BMSK, AD (BG-Sofia)
- ZSB ELLAS, A. E. (GR-Thessaloniki)
- REMONT PRUGA DD SARAJEVO (BA-Sarajevo)
- Slovenské tunely, a. s. (SK-Bratislava)
- 'KOZÉPSZOLG' Kft. (HU-Budapest)

OHL ŽS / OD / PDV RAILWAY / PEDASTA / PUS

Verkehre
* AZ-Verkehr

OLOMOUCKÁ DOPRAVNÍ, s.r.o. (OD) G

Jungmannova 153/12
CZ-779 00 Olomouc
Telefon: +420 605 486632
Telefax: +420 585 412718
brazda@olomouckadopravni.cz
www.olomouckadopravni.cz

Management
* Pavel Brázda (Geschäftsführer)
* Vlastimil Míček (Geschäftsführer)

Gesellschafter
Stammkapital 200.000,00 CZK
* Pavel Brázda (100 %)

Lizenzen
* CZ: EVU-Zulassung (GV) seit 20.01.2007
* CZ: Sicherheitszertifikat, Teil A (GV), gültig vom 05.10.2007 bis 20.11.2017

Unternehmensgeschichte
OLOMOUCKÁ DOPRAVNÍ s.r.o. wurde am 14.09.2006 in das Handelsregister eingetragen. Die Unternehmenstätigkeit umfasst die Güterbeförderung auf Schiene und Straße sowie die Reparatur von Kraftfahrzeugen.

Verkehre
* Baustofftransporte Hlubočky – Olomouc; 1-2 x pro Tag

PDV RAILWAY a.s. I

Blahoslavova 937/62
CZ-400 01 Ústí nad Labem
Telefon: +420 475 209575
info@pdvr.cz
www.pdvr.cz

Management
* Jan Franz (Vorstandsvorsitzender)

Gesellschafter
Stammkapital 2.000.000,00 CZK
* František Sobotka (100 %)

Infrastruktur
* Trutnov – Svoboda nad Úpou (10 km); gepachtet seit 01.08.2012
* Sokolov – Kraslice (28 km); gepachtet seit 01.08.2012

Unternehmensgeschichte
PDV RAILWAY a.s. mit Sitz in Ústí nad Labem ist ein privates Eisenbahninfrastrukturunternehmen. Zunächst als Tochter der IDS building corporation a. s., člen koncernu IDS übernahm die PDV RAILWAY per 26.04.2012 Teile des Geschäftes der damaligen Schwester VIAMONT, a.s. Per 01.08.2012 folgte auch die Übergang der Betriebsführung zweier Strecken-Pachtverträge auf die PDV RAILWAY.
František Sobotka erwarb per 10.09.2012 die Gesellschafteranteile des IDS-Konzerns an der PDV RAILWAY. Sobotka ist außerdem geschäftsführender Gesellschafter des 1997 gegründeten Gleisbauunternehmens TRAIL Servis a.s.

PEDASTA dopravní stavby, s.r.o.

Zelená 2179/13
CZ-412 01 Litoměřice

Management
* Vít Damašek (Geschäftsführer)
* Vlastimil Petříček (Geschäftsführer)

Gesellschafter
Stammkapital 200.000,00 CZK
* Vlastimil Petříček (50 %)
* Vít Damašek (50 %)

Lizenzen
* CZ: Sicherheitszertifikat, Teil A (GV); gültig vom 05.06.2014 bis 04.06.2019

Unternehmensgeschichte
Am 03.06.2013 gründeten Vít Damašek und Vlastimil Petříček das Unternehmen PEDASTA dopravní stavby, s.r.o., das seit Mitte 2014 ein Sicherheitszertifikat, Teil A besitzt. Weitere Informationen über die Geschäftstätigkeit des Unternehmens liegen aktuell nicht vor.

Puš, s.r.o. (PUS)

Bezručova 1665
CZ-544 02 Dvůr Králové nad Labem
milanpus@mkinet.cz
www.pussro.net

PUS / Rail Cargo Carrier CZ / Rail system / RegioJet

nám. Republiky 101
CZ-544 01 Dvůr Králové nad Labem
Telefon: +420 499 622613

Management
★ Ing. Milan Puš (Geschäftsführer)

Gesellschafter
Stammkapital 100.000,00 CZK
★ Milan Puš (100 %)

Lizenzen
★ CZ: EVU-Zulassung (PV+GV) seit 10.06.1995
★ CZ: Sicherheitszertifikat, Teil A (PV+GV), gültig vom 23.10.2013 bis 22.10.2018

Unternehmensgeschichte
Puš s.r.o. wurde am 12.01.1993 in das Handelsregister eingetragen und ist in den Bereichen Telekommunikationstechnik und Bahntransport tätig.

Verkehre
★ Rangierdienst für die LTE-Getreidezüge im Raum Hradec Králové und Pardubice

Rail Cargo Carrier - Czech Republic s.r.o. 🄒

Žerotínova 1132/34
CZ-130 00 Praha 3
office@railcargocarrier.com
www.railcargocarrier.com

Management
★ Jan Brčák (Geschäftsführer)
★ Sebastian Sperker (Geschäftsführer)

Gesellschafter
Stammkapital 200.000,00 CZK
★ Rail Cargo Carrier Kft. (RCC) (100 %)

Unternehmensgeschichte
In Tschechien erfolgte per 05.04.2013 die Gründung der Rail Cargo Carrier - Czech Republic s.r.o. mit Sitz in Prag. Gesellschafter ist neben der Rail Cargo Carrier Kft. aus Ungarn auch die Rail Cargo Operator - CSKD s.r.o.

Rail system s.r.o.

Lukavice 21
CZ-789 01 Lukavice
Telefon: +420 7 37204554
Telefax: +420 3 87313092
office@railsystem.cz
www.railsystem.cz

Management
★ Ing. Jaroslav Šimůnek (Geschäftsführer)

Gesellschafter
Stammkapital 200.000,00 CZK
★ TUMACO a.s. (100 %)

Lizenzen
★ CZ: EVU-Zulassung (PV+GV); gültig seit 01.03.2012

Unternehmensgeschichte
Rail system s.r.o. wurde am 15.07.2011 gegründet und beabsichtigt die Durchführung von Personen- und Gütertransporten, den Betrieb von Anschlussgleisen sowie die Beratung im Bereich des Schienenverkehrs.
War bei Gründung des Unternehmens noch die CEVE s.r.o. (99 % Martin Janoušek; 1 % Petra Janoušková) alleinige Gesellschafterin, gingen die Anteile per 18.06.2012 zu 80 % an die TUMACO a.s. (100 % CEVE) sowie zu 20 % an Jan Šatava. Šatava war zuvor u.a. Vorstand der schmalspurigen Jindřichohradecké místní dráhy, a.s. (JHMD). Seit 26.06.2014 ist TUMACO alleinige Gesellschafterin der Rail system.
Der Unternehmenssitz befindet sich an einer Niederlassung der JIP - Papírny Větřní, a.s., deren Eigentümer Josef Hanzalík über eigene Bahngesellschaft verfügt.

RegioJet, a.s. 🄟

Dům pánů z Lipé, nám. Svobody 17
CZ-602 00 Brno
Telefon: +420 542 424242
Telefax: +420 539 000910
info@regiojet.cz
www.regiojet.cz

Management
★ Radim Jančura (Vorstandsvorsitzender)
★ Ing. Jiří Schmidt (Vorstand)

RegioJet

Gesellschafter
Stammkapital 187.534.000,00 CZK
★ STUDENT AGENCY, k.s. (100 %)

Lizenzen
★ CZ: EVU-Zulassung (PV) seit 30.04.2009

Unternehmensgeschichte
Die RegioJet, a.s. wurde als Tochterunternehmen der STUDENT AGENCY, s.r.o. gegründet, um die Expansion der Muttergesellschaft auf dem Gebiet des Schienenpersonenverkehrs voranzutreiben. Die Firma STUDENT AGENCY verkauft Flugtickets, Kurzreisen, Versicherungen, Visa sowie ausländische Sprach- und Studienaufenthalte für Interessierte jeden Alters und betreibt darüber hinaus ein umfangreiches Busliniennetz sowohl innerhalb Tschechiens als auch zu anderen Zielen Europas. Die Gründung von RegioJet erfolgte im Resultat der sich auch in Tschechien abzeichnenden Marktöffnung des Schienenverkehrs. Von den drei Mitgliedern der Unternehmensleitung waren Jiří Schmidt und Jan Paroubek zuvor bei der Staatsbahn České dráhy, a.s. (ČD) und der Veolia Transport ČR, a.s. tätig, während Vladimír Trtík für die Viamont a.s. gearbeitet hatte. Bereits 2006 hatte STUDENT AGENCY-Inhaber Radim Jančura, der zugleich Vorsitzender des Aufsichtsrats der RegioJet ist, in Interviews angekündigt, dass man innerhalb der nächsten Jahre der ČD auf der innertschechischen „Butter-und-Brot-Strecke" Praha – Ostrava Konkurrenz machen wolle, wozu es aber erst im Herbst 2011 gekommen ist.

Mit einer eigenen Offerte reagierte RegioJet im Sommer 2009 auf die Ankündigung des Verkehrsministeriums zur Ausschreibung einer Reihe von Fernverkehrsverbindungen in Form von mehreren Linienbündeln, für die das Unternehmen einen Betrieb mit Garnituren der Typen Siemens Desiro ML auf elektrifizierten bzw. Desiro Classic auf nicht elektrifizierten Strecken vorschlug. Bereits zuvor hatte sich RegioJet in einer Bietergemeinschaft mit der französischen Keolis SA auf die im Herbst 2008 durch den Kraj Liberec veröffentlichte Ausschreibung einiger von Liberec ausgehender SPNV-Verbindungen beworben, sich jedoch im Juni 2009 aus dem Verfahren zurückgezogen. Ende Oktober 2009 gab RegioJet ein Angebot auf die Anfang September getätigte SPNV-Ausschreibung des Kraj Plzeň mit einer Laufzeit von zwölf Jahren ab Dezember 2011 und den Relationen Plzeň – Domažlice město, Plzeň – Blatno und Nýřany – Heřmanova Huť ab. Diese Ausschreibung wurde jedoch wenige Tage später storniert, da sich alle tschechischen SPNV-Aufgabenträger für eine erneute Direktvergabe an die ČD über zehn Jahre mit Option auf eine

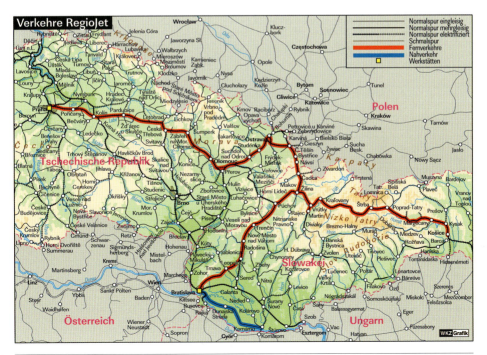

RegioJet / RETROLOK

Verlängerung über weitere fünf Jahre entschieden. Im Mai 2010 konnte das Unternehmen neun gebrauchte Škoda-E-Loks von der italienischen FNM Gruppe erwerben. Die Maschinen werden nach einer Modernisierung seit September 2011 im eigenwirtschaftlichen Schnellzugverkehr Žilina [SK] / Havířov – Ostrava – Praha eingesetzt.
Für die Verkehre wurde auch eine Diesellok angeschafft, die in Prag-Smíchov rangiert und Leerzüge zur Instandhaltung nach Prag-Zličín überführt. Dort wurde ein auf dem ehemaligen Siemens-Gelände ansässiges Unternehmen mit der Instandhaltung beauftragt. In seltenen Fällen vermietet RegioJet auch einzelne E-Loks an Güterbahnen.
Am 27.12.2010 erhielt RegioJet den Zuschlag für den SPNV auf der slowakischen Verbindung Bratislava – Dunajská Streda – Komárno für neun Jahre ab dem 04.03.2012. Für die Aktivitäten in der Slowakei wurde 2011 ein Tochterunternehmen gegründet.
Das tschechische Verkehrsministerium hatte am 26.03.2013 angekündigt, den Betrieb der Regionalzuglinie Ostrava – Opava – Krnov – Olomouc direkt an RegioJet vergeben zu wollen. Dies erfolgte, nachdem das eigentliche Vergabeverfahren abgebrochen wurde. Nach dem Ausschluss von Arriva war RegioJet als einziger Anbieter verblieben. RegioJet wollte die Linie mit zweiteiligen Dieseltriebzügen vom Typ PESA Link II bedienen. Zu einer Beauftragung kam es jedoch nicht, die Ausschreibung wurde komplett annulliert.
Der Personenfernverkehr auf Prag wurde mehrfach ausgeweitet und verändert. Verkehrten seit 26.09.2011 drei Zugpaare pro Tag wurde das Angebot per 31.10.2011 auf vier Zugpaare und ab 11.12.2011 auf fünf ausgeweitet. Eines davon verkehrte bis Dezember 2011 bis Žilina [SK]. Neun Zugpaare pro Tag wurden ab 01.09.2012 angeboten, neben dem Durchläufer aus Žilina [SK] verkehrten ab 09.12.2012 drei Zugpaare ab Třinec. Mit zunächst einem Zugpaar pro Tag wurde Košice [SK] ab 11.10.2014 angebunden. Diese Züge führen auch erstmals ein Zugrestaurant. Seit dem Fahrplanwechsel am 14.12.2014 befinden sich bei unverändertem Angebot von neun Zugpaaren pro Tag drei Zugpaare ab Návsí, eines ab Martin und eines ab Košice [SK] im Programm. In Košice [SK] besteht eine Verknüpfung mit dem Angebot nach Bratislava [SK] der slowakischen Schwester.
In den ersten drei Betriebsjahren konnte RegioJet die Fahrgastzahlen mehr als verdoppeln. Waren es 2012 noch 1,13 Mio. Passagiere verzeichnete der private Anbieter 2014 rund 2,39 Mio., gegenüber 2013 eine erneute Steigerung um 46 %. Grund sind neue Waggons mit mehr Plätzen, die Verlängerung einer Zugverbindung pro Tag ins slowakische Košice und zusätzliche Halte.
Nach wie vor schreibt das Unternehmen keine schwarzen Zahlen:
* 2011: Ergebnis -59 Mio. CZK
* 2012: Umsatz 267 Mio. CZK; Ergebnis -76 Mio. CZK
* 2013: Umsatz 346 Mio. CZK; Ergebnis -93 Mio. CZK;

261 Mitarbeiter
Anfang 2014 übernahm RegioJet weitere ÖBB-Wagen.

Verkehre
* Personenfernverkehr Praha hlavní nádraží – Ostrava (– Žilina [SK] – Košice [SK]); seit 26.09.2011 mit aktuell neun Zugpaaren / Tag mit unterschiedlichen Zuglaufweiten

RETROLOK s.r.o. G

Nádražní 279/1
CZ-150 00 Praha 5
Telefon: +420 733 181200
info@retrolok.com
www.retrolok.com

Management
* Zbyněk Handzel (Geschäftsführer)
* Michal Matějovský (Geschäftsführer)
* Miroslav Turek (Geschäftsführer)

Gesellschafter
Stammkapital 210.000,00 CZK
* Miroslav Turek (50 %)
* Michal Matějovský (50 %)

Lizenzen
* CZ: EVU-Zulassung (GV) seit 20.12.2011
* CZ: Sicherheitszertifikat, Teil A (GV); gültig vom 02.11.2011 bis 01.11.2016
* CZ: Sicherheitszertifikat, Teil B (GV); gültig vom 21.10.2011 bis 20.10.2016

Unternehmensgeschichte
RETROLOK s.r.o. mit Sitz in Prag wurde am 30.03.2011 gegründet. Bei Start des Unternehmens hielten Michal Matějovský, Pavel Mošner und Miroslav Turek gleiche Anteile am Unternehmen, seit 27.01.2014 gilt die aktuelle Verteilung.
RETROLOK beschäftigt sich mit der Ausbildung von Bahnpersonal, die Lizenz wird für Güterverkehre genutzt.
Das Unternehmen ist eng mit dem Personaldienstleister STROJVŮDCI CZ s.r.o. verbunden.

Verkehre
* Gütertransporte Praha – Bohumín und Gegenrichtung
* Gütertransporte Praha – Horažďovice předměstí und Gegenrichtung
* Gütertransporte Praha – Přerov und Gegenrichtung
* Gütertransporte Praha – Česká Třebová und Gegenrichtung

RETROLOK / RM LINES / RUTR

RM LINES, a.s. 🇨🇿

Jednoty 1931
CZ-356 01 Sokolov

Geschäftssitz
Novobranská 20
CZ-412 01 Litoměřice
Telefon: +420 739 084 730
dispo@rmlines.cz
www.rmlines.cz

Management
* Ing. Milan Měšťák (Generaldirektor)
* Ing. Aleš Ištvan (stellvertretender Direktor)
* Miroslav Komzák (Mitglied des Vorstands)

Gesellschafter
Stammkapital 2.000.000,00 CZK
* SPEDICA AGRO, s.r.o. (90 %)
* Milan Měšťák (10 %)

Lizenzen
* CZ: EVU-Zulassung (GV) seit 25.08.2005
* CZ: Sicherheitszertifikat, Teil A (GV), gültig vom 27.05.2013 bis 26.05.2018

Unternehmensgeschichte
Die Firma RM LINES, a.s. wurde am 18.07.2005 in das Handelsregister eingetragen.
Gründungsgesellschafter waren Jaroslav Richter und Milan Měšťák, deren Kürzel sich auch im Firmennamen wieder finden. Richter war zuvor Generaldirektor der UNIPETROL Doprava gewesen und hoffte mit der neuen, eigenen Bahngesellschaft einen großen Kundenkreis von UNIPETROL abziehen zu können.
Der Transfer der großen Kunden schlug fehl und so begnügt sich die RM Lines seitdem mit der Beförderung von Spotverkehren. Die erste Zugleistung wurde am 20.09.2005 im Transit zwischen der Slowakischen Republik und Polen erbracht.
Nach dem ernüchternden Start des Unternehmens entschied sich Jaroslav Richter für den Wechsel zur ČD Cargo, a.s. und war dort in leitenden Positionen tätig (u. a. Executive Director und Mitglied Board of Directors). Seit 01.06.2011 ist Richter Geschäftsführer der ARRIVA vlaky s.r.o.
Seit dem Ausstieg des Gründungspartners führt Měšťák die Gesellschaft alleine und es sind nur wenige Leistungen bekannt, die zum Teil für die damalige Railion Deutschland AG erbracht wurden. Im Januar und Februar 2006 sowie gegen Jahresende 2006 bzw. 2009 waren dies beispielsweise Salztransporte von Baalberge [DE] nach Lovosice.
Über eigene Loks verfügt RM Lines nicht, für die Spotverkehre werden Maschinen je nach Bedarf angemietet. Während zunächst Dieselloks der ČD-Tochter TSS angemietet wurden, kamen später Loks der Chládek & Tintěra, a.s. zum Einsatz.
Ende 2008 gab es Gerüchte, dass Argo Bohemia, großer Auftraggeber für Transporte von Getreide oder anderen landwirtschaftlichen Produkten, einige Gesellschafteranteile der RM Lines übernommen hätte. Umgesetzt wurde hingegen 2011 eine 90 %ige Mehrheitsbeteiligung durch die SPEDICA AGRO, s.r.o.
Nach Auskunft der staatlichen Eisenbahninfrastrukturverwaltung SŽDC erbrachte das Unternehmen
* 2009: 55 Mio. Brutto-tkm und 44.000 Zugkm
* 2008: 19 Mio. Brutto-tkm und 9.000 Zugkm

RM Lines führte auch bedarfsweise Traktionen für die RailTransport s.r.o. (RTT, heutige METRANS Rail s.r.o.) durch. Dabei handelte es sich u.a. um die Bedienung der letzten Meile bei Getreideverkehren der RTT.
Neben eigenen Loks nutzt RM Lines auch bedarfsweise E-Loks der PKP Cargo SA, die über die LokoTrain s.r.o. angemietet werden. Dieselloks mietet man bedarfsweise u.a. von Viamont DSP a.s. und IDS Cargo, a.s.
Am 17.01.2012 erfolgte die Sitzverkgung von Litoměřice nach Sokolov. Dort ist ebenfalls die Muttergesellschaft SPEDICA Group ansässig.

Verkehre
* Getreidetransporte Tschechische Republik – Deutschland; Spotverkehr; Traktion bis Děčín (Übergabe an DB Schenker Rail Deutschland AG) seit Herbst 2008
* Rapsschrotttransporte Lovosice (PREOL, a.s.) – Deutschland; Traktion bis Děčín (Übergabe an DB Schenker Rail Deutschland AG)
* Speisesalztransporte Baalberge (K+S Salz GmbH) [DE] – Olomouc; 1 x pro Woche Traktion ab Děčín (Übernahme von DB Schenker Rail Deutschland AG)
* Streusalztransporte Baalberge (K+S Salz GmbH) [DE] – Lovosice; 3 x pro Monat vorrangig in den Wintermonaten Traktion ab Děčín (Übernahme von DB Schenker Rail Deutschland AG)
* Dolomittransporte Varín / Rajec [SK] – Řetenice; 1-6 x pro Monat Traktion ab Horní Ldeč (Übernahme von Železničná spoločnosť Cargo Slovakia, a.s. (ŽSSK Cargo))

RUTR, spol. s r.o.

Chodovská 7
CZ-141 00 Praha 4
Telefon: +420 224 614932
Telefax: +420 272 767973
rutr@rutr.cz
www.rutr.cz

RUTR / SANRE / SART

Niederlassung Benešov
Konopišká 1375
CZ-258 01 Benešov
Telefon: +420 317 721756
info@rutr.cz

Management
* Zbyněk Rudolf (Geschäftsführer)
* Milan Sedlmayer (Geschäftsführer)
* Libor Zoul (Geschäftsführer)
* Jiří Štětina (Geschäftsführer)

Gesellschafter
Stammkapital 204.000,00 CZK
* Zbyněk Rudolf (25 %)
* Milan Sedlmayer (25 %)
* Libor Zoul (25 %)
* Jiří Štětina (25 %)

Lizenzen
* CZ: EVU-Zulassung (GV) seit 02.02.2001
* CZ: Sicherheitszertifikat, Teil A (GV), gültig vom 17.06.2008 bis 11.04.2018

Unternehmensgeschichte
RUTR, spol. s r.o. ist ein Gleisbauunternehmen und wurde am 21.05.1993 in das Handelsregister eingetragen. Geschäftsführende Gesellschafter des Unternehmens sind vier Privatpersonen. Die neben Milan Sedlmayer geschäftsführenden Gründungsgesellschafter Jan Růžek und Jindřiška Drlíková hatten das Unternehmen Ende 2011 verlassen, seit 07.12.2011 gilt die aktuelle Verteilung.

Verkehre
* AZ-Verkehr

SANRE spol. s r.o.

Lidická 219
CZ-73581 Bohumín
Telefon: +420 59 609-7551
Telefax: +420 59 609-7553
sanre@sanre.cz
www.sanre.cz

Management
* Svatopluk Čuba (Geschäftsführer)
* Hana Langerová (Geschäftsführerin)

Gesellschafter
Stammkapital 100.000,00 CZK
* Svatopluk Čuba (60 %)
* Hana Langerová (40 %)

Lizenzen
* CZ: EVU-Zulassung (GV) seit 15.08.1996

Unternehmensgeschichte
Das Gleisbauunternehmen SANRE spol. s r.o. wurde am 13.02.1995 in das Handelsregister eingetragen und beschäftigte zunächst vorwiegend ex ČD-Mitarbeiter. 2014 hatte SANRE 20 Mitarbeiter

SART-stavby a rekonstrukce, a.s.

Uničovská 2944/1
CZ-787 01 Šumperk
Telefon: +420 583 377464
Telefax: +420 583 377464
sart@sart.cz
www.sart.cz

Management
* Ing. Václav Ston (Vorstandsvorsitzender)
* Ing. Jan Karger (Mitglied des Vorstandes)
* Ing. Pavel Čechák (Mitglied des Vorstandes)

Gesellschafter
Stammkapital 2.000.000,00 CZK

Lizenzen
* CZ: EVU-Zulassung (GV) seit 15.04.2005
* CZ: Sicherheitszertifikat, Teil A (GV), gültig vom 03.05.2013 bis 02.05.2018

Infrastruktur
* Šumperk – Kouty nad Desnou
* Petrov nad Desnou – Sobotín

Unternehmensgeschichte
Das 1993 gegründete Unternehmen, betätigt sich schwerpunktmäßig auf dem Gebiet des Straßen- und Bahnbaus.
Seit dem 01.03.2005 ist SART Infrastrukturbetreiber der nach schweren Hochwasserschäden wieder aufgebauten „Železnice Desná", der Eisenbahnstrecke Šumperk – Kouty nad Desnou inklusive Zweigbahn Petrov nad Desnou – Sobotín, die sich in kommunaler Hand befindet. Der dortige Personenverkehr wird durch Veolia Transport Morava, der Güterverkehr durch ČD Cargo abgewickelt.

SMD / SD-KD

Slezskomoravská Dráha a.s. (SMD) 🇨🇿

Michálkovická ul. č. 86/1942
CZ-710 00 Ostrava
Telefon: +420 602 752390
Telefax: +420 596 126150
smdmp@cmail.cz
www.slezskomoravskadraha.cz

Management
★ Petr Majola (Vorstandsvorsitzender)
★ Ing. Jiří Uherek (stellvertretender Vorstandsvorsitzender)
★ Martina Křížková (Mitglied des Vorstandes)

Gesellschafter
Stammkapital 1.050.000,00 CZK
★ Petr Majola (49 %)

Lizenzen
★ CZ: EVU-Zulassung (GV) seit 20.03.1998
★ CZ: Sicherheitszertifikat, Teil A (GV), gültig vom 07.07.2008 bis 05.06.2018
★ SK: Sicherheitszertifikat, Teil B (GV), gültig vom 14.08.2009 bis 13.08.2014

Unternehmensgeschichte
Die Slezskomoravská Dráha a.s. [Schlesisch-Mährische Bahn AG] (SMD) wurde am 07.04.1994 gegründet und am 19.05.1994 in das Handelsregister eingetragen. Die kleine private Gesellschaft verfügt über einige Lokomotiven und eine eigene Werkstatt. Transportiert werden heute u. a. Baustoffe als Spotverkehr sowie Güterzüge im Transit Polen – Slowakische Republik.
SMD war aller Wahrscheinlichkeit nach das erste und einzige Privatunternehmen, dem vor dem EU-Beitritt der Tschechischen Republik zum 01.05.2004 ein Grenzverkehr gelang. Am 19.05.2003 beförderte SMD einen Zug der SMD Chemiekalien von den Borsodchem-Fabriken in Ostrava nach Kazincbarcika [HU] unter zahlreichen bürokratischen Hürden über die Grenzstationen Čadca / Lenartovce [SK].

SD - Kolejová doprava, a.s. (SD-KD) 🇨🇿

Tušimice 7
CZ-432 01 Kadaň
Telefon: +420 474 602-161
Telefax: +420 474 602-916
info@sd-kd.cz
www.sd-kd.cz

Management
★ Miroslav Eis (Vorstandsvorsitzender)
★ Ing. Jiří Kynčil (stellvertretender Vorstandsvorsitzender)
★ Ing. Vilém Lerach (Mitglied des Vorstandes)
★ Ing. Aleš Schilberger (Mitglied des Vorstandes)

Gesellschafter
Stammkapital 355.000.000,00 CZK
★ Severočeské doly, a.s. (SD) (100 %)

Lizenzen
★ CZ: EVU-Zulassung (GV) seit 01.09.2006
★ CZ: Sicherheitszertifikat, Teil A (GV), gültig vom 01.10.2007 bis 31.12.2015

Unternehmensgeschichte
Severočeské doly, a.s. (SD) ist der größte Förderer von Braunkohle in der Tschechischen Republik und entstand am 01.01.1994 bei der Privatisierung eines Großteiles der beiden Tagebau-Staatsbetriebe Doly Nástup Tušimice (DNT, westlich von Chomutov gelegen) und Doly Bílina (DB). Größter Kunde und zugleich Mehrheitsgesellschafter der SD ist die Energiekonzern ČEZ, a.s..
Die SD - Kolejová doprava, a. s. als 100 %-Tochter der SD wurde am 07.11.2001 gegründet und übernahm ausgewählte Bahnaktivitäten der SD zum 01.01.2002. Sie verfügt über ein Gesellschafterkapital von 370.000.000 CZK, das faktisch aus dem Wert der eingebrachten Bahnfahrzeuge besteht. 2007 beschäftigte die SD-KD im Bahnbetrieb 33 Fahrbetriebsleiter/Stellwerkwärter, 47 Lokomotivführer, 48 Zugführer/Rangierleiter sowie acht Rangiermeister.
SD-KD verfügt über die zwei Betriebseinheiten „Provoz Ledvice" und „Provoz Tušimice":
Der Betrieb Ledvice übernimmt für den Provoz Úpravna uhlí Ledvice Dolů Bílina [Kohleaufbereitung Ledvice des Tagebaus Bílina] (ÚUL) auf dem Anschlussgleis zwischen Tagebau und Kohleaufbereitung sowie auf dem ČD-Übergabebahnhof Světec sämtliche mit Fracht und Verkehr verbundenen Leistungen. Dies beinhaltet die Übernahme von leeren Kohlewagenganzzügen der ČD Cargo sowie u. a. der Privatbahnen OKDD und VIAMONT sowie Rangierleistungen bei der Beladung und die Bildung von neuen Ganzzügen. Außerdem werden Züge der ČD Cargo auf dem Anschlussgleis „ČEZ, a. s. – Kraftwerk Ledvice" befördert.
Die Gleise zwischen Tagebau und Kohleaufbereitung sind mit Ausnahme der Verbindungsgleise mit dem ČD-Betriebsbahnhof Světec, dreier Gleise für die Einfahrt von Zügen der ČD mit Elektrotraktion, eines Umgehungsgleises für die ausscheidenden Lokomotiven dieser Züge und der Relationsgleise der Weichenstraße Světec nicht elektrifiziert. Aus diesem Grund gibt es im Betrieb Ledvice nur Dieselloks für die anfallenden Rangieraufgaben.

SD-KD / SEŽEV-REKO

Neben fünf Dieselloks verfügt der Betrieb Ledvice auch über einige Güterwagen. Die Wartung erfolgt in einer von der Doly Bílina angemieteten Werkstatt. Der Betrieb Tušimice übernimmt für die Grube Doly Nástup Tušimice auf ihren Grubenbahnen zu den nahegelegenen beiden Kraftwerken Prunéřov I und II, (Elektrarná Prunéřov; EPR) und zum ČD-Übergabebahnhof Březno u Chomutova sowie auf dessen Anschlussgleis und an den Anschlussstellen der genannten Strecken an die Gleise der angrenzenden Transportunternehmen (ČD, ČEZ, OFFER) die gesamten Beförderungs- und Verkehrsleistungen. Diese umfassen v. a. die Beförderung leerer Kohlenzüge aus dem EPR und vom Bahnhof Březno zur Betriebsstelle T1 Tušimice sowie das Rangieren bei ihrer erneuten Beladung. Mit Kohle beladene Vollzüge werden zu den EPR befördert und dort bei der Entladung rangiert bzw. Richtung Březno abgefahren. Eine nicht minder wichtige Fracht sind Betriebsstoffe für die Mitbenutzer des dortigen Anschlussgleises, v. a. Kalkspat zur Entschwefelung des Kraftwerks Tušimice. Seit April 2004 übernimmt der Betrieb Tušimice zudem die Versorgung der EPR mit Kalkspat.

Für die Verkehre zu den EPR verfügt der Betrieb über 208 Falls-Güterwagen, von denen 174 eine Zulassung für das Gleisnetz der ČD haben. Weitere Güterwagen dienen dem Eigenbedarf.

Die Grubenbahn Nástup Tušimice bis auf kleine Ausnahmen mit 3.000 Volt elektrifiziert und ist aufgrund der hohen Zuglasten bis 2.570 Tonnen mit leistungsstarken Elektroloks ausgestattet. Als back up stehen einige Dieselloks zur Verfügung. Die Wartung der Loks erfolgt in zwei von Doly Nástup Tušimice gemieteten Gebäuden.

Nach die Zulassung als EVU zunächst nur für die Überführung von Wagen zur Reparatur nach Ostrava genutzt wurde, verkehrte am 20.02.2007 der erste planmäßige Güterzug auf der ČD-Infrastruktur. Nach Auskunft der staatlichen Eisenbahninfrastrukturverwaltung SŽDC erbrachte das Unternehmen
* 2011: 177,44 Mio. Brutto-tkm und 131.490 Zugkm
* 2010: 9,76 Mio. Brutto-tkm und 14.771 Zugkm

Verkehre
* Versorgung der Kraftwerke Prunéřov 1 und 2 mit Kesselkohle aus DNT
* Beförderung von Kesselkohle aus DNT an die ČD für die Versorgung der außerhalb des Gebiets liegenden Kraftwerke
* Versorgung der Gruben und der Mitbenutzer ihrer Anschlussgleise im Anschlussverkehr mit der ČD mit für den Betrieb notwendigen Stoffen – hier überwiegt Kalkspat für die Entschwefelung der Kraftwerke EPR, ETU, ELE
* Überführung von Waggons zur Ausbesserung nach Ostrava (Ostravské opravny a strojírny, s.r.o. (OOS)) seit Januar 2007

* Kohletransporte in Tschechien; seit 20.02.2007
* Kohletransporte Světec – Hněvice; seit Oktober 2010
* Kohletransporte Světec – Třebušice; seit 01.02.2011
* Kohletransporte Prunéřov – Třebušice; 2 x pro Tag
* Kalksteintransporte Nučice – Kadaň-Prunéřov (Kohlekraftwerk); 2 x pro Tag seit 10.07.2012

SEŽEV-REKO, a.s.

Jarní 898/50
CZ-614 00 Brno-Maloměřice
Telefon: +420 545 216543
Telefax: +420 545 216542
sezev@sezev-reko.cz
www.sezev-reko.cz

Niederlassung Jihlava
Mlýnská 1422/41
CZ-586 01 Jihlava
Telefon: +420 567 300755
jihlava@sezev-reko.cz

Niederlassung Třešť
Dr. Richtera 34
CZ-589 01 Třešť
Telefon: +420 567 214116
trest@sezev-reko.cz

Management
* Ing. Josef Rezek (Vorstandsvorsitzender, Geschäftsführer)
* Ing. Josef Synek (Mitglied des Vorstandes)
* Ing. Marie Řihánková (Mitglied des Vorstandes)

Gesellschafter
Stammkapital 10.000.000,00 CZK
* JICOM, s.r.o. (51 %)

Beteiligungen
* AUTOCENTRUM Třešť, a.s. (100 %)

Lizenzen
* CZ: EVU-Zulassung (GV) seit 05.05.1997
* CZ: Sicherheitszertifikat (GV), gültig vom 17.06.2008 bis 18.02.2018

Unternehmensgeschichte
Das Unternehmen SEŽEV-REKO wurde als eine Handelsgesellschaft mit beschränkter Haftung am 14.07.1992 von Vojtěch Kocourek und Joseph Rezek gegründet. Es ist seit 1993 auch im Straßenbau und seit 1994 in der Vermietung von Kraftfahrzeugen sowie im Bahnbau tätig.
Seit 05.06.2006 ist die JICOM, s.r.o. aus der Branche Elektroanlagenbau, die insbesondere auch bei

SEŽEV-REKO / SGJW / Skanska / SZD

Eisenbahnprojekten mitwirkt, mit 51 % an der SEŽEV-REKO beteiligt. Zum 01.01.2007 wurde die Transformation in eine Aktiengesellschaft vollzogen.

SGJW Hradec Králové spol. s r.o.
G

Na Důchodě 1674
CZ-501 01 Hradec Králové
Telefon: +420 495 800580
Telefax: +420 495 800599
info@sgjw.cz
www.sgjw.cz

Management
* Ing. Jaroslav Šimůnek (Vorsitzender der Geschäftsführung)
* Ing. Milan Koudelka (Geschäftsführer)

Gesellschafter
Stammkapital 5.000.000,00 CZK
* GJW Praha, spol. s r.o. (66 %)
* Jaroslav Šimůnek (34 %)

Lizenzen
* CZ: EVU-Zulassung (GV) seit 01.11.1995
* CZ: Sicherheitszertifikat, Teil A (GV), gültig vom 10.07.2013 bis 09.07.2018

Unternehmensgeschichte
SGJW Hradec Králové spol. s r.o. ist ein am 11.05.1993 in das Handelsregister eingetragenes Bahnbauunternehmen das am 01.07.1993 den Geschäftsbetrieb aufgenommen hat.

Verkehre
* AZ-Verkehr

Skanska, a.s.

Bohunická 133/50
CZ-619 00 Brno
Telefon: +420 547 138-111
Telefax: +420 547 138-154
www.skanska.cz

Management
* Roman Wieczorek (Vorstand)

Gesellschafter
Stammkapital 1.100.000.000,00 CZK
* Skanska CS, a.s. (100 %)

Beteiligungen
* Skanska BS, a.s (100 %)

Lizenzen
* CZ: EVU-Zulassung (GV) seit 01.09.2002
* CZ: Sicherheitszertifikat (GV), gültig vom 03.06.2008 bis 16.05.2018

Unternehmensgeschichte
Die Firmengruppe Skanska mit ihrer Zentrale in Schweden ist jeweils in Tschechien und der Slowakei die größte ihrer Art in der Baubranche. Der Bereich Verkehrsbau (Dopravní stavitelství) ist auf Straßen-, Autobahn-, Eisenbahn- und Eisenbahnknoten-, Brücken-, Tunnel- sowie Tief- und sowie Flughafenbauten vorgenommen.
Skanska DS, a.s. wurde am 10.12.2001 in das Handelsregister eingetragen und firmiert seit 01.01.2010 als Skanska, a.s.

Slezské zemské dráhy, o.p.s. (SZD)

Bohušov 15
CZ-793 98 Bohušov
Telefon: +420 554 642121
szd@osoblazsko.com
www.osoblazsko.com

Management
* Robert Schaffartzik (Geschäftsführer)
* Ludvík Semerák (Vorstand)

Lizenzen
* CZ: Sicherheitszertifikat (PV+GV), gültig vom 22.03.2013 bis 21.03.2018

Unternehmensgeschichte
Die Slezské zemské dráhy, o.p.s. [Schlesische Landesbahn] wurde am 19.11.2003 in das Handelsregister eingetragen und betreibt gemeinsam mit der 1. Parní úzkorozchodná Osoblažská společnost v.p.s. [1. Hotzenplotzer Dampfschmalspurbahngesellschaft] Sonderfahrten auf der Strecke Tremešná ve Slezsku – Osoblaha („Osoblažska"; Röwersdorf – Hotzenplotz) in Mährisch Schlesien. Diese Strecke ist die letzte noch von der ehemaligen Staatsbahn ČD sowohl infrastruktur- als auch verkehrsmäßig betriebene Schmalspurbahn Tschechiens.
Zu Beginn des Jahres 2004 wurde aus Rumänien die Dampflok U46.002 (Resita) importiert, seit 2005 verfügt man zudem eine Diesellok TU 38.001. Beide Triebfahrzeuge werden bei den an ausgewählten Tagen in den Monaten Juni bis August stattfindenden Sonderfahrten eingesetzt

CARDA-MÜLLER / SOŽ / STRABAG Rail

Stavební firma CARDA-MÜLLER, s.r.o.

Chvalkovicka 332/17
CZ-773 00 Olomouc
Telefon: +420 585 311365
Telefax: +420 585 315480
carda@carda-muller.cz
www.carda-muller.cz

Management
* Petr Carda (Geschäftsführer)
* Václav Müller (Geschäftsführer)

Gesellschafter
Stammkapital 200.000,00 CZK
* Petr Carda (50 %)
* Václav Müller (50 %)

Lizenzen
* CZ: EVU-Zulassung (GV) seit 01.05.2001
* CZ: Sicherheitszertifikat, Teil A (GV); gültig vom 15.04.2014 bis 14.04.2019

Unternehmensgeschichte
1993 schlossen sich die beiden Unternehmer Petr Carda und Václav Müller zusammen und gründeten das Bauunternehmen CARDA-MÜLLER als Personengesellschaft. Carda war zuvor als oberster Meister bei der Staatsbahn Československé státní dráhy (ČSD) für den Betrieb auf der Strecke Olomouc – Krnov zuständig gewesen, Müller arbeitete als Leiter des Bau-Fertigungsstätte VD Stavba Olomouc. Zum 30.05.2001 erfolgte die Umwandlung in eine Gesellschaft mit beschränkter Haftung „Stavební firma CARDA-MÜLLER s.r.o.". Die Gesellschaft ist im Gleis-, Hoch- und Tiefbau tätig. Über eigene Loks und Waggons verfügt man nicht.

STAVEBNÍ OBNOVA ŽELEZNIC, a. s. (SOŽ)

Libušina 554/103
CZ-772 00 Olomouc
Telefon: +420 244 462298
Telefax: +420 244 462660
jpaulicek@subterra.cz
www.soz.cz

Kaplířova 2772/22
CZ-301 00 Plzeň-Jižní Předměstí

Znojemská 1119
CZ-691 23 Pohořelice

Sázava 199
CZ-592 11 Velká Losenice

Železniční 281
CZ-289 12 Třebestovice

Management
* Ing. Josef Paulíček (Vorstandsvorsitzender)
* Tibor Trnovszký (Vorstand)

Gesellschafter
Stammkapital 2.300.000,00 CZK
* Subterra, a.s. (100 %)

Beteiligungen
* PROMINECON S.L. (100 %)

Lizenzen
* CZ: EVU-Zulassung (GV) seit 01.03.1999
* CZ: Sicherheitszertifikat, Teil A (GV), gültig vom 23.01.2008 bis 19.09.2017

Unternehmensgeschichte
SOŽ STAVEBNÍ OBNOVA ŽELEZNIC [Bauliche Erneuerung von Eisenbahnen] a.s. entstand bei der Privatisierung der zuvor am 14.04.1995 ins Handelsregister eingetragenen SOŽ ČR r.o. per 01.12.1998 mit dem Mehrheitsaktionär Subterra, a.s.. Subterra ist seit 1992 eine privatwirtschaftliche Gesellschaft und gehört heute zu den größten tschechischen Bauunternehmen.
Zum 01.07.2004 übernahm die Subterra a.s. die Mehrheitsanteile an der Metrostav a.s., einem Unternehmen der DDM-Gruppe. Im September 2004 beschloss man die Umstrukturierung der SOŽ, die nun auch die Anteile an der Metrostav hält.

STRABAG Rail a.s.

Železničářská 1385
CZ-400 03 Ústí nad Labem
Telefon: +420 475 300-111
Telefax: +420 475 300-100
ustinl@strabag.com
www.strabagrail.cz

Management
* Ing. Ondřej Novák (Vorstandsvorsitzender)
* Pavel Pechač (Vorstand)
* Ing. Luboš Tomášek (Vorstand)

Gesellschafter
Stammkapital 180.000.000,00 CZK
* Dálniční stavby Praha, a.s. (DSP) (50 %)
* STRABAG SE (50 %)

STRABAG Rail / SU / SŽDC

Lizenzen
* CZ: EVU-Zulassung (GV) seit 10.11.2001
* CZ: Sicherheitszertifikat (GV), gültig vom 10.04.2008 bis 21.03.2018

Unternehmensgeschichte
STRABAG Rail a.s. ist eine tschechische Baufirma, die vor allem im Verkehrswegebau aktiv ist. Die Gesellschaft wurde am 09.05.2001 als Joint-Venture Viamont DSP a.s. der Bahnbauabteilung der VIAMONT, a.s. und der Dálniční stavby Praha, a.s. [Autobahn Bau Prag AG] (DSP) gegründet. DSP ist Teil des STRABAG-Konzerns. Die STRABAG erwarb per 03.03.2010 die Anteile der VIAMONT, seitdem war Viamont DSP 100 % Mitglied des internationalen STRABAG Konzerns. Seit 01.01.2015 trägt das Unternehmen die aktuelle Firmierung. 2007 verzeichnete die Viamont DSP einen Umsatz von 4,11 Mio. CZK.
Nachdem einige Personen von der Advanced World Transport, a.s. (AWT) zur damaligen Viamont DSP gewechselt haben, wurden ab 2010 neben AZ-Verkehr auch sporadisch Spot-Güterverkehre durch Viamont DSP erbracht. U.a. handelte es sich dabei Kohleverkehre nach Opočno bzw. Nové Město nad Metují.

Verkehre
* AZ-Verkehr
* Kohletransporte Ledvice – Ústí nad Labem (Setuza a.s.); Spotverkehre seit Januar 2012

Sokolovská uhelná, právní nástupce, a.s. (SU) G

Staré náměstí 69
CZ-356 00 Sokolov
Telefon: +420 352 461111
info@suas.cz
www.suas.cz

Management
* Ing. Jiří Pöpperl (Vorstandsvorsitzender)
* Ing. František Kastl (stellvertretender Vorstandsvorsitzender)
* Ing. Zbyšek Klapka (Vorstand)
* Ing. Miroslav Mertl (Vorstand)

Gesellschafter
Stammkapital 2.000.000,00 CZK
* František Štěpánek (40 %)

Beteiligungen
* FK Baník Sokolov, a.s. (100 %)
* Golf Sokolov, a.s. (100 %)
* PSV Svatava, s.r.o. (100 %)
* REO-SUAS, s.r.o. (100 %)
* Romania, s.r.o. (100 %)
* SOKOREST - zařízení školního stravování, s.r.o. (100 %)
* Sokorest, s.r.o. (100 %)
* Koupaliště Michal, s.r.o. (90 %)
* SATER-CHODOV spol. s r.o. (51 %)
* Zahradní a parková spol. s r.o. (50 %)
* PRODECO, a.s. (49,5 %)
* EKOSOLARIS, a.s. (33,2 %)

Lizenzen
* CZ EVU-Zulassung (GV) seit 01.06.1996
* CZ: Sicherheitszertifikat (GV), gültig vom 21.11.2007 bis 30.09.2017

Unternehmensgeschichte
Sokolovská Uhelna a.s [Falkenauer Kohle AG] ist der größte unabhängige Stromerzeuger in der Tschechischen Republik und zugleich das kleinste Braunkohle-Bergbauunternehmen. Jährlich baut das Unternehmen 10 Mio. t Braunkohle ab, produziert mit einer eigenen Kraftwerksanlage 3500 GWh Strom und 300.000 t Briketts.
Das am 23.08.2002 in das Handelsregister eingetragene Unternehmen verfügt über einen kleinen Lokpark, der hauptsächlich auf Werksbahngleisen eingesetzt wird.
Ab April 2011 sollten die Maschinen auch auf dem nationalen Streckennetz über größere Distanzen eingesetzt werden, was aber bislang nicht verwirklicht wurde.
Nach Auskunft der staatlichen Eisenbahninfrastrukturverwaltung SŽDC erbrachte das Unternehmen
* 2011: 53,57 Mio. Brutto-tkm und 48.839 Zugkm
* 2010: 42,345 Mio. Brutto-tkm und 37.375 Zugkm

Verkehre
* Kohletransporte Nové Sedlo u Lokte – Citice; 3-4 x pro Tag

SŽDC Správa železniční dopravní cesty, státní organizace

Dlážděná 1003/7
CZ-11000 Praha 1
Telefon: +420 2 223352-01
Telefax: +420 2 223352-98
szdc@szdc.cz
www.szdc.cz

Management
* Pavel Surý (Generaldirektor)

SŽDC / TCHAS ŽD / TR

* Aleš Krejčí (Stellvertretender Generaldirektor Wirtschaft)
* Mojmír Nejezchleb (Stellvertretender Generaldirektor Netzmodernisierung)
* Bohuslav Navrátil (Stellvertretender Generaldirektor Betrieb)
* Josef Hendrych (Stellvertretender Generaldirektor Trassenmanagement)

Lizenzen
* CZ: EVU-Zulassung (PV+GV) seit 01.07.2008
* CZ: Sicherheitszertifikat, Teil A (PV+GV); gültig vom 01.07.2013 bis 07.04.2018

Infrastruktur
* Bahnnetz in Tschechien (9.459 km) davon 9.436 km Normalspur (davon 1.925 km zwei- und mehrgleisig) davon 3.216 km elektrifiziert mit 25 kV 50 Hz oder mit 3 kV DC 23 km Schmalspur (760 mm)

Unternehmensgeschichte
Die SŽDC Správa železniční dopravní cesty, státní organizace (Staatliche Eisenbahninfrastrukturverwaltung) ist Besitzer und Betreiber aller im Staatsbesitz stehenden tschechischen Eisenbahnstrecken, was fast alle Strecken im Land betrifft. Die SŽDC entstand zum 01.01.2003, als der Verkehrsbetrieb der damaligen Staatsbahn ČD, státní organizace in eine Aktiengesellschaft umgewandelt, das Netz aber einem formal selbständigen Staatsbetrieb übertragen wurde. Dieser bestellte den eigentlichen Betrieb der Infrastruktur während der ersten fünf Jahre weiterhin bei der vormalig zuständigen Staatsbahnsparte. Mit Wirkung vom 01.07.2008 wurden der SŽDC weitere, bislang von der ČD wahrgenommene Tätigkeiten wie die Erteilung der Netzzugangsgenehmigungen sowie die Erstellung und Verteilung der Fahrpläne übertragen. Die vollständige Übertragung aller Tätigkeiten rund um die tschechische Infrastruktur von der ČD auf die SŽDC konnte jedoch erst zum 01.09.2011 abgeschlossen werden. In diesem Zusammenhang wurde stationäres ČD-Betriebspersonal im Umfang von 9.326 Mitarbeitern zur SŽDC transferiert. Auf dem Netz wurden 2013 (Angaben zum Vorjahr in Klammern) von 84 (79) EVU 125,491 (124,986) Mio. Zugkm im Personenverkehr und 35,443 (36,441) Mio. Zugkm im Güterverkehr erbracht. Den größten Anteil davon hatte die staatliche České dráhy, a. s. mit 95,61 (97,20) % im Personenverkehr bzw. die staatliche ČD Cargo, a. s. mit 73,47 (75,82) % im Güterverkehr. Mit Stand vom 31.12.2013 hatte die SŽDC 17.200 (17.331) Mitarbeiter. 2013 erzielte das Unternehmen bei einem Umsatz von 13,259 (13,800) Mrd. CZK – davon 4,212 (4,456) Mrd. CZK Trassengebühren – ein operatives Ergebnis von -1.330 (290) Mio. CZK und eine Ergebnis nach Steuern von -2.201 (75) Mio. CZK.

Eine für 2012 vorgesehene Umbenennung der Firma in „Česká železnice" wurde bislang nicht vollzogen.

TCHAS ŽD s.r.o.

Francouzská 6167
CZ-708 00 Ostrava-Poruba
Telefon: +420 595 690411
prominecon@prominecon.cz
www.prominecon.cz

Management
* Vlastimil Kaňovský (Geschäftsführer)
* Ing. Josef Smital (Geschäftsführer)

Gesellschafter
Stammkapital 200.000,00 CZK
* PROMINECON CZ a.s. (100 %)

Lizenzen
* CZ: EVU-Zulassung (GV); gültig seit 07.11.2008
* CZ: Sicherheitszertifikat, Teil A (GV); gültig vom 07.05.2014 bis 06.05.2019

Unternehmensgeschichte
Die 1991 gegründete TCHAS war das siebtgrößte Bauunternehmen in der Tschechischen Republik und seit Juli 2007 eine Tochter der Eiffage Construction, einem französischen Baukonzern. Die per 01.09.2008 gegründete Tochtergesellschaft TCHAS ŽD s.r.o. ist u. a. beim Umbau von Gleisanlagen und Verkehrsstationen tätig. Per 25.06.2013 übernahm die PROMINECON CZ a.s. die Gesellschafteranteile an der TCHAS ŽD von der seit Anfang 2012 insolventen Eiffage Construction Česká republika, s.r.o. PROMINECON CZ ist ein 1992 gegründetes mittelständisches Bauunternehmen und seit 2010 Teil der Investitions- und Finanzgruppe NATLAND GROUP.

TOMI-REMONT, a.s. (TR) G

Přemyslovka č.p. 2514/4
CZ-796 01 Prostějov
Telefon: +420 582 330876
Telefax: +420 582 330878
info@tomi-remont.cz
www.tomi-remont.cz

Management
* Ing. Tomáš Ohlídal (Vorstandsvorsitzender)
* Ing. Martin Dokoupil (stellvertretender Vorstandsvorsitzender)
* Ing. Jan Kocúrek (Mitglied des Vorstandes)

TR / TONCUR / TRAIL Servis / Trakce

* Ing. Jan Komárek (Mitglied des Vorstandes)

Gesellschafter
Stammkapital 49.500.000,00 CZK
* OHL ŽS, a.s. (50 %)

Lizenzen
* CZ: EVU-Zulassung (GV) seit 02.10.1995
* CZ: Sicherheitszertifikat, Teil A (GV), gültig vom 14.05.2008 bis 09.05.2018

Unternehmensgeschichte
TOMI-REMONT, spol. s r.o. wurde am 23.04.1993 im Handelsregister eingetragen und nahm am 01.07.1993 ihre Tätigkeit auf. Zum 31.12.1997 wurde das Unternehmen in eine Aktiengesellschaft umgewandelt.
TOMI-REMONT ist im Gleisbau tätig.

TONCUR s.r.o.

Zelený pruh 95/97
CZ-140 00 Praha 4
Telefon: +420 6 02511577
Telefax: +420 9 72241831
gogolin@toncur.cz
www.toncur.cz

Management
* Ing. Petr Gogolín (Geschäftsführer)

Gesellschafter
Stammkapital 200.000,00 CZK
* JUDr. Petr Vališ (100 %)

Lizenzen
* CZ: EVU-Zulassung (GV); gültig seit 25.10.2011
* CZ: Sicherheitszertifikat, Teil A (GV), gültig vom 21.06.2012 bis 20.06.2017

Unternehmensgeschichte
TONCUR s.r.o. wurde am 27.01.2011 gegründet und befindet sich seit 02.08.2011 im Eigentum von JUDr. Petr Vališ. Die Gesellschaft ist im Gleisbau tätig und verfügt seit 2011 über eine EVU-Lizenz.

TRAIL Servis a.s.

Blahoslavova 937/62
CZ-400 01 Ústí nad Labem
Telefon: +420 475 602296
Telefax: +420 475 208109
info@trailservis.cz
www.trailservis.cz

Management
* František Sobotka (Vorstandsvorsitzender)
* Petr Dušek (Vorstand)
* Ing. Jiří Wagner (Vorstand)

Gesellschafter
Stammkapital 1.000.000,00 EUR
* František Sobotka (100 %)

Lizenzen
* CZ: EVU-Zulassung (GV) seit 01.04.2010
* CZ: Sicherheitszertifikat, Teil A (GV); gültig vom 13.06.2012 bis 12.06.2017

Unternehmensgeschichte
Die heutige TRAIL Servis a.s. war zunächst eine Tochter des VIAMONT-Konzerns und befindet sich seit 11.03.2011 in Hand eines Privatmanns. Sobotka ist außerdem geschäftsführender Gesellschafter des Infrastrukturbetreibers PDV RAILWAY a.s.
Das Gleisbauunternehmen trug bereits mehrere Namen: VK HOLDING a.s. (seit 17.06.1997), VIAMONT doprava a.s. (seit 28.04.1998), VIAMONT Servis a.s. (seit 22.12.2008) und TRAIL Servis a.s. (seit 11.03.2011).

Trakce, a.s.

Hlávkova 3
CZ-702 00 Ostrava
Telefon: +420 596 136893
Telefax: +420 596 136896
info@trakce.cz
www.trakce.cz

Management
* Josef Nieslanik (Vorstandsvorsitzender)
* Jiří Rýc (stellvertretender Vorstandsvorsitzender)
* Lukáš Vrtiška (stellvertretender Vorstandsvorsitzender)

Gesellschafter
Stammkapital 5.400.000,00 CZK

Lizenzen
* CZ: EVU-Zulassung (GV) seit 26.07.2002

Trakce / TRAMO RAIL / TSS / TSS Cargo

* CZ: Sicherheitszertifikat, Teil A (GV), gültig vom 11.08.2014 bis 20.08.2019

Unternehmensgeschichte
Trakce, a.s. betreibt die beiden Geschäftsfelder „elektronische Lösungen" und „Hoch- und Tiefbau". Die Aktivitäten der Gesellschaft gehen auf die 1992 gegründete Kvadro spol s.r.o. zurück. Mit zunehmendem Auftragsvolumen wurde eine mit größeren finanziellen Mitteln ausgestattete Aktiengesellschaft nötig: Am 06.05.1999 wurde Trakce, a.s. gegründet und übernahm die Geschäftstätigkeiten der Kvadro spol.
2001 wurde Trakce mit der A.K. signal a.s. Ostrava und Perner spol. s.r.o. verschmolzen.
Über eigene Loks und Wagen verfügt das Unternehmen nicht.

TRAMO RAIL, a.s.

Železniční 547/4
CZ-772 00 Olomouc
Telefon: +420 588 499303
info@tramo-rail.cz
www.tramo-rail.cz

Management
* Ing. Jiří Slepička (Vorstandsvorsitzender)
* Martin Janovský (stellvertretender Vorstandsvorsitzender)
* Ing. Daniel Spáčil (Mitglied des Vorstandes)

Gesellschafter
Stammkapital 1.000.000,00 CZK
* Elektrizace železnic Praha, a.s. (ELZEL) (67 %)

Lizenzen
* CZ: EVU-Zulassung (GV) seit 31.10.2000
* CZ: Sicherheitszertifikat, Teil A (GV), gültig vom 07.05.2008 bis 16.05.2018

Unternehmensgeschichte
TRAMO RAIL, a.s. mit Sitz in Olomouc wurde im Januar 1997 gegründet und per 02.04.1997 in das Handelsregister eingetragen. Bereits per 03.12.1997 wurde ein Aktienanteil an die Elektrizace železnic Praha, a.s. verkauft, die nun Mehrheitsaktionär ist. TRAMO RAIL widmet sich schwerpunktmäßig Montage, Reparaturen und Revisionen von Elektroanlagen; insbesondere solchen der Eisenbahn.
Im Jahre 2002 erweiterte die Gesellschaft ihren Geschäftszweck um die Erbringung von Verkehrsleistungen auf dem gesamten Netz der ČD.

Trat'ová strojní společnost, a.s. (TSS)

Na Valše 676/18
CZ-702 00 Ostrava
Telefon: +420 972 342-210
Telefax: +420 972 342-202
tssas@tssas.cz
www.tssas.cz

Management
* Ing. Ladislav Martinek (Vorstand)

Gesellschafter
Stammkapital 645.088.000,00 CZK
* Ostravské opravny a strojírny, s.r.o. (OOS) (100 %)

Lizenzen
* CZ: EVU-Zulassung (GV) seit 01.02.2005
* CZ: Sicherheitszertifikat, Teil A (GV), gültig vom 13.09.2013 bis 20.02.2018

Unternehmensgeschichte
Die Geschichte der Trat'ová strojní společnost, a.s. (TSS) beginnt am 01.10.1952 mit der Schaffung von Gleisbaueinheiten in Plzeň, Prackovice nad Labem, Hradec Králové, Olomouc, Bratislava und Kosice. Zum 01.01.2005 wurde dieser Bereich in die Trat'ová strojní stanice, a.s. ausgegründet. 2006 übernahm die OHL ŽS, a.s. als strategischer Partner einen Teil der Gesellschafteranteile, die ČD blieb aber Mehrheitsgesellschafter. 2010 erfolgte der Verkauf der verbleibenden 51 % an den Fahrzeuginstandsetzungsbetrieb Ostravské opravny a strojírny, s.r.o. (OOS) für 600.000.000 CZK. Wenig später verkaufte auch OHL ŽS seine Anteile an OOS. Am 11.11.2010 wurde das komplette Management ausgetauscht, zum 06.10.2011 hat das Unternehmen seinen Zentrale von Hradec Králové an den Sitz der Mutter nach Ostrava verlegt.
Nach Auskunft des slowakischen Infrastrukturbetreibers ŽSR transportierte das Unternehmen 2008 1,7 Mio. Brutto-tkm.
Von Juni 2011 bis Ende 2013 waren alle Großdiesellloks langfristig an die ČD Cargo vermietet. Der Schienengüterverkehr wurde per 01.01.2012 in die TSS Cargo, a.s. überführt.

TSS Cargo, a.s.

Na Valše 676/18
CZ-70200 Ostrava-Přívoz
Telefon: +420 596 172-202
Telefax: +420 596 172-270
info@tsscargo.cz
www.tsscargo.cz

TSS Cargo / UNIPETROL DOPRAVA

Management
* Ing. Luděk Galvas (Vorstand)

Gesellschafter
Stammkapital 1.000.000.000,00 CZK
* Ostravské opravny a strojírny, s.r.o. (OOS) (100 %)

Lizenzen
* CZ: Sicherheitszertifikat, Teil A (GV); gültig vom 23.09.2013 bis 22.09.2018

Unternehmensgeschichte
TSS Cargo, a.s. übernahm zum 01.01.2012 als Ausgründung den Schienenverkehr des Gleisbauunternehmens Trat'ová strojní společnost, a.s. (TSS). TSS und TSS cargo befinden sich im Eigentum des Fahrzeuginstandsetzungsbetriebes Ostravské opravny a strojírny, s.r.o. (OOS).
TSS Cargo nahm 2014 neben dem seit 2012 betriebenen Bauzugverkehr auch den Transport von Kohle auf.
Neben Fahrzeugen der Schwestergesellschaft TSS setzt die TSS Cargo auch im Jahr 2014 erworbene E-Loks der DB-Baureihe 180 des Herstellers Škoda ein.

Verkehre
* AZ-Verkehr
* Braunkohletransporte Kúty (Baňa Čáry, a.s.) [SK] / Malé Straciny (Baňa Dolina, a.s.) [SK] – Zemlianske Kostoľany (Kraftwerk Slovenské elektrárne, a.s - ENO) [SK]; seit Anfang 2014
* KV-Transporte Ostrava-Paskov – Mělník; 2 x pro Woche seit 12.03.2015 im Auftrag der Raillogix B.V. für Maersk
* KV-Transporte Mělník – Bremerhaven [DE]; 2 x pro Woche seit 14.03.2015 im Auftrag der Raillogix B.V. für Maersk. Durchgehender Lokeinsatz auf Trasse der ITL - Eisenbahn GmbH in Deutschland

UNIPETROL DOPRAVA, s.r.o.

Litvínov - Růžodol č.p.4
CZ-436 70 Litvínov
Telefon: +420 476 162750
Telefax: +420 476 162750
www.unipetroldoprava.cz

Management
* Artur Borowicz (Geschäftsführer)
* Bc. Jaroslav Dvořák (Geschäftsführer)
* Ing. Ladislav Hlína (Geschäftsführer)
* Andrzej Raszewski (Geschäftsführer)

Gesellschafter
Stammkapital 806.000.000,00 CZK
* UNIPETROL RPA, s.r.o. (99,9 %)
* UNIPETROL, a.s. (0,1 %)

Lizenzen
* CZ: EVU-Zulassung (GV) seit 15.08.2000
* CZ: Sicherheitszertifikat, Teil A (GV), gültig vom 21.02.2013 bis 20.02.2018

Infrastruktur
* Werkbahnnetz Litvinov

Unternehmensgeschichte
Bei der tschechischen UNIPETROL DOPRAVA, s.r.o handelt es sich um ein Unternehmen der UNIPETROL-Gruppe, zu der unter anderem auch die Chemopetrol-Raffinerie zwischen Most und Litvínov in Nordböhmen gehört. UNIPETROL DOPRAVA entstand 1996 aus der Werkbahn dieser Raffinerie und trug zunächst bis 25.09.2003 den Namen CHEMOPETROL - DOPRAVA, a.s., bevor im Hinblick auf die Ausweitung der Leistungen über den Werksbereich hinaus die Umbenennung erfolgte.
Seit 13.11.2002 verfügt das Unternehmen über die Zulassung als öffentliches Eisenbahnverkehrsunternehmen in Tschechien, die vor allem für Rohstofftransporte zwischen verschiedenen UNIPETROL-Standorten genutzt wird.
Am 01.05.2007 erfolgte die Umwandlung der UNIPETROL DOPRAVA, a.s. (Aktiengesellschaft) in die UNIPETROL DOPRAVA, s.r.o. (GmbH).
Züge von UNIPETROL DOPRAVA verkehren u. a. von Most ausgehend nach Kralupy nad Vltavou, Kolín, Pardubice und Lovosice. Für die ITL Eisenbahn GmbH fährt man zudem seit 25.01.2004 auch Züge bis zu den Grenzbahnhöfen. Der 2004 aufgenommene Neuverkehr von Nemotice nach Kralupy nad Vltavou fiel hingegen im Januar 2006 wieder an die ČD.
In Kooperation mit der slowakischen Bratislavská regionálna koľajová spoločnosť, a. s. (BRKS) verkehrt seit 16.01.2005 ein wöchentlicher Aluminiumsulfattransport von Neratovice nach Trnovec na Váhom (Duslo, a.s. Šaľa) [SK]
Der Mutterkonzern UNIPETROL gehört seit März 2006 mehrheitlich zur polnischen PKN ORLEN, mit deren Bahntochter ORLEN KolTrans Sp. z o.o. seit 06.03.2006 ein täglicher Mineralölshuttle zwischen Most und Płock [PL] verkehrt.
Nach Auskunft der staatlichen Eisenbahninfrastrukturverwaltung SŽDC erbrachte das Unternehmen
* 2011: 1.181,81 Mio. Brutto-tkm und 1,161 Mio. Zugkm
* 2010: 1.175,86 Mio. Brutto-tkm und 1,091 Mio. Zugkm

UNIPETROL DOPRAVA / VÍTKOVICE Doprava / ZABABA

Verkehre
* Chemietransporte Lovosice (Lovochemie a.s.) – Riesa [DE]; 3-5 x pro Monat Traktion bis Bad Schandau (Übergabe an ITL Eisenbahn GmbH) [DE]
* Chemietransporte Most – Polen; 2 x pro Monat Traktion bis Lichkov
* Chemietransporte Neratovice – Polen; Spotverkehr; Traktion bis Lichkov; in Kooperation mit Transchem Sp. z o.o. in Polen
* Chemietransporte Neratovice – Slowakische Republik; 2 x pro Monat Traktion bis Kúty [SK]
* Chemietransporte Piesteritz (SKW Piesteritz GmbH) / Leuna [DE] – Lovosice (Lovochemie a.s.); 3 x pro Monat Traktion ab Bad Schandau (Übernahme von ITL Eisenbahn GmbH) [DE]
* Chemietransporte Piesteritz (SKW Piesteritz GmbH) [DE] – Trnovec nad Váhom [SK]; 1 x pro Monat Traktion Bad Schandau (Übernahme von ITL Eisenbahn GmbH) [DE] – Kúty [SK]
* Chemietransporte Polen – Kralupy nad Vltavou; 1 x pro Monat Traktion ab Petrovice u Karviné

* Chemietransporte Polen – Most; 3-8 x pro Monat Traktion ab Lichkov

* Chemietransporte Slowakische Republik – Přerov; 2 x pro Monat Traktion ab Kúty [SK]
* Treibstofftransporte Kralupy / Most – Nové Zámky [SK]; Spotverkehr; Traktion bis Kúty [SK]
* Treibstofftransporte Kralupy – Střelice; 2 x pro Monat

* Treibstofftransporte Lovosice (Lovochemie a.s.) / Kralupy / Most – Polen; 2 x pro Woche Traktion bis Petrovice u Karviné
* Treibstofftransporte Most – Chlumec nad Cidlinou; 2 x pro Monat

VÍTKOVICE Doprava, a.s. G

Ruská 94/29
CZ-706 02 Ostrava-Vítkovice
Telefon: +420 595 952291
Telefax: +420 595 952291
vitkovice.doprava@vitkovice.cz
doprava.vitkovice.cz

Management
* Ing. Jan Světlík (Vorstandsvorsitzender)
* Rodan Broskevič (stellvertretender Vorstandsvorsitzender)
* Ing. Daniel Vaca (Mitglied des Vorstandes)

Gesellschafter
Stammkapital 232.690.000,00 CZK
* VÍTKOVICE, a.s. (100 %)

Lizenzen
* CZ: EVU-Zulassung (GV) seit 30.08.2004
* CZ: Sicherheitszertifikat, Teil A (GV); gültig vom 03.09.2008 bis 09.06.2018

Infrastruktur
* 49 km Werksbahnanlagen

Unternehmensgeschichte
VÍTKOVICE Doprava, a.s. wurde am 01.06.2002 als Tochterunternehmen des tschechischen Engineering- und Metallurgiekonzerns VÍTKOVICE gegründet. VÍTKOVICE Doprava hat den Werksbahnbetrieb der Muttergesellschaft in der Region Ostrava übernommen und bringt im open access seit Oktober 2004 auch Kalk aus Štramberk zum Stahlwerk in Ostrava-Vítkovice. Für die Dienste sind zwei entsprechend zugelassene Loks des Typs T448 vorhanden. Alle weiteren Maschinen kommen ausschließlich aus den Werksbahngleisen zum Einsatz.
2007 hatte VÍTKOVICE Doprava 310 Mitarbeiter. Das tschechische Stahlunternehmen Vítkovice Steel schließt Ende September 2015 sein Stahlwerk in Ostrava, wegen einer auslaufenden Betriebsgenehmigung. Das drittgrößte tschechische Stahlunternehmen war seit 2005 im Besitz der russischen Evraz Group. Im April 2014 wurde Vítkovice Steel von einer Gruppe auf Zypern registrierter Investoren übernommen.

Verkehre
* Werksbahnbetrieb Ostrava
* Kalktransporte Štramberk – Ostrava-Vítkovice; 3-7 x pro Monat seit Oktober 2004 im Auftrag des Mutterkonzerns
* Schrotttransporte Polanka nad Odrou v Ostrava-Bartovice / Ostrava-Vítkovice / Ostrava-Kunčice; 1 x pro Woche

ZABABA, s.r.o.

Radlická 2001/56
CZ-150 00 Praha-Smíchov
Telefon: +420 732 283493
parni@masinka.cz
www.masinka.cz

Management
* Tomáš Honsa (Geschäftsführer)
* Lukáš Kouba (Geschäftsführer)
* Viktor Sitta (Geschäftsführer)
* Václav Čahoj (Geschäftsführer)

Gesellschafter
Stammkapital 200.000,00 CZK
* Václav Čahoj (30 %)

ZABABA

* Lukáš Kulhánek (30 %)
* Viktor Sitta (30 %)
* Tomáš Honsa (10 %)

Lizenzen
* CZ: EVU-Zulassung(PV+GV); gültig seit 10.07.2004
* CZ: Sicherheitsbescheinigung (PV+GV); gültig vom 20.04.2009 bis 14.04.2019

Unternehmensgeschichte
ZABABA, s.r.o. wurde am 12.05.2004 gegründet und ist das EVU für die Nostalgiefahrten des Vereines Výtopna Zlíchov.

Türkei

Kurze Eisenbahngeschichte

Der zur Mitte des 19. Jahrhunderts im seinerzeitigen Osmanischen Reich einsetzende Bahnbau war gerade auf dem Gebiet der heutigen Türkei jahrzehntelang von den Partikularinteressen der europäischen Großmächte und speziell der von dort stammenden Bahngesellschaften geprägt, also fremdbestimmt. Insbesondere nach dem Krimkrieg war man auf ausländisches Kapital und Know-how angewiesen, so dass kein zusammenhängendes, den Erfordernissen des Binnenverkehrs dienliches Netz entwickeln konnte. Als erstes engagierte sich die englische Oriental Railway Company (ORC), die 1856 die Konzession zum Bau einer 130 km langen Strecke von der am ägäischen Meer gelegenen Hafenstadt İzmir in südöstlicher Richtung über Torbalı und Selçuk nach Aydın erhielt. Diese wurde in zwei Stufen bis 1866 eröffnet und erhielt bis 1912, als die Stadt Eğridir erreicht war, weitere Seitenäste und Verlängerungen in Südwestanatolien. Englisches Kapital bildete auch die finanzielle Basis einer zweiten, wiederum von İzmir (lateinisch: Smyrna) Richtung Osten ausgehenden 96 km langen Strecke über Manisa nach Turgutlu (früher: Cassaba), die 1863 für die Smyrna Cassaba Railway (SCR) konzessioniert und 1865/66 eröffnet wurde. Bei deren Verlängerung ins Landesinnere wurde 1875 Alaşehir (76 km), 1887 Uşak (118 km) und 1890 mit weiteren 135 km Afyon erreicht, wo ab 1895 ein Übergang zum Netz der CFOA (siehe unten) möglich war. Von Manisa ausgehend wurde ein Seitenast Richtung Norden vorangetrieben, der 1890 Soma (92 km) und 1912 das am Marmarameer liegende Bandırma (183 km) erreichte. Die Konzession war aber schon 1893 an George Nagelmackers, den Begründer der bekannten Internationalen Schlafwagengesellschaft verkauft und der Betrieb im selben Jahr an die neugegründete französische „Société Ottomane du Chemin de fer de Smyrne-Cassaba et Prolongements" (SCP) übertragen worden. In Rumelien, dem europäischen Teil des Reiches, engagierte sich ab 1870 die unter Leitung des deutschbelgischen Barons Maurice de Hirsch stehende Société Générale pour l'Exploitation des Chemins de fer Orientaux (CO) mit dem Bau der Strecke von Istanbul Richtung Bulgarien / Griechenland, um so den Anschluss nach Mitteleuropa zu schaffen. Die auf dem heutigen türkischen Territorium verlaufenden rund 300 km Strecke der „Rumelischen Eisenbahn" bis Kapıkule wurden in mehreren Abschnitten bis 1873 eröffnet. Vorrangig den innerstaatlichen Bedürfnissen sollte eine Ost-West-Achse von Istanbul ins Landesinnere dienen. Zunächst aber wurde 1873 als erste osmanische Staatsbahn nur die 91 km messende Verbindung von Istanbul nach İzmit fertiggestellt. Dann waren die Ressourcen erschöpft, so dass an einen Weiterbau nicht zu denken war. Einstweilen wurde der Betrieb 1880 gegen 60 % der Bruttoeinnahmen einer britischen Gesellschaft übertragen, doch der Weiterbau unterblieb auch in den Folgejahren. Das Blatt wendete sich, als ein Konsortium aus mehreren deutschen Finanzinstituten unter Führung der Deutschen Bank am 08.10.1888 die Konzession zum Bau und Betrieb einer Strecke İzmit – Ankara („Anatolische Eisenbahn") erhielt, wofür die „Société du Chemin de fer Ottoman d'Anatolie" (CFOA) ins Leben gerufen wurde. Diese verpflichtete die Kommanditgesellschaft Philipp Holzmann & Cie. (ab 1917 Philipp Holzmann AG) als Generalauftragnehmer, die im Mai 1889 die Bauarbeiten aufnehmen ließ. Zuvor hatte die CFOA für 6 Mio. Francs auch die Strecke von Istanbul nach İzmit gekauft.

Nachdem 1892 die 486 km lange Trasse İzmit – Eskişehir – Ankara fertiggestellt war, erhielt die CFOA im Folgejahr auch die Konzession zum Bau einer in Eskişehir abzweigenden, 445 km langen Zweigbahn über Afyon nach Konya, die in voller Länge 1896 eröffnet wurde. Konya avancierte einige Jahre darauf zum Ausgangspunkt der berühmt gewordenen „Bagdadbahn", über deren Bau am 27.11.1899 eine erste vorläufige Vereinbarung zwischen dem Osmanischen Reich und wiederum der Deutschen Bank getroffen wurde, der am 05.03.1903 die endgültige Konzession für die CFOA folgte. Für Bau und Betrieb wurde die „Société Impériale Ottomane du Chemin de fer de Bagdad" (CIOB) mit den Eigentümern Deutsche Bank (40 %), Banque Impériale Ottomane (30 %), CFOA (10 %), Wiener Bankverein und Schweizerische Kreditanstalt (je 7,5 %) sowie Banca Commerciale Italiana (5 %) gegründet, die am 27.07.1903 die Bauarbeiten starten ließ. Der in der heutigen Türkei liegende Abschnitt war ab 09.10.1918 durchgehend befahrbar, die weitere Verbindung bis Bagdad jedoch erst am 15.07.1940.

Damit war auch die erste große türkische Ost-West-Achse gegeben, die aber von Konya statt Ankara ausging, darum einen viel südlicheren Verlauf nahm, gleichwohl aber stets in gebührendem Abstand zur Mittelmeerküste geführt wurde, um vor Artilleriebeschuss von See aus sicher zu sein. So hat die türkische Südküste bis heute nur an zwei ganz im Osten gelegenen Stellen (Mersin und İskenderun) einen Bahnanschluss. Im damals noch zu Armenien gehörenden Nordosten Anatoliens 1899 hate die Transkaukasische Eisenbahn ihre 298 km lange Breitspurstrecke von Tiflis bis Kars eröffnet und 1913 bis ins 123 km entfernte Sarıkamış an der damaligen türkischen Grenze verlängert. Russische Truppen bauten 1916 eine 174 km messende 750-mm-Schmalspurstrecke bis nach Erzurum. Da das Osmanische Reich im 1. Weltkrieg auf Seiten

Türkei

Europäische Bahnen '15/16

Türkei

der Mittelmächte und gegen die Entente kämpfte, wurden die nach dieser Lesart „feindlichen" Bahngesellschaften SCP und ORC bis 1919 unter militärische Kontrolle gestellt. Die nach Kriegsende zur Besatzung einrückenden Siegermächte taten das Ihrige entsprechend mit den „deutschen" Gesellschaften CFOA und CIOB. 1920 wurde in Ankara eine in Konkurrenz zum Sultanats-Kabinett in Istanbul stehende Regierung gebildet, die alsbald 926 km CFOA-Strecke und einen Teilabschnitt der Bagdadbahn zwischen Konya und Kelebek von der britischen Militärverwaltung übernahm und unter staatliche Verwaltung stellte; nach Ende des Sultanats folgte Anfang 1923 die Strecke Istanbul – İzmit. Im Herbst 1921 waren die Betriebsrechte eines weiteren, 821 km langen Abschnittes der Bagdadbahn inklusive mehrerer Zweigbahnen auf die eigens zu diesem Zweck 1918 gegründete französische „Société du Chemin de fer Cilicie – Nord Syrie (CNS) übergegangen, die 1927 in die „Société d'Exploitation des Chemins de fer Bozanti – Alep – Nissibie et Prolongements" (BANP) umbenannt wurde.

Die nach Ausrufung der Republik gegründete Staatsbahn TCDD veranlasste bis 1950 den Bau 3.578 km neuer Strecken vor allem in der Mitte und im Osten des Landes. So wurde z. B. 1939 mit der 215 km langen Verbindung Erzincan – Erzurum die zweite Ost-West-Achse baulich vollendet, doch die Umspurung der o. g. Abschnitte ab Erzurum bis zur sowjetischen Grenze dauerte noch bis 1962. Die Elektrotraktion beschränkte sich lange Zeit auf den Vorortverkehr Istanbuls, Ankaras und seit kurzem auch İzmirs. Heute ist zudem im Altnetz die Fernstrecken Ankara – Istanbul, Istanbul – bulgarische Grenze sowie die weiter östlich im Landesinneren verlaufende Nord-Süd-Achse von Divriği über Çetinkaya, Malatya und Narlı zur Mittelmeer-Küstenstadt İskenderun als faktische Inselbetriebe elektrisch befahrbar.

Die Mitte der 1950er Jahre einsetzende Umorientierung in der Verkehrspolitik drängte die Eisenbahn zunehmend in eine Marktrandlage mit einem Anteil von nur noch wenigen Prozent sowohl am Güter- als auch am Reisendenaufkommen. So wuchs zwischen 1950 und 1997 das Straßennetz um 80 %, das Schienennetz jedoch nur um 11 %. Dies fand auch darin seinen Ausdruck, dass nach 1955 kaum noch neue Strecken angelegt wurden. Als Ausnahme kann die erst 1971 vollendete Verbindung zum Iran gelten, doch ist diese nicht durchgehend mit Zügen befahrbar, sondern enthält bis heute eine 96 km lange Trajektstrecke über den Van-See in Ostanatolien. Zwei Streckenverlegungen dienten der Umgehung syrischen (Bagdadbahn, Gaziantep – Karkamış, 91 km, 1960) und griechischen (Pehlivanköy – Edirne – Kapıkule – Swilengrad, 68 km, 1971) Territoriums. Bis heute sind etwa 95 % des Altnetzes nur eingleisig ausgebaut und das Reisezugangebot beschränkt sich auf wenige Verbindungen. Demgegenüber versucht man seit einigen Jahren, den Modal split durch den Bau von für 250 km/h ausgelegten Hochgeschwindigkeitsstrecken wieder zugunsten der Schiene zu verändern. Priorität hat hierbei die Verbindung Ankara – Istanbul, deren erster, 206 km langer Abschnitt (Ankara via Altstrecke –) Esenkent – Eskişehir am 12.03.2009 in Betrieb ging. Es folgte am 24.08.2011 die Trasse Ankara – Konya, die auch durch ihre direkte Linienführung den bisherigen Umweg über Eskişehir von 687 auf 306 km deutlich abkürzt. Bis 2023 zum hundertsten Jahrestag der Republikgründung soll das HGV-Netz noch beträchtlich ausgedehnt werden, wofür Investitionen von umgerechnet rund 17,5 Mrd. EUR vorgesehen sind.

Am 29.10.2013 wurde der seit Mai 2004 in Bau befindliche Bosporustunnel („Marmaray") in Istanbul eröffnet, der nicht nur den asiatischen und den europäischen Teil der Türkei verbindet, sondern zugleich die erste normalspurige Eisenbahnverbindung zwischen Europa und Asien darstellt. Die erforderlichen Zufahrtsstrecken werden zwar voraussichtlich erst 2015 voll verfügbar sein, doch wurde nach Fertigstellung des Schnellfahrstreckenabschnittes von Eskişehir bis Gebze (40 km vor Istanbul) am 26.07.2014 der HGV von Ankara nach Istanbul aufgenommen.

Ein bedeutsames Ausbauprojekt im Altnetz ist die Modernisierung der Bagdadbahn ab Konya, um den Hochgeschwindigkeitsverkehr ab Ankara bis in den Süden des Landes ausdehnen zu können. Hierzu wird zunächst der Abschnitt Konya – Karaman seit März 2014 bis vsl. Sommer 2017 elektrifiziert, mit einem zweiten Gleis versehen und für 200 km/h hergerichtet.

Marktübersicht

Einziger Anbieter sowohl im Personen- als auch im Güterverkehr ist die Staatsbahn Türkiye Cumhiriyeti Devlet Demiryolları (TCDD).

Verkehrsministerium

Türkiye Cumhuryeti Ulaştırma Denizcilik ve Haberleşme Bakanlığı
Ministry of Transport, Maritime Affairs and Communications
Hakkı Turayliç Caddesi No:5
TR-Emek/Ankara
Telefon: +90 312 203 11 16
okm@ubak.gov.tr
www.ubak.gov.tr

TCDD

Türkiye Cumhiriyeti Devlet Demiryolları (TCDD) 🅿🅖🅘

Altındağ İlçesi Anafartalar Mahallesi Hipodrom Caddesi No.3
TR-06 000 Ankara
Telefon: +90 312 309-0515
Telefax: +90 312 324-4061
apkekonomi@tcdd.gov.tr
www.tcdd.gov.tr

Management
★ Ömer Yıldız (Generaldirektor)
★ Adem Kayiş
★ Veysi Kurt
★ Hakkı Murtazaoğl
★ Mustafa Çavuşoğlu

Gesellschafter
★ Republik Türkei (100 %)

Beteiligungen
★ Türkiye Demiryolu Makinalari Sanayii A.Ş. (TÜDEMSAŞ) (99,999 %)
★ Türkiye Vagon Sanayii A.Ş. (TÜVASAŞ) (99,999 %)
★ Türkiye Lokomotif ve Motor Sanayii A.Ş. (TÜLOMSAŞ) (99,998 %)
★ İZBAN A.Ş. (50 %)
★ Hyundai EURotem A.Ş. (15 %)
★ Sivas Travers İmalat Sanayi ve Ticaret A.Ş. (SİTAŞ) (15 %)
★ Voestelpine Kardemir Demiryolu Sis.Sn.Tic A.Ş. (VADEMSAŞ) (15 %)
★ Bureau Central de Clearing s.c.r.l. (BCC) (0,68 %)
★ EUROFIMA Europäische Gesellschaft für die Finanzierung von Eisenbahnmaterial AG (0,04 %)

Infrastruktur
★ Bahnnetz der Türkei (11.209 km Gleislänge konventionelles Netz, Normalspur) davon auf zwei- und mehrgleisig ausgebauten Abschnitten: 510 km
davon elektrifiziert (25 kV, 50 Hz): 2.416 km Gleis zuzüglich 701 km zweigleisige Hochgeschwindigkeitsstrecken

Unternehmensgeschichte
Die Türkiye Cumhiriyeti Devlet Demiryolları (TCDD) ist die Staatsbahn der türkischen Republik. Zu deren Keimzelle wurde nach Ausrufung der Republik die mit Dekret vom 22.04.1924 gegründete „Chemins de fer d'Anatolie – Baghdad", welcher der Betrieb der auf dem Territorium der türkischen Republik verbliebenen Strecken Istanbul – İzmit – Eskişehir – Ankara und Eskişehir – Konya der „Société du Chemin de fer Ottoman d'Anatolie" (CFOA, Anatolische Eisenbahn) und der Ankauf aller Aktien der (in der neutralen Schweiz ansässigen) CFOA obliegen sollte. Im Osmanischen Reich hatte der Eisenbahnbau und –betrieb ausschließlich in den Händen von Privatgesellschaften gelegen. Wichtigste Ziele der republikanischen Eisenbahnpolitik waren die Verstaatlichung aller in ausländischem Eigentum stehenden Bahngesellschaften und der nunmehr innerstaatlichen Bedürfnissen dienende weitere Ausbau des Bahnnetzes, wozu mit Gesetz vom 23.05.1927 die heutige türkische Staatsbahn, zunächst als „Devlet Demiryolları ve Limanları İdare-i Umumiyesi" (Generalverwaltung der staatlichen Bahnen und Häfen) gegründet wurde. Am 29.07.1953 erfolgte die Umwandlung in ein staatliches Wirtschaftsunternehmen unter der bis heute beibehaltenen Bezeichnung Türkiye Cumhuriyeti Devlet Demiryolları (TCDD). Nach Übernahme von insgesamt 4.138 km Strecken war der Verstaatlichungsprozess der vormaligen einzelnen Bahngesellschaften zum 01.01.1948 abgeschlossen. Die TCDD veranlasste ferner den dringend nötigen Bau weiterer Strecken vor allem in der Mitte und im Osten des Landes. Erster Vorbote des Traktionswechsels war, dass bereits 1949 die letzte Tranche Dampflokomotiven geliefert wurde, der 1953 die ersten Rangier- und 1957 die ersten Streckendiesellokks folgten. In größerem Maße setzte die Verdieselung jedoch erst ab 1970 ein. Zwar gingen schon 1955 die ersten drei Elloks im Vorortverkehr im europäischen Teil Istanbuls in Dienst, doch beschränkte sich die Elektrotraktion lange Zeit auf den Vorortverkehr Istanbuls, Ankaras und seit kurzem auch İzmirs. Die Mitte der fünfziger Jahre einsetzende Umorientierung in der Verkehrspolitik drängte die Eisenbahn zunehmend in eine Marktrandlage mit einem Anteil von nur noch wenigen Prozent sowohl am Güter- als auch am Reisendenaufkommen. Dementsprechend beschränkt sich das Reiseangebot auf wenige Verbindungen. Einen verdichteten Vorortverkehr gibt es in Istanbul, İzmir, Ankara sowie mit Dieselbetrieb zwischen Adana und Mersin. Demgegenüber versucht man seit einigen Jahren, den modal split durch den Bau von für 250 km/h ausgelegten Hochgeschwindigkeitsstrecken wieder zugunsten der Schiene zu verändern. Die HGV-Strecken werden mit sechsteiligen Triebzügen des spanischen Herstellers Construcciones y Auxiliar de Ferrocarriles (CAF) bedient, welche auf der RENFE-Baureihe 120 basieren. Da die zunächst beschafften

TCDD

zwölf derartigen Garnituren nicht mehr ausreichen, wurden 2013 bei Siemens sieben achtteilige Velaro-Züge bestellt, davon ein Dreisystem-Messzug (Velaro D) und die restlichen als „Velaro TR" in der Einsystemausführung für 25 kV / 50 Hz, die ab 2015 geliefert werden sollen. Im Februar 2015 wurde eine zweite Tranche zu zehn Stück nachgeordert, mit deren Lieferung ab 2017 zu rechnen ist.

Eine Besonderheit ist, dass die TCDD nicht nur das Monopol als EVU und Infrastrukturbetreiber, sondern über ihre drei (in obenstehender Beteiligungsübersicht zu Beginn stehenden) Tochterunternehmen auch beim Schienenfahrzeugbau hat. Dies wird sich in absehbarer Zeit ändern, denn am 01.05.2013 ist das türkische Gesetz Nr. 6461 zur Liberalisierung des Eisenbahntransportsektors in Kraft getreten, demzufolge die vormalige TCDD als reiner (und weiterhin staatlicher) Infrastrukturbetreiber zu etablieren und der Schienenpersonen- und Güterverkehr einem Tochterunternehmen „TCDD Taşımacılık A.Ş" zu übertragen ist. Dieser Transformationsprozess dauerte ebenso wie die im Gesetz festgeschriebene Schaffung einer Eisenbahnregulierungsbehörde bis Anfang 2015 noch an.

2013 (Vorjahresangaben in Klammern) beschäftigte die TCDD 26.184 (28.073) Mitarbeiter.

Im Personenverkehr wurden 46,441 (70,284) Mio. Reisende auf 3,775 (4,598) Mrd. Pkm befördert und im Güterverkehr 26,597 (25,666) Mio. t mit 28,943 (35,332) Mio. Zugkm und 11,177 (11,670) Mrd. Netto-tkm befördert.

Bei einem operativen Umsatz von 1,066 (1,057) Mrd. TRY wurde bei einem Kostendeckungsgrad von 31 (33) % ein Verlust von 2,271 (2,152) Mrd. TRY eingefahren.

Rail Business –
kompakt, aktuell, exklusiv

Ob Verkehrspolitik, Unternehmen, Güter- und Personenverkehr, Infrastruktur, Recht, Technik oder Personalien – die „Rail Business"-Redaktion beobachtet, bewertet und analysiert das Marktgeschehen erfahren und fachkompetent. Das Informationspaket schließt die täglichen Nachrichten aus allen Bereichen des Marktes, den wöchentlichen ausführlichen Branchenreport mit Hintergrundberichten, Analysen und Kommentaren sowie die Eilmeldungen zu wichtigen Ereignissen und Anlässen mit ein.

Jetzt 3 Wochen gratis und ohne Risiko testen!
www.eurailpress.de/rbsprobe1

Eurailpress

Ungarn

Kurze Eisenbahngeschichte

Bereits 1825-27 befasste sich das ungarische Parlament mit der Errichtung von Eisenbahnen und verabschiedete 1836 das erste Eisenbahngesetz, das den Bau von 13 Hauptlinien samt Anbindung an die Adria vorsah. Die erste erbaute Bahnlinie war die Pferdebahn Pressburg – Tyrnau (1840-46) der Ersten Ungarischen Eisenbahngesellschaft (siehe Einleitung Slowakei). Nach ersten Versuchen mit Pferdekraft (Hängebahn Pest – Kőbánya 1827-28) begann die Geschichte der Eisenbahn im heutigen Ungarn am 15.07.1846 mit der Eröffnung der 33,6 km langen Strecke Budapest – Vác, betrieben von der Privatgesellschaft Magyar Középponti Vasút (MKpV, Ungarische Centralbahn). Am 01.08.1847 folgte die 99 km lange MKpV-Linie Budapest – Cégled – Szolnok und am 10.08.1848 die Strecke Pozsony/Pressburg (heute Bratislava) – Marchegg (– Wien); letztere trotz Ausbruch der 1848-49-er Revolution. Die darauf folgende Repression warf den Eisenbahnbau um Jahre zurück. Am 07.03.1850 wurde die Gesellschaft vorübergehend verstaatlicht und firmierte als cs. kir. Délkeleti Államvasút (k.k. Südöstliche Staatsbahn, SöStB). Die SöStB vollendete die Verbindung Budapest – Wien (Übergabe der noch fehlenden Strecke Vác – Pressburg 1850-51) und errichtete die Strecke Cégled – Szeged (1854). Zum 01.01.1855 ging die SöStB in der (privaten) „cs. kir. szab. osztrák Államvasút-Társaság (ÁVT, privilegierte Österreichische Staatseisenbahn-Gesellschaft, StEG)" auf, die u. a. für den Weiterbau von Szeged nach Temesvár/Timişoara [heute RO] sorgte (1857). Ab den 1850er Jahren engagierte sich u. a. die Tiszavidéki Vasút (k.k. privilegierte Theiss-Eisenbahn) als große Gesellschaft im Eisenbahnbau:

* Szolnok – Püspökladány – Debrecen (1857)
  Püspökladány – Nagyvárad/Großwardein/Oradea [heute RO] (1858)
* Szajol – Békéscsaba – Arad [heute RO] (1858)
  Debrecen – Miskolc – Kassa/Kaschau/Košice [heute SK] (1859-60)

Im Südwesten sorgte die Südbahn („k.k. priv. südliche Staats-, lombardisch-venezianische und zentral-italienische Eisenbahngesellschaft", ab 1862 „k.k. priv. Südbahn-Gesellschaft", bedeutendstes Eisenbahnunternehmen des Kaisertums Österreich) für eine Anbindung Budapests an Triest über Székesfehérvár – Nagykanizsa. Diese Trasse mündet in Pragerhof/Pragersko [heute SI] in die seit 1857 bestehende Südbahn-Strecke Wien – Graz – Marburg/Maribor – Laibach/Ljubljana – Triest ein. Die Südbahn errichtete auch die 1865 eröffnete Zweigstrecke Nagykanizsa – Szombathely – Sopron – Wiener Neustadt.

Die Magyar Északi Vasút (MÉV, Ungarische Nordbahn) nahm 1867 ihre Strecke Budapest – Hatvan – Salgótarján in Betrieb.

Bis zum österreichisch-ungarischen Ausgleich 1867 entstanden 2.341 km Bahn im Königreich

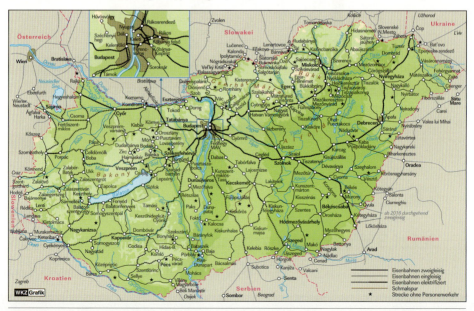

Ungarn

Ungarn. Danach setzte ein wahrer Boom im Eisenbahnbau ein, wobei wirtschaftliche Gesichtspunkte anstelle von militärisch-strategischen in den Vordergrund rückten. Vor allem folgende Bahngesellschaften trugen zum Netzausbau bei:
Alföld-Fiumei Vasút (Alföld-Fiume Eisenbahn)
* Szeged – Szabadka/Maria-Theresiopel/Subotica [heute RS] (1869)
* Békéscsaba – Hódmezővásárhely – Szeged (1870)
* Békéscsaba – Nagyvárad/Großwardein/Oradea [heute RO] (1871)

Magyar Északkeleti Vasút (MÉKV, Ungarische Nordostbahn)
* Szerencs – Sátoraljaújhely (1871)
* Sátoraljaújhely – Ungvár/Užgorod [heute UA] (1872)
* Sátoraljaújhely – Kassa/Kaschau/Košice [heute SK] (1873)
* Nyíregyháza – Csap/Čop [heute UA] (1873)

Magyar Nyugati Vasút (MNyV, Ungarische Westbahn)
* Győr – Kis-Czell (heute Celldömölk) – Szombathely (1871)
* Szombathely – Gyanafalva/Jennersdorf [heute AT] (1872)
* Kis-Czell – Veszprém – Székesfehérvár (1872)

Zwar wurden schon am 01.07.1868 die Magyar Királyi Államvasutak (MÁV, Ungarische königliche Staatseisenbahnen) gegründet, doch bestand das Nebeneinander von Staats- und Privatbahnen noch jahrelang fort. So wurden in den ersten zehn MÁV-Jahren etwa 3.400 km Neubaustrecken errichtet, doch nur ca. 1.000 km davon in staatlicher Regie. Schrittweise bis in die 1880er Jahre entstand das von Anfang an geplante sternförmige Netz der auf Budapest zulaufenden Hauptmagistralen. Danach wuchs das Bahnnetz Ungarns bis in das Jahr 1914 vor allem infolge der Lokalbahnengesetze auf 22.869 km an, schrumpfte jedoch 1921 nach dem Zusammenbruch der Doppelmonarchie und den damit verbundenen Gebietsverlusten auf 8.705 km. Die neue Grenze durchschnitt zahlreiche Bahnlinien und ringartige Verbindungsstrecken wurden vom sternförmigen Rumpfnetz getrennt.

Die erste, 1932 mit 16 kV 50 Hz elektrifizierte Hauptbahnlinie war Budapest – Komárom, deren

Ungarn

Fahrdraht bis 1935 Hegyeshalom kurz vor der österreichischen Grenze erreichte. Die MÁV nutzte als erster Betreiber Einphasenwechselstrom mit der Standard-Netzfrequenz von 50 Hz. Nach dem Zweiten Weltkrieg ging man generell zu 25 kV 50 Hz über, doch erfolgte der Traktionswechsel überwiegend durch ein Verdieselungsprogramm und auch die Dampftraktion wurde gebietsweise bis in die frühen 1980er Jahre beibehalten. Elektrifiziert wurden zunächst die Budapester Ringbahn sowie die Strecken nach Záhony an der sowjetischen Grenze (über Miskolc bzw. Debrecen). Bis 1965 wuchs das elektrifizierte Netz auf 431 km und bis 1970 auf 830 km an (10 %). Zur Wendezeit lag der Anteil bei 28 % und beträgt jetzt 37,8 %, wobei das Gesamtnetz insgesamt kleiner wurde. Erst seit 1997 ist z. B. dank der Elektrifizierung des Abschnittes Felsőzsolca – Čaňa [SK] (Strecke Miskolc – Košice) eine durchgehende E-Traktion zwischen Ungarn, der Slowakei und Polen möglich. Seit 2010 ist die Strecke von Szombathely bis zur österreichischen Grenze bei Szentgotthárd unter Draht und seit Ende 2011 können Elektroloks auf der Strecke KBS 25 (Korridor V) bis zum slowenischen Grenzbahnhof Hodoš durchfahren. Weitere Vorhaben betreffen die MÁV-Linien Győr – Celldömölk, Mezőzombor – Sátoraljaújhely und Budapest – Esztergom (Einbeziehung in den Vorortverkehr der Hauptstadt) sowie die Vollelektrifizierung des Raaberbahn-Netzes.

Einem staatlichen Programm zur Verkehrsmodernisierung folgend wurden ab 1968 vermehrt wenig ausgelastete Strecken stillgelegt (634 km Normalspur und der Großteil der Schmalspurstrecken). Nach der Wende kam es nach jahrzehntelanger Vernachlässigung 2007 und 2009 zur Einstellung des Personenverkehrs auf 38 Nebenbahnen mit teils auch guter Nachfrage, aber großem Modernisierungsbedarf. Zwar wurde nach dem Regierungswechsel 2010 der Verkehr auf einigen Strecken wieder aufgenommen, doch zum 15.04.2012 wurden etwa 400 Züge aus dem Fahrplan gestrichen. Vorerst werden Gesamteinstellungen vermieden, doch bestehen keine Planungen für eine Sanierung und Modernisierung der Regionalnetze; auf reaktivierten Nebenbahnen fahren nur noch zwei bis drei tägliche Zugpaare.

Die Ausbauarbeiten im Netz finden derzeit bis auf den Budapester Vorortverkehr überwiegend entlang der drei durch Ungarn verlaufenden paneuropäischen Verkehrskorridore statt.

Marktübersicht

★ Personenverkehr: Einziger landesweit operierender Anbieter ist die MÁV-START Vasúti Személyszállító Zrt. als zur Staatsbahn-Holding gehörendes Personenverkehrunternehmen. Die ungarisch-österreichische Győr-Sopron-Ebenfurti Vasút Zrt. (GYSEV, Raab-Ödenburg-Ebenfurter Eisenbahn, heute Raaberbahn) wickelt Personenverkehr teils auf eigener Infrastruktur, teils in Kooperation mit MÁV-START ab.
★ Güterverkehr: Marktbeherrschend ist die die ehemalige MÁV-Gütersparte Rail Cargo Hungaria Zrt. (RCH), die sich heute vollständig im Besitz der Rail Cargo Austria Aktiengesellschaft (RCA) befindet. Mit der AWT Rail HU Zrt., der CER Hungary Zrt., der FOXrail Zrt., der FLOYD Szolgáltató Zrt., der GYSEV CARGO Zrt. , der LTE Hungária Kft. und der MMV Magyar Magánvasút Zrt. gibt es sieben weitere Anbieter mit nennenswerten Marktanteilen. Etwa 20 weitere Firmen u. a. aus der Bahnbaubranche verfügen über eine Güterverkehrslizenz, bestreiten jedoch nur einen geringen Anteil der Verkehre.

Verkehrsministerium
Nemzeti Fejlesztési Minisztérium
Ministry of National Development
PF 1
HU-1440 Budapest
Telefon: +36 1 795 1700
ugyfelszolgalat@nfm.gov.hu
www.kormany.hu/hu/nemzeti-fejlesztesi-minisztutium

Nationale Eisenbahnbehörde
Nemzeti Közlekedési Hatóság
National Transport Authority
Vasúti szakterület ügyfélszolgálata
Railway Department
Teréz krt. 62
HU-1066 Budapest
Telefon: +36 1 4741 760
vasut@nkh.gov.hu
www.nkh.gov.hu

Eisenbahnunfalluntersuchungsstelle
Közlekedésbiztonsági Szervezetet
Transportation Safety Bureau
PF 62
HU-1675 Budapest
Telefon: +36 1 432 6240
railinfo@kbsz.hu
www.kbsz.hu

AWT Rail HU

AWT Rail HU Zrt. 🇭🇺

Róbert Károly krt. 64-66.
1134 Budapest
Telefon: +36 1 3820922
Telefax: + 36 1 3820923
awt-rail-hu@awt.eu
www.awt-hungary.eu

Management
* Ing. David Kostelník (Vorstand)
* Júlia Kiss (Vorstandsmitglied)
* Attila Gonda (Generaldirektor, CEO)
* Bogoslav T. Skierniewski (Kommerzieller Direktor)

Gesellschafter
Stammkapital 5.020.000,00 HUF
* Advanced World Transport B.V. (AWT) (100 %)

Lizenzen
* HU: EVU-Zulassung (GV) seit 26.10.2007
* HU: Sicherheitszertifikat, Teil A+B (GV); gültig vom 15.11.2010 bis 15.11.2015

Unternehmensgeschichte
AWT Rail HU Zrt. ist heute eine 100 %ige Tochter der AWT-Gruppe. Diese erwarb zum Markteintritt in Ungarn eine bestehende Gesellschaft, die ursprünglich das Industriegleis Fűzfő betrieb. Dieses entstand 1923/1924 auf Initiative der ungarischen königlichen Schießpulverfabrik und erhielt 1928 die endgültige Betriebsgenehmigung. Nach 1948 dienten die Gleisanlagen dem Anschluss des Nitrokémia-Werksgeländes. Die Balatoner Industrieeisenbahn wurde als werkseigener Eisenbahnbetrieb der Nitrokémia AG geführt und am 01.07.1991 in die Nike-Trans GmbH ausgegliedert.
Im März 2002 veräußerte der Eigentümer die Nike-Trans GmbH als Geschäftszweig der Nitrokémia 2000 AG, der Eisenbahnbetrieb stand seither als selbständiges Unternehmen in Privatbesitz und firmierte seit 18.03.2002 als Balatoni Iparvasút Szolgáltató Kft. (BIV) [Balatoner Industrieeisenbahn Dienstleistungs-GmbH] sowie seit 01.01.2009 als BIV Balatoni Iparvasút Zrt. [Balatoner Industrieeisenbahn AG]. Die BIS bediente den Industriepark Fűzfőgyártelep und übernahm Fahrten zum MÁV-Bahnhof Hajmáskér über die für den PV stillgelegte Strecke 27.
Nach der Übernahme der Anteilsmehrheit durch die AWT-Gruppe im Oktober 2009 und dem kompletten Erwerb per 23.03.2010 erhielt die Gesellschaft zum 01.05.2010 den heutigen Namen.
Nach der Insolvenz der Eurocom Rail Cargo Zrt. im Juli 2010 übernahm die AWT Rail HU einen Großteil der Verkehre.
Die Verkehrsleistung der AWT in Ungarn betrug in den vergangenen Jahren:
* 2008: 0 Mio. t
* 2009: 0,055 Mio. t
* 2010: 0,413 Mio. t
* 2011: 0,9 Mio. t
* 2014: 1,0 Mio. t

Der Standort Balatonfűzfő inklusive des Industriegleises Fűzfő Industriepark Fűzfőgyártelep – MÁV Haltestelle Királyszentistván-Vilonya (Streckenlänge 4,5 km, Gleislänge 10 km) wurde 2012 bzw. 2013 verkauft.
Die AWT Rail HU hatte im Dezember 2014 60 Mitarbeiter.

Verkehre
* Gastransporte im Auftrag diverser Kunden, Relationen Russland – Kroatien, Serbien – Frankreich, Serbien – Tschechien und Slowakei – Serbien; 10 x pro Monat Traktion in Ungarn
* Getreidetransporte Slowakei – Italien sowie Rumänien – Italien; 4-6 x pro Monat speditionelle Organisation der ausländischen Strecken und Traktion in Ungarn
* Getreidetransporte Ungarn – Italien; 6-7 x pro Woche Traktion in Ungarn im Auftrag diverser Kunden; Traktion in Österreich u.a. durch ecco rail GmbH, in Slowenien durch SŽ – Tovorni promet, d. o.o. sowie in Italien u.a. durch Rail Traction Company S.p.A. (RTC)
* Holzhackschnitzeltransporte Vințu de Jos [RO] – Gratwein (PAPIERHOLZ AUSTRIA Ges.m.b.H.) [AT]; 2-3 x pro Monat Traktion in Ungarn bis Győr (Übergabe an GYSEV CARGO Zrt.)
* KV-Transporte Bettembourg [LU] – Türkei; 1 x pro Woche seit Dezember 2014 Traktion in Ungarn ab Hegyeshalom (Übernahme von ecco-rail GmbH) im Auftrag der VTG Rail Logistics Austria GmbH
* Kohletransporte Ostrava [CZ] – Dunaújváros (SD DUNAFERR Zrt.) / Zenica [BA]; 15-17 x pro Monat Traktion in Ungarn, bei Zügen nach Bosnien auf dem Abschnitt von Rajka bis Magyarbóly
* Pkw-Transporte (Dacia) Pitești [RO] – Tongeren [BE]; 3 x pro Woche seit Ende April 2010 Traktion von Lőkösháza (Übernahme von ?) bis Hegyeshalom (Übergabe an Wiener Lokalbahnen Cargo GmbH (WLC)) für die Hödlmayr Logistics GmbH
* Pkw-Transporte (Suzuki) ab Esztergom; Spotverkehre, u.a. seit November 2013 Zug nach Zeebrugge [BE]; Traktion bis Hegyeshalom (Übergabe an LTE Logistik- und Transport-GmbH) für die Hödlmayr Logistics GmbH

BOBO / BSS 2000

BOBO Járműjavító. Ipari, Kereskedelmi és Szolgáltató Kft.
G I

Csele utca 10.
HU-3518 Miskolc
Telefon: +36 46 380557
Telefax: +36 46 380557
bobo@vnet.hu
www.bobokft.hu

Standort
Kerpely A. utca 1.
HU-3533 Miskolc

Management
* Gábor Szabó (Geschäftsführer)
* László Szabó (Geschäftsführer)
* Lászlóné Szabó (Geschäftsführerin)

Gesellschafter
Stammkapital 3.000.000,00 HUF
* László Szabó
* Lászlóné Szabó
* Gábor Szabó

Lizenzen
* HU: EVU-Zulassung (GV) seit 30.05.2007
* HU: Sicherheitszertifikat, Teil A+B (GV), gültig vom 01.11.2011 bis 31.10.2016

Infrastruktur
* 3 km eigene Trasse im Bereich des Industrieparks Diósgyőr

Unternehmensgeschichte
BOBO Járműjavító. Ipari, Kereskedelmi és Szolgáltató Kft. [BOBO Fahrzeugwerkstatt. Industrie-, Handels- und Dienstleistungsgesellschaft mbH] ist ein Reparaturbetrieb für Eisenbahnfahrzeuge mit Sitz in Miskolc. Neben Regelspurmaterial wartet BOBO auch Schmalspurfahrzeuge. Zusammen mit den Ingenieursfirmen Sedulitas-Pro Kft. und Invent Kft. wurde eine Hybrid-Schmalspurlok entworfen und gebaut.
Am 27.10.2011 erteilte das Verkehrsamt der Gesellschaft mit 30 Angestellten die Zertifizierung als Instandhaltungsbetrieb. Von wachsender Bedeutung ist der Geschäftszweig Rangier- und Traktionsdienste, Vermietung bzw. Verkauf selbst instand gesetzter Loks.

BSS 2000 Energetikai Szolgáltató Ipari és Kereskedelmi Kft.

Alkotmány u. 59.
HU-2700 Cegléd
Telefon: +36 53 316013
Telefax: +36 53 316013
bss2000kft@bss2000.hu
www.bss2000.hu

Betriebsstandort
Ipartelepi u.5.
HU-2700 Cegléd
Telefon: +36 53 500232
Telefax: +36 53 500233

Management
* Raffai László (Geschäftsführer)

Gesellschafter
Stammkapital 100.000.000,00 HUF
* Ernő Selei (50 %)
* István Borsos (50 %)

Lizenzen
* HU: EVU-Zulassung (GV) seit 03.12.2008
* HU: Sicherheitszertifikat, Teil A+B (GV); gültig vom 01.12.2011 bis 30.11.2016

Unternehmensgeschichte
Hauptbetätigungsfeld der Szolgáltató Ipari és Kereskedelmi Kft. [BSS 2000 Energetik-Dienstleistungs, Industrie- und Handels-GmbH] ist die Planung sowie der Bau und Umbau von Oberleitungsanlagen. Außerdem gehören Planung und Ausführung von 120/25-kV-Transformatorstationen sowie 0,4- und 10-kV-Stromnetz- und Beleuchtungssystemen zur Tätigkeit. Bedeutendere Umbau- und Neubauarbeiten, die ganz oder teilweise von der Gesellschaft ausgeführt wurden, waren die Strecken Ferencváros – Soroksár, Vecsés – Üllő, Kecskemét – Városföld, Tiszatenyő – Mezőtúr, Vecsés – Albertirsa, Ferencváros „C" – Vecsés und Szombathely – Szentgotthárd, Kelenföld – Tárnok – Székesfehérvár, Szajol – Kisújszállás – Püspökladány, insgesamt wurden 1832 km Fahrdraht montiert. Von 2005 bis 2011 beschäftigte man sich nach dem Gewinn einer Ausschreibung dieser Arbeiten durch die Staatsbahn MÁV auch mit der Wartung von Oberleitungen und mit der Beseitigung von entsprechenden Betriebsstörungen im Dienstleistungsgebiet der Gesellschaft. Die Länge der durch BSS 2000 gewarteten Oberleitungen betrug ca. 1.900 km. Die MÁV organisiert die Wartung des Oberleitungsnetzes ab dem 01.01.2012 wieder in Eigenregie.

BSS 2000 / CER Hungary

Der Rechtsvorgänger von BSS 2000 wurde im August 1991 mit dem Namen BSS KG gegründet, wobei zwei der drei Gründungsmitglieder die heutigen Inhaber und Geschäftsführer István Borsos und Ernő Selei waren. Bei der Firmengründung handelte es sich faktisch um ein Outsourcing der Staatsbahn, da sowohl Borsos als auch Selei bereits bei dieser in entsprechenden Positionen tätig waren. Bei der Gründung waren zwölf Angestellte ausschließlich am noch heute bestehenden Stammsitz in Cegléd tätig. Am 01.08.1996 wurde die Firma in die jetzige GmbH umgewandelt, deren aktuell 140 Mitarbeiter sich außer Cegléd auf sechs weitere Niederlassungen in Budapest, Budapest-Pestlőrinc, Érd, Hatvan, Újszász und Vác verteilen.

CER Hungary Közép-Európai Vasúti Árufuvarozási, Kereskedelmi és Szolgáltató Zrt. (CER Hungary) G

Könyves Kálmán körút 16.
HU-1097 Budapest
Telefon: +36 1 476 3486
Telefax: +36 1 476 3488
info@cer.hu
www.cer.hu

Management
* László Horváth (Vorstandsvorsitzender)
* Márton Kukely (Generaldirektor)

Gesellschafter
Stammkapital 270.000.000,00 HUF
* CER Cargo Holding SE Európai Részvénytársaság (98 %)
* EAST EXPRESS Slovakia, a.s. (2 %)

Lizenzen
* HU: EVU-Zulassung (GV) seit 21.12.2004; erneuert zum 30.06.2007
* HU: Sicherheitszertifikat, Teil A+B (GV); gültig vom 01.12.2011 bis 30.11.2016

Unternehmensgeschichte
Die Central European Railway (CER) Rt. wurde am 19.08.2004 gegründet und hat am 15.04.2005 ihre operative Tätigkeit aufgenommen. Die im ersten Geschäftsjahr beförderte Gütermenge von 432.000 t ist auf ein Vielfaches gestiegen. 2010 wurden 1,5 Mio. t Fracht befördert, 2014 waren es ,9 Mio. t. Am 07.08.2006 erfolgte die Umfirmierung in CER Hungary Közép-Európai Vasúti Árufuvarozási, Kereskedelmi és Szolgáltató Zrt. [CER Hungary Mitteleuropäische Eisenbahn Aktiengesellschaft für Warentransport, Handel und Dienstleistungen]. Die EAST EXPRESS Slovakia, a.s. ist übrigens eine 100 %ige Tochter der Trade Trans Invest, s.r.o.
Der große Markteinstieg gelang der CER als Partner von LTE Logistik und Transport GmbH und rail4chem Eisenbahnverkehrsgesellschaft mbH, die seit Ende 2005 größere Mengen Getreide aus Ungarn Richtung Rotterdam abfahren. Die CER übernimmt die Ganzzüge in Hegyeshalom und befördert diese bis zur Ent-/ Beladestelle.
Auch für die AG der Wiener Lokalbahnen bzw. deren ausgegründete Gütersparte Wiener Lokalbahnen Cargo GmbH (WLC) übernimmt die CER entsprechende Dienste bei den sporadisch verkehrenden Mineralölzügen. Eingesetzt werden entsprechend zugelassene E-Loks des Typs ES 64 U2 des österreichischen Unternehmens.
Im Mai 2008 konnte die CER als erste private Bahngesellschaft einen Kooperationsvertrag mit einer MÁV-Tochter schließen: Die MÁV-TRAKCIÓ Zrt. war damals Traktionsdienstleister der MÁV-Gruppe und wurde 2014 in MÁV-START integriert. Aufgrund eines mehrjährigen Rahmenvertrages hat die CER seither Zugriff auf die benötigten Traktionskapazitäten samt Triebfahrzeugführer. Die für CER eingesetzten Loks wechseln ständig je nach Bedarf. Anfang 2015 nahm das EVU die erste eigene Lok in Betrieb, die Zusammenarbeit mit der Traktionssparte von MÁV bleibt aufrecht.

Verkehre
* Benzoltransporte Ungarn – Mannheim-Rheinau [DE]; 1-2 x pro Woche seit Juli 2010; Traktion in Ungarn im Auftrag der Transpetrol GmbH Internationale Eisenbahnspedition
* Getreidetransporte Serbien – Foktő; Spotverkehre in Ungarn im Auftrag der Glencore Grain Hungary Kft.
* Getreidetransporte Ungarn – Constanța [RO]; Spotverkehre in Ungarn im Auftrag der Glencore Grain Hungary Kft.; Traktion in Rumänien untervergeben an Societatea Nationala de Transport Feroviar de Marfă, CFR Marfă S.A.
* Getreidetransporte Ungarn – Niederlande und Niederlande – Ungarn; Traktion auf dem ungarischen Streckenabschnitt seit Dezember 2005 im Auftrag der rail4chem Eisenbahnverkehrsgesellschaft sowie seit 2011 im Auftrag der LTE Logistik und Transport GmbH

CER Hungary / CER Cargo Holding / CRS

* Gütertransporte Győr – Köln-Eifeltor [DE]; 1 x pro Woche seit 27.02.2010 Traktion bis Hegyeshalom (Übergabe an LTE Logistik- und Transport-GmbH) im Auftrag der Transpetrol GmbH Internationale Eisenbahnspedition; 3 x pro Woche seit Februar 2011
* Mineralöltransporte; Traktion auf dem ungarischen Streckenabschnitt für verschiedene Auftraggeber; ca. 10 Züge pro Woche
* Rapstransporte Ukraine – Ungarn; 1 x pro Monat Traktion ab Záhony (Umladung von Breitspur) im Auftrag der Glencore Grain Hungary Kft.; 1-2 pro Woche seit Ende 2011
* Transformatorentransporte in Ungarn sowie grenzüberschreitend in die Slowakei mit CER Slovakia a.s. sowie mit Partnerbahnen nach Slowenien und Tschechien; seit 2014 im Auftrag der ZAGREBTRANS d.o.o.

CER Cargo Holding SE Európai Részvénytársaság

Könyves Kálmán körút 16.
HU-1097 Budapest
Telefon: +36 1 476 3486
Telefax: +36 1 476 3488
info@cercargo.eu
www.cercargo.eu

bei als EVU aktiven Töchtern siehe dort

CER Cargo d.d.
Parmova 37.
SI-1000 Ljubljana
info@cercargo.eu
www.cercargo.si

CER CARGO d.o.o.
Karlovacka cesta 4L
HR-10000 Zagreb
Telefon: +385 16443008
croatiainfo@cer.eu
www.cercargo.hr

Management
* László Horváth (Präsident)
* Dr. István Bárány (Generaldirektor)

Gesellschafter
Stammkapital 120.000,00 EUR
* RAILINVEST Co. Ltd. (100 %)

Beteiligungen
* CER Cargo d.o.o. (100 %)
* CER Slovakia a.s. (100 %)
* CER Hungary Közép-Európai Vasúti Árufuvarozási, Kereskedelmi és Szolgáltató Zrt. (CER Hungary) (98 %)
* S.C. CER FERSPED S.A. (70 %)
* CER Cargo d.d. (66,6 %)

Unternehmensgeschichte
2011 wurde begonnen, die ungarische Privatbahn CER in eine neue Holdingstruktur zu überführen. Die CER Cargo Holding SE ist Muttergesellschaft der CER-Landesgesellschaften in Ungarn, der Slowakei, Rumänien, Kroatien und Slowenien. Diese sind zum Teil auch als EVU zugelassen.

Continental Railway Solution Kft. (CRS)

Hungária körút 80.
HU-1143 Budapest
Telefon: +36 1 792 3021
Telefax: +36 1 792 3024
office@continentaltrain.com
www.continentaltrain.com

Management
* András Szigeti (Geschäftsführer)

Gesellschafter
Stammkapital 10.000.000,00 HUF
* Károly Kiss
* András Szigeti
* Timothy Peter Gilbert

Unternehmensgeschichte
Mit Veröffentlichung vom 20.02.2014 wurde die Continental Railway Solution Kft. (CRS) mit Sitz in Budapest in das ungarische Firmenregister eingetragen. Hinter dem Unternehmen steht András Szigeti, der ehemalige Vertriebsleiter der MÁV Nosztalgia, der CRS-Vertriebsleiter Károly Kiss sowie ein Privatinvestor aus Großbritannien mit Mehrheitsanteilen.
CRS möchte sich vor allem auf Nischenverkehre spezialisieren. Neben Güterverkehren sollen als zweites Standbein Luxuszüge unter dem Markennamen „Continental Classic Express" (CCE) unter Verwendung von ex TEE-Wagen und ex ÖBB Erlebnisbahn Salon Z- und Schlierenwagen angeboten werden.
Als Lokomotiven plant das Unternehmen die

CRS / DB Schenker Rail Hungária

Beschaffung von vier class 47 - 47375, 47640, 47744 sowie eine weitere - aus UK über den Händler Nemesis Rail.

DB Schenker Rail Hungária Kft.
Ⓖ

Hűtőház út 23.
HU-9027 Győr
Telefon: +36 96 542176
Telefax: +36 96 337772
iroda@dbschenkerrail.hu
www.dbschenker.com

Management
* Németh Nándor (Geschäftsführer, CEO)
* Edgar Bleier (Geschäftsführer, CFO)

Gesellschafter
Stammkapital 25.000.000,00 HUF
* DB Hungaria Holding Kft. (100 %)

Lizenzen
* HU: EVU-Zulassung (GV); gültig seit 26.05.2009
* HU: Sicherheitszertifikat, Teil A+B (GV); gültig vom 16.12.2011 bis 15.04.2017

Unternehmensgeschichte
Seit Anfang 2002 ist die DB-Tochter Logistic Center Hungaria Kft. (LCH) im ungarischen Schienengüterverkehr aktiv. Damals übernahm LCH im Auftrag von Audi Hungaria Motor (AHM) den Werksrangierdienst. Damit wurde das Bahnunternehmen Teil eines Logistikkonzeptes, das DB Schenker für Audi entwickelt hat. Dazu gehören ein länderübergreifendes Störfallmanagement aller beteiligten Bahnen sowie Werksrangierdienste an Audi-Standorten - so beispielsweise in Ingolstadt oder in Győr.
Am 04.06.2012 wurde die am 16.01.2002 in das Handelsregister eingetragene ungarische Landesgesellschaft LCH in DB Schenker Rail Hungária Kft. umbenannt. Die Umfirmierung machte nach innen, als auch nach außen deutlich, dass das Unternehmen Teil des Netzwerks von Europas führender Güterbahn DB Schenker Rail ist.
Vom Fahrplanwechsel 2010 gehörten die V 100-Diesellocks der damaligen LCH auch ein Jahr lang zum Betriebsalltag in größeren Bahnhöfen im Raum Győr zwischen Hegyeshalom und Komárom im Auftrag Rail Cargo Hungária Zrt. (RCH).
Im Juni 2012 hat DB Schenker Rail Hungária die Bedienung der Anschlussbahn Foktő – Kiskőrös im Auftrag von Glencore aufgenommen. Auch den neuen Mercedes-Standort Kecskemét bedient DB Schenker Rail Hungária. Darüber hinaus ist eine Lokomotive in der Region Debrecen stationiert.
Das Unternehmen entwickelte sich in den vergangenen Jahren wie folgt:
* 2012: 10 Lokomotiven; 85 Mitarbeiter; Umsatz 4,6 Mio. EUR
* 2013: 22 Lokomotiven; 102 Mitarbeiter; Umsatz 5,4 Mio. EUR

DB Schenker Rail Hungária wickelt für zahlreiche Kunden im In- und Ausland Verkehre in Ungarn ab. Der Schwerpunkt liegt hierbei auf Transitverkehren und Import- / Export-Verkehren für die Agrar- und Automobilindustrie. 2014 kamen Volumina im Intermodalbereich hinzu. DB Schenker Rail Hungária verfügt über Schnittstellenvereinbarungen mit Bahnen in den Nachbarländern Ungarns. Seit 01.09.2013 kommen ausgewählte E-Loks der rumänischen DB Schenker Rail-Landesgesellschaft auch in Ungarn zum Einsatz.

Verkehre
* Rangierdienst Győr (Audi Hungaria Motor Kft.); von 2001 bis 2016
* Rangierdienst in Kecskemét (Mercedes-Benz Manufacturing Hungary Kft.)
* Rangierdienst in Debrecen; seit März 2015
* KV-Transporte Köln-Niehl (CTS) [DE] – Çerkezköy [TK]; 1 x pro Woche Traktion des ungarischen Streckenabschnittes im Auftrag der DB Schenker Rail für Ulusoy Logistics; 2 x pro Woche seit September 2014
* KV-Transporte Noisy-le-Sec (Renault) [FR] – Derince [TK]; 4 x pro Woche seit Herbst 2014 Traktion ab Hegyeshalom (Übernahme von Lokomotion Gesellschaft für Schienentraktion GmbH)
* Kesselwagentransporte Foktő – Kiskőrös (Wagentausch mit LTE Hungariá Kft.); Spotverkehre im Auftrag der Glencore Grain Hungary Kft.
* Gütertransporte auf dem Streckenabschnitt Hegyeshalom – Curtici [RO]
* Gütertransporte auf dem Streckenabschnitt Hodoš [SI] – Curtici [RO]
* Gütertransporte auf dem Streckenabschnitt Martfű – Hegyeshalom
* Gütertransporte auf dem Streckenabschnitt Rajka – Curtici [RO]
* regelmäßige Gütertransporte auf dem Streckenabschnitt Hegyeshalom – Subotica [RS]
* regelmäßige Gütertransporte auf dem Streckenabschnitt Hidasnémeti – Curtici [RO]

DRT / DS VASÚT / Dunagép

DRT Danubius Rail Transport Kft.
Ⓖ

Podmaniczky utca 57.
HU-1064 Budapest

Büro
Angol utca 38.
HU-1148 Budapest
Telefon: +36 70 6362056
Hotline: +36 70 3851962
info@danubiusrailtransport.hu
www.danubiusrailtransport.hu

Management
* Melinda Vancsics (geschäftsführerende Direktorin)
* Miklós Buliczka (betriebswirtschaftlicher Direktor)
* Krisztián Oláh (Direktor für Unternehmensentwicklung)

Gesellschafter
Stammkapital 5.000.000,00 HUF
* Első Magyar Iparvágány Társulás Kft. (EMIT) (100 %)

Lizenzen
* HU: EVU-Zulassung (GV, nur Traktion); gültig seit 31.08.2012
* HU: Sicherheitszertifikat, Teil A+B (GV); gültig vom 10.04.2013 bis 09.04.2018

Unternehmensgeschichte
Nach der Firmengründung im Jahr 2010 erhielt die DRT Danubius Rail Transport Kft. 2012 die Güterverkehrs-Lizenz für Ungarn (nur Traktion), 2013 auch das Sicherheitszertifikat.
Neben dem Verkauf und der Vermietung von Lokomotiven erbringt die Gesellschaft anderen EVUs und Besitzern von Gleisanschlüssen Traktionsleistungen (nur Personalgestellung oder inklusive Lok) und ergänzende Dienstleistungen wie Verschub, die Betriebshaltung von Lokomotiven und Vermittlung von Traktionsleistungen. Geplant ist die Aufnahme der Tätigkeit im benachbarten Ausland und der Erwerb der Personenverkehrs-Lizenz.
Seit Beginn der operativen Tätigkeit im Oktober 2013 wurden über 1.000 Züge traktioniert, sowohl im Transit als auch Inlandsverkehre. Fallweise wurden für kürzere oder längere Perioden Loks vom Typ Siemens (Baureihen 182, 1216, 189, 193) und Bombardier (Baureihen 185, 186) angemietet.

Verkehre
* Spotverkehr im Inland oder Transit

DS VASÚT Vasúti Szolgáltató és Fuvarozó Kft.

Derkovits utca 74.
HU-4400 Nyíregyháza
Telefon: +36 42 341035
Telefax: +36 42 341035
dsvasut@dsvasut.hu
www.dsvasut.hu

Management
* Szabolcs Dankó (Geschäftsführer)

Gesellschafter
Stammkapital 17.000.000,00 HUF
* NYÍR-D-TECH Kft.
* S-Consulting Informatikai Tanácsadó Kft.

Lizenzen
* HU: EVU-Zulassung (GV) seit 13.03.2014

Unternehmensgeschichte
Die Muttergesellschaft der am 23.10.2013 gegründeten DS VASÚT Vasúti Szolgáltató és Fuvarozó Kft. [DS VASÚT Eisenbahndienstleistungs- und Transport-GmbH] ist die Nyír-D-Tech Kft. Das Familienunternehmen beschäftigt sich seit anderthalb Jahrzehnten mit dem Unterhalt, der Reparatur, der Vermietung und dem Handel von und mit Lokomotiven für Gleisanschlüsse und Verschubdienste. Seit Frühjahr 2014 besitzt die DS VASÚT eine eigene EVU-Zulassung, derzeit arbeitet man an der Erlangung des Sicherheitszertifikats.

Dunagép Szolgáltató Zrt.

Csépi út 7.
HU-2316 Tököl
Telefon: +36 24 488-862
Telefax: +36 24 488-796
dunageprt@dunageprt.hu
www.dunageprt.hu

Management
* Antal Benkovics (Generaldirektor)

Dunagép / FEHÉRVILL-ÁM / FLOYD

Gesellschafter
Stammkapital 63.100.000,00 HUF
* DUNAGÉP Szolgáltató Zrt.

Lizenzen
* HU: EVU-Zulassung (GV); gültig seit 31.10.2012
* HU: Sicherheitszertifikat, Teil A+B (GV); gültig vom 16.06.2013 bis 15.06.2018

Unternehmensgeschichte
Die DUNAGÉP Szolgáltató Zrt. [Dunagép Dienstleistungs-AG] nahm 1990 ihre Tätigkeit auf und wurde im Jahr 2000 durch Zusammenlegung dreier Firmen ähnlichen Profils in eine AG umgewandelt. Im Oberleitungsbau ist das Unternehmen mit 59 Mitarbeitern vor allem im Bereich des schienengebundenen (vor)städtischen Verkehrs tätig (Straßenbahn-, Schnellbahn- und O-Busnetze), wozu eigene Amphibienfahrzeuge zur Verfügung stehen. Auch sonstige Elektroinstallationsarbeiten im Verkehrsbereich werden ausgeführt.

Oberleitungen in den Abschnitten Rajka – Hegyeshalom und Kaposvár – Baté.

FEHÉRVILL-ÁM Kft.

Szedres út 23.
HU-8000 Székesfehérvár
Telefon: +36 30 9520236
Telefax: +36 22 318801

Management
* János Kovács (Geschäftsführer)

Gesellschafter
Stammkapital 12.000.000,00 HUF
* Krisztina Kovács-Németh
* János Kovács

Lizenzen
* HU: EVU-Zulassung (GV) seit März 2014
* HU: Sicherheitszertifikat, Teil A+B (GV); gültig vom 01.07.2014 bis 30.06.2019

Unternehmensgeschichte
Die 2002 gegründete FEHÉRVILL-ÁM Kft. beschäftigt sich mit dem Bau bzw. Umbau und der Wartung von Fahrdrähten und Transformatoranlagen. In der Umgebung ihres Heimatbahnhofes Székesfehérvár nahm die Gesllschaft 2011 am Neubau der KBS 30a teil. Weitere Projekte waren u.a. der Umbau der

FLOYD Szolgáltató Zrt. G

Madarász Viktor u. 47-49.
HU-1138 Budapest
Telefon: +36 1 2371370
Telefax: +36 1 2301475
floydinfo@floyd.eu
www.floyd.hu

Management
* István Kovács (Vorstandsvorsitzender)
* Elmar Grams (Vorstand)
* Lars Hedderich (Vorstand)
* Mathias Kohlisch (Vorstand)
* Thomas Meyer (Vorstand)

Gesellschafter
Stammkapital 20.000.000,00 HUF
* EUROGATE Intermodal GmbH (64 %)
* I.C.E. Transport Kft. (36 %)

Lizenzen
* AT: Sicherheitszertifikat, Teil B (GV); gültig vom 11.04.2012 bis 11.11.2019
* DE: Sicherheitszertifikat, Teil B (GV); beantragt
* HU: EVU-Zulassung (GV) seit 17.07.2007
* HU: Sicherheitszertifikat, Teil A+B (GV); gültig vom 01.07.2014 bis 30.06.2019

Unternehmensgeschichte
FLOYD Szolgáltató Zrt. [Floyd Dienstleistungs-AG] ist eine der ersten Privatbahnen Ungarns und im Güterverkehr tätig. Das Unternehmen wurde von András Bogdán und seinem Sohn Szabolcs am 06.06.1998 in Budapest als Ingenieurbüro gegründet und zum 28.11.2005 von einer Kft. (GmbH) in eine Aktiengesellschaft (Zrt.) umgewandelt. Die Namensgebung entspringt der von Bogdán senior favorisierten Musikgruppe: Pink Floyd.
Zum 16.09.2008 erfolgte der Verkauf eines Großteiles der Gesellschaftsanteile an die EUROGATE Intermodal GmbH, Hamburg, sowie die I.C.E. Transport Kft, Budapest, die gleichzeitig die Verkaufsrepräsentanz von EUROGATE Intermodal in

FLOYD / FOXrail

Ungarn ist. FLOYD war von Anfang an der ungarische Partner von EUROGATE Intermodal beim Betrieb des Zugsystems boxXpress.hu. Firmengründer András Bogdán hat per 24.05.2013 seine restlichen 26 % an der ungarischen Bahngesellschaft Floyd ebenfalls an das deutsche Unternehmen Eurogate und die ICE Holding veräußert. Bogdán war bereits im Januar 2013 aus der Geschäftsführung ausgeschieden.
Bereits seit Mai 2006 übernahm FLOYD die betriebliche Abwicklung der von WLB / WLC und boxXpress.de nach Budapest gefahrenen KV-Transporte, wobei durchgehend entsprechend zugelassene ES 64 U2 zum Einsatz kamen. Zwischenzeitlich wurde die Dienstleistung für WLB / WLC aufgegeben, die nun, auch auf Grund der veränderten Streckenführung, Gysev Cargo nutzen. Im Jahr 2006 gab es erstmals Getreidetransporte aus Ungarn in die Niederlande sowie nach Deutschland und Italien. gemeinsam mit LTE und CTV – Cargo Trans Vagon SA.
FLOYD entwickelte sich in den Folgejahren von einer rein in Ungarn tätigen Privatbahn zu einem europäischen Unternehmen. U.a. wurde die Sicherheitsbescheinigung in Österreich beantragt und im Jahr 2011 von der österreichischen Verkehrsbehörde bestätigt. In der Folge konnten im Jahr 2012 regelmäßige Getreidetransporte als Hauptfrachtführer nach Deutschland und in die Niederlande aufgenommen werden. Hierbei wird der internationale Transport auf den Sicherheitsbescheinigungen der Floyd in Ungarn sowie Österreich eigenständig und in den anderen Ländern mit Hilfe von Partnerbahnen durchgeführt. Zur internationalen betrieblichen Koordination wurde 2012 ein Büro in Hamburg in die Verkehre mit eingebunden.
2014 beschäftigte Floyd 58 Mitarbeiter und operierte mit 24 E- und Diesellokomotiven.

Verkehre
* Alutransporte Rotterdam (Steinweg / Broekman) [NL] – Székesfehérvár (Alcoa-Köfém Kft.); Spotverkehre im Auftrag der Raillogix B.V. seit 2013; Traktion ab Krefeld (Übernahme von LOCON BENELUX B.V.) [DE]
* Getreidetransporte (Mais) Ungarn – Krefeld (Cargill Deutschland GmbH) [DE]; 3 x pro Woche seit 22.05.2012 im Auftrag von Cargill, durchgehende Traktion in Kooperation mit der MEV Independent Railway Services GmbH in Österreich, der MEV Eisenbahn-Verkehrsgesellschaft mbH bzw. der Internationale Gesellschaft für Eisenbahnverkehr IGE GmbH & Co. KG (IGE) in Deutschland; letzte Meile durch Hafen Krefeld GmbH & Co. KG
* Getreidetransporte (Soja) Ungarn – Amsterdam (IGMA Grain Terminal B.V.) [NL]; Spotverkehre seit Herbst 2008; in Kooperation mit der MEV Independent Railway Services GmbH in Österreich, der Internationale Gesellschaft für Eisenbahnverkehr IGE GmbH & Co. KG (IGE) in Deutschland sowie der Raillogix B.V. in den Niederlanden
* KV-Transporte Hamburg [DE] – Budapest; betriebliche Abwicklung in Ungarn seit 15.05.2006 sowie in Österreich seit 03.06.2012 im Auftrag der boxXpress.de GmbH, Lokgestellung durch boxXpress.de
* Mineralöltransporte Ingolstadt Nord / Vohburg [DE] – Ungarn; Spotverkehre seit Januar 2015 im Auftrag der Dettmer Rail GmbH; durchgehende Traktion in Kooperation mit der Internationale Gesellschaft für Eisenbahnverkehr IGE GmbH & Co. KG (IGE) in Deutschland
* Mineralöltransporte Slowakei – Tarjánpuszta / Baja / Vámosgyörk; 4 x pro Woche Traktion ab Rajka im Auftrag der LOKORAIL, a.s.
* Sojaschrottransporte Amsterdam (IGMA Grain Terminal B.V.) [NL] – Ungarn; Spotverkehre seit Herbst 2008; in Kooperation mit der Raillogix B.V. in den Niederlanden und der Internationale Gesellschaft für Eisenbahnverkehr IGE GmbH & Co. KG (IGE) in Deutschland sowie der MEV Independent Railway Services GmbH in Österreich

FOXrail Zrt.

Árpád út 56. A. lház. 2. em. 4.
HU-Budapest 1042
Telefon: +36 1 7946297
Telefax: +36 1 7946297
foxrail@foxrail.hu
www.foxrail.hu

Gesellschafter
Stammkapital 300.000,00 HUF

Lizenzen
* HU: EVU-Zulassung (GV); gültig seit 02.09.2013
* HU: Sicherheitszertifikat, Teil A+B (GV) seit 10.10.2013

Unternehmensgeschichte
Die am 28.05.2013 neu gegründete Privatbahn FOXrail des ungarischen Unternehmers und ehemaligen Floyd-Gründers und Chefs András Bogdán ist nach Erteilung von EVU-Zulassung und

FOXrail / G & G / GYSEV CARGO

Sicherheitszertifikat seit Herbst 2013 voll einsatzfähig. Das in Budapest ansässige Unternehmen konnte im Oktober 2013 vier in Rumänien erworbene und umfassend aufgearbeitete Dieselloks sowie im April 2014 eine E-Lok übernehmen. Mit den Rangier- bzw. Streckenloks will Foxrail aber nicht nur eigene Züge bespannen, sondern auch als Traktionsdienstleister für Dritte tätig sein.
Das Büro der FOXrail in der Budapester Árpád út 56 ist aktuell mit sieben Mitarbeitern besetzt – das Betriebspersonal besteht aus fünf Triebfahrzeugführern und zwei Wagenmeistern.

Verkehre
* Getreidetransporte Ungarn – Barneveld (AgruniekRijnvallei Voer B.V.) [NL]; Spotverkehre; Traktion in Ungarn seit 01.10.2013 im Auftrag der Raillogix B.V.
* KV-Transporte Zeebrugge (P&O Ferries) [BE] – Curtici (Rail Port Arad) [RO]; 2 x pro Woche seit 26.09.2014 Traktion Hegyeshalom (Übernahme von ecco-rail GmbH) – Curtici (Übergabe an S.C. Trade Trans Raillogistics S.R.L.) [RO] im Auftrag der Crossrail AG für P&O Ferrymasters B.V.

Unternehmensgeschichte
Als zweites ungarisches Privatunternehmen erhielt die G&G Növényvédelmi és Kereskedelmi Kft. [G&G Pflanzenschutz- und Handels-GmbH] Ende 2006 eine Zulassung als EVU. Die Güterverkehrslizenz wird nur für den Eigenbedarf genutzt.
Die Gesellschaft wurde 1982 als Dienstleister für den Pflanzenschutz gegründet, 1992 aus chemische und mechanische Aufwuchsbekämpfung im Bahnbereich im Rahmen eines Rahmenvertrags mit der MÁV. In der Folge konnten auch die Budapester Verkehrsbetriebe, die Raaberbahn und die ÖBB als Kunden hinzugewonnen werden.
Das Unternehmen stellt Sprühzüge her, die mit einer selbst entwickelten, patentierten Pflanzenartenerkennung (Weed Recognition System) und einem genau dosierbaren Herbizidinjektionssystem ausgestattet sind. Dieses System wird auch auf Mercedes Unimog-LKW und 40' Container montiert.
Aktuell verfügt das Unternehmen über kein gültiges Sicherheitszertifikat.

Verkehre
* Planung und Umsetzung von Sprühzügen mit „Weed Recognition System"

G & G Növényvédelmi és Kereskedelmi Kft.

Torockói utca 3/B
HU-6726 Szeged
Telefon: +36 62 405215
Telefax: +36 62 405327
iroda@gesgkft.hu
www.gesgkft.hu

Management
* András József Gaál (Geschäftsführer)

Gesellschafter
Stammkapital 3.000.000,00 HUF
* Józsefné Gaál
* József Gaál

Lizenzen
* HU: EVU-Zulassung (GV) seit 21.12.2006

GYSEV CARGO Zrt. G

Mátyás király utca 19.
HU-9400 Sopron
Telefon: +36 99 577-102
Telefax: +36 99 577-401
info@gysevcargo.hu
www.gysevcargo.hu

Zweigniederlassung Wien
Kolingasse 13/2/7
AT-1090 Wien

Management
* János Skala (CEO)
* János Boda (stellvertretender CEO)

Gesellschafter
Stammkapital 831.550.000,00 HUF
* Győr-Sopron-Ebenfurti Vasút Zrt. (GYSEV) (100 %)

Beteiligungen
* AMBERRAIL ADRIA d.o.o. (100 %)
* Raaberbahn Cargo GmbH (100 %)
* AMBER RAIL, a.s. (50 %)

GYSEV CARGO

Lizenzen
* HU: EVU-Zulassung (GV); gültig seit 20.04.2010
* HU: Sicherheitsbescheingung, Teil A+B (GV); gültig vom 01.06.2010 bis 31.05.2015

Unternehmensgeschichte
Im Sommer 2009 hat die Győr-Sopron-Ebenfurti Vasút Zrt. (GYSEV) zwei Tochterunternehmen gegründet: Die GYSEV CARGO Zrt. in Sopron (Umfirmierung der Raaber-Trade Budapest Külkereskedelmi Kft. per 23.07.2009 im Rahmen des Verkaufs der MÁV Cargo) bzw. deren Schwester Raaberbahn Cargo GmbH in Wulkaprodersdorf haben zum 01.01.2011 die Geschäftstätigkeit aufgenommen.
Neben der Traktionierung von Güterzügen bieten die Unternehmen am Hauptstandort Sopron / Ödenburg auch Zugbildung, Containerhandling, -depot und -reparatur, Lagerlogistik, Lkw-Ab- und Zufuhr sowie Zollabwicklung an.
Im Jahr 2012 vermeldeten die GYSEV-Gütertöchter 240 Mitarbeiter. Die vergangenen Jahre in der Leistungsübersicht:
* 2012: 4,715 Mio t; davon 3,799 Mio. t in Österreich bzw. 3,673 Mio. t grenzüberschreitend
* 2011: 5.513 Mio t; davon 4,281 Mio. t in Österreich bzw. 4,127 Mio. t grenzüberschreitend
* 2010: 5.368 Mio t; davon 4,323 Mio. t in Österreich bzw. 4,193 Mio. t grenzüberschreitend

Für die Traktion bedient man sich v.a. Loks der Muttergesellschaft.
Die Kündigung des seit vielen Jahren bestehenden Kooperationsvertrags zwischen GYSEV und Rail Cargo Austria AG (RCA) über die kommerziellen, produktions- und abrechnungstechnischen Modalitäten hat das Unternehmen von allen österreichischen Privatbahnen am härtesten getroffen. Bei der GYSEV geht es nämlich nicht nur um den Einzelwagenverkehr sondern auch um die gemeinsame Führung von Blockzügen. Da letztere nunmehr in Frage steht, hat sich die GYSEV entschlossen, mit ihrer Tochter Raaberbahn Cargo eigene von der RCA unabhängige Wege zu gehen. Dafür ist vor allem eine Aufstockung des Bestands an Zweisystemlokomotiven erforderlich. Die GYSEV verfügt derzeit neben fünf eigenen Taurus-Lokomotiven über fünf von den ÖBB gemietete 1116. Diese wollte man ursprünglich sogar kaufen, doch haben die ÖBB das abgelehnt. Nunmehr sollen die Loks zurückgegeben und bis Ende 2015 durch neue Fahrzeuge ersetzt werden. Derzeit läuft eine Interessentensuche für bis zu neun Lokomotiven in der 6.400 kW Klasse. Die Raaberbahn Cargo möchte in der Folge in Österreich Ganzzüge zwischen Sopron und Passau in Eigenregie führen und damit sicherstellen, dass diese Züge auch weiterhin über Sopron und nicht über Hegyeshalom geleitet werden. Die Rede ist von 30 bis 35 Zügen pro Woche.
2014 enstanden mit der Spedition Trade Trans die beiden AMBER RAIL-Gesellschaften in der Slowakei und Slowenien.
Nach einem Bericht der Tageszeitung „Der Standard" plant die GYSEV ein Joint Venture mit der DB. Damit soll gemeinsam der Güterverkehr entlang der Donauachse zwischen Passau und dem Schwarzen Meer ausgebaut werden. Offen ist noch, ob die Beteiligung von DB Schenker selbst oder von DB Schenker Rail gehalten werden soll. Seitens der GYSEV soll die Beteiligung bei der Tochter GYSEV CARGO angesiedelt werden. Damit würde DB Schenker sich stärker in Ungarn und in Österreich aufstellen. Schon jetzt ist das Unternehmen in Ungarn mit der Tochter DB Schenker Rail Hungaria präsent, in Österreich hat die Beteiligung Lokomotion den Verkehr auf der Donauachse verstärkt im Visier.

Verkehre
* Gütertransporte im Wagenladungsverkehr mit Hub in Sopron. Sopron – Südosteuropa: tägliche Abfahrten; Sopron – Rumänien: 2 x pro Woche; Sopron – GUS: tägliche Abfahrten
* Eisenerztransporte Omarska (ArcelorMittal Prijedor) [BA] – Kraków [PL] / Dabrowa Górnicza [PL]; täglich seit 2014 Traktion von Gyékényes bis Rajka; Verkehr u.a. in Kooperation mit Željeznice Republike Srpske A.D. (ŽRS), ČD Cargo, a.s. und Železničná spoločnosť Cargo Slovakia, a.s. (ŽSSK Cargo)
* Eisenschrott- und Holztransporte Ungarn – Italien; tägliche Traktion ab Győr bis Sopron
* Holzhackschnitzeltransporte Vințu de Jos [RO] – Gratwein (PAPIERHOLZ AUSTRIA Ges.m.b.H.) [AT]; 2 x pro Woche Traktion in Ungarn von Győr (Übernahme von AWT Rail HÜ Zrt.) bis Ebenfurth [AT]; Lokdurchlauf bis Gratwein [AT]
* KV-Transporte Deutschland – Sopron – Türkei; 4 x pro Woche Traktion Ebenfurth [AT] – Győr
* KV-Transporte Duisburg-Rheinhausen (DIT) [DE] – Budapest (BILK); 4 x pro Woche seit November 2009 Abwicklung in Ungarn im Auftrag der Wiener Lokalbahnen GmbH (WLC); aktuell 5 x pro Woche
* KV-Transporte Duisburg-Rheinhausen [DE] – Wien Freudenau – Sopron [HU]; 4 x pro Woche seit Dezember 2013 im Auftrag der Inter Ferry Boats N. V. (IFB) in Kooperation mit der Rurtalbahn Cargo GmbH in Deutschland; in Österreich auf Lizenz der Raaberbahn Cargo GmbH
* KV-Transporte Wien Freudenau [AT] – Sopron – Halkalı [TR]; 3 x pro Woche seit Juni 2012 Traktion in Ungarn im Auftrag der Gartner KG in Kooperation mit K+N und Inter Ferry Boats N.V. (IFB); aktuell nach Tekirdağ [TK]
* KV-Transporte Lambach [AT] – Sopron – Chiajna (BIRFT) [RO]; 2 x pro Woche seit Oktober 2012 Traktion in Österreich und Ungarn im Auftrag der Gartner KG; Traktion in Rumänien untervergeben an Cargo Trans Vagon S.A. (CTV); seit Mai 2014 nach Curtici [RO]

GYSEV CARGO / GYSEV

- KV-Transporte Lambach [AT] – Sopron – Sindos (SRS Sindos Railcontainer Services S.A.) [GR]; 5 x pro Woche seit Juni 2012 Traktion in Ungarn im Auftrag der Gartner KG; aktuell 4 x pro Woche
- Pkw-Transporte (Dacia Duster) Mioveni [RO] – Survilliers-Fosses [FR]; 1 x pro Woche seit Januar 2015 im Auftrag der Gefco România S.R.L.; Traktion von Curtici (Übernahme von Transferoviar Grup S.A. (TFG)) [RO] bis Passau (Übergabe an HSL Logistik GmbH) [DE]
- Pkw-Transporte (Dacia) Ciumesti [RO] – Falkenberg/Elster (Gruppen für Duisburg und Dodendorf) [DE]; 1-4 x pro Woche seit Juli 2012 Traktion von Curtici [RO] bis Sturovo (Übergabe an ZSSK Cargo) im Auftrag der der BLG Autorail GmbH

Győr-Sopron-Ebenfurti Vasút Zrt. (GYSEV) 🅿🅸

Mátyás király utca 19
HU-9400 Sopron
info@gysev.hu
www.gysev.hu

Generalvertretung Budapest
Népfürdő u. 22. Gebäude B
HU-1139 Budapest
Telefon: +36 1 2245800

Zweigniederlassung Wien
Kolingasse 13/2/7
AT-1090 Wien
office@raaberbahn.at
www.raaberbahn.at

Zweigniederlassung Wulkaprodersdorf
Bahnhofplatz 5
AT-7041 Wulkaprodersdorf
Telefon: +43 2687 62554 115
Telefax: +43 2687 62554 190

Management
- Szilárd Kövesdi (Generaldirektor)
- János Skala (stellvertretender Generaldirektor)

Gesellschafter
Stammkapital 6.848.877.600,00 HUF
- Ungarischer Staat, vertreten vom Minister für Nationale Entwicklung (65,6 %)
- Republik Österreich, vertreten durch das Bundesministerium für Verkehr, Innovation und Technologie (28,2 %)
- STRABAG SE (6,2 %)

Beteiligungen
- GYSEV CARGO Zrt. (100 %)
- Neusiedler Seebahn AG (100 %)
- HCCR Kft. (50 %)
- Plantech Kft. (50 %)
- Rail Cargo Service S.R.L. (50 %)
- Logisztár Kft. (18,2 %)
- VIFT Kft. (10 %)
- Rail Cargo Terminal - BILK Zrt. (8 %)
- Soproni Ipari Zóna (6 %)
- EURO KAPU Logisztikai Központ (1 %)

Lizenzen
- AT: Betriebskonzession seit 18.12.1975, verlängert bis 18.12.2022
- HU: Betriebskonzession seit 20.01.1976, verlängert bis 31.12.2032
- HU: EVU-Zulassung (PV+GV) seit 30.06.2007
- HU: Sicherheitszertifikat, Teil A+B (PV+GV); gültig vom 16.12.2011 bis 15.12.2016

Infrastruktur
- Ebenfurth [AT] – Sopron (31,4 km, elektrifiziert 25 kV 50 Hz)
- Szombathely – Szentgotthárd – Staatsgrenze (53 km); zum 10.12.2006 von MÁV übernommen
- Sopron – Győr (85,4 km, elektrifiziert 25 kV 50 Hz)
- Sopron – Szombathely (56 km, elektrifiziert 25 kV 50 Hz)
- Betriebsführung: Sopron – Harka – Staatsgrenze (5,8 km, elektrifiziert 25 kV 50 Hz)
- Betriebsführung: Sopron – Ágfalva – Staatsgrenze (7,2 km)
- Betriebsführung: István Széchenyi-Museumsbahn in Nagycenk (3,6 km, Spurweite 760 mm)
- Betriebsführung: Neusiedl am See [AT] – Pamhagen [AT] – Fertőszentmiklós der Neusiedler Seebahn AG (48,8 km, elektrifiziert 25 kV 50 Hz)
- Szombathely – Kőszeg (17,3 km); zum 01.10.2011 übernommen
- Körmend – Zalalövő (22,8 km); zum 01.10.2011 übernommen
- Rajka – Hegyeshalom (13 km); zum 01.10.2011 übernommen
- Szombathely – Zalaszentiván (49 km); zum 01.10.2011 übernommen
- Hegyeshalom – Szombathely (111 km); zum 01.10.2011 übernommen

GYSEV

Unternehmensgeschichte

Die Győr-Sopron-Ebenfurti Vasút Zrt. [Raab-Oedenburg-Ebenfurter Eisenbahn AG] (GYSEV) ist eine Eisenbahngesellschaft mit Sitz in Sopron, die sowohl auf dem Gebiet Ungarns als auch Österreichs je ein eigentums-, wirtschaftsführungs- und verrechnungsmäßig selbständiges Unternehmen führt. Die Stammstrecke Győr (Raab) – Sopron (Ödenburg) – Ebenfurt verläuft zu knapp zwei Dritteln auf ungarischem Territorium. Der heutige ungarische Abschnitt wurde am 02.01.1876, der heutige österreichische am 28.10.1879 eröffnet. Nach dem Zusammenbruch Österreich-Ungarns wurde für den an Österreich übergebenen Streckenteil 1923 eine separate Konzession erteilt und es entstand die bis heute gültige Unternehmenskonfiguration aus zwei Gesellschaften, die ein europäisches Unikat darstellen. Insbesondere auch nach dem Zweiten Weltkrieg blieb die Raaberbahn eigenständig, wurde nicht in die jeweilige Staatsbahn eingegliedert und wickelte unverändert den grenzüberschreitenden Verkehr ab. War mit österreichischer Unterstützung schon in den 1980er Jahren das Güterverkehrsterminal in Sopron gebaut worden, so verfolgt die Raaberbahn seit dem Ende des kommunistischen Regimes in Ungarn einen Expansionskurs, der sich in der Betriebsübernahme weiterer Strecken äußert. So wurde im Dezember 2006 die 53,3 km lange MÁV-Strecke Szombathely – Szentgotthárd – Staatsgrenze übernommen. Mit einem Investitionsaufwand von 200 Mio. EUR wurde diese bis 2010 für Geschwindigkeiten bis 120 km/h und eine Achslast von 22,5 t ausgebaut. Im Oktober 2011 wechselten weitere 214 Strecken-km zur GYSEV. Am 25.05.2009 unterzeichnete der Baukonzern STRABAG SE den Kaufvertrag für die zuvor durch die ÖBB-Tochter Speditions Holding GmbH gehaltenen 5,7 % der Gesellschaftsanteile, die per 10.12.2009 auf 6,2 % ausgeweitet wurden.

Die GYSEV verzeichnete in den vergangenen Jahren steigende Fahrgastzahlen, die v.a. aus den Streckenübernahmen resultieren:

★ 2012: 7,081 Mio. Reisende; davon 5,557 Mio. in Ungarn
★ 2011: 5,008 Mio. Reisende; davon 3,526 Mio. in Ungarn
  2010: 4,594 Mio. Reisende; davon 3,150 Mio. in Ungarn

Im Sommer 2009 hat die Gesellschaft zwei Tochterunternehmen gegründet: Die GYSEV Cargo Zrt. bzw. deren Tochter Raaberbahn Cargo GmbH in Wulkaprodersdorf haben zum 01.01.2011 die Geschäftstätigkeit aufgenommen. Dies geschah auf Grund des im Rahmen der Privatisierung der MÁV Cargo eingeleiteten Fusionskontrollverfahrens gefällten Bescheids der Generaldirektion Wettbewerb der Europäischen Union und gemäß

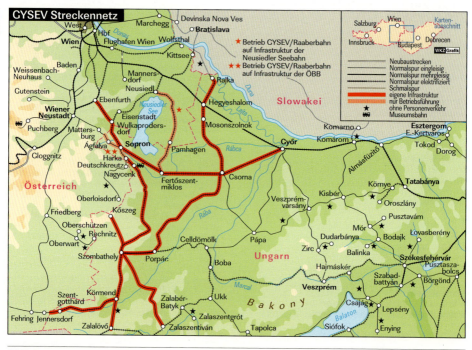

GYSEV / HR / KÁRPÁT Vasút / Közgép

der Zusage der Republik Ungarn beziehungsweise Österreich als Eigentümer der GYSEV.
E-Loks des Typs 1116 der GYSEV gelangen seit 14.12.2014 im Personenfernverkehr über Österreich bis München [DE].
Die kleineren Wartungen an Loks der GYSEV werden in Sopron ausgeführt. Größere Ausbesserungen an den eigenen und gemieteten Siemens-E-Loks übernimmt das Werk Linz der ÖBB-Technische Services GmbH.

Verkehre
* Personenverkehr auf eigener Infrastruktur sowie der Infrastruktur der Neusiedler Seebahn GmbH. In Kooperation mit der MÁV-Start und den ÖBB auch Leistungen außerhalb der GySEV-Infrastruktur

Hungarian Railway Kft. (HR)

Nyírpalota út 65.
HU-1157 Budapest

Management
* Gyöngyi Csilla Schubert (Geschäftsführerin)

Gesellschafter
Stammkapital 500.000,00 HUF
* Gyöngyi Csilla Schubert

Lizenzen
* HU: EVU-Zulassung (GV); gültig seit ???

Unternehmensgeschichte
Hungarian Railway Kft. (HR) wurde am 01.08.2013 gegründet. Über die Geschäftstätigkeiten lagen bei Redaktionsschluss noch keine Informationen vor.

KÁRPÁT Vasút Vasútüzemi Szolgáltató Kft. G

Virág utca 9.
HU-2737 Ceglédbercel

Verwaltung
Lehel út 11.
HU-1134 Budapest
Telefon: +36 1 890 1833
karpatvasut@karpatvasut.hu

Management
* Csaba Szentesi (Geschäftsführer)

Gesellschafter
Stammkapital 500.000,00 HUF
* Csaba Szentesi
* Ágota Szentesi
* Miklós Ónody

Lizenzen
* HU: EVU-Zulassung (GV); gültig seit 15.10.2009
* HU: Sicherheitszertifikat, Teil A+B (GV); gültig vom 29.04.2010 bis 30.04.2015

Unternehmensgeschichte
KÁRPÁT Vasút Vasútüzemi Szolgáltató Kft. [KÁRPÁT Eisenbahn Bahnbetriebsdienstleistungsgesellschaft mbH] wurde am 14.01.2008 in das Handelsregister eingetragen. Das Unternehmen wurde zunächst von vier Privatpersonen gehalten, aktuell sind Miklós Ónody sowie Csaba und Ágota Szentesi mit nahezu gleichen Anteilen an der Bahngesellschaft beteiligt. Das Unternehmen erbringt Traktionsleistungen im ungarischen Netz und grenzüberschreitend in sämtliche Nachbarländer. Infolge der Entwicklung der Gesellschaft und des Transportvolumens wurden im Oktober 2011 20 Lokführer beschäftigt. Im November 2012 hatte das Unternehmen 26 Mitarbeiter, darunter u.a. zwei Mechaniker.

Verkehre
* AZ-Verkehr
* Eisenerztransporte Linz (voestalpine AG) [AT] – Miskolc (BÉM); 1 x pro Woche Schubunterstützung in Ungarn im Auftrag der LTE Hungária Kft.

Közgép Építő- és Fémszerkezetgyártó Zrt. G

Haraszti út 44.
HU-1239 Budapest
Telefon: +36 1 2860322
Telefax: +36 1 2860324
info@kozgep.hu
www.kozgep.hu

Management
* Dr. Zsolt Nyerges
* Miklós Németh

Gesellschafter
Stammkapital 1.790.000.000,00 HUF

Lizenzen
* HU: EVU-Zulassung (GV); gültig seit 08.05.2014

Közgép / LTE Hungária

Unternehmensgeschichte
Die Vorgängergesellschaft der heutigen Baufirma Közgép wurde 1921 kurz nach Ende des 1. Weltkrieges gegründet, seither ist der Stahlbau Kerntätigkeit des zwischenzeitlich verstaatlichten Unternehmens. 1994 erfolgte die Gründung der heutigen Aktiengesellschaft. Jahrelang blieb Közgép ein mittelständisches Bauunternehmen, das konjunkturbedingt kein nennenswertes Wachstum verzeichnen konnte, sich aber als Partner bzw. Subunternehmer namhafter heimischer und internationaler Baufirmen im Hoch- und Tiefbau (insbesondere Autobahnbau) über Wasser hielt. Um das Jahr 2004 gelangte die Gesellschaft nach mehreren Besitzerwechseln unter die Kontrolle des derzeitigen Managements und zur Firmengruppe des Unternehmers Lajos Simicska. Letzterer gehört zum „Urgestein" der heutigen Regierungspartei Fidesz.

Verkehre
★ AZ-Verkehr

LTE Hungária Vasúti Árufuvarozó és Logisztikai Kft.
🇭

Október 23. u. 8-10
HU-1117 Budapest
Telefon: +36 1 8823526
Telefax: +36 1 8823501
info.hu@lte-group.eu
www.lte-group.eu

Betriebsstätte Győr
Hunyadi u. 14.
HU-9024 Győr

Management
★ Botond Varga (Geschäftsführer)
★ Ing. Mag. (FH) Andreas Mandl (Geschäftsführer)

Gesellschafter
Stammkapital 20.000,00 EUR
★ LTE Logistik- und Transport-GmbH (100 %)

Beteiligungen
★ LTE-Rail România S.R.L. (10 %)

Lizenzen
★ HU: EVU-Zulassung (GV); gültig seit 26.02.2014

Unternehmensgeschichte
Die LTE Hungária Vasúti Árufuvarozó és Logisztikai Kft. [LTE Hungária Bahnfracht- und Logistikgesellschaft mbH] als 100%-Tochter der in Graz ansässigen LTE Logistik- und Transport-GmbH wurde am 04.05.2009 in das Firmenregister des Gerichts Budapest eingetragen. Zuvor hatte die LTE in Ungarn mit der CER Közép-Európai Vasúti Árufuvarozási, Kereskedelmi és Szolgáltató Zrt. sowie der MMV Magyar Magánvasút Zrt. kooperiert. LTE Hungária dient als Repräsentanz und Abrechnungsgesellschaft und koordiniert seit März 2011 den Bahnbetrieb der LTE Logistik- und Transport-GmbH in Ungarn.
Auf LTE waren am 13.02.2015 folgende Loks in Ungarn zugelassen:
★ 3 x Siemens ES 64 U2
★ 2 x Siemens ES 64 U4
★ 4 x Siemens ES 64 F4
★ 5 x Siemens Vectron
★ 12 x Bombardier TRAXX
★ 3 x Siemens ER 20
★ 1 x BR 740
Fix in Ungarn stationiert waren davon je eine ES 64 F4, TRAXX sowie ER 20. Die Einsatzplanung der restlichen Maschinen findet in Graz bzw. Bratislava statt.
Im Oktober 2012 hatte LTE Hungária neun Mitarbeiter in Ungarn, im Februar 2015 waren es 29. Die Muttergesellschaft beschäftigte zu diesem Zeitpunkt in Ungarn weitere 17 Triebfahrzeugführer.

Verkehre
★ Getreide- und Pflanzenöltransporte von Ungarn und Serbien nach Nord-Italien; Spotverkehre; Traktion in Slowenien im Auftrag der LTE Logistik- und Transport-GmbH
★ Getreidetransport Ungarn – Italien; Spotverkehre seit September 2013 via Gyékényes [HR] oder Hodoš [SI] in Kooperation mit der Adria Transport organizacija in izvajanje železniških prevozov d.o.o.
★ Getreidetransporte Ungarn – Deutschland / Niederlande; Spotverkehre in Kooperation mit der LTE Logistik- und Transport-GmbH
★ Getreidetransporte Ungarn – Fokto (Glencore Grain Hungary Kft.); Spotverkehre seit Oktober 2012 im Auftrag der Glencore Grain Hungary Kft.; Traktion ab Kiskőrös durch DB Schenker Rail Hungária Kft.

LTE Hungária / MVÁ / MÁV FKG

* KV-Transporte Genk [BE] – Curtici [RO]; 4 x pro Woche Abwicklung zwischen Hegyeshalom und Curtici [RO] im Auftrag der Inter Ferry Boats N.V. (IFB) unter Nutzung von Loks der LTE und Rurtalbahn Cargo GmbH; 6 x pro Woche seit Januar 2015
* Pflanzenöltransporte Kiskőrös (Wagentausch mit DB Schenker Rail Hungária Kft.) – Tschechien / Deutschland / Rotterdam [NL] / Italien; Spotverkehre seit Juni 2012 im Auftrag der Glencore Grain Hungary Kft.; aktuell 3 x pro Woche
* Pkw-Transporte (Audi) Győr – Emden [DE] / Bremerhaven [DE]; 5-8 x pro Woche seit 01.10.2013 für die ARS Altmann AG; betriebliche Abwicklung in Ungarn im Auftrag der Rurtalbahn Cargo GmbH
* Pkw-Transporte (Mercedes) Kecskemét – Bremerhaven [DE]; 5-8 x pro Woche seit 06.05.2013 für die ARS Altmann AG; betriebliche Abwicklung in Ungarn im Auftrag der Rurtalbahn Cargo GmbH

Unternehmensgeschichte
Die Firma Magyar Vasúti Áruszállító Kft. [Ungarische Eisenbahn-Warentransportgesellschaft mbH] ist eine Gesellschaft mit 100 %igem ungarischen Eigentum, die unter neuem Namen, aber mit erfahrenen Mitarbeitern als Rechtsnachfolger einer am 21.02.2005 gegründeten GmbH ihre Tätigkeit im Jahre 2010 begonnen hat. Die Mitglieder und Angestellten der Gesellschaft verfügen über Erfahrungen auf dem Eisenbahn-Spediteurmarkt, da sie zuvor alle bei der staatlichen, dann bei privaten Eisenbahngesellschaften tätig waren. Hauptsächlicher Geschäftsinhalt des Unternehmens sind die Beförderung von Ganzzügen im Transit und Traktionsleistungen im AZ-Bereich. Für Streckeneinsätze wurde 2014 eine erste E-Lok beschafft.

Verkehre
* AZ-Verkehr
* Getreidetransporte

Magyar Vasúti Áruszállító Kft. (MVÁ) Ⓖ

Szoboszlói út 50.
HU-4031 Debrecen
Telefon: +36 52 501784
Telefax: +36 52 501785
mvakft@mvakft.hu
www.mvakft.hu

Management
* Ernő Csaba Filep (Geschäftsführer)

Gesellschafter
Stammkapital 9.100.000,00 HUF
* Ernő Csaba Filep
* Sándor Kiss

Lizenzen
* HU: EVU-Zulassung (GV); gültig seit 29.07.2010
* HU: Sicherheitszertifikat, Teil A+B (GV); gültig vom 16.08.2011 bis 31.05.2015

MÁV FKG Felépítménykarbantartó és Gépjavító Kft.

Jászladányi ut. 10
HU-5137 Jászkisér
Telefon: +36 57 450941
Telefax: +36 57 550230
titkarsag@mavfkgjk.hu
www.mavfkgjk.hu

Management
* Gábor Filó (Geschäftsführer)

Gesellschafter
Stammkapital 220.000.000,00 HUF
* MÁV Magyar Államvasutak Zrt. (100 %)

Lizenzen
* HU: EVU-Zulassung (GV); gültig seit 10.09.2008
* HU: Sicherheitszertifikat, Teil A (GV); gültig vom 16.11.2013 bis 15.11.2018

Unternehmensgeschichte
Die MÁV FKG Felépítménykarbantartó és Gépjavító Kft. [MÁV OWM Oberbauwartungs- und Maschinenwerkstatt-GmbH] geht auf ein 1949 gegründetes Unternehmen zurück, das 1968 in die Infrastruktursparte der damaligen Ungarischen Staatsbahnen (MÁV) eingegliedert wurde. In den 1970-er Jahren wurde auf den zeitgemäßen maschinellen Eisenbahnbau umgestellt, seit Mitte der 1980-er Jahre stellt das Unternehmen selbst Gleisbaumaschinen her.

MÁV FKG / MÁV

Per 01.01.1994 wurde die Firma wieder eigenständig, allerdings als hundertprozentige Tochter der MÁV und weiterhin in erster Linie für diese tätig. Die beiden Hauptgeschäftsfelder sind Gleisbau und Instandhaltung (derzeit v.a. Hauptstreckennetz der Regionen Budapest II, Debrecen und Szeged) sowie Fertigung, Wartung und Reparatur von Bahnbetriebsfahrzeugen, Oberleitungs- und Gleisbaumaschinen.
2009 hatte die Firma 786 Mitarbeiter.
Per 29.02.2012 wurde die MÁVGÉP Kft., eine andere MÁV-Tochterfirma mit fast identischem Profil, in die MÁV FKG eingegliedert.

MÁV Magyar Államvasutak Zrt.

Könyves Kálmán Krt. 54-60
HU-1087 Budapest
Telefon: +36 1 322-0660
Telefax: +36 1 342-8596
sajto@mav.hu
www.mav.hu

Management
* Ilona Dávid (Vorstandsvorsitzende, Generaldirektorin)
* László Pál (stellvertretender Generaldirektor Infrastrukturbetrieb und Geschäftsentwicklung)
* Erzsébet Bádonfai-Szikszay (stellvertretende Generaldirektorin für Wirtschaft, CFO)
* Piroska Vólentné-Sárvári (Leiterin Infrastrukturbetrieb)
* Attila Bánhidi-Nagy (stellvertretender Generaldirektor Personal)
* Zsolt Szalai (Direktor für Einkauf und Logistik)
* András Vidra (Direktor Informations-und Kommunikationsmanagement)
* Zoltán Dudás (Direktor Immobilienverwaltung)
* Dr. Mónika Szabó (Hauptabteilungsleiterin Interne Kontrolle)
* Katalin Morvai (Direktorin Kommunikation)
* Dr. Antal Kökényesi (Direktor Sicherheit)
* Enikő Ivett Simon (Direktorin Recht)
* Károly Tulik (Oberdirektor für Entwicklung und Investitionen)
* Ibolya Kádárné Golobics (Portfolioverwaltungsdirektorin)
* Éva Balogh (Direktorin Controlling)

Gesellschafter
Stammkapital 22.000.000,00 HUF
* Republik Ungarn (vertreten durch Magyar Nemzeti Vagyonkezelő MNV Zrt.) (100 %)

Beteiligungen
* MÁV FKG Felépítménykarbantartó és Gépjavító Kft. (100 %)
* MÁV Vagyonkezelő Zrt. (100 %)
* MÁV-START Vasúti Személyszállító Zrt. (100 %)
* MÁV Hídépítő Zrt. (100 %)
* MÁV KFV Kft. (100 %)
* MÁV Koncessziós Kft. (100 %)
* MÁV Utasellátó Zrt. (100 %)
* MÁVTI Kft. (100 %)
* Nemzeti Vasúti Pályaműködtető Zrt. (100 %)
* Resti Zrt. (100 %)
* ZÁHONY-PORT Záhonyi Logisztikai és Rakománykezelési Szolgáltató Zrt. (100 %)
* MÁV IK Kft. (99,85 %)
* MÁV Vasútőr Kft. (99,8 %)
* MÁV KERT Kft. (99,57 %)
* MÁV Szolgáltató Központ Zrt. (99,38 %)
* MÁV VAGON Kft. (90 %)
* MÁV NOSZTALGIA Idegenforgalmi, Kereskedelmi és Szolgáltató Kft. (MNOS) (57 %)
* VAMAV Kft. (50 %)
* MÁV-REC Kft. (49 %)
* MÁV THERMIT Kft. (35 %)
* EURO-METALL Kft. (34,99 %)
* MTMG Logisztikai Zrt. (25,12 %)
* Bombardier MÁV Kft. (25,1 %)
* MÁV VASJÁRMŰ Kft. (25 %)
* Vasútegészégügyi Szolgáltató Nonprofit Kiemelten Közhasznú Kft. (14,26 %)
* HIT Rail B.V. (9,52 %)
* NGF Nemzetközi Gazdaságfejlesztési Kht. f.a. (4,6 %)
* HUNGRAIL Magyar Vásuti Egyesülés v.a. (4,55 %)
* Bureau Central de Clearing s.c.r.l. (BCC) (1,36 %)
* EUROFIMA Europäische Gesellschaft für die Finanzierung von Eisenbahnmaterial AG (0,7 %)
* Út-és Pályaépítö Rt. f.a. (0,2 %)
* Normon-Tool Kft. (0,04 %)

Infrastruktur
* MÁV-Netz (7.183 km, davon 2.659 km mit 25 kV 50 Hz elektrifiziert.)

Unternehmensgeschichte
Bald nach dem Ausgleich mit Österreich 1867 entstand am 01.07.1868 die ungarische Staatsbahn MÁV, die am 10.12.1868 den Betrieb der bankrott gegangenen Magyar Északi Vasút (MÉV, Ungarische Nordbahn) auf deren 126 km langer Strecke Pest – Fülek – Losonc übernahm. Nächste, am 01.02.1876 verstaatlichte Gesellschaft war die Magyar Keleti Vasúttársaság (MKV, Ungarische Ostbahn) mit ihrem 603 km langen in Siebenbürgen gelegenen Netz.

MÁV / MNOS

Das Nebeneinander von MÁV und Privatbahnen bestand zwar noch lange fort, doch schritt gleichwohl die Verstaatlichung voran; teils, indem die Gesellschaften die Betriebsführung der Staatsbahn übertrugen, teils mit kompletter Übernahme durch diese, was besonders durch Gábor Baross, ab 1886 Verkehrsminister, vorangetrieben wurde. So wurden allein zwischen 1889 und 1891 sechs teils große Bahngesellschaften mit einer Gesamtnetzlänge von 2.334 km verstaatlicht. Weitere, fast 100 Gesellschaften folgten 1894, doch war die Verstaatlichung erst 1932 abgeschlossen; eine Ausnahme bildet bis heute die österreichisch-ungarische GYSEV Győr-Sopron-Ebenfurti Vasút Zrt. (Raaberbahn). Groß waren die Verluste an Ausrüstung und Rollmaterial nach dem Zusammenbruch der Doppelmonarchie 1918: Von den 4.982 Loks verblieben 1.666 bei der MÁV und von den 102.000 Güterwagen 27.000, davon nur 13.000 funktionstüchtig. 1924 wurden die ersten neuentwickelten 2'D-Schlepptenderlokomotiven der Reihe 424 geliefert, die wegen ihrer gelungenen Konstruktion rasch zum MÁV-Aushängeschild wurden. Ab 1928 gingen erste Dieseltriebwagen in Betrieb, mit denen bereits 1935 57 % des Nebenbahnnetzes bedient wurden. In den Dreißiger Jahren machten zudem die „Árpád"-Schienenbusse von sich reden, die mit 112 km/h Höchstgeschwindigkeit Budapest und Wien verbanden. Der Zweite Weltkrieg brachte neben umfangreichen Infrastrukturschäden so schwere Verluste beim Triebfahrzeugbestand, dass nach 1945 510 amerikanische Kriegslokomotiven der Class S160 gekauft wurden, welche die Baureihennummer 411 erhielten. Am 15.03.1949 wurde die MÁV in die staatliche Verwaltung der Volksrepublik Ungarn integriert und dem Verkehrsministerium unterstellt. Nachdem 1958 der Dampflokbau eingestellt, erfolgte ab ca. 1960 die Traktionsumstellung schwerpunktmäßig mit einem Verdieselungsprogramm. 1965 erreichte die Zahl der beförderten Fahrgäste mit 405,6 Mio. ihr Maximum. Im September 1983 schied die letzte Dampflok aus dem Planbetrieb. Am 30.06.1993 wurde das Unternehmen in die zu 100 % in Staatsbesitz befindliche Aktiengesellschaft Magyar Államvasutak Részvénytársaság (MÁV Rt.) umgewandelt. Nach der Jahrtausendwende begann die Transformierung zur heutigen Unternehmensgruppe. Dazu wurde am 01.09.2005 die MÁV Rt. in die als geschlossene AG betriebene Magyar Államvasutak Zártkörűen Működő Részvénytársaság (MÁV Zrt.) als Dachgesellschaft umgewandelt. Als erstes gliederte man am 01.01.2006 die MÁV-Gütersparte in die Tochtergesellschaft MÁV Cargo Zrt. aus, die Ende 2007 verkauft wurde, heute zu 95 % von der Rail Cargo Austria Aktiengesellschaft (RCA) gehalten wird und 2010 in Rail Cargo Hungaria Zrt. (RCH) umfirmierte. Die Personenverkehrssparte wurde am 01.07.2007 dem Tochterunternehmen MÁV-START Zrt. übertragen, womit die MÁV selbst kein Transportunternehmen mehr war.

Traktionsdienstleistungen und Fahrzeugwartung wurden zunächst in die am 01.01.2008 gegründeten Tochtergesellschaften MÁV-TRAKCIÓ sowie MÁV-GÉPÉSZET ausgelagert und zum 01.01.2014 auf die MÁV-START fusioniert.
Der Geschäftsbereich Infrastruktur verblieb vorerst beim Mutterunternehmen, wie auch die Organisationen der Hintergrunddienstleistungen (Beschaffung, Finanzen, HR, Immobilienverwaltung und Sicherheitsdienstleistungen usw.). Per 01.04.2013 kam es zur formellen Ausgründung der Nationalen Eisenbahninfrastruktur-Betriebsgesellschaft Nemzeti Vasúti Pályaműködtető (NVP) Zrt., die u. a. aufgrund der Auflagen verschiedener Banken die Tätigkeit noch nicht aufnehmen konnte. Bis auf weiteres verbleibt die Infrastruktur deshalb bei der MÁV Zrt.; inwieweit es tatsächlich zu einer Separation kommt, bleibt abzuwarten.
Durch Umwandlung der MÁV Informatika in die MÁV Szolgáltató Központ Zrt. [MÁV Dienstleistungszentrum AG] wurden die meisten Hintergrunddienstleistungen per 01.06.2013 aus der MÁV ausgegliedert, die schrittweise zu einer schlanken Holdinggesellschaft umfunktioniert wird. 2009 beschäftigte die MÁV Zrt. 19.868, per 30.06.2012 18.479 Mitarbeiter. Auf dem Netz wurden 2011 84,58 Mio. Zugkm im Personenverkehr und 14,76 Mio. Zugkm im Güterverkehr erbracht. 2013 (Vorjahresangaben in Klammern) erzielte die MÁV bei einem Umsatz von 167,3 (163,0) Mrd. HUF ein Nettoergebnis von 399 Mio. (-6,5 Mrd.) HUF.

MÁV NOSZTALGIA Idegenforgalmi, Kereskedelmi és Szolgáltató Kft. (MNOS)

Tatai út 95.
HU-1142 Budapest
Telefon: +36 1 238-0558
Telefax: +36 1 238-0559
utazas@mavnosztalgia.hu
www.mavnosztalgia.hu

Management
* Norbert Svéd (Geschäftsführerder Direktor)
* Erzsébet Juhász (Allgemeine Direktorin)
* Margit Mihalek (Betriebswirtschaftliche Direktorin)
* Marcella Beke (Vertriebsdirektorin)

Gesellschafter
Stammkapital 10.000.000,00 HUF
* MÁV Magyar Államvasutak Zrt. (57 %)
* INTERTRAVERZ Zrt.
* Andor Németh
* András Szendrey

MNOS / MÁV-START

Lizenzen
* HU: EVU-Zulassung (GV); gültig seit 28.07.2008
* HU: EVU-Zulassung (PV); gültig seit 01.03.2007
* HU: Sicherheitszertifikat, Teil A (PV+GV); gültig vom 01.12.2014 bis 30.11.2019

Unternehmensgeschichte
Die MÁV NOSZTALGIA Idegenforgalmi, Kereskedelmi és Szolgáltató Kft. [MÁV NOSTALGIE Fremdenverkehrs-, Handels- und Dienstleistungsgesellschaft mbH] wurde am 18.12.1992 gegründet, um eine eigene Organsationseinheit für Museumsfahrzeuge und Nostalgiefahrten zu schaffen. Im Jahr 2000 wurde der Eisenbahnhistorische Park im ehemaligen Heizhaus Budapest Nord eröffnet.
Seit dem Jahr 2008 verfügt das Unternehmen über eine EVU-Zulassung, mit der Nostalgie- und Überstellfahrten abgewickelt werden. Auch werden regelmäßig Leistungen im Bauzugdienst und gelegentlich diverse Traktionsleistungen im Güterverkehr erbracht.

MÁV-START Vasúti Személyszállító Zrt. ℗

Könyves Kálmán körút 54-60
HU-1087 Budapest
Telefon: +36 1 511-3263
informacio@mav-start.hu
www.mav-start.hu

Management
* Dr. György Zaránd (Generaldirektor)
* Márton Feldmann (stellvertretender Generaldirektor Vertrieb)
* Tímea Schiszler (stellvertretende Generaldirektorin)
* András Csépke (stellvertretender Generaldirektor Betrieb)
* Miklós Jókai (CFO)
* Norbert Támis (Direktor Beschaffung)
* Éva Dorozsmai (Personaldirektorin)

Gesellschafter
Stammkapital 10.000.000.000,00 HUF
* MÁV Magyar Államvasutak Zrt. (100 %)

Beteiligungen
* HUNGRAIL Magyar Vásuti Egyesülés v.a. (4,55 %)
* MÁV Szolgáltató Központ Zrt. (0,13 %)
* MÁV Vasútőr Kft. (0,05 %)

* MÁV IK Kft. (0,03 %)

Lizenzen
* HU: EVU-Zulassung (PV); gültig seit 30.06.2007
* HU: Sicherheitszertifikat, Teil A+B (PV+GV); gültig vom 01.07.2010 bis 30.06.2015

Unternehmensgeschichte
Die MÁV-START Vasúti Személyszállító Zrt. (MÁV-START Eisenbahn-Personenverkehrs-AG) zeichnet innerhalb der MÁV-Gruppe für die Sparte Personenverkehr verantwortlich. MÁV-START wurde im Zuge der Umwandlung der Staatsbahn MÁV in eine Unternehmensgruppe als hundertprozentiges Tochterunternehmen der Holdinggesellschaft MÁV Zrt. am 15.10.2006 mit einem Kapital von 62 Mrd. HUF sowie mit einem Personalbestand von mehr als 7.000 Arbeitnehmern gegründet und nahm am 01.07.2007 den operativen Betrieb auf. Derzeit verfügt die Gesellschaft über einen Fuhrpark von 3.227 Trieb- und Reisezugwagen, deren Durchschnittsalter fast 30 Jahre beträgt, wobei der Großteil entweder älter als 35 oder jünger als fünf Jahre ist. Mit der Traktion der lokbespannten Züge war bis zur Fusion die MÁV-TRAKCIÓ Zrt. beauftragt. Fahrplanmäßige Verkehrsleistungen werden auf Basis eines Vertrages mit dem Staat über gemeinnützige Dienstleistungen erbracht. 2011 konnte MÁV-START erstmals seit der Wende deutliche Fahrgastzuwächse verzeichnen. 2012 gab es nach einer drastischen Auslichtung der SPNV-Leistungen immer noch einen minimalen Zuwachs, wobei im inländischen und internationalen Verkehr auf den qualitativ hochwertigeren, mit Taktverkehren bedienten Verbindungen ein herausragendes Wachstum und auf ausgelichteten, nicht vertakteten, mit altem Rollmaterial bedienten Strecken zumeist wieder Rückgänge hingenommen werden mussten. 2011 hatte das Unternehmen 7.155 Mitarbeiter und beförderte 110,487 Mio. Reisende mit einer Verkehrsleistung von 5,559 Mrd. Pkm.
Zum 01.01.2014 übernahm MÁV-START auch die Geschäfte der Konzernunternehmen MÁV-TRAKCIÓ (Lokvermietung) und MÁV-GÉPÉSZET (Instandhaltung). Die vormalige MÁV-TRAKCIÓ Vasúti Vontatási Zrt. [MÁV-TRAKTION Bahntraktions-AG] zeichnete innerhalb der MÁV-Gruppe seit 2007 für die Gestellung der Triebfahrzeuge sowie die damit verbundenen Zugförderungs- und Rangierleistungen verantwortlich. Lokomotiven und Traktionsdienstleistungen wurden auch an Drittunternehmen wie zum Beispiel die Rail Cargo Hungaria Zrt. (RCH) vermietet. Bahnbetriebswerke befinden sich in Budapest, Szombathely, Pécs, Szeged, Debrecen und Miskolc. 2012 hatte das Unternehmen einen Umsatz von 70 Mrd. HUF gemacht und beschäftigte 3.954 Mitarbeiter. Zum 01.01.2008 wurde der Werkstattbereich der MÁV in die MÁV-GÉPÉSZET Vasútijármű Fenntartó és Javító Zrt. [MÁV-WERKSTÄTTEN

MÁV-START / MMV

Bahnfahrzeugunterhaltungs- und Reparatur-AG] ausgegliedert. Insgesamt 5.100 Mitarbeiter arbeiteten zuletzt in den Werkstattbetrieben. Bei der Bildung der MÁV-GÉPÉSZET waren etliche Standorte aufgegeben und die Lok- und Waggon-Revisionskapazitäten in Szolnok zusammengezogen worden. Als neuer Geschäftszweig wurde der Waggonbau initiiert. Die letzte Entscheidung zur Serienfertigung der IC+Waggons - zwei Prototypen stehen bereits im Einsatz - stand bei Redaktionsschluss noch aus.
2013 (Vorjahresangaben in Klammern) erzielte die MÁV-START bei einem Umsatz von 76,6 (72,6) Mrd. HUF ein Nettoergebnis von 133 Mio. (2,4 Mrd.) HUF. Mit Stand vom 31.12.2014 hatte das Unternehmen 14.271 Mitarbeiter.

MMV Magyar Magánvasút Zrt.
G

Kerék utca 80.
HU-1035 Budapest
Telefon: +36 1 8155350
Telefax: +36 1 8155399
mmv@mmv.hu
www.mmv.hu

Management
* Éva Ilona Tamás-Vadnai (Generaldirektorin)
* Imre Siska (Betriebsdirektor)

Gesellschafter
Stammkapital 50.000.000,00 HUF
* Petrolsped Szállítmányozási Kft. (100 %)

Lizenzen
* AT: Sicherheitszertifikat, Teil B (GV); gültig vom 19.11.2014 bis 30.09.2017
* HU: EVU-Zulassung (GV) seit 28.06.2007
* HU: Sicherheitszertifikat, Teil A+B (GV); gültig vom 01.10.2012 bis 30.09.2017
* SK: Sicherheitszertifikat, Teil B (GV); gültig vom 15.02.2013 bis 30.09.2017

Unternehmensgeschichte
Die MMV Magyar Magánvasút Zrt. [MMV Ungarische Privatbahn AG] wurde am 01.12.2003 gegründet und hat als einer der ersten ungarischen Privatbahnen am 01.05.2004 den Betrieb aufgenommen. Nachdem 2006 eine Jahrestonnage von 0,82 Mio. t erreicht worden war, überschritt man im Folgejahr mit 1,13 Mio. t die Millionengrenze. In den folgenden Jahren entwickelte sich Einnahmen und Frachtvolumen wie folgt:
* 2008: 3,9 Mrd. HUF; 1,277 Mio. t
* 2009: 4,6 Mrd. HUF; 1,098 Mio. t
* 2010: 4,3 Mrd. HUF; 1,054 Mio. t
* 2011: 4,0 Mrd. HUF; 1,863 Mio. t
* 2012: 4,1 Mrd. HUF; 2,152 Mio. t
* 2013: 5,5 Mrd. HUF; 2,2 Mio. t
* 2014: 6,0 Mrd. HUF; 2,272 Mio. t

Somit ist die MMV die größte Privatbahn in Ungarn nach den (mehrheitlich) staatlichen Unternehmen Rail Cargo Hungaria (RCH) und GYSEV. Hauptsegment ist der Transport von Massengütern mit Ganzzügen.
Die MMV befindet sich seit 01.01.2015 komplett in ungarischer Hand. Der bisherige 50 %-Eigentümer Petrolsped – das Unternehmen wird von ungarischen Privatpersonen gehalten – hat die Anteile der Optifin Invest aus Bratislava übernommen.

Verkehre
* Flüssiggastransporte Kasachstan – verschiedene Ziele in Europa; Traktion im Transit durch Ungarn
* Getreidetransporte Ungarn (diverse Ladeorte) – Cassano Spinola (Roquette Italia S.p.A.) [IT]; 3 x pro Woche seit 21.10.2014 im Auftrag der HSL Logistik GmbH bis Hodoš (Übergabe an SŽ – Tovorni promet, d.o.o.) [SI]
* Kokstransporte Polen – Galați (ArcelorMittal Galați SA) [RO]; seit Juni 2013 Traktion in Ungarn (Übernahme von Express Group, a.s. als Auftraggeber)
* Kupferanodentransporte Pirdop [BG] – Hamburg [DE] / – Lünen [DE] / – Olen [BE]; seit Oktober 2012 betriebliche Abwicklung in Ungarn in Kooperation mit der LTE Logistik- und Transport GmbH im Auftrag der VTG Rail Logistics Deutschland GmbH / Transpetrol GmbH Internationale Eisenbahnspedition für die Aurubis AG
* Zementtransporte Bükkösd (Steinbruch) – Királyegyháza (LAFARGE Cement Magyarország Kft.)
* Öltransporte aus und nach Rumänien

MOL / MTMG

MOL Magyar Olaj és Gázipari Nyilvánosan Működő Részvénytársaság

Október huszonharmadika utca 18.
HU-1117 Budapest
Telefon: +36 1 209 0000
www.mol.hu

Eisenbahnbetrieb
Olajmunkás utca 2.
HU-2440 Százhalombatta

Management
★ Zsolt Tamás Hernádi (CEO)

Gesellschafter
Stammkapital 104.519.063.578,00
★ MNV Zrt. [Ungarische Nationale Vermögensverwaltung AG] (24,74 %)
★ Ausländische Investoren (v. a. institutionell) (19,8 %)
★ CEZ MH B.V. (7,35 %)
★ OmanOil (Budapest) Ltd. (7 %)
★ Ungarische institutionelle Investoren (6,15 %)
★ OTP Bank plc (5,89 %)
★ Magnolia Finance Ltd. (5,75 %)
★ Streubesitz (5,55 %)
★ ING Bank N.V. (4,99 %)
★ UniCredit Bank AG (3,9 %)
★ Crescent Petroleum (3,02 %)
★ MOL Invest Kft. (2,72 %)
★ Credit Agricole (2,04 %)
★ Dana Gas PJSC (1,09 %)

Lizenzen
★ HU: Sicherheitszertifikat, Teil A (GV); gültig vom 01.04.2012 bis 31.03.2017

Unternehmensgeschichte
Die 1991 gegründete MOL Magyar Olaj- és Gázipari Részvénytársaság [MOL Ungarische Öl- und Gasindustrie-Aktiengesellschaft] ist Rechtsnachfolgerin der „Nationalen Öl- und Gas-Treuhand" und weiterenstaatlichen Unternehmungen im BereichderFörderung, Verarbeitung und des Transports von sowie des Handels mit fossilen Energieträgern. Die Integration dauerte bis 1995 und danach begann die damalige Staatsholding APV Rt. mit der Privatisierung im Weg der Notierung an der Budapester Börse, 1998 waren 75% der Aktien in Privatbesitz. Im Jahr 2007 verkaufte APV auch noch ihre restlichen 11,78% über die Börse. Im Jahr danach versuchte die österreichische OMV die Kontrolle über MOL zu erlangen, was jedoch von MOL mit Unterstützung „befreundeter Unternehmen" abgewendet wurde. SchließlichtratOMV 2009 seinen Anteil von 20,2 % an die russische Surgutneftegas ab, der dann 2011 auf Bestreben der Regierung Orbán II. wieder in Staatsbesitz überging.
Im ersten anderthalb Jahrzehnten des 21. Jahrhunderts entwickelte sich das Unternehmen zu einem bedeutenden multinationalen Unternehmen Mitteleuropas, das heute mit rund 30.000 Angestellten in über 40 Ländern tätig ist. Wichtigere Akquisitionen der integrierten, unabhängigen Unternehmensgruppe: Slovnaft (2002), INA (2003-2009), Nordsee-Engagement (2013), Eni-Tochterfirmen in Tschechien, der Slowakei und Rumänien (2014). MOL verfügt über vier Raffinerien und zwei petrochemische Werke, Forschungs- und Förderunternehmungen, und Joint Ventures in mehreren bedeutenden Ölgebieten Europas, Asiens und Afrikas, und betreibt über 1.700 Tankstellen in 11 Ländern Mittel- und Südosteuropas.
Tochterunternehmen der MOL Nyrt und Unternehmen der MOL-Gruppe mit bedeutendem Bahnfrachtaufkommen sind die Tiszai Vegyi Kombinát Nyrt. (TVK), Slovnaft a.s. sowie INA d.d.

MTMG Logisztikai Zrt. G

Logodi utca 34/a
HU-1012 Budapest
Telefon: +36 1 2247676
Telefax: +36 1 2247679

Eisenbahnbetrieb
Kikötő 1,.em.
HU-9071 Győr-Gönyű
Telefon: +36 96 544300
Telefax: +36 96 544302
info@mtmgzrt.com
www.mtmgzrt.com

MTMG / ÖKO EXPRESSZ Cargo / RCC

Management
* István Kalmár (Generaldirektor)

Gesellschafter
Stammkapital 40.000.000,00 HUF
* MÁV Magyar Államvasutak Zrt. (25,12 %)
* G.Transport 96 Kft.
* MAL - Magyar Alumínium Termelő és Kereskedelmi Zrt.
* LOK-SZER Ipari Szolgáltató és Kereskedelmi Kft.
* En-Dustry Tanácsadó Kft.

Lizenzen
* HU: EVU-Zulassung (GV); gültig seit 25.05.2009

Unternehmensgeschichte
Die MTMG Logisztikai Zrt. wurde 2005 mit dem Ziel gegründet, den Eisenbahnanschluss des als staatliche Investition ausgebauten Donauhafens Győr-Gönyű sicherzustellen. Der Bahnbetrieb wurde jedoch erst 2013 aufgenommen, man fährt mit einer Museumslok v.a. Züge des Retrack-Wagengruppensystems der Transpetrol GmbH Internationale Eisenbahnspedition.
Gesellschafter der MTMG sind heute:
* En-Dustry Kft.
* G.Transport 96 Kft., eine private Spedition
* der Lokvermieter und Rangierdienstleister LOK-SZER Ipari Szolgáltató és Kereskedelmi Kft.
* MAL - Magyar Alumínium Termelő és Kereskedelmi Zrt., eine 2010 wieder verstaatlichte Aluminium-Produktions- und Handelsgesellschaft mit Sitz in Ajka
* die Staatsbahn MÁV
Zu früheren Zeitpunkten war mit der Nitrokémia ZRt. auch ein staatlicher Chemiebetrieb und Betreiber des Industrieparks Fűzfő sowie die Tatai Környezetvédelmi ZRt. (TKV), tätig in der Kompostierung, Umweltsanierung und Rekultivierung, an der MTMG beteiligt.
Aktuell verfügt das Unternehmen über kein gültiges Sicherheitszertifikat.

Verkehre
* Acrylnitriltransporte Hegyeshalom (Übernahme von LTE Logistik- und Transport-GmbH) – Nyergesújfalu; 1 x pro Woche seit 2013 im Auftrag der Transpetrol GmbH Internationale Eisenbahnspedition
* Getreidetransporte Hegyeshalom (Übernahme von LTE Logistik- und Transport-GmbH) – Nyergesújfalu (Zoltek Zrt.); 1 x pro Woche seit 2013 im Auftrag der Transpetrol GmbH Internationale Eisenbahnspedition
* Gütertransporte Hegyeshalom (Übernahme von LTE Logistik- und Transport-GmbH) – Pétfürdő Gyártelep; Spotverkehr seit 2014 im Auftrag der Transpetrol GmbH Internationale Eisenbahnspedition

ÖKO EXPRESSZ Cargo Kft.

Akácfa utca 64.
HU-3292 Adács
Telefon: +36 29 744467
Telefax: +36 29 744467
info@okoexpresszcargo.hu
www.okoexpresszcargo.hu

Management
* József Varró (jun.) (Geschäftsführer)

Gesellschafter
Stammkapital 3.000.000,00 HUF
* Dr. Péter Práczki
* Olga Tyihomirova
* Eliane Marie Pickermann
* József Varró (jun.)

Lizenzen
* HU: EVU-Zulassung (GV); gültig seit 04.08.2014

Unternehmensgeschichte
Die ÖKO EXPRESSZ Cargo Kft. wurde am 04.02.2014 gegründet, Geschäftsführer ist József Varró junior, Sohn eines MÁV-Eisenbahners, der ein Familienunternehmen im Bereich Straßenfracht und Spedition gründete. Laut Homepage ist das Unternehmen insbesondere im Kombinierten Verkehr aktiv, was eine entsprechende Spezialisierung des im Aufbau begriffenen EVUs nahelegt. Hervorgehoben wird die Relation Budapest – Duisburg [DE]. Über eine konkrete Geschäftstätigkeit wollte die Firma bis Redaktionsschluss keine Informationen abgeben.

Rail Cargo Carrier Kft. (RCC) G

Váci út 92.
HU-1133 Budapest
Telefon: +36 1 334-1174
office.hu@railcargocarrier.com
www.railcargocarrier.com

Management
* Dr. Imre Kovács (Geschäftsführer)
* Sebastian Sperker (Geschäftsführer)

Gesellschafter
Stammkapital 1.434.350.000,00 HUF
* Rail Cargo Austria AG (RCA) (100 %)

RCC / RCH

Beteiligungen
- Rail Cargo Carrier d.o.o. (100 %)
- S.C. Rail Cargo Carrier - România S.R.L. (RCC România) (100 %)
- Rail Cargo Carrier Bulgaria E.O.O.D. (100 %)
- Rail Cargo Carrier-Croatia d.o.o. (100 %)
- Rail Cargo Carrier - Czech Republic s.r.o. (100 %)
- Rail Cargo Carrier - Italy S.r.l. (RCI) (100 %)
- Rail Cargo Carrier - Slovakia s.r.o. (100 %)
- Railport Arad S.R.L. (33 %)

Lizenzen
- HR: Sicherheitszertifikat, Teil B (GV); gültig vom 15.12.2014 bis 15.12.2015
- HU: EVU-Lizenz (GV), gültig seit 21.03.2013
- HU: Sicherheitszertifikat, Teil A+B (GV); gültig vom 16.12.2014 bis 15.12.2019

Unternehmensgeschichte
Das Unternehmen, dessen voller Name Rail Cargo Carrier Nemzetközi Árufuvarozási Kft. [Rail Cargo Carrier Internationale Güterbeförderungsgesellschaft mbH] lautet, ist Rechtsnachfolger der Gesellschaft Rail Service Hungaria. Rail Cargo Carrier ist der internationale Produktionsarm der Rail Cargo Group und stellt mit einem internationalen Produktionsnetzwerk die Qualität auf der gesamten Logistik- und Transportkette sicher. RCC bündelt Produktionseinheiten in Bulgarien, Rumänien, der Slowakei, Tschechien und Ungarn. Der Fokus liegt dabei auf Ganzzugprodukten in Zentral- und Süd-Ost-Europa.
Neben der grenzübergreifenden Traktionierung ist der Betrieb von Anschlussbahnen ein weiteres Geschäftsfeld der RCC. Das Unternehmen übernimmt u.a. im Containerterminal Budapest BILK seit 2009 Rangerdienstleistungen, seit April 2013 mit eigenen Lokomotiven und eigenem Personal.
Die ursprüngliche Gesellschaft wurde am 15.11.1996 unter dem Namen MÁV Kombiterminál Szervezési, Fejlesztési és Üzemeltetési Kft. als hundertprozentige Tochter der seinerzeitigen Staatsbahn MÁV Rt. in erster Linie zum Betrieb von Containerterminals gegründet. Wegen geänderter Kundenanforderungen und Marktverhältnisse wurde dies immer weniger rentabel, so dass einige Anlagen wie die in Pécs und Szombathely geschlossen werden mussten. Im Gegenzug gab man den Schienenlogistikleistungen zunehmend Raum. Der Wechsel der Firmierung in Rail Service Hungaria Kft. (RSH) erfolgte am 15.04.2010 nach Übernahme durch die jetzige Muttergesellschaft. Zum 06.02.2013 erfolgte die Umfirmierung der RSH in Rail Cargo Carrier Kft. (RCC).
Für Kroatien verfügt die RCA-Gruppe bisher nur über eine E-Lok (1216 147).

Rail Cargo Hungaria Zrt. (RCH)
G

Váci út 92
HU-1133 Budapest
Telefon: +36 1 512-7300
Telefax: +36 1 512-7799
cargo@railcargo.hu
www.railcargo.hu

Management
- Dr. Imre Kovács (CEO, Vorstandsvorsitzender)
- Nathan Zielke (CFO)

Gesellschafter
Stammkapital 16.311.215.000,00 HUF
- Rail Cargo Austria AG (RCA) (100 %)

Beteiligungen
- Agrochimtranspack Kft. (30 %)

Lizenzen
- HU: EVU-Zulassung (GV) seit 03.07.2007
- HU: Sicherheitszertifikat, Teil A+B (GV); gültig vom 01.03.2011 bis 29.02.2016

Unternehmensgeschichte
Als Mitglied der Rail Cargo Group gehört die Rail Cargo Hungaria Zrt. (RCH) zu einem der führenden Eisenbahngüterverkehrsunternehmen Europas. Die Gesellschaft geht auf die Güterverkehrssparte der Ungarischen Staatsbahnen zurück, die 2006 als MÁV Cargo Zrt. ausgegliedert und 2007 von Rail Cargo Austria AG (RCA) erworben wurde. Ende 2008 genehmigte die EU-Kartellbehörde die Transaktion, nachdem sich die GYSEV / Raaberbahn aus dem ursprünglichen Bieterkonsortium zurückzog und Beteiligungen abgab.
Das Unternehmen RCH befördert jährlich mehr als 100.000 Züge und etwa 35 Mio. t Güter (2012: 33,54 Mio. t, davon 2,36 Mio. t UKV und 0,9 Mio. t RoLa-Verkehre im Auftrag von Hungarokombi). 2013 hatte RCH auf Basis der Tonnenkilometer einen Marktanteil in Ungarn von 67,4 %.
Nach Aufbau der eigenen Traktionskapazität wird der größere Teil der Beförderungsaufgaben mit der eigenen Triebfahrzeugflotte erfüllt, doch werden weiterhin im großen Umfang Leistungen von MÁV-TRAKCIÓ / MÁV-START zugekauft, wozu ein bis 2016 gültiger Rahmenvertrag besteht.
RCH beschäftigt eigene Triebfahrzeugführer und mietet Loks von ÖBB Produktion. In den letzten Jahren wurden die Voraussetzungen dafür geschaffen, dass RCH-Lokführer ohne Ablösung

RCH / STRABAG Vasútépítő / Swietelsky / TH

Verkehre über den Grenzübergang Hegyeshalom nach Österreich fahren können.

STRABAG Vasútépítő Kft.

Gábor Dénes utca 2.
HU-1117 Budapest
Telefon: +36 63 311-974
Telefax: +36 63 316-269
vasutepites@strabag.com

Management
* Péter Majdajk (Geschäftsführer)
* Attila Rácz (Geschäftsführer)

Gesellschafter
Stammkapital 500.000,00 HUF
* STRABAG SE (100 %)

Lizenzen
* HU: EVU-Zulassung (GV); gültig seit 29.01.2014
* HU: Sicherheitszertifikat, Teil A+B (GV); gültig vom 01.03.2014 bis 28.02.2019

Unternehmensgeschichte
Die STRABAG Vasútépítő Kft. [STRABAG Eisenbahnbau GmbH] ist das ungarische Bahnbau-Unternehmen des STRABAG Konzerns und übernahm die Tätigkeit des bisherigen Tochterunternehmens Szentesi Vasútépítő Kft. Dank dem finanziellen Hintergrund des Konzerns und modernen, leistungsstarken Gleisbaumaschinen kann STRABAG alle spezifischen und komplexen Anforderungen des Bahnbaus erfüllen. Die Firma Szentesi Vasútépítő Kft. war Jahrzehnte lang praktisch an allen wichtigen Eisenbahnprojekten beteiligt. Auch als STRABAG-Tochterunternehmen arbeitete man in ganz Ungarn, von Szombathely (100 km Streckenausbau für GYSEV) bis Záhony (Entwicklung des Breitspurbahnnetzes am Osttor Ungarns). Die NIF Zrt. [Nationale Infrastruktur-Entwicklungs-AG] und die GYSEV sind Auftraggeber für die großen Modernisierungsprojekte mit EU-Finanzierung. MÁV und GYSEV erteilen STRABAG Aufträge für Gleiserhaltungsarbeiten am staatlichen, öffentlich zugänglichem Netz. Die Szentesi Vasútépítő Kft. führte auch Erneuerungsarbeiten an den Trassen mit Schotteroberbau für die Budapester Verkehrsbetriebe BKV aus (HÉV-Schnellbahn und Straßenbahn). Ein weiteres wichtiges Geschäftsfeld sind private Investitionen wie z.B. Gleisanschlüsse für Opel und NOSTRA Cement.

Swietelsky Vasúttechnika Kft. G

Nagy Sándor tér 14.
HU-9500 Celldömölk
Telefon: +36 95 420026
Telefax: +36 95 420067
vasuttechnika@vasuttechnika.hu

Management
* Péter Gál (Geschäftsführer)
* Zsolt Homlok (Geschäftsführer)

Gesellschafter
Stammkapital 500.000,00 HUF
* Swietelsky Baugesellschaft m.b.H. (100 %)

Lizenzen
* HU: EVU-Zulassung (GV); gültig seit 03.04.2013
* HU: Sicherheitszertifikat, Teil A+B (GV); gültig vom 16.08.2013 bis 15.08.2018

Unternehmensgeschichte
Das ungarische Tochterunternehmen des österreichischen Baukonzerns Swietelsky ist im Hoch- und Tiefbau vor allem im Bereich Eisenbahnbau tätig (Erneuerung, Bauausführung, Projektabwicklung). Im ersten vollen Geschäftsjahr 2010 waren 146 Vollzeit-Mitarbeiter beschäftigt, der Umsatz aus dem Eisenbahnbau belief sich auf knapp 7 Mrd. HUF. Neben deren Firmensitz in Celldömölk verfügt Swietelsky Vasúttechnika über Standorte in Budapest und Miskolc, von wo aus schwerpunktmäßig die jeweiligen Gebiete betreut werden. Die Gesellschaft beteiligte sich in jüngster Vergangenheit erfolgreich an mehreren Bietergemeinschaften und arbeitet in der Folge im Rahmen der einträglichen Korridorprojekte v.a. gemeinsam mit Strabag Vasútépítő, Közgép und Wiebe-Tochter Vasútépítők.

Verkehre
* AZ-Verkehr

Train Hungary Magánvasút Ipari, Kereskedelmi és Szolgáltató Kft. (TH) G

Könyves Kálmán körút 12-14.
HU-1097 Budapest
Telefon: +36 1 210-9190
Telefax: +36 1 210-9191
trainhungary@trainhungary.hu
www.trainhungary.hu

TH / Vasútvill

Management
★ Graţian Călin (Geschäftsführer)

Gesellschafter
Stammkapital 341.300.000,00 HUF
★ S.C. Grampet S.A.
★ Zoltán Zsigmond Vagyas

Lizenzen
★ HR: Sicherheitszertifikat, Teil B (GV); gültig vom 20.02.2015 bis 20.02.2016
★ HU: EVU-Zulassung (GV); gültig seit 30.06.2007
★ HU: Sicherheitszertifikat, Teil A+B (GV); gültig vom 06.09.2012 bis 31.08.2017
★ SI: Sicherheitszertifikat, Teil B (GV) beantragt

Unternehmensgeschichte
Die Train Hungary Magánvasút Ipari, Kereskedelmi és Szolgáltató Kft. [Train Hungary Privatbahn Industrie-, Handels- und Dienstleistungsgesellschaft mbH] wurde am 27.10.2005 mit Sitz in Debrecen gegründet. Mehrheitseigentümer ist die GRAMPET S. A. mit Sitz in Rumänien, die dort u. a. die Privatbahn S.C. Grup Feroviar Roman S.A. (GFR) besitzt. Ernő Csaba Filep, früher auch geschäftsführender Gesellschafter wechselte 2010 in gleicher Funktion zur Magyar Vasúti Áruszállító Kft. (MVA).
2006 war Train Hungary vor allem im Bauzuggeschäft tätig und beförderte 80.000 t. Zwischenzeitlich konnte der Bereich Güterzüge auf- und ausgebaut werden. 2009 beförderte das Unternehmen 310.000 t und erbrachte 73.673.700 tkm. 2014 waren es 2,9 Mio. t und 718.612.000 tkm. Seit 2009 verzeichnet das Unternehmen ein stetiges Wachstum.

Verkehre
★ AZ-Verkehr
★ nationale Güterverkehre
★ KV-Transporte (zerlegte Dacia-Pkw) Ciumesti [RO] – Hamburg Waltershof (Eurokombi, Burchardkai, CTA) [DE]; 2 x pro Woche seit Juli 2010 Traktion von Curtici (Übernahme von Grup Feroviar Român S.A. (GFR)) bis Rajka (Übergabe an LOKORAIL, a.s. im Auftrag der EURORAIL Logistics GmbH; 3 x pro Woche seit 2011; 5 x pro Woche seit 2012
★ Kohletransporte in Ungarn; in Kooperation mit PKP Cargo
★ Getreidetransporte ab Ungarn; u.a. nach Rumänien

Vasútvillamosító Kft.

Jászberényi út 90.
HU-1106 Budapest
Telefon: +36 1 260-0850
Telefax: +36 1 260-9931
info@vasutvill.hu
www.vasutvill.hu

Gesellschafter
Stammkapital 150.000.000,00 HUF
★ Elektrizace železnic Praha, a.s. (ELZEL)
★ PROLAN Irányítástechnikai Rt.
★ Gergely Ongai
★ Győző Bartók
★ Lajos Czemmel

Lizenzen
★ HU: EVU-Zulassung (GV); gültig seit 13.07.2009
★ HU: Sicherheitszertifikat, Teil A+B (GV); gültig vom 06.11.2011 bis 15.11.2016

Unternehmensgeschichte
Die Vasútvillamosító Kft. [Eisenbahnelektrifizierungsgesellschaft mbH] ist Rechtsnachfolgerin der 1949 gegründeten MÁV Villamos Felsővezeték Építésvezetőségnek (MÁV Oberleitungsbaudirektion). 1992 wurde die Baudirektion als 100 %-ige MÁV-Tochter ausgegliedert. Heute gehört sie zur Prolan-Unternehmensgruppe bzw. zur Elektrizace Železnic Praha, deren Ungarn-Engagement auf die Zeit zurückgeht, als tschechoslowakische Bautrupps zwecks Bewältigung der ehrgeizigen Elektrifizierungsziele in Ungarn monatelang mit Hand anlegten. In den Jahren der ausgegliederten Oberleitungswartung verfügte Vasútvill über mehr als 600 Mitarbeiter. Nachdem die Wartungsaktivitäten wieder in die MÁV integriert wurden, sank die Belegschaft wieder auf rund 150 Mitarbeiter.
Haupttätigkeit ist der Bau, Umbau bzw. die Wartung und Erneuerung von Oberleitungen, optischen Kabelleitungen, Trafo-Stationen, Beleuchtungen und sonstiger elektrischer Anlagen im Bereich des 25kV 50Hz GYSEV- und MÁV-Schienennetzes (Planung und Ausführung). Die Jahreskapazität reicht für den Bau von rund 300 km Oberleitung. 1999 wurde die Tätigkeit um die Bereiche Betrieb und Wartung erweitert (zuerst Strecke Székesfehérvár – Szombathely, von 2005 bis 2011 Wartungsvertrag für weitere Landesteile mit 24 Standorten und 4.967 Oberleitungs-km). 2012 wurde die Wartung des Oberleitungsnetzes wieder in die MÁV rückintegriert.
Derzeit wird die Elektrifizierung der von der GYSEV / Raaberbahn übernommenen MÁV-Strecken ausgeführt, für die nahe Zukunft ist die Elektrifizierung der Vorstadtlinie Budapest – Esztergom angedacht. Weitere Elektrifizierungen

Vasútvill / Vasútépítők / ZÁHONY-PORT

von dafür reifen MÁV-Strecken stehen an bzw. sind bereits geplant (Győr – Celldömölk, Mezőzombor – Sátoraljaújhely), die Termine für die Umsetzung hängen weitgehend von der Verfügbarkeit der Finanzierung bzw. von den entwicklungs- und verkehrspolitischen Prioritäten ab.

Korlátolt Felelősségű Társaság
a *H.F. Wiebe* csoport tagja

Vasútépítők Pályatervező, Kivitelező és Iparvágányfenntartó Kft. ᴳ

Csaba utca 9.
HU-9023 Győr
Telefon: +36 96 529-590
Telefax: +36 96 529-594
vasutepitok@vasutepitok-gyor.hu
www.vasutepitok.hu

Management
★ Péter Csordás (Geschäftsführer)
★ Wolfgang J. Körten (Geschäftsführer)

Gesellschafter
Stammkapital 96.000.000,00 HUF
★ Wiebe Hungária Kft. (100 %)

Lizenzen
★ HU: EVU-Zulassung (GV) seit 03.08.2007

Unternehmensgeschichte
1983 erfolgte die Gründung der GEO Vasútépítő és Fenntartó Gazdasági Munkaközösség [GEO Bahnbau- und Unterhaltungs-Wirtschaftsgemeinschaft] mit Sitz in Komárom, die sich mit der Instandhaltung von Gleisen und Weichen im Anlagenbereich der Bahnmeistereien und nicht staatseigene Bahninfrastruktur beschäftigte.
Nach der demokratischen Wende entstand 1991 im Kontext mit den neuen marktwirtschaftlichen Rahmenbedingungen aus der GEO die Vasútépítők Pályatervező, Kivitelező és Iparvágányfenntartó Kft. [Eisenbahnbauer Trassenplanungs-, Ausführungs- und Gleisanschlussunterhaltungsgesellschaft mbH]. Der Umsatz des Unternehmens konnte von ca. 120 Mio. Forint im Jahre 1991 auf ca. 700 Mio. HUF im Jahre 2003 ausgebaut werden.
Seit 2003 gehört Vasútépítők mehrheitlich zur Unternehmensgruppe Wiebe, von der Maschinen bei Bedarf auch in Ungarn eingesetzt werden. Seither nimmt das Unternehmen verstärkt an den großen Korridor- und Vorstadtprojekten teil. Ende 2011 hat die Wiebe Hungária ihre Beteiligung auf 100 % erhöht.
Aktuell verfügt das Unternehmen über kein gültiges Sicherheitszertifikat.

Verkehre
★ AZ-Verkehr

ZÁHONY-PORT Záhonyi Logisztikai és Rakománykezelési Szolgáltató Zrt. ᴳ

Baross Gábor út 1.
HU-4625 Záhony
Telefon: +36 45 425-132
Telefax: +36 45 425-212
info@zahony-port.hu
www.zahony-port.hu

Management
★ József Farkas (Generaldirektor)

Gesellschafter
Stammkapital 320.000.000,00 HUF
★ MÁV Magyar Államvasutak Zrt. (100 %)

Lizenzen
★ HU: EVU-Zulassung (GV) seit 31.03.2008
★ HU: Sicherheitszertifikat, Teil A+B (GV); gültig vom 16.09.2013 bis 15.09.2018

Unternehmensgeschichte
Der ungarische Bahnhof Záhony ist auch Grenzbahnhof zur Ukraine und wichtigster Knoten auf dem Korridor 5, wo Normal- und Breitspurgleise aufeinander treffen. Jährlich wird eine Gütermenge von rund 5 Mio. t umgeschlagen, was bis 2015 auf 7-8 Mio. t gesteigert werden soll. Als Betreibergesellschaft hat die MÁV-Tochter ZÁHONY-PORT Záhonyi Logisztikai és Rakománykezelési Szolgáltató Zrt. [ZÁHONY-PORT Dienstleistungs-Logistik- und Ladungsabfertigungs-AG] zum 01.07.2007 den Geschäftsbetrieb der Infrastruktur übernommen, seit März 2008 ist man auch als EVU tätig. Außer der Kernkompetenz Logistik und Warenumschlag übernimmt die Gesellschaft nun ergänzende Transport- und Traktionsdienstleistungen im Grenzverkehr auf Normal- und Breitspur sowie administrative und technische Hilfestellungen, Zollabwicklung, Verwiegungen usw. Das Arbeitsgebiet der ZÁHONY-PORT erstreckt sich auf 84 km^2 im Gemeindegebiet von elf Ortschaften. Die aktive Umladekapazität beträgt 5-6 Mio. t, jedoch ist die noch aus der COMECON-Zeit vorhandene Infrastruktur teilweise

ZÁHONY-PORT

außer Betrieb. Im Rahmen der fortschreitenden Entwicklungen wird ein Teil davon modernisiert.

Der Marktführer für Fach- und Wirtschaftsinformationen rund Eisenbahn, ÖPNV, Technik

DVV Media Group

www.eurailpress.de

Eurail press

Vereinigtes Königreich

Kurze Eisenbahngeschichte

Die england- und auch weltweit erste Eisenbahngesellschaft mit reinem Lokomotivbetrieb nach festem Fahrplan war die 1823 gegründete Liverpool and Manchester Railway (L&MR), deren 56 km lange Strecke zwischen den namensgebenden Städten am 15.09.1830 in Betrieb ging.

Der erfolgreiche Betrieb der L&MR wirkte als Initialzündung für eine flächendeckende Erschließung mit dem neuen Verkehrsmittel. Zahlreiche kleine Bahngesellschaften schossen binnen kurzem wie Pilze aus dem Boden, aus deren Strecken nach und nach das Netz zusammenwuchs, so dass schon bis Anfang der 1840er Jahre das heutige Grundnetz der britischen Eisenbahnen fertiggestellt war. Durch Spekulanten wuchs sich der Boom zur so genannten „Railway Mania" aus, dem Eisenbahnfieber, das Mitte des genannten Jahrzehnts seinen Höhepunkt erreichte und dann mit dem üblichen Platzen der Spekulationsblasen endete.

Da teils verschiedene Spurweiten verwendet wurden, gab der Staat sein bislang praktiziertes „laissez-faire" beim Eisenbahnbau insoweit auf, als er 1846 den „Railway Regulation (Gauge) Act" erließ, demzufolge alle Streckenneubauten in Großbritannien in Normalspur auszuführen seien. Im Vergleich zu den Bahnnetzen in Kontinentaleuropa wurde im britischen Netz jedoch ein deutlich kleineres Lichtraumprofil angewandt.

Seit dem Eisenbahnfieber hatte ein Konzentrationsprozess eingesetzt, der durch Zusammenschlüsse und Übernahmen die Zahl der Bahngesellschaften sukzessive bis auf etwa 120 bei Ausbruch des Ersten Weltkrieges verringerte. Dann übernahm die britische Regierung in Form der Railway Operating Division des War office (das 1964 im Verteidigungsministerium aufging) die planerische Kontrolle über das Eisenbahnwesen. Da sich die Vorteile des Betriebes mit wenigen großen statt vielen kleinen Betreibern gezeigt hatten, stellte man den Vorkriegszustand nicht wieder her und erließ 1921 den sogenannten „Railway Act", mit dem am 01.01.1923 fast alle verbliebenen Bahngesellschaften zu den „Big Four" als Aktiengesellschaften zusammengefasst wurden; die Schaffung einer „richtigen" Staatsbahn wurde hingegen verworfen. Erst die erneute Kriegssituation ab 1939 zwang die „Big Four", die London, Midland and Scottish Railway (LMS), die Great Western Railway (GWR), die London and North Eastern Railway (LNER) und die Southern Railway (SR) zu einem engeren Zusammengehen und führte zum Regierungsbeschluss, das Eisenbahnwesen nun doch zu nationalisieren, wofür durch die 1945 gewählte Labour-Regierung unter Clement Atlee 1947 der „Transport Act" erlassen wurde.

Dieses auf die Schaffung eines zentral gelenkten koordinierten Verkehrssystems zielende Gesetz trat zum 01.01.1948 in Kraft, womit auch die Staatsbahn British Railways (BR) als Eisenbahnabteilung der „British Transport Commission" (BTC, Britische Verkehrskommission) entstand. Die BTC sollte den Eisenbahnverkehr, den öffentlichen Straßenverkehr, die Häfen und Binnenwasserstraßen sowie den innerstädtischen Verkehr Londons durch entsprechende Exekutivorgane leiten, konnte diese Aufgaben aber kaum erfüllen, da die 1951 gewählte konservative Regierung unter Winston Churchill einen gänzlich anderen Kurs fuhr, den Straßengüterverkehr reprivatisierte und die BTC ab 1953 nach und nach auflöste. Die BTC indes hatte sich zunächst meist nur der Aufholung von kriegsbedingten Instandhaltungs- und Investitionsrückständen an Strecken und Rollmaterial zu widmen und veröffentlichte erst Ende 1954 einen Modernisierungsplan im Kostenumfang von 1,24 Mrd. Pfund über einen Zeitraum von 15 Jahren. Dieser sah u. a. den Ersatz der Dampftraktion durch großangelegte Verdieselung und Elektrifizierung vor. Von letzterer sah man aber größtenteils ab und nahm lediglich die „West Coast Main Line" (WCML) in Angriff, da sich schon 1956 bei der BR ein hohes Defizit herausgestellt hatte. Bei der hektisch forcierten Verdieselung wurden zahlreiche noch relativ neue Dampfloks ausgemustert und durch meist unausgereifte Dieselloks ersetzt, kam doch für das „Mutterland der Eisenbahn" die Nachbau oder gar der Import auch noch so bewährter Maschinen nicht in Frage. So erwies sich das Modernisierungsprogramm letzten Endes als teurer Fehlschlag, denn der seit 1955 eingefahrene jährliche Verlust der BR stieg bis 1962 auf weiter an. Im dem Jahr gab es mit einem erneuten „Transport Act" der konservativen Regierung Macmillan eine erneute Zäsur.

Zum 01.01.1963 wurde die BTC zugunsten separater Organisationsstrukturen für die einzelnen Verkehrsträger endgültig aufgelöst und deren Eisenbahnabteilung in den British Railways Board (BRB) überführt, der von Richard Beeching geleitet wurde. Der bahnfremde Ingenieur Beeching war bereits seit 1961 Vorsitzender der BTC gewesen und genoss den Ruf als fähiger Rationalisator. So fiel die Wahl auf Beeching nicht von ungefähr, denn nach dem Misserfolg des Modernisierungsprogramms (gemäß dem die BR ab 1962 hätte wieder Gewinn machen sollen) war man staatlicherseits zu der Überzeugung gelangt, dass der Eisenbahnsektor nur durch eine radikale Schrumpfkur wieder in die schwarzen Zahlen zu bringen sei. Diese wurde in zwei von Beecham 1963 und 1965 vorgelegten Berichten konkretisiert, deren Umsetzung als „Bee-

Vereinigtes Königreich

Vereinigtes Königreich

ching cuts" oder „Beeching axe" in die Eisenbahngeschichte eingingen. Beeching empfahl, rund ein Drittel des Streckennetzes stillzulegen und über die Hälfte der Zugangsstellen für den Personenverkehr zu schließen. Von der seit 1964 amtierenden Labour-Regierung unter Harold Wilson wurde der zweite Bericht offiziell abgelehnt, doch wurden Beechings Empfehlungen bis etwa 1970 zum größeren Teil realisiert, wobei sich bei den Strecken- und Stationsschließungen „nur" ein bereits seit Kriegsende zu beobachtender Trend fortsetzte. Insgesamt erfüllten die Beeching-Pläne die in sie gesetzten Erwartungen jedoch nicht, doch hatte die seit 1965 als „British Rail" firmierende Staatsbahn zumindest die Dampftraktion bis 1968 ablösen können. Die Elektrifizierung hat indes bis heute nicht das Ausmaß vergleichbarer europäischer Industrieländer erreicht, so dass Großbritannien mit einem Anteil von rund 33 % elektrifizierter Strecken nur einen der hinteren Plätze belegt. Den größten Anteil, heute mit 750 V DC aus seitlicher Stromschiene betrieben, hatte seinerzeit die Southern Railway in die BR eingebracht; ein Netz, das sich von London bis zur englischen Südküste zwischen Ramsgate und Weymouth erstreckt. Das Gleichspannungssystem wurde auch bei den weiteren Elektrifizierungen in der Region beibehalten und kommt auch bei den Vorortstrecken um Liverpool zur Anwendung. Daher existieren bis heute zwei Stromsysteme, denn 1956 wurden für die im Rahmen des oben erwähnten BR-Modernisierungsprogrammes anstehenden Neuelektrifizierungen 25 kV 50 Hz AC zum Standard erhoben. Auf der WCML konnten 1965 die ersten elektrisch traktionierten Züge von London nach Liverpool bzw. Manchester und 1967 auch nach Birmingham fahren, ehe nach einigen Jahren Elektrifizierungspause der Fahrdraht 1974 Glasgow erreichte. Als zweite große Nord-Süd-Verbindung wurde die „East Coast Main Line" (ECML) von London nach Edinburgh (für die Beeching in seinem zweiten Bericht die Stilllegung zwischen Newcastle und Edinburgh empfohlen hatte) mit Abzweig nach Leeds in zwei Abschnitten 1974-78 (bis Peterborough) und 1984-91 elektrifiziert. Vergleichsweise kürzere Strecken mit 25 kV 50 Hz (in Klammern Jahr der Elektrifizierung) verlaufen von London nach Bedford (1983), Norwich (1986) und Cambridge – King's Lynn (1992).
Auch in den siebziger Jahren wurden noch Strecken stillgelegt, darunter auch solche, die laut Beeching hätten weiterbetrieben werden sollen. Allerdings sind in der jüngsten Vergangenheit einige der „Axt" zum Opfer gefallene Linien und Stationen wiedereröffnet worden bzw. befinden sich in entsprechender Prüfung.

Anders als von Beeching prognostiziert wurde in den siebziger Jahren der durchrationalisierte Güterverkehr aber nicht zum Hauptgeschäftsfeld der BR, sondern schrumpfte stetig weiter. Etwas anders stellte sich die Entwicklung im Personenverkehr dar. Zwar ging zwischen 1968 und 1978 die Reisendenzahl von 831 auf 724 Mio. pro Jahr zurück, doch sowohl die Zugleistung als auch die Beförderungsleistung wuchsen an – von 318,5 auf 335,4 Mio. Zugkm bzw. von 28,6 auf 30,7 Mio. Pkm, flankiert vom Zuwachs der mittleren Reiseweite von 34,3 auf 42,4 km.
Bereits in den fünfziger Jahren hatte die BR zwischen London und Norwich einen vertakteten „InterCity"-Verkehr mit Dampfzügen etabliert, ehe diese Marke zu Beginn der sechziger Jahre für alle schnellen BR-Züge eingeführt wurde. Die Elektrifizierung der WCML nahm man zum Anlass, einen vertakteten IC-Verkehr zwischen London, Liverpool, Manchester und Birmingham zu schaffen, mit dem auf diesem Korridor trotz vorhandener Autobahn ein Anteil von 75 % am Personenverkehrsaufkommen errungen wurde. Dies ermutigte zur Ausdehnung des IC-Verkehrs auf weitere Strecken. Bekannt geworden ist vor allem der 1973 eingeführte dieselbetriebene Verkehr auf der ECML mit den „Deltic"-Dieselloks der Class 55, der mit 100 mph (161 km/h) Höchstgeschwindigeit gefahren wurde. Seit 1976 gibt es den „High Speed Train" (HST), der unter dem Produktnamen „InterCity 125" (anspielend auf die Maximalgeschwindigkeit von 125 mph/201 km/h) bis heute das Rückgrat des schnellen Fernreiseverkehrs in Großbritannien darstellt.
Bei der ab 1982 eingeführten neuen BR-Unternehmensstruktur schaffte man die sechs Verwaltungsregionen ab und orientierte sich an den einzelnen Sektoren des Eisenbahnverkehrs: Der Personenverkehr wurde in die Einheiten InterCity (Schnellzüge), London & South East (Vorortverkehr London, ab 1986 Network SouthEast), ScotRail (Verkehr in der vormaligen Verwaltungsregion Schottland) und Provincial (Regionalverkehr, ab 1989 Regional Railways) aufgeteilt. Der Güterverkehr verblieb zunächst komplett in der Organisationseinheit Railfreight, ehe diese 1987 weiter aufgesplittet wurde. Dabei ging die Zuständigkeit für die Ganzzugverkehre auf Trainload Freight mit Divisionen für Kohle, Erz, Baustoffe und Erdölprodukte über, während Railfreight Distribution den Containerverkehr und den übrigen Wagenladungsverkehr übernahm.
Weil aber die wirtschaftlichen Probleme der BR grundsätzlich ungelöst blieben, beauftragte die seit 1979 amtierende konservative Regierung unter

Vereinigtes Königreich

Margaret Thatcher einen Ausschuss unter Vorsitz des leitenden Beamten David Serpell zur Ausarbeitung von Lösungsvorschlägen. Der 1983 vorgelegte „Serpell Report" sah wiederum ein umfangreiches Stilllegungsprogramm im Stile Beechings vor, vom dem aber nichts umgesetzt wurde.
1986 verständigten sich Großbritannien und Frankreich auf den Bau eines Eisenbahn-Unterseetunnels zwischen den beiden Ländern. Die Arbeiten an dem 50,5 km langen Tunnelbauwerk wurden 1988 aufgenommen und nach dem Ende 1990 erreichten Durchstich im Mai 1994 abgeschlossen. Der so genannte Eurotunnel wird auch im internationalen Bahngüterverkehr genutzt, der jedoch ebenso wie die zuvor bestehenden Fährverbindungen durch das kleinere Lichtraumprofil des britischen Netzes eingeschränkt wird.
Da sich die Thatcher-Regierung den Verkauf aller Staatsbetriebe auf die Fahnen geschrieben hatte, rückte auch die Privatisierung der Eisenbahn auf die Tagesordnung, was jedoch erst durch Thatchers Nachfolger John Major nach dem nochmaligen Wahlsieg der Konservativen 1992 in Angriff genommen wurde. Dies geschah mit dem am 05.11.1993 verabschiedeten „Railways Act", der am 01.04.1994 in Kraft trat. Dieser Tag markiert das Ende der nach und nach in über 100 Nachfolgeunternehmen aufgespaltenen British Rail.

Die Bahninfrastruktur ging sofort an das Unternehmen Railtrack über, das 1996 an der Londoner Börse platziert wurde. Die damit verbundene Gewinnorientierung ließ Railtrack allerdings schnell in die Kritik wegen mangelhafter Infrastrukturunterhaltung geraten.
Der BR-Personenverkehr wurde durch das „Office of Passenger Rail Franchising" (OPRAF) in Form von 25 Leistungspaketen (Franchises) mit sieben- oder achtjähriger Laufzeit auf Basis des niedrigsten Zuschussbedarfes ausgeschrieben und schrittweise an verschiedene Privatunternehmen vergeben. Bei den Einzelfranchises handelte es sich um regionale Linienbündel bzw. einzelne IC-Linien. Um den neuen Betreibern den schnellen Markteintritt zu ermöglichen, wurde das erforderliche Rollmaterial an die drei „Rolling Stock Leasing Companies" (ROSCO) Angel Trains Ltd, Porterbrook Company Ltd und Eversholt Leasing übertragen. Gegenwärtig 23 Personenverkehrsbetreiber sind in der „Association of Train Operating Companies" (ATOC) zusammengeschlossen, die ihre Leistungen mit einheitlichem Tarifsystem unter der Bezeichnung „National Rail" vermarkten. Als wichtiger Erfolg der Privatisierung darf dabei gelten, dass die landesweite jährliche Fahrgastzahl seit 1995 wieder deutlich ansteigt und 2011 mit 1,461 Mrd. fast wieder das Allzeithoch (1,550 Mrd.) von 1914 erreichte.

Foto: Gunnar Meisner

Vereinigtes Königreich

Auch die bei der Sektorisierung entstandenen BR-Güterverkehrseinheiten wurden verselbständigt; das erforderliche Rollmaterial ging anders als beim Personenverkehrssektor direkt an die neuen Betreiber über.

Die für die Infrastrukturunterhaltung und -erneuerung verantwortlichen BR-Stellen wurden in Form von sieben „Infrastructure Maintenance Units" (IMU) und sechs „Track Renewal Units" (TRU) privatisiert.

Die Aufsicht über das Eisenbahnwesen wurde der Institution des „Rail Regulator" übertragen, der beispielsweise für die Verträge zur Nutzung der Eisenbahninfrastruktur zuständig war.

Der eigentliche Privatisierungsprozess wurde 1997 abgeschlossen, als die letzten Staatsbahnteile verkauft worden waren, die bis dato noch unter Aufsicht des BRB gestanden hatten. Im Bereich des Personenverkehrs ging als letztes die ScotRail-Franchise an den Nachfolgebetreiber National Express. Das BRB selbst existierte aber weiter, wenngleich es nur noch einige nichtoperative Restaufgaben wahrnahm.

Die ab 1997 amtierende Labour-Regierung unter Tony Blair entschied sich entgegen zuvor gemachter Ankündigungen nicht für ein vollständiges Zurück zur Staatsbahn, sondern nur für gewisse organisatorische Änderungen. Zu nennen ist hierbei vor allem das Umsteuern bei der Schieneninfrastruktur, da wie schon erwähnt der Betreiber Railtrack durch mangelhaftes Engagement beim Netzunterhalt von sich reden machte. Nach drei schweren Zugunglücken mit Todesopfern mussten ab Ende 2000 in kurzer Zeit beträchtliche Summen in die Beseitigung von Sicherheitsmängeln investiert werden, was zu einer schnellen Fahrt in die roten Zahlen mit Verfall des Aktienkurses führte. So wurde Railtrack am 07.10.2001 vom Verkehrsminister unter Zwangsverwaltung gestellt und der Bahninfrastrukturbereich am 03.10.2002 an das neu gegründete, zwar ebenfalls privatwirtschaftliche, aber nicht gewinnorientiert betriebene Unternehmen Network Rail Ltd verkauft. Neugegründet wurde 1999 die „Strategic Rail Authority" (SRA) zur Oberaufsicht über den gesamten Schienenverkehr, die aber erst 2001 im Gefolge des zuvor erlassenen „Transport Act 2000" ihre volle Tätigkeit auf- und dabei die Aufgaben des BRB und des OPRAF übernahm.

Auch bei der Eisenbahnregulierung gab es Veränderungen, denn gemäß dem 2003 erlassenen „Railways and Transport Safety Act" gingen die Aufgaben des „Rail Regulator" mit Wirkung vom 05.07.2004 an das „Office of Rail Regulation" (ORR) über. Dieses Gesetz schuf auch die Grundlage zur Schaffung der „Rail Accident Investigation Branch" als Eisenbahnunfalluntersuchungsstelle, die am 17.10.2005 gegründet wurde.

Mit dem „Railways Act 2005" wiederum wurde die SRA zum 01.12.2006 aufgelöst und deren Aufgaben Network Rail, dem ORR und der Schienenverkehrsabteilung des Verkehrsministeriums bzw. den dezentralisierten Regierungen von Schottland und Wales und der Greater London Authority als Verwaltungsbehörde der zentralen Bezirke Londons übertragen.

Ein aktuell laufendes, bedeutsames Infrastrukturvorhaben ist die „Electrification in the North" mit dem Ost-West-Korridor York – Leeds – Manchester – Liverpool einschließlich Preston – Blackpool. Die Anbindung von Manchester an die WCML ist seit Dezember 2013 unter Fahrdraht und das Gesamtprojekt soll bis Ende 2018 abgeschlossen sein. Weitere Elektrifizierungsmaßnahmen betreffen die „Great Western Main Line" London – Bristol (bis 2016) mit Weiterführung nach Cardiff (bis 2017) einschließlich der Seitenäste Reading – Newbury und Didcot – Oxford und die „Midland Main Line" (London –) Bedford – Sheffield (bis 2020).

Zur Anbindung von London an den Kanaltunnel steht seit 2007 eine „High Speed One" (HS 1) genannte, für 300 km/h ausgelegte Schnellfahrstrecke in voller Länge zur Verfügung. Eine weitere, allerdings für bis zu 400 km/h ausgelegte, „High Speed 2" (HS 2) genannte Trasse soll London (zunächst ohne Anbindung an die HS 1) mit Birmingham (Phase 1) verbinden und sich dort in Phase 2 nach Manchester und Sheffield – Leeds verzweigen. In fernerer Zukunft könnte es Weiterführungen nach Edinburgh/Glasgow bzw. Newcastle geben. Für Phase 1 wird aktuell mit dem Baubeginn 2017 und der Eröffnung 2026 gerechnet.

Marktübersicht

* Personenverkehr: Der Personenverkehr in UK fast nahezu unter Konzernen und deren Tochtergesellschaften aufgeteilt. Neben Abellio Transport Holdings Ltd. (Abellio UK, Tochter der niederländischen Staatsbahn BS), Arriva Passenger Services Ltd. (Tochter der DB AG), FirstGroup plc, Go-Ahead Holding Ltd., Keolis UK Ltd., National Express Group plc (NX), Stagecoach Group und die Virgin Rail Group. Ausnahmen sind u.a. die staatseigene Directly Operated Railways (DOR) sowie die von Privatpersonen gegründete Go! Co-operative Ltd. Letztere ist noch ohne Verkehre. Letzte integrierte Staatsbahn sind die Northern Ireland Railways (NIR). Internationalen Fernverkehr durch den Kanaltunnel betreibt die Eurostar International Ltd.

Vereinigtes Königreich

In den kommenden Jahren wird es umfangreiche Lieferungen neuer Fahrzeuge für den Personenverkehr geben. Für die beiden Londoner Verkehrsprojekte Thameslink und Crossrail bauen Siemens und Bombardier neue Fahrzeugflotten. Siemens liefert insgesamt 115 Triebzüge des Typs Desiro City (class 700), während von Bombardier 29 Electrostar (class 387) als Übergangslösung für Thameslink und 65 Züge des neuen Typs Aventra (class 345) für Crossrail kommen. Daneben werden 122 neue Züge der Class 800 und 801 von Hitachi geliefert, um im Fernverkehr älteres Rollmaterial abzulösen.

★ Güterverkehr: Marktführer im Güterverkehr ist die DB Schenker Rail (UK) Ltd. Weitere große Güterbahnen sind die Freightliner Group Ltd. und GB Railfreight Ltd. (GBRf). Daneben existieren weitere, kleinere Unternehmen wie zum Beispiel Captrain (UK) Ltd., Colas Rail Ltd. sowie die Direct Rail Services Ltd. (DRS).

Verkehrsministerium
Department for Transport
Great Minster House
33 Horseferry Road
London SW1P 4DR
United Kingdom
Telefon: +44 300 330 3000
www.gov.uk/dft

Nationale Eisenbahnbehörde
Office of Rail Regulation (ORR)
1 Kemble Street
London WC2B 4AN
United Kingdom
Telefon: +44 20 7282 2000
contact.cct@orr.gsi.gov.uk
www.rail-reg.gov.uk

Channel Tunnel Intergovernmental Commission
Office of Rail Regulation
1 Kemble Street
London WC2B 4AN
United Kingdom
www.channeltunneligc.co.uk

Eisenbahnunfalluntersuchungsstelle
Rail Accident Investigation Branch (RAIB)
The Wharf Stores Road
Derby DE21 4BA
United Kingdom
Telefon: +44 1332 253300
enquiries@raib.gov.uk
www.raib.gov.uk

Foto: Gunnar Meisner

GA / SR / Abellio UK

![abellio greateranglia]

Abellio Greater Anglia Ltd. (GA)
Ⓟ

5 Fleet Place
UK-EC4M 7RD London
Telefon: +44 845 600 7245
Telefax: +44 1603 675243
contactcentre@greateranglia.co.uk
www.greateranglia.co.uk

Management
* Jamie Neil Peter Burles (Managing Director)
* Adam Charles Robert Golton (Finance Director)
* Andrew Russel Camp (Commercial Director)
* Gerrit Bernard Pieter Lensink (Operations Director)
* Simone Aveline Bailey (Asset Management Director)
* Dominic Daniel Gerard Booth (Director)
* Julian Edwards (Director)

Gesellschafter
Stammkapital 1,00 GBP
* Abellio Transport Holdings Ltd. (Abellio UK) (100 %)

Lizenzen
* UK: EVU-Zulassung (PV) seit 02.02.2012
* UK: Sicherheitszertifikat, Teil A+B (PV); gültig vom 05.02.2012 bis 04.02.2017

Unternehmensgeschichte
Abellio Greater Anglia ist die operative Tochter der Abellio UK für den Betrieb des Franchise Greater Anglia. Dieses Franchise bedient ab London Liverpool Street Gebiete im Norden und Osten Londons und der Region Greater Anglia. Das Abellio-Franchise lief zunächst von Februar 2012 bis Juli 2014 und löste National Express East Anglia ab. Obwohl die britische Regierungspolitik längere Verträge anstrebt, erwartete sie zum Zeitpunkt der Vergabe den Bericht von Roy McNulty über das Kosten-Nutzen-Verhältnis der Bahn (Rail Value for Money Study) und wollte kein längeres Franchise vergeben. Im Franchise Greater Anglia sind 3.000 Mitarbeiter beschäftigt die wöchentlich zwei Mio. Fahrgäste mit 1.900 täglichen Zugleistungen befördert. Im April 2014 wurde das Franchise bis Oktober 2016 verlängert. Im Februar 2015 begann dann die Ausschreibung für das anschließende 15 Jahre dauernde Franchise.
Zum 31.05.2015 werden die Linie von London Liverpool Street nach Shenfield und 44 dafür benötigte Triebzüge der Class 315 aus dem Franchise Greater Anglia ausgeliefert und sollen als Vorlaufbetrieb für Crossrail betrieben werden.

Abellio ScotRail Ltd. (SR)

10th Floor
133 Finnieston Street
UK-G3 8HB Glasgow

Management
* Dominic Daniel Gerard Booth (Director)
* Jeffrey John Krijn Hoogesteger (Director)
* Christiaan Wilhelmus Smulders (Director)

Gesellschafter
Stammkapital 1,00 GBP
* Abellio Transport Holdings Ltd. (Abellio UK) (100 %)

Lizenzen
* UK: EVU-Zulassung (PV) seit 02.02.2012

Unternehmensgeschichte
Im Oktober 2014 wurde bei der Neuvergabe des um die vorher enthaltenen Nachtzüge reduzierten ScotRail Franchise der Zuschlag an Abellio erteilt. Zum 01.04.2015 hat Abellio ScotRail den bisherigen Betreiber First ScotRail abgelöst und den dafür notwendige Fahrzeugpark übernommen. Der neue Vertrag mit Abellio läuft bis zum 31.03.2022. Für die Beapsnnung von lokbespannten Zügen auf der Fife Circle Line werden Lokomotiven der Class 68 von DRS angemietet.

Abellio Transport Holdings Ltd. (Abellio UK)

1 Ely Place; Second Floor
UK-EC1N 6RY London
Telefon: +44 20 7430 8270
Telefax: +44 20 7430 2239
info@abellio.com
www.abellio.com

Abellio UK / Alliance Rail Holdings

Management
* Dominic Daniel Gerard Booth (Director)
* Jeffrey John Krijn Hoogesteger (Director)
* Christiaan Wilhelmus Smulders (Director)

Gesellschafter
Stammkapital 1,00 GBP
* Abellio Transport Holding B.V. (100 %)

Beteiligungen
* Abellio Greater Anglia Ltd. (GA) (100 %)
* Abellio ScotRail Ltd. (SR) (100 %)
* Merseyrail Electrics 2002 Ltd. (ME) (50 %)
* Northern Rail Ltd. (NRL) (50 %)

Unternehmensgeschichte
Abellio wurde im Jahr 2001 unter ihrem damaligen Namen NedRailways als internationaler Zweig der nationalen niederländischen Eisenbahngesellschaft Nederlandse Spoorwegen (NS) gegründet. Abellio verfügt auf dem britischen Bahnmarkt mit den Franchises Merseyrail, Northern Rail, Greater Anglia und zukünftig ScotRail über eine starke Stellung. Daneben ist Abellio seit 2009 auch als Busbetreiber auf dem britischen Markt tätig.
Als erstes Franchise wurde gemeinsam mit Serco Merseyrail gewonnen. Dort wurde der Betrieb im Juli 2003 übernommen. Im Dezember 2004 folgte, ebenfalls mit dem Partner Serco, Northern Rail. Nach einer längeren Pause, in der Abellio alleine oder mir verschiedenen Partnern erfolglos an Ausschreibungen teilgenommen hatte, folgte erst im Oktober 2011 der nächste Erfolg. Dabei wurde das Greater Anglia Franchise gewonnen, für das man ohne Partner geboten hatte. Die Betriebsübernahme folgte im Februar 2012. Im Oktober 2014 gelang es Abellio abermals, den Marktanteil erheblich auszubauen. Zu diesem Zeitpunkt wurde das bisher von der First Group betriebene ScotRail Franchise gewonnen, dessen Betrieb am 01.04.2015 übernommen wird.

Alliance Rail Holdings Ltd.

Doxford International Business Park
UK-SR3 3XP Sunderland

88 The Mount
UK-YO24 1AR York
Telefon: +44 1904 628904
info@alliancerail.co.uk
www.alliancerail.co.uk

Management
* Kenneth McIntyre Carlaw (Director)
* Lorna Edwards (Secretary)

Gesellschafter
Stammkapital 500.000,00 GBP
* Arriva UK Trains Ltd. (95 %)
* Ian Robert Yeowart (2,5 %)
* Emma Jane Fallon Pearson und James Stuart Pearson (1 %)
* Iwan Lloyd Williams (1 %)
* Neil Yeowart (0,5 %)

Beteiligungen
* Great North Eastern Railway Company Ltd. (100 %)
* Great North Western Railway Company Ltd. (100 %)

Unternehmensgeschichte
Alliance Rail Holdings wurde 2009 gegründet, um Direktzüge zwischen London und dem Nordwesten Englands über die Ost- bzw. Westküstenmagistralen anzubieten. Diese sollen im Rahmen des Open Access außerhalb des Franchisesystems durch die Betriebsgesellschaften Great North Western Railway Company und Great North Eastern Railway Company betrieben werden. Letztgenannter Name wurde von Sea Containers erworben, nachdem diese das GNER Franchise auf der East Coast Main Line verloren hatten.
Alliance Rail Holdings wird von Ian Yeowart gelietet, der zuvor u.a. Gründer und Geschäftsführer des Open Access Bahnunternehmens Grand Central Railway gewesen war, das Züge auf der Ostküstenhauptstrecke zwischen Sunderland und London King's Cross (seit Dezember 2007) und zwischen Bradford und London King's Cross (seit Mai 2010) angeboten hatte. Größter Anteilseigner der Alliance Rail Holdings ist seit Sommer 2010 die DB-Tochter Arriva, die im November 2011 auch das Unternehmen Grand Central erwarb.
Alliance will bis zu 60 Züge/Tag auf der Westküstenmagistrale anbieten:
* Leeds / Huddersfield – London Euston
* Bradford / Halifax / Rochdale – London Euston (beide im stündlichen Wechsel)
* Blackpool – London Euston (5 x pro Tag)
* Barrow in Furness / Cumbrian Coast – London Euston (3 x pro Tag)

Geplant ist der Einsatz von Zweisystemfahrzeugen (Diesel/Elektro) mit einer Höchstgeschwindigkeit von 140 mph (230 km/h). Gerechnet wurde im August 2011 mit nötigen Investitionen von 200 Mio. GBP für Fahrzeuge, 10 Mio. GBP für Werkstätten, 5,5

Alliance Rail Holdings / Arriva Trains Wales

Mio. GBP für Stationen sowie 4,8 Mio. GBP für die Ausbildung von Personal. Dieses Investment soll im Rahmen von einer 30-jährigen Betriebsdauer wieder erwirtschaftet werden.
An der Ostküste sind folgende Zugläufe angedacht:
* London King's Cross – Huddersfield
* London King's Cross – Skipton / Ilkley / Bradford
* London King's Cross – Cleethorpes
* Liverpool – Hull

Im Mai 2012 entschied die Regulierungsbehörde Office of Rail Regulation (ORR), dass eine Entscheidung bezüglich des Antrags von Alliance nicht möglich sei, bis seitens des Infrastrukturbetreibers Network Rail die Fahrpläne der West Coast Main Line genau geprüft seien. Im Juni 2014 einigten sich GNWR und Network Rail auf die Vergabe von Trassen. Wegen der Auswirkungen auf das Franchise InterCity West Coast wurden diese aber im Januar 2015 durch das ORR verworfen. An der Ostküste hatte Alliance den Antrag im März 2012 zurückgezogen, um zu einem späteren Zeitpunkt ein neues Angebot einzureichen. Alliance ist außerdem unterstützend für das Schwesterunternehmen Grand Central tätig.

Arriva Trains Wales Ltd. / Trenau Arriva Cymru Cyf. ℗

St Mary's House
47 Penarth Road
UK-CF10 5DJ Cardiff
Telefon: +44 845 6061660
www.arrivatrainswales.co.uk

Management
* Ian Peter Bullock (Managing Director)
* Michael John Tapscott (Projects Director)
* Rob Phillips (Finance Director)
* Matt Prosser (Fleet Director)
* Claire Mann (Operations and Safety Director)
* Lynne MacIver Milligan (Customer Services Director)
* Gareth John Thomas (Human Resources Director)
* Michael David Bagshaw (Director)
* Timothy Simon Bell (Director)
* Amanda Furlong (Director)
* Lorna Edwards (Secretary)

Gesellschafter
Stammkapital 5.000.000,00 GBP
* Arriva UK Trains Ltd. (100 %)

Lizenzen
* UK: EVU-Zulassung (GV+PV) seit 03.12.2003
* UK: Sicherheitszertifikat, Teil A (PV); gültig vom 16.02.2007 bis 29.01.2017
* UK: Sicherheitszertifikat, Teil B (PV); gültig vom 30.01.2012 bis 29.01.2017

Unternehmensgeschichte
Arriva Trains Wales fährt beinahe alle Zugleistungen in Wales. Ausgenommen sind die Verbindungen von Carmarthen, Swansea und Cardiff Central nach London Paddington (First Great Western), Cardiff Central nach Portsmouth Harbour und Taunton (First Great Western), Cardiff Central nach Nottingham und Manchester Piccadilly (CrossCountry), sowie von Holyhead, Bangor und Wrexham General nach London Euston (Virgin Trains).
Bei der Privatisierung von British Rail in den späten Neunzigerjahren wurden die Leistungen in Wales in mehrere Franchises aufgeteilt, South Wales & West, Central Trains und Valley Lines. Im März 2001 kündigte die Regierung des Vereinigten Königreichs Pläne zur Gründung eines zusammengefassten Franchise Wales & Borders mit Abdeckung der meisten Leistungen in Wales an. Valley Lines (mit Zügen rund um Cardiff und in den Tälern im südlichen Wales) und der Verkehr in Wales von South Wales & West, sowie die von Central Trains erbrachten Leistungen der Cambrian Line von Birmingham New Street nach Chester, Aberystwyth und Pwllheli wurden auf das neue Franchise übertragen. Die von South Wales & West geführten Züge im Westen wurden zu Wessex Trains. National Express besaß alle drei vorangegangenen Franchises und betrieb Wales & Borders von Oktober 2001 bis Dezember 2003 weiter. Im September 2003 wurde die von First North Western betriebene North Wales Coast Line auf das neue Franchise übertragen. Dieses beinhaltete Leistungen von Birmingham New Street, Crewe und Manchester Piccadilly nach Llandudno und Holyhead, sowie von Bidston nach Wrexham Central, Llandudno und Blaenau Ffestiniog. Im Jahr 2003 erhielt Arriva das neu vergebene Franchise zugesprochen, dessen Betrieb im Dezember des gleichen Jahres übernommen wurde. Das neue Franchise läuft 15 Jahre bis Oktober 2018 mit Leistungsüberprüfungen alle fünf Jahre.
Die Leitungsverantwortung für das Franchise wurde später an die Walisische Regierung übertragen, die eng mit Arriva Trains Wales zur Entwicklung des walisischen Bahnnetzes zusammenarbeitet. Es gibt Ansätze zur Einführung direkter Züge zwischen Nord- und Südwales und für die Wiedereinführung von Personenzügen auf den vorher nur im Güterverkehr genutzten Teilstrecken der Vale of Glamorgan Linie und der Ebbw Vale Linie. Im Juli 2012 kündigte das Verkehrsministerium (DfT) in ihrem fünfjährigen Investitionsprogramm für 2014-19 die Elektrifizierung der Cardiff Valley Linien

Arriva Trains Wales / Arriva UK Trains

an.

Arriva UK Trains Ltd.

1 Admiral Way
Doxford International Business Park
UK-SR3 3XP Sunderland, Tyne and Wear
Telefon: +44 191 520-4000
Telefax: +44 191 520-4001
enquiries@arriva.co.uk
www.arriva.co.uk

Management
* David Christopher John Appelgarth (Director)
* Rachel Helen Baldwin (Director)
* Roger Brian Cobbe (Director)
* Christopher Derek Dyne Burchel (Director)
* Amanda Furlong (Director)
* Richard Charles Harrison (Director)
* Kenneth McIntyre Carlaw (Director)
* Lorna Edwards (Secretary)

Gesellschafter
Stammkapital 22.500.003,00 GBP
* Arriva plc. (100 %)

Beteiligungen
* Arriva Trains Wales Ltd. / Trenau Arriva Cymru Cyf. (100 %)
* The Chiltern Railway Company Ltd. (CH) (100 %)
* DB Regio Tyne and Wear Ltd. (100 %)
* Grand Central Railway Company Ltd. (GC) (100 %)
* London and North Western Railway Co Ltd. (100 %)
* XC Trains Ltd. (100 %)
* Alliance Rail Holdings Ltd. (95 %)
* London Overground Rail Operations Ltd. (LOROL) (50 %)

Unternehmensgeschichte
Die Ursprünge von Arriva liegen im Jahr 1938 als die Familie Cowie in Sunderland, wo die Unternehmung noch heute ihren Hauptsitz hat, ein Geschäft für gebrauchte Motorräder eröffnete. Noch immer unter dem Namen Cowie betätigte sich die Firma 1960 auch im Motorenhandel. 1980 begann sie mit der Übernahme der Busfirma Grey-Green in London Busunternehmen aufzukaufen. In den nächsten paar Jahren wurden weitere Busunternehmen zugekauft. Das größte davon, British Bus Group plc, machte die Unternehmung zu einem der größten

Busunternehmen im Vereinigten Königreich. Unter dem Namen Arriva wurden 1997 viele verschiedene Teilgesellschaften unter einer Marke zusammengefasst. Im gleichen Jahr übernahm Arriva ihr erstes Geschäft auf dem europäischen Festland, Unibus Holdings in Dänemark. 1999 beschloss Arriva, ihre Geschäftsführung und ihre Finanzressourcen auf Geschäftsmöglichkeiten im Personenverkehr zu konzentrieren und begann mit der weiteren Expansion, auch auf dem europäischen Kontinent.
Im Jahr 2000 trat Arriva mit den Franchises Merseyrail (2000-2003) und Northern (2000-2004) in den Bahnmarkt im Vereinigten Königreich ein. Danach trennte man sich bis zum Sommer 2003 vom Motorenhandel und den Finanzaktivitäten, im Jahr 2006 schließlich von der Fahrzeugvermietung. Arriva gewann das 15-jährige Bahn-Franchise in Wales im Jahre 2003 unter dem Namen Arriva Trains Wales. Zu dieser Zeit hatte die Unternehmung mit Bus- und Bahnbetrieben im Vereinigten Königreich, Dänemark, den Niederlanden und Schweden eine Stellung als einer der führenden europäischen Anbieter von Verkehrsdienstleistungen erreicht. Darüber hinaus betreibt Arriva Busse in der tschechischen Republik, Ungarn, Italien, Malta, Portugal, der Slowakei und Spanien und Züge in Polen. Die internationalen Aktivitäten sind in der Holding Arriva plc. vereint. Die Eisenbahnbetriebe im Vereinigten Königreich werden über die Zwischenholding Arriva UK Trains Ltd. gehalten, die ebenfalls eine Tochter der Arriva plc. ist.
Arrivas Tochterunternehmung XC Trains gewann 2007 gegen den bisherigen Betreiber Virgin Trains das Cross Country-Franchise. 2010 übernahm die Deutsche Bahn die Arriva plc., um damit ihre eigenen Expansionsziele in Europa umsetzen zu können. Arrivas deutscher Geschäftsbereich wurde als Teil der Verpflichtungen gegenüber der Europäischen Kommission an die italienische Ferrovie dello Stato Italiane (FS) abgegeben. Mit der Übernahme wurde Arriva faktisch der für den gesamten europäischen Personenverkehr der DB außerhalb Deutschlands zuständige Ableger.
Die DB hatte vorher bereits die Chiltern Railway und 50 % der London Overground Operations Ltd (ein Joint Venture mit Laing Rail und dem Hongkonger ÖV-Betreiber MTR) erworben und übernahm im Jahr 2008 Laing Rail. Die Betriebskonzession für Tyne & Wear Metro war der DB Regio Tyne and Wear 2010 erteilt worden. Nach der Übernahme von Arriva wurden alle diese Aktivitäten in Arriva eingegliedert. 2011 übernahm Arriva den Grand Central Railway. Ein weiteres Eisenbahnunternehmen mit Beteiligungen von Arriva ist die Alliance Rail Holdings Ltd. Das Unternehmen plant eigenwirtschaftliche Verkehre im Vereinigten Königreich, konnte diese bisher aber nicht realisieren. Außerdem steht Arriva auf der Shortlist für die Neuvergabe des Northern Franchise.
Daneben gehört der Dienstleister London and North Western Railway Co Ltd. (LNWR) zu Arriva, der unter

Arriva UK Trains / Captrain (UK) / CH

dem Markennanmen Arriva Train Care auftritt. Er wurde 1993 von Pete Waterman gegründet und nahm 1999 eine Werkstatt in Crewe in Betrieb. Im Jahr 2004 folgte als weiterer Standort eine Lokwerkstatt in Leeds, die später an Freightliner verkauft wurde. Im November 2008 wurde LNWR an Arriva verkauft. 2011 wurden von DB Schenker die Standorte Bristol, Cambridge, Eastleigh und Newcastle übernommen. Heute ist LNWR neben Arriva und DB Schenker auch für Bombardier, Siemens und Freightliner als Dienstleister tätig.

Captrain UK Ltd. G

ASRA House
1 Long Lane
UK-SE1 4PG London
Telefon: +44 207 939-1900
Telefax: +44 207 939-1901
sales@captrain.co.uk
www.captrain.co.uk

Management
* Philippe Bihouix (Director)
* Christophe Yves Georges Durand (Director)
* Edouard Laverny (Director)
* Sharon Elizabeth McSpadden (Director)
* Natasha Jane Skelton (Secretary)

Gesellschafter
Stammkapital 183.874,00 GBP
* Transport et Logistique Partenaires S.A. (TLP) (100 %)

Unternehmensgeschichte
Freight Europe UK Ltd. wurde 1996 als Tochter der Fret SNCF mit Sitz in London gegründet. Zunächst übernahm die Gesellschaft die Betreuung von Transporten zwischen UK und dem Festland über den Channel Tunnel sowie die Vermietung von Waggons.
Ende 2007 erhielt man die Zulassung als EVU, am 17.11.2008 wurden Stahlcoiltransporte für DFDS Tor Line von Immingham in die West Midlands in Eigentraktion aufgenommen. Bei den Güterverkehren kauft man jedoch weiterhin die Traktion bei Dritten ein.
Im Rahmen der neuen Markenstrategie der SNCF wurde die Gesellschaft 2010 in Captrain UK Ltd. umbenannt und konnte 2011 einen Umsatz von 11,3 Mio. EUR verzeichnen.

Chiltern Railways

The Chiltern Railway Company Ltd. (CH) P

1 Admiral Way
UK-SR3 3XP Sunderland

2nd floor, Western House
UK-HP20 2RX Rickfords Hill, Aylesbury
Telefon: +44 845 6005765
Telefax: +44 1296 332126
www.chilternrailways.co.uk

Management
* Robert William Brighouse (Managing Director)
* Thomas Mark Ableman (Director)
* Graham Peter Cross (Director)
* Amanda Furlong (Director)
* Andrew Christopher Munden (Director)
* Jennifer Payne (Director)
* David James Penney (Director)
* Duncan Thomas Rimmer (Director)
* Rebecca Ward (Director)
* Lorna Edwards (Secretary)

Gesellschafter
Stammkapital 2.150.002,00 GBP
* Arriva UK Trains Ltd. (100 %)

Lizenzen
* UK: EVU-Zulassung (GV) seit 16.09.1995
* UK: EVU-Zulassung (PV) seit 28.04.1995

Unternehmensgeschichte
Chiltern Railway bietet auf 215 Meilen Strecke (344 km) fahrplanmäßige Personenzüge weitgehend entlang der Autobahn M40 zwischen London Marylebone und Birmingham Moor Street, sowie von London Marylebone nach Aylesbury über Amersham. Das Unternehmen ist die einzige Bahngesellschaft im Hauptstreckenbetrieb mit zwanzigjährigem Franchise. Die Fahrgastkilometer haben sich seit 1996 verdreifacht. Chiltern wurde im Jahr 2011 in Arriva integriert. Das Chiltern-Franchise war zuerst 1996 an M40 Trains, einem von John Laing und der Investitionsgesellschaft 3i unterstützten Management-Buyout von British Rail-Managern vergeben worden. Anfangs hielten die Manager 51 % und John Laing 26 % aber in einer Restrukturierung vom März 1999 erhöhte Laing seinen Aktienanteil auf 84 %. Nach einer erneuten Ausschreibung erhielt M40 Trains 2000 ein neues 20-jährige Franchise, mit Beginn im März 2002. Dieses erfolgte unter der Auflage, dass bestimmte als Project Evergreen benannte Investitionen getätigt

CH / Colas Rail

würden. Im August 2002 erwarb John Laing die übrigen 16 % der Aktien und wurde selber im September 2006 von Henderson Equity Partners aufgekauft. Im folgenden Juli bot diese Firma Laing Rail zum Verkauf an. Die Deutsche Bahn kaufte sie im Januar 2008 einschließlich des Anteils von Laing Rail am Joint Venture London Overground Rail Operations Ltd. und gliederte die Unternehmen in die DB Regio-Gruppe ein. Mit der 2010 erfolgten Übernahme von Arriva durch die DB wurde Chiltern eine Tochter von Arriva.

Die Bedingungen des Franchise verpflichteten Chiltern zu einem größeren Infrastrukturinvestitionsprogramm unter dem in drei Phasen geteilten Project Evergreen. Der Schwerpunkt der ersten Phase lag auf dem doppelspurigen Ausbau eines langen eingleisigen Abschnitts von Chilterns Stammlinie. Dies geschah in zwei Stufen, 1998 zwischen Princes Risborough und Bicester North und 2001 von Bicester North nach Aynho Junction. Zusätzliche Bahnsteige wurden in den Bahnhöfen Haddenham, Thame Parkway und Princes Risborough gebaut und die Streckengeschwindigkeit wurde erhöht. Diese Maßnahme ergab eine sofortige Verbesserung der Fahrplanzuverlässigkeit. Die zweite Phase beinhaltete die Neutrassierung der Strecke durch Beaconsfield, um damit die Geschwindigkeit auf 120 km/h (75 mph) erhöhen zu können. Zwischen High Wycombe und Bicester, sowie zwischen Princes Risborough und Aylesbury wurde die Signalisierung verbessert, auf den alten Abstellgleisen in London Marylebone wurden zwei neue Bahnsteige gebaut und in Wembley ein neuer Betriebshof errichtet. Die dritte Phase von Evergreen war in Unterphasen geteilt: In der ersten Phase wurde die Stammlinie auf weiteren 80 Streckenkilometern zwischen Marylebone und Birmingham für Geschwindigkeiten von 160 km/h (100 mph) aufgerüstet. In Birmingham Moor Street wurden im Dezember 2010 zwei weitere Endbahnsteige wiedereröffnet. Im September 2011 wurde ein neuer Fahrplan, der den Verbesserungen Rechnung trägt, eingeführt. In der zweiten Phase werden in Bicester Town 200 Mio. GBP in eine neu zu bauende 0,4 km (0,25 Meilen) lange doppelspurige Gleisverbindung zwischen der Oxford-Bicester-Linie und Chilterns Stammlinie investiert, um neue Zugverbindungen zwischen Oxford und London Marylebone zu ermöglichen. Im Rahmen dieses Plans wurde im Mai 2011 die Bedienung der Linie Oxford-Bicester Town von First Great Western auf Chiltern übertragen. Auf einem Teil der Linie von Oxford nach Bicester Town wird die Doppelspur wieder eingebaut und in Water Eaton wird ein neuer Bahnhof erstellt. In Oxford, Islip und Bicester Town sind in diesem Rahmen zusätzliche Bahnsteige vorgesehen. Network Rail wird das Kapital für die Verbesserungen aufbringen und es durch eine Gebühr über die nächsten 30 Jahre wieder einnehmen. Bis zum Ende des Franchise wird Chiltern diese Gebühr tragen, danach wird sie dem nächsten Franchisenehmer auferlegt werden. Der Transportminister hat den Beginn der Arbeiten im Oktober 2012 freigegeben. Damit ist die Aufnahme der neuen Verbindung von London nach Oxford für das Jahr 2015 vorgesehen.

Im Juli 2012 gab die Regierung grünes Licht für das Projekt einer Ost-West-Verbindung East West Rail Link, das die Linie von Oxford nach Aylesbury Vale Parkway und Bletchley im Dezember 2017 wieder ermöglichen wird. Damit wird Chiltern in die Lage versetzt, durchgehende Züge bis Bedford oder Milton Keynes zu führen.

Colas Rail Ltd. G

Dacre House
19 Dacre Street
UK-SW1H 0DJ London
Telefon: +44 20 7593 5353
enquiries@colasrail.co.uk
www.colasrail.co.uk

Management
* Jean-Pierre Bertrand (Director)
* Julian Peter Dunn
* Frederic Ermeneux
* Colin John Evans
* Richard Fostier
* Stephen John Haynes
* Ondrej Roubicek
* James Joseph Quinnell (Secretary)

Gesellschafter
Stammkapital 10.000,00 GBP
* Colas Rail Holdings Ltd. (100 %)

Lizenzen
* RO: Sicherheitszertifikat, Teil B (GV); gültig vom 18.07.2013 bis 02.09.2017
* UK: EVU-Zulassung (GV) seit 25.05.2012
* UK: Sicherheitszertifikat, Teil A (GV); gültig vom 03.09.2007 bis 02.09.2017
* UK: Sicherheitszertifikat, Teil B (GV); gültig vom 03.09.2012 bis 02.09.2017

Unternehmensgeschichte
Der französische Baukonzern COLAS ist auch in Großbritannien aktiv, wo er am 31.05.2007 die AMEC SPIE Rail Ltd erworben hat. AMEC Rail war während der Privatisierung der British Rail (BR) entstanden und hatte ursprünglich einen Fokus auf Südengland. 1999 wurde ein Joint Venture zwischen AMEC und SPIE (AMEC SPIE Rail Systems Ltd.) gegründet. Im Jahre 2001 wurde SPIE von AMEC gekauft und die AMEC SPIE Rail Ltd. gegründet. Im Rahmen der Zugehörigkeit zur COLAS-Gruppe wurde die AMEC SPIE Rail in Colas Rail Ltd. umbenannt. Entsprechend den Hauptaktivitäten des

Colas Rail / DB Regio Tyne & Wear

Baukonzerns Colas ist man auch im Frachtverkehr hauptsächlich beim Transport von Baustoffen für den Gleisbau tätig. Seit dem Jahr 2007 werden auch Güterzüge für andere Kunden gefahren, zunächst Holzzüge von Carlisle, Crianlarich und Ribblehead nach Chirk. Ein Jahr später folgten Stahltransporte von Llanwern nach Dollands Moor für den Export durch den Eurotunnel. Neben diesen Verkehren befördert Colas Rail heute auch Ölprodukte und Kohle.

Ende des Jahres 2013 begann man, den Lokbestand deutlich auszubauen. Zunächst wurden 10 Lokomotiven Class 70/8 beschafft. Im April 2014 wurden dann 20 seit Jahren abgestellte Class 60 von DB Schenker gekauft. Die erste dieser Lokomotiven wurde im Mai 2014 wieder in Betrieb genommen, insgesamt sollen zehn Stück wieder in Betrieb gehen.

In Rumänien ist das Unternehmen ebenfalls mit zwei Loks aktiv.

DB Regio Tyne and Wear Ltd. ℗

1 Admiral Way
Doxford International Business Park
UK-SR3 3XP Sunderland

Tyne and Wear Metro
Metro Control Centre
South Gosforth
UK-NE3 1YT Newcastle upon Tyne
Telefon: +44 191 203-3199
Telefax: +44 191 203-3319
contactus@twmetro.co.uk
www.nexus.org.uk/metro

Management
* Amanda Furlong (Director)
* Aharon Marie Keith
* Richard Henry McLean
* Lorna Edwards (Secretary)

Gesellschafter
Stammkapital 1.300.001,00 GBP
* Arriva UK Trains Ltd. (100 %)

Lizenzen
* UK: EVU-Zulassung (PV) seit 15.03.2002
* UK: Sicherheitszertifikat, Teil A+B (PV); gültig vom 01.04.2010 bis 31.03.2015

Unternehmensgeschichte
DB Regio Tyne and Wear ist die Betriebsgesellschaft für die Tyne and Wear Metro, die in der Region um Newcastel upon Tyne verkehrt. Die DB erhielt die Betriebskonzession im Jahr 2010 von der Personennahverkehrsbehörde Nexus zugesprochen. Sie läuft bis 2017 mit einer zweijährigen Verlängerungsoption. Die Konzession deckt 78 Streckenkilometer (48 Meilen) und 59 Bahnhöfe ab. Die Metro befördert ca. 40 Mio. Fahrgäste jährlich. Tyne and Wear wurde 1980 eröffnet und wird als das erste moderne britische Stadtbahnsystem angesehen. Es ist ein hybrides System mit Elementen von Stadtbahn, unterirdischer U-Bahn und Eisenbahnstädteverbindung über längere Strecken. Ursprünglich hatte die Personenverkehrsbehörde (PTE) die Metro als Teil eines integrierten Netzes mit Bussen als Zubringern zu eigens gebauten Umsteigestellen geplant. Diese Regelung hatte nur bis zur Deregulierung des Busverkehrs im Jahr 1986 Bestand. Um die Metro zu verwirklichen mussten die bestehende aber heruntergewirtschaftete 42 km lange Lokalbahn in ein elektrifiziertes Nahverkehrssystem umgebaut werden und 13 km neue Infrastruktur zur Schaffung von Verbindungen mit Tunneln in den Zentren von Newcastle und Gateshead gebaut werden. Das System wurde 1991 zum Flughafen von Newcastle erweitert und 2002 wurde eine 18,5 km lange Verlängerung nach Sunderland eröffnet. Dies war die erste Umsetzung des Modells einer dem Karlsruher Modell ähnlichen Regionalstadtbahn im Vereinigten Königreich mit gemeinsamer Nutzung der Gleise auf dem Abschnitt zwischen Pelaw und Sunderland durch Vollbahnzüge. Auch wurde eine Trasse zwischen Sunderland und South Hylton, die in den Sechzigerjahren stillgelegt worden war, wieder reaktiviert. Ein großer Teil der ursprünglichen Strecke war Teil des weltweit ersten elektrischen Stadtbahnsystems, der Tyneside Electrics gewesen, die ab 1904 mit dritter Schiene elektrifiziert worden war. Die Linien wurden in den Sechzigerjahren auf Dieselbetrieb umgestellt als die elektrische Speisung und die Fahrzeuge das Ende ihres Lebensdauer erreichten. Die Metro ist im Besitz der öffentlichen Hand und wird durch städtische Steuereinnahmen und die Regierung bezuschusst. Nexus ist Eigentümer der Metro, hat aber den Betrieb und die Instandhaltung der Züge im Rahmen eines Abkommens mit der Regierung des Vereinigten Königreichs an Dritte vergeben, um Investitionen für die Modernisierung und Betriebszuschüsse für das System von 2010 bis 2021 sicherzustellen. Nexus bestimmt weiterhin die Fahrpreise, Zugintervalle und Betriebsstunden der Metro. DB Regio gewann 2010 die Konzession und nahm den Betrieb am 1.

DB Regio Tyne & Wear / DB Schenker Rail UK

April auf.
Im Februar 2010 bestätigte die Regierung Finanzmittel von bis zu 580 Mio. GBP für die Modernisierung und den Betrieb der Metro. Bis 350 Mio. GBP sind für das „Metro: All change programme" zur Modernisierung des Systems zwischen 2010 und 2021 vorgesehen. Dies beinhaltet u.a. den Einbau neuer Fahrkartenautomaten an allen Stationen, Zugangsschranken an 13 wichtigen Stationen, die Renovierung von 90 Metro-Zügen, die Modernisierung von 45 Stationen und die Beschaffung einer neuen Fahrzeugflotte mit einem neuen Signalsystem. Weitere 230 Mio. GBP sind als Beitrag an die Betriebs- und Instandhaltungskosten der nächsten neun Jahre vorgesehen.

DB Schenker Rail (UK) Ltd. G

Lakeside Business Park, Carolina Way
UK-DN4 5PN Doncaster
Telefon: +44 870 140 5000
www.rail.dbschenker.co.uk

DB Schenker Rail International Ltd.
Lakeside Business Park, Carolina Way
UK-DN4 5PN Doncaster

Rail Express Systems Ltd.
Lakeside Business Park, Carolina Way
UK-DN4 5PN Doncaster

Management
* Geoffrey Michael Spencer (Director, CEO)
* Andrea Rossi (Director, CFO)
* Christopher James Tingle (Secretary)

Gesellschafter
Stammkapital 18.947.932,00 GBP
* Boreal & Austral Railfreight Ltd. (100 %)

Lizenzen
* UK: EVU-Zulassung (GV) seit 31.03.1995
* UK: EVU-Zulassung (GV+PV) seit 31.03.1995 (Rail Express Systems Ltd.)
* UK: EVU-Zulassung (PV) seit 22.11.2011
* UK: Sicherheitszertifikat, Teil A (GV); gültig vom 01.05.2009 bis 19.07.2017, seit 20.03.2012 auch für PV
* UK: Sicherheitszertifikat, Teil B (GV); gültig vom 08.03.2010 bis 19.03.2017, seit 20.03.2012 auch für PV

Unternehmensgeschichte
DB Schenker Rail (UK) ist das größte Schienengütertransportunternehmen in Großbritannien. Das Unternehmen beschäftigt fast 4.000 Angestellte im gesamten Land und wickelt täglich Hunderte von Güterzügen ab. DB Schenker Rail (UK) war vormals unter dem Namen English, Welsh & Scottish Rail (EWS) bekannt und wurde im Juni 2007 von der Deutschen Bahn erworben. Das Unternehmen EWS wurde ursprünglich im Jahre 1995 als North and South Railways von einem Konsortium der Wisconsin Central Transportation Corporation gegründet. Das Konsortium erwarb fünf der sechs Transportunternehmen, die im Zuge der Privatisierung von British Rail entstanden waren. Begonnen wurde mit Rail Express Systems im Dezember 1995, im Februar 1996 folgten Loadhaul, Mainline Freight und Transrail Freight. Im Juli 1996 erhielt das Unternehmen den Namen English, Welsh and Scottish Railway (EWS).
Im November 1997 hat EWS außerdem Railfreight Distribution übernommen. Das Unternehmen war hauptsächlich in den Bereichen internationaler Containerverkehre, Automotive und Transporte für das Verteidigungsministerium tätig. Zum Zeitpunkt der Übernahme verfügte das Unternehmen über 150 Lokomotiven einschließlich der Class 92 für den Eurotunnel. Im folgenden Jahr erfolgte die Umfirmierung in English, Welsh and Scottish Railway International.
Das Gesamtunternehmen EWS verfügte damals über 900 Loks, 19.000 Güterwagen und beschäftigte 7.000 Angestellte. Es folgte eine umfassende Modernisierung der Flotte: Bis zum Jahre 2002 wurden 750 Mio. GBP in den Erwerb von 280 neuen Lokomotiven und über 2.000 neuen Waggons investiert, darunter 250 Loks der class 66.
Das Serviceangebot von EWS beinhaltete die Abwicklung von Postsendungen, Wagenladungsverkehr, Zugverkehr durch den Eurotunnel, Güterverkehr einschließlich des Transports von Öl, Mineralstoffgemischen und Zement, Transporte für die Kohle- und Stahlindustrie und für die Energieversorgung, sowie Bauzüge. Darüber hinaus hatte das Unternehmen begonnen, sich an Ausschreibungen für Containerverkehre zu beteiligen.
2001 erwarb die Canadian National Railway die Wisconsin Central Transportation Corporation. Im Jahre 2005 gründete EWS das französische Tochterunternehmen Euro Cargo Rail (ECR).
Bis zum Jahre 2006 näherte sich der Umsatz von EWS einem Betrag von 1 Mrd. GBP, wobei der Gewinn sich auf 14 Mio. GBP belief. Die DB AG erwarb das Unternehmen im Jahre 2007. Zu dieser Zeit hatte EWS in Großbritannien einen Marktanteil von ca. 70 % und beschäftigte ca. 5.000 Mitarbeiter. Per 01.10.2009 wurde das Unternehmen in DB Schenker Rail (UK) umbenannt. 2009 begann DB Schenker Rail damit, die Loks der Class 92 mit der Zugsicherung TVM auszurüsten, um zukünftig Güterverkehre auf der Hochgeschwindigkeitsstrecke

DB Schenker Rail UK / DRS

High-Speed 1 zum Eurotunnel anbieten zu können. Am 11.11.2011 nahm das Unternehmen Verkehre auf der Strecke zwischen Barking nahe London und Breslau in Polen auf, einen wöchentlichen High Speed 1 Service, bei dem die in Europa gebräuchlichen Wechselaufbauten zum Einsatz kommen. Ein zweiter wöchentlicher Umlauf besteht seit Dezember 2012.
Die Güterzüge des Unternehmens sind jeweils einem der vier Geschäftsbereiche zugeordnet:
* Energie – für den Einsatz im Bereich der Energieversorgung
* Industrie – für den Schwerguttransport von beispielsweise Metallen und Mineralölen
* Konstruktion – für den Einsatz im Bereich Schüttgüter, Bau- und Abfallindustrie
* Netzwerke – für die Bereiche Bahn, intermodaler Transport und den Logistikmarkt

Ferner bietet das Unternehmen einen kompletten Logistikservice einschließlich Haus-zu-Haus-Paketdienst, Lagerhaltung und Terminalmanagement.
In Zusammenarbeit mit der französischen Tochtergesellschaft Euro Cargo Rail SAS (ECR) verfügt DB Schenker Rail über eine breite Angebotspalette für Transportdienstleistungen von und nach Frankreich durch den Eurotunnel sowie über die DB-Beteiligung Transfesa weiter nach Spanien.
Nach der Beschaffung der class 66 ging der Fahrzeugbedarf, auch durch zunehmende Marktanteile anderer Unternehmen, stark zurück. Als Folge davon waren nicht nur die älteren Lokbestände, sondern auch die neueren class 58 und class 60 weitgehend über. Viele class 58 wurden nach Frankreich, Spanien und die Niederlande vermietet, sind heute aber alle abgestellt. Auch die class 60, deren letzte Vertreter erst 1993 gebaut worden waren, wurden weitgehend abgestellt. Nach der Gründung von ECR wurden 60 class 66 für Einsätze in Frankreich ausgerüstet. Inzwischen wurden 20 class 60 modernisiert und gehören wieder zum regulären Einsatzbestand, während die meisten anderen weiterhin abgestellt sind. Anfang des Jahres 2014 wurden 20 der abgestellten class 60 an Colas verkauft.
Auch die ursprünglich für Postzüge beschafften 160 km/h schnellen Loks der class 67 werden kaum noch im Güterverkehr verwendet. Da sie auch im Personenverkehr verwendbar sind, werden sie an entsprechende Unternehmen vermietet, z. B. an Arriva Trains Wales.

Direct Rail Services Ltd. (DRS) G

Herdus House Ingwell Drive
Westlakes Science & Technology Park
UK-CA24 3HU Moor Row

Kingmoor Depot
Etterby Road
UK-CA3 9NZ Carlisle
Telefon: +44 1228 406600
Telefax: +44 1228 406601
salesenquiries@drsl.co.uk
www.directrailservices.com

Management
* Neil Dominic McNicholas (Managing)
* Christopher Antony Peter Connelly (Director of Commercial and Business Development)
* Anthony Steven Bush (Engineering & Performance Director)
* Jeffrey Marshall (Operations & Compliance Director)
* Sara Eshelby Johnston (DirectorDirector)
* Martin Claus Liefeith (Director)
* Alan Moore (Director)
* Clive Richard Nixon (Director)
* Helen Elizabeth Hodgson (Secretary)

Gesellschafter
Stammkapital 1,00 GBP
* Nuclear Decommissioning Authority (NDA) (100 %)

Lizenzen
* UK: EVU-Zulassung (GV) seit 12.12.1995
* UK: EVU-Zulassung (PV) seit 09.10.1997
* UK: Sicherheitszertifikat, Teil A (PV+GV); gültig vom 01.10.2006 bis 20.05.2017
* UK: Sicherheitszertifikat, Teil B (PV+GV); gültig vom 21.02.2012 bis 20.05.2017

Unternehmensgeschichte
Direct Rail Services Ltd. (DRS) ist eine hundertprozentige Tochtergesellschaft der Agentur für die Stilllegung von kerntechnischen Anlagen, der Nuclear Decommissioning Authority. Das Unternehmen wurde im Jahre 1995 von der British Nuclear Fuels Ltd. gegründet, um den Transport von Kernbrennstoffen und die damit verbundenen Aufgaben für die Nuklearindustrie durchzuführen. Seit das Unternehmen 1995 den Betrieb mit fünf generalüberholten Class 20/3 Diesellokomotiven begann, ist es umfassend expandiert und hat

DRS / DOR

zahlreiche weitere Lokomotiven erworben. Nach Gründung der Agentur für die Stilllegung von kerntechnischen Anlagen (NDA) am 01.04.2005 wurde das Eigentumsrecht an DRS vom ursprünglichen Inhaber BNFL an die NDA übertragen. Somit ist DRS das einzige Bahnfrachtunternehmen Großbritanniens, welches sich noch in öffentlicher Hand befindet.
Mit mehr als 300 Mitarbeitern erwirtschaftet DRS einen jährlichen Umsatz von ca. 45 Mio. GBP. DRS hat sich verpflichtet, NDAs Stilllegungsprogramm für Kernkraftwerke durch den Betrieb eines sicheren und zuverlässigen Schienenverkehrsangebots zu unterstützen. Ausgehend von diesen Verkehren expandierte DRS im Schienenverkehrsmarkt Großbritanniens. Zur Angebotspalette gehören insbesondere kombinierte Verkehre. Daneben werden auch Fahrzeuge vermietet und Serviceleistungen im Bereich Instandhaltung angeboten. DRS ist das einzige Unternehmen Großbritanniens mit der Erlaubnis zum Transport von Kernbrennstoffen auf der Schiene und ist daher verantwortlich für die Abwicklung inländischer Schienentransporte von Brennelementen, die bis in die späten 90er Jahre von EWS (und zuvor von British Rail) durchgeführt wurden. Das Unternehmen führt Transporte für nukleare Bauprojekte durch und ist tätig bei der Entsorgung von Brennelementen und Nuklearabfall. Das Unternehmen verfügt über ein Trainingszentrum am Sitz der Zentrale in Carlisle, wo Weiterbildungsmaßnahmen und Sicherheitstraining für operatives Personal sowohl für die eigene Mitarbeiter als auch für Mitarbeiter anderer Firmen angeboten werden.
Im Jahre 2006 begann DRS einen neuen Service für Eddie Stobart in Zusammenarbeit mit Tesco, Großbritanniens größter Lebensmitteleinzelhandelskette. Dabei wurden Container vom Daventry International Rail Terminal Richtung Norden nach Mossend und Inverness in Schottland transportiert, wobei eine neue Class 66-Lokomotive unter Verwendung des Eddie Stobart Firmenlogos zum Einsatz kam (derzeitig wird dieser Service von Daventy nach Mossend von DB Schenker ausgeführt). Seit Winter 2011/2012 werden drei weitere tägliche Stobard/Tesco-Züge auf den Strecken von Daventry nach Tilbury, von Daventry nach Cardiff Wentloog und von Teesport nach Ditton gefahren.
Von November 2009 bis May 2010 hat DRS eine Zugverbindung zwischen Maryport und Workington angeboten, nachdem eine Brücke infolge eines Flutschadens beschädigt worden war und eine Verbindungsstraße ins Zentrum von Workington unpassierbar geworden war. Bei diesem Service kamen Class 37-, Class 47- und Class 57-Lokomotiven zum Einsatz. Im Januar 2012 wurde versuchsweise für sechs Wochen eine Verbindung auf der Strecke zwischen Carlisle und Sellafield als Service für die NDA Mitarbeiter eingerichtet, wobei eine Class 37-Lokomotive jeweils vier Waggons gezogen hat. Da der Versuch ein Erfolg war, wurde dieser Verkehr im Dezember 2012 als Dauerverbindung eingerichtet.
Seit Juni 2009 stellt DRS Class 47-Lokomotiven als Notfall-Abschlepploks für den Thunderbird-Service der National Express East Anglia & Greater Anglia. Darüber hinaus verfügt DRS über eine Reihe von Schienenfahrzeugdepots und Betriebshöfen. Beispiele hierfür sind das Carlisle Kingmoor Transmodal Depot in Sellafield, das Crewe Gresty Bridge Transmodal Depot in York und Depots in Grangemouth, Inverness, Stowmarket und London. Im Jahr 2014 begann mit der Auslieferung der neuen Diesellokomotiven des Typs UK Light von Vossloh als Class 68 die umfassende Modernisierung der Lokomotivflotte. Ihnen werden die Zweikraftloks der Class 88 folgen. Im Zuge dieser Beschaffungen werden viele der vorhandenen älteren Lokomotiven abgestellt. 6 der neuen Class 68 werden seit Dezember 2014 an Chiltern Railways vermietet.

Directly Operated Railways Ltd. (DOR)

5 Chancery Lane
UK-EC4A 1BL London
Telefon: +44 20 7406 7561
enquiries@directlyoperatedrailways.co.uk
www.directlyoperatedrailways.co.uk

Management
★ Andy Cope (Director)
★ Michael Peter Holden (Director)
★ Robert Leslie Charles Mason (Director)
★ Douglas Sutherland (Director)
★ David Eric Walker (Director, Secretary)

Gesellschafter
Stammkapital 1,00 GBP
★ The Secretary of State for Transport (100 %)

Beteiligungen
★ East Coast Main Line Company Ltd. (100 %)

Lizenzen
★ UK: EVU-Zulassung (PV) seit 20.09.2006

Unternehmensgeschichte
Directly Operated Railways (DOR) wurde im Juli 2009 vom britischen Verkehrsministerium (DfT) gegründet, um das Management und die Entwicklung des Franchise InterCity East Coast bis zur Übergabe an einen neuen privaten Betreiber

DOR

ausführen zu können. Auf diese Weise konnten die Vorgaben des Verkehrsministeriums laut Allgemeinem Eisenbahngesetz erfüllt werden, wonach die Durchführung des Personenverkehrs auf der Schiene auch dann sichergestellt werden muss, wenn der gegenwärtige Lizenzinhaber dies nicht über die gesamte Lizenzperiode ausführen kann. Nach entsprechenden Vorbereitungen wurde die Verantwortung für das Franchise am 13.11.2009 durch die hundertprozentige Tochtergesellschaft East Coast Main Line Company Ltd. übernommen. Dabei sollte Directly Operated Railways so lange für East Coast als verantwortliches Unternehmen fungieren, bis der Betrieb des Franchise an einen neuen privatwirtschaftlichen Unternehmer übertragen werden kann. Diese Neuvergabe des Franchise erfolgte im November 2014 an Inter City Railways Limited, eine gemeinsame Tochter von Virgin und Stagecoach. Dieser neue Betreiber hat den Betrieb zum 01.03.2015 übernommen. Directly Operated Railways wird danach ohne eigenen operativen Betrieb sein, vorerst aber als mögliche Rückfallebene für dieses und andere Franchises bestehen bleiben.

Im Herbst 2012 wurde Directly Operated Railways auserwählt, um die Übernahme des InterCity West Coast Franchises vorzubereiten, als das Unternehmen Virgin Trains nach erfolgloser Teilnahme am Ausschreibungsverfahren eine gerichtliche Überprüfung der Vergabeentscheidung eingeleitet hatte. Nach Widerruf der Entscheidung wurde mit Virgin über eine Verlängerung verhandelt, so dass es hier nicht zu einer Übernahme des Betriebs kam.

★ Michael Peter Holden (Director)
★ Robert Leslie Charles Mason (Director)
★ Douglas Sutherland (Director)
★ David Eric Walker (Secretary)

Gesellschafter
Stammkapital 1,00 GBP
★ Directly Operated Railways Ltd. (DOR) (100 %)

Lizenzen
★ UK: EVU-Zulassung (PV) seit 20.09.2006
★ UK: Sicherheitszertifikat, Teil A (PV); gültig vom 24.09.2009 bis 28.02.2019

Unternehmensgeschichte
East Coast Main Line Company ist die operative Tochter der Directly Operated Railways Ltd. für das Franchise InterCity East Coast. Ursprünglich wurde National Express East Coast im Dezember 2007 der Auftrag zum Betrieb des East Coast Main Line Franchise erteilt. Unter der Voraussetzung, dass die unternehmerischen Erfolgsziele erreicht werden, war die Befristung der Lizenz bis zum 31.03.2015 geplant. Im Juli 2009 wurde jedoch vom Stammhaus des Unternehmens, der National Express Group, mitgeteilt, dass es in Anbetracht der schlechten Handels- und Wettbewerbsbedingungen, mit denen die gesamte Gruppe konfrontiert ist, die finanzielle Unterstützung für das Tochterunternehmen einschränken würde. Dies führte am 13.11.2009 zur Einstellung des Franchise durch National Express East Coast.

Im Sommer 2009 hat Directly Operated Railways ein Expertenteam zusammengestellt, um den Übergang des Franchise-Unternehmens zu einem Unternehmen der öffentlichen Hand vorzubereiten mit dem Ziel, einen nahtlosen Übergang des Unternehmens in die hundertprozentige Tochtergesellschaft East Coast Main Line Company Ltd. zu ermöglichen. East Coast Main Line hat die Verantwortung für das Franchise am 13.11.2009 übernommen. Ursprünglich war dies für einen Zeitraum von bis zu zwei Jahren geplant. Nachträglich wurde der Zeitrahmen dann bis 2013 erweitert. Das Verkehrsministerium hat sich dann im Juni 2012 beraten lassen hinsichtlich der Frage, welche Verbesserungen sich die an der Lizenz interessierten Unternehmen wünschen würden. Hintergrund dafür war, das Ausschreibungsverfahren für die Lizenzvergabe im Januar 2013 zu eröffnen, damit das Franchise-Unternehmen im Dezember 2013 den Betrieb aufnehmen kann. Als Konsequenz auf das Einstellen des Ausschreibungsverfahrens für die West Coast Main Line hat das Verkehrsministerium alle Franchisevergaben gestoppt. Im März 2014 wurde der Auftrag an East Coast bis Februar 2015 verlängert und die Ausschreibung für das anschließende Franchise gestartet. Im November 2014 wurde das Franchise schließlich an ein Konsortium aus Stagecoach und Virgin vergeben.

East Coast Main Line Company Ltd. ℗

East Coast Main Line Company Ltd.
5 Chancery Lane
UK-EC4A 1BL London
www.eastcoast.co.uk

Management
★ Karen Boswell (Managing Director)
★ Andrew Brian Meadows (Human Resources Director)
★ Timothy James Hedley-Jones (Property and Projects Director)
★ Lesley Heath (Head of Safety and Environment)
★ Daniel Williams (Operations Director)
★ Timothy Brendan Kavanagh (Finance Director)
★ Peter Dwyer Williams (Commercial and Customer Service Director)
★ Paul Emberly (Director of Communications)
★ Jackobus Marinus Commandeur (Engineering Director)
★ Andy Cope (Director)

deren gemeinsame Tochter Inter City Railways Ltd. hat den Betrieb zum 01.03.2015 übernommen. Die eingesetzten Fahrzeuge wurden dabei vom neuen Betreiber übernommen.
Während der Übergangsphase im Jahr 2009 oblag es Directly Operated Railways den Fortbestand der Schienenverkehrsdienstleistungen sicherzustellen: Hierbei sollte es weder zu Störungen noch zu Unterbrechungen der entsprechenden Serviceleistungen kommen. Im Zuge der Mobilisierungsphase entschied sich Directly Operated Railways für einen neuen Namen und einen neuen Markenauftritt für das neue Franchise. Da dies ja nur ein Kurzzeitfranchise betreffen sollte, wurde darauf geachtet, die Kosten dafür auf ein Minimum zu reduzieren. Dies betraf beispielsweise auch die Mitarbeiteruniformen, denn hier wurden nur die Halstücher, Krawatten und Namensschilder angepasst und die Schienenfahrzeugflotte erhielt zwar neue Beschilderung, aber keinen neuen Farbanstrich.
Bis zum Tag des Transfers hatte Directly Operated Railways einen umfassenden Businessplan ausgearbeitet. Dieser enthielt einen genauen Plan hinsichtlich der Schwerpunkte der Serviceleistungen, eine umfassende Budgetaufstellung für alle Geschäftsbereiche, klare Ziele, eine strategische Vision und neue Performancevorgaben für die Mitarbeiter. Darüber hinaus wurden Vorkehrungen für den Transfer der Mitarbeiter des operativen Bereichs von National Express East Coast zu East Coast Main Line Company getroffen. Jeder Manager erhielt innerhalb von 72 Stunden ein Briefing und die Mehrheit der Mitarbeiter erhielt noch vor Weihnachten 2009 alle wichtigen Informationen. Für East Coast wurde dies ein nahtloser Übergang. Im Mai 2011 erfolgte dann die größte Fahrplanänderung seit 20 Jahren mit 19 zusätzlichen Angeboten pro Tag, einschließlich der als „Fliegender Schotte" bezeichneten 4-stündigen Express-Verbindung von Edinburgh nach London mit nur einem Zwischenstopp in Newcastle. Zu den weiteren Serviceangeboten zählen die tägliche halbstündige Verbindung zwischen Leeds und London, sowie der direkte Service zwischen Harrogate / Lincoln und London. Mit dem neuen Fahrplan wurden nun auch schnellere Züge, höhere Frequenzen und eine größere Regelmäßigkeit bei den Abfahrten von London King's Cross eingeführt. East Coast hat ferner einen Betrag von 12 Mio. GBP in die Verbesserung der Ersten Klasse investiert. So wurde ein spezieller Bedienservice für Snacks und Getränke am Sitzplatz eingeführt, eine neuer Ruhewagen kreiert und das Wi-Fi-System an Bord verbessert. All diese Maßnahmen haben zu einem Anstieg der Erste-Klasse-Passagiere um ein Drittel geführt. Ferner wurde die East Coast-Route zur ersten Zugverbindung Großbritanniens, die während der Zugfahrt eine mobile Internetnutzung ermöglichte.
Darüber hinaus hat das Unternehmen 17 Mio. GBP in Bahnhöfe, Züge, Depots und Technologie investiert

und erhielt bei der Pannenstatistik für seine Fahrzeugflotte die beste Schadensbilanz seit Beginn der Erhebung dieser Daten vor elf Jahren. Es ist East Coast ebenfalls gelungen, den Marktanteil des Schienenverkehrs gegenüber dem Luftverkehr auf den Hauptverkehrsrouten zwischen Schottland, Nordost-England und London deutlich auszubauen.

EAST MIDLANDS TRAINS

East Midlands Trains Ltd. (EMT)
P

Friars Bridge Court
41-45 Blackfriars Road
UK-SE1 8NZ London

Prospect House
1 Prospect Place
Millennium Way
Pride Park
UK-DE24 8HG Derby
Telefon: +44 8457 125 678
www.eastmidlandstrains.co.uk

Management
* Clare Ann Burles (Director)
* Timothy Radcliffe Gledhill (Director, Secretary)
* Andrew Martin Griffith (Director)
* Jacob Henry Kelly (Director)
* Neil Micklethwaite (Director)
* Timothy Martin Sayer (Director)
* Ian Edward Smith (Director)

Gesellschafter
Stammkapital 200.000,00 GBP
* Stagecoach Group plc (100 %)

Lizenzen
* UK: EVU-Zulassung (PV) seit 06.11.2007
* UK: Sicherheitszertifikat, Teil A+B (PV); gültig vom 11.11.2012 bis 10.11.2017

Unternehmensgeschichte
East Midland Trains (EM) bietet Bahnverbindungen in und um die East Midlands an, hauptsächlich in den Counties Lincolnshire South Yorkshire, Nottinghamshire, Leicestershire, Derbyshire und Northamptonshire, sowie InterCity-Verbindungen nach London. Das Franchise begann im November 2007 und entstand durch die Verschmelzung des ehemaligen Midland Mainline Franchise und des östlichen Teils des Central Trains Franchise. Es hatte zunächst eine Laufzeit von acht Jahren, wurde aber

EMT / Eurostar

im März 2013 bis Oktober 2017 verlängert.

Eurostar International Ltd. ℗

Times House; Bravingtons Walk
UK-N1 9AW London
Telefon: +44 1233 617991
www.eurostar.com

Management
* Nicolas Petrovic (Director, CEO)
* James Cheesewright (Director, CFO)
* Mikaël Lemarchand (Director of Stations)
* Nicholas Andrew Mercer (Commercial Director)
* James Mark Bayley (Director)
* Sophie Antoinette Boissard (Director)
* Barbara Dalibard (Director)
* Theodor Jacob Dilissen (Director)
* Denis Michel Hennequin (Director)
* Clare Hollingsworth (Director)
* Michel Jean Arsene Jadot (Director)
* Heidi Mottram (Director)
* Gareth Williams (Director of Regulatory Affairs & Company Secretary)

Gesellschafter
Stammkapital 5.001,00 GBP
* SNCF Voyages Developpement SAS (55 %)
* London & Continental Railways (40 %)
* Société Nationale des Chemins de fer Belges / Nationale Maatschappij der Belgische Spoorwegen (SNCB / NMBS) (5 %)

Lizenzen
* BE: Sicherheitszertifikat, Teil B (PV); gültig vom 18.08.2010 bis 17.08.2016
* CT: Sicherheitszertifikat, Teil B (PV); gültig vom 01.09.2010 bis 18.04.2017
* FR: Sicherheitszertifikat, Teil B (PV); gültig vom 30.08.2010 bis 30.08.2015
* UK: EVU-Zulassung (PV) seit 24.11.1998
* UK: Sicherheitszertifikat, Teil A (PV); gültig vom 01.09.2010 bis 18.04.2017

Unternehmensgeschichte
Eurostar betreibt eine Hochgeschwindigkeits-Bahnverbindung durch den Eurotunnel, die Großbritannien mit Frankreich und Belgien verbindet. Eurostar wurde gemeinsam von SNCF, SNCB und British Rail gegründet und hat im Jahre 1994 seinen Betrieb aufgenommen. Vor der Privatisierung der britischen Bahn wurde mit European Passenger Services (EPS) eine Britsh Rail Tochtergesellschaft gegründet, um die Interessen von British Rail bei Eurostar zu vertreten. Im Juni 1996 ist dieses Unternehmen in die London & Continental Railways (LCR) übergegangen. Im Oktober 1996 wurde Eurostar UK Ltd als Betreibergesellschaft gegründet.
Ursprünglich waren die Unternehmen Eurostar UK, SNCF und SNCB jeweils verantwortlich für den Eurostar Service auf ihrem eigenen Staatsgebiet. Im September 1999 wurde die Eurostar Group ins Leben gerufen, um eine gemeinsame Managementstruktur zu schaffen. Am 31.12.2009 hat Eurostar UK Ltd. seinen Namen in Eurostar International Ltd. geändert und im darauf folgenden September dann die Unternehmenstransformation vom Joint-Venture zur Eurostar International, einem eigenständigen Unternehmen, abgeschlossen.
Die Betriebsaufnahme erfolgte am 14.11.1994 zwischen den Bahnhöfen London Waterloo International, Paris Gare du Nord und Brüssel Midi. Seit Januar 1996 existiert ein Zwischenhalt an der Station Ashford International und im gleichen Jahr wurde die Direktverbindung zum Disneyland Paris eingerichtet. Seit Dezember 1997 gibt es zusätzlich eine Verbindung für Ski-Touristen in die Französischen Alpen und eine Direktverbindung nach Avignon besteht seit Juli 2002.
Erste Verbindungen nach Fawkham Junction, in der Nähe von Gravesend im Norden von Kent, wurde im September 2003 eingerichtet. Die Verbindung nach St. Pancras International wurde 2007 fertiggestellt, womit die Reisezeit um weitere 20 Minuten auf insgesamt 2 Stunden und 15 Minuten für die Strecke von London nach Paris reduziert wurde. Für die Strecke von London nach Brüssel konnte die Reisezeit auf 1 Stunde und 51 Minuten reduziert werden. Am 14.11.2007, genau 13 Jahre nach Firmengründung, wurden alle Eurostar-Services über Nacht von Waterloo nach St. Pancras International verlegt.
Im Jahre 2009 hat das Unternehmen seinen 100 Millionsten Passagier befördert. Im Oktober 2010 hat Eurostar angekündigt, eine Summe von 700 Mio. GBP in die Modernisierung und Neugestaltung des Fuhrparks zu investieren: Es wurden zehn neue Züge des Typs Velaro e320 bei Siemens bestellt und die bestehende Flotte soll überarbeitet und neu gestaltet werden. Im November 2014 wurden sieben weitere Züge bei Siemens bestellt. Die Inbetriebnahme der ersten als Class 374 bezeichneten Velaro ist für den Dezember 2015 geplant.
Die britische Regierung hat wiederholt betont, sich von den durch Großbritannien gehaltenen Anteilen bis zum Jahr 2020 trennen zu wollen, zuletzt am 04.12.2013. Am 04.03.2015 wurde schließlich der Verkauf des Anteils von 40 % an den kanadischen Pensionsfonds Caisse de Depot du Placement du

Eurostar / GW

Quebec (CDPQ) und den britischen Vermögensverwalter Hermes für 585,1 Mio. GBP bekanntgegeben. Der Verkauf muss aber noch von den zuständigen Aufsichtsbehörden genehmigt werden.

First Greater Western Ltd. (GW)
🅿

Milford House
1 Milford Street
UK-SN1 1HL Swindon
50 Eastbourne Terrace
Paddington
UK-W2 6LG London
Telefon: +44 1793 499-400
Telefax: +44 1793 499-516
www.firstgreatwestern.co.uk

Management
★ Vernon Ian Barker (Director)
★ Diane Burke (Director)
★ Clive Burrows (Director)
★ Benjamin John Caswell (Director)
★ Hugh Patrick Clancy (Director)
★ Susan Judith Evans (Director)
★ David Clement Gausby (Director)
★ Matthew Lawrence Golton (Director)
★ Mark Julian Hopwood (Director)
★ Andrew John Mellors (Director)
★ Benjamin James Taylor Rule (Director)
★ Martin Richard Wentworth Stoolman (Director)
★ John Robert Welch (Secretary)

Gesellschafter
Stammkapital 1,00 GBP
★ FirstGroup plc (100 %)

Lizenzen
★ UK: EVU-Zulassung (PV) seit 28.03.2006
★ UK: Sicherheitszertifikat, Teil A (PV); gültig vom 01.09.2006 bis 25.09.2018
★ UK: Sicherheitszertifikat, Teil B (PV); gültig vom 01.10.2013 bis 25.09.2018

Unternehmensgeschichte
First Great Western betreibt Intercity-Verbindungen zwischen London Paddington und den Cotswolds, Südwales und West Country, Pendlerverbindungen in London und dem Thames Valley, Regionalverbindungen zwischen Südostwales und Südwestengland und Nahverkehrsverbindungen in Südwestengland. First Great Western bedient 210 Bahnhöfe und die Züge halten an mehr als 270 Bahnhöfen. Das heutige Greater Western-Franchise, für das die FirstGroup im Dezember 2005 den Zuschlag bekam und den Betrieb am 01.04.2006

aufnahm, umfasst das ursprüngliche Great Western Franchise und Thames Trains (First Great Western Link) und Wessex Trains. Great Western wurde ursprünglich als Geschäftsbereich von British Rail in Vorbereitung der Privatisierung gegründet. Damals bestand es aus Expressverbindungen von London Paddington nach Westengland (Bristol, Exeter, Penzance) und Südwales (Cardiff, Swansea). 1996 gewann Great Western Holdings die Ausschreibung für das Franchise, an dem die Badgerline Bus Group beteiligt war. Diese Beteiligung ging bei der Fusion von Badgerline und GRT an die FirstGroup über. 1998 kaufte First Great Western Trains vollständig auf und benannte es in First Great Western um. First Great Western Link betrieb das früher von Go-Ahead betriebene Thames Trains Franchise von April 2004 bis März 2006. Es umfasste Thames Valley Pendlerverbindungen von Paddington u.a. nach Slough, Reading, Didcot, Oxford oder Henley-on-Thames. Wessex Trains entstand am 14.10.2001 infolge der Reorganisation des vorherigen Wales und West Franchise. Es war im Besitz der National Express Group und bot einen Großteil der Nahverkehrsverbindungen im Südwesten an.
In den Anfangstagen des Greater Western Franchise gab es starke Kritik am Standard der Verbindungen, insbesondere Beschwerden über überfüllte Züge und häufige Zugausfälle. Im Februar 2008 erklärte Verkehrsministerin Ruth Kelly, GW sei ständig hinter den Erwartungen der Kunden zurückgeblieben und sei sowohl für Fahrgäste als auch für die Regierung nicht akzeptabel. Sie sandte First Great Western eine Mahnung wegen Vertragsbruchs aufgrund falsch berichteter Zugstornierungen und eine Mahnung zur Erstellung eines Abhilfeplans aufgrund der außergewöhnlich hohen Zahl von Zugausfällen und der niedrigen Kundenzufriedenheit. Die Mahnung zur Erstellung eines Abhilfeplans zwang First Great Western u.a. zu einer Leistungsverbesserung, wobei bestimmte Meilensteine erreicht werden mussten, wenn nicht würde First Great Western das Franchise verlieren. Bis Juni 2009 hatte GW seine Leistungen so weit verbessert, dass es jetzt mit einer 94,6 % Zugpünktlichkeit zu einem der pünktlichsten Eisenbahnunternehmen im Vereinigten Königreich avancierte.
Im Mai 2011 kündigte die FirstGroup an, die Option einer Verlängerung des Franchise über Ende März 2013 hinaus nicht ausüben zu wollen. Die FirstGroup sagte, vor dem Hintergrund der 1 Mrd. GBP-Plans der Elektrifizierung der Western Strecke von London über Bristol nach Cardiff wolle sie einen längerfristigen Deal aushandeln und gab an, bestens für die Durchführung der Verbindungen während des Projekts gerüstet zu sein. Durch die Nichtausübung der Option umging die FirstGroup Prämienzahlungen in Höhe von 826,6 Mio. GBP an das DfT. Das DfT begann mit dem Neuvergabeverfahren für das Franchise und verkündigte im April 2012 First Great Western Trains, GW Trains (Arriva), NXGW Trains (National Express Group) und Stagecoach Great Western Trains

GW / HT / SR

(Stagecoach Group) als bevorzugte Bieter. Die Ausschreibung wurde abgebrochen, als die Ausschreibung für das West Coast Main Line Franchise im Oktober 2012 gekippt und dann im Januar 2012 auch die Western Ausschreibung storniert wurde. In der Folge wurde das Franchise der FirstGroup zunächst bis September 2015, später sogar bis März 2019 verlängert. Das Vergabeverfahren für die Zeit ab April 2019 soll im Jahr 2016 beginnen.

Neben dem Franchise betreibt First Great Western zusammen mit Heathrow Express die Flughafenanbindung Heathrow Connect. Die Züge verkehren dabei parallel zu denen des Heathrow Express zwischen London Paddington Station und dem Flughafen Heathrow, bedienen aber zusätzliche Zwischenstationen. Weitere Details dazu sind bei der Beschreibung des Heathrow Express zu finden.

Unternehmensgeschichte
Hull Trains bietet seit dem Jahr 2000 unter dem Markennamen First Hull Trains bis zu sieben Verbindungen pro Tag in beide Richtungen zwischen Hull und London Kings Cross über die East Coast Main Line im Rahmen des open Access an. Dabei werden Städte und Ortschaften wie Doncaster, Retford, Grantham und Stevenage angefahren. Zwei frühere British Rail Manager, Michael Jones und John Nelson hatten die Idee, eigenwirtschaftliche Zugverbindungen von Hull nach London anzubieten. Jeder von ihnen beteiligte sich mit 10 % an Hull Trains und GB Railways hielt die restlichen 80 %. First übernahm bei der Akquisition des Unternehmens im August 2003 die Anteile von GB Railways. Die britische Bahnregulierungsbehörde (ORR) gewährte Hull Trains im Jahr 2000 eine vierjährige vertraglich geregelte Trassennetznutzung ab September 2000, die schrittweise bis Dezember 2016 verlängert wurde.

Hull Trains Company Ltd. (HT) 🅿

4th Floor Europa House
184 Ferensway
UK-HU1 3UT Hull
Telefon: +44 845 676 9905
Telefax: +44 1904 525208
www.hulltrains.co.uk

Management
★ Vernon Ian Barker (Director)
★ Clive Burrows (Director)
★ Keith Eric Arthur Dought (Director)
★ William Dunnett (Director)
★ David Clement Gausby (Director)
★ Andrew Mark James (Director)
★ Robert John Welsh (Secretary)

Gesellschafter
Stammkapital 100,00 GBP
★ FirstGroup plc (80 %)
★ Mike Jones (10 %)
★ John Nelson (10 %)

Lizenzen
★ UK: EVU-Zulassung (PV) seit 14.09.2000

First ScotRail Ltd. (SR) 🅿

395 King Street
UK-AB24 5RP Aberdeen

Atrium Court
50 Waterloo Street
UK-G2 6HQ Glasgow
Telefon: +44 8700 005151
Telefax: +44 141 335 4592
www.scotrail.co.uk

Management
★ Stephen Montgomery (Managing Director)
★ Vernon Ian Barker (Director)
★ Clive Burrows (Director)
★ Hugh Patrick Clancy (Director)
★ Jacquelinene Dey (Director)
★ Kenneth James Docherty (Director)
★ Sean Duffy (Director)
★ David Clement Gausby (Director)
★ Kenneth Allan McPhail (Director)
★ Gary Stewart (Director)
★ John Robert Welch (Secretary)

SR / TP

Gesellschafter
Stammkapital 2,00 GBP
★ FirstGroup plc (100 %)

Lizenzen
★ UK: EVU-Zulassung (GV+PV) seit 11.10.2004
★ UK: Sicherheitszertifikat, Teil A (PV); gültig vom 01.10.2008 bis 25.09.2018
★ UK: Sicherheitszertifikat, Teil B (PV); gültig vom 01.10.2013 bis 25.09.2018

Unternehmensgeschichte
First ScotRail deckt rund 95 Prozent der Personenzugverbindungen in Schottland ab. Zusätzlich werden Nachtzugverbindungen zwischen den wichtigsten schottischen Städten und London, sowie zweimal täglich eine Verbindung Newcastle upon Tyne – Stranraer über Carlisle und Kilmarnock angeboten. Jährlich werden insgesamt 81 Mio. Fahrgäste befördert.
Die Marke ScotRail wurde Mitte der 1980er Jahre von British Railways Scottish Region gewählt und von National Express bei der Übernahme des Franchise bei der Privatisierung 1997 übernommen. Im Oktober 2004 wurde die FirstGroup Franchisenehmer mit einer Laufzeit von sieben Jahren. 2008 verlängerte die schottische Regierung das Franchise um drei Jahre über die Commonwealth Games 2014 in Glasgow hinaus. Anfangs betrieb die FirstGroup das Franchise unter dem Namen First Scotrail. Im September 2008 kündigte die Schottische Regierungsagentur Transport Scotland die permanente Umbenennung der Bahn-Franchises in Scotrail an und führte ein neues Logo mit einer stilisierten schottischen Fahne ein. Während der Franchiselaufzeit der FirstGroup konnten die Verspätungen um 50 % Prozent gesenkt und die Fahrgastzahlen um 20 % erhöht werden. Zwischen Edinburgh, Glasgow, Inverness, Dundee und Aberdeen kommen Expresszüge zum Einsatz. Die Highland Main Line schließt Inverness an den Süden an. Einige Teilbereich der Main Line wie z.B. die Highland Main Line sind eingleisig und Expresszüge müssen an Zwischenhalten stoppen, damit Züge aus der Gegenrichtung vorbeifahren können. Im Juni 2012 verkündete die schottische Regierung, dass bei der Neuausschreibung des Franchise 2014 die Nachtzugverbindungen als separates Franchise ausgeschrieben werden sollen. Im Dezember 2012 verkündete die schottische Regierung, dass das bisherige Franchise von November 2014 bis 31.03.2015 verlängert wird. Bei der Ausschreibung zur Neuvergabe wurde das Franchise dann wie angekündigt aufgeteilt. Bei den im Herbst 2014 abgeschlossenen Vergaben war First nicht erfolgreich, so dass First ScotRail zum 31.03.2015 alle Verkehre verlieren wird. Neuer Betreiber der Nachtzüge wird Serco und das eigentliche Scotrail-Franchise ging an Abellio. Die von First ScotRail eingesetzten Fahrzeuge werden weitgehend an die neuen Betreiber übergeben.

First/Keolis Transpennine Ltd. (TP) 🅿

50 Eastbourne Terrace
Paddington
UK-W2 6LG London

7th Floor Bridgewater House
60 Whitworth Street
UK-M1 6LT Manchester
Telefon: +44 161 228 8085
Telefax: +44 161 228 8120
www.tpexpress.co.uk

Management
★ Nicholas Charles Donovan (Managing Director)
★ Vernon Ian Barker (Director)
★ Clive Burrows (Director)
★ Elizabeth Anne Collins (Director)
★ David Clement Gausby (Director)
★ Leo David Goodwin (Director)
★ Rudolf Franciscus Haket (Director)
★ Darren Craig Higgins (Director)
★ David Lowrie (Director)
★ Andrew John McNeil (Director)
★ Malcolm Robert Rimmer (Director)
★ Paul Nicholas Staples (Director)
★ Paul Christopher Watson (Director)
★ John Robert Welch (Secretary)

Gesellschafter
Stammkapital 250.001,00
★ FirstGroup plc (55 %)
★ Keolis (UK) Ltd. (45 %)

Lizenzen
★ UK: EVU-Zulassung (GV) seit 28.01.2004
★ UK: EVU-Zulassung (PV) seit 30.01.2004
★ UK: Sicherheitszertifikat, Teil A (PV); gültig vom 01.10.2006 bis 06.02.2017
★ UK: Sicherheitszertifikat, Teil B (PV); gültig vom 07.02.2012 bis 06.02.2017

Unternehmensgeschichte
First/Keolis Transpennine betreibt unter dem Markennamen First Transpennine Express Intercity Verbindungen auf den Hauptstrecken von Manchester aus nach Nordengland, sowie Verbindungen zwischen West- und Ostküste quer durch die Pennines. Die Züge verbinden Liverpool und Manchester mit Leeds, York und Nordostengland, mit Sheffield und Doncaster und mit dem Lake District und Schottland. Ursprünglich verwendete Northern Spirit den Namen TransPennine Express, ein Geschäftsbereich von MTL, der 1997 das Regional Railways North East

TP / Freightliner Group

Franchise gewann und bis 2000, als MTL von Arriva übernommen wurde, betrieb. Zur gleichen Zeit war First North Western auch im North West Regional Railways Franchise aktiv.
Im Jahr 2000 verkündete die Strategic Rail Authority eine Reorganisation des North West Regional Railways Franchise und des Regional Railways North East Franchise. Sie bildete TransPennine Express für den regionalen Fernverkehr, wobei die anderen Verbindungen vom neuen Northern Franchise betrieben wurden und die wallisischen Küstenverbindungen von Regional Railways North West in Wales & Borders eingegliedert wurden. Den Zuschlag für das TransPennine Franchise erhielten First und Keolis, die den Betrieb im Februar 2004 aufnahmen. Die Zahl der beförderten Fahrgäste stieg von 13 Mio. im Jahr 2004 auf 24 Mio. 2011/2012, ein Anstieg um 85 %. Seit Einführung der neuen TransPennine Express-Verbindungen im Jahr 2004 stieg der Anteil der Zuganreisen zum Flughafen Manchester um mehr als 150 %. Die Verbindungen gliedern sich auf in North TransPennine von Liverpool Lime Street nach Scarborough, South TransPennine, zwischen Manchester Airport und Cleethorpes und TransPennine North West, zwischen Manchester Airport und Blackpool bzw. Lake District (via West Cost Main Line). Seit Dezember 2007 wurde dieser Teil des Netzes erweitert und bedient seither auch Penrith, Carlisle, Lockerbie, Motherwell, Glasgow, Central, Haymarket und Edinburgh Waverley. Für diese Strecke wurden neue Elektrotriebzüge der Class 350/4 beschafft und ab Dezember 2013 eingesetzt. Die dadurch freiwerdenden Dieseltriebzüge werden zur Kapazitätsausweitung auf anderen Strecken genutzt.
Die Laufzeit des Franchise wurde nach dem Zeitplan des DfT vom März 2013 zweimal verlängert, das letzte Mal von April 2015 bis 31.03.2016. Dies fällt mit dem Ende des Northern Franchise zusammen. Im Zuge der Neuausschreibung werden einige Linien in diesen Franchises neu zugeordnet. Auf der im August 2014 veröffentlichten Shortlist für die Neuvergabe befinden sich drei Unternehmen bzw. Bietergemeinschaften, FirstGroup, Keolis/Go-Ahead und Stagecoach. Dabei wird sich in der Struktur des zukünfigen Betreibers auf jeden fall etwas ändern, denn die heutigen Partner First und Keolis bieten nicht mehr gemeinsam an.

Freightliner Group Ltd. G

3rd Floor
The Podium
1 Eversholt Street
UK-NW1 2FL London
Telefon: +44 20 7200 3967
Telefax: +44 20 7200 3975
enquiries@freightliner.co.uk
www.freightliner.co.uk

Management
★ Russell Andrew John Mears (Director, CEO)
★ Darren Peter Leigh (Director, CFO)
★ Dominic Paul McKenna (Director Developement)
★ Timothy Michael Shakerley (Direktor Engineering)
★ Adam Lewis Cunliffe (Director, Managing Director Freightliner Ltd.)
★ Peter Maybury (Director)
★ Paul Kevin Smart (Director, Managing Director Freightliner Heavy Haul Ltd.)
★ Kevin James Utting (Director, Secretary)

Gesellschafter
Stammkapital 4.666.666,67 GBP
★ Railinvest Holding Company Ltd. (95 %)
★ Freightliner-Management (5 %)

Beteiligungen
★ Freightliner Australia Pty Ltd. (100 %)
★ Freightliner Heavy Haul Ltd. (100 %)
★ Freightliner Ltd. (100 %)
★ Freightliner Maintenance Ltd. (100 %)
★ Freightliner PL Sp. z o.o. (FPL) (100 %)
★ Freightliner Railports Ltd. (100 %)
★ ERS Railways B.V. (92 %)

Lizenzen
★ UK: EVU-Zulassung (GV) seit 14.02.2003
★ UK: Sicherheitszertifikat, Teil A (GV); gültig vom 01.10.2008 bis 25.09.2018
★ UK: Sicherheitszertifikat, Teil B (GV); gültig vom 01.10.2013 bis 25.09.2018

Unternehmensgeschichte
Die Freightliner Group ist nach DB Schenker Rail (UK) die zweitgrößte Güterbahn in UK. Unter der Holding Freightliner Group Ltd. Befinden sich heute sieben Tochterfirmen:
★ ERS Railways B. V.: Tochtergesellschaft für den niederländischen und deutschen Markt
★ Freightliner Australia Pty Ltd.: Tochtergesellschaft für den australischen Markt
★ Freightliner Ltd.: Intermodalverkehre
★ Freightliner Heavy Haul Ltd.: Bulk-Verkehre

Freightliner Group / FirstGroup

* Freightliner Maintenance Ltd.: Instandhaltung
* Freightliner PL Sp. z o.o.: Tochtergesellschaft für den polnischen Markt
* Freightliner Railports Ltd.: Terminalbetreiber

Die Entwicklung von Freightliner geht auf die 1960er Jahre zurück, wo durch die Staatsbahn British Rail (BR) begonnen wurde, unter der Bezeichnung Freightliner ein Netz von Zugverbindungen im Kombinierten Verkehr einzurichten. Der erste Freightliner-Zug verkehrte am 15.11.1965 von London King's Cross nach Glasgow. 1972 wurde der millionste Container im Freightliner-System befördert, im September 1981 der zehnmillionste. Die zunächst als Geschäftseinheit von British Rail angebotenen Freightliner-Verkehre wurden zum 19.11.1968 in die Freightliner Ltd. ausgegliedert. BR verblieb weiterhin Betreiber der Züge, das neu gegründete Unternehmen übernahm fortan Logistik und Vertrieb. Neben der BR (49 %) entfielen 51 % der Gesellschafteranteile auf die National Freight Corporation (NFC). Diese war 1968 als staatliche Gesellschaft infolge eines verabschiedeten Transportgesetzes (1968 Transport Act) gegründet worden und übernahm in den folgenden Jahren zahlreiche weitere staatliche britische Transportunternehmen. Nachdem der von British Rail abgewickelte Güterverkehr in den 1970er Jahren sukzessive zurückging, erfolgten Gegenmaßnahmen, zudem auch die Rückübertragung des Freightliner-Systems an British Rail zählte, die am 04.08.1978 abgeschlossen wurde. Auch als wieder integrierter Teil von BR blieb Freightliner eine vergleichsweise selbständige Einheit.
Im Zuge der Bahnreform wurde der Bereich Intermodal im Jahr 1995 in die Freightliner Limited ausgegründet. Im Gegensatz zur früheren Selbstständigkeit besaß dieses Unternehmen auch Lokomotiven und war damit in der Lage, die gesamte Zugleistung anzubieten. Im Jahre 1996 wurde das Unternehmen Rahmen eines durch die Investmentfonds die 3i und Electra Private Equity unterstützten Management Buyout privatisiert und somit als einziger Frachtteil der früheren BR nicht Bestandteil von EWS. Die intermodalen Verkehre sind auch heute ein wesentliches Standbein des Unternehmens, das ein umfangreiches Netzwerk im gesamten Land betreibt. Obwohl mittlerweile auch andere Unternehmen in diesem Marktsegment tätig sind, ist Freightliner weiterhin Marktführer. Im Jahr 1999 wurden erstmals Schotterzüge für den damaligen Infrastrukturbetreiber Railtrack befördert. Das bedeutete den Einstieg in das Geschäftsfeld Massenguttransporte, das 2001 in die Gesellschaft Freightliner Heavy Haul Ltd. ausgegründet wurde. Im Jahr 2000 wurden die ersten Kohleverkehre aufgenommen, die heute neben den Baustofftransporten den Schwerpunkt der Verkehre bilden.
In den folgenden Jahren ist das Unternehmen auch international expandiert. In den Jahren 2006 und 2007 wurden Tochtergesellschaften in Polen und Australien gegründet. Nach der Übernahme der Fondsanteile durch die Railinvest Holding Company im Jahr 2008 wurde damit deren Mutter, die Arcapita Bank, größter Anteilseigner. Im Jahr 2013 folgte schließlich der nächste Schritt mit der mehrheitlichen Übernahme der ERS Railways B. V. von der Reederei Maersk.
Am 25.02.2015 wurde bekanntgegeben, dass die Freightliner Group an das nordamerikanische Eisenbahnunternehmen Genesee & Wyoming Inc. verkauft wird. Das Unternehmen, das bereits in den Niederlanden mit seiner Tochter Rotterdam Rail Feeding aktiv ist, wird die Anteile von Arcapita übernehmen. Die übrigen 5 % verbleiben bis zum Jahr 2020 in den Händen des heutigen Managements.

FirstGroup plc

395 King Street
UK-AB24 5RP Aberdeen
Telefon: +44 1224 650-100
Telefax: +44 1224 650-140
www.firstgroup.com

First Capital Connect (FC)
Hertford House
1 Cranwood Street
UK-EC1V 9QS London
Telefon: +44 20 7713-2101
Telefax: +44 20 7427-2074
www.firstcapitalconnect.co.uk

First Greater Western Trains Ltd. (GW)
Milford House
1 Milford Street
UK-SN1 1HL Swindon
50 Eastbourne Terrace
Paddington
UK-W2 6LG London
Telefon: +44 1793 499-400
Telefax: +44 1793 499-516
www.firstgreatwestern.co.uk

First Hull Trains Ltd. (HT)
4th Floor Europa House
184 Ferensway
UK-HU1 3UT Hull
Telefon: +44 845 676 9905
Telefax: +44 1904 525208
www.hulltrains.co.uk

FirstGroup

First TransPennine Express Ltd. (TP)
7th Floor Bridgewater House
60 Whitworth Street
UK-M1 6LT Manchester
Telefon: +44 161 228 8085
Telefax: +44 161 228 8120
www.tpexpress.co.uk

First ScotRail Ltd. (SR)
Atrium Court
50 Waterloo Street
UK-G2 6HQ Glasgow
Telefon: +44 8700 005151
Telefax: +44 141 335 4592
www.scotrail.co.uk

Heathrow Connect
Atrium Court
50 Waterloo Street
UK-G2 6HQ Glasgow
Telefon: +44 8700 005151
Telefax: +44 141 335 4592
www.heathrowconnect.com

Management
* Timothy Terrence O'Toole (Director, Chief Executive)
* Christopher Surch (Group Finance Director)
* Michael John Barker (Director)
* Matthew David Barlow (Director)
* John William Drummond Hall (Director)
* John McFarlane (Director)
* Brian Godman Wallace (Director)
* Imelda Mary Walsh (Director)
* Brady Warwick (Director)
* James Winestock (Director)
* John Robert Welch (Secretary)

Gesellschafter
Stammkapital 60.246.337,80 GBP
* Chase Nominees Ltd. (11,9 %)
* State Street Nominees Ltd. (5,7 %)

Beteiligungen
* First Greater Western Ltd. (GW) (100 %)
* First ScotRail Ltd. (SR) (100 %)
* Hull Trains Company Ltd. (HT) (80 %)
* First/Keolis Transpennine Ltd. (TP) (55 %)

Unternehmensgeschichte
Bis Mitte 2014 war First mit einem Marktanteil von fast einem Viertel das größte Bahnunternehmen im Vereinigten Königreich. Danach verlor man jedoch die Wiederausschreibung zweier großer Franchises, so dass man deutliche Marktanteiler verloren hat. Damals betrieb First vier Bahnfranchises: First Capital Connect (Thameslink), First Great Western, Scotrail und Transpennine Express, letzteres in einem 55 % / 45 % Joint Venture mit Keolis (UK). Darüber hinaus hat das Unternehmen eine 80 % Beteiligung am open access operator Hull Trains. Das Unternehmen First entstand nach der Deregulierung des britischen Omnibusmarkts 1986. Im September 1986 wurde die Bristol Omnibus Company, die 1985 in Badgerline umfirmierte, im Rahmen eines Management Buyout verkauft. Die Badgerline Group expandierte über Akquisitionen und kaufte 12 ehemals staatliche Busunternehmen in England und Wales. Im November 1993 wurde die Gruppe eine Aktiengesellschaft. Das dem Aberdeen City Council gehörende Busunternehmen Grampian Regional Transport wurde 1989 über ein von seinem Geschäftsführer Moir Lockhead gesteuertes Management Buyout verkauft. Als GRT Bus Group expandierte auch dieses Unternehmen über Akquisitionen und kaufte sechs ehemals staatliche Busunternehmen in England und Schottland. Im April 1994 wurde die GRT Bus Group eine Aktiengesellschaft. FirstBus entstand 1995 durch die Fusion von Badgerline und GRT Bus und hat Fahrzeugflotten in England, Wales und Schottland. Als Firmensitz wurde Aberdeen gewählt. Zum Zeitpunkt der Fusion hatte FirstBus 5.600 Busse, von denen 4000 von Badgerline kamen. Trevor Smallwood wurde Vorstandsvorsitzender und GRT-Chef Moir Lockhead (später Sir Moir Lockhead) wurde stellvertretender Vorstandsvorsitzender und Chief Executive. 1990 wandte sich das Unternehmen im Zuge der Privatisierung von British Rail auch dem Schienenverkehr zu und firmierte im Dezember 1997 in FirstGroup um.
First war mit 24,5 % an der im Dezember 1994 für die Teilnahme an den Ausschreibungen der Schienenverkehrfranchises gegründeten Gesellschaft Great Western Holdings beteiligt, eine Reihe von ehemaligen British Rail Managern hielten 51 % daran. Sie gewann das von Februar 1996 bis März 2006 betriebene Great Western Franchise und betrieb von März 1997 bis Dezember 2004 das North West Regional Railways Franchise (als North Western). Im März 1998 erwarb die FirstGroup die 75,5 % an Great Western Holdings, die sie bislang noch nicht besaß und nannte die Franchises in First Great Western und First North Western um. First Great Eastern (FGE), eine 100 % Tochtergesellschaft von First, betrieb das Great Eastern Franchise von Januar 1997 bis März 2004 mit Zugverbindungen von London Liverpool Street nach Essex und Suffolk, danach fusionierte das Franchise mit dem Greater Anglia Franchise. Im August 2003 übernahm die FirstGroup GB Railways, zu der Anglia Railways und GB Railfreight sowie eine 80 % Beteiligung an Hull Trains gehörte. Da die FirstGroup für das Great Anglia Franchise nicht in die engere Wahl gezogen worden war hatte sie jetzt die Chance, noch einmal zu bieten. Aber dieses Franchise ging ab April 2004 an National Express. GB Railfreight wurde in First GBRf umbenannt und im Juni 2010 an die Eurotunnel Group verkauft. Damit stellte First ihre Tätigkeit im Güterverkehr wieder ein.
Zwischen 2003 und 2004 wurde das North Western Franchise reorganisiert und der Betrieb auf drei neue

FirstGroup / GBRf

Franchises aufgeteilt: Wales & Borders Franchise, Northern und TransPennine. Die FirstGroup gewann in einem Joint Venture mit Keolis (UK) die Ausschreibung für das TransPennine Franchise und begannen im Februar 2004 mit dem Betrieb. Die FirstGroup hält 55 % an diesem Joint Venture. 2003 bekam First den Zuschlag für den Betrieb des Thames Train Franchise von Go-Ahead und nahm den Betrieb im April 2004 als First Great Western Link auf. Sie bekam außerdem den Zuschlag für das Scotrail Franchise, das den Betrieb im Oktober 2004 aufnahm.

Im Dezember 2005 bekam die FirstGroup den Zuschlag für das neue Thameslink Franchise, das zuvor durch die Integration des Great Northern Services erweitert worden war. Der Betrieb des Franchise startete im darauffolgenden April und bekam den Namen First Capital Connect. Noch im gleichen Jahr gewann die FirstGroup die Verlängerung des Great Western Franchise, das um die ehemaligen Thames Trains und Wessex Trains Franchises erweitert wurde. Im Juni 2009 unterbreitete die FirstGroup eine Übernahmeangebot für die damals hoch verschuldete National Express Group, die darum kämpfte, ihr National Express Bahn-Franchise zu halten, das nicht erwartungsgemäß lief. Das Angebot wurde abgelehnt.

Die Entscheidung des Verkehrsministeriums (DfT) im Jahr 2012, das West Coast Main Line Franchise an die FirstGroup zu vergeben, führte in den Vergabeverfahren der Franchises im Vereinigten Königreich zu einer Krise. Bevor der Vertrag unterzeichnet werden konnte ging der bisherige Betreiber Virgin Trains gerichtlich gegen die Entscheidung vor. Bei der Vorbereitung für die Anhörung fand das Verkehrsministerium schwerwiegende Fehler, die es bei der Durchführung der Ausschreibung gemacht hatte, so dass diese im Oktober 2012 aufgehoben wurde. Verkehrsminister Patrick McLoughlin verkündete eine Pause bei den Franchisevergaben, in der zwei Überprüfungen stattfanden, eine unter Sam Laidlaw, Chief Executive von Centrica und Ed Smith, ehemaliger Strategievorsitzender von PricewaterhouseCoopers, beide Non-Executive Directors des Verkehrsministeriums und die zweite unter dem Eurostar-Vorsitzenden Richard Brown. Im Januar verkündete McLoughlin, dass auch die Ausschreibung für die Verlängerung des Great Western Franchise aufgehoben sei. Das neue Franchise hätte eigentlich im Oktober 2013 beginnen sollen. Nach dem neuen Zeitplan des DfT läuft das Great Western Franchise jetzt bis Juli 2016. Das West Cost Main Line Franchise wird nun nicht vor 2017 neu vergeben.

Die Wiederaufnahme der Franchisevergaben im Jahr 2014 verlief für First dann aber weniger erfolgreich. Zunächst ging das Franchise Thameslink Great Northern verloren, das von First Capital Connect betrieben und am 14.09.2014 an Govia Thameslink Railway übergeben wurde. Im Oktober 2014 folgte der Verlust des ScotRail Franchise. Dieses wurde in zwei Teilen vergeben und wird ab dem 01.04.2015 von Abellio und Serco betrieben.

GB Railfreight Ltd. (GBRf)

55 Old Broad Street
UK-EC2M 1RX London

15-25 Artillery Lane
UK-E1 7HA London
Telefon: +44 20 7904-3393
Telefax: +44 20 7983-5113
gbrfinfo@gbrailfreight.com
www.gbrailfreight.com

Management
* François Coart (Director)
* Karl Peter Goulding-Davis (Director)
* Emmanuel Moulin (Director)
* Pascal Georges Armand Sainson (Director)
* John Geoffrey Smith (Director)

Gesellschafter
Stammkapital 5.000.002,00 GBP
* Europorte SAS (100 %)

Lizenzen
* UK: EVU-Zulassung (GV) seit 04.07.2000
* UK: EVU-Zulassung (PV) seit 23.06.2009

Unternehmensgeschichte
GB Railfreight (GBRf) wurde 1999 als Tochter von GB Railways gegründet. Die GB Railways war ihrerseits von ehemaligen Managern der British Rail im Rahmen der Privatisierung des Bahnverkehres gegründet worden. GB Railways konnte das Franchise Anglia 1996 für sich entscheiden und zudem nahm das Unternehmen Hull Trains (heute Teil der FirstGroup) 2000 den Betrieb auf. Im Unterschied zu den Wettbewerbern DB Schenker Rail (UK) und Freightliner entstand GB Railfreight nicht bei der Privatisierung eines Sektors der British Railways.

Im August 2003 erfolgte der Verkauf der Güterbahn an die FirstGroup, wobei die Gesellschaft in First GBRf umbenannt wurde. Ab 2004 wurden die Postzüge für Royal Mail befördert, die 2010 an EWS abgegeben werden mussten. Da sich die FirstGroup auf den Personenverkehr beschränken wollte, wurde die Gütertochter im Mai 2010 zum Verkauf ausgeschrieben. Dem Vernehmen nach zeigten Eurotunnel, Freightliner und die französische Staatsbahn SNCF Interesse an dem Unternehmen. Der Zuschlag erging per 01.06.2010 für einen Kaufpreis von 26,3 Mio. GBP an die Eurotunnel Tochter Europorte. Nachfolgend nahm die

GBRf / Go-Op

Bahngesellschaft wieder ihren ursprünglichen Namen GB Railfreight an.
Das Portfolio von GBRf umfasst Intermodalverkehre, Schüttguttransporte sowie die Beförderung von petrochemischen Produkten, Metallen und Baustoffen für den Gleisbau. GBRf ist zudem Marktführer im Bereich von Bahndienstleistungen wie zum Beispiel Testfahrten und Auslieferungstransporte für die Bahnindustrie sowie Abschleppbereitschaften für Dritte.
Seit Frühjahr 2012 betreibt GBRf darüber hinaus als Dienstleister das interne Eisenbahnnetz im Stahlwerk Redcar. Das zuvor stillgelegte Werk wurde damals von der Sahaviriya Steel Industries UK Ltd. (SSI UK) wieder in Betrieb genommen. Für diese Verkehre wurden insgesamt 10 Lokomotiven der Baureihe Di 8 und zusätzlich zwei als Ersatzteilspender von Cargonet aus Norwegen übernommen. Die Di 8 können schon wegen ihres Umgrenzungsprofils nur innerhalb des Werksgeländes eingesetzt werden.
seit April 2015 stellt GBRf die Triebfahrzeuge für Serco Caledonian Sleeper. Vor den Nachtzügen kommen Elektrolokomotiven der Class 92 und remotorisierte Zweikraftloks der Class 73/9 zum Einsatz.

Go! Co-operative Ltd. (Go-Op)

16 Somermead
UK-BS3 5QS Bristol
Telefon: +44 300 456 2265
info@go-op.coop
www.go-op.coop

Management
★ Tim Pearce (Director)
★ Sandra Aldworth (Finance Director)
★ Alex Lawrie (Operations Director)
★ Jean Nunn-Price (Director)

Gesellschafter
Stammkapital 221.589,00 GBP
★ 172 Gesellschafter (100 %)

Unternehmensgeschichte
Go-op möchte das erste genossenschaftlich betriebene Bahnunternehmen im Vereinigten Königreich werden. Die Nutzung von öffentlichen Verkehrsmitteln soll erleichtert werden, indem über „open access"-Bahnverbindungen kleinere Städte an die Hauptlinien angeschlossen werden. Zur Anbindung von abgelegeneren Ortschaften sollen, wo dies möglich ist, Stadtbahn- oder Busverbindungen angeboten bzw. Fahrgemeinschaften organisiert werden.
Das Flaggschiff von Go-op bei den Hauptverbindungsstrecken ist die beabsichtigte Verbindung Westbury - Birmingham Moor Street. Das Unternehmen plant einen Regelfahrplan mit neuem Rollmaterial. Das Unternehmen bemüht sich um einen 10-Jahres Vertrag für die Netznutzung und möchte in jede Richtungen acht Verbindungen täglich zwischen Westbury in der Nähe von Bath in Wiltshire und Birmingham mit Halt in Trowbridge, Melksham, Chippenham, Swindon, Oxford, Banbury, Leamington Spa, Warwick und Solihull anbieten. Die Züge sollen an Wochentagen von 6:00 bis 20:00 Uhr im Zweistundentakt verkehren, wobei freitags zusätzliche Verbindungen angeboten werden sollen. In Stoßzeiten sollen die Züge stündlich verkehren, im Sommer ist an Wochenenden eine Verbindung nach Weymouth geplant.
Das Unternehmen hat zwischenzeitlich ein Angebot für die Lieferung von Zügen eingeholt. Darüber hinaus fanden Gespräche zwischen dem Unternehmen und dem Wiltshire County Council über die Einrichtung einer vom Local Sustainable Transport Fund finanzierten Verbindung zwischen Salisbury und Westbury statt. Dieses Vorhaben wurde jedoch wegen zu langsamer Fortschritte fallen gelassen.
Die Fortschritte verzögerten sich, weil es Verwirrung über das Franchisingprogramm des Verkehrsministeriums gab, wegen Plänen einer Elektrifizierung der Strecken, die das Unternehmen betreiben möchte und weil bislang kein Antrag für die Netznutzung gestellt wurde. Laut letzten Meldungen plante Go-Op die Betriebsaufnahme für Frühjahr 2014, aber dazu ist es bisher noch nicht gekommen.
Go-Op arbeitet bereits an der Einführung von Stadtbahnverbindungen auf zwei Sekundärlinien. Die erste Stadtbahnverbindung, von Medstead & Four Markets nach Alton in Hampshire, würde teilweise über die Mid-Hants Railway verkehren und dabei, wenn möglich, das Rollmaterial von Parry People Movers nutzen. In Alton sollen morgens und abends fünf Verbindungen mit Anschluss an die South West Trains Hauptverbindungen angeboten werden. Die zweite Stadtbahnverbindung wäre über die Ludgershall-Sekundärlinie in der Nähe von Andover zwischen Wiltshire und Hampshire. Die Mid-Hants Railway ist eine Museumslinie, die hauptsächlich an den Wochenenden genutzt wird, und die Ludgershall-Linie wird nur gelegentlich von Güterzügen genutzt.

Govia / GTR

Govia Ltd.

3rd Floor
41-51 Grey Street
UK-NE1 6EE Newcastle upon Tyne

4 Matthew Parker Street
UK-SW1H 9NP London
Telefon: +44 20 7799 8990
gavln.bostock@go-ahead.com
www.govia.info

London & South Eastern Railway Ltd. (SE)
Friars Bridge Court
41-45 Blackfriars Road
UK-SE1 8PG London
Telefon: +44 20 7620 5000
www.southeasternrailway.co.uk

London Midland (LM) - London & Birmingham Rail Ltd.
102 New Street
UK-B2 4JB Birmingham
Telefon: +44 121 654 1101
www.londonmidland.com

Southern Railway Ltd. (SN)
26-28 Addiscombe Road
UK-CR9 5GA Croydon, Surrey
Telefon: + 44 20 8929 8600
Telefax: +44 20 8929 8987
www.southernrailway.com
www.gatwickexpress.com

Management
* David Allen Brown (Director)
* Keith Down (Director)
* Alistair John Francis Gordon (Director)
* Charles Anthony Hodgson (Director)
* Malcolm Robert Rimmer (Director)
* Bernard Denis Maurice Tabary (Director)
* Nicolas Luc Daniel Vandevyver (Director)
* Carolyn Ferguson (Secretary)

Gesellschafter
Stammkapital 100,00 GBP
* Go-Ahead Holding Ltd. (65 %)
* Keolis (UK) Ltd. (35 %)

Beteiligungen
* Govia Thameslink Railway Ltd. (GTR) (100 %)
* London & Birmingham Railway Ltd. (100 %)
* London & South Eastern Railway Ltd. (SE) (100 %)
* Southern Railway Ltd. (SN) (100 %)

Lizenzen
* SN -> UK: EVU-Zulassung (PV) seit 11.09.2009

Unternehmensgeschichte
Govia wurde im November 1996 als Joint Venture von Go-Ahead (65 %) und damals noch als Via GTI firmierenden Keolis (35 %) mit dem Zweck gegründet, bei der Privatisierung von British Rail für Bahn-Franchises zu bieten.
Die Go-Ahead Gruppe war ursprünglich im Februar 1987 bei der Privatisierung der National Bus Company als Go-Ahead Northern Ltd. ins Leben gerufen worden. Das Unternehmen expandierte im Busgeschäft und ging im Mai 1994 in London an die Börse. Go-Ahead stieg 1996 im Vereinigten Königreich als Teil von Victory Rail Holdings in den Eisenbahnmarkt ein, als diese das Thames Trains Franchise gewann, das sie von Oktober 1966 bis März 2004 betrieb. Go-Ahead hielt 65 % der Anteile an Victory Rail Holdings, die restlichen 35 % wurden von einer Gruppe ehemaliger British Rail Manager und Mitarbeiter gehalten. Go-Ahead kaufte die restlichen Anteile im Juni 1998.
1996 ging Go-Ahead ein Joint Venture mit Via GTI ein und so entstand Govia. Diese betrieb von März 1997 bis März 2006 das Thameslink Franchise. 1999 wurde die französische Staatsbahn SNCF Mehrheitseigner der Via GTI, die dann nach einer Fusion mit Cariane zu Via Cariane wurde und aus der wiederum 2001 Keolis entstand.
2001 gewann Govia das Southern Franchise, 2006 Southeastern und 2007 London Midland. Im Mai 2014 hat Govia das neue kombinierte Thameslink, Southern und Great Northern Rail Franchise gewonnen. Außerdem steht Govia auf der Shortlist für die Neuvergabe des Northern Franchise und bietet dort mit dem neuen Tochterunternehmen Govia Northern Ltd. an.

Govia Thameslink Railway Ltd. (GTR) ℗

3rd Floor
41-51 Grey Street
UK-NE1 6EE Newcastle upon Tyne

GTR

Hertford House
1 Cranwood Street
UK-EC1V 9QS London
www.gtrailway.com

Management
* Charles Stuart Horton (Director, CEO)
* Wilma Mary Allan (Director, CFO)
* Dyan Crowther (Director, COO)
* Bruno Auger (Director)
* David Allen Brown (Director)
* Keith Down (Director)
* Alistair John Francis Gordon (Director)
* Charles Anthony Hodgson (Director)
* Carolyn Ferguson (Secretary)

Gesellschafter
Stammkapital 5.000.000,00 GBP
* Govia Ltd. (100 %)

Lizenzen
* UK: EVU-Zulassung (PV) seit 09.09.2014

Unternehmensgeschichte
Die Govia Thameslink Railway Ltd. ist ein neu gegründetes Unternehmen für den Betrieb des Thameslink, Southern and Great Northern Franchise, das Govia im Mai 2014 übernommen hat. Das neue Franchise besteht aus dem bisherigen Thameslink Great Northern Franchise und dem South Central Rail Franchise. Der Betrieb in dem bisher von First Capital Connect betriebenen Thameslink Great Northern Franchise wurde am 13.09.2014 durch Govia Thameslink Railway Ltd. übernommen. Das schon heute von Govia betriebene South Central Rail Franchise wird im Juli 2015 von der bisherigen Betriebsgesellschaft Southern Railway Ltd. zusammen mit deren Fahrzeugflotte übernommen. Die Verkehre der Govia Thameslink Railway Ltd. werden weiterhin unter den Markennamen Great Northern, Thameslink, Southern und Gatwick Express vermarktet.
Das Thameslink Franchise wurde schon einmal im Zeitraum von 02.03.1997 bis 31.03.2006 von Govia betrieben. Die Strategic Rail Authority beschloss, die Great Northern Verbindungen von West Anglia Great Northern (von London Kings Cross und London Moorgate nach Cambridge, King's Lynn und Peterborough) bei der Verlängerung des Franchise 2006 in das neu zu schaffende Thameslink Great Northern Franchise einzugliedern. Im Dezember 2005 vergab das DfT das neue Franchise an First, die am 01.04.2006 den Betrieb als First Capital Connect aufnahm. Thameslink ist eine der Hauptverkehrsverbindungen mit 50 Bahnhöfen, die sich über 225 km von Norden nach Süden (Beford bis Brighton) erstreckt und sowohl den Flughafen London Gatwick als auch den Flughafen London Luton anbindet. Dazu gehört auch eine Vorortschleife nach Sutton und Wimbledon. Die Direktverbindung wurde 1988 eingeweiht und wurde durch die Wiedereröffnung des nicht mehr genutzten Snow Hill Tunnel für den Personenverkehr möglich. Südlich von London verläuft ein Großteil der Strecke über die Hauptlinie nach London und im Norden wird der Abschnitt St. Pancras-Bedford der Midland Mainline genutzt, die seit 1980 elektrifiziert ist. Der Abschnitt quer durch London hindurch führt an St. Pancras International, Farrington, City Thameslink, Blackfriars vorbei und dann weiter entweder an London Bridge oder Elephant & Castle vorbei. Für die Verbindung ist Zweispannungs-Rollmaterial nötig, denn die Linien südlich der Themse sind mit 750V und Stromschiene elektrifiziert, die nördlich mit einer 25 kV und Oberleitung. Die Personenverkehrszahlen zwischen den Zielbahnhöfen in Nord- und Südlondon vervierfachte sich im ersten Jahr, nachdem Thameslink den Betrieb übernommen hatte.
Durch diesen Erfolg fühlte sich British Rail ermutigt, Vorschläge zu einem Netzausbau auszuarbeiten. Die Vorschläge für das als Thameslink 2000 bezeichnete Projekt bestanden darin, das ursprüngliche Netz zu erweitern und zu modernisieren, sowie gleichzeitig die Zahl der Bahnhöfe von 50 auf 169 zu erhöhen sowie durch die Einführung von 12-teiligen Zügen die Kapazität zu steigern und mehr Züge pro Stunde zuzulassen. In Vorbereitung des Projekts wurde eine Fusion der Franchises Thameslink und Great Northern beschlossen.
Nach vielen Verzögerungen begann das 6 Mrd. GBP umfassende, jetzt als Thameslink Programme bezeichnete Projekt 2007. In der Phase 1, die rechtzeitig für die Olympischen Spiele 2012 in London fertig gestellt wurde, wurden die Arbeiten für den Betrieb 12- teiliger Züge auf der Strecke Bedford-Brighton abgeschlossen und der Bahnhof Blackfriars auf der anderen Seite der Themse für 12-teilige Züge umgebaut.
In der 2013 begonnenen Phase 2, die bis 2018 läuft, wird der gesamte Bahnhof London Bridge umgebaut, um die Anbindung der zukünftigen Linien aus dem Süden zu ermöglichen. Das Programm beinhaltet auch, dass neues Rollmaterial zur Verfügung gestellt wird. Dafür wurden nach mehrfachen Verzögerungen bei Siemens 60 acht- und 55 zwölfteilige Triebzüge des Typs Desiro City bestellt, die als Class 700 ab dem Jahr 2016 zum Einsatz kommen sollen. Um die durch die verzögerte Beschaffung entstandene Lücke zu schließen, wurden als Übergangslösung 29 4-teilige Bombardier Electrostar bestellt, die 2015 in Betrieb gehen und nach Lieferung der Class 700 an das East Midlands Franchise weitergereicht werden sollen. Unabhängig von dem Thameslink Programme läuft auch die Beschaffung neuer Fahrzeuge für den Gatwick Express. Ab dem Jahr 2015 werden neue vierteilige Bombardier Electrostar der Class 387/2 ausgeliefert, um die heute eingesetzte Class 442 zu ersetzen.

GC / HX

Grand Central Railway Company Ltd. (GC) P

1 Admiral Way
UK-SR3 3XP Sunderland

River House
17 Museum Street
UK-YO1 7DJ York
Telefon: +44 1904 633307
Telefax: +44 1904 466066
admin@grandcentralrail.com
www.grandcentralrail.com

Management
* Richard Henry McClean (Managing Director)
* Rachel Helen Baldwin (Director)
* Andrew John Cooper (Director)
* Andy John Cooper (Director)
* Sean English (Director)
* Amanda Furlong (Director)
* David Hatfield (Director)
* Jonathan Luke Roberts (Director)
* Lorna Edwards (Secretary)

Gesellschafter
Stammkapital 100.001,00 GBP
* Arriva UK Trains Ltd. (100 %)

Lizenzen
* UK: EVU-Zulassung (PV) seit 04.06.2007
* UK: Sicherheitszertifikat, Teil A (PV); gültig vom 01.10.2008 bis 30.06.2019

Unternehmensgeschichte
Grand Central Railway wurde im April 2000 vom ehemaligen British Rail-Manager Ian Yeowart zur Wahrnehmung von Geschäftsmöglichkeiten im freien Netzzugang gegründet. Ein 2003 gestellter Antrag an die Eisenbahn- Regulierungsstelle auf Führung von Zügen im freien Netzzugang von Manchester Victoria nach Bolton blieb erfolglos. Im Jahr 2005 reichte Grand Central einen Antrag auf Führung von vier täglichen Zügen von Sunderland nach London King's Cross und für vier tägliche Züge von Bradford Interchange nach London King's Cross über die East Coast Main Line ein. Im folgenden Jahr erhielt sie die Zugangsrechte für drei tägliche Züge von Sunderland mit der Auflage, 125 mph (200 km/h) schnelles Rollmaterial zu verwenden. Ein Antrag auf juristische Überprüfung von GNER, dem Franchisenehmer der East Coast Main Line blieb erfolglos. GNER fürchtete, dass die Zugleistungen im freien Netzzugang Fahrgäste von ihren eigenen Zügen weglocken würden.
Der Betrieb begann im Dezember 2007 nach Verzögerungen bei der Rollmaterialbeschaffung zunächst mit nur je einer täglichen Verbindung nach Sunderland und York. Der volle Fahrplan trat im März 2008 in Kraft aber Probleme mit der Zuverlässigkeit der eingesetzten HS125-Züge führten zu einem eingeschränkten Fahrplan zwischen Mai und Juli jenes Jahres. Im Januar 2009 erhielt Grand Central die Zugangsrechte für drei tägliche Fahrten von Bradford nach London King's Cross bis Dezember 2014 und eine vierte Fahrt von Sunderland nach London King's Cross bis Mai 2012. Diese Rechte wurden inzwischen bis 2026 verlängert. Die Züge nach Bradford fahren seit Mai 2010. Die Busunternehmung Fraser Eagle Group kaufte 2004 einen 79 %-igen Aktienanteil an Grand Central. Sie verkaufte diese Beteiligung im März 2007 an zwei frühere Manager von Prism Rail mit Absicherung durch eine Private-Equity-Gruppe. Im November 2011 wurde Grand Central an Arriva verkauft.

Heathrow Express Operating Company Ltd. (HX) P I

The Compass Centre
Nelson Road
UK-TW6 2GW Hounslow, Middlesex
Telefon: +44 20 8750 6674
sales@heathrowexpress.com
www.heathrowexpress.com

Management
* Christopher Edward Green (Director)
* Robert John Smallwood (Director)
* Brian Robert Woodhead (Director)
* Normand Boivon (Secretary)

Gesellschafter
Stammkapital 2,00 GBP
* Heathrow Airport Ltd. (100 %)

Lizenzen
* UK: EVU-Zulassung (PV) seit 13.01.2014
* UK: Sicherheitszertifikat, Teil A (PV); gültig vom 01.04.2007 bis 31.03.2017

Infrastruktur
* Airport Junction – Flughafen-Terminal (5 Meilen); Eigentum der Heathrow Airport Holdings

HX / Inter City Railways

Unternehmensgeschichte
Heathrow Express Operating ist eine hundertprozentige Tochter der Heathrow Airport Holdings (frühere BAA) und betreibt den „Heathrow Express" zwischen dem Flughafen London Heathrow und dem Londoner Bahnhof Paddington. Das Unternehmen betreibt außerdem zusammen mit First Great Western die langsamere Nahverkehrsverbindung „Heathrow Connect". Heathrow Express ist ein unabhängiges, nicht subventioniertes privates Unternehmen, das über eigenes Schienenfahrzeugmaterial verfügt und Betreiber der Infrastruktur für die Anbindung des Flughafens Heathrow ist. Der Service des Unternehmens ist nicht Teil des National Rail Franchise, auch wenn ein Streckenabschnitt gemeinsam mit den National Rail-Zügen genutzt wird. Das 350 Mio. GBP-Projekt begann als Joint-Venture zwischen BAA und British Railways Board und war ursprünglich dazu gedacht, den öffentlichen Personenverkehr zum Flughafen um 34 % bis 50 % zu steigern. Als Schienenverkehrsunternehmen und hundertprozentige BAA-Tochter wurde das Unternehmen Heathrow Express Ltd. gegründet, um ein weiteres Bahnverkehrsangebot zu planen und durchzuführen. BAA unterzeichnete mit dem Infrastrukturbetreiber Railtrack einen Vertrag mit 25-jähriger Laufzeit für die Nutzung des 12 Meilen langen Streckenabschnitts von Paddington nach Airport Junction in der Nähe von Hayes. Die Baumaßnahmen begannen 1993 und bestanden aus dem Bau eines 5 Meilen (ca. 8 km) langen Tunnels, dem Bau einer U-Bahn Station in Heathrow und der Elektrifizierung der Great Western Mainline zwischen Paddington und der Station Airport Junction. Das Überwerfungsbauwerk Stockley Flyover wurde errichtet, um den Tunnel mit der Great Western Mainline zu verbinden. Ab Anfang Januar 1998 gab es die Übergangsverbindung „Heathrow Fast Train" zur vorläufig errichteten Heathrow Junction Station, die komplette Verbindung wurde am 23.06.1998 dem Planverkehr übergeben.
Der „Heathrow Connect", der auf derselben Strecke von Paddington nach Heathrow angeboten wird, benötigt ca. 15 Minuten länger als der „Heathrow Express", bietet jedoch am Ealing Broadway die Übergangsmöglichkeit zu den Londoner U-Bahn-Linien Central und District Line. Heathrow Connect wird seit Juni 2005 gemeinsam durch First Great Western und Heathrow Express betrieben. Ursprünglich war diese Verbindung als spezieller Service nach Heathrow für BAA-Mitarbeiter und die Bewohner West-Londons gedacht. Daher wird die Strecke zwischen Hayes und Heathrow für die Mitarbeiter des Unternehmens zu einem reduzierten Fahrpreis angeboten. Heathrow Connect war im Umkehrschluss ursprünglich nicht als günstigere aber langsamere Alternative zum „Heathrow Express" geplant. Mittlerweile wird das Angebot jedoch als günstigere Nahverkehrsverbindung zwischen Paddington und Heathrow beworben. Die Schienenfahrzeuge und das Fahrpersonal werden von der Heathrow Airport Holdings gestellt. Für die Strecke zwischen Paddington und Hayes & Harlington arbeiten sowohl das Fahrpersonal als auch die Schienenfahrzeuge für das Unternehmen First Great Western und der Service wird offiziell als First Great Western Service betrieben. Auf der Strecke zwischen Hayes & Harlington und Airport Junction nutzt die Verbindung die Strecke des Heathrow Express. Jenseits der Station Airport Junction gehört diese wieder der Heathrow Airport Holding. Die heute von Heathrow Connect betriebenen Verkehre werden im Mai 2018 in das Netz von Crossrail überführt und von MTR Corporation (Crossrail) Ltd. betrieben.

Inter City-Railways Ltd. ℗

Friars Bridge Court
41-45 Blackfriars Road
UK-SE1 8NZ London

Management
★ Martin Andrew Griffiths (Director)
★ Graeme Roderick Holmes Hampshire (Director)
★ David Andrew Horne (Director)
★ Patrick Charles McCall (Director)
★ John Patrick Moorhead (Director)
★ Ross John Paterson (Director)
★ Michael John Vaux (Secretary)

Gesellschafter
Stammkapital 10,00 GBP
★ Virgin Rail Group Ltd. (100 %)
★ Stagecoach Group plc (90 %)

Unternehmensgeschichte
Inter City-Railways ist neben der Virgin Rail Group ein zweites gemeinsames Tochterunternehmen der Virgin Group und der Stagecoach Group. Im Gegensatz zur Virgin Rail Group ist hier Virgin nur Minderheitseigentümer. Bei der Neuausschreibung des Franchise InterCity East Coast, das seit 2009 als Übergangslösung von Directly Operated Railways Ltd. bzw. deren Tochterunternehmen East Coast Main Line Company Ltd. betrieben wird, ist im November 2014 das Gemeinschaftsunternehmen von Stagecoach und Virging als Gewinner hervorgegangen.
Die Verkehre sind zum 01.03.2015 für acht Jahre an Inter City Railways Ltd. übergegangen, wobei die eingesetzten Fahrzeuge des alten Betreibers übernommen wurden. Für die Vermarktung der Verkehre wird der Markenname „Virgin Trains East Coast" verwendet.
Während der Laufzeit des Franchise sollen die vorhandenen fahrzeuge durch neue bei Hitachi bestellte Triebzüge ersetzt werden. Diese sollen ab

Inter City Railways / Keolis UK / London & Birmingham Railway

Dezember 2018 zur Verfügung stehen.

Keolis (UK) Ltd. ℗

Evergreen Building North
160 Euston Road
UK-NW1 2DX London

344-354 Grays Inn Road; King's Cross
UK-WC1X 8BP London
Telefon: +44 20 3428 6769
www.keolisuk.com

Management
★ Alistair John Francis Gordon (Director, CEO)
★ Rudolf Franciscus Haket (Director, COO)
★ David Lowrie (Director, CFO)
★ Sir Michael Stuart Hodgkinson (Director)
★ Bernard Denis Maurice Tabary (Director)
★ Nicolas Luc Daniel Vandevyver (Director)

Gesellschafter
Stammkapital 2.000.002,00 GBP
★ Keolis SA (100 %)

Beteiligungen
★ First/Keolis Transpennine Ltd. (TP) (45 %)
★ Govia Ltd. (35 %)
★ Tramlink Nottingham Ltd. (12,5 %)

Unternehmensgeschichte
Keolis ist einer der größten ÖPNV-Konzerne in Europa. Er befindet sich heute mehrheitlich im Eigentum der französischen Staatsbahn SNCF und ist weltweit tätig.
In Großbritannien ist Keolis zu 35 % am Gemeinschaftsunternehmen Govia mit der Go-Ahead Group beteiligt und zu 45 % Gesellschafter der First/Keolis Transpennine Ltd.. Als Partner eines Konsortiums ist Keolis zudem Teil der Betreibergesellschaft für die Tram Nottingham Express Transit (NET), eines Straßenbahnsystems zur Erschließung der Stadt Nottingham und derer Vororte.
Bei aktuellen Ausschreibungen ist Keolis meist zusammen mit der Go-Ahead über die gemeinsame Tochter Govia aktiv. Daneben hat man aber auch zusammen mit der SNCF für das abgebrochene Verfahren für die InterCity West Coast Franchise und zusammen mit Eurostar für die InterCity East Coast Franchise geboten.

London & Birmingham Railway Ltd. ℗

3rd Floor
41-51 Grey Street
UK-NE1 6EE Newcastle upon Tyne

102 New Street
UK-B2 4JB Birmingham
Telefon: +44 121 654 1101
www.londonmidland.com

Management
★ David Allen Brown (Director)
★ Keith Down (Director)
★ Alistair John Francis Gordon (Director)
★ Ian McLaren (Director)
★ Malcolm Robert Rimmer (Director)
★ Bernard Denis Maurice Tabary (Director)
★ Nicolas Luc Daniel Vandevyver (Director)
★ Henrikus Verwer (Director)
★ Carolyn Ferguson (Secretary)

Gesellschafter
Stammkapital 10.000.000,00 GBP
★ Govia Ltd. (100 %)

Lizenzen
★ UK: EVU-Zulassung (PV) seit 07.11.2007
★ UK: Sicherheitszertifikat, Teil A (PV); gültig vom 02.11.2007 bis 10.11.2017
★ UK: Sicherheitszertifikat, Teil B (PV); gültig vom 11.11.2012 bis 10.11.2017

Unternehmensgeschichte
Die London & Birmingham Rail Ltd. betreibt unter dem Markennamen London Midland das West Midlands Franchise des DfT. Dieses setzt sich aus Teilen von zwei früheren Franchises zusammen, Silverlink und Central Trains, die beide von National Express betrieben wurden. Dazu gehören die ehemaligen Silverlink County Verbindungen London Euston- Birmingham New Street, Watford Junction-St Albans Abbey und Bletchley-Bedford. Silverlink Metro wurde dagegen in London Overground eingegliedert. Central Trains entstand 1997 aus dem Geschäftsbereich Central des British Railways Geschäftsbereichs Regional Railways. Die Nahverkehrsverbindungen bzw. städtischen Verbindungen von Central in den West Midlands wurden zu London Midland verschmolzen. Das Franchise wurde im November 2007 an Govia vergeben und der Name London Midland für diesen Betrieb gewählt. Pro Jahr werden mehr als 60 Mio. Personen befördert.
Seit der Übernahme des Franchise hat London Midland mehr als 300 Mio. GBP in 64 neue Züge investiert. Dazu gehört die bislang größte Bestellung von in den Midlands gebauten Turbostars der Class

London & Birmingham Railway / SE

172 (für die Snow Hill Linie) und 37 Desiros der Class 350 für die Euston Linie. Es wurden auch Fahrplanverbesserungen vorgenommen, u.a. durch die Einrichtung von drei Zugverbindungen pro Stunde zwischen Birmingham und London, eine Verdreifachung der Verbindungen von Northampton nach London tagsüber, eine Verdopplung der Verbindungen Birmingham-Liverpool und eine neue Verbindung zwischen Crewe und London über Trent Valley. 19,7 Mio. GBP wurden in Bahnhofsmodernisierungen investiert, u. a. wurden an fast allen Bahnhöfen des London Midland Netzes Echtzeitkundeninformationssysteme und Rufsäulen eingerichtet. Das Franchise hatte ursprünglich eine Laufzeit bis September 2015. Im März 2013 wurde es bis Juni 2017 verlängert.

London & South Eastern Railway Ltd. (SE) P

3rd Floor
41-51 Grey Street
UK-NE1 6EE Newcastle upon Tyne

Friars Bridge Court
41-45 Blackfriars Road
UK-SE1 8PG London
Telefon: +44 20 7620 5000
www.southeasternrailway.co.uk

Management
★ Elodie Brian (Director)
★ David Allen Brown (Director)
★ Keith Down
★ Alistair John Francis Gordon
★ Charles Stuart Horton
★ Malcolm Robert Rimmer
★ David Ira Statham
★ Bernard Denis Maurice Tabary
★ Nicolas Luc Daniel Vandevyver
★ Carolyn Ferguson (Secretary)

Gesellschafter
Stammkapital 20.000.000,00 GBP
★ Govia Ltd. (100 %)

Lizenzen
★ UK: EVU-Zulassung (PV) seit 28.03.2006
★ UK: Sicherheitszertifikat, Teil A (PV); gültig vom 01.05.2007 bis 30.04.2017

Unternehmensgeschichte
Seit dem Zuschlag für das Integrated Kent Franchise 2006 an Govia bietet Southeastern ab den Londoner Bahnhöfen Charing Cross, Victoria, London Bridge, Cannon Street und St. Pancras Zugverbindungen nach Kent, Südost-London und Teilen von East Sussex an. Das Unternehmen übernahm das Franchise von South Eastern Trains, einer 100 %igen Tochtergesellschaft der Strategic Rail Authority / DfT, die dieses wiederum vom vorherigen Franchisenehmer nach der vorzeitigen Beendigung des Franchise von Connex South Eastern übernommen hatte. Das neue Integrated Kent Franchise verbindet das South Eastern Franchise mit Hochgeschwindigkeitsverbindungen auf der Hochgeschwindigkeitsstrasse High Speed 1 (Channel Tunnel Rail Link). Die Hochgeschwindigkeitsverbindungen bestehen seit Dezember 2009.
Das Netz von Southeastern umfasst 870 km, 179 Bahnhöfe und befördert rund 170 Mio. Fahrgäste pro Jahr. Durch die Eröffnung des zweiten Teils von High Speed 1 konnte im gesamten Southeastern Netz eine umfassende Fahrplanänderung durchgeführt werden, die größte seit mehr als 40 Jahren. Dank zusätzlicher Fahrwegskapazitäten auf dem zuvor von Eurostar genutzten traditionellen Netz konnte Southeastern bestimmte Verbindungen im Dezember 2007 ausbauen. Im Dezember 2008 wurde im Zuge des Franchisevertrags die Verantwortung für die Redhill-Tonbridge Linie an Southern übertragen.
Bei den Vorarbeiten und der Einführung der Hochgeschwindigkeitsverbindungen war es für den Anteilseigner Keolis (UK) äußerst wertvoll, das Fachwissen und die Erfahrung der Muttergesellschaft SNCF mit dem Betrieb von Hochgeschwindigkeitszügen nutzen zu können. Southeastern nahm den Betrieb der Hochgeschwindigkeitsverbindungen zwischen St. Pancras International, Abschor und der Küste von Kent am 14.12.2009 voll auf. Die Verbindung ist die schnellste Pendlerzugverbindung in Großbritannien und verkürzt die Reisezeit zu vielen Orte in Kent deutlich. Für die Verbindung wurden 29 neue Hitachi Class 395 Javelin Züge eingesetzt. Die Züge erreichen Spitzengeschwindigkeiten von bis zu 225 km/h und erreichen Ashford in 37 Minuten, also in der Hälfte der früheren Reisezeit. Die Züge können über Oberleitung oder 750 V Stromschiene betrieben werden, d.h. es können auch Bahnhöfe außerhalb der Hochgeschwindigkeitsstrecke High Speed 1 an der Küste von Kent angefahren werden. Züge von London zu den Medway Städten Rochester, Chatham, Gillingham Strood und Rainham sowie nach Faversham verlassen die Hochgeschwindigkeitsstrasse bei Ebbsfleet und führen von dort weiter über die North Kent Linie und die Chatham Main Line. Züge nach Dover Priory und Margate verlassen die Hochgeschwindigkeitsstrasse in Ashford International. Zwischenzeitlich gibt es auch eine auf Spitzenzeiten beschränkte Verbindung zwischen St. Pancras und Maidstone West über Ebbsfleet und Strood. Im Dezember 2012 verkündete das Unternehmen, dass in den ersten drei Betriebsjahren 25 Mio. Personen befördert wurden. Während der

SE / LOROL

Olympischen und Paralympischen Spiele 2012 in London beförderte Southeastern 12,6 Mio. Fahrgäste. Der Hochgeschwindigkeitspendelverkehr mit den Class 395 von St. Pancras International und Ebbsfleet über die High Speed 1 und nur sieben Minuten Fahrzeit von St. Pancras nach Stratford zum Olympic Park war ein integraler Bestandteil des Transportplans für die Olympics und Paralympics. Im Rahmen des Thameslinkprogramms wurden die Kopfbahnsteige im Bahnhof London Bridge im März 2009 wegen Umbauarbeiten geschlossen. Bislang in Blackfriars endende Verbindungen von Southeastern, hauptsächlich von Sevenoaks über die Catford Strecke, wurden bis Kentish Town, St. Albans, Luton und Bedford erweitert. Im Januar 2015 gab es abermals Veränderungen im Liniennetz, da zu diesem Zeitpunkt London Bridge für durchfahrende Züge gesperrt wurde.
Nach der Prüfung des Verkehrsministeriums (DfT) infolge der Stornierung des InterCity West Coast Franchise-Vergabeverfahrens wurden für andere in naher Zukunft zu vergebenden Franchises Verlängerungen vereinbart. Dazu gehörte auch das am 31.03.2014 endende Integrated Kent Franchise, das bis Juni 2018 verlängert wurde.

★ Arriva UK Trains Ltd. (50 %)

Lizenzen
★ UK: EVU-Zulassung (PV) seit 07.11.2007
★ UK: Sicherheitszertifikat, Teil A (PV); gültig vom 11.11.2007 bis 10.11.2017
★ UK: Sicherheitszertifikat, Teil B (PV); gültig vom 11.11.2012 bis 10.11.2017

Unternehmensgeschichte
London Overground ist ein von Transport for London (TfL) aufgebaute Eisenbahn-Vorortnetz um London. London Overground Rail Operations Ltd. (LOROL) betreibt das London Overground-Netz im Auftrag von TfL. Ursprünglich waren sieben Jahre vorgesehen, im Februar 2013 übte TfL eine Option zur Verlängerung des Vertrags um 2 Jahre bis zum 12.11.2016 aus. Das Netz umfasst 86 km und 83 Bahnhöfe.
Im Februar 2006 kündigte das Verkehrsministerium an, dass TfL das Management für die Leistungen, die damals von Silverlink Metro erbracht wurden, übernimmt. Dies geschah aufgrund einer Überprüfung der Bahnbetreiber in der TfL eine regionale Bahnbehörde für London vorgeschlagen hatte, um hoheitliche Befugnisse über die Bahndienstleistungen in und um Greater London zu erhalten. Silverlink Metro beinhaltete Leistungen von Stratford-Richmond (Nord-London-Linie), Willesden Junction-Clapham Junction (West-London-Linie), London Euston- Watford Junction über Willesden Junction und Gospel Oak-Barking. Ein Bericht des Londoner Stadtparlaments hatte diese als „schäbig, unzuverlässig, unsicher und überfüllt" bezeichnet. Im September 2006 hatte TfL angekündigt, dass die modernisierte East London Line bei ihrer Wiedereröffnung einbezogen würde und dass der Betrieb unter der Marke London Overground geführt würde. Im Juni 2007 vergab TfL den Auftrag für die Betriebsdurchführung mit Betriebsaufnahme am 11. November 2007 an MTR Laing. MTR Laing war ein 50/50 Joint Venture des Hongkonger Nahverkehrsunternehmens MTR Corporation und Laing Rail. Nach dem Gewinn der Ausschreibung wurde es in London Overground Rail Operations Limited umbenannt. Im Dezember 2007 bot die Muttergesellschaft von John Laing plc, die Henderson-Gruppe das Geschäft von John Laing zum Verkauf an. Im folgenden Jahr wurde es von der Deutschen Bahn übernommen und wurde Teil von DB Regio bzw. im Jahr 2011 dann ein Tochterunternehmen von Arriva.
TfL als Besteller der Verkehre legt die Fahrpreise fest, beschafft das Rollmaterial und entscheidet über den Umfang der Dienstleistungen. TfL erhält 90 % der Einnahmen und 10 % verbleiben beim Betreiber, der zudem für die Fahrgelderhebung zuständig ist. Von Beginn an unternahm TfL die Modernisierung der Linien durch Verbesserung der Betriebsfrequenzen, Personal auf allen Bahnhöfen, die Verbesserung der Bahnhofseinrichtungen und die Einführung neuen

London Overground Rail Operations Ltd. (LOROL) ℗

125 Finchley Road
Swiss Cottage
UK-NW3 6HY London
Telefon: +44 20 3031 9200
www.lorol.co.uk

Management
★ Siu Wa Cheung (Director)
★ Christopher Derek Dyne Burchel (Director)
★ Amanda Furlong (Director)
★ Kwok Kuen Lincoln Leong (Director)
★ Jeremy Paul Warwick Long (Director)
★ Richard Henry McClean (Director)
★ William Giles Russell (Secretary)

Gesellschafter
Stammkapital 2,00 GBP
★ MTR Corporation Ltd. (50 %)

LOROL / Mendip Rail

Rollmaterials.
Im April 2010 wurde die East London Line Teil des London Overground-Netzes nachdem die erste Phase der Linienverlängerung fertiggestellt war. Die frühere Linie der Londoner Untergrundbahn war in nördlicher Richtung, vorwiegend entlang des früheren Broad Street- Viadukts der North London Line, zum wiedereröffneten Knotenpunkt Dalston Junction und südwärts nach Crystal Palace und West Croydon entlang der Hauptlinie nach Brighton verlängert worden. Im Februar des folgenden Jahres wurde eine neue Verbindung von Dalston Junction zur North London Line in Highbury & Islington eröffnet. Bis Oktober 2010 hatte neues Rollmaterial die vorher von Silverlink betriebenen Einheiten vollständig ersetzt.
Ein Projekt zur Erneuerung der Signalanlagen über viele Millionen Pfund, das ein Jahr vor den Olympischen Spielen fertiggestellt wurde, ermöglichte eine maßgebliche Verbesserung der Zugfrequenzen mit der North London Line als einer der Zubringerlinien zum Olympischen Park in Stratford. Als nächste Erweiterung folgte im Dezember 2012 die Eröffnung der South London Line von Surrey Quays nach Clapham Junction, die überwiegend Linien ersetzte, die zuvor von Southern bedient wurden.
Auch in Zukunft wird das Netz von London Overground weiter ausgebaut. Als nächster Schritt werden am 31.05.2015 die Linien von London Liverpool Street nach Enfield Town, Cheshunt und Chingford, sowie die Linie von Romford nach Upminster übernommen. Mit ihnen werden Elektrotriebzüge der Class 315 übernommen, die dort weiterhin zum Einsatz kommen werden. Als weitere Maßnahme ist die Elektrifizierung der heute mit Dieseltriebzügen bedienten Linie von Gospel Oak nach Barking geplant. Auch in den Triebfahrzeugpark wird weiter investiert. Einerseits läuft derzeit ein Ausschreibungsverfahren für die Beschaffung von 45 vierteiligen Elektrotriebzügen, mit denen die Class 172/0 und die Class 315 ersetzt werden sollen. Andererseits werden die vorhandenen Elektrotriebzüge der Class 378 von vier auf fünf Teile verlängert, um den steigenden Fahrgastzahlen gerecht zu werden.

Mendip Rail Ltd. 🇬🇧

Bardon Hall
Copt Oak Road
UK-LE67 9PJ Markfield
Telefon: +44 1749 881202

Management
* Matthew David Barlow (Director)
* Jason Thomas James Black (Director)
* Jeremy Lees Dawes (Director)
* Philippe Frenay (Director)
* Laurence Anthony Quinn (Director)
* Phillip Keith Redmond (Director)
* Daniel Rhys Morgan (Director)
* Jennifer Anne Lowe (Secretary)

Gesellschafter
Stammkapital 1.000,00 GBP
* Hanson Quarry Product Ventures Ltd. (50 %)
* Foster Yeoman Ltd. (50 %)

Unternehmensgeschichte
In den Mendip Hills im Südwesten von England werden in mehreren Steinrüchen Baustoffe abgebaut, die u. a. in den Großraum London geliefert werden. Ein Großer Teil dieser Transporte wird per Bahn durchgeführt. Anfang der achtziger Jahre herrschte bei dem Baustoffkonzern Foster Yeoman, heute Aggregate Industries und Teil der schweizer Holcim-Gruppe, große Unzufriedenheit mit der Qualität dieser Transporte. Während das Unternehmen bereits damals eigene Güterwagen für die Verkehre bereithielt, wurde die Traktion von British Rail durchgeführt. Daher entstand die Idee, eigene Lokomotiven zu beschaffen und die Verkehre selbstständig durchzuführen. Für die zu beschaffenden Loks forderte man ausreichend hohe Zugkräfte, um die bisher eingesetzten Doppeltraktionen abzulösen und eine Verfügbarkeit von mindestens 95 %. Auf der Suche nach geeigneten Loks wurde man schließlich bei GM-EMD in den USA fündig. Im Jahr 1986 wurden dann vier als Class 59 bezeichnete und aus der amerikanischen SD 40-2 abgeleiteten Loks geliefert, eine weitere folgte im Jahr 1988.
Die Lokomotiven und das Betriebskonzept bewährten sich sehr gut und so entschied sich auch der Baustoffkonzern ARC, heute Hanson Aggregates, zur Beschaffung eigener Lokomotiven, die im Jahr 1990 geliefert wurden. Nach der Bahnreform gründeten die beiden Konzerne im Jahr 1993 ein gemeinsames Tochterunternehmen, Mendip Rail. Dieses ist für die betriebliche Durchführung der Züge sowie deren Instandhaltung zuständig und ermöglicht es beiden Unternehmen, ihre Flotten effektiver zu nutzen. Nachdem eine Lok 1997 nach Deutschland abgegeben wurde, stehen heute acht Stück zur Verfügung. Von den beiden Steinbrüchen Torr Works und Whatley Quarry aus transportieren Züge von Mendip Rail jährlich ca. 7 Mio t Baustoffe für die Mutterkonzerne. Daneben verfügt das Unternehmen über Rangierlokomotiven für den Einsatz in den Verladeanlagen der Steinbrüche. Neben der Wartung der eigenen Fahrzeuge übernimmt Mendip Rail auch die Instandhaltung der Loks der Class 59/2 der DB Schenker Rail (UK), die ebenfalls vor Baustoffzügen eingesetzt werden.

Crossrail / NX

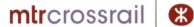

MTR Corporation (Crossrail) Ltd.
P

Providence House
Providence Place
Islington
UK-N1 0NT London
www.mtrcrossrail.co.uk

Management
* Siu Wa Cheung (Director)
* Richard Francis Drake (Director)
* Kwok Kuen Lincoln Leong (Director)
* Jeremy Paul Warwick Long (Director)
* Stephen John Murphy (Director)

Gesellschafter
Stammkapital 1.000.000,00 GBP
* MTR Corporation Ltd. (100 %)

Unternehmensgeschichte
Crossrail ist neben dem Thameslink Programme das zweite große Infrastrukturprojekt in London. Crossrail ist aber weniger ein Ausbau- sondern auf dem wesentlichen Streckenteil im Zentrum Londons ein Neubauprojekt. Kernstück ist ein 21 km langer Tunnel, der von der Paddington Station aus unter dem Zentrum Londons hindurchführt. Im Osten der Stadt wird die Neubaustrecke in Stratford an das bestehende Streckennetz angebunden. Dazu kommen einige kleinere Neubauten, um die geplanten Linienführungen zu ermöglichen. Das Betriebskonzept sieht einen dichten Takt im Zentrum mit Weiterführung eines Teils der Züge weiter in westlicher und östlicher Richtung. Die maximale Audehnung der Linien beträgt 136 km. Neben der Bewältigung der Pendlerströme in das Zentrum sollen durch Crossrail insbesondere die U-Bahn-Linien im nördlichen Stadtzentrum entlastet werden.
Erste Ideen für einen derartigen Tunnel zur Erschließung des Stadtzentrums gab es bereits kurz nach dem Zweiten Weltkrieg. Ende der neunziger Jahre wurden aus diesen Ideen konkrete Planungen und am 15.05.2009 begannen schließlich die Bauarbeiten. Im Jahr 2018 soll mit dem Tunnel der Hauptteil des neuen Crossrail-Netzes in Betrieb gehen, ein Jahr später soll dann das gesamte Netz zur Verfügung stehen.
Für den Bau der neuen Strecken ist die Firma Crossrail Ltd., ein Tochterunternehmen von Transport for London (TfL), zuständig. Sie wird später auch Betreiber der neu gebauten Infrstruktur sein. Der Betrieb wird wie bei London Overground organisiert, das heißt Crossrail beschafft die Züge,

definiert das Betriebsprogramm und legt Fahrpreise und Umfang der Serviceleistung fest. Die Betriebsdurchführung wird per Ausschreibung an ein geeignetes Unternehmen vergeben. Die Verkehre sollen unter dem Markennamen TfL Rail angeboten werden.
Diese Ausschreibung wurde am 18.07.2014 mit der Vergabe an MTR Corporation (Crossrail) Ltd. abgeschlossen. Dabei handelt es sich um ein Tochterunternehmen des Schnellbahnbetreibers MTR Corporation Ltd. aus Hong Kong, der auch an der London Overground Rail Operations Ltd. beteiligt ist. Die Betriebsaufnahme eines Vorlaufbetriebs auf der östlich des Stadtzentrums gelegenen Bestandsstrecke von London Liverpool Street nach Shenfield wird am 31.05.2015 erfolgen. Im Mai 2018 sollen dann die Verkehre des heutigen Heathrow Connect zwischen London Paddington und dem Flughafen Heathrow übernommen werden. Ab Dezember 2018 werden dann erste Linien durch den neuen Tunnel geführt,und ab Dezember 2019 wird das gesamte Crossrail-Netz befahren. Der Vertrag zwischen Crossrail Ltd. und MTR Corporation (Crossrail) Ltd. wurde zunächst für acht Jahre geschlossen.
Für den Vorlaufbetrieb werden zunächst Elektrotriebzüge der Class 315 eingesetzt, die zusammen mit der betriebenen Linie von Abellio Greater Anglia übernommen werden. Für den späteren Vollbetrieb werden neue Elektrotriebzüge des neu entwickelten Typs Aventra beschafft, die bei Bombardier in Derby gebaut werden. Im Jahr 2018 sollen dann alle 65 bestellten neunteiligen Triebzüge dieser Class 345 zur Verfügung stehen.

National Express Group plc (NX)
P

National Express House
Mill Lane
Digbeth
UK-B5 6DD Birmingham
Telefon: +44 08450 130730
www.nationalexpress.com

Management
* Dean Kendal Finch (Group Chief Executive)
* Sir John Alexander Armitt (Director)
* Matthew Ashley (Director)
* Joaquin Ayuso Garcia (Director)
* Andrew William Foster (Director)
* Jacqueline Hunt (Director)
* Jane Sarah May Kingston (Director)

NX

* Jorge Cosmen Menendez-Castanedo (Director)
* Christian Ernst Muntwyler (Director)
* Elliot Gene Sander (Director)
* Sandra Forbes (Secretary)

Gesellschafter
Stammkapital 25.586.932,40 GBP
* HSBC Client Holdings Nominee (UK) Ltd. (6,3 %)
* Nortrust Nomines Ltd. (5,7 %)
* Prudential Client HSBC GIS Nominee (UK) Ltd. (5,5 %)

Beteiligungen
* C2C Rail Ltd. (100 %)
* NXET Trains Ltd. (100 %)

Lizenzen
* UK: EVU-Zulassung (PV) seit 14.12.1994

Unternehmensgeschichte
Die National Express Group (NX) ist ein multinationales Verkehrsunternehmen mit Sitz in Birmingham. Es betreibt Nahverkehrs- und Fernverkehrsbuslinien im Vereinigten Königreich, Nordamerika und Spanien sowie Bahnlinien im Vereinigten Königreich (c2c bzw. Essex Thameside Franchise). Im Jahr 2013 konnte die neu gegründete deutsche Tochter erste Ausschreibungserfolge erzielen, so dass National Express zukünftig auch dort aktiv sein wird.
1972 beschloss die staatseigene National Bus Company, die von ihren Busunternehmen betriebenen Fernverkehrs- und Expressbuslinien zu einer Marke zusammenzuführen. Anfangs wurden sie unter dem Markennamen National und ab 1974 unter dem Markennamen National Express betrieben.
Im Zuge der Privatisierung der National Bus Company in den 1980er Jahren wurde National im März 1988 in einem Management Buyout verkauft. Im Dezember 1992 ging die daraus entstandene National Express Group plc in London an die Börse. Im April 1996 nahm National Express den Betrieb ihres ersten Bahn-Franchise im Vereinigten Königreich, Gatwick Express und Midland Mainline, auf. 1997 gewann sie weitere Franchises, nämlich Silverlink, Central Trains und Scotrail. Im Juli 2000 übernahm die Gruppe das Unternehmen Prism Rail. Dadurch kamen die Franchises London, Tilbury and Southend, Wales & Borders, Wessex Trains und West Anglia Great Northern zum Portfolio hinzu. Das für das London, Tilbury and Southend (jetzt Essex Thameside) Franchise zuständige Unternehmen LTS Rail wurde in c2c umbenannt, was für „city to coast" steht. 2003 betrieb National Express neun Franchises, 2007 waren es nur noch zwei: East Anglia, c2c und Gatwick Express. Zu den verlorenen Franchisen gehörten:
* Wales & Borders, für das Arriva im Dezember 2003 den Zuschlag bekam
* Scotrail, für das die FirstGroup im Oktober 2004

den Zuschlag bekam
* Wessex Trains, das im Great Western Franchise aufging, das die FirstGroup im April 2006 gewann

West Anglia Great Northern wurde zweigeteilt: Im April 2004 wurden die West Anglia Verbindungen an National Express East Anglia übertragenen, Great Northern wurde Teil von Thameslink, für das die FirstGroup im April 2006 den Zuschlag bekam.
Im November 2007 wurden mehrere Franchises im Rahmen einer allgemeinen Umstrukturierung verloren: Central Trains wurde auf London Midland (von Govia gewonnen), East Midlands Trains (Stagecoach) und CrossCountry (Arriva) aufteilt
* Midland Mainline wurde in das neue East Midlands Train Franchise eingegliedert.
* Silverlink wurde auf London Overground (Lorol) und London Midland aufgeteilt.
* Gatwick Express wurde im Juni 2008 mit dem Southern Franchise (Govia) verschmolzen

Zu diesem Zeitpunkt war die allgemeine Auffassung, National Express müsse ein Franchise gewinnen, um seine Marktpräsenz wieder herzustellen. Noch im gleichen Jahr bot das Unternehmen unter dem neuen Chief Executive Richard Bowker erfolgreich für das East Coast Main Line Franchise und nahm den Betrieb im Dezember 2008 auf. Es verpflichtete sich, über die Laufzeit des Franchise eine Prämie in Höhe von 1,4 Mrd. GBP an das Verkehrsministerium (DfT) zu bezahlen. Es zeigte sich jedoch schnell, dass National Express zu hoch für das Franchise geboten hatte. Durch den wirtschaftlichen Abschwung konnte die beabsichtigte Steigerung der Fahrgeldeinnahmen nicht verwirklicht werden - diese gingen im ersten Quartal 2009 sogar um 1 % zurück. Die National Express Group gab die Aufgabe des Franchise bekannt, da sie die Tochtergesellschaft East Coast nicht länger unterstützen könne, was bedeutete, dass dieser Ende 2009 das Geld ausgehen würde. Im November 2009 übernahm East Coast, eine zu diesem Zweck gegründete Tochtergesellschaft der DfT-eigenen Directly Operated Railways (siehe dort), das Franchise.
Gleichzeitig verkündete die Regierung, National Express East Anglia würde wegen dem East Coast Vertragsbruch die dreijährige Verlängerung, die ihm eigentlich zustehen würde, nicht bekommen. Diese ging daraufhin an Abellio.
Wegen des Finanzdrucks wurde National Express ein Übernahmekandidat. Im Juni 2009 wurde ein Übernahmeangebot der FirstGroup abgelehnt. Im September 2009 unterbreiteten der größte Anteilseigner von National Express, die spanische Cosmen Familie, und CVC Capital Partners ein Übernahmeangebot in Höhe von 765 Mio. GBP für das Unternehmen. National Express gestattete dem Konsortium die Durchführung einer Due Diligence. Das Konsortium hatte zugestimmt, seinen Bus- und Bahnbetrieb im Vereinigten Königreich im Falle eines erfolgreichen Übernahmeangebots an die Stagecoach Group zu verkaufen. Im Oktober 2009 zog das Konsortium sein Angebot zurück. Sofort

1216 Europäische Bahnen '15/'16

NX / Network Rail

unterbreitete Stagecoach eine neues Angebot für alle Anteile. Dies führte wiederum ins Leere. Im November 2009 kündigte National Express an, durch eine Aktienemission weiteres Kapital aufzubringen. Das Unternehmen betreibt aktuell nur noch das c2c Franchise. National Express beteiligt sich trotzdem weiter am Bahngeschäft und schaffte es auf die Liste der bevorzugten Bieter für das Great Western Franchise und für die Erneuerung des Essex Thameside / c2c Franchise. Beide Ausschreibungsverfahren liefen schon, als das Verkehrsministerium das Franchising-Verfahren nach dem Fehlschlag der West Coast Main Line Ausschreibung 2011 aufschob. Die Great Western Ausschreibung wurde später verworfen. Die Essex Thameside Ausschreibung wurde dagegen wieder aufgenommen, wobei National Express als Gewinner hervorging und es mit der neuen Tochter NXET Trains Ltd. betreibt.

Network Rail Infrastructure Ltd.
🇬🇧

1 Eversholt Street
UK-NW1 2DN London
Telefon: +44 20 7557 8000
Hotline: +44 8457 114141
www.networkrail.co.uk

Management
* Mark Milford Power Carne (Director, CEO)
* Simon Patrick Butcher (Director, CFO)
* Paul Plummer (Group Strategy Director)
* Malcolm Arthur Brinded (Director)
* Sharon Emma Flood (Director)
* Christopher Leslie Gibb (Director)
* Prof. Richard Parry-Jones (Director)
* Bridget Clare Rosewell (Director)
* Suzanne Wise (Secretary)

Gesellschafter
Stammkapital 160.050.084,937 GBP
* Network Rail Holdco Ltd. (100 %)

Infrastruktur
* 32.000 km Gleisnetz

Unternehmensgeschichte
Network Rail, offiziell Network Rail Infrastructure Ltd., ist Betreiber der Schieneninfrastruktur in Großbritannien. Das Unternehmen bietet Bahnbetreibern das Schienennetz zur Nutzung an, ist für die Fahrplangestaltung zuständig, übernimmt Zug- und Signalplanung und ist verantwortlich für Unterhalt, Erneuerung und Verbesserung der Infrastruktur sowie für die Durchführung von Investitionsprojekten.
Network Rail wurde als Nachfolger von Railtrack gegründet, die in den 1990er Jahren bei der Privatisierung der britischen Bahn die Infrastruktur übernahm. Railtrack verwaltete die Infrastruktur zwischen 1994 und 2002 und vergab einen Großteil der Gleisunterhaltsarbeiten an Dritte. Als Folge ging das unternehmensinterne, technische Fachwissen von British Rail (BR) verloren. Bei einem Unfall in Hatfield im Oktober 2000 entgleiste ein Intercity 225, als ein Gleis bei der Überfahrt des Zuges brach. Bei dem Zwischenfall kamen vier Fahrgäste ums Leben. Offiziell wurde der Unfall auf Schienenkopfrisse zurückgeführt, eine Form von Ermüdung, die zum Schienenbruch führte. Es zeigte sich, dass Railtrack unzulängliche Wartungsaufzeichnungen und Kenntnis über den eigenen Besitzstand hatte und deshalb nicht wusste, wie weit verbreitet das Problem war. Wegen Bedenken, dass weitere Schienen ähnlich schadhaft sein könnten, wurden im gesamten Netz über 1.200 Geschwindigkeitsbeschränkungen eingerichtet, während Inspektionen durchgeführt und ein Notfallprogramm zum Schienenersatz ergriffen wurde.
2001 verkündete das Unternehmen Railtrack, dass es trotz eines Gewinns von 199 Mio. GBP vor Steuern wegen der Reparaturkosten und der Entschädigungszahlungen nach dem Hatfield-Unfall einen Verlust von 534 Mio. GBP erwirtschaftet hatte. Die Unternehmensführung ersuchte um staatliche Unterstützung, zahlte aber trotz allem eine Dividende von 137 Mio. GBP und enthüllte, dass es vom Staat weitere Rettungsgelder zur Überbrückung einer Finanzierungslücke in Höhe von 3,8 Mrd. GBP benötigte.
Railtrack plc wurde unter dem Railways Act 1993 im Oktober 2001 nach einem Antrag des damaligen Verkehrsminister Stephen Byers beim obersten Zivilgericht, the High Court, unter Zwangsverwaltung gestellt.
Bei der Network Rail Ltd. handelt es sich um eine vom Verkehrsministerium gegründete Körperschaft des öffentlichen Rechts. Mit dem Kauf von Railtrack plc für 500 Mio. GBP übernahm die neue Gesellschaft im Oktober 2002 die Kontrolle über die Schieneninfrastruktur. Railtrack wurde nachfolgend in Network Rail Infrastructure Ltd. umfirmiert. Der Vorstand von Network Rail leitet das Unternehmen wie ein an der Londoner Börse notiertes Unternehmen, d. h. der geltende Corporate Governance Kodex und die Berichtspflichten werden eingehalten. Die Gewinne werden wieder in

Network Rail / NIR

das Unternehmen investiert. Das Unternehmen kann sich durch die Emission von Anleihen auf den Kapitalmärkten Finanzmittel beschaffen. Dies geschieht seit 2004, um Investitionen zu finanzieren und bestehende Verbindlichkeiten zu refinanzieren. Die Verbindlichkeiten sind durch Bürgschaften der Regierung gedeckt.

Die dringendsten Prioritäten von Network Rail im Jahr 2002 unter der Leitung des Chief Executive (Sir) John Armitt waren die Wiederherstellung des öffentlichen Vertrauens in die Sicherheit der Bahn, die Reduzierung der Zugverspätungen (zum Zeitpunkt der Übernahme waren fast 25 % der Züge unpünktlich) sowie Kostenkontrolle. Dazu wurde ein dauerhaft angelegtes Programm für die Erneuerung von Gleisen, Signalanlagen, der Stromversorgung und des Telekommunikationsequipments begonnen.

Wegen Bedenken bezüglich der Qualität und steigender Kosten übernahm Network Rail ab 2004 alle Maßnahmen für die Infrastrukturunterhaltung wieder in die eigene Hand und verdoppelte die Mitarbeiterzahl nahezu. Bis März 2009 war die Pünktlichkeit der Züge auf 90,6 % gestiegen und die Kosten für den Bahnbetrieb um 28 % gesenkt worden.

Die von Sir Roy McNulty durchgeführte Studie „Rail Value for Money" stellte 2011 fest, dass die Kosten von Network Rail 30 % höher seien als die vergleichbarer internationaler Organisationen. Schätzungen des Berichts zufolge könnten, wenn die Effizienzlücken geschlossen würden, ab 2018 zwischen 600 Mio. GBP und 1 Mrd. GBP pro Jahr eingespart werden.

★ David Edward Strahan (Director)
★ John Trethowen (Director)
★ John Paul Irvine (Secretary)

Gesellschafter
Stammkapital 27.172.200,00 GBP
★ Northern Ireland Transport Holding Company (NITHCo) (100 %)

Infrastruktur
★ 330,58 km (206,61 mi) Strecken in Nordirland

Unternehmensgeschichte
Northern Ireland Railways (NIR) ist eine Tochter der staatseigenen Northern Ireland Transport Holding Company (NITHCo), die unter dem Markennamen Translink als Betreiber des öffentlichen Nahverkehrs in Nordirland auftritt. NIR ist die einzige Bahngesellschaft im Personenverkehr in Großbritannien, die noch in einem vertikal integrierten Konzern geführt wird. NIR entstand 1967 bei der Übernahme der 1948 eingeführten Ulster Transport Authority (UTA) durch die NITHCo. NITHCo übernahm die Marke Translink 1996 und ist in Nordirland für Bus- und Bahnverkehre zuständig. Die Geschichte der Nordirischen Eisenbahn nach 1949 ist gekennzeichnet durch die Schießung von nicht profitablen Strecken. Folglich schrumpfte das Netzwerk in dieser Zeitspanne von 1.500 km (900 mi) auf 338 km (211 mi). Die NIR war in den ersten 30 Jahren des Bestehens gekennzeichnet durch veraltete Infrastruktur, steigende operative Verluste und Fahrgastschwund. In den 1980er und 1990er Jahren wurden einige durch die EU mitfinanzierte Großprojekte durchgeführt wie z.B. der Belfast Cross Harbour Rail link, der neue Bahnhof „Great Victoria Street und die Modernisierung der Strecke Belfast – Dublin. Trotz dieser Investitionen nahmen die Fahrgastzahlen jährlich um ca. 9 % ab. Im Jahr 2000 erstellte die vom Minister für regionale Entwicklung einberufene Railways Task Force einen Bericht zur Zukunft der nordirischen Eisenbahnen („The Future of the Railways Network in Northern Ireland"). Dieser beinhaltete eine Anzahl an radikalen Lösungen, u.a. das Einschrumpfen des Netzwerkes durch weitere Stilllegung von Strecken. Die im Bericht empfohlene Konsolidierung war für die Bahnpolitik bis 2007 wegweisend. Dies umfasste u.a. folgende Maßnahmen, um dem Fahrgastschwund entgegenzuwirken:
★ Modernisierung der Strecke zur Grenze sowie die von Pendlern frequentierten Strecken nach Portadown, Ballymena und Whitehead
★ Unterhaltung der Strecken nördlich von Ballymena und Whitehead bis eine Langfristperspektive erarbeitet ist
★ Stilllegung der Strecke Antrim – Lisburn (Knockmore) – dies erfolgte 2003
★ Neue Stationen in Mossley West (2001) und Templepatrick (nicht umgesetzt mangels verfügbarem Platz)

Northern Ireland Railways Company Ltd. (NIR) P1

Chamber of Commerce House
22 Great Victoria Street
UK-BT2 7LX Belfast
Telefon: +44 2890 666630
feedback@translink.co.uk
www.translink.co.uk

Management
★ Philip Alexander O'Neill (Director, COO)
★ James Brown (Director)
★ Angela Coffey (Director)
★ Anthony Depledge (Director)
★ Francis Anthony Hewitt (Director)
★ Bernard Mitchell (Director)

NIR / NRL / NXET Trains

* Ersatz der veralteten Zugflotte.
Der regionale Verkehrsplan 2002-2012 bestätigte die Vorschläge der RTF und enthielt das Ziel einer Fahrgaststeigerung von 60 % bis 2012 auf den Regionalstrecken (außer grenzüberschreitenden Zügen). Der Plan sah zudem vor, das Zugangebot nördlich von Ballymena und Whitehead beizubehalten. Nach einer Überarbeitung wurden die Auflagen für die Instandhaltung der Infrastruktur nördlich von Ballymena aufgehoben.
Das Ministerium für regionale Entwicklung engagierte nachfolgend die Beratungsgesellschaft Booz Allen Hamilton für eine Prüfung von Optionen für das weitere Investment. Die Untersuchungen empfahlen, keine weiteren Strecken zu schließen und die Beschaffung von weiteren Neubaufahrzeugen. Als Folge der Investitionen stiegen die Passagierzahlen der NIR von 5,8 Mio. in 2000/2001 auf knapp unter 10 Mio. in 2011/2012.

Northern Rail Ltd. (NRL) ℗

Serco House
16 Bartley Wood Business Park
Bartley Way
UK-RG27 9UY Hook Hampshire

Northern House
9 Rougier Street
UK-YO1 6HZ York
Telefon: +44 845 000 0125
customer.relations@northernrail.org
www.northernrail.org

Management
* Dominic Daniel Gerard Booth (Director)
* Alan James Chaplin (Director)
* Jan Chaudhry (Director)
* Julian Edwards (Director)
* Chris Harris (Director)
* Alexander Hynes Hynes (Director)
* Gary Shilston (Director)
* David Stretch (Director)
* Adrian Thompson (Director)

Gesellschafter
Stammkapital 4,00 GBP
* Abellio Transport Holdings Ltd. (Abellio UK) (50 %)
* Serco Group plc (50 %)

Lizenzen
* UK: EVU-Zulassung (GV+PV) seit 26.11.2004

Unternehmensgeschichte
Nach Merseyrail Elecrics wurde Northern Rail als zweites gemeinsames Tochterunternehmen von Abellio und Serco gegründet. Northern Rail betreibt seit dem 12.12.2004 das Northern Franchise und damit verschiedene Pendler- und Regionalverkehre sowie einige längere Strecken in den Gebieten Cheshire, County Durham, Cumbria, Dumfries und Galloway, Greater Manchester, Lancashire, Merseyside, Northumberland, Teesside, Tyne and Wear und Yorkshire. Züge von Northern fahren auch in die Grafschaften Derbyshire, Lincolnshire, Nottinghamshire und Staffordshire in den North Midlands. Einige Leistungen werden von Personenverkehrsbehörden gefördert. Mit 4.850 Mitarbeitern werden täglich 2.490 Züge gefahren und 246.000 Fahrgäste befördert. Dabei werden jährlich rund 45,5 Mio. Zugkm erbracht.
Das ursprünglich mit einer Laufzeit bis 2011 vergebene Franchise wurde zweimal verlängert und wird am 04.02.2016 enden. Im August 2014 wurde bekannt, dass für die Neuvergabe die Unternehmen Abellio, Arriva und Govia auf die Shortlist für die weiteren Verhandlungen aufgenommen wurden. Serco hatte sich unabhängig von Abellio ebenfalls beworben, wurde aber nicht auf die Shortlist aufgenommen. Während der Laufzeit des neunen Franchise sollen die Triebzüge der Class 144 durch neue ersetzt und einige Infrastrukturausbauten im nördlichen Teil des Netzes vorgenommen werden.

NXET Trains Ltd. ℗

National Express House
Mill Lane
Digbeth
B5 6DD Birmingham
c2c.customerrelations@nationalexpress.com
www.c2c-online.co.uk

Management
* Benjamin John Ackroyd (Director)
* Richard John Bowley (Director)
* Andrew Noel Chivers (Director)
* Dean Kendal Finch (Director)
* Kevin David Frazer (Director)
* Julian Denvir Molyneux Drury (Director)
* Dianne Robinson (Secretary)

Gesellschafter
Stammkapital 100.000,00 GBP
* National Express Group plc (NX) (100 %)

Lizenzen
* UK: EVU-Zulassung (PV) seit 29.10.2014

NXET Trains / Serco Caledonian Sleeper

Unternehmensgeschichte
Unter dem Markennamen c2c betreibt National Express das London, Tilbury & Southend (jetzt Essex Thameside) seit 1996. Das Franchise wurde 1996 für 15 Jahre an Prism Rail vergeben. Im Mai 1996 nahm es den Betrieb unter dem Namen LTS Rail auf. Im Juli 2000 wurde Prism Rail von National Express übernommen, die LTS Rail in c2c umbenannte. Das Unternehmen bietet hauptsächlich Pendlerverbindungen zwischen London Fenchurch Street und Southend, sowie der Küste von Essex an. Dies verdeutlicht die Bezeichnung c2c als Kürzel von „city to coast".

Vor der Privatisierung hatte die London, Tilbury and Southend Linie den Ruf, eine der unzuverlässigsten des gesamten Netzes zu sein. Sie verwandelte sich in eine der zuverlässigsten. Am Ende des Geschäftsjahrs 2008-2009 galt c2c als die pünktlichste Bahnverbindung, mit einer durchschnittlichen Zugpünktlichkeit von 95,3 % (definiert als Ankunft mit spätestens fünf Minuten Abweichung von der fahrplanmäßigen Ankunftszeit). Das Bahnunternehmen hat schon zweimal innerhalb eines Vierwochenzeitraums den Rekord von 98% erreicht und in den 12 Monaten bis 31.03.2013 erreichte es im Jahresdurchschnitt eine Pünktlichkeit von 97,5 %.

Das Franchise sollte ursprünglich nur bis 26. 05.2011 laufen. Im Dezember 2010 verlängerte das Verkehrsministerium das Franchise von National Express bis 26.05.2013, während es die Durchführung des Franchising-Verfahrens überprüfte. Daher wurde das Franchise bis 08.11.2014 verlängert. Aus der folgenden Neuausschreibung des jetzt als Essex Thameside bezeichneten Franchise ging National Express als Gewinner hervor und betreibt es bis zum 10.11.2029. Statt der bisherigen Betriebsgesellschaft c2c Rail Ltd. werden die Verkehre jetzt von der neu gegründeten Gesellschaft NXET Trains Ltd. durchgeführt. Die bisher von c2c verwendete Fahrzeugflotte wird weiter eingesetzt und soll während der Laufzeit des Franchise um weitere 17 Züge ergänzt werden.

Serco Caledonian Sleepers Ltd.
P

Basement and Ground Floor Premises
1-5 Union Street
UK-IV1 1PP Inverness

4th Floor
227 Ingram Street
UK-G1 1DA Glasgow
www.caledoniansleeper.info

Management
* Joanne Roberts (Director)
* Peter Strachan
* David Stretch

Gesellschafter
Stammkapital 1,00 GBP
* Serco Group plc (100 %)

Unternehmensgeschichte
Unter der Bezeichnung Caledonian Sleeper verkehren Nachtzüge von London nach Schottland, die zwei Routen bedienen: Der Lowland Train verkehrt ab London-Euston nach Edinburgh und Glasgow, der Highland Train nach Aberdeen, Fort William und Inverness. Die Verkehre dienen der Anbindung Schottlands an die weit entfernte Hauptstadt London und werden daher von der schottischen Regierung bestellt, bisher als Bestandteil des ScotRail Franchise. Im Zuge der im Jahr 2014 erfolgten Neuvergabe wurden die Nachtzüge herausgelöst und als eigenständiges Franchise ausgeschrieben. Bei dieser Ausschreibung ist Serco als Gewinner hervorgegangen und betreibt diese Verkehre seit dem 01.04.2015 für 15 Jahre durch die am 16.05.2014 gegründete Serco Caledonian Sleepers.

Vor den Zügen kommen Elektrolokomotiven der Class 92 und remotorisierte Zweikraftloks der Class 73/9 zum Einsatz, die von der GB Railfreight Ltd. (GBRf) gestellt werden. Außerdem werden neue Wagen von CAF beschafft, die bis zum Jahr 2018 die heute eingesetzten und von First ScotRail übernommenen Wagen ersetzen.

Serco / SN

Serco Group plc

Serco House
16 Bartley Wood Business Park
Bartley Way
UK-Hook Hampshire
Telefon: +44 1256 745900
Telefax: +44 1256 744111
generalenquiries@serco.com
www.serco.com

Management
* Rupert Soames (Director, CEO)
* Edward John Casey (Director, COO)
* Angus George Cockburn (Director, CFO)
* Michael Clasper (Director)
* Ralph Dozier Crosby (Director)
* Tamara Ingram (Director)
* Rachel Janis Lomax (Director)
* Alastair David Lyons (Director)
* Angela Susan Risley (Director)
* Malcolm Ian Wyman (Director)
* David Charles Eveleigh (Secretary)

Gesellschafter
Stammkapital 9.986.583,70 GBP

Beteiligungen
* Great Southern Rail Ltd. (100 %)
* Serco Caledonian Sleepers Ltd. (100 %)
* Merseyrail Electrics 2002 Ltd. (ME) (50 %)
* Northern Rail Ltd. (NRL) (50 %)

Unternehmensgeschichte
Serco ist ein börsennotiertes britisches Dienstleistungsunternehmen. Seinen Ursprung hat das Unternehmen in der 1929 gegründeten britischen Niederlassung des Radio Corporation of America. Damals war man als Dienstleister für die Filmindustrie tätig. In den sechziger Jahren gelang es, als zusätzliches Geschäftsfeld Wartungs- und Dienstleistungsverträge mit der Royal Air Force abzuschließen. Damit war die Basis gelegt, während des in den siebziger und achtziger vielfach praktizierten Outsourcings einen Dienstleistungskonzern aufzubauen. 1987 benannte sich der inzwischen entstandene Konzern in Serco Ltd. um und bereits ein Jahr später wurde daraus durch den Börsengang die Serco Group plc.
Heute ist Serco in vielen Dienstleistungsbereichen tätig, hauptsächlich für öffentliche Auftraggeber. Dazu gehört z. B. der Betrieb von Krankenhäusern und Gefängnissen, Immobilienverwaltung, Wartungsverträge für die britische Armee, IT-Leistungen und vieles mehr. Auch wenn man inzwischen international tätig ist, ist Großbritannien auch heute noch der wichtigste Markt für Serco. Ein Geschäftsfeld bildet dabei der Transportbereich. International war und ist man als Betreiber von U-Bahnen, aber auch kleineren Fährlinien aktiv. Den Betrieb einer Eisenbahn wurde erstmals 1997 mit der Betriebsgesellschaft Great Southern Rail Ltd. in Australien übernommen, die sich heute vollständig im Eigentum von Serco befindet. Der Markteinstieg in Großbritannien gelang gemeinsam mit dem Partner Abellio. Als erstes Franchise wurde gemeinsam Merseyrail gewonnen. Dort wurde der Betrieb im Juli 2003 übernommen. Im Dezember 2004 folgte, ebenfalls mit dem Partner Abellio, Northern Rail.
Inzwischen ist Serco eigenständig tätig, konnte zunächst aber keine Erfolge bei Vergaben von Franchises verzeichnen. So schied man z. B. bei der Neuvergabe von Northern Rail aus und schaffte es, im Gegensatz zum bisherigen Partner Abellio, nicht auf die Shortlist für die weiteren Verhandlungen. Im Mai 2015 konnte man jedoch die Vergabe des aus dem ScotRail Franchise herausgelösten Caledonian Sleeper Franchise für sich entscheiden. Der Betrieb dieser Schottland mit London verbindenden Nachtzüge wurde am 01.04.2015 für 15 Jahre von der neuen Tochter Serco Caledonian Sleeper übernommen.

Travel your way
southernrailway.com

Southern Railway Ltd. (SN) 🅿

3rd Floor
41-51 Grey Street
UK-NE1 6EE Newcastle upon Tyne

26-28 Addiscombe Road
UK-CR9 5GA Croydon, Surrey
Telefon: +44 20 8929 8700
Telefax: +44 20 8929 8707
www.gatwickexpress.com

Management
* Charles Stuart Horton (Managing Director)
* Allan David Scorey (Operations Director)
* Wilma Mary Allan (Director)
* David Allen Brown (Director)
* Keith Down (Director)
* Alistair John Francis Gordon (Director)
* Malcolm Robert Rimmer (Director)
* Bernard Denis Maurice Tabary (Director)
* Nicolas Luc Daniel Vandevyver (Director)
* Carolyn Ferguson (Secretary)

SN / Stagecoach

Gesellschafter
Stammkapital 10.000.000,00 GBP
* Govia Ltd. (100 %)

Lizenzen
* UK: EVU-Zulassung (PV) seit 20.09.2009
* UK: Sicherheitszertifikat, Teil A (PV); gültig vom 20.09.2009 bis 19.09.2014

Unternehmensgeschichte
Southern bietet Verbindungen zwischen London Mitte und der Südküste über die Hauptlinie nach Brighton an. Daneben werden Verbindungen nach Surrey, East und West Sussex und Teilen von Kent und Hampshire angeboten. Außerdem betreibt Southern den Gatwick Express Service. Mit 164 Millionen beförderten Fahrgästen pro Jahr ist es eines der meistgenutzten Schienennetze im Vereinigten Königreich. Southern fährt 158 Bahnhöfe an, von denen die am stärksten frequentierten London Victoria, London Bridge, Brighton, East Croydon und der Flughafen Gatwick sind.
Im Jahr 2000 gewann Govia das South Central Rail Franchise des Verkehrsministeriums (DfT) und übernahm den Betrieb im August 2001 vom vorherigen Betreiber Connex. Der Betrieb wurde 2004 in Southern umfirmiert, wobei das Logo bewusst an das der früheren Southern Railway vor deren Verstaatlichung angelehnt wurde. Das DfT plante eine Kapazitätssteigerung auf der Hauptlinie nach Brighton und so wurde das Gatwick Express Franchise ab Juni 2008 in das Southern Franchise eingegliedert. Seit Dezember 2008 wurden die Verbindungen in Spitzenverkehrszeiten von Gatwick nach Brighton und auch nach Eastbourne erweitert, wodurch sich die Zahl der Expresszüge von London nach Brighton in diesen Zeiten verdoppelte. Govia behielt das Franchise bei der Neuvergabe im Jahr 2009. Der Vertrag läuft im Juli 2015 aus und das Franchise wird dann mit dem erweiterten Thameslink Franchise (Thameslink, Southern and Great Northern) fusionieren. Dieses Franchise wird seit September 2014 im Rahmen eines 7-Jahres-Managementvertrags von Govia Thameslink Railway Ltd. betrieben. Der Name Southern wird aber weiterhin als Markenname erhalten bleiben.

Stagecoach Group plc

10 Dunkeld Road
UK-PH1 5TW Perth
Telefon: +44 1738 442 111
Telefax: +44 1738 643 648
www.stagecoach.com

Management
* Martin Andrew Griffiths (Director, CEO)
* Ross John Paterson (Director, CFO)
* Fraser McGregor Alexander (Director)
* Ewan Brown (Director)
* Ann Heron Gloag (Director)
* Sir Brian Souter (Director)
* Garry Watts (Director)
* Philip Michael White (Director)
* William Elliott Whitehorn (Director)
* Michael John Vaux (Secretary)

Gesellschafter
Stammkapital 3.168.549,78 GBP
* Sir Brian Souter (8,7 %)
* Ann Gloag (6,4 %)
* Chase Nominees Ltd. (5,4 %)

Beteiligungen
* East Midlands Trains Ltd. (EMT) (100 %)
* Stagecoach South Western Trains Ltd. (SW) (100 %)
* Inter City-Railways Ltd. (90 %)
* Virgin Rail Group Ltd. (49 %)

Unternehmensgeschichte
Die Stagecoach Group wurde 1980 von Sir Brian Souter, seiner Schwester Ann Gloag und Robin Gloag gegründet. Das Unternehmen entstand Anfang der 1980er Jahre nach der Deregulierung des britischen Expressbusmarktes. Der Transport Act 1980 hob die 35 Meilen Begrenzung für Expressbusverbindungen auf und so konnte das Unternehmen einen Busverkehr von Dundee nach London einführen. Stagecoach wuchs zwischen 1981 und 1985 beträchtlich, als das Unternehmen in den Nahverkehrsbusmarkt einstieg und nach der Deregulierung begann, Nahverkehrsbusunternehmen zu übernehmen. Die Gruppe ging im April 1993 an die Börse und wurde damals mit 124 Mio. GBP bewertet. Im Schienenverkehr gewann Stagecoach im Dezember 1995 die Franchises South Western (SW) und Island Line Trains. Im Juni 1998 übernahm das Unternehmen 49 % der Virgin Rail Group Holding für 150 Mio. GBP. Im gleichen Monat wurde die

Stagecoach / SW

Stagecoach Group zum ersten Mal im FTSE-100 Index notiert, sie war also zu einem der Top 100 Unternehmen in Großbritannien aufgestiegen. South West Trains stand auf der Liste der bevorzugten Bieter für die stornierten Ausschreibungen für die West Coast Main Line Ausschreibung 2012 und für Thameslink. Im Jahr 2014 gewann man zusammen mit der Virgin Group das Franchise InterCity East Coast, das seit 01.03.2015 von der neuen Tochter Inter City Railways Ltd. als Virgin East Coast betrieben wird.

Stagecoach South Western Trains Ltd. (SW) ℗

Friars Bridge Court
41-45 Blackfriars Road
UK-SE1 8NZ London
Telefon: +44 8700 00 5151
customerrelations@swtrains.co.uk
www.southwesttrains.co.uk

Management
* Andrew Martin Griffith (Director)
* Jacob Henry Kelly (Director)
* Ross John Paterson (Director)
* Christian Roth (Director)
* Timothy Colin Shoveller (Director)
* Andrew Charles West (Secretary)

Gesellschafter
Stammkapital 200,00 GBP
* Stagecoach Group plc (100 %)

Lizenzen
* UK: EVU-Zulassung (PV) seit 26.01.2007
* UK: Sicherheitszertifikat, Teil A (PV); gültig vom 01.10.2006 bis 24.01.2017
* UK: Sicherheitszertifikat, Teil B (PV); gültig vom 25.01.2012 bis 24.07.2017

Unternehmensgeschichte
South Western Trains ist das größte Bahnunternehmen in Surrey, Hampshire und Dorset und bedient auch London, Berkshire, Wiltshire, Somerset und Devon. Der Endbahnhof in London ist Waterloo. Das Unternehmen betreibt viele Vorortpendlerzüge sowie Fernzüge an die Südküste mit Zielen wie z.B. Portsmouth, Southampton, Bournemouth, Poole oder Weymouth. Es bietet auch Verbindungen nach Reading, Exeter und Bristol an. Dabei handelt es sich jedoch nicht um die großen Schnellverbindungen in diese Städte, diese werden von First Great Western ab Paddington angeboten. Die Verbindungen über Exeter hinaus nach Paignton, Plymouth und Penzance wurden im Dezember 2009 eingestellt, um genügend Material für die stündliche Verbindung Waterloo – Exeter zur Verfügung zu haben. Die meisten der SW Verbindungen erfolgen über elektrifizierte Linien mit 750V Gleichstrom- Stromschiene. Es gibt auch eine Dieselflotte für die Verbindungen auf der West of England Line nach Salisbury, Exeter und Bristol, die nach Worting Junction nicht elektrifiziert ist und für die Verbindungen Salisbury-Romsey über Southampton, da die Streckenabschnitte zwischen Salisbury und Redbridge und Eastleigh und Romsey nicht elektrifiziert sind. SW setzt fast 1.700 Züge pro Tag ein.

Stagecoach gewann im Dezember 1995 die Franchises South Western und Island Line Trains, wobei letzteres die Züge auf der Inselbahn der Isle of Wight betrifft. Die Betriebsübernahme auf diesen Netzen erfolgte ab Februar 1996. Im April 2001 verkündete South West Trains die bis dahin größte Bestellung von neuen Zügen im Vereinigten Königreich, mit einem Investitionsvolumen von 1 Mrd. GBP für neue Desiro UK mit insgesamt 785 Wagen als Ersatz für die alten Züge mit mechanischen Türen. Der Einsatz dieser Züge begann im Jahr 2007.

Im April 2012 verkündeten South West Trains und Network Rail den Beginn einer neuen Partnerschaft, um Verbindungen und Betriebseffizienz zu verbessern. Diese entstand auf Grundlage der Empfehlungen des „Rail Value for Money" Berichts von McNulty. Die „Alliance" betreut heute sowohl die Infrastruktur als auch die darauf verkehrenden Züge der Strecken ab London Waterloo. Sie besteht aus einem gemeinsamen Management-Team, das mit dem Zweck geschaffen wurde, beiden beteiligten Unternehmen effizienteres Arbeiten zu ermöglichen. So sollen z.B. der Bahnhof Waterloo dank eines einheitlichen Bahnhofsmanagements effizienter betrieben, Gleisbauarbeiten besser geplant und die Reaktionsfähigkeit bei Störungen erhöht werden, da nur noch ein Team auf Betriebsstörungen reagieren muss.

2002 wurde die Laufzeit der beiden Franchises bis 2007 verlängert. Bei der Neuausschreibung im Jahr 2007 wurde das Franchise Island Line Trains in South Western integriert. Den Zuschlag für den neuen Vertrag mit zehn Jahren Laufzeit bekam wieder Stagecoach und konnte somit das Franchise behalten. Das Unternehmen sollte dem Verkehrsministerium (DfT) über die Laufzeit des Franchise eine Prämie von 1 Mrd. GBP bezahlen. Im Mai 2012 kündigten South Western Trains und das DfT an, zur Entlastung der überfüllten Pendlerverbindungen in Stoßzeiten weitere Wagen ab Waterloo zur Verfügung zu stellen. Die im Dezember 2011 angekündigte erste Phase umfasste 60 zusätzliche Wagen durch Modernisierung der ehemaligen Gatwick Express Class 460 Züge und Neubildung der Class 458/5 aus diesen und

SW / Virgin Rail Group

modernisierten Zügen der Class 458. Im Jahr 2014 folgte als zweite Phase die Übernahme der zweiteiligen Triebzüge der Class 456, mit denen Doppeltraktionen der Class 455 auf Züge mit insgesamt zehn Wagen verlängert werden können. Im Jahr 2014 wurden außerdem 30 fünfteilige Züge des Typs Desiro City von Siemens, ähnlich der neuen Class 700 des Thameslink Programme, bestellt, die ab dem Jahr 2018 zum Einsatz kommen sollen.

Virgin Rail Group Ltd. ℗

The Battleship Building
179 Harrow Road
UK-W2 6NB London
www.virginrailgroup.co.uk

Virgin Trains West Coast Ltd. (VT)
Meridian
85 Smallbrook Queensway
UK-B5 4HA Birmingham
Telefon: +44 845 000 8000
www.virgintrains.co.uk

Management
* Phillip Alan Bearpark (Director)
* Graham Charles Leech (Director)
* Philip Whittingham (Director)
* Barry Alexander Ralph Gerrard (Secretary)

Gesellschafter
Stammkapital 10.076.663,50 GBP
* Virgin Group Ltd. (51 %)
* Stagecoach Group plc (49 %)

Beteiligungen
* Inter City-Railways Ltd. (100 %)

Lizenzen
* UK: EVU-Zulassung (GV+PV) seit 28.04.1995

Unternehmensgeschichte
Die Virgin Rail Group und damit das Tochterunternehmen Virgin Trains West Coast befinden sich heute im Eigentum der Virgin Group und der Stagecoach Group. Virgin Trains West Coast betreibt seit 09.03.1997 das InterCity West Coast Franchise. Dieses beinhaltet Fernverkehrszüge zwischen dem Großraum London, den West Midlands, Nordwestengland, Nordwales und Schottland und verbindet so die Städte London, Birmingham, Manchester, Liverpool, Edinburgh und Glasgow. Das erste Franchise der Virgin Rail Group war jedoch das InterCity CrossCountry Franchise, für das sie im November 1996 den Zuschlag erhielt und dessen Betrieb sie am 05.01.1997 aufnahm. Der Gruppe wurde außerdem das InterCity West Coast Franchise im Januar 1997 zugesprochen, nachdem die Mitbewerber Sea Containers und Stagecoach im Bieterverfahren unterlegen waren. Im Oktober 1998 veräußerte die Virgin Group 49 % der Anteile an der Virgin Rail Group an Stagecoach. Als die Virgin Group das Franchise InterCity West Coast gewann, verpflichtete sie sich, Neigezüge mit einer Betriebsgeschwindigkeit von 224 km/h einzusetzen. Dies sollte durch den Infrastrukturbetreiber Railtrack möglich gemacht werden, der die West Coast Mainline für den Einsatz der neuen Züge ab 2005 modernisieren sollte. Nach dem Zusammenbruch von Railtrack und den Modernisierungsverzögerungen seitens des Nachfolgers Network Rail wurden die beiden Franchises CrossCountry und West Coast im Juli 2002 vorübergehend zugunsten von Managementverträgen ausgesetzt. Aufgrund der Kostenexplosion bei der Modernisierung von 2,5 Mrd. auf 10 Mrd. GBP wurde der Modernisierungsumfang reduziert und die Höchstgeschwindigkeit auf rund 200 km/h gesenkt. Die ersten von Alstom gebauten Pendolino der Class 390 gingen im Januar 2003 auf der West Coast Mainline in Betrieb. Mit Ausnahme der Verbindungen nach Holyhead wurden die bis dato eingesetzten lokbespannten Züge bis Juni 2005 ausgemustert. Im September 2005 führte Virgin Trains West Coast nach Fertigstellung von Phase I der West Coast Modernisierung den ersten Fahrplan mit Geschwindigkeiten von 200 km/h ein. 2007 vergab das Verkehrsministerium (DfT) das neue CrossCountry Franchise an Arriva und die zuvor von Virgin CrossCountry angebotenen Verbindungen gingen am 11.11.2007 auf den neuen Betreiber über. Infolge der Neuverteilung der Franchises durch das DfT gingen im Dezember des gleichen Jahres Verbindungen von Birmingham New Street nach Edinburgh Waverley und Glasgow Central über Crewe vom Cross Country-Franchise an das Franchise Intercity West Coast. Im Dezember 2008 wurde die Verbindung Wrexham - London Euston eröffnet, mit Abfahrt von Wrexham morgens und Rückkunft abends. Im Februar 2009 wurde eine stündliche Zugverbindung London Euston – Chester eingeführt.
Im Januar 2009 führte Virgin Trains einen Fahrplan mit hoher Taktfrequenz ein, um von der abgeschlossene Modernisierung der West Coast Main Line zu profitieren. Dieser diente als Basis für den heutigen Fahrplan. Virgin bat um eine Verlängerung des Franchise als Gegenleistung für den Kapazitätsausbau durch die Bestellung zusätzlicher Wagen für die Pendolino der class 390.

Virgin Rail Group / WCR

Das DfT lehnte die Bitte ab und bestellte stattdessen selbst bei Alstom 106 Wagen, also vier komplette elfteilige Züge mit je elf Waggons und Erweiterungen um zwei Wagen für 31 Züge. Die vier neuen vollständigen Zuggarnituren wurden 2011/2012 geliefert, die 31 bestehenden Züge bekamen die Zusatzwagen im Dezember 2012. Die Laufzeit des West Coach Franchise sollte im März 2012 enden. Im Januar 2011 leitete das Verkehrsministerium das Ausschreibungsverfahren für das nächste InterCity West Coach Franchise ein. Im März des gleichen Jahres teilte es mit, Abellio, FirstGroup, Keolis / SNCF und Virgin Rail Group seien eingeladen, für das Franchise zu bieten. Im Mai 2011 ließ der Verkehrsminister verlautbaren, das Ende der Laufzeit werde nach hinten verschoben, damit die Empfehlungen des McNulty Berichts aufgegriffen werden könnten und später wurde Virgin eine Verlängerung des Franchise bis Dezember 2012 gewährt.

Die bevorzugten Bieter erhielten im Januar 2012 eine Einladung zur Angebotsabgabe. Im August 2012 verkündete das Verkehrsministerium die Entscheidung, das neue Franchise an die FirstGroup zu vergeben. Virgin klagte daraufhin auf eine gerichtliche Prüfung der Entscheidung. Im Oktober 2012 teilte der Verkehrsminister mit, die Regierung storniere die Ausschreibung und die Vergabe an die FirstGroup, nachdem bei der Vorbereitung der gerichtlichen Prüfung signifikante Fehler in der Art der Durchführung des Franchiseverfahrens festgestellt worden waren. Nach einer unabhängigen Überprüfung durch den Centrica Chief Executive Sam Laidlaw und den Non-Executive Director des Verkehrsministeriums Ed Smith und den Eurostar Vorsitzenden Richard Brown solle eine neue Ausschreibung durchgeführt werden. Die Regierung handelte einen 23-Monate Managementvertrag aus, unter dem Virgin das Franchise bis 09.11.2014 weiter betrieb. Im März 2013 verkündigte der Verkehrsminister einen neuen Zeitplan für die Franchise-Ausschreibung. Im Zusammenhang damit wurde das bestehende West Coast Franchise erneut bis 29.04.2017 verlängert.

West Coast Railway Company Ltd. (WCR)

Off Jesson Way
Crag Bank
UK-LA5 9UR Carnforth, Lancashire
Telefon: +44 844 850 4685
bookings@westcoastrailways.net
www.westcoastrailways.co.uk

Management
* William David Smith (Director)
* Patricia Marshall (Business Services Director)
* Christine Smith (Secretary)

Gesellschafter
Stammkapital 100,00 GBP
* Steamtown Railway Museum (100 %)

Lizenzen
* UK: Sicherheitszertifikat, Teil A (PV, seit 01.10.2008 auch GV); gültig vom 01.10.2006 bis 24.09.2018
* UK: Sicherheitszertifikat, Teil B (GV+PV); gültig vom 10.10.2013 bis 24.09.2018

Unternehmensgeschichte
West Coast Railways (WCR) wurde 1995 als Spot-Hire- und Charterzug-Unternehmen mit Sitz in Carnforth MPD in Lancashire gegründet. 1998 bekam das Unternehmen als erstes Privatunternehmen die Genehmigung, als Bahnunternehmen tätig zu werden.
Es ist spezialisiert auf den Betrieb von Charterzügen auf einigen der landschaftlich reizvollsten Strecken im Vereinigten Königreich. Teils bietet es die Touren selbst an, teils geschieht dies über Reiseveranstalter. Viele der Charterzüge werden von Dampfloks gezogen und WCR ist zum führenden Anbieter von Sonderzugfahrten im Vereinigten Königreich avanciert. Das Unternehmen stellt einen Großteil des Materials und der Crews für Dampflokbetrieb sowie auch für Dieselloktouren auf dem nationalen Schienennetz.
Der Firmensitz, ein großes Depot und Technikbasis, befindet sich in Carnforth. Dort werden auch Auftragsarbeiten für andere Betreiber ausgeführt. Zwischen Ende der 1960er Jahre und 1997 war dies ein Eisenbahnmuseum und eine Besucherattraktion, Steamtown Carnforth. Das Steamtown Railway Museum besteht heute noch als Holding Gesellschaft für West Coast Railways.
West Coasts Dampflok 5972 „Olton Hall" war in den Harry Potter Filmen unter dem Decknamen „Hogwarts Castle" als Zuglokomotive des Hogwarts Express zu sehen.
Neben Eintages- und Wochenendbahnausflügen bietet das Unternehmen im Sommer auch reguläre dampfbetriebene Zugverbindungen an. Der „Jacobite" verkehrt von Mai bis Oktober in den schottischen Highlands entlang der West Highland Line von Fort William nach Mallaig und quert dabei das Glenfinnan Viadukt. 2011 eröffnete WCR eine zweite „Jacobite"-Verbindung, die von Anfang Juni bis Ende August nachmittags ab Fort Williams verkehrt.
Der dampfbetriebene „Scarborough Spa Express" verkehrt zwischen Juli und September dreimal wöchentlich auf einem Rundkurs von York durch Yorkshire nach Scarborough.
West Coast versorgt auch viele andere Anbieter von Bahnreisen im ganzen Land mit Lokomotiven, Material und Crews.
Der Unternehmenssitz und das Hauptdepot des Unternehmens befinden sich in Carnforth MPD in

WCR / XC Trains

einem ehemaligen London Midland und Scottish Railway Depot. Das Unternehmen hat im ehemaligen Great Western Depot im Southhall Railway Centre in West London eine zweite Basis. Das Tochterunternehmen CCRES gehört zu den wenigen britischen Unternehmen, die sich auf die Restaurierung von Lokomotiven und Waggons spezialisiert haben. Es übernimmt die General- oder Teilüberholung von Dampf- und Diesellocks, die General- oder Teilüberholung von Rollmaterial, planmäßige Wartungsarbeiten, Restaurierungsarbeiten, Schreinerarbeiten und weitere handwerkliche Leistungen. Zu den Kunden zählen private Lokomotivbesitzer, Museumsbahnvereine und viele der bekanntesten britischen Eisenbahnen.

Birmingham erstreckt es sich von Aberdeen bis Penzance und von Stanstead bis Cardiff. Die Züge verbinden 118 Bahnhöfe und wichtige Städte quer durch Großbritannien wie Newcastle, Leeds, Sheffield, Manchester, Nottingham, Bristol, Southampton, Cardiff und Edinburgh. Das Franchise begann am 11.12.2007 und sollte ursprünglich bis 31.03.2016 laufen, wurde aber bis November 2019 verlängert. Nach der Erteilung des Cross Country-Franchise modernisierte XC Trains alle ihre Züge, um über die gesamte Flotte 35 % mehr Sitzplätze und 25 % mehr Raum für Gepäck zu bieten. Die Firma investierte in fünf Hochgeschwindigkeitszüge Class 43 mit den dazugehörigen Personenwagen Mark 3 zur Kapazitätssteigerung auf der Nordost-Südwest-Linie.

XC Trains Ltd. ▯

1 Admiral Way
UK-SR3 3XP Sunderland

Cannon House
18 The Priory Queensway
UK-B4 6BS Birmingham
Telefon: +44 844 7369123
Telefax: +44 121 2006001
www.crosscountrytrains.co.uk

Management
* Andy John Cooper (Managing Director)
* David Andrew Watkin (Commercial Director)
* Jeremy Richard Higgins (Customer Service Director)
* Jonathan Luke Roberts (Finance Director)
* William Rogers (Production Director)
* Maria Fracesca Earl (Director)
* Amanda Furlong (Director)
* Lorna Edwards (Secretary)

Gesellschafter
Stammkapital 22.500.002,00 GBP
* Arriva UK Trains Ltd. (100 %)

Lizenzen
* UK: EVU-Zulassung (PV) seit 11.11.2007

Unternehmensgeschichte
Arrivas Tochterunternehmung XC Trains gewann 2007 gegen den bisherigen Betreiber Virgin Trains das Cross Country-Franchise. Dieses bedient mit 2.635 km Streckenlänge das weitläufigste Netz im Vereinigten Königreich. Ausgehend von

Firmenindex

A

A.D.E. Eisenbahnverkehrsunternehmen
  GmbH, DE-Elstra OT Kindisch **72**
Aare Seeland Mobil AG (ASm),
  CH-Langenthal **987**
Aartalbahn Infrastruktur Gesellschaft gmbH
  (ATB Infrastruktur), DE-Wiesbaden **72**
AAR bus+bahn / Wynental- und
  Suhrentalbahn AG, CH-Aarau **987**
Abellio Greater Anglia Ltd. (GA), UK-London ..**1186**
Abellio Limburg B.V., NL-Amersfoort **721**
Abellio Rail Mitteldeutschland GmbH
  (ABRM), DE-Halle (Saale) **73**
ABELLIO Rail NRW GmbH (ABRN), DE-Essen **75**
Abellio Rail Südwest GmbH, DE-Essen **77**
Abellio ScotRail Ltd. (SR), UK-Glasgow **1186**
Abellio Transport Holdings Ltd. (Abellio
  UK), UK-London **1186**
Ablachtal-Bahn GmbH (ATB), DE-Konstanz **77**
Acciona Rail Services SA (ARS), ES-Coslada **1074**
Achenseebahn (ASB), AT-Jenbach **763**
Administrador de Infraestructuras
  Ferroviarias (ADIF), ES-Madrid **1074**
ADRIA TRANSPORT d.o.o., HR-Zagreb **663**
Adria Transport organizacija in izvajanje
  železniških prevozov d.o.o. (ADT), SI-Koper .**1068**
Advanced World Transport a.s. (AWT),
  CZ-Ostrava **1098**
Agencia de la Obra Pública de la Junta de
  Andalucía (AOP), ES-Sevilla **1075**
Aggerbahn Eisenbahnverkehrsgesellschaft
  mbH, DE-Wiehl **78**
agilis Eisenbahngesellschaft mbH & Co. KG,
  DE-Regensburg **78**
agilis Verkehrsgesellschaft mbH & Co. KG,
  DE-Regensburg **79**
UAB Agrokoncernas, LT-Kaunas **681**
AHG Industry GmbH & Co. KG, DE-Cottbus **80**
Aicher Cargo GmbH,
  DE-Meitingen-Herbertshofen **81**
Aisa Tren SA, ES-Madrid **1075**
AB Akmenės cementas, LT-Naujoji Akmenė ...**681**
AKN Eisenbahn AG, DE-Kaltenkirchen **81**
Albtal-Verkehrs-Gesellschaft mbH (AVG),
  DE-Karlsruhe **83**
Alexela Terminal AS, EE-Paldiski **537**
UAB Alkesta, LT-Alytus **681**
Alliance Rail Holdings Ltd., UK-Sunderland ...**1187**
ALSA Ferrocarril SA, ES-Madrid **1076**
ALSTOM Lokomotiven Service GmbH (ALS),
  DE-Stendal **86**
Altmark-Rail GmbH,
  DE-Oebisfelde-Weferlingen, OT Buchhorst **87**
AMBER RAIL, a.s., SK-Bratislava **1047**
AMBERRAIL ADRIA d.o.o., SI-Koper **1068**
AmE Raillogistik GmbH, DE-Wittenberge **87**
ATL Ammendorfer Transport und Logistik
  GmbH, DE-Halle (Saale) **87**
Azienda Mobilità e Trasporti S.p.A. (AMT
  Genova), IT-Genova **606**
Angelner Eisenbahngesellschaft gUG
  (haftungsbeschränkt) (AEG), DE-Glücksburg ... **88**
Anhaltinisch-Brandenburgische
  Eisenbahngesellschaft mbH (ABEG),
  DE-Hamburg **88**
Ankum Bersenbrücker Eisenbahn GmbH
  (ABE), DE-Ankum **89**
Anschlussbahn-Servicegesellschaft
  Pressnitztalbahn mbH (ASP),
  DE-Lübbenau / Spreewald **90**
Appenzeller Bahnen AG (AB), CH-Herisau **988**
S.C. Apria S.R.L., RO-Cluj-Napoca **923**
ArcelorMittal Siderail SA, ES-Gijón **1076**
ArcelorMittal Eisenhüttenstadt Transport
  GmbH (AMEH TRANS), DE-Eisenhüttenstadt ... **90**
Arramele Siglo XXI SA,
  ES-Tolosa (Guipúcoa) **1077**
ARRIVA vlaky s.r.o., CZ-Praha 5-Smíchov **1101**
ARRIVA MORAVA a.s., CZ-Ostrava-Moravská . **1101**
Arriva Östgötapendeln AB, SE-Stockholm **953**
Arriva Personenvervoer Nederland B.V.,
  NL-Heerenveen **721**
Arriva RP Sp. z o.o., PL-Warszawa **814**
Arriva Service s.r.o., SK-Komárno **1047**
Arriva Sverige AB, SE-Malmö **951**
Arriva Tåg AB, SE-Malmö **952**
Arriva Tog A/S, DK-Kastrup **54**
Arriva Trains Wales Ltd. / Trenau Arriva
  Cymru Cyf., UK-Cardiff **1188**
Arriva UK Trains Ltd., UK-Sunderland, Tyne
  and Wear **1189**
ARST S.p.A., IT-Cagliari **606**
AS DBT, EE-Haabneeme alevik, Viimsi vald **537**
Estonian Railway Services AS (E.R.S.),
  EE-Tallinn **537**
AS SEBE, EE-Tallinn **538**
A.V.G. Ascherslebener Verkehrsgesellschaft
  mbH, DE-Aschersleben **91**
Asturmasa Rail SA, ES-Aviles **1077**
A-Train AB (AEX), SE-Stockholm **951**
Augsburger Localbahn GmbH (AL),
  DE-Augsburg **92**
VĮ Aukštaitijos siaurasis geležinkelis (ASG),
  LT-Panevėžys **682**
Autodoprava Hanzalík s.r.o. (AH),
  CZ-Praha 5 - Smíchov **1102**
Autorità portuale di Savona (APS),
  IT-Savona **608**

Europäische Bahnen '15/'16 1227

Firmenindex

B

Avanza Tren SA, ES-Madrid **1077**
AWT Rail HU Zrt., Budapest **1153**
AWT Rail SK a.s., SK-Bratislava **1047**
AŽD Praha s.r.o., CZ-Praha 10 .... **1103**

B

Bahnbetriebe Blumberg GmbH & Co. KG,
  DE-Blumberg **94**
Bahnbetriebsgesellschaft Bad Harzburg
  mbH (BBH), DE-Bad Harzburg **95**
Bahnbetriebsgesellschaft Stauden mbH
  (BBG Stauden), DE-Fischach **95**
Bahnen der Stadt Monheim GmbH (BSM),
  DE-Monheim **96**
Bahnhofsbetriebsgesellschaft BBG
  Stadtoldendorf mbH, DE-Stadtoldendorf **97**
BahnLog Bahnlogistik und Service GmbH,
  DE-Sankt Ingbert **98**
BTE BahnTouristikExpress GmbH,
  DE-Nürnberg **98**
Baltic Port Rail Mukran GmbH (BPRM),
  DE-Sassnitz/Neu Mukran **99**
A/S Baltijas Ekspresis (BE), LV-Ventspils **670**
A/S Baltijas Tranzita Serviss (BTS), LV-Riga **670**
BAM Rail B.V., NL-Breda **723**
Banedanmark, DK-København Ø **55**
Baneservice AS (BS), NO-Oslo **752**
Baneservice Skandinavia AB, DK-Göteborg **954**
Barter S.A., PL-Białystok **816**
Bartex Sp. z o.o., PL-Płoskinia **817**
BASF Schwarzheide GmbH,
  DE-Schwarzheide **100**
BASF SE, DE-Ludwigshafen **100**
Bayerische CargoBahn GmbH (BCB),
  DE-Neu-Ulm **101**
Bayerische Oberlandbahn GmbH (BOB),
  DE-Holzkirchen **102**
Bayerische Regiobahn GmbH (BRB),
  DE-Holzkirchen **104**
Bayerische Regionaleisenbahn GmbH (BRE),
  DE-Hof **104**
Bayerische Zugspitzbahn Bergbahn AG
  (BZB), DE-Garmisch-Partenkirchen **106**
Bayern Bahn Betriebsgesellschaft mbH
  (BYB), DE-Nördlingen **106**
Bayernhafen GmbH & Co. KG,
  DE-Regensburg **107**
BBL Consulting GmbH, DE-Hannover **109**
BBL Logistik GmbH, DE-Hannover **109**
BDG Bahnservice und
  Dienstleistungsgesellschaft mbH & Co. KG,
  DE-Schönebeck (Elbe) **110**
BDK Bahndienste Korkmaz, DE-Essen **110**
BDWM Transport AG, CH-Bremgarten **989**

BDŽ EAD, BG-Sofia **44**
BDŽ - Pătnitscheski prewosi EOOD,
  BG-Sofia **44**
BDŽ - Tovarni Prevozi EOOD, BG-Sofia **45**
UAB Klaipėdos jūrų krovinių kompanija
  "Bega", LT-Klaipėda **682**
Belgium Rail Feeding BVBA (BRF),
  BE-Antwerpen **24**
BeNEX GmbH, DE-Hamburg **112**
Bentheimer Eisenbahn AG (BE),
  DE-Nordhorn **114**
Berchtesgadener Land Bahn GmbH (BLB),
  DE-Freilassing **115**
BEHALA Berliner Hafen- und
  Lagerhausgesellschaft mbH, DE-Berlin **116**
Berliner Verkehrsbetriebe (BVG) Anstalt des
  öffentlichen Rechts, DE-Berlin **116**
Berner Oberland-Bahnen AG (BOB),
  CH-Interlaken **989**
Betriebsgesellschaft Mainschleifenbahn
  mbH, DE-Volkach **117**
BF Logistics, s.r.o. (BFL), CZ-Praha 9 .... **1103**
BGE Eisenbahn Güterverkehr Gesellschaft
  mbH, DE-Bergisch Gladbach **118**
UAB Birių krovinių terminalas (BKT),
  LT-Klaipėda **683**
Biuro Utrzymania i Eksploatacji
  Gnieźnieńskiej Kolei Wąskotorowej
  (Gnieźnieńska KW), PL-Gniezno **818**
BLDX A/S, DK-Køge **56**
Bleckeder Kleinbahn Verwaltungsges. UG
  (haftungsbeschränkt) (BKb), Lüneburg **118**
BLG RailTec GmbH,
  DE-Uebigau–Wahrenbrück **119**
BLP Wiebe Logistik GmbH, DE-Achim **119**
BLS AG, CH-Bern **990**
BLS Cargo AG, CH-Bern **992**
BLS Netz AG, CH-Bern **994**
BM Bahndienste GmbH, DE-Karlsruhe **120**
BOBO Járműjavító. Ipari, Kereskedelmi és
  Szolgáltató Kft., HU-Miskolc **1154**
Bocholter Eisenbahngesellschaft mbH
  (BEG), DE-Dinslaken **120**
Bodensee-Oberschwaben-Bahn GmbH &
  Co. KG (BOB), DE-Friedrichshafen **121**
Dr. Christoph Bolay u. Thomas Moser GbR
  Eisenbahnverkehrsunternehmen (B&M),
  DE-Öhringen **122**
Bombardier Transportation GmbH (BTG),
  DE-Berlin **123**
Bombardier Transportation Sweden AB,
  SE-Västerås **955**
Borkumer Kleinbahn- und Dampfschiffahrt
  GmbH (BK), DE-Emden **123**

Firmenindex

Botniatåg AB, SE-Stockholm **955**
Bourgogne Fret Service SAS (BFS),
　FR-Vénarey-les-Laumes **559**
boxXpress.de GmbH, DE-Hamburg **124**
BMHD Braaker Mühle Handel- und
　Dienstleistungsgesellschaft mbH, DE-Braak .. **126**
Bräunert Eisenbahnverkehr GmbH & Co.
　KG, DE-Albisheim **126**
BSBS Braunschweiger Bahn Service GmbH,
　DE-Braunschweig **127**
Breisgau-S-Bahn GmbH (BSB),
　DE-Endingen am Kaiserstuhl **128**
Bremische Hafeneisenbahn (HBH),
　DE-Bremen **128**
Brienz Rothorn Bahn AG (BRB), CH-Brienz **995**
Brohltal-Eisenbahn-Gesellschaft mbH (BEG
　EIU), DE-Niederzissen **129**
Brohltal-Schmalspureisenbahn Betriebs-
　GmbH (BEG EVU), DE-Brohl-Lützing **129**
BSB Saugbagger und Zweiwegetechnik
　Stefan Mattes GmbH & Co. KG, DE-Berlin **131**
B-S-L GmbH Betrieb-Service-Logistik,
　DE-Mittenwalde **131**
BSM GmbH, DE-Mannheim **131**
BSS 2000 Energetikai Szolgáltató Ipari és
　Kereskedelmi Kft., HU-Cegléd **1154**
BSS Bahnservice Saarland GmbH,
　DE-Nohfelden-Türkismühle **132**
BS-W Bahnservice- und Werkstattdienste
　GmbH, DE-Halle (Saale) **132**
BT Berlin Transport GmbH, DE-Berlin **133**
BTE Bremen-Thedinghauser Eisenbahn
　GmbH, DE-Weyhe-Leeste **133**
Bückebergbahn Rinteln-Stadthagen GmbH,
　DE-Obernkirchen **134**
BUG Vermietungsgesellschaft mbH,
　DE-Hoppegarten **134**
Bulgarian railway company AD (BRC),
　BG-Sofia **46**
BULK TRANSSHIPMENT SLOVAKIA, a.s.
　(BTS), SK-Čierna nad Tisou **1048**
Bulmarket DM OOD, BG-Ruse **46**

C

CFI - Compagnia Ferroviaria Italiana S.r.l.,
　IT-Terni **608**
cantus Verkehrsgesellschaft mbH,
　DE-Kassel **135**
Captrain UK Ltd., UK-London **1190**
Captrain Belgium B.V., BE-Antwerpen **24**
Captrain Denmark ApS, DK-Helsingør **56**
Captrain Deutschland GmbH (CT-D),
　DE-Dortmund **136**
Captrain Italia S.r.l. (CTI), IT-Milano **609**
Captrain Netherlands B.V., NL-Rotterdam **723**
Captrain Polska Sp. z o.o., PL-Wrocław **818**
S.C. Captrain România S.R.L., RO-București **923**
Captrain Sweden AB, SE-Skelleftehamn **957**
Cargo Logistik Rail-Service GmbH (CLR),
　DE-Barleben OT Ebendorf **138**
Cargo LT OÜ, EE-Tallinn **538**
Cargo Master Sp. z o.o., PL-Toruń **819**
CARGO Przewozy Towarowe i Pasażerskie
　Sp. z o.o., PL-Wrocław **820**
Cargo Service GmbH (CargoServ), AT-Linz **763**
Cargo Trans Vagon Bulgaria AD (CTV
　Bulgaria), BG-Sofia **47**
S.C. Cargo Trans Vagon S.A. (CTV),
　RO-București **923**
CargoInk AS, NO-Drammen **752**
CargoNet AS, NO-Oslo **753**
Cargo-Terminal Soltau GmbH (CTS),
　DE- Soltau **139**
City Air Terminal Betriebsgesellschaft
　m.b.H. (CAT), AT-Wien-Flughafen **764**
ČD Cargo, a.s., CZ-Praha 1 .... **1104**
UAB Cemeka, LT-Vilnius **683**
CEMET S.A., PL-Warszawa **820**
CENTRAL RAILWAYS a.s. (CRW), SK-Košice ... **1049**
Centralbahn AG, CH-Basel **996**
Centrum Logistyczne w Łosośnej Sp. z o.o.
　(CLŁ), PL-Warszawa **821**
CER Hungary Közép-Európai Vasúti
　Árufuvarozási, Kereskedelmi és Szolgáltató
　Zrt. (CER Hungary), HU-Budapest **1155**
CER Cargo d.d., SI-Ljubljana **1069**
CER Cargo Holding SE Európai
　Részvénytársaság, HU-Budapest **1156**
S.C. CER FERSPED S.A., RO-București **924**
CER Slovakia a.s., SK-Bratislava **1049**
České dráhy, a.s. (ČD), CZ-Praha 1 .... **1105**
Société Nationale des Chemins de Fer
　Luxembourgeois (CFL), LU-Luxembourg **700**
CFL cargo Danmark ApS, DK-Padborg **57**
CFL Cargo Deutschland GmbH, DE-Niebüll ... **139**
CFL cargo France S.A., FR-Mondelange **559**
CFL cargo S.A., LU-Dudelange **701**
CFL cargo Sverige AB, SE-Nässjö **957**
Societatea Nationala de Transport Feroviar
　de Călători CFR Călători SA, RO-București ... **924**
Societatea Nationala de Transport Feroviar
　de Marfă, CFR Marfă S.A., RO-București 1 .... **925**
CFTA SA, FR-Issy-les-Moulineaux **561**
Chemion Logistik GmbH, DE-Leverkusen **141**
Chiemgauer Lokalbahn
　Betriebsgesellschaft mbH & Co. KG (CLBG),
　DE-Nußdorf am Inn **143**

Firmenindex

Chiemsee-Schifffahrt Ludwig Feßler KG (Chiemseebahn), DE-Prien **143**
The Chiltern Railway Company Ltd. (CH), UK-Sunderland **1190**
Chládek a Tintěra Havlíčkův Brod, a.s. (CHTHB), CZ-Havlíčkův Brod **1106**
Chládek a Tintěra Pardubice, a.s. (CHTPCE), CZ-Pardubice **1106**
City-Bahn Chemnitz GmbH (CBC), DE-Chemnitz **144**
EURL Claisse Location Matériel Travaux Publics (CLMTP), FR-Solesmes **561**
Cockerill Maintenance & Ingénierie Traction S.A. (CMI Traction), BE-Tubize **25**
Colas Rail Ltd., UK-London **1191**
COLAS RAIL SA, FR-Maisons-Laffitte **562**
Comboios de Portugal, E.P.E. (CP), PT-Lisboa **914**
Compagnie des chemins de fer du Jura SA (CJ), CH-Tavannes **996**
Compagnie ferroviaire régionale SAS (CFR), FR-Cercy-la-Tour **563**
Compagnie Ferroviaire Sud France (CFSF) SAS, FR-Nice **564**
Compania Naţională de Căi Ferate „CFR" SA, RO-București 1 .... **926**
COMSA Rail Transport SA (CRT), ES-Barcelona **1078**
conneXXion Nederland N.V., NL-Hilversum **724**
S.C. Constantin Grup S.R.L., RO-București **927**
Constru-Rail SA, ES-Madrid **1079**
Contec Rail ApS, DK-Hørsholm **57**
Continental Rail SA, ES-Madrid **1080**
Continental Railway Solution Kft. (CRS), HU-Budapest **1156**
Córas Iompair Éireann (CIE), IE-Dublin 8 .... **601**
Corridor Operations NMBS/SNCB DB Schenker Rail N.V. (COBRA), BE-Schaerbeek **26**
CP Carga - Logística e Transportes Ferroviários de Mercadorias, S,A, PT-Lisboa .. **915**
CQ Correct AB (CQC), SE-Solna **958**
Crossrail AG, CH-Muttenz **997**
Crossrail Benelux NV, BE-Deurne **27**
Crossrail Italia S.r.l., IT-Beura Cardezza **611**
CTL Express Sp. z o.o., PL-Warszawa **822**
CTL Kargo Sp. z o.o., PL-Police **823**
CTL Kolzap Sp. z o.o., PL-Puławy **824**
CTL Logistics GmbH, DE-Berlin **145**
CTL Logistics Sp. z o.o., PL-Warszawa **824**
CTL Maczki-Bór S.A., PL-Sosnowiec **827**
CTL Północ Sp. z o.o., PL-Gdynia **828**
CTL Rail Sp. z o.o., PL-Katowice **829**
CTL REGGIO Sp. z o.o., PL-Puławy **830**
CTL Train Sp. z o.o., PL-Sosnowiec **830**

Currenta GmbH & Co. OHG, Eisenbahn Köln-Mülheim-Leverkusen (EKML), DE-Leverkusen **146**
CZ Logistics, s.r.o., CZ-Česká Třebová **1107**
Czech Coal Services, a.s. (CCS), CZ-Most **1107**

D

D&D Eisenbahngesellschaft mbH, DE-Hagenow-Land **146**
Dampfbahn Fränkische Schweiz e. V. (DFS), DE-Ebermannstadt **147**
DFB-Dampfbahn-Furka-Bergstrecke AG, CH-Andermatt **1000**
Dampfzug-Betriebsgemeinschaft e. V. (DBG), DE-Loburg **148**
Deutsche Bahn AG (DB AG), DE-Berlin **148**
DB Bahnbau Gruppe GmbH, DE-Berlin **149**
DB Fahrwegdienste GmbH (DB FWD), DE-Berlin **150**
DB Fahrzeuginstandhaltung GmbH, DE-Frankfurt am Main **150**
DB Fernverkehr AG, DE-Frankfurt am Main **151**
DB Mobility Logistics AG, DE-Berlin **152**
DB Netz AG, DE-Frankfurt am Main **153**
DB Regio AG, DE-Frankfurt am Main **154**
DB Regio Tyne and Wear Ltd., UK-Sunderland **1192**
DB RegioNetz Infrastruktur GmbH (DB RNI), DE-Frankfurt am Main **155**
DB RegioNetz Verkehrs GmbH (DB RNV), DE-Frankfurt am Main **156**
DB Schenker Rail Bulgaria EOOD, BG-Pirdop **47**
DB Schenker Rail Deutschland AG, DE-Mainz **157**
DB Schenker Rail AG, DE-Mainz **158**
DB Schenker Rail Hungária Kft., HU-Győr **1157**
DB Schenker Rail Italia S.r.l., IT-Novate Milanese **612**
DB Schenker Rail Italy S.r.l., IT-Alessandria **613**
DB Schenker Rail Nederland N.V., NL-Utrecht **725**
DB Schenker Rail Polska S.A., PL-Zabrze **831**
S.C. DB Schenker Rail Romania S.R.L., RO-Timişoara **928**
DB Schenker Rail Scandinavia A/S, DK-Taastrup **58**
DB Schenker Rail Schweiz GmbH, CH-Glattbrugg **1001**
DB Schenker Rail Spedkol Sp. z o.o., PL-Kędzierzyn-Koźle **834**
DB Schenker Rail (UK) Ltd., UK-Doncaster **1193**
DB Services GmbH, DE-Berlin **159**
DB Systemtechnik GmbH, DE-Minden **160**

Firmenindex

DB ZugBus Regionalverkehr Alb-Bodensee
  GmbH (RAB), DE-Ulm **161**
DBV-ITL, s.r.o., CZ-Kolín IV **1107**
DE Infrastruktur GmbH (DI), DE-Dortmund **161**
DEKOIL OÜ, EE-Tallinn **538**
Delmenhorst - Harpstedter Eisenbahn
  GmbH (DHE), DE-Harpstedt **162**
DeltaRail GmbH, DE-Frankfurt (Oder) **163**
Den Selvstændig Offentlig Virksomhed
  DSB, DK-Taastrup **58**
Dessauer Verkehrs- und
  Eisenbahngesellschaft mbH (DVE),
  DE-Dessau **163**
Deutsche Eisenbahn Service AG (DESAG),
  DF-Putlitz **164**
DGMT DEUTSCHE GLEISBAU MATERIAL
  TRANSPORT GmbH, DE-Möllenhagen **165**
Deutsche Museums-Eisenbahn GmbH
  (DME), DE-Darmstadt **165**
DP Deutsche Privatbahn GmbH,
  DE-Altenbeken **166**
Deutsche Regionaleisenbahn GmbH (DRE),
  DE-Berlin **167**
DGEG Bahnen und Reisen Bochum AG,
  DE-Bochum **169**
DIE-LEI Dienstleistungen für den Gleisbau
  GmbH, DE-Kassel **169**
Dinazzano Po S.p.A. (DP), IT-Reggio Emilia **614**
Direct Rail Services Ltd. (DRS),
  UK-Moor Row **1194**
Directly Operated Railways Ltd. (DOR),
  UK-London **1195**
dispo-Tf Education GmbH, DE-Berlin **170**
dispo-Tf Rail GmbH, DE-Berlin **171**
Döllnitzbahn GmbH (DBG), DE-Mügeln **171**
Dolnośląskie Linie Autobusowe Sp. z o.o.
  (DLA), PL-Wrocław **835**
Dolnośląskie Przedsiębiorstwo Napraw
  Infrastruktury Komunikacyjnej DOLKOM Sp.
  z o.o., PL-Wrocław **836**
AB Dolomitas, LT-Petrašiūnai **683**
Donnersberg Touristik-Verband e. V. (DTV),
  DE-Kirchheimbolanden **172**
Dortmunder Eisenbahn GmbH (DE),
  DE-Dortmund **172**
Bergbahnen im Siebengebirge AG
  (Drachenfelsbahn), DE-Königswinter **174**
DRE Bahnverkehr GmbH, DE-Strehla **174**
Dresdner Verkehrsbetriebe AG (DVB),
  DE-Dresden **175**
Dresdner Verkehrsservicegesellschaft mbH
  (DVS), DE-Dresden **175**
DRS GmbH Dispo Rail Service,
  DE-Klingmühl **176**

DRT Danubius Rail Transport Kft.,
  HU-Budapest **1158**
DS VASÚT Vasúti Szolgáltató és Fuvarozó
  Kft., HU-Nyíregyháza **1158**
DSB Deutschland GmbH, DE-Berlin **176**
DSB Øresund A/S, DK-Taastrup **60**
DSB Sverige AB, SE-Malmö **958**
DSB Uppland AB, SE-Tierp **959**
Duisburger Hafen AG (duisport),
  DE-Duisburg **177**
duisport rail GmbH, DE-Duisburg **178**
Dunagép Szolgáltató Zrt., HU-Tököl **1158**
Duomobile GmbH Gesellschaft für Logistik
  auf Straße und Schiene, DE-Gallmersgarten .. **179**
DWK GmbH, DE-Frankfurt am Main **179**
Dynea Erkner GmbH, DE-Erkner **180**
AS Dzelzceļtransports (DZT), LV-Rīga **671**

E

East Coast Main Line Company Ltd.,
  UK-London **1196**
East Midlands Trains Ltd. (EMT), UK-London . **1197**
EBL GmbH EisenbahnBetriebsLeistungen,
  DE-Frankenthal **181**
S.C. EC Transporturi Feroviare S.R.L.
  București (EC TF), RO-București **929**
ecco rail GmbH, DE-Starnberg **181**
Ecco Rail Sp. z o.o., PL-Katowice **836**
ecco-rail GmbH, AT-Wien **765**
ECO RAIL SAU, ES-La Rinconada **1081**
Edelaraudtee AS (EDR), EE-Türi **539**
Edelaraudtee Infrastruktuuri AS, EE-Türi **539**
EDIKT, a.s., CZ-České Budějovice **1108**
Eesti Energia Kaevandused AS (EEK),
  EE-Jõhvi **540**
AS Eesti Liinirongid (Elron), EE-Tallinn **541**
AS Eesti Raudtee, EE-Tallinn **541**
EfW-Verkehrsgesellschaft mbH, DE-Frechen ... **181**
e-Génie SAS, FR-Saint-Sulpice **565**
EH Güterverkehr GmbH (EHG), DE-Duisburg ... **182**
Eichholz Eivel GmbH, DE-Berlin **183**
Eifelbahn Verkehrsgesellschaft mbH (EVG),
  DE-Linz am Rhein **183**
Eiffage Rail GmbH, DE-Bochum **184**
Eisenbahn Logistik Vienenburg Rainer
  Mühlberg (ELV), DE-Vienenburg **185**
Eisenbahn Technik Betrieb GmbH & Co. KG
  (ETB), DE-Bernau **185**
EHB Eisenbahn- und
  Hafenbetriebsgesellschaft Region
  Osnabrück mbH, DE-Osnabrück **186**
Eisenbahn-Bau- und Betriebsgesellschaft
  Pressnitztalbahn mbH (PRESS), DE-Jöhstadt .. **186**

Europäische Bahnen '15/'16 1231

Firmenindex

Eisenbahnbetriebsgesellschaft Mittelrhein mbH (EBM Cargo), DE-Gummersbach 189
Eisenbahnen und Verkehrsbetriebe Elbe-Weser GmbH (evb), DE-Zeven 189
Eisenbahnfreunde Rodachtalbahn e. V., DE-Nordhalben 193
Eisenbahnfreunde Treysa e.V. (EFT), DE-Schwalmstadt 194
Eisenbahnfreunde Wetterau e. V. (EFW), DE-Bad Nauheim 194
e.g.o.o. Eisenbahngesellschaft Ostfriesland-Oldenburg mbH, DE-Aurich 195
Eisenbahngesellschaft Potsdam GmbH (EGP), DE-Potsdam 196
Eisenbahninfrastrukturgesellschaft Aurich-Emden mbH (EAE), DE-Aurich 200
ELBA Logistik GmbH, DE-Backnang 200
Ełcka Kolej Wąskotorowa (Ełcka KW), PL-Ełk ... 837
Elektrizace železnic Praha, a.s. (ELZEL), CZ-Praha 4 - Nusle 1108
Elektrizácia železníc Kysak, a.s., SK-Žilina 1050
ELG GmbH, DE-Essen 201
ELL Eisenbahn Logistik Leipzig GmbH, DE-Leipzig 201
ELP SERVICES GmbH, DE-Trögliz 201
ELS Eisenbahn Logistik und Service GmbH, DE-Neustrelitz 202
ELTRA, s.r.o., SK-Košice 1050
Emmentalbahn GmbH (ETB), CH-Huttwil 1002
Emons Bahntransporte GmbH, DE-Dresden ... 203
Emsländische Eisenbahn GmbH (EEB), DE-Meppen 203
Energiewerke Nord GmbH (EWN), DE-Rubenow 204
UAB Energijos sistemu servisas (ESS), LT-Kaunas 684
ENON Gesellschaft mbH & Co. KG, DE-Putlitz 205
Ente Autonomo Volturno (E.A.V.) S.r.l., IT-Napoli 615
EPB GmbH, Eisenbahn: Planung und Bauüberwachung, DE-Offenburg 205
ErailS GmbH, DE-Berlin 206
Erfurter Bahn GmbH (EB), DE-Erfurt 206
EBS Erfurter Bahnservice Gesellschaft mbH, DE-Erfurt 208
erixx GmbH, DE-Celle 209
Erms-Neckar-Bahn Eisenbahninfrastruktur AG (ENAG), DE-Bad Urach 211
ERS European Railways GmbH, DE-Frankfurt am Main 212
ERS Railways B.V., NL-Rotterdam 727
ESG Eisenbahn Service Gesellschaft mbH, DE-Vaihingen an der Enz 213

ESL GmbH, DE-Lübbenau/Spreewald 213
ETF SERVICES SAS, FR-Beauchamp 565
ETMF SAS, FR-Mennecy 566
Eurailscout Inspection and Analysis B.V., NL-Amersfoort 730
Euro Cargo Rail SAS (ECR), FR-Paris Cedex 19 566
AS Euro Rail Trans (ERT), LV-Riga 671
„Euro-Express" Sonderzüge GmbH & Co. KG, DE-Münster 214
Euro-Express-Treincharter B.V. (EETC), NL-Delft 730
EuroMaint Rail AB (EMR), SE-Solna 959
Euronaft Trzebinia Sp. z o.o., PL-Trzebinia 838
S.C. European Rail Transport Feroviar S.R.L. (ERTF), RO-București 929
Europorte Channel SAS (EPC), FR-Lille 569
Europorte France SAS (EPF), FR-Lille 569
Europorte Proximité SAS (EPP), FR-Lille 571
Europorte SAS, FR-Lille 572
EuroRail GmbH, DE-Raguhn-Jeßnitz OT Jeßnitz 214
Eurostar International Ltd., UK-London 1198
Euroterminal Sławków Sp. z o.o., PL-Sławków 839
EUROTRANS Sp. z o.o., PL-Małaszewicze 839
EUROVIA CS, a.s., CZ-Praha 1 1109
Euskal Trenbide Sarea / Red Ferroviaria Vasca (ETS), ES-Bilbao 1081
Eusko Trenbideak - Ferrocarriles Vascos SA (EuskoTren), ES-Bilbao 1082
AS EVR Cargo, EE-Tallinn 542
EVS EUREGIO Verkehrsschienennetz GmbH, DE-Stolberg 215
Exploris S.A., LU-Luxembourg 703
Express Group, a.s., SK-Bratislava 1050
Express Service OOD, BG-Ruse 48

F

F.E.G. Friesoyther Eisenbahngesellschaft mbH, DE-Friesoythe 216
Fährhafen Sassnitz GmbH (FHS), DE-Sassnitz / Neu Mukran 216
Fahrzeugwerk Karsdorf GmbH & Co. KG (FWK), DE-Karsdorf 217
Farge-Vegesacker Eisenbahn-Gesellschaft mbH (FVE), DE-Bremen 217
FARNAIR RAIL Logistics GmbH & Co. KG, DE-Weil am Rhein 218
FEHÉRVILL-ÁM Kft., HU-Székesfehérvár 1159
Fels Netz GmbH, DE-Oberharz am Brocken / OT Elbingerode 219
Fennia Rail Oy (fer), FI-Helsinki 552
FER ALLIANCE SAS, FR-Torcy 572

Firmenindex

Ferovergne SAS, FR-Thiers **573**
Ferrocarriles de la Generalitat Valenciana
  (FGV), ES-València **1083**
Ferrocarriles del Suroeste (FESUR) SA,
  ES-Badajoz **1084**
Ferrocarrils de la Generalitat de Catalunya
  (FGC), ES-Barcelona **1084**
Ferrotramviaria S.p.A. (Ft), IT-Roma **618**
Ferrovie Appulo Lucane S.r.l. (FAL), DE-Bari ... **619**
Ferrovia Circumetnea (FCE), IT-Catania **620**
Ferrovial Railway SA, ES-Madrid **1086**
Ferrovia Adriatico Sangritana S.p.A. (FAS),
  IT-Lanciano **621**
Ferrovie del Gargano S.r.l. (FG), IT-Bari **622**
Ferrovie del Sud Est e Servizi
  Automobilistici S.r.l. (FSE), IT-Bari **623**
Ferrovie della Calabria S.r.l. (FC),
  IT-Catanzaro **624**
Ferrovie Emilia Romagna S.r.l. (FER),
  IT-Bologna **625**
Ferrovie Luganesi SA / Ferrovia Lugano –
  Ponte Tresa (FLP), CH-Lugano **1002**
Ferrovie Udine Cividale S.r.l. (FUC), IT-Udine ... **627**
FerrovieNord S.p.A., IT-Milano **628**
FIRESTA-Fišer, rekonstrukce, stavby, a.s.,
  CZ-Brno **1109**
Firma Handlowo Usługowa „ORION Kolej"
  Krzysztof Warchoł, PL-Nowy Sącz **840**
First Greater Western Ltd. (GW), UK-London .. **1199**
Hull Trains Company Ltd. (HT), UK-Hull **1200**
First ScotRail Ltd. (SR), UK-Aberdeen **1200**
First/Keolis Transpennine Ltd. (TP),
  UK-London **1201**
Flåm Utvikling AS (Flåmsbana), NO-Flåm **754**
FLB - Friedländer Bahn - GmbH,
  DE-Friedland **219**
Flecken Bruchhausen-Vilsen,
  DE-Bruchhausen-Vilsen **220**
FLOYD Szolgáltató Zrt., HU-Budapest **1159**
Flytoget AS, NO-Oslo **754**
FNM S.p.A., IT-Milano **628**
Forchbahn AG (FB), CH-Zürich **1003**
FOXrail Zrt., HU-1042 .... **1160**
Fränkische Museums-Eisenbahn e.V.
  Nürnberg (FME), DE-Nürnberg **220**
Franz Plasser Dienstleistungsgesellschaft
  m.b.H., AT-Wien **767**
Frauenfeld-Wil-Bahn AG (FWB), CH-Herisau ... **1003**
Freiberger Eisenbahngesellschaft mbH
  (FEG), DE-Freiberg **221**
FBE Freie Bergbau- und Erlebnisbahn e. V.,
  DE-Gräfenhainichen **222**
Freightliner DE GmbH, DE-Berlin **222**
Freightliner Group Ltd., UK-London **1202**

Freightliner PL Sp. z o.o. (FPL), PL-Warszawa ... **840**
SNCF Direction Générale Déléguée Fret
  (Fret SNCF), FR-Clichy **574**
Freunde des Schienenverkehrs Flensburg e.
  V. (FSF), DE-Kappeln **223**
FirstGroup plc, UK-Aberdeen **1203**
S.C. Fulger Transport Rapid Interurban de
  Călători S.R.L,, RO-București **929**
Fundacja Bieszczadzkiej Kolejki Leśnej
  (FBKL), PL-Cisna **841**
Fundacja Polskich Kolei Wąskotorowych
  (FPKW), PL-Rogów **842**
FuoriMuro Servizi Portuali e Ferroviari S.r.l.,
  IT-Genova **630**

G

G & G Növényvédelmi és Kereskedelmi Kft.,
  HU-Szeged **1161**
UAB Gargždų geležinkelis, LT-Gargždai **684**
Gastrade AD, BG-Sofia **48**
GB Railfreight Ltd. (GBRf), UK-London **1205**
GBM Gleisbau Maas GmbH, DE-Moers **223**
UAB Geležinkelio tiesimo centras (GTC),
  LT-Lentvaris **684**
Gemeinde Dornum, DE-Dornum **224**
Georg Verkehrsorganisation GmbH (GVG),
  DE-Frankfurt am Main **224**
Gesellschaft der Förderer der
  Museumseisenbahn Hamm e. V. (MEH),
  DE-Hamm **225**
GET Eisenbahn und Transport GmbH,
  DE-Georgsmarienhütte **225**
GEVD Gesellschaft für
  Eisenbahnverkehrsdienstleistungen mbH,
  AT-Wiener Neustadt **767**
GfE Gesellschaft für Eisenbahnbetrieb mbH,
  DE-Markdorf **226**
GJW Praha, spol. s r.o., CZ-Praha 9 .... **1110**
Gesellschaft für Logistik- und
  Vegetationsdienste mbH (GLV),
  DE-Ludwigshafen **226**
Go-Ahead Verkehrsgesellschaft
  Deutschland GmbH, DE-Berlin **227**
Go! Co-operative Ltd. (Go-Op), UK-Bristol **1206**
AS GoRail, EE-Talinn **543**
Görlitzer Oldtimer Parkeisenbahn e. V.
  (GOP), DE-Görlitz **229**
Gornergrat Bahn AG (GGB), CH-Zermatt **1004**
GoTrain Eisenbahnverkehre GmbH,
  DE-Verden (Aller) **227**
Govia Ltd., UK-Newcastle upon Tyne **1207**
Govia Thameslink Railway Ltd. (GTR),
  UK-Newcastle upon Tyne **1207**

Firmenindex

Grampetcargo Austria GmbH (GCA),
    AT-Wien **767**
Grand Central Railway Company Ltd. (GC),
    UK-Sunderland **1209**
UAB Granitinė skalda, LT-Vilnius **685**
Graz-Köflacher Bahn und Busbetrieb GmbH
    (GKB), AT-Graz **768**
Green Cargo AB (GC), SE-Solna **960**
Grenland Rail AS (GR), NO-Skien **755**
Groß Bieberau-Reinheimer Eisenbahn
    GmbH (GBRE), DE-Hanau **228**
Groupe Eurotunnel SE, FR-Paris **575**
S.C. Grup Feroviar Român S.A. (GFR),
    RO-București **930**
Grupa Azoty „KOLTAR" Sp. z o.o.,
    PL-Tarnów **843**
Gruppo Torinese Trasporti S.p.A. (GTT),
    IT-Torino **631**
GTS Rail S.r.l., IT-Bari **632**
GTS RAIL SAGL, CH-Lugano **1005**
Guinovart Rail SA, ES-Madrid **1086**
SIA Gulbenes - Alūksnes bānītis (GAB),
    LV-Gulbene **671**
GW Train Regio a.s. (GWTR), CZ-Ústí nad
    Labem-Střekov **1110**
Győr-Sopron-Ebenfurti Vasút Zrt. (GYSEV),
    HU-Sopron **1163**
GYSEV CARGO Zrt., HU-Sopron **1161**

H

H.F. Wiebe GmbH & Co. KG (WIEBE),
    DE-Dörverden **229**
Häfen und Güterverkehr Köln AG (HGK),
    DE-Köln **230**
Härtsfeldbahn Betriebs-GmbH (HBG),
    DE-Neresheim **231**
Hafen Duisburg Rheinhausen GmbH (HDR),
    DE-Duisburg **231**
Hafen Halle GmbH (HFH), DE-Halle (Saale) **232**
Hafen Krefeld GmbH & Co. KG, DE-Krefeld **233**
Hafen Nürnberg-Roth GmbH (HNR),
    DE-Nürnberg **234**
Hafen Straubing-Sand GmbH (HSG),
    DE-Straubing **234**
Hafen Stuttgart GmbH, DE-Stuttgart **235**
Hafenbahn Schweiz AG (HBSAG),
    CH-Birsfelden **1005**
Hafenbetriebe Ludwigshafen am Rhein
    GmbH (HLR), DE-Ludwigshafen **235**
Hafenbetriebe Rheinland-Pfalz GmbH
    (HRP), DE-Ludwigshafen **236**
Hafenbetriebsgesellschaft Braunschweig
    mbH (HBG), DE-Braunschweig **236**
Hafenbetriebsgesellschaft mbH Hildesheim
    (HBG), DE-Hildesheim **237**
Hamburg - Köln - Express GmbH (HKX),
    DE-Köln **237**
Hamburg Port Authority (Anstalt
    öffentlichen Rechts) - Hamburger
    Hafenbahn (HPA), DE-Hamburg **239**
Hamburger Hochbahn AG (HOCHBAHN),
    DE-Hamburg **240**
Hamburger Rail Service GmbH & Co. KG
    (hrs), DE-Ahrensburg **241**
Hanseatic Rail AG (HR), DE-Berlin **241**
HANSeatische Eisenbahn GmbH, DE-Putlitz ... **242**
HBC Hanseatisches Bahn Contor GmbH,
    DE-Hamburg **242**
Hansebahn Bremen GmbH (HBB),
    DE-Bremen **243**
Härtsfeld-Museumsbahn e. V. (HMB),
    DE-Neresheim **264**
Harzer Schmalspurbahnen GmbH (HSB),
    DE-Wernigerode **243**
Havelländische Eisenbahn
    Aktiengesellschaft (HVLE), DE-Berlin **244**
HORNONITRIANSKE BANE zamestnanecká,
    a.s. (HBz), SK-Prievidza **1051**
Heathrow Express Operating Company Ltd.
    (HX), UK-Hounslow, Middlesex **1209**
Heavy Haul Power International GmbH
    (HHPI), DE-Erfurt **247**
Hector Rail AB (HR), SE-Danderyd **962**
HEG Hamburger Eisenbahngesellschaft
    mbH, DE-Hamburg **248**
Heinrichsmeyer Eisenbahndienstleistungen
    UG (HEIN), DE-Merzig **248**
Hekurudha Shqiptarë SH.A. (HSH),
    AL-Durrës **20**
Hellertalbahn GmbH (HTB),
    DE-Betzdorf (Sieg) **249**
Hermes Groep N.V., NL-Eindhoven **731**
Hespertalbahn e. V., DE-Essen **249**
Hessencourrier e. V. (HC), DE-Kassel **250**
Hessische Landesbahn GmbH - HLB,
    DE-Frankfurt am Main **250**
Heyl Mühlen GmbH & Co. KG,
    DE-Bad Langensalza **252**
HFM Managementgesellschaft für Hafen
    und Markt mbH, DE-Frankfurt am Main ... **253**
HGB - Hessische Güterbahn GmbH,
    DE-Buseck **254**
HLB Basis AG, DE-Frankfurt am Main **254**
HLB Hessenbahn GmbH, DE-Frankfurt am
    Main **256**
Hörseltalbahn GmbH (HTB), DE-Eisenach **258**

1234 Europäische Bahnen '15/'16

Firmenindex

HzL Hohenzollerische Landesbahn AG,
  DE-Hechingen **258**
Holzlogistik und Güterbahn GmbH (HLG),
  DE-Bebra **261**
HSA Beheer NV, NL-Amsterdam **731**
HSL Logistik B.V., NL-'s-Hertogenbosch **733**
HSL Logistik GmbH, DE-Hamburg **262**
HSL - Logistik, s.r.o., CZ-Praha 10 ....**1111**
HSL Polska Sp. z o.o., PL-Warszawa **844**
Hungarian Railway Kft. (HR), HU-Budapest **1165**
Hupac S.p.A., IT-Busto Arsizio **633**
HŽ Cargo d.o.o., HR-Zagreb **663**
HŽ Infrastruktura d.o.o., HR-Zagreb **664**
HŽ Putnički prijevoz d.o.o., HR-Zagreb **664**

I

Ibercargo Rail SA, ES-Madrid **1087**
Iberrail Spanish Railroads S.A.,
  ES-Pozuelo de Alarcon (Madrid) **1087**
IDS - Inženýrské a dopravní stavby
  Olomouc, a.s., CZ-Olomouc **1112**
IDS building corporation a.s., člen koncernu
  IDS, CZ-Olomouc **1112**
IDS CARGO, a.s., CZ-Olomouc **1113**
IGEBA Ingenieurgesellschaft Bahn mbH,
  DE-Krumbach **264**
VĮ Ignalinos atominė elektrinė (IAE),
  LT-Visaginas **685**
IGT - Inbetriebnahmegesellschaft
  Transporttechnik mbH, DE-Lengede **265**
Ilmebahn GmbH (Ilm), DE-Einbeck **266**
Ilztalbahn GmbH (ITB), DE-Waldkirchen **266**
Industriebahn der Stadt Zülpich (ZIB),
  DE-Zülpich **267**
ITB Industrietransportgesellschaft mbH
  Brandenburg, DE-Brandenburg **268**
infra fürth holding gmbh & co. kg (IFH),
  DE-Fürth **268**
Infra SILESIA S.A., PL-Rybnik **844**
Infrabel S.A., BE-Bruxelles **27**
Licencohet Infrastruktura e Hekurudhave të
  Kosovës Sh.A „INFRAKOS", Fushë Kosovë ...**1041**
InfraLeuna GmbH, DE-Leuna **269**
Infranord AB, SE-Solna **964**
InfraServ Logistics GmbH (ISL),
  DE-Frankfurt am Main **270**
Inlandsbanan (IBAB) AB, SE-Östersund **965**
Inlandståget AB (ITAB), SE-Östersund **965**
Innsbrucker Verkehrsbetriebe und
  Stubaitalbahn GmbH (IVB), AT-Innsbruck **770**
InRail S.p.A., IT-Genova **634**
Schifffahrt der Inselgemeinde Langeoog,
  Inselbahn Langeoog (SIL), DE-Langeoog **271**

IntEgro Verkehr GmbH, DE-Reichenbach im
  Vogtland **272**
Inter Cargo Sp. z o.o., PL-Wrocław **845**
Inter City-Railways Ltd., UK-London **1210**
S.C. International Rail Transport Timişoara
  S.R.L. (IRTT), RO-Timişoara **931**
Internationale Gesellschaft für
  Eisenbahnverkehr IGE GmbH & Co. KG (IGE),
  DE-Hersbruck **273**
Interporto Servizi Cargo S.p.A. (ISC),
  IT-Napoli **636**
S.C. Interregional Călători S.R.L. (IRC),
  RO-Cluj-Napoca **931**
Interurbana de Autobuses, S.A. (Interbus),
  ES-San Sebastian de los Reyes **1087**
INVESTEX GROUP, s.r.o., SK-Bratislava **1052**
IPG Infrastruktur- und
  Projektentwicklungsgesellschaft mbH,
  DE-Potsdam **274**
ITL - Železniční společnost Praha, s.r.o.,
  CZ-Praha 1 .... **1114**
ITL-Eisenbahngesellschaft mbH,
  DE-Dresden **275**
ITL-Cargo GmbH, DE-Dresden **277**

J

Jade-Weser-Bahn GmbH (JWB), DE-Bremen **278**
JARO Česká Skalice, s.r.o., CZ-Česká Skalice .. **1114**
Jastrzębska Spółka Kolejowa Sp. z o.o. (JSK),
  PL-Jastrzębie-Zdrój **845**
Jernbaneverket, NO-Hamar **756**
Jindřichohradecké místní dráhy, a.s.
  (JHMD), CZ-Jindrichuv Hradec **1114**
AB Joniškio grūdai, LT-Joniškis **686**
Jungfraubahn AG (JB), CH-Interlaken **1006**

K

KAF Falkenhahn Bau AG, DE-Kreuztal **278**
Kahlgrund-Verkehrs-GmbH (KVG),
  DE-Schöllkrippen **279**
KVVH - Karlsruher Versorgungs-, Verkehrs-
  und Hafen GmbH, DE-Karlsruhe **279**
KÁRPÁT Vasút Vasútüzemi Szolgáltató Kft.,
  HU-Ceglédbercel **1165**
Karpiel Sp. z o.o., PL-Porąbka Iwkowska **846**
Kasseler Verkehrs-Gesellschaft AG (KVG),
  DE-Kassel **280**
UAB Kauno Gelžbetonis (KG), LT-Kaunas **686**
AB Kauno tiekimas, LT-Kaunas **686**
KEOLIS Deutschland GmbH & Co. KG,
  DE-Düsseldorf **281**
Keolis (UK) Ltd., UK-London **1211**
Keyrail B.V., NL-Zwijndrecht **733**
KK-provoz a opravy lok. s.r.o., CZ-Býškovice .. **1115**

Firmenindex

Kladenská dopravní a strojní s.r.o. (KDS),
  CZ-Kladno-Kročehlavy **1116**
LKAB Klaipėdos Smeltė, LT-Klaipėda **687**
AB Klovainių skalda (KS),
  LT-Klovainiai, Pakruojo raj. **687**
Knauf Deutsche Gipswerke KG, DE-Iphofen ... **283**
Kölner Verkehrs-Betriebe AG (KVB), DE-Köln .. **284**
Közgép Építő- és Fémszerkezetgyártó Zrt.,
  HU-Budapest **1165**
Kolej Bałtycka S.A., PL-Szczecin **846**
Koleje Czeskie Sp. z o.o., PL-Warszawa **847**
Koleje Dolnośląskie S.A. (KD), PL-Legnica **848**
Koleje Małopolskie sp. z o.o., PL-Kraków **849**
„Koleje Mazowieckie – KM" Sp. z o.o. (KM),
  PL-Warszawa **850**
Koleje Śląskie Sp. z o.o. (KŚ), PL-Katowice **852**
Koleje Wielkopolskie Sp. z o.o. (KW),
  PL-Poznań **854**
Koleje Wschodnie Sp. z o.o., PL-Warszawa **856**
Kombinovani prevoz d.o.o.,
  RS-Novi Beograd **1041**
KombiRail Europe B.V.,
  NL-Rotterdam-Hoogvliet **734**
Kombiverkehr Deutsche Gesellschaft für
  kombinierten Güterverkehr mbH & Co. KG
  (Kombiverkehr), DE-Frankfurt am Main **284**
Kompetenz für Schienengebundene
  Verkehre GmbH (KSV), DE-Leipzig **285**
Kooperatyvas Gerkonių elevatorius (KGe),
  LT-Rokiškis **688**
Kopalnia Piasku „Kotlarnia" S.A. (KP
  Kotlarnia), PL-Kotlarnia **856**
Kopalnia Piasku Kotlarnia - Linie Kolejowe
  Sp. z o.o. (KP Kotlarnia - LK), PL-Kotlarnia **857**
Kreisbahn Mansfelder Land GmbH (KML),
  DE-Helbra **286**
KSW Kreisbahn Siegen-Wittgenstein GmbH,
  DE-Siegen **287**
Kommunalunternehmen Stadtwerke
  Ochsenfurt (KSO), DE-Ochsenfurt **288**
KUBE CON logistics GmbH,
  DE-Delmenhorst **289**
„Kuckucksbähnel"-Bahnbetriebs GmbH
  (KKB), DE-Neustadt an der Weinstraße **289**
AS Kunda Trans, EE-Kunda **544**
KŽC Doprava, s.r.o., CZ-Praha 9 .... **1116**

L

L & S Luddeneit und Scherf GmbH,
  DE-Neustadt an der Orla **290**
L.E.A.N.D.E.R.-Eisenbahn GmbH,
  DE-Mönchengladbach **290**
La Ferroviaria Italiana S.p.A. (LFI), IT-Arezzo ... **636**
Laeger & Wöstenhöfer GmbH & Co. KG
  (L&W), DE-Berlin **291**
LandKol Sp. z o.o., PL-Świdnica **857**
Landkreis Cuxhaven (CUX), DE-Cuxhaven **291**
Landkreis Konstanz (KN), DE-Konstanz **292**
Landkreis St. Wendel (WND), DE-St. Wendel ... **292**
LAPPWALDBAHN GmbH (LWB),
  DE-Weferlingen **293**
LWS Lappwaldbahn Service GmbH,
  DE-Oebisfelde **294**
VAS Latvijas Dzelzceļš (LDz), LV-Rīga **672**
Compagnie du Chemin de fer Lausanne-
  Echallens-Bercher SA (LEB), CH-Echallens ... **1006**
Lausitzer Dampflok Club e. V. (LDC),
  DE-Teichland-Neuendorf **294**
Lavamünder Bahn Betriebs GmbH (LBB),
  AT-Graz **771**
LDS GmbH Logistik Dienstleistungen &
  Service, DE- Eutin **295**
SIA LDz Cargo, LV-Rīga **672**
SIA LDz Infrastruktūra, LV-Rīga **673**
Leipziger Eisenbahnverkehrsgesellschaft
  mbH (LEG), DE-Delitzsch **295**
SIA L-Ekspresis, LV-Rīga **674**
LEO Express a.s., CZ-Praha 5 .... **1117**
Leonhard Weiss GmbH & Co. KG (LW),
  DE-Göppingen **296**
Leonhard Weiss RTE AS, EE-Tallinn **544**
AS Liepājas metalurgs (LM), LV-Liepāja **675**
SIA Liepājas naftas tranzīts (LNT), LV-Rīga **675**
Lietuvos Geležinkeliai (LG), LT-Vilnius **688**
AB Lifosa, LT-Kėdainiai **690**
Liikennevirasto, FI-Helsinki **552**
Linzer Lokalbahn AG (LILO), AT-Linz **772**
AB Linas agro Grūdų centras KŪB,
  LT-Panevėžys **690**
LKAB Malmtrafik AB, SE-Kiruna **967**
LKAB Malmtrafikk AS, NO-Narvik **756**
Lloyd's Register Rail Europe B.V. (LRRE),
  NL-Utrecht **734**
locomore GmbH & Co. KG, DE-Berlin **297**
LOCON BENELUX B.V., NL-Zwolle **735**
LOCON LOGISTIK & CONSULTING AG,
  DE-Oberuckersee **297**
Łódzka Kolej Aglomeracyjna Sp. z o.o.
  (ŁKA), PL-Łódź **858**
Logibérica Rail SA, ES-Madrid **1088**
Logitren Ferroviaria SA, ES-Valencia **1088**
Lokalbahn Gmunden-Vorchdorf AG (GV),
  AT-Gmunden **773**
Lokalbahn Lambach - Vorchdorf -
  Eggenberg AG (LV), AT-Gmunden **773**
Lokalbahn Mixnitz – St. Erhard AG, AT-Wien ... **774**

Firmenindex

Lokalbahn Vöcklamarkt – Attersee AG (VA),
AT-Gmunden **774**
Lokalbanen A/S (LB), DK-Hillerød **60**
Lokálka Group, občanské sdružení (LG),
CZ-Rokycany **1120**
LOKO TRANS, s.r.o., CZ-Brno-Kohoutovice **1118**
LOKO TRANS Slovakia, s.r.o., SK-Šurany **1052**
Lokomotion Austria Gesellschaft für
Schienentraktion mbH, AT-Kufstein **775**
Lokomotion Gesellschaft für
Schienentraktion mbH, DE-München **299**
LOKORAIL, a.s., SK-Bratislava **1052**
LokoTrain s.r.o., CZ-Praha 3 .... **1119**
LOKOTRANS SERVIS s.r.o., CZ-Brno-Slatina **1119**
London & Birmingham Railway Ltd.,
UK-Newcastle upon Tyne **1211**
London & South Eastern Railway Ltd. (SE),
UK-Newcastle upon Tyne **1212**
London Overground Rail Operations Ltd.
(LOROL), UK-London **1213**
Loreco Sp. z o.o., PL-Warszawa **859**
LOTOS Kolej Sp. z o.o., PL-Gdańsk **859**
LTE Germany GmbH, DE-Kassel **302**
LTE Hungária Vasúti Árufuvarozó és
Logisztikai Kft., HU-Budapest **1166**
LTE Lightrail Transit Enterprises GmbH,
DE-Heidelberg **303**
LTE Logistik a Transport Czechia, s.r.o.,
CZ-Šilheřovice **1120**
LTE Logistik- und Transport-GmbH, AT-Graz ...**776**
LTE Netherlands B.V.,
NL-Rotterdam Europoort **736**
LTE Polska Sp. z o.o., PL-Gdańsk **861**
LTE Logistik a Transport Slovakia, s.r.o.,
SK-Bratislava **1053**
LTE-Rail România S.R.L., RO-București **932**
LTS Logistik, s.r.o., SK-Šurany **1054**
Lubelski Węgiel Bogdanka S.A. (LWB),
PL-Puchaczów **861**
Lübeck Port Authority der Hansestadt
Lübeck (LPA), DE-Lübeck **303**
LUTRA Lager, Umschlag und Transport
Mittelbrandenburgische Hafengesellschaft
mbH, DE-Königs Wusterhausen **303**

M

Maardu Raudtee AS (MR), EE-Maardu **545**
MEG Märkische Eisenbahn-Gesellschaft
mbH, DE-Plettenberg **304**
Märkische Museums-Eisenbahn e. V. (MME),
DE-Plettenberg **305**
Magdeburger Hafen GmbH (MHG),
DE-Magdeburg **305**
Magyar Vasúti Áruszállító Kft. (MVÁ),
HU-Debrecen **1167**
„MAJKOLTRANS" Sp. z o.o., PL Wrocław **862**
UAB Maltosa, LT-Švenčionėliai **691**
Mansfelder Bergwerksbahn e.V. (MBB),
DE- Benndorf **305**
Matterhorn Gotthard Infrastruktur AG
(MGI), CH-Brig **1007**
Matterhorn Gotthard Verkehrs AG
(MGBahn), CH-Brig **1008**
MÁV FKG Felépítménykarbantartó és
Gépjavító Kft., HU-Jászkisér **1167**
MÁV Magyar Államvasutak Zrt.,
HU-Budapest **1168**
MÁV NOSZTALGIA Idegenforgalmi,
Kereskedelmi és Szolgáltató Kft. (MNOS),
HU-Budapest **1169**
MÁV-START Vasúti Személyszállító Zrt.,
HU-Budapest **1170**
Transports de la région Morges-Bière-
Cossonay SA (MBC-bam), CH-Morges 2 ..... **1008**
MBM rail s.r.o., CZ-Jaroměř **1121**
mcm logistics gmbh, DE-Dorsten **306**
Mecklenburgische Bäderbahn Molli GmbH,
DE-Bad Doberan **306**
Meiringen – Innertkirchen-Bahn –
Nebenbetrieb der Kraftwerke Oberhasli AG
(MIB), CH-Innertkirchen **1009**
Mendip Rail Ltd., UK-Markfield **1214**
METRANS (Danubia) a.s.,
SK-Dunajská Streda **1054**
METRANS Rail (Deutschland) GmbH,
DE-Leipzig **307**
METRANS Rail s.r.o., CZ-Praha **1121**
METRANS Railprofi Austria GmbH (RPA),
AT-Krems an der Donau **779**
METRANS, a.s., CZ-Praha **1123**
metronom Eisenbahngesellschaft mbH,
DE-Uelzen **309**
MEV Eisenbahn-Verkehrsgesellschaft mbH,
DE-Mannheim **311**
MEV Independent Railway Services GmbH,
AT-Wien **779**
Midtjyske Jernbaner A/S (MJBA),
DK-Lemvig **62**
Midtjyske Jernbaner Drift A/S (MJBAD),
DK-Lemvig **63**
Miejskie Przedsiębiorstwo Komunikacyjne
w Poznaniu Sp. z o.o. (MPK Poznań),
PL-Poznań **864**
Miejskie Przedsiębiorstwo Komunikacyjne
Sp. z o.o. (MPK Wrocław), PL-Wrocław **863**
Mindener Kreisbahnen GmbH (MKB),
DE-Minden **311**

Firmenindex

Mitsui Rail Capital Europe GmbH (MRCE), DE-München 313
Mitteldeutsche Eisenbahn GmbH (MEG), DE-Schkopau 314
Mittelweserbahn GmbH (MWB), DE-Bruchhausen-Vilsen 316
Mittenwalder Eisenbahnimmobiliengesellschaft mbH & Co. KG (MEIG), DE-Mittenwalde 318
MM Railservice GmbH, DE-Hannover 318
MMV Magyar Magánvasút Zrt., HU-Budapest 1171
Compagnie du chemin de fer Montreux-Oberland bernois SA (MOB), CH-Montreux . 1010
MOL Magyar Olaj és Gázipari Nyilvánosan Működő Részvénytársaság, HU-Budapest .. 1172
Monbus Rail SA, ES-Lugo 1089
Montafonerbahn AG (mbs), AT-Schruns 780
Ferrovia Monte Generoso SA (MG), CH-Capolago 1010
MONTECARGO AD, ME-Podgorica 714
MORIS Sp. z o.o., PL-Chorzów 864
Horst Mosolf GmbH & Co. KG Internationale Spedition, DE-Kirchheim/Teck 319
MTMG Logisztikai Zrt., HU-Budapest 1172
MTR Corporation (Crossrail) Ltd., UK-London 1215
MTR Nordic AB, SE-Johanneshov 967
Mülheimer VerkehrsGesellschaft mbH (MVG), DE-Mülheim an der Ruhr 319
Muldental Eisenbahnverkehrsgesellschaft mbH (MTEG), DE-Glauchau 320
Museumsbahn Schönheide e. V. (MBS), DE-Schönheide 321
Museums-Eisenbahn-Club Losheim e. V. (MECL), DE-Losheim am See 320
Museums-Eisenbahn-Gemeinschaft Wachtl e. V., DE-Kiefersfelden 321
Muzeum Kolejnictwa (MK), PL-Warszawa 865
MVV Verkehr GmbH, DE-Mannheim 322
JP MŽ Infrastruktura, MK-Skopje 709
MŽ Transport AD, MK-Skopje 709

N

N+N-Konstrukce a dopravní stavby Litoměřice, s.r.o., CZ-Litoměřice 1124
N1 Rail Services Süd GmbH, DE-München 323
N1 Rail Services West GmbH, DE-München 324
National Express CZ s.r.o. (NX CZ), CZ-Praha 3 1124
National Express Group plc (NX), UK-Birmingham 1215
National Express Holding GmbH (NX Holding), DE-Düsseldorf 324
National Express Rail GmbH (NX Rail), DE-Köln 325
National Express Südwest GmbH (NX Südwest), DE-Düsseldorf 325
Nazionalna kompanija „Železopātna infrastruktura" (NKŽI), BG-Sofia 48
NBE Cargo Sp. z o.o., PL-Warszawa 865
NBE Group GmbH & Co. KG, DE-Obernburg ... 326
NBE nordbahn Eisenbahngesellschaft mbH & Co. KG, DE-Kaltenkirchen 326
NBE RAIL GmbH, DE-Stockstadt 328
NBE REGIO GmbH, DE-Stockstadt am Main 328
NBE TRAIN GmbH, DE-Stockstadt am Main 329
NEB Betriebsgesellschaft mbH, DE-Berlin 329
neg Niebüll GmbH, DE-Niebüll 331
NeSA Eisenbahn-Betriebsgesellschaft Neckar-Schwarzwald-Alb mbH, DE-Rottweil . 332
NETINERA Deutschland GmbH, DE-Viechtach 332
Network Rail Infrastructure Ltd., UK-London . 1217
Neukölln-Mittenwalder Eisenbahn-Gesellschaft Aktiengesellschaft in Berlin (NME), DE-Berlin 335
Neusiedler Seebahn GmbH (NSB), AT-Wulkaprodersdorf 781
Neuss-Düsseldorfer Häfen GmbH & Co. KG - Neusser Eisenbahn (NE), DE-Neuss 335
Niederbarnimer Eisenbahn AG (NEB AG), DE-Berlin 336
Niederlausitzer Museumseisenbahn e. V. (NLME), DE-Finsterwalde 337
Niederösterreichische Schneebergbahn GmbH (NÖSBB), AT-Puchberg am Schneeberg 781
Niederrheinische Verkehrsbetriebe Aktiengesellschaft NIAG, DE-Moers 338
Niedersachsen Ports GmbH & Co. KG (NPorts), DE-Oldenburg (Oldb) 340
NiedersachsenBahn GmbH & Co. KG (NB), DE-Celle 341
UAB Nilma, LT-Kaunas 691
NKN Usługi Kolejowe Projektowanie, Budownictwo, Transport Sp. z o.o, PL-Szczecin 866
NOR, a.s., CZ-Trutnov 1125
Norddeutsche Bahngesellschaft mbH (NBG), DE-Zeven 343
Norddeutsche Naturstein Rail GmbH (NN-Rail), DE-Flechtingen 343
Nordic Rail Service GmbH (NRS), DE-Lübeck ... 344
AB Nordic Sugar Kėdainiai, LT-Kėdainiai 692
Nordiska Tåg AB (NTAB), SE-Borlänge 969
Nordjyske Jernbaner A/S (NJ), DK-Hjørring 64
Nordlandrail GmbH, DE-Großhansdorf 344

Firmenindex

Nordliner Gesellschaft für
 Eisenbahnverkehr mbH, DE-Hannover **345**
Nord-Ostsee-Bahn GmbH (NOB), DE-Kiel **341**
NordWestBahn GmbH (NWB),
 DE-Osnabrück **345**
Norges Statsbaner AS (NSB), NO-Oslo **757**
Normandie Rail Services SAS (NRS),
 FR-Le Havre **576**
Northern Ireland Railways Company Ltd.
 (NIR), UK-Belfast **1218**
Northern Rail Ltd. (NRL),
 UK-Hook Hampshire **1219**
northrail technical service GmbH & Co. KG
 (NTS), DE-Kiel **348**
Nossen-Riesae Eisenbahn-Compagnie
 GmbH (NRE), DE-Nossen **348**
NÖVOG - Niederösterreichische
 Verkehrsorganisationsgesellschaft mbH,
 AT-St. Pölten **782**
NS Groep N.V., NL-Utrecht **737**
NS Internationaal B.V., NL-Amsterdam **738**
NS Reizigers B.V. (NSR), NL-Utrecht **739**
NSB Gjøvikbanen AS, NO-Oslo **758**
Compagnie du chemin de fer Nyon-St-
 Cergue-Morez SA (NStCM), CH-Nyon **1011**
Nuovo Trasporto Viaggiatori S.p.A. (NTV),
 IT-Roma **637**
Nürnberger Wach- und Schließgesellschaft
 mbH (NWS), DE-Nürnberg **349**
NXET Trains Ltd., Birmingham **1219**

O

OC, Société du chemin de fer Orbe –
 Chavornay SA, p.a. Travys S.A., CH-Orbe **1011**
OCEANOGATE Italia S.p.A. (OCG),
 IT-La Spezia **639**
Ostravská dopravní společnost, a.s. (ODOS),
 CZ-Ostrava-Přívoz **1125**
ÖBB-Personenverkehr Aktiengesellschaft,
 AT-Wien **784**
ÖBB Technische Services GmbH, AT-Wien **785**
Österreichische Bundesbahnen-Holding
 Aktiengesellschaft, AT-Wien **785**
ÖBB-Infrastruktur Aktiengesellschaft,
 AT-Wien **787**
ÖBB-Produktion GmbH, AT-Wien **788**
Öchsle Bahn Aktiengesellschaft (Öchsle
 AG), DE-Biberach an der Riß **350**
Öchsle-Bahn-Betriebsgesellschaft gGmbH
 (Öchsle Bahn), DE-Biberach an der Riß **350**
ÖKO EXPRESSZ Cargo Kft., HU-Adács **1173**
Oensingen-Balsthal-Bahn AG (OeBB),
 CH-Balsthal **1012**
OFP Atlantique SAS, FR-La Rochelle **577**

OHE Cargo GmbH, DE-Celle **351**
OHL ŽS, a.s., CZ-Brno-střed **1126**
OLOMOUCKÁ DOPRAVNÍ, s.r.o. (OD),
 CZ-Olomouc **1127**
On Site Rail France SARL (OSR France),
 FR-Lille **578**
OOC Rail B.V., NL-Oss **740**
OPTISPED, a.s., SK-Bratislava **1055**
Organismós Sidirodrómon Elládos A.E.
 (OSE), GR-Athina **594**
ORLEN KolTrans Sp. z o.o., PL-Płock **866**
AB ORLEN Lietuva, LT-Mažeikių r. **692**
Ortenau-S-Bahn GmbH (OSB),
 DE-Offenburg **352**
ODEG Ostdeutsche Eisenbahn GmbH,
 DE-Parchim **352**
Osthannoversche Eisenbahnen AG (OHE),
 DE-Celle **354**
Ostseeland Verkehr GmbH (OLA),
 DE-Schwerin **358**

P

PEC Parkeisenbahn Chemnitz gGmbH,
 DE-Chemnitz **359**
Parkeisenbahn Syratal (PES), DE-Plauen **360**
A/S Pasažieru vilciens (PV), LV-1050 .... **676**
PCC Intermodal S.A., PL-Gdynia **867**
PCT Private Car Train GmbH, DE-Wolnzach ... **360**
PDV RAILWAY a.s., CZ-Ústí nad Labem **1127**
PEDASTA dopravní stavby, s.r.o.,
 CZ-Litoměřice **1127**
UAB Perpus, LT-Vilnius **693**
Petrolsped Slovakia, s.r.o., SK-Lučenec **1055**
Pfalzbahn Eisenbahnbetriebsgesellschaft
 mbH, DE-Frankenthal **361**
Piaseczyńsko-Grójeckie Towarzystwo Kolei
 Wąskotorowej (PGTKW), PL-Piaseczno **868**
Pilatus-Bahnen AG (PB), CH-Kriens/Luzern ... **1013**
PKP Cargo S.A., PL-Warszawa **869**
PKP Cargo Service Sp. z o.o., PL-Warszawa **873**
PKP Energetyka S.A., PL-Warszawa **874**
PKP Intercity S.A. (PKP IC), PL-Warszawa **875**
PKP Linia Hutnicza Szerokotorowa Sp. z o.o.
 (PKP LHS), PL-Zamość **876**
PKP Polskie Linie Kolejowe S.A. (PLK),
 PL-Warszawa **878**
PKP Szybka Kolej Miejska w Trójmieście Sp.
 z o.o. (PKP SKM), PL-Gdynia **879**
Planungs- und Entwicklungsgesellschaft
 Güterverkehrszentrum Emscher mbH (PEG),
 DE-Herne **361**
PMT Linie Kolejowe Sp. z o.o. (PMT LK),
 PL-Lubin **880**
Pol-Mieḋź Trans Sp. z o.o. (PMT), PL-Lubin **881**

Firmenindex

POLZUG Intermodal POLSKA Sp. z o.o.,
PL-Warszawa 882
Pomorskie Przedsiębiorstwo Mechaniczno-
Torowe Sp z o.o. (PPMT), PL-Gdańsk 883
Pomorskie Towarzystwo Miłośników Kolei
Żelaznych (PTMKŻ), PL-Gdynia 883
POND Security Bahn Service GmbH,
DE-Berlin 362
Port Rail OOD, BG-Burgas 49
Power Rail GmbH (PR), DE-Magdeburg 362
POZ BRUK Sp. z o.o. S.J., PL-Rokietnica 884
Prignitzer Eisenbahn GmbH (PEG),
DE-Berlin 363
Prignitzer Kleinbahnmuseum Lindenberg e.
V. (Pollo), DE-Groß Pankow (Prignitz) 364
Prinsen Eisenbahninfrastruktur GmbH,
DE-Kloster Lehnin OT Reckahn 365
ProLok GmbH, DE-Straupitz 365
ProRail B.V., NL-Utrecht 740
Prüf- und Validationcenter Wegberg-
Wildenrath der Siemens AG Mobility
Systems (PCW), DE-Wegberg-Wildenrath 366
Prvá slovenská železničná spoločnosť, a.s.
(PSŽ), SK-Bratislava 1056
Przedsiębiorstwo Budownictwa
Specjalistycznego „Transkol" Sp. z o.o.,
PL-Kielce 886
Przeadsiębiorstwo Handlowo-Usługowe
„LOKOMOTIV" Bronisław Plata,
PL-Podegrodzie 885
Przedsiębiorstwo Napraw i Utrzymania
Infrastruktury Kolejowej w Krakowie Sp. z
o.o. (PNUIK), PL-Kraków 885
Przedsiębiorstwo Napraw Infrastruktury Sp.
z o.o. w upadłości układowej (PNI),
PL-Warszawa 886
Przedsiębiorstwo Obrotu Surowcami
Wtórnymi „Depol" Sp. z o.o., PL-Bydgoszcz .. 887
Przedsiębiorstwo Usług Kolejowych
KOLPREM Sp. z o.o., PL-Dąbrowa Górnicza ... 887
Przedsiębiorstwo Usługowo – Handlowe
„Agrostop" Sp. z o.o., PL-Terespol 888
Przewozy Regionalne Sp. z o.o. (PR),
PL-Białystok 889
Puhl GmbH, DE-Beckingen 367
Puš, s.r.o. (PUS), CZ-Dvůr Králové nad
Labem 1127

R

Raaberbahn Cargo GmbH,
AT-Wulkaprodersdorf 788
Rail & Logistik Center Wustermark GmbH &
Co. KG (RLCW), DE-Elstal 367
Rail Cargo Austria AG (RCA), AT-Wien 789
Rail Cargo Carrier d.o.o., SI-Ljubljana 1069
S.C. Rail Cargo Carrier - România S.R.L. (RCC
România), RO-Otopeni 933
Rail Cargo Carrier Bulgaria E.O.O.D.,
BG-Sofia 49
Rail Cargo Carrier-Croatia d.o.o., HR-Zagreb ... 665
Rail Cargo Carrier - Czech Republic s.r.o.,
CZ-Praha 3 1128
Rail Cargo Carrier - Italy S.r.l. (RCI),
IT-Novi Ligure 640
Rail Cargo Carrier Kft. (RCC), HU-Budapest ... 1173
Rail Cargo Carrier - Slovakia s.r.o.,
SK-Bratislava 1057
Rail Cargo Hungaria Zrt. (RCH),
HU-Budapest 1174
RCL Rail Creative Logistics GmbH,
DE-Bruchhausen-Vilsen 368
S.C. Rail Force S.R.L. (RFo), RO-Braşov 933
Rail One S.p.A., IT-Chieti 642
Rail Polska Sp. z o.o. (RP), PL-Warszawa 891
Rail Services Europe Sp. z o.o., PL-Szczecin ... 893
Rail system s.r.o., CZ-Lukavice 1128
Rail Time Polska Sp.z o.o., PL-Warszawa 893
Rail Traction Company S.p.A. (RTC),
IT-Bozen 642
RTS Rail Transport Service Germany GmbH
(RTS Germany), DE-München 368
RTS Rail Transport Service GmbH (RTS
Austria), AT-Graz 791
Rail4Captrain GmbH (R4C), DE-Dortmund 369
RailAdventure GmbH, DE-München 370
railCare AG, CH-Härkingen 1013
Raildox GmbH & Co. KG, DE-Erfurt 371
Railflex GmbH, DE-Ratingen 372
Railogic GmbH, DE-Düren 372
Railpolonia Sp. z o.o., PL-Warszawa 894
Railservis AS, EE-Tallinn 545
Railsystems RP GmbH,
DE-Hörselberg-Hainich 373
SIA Railtrans, LV-Rīga 677
Railtrans International, a.s. (RTI),
SK-Leopoldov 1057
Railtrans Logistics Sp. z o.o., PL-Warszawa 894
Railtraxx BVBA, Borgerhout 28
UAB Transachema, LT-Jonavos raj. 693
Ratarahti Oy, FI-Imatra 552
R.A.T.H. GmbH, DE-Düren 375
RB Rail AS, LV-Rīga 677
RBH Logistics GmbH, DE-Gladbeck 375
RbT Regiobahn Thüringen GmbH,
DE-Bleicherode 378
S.C. RC-CF Trans S.R.L., RO-Braşov 934
RDC Deutschland GmbH, DE-Köln 378

Firmenindex

régie départementale des transports des bouches du rhône (RDT 13), FR-Aix-en-Provence **579**
RE Rheinische Eisenbahn GmbH, DE-Linz / Rhein **379**
Redler-Service - Inhaber: Burghard Redler eK, DE-Oberweser **379**
REFER Rede Ferroviária Nacional EPE, PT-Lisboa **915**
Regental Bahnbetriebs-GmbH (RBG), DE-Viechtach **380**
Regentalbahn AG (RAG), DE-Viechtach **382**
Regio Infra GmbH & Co. KG (RIG), DE-Putlitz ...**383**
Regio Infra Nord-Ost GmbH & Co. KG (RIN), DE-Putlitz **384**
Regio Infra Service Sachsen GmbH (RIS), DE-Chemnitz **385**
Regionale Bahngesellschaft Kaarst-Neuss-Düsseldorf-Erkrath-Mettmann-Wuppertal mbH (Regio-Bahn), DE-Mettmann **386**
Regiobahn Bitterfeld Berlin GmbH (RBB), DE-Bitterfeld-Wolfen **387**
Regiobahn Fahrbetriebsgesellschaft mbH, DE-Mettmann **388**
RegioJet, a.s., CZ-Brno **1128**
RegioJet a.s., SK-Bratislava **1058**
Regionalbahn Kassel GmbH (RBK), DE-Kassel **389**
RegionAlps SA (RA), CH-Martigny **1014**
Regionalverkehr Bern-Solothurn AG (RBS), CH-Worblaufen **1015**
Regionalverkehr Münsterland GmbH (RVM), DE-Münster **390**
Regionalverkehr Ruhr-Lippe GmbH (RLG), DE-Soest **392**
Regionstog A/S (RT), DK-Maribo **65**
RégioRail Champagne-Ardenne SAS (RRCA), FR-Châlons-en-Champagne **580**
RégioRail Languedoc Roussillon SAS (RRLR), FR-Le Boulou **581**
RégioRail Lorraine SAS (RRLO), FR-Golbey **582**
RégioRail NV, BE-Aalst **29**
RegioTram Gesellschaft mbH (RTG), DE-Kassel **393**
S.C. RegioTrans S.R.L. (RT), RO-Braşov **935**
Renfe Ancho Metrico, ES-Madrid **1089**
EPE Renfe Operadora, ES-Madrid **1091**
Rennsteigbahn GmbH & Co. KG (RBG), DE-Stützerbach **394**
Rete Ferroviaria Italiana S.p.A. (RFI), IT-Roma **644**
Rete Ferroviaria Toscana S.p.A. (RFT), IT-Arezzo **644**
RETROLOK s.r.o., CZ-Praha 5 ....**1430**

Rettenmeier Air & Rail Betriebs GmbH & Co. KG, DE-Wilburgstetten **395**
Reuschling Bahntechnik und Sondermaschinenbau GmbH (RBS), DE-Hattingen **395**
Rhätische Bahn AG (RhB), CH-Chur **1016**
RheinCargo GmbH & Co. KG, DE-Neuss **399**
Rhein-Haardtbahn-Gesellschaft mbH (RHB), DE-Ludwigshafen **396**
Rheinhafen Bendorf GmbH (RHB), DE-Bendorf **401**
Rheinland Cargo Schweiz GmbH (RCCH), CH-Basel **1015**
Rhein-Neckar Verkehr GmbH (RNV), DE-Mannheim **397**
Rhein-Sieg-Verkehrsgesellschaft mbH (RSVG), DE-Troisdorf **397**
RSE Rhein-Sieg-Eisenbahn GmbH, DE-Bonn **398**
Rhenus Rail Logistics GmbH (RRL), DE-Duisburg **402**
Rhenus Rail St. Ingbert GmbH (RRI), DE-St. Ingbert **403**
Rhenus Veniro GmbH & Co. KG (RV), DE-Moers **405**
Rhomberg Bahntechnik GmbH, AT-Bregenz ...**792**
Rigi Bahnen AG (RB), CH-Vitznau **1017**
UAB Rizgonys, LT-Jonavos r. **694**
RM LINES, a.s., CZ-Sokolov **1131**
Road & Rail Service e.K. (R & R Service), DE-Aschersleben **406**
Röbel/Müritz Eisenbahn GmbH - RME, DE-Röbel (Müritz) **406**
Rostocker Straßenbahn-AG (RSAG), DE-Rostock **407**
Rotterdam Rail Feeding B.V. (RRF), NL-Waalhaven Rotterdam **741**
R.P. Eisenbahngesellschaft mbH (RPE), DE-Wachenheim **407**
RST Rangier-, Service- und Transportgesellschaft mbH, DE-St. Ingbert ...**408**
RuhrtalBahn Betriebsgesellschaft mbH, DE-Münster **409**
Rurtalbahn GmbH (RTB), DE-Düren **409**
Rurtalbahn Benelux B.V., NL-Rotterdam **742**
Rurtalbahn Cargo GmbH (RTB Cargo), DE-Düren **410**
Rushrail AB, SE-Stockholm **969**
Russian Estonian Rail Services AS (RERS), EE-Viimsi **546**
RUTR, spol. s r.o., CZ-Praha 4 .... **1131**

S

S & K TRAIN TRANSPORT Sp. z o.o., PL-Zielona Góra **894**

Europäische Bahnen '15/'16 **1241**

Firmenindex

Saar Rail GmbH, DE-Völklingen **416**
Saarbahn GmbH (SaarBahn&Bus),
  DE-Saarbrücken **417**
Sächsische Binnenhäfen Oberelbe GmbH
  (SBO), DE-Dresden **457**
SAD - Trasporto locale S.p.A., IT-Bozen /
  Bolzano **645**
Sächsisch-Oberlausitzer
  Eisenbahngesellschaft mbH (SOEG),
  DE-Zittau **418**
Safety4you Baustellenlogistik GmbH
  (s4you), AT-Wels **792**
Salzburg AG für Energie, Verkehr und
  Telekommunikation - Salzburger
  Lokalbahn (SLB), AT-Salzburg **793**
Salzburger Eisenbahn TransportLogistik
  GmbH (SETG), AT-Salzburg **795**
Salzkammergutbahn GmbH (SKGB),
  AT-Sankt Wolfgang **797**
SANRE spol. s r.o., CZ-Bohumín **1132**
SART-stavby a rekonstrukce, a.s.,
  CZ-Šumperk **1132**
S-Bahn Berlin GmbH, DE-Berlin **413**
S-Bahn Hamburg GmbH, DE-Hamburg **414**
Schweizerische Bundesbahnen AG (SBB),
  CH-Bern 65 .... **1017**
SBB Cargo Deutschland GmbH,
  DE-Duisburg **419**
SBB Cargo International AG, CH-Olten **1019**
SBB Cargo Italia S.r.l., IT-Milano **646**
SBB GmbH, DE-Konstanz **420**
Scharmützelseebahn GmbH, DE-Zossen **421**
Schenker SIA, LV-Rīga **677**
Schienen-Infrastrukturgesellschaft-Prignitz
  mbH (SIP), DE-Putlitz **421**
Schleifkottenbahn-GmbH (SKB), DE-Halver **422**
Schneider & Schneider GmbH (S&S),
  DE-Winsen **422**
Schwäbische-Wald-Bahn GmbH (SWB),
  DE-Welzheim **424**
SAB Schwäbische Alb-Bahn GmbH,
  DE-Münsingen **423**
Schwedter Hafengesellschaft mbH,
  DE-Schwedt/Oder **423**
Schweizerische Bundesbahnen SBB Cargo
  AG, CH-Olten **1020**
Schweizerische Südostbahn AG (SOB),
  CH-St. Gallen **1021**
Slezskomoravská Dráha a.s. (SMD),
  CZ-Ostrava **1133**
SD - Kolejová doprava, a.s. (SD-KD),
  CZ-Kadaň **1133**

SDG Sächsische
  Dampfeisenbahngesellschaft mbH,
  DE-Annaberg-Buchholz **425**
Sécurail SAS, FR-Rueil-Malmaison **582**
Seehafen Kiel GmbH & Co. KG (SK), DE-Kiel ... **426**
Stiftung Museumsbahn Stein am Rhein am
  Rhein – Etzwilen – Hemishofen – Ramsen &
  Rielasingen – Singen (SEHR), CH-Stein am
  Rhein **1022**
Sensetalbahn AG (STB), CH-Bern **1023**
La Sepulvedana SA, ES-Segovia **1092**
Serco Caledonian Sleepers Ltd.,
  UK-Inverness **1220**
Serco Group plc, UK-Hook Hampshire **1221**
SerFer - Servizi Ferroviari S.r.l., IT-Genova **647**
Sersa Group AG (Schweiz), CH-Zürich **1023**
Service-Betrieb des Kreises Schleswig-
  Flensburg (SL), DE-Schleswig **427**
Servizi ISE S.r.l., IT-Maddaloni **648**
S.C. Servtrans Invest S.A. (STI), RO-Bucureşti ... **937**
SES Logistik GmbH, DE-Ludwigslust **428**
SEŽEV-REKO, a.s., CZ-Brno-Maloměřice **1134**
SGJW Hradec Králové spol. s r.o.,
  CZ-Hradec Králové **1135**
SGL - Schienen Güter Logistik GmbH,
  DE-Dachau **428**
Shunter Tractie B.V. (SHTR), NL-Rotterdam **743**
UAB Šiaulių plentas (SP), LT-Šiauliai **694**
Sihltal Zürich Uetliberg Bahn AG (SZU),
  CH-Zürich **1024**
Sillamäe Sadam AS, EE-Sillamäe **546**
Sistemi Territoriali S.p.A. (ST), IT-Mestre **648**
SJ AB, SE-Stockholm **970**
SJ Götalandståg AB, SE-Stockholm **971**
Skandinaviska Jernbanor AB (SkJb),
  SE-Stockholm **972**
Skanska, a.s., CZ-Brno **1135**
Skinest Rail AS, EE-Tallinn **547**
SKL Umschlagservice GmbH & Co. KG,
  DE-Magdeburg **429**
SKPL Cargo Sp. z o.o., PL-Zbiersk **895**
Slezské zemské dráhy, o.p.s. (SZD),
  CZ-Bohušov **1135**
SLG SPITZKE LOGISTIK GmbH,
  DE-Großbeeren **429**
Slovenske železnice d.o.o. (SŽ), SI-Ljubljana .. **1069**
SLOV-VAGON, a.s., SK-Trnava **1058**
SMART RAIL, a.s., SK-Bratislava **1059**
SNCB Logistics NV/SA, BE-Bruxelles **30**
SNCF Réseau, FR-Paris cedex 13 .... **582**
SNCF Voyages Deutschland GmbH,
  DE-Berlin **430**
Società Ferroviaria Apuo Veneta S.r.l. (SAV),
  IT-Carrara **650**

Firmenindex

Società per le Ferrovie Autolinee Regionali
Ticinesi (FART) SA, CH-Locarno **1024**
Società Subalpina di Imprese Ferroviarie
S.p.A. (SSIF), IT-Domodossola **650**
Società Viaggiatori Italia S.r.l. (SVI),
IT-Milano **650**
Société de l'Itinéraire Benelux-Lorraine-
Italie S.A. (SIBELIT), LU-Luxembourg **704**
Société Nationale des Chemins de fer
Belges / Nationale Maatschappij der
Belgische Spoorwegen (SNCB / NMBS),
BE-Bruxelles **31**
Société Nationale des Chemins de fer
Français (SNCF), FR-Saint Denis **583**
S.C. Softrans S.R.L. Craiova, RO-Craiova **938**
SONATA LOGISTICS GmbH, DE-Mücheln **431**
SONATA MANAGEMENT GmbH,
DE-Stockstadt am Main **432**
Southern Railway Ltd. (SN),
UK-Newcastle upon Tyne **1221**
Spacecom AS, EE-Tallinn **547**
AS Spacecom Trans, EE-Tallinn **547**
SPITZKE SE, DE-Großbeeren **432**
SPITZKE SPOORBOUW B.V., NL-De Meern **743**
S-Rail GmbH, DE-Freilassing **416**
SSG Saar-Service GmbH, DE-Saarbrücken **434**
Staatliche Rhein-Neckar-Hafengesellschaft
Mannheim mbH (HGM), DE-Mannheim **434**
Staatliche Schlösser, Burgen und Gärten
Sachsen gGmbH, Dresdner Parkeisenbahn
(DPE), DE-Dresden **434**
Infrastrukturbetrieb der Stadt Arneburg,
DE-Arneburg **435**
Stadt Bad Wurzach im Allgäu,
DE-Bad Wurzach **435**
Stadtwerke Bitburg (SWB), DE-Bitburg **436**
Stadt Frankfurt (Oder), DE-Frankfurt (Oder) **436**
Stadt Hohnstein, DE-Hohnstein **437**
Stadt Jöhstadt, DE-Jöhstadt **437**
Stadt Pfullendorf, DE-Pfullendorf **438**
Stadt Worms Verkehrs-GmbH (SWV),
DE-Worms **438**
Stadtbahn Saar GmbH (SBS),
DE-Saarbrücken **439**
Stadtwerke Andernach GmbH (SWA),
DE-Andernach **440**
Stadtwerke Essen AG (SWE), DE-Essen **440**
Stadtwerke Germersheim GmbH (SWG),
DE-Germersheim **441**
Stadtwerke Hamm GmbH (SWH), DE-Hamm ...**441**
Stadtwerke Heilbronn GmbH (SWH),
DE-Heilbronn **442**
Stadtwerke Koblenz GmbH (SWKO),
DE-Koblenz **442**

Stadtwerke Mainz AG (SWM), DE-Mainz **443**
Stadtwerke Schweinfurt GmbH (SWS),
DE-Schweinfurt **443**
Stadtwerke Trossingen GmbH, Trossinger
Eisenbahn (TE), DE-Trossingen **444**
SWU Verkehr GmbH, DE-Ulm **444**
Stadtwerke Verkehrsgesellschaft Frankfurt
am Main mbH (VGF), DE-Frankfurt am Main ..**445**
Städtebahn Sachsen GmbH (SBS),
DE-Dresden **446**
Städtische Häfen Hannover, DE-Hannover **447**
Stagecoach Group plc, UK-Perth **1222**
Stagecoach South Western Trains Ltd. (SW),
UK-London **1223**
Stahlwerk Thüringen GmbH (SWT),
DE-Unterwellenborn **448**
Starkenberger Baustoffwerke GmbH (SBW),
DE-Starkenberg **448**
UAB Statoil Fuel & Retail Lietuva, LT-Vilnius **694**
Stauden-Verkehrs-GmbH (SVG),
DE-Augsburg **449**
STAV GmbH, DE-Falkenberg/Elster **450**
Stavební firma CARDA-MÜLLER, s.r.o.,
CZ-Olomouc **1136**
STAVEBNÍ OBNOVA ŽELEZNIC, a.s. (SOŽ),
CZ-Olomouc **1136**
Stefen GmbH & Co. KG, DE-Oldenburg **450**
Steiermarkbahn Transport und Logistik
GmbH (STB), AT-Graz **798**
Steiermärkische Landesbahnen (STLB),
AT-Graz **798**
Stern & Hafferl Verkehrsgesellschaft mbH
(StH), AT-Gmunden **800**
Stivis AS, EE-Viimsi vald **548**
STK S.A., PL-Wrocław **895**
Stock -Transport-, DE-Bodenheim **451**
Stockholmståg KB (Ståg), SE-Stockholm **973**
Stowarzyszenie Górnośląskich Kolei
Wąskotorowych (SGKW), PL-Bytom **896**
STRABAG Rail a.s., CZ-Ústí nad Labem **1136**
STRABAG Rail AB, SE-Göteborg **973**
STRABAG Vasútépítő Kft., HU-Budapest **1175**
Strukton Rail AB, SE-Nacka **973**
Strukton Rail B.V., NL-Utrecht **744**
Stuttgarter Bahnservice Ltd. (SBS),
DE-Stuttgart **451**
Sokolovská uhelná, právní nástupce, a.s.
(SU), CZ-Sokolov **1137**
Südburgenländische Regionalbahn GmbH
(SRB), AT-Großpetersdorf **802**
Süd·Thüringen·Bahn GmbH (STB), DE-Erfurt ...**452**
Südtiroler Transportstrukturen AG (STA),
IT-Bolzano **651**

Firmenindex

SWEG Südwestdeutsche Verkehrs-AG,
DE-Lahr **453**
Sursee-Triengen Bahn AG (ST), CH-Triengen . **1025**
Svensk Tågkraft AB (STAB), SE-Stockholm **974**
Svenska Tågkompaniet AB (TKAB), SE-Gävle .. **974**
SVG Schienenverkehrsgesellschaft mbH,
DE-Stuttgart **456**
Swietelsky Rail Polska Sp. z o.o., PL-Kraków ... **897**
Swietelsky Vasúttechnika Kft.,
HU-Celldömölk **1175**
Swiss Rail Traffic AG (SRT), CH-Glattbrugg **1025**
SWK Mobil GmbH, DE-Krefeld **457**
SWT Swedtrac Trafik AB, SE-Solna **976**
Syntus B.V., NL-Doetinchem **745**
SŽ – Infrastruktura, d.o.o., SI-Ljubljana **1070**
SŽ – Potniški promet, d.o.o., SI-Ljubljana **1070**
SŽ – Tovorni promet, d.o.o., SI-Ljubljana **1071**
SŽDC Správa železniční dopravní cesty,
státní organizace, CZ-Praha 1 .... **1137**
Slovenská železničná dopravná spoločnosť,
a.s. (SŽDS), SK-Bratislava **1060**
Szybka Kolej Miejska Sp. z o.o. (SKM),
PL-Warszawa **897**

T

Tågåkeriet i Bergslagen AB (TÅGAB),
SE-Kristinehamn **977**
Tågfrakt Produktion Sverige AB,
SE-Falköping **976**
Takargo - Transporte de Mercadorias, S.A.
(TK), PT-Linda-a-Velha **916**
Talbahn GmbH, DE-Gevelsberg **458**
Talgo (Deutschland) GmbH, DE-Berlin **459**
TCHAS ŽD s.r.o., CZ-Ostrava-Poruba **1138**
Tegernsee-Bahn Betriebsgesellschaft mbH
(TBG), DE-Tegernsee **459**
S.C. Tehnotrans Feroviar S.R.L. (THF),
RO-Constanța **939**
Teutoburger Wald Eisenbahn GmbH (TWE),
DE-Gütersloh **460**
TGP Terminalgesellschaft Pfullendorf mbH,
DE-Pfullendorf **461**
Thello SAS, FR-Paris **585**
THI Factory NV/SA (THIF), BE-Bruxelles **32**
Thurbo AG, CH-Kreuzlingen 1 .... **1026**
Thüringer Eisenbahn GmbH (ThE), DE-Erfurt .. **461**
TIM RAIL CARGO S.R.L. (TRC),
RO-Dumbrăvița **940**
TIM Rail Eisenbahngesellschaft mbH,
DE-Wachenheim **462**
TM Rail AB, SE-Örebro **977**
TME-Torsten Meincke Eisenbahn GmbH,
DE-Schwerin **463**

TMR Transports de Martigny et Régions SA,
CH-Martigny **1027**
TOMI-REMONT, a.s. (TR), CZ-Prostějov **1138**
TONCUR s.r.o., CZ-Praha 4 .... **1139**
Torpol S.A., PL-Poznań **899**
Torsten Ratke Officeconsult,
DE-Finsterwalde **464**
Tourismus und Warnetalbahn GmbH
(T+WTB), DE-Groß Flöthe **464**
Touristenbahnen im Rheinland GmbH
(TBR), DE-Gangelt **465**
Touristik-Eisenbahn Lüneburger Heide
GmbH (TEL), DE-Lüneburg **465**
TouristikEisenbahnRuhrgebiet GmbH (TER),
DE-Essen **466**
Tracción Rail SA, ES-Sevilla **1093**
Track Tec Logistics Sp. z o.o., PL-Warszawa ... **900**
Traditionsbahn Radebeul e. V. (TRR),
DE-Radebeul **466**
Trafikverket, SE-Borlänge **978**
TRAIL Servis a.s., CZ-Ústí nad Labem **1139**
Train Hungary Magánvasút Ipari,
Kereskedelmi és Szolgáltató Kft. (TH),
HU-Budapest **1175**
Operimi me Trena i Hekurudhave të
Kosovës „TRAINKOS" SH.A., Fushë Kosovë .. **1041**
TRAINOSE A.E., GR-Athina **595**
TrainServices B.V., NL-Oud-Beijerland **746**
Trainsport AG, BE-Eynatten **33**
Traisen-Gölsental Regionalentwicklungs
GmbH, AT-Lilienfeld **803**
Trakce, a.s., CZ-Ostrava **1139**
Trakcja PRKiI S.A., PL-Warszawa **900**
TRAMO RAIL, a.s., CZ-Olomouc **1140**
S.C. Trans Expedition Feroviar S.R.L. (TEF),
RO-București **940**
TR Trans Rail AG, CH-Glis **1028**
TRANS RAIL S.R.L., RO-Roman **941**
Trans Regio Deutsche Regionalbahn
GmbH, DE-Koblenz **467**
Transalpin Eisenbahn AG (TAE), CH-Basel **1028**
S.C. Transblue S.R.L., RO-București **941**
Transchem Sp. z o.o., PL-Włocławek **901**
Transdev GmbH, DE-Berlin **469**
Transdev Regio GmbH, DE-Berlin **470**
Transdev Regio Ost GmbH, DE-Leipzig **471**
Transdev Rheinland GmbH, DE-Aachen **473**
Transdev Sachsen-Anhalt GmbH (HEX),
DE-Halberstadt **474**
Transdev Sweden AB, SE-Sundbyberg **979**
S.C. Transferoviar Călători S.R.L. (TFC),
RO-Cluj Napoca **942**
S.C. Transferoviar Grup S.A. (TFG),
RO-Cluj-Napoca **942**

Firmenindex U

TRANSFESA RAIL SA, ES-Madrid **1093**
Transitia Rail SA, ES-Bilbao **1094**
Transoda Sp. z o.o., PL-Inowrocław **902**
Transpetrol GmbH Internationale
   Eisenbahnspedition, DE-Hamburg **475**
Staatsbetrieb „Transport Construction and
   Rehabilitation" (DP TSV), BG-Sofia **49**
Transportes Mixtos especiales S.A.
   (Tramesa), ES-Madrid **1095**
Transports Montreux – Vevey – Riviera SA
   (MVR), CH-Montreux **1029**
Transports publics de la région
   Lausannoise SA (tl), CH-Renens 1 . . . .**1029**
Transports Publics du Chablais SA (TPC),
   CH-Aigle **1030**
Transports publics fribourgeois SA (TPF),
   CH-Fribourg **1031**
Transports Publics Neuchâtelois S.A.
   (transN), CH-La Chaux-de-Fonds **1032**
Trasporto Ferroviario Toscano S.p.A. (TFT),
   IT-Arezzo **651**
TPER S.p.A. - Trasporto Passeggeri Emilia-
   Romagna, IT-Bologna **652**
Travessia do Tejo Transportes SA
   (Fertagus), PT-Almada **917**
TRAVYS - Transports Vallée-de-Joux -
   Yverdon-les-Bains - Sainte-Croix SA,
   CH-Yverdon-les-Bains **1032**
Trenitalia S.p.A., IT-Roma **654**
TRENORD S.r.l., IT-Milano **655**
trentino trasporti esercizio s.p.A. (TTE),
   IT-Trento **657**
Trentino Trasporti S.p.A. (TTI), IT-Trento **657**
TRIANGULA Logistik GmbH, DE-Calvörde **476**
Trierer Hafengesellschaft mbH (THG),
   DE-Trier **476**
TSO SAS, FR-Chelles Cedex **585**
Trat'ová strojní společnost, a.s. (TSS),
   CZ-Ostrava **1140**
TSS Cargo, a.s., CZ-Ostrava-Přívoz **1140**
Türkiye Cumhiriyeti Devlet Demiryolları
   (TCDD), TR-Ankara **1147**
TWE Bahnbetriebs GmbH, DE-Gütersloh **477**
TX Logistik AB Schweden, SE-Helsingborg **981**
TX Logistik AG, DE-Troisdorf **478**
TX Logistik Austria GmbH, AT-Schwechat **803**
TX Logistik GmbH, CH-Basel **1033**

U

UBB Polska Sp. z o.o., PL-Świnoujście **902**
UED Uckermärkische Eisenbahn
   Dienstleistungs GmbH, DE-Prenzlau **482**
UEF Eisenbahn-Verkehrsgesellschaft mbH
   (UEF-V), DE-Ettlingen **482**

AS Ühinenud Depood (ÜD), EE-Tallinn **548**
Uetersener Eisenbahn-Aktiengesellschaft
   (UeE), DE-Uetersen **482**
Umbria TPL e Mobilità S.p.A., IT-Perugia **658**
S.C. Unicom Holding S.A., RO-Bucureşti **944**
S.C. Unicom Tranzit S.A. (UTZ), RO-Voluntari . . .**945**
UAB Unigela, LT-Vilnius **695**
UNIPETROL DOPRAVA, s.r.o., CZ-Litvínov **1141**
Unitranscom AD, BG-Sofia **50**
Urban Rail Transport SA (STASY), GR-Athen **595**
Urząd Gminy Rewal (UG Rewal), PL-Rewal **903**
US RS, s.r.o., SK-Košice **1060**
UBB Usedomer Bäderbahn GmbH,
   DE-Seebad Heringsdorf **483**
Usedomer Eisenbahn Gesellschaft GbR
   (UEG), DE-Ostseebad Zinnowitz **484**
U. S. Steel Košice, s.r.o. (USSK), SK-Košice **1061**
UTL Umwelt- und Transportlogistik GmbH,
   DE-Konstanz **485**
Uwe Adam EVU GmbH, DE-Sättelstädt **485**

V

UAB Vakarų Krova, LT-Klaipeda **695**
Vasútépítők Pályatervező, Kivitelező és
   Iparvágányfenntartó Kft., HU-Győr **1177**
Vasútvillamosító Kft., HU-Budapest **1176**
Vattenfall Europe Mining AG,
   DE-Spremberg **486**
vectus Verkehrsgesellschaft mbH,
   DE-Limburg **487**
Veloi Rail SA, ES-Barcelona **1095**
Veolia Transport Rail B.V., NL-Breda **747**
Verden - Walsroder Eisenbahn GmbH
   (VWE), DE-Verden (Aller) **487**
Verein Dampfbahn Bern (DBB), CH-Bern **1034**
Verein Parkeisenbahn Auensee e. V. (PEA),
   DE-Leipzig **488**
Verein Sächsischer Eisenbahnfreunde e. V.
   (VSE), DE-Schwarzenberg **489**
Verkehrsbetriebe Extertal GmbH (vbe),
   DE-Extertal **489**
Verkehrsbetriebe Grafschaft Hoya GmbH
   (VGH), DE-Hoya **490**
Verkehrsbetriebe Peine-Salzgitter GmbH
   (VPS), DE-Salzgitter **491**
Verkehrsgesellschaft Görlitz mbH (VGG),
   DE-Görlitz **493**
Verkehrsgesellschaft Prignitz mbH (VGP),
   DE-Perleberg **493**
Verkehrsverband Hochtaunus (VHT),
   DE-Bad Homburg v.d. Höhe **494**
S.C. Vest Trans Rail S.R.L. (VTR),
   RO-Cluj-Napoca **946**
Vesta Terminal Tallinn OÜ (VTT), EE-Maardu . . .**548**

Firmenindex

UAB Vestaka, LT-Vilnius **695**
Vestbanen A/S (VNJ), DK-Varde **66**
Vetter Busunternehmen GmbH,
   DE-Zörbig OT Salzfurtkapelle **495**
VFLI SA, FR-Paris **586**
VGN Verkehrsgesellschaft Norderstedt
   mbH, DE-Norderstedt **495**
VGT Vorbereitungsgesellschaft
   Transporttechnik GmbH, DE-Salzgitter **496**
S.C. Via Terra Spedition S.R.L. (VTS),
   RO-Cluj-Napoca **946**
VIALTE s.r.o., SK-Bratislava **1061**
VIAS GmbH, DE-Frankfurt am Main **496**
VIAS Odenwaldbahn GmbH, DE-Düren **498**
Vida Wood AB, SE-Alvesta **983**
AB Vilniaus Gelžbetoninių Konstrukcijų
   Gamykla Nr. 3 (GKG 3), LT-Vilnius **696**
UAB Vilniaus lokomotyvų remonto depas
   (VLRD), LT-Vilnius **696**
Virgin Rail Group Ltd., UK-London **1224**
VÍTKOVICE Doprava, a.s.,
   CZ-Ostrava-Vítkovice **1142**
UAB Vitras-S, LT-Vilnius **697**
VKG Transport AS, EE-Kohtla-Järve **549**
vlexx GmbH, DE-Mainz **499**
VLO Bahn GmbH, DE-Bohmte **501**
VLO Verkehrsgesellschaft Landkreis
   Osnabrück GmbH, DE-Bohmte **501**
Vogtlandbahn GmbH (VBG), DE-Neumark **502**
VolkerRail Materieel B.V. (VRM),
   NL-Dordrecht **748**
Vorpommernbahn GmbH, DE-Wolgast **505**
Vorwohle-Emmerthaler Verkehrsbetriebe
   VEV GmbH i.L. (VEV), DE-Bodenwerder **505**
Vossloh Locomotives GmbH, DE-Kiel **506**
Vossloh Rail Center Bützow GmbH (Vossloh
   RCB), DE-Bützow **507**
VPS Infrastruktur GmbH (VPSI),
   DE-Salzgitter **507**
VR-Yhtymä Oy, FI-Helsinki 10 .... **553**
Vulkan-Eifel-Bahn Betriebsgesellschaft
   mbH (VEB), DE-Gerolstein **508**
VVM Museumsbahn Betriebsgesellschaft
   mbH (VVM-B), DE-Schönberg (Holstein) **509**
VVM Verein Verkehrsamateure und
   Museumsbahnen e. V., DE-Hamburg **509**

W

Wengernalpbahn AG (WAB), CH-Interlaken .. **1034**
Walser Eisenbahn GmbH (WE), AT-Vandans .. **804**
WAM Sp. z o.o., PL-Kamieniec Ząbkowicki **904**
Wanne-Herner Eisenbahn und Hafen GmbH
   (WHE), DE-Herne **510**

Warszawska Kolej Dojazdowa Sp. z o.o.
   (WKD), PL-Grodzisk Mazowiecki **904**
Waldenburgerbahn AG (WB),
   CH-Waldenburg **1034**
WB WiehltalBahn GmbH, DE-Wiehl **511**
WFL Wedler Franz Logistik GmbH & Co. KG,
   DE-Potsdam **512**
WEM Gesellschaft zur Betreibung der
   Waldeisenbahn Muskau mbH,
   DE-Weißwasser **512**
Wendelsteinbahn GmbH, DE-Brannenburg ... **513**
WERRA-Eisenbahnverkehrsgesellschaft
   mbH (WEG), DE-Merkers-Kieselbach **514**
Weserbahn GmbH (WB), DE-Bremen **514**
West Coast Railway Company Ltd. (WCR),
   UK-Carnforth, Lancashire **1225**
WESTBAHN GmbH, DE-Rommerskirchen **515**
WESTbahn Management GmbH, AT-Wien **804**
WestEnergie und Verkehr GmbH (west),
   DE-Geilenkirchen **515**
Westerwaldbahn des Kreises Altenkirchen
   GmbH (WEBA), DE-Steinebach-Bindweide ... **516**
Westfälische Almetalbahn e. V. (WAB e.V.),
   DE-Dortmund-Niedernette **517**
Westfälische Landes-Eisenbahn GmbH
   (WLE), DE-Lippstadt **518**
Westfälische Verkehrsgesellschaft mbH
   (WVG), DE-Münster **519**
WestfalenBahn GmbH (WFB), DE-Bielefeld ... **520**
Westgate Transport OÜ (WGT), EE-Tallinn **549**
Westigo GmbH
   Eisenbahnverkehrsunternehmen, DE-Köln .. **521**
WSET Westsächsische Eisenbahntransport
   Gesellschaft mbH, DE-Glauchau **522**
Widmer Rail Services Personal AG (WRS),
   CH-Glarus **1035**
Aktiengesellschaft der Wiener Lokalbahnen
   (WLB), AT-Wien **806**
Wiener Lokalbahnen Cargo GmbH (WLC),
   AT-Wien **807**
Wiskol Waldemar Sołtys, Jarosław Sołtys
   S.J., PL-Nowiny **905**
Württembergische Eisenbahn-Gesellschaft
   mbH (WEG), DE-Waiblingen-Beinstein **522**
Würzburger Hafen GmbH (WHG),
   DE-Würzburg **525**

X

XC Trains Ltd., UK-Sunderland **1226**

Y

YOSARIA TRAINS, a.s., SK-Bratislava **1061**

Firmenindex

Z

ZABABA, s.r.o., CZ-Praha-Smíchov **1142**
ZÁHONY-PORT Záhonyi Logisztikai és
  Rakománykezelési Szolgáltató Zrt.,
  HU-Záhony **1177**
Zakład Inżynierii Kolejowej Leśkiewicz,
  Kosmala Spółka Jawna (ZIK),
  PL-Sandomierz **906**
Zakład Przewozów i Spedycji Spedkoks Sp.
  z o.o., PL-Dąbrowa Górnicza **907**
Zakład Robót Komunikacyjnych – DOM w
  Poznaniu Sp. z o.o. (ZRK-DOM), PL-Poznań ...**907**
Zakłady Produkcyjno-Naprawczy Taboru
  Maszyn i Urządzeń „TABOR" M. Dybowski
  S.J. (ZPNTMiU „TABOR"), PL-Dębica **908**
zb Zentralbahn AG, CH-Stansstad **1035**
Železnice Slovenskej Republiky (ŽSR),
  SK-Bratislava **1062**
Železnice Srbije A.D. (ŽS), RS-Beograd **1042**
Železničná spoločnosť Cargo Slovakia, a.s.
  (ŽSSK Cargo), SK-Bratislava **1062**
ŽSSK Železničná spoločnosť Slovensko, a.s.,
  SK-Bratislava **1063**
Železničné stavby, a.s. Košice (ZS Košice),
  SK-Košice **1064**
Železničné stavebníctvo Bratislava, a.s.
  (ZSBA), SK-Bratislava **1064**
JP Željeznice Federacije Bosne i
  Hercegovine d.o.o. (ŽFBH), BA-Sarajevo **39**
Željeznice Republike Srpske A.D. (ŽRS),
  BA-Doboj **39**
Željeznička Infrastruktura Crne Gore AD
  Podgorica (ŽICG), ME-Podgorica **714**
Željeznički prevoz Crne Gore AD (ŽPCG),
  ME-Podgorica **715**
Zillertaler Verkehrsbetriebe AG (ZVB),
  AT-Jenbach **808**
Z.L.S.M. Bedrijf B.V., NL-Simpelveld **748**
Żnińska Kolej Powiatowa Sp. z o.o. w
  likwidacji, PL-Żnin **908**
Zörbiger Infrastruktur Gesellschaft mbH
  (ZIG), DE-Zörbig **525**
ZossenRail Betriebsgesellschaft mbH (ZRB),
  DE-Zossen **526**
ZUE S.A., PL-Kraków **910**
Zürcher Bau GmbH, DE-Meißenheim **527**
UAB Žvyro karjerai, LT-Trakų r. **697**
Zweckverband Brandenburgisches
  Museum für Klein- und Privatbahnen
  (ZBM), DE-Gramzow **527**
Zweckverband Donauhafen Deggendorf
  (ZDD), DE-Deggendorf **528**
Zweckverband Fränkisches
  Freilandmuseum Fladungen (ZFFF),
  DE-Fladungen **528**
Zweckverband Kandertalbahn, DE-Kandern ...**529**
Zweckverband ÖPNV im Ammertal (ZÖA),
  DE-Tübingen **529**
Zweckverband Ringzug Schwarzwald-Baar-
  Heuburg, DE-Donaueschingen **530**
Zweckverband Schönbuchbahn (ZVS),
  DE-Böblingen **531**
Zweckverband Strohgäubahn (ZSB),
  DE-Ludwigsburg **532**
Zweckverband Verkehrsverband
  Wieslauftalbahn (ZVVW), DE-Waiblingen **533**

Europäische Bahnen '15/'16 1247

A Personenindex

A

Aalders, Christian; VVM-B, Geschäftsführer 509
Aalders, Christian; VVM, stellvertretender Vorsitzender 509
Ableman, Thomas Mark; CH, Director 1190
Achille, Norberto; FNM, Präsident 628
Ackroyd, Benjamin John; NXET Trains, Director 1219
Adam, Karel; ČD Cargo, Mitglied des Vorstandes 1104
Adam, Uwe; ADAM, Geschäftsführer 485
Adamek, Adam; PCC Intermodal, Zweiter Vorsitzender der Geschäftsführung 867
Adamka, Daniel; ARRIVA MORAVA, Mitglied des Vorstandes 1101
Adelfinger, Karl-Heinz; SWV, Geschäftsführer 438
Adrian, Timar Ioan; TFG, Generaldirektor 942
Aha, Klaus; Vattenfall, Mitglied des Vorstands 486
Åhlberg, Björn Göran; CQC, Direktor 958
Åhlberg, Eva Camilla; CQC, Stellvertretende Direktorin 958
Aissen, Bärbel; DB Systemtechnik, Geschäftsführerin 160
Aiz Salazar, Antonio; EuskoTren, Präsident ... 1082
Aketa, Jun; MRCE, Geschäftsführer 313
Alberti, Sergio; FER, Präsident 625
Albinger, Andreas; Öchsle Bahn, Geschäftsführer 350
Alday, Albert; Thello, Präsident 585
Alder, Daniel; GOP, 2. Vorsitzender 229
Aldworth, Sandra; Go-Op, Finance Director .. 1206
Aleksa, Juozas; SP, Generaldirektor 694
Aleksandrov, Veljo; EEK, Vorstandsvorsitzender 540
Aleksynas, Algimantas Povilas; KG, Generaldirektor 686
Alexander, Fraser McGregor; Stagecoach, Director 1222
Alexijev, Christo; NKŽI, stellvertretender Generaldirektor 48
Alexijew, Filip; BDŽ, stellvertretender CEO 44
Alexowski, Iwiza; MŽ Infrastruktura, Direktorin Verkehr 709
Alizoti, Genci; HSH, Generaldirektor 20
Aljić, Asim; ŽFBH, Direktor Recht und Personal 39
Allan, Wilma Mary; SN, Director 1221
Allan, Wilma Mary; GTR, Director, CFO 1207
Almenäs, Michael Karl Anders; Geschäftsführer 953
Almenäs, Michael Karl Anders; Botniatåg, Geschäftsführer 955
Almirante Uranga, Alberto; Transitia Rail, Bevollmächtigter 1094
Alsdorf, Dipl.-Ing. Günther; HVLE, Vorstandsvorsitzender 244
Altjõe, Ahto; EVR Cargo, Vorstandsvorsitzender 542
Altmann, Dr. Maximilian; PCT, Geschäftsführer 360
Altmann, Hubertus; Vattenfall, Mitglied des Vorstands 486
Alvarez Ribalaygua, Jose Ramon; Tramesa, Präsident 1095
Alvarez Ribalaygua, Maria; Tramesa, Vizepräsidentin 1095
Amacker, Hans; RhB, Direktor 1016
Amacker, Kathrin; SBB, Leiterin Kommunikation und Public Affairs 1017
Ambrinac, Alen; HŽ Cargo, Mitglied des Vorstandes 663
Ambrus, Ing. Marek; LOKO TRANS Slovakia, Geschäftsführer 1052
Ameis, Gerhard; NWS, Geschäftsführer 349
Amini, Fabian; BOB, Geschäftsführer Produktion 102
Amini, Fabian; BRB, Geschäftsführer Produktion 104
Andrijašević, Vojislav; ŽPCG, Assistent des Generaldirektors 715
Androsiuk, Krzysztof; Agrostop, Stellvertretender Vorsitzender der Geschäftsführung 888
Androsiuk, Zdzisław; Agrostop, Vorsitzender der Geschäftsführung 888
Anker, Cees; Syntus, Geschäftsführer 745
Anslinger, Michael; DB Schenker Rail, Vorstand Region Central / Deutschland 158
Anslinger, Michael; DB Schenker Rail Deutschland, Vorstandsvorsitzender 157
Antipov, Oleg; WGT 549
Antjufjevs, Vladimirs; ERT, Vorstandsmitglied 671
Antolak, Ryszard; MAJKOLTRANS, Vorsitzender der Geschäftsführung 862
Antoš, Petr; CCS, Vorstand 1107
Appelgarth, David Christopher John; Arriva UK Trains, Director 1189
Arias Fernandez, José Antonio; Asturmasa Rail, Präsident 1077
Arlauskas, Virgilijus; Vestaka, Generaldirektor 695
Armitt, Sir John Alexander; NX, Director 1215
Arnecke, Kay Uwe; S-Bahn Hamburg, Sprecher der Geschäftsführung 414
Aro, Mikael; VR, CEO 553

Personenindex B

Asani, Irfan; MŽ Infrastruktura,
Generaldirektor **709**
Ashley, Matthew; NX, Director **1215**
Asllani, Besim; TRAINKOS, Direktor Betrieb **1041**
Asmann, Ahti; Eesti Raudtee,
Generaldirektor **541**
Åstrand, Caroline; SJ, Direktorin Produkte **970**
Athanasios, Zeliaskopoulos; TRAINOSE, CEO ...**595**
Attig, Dr.-Ing. Dieter; SBS, Sprecher der
Geschäftsführung **439**
Audenaert, Sven; SNCB / NMBS,
Generaldirektor Stationen **31**
Auger, Bruno; GTR, Director **1207**
Augusta, Bohumil; KŽC Doprava,
Geschäftsführer **1116**
Auno, Petri; VR, Direktor Transport **553**
Aversano, N.; FSE, Generaldirektor **623**
Ayuso Garcia, Joaquin; NX, Director **1215**
Azewska, Dimitrula; MŽ Infrastruktura,
Direktorin Wirtschaft und Finanzen **709**

B

Baagøe, Helga; SJ, Direktorin
Kommunikation **970**
Babcoke, George F.; USSK, Präsident **1061**
Babosek, Ralf; SPITZKE SPOORBOUW,
Geschäftsführer **743**
Backmann, Henrik; GC, CFO **960**
Baden, Yves; CFL, Direktor Personal und
Organisation **700**
Bádonfai-Szikszay, Erzsébet; MÁV,
stellvertretende Generaldirektorin für
Wirtschaft, CFO **1168**
Badoux, Marc; tl, Direktor
Netzmanagement **1029**
Bagshaw, Michael David; Arriva Trains
Wales, Director **1188**
Baicu, Sorina; CFR, stellvertretende
Generaldirektorin, Wirtschaft **926**
Baier, Michael; RRI, Geschäftsführer **403**
Baier, Michael; RRL, Geschäftsführer **402**
Bailey, Simone Aveline; GA, Asset
Management Director **1186**
Bajužik, Ing. Jaroslav; CRW,
Vorstandsvorsitzender **1049**
Baldwin, Rachel Helen; Arriva UK Trains,
Director **1189**
Baldwin, Rachel Helen; GC, Director **1209**
Balent, Siniša; HŽ Putnički prijevoz **664**
Ballerstein, Dirk; ABRM, Geschäftsführer **73**
Balmer, Markus; WAB, Leiter WAB (ab
01.04.2015) **1034**
Balõbin, Sergei; E.R.S. **537**
Balogh, Éva; MÁV, Direktorin Controlling **1168**

Baltes, Dipl.-Ing. Martin; IVB,
Geschäftsführer **770**
Bamberg, Thomas; BLG RailTec,
Geschäftsführer **119**
Bamberger, Reinhard; RCA,
Vorstandsdirektor Vertrieb **789**
Bandzevičius, Giedrius; Statoil Lietuva,
Generaldirektor **694**
Bangen, Markus; HDR, Geschäftsführer **231**
Bangen, Markus; duisport, Vorstand **177**
Bánhidi-Nagy, Attila; MÁV, stellvertretender
Generaldirektor Personal **1168**
Banik, Holger; NPorts, Geschäftsführer **340**
Bano, Maria Luisa; ST, Vizepräsidentin **648**
Baourdas, Di_mos; OSE, Mitglied des
Vorstandes **594**
Bárány, Dr. István; CER Cargo Holding,
Generaldirektor **1156**
Barboráš, Vladimír; INVESTEX,
Geschäftsführer **1052**
Barboráš, Vladimír; SŽDS, Vorstand **1060**
Barbulescu, Lucia; CTV, Präsidentin **923**
Bărculeț, Pavel; CFR Marfă, stellvertretender
Generaldirektor, CFO **925**
Bareilhe, Franck Jean-Bernard; SNCF
Voyages, Geschäftsführer **430**
Barker, Michael John; FirstGroup, Director ...**1203**
Barker, Vernon Ian; GW, Director **1199**
Barker, Vernon Ian; HT, Director **1200**
Barker, Vernon Ian; SR, Director **1200**
Barker, Vernon Ian; TP, Director **1201**
Barlow, Matthew David; FirstGroup,
Director **1203**
Barlow, Matthew David; Mendip Rail,
Director **1214**
Barraz, Dr. Claude; TPF, Direktor **1031**
Barrero Vázquez, Berta; Renfe Operadora,
Generaldirektorin Betrieb **1091**
Bartels, Dirk; Transdev, Geschäftsführer,
COO **469**
Bartholomé, Ghislain; CFL Cargo,
Produktionsdirektor **701**
Barths, Dr. Günther; WESTBAHN,
Geschäftsführer **515**
Bartulis, Antanas; Dolomitas,
Generaldirektor **683**
Bass, Andreas; RhB, Leiter Stab/HR **1016**
Batko, Michał; Infra SILESIA,
Vorstandsvorsitzender **844**
Battisti, Gianfranco; Trenitalia, Direktor
Fernverkehr **654**
Batuecas Torrego, Agustín; Continental Rail,
Präsident **1080**
Bauba, Robertas; ESS, Generaldirektor **684**

B Personenindex

Baudot, Thierry; e-Génie, Geschäftsführer 565
Bauer, Dipl.-Ing. Franz; ÖBB-Infrastruktur, Mitglied des Vorstandes 787
Bauer, Dipl.-Ing. Winfried Hans-Jürgen; RLCW, Geschäftsführer 367
Baumann, Klaus-Werner; EBL, Geschäftsführer 181
Baumgartner, Dr. Wolfram; SWG, Geschäftsführer 441
Baumgartner, Marc; SVG, Geschäftsführer 456
Baumgartner, Reto; BLS, Finanzen 990
Baumgartner, Thomas; FWB, Direktor 1003
Baumgartner, Thomas; AB, Direktor (ab 01.06.2012) 988
Bayley, James Mark; Eurostar, Director 1198
Bearpark, Phillip Alan; Virgin Rail Group, Director 1224
Becht, Gerd T.; DB AG, Vorstand Compliance, Datenschutz und Recht 148
Becht, Gerd T.; DB Mobility Logistics, Vorstand Compliance, Datenschutz und Recht 152
Beck, Mag. (FH) Roland; Traisen-Gölsental Regionalentwicklung, Geschäftsführer 803
Becken, Thomas; ENON, Geschäftsführer 205
Becken, Thomas; DESAG, Vorstand 164
Beckers, Achim; LEANDER, Geschäftsführer 290
Bednárik, Ivan; ČD Cargo, Vorstandsvorsitzender 1104
Bee, Paolo; OHL ŽS, zweiter stellvertretender Vorstandsvorsitzender 1126
Beelmann, Ewald; ABE, Geschäftsführer 89
Behr, Prof. Dr. Giorgio; SEHR, Präsident 1022
Behrendt, Jan; OHE, Vorstand ÖPNV 354
Behrens, Arne; VHT, Geschäftsführer 494
Behrens, Dipl.-Wirtschaftsing. Henrik Rüdiger; FEG, Geschäftsführer 221
Behrens, Dipl.-Wirtschaftsing. Henrik Rüdiger; RV, Geschäftsführer 405
Behringer, Dipl.-Betriebswirt (FH) Jürgen Bernhard; BSB, Geschäftsführer 128
Behringer, Dipl.-Betriebswirt (FH) Jürgen Bernhard; OSB, Kaufmännischer Geschäftsführer 352
Beke, Marcella; MNOS, Vertriebsdirektorin 1169
Beljajev, Ing. Alexej; Express Group, Vorstandsvorsitzender 1050
Bell, Alexander; BEG EIU, Geschäftsführer 129
Bell, Timothy Simon; Arriva Trains Wales, Director 1188
Bellavita, Enrico; DB Schenker Rail Italia, Geschäftsführer, COO 612
Beller, Rainer; MRCE, Geschäftsführer, CTO 313

Bellomi, Armand René; CFL cargo Danmark, Geschäftsführer 57
Belov, Denis; Dekoil 538
Belov, Dmitrij; BKT 683
Bendl, Ralf; KN, Amtsleiter 292
Benes, Ing. Bernhard; ÖBB-Produktion, Geschäftsführer 788
Benkovics, Antal; Dunagép, Generaldirektor 1158
Benoy, François; CFL, Direktor Güterverkehr 700
Benz, Jochen; BM Bahndienste, Geschäftsführer 120
Benz, Thomas; Mainschleifenbahn, Geschäftsführer 117
Berchtold, Martin; MGBahn, Leiter Betrieb 1008
Berends, Betriebswirt Joachim; BE, Vorstand 114
Berezins, Aleksandrs; ERT, Vorstandsvorsitzender 671
Berezins, Aleksandrs; L-Ekspresis, Vorstandsvorsitzender 674
Bergkvist, Ove; EMR, Geschäftsführer 959
Bergmann, Dipl.-Oec. Ulrich; Regiobahn Fahrbetrieb, Geschäftsführer 388
Berker, Josef Otto Friedrich; RPE, Geschäftsführer 407
Berker, Josef Otto Friedrich; TIM Rail, Geschäftsführer 462
Bernaciak, Waldemar; LWB, Stellvertretender Vorstandsvorsitzender 861
Bernard, Frank Jean-Marie; SVI, Präsident 650
Bernáth, Ing. Kamil; Express Group, stellvertretender Vorstandsvorsitzender 1050
Bernáth, Ing. Kamil; OPTISPED, Vorstandsvorsitzender 1055
Bertram, Frank Markus; LTE Netherlands, Geschäftsführer 736
Bertrand, Dipl.-Ing. (FH) Jens; IGT, Geschäftsführer 265
Bertrand, Jean-Pierre; Colas Rail, Director 1191
Berz, Dipl.-Oec. Matthias; SWU Verkehr, kaufmännischer Geschäftsführer 444
Bērziņš, Edvīns; LDz, Vizepräsident Immobilien-, Verwaltungs- und Rechtsangelegenheiten 672
Betík, Ing. Miroslav; Express Group, Vorstand 1050
Beu, Constantin; Constantin Grup, Geschäftsführer 927
Beuven, Dipl.-Kfm. (FH) Thilo; Railogic, Geschäftsführer 372
Beuven, Dipl.-Kfm. (FH) Thilo; RTB Cargo, Geschäftsführer 410
Białońszyk, Władysław; JSK, Stellvertretender Vorsitzender der Geschäftsführung 845

Personenindex

Bieczek, Jacek; CTL Logistics, Vorsitzender der Geschäftsführung **824**
Bieczek, Jacek; CTL Train, Vorsitzender der Geschäftsführung **830**
Biedroń, Krzysztof; CTL Train, Zweiter Vorsitzender der Geschäftsführung **830**
Bielefeld, Kai-Uwe; CUX, Landrat **291**
Biernert, Dr. Ursula; DB Schenker Rail, Vorstand Personal **158**
Biernert, Dr. Ursula; DB Schenker Rail Deutschland, Vorstand Personal **157**
Biesuz, Giuseppe; FNM, Generaldirektor **628**
Bihouix, Philippe; Captrain (UK), Director **1190**
Bihouix, Philippe; CTI, Geschäftsführer **609**
Bihouix, Philippe; CRT, Vizepräsident **1078**
Bilić, Milenko; ŽRS, Direktor Rechtsangelegenheiten **39**
Bill, Johan; Trafikverket, Direktor für Großprojektmanagement **978**
Billiau, Ann; Infrabel, Generaldirektorin Netzzugang **27**
Bindseil, Detlef Reinhold; HR, Vorstand **241**
Birkenbeul, Armin; SGL, Geschäftsführer **428**
Birlin, Dipl.-Kfm. Wolfgang; evb, Geschäftsführer (bis xx.xx.2015) **189**
Birlin, Dipl.-Kfm. Wolfgang; JWB, Geschäftsführer (bis xx.xx.2015) **278**
Birlin, Dipl.-Kfm. Wolfgang; MWB, Geschäftsführer (bis xx.xx.2015) **316**
Birlin, Dipl.-Kfm. Wolfgang; NB, Geschäftsführer (bis xx.xx.2015) **341**
Birlin, Dipl.-Kfm. Wolfgang; NBG, Geschäftsführer (bis xx.xx.2015) **343**
Birlin, Dipl.-Kfm. Wolfgang; RCL, Geschäftsführer (bis xx.xx.2015) **368**
Birlin, Dipl.-Kfm. Wolfgang; HGK, Vorstand (ab xx.xx.2015) **230**
Birnbaum, Matthias; SBB Cargo Deutschland, Geschäftsführer **419**
Birnbaum, Matthias; SBB Cargo International, Leiter Produktion Deutschland **1019**
Bírošík, Ing. Ján; CRW, stellvertretender Vorstandsvorsitzender **1049**
Bírošík, Ing. Ján; LOKORAIL, Vorstand **1052**
Bírošík, Ing. Ján; SMART RAIL, Vorstandsvositzender **1059**
Bisaz, Jon; SBB Cargo, Leiter Produktion **1020**
Biskup, Peter; DeltaRail, Geschäftsführer **163**
Biskup, Peter; Exploris, Verwaltungsrat **703**
Bizien, Marc-Michel; OSR France, Geschäftsführer **578**
Biznár, Dipl.-Ing. Ján; LTE Czechia, Geschäftsführer **1120**
Biznár, Dipl.-Ing. Ján; LTE Slovakia, Geschäftsführer **1053**
Biznár, Dipl.-Ing. Ján; VIALTE, Geschäftsführer **1061**
Black, Jason Thomas James; Mendip Rail, Director **1214**
Bláha, Radim; EDIKT, Mitglied des Vorstandes **1108**
Blanco Perea, Rafael; AOP, Präsident **1075**
Blankestijn, Cornelis; NS Internationaal, Direktor Finanzen **738**
Blau, Alain; CFL Cargo, Finanzdirektor **701**
Blāze, Jānis; BE, Vorstandsvorsitzender **670**
Bleich, Dieter; S-Bahn Hamburg, Geschäftsführer Finanzen/Personal **414**
Bleier, Edgar; DB Schenker Rail Hungária, Geschäftsführer, CFO **1157**
Bleier, Edgar; DB Schenker Rail Romania, Geschäftsführer, CFO **928**
Blomqvist, Peter; SJ, Direktor Personal **970**
Blüm, Rainer; WFB, Geschäftsführer **520**
Bober, Grzegorz; PNUIK, Mitglied der Geschäftsführung **885**
Bockheim, Dipl.-Kfm. Dirk; KAF Falkenhahn Bau, Vorstand **278**
Böckmann, Andreas; WIEBE, Geschäftsführer **229**
Boda, János; GYSEV CARGO, stellvertretender CEO **1161**
Bode, Thorsten; BLP, Geschäftsführer **119**
Bode, Thorsten; WIEBE, Geschäftsführer **229**
Bogacki, Grzegorz; Euronaft Trzebinia, Mitglied der Geschäftsführung **838**
Bogusz, Kazimierz; Ełcka KW, Direktor des Museums **837**
Böhme, Dr. Ralf; HANSeatische Eisenbahn, Geschäftsführer **242**
Böhme, Dr. Ralf; SBS, Geschäftsführer **446**
Böhme, Dr. Ralf; DESAG, Vorstand Betrieb **164**
Bohnacker, Ulrich; ATB, Geschäftsführer **77**
Boissard, Sophie Antoinette; Eurostar, Director **1198**
Boissard, Sophie; SNCF, Leiterin SNCF Immobilier **583**
Boivon, Normand; HX, Secretary **1209**
Bolay, Dr.-Ing. Christoph; B&M **122**
Bolin, Måns Staffan; SkJb, Direktor **972**
Boljević, Slavica; ŽICG, Direktorin Recht und allgemeine Angelegenheiten **714**
Bolk, Dipl.-Ing. Klaus-Peter; KAF Falkenhahn Bau, Vorstand **278**
Bonczek, Bohumil; AWT, stellvertretender Vorsitzender des Vorstandes **1098**
Boos, Dr. Ernst; Thurbo, Geschäftsführer **1026**

B Personenindex

Booth, Dominic Daniel Gerard; Abellio UK, Director 1186
Booth, Dominic Daniel Gerard; GA, Director .. 1186
Booth, Dominic Daniel Gerard; NRL, Director 1219
Booth, Dominic Daniel Gerard; SR, Director .. 1186
Borek, Ing. Pavel; FIRESTA-Fišer, Mitglied des Vorstandes 1109
Borovka, Ing. Martin; EUROVIA CS, Vorstandsvorsitzender 1109
Borowicz, Artur; UNIPETROL DOPRAVA, Geschäftsführer 1141
Borowicz, Artur; Euronaft Trzebinia, Vorsitzender der Geschäftsführung 838
Borrell Daniel, Ramon; FGC, Generaldirektor Eisenbahnbetrieb 1084
Bosáček, Peter; GWTR, Vorstand 1110
Bošanský, Ing. Jozef; ZSBA, Mitglied des Vorstands 1064
Bosch, Dr. Roland; DB Netz, Vorstandsvorsitzender 153
Bosheski, Dimitri; MŽ Transport, Direktor Wirtschaft und Finanzen 709
Bošković, Vesna; MONTECARGO, Direktorin für Wirtschaftsangelegenheiten 714
Boße, Jörgen; UBB, Geschäftsführer 483
Boße, Jörgen; UBB Polska, Vorsitzender der Geschäftsführung 902
Boström, Åke; LKAB Malmtrafik, Direktor ... 967
Boswell, Karen; Managing Director 1196
Böttcher, Haiko; HSL - Logistik, Geschäftsführer 1111
Böttcher, Haiko; HSL Logistik, Geschäftsführer 262
Böttcher, Haiko; HSL Polska, Mitglied der Geschäftsführung 844
Böttcher, Haiko; Exploris, Verwaltungsrat 703
Boudoussier, Michel; Groupe Eurotunnel, COO Konzession 575
Bouly, Ulrich; Captrain Belgium, Geschäftsführer 24
Bourlard, Vincent; SNCB / NMBS, Generaldirektor Personal 31
Bourquard, Valérie; tl, Direktorin Finanzen ... 1029
Bowley, Richard John; NXET Trains, Director .. 1219
Bowley, Richard John; NX Holding, Geschäftsführer 324
Bowley, Richard John; NX Rail, Geschäftsführer 325
Boyer, François; tl, Direktor Unternehmensentwicklung 1029
Bramorski, Piotr; KŚ, Vorsitzender der Geschäftsführung 852
Brand, Uwe; Ringzug, Geschäftsführer 530
Brandauer, Thomas; vbe, Geschäftsführer 489
Brandl, Dipl.-Ing. Peter Gerhard; BLB, Geschäftsführer 115
Brandl, Dipl.-Ing. Peter Gerhard; SKGB, Geschäftsführer 797
Brändli, Christoph; SEHR, Vizepräsident 1022
Brandner, Bernhard; Swietelsky Rail Polska, Zweiter Vorsitzender der Geschäftsführung . 897
Braun, Andreas; BYB, Geschäftsführer 106
Brázda, Pavel; OD, Geschäftsführer 1127
Brčák, Jan; Rail Cargo Carrier CZ, Geschäftsführer 1128
Brčák, Jan; Rail Cargo Carrier SK, Geschäftsführer 1057
Brechler, Dipl.-Ing. Frank; SIP, Geschäftsführer 421
Bregnard, Georges; CJ, Direktor 996
Bremer, Thomas; BBG Stadtoldendorf, Geschäftsführer 97
Brencāns, Anrijs; PV, Mitglied des Vorstandes 676
Breuer, Michael; BLG RailTec, Geschäftsführer 119
Breuhahn, Robert; Kombiverkehr, Geschäftsführer 284
Brey, Dipl.-Math. / Dr.-Ing. Marco; VGT, Geschäftsführer 496
Brian, Elodie; SE, Director 1212
Briestenská, Ing. Šárka; ODOS, Mitglied des Vorstandes 1125
Brighouse, Robert William; CH, Managing Director 1190
Brinded, Malcolm Arthur; Network Rail, Director 1217
Brinkmann, Christian; Bahnbetriebe Blumberg, Geschäftsführer 94
Britsch, Beat; MGI, Finanzen und Controlling sowie Support 1007
Britze, Dipl.-Kfm. Martin; NME, Vorstand 335
Britze, Dr. Klaus; NME, Vorstand 335
Brkic, Milan; Rail Cargo Carrier-Croatia, Geschäftsführer 665
Bröcker, Dipl.-Volkswirt Detlef; NEB, Geschäftsführer 329
Bröcker, Dipl.-Volkswirt Detlef; NEB AG, Vorstand 336
Brodowski, Eugen; HBB, Geschäftsführer 243
Bronner, Olivier; tl, Direktor Instandhaltung .. 1029
Brons, Dr. Bernhard; BK, Geschäftsführer 123
Bronzini, Marco; MG, Direktor 1010
Broskevič, Rodan; VÍTKOVICE Doprava, stellvertretender Vorstandsvorsitzender 1142
Brossier, Nicolas; Groupe Eurotunnel, Direktor für Rollmaterial 575

Personenindex

Broström, Claes; SJ, Direktor Flottenmanagement 970
Broszová, Ing. Alexandra; RTI, Geschäftsführerin 1057
Brouwer, Jeen Sieger; RTB Benelux, betrieblicher Direktor 742
Browarek, Dariusz; PKP Cargo, Mitglied des Vorstands 869
Brown, David Allen; Govia, Director 1207
Brown, David Allen; GTR, Director 1207
Brown, David Allen; London & Birmingham Railway, Director 1211
Brown, David Allen; SE, Director 1212
Brown, David Allen; SN, Director 1221
Brown, Ewan; Stagecoach, Director 1222
Brown, James; NIR, Director 1218
Bruhn, Jochen; RSAG, Kaufmännischer Vorstand 407
Brunner, Martin; DB Schenker Rail Schweiz, Geschäftsführer 1001
Bruns, Ernst-Stefan; Geschäftsführer (bis 30.06.2014) 351
Brunstad, Knut; CargoNet, Direktor Sales und Marketing 753
Bruß, Marco; AmE, Geschäftsführer 87
Brust, Matthias; B-S-L, Geschäftsführer 131
Brzozowski, Marcin; HSL Polska, Vorsitzender der Geschäftsführung 844
Buchner, Peter; S-Bahn Berlin, Geschäftsführer Marketing, Sprecher der Geschäftsführung 413
Buchta, Ing. Petr; IDS, stellvertretender Vorstandsvorsitzener 1112
Buck, Ivan; zb, Marketing und Verkauf 1035
Buck, Martin; CTS, Geschäftsführer 139
Bückemeyer, Dipl.-Ing. Dietmar; SWE, Technischer Vorstand 440
Buczek, Bartłomiej; PKP SKM, Mitglied der Geschäftsführung 879
Buczkowski, Andrzej; KM, Mitglied der Geschäftsführung 850
Budig, Dipl.-Ing. Michael; VGF, Geschäftsführer 445
Budimir, Vlado; ŽFBH, Direktor Infrastruktur 39
Bühler, Johann Stefan Jakob; SRT, Mitglied des Verwaltungsrates 1025
Buliczka, Miklós; DRT, betriebswirtschaftlicher Direktor 1158
Bullock, Ian Peter; Arriva Trains Wales, Managing Director 1188
Buonanni, Roberto; Trenitalia, Direktor Personal und Organisation 654
Bureš, František; ČD, Mitglied des Vorstandes 1105
Bürgy, Daniel; SBB Cargo, Leiter Vertrieb 1020
Burkart, Axel; R & R Service, Geschäftsführer 406
Burke, Diane; GW, Director 1199
Burkhardt, Edward; RP, Vorsitzender der Geschäftsführung 891
Burkovskis, Dr. Raimondas; LG, stellvertretender Generaldirektor, Direktor Personenverkehr 688
Burles, Clare Ann; EMT, Director 1197
Burles, Jamie Neil Peter; GA, Managing Director 1186
Burrows, Clive; GW, Director 1199
Burrows, Clive; HT, Director 1200
Burrows, Clive; SR, Director 1200
Burrows, Clive; TP, Director 1201
Buruiană, George; STI, Generaldirektor 937
Buruiană, George; CFR Marfă, Generaldirektor, CEO 925
Busch, Andrea; SKL, Geschäftsführerin 429
Busemann, Andreas; DB Fernverkehr, Vorstand Produktion 151
Bush, Anthony Steven; DRS, Engineering & Performance Director 1194
Butcher, Simon Patrick; Network Rail, Director, CFO 1217

C

Cábocký, Ing. Jozef; US RS, Geschäftsführer 1060
Čahoj, Václav; ZABABA, Geschäftsführer 1142
Čajánek, Ing. Boris; JHMD, Vorstand 1114
Calado Lopes, Maria João Semedo Carmelo Rosa; CP, Mitglied des Präsidiums 914
Calado Lopes, Maria João Semedo Carmelo Rosa; CP Carga, Mitglied des Präsidiums 915
Calenda, Carlo; ISC, Präsident 636
Călin, Grațian; TH, Geschäftsführer 1175
Camp, Andrew Russel; GA, Commercial Director 1186
Campolattano, Antonio; Servizi ISE, Geschäftsführer 648
Camus, Bertrand; THIF, Servicedirektor 32
Canavese, Cristoforo; APS, Präsident 608
Cannatelli, Vincenzo; NTV, Vizepräsident 637
Caporizzi, Lucio; Umbria TPL e Mobilità, Präsident 658
Caracciolo, Marco Barra; FerrovieNord, Geschäftsführer 628
Carbajo de la Fuente, Francisco Javier; ALSA Ferrocarril, Generalbevollmächtigter 1076
Carda, Petr; CARDA-MÜLLER, Geschäftsführer 1136
Caria, Giovanni; ARST, Verwaltungsratsvorsitzender 606

Personenindex

Carluccio, Massimo; SBB Cargo
  International, Leiter Recht und Personal 1019
Carne, Mark Milford Power; Network Rail,
  Director, CEO 1217
Carraß, Stephan; CLR, Geschäftsführer 138
Carrerová, Ing. Rozália; LOKORAIL, Vorstand . 1052
Carrerová, Ing. Rozália; SMART RAIL,
  Vorstand 1059
Carrupt, Raymond; TMR, Generaldirektor 1027
Carstensen, Carsten; HKX, Geschäftsführer 237
Carstensen, Carsten; RDC Deutschland,
  Geschäftsführer, CEO 378
Casey, Edward John; Serco, Director, COO 1221
Casizzone, Valeria; EAV, Generaldirektorin 615
Cassidy, John; CIE, Safety Advisor 601
Castaldo, Mario; Trenitalia, Direktor
  Güterverkehr 654
Castaño Vega, José; Ferrovial Railway,
  Vorstand 1086
Castelnovo, Roberto; RCI, CEO 640
Caswell, Benjamin John; GW, Director 1199
Catarino, José Luís; Fertagus, Präsident 917
Caviezl, Piotr; RhB, Leiter Vertrieb und
  Marketing 1016
Çavuşoğlu, Mustafa; TCDD 1147
Cazaku, Radu; CER FERSPED,
  Generaldirektor 924
Cazzaniga, Francesco; CTI, Präsident 609
Čechák, Ing. Pavel; SART, Mitglied des
  Vorstandes 1132
Ceglarek, Torsten; DVE, Geschäftsführer 163
Ceicāns, Jānis; LDz Infrastruktūra,
  Vorstandsvorsitzender 673
Ceola, Vanni; TTI, Präsident 657
Čermák, Kamil; AWT, Vorsitzender des
  Vorstandes 1098
Ceşa, Petru; CFR, stellvertretender
  Generaldirektor, Technik ad interim 926
Chabanel, Matthieu; SNCF Réseau,
  Netzunterhalt 582
Chaplin, Alan James; NRL, Director 1219
Charbon, Frédéric; FER ALLIANCE, Präsident .. 572
Charles, Sylvie; Fret SNCF, Direktorin Fret
  SNCF 574
Charles, Sylvie; SNCF, Leiterin Fret SNCF 583
Charles, Sylvie; VFLI, Präsidentin 586
Chaudhry, Jan; NRL, Director 1219
Cheesewright, James; Eurostar, Director,
  CFO 1198
Chelaru, Dorel; TRANS RAIL,
  Geschäftsführer 941
Chełchowski, Sylwester; ZRK-DOM, Mitglied
  der Geschäftsführung 907
Cheung, Siu Wa; Crossrail, Director 1215
Cheung, Siu Wa; LOROL, Director 1213
Chinde, Sorin; GFR, Geschäftsführer 930
Chivers, Andrew Noel; NXET Trains, Director . 1219
Chivers, Andrew Noel; NX CZ,
  Geschäftsführer 1124
Chivers, Andrew Noel; NX Holding,
  Geschäftsführer 324
Chivers, Andrew Noel; NX Rail,
  Geschäftsführer 325
Chrdle, Ing. Zdeněk; AŽD Praha,
  Geschäftsführender Direktor 1103
Christensen, Peter; DSB Sverige, Direktor 958
Christensen, Peter; DSB Deutschland,
  Geschäftsführer 176
Christensen, Peter; DSB Uppland,
  Vorsitzender der Geschäftsführung 959
Christensen, Steen Schougaard; DSB,
  Direktor Instandhaltung 58
Cibulskis, Dainius; Nordic Sugar Kėdainiai,
  Direktor 692
Čičmanec PhD., Dr.h.c., Ing. Peter; HBz,
  Vorstandsvorsitzender 1051
Cinac, Remzija; SŽ Potniški promet,
  Direktorin Personal 1070
Čirkše, Antra; LM, stellvertretender CEO 675
Claisse, Zephir; CLMTP, Geschäftsführer 561
Clancy, Hugh Patrick; GW, Director 1199
Clancy, Hugh Patrick; SR, Director 1200
Clasper, Michael; Serco, Director 1221
Claus, Dr. Dirk; SK, Geschäftsführer 426
Coart, François; GBRf, Director 1205
Cobbe, Roger Brian; Arriva UK Trains,
  Director 1189
Cockburn, Angus George; Serco, Director,
  CFO 1221
Coffey, Angela; NIR, Director 1218
Čolaković, Milan; ŽICG, Generaldirektor 714
Colamussi, Dr. Matteo; FAL, Präsident 619
Collins, Elizabeth Anne; TP, Director 1201
Combronde, Fabien; Ferovergne,
  Geschäftsführer 573
Combronde, François; Ferovergne,
  Präsident 573
Commandeur, Jackobus Marinus;
  Engineering Director 1196
Connelly, Christopher Antony Peter; DRS,
  Director of Commercial and Business
  Development 1194
Contreras Caro, Manuel; Tracción Rail,
  Präsident der AZVI 1093
Cooper, Andrew John; GC, Director 1209
Cooper, Andy John; GC, Director 1209
Cooper, Andy John; XC Trains, Managing
  Director 1226

Personenindex D

Cope, Andy; Director 1196
Cope, Andy; DOR, Director 1195
Cordes, Henry; EWN, Vorsitzender der
  Geschäftsführung 204
Cornu, Jo; SNCB / NMBS,
  Vorstandsvorsitzender 31
Cortez Rodrigues Queiró, Manuel Tomás;
  CP, Präsident..............................914
Cortez Rodrigues Queiró, Manuel Tomás;
  CP Carga, Präsident 915
Corvino, Aldo; FAL, Geschäftsführer 619
Costa, Giovanni; RFI, Direktor Investitionen 644
Cotte-Martinon, Tanguy; THIF, Projektleiter
  THI Factory 32
Couturier, Gerard; CFSF, Geschäftsführer 564
Credé, Hans-Jürgen; DVB, Vorstand Betrieb
  und Personal..............................175
Creuheras Mergenat, Jose; Veloi Rail,
  Präsident 1095
Crivelli, Francesco; Hupac, Direktor des EVU ...633
Cronin, Aidan; CIE, CFO 601
Crosby, Ralph Dozier; Serco, Director 1221
Cross, Graham Peter; CH, Director 1190
Crowther, Dyan; GTR, Director, COO 1207
Csépke, András; MÁV-START,
  stellvertretender Generaldirektor Betrieb ...1170
Csordás, Péter; Vasútépítők,
  Geschäftsführer 1177
Čuba, Svatopluk; SANRE, Geschäftsführer 1132
Culligan, Gerry; CIE, Commercial Director 601
Cunliffe, Adam Lewis; Freightliner Group,
  Director, Managing Director Freightliner
  Ltd. 1202
Cunningham, Don; CIE, Infrastructure
  Manager 601
Curth, Gerhard Johannes; BRE,
  Geschäftsführer 104
Curth, Gerhard Johannes; DRE,
  Geschäftsführer 167
Curth, Gerhard Johannes; DRE
  Bahnverkehr, Geschäftsführer 174
Cvik, Ing. Tibor; LOKO TRANS Slovakia,
  Geschäftsführer 1052
Cvik, Ing. Tibor; LTS Logistik,
  Geschäftsführer 1054
Czarnecki, Kamil; SGKW,
  Vorstandsvorsitzender 896
Czeremuga, Jerzy; ZUE, Stellvertretender
  Vorstandsvorsitzender 910

D

da Fonseca, Marcelo Martins; SWT,
  Geschäftsführer 448
da Silva Marques Vicente, Maria Isabel de
  Jesus; CP, Mitglied des Präsidiums 914
Dąbkowski, Krzysztof; Bartex, Vorsitzender
  der Geschäftsführung 817
Dahl, Karl Vilhelm Santhe; Vida, Direktor 983
Dahme, Rita; LOCON, Vorstand Finanzen 297
Dailydka, Dr. Stasys; LG, Generaldirektor 688
Daļeckis, Valdemars; LDz Infrastruktūra,
  stellvertretender Vorstandsvorsitzender 673
Dałek, Jolanta; WKD, Mitglied der
  Geschäftsführung 904
D'Alfonso, Alfonso; FAS, Vize-
  Generaldirektor 621
Dalibard, Barbara; Eurostar, Director 1198
Dalibard, Barbara; SNCF, Leiterin SNCF
  Voyages 583
Dalton, Aleksandr; Alexela Terminal 537
Dam, Kenneth; Contec Rail, Geschäftsführer .. 57
Damas, Jacques; SNCF, Leiter Keolis 583
Damašek, Vít; PEDASTA, Geschäftsführer 1127
Dambrauskas, Vidmantas; BKT,
  Generaldirektor 683
D'Angelo, Gabriele; FAS, Vize-Präsident 621
Daniška, Jaroslav; ŽSSK Cargo,
  stellvertretender Vorstandsvorsitzender ... 1062
Dankó, Szabolcs; DS VASÚT,
  Geschäftsführer 1158
Dastikas, Jonas; Lifosa, Generaldirektor 690
David, Carsten; Euro-Express Sonderzüge,
  Geschäftsführer 214
Dávid, Ilona; MÁV, Vorstandsvorsitzende,
  Generaldirektorin 1168
Davoli, Guiseppe; DP, Präsident 614
Däweritz, Ronny; DRE Bahnverkehr,
  Geschäftsführer 174
Dawes, Jeremy Lees; Mendip Rail, Director ... 1214
de Almeida Diogo, Dr. Alberto Manuel;
  REFER, Mitglied des Vorstandes 915
de Bazelaire, Roger; LWB, Stellvertreter
  Vorstandsvorsitzender 861
de Beaufort, Yvan; SNCB Logistics, CFO 30
De Dea, Renza; FART, Direktor 1024
De Ganck, Etienne; SNCB / NMBS,
  Generaldirektor Transport 31
De Groote, Bart; SNCB / NMBS,
  Generaldirektor Marketing & Sales 31
de Haas, Luuc; EETC, Direktor Betrieb 730
de la Haye, Marcel; R4C, Geschäftsführer 369
de Lausnay, Bartje; OSR France,
  Geschäftsführer 578
de Oriol Fabra, José María; Talgo,
  Geschäftsführer 459
de Pagter, Jan Cornelis; VRM,
  Geschäftsführer 748

Europäische Bahnen '15/'16 1255

D Personenindex

de Peñaranda, Íñigo; TRANSFESA RAIL,
   Generaldirektor **1093**
de Rade, Arnoud; BRF, Geschäftsführer **24**
de Rade, Arnoud; RRF, Geschäftsführer **741**
De Smedt, Seraf; COBRA, Vorstand **26**
de Vicente Sanchez, Javier; OHL ŽS,
   Mitglied des Vorstandes **1126**
Debrauwere, Eric; RRCA, Geschäftsführer **580**
Debrauwere, Eric; CFR, Präsident **563**
Debrauwere, Eric; RRLO, Präsident **582**
Debrauwere, Eric; RRLR, Präsident **581**
Deeken, Martin; vlexx, Geschäftsführer **499**
Dehns, Christian; D&D, Geschäftsführer **146**
Dehns, Dörte; D&D, Geschäftsführerin **146**
Deiß, Dipl.-Ing. Werner; SDG,
   Geschäftsführer **425**
Demuynck, Dirk; Infrabel, Generaldirektor
   Netzwerk **27**
Densborn, Hans Peter; KVB, Mitglied des
   Vorstands **284**
Depczyński, Karol; PLK, Mitglied des
   Vorstands **878**
Depledge, Anthony; NIR, Director **1218**
Derda, Wojciech; PKP Cargo, Mitglied des
   Vorstands **869**
Desbiolles, Marielle; tl, Direktorin
   Produktion **1029**
Dewald-Kehrer, Ingo Rüdiger; neg,
   Geschäftsführer **331**
Dey, Jacquelinene; SR, Director **1200**
di Nardo, Pascale; FAS, Präsident **621**
Di Patrizi, Giacomo; CFI, Direktor **608**
Diaconescu, Radu; Transblue,
   Geschäftsführer **941**
Diener, René; TX Schweiz, Vorsitzender der
   Geschäftsführung **1033**
Dietel, Matthias; PEC, technischer
   Geschäftsführer **359**
Dietrich, Dipl.-Ing. Ulli; WE, Geschäftsführer ... **804**
Dietz, Dr. Klaus-Peter; TRIANGULA Logistik,
   Geschäftsführer **476**
Dikkers, Hessel Jan; NS Internationaal,
   Direktor ICT **738**
Dilissen, Theodor Jacob; Eurostar, Director ... **1198**
Dillen, Ronny Jean Gerard; Railtraxx,
   Geschäftsführer **28**
Dimanoski, Kire; MŽ Transport, Direktor
   Marketing und Vertrieb **709**
Dimun, Ing. arch. Tomáš; US RS,
   Geschäftsführer **1060**
Dindalini, Massimiliano; LFI, Präsident **636**
Diniz, Enéas Garcia; SWT, Geschäftsführer **448**
Dionisijewa, Natascha; MŽ Transport,
   Direktorin Reiseverkehr **709**
Dirix, Paul Maurice Etienne; ProRail,
   Direktor Netzinstandhaltung **740**
Dirix, Paul Maurice Etienne; NS
   Internationaal, Direktor Verkehr **738**
Dobrowolska, Renata; KOLPREM, Zweite
   Vorsitzende der Geschäftsführung **887**
Docherty, Kenneth James; SR, Director **1200**
Döderlein, Dipl.-Ing. Jochen; GV, Direktor **773**
Döderlein, Dipl.-Ing. Jochen; VA, Direktor **774**
Dokoupil, Ing. Martin; TR, stellvertretender
   Vorstandsvorsitzender **1138**
Dolanský, Pavel; EDIKT,
   Vorstandsvorsitzender **1108**
Dolezal, Günter; VVM-B, Geschäftsführer **509**
Dombrowski, Günter; VPSI, Geschäftsführer ... **507**
Domke, Andreas; BEG, Geschäftsführer **120**
Donovan, Nicholas Charles; TP, Managing
   Director **1201**
Dörfelt, Peter; IntEgro Verkehr,
   Geschäftsführer **272**
Dornbach, Dr. Jürgen; DB RNI, Sprecher der
   Geschäftsführung **155**
Dornbach, Dr. Jürgen; DB RNV, Sprecher
   der Geschäftsführung **156**
Đorojević, Branka; ŽICG, Direktorin
   Finanzen **714**
Dorozsmai, Éva; MÁV-START,
   Personaldirektorin **1170**
dos Santos Pinto Dias, Cristina Maria; CP,
   Vizepräsidentin **914**
Dought, Keith Eric Arthur; HT, Director **1200**
Dougoud, Rebecca; tl, Direktorin Achsen **1029**
Down, Keith; SE **1212**
Down, Keith; Govia, Director **1207**
Down, Keith; GTR, Director **1207**
Down, Keith; London & Birmingham
   Railway, Director **1211**
Down, Keith; SN, Director **1221**
Dragoi, Romeo George; TRC,
   Geschäftsführer **940**
Drake, Richard Francis; Crossrail, Director ... **1215**
Dreier, Dr. Johannes; VPS, Geschäftsführer ... **491**
Dreimane, Silvija; PV, Mitglied des
   Vorstandes **676**
Drescher, Martin; MEH, stv. Vorstand **225**
Drezewiecki, Roman; PMT LK, Vorsitzender
   der Geschäftsführung **880**
Drnek, Dipl.-Ing. Thomas; LB.M.-St.E.,
   Vorstand **774**
Drummond Hall, John William; FirstGroup,
   Director **1203**
Dubois, Romain; SNCF Réseau, Netzzugang ... **582**
Dudás, Zoltán; MÁV, Direktor
   Immobilienverwaltung **1168**

Personenindex

Duffy, Sean; SR, Director **1200**
Dunn, Julian Peter; Colas Rail **1191**
Dunnett, William; HT, Director **1200**
Durand, Christophe Yves Georges; Captrain (UK), Director **1190**
Đurica, Branislav; ŽRS, Direktor Wirtschaft **39**
Duschek, Dipl.-Ing. Thomas; WLB, Technischer Vorstand, Vorstandssprecher **806**
Dušek, Petr; TRAIL Servis, Vorstand **1139**
Duveiller, Luc; SNCB Logistics, Head of SQED **30**
Dvořák, Bc. Jaroslav; UNIPETROL DOPRAVA, Geschäftsführer **1141**
Dworaczek, Alex; RailAdventure, Geschäftsführer **370**
Dybowski, Marian; ZPNTMiU „TABOR", Direktor **908**
Dymecki, Grzegorz; WKD, Vorsitzender der Geschäftsführung **904**
Dyne Burchel, Christopher Derek; Arriva UK Trains, Director **1189**
Dyne Burchel, Christopher Derek; LOROL, Director **1213**
Džafić, Enis; ŽFBH, Direktor Ökonomie **39**
Dziedziul, Stefan; Trakcja PRKiI, Stellvertretender Vorstandsvorsitzender **900**
Dzuriak, Ing. Jaroslav; ELTRA, Geschäftsführer **1050**

E

Earl, Maria Fracesca; XC Trains, Director **1226**
Ebeling, Holger; VVM-B, Geschäftsführer **509**
Ebeling, Holger; VVM, stellvertretender Vorsitzender **509**
Ebener, Lauraine; tl, Direktorin Personal **1029**
Ebert, Dr. Thorsten; RBK, Geschäftsführer **389**
Ebert, Dr. Thorsten; KVG, Vorstand **280**
Ebert, Kai Uwe; LWS, kaufmännischer Geschäftsführer **294**
Ebneter, Leo; railCare, Präsident des Verwaltungsrates **1013**
Eck, Karsten; ZFFF, Geschäftsleiter **528**
Edelmann, Kai; T+WTB, Geschäftsführer **464**
Edlinger, ass. jur. Peter; SaarBahn&Bus, Geschäftsführer **417**
Edlinger, ass. jur. Peter; SBS, Geschäftsführer **439**
Edwards, Julian; GA, Director **1186**
Edwards, Julian; NRL, Director **1219**
Edwards, Lorna; Alliance Rail Holdings, Secretary **1187**
Edwards, Lorna; Arriva Trains Wales, Secretary **1188**
Edwards, Lorna; Arriva UK Trains, Secretary ...**1189**

Edwards, Lorna; CH, Secretary **1190**
Edwards, Lorna; DB Regio Tyne & Wear, Secretary **1192**
Edwards, Lorna; GC, Secretary **1209**
Edwards, Lorna; XC Trains, Secretary **1226**
Egehus, Anders; DSB, Direktor Betrieb **58**
Egerer, Ascan; AVG, technischer Geschäftsführer **83**
Egerer, Markus; DB Bahnbau Gruppe, Sprecher der Geschäftsführung/Technik **149**
Ehrhardt, Karl-Heinz; MHG, Geschäftsführer **305**
Eidukevičius, Nerijus; Trakcja PRKiI, Stellvertretender Vorstandsvorsitzender **900**
Eigenmann, Daniel; SBB Cargo, Leiter Personal **1020**
Eike, Emil; Flytoget, Direktor für Wirtschaft **754**
Eipre, Aarto; Alexela Terminal, CEO **537**
Eis, Miroslav; SD-KD, Vorstandsvorsitzender . **1133**
Eisenmann, Günther; ELBA, Geschäftsführer ...**200**
Eliasson, Ulf Örjan Alfred; IBAB, Direktor **965**
Eliasson, Ulf Örjan Alfred; ITAB, Direktor **965**
Ellinger, Ralf; Rodachtalbahn, 1. Vorsitzender **193**
Elser, Dipl.-Verkehrsbetriebsw. Tilo; SWH, Geschäftsführer **442**
Elsner, Dr.-Ing. Harald; VVM-B, Geschäftsführer **509**
Elsner, Dr.-Ing. Harald; VVM, Vorstand **509**
Elste, Dipl.-Kfm. Günter; HOCHBAHN, Vorstandsvorsitzender **240**
Emberly, Paul; Director of Communications .. **1196**
Emmerich, Mathias; SNCF, Direktor Finanzen, Beschaffung, Informationssysteme **583**
Emunds, Guido; RTB, Geschäftsführer **409**
Enache, Florin Claudiu; CFR Marfă, Direktor für Wagen **925**
Ende, Dipl.-Ing. Roland; TRR, 1. Vorsitzender ...**466**
Enderlein, Jörn; EGP, Geschäftsführer **196**
Enderlein, Jörn; DESAG, Vorstand Cargo **164**
Engdahl, Stefan; Trafikverket, Direktor für Unternehmensentwicklung **978**
Engelhardt, Dipl.-Wirtschaftsing. (FH) Michael; FEG, Geschäftsführer **221**
Enger, Elisabeth; Jernbaneverket, Generaldirektorin **756**
Englert, Gerhard; KSO, Vorstand **288**
English, Sean; GC, Director **1209**
Ensel, Petra; SWKO, Geschäftsführerin **442**
Entrecanales, José Manuel; ARS, Präsident ... **1074**
Erb-Korn, Patricia Magdalena; KVVH, Geschäftsführerin **279**
Erfurt, Dr. Rolf-Alexander; NWB, Geschäftsführer **345**

Europäische Bahnen '15/'16 1257

F Personenindex

Eringa, Pier; ProRail, Präsident **740**
Ermeneux, Frederic; Colas Rail **1191**
Ervalde, Vineta; BTS, Vorstand **670**
Euler, Kay; DB Regio, Vorstand Produktion **154**
Evans, Colin John; Colas Rail **1191**
Evans, Susan Judith; GW, Director **1199**
Eveleigh, David Charles; Serco, Secretary **1221**
Exner, Dipl.-Pol. Joachim; MVG,
  kaufmännischer Geschäftsführer **319**
Eybye Øster, Thomas; Arriva Tog, Direktor **54**
Eyram, Jörgen; Baneservice Skandinavia,
  Präsident **954**

F

Fąfara, Ireneusz; ORLEN Lietuva,
  Vorstandsvorsitzender, Generaldirektor **692**
Faggiano, Lucio; TTE, Präsident **657**
Fagot, Odile; SNCF Réseau, Finanzen und
  Einkauf **582**
Falk, Henrik; BVG, Vorstand Finanzen und
  Marketing **116**
Faller, Markus; DB Bahnbau Gruppe,
  Geschäftsführer Finanzen / Controlling **149**
Fanichet, Christophe; SNCF, Direktor
  Kommunikation **583**
Fankhauser, Peter; BLS, Bahnproduktion **990**
Farandou, Jean-Pierre; SNCF, Leiter Keolis **583**
Farisè, Cinzia; TRENORD, Geschäftsführer **655**
Farkas, József; ZÁHONY-PORT,
  Generaldirektor **1177**
Färnström, Kjell Olof; Ståg, Geschäftsführer ... **973**
Fasciati, Renato; zb, Geschäftsführer **1035**
Fedorenko, Michael Andrew; USSK,
  Geschäftsführer **1061**
Fejfar, Peter; ŽSSK Cargo,
  Vorstandsmitglied **1062**
Feldheim, Dipl.-Ing. Volker; ErailS,
  Geschäftsführer **206**
Feldmann, Márton; MÁV-START,
  stellvertretender Generaldirektor Vertrieb .. **1170**
Felix, Andrea; zb, Leiterin Finanzen **1035**
Fenske, Jürgen; KVB, Sprecher des
  Vorstands (ab 01.01.2009) **284**
Ferens, Adam; ZRK-DOM, Vorsitzender der
  Geschäftsführung **907**
Ferenz, Zdzisław; MPK Wrocław, Mitglied
  der Geschäftsführung **863**
Ferguson, Carolyn; Govia, Secretary **1207**
Ferguson, Carolyn; GTR, Secretary **1207**
Ferguson, Carolyn; London & Birmingham
  Railway, Secretary **1211**
Ferguson, Carolyn; SE, Secretary **1212**
Ferguson, Carolyn; SN, Secretary **1221**

Ferk, Günther Johann; Transpetrol,
  Geschäftsführer **475**
Fernández de la Peña, Rafael; La
  Sepulvedana, Generaldirektor **1092**
Fernández Quesada, Juan de Dios;
  Guinovart Rail, Direktor Bauwesen **1086**
Ferrari, Claudio; TPER, Generaldirektor **652**
Ferre Moltó, Gonzalo; ADIF, Präsident, CEO .. **1074**
Feßler, Ludwig; Chiemseebahn,
  Geschäftsführer **143**
Feudo, Dr. Giuseppe Lo; FC, Generaldirektor .. **624**
Fiedler, Grzegorz; FPKW, Mitglied des
  Vorstands **842**
Filep, Ernő Csaba; MVÁ, Geschäftsführer **1167**
Filó, Gábor; MÁV FKG, Geschäftsführer **1167**
Finch, Dean Kendal; NXET Trains, Director **1219**
Finch, Dean Kendal; NX, Group Chief
  Executive **1215**
Fink, Jochen; RTG, Geschäftsführer **393**
Fiorani, Vera; RFI, Direktorin Finanzen und
  Verwaltung **644**
Fischer, Hans-Jörg; UTL, Geschäftsführer **485**
Fischer, Rainer; TRR, 2. Vorsitzender **466**
Fischer, Thomas; MBB, Vorsitzender **305**
Fišer, Ing. Ivo; FIRESTA-Fišer, Mitglied des
  Vorstandes **1109**
Fišer, Ing. Vladimír; FIRESTA-Fišer,
  Vorstandsvorsitzender **1109**
Flechtner, Georg; LDC, Vorsitzender **294**
Flood, Sharon Emma; Network Rail, Director . **1217**
Florin, Christian; RhB, Leiter Infrastruktur,
  stellvertretender Direktor **1016**
Forbes, Sandra; NX, Secretary **1215**
Forster, Dr. Erich; WESTbahn,
  Geschäftsführer **804**
Forstner, Mag. Michael; CAT,
  Geschäftsführer **764**
Fortuny Juncadella, Oriol; FGC,
  Betriebsdirektor **1084**
Fosen, Arne; CargoNet, CEO **753**
Foss, Dipl.-Verw.-Betriebswirt Manfred;
  BOB, Geschäftsführer **121**
Foster, Andrew William; NX, Director **1215**
Fostier, Richard; Colas Rail **1191**
Frade Sobral Pimentel, Eduardo João; TK,
  Präsident **916**
François, Philippe; FER ALLIANCE,
  Geschäftsführer **572**
François, Philippe; Sécurail, Geschäftsführer ... **582**
Frank, Dr.-Ing. Dipl.-Wirt.Ing. Marcel; WLE,
  stellvertretender Geschäftsführer **518**
Franks, David; CIE, CEO **601**
Franz, Jan; PDV RAILWAY,
  Vorstandsvorsitzender **1127**

Personenindex

Franz, Reinald; WFL, Geschäftsführer **512**
Franz, Wolfgang; DE, Geschäftsführer **172**
Franz, Wolfgang; DI, Vorsitzender der
 Geschäftsführung **161**
Frăţilă, Stelian; IRC, Generaldirektor **931**
Frăţilă, Stelian; VTS, Geschäftsführer **946**
Frazer, Kevin David; NXET Trains, Director **1219**
Frdelja, Robert; HŽ Putnički prijevoz **664**
Frenay, Philippe; Mendip Rail, Director **1214**
Fresenborg, Uwe; DB
 Fahrzeuginstandhaltung, Vorsitzender der
 Geschäftsführung **150**
Fresno Castro, Manuel; Renfe Operadora,
 Generaldirektor Ökonomie und Finanzen . . .**1091**
Friberg, Bo; Trafikverket, Direktor für
 Wirtschaft **978**
Frick, Michael; Altmark-Rail,
 Geschäftsführer **87**
Friedl, Andreas; CFL Cargo Deutschland,
 Geschäftsführer **139**
Friedrich, Dipl.-Ing. Nicole; DB Netz,
 Vorstand Produktion **153**
Frieling, Jan; ZIG, Geschäftsführer **525**
Fries, Christian; BSS, Geschäftsführer **132**
Fries, Jörg-Michael; BahnLog,
 Geschäftsführer **98**
Frimannslund, Gorm; Jernbaneverket,
 Direktor Infrastruktur **756**
Fritzson, Crister; SJ, CEO **970**
Frko, Ing. Marian; BTS, Vorstand **1048**
Frumerie, Caroline; GC, Personal **960**
Fuchs, Siegfried; DFS, Vorsitzender **147**
Fuchshuber, Mag. Georg; ASB, Direktor **763**
Funk, Dipl.-Ing. (FH) Ullrich; DVS,
 Geschäftsführer **175**
Furenberg, Erik Peter; CFL cargo Sverige,
 Direktor **957**
Furlong, Amanda; Arriva Trains Wales,
 Director **1188**
Furlong, Amanda; Arriva UK Trains, Director . .**1189**
Furlong, Amanda; CH, Director **1190**
Furlong, Amanda; DB Regio Tyne & Wear,
 Director **1192**
Furlong, Amanda; GC, Director **1209**
Furlong, Amanda; LOROL, Director **1213**
Furlong, Amanda; XC Trains, Director **1226**
Fürpeil, Thomas; EVS, Geschäftsführer **215**
Furukawa, Toshimasa; MRCE,
 Geschäftsführer **313**

G

Gaál, András József; G & G, Geschäftsführer . . .**1161**
Gabler, Dipl.-Ing. Georg Matthias; RhoBT,
 Geschäftsführer **792**

Gábor, Pavol; ŽSSK, Vorstandsvorsitzender
 und Generaldirektor **1063**
Gabrea, Cătălin; CTV, Geschäftsführer **923**
Gabriel, Christian; Ilm, Geschäftsführer **266**
Gabriel, Damian; Spedkoks, Vorsitzender
 der Geschäftsführung **907**
Gajdoš, Bc. Michal; IDS CARGO,
 Vorstandsvorsitzender **1113**
Gál, Péter; Swietelsky, Geschäftsführer **1175**
Gallego Lopez, Javier; ADIF, Direktor
 Infrastruktur **1074**
Galligani, Romano; SAV, Präsident **650**
Galvas, Ing. Luděk; TSS Cargo, Vorstand **1140**
Gambato, Gian Michele; ST, Präsident **648**
Garchev, Ing. Liubomir; DB Schenker Rail
 Bulgaria, Geschäftsführer, CEO **47**
Garcia Arias, Salgado Fernando; Aisa Tren,
 Präsident **1075**
Gardela, Marcin; Spedkoks, Mitglied der
 Geschäftsführung **907**
Gärdström, Anders; Strukton Rail,
 Vizedirektor **973**
Garoseanu, Ion; VTR, Geschäftsführer **946**
Garrido-Lestache Rodriguez, Jose Carlos;
 Ferrovial Railway, Vorstand **1086**
Gáspár, Tamás Gábor; Rail Cargo Carrier SK,
 Geschäftsführer **1057**
Gáspár, Tamás Gábor; Rail Cargo Carrier-
 Croatia, Geschäftsführer **665**
Gassmann, Axel; PR, Geschäftsführer **362**
Gastell, Rüdiger; DB Schenker Rail Italia,
 Geschäftsführer, CFO **612**
Gauderon, Philippe; SBB, Leiter
 Infrastruktur **1017**
Gausby, David Clement; GW, Director **1199**
Gausby, David Clement; HT, Director **1200**
Gausby, David Clement; SR, Director **1200**
Gausby, David Clement; TP, Director **1201**
Gawędzka, Bożena; CLŁ, Zweite
 Vorsitzende der Geschäftsführung **821**
Gawek, Radosław; SKM, Mitglied der
 Geschäftsführung **897**
Gayetot, Richard; SNCB / NMBS,
 Generaldirektor Technik **31**
Gentile, Maurizio; RFI, CEO **644**
Georg, Rolf Helmut; GVG, Geschäftsführer **224**
Gerhards, Kaspars; LDz Cargo,
 Vorstandsmitglied **672**
Gerrard, Barry Alexander Ralph; Virgin Rail
 Group, Secretary **1224**
Gerschler, Tino; BPRM, Geschäftsführer **99**
Gerstner, Dr.-Ing. Walter; SWEG, Vorstand;
 Technik und Betrieb **453**

Personenindex

Gerstner, Dr.-Ing. Walter; HzL, Vorstandsvorsitzender; Technik und Betrieb . . **258**
Gesche, Oliver; DB Schenker Rail Scandinavia, CFO **58**
Gfrörer, Uwe; UTL, Geschäftsführer **485**
Gibb, Christopher Leslie; Network Rail, Director **1217**
Gierczak, Adrian; STK, Vorstandsvorsitzender **895**
Giesen, Peter; NIAG, Vorstand **338**
Gimeno, Cesar; ETS, Vizepräsident **1081**
Gindt, Nicolas; VFLI, Geschäftsführer **586**
Girard, Guy; FARNAIR RAIL Logistics, Geschäftsführer **218**
Gisselmann, Røsli Jette; LB, Direktorin **60**
Gjoshi, Betim; TRAINKOS, CEO **1041**
Glasa, Rastislav; ŽSR, stellvertretender Generaldirektor Ökonomie **1062**
Glăvan, Dipl.-Ing. George; LTE-Rail România, Geschäftsführer **932**
Gledhill, Timothy Radcliffe; EMT, Director, Secretary **1197**
Gliem, Ursula; DIE-LEI, Geschäftsführerin **169**
Gloag, Ann Heron; Stagecoach, Director **1222**
Glor, Bernhard; MGI, Strategische Projekte . . . **1007**
Gnad, Hans-Gerd; ATB, Geschäftsführer **77**
Goebels, Georg; ZIB, Verwaltungsvorstand, Geschäftsbereichsleiter **267**
Goertchen, Dipl.-Ing. Wolfgang; POND Security Bahn Service, Geschäftsführer **362**
Gogolín, Ing. Petr; TONCUR, Geschäftsführer **1139**
Golemo, Piotr; KOLTAR, Vorsitzender der Geschäftsführung **843**
Goller, Georg; GoTrain, Geschäftsführer **227**
Goller, Hannelore; GoTrain, Geschäftsführerin **227**
Golobics, Ibolya Kádárné; MÁV, Portfolioverwaltungsdirektorin **1168**
Golton, Adam Charles Robert; GA, Finance Director **1186**
Golton, Matthew Lawrence; GW, Director **1199**
Gómez-Comino Barrilero, Cecilio; Renfe Operadora, Generaldirektor Sicherheit, Organisation und Personal **1091**
Gončaruk, Igor; Kauno tiekimas, CEO **686**
Gonda, Attila; AWT Rail HU, Generaldirektor, CEO **1153**
Goodwin, Leo David; TP, Director **1201**
Gordon, Alistair John Francis; SE **1212**
Gordon, Alistair John Francis; Govia, Director **1207**
Gordon, Alistair John Francis; GTR, Director . . **1207**
Gordon, Alistair John Francis; London & Birmingham Railway, Director **1211**
Gordon, Alistair John Francis; SN, Director . . . **1221**
Gordon, Alistair John Francis; Keolis UK, Director, CEO **1211**
Görgens, Dr. Bernhard; SWE, Kaufmännischer Vorstand, Vorstandsvorsitzender **440**
Görnemann, Jan; metronom, technischer Geschäftsführer **309**
Górniczki, Łukasz; PKP LHS, Vorsitzender der Geschäftsführung **876**
Gorodeckis, Rolands; L-Ekspresis, stellvertretender Vorstandsvorsitzender **674**
Görtzen, Thomas; KEOLIS Deutschland, Geschäftsführer **281**
Gosch, Thomas; EuroRail, Geschäftsführer . . . **214**
Gosk, Zdzisław; PGTKW, Stellvertreter des Vorstandsvorsitzenden **868**
Götz, Armin; IGE, Geschäftsführer **273**
Götz, Oliver; ELG, Geschäftsführer **201**
Goulding-Davis, Karl Peter; GBRf, Director . . . **1205**
Gounon, Jacques; Groupe Eurotunnel, CEO . . . **575**
Grabowska, Katarzyna; Agrostop, Stellvertretende Vorsitzende der Geschäftsführung **888**
Grabowska-Bujna, Beata; JSK, Vorsitzende der Geschäftsführung **845**
Grabowski, Damian; Arriva RP, Vorsitzender der Geschäftsführung **814**
Gracia Giménez, María Luisa; FGV, Generaldirektorin **1083**
Grajda, Dariusz; KM, Mitglied der Geschäftsführung **850**
Grams, Elmar; FLOYD, Vorstand **1159**
Gredig, Martin; RhB, Leiter Finanzen **1016**
Green, Christopher Edward; HX, Director **1209**
Griffith, Andrew Martin; EMT, Director **1197**
Griffith, Andrew Martin; SW, Director **1223**
Griffiths, Martin Andrew; Inter City Railways, Director **1210**
Griffiths, Martin Andrew; Stagecoach, Director, CEO **1222**
Grigliatti, Enrico; Trenitalia, CFO **654**
Grikšas, Arūnas; Gargždų Geležinkelis, Direktor **684**
Grjaznovs, Vladimirs; LDz Cargo, stellvertretender Vorstandsvorsitzender **672**
Gross, Cornelia; DB RNV, Geschäftsführer **156**
Gross, Cornelia; DB RNI, Geschäftsführerin Infrastruktur **155**
Gross, Dipl.-Ing. / Dipl.-Kfm. Ulrich; NE, Geschäftsführer **335**

Personenindex

Grube, Dr. Rüdiger; DB AG,
Vorstandsvorsitzender **148**
Grube, Dr. Rüdiger; DB Mobility Logistics,
Vorstandsvorsitzender **152**
Gruca, Henryk; LOTOS Kolej, Vorsitzender
der Geschäftsführung **859**
Grünenfelder, Mathias; AAR-WSB, Direktor **987**
Grunze, Mattias; STAV, Geschäftsführer **450**
Grütter, Beat; SBB Cargo International,
Leiter Finanzen und Informatik **1019**
Grzybowski, Marek; MPK Poznań, Mitglied
der Geschäftsführung **864**
Gsponer, Egon; MGBahn, Leiter
Infrastruktur **1008**
Gualtieri, Guiseppina; TPER, Präsidentin **652**
Gudas, Mindaugas; Dolomitas,
Produktionsdirektor **683**
Gudvalis, Stasys; LG, stellvertretender
Generaldirektor, Direktor Güterverkehr **688**
Guelmi, Franck; ETF SERVICES, Président **565**
Guenole, Patrick; COLAS RAIL, Président **562**
Guiati, Giancarlo; GTT, Präsident **631**
Guillard, Philippe; OFP Atlantique,
Président **577**
Guillelmon, Bernard; BLS Cargo, Präsident
des Verwaltungsrates **992**
Guillelmon, Bernard; BLS, Vorsitzender der
Geschäftsleitung **990**
Guimezanes, Yves; RRLR, Geschäftsführer **581**
Gülaz, Adem; hrs, Geschäftsführer **241**
Gumeņuks, Vladimir; Railtrans **677**
Günther, Dipl.-Ing. (FH) Herbert; NeSA,
Geschäftsführer **332**
Günther, Dr. Christof; InfraLeuna,
Geschäftsführer **269**
Günzler, Maik; EBS, Geschäftsführer **208**
Gurský, Ing. Stanislav; HBz, stellvertretender
Vorstandsvorsitzender **1051**
Gürtlich, Dr. Gerhard; NSB, Geschäftsführer **781**
Guttwein, Ludger; DP, Geschäftsführer **166**
Guzmán, Carmen Escribano; OHL ŽS,
Mitglied des Vorstandes **1126**

H

Haberhausen, Bernd; TER, Geschäftsführer **466**
Habers, Toon; LOCON Benelux,
Geschäftsführer **735**
Haber-Schilling, Dipl.-Betriebswirtin Ulrike;
DB Fernverkehr, Vorstand Personal **151**
Habets, Randy Johannes Mathias; Z.L.S.M.,
Geschäftsführer **748**
Hadorn, Hans-Peter; HBSAG, Präident des
Verwaltungsrates **1005**

Hadyś, Łukasz; PKP Cargo, Mitglied des
Vorstands **869**
Hadzicki, Bartłomiej; Cargo Master,
Vorsitzender der Geschäftsführung **819**
Hagander, Sven; CargoNet, CFO **753**
Hage, Rüdiger; IPG, Geschäftsführer **274**
Hagedorn, Meike; DWK, Geschäftsführerin **179**
Hagemann, Oliver; PCW, Leiter **366**
Hagenberg, Yvonne; COBRA, Vorstand **26**
Hahn, Jürgen; EFT, 2. Vorsitzender **194**
Hahn, Michael; DB Regio, Vorstand Regio
Bus **154**
Hahn, Tino; RIG, Geschäftsführer **383**
Hahn, Tino; RIN, Geschäftsführer **384**
Hahn, Tino; SIP, Geschäftsführer **421**
Hahn, Tino; DESAG, Vorstand Finanzen **164**
Hahnfeld, Jörg; DeltaRail, Geschäftsführer **163**
Haket, Rudolf Franciscus; TP, Director **1201**
Haket, Rudolf Franciscus; Keolis UK,
Director, COO **1211**
Halbmayr, Mag. MBA Josef; ÖBB-Holding,
Mitglied des Vorstandes, CFO **785**
Hambuch, Jürgen; Regiobahn Fahrbetrieb,
Geschäftsführer **388**
Hämmerle, Frank; KN, Landrat **292**
Hampshire, Graeme Roderick Holmes; Inter
City Railways, Director **1210**
Hanagarth, Dr. Heike; DB AG, Vorstand
Technik und Umwelt **148**
Hanagarth, Dr. Heike; DB Mobility Logistics,
Vorstand Technik und Umwelt **152**
Handzel, Zbyněk; RETROLOK,
Geschäftsführer **1130**
Häne, Toni; SBB, Leiter Fernverkehr **1017**
Häner, Herbert; RTB, Geschäftsführer **409**
Häner, Herbert; VIAS, Geschäftsführer **496**
Häner, Herbert; VIAS Odenwaldbahn,
Geschäftsführer **498**
Hankala, Jari; VR, Direktor Wartung **553**
Hann, Mag. Christian; WLC, Geschäftsführer . . . **807**
Hansen, Dipl.-Ing. Heiko; MVG, technischer
Geschäftsführer **319**
Hansen, Jesper; Banedanmark, CEO **55**
Hansen, Johnny Borge; Arriva Tåg, Direktor **952**
Hanson, Mats; GC, Marketing **960**
Härmsalu, Valdis; MR, Vorstand **545**
Harris, Chris; NRL, Director **1219**
Harrison, Richard Charles; Arriva UK Trains,
Director **1189**
Hart, Karl Klaus; Mainschleifenbahn,
Geschäftsführer **117**
Hartfeld, Dr.-Ing. Gerhard; RBH,
Vorsitzender der Geschäftsführung **375**

Personenindex

H

Hartner, Gorazd; SŽ Potniški promet, Leiter Produktion 1070
Hartrampf, Christian; EVS, Geschäftsführer 215
Harz, Marek; KP Kotlarnia - LK, Vorsitzender der Geschäftsführung 857
Haselof, Marcel; EHB, Geschäftsführer 186
Hasković, Mirsad; ŽFBH, Direktor Betrieb 39
Hasselbach, Ervin; RERS, Generaldirektor 546
Hasselmeier, Clemens; VVM, stellvertretender Vorsitzender 509
Hatfield, David; GC, Director 1209
Haubner, Michael; BEG EVU, stellvertretender Geschäftsführer 129
Hauf, Dr. Claus-Jürgen; SVG, Geschäftsführer 456
Haukeli, Kjell; NSB, CFO 757
Havelka, Martin; CHTPCE, Vorstand 1106
Haynes, Stephen John; Colas Rail 1191
Heath, Lesley; Head of Safety and Environment 1196
Hecht, Michael; EB, Geschäftsführer 206
Hecht, Michael; STB, Geschäftsführer 452
Heckemanns, Dipl.-Ing. Klaus; UEF-V, Geschäftsführer 482
Heckemanns, Rolf; SWB, Werkleiter 436
Hedderich, Dr. Alexander; DB Schenker Rail, Vorstandsvorsitzender, CEO 158
Hedderich, Lars; FLOYD, Vorstand 1159
Hediger, Robert Peter; FARNAIR RAIL Logistics, Geschäftsführer 218
Hedley-Jones, Timothy James; Property and Projects Director 1196
Hedqvist, Anders; TM Rail, Direktor 977
Heer, Jochen; ENAG, Vorstand 211
Hegemann, Jörg; SWH, Geschäftsführer 441
Hehli, Armin; SZU, Direktor 1024
Heim, Thomas; ENAG, Vorstand 211
Heinemann, Dr. Tobias; Transdev, Geschäftsführer/CCO 469
Heinemann, Dr. Tobias; Transdev Regio, Geschäftsführer/CCO 470
Heinrich, Stefan; SKB, Geschäftsführer 422
Heinrichs, Wolfgang; DB Fernverkehr, Vorstand Finanzen/Controlling 151
Heinrichsmeyer, Andrea; HEIN, Geschäftsführerin 248
Heinze, Carolin; UED, Geschäftsführerin 482
Heise, Thomas; DGMT, Geschäftsführer 165
Helbig, Dipl.- Kfm. Andreas; KVG, Vorstandsvorsitzender 280
Hellwig, Bert; GfE, Geschäftsführer 226
Hemsath, Dietmar; GET, Geschäftsführer 225
Hendrych, Josef; SŽDC, Stellvertretender Generaldirektor Trassenmanagement 1137
Henin, Olivier; SNCB / NMBS, Generaldirektor Finanzen 31
Hennequin, Denis Michel; Eurostar, Director 1198
Henriksson, Outi; VR, CFO 553
Hermann, Thomas; DB Bahnbau Gruppe, Geschäftsführer Personal 149
Hermsen, Jörg; Eiffage Rail, Geschäftsführer 184
Hernádi, Zsolt Tamás; MOL, CEO 1172
Herwarth, Marcus; LW, Geschäftsführer 296
Hesse, Thomas; DB Schenker Rail Polska, Mitglied des Vorstands 831
Hetzer, Dr. Michael; DB Schenker Rail Polska, Mitglied des Vorstands 831
Hewitt, Francis Anthony; NIR, Director 1218
Heydecke, Frank; Fels Netz, Geschäftsführer 219
Hidalgo Acera, Juan Jose; Iberrail, Präsident der Globalia 1087
Higgins, Darren Craig; TP, Director 1201
Higgins, Jeremy Richard; XC Trains, Customer Service Director 1226
Hiis-Hauge, Rannveig; Jernbaneverket, Direktorin Sicherheit 756
Hilken, Dr. Günter; EKML, Geschäftsführer 146
Hirsch, Peter; Öchsle AG, Vorstand 350
Hirschbichler, Mag. August; SLB, Sprecher des Vorstands 793
Hirschfelder, Raimund; SSG, Geschäftsführer 434
Hladík, Ing. Vlastimil; CHTHB, Mitglied des Vorstandes 1106
Hlína, Ing. Ladislav; UNIPETROL DOPRAVA, Geschäftsführer 1141
Hodgkinson, Sir Michael Stuart; Keolis UK, Director 1211
Hodgson, Charles Anthony; Govia, Director 1207
Hodgson, Charles Anthony; GTR, Director 1207
Hodgson, Helen Elizabeth; DRS, Secretary 1194
Hodgson, Paul; CFL cargo France, Geschäftsführer 559
Hofbauer, Harald; HBG, Geschäftsführer 231
Höffken, Ulrike; EHG, Geschäftsführerin 182
Hoffmann, Marc; CFL, Direktor Personenverkehr 700
Hoffmann, Sabine; HBG, Geschäftsführerin 237
Hofmann, Peter; Westigo, Geschäftsführer 521
Hofmann, Peter; KVB, Mitglied des Vorstands 284
Höhler, Dipl.-Wirtschaftsing. (FH) Frank; metronom, kaufmännischer Geschäftsführer 309
Hohls, Jens; HBG, Geschäftsführer 236
Höhne, Hanns-Detlev; SWM, Geschäftsführer Mainzer Hafen GmbH 443

Personenindex

Hola-Chwastek, Mariola; CTL Logistics, Geschäftsführerin **145**
Hola-Chwastek, Mariola; CTL Logistics, Mitglied der Geschäftsführung, Finanzdirektorin **824**
Hola-Chwastek, Mariola; CTL Maczki-Bór, Mitglied des Vorstands **827**
Holden, Michael Peter; Director **1196**
Holden, Michael Peter; DOR, Director **1195**
Hollander, Mats; GC, Kommunikation **960**
Hollingsworth, Clare; Eurostar, Director **1198**
Holtz, Falk; DB Schenker Rail Nederland, CFO **725**
Holub, Ing. Hynek; IDS CARGO, stellvertretender Vorstandsvorsitzender **1113**
Holub, Ing. Wolfgang; ZVB, Vorstandsdirektor (bis Anfang 2015) **808**
Holubář, Ing. Miroslav; MBM rail, Geschäftsführer **1121**
Holz, Dietmar; PEC, kaufmännischer Geschäftsführer **359**
Homburg, Ulrich; DB Mobility Logistics, Vorstand Personenverkehr **152**
Homlok, Zsolt; Swietelsky, Geschäftsführer ...**1175**
Honsa, Tomáš; ZABABA, Geschäftsführer **1142**
Hoogesteger, Jeffrey John Krijn; Abellio UK, Director **1186**
Hoogesteger, Jeffrey John Krijn; SR, Director **1186**
Hopta, Ing. Miroslav; BTS, stellvertretender Vorstandsvorsitzender **1048**
Hopwood, Mark Julian; GW, Director **1199**
Hořínek, Martin; METRANS rail, Geschäftsführer **1121**
Horne, David Andrew; Inter City Railways, Director **1210**
Hörner, Roland; HGM, Geschäftsführer **434**
Horrisland, Svein; Jernbaneverket, Direktor Marketing und Kommunikation **756**
Horton, Charles Stuart; SE **1212**
Horton, Charles Stuart; GTR, Director, CEO **1207**
Horton, Charles Stuart; SN, Managing Director **1221**
Horváth, László; CER Cargo Holding, Präsident **1156**
Horváth, László; CER Hungary, Vorstandsvorsitzender **1155**
Hosoya, Masayoshi; MRCE, Geschäftsführer **313**
Hövermann, Detlef; BSM, Geschäftsführer **96**
Hruška, Ing. Ľudovít; Petrolsped Slovakia, Geschäftsführer **1055**
Hubatsch, Andreas; LDC, stellvertretender Vorsitzender **294**

Huber, Berthold; DB Fernverkehr, Vorstandsvorsitzender **151**
Huber, Peter; BZB, Vorstand **106**
Huberson, Bruno; TAE, Verwaltungsrat **1028**
Hubička, Daniel; BFL, Geschäftsführer **1103**
Hufnagel, Klaus; ecco rail, Geschäftsführer **181**
Hug, Erika; Centralbahn, Vorsitzende des Verwaltungsrates **996**
Huges, Dr. Timo; NS Groep, Präsident, CEO **737**
Hullerum, Bernd; TRANSFESA RAIL, Präsident **1093**
Hullmeine, Dipl.-Ing. Frank; Stefen, Geschäftsführer **450**
Hünig, Michael; BTE, Geschäftsführer **133**
Hunkel, Dr. Markus; DB Schenker Rail, Vorstand Produktion **158**
Hunkel, Dr. Markus; DB Schenker Rail Deutschland, Vorstand Produktion **157**
Hunkel, Dr. Markus; DB Schenker Rail Italia, Vorstandsmitglied **612**
Hunt, Jacqueline; NX, Director **1215**
Hurtienne, Wolfgang; HPA, Geschäftsführer ...**239**
Húska, Ľubomír; ŽSSK, stellvertretender Vorstandsvorsitzender **1063**
Hutter, Ivo; RhB, Leiter Rollmaterial **1016**
Hynes, Alexander Hynes; NRL, Director **1219**

I

Iacob, Paul Dragos; CFR Călători, Direktor für Traktion **924**
Iacono, Orazio; Trenitalia, Direktor Nahverkehr **654**
Iancu, Eduard; DB Schenker Rail Romania, Geschäftsführer, CEO **928**
Iliev, Liubomir; BDŽ - Freight, CEO **45**
Iljin, Viktor; Railservis **545**
Imeri, Zair; TRAINKOS, Direktor Finanzen **1041**
in der Beek, Martin; RNV, Technischer Geschäftsführer **397**
In-Albon, Willi; MGI, Infrastruktur **1007**
Ingram, Tamara; Serco, Director **1221**
Ingulstad, Tom; NSB, Direktor Personenverkehr **757**
Irvine, John Paul; NIR, Secretary **1218**
Isaksen, Geir; NSB, CEO **757**
Istók-Baricz, Zoltán; TX Schweden, Geschäftsführer **981**
Ištvan, Ing. Aleš; RM LINES, stellvertretender Direktor **1131**
Ivan, László; Arriva Service, Geschäftsführer .. **1047**
Ivanov, Vitaly; Sillamäe Sadam, Vorstandsvorsitzender **546**
Iwański, Tomasz; DB Schenker Rail Spedkol, Vorsitzender der Geschäftsführung **834**

Personenindex

Izard, Pierre; SNCF, Leiter SNCF Infra 583

J

Jacko PhD.,MBA, Ing. Vladimír; USSK,
  Geschäftsführer 1061
Jacmohone, Bishen Kumar; Exploris,
  Geschäftsführer 703
Jadot, Michel Jean Arsene; Eurostar,
  Director 1198
Jähnke, Jan; Scharmützelseebahn,
  Geschäftsführer 421
Jähnke, Jan; ZRB, Geschäftsführer 526
Jahodář, Jaroslav; AH, Geschäftsführer 1102
Jakovlev, Sergei; Skinest Rail 547
Jakubauskienė, Jūratė; Cemeka, Direktorin 683
Jakubcová, Marcela; NOR, Vorstand 1125
Jakubec, Ing. Bruno; NOR,
  Vorstandsvorsitzender 1125
Jalový, Karel; LOKO TRANS, Geschäftsführer .. 1118
James, Andrew Mark; HT, Director 1200
Jančura, Radim; RegioJet, Vorsitzender des
  Vorstands 1058
Jančura, Radim; RegioJet,
  Vorstandsvorsitzender 1128
Janicke, Herbert; HFM, Geschäftsführer 253
Janketić, Zoran; MONTECARGO, Assistent
  des CEO für Wirtschafts- und Rechtsfragen .. 714
Janković, Milovan; ŽPCG, Direktor
  Binnenverkehr 715
Jankuloski, Milan; MŽ Infrastruktura,
  Direktor elektrische Anlagen 709
Janovský, Martin; ELZEL, Mitglied des
  Vorstandes 1108
Janovský, Martin; Eż Kysak,
  stellvertretender Vorstandsvorsitzender 1050
Janovský, Martin; TRAMO RAIL,
  stellvertretender Vorstandsvorsitzender 1140
Janssen, Dr. Frank; Connexxion, COO 724
Jansson, Rolf; VR, Direktor Logistik 553
Janulevičius, Darius; IAE, Generaldirektor 685
Jarosch, Dr. Stefan; Geschäftsführer 775
Jaśkiewicz, Anna; Karpiel, Zweite
  Vorsitzende der Geschäftsführung 846
Jelenc, Milan; SŽ, Mitglied der
  Geschäftsführung 1069
Jemelin, Christophe; tl, Direktor
  Angebotsentwicklung 1029
Jensen, Dan Stig; DSB Øresund, CEO 60
Jensen, Flemming; DSB, CEO 58
Jensen, Jens Arne; RT, Direktor 65
Jermann-Aebi, Franziska; BLS, Personal 990
Jesberg, Dipl.-Ing. Dipl.-Wirt.-Ing. Götz; DI,
  Geschäftsführer 161
Jesberg, Dipl.-Ing. Dipl.-Wirt.-Ing. Götz; DE,
  Vorsitzender der Geschäftsführung 172
Johansen, Jørn; Jernbaneverket, Direktor
  für Leitung und Organisation 756
Johansson, Bengt Erik; TKAB, Direktor 974
Johansson, Måns Jonas; Vida, Vizedirektor ... 983
Johansson, Patrik; GC, Betrieb 960
John, Dieter; BTG, President, Division
  Central / Eastern Europe & CIS 123
John, Stefan; EFW, 1. Vorsitzender 194
Johnston, Sara Eshelby; DRS,
  DirectorDirector 1194
Jókai, Miklós; MÁV-START, CFO 1170
Jonauskas, Juozas; Perpus, Direktor 693
Jonsson, Sven Tommy; TM Rail,
  stellvertretender Direktor 977
Jordi, Markus; SBB, Leiter Personal 1017
Jost, Patric; EfW, Geschäftsführer 181
Joye, Michel; tl, Generaldirektor 1029
Jóźwik, Jerzy; PNI, Vorsitzender der
  Geschäftsführung 886
Juchnewitsch, Parbo; Eesti Raudtee,
  Infrastrukturdirektor 541
Juhász, Erzsébet; MNOS, Allgemeine
  Direktorin 1169
Jujeczko, Jarosław; S & K, Vorsitzender der
  Geschäftsführung 894
Junge, Matthias; BS-W, Geschäftsführer 132
Junge, Matthias; mcm logistics,
  Geschäftsführer 306
Juřík, Roman; AŽD Praha, technischer
  Geschäftsführer 1103
Jurkiewicz, Wojciech Robert; Freightliner
  DE, Geschäftsführer Betrieb 222
Jurkiewicz, Wojciech Robert; Rail Services
  Europe, Mitglied der Geschäftsführung 893
Jurkiewicz, Wojciech Robert; FPL, Mitglied
  der Geschäftsführung, Geschäftsführer 840
Juška, Rimantas; LKAB Klaipėdos smeltė,
  Generaldirektor 687

K

Kaarjas, Rain; Edelaraudtee Infrastruktuuri 539
Kaas, Dieter; AMBER RAIL,
  Vorstandsvorsitzender 1047
Kabaļska, Marina; LDz Infrastruktūra,
  Mitglied des Vorstandes 673
Kalbermatter, Alice; MGBahn, Leiterin
  Finanzen und Services 1008
Kaldynski, Arthur; LTE Polska,
  Geschäftsführer 861
Kaliński, Jerzy; Loreco, Vorsitzender der
  Geschäftsführung 859

Personenindex K

Kaliste, Indrek; Leonhard Weiss RTE,
  Vorstand **544**
Källström, Lena Elisabeth; SJ Götalandståg,
  Direktorin **971**
Kalmár, István; MTMG, Generaldirektor **1172**
Kalmus, Oskar; EVR Cargo, Vorstand **542**
Kaltwasser, Dr. Lüder; RBG, Geschäftsführer ... **394**
Kaluđerović, Branko; ŽPCG, Direktor
  Wirtschaft und Recht **715**
Kaňovský, Vlastimil; TCHAS ŽD,
  Geschäftsführer **1138**
Kaper, Marjon; NS Internationaal, Direktorin ... **738**
Kappler, Dipl.-Betriebswirt (FH) Michael;
  BCB, Geschäftsführer **101**
Kappler, Dipl.-Betriebswirt (FH) Michael;
  TAE, Präsident des Verwaltungsrates **1028**
Karasek, Dipl.-Ing. Jens; HC, 1. Vorsitzender **250**
Karger, Ing. Jan; SART, Mitglied des
  Vorstandes **1132**
Karl, Johann; SWS, Geschäftsführer **443**
Karlsen, Carl Fredrik; CargoNet, Direktor
  Wirtschaft **753**
Karlsson, Owe Ronny Stephan; SWT
  Swedtrac Trafik, Vorstand **976**
Karpa, Ralf; HFM, Geschäftsführer **253**
Karpiel, Marcelina; Karpiel, Zweite
  Vorsitzende der Geschäftsführung **846**
Karpiel, Piotr; Karpiel, Zweiter Vorsitzender
  der Geschäftsführung **846**
Karpiel, Roman; Karpiel, Vorsitzender der
  Geschäftsführung **846**
Karpiński, Cezary; MK, Direktor **865**
Kasian, Reinhold; SWB, Geschäftsführer **424**
Kask, Kalle; Leonhard Weiss RTE,
  Vorstandsvorsitzender **544**
Kasperkovitz, Dr. Georg; RCA,
  Vorstandsdirektor Produktion und
  Finanzen **789**
Kaspersen, Lars; DSB, Direktor
  Kommunikation und Markenführung **58**
Kaspersen, Preben; Flåmsbana,
  Geschäftsführer **754**
Kastl, Ing. František; SU, stellvertretender
  Vorstandsvorsitzender **1137**
Kavanagh, Timothy Brendan; Finance
  Director **1196**
Kavli, Nils; CargoNet, Direktor Produktion **753**
Kayiş, Adem; TCDD **1147**
Kazbaras, Adomas; GTC, Direktor **684**
Keblerienė, Irena; Kauno tiekimas,
  Generaldirektorin **686**
Kecman, Nenad; ŽS **1042**
Kędzierski, Jacek; Railtrans Logistics,
  Vorsitzender der Geschäftsführung **894**

Kefer, Dr. Volker; DB Mobility Logistics,
  Vorstand Dienstleistungen **152**
Kefer, Dr. Volker; DB AG, Vorstand
  Infrastruktur und Dienstleistungen **148**
Keindorf, Christina; UBB, Geschäftsführerin **483**
Keindorf, Christina; UBB Polska, Mitglied
  der Geschäftsführung **902**
Keith, Aharon Marie; DB Regio Tyne & Wear .. **1192**
Kekec, Bojan; SŽ Infrastruktura, CEO **1070**
Keller, Matthias; BTG, Vice President
  Controlling Global Supply Chain, Group
  Technology, Group Project Management **123**
Kellner, Gerhard; KML, Geschäftsführer **286**
Kelly, Jacob Henry; EMT, Director **1197**
Kelly, Jacob Henry; SW, Director **1223**
Kempski, Maciej; Transoda, Zweiter
  Vorsitzender der Geschäftsführung **902**
Kenny, Barry; CIE, Corporate
  Communications Manager **601**
Kerbedis, Gintaras; ASG, Direktor **682**
Kerber, Andreas Emil Hermann; MVV
  Verkehr, Geschäftsführer **322**
Kerber, Andreas Emil Hermann; RNV,
  Kaufmännischer Geschäftsführer **397**
Kern, Mag. Christian; ÖBB-Holding,
  Vorstandsvorsitzender, CEO **785**
Kerstein, Bernd-Holger; EBM Cargo,
  technischer Geschäftsführer **189**
Kessler, Urs; WAB, Präsident und
  Vorsitzender der Geschäftsleitung **1034**
Kessler, Urs; BOB, Vorsitzender der
  Geschäftsleitung **989**
Kessler, Urs; JB, Vorsitzender der
  Geschäftsleitung **1006**
Kettwig, Hans-Dieter; e.g.o.o.,
  Geschäftsführer **195**
Kielgast, Folker; NPorts, Geschäftsführer **340**
Kilström, Jan; GC, CEO **960**
Kingston, Jane Sarah May; NX, Director **1215**
Kiralvarga, RNDr. Miroslav; USSK,
  Geschäftsführer **1061**
Király, Ing. Róbert; CER Slovakia, Mitglied
  des Vorstandes **1049**
Kirchhoff, Roland; Hespertalbahn, 1.
  Vorsitzender **249**
Kirchner, Richard; GC, Vertrieb **960**
Kiss, Ing. Peter; RPA, Geschäftsführer **779**
Kiss, Ing. Peter; Metrans, Mitglied des
  Vorstandes **1123**
Kiss, Ing. Peter; METRANS (Danubia),
  Vorstandsvorsitzender **1054**
Kišš, Ján; CER Slovakia,
  Vorstandsvorsitzender **1049**
Kiss, Júlia; AWT Rail HU, Vorstandsmitglied .. **1153**

Europäische Bahnen '15/'16 1265

Personenindex

Klapka, Ing. Zbyšek; SU, Vorstand **1137**
Klassen, Volker; THG, Geschäftsführer **476**
Klein, Dipl.-Ing. Horst; HTB, Geschäftsführer ... **249**
Klein, Dipl.-Ing. Horst; vectus,
 Geschäftsführer **487**
Klein, Dipl.-Ing. Horst; WEBA,
 Geschäftsführer **516**
Kleinberga, Inese; LDz Cargo,
 Vorstandsmitglied **672**
Kleinbergs, Māris; Schenker, Vorstand **677**
Kleinenhammann, Christian; NIAG,
 Vorstand **338**
Kleska, Tomasz; ZRK-DOM, Mitglied der
 Geschäftsführung **907**
Kleuker, Dr. Hans-Heinrich; RHB,
 Geschäftsführer **396**
Klimas, Albinas; Cemeka, Geschäftsführer **683**
Klimt, Norbert; DB Regio, Vorstand
 Finanzen und Controlling **154**
Klippel, Rudolf F.; TIM Rail, Geschäftsführer ... **462**
Kliś, Małgorzata; ZPNTMiU „TABOR",
 Stellvertretende Direktorin **908**
Klompe, Aart Johan; DB Schenker Rail
 Nederland, CEO **725**
Kloppenburg, Wolfgang Friedrich Wilhelm;
 erixx, Geschäftsführer **209**
Kloppenburg, Wolfgang Friedrich Wilhelm;
 NB, Geschäftsführer **341**
Kloppenburg, Wolfgang Friedrich Wilhelm;
 OHE, Vorstandsvorsitzender **354**
Klug, Univ.-Doz. FH-Prof. Dr. Friedrich; LILO,
 Generaldirektor **772**
Knabe, Bastian; S-Bahn Berlin,
 Geschäftsführer Finanzen **413**
Knebel, Dipl.-Kfm. Jost; NETINERA
 Deutschland, Vorsitzender der
 Geschäftsführung **332**
Knechtel, Thomas; KombiRail,
 Geschäftsführer **734**
Knerr, Dietmar; agilis Eisenbahn,
 Geschäftsführer **78**
Knerr, Dietmar; agilis Verkehr,
 Geschäftsführer **79**
Knöbel, Gerhard Heinrich; BLB,
 Geschäftsführer **115**
Knöbel, Gerhard Heinrich; RBG,
 Geschäftsführer **380**
Knöbel, Gerhard Heinrich; VBG,
 Geschäftsführer **502**
Knöbel, Gerhard Heinrich; RAG, Vorstand **382**
Kobayashi, Nobuyuki; MRCE,
 Geschäftsführer **313**
Kobus, Stanisława; FBKL, Mitglied des
 Vorstands **841**
Koch, Bernd; DB Netz, Vorstand Finanzen &
 Controlling **153**
Koch, Dipl.-Ing. Michael; MEG,
 Geschäftsführer **314**
Koch, Susanne Mørch; DSB, kaufmännische
 Direktorin, Direktorin Personal **58**
Köcher, Martin; LG, stellvertretender
 Vorsitzender **1120**
Kocher, René; ETB, Geschäftsführer **1002**
Köchling, Dipl.-Kfm. Armin; GBM,
 Kaufmännischer Geschäftsführer **223**
Kocúrek, Ing. Jan; TR, Mitglied des
 Vorstandes **1138**
Kohl, Hans-Joachim; Vorpommernbahn,
 Geschäftsführer **505**
Kohl, Volker; Geschäftsführer **775**
Köhler, Peter; LEO Express, Vorstand,
 Direktor Finanzen **1117**
Köhler, Sascha; Fels Netz, Geschäftsführer **219**
Kohlisch, Mathias; FLOYD, Vorstand **1159**
Kohnke, Markus; Talbahn, Geschäftsführer ... **458**
Kökényesi, Dr. Antal; MÁV, Direktor
 Sicherheit **1168**
Kolda, Tomáš; KK, Geschäftsführer **1115**
Kölle, Siegfried; RTS Austria,
 Geschäftsführer **791**
Kölle, Siegfried; RTS Germany,
 Geschäftsführer **368**
Koller, Simon; BRB, Direktor **995**
Komárek, Ing. Jan; TR, Mitglied des
 Vorstandes **1138**
Komárek, Ing. Jan; ZSBA, stellvertretender
 Vorstandsvorsitzender **1064**
Komzák, Miroslav; RM LINES, Mitglied des
 Vorstands **1131**
Kondor, Ing. Tomáš; Eż Kysak,
 Vorstandsvorsitzender **1050**
Konieczny, Radosław; MK, Stellvertretender
 Direktor **865**
König, Helmut; HOCHBAHN, Vorstand **240**
Kook, Dr. Werner; NIAG, Vorstand **338**
Koopmann, Klaus; MME, Vorstand **305**
Kopčić, Željko; HŽ Infrastruktura, Mitglied
 des Vorstandes **664**
Köppeler, Dipl.-Kfm. Udo; RV,
 Geschäftsführer **405**
Köppl, Dipl.-Ing. (FH) Volker; NeSA,
 Geschäftsführer **332**
Koprivica, Rajko; MONTECARGO, Direktor
 für Betrieb **714**
Koren, Boštjan; SŽ Potniški promet, CEO **1070**
Kores, Dr. Rudolf; LBB, Geschäftsführer **771**
Korkmaz, Fahrettin; BDK, Geschäftsführer ... **110**

Personenindex K

Körten, Wolfgang J.; Vasútépítők, Geschäftsführer **1177**
Kortendick, Dr. Susanne; BTG, Vice President HR & Global Supply Chain, Arbeitsdirektorin **123**
Kortenhorst, Peter; Connexxion, Vorsitzender der Geschäftsführung **724**
Kortiš, Ing. Milan; Express Group, Vorstand ... **1050**
Kortiš, Ing. Milan; OPTISPED, Vorstand **1055**
Korunoski, Igor; MŽ Transport, Direktor Traktion und Rollmaterial **709**
Koskinen, Timo; VR, Direktor Personal **553**
Kosmala, Ryszard; ZIK, Stellvertretender Direktor **906**
Kossmann, Joachim; AmE, Geschäftsführer **87**
Kostadinov, Dimitar; BDŽ - Pätnitscheski prewosi, Präsident **44**
Kostelník, Ing. David; AWT, Mitglied des Vorstandes **1098**
Kostelník, Ing. David; AWT Rail HU, Vorstand **1153**
Kostelník, Ing. David; AWT Rail SK, Vorstandsvorsitzender **1047**
Kostow, Nikola; MŽ Transport, Generaldirektor **709**
Kostrzewa, Franciszek; PKP Cargo Service, Vorsitzender der Geschäftsführung **873**
Koszewski, Zbigniew; CTL Express, Vorsitzender der Geschäftsführung **822**
Koszewski, Zbigniew; CTL Rail, Vorsitzender der Geschäftsführung **829**
Koszewski, Zbigniew; CTL REGGIO, Vorsitzender der Geschäftsführung **830**
Kotlář, Radim; Ež Kysak **1050**
Kotlář, Radim; ELZEL, stellvertretender Vorstandsvorsitzender **1108**
Kouba, Lukáš; ZABABA, Geschäftsführer **1142**
Koudelka, Ing. Milan; GJW, Geschäftsführer ... **1110**
Koudelka, Ing. Milan; SGJW, Geschäftsführer **1135**
Kovács, Dr. Imre; RCH, CEO, Vorstandsvorsitzender **1174**
Kovács, Dr. Imre; RCC, Geschäftsführer **1173**
Kovács, István; FLOYD, Vorstandsvorsitzender **1159**
Kovács, János; FEHÉRVILL-ÁM, Geschäftsführer **1159**
Kövesdi, Szilárd; GYSEV, Generaldirektor **1163**
Kovič, Rajka; ŽS **1042**
Kowalski, Wojciech; Transkol, Vorsitzender der Geschäftsführung **886**
Kozel, František; VIALTE, Geschäftsführer **1061**
Koželmiako, Valerijonas; Maltosa, Direktor **691**
Krakić, Danijel; HŽ Cargo, Präsident **663**
Krakovitch, Alain; SNCF, Leiter Transilien **583**
Kratzer, Thomas; CT-D, Geschäftsführer **136**
Kratzer, Thomas; TWE, Geschäftsführer **460**
Krauer, Rudolf; Sersa Group (Schweiz), Geschäftsführer **1023**
Krauß, Volker; LW, Vorsitzender Geschäftsführer **296**
Krebs, Ulrich; VHT, Vorsitzender des Vorstandes **494**
Kreft, Harald; HPA, Leiter der Hafenbahn, Mitglied der Geschäftsleitung **239**
Kreisel, Kay; ASP, Geschäftsführer **90**
Kreisel, Kay; IntEgro Verkehr, Geschäftsführer **272**
Kreisel, Kay; PRESS, Geschäftsführer **186**
Kreislers, Aldis; GAB, CEO **671**
Krejčí, Aleš; SŽDC, Stellvertretender Generaldirektor Wirtschaft **1137**
Krenz, Stephan; Geschäftsführer **77**
Krey, Hinrich; RDC Deutschland, Geschäftsführer, CMO, COO **378**
Krimpenfort, Peer-Uwe; ELS, Geschäftsführer **202**
Krimpenfort, Peer-Uwe; FLB, Geschäftsführer **219**
Krippahl, Christian; SLG, Geschäftsführer **429**
Kristan, Silva; SŽ Infraštruktura **1070**
Kristensen, Hans; Flytoget, Direktor für Sicherheit und Entwicklung **754**
Kristiansen, Bjørn; Jernbaneverket, Direktor Verkehr **756**
Křížková, Martina; SMD, Mitglied des Vorstandes **1133**
Król, Jarosław; CTL Logistics, Mitglied der Geschäftsführung **824**
Kronhöffer, Erica; SJ, Direktorin Qualität und Nachhaltigkeit **970**
Kronig, Christoph; MGBahn, Leiter Personal .. **1008**
Kroskowski, Wojciech; PR, Mitglied der Geschäftsführung **889**
Krško, Igor; ŽSSK, Mitglied des Vorstandes ... **1063**
Krtek, Pavel; ČD, Vorstandsvorsitzender **1105**
Krumov, Zlatin; NKŽI, stellvertretender Generaldirektor **48**
Kruse, Theodor; SPITZKE, Geschäftsführender Direktor Finanzen/CFO .. **432**
Krutin, Mirosław; PMT, Vorsitzender der Geschäftsführung **881**
Krzyżaniak, Bartosz; Railpolonia, Vorsitzender der Geschäftsführung **894**
Kube, Volker Axel; KUBE CON logistics, Geschäftsführer **289**
Kubíček, Milan; ŽSR, stellvertretender Generaldirektor Betrieb **1062**

Personenindex

Küchler-Lehmann, Dipl.-Ing. Thomas; SOB, Direktor 1021
Kucytowski, Zbigniew; CTL Północ, Mitglied der Geschäftsführung 828
Kuhn, Werner; HMB, 1. Vorsitzender 264
Kuhn, Werner; HBG, Geschäftsführer 231
Kukely, Márton; CER Hungary, Generaldirektor 1155
Kulbaka, Grażyna; MPK Wrocław, Mitglied der Geschäftsführung 863
Kulenko, Zenon; CLŁ, Vorsitzender der Geschäftsführung 821
Kuliński, Zdzisław; FBKL, Mitglied des Vorstands 841
Kummer, Peter; SBB, Leiter Informatik 1017
Kummrow, Richard; MVR, Direktor 1029
Kunčar, Ing. Petr; ODOS, Mitglied des Vorstandes 1125
Kunig, Stefan Rainer; Regio-Bahn, Geschäftsführer 386
Kuniß, Jan; MTEG, Geschäftsführer 320
Kuniß, Jan; WSET, Geschäftsführer 522
Kunze, Dirk; BDG, Geschäftsführer 110
Kurt, Veysi; TCDD 1147
Kuryło, Edward; Ełcka KW, Leiter der Schmalspurbahn 837
Kurz, Dipl.-Wirtschaftsing. (FH) Dipl.-Betriebswirt (FH) Dietmar; KKB, Geschäftsführer 289
Kus, Hubert; RST, Geschäftsführer 408
Kuschinski, Reinhard; AmE, Geschäftsführer 87
Kutkevičius, Valdas; KGe, Direktor 688
Kux, Klaus; RHB, Geschäftsführer 401
Kuzmarskis, Aloyzas; Bega, Generaldirektor ... 682
Kwiecień, Radosław; SGKW, Stellvertretender Vorstandsvorsitzender 896
Kynčil, Ing. Jiří; SD-KD, stellvertretender Vorstandsvorsitzender 1133
Kyselý, Ing. Zdeněk; IDS building corporation, Vorstand 1112
Kyster-Hansen, Stig; DB Schenker Rail Scandinavia, CEO 58

L

Laan, Richard Robert; LRRE, Geschäftsführer .. 734
Laber, Matthias Josef; BSB, Geschäftsführer .. 128
Laber, Matthias Josef; OSB, Technischer Geschäftsführer 352
Lacoste, Jean-Philippe; e-Génie, Präsident 565
Ladewig, Derek; locomore, Geschäftsführer ... 297
Laeger, Dr.-Ing. Joachim Horst; L&W, Geschäftsführer 291
Lageirse, Manu; Veolia Transport Rail, CEO 747
Łagowski, Tadeusz; ZPNTMiU „TABOR", Stellvertretender Direktor 908
Laguzzi, Giancarlo; OCG, CEO 639
Laiconas, Julius; Granitinė skalda, Direktor 685
Lallemand, Luc; Infrabel, Geschäftsführendes Verwaltungsratsmitglied 27
Lamaddalena, Dr. Vito; FAL, Geschäftsführer 619
Lamberg, Niclas; Trafikverket, Direktor für Personal und Organisation 978
Lambrev, Miltscho; NKŽI, Generaldirektor 48
Lang, Dipl.-Kfm. Gerhard; RRI, Geschäftsführer 403
Lang, Hans-Peter; DB Systemtechnik, Geschäftsführer 160
Lang, Jens-Günter; HOCHBAHN, Vorstand 240
Langendorf, Klaus; DB Schenker Rail Schweiz, Geschäftsführer 1001
Langerová, Hana; SANRE, Geschäftsführerin .. 1132
Langhans, Libor; CHTHB, stellvertretender Vorstandsvorsitzender 1106
Łapicz, Zdzisław; Barter, Mitglied der Geschäftsführung 816
Larrieu, Jean-Claude; SNCF Réseau, Trassenmanagement 582
Lasiński, Janusz; Infra SILESIA, Mitglied des Vorstands 844
László, Raffai; BSS 2000, Geschäftsführer 1154
Lau, Matthias; SLG, Geschäftsführer 429
Lauber, Mag. Georg; ÖBB-Personenverkehr, Vorstand für Personal, Unternehmensentwicklung, Finanzen/Rechnungswesen/Controlling, Recht sowie Systeme & IT 784
Lauffer, Martin; KSW, Geschäftsführer 287
Lauper, Jürg; WAB, Mitglied der Gschäftsleitung 1034
Laurentiu, Georgescu Ionel; CFR Marfă, stellvertretender Generaldirektor, Vertrieb .. 925
Laursen, Ivan Rust; VNJ, Direktor 66
Laverny, Edouard; Captrain (UK), Director 1190
Lawrie, Alex; Go-Op, Operations Director 1206
Le Berre, Daniel; NRS, Geschäftsführer 576
Le Flem, Jacques Yves Georges; Eurailscout , CTO 730
Le Jeune, Jeroen; Crossrail, CEO 997
Le Jeune, Jeroen; Crossrail Benelux, CEO 27
Le Jeune, Jeroen; Crossrail Italia, Präsident 611
le Vern, Alain; SNCF, Leiter Régions et Intercités 583
Lebreton, Joël; SNCF, Leiter SNCF Proximités 583

Personenindex L

Lebruto, Umberto; RFI, Direktor Wartung
und Betrieb **644**
Leech, Graham Charles; Virgin Rail Group,
Director **1224**
Leeuw, Nicolas; SNCB Logistics, CSO **30**
Legenhausen, Kai; BLP, Geschäftsführer **119**
Legenhausen, Kai; WIEBE, Geschäftsführer **229**
Legnani, Luigi; FNM, Transportdirektor **628**
Lehnen, Elisabeth; Hafen Krefeld,
Geschäftsführerin **233**
Lehner, Fernando; GGB, Direktor **1004**
Lehner, Fernando; MGBahn, Vorsitzender
der Geschäftsleitung **1008**
Lehner, Frank; TX, Vorstand Marketing und
Vertrieb **478**
Lehtipuu, Otto; VR, Direktor
Unternehmenskommunikation und
Umweltschutz **553**
Leidl, Petr; AWT, Mitglied des Vorstandes **1098**
Leigh, Darren Peter; Freightliner Group,
Director, CFO **1202**
Leistenschneider, Günther; MECL, 1.
Vorsitzender **320**
Lejman, Piotr; PPMT, Vorsitzender der
Geschäftsführung **883**
Lemarchand, Mikaël; Eurostar, Director of
Stations **1198**
Lensink, Gerrit Bernard Pieter; GA,
Operations Director **1186**
Lenz, Bernhard Rudolf; SWA,
Geschäftsführer **440**
Leonarduzzi, Corrado; FUC, Geschäftsführer . . . **627**
Leonhardt, Horst; RheinCargo,
Geschäftsführer **399**
Leonhardt, Horst; HGK, Sprecher des
Vorstandes **230**
Leonhardt, Uwe; CBC, Geschäftsführer **144**
Leonkiewicz, Jacek; PKP IC,
Vorstandsvorsitzender **875**
Lerach, Ing. Vilém; SD-KD, Mitglied des
Vorstandes **1133**
Lescrinier, Bernhard; RSVG, Geschäftsführer . . . **397**
Leśkiewicz, Marek; ZIK, Direktor **906**
Lessau, Jens; Braaker Mühle,
Geschäftsführer **126**
Leuba, Daniel; tl, Direktor LEB **1029**
Leuenberger, Daniel; BLS, Informatik **990**
Leupold, Harald; HNR, Geschäftsführer **234**
Lewandowski, Hans-Dieter; LWB,
Geschäftsführer **293**
Lewandowski, Hans-Dieter; LWS,
technischer Geschäftsführer **294**
Lewczuk, Andrzej; HSL Polska,
Stellvertretender Vorsitzender der
Geschäftsführung **844**
Lewczuk, Andrzej; Exploris, Verwaltungsrat **703**
Leyser, Franz Jakob; VEV, Liquidator **505**
Leza Olaizola, Imanol; EuskoTren,
Generaldirektor **1082**
Lichnok, Heiko; WEM, Geschäftsführer **512**
Lieberenz, Sven; Pollo, Vorsitzender **364**
Liedtke, Carsten; SWK Mobil,
Geschäftsführer **457**
Liefeith, Martin Claus; DRS, Director **1194**
Lignowski, Maciej; PKP SKM, Vorsitzender
der Geschäftsführung **879**
Limper, Jürgen; Drachenfelsbahn, Vorstand . . . **174**
Lincoln Leong, Kwok Kuen; Crossrail,
Director **1215**
Lincoln Leong, Kwok Kuen; LOROL, Director . **1213**
Lindemann, Dirk; HFH, Geschäftsführer **232**
Lindemann, Kay; ISB Arneburg,
Betriebsleiter **435**
Lindmark, Charlotta; Trafikverket,
Direktorin für Recht **978**
Lindqvist, Jan Krister; Rushrail, Direktor **969**
Linkner, Leszek; PPMT, Mitglied der
Geschäftsführung **883**
Linnenbrink, Dipl.-Geogr. Werner; RLG,
Geschäftsführer **392**
Linnenbrink, Dipl.-Geogr. Werner; RVM,
Geschäftsführer **390**
Linnenbrink, Dipl.-Geogr. Werner; WVG,
Geschäftsführer **519**
Lipiński, Jarosław; PTMKŻ,
Vorstandsvorsitzender **883**
Lipkin, Michail; Vitras-S, Direktor **697**
Lipowski, Grzegorz; CEMET,
Vorstandsvorsitzender **820**
Líška, Ivan; YOSARIA TRAINS **1061**
Lissens, Griet; THIF, Direktorin
Qualitätssicherung und Kundenservice **32**
Liszewski, Dariusz; PR, Mitglied der
Geschäftsführung **889**
Llevat Vallespinosa, Miquel; CRT, Präsident . . **1078**
Loader, Rod; RCI, CEO **640**
Łobodziński, Andrzej; Transoda,
Vorsitzender der Geschäftsführung **902**
Lodoli, Claudio; SSIF, Präsident **650**
Löffert, Dipl.-Oec. Andreas; HSG,
Geschäftsführer **234**
Löffler, Ralph; SPITZKE, Geschäftsführender
Direktor Technik/COO **432**
Löfgren, Karl Anders Harry Valter; STAB,
Direktor **974**

M Personenindex

Lohr, Dipl.-Ing. (FH) Stefan; HTB, Geschäftsführer ... 258
Lohscheller, Guido; BEG, Geschäftsführer ... 120
Lomax, Rachel Janis; Serco, Director ... 1221
Lombard, Marie-Christine; SNCF, Leiterin SNCF Geodis ... 583
Long, Jeremy Paul Warwick; Crossrail, Director ... 1215
Long, Jeremy Paul Warwick; LOROL, Director ... 1213
Lopez Lopez, Raul Jose; Monbus Rail ... 1089
López Magdaleno, Mario; ECO RAIL, Präsident ... 1081
Lopez Torralba, Florentino Jesus; Avanza Tren, alleiniger Vertreter ... 1077
Loroff, Dipl.-Ing. Heiko; SBO, Geschäftsführer ... 457
Löser, Matthias; HEX, Geschäftsführer ... 474
Löser, Matthias; Transdev Regio Ost, Geschäftsführer ... 471
Loureiro Soares Nogueira, Ing. Vanda Cristina; REFER, Mitglied des Vorstandes ... 915
Løvås, Gunnar G.; Jernbaneverket, Stellvertretender Generaldirektor ... 756
Lowe, Jennifer Anne; Mendip Rail, Secretary ... 1214
Lowrie, David; TP, Director ... 1201
Lowrie, David; Keolis UK, Director, CFO ... 1211
Loy, Ing. Ľubomír; LOKORAIL, Vorstandsvorsitzender ... 1052
Lubāns, Andris; PV, Vorstandsvorsitzender ... 676
Luddeneit, Michael; L & S, Geschäftsführer ... 290
Ludewig, Lutz; MEV, Geschäftsführer ... 311
Ludwig, Dr. Frank Matthias; CLBG, Geschäftsführer ... 143
Luger, Bertram; mbs, Vorstandsdirektor ... 780
Lugtmeijer, Arnout Dirk; E.R.S. ... 537
Lukić, Milorad; MONTECARGO, Direktor für Rollmaterial ... 714
Lukka, Paul Priit; EVR Cargo, Vorstand ... 542
Lume, Andres; Kunda Trans ... 544
Lundman, Anna; Trafikverket, Direktorin für Infrastrukturwartung ... 978
Lundsten, Carsten Stjernholm; BLDX, Direktor ... 56
Lünser, Ronald Rainer Fritz; Geschäftsführer ... 77
Lünser, Ronald Rainer Fritz; ABRN, Vorsitzender der Geschäftsführung ... 75
Łupińska-Duda, Monika; Ecco Rail, Vorsitzende der Geschäftsführung ... 836
Ľupták, Vladimír; ŽSSK Cargo, CEO und Vorstandsvorsitzender ... 1062
Lutz, Dr. Richard; DB AG, Vorstand Finanzen und Controlling ... 148
Lutz, Dr. Richard; DB Mobility Logistics, Vorstand Finanzen und Controlling ... 152
Lyons, Alastair David; Serco, Director ... 1221

M

Maas, Dipl.-Ing. Alexander; GBM, Gesellschafter-Geschäftsführer ... 223
Maas, Dipl.-Kfm. Klaus-Josef; GBM, Gesellschafter-Geschäftsführer ... 223
Maaßen, Thomas; RRL, Geschäftsführer ... 402
Macher, KR Friedrich; GCA, Geschäftsführer ... 767
MacIver Milligan, Lynne; Arriva Trains Wales, Customer Services Director ... 1188
Mackensen, Ralf; BBL Consulting, Geschäftsführer ... 109
Mačs, Guntis; LDz Cargo, Vorstandsvorsitzender ... 672
Mägi, Aivo; Cargo LT OÜ ... 538
Magonis, Uģis; LDz, Präsident ... 672
Mahler, Roger; METRANS Rail (Deutschland), Geschäftsführer ... 307
Majcher, Marian; CTL Maczki-Bór, Vorstandsvorsitzender ... 827
Majdajk, Péter; STRABAG Vasútépítő, Geschäftsführer ... 1175
Majerczak, Józefa; PLK, Mitglied des Vorstands ... 878
Majola, Petr; SMD, Vorstandsvorsitzender ... 1133
Malugani, Carlo; FerrovieNord, Präsident ... 628
Mancuso, Pietro; TX, Vorstand Finanzen ... 478
Mandl, Ing. Mag. (FH) Andreas; ADT, Geschäftsführer ... 1068
Mandl, Ing. Mag. (FH) Andreas; LTE, Geschäftsführer ... 776
Mandl, Ing. Mag. (FH) Andreas; LTE Czechia, Geschäftsführer ... 1120
Mandl, Ing. Mag. (FH) Andreas; LTE Germany, Geschäftsführer ... 302
Mandl, Ing. Mag. (FH) Andreas; LTE Hungária, Geschäftsführer ... 1166
Mandl, Ing. Mag. (FH) Andreas; LTE Polska, Geschäftsführer ... 861
Mandl, Ing. Mag. (FH) Andreas; LTE Slovakia, Geschäftsführer ... 1053
Mandl, Ing. Mag. (FH) Andreas; LTE-Rail România, Geschäftsführer ... 932
Mandžo, Rešad; ŽFBH ... 39
Mangano, Gianfranco; NBE RAIL, Geschäftsführer ... 328
Mangano, Gianfranco; NBE REGIO, Geschäftsführer ... 328
Mann, Claire; Arriva Trains Wales, Operations and Safety Director ... 1188

Personenindex

Manole, Mihail Victor; CFR Marfă, Direktor für Triebfahrzeuge ... **925**
Marcionni, Giorgio; FLP, Direktor ... **1002**
Marczyk, Krzysztof; NKN, Vorsitzender der Geschäftsführung ... **866**
Marder, Sébastien; OFP Atlantique, Geschäftsführer ... **577**
Marg, Johannes; Bräunert, Geschäftsführer ... **126**
Marinović, Rajka; ŽPCG, Direktorin Internationaler Verkehr ... **715**
Marschall, Axel Georg; DB Schenker Rail, Vorstand Vertrieb ... **158**
Marschall, Axel Georg; DB Schenker Rail Deutschland, Vorstand Vertrieb ... **157**
Marshall, Jeffrey; DRS, Operations & Compliance Director ... **1194**
Marshall, Patricia; WCR, Business Services Director ... **1225**
Marte, Klaus; HBG, Geschäftsführer ... **237**
Martfeld, Frank Werner; JWB, Geschäftsführer ... **278**
Martinek, Ing. Ladislav; TSS, Vorstand ... **1140**
Martinez, André; CMI Traction, Geschäftsführer ... **25**
Martinez Laorden, Don Gregorio; Tracción Rail, Direktor Eisenbahnbetrieb ... **1093**
Martos, Eric; THIF, Direktor Sicherheit ... **32**
Marx, Stefan; boxXpress.de, Geschäftsführer ... **124**
Marzec, Zbigniew; PNUIK, Vorsitzender der Geschäftsführung ... **885**
Masgård, Mats Olof Johan; NTAB, Direktor ... **969**
Mäsiar, Ing. Marcel; PSŽ, Mitglied der Firmenleitung ... **1056**
Maslauskas, Vytautas; Rizgonys, Generaldirektor ... **694**
Masola, Dr. Stefano; FER, Generaldirektor ... **625**
Mason, Robert Leslie Charles; Director ... **1196**
Mason, Robert Leslie Charles; DOR, Director ... **1195**
Masterson, Ciaran; CIE, Director Human Resources ... **601**
Mastrodonato, Michele; FAL, Geschäftsführer ... **619**
Máťaš, Mário; ADRIA TRANSPORT, Direktor ... **663**
Matějovský, Michal; RETROLOK, Geschäftsführer ... **1130**
Materzok, Ralf; ALS, Geschäftsführer ... **86**
Mattes, Dipl.-Ing. Stefan; BSB, Geschäftsführer ... **131**
Matthä, Ing. Mag. (FH) Andreas; ÖBB-Infrastruktur, Vorstandssprecher ... **787**
Matthiesen, Oliver; HBC, Geschäftsführer ... **242**
Matuška, Ing. Karel; LOKO TRANS, Geschäftsführer ... **1118**

Maucher, Peter; Öchsle AG, Vorstand ... **350**
Mautone, Angelo; FC, Präsident ... **624**
Maxa, Wilhelm Józef; PGTKW, Stellvertreter des Vorstandsvorsitzenden ... **868**
May, Katja; BSBS, Geschäftsführerin ... **127**
Maybury, Peter; Freightliner Group, Director ... **1202**
Mazur, Jarosław; PMT, Mitglied der Geschäftsführung ... **881**
Mazur, Mieczysław; MAJKOLTRANS, Zweiter Vorsitzender der Geschäftsführung ... **862**
McCall, Patrick Charles; Inter City Railways, Director ... **1210**
McClean, Richard Henry; LOROL, Director ... **1213**
McClean, Richard Henry; GC, Managing Director ... **1209**
McFarlane, John; FirstGroup, Director ... **1203**
McIntyre Carlaw, Kenneth; Alliance Rail Holdings, Director ... **1187**
McIntyre Carlaw, Kenneth; Arriva UK Trains, Director ... **1189**
McKenna, Dominic Paul; Freightliner Group, Director Developement ... **1202**
McKenna, Dominic Paul; FPL, Mitglied der Geschäftsführung ... **840**
McLaren, Ian; London & Birmingham Railway, Director ... **1211**
McLean, Richard Henry; DB Regio Tyne & Wear ... **1192**
McNeil, Andrew John; TP, Director ... **1201**
McNicholas, Neil Dominic; DRS, Managing ... **1194**
McPhail, Kenneth Allan; SR, Director ... **1200**
McSpadden, Sharon Elizabeth; Captrain (UK), Director ... **1190**
Meade, Jim; CIE, Railway Undertaking Manager ... **601**
Meadows, Andrew Brian; Human Resources Director ... **1196**
Mears, Russell Andrew John; Freightliner Group, Director, CEO ... **1202**
Mears, Russell Andrew John; FPL, Mitglied der Geschäftsführung ... **840**
Mears, Russell Andrew John; Rail Services Europe, Mitglied der Geschäftsführung ... **893**
Medenica, Zdravko; ŽICG, Direktor Infrastruktur ... **714**
Meger, Carsten; LOCON, Vorstandsvorsitzender; Vorstand Logistik ... **297**
Meidl, Zdeněk; ČD Cargo, Mitglied des Vorstandes ... **1104**
Meier, Axel; ZSB, Geschäftsführer ... **532**
Meier, Jens; HPA, Vorsitzender der Geschäftsführung ... **239**
Meincke, Torsten; TME, Geschäftsführer ... **463**

M Personenindex

Meinhardt, Dipl.-Ing. (FH) Michael; ITL, Geschäftsführer ... 275
Meinhardt, Dipl.-Ing. (FH) Michael; ITL-Cargo, Geschäftsführer ... 277
Meinhardt, Dipl.-Ing. (FH) Michael; RBB, Geschäftsführer ... 387
Méline, Jérôme; ITL, Geschäftsführer ... 275
Méline, Jérôme; ITL Praha, Geschäftsführer ... 1114
Méline, Jérôme; ITL-Cargo, Geschäftsführer ... 277
Mellors, Andrew John; GW, Director ... 1199
Melník, Ing. Jozef; CRW, Vorstand ... 1049
Melnikov, Sergei; Dekoil, CEO ... 538
Mende, Jens; ESL, Geschäftsführer ... 213
Menendez-Castanedo, Jorge Cosmen; NX, Director ... 1215
Menzen, Dipl.-Betriebswirt Uwe; Chemion, Geschäftsführer ... 141
Mercer, Nicholas Andrew; Eurostar, Commercial Director ... 1198
Merga, Ing. Michal; ZS Košice, Vorstandsvorsitzender ... 1064
Mertes, Sven; CFL Cargo, Vertriebsdirektor ... 701
Mertl, Ing. Miroslav; SU, Vorstand ... 1137
Mes, Dušan; SŽ, Generaldirektor, CEO ... 1069
Mesec, Mag. Matjaž; ADT, Geschäftsführer ... 1068
Meškutavičius, Jonas; EUROTRANS, Vorsitzender der Geschäftsführung ... 839
Messano, Eduardo; FAL, Geschäftsführer ... 619
Měšťák, Ing. Milan; RM LINES, Generaldirektor ... 1131
Metaj, Besfort; TRAINKOS, Direktor Allgemeine Verwaltung ... 1041
Metzger, Antoine; TSO, Präsident ... 585
Mewes, Hans-Dietrich; ELL, Geschäftsführer ... 201
Meyer, André; LDS, Geschäftsführer ... 295
Meyer, Andreas; SBB, Vorsitzender der Konzernleitung ... 1017
Meyer, Maria-Elisabeth; RbT, Geschäftsführerin ... 378
Meyer, Thomas; FLOYD, Vorstand ... 1159
Miaja Fol, Miguel; ADIF, CFO ... 1074
Míček, Vlastimil; OD, Geschäftsführer ... 1127
Michałowski, Darius; Gnieźnieńska KW, Direktor ... 818
Micklethwaite, Neil; EMT, Director ... 1197
Mihalek, Margit; MNOS, Betriebswirtschaftliche Direktorin ... 1169
Mikelkevičius, Darijus Mykolas; ESS, Technikdirektor ... 684
Miklenda, Michal; LEO Express, Vorstand ... 1117
Mikuláš, Bc. Dušan; CRW, Vorstand ... 1049
Miler, Krzysztof; Torpol, Stellvertreter Vorstandsvorsitzender ... 899
Milnickel, Heimo; BBH, Geschäftsführer ... 95

Minayo de la Cruz, Luis Francisco; Renfe Operadora, Generaldirektor Betrieb ... 1091
Minenko, Doc. Pavlo; US RS, Geschäftsführer ... 1060
Minkkinen, Päivi; VR, Direktor Internationale Angelegenheiten ... 553
Mintělová, Martina; ODOS, Mitglied des Vorstandes ... 1125
Miśkowiec, Arkadiusz; WAM, Vorsitzender der Geschäftsführung ... 904
Mißlitz, Michael; Molli, Geschäftsführer ... 306
Mitchell, Bernard; NIR, Director ... 1218
Mituzas, Dr. Julius Arnoldas; Akmenes cementas, Vorstandsvorsitzender ... 681
Miu, Elena; CFR Călători, CFO ... 924
Modéer, Martin; GC, Asset Management ... 960
Mohnsen, Karl Michael; TX, Vorstandsvorsitzender ... 478
Mohr, Arno; DTV, stellvertretender Vorsitzender ... 172
Mokry, Mirko; A.V.G., Geschäftsführer ... 91
Moldovan, Macarie; CFR, Generaldirektor ad interim ... 926
Molenda, Jerzy; Transkol, Zweiter Vorsitzender der Geschäftsführung ... 886
Molete, Ion; RT, Direktor ... 935
Möller, Thomas; GBRE, Geschäftsführer ... 228
Molyneux Drury, Julian Denvir; NXET Trains, Director ... 1219
Montgomery, Stephen; SR, Managing Director ... 1200
Montoya Legaría, Juan Antonio; Interbus, Generaldirektor ... 1087
Montvila, Edmundas; Akmenes cementas, Direktor der Produktionsabteilung ... 681
Moons, Wilfried; OSR France, Geschäftsführer ... 578
Moons, Wilfried; COBRA, Vorstand ... 26
Moore, Alan; DRS, Director ... 1194
Moorhead, John Patrick; Inter City Railways, Director ... 1210
Mooser, Hans-Rudolf; MGI, Vorsitzender der Geschäftsleitung ... 1007
Mora, Ing. Karel; ELZEL, Vorstandsvorsitzender ... 1108
Moretti, Reginald; FART, Direktor ... 1024
Morkūnas, Rimantas; Alkesta, Geschäftsführer ... 681
Moroder, Dr.-Ing. Helmuth; STA, Direktor ... 651
Morvai, Katalin; MÁV, Direktorin Kommunikation ... 1168
Moser, Dipl.-Ing. Thomas; B&M ... 122
Moser, Peter; transN, Direktor ... 1032

Personenindex

Mosolf, Dr. Jörg Horst; Mosolf,
  Geschäftsführer **319**
Mottram, Heidl; Eurostar, Director **1198**
Moulin, Emmanuel; Groupe Eurotunnel,
  Deputy CEO **575**
Moulin, Emmanuel; GBRf, Director **1205**
Mroczek, Anna; ZUE, Mitglied des
  Vorstands **910**
Muciaccia, Alessio Michele; GTS Rail,
  Geschäftsführer **632**
Muciaccia, Alessio Michele; GTS RAIL,
  Vorsitzender der Geschäftsführung **1005**
Mues, Jürgen; SBB Cargo, Leiter Asset
  Management **1020**
Mühlberg, Rainer; ELV, Geschäftsführer **185**
Müller, Dipl.-Ing. (FH) Frank; VGG,
  Geschäftsführer **493**
Müller, Dr. Roman; ABRN, Geschäftsführer
  Unternehmensentwicklung (ab 01.03.2015) ... **75**
Müller, Hans Joachim; WB, Geschäftsführer **514**
Müller, Jasmin; SBB Cargo, Leiterin
  Unternehmensentwicklung **1020**
Müller, Johannes; HzL, Vorstand; Verkehr,
  Finanzen und Beteiligungen **258**
Müller, Johannes; SWEG,
  Vorstandsvorsitzender; Verkehr,
  Finanzen und Beteiligungen **453**
Müller, Markus; GfE, Geschäftsführer **226**
Müller, Steffen; Railsystems RP,
  Geschäftsführer **373**
Müller, Václav; CARDA-MÜLLER,
  Geschäftsführer **1136**
Munden, Andrew Christopher; CH, Director .. **1190**
Münich, Waldemar; SPITZKE,
  Geschäftsführender Direktor/CEO **432**
Muntwyler, Christian Ernst; NX, Director **1215**
Murphy, Stephen John; Crossrail, Director **1215**
Murtazaoğlu, Hakkı; TCDD **1147**
Mužík, Ing. Jiří; MBM rail, Geschäftsführer **1121**

N

Nadolski, Tomasz; Euroterminal Sławków,
  Mitglied der Geschäftsführung **839**
Nagai, Masanari; MRCE, Geschäftsführer **313**
Nagel, Karsten-Udo; ODEG, kaufmännischer
  Geschäftsführer **352**
Nahrstedt, Dirk; TRIANGULA Logistik,
  Geschäftsführer **476**
Nálevka, Ing. Jiří; ARRIVA vlaky,
  Geschäftsführer **1101**
Namysł, Krzysztof; CTL Express, Mitglied der
  Geschäftsführung **822**
Nándor, Németh; DB Schenker Rail
  Hungária, Geschäftsführer, CEO **1157**

Natali, Paolo; TPER, Vizepräsient **652**
Navrátil, Bohuslav; SŽDC, Stellvertretender
  Generaldirektor Betrieb **1137**
Nebeský, Ing. Jan; HSL - Logistik,
  Geschäftsführer **1111**
Nečas, Ing. Evžen; LokoTrain,
  Geschäftsführer **1119**
Nečas, Zbyňek; ZSBA **1064**
Neck, Alexandra; DB FWD,
  Geschäftsführerin **150**
Necula, Gheorghe; CFR Marfă, Direktor für
  Verkehr **925**
Neff, Thomas; SBB GmbH, Geschäftsführer **420**
Neidhardt, Ingo; DBG, Geschäftsführer **171**
Neidhardt, Ingo; SOEG, Geschäftsführer **418**
Nejezchleb, Mojmír; SŽDC,
  Stellvertretender Generaldirektor
  Netzmodernisierung **1137**
Németh, Miklós; Közgép **1165**
Neska, Jacek; PKP Cargo, Mitglied des
  Vorstands **869**
Neubeller, Martin; ELTRA, Geschäftsführer ... **1050**
Neumann, Ing. Günter; StH, Geschäftsführer ..**800**
Nezhyba, Ing. Oldřich; IDS,
  Vorstandsvorsitzener **1112**
Nickl, Dieter; Aicher Cargo, Geschäftsführer **81**
Nicolae, Ianosi; Softrans, Geschäftsführer **938**
Niederhofer, Otto Georg; DB Schenker Rail
  Italia, Präsident **612**
Niederhofer, Otto Georg; DB Schenker Rail
  Italy, Präsident **613**
Niederhofer, Otto Georg; DB Schenker Rail
  Deutschland, Vorstand
  Produktionsgesellschaften Region Central ... **157**
Niederhofer, Otto Georg; COBRA,
  Vorstandsvorsitzender **26**
Niedzielski, Piotr; NKN, Zweiter
  Vorsitzender der Geschäftsführung **866**
Niemiec, Krzysztof; Track Tec Logistics,
  Zweiter Vorsitzender der Geschäftsführung .. **900**
Nieslanik, Josef; Trakce,
  Vorstandsvorsitzender **1139**
Nießen, Hans-Peter; R.A.T.H.,
  Geschäftsführer **375**
Niezgoda, Andrzej; Exploris, Verwaltungsrat ... **703**
Niinepuu, Raimond; VKG **549**
Nikolaos, Tsamparlis; TRAINOSE **595**
Nikutta, Dr. Sigrid; BVG, Vorsitzende des
  Vorstands und Vorstand Betrieb **116**
Nilsen, Karl Ivar; Cargolink, Geschäftsführer **752**
Nilsson, Björn; Botniatåg, Geschäftsführer **955**
Nilsson, Ingemar Nils-Erik; DSB Uppland,
  CEO **959**

Personenindex

Nilsson, Ingemar Nils-Erik; Arriva Sverige, Direktor 951
Nissen, Dipl.-Kfm. Nis; NBE, Geschäftsführer ... 326
Nitkowski, Marek; KW, Mitglied der Geschäftsführung 854
Nittel, Uwe; BKb, Geschäftsführer 118
Nittel, Uwe; TEL, Geschäftsführer 465
Nixon, Clive Richard; DRS, Director 1194
Nodea, Ioan; RC-CF, Geschäftsführer 934
Nogué, François; SNCF, Direktor Kohäsion und Personalwesen 583
Nooijen, Antonius Henricus Josephus Maria; OOC Rail, Direktor 740
Norén, Katarina; Trafikverket, Direktorin für Einkauf und Logistik 978
Nörenberg, Harry; HLG, Geschäftsführer 261
Nose, Michihiro; MRCE, Geschäftsführer 313
Nossek, Ing. Tomáš; OHL ŽS, Mitglied des Vorstandes 1126
Nováček, Ing. Jiří; ELZEL, Mitglied des Vorstandes 1108
Novák, Bc. Jindřich; METRANS rail, Geschäftsführer 1121
Novák, Ing. David; N+N, Geschäftsführer 1124
Novák, Ing. Ondřej; STRABAG Rail, Vorstandsvorsitzender 1136
Novak, Ivan; Rail Cargo Carrier, Geschäftsführer 1069
Novotný, Ing. Ivo; ARRIVA vlaky, Geschäftsführer 1101
Novotný, Ing. Ivo; ARRIVA MORAVA, Vorstandsvorsitzender 1101
Novotný jun., Ing. Leoš; LEO Express, Vorstandsvorsitzender, Generaldirektor 1117
Nowak, Maciej; ZUE, Mitglied des Vorstands .. 910
Nowak, Wiesław; ZUE, Vorstandsvorsitzender 910
Nowakowski, Marek; Track Tec Logistics, Mitglied der Geschäftsführung 900
Nowicki, Tomasz; POZ BRUK, Vertreter 884
Nuelant, Ingrid; THIF, Direktorin Finanzen 32
Nunn-Price, Jean; Go-Op, Director 1206
Nusser, Martin; HBSAG, Mitglied des Verwaltungsrates 1005
Nuzzo, Luigi; FAS, Generaldirektor 621
Nyblom, Mats; HR, Geschäftsführer 962
Nyerges, Dr. Zsolt; Közgép 1165
Nyíri, András; Rail Cargo Carrier Bulgaria, Geschäftsführer 49

O

Oberländer, Michael; Nordlandrail, Geschäftsführer 344
Oberson, Georges; MOB, Direktor 1010
Obrębski, Jerzy; SKM, Mitglied der Geschäftsführung 897
Odermatt, Sascha; Hafen Krefeld, Geschäftsführer (Sprecher) 233
Oehlmann, Sven; vbe, Geschäftsführer 489
Oggiano, Raffaele; ARST, Präsident 606
Ogier, Agnès; THIF, Geschäftsführerin 32
Ogrodnik, Paweł; ORLEN KolTrans, Mitglied der Geschäftsführung 866
Ogurkis, Jan; CEMET, Mitglied des Vorstands 820
Ohlídal, Ing. Tomáš; TR, Vorstandsvorsitzender 1138
Öhman, Nils Lars-Erik; Infranord, Direktor 964
Oláh, Krisztián; DRT, Direktor für Unternehmensentwicklung 1158
Oleinik, Vladimir; Alexela Terminal 537
Oleinik, Vladimir; Cargo LT OÜ 538
Öllinger, Friedrich; Franz Plasser, Geschäftsführer 767
O'Neill, Philip Alexander; NIR, Director, COO .. 1218
Orglmeister, Gunthard; zb, Leiter Infrastruktur 1035
Ormeling, Bjorn; HSL Logistik, Direktor 733
Ortz, Andreas; cantus, Geschäftsführer 135
Ossinovski, Oleg; Spacecom 547
Ossip, Andrus; Elron, Vorstandsvorsitzender .. 541
Ošťádal, Jaroslav; JARO Česká Skalice, Geschäftsführer 1114
Ošťádal jun., Jaroslav; JARO Česká Skalice, Geschäftsführer 1114
O'Toole, Timothy Terrence; FirstGroup, Director, Chief Executive 1203
Ottosson, Caroline; Trafikverket, stellvertretende Generaldirektorin, Geschäftsbereich Verkehr 978

P

Pach, Reiner; Kandertalbahn, Geschäftsführer 529
Painter, Richard Martin; HHPI, Geschäftsführer 247
Pál, László; MÁV, stellvertretender Generaldirektor Infrastrukturbetrieb und Geschäftsentwicklung 1168
Palma Ramalho, Dr. António Manuel; REFER, Vorstandsvorsitzender 915
Panfil, Michał; WKD, Mitglied der Geschäftsführung 904
Pantile, Noemi; RFI, Direktorin Personal und Organisation 644
Paradela Brianso, Maria Blanca; La Sepulvedana, Präsidentin 1092

Personenindex   P

Pardatscher, Dr.-Ing. Walter; RTC,
   Vorsitzender des Verwaltungsrats **642**
Paroubek, Ing. Jan; NX CZ, Geschäftsführer ...**1124**
Parry-Jones, Prof. Richard; Network Rail,
   Director **1217**
Partheimüller, Dr. Hans; IFH,
   Geschäftsführer **268**
Pasikowski, Tomasz; PR, Vorsitzender der
   Geschäftsführung **889**
Pasquini, Enrico Maria; Ft, Präsident **618**
Pastorel Nita, Robert; CFR Călători, Direktor
   für Wartung **924**
Pastwa, Stig; DSB, CFO **58**
Paszkiewicz, Remigiusz; PLK,
   Vorstandsvorsitzender **878**
Paterson, Ross John; Inter City Railways,
   Director **1210**
Paterson, Ross John; SW, Director **1223**
Paterson, Ross John; Stagecoach, Director,
   CFO **1222**
Paulíček, Ing. Josef; SOŽ,
   Vorstandsvorsitzender **1136**
Pauwels, Geert; SNCB Logistics, CEO **30**
Pauwels, Geert; COBRA, Vorstand **26**
Pavićević, Milivoje; MONTECARGO, CEO **714**
Pavlič, Albert; SŽ, Mitglied der
   Geschäftsführung **1069**
Pavlíček, Bc. Václav; DBV-ITL,
   Geschäftsführer **1107**
Pavlíček, Vít; DBV-ITL, Geschäftsführer **1107**
Pawłowski, Andrzej; PLK, Stellvertretender
   Vorstandsvorsitzender **878**
Pawłuk, Jarosław; Track Tec Logistics,
   Vorsitzender der Geschäftsführung **900**
Payne, Jennifer; CH, Director **1190**
Pearce, Tim; Go-Op, Director **1206**
Pechač, Pavel; STRABAG Rail, Vorstand **1136**
Pejcha, Petr; CHTPCE,
   Vorstandsvorsitzender **1106**
Pękała, Krystyna; SKM, Vorsitzende der
   Geschäftsführung **897**
Pękosz, Dariusz; KŚ, Zweiter Vorsitzender
   der Geschäftsführung **852**
Pellet, André; TR, Vorstand **1028**
Penney, David James; CH, Director **1190**
Pepy, Guillaume; SNCF, Präsident **583**
Pepy, Guillaume; Fret SNCF, Präsident SNCF
   Gruppe **574**
Peralta Solano, Aitor; FESUR,
   Generalbevollmächtigter **1084**
Perathoner, Christoph; SAD, Präsident **645**
Pereskokov, Boriss; Spacecom Trans **547**

Perlzweig, Dr. Daniel; BTG, Vice President
   Contracts, Legal Affairs & Bids Approval
   Region Central / Eastern Europe & CIS **123**
Pernet, Michel; MBC-bam, Direktor **1008**
Perricone, Antonello; NTV, CEO **637**
Perrin, Nicolas; SBB, Leiter Güterverkehr **1017**
Perrin, Nicolas; SBB Cargo, Leiter SBB Cargo .. **1020**
Persson, Ulf Fredrik; Botniatåg, Direktor **955**
Peschel, Dieter; IGEBA, Geschäftsführer **264**
Petberger, Michael; STRABAG Rail, Mitglied
   der Geschäftsleitung **973**
Peters, Johannes Alphonsus Franciscus
   Mathieu; NS Internationaal, Direktor
   Vertrieb **738**
Petkanov, Hristo; DB Schenker Rail Bulgaria,
   Geschäftsführer, CFO **47**
Petkov, Oleg; Unitranscom, Geschäftsführer **50**
Petković, Branko; Kombinovani prevoz,
   Geschäftsführer **1041**
Petraitis, Tomas; Skinest Rail **547**
Petrášková, Elena; USSK, Geschäftsführerin .. **1061**
Petříček, Vlastimil; PEDASTA,
   Geschäftsführer **1127**
Petrovic, Nicolas; Eurostar, Director, CEO **1198**
Petry, Jörg; VEB, Geschäftsführer **508**
Pfaff, Gerhard; HLG, Geschäftsführer **261**
Pfaller, Dipl.-Ing. Sebastian; FME, 2.
   Vorsitzender **220**
Pfammatter, Ivan; MGBahn, Leiter
   Rollmaterial und Traktion **1008**
Pfenniger, Peter; RB, Direktor **1017**
Pfingst, Andreas; RAB, Geschäftsführer **161**
Phillips, Rob; Arriva Trains Wales, Finance
   Director **1188**
Piattini, Andreas; zb, Leiter Human
   Resources **1035**
Picard, Alain; SNCF, Leiter SNCF Geodis **583**
Pieperjohanns, Dipl.-Wirtschaftsing. (FH)
   André; RLG, Geschäftsführer **392**
Pieperjohanns, Dipl.-Wirtschaftsing. (FH)
   André; RVM, Geschäftsführer **390**
Pieperjohanns, Dipl.-Wirtschaftsing. (FH)
   André; WLE, Geschäftsführer **518**
Pieperjohanns, Dipl.-Wirtschaftsing. (FH)
   André; WVG, Geschäftsführer **519**
Pietsch, Andreas; CapTrain Netherlands,
   Direktor **723**
Pietz, André; LEG, Geschäftsführer **295**
Pietz-Maerker, Dr. Sylke; WEG,
   Geschäftsführerin **514**
Pilloud, Jeannine; SBB, Leiterin
   Personenverkehr **1017**
Pińkowski, Henryk; Transchem, Zweiter
   Vorsitzender der Geschäftsführung **901**

Personenindex

Pińkowski, Jarosław; Transchem,
   Vorsitzender der Geschäftsführung **901**
Pinsel, Alar; ÜD **548**
Pinsel, Alar; EDR, CEO **539**
Pinsel, Alar; GoRail, CEO **543**
Pioterczak, Piotr; CTL Kolzap, Zweiter
   Vorsitzender der Geschäftsführung **824**
Piro, Ing. Andrea; FIRESTA-Fišer, Mitglied
   des Vorstandes **1109**
Pischon, Dr. Alexander; KVVH,
   Geschäftsführer **279**
Pischon, Dr. Alexander; AVG, Vorsitzender
   der Geschäftsführung, kaufmännischer
   Geschäftsführer **83**
Pištšalkina, Jekaterina; Spacecom Trans **547**
Piterková, Alena; IDS CARGO, Mitglied des
   Vorstands **1113**
Pitorák, Ing. Martin; USSK, Geschäftsführer ... **1061**
Pitterka, Gunther Rudolf; SETG,
   Geschäftsführer **795**
Pitterka, Gunther Rudolf; S-Rail,
   Geschäftsführer **416**
Plambeck, Ute; DB Netz, Vorstand Personal ... **153**
Plata, Bronisław; LOKOMOTIV,
   Geschäftsführer **885**
Plata, Bronisław; Ecco Rail, Mitglied der
   Geschäftsführung **836**
Pleśniar, Paweł; PTMKŻ, Stellvertreter des
   Vorstandsvorsitzenden **883**
Plewa, Peter; POLZUG Intermodal POLSKA,
   Vorsitzender der Geschäftsführung **882**
Plummer, Paul; Network Rail, Group
   Strategy Director **1217**
Podolák, Ing. Aleš; CZ Logistics,
   Geschäftsführer **1107**
Podsiadło, Janusz; KOLTAR, Zweiter
   Vorsitzender der Geschäftsführung **843**
Pogoda, Radosław; Kolej Bałtycka,
   Stellvertretender Vorstandsvorsitzender **846**
Pokorny, Ing. Pavel; Metrans, Mitglied des
   Vorstandes **1123**
Põld, Toomas; EEK, Vorstandsmitglied **540**
Poledrini, Carlo; ARST, Geschäftsführer **606**
Polewicz, Marcin; Arriva RP, Mitglied der
   Geschäftsführung **814**
Polini, Marc; CFL Cargo, Generaldirektor **701**
Popov, Pencho; Rail Cargo Carrier Bulgaria,
   Geschäftsführer **49**
Popowska, Slawiza; MŽ Infrastruktura,
   Direktorin Personal **709**
Pöpperl, Ing. Jiří; SU, Vorstandsvorsitzender .. **1137**
Poppinghuys, Ralf; Transdev,
   Geschäftsführer Personal & Soziales,
   Arbeitsdirektor **469**

Porta, Guido; FuoriMuro, Präsident **630**
Porta, Guido; InRail, Präsident **634**
Portez Martinez, Alicia; ADIF, Direktorin
   Personal **1074**
Posner III, Henry; RDC Deutschland,
   Geschäftsführer **378**
Pötsch, Axel; MEIG, Geschäftsführer **318**
Pötsch, Johann; ecco rail, Geschäftsführer **181**
Pötsch, Johann; ecco-rail, Geschäftsführer **765**
Pötter, Dipl.-Kfm. Wolfgang; Railogic,
   Geschäftsführer **372**
Pötter, Dipl.-Kfm. Wolfgang; RTB Cargo,
   Geschäftsführer **410**
Pötter, Dipl.-Kfm. Wolfgang; RTB Benelux,
   kaufmännischer Direktor **742**
Prause, Manfred Josef; VGP,
   Geschäftsführer **493**
Prchal, David; AWT, Mitglied des
   Vorstandes, CEO **1098**
Preißel, Karsten Helmut; S-Bahn Berlin,
   Geschäftsführer Produktion **413**
Presl Kokalj, Mojca; SŽ Tovorni promet,
   Leiterin für Vertrieb und Marketing **1071**
Preuße, Helmut; Schwedter Hafen,
   Geschäftsführer **423**
Pricope, Ecaterina; CFR Călători,
   Personaldirektorin **924**
Prins, Jan; BAM Rail, Geschäftsführer **723**
Prinsen, Fredericus; Prinsen,
   Geschäftsführer **365**
Prinsen, Gerard; Prinsen, Geschäftsführer **365**
Prinsen, Tijmen; Prinsen, Geschäftsführer **365**
Prokschi, Edmund; SBB Cargo International,
   Leiter Vertrieb und Angebotsentwicklung .. **1019**
Prosser, Matt; Arriva Trains Wales, Fleet
   Director **1188**
Proux, Yves; BFS, Präsident **559**
Prynda, Adam; DOLKOM, Mitglied der
   Geschäftsführung **836**
Psiola, Siarhei; Spacecom **547**
Ptach, Sven-Alexander; hrs, Geschäftsführer .. **241**
Ptičkins, Leons; LM, Vorstandsmitglied;
   Management-Direktor **675**
Pucek, Paweł; DB Schenker Rail Polska,
   Mitglied des Vorstands **831**
Pucko, Milan; AMBERRAIL ADRIA,
   Geschäftsführer **1068**
Puhl, Dipl. Wirtsch.-Ing. (FH) Stefan; Puhl,
   Geschäftsführer **367**
Puhl, Manfred; Puhl, Geschäftsführer **367**
Puriņa, Baiba; LNT, Vorstandsvorsitzende **675**
Purwin, Adam; PKP Cargo,
   Vorstandsvorsitzender **869**
Puš, Ing. Milan; PUS, Geschäftsführer **1127**

Personenindex

Putze, Thorsten; HGB, Geschäftsführer 254
Putzmann, Herbert; Emons Bahntransporte, Geschäftsführer 203
Putzmann, Herbert; ProLok, Geschäftsführer 365
Puzić, Nijaz; ŽFBH, Generaldirektor 39

Q

Quanchi, Fiorenzo; FART, Direktor 1024
Quinet, Alain; SNCF Réseau, Finanzen und Einkauf 582
Quinn, Laurence Anthony; Mendip Rail, Director 1214
Quinnell, James Joseph; Colas Rail, Secretary 1191

R

Raab, Stefan; BEG EVU, Geschäftsführer 129
Rachwalski, Piotr; KD, Vorstandsvorsitzender 848
Rácz, Attila; STRABAG Vasútépítő, Geschäftsführer 1175
Radke, Georg; BRE, Geschäftsführer 104
Radke, Georg; DRE, Geschäftsführer 167
Radloff, Dan; ELBA, Geschäftsführer 200
Radon, Georg; SBB, Leiter Finanzen 1017
Radović, Branko; MONTECARGO, Leiter der internen Kontrolle 714
Rădulescu, Cristian; TEF, Generaldirektor 940
Radulović, Neda; ŽPCG, Leiter Informationstechnologie und Entwicklung .. 715
Radwan, Artur; KM, Vorsitzender der Geschäftsführung 850
Ragauskis, Albinas; LG, stellvertretender Generaldirektor, Direktor Infrastruktur 688
Rahkamo, Kimmo; fer, Geschäftsführer 552
Rakiel-Czarnecka, Walentyna; MK, Stellvertretende Direktorin 865
Rakočević, Momčilo; MONTECARGO, Assistent des CEO für technische und kaufmännische Angelegenheiten 714
Rakoczy, Robert; KP Kotlarnia, Vorstandsvorsitzender 856
Raltschewa, Meglena; BDŽ - Freight, Direktorin Marketing und Vertrieb 45
Ramanauskas, Alvydas; Linas agro Grūdų centras 690
Ramette, Yves; SNCF Réseau, Ile-de-France 582
Ramosaj, Xhevat; INFRAKOS 1041
Ramthun, Jürgen; EWN, Geschäftsführer 204
Rangosch, Dr. Severin; BDWM, Direktor 989
Rapant, Roman; RTI, Geschäftsführer 1057
Rapoport, Jacques; SNCF Réseau, Präsident, CEO 582

Rasemann, Andreas; RIS, Geschäftsführer 385
Raška, Ing. Pavel; GWTR, Vorstand 1110
Raszewski, Andrzej; UNIPETROL DOPRAVA, Geschäftsführer 1141
Raszewski, Andrzej; ORLEN KolTrans, Vorsitzender der Geschäftsführung 866
Ratković, Dražen; HŽ Putnički prijevoz, CEO 664
Rauch, Walter; s4you, Geschäftsführer 792
Raud, Malle; SEBE 538
Raukas, Madeleine; SJ, Direktorin Service und Geschäftsangelegenheiten 970
Rausch, Dr. Karl-Friedrich; DB Mobility Logistics, Vorstand Transport und Logistik ... 152
Razelli, Giovanni Battista; GTT, Geschäftsführer 631
Rębilas, Ryszard; Koleje Malopolskie, Vorsitzender der Geschäftsführung 849
Recktenwald, Udo; WND, Landrat 292
Redler, Burghard; Redler-Service, Geschäftsführer 379
Redmond, Phillip Keith; Mendip Rail, Director 1214
Reese, Harald; DGEG Bahnen und Reisen, Vorstand 169
Regter, Drs. Erik; RCA, Vorstandsdirektor Vertrieb 789
Reh, Franz; VIAS, Geschäftsführer 496
Reh, Franz; VIAS Odenwaldbahn, Geschäftsführer 498
Rehkopf, Dr. Manuel; DB Fernverkehr, Vorstand Marketing 151
Reichel, Matthias Walther; DB Schenker Rail, Vorstand Finanzen und Controlling 158
Reichel, Matthias Walther; DB Schenker Rail Deutschland, Vorstand Finanzen und Controlling 157
Reindl, Franz Josef; HLR, Geschäftsführer 235
Reindl, Franz Josef; HRP, Geschäftsführer 236
Reinhardt, Carsten; Bückebergbahn, Geschäftsführer 134
Reinhardt, Frank-Michael; RSVG, Geschäftsführer 397
Reinhardt, Karsten; DB Services, Geschäftsführer Finanzen/Controlling 159
Reinheimer, Birgit; UeE, Vorstand 482
Reinhold, Dr. Tom; Transdev, Geschäftsführer; Geschäftsentwicklung & Sales 469
Reintjes, Klaus Peter; RTG, Geschäftsführer 393
Reiser, JUDr. Pavel; LG, stellvertretender Vorsitzender 1120
Reķis, Andris; LDz Cargo, Vorstandsmitglied ... 672
Repaský, Ing. Marián; ZSBA, Mitglied des Vorstands 1064

Personenindex

Resch, Dipl.-Betriebswirt (FH) Markus; NETINERA Deutschland, Geschäftsführer, CFO ... **332**
Restelica, Liridon; TRAINKOS, stellvertretender CEO ... **1041**
Retscher, Gerald; WLC, Geschäftsführer ... **807**
Rettenmeier, Dr. Josef; Rettenmeier, Geschäftsführer ... **395**
Rettenmeier, Helmut; Rettenmeier, Geschäftsführer ... **395**
Reveillon, David; THIF, Direktor IT ... **32**
Rexa, Ing. Daniel; HBz, Mitglied des Vorstandes ... **1051**
Rezek, Ing. Josef; OHL ŽS, Mitglied des Vorstandes ... **1126**
Rezek, Ing. Josef; SEŽEV-REKO, Vorstandsvorsitzender, Geschäftsführer ... **1134**
Rhys Morgan, Daniel; Mendip Rail, Director ... **1214**
Ribeiro dos Santos, Ing. José Luís; REFER, stellvertretender Vorstandsvorsitzender ... **915**
Richter, Dipl.-Ing. Roland; SDG, Geschäftsführer ... **425**
Richter, Thomas; GEVD, Geschäftsführer ... **767**
Richter, Tobias Peter Johannes; IntEgro Verkehr, Geschäftsführer ... **272**
Richter, Tobias Peter Johannes; NX CZ, Geschäftsführer ... **1124**
Richter, Tobias Peter Johannes; NX Holding, Geschäftsführer ... **324**
Richter, Tobias Peter Johannes; NX Rail, Geschäftsführer ... **325**
Richter, Tobias Peter Johannes; NX Südwest, Geschäftsführer ... **325**
Riedel, Dipl.-Kffr. Ulrike; HOCHBAHN, Vorstand ... **240**
Riedinger, Lothar; ISB Arneburg, Bürgermeister ... **435**
Riedl, Armin; Kombiverkehr, Geschäftsführer ... **284**
Riedl, Armin; Lokomotion, Geschäftsführer ... **299**
Řihánková, Ing. Marie; SEŽEV-REKO, Mitglied des Vorstandes ... **1134**
Rimašauskaitė, Daiva; IAE, CEO; Energieminister der Republik Litauen ... **685**
Rimkus, Gediminas; Vakarų Krova, Direktor ... **695**
Rimmer, Duncan Thomas; CH, Director ... **1190**
Rimmer, Malcolm Robert; SE ... **1212**
Rimmer, Malcolm Robert; Govia, Director ... **1207**
Rimmer, Malcolm Robert; London & Birmingham Railway, Director ... **1211**
Rimmer, Malcolm Robert; SN, Director ... **1221**
Rimmer, Malcolm Robert; TP, Director ... **1201**
Rinkinen, Timo; Ratarahti, Präsident ... **552**
Rinner, Erwin; Wachtl, Präsident ... **321**

Rintel, Marjan Elisabeth Ferina; NSR, Direktorin ... **739**
Rintel, Marjan Elisabeth Ferina; NS Internationaal, Vorsitzende Direktorin ... **738**
Risley, Angela Susan; Serco, Director ... **1221**
Ristau, Jan; Rail Time Polska, Vorsitzender der Geschäftsführung ... **893**
Rivero Menéndez Llano, D. Luis Guillermo; Constru-Rail, Präsident ... **1079**
Robbe, Engelhardt M.; NS Groep, Direktor, CFO ... **737**
Robbers, Anton Theodor; BK, Geschäftsführer ... **123**
Roberts, Joanne; Serco Caledonian Sleeper, Director ... **1220**
Roberts, Jonathan Luke; GC, Director ... **1209**
Roberts, Jonathan Luke; XC Trains, Finance Director ... **1226**
Robertz, Karl Heinrich; west, Geschäftsführer ... **515**
Robinson, Dianne; NXET Trains, Secretary ... **1219**
Röckinghausen, Dorothee; ABRN, Geschäftsführerin Finanzen ... **75**
Röder, Robert Claus Otmar; Strukton Rail, Direktor ... **973**
Rogaski, Bogdan; Barter, Vorsitzender der Geschäftsführung ... **816**
Rogers, William; XC Trains, Production Director ... **1226**
Roggatz, Dipl.-Wirtschaftsing. Uwe; VGH, Geschäftsführer ... **490**
Roggatz, Dipl.-Wirtschaftsing. Uwe; VWE, Geschäftsführer ... **487**
Rohde, Henning; VWE, stellvertretender Geschäftsführer ... **487**
Røhne, Erik; NSB, Direktor Strategie und Unternehmensentwicklung ... **757**
Röhre, Dipl.-Verw.-Betriebswirt Werner; VGF, Geschäftsführer ... **445**
Rojewski, Piotr; PKP Cargo Service, Mitglied der Geschäftsführung ... **873**
Rolfes, Prof. Dr. Stephan; VLO, Geschäftsführer ... **501**
Romanainen, Maisa; VR, Direktorin Reiseverkehr ... **553**
Rompf, Prof. Dr. Dirk; DB Netz, Vorstand Netzplanung und Großprojekte ... **153**
Rondoni, Massimo; LFI, Vizepräsident ... **636**
Ropert, Patrick; SNCF, Leiter Gares & Connexions ... **583**
Rosa, Czesław; DOLKOM, Vorsitzender der Geschäftsführung ... **836**
Rose, Jörg; Eiffage Rail, kaufmännischer Geschäftsführer ... **184**

Personenindex

Rosell, Björn; SJ, Direktor IT **970**
Rosemann, Harald; KVVH, Geschäftsführer (Sprecher) **279**
Rosen, Heinz; EEB, Geschäftsführer **203**
Rosenbusch, Dr. Bernd; BOB, Vorsitzender der Geschäftsführung **102**
Rosenbusch, Dr. Bernd; BRB, Vorsitzender der Geschäftsführung **104**
Rosewell, Bridget Clare; Network Rail, Director **1217**
Rösler, Christian; COBRA, Vorstand **26**
Rossi, Andrea; DB Schenker Rail UK, Director, CFO **1193**
Røssland, Jarle; Flytoget, Direktor für Betrieb und Einkauf **754**
Roth, Christian; SW, Director **1223**
Röthlingshöfer, Florian; HBSAG, Delegierter des Verwaltungsrats **1005**
Rotter, Harald Heinz; METRANS Rail (Deutschland), Geschäftsführer **307**
Roubicek, Ondrej; Colas Rail **1191**
Rövekamp, Marion Hedwig; DB Regio, Vorstand Personal **154**
Rovšnik, Miloš; SŽ Potniški promet, Direktionsassistent **1070**
Rozman Dacar, Melita; SŽ Tovorni promet, CEO **1071**
Rubel, Christoph; DTV, stellvertretender Vorsitzender **172**
Rudhart, Dr. Manfred; DB Regio, Vorstandsvorsitzender **154**
Rudolf, Frank; Raildox, Geschäftsführer **371**
Rudolf, Zbyněk; RUTR, Geschäftsführer **1131**
Rudolphi, Dr.-Ing. Andreas Friedrich; Geschäftsführer **351**
Ruffi, Oliver Peter; DME, Geschäftsführer **165**
Rule, Benjamin James Taylor; GW, Director ... **1199**
Runge, Peter; vectus, Geschäftsführer **487**
Runow, Thomas; ETB, Geschäftsführer **185**
Rupar, Franc; SŽ Potniški promet, Leiter Planung und Asset Management **1070**
Rusek, Andrzej; KOLTAR, Mitglied der Geschäftsführung **843**
Rusek, Andrzej; CTL Kargo, Vorsitzender der Geschäftsführung **823**
Rusek, Andrzej; CTL Kolzap, Vorsitzender der Geschäftsführung **824**
Russell, William Giles; LOROL, Secretary **1213**
Rutkowske, Wolfgang; SGL, Geschäftsführer ... **428**
Rüttimann, Peter; MGI, Betrieb **1007**
Rybár, Oto; LTS Logistik, Geschäftsführer **1054**
Rybarczyk, Sven; Eichholz Eivel, technischer Geschäftsführer **183**
Rybotycki, Piotr; PKP IC, Mitglied des Vorstands **875**
Rýc, Jiří; Trakce, stellvertretender Vorstandsvorsitzender **1139**
Rytz, Christoph; SBB Cargo, Leiter Kommunikation **1020**

S

Sacher, Antje; Vorpommernbahn, Geschäftsführerin **505**
Sachs, Gerald; UEG, Geschäftsführer **484**
Sadowski, Tomasz; PNI, Konkursverwalter **886**
Sainson, Pascal Georges Armand; Groupe Eurotunnel, COO Güterverkehr **575**
Sainson, Pascal Georges Armand; GBRf, Director **1205**
Sainson, Pascal Georges Armand; EPC, Präsident **569**
Sainson, Pascal Georges Armand; EPF, Präsident **569**
Sainson, Pascal Georges Armand; EPP, Präsident **571**
Sainson, Pascal Georges Armand; Europorte, Präsident **572**
Saksi, Ville; VR, Direktor VR Track Oy **553**
Šakys, Edgaras; Agrokoncernas, Geschäftsführer **681**
Salzmann, Dipl.-Ing. Veit; cantus, Geschäftsführer **135**
Salzmann, Dipl.-Ing. Veit; Hessenbahn, Geschäftsführer **256**
Salzmann, Dipl.-Ing. Veit; HLB, Geschäftsführer **250**
Salzmann, Dipl.-Ing. Veit; RBK, Geschäftsführer **389**
Samek, Ing. Jiří; Metrans, Vorstandsvorsitzender **1123**
Sander, Corinna; DB RNV, Geschäftsführer **156**
Sander, Corinna; DB RNI, Kaufmännische Geschäftsführerin **155**
Sander, Dipl.-Ing. (FH) Hartmut; ThE, Geschäftsführer **461**
Sander, Elliot Gene; NX, Director **1215**
Sander, Stephan; ThE, Geschäftsführer **461**
Sandhalla, Terje; CargoNet, Direktor Sicherheit und Personal **753**
Sandow, Dipl.-Kffr. Martina; NOB, Geschäftsführerin **341**
Sandvoß, Dr. Jörg; DB Netz, Vorstand Vertrieb und Fahrplan **153**
Santschev, Velik; BDŽ, Präsident des Verwaltungsrates **44**
Sarria Ansoleaga, Rafael; ETS, Präsident **1081**
Šauerová, Romana; KDS, Geschäftsführerin .. **1116**

Personenindex

Saur, Veit-Hagen; ATL, Geschäftsführer 87
Sauter, Eckart; NRE, Geschäftsführer 348
Savanović, Dragan; ŽRS, Generaldirektor 39
Saveljev, Mihhail; Leonhard Weiss RTE,
 Vorstand 544
Saxvall, Patrik; GC, Planning 960
Sayer, Timothy Martin; EMT, Director 1197
Scarcia, Vincenzo; FG, Präsident 622
Schaer, Bernard; SNCF Réseau, Planung und
 Projekte 582
Schäfer, Dipl.-Verwaltungswirt Friedrich
 Rainer; NE, Geschäftsführer 335
Schäfer, Dipl.-Verwaltungswirt Friedrich
 Rainer; RheinCargo, Geschäftsführer 399
Schäfer, Jens; NTS, Geschäftsführer 348
Schaffartzik, Robert; SZD, Geschäftsführer ... 1135
Schambeck, Udo; AL, Geschäftsführer 92
Schare, Thomas; PEG, Geschäftsführer 363
Schätzel, Christophe; LEANDER,
 Geschäftsführer 290
Scheele, Ingo Karl Erich; SES,
 Geschäftsführer 428
Scheepers, Johannes Aloysius Maria; LRRE,
 Geschäftsführer 734
Schempf, Prof. Dr. Thomas; ITB,
 Geschäftsführer 266
Schemutat, Philipp; DRS, Geschäftsführer 176
Schemutat, Philipp; ESL, Geschäftsführer 213
Schenk, Dipl.-Ing. Hans-Peter; FME, 1.
 Vorsitzender 220
Schenkel, Dipl.-Ing. Mathias; FME, 3.
 Vorsitzender 220
Scherer, Simon; SONATA MANAGEMENT,
 Geschäftsführer 432
Scherf, Wilfried; L & S, Geschäftsführer 290
Schiedermeier, Tobias; BTE, Geschäftsführer 98
Schiefer, Markus; agilis Eisenbahn,
 kaufmännischer Geschäftsführer 78
Schiefer, Markus; agilis Verkehr,
 kaufmännischer Geschäftsführer 79
Schiegl, Sylvester; Dynea Erkner,
 Geschäftsführer 180
Schilberger, Ing. Aleš; SD-KD, Mitglied des
 Vorstandes 1133
Schilberger, Ing. Hynek; IDS, Mitglied des
 Vorstandes 1112
Schiller, Dipl.-Kfm. Iver Andreas; AEG,
 Geschäftsführer 88
Schiller, Dipl.-Kfm. Iver Andreas; FSF,
 Geschäftsführer 223
Schillo, Jürgen; KVG, Geschäftsführer 279
Schinko, Ing. Markus; CargoServ,
 Geschäftsführer 763

Schiszler, Tímea; MÁV-START,
 stellvertretende Generaldirektorin 1170
Schitter, Dr. Leonhard; SLB, Vorstand 793
Schlenkrich, Volkmar; A.D.E.,
 Geschäftsführer 72
Schlesinger, Jörg; BSBS, Geschäftsführer 127
Schlipköther, Dipl.-Ing. Thomas; duisport
 rail, Geschäftsführer 178
Schlipköther, Dipl.-Ing. Thomas; duisport,
 Vorstand 177
Schlosser, Daniel; BRB, stellvertretender
 Direktor; Leiter Technik 995
Schmeißer, Thomas; HMB, 2. Vorsitzender 264
Schmid, Fabian; RBS, Direktor 1015
Schmid, Michael; DB Services, Vorsitzender
 der Geschäftsführung 159
Schmidt, Ferdinand; ÖBB Technische
 Services, Geschäftsführer 785
Schmidt, Ing. Jiří; RegioJet, Vorstand 1058
Schmidt, Ing. Jiří; RegioJet, Vorstand 1128
Schmidt, Jochen; ISL, Geschäftsführer 270
Schmidt, Klaus; WB, Geschäftsführer 511
Schmidt, Manfred; SWH, Kaufmännischer
 Geschäftsführer 442
Schmidt, Mike; Saar Rail, Geschäftsführer 416
Schmidt, Ralf; LW, Geschäftsführer 296
Schmidt, Thomas; ISL, Vorsitzender der
 Geschäftsführung 270
Schmidt-Weiss, Stefan; LW, Geschäftsführer ... 296
Schmier, Dipl.-Wirtschaftsing. Gerhard;
 MEG, Geschäftsführer 304
Schmittner, Dr. Harald; RTC,
 Geschäftsführer 642
Schmitz, Achim; R.A.T.H., Geschäftsführer 375
Schmitz, Achim; RTB, Geschäftsführer 409
Schmitz, Dieter; RRLR, Geschäftsführer 581
Schmitz, Ralph; R.A.T.H., Geschäftsführer 375
Schmitz, Ralph; Trainsport, Geschäftsführer ... 33
Schmitz, Thomas; R.A.T.H., Geschäftsführer ... 375
Schneider, Alexander; GJW, Geschäftsführer . 1110
Schneider, Andreas; S&S, Geschäftsführer 422
Schneider, Jörn C.; Scharmützelseebahn,
 Geschäftsführer 421
Schneider, Jörn C.; ZRB, Geschäftsführer 526
Schneider, Philipp; SRT, Präsident des
 Verwaltungsrates 1025
Schöberl, Péter; AMBER RAIL, Vorstand 1047
Schock, Gilbert; CFL, Direktor Finanzen und
 Administration 700
Schölzel, Daniel; GOP, 1. Vorsitzender 229
Schön, Kjell Gunnar; Transdev Sweden,
 Direktor 979
Schone, Peter; EHB, Geschäftsführer 186
Schone, Peter; VLO Bahn, Geschäftsführer 501

Personenindex S

Schonebaum, Diederik Karel; Strukton Rail, COO **744**
Schönenberg, Walter; MEH, Vorstand und Geschäftsführer **225**
Schönholz, Stefan; OLA, Geschäftsführer **358**
Schoots, Aike; Strukton Rail, CEO **744**
Schöttl, Peter; Wendelsteinbahn, Geschäftsführer **513**
Schräder, Katja; KombiRail, Geschäftsführerin **734**
Schramm, Dr. Georg Wolfgang; Mainschleifenbahn, Geschäftsführer **117**
Schreckeneder, Mag. Doris; StH, Geschäftsführerin **800**
Schrei, Oliver; WEBA, Geschäftsführer **516**
Schreiber, Walter; RBS, Geschäftsführer **395**
Schreyer, Christian; Transdev, Vorsitzender der Geschäftsführung **469**
Schreyer, Christian; Transdev Regio, Vorsitzender der Geschäftsführung **470**
Schröder, Dipl.-Ing. Michael Martin; BT, Geschäftsführer **133**
Schröder, Dipl.-Ing. Michael Martin; Trans Regio, Geschäftsführer **467**
Schröder, Jan; S-Bahn Hamburg, Geschäftsführer Technik **414**
Schroeder, Michael; RSAG, Technischer Vorstand **407**
Schubert, Gyöngyi Csilla; HR, Geschäftsführerin **1165**
Schuch, Adolf; SRB, Geschäftsführer **802**
Schuchmann, Arnulf; vlexx, Geschäftsführer ... **499**
Schuchmann, Arnulf; ODEG, Vorsitzender und Sprecher der Geschäftsführung **352**
Schuh, Norbert; TGP, Geschäftsführer **461**
Schuhholz, Frank Matthias; ERS, Geschäftsführer **212**
Schuhholz, Frank Matthias; ERS Railways, Geschäftsführer **727**
Schulte, Dirk; BVG, Vorstand Personal/ Soziales **116**
Schulz, Doris Angelika; EPB, Geschäftsführer **205**
Schulz, Gunter; LOCON, Vorstand Güterverkehr und Technik **297**
Schulze, Thomas; SBS, Geschäftsleitung **451**
Schumacher, Paul; RCCH, Geschäftsführer **1015**
Schurig, Jörg; RailAdventure, Geschäftsführer **370**
Schuster, Alfons; RHB, Hafenmeister **401**
Schuster, Reinhard; LUTRA, Geschäftsführer ... **303**
Schuster, Wolfgang; NX Rail, Geschäftsführer **325**
Schwanenberg, Frank; MEH, stv. Vorstand **225**

Schwarze, Jörn; KVB, Mitglied des Vorstands **284**
Schweifer, Dipl.-Ing. Arnold; NSB, Geschäftsführer **781**
Schweizer, Dietmar; MKB, Geschäftsführer **311**
Schwenzer, Eckehardt; VSE, Vorsitzender **489**
Schwichtenberg, Thomas; Vossloh Locomotives, Geschäftsführer **506**
Schwichtenberg, Thomas; Vossloh RCB, Geschäftsführer **507**
Scialanga, Andrea; GTS RAIL, Geschäftsführer **1005**
Scorey, Allan David; SN, Operations Director **1221**
Scosceria, Elisabetta; Trenitalia, Direktorin Recht und Unternehmensangelegenheiten .. **654**
Scurtu, Viorel; CFR, stellvertretender Generaldirektor, Betrieb **926**
Sebastiani, Franco; TTE, Geschäftsführer **657**
Sebastiani, Franco; TTI, Vizepräsident **657**
Šebest, Peter; ZS Košice, Mitglied des Vorstandes **1064**
Secară, Dan; EC TF, Geschäftsführer **929**
Sedlmayer, Milan; RUTR, Geschäftsführer **1131**
Seebacher, Richard; Bräunert, Geschäftsführer **126**
Seebacher, Richard; Transpetrol, Geschäftsführer **475**
Seedorff, Jens; VGN, Geschäftsführer **495**
Seeger, Heino; TBG, Geschäftsführer **459**
Seelmann, Peter; KKB, Geschäftsführer **289**
Šefčík, Dušan; ŽSR, Generaldirektor **1062**
Segrelles García, Jorge; ADIF, Direktor Kundendienst und Immobilien **1074**
Seidel, Dr. Bernd; Nordliner, Geschäftsführer **345**
Seiler, Christoph; WAB, Mitglied der Gschäftsleitung **1034**
Seiser, KR Ing. Franz; ÖBB-Infrastruktur, Mitglied des Vorstandes; COO **787**
Sejk, Václav; EDIKT, Mitglied des Vorstandes . **1108**
Semerák, Ludvík; SZD, Vorstand **1135**
Sengstock, Bernd; NN-Rail, Geschäftsführer ... **343**
Seppar, Riho; Elron, Vorstandsmitglied **541**
Sessarego, Bruno; AMT Genova, Direktor **606**
Sewerin, Torsten; NBE Group, Geschäftsführer **326**
Sewerin, Torsten; NBE TRAIN, Geschäftsführer **329**
Sewerin, Torsten; SBS, Geschäftsführer **446**
Sewerin, Torsten; SONATA MANAGEMENT, Geschäftsführer **432**
Seyb, Dipl.-Kfm. / Dipl-Geogr. Wolfgang; AKN, Vorstand **81**

Personenindex

Seyffert, Jörg; EVG, Geschäftsführer **183**
Seyffert, Jörg; RE, Geschäftsführer **379**
Shakerley, Timothy Michael; Freightliner Group, Direktor Engineering **1202**
Shantilal, Thacker Amit; KOLPREM, Zweiter Vorsitzender der Geschäftsführung **887**
Shilston, Gary; NRL, Director **1219**
Shimizu, Yasushi; MRCE, Geschäftsführer **313**
Shoveller, Timothy Colin; SW, Director **1223**
Siaurusaitienė, Reda; Joniškio grūdai, Generaldirektorin **686**
Sica, Vincenzo; RFI, Direktor Recht und Unternehmensangelegenheiten **644**
Sieberger, Gero; TX Österreich, Geschäftsführer **803**
Siebers, Jan-Willem; HSA, Geschäftsführer **731**
Sieg, Dipl.-Ing. Ulrich; HOCHBAHN, Stv. Vorstandsvorsitzender **240**
Sievers, Harm; BPRM, Geschäftsführer **99**
Sievers, Harm; FHS, Geschäftsführer **216**
Sigiel, Sylwester; Euroterminal Sławków, Vorsitzender der Geschäftsführung **839**
Silbersky, Thomas; SJ, Direktor Vertrieb und Marketing **970**
Silseth, Linda Bernander; Flytoget, CEO **754**
Šimėnas, Dr. Albertas; LG, stellvertretender Generaldirektor **688**
Simon, Enikő Ivett; MÁV, Direktorin Recht **1168**
Simons, Jan Maria; Captrain Sweden, Direktor **957**
Simons, Jan Maria; Captrain Denmark, Geschäftsführer **56**
Simons, Jan Maria; TWE, Geschäftsführer **477**
Šimůnek, Ing. Jaroslav; Rail system, Geschäftsführer **1128**
Šimůnek, Ing. Jaroslav; SGJW, Vorsitzender der Geschäftsführung **1135**
Šinkovec Funduk, Jelka; SŽ, Mitglied der Geschäftsführung **1069**
Sinzig, Ulrich; ASm, Direktor **987**
Sirbulescu, Mihai; CFR Călători, Direktor für Wagenmaterial **924**
Siska, Imre; MMV, Betriebsdirektor **1171**
Sitta, Viktor; ZABABA, Geschäftsführer **1142**
Sivertsen, Svein Ivar; LKAB Malmtrafikk, Direktor **756**
Sjoerdsma, Sjoerd; Keyrail, Direktor **733**
Skala, János; GYSEV CARGO, CEO **1161**
Skala, János; Raaberbahn Cargo, Geschäftsführer **788**
Skala, János; GYSEV, stellvertretender Generaldirektor **1163**
Skålnes, Lars; BS, Direktor **752**
Skauge, Anita; Jernbaneverket, Direktor Strategische Planung **756**
Skelton, Natasha Jane; Captrain (UK), Secretary **1190**
Skierniewski, Bogoslav T.; AWT Rail HU, Kommerzieller Direktor **1153**
Skobel, Tadeusz; PKP Energetyka, Vorstandsvorsitzender **874**
Skora, Falk; SONATA LOGISTICS, Geschäftsführer **431**
Skorik, Konstantin; Koleje Wschodnie, Geschäftsführender Direktor **856**
Skorik, Konstantin; FPL, Vorsitzender der Geschäftsführung **840**
Skorik, Konstantin; Freightliner DE, Vorsitzender der Geschäftsführung **222**
Skorik, Konstantin; Rail Services Europe, Vorsitzender der Geschäftsführung **893**
Skraburski, Robert; UG Rewal, Gemeindevorsteher **903**
Skrinskas, Skirmantas; Žvyro Karjerai, Generaldirektor **697**
Skvernys, Gediminas; Dolomitas, Handelsdirektor **683**
Skybak, Kari; Flytoget, Direktorin Personal ... **754**
Sládeček, Jaromír; AWT Rail SK, Mitglied des Vorstandes **1047**
Sládečková, Ing. Petra; HBz, Mitglied des Vorstandes **1051**
Slepička, Ing. Jiří; TRAMO RAIL, Vorstandsvorsitzender **1140**
Smallwood, Robert John; HX, Director **1209**
Smart, Paul Kevin; Freightliner Group, Director, Managing Director Freightliner Heavy Haul Ltd. **1202**
Smart, Paul Kevin; Freightliner DE, Geschäftsführer **222**
Smart, Paul Kevin; FPL, Mitglied der Geschäftsführung **840**
Smart, Paul Kevin; Rail Services Europe, Mitglied der Geschäftsführung **893**
Smital, Ing. Josef; TCHAS ŽD, Geschäftsführer **1138**
Smith, Christine; WCR, Secretary **1225**
Smith, Ian Edward; EMT, Director **1197**
Smith, John Geoffrey; GBRf, Director **1205**
Smith, William David; WCR, Director **1225**
Smolović, Aleksandar; ŽPCG, Leiter Personal **715**
Šmuksts, Ēriks; LDz, Vizepräsident Technik und Betrieb **672**
Smulczyński, Mirosław; PKP LHS, Mitglied der Geschäftsführung **876**

Personenindex   S

Smulders, Christiaan Wilhelmus; Abellio UK, Director **1186**
Smulders, Christiaan Wilhelmus; SR, Director **1186**
Soames, Rupert; Serco, Director, CEO **1221**
Soare, Ion; CFR Marfă, Direktor für Technik und Organisation **925**
Sobotka, František; TRAIL Servis, Vorstandsvorsitzender **1139**
Sodenkamp, Dipl.-Ing. Friedhelm; WHG, Geschäftsführer **525**
Solard, Claude; SNCF, Direktor Material **583**
Solard, Claude; SNCF Réseau, stellvertretender Generaldirektor für Sicherheit und Innovation **582**
Sołtys, Jarosław; Wiskol **905**
Sołtys, Waldemar; Wiskol **905**
Sonntag, Dr.-Ing. Jürgen; MEG, Geschäftsführer **314**
Soprano, Vincenzo; Trenitalia, CEO **654**
Soprano, Vincenzo; TRENORD, Präsident **655**
Sørby Bråten, Eva; Flytoget, CFO **754**
Sormulis, Ivars; BTS, Vorstandsvorsitzender **670**
Souter, Sir Brian; Stagecoach, Director **1222**
Špaček, Roman; Koleje Czeskie, Vorsitzender der Geschäftsführung **847**
Spáčil, Ing. Daniel; TRAMO RAIL, Mitglied des Vorstandes **1140**
Spadi, Giorgio; DB Schenker Rail Italia, Vorstandsmitglied **612**
Spalinger, François; Ferovergne, Geschäftsführer **573**
Spasowski, Peter; MŽ Infrastruktura, Direktor öffentliche Arbeiten **709**
Spencer, Geoffrey Michael; DB Schenker Rail UK, Director, CEO **1193**
Sperker, Sebastian; Rail Cargo Carrier CZ, Geschäftsführer **1128**
Sperker, Sebastian; RCC, Geschäftsführer **1173**
Spiegel, Stefan; SBB Cargo, Leiter Finanzen ...**1020**
Spišiaková, Ing. Milada; PSŽ, Mitglied des Vorstandes **1056**
Springer, Bernhard; DHE, Geschäftsführer **162**
Šraga, Ing. Roman; Inter Cargo, Vorsitzender der Geschäftsführung **845**
Šraga, Ing. Roman; ODOS, Vorstandsvorsitzender **1125**
Staake, Dipl.-Kfm. Erich; duisport, Vorstandsvorsitzender **177**
Stäblein, Peter Gerhard; BEHALA, Geschäftsführer **116**
Stache, Lutz; AHG, Geschäftsführer **80**
Stadalnykas, Valentas; VLRD, Generaldirektor **696**
Stahl, Dr. Dirk; BLS Cargo, CEO **992**
Stahl, Michael Andreas; N1 Rail Services Süd, Geschäftsführer **323**
Stahl, Michael Andreas; N1 Rail Services Süd, Geschäftsführer **324**
Stahlfest Møller, Søren; Banedanmark, CFO **55**
Stahlhut, Dipl.-Ing. Michail; SBB Cargo International, CEO **1019**
Stämpfli, Dr. Rudolf; BLS Netz, Präsident **994**
Staniowska, Tamara; DB Schenker Rail Polska, Mitglied des Vorstands **831**
Stankevičius, Faustas; Unigela, Generaldirektor **695**
Stankov, Stanko; Bulmarket, Geschäftsführer **46**
Staples, Paul Nicholas; TP, Director **1201**
Starlinger, Dr. Walter; LV, Direktor **773**
Šťastný, Pavel; CHTPCE, Vorstand **1106**
Staszek, Marek; DB Schenker Rail Polska, Vorstandsvorsitzender **831**
Statham, David Ira; SE **1212**
Stauch, Matthias; BZB, Vorstand **106**
Štefan, Ing. Anton; SLOV-VAGON, Geschäftsführer **1058**
Stefański, Dariusz; PCC Intermodal, Vorsitzender der Geschäftsführung **867**
Štefl, Michal; OHL ŽS, Vorstandsvorsitzender **1126**
Steiner, Erich; GEVD, Geschäftsführer **767**
Steinhart, Peter; NBE, Geschäftsführer **326**
Steinhauer, Günther; TBR, Geschäftsführer **465**
Steinmetz, Claude; CFTA, Präsident **561**
Štěpán, Michal; ČD, Mitglied des Vorstandes **1105**
Šterba, Roman; ČD, Mitglied des Vorstandes **1105**
Stern, Alexander; RBH, Geschäftsführer (ab Sommer 2015) **375**
Stern, Peter Simon; NWS, Geschäftsführer **349**
Sterner, Mag. Brigitte; LB.M.-St.E., Vorstand **774**
Sterr, Alexander; NETINERA Deutschland, Geschäftsführer, Arbeitsdirektor **332**
Štětina, Jiří; RUTR, Geschäftsführer **1131**
Steuger, Ernst; GEVD, Geschäftsführer **767**
Stewart, Gary; SR, Director **1200**
Sticksel, Dr.-Ing. Werner; SWM, Vorstandsvorsitzender, technischer Vorstand SWM **443**
Stijepović, Ratko; ŽICG, Direktor Elektrische Anlagen **714**
Stilling, Guido Hermann; SWK Mobil, Geschäftsführer **457**
Stindl, Dr. Gerhard; NÖSBB, Geschäftsführer ...**781**

Personenindex

Stindl, Dr. Gerhard; NÖVOG, Geschäftsführer **782**
Stock, Dipl.-Ing. Michael; Stock, Geschäftsführer **451**
Stöckli, Jürg; SBB, Leiter Immobilien **1017**
Stöger, Mag. Franz; WLB, Kaufmännischer Vorstand **806**
Stöhr, Wolfgang; ZVB, Vorstandsdirektor (ab Anfang 2015) **808**
Stoilov, Boiko; BDŽ - Freight, stellvertretender Direktor Betrieb **45**
Stojanow, Angel; BDŽ - Freight, Direktor Betrieb **45**
Stojčić, Miroslav; ŽS, Generaldirektor **1042**
Stojkoski, Tane; MŽ Transport, Direktor Güterverkehr **709**
Štokenbergs, Aigars; PV, Mitglied des Vorstandes **676**
Ston, Ing. Václav; SART, Vorstandsvorsitzender **1132**
Stopa, Zbigniew; LWB, Vorstandsvorsitzender **861**
Storhaug, Erik; NSB Gjøvikbanen, Direktor **758**
Störk, Arno; DB Fahrzeuginstandhaltung, Geschäftsführer **150**
Strachan, Peter; Serco Caledonian Sleeper ... **1220**
Strahan, David Edward; NIR, Director **1218**
Strähle, Carsten; Hafen Stuttgart, Geschäftsführer **235**
Strähle, Carsten; ENAG, Vorstandsvorsitzender **211**
Strakšas, Aivars; LDz, Vizepräsident Finanzen **672**
Strapagiel, Tomasz; SKPL Cargo, Vorsitzender der Geschäftsführung **895**
Stratmann, Dipl.-Ing. Vera; LTE Germany, Geschäftsführerin **302**
Straub, Dieter; LW, Geschäftsführer **296**
Streit, Dipl.-Ing. Helmut Wast; ITB, Geschäftsführer **266**
Stretch, David; Serco Caledonian Sleeper **1220**
Stretch, David; NRL, Director **1219**
Stricker, Hans-Jakob; RBS, Stv. Direktor ... **1015**
Striefler, Dr. Christian; DPE, Geschäftsführer ... **434**
Strisciuglio, Gianpiero; RFI, Direktor Vertrieb und Infrastrukturmanagement **644**
Ström, Peter Allan; Tågfrakt, Direktor **976**
Stroo, Dirk; KOLPREM, Vorsitzender der Geschäftsführung **887**
Struhalová, Ing. Pavla; ARRIVA MORAVA, stellvertretender Vorstandsvorsitzender **1101**
Strykała, Bogdan; CTL Rail, Mitglied der Geschäftsführung **829**
Strykała, Bogdan; CTL REGGIO, Mitglied der Geschäftsführung **830**
Štšeblanov, Sergei; Stivis **548**
Stuart, Richard; Go-Ahead, Geschäftsführer ... **227**
Stübke, Thomas; Bückebergbahn, Geschäftsführer **134**
Studnicka, Dipl.-Ing. Christian; MEV, Geschäftsführer **779**
Stumpf, Siegfried; ÖBB-Personenverkehr, Vorstand für Produktionsmanagement und Verkehrsmanagement / Qualität / Sicherheit) **784**
Stütz, Dr. Wolfgang; RPA, Geschäftsführer **779**
Styczen, Jakub; CTL Logistics, Geschäftsführer **145**
Subašić, Dragan; ŽRS, Direktor Infrastruktur **39**
Subzda, Joanna; Exploris, Verwaltungsrätin ... **703**
Suchý, Petr; CHTHB, Vorstandsvorsitzender ..**1106**
Suhr, Marian; HBC, Geschäftsführer **242**
Šukys, Arvydas; Dolomitas, Technikdirektor ... **683**
Sul Serrano Gordo, Dr. José Saturnino; REFER, Mitglied des Vorstandes **915**
Sulima, Czesław; KM, Mitglied der Geschäftsführung **850**
Sülz, Bernd; DB Fahrzeuginstandhaltung, Geschäftsführer **150**
Suneson, Torbjörn; Trafikverket, Generaldirektor ad interim **978**
Surch, Christopher; FirstGroup, Group Finance Director **1203**
Surý, Pavel; SŽDC, Generaldirektor **1137**
Suša, Renata; HŽ Infrastruktura, Präsidentin ... **664**
Šuťák, Ing. Pavel; BTS, Vorstandsvorsitzender **1048**
Sutherland, Douglas; Director **1196**
Sutherland, Douglas; DOR, Director **1195**
Sutter, Pascal; BRB, Leiter Unternehmensbereich **995**
Švarc, Dejan; SŽ Potniški promet, Leiter Vertrieb und Marketing **1070**
Svārpstons, Jānis; LNT, Geschäftsführer **675**
Svéd, Norbert; MNOS, Geschäftsführerder Direktor **1169**
Světlík, Ing. Jan; VÍTKOVICE Doprava, Vorstandsvorsitzender **1142**
Svoboda, Ing. Jiří; LG, Vorsitzender **1120**
Sweklej, Tomasz; Torpol, Vorstandsvorsitzender **899**
Synáček, Ing. Zdeněk; GJW, Geschäftsführer . **1110**
Synáček, Ing. Zdeněk; EUROVIA CS, Mitglied des Vorstandes; kaufmännischer Geschäftsführer **1109**
Synek, Ing. Josef; SEŽEV-REKO, Mitglied des Vorstandes **1134**

Personenindex

Szabó, Dr. Mónika; MÁV,
Hauptabteilungsleiterin Interne Kontrolle ...**1168**
Szabó, Gábor; BOBO, Geschäftsführer **1154**
Szabó, László; BOBO, Geschäftsführer **1154**
Szabó, Lászlóné; BOBO, Geschäftsführerin **1154**
Szalai, Zsolt; MÁV, Direktor für Einkauf und
Logistik **1168**
Szczapiński, Paweł; Captrain Polska,
Vorsitzender der Geschäftsführung **818**
Szczelina, Mirosław; RP, Zweiter
Vorsitzender der Geschäftsführung **891**
Szczepańska, Jolanta; MPK Wrocław,
Vorsitzende der Geschäftsführung **863**
Szczepański, Cezary; Kolej Bałtycka,
Vorstandsvorsitzender **846**
Szczęśniak, Jadwiga; PPMT, Mitglied der
Geschäftsführung **883**
Szczygieł, Renata; KŚ, Zweite Vorsitzende
der Geschäftsführung **852**
Szentes, Iosif; CFR Călători, Generaldirektor **924**
Szentesi, Csaba; KÁRPÁT Vasút,
Geschäftsführer **1165**
Szigeti, András; CRS, Geschäftsführer **1156**
Szlaga, Krzysztof; LWB, Stellvertretender
Vorstandsvorsitzender **861**
Szlendak, Michał; NBE Cargo, Vorsitzender
der Geschäftsführung **865**
Szurdoki, Andrea Rita; ELP SERVICES,
Geschäftsführerin **201**
Szurek, Jan; CTL Północ, Vorsitzender der
Geschäftsführung **828**
Szurrat, Hans-Jürgen; HEG, Geschäftsführer ...**248**
Szustak, Marita; Trakcja PRKiI,
Stellvertretende Vorstandsvorsitzende **900**
Szuťányi, Ing. Ladislav; PSŽ,
Vorstandsvorsitzender **1056**
Szwankowski, Wojciech; PKP Energetyka,
Mitglied des Vorstands **874**

T

Tabary, Bernard Denis Maurice; SE **1212**
Tabary, Bernard Denis Maurice; Govia,
Director **1207**
Tabary, Bernard Denis Maurice; Keolis UK,
Director **1211**
Tabary, Bernard Denis Maurice; London &
Birmingham Railway, Director **1211**
Tabary, Bernard Denis Maurice; SN, Director ..**1221**
Tacchella, Marco; MGBahn, Leiter
Marketing und Vertrieb **1008**
Taeger, Tobias; Eichholz Eivel,
kaufmännischer Geschäftsführer **183**
Tailleux, Jean Baptiste; ETF SERVICES,
Direktor **565**

Talarska, Mirosława; DOLKOM, Mitglied der
Geschäftsführung **836**
Tallón Moreno, José Antonio; AOP,
Generaldirektor **1075**
Tamás-Vadnai, Éva Ilona; MMV,
Generaldirektorin **1171**
Támis, Norbert; MÁV-START, Direktor
Beschaffung **1170**
Tapscott, Michael John; Arriva Trains Wales,
Projects Director **1188**
Tarasów, Grzegorz; CTL Maczki-Bór,
Mitglied des Vorstands **827**
Tatar, Miodrag; ŽPCG, Direktor Technische
Angelegenheiten **715**
Tebel, Dr. Karl Heinz; BASF Schwarzheide,
Vorsitzender der Geschäftsführung **100**
Tegelberg, Erland Robert; Eurailscout , CEO **730**
Teichmann, Dipl.-Betriebswirt (FH) Hubert;
BBG Stauden, Geschäftsführer **95**
Teichmann, Dipl.-Betriebswirt (FH) Hubert;
SVG, Geschäftsführer **449**
Tenisson, Mathias; EGP, Geschäftsführer **196**
Tenisson, Mathias; ENON, Geschäftsführer **205**
Terentjevs, Valērijs; LM, CEO **675**
Terhaag, Oliver; DB
Fahrzeuginstandhaltung, Geschäftsführer ...**150**
Terranova, Marco; SBB Cargo Italia,
Geschäftsführer **646**
Terranova, Marco; SBB Cargo International,
Leiter Produktion Italien **1019**
Teuber, Markus; duisport rail,
Geschäftsführer **178**
Teuber, Markus; HDR, Geschäftsführer **231**
Teubner, Thomas; SBW, Geschäftsführer **448**
Teutsch, Herbert; KML, Geschäftsführer **286**
Tews, Nicole; GC, Corporate Restructuring **960**
Thaçi, Agron; INFRAKOS, CEO **1041**
Thauvette, Alain; ECR, Präsident **566**
Thauvette, Alain; DB Schenker Rail,
Vorstand Region West **158**
Theis, Christian; PEG, Geschäftsführer **361**
Theis, Christian; WHE, Geschäftsführer **510**
Theis, Marcel; SBB Cargo International,
COO-Achse **1019**
Theis, Martin; mcm logistics,
Geschäftsführer **306**
Thellersen Børner, Thomas; DSB, Direktor
Recht und Vertragsangelegenheiten **58**
Theofanopoulos, Panagiotis; OSE, CEO **594**
Thiele, Manfred; RBG, Geschäftsführer **394**
Thielmann, Georg; LTE, Geschäftsführer **303**
Thomas, Gareth John; Arriva Trains Wales,
Human Resources Director **1188**

Europäische Bahnen '15/'16 1285

Personenindex

Thomas, Martin; BUG Vermietungsgesellschaft, Geschäftsführer ... 134
Thomassen, Hugo; ProRail, Direktor Fahrplan und Trassenmanagement (interim) ... 740
Thompson, Adrian; NRL, Director ... 1219
Thon, Ulrich; SL, Werkleitung ... 427
Thorstenson, Per; AEX, Direktor ... 951
Thür, Garry; RhoBT, Geschäftsführer ... 792
Thurnwald, Ben; NRS, Geschäftsführer ... 344
Tietje, Carsten; CTS, Geschäftsführer ... 139
Tigges, Stefan; RuhrtalBahn, Geschäftsführer ... 409
Timar, Adrian; TFC, Geschäftsführer ... 942
Timis, Bogdan; CFR Călători, Direktor für Technik ... 924
Timpel, Dipl.-Ing. (FH) Gerhard; AMEH TRANS, Geschäftsführer ... 90
Tingle, Christopher James; DB Schenker Rail UK, Secretary ... 1193
Tinterienė, Jūratė; Dolomitas, Finanzdirektorin ... 683
Todorović, Draženko; ŽRS, Direktor Betrieb ... 39
Toma, Victor; CFR Călători, Direktor für Einkauf ... 924
Tomanek, Adam; DeltaRail, Geschäftsführer ... 163
Tomášek, Ing. Luboš; STRABAG Rail, Vorstand ... 1136
Tomaszewski, Jacek; Track Tec Logistics, Mitglied der Geschäftsführung ... 900
Tomaszewski, Jarosław; Trakcja PRKiI, Vorstandsvorsitzender ... 900
Tommel, Cees; Keyrail, Direktor ... 733
Torres Carol, Joan; FGC, Präsident ... 1084
Torresano, Bruno; ARS, Generaldirektor ... 1074
Torti, Thierry; ETMF, Geschäftsführer ... 566
Toto, Alfonso; Rail One, Vorstand ... 642
Toussaint, Stephan; GLV, Geschäftsführer ... 226
Towpik, Marta; PKP Energetyka, Mitglied des Vorstands ... 874
Trajkowski, Wladimir; MŻ Infrastruktura, Direktor Infrastruktur ... 709
Trapp, Joachim; Öchsle AG, Vorstand ... 350
Trethowen, John; NIR, Director ... 1218
Trifan, Valentin Florin; CFR, stellvertretender Generaldirektor, Europäische Projekte ... 926
Trillmich, Dipl.-Ing. (FH) Andreas; VBG, Geschäftsführer ... 502
Trnovszký, Tibor; SOŽ, Vorstand ... 1136
Trojánek, Luboš; EUROVIA CS, stellvertretender Vorstandsvorsitzender ... 1109
Trzciński, Dariusz; Kolej Bałtycka, Stellvertretender Vorstandsvorsitzender ... 846
Tulibacki, Wojciech; MPK Poznań, Vorsitzender der Geschäftsführung ... 864
Tulik, Károly; MÁV, Oberdirektor für Entwicklung und Investitionen ... 1168
Turek, Miroslav; RETROLOK, Geschäftsführer ... 1130
Turlík, Ing. Vladimír; ZS Košice, stellvertretender Vorstandsvorsitzender ... 1064
Turza, Jacek; RP, Mitglied der Geschäftsführung ... 891
Tyrode, Yves; SNCF, Direktor Digital und Kommunikation ... 583

U

Uherek, Ing. Jiří; SMD, stellvertretender Vorstandsvorsitzender ... 1133
Uhlmann, Jens; Emons Bahntransporte, Geschäftsführer ... 203
Uhlmann, Jens; ProLok, Geschäftsführer ... 365
Uhr, David Sebastian; Railflex, Geschäftsführer ... 372
Ulatowski, Michał; Torpol, Stellvertretender Vorstandsvorsitzender ... 899
Ulshöfer, Klaus; Pfalzbahn, Geschäftsführer ... 361
Unland, Dipl.-Ing. Hubert; GET, Geschäftsführer ... 225
Urban, Ludvík; ČD, stellvertretender Vorstandsvorsitzender ... 1105
Urban, Ralf; RAB, Geschäftsführer ... 161
Urbutienė, Gražina; Transachema, Generaldirektorin ... 693
Urdillo de la Orden, Juan Gregorio; Logibérica Rail, Präsident ... 1088
Urech, Pierre-Alain; railCare, Verwaltungsratsmitglied ... 1013
Urmonas, Vitolis; KS, Generaldirektor ... 687
Utting, Kevin James; Freightliner Group, Director, Secretary ... 1202

V

Väärsi, Kuldar; SEBE ... 538
Vaca, Ing. Daniel; VÍTKOVICE Doprava, Mitglied des Vorstandes ... 1142
Vael, Didier; SNCB Logistics, Director Product & Network Management ... 30
Vähi, Margus; Sillamäe Sadam, Mitglied des Vorstandes ... 546
Vaičekonytė, Asta; Nilma, Direktorin ... 691
Valenzano, Antonio; GTS RAIL, Geschäftsführer ... 1005
Valenzuela, Hélène; THIF, Direktorin Operatives Geschäft ... 32
Väli, Erik; EEK, Vorstandsmitglied ... 540

Personenindex

Valtr, Ing. Luděk; Ež Kysak, Mitglied des Vorstandes 1050
Valtr, Ing. Luděk; ELZEL, stellvertretender Vorstandsvorsitzender 1108
van der Heijden, Bernardus Hendricus Maria; VRM, Geschäftsführer 748
van der Klink, René; EETC, Direktor Finanzen 730
van der Steeg, Ruud; ProRail, Direktor Finanzen (interim) 740
van der Zouwen, Arie; Eurailscout, COO 730
van Deursen, Arno; DB Schenker Rail Nederland, COO 725
van Hout, Julianus Martinus; Hermes, Direktor 731
van Milt, Michael; Eurailscout, CFO 730
van 't Riet-Visser, Nanouke Marija; NS Internationaal, Direktorin Service und Operations 738
van Wijngaarden, Eric Huibert Wouter; TrainServices, CEO 746
Vanags, Aleksandrs; ERT, Vorstandsmitglied ...671
Vancsics, Melinda; DRT, geschäftsführerende Direktorin 1158
Vandevyver, Nicolas Luc Daniel; SE 1212
Vandevyver, Nicolas Luc Daniel; Govia, Director 1207
Vandevyver, Nicolas Luc Daniel; Keolis UK, Director 1211
Vandevyver, Nicolas Luc Daniel; London & Birmingham Railway, Director 1211
Vandevyver, Nicolas Luc Daniel; SN, Director 1221
Vaňousek, Josef; N+N, Geschäftsführer 1124
Vanovermeire, Pieter; Railtraxx, Geschäftsführer 28
Vansteenkiste, Luc; Infrabel, Generaldirektor Infrastruktur 27
Varga, Botond; LTE Hungária, Geschäftsführer 1166
Varró (jun.), József; ÖKO EXPRESSZ Cargo, Geschäftsführer 1173
Vaux, Michael John; Inter City Railways, Secretary 1210
Vaux, Michael John; Stagecoach, Secretary ...1222
Vázquez Vega, Pablo; Renfe Operadora, Präsident 1091
Vázquez Vega, Pablo; Renfe Ancho Metrico, Präsident der Renfe Operadora 1089
Végh, András; CER Slovakia, Mitglied des Vorstandes 1049
Vehviläinen, Antti; Liikennevirasto, Generaldirektor 552
Veis, Ing. Roman; ZSBA 1064
Velge, Patrick; Logitren, Generaldirektor 1088
Vent, Roland; VTT 548
Verdonk-van Lokven, Yolanda Elizabeth Maria; NS Internationaal, Direktorin Personal 738
Verveld, Aad; Connexxion, CFO 724
Verwer, Henrikus; London & Birmingham Railway, Director 1211
Veselá, Daniela; AŽD Praha, Geschäftsführerin, Leiterin der Logistikabteilung Olomouc 1103
Veselka, Jozef; ŽSR, stellvertretender Generaldirektor Entwicklung und Informatik 1062
Vestergaard, Preben; NJ, Direktor 64
Vētra, Sandis; LDz Infrastruktūra, Mitglied des Vorstandes 673
Vetter, Dipl.-Kfm. Thomas; Vetter Bus, Geschäftsführer 495
Vetter, Dipl.-Volkswirt Birgit; Vetter Bus, Geschäftsführerin 495
Vetter, Dr. oec. Wolfdietrich; Vetter Bus, Geschäftsführer 495
Vician, Akos; AMBERRAIL ADRIA, Geschäftsführer 1068
Viciana Pedrosa, Manuel; OHL ŽS, erster stellvertretender Vorstandsvorsitzender ...1126
Vidra, András; MÁV, Direktor Informations- und Kommunikationsmanagement 1168
Viinapuu, Hans Peter; MTR Nordic, Direktor 967
Villmann, Bodo; ITB, Geschäftsführer 268
Villmann, Manfred; ITB, Geschäftsführer 268
Viola, Franco; Umbria TPL e Mobilità, Geschäftsführer 658
Virro, Toomas; Eesti Raudtee, Finanzdirektor 541
Visser, RA Willem; RBH, Kaufmännischer Geschäftsführer 375
Vizante, Ovidiu; RCC România, Geschäftsführer 933
Vládková, Ing. Jana; AWT Rail SK, stellvertretender kaufmännischer Leiter 1047
Vlaicu, Adrian Calin; CFR Călători, COO 924
Vlček, Jan; NOR, Vorstand 1125
Vogel, Dirk; dispo-Tf Education, Geschäftsführer 170
Vogel, Dirk; dispo-Tf Rail, Geschäftsführer 171
Vogel, Peter; VPS, Geschäftsführer 491
Vogt, Horst; AmE, Geschäftsführer 87
Vogt, Jürgen; ZSB, Stellvertretender Geschäftsführer 532
Vogt, Ursula; e.g.o.o., Geschäftsführerin 195
Voigt, Dipl.-Ing. Frank; KSV, Geschäftsführer ...285
Volant, Stéphane; SNCF, Generalsekretär 583

Personenindex

Vólentné-Sárvári, Piroska; MÁV, Leiterin Infrastrukturbetrieb **1168**
Voll, Andreas; Aggerbahn, Geschäftsführer **78**
Vollack, Dipl.-Ing. Wolfgang; GBM, Sprecher der Geschäftsleitung, Technischer Geschäftsführer **223**
Volohhonski, Aleksandr; DBT, Vorstandsvorsitzender **537**
von Bronk, Michael; Vattenfall, Mitglied des Vorstands **486**
von Ettingshausen, Dr. Colin; BASF Schwarzheide, kaufmännischer Geschäftsführer **100**
von Kaenel, Jean-Michel; transN, Direktor **1032**
von Mallinckrodt, Michael; BeNEX, Geschäftsführer Finanzen **112**
von Schivanovits, Norbert; RPE, Geschäftsführer **407**
Vorlauf, Dirk; F.E.G., Geschäftsführer **216**
Vorpahl, Wolfgang; FBE, 1. Vorsitzender **222**
Vos, Rik; SNCB Logistics, COO **30**
Voss, Berend; EAE, Geschäftsführer **200**
Vrána, Radomír; LOKOTRANS SERVIS, Geschäftsführer **1119**
Vrist Kjælder, Martha; MJBA, Direktorin **62**
Vrist Kjælder, Martha; MJBAD, Direktorin **63**
Vrtiška, Lukáš; Trakce, stellvertretender Vorstandsvorsitzender **1139**
Vuilleumier, Pascal François; transN, Generaldirektor **1032**
Vujović, Predrag; ŽICG, Direktor Verkehrsmanagement **714**
Vukić, Damir; Rail Cargo Carrier, Geschäftsführer **1069**
Vuković, Ivan; HŽ Infrastruktura, Mitglied des Vorstandes **664**
Vulić, Vasilije; ŽPCG, Leiter Interne Revision ... **715**
Vulpius, Dr. Michael; BeNEX, Sprecher der Geschäftsführung **112**

W

Wachendorf, Christoph; S-Bahn Berlin, Geschäftsführer Personal und Arbeitsdirektor **413**
Wacker, Manfred; STRABAG Rail, Vorstandsvorsitzender **973**
Wågberg, Mikael; GC, Recht **960**
Wagener, Matthias; HSB, Geschäftsführer **243**
Wagner, Birgit; ÖBB-Personenverkehr, Vorstand für Nah- und Regionalverkehr, Fernverkehr sowie Marketing & Vertrieb **784**
Wagner, Ing. Jiří; TRAIL Servis, Vorstand **1139**
Wagner, Josef; Wendelsteinbahn, Geschäftsführer **513**
Wagner, Klaus; ATB Infrastruktur, Geschäftsführer **72**
Wåhlberg, Klas Axel Peter; BT Sweden, Direktor **955**
Wahnschaffe, Konrad; EHG, Geschäftsführer .. **182**
Walasek, Jerzy; PGTKW, Vorstandsvorsitzender **868**
Waldi, Dr. Joachim; EKML, Geschäftsführer **146**
Walker, David Eric; DOR, Director, Secretary .. **1195**
Walker, David Eric; Secretary **1196**
Wallace, Brian Godman; FirstGroup, Director **1203**
Walsh, Imelda Mary; FirstGroup, Director **1203**
Walter, Joachim; ZÖA, Verbandsvorsitzender **529**
Walter, Rico; TRR, 3. Vorsitzender **466**
Wång, Carina; SJ, CFO **970**
Wanner, Markus; Saar Rail, Geschäftsführer ... **416**
Warchoł, Krzysztof; ORION Kolej, Geschäftsführer **840**
Ward, Rebecca; CH, Director **1190**
Warsza, Tadeusz; PGTKW, Stellvertretender Vorstandsvorsitzender **868**
Warwick, Brady; FirstGroup, Director **1203**
Wasilewski, Andrzej; ŁKA, Vorsitzender der Geschäftsführung **858**
Watkin, David Andrew; XC Trains, Commercial Director **1226**
Watson, Paul Christopher; TP, Director **1201**
Watts, Garry; Stagecoach, Director **1222**
Wawrzyniak, Adam; FPKW, Vorstandsvorsitzender **842**
Weber, Dipl.-Ing. Markus; ESG, Geschäftsführer **213**
Weber, Ulrich; DB AG, Vorstand Personal **148**
Weber, Ulrich; DB Mobility Logistics, Vorstand Personal **152**
Weckler, Bernd-Matthias; SAB, Geschäftsführer **423**
Wedler, Hartmut; WFL, Geschäftsführer **512**
Weeber, Leo; EETC, Direktor **730**
Wegmüller, Philipp; railCare, Vorsitzender der Geschäftsleitung **1013**
Weilandt, Dipl.-Ing. (FH) Martina; HHPI, Geschäftsführerin **247**
Weintögl, Mag. Franz; GKB, Generaldirektor ... **768**
Weiss, Alexander; LW, Geschäftsführer **296**
Weiß, Dr. Alfons; Wachtl, Präsident **321**
Weiss, Simon Peter; ETB, Vorsitzender der Geschäftsführung **1002**
Weissmüller, Dr.-Ing. Gerhardt; RHB, Geschäftsführer **396**
Weize, Henning; NWB, Geschäftsführer **345**
Welch, John Robert; FirstGroup, Secretary **1203**

Personenindex

Welch, John Robert; GW, Secretary **1199**
Welch, John Robert; SR, Secretary **1200**
Welch, John Robert; TP, Secretary **1201**
Welsh, Robert John; HT, Secretary **1200**
Wengler, Marc; CFL, Generaldirektor **700**
Wentar, Dariusz; PTMKŻ, Mitglied des
 Vorstands **883**
Wentworth Stoolman, Martin Richard; GW,
 Director **1199**
Wenzel, Lothar; RSE, Geschäftsführer **398**
Wenzel, Susanne; STB, Geschäftsführerin **452**
Werdel, Henri; CFL, Direktor
 Infrastrukturunterhaltung **700**
Werminski, Mariusz; FBKL,
 Vorstandsvorsitzender **841**
Werner, Dipl.-Ing. Jürgen; GET,
 Geschäftsführer **225**
Werner, Dipl.-Ing. Jürgen; VLO Bahn,
 Geschäftsführer **501**
Werner, Dr. Martin; SPITZKE,
 Geschäftsführender Direktor Technik/CTO . . . **432**
Werner, Hans-Georg; DB Schenker Rail,
 Vorstand Region East **158**
Werner, Uwe; NN-Rail, Geschäftsführer **343**
Werner, Winfried; DTV, Vorsitzender **172**
Werren, Adrian; railCare,
 Verwaltungsratsmitglied **1013**
Wesemann, Rudolf; Centralbahn, Mitglied
 der Geschäftsleitung **996**
West, Andrew Charles; SW, Secretary **1223**
Westoll, Howard; EFT, 1. Vorsitzender **194**
Wetscheck, Jürgen Heinrich; STRABAG Rail,
 Mitglied der Geschäftsleitung **973**
Wette, Juanita; BSM, Geschäftsführerin **131**
Wetzlich, Steffen; HR, Vorstand **241**
White, Philip Michael; Stagecoach, Director . . . **1222**
Whitehorn, William Elliott; Stagecoach,
 Director **1222**
Whittingham, Philip; Virgin Rail Group,
 Director **1224**
Widmer, Dr. Pierre; WRS, Präsident **1035**
Więckowski, Wojciech; Swietelsky Rail
 Polska, Vorsitzender der Geschäftsführung . . . **897**
Wieczorek, Roman; Skanska, Vorstand **1135**
Wierciński, Arkadiusz; ZUE, Mitglied des
 Vorstands **910**
Wiesch, Horst; Flecken Bruchhausen-Vilsen,
 Samtgemeindebürgermeister **220**
Wiese, Hans-Wolfgang; LPA, Bereichsleiter **303**
Wigen, Jens; SJ, Direktor Planung **970**
Wiik, Ulrika; GC, IT **960**
Wijtsema, Harrie; TBR, Geschäftsführer **465**
Wild, Patryk; MPK Wrocław, Mitglied der
 Geschäftsführun **863**

Wilkanowicz, Włodzimierz; KW,
 Vorsitzender der Geschäftsführung **854**
Wilkening, Dipl.-Ing. Henrik; FVE,
 Geschäftsführer **217**
Williams, Daniel; Operations Director **1196**
Williams, Gareth; Eurostar, Director of
 Regulatory Affairs & Company Secretary . . . **1198**
Williams, Peter Dwyer; Commercial and
 Customer Service Director **1196**
Willich, Andreas; BLS, Personenverkehr **990**
Wind, Sebastian; POLZUG Intermodal
 POLSKA, Mitglied der Geschäftsführung **882**
Windeisen, Horst; WEG, Geschäftsführer **522**
Winestock, James; FirstGroup, Director **1203**
Winkelman, Heimon; GR, Vorstand **755**
Winkens, Dr. Werner Heinrich;
 Geschäftsführer **473**
Winkens, Udo Friedrich; west,
 Geschäftsführer **515**
Winter, Andreas; SaarBahn&Bus,
 Geschäftsführer **417**
Winter, Andreas; SBS, Geschäftsführer **439**
Winter, Hardy; BGE, Geschäftsführer **118**
Winter, Tobias; PCT, Geschäftsführer **360**
Wischner, Dipl.-Wirtschaftsing. Martin;
 RLCW, Geschäftsführer **367**
Wischner, Dipl.-Wirtschaftsing. Martin;
 HVLE, Vorstand **244**
Wise, Suzanne; Network Rail, Secretary **1217**
Wiśniewski, Marcin; ZUE, Stellvertretender
 Vorstandsvorsitzender **910**
Witte, Dipl.-Ing. Norbert; KVG, Vorstand **280**
Wittek-Brix, Robert; LTE, Geschäftsführer **303**
Wittmann, Dr. Helmut; STB, Geschäftsführer . . . **798**
Wittmann, Dr. Helmut; STLB,
 Geschäftsführer **798**
Wittner, JUDr. Ľudovít; Express Group,
 Vorstand **1050**
Wittner, JUDr. Ľudovít; OPTISPED, Vorstand . . **1055**
Wittorf, Reiner; DB Services,
 Geschäftsführer Personal **159**
Wladimirow, Wladimir; BDŻ, CEO **44**
Woermann, Reiner; TWE, Geschäftsführer **460**
Wojciechowski, Andrzej; PLK,
 Stellvertretender Vorstandsvorsitzender **878**
Wojdyła, Jan; KP Kotlarnia, Mitglied des
 Vorstands **856**
Wojtysiak, Jolanta; MAJKOLTRANS, Mitglied
 der Geschäftsführung **862**
Wołek, Maurycy; MORIS, Vorsitzender der
 Geschäftsführung **864**
Wolf, Matthias; BTE, Geschäftsführer **98**
Woodhead, Brian Robert; HX, Director **1209**
Wörner, Lutz W.; ABEG, Geschäftsführer **88**

Personenindex

Wörner, Lutz W.; HBC, Geschäftsführer 242
Wortmann, Dipl.-Ing. Ingo; SWU Verkehr, technischer Geschäftsführer 444
Wöstenhöfer M.A., Beate; L&W, Geschäftsführerin 291
Woźniak, Adam; WAM, Zweiter Vorsitzender der Geschäftsführung 904
Woźny, Piotr; Żnińska KP, Liquidator 908
Wrede, Harald; DHE, Geschäftsführer 162
Wróbel, Krzysztof; Freightliner DE, Geschäftsführer Finanzen 222
Wróbel, Krzysztof; Rail Services Europe, Mitglied der Geschäftsführung 893
Wróbel, Krzysztof; FPL, Mitglied der Geschäftsführung, Finanzdirektor 840
Wróbel, Krzysztof; Koleje Wschodnie, Zweiter Geschäftsführender Direktor 856
Würdemann, Dipl.-Ing. Henrik; CT-D, Geschäftsführer 136
Würdemann, Dipl.-Ing. Henrik; TAE, Verwaltungsrat 1028
Wyder, Daniel; BLS, Infrastruktur 990
Wyman, Malcolm Ian; Serco, Director 1221

Y

Yasuhara, Mitsuru; MRCE, Geschäftsführer 313
Yıldız, Ömer; TCDD, Generaldirektor 1147
Yngström, Lars; TÅGAB, Direktor 977

Z

Ząbik, Ryszard; CTL Kargo, Mitglied der Geschäftsführung 823
Zach, Mag. Michael; CAT, Geschäftsführer 764
Zache, Dr. Rainer; RME, Geschäftsführer 406
Žačko, Ján; ŽSR, stellvertretender Generaldirektor Personal 1062
Zagamula, Andrei; Leonhard Weiss RTE, Vorstand 544
Zahhadov, Valeri; VTT 548
Zahharov, Roman; Skinest Rail 547
Záhora, Michal; Koleje Czeskie, Mitglied der Geschäftsführung 847
Zajączkowska-Ejsymont, Magdalena; PKP IC, Mitglied des Vorstands 875
Zajfert, Michał; FPKW, Mitglied des Vorstands 842
Zaleski, Wiesław; Depol, Vorsitzender der Geschäftsführung 887
Zalwowski, Jerzy; MPK Poznań, Mitglied der Geschäftsführung 864
Zänger, Thomas; DVE, Geschäftsführer 163
Zapletal, Ing. Jiří; CZ Logistics, Geschäftsführer 1107

Zaránd, Dr. György; MÁV-START, Generaldirektor 1170
Zaremba, Artūras; Akmenes cementas, Generaldirektor 681
Zariņš, Egils; PV, Mitglied des Vorstandes 676
Zeiß, Dr. Hartmuth; Vattenfall, Vorsitzender des Vorstands 486
Zekaj, Burim; TRAINKOS, Direktor Einkauf 1041
Zekri-Chevallet, Scheherazade; THIF, Direktorin Vertrieb 32
Żelazek, Dominika; Arriva RP, Mitglied der Geschäftsführung 814
Zelinski, Frank; EBM Cargo, kaufmännischer Geschäftsführer 189
Zeller, Ing. Reinhard; RTS Austria, Geschäftsführer 791
Zeller, Ing. Reinhard; RTS Germany, Geschäftsführer 368
Ziegler, Dipl. Ing. (FH) Günter; Wachtl, Vorstand 321
Zielińska, Wanda; CARGO Przewozy Towarowe i Pasażerskie, Vorsitzende der Geschäftsführung 820
Zielińska, Wanda; DLA, Zweite Vorsitzende der Geschäftsführung 835
Zieliński, Mirosław; DLA, Vorsitzender der Geschäftsführung 835
Zielke, Nathan; RCH, CFO 1174
Zieschank, Reiner; DVB, Vorstand Finanzen und Technik 175
Ziese, Jens; BBL Consulting, Geschäftsführer 109
Ziese, Jens; BBL Logistik, Geschäftsführer 109
Zilles, Patrick; TX Schweiz, Geschäftsführer ... 1033
Zimmermann, André; PB, Direktor 1013
Zimmermann, Gabriele; Duomobile, Geschäftsführerin 179
Zimmermann, Helmut; VLO, Geschäftsführer 501
Zimmermann, Joachim; Bayernhafen, Geschäftsführer 107
Zinczewski, Antoni; LandKol, Vorsitzender der Geschäftsführung 857
Zindović, Milojica; ŽPCG, Generaldirektorin ... 715
Zirk, Gunnar; ÜD 548
Zitz, Patrick; MM Railservice, Geschäftsführer 318
Zoul, Libor; RUTR, Geschäftsführer 1131
Zschunke, Roland; KEOLIS Deutschland, Vorsitzender der Geschäftsführung 281
Zubas, Darius; Linas agro Grūdų centras, CEO 690
Züger, Gerhard; zb, Leiter Produktion und Rollmaterial 1035

Personenindex

Züllig, Urs; DFB, Geschäftsführer **1000**
Žuravliovas, Vladimiras; GKG 3, Direktor **696**
Zürcher, Dipl.-Ing. (FH) Ralf; Zürcher Bau,
    Geschäftsführer **527**
Zuriarrain Carrera, Felisa; Arramele Siglo
    XXI, Vorstand **1077**
Zwetkowski, Boshidar; MŽ Transport,
    Direktor Recht und Personal **709**
Żyła, Radosław; PNI, Mitglied der
    Geschäftsführung **886**

Abkürzungen

AAE	Ahaus-Alstätter Eisenbahn AG
AB	Rechtsform in Litauen und Schweden, entspricht AG
ABB	Asea-Brown-Boverie AG
A.D.	Rechtsform in einigen Staaten Südosteuropas, entspricht AG
abg.	abgestellt
Abzw	Abzweig(-stelle)
ACTS	Abroll-Container-Transportsystem
ADtranz	Adtranz - DaimlerChrysler Rail Systems (Deutschland) GmbH
AEG	Allgemeines Eisenbahngesetz
AEG	AEG AG (einst Allgemeine Electricitäts-Gesellschaft AG)
AG	Aktiengesellschaft
Akiem	Akiem SAS
Alpha Trains	Alpha Trains Belgium NV/SA bzw. Alpha Trains Europa GmbH
ALS	ALSTOM Lokomotiven Service GmbH
Anschl	Anschluss
Anst	Anschlussstelle
AOMC	Chemin de fer Aigle-Ollon-Monthey-Champéry
ARGE	Arbeitsgemeinschaft
AS/A.S./a.s.	Rechtsform in Estland, Lettland, Dänemark, Norwegen, Tschechien und der Slowakei, entspricht AG
Ascendos	Ascendos Rail Leasing S.à.r.l.
ASEA	Allmänna Svenska Elektriska Aktiebolaget
ASF	Akku-Schlepp-Fahrzeug
Awanst	Ausweichanschlussstelle
Az	Arbeitszug
B	Bedarf / Bedarfszug
Bf	Bahnhof
BMAG	Berliner Maschinenbau AG
BOA	Bau- und Betriebsordung für Anschlussbahnen
Bombardier	Bombardier Transportation
BOStrab	Bau- und Betriebsordnung für Straßenbahnen
BR	Baureihe
BRLL	Beacon Rail Leasing Ltd.
Breuer	Maschinen- & Armaturenfabrik H. Breuer
BSchwAG	Bundesschienenwegeausbaugesetz
BT	Bombardier Transportation
BÜ	Bahnübergang
BV/B.V.	Besloten Vennootschap met beperkte Aansprakelijkheid, Rechtsform in Belgien und den Niederlanden, ähnlich GmbH (haftungsbeschränkt)
Bw	Bahnbetriebswerk (mittlerweile Bh – Betriebshof)
CEO	Chief Executive Officer (entspricht Geschäftsführer)
CFO	Chief Financial Officer (entspricht Finanzvorstand bzw. kaufmännischem Geschäftsführer)
Chrzanów	Fabryka Lokomotyw / Fablok Chrzanów
ČKD	Ceskomoravská-Kolben-Danek
COO	Chief Operating Officer (Führungskraft für das operative Geschäft)
CTO	Chief Technical Officer (entspricht Vorstand Technik bzw. technischem Geschäftsführer)
DB	Deutsche Bahn AG; bis 1993: Deutsche Bundesbahn
Dessau	Waggonbau Dessau
Deutz	Motorenfabrik Deutz AG
d.o.o.	Rechtsform in Staaten ex-Jugoslawiens, entspricht GmbH
DR	Deutsche Reichsbahn
DRG	Deutsche Reichsbahn-Gesellschaft
Duewag	Düsseldorfer Waggonfabrik AG
DWA	Deutsche Waggonbau AG
DWK	Deutsche Werke Kiel AG
EBA	Eisenbahnbundesamt
Ebl	Eisenbahnbetriebsleiter
EBO	Eisenbahn Bau- und Betriebsordnung
EEC	English Electric Company
ELL	ELL GmbH European Locomotive Leasing
EIU	Eisenbahninfrastrukturunternehmen
EMD	Electro-Motive Diesel Inc.; bis April 2005: Electro-Motive Division (General Motors)
ERR	ERR European Rail Rent GmbH
Esslingen	Maschinenfabrik Esslingen AG
ET	Elektrotriebwagen
EVO	Eisenbahnverkehrsordnung
EVU	Eisenbahnverkehrsunternehmen
Fdl	Fahrdienstleiter
FEVF	Ferrovia Elettrica della Valle di Fiemme („Fleimstalbahn")

Abkürzungen

FFS	Funkfernsteuerung	Ltd.	Limited Company, Rechtsform in UK, ähnlich GmbH
Fuchs	Fuchs Waggonbau AG	LTS	Diesellokfabrik Woroschilowgrad / Lugansk
Gbf	Güterbahnhof		
GM	General Motors	**Macquarie**	Macquarie European Rail Ltd.
GmbH	Gesellschaft mit beschränkter Haftung	MaK	Maschinenbau Kiel AG
Gmeinder	Kaelble-Gmeinder GmbH	MAN	MAN AG (einst: Maschinenfabrik Augsburg-Nürnberg AG)
Graz	Grazer Waggonfabrik	ME	Maschinenfabrik Esslingen AG
GSM-R	Global System for Mobile Communikation - Rail	Mio.	Millionen
GTW	Gelenktriebwagen	MORA-C	Marktorientiertes Angebot Cargo
GV	Güterverkehr	MRCE	Mitsui Rail Capital Europe B.V. bzw. Mitsui Rail Capital Europe GmbH
GVFG	Gemeindeverkehrsfinanzierungsgesetz	Mrd.	Milliarde
GVZ	Güterverkehrszentrum	**NACCO**	NACCO SAS bzw. NACCO GmbH
Hbf	Hauptbahnhof	NE	nichtbundeseigene Eisenbahn
Hgbf	Hauptgüterbahnhof	NoHAB	Nydqvist och Holm Aktiebolag
Hp	Haltepunkt	northrail	northrail GmbH
HU	Hauptuntersuchung	NV/N.V.	Naamloze Vennootschap, Rechtsform in Belgien und den Niederlanden, entspricht AG
HVZ	Hauptverkehrszeit, i.d.R. Berufsverkehr		
Indusi	Induktive Zugsicherung	**O&K**	Orenstein & Koppel AG
		ÖAMG	Oesterreichisch-Alpine Montangesellschaft
Jenbacher	Jenbacher Werke AG / GE Jenbacher	ÖPNV	Öffentlicher Personennahverkehr
KBS	Kursbuchstrecke	OR	On Rail Gesellschaft für Eisenbahnausrüstung und Zubehör mbH
Kft.	Korlátolt felelősségű társaság, Rechtsform in Ungarn, entspricht GmbH	ORV	On Rail Gesellschaft für Vermietung und Verwaltung von Eisenbahnwaggons mbH
KHD	Klöckner-Humboldt-Deutz AG	**PaFaWag**	Państwowa Fabryka Wagonów
KM	Krauss-Maffei	PESA	Pojazdy Szynowe PESA Bydgoszcz SA
km	Kilometer		
Kö	Kleinlok, (diesel-)ölgetrieben	PFA	Partner für Fahrzeugausstattung, Weiden
Köf	Kleinlok, (diesel-)ölgetrieben, mit Flüssigkeitsgetriebe		
Krupp	Friedrich Krupp Maschinenfabrik	Pkm	Personenkilometer
KV	Kombinierter Verkehr	plc	Public Limited Company, Rechtsform in UK, börsennnotierte AG
KVAB	Kalmar Verkstad AB		
LEW	VEB Lokomotivbau Elektrotechnische Werke „Hans Beimler" Hennigsdorf	**Railpool**	Railpool GmbH
		Rastatt	Rastatt Waggonfabrik AG
		Rbf	Rangierbahnhof
LfB	Landesbevollmächtigter für Bahnaufsicht	**SA/SpA**	Rechtsform in romanischsprachigen Ländern, entspricht AG
LAUBAG	Lausitzer Braunkohle AG	S.C.	Societății Comerciale
LHB	Linke-Hofmann-Busch	SD	Siemens Duewag AG
LINT	Leichter innovativer Nahverkehrstriebzug	SEV	Schienenersatzverkehr
LKM	Lokomotivbau Karl Marx	SFT	Siemens Schienenfahrzeug-Technik GmbH

Abkürzungen

SFW	SFW Schienenfahrzeugwerk Delitzsch GmbH	VS	Steuerwagen zu Verbrennungstriebwagen
SGP	SGP Verkehrstechnik GmbH (einst Simmering-Graz-Pauker AG)	VSFT	Vossloh Schienenfahrzeug-Technik GmbH
Skl	Schwerkleinwagen		
SLM	Schweizerische Lokomotiv- und Maschinenfabrik	VT	Verbrennungstriebwagen
SRI	SRI Rail Invest GmbH	VTG	VTG Aktiengesellschaft
S.R.L./S.r.l.	Rechtsform in Rumänien und Italien, ähnlich GmbH	VTLT	Voith Turbo Lokomotivtechnik GmbH & Co. KG bzw. Voith Lokomotivtechnik, eine Zweigniederlassung der Voith Turbo GmbH & Co. KG
Stadler	Stadler Rail AG bzw. deren Tochterfirmen		
Talbot	Waggonfabrik Talbot GmbH & Co. KG		
Touax	Touax Rail Ltd.	**Windhoff**	Rheiner Maschinenfabrik Windhoff AG
tkm	Tonnenkilometer		
TVT	Verbrennungsturmtriebwagen	WMD	Waggon- und Maschinenbau GmbH Donauwörth
UEF	Ulmer Eisenbahnfreunde e.V.	WU	ABB Henschel Waggon Union GmbH
VB	Beiwagen zu Verbrennungstriebwagen		
VEV	Verein zur Förderung des Eisenbahnmuseums Vienenburg e. V.	**Zrt.**	Zártkörűen működő részvénytársaság, Rechtsform in Ungarn, geschlossene Aktiengesellschaft
VL	Vossloh Locomotives GmbH		

Profi-Partner-Rail – Der Einkaufsführer für die Bahnwirtschaft

Auffangwannen

Saarburger Straße 37-39
D-54329 Konz-Könen
Tel. +49 (0) 6501 9411-0
Fax +49 (0) 6501 9411-25
info@weco-gmbh.de
www.weco-gmbh.com

Bahnübergänge

STRAIL Bahnübergangssysteme
KRAIBURG STRAIL GmbH & CO. KG
Göllstraße 8
D-84529 Tittmoning
Telefon: +49 (0) 8683 701-0
Telefax: +49 (0) 8683 701-126
E-Mail: info@strail.de
Internet: www.strail.de

Bahnanlagen

ThyssenKrupp Schulte GmbH
Dienstleistungsprojekte Oberbau
ThyssenKrupp Allee 1
45143 Essen
Telefon: +49 201 844 532681
E-Mail: oberbau.tk-schulte@thyssenkrupp.com
Internet: www.thyssenkrupp-schulte-oberbau.de

Gmundner Fertigteile GmbH & Co. KG
Unterthalhamstr. 1
4694 Ohlsdorf
Austria
Telefon: +43-7612-63065-0
Telefax: +43-7612-63065-31
E-Mail: office@gmundner-ft.at
Internet: www.bodan.at

Bahnbau

BUG Verkehrsbau AG
Landsberger Str. 265/Haus M
12623 Berlin
Telefon: +49 (30) 81 87 00 - 0
Telefax: +49 (30) 81 87 00 - 190
E-Mail: info@bug-ag.de
Internet: www.bug-ag.de

Saarburger Straße 37-39
D-54329 Konz-Könen
Tel. +49 (0) 6501 9411-0
Fax +49 (0) 6501 9411-25
info@weco-gmbh.com
www.weco-gmbh.com

Profi-Partner-Rail – Der Einkaufsführer für die Bahnwirtschaft

Bahnübergangssysteme

BTE Stelcon GmbH
Philippsburger Str. 4
76726 Germersheim
Postfach 450
76714 Germersheim
Telefon: 07274/7028-0
Telefax: 07274/7028-119
E-Mail: info@stelcon.de
Internet: www.stelcon.de

Brückenbau

STRAILway Kunststoffschwellen
KRAIBURG STRAIL GmbH & CO. KG
Göllstraße 8
D-84529 Tittmoning
Telefon: +49 (0) 8683 701-0
Telefax: +49 (0) 8683 701-126
E-Mail: info@strail.de
Internet: www.strailway.de

Gmundner Fertigteile GmbH & Co. KG
Unterthalhamstr. 1
4694 Ohlsdorf
Austria
Telefon: +43-7612-63065-0
Telefax: +43-7612-63065-31
E-Mail: office@gmundner-ft.at
Internet: www.bodan.at

Diagnosesysteme

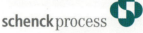

Schenck Process GmbH
Pallaswiesenstr. 100
64293 Darmstadt
Telefon: 06151-15313431
Telefax: 06151-15311043
E-Mail: railtec@schenckprocess.com
Internet: www.schenckprocess.com

STRAIL Bahnübergangssysteme
KRAIBURG STRAIL GmbH & CO. KG
Göllstraße 8
D-84529 Tittmoning
Telefon: +49 (0) 8683 701-0
Telefax: +49 (0) 8683 701-126
E-Mail: info@strail.de
Internet: www.strail.de

Dienstleistungen

dispo-Tf Rail GmbH
Wolfener Straße 32-34
12681 Berlin
Telefon: 030/57701 38 71
Telefax: 030/57701 38 70
E-Mail: info@dispo-tf.de
Internet: www.dispo-tf.de

Profi-Partner-Rail – Der Einkaufsführer für die Bahnwirtschaft

Dienstleistungen

DVV Media Group GmbH
Nordkanalstraße 36
20097 Hamburg
Telefon: +49 (0) 40 23714-03
Telefax: +49 (0) 40 23714-236
E-Mail: info@dvvmedia.com
Internet: www.dvvmedia.com

Elastische Lagerungen

Getzner Werkstoffe GmbH
Herrenau 5
6706 Bürs
Telefon: +43-5552-201-0
Telefax: +43-5552-201-1899
E-Mail: info.buers@getzner.com
Internet: www.getzner.com

Eurailpress

DVV Media Group GmbH
Nordkanalstraße 36
20097 Hamburg
Telefon: +49 (0) 40 23714-03
Telefax: +49 (0) 40 23714-236
E-Mail: info@eurailpress.de
Internet: www.eurailpress.de

Erschütterungsschutz

Getzner Werkstoffe GmbH
Herrenau 5
6706 Bürs
Telefon: +43-5552-201-0
Telefax: +43-5552-201-1899
E-Mail: info.buers@getzner.com
Internet: www.getzner.com

Dieselmotoren

BÜCKER + ESSING

Bücker & Essing GmbH
Friedrich-Ebert-Str. 125
49811 Lingen (Ems)
Telefon: +49 (0) 591/7 10 50
Telefax: +49 (0) 591/7 10 52 22
E-Mail: motoren@bu-drive.de
Internet: www.buecker-essing.de

Fachverlag

DVV Media Group GmbH
Nordkanalstraße 36
20097 Hamburg
Telefon: +49 (0) 40 23714-03
Telefax: +49 (0) 40 23714-236
E-Mail: info@dvvmedia.com
Internet: www.dvvmedia.com

Profi-Partner-Rail – Der Einkaufsführer für die Bahnwirtschaft

Fachverlag

Eurailpress

DVV Media Group GmbH
Nordkanalstraße 36
20097 Hamburg
Telefon: +49 (0) 40 23714-03
Telefax: +49 (0) 40 23714-236
E-Mail: info@eurailpress.de
Internet: www.eurailpress.de

Gleisbaumaschinen und Geräte

HARSCO RAIL

Harsco Rail Europe GmbH
Rehhecke 80
40885 Ratingen
Telefon: 02102-555620
Telefax: 02102-5556212
E-Mail: info@harsco-r.de
Internet: www.harscorail.com

Fahrgastinformationssysteme

Schenck Process GmbH
Pallaswiesenstr. 100
64293 Darmstadt
Telefon: 06151-15313431
Telefax: 06151-15311043
E-Mail: railtec@schenckprocess.com
Internet: www.schenckprocess.com

Güterbahnen

SBB Cargo International

SBB Cargo International AG
Riggenbachstr. 6
4600 Olten, Schweiz
Telefon: +41 58 680 0305
E-Mail: info@sbbcargoint.com
Internet: www.sbbcargo-international.com

Federsysteme

 ContiTech

ContiTech Luftfedersysteme GmbH
Philipsbornstraße 1
30165 Hannover
Telefon: +49 511 938 50042
Telefax: +49 511 938 5055
E-Mail: railway_suspension_parts
@as.contitech.de
Internet: www.contitech.de/luftfedersysteme

Holzschwellen

STRAILway

STRAILway Kunststoffschwellen
KRAIBURG STRAIL GmbH & CO. KG
Göllstraße 8
D-84529 Tittmoning
Telefon: +49 (0) 8683 701-0
Telefax: +49 (0) 8683 701-126
E-Mail: info@strail.de
Internet: www.strailway.de

Profi-Partner-Rail – Der Einkaufsführer für die Bahnwirtschaft

Ingenieurbüros

BHM INGENIEURE
Engineering & Consulting GmbH
Bahnhofgürtel 59
A-8020 Graz
Telefon: +43 316 84 03 03
E-Mail: office.graz@bhm-ing.com
Internet: www.bhm-ing.com

Lärm- und Schwingungsdämpfung

STRAILastic Gleisdämmsysteme
KRAIBURG STRAIL GmbH & CO. KG
Göllstraße 8
D-84529 Tittmoning
Telefon: +49 (0) 8683 701-0
Telefax: +49 (0) 8683 701-126
E-Mail: info@strailastic.de
Internet: www.strailastic.de

Spiekermann GmbH
Consulting Engineers
Fritz-Vomfelde-Str. 12
40547 Düsseldorf
Telefon: +49 211/5236-0
Telefax: +49 211/5236-134
E-Mail: info@spiekermann.de
Internet: www.spiekermann.de

Lärmschutz/Schallschutz

STRAILastic Gleisdämmsysteme
KRAIBURG STRAIL GmbH & CO. KG
Göllstraße 8
D-84529 Tittmoning
Telefon: +49 (0) 8683 701-0
Telefax: +49 (0) 8683 701-126
E-Mail: info@strailastic.de
Internet: www.strailastic.de

Komponenten und Ersatzteile

NOWE GmbH
Innovative Sandstreusysteme
Heilswannenweg 66
31008 Elze – Germany
Telefon: +49 (0) 5068 5506
Telefax: +49 (0) 5068 4435
E-Mail: info@nowe.de
Internet: www.nowe.de

Lokabstellplätze

Saarburger Straße 37-39
D-54329 Konz-Könen
Tel. +49 (0) 6501 9411-0
Fax +49 (0) 6501 9411-25
info@weco-gmbh.com
www.weco-gmbh.com

Europäische Bahnen '15/'16 1299

Profi-Partner-Rail – Der Einkaufsführer für die Bahnwirtschaft

Lokvermietung

northrail GmbH
Große Elbstraße 86
22767 Hamburg
Telefon: +49 (40) 414 608 - 18
Telefax: +49 (40) 414 608 - 29
E-Mail: info@northrail.eu
Internet: www.northrail.eu

Oberbau

Schwihag AG
Gleis- und Weichentechnik
CH-8274 Tägerwilen
Lebernstrasse 3
P.O. Box 152
Telefon: +41 (0) 71 666 88 00
Telefax: +41 (0) 71 666 88 01
E-Mail: info@schwihag.com
Internet: www.schwihag.com

Messsysteme

NET-TREND
Fischer & Partner KG
Hordorfer Str. 7
06112 Halle
Telefon: +49 (0) 345 29247-00
Telefax: +49 (0) 345 29247-22
E-Mail: info@fupkg.de
Internet: www.fupkg.de

ThyssenKrupp Schulte GmbH
Dienstleistungsprojekte Oberbau
ThyssenKrupp Allee 1
45143 Essen
Telefon: +49 201 844 532681
E-Mail: oberbau.tk-schulte@thyssenkrupp.com
Internet: www.thyssenkrupp-schulte-oberbau.de

Schenck Process GmbH
Pallaswiesenstr. 100
64293 Darmstadt
Telefon: 06151-15313431
Telefax: 06151-15311043
E-Mail: railtec@schenckprocess.com
Internet: www.schenckprocess.com

vossloh Fastening Systems

Vossloh Fastening Systems GmbH
Vosslohstr. 4
58791 Werdohl
Postfach 1860
58778 Werdohl
Telefon: +49 (0) 2392 52-0
Telefax: +49 (0) 2392 52-375
E-Mail: info@vfs.vossloh.com
Internet: www.vossloh-fastening-systems.com

Profi-Partner-Rail – Der Einkaufsführer für die Bahnwirtschaft

Oberbau

WIRTHWEIN AG

Wirthwein AG
Walter-Wirthwein-Str. 2-10
97993 Creglingen
Telefon: +49 (0) 79 33 / 7 02-0
Telefax: +49 (0) 79 33 / 7 02-910
E-Mail: info@wirthwein.de
Internet: www.winkelfuehrungsplatten.de

Prüfstände

Schenck Process GmbH
Pallaswiesenstr. 100
64293 Darmstadt
Telefon: 06151-15313431
Telefax: 06151-15311043
E-Mail: railtec@schenckprocess.com
Internet: www.schenckprocess.com

Oberbaumaterial

Fastening Systems

Vossloh Fastening Systems GmbH
Vosslohstr. 4
58791 Werdohl
Postfach 1860
58778 Werdohl
Telefon: +49 (0) 2392 52-0
Telefax: +49 (0) 2392 52-375
E-Mail: info@vfs.vossloh.com
Internet: www.vossloh-fastening-systems.com

Sachverständiger, anerkannt durch EBA

Fischer & Partner KG

NET-TREND
Fischer & Partner KG
Hordorfer Str. 7
06112 Halle
Telefon: +49 (0) 345 29247-00
Telefax: +49 (0) 345 29247-22
E-Mail: info@fupkg.de
Internet: www.fupkg.de

Prellböcke

RAWIE®

A. RAWIE GmbH & Co. KG
Dornierstrasse 11
49090 Osnabrück
Telefon: +49 (0)541 / 91207-0
Telefax: +49 (0)541 / 91207-10
E-Mail: info@rawie.de
Internet: http://www.rawie.de

Schienenfahrzeuge

schenck process

Schenck Process GmbH
Pallaswiesenstr. 100
64293 Darmstadt
Telefon: 06151-15313431
Telefax: 06151-15311043
E-Mail: railtec@schenckprocess.com
Internet: www.schenckprocess.com

Profi-Partner-Rail – Der Einkaufsführer für die Bahnwirtschaft

Sicherheitsgläser / Notausstiegssysteme

Schollglas GmbH
Schollstraße 4
D-30890 Barsinghausen
Telefon: +49.5105.777-0
Telefax: +49.5105.777-26518
E-Mail: info@schollglas.com
Internet: www.schollglas.com

Videokontrolltechnik

Securiton GmbH
Von-Drais-Str. 33
77855 Achern
Telefon: 07841-6223-0
Telefax: 07841-6223-10
E-Mail: info@securiton.de
Internet: www.securiton.de

Software/Softwareentwicklung

IVU Traffic Technologies AG
Bundesallee 88
12161 Berlin
Telefon: +49 (0) 30 85906-0
Telefax: +49 (0) 30 85906-111
E-Mail: post@ivu.de
Internet: www.ivu.de

Wägetechnik

Schenck Process GmbH
Pallaswiesenstr. 100
64293 Darmstadt
Telefon: 06151-15313431
Telefax: 06151-15311043
E-Mail: railtec@schenckprocess.com
Internet: www.schenckprocess.com

Steckverbinder

Multi-Contact AG
Stockbrunnenrain 8
CH-4123 Allschwil
Telefon: +41 (0) 61 306 5555
Telefax: +41 (0) 61 306 5556
E-Mail: basel@multi-contact.com
Internet: www.multi-contact.com